Korbion/Mantscheff/Vygen

Honorarordnung für Architekten und Ingenieure

Beck'sche Kurz-Kommentare

Band 59

Honorarordnung für Architekten und Ingenieure (HOAI)

mit Gesetz zur Regelung von Ingenieur- und Architektenleistungen (IngAlG)

Begründer des Werkes:

Hermann Korbion †

Vorsitzender Richter am Oberlandesgericht Düsseldorf a. D.

Dipl.-Ing. Jack Mantscheff †

Professor an der Fachhochschule Köln
Beratender Ingenieur und
Sachverständiger

Dr. jur. Klaus Vygen †

Vorsitzender Richter
am Oberlandesgericht Düsseldorf a. D.

Gesamtredaktion:

Prof. Dr. iur. Axel Wirth

Technische Universität Darmstadt

Claus-Jürgen Korbion

Rechtsanwalt Düsseldorf

neu bearbeitet von:

Isabel Eisterhues, Rechtsanwältin, Stuttgart; **Norbert Galda,** Rechtsanwalt, Mainz;
Dr. Winfried Grieger, Rechtsanwalt Essen; **Prof. Dr.-Ing. Stephan Herkt,** Bochum;
Claus-Jürgen Korbion, Rechtsanwalt, Düsseldorf; **Dr. Johann Kuffer,** Richter am
BGH, a.D.; **Thomas Manteufel,** RiOLG Köln; **Heike Mantscheff,** Köln;
Karsten Meurer, Rechtsanwalt, Stuttgart; **Dipl-Ing. Klaus-Dieter Siemon,** Honorar-
sachverständiger, Vellmar; **Dr. Rolf Theißen,** Rechtsanwalt und Notar, Berlin; und
Prof. Dr. iur. Axel Wirth, Technische Universität Darmstadt

9., neubearbeitete und erweiterte Auflage

Verlag C. H. Beck München 2016

www.beck.de

ISBN 978 3 406 66441 0

Druck: Beltz Bad Langensalza GmbH
Neustädter Straße 1–4, 99947 Bad Langenslza

Satz: Druckerei C.H. Beck Nördlingen
(Adresse wie Verlag)
Umschlaggestaltung: Druckerei C.H. Beck Nördlingen

Gedruckt auf säurefreiem, alterungsbeständigem Papier
(hergestellt aus chlorfrei gebleichtem Zellstoff)

Bearbeiterverzeichnis

Eisterhues:	§ 8 HOAI
Galda:	§§ 1–3, 6, 7, 10, 14–21 HOAI
Grieger:	§§ 22–32, Anl. 1.1 HOAI
Herkt:	§§ 45–48 HOAI
Korbion:	Grundl. I., V., X., XI., §§ 33–40, 49–52 HOAI
Kuffer:	MRVG, Art. 10 §§ 1–3; Vorbemerkung HOAI
Manteufel:	Grundl. VII.
Mantscheff:	Anlagen 2–3
Meurer:	§§ 4, 5, 11, 53–55 HOAI
Rothermel:	§§ 4, 5 HOAI
Siemon:	Anhang V
Theissen:	§§ 41–44 HOAI
Wirth:	Grundl. I., II.–IV., VI., VIII., IX. §§ 1–3, 6, 7, 10, 14–16 HOAI
Wuchner:	§ 56 HOAI

Vorwort zur 9. Auflage

Die Vorworte zur 6. und zur 8. Auflage habe ich jeweils mit der Frage begonnen, ob Neuauflagen nötig sind. Beide Male habe ich die Frage mit Ja beantwortet, schließlich gab es „neue HOAIs" - und auch dieses Mal ist es wieder so.

Die HOAI ist nach ihrer 7. Novellierung in geänderter Fassung am 17. Juli 2013 in Kraft getreten. Erneut wurden die gesamte Struktur und zahlreiche Paragraphen auf den Kopf gestellt.

Bemerkenswert an dieser HOAI 2013 ist, dass der Verordnungsgeber seine mit der HOAI 2009 erstmalig tatsächlich begonnenen Bemühungen, die Architekten-/Ingenieurhonorare von den Baukosten abzukoppeln, konsequent fortgeführt hat. Dies zeigt u.a. der völlig neu gestaltete § 10 mit seiner Überschrift „Berechnung des Honorars bei vertraglichen Änderungen des Leistungsumfangs" – angesprochen ist die den Architekten in der Praxis immer schwer im Magen liegende Nachtragsproblematik. M. E. ist es nun tatsächlich gelungen, die von der Politik schon so lange geforderte Abkopplung der Honorare von den Baukosten festzuschreiben. Dies sehen nicht alle Bearbeiter der Konkurrenz-Kommentare so. Die nächsten Monate werden zeigen, welche Lösungswege sich in der Praxis durchsetzen.

Allerdings ziehen am Horizont dunkle Wolken auf. So wie es aussieht, will die Europäische Kommission die HOAI abschaffen. Sie hat am 18.6.2015 die Einleitung eines entsprechenden Vertragsverletzungsverfahrens gegen die Bundesrepublik Deutschland eingeleitet. Die Kommission geht davon aus, dass verbindliche Honorarordnungen für Freiberufler (Architekten u. Ingenieure, Steuerberater etc.) den freien ungehinderten Dienstleistungsverkehr im EU-Raum behindern. Dies gelte auch in Anbetracht der sich aus § 1 der HOAI ergebenden Inländerdiskriminierung. Mit dieser – Geltung der HOAI nur für die Berechnung von Honoraren für Architekten/Ingenieure mit Sitz im Inland – hatte der deutsche Gesetzgeber versucht aus dem Fokus der Kommission herauszukommen, d.h. der Dienstleistungsrichtlinie gerecht zu werden. Wie aus Brüssel verlautet, sei diese Gefahr aber deshalb nicht gebannt, weil ein EU-Ausländer, der sich in Deutschland niederlasse und von dort Architekten-/Ingenieurleistungen erbringe, eben auch an die HOAI gebunden sei. Darin liege ein Verstoß gegen die Dienstleistungsfreiheit. Wir werden abzuwarten haben, was geschieht.

Bedeutsam in diesem Zusammenhang ist allerdings die Frage was aktuell gilt. Verstößt die derzeitige HOAI gegen Europarecht, dann ist sie bereits heute unwirksam, nicht erst wenn die Kommission entschieden hat. Was soll also im Rahmen aktuell geschlossener Verträge gelten? Diskutiert wird derzeit, dass in diesen Fällen gemäß § 632 Abs. 2 BGB über das Tatbestandsmerkmal „der üblichen Vergütung" die HOAI-Werte doch wieder ins Spiel kämen. Dies würde den Architekten/Ingenieuren eine gewisse Sicherheit geben. Allerdings ist bekannt, dass aktuell auf verschiedenen Wegen die Mindestsätze der HOAI in der Praxis umgangen werden.

Unabhängig davon ist hervorzuheben, dass der *Korbion/Mantscheff/Vygen* neue Bearbeiter hinzugewonnen hat. Wir sind nun ein von der Anzahl her doch recht beachtliches Team, was zu einer gegenseitigen Befruchtung führt.

Wie immer beginnt unser Kommentar mit der die Grundlagen des Architekten- und Ingenieurrechts darstellenden umfassenden lehrbuchartigen Einführung. Anschließend werden sämtliche Paragraphen, einschließlich der Anlagen, so kommentiert, dass die Leser nicht ständig hin und her blättern müssen.

Bearbeitungsstand dieser Auflage ist Frühjahr/Sommer 2015. Unser Team war bemüht bei Streitfragen die Meinungsstände insgesamt wiederzugeben. Dabei sind wir auf Anregungen bzw. Vorschläge der Leserschaft eingegangen. Wir würden uns freuen, diese Anregungen auch weiterhin zu erhalten.

Darmstadt im Juli 2015 Prof. Dr. iur. Axel Wirth
(für die Bearbeiter)

Aus dem Vorwort zur 1. Auflage

Am 1. Januar 1977 ist die auf Grund der §§ 1, 2 des Gesetzes zur Regelung von Ingenieur-und Architektenleistungen vom 4. November 1971 (BGBl. I S. 1745, 1749) erlassene Verord-nung über die Honorare für Leistungen der Architekten und Ingenieure vom 17. September 1976 (BGBl. I S. 2805) in Kraft getreten.

Die neue HOAI, in deren Vorfeld bereits Kontroversen über die Verfassungsmäßigkeit der Ermächtigungsgrundlage stattgefunden haben, vermag die in sie gesetzten teilweise hochge-spannten Erwartungen nicht zu erfüllen. Bot noch die GOA das Bild einer zwar nicht in allen Teilen befriedigenden, aber doch insgesamt praktikablen, zwar verbesserungsbedürfti-gen, aber doch auch verbesserungsfähigen Ordnung der Architektengebühren, so haben bei dem Erlass der HOAI einerseits in weitem Umfang baubetriebswirtschaftliche Begriffe und Vorstellungen, auf der anderen Seite das Streben nach Perfektion und Differenzierung der gebührenauslösenden Tatbestände im Vordergrund gestanden – mit einem Ergebnis, das weder die Partner des Architekten- oder Ingenieurvertrags noch den mit der Anwendung der HOAI beschäftigten Juristen zufrieden stellen kann. Diktion und Begriffswelt der HOAI, dem Architekten und Ingenieur, erst recht dem Bauherrn ebenso wenig vertraut wie dem Juristen, verbunden mit der Absicht, eine umfassende, die Fallgerechtigkeit för-dernde Regelung zu schaffen, haben ein Gebilde entstehen lassen, das für die Betroffenen schwer durchschaubar und mühevoll zu handhaben ist und dessen Tatbestände sich eindeu-tiger Bestimmbarkeit vielfach entziehen. Hinzu tritt eine mangelhafte gesetzestechnische Verarbeitung, die sich in zahlreichen Unklarheiten und Widersprüchen äußert und den Ver-tragsschließenden wie den Rechtsanwendenden weitere Schwierigkeiten aufbürdet.

Die hiermit vorgelegte Kommentierung geht von der Erkenntnis der Mangelhaftigkeit der neuen Gebührenordnung aus. Sie sieht über die Dunkelheiten, Widersprüche und Schwierigkeiten nicht hinweg, sondern erblickt ihr Ziel in erster Linie darin, durch eine an den praktischen Gegebenheiten der Tätigkeit des Architekten und des Ingenieurs orientierte Auslegung die Widersprüche nach Möglichkeit aufzulösen, die Unklarheiten aufzuhellen und somit dazu beizutragen, die HOAI, mit der die Beteiligten am Baugeschehen voraus-sichtlich lange Zeit zu leben haben werden, praktikabler zu machen. Die Verfasser hoffen darüber hinaus, dass manches kritische Wort den Verordnungsgeber in absehbarer Zukunft dazu veranlassen möge, die aufgezeigten Schwächen, soweit dies unter Beibehaltung des Systems überhaupt möglich ist, zu beseitigen.

Karlsbad/Düsseldorf/Köln, im Juli 1978

Inhaltsübersicht

Inhaltsübersicht

Inhaltsübersicht

Abkürzungsverzeichnis

A. A., a. A.	anderer Ansicht
A. a. O., a. a. O.	am angegebenen Ort
ABl.	Amtsblatt
Abs.	Absatz
a. E.	am Ende
ÄndVO	Änderungsverordnung (zur HOAI)
a. F.	alter Fassung
AFG	Arbeitsförderungsgesetz
AG	Amtsgericht
AGB	Allgemeine Geschäftsbedingungen
AGBG, AGB-Gesetz	Gesetz zur Regelung des Rechts der Allgemeinen Geschäftsbedingungen
AHB, AHaftpflVB	Allgemeine Versicherungsbedingungen für die Haftpflichtversicherung
AHO	Ausschuss für die Honorarordnung der Architekten und Ingenieure
ANBA	Amtliche Nachrichten der Bundesanstalt für Arbeit
Anh.	Anhang
Anm	Anmerkung
Arch	Der Architekt
ARGE BAU	Arbeitsgemeinschaft der Bauminister der Länder
Art.	Artikel
ATV	Allgemeine Technische Vorschriften
Aufl.	Auflage
BAnz.	Bundesanzeiger
BauNVO	Verordnung über die bauliche Nutzung der Grundstücke (Baunutzungsverordnung)
BauO	Bauordnung
BauR	Baurecht, Zeitschrift, Werner-Verlag seit 1970
BauGB	Baugesetzbuch
BauVorlVO	Bauvorlagenverordnung (NW)
Bay	Bayern, bayrisch
BayArchG	Bayerisches Architektengesetz
BayObLG	Bayerisches Oberstes Landesgericht, auch Entscheidungen in Zivilsachen
BayObLGSt	Entscheidungen des Bayerischen Obersten Landesgerichts in Strafsachen
BB	Betriebs-Berater, Zeitschrift
BBauBl.	Bundesbaublatt, Zeitschrift
BBauG	Bundesbaugesetz
BDA	Bund Deutscher Architekten
BDGA	Bund Deutscher Garten- und Landschaftsarchitekten
BDLA	Bund Deutscher Landschaftsarchitekten
Beil.	Beilage
BerG	Berufsgericht
Betrieb	Der Betrieb, Zeitschrift
BeurkG	Beurkundungsgesetz
BewG	Bewertungsgesetz
BFH	Bundesfinanzhof
BFM	Bundesminister der Finanzen
BGB	Bürgerliches Gesetzbuch
BGBl.	Bundesgesetzblatt
BGH	Bundesgerichtshof
BGHSt.	Entscheidungen des Bundesgerichtshofes in Strafsachen
BGHZ	Entscheidungen des Bundesgerichtshofes in Zivilsachen
BKA	Bundeskartellamt

Abkürzungsverzeichnis

Bl.	Blatt
BlGBW	Blätter für Grundstücks-, Bau- und Wohnungsrecht
Bln	Berlin
BMSchatz	Bundesschatzminister
BMZ	Baumassenzahl
BNatSchG	Gesetz über Naturschutz und Landschaftspflege
Br, Brem	Bremen, bremisch
BRDrucks.	Bundesratsdrucksache
BStBl.	Bundessteuerblatt
BTDrucks.	Bundestagsdrucksache
BVerfG	Bundesverfassungsgericht
BVerfGE	Entscheidungen des Bundesverfassungsgerichts
BVerfGG	Gesetz über das Bundesverfassungsgericht
BVerwG	Bundesverwaltungsgericht
BW	Baden-Württemberg
DAB	Deutsches Architektenblatt
DIN	Norm des Deutschen Instituts für Normung e. V.
DVO	Durchführungsverordnung
EDV	Elektronische Datenverarbeitung
EGAbgO	Einführungsgesetz zur Abgabenordnung
Einf.	Einführung
EStG	Einkommensteuergesetz
EStR	Einkommensteuer-Richtlinien
e. V.	eingetragener Verein
GAEB	Gemeinsamer Ausschuss Elektronik im Bauwesen
GBl.	Gesetzblatt
GemO	Gemeindeordnung
GewO	Gewerbeordnung
GFZ	Geschossflächenzahl
GG	Grundgesetz für die Bundesrepublik Deutschland
GIA	Gesetz zur Regelung von Ingenieur- und Architektenleistungen (MRVG Art. 10)
GMBl.	Gemeinsames Ministerialblatt
GOA	Gebührenordnung für Architekten
GOGA	Gebührenordnung für Garten- und Landschaftsarchitekten
GOI	Gebührenordnung für Ingenieure
GRUR	Gewerblicher Rechtsschutz und Urheberrecht, Zeitschrift
GVBl.	Gesetz- und Verordnungsblatt
GWB	Gesetz gegen Wettbewerbsbeschränkungen
HOA	Honorarordnung für Leistungen der Architekten (Entwurf der Bundesarchitektenkammer 1971)
HOAI	Honorarordnung für Architekten und Ingenieure
IBR	Zeitschrift Immobilien & Baurecht 1990 ff.
i. S.	im Sinne
JuS	Juristische Schulung, Zeitschrift
JW	Juristische Wochenschrift, Zeitschrift
JZ	Juristenzeitung, Zeitschrift
KG	Kammergericht
KGJ	Jahrbuch für Entscheidungen des Kammergerichts
LAWA	Länderarbeitsgemeinschaft Wasser
LBauO	Landesbauordnung
LBerG	Landesberufsgericht
LG	Landgericht

LHO	Leistungs- und Honorarordnung der Ingenieure
LHV	Leistungs- und Honorarverzeichnis (Garten- und Landschaftsarchitekten)
L/K/F	Locher/Koeble/Frik, Kommentar zur HOAI
lit.	Buchstabe
LM	Lindenmaier/Möhring, Nachschlagewerk des Bundesgerichtshofes
LStR	Lohnsteuerrichtlinien
LZ	Leipziger Zeitschrift für Deutsches Recht
MBauO	Musterbauordnung
MBl.	Ministerialblatt
MDR	Monatsschrift für deutsches Recht, Zeitschrift
MinBlFin	Ministerialblatt des Bundesministers der Finanzen
Mitt.	Mitteilungen der deutschen Patentanwälte
ModEnG	Gesetz zur Förderung der Modernisierung von Wohnungen und von Maßnahmen zur Einsparung von Heizenergie (Modernisierungs- und Energieeinsparungsgesetz)
MRVG	Gesetz zur Verbesserung des Mietrechts und zur Begrenzung des Mietanstiegs sowie zur Regelung von Ingenieur- und Architektenleistungen
MRVG Art. 10	Gesetz zur Regelung von Ingenieur- und Architektenleistungen
m. w. N.	mit weiteren Nachweisen
MwSt	Mehrwertsteuer
Nds	Niedersachsen
n. F.	neuer Fassung
NJW	Neue Juristische Wochenschrift, Zeitschrift
NJW-RR	NJW-Rechtsprechungsreport Zivilrecht, Zeitschrift
NW	Nordrhein-Westfalen
NZBau	Neue Zeitschrift für Baurecht und Vergaberecht
OGHZ	Entscheidungen des Obersten Gerichtshofs für die Britische Zone in Zivilsachen
OLG	Oberlandesgericht, Rechtsprechung der Oberlandesgerichte
OLGZ	Entscheidungen der Oberlandesgerichte in Zivilsachen
PlanzV	Verordnung über die Ausarbeitung der Bauleitpläne und die Darstellung des Planinhalts (Planzeichenverordnung 1990 – PlanzV 90)
RaumOrdG	Raumordnungsgesetz
RBBau	Richtlinien für die Durchführung von Bauaufgaben des Bundes im Zuständigkeitsbereich der Finanzbauverwaltungen
Rn./Rdn.	Randnummer, Randnote
RdErl.	Runderlass
RGBl.	Reichsgesetzblatt
RGRK	Das Bürgerliche Gesetzbuch mit besonderer Berücksichtigung der Rechtsprechung des Reichsgerichtes und des Bundesgerichtshofes, Kommentar, herausgegeben von Mitgliedern des Bundesgerichtshofes
RGSt	Entscheidungen des Reichsgerichtes in Strafsachen
RGZ	Entscheidungen des Reichsgerichtes in Zivilsachen
Rh.-Pfl.	Rheinland-Pfalz
S.	Seite
Schäfer/Finnern	Schäfer/Finnern, Rechtsprechung der Bauausführung, Loseblattsammlung
Schäfer/Finnern/Hochstein	Schäfer/Finnern/Hochstein, Rechtsprechung zum privaten Baurecht, Loseblattsammlung
Schl.-H.	Schleswig-Holstein
StÄndG	Steueränderungsgesetz
StAnz	Staatsanzeiger

Abkürzungsverzeichnis

StBauF(örd)G .... Städtebauförderungsgesetz
StLB .... Standardleistungsbücher

TBAE .... Taschenlexikon bau- und architektenrechtlicher Entscheidungen
Tn. .... Textnummer

u. a. .... unter anderem
UrhG .... Urheberrechtsgesetz
UStDV .... Verordnung zur Durchführung des Umsatzsteuergesetzes
UStG .... Umsatzsteuergesetz
u. U. .... unter Umständen

VE .... Verrechnungseinheit(en)
VersR .... Versicherungsrecht, Zeitschrift
vgl. .... vergleiche
VO .... Verordnung
VOB(/B) .... Vergabeverordnung für Bauleistungen (Teil B)
VOF .... Vergabeverordnung für Freiberufliche Leistungen
Vorbem. .... Vorbemerkung

Warn .... Warneyer, Die Rechtsprechung des Reichsgerichts
WEG .... Wohnungseigentumsgesetz
WertV .... Wertermittlungsverordnung
WertR .... Wertermittlungs-Richtlinien
WiGBl. .... Gesetzblatt der Verwaltung des Vereinigten Wirtschaftsgebiets
WiStG .... Wirtschaftsstrafgesetz
WM .... Wertpapiermitteilungen
WoFamG .... Wohnungsbau- und Familienheimgesetz (Zweites Wohnungsbaugesetz)
WuW/E .... Wirtschaft und Wettbewerb/Entscheidungssammlung

z. B. .... zum Beispiel
ZfBR .... Zeitschrift für deutsches und internationales Baurecht
ZIP .... Zeitschrift für Wirtschaftsrecht und Insolvenzpraxis
ZMR .... Zeitschrift für Miet- und Raumrecht
ZSW .... Zeitschrift für das gesamte Sachverständigenwesen
ZuSEG, ZSEG .... Gesetz über die Entschädigung von Zeugen und Sachverständigen

Literaturverzeichnis

AHO e. V. .... Untersuchungen zum Leistungsbild des § 31 HOAI und zur Honorierung für die Projektsteuerung; Nr. 9 der Schriftenreihe des AHO

Alio .... Die Neufassung der Brüssel I-Verordnung, NJW 2014, 2395

Architektenkammer Hessen Generalplanung – Ein Leitfaden für Architekten

Architektenkammer Hessen HOAI-Orientierungshilfe

Arlt .... Zeithonorare für Leistungen der Architekten und der Ingenieure, DAB 1979, 719

Baumbach/Lauterbach/
Albers/Hartmann .... Zivilprozessordnung, 73. Aufl., 2015

Battis/Krautzberger/Löhr .. BauGB, 12. Aufl., 2014

Bayerlein u. a. .... Praxishandbuch Sachverständigenrecht, 5. Aufl., 2015

Beck'scher Online-Kom-
mentar Urheberrecht ..... herausgegeben von Ahlberg/Götting, Edition 3

Beck'scher VOB und Ver-
gaberechts-Kommentar Teile A, B und C, 3 Bände

v. Bentheim/Meurer .... Honorar-Handbuch für. Architekten und Ingenieure, 2002

Berg .... Der Schutz der Leistungen der Architekten und Projektanten im Urheberrecht der DDR, Festschrift Locher, 393 ff.

Binder/Kosterhon .... Urheberrecht für Architekten und Ingenieure. Schützen, Durchsetzen, Abwehren, 2. Aufl. 2014

Boldt .... Streitverkündung: Rechte des Nebenintervenienten, BauR 2013, 287

Borgmann .... Die Zusatzvergütung des Planers nach § 21 HOAI – Eine kritische Bestandsaufnahme, BauR 1994, 707 ff.

Bruns .... Zurückbehaltungsrechte an Architektenplänen, BauR 99, 529

Budnick .... Architektenhaftung für Vergabe-, Koordinierungs- und Baukostenplanungsfehler, Baurechtliche Schriftenreihe Bd. 45

Bunjes .... Umsatzsteuergesetz, Kommentar, 13. Aufl., 2014

von Craushaar .... Die Vollmacht des Architekten zur Anordnung und Vergabe von Zusatzarbeiten, BauR 1982, 421

Deckers .... Das Honorar des bauleitenden Arch. für die Prüfung nachträglicher Angebote, BauR 2000, 1422

Deckers .... Prozessnahe Probleme der Honorarklage, BauR 2001, 1832

Dittert .... Die Haftung der Architekten und beratenden Ingenieure und ihre Haftpflichtversicherung, Leipziger Baurechtstage 1990, 201 ff.

Döderlein/Vygen .... Taschenlexikon bau- und architektenrechtlicher Entscheidungen – TBAE

Dörr .... HOAI und EG-Vertrag, BauR 1997, 390

Eich .... Der Leistungsbegriff im Architektenvertrag BauR 1995, 31 ff.

Eich .... Erweiterte Leistungsverbindungspflichten des Architekten durch im § 15 HOAI –'96 neu hinzugekommene Grundleistungen?, BauR 1997, 198 ff.

Eich .... Der vom Architekten geschuldete Erfolg aus Sicht des Honorarverständigen, BauR 2002, 1021

Englert/Bauer .... Rechtsfragen zum Baugrund, Baurechtliche Schriftenreihe Bd. 5

Eschenbruch .... Recht der Projektsteuerung, 3. Auflage, 2009

Enseleit/Osenbrück .... HOAI, Anrechenbare Kosten für Architekten und Tragwerksplaner, 2006

Ernst/Zinkahn/
Bielenberg .... Baugesetzbuch, Loseblatt-Kommentar, Stand 09/2012

Festschriften .... für Hermann Korbion 1986
für Horst Locher 1990
für Carl Soergel 1993
für Wolfgang Heiermann 1995
für Götz von Craushaar 1997
für Klaus Vygen 1999
für Jack Mantscheff 2000

Literatur

Festschriften	für Karl-Heinz Schiffers 2001
	für Walter Jagenburg 2002
	für Steffen Kraus 2003
	für Ulrich Werner 2005
	für Gerd Motzke 2006
	für Hans Ganten 2007
	für Klaus-D. Kapellmann 2007
Fett	Die Architekten-GmbH DAB 1991, 1189 ff.
Fickert/Fieseler	Baunutzungsverordnung, 2008
Franken	Honorarordnung für Architekten und Ingenieure. Erläuterungen unter besonderer Berücksichtigung der Leistungen der Garten- und Landschaftsarchitekten
Frankfurter Kommentar	Kommentar zum Gesetz gegen Wettbewerbsbeschränkungen, Loseblatt-Ausgabe
Frik	Zur Berechnung der anrechenbaren Kosten vorhandener Bausubstanz, die technisch oder gestalterisch mitverarbeitet wird, gem. § 10 (3 a) HOAI, Fassung 1. 4. 1988, BauR 1991, 37 ff.
Ganten	Recht und Pflicht des Architekten zur Nachbesserung seines (mangelhaften) Werkes, Festschrift für Korbion 1986, S. 85 ff.
Geimer/Schütze	Europäisches Zivilverfahrensrecht, 3. Aufl. 2010
Glöckner/v. Berg	Fachanwaltskommentar Bau- und Architektenrecht, 2011
Günther	Die Bindung an die einmal erteilte Honorarschlußrechnung nach HOAI, BauR 1991, 555 ff.
Hahn	Projektierung technischer Anlagen: Kostenlos?, BauR 1989, 670 ff.
Hartmann u. a.	Die neue Honorarordnung für Architekten und Ingenieure (HOAI), Loseblatt-Sammlung
Hartmann/Metzenmacher	Umsatzsteuergesetz
Heiermann/Franke/Knipp	Baubegleitende Rechtsberatung, 2002
Heiermann/Riedl/Rusam	Handkommentar zur VOB Teile A und B, 13. Aufl., 2013
Heinle	Ansprüche des Architekten bei Bauzeitverlängerung, Zum Schattendasein des § 642 BGB, BauR 1992, 428 ff.
Heinrich	Der Baucontrollingvertrag 1987, Band 10 der Baurechtlichen Schriftenreihe
Heinrich	Rechtskraftwirkung der Abweisung der Klage auf Architektenhonorar oder Bauunternehmerabwehr als „zur Zeit unbegründet", BauR 1999, 17
Hök	Zur Preisautonomie bei Architekten- und Ingenieurverträgen mit Auslandsberührung, BauR 2002, 1471
Hofmann/Koppmann	Die neue Bauhandwerkersicherung
Hussmann	Unterschreitung der Mindestsätze der HOAI, DAB 1985, NW 267
Hussmann	Die Grundlagenermittlung (§ 15 HOAI), DAB 1986, NW 53
Immenga/Mestmäcker	GWB, Gesetz gegen Wettbewerbsbeschränkungen, Kommentar
Ingenstau/Korbion	VOB Verdingungsordnung für Bauleistungen Teile A und B, herausgegeben von Locher/Vygen ab 18. Aufl., 2013
Jagenburg/Sieber/ Mantscheff	Das private Baurecht im Spiegel der Rechtsprechung
Jochem	HOAI – Kommentar, Architektenleistungen, 6. Aufl., 2014
Jochem	Architektenleistung als unentgeltliche Akquisition Festschrift für Vygen 1999, S. 10 ff.
Jochem	Die Kostenplanung im Leistungsbild des Architekten, Festschrift für Götz von Craushaar, 1 ff.
Kapellmann/Messerschmidt	VOB Teile A und B. 4. Aufl. 2013
Kapellmann/Vygen	Jahrbuch Baurecht 1998–2012
Kleine-Möller/Merl	Handbuch des Privaten Baurecht, 5. Aufl., 2014
Knacke	Aufklärungspflicht des Architekten über die Vergütungspflicht und das Honorar seiner Leistungen, BauR 1990, 395 ff.
Kniffka (Hrsg.)	Bauvertragsrecht, 2012
Kniffka	Honorarkürzung wegen nicht erbrachter Architektenleistung – Abschied vom Begriff der zentralen Leistung, Festschrift für Vygen 1999, S. 20 ff.
Kniffka/Koeble	Kompendium des Baurechts, 4. Aufl., 2014
Knipp	Die Bewertung von Architekten- und Ingenieurleistungen bei beschränkten Aufträgen, Festschrift für Jagenburg, 351 ff.

Literatur

Knittel	Vergütung von Besprechungen des Tragwerksplaners, BauR 2000, 356
Knychalla	Inhaltskontrolle von Architekten-Formularverträgen, 1987, Band 8 der Baurechtlichen Schriftenreihe
Koeble	Die Prüfbarkeit der Honorarrechnung des Architekten und der Ingenieure, BauR 2000, 785 ff.
Kollmer	Baustellenverordnung, 2. Auflage 2004
Konrad	Zur Unterschreitung der Mindestsätze (§ 4 Abs. 2 HOAI), BauR 1989, 653 ff.
Keldungs/Brück	Der VOB-Vertrag, 9. Aufl. 2008
Krause-Allenstein	Die Haftung des Architekten für Bausummenüberschreitung und sein Versicherungsschutz, Baurechtliche Schriften, Bd. 55
Kreißl	Die Honorarvereinbarung zwischen Auftraggeber und Auftragnehmer, Baurechtliche Schriftenreihe, Bd. 50
Kroppen	Die außergewöhnliche Leistung des Architekten und deren Honorierung, Festschrift für Korbion 1986, S. 227 ff.
Kuffer/Wirth	Handbuch des Fachanwalts Bau- und Architektenrecht, 4. Aufl. 2013
Lansnicker/Schwirtzek	Zum Anwendungsbereich des § 20 HOAI, BauR 2000, 56
Lauer	Prüffähige Schlußrechnung nach § 8 HOAI und Verjährung der Honorarforderung, BauR 1989, 665 ff.
Lauer	Die Haftung des Architekten bei Bausummenüberschreitung Baurechtliche Schriften Band 28
Lederer	Honorarmanagement bei Architekten- und Ingenieurverträgen
Leineweber	Handbuch des Bauvertragsrechts
Lenzen	Der bauleitende Architekt als Haftpflichtversicherer des bauplanenden Architekten, BauR 2000, 816
Lischka	Honorierung von Leistungen bei der technischen Ausrüstung, BauR 2001, 29
Locher	Das private Baurecht, 8. Aufl. 2012
Locher	Neuregelungen beim Honorarrecht für Architekten und Ingenieure, NJW 1985, 367
Locher/Koeble/Frik	Kommentar zur HOAI, 12. Aufl., 2014
Locher, U.	Die Rechnung im Werkvertragsrecht, Bd. 19 der Baurechtlichen Schriftenreihe
Locher, U.	Die Abwicklung des unwirksamen Architektenvertrages, Festschrift für Vygen 1999, S. 28 ff.
Locher-Weiß	Rechtliche Probleme des Schallschutzes, Baurechtliche Schriften, Bd. 3
Löffelmann/Fleischmann	Architektenrecht, 7. Aufl., 2014
Löffelmann	Zum Planungsbegriff des § 10 Abs. 4 und 5 HOAI, Festschrift für Götz von Craushaar, 31 ff.
von Mangoldt/Klein	Das Bonner Grundgesetz, 6. Auflage 2010
Mantscheff	Der angemessene Preis, Festschrift Vygen
Mantscheff, H.	Zu den anrechenbaren Kosten der vorhandenen Bausubstanz, Festschrift für Mantscheff, 23 ff.
Mauer	Schwachstellen der HOAI für den Honoraranspruch des Architekten, Festschrift Locher, S. 189 ff.
Maunz/Dürig	Grundgesetz, Loseblatt-Ausgabe, Stand August 2012
Messerschmidt/Voit	Privates Baurecht, Kommentar zu §§ 631 ff. BGB, 2. Aufl., 2012
Meurer	10 Anleitungsschritte zur Überprüfung einer Honorarrechnung, BauR 2001, 1659
Meurer	Nachträgliches Fortschreiben von bereits erstellten Kostenermittlungen durch Architekten, BauR 2003, 328 ff.
Morlock/Meurer	Die HOAI in der Praxis, 9. Aufl., 2014
Motzke/Wolff	Praxis der HOAI, 3. Aufl. 2004
Müller-Wrede	Verdingungsordnung für freiberufliche Leistungen – VOF, Kommentar, 7. Aufl. 2011
Münchener Kommentar	Bürgerliches Gesetzbuch, Band 3, 1. Halbbd. Schuldrecht, Besonderer Teil (Soergel)
Musielak	ZPO, 11. Aufl. 2014
Neuenfeld	Die Zulässigkeit von Eingriffen in das Urheberrecht des Architekten, Festschrift Locher, 403 ff.
Neuenfeld	Bewegung im Architekten-Urheberrecht, BauR 2011, 180

Literatur

Neuenfeld/Baden/Dohna/ Grosscurth	Handbuch des Architektenrechts, 3 Bände, Loseblattsammlung
Nicklisch/Weick	VOB Verdingungsordnung für Bauleistungen Teil B, 3. Aufl. 2001
Olshausen	VDI-Lexikon Bauingenieurwesen, 2. Auflage 1997
Osenbrück	Die RBBau, Bd. 12 der Baurechtlichen Schriftenreihe
Osenbrück	Sind bei der Berechnung des Umbauzuschlags nach HOAI neben den Umbaukosten zusätzlich auch etwaige Kosten mitzuverarbeitender Bausubstanz zu berücksichtigen? Festschrift für Jagenburg, 725 ff.
Palandt	Bürgerliches Gesetzbuch, Kommentar, 74. Aufl., 2014
Pott/Dahlhoff/Kniffka/Rath	HOAI – Kommentar, 10. Aufl., 2014
Putzier	Der unvermutete Mehraufwand für die Herstellung des Bauwerks, Baurechtliche Schriften, Bd. 33
Preussner	HOAI 2009, Leitfaden, 2009
Rössler/Troll	Bewertungsgesetz und Vermögenssteuergesetz, Kommentar, 17. Auflage 2012
Saar/Böhm	Leitfaden zur HOAI, Band 3 (Tragwerksplanung)
Sangenstedt	Rechtshandbuch für Ingenieure und Architekten
Schill	Der Projektsteuerungsvertrag
Scholtissek	HOAI, Beck'sche Kompakt-Kommentare, 2. Aufl. 2014
Seibel	Müssen einer Streitverkündungsschrift zur Angabe der „Lage des Rechtsstreits" Ablichtungen aus den Gerichtsakten beigefügt werden? BauR 2014, 456
Seibel	Selbständiges Beweisverfahren, 2013
Seifert/Preussner	Baukostenplanung, 4. Aufl., 2013
Seifert	Prüffähigkeitsanforderungen für Architektenrechnungen aus Kostenermittlungen und Ermittlungen der anrechenbaren Kosten, BauR 2001, 1330 ff.
Seifert	Zur Honorierung von neu hergestellten technischen Anlagen in Bestandsgebäuden, BauR 2001, 35 f.
Seifert	Ermittlung des erbrachten Leistungsanteils des Architekten bei unvollständiger Objektüberwachung, Festschrift für Werner 2005, S. 145 ff.
Seifert	Zu den Leistungspflichten des Architekten bei der Kostenplanung, Festschrift für Motzke 2006, S. 392 ff.
Seifert	Leistungsbeschreibung und Honorarvereinbarung im Architektenvertrag bei Baumaßnahmen an vorhandenen Objekten, BauR 2007, Heft 1a, S. 256 ff.
Siegburg	Baumängel aufgrund fehlerhafter Vorgaben des Bauherren, Festschrift für Korbion 1986, S. 411 ff.
Siegburg	Handbuch der Gewährleistung beim Bauvertrag
Simon/Kleiber	Schätzung und Ermittlung von Grundstückswerten
Smoltczyk [Hrsg.] u.a.	Grundbau-Taschenbuch, Teil 3
Sohn	Bindungswirkung des Gutachtens im selbständigen Beweisverfahren, BauR 2009, 1213
Steinfort	Baugesetzbuch für Planer
Stemmer/Wierer	Der Kostenvoranschlag: Instrument der Kostenplanung einerseits, Grundlage für das Honorar der Architekten und Ingenieure andererseits, BauR 2006, 1058 ff.
Thode	Internationales Architekten- und Bauvertragsrecht, RWS-Skript
Thode	Europarecht und Schiedsvereinbarung in Verbraucherverträgen – Anmerkung zum BGH-Urteil vom 1.3.2007 – III ZR 164/06, ZfBR 2007, 430
Thode/Wirth/Kuffer	Praxishandbuch Architektenrecht, 2004
Thomas/Putzo	ZPO, 35. Aufl. 2014
Ulmer/Brandner/Hensen	AGB-Gesetz, Kommentar, 11. Auflage 2011
Ulrich	Selbständiges Beweisverfahren, BauR 2013, 299
Voppel/Osenbrück/Bubert	VOF, Kommentar, 3. Auflage 2012
Vygen/Joussen	Bauvertragsrecht nach VOB und BGB, 5. Aufl., 2013
Vygen/Schubert/Lang	Bauverzögerung und Leistungsänderung, 7. Aufl., 2015
Weise	Selbständiges Beweisverfahren im Baurecht
Werner	Der dynamische, „fortgeschriebene" Kostenanschlag, DAB 2006, Heft 3, S. 38 ff.

Literatur

Werner	Die Ermittlung der anrechenbaren Kosten gem. § 10 Abs. 2 u. 3 a HOAI, Festschrift für Götz von Craushaar, 65 ff.
Werner	Die HOAI und der Grundsatz von Treu und Glauben, Festschrift Locher, S. 289 ff.
Werner/Pastor	Der Bauprozeß, 15. Aufl., 2015
Weyand	Vergaberecht, 4. Aufl., 2013
Weyer	Probleme der Honorarabrechnung für besondere Leistungen nach der HOAI, Festschrift Locher, 303 ff.
Weyer	Die Bindung des Architekten an seine Honorarschlussrechnung: Theorie und Praxis, Festschrift für Vygen, S. 78 ff.
Wirth	Rechtsfragen des Baustoffhandels Heft 26 der Baurechtlichen Schriftenreihe 1994
Wirth	Handbuch zur Vertragsgestaltung, Vertragsabwicklung und Prozessführung im privaten und öffentlichen Baurecht, 2 Bde.
Zerhusen	Mandatspraxis Privates Baurecht, 3. Aufl. 2012
Ziekow/Völlink	Vergaberecht, 2. Aufl. 2013
Zöller	Zivilprozessordnung, Kommentar, 30. Aufl., 2014

Teil A. Gesetzes- und Verordnungstexte

1. Gesetz zur Regelung von Ingenieur- und Architektenleistungen[1)]

Vom 4. November 1971 (BGBl. I S. 1749)

zuletzt geändert durch Anlage I Kap. V Abschn. III EinigungsvertragsG
und der Vereinbarung vom 18. September 1990 vom 23.9.1990 (BGBl. II S. 885)

§ 1 Ermächtigung zum Erlaß einer Honorarordnung für Ingenieure

(1) [1]Die Bundesregierung wird ermächtigt, durch Rechtsverordnung mit Zustimmung des Bundesrates eine Honorarordnung für Leistungen der Ingenieure zu erlassen. [2]In der Honorarordnung sind Honorare für Leistungen bei der Beratung des Auftraggebers, bei der Planung und Ausführung von Bauwerken und technischen Anlagen, bei der Ausschreibung und Vergabe von Bauleistungen sowie bei der Vorbereitung, Planung und Durchführung von städtebaulichen und verkehrstechnischen Maßnahmen zu regeln.

(2) [1]In der Honorarordnung sind Mindest- und Höchstsätze festzusetzen. [2]Dabei ist den berechtigten Interessen der Ingenieure und der zur Zahlung der Honorare Verpflichteten Rechnung zu tragen. [3]Die Honorarsätze sind an der Art und dem Umfang der Aufgabe sowie an der Leistung des Ingenieurs auszurichten. [4]Für rationalisierungswirksame besondere Leistungen des Ingenieurs, die zu einer Senkung der Bau- und Nutzungskosten führen, können besondere Honorare festgesetzt werden.

(3) In der Honorarordnung ist vorzusehen, daß

1. die Mindestsätze durch schriftliche Vereinbarung in Ausnahmefällen unterschritten werden können;

2. die Höchstsätze nur bei außergewöhnlichen oder ungewöhnlich lange dauernden Leistungen überschritten werden dürfen;

3. die Mindestsätze als vereinbart gelten, sofern nicht bei Erteilung des Ingenieurauftrages etwas anderes schriftlich vereinbart ist.

§ 2 Ermächtigung zum Erlaß von Honorarordnung für Architekten

(1) [1]Die Bundesregierung wird ermächtigt, durch Rechtsverordnung mit Zustimmung des Bundesrates eine Honorarordnung für Leistungen der Architekten (einschließlich der Garten- und Landschaftsarchitekten) zu erlassen. [2]In der Honorarordnung sind Honorare für Leistungen bei der Beratung des Auftraggebers, bei der Planung und Ausführung von Bauwerken und Anlagen, bei der Ausschreibung und Vergabe von Bauleistungen sowie bei der Vorbereitung, Planung und Durchführung von städtebaulichen Maßnahmen zu regeln.

(2) [1]In der Honorarordnung sind Mindest- und Höchstsätze festzusetzen. [2]Dabei ist den berechtigten Interessen der Architekten und der zur Zahlung der Honorare Verpflichteten Rechnung zu tragen. [3]Die Honorarsätze sind an der Art und dem Umfang der Aufgabe sowie an der Leistung des Architekten auszurichten. [4]Für rationalisierungswirksame besondere Leistungen des Architekten, die zu einer Senkung der Bau- und Nutzungskosten führen, können besondere Honorare festgesetzt werden.

(3) In der Honorarordnung ist vorzusehen, daß

1. die Mindestsätze durch schriftliche Vereinbarung in Ausnahmefällen unterschritten werden können;

2. die Höchstsätze nur bei außergewöhnlichen oder ungewöhnlich lange dauernden Leistungen überschritten werden dürfen;

[1)] Verkündet als Art. 10 des Gesetzes zur Verbesserung des Mietrechts und zur Begrenzung des Mietanstiegs sowie zur Regelung von Ingenieur- und Architektenleistungen vom 4.11.1971 (BGBl. I S. 1745).

1

3. die Mindestsätze als vereinbart gelten, sofern nicht bei Erteilung des Architektenauftrages etwas anderes schriftlich vereinbart ist.

§ 3 Unverbindlichkeit der Kopplung von Grundstückskaufverträgen mit Ingenieur- und Architektenverträgen

[1] Eine Vereinbarung, durch die der Erwerber eines Grundstücks sich im Zusammenhang mit dem Erwerb verpflichtet, bei der Planung oder Ausführung eines Bauwerks auf dem Grundstück die Leistungen eines bestimmten Ingenieurs oder Architekten in Anspruch zu nehmen, ist unwirksam. [2] Die Wirksamkeit des auf den Erwerb des Grundstücks gerichteten Vertrages bleibt unberührt.

2. Verordnung über die Honorare für Architekten- und Ingenieurleistungen (Honorarordnung für Architekten und Ingenieure – HOAI)

Vom 10. Juli 2013 (BGBl. I S. 2276)

FNA 402-24-8-2-3

Auf Grund der §§ 1 und 2 des Gesetzes zur Regelung von Ingenieur- und Architektenleistungen vom 4. November 1971 (BGBl. I S. 1745, 1749), die durch Artikel 1 des Gesetzes vom 12. November 1984 (BGBl. I S. 1337) geändert worden sind, verordnet die Bundesregierung:

Inhaltsübersicht

Teil 1. Allgemeine Vorschriften

Teil 2. Flächenplanung

Abschnitt 1. Bauleitplanung

Abschnitt 2. Landschaftsplanung

Teil 3. Objektplanung

Abschnitt 1. Gebäude und Innenräume

Teil 1. Allgemeine Vorschriften

§ 1 Anwendungsbereich

Diese Verordnung regelt die Berechnung der Entgelte für die Grundleistungen der Architekten und Architektinnen und der Ingenieure und Ingenieurinnen (Auftragnehmer oder Auftragnehmerinnen) mit Sitz im Inland, soweit die Grundleistungen durch diese Verordnung erfasst und vom Inland aus erbracht werden.

§ 2 Begriffsbestimmungen

(1) [1]Objekte sind Gebäude, Innenräume, Freianlagen, Ingenieurbauwerke, Verkehrsanlagen. [2]Objekte sind auch Tragwerke und Anlagen der Technischen Ausrüstung.

(2) Neubauten und Neuanlagen sind Objekte, die neu errichtet oder neu hergestellt werden.

(3) [1]Wiederaufbauten sind Objekte, bei denen die zerstörten Teile auf noch vorhandenen Bau- oder Anlagenteilen wiederhergestellt werden. [2]Wiederaufbauten gelten als Neubauten, sofern eine neue Planung erforderlich ist.

(4) Erweiterungsbauten sind Ergänzungen eines vorhandenen Objekts.

(5) Umbauten sind Umgestaltungen eines vorhandenen Objekts mit wesentlichen Eingriffen in Konstruktion oder Bestand.

(6) Modernisierungen sind bauliche Maßnahmen zur nachhaltigen Erhöhung des Gebrauchswertes eines Objekts, soweit diese Maßnahmen nicht unter Absatz 4, 5 oder 8 fallen.

(7) Mitzuverarbeitende Bausubstanz ist der Teil des zu planenden Objekts, der bereits durch Bauleistungen hergestellt ist und durch Planungs- oder Überwachungsleistungen technisch oder gestalterisch mitverarbeitet wird.

(8) Instandsetzungen sind Maßnahmen zur Wiederherstellung des zum bestimmungsgemäßen Gebrauch geeigneten Zustandes (Soll-Zustandes) eines Objekts, soweit diese Maßnahmen nicht unter Absatz 3 fallen.

(9) Instandhaltungen sind Maßnahmen zur Erhaltung des Soll-Zustandes eines Objekts.

(10) [1]Kostenschätzung ist die überschlägige Ermittlung der Kosten auf der Grundlage der Vorplanung. [2]Die Kostenschätzung ist die vorläufige Grundlage für Finanzierungsüberlegungen. [3]Der Kostenschätzung liegen zugrunde:

1. Vorplanungsergebnisse,
2. Mengenschätzungen,
3. erläuternde Angaben zu den planerischen Zusammenhängen, Vorgängen sowie Bedingungen und
4. Angaben zum Baugrundstück und zu dessen Erschließung.

[4]Wird die Kostenschätzung nach § 4 Absatz 1 Satz 3 auf der Grundlage der DIN 276 in der Fassung vom Dezember 2008 (DIN 276-1: 2008-12) erstellt, müssen die Gesamtkosten nach Kostengruppen mindestens bis zur ersten Ebene der Kostengliederung ermittelt werden.

(11) [1]Kostenberechnung ist die Ermittlung der Kosten auf der Grundlage der Entwurfsplanung. [2]Der Kostenberechnung liegen zugrunde:

1. durchgearbeitete Entwurfszeichnungen oder Detailzeichnungen wiederkehrender Raumgruppen,
2. Mengenberechnungen und
3. für die Berechnung und Beurteilung der Kosten relevante Erläuterungen.

[3]Wird die Kostenberechnung nach § 4 Absatz 1 Satz 3 auf der Grundlage der DIN 276 erstellt, müssen die Gesamtkosten nach Kostengruppen mindestens bis zur zweiten Ebene der Kostengliederung ermittelt werden.

§ 3 Leistungen und Leistungsbilder

(1) [1]Die Honorare für Grundleistungen der Flächen-, Objekt- und Fachplanung sind in den Teilen 2 bis 4 dieser Verordnung verbindlich geregelt. [2]Die Honorare für Beratungsleistungen der Anlage 1 sind nicht verbindlich geregelt.

(2) [1]Grundleistungen, die zur ordnungsgemäßen Erfüllung eines Auftrags im Allgemeinen erforderlich sind, sind in Leistungsbildern erfasst. [2]Die Leistungsbilder gliedern sich in Leistungsphasen gemäß den Regelungen in den Teilen 2 bis 4.

(3) [1]Die Aufzählung der Besonderen Leistungen in dieser Verordnung und in den Leistungsbildern ihrer Anlagen ist nicht abschließend. [2]Die Besonderen Leistungen können auch für Leistungsbilder und Leistungsphasen, denen sie nicht zugeordnet sind, vereinbart werden, soweit sie dort keine Grundleistungen darstellen. [3]Die Honorare für Besondere Leistungen können frei vereinbart werden.

(4) Die Wirtschaftlichkeit der Leistung ist stets zu beachten.

§ 4 Anrechenbare Kosten

(1) [1]Anrechenbare Kosten sind Teil der Kosten für die Herstellung, den Umbau, die Modernisierung, Instandhaltung oder Instandsetzung von Objekten sowie für die damit zusammenhängenden Aufwendungen. [2]Sie sind nach allgemein anerkannten Regeln der Technik oder nach Verwaltungsvorschriften (Kostenvorschriften) auf der Grundlage ortsüblicher Preise zu ermitteln. [3]Wird in dieser Verordnung im Zusammenhang mit der Kostenermittlung die DIN 276 in Bezug genommen, so ist die Fassung vom Dezember 2008 (DIN 276-1: 2008-12) bei der Ermittlung der anrechenbaren Kosten zugrunde zu legen. [4]Umsatzsteuer, die auf die Kosten von Objekten entfällt, ist nicht Bestandteil der anrechenbaren Kosten.

(2) Die anrechenbaren Kosten richten sich nach den ortsüblichen Preisen, wenn der Auftraggeber

1. selbst Lieferungen oder Leistungen übernimmt,
2. von bauausführenden Unternehmen oder von Lieferanten sonst nicht übliche Vergünstigungen erhält,
3. Lieferungen oder Leistungen in Gegenrechnung ausführt oder
4. vorhandene oder vorbeschaffte Baustoffe oder Bauteile einbauen lässt.

(3) [1]Der Umfang der mitzuverarbeitenden Bausubstanz im Sinne des § 2 Absatz 7 ist bei den anrechenbaren Kosten angemessen zu berücksichtigen. [2]Umfang und Wert der mitzuverarbeitenden Bausubstanz sind zum Zeitpunkt der Kostenberechnung oder, sofern keine Kostenberechnung vorliegt, zum Zeitpunkt der Kostenschätzung objektbezogen zu ermitteln und schriftlich zu vereinbaren.

§ 5 Honorarzonen

(1) Die Objekt- und Tragwerksplanung wird den folgenden Honorarzonen zugeordnet:

1. Honorarzone I: sehr geringe Planungsanforderungen,
2. Honorarzone II: geringe Planungsanforderungen,
3. Honorarzone III: durchschnittliche Planungsanforderungen,
4. Honorarzone IV: hohe Planungsanforderungen,
5. Honorarzone V: sehr hohe Planungsanforderungen.

(2) Flächenplanungen und die Planung der Technischen Ausrüstung werden den folgenden Honorarzonen zugeordnet:

1. Honorarzone I: geringe Planungsanforderungen,
2. Honorarzone II: durchschnittliche Planungsanforderungen,
3. Honorarzone III: hohe Planungsanforderungen.

(3) [1]Die Honorarzonen sind anhand der Bewertungsmerkmale in den Honorarregelungen der jeweiligen Leistungsbilder der Teile 2 bis 4 zu ermitteln. [2]Die Zurechnung zu den einzelnen Honorarzonen ist nach Maßgabe der Bewertungsmerkmale und gegebenenfalls der Bewertungspunkte sowie unter Berücksichtigung der Regelbeispiele in den Objektlisten der Anlagen dieser Verordnung vorzunehmen.

§ 6 Grundlagen des Honorars

(1) Das Honorar für Grundleistungen nach dieser Verordnung richtet sich

1. für die Leistungsbilder des Teils 2 nach der Größe der Fläche und für die Leistungsbilder der Teile 3 und 4 nach den anrechenbaren Kosten des Objekts auf der Grundlage der Kostenbe-

rechnung oder, sofern keine Kostenberechnung vorliegt, auf der Grundlage der Kostenschätzung,

2. nach dem Leistungsbild,

3. nach der Honorarzone,

4. nach der dazugehörigen Honorartafel.

(2) [1]Honorare für Leistungen bei Umbauten und Modernisierungen gemäß § 2 Absatz 5 und Absatz 6 sind zu ermitteln nach

1. den anrechenbaren Kosten,

2. der Honorarzone, welcher der Umbau oder die Modernisierung in sinngemäßer Anwendung der Bewertungsmerkmale zuzuordnen ist,

3. den Leistungsphasen,

4. der Honorartafel und

5. dem Umbau- oder Modernisierungszuschlag auf das Honorar.

[2]Der Umbau- oder Modernisierungszuschlag ist unter Berücksichtigung des Schwierigkeitsgrads der Leistungen schriftlich zu vereinbaren. [3]Die Höhe des Zuschlags auf das Honorar ist in den jeweiligen Honorarregelungen der Leistungsbilder der Teile 3 und 4 geregelt. [4]Sofern keine schriftliche Vereinbarung getroffen wurde, wird unwiderleglich vermutet, dass ein Zuschlag von 20 Prozent ab einem durchschnittlichen Schwierigkeitsgrad vereinbart ist.

(3) [1]Wenn zum Zeitpunkt der Beauftragung noch keine Planungen als Voraussetzung für eine Kostenschätzung oder Kostenberechnung vorliegen, können die Vertragsparteien abweichend von Absatz 1 schriftlich vereinbaren, dass das Honorar auf der Grundlage der anrechenbaren Kosten einer Baukostenvereinbarung nach den Vorschriften dieser Verordnung berechnet wird. [2]Dabei werden nachprüfbare Baukosten einvernehmlich festgelegt.

§ 7 Honorarvereinbarung

(1) Das Honorar richtet sich nach der schriftlichen Vereinbarung, die die Vertragsparteien bei Auftragserteilung im Rahmen der durch diese Verordnung festgesetzten Mindest- und Höchstsätze treffen.

(2) Liegen die ermittelten anrechenbaren Kosten oder Flächen außerhalb der in den Honorartafeln dieser Verordnung festgelegten Honorarsätze, sind die Honorare frei vereinbar.

(3) Die in dieser Verordnung festgesetzten Mindestsätze können durch schriftliche Vereinbarung in Ausnahmefällen unterschritten werden.

(4) [1]Die in dieser Verordnung festgesetzten Höchstsätze dürfen nur bei außergewöhnlichen oder ungewöhnlich lange dauernden Grundleistungen durch schriftliche Vereinbarung überschritten werden. [2]Dabei bleiben Umstände, soweit sie bereits für die Einordnung in die Honorarzonen oder für die Einordnung in den Rahmen der Mindest- und Höchstsätze mitbestimmend gewesen sind, außer Betracht.

(5) Sofern nicht bei Auftragserteilung etwas anderes schriftlich vereinbart worden ist, wird unwiderleglich vermutet, dass die jeweiligen Mindestsätze gemäß Absatz 1 vereinbart sind.

(6) [1]Für Planungsleistungen, die technischwirtschaftliche oder umweltverträgliche Lösungsmöglichkeiten nutzen und zu einer wesentlichen Kostensenkung ohne Verminderung des vertraglich festgelegten Standards führen, kann ein Erfolgshonorar schriftlich vereinbart werden. [2]Das Erfolgshonorar kann bis zu 20 Prozent des vereinbarten Honorars betragen. [3]Für den Fall, dass schriftlich festgelegte anrechenbare Kosten überschritten werden, kann ein Malus-Honorar in Höhe von bis zu 5 Prozent des Honorars schriftlich vereinbart werden.

§ 8 Berechnung des Honorars in besonderen Fällen

(1) [1]Werden dem Auftragnehmer nicht alle Leistungsphasen eines Leistungsbildes übertragen, so dürfen nur die für die übertragenen Phasen vorgesehenen Prozentsätze berechnet und vereinbart werden. [2]Die Vereinbarung hat schriftlich zu erfolgen.

(2) [1]Werden dem Auftragnehmer nicht alle Grundleistungen einer Leistungsphase übertragen, so darf für die übertragenen Grundleistungen nur ein Honorar berechnet und vereinbart werden, das dem Anteil der übertragenen Grundleistungen an der gesamten Leistungsphase ent-

spricht. [2]Die Vereinbarung hat schriftlich zu erfolgen. [3]Entsprechend ist zu verfahren, wenn dem Auftragnehmer wesentliche Teile von Grundleistungen nicht übertragen werden.

(3) Die gesonderte Vergütung eines zusätzlichen Koordinierungs- oder Einarbeitungsaufwands ist schriftlich zu vereinbaren.

§ 9 Berechnung des Honorars bei Beauftragung von Einzelleistungen

(1) [1]Wird die Vorplanung oder Entwurfsplanung bei Gebäuden und Innenräumen, Freianlagen, Ingenieurbauwerken, Verkehrsanlagen, der Tragwerksplanung und der Technischen Ausrüstung als Einzelleistung in Auftrag gegeben, können für die Leistungsbewertung der jeweiligen Leistungsphase
1. für die Vorplanung höchstens der Prozentsatz der Vorplanung und der Prozentsatz der Grundlagenermittlung und
2. für die Entwurfsplanung höchstens der Prozentsatz der Entwurfsplanung und der Prozentsatz der Vorplanung
herangezogen werden. [2]Die Vereinbarung hat schriftlich zu erfolgen.

(2) [1]Zur Bauleitplanung ist Absatz 1 Nummer 2 für den Entwurf der öffentlichen Auslegung entsprechend anzuwenden. [2]Bei der Landschaftsplanung ist Absatz 1 Satz 1 Nummer 1 für die vorläufige Fassung sowie Absatz 1 Satz 1 Nummer 2 für die abgestimmte Fassung entsprechend anzuwenden. [3]Die Vereinbarung hat schriftlich zu erfolgen.

(3) [1]Wird die Objektüberwachung bei der Technischen Ausrüstung oder bei Gebäuden als Einzelleistung in Auftrag gegeben, können für die Leistungsbewertung der Objektüberwachung höchstens der Prozentsatz der Objektüberwachung und die Prozentsätze der Grundlagenermittlung und Vorplanung herangezogen werden. [2]Die Vereinbarung hat schriftlich zu erfolgen.

§ 10 Berechnung des Honorars bei vertraglichen Änderungen des Leistungsumfangs

(1) Einigen sich Auftraggeber und Auftragnehmer während der Laufzeit des Vertrags darauf, dass der Umfang der beauftragten Leistung geändert wird, und ändern sich dadurch die anrechenbaren Kosten oder Flächen, so ist die Honorarberechnungsgrundlage für die Grundleistungen, die infolge des veränderten Leistungsumfangs zu erbringen sind, durch schriftliche Vereinbarung anzupassen.

(2) Einigen sich Auftraggeber und Auftragnehmer über die Wiederholung von Grundleistungen, ohne dass sich dadurch die anrechenbaren Kosten oder Flächen ändern, ist das Honorar für diese Grundleistungen entsprechend ihrem Anteil an der jeweiligen Leistungsphase schriftlich zu vereinbaren.

§ 11 Auftrag für mehrere Objekte

(1) Umfasst ein Auftrag mehrere Objekte, so sind die Honorare vorbehaltlich der folgenden Absätze für jedes Objekt getrennt zu berechnen.

(2) Umfasst ein Auftrag mehrere vergleichbare Gebäude, Ingenieurbauwerke, Verkehrsanlagen oder Tragwerke mit weitgehend gleichartigen Planungsbedingungen, die derselben Honorarzone zuzuordnen sind und die im zeitlichen und örtlichen Zusammenhang als Teil einer Gesamtmaßnahme geplant und errichtet werden sollen, ist das Honorar nach der Summe der anrechenbaren Kosten zu berechnen.

(3) Umfasst ein Auftrag mehrere im Wesentlichen gleiche Gebäude, Ingenieurbauwerke, Verkehrsanlagen oder Tragwerke, die im zeitlichen oder örtlichen Zusammenhang unter gleichen baulichen Verhältnissen geplant und errichtet werden sollen, oder mehrere Objekte nach Typenplanung oder Serienbauten, so sind die Prozentsätze der Leistungsphasen 1 bis 6 für die erste bis vierte Wiederholung um 50 Prozent, für die fünfte bis siebte Wiederholung um 60 Prozent und ab der achten Wiederholung um 90 Prozent zu mindern.

(4) Umfasst ein Auftrag Grundleistungen, die bereits Gegenstand eines anderen Auftrages über ein gleiches Gebäude, Ingenieurbauwerk oder Tragwerk zwischen den Vertragsparteien waren, so ist Absatz 3 für die Prozentsätze der beauftragten Leistungsphasen in Bezug auf den neuen Auftrag auch dann anzuwenden, wenn die Grundleistungen nicht im zeitlichen oder örtlichen Zusammenhang erbracht werden sollen.

§ 12 Instandsetzungen und Instandhaltungen

(1) Honorare für Grundleistungen bei Instandsetzungen und Instandhaltungen von Objekten sind nach den anrechenbaren Kosten, der Honorarzone, den Leistungsphasen und der Honorartafel, der die Instandhaltungs- und Instandsetzungsmaßnahme zuzuordnen sind, zu ermitteln.

(2) Für Grundleistungen bei Instandsetzungen und Instandhaltungen von Objekten kann schriftlich vereinbart werden, dass der Prozentsatz für die Objektüberwachung oder Bauoberleitung um bis zu 50 Prozent der Bewertung dieser Leistungsphase erhöht wird.

§ 13 Interpolation

Die Mindest- und Höchstsätze für Zwischenstufen der in den Honorartafeln angegebenen anrechenbaren Kosten und Flächen sind durch lineare Interpolation zu ermitteln.

§ 14 Nebenkosten

(1) [1]Der Auftragnehmer kann neben den Honoraren dieser Verordnung auch die für die Ausführung des Auftrags erforderlichen Nebenkosten in Rechnung stellen; ausgenommen sind die abziehbaren Vorsteuern gemäß § 15 Absatz 1 des Umsatzsteuergesetzes in der Fassung der Bekanntmachung vom 21. Februar 2005 (BGBl. I S. 386), das zuletzt durch Artikel 2 des Gesetzes vom 8. Mai 2012 (BGBl. I S. 1030) geändert worden ist. [2]Die Vertragsparteien können bei Auftragserteilung schriftlich vereinbaren, dass abweichend von Satz 1 eine Erstattung ganz oder teilweise ausgeschlossen ist.

(2) Zu den Nebenkosten gehören insbesondere:
1. Versandkosten, Kosten für Datenübertragungen,
2. Kosten für Vervielfältigungen von Zeichnungen und schriftlichen Unterlagen sowie für die Anfertigung von Filmen und Fotos,
3. Kosten für ein Baustellenbüro einschließlich der Einrichtung, Beleuchtung und Beheizung,
4. Fahrtkosten für Reisen, die über einen Umkreis von 15 Kilometern um den Geschäftssitz des Auftragnehmers hinausgehen, in Höhe der steuerlich zulässigen Pauschalsätze, sofern nicht höhere Aufwendungen nachgewiesen werden,
5. Trennungsentschädigungen und Kosten für Familienheimfahrten in Höhe der steuerlich zulässigen Pauschalsätze, sofern nicht höhere Aufwendungen an Mitarbeiter oder Mitarbeiterinnen des Auftragnehmers auf Grund von tariflichen Vereinbarungen bezahlt werden,
6. Entschädigungen für den sonstigen Aufwand bei längeren Reisen nach Nummer 4, sofern die Entschädigungen vor der Geschäftsreise schriftlich vereinbart worden sind,
7. Entgelte für nicht dem Auftragnehmer obliegende Leistungen, die von ihm im Einvernehmen mit dem Auftraggeber Dritten übertragen worden sind.

(3) [1]Nebenkosten können pauschal oder nach Einzelnachweis abgerechnet werden. [2]Sie sind nach Einzelnachweis abzurechnen, sofern bei Auftragserteilung keine pauschale Abrechnung schriftlich vereinbart worden ist.

§ 15 Zahlungen

(1) Das Honorar wird fällig, wenn die Leistung abgenommen und eine prüffähige Honorarschlussrechnung überreicht worden ist, es sei denn, es wurde etwas anderes schriftlich vereinbart.

(2) Abschlagszahlungen können zu den schriftlich vereinbarten Zeitpunkten oder in angemessenen zeitlichen Abständen für nachgewiesene Grundleistungen gefordert werden.

(3) Die Nebenkosten sind auf Einzelnachweis oder bei pauschaler Abrechnung mit der Honorarrechnung fällig.

(4) Andere Zahlungsweisen können schriftlich vereinbart werden.

§ 16 Umsatzsteuer

(1) [1]Der Auftragnehmer hat Anspruch auf Ersatz der gesetzlich geschuldeten Umsatzsteuer für nach dieser Verordnung abrechenbare Leistungen, sofern nicht die Kleinunternehmerregelung nach § 19 des Umsatzsteuergesetzes angewendet wird. [2]Satz 1 ist auch hinsichtlich der um die nach § 15 des Umsatzsteuergesetzes abziehbaren Vorsteuer gekürzten Nebenkosten anzuwenden, die nach § 14 dieser Verordnung weiterberechenbar sind.

(2) [1] Auslagen gehören nicht zum Entgelt für die Leistung des Auftragnehmers. [2] Sie sind als durchlaufende Posten im umsatzsteuerrechtlichen Sinn einschließlich einer gegebenenfalls enthaltenen Umsatzsteuer weiter zu berechnen.

Teil 2. Flächenplanung

Abschnitt 1. Bauleitplanung

§ 17 Anwendungsbereich

(1) Leistungen der Bauleitplanung umfassen die Vorbereitung der Aufstellung von Flächennutzungs- und Bebauungsplänen im Sinne des § 1 Absatz 2 des Baugesetzbuches in der Fassung der Bekanntmachung vom 23. September 2004 (BGBl. I S. 2414), das zuletzt durch Artikel 1 des Gesetzes vom 22. Juli 2011 (BGBl. I S. 1509) geändert worden ist, die erforderlichen Ausarbeitungen und Planfassungen sowie die Mitwirkung beim Verfahren.

(2) Honorare für Leistungen beim Städtebaulichen Entwurf können als Besondere Leistungen frei vereinbart werden.

§ 18 Leistungsbild Flächennutzungsplan

(1) [1] Die Grundleistungen bei Flächennutzungsplänen sind in drei Leistungsphasen unterteilt und werden wie folgt in Prozentsätzen der Honorare des § 20 bewertet:
1. für die Leistungsphase 1 (Vorentwurf für die frühzeitigen Beteiligungen)
   Vorentwurf für die frühzeitigen Beteiligungen nach den Bestimmungen des Baugesetzbuches mit 60 Prozent,
2. für die Leistungsphase 2 (Entwurf zur öffentlichen Auslegung)
   Entwurf in der vorgeschriebenen Fassung mit Begründung für die öffentliche Auslegung nach den Bestimmungen des Baugesetzbuches mit 30 Prozent,
3. für die Leistungsphase 3 (Plan zur Beschlussfassung)
   Plan für den Beschluss durch die Gemeinde mit 10 Prozent.

[2] Der Vorentwurf, Entwurf oder Plan ist jeweils in der vorgeschriebenen Fassung mit Begründung anzufertigen.

(2) [1] Anlage 2 regelt, welche Grundleistungen jede Leistungsphase umfasst. [2] Anlage 9 enthält Beispiele für Besondere Leistungen.

§ 19 Leistungsbild Bebauungsplan

(1) [1] Die Grundleistungen bei Bebauungsplänen sind in drei Leistungsphasen unterteilt und werden wie folgt in Prozentsätzen der Honorare des § 21 bewertet:
1. für die Leistungsphase 1 (Vorentwurf für die frühzeitigen Beteiligungen)
   Vorentwurf für die frühzeitigen Beteiligungen nach den Bestimmungen des Baugesetzbuches mit 60 Prozent,
2. für die Leistungsphase 2 (Entwurf zur öffentlichen Auslegung)
   Entwurf für die öffentliche Auslegung nach den Bestimmungen des Baugesetzbuches mit 30 Prozent,
3. für die Leistungsphase 3 (Plan zur Beschlussfassung)
   Plan für den Beschluss durch die Gemeinde mit 10 Prozent.

[2] Der Vorentwurf, Entwurf oder Plan ist jeweils in der vorgeschriebenen Fassung mit Begründung anzufertigen.

(2) [1] Anlage 3 regelt, welche Grundleistungen jede Leistungsphase umfasst. [2] Anlage 9 enthält Beispiele für Besondere Leistungen.

§ 20 Honorare für Grundleistungen bei Flächennutzungsplänen

(1) Die Mindest- und Höchstsätze der Honorare für die in § 18 und Anlage 2 aufgeführten Grundleistungen bei Flächennutzungsplänen sind in der folgenden Honorartafel festgesetzt:

Fläche in Hektar	Honorarzone I geringe Anforderungen		Honorarzone II durchschnittliche Anforderungen		Honorarzone III hohe Anforderungen	
	von	bis	von	bis	von	bis
	Euro		Euro		Euro	
1 000	70 439	85 269	85 269	100 098	100 098	114 927
1 250	78 957	95 579	95 579	112 202	112 202	128 824
1 500	86 492	104 700	104 700	122 909	122 909	141 118
1 750	93 260	112 894	112 894	132 527	132 527	152 161
2 000	99 407	120 334	120 334	141 262	141 262	162 190
2 500	111 311	134 745	134 745	158 178	158 178	181 612
3 000	121 868	147 525	147 525	173 181	173 181	198 838
3 500	131 387	159 047	159 047	186 707	186 707	214 367
4 000	140 069	169 557	169 557	199 045	199 045	228 533
5 000	155 461	188 190	188 190	220 918	220 918	253 647
6 000	168 813	204 352	204 352	239 892	239 892	275 431
7 000	180 589	218 607	218 607	256 626	256 626	294 645
8 000	191 097	231 328	231 328	271 559	271 559	311 790
9 000	200 556	242 779	242 779	285 001	285 001	327 224
10 000	209 126	253 153	253 153	297 179	297 179	341 206
11 000	216 893	262 555	262 555	308 217	308 217	353 878
12 000	223 912	271 052	271 052	318 191	318 191	365 331
13 000	230 331	278 822	278 822	327 313	327 313	375 804
14 000	236 214	285 944	285 944	335 673	335 673	385 402
15 000	241 614	292 480	292 480	343 346	343 346	394 213

(2) Das Honorar für die Aufstellung von Flächennutzungsplänen ist nach der Fläche des Plangebiets in Hektar und nach der Honorarzone zu berechnen.

(3) Welchen Honorarzonen die Grundleistungen zugeordnet werden, richtet sich nach folgenden Bewertungsmerkmalen:

1. zentralörtliche Bedeutung und Gemeindestruktur,
2. Nutzungsvielfalt und Nutzungsdichte,
3. Einwohnerstruktur, Einwohnerentwicklung und Gemeinbedarfsstandorte,
4. Verkehr und Infrastruktur,
5. Topografie, Geologie und Kulturlandschaft,
6. Klima-, Natur- und Umweltschutz.

(4) [1] Sind auf einen Flächennutzungsplan Bewertungsmerkmale aus mehreren Honorarzonen anwendbar und bestehen deswegen Zweifel, welcher Honorarzone der Flächennutzungsplan zugeordnet werden kann, so ist zunächst die Anzahl der Bewertungspunkte zu ermitteln. [2] Zur Ermittlung der Bewertungspunkte werden die Bewertungsmerkmale wie folgt gewichtet:

1. geringe Anforderungen: 1 Punkt,
2. durchschnittliche Anforderungen: 2 Punkte,
3. hohe Anforderungen: 3 Punkte.

(5) Der Flächennutzungsplan ist anhand der nach Absatz 4 ermittelten Bewertungspunkte einer der Honorarzonen zuzuordnen:

1. Honorarzone I: bis zu 9 Punkte,
2. Honorarzone II: 10 bis 14 Punkte,
3. Honorarzone III: 15 bis 18 Punkte.

(6) Werden Teilflächen bereits aufgestellter Flächennutzungspläne (Planausschnitte) geändert oder überarbeitet, so ist das Honorar frei zu vereinbaren.

§ 21 Honorare für Grundleistungen bei Bebauungsplänen

(1) Die Mindest- und Höchstsätze der Honorare für die in § 19 und Anlage 3 aufgeführten Grundleistungen bei Bebauungsplänen sind in der folgenden Honorartafel festgesetzt:

Fläche in Hektar	Honorarzone I geringe Anforderungen		Honorarzone II durchschnittliche Anforderungen		Honorarzone III hohe Anforderungen	
	von	bis	von	bis	von	bis
	Euro		Euro		Euro	
0,5	5000	5335	5335	7838	7838	10341
1	5000	8799	8799	12926	12926	17054
2	7699	14502	14502	21305	21305	28109
3	10306	19413	19413	28521	28521	37628
4	12669	23866	23866	35062	35062	46258
5	14864	28000	28000	41135	41135	54271
6	16931	31893	31893	46856	46856	61818
7	18896	35595	35595	52294	52294	68992
8	20776	39137	39137	57497	57497	75857
9	22584	42542	42542	62501	62501	82459
10	24330	45830	45830	67331	67331	88831
15	32325	60892	60892	89458	89458	118025
20	39427	74270	74270	109113	109113	143956
25	46385	87376	87376	128366	128366	169357
30	52975	99791	99791	146606	146606	193422
40	65342	123086	123086	180830	180830	238574
50	76901	144860	144860	212819	212819	280778
60	87599	165012	165012	242425	242425	319838
80	107471	202445	202445	297419	297419	392393
100	125791	236955	236955	348119	348119	459282

(2) Das Honorar für die Aufstellung von Bebauungsplänen ist nach der Fläche des Plangebiets in Hektar und nach der Honorarzone zu berechnen.

(3) Welchen Honorarzonen die Grundleistungen zugeordnet werden, richtet sich nach folgenden Bewertungsmerkmalen:

1. Nutzungsvielfalt und Nutzungsdichte,
2. Baustruktur und Baudichte,
3. Gestaltung und Denkmalschutz,
4. Verkehr und Infrastruktur,
5. Topografie und Landschaft,
6. Klima-, Natur- und Umweltschutz.

(4) Für die Ermittlung der Honorarzone bei Bebauungsplänen ist § 20 Absatz 4 und 5 entsprechend anzuwenden.

(5) Wird die Größe des Plangebiets im förmlichen Verfahren während der Leistungserbringung geändert, so ist das Honorar für die Leistungsphasen, die bis zur Änderung noch nicht erbracht sind, nach der geänderten Größe des Plangebiets zu berechnen.

Abschnitt 2. Landschaftsplanung

§ 22 Anwendungsbereich

(1) Landschaftsplanerische Leistungen umfassen das Vorbereiten und das Erstellen der für die Pläne nach Absatz 2 erforderlichen Ausarbeitungen.

(2) Die Bestimmungen dieses Abschnitts sind für folgende Pläne anzuwenden:
1. Landschaftspläne,
2. Grünordnungspläne und landschaftsplanerische Fachbeiträge,
3. Landschaftsrahmenpläne,
4. Landschaftspflegerische Begleitpläne,
5. Pflege- und Entwicklungspläne.

§ 23 Leistungsbild Landschaftsplan

(1) Die Grundleistungen bei Landschaftsplänen sind in vier Leistungsphasen unterteilt und
1. für die Leistungsphase 1 (Klären der Aufgabenstellung und Ermitteln des Leistungsumfangs) mit 3 Prozent,
2. für die Leistungsphase 2 (Ermittlung der Planungsgrundlagen) mit 37 Prozent,
3. für die Leistungsphase 3 (Vorläufige Fassung) mit 50 Prozent,
4. für die Leistungsphase 4 (Abgestimmte Fassung) mit 10 Prozent.

(2) [1] Anlage 4 regelt die Grundleistungen jeder Leistungsphase. [2] Anlage 9 enthält Beispiele für Besondere Leistungen.

§ 24 Leistungsbild Grünordnungsplan

(1) Die Grundleistungen bei Grünordnungsplänen und Landschaftsplanerischen Fachbeiträgen sind in vier Leistungsphasen zusammengefasst und werden wie folgt in Prozentsätzen der Honorare des § 29 bewertet:
1. für die Leistungsphase 1 (Klären der Aufgabenstellung und Ermitteln des Leistungsumfangs) mit 3 Prozent,
2. für die Leistungsphase 2 (Ermittlung der Planungsgrundlagen) mit 37 Prozent,
3. für die Leistungsphase 3 (Vorläufige Fassung) mit 50 Prozent,
4. für die Leistungsphase 4 (Abgestimmte Fassung) mit 10 Prozent.

(2) [1] Anlage 5 regelt die Grundleistungen jeder Leistungsphase. [2] Anlage 9 enthält Beispiele für Besondere Leistungen.

§ 25 Leistungsbild Landschaftsrahmenplan

(1) Die Grundleistungen bei Landschaftsrahmenplänen sind in vier Leistungsphasen unterteilt und werden wie folgt in Prozentsätzen der Honorare des § 30 bewertet:
1. für die Leistungsphase 1 (Klären der Aufgabenstellung und Ermitteln des Leistungsumfangs) mit 3 Prozent,
2. für die Leistungsphase 2 (Ermitteln der Planungsgrundlagen) mit 37 Prozent,
3. für die Leistungsphase 3 (Vorläufige Fassung) mit 50 Prozent,
4. für die Leistungsphase 4 (Abgestimmte Fassung) mit 10 Prozent.

(2) [1] Anlage 6 regelt die Grundleistungen jeder Leistungsphase. [2] Anlage 9 enthält Beispiele für Besondere Leistungen.

§ 26 Leistungsbild Landschaftspflegerischer Begleitplan

(1) Die Grundleistungen bei Landschaftspflegerischen Begleitplänen sind in vier Leistungsphasen unterteilt und werden wie folgt in Prozentsätzen der Honorare des § 31 bewertet:
1. für die Leistungsphase 1 (Klären der Aufgabenstellung und Ermitteln des Leistungsumfangs) mit 3 Prozent,
2. für die Leistungsphase 2 (Ermitteln und Bewerten der Planungsgrundlagen) mit 37 Prozent,
3. die Leistungsphase 3 (Vorläufige Fassung) mit 50 Prozent,
4. für die Leistungsphase 4 (Abgestimmte Fassung) mit 10 Prozent.

(2) [1] Anlage 7 regelt die Grundleistungen jeder Leistungsphase. [2] Anlage 9 enthält Beispiele für Besondere Leistungen.

§ 27 Leistungsbild Pflege- und Entwicklungsplan

(1) Die Grundleistungen bei Pflege- und Entwicklungsplänen sind in vier Leistungsphasen zusammengefasst und werden wie folgt in Prozentsätzen der Honorare des § 32 bewertet:

1. für die Leistungsphase 1 (Zusammenstellen der Ausgangsbedingungen) mit 3 Prozent,
2. für die Leistungsphase 2 (Ermitteln der Planungsgrundlagen) mit 37 Prozent,
3. für die Leistungsphase 3 (Vorläufige Fassung) mit 50 Prozent und
4. für die Leistungsphase 4 (Abgestimmte Fassung) mit 10 Prozent.

(2) [1] Anlage 8 regelt die Grundleistungen jeder Leistungsphase. [2] Anlage 9 enthält Beispiele für Besondere Leistungen.

§ 28 Honorare für Grundleistungen bei Landschaftsplänen

(1) Die Mindest- und Höchstsätze der Honorare für die in § 23 und Anlage 4 aufgeführten Grundleistungen bei Landschaftsplänen sind in der folgenden Honorartafel festgesetzt:

Fläche in Hektar	Honorarzone I geringe Anforderungen		Honorarzone II durchschnittliche Anforderungen		Honorarzone III hohe Anforderungen	
	von Euro	bis	von Euro	bis	von Euro	bis
1 000	23 403	27 963	27 963	32 826	32 826	37 385
1 250	26 560	31 735	31 735	37 254	37 254	42 428
1 500	29 445	35 182	35 182	41 300	41 300	47 036
1 750	32 119	38 375	38 375	45 049	45 049	51 306
2 000	34 620	41 364	41 364	48 558	48 558	55 302
2 500	39 212	46 851	46 851	54 999	54 999	62 638
3 000	43 374	51 824	51 824	60 837	60 837	69 286
3 500	47 199	56 393	56 393	66 201	66 201	75 396
4 000	50 747	60 633	60 633	71 178	71 178	81 064
5 000	57 180	68 319	68 319	80 200	80 200	91 339
6 000	63 562	75 944	75 944	89 151	89 151	101 533
7 000	69 505	83 045	83 045	97 487	97 487	111 027
8 000	75 095	89 724	89 724	105 329	105 329	119 958
9 000	80 394	96 055	96 055	112 761	112 761	128 422
10 000	85 445	102 090	102 090	119 845	119 845	136 490
11 000	89 986	107 516	107 516	126 214	126 214	143 744
12 000	94 309	112 681	112 681	132 278	132 278	150 650
13 000	98 438	117 615	117 615	138 069	138 069	157 246
14 000	102 392	122 339	122 339	143 615	143 615	163 562
15 000	106 187	126 873	126 873	148 938	148 938	169 623

(2) Das Honorar für die Aufstellung von Landschaftsplänen ist nach der Fläche des Planungsgebiets in Hektar und nach der Honorarzone zu berechnen.

(3) Welchen Honorarzonen die Grundleistungen zugeordnet werden, richtet sich nach folgenden Bewertungsmerkmalen:

1. topographische Verhältnisse,
2. Flächennutzung,
3. Landschaftsbild,
4. Anforderungen an Umweltsicherung und Umweltschutz,
5. ökologische Verhältnisse,
6. Bevölkerungsdichte.

(4) [1]Sind auf einen Landschaftsplan Bewertungsmerkmale aus mehreren Honorarzonen anwendbar und bestehen deswegen Zweifel, welcher Honorarzone der Landschaftsplan zugeordnet werden kann, so ist zunächst die Anzahl der Bewertungspunkte zu ermitteln. [2]Zur Ermittlung der Bewertungspunkte werden die Bewertungsmerkmale wie folgt gewichtet:

1. die Bewertungsmerkmale gemäß Absatz 3 Nummern 1, 2, 3 und 6 mit je bis zu 6 Punkten und
2. die Bewertungsmerkmale gemäß Absatz 3 Nummern 4 und 5 mit je bis zu 9 Punkten.

(5) Der Landschaftsplan ist anhand der nach Absatz 4 ermittelten Bewertungspunkte einer der Honorarzonen zuzuordnen:

1. Honorarzone I: bis zu 16 Punkte,
2. Honorarzone II: 17 bis 30 Punkte,
3. Honorarzone III: 31 bis 42 Punkte.

(6) Werden Teilflächen bereits aufgestellter Landschaftspläne (Planausschnitte) geändert oder überarbeitet, so ist das Honorar frei zu vereinbaren.

§ 29 Honorare für Grundleistungen bei Grünordnungsplänen

(1) Die Mindest- und Höchstsätze der Honorare für die in § 24 und Anlage 5 aufgeführten Grundleistungen bei Grünordnungsplänen sind in der folgenden Honorartafel festgesetzt:

Fläche in Hektar	Honorarzone I geringe Anforderungen		Honorarzone II durchschnittliche Anforderungen		Honorarzone III hohe Anforderungen	
	von	bis	von	bis	von	bis
	Euro		Euro		Euro	
1,5	5 219	6 067	6 067	6 980	6 980	7 828
2	6 008	6 985	6 985	8 036	8 036	9 013
3	7 450	8 661	8 661	9 965	9 965	11 175
4	8 770	10 195	10 195	11 730	11 730	13 155
5	10 006	11 632	11 632	13 383	13 383	15 009
10	15 445	17 955	17 955	20 658	20 658	23 167
15	20 183	23 462	23 462	26 994	26 994	30 274
20	24 513	28 496	28 496	32 785	32 785	36 769
25	28 560	33 201	33 201	38 199	38 199	42 840
30	32 394	37 658	37 658	43 326	43 326	48 590
40	39 580	46 011	46 011	52 938	52 938	59 370
50	46 282	53 803	53 803	61 902	61 902	69 423
75	61 579	71 586	71 586	82 362	82 362	92 369
100	75 430	87 687	87 687	100 887	100 887	113 145
125	88 255	102 597	102 597	118 042	118 042	132 383
150	100 288	116 585	116 58	134 136	134 136	150 433
175	111 675	129 822	129 822	149 366	149 366	167 513
200	122 516	142 425	142 425	163 866	163 866	183 774
225	133 555	155 258	155 258	178 630	178 630	200 333
250	144 284	167 730	167 730	192 980	192 980	216 426

(2) Das Honorar für Grundleistungen bei Grünordnungsplänen ist nach der Fläche des Planungsgebiets in Hektar und nach der Honorarzone zu berechnen.

(3) Welchen Honorarzonen die Grundleistungen zugeordnet werden, richtet sich nach folgenden Bewertungsmerkmalen:

1. Topographie,
2. ökologische Verhältnisse,
3. Flächennutzungen und Schutzgebiete,
4. Umwelt-, Klima-, Denkmal- und Naturschutz,

5. Erholungsvorsorge,

6. Anforderung an die Freiraumgestaltung.

(4) [1]Sind auf einen Grünordnungsplan Bewertungsmerkmale aus mehreren Honorarzonen anwendbar und bestehen deswegen Zweifel, welcher Honorarzone der Grünordnungsplan zugeordnet werden kann, so ist zunächst die Anzahl der Bewertungspunkte zu ermitteln. [2]Zur Ermittlung der Bewertungspunkte werden die Bewertungsmerkmale wie folgt gewichtet:

1. die Bewertungsmerkmale gemäß Absatz 3 Nummer 1, 2, 3 und 5 mit je bis zu 6 Punkten und

2. die Bewertungsmerkmale gemäß Absatz 3 Nummer 4 und 6 mit je bis zu 9 Punkten.

(5) Der Grünordnungsplan ist anhand der nach Absatz 4 ermittelten Bewertungspunkte einer der Honorarzonen zuzuordnen:

1. Honorarzone I: bis zu 16 Punkte,

2. Honorarzone II: 17 bis 30 Punkte,

3. Honorarzone III: 31 bis 42 Punkte.

(6) Wird die Größe des Planungsgebiets während der Leistungserbringung geändert, so ist das Honorar für die Leistungsphasen, die bis zur Änderung noch nicht erbracht sind, nach der geänderten Größe des Planungsgebiets zu berechnen.

§ 30 Honorare für Grundleistungen bei Landschaftsrahmenplänen

(1) Die Mindest- und Höchstsätze der Honorare für die in § 25 und Anlage 6 aufgeführten Grundleistungen bei Landschaftsrahmenplänen sind in der folgenden Honorartafel festgesetzt:

Fläche in Hektar	Honorarzone I geringe Anforderungen		Honorarzone II durchschnittliche Anforderungen		Honorarzone III hohe Anforderungen	
	von Euro	bis	von Euro	bis	von Euro	bis
5 000	61 880	71 935	71 935	82 764	82 764	92 820
6 000	67 933	78 973	78 973	90 861	90 861	101 900
7 000	73 473	85 413	85 413	98 270	98 270	110 210
8 000	78 600	91 373	91 373	105 128	105 128	117 901
9 000	83 385	96 936	96 936	111 528	111 528	125 078
10 000	87 880	102 161	102 161	117 540	117 540	131 820
12 000	96 149	111 773	111 773	128 599	128 599	144 223
14 000	103 631	120 471	120 471	138 607	138 607	155 447
16 000	110 477	128 430	128 430	147 763	147 763	165 716
18 000	116 791	135 769	135 769	156 208	156 208	175 186
20 000	122 649	142 580	142 580	164 043	164 043	183 974
25 000	138 047	160 480	160 480	184 638	184 638	207 070
30 000	152 052	176 761	176 761	203 370	203 370	228 078
40 000	177 097	205 875	205 875	236 867	236 867	265 645
50 000	199 330	231 721	231 721	266 604	266 604	298 995
60 000	219 553	255 230	255 230	293 652	293 652	329 329
70 000	238 243	276 958	276 958	318 650	318 650	357 365
80 000	253 946	295 212	295 212	339 652	339 652	380 918
90 000	268 420	312 038	312 038	359 011	359 011	402 630
100 000	281 843	327 643	327 643	376 965	376 965	422 765

(2) Das Honorar für Grundleistungen bei Landschaftsrahmenplänen ist nach der Fläche des Planungsgebiets in Hektar und nach der Honorarzone zu berechnen.

(3) Welchen Honorarzonen die Grundleistungen zugeordnet werden, richtet sich nach folgenden Bewertungsmerkmalen:

1. topographische Verhältnisse,

2. Raumnutzung und Bevölkerungsdichte,

3. Landschaftsbild,
4. Anforderungen an Umweltsicherung, Klima- und Naturschutz,
5. ökologische Verhältnisse,
6. Freiraumsicherung und Erholung.

(4) [1] Sind für einen Landschaftsrahmenplan Bewertungsmerkmale aus mehreren Honorarzonen anwendbar und bestehen deswegen Zweifel, welcher Honorarzone der Landschaftsrahmenplan zugeordnet werden kann, so ist zunächst die Anzahl der Bewertungspunkte zu ermitteln. [2] Zur Ermittlung der Bewertungspunkte werden die Bewertungsmerkmale wie folgt gewichtet:
1. die Bewertungsmerkmale gemäß Absatz 3 Nummer 1, 2, 3 und 6 mit je bis zu 6 Punkten und
2. die Bewertungsmerkmale gemäß Absatz 3 Nummer 4 und 5 mit je bis zu 9 Punkten.

(5) Der Landschaftsrahmenplan ist anhand der nach Absatz 4 ermittelten Bewertungspunkte einer der Honorarzonen zuzuordnen:
1. Honorarzone I: bis zu 16 Punkte,
2. Honorarzone II: 17 bis 30 Punkte,
3. Honorarzone III: 31 bis 42 Punkte.

(6) Wird die Größe des Planungsgebiets während der Leistungserbringung geändert, so ist das Honorar für die Leistungsphasen, die bis zur Änderung noch nicht erbracht sind, nach der geänderten Größe des Planungsgebiets zu berechnen.

§ 31 Honorare für Grundleistungen bei Landschaftspflegerischen Begleitplänen

(1) Die Mindest- und Höchstsätze der Honorare für die in § 26 und Anlage 7 aufgeführten Grundleistungen bei Landschaftspflegerischen Begleitplänen sind in der folgenden Honorartafel festgesetzt:

Fläche in Hektar	Honorarzone I geringe Anforderungen von Euro	bis	Honorarzone II durchschnittliche Anforderungen von Euro	bis	Honorarzone III hohe Anforderungen von Euro	bis
6	5 324	6 189	6 189	7 121	7 121	7 986
8	6 130	7 126	7 126	8 199	8 199	9 195
12	7 600	8 836	8 836	10 166	10 166	11 401
16	8 947	10 401	10 401	11 966	11 966	13 420
20	10 207	11 866	11 866	13 652	13 652	15 311
40	15 755	18 315	18 315	21 072	21 072	23 632
100	29 126	33 859	33 859	38 956	38 956	43 689
200	47 180	54 846	54 846	63 103	63 103	70 769
300	62 748	72 944	72 944	83 925	83 925	94 121
400	76 829	89 314	89 314	102 759	102 759	115 244
500	89 855	104 456	104 456	120 181	120 181	134 782
600	102 062	118 647	118 647	136 508	136 508	153 093
700	113 602	132 062	132 062	151 942	151 942	170 402
800	124 575	144 819	144 819	166 620	166 620	186 863
1 200	167 729	194 985	194 985	224 338	224 338	251 594
1 600	207 279	240 961	240 961	277 235	277 235	310 918
2 000	244 349	284 056	284 056	326 817	326 817	366 524
2 400	279 559	324 987	324 987	373 910	373 910	419 338
3 200	343 814	399 683	399 683	459 851	459 851	515 720
4 000	400 847	465 985	465 985	536 133	536 133	601 270

(2) Das Honorar für Grundleistungen bei Landschaftspflegerischen Begleitplänen ist nach der Fläche des Planungsgebiets in Hektar und nach der Honorarzone zu berechnen.

(3) Welchen Honorarzonen die Grundleistungen zugeordnet werden, richtet sich nach folgenden Bewertungsmerkmalen:
1. ökologisch bedeutsame Strukturen und Schutzgebiete,
2. Landschaftsbild und Erholungsnutzung,
3. Nutzungsansprüche,
4. Anforderungen an die Gestaltung von Landschaft und Freiraum,
5. Empfindlichkeit gegenüber Umweltbelastungen und Beeinträchtigungen von Natur und Landschaft,
6. potenzielle Beeinträchtigungsintensität der Maßnahme.

(4) [1] Sind für einen Landschaftspflegerischen Begleitplan Bewertungsmerkmale aus mehreren Honorarzonen anwendbar und bestehen deswegen Zweifel, welcher Honorarzone der Landschaftspflegerische Begleitplan zugeordnet werden kann, so ist zunächst die Anzahl der Bewertungspunkte zu ermitteln. [2] Zur Ermittlung der Bewertungspunkte werden die Bewertungsmerkmale wie folgt gewichtet:
1. die Bewertungsmerkmale gemäß Absatz 3 Nummer 1, 2, 3 und 4 mit je bis zu 6 Punkten und
2. die Bewertungsmerkmale gemäß Absatz 3 Nummer 5 und 6 mit je bis zu 9 Punkten.

(5) Der Landschaftspflegerische Begleitplan ist anhand der nach Absatz 4 ermittelten Bewertungspunkte einer der Honorarzonen zuzuordnen:
1. Honorarzone I: bis zu 16 Punkte,
2. Honorarzone II: 17 bis 30 Punkte,
3. Honorarzone III: 31 bis 42 Punkte.

(6) Wird die Größe des Planungsgebiets während der Leistungserbringung geändert, so ist das Honorar für die Leistungsphasen, die bis zur Änderung noch nicht erbracht sind, nach der geänderten Größe des Planungsgebiets zu berechnen.

§ 32 Honorare für Grundleistungen bei Pflege- und Entwicklungsplänen

(1) Die Mindest- und Höchstsätze der Honorare für die in § 27 und Anlage 8 aufgeführten Grundleistungen bei Pflege- und Entwicklungsplänen sind in der folgenden Honorartafel festgesetzt:

Fläche in Hektar	Honorarzone I geringe Anforderungen von Euro	bis	Honorarzone II durchschnittliche Anforderungen von Euro	bis	Honorarzone III hohe Anforderungen von Euro	bis
5	3 852	7 704	7 704	11 556	11 556	15 408
10	4 802	9 603	9 603	14 405	14 405	19 207
15	5 481	10 963	10 963	16 444	16 444	21 925
20	6 029	12 058	12 058	18 087	18 087	24 116
30	6 906	13 813	13 813	20 719	20 719	27 626
40	7 612	15 225	15 225	22 837	22 837	30 450
50	8 213	16 425	16 425	24 638	24 638	32 851
75	9 433	18 866	18 866	28 298	28 298	37 731
100	10 408	20 816	20 816	31 224	31 224	41 633
150	11 949	23 899	23 899	35 848	35 848	47 798
200	13 165	26 330	26 330	39 495	39 495	52 660
300	15 318	30 636	30 636	45 954	45 954	61 272
400	17 087	34 174	34 174	51 262	51 262	68 349
500	18 621	37 242	37 242	55 863	55 863	74 484
750	21 833	43 666	43 666	65 500	65 500	87 333
1 000	24 507	49 014	49 014	73 522	73 522	98 029
1 500	28 966	57 932	57 932	86 898	86 898	115 864
2 500	36 065	72 131	72 131	108 196	108 196	144 261
5 000	49 288	98 575	98 575	147 863	147 863	197 150
10 000	69 015	138 029	138 029	207 044	207 044	276 058

(2) Das Honorar für Grundleistungen bei Pflege- und Entwicklungsplänen ist nach der Fläche des Planungsgebiets in Hektar und nach der Honorarzone zu berechnen.

(3) Welchen Honorarzonen die Grundleistungen zugeordnet werden, richtet sich nach folgenden Bewertungsmerkmalen:

1. fachliche Vorgaben,
2. Differenziertheit des floristischen Inventars oder der Pflanzengesellschaften,
3. Differenziertheit des faunistischen Inventars,
4. Beeinträchtigungen oder Schädigungen von Naturhaushalt und Landschaftsbild,
5. Aufwand für die Festlegung von Zielaussagen sowie für Pflege- und Entwicklungsmaßnahmen.

(4) [1] Sind für einen Pflege- und Entwicklungsplan Bewertungsmerkmale aus mehreren Honorarzonen anwendbar und bestehen deswegen Zweifel, welcher Honorarzone der Pflege- und Entwicklungsplan zugeordnet werden kann, so ist zunächst die Anzahl der Bewertungspunkte zu ermitteln. [2] Zur Ermittlung der Bewertungspunkte werden die Bewertungsmerkmale wie folgt gewichtet:

1. das Bewertungsmerkmal gemäß Absatz 3 Nummer 1 mit bis zu 4 Punkten,
2. die Bewertungsmerkmale gemäß Absatz 3 Nummer 4 und 5 mit je bis zu 6 Punkten und
3. die Bewertungsmerkmale gemäß Absatz 3 Nummer 2 und 3 mit je bis zu 9 Punkten.

(5) Der Pflege- und Entwicklungsplan ist anhand der nach Absatz 4 ermittelten Bewertungspunkte einer der Honorarzonen zuzuordnen:

1. Honorarzone I: bis zu 13 Punkte,
2. Honorarzone II: 14 bis 24 Punkte,
3. Honorarzone III: 25 bis 34 Punkte.

(6) Wird die Größe des Planungsgebiets während der Leistungserbringung geändert, so ist das Honorar für die Leistungsphasen, die bis zur Änderung noch nicht erbracht sind, nach der geänderten Größe des Planungsgebiets zu berechnen.

Teil 3. Objektplanung

Abschnitt 1. Gebäude und Innenräume

§ 33 Besondere Grundlagen des Honorars

(1) Für Grundleistungen bei Gebäuden und Innenräumen sind die Kosten der Baukonstruktion anrechenbar.

(2) Für Grundleistungen bei Gebäuden und Innenräumen sind auch die Kosten für Technische Anlagen, die der Auftragnehmer nicht fachlich plant oder deren Ausführung er nicht fachlich überwacht,

1. vollständig anrechenbar bis zu einem Betrag von 25 Prozent der sonstigen anrechenbaren Kosten und
2. zur Hälfte anrechenbar mit dem Betrag, der 25 Prozent der sonstigen anrechenbaren Kosten übersteigt.

(3) Nicht anrechenbar sind insbesondere die Kosten für das Herrichten, für die nichtöffentliche Erschließung sowie für Leistungen zur Ausstattung und zu Kunstwerken, soweit der Auftragnehmer die Leistungen weder plant noch bei der Beschaffung mitwirkt oder ihre Ausführung oder ihren Einbau fachlich überwacht.

§ 34 Leistungsbild Gebäude und Innenräume

(1) Das Leistungsbild Gebäude und Innenräume umfasst Leistungen für Neubauten, Neuanlagen, Wiederaufbauten, Erweiterungsbauten, Umbauten, Modernisierungen, Instandsetzungen und Instandhaltungen.

(2) Leistungen für Innenräume sind die Gestaltung oder Erstellung von Innenräumen ohne wesentliche Eingriffe in Bestand oder Konstruktion.

(3) Die Grundleistungen sind in neun Leistungsphasen unterteilt und werden wie folgt in Prozentsätzen der Honorare des § 35 bewertet:

1. für die Leistungsphase 1 (Grundlagenermittlung) mit je 2 Prozent für Gebäude und Innenräume,
2. für die Leistungsphase 2 (Vorplanung) mit je 7 Prozent für Gebäude und Innenräume,
3. für die Leistungsphase 3 (Entwurfsplanung) mit 15 Prozent für Gebäude und Innenräume,
4. für die Leistungsphase 4 (Genehmigungsplanung) mit 3 Prozent für Gebäude und 2 Prozent für Innenräume,
5. für die Leistungsphase 5 (Ausführungsplanung) mit 25 Prozent für Gebäude und 30 Prozent für Innenräume,
6. für die Leistungsphase 6 (Vorbereitung der Vergabe) mit 10 Prozent für Gebäude und 7 Prozent für Innenräume,
7. für die Leistungsphase 7 (Mitwirkung bei der Vergabe) mit 4 Prozent für Gebäude und 3 Prozent für Innenräume,
8. für die Leistungsphase 8 (Objektüberwachung – Bauüberwachung und Dokumentation) mit 32 Prozent für Gebäude und Innenräume,
9. für die Leistungsphase 9 (Objektbetreuung) mit je 2 Prozent für Gebäude und Innenräume.

(4) Anlage 10 Nummer 10.1 regelt die Grundleistungen jeder Leistungsphase und enthält Beispiele für Besondere Leistungen.

§ 35 Honorare für Grundleistungen bei Gebäuden und Innenräumen

(1) Die Mindest- und Höchstsätze der Honorare für die in § 34 und der Anlage 10 Nummer 10.1 aufgeführten Grundleistungen für Gebäude und Innenräume sind in der folgenden Honorartafel festgesetzt:

Anrechenbare Kosten in Euro	Honorarzone I sehr geringe Anforderungen von Euro	bis	Honorarzone II geringe Anforderungen von Euro	bis	Honorarzone III durchschnittliche Anforderungen von Euro	bis	Honorarzone IV hohe Anforderungen von Euro	bis	Honorarzone V sehr hohe Anforderungen von Euro	bis
25 000	3 120	3 657	3 657	4 339	4 339	5 412	5 412	6 094	6 094	6 631
35 000	4 217	4 942	4 942	5 865	5 865	7 315	7 315	8 237	8 237	8 962
50 000	5 804	6 801	6 801	8 071	8 071	10 066	10 066	11 336	11 336	12 333
75 000	8 342	9 776	9 776	11 601	11 601	14 469	14 469	16 293	16 293	17 727
100 000	10 790	12 644	12 644	15 005	15 005	18 713	18 713	21 074	21 074	22 928
150 000	15 500	18 164	18 164	21 555	21 555	26 883	26 883	30 274	30 274	32 938
200 000	20 037	23 480	23 480	27 863	27 863	34 751	34 751	39 134	39 134	42 578
300 000	28 750	33 692	33 692	39 981	39 981	49 864	49 864	56 153	56 153	61 095
500 000	45 232	53 006	53 006	62 900	62 900	78 449	78 449	88 343	88 343	96 118
750 000	64 666	75 781	75 781	89 927	89 927	112 156	112 156	126 301	126 301	137 416
1 000 000	83 182	97 479	97 479	115 675	115 675	144 268	144 268	162 464	162 464	176 761
1 500 000	119 307	139 813	139 813	165 911	165 911	206 923	206 923	233 022	233 022	253 527
2 000 000	153 965	180 428	180 428	214 108	214 108	267 034	267 034	300 714	300 714	327 177
3 000 000	220 161	258 002	258 002	306 162	306 162	381 843	381 843	430 003	430 003	467 843
5 000 000	343 879	402 984	402 984	478 207	478 207	596 416	596 416	671 640	671 640	730 744
7 500 000	493 923	578 816	578 816	686 862	686 862	856 648	856 648	964 694	964 694	1 049 587
10 000 000	638 277	747 981	747 981	887 604	887 604	1 107 012	1 107 012	1 246 635	1 246 635	1 356 339
15 000 000	915 129	1 072 416	1 072 416	1 272 601	1 272 601	1 587 176	1 587 176	1 787 360	1 787 360	1 944 648
20 000 000	1 180 414	1 383 298	1 383 298	1 641 513	1 641 513	2 047 281	2 047 281	2 305 496	2 305 496	2 508 380
25 000 000	1 436 874	1 683 837	1 683 837	1 998 153	1 998 153	2 492 079	2 492 079	2 806 395	2 806 395	3 053 358

(2) Welchen Honorarzonen die Grundleistungen für Gebäude zugeordnet werden, richtet sich nach folgenden Bewertungsmerkmalen:

1. Anforderungen an die Einbindung in die Umgebung,
2. Anzahl der Funktionsbereiche,

3. gestalterische Anforderungen,
4. konstruktive Anforderungen,
5. technische Ausrüstung,
6. Ausbau.

(3) Welchen Honorarzonen die Grundleistungen für Innenräume zugeordnet werden, richtet sich nach folgenden Bewertungsmerkmalen:

1. Anzahl der Funktionsbereiche,
2. Anforderungen an die Lichtgestaltung,
3. Anforderungen an die Raumzuordnung und Raumproportion,
4. technische Ausrüstung,
5. Farb- und Materialgestaltung,
6. konstruktive Detailgestaltung.

(4) [1] Sind für ein Gebäude Bewertungsmerkmale aus mehreren Honorarzonen anwendbar und bestehen deswegen Zweifel, welcher Honorarzone das Gebäude oder der Innenraum zugeordnet werden kann, so ist zunächst die Anzahl der Bewertungspunkte zu ermitteln. [2] Zur Ermittlung der Bewertungspunkte werden die Bewertungsmerkmale wie folgt gewichtet:
1. die Bewertungsmerkmale gemäß Absatz 2 Nummer 1, 4 bis 6 mit je bis zu 6 Punkten und
2. die Bewertungsmerkmale gemäß Absatz 2 Nummer 2 und 3 mit je bis zu 9 Punkten.

(5) [1] Sind für Innenräume Bewertungsmerkmale aus mehreren Honorarzonen anwendbar und bestehen deswegen Zweifel, welcher Honorarzone das Gebäude oder der Innenraum zugeordnet werden kann, so ist zunächst die Anzahl der Bewertungspunkte zu ermitteln. [2] Zur Ermittlung der Bewertungspunkte werden die Bewertungsmerkmale wie folgt gewichtet:
1. die Bewertungsmerkmale gemäß Absatz 3 Nummer 1 bis 4 mit je bis zu 6 Punkten und
2. die Bewertungsmerkmale gemäß Absatz 3 Nummer 5 und 6 mit je bis zu 9 Punkten.

(6) Das Gebäude oder der Innenraum ist anhand der nach Absatz 5 ermittelten Bewertungspunkte einer der Honorarzonen zuzuordnen:

1. Honorarzone I: bis zu 10 Punkte,
2. Honorarzone II: 11 bis 18 Punkte,
3. Honorarzone III: 19 bis 26 Punkte,
4. Honorarzone IV: 27 bis 34 Punkte,
5. Honorarzone V: 35 bis 42 Punkte.

(7) Für die Zuordnung zu den Honorarzonen ist die Objektliste der Anlage 10 Nummer 10.2 und Nummer 10.3 zu berücksichtigen.

§ 36 Umbauten und Modernisierungen von Gebäuden und Innenräumen

(1) Für Umbauten und Modernisierungen von Gebäuden kann bei einem durchschnittlichen Schwierigkeitsgrad ein Zuschlag gemäß § 6 Absatz 2 Satz 3 bis 33 Prozent auf das ermittelte Honorar schriftlich vereinbart werden.

(2) Für Umbauten und Modernisierungen von Innenräumen in Gebäuden kann bei einem durchschnittlichen Schwierigkeitsgrad ein Zuschlag gemäß § 6 Absatz 2 Satz 3 bis 50 Prozent auf das ermittelte Honorar schriftlich vereinbart werden.

§ 37 Aufträge für Gebäude und Freianlagen oder für Gebäude und Innenräume

(1) § 11 Absatz 1 ist nicht anzuwenden, wenn die getrennte Berechnung der Honorare für Freianlagen weniger als 7500 Euro anrechenbare Kosten ergeben würde.

(2) [1] Werden Grundleistungen für Innenräume in Gebäuden, die neu gebaut, wiederaufgebaut, erweitert oder umgebaut werden, einem Auftragnehmer übertragen, dem auch Grundleistungen für dieses Gebäude nach § 34 übertragen werden, so sind die Grundleistungen für Innenräume im Rahmen der festgesetzten Mindest- und Höchstsätze bei der Vereinbarung des Honorars für die Grundleistungen am Gebäude zu berücksichtigen. [2] Ein gesondertes Honorar nach § 11 Absatz 1 darf für die Grundleistungen für Innenräume nicht berechnet werden.

Abschnitt 2. Freianlagen

§ 38 Besondere Grundlagen des Honorars

(1) Für Grundleistungen bei Freianlagen sind die Kosten für Außenanlagen anrechenbar, insbesondere für folgende Bauwerke und Anlagen, soweit diese durch den Auftragnehmer geplant oder überwacht werden:

1. Einzelgewässer mit überwiegend ökologischen und landschaftsgestalterischen Elementen,
2. Teiche ohne Dämme,
3. flächenhafter Erdbau zur Geländegestaltung,
4. einfache Durchlässe und Uferbefestigungen als Mittel zur Geländegestaltung, soweit keine Grundleistungen nach Teil 4 Abschnitt 1 erforderlich sind,
5. Lärmschutzwälle als Mittel zur Geländegestaltung,
6. Stützbauwerke und Geländeabstützungen ohne Verkehrsbelastung als Mittel zur Geländegestaltung, soweit keine Tragwerke mit durchschnittlichem Schwierigkeitsgrad erforderlich sind,
7. Stege und Brücken, soweit keine Grundleistungen nach Teil 4 Abschnitt 1 erforderlich sind,
8. Wege ohne Eignung für den regelmäßigen Fahrverkehr mit einfachen Entwässerungsverhältnissen sowie andere Wege und befestigte Flächen, die als Gestaltungselement der Freianlagen geplant werden und für die keine Grundleistungen nach Teil 3 Abschnitt 3 und 4 erforderlich sind.

(2) Nicht anrechenbar sind für Grundleistungen bei Freianlagen die Kosten für

1. das Gebäude sowie die in § 33 Absatz 3 genannten Kosten und
2. den Unter- und Oberbau von Fußgängerbereichen, ausgenommen die Kosten für die Oberflächenbefestigung.

§ 39 Leistungsbild Freianlagen

(1) Freianlagen sind planerisch gestaltete Freiflächen und Freiräume sowie entsprechend gestaltete Anlagen in Verbindung mit Bauwerken oder in Bauwerken und landschaftspflegerische Freianlagenplanungen in Verbindung mit Objekten.

(2) § 34 Absatz 1 gilt entsprechend.

(3) Die Grundleistungen bei Freianlagen sind in neun Leistungsphasen unterteilt und werden wie folgt in Prozentsätzen der Honorare des § 40 bewertet:

1. für die Leistungsphase 1 (Grundlagenermittlung) mit 3 Prozent,
2. für die Leistungsphase 2 (Vorplanung) mit 10 Prozent,
3. für die Leistungsphase 3 (Entwurfsplanung) mit 16 Prozent,
4. für die Leistungsphase 4 (Genehmigungsplanung) mit 4 Prozent,
5. für die Leistungsphase 5 (Ausführungsplanung) mit 25 Prozent,
6. für die Leistungsphase 6 (Vorbereitung der Vergabe) mit 7 Prozent,
7. für die Leistungsphase 7 (Mitwirkung bei der Vergabe) mit 3 Prozent,
8. für die Leistungsphase 8 (Objektüberwachung – Bauüberwachung und Dokumentation) mit 30 Prozent und
9. für die Leistungsphase 9 (Objektbetreuung) mit 2 Prozent.

(4) Anlage 11 Nummer 11.1 regelt die Grundleistungen jeder Leistungsphase und enthält Beispiele für Besondere Leistungen.

§ 40 Honorare für Grundleistungen bei Freianlagen

(1) Die Mindest- und Höchstsätze der Honorare für die in § 39 und der Anlage 11 Nummer 11.1 aufgeführten Grundleistungen für Freianlagen sind in der folgenden Honorartafel festgesetzt:

Anrechen-bare Kosten in Euro	Honorarzone I sehr geringe Anforderungen		Honorarzone II geringe Anforderungen		Honorarzone III durchschnittliche Anforderungen		Honorarzone IV hohe Anforderungen		Honorarzone V sehr hohe Anforderungen	
	von Euro	bis	von Euro	bis	von Euro	bis	von Euro	bis	von Euro	bis
20 000	3 643	4 348	4 348	5 229	5 229	6 521	6 521	7 403	7 403	8 108
25 000	4 406	5 259	5 259	6 325	6 325	7 888	7 888	8 954	8 954	9 807
30 000	5 147	6 143	6 143	7 388	7 388	9 215	9 215	10 460	10 460	11 456
35 000	5 870	7 006	7 006	8 426	8 426	10 508	10 508	11 928	11 928	13 064
40 000	6 577	7 850	7 850	9 441	9 441	11 774	11 774	13 365	13 365	14 638
50 000	7 953	9 492	9 492	11 416	11 416	14 238	14 238	16 162	16 162	17 701
60 000	9 287	11 085	11 085	13 332	13 332	16 627	16 627	18 874	18 874	20 672
75 000	11 227	13 400	13 400	16 116	16 116	20 100	20 100	22 816	22 816	24 989
100 000	14 332	17 106	17 106	20 574	20 574	25 659	25 659	29 127	29 127	31 901
125 000	17 315	20 666	20 666	24 855	24 855	30 999	30 999	35 188	35 188	38 539
150 000	20 201	24 111	24 111	28 998	28 998	36 166	36 166	41 053	41 053	44 963
200 000	25 746	30 729	30 729	36 958	36 958	46 094	46 094	52 323	52 323	57 306
250 000	31 053	37 063	37 063	44 576	44 576	55 594	55 594	63 107	63 107	69 117
350 000	41 147	49 111	49 111	59 066	59 066	73 667	73 667	83 622	83 622	91 586
500 000	55 300	66 004	66 004	79 383	79 383	99 006	99 006	112 385	112 385	123 088
650 000	69 114	82 491	82 491	99 212	99 212	123 736	123 736	140 457	140 457	153 834
800 000	82 430	98 384	98 384	118 326	118 326	147 576	147 576	167 518	167 518	183 472
1 000 000	99 578	118 851	118 851	142 942	142 942	178 276	178 276	202 368	202 368	221 641
1 250 000	120 238	143 510	143 510	172 600	172 600	215 265	215 265	244 355	244 355	267 627
1 500 000	140 204	167 340	167 340	201 261	201 261	251 011	251 011	284 931	284 931	312 067

(2) Welchen Honorarzonen die Grundleistungen zugeordnet werden, richtet sich nach folgenden Bewertungsmerkmalen:

1. Anforderungen an die Einbindung in die Umgebung,
2. Anforderungen an Schutz, Pflege und Entwicklung von Natur und Landschaft,
3. Anzahl der Funktionsbereiche,
4. gestalterische Anforderungen,
5. Ver- und Entsorgungseinrichtungen.

(3) [1]Sind für eine Freianlage Bewertungsmerkmale aus mehreren Honorarzonen anwendbar und bestehen deswegen Zweifel, welcher Honorarzone die Freianlage zugeordnet werden kann, so ist zunächst die Anzahl der Bewertungspunkte zu ermitteln. [2]Zur Ermittlung der Bewertungspunkte werden die Bewertungsmerkmale wie folgt gewichtet:

1. die Bewertungsmerkmale gemäß Absatz 2 Nummer 1, 2 und 4 mit je bis zu 8 Punkten,
2. die Bewertungsmerkmale gemäß Absatz 2 Nummer 3 und 5 mit je bis zu 6 Punkten.

(4) Die Freianlage ist anhand der nach Absatz 3 ermittelten Bewertungspunkte einer der Honorarzonen zuzuordnen:

1. Honorarzone I: bis zu 8 Punkte,
2. Honorarzone II: 9 bis 15 Punkte,
3. Honorarzone III: 16 bis 22 Punkte,
4. Honorarzone IV: 30 bis 36 Punkte,
5. Honorarzone V: 35 bis 42 Punkte.

(5) Für die Zuordnung zu den Honorarzonen ist die Objektliste der Anlage 11 Nummer 11.2 zu berücksichtigen.

(6) § 36 Absatz 1 ist für Freianlagen entsprechend anzuwenden.

Abschnitt 3. Ingenieurbauwerke

§ 41 Anwendungsbereich

Ingenieurbauwerke umfassen:

1. Bauwerke und Anlagen der Wasserversorgung,
2. Bauwerke und Anlagen der Abwasserentsorgung,
3. Bauwerke und Anlagen des Wasserbaus ausgenommen Freianlagen nach § 39 Absatz 1,
4. Bauwerke und Anlagen für Ver- und Entsorgung mit Gasen, Feststoffen und wassergefährdenden Flüssigkeiten, ausgenommen Anlagen der Technischen Ausrüstung nach § 53 Absatz 2,
5. Bauwerke und Anlagen der Abfallentsorgung,
6. konstruktive Ingenieurbauwerke für Verkehrsanlagen,
7. sonstige Einzelbauwerke, ausgenommen Gebäude und Freileitungsmaste.

§ 42 Besondere Grundlagen des Honorars

(1) [1]Für Grundleistungen bei Ingenieurbauwerken sind die Kosten der Baukonstruktion anrechenbar. [2]Die Kosten für die Anlagen der Maschinentechnik, die der Zweckbestimmung des Ingenieurbauwerks dienen, sind anrechenbar, soweit der Auftragnehmer diese plant oder deren Ausführung überwacht.

(2) Für Grundleistungen bei Ingenieurbauwerken sind auch die Kosten für Technische Anlagen, die der Auftragnehmer nicht fachlich plant oder deren Ausführung der Auftragnehmer nicht fachlich überwacht,

1. vollständig anrechenbar bis zum Betrag von 25 Prozent der sonstigen anrechenbaren Kosten und
2. zur Hälfte anrechenbar mit dem Betrag, der 25 Prozent der sonstigen anrechenbaren Kosten übersteigt.

(3) Nicht anrechenbar sind, soweit der Auftragnehmer die Anlagen weder plant noch ihre Ausführung überwacht, die Kosten für:

1. das Herrichten des Grundstücks,
2. die öffentliche und die nichtöffentliche Erschließung, die Außenanlagen, das Umlegen und Verlegen von Leitungen,
3. verkehrsregelnde Maßnahmen während der Bauzeit,
4. die Ausstattung und Nebenanlagen von Ingenieurbauwerken.

§ 43 Leistungsbild Ingenieurbauwerke

(1) [1]§ 34 Absatz 1 gilt entsprechend. [2]Die Grundleistungen für Ingenieurbauwerke sind in neun Leistungsphasen unterteilt und werden wie folgt in Prozentsätzen der Honorare des § 44 bewertet:

1. für die Leistungsphase 1 (Grundlagenermittlung) mit 2 Prozent,
2. für die Leistungsphase 2 (Vorplanung) mit 20 Prozent,
3. für die Leistungsphase 3 (Entwurfsplanung) mit 25 Prozent,
4. für die Leistungsphase 4 (Genehmigungsplanung) mit 5 Prozent,
5. für die Leistungsphase 5 (Ausführungsplanung) mit 15 Prozent,
6. für die Leistungsphase 6 (Vorbereitung der Vergabe) mit 13 Prozent,
7. für die Leistungsphase 7 (Mitwirkung bei der Vergabe) mit 4 Prozent,
8. für die Leistungsphase 8 (Bauoberleitung) mit 15 Prozent,
9. für die Leistungsphase 9 (Objektbetreuung) mit 1 Prozent.

(2) Abweichend von Absatz 1 Nummer 2 wird die Leistungsphase 2 bei Objekten nach § 41 Nummer 6 und 7, die eine Tragwerksplanung erfordern, mit 10 Prozent bewertet.

(3) Die Vertragsparteien können abweichend von Absatz 1 schriftlich vereinbaren, dass

1. die Leistungsphase 4 mit 5 bis 8 Prozent bewertet wird, wenn dafür ein eigenständiges Planfeststellungsverfahren erforderlich ist.

2. die Leistungsphase 5 mit 15 bis 35 Prozent bewertet wird, wenn ein überdurchschnittlicher Aufwand an Ausführungszeichnungen erforderlich wird.

(4) Anlage 12 Nummer 12.1 regelt die Grundleistungen jeder Leistungsphase und enthält Beispiele für Besondere Leistungen.

§ 44 Honorare für Grundleistungen bei Ingenieurbauwerken

(1) Die Mindest- und Höchstsätze der Honorare für die in § 43 und der Anlage 12 Nummer 12.1 aufgeführten Grundleistungen bei Ingenieurbauwerken sind in der folgenden Honorartafel für den Anwendungsbereich des § 41 festgesetzt:

Anrechenbare Kosten in Euro	Honorarzone I sehr geringe Anforderungen von Euro	bis	Honorarzone II geringe Anforderungen von Euro	bis	Honorarzone III durchschnittliche Anforderungen von Euro	bis	Honorarzone IV hohe Anforderungen von Euro	bis	Honorarzone V sehr hohe Anforderungen von Euro	bis
25 000	3 449	4 109	4 109	4 768	4 768	5 428	5 428	6 036	603	6 696
35 000	4 475	5 331	5 331	6 186	6 186	7 042	7 042	7 831	7 831	8 687
50 000	5 897	7 024	7 024	8 152	8 152	9 279	9 279	10 320	10 320	11 447
75 000	8 069	9 611	9 611	11 154	11 154	12 697	12 697	14 121	14 121	15 663
100 000	10 079	12 005	12 005	13 932	13 932	15 859	15 859	17 637	17 637	19 564
150 000	13 786	16 422	16 422	19 058	19 058	21 693	21 693	24 126	24 126	26 762
200 000	17 215	20 506	20 506	23 797	23 797	27 088	27 088	30 126	30 126	33 417
300 000	23 534	28 033	28 033	32 532	32 532	37 031	37 031	41 185	41 185	45 684
500 000	34 865	41 530	41 530	48 195	48 195	54 861	54 861	61 013	61 013	67 679
750 000	47 576	56 672	56 672	65 767	65 767	74 863	74 863	83 258	83 258	92 354
1 000 000	59 264	70 594	70 594	81 924	81 924	93 254	93 254	103 712	103 712	115 042
1 500 000	80 998	96 482	96 482	111 967	111 967	127 452	127 452	141 746	141 746	157 230
2 000 000	101 054	120 373	120 373	139 692	139 692	159 011	159 011	176 844	176 844	196 163
3 000 000	137 907	164 272	164 272	190 636	190 636	217 001	217 001	241 338	241 338	267 702
5 000 000	203 584	242 504	242 504	281 425	281 425	320 345	320 345	356 272	356 272	395 192
7 500 000	278 415	331 642	331 642	384 868	384 868	438 095	438 095	487 227	487 227	540 453
10 000 000	347 568	414 014	414 014	480 461	480 461	546 908	546 908	608 244	608 244	674 690
15 000 000	474 901	565 691	565 691	656 480	656 480	747 270	747 270	831 076	831 076	921 866
20 000 000	592 324	705 563	705 563	818 801	818 801	932 040	932 040	1 036 568	1 036 568	1 149 806
25 000 000	702 770	837 123	837 123	971 476	971 476	1 105 829	1 105 829	1 229 848	1 229 848	1 364 201

(2) Welchen Honorarzonen die Grundleistungen zugeordnet werden, richtet sich nach folgenden Bewertungsmerkmalen:

1. geologische und baugrundtechnische Gegebenheiten,
2. technische Ausrüstung und Ausstattung,
3. Einbindung in die Umgebung oder in das Objektumfeld,
4. Umfang der Funktionsbereiche oder der konstruktiven oder technischen Anforderungen,
5. fachspezifische Bedingungen.

(3) [1]Sind für Ingenieurbauwerke Bewertungsmerkmale aus mehreren Honorarzonen anwendbar und bestehen deswegen Zweifel, welcher Honorarzone das Objekt zugeordnet werden kann, so ist zunächst die Anzahl der Bewertungspunkte zu ermitteln. [2]Zur Ermittlung der Bewertungspunkte werden die Bewertungsmerkmale wie folgt gewichtet:

1. die Bewertungsmerkmale gemäß Absatz 2 Nummer 1, 2 und 3 mit bis zu 5 Punkten,
2. das Bewertungsmerkmal gemäß Absatz 2 Nummer 4 mit bis zu 10 Punkten,
3. das Bewertungsmerkmal gemäß Absatz 2 Nummer 5 mit bis zu 15 Punkten.

(4) Das Ingenieurbauwerk ist anhand der nach Absatz 3 ermittelten Bewertungspunkte einer der Honorarzonen zuzuordnen:

1. Honorarzone I: bis zu 10 Punkte,
2. Honorarzone II: 11 bis 17 Punkte,

3. Honorarzone III: 18 bis 25 Punkte,
4. Honorarzone IV: 26 bis 33 Punkte,
5. Honorarzone V: 34 bis 40 Punkte.

(5) Für die Zuordnung zu den Honorarzonen ist die Objektliste der Anlage 12 Nummer 12.2 zu berücksichtigen.

(6) Für Umbauten und Modernisierungen von Ingenieurbauwerken kann bei einem durchschnittlichen Schwierigkeitsgrad ein Zuschlag gemäß § 6 Absatz 2 Satz 3 bis 33 Prozent schriftlich vereinbart werden.

(7) Steht der Planungsaufwand für Ingenieurbauwerke mit großer Längenausdehnung, die unter gleichen baulichen Bedingungen errichtet werden, in einem Missverhältnis zum ermittelten Honorar, ist § 7 Absatz 3 anzuwenden.

Abschnitt 4. Verkehrsanlagen

§ 45 Anwendungsbereich

Verkehrsanlagen sind:

1. Anlagen des Straßenverkehrs, ausgenommen selbstständige Rad-, Geh- und Wirtschaftswege und Freianlagen nach § 39 Absatz 1,
2. Anlagen des Schienenverkehrs,
3. Anlagen des Flugverkehrs.

§ 46 Besondere Grundlagen des Honorars

(1) [1] Für Grundleistungen bei Verkehrsanlagen sind die Kosten der Baukonstruktion anrechenbar. [2] Soweit der Auftragnehmer die Ausstattung von Anlagen des Straßen-, Schienen- und Flugverkehrs einschließlich der darin enthaltenen Entwässerungsanlagen, die der Zweckbestimmung der Verkehrsanlagen dienen, plant oder deren Ausführung überwacht, sind die dadurch entstehenden Kosten anrechenbar.

(2) Für Grundleistungen bei Verkehrsanlagen sind auch die Kosten für Technische Anlagen, die der Auftragnehmer nicht fachlich plant oder deren Ausführung der Auftragnehmer nicht fachlich überwacht,

1. vollständig anrechenbar bis zu einem Betrag von 25 Prozent der sonstigen anrechenbaren Kosten und
2. zur Hälfte anrechenbar mit dem Betrag, der 25 Prozent der sonstigen anrechenbaren Kosten übersteigt.

(3) Nicht anrechenbar sind, soweit der Auftragnehmer die Anlagen weder plant noch ihre Ausführung überwacht, die Kosten für:

1. das Herrichten des Grundstücks,
2. die öffentliche und die nichtöffentliche Erschließung, die Außenanlagen, das Umlegen und Verlegen von Leitungen,
3. die Nebenanlagen von Anlagen des Straßen-, Schienen- und Flugverkehrs,
4. verkehrsregelnde Maßnahmen während der Bauzeit.

(4) Für Grundleistungen der Leistungsphasen 1 bis 7 und 9 bei Verkehrsanlagen sind:

1. die Kosten für Erdarbeiten einschließlich Felsarbeiten anrechenbar bis zu einem Betrag von 40 Prozent der sonstigen anrechenbaren Kosten nach Absatz 1 und
2. 10 Prozent der Kosten für Ingenieurbauwerke anrechenbar, wenn dem Auftragnehmer für diese Ingenieurbauwerke nicht gleichzeitig Grundleistungen nach § 43 übertragen werden.

(5) Die nach den Absätzen 1 bis 4 ermittelten Kosten sind für Grundleistungen des § 47 Absatz 1 Satz 2 Nummer 1 bis 7 und 9

1. bei Straßen, die mehrere durchgehende Fahrspuren mit einer gemeinsamen Entwurfsachse und einer gemeinsamen Entwurfsgradiente haben, wie folgt anteilig anrechenbar:
   a) bei dreistreifigen Straßen zu 85 Prozent,
   b) bei vierstreifigen Straßen zu 70 Prozent und
   c) bei mehr als vierstreifigen Straßen zu 60 Prozent,

2. bei Gleis- und Bahnsteiganlagen, die zwei Gleise mit einem gemeinsamen Planum haben, zu 90 Prozent anrechenbar. Das Honorar für Gleis- und Bahnsteiganlagen mit mehr als zwei Gleisen oder Bahnsteigen kann frei vereinbart werden.

§ 47 Leistungsbild Verkehrsanlagen

(1) [1]§ 34 Absatz 1 gilt entsprechend. [2]Die Grundleistungen für Verkehrsanlagen sind in neun Leistungsphasen unterteilt und werden wie folgt in Prozentsätzen der Honorare des § 49 bewertet:

1. für die Leistungsphase 1 (Grundlagenermittlung) mit 2 Prozent,
2. für die Leistungsphase 2 (Vorplanung) mit 20 Prozent,
3. für die Leistungsphase 3 (Entwurfsplanung) mit 25 Prozent,
4. für die Leistungsphase 4 (Genehmigungsplanung) mit 8 Prozent,
5. für die Leistungsphase 5 (Ausführungsplanung) mit 15 Prozent,
6. für die Leistungsphase 6 (Vorbereitung der Vergabe) mit 10 Prozent,
7. für die Leistungsphase 7 (Mitwirkung bei der Vergabe) mit 4 Prozent,
8. für die Leistungsphase 8 (Bauoberleitung) mit 15 Prozent,
9. für die Leistungsphase 9 (Objektbetreuung) mit 1 Prozent.

(2) Anlage 13 Nummer 13.1 regelt die Grundleistungen jeder Leistungsphase und enthält Beispiele für Besondere Leistungen.

§ 48 Honorare für Grundleistungen bei Verkehrsanlagen

(1) Die Mindest- und Höchstsätze der Honorare für die in § 47 und der Anlage 13 Nummer 13.1 aufgeführten Grundleistungen bei Verkehrsanlagen sind in der folgenden Honorartafel für den Anwendungsbereich des § 45 festgesetzt:

Anrechen-bare Kosten in Euro	Honorarzone I sehr geringe Anforderungen		Honorarzone II geringe Anforderungen		Honorarzone III durchschnittliche Anforderungen		Honorarzone IV hohe Anforderungen		Honorarzone V sehr hohe Anforderungen	
	von	bis	von	bis	von	bis	von	bis	von	bis
	Euro		Euro		Euro		Euro		Euro	
25 000	3 882	4 624	4 624	5 366	5 366	6 108	6 108	6 793	6 793	7 535
35 000	4 981	5 933	5 933	6 885	6 885	7 837	7 837	8 716	8 716	9 668
50 000	6 487	7 727	7 727	8 967	8 967	10 207	10 207	11 352	11 352	12 592
75 000	8 759	10 434	10 434	12 108	12 108	13 783	13 783	15 328	15 328	17 003
100 000	10 839	12 911	12 911	14 983	14 983	17 056	17 056	18 968	18 968	21 041
150 000	14 634	17 432	17 432	20 229	20 229	23 027	23 027	25 610	25 610	28 407
200 000	18 106	21 567	21 567	25 029	25 029	28 490	28 490	31 685	31 685	35 147
300 000	24 435	29 106	29 106	33 778	33 778	38 449	38 449	42 761	42 761	47 433
500 000	35 622	42 433	42 433	49 243	49 243	56 053	56 053	62 339	62 339	69 149
750 000	48 001	57 178	57 178	66 355	66 355	75 532	75 532	84 002	84 002	93 179
1 000 000	59 267	70 597	70 597	81 928	81 928	93 258	93 258	103 717	103 717	115 047
1 500 000	80 009	95 305	95 305	110 600	110 600	125 896	125 896	140 015	140 015	155 311
2 000 000	98 962	117 881	117 881	136 800	136 800	155 719	155 719	173 183	173 183	192 102
3 000 000	133 441	158 951	158 951	184 462	184 462	209 973	209 973	233 521	233 521	259 032
5 000 000	194 094	231 200	231 200	268 306	268 306	305 412	305 412	339 664	339 664	376 770
7 500 000	262 407	312 573	312 573	362 739	362 739	412 905	412 905	459 212	459 212	509 378
10 000 000	324 978	387 107	387 107	449 235	449 235	511 363	511 363	568 712	568 712	630 840
15 000 000	439 179	523 140	523 140	607 101	607 101	691 062	691 062	768 564	768 564	852 525
20 000 000	543 619	647 546	647 546	751 473	751 473	855 401	855 401	951 333	951 333	1 055 260
25 000 000	641 265	763 860	763 860	886 454	886 454	1 009 049	1 009 049	1 122 213	1 122 213	1 244 808

(2) Welchen Honorarzonen die Grundleistungen zugeordnet werden, richtet sich nach folgenden Bewertungsmerkmalen:

1. geologische und baugrundtechnische Gegebenheiten,
2. technische Ausrüstung und Ausstattung,
3. Einbindung in die Umgebung oder das Objektumfeld,

4. Umfang der Funktionsbereiche oder der konstruktiven oder technischen Anforderungen,

5. fachspezifische Bedingungen.

(3) [1] Sind für Verkehrsanlagen Bewertungsmerkmale aus mehreren Honorarzonen anwendbar und bestehen deswegen Zweifel, welcher Honorarzone das Objekt zugeordnet werden kann, so ist zunächst die Anzahl der Bewertungspunkte zu ermitteln. [2] Zur Ermittlung der Bewertungspunkte werden die Bewertungsmerkmale wie folgt gewichtet:

1. die Bewertungsmerkmale gemäß Absatz 2 Nummer 1, 2 mit bis zu 5 Punkten,

2. das Bewertungsmerkmal gemäß Absatz 2 Nummer 3 mit bis zu 15 Punkten,

3. das Bewertungsmerkmal gemäß Absatz 2 Nummer 4 mit bis zu 10 Punkten,

4. das Bewertungsmerkmal gemäß Absatz 2 Nummer 5 mit bis zu 5 Punkten.

(4) Die Verkehrsanlage ist anhand der nach Absatz 3 ermittelten Bewertungspunkte einer der Honorarzonen zuzuordnen:

1. Honorarzone I: bis zu 10 Punkte,
2. Honorarzone II: 11 bis 17 Punkte,
3. Honorarzone III: 18 bis 25 Punkte,
4. Honorarzone IV: 26 bis 33 Punkte,
5. Honorarzone V: 34 bis 40 Punkte.

(5) Für die Zuordnung zu den Honorarzonen ist die Objektliste der Anlage 13 Nummer 13.2 zu berücksichtigen.

(6) Für Umbauten und Modernisierungen von Verkehrsanlagen kann bei einem durchschnittlichen Schwierigkeitsgrad ein Zuschlag gemäß § 6 Absatz 2 Satz 3 bis 33 Prozent schriftlich vereinbart werden.

Teil 4. Fachplanung

Abschnitt 1. Tragwerksplanung

§ 49 Anwendungsbereich

(1) Leistungen der Tragwerksplanung sind die statische Fachplanung für die Objektplanung Gebäude und Ingenieurbauwerke.

(2) Das Tragwerk bezeichnet das statische Gesamtsystem der miteinander verbundenen, lastabtragenden Konstruktionen, die für die Standsicherheit von Gebäuden, Ingenieurbauwerken, und Traggerüsten bei Ingenieurbauwerken maßgeblich sind.

§ 50 Besondere Grundlagen des Honorars

(1) Bei Gebäuden und zugehörigen baulichen Anlagen sind 55 Prozent der Baukonstruktionskosten und 10 Prozent der Kosten der Technischen Anlagen anrechenbar.

(2) Die Vertragsparteien können bei Gebäuden mit einem hohen Anteil an Kosten der Gründung und der Tragkonstruktionen schriftlich vereinbaren, dass die anrechenbaren Kosten abweichend von Absatz 1 nach Absatz 3 ermittelt werden.

(3) Bei Ingenieurbauwerken sind 90 Prozent der Baukonstruktionskosten und 15 Prozent der Kosten der Technischen Anlagen anrechenbar.

(4) [1] Für Traggerüste bei Ingenieurbauwerken sind die Herstellkosten einschließlich der zugehörigen Kosten für Baustelleneinrichtungen anrechenbar. [2] Bei mehrfach verwendeten Bauteilen ist der Neuwert anrechenbar.

(5) Die Vertragsparteien können vereinbaren, dass Kosten von Arbeiten, die nicht in den Absätzen 1 bis 3 erfasst sind, ganz oder teilweise anrechenbar sind, wenn der Auftragnehmer wegen dieser Arbeiten Mehrleistungen für das Tragwerk nach § 51 erbringt.

§ 51 Leistungsbild Tragwerksplanung

(1) Die Grundleistungen der Tragwerksplanung sind für Gebäude und zugehörige bauliche Anlagen sowie für Ingenieurbauwerke nach § 41 Nummer 1 bis 5 in den Leistungsphasen 1 bis 6 sowie für Ingenieurbauwerke nach § 41 Nummer 6 und 7 in den Leistungsphasen 2 bis 6 zusammengefasst und werden wie folgt in Prozentsätzen der Honorare des § 52 bewertet:
1. für die Leistungsphase 1 (Grundlagenermittlung) mit 3 Prozent,
2. für die Leistungsphase 2 (Vorplanung) mit 10 Prozent,
3. für die Leistungsphase 3 (Entwurfsplanung) mit 15 Prozent,
4. für die Leistungsphase 4 (Genehmigungsplanung) mit 30 Prozent,
5. für die Leistungsphase 5 (Ausführungsplanung) mit 40 Prozent,
6. für die Leistungsphase 6 (Vorbereitung der Vergabe) mit 2 Prozent.

(2) Die Leistungsphase 5 ist abweichend von Absatz 1 mit 30 Prozent der Honorare des § 52 zu bewerten:
1. im Stahlbetonbau, sofern keine Schalpläne in Auftrag gegeben werden,
2. im Holzbau mit unterdurchschnittlichem Schwierigkeitsgrad.

(3) Die Leistungsphase 5 ist abweichend von Absatz 1 mit 20 Prozent der Honorare des § 52 zu bewerten, sofern nur Schalpläne in Auftrag gegeben werden.

(4) Bei sehr enger Bewehrung kann die Bewertung der Leistungsphase 5 um bis zu 4 Prozent erhöht werden.

(5) [1] Anlage 14 Nummer 14.1 regelt die Grundleistungen jeder Leistungsphase und enthält Beispiele für Besondere Leistungen. [2] Für Ingenieurbauwerke nach § 41 Nummer 6 und 7 sind die Grundleistungen der Tragwerksplanung zur Leistungsphase 1 im Leistungsbild der Ingenieurbauwerke gemäß § 43 enthalten.

§ 52 Honorare für Grundleistungen bei Tragwerksplanungen

(1) Die Mindest- und Höchstsätze der Honorare für die in § 51 und der Anlage 14 Nummer 14.1 aufgeführten Grundleistungen der Tragwerksplanungen sind in der folgenden Honorartafel festgesetzt:

Anrechen-bare Kosten in Euro	Honorarzone I sehr geringe Anforderungen von bis Euro		Honorarzone II geringe Anforderungen von bis Euro		Honorarzone III durchschnittliche Anforderungen von bis Euro		Honorarzone IV hohe Anforderungen von bis Euro		Honorarzone V sehr hohe Anforderungen von bis Euro	
10 000	1 461	1 624	1 624	2 064	2 064	2 575	2 575	3 015	3 015	3 178
15 000	2 011	2 234	2 234	2 841	2 841	3 543	3 543	4 149	4 149	4 373
25 000	3 006	3 340	3 340	4 247	4 247	5 296	5 296	6 203	6 203	6 537
50 000	5 187	5 763	5 763	7 327	7 327	9 139	9 139	10 703	10 703	11 279
75 000	7 135	7 928	7 928	10 080	10 080	12 572	12 572	14 724	14 724	15 517
100 000	8 946	9 940	9 940	12 639	12 639	15 763	15 763	18 461	18 461	19 455
150 000	12 303	13 670	13 670	17 380	17 380	21 677	21 677	25 387	25 387	26 754
250 000	18 370	20 411	20 411	25 951	25 951	32 365	32 365	37 906	37 906	39 947
350 000	23 909	26 565	26 565	33 776	33 776	42 125	42 125	49 335	49 335	51 992
500 000	31 594	35 105	35 105	44 633	44 633	55 666	55 666	65 194	65 194	68 705
750 000	43 463	48 293	48 293	61 401	61 401	76 578	76 578	89 686	89 686	94 515
1 000 000	54 495	60 550	60 550	76 984	76 984	96 014	96 014	112 449	112 449	118 504
1 250 000	64 940	72 155	72 155	91 740	91 740	114 418	114 418	134 003	134 003	141 218
1 500 000	74 938	83 265	83 265	105 865	105 865	132 034	132 034	154 635	154 635	162 961
2 000 000	93 923	104 358	104 358	132 684	132 684	165 483	165 483	193 808	193 808	204 244
3 000 000	129 059	143 398	143 398	182 321	182 321	227 389	227 389	266 311	266 311	280 651
5 000 000	192 384	213 760	213 760	271 781	271 781	338 962	338 962	396 983	396 983	418 359
7 500 000	264 487	293 874	293 874	373 640	373 640	466 001	466 001	545 767	545 767	575 154
10 000 000	331 398	368 220	368 220	468 166	468 166	583 892	583 892	683 838	683 838	720 660
15 000 000	455 117	505 686	505 686	642 943	642 943	801 873	801 873	939 131	939 131	989 699

(2) Die Honorarzone wird nach dem statisch-konstruktiven Schwierigkeitsgrad anhand der in Anlage 14 Nummer 14.2 dargestellten Bewertungsmerkmale ermittelt.

(3) Sind für ein Tragwerk Bewertungsmerkmale aus mehreren Honorarzonen anwendbar und bestehen deswegen Zweifel, welcher Honorarzone das Tragwerk zugeordnet werden kann, so ist für die Zuordnung die Mehrzahl der in den jeweiligen Honorarzonen nach Absatz 2 aufgeführten Bewertungsmerkmale und ihre Bedeutung im Einzelfall maßgebend.

(4) Für Umbauten und Modernisierungen kann bei einem durchschnittlichen Schwierigkeitsgrad ein Zuschlag gemäß § 6 Absatz 2 Satz 3 bis 50 Prozent schriftlich vereinbart werden.

(5) Steht der Planungsaufwand für Tragwerke bei Ingenieurbauwerken mit großer Längenausdehnung, die unter gleichen baulichen Bedingungen errichtet werden, in einem Missverhältnis zum ermittelten Honorar, ist § 7 Absatz 3 anzuwenden.

Abschnitt 2. Technische Ausrüstung

§ 53 Anwendungsbereich

(1) Die Leistungen der Technischen Ausrüstung umfassen die Fachplanungen für Objekte.

(2) Zur Technischen Ausrüstung gehören folgende Anlagengruppen:

1. Abwasser-, Wasser- und Gasanlagen,
2. Wärmeversorgungsanlagen,
3. Lufttechnische Anlagen,
4. Starkstromanlagen,
5. Fernmelde- und informationstechnische Anlagen,
6. Förderanlagen,
7. nutzungsspezifische Anlagen und verfahrenstechnische Anlagen,
8. Gebäudeautomation und Automation von Ingenieurbauwerken.

§ 54 Besondere Grundlagen des Honorars

(1) [1]Das Honorar für Grundleistungen bei der Technischen Ausrüstung richtet sich für das jeweilige Objekt im Sinne des § 2 Absatz 1 Satz 1 nach der Summe der anrechenbaren Kosten der Anlagen jeder Anlagengruppe. [2]Dies gilt für nutzungsspezifische Anlagen nur, wenn die Anlagen funktional gleichartig sind. [3]Anrechenbar sind auch sonstige Maßnahmen für technische Anlagen.

(2) [1]Umfasst ein Auftrag für unterschiedliche Objekte im Sinne des § 2 Absatz 1 Satz 1 mehrere Anlagen, die unter funktionalen und technischen Kriterien eine Einheit bilden, werden die anrechenbaren Kosten der Anlagen jeder Anlagengruppe zusammengefasst. [2]Dies gilt für nutzungsspezifische Anlagen nur, wenn diese Anlagen funktional gleichartig sind. [3]§ 11 Absatz 1 ist nicht anzuwenden.

(3) [1]Umfasst ein Auftrag im Wesentlichen gleiche Anlagen, die unter weitgehend vergleichbaren Bedingungen für im Wesentlichen gleiche Objekte geplant werden, ist die Rechtsfolge des § 11 Absatz 3 anzuwenden. [2]Umfasst ein Auftrag im Wesentlichen gleiche Anlagen, die bereits Gegenstand eines anderen Vertrags zwischen den Vertragsparteien waren, ist die Rechtsfolge des § 11 Absatz 4 anzuwenden.

(4) Nicht anrechenbar sind die Kosten für die nichtöffentliche Erschließung und die Technischen Anlagen in Außenanlagen, soweit der Auftragnehmer diese nicht plant oder ihre Ausführung nicht überwacht.

(5) [1]Werden Teile der Technischen Ausrüstung in Baukonstruktionen ausgeführt, so können die Vertragsparteien schriftlich vereinbaren, dass die Kosten hierfür ganz oder teilweise zu den anrechenbaren Kosten gehören. [2]Satz 1 ist entsprechend für Bauteile der Kostengruppe Baukonstruktionen anzuwenden, deren Abmessung oder Konstruktion durch die Leistung der Technischen Ausrüstung wesentlich beeinflusst wird.

§ 55 Leistungsbild Technische Ausrüstung

(1) [1]Das Leistungsbild „Technische Ausrüstung" umfasst Grundleistungen für Neuanlagen, Wiederaufbauten, Erweiterungsbauten, Umbauten, Modernisierungen, Instandhaltungen und Instandsetzungen. [2]Die Grundleistungen bei der Technischen Ausrüstung sind in neun Leistungsphasen zusammengefasst und werden wie folgt in Prozentsätzen der Honorare des § 56 bewertet:

1. für die Leistungsphase 1 (Grundlagenermittlung) mit 2 Prozent,
2. für die Leistungsphase 2 (Vorplanung) mit 9 Prozent,
3. für die Leistungsphase 3 (Entwurfsplanung) mit 17 Prozent,
4. für die Leistungsphase 4 (Genehmigungsplanung) mit 2 Prozent,
5. für die Leistungsphase 5 (Ausführungsplanung) mit 22 Prozent,
6. für die Leistungsphase 6 (Vorbereitung der Vergabe) mit 7 Prozent,
7. für die Leistungsphase 7 (Mitwirkung bei der Vergabe) mit 5 Prozent,
8. für die Leistungsphase 8 (Objektüberwachung – Bauüberwachung) mit 35 Prozent,
9. für die Leistungsphase 9 (Objektbetreuung und Dokumentation) mit 1 Prozent.

(2) Die Leistungsphase 5 ist abweichend von Absatz 1 mit einem Abschlag von jeweils 4 Prozent zu bewerten, sofern das Anfertigen von Schlitz- und Durchbruchsplänen oder das Prüfen der Montage- und Werkstattpläne der ausführenden Firmen nicht in Auftrag gegeben wird.

(3) Anlage 15 Nummer 15.1 regelt die Grundleistungen jeder Leistungsphase und enthält Beispiele für Besondere Leistungen.

§ 56 Honorare für Grundleistungen der Technischen Ausrüstung

(1) Die Mindest- und Höchstsätze der Honorare für die in § 55 und der Anlage 15.1 aufgeführten Grundleistungen bei einzelnen Anlagen sind in der folgenden Honorartafel festgesetzt:

Anrechenbare Kosten in Euro	Honorarzone I geringe Anforderungen von Euro	bis	Honorarzone II durchschnittliche Anforderungen von Euro	bis	Honorarzone III hohe Anforderungen von Euro	bis
5 000	2 132	2 547	2 547	2 990	2 990	3 405
10 000	3 689	4 408	4 408	5 174	5 174	5 893
15 000	5 084	6 075	6 075	7 131	7 131	8 122
25 000	7 615	9 098	9 098	10 681	10 681	12 164
35 000	9 934	11 869	11 869	13 934	13 934	15 869
50 000	13 165	15 729	15 729	18 465	18 465	21 029
75 000	18 122	21 652	21 652	25 418	25 418	28 948
100 000	22 723	27 150	27 150	31 872	31 872	36 299
150 000	31 228	37 311	37 311	43 800	43 800	49 883
250 000	46 640	55 726	55 726	65 418	65 418	74 504
500 000	80 684	96 402	96 402	113 168	113 168	128 886
750 000	111 105	132 749	132 749	155 836	155 836	177 480
1 000 000	139 347	166 493	166 493	195 448	195 448	222 594
1 250 000	166 043	198 389	198 389	232 891	232 891	265 237
1 500 000	191 545	228 859	228 859	268 660	268 660	305 974
2 000 000	239 792	286 504	286 504	336 331	336 331	383 044
2 500 000	285 649	341 295	341 295	400 650	400 650	456 296
3 000 000	329 420	393 593	393 593	462 044	462 044	526 217
3 500 000	371 491	443 859	443 859	521 052	521 052	593 420
4 000 000	412 126	492 410	492 410	578 046	578 046	658 331

(2) Welchen Honorarzonen die Grundleistungen zugeordnet werden, richtet sich nach folgenden Bewertungsmerkmalen:

1. Anzahl der Funktionsbereiche,
2. Integrationsansprüche,
3. technische Ausgestaltung,
4. Anforderungen an die Technik,
5. konstruktive Anforderungen.

(3) Für die Zuordnung zu den Honorarzonen ist die Objektliste der Anlage 15 Nummer 15.2 zu berücksichtigen.

(4) [1] Werden Anlagen einer Gruppe verschiedenen Honorarzonen zugeordnet, so ergibt sich das Honorar nach Absatz 1 aus der Summe der Einzelhonorare. [2] Ein Einzelhonorar wird dabei für alle Anlagen ermittelt, die einer Honorarzone zugeordnet werden. [3] Für die Ermittlung des Einzelhonorars ist zunächst das Honorar für die Anlagen jeder Honorarzone zu berechnen, das sich ergeben würde, wenn die gesamten anrechenbaren Kosten der Anlagengruppe nur der Honorarzone zugeordnet würden, für die das Einzelhonorar berechnet wird. [4] Das Einzelhonorar ist dann nach dem Verhältnis der Summe der anrechenbaren Kosten der Anlagen einer Honorarzone zu den gesamten anrechenbaren Kosten der Anlagengruppe zu ermitteln.

(5) Für Umbauten und Modernisierungen kann bei einem durchschnittlichen Schwierigkeitsgrad ein Zuschlag gemäß § 6 Absatz 2 Satz 3 bis 50 Prozent schriftlich vereinbart werden.

(6) Steht der Planungsaufwand für die Technische Ausrüstung von Ingenieurbauwerken mit großer Längenausdehnung, die unter gleichen baulichen Bedingungen errichtet werden, in einem Missverhältnis zum ermittelten Honorar, ist § 7 Absatz 3 anzuwenden.

Teil 5. Übergangs- und Schlussvorschriften

§ 57 Übergangsvorschrift

Diese Verordnung ist nicht auf Grundleistungen anzuwenden, die vor ihrem Inkrafttreten vertraglich vereinbart wurden; insoweit bleiben die bisherigen Vorschriften anwendbar.

§ 58 Inkrafttreten, Außerkrafttreten

[1] Diese Verordnung tritt am Tag nach der Verkündung in Kraft. [2] Gleichzeitig tritt die Honorarordnung für Architekten und Ingenieure vom 11. August 2009 (BGBl. I S. 2732) außer Kraft.
Der Bundesrat hat zugestimmt.

Beratungsleistungen

1.1 Umweltverträglichkeitsstudie

1.1.1 Leistungsbild Umweltverträglichkeitsstudie

(1) Die Grundleistungen bei Umweltverträglichkeitsstudien können in vier Leistungsphasen unterteilt und wie folgt in Prozentsätzen der Honorare in Nummer 1.1.2 bewertet werden. Die Bewertung der Leistungsphasen der Honorare erfolgt

1. für die Leistungsphase 1 (Klären der Aufgabenstellung und Ermitteln des Leistungsumfangs) mit 3 Prozent,
2. für die Leistungsphase 2 (Grundlagenermittlung) mit 37 Prozent,
3. für die Leistungsphase 3 (Vorläufige Fassung) mit 50 Prozent,
4. für die Leistungsphase 4 (Abgestimmte Fassung) mit 10 Prozent.

(2) Das Leistungsbild kann sich wie folgt zusammensetzen:

Leistungsphase 1: Klären der Aufgabenstellung und Ermitteln des Leistungsumfangs
− Zusammenstellen und Prüfen der vom Auftraggeber zur Verfügung gestellten untersuchungsrelevanten Unterlagen,
− Ortsbesichtigungen,
− Abgrenzen der Untersuchungsräume,
− Ermitteln der Untersuchungsinhalte,
− Konkretisieren weiteren Bedarfs an Daten und Unterlagen,
− Beraten zum Leistungsumfang für ergänzende Untersuchungen und Fachleistungen,
− Aufstellen eines verbindlichen Arbeitsplans unter Berücksichtigung der sonstigen Fachbeiträge.

Leistungsphase 2: Grundlagenermittlung
− Ermitteln und Beschreiben der untersuchungsrelevanten Sachverhalte auf Grund vorhandener Unterlagen,
− Beschreiben der Umwelt einschließlich des rechtlichen Schutzstatus, der fachplanerischen Vorgaben und Ziele sowie der für die Bewertung relevanten Funktionselemente für jedes Schutzgut einschließlich der Wechselwirkungen,
− Beschreiben der vorhandenen Beeinträchtigungen der Umwelt,
− Bewerten der Funktionselemente und der Leistungsfähigkeit der einzelnen Schutzgüter hinsichtlich ihrer Bedeutung und Empfindlichkeit,
− Raumwiderstandsanalyse, soweit nach Art des Vorhabens erforderlich, einschließlich des Ermittelns konfliktarmer Bereiche,
− Darstellen von Entwicklungstendenzen des Untersuchungsraums für den Prognose-Null-Fall,
− Überprüfen der Abgrenzung des Untersuchungsraums und der Untersuchungsinhalte,
− Zusammenfassendes Darstellen der Erfassung und Bewertung als Grundlage für die Erörterung mit 0 dem Auftraggeber.

Leistungsphase 3: Vorläufige Fassung
− Ermitteln und Beschreiben der Umweltauswirkungen und Erstellen der vorläufigen Fassung,
− Mitwirken bei der Entwicklung und der Auswahl vertieft zu untersuchender planerischer Lösungen,
− Mitwirken bei der Optimierung von bis zu drei planerischen Lösungen (Hauptvarianten) zur Vermeidung von Beeinträchtigungen,
− Ermitteln, Beschreiben und Bewerten der unmittelbaren und mittelbaren Auswirkungen von bis zu drei planerischen Lösungen (Hauptvarianten) auf die Schutzgüter im Sinne des Gesetzes über die Umweltverträglichkeitsprüfung vom 24. Februar 2010 (BGBl. I S. 94) einschließlich der Wechselwirkungen,

- Einarbeiten der Ergebnisse vorhandener Untersuchungen zum Gebiets- und Artenschutz sowie zum Boden- und Wasserschutz,
- Vergleichendes Darstellen und Bewerten der Auswirkungen von bis zu drei planerischen Lösungen,
- Zusammenfassendes vergleichendes Bewerten des Projekts mit dem Prognose-Null-Fall,
- Erstellen von Hinweisen auf Maßnahmen zur Vermeidung und Verminderung von Beeinträchtigungen sowie zur Ausgleichbarkeit der unvermeidbaren Beeinträchtigungen,
- Erstellen von Hinweisen auf Schwierigkeiten bei der Zusammenstellung der Angaben,
- Zusammenführen und Darstellen der Ergebnisse als vorläufige Fassung in Text und Karten einschließlich des Herausarbeitens der grundsätzlichen Lösung der wesentlichen Teile der Aufgabe,
- Abstimmen der Vorläufigen Fassung mit dem Auftraggeber.

Leistungsphase 4: Abgestimmte Fassung

Darstellen der mit dem Auftraggeber abgestimmten Fassung der Umweltverträglichkeitsstudie in Text und Karte einschließlich einer Zusammenfassung.

(3) Im Leistungsbild Umweltverträglichkeitsstudie können insbesondere die Besonderen Leistungen der Anlage 9 Anwendung finden.

1.1.2 Honorare für Grundleistungen bei Umweltverträglichkeitsstudien

(1) Die Mindest- und Höchstsätze der Honorare für die in Nummer 1.1.1 aufgeführten Grundleistungen bei Umweltverträglichkeitsstudien können anhand der folgenden Honorartafel bestimmt werden:

Fläche in Hektar	Honorarzone I geringe Anforderungen von	bis	Honorarzone II durchschnittliche Anforderungen von	bis	Honorarzone III hohe Anforderungen von	bis
	Euro		Euro		Euro	
50	10 176	12 862	12 862	15 406	15 406	18 091
100	14 972	18 923	18 923	22 666	22 666	26 617
150	18 942	23 940	23 940	28 676	28 676	33 674
200	22 454	28 380	28 380	33 994	33 994	39 919
300	28 644	36 203	36 203	43 364	43 364	50 923
400	34 117	43 120	43 120	51 649	51 649	60 653
500	39 110	49 431	49 431	59 209	59 209	69 530
750	50 211	63 461	63 461	76 014	76 014	89 264
1 000	60 004	75 838	75 838	90 839	90 839	106 674
1 500	77 182	97 550	97 550	116 846	116 846	137 213
2 000	92 278	116 629	116 629	139 698	139 698	164 049
2 500	105 963	133 925	133 925	160 416	160 416	188 378
3 000	118 598	149 895	149 895	179 544	179 544	210 841
4 000	141 533	178 883	178 883	214 266	214 266	251 615
5 000	162 148	204 937	204 937	245 474	245 474	288 263
6 000	182 186	230 263	230 263	275 810	275 810	323 887
7 000	201 072	254 133	254 133	304 401	304 401	357 461
8 000	218 466	276 117	276 117	330 734	330 734	388 384
9 000	234 394	296 247	296 247	354 846	354 846	416 700
10 000	249 492	315 330	315 330	377 704	377 704	443 542

(2) Das Honorar für die Erstellung von Umweltverträglichkeitsstudien kann nach der Gesamtfläche des Untersuchungsraums in Hektar und nach der Honorarzone berechnet werden.

(3) Umweltverträglichkeitsstudien können folgenden Honorarzonen zugeordnet werden:

1. Honorarzone I (Geringe Anforderungen),
2. Honorarzone II (Durchschnittliche Anforderungen),
3. Honorarzone III (Hohe Anforderungen).

(4) Die Zuordnung zu den Honorarzonen kann anhand folgender Bewertungsmerkmale für zu erwartende nachteilige Auswirkungen auf die Umwelt ermittelt werden:

1. Bedeutung des Untersuchungsraums für die Schutzgüter im Sinne des Gesetzes über die Umweltverträglichkeitsprüfung (UVPG),
2. Ausstattung des Untersuchungsraums mit Schutzgebieten,
3. Landschaftsbild und -struktur,
4. Nutzungsansprüche,
5. Empfindlichkeit des Untersuchungsraums gegenüber Umweltbelastungen und -beeinträchtigungen,
6. Intensität und Komplexität potenzieller nachteiliger Wirkfaktoren auf die Umwelt.

(5) Sind für eine Umweltverträglichkeitsstudie Bewertungsmerkmale aus mehreren Honorarzonen anwendbar und bestehen deswegen Zweifel, welcher Honorarzone die Umweltverträglichkeitsstudie zugeordnet werden kann, kann die Anzahl der Bewertungspunkte nach Absatz 4 ermittelt werden; die Umweltverträglichkeitsstudie kann nach der Summe der Bewertungspunkte folgenden Honorarzonen zugeordnet werden:

1. Honorarzone I: Umweltverträglichkeitsstudien mit bis zu 16 Punkten,
2. Honorarzone II: Umweltverträglichkeitsstudien mit 17 bis 30 Punkten,
3. Honorarzone III: Umweltverträglichkeitsstudien mit 31 bis 42 Punkten.

(6) Bei der Zuordnung einer Umweltverträglichkeitsstudie zu den Honorarzonen können nach dem Schwierigkeitsgrad der Anforderungen die Bewertungsmerkmale wie folgt gewichtet werden:

1. die Bewertungsmerkmale gemäß Absatz 4 Nummern 1 bis 4
   mit je bis zu 6 Punkten und
2. die Bewertungsmerkmale gemäß Absatz 4 Nummern 5 und 6
   mit je bis zu 9 Punkten.

(7) Wird die Größe des Untersuchungsraums während der Leistungserbringung geändert, so kann das Honorar für die Leistungsphasen, die bis zur Änderung noch nicht erbracht sind, nach der geänderten Größe des Untersuchungsraums berechnet werden.

1.2 Bauphysik

1.2.1 Anwendungsbereich

(1) Zu den Grundleistungen für Bauphysik können gehören:
   – Wärmeschutz und Energiebilanzierung,
   – Bauakustik (Schallschutz),
   – Raumakustik.

(2) Wärmeschutz und Energiebilanzierung kann den Wärmeschutz von Gebäuden und Ingenieurbauwerken und die fachübergreifende Energiebilanzierung umfassen.

(3) Die Bauakustik kann den Schallschutz von Objekten zur Erreichung eines regelgerechten Luft- und Trittschallschutzes und zur Begrenzung der von außen einwirkenden Geräusche sowie der Geräusche von Anlagen der Technischen Ausrüstung umfassen. Dazu kann auch der Schutz der Umgebung vor schädlichen Umwelteinwirkungen durch Lärm (Schallimmissionsschutz) gehören.

(4) Die Raumakustik kann die Beratung zu Räumen mit besonderen raumakustischen Anforderungen umfassen.

(5) Die Besonderen Grundlagen der Honorare werden gesondert in den Teilgebieten Wärmeschutz und Energiebilanzierung, Bauakustik, Raumakustik aufgeführt.

1.2.2 Leistungsbild Bauphysik

(1) Die Grundleistungen für Bauphysik können in sieben Leistungsphasen unterteilt und wie folgt in Prozentsätzen der Honorare in Nummer 1.2.3 bewertet werden:

1. für die Leistungsphase 1 (Grundlagenermittlung) mit 3 Prozent,

2. für die Leistungsphase 2 (Mitwirken bei der Vorplanung) mit 20 Prozent,

3. für die Leistungsphase 3 (Mitwirken bei der Entwurfsplanung) mit 40 Prozent,

4. für die Leistungsphase 4 (Mitwirken bei der Genehmigungsplanung) mit 6 Prozent,

5. für die Leistungsphase 5 (Mitwirken bei der Ausführungsplanung) mit 27 Prozent,

6. für die Leistungsphase 6 (Mitwirkung bei der Vorbereitung der Vergabe) mit 2 Prozent,

7. für die Leistungsphase 7 (Mitwirkung bei der Vergabe) mit 2 Prozent.

(2) Das Leistungsbild kann sich wie folgt zusammensetzen:

Grundleistungen	Besondere Leistungen
LPH 1 Grundlagenermittlung	
a) Klären der Aufgabenstellung b) Festlegen der Grundlagen, Vorgaben und Ziele	– Mitwirken bei der Ausarbeitung von Auslobungen und bei Vorprüfungen für Wettbewerbe – Bestandsaufnahme bestehender Gebäude, Ermitteln und Bewerten von Kennwerten – Schadensanalyse bestehender Gebäude – Mitwirken bei Vorgaben für Zertifizierungen
LPH 2 Mitwirkung bei der Vorplanung	
a) Analyse der Grundlagen b) Klären der wesentlichen Zusammenhänge von Gebäude und technischen Anlagen einschließlich Betrachtung von Alternativen c) Vordimensionieren der relevanten Bauteile des Gebäudes d) Mitwirken beim Abstimmen der fachspezifischen Planungskonzepte der Objektplanung und der Fachplanungen e) Erstellen eines Gesamtkonzeptes in Abstimmung mit der Objektplanung und den Fachplanungen f) Erstellen von Rechenmodellen, Auflisten der wesentlichen Kennwerte als Arbeitsgrundlage für Objektplanung und Fachplanungen	– Mitwirken beim Klären von Vorgaben für Fördermaßnahmen und bei deren Umsetzung – Mitwirken an Projekt-, Käufer- oder Mieterbaubeschreibungen – Erstellen eines fachübergreifenden Bauteilkatalogs
LPH 3 Mitwirkung bei der Entwurfsplanung	
a) Fortschreiben der Rechenmodelle und der wesentlichen Kennwerte für das Gebäude b) Mitwirken beim Fortschreiben der Planungskonzepte der Objektplanung und Fachplanung bis zum vollständigen Entwurf	– Simulationen zur Prognose des Verhaltens von Bauteilen, Räumen, Gebäuden und Freiräumen

Grundleistungen	Besondere Leistungen
c) Bemessen der Bauteile des Gebäudes d) Erarbeiten von Übersichtsplänen und des Erläuterungsberichtes mit Vorgaben, Grundlagen und Auslegungsdaten	

LPH 4 Mitwirkung bei der Genehmigungsplanung

a) Mitwirken beim Aufstellen der Genehmigungsplanung und bei Vorgesprächen mit Behörden b) Aufstellen der förmlichen Nachweise c) Vervollständigen und Anpassen der Unterlagen	– Mitwirken bei Vorkontrollen in Zertifizierungsprozessen – Mitwirken beim Einholen von Zustimmungen im Einzelfall

LPH 5 Mitwirkung bei der Ausführungsplanung

a) Durcharbeiten der Ergebnisse der Leistungsphasen 3 und 4 unter Beachtung der durch die Objektplanung integrierten Fachplanungen b) Mitwirken bei der Ausführungsplanung durch ergänzende Angaben für die Objektplanung und Fachplanungen	– Mitwirken beim Prüfen und Anerkennen der Montage- und Werkstattplanung der ausführenden Unternehmen auf Übereinstimmung mit der Ausführungsplanung

LPH 6 Mitwirkung bei der Vorbereitung der Vergabe

Beiträge zu Ausschreibungsunterlagen	

LPH 7 Mitwirkung bei der Vergabe

Mitwirken beim Prüfen und Bewerten der Angebote auf Erfüllung der Anforderungen	– Prüfen von Nebenangeboten

LPH 8 Objektüberwachung und Dokumentation

	– Mitwirken bei der Baustellenkontrolle – Messtechnisches Überprüfen der Qualität der Bauausführung und von Bauteil- oder Raumeigenschaften

LPH 9 Objektbetreuung

	– Mitwirken bei Audits in Zertifizierungsprozessen

1.2.3 Honorare für Grundleistungen für Wärmeschutz und Energiebilanzierung

(1) Das Honorar für die Grundleistungen nach Nummer 1.2.2 Absatz 2 kann sich nach den anrechenbaren Kosten des Gebäudes gemäß § 33 nach der Honorarzone nach § 35, der das Gebäude zuzuordnen ist, und nach der Honorartafel in Absatz 2 richten.

(2) Die Mindest- und Höchstsätze der Honorare für die in Nummer 1.2.2 Absatz 2 aufgeführten Grundleistungen für Wärmeschutz und Energiebilanzierung können anhand der folgenden Honorartafel bestimmt werden:

Anrechen-bare Kosten in Euro	Honorarzone I sehr geringe Anforderungen von	bis Euro	Honorarzone II geringe Anforderungen von	bis Euro	Honorarzone III durchschnittliche Anforderungen von	bis Euro	Honorarzone IV hohe Anforderungen von	bis Euro	Honorarzone V sehr hohe Anforderungen von	bis Euro
250 000	1 757	2 023	2 023	2 395	2 395	2 928	2 928	3 300	3 300	3 566
275 000	1 789	2 061	2 061	2 440	2 440	2 982	2 982	3 362	3 362	3 633
300 000	1 821	2 097	2 097	2 484	2 484	3 036	3 036	3 422	3 422	3 698
350 000	1 883	2 168	2 168	2 567	2 567	3 138	3 138	3 537	3 537	3 822
400 000	1 941	2 235	2 235	2 647	2 647	3 235	3 235	3 646	3 646	3 941
500 000	2 049	2 359	2 359	2 793	2 793	3 414	3 414	3 849	3 849	4 159
600 000	2 146	2 471	2 471	2 926	2 926	3 576	3 576	4 031	4 031	4 356
750 000	2 273	2 617	2 617	3 099	3 099	3 788	3 788	4 270	4 270	4 614
1 000 000	2 440	2 809	2 809	3 327	3 327	4 066	4 066	4 583	4 583	4 953
1 250 000	2 748	3 164	3 164	3 747	3 747	4 579	4 579	5 162	5 162	5 579
1 500 000	3 050	3 512	3 512	4 159	4 159	5 083	5 083	5 730	5 730	6 192
2 000 000	3 639	4 190	4 190	4 962	4 962	6 065	6 065	6 837	6 837	7 388
2 500 000	4 213	4 851	4 851	5 745	5 745	7 022	7 022	7 916	7 916	8 554
3 500 000	5 329	6 136	6 136	7 266	7 266	8 881	8 881	10 012	10 012	10 819
5 000 000	6 944	7 996	7 996	9 469	9 469	11 573	11 573	13 046	13 046	14 098
7 500 000	9 532	10 977	10 977	12 999	12 999	15 887	15 887	17 909	17 909	19 354
10 000 000	12 033	13 856	13 856	16 408	16 408	20 055	20 055	22 607	22 607	24 430
15 000 000	16 856	19 410	19 410	22 986	22 986	28 094	28 094	31 670	31 670	34 224
20 000 000	21 516	24 776	24 776	29 339	29 339	35 859	35 859	40 423	40 423	43 683
25 000 000	26 056	30 004	30 004	35 531	35 531	43 427	43 427	48 954	48 954	52 902

(3) Für Umbauten und Modernisierungen kann bei einem durchschnittlichen Schwierigkeitsgrad ein Zuschlag bis 33 Prozent auf das Honorar schriftlich vereinbart werden.

1.2.4 Honorare für Grundleistungen der Bauakustik

(1) Die Kosten für Baukonstruktionen und Anlagen der Technischen Ausrüstung können zu den anrechenbaren Kosten gehören. Der Umfang der mitzuverarbeitenden Bausubstanz kann angemessen berücksichtigt werden.

(2) Die Vertragsparteien können vereinbaren, dass die Kosten für besondere Bauausführungen ganz oder teilweise zu den anrechenbaren Kosten gehören, wenn hierdurch dem Auftragnehmer ein erhöhter Arbeitsaufwand entsteht.

(3) Die Mindest- und Höchstsätze der Honorare für die in Nummer 1.2.2 Absatz 2 aufgeführten Grundleistungen der Bauakustik können anhand der folgenden Honorartafel bestimmt werden:

Anrechen-bare Kosten in Euro	Honorarzone I geringe Anforderungen von	bis Euro	Honorarzone II durchschnittliche Anforderungen von	bis Euro	Honorarzone III hohe Anforderungen von	bis Euro
250 000	1 729	1 985	1 985	2 284	2 284	2 625
275 000	1 840	2 113	2 113	2 431	2 431	2 794
300 000	1 948	2 237	2 237	2 574	2 574	2 959
350 000	2 156	2 475	2 475	2 847	2 847	3 273
400 000	2 353	2 701	2 701	3 108	3 108	3 573
500 000	2 724	3 127	3 127	3 598	3 598	4 136
600 000	3 069	3 524	3 524	4 055	4 055	4 661
750 000	3 553	4 080	4 080	4 694	4 694	5 396
1 000 000	4 291	4 927	4 927	5 669	5 669	6 516
1 250 000	4 968	5 704	5 704	6 563	6 563	7 544

Anrechen-bare Kosten in Euro	Honorarzone I geringe Anforderungen von bis Euro		Honorarzone II durchschnittliche Anforderungen von bis Euro		Honorarzone III hohe Anforderungen von bis Euro	
1 500 000	5 599	6 429	6 429	7 397	7 397	8 503
2 000 000	6 763	7 765	7 765	8 934	8 934	10 270
2 500 000	7 830	8 990	8 990	10 343	10 343	11 890
3 500 000	9 766	11 213	11 213	12 901	12 901	14 830
5 000 000	12 345	14 174	14 174	16 307	16 307	18 746
7 500 000	16 114	18 502	18 502	21 287	21 287	24 470
10 000 000	19 470	22 354	22 354	25 719	25 719	29 565
15 000 000	25 422	29 188	29 188	33 582	33 582	38 604
20 000 000	30 722	35 273	35 273	40 583	40 583	46 652
25 000 000	35 585	40 857	40 857	47 008	47 008	54 037

(4) Für Umbauten und Modernisierungen kann bei einem durchschnittlichen Schwierig-keitsgrad ein Zuschlag bis 33 Prozent auf das Honorar schriftlich vereinbart werden.

(5) Die Leistungen der Bauakustik können den Honorarzonen anhand folgender Bewer-tungsmerkmale zugeordnet werden:

     1. Art der Nutzung,

     2. Anforderungen des Immissionsschutzes,

     3. Anforderungen des Emissionsschutzes,

     4. Art der Hüllkonstruktion, Anzahl der Konstruktionstypen,

     5. Art und Intensität der Außenlärmbelastung,

     6. Art und Umfang der Technischen Ausrüstung.

(6) § 52 Absatz 3 kann sinngemäß angewendet werden.

(7) Objektliste für die Bauakustik

Die nachstehend aufgeführten Innenräume können in der Regel den Honorarzonen wie folgt zugeordnet werden:

Objektliste – Bauakustik	Honorarzone		
	I	II	III
Wohnhäuser, Heime, Schulen, Verwaltungsgebäude oder Banken mit jeweils durchschnittlicher Technischer Ausrüstung oder entsprechendem Ausbau	X		
Heime, Schulen, Verwaltungsgebäude mit jeweils überdurchschnittlicher Technischer Ausrüstung oder entsprechendem Ausbau		X	
Wohnhäuser mit versetzten Grundrissen		X	
Wohnhäuser mit Außenlärmbelastungen		X	
Hotels, soweit nicht in Honorarzone III erwähnt		X	
Universitäten oder Hochschulen		X	
Krankenhäuser, soweit nicht in Honorarzone III erwähnt		X	
Gebäude für Erholung, Kur oder Genesung		X	
Versammlungsstätten, soweit nicht in Honorarzone III erwähnt		X	
Werkstätten mit schutzbedürftigen Räumen		X	
Hotels mit umfangreichen gastronomischen Einrichtungen			X

Objektliste – Bauakustik	Honorarzone		
	I	II	III
Gebäude mit gewerblicher Nutzung oder Wohnnutzung			X
Krankenhäuser in bauakustisch besonders ungünstigen Lagen oder mit ungünstiger Anordnung der Versorgungs-einrichtungen			X
Theater-, Konzert- oder Kongressgebäude			X
Tonstudios oder akustische Messräume			X

1.2.5 Honorare für Grundleistungen der Raumakustik

(1) Das Honorar für jeden Innenraum, für den Grundleistungen zur Raumakustik er-bracht werden, kann sich nach den anrechenbaren Kosten nach Absatz 2, nach der Honorarzone, der der Innenraum zuzuordnen ist, sowie nach der Honorartafel in Ab-satz 3 richten.

(2) Die Kosten für Baukonstruktionen und Technische Ausrüstung sowie die Kosten für die Ausstattung (DIN 276-1: 2008-12, Kostengruppe 610) des Innenraums können zu den anrechenbaren Kosten gehören. Die Kosten für die Baukonstruktionen und Tech-nische Ausrüstung werden für die Anrechnung durch den Bruttorauminhalt des Ge-bäudes geteilt und mit dem Rauminhalt des Innenraums multipliziert. Der Umfang der mitzuverarbeitenden Bausubstanz kann angemessen berücksichtigt werden.

(3) Die Mindest- und Höchstsätze der Honorare für die in Nummer 1.2.2 Absatz 2 auf-geführten Grundleistungen der Raumakustik können anhand der folgenden Honorar-tafel bestimmt werden.

Anrechen-bare Kosten in Euro	Honorarzone I sehr geringe Anforderungen		Honorarzone II geringe Anforderungen		Honorarzone III durchschnittliche Anforderungen		Honorarzone IV hohe Anforderungen		Honorarzone V sehr hohe Anforderungen	
	von	bis	von	bis	von	bis	von	bis	von	bis
	Euro		Euro		Euro		Euro		Euro	
50 000	1 714	2 226	2 226	2 737	2 737	3 279	3 279	3 790	3 790	4 301
75 000	1 805	2 343	2 343	2 882	2 882	3 452	3 452	3 990	3 990	4 528
100 000	1 892	2 457	2 457	3 021	3 021	3 619	3 619	4 183	4 183	4 748
150 000	2 061	2 676	2 676	3 291	3 291	3 942	3 942	4 557	4 557	5 171
200 000	2 225	2 888	2 888	3 551	3 551	4 254	4 254	4 917	4 917	5 581
250 000	2 384	3 095	3 095	3 806	3 806	4 558	4 558	5 269	5 269	5 980
300 000	2 540	3 297	3 297	4 055	4 055	4 857	4 857	5 614	5 614	6 371
400 000	2 844	3 693	3 693	4 541	4 541	5 439	5 439	6 287	6 287	7 136
500 000	3 141	4 078	4 078	5 015	5 015	6 007	6 007	6 944	6 944	7 881
750 000	3 860	5 011	5 011	6 163	6 163	7 382	7 382	8 533	8 533	9 684
1 000 000	4 555	5 913	5 913	7 272	7 272	8 710	8 710	10 069	10 069	11 427
1 500 000	5 896	7 655	7 655	9 413	9 413	11 275	11 275	13 034	13 034	14 792
2 000 000	7 193	9 338	9 338	11 483	11 483	13 755	13 755	15 900	15 900	18 045
2 500 000	8 457	10 979	10 979	13 501	13 501	16 172	16 172	18 694	18 694	21 217
3 000 000	9 696	12 588	12 588	15 479	15 479	18 541	18 541	21 433	21 433	24 325
4 000 000	12 115	15 729	15 729	19 342	19 342	23 168	23 168	26 781	26 781	30 395
5 000 000	14 474	18 791	18 791	23 108	23 108	27 679	27 679	31 996	31 996	36 313
6 000 000	16 786	21 793	21 793	26 799	26 799	32 100	32 100	37 107	37 107	42 113
7 000 000	19 060	24 744	24 744	30 429	30 429	36 448	36 448	42 133	42 133	47 817
7 500 000	20 184	26 204	26 204	32 224	32 224	38 598	38 598	44 618	44 618	50 638

(4) Für Umbauten und Modernisierungen kann bei einem durchschnittlichen Schwierig-keitsgrad ein Zuschlag bis 33 Prozent auf das Honorar vereinbart werden.

(5) Innenräume können nach den im Absatz 6 genannten Bewertungsmerkmalen folgen-den Honorarzonen zugeordnet werden:

  1. Honorarzone I: Innenräume mit sehr geringen Anforderungen,
  2. Honorarzone II: Innenräume mit geringen Anforderungen,
  3. Honorarzone III: Innenräume mit durchschnittlichen Anforderungen,
  4. Honorarzone IV: Innenräume mit hohen Anforderungen,
  5. Honorarzone V: Innenräume mit sehr hohen Anforderungen.

(6) Für die Zuordnung zu den Honorarzonen können folgende Bewertungsmerkmale herangezogen werden:
  1. Anforderungen an die Einhaltung der Nachhallzeit,
  2. Einhalten eines bestimmten Frequenzganges der Nachhallzeit,
  3. Anforderungen an die räumliche und zeitliche Schallverteilung,
  4. akustische Nutzungsart des Innenraums,
  5. Veränderbarkeit der akustischen Eigenschaften des Innenraums.

(7) Objektliste für die Raumakustik

Die nachstehend aufgeführten Innenräume können in der Regel den Honorarzonen wie folgt zugeordnet werden:

Objektliste – Raumakustik	Honorarzone				
	I	II	III	IV	V
Pausenhallen, Spielhallen, Liege- und Wandelhallen	X				
Großraumbüros		X			
Unterrichts-, Vortrags- und Sitzungsräume					
– bis 500 m³		X			
– 500 bis 1 500 m³			X		
– über 1 500 m³				X	
Filmtheater					
– bis 1 000 m³		X			
– 1 000 bis 3 000 m³			X		
– über 3 000 m³				X	
Kirchen					
– bis 1 000 m³		X			
– 1 000 bis 3 000 m³			X		
– über 3 000 m³				X	
Sporthallen, Turnhallen					
– nicht teilbar, bis 1 000 m³		X			
– teilbar, bis 3 000 m³			X		
Mehrzweckhallen					
– bis 3 000 m³				X	
– über 3 000 m³					X
Konzertsäle, Theater, Opernhäuser					X
Tonaufnahmeräume, akustische Messräume					X
Innenräume mit veränderlichen akustischen Eigenschaften					X

(8) § 52 Absatz 3 kann sinngemäß angewendet werden.

1.3 Geotechnik

1.3.1 Anwendungsbereich

(1) Die Leistungen für Geotechnik können die Beschreibung und Beurteilung der Baugrund- und Grundwasserverhältnisse für Gebäude und Ingenieurbauwerke im Hinblick auf das Objekt und die Erarbeitung einer Gründungsempfehlung umfassen. Dazu gehört auch die Beschreibung der Wechselwirkung zwischen Baugrund und Bauwerk sowie die Wechselwirkung mit der Umgebung.

(2) Die Leistungen können insbesondere das Festlegen von Baugrundkennwerten und von Kennwerten für rechnerische Nachweise zur Standsicherheit und Gebrauchstauglichkeit des Objektes, die Abschätzung zum Schwankungsbereich des Grundwassers sowie die Einordnung des Baugrunds nach bautechnischen Klassifikationsmerkmalen umfassen.

1.3.2 Besondere Grundlagen des Honorars

(1) Das Honorar der Grundleistungen kann sich nach den anrechenbaren Kosten der Tragwerksplanung nach § 50 Absatz 1 bis Absatz 3 für das gesamte Objekt aus Bauwerk und Baugrube richten.

(2) Das Honorar für Ingenieurbauwerke mit großer Längenausdehnung (Linienbauwerke) kann ergänzend frei vereinbart werden.

1.3.3 Leistungsbild Geotechnik

(1) Grundleistungen können die Beschreibung und Beurteilung der Baugrund- und Grundwasserverhältnisse sowie die daraus abzuleitenden Empfehlungen für die Gründung einschließlich der Angabe der Bemessungsgrößen für eine Flächen- oder Pfahlgründung, Hinweise zur Herstellung und Trockenhaltung der Baugrube und des Bauwerks, Angaben zur Auswirkung des Bauwerks auf die Umgebung und auf Nachbarbauwerke sowie Hinweise zur Bauausführung umfassen. Die Darstellung der Inhalte kann im Geotechnischen Bericht erfolgen.

(2) Die Grundleistungen können in folgenden Teilleistungen zusammengefasst und wie folgt in Prozentsätzen der Honorare der Nummer 1.3.4 bewertet werden:

1. für die Teilleistung a (Grundlagenermittlung und Erkundungskonzept) mit 15 Prozent,
2. für die Teilleistung b (Beschreiben der Baugrund- und Grundwasserverhältnisse) mit 35 Prozent,
3. für die Teilleistung c (Beurteilung der Baugrund- und Grundwasserverhältnisse, Empfehlungen, Hinweise, Angaben zur Bemessung der Gründung) mit 50 Prozent.

(3) Das Leistungsbild kann sich wie folgt zusammensetzen:

Grundleistungen	Besondere Leistungen
Geotechnischer Bericht	
a) Grundlagenermittlung und Erkundungskonzept – Klären der Aufgabenstellung, Ermitteln der Baugrund- und Grundwasserverhältnisse auf Basis vorhandener Unterlagen – Festlegen und Darstellen der erforderlichen Baugrunderkundungen b) Beschreiben der Baugrund- und Grundwasserverhältnisse – Auswerten und Darstellen der Baugrunderkundungen sowie der Labor- und Felduntersuchungen – Abschätzen des Schwankungsbereichs von Wasserständen und/oder Druckhöhen im Boden – Klassifizieren des Baugrunds und Festlegen der Baugrundkennwerte	– Beschaffen von Bestandsunterlagen – Vorbereiten und Mitwirken bei der Vergabe von Aufschlussarbeiten und deren Überwachung – Veranlassen von Labor- und Felduntersuchungen – Aufstellen von geotechnischen Berechnungen zur Standsicherheit oder Gebrauchstauglichkeit, wie zum Beispiel Setzungs-, Grundbruch- und Geländebruchberechnungen – Aufstellen von hydrogeologischen, geohydraulischen und besonderen numerischen Berechnungen – Beratung zu Dränanlagen, Anlagen zur Grundwasserabsenkung oder sonstigen ständigen oder bauzeitlichen Eingriffen in das Grundwasser

Grundleistungen	Besondere Leistungen
Geotechnischer Bericht	
c) Beurteilung der Baugrund- und Grundwasserverhältnisse, Empfehlungen, Hinweise, Angaben zur Bemessung der Gründung – Beurteilung des Baugrunds – Empfehlung für die Gründung mit Angabe der geotechnischen Bemessungsparameter (zum Beispiel Angaben zur Bemessung einer Flächen- oder Pfahlgründung) – Angabe der zu erwartenden Setzungen für die vom Tragwerksplaner im Rahmen der Entwurfsplanung nach § 49 zu erbringenden Grundleistungen – Hinweise zur Herstellung und Trockenhaltung der Baugrube und des Bauwerks sowie Angaben zur Auswirkung der Baumaßnahme auf Nachbarbauwerke – Allgemeine Angaben zum Erdbau – Angaben zur geotechnischen Eignung von Aushubmaterial zur Wiederverwendung bei der betreffenden Baumaßnahme sowie Hinweise zur Bauausführung	– Beratung zu Probebelastungen sowie fachtechnisches Betreuen und Auswerten – geotechnische Beratung zu Gründungselementen, Baugruben- oder Hangsicherungen und Erdbauwerken, Mitwirkung bei der Beratung zur Sicherung von Nachbarbauwerken – Untersuchungen zur Berücksichtigung dynamischer Beanspruchungen bei der Bemessung des Objekts oder seiner Gründung sowie Beratungsleistungen zur Vermeidung oder Beherrschung von dynamischen Einflüssen – Mitwirken bei der Bewertung von Nebenangeboten aus geotechnischer Sicht – Mitwirken während der Planung oder Ausführung des Objekts sowie Besprechungs- und Ortstermine – geotechnische Freigaben

1.3.4 Honorare Geotechnik

(1) Honorare für die in Nummer 1.3.3 Absatz 3 aufgeführten Grundleistungen können nach der folgenden Honorartafel bestimmt werden:

Anrechenbare Kosten in Euro	Honorarzone I sehr geringe Anforderungen von bis Euro		Honorarzone II geringe Anforderungen von bis Euro		Honorarzone III durchschnittliche Anforderungen von bis Euro		Honorarzone IV hohe Anforderungen von bis Euro		Honorarzone V sehr hohe Anforderungen von bis Euro	
50 000	789	1 222	1 222	1 654	1 654	2 105	2 105	2 537	2 537	2 970
75 000	951	1 472	1 472	1 993	1 993	2 537	2 537	3 058	3 058	3 579
100 000	1 086	1 681	1 681	2 276	2 276	2 896	2 896	3 491	3 491	4 086
125 000	1 204	1 863	1 863	2 522	2 522	3 210	3 210	3 869	3 869	4 528
150 000	1 309	2 026	2 026	2 742	2 742	3 490	3 490	4 207	4 207	4 924
200 000	1 494	2 312	2 312	3 130	3 130	3 984	3 984	4 802	4 802	5 621
300 000	1 800	2 786	2 786	3 772	3 772	4 800	4 800	5 786	5 786	6 772
400 000	2 054	3 179	3 179	4 304	4 304	5 478	5 478	6 603	6 603	7 728
500 000	2 276	3 522	3 522	4 768	4 768	6 069	6 069	7 315	7 315	8 561
750 000	2 740	4 241	4 241	5 741	5 741	7 307	7 307	8 808	8 808	10 308
1 000 000	3 125	4 836	4 836	6 548	6 548	8 334	8 334	10 045	10 045	11 756
1 500 000	3 765	5 827	5 827	7 889	7 889	10 041	10 041	12 103	12 103	14 165
2 000 000	4 297	6 650	6 650	9 003	9 003	11 459	11 459	13 812	13 812	16 165
3 000 000	5 175	8 009	8 009	10 842	10 842	13 799	13 799	16 633	16 633	19 467
5 000 000	6 535	10 114	10 114	13 693	13 693	17 428	17 428	21 007	21 007	24 586
7 500 000	7 878	12 192	12 192	16 506	16 506	21 007	21 007	25 321	25 321	29 635
10 000 000	8 994	13 919	13 919	18 844	18 844	23 983	23 983	28 909	28 909	33 834
15 000 000	10 839	16 775	16 775	22 711	22 711	28 905	28 905	34 840	34 840	40 776
20 000 000	12 373	19 148	19 148	25 923	25 923	32 993	32 993	39 769	39 769	46 544
25 000 000	13 708	21 215	21 215	28 722	28 722	36 556	36 556	44 063	44 063	51 570

(2) Die Honorarzone kann bei den geotechnischen Grundleistungen auf Grund folgender Bewertungsmerkmale ermittelt werden:

1. Honorarzone I: Gründungen mit sehr geringem Schwierigkeitsgrad, insbesondere gering setzungsempfindliche Objekte mit einheitlicher Gründungsart bei annähernd regelmäßigem Schichtenaufbau des Untergrunds mit einheitlicher Tragfähigkeit und Setzungsfähigkeit innerhalb der Baufläche;

2. Honorarzone II: Gründungen mit geringem Schwierigkeitsgrad, insbesondere
   - setzungsempfindliche Objekte sowie gering setzungsempfindliche Objekte mit bereichsweise unterschiedlicher Gründungsart oder bereichsweise stark unterschiedlichen Lasten bei annähernd regelmäßigem Schichtenaufbau des Untergrunds mit einheitlicher Tragfähigkeit und Setzungsfähigkeit innerhalb der Baufläche,
   - gering setzungsempfindliche Objekte mit einheitlicher Gründungsart bei unregelmäßigem Schichtenaufbau des Untergrunds mit unterschiedlicher Tragfähigkeit und Setzungsfähigkeit innerhalb der Baufläche;

3. Honorarzone III: Gründungen mit durchschnittlichem Schwierigkeitsgrad, insbesondere
   - stark setzungsempfindliche Objekte bei annähernd regelmäßigem Schichtenaufbau des Untergrunds mit einheitlicher Tragfähigkeit und Setzungsfähigkeit innerhalb der Baufläche,
   - setzungsempfindliche Objekte sowie gering setzungsempfindliche Bauwerke mit bereichsweise unterschiedlicher Gründungsart oder bereichsweise stark unterschiedlichen Lasten bei unregelmäßigem Schichtenaufbau des Untergrunds mit unterschiedlicher Tragfähigkeit und Setzungsfähigkeit innerhalb der Baufläche,
   - gering setzungsempfindliche Objekte mit einheitlicher Gründungsart bei unregelmäßigem Schichtenaufbau des Untergrunds mit stark unterschiedlicher Tragfähigkeit und Setzungsfähigkeit innerhalb der Baufläche;

4. Honorarzone IV: Gründungen mit hohem Schwierigkeitsgrad, insbesondere
   - stark setzungsempfindliche Objekte bei unregelmäßigem Schichtenaufbau des Untergrunds mit unterschiedlicher Tragfähigkeit und Setzungsfähigkeit innerhalb der Baufläche,
   - setzungsempfindliche Objekte sowie gering setzungsempfindliche Objekte mit bereichsweise unterschiedlicher Gründungsart oder bereichsweise stark unterschiedlichen Lasten bei unregelmäßigem Schichtenaufbau des Untergrunds mit stark unterschiedlicher Tragfähigkeit und Setzungsfähigkeit innerhalb der Baufläche;

5. Honorarzone V: Gründungen mit sehr hohem Schwierigkeitsgrad, insbesondere stark setzungsempfindliche Objekte bei unregelmäßigem Schichtenaufbau des Untergrunds mit stark unterschiedlicher Tragfähigkeit und Setzungsfähigkeit innerhalb der Baufläche.

(3) § 52 Absatz 3 kann sinngemäß angewendet werden.

(4) Die Aspekte des Grundwassereinflusses auf das Objekt und die Nachbarbebauung können bei der Festlegung der Honorarzone zusätzlich berücksichtigen werden.

1.4 Ingenieurvermessung

1.4.1 Anwendungsbereich

(1) Leistungen der Ingenieurvermessung können das Erfassen raumbezogener Daten über Bauwerke und Anlagen, Grundstücke und Topographie, das Erstellen von Plänen, das Übertragen von Planungen in die Örtlichkeit, sowie das vermessungstechnische Überwachen der Bauausführung einbeziehen, soweit die Leistungen mit besonderen instrumentellen und vermessungstechnischen Verfahrensanforderungen erbracht werden müssen. Ausgenommen von Satz 1 sind Leistungen, die nach landesrechtlichen Vorschriften für Zwecke der Landesvermessung und des Liegenschaftskatasters durchgeführt werden.

(2) Zur Ingenieurvermessung können gehören:

1. Planungsbegleitende Vermessungen für die Planung und den Entwurf von Gebäuden, Ingenieurbauwerken, Verkehrsanlagen sowie für Flächenplanungen,

2. Bauvermessung vor und während der Bauausführung und die abschließende Bestandsdokumentation von Gebäuden, Ingenieurbauwerken und Verkehrsanlagen,

3. sonstige vermessungstechnische Leistungen:
   – Vermessung an Objekten außerhalb der Planungs- und Bauphase,
   – Vermessung bei Wasserstraßen,
   – Fernerkundungen, die das Aufnehmen, Auswerten und Interpretieren von Luftbildern und anderer raumbezogener Daten umfassen, die durch Aufzeichnung über eine große Distanz erfasst sind, als Grundlage insbesondere für Zwecke der Raumordnung und des Umweltschutzes,
   – vermessungstechnische Leistungen zum Aufbau von geographisch-geometrischen Datenbasen für raumbezogene Informationssysteme sowie
   – vermessungstechnische Leistungen, soweit sie nicht in Absatz 1 und Absatz 2 erfasst sind.

1.4.2 Grundlagen des Honorars bei der Planungsbegleitenden Vermessung

(1) Das Honorar für Grundleistungen der Planungsbegleitenden Vermessung kann sich nach der Summe der Verrechnungseinheiten, der Honorarzone in Nummer 1.4.3 und der Honorartafel in Nummer 1.4.8 richten.

(2) Die Verrechnungseinheiten können sich aus der Größe der aufzunehmenden Flächen und deren Punktdichte berechnen. Die Punktdichte beschreibt die durchschnittliche Anzahl der für die Erfassung der planungsrelevanten Daten je Hektar zu messenden Punkte.

(3) Abhängig von der Punktdichte können die Flächen den nachstehenden Verrechnungseinheiten (VE) je Hektar (ha) zugeordnet werden.

sehr geringe Punktdichte	(ca. 70 Punkte/ha)	50 VE
geringe Punktdichte	(ca. 150 Punkte/ha)	70 VE
durchschnittliche Punktdichte	(ca. 250 Punkte/ha)	100 VE
hohe Punktdichte	(ca. 350 Punkte/ha)	130 VE
sehr hohe Punktdichte	(ca. 500 Punkte/ha)	150 VE.

(4) Umfasst ein Auftrag Vermessungen für mehrere Objekte, so können die Honorare für die Vermessung jedes Objekts getrennt berechnet werden.

1.4.3 Honorarzonen für Grundleistungen bei der Planungsbegleitenden Vermessung

(1) Die Honorarzone kann bei der Planungsbegleitenden Vermessung auf Grund folgender Bewertungsmerkmale ermittelt werden:

a) Qualität der vorhandenen Daten und Kartenunterlagen

sehr hoch	1 Punkt
hoch	2 Punkte
befriedigend	3 Punkte
kaum ausreichend	4 Punkte
mangelhaft	5 Punkte

b) Qualität des vorhandenen geodätischen Raumbezugs

sehr hoch	1 Punkt
hoch	2 Punkte
befriedigend	3 Punkte
kaum ausreichend	4 Punkte
mangelhaft	5 Punkte

c) Anforderungen an die Genauigkeit

sehr gering	1 Punkt
gering	2 Punkte
durchschnittlich	3 Punkte
hoch	4 Punkte
sehr hoch	5 Punkte

d) Beeinträchtigungen durch die Geländebeschaffenheit und
bei der Begehbarkeit

sehr gering .... 1 bis 2 Punkte
gering .... 3 bis 4 Punkte
durchschnittlich .... 5 bis 6 Punkte
hoch .... 7 bis 8 Punkte
sehr hoch .... 9 bis 10 Punkte

e) Behinderung durch Bebauung und Bewuchs

sehr gering .... 1 bis 3 Punkte
gering .... 4 bis 6 Punkte
durchschnittlich .... 7 bis 9 Punkte
hoch .... 10 bis 12 Punkte
sehr hoch .... 13 bis 15 Punkte

f) Behinderung durch Verkehr

sehr gering .... 1 bis 3 Punkte
gering .... 4 bis 6 Punkte
durchschnittlich .... 7 bis 9 Punkte
hoch .... 10 bis 12 Punkte
sehr hoch .... 13 bis 15 Punkte.

(2) Die Honorarzone kann sich aus der Summe der Bewertungspunkte
wie folgt ergeben:

Honorarzone I .... bis 13 Punkte
Honorarzone II .... 14 bis 23 Punkte
Honorarzone III .... 24 bis 34 Punkte
Honorarzone IV .... 35 bis 44 Punkte
Honorarzone V .... 45 bis 55 Punkte.

1.4.4 Leistungsbild Planungsbegleitende Vermessung

(1) Das Leistungsbild Planungsbegleitende Vermessung kann die Aufnahme planungsrelevanter Daten und die Darstellung in analoger und digitaler Form für die Planung und den Entwurf von Gebäuden, Ingenieurbauwerken, Verkehrsanlagen sowie für Flächenplanungen umfassen.

(2) Die Grundleistungen können in vier Leistungsphasen zusammengefasst und wie folgt in Prozentsätzen der Honorare der Nummer 1.4.8 Absatz 1 bewertet werden:
1. für die Leistungsphase 1 (Grundlagenermittlung) mit 5 Prozent,
2. für die Leistungsphase 2 (Geodätischer Raumbezug) mit 20 Prozent,
3. für die Leistungsphase 3 (Vermessungstechnische Grundlagen) mit 65 Prozent,
4. für die Leistungsphase 4 (Digitales Geländemodel) mit 10 Prozent.

(3) Das Leistungsbild kann sich wie folgt zusammensetzen:

Grundleistungen	Besondere Leistungen
1. Grundlagenermittlung	
a) Einholen von Informationen und Beschaffen von Unterlagen über die Örtlichkeit und das geplante Objekt b) Beschaffen vermessungstechnischer Unterlagen und Daten c) Ortsbesichtigung d) Ermitteln des Leistungsumfangs in Abhängigkeit von den Genauigkeitsanforderungen und dem Schwierigkeitsgrad	– Schriftliches Einholen von Genehmigungen zum Betreten von Grundstücken, von Bauwerken, zum Befahren von Gewässern und für anordnungsbedürftige Verkehrssicherungsmaßnahmen

Grundleistungen	Besondere Leistungen
2. Geodätischer Raumbezug	
a) Erkunden und Vermarken von Lage- und Höhenfestpunkten b) Fertigen von Punktbeschreibungen und Einmessungsskizzen c) Messungen zum Bestimmen der Fest- und Passpunkte d) Auswerten der Messungen und Erstellen des Koordinaten- und Höhenverzeichnisse	– Entwurf, Messung und Auswertung von Sondernetzen hoher Genauigkeit – Vermarken auf Grund besonderer Anforderungen – Aufstellung von Rahmenmessprogrammen
3. Vermessungstechnische Grundlagen	
a) Topographische/morphologische Geländeaufnahme einschließlich Erfassen von Zwangspunkten und planungsrelevanter Objekte b) Aufbereiten und Auswerten der erfassten Daten c) Erstellen eines digitalen Lagemodells mit ausgewählten planungsrelevanten Höhenpunkten d) Übernehmen von Kanälen, Leitungen, Kabeln und unterirdischen Bauwerken aus vorhandenen Unterlagen e) Übernehmen des Liegenschaftskatasters f) Übernehmen der bestehenden öffentlich-rechtlichen Festsetzungen g) Erstellen von Plänen mit Darstellung der Situation im Planungsbereich mit ausgewählten planungsrelevanten Höhenpunkten h) Liefern der Pläne und Daten in analoger und digitaler Form	– Maßnahmen für anordnungsbedürftige Verkehrssicherung – Orten und Aufmessen des unterirdischen Bestandes – Vermessungsarbeiten unter Tage, unter Wasser oder bei Nacht – Detailliertes Aufnehmen bestehender Objekte und Anlagen neben der normalen topographischen Aufnahme wie zum Beispiel Fassaden und Innenräume von Gebäuden – Ermitteln von Gebäudeschnitten – Aufnahmen über den festgelegten Planungsbereich hinaus – Erfassen zusätzlicher Merkmale wie zum Beispiel Baumkronen – Eintragen von Eigentümerangaben – Darstellen in verschiedenen Maßstäben – Ausarbeiten der Lagepläne entsprechend der rechtlichen Bedingungen für behördliche Genehmigungsverfahren – Übernahme der Objektplanung in ein digitales Lagemodell
4. Digitales Geländemodell	
a) Selektion der die Geländeoberfläche beschreibenden Höhenpunkte und Bruchkanten aus der Geländeaufnahme b) Berechnung eines digitalen Geländemodells c) Ableitung von Geländeschnitten d) Darstellen der Höhen in Punkt-, Raster- oder Schichtlinienform e) Liefern der Pläne und Daten in analoger und digitaler Form	

1.4.5 Grundlagen des Honorars bei der Bauvermessung

(1) Das Honorar für Grundleistungen bei der Bauvermessung kann sich nach den anrechenbaren Kosten des Objekts, der Honorarzone in Nummer 1.4.6 und der Honorartafel in Nummer 1.4.8 Absatz 2 richten.

(2) Anrechenbare Kosten können die Herstellungskosten des Objekts darstellen. Diese können entsprechend § 4 Absatz 1 und

1. bei Gebäuden entsprechend § 33,
2. bei Ingenieurbauwerken entsprechend § 42,
3. bei Verkehrsanlagen entsprechend § 46

ermittelt werden.

Anrechenbar können bei Ingenieurbauwerken 100 Prozent, bei Gebäuden und Verkehrsanlagen 80 Prozent der ermittelten Kosten sein.

(3) Die Absätze 1 und 2 sowie die Nummer 1.4.6 und Nummer 1.4.7 finden keine Anwendung für vermessungstechnische Grundleistungen bei ober- und unterirdischen Leitungen, Tunnel-, Stollen- und Kavernenbauwerken, innerörtlichen Verkehrsanlagen mit überwiegend innerörtlichem Verkehr, bei Geh- und Radwegen sowie Gleis- und Bahnsteiganlagen. Das Honorar für die in Satz 1 genannten Objekte kann ergänzend frei vereinbart werden.

1.4.6 Honorarzonen für Grundleistungen bei der Bauvermessung

(1) Die Honorarzone kann bei der Bauvermessung auf Grund folgender Bewertungsmerkmale ermittelt werden:

a) Beeinträchtigungen durch die Geländebeschaffenheit und bei der Begehbarkeit

sehr gering	1 Punkt
gering	2 Punkte
durchschnittlich	3 Punkte
hoch	4 Punkte
sehr hoch	5 Punkte

b) Behinderungen durch Bebauung und Bewuchs

sehr gering	1 bis 2 Punkte
gering	3 bis 4 Punkte
durchschnittlich	5 bis 6 Punkte
hoch	7 bis 8 Punkte
sehr hoch	9 bis 10 Punkte

c) Behinderung durch den Verkehr

sehr gering	1 bis 2 Punkte
gering	3 bis 4 Punkte
durchschnittlich	5 bis 6 Punkte
hoch	7 bis 8 Punkte
sehr hoch	9 bis 10 Punkte

d) Anforderungen an die Genauigkeit

sehr gering	1 bis 2 Punkte
gering	3 bis 4 Punkte
durchschnittlich	5 bis 6 Punkte
hoch	7 bis 8 Punkte
sehr hoch	9 bis 10 Punkte

e) Anforderungen durch die Geometrie des Objekts

sehr gering	1 bis 2 Punkte
gering	3 bis 4 Punkte
durchschnittlich	5 bis 6 Punkte
hoch	7 bis 8 Punkte
sehr hoch	9 bis 10 Punkte

f) Behinderung durch den Baubetrieb

sehr gering	1 bis 3 Punkte
gering	4 bis 6 Punkte
durchschnittlich	7 bis 9 Punkte
hoch	10 bis 12 Punkte
sehr hoch	13 bis 15 Punkte.

(2) Die Honorarzone kann sich aus der Summe der Bewertungspunkte wie folgt ergeben:

Honorarzone .... 1 bis 14 Punkte

Honorarzone II .... 15 bis 25 Punkte

Honorarzone III .... 26 bis 37 Punkte

Honorarzone IV .... 38 bis 48 Punkte

Honorarzone V .... 49 bis 60 Punkte.

1.4.7 Leistungsbild Bauvermessung

(1) Das Leistungsbild Bauvermessung kann die Vermessungsleistungen für den Bau und die abschließende Bestandsdokumentation von Gebäuden, Ingenieurbauwerken und Verkehrsanlagen umfassen.

(2) Die Grundleistungen können in fünf Leistungsphasen zusammengefasst und wie folgt in Prozentsätzen der Honorare der Nummer 1.4.8 Absatz 2 bewertet werden:

1. für die Leistungsphase 1 (Baugeometrische Beratung) mit 2 Prozent
2. für die Leistungsphase 2 (Absteckungsunterlagen) mit 5 Prozent,
3. für die Leistungsphase 3 (Bauvorbereitende Vermessung) mit 16 Prozent,
4. für die Leistungsphase 4 (Bauausführungsvermessung) mit 62 Prozent,
5. für die Leistungsphase 5 (Vermessungstechnische Überwachung der Bauausführung) mit 15 Prozent.

(3) Das Leistungsbild kann sich wie folgt zusammensetzen:

Grundleistungen	Besondere Leistungen
1. Baugeometrische Beratung	
a) Ermitteln des Leistungsumfanges in Abhängigkeit vom Projekt b) Beraten, insbesondere im Hinblick auf die erforderlichen Genauigkeiten und zur Konzeption eines Messprogramms c) Festlegen eines für alle Beteiligten verbindlichen Maß-, Bezugs- und Benennungssystems	– Erstellen von vermessungstechnischen Leistungsbeschreibungen – Erarbeiten von Organisationsvorschlägen über Zuständigkeiten, Verantwortlichkeit und Schnittstellen der Objektvermessung – Erstellen von Messprogrammen für Bewegungs- und Deformationsmessungen einschließlich Vorgaben für die Baustelleneinrichtung
2. Absteckungsunterlagen	
a) Berechnen der Detailgeometrie anhand der Ausführungsplanung, Erstellen eines Absteckungsplanes und Berechnen von Absteckungsdaten einschließlich Aufzeigen von Widersprüchen (Absteckungsunterlagen)	– Durchführen von zusätzlichen Aufnahmen und ergänzende Berechnungen, falls keine qualifizierten Unterlagen aus der Leistungsphase vermessungstechnische Grundlagen vorliegen – Durchführen von Optimierungsberechnungen im Rahmen der Baugeometrie (zum Beispiel Flächennutzung, Abstandsflächen) – Erarbeitung von Vorschlägen zur Beseitigung von Widersprüchen bei der Verwendung von Zwangspunkten (zum Beispiel bauordnungsrechtliche Vorgaben)

Grundleistungen	Besondere Leistungen
3. Bauvorbereitende Vermessung	
a) Prüfen und Ergänzen des bestehenden Festpunktfelds b) Zusammenstellung und Aufbereitung der Absteckungsdaten c) Absteckung: Übertragen der Projektgeometrie (Hauptpunkte) und des Baufelds in die Örtlichkeit d) Übergabe der Lage- und Höhenfestpunkte, der Hauptpunkte und der Absteckungsunterlagen an das bauausführende Unternehmen	– Absteckung auf besondere Anforderungen (zum Beispiel Archäologie, Ausholzung, Grobabsteckung, Kampfmittelräumung)
4. Bauausführungsvermessung	
a) Messungen zur Verdichtung des Lage- und Höhenfestpunktfeldes b) Messungen zur Überprüfung und Sicherung von Fest- und Achspunkten c) Baubegleitende Absteckungen der geometriebestimmenden Bauwerkspunkte nach Lage und Höhe d) Messungen zur Erfassung von Bewegungen und Deformationen des zu erstellenden Objekts an konstruktiv bedeutsamen Punkten e) Baubegleitende Eigenüberwachungsmessungen und deren Dokumentation f) Fortlaufende Bestandserfassung während der Bauausführung als Grundlage für den Bestandplan	– Erstellen und Konkretisieren des Messprogramms – Absteckungen unter Berücksichtigung von belastungs- und fertigungstechnischen Verformungen – Prüfen der Maßgenauigkeit von Fertigteilen – Aufmaß von Bauleistungen, soweit besondere vermessungstechnische Leistungen gegeben sind – Ausgabe von Baustellenbestandsplänen während der Bauausführung – Fortführen der vermessungstechnischen Bestandspläne nach Abschluss der Grundleistungen – Herstellen von Bestandsplänen
5. Vermessungstechnische Überwachung der Bauausführung	
a) Kontrollieren der Bauausführung durch stichprobenartige Messungen an Schalungen und entstehenden Bauteilen (Kontrollmessungen) b) Fertigen von Messprotokollen c) Stichprobenartige Bewegungs- und Deformationsmessungen an konstruktiv bedeutsamen Punkten des zu erstellenden Objekts	– Prüfen der Mengenermittlungen – Beratung zu langfristigen vermessungstechnischen Objektüberwachungen im Rahmen der Ausführungskontrolle baulicher Maßnahmen und deren Durchführung – Vermessungen für die Abnahme von Bauleistungen, soweit besondere vermessungstechnische Anforderungen gegeben sind

(4) Die Leistungsphase 4 ist abweichend von Absatz 2 bei Gebäuden mit 45 bis 62 Prozent zu bewerten.

1.4.8 Honorare für Grundleistungen bei der Ingenieurvermessung

(1) Die Honorare für die in Nummer 1.4.4 Absatz 3 aufgeführten Grundleistungen der Planungsbegleitenden Vermessung können sich nach der folgenden Honorartafel richten:

Verrech-nungs-einheiten	Honorarzone I sehr geringe Anforderungen von bis Euro		Honorarzone II geringe Anforderungen von bis Euro		Honorarzone III durchschnittliche Anforderungen von bis Euro		Honorarzone IV hohe Anforderungen von bis Euro		Honorarzone V sehr hohe Anforderungen von bis Euro	
6	658	777	777	914	914	1 051	1 051	1 170	1 170	1 289
20	953	1 123	1 123	1 306	1 306	1 489	1 489	1 659	1 659	1 828
50	1 480	1 740	1 740	2 000	2 000	2 260	2 260	2 520	2 520	2 780
103	2 225	2 616	2 616	3 007	3 007	3 399	3 399	3 790	3 790	4 182
188	3 325	3 826	3 826	4 327	4 327	4 829	4 829	5 330	5 330	5 831
278	4 320	4 931	4 931	5 542	5 542	6 153	6 153	6 765	6 765	7 376
359	5 156	5 826	5 826	6 547	6 547	7 217	7 217	7 939	7 939	8 609
435	5 881	6 656	6 656	7 437	7 437	8 212	8 212	8 994	8 994	9 768
506	6 547	7 383	7 383	8 219	8 219	9 055	9 055	9 892	9 892	10 728
659	7 867	8 859	8 859	9 815	9 815	10 809	10 809	11 765	11 765	12 757
822	9 187	10 299	10 299	11 413	11 413	12 513	12 513	13 625	13 625	14 737
1 105	11 332	12 667	12 667	14 002	14 002	15 336	15 336	16 672	16 672	18 006
1 400	13 525	14 977	14 977	16 532	16 532	18 086	18 086	19 642	19 642	21 196
2 033	17 714	19 597	19 597	21 592	21 592	23 586	23 586	25 582	25 582	27 576
2 713	21 894	24 217	24 217	26 652	26 652	29 086	29 086	31 522	31 522	33 956
3 430	26 074	28 837	28 837	31 712	31 712	34 586	34 586	37 462	37 462	40 336
4 949	34 434	38 077	38 077	41 832	41 832	45 586	45 586	49 342	49 342	53 096
7 385	46 974	51 937	51 937	57 012	57 012	62 086	62 086	67 162	67 162	72 236
11 726	67 874	75 037	75 037	82 312	82 312	89 586	89 586	96 862	96 862	104 136

(2) Die Honorare für die in Nummer 1.4.7 Absatz 3 Grundleistungen der Bauvermessung können sich nach der folgenden Honorartafel richten:

Anrechen-bare Kosten in Euro	Honorarzone I sehr geringe Anforderungen von bis Euro		Honorarzone II geringe Anforderungen von bis Euro		Honorarzone III durchschnittliche Anforderungen von bis Euro		Honorarzone IV hohe Anforderungen von bis Euro		Honorarzone V sehr hohe Anforderungen von bis Euro	
50 000	4 282	4 782	4 782	5 283	5 283	5 839	5 839	6 339	6 339	6 840
75 000	4 648	5 191	5 191	5 734	5 734	6 338	6 338	6 881	6 881	7 424
100 000	5 002	5 586	5 586	6 171	6 171	6 820	6 820	7 405	7 405	7 989
150 000	5 684	6 349	6 349	7 013	7 013	7 751	7 751	8 416	8 416	9 080
200 000	6 344	7 086	7 086	7 827	7 827	8 651	8 651	9 393	9 393	10 134
250 000	6 987	7 804	7 804	8 621	8 621	9 528	9 528	10 345	10 345	11 162
300 000	7 618	8 508	8 508	9 399	9 399	10 388	10 388	11 278	11 278	12 169
400 000	8 848	9 883	9 883	10 917	10 917	12 066	12 066	13 100	13 100	14 134
500 000	10 048	11 222	11 222	12 397	12 397	13 702	13 702	14 876	14 876	16 051
600 000	11 223	12 535	12 535	13 847	13 847	15 304	15 304	16 616	16 616	17 928
750 000	12 950	14 464	14 464	15 978	15 978	17 659	17 659	19 173	19 173	20 687
1 000 000	15 754	17 596	17 596	19 437	19 437	21 483	21 483	23 325	23 325	25 166
1 500 000	21 165	23 639	23 639	26 113	26 113	28 862	28 862	31 336	31 336	33 810
2 000 000	26 393	29 478	29 478	32 563	32 563	35 990	35 990	39 075	39 075	42 160
2 500 000	31 488	35 168	35 168	38 849	38 849	42 938	42 938	46 619	46 619	50 299
3 000 000	36 480	40 744	40 744	45 008	45 008	49 745	49 745	54 009	54 009	58 273
4 000 000	46 224	51 626	51 626	57 029	57 029	63 032	63 032	68 435	68 435	73 838
5 000 000	55 720	62 232	62 232	68 745	68 745	75 981	75 981	82 494	82 494	89 007
7 500 000	78 690	87 888	87 888	97 085	97 085	107 305	107 305	116 502	116 502	125 700
10 000 000	100 876	112 667	112 667	124 458	124 458	137 559	137 559	149 350	149 350	161 140

1.4.9 Sonstige vermessungstechnische Leistungen

Für sonstige vermessungstechnische Leistungen nach Nummer 1.4.1 kann ein Honorar ergänzend frei vereinbart werden.

Grundleistungen im Leistungsbild Flächennutzungsplan

Das Leistungsbild Flächennutzungsplan setzt sich aus folgenden Grundleistungen je Leistungsphase zusammen:

1. **Leistungsphase 1:** Vorentwurf für die frühzeitigen Beteiligungen
   a) Zusammenstellen und Werten des vorhandenen Grundlagenmaterials
   b) Erfassen der abwägungsrelevanten Sachverhalte
   c) Ortsbesichtigungen
   d) Festlegen ergänzender Fachleistungen und Formulieren von Entscheidungshilfen für die Auswahl anderer fachlich Beteiligter, soweit notwendig
   e) Analysieren und Darstellen des Zustandes des Plangebiets, soweit für die Planung von Bedeutung und abwägungsrelevant, unter Verwendung hierzu vorliegender Fachbeiträge
   f) Mitwirken beim Festlegen von Zielen und Zwecken der Planung
   g) Erarbeiten des Vorentwurfes in der vorgeschriebenen Fassung mit Begründung für die frühzeitigen Beteiligungen nach den Bestimmungen des Baugesetzbuchs
   h) Darlegen der wesentlichen Auswirkungen der Planung
   i) Berücksichtigen von Fachplanungen
   j) Mitwirken an der frühzeitigen Öffentlichkeitsbeteiligung einschließlich Erörterung der Planung
   k) Mitwirken an der frühzeitigen Beteiligung der Behörden und Stellen, die Träger öffentlicher Belange sind
   l) Mitwirken an der frühzeitigen Abstimmung mit den Nachbargemeinden
   m) Abstimmen des Vorentwurfes für die frühzeitigen Beteiligungen in der vorgeschriebenen Fassung mit der Gemeinde

2. **Leistungsphase 2:** Entwurf zur öffentlichen Auslegung
   a) Erarbeiten des Entwurfes in der vorgeschriebenen Fassung mit Begründung für die Öffentlichkeits- und Behördenbeteiligung nach den Bestimmungen des Baugesetzbuchs
   b) Mitwirken an der Öffentlichkeitsbeteiligung
   c) Mitwirken an der Beteiligung der Behörden und Stellen, die Träger öffentlicher Belange sind
   d) Mitwirken an der Abstimmung mit den Nachbargemeinden
   e) Mitwirken bei der Abwägung der Gemeinde zu Stellungnahmen aus frühzeitigen Beteiligungen
   f) Abstimmen des Entwurfs mit der Gemeinde

3. **Leistungsphase 3:** Plan zur Beschlussfassung
   a) Erarbeiten des Planes in der vorgeschriebenen Fassung mit Begründung für den Beschluss durch die Gemeinde
   b) Mitwirken bei der Abwägung der Gemeinde zu Stellungnahmen
   c) Erstellen des Planes in der durch Beschluss der Gemeinde aufgestellten Fassung.

Grundleistungen im Leistungsbild Bebauungsplan

Das Leistungsbild Bebauungsplan setzt sich aus folgenden Grundleistungen je Leistungsphase zusammen:

1. Leistungsphase 1: Vorentwurf für die frühzeitigen Beteiligungen

a) Zusammenstellen und Werten des vorhandenen Grundlagenmaterials
b) Erfassen der abwägungsrelevanten Sachverhalte
c) Ortsbesichtigungen
d) Festlegen ergänzender Fachleistungen und Formulieren von Entscheidungshilfen für die Auswahl anderer fachlich Beteiligter, soweit notwendig
e) Analysieren und Darstellen des Zustandes des Plangebiets, soweit für die Planung von Bedeutung und abwägungsrelevant, unter Verwendung hierzu vorliegender Fachbeiträge
f) Mitwirken beim Festlegen von Zielen und Zwecken der Planung
g) Erarbeiten des Vorentwurfes in der vorgeschriebenen Fassung mit Begründung für die frühzeitigen Beteiligungen nach den Bestimmungen des Baugesetzbuchs
h) Darlegen der wesentlichen Auswirkungen der Planung
i) Berücksichtigen von Fachplanungen
j) Mitwirken an der frühzeitigen Öffentlichkeitsbeteiligung einschließlich Erörterung der Planung
k) Mitwirken an der frühzeitigen Beteiligung der Behörden und Stellen, die Träger öffentlicher Belange sind
l) Mitwirken an der frühzeitigen Abstimmung mit den Nachbargemeinden
m) Abstimmen des Vorentwurfes für die frühzeitigen Beteiligungen in der vorgeschriebenen Fassung mit der Gemeinde

2. Leistungsphase 2: Entwurf zur öffentlichen Auslegung

a) Erarbeiten des Entwurfes in der vorgeschriebenen Fassung mit Begründung für die Öffentlichkeits- und Behördenbeteiligung nach den Bestimmungen des Baugesetzbuchs
b) Mitwirken an der Öffentlichkeitsbeteiligung
c) Mitwirken an der Beteiligung der Behörden und Stellen, die Träger öffentlicher Belange sind
d) Mitwirken an der Abstimmung mit den Nachbargemeinden
e) Mitwirken bei der Abwägung der Gemeinde zu Stellungnahmen aus frühzeitigen Beteiligungen
f) Abstimmen des Entwurfs mit der Gemeinde

3. Leistungsphase 3: Plan zur Beschlussfassung

a) Erarbeiten des Planes in der vorgeschriebenen Fassung mit Begründung für den Beschluss durch die Gemeinde
b) Mitwirken bei der Abwägung der Gemeinde zu Stellungnahmen
c) Erstellen des Planes in der durch Beschluss der Gemeinde aufgestellten Fassung.

Anlage 4
(zu § 23 Absatz 2)

Grundleistungen im Leistungsbild Landschaftsplan

Das Leistungsbild Landschaftsplan setzt sich aus folgenden Grundleistungen je Leistungsphase zusammen:

1. **Leistungsphase 1:** Klären der Aufgabenstellung und Ermitteln des Leistungsumfangs
   a) Zusammenstellen und Prüfen der vom Auftraggeber zur Verfügung gestellten planungsrelevanten Unterlagen
   b) Ortsbesichtigungen
   c) Abgrenzen des Planungsgebiets
   d) Konkretisieren weiteren Bedarfs an Daten und Unterlagen
   e) Beraten zum Leistungsumfang für ergänzende Untersuchungen und Fachleistungen
   f) Aufstellen eines verbindlichen Arbeitsplans unter Berücksichtigung der sonstigen Fachbeiträge

2. **Leistungsphase 2:** Ermitteln der Planungsgrundlagen
   a) Ermitteln und Beschreiben der planungsrelevanten Sachverhalte auf Grundlage vorhandener Unterlagen und Daten
   b) Landschaftsbewertung nach den Zielen und Grundsätzen des Naturschutzes und der Landschaftspflege
   c) Bewerten von Flächen und Funktionen des Naturhaushalts und des Landschaftsbildes hinsichtlich ihrer Eignung, Leistungsfähigkeit, Empfindlichkeit und Vorbelastung
   d) Bewerten geplanter Eingriffe in Natur und Landschaft
   e) Feststellen von Nutzungs- und Zielkonflikten
   f) Zusammenfassendes Darstellen der Erfassung und Bewertung

3. **Leistungsphase 3:** Vorläufige Fassung
   a) Formulieren von örtlichen Zielen und Grundsätzen zum Schutz, zur Pflege und Entwicklung von Natur und Landschaft einschließlich Erholungsvorsorge
   b) Darlegen der angestrebten Flächenfunktionen und Flächennutzungen sowie der örtlichen Erfordernisse und Maßnahmen zur Umsetzung der konkretisierten Ziele des Naturschutzes und der Landschaftspflege
   c) Erarbeiten von Vorschlägen zur Übernahme in andere Planungen, insbesondere in die Bauleitpläne
   d) Hinweise auf Folgeplanungen und -maßnahmen
   e) Mitwirken bei der Beteiligung der nach den Bestimmungen des Bundesnaturschutzgesetzes anerkannten Verbände
   f) Mitwirken bei der Abstimmung der Vorläufigen Fassung mit der für Naturschutz und Landschaftspflege zuständigen Behörde
   g) Abstimmen der Vorläufigen Fassung mit dem Auftraggeber

4. **Leistungsphase 4:** Abgestimmte Fassung
   Darstellen des Landschaftsplans in der mit dem Auftraggeber abgestimmten Fassung in Text und Karte.

Grundleistungen im Leistungsbild Grünordnungsplan

Das Leistungsbild Grünordnungsplan setzt sich aus folgenden Grundleistungen je Leistungsphase zusammen:

1. Leistungsphase 1: Klären der Aufgabenstellung und Ermitteln des Leistungsumfangs

a) Zusammenstellen und Prüfen der vom Auftraggeber zur Verfügung gestellten planungsrelevanten Unterlagen
b) Ortsbesichtigungen
c) Abgrenzen des Planungsgebiets
d) Konkretisieren weiteren Bedarfs an Daten und Unterlagen
e) Beraten zum Leistungsumfang für ergänzende Untersuchungen und Fachleistungen
f) Aufstellen eines verbindlichen Arbeitsplans unter Berücksichtigung der sonstigen Fachbeiträge

2. Leistungsphase 2: Ermitteln der Planungsgrundlagen

a) Ermitteln und Beschreiben der planungsrelevanten Sachverhalte auf Grundlage vorhandener Unterlagen und Daten
b) Bewerten der Landschaft nach den Zielen des Naturschutzes und der Landschaftspflege einschließlich der Erholungsvorsorge
c) Zusammenfassendes Darstellen der Bestandsaufnahme und Bewertung in Text und Karte

3. Leistungsphase 3: Vorläufige Fassung

a) Lösen der Planungsaufgabe und Erläutern der Ziele, Erfordernisse und Maßnahmen in Text und Karte
b) Darlegen der angestrebten Flächenfunktionen und Flächennutzungen
c) Darlegen von Gestaltungs-, Schutz-, Pflege- und Entwicklungsmaßnahmen
d) Vorschläge zur Übernahme in andere Planungen, insbesondere in die Bauleitplanung
e) Mitwirken bei der Abstimmung der vorläufigen Fassung mit der für den Naturschutz zuständigen Behörde
f) Bearbeiten der naturschutzrechtlichen Eingriffsregelung
    aa) Ermitteln und Bewerten der durch die Planung zu erwartenden Beeinträchtigungen des Naturhaushalts und des Landschaftsbildes nach Art, Umfang, Ort und zeitlichem Ablauf
    bb) Erarbeiten von Lösungen zur Vermeidung oder Verminderung erheblicher Beeinträchtigungen des Naturhaushalts und des Landschaftsbildes in Abstimmung mit den an der Planung fachlich Beteiligten
    cc) Ermitteln der unvermeidbaren Beeinträchtigungen
    dd) Vergleichendes Gegenüberstellen von unvermeidbaren Beeinträchtigungen und Ausgleich und Ersatz einschließlich Darstellen verbleibender, nicht ausgleichbarer oder ersetzbarer Beeinträchtigungen
    ee) Darstellen und Begründen von Maßnahmen des Naturschutzes und der Landschaftspflege, insbesondere Ausgleichs-, Ersatz-, Gestaltungs- und Schutzmaßnahmen sowie Maßnahmen zur Unterhaltung und rechtlichen Sicherung von Ausgleichs- und Ersatzmaßnahmen
    ff) Integrieren ergänzender, zulassungsrelevanter Regelungen und Maßnahmen auf Grund des Natura 2000-Gebietsschutzes und der Vorschriften zum besonderen Artenschutz auf Grundlage vorhandener Unterlagen

4. Leistungsphase 4: Abgestimmte Fassung

Darstellen des Grünordnungsplans oder Landschaftsplanerischen Fachbeitrags in der mit dem Auftraggeber abgestimmten Fassung in Text und Karte.

Anlage 6
(zu § 25 Absatz 2)

Grundleistungen im Leistungsbild Landschaftsrahmenplan

Das Leistungsbild Landschaftsrahmenplan setzt sich aus folgenden Grundleistungen je Leistungsphase zusammen:

1. **Leistungsphase 1:** Klären der Aufgabenstellung und Ermitteln des Leistungsumfangs
   a) Zusammenstellen und Prüfen der vom Auftraggeber zur Verfügung gestellten planungsrelevanten Unterlagen
   b) Ortsbesichtigungen
   c) Abgrenzen des Planungsgebiets
   d) Konkretisieren weiteren Bedarfs an Daten und Unterlagen
   e) Beraten zum Leistungsumfang für ergänzende Untersuchungen und Fachleistungen
   f) Aufstellen eines verbindlichen Arbeitsplans unter Berücksichtigung der sonstigen Fachbeiträge

2. **Leistungsphase 2:** Ermitteln der Planungsgrundlagen
   a) Ermitteln und Beschreiben der planungsrelevanten Sachverhalte auf Grundlage vorhandener Unterlagen und Daten
   b) Landschaftsbewertung nach den Zielen und Grundsätzen des Naturschutzes und der Landschaftspflege
   c) Bewerten von Flächen und Funktionen des Naturhaushalts und des Landschaftsbildes hinsichtlich ihrer Eignung, Leistungsfähigkeit, Empfindlichkeit und Vorbelastung
   d) Bewerten geplanter Eingriffe in Natur und Landschaft
   e) Feststellen von Nutzungs- und Zielkonflikten
   f) Zusammenfassendes Darstellen der Erfassung und Bewertung

3. **Leistungsphase 3:** Vorläufige Fassung
   a) Lösen der Planungsaufgabe und
   b) Erläutern der Ziele, Erfordernisse und Maßnahmen in Text und Karte
   Zu Buchstabe a) und b) gehören:
      aa) Erstellen des Zielkonzepts
      bb) Umsetzen des Zielkonzepts durch Schutz, Pflege und Entwicklung bestimmter Teile von Natur und Landschaft und durch Artenhilfsmaßnahmen für ausgewählte Tier- und Pflanzenarten
      cc) Vorschläge zur Übernahme in andere Planungen, insbesondere in Regionalplanung, Raumordnung und Bauleitplanung
      dd) Mitwirken bei der Abstimmung der vorläufigen Fassung mit der für den Naturschutz zuständigen Behörde
      ee) Abstimmen der Vorläufigen Fassung mit dem Auftraggeber

4. **Leistungsphase 4:** Abgestimmte Fassung
   Darstellen des Landschaftsrahmenplans in der mit dem Auftraggeber abgestimmten Fassung in Text und Karte.

Grundleistungen im Leistungsbild
Landschaftspflegerischer Begleitplan

Das Leistungsbild Landschaftspflegerischer Begleitplan setzt sich aus folgenden Grundleistungen je Leistungsphase zusammen:

1. **Leistungsphase 1:** Klären der Aufgabenstellung und Ermitteln des Leistungsumfangs
   a) Zusammenstellen und Prüfen der vom Auftraggeber zur Verfügung gestellten planungsrelevanten Unterlagen
   b) Ortsbesichtigungen
   c) Abgrenzen des Planungsgebiets anhand der planungsrelevanten Funktionen
   d) Konkretisieren weiteren Bedarfs an Daten und Unterlagen
   e) Beraten zum Leistungsumfang für ergänzende Untersuchungen und Fachleistungen
   f) Aufstellen eines verbindlichen Arbeitsplans unter Berücksichtigung der sonstigen Fachbeiträge

2. **Leistungsphase 2:** Ermitteln und Bewerten der Planungsgrundlagen
   a) Bestandsaufnahme:
   Erfassen von Natur und Landschaft jeweils einschließlich des rechtlichen Schutzstatus und fachplanerischer Festsetzungen und Ziele für die Naturgüter auf Grundlage vorhandener Unterlagen und örtlicher Erhebungen
   b) Bestandsbewertung:
   aa) Bewerten der Leistungsfähigkeit und Empfindlichkeit des Naturhaushalts und des Landschaftsbildes nach den Zielen und Grundsätzen des Naturschutzes und der Landschaftspflege
   bb) Bewerten der vorhandenen Beeinträchtigungen von Natur und Landschaft (Vorbelastung)
   cc) Zusammenfassendes Darstellen der Ergebnisse als Grundlage für die Erörterung mit dem Auftraggeber

3. **Leistungsphase 3:** Vorläufige Fassung
   a) Konfliktanalyse
   b) Ermitteln und Bewerten der durch das Vorhaben zu erwartenden Beeinträchtigungen des Naturhaushalts und des Landschaftsbildes nach Art, Umfang, Ort und zeitlichem Ablauf
   c) Konfliktminderung
   d) Erarbeiten von Lösungen zur Vermeidung oder Verminderung erheblicher Beeinträchtigungen des Naturhaushalts und des Landschaftsbildes in Abstimmung mit den an der Planung fachlich Beteiligten
   e) Ermitteln der unvermeidbaren Beeinträchtigungen
   f) Erarbeiten und Begründen von Maßnahmen des Naturschutzes und der Landschaftspflege, insbesondere Ausgleichs-, Ersatz- und Gestaltungsmaßnahmen sowie von Angaben zur Unterhaltung dem Grunde nach und Vorschläge zur rechtlichen Sicherung von Ausgleichs- und Ersatzmaßnahmen
   g) Integrieren von Maßnahmen auf Grund des Natura 2000-Gebietsschutzes sowie auf Grund der Vorschriften zum besonderen Artenschutz und anderer Umweltfachgesetze auf Grundlage vorhandener Unterlagen und Erarbeiten eines Gesamtkonzepts
   h) Vergleichendes Gegenüberstellen von unvermeidbaren Beeinträchtigungen und Ausgleich und Ersatz einschließlich Darstellen verbleibender, nicht ausgleichbarer oder ersetzbarer Beeinträchtigungen
   i) Kostenermittlung nach Vorgaben des Auftraggebers
   j) Zusammenfassendes Darstellen der Ergebnisse in Text und Karte
   k) Mitwirken bei der Abstimmung mit der für Naturschutz und Landschaftspflege zuständigen Behörde
   l) Abstimmen der Vorläufigen Fassung mit dem Auftraggeber

4. **Leistungsphase 4:** Abgestimmte Fassung
   Darstellen des Landschaftspflegerischen Begleitplans in der mit dem Auftraggeber abgestimmten Fassung in Text und Karte.

Anlage 8
(zu § 27 Absatz 2)

Grundleistungen im Leistungsbild Pflege- und Entwicklungsplan

Das Leistungsbild Pflege- und Entwicklungsplan setzt sich aus folgenden Grundleistungen je Leistungsphase zusammen:

1. **Leistungsphase 1:** Klären der Aufgabenstellung und Ermitteln des Leistungsumfangs
   a) Zusammenstellen und Prüfen der vom Auftraggeber zur Verfügung gestellten planungsrelevanten Unterlagen
   b) Ortsbesichtigungen
   c) Abgrenzen des Planungsgebiets anhand der planungsrelevanten Funktionen
   d) Konkretisieren weiteren Bedarfs an Daten und Unterlagen
   e) Beraten zum Leistungsumfang für ergänzende Untersuchungen und Fachleistungen
   f) Aufstellen eines verbindlichen Arbeitsplans unter Berücksichtigung der sonstigen Fachbeiträge

2. **Leistungsphase 2:** Ermitteln der Planungsgrundlagen
   a) Ermitteln und Beschreiben der planungsrelevanten Sachverhalte auf Grund vorhandener Unterlagen
   b) Auswerten und Einarbeiten von Fachbeiträgen
   c) Bewerten der Bestandsaufnahmen einschließlich vorhandener Beeinträchtigungen sowie der abiotischen Faktoren hinsichtlich ihrer Standort- und Lebensraumbedeutung nach den Zielen und Grundsätzen des Naturschutzes
   d) Beschreiben der Zielkonflikte mit bestehenden Nutzungen
   e) Beschreiben des zu erwartenden Zustands von Arten und ihren Lebensräumen (Zielkonflikte mit geplanten Nutzungen)
   f) Überprüfen der festgelegten Untersuchungsinhalte
   g) Zusammenfassendes Darstellen von Erfassung und Bewertung in Text und Karte

3. **Leistungsphase 3:** Vorläufige Fassung
   a) Lösen der Planungsaufgabe und Erläutern der Ziele, Erfordernisse und Maßnahmen in Text und Karte
   b) Formulieren von Zielen zum Schutz, zur Pflege, zur Erhaltung und Entwicklung von Arten, Biotoptypen und naturnahen Lebensräumen bzw. Standortbedingungen
   c) Erfassen und Darstellen von Flächen, auf denen eine Nutzung weiter betrieben werden soll und von Flächen, auf denen regelmäßig Pflegemaßnahmen durchzuführen sind sowie von Maßnahmen zur Verbesserung der ökologischen Standortverhältnisse und zur Änderung der Biotopstruktur
   d) Erarbeiten von Vorschlägen für Maßnahmen zur Förderung bestimmter Tier- und Pflanzenarten, zur Lenkung des Besucherverkehrs, für die Durchführung der Pflege- und Entwicklungsmaßnahmen und für Änderungen von Schutzzweck und -zielen sowie Grenzen von Schutzgebieten
   e) Erarbeiten von Hinweisen für weitere wissenschaftliche Untersuchungen (Monitoring), Folgeplanungen und Maßnahmen
   f) Kostenermittlung
   g) Abstimmen der Vorläufigen Fassung mit dem Auftraggeber

4. **Leistungsphase 4:** Abgestimmte Fassung

   Darstellen des Pflege- und Entwicklungsplans in der mit dem Auftraggeber abgestimmten Fassung in Text und Karte.

(zu § 18 Absatz 2, § 19 Absatz 2, § 23 Absatz 2, § 24 Absatz 2, § 25 Absatz 2,
§ 26 Absatz 2, § 27 Absatz 2)

Besondere Leistungen zur Flächenplanung

Für die Leistungsbilder der Flächenplanung können insbesondere folgende Besondere Leistungen vereinbart werden:

1. Rahmensetzende Pläne und Konzepte:
a) Leitbilder
b) Entwicklungskonzepte
c) Masterpläne
d) Rahmenpläne

2. Städtebaulicher Entwurf:
a) Grundlagenermittlung
b) Vorentwurf
c) Entwurf

Der Städtebauliche Entwurf kann als Grundlage für Leistungen nach § 19 der HOAI dienen und Ergebnis eines städtebaulichen Wettbewerbes sein.

3. Leistungen zur Verfahrens- und Projektsteuerung sowie zur Qualitätssicherung:
a) Durchführen von Planungsaudits
b) Vorabstimmungen mit Planungsbeteiligten und Fachbehörden
c) Aufstellen und Überwachen von integrierten Terminplänen
d) Vor- und Nachbereiten von planungsbezogenen Sitzungen
e) Koordinieren von Planungsbeteiligten
f) Moderation von Planungsverfahren
g) Ausarbeiten von Leistungskatalogen für Leistungen Dritter
h) Mitwirken bei Vergabeverfahren für Leistungen Dritter (Einholung von Angeboten, Vergabevorschläge)
i) Prüfen und Bewerten von Leistungen Dritter
j) Mitwirken beim Ermitteln von Fördermöglichkeiten
k) Stellungnahmen zu Einzelvorhaben während der Planaufstellung

4. Leistungen zur Vorbereitung und inhaltlichen Ergänzung:
a) Erstellen digitaler Geländemodelle
b) Digitalisieren von Unterlagen
c) Anpassen von Datenformaten
d) Erarbeiten einer einheitlichen Planungsgrundlage aus unterschiedlichen Unterlagen
e) Strukturanalysen
f) Stadtbildanalysen, Landschaftsbildanalysen
g) Statistische und örtliche Erhebungen sowie Bedarfsermittlungen, zum Beispiel zur Versorgung, zur Wirtschafts-, Sozial- und Baustruktur sowie zur soziokulturellen Struktur
h) Befragungen und Interviews
i) Differenziertes Erheben, Kartieren, Analysieren und Darstellen von spezifischen Merkmalen und Nutzungen
j) Erstellen von Beiplänen, zum Beispiel für Verkehr, Infrastruktureinrichtungen, Flurbereinigungen, Grundbesitzkarten und Gütekarten unter Berücksichtigung der Pläne anderer an der Planung fachlich Beteiligter
k) Modelle
l) Erstellen zusätzlicher Hilfsmittel der Darstellung zum Beispiel Fotomontagen, 3D-Darstellungen, Videopräsentationen

5. Verfahrensbegleitende Leistungen:
a) Vorbereiten und Durchführen des Scopings
b) Vorbereiten, Durchführen, Auswerten und Dokumentieren der formellen Beteiligungsverfahren

c) Ermitteln der voraussichtlich erheblichen Umweltauswirkungen für die Umweltprüfung
d) Erarbeiten des Umweltberichtes
e) Berechnen und Darstellen der Umweltschutzmaßnahmen
f) Bearbeiten der Anforderungen aus der naturschutzrechtlichen Eingriffsregelung in Bauleitplanungsverfahren
g) Erstellen von Sitzungsvorlagen, Arbeitsheften und anderen Unterlagen
h) Wesentliche Änderungen oder Neubearbeitung des Entwurfs nach Offenlage oder Beteiligungen, insbesondere nach Stellungnahmen
i) Ausarbeiten der Beratungsunterlagen der Gemeinde zu Stellungnahmen im Rahmen der formellen Beteiligungsverfahren
j) Leistungen für die Drucklegung, Erstellen von Mehrausfertigungen
k) Überarbeiten von Planzeichnungen und von Begründungen nach der Beschlussfassung (zum Beispiel Satzungsbeschluss)
l) Verfassen von Bekanntmachungstexten und Organisation der öffentlichen Bekanntmachungen
m) Mitteilen des Ergebnisses der Prüfung der Stellungnahmen an die Beteiligten
n) Benachrichtigen von Bürgern und Behörden, die Stellungnahmen abgegeben haben, über das Abwägungsergebnis
o) Erstellen der Verfahrensdokumentation
p) Erstellen und Fortschreiben eines digitalen Planungsordners
q) Mitwirken an der Öffentlichkeitsarbeit des Auftraggebers einschließlich Mitwirken an Informationsschriften und öffentlichen Diskussionen sowie Erstellen der dazu notwendigen Planungsunterlagen und Schriftsätze
r) Teilnehmen an Sitzungen von politischen Gremien des Auftraggebers oder an Sitzungen im Rahmen der Öffentlichkeitsbeteiligung
s) Mitwirken an Anhörungs- oder Erörterungsterminen
t) Leiten bzw. Begleiten von Arbeitsgruppen
u) Erstellen der zusammenfassenden Erklärung nach dem Baugesetzbuch
v) Anwenden komplexer Bilanzierungsverfahren im Rahmen der naturschutzrechtlichen Eingriffsregelung
w) Erstellen von Bilanzen nach fachrechtlichen Vorgaben
x) Entwickeln von Monitoringkonzepten und -maßnahmen
y) Ermitteln von Eigentumsverhältnissen, insbesondere Klären der Verfügbarkeit von geeigneten Flächen für Maßnahmen

6. Weitere besondere Leistungen bei landschaftsplanerischen Leistungen:

a) Erarbeiten einer Planungsraumanalyse im Rahmen einer Umweltverträglichkeitsstudie
b) Mitwirken an der Prüfung der Verpflichtung, zu einem Vorhaben oder eine Planung eine Umweltverträglichkeitsprüfung durchzuführen (Screening)
c) Erstellen einer allgemein verständlichen nichttechnischen Zusammenfassung nach dem Gesetz über die Umweltverträglichkeitsprüfung
d) Daten aus vorhandenen Unterlagen im Einzelnen ermitteln und aufbereiten
e) Örtliche Erhebungen, die nicht überwiegend der Kontrolle der aus Unterlagen erhobenen Daten dienen
f) Erstellen eines eigenständigen allgemein verständlichen Erläuterungsberichtes für Genehmigungsverfahren oder qualifizierende Zuarbeiten hierzu
g) Mitwirken an Unterlagen im Rahmen von artenschutzrechtlichen Prüfungen oder Prüfungen zur Vereinbarkeit mit der Fauna-Flora-Habitat-Richtlinie
h) Kartieren von Biotoptypen, floristischen oder faunistischen Arten oder Artengruppen
i) Vertiefendes Untersuchen des Naturhaushalts, wie z.B. der Geologie, Hydrogeologie, Gewässergüte und -morphologie, Bodenanalysen
j) Mitwirken an Beteiligungsverfahren in der Bauleitplanung
k) Mitwirken an Genehmigungsverfahren nach fachrechtlichen Vorschriften
l) Fortführen der mit dem Auftraggeber abgestimmten Fassung im Rahmen eines Genehmigungsverfahrens, Erstellen einer genehmigungsfähigen Fassung auf der Grundlage von Anregungen Dritter.

Grundleistungen im Leistungsbild Gebäude und Innenräume, Besondere Leistungen, Objektlisten

10.1 Leistungsbild Gebäude und Innenräume

Grundleistungen	Besondere Leistungen
LPH 1 Grundlagenermittlung	
a) Klären der Aufgabenstellung auf Grundlage der Vorgaben oder der Bedarfsplanung des Auftraggebers b) Ortsbesichtigung c) Beraten zum gesamten Leistungs- und Untersuchungsbedarf d) Formulieren der Entscheidungshilfen für die Auswahl anderer an der Planung fachlich Beteiligter e) Zusammenfassen, Erläutern und Dokumentieren der Ergebnisse	– Bedarfsplanung – Bedarfsermittlung – Aufstellen eines Funktionsprogramms – Aufstellen eines Raumprogramms – Standortanalyse – Mitwirken bei Grundstücks- und Objektauswahl, -beschaffung und -übertragung – Beschaffen von Unterlagen, die für das Vorhaben erheblich sind – Bestandsaufnahme – technische Substanzerkundung – Betriebsplanung – Prüfen der Umwelterheblichkeit – Prüfen der Umweltverträglichkeit – Machbarkeitsstudie – Wirtschaftlichkeitsuntersuchung – Projektstrukturplanung – Zusammenstellen der Anforderungen aus Zertifizierungssystemen – Verfahrensbetreuung, Mitwirken bei der Vergabe von Planungs- und Gutachterleistungen
LPH 2 Vorplanung (Projekt- und Planungsvorbereitung)	
a) Analysieren der Grundlagen, Abstimmen der Leistungen mit den fachlich an der Planung Beteiligten b) Abstimmen der Zielvorstellungen, Hinweisen auf Zielkonflikte c) Erarbeiten der Vorplanung, Untersuchen, Darstellen und Bewerten von Varianten nach gleichen Anforderungen, Zeichnungen im Maßstab nach Art und Größe des Objekts d) Klären und Erläutern der wesentlichen Zusammenhänge, Vorgaben und Bedingungen (zum Beispiel städtebauliche, gestalterische, funktionale, technische, wirtschaftliche, ökologische, bauphysikalische, energiewirtschaftliche, soziale, öffentlich-rechtliche)	– Aufstellen eines Katalogs für die Planung und Abwicklung der Programmziele – Untersuchen alternativer Lösungsansätze nach verschiedenen Anforderungen, einschließlich Kostenbewertung – Beachten der Anforderungen des vereinbarten Zertifizierungssystems – Durchführen des Zertifizierungssystems – Ergänzen der Vorplanungsunterlagen auf Grund besonderer Anforderungen – Aufstellen eines Finanzierungsplanes – Mitwirken bei der Kredit- und Fördermittelbeschaffung – Durchführen von Wirtschaftlichkeitsuntersuchungen – Durchführen der Voranfrage (Bauanfrage)

Grundleistungen	Besondere Leistungen
e) Bereitstellen der Arbeitsergebnisse als Grundlage für die anderen an der Planung fachlich Beteiligten sowie Koordination und Integration von deren Leistungen f) Vorverhandlungen über die Genehmigungsfähigkeit g) Kostenschätzung nach DIN 276, Vergleich mit den finanziellen Rahmenbedingungen h) Erstellen eines Terminplans mit den wesentlichen Vorgängen des Planungs- und Bauablaufs i) Zusammenfassen, Erläutern und Dokumentieren der Ergebnisse	– Anfertigen von besonderen Präsentationshilfen, die für die Klärung im Vorentwurfsprozess nicht notwendig sind, zum Beispiel – Präsentationsmodelle – Perspektivische Darstellungen – Bewegte Darstellung/Animation – Farb- und Materialcollagen – digitales Geländemodell – 3-D oder 4-D Gebäudemodellbearbeitung (Building Information Modelling BIM) – Aufstellen einer vertieften Kostenschätzung nach Positionen einzelner Gewerke – Fortschreiben des Projektstrukturplanes – Aufstellen von Raumbüchern – Erarbeiten und Erstellen von besonderen bauordnungsrechtlichen Nachweisen für den vorbeugenden und organisatorischen Brandschutz bei baulichen Anlagen besonderer Art und Nutzung, Bestandsbauten oder im Falle von Abweichungen von der Bauordnung

LPH 3 Entwurfsplanung (System- und Integrationsplanung)

a) Erarbeiten der Entwurfsplanung, unter weiterer Berücksichtigung der wesentlichen Zusammenhänge, Vorgaben und Bedingungen (zum Beispiel städtebauliche, gestalterische, funktionale, technische, wirtschaftliche, ökologische, soziale, öffentlich-rechtliche) auf der Grundlage der Vorplanung und als Grundlage für die weiteren Leistungsphasen und die erforderlichen öffentlich-rechtlichen Genehmigungen unter Verwendung der Beiträge anderer an der Planung fachlich Beteiligter. Zeichnungen nach Art und Größe des Objekts im erforderlichen Umfang und Detaillierungsgrad unter Berücksichtigung aller fachspezifischen Anforderungen, zum Beispiel bei Gebäuden im Maßstab 1:100, zum Beispiel bei Innenräumen im Maßstab 1:50 bis 1:20 b) Bereitstellen der Arbeitsergebnisse als Grundlage für die anderen an der Planung fachlich Beteiligten sowie Koordination und Integration von deren Leistungen c) Objektbeschreibung	– Analyse der Alternativen/Varianten und deren Wertung mit Kostenuntersuchung (Optimierung) – Wirtschaftlichkeitsberechnung – Aufstellen und Fortschreiben einer vertieften Kostenberechnung – Fortschreiben von Raumbücher

Grundleistungen	Besondere Leistungen
d) Verhandlungen über die Genehmigungsfähigkeit e) Kostenberechnung nach DIN 276 und Vergleich mit der Kostenschätzung f) Fortschreiben des Terminplans g) Zusammenfassen, Erläutern und Dokumentieren der Ergebnisse	

LPH 4 Genehmigungsplanung

a) Erarbeiten und Zusammenstellen der Vorlagen und Nachweise für öffentlich-rechtliche Genehmigungen oder Zustimmungen einschließlich der Anträge auf Ausnahmen und Befreiungen, sowie notwendiger Verhandlungen mit Behörden unter Verwendung der Beiträge anderer an der Planung fachlich Beteiligter b) Einreichen der Vorlagen c) Ergänzen und Anpassen der Planungsunterlagen, Beschreibungen und Berechnungen	– Mitwirken bei der Beschaffung der nachbarlichen Zustimmung – Nachweise, insbesondere technischer, konstruktiver und bauphysikalischer Art für die Erlangung behördlicher Zustimmungen im Einzelfall – Fachliche und organisatorische Unterstützung des Bauherrn im Widerspruchsverfahren, Klageverfahren oder ähnlichen Verfahren

LPH 5 Ausführungsplanung

a) Erarbeiten der Ausführungsplanung mit allen für die Ausführung notwendigen Einzelangaben (zeichnerisch und textlich) auf der Grundlage der Entwurfs- und Genehmigungsplanung bis zur ausführungsreifen Lösung, als Grundlage für die weiteren Leistungsphasen b) Ausführungs-, Detail- und Konstruktionszeichnungen nach Art und Größe des Objekts im erforderlichen Umfang und Detaillierungsgrad unter Berücksichtigung aller fachspezifischen Anforderungen, zum Beispiel bei Gebäuden im Maßstab 1:50 bis 1:1, zum Beispiel bei Innenräumen im Maßstab 1:20 bis 1:1 c) Bereitstellen der Arbeitsergebnisse als Grundlage für die anderen an der Planung fachlich Beteiligten, sowie Koordination und Integration von deren Leistungen d) Fortschreiben des Terminplans	– Aufstellen einer detaillierten Objektbeschreibung als Grundlage der Leistungsbeschreibung mit Leistungsprogramm[*)] – Prüfen der vom bauausführenden Unternehmen auf Grund der Leistungsbeschreibung mit Leistungsprogramm ausgearbeiteten Ausführungspläne auf Übereinstimmung mit der Entwurfsplanung[*)] – Fortschreiben von Raumbüchern in detaillierter Form – Mitwirken beim Anlagenkennzeichnungssystem (AKS) – Prüfen und Anerkennen von Plänen Dritter, nicht an der Planung fachlich Beteiligter auf Übereinstimmung mit den Ausführungsplänen (zum Beispiel Werkstattzeichnungen von Unternehmen, Aufstellungs- und Fundamentpläne nutzungsspezifischer oder betriebstechnischer Anlagen), soweit die Leistungen Anlagen betreffen, die in den anrechenbaren Kosten nicht erfasst sind

[*)] **Amtl. Anm.:** Diese Besondere Leistung wird bei Leistungsbeschreibung mit Leistungsprogramm ganz oder teilweise Grundleistung. In diesem Fall entfallen die entsprechenden Grundleistungen dieser Leistungsphase.

Grundleistungen	Besondere Leistungen
e) Fortschreiben der Ausführungsplanung auf Grund der gewerkeorientierten Bearbeitung während der Objektausführung f) Überprüfen erforderlicher Montagepläne der vom Objektplaner geplanten Baukonstruktionen und baukonstruktiven Einbauten auf Übereinstimmung mit der Ausführungsplanung	

LPH 6 Vorbereitung der Vergabe

Grundleistungen	Besondere Leistungen
a) Aufstellen eines Vergabeterminplans b) Aufstellen von Leistungsbeschreibungen mit Leistungsverzeichnissen nach Leistungsbereichen, Ermitteln und Zusammenstellen von Mengen auf der Grundlage der Ausführungsplanung unter Verwendung der Beiträge anderer an der Planung fachlich Beteiligter c) Abstimmen und Koordinieren der Schnittstellen zu den Leistungsbeschreibungen der an der Planung fachlich Beteiligten d) Ermitteln der Kosten auf der Grundlage vom Planer bepreister Leistungsverzeichnisse e) Kostenkontrolle durch Vergleich der vom Planer bepreisten Leistungsverzeichnisse mit der Kostenberechnung f) Zusammenstellen der Vergabeunterlagen für alle Leistungsbereiche	− Aufstellen der Leistungsbeschreibungen mit Leistungsprogramm auf der Grundlage der detaillierten Objektbeschreibung*) − Aufstellen von alternativen Leistungsbeschreibungen für geschlossene Leistungsbereiche − Aufstellen von vergleichenden Kostenübersichten unter Auswertung der Beiträge anderer an der Planung fachlich Beteiligter

LPH 7 Mitwirkung bei der Vergabe

Grundleistungen	Besondere Leistungen
a) Koordinieren der Vergaben der Fachplaner b) Einholen von Angeboten c) Prüfen und Werten der Angebote einschließlich Aufstellen eines Preisspiegels nach Einzelpositionen oder Teilleistungen, Prüfen und Werten der Angebote zusätzlicher und geänderter Leistungen der ausführenden Unternehmen und der Angemessenheit der Preise d) Führen von Bietergesprächen e) Erstellen der Vergabevorschläge, Dokumentation des Vergabeverfahrens f) Zusammenstellen der Vertragsunterlagen für alle Leistungsbereiche	− Prüfen und Werten von Nebenangeboten mit Auswirkungen auf die abgestimmte Planung − Mitwirken bei der Mittelabflussplanung − Fachliche Vorbereitung und Mitwirken bei Nachprüfungsverfahren − Mitwirken bei der Prüfung von bauwirtschaftlich begründeten Nachtragsangeboten − Prüfen und Werten der Angebote aus Leistungsbeschreibung mit Leistungsprogramm einschließlich Preisspiegel*) − Aufstellen, Prüfen und Werten von Preisspiegeln nach besonderen Anforderungen

---

*) **Amtl. Anm.:** Diese Besondere Leistung wird bei Leistungsbeschreibung mit Leistungsprogramm ganz oder teilweise Grundleistung. In diesem Fall entfallen die entsprechenden Grundleistungen dieser Leistungsphase.

Grundleistungen	Besondere Leistungen
g) Vergleichen der Ausschreibungsergebnisse mit den vom Planer bepreisten Leistungsverzeichnissen oder der Kostenberechnung h) Mitwirken bei der Auftragserteilung	

LPH 8 Objektüberwachung (Bauüberwachung) und Dokumentation

Grundleistungen	Besondere Leistungen
a) Überwachen der Ausführung des Objektes auf Übereinstimmung mit der öffentlich-rechtlichen Genehmigung oder Zustimmung, den Verträgen mit ausführenden Unternehmen, den Ausführungsunterlagen, den einschlägigen Vorschriften sowie mit den allgemein anerkannten Regeln der Technik b) Überwachen der Ausführung von Tragwerken mit sehr geringen und geringen Planungsanforderungen auf Übereinstimmung mit dem Standsicherheitsnachweis c) Koordinieren der an der Objektüberwachung fachlich Beteiligten d) Aufstellen, Fortschreiben und Überwachen eines Terminplans (Balkendiagramm) e) Dokumentation des Bauablaufs (zum Beispiel Bautagebuch) f) Gemeinsames Aufmaß mit den ausführenden Unternehmen g) Rechnungsprüfung einschließlich Prüfen der Aufmaße der bauausführenden Unternehmen h) Vergleich der Ergebnisse der Rechnungsprüfungen mit den Auftragssummen einschließlich Nachträgen i) Kostenkontrolle durch Überprüfen der Leistungsabrechnung der bauausführenden Unternehmen im Vergleich zu den Vertragspreisen j) Kostenfeststellung, zum Beispiel nach DIN 276 k) Organisation der Abnahme der Bauleistungen unter Mitwirkung anderer an der Planung und Objektüberwachung fachlich Beteiligter, Feststellung von Mängeln, Abnahmeempfehlung für den Auftraggeber l) Antrag auf öffentlich-rechtliche Abnahmen und Teilnahme daran m) Systematische Zusammenstellung der Dokumentation, zeichnerischen Darstellungen und rechnerischen Ergebnisse des Objekts n) Übergabe des Objekts	– Aufstellen, Überwachen und Fortschreiben eines Zahlungsplanes – Aufstellen, Überwachen und Fortschreiben von differenzierten Zeit-, Kosten- oder Kapazitätsplänen – Tätigkeit als verantwortlicher Bauleiter, soweit diese Tätigkeit nach jeweiligem Landesrecht über die Grundleistungen der LPH 8 hinausgeht

Grundleistungen	Besondere Leistungen
o) Auflisten der Verjährungsfristen für Mängelansprüche p) Überwachen der Beseitigung der bei der Abnahme festgestellten Mängel	
LPH 9 Objektbetreuung	
a) Fachliche Bewertung der innerhalb der Verjährungsfristen für Gewährleistungsansprüche festgestellten Mängel, längstens jedoch bis zum Ablauf von fünf Jahren seit Abnahme der Leistung, einschließlich notwendiger Begehungen b) Objektbegehung zur Mängelfeststellung vor Ablauf der Verjährungsfristen für Mängelansprüche gegenüber den ausführenden Unternehmen c) Mitwirken bei der Freigabe von Sicherheitsleistungen	– Überwachen der Mängelbeseitigung innerhalb der Verjährungsfrist – Erstellen einer Gebäudebestandsdokumentation – Aufstellen von Ausrüstungs- und Inventarverzeichnissen – Erstellen von Wartungs- und Pflegeanweisungen – Erstellen eines Instandhaltungskonzepts – Objektbeobachtung – Objektverwaltung – Baubegehungen nach Übergabe – Aufbereiten der Planungs- und Kostendaten für eine Objektdatei oder Kostenrichtwerte – Evaluieren von Wirtschaftlichkeitsberechnungen

10.2 Objektliste Gebäude

Nachstehende Gebäude werden in der Regel folgenden Honorarzonen zugerechnet:

Objektliste Gebäude	Honorarzone				
	I	**II**	**III**	**IV**	**V**
Wohnen					
– Einfache Behelfsbauten für vorübergehende Nutzung	X				
– Einfache Wohnbauten mit gemeinschaftlichen Sanitär- und Kücheneinrichtungen		X			
– Einfamilienhäuser, Wohnhäuser oder Hausgruppen in verdichteter Bauweise			X	X	
– Wohnheime, Gemeinschaftsunterkünfte, Jugendherbergen, -freizeitzentren, -stätten			X	X	
Ausbildung/Wissenschaft/Forschung					
– Offene Pausen-, Spielhallen	X				
– Studentenhäuser			X	X	
– Schulen mit durchschnittlichen Planungsanforderungen, zum Beispiel Grundschulen, weiterführende Schulen und Berufsschulen			X	X	
– Schulen mit hohen Planungsanforderungen, Bildungszentren, Hochschulen, Universitäten, Akademien				X	
– Hörsaal-, Kongresszentren				X	
– Labor- oder Institutsgebäude				X	X

Objektliste Gebäude	Honorarzone				
	I	II	III	IV	V
Büro/Verwaltung/Staat/Kommune					
– Büro-, Verwaltungsgebäude			X	X	
– Wirtschaftsgebäude, Bauhöfe			X	X	
– Parlaments-, Gerichtsgebäude				X	
– Bauten für den Strafvollzug				X	X
– Feuerwachen, Rettungsstationen			X	X	
– Sparkassen- oder Bankfilialen			X	X	
– Büchereien, Bibliotheken, Archive			X	X	
Gesundheit/Betreuung					
– Liege- oder Wandelhallen	X				
– Kindergärten, Kinderhorte			X		
– Jugendzentren, Jugendfreizeitstätten			X		
– Betreuungseinrichtungen, Altentagesstätten			X		
– Pflegeheime oder Bettenhäuser, ohne oder mit medizinisch-technischer Einrichtungen			X	X	
– Unfall-, Sanitätswachen, Ambulatorien		X	X		
– Therapie- oder Rehabilitations-Einrichtungen, Gebäude für Erholung, Kur oder Genesung			X	X	
– Hilfskrankenhäuser			X		
– Krankenhäuser der Versorgungsstufe I oder II, Krankenhäuser besonderer Zweckbestimmung				X	
– Krankenhäuser der Versorgungsstufe III, Universitätskliniken					X
Handel und Verkauf/Gastgewerbe					
– Einfache Verkaufslager, Verkaufsstände, Kioske		X			
– Ladenbauten, Discounter, Einkaufszentren, Märkte, Messehallen			X	X	
– Gebäude für Gastronomie, Kantinen oder Mensen			X	X	
– Großküchen, mit oder ohne Speiseräume			X		
– Pensionen, Hotels			X	X	
Freizeit/Sport					
– Einfache Tribünenbauten		X			
– Bootshäuser		X			
– Turn- oder Sportgebäude			X	X	
– Mehrzweckhallen, Hallenschwimmbäder, Großsportstätten				X	X
Gewerbe/Industrie/Landwirtschaft					
– Einfache Landwirtschaftliche Gebäude, zum Beispiel Feldscheunen, Einstellhallen	X				

Objektliste Gebäude	Honorarzone				
	I	II	III	IV	V
– Landwirtschaftliche Betriebsgebäude, Stallanlagen		X	X	X	
– Gewächshäuser für die Produktion		X			
– Einfache geschlossene, eingeschossige Hallen, Werkstätten		X			
– Spezielle Lagergebäude, zum Beispiel Kühlhäuser			X		
– Werkstätten, Fertigungsgebäude des Handwerks oder der Industrie			X	X	X
– Produktionsgebäude der Industrie				X	X	X
Infrastruktur					
– Offene Verbindungsgänge, Überdachungen, zum Beispiel Wetterschutzhäuser, Carports	X				
– Einfache Garagenbauten	X				
– Parkhäuser, -garagen, Tiefgaragen, jeweils mit integrierten weiteren Nutzungsarten		X	X		
– Bahnhöfe oder Stationen verschiedener öffentlicher Verkehrsmittel			X		
– Flughäfen				X	X
– Energieversorgungszentralen, Kraftwerksgebäude, Großkraftwerke				X	X
Kultur-/Sakralbauten					
– Pavillons für kulturelle Zwecke		X	X		
– Bürger-, Gemeindezentren, Kultur-/Sakralbauten, Kirchen				X	
– Mehrzweckhallen für religiöse oder kulturelle Zwecke				X	
– Ausstellungsgebäude, Lichtspielhäuser				X	X
– Museen				X	X
– Theater-, Opern-, Konzertgebäude				X	X
– Studiogebäude für Rundfunk oder Fernsehen				X	X

10.3 Objektliste Innenräume

Nachstehende Innenräume werden in der Regel folgenden Honorarzonen zugerechnet:

Objektliste Innenräume	Honorarzone				
	I	II	III	IV	V
– Einfachste Innenräume für vorübergehende Nutzung ohne oder mit einfachsten seriellen Einrichtungsgegenständen	X				
– Innenräume mit geringer Planungsanforderung, unter Verwendung von serienmäßig hergestellten Möbeln und Ausstattungsgegenständen einfacher Qualität, ohne technische Ausstattung		X			
– Innenräume mit durchschnittlicher Planungsanforderung, zum überwiegenden Teil unter Verwendung von serienmäßig hergestellten Möbeln und Ausstattungsgegenständen oder mit durchschnittlicher technischer Ausstattung			X		

Objektliste Innenräume	Honorarzone				
	I	II	III	IV	V
– Innenräume mit hohen Planungsanforderungen, unter Mitverwendung von serienmäßig hergestellten Möbeln und Ausstattungsgegenständen gehobener Qualität oder gehobener technischer Ausstattung				X	
– Innenräume mit sehr hohen Planungsanforderungen, unter Verwendung von aufwendiger Einrichtung oder Ausstattung oder umfangreicher technischer Ausstattung					X
Wohnen					
– Einfachste Räume ohne Einrichtung oder für vorübergehende Nutzung	X				
– Einfache Wohnräume mit geringen Anforderungen an Gestaltung oder Ausstattung		X			
– Wohnräume mit durchschnittlichen Anforderungen, serielle Einbauküchen			X		
– Wohnräume in Gemeinschaftsunterkünften oder Heimen			X		
– Wohnräume gehobener Anforderungen, individuell geplante Küchen und Bäder				X	
– Dachgeschossausbauten, Wintergärten				X	
– Individuelle Wohnräume in anspruchsvoller Gestaltung mit aufwendiger Einrichtung, Ausstattung und technischer Ausrüstung					X
Ausbildung/Wissenschaft/Forschung					
– Einfache offene Hallen	X				
– Lager- oder Nebenräume mit einfacher Einrichtung oder Ausstattung		X			
– Gruppenräume zum Beispiel in Kindergärten, Kinderhorten, Jugendzentren, Jugendherbergen, Jugendheimen			X	X	
– Klassenzimmer, Hörsäle, Seminarräume, Büchereien, Mensen			X	X	
– Aulen, Bildungszentren, Bibliotheken, Labore, Lehrküchen mit oder ohne Speise- oder Aufenthaltsräume, Fachunterrichtsräume mit technischer Ausstattung				X	
– Kongress-, Konferenz-, Seminar-, Tagungsbereiche mit individuellem Ausbau und Einrichtung und umfangreicher technischer Ausstattung				X	
– Räume wissenschaftlicher Forschung mit hohen Ansprüchen und technischer Ausrüstung					X
Büro/Verwaltung/Staat/Kommune					
– innere Verkehrsflächen	X				
– Post-, Kopier-, Putz- oder sonstige Nebenräume ohne baukonstruktive Einbauten		X			
– Büro-, Verwaltungs-, Aufenthaltsräume mit durchschnittlichen Anforderungen, Treppenhäuser, Wartehallen, Teeküchen			X		

Objektliste Innenräume	Honorarzone				
	I	II	III	IV	V
– Räume für sanitäre Anlagen, Werkräume, Wirtschaftsräume, Technikräume			X		
– Eingangshallen, Sitzungs- oder Besprechungsräume, Kantinen, Sozialräume			X	X	
– Kundenzentren, -ausstellungen, -präsentationen			X	X	
– Versammlungs-, Konferenzbereiche, Gerichtssäle, Arbeitsbereiche von Führungskräften mit individueller Gestaltung oder Einrichtung oder gehobener technischer Ausstattung				X	
– Geschäfts-, Versammlungs- oder Konferenzräume mit anspruchsvollem Ausbau oder anspruchsvoller Einrichtung, aufwendiger Ausstattung oder sehr hohen technischen Anforderungen					X
Gesundheit/Betreuung					
– offene Spiel- oder Wandelhallen	X				
– einfache Ruhe- oder Nebenräume		X			
– Sprech-, Betreuungs-, Patienten-, Heimzimmer oder Sozialräume mit durchschnittlichen Anforderungen ohne medizintechnische Ausrüstung			X		
– Behandlungs- oder Betreuungsbereiche mit medizintechnischer Ausrüstung oder Einrichtung in Kranken-, Therapie-, Rehabilitations- oder Pflegeeinrichtungen, Arztpraxen				X	
– Operations-, Kreißsäle, Röntgenräume				X	X
Handel/Gastgewerbe					
– Verkaufsstände für vorübergehende Nutzung	X				
– Kioske, Verkaufslager, Nebenräume mit einfacher Einrichtung und Ausstattung		X			
– Durchschnittliche Laden- oder Gasträume, Einkaufsbereiche, Schnellgaststätten			X		
– Fachgeschäfte, Boutiquen, Showrooms, Lichtspieltheater, Großküchen				X	
– Messestände, bei Verwendung von System- oder Modulbauteilen			X		
– Individuelle Messestände				X	
– Gasträume, Sanitärbereiche gehobener Gestaltung, zum Beispiel in Restaurants, Bars, Weinstuben, Cafes, Clubräumen				X	
– Gast- oder Sanitärbereiche zum Beispiel in Pensionen oder Hotels mit durchschnittlichen Anforderungen oder Einrichtungen oder Ausstattungen			X		
– Gast-, Informations- oder Unterhaltungsbereiche in Hotels mit individueller Gestaltung oder Möblierung oder gehobener Einrichtung oder technischer Ausstattung				X	

Objektliste Innenräume	Honorarzone				
	I	II	III	IV	V
Freizeit/Sport					
– Neben- oder Wirtschafträume in Sportanlagen oder Schwimmbädern		X			
– Schwimmbäder, Fitness-, Wellness- oder Saunaanlagen, Großsportstätten			X	X	
– Sport-, Mehrzweck- oder Stadthallen, Gymnastikräume, Tanzschulen			X	X	
Gewerbe/Industrie/Landwirtschaft/Verkehr					
– Einfache Hallen oder Werkstätten ohne fachspezifische Einrichtung, Pavillons		X			
– Landwirtschaftliche Betriebsbereiche		X	X		
– Gewerbebereiche, Werkstätten mit technischer oder maschineller Einrichtung			X	X	
– Umfassende Fabrikations- oder Produktionsanlagen				X	
– Räume in Tiefgaragen, Unterführungen		X			
– Gast- oder Betriebsbereiche in Flughäfen, Bahnhöfen				X	X
Kultur-/Sakralbauten					
– Kultur- oder Sakralbereiche, Kirchenräume				X	X
– Individuell gestaltete Ausstellungs-, Museums- oder Theaterbereiche				X	X
– Konzert- oder Theatersäle, Studioräume für Rundfunk, Fernsehen oder Theater					X

Anlage 11
(zu § 39 Absatz 4, § 40 Absatz 5)

Grundleistungen im Leistungsbild Freianlagen, Besondere Leistungen, Objektliste

11.1 Leistungsbild Freianlagen

Grundleistungen	Besondere Leistungen
LPH 1 Grundlagenermittlung	
a) Klären der Aufgabenstellung auf Grund der Vorgaben oder der Bedarfsplanung des Auftraggebers oder vorliegender Planungs- und Genehmigungsunterlagen b) Ortsbesichtigung c) Beraten zum gesamten Leistungs- und Untersuchungsbedarf d) Formulieren von Entscheidungshilfen für die Auswahl anderer an der Planung fachlich Beteiligter e) Zusammenfassen, Erläutern und Dokumentieren der Ergebnisse	– Mitwirken bei der öffentlichen Erschließung – Kartieren und Untersuchen des Bestandes, Floristische oder faunistische Kartierungen – Begutachtung des Standortes mit besonderen Methoden, zum Beispiel Bodenanalysen – Beschaffen bzw. Aktualisieren bestehender Planunterlagen, Erstellen von Bestandskarten
LPH 2 Vorplanung (Projekt- und Planungsvorbereitung)	

a) Analysieren der Grundlagen, Abstimmen der Leistungen mit den fachlich an der Planung Beteiligten
b) Abstimmen der Zielvorstellungen
c) Erfassen, Bewerten und Erläutern der Wechselwirkungen im Ökosystem
d) Erarbeiten eines Planungskonzepts einschließlich Untersuchen und Bewerten von Varianten nach gleichen Anforderungen unter Berücksichtigung zum Beispiel
  – der Topographie und der weiteren standörtlichen und ökologischen Rahmenbedingungen
  – der Umweltbelange einschließlich der natur- und artenschutzrechtlichen Anforderungen und der vegetationstechnischen Bedingungen
  – der gestalterischen und funktionalen Anforderungen
  – Klären der wesentlichen Zusammenhänge, Vorgänge und Bedingungen
  – Abstimmen oder Koordinieren unter Integration der Beiträge anderer an der Planung fachlich Beteiligter
e) Darstellen des Vorentwurfs mit Erläuterungen und Angaben zum terminlichen Ablauf
	– Umweltfolgenabschätzung
	– Bestandsaufnahme, Vermessung
	– Fotodokumentationen
	– Mitwirken bei der Beantragung von Fördermitteln und Beschäftigungsmaßnahmen
	– Erarbeiten von Unterlagen für besondere technische Prüfverfahren
	– Beurteilen und Bewerten der vorhandenen Bausubstanz, Bauteile, Materialien, Einbauten oder der zu schützenden oder zu erhaltenden Gehölze oder Vegetationsbestände

Grundleistungen	Besondere Leistungen
f) Kostenschätzung, zum Beispiel nach DIN 276, Vergleich mit den finanziellen Rahmenbedingungen g) Zusammenfassen, Erläutern und Dokumentieren der Vorplanungsergebnisse	

LPH 3 Entwurfsplanung (System- und Integrationsplanung)

a) Erarbeiten der Entwurfsplanung auf Grundlage der Vorplanung unter Vertiefung zum Beispiel der gestalterischen, funktionalen, wirtschaftlichen, standörtlichen, ökologischen, natur- und artenschutzrechtlichen Anforderungen Abstimmen oder Koordinieren unter Integration der Beiträge anderer an der Planung fachlich Beteiligter
b) Abstimmen der Planung mit zu beteiligenden Stellen und Behörden
c) Darstellen des Entwurfs zum Beispiel im Maßstab 1:500 bis 1:100, mit erforderlichen Angaben insbesondere
  – zur Bepflanzung,
  – zu Materialien und Ausstattungen,
  – zu Maßnahmen auf Grund rechtlicher Vorgaben,
  – zum terminlichen Ablauf
d) Objektbeschreibung mit Erläuterung von Ausgleichs- und Ersatzmaßnahmen nach Maßgabe der naturschutzrechtlichen Eingriffsregelung
e) Kostenberechnung, zum Beispiel nach DIN 276 einschließlich zugehöriger Mengenermittlung
f) Vergleich der Kostenberechnung mit der Kostenschätzung
g) Zusammenfassen, Erläutern und Dokumentieren der Entwurfsplanungsergebnisse
	– Mitwirken beim Beschaffen nachbarlicher Zustimmungen
	– Erarbeiten besonderer Darstellungen, zum Beispiel Modelle, Perspektiven, Animationen
	– Beteiligung von externen Initiativ- und Betroffenengruppen bei Planung und Ausführung
	– Mitwirken bei Beteiligungsverfahren oder Workshops
	– Mieter- oder Nutzerbefragungen
	– Erarbeiten von Ausarbeitungen nach den Anforderungen der naturschutzrechtlichen Eingriffsregelung sowie des besonderen Arten- und Biotopschutzrechtes, Eingriffsgutachten, Eingriffs- oder Ausgleichsbilanz nach landesrechtlichen Regelungen
	– Mitwirken beim Erstellen von Kostenaufstellungen und Planunterlagen für Vermarktung und Vertrieb
	– Erstellen und Zusammenstellen von Unterlagen für die Beauftragung von Dritten (Sachverständigenbeauftragung)
	– Mitwirken bei der Beantragung und Abrechnung von Fördermitteln und Beschäftigungsmaßnahmen
	– Abrufen von Fördermitteln nach Vergleich mit den Ist-Kosten (Baufinanzierungsleistung)
	– Mitwirken bei der Finanzierungsplanung
	– Erstellen einer Kosten-Nutzen-Analyse
	– Aufstellen und Berechnen von Lebenszykluskosten

LPH 4 Genehmigungsplanung

a) Erarbeiten und Zusammenstellen der Vorlagen und Nachweise für öffentlich-rechtliche Genehmigungen oder Zustimmungen einschließlich der Anträge auf Ausnahmen und Befreiungen, sowie notwendiger Verhandlungen mit Behörden unter Verwendung der Beiträge anderer an der Planung fachlich Beteiligter	– Teilnahme an Sitzungen in politischen Gremien oder im Rahmen der Öffentlichkeitsbeteiligung – Erstellen von landschaftspflegerischen Fachbeiträgen oder natur- und artenschutzrechtlichen Beiträgen – Mitwirken beim Einholen von Genehmigungen und Erlaubnissen nach Naturschutz-, Fach- und Satzungsrecht

Grundleistungen	Besondere Leistungen
b) Einreichen der Vorlagen c) Ergänzen und Anpassen der Planungs- unterlagen, Beschreibungen und Be- rechnungen	– Erfassen, Bewerten und Darstellen des Bestandes gemäß Ortssatzung – Erstellen von Rodungs- und Baumfall- anträgen – Erstellen von Genehmigungsunterlagen und Anträgen nach besonderen Anfor- derungen – Erstellen eines Überflutungsnachweises für Grundstücke – Prüfen von Unterlagen der Planfeststel- lung auf Übereinstimmung mit der Pla- nung

LPH 5 Ausführungsplanung

a) Erarbeiten der Ausführungsplanung auf
Grundlage der Entwurfs- und Geneh-
migungsplanung bis zur ausführungsrei-
fen Lösung als Grundlage für die weite-
ren Leistungsphasen
b) Erstellen von Plänen oder Beschreibun-
gen, je nach Art des Bauvorhabens zum
Beispiel im Maßstab 1:200 bis 1:50
c) Abstimmen oder Koordinieren unter
Integration der Beiträge anderer an der
Planung fachlich Beteiligter
d) Darstellen der Freianlagen mit den für
die Ausführung notwendigen Angaben,
Detail- oder Konstruktionszeichnun-
gen, insbesondere
  – zu Oberflächenmaterial, -befestigun-
    gen und -relief,
  – zu ober- und unterirdischen Einbau-
    ten und Ausstattungen,
  – zur Vegetation mit Angaben zu Ar-
    ten, Sorten und Qualitäten,
  – zu landschaftspflegerischen, natur-
    schutzfachlichen oder artenschutz-
    rechtlichen Maßnahmen
e) Fortschreiben der Angaben zum ter-
minlichen Ablauf
f) Fortschreiben der Ausführungsplanung
während der Objektausführung
	– Erarbeitung von Unterlagen für beson-
	dere technische Prüfverfahren (zum
	Beispiel Lastplattendruckversuche)
	– Auswahl von Pflanzen beim Lieferanten
	(Erzeuger)

LPH 6 Vorbereitung der Vergabe

a) Aufstellen von Leistungsbeschreibungen mit Leistungsverzeichnissen b) Ermitteln und Zusammenstellen von Mengen auf Grundlage der Ausfüh- rungsplanung c) Abstimmen oder Koordinieren der Leistungsbeschreibungen mit den an der Planung fachlich Beteiligten	– Alternative Leistungsbeschreibung für geschlossene Leistungsbereiche – Besondere Ausarbeitungen zum Beispiel für Selbsthilfearbeiten

Grundleistungen	Besondere Leistungen
d) Aufstellen eines Terminplans unter Berücksichtigung jahreszeitlicher, bauablaufbedingter und witterungsbedingter Erfordernisse e) Ermitteln der Kosten auf Grundlage der vom Planer bepreisten Leistungsverzeichnisse f) Kostenkontrolle durch Vergleich der vom Planer bepreisten Leistungsverzeichnisse mit der Kostenberechnung g) Zusammenstellen der Vergabeunterlagen	

LPH 7 Mitwirkung bei der Vergabe

Grundleistungen	Besondere Leistungen
a) Einholen von Angeboten b) Prüfen und Werten der Angebote einschließlich Aufstellen eines Preisspiegels nach Einzelpositionen oder Teilleistungen, Prüfen und Werten der Angebote zusätzlicher und geänderter Leistungen der ausführenden Unternehmen und der Angemessenheit der Preise c) Führen von Bietergesprächen d) Erstellen der Vergabevorschläge, Dokumentation des Vergabeverfahrens e) Zusammenstellen der Vertragsunterlagen f) Kostenkontrolle durch Vergleichen der Ausschreibungsergebnisse mit den vom Planer bepreisten Leistungsverzeichnissen und der Kostenberechnung g) Mitwirken bei der Auftragserteilung	

LPH 8 Objektüberwachung (Bauüberwachung) und Dokumentation

Grundleistungen	Besondere Leistungen
a) Überwachen der Ausführung des Objekts auf Übereinstimmung mit der Genehmigung oder Zustimmung, den Verträgen mit ausführenden Unternehmen, den Ausführungsunterlagen, den einschlägigen Vorschriften sowie mit den allgemein anerkannten Regeln der Technik b) Überprüfen von Pflanzen- und Materiallieferungen c) Abstimmen mit den oder Koordinieren der an der Objektüberwachung fachlich Beteiligten d) Fortschreiben und Überwachen des Terminplans unter Berücksichtigung jahreszeitlicher, bauablaufbedingter und witterungsbedingter Erfordernisse e) Dokumentation des Bauablaufes (zum Beispiel Bautagebuch), Feststellen des Anwuchsergebnisses	– Dokumentation des Bauablaufs nach besonderen Anforderungen des Auftraggebers – fachliches Mitwirken bei Gerichtsverfahren – Bauoberleitung, künstlerische Oberleitung – Erstellen einer Freianlagenbestandsdokumentation

Grundleistungen	Besondere Leistungen
f) Mitwirken beim Aufmaß mit den bauausführenden Unternehmen g) Rechnungsprüfung einschließlich Prüfen der Aufmaße der ausführenden Unternehmen h) Vergleich der Ergebnisse der Rechnungsprüfungen mit den Auftragssummen einschließlich Nachträgen i) Organisation der Abnahme der Bauleistungen unter Mitwirkung anderer an der Planung und Objektüberwachung fachlich Beteiligter, Feststellung von Mängeln, Abnahmeempfehlung für den Auftraggeber j) Antrag auf öffentlich-rechtliche Abnahmen und Teilnahme daran k) Übergabe des Objekts l) Überwachen der Beseitigung der bei der Abnahme festgestellten Mängel m) Auflisten der Verjährungsfristen für Mängelansprüche n) Überwachen der Fertigstellungspflege bei vegetationstechnischen Maßnahmen o) Kostenkontrolle durch Überprüfen der Leistungsabrechnung der bauausführenden Unternehmen im Vergleich zu den Vertragspreisen p) Kostenfeststellung, zum Beispiel nach DIN 276 q) Systematische Zusammenstellung der Dokumentation, zeichnerischen Darstellungen und rechnerischen Ergebnisse des Objekts	
LPH 9 Objektbetreuung	
a) Fachliche Bewertung der innerhalb der Verjährungsfristen für Gewährleistungsansprüche festgestellten Mängel, längstens jedoch bis zum Ablauf von 5 Jahren seit Abnahme der Leistung, einschließlich notwendiger Begehungen b) Objektbegehung zur Mängelfeststellung vor Ablauf der Verjährungsfristen für Mängelansprüche gegenüber den ausführenden Unternehmen c) Mitwirken bei der Freigabe von Sicherheitsleistungen	– Überwachung der Entwicklungs- und Unterhaltungspflege – Überwachen von Wartungsleistungen – Überwachen der Mängelbeseitigung innerhalb der Verjährungsfrist

11.2 Objektliste Freianlagen

Nachstehende Freianlagen werden in der Regel folgenden Honorarzonen zugeordnet:

Objekte	Honorarzone				
	I	II	III	IV	V
In der freien Landschaft					
– einfache Geländegestaltung	X				
– Einsaaten in der freien Landschaft	X				
– Pflanzungen in der freien Landschaft oder Windschutz-pflanzungen, mit sehr geringen oder geringen Anforderungen	X	X			
– Pflanzungen in der freien Landschaft mit natur- und artenschutzrechtlichen Anforderungen (Kompensations-erfordernissen)			X		
– Flächen für den Arten- und Biotopschutz mit differenzierten Gestaltungsansprüchen oder mit Biotopverbundfunktion				X	
– Naturnahe Gewässer- und Ufergestaltung			X		
– Geländegestaltungen und Pflanzungen für Deponien, Halden und Entnahmestellen mit geringen oder durchschnittlichen Anforderungen		X	X		
– Freiflächen mit einfachem Ausbau bei kleineren Siedlungen, bei Einzelbauwerken und bei landwirtschaft-lichen Aussiedlungen		X			
– Begleitgrün zu Objekten, Bauwerken und Anlagen mit geringen oder durchschnittlichen Anforderungen		X	X		
In Stadt- und Ortslagen					
– Grünverbindungen ohne besondere Ausstattung			X		
– Innerörtliche Grünzüge, Grünverbindungen mit besonderer Ausstattung				X	
– Freizeitparks und Parkanlagen				X	
– Geländegestaltung ohne oder mit Abstützungen			X	X	
– Begleitgrün zu Objekten, Bauwerken und Anlagen sowie an Ortsrändern		X	X		
– Schulgärten und naturkundliche Lehrpfade und -gebiete				X	
– Hausgärten und Gartenhöfe mit Repräsentationsan-sprüchen				X	X
Gebäudebegrünung					
– Terrassen- und Dachgärten					X
– Bauwerksbegrünung vertikal und horizontal mit hohen oder sehr hohen Anforderungen				X	X
– Innenbegrünung mit hohen oder sehr hohen Anforderungen				X	X
– Innenhöfe mit hohen oder sehr hohen Anforderungen				X	X

Objekte	Honorarzone				
	I	II	III	IV	V
Spiel- und Sportanlagen					
– Ski- und Rodelhänge ohne oder mit technischer Ausstattung	X	X			
– Spielwiesen		X			
– Ballspielplätze, Bolzplätze, mit geringen oder durchschnittlichen Anforderungen		X	X		
– Sportanlagen in der Landschaft, Parcours, Wettkampfstrecken			X		
– Kombinationsspielfelder, Sport-, Tennisplätze und Sportanlagen mit Tennenbelag oder Kunststoff- oder Kunstrasenbelag			X	X	
– Spielplätze				X	
– Sportanlagen Typ A bis C oder Sportstadien				X	X
– Golfplätze mit besonderen natur- und artenschutzrechtlichen Anforderungen oder in stark reliefiertem Geländeumfeld				X	X
– Freibäder mit besonderen Anforderungen, Schwimmteiche				X	X
– Schul- und Pausenhöfe mit Spiel- und Bewegungsangebot				X	
Sonderanlagen					
– Freilichtbühnen				X	
– Zelt- oder Camping- oder Badeplätze, mit durchschnittlicher oder hoher Ausstattung oder Kleingartenanlagen			X	X	
Objekte					
– Friedhöfe, Ehrenmale, Gedenkstätten, mit hoher oder sehr hoher Ausstattung				X	X
– Zoologische und botanische Gärten					X
– Lärmschutzeinrichtungen				X	
– Garten- und Hallenschauen					X
– Freiflächen im Zusammenhang mit historischen Anlagen, historische Park- und Gartenanlagen, Gartendenkmale					X
Sonstige Freianlagen					
– Freiflächen mit Bauwerksbezug, mit durchschnittlichen topographischen Verhältnissen oder durchschnittlicher Ausstattung			X		
– Freiflächen mit Bauwerksbezug, mit schwierigen oder besonders schwierigen topographischen Verhältnissen oder hoher oder sehr hoher Ausstattung				X	X
– Fußgängerbereiche und Stadtplätze mit hoher oder sehr hoher Ausstattungsintensität				X	X

Grundleistungen im Leistungsbild Ingenieurbauwerke, Besondere Leistungen, Objektliste

12.1 Leistungsbild Ingenieurbauwerke

Grundleistungen	Besondere Leistungen
LPH 1 Grundlagenermittlung	
a) Klären der Aufgabenstellung auf Grund der Vorgaben oder der Bedarfsplanung des Auftraggebers b) Ermitteln der Planungsrandbedingungen sowie Beraten zum gesamten Leistungsbedarf c) Formulieren von Entscheidungshilfen für die Auswahl anderer an der Planung fachlich Beteiligter d) Bei Objekten nach §41 Nummer 6 und 7, die eine Tragwerksplanung erfordern: Klären der Aufgabenstellung auch auf dem Gebiet der Tragwerksplanung e) Ortsbesichtigung f) Zusammenfassen, Erläutern und Dokumentieren der Ergebnisse	– Auswahl und Besichtigung ähnlicher Objekte
LPH 2 Vorplanung	
a) Analysieren der Grundlagen b) Abstimmen der Zielvorstellungen auf die öffentlich-rechtlichen Randbedingungen sowie Planungen Dritter c) Untersuchen von Lösungsmöglichkeiten mit ihren Einflüssen auf bauliche und konstruktive Gestaltung, Zweckmäßigkeit, Wirtschaftlichkeit unter Beachtung der Umweltverträglichkeit d) Beschaffen und Auswerten amtlicher Karten e) Erarbeiten eines Planungskonzepts einschließlich Untersuchung der alternativen Lösungsmöglichkeiten nach gleichen Anforderungen mit zeichnerischer Darstellung und Bewertung unter Einarbeitung der Beiträge anderer an der Planung fachlich Beteiligter f) Klären und Erläutern der wesentlichen fachspezifischen Zusammenhänge, Vorgänge und Bedingungen g) Vorabstimmen mit Behörden und anderen an der Planung fachlich Beteiligten über die Genehmigungsfähigkeit, gegebenenfalls Mitwirken bei Verhandlungen über die Bezuschussung und Kostenbeteiligung	– Erstellen von Leitungsbestandsplänen – vertiefte Untersuchungen zum Nachweis von Nachhaltigkeitsaspekten – Anfertigen von Nutzen-Kosten-Untersuchungen – Wirtschaftlichkeitsprüfung – Beschaffen von Auszügen aus Grundbuch, Kataster und anderen amtlichen Unterlagen

Grundleistungen	Besondere Leistungen
h) Mitwirken beim Erläutern des Planungskonzepts gegenüber Dritten an bis zu zwei Terminen i) Überarbeiten des Planungskonzepts nach Bedenken und Anregungen j) Kostenschätzung, Vergleich mit den finanziellen Rahmenbedingungen k) Zusammenfassen, Erläutern und Dokumentieren der Ergebnisse	

LPH 3 Entwurfsplanung

Grundleistungen	Besondere Leistungen
a) Erarbeiten des Entwurfs auf Grundlage der Vorplanung durch zeichnerische Darstellung im erforderlichen Umfang und Detaillierungsgrad unter Berücksichtigung aller fachspezifischen Anforderungen, Bereitstellen der Arbeitsergebnisse als Grundlage für die anderen an der Planung fachlich Beteiligten, sowie Integration und Koordination der Fachplanungen b) Erläuterungsbericht unter Verwendung der Beiträge anderer an der Planung fachlich Beteiligter c) fachspezifische Berechnungen ausgenommen Berechnungen aus anderen Leistungsbildern d) Ermitteln und Begründen der zuwendungsfähigen Kosten, Mitwirken beim Aufstellen des Finanzierungsplans sowie Vorbereiten der Anträge auf Finanzierung e) Mitwirken beim Erläutern des vorläufigen Entwurfs gegenüber Dritten an bis zu drei Terminen, Überarbeiten des vorläufigen Entwurfs auf Grund von Bedenken und Anregungen f) Vorabstimmen der Genehmigungsfähigkeit mit Behörden und anderen an der Planung fachlich Beteiligten g) Kostenberechnung einschließlich zugehöriger Mengenermittlung, Vergleich der Kostenberechnung mit der Kostenschätzung h) Ermitteln der wesentlichen Bauphasen unter Berücksichtigung der Verkehrslenkung und der Aufrechterhaltung des Betriebes während der Bauzeit i) Bauzeiten- und Kostenplan j) Zusammenfassen, Erläutern und Dokumentieren der Ergebnisse	– Fortschreiben von Nutzen-Kosten-Untersuchungen – Mitwirken bei Verwaltungsvereinbarungen – Nachweis der zwingenden Gründe des überwiegenden öffentlichen Interesses der Notwendigkeit der Maßnahme (zum Beispiel Gebiets- und Artenschutz gemäß der Richtlinie 92/43/EWG des Rates vom 21. Mai 1992 zur Erhaltung der natürlichen Lebensräume sowie der wildlebenden Tiere und Pflanzen (ABl. L 206 vom 22. 7. 1992, S. 7)) – Fiktivkostenberechnungen (Kostenteilung)

Texte A

Grundleistungen	Besondere Leistungen
LPH 4 Genehmigungsplanung	
a) Erarbeiten und Zusammenstellen der Unterlagen für die erforderlichen öffentlich-rechtlichen Verfahren oder Genehmigungsverfahren einschließlich der Anträge auf Ausnahmen und Befreiungen, Aufstellen des Bauwerksverzeichnisses unter Verwendung der Beiträge anderer an der Planung fachlich Beteiligter b) Erstellen des Grunderwerbsplanes und des Grunderwerbsverzeichnisses unter Verwendung der Beiträge anderer an der Planung fachlich Beteiligter c) Vervollständigen und Anpassen der Planungsunterlagen, Beschreibungen und Berechnungen unter Verwendung der Beiträge anderer an der Planung fachlich Beteiligter d) Abstimmen mit Behörden e) Mitwirken in Genehmigungsverfahren einschließlich der Teilnahme an bis zu vier Erläuterungs-, Erörterungsterminen f) Mitwirken beim Abfassen von Stellungnahmen zu Bedenken und Anregungen in bis zu zehn Kategorien	– Mitwirken bei der Beschaffung der Zustimmung von Betroffenen
LPH 5 Ausführungsplanung	
a) Erarbeiten der Ausführungsplanung auf Grundlage der Ergebnisse der Leistungsphasen 3 und 4 unter Berücksichtigung aller fachspezifischen Anforderungen und Verwendung der Beiträge anderer an der Planung fachlich Beteiligter bis zur ausführungsreifen Lösung b) Zeichnerische Darstellung, Erläuterungen und zur Objektplanung gehörige Berechnungen mit allen für die Ausführung notwendigen Einzelangaben einschließlich Detailzeichnungen in den erforderlichen Maßstäben c) Bereitstellen der Arbeitsergebnisse als Grundlage für die anderen an der Planung fachlich Beteiligten und Integrieren ihrer Beiträge bis zur ausführungsreifen Lösung d) Vervollständigen der Ausführungsplanung während der Objektausführung	– Objektübergreifende, integrierte Bauablaufplanung – Koordination des Gesamtprojekts – Aufstellen von Ablauf- und Netzplänen – Planen von Anlagen der Verfahrens- und Prozesstechnik für Ingenieurbauwerke gemäß §41 Nummer 1 bis 3 und 5, die dem Auftragnehmer übertragen werden, der auch die Grundleistungen für die jeweiligen Ingenieurbauwerke erbringt

Grundleistungen	Besondere Leistungen
LPH 6 Vorbereiten der Vergabe	
a) Ermitteln von Mengen nach Einzelpositionen unter Verwendung der Beiträge anderer an der Planung fachlich Beteiligter b) Aufstellen der Vergabeunterlagen, insbesondere Anfertigen der Leistungsbeschreibungen mit Leistungsverzeichnissen sowie der Besonderen Vertragsbedingungen c) Abstimmen und Koordinieren der Schnittstellen zu den Leistungsbeschreibungen der anderen an der Planung fachlich Beteiligten d) Festlegen der wesentlichen Ausführungsphasen e) Ermitteln der Kosten auf Grundlage der vom Planer (Entwurfsverfasser) bepreisten Leistungsverzeichnisse f) Kostenkontrolle durch Vergleich der vom Planer (Entwurfsverfasser) bepreisten Leistungsverzeichnisse mit der Kostenberechnung g) Zusammenstellen der Vergabeunterlagen	– detaillierte Planung von Bauphasen bei besonderen Anforderungen
LPH 7 Mitwirken bei der Vergabe	
a) Einholen von Angeboten b) Prüfen und Werten der Angebote, Aufstellen des Preisspiegels c) Abstimmen und Zusammenstellen der Leistungen der fachlich Beteiligten, die an der Vergabe mitwirken d) Führen von Bietergesprächen e) Erstellen der Vergabevorschläge, Dokumentation des Vergabeverfahrens f) Zusammenstellen der Vertragsunterlagen g) Vergleichen der Ausschreibungsergebnisse mit den vom Planer bepreisten Leistungsverzeichnissen und der Kostenberechnung h) Mitwirken bei der Auftragserteilung	– Prüfen und Werten von Nebenangeboten
LPH 8 Bauoberleitung	
a) Aufsicht über die örtliche Bauüberwachung, Koordinierung der an der Objektüberwachung fachlich Beteiligten, einmaliges Prüfen von Plänen auf Übereinstimmung mit dem auszuführenden Objekt und Mitwirken bei deren Freigabe	– Kostenkontrolle – Prüfen von Nachträgen – Erstellen eines Bauwerksbuchs – Erstellen von Bestandsplänen – Örtliche Bauüberwachung: – Plausibilitätsprüfung der Absteckung

Grundleistungen	Besondere Leistungen
b) Aufstellen, Fortschreiben und Überwachen eines Terminplans (Balkendiagramm) c) Veranlassen und Mitwirken beim Inverzugsetzen der ausführenden Unternehmen d) Kostenfeststellung, Vergleich der Kostenfeststellung mit der Auftragssumme e) Abnahme von Bauleistungen, Leistungen und Lieferungen unter Mitwirkung der örtlichen Bauüberwachung und anderer an der Planung und Objektüberwachung fachlich Beteiligter, Feststellen von Mängeln, Fertigung einer Niederschrift über das Ergebnis der Abnahme f) Überwachen der Prüfungen der Funktionsfähigkeit der Anlagenteile und der Gesamtanlage g) Antrag auf behördliche Abnahmen und Teilnahme daran h) Übergabe des Objekts i) Auflisten der Verjährungsfristen der Mängelansprüche j) Zusammenstellen und Übergeben der Dokumentation des Bauablaufs, der Bestandsunterlagen und der Wartungsvorschriften	– Überwachen der Ausführung der Bauleistungen – Mitwirken beim Einweisen des Auftragnehmers in die Baumaßnahme (Bauanlaufbesprechung) – Überwachen der Ausführung des Objektes auf Übereinstimmung mit den zur Ausführung freigegebenen Unterlagen, dem Bauvertrag und den Vorgaben des Auftraggebers – Prüfen und Bewerten der Berechtigung von Nachträgen – Durchführen oder Veranlassen von Kontrollprüfungen – Überwachen der Beseitigung der bei der Abnahme der Leistungen festgestellten Mängel – Dokumentation des Bauablaufs – Mitwirken beim Aufmaß mit den ausführenden Unternehmen und Prüfen der Aufmaße – Mitwirken bei behördlichen Abnahmen – Mitwirken bei der Abnahme von Leistungen und Lieferungen – Rechnungsprüfung, Vergleich der Ergebnisse der Rechnungsprüfungen mit der Auftragssumme – Mitwirken beim Überwachen der Prüfung der Funktionsfähigkeit der Anlagenteile und der Gesamtanlage – Überwachen der Ausführung von Tragwerken nach Anlage 14.2 Honorarzone I und II mit sehr geringen und geringen Planungsanforderungen auf Übereinstimmung mit dem Standsicherheitsnachweis

LPH 9 Objektbetreuung

Grundleistungen	Besondere Leistungen
a) Fachliche Bewertung der innerhalb der Verjährungsfristen für Gewährleistungsansprüche festgestellten Mängel, längstens jedoch bis zum Ablauf von fünf Jahren seit Abnahme der Leistung, einschließlich notwendiger Begehungen b) Objektbegehung zur Mängelfeststellung vor Ablauf der Verjährungsfristen für Mängelansprüche gegenüber den ausführenden Unternehmen c) Mitwirken bei der Freigabe von Sicherheitsleistungen	– Überwachen der Mängelbeseitigung innerhalb der Verjährungsfrist

12.2 Objektliste Ingenieurbaubauwerke

Nachstehende Objekte werden in der Regel folgenden Honorarzonen zugerechnet:

Gruppe 1 – Bauwerke und Anlagen der Wasserversorgung	Honorarzone				
	I	II	III	IV	V
– Zisternen	X				
– Einfache Anlagen zur Gewinnung und Förderung von Wasser, zum Beispiel Quellfassungen, Schachtbrunnen		X			
– Tiefbrunnen			X		
– Brunnengalerien und Horizontalbrunnen				X	
– Leitungen für Wasser ohne Zwangspunkte	X				
– Leitungen für Wasser mit geringen Verknüpfungen und wenigen Zwangspunkten		X			
– Leitungen für Wasser mit zahlreichen Verknüpfungen und mehreren Zwangspunkten				X	
– Einfache Leitungsnetze für Wasser		X			
– Leitungsnetze mit mehreren Verknüpfungen und zahlreichen Zwangspunkten und mit einer Druckzone				X	
– Leitungsnetze für Wasser mit zahlreichen Verknüpfungen und zahlreichen Zwangspunkten					X
– Einfache Anlagen zur Speicherung von Wasser, zum Beispiel Behälter in Fertigbauweise, Feuerlöschbecken		X			
– Speicherbehälter			X		
– Speicherbehälter in Turmbaumweise				X	
– Einfache Wasseraufbereitungsanlagen und Anlagen mit mechanischen Verfahren, Pumpwerke und Druckerhöhungsanlagen				X	
– Wasseraufbereitungsanlagen mit physikalischen und chemischen Verfahren, schwierige Pumpwerke und Druckerhöhungsanlagen				X	
– Bauwerke und Anlagen mehrstufiger oder kombinierter Verfahren der Wasseraufbereitung					X

Gruppe 2 – Bauwerke und Anlagen der **Abwasserentsorgung** mit Ausnahme Entwässerungsanlagen, die der Zweckbestimmung der Verkehrsanlagen dienen, und Regenwasserversickerung (Abgrenzung zu Freianlagen)	Honorarzone				
	I	II	III	IV	V
– Leitungen für Abwasser ohne Zwangspunkte	X				
– Leitungen für Abwasser mit geringen Verknüpfungen und wenigen Zwangspunkten		X			
– Leitungen für Abwasser mit zahlreichen Verknüpfungen und zahlreichen Zwangspunkten			X		
– Einfache Leitungsnetze für Abwasser		X			
– Leitungsnetze für Abwasser mit mehreren Verknüpfungen und mehreren Zwangspunkten			X		
– Leitungsnetze für Abwasser mit zahlreichen Zwangspunkten				X	
– Erdbecken als Regenrückhaltebecken		X			
– Regenbecken und Kanalstauräume mit geringen Verknüpfungen und wenigen Zwangspunkten			X		

Gruppe 2 – **Bauwerke und Anlagen der Abwasserentsorgung** mit Ausnahme Entwässerungsanlagen, die der Zweckbestimmung der Verkehrsanlagen dienen, und Regenwasserversickerung (Abgrenzung zu Freianlagen)	Honorarzone				
	I	II	III	IV	V
– Regenbecken und Kanalstauräume mit zahlreichen Verknüpfungen und zahlreichen Zwangspunkten, kombinierte Regenwasserbewirtschaftungsanlagen				X	
– Schlammabsetzanlagen, Schlammpolder		X			
– Schlammabsetzanlagen mit mechanischen Einrichtungen			X		
– Schlammbehandlungsanlagen				X	
– Bauwerke und Anlagen für mehrstufige oder kombinierte Verfahren der Schlammbehandlung					X
– Industriell systematisierte Abwasserbehandlungsanlagen, einfache Pumpwerke und Hebeanlagen		X			
– Abwasserbehandlungsanlagen mit gemeinsamer aerober Stabilisierung, Pumpwerke und Hebeanlagen			X		
– Abwasserbehandlungsanlagen, schwierige Pumpwerke und Hebeanlagen				X	
– Schwierige Abwasserbehandlungsanlagen					X

Gruppe 3 – **Bauwerke und Anlagen des Wasserbaus** ausgenommen Freianlagen nach § 39 Absatz 1	Honorarzone				
	I	II	III	IV	V
– Berieselung und rohrlose Dränung, flächenhafter Erdbau mit unterschiedlichen Schütthöhen oder Materialien		X			
– Beregnung und Rohrdränung			X		
– Beregnung und Rohrdränung bei ungleichmäßigen Boden- und schwierigen Geländeverhältnissen				X	
– Einzelgewässer mit gleichförmigem ungegliedertem Querschnitt ohne Zwangspunkte, ausgenommen Einzelgewässer mit überwiegend ökologischen und landschaftsgestalterischen Elementen	X				
– Einzelgewässer mit gleichförmigem gegliedertem Querschnitt und einigen Zwangspunkten		X			
– Einzelgewässer mit ungleichförmigem ungegliedertem Querschnitt und einigen Zwangspunkten, Gewässersysteme mit einigen Zwangspunkten			X		
– Einzelgewässer mit ungleichförmigem gegliedertem Querschnitt und vielen Zwangspunkten, Gewässersysteme mit vielen Zwangspunkten, besonders schwieriger Gewässerausbau mit sehr hohen technischen Anforderungen und ökologischen Ausgleichsmaßnahmen				X	
– Teiche bis 3 m Dammhöhe über Sohle ohne Hochwasserentlastung, ausgenommen Teiche ohne Dämme	X				
– Teiche mit mehr als 3 m Dammhöhe über Sohle ohne Hochwasserentlastung, Teiche bis 3 m Dammhöhe über Sohle mit Hochwasserentlastung		X			
– Hochwasserrückhaltebecken und Talsperren bis 5 m Dammhöhe über Sohle oder bis 100 000 m³ Speicherraum			X		
– Hochwasserrückhaltebecken und Talsperren mit mehr als 100 000 m³ und weniger als 5 000 000 m³ Speicherraum				X	

Gruppe 3 – **Bauwerke und Anlagen des Wasserbaus** ausgenommen Freianlagen nach § 39 Absatz 1	Honorarzone				
	I	**II**	**III**	**IV**	**V**
– Hochwasserrückhaltebecken und Talsperren mit mehr als 5 000 000 m³ Speicherraum					X
– Deich- und Dammbauten		X			
– Schwierige Deich- und Dammbauten			X		
– Besonders schwierige Deich- und Dammbauten				X	
– Einfache Pumpanlagen, Pumpwerke und Schöpfwerke		X			
– Pump- und Schöpfwerke, Siele			X		
– Schwierige Pump- und Schöpfwerke				X	
– Einfache Durchlässe	X				
– Durchlässe und Düker		X			
– Schwierige Durchlässe und Düker			X		
– Besonders schwierige Durchlässe und Düker				X	
– Einfache feste Wehre		X			
– Feste Wehre			X		
– Einfache bewegliche Wehre			X		
– Bewegliche Wehre				X	
– Einfache Sperrwerke und Sperrtore			X		
– Sperrwerke				X	
– Kleinwasserkraftanlagen			X		
– Wasserkraftanlagen				X	
– Schwierige Wasserkraftanlagen, zum Beispiel Pumpspeicherwerke oder Kavernenkraftwerke					X
– Fangedämme, Hochwasserwände			X		
– Fangedämme, Hochwasserschutzwände in schwieriger Bauweise				X	
– eingeschwommene Senkkästen, schwierige Fangedämme, Wellenbrecher					X
– Bootsanlegestellen mit Dalben, Leitwänden, Festmacher- und Fenderanlagen an stehenden Gewässern	X				
– Bootsanlegestellen mit Dalben, Leitwänden, Festmacher- und Fenderanlagen an fließenden Gewässern, einfache Schiffslösch- und -ladestellen, einfache Kaimauern und Piers		X			
– Schiffslösch- und -ladestellen, Häfen, jeweils mit Dalben, Leitwänden, Festmacher- und Fenderanlagen mit hohen Belastungen, Kaimauern und Piers			X		
– Schiffsanlege-, -lösch- und -ladestellen bei Tide oder Hochwasserbeeinflussung, Häfen bei Tide- und Hochwasserbeeinflussung, schwierige Kaimauern und Piers				X	
– Schwierige schwimmende Schiffsanleger, bewegliche Verladebrücken					X
– Einfache Uferbefestigungen	X				
– Uferwände und -mauern		X			
– Schwierige Uferwände und -mauern, Ufer- und Sohlensicherung an Wasserstraßen			X		
– Schifffahrtskanäle, mit Dalben, Leitwänden, bei einfachen Bedingungen			X		
– Schifffahrtskanäle, mit Dalben, Leitwänden, bei schwierigen Bedingungen in Dammstrecken, mit Kreuzungsbauwerken				X	
– Kanalbrücken					X

Gruppe 3 – Bauwerke und Anlagen des Wasserbaus ausgenommen Freianlagen nach § 39 Absatz 1	Honorarzone				
	I	II	III	IV	V
– Einfache Schiffsschleusen, Bootsschleusen		X			
– Schiffsschleusen bei geringen Hubhöhen			X		
– Schiffsschleusen bei großen Hubhöhen und Sparschleusen				X	
– Schiffshebewerke					X
– Werftanlagen, einfache Docks		X			
– Schwierige Docks				X	
– Schwimmdocks					X

Gruppe 4 – Bauwerke und Anlagen für Ver- und Entsorgung mit Gasen, Energieträgern, Feststoffen einschließlich wassergefährdenden Flüssigkeiten, ausgenommen Anlagen nach § 53 Absatz 2	Honorarzone				
	I	II	III	IV	V
– Transportleitungen für Fernwärme, wassergefährdende Flüssigkeiten und Gase ohne Zwangspunkte	X				
– Transportleitungen für Fernwärme, wassergefährdende Flüssigkeiten und Gase mit geringen Verknüpfungen und wenigen Zwangspunkten		X			
– Transportleitungen für Fernwärme, wassergefährdende Flüssigkeiten und Gase mit zahlreichen Verknüpfungen oder zahlreichen Zwangspunkten			X		
– Transportleitungen für Fernwärme, wassergefährdende Flüssigkeiten und Gase mit zahlreichen Verknüpfungen und zahlreichen Zwangspunkten				X	
– Industriell vorgefertigte einstufige Leichtflüssigkeitsabscheider		X			
– Einstufige Leichtflüssigkeitsabscheider			X		
– mehrstufige Leichtflüssigkeitsabscheider				X	
– Leerrohrnetze mit wenigen Verknüpfungen			X		
– Leerrohrnetze mit zahlreichen Verknüpfungen				X	
– Handelsübliche Fertigbehälter für Tankanlagen	X				
– Pumpzentralen für Tankanlagen in Ortbetonbauweise			X		
– Anlagen zur Lagerung wassergefährdender Flüssigkeiten in einfachen Fällen			X		

Gruppe 5 – Bauwerke und Anlagen der Abfallentsorgung	Honorarzone				
	I	II	III	IV	V
– Zwischenlager, Sammelstellen und Umladestationen offener Bauart für Abfälle oder Wertstoffe ohne Zusatzeinrichtungen	X				
– Zwischenlager, Sammelstellen und Umladestationen offener Bauart für Abfälle oder Wertstoffe mit einfachen Zusatzeinrichtungen		X			
– Zwischenlager, Sammelstellen und Umladestationen offener Bauart für Abfälle oder Wertstoffe, mit schwierigen Zusatzeinrichtungen			X		
– Einfache, einstufige Aufbereitungsanlagen für Wertstoffe		X			
– Aufbereitungsanlagen für Wertstoffe			X		
– Mehrstufige Aufbereitungsanlagen für Wertstoffe				X	

Gruppe 5 – Bauwerke und Anlagen der Abfallentsorgung	Honorarzone				
	I	II	III	IV	V
– Einfache Bauschuttaufbereitungsanlagen		X			
– Bauschuttaufbereitungsanlagen			X		
– Bauschuttdeponien ohne besondere Einrichtungen		X			
– Bauschuttdeponien			X		
– Pflanzenabfall-Kompostierungsanlagen ohne besondere Einrichtungen		X			
– Biomüll-Kompostierungsanlagen, Pflanzenabfall-Kompostierungsanlagen			X		
– Kompostwerke				X	
– Hausmüll- und Monodeponien			X		
– Hausmülldeponien und Monodeponien mit schwierigen technischen Anforderungen				X	
– Anlagen zur Konditionierung von Sonderabfällen				X	
– Verbrennungsanlagen, Pyrolyseanlagen					X
– Sonderabfalldeponien				X	
– Anlagen für Untertagedeponien				X	
– Behälterdeponien				X	
– Abdichtung von Altablagerungen und kontaminierten Standorten			X		
– Abdichtung von Altablagerungen und kontaminierten Standorten mit schwierigen technischen Anforderungen				X	
– Anlagen zur Behandlung kontaminierter Böden einschließlich Bodenluft				X	
– Einfache Grundwasserdekontaminierungsanlagen				X	
– Komplexe Grundwasserdekontaminierungsanlage					X

Gruppe 6 – konstruktive Ingenieurbauwerke für Verkehrsanlagen	Honorarzone				
	I	II	III	IV	V
– Lärmschutzwälle ausgenommen Lärmschutzwälle als Mittel der Geländegestaltung	X				
– Einfache Lärmschutzanlagen		X			
– Lärmschutzanlagen			X		
– Lärmschutzanlagen in schwieriger städtebaulicher Situation				X	
– Gerade Einfeldbrücken einfacher Bauart		X			
– Einfeldbrücken			X		
– Einfache Mehrfeld- und Bogenbrücken			X		
– Schwierige Einfeld-, Mehrfeld- und Bogenbrücken				X	
– Schwierige, längs vorgespannte Stahlverbundkonstruktionen					X
– Besonders schwierige Brücken					X
– Tunnel- und Trogbauwerke			X		
– Schwierige Tunnel- und Trogbauwerke				X	
– Besonders schwierige Tunnel- und Trogbauwerke					X
– Untergrundbahnhöfe			X		
– Schwierige Untergrundbahnhöfe				X	
– Besonders schwierige Untergrundbahnhöfe und Kreuzungsbahnhöfe					X

Gruppe 7 – sonstige Einzelbauwerke ausgenommen Gebäude und Freileitungs- und Oberleitungsmaste	Honorarzone				
	I	II	III	IV	V
– Einfache Schornsteine		X			
– Schornsteine			X		
– Schwierige Schornsteine				X	
– Besonders schwierige Schornsteine					X
– Einfache Masten und Türme ohne Aufbauten	X				
– Masten und Türme ohne Aufbauten		X			
– Masten und Türme mit Aufbauten			X		
– Masten und Türme mit Aufbauten und Betriebsgeschoss				X	
– Masten und Türme mit Aufbauten, Betriebsgeschoss und Publikumseinrichtungen					X
– Einfache Kühltürme			X		
– Kühltürme				X	
– Schwierige Kühltürme					X
– Versorgungsbauwerke und Schutzrohre in sehr einfachen Fällen ohne Zwangspunkte	X				
– Versorgungsbauwerke und Schutzrohre mit zugehörigen Schächten für Versorgungssysteme mit wenigen Zwangspunkten		X			
– Versorgungsbauwerke mit zugehörigen Schächten für Versorgungssysteme unter beengten Verhältnissen			X		
– Versorgungsbauwerke mit zugehörigen Schächten in schwierigen Fällen für mehrere Medien				X	
– Flach gegründete, einzeln stehende Silos ohne Anbauten		X			
– Einzeln stehende Silos mit einfachen Anbauten, auch in Gruppenbauweise			X		
– Silos mit zusammengefügten Zellenblöcken und Anbauten				X	
– Schwierige Windkraftanlagen				X	
– Unverankerte Stützbauwerke bei geringen Geländesprüngen ohne Verkehrsbelastung als Mittel zur Geländegestaltung und zur konstruktiven Böschungssicherung	X				
– Unverankerte Stützbauwerke bei hohen Geländesprüngen mit Verkehrsbelastungen mit einfachen Baugrund-, Belastungs- und Geländeverhältnissen		X			
– Stützbauwerke mit Verankerung oder unverankerte Stützbauwerke bei schwierigen Baugrund-, Belastungs- oder Geländeverhältnissen			X		
– Stützbauwerke mit Verankerung und schwierigen Baugrund-, Belastungs- oder Geländeverhältnissen				X	
– Stützbauwerke mit Verankerung und ungewöhnlich schwierigen Randbedingungen					X
– Schlitz- und Bohrpfahlwände, Trägerbohlwände			X		
– Einfache Traggerüste und andere einfache Gerüste			X		
– Traggerüste und andere Gerüste				X	
– Sehr schwierige Gerüste und sehr hohe oder weitgespannte Traggerüste, verschiebliche (Trag-)Gerüste					X
– Eigenständige Tiefgaragen, einfache Schacht- und Kavernenbauwerke, einfache Stollenbauten				X	
– Schwierige eigenständige Tiefgaragen, schwierige Schacht- und Kavernenbauwerke, schwierige Stollenbauwerke				X	
– Besonders schwierige Schacht- und Kavernenbauwerke					X

Anlage 13
(zu § 47 Absatz 2, § 48 Absatz 5)

Grundleistungen im Leistungsbild Verkehrsanlagen, Besondere Leistungen, Objektliste

13.1 Leistungsbild Verkehrsanlagen

Grundleistungen	Besondere Leistungen
LPH 1 Grundlagenermittlung	
a) Klären der Aufgabenstellung auf Grund der Vorgaben oder der Bedarfsplanung des Auftraggebers b) Ermitteln der Planungsrandbedingungen sowie Beraten zum gesamten Leistungsbedarf c) Formulieren von Entscheidungshilfen für die Auswahl anderer an der Planung fachlich Beteiligter d) Ortsbesichtigung e) Zusammenfassen, Erläutern und Dokumentieren der Ergebnisse	− Ermitteln besonderer, in den Normen nicht festgelegter Einwirkungen − Auswahl und Besichtigen ähnlicher Objekte
LPH 2 Vorplanung	
a) Beschaffen und Auswerten amtlicher Karten b) Analysieren der Grundlagen c) Abstimmen der Zielvorstellungen auf die öffentlich-rechtlichen Randbedingungen sowie Planungen Dritter d) Untersuchen von Lösungsmöglichkeiten mit ihren Einflüssen auf bauliche und konstruktive Gestaltung, Zweckmäßigkeit, Wirtschaftlichkeit unter Beachtung der Umweltverträglichkeit e) Erarbeiten eines Planungskonzepts einschließlich Untersuchung von bis zu drei Varianten nach gleichen Anforderungen mit zeichnerischer Darstellung und Bewertung unter Einarbeitung der Beiträge anderer an der Planung fachlich Beteiligter Überschlägige verkehrstechnische Bemessung der Verkehrsanlage, Ermitteln der Schallimmissionen von der Verkehrsanlage an kritischen Stellen nach Tabellenwerten Untersuchen der möglichen Schallschutzmaßnahmen, ausgenommen detaillierte schalltechnische Untersuchungen f) Klären und Erläutern der wesentlichen fachspezifischen Zusammenhänge, Vorgänge und Bedingungen	− Erstellen von Leitungsbestandsplänen − Untersuchungen zur Nachhaltigkeit − Anfertigen von Nutzen-Kosten-Untersuchungen − Wirtschaftlichkeitsprüfung − Beschaffen von Auszügen aus Grundbuch, Kataster und anderen amtlichen Unterlagen

Grundleistungen	Besondere Leistungen
g) Vorabstimmen mit Behörden und anderen an der Planung fachlich Beteiligten über die Genehmigungsfähigkeit, gegebenenfalls Mitwirken bei Verhandlungen über die Bezuschussung und Kostenbeteiligung h) Mitwirken bei Erläutern des Planungskonzepts gegenüber Dritten an bis zu 2 Terminen i) Überarbeiten des Planungskonzepts nach Bedenken und Anregungen j) Bereitstellen von Unterlagen als Auszüge aus der Voruntersuchung zur Verwendung für ein Raumordnungsverfahren k) Kostenschätzung, Vergleich mit den finanziellen Rahmenbedingungen l) Zusammenfassen, Erläutern und Dokumentieren	
LPH 3 Entwurfsplanung	
a) Erarbeiten des Entwurfs auf Grundlage der Vorplanung durch zeichnerische Darstellung im erforderlichen Umfang und Detaillierungsgrad unter Berücksichtigung aller fachspezifischen Anforderungen Bereitstellen der Arbeitsergebnisse als Grundlage für die anderen an der Planung fachlich Beteiligten sowie Integration und Koordination der Fachplanungen b) Erläuterungsbericht unter Verwendung der Beiträge anderer an der Planung fachlich Beteiligter c) Fachspezifische Berechnungen, ausgenommen Berechnungen aus anderen Leistungsbildern d) Ermitteln der zuwendungsfähigen Kosten, Mitwirken beim Aufstellen des Finanzierungsplans sowie Vorbereiten der Anträge auf Finanzierung e) Mitwirken beim Erläutern des vorläufigen Entwurfs gegenüber Dritten an bis zu 3 Terminen, Überarbeiten des vorläufigen Entwurfs auf Grund von Bedenken und Anregungen f) Vorabstimmen der Genehmigungsfähigkeit mit Behörden und anderen an der Planung fachlich Beteiligten g) Kostenberechnung einschließlich zugehöriger Mengenermittlung, Vergleich der Kostenberechnung mit der Kostenschätzung h) Überschlägige Festlegung der Abmessungen von Ingenieurbauwerken	– Fortschreiben von Nutzen-Kosten-Untersuchungen – Detaillierte signaltechnische Berechnung – Mitwirken bei Verwaltungsvereinbarungen – Nachweis der zwingenden Gründe des überwiegenden öffentlichen Interesses der Notwendigkeit der Maßnahme (zum Beispiel Gebiets- und Artenschutz gemäß der Richtlinie 92/43/EWG des Rates vom 21. Mai 1992 zur Erhaltung der natürlichen Lebensräume sowie der wildlebenden Tiere und Pflanzen (ABl. L 206 vom 22. 7. 1992, S. 7)) – Fiktivkostenberechnungen (Kostenteilung)

Grundleistungen	Besondere Leistungen
i) Ermitteln der Schallimmissionen von der Verkehrsanlage nach Tabellenwerten; Festlegen der erforderlichen Schallschutzmaßnahmen an der Verkehrsanlage, gegebenenfalls unter Einarbeitung der Ergebnisse detaillierter schalltechnischer Untersuchungen und Feststellen der Notwendigkeit von Schallschutzmaßnahmen an betroffenen Gebäuden j) Rechnerische Festlegung des Objekts k) Darlegen der Auswirkungen auf Zwangspunkte l) Nachweis der Lichtraumprofile m) Ermitteln der wesentlichen Bauphasen unter Berücksichtigung der Verkehrslenkung und der Aufrechterhaltung des Betriebs während der Bauzeit n) Bauzeiten- und Kostenplan o) Zusammenfassen, Erläutern und Dokumentieren der Ergebnisse	

LPH 4 Genehmigungsplanung

Grundleistungen	Besondere Leistungen
a) Erarbeiten und Zusammenstellen der Unterlagen für die erforderlichen öffentlich-rechtlichen Verfahren oder Genehmigungsverfahren einschließlich der Anträge auf Ausnahmen und Befreiungen, Aufstellen des Bauwerksverzeichnisses unter Verwendung der Beiträge anderer an der Planung fachlich Beteiligter b) Erstellen des Grunderwerbsplans und des Grunderwerbsverzeichnisses unter Verwendung der Beiträge anderer an der Planung fachlich Beteiligter c) Vervollständigen und Anpassen der Planungsunterlagen, Beschreibungen und Berechnungen unter Verwendung der Beiträge anderer an der Planung fachlich Beteiligter d) Abstimmen mit Behörden e) Mitwirken in Genehmigungsverfahren einschließlich der Teilnahme an bis zu vier Erläuterungs-, Erörterungsterminen f) Mitwirken beim Abfassen von Stellungnahmen zu Bedenken und Anregungen in bis zu zehn Kategorien	– Mitwirken bei der Beschaffung der Zustimmung von Betroffenen

Grundleistungen	Besondere Leistungen
LPH 5 Ausführungsplanung	
a) Erarbeiten der Ausführungsplanung auf Grundlage der Ergebnisse der Leistungsphasen 3 und 4 unter Berücksichtigung aller fachspezifischen Anforderungen und Verwendung der Beiträge anderer an der Planung fachlich Beteiligter bis zur ausführungsreifen Lösung b) Zeichnerische Darstellung, Erläuterungen und zur Objektplanung gehörige Berechnungen mit allen für die Ausführung notwendigen Einzelangaben einschließlich Detailzeichnungen in den erforderlichen Maßstäben c) Bereitstellen der Arbeitsergebnisse als Grundlage für die anderen an der Planung fachlich Beteiligten und Integrieren ihrer Beiträge bis zur ausführungsreifen Lösung d) Vervollständigen der Ausführungsplanung während der Objektausführung	– Objektübergreifende, integrierte Bauablaufplanung – Koordination des Gesamtprojekts – Aufstellen von Ablauf- und Netzplänen
LPH 6 Vorbereiten der Vergabe	
a) Ermitteln von Mengen nach Einzelpositionen unter Verwendung der Beiträge anderer an der Planung fachlich Beteiligter b) Aufstellen der Vergabeunterlagen, insbesondere Anfertigen der Leistungsbeschreibungen mit Leistungsverzeichnissen sowie der Besonderen Vertragsbedingungen c) Abstimmen und Koordinieren der Schnittstellen zu den Leistungsbeschreibungen der anderen an der Planung fachlich Beteiligten d) Festlegen der wesentlichen Ausführungsphasen e) Ermitteln der Kosten auf Grundlage der vom Planer (Entwurfsverfasser) bepreisten Leistungsverzeichnisse f) Kostenkontrolle durch Vergleich der vom Planer (Entwurfsverfasser) bepreisten Leistungsverzeichnisse mit der Kostenberechnung g) Zusammenstellen der Vergabeunterlagen	– detaillierte Planung von Bauphasen bei besonderen Anforderungen
LPH 7 Mitwirken bei der Vergabe	
a) Einholen von Angeboten b) Prüfen und Werten der Angebote, Aufstellen der Preisspiegel	– Prüfen und Werten von Nebenangeboten

Grundleistungen	Besondere Leistungen
c) Abstimmen und Zusammenstellen der Leistungen der fachlich Beteiligten, die an der Vergabe mitwirken d) Führen von Bietergesprächen e) Erstellen der Vergabevorschläge, Dokumentation des Vergabeverfahrens f) Zusammenstellen der Vertragsunterlagen g) Vergleichen der Ausschreibungsergebnisse mit den vom Planer bepreisten Leistungsverzeichnissen und der Kostenberechnung h) Mitwirken bei der Auftragserteilung	
LPH 8 Bauoberleitung	
a) Aufsicht über die örtliche Bauüberwachung, Koordinierung der an der Objektüberwachung fachlich Beteiligten, einmaliges Prüfen von Plänen auf Übereinstimmung mit dem auszuführenden Objekt und Mitwirken bei deren Freigabe b) Aufstellen, Fortschreiben und Überwachen eines Terminplans (Balkendiagramm) c) Veranlassen und Mitwirken daran, die ausführenden Unternehmen in Verzug zu setzen d) Kostenfeststellung, Vergleich der Kostenfeststellung mit der Auftragssumme e) Abnahme von Bauleistungen, Leistungen und Lieferungen unter Mitwirkung der örtlichen Bauüberwachung und anderer an der Planung und Objektüberwachung fachlich Beteiligter, Feststellen von Mängeln, Fertigen einer Niederschrift über das Ergebnis der Abnahme f) Antrag auf behördliche Abnahmen und Teilnahme daran g) Überwachen der Prüfungen der Funktionsfähigkeit der Anlagenteile und der Gesamtanlage h) Übergabe des Objekts i) Auflisten der Verjährungsfristen der Mängelansprüche j) Zusammenstellen und Übergeben der Dokumentation des Bauablaufs, der Bestandsunterlagen und der Wartungsvorschriften	– Kostenkontrolle – Prüfen von Nachträgen – Erstellen eines Bauwerksbuchs – Erstellen von Bestandsplänen – Örtliche Bauüberwachung: – Plausibilitätsprüfung der Absteckung – Überwachen der Ausführung der Bauleistungen – Mitwirken beim Einweisen des Auftragnehmers in die Baumaßnahme (Bauanlaufbesprechung) – Überwachen der Ausführung des Objekts auf Übereinstimmung mit den zur Ausführung freigegebenen Unterlagen, dem Bauvertrag und den Vorgaben des Auftraggebers – Prüfen und Bewerten der Berechtigung von Nachträgen – Durchführen oder Veranlassen von Kontrollprüfungen – Überwachen der Beseitigung der bei der Abnahme der Leistungen festgestellten Mängel – Dokumentation des Bauablaufs – Mitwirken beim Aufmaß mit den ausführenden Unternehmen und Prüfen der Aufmaße – Mitwirken bei behördlichen Abnahmen – Mitwirken bei der Abnahme von Leistungen und Lieferungen – Rechnungsprüfung, Vergleich der Ergebnisse der Rechnungsprüfungen mit der Auftragssumme – Mitwirken beim Überwachen der Prüfung der Funktionsfähigkeit der Anlagenteile und der Gesamtanlage

Grundleistungen	Besondere Leistungen
	– Überwachen der Ausführung von Tragwerken nach Anlage 14.2 Honorarzone I und II mit sehr geringen und geringen Planungsanforderungen auf Übereinstimmung mit dem Standsicherheitsnachweis
LPH 9 Objektbetreuung	
a) Fachliche Bewertung der innerhalb der Verjährungsfristen für Gewährleistungsansprüche festgestellten Mängel, längstens jedoch bis zum Ablauf von fünf Jahren seit Abnahme der Leistung, einschließlich notwendiger Begehungen b) Objektbegehung zur Mängelfeststellung vor Ablauf der Verjährungsfristen für Mängelansprüche gegenüber den ausführenden Unternehmen c) Mitwirken bei der Freigabe von Sicherheitsleistungen	– Überwachen der Mängelbeseitigung innerhalb der Verjährungsfrist

13.2 Objektliste Verkehrsanlagen

Nachstehende Verkehrsanlagen werden in der Regel folgenden Honorarzonen zugeordnet:

Objekte	Honorarzone				
	I	II	III	IV	V
a) Anlagen des Straßenverkehrs					
Außerörtliche Straßen					
– ohne besondere Zwangspunkte oder im wenig bewegten Gelände		X			
– mit besonderen Zwangspunkten oder in bewegtem Gelände			X		
– mit vielen besonderen Zwangspunkten oder in stark bewegtem Gelände				X	
– im Gebirge					X
Innerörtliche Straßen und Plätze					
– Anlieger- und Sammelstrassen		X			
– sonstige innerörtliche Straßen mit normalen verkehrstechnischen Anforderungen oder normaler städtebaulicher Situation (durchschnittliche Anzahl Verknüpfungen mit der Umgebung)			X		
– sonstige innerörtliche Straßen mit hohen verkehrstechnischen Anforderungen oder schwieriger städtebaulicher Situation (hohe Anzahl Verknüpfungen mit der Umgebung)				X	
– sonstige innerörtliche Straßen mit sehr hohen verkehrstechnischen Anforderungen oder sehr schwieriger städtebaulicher Situation (sehr hohe Anzahl Verknüpfungen mit der Umgebung)					X

Objekte	Honorarzone				
	I	II	III	IV	V
Wege					
– im ebenen Gelände mit einfachen Entwässerungsverhältnissen	X				
– im bewegten Gelände mit einfachen Baugrund- und Entwässerungsverhältnissen		X			
– im bewegtem Gelände mit schwierigen Baugrund- und Entwässerungsverhältnissen				X	
Plätze, Verkehrsflächen					
– einfache Verkehrsflächen, Plätze außerorts	X				
– innerörtliche Parkplätze		X			
– verkehrsberuhigte Bereiche mit normalen städtebaulichen Anforderungen			X		
– verkehrsberuhigte Bereiche mit hohen städtebaulichen Anforderungen				X	
– Flächen für Güterumschlag Straße zu Straße			X		
– Flächen für Güterumschlag in kombiniertem Ladeverkehr				X	
Tankstellen, Rastanlagen					
– mit normalen verkehrstechnischen Anforderungen	X				
– mit hohen verkehrstechnischen Anforderungen			X		
Knotenpunkte					
– einfach höhengleich		X			
– schwierig höhengleich			X		
– sehr schwierig höhengleich				X	
– einfach höhenungleich			X		
– schwierig höhenungleich				X	
– sehr schwierig höhenungleich					X
b) Anlagen des Schienenverkehrs					
Gleis- und Bahnsteiganlagen der freien Strecke					
– ohne Weichen und Kreuzungen	X				
– ohne besondere Zwangspunkte oder in wenig bewegtem Gelände		X			
– mit besonderen Zwangspunkten oder in bewegtem Gelände			X		
– mit vielen Zwangspunkten oder in stark bewegtem Gelände				X	
Gleis- und Bahnsteiganlagen der Bahnhöfe					
– mit einfachen Spurplänen		X			
– mit schwierigen Spurplänen			X		
– mit sehr schwierigen Spurplänen				X	

Objekte	Honorarzone				
	I	II	III	IV	V
c) Anlagen des Flugverkehrs					
– einfache Verkehrsflächen für Landeplätze, Segelfluggelände		X			
– schwierige Verkehrsflächen für Landeplätze, einfache Verkehrsflächen für Flughäfen			X		
– schwierige Verkehrsflächen für Flughäfen				X	

Anlage 14
(zu § 51 Absatz 5, § 52 Absatz 2)

Grundleistungen im Leistungsbild Tragwerksplanung, Besondere Leistungen, Objektliste

14.1 Leistungsbild Tragwerksplanung

Grundleistungen	Besondere Leistungen
LPH 1 Grundlagenermittlung	
a) Klären der Aufgabenstellung auf Grund der Vorgaben oder der Bedarfsplanung des Auftraggebers im Benehmen mit dem Objektplaner b) Zusammenstellen der die Aufgabe beeinflussenden Planungsabsichten c) Zusammenfassen, Erläutern und Dokumentieren der Ergebnisse	
LPH 2 Vorplanung (Projekt- und Planungsvorbereitung)	
a) Analysieren der Grundlagen b) Beraten in statisch-konstruktiver Hinsicht unter Berücksichtigung der Belange der Standsicherheit, der Gebrauchsfähigkeit und der Wirtschaftlichkeit c) Mitwirken bei dem Erarbeiten eines Planungskonzepts einschließlich Untersuchung der Lösungsmöglichkeiten des Tragwerks unter gleichen Objektbedingungen mit skizzenhafter Darstellung, Klärung und Angabe der für das Tragwerk wesentlichen konstruktiven Festlegungen für zum Beispiel Baustoffe, Bauarten und Herstellungsverfahren, Konstruktionsraster und Gründungsart d) Mitwirken bei Vorverhandlungen mit Behörden und anderen an der Planung fachlich Beteiligten über die Genehmigungsfähigkeit e) Mitwirken bei der Kostenschätzung und bei der Terminplanung f) Zusammenfassen, Erläutern und Dokumentieren der Ergebnisse	– Aufstellen von Vergleichsberechnungen für mehrere Lösungsmöglichkeiten unter verschiedenen Objektbedingungen – Aufstellen eines Lastenplans, zum Beispiel als Grundlage für die Baugrundbeurteilung und Gründungsberatung – Vorläufige nachprüfbare Berechnung wesentlicher tragender Teile – Vorläufige nachprüfbare Berechnung der Gründung
LPH 3 Entwurfsplanung (System- und Integrationsplanung)	
a) Erarbeiten der Tragwerkslösung, unter Beachtung der durch die Objektplanung integrierten Fachplanungen, bis zum konstruktiven Entwurf mit zeichnerischer Darstellung b) Überschlägige statische Berechnung und Bemessung	– Vorgezogene, prüfbare und für die Ausführung geeignete Berechnung wesentlich tragender Teile – Vorgezogene, prüfbare und für die Ausführung geeignete Berechnung der Gründung

Grundleistungen	Besondere Leistungen
c) Grundlegende Festlegungen der konstruktiven Details und Hauptabmessungen des Tragwerks für zum Beispiel Gestaltung der tragenden Querschnitte, Aussparungen und Fugen; Ausbildung der Auflager- und Knotenpunkte sowie der Verbindungsmittel d) Überschlägiges Ermitteln der Betonstahlmengen im Stahlbetonbau, der Stahlmengen im Stahlbau und der Holzmengen im Ingenieurholzbau e) Mitwirken bei der Objektbeschreibung bzw. beim Erläuterungsbericht f) Mitwirken bei Verhandlungen mit Behörden und anderen an der Planung fachlich Beteiligten über die Genehmigungsfähigkeit g) Mitwirken bei der Kostenberechnung und bei der Terminplanung h) Mitwirken beim Vergleich der Kostenberechnung mit der Kostenschätzung i) Zusammenfassen, Erläutern und Dokumentieren der Ergebnisse	– Mehraufwand bei Sonderbauweisen oder Sonderkonstruktionen, zum Beispiel Klären von Konstruktionsdetails – Vorgezogene Stahl- oder Holzmengenermittlung des Tragwerks und der kraftübertragenden Verbindungsteile für eine Ausschreibung, die ohne Vorliegen von Ausführungsunterlagen durchgeführt wird – Nachweise der Erdbebensicherung

LPH 4 Genehmigungsplanung

a) Aufstellen der prüffähigen statischen Berechnungen für das Tragwerk unter Berücksichtigung der vorgegebenen bauphysikalischen Anforderungen b) Bei Ingenieurbauwerken: Erfassen von normalen Bauzuständen c) Anfertigen der Positionspläne für das Tragwerk oder Eintragen der statischen Positionen, der Tragwerksabmessungen, der Verkehrslasten, der Art und Güte der Baustoffe und der Besonderheiten der Konstruktionen in die Entwurfszeichnungen des Objektsplaners d) Zusammenstellen der Unterlagen der Tragwerksplanung zur Genehmigung e) Abstimmen mit Prüfämtern und Prüfingenieuren oder Eigenkontrolle f) Vervollständigen und Berichtigen der Berechnungen und Pläne	– Nachweise zum konstruktiven Brandschutz, soweit erforderlich unter Berücksichtigung der Temperatur (Heißbemessung) – Statische Berechnung und zeichnerische Darstellung für Bergschadenssicherungen und Bauzustände bei Ingenieurbauwerken, soweit diese Leistungen über das Erfassen von normalen Bauzuständen hinausgehen – Zeichnungen mit statischen Positionen und den Tragwerksabmessungen, den Bewehrungsquerschnitten, den Verkehrslasten und der Art und Güte der Baustoffe sowie Besonderheiten der Konstruktionen zur Vorlage bei der bauaufsichtlichen Prüfung anstelle von Positionsplänen – Aufstellen der Berechnungen nach militärischen Lastenklassen (MLC) – Erfassen von Bauzuständen bei Ingenieurbauwerken, in denen das statische System von dem des Endzustands abweicht – Statische Nachweise an nicht zum Tragwerk gehörende Konstruktionen (zum Beispiel Fassaden)

Grundleistungen	Besondere Leistungen
LPH 5 Ausführungsplanung	
a) Durcharbeiten der Ergebnisse der Leistungsphasen 3 und 4 unter Beachtung der durch die Objektplanung integrierten Fachplanungen b) Anfertigen der Schalpläne in Ergänzung der fertig gestellten Ausführungspläne des Objektplaners c) Zeichnerische Darstellung der Konstruktionen mit Einbau- und Verlegeanweisungen, zum Beispiel Bewehrungspläne, Stahlbau- oder Holzkonstruktionspläne mit Leitdetails (keine Werkstattzeichnungen) d) Aufstellen von Stahl- oder Stücklisten als Ergänzung zur zeichnerischen Darstellung der Konstruktionen mit Stahlmengenermittlung e) Fortführen der Abstimmung mit Prüfämtern und Prüfingenieuren oder Eigenkontrolle	– Konstruktion und Nachweise der Anschlüsse im Stahl- und Holzbau – Werkstattzeichnungen im Stahl- und Holzbau einschließlich Stücklisten, Elementpläne für Stahlbetonfertigteile einschließlich Stahl- und Stücklisten – Berechnen der Dehnwege, Festlegen des Spannvorganges und Erstellen der Spannprotokolle im Spannbetonbau – Rohbauzeichnungen im Stahlbetonbau, die auf der Baustelle nicht der Ergänzung durch die Pläne des Objektplaners bedürfen
LPH 6 Vorbereitung der Vergabe	
a) Ermitteln der Betonstahlmengen im Stahlbetonbau, der Stahlmengen im Stahlbau und der Holzmengen im Ingenieurholzbau als Ergebnis der Ausführungsplanung und als Beitrag zur Mengenermittlung des Objektplaners b) Überschlägiges Ermitteln der Mengen der konstruktiven Stahlteile und statisch erforderlichen Verbindungs- und Befestigungsmittel im Ingenieurholzbau c) Mitwirken beim Erstellen der Leistungsbeschreibung als Ergänzung zu den Mengenermittlungen als Grundlage für das Leistungsverzeichnis des Tragwerks	– Beitrag zur Leistungsbeschreibung mit Leistungsprogramm des Objektplaners[*] – Beitrag zum Aufstellen von vergleichenden Kostenübersichten des Objektplaners – Beitrag zum Aufstellen des Leistungsverzeichnisses des Tragwerks
LPH 7 Mitwirkung bei der Vergabe	
	– Mitwirken bei der Prüfung und Wertung der Angebote Leistungsbeschreibung mit Leistungsprogramm des Objektplaners – Mitwirken bei der Prüfung und Wertung von Nebenangeboten – Mitwirken beim Kostenanschlag nach DIN 276 oder anderer Vorgaben des Auftraggebers aus Einheitspreisen oder Pauschalangeboten

[*] **Amtl. Anm.:** Diese Besondere Leistung wird bei Leistungsbeschreibung mit Leistungsprogramm Grundleistung. In diesem Fall entfallen die Grundleistungen dieser Leistungsphase.

Grundleistungen	Besondere Leistungen
LPH 8 Objektüberwachung	
	– Ingenieurtechnische Kontrolle der Ausführung des Tragwerks auf Übereinstimmung mit den geprüften statischen Unterlagen – Ingenieurtechnische Kontrolle der Baubehelfe, zum Beispiel Arbeits- und Lehrgerüste, Kranbahnen, Baugrubensicherungen – Kontrolle der Betonherstellung und -verarbeitung auf der Baustelle in besonderen Fällen sowie Auswertung der Güteprüfungen – Betontechnologische Beratung – Mitwirken bei der Überwachung der Ausführung der Tragwerkseingriffe bei Umbauten und Modernisierungen
LPH 9 Dokumentation und Objektbetreuung	
	– Baubegehung zur Feststellung und Überwachung von die Standsicherheit betreffenden Einflüssen

14.2 Objektliste Tragwerksplanung

Nachstehende Tragwerke können in der Regel folgenden Honorarzonen zugeordnet werden:

	Honorarzone				
	I	**II**	**III**	**IV**	**V**
Bewertungsmerkmale zur Ermittlung der Honorarzone bei der Tragwerksplanung					
– Tragwerke mit sehr geringem Schwierigkeitsgrad, insbesondere einfache statisch bestimmte ebene Tragwerke aus Holz, Stahl, Stein oder unbewehrtem Beton mit ruhenden Lasten, ohne Nachweis horizontaler Aussteifung	X				
– Tragwerke mit geringem Schwierigkeitsgrad, insbesondere statisch bestimmte ebene Tragwerke in gebräuchlichen Bauarten ohne Vorspann- und Verbundkonstruktionen, mit vorwiegend ruhenden Lasten		X			
– Tragwerke mit durchschnittlichem Schwierigkeitsgrad, insbesondere schwierige statisch bestimmte und statisch unbestimmte ebene Tragwerke in gebräuchlichen Bauarten und ohne Gesamtstabilitätsuntersuchungen			X		
– Tragwerke mit hohem Schwierigkeitsgrad, insbesondere statisch und konstruktiv schwierige Tragwerke in gebräuchlichen Bauarten und Tragwerke, für deren Standsicherheit- und Festigkeitsnachweis schwierig zu ermittelnde Einflüsse zu berücksichtigen sind				X	
– Tragwerke mit sehr hohem Schwierigkeitsgrad, insbesondere statisch und konstruktiv ungewöhnlich schwierige Tragwerke					X

	Honorarzone				
	I	**II**	**III**	**IV**	**V**
Stützwände, Verbau					
– unverankerte Stützwände zur Abfangung von Geländesprüngen bis 2 m Höhe und konstruktive Böschungssicherungen bei einfachen Baugrund-, Belastungs- und Geländeverhältnissen	X				
– Sicherung von Geländesprüngen bis 4 m Höhe ohne Rückverankerungen bei einfachen Baugrund-, Belastungs- und Geländeverhältnissen wie z.B. Stützwände, Uferwände, Baugrubenverbauten		X			
– Sicherung von Geländesprüngen ohne Rückverankerungen bei schwierigen Baugrund-, Belastungs- oder Geländeverhältnissen oder mit einfacher Rückverankerung bei einfachen Baugrund-, Belastungs- oder Geländeverhältnissen wie z.B. Stützwände, Uferwände, Baugrubenverbauten			X		
– Schwierige, verankerte Stützwände, Baugrubenverbauten oder Uferwände				X	
– Baugrubenverbauten mit ungewöhnlich schwierigen Randbedingungen					X
Gründung					
– Flachgründungen einfacher Art		X			
– Flachgründungen mit durchschnittlichem Schwierigkeitsgrad, ebene und räumliche Pfahlgründungen mit durchschnittlichem Schwierigkeitsgrad			X		
– schwierige Flachgründungen, schwierige ebene und räumliche Pfahlgründungen, besondere Gründungsverfahren, Unterfahrungen				X	
Mauerwerk					
– Mauerwerksbauten mit bis zur Gründung durchgehenden tragenden Wänden ohne Nachweis horizontaler Aussteifung		X			
– Tragwerke mit Abfangung der tragenden beziehungsweise aussteifenden Wände			X		
– Konstruktionen mit Mauerwerk nach Eignungsprüfung (Ingenieurmauerwerk)				X	
Gewölbe					
– einfache Gewölbe			X		
– schwierige Gewölbe und Gewölbereihen				X	
Deckenkonstruktionen, Flächentragwerke					
– Deckenkonstruktionen mit einfachem Schwierigkeitsgrad, bei vorwiegend ruhenden Flächenlasten		X			
– Deckenkonstruktionen mit durchschnittlichem Schwierigkeitsgrad			X		
– schiefwinklige Einfeldplatten				X	

	I	II	III	IV	V
			Honorarzone		
– schiefwinklige Mehrfeldplatten					X
– schiefwinklig gelagerte oder gekrümmte Träger				X	
– schiefwinklig gelagerte, gekrümmte Träger					X
– Trägerroste und orthotrope Platten mit durchschnittlichem Schwierigkeitsgrad				X	
– schwierige Trägerroste und schwierige orthotrope Platten					X
– Flächentragwerke (Platten, Scheiben) mit durchschnittlichem Schwierigkeitsgrad				X	
– schwierige Flächentragwerke (Platten, Scheiben, Faltwerke, Schalen)					X
– einfache Faltwerke ohne Vorspannung				X	
Verbund-Konstruktionen					
– einfache Verbundkonstruktionen ohne Berücksichtigung des Einflusses von Kriechen und Schwinden		X			
– Verbundkonstruktionen mittlerer Schwierigkeit				X	
– Verbundkonstruktionen mit Vorspannung durch Spannglieder oder andere Maßnahmen					X
Rahmen- und Skelettbauten					
– ausgesteifte Skelettbauten		X			
– Tragwerke für schwierige Rahmen- und Skelettbauten sowie turmartige Bauten, bei denen der Nachweis der Stabilität und Aussteifung die Anwendung besonderer Berechnungsverfahren erfordert				X	
– einfache Rahmentragwerke ohne Vorspannkonstruktionen und ohne Gesamtstabilitätsuntersuchungen		X			
– Rahmentragwerke mit durchschnittlichem Schwierigkeitsgrad				X	
– schwierige Rahmentragwerke mit Vorspannkonstruktionen und Stabilitätsuntersuchungen					X
Räumliche Stabwerke					
– räumliche Stabwerke mit durchschnittlichem Schwierigkeitsgrad				X	
– schwierige räumliche Stabwerke					X
Seilverspannte Konstruktionen					
– einfache seilverspannte Konstruktionen				X	
– seilverspannte Konstruktionen mit durchschnittlichem bis sehr hohem Schwierigkeitsgrad					X
Konstruktionen mit Schwingungsbeanspruchung					
– Tragwerke mit einfachen Schwingungsuntersuchungen				X	
– Tragwerke mit Schwingungsuntersuchungen mit durchschnittlichem bis sehr hohem Schwierigkeitsgrad					X

	Honorarzone				
	I	II	III	IV	V
Besondere Berechnungsmethoden					
– schwierige Tragwerke, die Schnittgrößenbestimmungen nach der Theorie II. Ordnung erfordern				X	
– ungewöhnlich schwierige Tragwerke, die Schnittgrößenbestimmungen nach der Theorie II. Ordnung erfordern					X
– schwierige Tragwerke in neuen Bauarten					X
– Tragwerke mit Standsicherheitsnachweisen, die nur unter Zuhilfenahme modellstatischer Untersuchungen oder durch Berechnungen mit finiten Elementen beurteilt werden können					X
– Tragwerke, bei denen die Nachgiebigkeit der Verbindungsmittel bei der Schnittkraftermittlung zu berücksichtigen ist					X
Spannbeton					
– einfache, äußerlich und innerlich statisch bestimmte und zwängungsfrei gelagerte vorgespannte Konstruktionen			X		
– vorgespannte Konstruktionen mit durchschnittlichem Schwierigkeitsgrad				X	
– vorgespannte Konstruktionen mit hohem bis sehr hohem Schwierigkeitsgrad					X
Traggerüste					
– einfache Traggerüste und andere einfache Gerüste für Ingenieurbauwerke		X			
– schwierige Traggerüste und andere schwierige Gerüste für Ingenieurbauwerke				X	
– sehr schwierige Traggerüste und andere sehr schwierige Gerüste für Ingenieurbauwerke, zum Beispiel weit gespannte oder hohe Traggerüste					X

Anlage 15
(zu § 55 Absatz 3, § 56 Absatz 3)

Grundleistungen im Leistungsbild Technische Ausrüstung, Besondere Leistungen, Objektliste

15.1 Grundleistungen und Besondere Leistungen im Leistungsbild Technische Ausrüstung

Grundleistungen	Besondere Leistungen
LPH 1 Grundlagenermittlung	
a) Klären der Aufgabenstellung auf Grund der Vorgaben oder der Bedarfsplanung des Auftraggebers im Benehmen mit dem Objektplaner b) Ermitteln der Planungsrandbedingungen und Beraten zum Leistungsbedarf und gegebenenfalls zur technischen Erschließung c) Zusammenfassen, Erläutern und Dokumentieren der Ergebnisse	– Mitwirken bei der Bedarfsplanung für komplexe Nutzungen zur Analyse der Bedürfnisse, Ziele und einschränkenden Gegebenheiten (Kosten-, Termine und andere Rahmenbedingungen) des Bauherrn und wichtiger Beteiligter – Bestandsaufnahme, zeichnerische Darstellung und Nachrechnen vorhandener Anlagen und Anlagenteile – Datenerfassung, Analysen und Optimierungsprozesse im Bestand – Durchführen von Verbrauchsmessungen – Endoskopische Untersuchungen – Mitwirken bei der Ausarbeitung von Auslobungen und bei Vorprüfungen für Planungswettbewerbe
LPH 2 Vorplanung (Projekt- und Planungsvorbereitung)	
a) Analysieren der Grundlagen Mitwirken beim Abstimmen der Leistungen mit den Planungsbeteiligten b) Erarbeiten eines Planungskonzepts, dazu gehören zum Beispiel: Vordimensionieren der Systeme und maßbestimmenden Anlagenteile, Untersuchen von alternativen Lösungsmöglichkeiten bei gleichen Nutzungsanforderungen einschließlich Wirtschaftlichkeitsvorbetrachtung, zeichnerische Darstellung zur Integration in die Objektplanung unter Berücksichtigung exemplarischer Details, Angaben zum Raumbedarf c) Aufstellen eines Funktionsschemas bzw. Prinzipschaltbildes für jede Anlage d) Klären und Erläutern der wesentlichen fachübergreifenden Prozesse, Randbedingungen und Schnittstellen, Mitwirken bei der Integration der technischen Anlagen e) Vorverhandlungen mit Behörden über die Genehmigungsfähigkeit und mit den zu beteiligenden Stellen zur Infrastruktur	– Erstellen des technischen Teils eines Raumbuches – Durchführen von Versuchen und Modellversuchen

Grundleistungen	Besondere Leistungen
f) Kostenschätzung nach DIN 276 (2. Ebene) und Terminplanung g) Zusammenfassen, Erläutern und Dokumentieren der Ergebnisse	

LPH 3 Entwurfsplanung (System- und Integrationsplanung)

Grundleistungen	Besondere Leistungen
a) Durcharbeiten des Planungskonzepts (stufenweise Erarbeitung einer Lösung) unter Berücksichtigung aller fachspezifischen Anforderungen sowie unter Beachtung der durch die Objektplanung integrierten Fachplanungen, bis zum vollständigen Entwurf b) Festlegen aller Systeme und Anlagenteile c) Berechnen und Bemessen der technischen Anlagen und Anlagenteile, Abschätzen von jährlichen Bedarfswerten (z.B. Nutz-, End- und Primärenergiebedarf) und Betriebskosten; Abstimmen des Platzbedarfs für technische Anlagen und Anlagenteile; Zeichnerische Darstellung des Entwurfs in einem mit dem Objektplaner abgestimmten Ausgabemaßstab mit Angabe maßbestimmender Dimensionen Fortschreiben und Detaillieren der Funktions- und Strangschemata der Anlagen Auflisten aller Anlagen mit technischen Daten und Angaben zum Beispiel für Energiebilanzierungen Anlagenbeschreibungen mit Angabe der Nutzungsbedingungen d) Übergeben der Berechnungsergebnisse an andere Planungsbeteiligte zum Aufstellen vorgeschriebener Nachweise; Angabe und Abstimmung der für die Tragwerksplanung notwendigen Angaben über Durchführungen und Lastangaben (ohne Anfertigen von Schlitz- und Durchführungsplänen) e) Verhandlungen mit Behörden und mit anderen zu beteiligenden Stellen über die Genehmigungsfähigkeit f) Kostenberechnung nach DIN 276 (3. Ebene) und Terminplanung g) Kostenkontrolle durch Vergleich der Kostenberechnung mit der Kostenschätzung h) Zusammenfassen, Erläutern und Dokumentieren der Ergebnisse	– Erarbeiten von besonderen Daten für die Planung Dritter, zum Beispiel für Stoffbilanzen, etc. – Detaillierte Betriebskostenberechnung für die ausgewählte Anlage – Detaillierter Wirtschaftlichkeitsnachweis – Berechnung von Lebenszykluskosten – Detaillierte Schadstoffemissionsberechnung für die ausgewählte Anlage – Detaillierter Nachweis von Schadstoffemissionen – Aufstellen einer gewerkeübergreifenden Brandschutzmatrix – Fortschreiben des technischen Teils des Raumbuches – Auslegung der technischen Systeme bei Ingenieurbauwerken nach Maschinenrichtlinie – Anfertigen von Ausschreibungszeichnungen bei Leistungsbeschreibung mit Leistungsprogramm – Mitwirken bei einer vertieften Kostenberechnung – Simulationen zur Prognose des Verhaltens von Gebäuden, Bauteilen, Räumen und Freiräumen

Grundleistungen	Besondere Leistungen
LPH 4 Genehmigungsplanung	
a) Erarbeiten und Zusammenstellen der Vorlagen und Nachweise für öffentlich-rechtliche Genehmigungen oder Zustimmungen, einschließlich der Anträge auf Ausnahmen oder Befreiung sowie Mitwirken bei Verhandlungen mit Behörden b) Vervollständigen und Anpassen der Planungsunterlagen, Beschreibungen und Berechnungen	
LPH 5 Ausführungsplanung	
a) Erarbeiten der Ausführungsplanung auf Grundlage der Ergebnisse der Leistungsphasen 3 und 4 (stufenweise Erarbeitung und Darstellung der Lösung) unter Beachtung der durch die Objektplanung integrierten Fachplanungen bis zur ausführungsreifen Lösung b) Fortschreiben der Berechnungen und Bemessungen zur Auslegung der technischen Anlagen und Anlagenteile Zeichnerische Darstellung der Anlagen in einem mit dem Objektplaner abgestimmten Ausgabemaßstab und Detaillierungsgrad einschließlich Dimensionen (keine Montage- oder Werkstattpläne) Anpassen und Detaillieren der Funktions- und Strangschemata der Anlagen bzw. der GA-Funktionslisten Abstimmen der Ausführungszeichnungen mit dem Objektplaner und den übrigen Fachplanern c) Anfertigen von Schlitz- und Durchbruchsplänen d) Fortschreibung des Terminplans e) Fortschreiben der Ausführungsplanung auf den Stand der Ausschreibungsergebnisse und der dann vorliegenden Ausführungsplanung des Objektplaners, Übergeben der fortgeschriebenen Ausführungsplanung an die ausführenden Unternehmen f) Prüfen und Anerkennen der Montage- und Werkstattpläne der ausführenden Unternehmen auf Übereinstimmung mit der Ausführungsplanung	– Prüfen und Anerkennen von Schalplänen des Tragwerksplaners auf Übereinstimmung mit der Schlitz- und Durchbruchsplanung – Anfertigen von Plänen für Anschlüsse von beigestellten Betriebsmitteln und Maschinen (Maschinenanschlussplanung) mit besonderem Aufwand (zum Beispiel bei Produktionseinrichtungen) – Leerrohrplanung mit besonderem Aufwand (zum Beispiel bei Sichtbeton oder Fertigteilen) – Mitwirkung bei Detailplanungen mit besonderem Aufwand, zum Beispiel Darstellung von Wandabwicklungen in hochinstallierten Bereichen – Anfertigen von allpoligen Stromlaufplänen

Grundleistungen	Besondere Leistungen
LPH 6 Vorbereitung der Vergabe	
a) Ermitteln von Mengen als Grundlage für das Aufstellen von Leistungsverzeichnissen in Abstimmung mit Beiträgen anderer an der Planung fachlich Beteiligter b) Aufstellen der Vergabeunterlagen, insbesondere mit Leistungsverzeichnissen nach Leistungsbereichen, einschließlich der Wartungsleistungen auf Grundlage bestehender Regelwerke c) Mitwirken beim Abstimmen der Schnittstellen zu den Leistungsbeschreibungen der anderen an der Planung fachlich Beteiligten d) Ermitteln der Kosten auf Grundlage der vom Planer bepreisten Leistungsverzeichnisse e) Kostenkontrolle durch Vergleich der vom Planer bepreisten Leistungsverzeichnisse mit der Kostenberechnung f) Zusammenstellen der Vergabeunterlagen	– Erarbeiten der Wartungsplanung und -organisation – Ausschreibung von Wartungsleistungen, soweit von bestehenden Regelwerken abweichend
LPH 7 Mitwirkung bei der Vergabe	
a) Einholen von Angeboten b) Prüfen und Werten der Angebote, Aufstellen der Preisspiegel nach Einzelpositionen, Prüfen und Werten der Angebote für zusätzliche oder geänderte Leistungen der ausführenden Unternehmen und der Angemessenheit der Preise c) Führen von Bietergesprächen d) Vergleichen der Ausschreibungsergebnisse mit den vom Planer bepreisten Leistungsverzeichnissen und der Kostenberechnung e) Erstellen der Vergabevorschläge, Mitwirken bei der Dokumentation der Vergabeverfahren f) Zusammenstellen der Vertragsunterlagen und bei der Auftragserteilung	– Prüfen und Werten von Nebenangeboten – Mitwirken bei der Prüfung von bauwirtschaftlich begründeten Angeboten (Claimabwehr)
LPH 8 Objektüberwachung (Bauüberwachung) und Dokumentation	
a) Überwachen der Ausführung des Objekts auf Übereinstimmung mit der öffentlich-rechtlichen Genehmigung oder Zustimmung, den Verträgen mit den ausführenden Unternehmen, den Ausführungsunterlagen, den Montage- und Werkstattplänen, den einschlägigen Vorschriften und den allgemein anerkannten Regeln der Technik	– Durchführen von Leistungsmessungen und Funktionsprüfungen – Werksabnahmen – Fortschreiben der Ausführungspläne (zum Beispiel Grundrisse, Schnitte, Ansichten) bis zum Bestand – Erstellen von Rechnungsbelegen anstelle der ausführenden Firmen, zum Beispiel Aufmaß

Grundleistungen	Besondere Leistungen
b) Mitwirken bei der Koordination der am Projekt Beteiligten c) Aufstellen, Fortschreiben und Überwachen des Terminplans (Balkendiagramm) d) Dokumentation des Bauablaufs (Bautagebuch) e) Prüfen und Bewerten der Notwendigkeit geänderter oder zusätzlicher Leistungen der Unternehmer und der Angemessenheit der Preise f) Gemeinsames Aufmaß mit den ausführenden Unternehmen g) Rechnungsprüfung in rechnerischer und fachlicher Hinsicht mit Prüfen und Bescheinigen des Leistungsstandes anhand nachvollziehbarer Leistungsnachweise h) Kostenkontrolle durch Überprüfen der Leistungsabrechnungen der ausführenden Unternehmen im Vergleich zu den Vertragspreisen und dem Kostenanschlag i) Kostenfeststellung j) Mitwirken bei Leistungs- und Funktionsprüfungen k) fachtechnische Abnahme der Leistungen auf Grundlage der vorgelegten Dokumentation, Erstellung eines Abnahmeprotokolls, Feststellen von Mängeln und Erteilen einer Abnahmeempfehlung l) Antrag auf behördliche Abnahmen und Teilnahme daran m) Prüfung der übergebenen Revisionsunterlagen auf Vollzähligkeit, Vollständigkeit und stichprobenartige Prüfung auf Übereinstimmung mit dem Stand der Ausführung n) Auflisten der Verjährungsfristen der Ansprüche auf Mängelbeseitigung o) Überwachen der Beseitigung der bei der Abnahme festgestellten Mängel p) Systematische Zusammenstellung der Dokumentation, der zeichnerischen Darstellungen und rechnerischen Ergebnisse des Objekts	– Schlussrechnung (Ersatzvornahme) – Erstellen fachübergreifender Betriebsanleitungen (zum Beispiel Betriebshandbuch, Reparaturhandbuch) oder computer-aided Facility Management-Konzepte – Planung der Hilfsmittel für Reparaturzwecke
LPH 9 Objektbetreuung	
a) Fachliche Bewertung der innerhalb der Verjährungsfristen für Gewährleistungsansprüche festgestellten Mängel, längstens jedoch bis zum Ablauf von fünf Jahren seit Abnahme der Leistung, einschließlich notwendiger Begehungen	– Überwachen der Mängelbeseitigung innerhalb der Verjährungsfrist – Energiemonitoring innerhalb der Gewährleistungsphase, Mitwirkung bei den jährlichen Verbrauchsmessungen aller Medien

Grundleistungen	Besondere Leistungen
b) Objektbegehung zur Mängelfeststellung vor Ablauf der Verjährungsfristen für Mängelansprüche gegenüber den ausführenden Unternehmen c) Mitwirken bei der Freigabe von Sicherheitsleistungen	– Vergleich mit den Bedarfswerten aus der Planung, Vorschläge für die Betriebsoptimierung und zur Senkung des Medien- und Energieverbrauches

15.2 Objektliste

	Honorarzone		
	I	**II**	**III**
Anlagengruppe 1 Abwasser-, Wasser- oder Gasanlagen			
– Anlagen mit kurzen einfachen Netzen	X		
– Abwasser-, Wasser-, Gas- oder sanitärtechnische Anlagen mit verzweigten Netzen, Trinkwasserzirkulationsanlagen, Hebeanlagen, Druckerhöhungsanlagen		X	
– Anlagen zur Reinigung, Entgiftung oder Neutralisation von Abwasser, Anlagen zur biologischen, chemischen oder physikalischen Behandlung von Wasser, Anlagen mit besonderen hygienischen Anforderungen oder neuen Techniken (zum Beispiel Kliniken, Alten- oder Pflegeeinrichtungen) – Gasdruckreglerstationen, mehrstufige Leichtflüssigkeitsabscheider			X
Anlagengruppe 2 Wärmeversorgungsanlagen			
– Einzelheizgeräte, Etagenheizung	X		
– Gebäudeheizungsanlagen, mono- oder bivalente Systeme (zum Beispiel Solaranlage zur Brauchwassererwärmung, Wärmepumpenanlagen) – Flächenheizungen – Hausstationen – verzweigte Netze		X	
– Multivalente Systeme – Systeme mit Kraft-Wärme-Kopplung, Dampfanlagen, Heißwasseranlagen, Deckenstrahlheizungen (zum Beispiel Sport- oder Industriehallen)			
Anlagengruppe 3 Lufttechnische Anlagen			
– Einzelabluftanlagen	X		
– Lüftungsanlagen mit einer thermodynamischen Luftbehandlungsfunktion (zum Beispiel Heizen), Druckbelüftung		X	
– Lüftungsanlagen mit mindestens 2 thermodynamischen Luftbehandlungsfunktionen (zum Beispiel Heizen oder Kühlen), Teilklimaanlagen, Klimaanlagen – Anlagen mit besonderen Anforderungen an die Luftqualität (zum Beispiel Operationsräume) – Kühlanlagen, Kälteerzeugungsanlagen ohne Prozesskälteanlagen – Hausstationen für Fernkälte, Rückkühlanlagen			X

	Honorarzone		
	I	**II**	**III**
Anlagengruppe 4 Starkstromanlagen			
– Niederspannungsanlagen mit bis zu zwei Verteilungsebenen ab Übergabe EVU, einschließlich Beleuchtung oder Sicherheitsbeleuchtung mit Einzelbatterien – Erdungsanlagen	X		
– Kompakt-Transformatorenstationen, Eigenstromerzeugungsanlagen (zum Beispiel zentrale Batterie- oder unterbrechungsfreie Stromversorgungsanlagen, Photovoltaik-Anlagen) – Niederspannungsanlagen mit bis zu drei Verteilebenen ab Übergabe EVU einschließlich Beleuchtungsanlagen – zentrale Sicherheitsbeleuchtungsanlagen – Niederspannungsinstallationen einschließlich Bussystemen – Blitzschutz- oder Erdungsanlagen, soweit nicht in HZ I oder HZ III erwähnt – Außenbeleuchtungsanlagen		X	
– Hoch- oder Mittelspannungsanlagen, Transformatorenstationen, Eigenstromversorgungsanlagen mit besonderen Anforderungen (zum Beispiel Notstromaggregate, Blockheizkraftwerke, dynamische unterbrechungsfreie Stromversorgung) – Niederspannungsanlagen mit mindestens vier Verteilebenen oder mehr als 1 000 A Nennstrom – Beleuchtungsanlagen mit besonderen Planungsanforderungen (zum Beispiel Lichtsimulationen in aufwendigen Verfahren für Museen oder Sonderräume)			X
– Blitzschutzanlagen mit besonderen Anforderungen (zum Beispiel für Kliniken, Hochhäuser, Rechenzentren)			X
Anlagengruppe 5 Fernmelde- oder informationstechnische Anlagen			
– Einfache Fernmeldeinstallationen mit einzelnen Endgeräten	X		
– Fernmelde- oder informationstechnische Anlagen, soweit nicht in HZ I oder HZ III erwähnt		X	
– Fernmelde- oder informationstechnische Anlagen mit besonderen Anforderungen (zum Beispiel Konferenz- oder Dolmetscheranlagen, Beschallungsanlagen von Sonderräumen, Objektüberwachungsanlagen, aktive Netzwerkkomponenten, Fernübertragungsnetze, Fernwirkanlagen, Parkleitsysteme)			X
Anlagengruppe 6 Förderanlagen			
– Einzelne Standardaufzüge, Kleingüteraufzüge, Hebebühnen	X		
– Aufzugsanlagen, soweit nicht in Honorarzone I oder III erwähnt, Fahrtreppen oder Fahrsteige, Krananlagen, Ladebrücken, Stetigförderanlagen		X	
– Aufzugsanlagen mit besonderen Anforderungen, Fassadenaufzüge, Transportanlagen mit mehr als zwei Sende- oder Empfangsstellen			X

	Honorarzone		
	I	**II**	**III**
Anlagengruppe 7 Nutzungsspezifische oder verfahrenstechnische Anlagen			
7.1. Nutzungsspezifische Anlagen			
– Küchentechnische Geräte, zum Beispiel für Teeküchen	X		
– Küchentechnische Anlagen, zum Beispiel Küchen mittlerer Größe, Aufwärmküchen, Einrichtungen zur Speise- oder Getränkeaufbereitung, -ausgabe oder -lagerung (keine Produktionsküche) einschließlich zugehöriger Kälteanlagen		X	
– Küchentechnische Anlagen, zum Beispiel Großküchen, Einrichtungen für Produktionsküchen einschließlich der Ausgabe oder Lagerung sowie der zugehörigen Kälteanlagen, Gewerbekälte für Großküchen, große Kühlräume oder Kühlzellen			X
– Wäscherei- oder Reinigungsgeräte, zum Beispiel für Gemeinschaftswaschküchen	X		
– Wäscherei- oder Reinigungsanlagen, zum Beispiel Wäschereieinrichtungen für Waschsalons		X	
– Wäscherei- oder Reinigungsanlagen, zum Beispiel chemische oder physikalische Einrichtungen für Großbetriebe			X
– Medizin- oder labortechnische Anlagen, zum Beispiel für Einzelpraxen der Allgemeinmedizin	X		
– Medizin- oder labortechnische Anlagen, zum Beispiel für Gruppenpraxen der Allgemeinmedizin oder Einzelpraxen der Fachmedizin, Sanatorien, Pflegeeinrichtungen, Krankenhausabteilungen, Laboreinrichtungen für Schulen		X	
– Medizin- oder labortechnische Anlagen, zum Beispiel für Kliniken, Institute mit Lehr- oder Forschungsaufgaben, Laboratorien, Fertigungsbetriebe			X
– Feuerlöschgeräte, zum Beispiel Handfeuerlöscher	X		
– Feuerlöschanlagen, zum Beispiel manuell betätigte Feuerlöschanlagen		X	
– Feuerlöschanlagen, zum Beispiel selbsttätig auslösende Anlagen			X
– Entsorgungsanlagen, zum Beispiel Abwurfanlagen für Abfall oder Wäsche	X		
– Entsorgungsanlagen, zum Beispiel zentrale Entsorgungsanlagen für Wäsche oder Abfall, zentrale Staubsauganlagen			X
– Bühnentechnische Anlagen, zum Beispiel technische Anlagen für Klein- oder Mittelbühnen		X	
– Bühnentechnische Anlagen, zum Beispiel für Großbühnen			X
– Medienversorgungsanlagen, zum Beispiel zur Erzeugung, Lagerung, Aufbereitung oder Verteilung medizinischer oder technischer Gase, Flüssigkeiten oder Vakuum			X
– Badetechnische Anlagen, zum Beispiel Aufbereitungsanlagen, Wellenerzeugungsanlagen, höhenverstellbare Zwischenböden			X

	Honorarzone		
	I	II	III
– Prozesswärmeanlagen, Prozesskälteanlagen, Prozessluftanlagen, zum Beispiel Vakuumanlagen, Prüfstände, Windkanäle, industrielle Ansauganlagen			X
– Technische Anlagen für Tankstellen, Fahrzeugwaschanlagen			X
– Lagertechnische Anlagen, zum Beispiel Regalbediengeräte (mit zugehörigen Regalanlagen), automatische Warentransportanlagen			X
– Taumittelsprühanlagen oder Enteisungsanlagen		X	
– Stationäre Enteisungsanlagen für Großanlagen, zum Beispiel Flughäfen			X

7.2. Verfahrenstechnische Anlagen

	I	II	III
– Einfache Technische Anlagen der Wasseraufbereitung (zum Beispiel Belüftung, Enteisenung, Entmanganung, chemische Entsäuerung, physikalische Entsäuerung)		X	
– Technische Anlagen der Wasseraufbereitung (zum Beispiel Membranfiltration, Flockungsfiltration, Ozonierung, Entarsenierung, Entaluminierung, Denitrifikation)			X
– Einfache Technische Anlagen der Abwasserreinigung (zum Beispiel gemeinsame aerobe Stabilisierung)		X	
– Technische Anlagen der Abwasserreinigung (zum Beispiel für mehrstufige Abwasserbehandlungsanlagen)			X
– Einfache Schlammbehandlungsanlagen (zum Beispiel Schlammabsetzanlagen mit mechanischen Einrichtungen)		X	
– Anlagen für mehrstufige oder kombinierte Verfahren der Schlammbehandlung			X
– Einfache Technische Anlagen der Abwasserableitung		X	
– Technische Anlagen der Abwasserableitung			X
– Einfache Technische Anlagen der Wassergewinnung, -förderung, -speicherung		X	
– Technische Anlagen der Wassergewinnung, -förderung, -speicherung			X
– Einfache Regenwasserbehandlungsanlagen		X	
– Einfache Anlagen für Grundwasserdekontaminierungsanlagen		X	
– Komplexe Technische Anlagen für Grundwasserdekontaminierungsanlagen			X
– Einfache Technische Anlagen für die Ver- und Entsorgung mit Gasen (zum Beispiel Odorieranlage)		X	
– Einfache Technische Anlagen für die Ver- und Entsorgung mit Feststoffen		X	
– Technische Anlagen für die Ver- und Entsorgung mit Feststoffen			X

	Honorarzone		
	I	**II**	**III**
– Einfache Technische Anlagen der Abfallentsorgung (zum Beispiel für Kompostwerke, Anlagen zur Konditionierung von Sonderabfällen, Hausmülldeponien oder Monodeponien für Sonderabfälle, Anlagen für Untertagedeponien, Anlagen zur Behandlung kontaminierter Böden)		X	
– Technische Anlagen der Abfallentsorgung (zum Beispiel für Verbrennungsanlagen, Pyrolyseanlagen, mehrfunktionale Aufbereitungsanlagen für Wertstoffe)			X
Anlagengruppe 8 Gebäudeautomation			
– Herstellerneutrale Gebäudeautomationssysteme oder Automationssysteme mit anlagengruppenübergreifender Systemintegration			X

Teil B. Grundlagen des Architekten- und Ingenieurrechts[*]

Übersicht

---

[*] Hinweis: Die Begriffe Auftraggeber (AG) und Besteller sowie Auftragnehmer (AN) und Unternehmer werden synonym verwendet.

I. Berufspraxis

1. Grundlagen

a) HOAI

aa) Entstehung

Die HOAI stammt in ihrer **Urfassung** aus dem Jahre 1977. Sie löste die aus dem Jahre **1** 1950 stammende Verordnung PR Nr. 66/50 über die Gebühren für Architekten (GOA) ab. Diese hatte ebenfalls Vorgänger/Vorläufer. Auch bei diesen handelte es sich um Mindestpreis- und/oder Höchstpreisverordnungen (ausführlich hierzu Kuffer, Einl. HOAI Rn. 1 ff. i. d. Kommentar).

Seit Inkrafttreten der HOAI am 1.1.1977 sind sieben Novellen ergangen. Die Letzte mit **2** Wirkung zum 17.7.2013. Die „Verordnung über die Honorare für Leistungen der Architekten und der Ingenieure (HOAI)" ist dem **Preisrecht** zuzuordnen. Mit Preisrecht bezeichnet man Rechtsvorschriften, die den Preis für Güter und Leistungen bestimmen. Dies geschieht in der HOAI für die Vergütungssätze von Architekten- und Ingenieurleistungen. Das Preisrecht beschränkt den freien Wettbewerb. Vergleichbar geregelt sind Arzneimittelpreise im Arzneimittelgesetz bzw. den damit in Zusammenhang stehenden Verordnungen. Gleiches gilt für Taxi-Beförderungssätze über das Personenbeförderungsgesetz und die daraufhin ergangenen weiteren Bestimmungen.

bb) Ermächtigungsgrundlage

Ermächtigungsgrundlage für die HOAI ist das „Gesetz zur Regelung von Ingenieur- **3** und Architektenleistungen vom 4.11.1971" (BGBl. I S. 1749). Dieses beruht auf dem **MRVG** – „Gesetz zur Verbesserung des Mietrechts und zur Begrenzung des Mietanstiegs sowie zur Regelung von Ingenieur- und Architektenleistungen" –, ebenfalls vom 4.11.1971 (BGBl. I S. 1745). Die mit der HOAI verfolgten **Ziele des Gesetzgebers** sind der „Langform" der Gesetzesbezeichnung des MRVG zu entnehmen:

- Durch die Festlegung von Ober- und Untergrenzen für Architekten-/Ingenieurhonorare wollte man die **Baukosten begrenzen.** Niedrige Baukosten sollten wiederum zur **Begrenzung des Mietanstiegs** beitragen.
- Als weiteres Ziel sollte bei Architekten- und Ingenieurleistungen der **Wettbewerb über den Preis** eingeschränkt werden. Stattdessen sollte ein Leistungswettbewerb gefördert werden.

cc) Rechtliche Einordnung

Die HOAI ist eine **Rechtsverordnung,** sie stellt kein Gesetz im formellen Sinn dar. **4** Eine Rechtsverordnung benötigt eine **Ermächtigungsgrundlage.** Die Ermächtigungsgrundlage für den Erlass der HOAI ist das bereits erwähnte **MRVG.** Danach sind *„In der Honorarordnung ... Honorare für Leistungen bei der Beratung des Auftraggebers, bei der Planung und Ausführung von Bauwerken und Anlagen, bei der Ausschreibung und Vergabe von Bauleistungen sowie bei der Vorbereitung, Planung und Durchführung von städtebaulichen Maßnahmen zu regeln"* (Art. 10 § 2 Abs. 1 Satz 2 MRVG).

Neben diesem Ziel des Ermächtigungsgesetzes zog sich durch alle sieben Novellen das Bestreben des Verordnungsgebers die Architekten/-Ingenieurhonorare von den Baukosten (anrechenbaren Kosten) zu lösen. Architekten/Ingenieure sollten mit ihren Honoraren nicht profitieren, wenn die Gestehungskosten eines Bau- oder Ingenieurwerkes steigen. Andernfalls würde die Pflicht der Architekten/Ingenieure konterkariert, den Bauherrn zu helfen die Baukosten niedrig zu halten. Dieses Ziel umzusetzen gelang mit den ersten fünf HOAI-Novellen nicht. Erst mit der sechsten und siebten Novelle wurde festgeschrieben, dass Grundlage der Honorarberechnung die in der Leistungsphase 3 zu erstellende Kosten-berechnung ist. Mit Erhöhungen der Baukosten in den folgenden Leistungsphasen sollten keine „automatische" Honorarerhöhungen verbunden sein. Der Automatismus, der mit der früheren dreistufigen Abrechnung – jeweils in den Leistungsphasen 3, 7 und 8 – verbunden war, d. h. dass mit steigenden Baukosten „automatisch" Honorarerhöhungen verbunden waren, sollte gestoppt werden. Dies ist nun wohl auch gelungen, wobei die Bedeutung des § 10 der HOAI 2013 noch geklärt werden muss (s. hierzu die Kommentierung des § 10 in diesem Kommentar).

Dies soll nicht bedeuten, dass Architekten/Ingenieure für Planungsleistungen, die sie nach Fixierung der Kostenermittlung erbringen, nicht honoriert werden. Es wird von ih-nen allerdings gefordert, dass sie ab diesem Zeitpunkt eine Art „Honorarmanagement" betreiben. Anders ausgedrückt: Ab diesem Zeitpunkt sollen sie gezwungen sein, von da ab anfallende Honorare mit den Bauherrn zu vereinbaren. Damit soll auch eine Art Schutz für die Bauherrschaft verbunden sein, d. h. durch die Notwendigkeit von Honorarvereinba-rungen soll ihr deutlich werden, dass zusätzliche Honorare anfallen. Wie gesagt: Der früher bestehende Automatismus der Entstehung zusätzlicher Honorare sollte entfallen.

dd) Änderungen durch die 6. Novelle

5   Am 18.8.2009 ist die HOAI mit den Änderungen der 6. Novelle in Kraft getreten. Der Anwendungsbereich wird in § 1 auf Architekten und Ingenieure mit Sitz im Inland beschränkt, soweit die Leistung vom Inland aus erbracht wird. Ziel der Novelle war insbe-sondere eine Konzentration auf Planungsleistungen und der Wegfall von Beratungsleistun-gen aus den zwingenden Preisvorgaben. Verbindliche Regelungen für die Honorarberech-nung enthält die HOAI seit dieser Novelle nur noch für die Leistungsbilder der Teile 2–4 (§ 3 Abs. 1). Dabei handelt es sich um die Flächenplanung (Teil 2), die Objektplanung (Teil 3), und die Fachplanung (Teil 4). Zu den Leistungsbildern der Flächenplanung (§§ 17–31) zählen der Flächennutzungsplan, der Bebauungsplan und die Landschaftspla-nung. Leistungsbilder der Objektplanung (§§ 32–47) sind Gebäude und raumbildenden Ausbauten, Freianlagen, Ingenieurbauwerke und Verkehrsanlagen. Leistungsbilder der Fachplanung (§§ 48–54) sind die Tragwerksplanung und die Technische Ausrüstung.

6   Für die Planungsleistungen zu diesen Leistungsbildern sind die Honorare nach den Vor-gaben der HOAI zu berechnen. Besondere Leistungen sind nicht mehr bei den jeweiligen Leistungsbildern der Teile 2–4 aufgelistet. Sie sind jetzt in der Anlage 2 aufgeführt. Die Honorare für diese Besonderen Leistungen können frei vereinbart werden (§ 3 Abs. 3). Werden Beratungsleistungen (bisherige Leistungsbilder der Teile X–XIII) erbracht, kann das Honorar dafür ebenfalls frei vereinbart werden (§ 3 Abs. 2).

7   Dieser Trennung in einen verbindlichen und einen unverbindlichen Teil entspricht der geänderte Aufbau der HOAI in einen Haupt- und Anlagenteil:

– Hauptteil:
  • §§ 1–16, Teil 1 als Allgemeiner Teil. Dabei handelt es sich um Regelungen, die für alle im nachfolgenden Besonderen Teil erfassen Planungsleistungen gelten;
  • §§ 17–54, Teile 2–4 als Besonderer Teil. Hier sind die Planungsleistungen erfasst, für die die Honorare verbindlich geregelt werden;
  • §§ 55, 56, Teil 5, mit den Übergangs- und Schlussvorschriften.
– Anlagenteil:
  • Anlagen 1 und 2: unverbindliche Empfehlungen zu Beratungsleistungen und Besonde-ren Leistungen
  • Anlagen 3–14: verbindliche Regelungen für Objektlisten und Leistungsbilder

Auch soweit die Honorare verbindlich geregelt wurden, konnten sie von den tatsäch- **8** lichen Baukosten abgekoppelt werden. Mittels eines sog. Baukostenberechnungsmodells (Grundlage sind die in der Entwurfsplanung berechneten Kosten) sollten die tatsächlichen Kosten nicht mehr allein entscheidend für das Honorar sein. Den Vertragspartnern sollte die Möglichkeit eröffnet sein, auf der Basis von einvernehmlich und nachprüfbar festgelegten Baukosten die anrechenbaren Kosten für die Honorarberechnung zu vereinbaren. Allerdings hatte schon § 4a HOAI a. F. die Möglichkeit eröffnet, Honorarvereinbarungen auf der Grundlage nachprüfbarer Kostenermittlungen zu treffen. Eine schriftliche Vereinbarung wurde nach wie vor gefordert (§ 6 Abs. 2).

Wurden die einvernehmlich festgelegten anrechenbaren Kosten überschritten, konnte **9** ein Malus von bis zu 5% vereinbart werden (§ 7 Abs. 7). Für Zeithonorare waren keine Regelungen mehr enthalten, sie konnten frei vereinbart werden. Zur Frage der Abrechnung von Architektenleistung im Stundenlohn und den entsprechenden Beweislasten, vgl. BGH NJW-Spezial 2012, 237. Danach muss der Auftragnehmer vortragen, welche Leistung er innerhalb welcher Zeit erbracht hat – der Auftraggeber den Gegenbeweis, dass der abgerechnete Aufwand unangemessen war.

Grundlage der Honorarberechnung waren neben den anrechenbaren Kosten (§ 4) nach **10** wie vor die Honorarzonen und die Honorartafeln. Für die Leistungsbilder der Teile 3 und 4 waren die anrechenbaren Kosten, soweit dazu keine Vereinbarung getroffen wurde, auf der Grundlage der Kostenberechnung zu ermitteln. Lag keine Kostenberechnung vor, war die Kostenschätzung maßgeblich. Damit entfiel die Unterteilung von Schlussrechnungen in die bisherigen drei Abrechnungsabschnitte des § 10 Abs. 2 HOAI a. F.

Die Honorarzonen (§ 5) für Objekt-, Bauleit- und Tragwerksplanung wurden in fünf **11** Zonen, diejenigen für Landschaftspläne und technische Ausrüstung in drei, für Grünordnungs- und Landschaftsrahmenpläne in zwei Zonen untergliedert. Die Objektlisten waren in der Anlage 3 enthalten.

Vorhandene Bausubstanz war bei den anrechenbaren Kosten nach der HOAI 2009 nicht **12** mehr zu berücksichtigen. Die Regelung des § 10 Abs. 3a HOAI 1996 war entfallen. Dafür konnte bei Umbauten und Modernisierungen ein Zuschlag von bis zu 80% vereinbart werden (§ 35 Abs. 1 Fassung 2009). Wurde kein Zuschlag vereinbart, fiel er für Leistungen ab der Honorarzone II mit 20% an. Seit dem 17.7.2013 war die vorhandene Bausubstanz wieder zu berücksichtigen (§ 4 Abs. 3 HOAI 2013), der Umbauzuschlag wurde wieder reduziert (§ 36 HOAI 2013).

Entfallen waren die Regelungen zur getrennten zeitlichen Ausführung (§ 21 HOAI **13** a. F.), hier sollen die Vertragsparteien Vereinbarungen treffen. Ebenso entfallen waren die Regelungen zu den sog. „Zusätzlichen Leistungen" (§§ 28 ff. HAOI a. F.) und den „Verschiedenen Leistungen an einem Gebäude" (§ 23 HOAI a. F.). Die bisherigen verschiedenen Leistungen sollten nach der amtlichen Begründung von § 6 Abs. 1 erfasst werden.

Entfallen sind darüber hinaus: § 26 HAOI a. F. (Einrichtungsgegenstände und integrierte **14** Werbeanlagen), §§ 28–34 HOAI a. F. (Zusätzliche Leistungen sowie Gutachten und Wertermittlungen), Kosten der EDV (§ 36 a. F.), sonstige städtebauliche Leistungen (§ 42 a. F.), sowie einzelne Reglungen aus dem Bereich der landschaftsplanerischen Leistungen (§§ 44, 49 und 50 a. F.) und der Fachplanungen (§§ 58, 61, 61a, 66, 67 a. F.).

ee) Änderungen der 7. Novelle

Am 17. Juli 2013 ist die HOAI 2013 in Kraft getreten. Sie enthält umfangreiche Änderungen, zu nenen sind beispielhaft:

– Die Honorare wurden im Mittel um 17% erhöht.
– Zahlreiche neue/geänderte Begriffsdefinitionen wurden in § 2 festgeschrieben.
– Die Fälligkeit des Honorars wurde analog zum BGB von der Abnahme abhängig gemacht (§ 15).
– Die Leistungsbilder wurden an die CAD Planung angepasst. Die Leistungsbilder wurden stark überarbeitet, sie umfassen nun weitere wesentliche Grundleistungen (z. B. umfasst das Leistungsbild der Objektplanung nun in den Leistungsphasen 2 u. 6 eine Kostenkontrolle, in den Lph 2, 3, 5 u. 8 wird eine planungsbegleitende Terminsplanung „gefor-

dert"). Der bisherige Kostenvoranschlag der Lph 7 ist in die Lph 6 gewandert in Form der Pflicht zur Erstellung eines bepreisten Leistungsverzeichnisses. Die Lph 7 wurde um die Dokumentation des Vergabeverfahrens erweitert.

Neu ist die fachliche Bewertung von Mängeln innerhalb der Verjährungsfrist von fünf Jahren in der Lph 8. Die Pflicht zur Überwachung der Mängelbeseitigung stellt eine Besondere Leistung dar. Insgesamt sind die Besondere Leistungen ebenfalls stark erweitert worden, zu nennen sind beispielhaft der vorbeugende und organisatorische Brandschutz (Lph 2). Dabei wurde die prozentuale Gewichtung der Grundleistungen entsprechend geändert. Insgesamt steht den Honorarerhöhungen ein deutlich erweiterter Leistungskatalog gegenüber (dabei darf nicht vergessen werden, dass die HOAI kein Vertragsrecht, sondern „nur" ein Preisrecht darstellt).

Im Rahmen der geänderten prozentualen Gewichtung der Grundleistungen fällt auf, dass die Bewertung der Leistungsphase 1 des § 34 HOAI im Rahmen der Gebäudeplanung von drei auf zwei Prozentpunkte abgewertet wurde. Dies erscheint in Anbetracht der Wichtigkeit dieser Grundlagenermittlung nicht nachvollziehbar. Viele Planungsmängel haben ihren Ursprung in einer ungenügenden Ermittlung der Grundlagen eines Vorhabens, d.h. dessen was der Auftragnehmer für den Bauherr leisten soll (schließlich ist der Architektenvertrag eine Art Findungsvertrag, da die Parteien bei Vertragsschluss noch gar nicht wissen (können), was sie gegenseitig fordern werden. Die prozentuale Abwertung ist auch vor dem Hintergrund schmerzlich, dass die oftmals als Leistungsphase Null bezeichnete von Bauherrnseite geschuldete „Bedarfsplanung im Bauwesen" nach der DIN 18205 in der Praxis nahezu unbekannt ist.

Ein Umbau/Modernisierungszuschlag wurde auf höchstens 33% begrenzt – ohne schriftliche Vereinbarung wird ab einem durchschnittlichen Schwierigkeitsgrad ein Zuschlag von 20% unwiderleglich vermutet.

– Zahlreiche Gedanken der HOAI 1996/2002 wurden wieder aufgegriffen. Als Beispiel ist die mitzuverarbeitende Bausubstanz zu nennen, die wieder angemessen zu berücksichtigen ist. Ihr Wert und Umfang ist objektbezogen zu ermitteln und schriftlich zu vereinbaren.

– Die Objektlisten wurden überarbeitet, der Anlagenteil wurde umgestaltet, Grundleistungen und Besondere Leistungen werden wieder zusammen tabellarisch dargestellt.

– Die von der Architekten- u. Ingenieurschaft so vehement geforderte Rückführung der Beratungsleistungen (Anlage 1) als verbindlichen Teil der HOAI wurde nicht umgesetzt. Somit unterliegen weiterhin Leistungen im Rahmen von Umweltverträglichkeitsstudien, die Thermische Bauphysik, der Schallschutz, die Raumakustik, die Bodenmechanik, der Erd- und Grundbau, einschließlich der vermessungstechnischen Leistungen, nicht dem zwingenden Preisrecht der HOAI – ihr Honorar ist frei vereinbar.

Besonders schmerzlich trifft es die Ingenieurschaft, dass die örtliche Bauüberwachung bei Ingenieurbauwerken und Verkehrsanlagen nicht wie bei der Gebäudeplanung als Grundleistung, sondern nur als Besondere Leistung eingestuft wird. Schließlich hatte es sich hierbei immer um das „Sahnehäupchen" der Honorierung gehandelt.

b) EG/EU-Richtlinien

15   Der **Einfluss des europäischen Rechts** auf das nationale deutsche Recht, dort auf das bürgerliche Recht und den im BGB geregelten Werkvertrag, verstärkt sich ständig. Eine Vielzahl von Vorgaben aus EG-Richtlinien wurden in nationales Recht übertragen. Durch Übernahme in das deutsche Recht (insbesondere im Wege der Schuldrechtsreform des BGB) haben EG-Richtlinien Auswirkungen auf das Architekten- und Ingenieurrecht gezeigt. Dies gilt beispielsweise für:

• **EG-Verbrauchsgüterkaufrichtlinie** (Richtlinie 1999/44/EG zu bestimmten Aspekten des Verbrauchsgüterkaufs und der Garantien für Verbrauchsgüter);

• **EG-E-Commerce-Richtlinie** (Richtlinie 2000/31/EG über bestimmte rechtliche Aspekte der Dienste der Informationsgesellschaft, insbesondere des elektronischen Geschäftsverkehrs im Binnenmarkt);

• **EG-Zahlungsverzugrichtlinie** (Richtlinie 2000/35/EG zur Bekämpfung von Zahlungsverzug im Geschäftsverkehr).

c) Weitere relevante Rechtsvorschriften

aa) Baustellenverordnung/SiGeKo

Die **Baustellenverordnung** (BaustellVO) vom 1.6.1998 (BGBl. I S. 1283) dient der **Si-** 16
cherheit und dem **Gesundheitsschutz auf Baustellen.** Sie ist aus der Richtlinie 92/
57/EWG bzw. § 19 Arbeitsschutzgesetz hervorgegangen. Architekten/Ingenieure übernehmen bei umfangreicheren bzw. gefahrgeneigten Bauvorhaben neben ihrer eigentlichen
Tätigkeit häufig zusätzlich die Aufgaben des **Sicherheits- und Gesundheitskoordina-**
tors (SiGeKo). Hierzu ist auf § 3 der Baustellenverordnung zu verweisen. Eine Übernahme dieser Aufgaben wird oftmals nicht ausdrücklich vereinbart – vielmehr erbringt der
Architekt die Aufgaben „quasi automatisch". Folge hiervon sind Streitigkeiten hinsichtlich
der grundsätzlichen **Vergütungspflicht.** Von den zwingenden Honorarregelungen der
HOAI sind die sog. SiGeKo-Tätigkeiten nicht erfasst. Das Honorar dazu ist gesondert zu
vereinbaren. Bei Übernahme entsprechender Pflichten wird der Architekt seinen **Ver-**
sicherungsschutz zuvor abzuklären haben. (Zum SiGeKo im Einzelnen: Einführung
IX, in diesem Kommentar).

bb) Umweltschadensgesetz

Das Gesetz über die Vermeidung und Sanierung von Umweltschäden – Umweltscha- 17
densgesetz (USchadG) vom 14.11.2007 geht auf die Richtlinie 2004/35/EG des Europäischen Parlaments und des Rates vom 21.4.2004 über Umwelthaftung zur Vermeidung und
Sanierung von Umweltschäden zurück. – Zu beachten am **USchadG** ist u.a. seine Rückwirkung. Es gilt bereits für Schäden, die zwischen dem 30.4.2007 und dem 14.11.2007
verursacht worden sind (§ 13 USchadG). Nach dem Gesetz besteht eine **verschuldensun-**
abhängige Haftung für besonders umweltgefährdende berufliche Tätigkeiten (gemäß
einer Anlage 1 zum USchadG – bspw. Beförderung gefährlicher Güter, Abfallentsorgung)
sowie eine **verschuldensabhängige Haftung** für Angehörige anderer Berufssparten.
Hierzu zählen auch Architekten/Ingenieure bei der Planung von Bauvorhaben sowie deren
Ausführung. Geschützt werden soll die Umwelt (Schädigung von Arten, natürlichen
Lebensräumen, Gewässern u. des Bodens – sog. **Biodiversität**). Unterläuft einem Archi-
tekten/Ingenieur ein entsprechender Fehler mit Schadensfolge, muss er sowohl die notwendigen Schadensbegrenzungsmaßnahmen einleiten, als auch erforderliche Sanierungsmaßnahmen. Die deutsche Versicherungswirtschaft bietet diesbezüglich eine Umweltscha-
densversicherung **(USV)** an.

cc) Bedeutung der VOB/B

Das **Werkvertragsrecht** des BGB (§§ 631 ff. BGB) ist neben dem **Architekten-/** 18
Ingenieurvertrag u.a. auch für den **Bauvertrag einschlägig.** Wegen der nicht am Baugeschehen ausgerichteten Rechtsvorschriften des Werkvertragsrechts wurde die Verdingungsordnung für Bauleistungen – **VOB** geschaffen. (Mit der VOB 2002 erfolgte am 15.2.
2002 eine Änderung der Bezeichnung in **„Vergabe- und Vertragsordnung für Bau-**
leistungen".) Sie enthält im Teil B „vorformulierte" Regelungen für den Bauleistungsbe-
reich. Diese Regelungen sind speziell auf die Interessen der Vertragsparteien eines Bauvertrages „zugeschnitten". Nach dem BGH (Urt. v. 24.7.2008 – VII ZR 55/07, IBR 2008,
557) werden allerdings die Rechte des Verbrauchers als Auftraggeber nicht ausreichend
gewahrt. Die Privilegierung der VOB/B ist damit in diesem Bereich beendet (bestätigt
durch das ForderungssicherungsG). Die Folge ist eine Prüfung jeder (vom Werkunternehmer gestellten) Klausel der VOB/B auf ihre Wirksamkeit gegenüber dem Vertragspartner,
der Verbraucher ist. Das ohnehin nur, wenn die VOB/B wirksam in den Vertrag einbezogen wurde. Sie stellt eine **Allgemeine Geschäftsbedingung** dar. Fehlt es an der Möglichkeit zumutbarer Kenntnisnahme i.S.d. § 305 Abs. 2 BGB, wird die VOB/B gegenüber
einem privatem Auftraggeber auch dann nicht Vertragsbestandteil, wenn dieser einen Architekten mit der Planung und Bauüberwachung beauftragt hat. Hinzutreten muss, dass der
Architekt am speziellen Vertragsabschluss beteiligt ist (OLG Saarbrücken NZBau 2006, 787
= IBR 2006, 536 u. OLG Brandenburg NJW-Spezial 2008, 300). Die öffentliche Hand ist
über das Kaskadenprinzip – GWB (Gesetz gegen Wettbewerbsbeschränkungen), VgV (Ver-

gabe-Verordnung) u. VOB/A (Allgemeine Bestimmungen für die Vergabe von Bauleistungen) – zur Vereinbarung der VOB/B verpflichtet. Die VOB/B hat sich unabhängig von der Entscheidung v. 24.7.2008 aber auch im Bereich der privaten Auftraggeber durchgesetzt. In **Verträgen über Architekten- und Ingenieurleistungen** kann die VOB/B **nicht** vereinbart werden. Der Architekt/Ingenieur erbringt im Regelfall keine Bauleistungen (BGH NJW 1988, 142; OLG Hamm BauR 1990, 104). Was unter einer Bauleistungen zu verstehen ist, kann § 1 VOB/A entnommen werden: *„Bauleistungen sind Arbeiten jeder Art, durch die eine bauliche Anlage hergestellt, instand gehalten, geändert oder beseitigt wird."* Der Architekt/Ingenieur erbringt demgegenüber im Regelfall Planungs- und Überwachungsleistungen (s. u.).

2. Berufsrecht und Tätigkeitsfelder

a) Tätigkeitsfelder

aa) Tätigkeitsbereiche für Architekten und Ingenieure

19   Die HOAI zeigt einen nicht abschließenden **Querschnitt** der Leistungen, für die Architekten und Ingenieure Honorare abrechnen können. Verbindliche Honorarvorgaben enthält die HOAI nur für einen Teil der Leistungen (§ 3 Abs. 1: Flächenplanung, Objektplanung, Verkehrsanlagen). Für andere kann das Honorar frei vereinbart werden (§ 3 Abs. 3). Zu den Tätigkeitsbereichen gehören insgesamt (verbindlich und unverbindlich geregelt):

- Leistungen bei Gebäuden, Freianlagen und raumbildenden Ausbauten
- Gutachten und Wertermittlung
- Städtebauliche Leistungen
- Landschaftsplanerische Leistungen
- Leistungen bei Ingenieurbauwerken und Verkehrsanlagen
- Verkehrsplanerische Leistungen
- Leistungen bei der Tragwerksplanung
- Leistungen bei der Technischen Ausrüstung
- Leistungen für Thermische Bauphysik
- Leistungen für Schallschutz und Raumakustik
- Leistungen für Bodenmechanik, Erd- und Grundbau
- Vermessungstechnische Leistungen.

20   Hinzu kommen **Tätigkeitsfelder,** die in der **HOAI nicht genannt** sind. Beispielhaft zu nennen ist die **Projektentwicklung.** Bei entsprechenden Leistungen ist die HOAI **nicht anwendbar** (BGH NJW 1998, 1228 = BauR 1998, 193). Architekten und Ingenieure können als „sachverständige" **gerichtliche Gutachter** tätig werden. Dabei werden sie insbesondere mit der Überprüfung und Aufnahme von **Baumängeln** beauftragt. Die entsprechende Vergütung erfolgt nach dem **Justizvergütungs- u. -entschädigungsgesetz** (JVEG) vom 5.5.2004 (BGBl. I S. 718, 776), zuletzt geändert durch Art. 7 des Gesetzes v. 23.7.2013 (BGBl. I S. 2586).

Durch Änderungen im **Bauordnungsrecht** der Länder ist der Tätigkeitsbereich als Sachverständiger weiterhin stark zunehmend (vgl. beispielhaft für Nordrhein-Westfalen die Verordnung über staatlich anerkannte Sachverständige nach der Landesbauordnung – SV-VO).

bb) Grenzen der Berufsausübung freier Architekten

21   Freiberufliche und baugewerbliche Tätigkeiten des Architekten können sich überschneiden. Insbesondere im Bereich von Bauträgeraufgaben treten **Abgrenzungsfragen** auf. In einigen Bundesländern ist in den Architektengesetzen festgeschrieben, dass es für „freie Architekten" mit ihren „eigentlichen Aufgaben" unvereinbar ist, baugewerblich tätig zu sein. Eine entsprechende Regelung enthält beispielsweise § 3 Abs. 2 des Architekten-Gesetzes des Landes Rheinland-Pfalz vom 16.12.2005. Diese Regelungen sollen keinen verfassungsrechtlichen Bedenken unterliegen. Die vom Grundgesetz in Art. 12 gewährleis-

tete **Berufsfreiheit** sei nicht in unzulässiger Art und Weise eingeschränkt (BVerfG NVwZ-RR 1994, 153). Zur Frage des Koppelungsverbotes, siehe unten.

Darüber hinausgehende Einteilungen richten sich nach der **Tätigkeitsart.** So werden in § 3 Abs. 2 Nr. 3 des Hessischen Architekten- und Stadtplanergesetzes (HASG) vom 23.5. 2002, zuletzt geändert durch Änderungsgesetz v. 12.12.2012 (GVBl. S. 612) für die Eintragung ins Berufsverzeichnis für Architekten und Stadtplaner **unterschiedliche Eintragungsmöglichkeiten** angeboten:

- Freischaffend oder freiberuflich in Nebentätigkeit,
- Privatrechtliches Arbeitsverhältnis oder öffentlicher Dienst,
- Selbständigkeit oder Anstellung im Baugewerbe bzw. in einem anderen Gewerbe,
- Freischaffend, nicht freischaffend oder gewerblich in einer Berufsgesellschaft,
- Nicht mehr berufstätig.

cc) Ingenieure

Die Ingenieurkammern geben ebenfalls verschiedene Fachrichtungen für ihre Mitglieder **22** vor. Die Stringenz dieser Einteilung ist jedoch nicht so stark wie bei den Architekten. Auch liegen unterschiedliche Handhabungen der einzelnen Landesingenieurkammern vor. Regelmäßig wird in Ingenieurlisten zwischen **„Ingenieuren" und „Beratenden Ingenieuren"** unterschieden.

- Beratende Ingenieure sind Pflichtmitglieder der Ingenieurkammern.
- Die Voraussetzungen für die Eintragung als „Beratender Ingenieur" unterscheiden sich in den Ingenieur(kammer)gesetzen der Bundesländer (vgl. Sangenstedt (Prinz) D I Rn. 15)
- Der „Beratende Ingenieur" hat einen Hochschulabschluss in der Fachrichtung Bauingenieurwesen nachzuweisen.
- Er hat seine Aufgaben „eigenverantwortlich" und „unabhängig" zu erbringen.
- Für die Eintragung als Beratender Ingenieur wird eine konkrete Anzahl von Jahren an Berufserfahrung gefordert.

Die Führung der Berufsbezeichnung „Beratender Ingenieur" ist nur zulässig bei Eintra- **23** gung in die entsprechende Liste der „Beratenden Ingenieure" (AG Düsseldorf IBR 2007, 1275 zu BauKaG-NW § 28 Abs. 1). Die Tätigkeit als Beratender Ingenieur kann nicht im Nebenberuf ausgeübt werden (OVG Niedersachsen IBR 2007, 562).

dd) Berufsrechtliche Kooperationen im Bereich der Architekten / Ingenieure

Im Bereich der Bauunternehmen ist es zwischenzeitlich gang und gäbe, Kooperationen **24** zu bilden. Großprojekte – national u. international – werden nur noch selten von einem einzelnen Auftragnehmer durchgeführt. Selbst kleinere Firmen schließen sich gerade wegen ihrer nicht ausreichenden wirtschaftlichen Größe zusammen, um Projekte gemeinsam durchzuführen. Diese Tendenz hat längst auch auf die Freiberufler übergegriffen. Beispielhaft ist die Anwaltschaft zu nennen. In diesem Zuge bieten auch immer mehr Architekten u. Ingenieure gemeinsame Lösungen bei der Auftragsdurchführung an. Ursache sind auch hier die Vorteile eines gemeinsamen Marktauftritts und die zwischenzeitlich zunehmende und zu begrüßende Spezialisierung der Architekten und Ingenieure (weil andernfalls ihr Haftungsspektrum unüberschaubar u. deshalb für sie unkontrollierbar wird).

Zu unterscheiden sind einerseits projektbezogene Zusammenarbeiten, andererseits län- **25** gerfristige Kooperationen. Unter rechtlichen Gesichtspunkten ist dabei zu unterscheiden, ob die im Regelfall entstehenden Gesellschaften bürgerlichen Rechts Innen- oder Außengesellschaften darstellen (hierzu ausführlich, einschließl. des Vorschlages eines Vertragsmusters Eusani/Eusani NZBau 2008, 551 ff.). Auch in der Form der GmbH sind Architekturbüros zulässig. Beispiel: Ein Ingenieurbüro für die technische Gebäudeausrüstung und Energieberatung kann als GmbH & Co.KG betrieben und ins Handelsregister eingetragen werden (OLG Zweibrücken, Beschl. v. 30.8.2012 – 3 W 99/12). Frage ist, ob eine Sozietät zwischen Rechtsanwälten und Architekten/Ingenieurinnen zulässig ist (BGH, Beschl. v. 16.5.2013 – II ZB 7/11).

ee) Geschützte Berufsbezeichnungen

26   Für Architekten wie Ingenieure gilt, dass ihre Berufsbezeichnungen geschützt sind. Allerdings ist deren widerrechtliche Führung nicht wie bei Ärzten oder Rechtsanwälten mit Strafe bedroht (§ 132a StGB). Sie stellt jedoch eine **Ordnungswidrigkeit** dar und kann mit einer Geldbuße geahndet werden (z. B. nach § 20 Abs. 2 des Hessischen Architekten- und Stadtplanergesetzes [HASG] mit einer Geldbuße bis zu 15 000,– Euro). Die **Voraussetzung** zur Führung der **Berufsbezeichnung** „Architekt/Architektin" richtet sich nach den **Architektengesetzen** der Bundesländer. Nach dem HASG ist die Freiberuflichkeit des Architekten der Regelfall. Wird ein Architekt ausnahmsweise baugewerblich oder gewerblich tätig, so hat er dies gemäß § 1 Abs. 3 HASG durch einen Zusatz zur Berufsbezeichnung deutlich hervorzuheben. Das HASG erweitert seit 1.8.2002 in seinem § 1 den Regelungsinhalt um den Schutz der Berufsbezeichnung „Stadtplaner/Stadtplanerin".

ff) Wettbewerbsverstöße bei Werbung mit dem Begriff „Architektur"

27   Häufig werben Firmen auf ihren Briefbögen oder in Werbebroschüren mit Begriffen, in denen das Wort „Architektur" erscheint. Dies, obwohl sie nicht in die **Architektenliste** eingetragen sind und somit die Berufsbezeichnung Architekt/Architektin nicht führen dürfen. In wettbewerbsrechtlicher Sicht beurteilt die Rechtsprechung diese Fälle nicht einheitlich. Einige Gerichte sehen eine entsprechende Werbung als rechtswidrig im Sinne von § 1 des Gesetzes gegen den unlauteren Wettbewerb (UWG) an.

Als **unzulässig** wurden folgende Bezeichnungen eingestuft:

- „Architektur in Holz und Glas – Wohnen in seiner freiesten Form" (LG Koblenz IBR 1994, 81; ähnl. LG Düsseldorf IBR 1993, 66)
- „Lichtarchitektur" (LG Düsseldorf NJW 1992, 2759 = BauR 1992, 796);
- „Archiplan" (OLG Nürnberg BauR 1983, 290).

Nicht als **wettbewerbswidrig** wurden folgende Bezeichnungen angesehen:

- „Das Architektenhaus" (OLG München IBR 1991, 352);
- „Architekten-GmbH" (OLG Düsseldorf NJW-RR 1996, 1322 = BauR 1996, 571).

28   Bei der Frage, ob eine „Bauträger- GmbH" mit dem Begriff „Architektur" werben darf, muss beachtet werden, ob in der Gesellschaft tätige Personen sich berechtigter Weise „Architekt" nennen dürfen. Entsprechendes lässt sich auch auf die Berufsbezeichnung des „Beratenden Ingenieurs" übertragen (BVerfG, NZBau 2008, 449; anders LG Düsseldorf Urt. v. 14.1.2005, AZ 38 O 71/04). Zur Frage, wer mit der Bezeichnung Bausachverständiger werben kann, vgl. OLG Stuttgart Urt. v. 27.9.2007 – 2 U 13/07. Auch nach Inkrafttreten des Allgemeinen Gleichbehandlungsgesetzes (AGG) soll es nicht zu beanstanden sein, dass die Bestellung zum öffentlichen Sachverständigen grundsätzlich mit der Vollendung des 68. Lebensjahres erlischt, (so VG Mainz – 6 L 149/07). Die entsprechenden Diskussionen sind jedoch noch nicht abgeschlossen. So hat das BVerwG eine „generelle Altersgrenze" für Sachverständige für rechtswidrig angesehen (Urt. v. 1.2.2012 – 8 C 24/11); ebenso das LG Düsseldorf (IBR 2013, 651); ands. Der VerfGH Bayern für Prüfingenieure (IBR 2014, 51) – dagegen wiederum das OVG Nordrhein-Westfalen (Beschl. v. 20.12.2013 – 4 B 543/ 13).

Zur Frage, inwieweit sich das Recht zur Werbung für Aufträge auch für Bausachverständige geöffnet hat, ist auf Klute zu verweisen (NZBau 2008, 556 ff.), der herausarbeitet, dass entscheidend ist, dass der Markt erkennen kann, worauf sich die öffentlich-rechtliche Bestellung bezieht. Zulässig und nicht als Verstoß gegen das UWG angesehen, wurde die Werbung eines Architekten mit der Bezeichnung „Bausachverständiger" ohne Nennung konkreter Fachgebiete (LG Bonn IBR 2012, 404).

b) Berufsrecht

aa) Regelungsgegenstand

29   Das Berufsrecht legt neben dem Schutz der jeweiligen Berufsbezeichnung die Voraussetzungen für die **Eintragung in die Architekten- bzw. Ingenieurlisten** fest. Darüber hinaus regelt es Mitgliedschaft, Aufgaben und Organe der **Architekten- und Ingenieur-**

kammern. Die einzelnen Ländergesetze enthalten unterschiedliche Regelungen. In Baden-Württemberg gibt es seit dem 1.7.1999 die Variante des „Architekten im Praktikum – AiP" (§ 2 Abs. 2 Architektengesetz Baden-Württemberg). Dieser bietet in Bezug auf die Zulassungsvoraussetzungen der „berufspraktischen Ausbildung" eine Erleichterung. Danach wird dem Architekten im Praktikum bereits **während seiner Praktikantentätigkeit** die **Eintragung** ermöglicht, allerdings unter dieser besonderen Bezeichnung.

bb) Rechtsvorschriften

Das Berufsrecht der Architekten und Ingenieure findet sich u. a. in den **Architekten- 30 und Ingenieur(kammer)gesetzen der einzelnen Bundesländer.** Auf Grundlage dieser Gesetze sind weitere Rechtsverordnungen erlassen worden. Dies gilt z. B. für die Zulassung von ausländischen Architekten. Darüber hinaus haben sich die Architekten- und Ingenieurkammern als Körperschaften des öffentlichen Rechts eigene Satzungen gegeben **(Berufsordnungen).** Sie sind für ihre Mitglieder verbindlich. Das Bundesverfassungsgericht hat in einer Entscheidung vom 2.1.2008 die Verfassungsmäßigkeit des Baukammerngesetzes NRW festgestellt. Damit wird von der Verfassungsmäßigkeit aller deutschen Architektengesetze auszugehen sein (Az. 1 BvR 1350/04). Auch bestehen eigene „Berufsgerichte". Sie sind entscheidungsbefugt bei Verstößen gegen die Berufsordnungen. Soweit Mitglieder der Architektenkammern Beamte sind, unterliegen sie bei Verletzung ihrer Beamtenpflichten nicht der Berufsgerichtsbarkeit (OVG Nordrhein-Westfalen BauR 2008, 1497 Ls.). Die HOAI enthält keine berufsrechtlichen Regelungen.

cc) Voraussetzungen für die Eintragung in die Architektenliste/Führen der Berufsbezeichnung

Als Beispiel für die Voraussetzungen der Eintragung in die Architektenliste kann das 31 Hessische Architekten- und Stadtplanergesetz (HASG) herangezogen werden. Die Anforderungen der Architektengesetze anderer Bundesländer sind **vergleichbar** gestaltet. In Hessen sind die Voraussetzungen für die Eintragung in die Architektenliste in **§ 4 HASG** geregelt. Diese sind:

- Ein **abgeschlossenes Hochschulstudium** der Architektur, Stadtplanung, o. Ä. (Ein zweijähriger postgradualer Studiengang „Master of Engineering – Bauschäden, Baumängel und Instandsetzungsplanung" im Anschluss an den Berufsabschluss „Bautechniker" soll nicht zum Führen der Berufsbezeichnung „Ingenieur" berechtigen, VG Regensburg Urt. v. 14.2.2013 – 5 K 12.723)
- Nachfolgende hauptberufliche **praktische Tätigkeit** im betreffenden Fachgebiet in Vollzeitbeschäftigung (zweijährig) oder in Teilzeitbeschäftigung. Letztere muss einer vergleichbaren Vollzeitbeschäftigung von zwei Jahren entsprechen.
- Berufliche **Niederlassung** oder hauptberufliche **Anstellung im Geschäftsbereich** der Architekten- und Stadtplanerkammer Hessen – alternativ kann ein Hauptwohnsitz ausreichen.

Die genannten drei Voraussetzungen sind auch erfüllt durch die Staatsprüfung zum ge- 32 hobenen oder höheren bautechnischen Verwaltungsdienst der Bundesrepublik Deutschland in der diesem Gebiet entsprechenden Fachrichtung (§ 4 Abs. 4 HASG).

Zusätzlich hat der Architekt mit der Antragsstellung auf Eintragung einen Nachweis 33 über eine ausreichende Berufshaftpflicht vorzulegen, sofern eine selbständige oder gewerbliche Berufsausübung vorliegt (§ 4 Abs. 6 HASG). Ingenieure, die Mitglieder der zuständigen Ingenieurkammer sind, unterliegen gemäß § 46 Abs. 2 Nr. 5 BauKaG-NW der Berufspflicht, eine ausreichende Haftpflichtversicherung abzuschließen. Das Fehlen einer solchen kann durch Verhängung einer Geldbuße geahndet werden (VG Düsseldorf IBR 2006, 562). Vergleichbares gibt es auch in anderen EU-Ländern. So obliegt in Belgien gemäß dem Gesetz über die Ausübung des Architektenberufes allein dieser Berufsgruppe die Pflicht zum Abschluss einer Haftpflichtversicherung. Der Verfassungsgerichtshof Belgiens hat diese Regelung zwar nicht für unwirksam angesehen, er sieht jedoch im Fehlen ähnlicher Versicherungspflichten bei anderen am Bauvorhaben beteiligten Parteien eine Diskriminierung (VerfGH Belgien IBR 2008, 457). Ein gangbarer Weg um die letztlich am Bau immer in Frage kommende Haftung des Architekten/Ingenieurs (als oftmals einzigem liquiden Gesamtschuldner) zu begrenzen, wird in der Objektversicherung gesehen (so Schwenker IBR 2008, 457).

Gibt der Architekt die eidesstattliche Versicherung ab, kann dies zu seiner Löschung aus der Architektenliste führen. Die Begründung wird darin gesehen, dass er seinen Planungs- und Beratungsaufgaben gegenüber dem Auftraggeber in diesen Fällen evtl. nicht mehr nachkommen kann (weil seine Zuverlässigkeit in Frage gestellt sei, OVG Saarland IBR 2008, 274; a. A. bzw. einschränkend Niedersächsisches OVG, Beschl. v. 23.11.2006, 8 ME 146/06; erst die Restschuldbefreiung führe wieder zur Zuverlässigkeit, OVG Münster NJW-Spezial 2012, 77, ands. OVG Nordrhein-Westfalen, IBR 2012, 213; hierzu auch: OVG Sachsen, IBR 2013, 1159, nennt Gründe für die Versagung der Eintragung in die Architektenliste; ebenso OVG Niedersachsen, IBR 2012, 466 u. IBR 2011, 1232). Wird dem Architekten Bestechung nachgewiesen, hat dies seine sofortige Löschung aus der Architektenliste zur Folge, VG Düsseldorf IBR 2009, 391; für den Fall mehrerer berufsbezogener Verstöße gegen Strafgesetze, vgl. OVG Niedersachsen, IBR 2013, 361. Gleiches gilt, wenn er durch Ausstellen fingierter Rechnungen dazu beigetragen hat, Baugeld zweckzuentfremden (VGH Baden-Württemberg IBR 2009, 717). Unzuverlässigkeit des Architekten wurde auch dann bejaht, als dieser mehrfach fehlerhafte Bauanträge einreichte, als verantwortlicher Entwurfsverfasser fahrlässig unrichtige Erklärungen abgab und schließlich den Beginn einer noch nicht genehmigten Baumaßnahme veranlasste (OVG Niedersachen, Beschl. v. 24.5.2012 – 8 LA 198/11).

dd) Führung der Berufsbezeichnung Architekt durch auswärtige Architekten

34   Unter bestimmten Voraussetzungen können **auch „auswärtige Architekten"** die entsprechende Berufsbezeichnung in Hessen führen – unabhängig von einer Eintragung in die hessische Architektenliste. Als „Auswärtige Berufsangehörige" sind gemäß § 7 Abs. 1 HASG einzustufen: *„Berufsangehörige und Berufsgesellschaften, die im Lande Hessen keine Niederlassung oder hauptberufliche Anstellung oder ohne solche keine Hauptwohnung haben".*

35   Die maßgeblichen Rechtsvorschriften hierzu ergeben sich ebenfalls aus **§ 7 Abs. 1 HASG.**

- Für **Architekten aus anderen deutschen Bundesländern** ist es ausreichend, wenn sie aufgrund einer gesetzlichen Regelung eines anderen Bundeslandes – in dem sie ihre maßgebliche Niederlassung, Anstellung oder Hauptwohnung haben – befugt sind, sich „Architekt" zu nennen.
- Die Führung der Berufsbezeichnung ist auch zulässig, wenn eine Berechtigung hierzu nach dem **Recht der Europäischen Gemeinschaften** gegeben ist.
- **Andernfalls** ist ein Nachweis über die Führung einer vergleichbaren Berufsbezeichnung aufgrund einer gesetzlichen Regelung eines **Nicht-EG-Mitgliedsstaates** (oder eines **nicht EG-Mitgliedern gleichgestellten Staates**) sowie eine Anerkennung in Hessen erforderlich.
- Besteht **im Heimat- oder Herkunftsstaat keine entsprechende gesetzliche Regelung,** so ist die Führung der Berufsbezeichnung zulässig, wenn die Voraussetzungen zur Eintragung in Hessen erfüllt sind.

Siehe dazu auch unten die Richtlinie über die Anerkennung von Berufsqualifikationen.

c) EG-Richtlinie über die Anerkennung von Berufsqualifikationen

36   Innerhalb der EU stellt sich die Frage der **Anerkennung** von in einem **anderen Mitgliedsstaat erworbenen Qualifikationen.** Zu denken ist an Diplome oder sonstige Befähigungsnachweise. Der EGV ermächtigte in **Art.** 47 den Rat, Richtlinien für die Anerkennung dieser Befähigungsnachweise sowie zur Koordination der Rechts- und Verwaltungsvorschriften der Mitgliedstaaten über die Aufnahme und Ausübung selbstständiger Tätigkeiten zu erlassen. [Art. 53 AEUV] Der Rat hatte diesbezüglich für Architekten die Richtlinie 85/384/EWG vom 10.6.1985 für die gegenseitige Anerkennung der Diplome, Prüfungszeugnisse und sonstigen Befähigungsnachweise auf dem Gebiet der Architektur und für Maßnahmen zur Erleichterung der tatsächlichen Ausübung des Niederlassungsrechts und des Rechts auf freien Dienstleistungsverkehrs erlassen. Die Richtlinie galt auch im Rahmen der **Dienstleistungsfreiheit.** Sie wurde zwischenzeitlich zusammen mit anderen Richtlinien durch die „Richtlinie 2005/36/EG des Europäischen Parlaments und des Rates vom 7.9.2005 über die Anerkennung von Berufsqualifikationen" abgelöst.

Inhalt der gemeinsamen Richtlinie ist u. a. die **Vereinfachung und Liberalisierung** 37 des grenzüberschreitenden Dienstleistungsverkehrs. Ferner sollen die Forderungen der Niederlassungsfreiheit konkreter umgesetzt werden. Die Bundesländer haben hierauf zwischenzeitlich in ihren Architektengesetzen reagiert (bspw. Hamburgisches Architektengesetz vom 11.4.2006). Ziel dieser Regelung ist es, die wechselseitige Anerkennung von Architekten-/Ingenieurabschlüssen in der Europäischen Union zu regeln.

Die Frage der Anerkennung außereuropäischer Abschlüsse beschäftigt die Verwaltungs- 38 gerichte bereits. So hat das OVG Nordrhein-Westfalen entschieden, dass der „Master of Science Civil Engineering" nicht als Studienabschluss im Bauingenieurwesen anzusehen ist. Damit wurde die Berechtigung zur Führung der Berufsbezeichnung Ingenieur abgelehnt und als Folge auch die Erteilung der Bescheinigung zur Bauvorlageberechtigung (OVG Nordrhein-Westfalen IBR 2006, 1374). Andererseits verwehrt nach dem EuGH die Berufsanerkennungsrichtlinie des Jahres 2005 dem Aufnahmemitgliedstaat die Ausübung des Architektenberufs vom Nachweis eines Praktikums oder von Berufserfahrung abhängig zu machen, wenn der Betreffende über eine im Herkunftsmitgliedstaat erlange, der automatischen Anerkennung unterliegende Berufsqualifikation verfügt (EuGH, Urt. v. 30.4.2014 – Rs. C-365/13). Zur Frage, ob ein in Österreich tätiger „Planender Baumeister" in Bayern die Berufsbezeichnung Architekt führen darf, vgl. BVerwG, Beschl. v. 10.7.2013 – 8 C 9.12.

d) Bauvorlageberechtigung

In den jeweiligen **Landesbauordnungen der Bundesländer** ist geregelt, wer Bauvor- 39 lagen zur Genehmigung einreichen darf. In Hessen regelt § 49 der Hessischen Bauordnung (HBO in der ab dem **22.12.2012** geltenden Fassung vom 15.1.2011 – GVBl. I 2011, 46, 180) diese Berechtigung. Hier wird, je nach Art und Umfang des Bauvorhabens vorgegeben, wer im Einzelnen vorlageberechtigt ist.

- „Uneingeschränkt" bauvorlageberechtigt sind **Architekten,** die aufgrund des HASG die Berufsbezeichnung führen dürfen sowie **Ingenieure,** die in die Liste der bauvorlageberechtigten Ingenieure gemäß Ingenieurkammergesetz eingetragen sind oder die Bauvorlageberechtigung gemäß § 19a Abs. 9 Ingenieurkammergesetz Hessen nachweisen können. Entsprechendes gilt auch in anderen Bundesländern (Bsp.: OVG Nordrhein-Westfalen IBR 2006, 1374).
- „Eingeschränkt" bauvorlageberechtigt sind für Bauvorhaben in **öffentlicher Trägerschaft** im Rahmen der dienstlichen Tätigkeit **Bedienstete** der öffentlichen Hand mit bautechnischer Ausbildung und Vorbereitungsdienst. Für bauliche Änderungen von Gebäuden in Verbindung mit Leistungen der **Innenarchitektur** sind „**eingeschränkt**" bauvorlageberechtigt **Innenarchitekten,** die aufgrund des HASG die Berufsbezeichnung berechtigt führen.
- Für bestimmte „einfache" Gebäude bauvorlageberechtigt sind u. a. **Meister im Maurer- und Betonbauer- oder Zimmererhandwerk,** staatl. geprüfte **Techniker** der Fachrichtung Bautechnik sowie nach dem Recht der Europäischen Union und der diesen gleichgestellten Staaten unmittelbar Berechtigte.

Weigert sich ein bauvorlage- und nachweisberechtigter Ingenieur, die ihm bekannte Rechtsauffassung und fachliche Einschätzung der Obersten Baubehörde anzuerkennen und ist er nicht gewillt, diesen rechtlichen und fachlichen Vorgaben zu folgen und die einschlägigen baurechtlichen Vorschriften (hier: Standards für die statische Berechnung von Stahlbetonrundbehältern) in diesem Sinne „korrekt" anzuwenden, fehlt ihm die erforderliche Zuverlässigkeit für die Tätigkeit als Bauvorlageberechtigter und Nachweisberechtigter.

VGH Bayern, Beschluss vom 8.11.2013 – 22 ZB 13.657

aa) „Uneingeschränkte" Bauvorlageberechtigung

Neben „bestimmten" **Bauingenieuren** steht die Bauvorlageberechtigung uneinge- 40 schränkt nur **Architekten** zu. Dabei knüpft das Gesetz (die HBO) an die berufsrechtlichen

Vorschriften des HASG an. Wer aufgrund des HASG berechtigt ist, die Berufsbezeichnung „Architekt/Architektin" zu führen, hat sogleich die „uneingeschränkte" Bauvorlageberechtigung. **Für Ingenieure** stellt § 49 HBO folgende Voraussetzungen auf:

- „Uneingeschränkt" bauvorlageberechtigt sind Ingenieure, die in die **Liste der bauvorlageberechtigten Ingenieure** gemäß Ingenieurkammergesetz (IKG) eingetragen sind.
- Gleiches gilt für Bauingenieure, die die Bauvorlageberechtigung **gemäß § 19a Abs. 9 IKG** nachweisen. Nach dieser Vorschrift können Bauingenieure einen **einmaligen Nachweis** über ihre Bauvorlageberechtigung für ein bestimmtes Bauvorhaben im Lande Hessen beantragen, sofern sie nicht grundsätzlich in die Liste der bauvorlageberechtigten Ingenieure eingetragen werden wollen. **Voraussetzung ist,** sie unterhalten im Lande Hessen **weder eine berufliche Niederlassung,** noch sind sie in Hessen **angestellt tätig oder wohnhaft.** Ein **Anspruch** auf die Ausstellung eines entsprechenden Nachweises besteht gemäß § 19a Abs. 9 Satz 2 IKG: *„Der Nachweis ist auszustellen, wenn ein vergleichbarer Nachweis nach dem Recht eines anderen Bundeslandes oder Mitgliedsstaates der Europäischen Union oder eines nach Europäischem Gemeinschaftsrecht gleichgestellten anderen Staates vorgelegt oder die Befähigung anderweitig nachgewiesen wird. "*

41 Als **Folge** hiervon sind bauvorlageberechtigte Ingenieure aus anderen Bundesländern, EU-Mitgliedsstaaten oder ihnen gleichgestellten Staaten bei Einhaltung der genannten Voraussetzung auch in Hessen bauvorlageberechtigt. Der Abschluss eines dreijährigen Bachelor-Studiums im Studiengang Architektur soll für die Eintragung in die Architektenliste nicht ausreichen (VG Koblenz IBR 2012, 718; ebenso OVG Rheinland-Pfalz, Urt. v. 16.4.2014 – 6 A 11279/12).

bb) „Eingeschränkte" Bauvorlageberechtigung

42 Für **„Innenarchitekten"** und **„Innenarchitektinnen"** sieht § 49 Abs. 4 Nr. 3 HBO Einschränkungen der Bauvorlageberechtigung vor. Wer aufgrund des HASG die genannte Berufsbezeichnung berechtigt führen darf, ist „für die mit dieser Berufsaufgabe verbundenen baulichen Änderungen von Gebäuden" bauvorlageberechtigt. Nach der Gesetzesbegründung zählen hierzu **schwerpunktmäßig Innenausbauten und Umbauten** von Gebäuden (vgl. Hornmann, Komm. zur HBO, § 49 Rn. 50). **Landschaftsarchitekten** werden in § 49 HBO ab 2002 nicht mehr gesondert erwähnt, da die Bauvorlagenberechtigung nur noch für Gebäude verlangt wird. Aufgrund der Regelung in § 49 Abs. 3 S. 2 HBO können sie ihrer Tätigkeit ohne die Anforderungen der Bauvorlagenberechtigung wie bisher nachgehen (Hornmann a.a.O. Rn. 30, 51). Die Vorlageberechtigung für bestimmte „einfache" Gebäude steht gemäß § 49 Abs. 5 S. 1 HBO darüber hinaus auch Personen zu, die eine **bauspezifische Meisterprüfung** (Maurer, Betonbauer, Zimmerhandwerk, etc.) abgelegt haben. Man spricht hier von der **„kleinen Bauvorlageberechtigung".**

cc) Regelung für Angehörige anderer EG-Mitgliedsstaaten

43 § 49 Abs. 6 Satz 1 HBO enthält eine Sonderregelung für „Berechtigte nach dem Recht der Europäischen Union". Diese haben die Möglichkeit, die **„kleine Bauvorlageberechtigung"** zu erhalten. Diese Regelung dient der Vereinbarkeit mit Vorgaben des europäischen Rechts. Sie soll die **Gleichbehandlung** von Bürgern anderer EG-Mitgliedsstaaten gewährleisten. Der Gesetzgeber hat dabei auf eine ausführliche Regelung verzichtet. Vielmehr sollen Einzelheiten durch eine Verwaltungsvorschrift geregelt werden (Gesetzesentwurf der HBO 2002 – Drucks. 15/3635 des Hessischen Landtags, S. 136).

dd) Umsetzung der Dienstleistungsrichtlinie – Bauvorlageregelung in Musterbauordnung

44 Im Zuge der Umsetzung der EG-Dienstleistungsrichtlinie hatte zu Anfang des Jahres 2008 eine Projektgruppe der „Fachkommission Bauaufsicht" (im Rahmen der von der Konferenz der für Städtebau- und Wohnungswesen zuständigen Minister und Senatoren der Länder – (ARGEBAU) –einen Vorschlag zur Neuregelung des § 65 Musterbauordnung (MBO) in Bezug auf die Bauvorlageregelung unterbreitet. Vorgesehen war u. a. die Bauvorlageregelung von den Berufen der Architekten und Ingenieure abzukoppeln. Dieses ist

aufgrund der Einwände, speziell der Bundesarchitekten- und Bundesingenieurkammer, jedoch gestoppt worden.

e) Grundaufgaben der Kammern

aa) Öffentlichkeitsarbeit und Förderung der Baukultur

Einer der wesentlichen Kernbereiche der Tätigkeit der Kammern ist die Vermittlung einer **45** **Baukultur** für die Gesellschaft. Diese umfassende Kammeraufgabe hat zur Aufgabe Maß, Form und Angemessenheit, Nachhaltigkeit und Ressourcenschonung als bewusstseinsprägende Maximen zu vermitteln, die ohne weiteres auch auf alle anderen Lebensbereiche übertragbar sind. Es geht um die Vernetzung von Erkenntnissen und Erfahrungen als Prinzip zur Bewältigung komplexer Sachverhalte im Bereich zwischen Gesellschaft und deren Ausprägung bei der Bauplanung und -errichtung, insbesondere bei der Städte- und Landschaftsplanung. Die Förderung der **Baukultur** ist – mit weiteren im Sachzusammenhang stehenden Aufgaben – in den Architektengesetzen als Kammeraufgabe normiert (bspw. § 19 Nr. 1 ArchIngKG Schl.-H.; § 12 Abs. 1 Satz 1 BremArchG; § 14 Abs. 1 Nr. 2 BauKaG NRW).

Öffentlichkeitsarbeit für Architekten und deren Leistungen ist das Einbringen der An- **46** liegen der Baukultur Schaffenden in den öffentlichen Diskurs und deren angemessene Berücksichtigung im Rahmen des gesamten Beziehungsgeflechts der sich entwickelnden Zivilgesellschaft. Das Spektrum der Themen reicht von der Demonstration des Wertes von Baukultur für Mensch und Umwelt bis hin zu wirtschaftstheoretisch untermauerten mittelstandspolitischen Forderungen. Es geht bei der Öffentlichkeitsarbeit um die Schaffung von Klima und Bewusstsein, also um langfristige Veränderung der öffentlichen und veröffentlichten Meinung. Ohne eine intensive Einbindung der Medien ist eine erfolgreiche Öffentlichkeitsarbeit nicht denkbar.

bb) Wahrung Mitgliederbelange

Die Mehrheit der Kammern der Länder ist bereits zuständige Behörde nach den jeweili- **47** gen länderspezifischen Gesetzen und nehmen in diesem Zusammenhang aufgrund der Sachnähe die Aufgaben einer zuständigen Behörde im Sinne der europäischen Berufsanerkennungsrichtlinie 2005/36/EG wahr. Darüber hinaus sind fast alle Kammern der Länder als Ordnungswidrigkeitsbehörde befugt, gegen den unrechtmäßigen Gebrauch der Berufsbezeichnung „Architekt" oder „Ingenieur" einzuschreiten.

Sie haben zudem die Aufgabe, bei Vorliegen der Voraussetzungen, die Eintragungen in die Liste der Architekten und Ingenieure vorzunehmen. Die entsprechenden Voraussetzungen regeln die Ländergesetze. So ist beispielsweise in die Berliner Architektenliste auf Antrag einzutragen, wer seinen Wohnsitz, seine Niederlassung oder seine überwiegende berufliche Beschäftigung im Land Berlin hat, die Berufsaufgaben wahrnehmen will und ein der Fachrichtung Architektur entsprechendes Studium mit einer mindestens vierjährigen Regelstudienzeit an einer deutschen Hochschule oder Fachhochschule erfolgreich abgeschlossen und danach eine mindestens zweijährige praktische Tätigkeit in der betreffenden Fachrichtung ausgeübt hat. Ein Architekt, der die erforderliche planende praktische Tätigkeit nur für einen Zeitraum von drei Monaten nachweisen kann, erfüllt nicht die Voraussetzungen an eine Eintragung in die Berliner Architektenliste (VG Berlin, Urt. v. 15.4.2014 – 22 K 39.14).

Mit der im Oktober 2013 geänderten Berufsanerkennungsrichtlinie 2005/36/EG wird auch die Einführung Europäischer Berufsausweise gefordert. In Zusammenarbeit mit der Bundesingenieurkammer und dem ECEC wird durch die Ingenieurkammern derzeit beispielsweise darauf hingewirkt, daß die notwendigen Durchführungsakte durch die Europäische Kommission nach Art. 4a Abs. 7 der Richtlinie erlassen werden. Auf nationaler Ebene sind die die Kammern nach Art. 4a Abs. 6 der Richtlinie bereits die Ausweise ausstellen.

Durch die nach Art. 49a der geänderten Berufsanerkennungsrichtlinie mögliche Einführung gemeinsamer Ausbildungsgrundsätze wird derzeit ebenfalls versucht den Ausbildungsrahmen – insbesondere der Ingenieure – einheitlich zu regeln. Insbesondere wird in der Ingenieurausbildung angestrebt die MINT-Fächer im Rahmen eines sechssemestrigen

Theoriestudiums einheitlich einzuführen. Bei Ingenieurberufen soll der überwiegende Anteil ingenieurtechnischer Fächer zwingend einheitlich vorgeschrieben werden.

Kammern haben als berufsständischen Organisationen die beruflichen und sozialen Belange ihrer Mitglieder zu wahren. Wichtige „Eckpfeiler" dieser Kammeraufgabe sind die Berufspolitik und die Rechtsberatung. Neben der „nach innen gerichteten" Rechtsberatung der Mitglieder erfolgt auch eine nach „außen gerichtete" Rechtsberatung gegenüber anderen staatlichen Stellen durch die Kammern. Architekten und Ingenieure sind Teil des sog. Mittelstandes, als freischaffende Architekten/Ingenieure Teile des wirtschaftsnahen freiberuflichen Mittelstandes. Ihre Position in der Gesellschaft zu stärken, ist eines der Ziele der **Berufspolitik** der Kammern. In allen Ländern gibt es Mittelstandsförderungsgesetze, die verpflichten, bei allen Maßnahmen zu prüfen, inwieweit die Interessen des Mittelstandes berücksichtigt werden können. Die Förderung des Mittelstandes ist Bestandteil des originären EU-Rechts, da bereits Artikel 130 des EWG-Vertrages dazu verpflichtete, kleine und mittlere Unternehmen besonders zu fördern. Besonders schwierig gestaltet sich die Berücksichtigung regionaler Gesichtspunkte, da hierin häufig ein Wettbewerbshindernis gesehen wird in einem europäischen Binnenmarkt.

48   **Rechtsberatung** für die Mitglieder ist eine der wesentlichen Tätigkeiten der Kammern. Die im Zusammenhang mit der „Wahrung der Mitgliederbelange" normierten Aufgaben der Kammern sind nach dem jeweiligen Landes-Architekten-/Ingenieurkammergesetz geregelt (bspw. § 19 Abs. 1 Nr. 3 ArchIngKG Schl-H. (Begr. zu § 19 ArchIngKG Schl-H., LT-Drucks. 15/609 S. 68); § 12 Abs. 1 Satz 2 BremArchG; § 14 Abs. 1 Nr. 1 BauKaG NRW; § 19 Nr. 3 ArchIngKG Schl-H.).

cc) Fortbildung

49   Die **Fortbildung** der Mitglieder ist ebenfalls Aufgabe der Kammern. Es muss in dieser Fortbildung vor allem auch Kreativität und Flexibilität als Teil des Mittelstandes in den Vordergrund gestellt werden. Die Themen der Fortbildungsveranstaltungen der Kammern sind ausschließlich praxisbezogen und immer auf ihre Anwendungsfähigkeit überprüft. Schwerpunkte sind die Information im Bereich der beruflich einschlägigen Rechtsentwicklung: hier sind es beispielsweise intensive Schulungen im Bereich der Landesbauordnungen, der VOF, der DIN-Normen; ebenso Seminare zur höchstrichterlichen Rechtsprechung im öffentlichen und privaten Planungs- und Baurecht. Daneben werden Themen behandelt zur Betriebs- und Menschenführung, zur Büroorganisation, der Akquisition, zur Vertragsgestaltung, zum Haftpflichtrecht, zur HOAI, zur Abnahme etc. Stets wird von den Kammern darauf geachtet, dass die Veranstaltungen für einen möglichst großen Kreis von Kammerangehörigen von Bedeutung sind. Stark nachgefragt von der Wirtschaft sind insbesondere Tätigkeiten im Rahmen der Organisation des Baugeschehens, der Termin- und Kostenkontrolle, also die Fähigkeiten, die zu einer erfolgreichen Projektsteuerung gehören. Aber auch das Facility Management gehört dazu. Das Bauen im Bestand, auch im denkmalgeschützten Bereich, wird den Kammermitgliedern immer mehr als wesentliche Zukunftsaufgabe vermittelt; hierzu gehört auch eine intensive Schulung im Denkmalpflegebereich. Ein weiteres, besonders zukunftsträchtiges Thema für Interessierte in den Kammern ist das Stadt-und Regionalmarketing. In den Architektengesetzen ist die Verpflichtung der Kammern, für die Fortbildung ihrer Mitglieder bzw. Listeneingetragenen zu sorgen als Kammeraufgabe normiert (§ 19 Nr. 2 ArchIngKG Schl-H. (vgl. Begr zu § 19 ArchIngKG Schl-H., LT-Drucks. 15/609 S. 67); § 12 Abs. 1 Nr. 2 BramArchG; § 14 Nr. 4 BauKaG NRW; § 3 Abs. 1 Satz 2 Nr. 2 ArchIngKG Schl-H.; § 13 Satzung AK Rh-Pf.; § 4 Abs. 1 Satzung AK NRW; Art. 20 Nr. 9 BayArchG i.V.m. 5.1.2 Satzung ByAK). Die von den Kammern mit ihren Fortbildungs- und Weiterbildungsordnungen durchgesetzte Fortbildungspflicht der Architekt wird als vereinbar mit der Berufsfreiheitsgarantie des Grundgesetzes angesehen (OVG Nordrhein-Westfalen, Urt. v. 26.4.2012 – 6s A 689/10).

dd) Behördenberatung

50   Ein weiterer Bereich der **Rechtsberatung** der Kammern ist die Beratung der Kommunen und Gemeindeverbände in planungs- und baurechtlichen Fragen, aber auch in dem zunehmend wichtiger werdenden Bereich des Vergaberechts. Nach den Regelungen in den

Architektengesetzen (§ 19 Nr. 4 ArchIngKG Schl-H.; § 13 Abs. 1 Nr. 5 ArchG M.-V.; § 12 Abs. 1 Nr. 2 BremArchG; § 14 Nr. 10 BauKaG NRW; Art 17 Abs. 1 Nr. 7 Bay-ArchG) ist diese Aufgabe Pflichtaufgabe.

ee) Streitbeilegung

Den Architektenkammern obliegt, auf die Beilegung von beruflichen Streitigkeiten hin- **51** zuwirken. Die Kammern sind insofern in die Bemühungen der Justizminister des Bundes und der Länder eingebunden, zur Entlastung der Justiz durch außergerichtliche Streitbeilegung beizutragen (vgl. für Schlichtungsmaterial bei der AIK Schl-H.: Landesschlichtungsgesetz Schl-H. v. 11.12.2011, GVOBl. Sch-H. 2001 S. 361). Bei den Architektenkammern sind zum Zweck der Streitbeilegung zum Teil Schlichtungsausschüsse eingerichtet. In diesem Zusammenhang ist darauf hinzuweisen, dass die Anrufung des Schlichtungsausschusses bei beruflichen Streitigkeiten in Schleswig-Holstein gem. § 3 Abs. 1 Satz 2 Nr. 9 ArchIngKG Schl-H. als Berufspflicht ausgestattet ist (§ 19 Nr. 5 ArchIngKG Schl-H.; § 13 Abs. 1 Nr. 6 ArchG M.-V.; § 12 Abs. 1 Nr. 5 BremArchG; § 9 Abs. 1 Nr. 6 BauKaG NRW; § 13 Abs. 1 Nr. 7 ArchG Rh.-Pf.; Art. 17 Abs. 1 Nr. 8 BayArchG). Soweit der Wortlaut des jeweiligen Architektengesetzes sich auf die Streitbeilegung zwischen „Mitgliedern oder diesen und Dritten" bezieht, ist es für die „Große Kammer" sachgerecht. Hingegen ist er für die Architekten- und Ingenieurkammer als „Kleine Kammer" ungenau (in § 27 ArchIngKG Schl-H. wird ebenfalls auf solche Streitigkeiten abgestellt). Auch die sonstigen Listeneingetragenen, die nicht Pflichtmitglieder sind, gilt in Schleswig-Holstein die Berufspflicht, zunächst den Schlichtungsausschuss anzurufen (vgl. § 3 Abs. 1 Satz 1 i. V. m. S. 2 Nr. 9 ArchIngKG Schl-H.). Die Berufspflicht besteht insoweit unabhängig von der Mitgliedschaft. Eine Subsumtion unter den Begriff „Mitglieder" kann somit nicht erfolgen. Ebenso scheidet eine Subsumtion unter den Begriff „Dritte" aus. Dritte i. S. d. § 19 Nr. 5 ArchIngKG Schl-H. und § 27 ArchIngKG Schl-H. sind „Außenstehende", d. h. beispielsweise der Auftraggeber (Bauherr) des Mitgliedes.

ff) Sachverständigenwesen

Eine weitere Aufgabe der Architektenkammern ist die Bestellung und Vereidigung von **52** Sachverständigen, soweit diese ihnen übertragen wurde. Dabei sollten die Kammern versuchen, eine möglichst umfassende Ermächtigung für alle den Berufsaufgaben ihrer Mitglieder entsprechenden Sachgebiete zu erhalten, mithin für die Gebiete Hochbau, Innenarchitektur und Landschaftsplanung. Soweit die Benennung von Sachverständigen gegenüber Behörden und Gerichten als Kammeraufgabe geregelt ist, ist diese auch im Zusammenhang mit der Behördenberatung zu sehen. In den Architektengesetzen sind dementsprechend grundsätzlich Regelungen im Zusammenhang mit dem Sachverständigenwesen normiert (beispielhaft: § 19 Nr. 6 ArchIngKG Schl-H.; § 12 Abs. 1 Nr. 5 BremArchG).

gg) Wettbewerbswesen

Das Wettbewerbswesen gehört zu den Kammeraufgaben, denen ein besonders hoher **53** Stellenwert zugemessen wird. Für viele Mitglieder des Berufsstandes ist das Wettbewerbswesen mit seiner Durchführung von geregelten Architektenwettbewerben ein besonders geeigneter Weg, zu einem hohen Niveau von Baukultur zu kommen. Es ist Teil des Vergaberechts und wirtschaftlich betrachtet für die Büros Akquisitionsstrategie. Das Wettbewerbswesen hat seit Inkrafttreten der VOF mit der darin vorgesehenen Durchführung von praktisch für die Auslober kostenlosen Verhandlungsverfahren, an Bedeutung verloren. Die Öffentlichkeitsarbeit der Kammern im Wettbewerbswesen richtet daher auf diesen Bereich ein besonderes Augenmerk. Rein wirtschaftlich hat das Wettbewerbswesen nie eine herausragende Rolle gespielt, wurden doch stets lediglich etwa 3–5 % aller Bauvorhaben über Wettbewerbe vergeben. Der Architektenwettbewerb ist ein Unterfall des Preisausschreibens nach § 661 BGB (BGH, BlGBW 68, 37), wobei zu bemerken ist, dass im Sinne dieser Regelung der Preis der Auftrag ist und nicht etwa die in Architektenwettbewerben ausgelobte Preis- und Ankaufssumme. Zahlreiche Wettbewerbe wurden nach den so genannten **GRW 1995** ausgelobt; diese Richtlinien wurden jedoch beim Bund und in den einzelnen Ländern mit unterschiedlicher Intensität und Verpflichtungsdichte eingeführt. Es konnte keine Rede davon sein, dass die GRW 1995 die geltenden, allgemein verbindlichen Richtlinien für Architektenwettbewerbe in der Bundesrepublik darstellen. In jüngster Zeit versuchen verschiedene Länder, durch die Entwicklung eigener Wettbewerbsrichtlinien von den als zu unbeweglich und kompliziert empfundenen Regelungen nach GRW 1995 wegzukommen. Das Wettbewerbswesen ist zumeist als eine der Kammeraufgaben in den Architektengesetzen normiert (beispielhaft: § 19 Nr. 7 ArchIngKG Schl-H.; § 19 Nr. 8 ArchIngKG Schl-H.; § 12 Abs. 1 Nr. 3 BremArchG; § 9 Abs. 1 Nr. 7 BauKaG NRW; § 3 Abs. 1 Nr. 8 ArchIngKG Schl-H.; § 19 Nr. 8 ArchIngKG Schl-H.). Vgl. hierzu auch ausführlich II Ziff. 2f).

hh) Berufshaftpflichtversicherung

54   Zu den Aufgaben der Architekten- und Ingenieurkammern gehört es, als zuständige Stelle nach § 158c Abs. 2 VVG, das Bestehen eines ausreichenden Versicherungsschutzes zu überwachen (z.B. § 19 Nr. 9 ArchIngKG Schl-H.). Dieses korrespondiert insoweit mit der Berufspflicht (z.B. § 3 Abs. 1 Satz 2 Nr. 10 ArchIngKG Schl-H.) eine ausreichende Berufshaftpflichtversicherung abzuschließen. Dementsprechend zählt eine dahingehende Überwachung auch zu den Aufgaben der Kammern. Zwar ist eine ausdrückliche Bestimmung in den jeweiligen Architektengesetzen nicht vorhanden, jedoch gehört zu den Aufgaben der Kammern auch die Überwachung der Einhaltung der Berufspflichten. Eine entsprechende Berufspflicht ist insoweit in den übrigen der hier behandelten Länder normiert. Der Architekt ist verpflichtet, seinem Auftraggeber Auskunft über die eigene Berufshaftpflichtversicherung zu geben (OVG Nordrhein-Westfalen IBR 2013, 695). Der BGH hat in der Klausel eines Berufshaftpflichtversicherers für Architekten, wonach die Verletzung der Pflicht zur Angabe der Honorarumsätze für die Bemessung der Versicherungs-Beitragssätze zu einer Vertragsstrafe in fünffacher Höhe der Prämiendifferenz führen sollte, eine unangemessene Benachteiligung des Versicherungsnehmers gesehen (BGH, Urt. v. 30.5.2012 – IV ZR 87/11).

ii) Versorgungseinrichtungen

55   Versorgungseinrichtungen dienen der Altersvorsorge. Sie sind von den Fürsorgeeinrichtungen abzugrenzen, die für unverschuldet in Not geratene Kammermitglieder und deren Hinterbliebene (gelegentlich) Leistungen erbringen (Sangenstedt (Meihorst/Awik) D II Rn. 199). Als berufsständische Versorgungseinrichtungen haben Kammern Versorgungswerke geschaffen, deren Pflichtmitgliedschaft zumeist mit der Pflichtmitgliedschaft in der Architektenkammer korrespondiert, soweit nicht Ausnahmen bestehen (z.B. verbeamtete Berufsangehörige). Teilweise haben die Architektenkammern länderübergreifende Versorgungswerke geschaffen, die aufgrund eines zentralen Verwaltungsapparates für eine größere Zahl von Mitgliedern effektiver und damit wirtschaftlicher arbeiten können. Man spricht in diesem Zusammenhang von Synergieeffekten (Sangenstedt (Kling/Schmeichel) C VIII Rn. 4). Die Beiträge der Mitglieder werden dabei unter Beachtung des Versicherungsaufsichtsgesetzes (VAG) angelegt. Das Versorgungswerk der Architekten- und Ingenieurkammern Schleswig-Holsteins ist beispielsweise bei der Architektenkammer Baden-Württemberg errichtet. Es ist dabei nicht nur berufsständische Versorgungseinrichtung der AIK Schl-H. und der Architekten von Baden-Württemberg, sondern auch der Mitglieder der Hamburgischen Architektenkammer (gem. § 1 Satzung Verswerk.). Ein entsprechendes Versorgungswerk wurde auch in Nordrhein-Westfalen (vgl. § 15 BauKaG NRW) als Einrichtung der Architektenkammer NRW gebildet (vgl. § 1 Satzung Verswerk Archit. NRW), welche zugleich die berufsständischen Versorgungseinrichtungen der Kammerangehörigen der Architektenkammer Bremen ist (vgl. Anschluss-Satzung AK HB). Die Architekten des Landes Rheinland-Pfalz gehören der bayerischen Architektenversorgung nach Maßgabe des Staatsvertrages an (vgl. Art. 1 Staatsvertrag Bay/Rh.-Pf.) (Staatsvertrag zwischen dem Freistaat Bayern und dem Land Rheinland-Pfalz über die Zugehörigkeit der Architekten des Landes Rh.-Pf. zur bayerischen Architektenversorgung v. 1.11.1981 – BayGVBl. S. 363; GVBl. Rh.-Pf. S. 213 –, geändert durch Staatsvertrag v. 10./25.3.1998 – BayGVBl. 1998, S. 571; GVBl. Rh.-Pf. 1998, S. 273 –).

jj) Überwachung der Berufspflichten

Die Überwachung der Einhaltung der Berufspflichten ist ebenfalls Aufgabe der Kammer. **56** Die Kammern nahmen in der Vergangenheit die Verfolgung von vermuteten Verstößen gegen die Berufspflichten sehr ernst, da es darum ging, auch über die Entwicklung von bestimmten anerkannten Verhaltensmustern und Sanktionen eine bestimmte Haltung unter den Kammermitgliedern zu schaffen. Nur dann schien auch eine geschlossene Berufspolitik möglich zu sein. Auch heute noch werden auf Antrag oder von Amts wegen Verstöße gegen die Berufspflichten sanktioniert; die Kammern müssen jedoch aufgrund des gesicherten Status ihrer Mitglieder nicht in jedem Fall das Ehrenverfahren durchführen, da die Anschauungen sich doch gefestigt haben und die Berufspflichten inzwischen insgesamt als „Auffassung aller" bewertet werden können. Die Überwachung der Berufspflichteneinhaltung gehört angesichts ihrer Bedeutung sowohl für die Kammer, als auch für die Adressaten der Berufspflichten zum Katalog der Kammeraufgaben (vgl. § 19 Nr. 3 ArchIngKG Schl-H.; § 12 Abs. 1 Satz 2 1. HS BremArchG; § 14 Nr. 1 BauKaG NRW; § 13 Abs. 1 Nr. 2 ArchG Rh-Pf.).

f) Haushaltswesen

Die Grundlagen des Haushaltswesens liegen in den Architekten- und Ingenieurgesetzen **57** der Länder (vgl. § 33 ArchG Sch-H.; § 19 BremArchG; § 23 BauKaG NRW). Die Arbeit aller Kammern speist sich grundsätzlich nur aus eigenen Mitgliedsbeiträgen, d. h. die Kammern sind vom Grundsatz her nicht abhängig von staatlichen Zuschüssen. Dieses verhindert nicht, dass für einzelne Projekte inzwischen private und öffentliche Partner gesucht und gefunden werden, da die zunehmende Komplexität der Kammeraufgaben es nicht mehr ermöglicht, jedes dieser Vorhaben aus eigenen Mitteln zu finanzieren. Die Beiträge, die die Kammermitglieder abzuführen haben, sind in den einzelnen Kammern in den Beitragssatzungen geregelt. Die Parameter für die Erhebung der Kammerbeiträge sind unterschiedlich. Die Haushaltsabwicklung der Kammern folgte bisher traditionsgemäß den Grundsätzen der Kameralistik. Es kann jedoch nicht verkannt werden, dass die Grundsätze der Budgetierung auch hier eine immer größere Bedeutung erhalten. Die Ansätze zu einer Haushaltsabwicklung nach Budgetierungsgrundsätzen haben sich bewährt und sollten weiter ausgebaut werden. Angesichts einer auch bei den Kammern künftig angespannter werdenden Haushaltslage, kann mit einzelnen Budgetierungsansätzen wesentlich flexibler auf die Anforderungen von Haushaltsjahr zu Haushaltsjahr reagiert werden.

3. Sonstige am Bau Beteiligte

a) Sonderfachleute

Die Bedeutung der **ingenieurtechnischen Sonderfachleute** ist durch die EG-Dienst- **58** leistungsrichtlinie zur Vereinfachung der Baugenehmigungsverfahren in den einzelnen Bundesländern verstärkt worden. Damit wurde auch die Rolle der **Prüfingenieure/Prüfsachverständigen** neu geregelt (vgl. § 85 Abs. 2 der Musterbauordnung bzw. der M-PPVO). Als Folge wurde in einzelnen technischen Bereichen die Überprüfung von Bauvorhaben – z. B. Schall- und Wärmeschutz oder Brandschutz – von den Baubehörden auf ingenieurtechnische Sachverständige verlagert. Dem Bauherrn/Auftraggeber obliegt es in diesen Fällen, die entsprechenden Bescheinigungen der Sachverständigen vorzulegen. Als Beispiel ist die nordrhein-westfälische Sachverständigenverordnung zu nennen *(Verordnung über staatlich anerkannte Sachverständige nach der Landesbauordnung – SV-VO).* Sie regelt Aufgaben, Anerkennung und Vergütung der technischen Sonderfachleute im Zusammenhang mit den ihnen nach der Landesbauordnung NRW übertragenen Befugnisse. Hierzu zählen das Ausstellen von Bescheinigungen oder die Vornahme von Prüfungen (vgl. im Einzelnen Schübel-Pfiester, EU-Dienstleistungsrichtlinie und nationales Baurecht, ZfBR 2008, 242 ff. u. Volze, Tätigkeit des Prüfingenieurs bei Bauvorhaben und die Haftung, BauR 2005, 1 ff.). Von der öffentlich rechtlichen Funktion der Prüfingenieure (Gefahrenabwehr für Dritte) ist die vertragliche Haftung des Architekten zu unterscheiden. Im Rahmen des **haftungsrechtlichen Zusammenspiels** können beide für das Gleiche verantwortlich sein, dem Bauherrn wird im Regelfalle aber nur der Architekt haften (s. u.). Nach der Rechtsprechung muss der Architekt auf vom Prüfingenieur verlangte Änderungen in der Planungsphase unverzüglich reagieren. Diese Änderungswünsche sollen haftungsrechtlich für ihn die gleiche Bedeutung wie Änderungswünsche des Bauherrn haben (LG Frankfurt/Oder IBR 2008, 1043).

Der Architekt ist **ohne besondere Vollmacht** des Bauherrn/Auftraggebers **nicht berechtigt, Sonderfachleute zu beauftragen.** Wird er mit entsprechender Vollmacht tätig, entsteht ein Vertragsverhältnis zwischen Bauherr/Auftraggeber und dem jeweiligen Sonderfachmann. Der BGH hatte einen Ausnahmefall zu entscheiden, bei dem der Architekt den Sonderfachmann im eigenen Namen beauftragte, gleichwohl für dessen Leistung nicht haften musste (BGH NJW 1997, 2173 = BauR 97, 488). Bei nur geringer Überwachung der Bauleistung durch den Sonderfachmann hatte der BGH eine Haftung des bauüberwachenden Architekten neben dem Sonderfachmann angenommen (BGH IBR 2009, 595). Tritt der Architekt als **Generalplaner** auf, wird regelmäßig er Vertragspartner der verschiedenen Sonderfachleute. In diesem Fällen muss er seinen Versicherungsschutz erweitern.

b) Tragwerksplaner

59 Beim Tragwerksplaner handelt es sich um einen „dieser" Sonderfachleute. Wohl um den bekanntesten, gar gängigsten. Er wird für den Bauherrn rein privatrechtlich tätig. Daneben sehen die Landesbauordnungen/Bauvorlageverordnungen der einzelnen Bundesländer im Zusammenhang mit der Baufreigabe vor, dass dem Antrag auf Erteilung einer Baugenehmigung ein Standsicherheitsnachweis beigefügt werden muss. Dabei hat die Bauaufsichtsbehörde die Aufgabe die Prüfung der statischen Berechnung. Diese wird durch „Prüfingenieure für Baustatik" vorgenommen. Insoweit überprüft der Ingenieur den eingereichten Nachweis auf statische Sicherheit. In diesem Moment übt er hoheitliche Gewalt aus.

60 Was die Aufgabenstellung des Tragwerksplaners betrifft, gibt die HOAI 2013 interessante Aufschlüsse. Danach muss er im Rahmen der Grundlagenermittlung mit seinem Auftraggeber die Aufgabenstellung anhand dessen Bedarfsplanung klären (Anlage 14 zu § 51 Abs. 6 HOAI 2013). Hierfür muss er sich mit der Auftrageberschaft auseinandersetzen. Er hat die aus seiner fachtechnischen Sicht notwendigerweise zu klärende Fragen zu stellen. Die sich als Antwort ergebenden Planungsabsichten sind zu dokumentieren. Diese Aufgabenstellung hat der BGH vorweggenommen (Urt. v. 20.6.2013 – VII ZR 4/12). Er weist darauf hin, dass es nicht ausreichend ist, eine standsichere Planung zu schaffen. Es ist richtig insoweit zu betonen, dass der Tragwerksplaner nicht nur ein dem Architekten zuarbeitender Fachplaner ist, sondern dass auch er mit dem Bauherrn Lösungen herbeiführen muss (so Anm. Preussner, IBR 2013, 545). Von der dadurch entstehenden Haftung kann sich der Tragwerksplaner nicht dadurch freizeichnen, dass er in den Vorbemerkungen seines Gutachtens darauf hinweist, dass der Baugrund vor Baubeginn zu untersuchen sei. In diesem Falle ist er seiner werkvertraglichen Pflichten geradezu gröblich nicht nachgekommen (BGH, Urt. v. 15.5.2013 – VII ZR 257/11).

Hiervon zu trennen ist die Aufgabe des Prüfingenieurs. Unterläuft diesem ein Fehler, so können sich Tragwerksplaner/Architekt hierauf nicht berufen (OLG Jena IBR 2004, 599). Der Bauherr hat in diesen Fällen regelmäßig auch keine Schadensersatzansprüche gegenüber der Bauaufsichtsbehörde bzw. ihrem Rechtsträger. Anders kann es sein, wenn der Prüfingenieur Anordnungen/Anweisungen erteilt (z.B. Grüneinträge). In diesen Fällen kann die Baubehörde im Wege der Amtpflichtverletzung haften. Eine parallele Haftung des Tragwerksplaners/Architekten hängt davon ab, ob der Fehler bei der Grüneintragsanordnung für sie erkennbar war. Sie dürfen diese nicht „sklavisch" übernehmen. Die Vergütungsregelungen des Prüfingenieurs sind nicht in der HOAI geregelt. Es gelten die Verordnungen der Länder.

61 Auch der Vertrag zwischen Bauherr und Tragwerksplaner unterfällt dem Werkvertragsrecht (vgl. OLG Düsseldorf NZBau 2002, 43). Durch Vertragsabschluss mit dem Bauherrn wird der Tragwerksplaner nicht dessen Erfüllungsgehilfe gegenüber dem Architekten (BGH NZBau 2002, 616). Umgekehrt ist auch der Architekt nicht Erfüllungsgehilfe des Bauherrn gegenüber dem Tragwerksplaner (OLG Karlsruhe BauR 2002, 1884). Die Beauftragung des Tragwerkplaners durch den Architekten ist im Regelfall nicht von dessen Vollmacht gedeckt. Die Rechtsprechung sieht allerdings in der Vorlage der Statik beim Prüfstatiker bzw. in der Verwendung der Statik im Zuge der Durchführung des Bauvorhabens eine Genehmigung i. S. d. § 177 Abs. 1 BGB (OLG Schleswig/BGH NZB. z. BauR 2006, 155). Dass der Architekt den Statiker im eigenen Namen beauftragt, stellt den Ausnahmefall dar. In diesem Zusammenhang wird zu prüfen sein, ob nicht eine Generalplanung vorliegt.

Eine Haftung des Tragwerksplaners kann sich neben konstruktiven Fehlern auch aus **62** Gründen mangelnder Wirtschaftlichkeit ergeben („übertriebene" Fundamentstärke). Zur Untersuchung des Baugrundes ist der Tragwerksplaner im Regelfall nicht verpflichtet. Es soll reichen, wenn er in seinen Berechnungen auf die von ihm angenommene Bodenpressung verweist, so wie darauf, dass diese Annahme vor Baubeginn überprüft werden muss (OLG Koblenz BauR 2005, 422). Zur Frage der gesamtschuldnerischen Haftung zwischen Architekten und einzelnen Ingenieuren, s. u. Haftungsrecht/Haftungsverteilung.

Im Gegensatz zum Architekten geht man beim Tragwerksplaner davon aus, dass er im **63** Regelfall nicht Sachwalter des Bauherrn ist (BGH IBR 2002, 28). Die Begründung ist darin zu sehen, dass er – anders als der Architekt – keine zentrale Stellung bei der Realisierung des Gesamtbauvorhabens hat. Allein das Argument, dass der Bauherr auch auf die Leistungen des Tragwerkplaners „vertraut", reicht für die Annahme einer Sachwalterstellung nicht aus. Hierbei handelt es sich um eine normale Erwartung (unzutreffend die entgegenstehende Entscheidung des OLG Bamberg BauR 2005, 1792, mit der Begründung, dass die Übertragung der Bewehrungsabnahme Sachwalterpflichten hervorrufe).

c) Projektentwicklung

Bei Projekten, die **umfangreicher Vorplanung** bedürfen (z. B. Untersuchung der Eig- **64** nung eines Grundstücks für ein bestimmtes Bauvorhaben, Erlöschancen für Wohnfläche bzw. Gewerbefläche), kommen sog. Projektentwicklungstätigkeiten in Betracht. Auch diese Leistungen werden oftmals von Architektenseite erbracht. Vielfach besteht die Tätigkeit darin, Bebauungsmöglichkeiten an verschiedenen Standorten optimal auszuloten (sog. **„Machbarkeitsanalyse"**). Bei entsprechenden Konstellationen ist im Einzelfall zu prüfen, welches das vom Projektentwickler/Architekten **geschuldete Leistungssoll** ist, bzw., ob überhaupt ein Vertragsschluss vorliegt (OLG Düsseldorf, IBR 2014, 03 „Architekt soll nur Informationen einholen").

Der Projektentwickler übernimmt häufig weitergehende Aufgaben, oftmals im betriebs- **65** wirtschaftlichen Bereich.

d) Generalplanung

aa) Aufgabenbereiche

Die Übernahme der **Generalplanung** stellt einen weiteren Aufgabenbereich für Archi- **66** tekten/Ingenieure dar. Die entsprechende Aufgabenstellung hat sich aus dem Bedürfnis der Auftraggeber/Bauherren entwickelt, alle für die Herstellung eines Gebäudes notwendigen Architekten- und Ingenieurleistungen **aus einer Hand** zu erhalten. Der **Generalplanervertrag** kann verschiedene Leistungen beinhalten. Bspw. können neben der Objektplanung für Gebäude und der Planung von Freianlagen, Leistungen für Ingenieurbauwerke und Verkehrsanlagen Vertragsbestandteil sein. Gleiches gilt für die **Tragwerksplanung,** die **Baugrundbeurteilung,** die **Gründungsberatung,** die **Technische Ausrüstung** oder den **Schallschutznachweis.**

Der Generalplaner zieht im Regelfall seinerseits die entsprechenden **Fachplaner** (Son- **67** derfachleute) hinzu. Man spricht in diesem Zusammenhang auch von Subplanern/Subingenieuren. Die Fachplaner stehen ihrerseits nur zum Generalplaner in vertraglicher Beziehung (siehe dazu im Folgenden unter 4.).

bb) Risiken

Die rechtliche Konstruktion des **Generalplaners** führt zu weitreichenden Haftungsrisi- **68** ken. Der Generalplaner haftet gegenüber dem Bauherrn für die **Fehler seiner Subinge-**

nieure. Zudem hat er sicherzustellen, dass er für seinen zusätzlichen **Koordinierungs-aufwand** bzgl. der einzelnen Subingenieure **entlohnt** wird. Der Generalplaner muss seine Subingenieure nach der HOAI bezahlen. Unterlässt er es, bei Vertragsabschluss mit dem Bauherrn höhere als die Mindestsätze der HOAI zu vereinbaren, so wird es an einer Ent-lohnung für seinen **Koordinierungsaufwand** fehlen.

69   Ferner läuft der Generalplaner Gefahr, die **Subplaner bezahlen** zu müssen, obwohl er selbst **vom Bauherrn noch keine Vergütung** erhalten hat. Nicht einschränken lässt sich dieses Risiko durch Allgemeine Geschäftsbedingungen des Generalunternehmers/Generalplaners, wonach Zahlungen an den Subingenieur erst nach Erhalt der Zahlung vom Bau-herrn/AG zu leisten sind – **„pay when paid"** Klausel. Selbst für den Fall einer entspre-chenden Individualvereinbarung wird dies als bedenklich angesehen (OLG Celle IBR 2009, 1400; OLG München, Urt. v. 25.1.2011 – 9 U 1953/10). Zur Frage des Zurückbe-haltungsrechtes des Subplaners u. der Möglichkeit einer Drittwiderklage des Generalplaners gegen den Subplaner, vgl. OLG München IBR 2013, 755 u. IBR 2013, 446.

70   Ein Generalplaner kann vergleichbar einem Generalunternehmer auf alle notwendiger-weise zu erbringenden Planungsleistungen haften, wenn er sich zu Entsprechendem in ei-nem Generalpauschalvertrag verpflichtet. In diesem Fall wird er nicht einmal Sowieso-Kosten in Abzug bringen können (OLG Dresden IBR 2012, 337; BGH IBR 2007, 189).

e) Bauträger

71   Der Begriff des „Bauträgers" hat sich aus dem des „Baubetreuers" entwickelt. Man un-terscheidet den **Baubetreuer** im **weiteren** und im **engeren Sinne.**

• Der Baubetreuer im **engeren Sinne** berät bei der **Finanzierung** des Bauvorhabens.

• Der Baubetreuer im **weiteren Sinne** entspricht dem Bauträger.

Der **Bauträger** (Baubetreuer im weiteren Sinne) errichtet in der Regel **in eigenem Namen für Rechnung des Betreuten** ein Bauwerk auf einem – nicht im Eigentum des Betreuten stehenden – Grundstück. Zugrunde liegen von diesem genehmigte Pläne. Der Bauträger verpflichtet sich dabei zur schlüsselfertigen Übergabe mit Übereignung. Diese „Definition" ist **nicht abschließend.** So kann der Bauträger auch auf eigene Rechnung bauen. Wenn das Grundstück bereits im **Eigentum des „Betreuten"** steht oder durch diesen von Dritten erworben wird, liegt **regelmäßig keine Bauträgerschaft** vor. Zu prüfen ist in diesen Fällen, ob ein Generalübernehmer- bzw. Generalunternehmermodell gegeben ist.

72   Im Rahmen der Bauträgerschaft werden **unterschiedliche Vertragsgestaltungen** ver-wendet. Der Bauträgervertrag vereint in der Regel **Elemente verschiedener Vertrags-typen** des BGB in sich (ausführl. Kromik in Wirth, Darmstädter Baurechtshandbuch, S. 937 ff.). Die Ausübung der Tätigkeit eines Bauträgers setzt die **Erlaubnis der zuständi-gen Behörde** gemäß § 34c Abs. 1 Nr. 2b Gewerbeordnung **(GewO)** voraus. Weite-re Vorgaben für die Tätigkeit als Bauträger enthält die Makler- und Bauträgerverordnung **(MaBV).**

4. Wachsende Bedeutung des Generalplaners

a) Generalplaner

aa) Begriff des Generalplaners

73   Der Architektenvertrag ist geprägt von einem Nebeneinander der Vertragsbeziehungen zwischen Bauherrn und Architekten sowie zwischen Bauherrn und Sonderfachleuten wie Statikern, Fachingenieuren, Innenarchitekten und Bodengutachter (*siehe allgemein oben Ein-führung, 3. d) Generalplanung; Korbion, Generalplaner und Subplaner, 2014*). Der **Generalpla-ner** ist vergleichbar mit dem Generalunternehmer. Während der Generalunternehmer sämtliche Bauleistungen zu erbringen hat, ist es Aufgabe des Generalplaners, alle notwendi-gen Architekten- und Ingenieurleistungen zu erbringen. Der Generalplaner führt selbst Teilleistungen aus, zumeist die Architektenleistungen für das Gebäude. Die weiteren not-wendigen Leistungen für die Erstellung des Bauwerkes, z. B. die Tragwerkplanung, die

technische Gebäudeausrüstung, der raumbildende Ausbau, die Baugrundbeurteilung und die Erstellung des Wärme- und Schallschutznachweises wird dann vom Generalplaner Ingenieurbüros übertragen, die als Subplaner tätig sind. Bei der Auftragserteilung an einen Generalplaner besteht zwischen diesem und dem Bauherrn Einigkeit darüber, dass der beauftragte Generalplaner einen Teil der Leistungen im eigenen Namen an Sonderfachleute weiter vergibt. Der Bauherr hat dadurch einen Vorteil, dass er es nur mit einem Vertragspartner zu tun hat. Sämtliche Leistungen sind ihm gegenüber vom Generalplaner zu erbringen, folglich haftet der Generalplaner für alle Fehlplanungen, gleichgültig ob sie von ihm selbst stammen oder von den durch ihn eingeschalteten Subplanern. Es besteht zwischen Bauherrn und Generalplaner ein Vertragsverhältnis, nicht aber zwischen Bauherrn und Sonderfachmann. Bei einem Mangel, der auf einen Planungs- und Überwachungsfehler zurückzuführen ist, haftet dem Bauherrn gegenüber immer der Generalplaner. Im Gegenzug hat der Generalplaner alleine Honoraransprüche gegenüber dem Bauherrn. Ein Risiko ist dabei, wenn der Bauherr das dem Generalplaner zustehende Honorar trotz Fälligkeit nicht zahlt, so kann andererseits der Subplaner von dem Generalplaner das ihm zustehende Honorar verlangen, da die Zahlung dessen Honorar nicht abhängig ist von der Zahlung des Honorars vom Bauherrn an den Generalplaner (**grundsätzlich** zum Generalplaner: *Korbion, Generalplaner und Subplaner, 2014*; auch Kehrberg, BauR 2001, 1824; Wenner, BauR 1998, 1150; siehe auch Generalplanung, BdA 1998, Einleitung und Arbeitshilfen; zur erhöhten Anforderung des Architekten nach den neuen Grundleistungen, siehe Werner/Siegburg, BauR 2013, 1499).

Nicht zu verwechseln ist der Generalplaner mit demjenigen, der die Architekten- und **74** Ingenieurleistungen **koordiniert.** Das ist üblicherweise der Architekt. Er muss die entsprechende Integration der verschiedenen Planungsleistungen vornehmen. Ein Generalplaner ist der Architekt nur dann, wenn er alleine einen direkten Auftrag vom Bauherrn hat, alle Architekten- und Ingenieurleistungen für das konkrete Bauvorhaben zu erbringen. Hat der Bauherr seinerseits eigene Verträge mit den Sonderfachleuten abgeschlossen, ist der Architekt gerade nicht Generalplaner (OLG Dresden, BauR 2007, 1050). Die HOAI 2013 hat nun durch die Erweiterung der Termin- und Koordinationsaufgaben des Planers in den jeweiligen Leistungsphasen eine weitere Tätigkeitserweiterung des Architekten in Richtung „generalplanerische Aufgaben" dargestellt (dazu Korbion, Generalplaner und Subplaner, 2014; Werner/Siegburg, BauR 2013, 1499 ff.).

Der Generalplaner kann die Leistung durch sein Architekturbüro bzw. seine Planungsge- **75** sellschaft mit Hilfe von Subunternehmern erbringen oder sich mit den Sonderfachleuten in einer **ARGE (Arbeitsgemeinschaft)** zusammenschließen. Bei einer ARGE schließen sich verschiedene Architekten- und Ingenieurbüros in der Weise zusammen, dass selbständige Architekten, Statiker, Fachingenieure oder Bodengutachter gemeinsam gegenüber dem Bauherrn für ein bestimmtes Bauwerk, jeder doch für sich allein genommen, die entsprechende Leistung erbringt. Der Bauherr hat das **Honorar** an die ARGE zu zahlen. Unterläuft einem ARGE-Partner ein **Mangel haften** die anderen ARGE-Partner gegenüber dem Bauherrn **gesamtschuldnerisch.** Die ARGE ist eine **Gesellschaft bürgerlichen Rechts** (GbR) gem. §§ 705 ff. BGB, die nach der Rechtsprechung auch rechtsfähig ist (BGH, Urt. v. 15.7.1997 – XI ZR 154/96, BGHZ 136, 254 = NJW 1997, 2754). Aufgrund der umfassenden persönlichen Haftung eines jeden Gesellschafters der ARGE, sofern die einzelnen Gesellschafter nicht in der Rechtsform einer GmbH oder GmbH & Co KG organisiert sind, trifft den Gesellschafter eine unbegrenzte Haftung. Anders sieht dies aus, wenn die einzelnen ARGE-Partner jeweils in Form von Kapitalgesellschaften, insbesondere von Gesellschaften mit beschränkter Haftung errichtet sind. Alternativ zu einer ARGE im Sinne einer Gesellschaft bürgerlichen Rechts kann auch für ein bestimmtes Objekt eine **GmbH** gegründet werden, an der die verschiedenen Architekten und Ingenieure Gesellschafter sind. Diese Generalplaner-GmbH kann die Leistungen durch ihre Gesellschaft erbringen oder sie kann auch Subingenieure beauftragen.

Eine weitere Möglichkeit der Zusammenarbeit stellt auch der **Konsortialvertrag** dar. **76** Dabei werden die Arbeitsleistungen der einzelnen Planer in eine gesellschaftliche Struktur eingebaut. Werkvertraglich hat der Bauherr es nicht mit einem Generalplaner zu tun, son-

dern mit einer Gesellschaft, die als Gemeinschaft agiert, aber sämtliche Leistungen zur gesamten Hand erbringt und ein Gesamthandsvermögen bildet, das auch zur Nachschusspflicht nach § 735 BGB verpflichtet. Die Honorare werden gemeinschaftlich verwaltet und
darüber entschieden, wer entsprechend seinen vertraglichen Anteilen, das von ihm zumindest unter den Mindestsätzen vereinbarte und erreichte Honorar erhält. Die Ausschüttung
der Honorare und die Einwendungen des Bauherrn gegen die Höhe des Honorars ist in
diesen Verhältnissen nicht zum Nachteil der anderen Beteiligten durchzusetzen (weil jeder
seinen Mindestsatz erhält) und auch nicht gem. § 307 BGB unwirksam.

bb) Der Vertrag zwischen Bauherren und dem Generalplaner

77   Der Vertrag zwischen dem Generalplaner und dem Bauherrn ist ein Werkvertrag. Der
Generalplaner schuldet nicht das Bauwerk selbst als körperliche Sache. Dies bedeutet, dass
der Generalplaner als Erfolg eine dauerhaft genehmigungsfähige Planung bezüglich aller
Architekten- und Ingenieurleistungen sowie das Erstellen eines vertraglich vereinbarten
Bauwerks schuldet. Weiterhin muss der Generalplaner, wie bei jedem Architekten- und
Ingenieurvertrag darauf achten, dass die zu erbringenden Leistungspflichten genau be-
schrieben sind. Damit ist der Generalplanervertrag auch risikobehaftet (hierzu Locher in FS
Motzke, S. 221 ff.).

78   Die Höhe des Honorars richtet sich nach den anrechenbaren Kosten und den zwischen
den Parteien zulässigerweise vereinbarten Honorarsätzen zwischen Mindest- und Höchstsatz (BGH, BauR 1997, 129). Wesentlich in Vertragsbeziehungen mit dem Bauherrn ist für
den Generalplaner, dass er ein ausreichendes Honorar unter Berücksichtigung der Mindestsätze der HOAI erhält, damit er nicht unter Umständen mehr Honorar an die Subplaner
ausbezahlen muss, als er für deren Teilleistungen erhält. Dabei ist von Bedeutung, dass der
Subingenieur gegenüber dem Generalplaner berechtigt ist, nach den Mindestsätzen der
HOAI abzurechnen. Da die HOAI zwingendes Preisrecht ist, ist eine Honorarvereinbarung unterhalb der Mindestsätze unwirksam.

79   Im Hinblick auf Mängel und Schäden muß der Generalplaner Vorsorge treffen, dass eine
ausreichende Versicherung besteht. Dabei muss der Generalplaner nicht nur seine eigene
Leistung versichert haben, sondern auch die Leistung des Subplaners muss ausreichend
versichert sein.

cc) Grundlage des Generalplanervertrages

80   Für den Generalplanervertrag gibt es keine spezielle gesetzliche Regelung. Für den Abschluss des Generalplanervertrages besteht grundsätzlich **Vertragsfreiheit**. Aus Beweisgründen sollte der Vertrag schriftlich abgeschlossen werden. Formvorschriften sind zu beachten, wenn Verträge zwischen Generalplaner und Kommunen oder der evangelischen
bzw. katholischen Kirchen abgeschlossen werden. Auch bei anderen Konfessionen oder
Glaubensrichtungen gibt es zu beachtende Formvorschriften und Vertretungszwänge. Die
Formvorschriften ergeben sich für die katholische Kirche aus dem Vermögensgesetz vom
24.7.1924 (OLG Hamm, BauR 1998, 752). Bei Abschluss eines Vertrages mit der katholischen Kirche bedarf es der erzbischöflichen Genehmigung (KG, IBR 2001, 674). Für die
evangelische Kirche folgen die Formvorschriften aus den entsprechenden Landeskirchenge-
setzen, wobei die Genehmigung der jeweiligen Landessynode erforderlich ist. Generalpla-
nerverträge mit Kommunen sind nach den Gemeindeordnungen des betreffenden Bundeslandes schriftlich abzufassen und die Unterschrift des Bürgermeisters unter Beifügung
seiner Amtsbezeichnung und des Dienstsiegels müssen auf dem Vertrag vorhanden sein
(BGH, BauR 1994, 363 = NJW 1994, 1528). Ist diese Form nicht eingehalten, ist die seitens der Gemeinde abgegebene Erklärung gegenüber dem Generalplaner wegen Überschreitung der Vertretungsmacht bis zur Genehmigung oder Ablehnung der Genehmigung
schwebend unwirksam.

81   Unwirksam ist ein Generalplanervertrag auch, der gegen das **Koppelungsverbot**
Art. 10 § 3 MRVG verstößt. Ein freischaffender Architekt, auch wenn er Generalplaner ist,
darf keinen Generalplanervertrag abschließen, der im Zusammenhang mit dem Verkauf des
Grundstückes, auf welchem das zu planende Bauwerk errichtet werden soll, steht. Verkauft

der Generalplaner das Grundstück und schließt er zugleich mit dem Erwerber einen Generalplanervertrag bezüglich der Planung dieses Grundstückes ab, ist der Generalplanervertrag unwirksam. Der Grundstückskaufvertrag hingegen behält seine Wirksamkeit.

Das Koppelungsverbot nach § 3 des Ges. zur Regelung von Ingenieur- und Architektenleistungen (ArchLG) greift auch dann ein, wenn ein Unternehmen im Einzelfall mit isolierten Architektenleistungen in Konkurrenz zu Architekten und Ingenieuren tritt. Die gesetzgeberische Absicht, den Leistungswettbewerb vor Manipulationen und das freie Wahlrecht des Bauwilligen hinsichtlich des Ingenieurs oder Architekten seines Vertrauens zu schützen, gebietet die Anwendung des Koppelungsverbotes in einem solchen Fall auch dann, wenn das Unternehmen ansonsten auf anderen Geschäftsfeldern tätig ist. Das Koppelungsverbot greift nur dann ein, wenn das Unternehmen von einem Architekten oder Ingenieur beherrscht wird. Dabei ist der entscheidende Einfluss des Geschäftsführers auf die laufenden Geschäfte nicht geringer zu gewichten als die den Gesellschaftern vorbehaltenen Entscheidungsbefugnisse (OLG Hamm, Urt. v. 21.2.2014 – 12 U 88/13).

Unwirksam ist ein Generalplanervertrag, wenn er gegen das **Rechtsberatungsgesetz** **82** bzw. **Rechtsdienstleistungsgesetz** verstößt. Nach Art. 1 § 1 RBerG/§ 1 RDG darf Rechtsberatung nur von Personen ausgeübt werden, welchen hierzu von den zuständigen Behörden eine Erlaubnis erteilt worden ist. Der Generalplaner zählt nicht zu denjenigen Personen, denen eine Erlaubnis erteilt werden kann. Der Generalplaner darf nach Art. 1 § 5 RBerG/§ 5 RDG rechtliche Beratungen nur als Neben- oder Annextätigkeit zu den von ihm erbrachten Leistungen erbringen. Zur Vorbereitung oder Ausarbeitung von Bauverträgen ist der Generalplaner nicht berechtigt. Eine dahingehende Tätigkeit verstößt gegen das Rechtsberatungsgesetz/Rechtsdienstleistungsgesetz (BGH, NJW 2001, 70). Auch Beratungsleistungen im Zusammenhang mit der Auswahl des Notars, dessen Beauftragung, die Abstimmung der nötigen Unterlagen und Einholung baurechtlicher Genehmigungen können einen Verstoß gegen das Rechtsberatungsgesetz darstellen, mit der Folge, dass der Vertrag nichtig ist (OLG Dresden, Urteil vom 17.2.1999 – 6 U 968/95; BGH, BauR 2000, 743).

Die vom Generalplaner zu erbringenden Architekten- und Ingenieurleistungen sind im **83** Vertrag bezüglich des **Leistungsgegenstandes** und genau zu bezeichnen und damit zu vereinbaren. Gegenstand der Generalplanung können sein: Objektplanung für Gebäude; Leistungen des raumbildenden Ausbaus; Tragwerksplanung; technische Gebäudeausrüstung; Baugrundbeurteilung und Gründungsberatung; Wärmeschutz- und Schallschutznachweis; Vermessung. Leistungen, die nicht dem Berufsbild des Architekten bzw. dem des Sonderfachmannes entsprechen, sollte der Generalplaner grundsätzlich nicht übernehmen. Hierunter fallen insbesondere Leistungen des Projektsteuerers im Bereich Kosten und Finanzierung. Derartige Tätigkeiten, die mit dem Leistungsbild des Generalplaners nur schwer in Übereinstimmung zu bringen sind, sind kaum versicherbar. Zu unterlassen ist eine Bezugnahme auf die entsprechenden Leistungsbilder der HOAI, da die HOAI nur Preisrecht regelt und kein Vertragsrecht beinhaltet (BGH, BauR 1997, 129). In dem Vertrag sollte im Einzelnen genau geregelt sein, welcher Umfang von Planungsleistungen und auch welcher Umfang bezüglich der Objektüberwachung geschuldet sind. Dabei sollte auch darauf geachtet werden, dass möglichst genau das zu planende und zu errichtende Bauwerk beschrieben wird. Soweit es bei Vertragsabschluss schon möglich ist, sollten neben der Nutzungsart auch die Größe des Objektes, die maximalen Baukosten, die Leistungsziele in technischer und wirtschaftlicher Hinsicht und die Ausstattungsanforderungen festgelegt werden. Im Vertrag ist zu regeln, in welchem Umfang Subplaner eingesetzt werden dürfen. Wenn es sich um Leistungen handelt, die auch vom Generalplaner erbracht werden können, sollte dieser sich vorsorglich die Genehmigung erteilen lassen, diese Leistungen auch durch Subplaner ausführen zu lassen. Daher sollten die einzelnen Subplaner im Vertrag aufgeführt und die Befugnisse des Generalplaners geregelt werden. Insbesondere sollte auch das Urheberrecht an den jeweiligen Planungsleistungen geregelt werden. Der Bauherr wiederum sollte vereinbaren, ob er die Verträge der Subplaner vorgelegt erhält. Auch die Abtretung der Ansprüche des Generalplaners gegenüber seinen Subplanern ist zu regeln. Weiterhin sollten Fristen festgeschrieben werden, zu denen die entsprechenden Planungen vorliegen müssen. Stehen die Subplaner bei Vertragsabschluss noch nicht feststehen, besteht auch die Möglichkeit, dass der Bauherr sich ein Mitspracherecht bei der gemeinsamen Beauftragung der Subplaner einräumen lässt.

dd) Honorarfragen

84   Das dem Generalplaner zustehende Honorar folgt aus der vertraglichen Vereinbarung und hält sich **exakt im Rahmen der Vorgaben und Möglichkeiten der HOAI,** also wie bei einem Einzelarchitekt. Der Generalplaner kann ein Honorar zwischen den jeweiligen Mindest- und Höchstsätzen nach der HOAI vereinbaren. Einen Generalplanerzuschlag, wenn dieses in der Praxis überhaupt durchsetzbar ist, kann der Generalplaner mit dem Bauherrn nur im Rahmen der Mindest- und Höchstsätze vereinbaren. Zu beachten ist dabei, dass der Rahmen durch § 6 Abs. 1 und 2 gesteckt ist. Unter- oder Überschreitungen sind nur im Rahmen des § 7 machbar. Ob hier ein Rahmen von 5% bis 9% anzusetzen ist, muss bezweifelt werden, weil die kalkulatorischen Kosten hier meist niedriger liegen (so aber Jochem, 4. Aufl., § 1 Rn. 9). Ob hier § 7 Abs. 3 anzuwenden ist, hängt vom tatsächlichen Aufwand des Generalplaners ab. Es handelt sich nämlich im Regelfall nicht um Architektenleistungen, abgesehen von Prüfungs- und Koordinationsleistungen. Der Abschlag der die Mindestsätze beim Subplaner reduziert, wird aber im Rahmen einer Ausnahmesituation im Vertragsverhältnis zwischen Generalplaner und Subplaner zu suchen sein. Bei objektiver Betrachtung der Vertragssituationen, wird es jedoch nicht anders sein, als im Verhältnis der Direktbeauftragung des Bauherrn mit dem Subplaner; die Leistungen sind im Regelfall gleich. Dann scheidet auch § 7 Abs. 3 aus (a. A. Locher/Koeble/Frik, Einl. Rn. 367; Frechen, FS Jagenburg, S. 201 ff.; Rauch, BauR 2006, 1662). Zu beachten ist in diesem Zusammenhang die Rechtsprechung des BGH, der im Rahmen des § 7 Abs. 3 auch bei ständigen Geschäftsbeziehungen eines ausländischen Tragwerksplaners keinen Ausnahmefall für die Unterschreitung von Mindestsätzen bei einem Subplanervertrag sieht. Selbst, wenn enge wirtschaftliche Beziehungen bestehen, kann daraus nicht hergeleitet werden, daß auch bei lange dauernderen Beziehungen solcher Art ein Ausnahmefall liegt (BGH, Urt. v. 27.10.2011, VII ZR 163/10). Die gilt gerade auch bei Rahmenverträgen und verstößt daher gegen den Verordnungszweck (BVerG, IBR 2005, 688). Diese Rechtsprechung im Verhältnis des Generalplaners und des Subplaners ist daher auch und insbesondere bei den Vertragsgestaltungen zum Honoraransatz zwischen dem Generalplaner und dem Auftraggeber zu beachten. Der Generalplaner wird im Rahmen der Gewinnermittlung seiner eigenen Tätigkeit insoweit zunächst eine Risikoanalyse zu erstellen haben und sodann die Möglichkeiten auszuloten haben, ob und wie er keine Mindestsätze, sondern Mittel- oder Höchstsätze vereinbaren kann (hierzu im Einzelnen: Korbion, Generalplaner und Subplaner, 2014).

Allerdings: Der Generalplaner wird auch weiterhin in der HOAI 2013 nicht genannt (siehe auch *Korbion, Generalplaner und Subplaner, 2014*). Das Gutachten zum Aktualisierungsbedarf zur Honorarstrukur der HOAI von 12/2012 im Auftrag des Bundesministeriums für Wirtschaft und Technologie erwähnt den Generalplaner unter Ziffer 10 ff. mit dem Hinweis auf eine adäquate Erhöhung des Leistungshonorars, gibt jedoch keine konkreten Hinweise auf eine Umsetzung, die der Verordnungsgeber dann auch unterlassen hat. Aus der Historie und dem Aufbau der §§ 7 Abs. 3, 8 Abs. 2 und 3 HOAI 2013 ergibt sich unter Berücksichtigung des § 34 Abs. 2 i. V. m. Anlage 10.1 HOAI und den entsprechenden Vorschriften in den Fachplanerteilen ein Hinweis auf die richtige Einordnung eines Honorars der Generalplaners. Dabei handelt es sich **nicht um ein gesondert zu vereinbarendes Honorar nach § 8 Abs. 3 HOAI,** sondern über § 8 Abs. 2 und Abs. 3 HOAI 2013 um ein **automatisch geltendes Honorar,** welches zusätzlich zu den Teilhonoraransprüchen aus den Leistungsphasen in der Schlussrechnung zu berücksichtigen ist und nach §§ 315, 316, 319 BGB berechnet werden kann. Dabei können anteilige prozentuale Einordnungen, die aus der *Siemon-Liste* oder *Simmendinger-Liste* abgeleitet werden, einen Anhaltspunkt bilden. Werden sie nicht angesetzt, besteht die Gefahr der **Mindestsatzunterschreitung** durch Verstoß gegen §§ 7 Abs. 3, 8 Abs. 2 und 3 HOAI. Eine Übersicht der anzusetzenden prozentualen Anteile hat *Korbion* in der FS für Jochem, Seiten 85, 95/96 dargestellt und begründet. Soweit Korbion in FS Jochem 2014, S. 85 ff. die These entwickelt, daß der Verordnungsgeber im Rahmen der Neuordnung der Leistungsbilder der Anlage 10.1 zu § 34 Abs. 2 zwar den Generalplaner erwähnt, aber keine deutliche Leistungsbeschreibung dort aufführt und die Historie zeige, dass er lediglich die Honorarstruktur und die Entwicklung des Honorars durch die Vertragsparteien sah, ist dem beizupflichten. Auch wenn der Generalplaner in der HOAI 2013 weiterhin begrifflich direkt nicht genannt wird, ist die Honorarstruktur und der Honoraranspruch des Generalplaners für die Honorierung der Leistungen über ein über den üblichen Ansätzen für Grundleistungen liegendes Honorar durchaus bereits aus der HOAI ablesbar. Unter Ziffer 10 ff. des Gutachtens zum Aktualisierungsbedarf der Honorarstruktur der HOAI (12/2012) des BMWi wurde auf die Notwendigkeit der Verfestigung dieses Honoraranspruchs aufgrund Leistung hingewiesen. Dabei muss es sich um eine adäquate Erhöhung des Honorars handeln. Dieser läßt sich aus dem Aufbau der §§ 7 Abs. 3, 8 Abs. 2 und 3 i. V. m. § 34 Abs. 2 i. V. m. Anlage 10.1 und den entsprechenden Vorschriften der Fachplanerteile. Dabei handelt es sich nicht um ein gesondert zu vereinbarendes Honorar nach § 8 Abs. 3, sondern über § 8 Abs. 2 und 3 um ein automatisch geltendes Honorar, welches zusätzlich zu den Teilhonoraransprüchen aus den Leistungsphasen in der Schlussrechnung zu berücksichtigen ist und nach §§ 315, 316, 319 BGB berechnet werden kann. Dabei können die von Korbion in FS Jochem, Seite 95/96 entwickelten Tabellen der Erhöhung des Honorars in Abhängigkeit zu den Tätigkeitsanforderungen in den jeweiligen Leistungsphasen dienen und erhöhend – insbesondere durch erhöhten Koordinierungsaufwand begründet – wirken und sind bei der Schlussrechnungsstellung dann unter Berücksichtigung des § 7 Abs. 3, 4 eben nicht schriftlich zu berücksichtigen. Die schriftliche Berücksichtigung, die § 7 Abs. 3, 4 jeweils bei Mindestsatzunterschreitungen fordert, ist bei Generalplanerverträgen damit nicht notwendig, gleichwohl aus Beweislastgründen dennoch zu berücksichtigen.

Soweit die Parteien im Hinblick auf Beweislastgrundsätze den Generalplanervertrag schriftlich fassen, können sie auf die von Korbion entwickelten Tabellen (FS Jochem, S. 95/96) zurückgreifen. Daneben hat Lechner grundsätzlich für die Änderung der österreichischen VM.GP Stand 10.4.2014 ein Vergütungsmodell entwickelt, daß den erweiterten Leistungsumfang der Leistungsphasen 1 bis 9 berücksichtigt (Lechner, LV.VM Leistungsmodelle und Vergütungsmodelle, Generalplaner (GP) – Stand 10.4.2014). Der Berechnungsweg folgt gem. GP 5 dem bekannten Weg über die objektivierten Referenzkosten des Bauwerkes nach Bewertungspunkten, den anrechenbaren Kosten und der Abschätzung des Büro- und Personalaufwandes. Über die Einteilung für Projekte nach Bewertungspunkten (GP 6) werden vier verschiedene Anforderungsmerkmale bepunktet:

(A) Vielfalt der Besonderheiten (z. B. TGA) 1 bis 25 Punkte
(B) Komplexität der Projektorganisation   1 bis 5 Punkte
(C) Risiko der Projektrealisierung   1 bis 5 Punkte
(D) Termin und Kostenanforderungen   1 bis 5 Punkte

Sodann ist in der Tabelle von 1 bis 25 Punkten unter Berücksichtigung der Teilung bei A durch jeweils 5 Punkte, die Summe der Bewertungspunkte zu ermitteln. Dabei können weitere Schwierigkeiten des Projekts und dessen Umfang ebenfalls ergänzend mit beigezogen werden (z. B. eine Erhöhung bei Projekten von über 100 Mio.; Projekte mit absoluten Kostendeckelungen, usw.). Die Ermittlung des Honorars kann man zum einen bei Verträgen der Generalplanerleitung und -steuerung und zum anderen beim Generalplanermangement prozentual berechnet werden. Dabei gilt für die erstgenannte Leistung die Formel

h GPa = − 0,0466 × Bemessungsgrundlage + 1,213 × Faktor aus Bewertungspunkten × (1,05 bis 0,95)

und bei der zweitgenannten Leistung die Formel

h GPa = − 0,0788 × Bemessungsgrundlage + 2.022 × Faktor aus Bewertungspunkten × Prozentwert der beauftragten Leistungsphasen × (1,05 bis 0,95)

Hieraus ergibt sich der prozentuale Anteil des Gesamthonorars des Generalplaners bei einem separaten und auf ihn bezogenen Vertrag.

Die Vereinbarung eines Pauschalhonorars im Generalplanervertrag ist zulässig. Voraussetzung ist jedoch, dass das Pauschalhonorar zwischen den Mindest- und Höchstsätzen der HOAI liegt. Im Übrigen gilt, dass der Generalplaner, wenn er den Mindestsatz erhält, er gezwungen ist, mit dem Subplaner auch den Mindestsatz der HOAI zu vereinbaren. Das bedeutet, dass er für die Leistung des Subplaners keine Koordinationskosten erhält und zum anderen auch für die Leistung des Subplaners haftet. Dass die HOAI auch zwischen Generalplanern und Subplanern Anwendung findet, ist ständige Rechtsprechung (BGH, BauR 1985, 592, BGH, BauR 1997, 677; KG, Urt. v. 13.4.2010 – 21 U 191/ 08). Beruft sich der Subplaner allerdings auf eine Unterschreitung der Mindestsätze und sodann auf deren Einhaltung und Neuberechnung, so wurde dies bisher abgelehnt (OLG Nürnberg, NJW-RR 2003, 1326; OLG Stuttgart, BauR 2003, 1425). Dies ist unzutreffend, weil eine unwirksame Honorarvereinbarung durchaus das **Vertrauen** beim Bauherren ergeben kann (BGH, BauR 1997, 677). Der Bauherr kann sich dennoch auf seine Schutzwürdigkeit zurückziehen, wenn er darlegt, dass er auf die Wirksamkeit und die Durchführung vertraute und nicht nachträglich damit konfrontiert werden wollte. Das ist regelmäßig der Fall, denn der Generalplaner vertraut darauf, dass der Subplaner bei und nach Abschluss des Vertrages eben nicht sich auf die unwirksame Honorarvereinbarung beruft und weiteres Honorar fordert, ansonsten hätte er einen anderen Vertrag geschlossen (BGH, BauR 2006, 554, OLG Koblenz, BauR 2006, 551; BGH, Urt. v. 8.3.2012 – VII ZR 195/09 zu Pauschalvertrag der Mindestsatz bei TGA-Planer erheblich unterschreitet).

85   Der BGH hat aber insbesondere bei Subplanerverträgen klargestellt, dass es einem Ingenieur in Ausnahmefällen nach Treu und Glauben untersagt ist, nach Mindestsätzen abzurechnen, wenn er durch sein Verhalten ein besonderes Vertrauen des Auftraggebers dahin erweckt hat, er werde sich an die unter dem Mindestsatz liegende Pauschalvereinbarung halten (BGH, Urt. v. 27.10.2011 – VII ZR 163/10). Zudem ist zu beachten, dass § 7 Abs. 3 und § 4 Abs. 2 a.F. zwar inhaltsgleich sind, jedoch die Unterschreitung der Mindestsätze jetzt vor dem Hintergrund der Baukostenvereinbarungsmodelle in § 6 durchaus in einem neuen Licht erscheinen müssen und durchaus sogar die Ausnahmetatbestände zu erweitern sind. So dürfte der BGH in der Entscheidung VII ZR 163/10 vom 27.10.2011 zu verstehen sein, denn er deutet an, dass ein solcher Vertrag dem Planer als Kompensation für die Mindestsatzunterschreitung sonstige Vorteile bringen müsse. Der Gedanke ist danach wohl so einzuordnen, dass die Unterschreitung die Gefahr unauskömmlicher Honorierung berge und zu minderer Leistung verführen würde, was mit dem Verordnungszweck nicht in Einklang stünde (BVerfG, IBR 2005, 688). Daher hat der BGH einen Ausnahmefall auch deswegen abgelehnt, weil eine enge wirtschaftliche Beziehung nicht daraus hergeleitet werden könne, dass ein Fachingenieur als Subplaner über längere Zeit erhebliche vertragliche und finanzielle Vereinbarungen unter dem Mindestsatz ausführte (s. o. zu Generalplanerhonorar; BGH, a.a.O.). Die Mindestsatzunterschreitung ist also dabei auch unwirksam und nicht nach § 7 Abs. 3 ein Ausnahmefall.

86   Allerdings können andererseits auch Honorarvereinbarungen erfolgen und sind über § 3 Abs. 3 i.V.m. § 34 Abs. 4 i.V.m. Anhang 10.1 – rechte Spalte – möglich. Diese **Koordinierungsleistungen** des Generalplaners sind als **Besondere Leistungen** zu vereinbaren (so auch Werner/Pastor, Rn. 785; Locher/Koeble/Frik, Einl. Rn. 370).

87   Nicht möglich sind allerdings sog. „Durchstellungsklauseln" wonach die Zahlung erst erfolgt, wenn der Bauherr zahlte, weil sie an § 307 Abs. 2 Nr. 1 BGB scheitern (z.B. „pay when paid"; OLG München, Urt. v. 25.1.2011 – 9 U 1953/10). Das gilt erst recht, wenn die Verzinsung zudem ausgeschlossen wird (OLG München, a.a.O.).

88   Zur Fälligkeit des Honorars muß nun nach der Änderung des § 15 Abs. 1 verwiesen werden (siehe Kommentierung dort). Da die Abnahme Fälligkeitsvoraussetzung ist, kann nur in dem Fall auf § 641 Abs. 2 S. 1 BGB zurückgegriffen werden (OLG Celle, BauR 2009, 1754; LG Magdeburg, BauR 2009, 1340), wenn sich in keinem Fall eine Abnahmeregelung zwischen den Parteien ermitteln oder nachweisen lässt. Durch diese Regelung kann aber letztlich widersprüchliches Verhalten des Generalplaners zu Lasten des Subplaners ausgeschlossen werden.

Rechnet der Generalplaner gegenüber dem Auftraggeber Leistungen des Subplaners aus Nachträgen ab, so hat der Generalplaner diese Nachträge grundsätzlich auch gegenüber dem Subplaner zu vergüten (LG Magdeburg, a. a. O.).

Neben der Honorarhöhe muss also auch die **Fälligkeit** der einzelnen **Honorarab-** **89** **schläge** im Vertrag geregelt werden. § 15 Abs. 2 bestimmt, dass der Generalplaner Abschlagszahlungen in angemessenen zeitlichen Abständen für nachgewiesene Leistungen fordern kann. Wenn somit auch Abschlagszahlungen ohne ausdrückliche Vereinbarungen verlangt werden können (BGH, NJW 1981, 2351; OLG Celle, NZBau 2000, 296), sollte dennoch im Vertrag ein entsprechender Zahlungsplan für die Abschlagszahlungen enthalten sein. Dieser Zahlungsplan ist anzulehnen an bestimmte erbrachte Leistungen und nicht an Termine, da ansonsten aufgrund einer Terminverschiebung der Zahlungsplan gegen § 15 Abs. 2 HOAI verstoßen könnte, wenn Geld gefordert wird für eine Leistung, die noch nicht erbracht ist. Bei Vereinbarung entsprechender Zahlungsmodalitäten ist auch gewährleistet, dass bei lang andauernden Leistungsphasen (Objektüberwachung) entsprechende Abschlagszahlungen auch während der Bauausführung vom Generalplaner gefordert werden können.

ee) Fristen und Vertragsstrafe

Termine und Fristen können im Generalplanervertrag, wie im Architektenvertrag ver- **90** einbart werden. Damit sichergestellt ist, dass die Planungen durch den Generalplaner fristgemäß erfolgen, müssen im Vertrag verbindlichen Zwischen- und Fertigstellungsfristen vereinbart werden. Von besonderer praktischer Bedeutung sind insbesondere Zwischenfristen für die Vorlage der entsprechenden Genehmigungsplanungen. Wenn diese verbindlichen Fristen überschritten werden, ist ein Vorgehen nach § 323 BGB möglich, d. h., dass dann der Bauherr gegenüber dem Generalplaner Schadensersatz wegen Verzuges erhalten kann. Weiterhin besteht auch die Möglichkeit, angemessene Vertragsstrafen zu vereinbaren, damit der Generalplaner angehalten wird, die vertraglich vereinbarten Fristen einzuhalten. Bei der Vereinbarung von Vertragsstrafenklauseln ist darauf zu achten, dass eine Haftung des Generalplaners nur dann eintritt, wenn die Fristüberschreitung entweder durch den Generalplaner oder seine Erfüllungsgehilfen, d. h. die Subplaner, verschuldet ist. Darüber hinaus muss die Vertragsstrafe sowohl für den Zeitraum (z. B. Werktag) als auch für den Gesamtrahmen angemessen sein. Angemessen ist in jedem Fall eine Vertragsstrafe, die sich auf 0,1% pro Werktag, insgesamt 5% der Nettoabrechnungssumme beläuft. Unwirksam ist eine Vertragsstrafenklausel, wenn pro Arbeitstag der schuldhaften Fristüberschreitung eine Vertragsstrafe von 0,5% der Abrechnungssumme zu leisten ist (BGH, NZBau 2000, 577), ebenso eine Vertragsstrafe in Höhe von 10% der Abrechnungssumme (BGH, BauR 2003, 807).

ff) Kündigung

Der Generalplanervertrag als Werkvertrag kann gem. § 649 BGB jederzeit vom Bauherrn **91** **gekündigt** werden. Die Folge ist jedoch, dass der Generalplaner für die nicht erbrachten Leistungen das vereinbarte Honorar abzüglich der ersparten Aufwendungen und der Einnahmen aus Füllaufträgen des Generalplaners erhält. Der **Ausschluss** des „freien Kündigungsrechts" nach § 649 BGB ist in Allgemeinen Geschäftsbedingungen unwirksam. Die formularmäßige Beschränkung des Kündigungsrechtes des Bauherrn bei Architekten- und Ingenieurverträgen auf das Vorliegen eines wichtigen Grundes ist nach § 307 BGB unwirksam (OLG Düsseldorf, NZBau 2000, 577). Ebenso ist der Ausschluss von Vergütungsansprüchen aus § 649 BGB unwirksam (OLG Karlsruhe, NJW-RR 1993, 1435). Eine **pauschale Vereinbarung,** welcher Betrag als **ersparte Aufwendungen** abzuziehen ist, ist grundsätzlich unwirksam (BGH, BB 1996, 2588; BGH, ZfBR 1998, 142).

Der Generalplaner hat bei der Vertragsgestaltung mit dem Auftraggeber einerseits und dem Subplaner andererseits allerdings auch zu berücksichtigen, daß die Regelung in einem Subplanervertrag, wonach sich die Vergütung des Subplaners im Falle der Kündigung des Generalplanervertrages danach richtet, in welchem Umfang der Generalplaner Zahlungen vom Hauptauftraggeber für denjenigen Leistungsteil erhält, der dem Subunternehmer übertragen wurde. Denn diese Regelung steht im Widerspruch zu § 649 S. 1, 2 BGB und §§ 305, 307 Abs. 1 BGB ist unwirksam (KG, Urt. v. 13.4.2010 – 21 U 191/08). Zudem allerdings wird in den Fällen des § 649 BGB auf Satz 3 einzugehen sein. Der Generalplaner hat zu überlegen, ob er die 5%-ige Pauschale gegenüber dem Auftraggeber ansetzt; genauso muß der Subplaner gegenüber dem Generalplaner überlegen, ob er den Nachweis der einzelnen entgangenen Gewinne und ersparten Aufwendungen und Mehrkosten nachweisen kann und will.

gg) Abnahme

92   Für die **Fälligkeit** des Honorars des Generalplaners ist seit der HOAI 2013 **eine Abnahme** erforderlich. Es reicht aber die Abnahmereife des Werkes des Generalplaners aus. Zweifelhaft dürfte die Meinung sein, dass § 646 BGB insgesamt ausreichend ist. Hierzu ist auf die allgemeinen Ausführungen unter § 15 hinzuweisen, die auch hier gelten. Im Zweifel muß der Generalplanervertrag die förmliche Abnahme und eine Zeitregelung vorsehen, um nicht die Probleme der schlüssigen Abnahme zu bekommen. Denn nach der Rechtsprechung des BGH kommt eine konkludente Abnahme in Betracht, wenn das Werk nach den Vorstellungen des Auftraggebers im Wesentlichen mangelfrei fertig gestellt ist und der Auftragnehmer das Verhalten des Auftraggebers als Billigung der Leistung vertragsrechtlich verstehen darf (zum Beispiel: 6 Monate nach Beendigung und Benutzung des Werkes; BGH, Urt. v. 20.2.2014 – VII ZR 26/12). Für den Beginn der Gewährleistungsfrist ist jedoch eine Abnahme erforderlich. Insbesondere muss der Generalplaner vertraglich versuchen zu vereinbaren, dass diese Abnahme gemeinsam mit den Leistungen der Subplaner erfolgt. Da jedoch jeder Subplaner einen Anspruch darauf hat, nach Fertigstellung die Abnahme zu verlangen, kann es hier zu Verschiebungen der einzelnen Termine kommen. Der Generalplaner kann jedoch frühestens nach Fertigstellung des Gebäudes, sofern er nur die Leistung bis zur Objektbetreuung übernommen hat, die Abnahme gegenüber dem Bauherrn verlangen. Somit verschiebt sich die Frist der Gewährleistung des Generalplaners gegenüber dem Bauherrn auch für die Leistung des Subplaners. Dies bedeutet, dass der Generalplaner ein Haftungsrisiko deswegen hat, weil Ansprüche seinerseits gegenüber dem Subplaner verjährt sein können, er aber andererseits Haftungsansprüchen des Bauherrn ausgesetzt ist. Um dieses Haftungsrisiko zu vermeiden, wird in Verträgen versucht, die Abnahme hinaus zu schieben. Die **Verschiebung** der Abnahmetermine in Klauseln um einen Zeitraum von mehr als zwei bis drei Wochen ist unwirksam (BGH, BauR 1986, 202). Eine Klausel, wonach die Abnahme der Subplanerleistung frühestens zum Zeitpunkt der Gesamtabnahme des Bauwerkes durch den Bauherrn erfolgt, ist ebenfalls unwirksam. Sie stellt für den Subplaner ein unüberschaubares Risiko dar. Sein Abnahmetermin wird auf einen völlig unbestimmten und nicht mehr vorhersehbaren Zeitpunkt hinausgeschoben (BGH, NJW 1994, 526). Auch ein sechsmonatiger Zeitraum der Verschiebung für die Abnahme der Leistung des Subplaners nach Fertigstellung des Bauwerkes ist nicht zulässig (BGH, BauR 1989, 322 = NJW 1989, 1602).

93   Zulässig ist jedoch eine Vereinbarung über die **Verlängerung der Gewährleistungsfrist,** gemäß § 202 BGB. Die Reduzierung der Gewährleistungsfrist nach § 634a Abs. 1 Nr. 2 BGB für Planungs- und Überwachungsleistungen ist unwirksam.

hh) Rechte des Bauherrn und Versicherung

94   Aus dem Generalplanervertrag können Ansprüche des Bauherrn gegenüber dem Generalplaner auf **Erfüllung, Gewährleistung und Schadenersatz** folgen. Der Generalplaner hat für die von ihm selbst und auch für die von den Subplanern erbrachten Leistungen einzustehen. Für die Subplaner haftet er gemäß § 278 BGB, da diese als seine Erfüllungsgehilfen tätig sind. Ein Gewährleistungsausschluss ist nicht möglich. Möglich ist die Beschränkung der Gewährleistung auf einen angemessenen Betrag, wobei dies nur leicht fahrlässiges Verhalten des Generalplaners betrifft. Darüber hinaus kann die Haftung für Kardinalpflichten nicht ausgeschlossen werden (BGH, BauR 1992, 226). Allerdings ist der Bauherr dem Generalplaner auch gegenüber verpflichtet **Obliegenheiten** einzuhalten: Übernimmt der Bauherr, die von einem in Deutschland ansässigen Generalplaner erarbei-

tete Genehmigungsplanung mittels eines ortsansässigen Architekten bei ausländischen Baubehörden (Ukraine) einzureichen und das Genehmigungsverfahren dort zu betreuen, tritt den Bauherrn die Obliegenheit, den Generalplaner über Verlauf und Ergebnis des Genehmigungsverfahrens umfassend zu informieren. Verletzt der Bauherr diese Obliegenheit, kann er den Generalplaner nicht wegen einer Verletzung der Planungs- und Koordinationspflichten in Anspruch nehmen. Denn durch die Einschaltung eines weiteren Planungsbeteiligten werden die Pflichten des Generalplaners darauf beschränkt, die Ergebnisse des anderen fachlich Beteiligten zur Kenntnis zu nehmen, auf offensichtliche Defizite zu prüfen, notwendige Klärungen herbeizuführen und die Ergebnisse in die eigene Planung zu integrieren (OLG München, Urt. v. 29.6.2010 – 9 U 2718/09).

Ein Schutz des Generalplaners vor einer Inanspruchnahme durch den Bauherrn kann **95** nur durch eine ausreichende **Haftpflichtversicherung** erfolgen. Dabei muss darauf geachtet werden, dass das **Generalplanerrisiko** auch von einer Haftpflichtversicherung umfasst wird. Die normale Berufshaftpflicht für Architekten umfasst grundsätzlich nicht dieses Generalplanerrisiko. Bei größeren Objekten kommt auch eine Objektversicherung in Betracht, die absichert, dass auch die Planungsleistungen der Subplaner vollständig mitversichert sind. Eine Objektversicherung kann nur dann empfohlen werden, wenn der Versicherer eine 30-jährige Nachhaftung übernimmt. Damit ist sowohl für den Generalplaner als für den Bauherrn abgesichert, dass ein ausreichender Versicherungsschutz gegeben ist. Dies betrifft die Höhe der Versicherungssumme. Auch ist gewährleistet, dass der Versicherungsschutz nicht deswegen ausfällt, weil ein Subplaner betreffend seiner Haftpflicht die entsprechenden Versicherungsbeiträge nicht bezahlt hat und deswegen der Versicherungsschutz entfällt. Die in den Besonderen Bedingungen und Risikobeschreibungen für die Berufshaftpflichtversicherung für Architekten, Bauingenieuren und beratenden Ingenieuren (BBR) enthaltende Klausel „*IV. Mitversicherte Personen, Beauftragung freier Mitarbeiter sowie selbständiger Büros; mitversichert ist die gesetzliche Haftpflicht … (4) aus der Beauftragung selbständiger Architektur-/Ingenieurbüros, sofern hierfür ein Betrag aus der an diese Büros gezahlten Honorarsumme entrichtet wird, die persönliche gesetzliche Haftpflicht dieser Büros und deren Inhaber/Mitarbeiter ist nicht versichert.*" führt dazu, dass Versicherungsschutz für Fehler von beauftragten selbständigen Büros und deren Mitarbeiter nur dann besteht, wenn hierfür eine gesonderte Prämie gezahlt wird. Die Klausel ist weder überraschend, noch benachteiligt sie den Versicherungsnehmer unangemessen (KG, BauR 2007, 1928).

b) Vertragsverhältnis zwischen Generalplaner und Sonderfachleuten

aa) Grundsätzliches zum Vertrag

Generalplanervertrag und Subplanervertrag sind rechtlich grundsätzlich völlig selbständig **96** im Hinblick auf ihr Zustandekommen, ihre Wirksamkeit, ihre inhaltliche Vertragsgestaltung und der Vertragsabwicklung (siehe insgesamt: Korbion, Generalplaner und Subplaner, 2014). Der Generalplaner ist darauf angewiesen, dass der von ihm mit dem Subplaner abgeschlossene Vertrag möglichst inhaltlich gleich gestaltet ist, wie er seinen Vertrag mit dem Bauherrn abgeschlossen hat. Allerdings gibt es Einschränkungen. So kann die Fälligkeit der Zahlung des Honorars durch den Generalplaner an den Subplaner nicht davon abhängig gemacht werden, dass der Generalplaner seinerseits vom Bauherrn bezahlt wurde. Auch hat der Subplaner in bestimmten Fällen vor Beendigung der Tätigkeit des Generalplaners einen Anspruch darauf, dass seine Leistungen abgenommen werden. Dies kann dazu führen, dass unterschiedliche Gewährleistungsfristen zwischen Generalplaner und Subplaner sowie zwischen Generalplaner und Bauherrn bestehen können. Auch muss darauf geachtet werden, dass bei einer Unwirksamkeit oder Änderungen des Vertrages mit dem Bauherren, diese Umstände nicht zum Nachteil des Generalplaners oder des Subplaners führen. So muss der Generalplaner darauf achten, dass er zum einen die Subplaner bindet, zum anderen jedoch noch keine vertraglich feste Bindung in der Weise erreicht, dass er später auch ein Honorar zahlen muss, wenn es nicht zum Abschluss des Generalplanervertrages kommt. Dies kann erreicht werden, in dem mit den Subplanern ein Vertrag unter der Bedingung geschlossen wird, dass der Vertrag mit dem Bauherrn auch rechtswirksam zustande kommt.

97　　Werden Planungsleistungen vor Abschluss eines in Aussicht genommenen Vertrages erbracht, so ist zunächst die Frage zu klären, ob dies Leistungen bereits aufgrund Auftrages erfolgen oder ob es sich lediglich um eine akquisitorische Tätigkeit ohne vertragliche Bindungen handelt. Erst in zweiter Linie ist gegebenenfalls die Entgeltlichkeit des Auftrages Prüfungsgegenstand. Dabei ist zu berücksichtigen, dass nicht schon der Entfaltung der Tätigkeit als solcher vertraglich Indizwirkung zukommt, weil gerade bei Großprojekten Planungsleistungen häufig im vorvertraglichen Stadium in der Erwartung erbracht werden, sich im Realisierungsfalle einen interessanten Auftrag zu sichern. Ein konkludenter Vertragsschluss kann zwar anzunehmen sein, wenn ein Bauherr sich die Planungsleistungen eines Architekten oder Ingenieurs zu Eigen macht und diese für sich verwertet. Besteht zwischen den Parteien eine Akquisitionsabrede, welche eine Kostenerstattung ausdrücklich nur für den Fall einer Beauftragung vorsieht, so ist der etwaigen Weitergabe von Planungsunterlagen durch den vermeintlichen Auftraggeber ein konkludenter rechtsgeschäftlicher Wille nicht zu entnehmen (OLG Hamburg, Urt. v. 10.2.2011 – 3 U 81/06; a.A. LG Mönchengladbach, Urt. v. 30.8.2012 – 1 O 60/11). Andererseits kann es zu Situationen kommen, in denen bei einem Funktionalleistungsprogramm von 30 Mio. Euro für ein Bauvorhaben vom Subplaner im Rahmen der wettbewerblichen Ausschreibungssituation mit dem Generalplaner Leistungen der Leistungsphase 1 und 2 als reine Aquisitionsleistung einzustufen sind und keine Honorarabrede getroffen wird, entweder, weil die Ausschreibungsvorgaben das so vorsahen, oder weil dies vergessen wurde anzugeben. Dann wird man im Zweifel davon auszugehen haben, daß diese Leistung ohne Honoraranspruch ausgeführt und abgerechnet werden soll (so LG Mönchengladbach, Urt. v. 30.8.2012 – 1 O 60/11).

bb) Honorar

98　　Der Generalplaner ist bei der Honorierung des Sonderfachmannes an die HOAI gebunden. Somit ist zwischen Generalplaner und Sonderfachmann ein Honorar zu vereinbaren, welches zwischen den Mindest- und Höchstsätzen der HOAI liegt (Kehrberg, BauR 2001, 1824).

99　　Die Vereinbarung eines zusätzlichen Honorars für die Koordinierung des Generalplaners für seine Tätigkeiten im Verhältnis zwischen Bauherr und Subplaner ist nur solange statthaft, solange sich der Abschlag des Honorars vom Honorar des Subplaners (z.B. 2%) innerhalb der Grenzen des Höchst- und Mindestsatzes hält. Soweit der Generalplaner von seinem Bauherrn ein Honorar über den Mindestsätzen der HOAI erhält, kann der Abschlag vereinbart werden. Dabei ist zu beachten, dass dem Sonderfachmann ein Honorar mindestens auf der Ebene der Mindestsätze gezahlt wird. Erhält aber der Generalplaner seinerseits nur ein Honorar auf Basis der Mindestsätze der HOAI, würde ein weiterer Abschlag eine Unterschreitung der Mindestsätze zur Folge haben. Hier kann nur eine Regelung helfen, die im Rahmen des § 7 Abs. 3 eine Unterschreitung zulässt (vgl. zur alten Regelung des § 4 Abs. 2: BGH, Urt. v. 22.5.1997 – VII ZR 290/95, ZfBR 1997, 250; BGH, Urt. v. 21.8.1997 – VII ZR 13/96, ZfBR 1997, 305). In einem solchen Fall wäre nach der HOAI 2009 auf die alte Rechtsprechung des § 4 HOAI einzugehen (siehe hierzu § 7 Abs. 3 der Kommentierung). So kann danach eine enge Beziehung rechtlicher Art dann angenommen werden, wenn ein ARGE-Vertrag zwischen dem Architekten und den Sonderfachleuten besteht. Liegt ein üblicher Generalplanervertrag vor, ergibt sich die rechtliche und wirtschaftliche Beziehung nur aus diesem Vertragsverhältnis; ob dieses auf besondere Dauer angelegt ist, wie § 7 Abs. 4 dies fordert kann eine der Möglichkeiten sein, dieses anzunehmen. Da der Generalplaner einen erhöhten Aufwand hat und auch ein größeres Haftungsrisiko trägt, sind dieses Umstände die § 7 Abs. 3 fordert. So muss auch der Umstand gesehen und honoriert werden, dass es im Regelfall der Generalplaner ist, der für die Subplaner die entsprechenden Leistungen vorsieht und die Vertragsrisiken trägt. Die Höhe eines angemessenen Koordinationsabschlages dürfte zwischen 0,5 bis 3% zulässig sein (§ 8 Abs. 3), auch wenn der Subplaner damit unter den Mindestsätzen liegt (siehe zum Ganzen: Korbion, Generalplaner und Subplaner, 2014). Allerdings ist dies nach § 7 Abs. 3 i.V.m. § 8 Abs. 3 bei Auftragserteilung vereinbart wird (siehe auch zu weiteren Berechnungsgrundlagen des Generalplanerhonorars oben unter Rn. 84).

cc) Fristen und Vertragsstrafe

Die Vertragsfristen sollten in allen Vertragsverhältnissen untereinander abgestimmt wer- **100** den. Zur Vertragsstrafenregelung und zur Höhe siehe bereits oben unter A. 5. (unwirksam 10% BGH, BauR 2003, 870). Die Vertragsstrafe, die der Generalplaner nach den Vertragsinhalten an den Bauherrn zahlen muss, ist zumeist um ein Vielfaches höher als die Vertragsstrafe, die einzelne Subplaner an den Generalplaner zu leisten haben, zumal die Vertragsrahmen dann meist auch Honorarbereich erheblich niedriger sind.

dd) Fälligkeit

Entsprechend dem Vertrag zwischen Bauherr und Generalplaner, sind die Regelungen **101** der Zahlungen in den Subplanervertrag zu übernehmen. Die Zahlungsvereinbarungen im Generalplaner- und Subplanervertrag sind so aufeinander abzustimmen, dass der Generalplaner gegenüber dem Subplaner nicht in Vorleistung treten muss. Dabei sind Zeitpuffer beim Zahlungsplan einzubauen. Allerdings werden diese erfahrungsgemäß gerade bei den Abschlagsrechnungen nach § 15 Abs. 2 weit überschritten. Auch wenn gesetzliche Verzugsregeln gelten, wirkt das meist nie abschreckend. So wird vertreten, dass ein Zeitpuffer von 2 bis 3 Wochen gegenüber dem mit dem Bauherrn vereinbarten Zahlungsplan vorsehen werden sollte (z.B. Locher in Wirth, Handbuch des Fachanwalts, S. 1538). Dies ist meist zu kurz, so dass von vier bis sechs Wochen Vorzeit im Vertrag mit dem Bauherrn auszugehen ist, damit der Generalplaner das Zahlungsrisiko nicht zu lange trägt. Das gilt auch für Preisgleitklauseln als auch für die Regelung von Vorschüssen und Abschlagszahlungen im selben Umfang. Die Vereinbarung, dass eine Zahlung des Generalplaners an den Subplaner erst erfolgen kann, wenn auch der Generalplaner das Honorar vom Bauherrn erhalten hat *(pay when paid)*, ist in den Geschäftsbedingungen bzw. den Klauseln des üblichen Vertrages unwirksam (§ 307 Abs. 2 Nr. 1 BGB), sofern er nicht individuell gestaltet ist (OLG München, Urt. v. 25.1.2011 – 9 U 1953/10). Dies gilt erst recht, wenn auch die Verzinsung ausgeschlossen wird (OLG Celle, BauR 2009, 1754). Vertragspartner muss aber dabei die reale Möglichkeit erhalten, den Inhalt der Vertragsvereinbarungen zu beeinflussen (BGH, NJW 1992, 2759; BGH, BB 1996, 611). Auch andere als Bedingung (§ 158 BGB) ausgestaltete Vereinbarungen sind unter dem Gesichtspunkt der unklaren Regelungsinhalte unwirksam (a.A. OLG Düsseldorf, NJW-RR 1997, 211). Allerdings ist es anders, wenn in der Vertragsklausel der Fall der treuwidrigen Verhinderung der Zahlung durch den Bauherrn geregelt wird. Um die Frage der Treuwidrigkeit der Verhinderung des Eintritts der Bedingung auszuschließen, sollte der Generalplaner dem Subunternehmer vertraglich die Honoraransprüche gegen den Bauherrn sicherheitshalber abtreten und dem Subplaner damit die Möglichkeit geben, direkt gegen den Bauherrn einen etwaigen Anspruch durchzusetzen.

ee) Abnahme

Es ist zunächst die Frage zu klären, wann die Verjährungsfristen beginnen. Ausgangs- **102** punkt ist die Abnahme der jeweiligen Leistung. Nach § 640 BGB ist der Bauherr verpflichtet, die vertragsgemäße Leistung des Generalplaners abzunehmen. Die Abnahme gilt dann als erfolgt, wenn der Bauherr nicht innerhalb einer ihm vom Generalplaner gesetzten Frist das Werk bzw. die Planungsleistung abgenommen hat, obwohl die Leistung abnahmefähig ist, § 640 Abs. 1 Satz 3 BGB. Das setzt jetzt auch § 15 Abs. 1 voraus. Es gelten die unter § 15 dortigen Kommentierungen in diesem Werk.

Die Abnahme der Leistung des Generalplaners zwischen dem Bauherrn ist üblicherweise nicht zeitgleich mit der Abnahme der Leistung des Generalplaners vom Subplaner durchzuführen ist. Folge ist regelmäßig, dass die Gewährleistungsansprüche des Bauherrn gegen den Generalplaner später ablaufen, als diejenigen des Generalplaners gegenüber dem Subplaner. Die vertraglichen Vereinbarungen, die darauf abzielen, den Abnahmezeitpunkt hinauszuschieben, sind in fast allen Fällen unwirksam (siehe oben unter A. 7.). Insoweit kann nur eine verhandelte Vereinbarung von gleichlaufenden Fristen und Abnahmeterminen helfen. Insbesondere die Vereinbarung über die koordinierte Abnahmehandlung des Bauherrn und den anderen Beteiligten, stellt im Rahmen der zu berücksichtigenden Kooperationspflicht am Bau die einzig akzeptable Bedingung auch in einen Formularvertrag dar.

ff) Gewährleistung und Haftung

103   Wenn die Gewährleistung des Generalplaners einige Monate später zu laufen beginnt, kann eine risikobehaftete Lücke entstehen, falls der Generalplaner durch den Bauherrn in Anspruch genommen wird und die Ansprüche gegen den Subplaner verjährt sind (Auswirkungen aus der Fiktion des BGH, Urt. v. 20.2.2014 – VII ZR 26/12 – zur sechsmonatigen Wartezeit oder Rügen des Bauherrn und damit auch des auftraggebenden Generalplaners). Diese Lücke kann nicht dadurch geschlossen werden, dass im Vertrag vereinbart wird, dass die Abnahme der Leistung des Subplaners auf einen späteren Zeitpunkt, z. B. die Fertigstellung des Objektes verschoben wird. Eine Klausel, wonach die Abnahme der Subplanerleistung frühestens zum Zeitpunkt der Gesamtabnahme des Bauwerkes durch den Bauherrn erfolgt, ist im Formularvertrag unwirksam. Selbst ein 6-monatiger Zeitraum der Verschiebung der Abnahme der Leistung des Subplaners nach Fertigstellung ist nicht wirksam (so auch zum Bauvertrag: BGH, BauR 1989, 322; siehe aber die Entscheidung BGH, Urt. v. 20.2.2014 – VII ZR 26/12). Ein Hinausschieben des Abnahmezeitpunkts um bis zu vier Wochen hat die Rechtsprechung zugelassen (BGH, NJW-RR 1986, 825). Eine Verschiebung bis zu sechs Wochen kann wohl bei berechtigtem Interesse des Generalplaners noch zulässig sein (Sangenstedt/v. Berchem, S. 697; Wirth (Locher), S. 1540). Nach § 202 Abs. 2 BGB kann die Verjährungsfrist durch Vertrag verlängert werden. Bei Werkverträgen ist eine Verlängerung der Gewährleistungsfrist in Allgemeinen Geschäftsbedingungen nur zulässig, wenn sie durch ein besonderes Interesse des Bestellers gerechtfertigt ist (BGH, NJW 1996, 2155). Grenze dürfte auch hier nur unter Berücksichtigung der Gesamtumstände bei etwa sechs Monaten liegen. Ob hier eine Anpassung an Verjährungsvorschriften in anderen EU-Ländern erfolgen kann, ist bisher nicht geklärt. Es dürfte aber derzeit nicht machbar sein, sich an Frankreich, Belgien, Niederlande (10 Jahre) oder England, Norwegen, Schweden (zwischen 8 bis 20 Jahre) zu orientieren.

Wird andererseits eine Verkürzung der Gewährleistung vereinbart, ist diese grundsätzlich unwirksam (BGH, NJW-RR 1999, 2434).

Um den Verjährungsbeginn klar definieren zu können, empfiehlt es sich, im Vertrag mit dem Subplaner eine förmliche Abnahme der von diesem zu erbringenden Leistung in allen Einzelheiten zu vereinbaren.

104   Im Übrigen sind **Organisationsverschulden** nicht zugleich der Arglisthaftung im Rahmen des Organisationsverschuldens zugänglich, obwohl bei den General- und Subunternehmerverträgen die Voraussetzungen hierfür im Grunde angelegt sind. Allerdings muss der Generalplaner den Subplaner sorgfältig aussuchen und dies nachweisen (LG Frankfurt/M., Urt. v. 27.1.2011 – 20 O 273/07; BGH, IBR 2010, 574, BGH, IBR 2008, 18).

gg) Versicherung

105   Aus der Selbständigkeit der beiden Vertragsebenen folgt, dass für Schäden beim Bauherrn, die auf eine Haftung bzw. Leistung eines Subplaners zurückzuführen sind, eine **Durchgriffshaftung** vom Bauherrn auf den jeweiligen Subplaner grundsätzlich nicht besteht. Entsprechend muss der Generalplaner sich versicherungsrechtlich so absichern, dass er den berechtigten Ansprüchen des Bauherrn gegenüber abgesichert ist. Wenn der Subplaner keinen ausreichenden Versicherungsschutz hat oder insolvent wird, ist der Haftungsrückgriff für den Generalplaner gegenstandslos. Dieses Insolvenzrisiko kann der Generalplaner dadurch vermeiden, indem er mit dem Subplaner entsprechend vereinbart, dass für das zu planende Objekt eine Objektversicherung abgeschlossen wird, was sinnvollerweise durch den Generalplaner geschieht. Entsprechend dem Honoraranteil hat sich sodann der Subplaner an dieser Objektversicherung zu beteiligen. Eine Objektversicherung macht aber nur Sinn, wenn der Versicherer eine 30-jährige Nachhaftung übernimmt. Durch diese Versicherung wird meist das Haftungsrisiko für den Fall abgedeckt, das der Generalplaner persönlich haftet, während der Subplaner, wenn dieser als juristische Person organisiert ist, z. B. in der Rechtsform der GmbH, nur beschränkt haftet (Wenner, BauR 1998, 151).

hh) Kündigung

Da angestrebt ist, den Inhalt der Verträge anzugleichen, sollten die Gründe zur **Kündi-** **106** **gung** des Vertrages aus wichtigem Grunde übernommen werden, die im Generalplanervertrag bereits beschrieben sind. Der Ausschluss des freien Kündigungsrechtes nach § 649 ist in den Allgemeinen Geschäftsbedingungen nicht wirksam (BGH, BauR 1999, 1294; OLG Düsseldorf, NJW-RR 2000, 577). Ebenso wenig ist eine Vereinbarung zulässig, die im Falle einer freien Kündigung gemäß § 649 BGB den Anspruch des Subplaners auf den Ersatz nachgewiesener, notwendiger Aufwendungen beschränkt (OLG Frankfurt, IBR 2000, 387). Gleiches gilt in dem Fall, wenn in dem Subplanervertrag im Falle der Kündigung des Hauptauftraggebervertrages vereinbart wird, die Leistungen des Subplaners so abzurechnen, wie der Generalplaner für denjenigen Leistungsteil des Subplaners ein Honorar erhält (KG, Urt. v. 13.4.2010 – 21 U 191/08). Um das Kündigungsrisiko bzw. die damit verbundene Zahlung einer Vergütung für nicht erbrachte Leistungen zu minimieren, kann der Vertrag mit dem Subplaner auch gestaffelt abgeschlossen werden. Dies kann in der Weise erfolgen, dass erst der Subplaner die Leistungen auf Abruf erbringt bzw. einzelne vertraglich vereinbarte Leistungsphasen erbringt (Stufenvertrag oder Optionsvertrag). Bezüglich der weiteren Leistungen steht dann dem Generalplaner eine Option zu, diese Leistungen abzurufen. Damit werden die folgenden Leistungsphasen erst Vertragsbestandteil, wenn der Generalplaner gegenüber dem Subplaner die entsprechende Option geltend macht.

Die Äußerung eines Subplaners, dass der Generalplaner keine Ahnung von seinem Werk habe, er für einen Hungerlohn arbeite und kein Interesse mehr an dem Auftrag habe, reichen aus um die Zerstörung des Vertrauensverhältnisses zu begründen und damit einen Kündigungsgrund (KG, Urt. v. 14.4.2010 – 21 U 74/07).

ii) Schadenersatz

Die Vorschrift des § 255 BGB, wonach der Schädiger nur dann Schadenersatz leisten muss, wenn ihm die Ansprüche **abgetreten** werden, die dem Ersatzberechtigten aufgrund des Schadens gegen Dritte zustehen, ist im Verhältnis eines Subplaners zum Generalplaner nicht entsprechend anwendbar, wenn der Subplaner behauptet, der Generalplaner habe zu viel Schadenersatz an den Auftraggeber geleistet (OLG München, Urt. v. 5.2.2013 – 9 U 2870/12).

jj) Prozessuales

Eine **isolierte Drittwiderklage** des vom Auftraggeber auf Schadenersatz in Anspruch genommenen Generalplaners gegen die von ihm beauftragten Fachplaner auf **Freistellung** von den geltend gemachten Schadenersatzansprüchen des Auftraggebers ist unzulässig (BGH, Urt. v. 7.11.2013 – VII ZR 105/13).

II. Vertragsrecht

1. Grundlagen des Architekten-/Ingenieurvertrages

a) Der Architekten-/Ingenieurvertrag als Mischvertrag

Das BGB kennt kein spezielles „Architekten-/Ingenieurvertragsrecht". Aus diesem **107** Grunde muss dieser Rechtsbereich einem der vorgegebenen Vertragstypen des BGB zugeordnet werden. Dabei beurteilt sich die Frage des anzuwendenden Vertragsrechts nach den jeweils **geschuldeten Leistungen.** Für die rechtliche Einordnung des Architektenvertrages ist daher festzustellen, welche Leistungen der Architekt im rechtlichen Sinne schuldet.

Der Architekt schuldet nicht das Bauwerk selbst. Dessen Errichtung ist Aufgabe des Bauunternehmers. Andererseits geht die Aufgabe des Architekten über die bloße Erstellung der Planung hinaus. Hinzu treten Pflichten, wie sie im Rahmen der **Objektüberwachung** erforderlich sind. Weiter zu nennen sind die Erarbeitung von **Leistungsverzeichnissen,** die Vorbereitung der Vergabe, die Mitwirkung bei der Vergabe und nicht zuletzt regelmäßige **Kostenermittlungen.** Ebenso zu nennen sind Aufgaben, wie sie in der Leistungsphase 9 des § 34 HOAI genannt sind: **Objektbetreuung, Dokumentationspflichten** zum Gesamtobjekt, Überwachung der Mängelbeseitigung. Diese „Leistungsbilder" werden eingerahmt von den sog. **Sachwalterpflichten.** Unter diese ordnet man umfassende **Nachfrage-, Informations-, Aufklärungs-, Hinweis-** und **Beratungspflichten** des Architekten/Ingenieurs ein. Die Fragen der Bausummenüberschreitung sowie der Beachtung von Terminplänen sind entweder diesem Bereich oder direkt dem Mangelbereich (der Hauptleistung) zuzuordnen. Die herrschende Meinung geht von Letzterem aus (vgl. zur Frage der Bausummenüberschreitung Thode/Wirth/Kuffer, Handbuch des Architektenrechts).

108   Der Architekt muss nicht nur eine einzige Leistung erbringen. Vielmehr liegt im Regelfall ein **breitgefächerter Leistungskatalog** vor. Hieraus folgt fast zwangsläufig, dass sich der der Architektenleistung zugrunde liegende Vertrag nicht allein einer einzigen Vertragsart zuordnen lässt. Tatsächlich vereinigt der Architekten-/Ingenieurvertrag mehrere Vertragstypen in sich. Man spricht insoweit von einem **Typenmischvertrag.** Von den Vertragstypen des Bürgerlichen Gesetzbuches bietet sich für den Architekten-/Ingenieurvertrag der **Werkvertrag** an. Er hat einen geschuldeten Erfolg zum Gegenstand. Die bloße Vornahme einer Tätigkeit bedeutet für den Schuldner noch nicht die Erfüllung seiner Leistungspflichten. Tritt nicht zusätzlich der für die Funktionalität erforderliche Erfolg ein, so führt dies zu einer verschuldensunabhängigen Haftung (i. d. S. OLG Celle, Urt. v. 17.1.2013 – 16 U 94/11).

109   Das **Dienstvertragsrecht** des BGB dagegen ist nicht auf die Herbeiführung eines Erfolges ausgerichtet. Hier reicht die Vornahme der vertraglich definierten und geschuldeten Tätigkeit zur Erfüllung aus. Es kommt nicht darauf an, ob die Vornahme der geschuldeten Leistung auch „von Erfolg gekrönt" ist. So schuldet beispielsweise der Arzt zwar eine ordnungsgemäße Behandlung des Patienten, nicht jedoch dessen Genesung als Erfolg. Konsequenterweise haftet er somit auch „nur" für Fehler bei der Behandlung. Führt er die Behandlung ordnungsgemäß durch, tritt dennoch keine Genesung des Patienten ein, so haftet er hierfür nicht (ausgenommen für werkvertragliche Komponenten seines Leistungsbereichs, bspw. die Bemessung einer Prothese). Als Dienstvertrag eingestuft wurde die vertragliche Beziehung zwischen einer Projektentwicklerin und einer Architektin, als Letztere „lediglich" Erkundigungen beim Bauamt einzuholen hatte (OLG Düsseldorf, Urt. v. 22.11.2013 – 22 U 57/13). Diese Entscheidung wäre dann in Frage zu stellen, wenn in die Weitergabe der Informationen Bewertungen seitens der Architektin eingeflossen wären.

b) Der Architekten-/Ingenieurvertrag als Werkvertrag

110   Vergleichbare Elemente, wie beim geschilderten Arztvertrag als **Dienstvertrag,** sind auch im Architekten-/Ingenieurbereich geschuldet. Soweit diese Bereiche betroffen sind, haftet der Auftragnehmer nur bei Vorliegen eines **Verschuldens.** Seit dem 1.1.2002 wird ein entsprechendes Verschulden in § 280 Abs. 1 BGB widerlegbar vermutet. Da über die Schadensersatzregelung der §§ 282, 280 BGB auch die früher dem Bereich der „positiven Forderungsverletzung" zugeordneten (Neben-)Pflichtverletzungen geregelt werden (§ 241 Abs. 2 BGB), liegt nach dem Gesetzeswortlaut nun auch in diesem Bereich eine Verschuldensvermutung vor. Ob der Gesetzgeber dies tatsächlich gewollt hat, ist fraglich.

111   Im Regelfall werden die Leistungen des Architekten/Ingenieurs als **werkvertragliche Leistungen** einzustufen sein. Der Architekt hat eine dauerhaft genehmigungsfähige Planung zu erbringen (wird diese erst später erreicht und wird zwischenzeitlich eine Nutzungsuntersagung ausgesprochen, haftet der Architekt hierfür unter Schadensersatzvoraussetzungen, OLG Frankfurt IBR 2012, 274; konnte der Architekt erkennen, dass der ihm erteilte Planungsauftrag nicht genehmigungsfähig ist, muss er den Bauherrn entsprechend informieren – andernfalls haftet für dessen nutzlose Aufwendungen, OLG München IBR 2012, 211), auch hat er eine ordnungsgemäße Bauüberwachung zu erbringen. Beides muss auf eine mangelfreie Verwirklichung des Bauwerks gerichtet sein. Der Architekt schuldet somit das erfolgreiche **Entstehenlassen eines Bauwerks.** Seit 1959 herrscht daher weitgehend Einigkeit darüber, dass Architekten-/Ingenieurverträge im Regelfall als **Werkvertrag** im Sinne des § 631 BGB einzustufen sind (BGH NJW 1960, 431). In Anbetracht der

damit verbundenen geradezu gefährlichen gesamtschuldnerischen Haftung zusammen mit dem Bauunternehmer für die Mangelfreiheit der Bauleistung, lebt die Diskussion, ob nicht zumindest Teile des Architektenvertrages dem Dienstvertragsrecht zugeordnet werden sollen, immer wieder auf (zu beachten i. d. Zhg ist auch die auf dem Baugerichtstag 2012 entflammte Diskussion, inwieweit das Haftpflichtversicherungssystem am Bau angewendet werden kann – bisher wird bei Baumängeln regelmäßig der Architekt (für Objektüberwachungsfehler) vor dem den Mangel eigentlich verursachenden Bauunternehmer in Anspruch genommen – weil nur der Architekt hierfür versichert ist (bei ihm Mangelfolgeschaden, beim BauU Mangelschaden).

Gelingt der Erfolg einer dauerhaft genehmigungsfähigen Planung seitens des Architekten **112** nicht, führt dies zu einem Honorarrückzahlungsanspruch des Auftraggebers (nach OLG Oldenburg IBR 2007, 255 gem. § 812 BGB). Etwas anderes gilt ausnahmsweise dann nicht, wenn die Vertragsparteien ausdrücklich oder konkludent hinsichtlich der Genehmigungsfähigkeit des geplanten Vorhabens eine rechtsgeschäftliche Risikoübernahme zu Lasten des Auftraggebers vereinbart haben (BGH NJW-RR 1999, 1105 = BauR 1999, 1195 u. NJW 2003, 287 = BauR 2002, 1872; OLG Oldenburg BauR 2008, 702). Bei der Berechnung des vom Architekten zurückzuzahlenden Honorars wird man von dem an ihn geleisteten Zahlungen auszugehen haben, ev. abzgl. eines fiktiven Honorars für eine Bauvoranfrage – angesetzt von der Rechtsprechung in Form des Honorars für die Leistungsphasen 1 und 2 des § 34 HOAI (§ 33 a. F.) (OLG Oldenburg BauR 2008, 702).

Der BGH geht auch dann vom Vorliegen eines **Werkvertrages** aus, wenn nur **Teilleis-** **113** **tungen** Gegenstand der Beauftragung sind. Obwohl die HOAI keine Vertragsordnung, sondern „nur" eine Honorarordnung darstellt, werden Einordnungsversuche von Teilverträgen immer wieder anhand der Leistungsphasen der HOAI-Leistungsbilder vorgenommen (BGH NJW 2008, 285 = BauR 2007, 1761). So wurden selbst Architektenverträge ohne geschuldete Planungsleistung als Werkverträge qualifiziert (BGHZ 62, 204). Dies soll auch für den Fall gelten, dass nur die **Objektüberwachung** übertragen wird (BGH NJW 1982, 438 = BauR 1982, 79). Eine Grenze wurde versucht dort zu ziehen, wo ausschließlich die **Leistungsphase 9** des § 34 HOAI (§ 33 a. F.) Gegenstand der Beauftragung war. Begründet wurde dies damit, dass das Bauwerk bereits errichtet sei und nur die Mängelbeseitigung im Zentrum des Auftrags stünde (OLG Hamm NJW-RR 1995, 400 zu § 33 a. F.). Mit der zutreffenden Begründung, dass jedoch auch diese Tätigkeiten der ordnungsgemäßen Erstellung des Bauvorhabens „insgesamt" dienen, wird auch hier Werkvertragsrecht anzunehmen sein (BGH NJW 2002, 749 = BauR 2002, 315).

Diskutiert wurde Entsprechendes auch für die Leistungsphase 1. Aber auch dem Bereich **114** der Grundlagenermittlung wird eine „Erfolgsbezogenheit" zugrunde gelegt werden können. Gerade die Grundlagen müssen „erfolgreich" ermittelt werden (beim Bauen im Bestand intensive Grundlagenermittlungspflicht, OLG Brandenburg IBR 2008, 526). Folglich liegt auch in diesem Fall die Heranziehung des Werkvertragsrechts nahe.

Die genannten Grundsätze gelten auch im Bereich der **Ingenieurverträge.** So richten **115** sich die Ingenieurleistungen für die technische Gebäudeausrichtung – sowie für die Tragwerksplanung (BGH NJW 1972, 625; LG Itzehoe IBR 2006, 1542) – nach dem **Werkvertragsrecht.** Hingegen hat das OLG Hamm die Hinzuziehung eines Architekten durch einen Kaufinteressenten zur **Hausbesichtigung** als einen nach **Dienstvertragsrecht** zu beurteilenden Beratungsvertrag gewertet (OLG Hamm BauR 1999, 1323).

c) Keine primäre Bestimmung des Vertragsinhalts durch die HOAI – Leistungspflichten sind im Einzelnen zu bestimmen

Die HOAI stellt **keine Vertragsordnung,** sondern eine Honorarordnung dar (BGH **116** NJW 1997, 586 = BauR 1997, 154 u. NJW 1999, 427 = BauR 1999, 187). Die Leistungsphasen der einzelnen Leistungsbilder haben unmittelbar keine Bedeutung für den Umfang der Leistungspflicht. Anderes gilt nur dann, wenn die Parteien Entsprechendes ausdrücklich vereinbaren. Allein das „Ankreuzen" von Leistungsphasen als geschuldete Leistung (so der frühere Einheitsarchitektenvertrag) muss zwangsweise zu Missverständnissen führen. In diesen Fällen ist **der geschuldete Leistungsumfang** durch **Auslegung** zu ermitteln. Wird allerdings auf die Beschreibung der einzelnen Teilleistungen der Leistungsbilder der HOAI (z. B. Leistungsbild Gebäude und Innenräume gem. § 34) oder auf die Leistungsbilder insgesamt Bezug genommen, wird deren Inhalt auch geschuldet. Bei Nichterbringung liegt eine unvollständige u. damit mangelhafte Leistung vor. Es besteht ein Anspruch auf Nacherfüllung. Wenn die Erbringung der Leistung nicht mehr sinnvoll ist, Anspruch auf Minderung (entschieden für die Nichterbringung eines Bautagbuches i. Sinne v. § 15 Abs. 2 HOAI 2002, BGH, Urt. v. 28.7.2011 – VII ZR 65/10; so auch OLG Frankfurt IBR 2007, 496). Immer hat der Architekt die Arbeitsschritte zu erbringen, *„die als planerische Vorgaben für die Bauunternehmer erforderlich sind, damit diese die Planung vertragsgerecht umsetzen können, und die es dem Bauherrn ermöglichen zu überprüfen, ob der Architekt den geschuldeten Erfolg vertragsgemäß bewirkt hat."* (So OLG Brandenburg, Urt. v. 13.3.2014 – 12 U 136/13 – n. rkr.). Die Frage, welche Arbeitsschritte zu erbringen sind, richtet sich danach, was das konkrete Bauvorhaben erfordert. Etwas anderes gilt, wenn durch in Bezugnahme des § 34 HOAI die dortigen einzelnen Arbeitsschritte als geschuldete Teilerfolge vereinbart werden (BGH IBR 2004, 512).

Das geschuldete Leistungssoll bestimmt sich nach dem BGB, d. h. es ist zu fragen, worauf sich Anbietender und Annehmender geeinigt haben. Dabei bestimmt zunächst nicht § 632 BGB den Inhalt des Vertrages. Auch wenn Architekten/Ingenieursleistungen im Regelfall „den Umständen nach nur gegen eine Vergütung" erbracht werden, sind sie nur zu bezahlen, wenn eine entgeltliche Beauftragung vorausgegangen ist. Ausreichend ist es dafür nicht, dass die Leistung erforderlich war, oder darauf aufbauende Leistungen nur erbracht werden konnten, wenn die zuvor erforderlichen Leistungen miterbracht wurden. Hatte das OLG Düsseldorf noch entschieden, dass bei einer Beauftragung nur mit der Leistungsphase 4 des Leistungsbildes der Gebäudeplanung, die Lphs 1–3 notwendigerweise mit erbracht werden mussten und somit abgerechnet werden konnten (OLG Düsseldorf, Urt. v. 26.9.1997 – 22 U 10/97), hat der BGH dies anders entscheiden. Inhalte und Umfang des Vertrages richten sich insoweit nicht nach der HOAI, sondern allein nach dem geschlossenen Werkvertrag (BGH, Urt. v. 6.12.2007 – VII ZR 157/06).

Ansonsten kann nur dazu geraten werden, dass was eine Vertragspartei vom Vertrag erwartet, auch (schriftlich) zu vereinbaren. Geschieht dies nicht, muss der Vertrag ausgelegt werden. Gibt es nicht Genügendes zum Auslegen, wird ein Beweislasturteil ergehen. Als Beispiel: Besteht ein Anspruch des Auftraggebers auf digitale Pläne, wenn hierzu nichts vereinbart ist? (Vgl. Kalte/Wiesner, IBR 2012, 1239). Werden im Rahmen eines Bauvorhabens mehrere Fachplaner benötigt, stellt sich die Frage, wer diese zu koordinieren hat – der Bauherr oder der Objektplaner? (Beide kennen sich in der Materie des Fachplaners nicht aus), OLG Naumburg, Urt. v. 23.8.2012 – 2 U 133/11. Handelt es sich beim „Prüfung und Anerkennen von Werkstatt- und Montagepläne" um Grundleistungen oder Besondere Leistungen ? (Hierzu Seifert BauR 2012, 1857 ff.). Am Bau gibt es keine einheitliche, übliche Brandschutzplanung – welche Leistungen in diesem Zusammenhang schuldet der Objektplaner, welche der „Sonderfachmann Brandschutz"? (Eingehend Schweer/Mauruschat, BauR 2013, 153 ff.).

„Ein mit der Vor- und Entwurfsplanung beauftragter TGA-Planer muss in seiner Planung die Festlegungen treffen, die für eine änderungsfreie Weiterplanung notwendig sind. Hierzu gehören unter anderem sämtliche Angaben zu notwendigen Rohr- und Leitungsdurchführungen, um deren Berücksichtigung bei der weiteren Tragwerksplanung zu ermöglichen" (OLG Frankfurt, Urteil vom 16.3.2010 – 14 U 31/04).

d) Geschuldet ist eine funktionstaugliche Planung

117   Im Regelfall ist die Beschreibung des Leistungsinhalts allein unter Bezugnahme auf die Grundleistungen und/oder Besonderen Leistungen der HOAI nicht ausreichend. Die HOAI sollte den Vertragsinhalt alleine nicht bestimmen. Beispielsweise fehlen dort immer noch ausreichende Angaben zu Fragen der Bauzeit und zu Kostenvorgaben des Auftraggebers. Zwar hat die HOAI 2013 diesbezüglich deutliche Verbesserungen gebracht, zu denken ist bspw. an die mehrfach in den Leistungsphasen erwähnte Pflicht die Ergebnisse der Phasen „zusammenzufassen, zu erläutern u. die Ergebnisse zu dokumentieren." Gleiches gilt für die erstmals geforderte Erstellung und Fortschreibung von Terminplänen. Dies vor dem Hintergrund, dass der Architekt/Ingenieur immer auch eine funktionstaugliche Planung schuldet. Es reicht hier soweit nicht, dass er selbst ein detailliertes Leistungsprogramm abarbeitet. Das von ihm geschuldete Werk muss die nach dem Parteiwillen erstrebte/geforderte Funktion erreichen (BGH, IBR 2011, 694 u. OLG Celle IBR 2013, 629). Der vom Architekten geschuldete Gesamterfolg ist regelmäßig „nicht darauf beschränkt, dass er die Aufgaben wahrnimmt, die für eine mangelfreie Errichtung des Bauwerks erforderlich sind" (BGH, Urt. v. 24.6.2004 – VII ZR 259/02).

„Der Architekt schuldet eine mängelfreie und funktionstaugliche Planung, die insbesondere den Regeln der Baukunst/Technik entspricht. Weist die Architektenplanung einen Fehler auf, der bei deren Verwirklichung zu einem Mangel am Bauwerk führt, so haftet diese dem Architektenwerk unmittelbar an. Im Rahmen der LP 5 ist der Architekt verpflichtet, die Ausführungsdetails umfassend zeichnerisch darzustellen. Insbesondere die – gefahrenträchtige – Abdichtung gegen Feuchtigkeit ist sorgfältig im Sinne einer bis ins kleinste Detail gehenden Ausführungsplanung zu planen, die dem Auftragnehmer alle maßgeblichen Details in einer jedes Risiko ausschließenden Weise verdeutlicht" (OLG Düsseldorf Urt. v. 5.2.2013 – 23 U 185/11). Diese überzeugenden Feststellungen des OLG lassen sich durch zahlreiche andere Entscheidungen belegen (BGH 8.11.2007 VII ZR 183/05). So darf die Planung eines Architekten nicht nur darauf gerichtet sein, „nur" eine nutzfähige Tiefgarage entstehen zu lassen, die Planung muss auch berücksichtigen, dass durch einfahrende Pkw Tausalz eingebracht wird, damit chloridbelastetes Wasser in den Betonboden eindringt und damit zu einer Gefahr für die eingelegte Stahlbewehrung wird (OLG, Urt. v. 9.4.2013 – 9 U 4449/08). Bei der Planung der Verfliesung einer Industriehalle muss der Architekt im Rahmen seiner Planung berücksichtigen, welchen chemischen Belastungen der Boden standhalten muss. Entsprechendes muss er mit dem Produzenten der Fliesen und den durchführenden Handwerkern abklären (OLG Koblenz, Beschl. v. 25.9.2012 – 5 U 577/12). Ebenfalls ein Beweis für die geschuldete **Funktionalität** stellt der „Gülle-Fall" des OLG Celle dar. Hier „funktionierte" das vom Architekten vorgeschlagene System für einen Boxenlaufstall mit Güllekeller nicht. Dabei kam es nicht darauf an, dass der AG dem Benutzungshinweis des Architekten nicht nachgekommen war, da Sachverständig festgestellt werden konnte, dass auch bei Beachtung dieses Hinweises das vorgeschlagene System nicht funktioniert hätte. Der Architekt haftete (OLG Celle, Urt. v. 17.1.2013 – 16 U 94/11).

Die Planung eines Architekten für einen Bauträger ist ungeachtet der mit diesem getroffenen Vereinbarung „Trennwände einschalig zu planen" mangelhaft, wenn bekannt ist, dass gegenüber den Erwerbern eine zweischalige Ausführung geschuldet ist (BGH, Urt. v. 20.12.2012 – VII ZR 209/11). Die Nachfrage-, Informations- und Hinweispflichten im Rahmen einer Planung werden ganz besonders deutlich in der „Pellets-Entscheidung" des OLG Stuttgart (Urt. v. 24.1.2012 – 10 U 90/11). Sie zeigt, dass im Rahmen der Planung dahingehend „mitgedacht" werden muss, dass nicht nur die offensichtlichen Wünsche der auftraggebenden Partei beachtet werden müssen, sondern darüber hinaus dieser eine funktionierenden Lösung geschuldet ist. Das Gericht hat dem Architekten zum Schadensersatz verurteilt, weil der geplante an sich funktionierende Pelletspeicher so gering demissioniert war, das der Bauherr damit keinen Jahresbedarf der Heizungsanlage abdecken konnte. In die gleiche Richtung geht eine Entscheidung des OLG Dresden, bei der es dem Generalunternehmer gelungen ist, dass Risiko für eine unvollständige Funktionalausschreibung auf einen Architekten abzuwälzen. Dieser war von einem GU beauftragt worden, ein „schlüsselfertiges Gesamtangebot" zu erstellen. Für dessen Inhalt hatte sich der GU gegenüber seinem Bauherrn in einem Pauschalvertrag verpflichtet. Als sich herausstellte, dass das Angebot unvollständig war, musste der GU die fehlenden Leistungen gegenüber seinem Bauherrn erbringen, ohne Nachträge stellen zu können. Der Architekt wurde hierfür in die Haftung genommen (OLG Dresden, Urt. v. 1.8.2013 – 10 U 1030/11). Insgesamt beinhaltet die vom Planer geschuldete Grundlagenermittlung eine Beratung zum gesamten Leistungsbedarf, d.h. er muss die Vorstellungen der Auftraggeberseite sorgfältig ermitteln (BGH, Urt. v. 10.7.2014 – VII ZR 55/13 u. BGH, Urt. v. 20.6.2013 – VII ZR 4/12). Die Ergebnisse sollten dokumentiert und vom AG freigegeben werden.

e) Geschuldetes Leistungssoll

Die damit verbundene Notwenigkeit für die Architekten- und Ingenieurschaft, das von ihnen geschuldete Planungssoll (einschließlich des Erfolges bzw. der Funktionalität) so konkret wie möglich zu bestimmen, hat für die Auftragnehmerseite an sich nur positive Folgen. Nur das, was Leistungs-Soll ist, ist auch geschuldet und nur dafür wird auch gehaftet. Entscheiden ist insoweit der beschriebene Leistungsumfang und das vereinbarte Leistungsziel. Soweit sich Umfang und Ziel ändern – ohne dass dies dem Architekten zuzurechnen ist – steht ihm ein Nachtrag (Mehrvergütungsanspruch) zu.

f) Komplettheitsklauseln

Problematisch gestalten sich die in der Praxis auch in Architektenverträgen immer häufiger zu findenden sog. „Komplettheitsklauseln" sowohl im Leistungs- als auch im Honorarbereich. Beispielhaft sind die folgenden Klauseln zu nennen (entnommen v. Wellensiek, „Komplettheitsklauseln im Architektenvertrag ..., BauR 2014 Heft 2a, S. 340 ff., m. weit. Hinw., u. a. auf Mustervertrag v. Knipp (Fassung 2010):

[...] *„Die im Vertrag benannten Leistungen sind unter Umständen nicht vollständig. Es handelt sich um Mindestanforderungen an eine vertragsgemäße Leistungserbringung durch den AN, damit dieser den geschuldeten Werkerfolg erreicht. Der AN schuldet daher auch Leistungen, die im Vertrag nicht aufgeführt sind und die erforderlich sind, um den Werkerfolg zu erreichen."*

[...] *„Bei dieser Pauschale handelt es sich um einen unabänderlichen Festpreis, der insbesondere den Umbauzuschlag, mitverarbeitete Bausubstanz, die bauabschnittsweise Planung, etwaige zeitliche Trennungen der Ausführung und Nebenkosten vollinhaltlich berücksichtigt. Insbesondere führen Verschiebungen einzelner Funktionen oder Flächen zwischen einzelnen Bauteilen oder Bauabschnitten, Änderungen des Terminplans, Wiederholungen von Grundleistungen oder Erhöhung der anrechenbaren Kosten nicht zu einer Anpassung des Honorars."*

2. Zustandekommen des Architekten-/Ingenieurvertrages

a) Aufklärungspflicht bei fehlender Architekteneigenschaft

118   Der „Nicht-Architekt" ist nach Einschätzung des OLG Stuttgart und des OLG Düsseldorf verpflichtet, den Auftraggeber vor Abschluss des Vertrages auf diesen Umstand hinzuweisen (OLG Stuttgart BauR 1997, 681; OLG Düsseldorf NJW-RR 1993, 1173 = BauR 1993, 630). Unterlässt er dies, soll der Auftraggeber den Vertrag u. U. wegen arglistiger Täuschung über § 123 BGB anfechten können (OLG Nürnberg NJW-RR 1998, 1713 = BauR 1998, 1273; OLG Stuttgart BauR 1997, 681; OLG Düsseldorf NJW-RR 1993, 1173 = BauR 1993, 630; 632). Teilweise wird „nur" von einer **Anfechtungsmöglichkeit wegen Irrtums** über eine verkehrswesentliche Eigenschaft der Person ausgegangen (OLG München v. 23.11.1977 – 3 U 2195/77). Gegenteilige Urteile verneinen eine Aufklärungspflicht, wenn auf Seiten des Auftraggebers keine schützenswerten Interessen bestehen (OLG Düsseldorf BauR 1982, 86; OLG Hamm BauR 1987, 582). So entschieden, als ein Architekt nach Abschluss der Leitungsphase 5 aus einer Gesellschaft bürgerlichen Rechts ausgeschieden u. das Büro von den verbleibenden Nicht-Architekten alleine fortgeführt wurde. Das OLG Düsseldorf hat dies u. a. mit dem Hinweis begründet, dass die Fortführung der Planungsarbeiten durch den Nicht-Architekten erst zu einem Zeitpunkt erfolgt ist, als die Planungsphase bereits abgeschlossen war (OLG Düsseldorf BauR 2006, 156 = IBR 2006, 1081).

119   Ähnlich werden die Fälle beurteilt, bei denen zwar die materiellen Voraussetzungen für eine Eintragung in die Architektenliste vorliegen – formell jedoch eine Eintragung unterblieben ist. Nach dem OLG Düsseldorf ist auch hier ein schützenswertes Interesse zu verneinen (OLG Düsseldorf BauR 1982, 86), in der Literatur teilweise bejaht. Eine Aufklärungspflicht soll nicht mehr bestehen, wenn die Leistungen vom Auftragnehmer „voll erbracht" sind (OLG Köln BauR 1985, 338). Diese Aussage dürfte in den Fällen fraglich sein, bei denen sich Mängel der Architektenleistung herausstellen.

120   Eine Aufklärungspflicht des „Nichtarchitekten" über die Honorarhöhe ist nach der hier vertretene Auffassung jedenfalls immer dann zu bejahen, wenn die Gefahr besteht, dass der

Auftraggeber im Ungewissen bleibt. Die Beweislast, dass der Auftraggeber „Bescheid wusste", wird man dem Architekten/Ingenieur auferlegen müssen. Dies dürfte für alle Freiberufler gelten, eine Sonderstellung nehmen aufgrund des Versorgungssystems in unserer Rechtsordnung wohl nur die Ärzte ein. Die Begründung für eine entsprechende Aufklärungspflicht ist darin zu sehen, dass der nicht geschulte Auftraggeber die Gebührenordnungen nicht kennen wird.

b) Schriftform des Architektenvertrages

Uneingeschränkt ist die schriftliche Formulierung jedes Vertrages einem mündlichen **121** Vertrag vorzuziehen. Auch geht die Rechtsprechung regelmäßig davon aus, dass beurkundete oder schriftliche Verträge die Vermutung der Vollständigkeit in sich tragen (OLG München IBR 2007, 491). Sofern keine schriftliche Honorarvereinbarung vorliegt, gelten die jeweiligen Mindestsätze als vereinbart (§ 7 Abs. 3 HOAI), im Übrigen bedarf der Architektenvertrag selbst nicht der Schriftform. Die §§ 125, 127 BGB führen auch dann nicht zu einen Schriftformerfordernis, wenn der Architekt seinem Auftraggeber den Entwurf eines Vertrages vorlegt/zuschickt und dieser nicht unterschreibt. In diesem Fall kann sich eine rechtsgeschäftliche Bindung aus den weiteren Umständen ergeben, z. B. Diskussion weiterer Änderungswünsche, gemeinsames Behördengespräch (OLG Düsseldorf IBR 2008, 392). Dies sogar dann, wenn die Parteien unstreitig eine schriftliche Vereinbarung wollten (OLG Koblenz IBR 2008, 275). Selbst wenn ein umfassender, schriftlicher Architektenvertrag geschlossen wird, kann dieser als Scheingeschäft unwirksam sein (entschieden, als nur auf diese Weise öffentliche Mittel für das Bauvorhaben zu erlangen waren (OLG Koblenz IBR 2006, 1373).

c) Mündlicher/konkludenter Vertragsschluss – Abgrenzung zur Akquisition

Architekten-/Ingenieurverträge bedürfen **nicht der Schriftform.** Allerdings hatte das **122** KG entschieden, dass bei einem Honorarvolumen von über 7 Mio. DM eine Vermutung dafür vorliege, dass Architektenverträge dieser Größenordnung **„konkludent" unter dem Vorbehalt der Schriftform** stünden (BauR 2001, 1929); ebenso das OLG Koblenz bei einem Honorar von über 3,5 Mio. Euro (IBR 2002, 144). Eine derartige Grenze, deren Überschreitung eine Vermutung des Schriftformerfordernisses auslöst, ist dem Gesetz jedoch nicht zu entnehmen. Bei Architekten-/Ingenieurverträgen stellt sich das Problem der fehlenden Schriftform deshalb so häufig, weil sich diese Verträge oftmals über eine längere Phase „entwickeln". Zieht man wiederum die Leistungsphasen des § 34 HOAI heran, so entscheidet es sich oftmals erst gegen Ende der Erbringung der Phasen 1–4, ob Bauherr und Architekt „tatsächlich zusammenbleiben". Solange diese Entscheidung nicht gefallen ist, unterstellen Bauherren/Auftraggeber regelmäßig eine lange Akquisitionsphase.

d) Vorgaben des § 632 Abs. 1 BGB

Gemäß § 632 Abs. 1 BGB ist bei Werkverträgen von der stillschweigenden **Vereinba-** **123** **rung einer Vergütung** auszugehen, wenn die Herstellung des Werkes den Umständen nach nur gegen eine Vergütung zu erwarten ist. Allein die Erbringung von Architekten-/ Ingenieurleistungen ist hierfür nicht ausreichend. Das in der Praxis häufig vorkommende Argument „derartige Leistungen sind nach der HOAI vergütungspflichtig", ist deshalb nicht schlüssig. Der Architekt/Ingenieur muss belegen können, dass er konkret entgeltlich mit diesen Arbeiten beauftragt wurde (OLG Hamm/BGH IBR 2003, 138; OLG Düsseldorf IBR 2003, 309). Der Architekt/Ingenieur ist dafür beweispflichtig, dass ein Werkvertrag „bereits" zustande gekommen ist. Hat er den **Vertragsschluss belegt,** spricht eine **Vermutung** für die **Entgeltlichkeit** seiner Leistung. Behauptet der Auftraggeber die Vereinbarung einer kostenlosen Architektenleistung, trifft ihn insoweit die Beweislast (OLG Düsseldorf NJW-RR 1992, 1172 = BauR 1993, 108). Entsprechende Vereinbarungen sollen auch mündlich getroffen werden können. Bedenken im Hinblick auf § 7 HOAI n. F. – der für die Abweichung von Mindestsätzen die Einhaltung der Schriftform vorsieht – ist der BGH entgegengetreten (BGH NJW 1985, 2830 = BauR 1985, 467).

e) Akquisitionsphase

124   „Bloße" Akquisitionshandlungen des Architekten/Ingenieurs lösen noch **keinen Vergütungsanspruch** aus. Ein Vertrag ist in diesen Fällen noch nicht zustande gekommen. Der Auftragnehmer erbringt in der Akquisition Leistungen mit dem Ziel, den potentiellen Auftraggeber zum Abschluss eines Vertrages zu bewegen (Bemerkensw. d. Hinw. von *Weller* wonach der Akquisitionsbereich kein Sonderrecht für Planer darstellen dürfe, IBR 2014, 1018). Wiederum von den Leistungsphasen der HOAI ausgehend hat die Rechtsprechung zu erkennen gegeben, dass die Akquisitionsphase sehr **weit gefasst** sein kann. Dies bis in die Phasen 3 und 4 des Leistungsbildes der Gebäudeplanung hinein (OLG Hamm NJW-RR 1990, 91 = BauR 1990, 636). Häufig lässt sich nur schwer feststellen, wann die **Akquisitionsphase** beendet ist und das vertragliche Verhältnis beginnt. Wird der Vertragsschluss nicht schriftlich fixiert und damit ein nachvollziehbarer Zeitpunkt festgelegt, wird um den Zeitpunkt des „konkludenten" Vertragsschlusses gerungen. Unter einem **konkludent geschlossenen Vertrag** versteht man eine Vereinbarung, die „mehr oder weniger nur aus Indizien" hergeleitet werden kann. Es muss somit auf die Umstände abgestellt werden. Erbringt der Architekt Leistungen ohne dass ein Vertragsschluss nachgewiesen werden kann, folgen daraus im Regelfall auch keine bereicherungsrechtlichen Ansprüche. Etwas anderes gilt, wenn der Auftraggeber die entsprechenden Leistungen verwertet (entschieden als der Architekt ohne Auftrag eine notwendige Tragwerksplanung erbracht hat, die vom AG verwendet wurde – Anspruch auf Mindestsätze, OLG Brandenburg, Urt. v. 13.3.2014 – 12 U 136/13 – n.rkr.).

125   Entscheidend ist, dass immer der Architekt für das Zustandekommen eines Vertrages beweispflichtig ist (i.d. Sinne OLG Nürnberg IBR 2013, 156). *„Darauf, ob Architektenleistungen üblicherweise nur entgeltlich erbracht werden, kommt es nicht an. Die Vermutung des § 632 Abs. 1 BGB, wonach eine Vergütung als vereinbart gilt, wenn die Herstellung des Werkes den Umständen nach nur gegen eine Vergütung zu erwarten ist, bezieht sich nur auf die Entgeltlichkeit eines erteilten Auftrages, nicht auf die Auftragserteilung. Entscheidend ist allein, ob auf das Zustandekommen eines Architektenvertrages gerichtete übereinstimmende Willenserklärungen mit entsprechendem Bindungswillen festzustellen sind"*, so die perfekten Leitsätze des OLG Celle (IBR 2006, 399). Selbst als ein Architekt Planungsleistungen bis hin zur Baueingabeplanung erbracht hatte, konnte er den Gegeneinwand der Auftraggeberseite, er sei lediglich beauftragt worden, Verkaufspläne zu erstellen, nicht entkräften (OLG Düsseldorf IBR 2008, 31). Abzustellen ist bei diesen Einzelfallprüfungen immer auf einen fiktiven, objektiven Betrachter, d.h. es ist die Frage zu stellen, ob dieser Außenstehende aus dem vorgetragenen Sachverhalt einen Vertragsschluss entnehmen kann (instruktiv LG Dresden BauR 2007, 902).

126   Bei der Beurteilung der Dauer der Akquisitionsphase wird teilweise zwischen **„Klein- und Großprojekten"** unterschieden (OLG Düsseldorf IBR 2008, 333; OLG Frankfurt IBR 2013, 216). Dies vor dem Hintergrund, dass Architekten bei Großprojekten wegen der Aussicht auf einen lukrativen Auftrag in höherem Umfang zu honorarfreier Akquisitionstätigkeit bereit seien (i.d.S. OLG Hamm NJW-RR 1996, 83). Allerdings wird auch bei Großprojekten die Grenze der Akquisition überschritten sein, sofern der Investor an den Architekten herantritt und auf die im Rahmen der Vorplanung erbrachte Planungstätigkeit eine **Abschlagszahlung** leistet (OLG Hamm m. Nichtann. des BGH IBR 2003, 138). Nach Auffassung des OLG Braunschweig kommt ein **Ingenieurvertrag** über Leistungen der Tragwerksplanung durch konkludentes Handeln zustande, wenn ein Generalunternehmer Ingenieurleistungen anfordert und verwertet (OLG Braunschweig/BGH NZB. z., IBR 2003, 28). Verwertet der potentielle Auftraggeber die Architektenleistung, soll dies regelmäßig für das Zustandekommen eines Vertrages sprechen (BGH NJW 1987, 2742 = BauR 1987, 454; OLG Braunschweig IBR 1994, 467). Fertigt der Architekt drei umfangreiche Entwurfspläne nach mehrfachen Änderungswünschen des Bauherrn und begleitet er diesen zu Besprechungen mit der Bauverwaltung, ist die Akquisitionsphase überschritten (OLG Düsseldorf IBR 2008, 334); ebenso wenn der Bauherr dem Architekten Vollmacht erteilt, die Genehmigungsfähigkeit der Planungslösung beim Bauordnungsamt abzuklären (OLG Naumburg IBR 2006, 207; i.d.S. auch OLG Frankfurt BauR 2006, 1922).

Nicht mehr im akquisitorischen Bereich bewegt sich Architektenleistung auch dann, **127** wenn der Bauherr die Planungsleistung im Rahmen einer **Bauvoranfrage verwertet.** Allerdings soll der Vergütungsanspruch nach den Grundsätzen des Verschuldens bei Vertragsabschluss gekürzt werden, wenn es der Architekt versäumt hat, den Bauherrn im Rahmen der Verhandlungen über gestalterische Vorleistungen auf seine **Vergütungspflicht hinzuweisen** (Saarländisches OLG BauR 2000, 753). Die Umstände sind entscheidend, wenn der Auftraggeber Planungsleistungen des Architekten „lediglich" entgegennimmt. Hier müssen weitere Indizien hinzukommen, damit der rechtsgeschäftliche Bindungswille bejaht werden kann (z. B. erfolgte Abrechnung einer Voruntersuchung und daraufhin erfolgte Zahlung, OLG Köln IBR 2007, 141). Eine Verwertung erfordert nicht, dass die Bebauung auch tatsächlich durchgeführt wird **Der Architekt/Ingenieur muss im Einzelfall nachweisen, dass die jeweilige Leistung bewusst und gewollt entgegengenommen wurde** (BGH NJW 1987, 2742 = BauR 1987, 454). Im Ergebnis müssen die vorgetragenen Umstände darauf schließen lassen, dass die **Honorarpflicht stillschweigend übernommen** wurde. Nicht ausreichend wird es in diesem Zusammenhang sein, dass der Architekt belegt, dass er bereits in einem erheblichen Umfange Leistungen erbracht hat (i. d. Sinne aber wohl OLG Frankfurt IBR 2012, 397).

Als **Indizien** für einen konkludenten **Vertragsabschluss** sind weiter denkbar: **128**

- **Unterschrift** des Bauherrn auf den Architektenplänen (hierzu aber BGH NJW 1997, 3017 = BauR 1997, 1060);
- nach Rücksprache mit dem Bauherrn vom Architekten gestellte **Bauvoranfrage** (nicht ausreichend, wenn ein schriftlicher Vertrag gewollt war, BGH NJW 1997, 3017 = BauR 1997, 1060);
- Erstellung von **Bestandsplänen;**
- Durchführung eines **Gebäudeaufmaßes;**
- Ermittlung der **Baukosten;**
- Durchgeführte **Wirtschaftlichkeitsberechnung** (BGH NJW 1987, 2742 = BauR 1987, 454);
- geleistete **Abschlagszahlungen** (BGH NJW-RR 1986, 18 = BauR 1985, 582);
- Entgegennahme von **Ausführungsplänen** (BGH NJW-RR 1986, 18 = BauR 1985, 582);
- Anfertigung der **Entwurfsplanung mit Willen des Auftraggebers** (BGH NJW-RR 1986, 18 = BauR 1985, 582);
- Weiterleitung von Plänen an den Nachbarn mit der Absicht dessen Zustimmung einzuholen (OLG Frankfurt NJW-RR 1987, 535).

Nicht ausreichend als Indizien für einen Vertragsschluss, d. h. noch dem Akquisitions- **129** bereich zuzurechnen, sollen folgende Handlungen sein:

- Vorlage eines **Entwurfs** seitens des Architekten in **eigener Initiative,** selbst wenn der Auftraggeber mit ihm die Möglichkeiten einer Realisierung des Objektes erörtert (OLG Oldenburg NJW-RR 1987, 1166 = BauR 1988, 620);
- Erbringung von Architektenleistungen durch ein **Vereinsmitglied** für den eigenen Verein **ohne Hinzutreten weiterer Indizien** (OLG Köln OLGZ 1990, 233; BGH BauR 1999, 1044);
- Erbringung von Planungsleistungen zur Vorbereitung eines Vorstandsbeschlusses im **Verein** – in Kenntnis, dass der Verein sich **noch nicht abschließend** für einen Neubau **entschieden** hat (OLG Celle IBR 2003, 201);
- eine als **unverbindlich bezeichnete Bitte** des Bauherrn an den Architekten, Vorstellungen für ein Bauvorhaben zu übermitteln (LG Stendal NJW-RR 2000, 230 = BauR 2000, 1096);
- **allein** aus der **Entgegennahme** per Telefax übermittelter Architektenleistungen kann noch **nicht** auf den Willen des Empfängers geschlossen werden, einen Vertrag abschließen zu wollen (BGH NJW 1999, 3554 = BauR 1999, 1319).
- Oftmals stellen die Entscheidungen der Gerichte unmittelbar auf die **HOAI** ab. So sollen Tätigkeiten im Rahmen der **Leistungsphase 1** des § 34 HOAI „**regelmäßig**" als **Ak-**

quisitionsleistungen, dagegen Tätigkeiten im Rahmen der **Leistungsphase 3** als **entgeltliche Leistungen** anzusehen sein. Im Rahmen der **Leistungsphase 2** soll jeweils auf den **Einzelfall abgestellt werden** (OLG Rostock mit Nichtannahmebeschluss des BGH IBR 2002, 371; i.d.S. auch bereits OLG Hamm NJW-RR 1990, 91 = BauR 1990, 636).

- Das OLG Hamm hat Akquisition und konkludenten Vertragsschluss wie folgt unterschieden: Die Grenze zwischen vergütungsfreier und honorarpflichtiger Tätigkeit liege dort, wo der Architekt auftragsgemäß **in die konkrete Planung übergehe.** Diese Grenze sei **noch nicht** überschritten, wenn ein Architekturbüro für einen Investor Vorentwürfe für ein geplantes Sport- und Freizeitzentrum zur **Vorlage** bei der Kommune fertigt und das Projekt aus wirtschaftlichen Gründen **später nicht realisiert** wird (OLG Hamm IBR 2001, 205).

130 Teilweise soll die Frage des Zustandekommens eines Architektenvertrages nach „**allgemeinen Regeln**" beurteilt werden. Entscheidend sei demnach, ob sich die Parteien über die **Herbeiführung eines bestimmten rechtlichen Erfolges einig** seien. In einem vom OLG Düsseldorf entschiedenen Fall hatte ein Investor einen Architekten um die Überarbeitung und Ergänzung von bereits vorhandenen Planungsunterlagen für den Neubau eines multifunktionalen Zentrums gebeten. Das Ergebnis wollte er für die Entscheidung über den Erwerb des Grundstückes sowie die Vermarktung des Objektes nutzen. Einen ersten Entwurf des Architekten ließ der Investor von diesem überarbeiten. Die Pläne wurden bei einer Präsentation des Objektes genutzt. Danach brach die Zusammenarbeit ab. Das OLG sprach dem Architekten das geltend gemachte Honorar zu (OLG Düsseldorf IBR 2002, 315).

Steht dem Architekten wegen fehlender vertraglicher Einigung kein vertraglicher Honoraranspruch zu, kann ihn im Rahmen eines VOF-Verfahrens ein Vergütungsanspruch zustehen. Seine Höhe ist mit einem vertraglichen Anspruch identisch. Voraussetzung hierfür ist die Erfüllung der unabdingbaren zwingenden Anspruchsgrundlage des § 20 Abs. 3 VOF. Der Vergütungsbereich nimmt für jede Planungsleistung, für die die HOAI zwingende Regelungen vorgibt, Stellung. Dabei ist es nicht notwendig, dass die Vergabestelle die bearbeiteten Lösungen bewertet. Da kein Vertragsschluss vorliegt, ist auch ein Mangeleinwand nicht möglich (hierzu Orlowski, BauR 2012, 1550ff.). Vor dem Hintergrund obengenannter Überlegungen ist eine Entscheidung des OLG Jena als bedenklich einzustufen (i.d.S. *Berger* Anm. IBR 2014, 278) wonach jeder Auftraggeber, der Dienste eines Architekten in Anspruch nimmt stillschweigend einen Architektenvertrag abschließen würde. Er müsse damit rechnen, an den Architekten eine Vergütung zahlen zu müssen. Weiter wird ausgeführt, dass diesen Akquisitionsbereich Entgelte vereinbart werden könnten, die unterhalb der Mindestsätze der HOAI liegen könnten (OLG Jena, Urt. v. 8.1.2014 – 2 U 156/13 – n. rkr.).

f) Architektenwettbewerb – Anspruch auf Vertragsschluss?

131 Architektenwettbewerbe wurden auf Grundlage der **GRW 1995** (Grundsätze und Richtlinien für Wettbewerbe) bzw. in einzelnen Bundesländern nach den RAW 2004 (Regeln für die Auslobung von Wettbewerben) auf den Gebieten der Raumplanung, des Städtebaus und des Bauwesens durchgeführt. Ab dem 1.1.2009 ist auf Bundesebene die **RPW 2008** (Richtlinie für Planungswettbewerbe, Fassung v. 12.9.2008 an die Stelle der bisherigen Regelungen getreten (einige Bundesländer haben die Regelungen der RPW innerhalb des Einführungserlasses ergänzt). Unterschieden wird dabei vom Grundsatz her zwischen **Ideen-, Realisierungs- u. Einladungswettbewerben (ev. mit vorgeschaltetem Auswahlverfahren, u.U. als Losverfahren). Die RPW 2008** spricht dabei in ihrem § 3 „Wettbewerbsarten und -verfahren" von **offenen und nicht offenen Wettbewerben** (§ 3 Abs. 1 u. 2 RPW 2008). Beide Wettbewerbsarten können sowohl **einphasig** als auch **zweiphasig** durchgeführt werden (§ 3 Abs. 3). Alternativ steht das **sog. kooperative Verfahren** i.S. des § 3 Abs. 4 RPW 2008 zur Verfügung. Bei Ideenwettbewerben und beim kooperativen Verfahren geht es „nur" darum, Ideen für die Lösung einer Bauaufgabe zu sammeln. Die Absicht, die Lösung umzusetzen, ist noch völlig offen. Oftmals werden

Ideenwettbewerbe Realisierungswettbewerben vorgeschaltet. Erst bei Letzteren besteht das Ziel – aufgrund nun feststehender konkreter Leistungsanforderungen –, die planerischen Möglichkeiten für die Realisierung des Projektes aufzuzeigen. Realisierungswettbewerbe werden in offener und beschränkter Form durchgeführt. Hieraus haben sich auch die geänderten Bezeichnungen in § 3 Abs. 1 u. 2 RPW 2008 ergeben. An offenen Wettbewerben durfte und darf jeder teilnehmen, bei beschränkten bzw. nichtoffenen Wettbewerben werden die Teilnehmer nach eindeutigen (nicht diskriminierenden) Kriterien ausgewählt. Bei beiden Arten des Realisierungswettbewerbs und auch beim Einladungswettbewerb bestanden/bestehen unterschiedliche Verpflichtungen bzgl. der letztendlichen **Beauftragung des ersten Preisträgers** (Einladungswettbewerb) bzw. anderer oder mehrerer Preisträger (s. u.). Dies setzt sich bei den ab dem 1.1.2009 durchzuführenden Verfahren fort.

Gemäß § 7 Abs. 3 HOAI dürfen die Architektenhonorare die **Mindestsätze** nur in **132** Ausnahmefällen **unterschreiten.** Bei öffentlich-rechtlichen Wettbewerben bietet der Auslobende i. d. R. Entgelte (Aufwandsentschädigung) an, die unter den Mindestsätzen der HOAI liegen. Aus diesem Grunde haben Berufsgerichte den Teilnehmern entsprechender Wettbewerbe immer wieder berufsschädigendes Verhalten vorgeworfen. Als Folge hat sich das BVerfG mit Urt. v. 26.9.2005 (NZBau 2006, 121 = BauR 2005, 1946) mit dieser Vorgehensweise auseinandergesetzt. Dabei hat es zunächst ausgeführt, dass § 7 Abs. 3 HOAI in die durch Art. 12 Abs. 1 GG geschützte Berufsausübungsfreiheit eingreife. Schließlich werde der Architekt gehindert, Honorare frei zu vereinbaren. Allerdings sei ein solcher Eingriff aus dem Zweck der Norm, einen ruinösen Wettbewerb innerhalb der Architektenschaft zu vermeiden, gerechtfertigt. Auf diese Weise würde die Qualität der Planungstätigkeiten hoch gehalten. Dieses Problem stelle sich allerdings bei den genannten Wettbewerben nicht. In ihnen sei die Gefahr der Qualitätsminderung gerade nicht gegeben. Es bedürfe insoweit keines Ausnahmefalles i. S. d. des § 7 Abs. 3 HOAI um die Wettbewerbe als rechtmäßig einzustufen. Vielmehr sei diese Norm in diesem Bereich überhaupt nicht anwendbar.

Als **zweiter Problembereich** stellt sich die Frage, **welche Ansprüche Teilnehmern 133 der Wettbewerbe zustehen,** wenn sie entgegen den unterschiedlichen Weiterbeauftragungszusagen nicht beauftragt werden. Die Rechtsprechung unterscheidet hier zwischen den Fragen, ob der nach den GRW 1995 zu Beauftragende tatsächlich einen Anspruch auf Beauftragung hat (der allerdings wohl nicht einklagbar ist), ob die Kommune sich von der entsprechenden Zusage lösen kann, wenn ein wichtiger Grund vorliegt (z. B. anders lautender Bürgerentscheid oder Wegfall der Haushaltsmittel, dazu BGH IBR 2004, 429) und ob den nicht berücksichtigten Bewerbern Schadensersatzansprüche zu stehen. Bei diesen ist wiederum zu unterscheiden, ob sich der Anspruch aus § 649 S. 2 BGB analog ergibt oder aus den §§ 280, 281 BGB (zu allem: BGH IBR 2004, 429; LG Arnsberg IBR 2008, 332; OLG München IBR 2001, 429; OLG Nürnberg IBR 2003, 30; Schudnagies BauR 2005, 1244; zu Einzelfragen instruktiv Schweer, Architektenwettbewerb und Weiterbeauftragungszusage, i. FS Raue). Ebenso zu klären ist, ob dem Architekten vom Auslober die Gelegenheit gegeben werden muss, einen bereits vorliegenden Entwurf den geänderten Umständen (z. B. weil weniger öffentliche Mittel als geplant zur Verfügung stehen) anzupassen (dazu BGH IBR 2004, 429).

Bei **Einladungswettbewerben** nach GRW 1995 sollte nach einer Entscheidung des **134** OLG München der erstplatzierte Bewerber einen **Rechtsanspruch auf weitergehende Beauftragung** durchsetzen können (OLG München IBR 2001, 429). Das OLG Nürnberg gestand dem bei Auftragsvergabe übergangenen Preisträger **Schadensersatzansprüche** dann zu, wenn die fremdvergebene Leistung noch der ursprünglichen Wettbewerbsaufgabe entsprach. Im entschiedenen Falle hatte sich der Auftraggeber für einen Abriss und Neubau einer Turnhalle anstelle der im Architektenwettbewerb ausgelobten Sanierung entschieden. Die Honorarklage wurde abgewiesen (OLG Nürnberg IBR 2003, 30). In den RPW 2008 wird der **Abschluss des Wettbewerbes** mit dieser Überschrift in § 8 geregelt. Für öffentliche Auslober gelten zusätzliche **Sonderbestimmungen** gemäß § 9 RPW 2008.

Das gesetzlich formalisierte Auslobungsverfahren ist dann erforderlich, wenn dessen Durchführung zu einem Dienstleistungsauftrag führen soll, dessen geschätzter Auftragswert einschließlich der Summen der Preisgelder und Zahlungen an Wettbewerbsteilnehmer die

Schwellenwerte von derzeit 130 000,– € bzw. 200 000,– € erreicht oder übersteigt (§ 1 VOF i. V. m. § 3 Abs. 8 VGV) und der Anwendungsbereich der VOF berührt ist (§ 1 Abs. 1 VOF). Auch hier gelten die Vergabegrundsätze gemäß § 2 VOF.

In der Bekanntmachung über Wettbewerbe gemäß § 9 Abs. 2 und Abs. 9 VOF teilt der Auftraggeber seine Absicht mit, einen Wettbewerb durchführen zu wollen. Planungswettbewerbe können außerdem jederzeit vor, während oder nach dem Verhandlungsverfahren ausgelobt werden, § 15 Abs. 2 VOF. Die Bekanntmachung ist gemäß den Formvorschriften (§ 9 Abs. 2 VOF) mitzuteilen. In der Bekanntmachung sind alle für die Durchführung des Wettbewerbs notwendigen Beurteilungen und Auswahlkriterien zu nennen, nachdem im Falle des beschränkten Wettbewerbs die Wettbewerbsteilnehmer ausgewählt werden und das Preisgericht über die Wettbewerbsarbeiten entscheiden wird. Ferner sind den am Wettbewerb Interessierten die für die Durchführung des ausgelobten Wettbewerbs anwendbaren Regeln (§ 15 Abs. 3 VOF) mitzuteilen. Bei der Durchführung der Planungswettbewerbe wurden die Richtlinien für Planungswettbewerbe (RPW 2008) in der Fassung vom 12.9.2008 als verbindliche Wettbewerbsregel festgelegt. Das Bundesministerium für Verkehr, Bau und Stadtentwicklung hatte die RPW 2008 mit Wirkung vom 1.1.2009 für den Bundesbau als verbindlich eingeführt. Die Länder sind dem gefolgt und haben den Kommunen deren Anwendung empfohlen.

Zwischenzeitlich ist die **RPW 2013** mit Bundeserlass vom 28.2.2013 für alle Planungswettbewerbe im Bereich des Bundesbaus (ab 1.3.2013) in Kraft getreten. Erarbeitet wurden diese neue Wettbewerbsordnung in Zusammenarbeit mit der Bundesingenieur- und der Bundesarchitektenkammer. Eine Abstimmung erfolgte auch mit den Bundesländer sowie den Kommunalspitzenverbänden. Ziel der Änderung der an sich erfolgreichen Anwendung der RPW 2008 war es u. a.:

– Die Kammern stärker einzubinden,
– den offenen Wettbewerb zu stärken,
– den Zugang für kleine und junge Büros zu erleichtern,
– eine vorrangige Beauftragung des ersten Preisträgers zu erreichen,
– zusätzlich wurde in § 6 Abs. 3 eine neue „Überarbeitungsphase 2 eingeführt.

Sie soll in Fällen helfen, bei denen keine der bewerteten Arbeiten ohne umfangreiche Überarbeitungen in Frage kommt. Im Umfang der vorzunehmenden Überarbeitung soll ein nicht der Wettbewerbssumme zu entnehmendes angemessenes Honorar gewährt werden. Nach entsprechender Durchführung wird der Wettbewerb fortgesetzt.

g) Vertragsschluss durch kaufmännisches Bestätigungsschreiben

135   Das deutsche Recht fordert für das Zustandekommen eines Vertrages „auf beiden Seiten" die Abgabe einer entsprechenden Willenserklärung. Sie muss auf den Abschluss des Vertrages gerichtet sein. Für die Praxis bedeutet dies, dass durch **Schweigen** im Regelfall kein Vertrag zustande kommt. Ein Vertragsabschluss setzt aber nicht unbedingt auf eine ausdrücklichen Äußerung voraus. Angesprochen sind konkludent zustande gekommene Verträge. Das völlige Ausbleiben einer entsprechenden Reaktion auf ein Angebot führt nicht zu einem Vertragsabschluss. Allerdings ist im Bereich des **Handelsverkehrs** anerkannt, dass der Empfänger eines „kaufmännischen Bestätigungsschreibens" dessen Inhalt unverzüglich widersprechen muss, will er sein **Schweigen nicht als Annahmeerklärung** gewertet sehen (BGH BauR 1975, 67; KG IBR 2001, 550). Hintergrund dieser Ausnahmeregelung ist die Unterstützung des professionellen Handelsverkehrs. In diesem werden Vertragsabschlüsse oftmals schriftlich bestätigt. Dies aus dem Erfordernis heraus, dass die Vereinbarungen zuvor nur mündlich bzw. ohne Detailregelungen getroffen wurden. Diese offenen Detailfragen sollen gerade durch das Bestätigungsschreiben geklärt werden. Derjenige, der sich zuvor auf Vertragsverhandlungen im „professionellen Bereich" eingelassen hat, soll auf diese Weise gezwungen werden zu reagieren.

aa) Voraussetzungen

136   Ein **kaufmännisches Bestätigungsschreiben** setzt voraus, dass beide Vertragsparteien entweder Kaufleute nach dem Handelsgesetzbuch (HGB) sind oder zumindest wie Kaufleute **im erheblichen Umfang am Geschäftsleben teilnehmen.** Der Architekt/Ingenieur besitzt nicht die Kaufmannseigenschaften im Sinne des HGB. Beide Berufe fallen jedoch „im Baubereich" unter den Personenkreis, der im erheblichen Umfang am Geschäftsleben teilnimmt (OLG Koblenz IBR 2007, 196). Die **Architekten-GmbH** besitzt über § 13 Abs. 3 GmbHG i. V. m. § 6 Abs. 1 HGB die Kaufmannseigenschaft.

Weitere Voraussetzung ist, dass dem Bestätigungsschreiben Vertragsverhandlungen (persönlich, telefonisch, etc.) vorausgegangen sind. Dabei soll es nach Auffassung des BGH nicht erforderlich sein, dass diese im Schreiben ausdrücklich erwähnt werden. Eine Bezugnahme aus den Umständen heraus reiche aus (BGH WM 1975, 324).

Teilweise wird verlangt, dass aus den vorangegangenen Vertragsverhandlungen ein **Klar-** 137 **stellungsbedürfnis** entstanden sein muss. Bestehende Unklarheiten über das Ergebnis der Vertragsverhandlungen sollen gerade durch das Bestätigungsschreiben ausgeräumt werden. Das anschließende Bestätigungsschreiben hat – wie der Name sagt – schriftlich zu erfolgen. Es muss dem Vertragspartner zugehen (§ 130 Abs. 1 BGB). Will der Empfänger dem Bestätigungsschreiben widersprechen, so hat dies **unverzüglich** zu erfolgen. Die Unverzüglichkeit wird bejaht, wenn die Reaktion „**ohne schuldhaftes Zögern**" erfolgt. Die Rechtsprechung spricht insoweit von 1 bis 3 Tagen.

Diese Grundsätze gelten für das „**echte Bestätigungsschreiben**". Ein solches liegt nur 138 dann vor, wenn tatsächlich Vertragsverhandlungen vorausgegangen sind, diese schriftlich festgehalten werden bzw. entsprechende Verhandlungen allenfalls noch ergänzt werden sollen. Das kaufmännische Bestätigungsschreiben ist einerseits von dem „reinen" Vertragsangebot abzugrenzen, dem Vorverhandlungen vorausgegangen sein können. Andererseits ist es zu unterscheiden von der Ablehnung eines Vertragsangebots unter gleichzeitiger Unterbreitung eines eigenen neuen Angebots. Da die Abgrenzungsfragen in der Praxis schwierig sind, sollte seitens des Empfängers vorsorglich immer unverzüglich eine Reaktion erfolgen.

bb) Keine Geltung für Honorarvereinbarungen

Die o. g. Grundsätze sind im Bereich von Honorarvereinbarungen nicht einschlägig. Die 139 Begründung ist darin zu sehen, dass das kaufmännische Bestätigungsschreiben dem Schriftformerfordernis des § 7 HOAI nicht gerecht wird (BGH NJW-RR 1989, 786 = BauR 1989, 222).

h) Unentgeltlichkeit

Gelingt dem Architekt/Ingenieur der Nachweis eines Vertragsabschlusses, kann der Auf- 140 traggeber dem Vergütungsanspruch entgegenhalten, es sei ein „**unentgeltliches Tätig-werden**" des Architekten/Ingenieurs vereinbart worden. Hierbei handelt es sich nicht um den Einwand, dass sich die „Beziehungen" noch in der Akquisitionsphase befunden haben. Bei der „Unentgeltlichkeit" wird von einem Vertragsschluss ausgegangen, allerdings habe man vereinbart, dass der Architekt unentgeltlich arbeite. Eine solche Vereinbarung ist insbesondere im Freundeskreis, unter Verwandten oder im Bereich des Vereinswesens denkbar. **Folgende Überlegungen sind anzustellen:**

- Vom Grundsatz her erbringt der Architekt/Ingenieur seine Leistung nicht umsonst.
- Allerdings begründet sein Tätigwerden allein noch keinen Vergütungsanspruch.
- Der Architekt/Ingenieur muss eine vertragliche Vereinbarung nachweisen.
- Als Folge tritt die Vergütungsverpflichtung gem. § 632 Abs. 1 BGB ein.
- Dem entgegen muss der Auftraggeber die Vereinbarung der Unentgeltlichkeit beweisen (OLG Düsseldorf, BGH IBR 2006, 504).

i) Kompensationsabreden

Die Praxis kennt den Begriff der **Kompensationsabreden.** Hierunter versteht man 141 Vereinbarungen zwischen Auftraggeber (Bauherr) und Auftragnehmer (Architekt/Ingenieur), wonach die gegenseitig erbrachten Leistungen „einer Art Verrechnung" unterliegen. Entscheidend ist, dass die Parteien gegenseitige Leistungen erbringen und dafür ein von den Mindestsätzen der HOAI abweichendes Honorar vereinbaren. Wegen der Abweichung von § 7 HOAI wird deshalb teilweise Schriftform der Abrede verlangt (OLG Hamm BauR

1987, 467). Gegen das Schriftformerfordernis spricht, dass die Kompensationsabsprache „nur" eine Art **„Verrechnungsvereinbarung"** im Sinne des BGB darstellt (zur Abgrenzung zwischen Verrechnung und Aufrechnung, vgl. BGH BauR 2005, 1477 = NJW 2005, 2771). Die HOAI kann hiergegen an sich keine entgegenstehenden Regelungen aufbauen. Diese werden von der Ermächtigungsgrundlage nicht umfasst. Andererseits ist es für die Praxis kaum noch nachvollziehbar, wenn derartige Vereinbarungen als BGB-konform angesehen werden, andererseits eine „normale" Vereinbarung unter den Mindestsätzen – ohne Kompensationsabrede – dem zwingenden Preisrecht der HOAI widersprechen und damit unwirksam sein soll.

j) „Unverbindlichkeit" der Architekten- und Ingenieurleistung

142   Trägt der Auftraggeber vor, er habe den Architekten zur **unverbindlichen Vorlage** von Bebauungskonzepten oder Kostenaufstellungen aufgefordert, können daraus noch keine zwingenden Rückschlüsse auf die Unentgeltlichkeit dieser Leistungen gezogen werden. Die Vereinbarung der **Unverbindlichkeit** ist in der Regel dahingehend zu verstehen, dass es sich der AG lediglich offen hält, den Architekten mit der weiteren Durchführung des Vorhabens zu beauftragen. Unverbindlichkeit ist daher nicht mit Unentgeltlichkeit gleichzusetzen (OLG Düsseldorf NJW-RR 1992, 1172 = BauR 1993, 108; a. A. bzgl. des Sonderfalls der Bebauungsplanung BGH Schäfer/Finnern Z. 3.01 Bl., 380).

k) Beauftragter Leistungsumfang

143   Ist die entgeltliche Beauftragung des Architekten/Ingenieurs unstreitig bzw. bewiesen, stellt sich als weiterer Schritt die Frage, in welchem **Umfang** der Auftragnehmer beauftragt wurde. Diese Problematik tritt in erster Linie bei **mündlich** oder **konkludent** geschlossenen Verträgen auf. Die Frage ist allerdings regelmäßig auch dann zu prüfen, wenn der Ar-
144 chitekten-/Ingenieurvertrag **schriftlich** geschlossen wurde, jedoch hinsichtlich des Leistungsumfanges keine ausreichenden Festlegungen vorliegen. Bei all diesen Fällen gilt regelmäßig der Grundsatz: Der **Leistungsumfang** richtet sich primär nach dem konkret Vereinbarten. Schon die Aussage, dass die Leistungsbilder der HOAI zur Vertragsauslegung herangezogen werden können, ist missverständlich. Eine Bezugnahme auf die Leistungsphasen in der Weise, dass die dort beschriebenen Grundleistungen als Teilerfolge geschuldet werden, ist allerdings möglich (OLG Frankfurt IBR 2007, 496).

145   Für die **Praxis** bedeutet dies: Die Tatsache des Fehlens einer schriftlichen Vereinbarung stellt zwar oftmals einen ungünstigen Umstand dar – jedoch noch kein Hindernis, den **Umfang** des vertraglich Beauftragten konkret zu **ermitteln.** Hierzu können alle geeigneten Beweismittel, wie Unterlagen, Zeugenaussagen, etc. herangezogen werden. Dies allerdings nur, soweit der Umfang des Vertrages zwischen den Parteien überhaupt streitig ist. An **erster Stelle** sollte daher eine **einvernehmliche** Ermittlung des Vertragsinhaltes unter den Vertragsparteien erfolgen. Für den beauftragten Architekten/Ingenieur bedeutet dies: Soweit der Umfang seiner Beauftragung unklar ist, ist dieser mit seinem Auftraggeber klarzustellen bzw. zu verifizieren. Dies sollte geschehen, bevor der Architekt/Ingenieur „losprescht". Der Architekt/Ingenieur kann ohne entsprechende Vereinbarung keine Rückschlüsse auf mutmaßlich beauftragte Leistungsteile ziehen. Zu wenig konkret sind Vereinbarungen, bei denen sich die Parteien auf die Erbringung einer „Optimierungsphase" beziehen, dies führt dann auch zu Streitigkeiten bezüglich der Honorarhöhe, wenn deren Festlegung an die vollständige Erbringung einer solchen „Optimierungsphase" geknüpft werden (KG, Urt. v. 8.4.2014 – 7 U 97/13, IBRRS 2014, 2394).

aa) Keine Vermutung für eine Vollarchitektur

146   Ursprünglich konnten sich die Architektenschaft auf eine Vermutung der Rechtsprechung stützen, nach der im Zweifel sämtliche Leistungsphasen eines Leistungsbildes übertragen waren. Man sprach von der sog. **„Vollarchitektur"** (OLG Köln BauR 1973, 251; OLG Düsseldorf BauR 1979, 262). Diese von der Rechtsprechung verfolgte Linie ist gegen Ende der siebziger Jahre **aufgegeben** worden (OLG Düsseldorf BauR 1979, 347; BGH BauR 1980, 84). Im Hinblick auf unterschiedliche Schwerpunkte der Architekten in den Bereichen Planung und Überwachung wurde nicht mehr die grundsätzlich durchgängige Betreuung eines Bauvorhabens „unterstellt". Im Bereich der öffentlichen Auftraggeber ging man darüber hinaus dazu über, einzelne Leistungen (einzelne Leistungsphasen) selbst auszuführen. Auch hier konnte der Architekt nicht mehr damit rechnen, „automatisch" mit allen Leistungsphasen beauftragt zu sein.

Als erster Schritt wurde eine **Zäsur** in der Beauftragung **nach der Leistungsphase 4** **147** des § 33 HOAI angenommen (OLG Düsseldorf NJW 1982, 1541 = BauR 1982, 390). Man ging davon aus, dass am ehesten nach Erhalt der Baugenehmigung ein Wechsel in der architektonischen Betreuung denkbar war. Teilweise wurde auch bereits eine Zäsur **nach den Leistungsphasen 1 und/oder 2** angenommen (OLG Düsseldorf NJW-RR 1995, 276 = BauR 1995, 270). Hintergrund war der Gedanke, dass sich Architekt und Bauherr bis zu diesem Zeitpunkt „kennen gelernt" haben und anhand der entwickelten Vorplanung entschieden wird, ob das Bauvorhaben gemeinsam durchgeführt werden soll.

In eine andere Richtung ging eine Entscheidung des OLG Hamm aus dem Jahre 1990. **148** Darin betonte das Gericht, dass es **keine Vermutung für die Auftragsvergabe nach Leistungsblöcken** gebe (OLG Hamm NJW-RR 1990, 91 = BauR 1990, 636). Nach Ansicht des OLG Düsseldorf sollte die Beauftragung mit den Leistungsphasen 1–8 kein Indiz für eine Übernahme auch der Phase 9 des § 33 HOAI sein (OLG Düsseldorf NZBau 2001, 449 = BauR 2001, 672).

bb) Konkreter Leistungsinhalt

Was der Architekt im Einzelnen schuldet, ergibt sich ausdrücklich oder konkludent aus **149** der Gesamtwürdigung der Vertragsbeziehung. Dies beginnt damit, dass er zwar mögliche **Varianten in der Planung** schuldet, nicht jedoch die Darstellung echter Alternativen (Massivbauweise statt Leichtbauweise, OLG Dresden IBR 2007, 254). Allerdings obliegt ihm eine entsprechende **Hinweispflicht.** Diese ergibt sich aus seiner Pflicht zur Analyse der Planungsanforderungen und der Zielvorstellungen. Aufgrund der sich daraus ergebenden Beratung muss dem Auftraggeber eine sachgerechte Entscheidung möglich sein, welche Planung verwirklicht werden soll. Folglich sind ihm Vorteile, Nachteile und Risiken verschiedenen Planungsalternativen aufzuzeigen und diese zu erörtern. Dem AG sind dabei alle verkehrswesentlichen Umstände darzulegen. I. d. Zusammenhang ist auch auf die Einschaltung notwendiger Sonderfachleute hinzuweisen, d. h. der Architekt muss insoweit offenbaren, wenn er gegebenenfalls erforderliche notwendige Spezialkenntnisse nicht hat (instrukt. OLG Düsseldorf, Urt. v. 6.3.2014 – 5 U 84/11 n. rkr.).

Soweit „nur" ein mündlicher Architektenvertrag vorliegt, wird regelmäßig die HOAI als Auslegungshilfe herangezogen (zur Ermittlung des vereinbarten Leistungsumfangs durch Auslegung von mündlich geschlossenen Architektenverträgen, vgl. Digel BauR 2008, 1067). Oftmals werden dabei die Begriffe/der Aufbau wie im § 34 der HOAI verwandt (Vorplanung, Entwurfsplanung, Genehmigungsplanung). Dabei liegen unterschiedliche Aussagen zur Frage vor, ob die Beauftragung mit der Entwurfsplanung gleichzeitig auch die Leistungsphasen 1 und 2 des § 34 HOAI umfasst. Bejaht wurde dies, als die Phase 3 nicht ohne die Phasen 1 und 2 zu erbringen waren und entsprechende Leistungen vom Auftraggeber auch nicht zur Verfügung gestellt wurden (KG, BGH IBR 2008, 32; i. d. S. wohl auch das OLG Düsseldorf für den Fall, dass eine alleinig in Auftrag gegebene Bauvoranfrage ohne eine Grundlagenermittlung nicht sachgerecht bearbeitet werden konnte, IBR 2008, 339).

Dem ist der Bundesgerichtshof zwischenzeitlich allerdings entgegen getreten. Danach **150** werden in der HOAI voran stehende Leistungsphasen nicht allein deshalb Gegenstand des Vertragsumfanges eines Architektenvertrages, weil sie den übertragenen Phasen als notwendiger Entwicklungsschritt vorangehen – Beauftragung nur mit Lph 4, die allerdings nur eine Erarbeitung der Phasen 1–3 erbracht werden kann (BGH Urt. v. 6.12.2007, IBR 2007, 139 u. IBR 2008, 161; anders. noch das OLG Düsseldorf IBR 2000, 440 u. OLG Naumburg IBR 2005, 495). Der BGH hat somit einem entsprechenden „Automatismus" eine Absage erteilt und damit seine frühere Aussage bekräftigt, dass es sich bei der HOAI „nur" um eine **Honorar-,** nicht dagegen um eine **Vertragsordnung** handelt (BGH IBR 1997, 110 u. IBR 1999, 170). Folgt man dem Urteil vom 6.12.2007, wird der Architekt sich in diesen Fällen sein Geld allenfalls über eine Geschäftsführung ohne Auftrag bzw. nachrangig über Bereicherungsrecht holen können. Dabei wird auch noch zwischen Aufwendungsersatz und Vergütung zu unterscheiden sein. Dem Architekt/Ingenieur ist also auch hier dringend zu raten, den Vertragsinhalt zuvor abzuklären. Unstreitig ist, dass bei ausdrücklicher Bezugnahme des Leistungsinhaltes auf konkrete Leistungsphasen der HOAI nur die Teile der Leistungsphasen vergütet werden müssen, die vereinbart und erbracht wurden (OLG Düsseldorf BauR 2007, 1767).

151   Hiervon unabhängig ist die Haftung des Architekten/Ingenieurs. Erbringt er die entsprechende Leistung auch ohne dass sie vertraglich geschuldet ist, wird er gleichwohl für dabei entstandene Mängel/Schäden haften müssen. Immer schuldet der Architekt einen **Werkerfolg,** beispielsweise eine dauerhaft genehmigungsfähige Planung (abzugrenzen von den Beratungspflichten bzgl. der allgemeinen Bebaubarkeit eines vom Auftraggeber noch zu erwerbenden Grundstücks, OLG Celle IBR 2007, 574). Dabei darf das Werk nicht mit einem „Restrisiko" belastet sein (OLG München/BGH NZBz. IBR 2014, 221). Allerdings wird regelmäßig in Frage gestellt, ob der Architektenvertrag in den meisten Fällen wirklich Werkvertragscharakter haben muss. Aufgegriffen wird dieses Thema immer wieder vor dem Hintergrund dem daraus folgenden Gesamtschuldverhältnis zwischen Architekt und Bauunternehmer (hierzu Preussner, BauR 2014, 751 ff. u. Reichert, BauR 2014, 626 ff.). Nicht zuletzt deshalb, hat auch der Baugerichtstag dieses Thema aufgegriffen.

Unbestimmt ist eine Beauftragung gegenüber dem Tragwerksplaner, diejenigen Arbeiten zu erbringen, „die für die Werkplanung des Architekten erforderlich sind". Die entsprechende Entscheidung des OLG Stuttgart zeigt, dass in diesen Fällen das Gericht den Vertrag „nachträglich konkretisieren muss" (OLG Stuttgart IBR 2008, 223). Auch die Frage, inwieweit der Architekt eine Detailplanung erstellen muss, hängt von den Umständen des Einzelfalls ab. Dabei kann eine unausgesprochene Verpflichtung des Architekten bestehen, Werkplanungen Dritter zu überprüfen (OLG Celle IBR 2008, 165). Zur Frage, ob der Architekt neben Planungsleistungen einschließlich Beaufsichtigung der Abbrucharbeiten auch die Wiederverfüllung der Baugrube zu überwachen hat, vgl. OLG München IBR 2007, 575. Nach dem OLG Naumburg ist *„der Architekt verpflichtet, den Auftraggeber darauf hinzuweisen, dass bei der Errichtung eines Neubaus die Einholung eine Baugrundgutachtens unverzichtbar ist"* (Urt. v. 29.1.2014 – 12 U 149/13). Als Sonderfall ist die Entscheidung des OLG Dresden zu sehen (Urt. v. 1.8.2013 – 10 U 1030/11) bei dem ein Generalunternehmer einem Architekten auf der Grundlage einer Funktionalausschreibung beauftragt hat für das „schlüsselfertige Gesamtangebot" des Generalunternehmers gegenüber Dritten die Leistungsverzeichnisse zu erstellen. Übersieht der Architekt dabei notwendige Leistungspositionen und stehen dem GU für die Ausführung dieser Leistungen gegenüber dem Dritten keine Ansprüche auf Zusatzvergütung zu, trifft den Architekten eine entsprechende Schadensersatzverpflichtung.

152   Nicht zum Aufgabenbereich des Architekten gehört es, **Fördermittel** einzuholen/abzurufen. Sagt er allerdings entsprechende Leistungen zu, haftet er – auch wenn hierfür kein Entgelt vereinbart ist (LG Meiningen IBR 2008, 168). Die Beratung zur Akquisition von Fördermitteln wird als Dienstvertrag eingestuft. Unterlaufen dem Architekten dabei Pflichtverletzungen haftet er für die daraus beim AG entstehenden Schäden (OLG Celle, Urt. v. 27.2.2014 – 16 U 187/13 – Schaden abgelehnt). Bei der isolierten Beauftragung mit einer Bauvoranfrage schuldet der Architekt als Erfolg die Beachtung der **Wirtschaftlichkeit des Projektes.** Geschieht dies nicht, ist sie für den Bauherrn/Bauträger mangelhaft/wertlos (OLG Düsseldorf IBR 2008, 400). Bei einer isolierten Bauüberwachung hat der Architekt gegenüber den anderen Beteiligten alle Tätigkeiten zu erbringen, die zu einer mangelfreien Bauwerksentstehung führen. Ihm nicht bekannte Handwerksunternehmen hat er besonders zu überwachen (OLG Naumburg IBR 2006, 574). Im Rahmen der **Auflistung von Gewährleistungsfristen** hat der Architekt Angaben des Bauherrn zu berücksichtigen, z. B. dessen rechtsgeschäftliche Abnahme.

l) Stufenweise Beauftragung

153   Eine gestufte Beauftragung entspricht mittlerweile gängiger Praxis. Danach wird der Architekt/Ingenieur gewollt nicht von Anfang an mit der Vollarchitektur beauftragt. Dieser

Bereich ist von der Frage der Auslegung des Umfanges von Architektenverträgen zu unterscheiden. Bei der sog. **Stufenbeauftragung** wollen sich die Parteien **(oftmals nur der Auftraggeber)** von vornherein **nicht vollumfänglich binden.** Denkbar ist dies in Fällen, in denen sich Architekten so spezialisiert haben, dass sie beispielsweise entweder nur planend, objektüberwachend oder ausschreibend tätig sein wollen. Andererseits kann es auch Wunsch des Auftraggebers sein, Leistungen erst **nach und nach abzurufen.** Bei der öffentlichen Hand sind in den RBBau-Vertragsmustern für Gebäude entsprechende Klauseln enthalten. Dabei wird dem Auftraggeber „öffentliche Hand" eine Option hinsichtlich des Abrufens weiterer Vertragsphasen eingeräumt. Der Auftragnehmer unterwirft sich dieser **Option** mit Fristen bis zu 24 Monaten (eine Frist, deren AGB-widrigkeit naheliegend ist). Ein **Rechtsanspruch des Architekten** auf Übertragung der noch ausstehenden Leistungen besteht dabei ausdrücklich nicht (BGH IBR 2001, 26). Im Rahmen der Stufenbeauftragung stellt sich regelmäßig die Frage, welche HOAI anzuwenden ist, wenn während der Verhandlung eine HOAI-Novelle in Kraft tritt (HOAI Fassung 1996/2002 zu Fassung 2009 und 2009 zu 2013). Dabei wurde diskutiert, ob „erst" der Abruf den Vertrag zu Stande bringt oder bereits die Einigung über Stufenbeauftragung – hierzu: OLG Koblenz, Urt. v. 6.12.2013 – 10 U 344/13; Messerschmidt NZBau 2014, S. 3 ff.; Kuhn ZfBR 2014, S. 3 ff.; Eschenbruch/Legat BauR 2013, 772 ff. Zwischenzeitlich hat sich der BGH „zu recht" auf den Zeitpunkt des „Abrufs" festgelegt. (Urt. v. 18.12.2014 – VII 2 R 350/13.)

m) Vorprellen des Architekten/Ingenieurs

Auch wenn der beauftragte Leistungsumfang feststeht, ist es dem Auftragnehmer untersagt **„vorzuprellen".** Hierunter versteht man die Erbringung von Leistungen durch den Architekten/Ingenieur, mit denen er zwar unstreitig beauftragt wurde, deren Durchführung „derzeit" jedoch **noch nicht erforderlich** ist (OLG Düsseldorf NJW-RR 1994, 858 = BauR 1994, 534). Relevant werden derartige Fragen dann, wenn der Architekt/Ingenieur Leistungen erbringt, die aufgrund noch nicht gesicherter Entscheidungen eventuell unnötig werden können. Zu denken ist an die Erbringung der Detailplanung zu einem Zeitpunkt, zu dem über die Baugenehmigung noch nicht abschließend entschieden ist. Gleiches gilt für den Fall, dass im Rahmen der Entwurfsplanung oder Genehmigungsplanung Leistungen erbracht werden, ohne dass zuvor durch eine Bauvoranfrage entscheidende Fragen zur Baugenehmigung abgeklärt wurden (OLG Düsseldorf BauR 1986, 469). **154**

Die Rechtsprechung geht einhellig davon aus, dass bei derartigen Konstellationen ein **Honoraranspruch** des Auftragnehmers **nur dann** besteht, wenn er sich für dieses Vorprellen von seinem Auftraggeber im Vorhinein eine **Zustimmung (Einwilligung)** einholt (OLG Düsseldorf NJW-RR 1994, 858 = BauR 1994, 534 für Leistungen der Leistungsphase 6 vor Erteilung der Baugenehmigung; ähnlich OLG Hamm NJW-RR 1995, 786 = BauR 1994, 795 für die Erbringung der Ausführungsplanung eines Statikers vor Erteilung der Baugenehmigung). Gleiches wurde bei der Frage entschieden, in welchem Umfang ein Vermessungsingenieur beauftragt war, bevor über die Durchführung des Bauvorhabens eine abschließende Entscheidung vorlag (OLG Düsseldorf NJW-RR 1996, 269). Bei diesen Konstellationen werden oftmals Ansprüche aus § 649 S. 2 BGB ins Spiel kommen. **155**

n) Bedingte Verträge

Der Architekten-/Ingenieurvertrag kann – wie grundsätzlich jeder andere Vertrag auch – an Bedingungen geknüpft werden. Dabei werden unterschieden: **Aufschiebende Bedingungen** (§ 158 Abs. 1 BGB) und **auflösende Bedingungen** (§ 158 Abs. 2 BGB). Wird ein Rechtsgeschäft unter einer aufschiebenden Bedingung geschlossen, so wird es erst wirksam, wenn die Bedingung eintritt. Beispiel: Der Architektenvertrag wird unter der Bedingung der Erteilung der Baugenehmigung geschlossen. Da der Architektenvertrag erst dann rechtswirksam werden soll, wenn die Baugenehmigung erteilt ist, handelt es sich um eine aufschiebende Bedingung. Wird der Vertrag dagegen unter einer auflösenden Bedingung geschlossen, so ist er zunächst von Anfang wirksam. Tritt die auflösende Bedingung ein, so **erlischt** die Wirkung des Rechtsgeschäfts rückwirkend. **156**

157   Im Architekten-/Ingenieurrecht spielt nur die aufschiebende Bedingung eine Rolle. Sie kann auch mündlich vereinbart werden. Fraglich ist, ob sie sich auch allein aus den Umständen des jeweiligen Vertrages ergeben kann. Dabei ist immer als erstes zu prüfen, ob überhaupt ein gegenseitiger Rechtsbindungswille vorliegt. Wird dieser bejaht, ist zu fragen, ob der Vertrag **insgesamt** unter einer Bedingung steht oder nur **Teile der Beauftragung** darunter fallen sollen (OLG Düsseldorf, BGH IBR 2008, 31). Ist beispielsweise der Erwerb des zu bebauenden Grundstücks noch ungewiss, so kann sich die Beauftragung des Architekten zunächst auf die Grundlagenermittlung erstrecken. Liegt keine anderweitige ausdrückliche Willensäußerung des Auftraggebers vor, ist die vertragliche Vereinbarung zwischen Bauherr und Architekt u. U. so auszulegen, dass die Beauftragung mit den übrigen Architektenleistungen unter der aufschiebenden Bedingung des Erwerbs des Grundstückes steht.

158   In der Praxis häufig anzutreffen ist die Vereinbarung einer aufschiebenden Bedingung für den gesamten Vertrag. Als solche **Bedingungen** sind denkbar: Der **Erwerb** des Grundstücks überhaupt (OLG Schleswig-Holstein IBR 2003, 310); der Erwerb des Grundstücks zu einem bestimmten **Preis;** der Erhalt von **Kreditmitteln;** eine **Förderungszusage** (KG NJW-RR 1988, 21 = BauR 1988, 624); die Aufnahme eines Objekt in ein Krankenhausinvestitionsprogramm (OLG Oldenburg NJW-RR 1997, 785); die Durchführung des Objekts im Sinne der **tatsächlichen Bebauung.** Die exakte Formulierung der jeweiligen Bedingungen stellt in der Praxis oftmals ein Problem dar. Als Beispiel ist der Fall zu nennen, bei dem die Parteien den Erwerb des Grundstückes zur Bedingung machen. Wird dem Auftraggeber das Grundstück schließlich angeboten, schlägt er das Angebot jedoch aus, weil er den Kaufpreis für überhöht hält, kann von Architektenseite der Einwand erhoben werden, dass der Eintritt der Bedingung „wider Treu und Glauben" verhindert wurde (§ 162 Abs. 1 BGB). Die Entscheidung derartiger Fälle hängt davon ab, wie detailliert die Bedingung formuliert wurde. Im vorliegenden Falle hätte in der Bedingung auch noch der Kaufpreis fixiert werden müssen.

159   Die **Beweislast** für die Behauptung einer aufschiebenden Bedingung liegt nicht beim Auftraggeber. Vielmehr ist der Architekt/Ingenieur für den gegenteiligen Sachverhalt beweispflichtig. Er muss **nachweisen,** dass eine solche Bedingung nicht vereinbart wurde (BGH IBR 2002, 670; OLG Braunschweig IBR 2013, 217). Die Begründung hierfür erfolgt aus dem Allgemeinen Schuldrecht – § 158 BGB. Danach muss derjenige, der aus einem Rechtsgeschäft Rechte herleitet, den Beweis dafür erbringen, dass das Rechtsgeschäft überhaupt und damit ohne aufschiebende Bedingung abgeschlossen worden ist. Anderes gilt bei einer auflösenden Bedingung. Allerdings hat die Rechtsprechung zugestanden, dass es in der Praxis kaum möglich ist, die „Nichtvereinbarung" einer aufschiebenden Bedingung zu beweisen. Um deshalb die Position des Auftragnehmers zu stärken, wurde der Auftraggeberseite eine **erhöhte Darlegungslast** auferlegt. Sie muss das Zustandekommen der aufschiebenden Bedingung „im Detail" vortragen. Ähnliches gilt im Übrigen für die Vortragslast hinsichtlich der Vereinbarung eines Pauschalvertrages (BGH NJW-RR 1992, 848 = BauR 1992, 505). Sofern allerdings ein **schriftlicher Vertrag** vorliegt, tritt zugunsten des Architekten/Ingenieurs die sog. „**Vollständigkeitsvermutung**" ein. Dies hat zur Folge, dass der Auftraggeber darzulegen hat, aus welchem Grund die Bedingung nicht im Vertrag aufgeführt ist (Werner/Pastor, Rn. 684).

o) Aufschiebende Bedingung durch Schriftformvereinbarung

160   Nach der Rechtsprechung ist eine Vorabvereinbarung dergestalt möglich, dass **auch der Architektenvertrag** erst mit Abschluss der Honorarvereinbarung wirksam geschlossen sein soll (OLG Hamm NJW-RR 1995, 274 = BauR 1995, 129). Auch dies ist als eine Art aufschiebende Bedingung zu verstehen. Dabei ist jedoch im Einzelfall zu prüfen, ob eine entsprechende Vereinbarung tatsächlich als Bedingung zu verstehen ist oder ob die Schriftform nur **Klarheits-** oder **Beweiszwecken** dienen sollte. In diesem Sinne hat das OLG München einen Fall mit der Begründung entschieden, dass nur die Absicht bestanden habe, den Vertrag noch schriftlich zu fixieren (OLG München BauR 1991, 650). Für die Praxis ist eine Vorabvereinbarung auch dergestalt denkbar, dass der Architekten-/Ingenieurvertrag selbst – unabhängig von der Honorarvereinbarung – unter das Schriftformer-fordernis gestellt wird. Dabei vereinbaren die Parteien zu Beginn ihres Kontaktes, dass ein wirksamer Architekten-/Ingenieurvertrag nur schriftlich zustande kommen kann.

p) Planen auf eigenes Risiko

Im Architekten-/Ingenieurrecht spricht man häufig vom sog. „Planen auf eigenes Risi-   **161**
ko". Dabei sind **zwei Konstellationen** zu unterscheiden. **Zum einen** handelt es sich um einen Unterfall des Vertrages mit aufschiebender Bedingung. Bei diesem Sachverhalt bürdet der Auftraggeber seinem Architekten eine Art **„erhöhtes" Planungsrisiko** auf. Letzterer soll ein Honorar **nur dann** erhalten, wenn die Planung auch tatsächlich **genehmigt** wird. Das entspricht an sich dem werkvertraglichen Erfolgsgedanken. Das Risiko wird hier jedoch erweitert. Denkbar ist Entsprechendes dergestalt, dass die Vertragsparteien erkennen, dass das vom Auftraggeber gewünschte Planungsziel dem öffentlichen Baurecht widersprechen kann. Möglich ist auch, dass in einem **unbeplanten Innenbereich** (§ 34 BauGB) schwer vorher-sehbar ist, welche Anforderungen die Behörde an die Einbindung in die Umgebung fordern wird. Dabei kann beiden Vertragsparteien bekannt sein, dass ein „geringeres Planungsziel" (bspw. drei Stockwerke) des Auftraggebers ohne weiteres genehmigungsfähig wäre. Der Bauherr besteht allerdings auf seinem „erhöhten" Ziel (4,5 Stockwerke). Unterwirft sich der Architekt diesen Anforderungen, wird damit zwischen den Parteien vereinbart, dass er nur bei Erfüllung der höheren Anforderungen sein Honorar erhalten soll.

Zum anderen kann das zuletzt genannte Risiko auch auf den Auftraggeber abgewälzt   **162**
werden. Dies vor dem Hintergrund, dass der Auftragnehmer an sich eine dauerhaft ge-nehmigungsfähige Planung schuldet. Diese muss sich an den Anforderungen des Auftrag-gebers ausrichten. Sind sich die Parteien jedoch darüber einig, dass diese Anforderungen „erhöht" sind, der Auftragnehmer den Auftraggeber hierauf hinweist und Letzterer gleich-wohl diese **risikobehaftete Planung** durchsetzen möchte, erscheint es in der Regel sach-gerecht, wenn der Architekt auch bei Nichterreichen dieses Ziels sein Honorar erhält. Dies, obwohl er an sich erfolgsabhängig planen muss. Eine solche Risikoverlagerung auf den Auftraggeber wird sich regelmäßig allerdings nur auf die erhöhten Anforderungen be-ziehen. Eine **generelle Risikoverlagerung** auf den Auftraggeber ist hiermit nicht ver-bunden. Die Pflicht des Auftragnehmers zur mangelfreien Erbringung der Leistung bleibt unangetastet. Für eine entsprechende „Erfolgsverlagerung" auf den Auftraggeber ist der Architekt beweispflichtig.

3. Besondere Vertragsgestaltungen

a) Vorvertrag

Der AG kann sich gegenüber dem Architekten verpflichten, ihm den Auftrag für ein   **163**
Bauvorhaben auf der Grundlage eines noch abzuschließenden Architektenvertrages zu er-teilen. Bei einer derartigen Vereinbarung handelt es sich um einen sog. **„Vorvertrag".**
Durch ihn wird die Verpflichtung begründet, demnächst einen weiteren schuldrechtlichen Vertrag – den eigentlichen Hauptvertrag – abzuschließen (BGH NJW-RR 1992, 977).
Rechtsgeschäftliche Bindung durch den Vortrag tritt nur ein, wenn sämtliche relevanten Aspekte des noch zu schließenden Vertrages bereits geregelt sind – oder sich bestimmen lassen (BGH NJW 1980, 1577). Hierzu hat der BGH ausgeführt: *„Ein Vorvertrag muss so hinreichend bestimmt sein, dass das herzustellende Werk und die zu zahlende Vergütung einschließ-lich der von den Vertragsparteien für wesentlich angesehenen Nebenpunkte geregelt sind oder sich bestimmen lassen"* (BGH NJW 1990, 1234 f.; BGH NJW-RR 1992, 977).

Hält sich der Bauherr nicht an die getroffene Vereinbarung, können hieraus **Schadener-**   **164**
satzansprüche des Architekten resultieren. Allerdings ist Entsprechendes in der Praxis nur schwer durchsetzbar. Den reinen Vorvertrag mit echtem Rechtbindungswillen wird es sel-ten geben. Es ist naheliegender, dass bereits aus dem Abschluss des Vorvertrages auf eine **Teilauftragsvergabe** zu schließen ist. Der Bundesgerichtshof hat entsprechendes entschie-den, als sich schon aus der als Vorvertrag bezeichneten Vereinbarung ergab, dass die Leis-tungsphasen 1–4 „sicher" übertragen waren (BGH NJW 1988, 1261).

b) Rahmenvertrag

165   Bei **Rahmenverträgen** handelt es sich um Vereinbarungen, die eine **auf Dauer angelegte Geschäftsbindung** eröffnen und dabei bestimmte Einzelheiten für künftige abzuschließende Einzelverträge festlegen sollen (BGH NJW-RR 1992, 977). Im Unterschied zum Vorvertrag soll beim Rahmenvertrag **noch keine einklagbare Verpflichtung auf Abschluss** eines oder mehrerer „Hauptverträge" begründet sein. Allerdings ist auch hier die Bezeichnung ohne Belang. Maßgeblich ist allein, was die Parteien gewollt haben. Insoweit ist es denkbar, dass die Weigerung eines Vertragspartners, weitere Vereinbarungen abzuschließen, einen **Schadensersatzanspruch** des Vertragspartners begründen kann. Voraussetzung hierfür ist, dass die Weigerung, Folgeverträge abzuschließen als Verletzung einer aus dem Rahmenvertrag resultierenden Pflicht anzusehen ist. Die Beweissituation für den Architekten/Ingenieur ist in diesen Fällen schwierig. Abhängig ist sie insbesondere wieder von der Sorgfältigkeit der Formulierungen des Ausgangsvertrages (Rahmenvertrag).

166   Eine weitere Besonderheit des Rahmenvertrages besteht im Zusammenhang mit der Frage von **Kündigungsmöglichkeiten.** Ein Rahmenvertrag, der auf fortdauernde Werkleistungen gerichtet ist, soll nicht den Kündigungsregelungen des Werkvertragsrechts unterfallen. Anwendbar sei vielmehr das **Dienstvertragsrecht** (OLG Celle IBR 2002, 316).

c) Optionsvertrag

167   Im Rahmen eines **Optionsvertrages** wird festgelegt, dass einzelne Leistungsteile erst nach sukzessive erfolgten Abrufen zu erbringen sind. Dies wird regelmäßig im Zusammenhang mit der sog. **stufenweisen Beauftragung** der Fall sein. Der Umfang der Bindung des Auftraggebers hängt davon ab, ob ihm ein **freies** oder **gebundenes Optionsrecht** eingeräumt wurde. Je freier das Optionsrecht ausgestaltet ist, desto weniger stark ist die **Bindungswirkung der Auftraggeberseite.** Am „stärksten" wird die Bindungswirkung dann sein, wenn das Optionsrecht vom eigenen Entscheidungsrecht des Auftraggebers abgekoppelt und allein von Drittbedingungen abhängig gemacht wird – beispielsweise der Erteilung einer Baugenehmigung.

168   Auch die **Bindungswirkung der Auftragnehmerseite** kann unterschiedlich ausgestaltet werden. Dies gilt sowohl in Bezug auf **sachliche Voraussetzungen** als auch in Bezug auf eine **zeitliche Begrenzung.** So kann die „sachliche Bindung" des Architekten/ Ingenieurs beispielsweise von einem mindestens zu erreichenden Auftragsvolumen abhängig gemacht werden. Aus Sicht des Auftragnehmers lohnt es sich nur dann für ihn, Personal etc. für den Optionsfall vorzuhalten. Gleiches gilt für die zeitliche Bindungswirkung auf beiden Seiten. Die öffentliche Hand kennt hier Vertragsmodelle mit einer 24-monatigen Bindungswirkung für den Auftragnehmer.

4. Allgemeine Geschäftsbedingungen

a) Auswirkungen der Schuldrechtsreform

169   Seit dem 1.1.2002 besteht das „Gesetz zur Regelung des Rechts der Allgemeinen Geschäftsbedingungen" nicht mehr. Die entsprechenden Vorschriften wurden im Zuge der Schuldrechtsreform in die §§ 305 ff. BGB übertragen. Dies geschah **ohne größere inhaltliche Änderungen.** Das AGB-Recht spielt auch im Architekten-/Ingenieurrecht eine bedeutende Rolle. Dies deshalb, weil nur noch in den seltensten Fällen Verträge so gestaltet werden, dass sie als Individualvereinbarungen diesem Recht **nicht** unterfallen. Davon zu unterscheiden ist die Frage, ob **Allgemeine Geschäftsbedingungen** gegenüber **Unternehmern** (§ 14 BGB) oder gegenüber **Verbrauchern** (§ 13 BGB) verwendet werden. Beispielhaft ist insoweit die Entscheidung des BGH v. 24.7.2008 (IBR 2008, 557), wonach die VOB/B keine Privilegierung mehr bei Verwendung gegenüber Verbrauchern genießt (Abweichung von der „Kernlehre-Rechtsprechung" des BGH v. 16.12.1982, BGHZ 86, 135). Dabei kann ein Vertrag sowohl Allgemeine Geschäftsbedingungen als auch Individualklauseln enthalten. Dies wird sogar der Regelfall sein. Nach § 305 Abs. 1 Satz 1 u. 2 BGB sind AGB *„alle für eine Vielzahl von Verträgen vorformulierte Vertragsbedingungen, die eine Vertragspartei (Verwender) der anderen Vertragspartei bei Abschluss eines Vertrages stellt. Gleichgültig* *ist, ob die Bestimmungen einen äußerlich gesonderten Bestandteil des Vertrags bilden oder in die Vertragsurkunde selbst aufgenommen werden, welchen Umfang sie haben, in welcher Schriftart sie verfasst sind und welche Form der Vertrag hat".*

Nicht von Allgemeinen Geschäftsbedingungen auszugehen ist dann, wenn die Vertragsklauseln zwischen den Parteien **im Einzelnen ausgehandelt** wurden. Nach dem BGH ist **Verhandeln** nicht mit **Aushandeln** gleichzusetzen. So liegt ein individuelles Aushandeln nur dann vor, wenn dem Vertragspartner zugestanden wird, auf den Inhalt einer Klausel Einfluss zu nehmen. Allein die Möglichkeit zwischen verschiedenen vorgegebenen Alternativen zu wählen (beispielsweise verschiedenen Verjährungsfristen für Mängelansprüche) wird **nicht als ausreichend** angesehen (BGH NJW 2005, 2543 = NJW-RR 2005, 1040). **170**

b) Regelungsgegenstand des AGB-Rechts

Die Rechtsvorschriften des Bürgerlichen Gesetzbuches zu AGB enthalten zunächst **zwei Ausgangselemente:** Zum einen den **Schutz vor überraschenden Klauseln** (§ 305c Abs. 1 BGB) – zum anderen Bestimmungen über die **Inhaltskontrolle** von AGB (§§ 307– 309 BGB). Zusätzlich wird die Verwendung von AGB durch allgemeine Vorschriften geregelt (§§ 305, 305b, 305c Abs. 2, 306, 306a BGB). Als weitere Komponente ist das **Transparenzgebot** (s. u.) hinzugekommen. **171**

Allgemeine Geschäftsbedingungen müssen nach § 305 Abs. 2 und 3 BGB in den Vertrag einbezogen sein. Nach § 305c Abs. 2 BGB gehen Zweifel bei der Auslegung von AGB zu Lasten des Verwenders. Die Rechtsfolgen bei Nichteinbeziehung und Unwirksamkeit von AGB regelt § 306 BGB. Dieser weicht von der Grundregel des § 139 BGB ab. Danach ist an sich bei Teilnichtigkeit eines Rechtsgeschäfts das gesamte Rechtsgeschäft nichtig. Bei Allgemeinen Geschäftsbedingungen bewirkt die Nichtigkeit einer Klausel dagegen in der Regel noch keine Nichtigkeit des gesamten Vertrages. Der **Anwendungsbereich** des AGB-Rechts wird in den §§ 307 Abs. 3, 310 BGB festgelegt. § 310 BGB enthält Einschränkungen gegenüber Unternehmern (§ 14 BGB) sowie der öffentlichen Hand. Für diese finden § 305 Abs. 2 und 3 BGB (Einbeziehung) sowie die §§ 308, 309 BGB (Klauselverbote mit/ohne Wertungsmöglichkeit) keine Anwendung. **172**

Zum Schutz des Verwendungsgegners soll es auch keine **geltungserhaltende Reduktion** einzelner Klauseln geben (§ 306 Abs. 2 BGB). Der Verwender von unzulässigen AGB soll nicht dadurch begünstigt werden, dass seine Klauseln auf das **zulässige rechtliche Maß** reduziert werden. Stattdessen gilt in diesen Fällen die gesetzliche Regelung. Die Frage der geltungserhaltenden Reduktion wird seit den Entscheidungen des VII. Zivilsenats des BGH vom 18.4.2002 (NJW 2002, 2388 = BauR 2002, 935, m. Anm. Sienz BauR 2002, 1239) und 4.7.2002 (NZBau 2002, 559 = BauR 2002, 1533) jedoch neu diskutiert. Hintergrund dieser Entscheidungen war das Bestreben, im Baurecht die Verwendung von **Bürgschaften auf erstes Anfordern** mittels Allgemeiner Geschäftsbedingungen zu stoppen. Für Altverträge wurde allerdings eine „Umdeutungsmöglichkeit" zugelassen. **173**

Von einer **„geltungserhaltenden Auslegung"** wird auch im Zusammenhang mit der Entscheidung vom 23.1.2003 zum Geltungsbereich von Vertragsstrafenvereinbarungen gesprochen (BGH NJW 2003, 1805 = BauR 2003, 870). Auch hier hat der BGH Vereinbarungen über Vertragsstrafen von mehr als 5% erst ab Bekanntwerden seiner Entscheidung für unwirksam erklärt. Altvereinbarungen (geschlossen vor Bekanntwerden der Entscheidung) blieben – sofern sich das Auftragsvolumen im Bereich der Ausgangsentscheidung vom 25.9.1986 (BGH NJW 1987, 380 = BauR 1987, 92) hielt – wirksam. **174**

c) Bedeutung des AGB-Rechts für Architekten/Ingenieure

Architekten-/Ingenieurverträge mit vorformulierten Vertragsklauseln sind bei **Mehrfachverwendung** an den Rechtsvorschriften des AGB-Rechts zu messen. Ausreichend ist insoweit, dass Dritte den Vertrag für den Verwender entworfen haben. Dieser muss nicht selbst Entwerfer der Klauseln sein (BGH NZBau 2006, 390). Nicht von AGB wird man sprechen müssen und damit die Verträge als Individualabreden ansehen, wenn beide Vertragsparteien die Einbeziehung identischer vorgefertigter Klauseln wollen (LG Bayreuth IBR 2006, 629). Von AGB dagegen ist auszugehen, wenn eine Vertragspartei AGB der Gegen- **175** seite von vornherein in ihr Angebot mit aufnimmt, weil davon auszugehen ist, dass andernfalls ein Vertragsschluss gar nicht möglich ist (BGH IBR 2006, 271). Sofern die AGB von einem **„Unternehmer"** gegenüber einem **„Verbraucher"** gestellt werden, genügt bereits die **einmalige Verwendung** (§ 310 Abs. 3 Nr. 2 BGB – Verbrauchervertrag). Der Begriff des „Verbrauchers" ist im Zusammenhang mit dem Fernabsatzgesetz in das BGB aufgenommen worden. Er ist in § 13 BGB definiert. Architekten und Ingenieure fallen nach § 14 BGB unter die Definition des „Unternehmers".

aa) Transparenzgebot

176   Durch die Regelung des § 307 Abs. 1 Satz 2, Abs. 3 Satz 2 BGB wurde das sog. **Transparenzgebot** ausdrücklich gesetzlich geregelt. Nach diesem Gebot muss eine AGB-Klausel sprachlich so gefasst sein, dass sie für den Vertragspartner klar und verständlich ist. Der Gegner des Verwenders einer Klausel soll nicht durch für ihn nicht nachvollziehbare oder unverständliche Regelungen benachteiligt werden. Vor der ausdrücklichen Aufnahme des Transparenzgebotes im Rahmen der Schuldrechtsmodernisierung wurde dieses bereits weitgehend aus den grundsätzlichen Schutzgedanken des AGB-Rechts abgeleitet. Dort insbesondere aus den §§ 5, 7 und 9 AGBG.

177   Gleichwohl ist strittig, ob sich durch die ausdrückliche Aufnahme in das Bürgerliche Gesetzbuch **inhaltliche Änderungen des Transparentgebotes** ergeben haben. Teilweise wird vertreten, dass sich aus der neuen gesetzlichen Regelung ein strengeres Recht als bisher ableiten lasse. Begründet wird dies damit, dass das Transparenzgebot nunmehr ausdrücklich als selbständiger Tatbestand außerhalb der allgemeinen Regelung des Benachteiligungsverbotes des § 307 Abs. 1 Satz 1 BGB geregelt ist. Nach dem allgemeinen Benachteiligungsverbot ist eine Klausel im Rahmen von Allgemeinen Geschäftsbedingungen dann unzulässig, wenn sie den Vertragspartner des Verwenders entgegen den Geboten von Treu und Glauben unangemessen benachteiligt. Im neu geregelten Transparenzgebot wird nicht mehr auf die Grundsätze auf Treu und Glauben abgestellt. Hieraus könnte gefolgert werden, dass dieses Moment des **Verstoßes gegen den Grundsatz von Treu und Glauben** bei einer Klausel, die gegen das Transparenzgebot verstößt, nicht vorliegen muss, um deren Unwirksamkeit auszulösen. Ein Verstoß gegen das Transparenzgebot könnte deshalb deutlich schneller vorliegen, als es bisher im Rahmen des Benachteiligungsverbotes der Fall war.

178   Auch zeigt der Wortlaut des **§ 307 BGB zwei unterschiedliche Regelungen.** So wird für die „gängigen" Allgemeinen Geschäftsbedingungen, d.h. die **Geschäftsbedingungen, die Rechtssätze** erweitern, einschränken oder ersetzen sollen, über § 307 Abs. 1 Satz 1 BGB eine Benachteiligung des Vertragspartners „entgegen den Geboten von Treu und Glauben" gefordert. Für „Andere Bedingungen" i.S. des § 307 Abs. 3 Satz 2 BGB – angesprochen sind z.B. **leistungsbeschreibende und preisgestaltende Bedingungen (die allerdings auch vorgefertigt sein müssen)** – soll „wohl" – der Wortlaut ist nicht überzeugend – allein eine „Unverständlichkeit" ausreichen (hierzu Kniffka/Jansen/v. Rintelen, Bauvertragsrecht, § 631 Rn. 277f.). Da der Gesetzeswortlaut allerdings als „Kann-Vorschrift" formuliert ist, liegt keine abschließende Einstufung vor.

bb) Unzulässigkeit der Haftungsbeschränkung für Körperschäden

179   Als weitere Änderung ist auf § 309 Nr. 7a BGB hinzuweisen. Danach ist im Rahmen von Allgemeinen Geschäftsbedingungen ein Haftungsausschluss oder eine Haftungsbegrenzung für Körperschäden nicht mehr möglich. Hierbei kommt es nicht mehr darauf an, für welchen Grad des Verschuldens die Haftung beschränkt bzw. ausgeschlossen werden soll. Für Architekten/Ingenieure bedeutet dies: Sofern sie als Verwender von Allgemeinen Geschäftsbedingungen am Rechtsverkehr teilnehmen, können sie ihre Haftung für Körperschäden nicht beschränken. Dies gilt auch für Körperschäden, die auf einer Pflichtverletzung eines gesetzlichen Vertreters oder Erfüllungsgehilfen beruhen (§ 309 Nr. 7a, 2. Alt. BGB). Bedeutung kann diese Regelung vor allem in dem Bereich erlangen, in dem Architekten/Ingenieure Aufgaben im Bereich der **Bauüberwachung** bzw. als **Sicherheits- und Gesundheitskoordinator** übernehmen. Entsprechende Klauseln werden unwirksam

sein. Dies wird auch dann gelten, wenn der Architekt/Ingenieur eine entsprechende Haftungsbeschränkung vereinbart, ohne zwischen Sach- und Körperschäden zu differenzieren.

d) Einzelne AGB-Klauseln

Wichtig ist, dass unwirksame AGB-Klauseln sich immer nur zu Lasten einer Vertragspartei auswirken. Nur der **Vertragspartner des Verwenders** wird in den Schutz des AGB-Rechts einbezogen. Hat der Verwender Klauseln eingebracht, die für ihn selbst nachteilig sind oder dem Vertragspartner Zugeständnisse machen, bleiben diese wirksam (BGH BauR 1998, 357 = NJW-RR 1998, 594). **180**

Fraglich ist, ob der Auftraggeber dem Auftragnehmer verbieten kann, seine Leistungspflicht auf Dritte zu übertragen (Subplaner; **Subplanerklauseln**). Hierbei ist zunächst zu unterscheiden, ob es sich um die gesamte Leistung oder nur um Teile hiervon handelt. Auch ist zwischen einem Verbot und der „vorherigen mündlichen/schriftlichen Zustimmung des Auftraggebers" zu unterscheiden (OLG Dresden IBR 2007, 1192 – Klausel wegen Mehrdeutigkeit abgelehnt). Als unwirksam hat der BGH eine Klausel angesehen, mit der der AG eigene Nachtragsverpflichtungen gegenüber dem Architekten für den Fall ausgeschlossen hat, dass Ausführungspläne geändert werden mussten, auch wenn die Ursache hierfür nicht aus der Sphäre des Architekten stammt – **Nachtragsklauseln** (BGH BauR 2007, 1761 = NZBau 2007, 653). Klauseln für Honoraranpassungen **(Honoraranpassungsklauseln)** bei Planungszeit-/Bauzeitverlängerungen sind geradezu gängig. Dabei ist zu unterscheiden, um welche Teile der Leistungszeit es sich handelt (Planung oder Ausführung). Anpassungsverpflichtungen enthalten entsprechende Vorgaben oftmals dahingehend, dass die Parteien über entsprechendes verhandeln bzw. sich einigen sollen (BGH BauR 2007, 1592 = NJW 2007, 3712). Selten wird bereits eine bestimmte Vergütungserhöhung unter festgelegten Voraussetzungen vereinbart (OLG Düsseldorf IBR 2007, 376). Bei **Kündigungsfolgenklauseln** versuchen Auftraggeber, dem Architekten sein Honorar nach einer Kündigung abzusprechen. Da dies eine Umgehung des § 649 BGB darstellt (gesetzliches Leitbild) werden entsprechende Klauseln im Regelfall unwirksam sein. Im Gegenzug versuchen Architekten oftmals festzulegen, welche Vergütungsteile, insbesondere in welcher Höhe (⁶⁰/₄₀-**Klauseln**) sie für sich festschreiben können, damit sie den vorzeitig beendeten Architektenvertrag nicht im Einzelnen abrechnen müssen (BGH IBR 2000, 38; OLG Rostock IBR 2008, 395). Da nur der AGB-Verwendungsgegner der Schutz des AGB-Rechts genießt, kann der Architekt dann, wenn er die ⁶⁰/₄₀-Klausel selbst eingebracht hat, bei der konkreten Darlegung seiner Ersparnisse diesen Satz nicht überschreiten (OLG Rostock IBR 2008, 395). **181**

Haftungsbeschränkungsklauseln für den Fall grob fahrlässiger Vertragsverletzungen des Verwenders/gesetzlichen Vertreters/Erfüllungsgehilfen sind regelmäßig unwirksam (§ 309 Nr. 7b BGB). Auch im Bereich der leichten Fahrlässigkeit ist eine generelle Haftungsbegrenzung für Sach- und Vermögensschäden dann unzulässig, wenn es sich um Verletzung von sogenannten **Kardinalpflichten** handelt. **Subsidiaritätsklauseln** versuchen, die Inanspruchnahme des haftenden von vorheriger (gerichtlicher) Inanspruchnahme Dritter abhängig zu machen. Sie sind wegen § 309 Nr. 8b) aa) BGB unwirksam. Zu unterscheiden sind sie von Klauseln, bei denen zuvor lediglich eine außergerichtliche Inanspruchnahme gefordert wird. Deren Wirksamkeit wird man oftmals am Transparenzgebot messen müssen (was bedeutet „außergerichtliche" Inanspruchnahme, insbesondere in welchem Umfang?). Als wirksam i. d. Zusammenhang wurden die AGB eines Architekten angesehen wonach er – mit Planung und Objektüberwachung beauftragt zwar keine Planungsfehler begangen hatte, wohl aber unter seiner Objektüberwachung dem Bauunternehmer (BU) ein Ausführungsfehler unterlief – erst in Anspruch genommen werden konnte, wenn der BU auch nach gerichtlichen Vollstreckungsmaßnahmen keinen Ersatz leisten würde – ausgenommen Fälle grober Fahrlässigkeit (OLG Schleswig IBR 2007, 203). **182**

Im Bauvertragsbereich in hohem Maße relevant sind Klauseln, mit denen Auftraggeber versuchen, die **Durchsetzung ihrer Mangelansprüche** nicht erst vor einem fruchtlosem Ablauf einer gesetzten Mangelbeseitigungspflicht abhängig zu machen, sondern bereits von fehlenden Erklärungen des Auftragnehmers, ob und wie dieser die Mangelbeseitigung **183** überhaupt durchführen will. Ziel des AG ist es auf diese Weise sinnlose Wartezeiten zu umgehen, in denen der Auftragnehmer die Mangelbeseitigung gar nicht erst beginnt, nicht in ausreichender Mannstärke durchführt oder in mangelhafter Art und Weise. Gleiches kann man auf den Architekten-/Ingenieurbereich übertragen. Diese allerdings wohl nur, soweit es sich um Planungstätigkeiten handelt.

184   Im Zuge der **Mängelbeseitigung** versuchen Bauunternehmer oftmals klauselmäßig festzuschreiben, dass ihre Nachbesserungsrecht nicht dadurch umgangen wird, dass zuvor der Architekt zum Schadensersatz herangezogen wird. Nimmt dieser dann beim Bauunternehmer im Rahmen des Gesamtschuldnerausgleichs Rückgriff, trägt der Unternehmer auch noch die Gewinnmarge des eingeschalteten Drittunternehmers. Sein Nachbesserungsrecht hat er in diesen Fällen verloren. Um dies auszuschalten, versuchen Bauunternehmer klauselmäßig festzuschreiben, dass ihnen auf alle Fälle ein Nachbesserungsrecht eingeräumt wird. Im Gegenzug versuchen Architekten/Ingenieure den Bauherrn zu verpflichten, dass dieser gerade den soeben geschilderten Weg der Inanspruchnahme des Bauunternehmers einschlägt, bevor er vom Architekten für die gleichen Leistungen Schadensersatz fordert. Zu sog. **Selbstbeseitigungsklauseln,** s. auch unten „Mängelansprüche des Bestellers", dort unter „Minderung". Eine Absage hat der BGH einer **Haftungsbeschränkungsklausel** in Bezug auf die Objektüberwachung erteilt, die bei nur stichprobenartigen Kontrollen die Haftung für Schadensersatzforderungen für dabei nicht erkannte Mängel ausschließen sollte. Die Begründung geht zu Recht dahin, dass eine Objektüberwachung nur „ganz oder gar nicht" vorstellbar ist (BGH BauR 2002, 315 = NJW 2002, 749).

185   Denkbar sind auch **Quotenhaftungsklauseln.** Damit soll versucht werden, die gesamtschuldnerische Haftung zwischen Bauunternehmer und Architekt/Ingenieur von vornherein quotenmäßig aufzuteilen. Entsprechende Klauseln sind über § 309 Nr. 8b aa BGB unzulässig (OLG München NJW-RR 1988, 337). Verwendet werden auch **Beweislastklauseln,** mit denen Anscheins-Verschuldens-Beweise zu Lasten des Architekten/Ingenieurs ausgehebelt werden sollen (OLG Düsseldorf BauR 1995, 739). Sie sind im Regelfall ebenso unwirksam wie so genannte **Verschuldensklauseln.** Mit Letzteren sollen verschuldensunabhängige Ansprüche gegenüber dem Architekten/Ingenieur ausgeschlossen werden (BGH NJW-RR 1990, 856 = BauR 1990, 488; OLG München NJW-RR 1990, 1358).

Als nicht wirksam angesehen werden auch **Beschränkungen der Haftung** auf Schäden, für die der Architekt/Ingenieur eine Haftpflichtversicherung hat bzw. hätte haben können. Gleiches gilt für eine Begrenzung der Haftung auf die Honorarhöhe. Auch **Abkürzungen der Verjährungsfrist** für Mängelansprüche gegenüber dem Architekten/Ingenieurs unter die gesetzliche Fünfjahresgrenze werden keinen Bestand haben. Gleiches gilt für die Festsetzung des Verjährungsbeginnes dieser Ansprüche, bspw. auf den Zeitpunkt der Fertigstellung des Objektes bzw. der Abnahmen gegenüber den Bauunternehmern. **Im Urheberbereich** versuchen Auftraggeber ihr Nutzungs-, Nachbau- und Änderungsrecht mittels vorgefertigter Klauseln festzuschreiben/auszubauen. Entschieden wurde, dass die Klausel „*Der Auftraggeber darf die Unterlagen für die im Vertrag genannte Baumaßnahme ohne Mitwirkung des Auftragnehmers nutzen und ändern; dasselbe gilt auch für das ausgeführte Werk. Der Auftraggeber wird den Auftragnehmer immer vor wesentlichen Änderungen eines nach dem Urheberrecht geschützten Werkes – soweit zumutbar – anhören, ohne dass sich hieraus ein Mitwirkungsrecht ergibt*" wegen Verstoßes gegen § 307, Abs. 2 Nr. 1 BGB unwirksam ist. Dabei wurden die uneingeschränkten Befugnisse der Auftraggeberseite als nicht vereinbar mit wesentlichen Grundgedanken der gesetzlichen Regelung eingestuft (LG Hannover IBR 2007, 620).

5. Vertragsmuster

a) Architektenvertragsformulare

186   Es sind zwar Architektenvertragsformulare in der Bundesrepublik im Umlauf, die Architekten stehen aber vor der Frage, wie sie sich ein brauchbareres Formular besorgen sollen. Grund hierfür ist u. a., dass der ursprünglich von der Bundesarchitektenkammer in Umlauf gebrachte **Einheitsarchitektenvertrag** in seiner ersten Version aufgrund der vernichtenden Rechtsprechung des VII. Zivilsenates des BGH vom Markt genommen wurde. Der im

Jahr 1994 von der Bundesarchitektenkammer gestartete Versuch, ein geändertes Formular anzumelden, wurde letztendlich nicht durchgeführt. Bei allen im Umlauf befindlichen Formularen ist vor Verwendung immer zu prüfen, inwieweit diese auftraggeber- oder auftragnehmerfreundlich ausgerichtet sind. Aufgrund dieser von den Verfassern vorgegebenen Tendenzen ergeben sich geradezu krasse unterschiedliche Klauselausrichtungen.

b) Auftragsvergabe durch die öffentliche Hand

Im Bereich der Auftragsvergabe der öffentlichen Hand haben Bund, Länder und Kom- **187**
munen Vertragsmuster in Form sog. **Vergabehandbücher** entwickelt. Auch der Inhalt des Architekten-/Ingenieurvertrages wird häufig diesen Vertragsmustern sowie den sonstigen Vorgaben dieser Handbücher entnommen. In diesem Zusammenhang ist das Vergabehandbuch für die Durchführung von Bauvorhaben des Bundes im Zuständigkeitsbereich der Finanzbauverwaltung (VHB) zu nennen.

Die Bundesbauverwaltung ist verpflichtet, bei Verträgen mit Architekten und Ingenieu- **188**
ren die **Richtlinien für die Durchführung von Bauaufgaben des Bundes im Zuständigkeitsbereich der Finanzbauverwaltung – RBBau** anzuwenden(abrufbar unter www.bmvbs.de). Diese gelten unmittelbar nur für die Bundesbauverwaltung. In den Ländern werden die RBBau aufgrund entsprechender Richtlinien in Gestalt der **RLBau** gleichfalls angewandt. Den Kommunen wird die Anwendung empfohlen.

Auf Bundesebene bestehen zahlreiche weitere Vergabehandbücher, deren wesentlicher **189**
Grundinhalt dem Vergabehandbuch des Bundes entspricht. Ergänzt werden sie durch Regelungen, die jeweils spezielle Bereiche betreffen. Beispielhaft zu nennen sind:
Bereich Wasserbau:

Vergabehandbuch für Bauleistungen – Wasserbau (VV-WSV 2102)

Vergabehandbuch für Leistungen – ausgenommen Bauleistungen – Wasserbau (VV-WSV 2105),

Vergabehandbuch für freiberufliche Leistungen – Wasserbau (VV-WSV 2108)

Bereich Straßenbau:

- **HVA B-StB** (Handbuch für die Vergabe und Ausführung von Bauleistungen im Straßen- und Brückenbau).
- **HVA F-StB** (Handbuch für die Vergabe und Ausführung von freiberuflichen Leistungen der Ingenieure und Landschaftsarchitekten im Straßen und Brückenbau),
- **HVA L-StB** (Handbuch für die Vergabe und Ausführung von Lieferungen und Leistungen im Straßen- und Brückenbau)

c) Gestaltung einer VOF/B bzw. VOAI

Ein der VOB/B entsprechendes Klauselwerk existiert für Architekten-/Ingenieurver- **190**
träge bisher nicht. **Die Verdingungsordnung für freiberufliche Leistungen – VOF** (VOF in der Fassung der Bekanntmachung vom 11.6.2010, BAnz. Nr. 185a) setzt die Vorgaben der EG-Dienstleistungsrichtlinie in nationales Recht um. Sie enthält vergaberechtliche Regelungen. In diesem Zusammenhang ist es z.B., nicht zulässig, dass die Vergabestelle in ihrer Ausschreibung Vorgaben der für das Vorhaben anzusetzenden Baukosten unterlässt (VK Nordbayern IBR 2008, 474). Ausführlich zur Frage des Ausschlusses von HOAI-widrigen Angeboten im VOF-Verhandlungsverfahren ohne Nachverhandlung, Kratzenberg/Wönicker NZBau 2008, 491 u. OLG Frankfurt Urt. v. 9.8.2007 – 11 Verg 6/07).

6. Unwirksamkeitsgründe für einen Architekten- oder Ingenieurvertrag/ Formfrage

Architekten- und Ingenieurverträge können aus verschiedenen Gründen **unwirksam** **191**
sein. Neben den allg. Unwirksamkeitsgründen des BGB (§ 138 BGB – Nichtigkeit wegen Sittenwidrigkeit u. § 134 BGB – Nichtigkeit wegen Gesetzesverstoßes) spielen das Kopplungsverbot und Formfragen eine bedeutende Rolle. Aus einer unwirksamen Vereinbarung können zunächst keine vertraglichen Rechte hergeleitet werden. In diesen Fällen steht dem Architekten/Ingenieur kein vertraglicher Honoraranspruch zu. Auch vertragliche Mängel-

rechte sollen an sich nicht entstehen. Allerdings hat der BGH mit zwei Entscheidungen v. 24.4.2008 sowohl für den Bauvertrag als auch für den Architekten-/Ingenieurvertrag ausgeführt, dass sich der Auftragnehmer zur Abwehr von Mängelansprüchen nicht auf die Gesetzeswidrigkeit einer „Ohne-Rechnung-Abrede" berufen kann (BGH IBR 2008, 397 u. 431 – hierzu Wirth/Galda in Festschrift Franke).

192   Für den Honorarbereich ist zunächst auf Ansprüche nach den Regeln über die **Geschäftsführung ohne Auftrag (§§ 683, 670 BGB)** abzustellen (entschieden vom Bundesgerichtshof für einen Bauvertrag – NJW 1993, 3196 = BauR 1994, 110). Eine GoA ist allerdings nur dann berechtigt, wenn sie dem wirklichen oder mutmaßlichen Willen des Geschäftsherrn entsprach. Abgelehnt bei Beauftragung durch den Geschäftsführer ohne erforderliche Zustimmung der Gesellschafterversammlung (OLG Rostock, Urt. v. 27.2.2008 – 2 U 35/07). Die GoA-Regelungen gewähren vom Grundsatz her nur einen **Aufwendungsersatz** – fällt jedoch die Geschäftsbesorgung in die berufliche/gewerbliche Tätigkeit des Geschäftsführers, ist ihm die übliche Vergütung zuzubilligen (BGHZ 65, 384). Ergänzend wird man die Vorschriften über eine **ungerechtfertigte Bereicherung** heranziehen müssen (§§ 812 ff. BGB). Danach wird der Architekt/Ingenieur vom Grundsatz her seine **Mindestsätze** geltend machen können.

193   Die Rechtsprechung hat dies jedoch nur dann zugebilligt, wenn der Auftraggeber die Architekten-/Ingenieurleistungen auch **tatsächlich verwertet** (BGH BauR 1994, 651; ebenso OLG Brandenburg als der Architekt eine Tragwerksplanung ohne Auftrag erstellte, der Auftraggeber diese gleichwohl verwendet hat – Urt. v. 13.3.2014 – 12 U 136/13). Entsprechendes wurde auch für den Fall der **Anfechtung** entschieden (OLG Hamm BauR 1986, 710). Abgestellt wird somit darauf, ob dem **Vermögen des Auftraggebers** tatsächlich ein **Vorteil** zugeflossen ist (BGH BauR 1994, 651). Fraglich ist dabei, wem die **Beweislast** hinsichtlich des zugeflossenen Vorteils aufzuerlegen ist. Aufgrund der Tatsache, dass die Ansprüche aus den §§ 812 ff. BGB vom Auftragnehmer geltend gemacht werden, wird man ihm die Beweislast auferlegen müssen. In der Praxis wird ihm eine entsprechende Beweisführung nur schwer gelingen. Dies vor dem Hintergrund, dass es dem Auftraggeber möglich sein wird, die Nichtverwertung zu belegen – beispielsweise dadurch, dass er den Vertrag mit dem nachfolgend beauftragten Architekten/Ingenieur vorlegt.

194   Gelingt dem Architekten/Ingenieur der **Nachweis nicht,** muss er ein bereits erhaltenes **Abschlagshonorar zurückzahlen.** Auch hier sind die Vorschriften über die ungerechtfertigte Bereicherung heranzuziehen. Nach der Rechtsprechung hat der Architekt/Ingenieur hier allerdings die Möglichkeit, seine Aufwendungen abzusetzen. Die Rechtsprechung hat insoweit 40 % vom Honorar abgezogen (OLG Düsseldorf BauR 1975, 141). Dies dürfte in dieser Form jedoch nicht auf alle Konstellationen übertragbar sein. Gegenansprüche des Auftraggebers, beispielsweise für erlittene Schäden, kann dieser zunächst als **Verrechnungsposten** im Rahmen der bereicherungsrechtlichen „Honoraransprüche" abziehen.

a) Verstoß gegen gesetzliche Verbote u. gegen die guten Sitten

195   Nach § 138 BGB sind Verträge nichtig, die gegen die guten Sitten verstoßen. Der BGH hat einen solchen Verstoß bei einem Architektenvertrag angenommen, der im Zusammenhang mit der **Bestechung** des Geschäftsführers des Auftraggebers zustande gekommen ist. Entscheidend für das Gericht war die Tatsache, dass der Vertrag für den Auftraggeber nachteilige Regelungen enthielt (BGH ZfBR 1999, 310). Wenn dies nicht der Fall ist, soll der Vertrag lediglich schwebend unwirksam sein – weil der Geschäftsführer seine Vertretungsmacht überschritten und missbraucht hat. Wenn der AG den Vertrag genehmigt, wird er wirksam – andernfalls ist er endgültig unwirksam. Die Wirksamkeit eines Werkvertrages, der aufgrund eines „Ohne-Rechnung-Abrede" geschlossen worden ist, richtet sich nach § 139 BGB. Sowohl bei einem Bauvertrag, als auch bei einem Ingenieur-/Architektenvertrag ist fraglich, ob der Auftragnehmer treuwidrig handelt, wenn er sich zur Abwehr von Mängelansprüchen auf die Gesetzwidrigkeit der Ohne-Rechnung-Abrede beruft. Der BGH hat mit zwei entsprechenden Urteilen v. 24.4.2008 (IBR 2008, 397 u. 431) zunächst seine frühere Rechtsprechung nur gering angepasst (BGH IBR 2001, 120) und ist von einer Art „Teilnichtigkeit ausgegangen, d.h. sowohl Gewährleistungsansprüche als auch Wertersatzansprüche (nicht Vergütungsansprüche) für das unberechtigt Erlangte sollten bestehen. Dies hat er mit Entscheidung vom 1.8.2013 – VII ZR 6/13 dahingend korrigiert, dass dem AG keinerlei Mängelansprüche zustehen. Das OLG Schleswig ist dem dahingehend gefolgt, dass dem AN auch kein Wertersatz mehr zustehen soll (Urt. v. 16.8.2013 – 1 U 24/13) – beide unter Hinweis auf die Neufassung des Schwarzgeldgesetzes, dort § 1 Abs. 2 Nr. 2. Nach dem BGH hat die Nichtbeachtung von Vorschriften über die Aufstellung von Haushaltsplänen nicht zur Folge, *„dass eine von einem öffentlichen Auftraggeber in einem Vertrag über Planungs- und Ingenieurleistungen getroffene Honorarvereinbarung wegen Verstoßes gegen ein gesetzliches Verbot gemäß § 134 BGB nichtig ist"* (BGH, Urt. v. 24.4.2014 – VII ZR 164/13). Die Begründung ging dahin, dass es sich bei der Selbstbindung der Verwaltung nur um ein Innenrecht mit beschränkter Außenwirkung handele.

b) Verstoß gegen das Kopplungsverbot

Verträge sind unwirksam, soweit sie gegen ein **gesetzliches Verbot** verstoßen (§ 134 **196** BGB). Ein solches gesetzliches Verbot stellt das **Kopplungsverbot** dar. Rechtsgrundlage für diese Besonderheit des Architekten-/Ingenieurrechts ist § 3 des Gesetzes zur Regelung von Ingenieur- und Architektenleistungen **(IngAlG).** Dieses wurde als Art. 10 des Gesetzes zur Verbesserung des Mietrechts und zur Begrenzung des Mietanstiegs sowie zur Regelung von Ingenieur- und Architektenleistungen **(MRVG)** erlassen. Nach dem Kopplungsverbot sind Vereinbarungen unwirksam, durch die sich der Erwerber eines Grundstücks im **Zusammenhang mit dem Erwerb** verpflichtet, bei der Planung oder Ausführung eines Bauwerks die Leistung eines **bestimmten Ingenieurs oder Architekten** in Anspruch zu nehmen. **Verstöße** führen zur **Nichtigkeit** des Architekten-/Ingenieurvertrages.

Der **Grundstückskaufvertrag** hingegen **behält seine Gültigkeit** (§ 3 Satz 2 IngAlG). **197** Die Intention des Kopplungsverbots geht dahin, Architekten/Ingenieuren eine Art „Marktvorteil" zu nehmen. Man ging bei Erlass des Gesetzes davon aus, dass bei einem „knappen Angebot an Grundstücken" (so die amtliche Begründung) „es gerade die Architekten/Ingenieure wären, die wüssten, wo gebaut werden könnte". Ihnen seien insoweit Grundstücke „an die Hand" gegeben. Dies könne zu einer monopolartigen Stellung führen, die **„nicht auf eigener beruflicher Leistung"** beruhe. Ob diese Befürchtungen vom Anfang der 70er Jahre heute noch Bestand haben können, ist mehr als fraglich. Der BGH hat sich bisher für die Verfassungsgemäßheit des Verbotes ausgesprochen (BGH IBR 2006, 451), dies im Jahr 2010 auch wieder bestätigt (BGH, Urt. v. 22.7.2010 – VII ZR 144/09). Mit Beschluss vom 16.6.2011 hat auch das Bundesverfassungsgericht die Verfassungsmäßigkeit des Kopplungsverbotes bestätigt (Beschl. v. 16.6.2011 – 1 BvR 2394/10). Rechtlich entfaltet das Kopplungsverbot nach wie vor Wirksamkeit. Es stellt zwingendes deutsches Recht dar. Ob es in der Praxis ebenso wie die zwingende Mindestsatzregelung der HOAI zwischenzeitlich ausgehöhlt worden ist, kann hier nicht gesagt werden. Aufgrund der geschilderten bereicherungsrechtlichen Folgen bei Unwirksamkeit eines Architekten-/Ingenieurvertrags ist dies diskutabel.

Unter den Schutzbereich des Verbotes fällt nicht nur der Grundstückserwerber, sondern **198** auch der Erwerber eines **dinglichen Rechts** am Grundstück. Als Beispiel ist das **Erbbaurecht** zu nennen.

Zu den vom Koppelungsverbot betroffenen Berufsständen zählen nur Architekten und **199** Ingenieure, nicht hingegen Bauträger, Generalübernehmer sowie Wohnungsbauunternehmen im Allgemeinen. Das Kopplungsverbot ist somit **berufstandsbezogen,** nicht leistungsbezogen zu sehen (BGH NJW 1984, 732 = BauR 1984, 192). Als Folge werden allein im Bereich der Architekten/Ingenieure Umgehungsversuche geahndet. So wurde die Anwendung des Kopplungsverbotes bejaht, als ein freiberuflicher Architekt oder Ingenieur als Generalunternehmer, Generalübernehmer oder Bauträger tätig wurde. Entscheidend ist nach der Rechtsprechung allein, dass er „daneben" Architekt/Ingenieur bleibt (BGHZ 70, 55). Anders wurde der Fall beurteilt, als ein **gewerbsmäßig** – mit Erlaubnis nach § 34c Gewerbeordnung (GewO) – als Generalunternehmer tätiger Architekt oder Ingenieur schlüsselfertige Bauten auf einem dem Erwerber vorab zu übertragenden Grundstück errichtete (BGH NJW-RR 1989, 147 = BauR 1989, 95). Hier sollte das Kopplungsverbot nicht greifen.

200   Tendenziell wurde das Verbot sehr **weit ausgelegt.** Stand der freiberufliche Architekt/ Ingenieur in **irgendeiner Verbindung** zu dem veräußerten Grundstück, konnte es ihm im Regelfall nicht gelingen, mit dem Erwerber einen wirksamen Planungsvertrag abzuschließen. Die Gerichtsentscheidungen zeigen, dass in der Praxis immer wieder versucht wird, die Vorgaben des § 3 IngAlG zu umgehen. Entsprechendes scheiterte im Regelfall am Schutzzweck des Gesetzes. Abzustellen ist dabei auf die Formulierung **„im Zusammenhang mit dem Erwerb"** des Grundstücks. Dieser ist unstreitig gegeben, wenn der Verkauf des Grundstücks mit dem Architekten-/Ingenieurvertrag ausdrücklich gekoppelt wird. Darüber hinaus reichte es bereits aus, wenn sich die Koppelung nur **aus den Umständen** ergab. Dies wurde vom BGH selbst für den Fall bejaht, als der Architekt erklärt hatte, dass das Grundstück ohne Bindung verkauft werde (BGH NJW 1981, 1840 = BauR 1981, 295). Ein Verstoß wurde dagegen abgelehnt, als für den Bauherrn deutlich war, dass er das Grundstück „auch ohne den Architektenvertrag" erhalten hätte – auch wenn es zur Wirksamkeit des Grundstückkaufvertrages noch der notariellen Beurkundung bedurfte (OLG Düsseldorf IBR 2008, 160); abgelehnt auch dann, als ein Dritter aus Eigeninteresse (weil er einen Folgeauftrag erwartet) Honorar an den Architekten zahlte (BGH IBR 2006, 451). Entscheidend sollte regelmäßig die Tatsache sein, dass der Architekt/Ingenieur aus Sicht des Erwerbers das Grundstück „an der Hand" hatte.

201   Verstöße gegen das Kopplungsverbot wurden bejaht, als das Grundstück **Familienangehörigen** des Architekten/Ingenieurs gehörte. Ausreichend sei es auch, wenn die Kopplung **über einen Makler** erfolgt (BGH NJW-RR 1998, 952). Grundstückskaufvertrag und Architekten-/Ingenieurvertrag müssen keinesfalls gleichzeitig abgeschlossen werden (BGH BauR 1975, 139). Es wird davon gesprochen, dass durch Auslegung zu ermitteln sei *„ob beim Erwerber berechtigtermaßen ein psychologischer Zwang zum Abschluss"* des Architekten-/Ingenieurvertrages entstanden ist (L/K/F § 3 MRVG Rn. 14). **Verneint** wurde eine unzulässige Bindung in dem Fall, dass der Verkäufer **bereits einen Architektenvertrag geschlossen** hatte, im Kaufvertrag vom Erwerber eine **Abstandszahlung** auf das Architektenhonorar vereinbart wurde (BGH NJW 1978, 820 = BauR 1978, 230; OLG Frankfurt NJW-RR 1995, 1485). Einen ausreichenden psychologischen Zwang hat der BGH bejaht, als ein Veräußerer auf die Übernahme einer fraglichen Honorarpflicht gegenüber einem von ihm eingeschalteten Architekten hingewirkt hatte (BGH NZBau 2000, 343 = BauR 2000, 1213). Das Kopplungsverbot gilt auch im Bereich **öffentlicher Planungswettbewerbe** (KG ZfBR 1992, 70). Danach ist es unzulässig, wenn eine Stadt nach Durchführung eines Wettbewerbs die Grundstückserwerber an die Preisträger verweist (BGH NJW 1982, 2189). Entscheidend sei insoweit immer, ob sich der Grundstückserwerber nach Abschluss des Kaufvertrages „tatsächlich" noch frei entscheiden kann. Zu Recht wird neben einer Europarechtswidrigkeit des Koppelungsverbotes auch dessen Verstoß gegen das deutsche Verfassungsrecht diskutiert (bejahend Christiansen-Geiss, Schriften zum Deutschen und Internationalen Baurecht, Band 3). Das alles könnte in weiten Teilen der Vergangenheit angehören, will man aus der Entscheidung des VII. Zivilsenates des Bundesgerichtshofes vom 25.9.2008 (VII ZR 174/07 – IBR 2008, 741 – in Abweichung von BGHZ 64, 173) eine Abkehr von der weiten Auslegung sehen. In die gleiche Richtung geht wohl die Entscheidung, dass der Architekt als Sieger eines gemeindlichen Planungswettbewerbes zur Verwirklichung seiner Zielvorstellungen Grundstücke einbeziehen könne, die ihm die Gemeinde „an die Hand" gegeben hat, ohne unter das Koppelungsverbot zu fallen (BGH, Urt. v. 22.7.2010 – VII ZR 144/09). Gleiches soll für die Fälle sog. „Baugruppen" gelten (hierzu Eix, IBR 2010, 125).

c) Verstoß gegen die Rechtsvorschriften zum „Haustürgeschäft"

202   Die Rechtsvorschriften zum **„Haustürgeschäft"** befanden sich bis zum 31.12.2001 im „Gesetz über den Widerruf von Haustürgeschäften und ähnlichen Geschäften" (HaustürWG) – einem Nebengesetz des BGB. Durch das Schuldrechtsmodernisierungsgesetz wurde das Haustürwiderrufsgesetz aufgehoben und dessen Vorschriften in das BGB integriert

(§§ 312, 312a, 312f, 355 Abs. 3 BGB). In den Anwendungsbereich dieser Vorschriften kann auch der Abschluss eines Architekten- bzw. Ingenieurvertrages fallen. Denkbar sind Fälle, in denen sich der Architekt/Ingenieur ohne vorhergehende „Einladung" in die Privatwohnung des potentiellen Auftraggebers begibt und dort mit diesem einen Vertrag schließt. Dabei muss der Auftraggeber unter den Verbraucherbegriff des § 13 BGB fallen.

Seitens des Auftraggebers kann ein solcher Vertrag **widerrufen** werden. Die früher geltende Wochenfrist ist mit dem Fernabsatzgesetz seit dem 1.10.2000 auf **zwei Wochen** verlängert worden (§ 312 Abs. 1 Satz 1 BGB i. V. m. § 355 Abs. 1 Satz 2 BGB). Dabei genügt zur Fristwahrung die rechtzeitige Absendung des Widerrufs. Der Architekt/Ingenieur ist verpflichtet, dem Verbraucher eine nachvollziehbar gestaltete Belehrung über sein Widerrufsrecht auszuhändigen. Die Anforderungen an diese Belehrung sind im Rahmen des Fernabsatzgesetzes verschärft worden. Sie sind in **§ 355 Abs. 2 BGB konkretisiert.** Die Belehrung muss dem Verbraucher „entsprechend den Erfordernissen des eingesetzten Kommunikationsmittels seine Rechte deutlich" machen. Sie ist ihm in **Textform (§ 126b BGB) mitzuteilen.** Sie muss Namen und Anschrift des Widerrufempfängers enthalten, ebenso ein Hinweis auf den Fristbeginn sowie u. a. die Widerspruchsfristen nennen.

Unter bestimmten Voraussetzungen erlischt das Widerrufsrecht spätestens sechs Monate **203** nach Vertragsschluss. Es erlischt allerdings überhaupt nicht, wenn der Verbraucher auch später nicht ordnungsgemäß über sein Widerrufsrecht belehrt worden ist (§ 355 Abs. 3 BGB). Als Folge des Widerrufs ist die empfangene Leistung durch entsprechende Anwendung der Vorschriften über den gesetzlichen Rücktritt (§ 357 BGB) zurückzugewähren. Diese Grundsätze müssen auch für den Architekten-/Ingenieurvertrag gelten. Im Ergebnis bedeutet dies, dass dem Architekten-/Ingenieur die von ihm erbrachten Leistungen (z. B. Pläne) zurückzugeben sind. Eine „Verschlechterung" dieser Leistung ist schwer vorstellbar. In der Praxis wird sich in diesen Fällen die Frage stellen, ob der Auftraggeber die Leistungen/Pläne (beispielsweise die Ideen) gleichwohl weiter verwertet. In diesen Fällen wird man einen bereicherungsrechtlichen Ausgleich zubilligen müssen. Eine entsprechende Verwertung der Leistung – trotz Rückgabe der Pläne – wird in der Praxis jedoch schwer belegbar sein.

d) Bestechungszahlungen

Abreden zu Bestechungen sind in verschiedenen Konstellationen denkbar. Es besteht Einigkeit darüber, dass die Provisionsabsprachen selbst unwirksam sind (BGH NJW 1999, **204** 2266 = BauR 1999, 1047). Denkbar ist, dass sich der Auftragnehmer (Architekt, Ingenieur, Projektsteuerer, Baustofflieferant) an Mitarbeiter des Auftraggebers wendet und diesen für den Fall, dass er bei der Auftragsvergabe bedacht wird, Zahlungen verspricht. Kommt bei entsprechenden Sachverhalten ein Vertragsabschluss zustande, geht die Rechtsprechung und Literatur davon aus, dass der Mitarbeiter für diese Auftragserteilung keine Vollmacht hatte – selbst wenn er an sich für Geschäfte in diesem Bereich bevollmächtigt ist (BGH NJW 1999, 2266 = BauR 1999, 1047). Der Vertrag mit dem Auftragnehmer ist demnach **schwebend unwirksam** (§ 177 Abs. 1 BGB). In diesen Fällen kann der Auftraggeber der Vereinbarung nachträglich zustimmen (Genehmigung i. S. d. § 179 Abs. 1 BGB). Die Genehmigung wird er versagen, wenn er kein Interesse an vertraglichen Ansprüchen gegenüber dem Auftragnehmer hat. Sind vertragliche Ansprüche für ihn von Vorteil (z. B. Mängelrechte), so wird er die Genehmigung wählen.

Andere Konstellationen in diesem Zusammenhang sind dergestalt möglich, dass die Provisionen nicht an Mitarbeiter des Auftraggebers, sondern an von diesem bereits Beauftragte **205** gezahlt werden. In diesem Fall zahlt ein Lieferant an den Architekten oder Ingenieur Gelder dafür, dass dieser den Bauherrn anhalten soll, Verträge mit dem Zahlenden abzuschließen. Denkbar ist auch die Zahlung eines Produzenten an den Baustofflieferanten, damit dieser dem Bauherrn seine Materialien empfiehlt. Zu trennen ist auch hier wieder die „Provisionsabrede" und der Vertrag zwischen Bauherrn und Zahlendem. Letzterer wird in der Regel wirksam sein. Die Rechtsprechung und Literatur billigen dem Auftraggeber in diesen Fällen allerdings ein **Recht zur Kündigung** aus wichtigem Grunde zu (BGH NJW 1999, 2266 = BauR 1999, 1047). Auch hier wird der Bauherr abzuwägen haben, ob ihm an der Fortführung des Vertrages gelegen ist. Dies wird dann der Fall sein, wenn er an den Leistungen des provisionszahlenden Auftragnehmers in Bezug auf Qualität oder Preis weiterhin Interesse hat. Hat er mit diesem „schlechte Preise" vereinbart oder sind die Leistungen dieses Unternehmers qualitativ minderwertig, wird er die Chance zur Lösung vom Vertrag nutzen.

e) Anfechtbarkeit des Vertrages bei fehlender Architekteneigenschaft?

206   Die Verwendung der Berufsbezeichnung **Architekt** unterliegt dem Schutz der Architektengesetze der Länder. Wird diese Bezeichnung **unberechtigterweise geführt,** so hat dies nicht ohne weiteres eine Unwirksamkeit des Architektenvertrages zur Folge. Der „Nicht-Architekt" soll jedoch verpflichtet sein, den Auftraggeber vor Abschluss des Vertrages auf diesen **Umstand hinzuweisen** (OLG Stuttgart BauR 1997, 681; OLG Düsseldorf BauR 1993, 630). Die Frage ist, was geschieht, wenn dieser Pflicht nicht nachgekommen wird. Dabei sind wiederum verschiedene Fallkonstellationen zu unterscheiden. Zunächst ist denkbar, dass der Auftraggeber durch **irreführende Bezeichnungen** den Eindruck gewinnen muss, dass ihm ein Architekt/Ingenieur gegenübertritt. Darüber hinaus existieren Fälle, bei denen die Parteien dieser Problematik zunächst **keine Beachtung geschenkt** haben. Im Regelfall wird man entsprechende Aufklärungspflichten der Architektenseite annehmen können. So wurde der Auftraggeberseite ein Recht zur Anfechtung eines geschlossenen Architektenvertrages wegen arglistiger Täuschung bzw. zur Kündigung aus wichtigem Grunde zugestanden als ein **Innenarchitekt** nicht darüber aufgeklärt hatte, dass er die Berufsbezeichnung „Architekt" nicht führen durfte (OLG Oldenburg, Urt. v. 21.5.2014 – 3 U 71/13 n. rkr.).

207   Frage ist immer, ob die Eintragung in die Architekten- oder Ingenieurliste – die an sich nur eine formelle Frage darstellt – materiellrechtliche Bedeutung für den Architekten/Ingenieurvertrag erlangt. Relevant sind diese Fälle in der Praxis dann, wenn die Problematik lange nach Aufnahme entsprechender Architekten-/Ingenieurtätigkeiten virulent wird. Als Erstes wird zu prüfen sein, ob der geschlossene Vertrag überhaupt **wirksam** ist. Hieran wird nicht zu zweifeln sein. Allein die fehlende Architekten-/Ingenieureigenschaft wird das wirksame Zustandekommen des Vertrages **nicht in Frage stellen.** Zu fragen ist allerdings, ob sich der Auftraggeber nach Kenntniserlangung von der fehlenden Architekten-/Ingenieureigenschaft **vom Vertrag lösen kann.** In der Regel wird man ihm ein solches außerordentliches Recht einräumen müssen. Dies allerdings nur innerhalb einer angemessenen Überlegungsfrist. Andernfalls könnte der Auftraggeber seine Kenntnisse im weiteren Verlauf als Druckmittel nutzen. Als Voraussetzung für den außerordentlichen Kündigungsgrund wird es ausreichen, dass der Auftraggeber schlüssig vorträgt, dass ihm eine Weiterarbeit mit dem „Nicht-Architekten" nicht zumutbar ist. An diese Vortragslast wird man geringe Anforderungen stellen müssen. Schließlich handelt es sich um Architektenleistungen. Bei diesen ist nachvollziehbar, dass der Auftraggeber sie von einem Architekten durchgeführt sehen möchte.

208   Denkbar ist auch ein **Anfechtungsrecht** nach den §§ 119 ff. des Bürgerlichen Gesetzbuches. Danach kann derjenige, der bei Abgabe einer Willenserklärung über dessen Inhalt im Irrtum war, die Erklärung anfechten, wenn anzunehmen ist, dass er sie bei Kenntnis der Sachlage und bei verständiger Würdigung des Falles nicht abgegeben haben würde. Aus § 119 Abs. 2 BGB geht hervor, dass als Irrtum über den Inhalt einer Erklärung auch der Irrtum über solche **Eigenschaften der Person** oder der Sache gelten, die im Verkehr als wesentlich angesehen werden. Hierunter wird man die **Architekten-/Ingenieureigenschaft** zählen können.

209   Zu prüfen wäre auch eine Anfechtung gemäß § 123 BGB, d. h. wegen **arglistiger Täuschung** (OLG Nürnberg NJW-RR 1998, 1713 = BauR 1998, 1273; OLG Stuttgart BauR 1997, 681). Die Entscheidung, ob ein Anfechtungs- oder Kündigungsrecht besteht, führt zu unterschiedlichen Rechtsfolgen. So führt die Anfechtung zu einer **Nichtigkeit** des Rechtsgeschäftes **von Anfang an.** Bei der Kündigung dagegen wird der Vertrag nur **für die Zukunft aufgelöst.** Spielt man beide Rechtsfolgen durch, erkennt man jedoch, dass sich keine großen Unterschiede ergeben. Unterstellt man bei der Anfechtung einen

Schadensersatzanspruch des Auftraggebers nach § 122 BGB bzw. bei einem Grund zur außerordentlichen Kündigung eine Pflichtverletzung des Auftragnehmers im Sinne § 241 Abs. 2 BGB (früher pVV), so wird man auf Seiten des Auftraggebers einen Schaden nachweisen müssen. Auf den ersten Blick ist kein Schaden entstanden, wenn die bis zur Anfechtung/Kündigung erbrachte Leistung des Nicht-Architekten einwandfrei ist.

Etwas anderes wird man dann annehmen müssen, wenn der Auftraggeber aufgrund die- **210** ser Vorkommnisse das Vorhaben nicht weiterführt. In diesen Fällen können die geleisteten Abschlagszahlungen Teil eines Schadenersatzanspruches sein. Auch wenn das **Vorhaben weitergeführt** wird, kann ein Schaden entstehen. Dies deshalb, weil bei einer Fortführung des Vorhabens mit einem anderen Architekten dieser die vorliegenden Leistungen selten „nahtlos" übernehmen wird. Sowohl nach öffentlichem als auch nach privatem Baurecht ist der nachfolgende Architekt/Ingenieur verpflichtet, die vorhandenen Leistungen zu überprüfen. Insbesondere entsteht ein Einarbeitungsaufwand. Zumindest um die dabei entstehenden Aufwendungen wird man das Honorar des ausgeschlossenen Auftragnehmers kürzen müssen. Zusätzlich wird der neu eingeschaltete Architekt/Ingenieur Teile der bereits vorliegenden Leistungen erneut erbringen und diese berechtigterweise abrechnen. Auch hinsichtlich dieser Beträge wird man von einem Schadenersatzanspruch des Auftraggebers – mindestens als Abzugsposten – gegenüber dem ersten Auftragnehmer auszugehen haben.

Von einem unwirksamen Architektenvertrag in Folge eines Scheingeschäftes wird man **211** dann auszugehen haben, wenn die Parteien einen (auch umfassenden) schriftlichen Architektenvertrag nur geschlossen haben, um auf diese Weise öffentliche Mittel für das Bauvorhaben zu erlangen (OLG Koblenz IBR 2006, 1373).

f) Verträge mit der öffentlichen Hand und kirchlichen Institutionen

Der Architekten-/Ingenieurvertrag kann **vom Grundsatz her ohne Einhaltung** **212** **einer bestimmten Form,** allein durch schlüssiges Verhalten mündlich oder schriftlich, geschlossen werden. Abweichend von diesen Grundsätzen bedarf jede von den Mindestsätzen der HOAI abweichende Honorarvereinbarung gem. § 7 HOAI der Schriftform. Die Textform nach § 126b BGB ist in diesem Fall nicht ausreichend. Bei Verträgen mit der öffentlichen Hand und kirchlichen Institutionen gelten weitere Besonderheiten. Die dabei gesetzlich vorgeschriebenen **Vertretungs-/Schriftformerfordernisse** sind von den Konstellationen abzugrenzen, bei denen die Parteien bspw. vereinbaren, dass Änderungen oder Ergänzungen ihres Vertrages der Schriftform bedürfen. In diesem Fall gilt reines Privatrecht. Eine entsprechende Klausel verstößt auch nicht gegen das AGB-Recht. Das Ziel einer solchen Klausel liegt darin, zusätzliche Verpflichtungen nur über die Schriftform einzugehen. Dies kann ein legitimes Interesse jedes Vertragspartners darstellen (BGH IBR 2007, 492).

aa) Vertragsschluss mit kirchlichen Institutionen

Bei **Vertragsabschlüssen mit kirchlichen Institutionen** müssen kirchenrechtliche **213** Vorschriften beachtet werden. Es handelt sich hierbei um Formvorgaben einerseits aus dem katholischen Landeskirchenrecht, andererseits aus dem evangelischen Kirchenrecht. Strittig ist dabei, ob es sich um Formvorschriften i.S.d. § 125 BGB handelt. Die Problematik entsteht, weil § 125 BGB an sich nur für bundesrechtliche Vorschriften gilt. Geht man von der Anwendbarkeit des § 125 BGB aus, wäre ein Rechtsgeschäft ohne Beachtung dieser **Formvorschriften** nichtig. Greift man „nur" auf **vertretungsrechtliche Regelungen** zurück, sind die Verträge aufschiebend unwirksam im Sinne des § 179 Abs. 1 BGB.

Entscheidend für die Wirksamkeit eines mit den Kirchen geschlossenen Architekten-/ **214** Ingenieurvertrags ist, ob neben den „vor Ort" für die Kirche Handelnden zusätzlich die Genehmigung der bischöflichen Behörde oder der jeweiligen Landessynode erforderlich ist. Vor diesem Hintergrund wurde durch das OLG Hamm der Abschluss eines Architekten-/Ingenieurvertrags über die Errichtung eines Krankenhauses für unwirksam erklärt (OLG Hamm NJW-RR 1988, 467 = BauR 1988, 742). Das Kammergericht hat in einer Entscheidung den Gegensatz zwischen den kirchenrechtlichen Formvorschriften (hier: Genehmigungsvorbehalt des erzbischöflichen Ordinariats) und dem Vertrauensschutz des

Vertragspartners betont. Es hat den Vertrag für unwirksam erklärt, da die Gründe des öffentlichen Interesses an der Sicherung einer ordnungsgemäßen Vermögensverwaltung Vorrang hätten (KG IBR 2001, 674).

bb) Vorgaben des Kommunalrechts

215   In Gemeinde-/Kreisordnungen und den Zweckverbandsgesetzen der einzelnen Länder finden sich materiellrechtliche Beschränkungen der **Vertretungsmacht**. Bei Nichtbeachtung wirken sie sich wie Formverstöße aus. Ausgangspunkt sind landesrechtliche Vorgaben, wobei sich beispielsweise Kommunen – ausgenommen es handelt sich um sog. **„Geschäfte der laufenden Verwaltung"** – nur **schriftlich verpflichten** dürfen. Neben der Unterschrift des Bürgermeisters/Gemeindedirektors oder seines allgemeinen Vertreters – unter Beifügung von Dienstsiegel und/oder Amtsbezeichnung – ist häufig auch die Unterschrift eines weiteren Mitglieds des Gemeindevorstandes/Ratsmitglieds erforderlich – in Hessen gemäß § 71 Abs. 2 der Hessischen Gemeindeordnung (HGO). Diese Vorschriften zeigen, dass hier auch von „Zuständigkeitsregelungen" gesprochen werden kann (OLG Hamm NJW-RR 1995, 274 = BauR 1995, 129).

216   Unmittelbar wirksame Verpflichtungserklärungen kommen in diesen Fällen nur zustande, wenn diese „internen" Vorgaben beachtet werden. Nach der Rechtsprechung gilt dies unabhängig davon, ob der Vertragspartner hiervon Kenntnis hatte. In streitigen Fällen wird – bis auf wenige Ausnahmen (s. u.) – nicht davon ausgegangen werden können, dass die Kommune/Landkreis etc. auf ihre internen Regelungen aufmerksam machen muss. Vielmehr zeigt sich eine Tendenz dahingehend, dass sich das daraus ergebende Vertretungsrisiko vorwiegend dem Vertragspartner aufgebürdet wird. Dessen guter Glaube wird nicht geschützt. Im Gegenteil, die Rechtsprechung unterstellt, dass der Architekt/Ingenieur die fehlende Vertretungsmacht hätte kennen müssen bzw. dass er seinerseits Erkundigungen hätte einziehen müssen.

217   Im Ergebnis ist das Geschäft schwebend unwirksam mit der Folge, dass die Wirksamkeit des Vertrages von einer möglichen **Genehmigung der öffentlichen Hand** abhängt. Vor diesem Hintergrund ist auch nachvollziehbar, dass die Rechtsprechung dem Architekten/Ingenieur in diesen Fällen keinen Anspruch aus § 179 Abs. 3 BGB gegen den Vertreter ohne Vertretungsmacht zuspricht. Denkbar ist allerdings, dass dem Auftragnehmer eine Schadensersatzforderung zugestanden wird. Entsprechendes wurde vom Bundesgerichtshof entschieden. Im zugrunde liegenden Fall hatte eine kommunale Selbstverwaltungskörperschaft, den Vertragspartner nicht auf die notwendige Genehmigung durch ihre eigene Aufsichtsbehörde hingewiesen. Hier sei ein Verschulden bei Vertragsabschluss denkbar (BGH NJW 1999, 3335). Zu beachten sind regelmäßig auch die gesamten internen Vorgänge bei den zuständigen Behörden. Eventuell „erklommene **Vorentscheidungsstufen**" dürfen nicht dazu verleiten, dass „voreilig" die Form als gewahrt angesehen wird. So hat das OLG Stuttgart entschieden, dass die Beauftragung der öffentlichen Hand noch nicht mit dem Kreistagsbeschluss erfolgt, sondern erst mit dem formellen Auftragsschreiben (OLG Stuttgart BauR 2001, 288).

218   Über die **Grundsätze von Treu und Glauben** hat der Bundesgerichtshof eine wirksame Vertretung auch dann gesehen, wenn das nach der Gemeindeordnung **zuständige Organ** den Abschluss des Verpflichtungsgeschäftes **gebilligt hat.** Der Senat hat hierzu ausgeführt, dass sich die Gemeinde auf die **Verletzung der Formvorschriften** in diesen Fällen deshalb nicht berufen könne, weil dies zu einem **schlechthin unerträglichen Ergebnis für den Vertragspartner** führen würde (BGH NJW 1994, 1528 = BauR 1994, 363). Damit können auch die Fälle zugunsten der Architekten/Ingenieure entschieden werden, in denen die Zuständigkeit des handelnden Organs (z. B. des Bürgermeisters) gegeben ist, es lediglich an Formalien gefehlt hat – Amtszusatz u. Dienstsiegel (noch ablehnend OLG Frankfurt NJW-RR 1989, 1505). Zu prüfen ist im Einzelfall immer, ob bzw. in welcher Form eine **Billigung** der öffentlichen Hand im Sinne des § 177 Abs. 1 BGB vorliegt. Teilweise wird darauf abgestellt, ob bereits die Entgegennahme der entsprechenden Leistungen des Architekten-/Ingenieurs ausreichend ist. Hier wird man allerdings sorgsam abwägen müssen. Dies vor dem Hintergrund, dass sich hier zusätzlich Fragen der Abgren-

zung zwischen rechtsgeschäftlicher Beauftragung und Akquisition einerseits sowie Billigung der rechtsgeschäftlichen Tätigkeit andererseits stellen.

In Fällen betreffend die Formvorschriften der HOAI, hat die Rechtsprechung teilweise **219** auch zugunsten des Auftragnehmers entschieden. Nach einem Urteil des OLG Düsseldorf soll ein öffentlicher Auftraggeber, der die Honorarvorstellung des Architekten vor oder bei Auftragserteilung kennt, sich darauf einlässt und das schriftliche Honorarangebot in einem gesonderten Schreiben annimmt, an diese Vereinbarung gebunden sein – auch wenn dieses den Formvorschriften der HOAI nicht genügt (OLG Düsseldorf mit Nichtannahmebeschluss des BGH IBR 2000, 610).

Im Falle, dass die öffentliche Hand den Architektenvertrag ohne die nach der Gemein- **220** deordnung erforderliche Schriftform mündlich erteilt, stehen dem Architekten für seine Planungsleistungen keine vertraglichen Honoraransprüche zu. Denkbar sind jedoch gesetzliche Bereicherungsansprüche. Eine Bereicherung wurde allerdings verneint, als die Stadt vom Land gewährte Fördermittel zurückgegeben hat und deshalb die vom Architekten für die Bewilligung der Mittel erbrachten Planungsleistungen mangels Durchführung des Projektes nutzlos waren (OLG Celle IBR 2006, 338). Vom Grundsatz her kann der Architekt für Leistungen, die er zur Erfüllung eines formnichtigen Vertrages erbracht hat, unter zur Grundlegung der Mindestsätze der HOAI, nach bereicherungsrechtlichen Grundsätzen abrechen. Voraussetzung hierfür ist, dass der Auftraggeber eigene Aufwendungen erspart hat und das Projekt durchgeführt wird. Hat der Architekt „Kenntnis von der Mitschuld", bspw. wenn er weiß, dass seine mündliche Beauftragung unwirksam war, gibt es kein Geld (OLG Brandenburg/BGH NZB. z. IBR 2012, 153). Andererseits wurde einem Architekten ein Schadensersatzanspruch in Form eines Aufwendungsersatzes (Vertrauensschaden) gegen eine Gemeinde zugesprochen, als der Bürgermeister den Architekten dazu veranlasst hatte, auf eine schriftliche Vereinbarung zu verzichten (OLG Frankfurt, Urt. v. 30.4.2012 – 24 U 63/11).

7. Der Architekt als Vertreter

Nicht nur während der tatsächlichen Durchführung eines Vorhabens, sondern bereits im **221** Stadium der Ermittlung der Grundlagen sowie in der Planungsphase, ist der Architekt/ Ingenieur **für den Bauherrn gegenüber Dritten** tätig. Teilweise nimmt er diesen Dritten gegenüber die Rechte/Interessen seines Auftraggebers (Bauherrn) wahr. Rechtlich stellt sich in diesen Fällen die Frage nach seiner Vertretungsmacht. Über **Voraussetzungen,** Grund und Umfang dieser Vertretungsmacht herrscht oftmals Uneinigkeit. In der Regel unproblematisch ist der Fall, dass der Bauherr dem Architekten für das Vorhaben ausdrücklich rechtsgeschäftliche Vertretungsvollmacht **(Vollmacht)** erteilt. Sofern sich der Architekt/Ingenieur innerhalb des vereinbarten Umfangs dieser Vollmacht bewegt, treten keine Schwierigkeiten auf. Erteilung, Erlöschen und sonstige Fragen im Rahmen der Vollmacht richten sich nach den allgemeinen Regelungen der **§§ 164 bis 181 BGB.**

Dabei sollte die Vollmacht des Architekten – schon zu **Beweiszwecken – schriftlich 222** erteilt werden. Im Regelfall enthalten die sich im Umlauf befindlichen Architektenvertragsformulare entsprechende Formulierungen für Vollmachten. Diese sind nachvollziehbar aufgebaut – allerdings werden sie oftmals nicht vollständig ausgefüllt. Wichtige Punkte bleiben offen. Dies führt zu Auslegungsproblemen. Im Interesse beider Vertragsparteien sollten deshalb im Architekten-/Ingenieurvertrag bzw. einer separaten Vollmachtsurkunde die Befugnisse des Architekten/Ingenieurs als Vertreter des Bauherrn im Detail festgeschrieben werden.

a) Vollmachtsfragen

Der **Umfang der Vollmacht** sollte insbesondere in folgenden Bereichen geklärt wer- **223** den:

• Abänderung bestehender Verträge (z. B. Änderung von Einheitspreisen in Stundenlöhne);
• Zusatzaufträge;
• Anerkennung von Auftragnehmerforderungen;
• Beauftragung von Sonderfachleuten;

- Aufmaßfragen;
- Abnahmebefugnis, auch bei Teilabnahmen;
- Geltendmachung von Vertragsstrafen, Entgegennahmen von Anzeigen, z. B. im Sinne der § 2 Nr. 5, 6 und § 6 Nr. 1 VOB/B;
- Aussprechen von Mängelrügen, Aufforderungen zur Nacherfüllung (problematisch, wenn nach Fristsetzung „automatisch" Rechtfolgen eintreten, so § 634 Abs. 1 S. 1 BGB a. F., § 643 S. 1 BGB);
- Befugnisse bei Stundenlohnarbeiten, z. B. Beauftragung, Abrufen, Rapportzettel (OLG Dresden IBR 2007, 467).

224   Ausgangspunkt ist, dass der Architekt regelmäßig im Namen des Bauherrn handeln wird. Die Beauftragung eines Dritten im eigenen Namen wird der Ausnahmefall sein. So hat das OLG Köln entschieden: Beauftragt ein mit der Koordination betrauter Architekt einen Dritten mit Planungsarbeiten unter dem Hinweis, er handele für eine Baugesellschaft – die auch Eigentümerin des zu beplanenden Grundstücks sei – so handele es sich um ein unternehmensbezogenes Geschäft, bei dem der Wille der Beteiligten im Zweifel dahin gehe, dass die Baugesellschaft Vertragspartner werden solle (OLG Köln NJW-RR 1999, 1615 = BauR 2000, 303). Tritt der Architekt/Ingenieur gegenüber Dritten ohne Vollmacht auf, wird der Bauherr nicht verpflichtet. Dem Dritten steht nach dem Gesetz ein Erfüllungs- oder **Schadensersatzanspruch** (Erfüllungsschaden) gegen den Architekten/Ingenieur aus § 179 Abs. 1 BGB zu. Eingeschränkt wird diese Haftung dann, wenn der Architekt/Ingenieur den **Mangel seiner Vertretungsmacht** nicht kannte. In diesen Fällen ist er nur zum Ersatz desjenigen Schadens verpflichtet, den der Auftragnehmer dadurch erleidet, dass er auf die Vertretungsmacht vertraut hat. Dieser sog. „**Vertrauensschaden**" wird dahingehend begrenzt, dass er nicht über den **Erfüllungsschaden** hinausgeht (§ 179 Abs. 2 BGB).

225   **Ausgeschlossen** sind sowohl Erfüllungs- als auch Vertrauensansprüche dann, wenn der vom Architekten-/Ingenieur „Beauftragte" wusste, dass keine Vertretungsmacht vorlag bzw. dies hätte wissen müssen (§ 179 Abs. 3 BGB). In der Regel wird man eine solche Kenntnis unterstellen müssen. Kein am Bau tätiger Auftragnehmer sollte davon ausgehen, dass der Architekt/Ingenieur namens und in Vollmacht des Bauherrn Zusatzaufträge vergeben darf. Dies ist jedoch nicht die herrschende Meinung. Diese geht wohl eher dahin, dass sich der Auftragnehmer über den Umfang der Vollmacht des Architekten nur dann zu vergewissern habe, wenn sich ihm Zweifel aufdrängen oder aufdrängen mussten. Dabei wird ausgeführt, dass den Auftragnehmern in aller Regel „keine Nachforschungs- oder Erkundigungspflicht treffen würde" (Werner/Pastor, Rn. 1336).

226   Dies erscheint zu weitgehend. Tritt eine Person im Namen eines Anderen auf, sollte grundsätzlich eine Erkundigungspflicht bestehen. Daran ändert auch die „Sachwalterstellung" des Architekten am Bau nichts. Gerade seine Sachwalterpflichten gegenüber dem Bauherrn belegen, dass er mit „**dessen Rechten und Pflichten**" sehr sorgsam umzugehen hat. Konsequenterweise muss er sich hierfür eine entsprechende – explizite – Vollmacht einholen und diese kundtun. Anderes gilt dann, wenn bereits im Architekten-/Ingenieurvertrag eine entsprechende Vollmacht für zusätzliche Aufträge erteilt wurde. Eine solche sollte auf eine **Höchstsumme (ev. pro Gewerk)** begrenzt sein.

227   In jedem Falle kann vom Auftragnehmer verlangt werden, dass er sich vergewissert, dass der ihm erteilte „Auftrag" von einer Vollmacht des Architekten/Ingenieurs gedeckt ist. Dies liegt auch in seinem Interesse. Sofern der Drittbeauftragte ohne Vollmacht des Bauherrn Leistungen erbringt, besteht mangels eines zustande gekommenen Vertrages kein Vergütungsanspruch. Der Auftragnehmer muss sich auf einen Schadensersatzanspruch gegen den Architekten/Ingenieur gem. § 179 Abs. 1 BGB verweisen lassen. Verfolgt man die Rechtsprechung, so wird oftmals auf eine **Würdigung der Gesamtumstände** abgestellt (OLG Saarbrücken IBR 2001, 122). Auch dies erscheint nicht ausreichend. In diesem Bereich müssen am Bau klare und eindeutige Regeln herrschen. Am ehesten gelingt dies, wenn man sowohl in den Bauvertrag als auch in den Architektenvertrag entsprechende Klauseln aufnimmt. So ist denkbar, dass der Bauherr in seine Verträge mit den Unternehmern ausdrücklich aufführt, dass der Architekt ihnen gegenüber zur Erteilung von Zusatzaufträgen

mit einer Maximalsumme von beispielsweise 3000,– Euro je Auftragnehmer berechtigt ist. Denkbar ist auch, eine derartige Vollmacht völlig auszuschließen. In diesen Fällen würde man Diskussionen um **Duldungs- oder Anscheinsvollmachten** weitgehend den Boden entziehen. Auch würde regelmäßig die Vorschrift des § 179 Abs. 3 BGB eingreifen. Wenn insoweit in beiden Verträgen klare Vorgaben gegeben sind, muss bei jedem Abweichen hiervon eine Erkundigungspflicht angenommen werden.

b) Keine „originäre Vollmacht" des Architekten/Ingenieurs

Der Meinungsstand zur sog. originären Vollmacht ist mittlerweile eindeutig. Es kann sie **228** an sich **nicht geben.** Dies deshalb, weil sie weder beschränkbar noch widerruflich wäre. Der Architektenvertrag müsste gekündigt werden, um der Vollmacht den Boden zu entziehen. Gleichwohl gibt es immer wieder Gerichtsentscheidungen, die eine solche – auch Mindestvollmacht genannte – Vertretungsbefugnis zugestehen. So erteilt der Bauherr nach dem OLG Hamburg dem Architekten, den er mit der Planung, Genehmigung und Überwachung des Bauvorhabens betraut, zugleich Vollmacht zur Erteilung von Zusatzaufträgen kleineren Umfangs. Diese nimmt das Gericht an, wenn das Volumen der einzelnen Zusatzaufträge jeweils unter 5% und das Gesamtvolumen aller Zusatzaufträge unter 10% der ursprünglichen Auftragssumme liegen (OLG Hamburg IBR 2001, 491). Dem hat der **BGH** zwischenzeitlich zu Recht widersprochen. Danach erfasst die dem Architekten erteilte Vollmacht „nur die üblicherweise zur Erfüllung der Bauausführung erforderlichen rechtsgeschäftliche Erklärung, nicht hingegen die Befugnis den Vertrag in wesentlichen Punkten zu ändern" (BGH IBR 2002, 549). Man bedenke die Folgen der Annahme einer eventuellen „10%-Regel". Der Bauherr liefe hier Gefahr, „regelmäßig" 10% der ursprünglichen Auftragssumme zusätzlich finanzieren zu müssen. Im Ergebnis kann die Lösung nur darin liegen, dass sowohl im Bauvertrag als auch im Architekten-/Ingenieurvertrag diesbezüglich ausdrückliche Regelungen zu treffen sind (s. o.). Dies auch vor dem Hintergrund, dass damit der Annahme einer Duldungs- und Anscheinsvollmacht entgegen getreten werden kann.

c) Besondere Fallkonstellationen

Der Abschluss eines Bauvertrages fällt regelmäßig in den ausschließlichen Zuständig- **229** keitsbereich der Bauherrschaft (OLG Dresden IBR 2007, 254; KG, BGH IBR 2007, 1295) – insbesondere wenn der bauleitende Ingenieur den Unternehmer darauf hinweist, dass ein von ihm im Namen des Bauherrn erteilter Vertrag noch einer schriftlichen Bestätigung bedürfe. Er haftet insoweit nicht als vollmachtloser Vertreter i. S. d. § 179 Abs. 1 BGB (LG Braunschweig IBR 2008, 1042). Als unklar war, ob ein Architekt Bauaufträge im eigenen Namen oder als Vertreter für einen Generalübernehmer vergeben hat u. widersprechende Indizien vorlagen (Rechnungsstellung und Kündigung gegenüber GÜ), hat der BGH sogar die Frage einer befreienden Schuldübernahme geprüft (BGH IBR 2007, 1202). Nach Ansicht des KG soll sich eine Anscheinsvollmacht des Architekten für die Erteilung von Nachtragsaufträgen daraus ergeben können, dass er den Hauptauftrag für den Bauherrn selbstständig ausgehandelt hat. Dies scheint ebenso bedenklich, wie die weitere Aussage des KG, dass der Architekt mit der Schlussrechnungsprüfung konkludent Nachtragsaufträge genehmige (KG/BGH IBR 2007, 599).

Eine Vollmacht zur Erteilung von Zusatzaufträgen des bauleitenden Architekten wurde **230** bejaht, als der Auftraggeber sowohl den Bauvertrag als auch den Verhandlungsprotokolle durch den Architekten unterzeichnen ließ (OLG Frankfurt BauR 2008, 1144). Besonders an diesem Sachverhalt war, dass der Bauherr im Bauvertrag hatte aufnehmen lassen, dass sich der Bauunternehmer mit all seinen Angelegenheiten an das Architekturbüro wenden sollte, dessen Anordnungen unbedingt Folge zu leisten war und die Zustimmung zumindest des Bauleiters eingeholt werden sollte, wenn kostenverursachende Maßnahmen abzustimmen waren (s. o. BauR 2008, 1144 Leitsatz der Schriftleitung). Strittig sind die Fälle, in denen der Architekt „baubegleitend" Planungsänderungen vornimmt, die zu Mehrforderungen einzelner Unternehmer führen (OLG Hamm, Urt. v. 5.5.2011 – 24 U 147/08; auch OLG Dresden IBR 2013, 130). Ebenso strittig sind die Fälle, bei denen der Bauherr duldet, dass der Architekt in Baubesprechungen Mehrvergütungsansprüche auslöst – Vollmacht ablehnt, obwohl den Bauherrn die Baubesprechungsprotokolle zugeleitet wurden (OLG Brandenburg, Urt. v. 30.11.2011 – 4 U 144/07; Vollmacht bejaht: OLG München IBR 2013, 457). Letzteres wird man auf Grund der BGH-Rechtsprechung des Jahres 2013, wonach Baustellenbesprechungsprotokolle über die Grundsätze des Kaufmännischen Bestätigungsschreibens auch die fehlender Vollmacht des Architekten ersetzt zu lösen haben (BGH, Urt. v. 27.1.2011 – VII ZR 186/09).

Eine Grenze, zwischen berechtigten und unberechtigten Erklärungen des Architekten wird oftmals an der Stelle gezogen, ob die Auswirkungen den ursprünglichen Vertrag ändern oder nicht. Danach seien zulässig (obwohl eine originäre Vollmacht abgelehnt wird) Fristsetzungen und Kündigungsandrohungen, die keine rechtsgestaltende Wirkung hätte – nicht zulässig dagegen beispielsweise Erklärungen i. S. d. § 643 Abs. 1 BGB (OLG Bamberg IBR 2007, 547 m. Anm. Weinhardt). Wird einem Architekten Vollmacht erteilt, ist nach Ansicht des OLG Oldenburg davon auch die Berechtigung erfasst, notwendige, aber bei der Erstellung des Leistungsverzeichnisses nicht als notwendig erkannte Zusatzaufträge zu erteilen (OLG Oldenburg, IBR 2011, 191).

231   Zu beachten ist, dass der Architekt bei eigener Inanspruchnahme als Vertreter ohne Vertretungsmacht gemäß § 179 Abs. 1 BGB (nachdem er vollmachtslos einen Zusatzauftrag erteilt hat) wegen Abschn. A Ziff. 1.1 BBR keinen Haftpflichtversicherungsschutz genießt (vgl. Krause-Allenstein IBR-online Blog-Eintrag 11.7.08). Geht der Unternehmer in diesen Fällen direkt gegen den Architekten vor – nicht zunächst gegen den Bauherrn – wird eine Streitverkündung gegenüber dem Bauherrn ins Leere laufen (vgl. Büch Anm. zu LG Braunschweig IBR 2008, 1042).

232   „Umgekehrt" kann sich auch der Architekt nicht immer auf die Vollmacht des für die Bauherrschaft handelnden verlassen, bspw. auf die Ermächtigung eines WEG-Verwalters zur Auftragsvergabe außergewöhnlicher Instandsetzungsarbeiten (KG BGH IBR 2012, 398 NZB zurückgew.)

8. Beendigung des Architekten-/Ingenieurvertrags

233   Ein Architekten-/Ingenieurvertrag kann auf verschiedene Art und Weise beendet werden. Zunächst ist an die Erfüllung des Vertrages durch beide Vertragsparteien zu denken. Ferner können Architekt und Bauherr übereinkommen, den Vertrag in gegenseitigem Einvernehmen aufzuheben bzw. vorzeitig zu beenden. Des Weiteren bestehen für die Parteien unterschiedliche Möglichkeiten, den Vertrag einseitig durch Kündigung zu beenden.

a) Erfüllung des Vertrages

234   Mit vertraglich geschuldeter Erbringung der Leistung bzw. des Werkerfolges hat der Architekt/Ingenieur – falls keine weiteren Hinderungsgründe hinzutreten – seinen Teil des Vertrages erfüllt. Wenn der Auftraggeber die vereinbarte Vergütung bezahlt und in der Mängelverjährungszeit keine Ansprüche gegen den Architekten/Ingenieur erhebt, entfaltet der Vertrag nur noch nachvertragliche Wirkungen.

b) Aufhebungsvertrag

235   Wie jeder andere schuldrechtliche Vertrag, kann auch der Architekten-/Ingenieurvertrag durch übereinstimmende Willenserklärungen beider Vertragspartner aufgehoben werden. Der Aufhebungsvertrag ist im BGB nicht explizit erwähnt. Die Möglichkeit, entsprechend vorzugehen, ergibt sich jedoch aus der Vertragsfreiheit der Parteien. Nach einer Entscheidung des OLG Düsseldorf soll allein die Tatsache, dass der Architekt die Bauüberwachung nicht mehr wahrnimmt und der AG ihn nicht mehr hinzuzieht, eine einvernehmliche Vertragsaufhebung des Architektenvertrages nicht entnommen werden können. Gleiches gelte für die Frage, ob eine konkludente Kündigung anzunehmen sei (OLG Düsseldorf IBR 2002, 27).

236   Eine besondere Form ist bei einem **Aufhebungsvertrag** vom Grundsatz nicht zu wahren. Das Abfassen einer Aufhebungsvereinbarung bedarf dennoch sorgfältiger Vorbereitung. Sie sollte in jedem Fall schriftlich und detailliert erfolgen. Werden nicht alle Punkte ab-

schließend geregelt, so muss die Vereinbarung später – durch das Gericht – ausgelegt werden. Streiten die Parteien über die Höhe des Architektenhonorars und unterzeichnen sie eine Erklärung, „*... dass alle gegenseitigen Forderungen mit dem jetzigen Datum aufgehoben sind.*", so soll sich daraus weder ein Verzicht des Bauherrn auf Mängelansprüche, noch die nachträgliche Vereinbarung eines Gewährleistungsausschlusses herleiten lassen (OLG Frankfurt IBR 1999, 174). Schon diese Entscheidung zeigt, welche Unsicherheiten entstehen können, wenn Aufhebungsformulierungen nicht eindeutig gewählt werden. Bei einer einvernehmlichen Vertragsbeendigung stehen dem Architekten nach dem OLG Karlsruhe Honorare für die erbrachten vertragsgemäßen Leistungen zu (unabhängig von deren Verwertung) – in Bezug auf die nicht erbrachten Leistungen sollen keine Ansprüche über § 649 S. 2 BGB bestehen, sondern allenfalls Schadensersatzansprüche (die ein Verschulden voraussetzen – § 645 Abs. 2 BGB, OLG Karlsruhe IBR 2006, 566).

Sofern die Parteien einvernehmlich eine Aufhebung des Architekten-/Ingenieurvertrages vereinbaren, muss darauf geachtet werden, dass die Architekten-/Ingenieurtätigkeit auch **tatsächlich beendet** wird. Ist dies nicht der Fall, greift nach wohl herrschender Meinung § 7 HOAI ein (BGH NJW-RR 1988, 725 = BauR 1988, 364). Danach dürfen Honorarvereinbarungen zunächst nur bei „Auftragserteilung" vorgenommen werden, d. h. vor der Vertragsdurchführung. Während der Vertragsdurchführung soll somit jegliche Honoraranpassung unzulässig sein (OLG Düsseldorf NZBau 2003, 41 = BauR 2002, 499), etwas anderes gelte erst wieder nach Beendigung des Vertrages (BGH NJW-RR 1987 = BauR 1987, 706). Demnach wäre eine Aufhebungsvereinbarung bzw. ein Vergleich bezüglich der Vergütung nur bei vollständiger Einstellung der Tätigkeit des Architekten/Ingenieurs wirksam. Fraglich ist jedoch, ob dies auch für Verzichtsvereinbarungen und Erlassverträge gilt. Entsprechende Regeln ergeben sich aus dem BGB. Sie gehen deshalb der HOAI vor und dürften zulässig sein (in diesem Sinne wohl der BGH NJW-RR 1996, 728 = BauR 1996, 414). **237**

c) Ordentliche Kündigung des Architekten-/Ingenieurvertrag

aa) Recht zur ordentlichen Kündigung und seine Folgen

Für den **Auftragnehmer** sieht das BGB keine Möglichkeit einer ordentlichen Kündigung vor. Der AG soll nicht dem ständigen Druck ausgesetzt werden, den Architekten/Ingenieur als Vertragspartner zu verlieren und eine Neubeauftragung durchführen zu müssen. Wäre Entsprechendes zulässig, müsste er regelmäßig mit zusätzlichen Kosten rechnen. Die Beauftragung eines neuen Architekten – nach teilweiser Realisierung der Planungs- und/oder Überwachungsleistungen – wäre zwangsläufig mit einer Überprüfung der bis dahin erbrachten Leistungen verbunden. Hierfür könnte der Nachfolgeauftragnehmer zusätzliches Honorar verlangen. Das Schuldrechtsmodernisierungsgesetz hat diesbezüglich keine Änderungen gebracht. **238**

Demgegenüber kann der **Auftraggeber** bis zur Vollendung des Werkes den Vertrag **jederzeit kündigen** (§ 649 Satz 1 BGB). Diese Kündigung kann auch konkludent erklärt werden (OLG Rostock IBR 2008, 337). Wird eine Kündigung aus wichtigem Grund erklärt und stellt sich später heraus, dass ein solcher Grund nicht gegeben war, ist zu prüfen, ob „hilfsweise" eine ordentliche Kündigung gewollt war. Dies wird davon abhängig sein, ob der kündigende Auftraggeber zugleich zu erkennen gegeben hat, dass er das Vertragsverhältnis auf jeden Fall beendet sehen wollte (OLG Frankfurt, Beschl. des BGH BauR 2008, 550; OLG Jena BauR 2008, 534). Die ordentliche Kündigung kann ohne Grund erfolgen. Dem Auftragnehmer stehen in diesen Fällen zunächst Honoraransprüche für die bis dahin erbrachten Leistungen zu. Darüber hinaus erhält er für die bereits beauftragten, aber nun nicht mehr zu erbringenden Leistungsteile die hierfür noch ausstehende Vergütung. Dabei muss er sich dasjenige anrechnen lassen, was er infolge der Aufhebung des Vertrages an Aufwendungen erspart oder durch anderweitige Verwendung seiner Arbeitskraft erwirbt oder zu erwerben böswillig unterlässt (§ 649 Satz 2 BGB). **239**

Die entsprechende Abrechnung muss der Architekt/Ingenieur in zwei Teile aufteilen. In Teil 1 muss er das Honorar für die erbrachten Leistungen (mit Umsatzsteuer) berechnen, in Teil 2 hat er eine Abrechnung gemäß den genannten Voraussetzungen des § 649 Satz 2 **240**

BGB (ohne Umsatzsteuer – vgl. Weise/Hänsel NJW-Spezial 2010, 565) zu erstellen (dies gilt auch für einen gekündigten Projektsteuerungsvertrag, BGH IBR 2007, 207). Ein formularmäßiger Ausschluss des Anspruches für die noch nicht erbrachten Leistungsteile verstößt gegen § 307 BGB bzw. § 9 AGBG (OLG Zweibrücken BauR 1989, 227). Weitere Vergütungsansprüche seitens des Auftragnehmers bestehen nicht – z. B. auf Erstattung von Vorhaltekosten (BGH NJW-RR 1988, 1295 = BauR 1988, 739).

241   In **Architektenvertragsformularen** wird teilweise versucht, zugunsten des Auftragnehmers das **ordentliche Kündigungsrecht** des Auftraggebers **auszuschließen.** Dabei wird festgeschrieben, dass der Vertrag für beide Seiten nur aus wichtigem Grund kündbar sein soll. Entsprechenden Regelungen ist entgegenzuhalten, dass den Interessen des Auftragnehmers durch die Regelung des § 649 Satz 2 in ausreichendem Maße Rechnung getragen wird. Es bedarf keines zusätzlichen „Schutzes vor einer ordentlichen Kündigung" des Auftraggebers. Dabei vermag das von Seiten der Architekten-/Ingenieure angeführte Argument, neben wirtschaftlichen Interessen und Kapazitätsplanungen würden insbesondere ideelle Interessen im Vordergrund stehen, nicht zu überzeugen (OLG Düsseldorf BauR 1999, 1482). Dies vor dem Hintergrund, dass es das Eigentumsrecht des Auftraggebers bleiben muss, über sein Grundstück und sein Bauwerk zu verfügen. Ein Ausschluss der freien Kündigung mittels einer AGB-Klausel würde den Auftraggeber entgegen dem Gebot von Treu und Glauben zu weitgehend benachteiligen. Es läge eine zu große Entfernung vom gesetzlichen Leitbild vor (i. d. S. OLG Hamburg MDR 1992, 1059 u. OLG Düsseldorf NZBau 2000, 577 = BauR 1999, 1482).

bb) Anforderungen an die Abrechnungspraxis des § 649 Satz 2 BGB

242   Der Abrechnungsteil über die zu vergütenden nicht erbrachten Leistungen birgt in der Praxis immer wieder Schwierigkeiten. Diese treten im Architekten-/Ingenieurvertrag noch deutlicher auf als im Bauvertrag. Der Grund hierfür liegt darin, dass im Bauvertrag oftmals auf eine Urkalkulation zurückgegriffen werden kann – falls nicht vorhanden, kann sie nachträglich erstellt werden. Im Architekten- und Ingenieurvertrag ist Entsprechendes dagegen unüblich. Um die sich daraus ergebenden Darlegungs- und Beweislastprobleme zu lösen, ging die herrschende Meinung etwa bis zum Jahre 1996 davon aus, eine **60 : 40 %-Regelung** anzunehmen. Dabei wurde unterstellt, dass dem Architekt/Ingenieur 60 % des verbleibenden Werklohns zustehe, 40 % wurden ihm als ersparte Aufwendungen abgezogen. Die Gerichte haben dies nicht nur bei Vereinbarung entsprechender Vertragsklauseln entschieden, sondern generell für entsprechende Abrechnungen (BGH NJW-RR 1992, 1077). Mit Urteil vom 8.2.1996 hat sich der Bundesgerichtshof von dieser Pauschalierungspraxis abgewendet und ausgesprochen, dass Gewinnkalkulation und ersparte Aufwendungen im Einzelnen darzulegen sind (BGH NJW 1996, 1751 = BauR 1996, 412; BGH NJW 1996, 1282).

243   Als Folge dieser Rechtsprechung besteht seitdem eine **erweiterte Darlegungs- und Beweislast für den Architekten/Ingenieur.** Kommt er dieser nicht in substantiierter Weise nach, wird er eine Vergütung für den gekündigten Vertragteil nicht durchsetzen können. Die Anforderungen gehen dahin, dass nicht mehr abstrakt, sondern der konkrete Einzelfall so darzulegen ist, dass der Auftraggeber hierauf reagieren kann. Dem Grunde nach verbleibt es hinsichtlich der Ersparnisse und des anderweitigen Erwerbes des Auftragnehmers bei der **Beweislast des Auftraggebers.** Bei der Frage, welcher Zeitraum zu berücksichtigen ist, innerhalb dessen ein anderweitiger Erwerb entstanden sein kann, ist „verobjektiviert" zu prüfen, welches Zeitfenster der gekündigte Auftragnehmer für die Ausführung gebraucht hätte (OLG Rostock IBR 2008, 278). Die Rechtsprechung hat herausgearbeitet, dass Entsprechendes dem Auftraggeber überhaupt nur dann möglich ist, wenn ihm vom Auftragnehmer eine ausreichende „Erstdarlegung" unterbreitet wird (BGH NJW-RR 1998, 668 = BauR 1998, 357; BGH NZBau 2000, 82 = BauR 2000, 430). Auch in Anbetracht dieser Anforderungen wird man vom Architekten/Ingenieur weiterhin keine **„Urkalkulation"** fordern können. Allerdings können die Anforderungen soweit gehen, dass die auf den Auftrag bezogenen Sach- und Bürokosten konkret darzulegen sind. Bezüglich der Bürokosten ist wiederum zwischen einem allgemeinen Anteil an den Ge-

samtkosten und konkreten auftragsbezogenen Kosten zu unterscheiden (Wirth/Freund, Festschrift Vygen S. 88). Gleiches gilt auch für den Bereich der Personalkosten. Hierbei ist auf die Art des Büros abzustellen – Unterscheidung zwischen Ein-Mann-Büro und Großbüro – (BGH NZBau 2000, 82 = BauR 2000, 430; OLG Celle BauR 1999, 191; KG IBR 2007, 495).

Um die Mühen einer Darlegung der geschilderten Abrechnungsdetails zu vermeiden, **244** wird von Architekten/Ingenieuren weithin versucht, über **Allgemeine Geschäftsbedingungen** eine **prozentuale Verteilung** zwischen Vergütung und ersparten Aufwendungen festzuschreiben. Entsprechende Klauseln müssen mit einer **Öffnungsmöglichkeit** verbunden sein. Dies dergestalt, dass dem Auftraggeber der Nachweis einer geringeren Ersparnis oder eines anzurechnenden anderweitigen Erwerbs nicht abgeschnitten wird. Geschieht dies nicht, liegt sowohl ein Verstoß gegen § 309 Nr. 5b BGB (vormals § 11 Nr. 5b AGBG) als auch ein Verstoß gegen § 307 BGB (vormals § 9 AGBG) – unangemessene Benachteiligung des Auftraggebers – vor. Höchstrichterlich ist noch nicht entschieden, ob eine solche Klausel mit Öffnungsmöglichkeiten wirksam ist. Zu prüfen ist dabei zusätzlich die Frage, ob die vorgeschlagenen Prozentsätze angemessen sind. Andernfalls könnte auch hieraus eine unangemessene Benachteiligung des Auftraggebers resultieren. Problematisch ist dabei, dass sich der Prozentsatz in der Praxis je nach Bürostruktur deutlich verändern wird. Eine generelle Grenze lässt sich daher wohl gerade nicht aufstellen.

Was die **Umsatzsteuerfrage** des Teils der Leistungen, der nicht erbracht worden ist, hat **245** sich der EuGH unter dem 18.7.2007 zu einem „richtigen" Verständnis der 6. Umsatzsteuerrichtlinie geäußert. In der Folge hat der BGH entschieden, dass der Vergütungsanteil für die nicht erbrachten Leistungsanteile **Entschädigungscharakter** hat und damit als Bemessungsgrundlage für die Umsatzsteuer (§ 10 Abs. 1 u. § 1 Abs. 1 Nr. 1 UStG) ausscheidet (BGH IBR 2008, 70). Zur Frage, ob für die erbrachten Leistungsteile ein Teilurteil ergehen kann, wenn bzgl. der nicht erbrachten Teile noch eine Beweisaufnahme erforderlich ist, vgl. OLG Rostock Urt. vom 27.2.2008 – 2 U 35/07.

Frage ist, ob die vom BGH gesetzte zweimonatige Frist für die Prüfung der Honorar- **246** schlussrechnung (BGH IBR 2004, 79) auch im Bereich einer Abrechnung nach § 649 S. 2 gilt. Dies dürfte zu bejahen sein. Allerdings kann das Gericht auch dann, wenn der Auftraggeber diese Frist ungenutzt verstreichen lässt, eine Klage mangels schlüssiger Darlegung des Anspruchs aus § 649 S. 2 BGB zurückweisen. Konkret wurde gerügt, dass der Architekt seine Leistungen nur als „überwiegend"/„im Mindesten zur Hälfte" erbracht geschildert habe und dies für eine Schlüssigkeit nicht ausreiche (OLG Brandenburg IBR 2007, 1083).

Die Abrechnung der nicht erbrachten Vertragsleistungen wird allerdings überhaupt nur **247** dann relevant, wenn der Architekt/Ingenieur die **Vertragskündigung nicht zu vertreten** hat (BGH NJW-RR 1990, 1109). Hat er sie zu vertreten, so verbleibt es bei der Abrechnung der bis zur Vertragsbeendigung erbrachten Leistungen. Für den erbrachten Teil war fraglich, ob dieser mangelfrei sein musste (BGH NJW 1997, 3017). Entscheidend dürfte dabei sein, ob vorhandene Mängel nachbesserungsfähig sind. Das entsprechende Nachbesserungsrecht des Werkunternehmers (Architekten) überlebt insoweit eine Kündigung (wenn die Kündigung nicht gerade wegen einer unterbliebenen Nacherfüllung dieser Leistungsteile erfolgt ist). Hinsichtlich der Teilbarkeit der erbrachen von den nichterbrachten Leistungen, wird man auf die einschlägigen Splittingtabellen zurückgreifen können (Steinfort u. a., vgl. KG/BGH NZB. z. IBR 2012, 461).

Zusätzlich hängt der Honoraranspruch davon ab, ob die Leistung für den Auftraggeber **248** auch **brauchbar** ist und dessen **Verwertung zumutbar** (nicht zumutbar, wenn er nicht verwerten kann oder aus anerkennenswerten Gründen nicht verwerten will, z. B. dann, wenn der nachfolgende Architekt hierauf nicht aufbauen kann). Ist dies nicht der Fall, entfällt der Honoraranspruch auch für die erbrachten Leistungen. Hinsichtlich der Unbrauchbarkeit oder Nichtverwertbarkeit der Leistungen liegt die **Darlegungs- und Beweislast** allerdings beim Auftraggeber (BGH NJW 1997, 3017).

Frage ist, ob diese Ausführungen durch den mit dem Forderungssicherungsgesetz (in Kraft getreten zum 1.1.2009) eingefügten Satz 3 des § 649 BGB in Frage gestellt werden.

Mit dem geänderten Satz 3 wurde die Vermutung ins Gesetz eingebracht, dass die ersparten Aufwendungen des Unternehmers pauschal mit 95 % der vereinbarten Vergütung anzusetzen sind – dem Unternehmer damit pauschal ein Werklohnanspruch in Höhe der verbleibenden 5 % zuzusprechen ist (wenn nichts anderes belegt werden kann). Diese Beweiserleichterung passt allerdings nur für den Bauunternehmer, nicht für den Architekt als Unternehmer. Beim Architekten sieht die Abrechnung nach einem vorzeitig beendeten Vertrag regelmäßig anders aus. Während der Bauunternehmer hohes Einsparungspotential hat (seine Arbeitskräfte, Material und Maschinen), erspart der Architekt allenfalls projektbezogene Sachkosten (Papier-, Schreibmittel-, Telefonkosten etc.). Beide Abrechnungskonstellationen sind deshalb nicht miteinander zu vergleichen. Als Folge sollte der Architekt weiterhin im Sinne obige Ausführungen (§ 649 S. 2 BGB) abrechnen (in diesem Sinne auch Preussner IBR 2014, 1133).

d) Recht zur außerordentlichen Kündigung

aa) Auswirkungen des Schuldrechtsmodernisierungsgesetzes auf das Recht zur außerordentlichen Kündigung im Werkvertrag

249   Das BGB kennt kein gesetzlich normiertes Recht zur außerordentlichen Kündigung des Werkvertrages – weder für den Besteller/Auftraggeber/Bauherrn noch für den Unternehmer/Auftragnehmer (Architekt/Ingenieur). Fraglich ist dabei die Zuordnung des § 643 BGB. In der Vergangenheit ging man – allgemein anerkannt – von einem außerordentlichen Kündigungsrecht aus. Dieses wurde aus **allgemeinen Rechtsgedanken** hergeleitet – die wiederum aus den anderen Vertragstypen des Besonderen Schuldrechts abgeleitet wurden.

250   Das **Schuldrechtsmodernisierungsgesetz** hat mit Wirkung zum 1.1.2002 in § 314 BGB für alle **Dauerschuldverhältnisse** ein Kündigungsrecht aus wichtigem Grund eingeführt. Auch wenn sich gerade der Bau-/Werkvertrag und damit verbunden der Architekten-/Ingenieurvertrag oftmals über eine „bestimmte Dauer" in ihrer Abwicklung hinziehen, liegt bei diesen Vertragsarten kein Dauerschuldverhältnis im Sinne des BGB vor. Demnach besteht für diese „Nicht-Dauerschuldverhältnisse" – wie den Architekten-/Ingenieurvertrag – über § 314 BGB kein entsprechendes Recht zur außerordentlichen Kündigung. Folge hiervon ist die Diskussion, ob im Bau-, Architekten- und Ingenieurbereich überhaupt ein Recht zur außerordentlichen Kündigung gegeben ist. Im Ergebnis wird man ein solches Recht weiterhin bejahen müssen. Dies vor dem Hintergrund, dass der Gesetzgeber diese Problematik im Rahmen der Schuldrechtsreform augenscheinlich nicht erkannt hat (hierzu Böttcher ZfBR 2003, 213 ff.). Um den „sicheren Weg" einzuschlagen ist, bei der **Vertragsgestaltung** gleichwohl ein außerordentliches Kündigungsrecht für beide Seiten festzuschreiben.

e) Außerordentliche Kündigung durch den Auftraggeber

251   Ein Recht zur außerordentlichen Kündigung seitens des Auftraggebers ist gegeben, wenn hierfür ein **wichtiger Grund** dargelegt und bewiesen werden kann. Gefordert wird eine Zerstörung des Vertrauensverhältnisses (KG/BGH NZB. z. Beschl. v. 13.10.2011 – VII ZR 228/10). Im Regelfall wird man eine vorherige Abmahnung fordern müssen (OLG Oldenburg IBR 2012, 653; OLG Bremen/BGH NZB. z. IBR 2012, 653). In diesen Fällen steht dem Auftragnehmer vom Grundsatz her eine Vergütung für seine bis dahin erbrachten Leistungen zu. Hinsichtlich der Abrechnung gilt, dass oben unter c) Gesagte bzgl. der Abrechnung der erbrachten Leistungsteile. In Ergänzung zu oben Gesagtem sind bei der Prüfung der Zumutbarkeit der Verwertung alle Umstände des Falles von Bedeutung, vor allem die Gründe der außerordentlichen Kündigung – wie ein pflichtwidriges oder schuldhaftes Verhalten des Architekten, unabhängig davon, dass Letzteres auch zu Schadensersatzansprüchen führen kann. Gelingt dem Auftraggeber der ihm obliegende Nachweis, so schuldet er kein Honorar für die Leistungen oder Teilleistungen, die für ihn nicht brauchbar sind oder deren Verwertung ihm nicht zumutbar ist" (BGH NJW 1997, 3017; OLG Jena, Urt. v. 9.9.2010 – 1 U 887/07).

252   Kann sich der Auftraggeber auf einen wichtigen Grund zur außerordentlichen Kündigung berufen, wird auf Seiten des Architekten/Ingenieurs im Regelfall ein **Verschulden**

vorliegen. Der Architekt/Ingenieur hat somit die Kündigung zu vertreten. Als Folge entfällt der Anspruch auf die Vergütung von **nicht erbrachten Leistungen** (BGH BauR 1999, 1319, 1322 f.). Nach dem OLG Köln setzt das Recht des Auftraggebers zur Kündigung aus wichtigem Grund allerdings eine vorherige Kündigungsandrohung mit Fristsetzung voraus (OLG Köln m. Nichtannahmebeschluss des BGH IBR 2000, 34). Diese Rechtsprechung wird man auch nach der Schuldrechtsreform aufrechterhalten müssen. Dies vor dem Hintergrund, dass Entsprechendes im Mangelrecht vorgegeben wird. Etwas anderes wird man nur in Ausnahmefällen annehmen können, z. B. wenn die sofortige Vertragsbeendigung die „einzige Lösung" darstellt. Zu verweisen ist in diesem Zusammenhang auf eine Entscheidung des OLG Stuttgart, wonach eine Kündigung des Auftraggebers aus wichtigem Grunde im Entwurfsstadium regelmäßig unwirksam ist, falls dem Architekten nicht zuvor ein Nachbesserungsrecht eingeräumt wurde (OLG Stuttgart, BGH Nichtannahmebeschluss IBR 2001, 378).

Bei folgenden Sachverhalten wurden von der Rechtsprechung **Gründe für eine au-** 253 **ßerordentliche Kündigung** der Auftraggeberseite bejaht:

- Mangelnde Genehmigungsfähigkeit der Planung (OLG Düsseldorf IBR 1992, 412);
- Überschreitung eines vorgegebenen Kostenrahmens (OLG Düsseldorf DAB 1994, 536; BGH IBR 2001, 377);
- Provisionsannahme seitens des Architekten (BGH NJW 1977, 1915 = BauR 1977, 363);
- Unzureichende Berücksichtigung der Rentabilität eines Renditeobjekts durch den Architekten (BGH BauR 1975, 434);
- Weigerung des Architekten gegenüber dem Bauherrn, diesem Ausschreibungsergebnisse zu überlassen (BGH Schäfer/Finnern Z. 3.00 Bl. 155);
- Ablehnung der Überarbeitung eines Leistungsverzeichnisses durch den Architekten trotz berechtigter Beanstandungen (KG m. Nichtannahmebeschluss des BGH IBR 2000, 85);
- Verlegung des Regierungssitzes von Bonn nach Berlin als Grund für eine außerordentliche Kündigung (OLG Düsseldorf BauR 1999, 791);
- Einleitung eines Insolvenzverfahrens über das Vermögen eines Bauingenieurs, wobei noch weitere Randbedingungen erfüllt sein mussten (OLG Frankfurt m. Nichtannahmebeschluss des BGH IBR 2003, 32).

In folgenden Fällen hat die Rechtsprechung einen wichtigen Grund zur außerordent- 254 lichen Kündigung des Architekten-/Ingenieurvertrages abgelehnt:

- Kein Kündigungsrecht des Bauherrn wegen verzögerlicher Arbeitsweise des Architekten (OLG Köln m. Nichtannahmebeschluss des BGH IBR 2000, 86);
- Kein Recht zur Kündigung des Vertrages seitens des öffentlichen Auftraggebers wegen nicht ausreichender Haushaltsmittel (BGH IBR 2000, 386).

„Bei der Beurteilung, in welcher Höhe dem Architekten ein Vergütungsanspruch für bis zur Kündigung erbrachten Leistungen zusteht, muss berücksichtigt werden, dass nicht ausnahmslos alle Grundleistungen einer Leistungsphase vom Architekten geschuldet sind; es ist daher zunächst festzustellen, welche Teilleistungen in den einzelnen Leistungsphasen hätten erbracht werden müssen, um die vom Architekten bis zur Kündigung erbrachten Teilleistungen honorarmäßig bewerten zu können" – so der amtliche, allerdings noch nicht rechtskräftige, Leitsatz des OLG Celle vom 12.12.2014 (14 U 103/13), der mit Recht einer pauschalen Anwendung von Aufteilungs-Tabellen (z. B. Steinfort) widerspricht, da vorab berücksichtigt werden muss, dass der Architekt (vorausgesetzt die HOAI-Leistungsphasen werden nicht „stur" vereinbart) nicht unbedingt alle Grundleistungen der Leistungsphasen 1 bis 9 schuldet.

f) Außerordentliches Kündigungsrecht des Auftragnehmers

aa) Vorliegen eines wichtigen Kündigungsgrundes

Seitens des Architekten-/Ingenieurs ist nur eine außerordentliche Vertragskündigung 255 möglich. Auch hierfür muss ein wichtiger Grund vorliegen. Ein solcher ist von der Rechtsprechung in folgenden Fällen bejaht worden:

- Endgültige Weigerung des Auftraggebers, den Architektenvertrag zu erfüllen – etwa durch Bestreiten der Auftragserteilung (OLG Rostock NJW-RR 1994, 661 = BauR 1993, 762);
- Bauherr kommt berechtigter Anforderung von Abschlagszahlungen nicht nach (BGH NJW-RR 1989, 1248 = BauR 1989, 626); Auftraggeber stellt dem Auftragnehmer nicht ausreichend Sonderfachleute zur Seite (Wirth/Theis, S. 170);
- Zerrüttung des Vertrauensverhältnisses aufgrund massiver Streitigkeiten (BGH NJW-RR 1989, 1248 = BauR 1989, 626).

256   Bei der Beurteilung der Frage, ob ein Grund zur außerordentlichen Kündigung vorliegt, ist die Rechtsprechung des Bundesgerichtshofes zu den gegenseitigen Kooperationspflichten am Bau zu beachten (BGH NJW 2000, 807 = BauR 2000, 409). Der Literatur folgend ist dabei „Überempfindlichkeit nicht am Platze" (L/K/F Einl. Rn. 221). Nach einer Entscheidung des BGH kann der Architekt den Vertrag wegen nicht bezahlter Abschlagsrechnungen nur dann kündigen, wenn der Auftraggeber keine berechtigten Beanstandungen gegen die Abschlagsrechnung erhoben hat und dem Auftragnehmer die Fortsetzung des Vertragsverhältnisses nach den gesamten Umständen nicht mehr zugemutet werden kann (BGH NZBau 2000, 139 = BauR 2000, 592). Liegt eine außerordentliche Kündigung des Architekten vor, ohne dass sich der wichtige Grund nachweisen lässt, soll der Auftraggeber die noch nicht abgenommenen Planungsleistungen zurückweisen sowie bereits geleistete Abschlagszahlungen als Schadensersatz zurückverlangen können (OLG Rostock NJW-RR 1994, 661 = BauR 1993, 762). Problematisch in der Praxis sind die Fälle, in denen der Auftraggeber mangels Liquidität geforderte Abschlagszahlungen nicht bezahlt und sich erst später im Prozess herausstellt, dass er aufgrund vorliegender, ihm aber nicht bekannter Mängel gar nicht hätte bezahlen müssen.

bb) § 643 BGB – Kündigung bei unterlassener Mitwirkung

257   Zusätzlich hat der Auftragnehmer die Möglichkeit, entsprechend der Regelung des § 643 BGB vorzugehen. Voraussetzung hierfür ist, dass der Auftraggeber bei der Durchführung des Bauvorhabens seinen Mitwirkungspflichten nicht nachkommt (§ 642 BGB). Erste Voraussetzung in diesem Zusammenhang ist, dass sich der Besteller gegenüber dem Architekten/Ingenieur in Annahmeverzug befindet. Dies ist dann der Fall, wenn er notwendige Mitwirkungshandlungen unterlässt und der AN deshalb nicht die von ihm ordnungsgemäß angebotene Leistung (§§ 294 ff. BGB) erbringen kann. Wichtig ist, dass dem AG hier kein Verschulden vorzuwerfen sein muss. Es genügt, dass der Auftraggeber – aus welchen Gründen auch immer – diese Pflichten nicht erfüllt. Der Architekt/Ingenieur kann ihm in diesen Fällen eine angemessene Frist zur Nachholung setzen – verbunden mit der Erklärung, dass er den Vertrag bei Nichtvornahme der Mitwirkungshandlung kündigt. Holt der Auftraggeber die Handlung nicht nach, gilt der Vertrag nach Fristablauf als aufgehoben – einer expliziten Kündigung bedarf es in diesen Fällen nicht mehr (Besonderheit des § 643 BGB).

258   Die Art der **geschuldeten Mitwirkungshandlungen** ist vom konkreten Einzelvorhaben abhängig. In Frage kommen grundsätzlich alle Handlungen, deren Unterlassen bzw. Verzögern den Architekten/Ingenieur in seinem weiteren Vorgehen behindern. Denkbar sind Verzögerungen bei allen vom Auftraggeber zu treffenden Zwischenentscheidungen, Ausübung von bestehenden Wahlmöglichkeiten, Freigabe von Zwischenergebnissen, generell der Zurverfügungstellung von Informationen, ohne die der Auftragnehmer nicht weiterplanen kann.

cc) Der nicht beendete Architekten-/Ingenieurvertrag

259   Streitigkeiten entstehen häufig dadurch, dass eine der Vertragsparteien sich nicht mehr äußert bzw. überhaupt nicht mehr reagiert. Im Verhältnis Bauherr zum Architekten/Ingenieur spricht man insoweit „von eingeschlafenen Vertragsbeziehungen" (OLG Düsseldorf NZBau 2002, 514 = BauR 2002, 336) bzw. vom **unbeendeten Vertrag.** Teilweise wird eine rechtliche Einordnung dergestalt vorgenommen, dass eine **konkludente Kündigung** seitens des Auftraggebers angenommen wird (L/K/F Einl. Rn. 225). Dabei wird darauf abgestellt, dass der Auftraggeber nach außen zum Ausdruck bringt, dass er das Bauvorhaben nicht fortsetzen wolle und sein Vertragsverhältnis mit dem Auftragnehmer als beendet ansehe. So soll eine Kündigungserklärung beispielsweise darin zu sehen sein, dass der Auftraggeber nach vorheriger Ankündigung die ausstehenden Leistungen selbst ausführt und den Architekten nicht mehr hinzuzieht (L/K/F Einl. Rn. 225 m. Hinw. a. BGH WM 1972, 1025). Gleiches soll für den Fall gelten, dass der Auftraggeber einen anderen Architekten mit der Abwicklung des Vorhabens betraut (L/K/F Einl. Rn. 225 m. Hinw. a. BGH NJW 1980, 122 = BauR 1980, 84). Als drittes Beispiel wird der Verkauf des betroffenen Grundstückes genannt (L/K/F Einl. Rn. 225). Entsprechendes ist abzulehnen Einer Vertragspartei eine Vertragskündigung „konkludent" aufgrund von Sachverhaltsentwicklungen „zu unterstellen", erscheint zu weitgehend (i. d. S. auch OLG Düsseldorf NZBau 2002, 514 = BauR 2002, 336). Als Lösung wird deshalb auf die §§ 642, 643 BGB zurückzugreifen sein [s. u.]).

„Einfacher" zu beurteilen sind die Fälle, bei denen der Auftraggeber die Fortführung des **260** Vertragsverhältnisses **ernsthaft und endgültig verweigert.** Hier wird man dem Architekten/Ingenieur ein Recht zur Kündigung aus wichtigem Grund einräumen müssen. Allerdings sollte in der Praxis auch hier im Sinne der Kooperationspflichten (BGH NJW 2000, 807 = BauR 2000, 409) zuvor eine Aufforderung zur Stellungnahme abgegeben werden. Wird die Kündigung berechtigt ausgeübt, steht dem Auftragnehmer ein Schadensersatzanspruch in entsprechender Anwendung des § 649 Satz 2 BGB zu (BGH NJW-RR 1998, 1391 = BauR 1998, 868).

Schwieriger sind die eingangs geschilderten Fälle **des lediglich passiven Verhaltens 261 des Auftraggebers** zu beurteilen. Ein solches kann darin liegen, dass der Auftraggeber auf Aufforderungen des Auftragnehmers nicht mehr reagiert bzw. dass seinerseits keinerlei planungsfördernde Nachfragen mehr unternommen werden. In diesen Fällen stehen dem Auftragnehmer die Rechte aus den §§ 642, 643 BGB zu. Dabei muss er den Auftraggeber zunächst dadurch in **Annahmeverzug** setzen, dass er ihn (wiederholt) zur Vornahme der in Rede stehenden Handlungen auffordert. „Wiederholt" deshalb, da auch hier die Kooperationspflichten (BGH NJW 2000, 807 = BauR 2000, 409) eine Rolle spielen. Fruchtet dies nicht, so kann er die Kündigung des Vertrages dadurch vorbereiten, dass er dem Besteller zur Nachholung eine angemessene Frist setzt, verbunden mit der Erklärung, dass er den Vertrag kündigt, wenn die Handlungen nicht bis zum Ablauf der Frist vorgenommen werden. Nach Ablauf auch dieser Frist gilt der Vertrag ohne weitere Erklärung als aufgehoben.

Gem. § 645 Abs. 1 Satz 2 BGB steht dem Architekten/Ingenieur in diesem Falle ein **262** Vergütungsanspruch für die bis dahin erbrachten Leistungen zu. Im Regelfall wird dem Unterlassen der Mitwirkungshandlungen ein Verschulden des Auftraggebers zugrunde liegen. Als Folge hiervon besteht zusätzlich ein Schadensersatzanspruch des Architekten/Ingenieurs über § 645 Abs. 2 BGB. Zur Berechnung dieses Anspruches wird man § 649 Satz 2 BGB analog heranziehen können. Danach steht dem Auftragnehmer auch die restliche Vergütung zu, allerdings wird er sich ersparte Anwendungen anrechnen lassen müssen (bejaht man nur Ansprüche aus § 642 BGB, gerät der Architekt in die vom BGH betonte schwierige Beweislage bezgl. der Höhe seines Anspruch, vgl. BGH IBR 2005, 247 u. KG IBR 2012, 75).

Die Ausübung eines solchen außerordentlichen Kündigungsrechtes hat für den Auftrag- **263** nehmer den Vorteil, dass „eine Art **Ersatzabnahme**" geschaffen wird. Dies vor dem Hintergrund, dass eine möglicherweise fehlende Abnahmefähigkeit aufgrund der Verweigerungshaltung der Auftraggeberseite nicht mehr herbeigeführt werden kann (z. B. durch Mängelbeseitigung). Vorsorglich sollte auch bei diesen Fallkonstellationen an den Einsatz des § 640 Abs. 1 S. 3 BGB gedacht werden.

g) Wegfall der Geschäftsgrundlage

Das „gewohnheitsrechtliche anerkannte" Rechtsinstitut der Störung bzw. des Wegfalls **264** der Geschäftsgrundlage wurde durch das Schuldrechtsmodernisierungsgesetz in § 313 BGB festgeschrieben. Nach dieser Vorschrift besteht bei schwerwiegenden Änderungen des **Ver-**

tragsumfeldes und unmöglicher oder unzumutbarer Anpassung des Vertrages ein Rücktrittsrecht für den benachteiligten Vertragsteil. Beim Begriff der **„Geschäftsgrundlage"** ist von Bedeutung, dass damit gerade **nicht** die von den Parteien **erkannten** und diskutierten **Grundlagen der Vertragsbeziehungen** angesprochen sind. Es handelt sich vielmehr um wesentliche Vorstellungen oder „wesentliche Umstände", die die Parteien „ohne Diskussion" als gegeben unterstellt haben. Wäre dies nicht der Fall gewesen, hätte eine der Parteien diese „Umstände" in den Vertrag eingebracht oder den Vertrag nicht geschlossen – weil sie wesentlich waren. Geschieht dies (d. h. werden sie in den Vertrag eingebracht), dann werden sie dem Regelungsbereich des § 313 BGB entzogen. Ab diesem Zeitpunkt unterfallen die Vorstellung oder der Umstand dem Mangelrecht des Werkvertragsrechts.

265   Die Rechtsprechung hat einen Wegfall der Geschäftsgrundlage u. a. in folgenden Fällen angenommen: Bei unvorhergesehener Änderung der öffentlich-rechtlichen Förderrichtlinien (BGH NJW-RR 1990, 601 = BauR 1990, 379); bei planungsrechtlichen Vorgaben, die im Beurteilungsspielraum der Behörde liegen und das Bauvorhaben unrentabel machen (OLG Köln BauR 1993, 358). Bei künftigen Prüfungen dieses Rechtsinstituts wird man zu berücksichtigen haben, dass die Rechtsprechung der letzten Jahre zeigt, dass der entsprechende Anwendungsbereich erweitert worden ist (BGH IBR 2011, 315 u. OLG Schleswig/BGH IBR 2011, 1067).

h) Versterben des Architekten

266   Ob ein Versterben des Auftragnehmers den Architekten-/Ingenieurvertrag beendet, wird nicht einheitlich beurteilt (bejahend Bindhardt/Jagenburg, § 12 Rn. 15 u. L/K/F Einl. Rn. 227). Die Befürworter stützen sich darauf, dass der Bauherr vom Architekten als seinem Sachwalter eine eigenpersönliche, **höchstpersönliche Leistung** erwartet. Im Falle des Versterbens des Architekten wolle man nicht „automatisch in ein Vertragsverhältnis mit seinem Nachfolger eintreten" (L/K/F Einl. Rn. 227). Abgestellt wird insoweit auf den höchstpersönlichen Charakter des Architekten-/Ingenieurvertrages. Anders soll dies sein, wenn der Vertrag mit einer Gesellschaft von Architekten/Ingenieuren zustande komme. Die Gegenmeinung gibt im Falle des Versterbens „nur" einen wichtigen Grund zur Kündigung des Vertrages.

9. Abnahme des Architekten-/Ingenieurwerks als Vertragspflicht des Auftraggebers

a) Abnahmefähigkeit von Architekten-/Ingenieurleistungen

267   Nach der Rechtsprechung des Bundesgerichtshofs bedeutet Abnahme im Sinne des § 640 Abs. 1 Satz 1 BGB die körperliche Hinnahme im Wege der Besitzübertragung, verbunden mit der Anerkennung (Billigung) des Werkes als in der Hauptsache vertragsgemäße Leistung (BGHZ 48, 257). Nicht bei jedem Werk ist eine Abnahme im Sinne der vom BGH entwickelten Vorgaben möglich. Dies insbesondere wegen der nicht durchführbaren Hinnahme/Besitzübertragung. Als Beispiele sind zu nennen: Theateraufführungen, Konzerte, Beförderungsleistungen. Für diese Fälle enthält das BGB in § 646 eine Sonderregelung. An die Stelle der Abnahme tritt die Vollendung des Werkes. Fraglich ist, ob auch das geistige Werk des Architekten/Ingenieurs als „nicht abnahmefähig" in diesem Sinne einzustufen ist.

268   Nach der herrschenden Meinung fällt das **Werk des Architekten/Ingenieurs** im Regelfall nicht unter § 646 BGB. Es ist somit **„abnahmefähig"**. Alles andere wäre in Anbetracht des geänderten § 15 der HOAI 2013 auch überraschend, da seit dem 17.7.2013 die Fälligkeit des Honorars auch von der Abnahme der Leistung abhängt. Dies vor dem Hintergrund, dass Architektenleistungen „gebilligt" werden können. Anerkannt ist allerdings, dass bei bestimmten Architekten-/Ingenieurleistungen die Art der Leistung eine körperliche Entgegennahme ausschließt. Als Beispiel ist die Bauleitertätigkeit zu nennen. Da auch hier die „Vollendung des Werkes" nicht hilft, besteht in diesen Fällen die Abnahme in der Anerkennung der erbrachten Leistung als vertragsgemäß (OLG Hamm BauR 2008, 1480; BGH BauR 1972, 251). Besteht die beauftragte Leistung in Planungsleistungen, Berechnungen oder gutachtlichen Stellungnahmen, so soll die Abnahme in der Entgegennahme

der erstellten Unterlagen, verbunden mit der Billigung der darin liegenden geistigen Leistungen als vertragsgemäß, zu sehen sein. Diese kann sich aus einer entsprechenden Erklärung des Auftraggebers ergeben. Sie soll aber auch schlüssig aus der Bezahlung der Honorarrechnung abgeleitet werden können (BGH NJW 2002, 288). Dies wird man allerdings nicht verallgemeinern dürfen, da der Auftraggeber zu diesem Zeitpunkt oftmals gerade nicht beurteilen kann, ob das Werk vertragsgerecht ist (bes. deutlich wird dies bei der Bezahlung der Rechnung des Tragwerksplaners – desh. abzulehnen, OLG München IBR 2002, 263; OLG Karlsruhe 2004, 630 – der BGH hat nach Bezahlung der Rechnung des Tragwerksplaners wenigstens noch eine Frist von mehreren Monaten ohne Mängelrüge gefordert). Unstreitig dürfte sein, dass auch die Architektenleistung konkludent abgenommen werden kann – bspw. durch Bezahlung wie beim Tragwerksplaner. Allerdings bestehen auch hier Bedenken, da der Bauherr nach Fertigstellung des Objektes im Regelfall noch nicht wissen kann, ob Planung- und Objektüberwachung fachgerecht sind. Der BGH hat dem Bauherrn deshalb eine „angemessene Prüfpflicht" von sechs Monaten eingeräumt (BGH, Urt. v. 26.9.2013 – VII ZR 220/12). Noch weitreichende Bedenken bestehen gegen eine konkludente Teilabnahme nach der Leistungsphase 8, weil eben die Leistung noch nicht vollständig erbracht ist (OLG Brandenburg, Urt. v. 10.1.2012 – 11 U 50/10). Auch bei konkludenten (Teil-)Abnahmen müssen Mängelansprüche vorbehalten werden, andernfalls droht der Rechtsverlust gem. § 640 Abs. 2 BGB.

Die Nutzung des Bauwerks kann ggf. als Indiz für eine Abnahme gelten. Dies insbesondere in den Fällen, in denen weitere Faktoren hinzutreten. Auch hier wird die vorbehaltlose Zahlung des Architektenhonorars genannt (OLG München, BGH IBR 1999, 69), des Weiteren die zusätzliche Erklärung, dass die Architektenleistung ordnungsgemäß sei (BGH NJW 1982, 1387 – hierzu auch unten b)).

b) Abnahme/Teilabnahme/Bedeutung der Abnahme/Rechtsfolgen

Der Unterscheidung zwischen **Abnahme** und **Abnahmefähigkeit** kommt im Archi- **269** tekten-/Ingenieurrecht besondere Bedeutung zu. So markiert die Abnahme den Beginn der Verjährungsfrist der den Architekten/Ingenieur bestehende Mängelansprüche. Die Abnahme hat über den Beginn der Verjährung von Mängelansprüchen hinaus **weitere Rechtswirkungen** für den Architekten-/Ingenieurvertrag. Hierzu zählen: Übergang des Vertrages vom Erfüllungsstadium in das Mängelanspruchstadium; Ende der Vorleistungspflicht des Architekten-/Ingenieurs; Umkehr der Beweislast für Mängel (Ausnahme: vorbehaltene Mängel); Gefahrübergang auf den Auftraggeber; Verlust des Vertragsstrafeanspruchs des Auftraggebers, § 341 Abs. 3 BGB (Ausnahme: Vorbehalt bei Abnahme bzw. zu einem Zeitpunkt der vertraglich zulässig vereinbart ist); Verlust der Mängelansprüche des § 634 Nr. 1 bis 3 BGB bei Kenntnis des Mangels, § 640 Abs. 2 BGB (Ausnahme: vorbehaltende Mängel); schließlich der schon erwähnte Beginn der Verjährungsfrist für Mängelansprüche des Auftraggebers, § 634a BGB.

Im Gegensatz zum Bauwerk wurde das Architekten-/Ingenieurwerk in der Praxis bis zur **270** HOAI 2013 oftmals nicht abgenommen (OLG München/BGH IBR 2007, 34; hierzu ausf. Peters BauR 2011, 1563). Da für die geschilderte Fälligkeit des Honorars bis zum 17.7.2013 nur die Abnahmefähigkeit erforderlich war, fiel dies in der Praxis nicht so auf. Die Architekten/Ingenieure übersahen dabei allerdings, dass ohne Abnahme ihre Gewährleistungszeit nicht zu laufen begann (BGH IBR 2011, 202). Ein „Königsweg" in diesem Zusammenhang könnte § 640 Abs. 1 S. 3 BGB sein (s. u.). Da auch dieser in der Praxis oftmals nicht genutzt wird, versuchen die Gerichte, konkludente Abnahmen zu konstruieren, bspw. durch eine vorbehaltlose Schlusszahlung (OLG Naumburg IBR 2006, 402; OLG Hamm BauR 2008, 1480). Nach dem BGH kommt eine konkludente Abnahme dann in Betracht, *„wenn das Werk nach den Vorstellungen des Auftraggebers im Wesentlichen mangelfrei fertiggestellt ist und der Auftragnehmer das Verhalten des Auftraggebers als Billigung seiner erbrachten Leistung als im Wesentlichen vertragsgerecht verstehen darf"* – bejaht durch die Entgegennahme der angeforderten Bauunterlagen (BGH, Urt. v. 20.2.2014 – VII ZR 26/12). Auch hat er durch eine Entscheidung vom 26.9.2013 (VII ZR 220/11) versucht die Sache dahingehend zu „entschärfen", dass dem Auftraggeber nach Fertigstellung der Leistung bzw. Bezug des fertiggestellten Bauwerkes „Pauschal" eine **Prüfungsfrist** von **sechs Monaten** eingeräumt wurde. Bei ausbleibenden Rügen in diesem Zeitraum soll das Architektenwerk als Abgenommen gelten.

Problematisch sind auch Teilabnahmen, bspw. nach Abschluss der Bauphase, wobei der Architekt danach noch die verbleibenden Leistungen der Leistungsphase 8 des § 34 HOAI zu erbringen hat, um eine Teilabnahme möglich zu machen. Missglückt sind dabei Versuche, wie früher im Einheitsarchitektenvertrag, als in der dortigen Ziffer 6.2 der AVA die Teilabnahme unter der Überschrift *Gewährleistung- und Haftungsdauer* geregelt wurde. Als überraschende Klausel kann Entsprechendes unter einer unzutreffenden Überschrift nicht „versteckt" werden (BGH IBR 1994, 192). Ausreichend ist es auch nicht, dass der Architekt nach Erbringung der Leistungsphase 8 eine Teilschlussrechnung vorlegt und der Bauherr daraufhin bezahlt. Mehrfach betont haben der BGH und die Instanzgerichte, dass allein die Vereinbarung einer Teilabnahme nach der Lph 8 bedeutungslos ist, wenn die Abnahme nicht auch tatsächlich durchgeführt wird (OLG Jena IBR 2008, 225; OLG Naumburg, BGH IBR 2001, 679 u. BGH IBR 2006, 450; BGH IBR 2013, 752).

271   Hatte das OLG Schleswig noch entschieden, dass eine Allgemeine Geschäftsbedingung in einem Vollarchitektur-Vertrag, die eine Teilabnahme nach der Leistungsphase 8 vorsah, unwirksam sei (OLG Schleswig BauR 2001, 1286), hat sich der BGH später gegenteilig geäußert. Danach stelle entsprechendes keine unzulässige Fristverkürzung i. S. des damals geltenden § 11 Nr. 10f AGBG (§ 308 Nr. 8b) ff. BGB) dar. Als Folge kann eine Teilabnahme nach der Leistungsphase 8 des § 33 Abs. 2 HOAI auch in AGB wirksam vereinbart werden (BGH BauR 2001, 1928). Allerdings sind damit noch nicht alle Probleme gelöst. Diese liegen darin, dass in entsprechenden Klauseln regelmäßig auf die Leistungsphasen 1 bis 8 bzw. 9 des § 34 HOAI Bezug genommen wird. Schon allein die reine Anbindung an das Preisrecht der HOAI (keine Vertragsordnung) wirft Fragen auf – insbesondere dergestalt, dass die LPH 8 und 9 kaum voneinander zu trennen sind. So können Leistungen der LPH 8 (z. B. Rechnungsprüfung) noch andauern, wenn die LPH 9 („Überwachung notwendiger Mängelbeseitigungsleistungen" – entfallen in der HOAI 2013) bereits am Laufen ist. Es wird deshalb argumentiert, dass eine entsprechende Vereinbarung intransparent sei (vgl. Leupertz, „Die Teilabnahme von Architektenleistungen", BauR 2009, Heft 1a).

Auch ist es zutreffend, dass der Architekt selbst bei Wirksamkeit einer entsprechenden Klausel keinen Gleichlauf der Gewährleistungsfristen seiner Leistungen der Phasen 1 bis 8 mit denen der Handwerkerleistungen erreicht. Der Grund hierfür liegt darin, dass die Leistungen anderer Auftragnehmer längst abgenommen sein können, bevor die Leistungsphase 8 beendet ist. Gleichwohl bleibt es dabei, dass dem Architekten daran gelegen sein muss, Teilabnahmen in seinem Leistungsbereich zu vereinbaren. Denkbar in diesem Zusammenhang ist es, dass von ihm nach Leistungsblöcken getrennte Verträge abgeschlossen werden, die u. a. gerade nicht auf eine Beendigung der Leistungsphase 8 des § 34 HOAI abstellen. Vorgeschlagen wird in diesem Zusammenhang anstelle auf das Ende der Leistungsphase 8 auf die Beendigung der Objektüberwachung abzustellen (Leupertz aaO, der jedoch gleichzeitig ausführt, dass formularmäßig die Abnahme der „letzten Ausführungsgewerke" nicht wirksam als Bezugspunkt für den Teilabnahme-Anspruch des Architekten angesetzt werden könne). Deshalb wird man auch hierfür die im Einzelnen vom Architekten zu erbringenden Leistungen einem konkreten Teilabnahme-Zeitpunkt zuordnen müssen.

c) Abnahme bei vorzeitiger Vertragsbeendigung

272   Wird der Architektenvertrag gekündigt, bevor die geschuldeten Leistungen erbracht sind, so ging man „früher" davon aus, dass seitens des Architekten kein Anspruch auf Abnahme der bereits erbrachten Leistung bestehen würde (OLG Düsseldorf BauR 1978, 404). Zwischenzeitlich hat der BGH entschieden, dass der Architekt auch in diesen Fällen Anspruch auf Abnahme haben muss (alternativ auf Feststellung der unberechtigten Abnahmeverweigerung, BGH BauR 2003, 689 = NJW 2003, 1450). Entsprechendes wurde auch für den Bau-/Bauträgervertrag entschieden. Auch dort besteht ein Anspruch auf Ab-

nahme (BauR 2003, 184 = NZBau 2003, 265). Verweigert der Auftraggeber die Abnahme, so wird im Falle einer endgültigen Ablehnung die Verjährungsfrist der Mängelansprüche ab diesem Zeitpunkt beginnen (hierzu OLG Düsseldorf, IBR 2010, 701 u. BGH IBR 2010, 577). Bei einer nur vorübergehenden Verweigerung, muss der Architekt entsprechend reagieren (Mangelbeseitigung, ggf. Ergreifen eigener Maßnahmen, wie Fristsetzung oder Kündigung, §§ 642ff. BGB). Für die Fälle einvernehmlicher Aufhebungen können entsprechende Grundsätze gelten, vorausgesetzt die Parteien haben diesbzgl. nicht eigene Regelungen getroffen.

d) Abnahmefiktion nach § 640 Abs. 1 Satz 3 BGB

Unter Abnahme ist vom Grundsatz her die körperliche Hinnahme des Werkes, verbunden 273 mit seiner Billigung als im Wesentlichen vertragsgerecht zu verstehen. Dies setzt nach dem BGH voraus, dass das Werk vollendet ist (BGH BauR 1987, 113). Frei von jeglichen Mängeln muss es dabei nicht sein. Zu beachten ist die durch das Gesetz zur Beschleunigung fälliger Zahlungen eingefügte Abnahmeform bzw. Abnahmefiktion des § 640 Abs. 1 Satz 3 BGB. Diese Vorschrift regelt den **Fall der unterlassenen Abnahme nach Fristsetzung.** Bei Vorliegen folgender Voraussetzungen treten die Wirkungen der Abnahme ein:

- Abnahmepflicht des Bestellers, d. h. das Werk muss zumindest im Wesentlichen fertig gestellt sein.
- Unternehmer setzt gegenüber dem Besteller eine angemessene Frist zur Abnahme (Schriftform wird vom Gesetz nicht verlangt). Auch wenn der **Besteller** die **Abnahme verweigert,** ist diese **Fristsetzung nicht entbehrlich** (Palandt/Sprau, § 640 Rn. 10; etwas anderes ergibt sich auch nicht aus BGH NZBau 2008, 109 = BauR 2008, 344).
- Der Auftraggeber nimmt das Werk innerhalb der gesetzten Frist nicht ab.

Von Bedeutung ist, dass die Abnahmefiktion des § 640 Abs. 1 Satz 3 BGB einen anderen 274 Hintergrund hat als die Fiktionen des § 12 Abs. 5 VOB/B. Bei Letzteren tritt eine **endgültige Abnahmefiktion** ein. Bei der Fiktion des § 640 Abs. 1 Satz 3 BGB ist es erforderlich, dass der Auftraggeber zur Abnahme verpflichtet ist. Hierfür muss das Werk vertragsgemäß hergestellt sein bzw. darf allenfalls unwesentliche Mängel aufweisen. Hat sich der Auftragnehmer auf diese Abnahmefiktion verlassen, zeigt sich aber später ein Mangel, der zum damaligen Zeitpunkt bereits vorgelegen haben muss, so lagen die Voraussetzungen der Abnahmefiktion nicht vor. Hier stellt sich die Frage, ob § 640 Abs. 1 S. 3 BGB in diesen Fällen völlig ins Leere läuft. So wie er derzeit gesetzlich konzipiert ist, müsste man dies annehmen. Allerdings wird in der Literatur zu Recht darauf hingewiesen, dass dies nicht Sinn der Schaffung dieser Neuregelung zum 1.5.2000 gewesen sein kann (Kniffka/Pause/Vogel, Bauvertragsrecht § 640 Rn. 61f., der auf die konkrete Abnahmesituation abstellen will bzw. eine Beweislastumkehr zu Lasten des AG annimmt; ebenso Fischer, Schriften zum Deutschen und Internationalen Baurecht, Band 5). Schließt man sich nicht der von Kniffka vorgeschlagenen weitergehenden Bedeutung des § 640 Abs. 1 S. 3 BGB an, würden im geschilderten Fall bspw. keine Mängelverjährungsfristen laufen. Als Folge könnte der Auftragnehmer noch nach Jahren mit Mängelansprüchen konfrontiert werden, die er infolge der Abnahmefiktion als erledigt angesehen hatte.

10. Vergütungsfragen

a) Das Verhältnis von BGB und HOAI

Der Architekten-/Ingenieurvertrag unterfällt – bis auf wenige Ausnahmen – dem Werk- 275 vertragsrecht. Durch den Werkvertrag wird der Unternehmer zur Herstellung des versprochenen Werkes, der Besteller zur Entrichtung der vereinbarten Vergütung verpflichtet (§ 631 Abs. 1 BGB). Gemäß § 632 BGB gilt eine solche Vergütung „... als stillschweigend vereinbart, wenn die Herstellung des Werkes den Umständen nach nur gegen eine Vergütung zu erwarten ist." Voraussetzung für einen Vergütungsanspruch ist der Nachweis einer entgeltlichen Beauftragung. Allein die Erbringung einer „vergütungspflichtigen" Tätigkeit reicht nicht aus. § 631 Abs. 1 BGB spricht von einer vereinbarten Vergütung. Ergänzend ist § 632 Abs. 2 BGB heranzuziehen. Ist danach „... die Höhe der Vergütung nicht bestimmt, so ist bei dem Bestehen einer Taxe die taxmäßige Vergütung, in Ermangelung einer Taxe die übliche Vergütung als vereinbart anzusehen" (zur Frage der üblichen Vergütung, wenn kein Stundensatz vereinbart ist, vgl. AG Kassel, Urt. v. 9.10.2012 – 435 C 6301/11). Bei der HOAI handelt es sich um eine solche Taxe. Weitere Beispiele für Taxen sind die GOÄ (Gebührenordnung für Ärzte) sowie die GOZ (Gebührenordnung für Zahnärzte). Nach der HOAI ist allerdings nur dann abzurechnen, wenn deren Geltungsbereich eröffnet ist. Dabei ist vom Grundsatz her zu beachten, dass die HOAI „nur" für Architekten- und Ingenieurleistungen gilt (leistungsbezogene Interpretation, nicht berufsständische Interpretation, BGH NJW 1993, 2240 = BauR 1993, 490; KG IBR 2004, 147). Bei der gleichzeitigen Beauftragung von Architekten- und Projektsteuerungsleistungen ist zu prüfen, ob die Gefahr einer Doppelvergütung besteht (OLG Naumburg, BGH IBR 2007, 686).

276　　Soweit die HOAI nach oben gesagtem Anwendung findet, müssen sich die Honorare innerhalb der von der HOAI vorgegebenen Mindest- bzw. Höchstsätzen bewegen. Abgewichen werden kann hiervon nur in Ausnahmefällen (siehe hierzu die Kommentierung zu § 7 Abs. 3 u. Abs. 4). Nicht ausreichend für die Annahme eines Ausnahmefalles ist beispielsweise das Renommee des Planers und die bisher errichteten „Baukunstwerke" (OLG Stuttgart Urt. v. 29.5.2012 – 10 U 142711 n.rkr.).

b) Geltungsbereich der HOAI

277　　Die HOAI enthält **für die Leistungsbilder Flächenplanung, Objektplanung, Ingenieurbauwerke und Verkehrsanlagen zwingende Honorarvorgaben.** Erbringt der Architekt/Ingenieur Leistungen, die in diesen Leistungsbildern angesprochen werden, muss nach den dortigen Vorgaben abgerechnet werden(§ 3 Abs. 1). Für andere Tätigkeiten kann das Honorar frei vereinbart werden (§ 3 HOAI). Hierbei handelt es sich um Tätigkeiten, die nicht der Realisierung eines Vorhabens dienen, bspw. aus steuerlichen, wohnungstechnischen und grundbuchrechtlichen Gründen. Sie stellen keinen Planungsleistungen i. Sinne der HOAI dar und können daher nicht als Besondere Leistungen eingeordnet werden. Für ihre Honorierung gilt eine übliche Vergütung. Zu nennen ist beispielhaft die Erstellung eines Aufteilungsplans (OLG Koblenz/BGH NZB. z. IBR 2013, 548).

278　　Weder fällt jede Tätigkeit eines Architekten/Ingenieurs in den Anwendungsbereich der HOAI, noch können nur Architekten/Ingenieure nach der HOAI abrechnen. Der BGH hat insoweit entschieden, dass die HOAI **leistungsbezogen, nicht berufsbezogen** zu sehen ist (BGH NJW 1997, 2329 = BauR 1997, 677). Nach dieser Auffassung ist jede Person, die Architekten- bzw. Ingenieurleistungen i. S. der HOAI erbringt, verpflichtet, nach der HOAI abzurechnen. Die Literatur sieht dies teilweise anders. Begründet wird dies u. a. damit, dass nicht ersichtlich sei, warum z. B. Bauzeichner, Bautechniker etc. durch den Mindestpreischarakter der HOAI zu schützen seien (L/K/F § 1 Rn. 18 m. w. N.). Nach einer Entscheidung des OLG Düsseldorf ist auch ein Bausachverständiger, der mit Architektenleistungen beauftragt wird (Objektüberwachung bei Sanierungsarbeiten an Balkonen), verpflichtet, nach der HOAI abzurechnen. Auch die Tatsache, dass er zuvor ein Gutachten über die erforderlichen Sanierungsarbeiten erstellt hat, würde hieran nichts ändern (OLG Düsseldorf NJW-RR 2000, 312 = BauR 1999, 1477).

279　　Nach der Rechtsprechung des BGH ist die HOAI **nicht anwendbar auf Anbieter, die neben oder zusammen mit anderen Leistungen (z. B. Bauleistungen)** Architekten-/Ingenieurleistungen erbringen. Entscheidend ist dabei, inwieweit die „vereinbarte Leistung erheblich von dem einen Architektenvertrag prägenden Werkerfolg abweicht" (BGH NJW 1998, 1228 = BauR 1998, 193). Dies gilt insbesondere für die sog. **Paketanbieter.** Sie kombinieren Architektenleistungen mit Bauleistungen, wobei Letztere ersichtlich im Vordergrund stehen und den Gesamtcharakter des Vertrages prägen (OLG Frankfurt, Urt. v. 13.3.2012 – 5 U 116/10; OLG Hamm, Urt. v. 23.6.2014 – 17 U 114/13). Die Nichtanwendbarkeit der HOAI hat der BGH bei Projektentwicklungsarbeiten entschieden (BGH NJW 1998, 1228 = BauR 1998, 193). Nach dem OLG Celle ist die HOAI nicht anwendbar, wenn bereits bei Abschluss des Planungsvertrages vorgesehen ist, dass der AN auch mit der Durchführung des Bauvorhabens beauftragt werden soll und es auch zum Abschluss eines Bauvertrages kommt (OLG Celle IBR 2003, 202). Die HOAI ist auch dann nicht anzuwenden, wenn es bei einem **Paketanbieter** nicht zur Ausführung der kompletten Bauleistung kommt. Im entschiedenen Fall war der Vertrag im Planungsstadium „steckengeblieben" (OLG Köln NJW-RR 2000, 611 = BauR 2000, 910).

Andererseits soll die HOAI bei Beauftragung eines Generalunternehmers mit Planungs- **280** leistungen Anwendung finden, wenn nicht gleichzeitig Bauleistungen beauftragt werden (OLG Jena IBR 2003, 27). Der Geltungsbereich der HOAI soll insoweit gerade dann eröffnet sein, wenn ein Paketanbieter im konkreten Fall ausschließlich Architekten- oder Ingenieurleistungen erbringt (OLG Oldenburg NZBau 2002, 283 = BauR 2002, 332).

Die HOAI greift nach Auffassung des BGH auch im **Verhältnis zwischen Architek- 281 ten und/oder Ingenieuren untereinander ein** (BGH NJW 1986, 845 = BauR 1985, 582). Etwas anderes soll dann gelten, wenn zwischen Architekten/Ingenieuren ein Arbeits- oder arbeitnehmerähnliches Verhältnis besteht (BGH NJW 1986, 845 = BauR 1985, 582; OLG Hamm BauR 1987, 467). Entscheidend ist somit, ob ein Arbeitsverhältnis (Vergütung aus dem Arbeitsvertrag) oder eine freie Mitarbeit (Abrechnung nach HOAI) vorliegt. Für ein Arbeitsverhältnis sprechen nach Einschätzung der Rechtsprechung die Merkmale wirtschaftliche Unselbständigkeit und soziale Schutzbedürftigkeit. Andere Merkmale müssten bei der Beurteilung allerdings immer mit beachtet werden (OLG Frankfurt IBR 2003, 144). Liegt ein freies Mitarbeiterverhältnis vor, wird zusätzlich zu prüfen sein, ob dieses einen Ausnahmefall für eine zulässige Mindestsatzunterschreitung im Sinne des § 7 Abs. 3 HOAI darstellt (vgl. die Anm. v. Seifert zu OLG Frankfurt IBR 2003, 114).

Die HOAI gilt zunächst für Architekten-/Ingenieurleistungen, die von einem Architek- **282** ten oder Ingenieur mit Sitz im Inland und von dem Gebiet der Bundesrepublik Deutschland aus erbracht werden (§ 1).

c) Aufklärungspflicht über die Höhe des Honorars

Die herrschende Meinung geht davon aus, dass eine Aufklärungspflicht des Architekten/ **283** Ingenieurs über die Höhe des Honorars nicht besteht (OLG Köln NJW-RR 1994, 340; BauR 1994, 271; OLG Karlsruhe BauR 1984, 538; a.A. Weyer BauR 1987, 131). Das Fehlen der Aufklärungspflicht wird u.a. damit begründet, dass selbst bei Annahme einer Pflichtverletzung dem AG kein Schaden entstehen würde. Hätte man ihn aufgeklärt, wäre das gleiche Honorar zu zahlen gewesen (Mindestsätze). Diese Argumentation ist insofern nicht überzeugend, als sich der AG im Falle erfolgter Aufklärung gegen das Bauvorhaben insgesamt hätte entscheiden können.

Lediglich in Ausnahmefällen soll eine Aufklärungspflicht gegeben sein. So nimmt das **284** OLG Hamm eine Aufklärungspflicht des Architekten über § 242 BGB an, wenn die Bauherren Laien sind und unverkennbar unzutreffende Vorstellungen von der Honorarhöhe haben. Diese Aufklärungspflicht treffe den Architekten auch bei späteren Kostenkontrollen. Die Verletzung dieser Aufklärungspflicht könne auch eine Kündigung des Architektenvertrages aus wichtigem Grund rechtfertigen (OLG Hamm NZBau 2000, 389 = BauR 1999, 1479). Eine Aufklärungspflicht soll auch dann bestehen, wenn dem Architekten bekannt ist, dass ein günstiges Konkurrenzangebot vorliegt (OLG Köln NJW-RR 1994, 340 = BauR 1994, 271). Liegt ein Fall der Aufklärungspflicht vor, so hafte der Architekt bei unterlassener Aufklärung gegenüber dem Bauherrn nach den Grundsätzen des Verschuldens bei Vertragsabschluss (§ 311 Abs. 2 BGB). Dies führt nach Auffassung des OLG Saarbrücken zu einer Kürzung (um 1/2) des Vergütungsanspruchs des Architekten (OLG Saarbrücken NJW-RR 1999, 1035 = BauR 2000, 753).

d) Honorarberechnung

Die Fälligkeit des Architekten- und Ingenieurhonorars richtet sich für die HOAI 2013 **285** weiterhin nach § 15. Allerdings sind die früheren drei Voraussetzungen für die Fälligkeit des Honorars:

- Vertragsgemäße Erbringung der Leistung,
- Erstellung einer prüffähigen Honorarschlussrechnung,
- Übergabe der Honorarschlussrechnung,

um das Kriterium der Abnahme erweitert worden.

286 Die vertragsgemäße Erbringung der Leistung setzt Fertigstellung der dem Architekten/ Ingenieur übertragenen Arbeit und seit dem 17.7.2013 in Übereinstimmung mit § 641 BGB eine Abnahme voraus. Abnahmefähigkeit ist nicht mit Mangelfreiheit des Objekts zu verwechseln.

287 Nach dem Abrechnungssystem der HOAI erfordert eine prüfbare Schlussrechnung für das Leistungsbild des § 34 HOAI Angaben zu folgenden Punkten:

- Beauftragter Leistungsumfang
- Anrechenbare Kosten
- Honorarzone
- Honorartafel
- Erbrachte Leistungen

288 Die Schlussrechnung muss nach dem BGB so gestaltet sein, dass dem AG eine Überprüfung auf ihre sachliche und rechnerische Richtigkeit möglich ist (BGH NJW1998, 135 = BauR 1997, 1065). Dazu reicht es regelmäßig aus, dass die vom Architekten/Ingenieur vorgelegten Unterlagen zusammen mit der Schlussrechnung alle Angaben enthalten, die der AG zur Beurteilung der Frage benötigt, ob das geltend gemachte Honorar den vertraglichen Vereinbarungen entsprechend abgerechnet worden ist. Die Gerichte, insbesondere der Bundesgerichtshof, haben sich zur Frage der Prüffähigkeit von Schlussrechnungen umfangreich geäußert: NJW 1998, 3123 = BauR 1998, 1108; BGH NJW-RR 1999, 95 = BauR 1999, 63; BGH NJW-RR 1999, 1541 = BauR 1999, 1318; BGH NJW 2000, 206 = BauR 2000, 124; BGH NJW 2000, 808 = BauR 2000, 591. Dabei wurden u. a. folgende Aussagen getroffen:

- Die Prüffähigkeit einer Schlussrechnung stellt keinen Selbstzweck dar. Entscheidend ist das Informations- und Kontrollinteresse des Auftraggebers.
- Aus Gründen der Rechtssicherheit ist ein objektiver Mindeststandard erforderlich.
- Nach dem OLG Brandenburg ist eine Rechnung dann prüfbar, wenn sich der Auftraggeber mit ihrer sachlichen und rechnerischen Richtigkeit auseinandersetzt (Urt. v. 13.3.2014 – 12 U 136/13 – n. rkr).
- In welchem Umfang eine Abrechnung aufgeschlüsselt sein muss, hängt vom Einzelfall ab. Zu berücksichtigen ist hierbei die Vertragsgestaltung, die gegenseitigen Informationsbedürfnisse während der Vertragsdurchführung sowie die entsprechenden Kenntnisse des Auftraggebers bzw. seiner Hilfspersonen. Zu beachten ist, dass die für die Berechnung des Honorars zu erstellenden Kostenermittlungen den entsprechenden Vorgaben der jeweils geltenden HOAI gerecht werden müssen (so muss/musste im Geltungsbereich des § 10 Abs. 2 der HOAI des Jahres 1996 den Kostenermittlungen die DIN 276 vom April 1981 verwendet werden – die Verwendung der DIN 276 in der Fassung von 1993 führt zu einer fehlenden Prüffähigkeit der Rechnung, OLG Hamm, BGH NZB z. Beschl. v. 25.9.2013 – VII ZR 276/12). Nicht ausreichend ist es, wenn der AN „nur" verschiedene Werte vorlegt, insb. müssen die Ergebnisse der Kostenermittlung und die dabei zugrunde liegenden Kriterien angegeben werden (OLG Düsseldorf, Urt. v. 25.3.2014 – 21 U 90/13).

Für die Erstellung der Schlussrechnung benötigt der Architekt Angaben über die anrechenbaren Kosten. Verfügt der Architekt nicht selbst über entsprechende ausreichende Unterlagen, muss der Auftraggeber ihn entsprechend informieren. Es besteht insoweit ein Auskunftsanspruch. Erfüllt werden kann dieser durch Übergabe/Anfertigung entsprechender detaillierter Unterlage oder auch durch entsprechende Einsichtnahme in den Räumlichkeiten des Auftraggebers. Der Auftraggeber muss das Anfertigen von Kopien dulden (OLG München, Urt. v. 7.8.2012 – 9 U 2829/11). (Zur Frage des Anspruches des Subplaners gegen den „Hauptplaner", vgl. OLG Köln, Beschl. v. 19.12.2012 – 11 U 139/12).

289 Nach dem BGH sind die Anforderungen an die Prüffähigkeit umso geringer, je fachkundiger der AG ist. Am niedrigsten sollen sie sein, wenn der Auftraggeber selbst Architekt ist (BGH NJW 2000, 2587 = BauR 2000, 1511). Prüfbarkeit einer Rechnung bedeutet nach einem Urteil des OLG Koblenz nur deren Nachvollziehbarkeit, nicht dagegen ihre Richtigkeit. Dies gelte selbst für den Fall einer unwirksamen Pauschalpreisabrede. Eine prüfbare Schlussrechnung soll im Einzelfall auch dann vorliegen können, wenn der Architekt eine konjunktivische Formulierung wählt – „die Schlussrechnung würde lauten" (OLG Koblenz NJW-RR 1999, 1250 = BauR 2000, 755). Das OLG Brandenburg hat die Prüffähigkeit bejaht, als sich die Auftraggeberseite mit der sachlichen und rechnerischen Richtigkeit der Rechnung auseinandergesetzt hatte – diese zeige, dass die Rechnung zu prüfen sei – Urt. v. 13.3.2014 -12 U 136/13. Bei der Prüffähigkeit handelt es sich um eine Rechtsfrage. Diese ist einem Sachverständigengutachten nicht zugänglich. Vor diesem Hintergrund hat das OLG Stuttgart die Kosten eines vom LG Stuttgart eingeholten Sachverständigengutachtens wegen unzutreffender Sachbehandlung zu Lasten der Staatskasse niedergeschlagen (OLG Stuttgart BauR 1999, 514). Im Falle der fehlenden Prüffähigkeit der Honorarschlussrechnung gab es in der Vergangenheit unterschiedliche Entscheidungen der Gerichte. Teilweise wurden die Klagen über die Honorarforderungen als endgültig unbegründet abgewiesen (weil infolge einer fehlenden Anspruchsvoraussetzung eine unschlüssige Klage vorlag), teilweise als derzeit unbegründet (wegen Fehlen der Fälligkeit der Forderung – i. d. Sinne BGH NJW 1995, 401 = BauR 1995, 126).

Nach einer Entscheidung des BGH vom 27.11.2003 wird dem Auftraggeber nur noch **290** eine Frist von zwei Monaten nach Zugang der Rechnung dafür eingeräumt, Einwendungen gegen die Prüffähigkeit der Schlussrechnung vorzubringen. Diese müssen zudem substantiiert sein (BGH IBR 2004, 79; OLG Brandenburg BauR 2006, 1798; die Zweimonatsfrist wurde auch für den Bauvertrag entschieden, BGH IBR 2004, 675 u. BGH IBR 2006, 129). Erklärt der Auftraggeber seine Einwände gegen die Prüffähigkeit nicht innerhalb der vom BGH festgelegten Zweimonatsfrist, wird im Honorarprozess nur noch geklärt, ob die Forderung begründet ist (die Schlüssigkeit wird unterstellt). Wird im Prozess keine an den vertraglichen Voraussetzungen orientierte schlüssige Abrechnung vorgelegt – insbesondere nicht nach Erteilung eines rechtlichen Hinweises, ist die Forderung endgültig und nicht lediglich als „zur Zeit unbegründet" abzuweisen. Dabei ist der nicht weiter konkretisierte Einwand gegen die Prüffähigkeit der Rechnung, „die berechneten Leistungen seien nicht erbracht worden", nicht ausreichend (OLG Celle IBR 2008, 394). Die negativen Rechtsfolgen für den Auftraggeber, wenn er die zweimonatige Prüfungsfrist der Architekten-Schlussrechnung versäumt, gehen jedoch nicht soweit, dass eine gleichwohl fehlende schlüssige Darlegung der Honoraransprüche überdeckt wird. Dies wurde zu Lasten eines Architekten entschieden, der seine Abrechnung nach § 649 S. 2 BGB dahingehend erläuterte, dass er seine Leistungen „überwiegend" erbracht habe. Mangels Nachvollziehbarkeit des Anspruches wurde die Klage abgewiesen (OLG Brandenburg IBR 2007, 1083).

Eine Begrenzung der Rügefrist auf zwei Monate ist in der HOAI nicht enthalten. Sie **291** wurde erst eingeführt durch das Urteil des BGH vom 27.11.2003, AZ: VII ZR 288/02, NJW-RR 2004, 445, NZBau 2004, 216, BauR 2004, 316. Ein verspäteter Einwand der fehlenden Prüffähigkeit wurde dort als Verstoß gegen Treu und Glauben angesehen. Macht der Auftraggeber diese Einwendungen nicht in einer angemessenen Frist geltend, gibt er dadurch zu verstehen, dass er „die erteilte Schlussrechnung als geeignete Grundlage für die Abrechnung akzeptiert und nicht mehr in Frage stellt". Als angemessenen Zeitraum hatte der BGH unter Bezugnahme auf die damalige Fassung des § 16 Abs. 3 Nr. 1 VOB/B eine Frist von zwei Monaten nach Zugang der Rechnung angesehen. Durch die aktuelle Fassung des § 16 Abs. 3 Nr. 1 VOB/B wird Frist die Prüfung der Abrechnung einer Werklohnforderung aus einem VOB-Vertrag auf 30 Tage verkürzt. Wie schon für die vorhergehenden Fassungen der VOB/B gilt, dass § 16 Abs. 3 Nr. 1 VOB/B keinen unmittelbaren Einfluss auf die Prüfungsfristen der Honorar-Schlussrechnung eines Architekten/Ingenieurs hat. Dennoch ist davon auszugehen, dass auch für solche Rechnungen zukünftig nur noch eine Frist von 30 Tagen zur Verfügung steht um geltend zu machen, dass es an der Prüfbarkeit fehlt. Dies zum einen deshalb, weil die aktuelle Fassung des § 16 Abs. 3 Nr. 1 VOB/B für den „Normalfall" der Schlussrechnung davon ausgeht, dass sie innerhalb von 30 Tagen geprüft werden kann. Auf einen solchen angemessenen Zeitraum hatte der BGH schon in seiner Entscheidung aus dem Jahr 2003 auch für die Honorar-Schlussrechnung abgestellt. Zum anderen entspricht die Regelung des (aktuellen) § 16 Abs. 3 Nr. 1 VOB/B den Fälligkeitsregelungen in den §§ 271a Abs. 3, 286 Abs. 3 BGB. Auch hier wird auf eine Fälligkeit nach 30 Tagen abgestellt. Bliebe es jetzt bei einer Rügefrist von zwei Monaten für die Honorar-Schlussrechnung, wäre zwar nach Ablauf von 30 Tagen deren Fälligkeit eingetreten, innerhalb eines weiteren Monats könnte diese Fälligkeit aber durch eine (begründete) Rüge der fehlenden Prüfbarkeit wieder „aufgehoben" werden. Im Interesse der Rechtssicherheit ist eine solche Unklarheit, wann von einer Fälligkeit auszugehen ist, zu vermeiden. Die Rügefrist für die HOAI-Schlussrechnung wird deshalb zukünftig an der 30-Tage-Frist des BGB zu orientieren sein, wie dies für VOB/B-Schlussrechnungen jetzt auch durch § 16 Abs. 3 Nr. 1 VOB/B der Fall ist.

292–299   *einstweilen frei*

aa) Ermittlung der Honorarzone

300   Die Höhe des abrechenbaren Honorars hängt davon ab, in welche Honorarzone die Architekten-/Ingenieurleistung einzuordnen ist. Die HOAI sieht in § 5 für die Objekt-, Bauleit- und Tragwerksplanung jeweils fünf Honorarzonen vor, für die Flächenplanung und die Planung der Technischen Ausrüstung drei Honorarzonen.

301   Eine Orientierungshilfe geben die Objektliste in der Anlagen 10–15. Diese ordnet gängige Bauwerkstypen einschlägigen Honorarzonen zu. Liegt ein entsprechendes Regelbeispiel vor, obliegt es im Regelfall dem Bauherrn darzulegen, dass eine niedrigere Honorarstufe einschlägig ist (OLG Köln SFH Nr. 36 zu § 631 BGB). Im Rahmen der Abrechnung wird der Architekt/Ingenieur zunächst die Objektlisten heranziehen. Anschließend kann die dort gefundene Einordnung mit Hilfe der Kriterien des § 5 Abs. 3 HOAI überprüft werden. Die Frage der Einordnung in eine Honorarzone unterliegt nicht der Parteivereinbarung. Andernfalls könnten die Mindest- und Höchstsätze umgangen werden. Haben die Parteien jedoch im Rahmen des durch die HOAI eröffneten Beurteilungsspielraums eine vertretbare Honorarzone bestimmt, ist dies vom Richter regelmäßig zu berücksichtigen (BGH NZBau 2004, 159; OLG Bamberg, BGH NZBz. Urt. v. 26.1.2012 – VII ZR 128/11). Die Einordnung stellt eine Rechts- und keine Tatsachenfrage dar. Soweit die Gerichte zu diesen Rechtsfragen sachverständige Gutachten einholen, ist dies unzulässig. Ein entsprechendes Gutachten kann allenfalls zur Klärung der Fragen eingeholt werden, mit denen die tatsächlichen Umstände überprüft werden (OLG Frankfurt, BGH IBR 2007, 567). (Zur Frage der Abrechnung nach Normal- oder Schwierigkeitsstufe i. S. v. § 24 Abs. 4 HOAI, siehe LG Köln NZBau 2008, 126).

bb) Honorartafel

302   Sind die anrechenbaren Kosten sowie die einschlägige Honorarzone festgestellt, sind zur Ermittlung des Honorars die jeweiligen Honorartafeln heranzuziehen. Oberhalb des Tabellenwertes der Honorartafeln, z. B. des § 35 von 25 Mio. Euro, gilt der Mindest- und **303** Höchstpreischarakter der HOAI nicht. Gemäß § 7 Abs. HOAI können in diesem Bereich bei Gebäuden und raumbildenden Ausbauten freie Vereinbarungen getroffen werden.

304   Schwierigkeiten treten ein, wenn die Vertragsparteien es übersehen, eine derartige Vereinbarung zu treffen. Nach § 632 Abs. 2 BGB gilt es dann die übliche Vergütung festzustellen. Teilweise wird vorgeschlagen, die vorhandenen Tabellen nach oben fortzuschreiben (sog. Extrapolation) (Bspw. Rift-Briefe der Staatlichen Hochbauverwaltung Baden-Württemberg; Milles-Tabellen). Die Gegenmeinung hält eine Fortschreibung für unzulässig. Sie zieht im Falle unterlassener Honorarvereinbarung den Tabellenhöchstwert heran (OLG Brandenburg, BGH BauR 2008, 118). Hier bietet sich eine vorsorgliche vertragliche Regelung an.

305   Nach einer Entscheidung des Bundesgerichtshofs vom 8.3.2012 (IBR 2012, 268) ist *„der Tafelhöchstwert überschritten, wenn die anrechenbaren Kosten einer Anlagengruppe diesen Betrag übersteigen. Nur soweit das der Fall ist, dürfen die Parteien das Honorar gemäß § 74 Abs. 2, § 16 Abs. 3 HOAI [F. 1996] frei vereinbaren. Eine gemäß § 4 Abs. 1 HOAI [F. 1996.; § 7 HOAI n. F.] schriftlich bei Auftragserteilung getroffene Honorarvereinbarung ist wirksam, wenn die danach zu zahlende Pauschalvergütung das Honorar nicht unterschreitet, das dem Auftragnehmer nach der Honorarordnung für Architekten und Ingenieure unter Berücksichtigung der dort festgelegten Mindestsät-*

ze zusteht. Sie ist auch nicht deshalb unwirksam, weil der für gemäß § 74 Abs. 2, § 16 Abs. 3 HOAI [F. 1996] *nicht preisgebundene Leistungen verbleibende Honoraranteil unter dem für den Tafelhöchstwert des § 74 Abs. 1 HOAI* [frühere Fassung] *geltenden Honorarmindestsatz liegt. "*

e) Bindung an die Schlussrechnung

Die Bindung der Architekten und Ingenieure an ihre Honorarschlussrechnung stellte **306** eine Besonderheit des Architektenrechts dar – daher eine Bedingung nur in Ausnahmefällen (OLG München IBR 2013, 91). Entsprechende Überlegungen wurden von der Rechtsprechung entwickelt, obwohl diesbezüglich keine gesetzliche Grundlage existiert (BGH NJW-RR 1986, 18 = BauR 1985, 582). Begründet wird diese Rechtsprechung damit, dass der Besteller hinsichtlich des Inhalts der Schlussrechnung geschützt werden müsse. Er soll sich darauf verlassen können, dass keine weiteren Ansprüche geltend gemacht werden. Das Nachschieben vergessener Honorarpositionen sei hiernach regelmäßig nicht zulässig (BGH NJW 1978, 319).

Gab der Bundesgerichtshof für seine Sonderrechtsprechung zunächst keine inhalt- **307** liche Begründung, stützte er sie später auf § 242 BGB. Er sprach von einer unzulässigen Rechtsausübung des Architekten in Gestalt eines widersprüchlichen Verhaltens, wenn dieser nachträglich seine Honorarschlussrechnung änderte (BGH BauR 1993, 236 = NJW 1993, 659). Er ließ allerdings allein ein widersprüchliches Verhalten des Unternehmers nicht ausreichen. Zusätzlich wurde auf die Kriterien abgestellt, dass der Auftraggeber auf die ihm gestellte Honorarschlussrechnung vertraut haben musste, auf sie auch vertrauen durfte und sich in seinem Verhalten auf diese Schlussrechnung/Honorarhöhe eingestellt hat (BGH BauR 1997, 677 = NJW 1997, 2329).

War der BGH zunächst von einer absoluten Bindungswirkung ausgegangen, ist seit einer **308** Entscheidung aus dem Jahre 1992 eine Lockerung zu verzeichnen (BGH NJW 1993, 659 = BauR 1993, 236 u. NJW 1993, 659 = BauR 1993, 239). Gegenstand bei der Beurteilung der Bindungswirkung ist seitdem nicht mehr allein die Schlussrechnung. Ergänzend sollen die gesamten Umstände des Falles zu würdigen sein. Entscheidender Aspekt sei die Frage, ob der AG hinsichtlich weiterer unerwarteter Forderungen schützenswert sei. Ein derart schützenswertes Interesse sei abzulehnen, wenn für den AG von vornherein erkennbar war, dass die Rechnung nicht prüffähig sei oder einzelne Positionen unzutreffend berücksichtigt wurden. Gleiches gelte, wenn er die mangelnde Prüffähigkeit gerügt habe (für den Tragwerksplaner KG, BGH IBR 2007, 1270; OLG Düsseldorf IBR 2007, 568). Im Ergebnis geht die Rechtsprechung aber weiterhin davon aus, dass entscheidend ist, ob der Bauherr auf die Schlussrechnung vertrauen durfte, dass er auch tatsächlich darauf vertraut hat und sich entsprechend „eingerichtet" hat (BGH IBR 2007, 81; BGH IBR 2009, 35; BGH IBR 2010, 397; OLG Frankfurt/BGH 2010, 338; KG/BGH NZBz. IBR 2014, 218). Ausnahmsweise kann sogar ein mit dem Preisrecht vertrauter Auftraggeber in seinem Vertrauen auf eine Honorarvereinbarung unterhalb des Mindestsatzes geschützt sein (BGH IBR 2012, 89, für den Fall einer entsprechenden ständigen Geschäftspraxis, IBR 2013, 91; 2012, 89; im Regelfall gilt dies aber nicht OLG Koblenz/BGH NZB. z. IBR 2013, 550 u. OLG München, für den Fall eines Großbauvorhabens, IBR 2013, 288). Die Beweislast in diesem Zusammenhang soll beim Auftraggeber liegen, d.h. dieser habe substantiiert und überzeugend vorzutragen, dass er sich auf die Höhe der Schlussrechnung i.S. der BGH-Rechtsprechung dahingehend „eingestellt" habe, dass ihm weitere Zahlungen nicht zumutbar seien (OLG Düsseldorf BauR 2007, 1767; für ein Pauschalhonorar OLG Köln, BGH BauR 2007, 132). Entsprechendes ist nicht zu verwechseln mit der Beweislast des Architekten dafür, dass eine Pauschal-Honorarvereinbarung zu einer Unterschreitung der Mindestsätze führt (OLG Frankfurt, Urt. v. 2.5.2013 – 3 U 212/11).

Ausnahmsweise soll der Architekt an eine Abrechnung selbst dann gebunden sein, wenn **309** er in der Folgezeit völlig unterschiedliche Rechnungen vorlegt (vier verschiedene!). Das Gericht hat insoweit unterstellt, dass sich die Parteien auf die erste Honorarabrechnung unabhängig von noch bestehenden Einzelstreitigkeiten geeinigt hätten. Manifestiert worden sei dies durch geleistete Teilzahlungen (OLG Saarbrücken IBR 2006, 1178) – dies darf nicht verallgemeinert werden – so wurde eine Bindungswirkung allein durch Zahlung einer Schlussrechnung abgelehnt (BGH Urt. v. 23.10.2008 – VII ZR 105/07); ebenso als der Auftraggeber die Prüffähigkeit mehrfach selbst gerügt hatte (KG BauR 2007, 1620). Im Ergebnis ist allein in der Erteilung einer Schlussrechnung, die die Forderungen nicht vollständig ausweist, regelmäßig kein Verzicht auf weitergehende Ansprüche zu sehen (KG/ BGH NZBz. IBR 2014, 218).

310   Hingegen lösen Abschlagsrechnungen nach Ansicht des BGH keinen Vertrauenstatbestand aus. Der Architekt tue insoweit nicht kund, bis zu diesem Zeitpunkt erbrachte Leistungen vollständig und endgültig abzurechnen (BGH NJW-RR 1996, 145). Anderes kann bei Teilschlussrechnungen gelten (Budde in Thode/Wirth/Kuffer § 25 Rn. 46; OLG Frankfurt NJW-RR 1988, 374). Mit dem Unterschied zwischen Abschlags- und Schlussrechnung befasst sich ein Urteil des OLG Köln. Auch eine vom Architekten als „Abschlagsrechnung" bezeichnete Rechnung könne eine „Schlussrechnung" darstellen. Dies sei der Fall, wenn sie aus Sicht des Auftraggebers abschließenden Charakter habe und sämtliche in Auftrag gegebenen und erbrachten Leistungen enthalte (OLG Köln IBR 2001, 264). Ein Honorar-Teilverzicht widerspricht den HOAI-Vorgaben (OLG Naumburg/BGH NZB. z. IBR-online 2013, 3841), etwas anderes gilt, wenn auf das gesamte Honorar – auch bedingt – verzichtet wird (BGH IBR 1996, 246).

311   Nach einer Entscheidung des OLG Frankfurt ist der Architekt auch dann an seine den Mindestsatz unterschreitende Rechnung gebunden, wenn er diese in Kenntnis der Mindestpreisbestimmung vornimmt (OLG Frankfurt NJW-RR 1994, 405). Eine solche Mindestsatzunterschreitung kann auch vorliegen, wenn entgegen § 22 HOAI (F. 1996), trotz konstruktiver und funktionaler Trennung nicht mehrere Gebäude zugrunde gelegt werden. Allerdings ist darauf abzustellen, ob das Gesamthonorar die Mindestsätze der Teilleistungen erreicht (BGH IBR 2012, 206). Ist der Ingenieur selbst Auftraggeber, soll er nicht auf eine Mindestsatzunterschreitung vertrauen dürfen (OLG Rostock/BGH NZB. z. IBR 2013, 753). Der Architekt kann nach einer Entscheidung des OLG Köln über Treu und Glauben an seine Schlussrechnung gebunden sein, wenn die zugrundeliegende Honorarvereinbarung wegen Unterschreitung der Mindestsätze der HOAI unwirksam ist (OLG Köln NJW-RR 1999, 1109). Eine Bindung des Architekten kommt nach dem OLG Oldenburg nicht in Betracht, wenn dieser eine vereinbarte Pauschalvergütung – ohne vorherige Rechnung – entgegennimmt (OLGR Oldenburg 1995, 168). Der Tragwerksplaner/Statiker ist nach Ansicht des OLG Hamm nicht an seine Honorarschlussrechnung gebunden, falls der Bauherr ihm zuvor die anrechenbaren Kosten nicht mitteilt (OLG Hamm IBR 1994, 244).

312   Bei Vorliegen einer unwirksamen Honorarvereinbarung unter den Mindestsätzen (fehlende Schriftform, Unterschreitung der Mindestsätze) könne der Architekt nach Ablauf eines längeren Zeitraumes sein Honorar gleichwohl nach den Mindestsätzen abrechnen. Er dürfe jedoch keinen Vertrauenstatbestand dahingehend geschaffen haben, dass er auf die höhere Vergütung verzichte. Allein das „Abwarten" mit der Abrechnung – auch über mehrere Jahre – reicht dem OLG Celle für einen solchen Vertrauenstatbestand nicht aus (OLG Celle IBR 2003, 258). Dem ist zuzustimmen. Die „zeitliche Grenze" für die Geltendmachung von bestehenden Honoraransprüchen wird durch die gesetzlichen Verjährungsvorschriften gesetzt. Eine bereits zuvor eingreifende „Verwirkung" allein durch Zeitablauf würde die Verjährungsregelungen unterlaufen (OLG Düsseldorf 2011, 646 u. OLG Frankfurt/BGH 2007, 430); anders das OLG Köln (Beschl. v. 22.8.2013 – 11 U 198/12), das das nötige Umstandsmoment bei einer Nichtgeltendmachung von ca. 8 Jahren bejaht hat.

313   Fraglich bleibt jedoch, ob der Architekt durch sein Verhalten eine vertragliche Pflichtverletzung begangen hat. Dies, weil er es unterlassen hat, den Auftraggeber über die ihm noch zustehende Vergütung aufzuklären. Zwar besteht nach herrschender Ansicht keine grundsätzliche Verpflichtung zur Aufklärung über die Höhe des Architektenhonorars. Jedoch muss der Architekt aufklären, wenn der Auftraggeber erkennbar von falschen Honorarvorstellungen ausgeht. Ein solcher Fall könnte vorliegen, wenn der Architekt mit dem Auftraggeber eine unwirksame Honorarvereinbarung abschließt. Wartet der Architekt dann auch noch „jahrelang" mit der Abrechnung, kann dies zur Annahme einer Pflichtverletzung führen. Allerdings ist auch dann die Frage zu stellen, worin der Schaden des Auftrag-

gebers liegt. Schließlich hätte er auch bei Aufklärung das gesetzliche Honorar zahlen müssen (verneint vom BGH als eine Honorarvereinbarung unter den Mindestsätzen unter keinem Gesichtspunkt zulässig gewesen wäre, BGH BauR 1997, 1062 = NJW-RR 1997, 1448).

Eine Bindungswirkung auch bei Unterschreitung der Mindestsätze wurde angenommen, **314** als der Auftraggeber die Rechnung ohne Beanstandung bezahlt und dem Architekten im Vertrauen auf die endgültige Abrechnung einen weiteren Auftrag erteilt hat (OLG München IBR 2007, 689). Etwas anderes soll gelten, wenn der Auftraggeber den Mindestsatzverstoß bei Abschluss der Honorarvereinbarung gekannt hat. Begründet wurde dies damit, dass derjenige, der bewusst selbst gesetzliche Regelungen umgeht, nicht schutzwürdig sei (KG IBR 2006, 624).

f) Honorarvereinbarungen

Nach § 7 Abs. 1 HOAI richtet sich das Honorar nach der schriftlichen Vereinbarung, die **315** die Vertragsparteien bei Auftragserteilung im Rahmen der in der HOAI festgesetzten Mindest- und Höchstsätze treffen. Wird eine solche Vereinbarung nicht getroffen, gelten die jeweiligen Mindestsätze als vereinbart (§ 7 Abs. 3 HOAI). Die Rechtsprechung sieht dieses Merkmal sehr strikt, d.h., selbst eine Vereinbarung in engem zeitlichem Zusammenhang mit der Auftragserteilung (die im Regelfall bereits mündlich oder konkludent geschehen ist), wird als nicht ausreichend angesehen (verspätet sieben Tage nach Auftragserteilung, OLG Düsseldorf BauR 1988, 766). Etwas anderes gilt, wenn die Honorarvereinbarung bereits vor der Beauftragung getroffen wurde. Der Zweck des Schutzes des Auftraggebers vor überhöhten Honoraren soll in diesem Fall gewahrt sein (OLG Rostock/BGH Urt. v. 27.11.2008 – VII ZR 211/07; a.A. OLG Bamberg IBR 2005, 550 u. OLG Braunschweig IBR 2006, 680).

Nicht ins Spiel kommen die Vorschriften der Abs. 1 und 5 des § 7 HOAI bei Teil- bzw. **316** Stufenbeauftragungen. Bei Letzterem muss allerdings deutlich sein, dass der Vertrag bzgl. der noch nicht „abgerufenen" Leistungsstufen zumindest für eine Partei gerade noch nicht verbindlich geschlossen ist. In diesen Fällen kann für die noch ausstehenden Leistungsteile unter Wahrung der Schriftform eine Honorarvereinbarung zu einem Zeitpunkt geschlossen werden, zu dem bereits Leistungen erbracht worden sind.

Die Schriftformerfordernisse der HOAI für bestimmte Honorarabreden können nicht da- **317** durch umgangen werden, dass HOAI-Leistungen in einen Projektsteuerungsvertrag gekleidet werden (OLG Hamm IBR 2008, 336). Auch stellt es eine Umgehung des § 7 Abs. 5 HOAI dar, wenn noch während der Laufzeit des Architektenvertrages Vergleiche über die Honorarhöhe geschlossen werden. Würde man eine Wirksamkeit annehmen, wäre ein Ziel der HOAI nicht erfüllt, wonach der Architekt während der Laufzeit des Vertrages gerade nicht eine „Drucksituation" gegenüber dem Bauherrn aufbauen können soll. Deshalb würde es auch eine Umgehung darstellen, wenn man diesbzgl. „fingiert", dass der Vertrag nun beendet sei und man im Vergleich eine Fortführung vereinbart. Etwas anderes soll gelten, wenn bereits vor Beendigung der Architektentätigkeit eine Vereinbarung über das ausstehende Honorar im Zusammenhang mit Gegenforderungen des Bauherrn getroffen wird (KG IBR 2007, 258; ebenso OLG Naumburg, BGH NZBz. Urt. v. 30.11.2007 – 1 U 86/06).

Die Höhe des Honorars kann zulässigerweise als Pauschale (Prozentsatz der nachgewie- **318** senen Baukosten) vereinbart werden. Allerdings gilt auch hier der Bestimmtheitsgrundsatz. Abgelehnt wurde deshalb eine Vereinbarung unter Bezugnahme auf „16% der anrechenbaren Kosten" für unwirksam angesehen, weil bei der HOAI 1996 noch verschiedene Kostenermittlungen galten (OLG Hamm, Urt. v. 23.6.2014 – 17 U 114/13 u. OLG Koblenz, Urt. v. 25.5.2012 – 10 U 754/11). Zulässig ist auch die Vereinbarung eines Erfolgshonorars (hier € 110 000,–) bzgl. des Ergebnisses der Überprüfung von Honorarabrechnungen eines dritten Architekten (BGH IBR 2007, 140). Eine Vereinbarung über ein zusätzliches Honorar im Falle einer Bauzeitverlängerung bedarf nicht der Schriftform – allerdings wird man hier nicht nur die Höhe der Mehrvergütung, sondern insbes. die Voraussetzungen, unter denen das zusätzliche Honorar gewährt wird, detailliert zu formulieren haben (OLG Koblenz, BGH IBR 2008, 523). Die Vereinbarung einer **Erfolgsprämie** zugunsten des Archi-

tekten für den Fall der Unterschreitung einer Baukostengarantie unterliegt nicht der Preis-
kontrolle der HOAI. Entsprechendes kann daher frei vereinbart werden (BGH, Urt. v.
22.11.2012 – VII ZR 200/10). Die Honorarregelung in einem Architektenvertrag, wonach eine *„Pauschalvergütung in Höhe von 16 Prozent der anrechenbaren Baukosten nach HOAI"*
zu zahlen sei, wurde als unzulässig angesehen (der Vertrag an sich blieb wirksam). Eine
solche Festlegung widerspreche dem Bestimmtheitserfordernis, da die anrechenbaren Kosten abhängig von den beauftragten Leistungsphasen bzw. dem Umfang der Architektentätigkeit seien. Die maßgeblichen anrechenbaren Kosten seien nicht konkret genug vereinbart (OLG Koblenz, BGH NZB z. Beschl. v. 23.1.2014 – VII ZR 167/12).

319   Treffen die Vertragsparteien in unzulässiger, d. h. nicht von der HOAI gedeckter Weise,
eine Vereinbarung über den Höchstsätzen oder unter den Mindestsätzen – Letzteres ist der
praxisrelevante Fall –, ist die Frage, was gilt. Gemäß dem Wortlaut des § 7 Abs. 5 HOAI
gilt dann, wenn keine Honorarvereinbarung getroffen worden ist – gemeint sein kann nur
eine wirksame Honorarvereinbarung – der Mindestsatz. Was geschieht nun in den Fällen,
bei denen der Architekt den Auftraggeber dadurch zur Auftragserteilung „lockt", dass er
zunächst mit ihm ein Honorar unter den Mindestsätzen vereinbart – später bei der Abrechnung allerdings auf oben Genanntes verweist bzw. darauf, dass es keinen von der
HOAI anerkannten Grund für die vereinbarte Unterschreitung der Mindestsätze gegeben
habe und deshalb ihm, dem Architekten, der Mindestsatz zustehe.

320   Eine wirksame Honorarvereinbarung unterliegt gemäß § 7 Abs. 5 HOAI drei Voraussetzungen:

1. Schriftform der Honorarvereinbarung
2. Vereinbarung „bei Auftragserteilung"
3. Honorar innerhalb der „Mindest- und Höchstsätze".

Haben die Parteien eine Vereinbarung getroffen, die insbesondere den dritten Punkt
nicht erfüllt, ist zu prüfen, ob der Architekt nach den Mindestsätzen abrechnen kann. Der
Gesetzeswortlaut spricht dafür. Frage ist allerdings, ob die oben geschilderten Grundsätze
zur Bindungswirkung an die Honorarschlussrechnung auch auf Honorarvereinbarungen
übertragen werden können. Es ist insoweit zu prüfen, ob sich der Architekt entgegen den
Grundsätzen von Treu und Glauben widersprüchlich verhält.

321   Der BGH hat in weitgehender Übernahme seiner Rechtsprechung zur Bindungswirkung an die Schlussrechnung eine Bindungswirkung auch an eine unwirksame Honorarvereinbarung (unter den Mindestsätzen) bei Vorliegen folgender fünf Kriterien bejaht. Diese müssen kumulativ vorliegen (BGH BauR 2000, 1512 = NZBau 2000, 473 u. OLG
Köln NJW-RR 2007, 455):

1. Widersprüchliches Verhalten des Architekten (abgelehnt als der Auftraggeber die Hono-
   rarvereinbarung von vornherein als unwirksam bezeichnet hat, OLG Oldenburg BauR
   2004, 526).
2. Der Auftraggeber hat auf die Wirksamkeit der Honorarvereinbarung vertraut (für das
   Gegenteil wird der Auftragnehmer die Beweislast haben. Frage ist allerdings, ob ein im
   Architektenrecht Bewanderter – z. B. ein Bauträger – hierauf überhaupt vertrauen kann.
   Auch für einen mit dem Preisrecht vertrauten Auftraggeber soll ein solches geschütztes
   Vertrauen in Betracht kommen (BGH IBR 2012, 89).
3. Im Zusammenhang mit der Ziffer 2. steht das weitere Kriterium, dass der AG auf die
   Wirksamkeit auch vertrauen durfte. Auch hier stellt sich die Frage, ob dies bei einem öffentlichen Auftraggeber oder einem in diesem Bereich regelmäßig tätigen Bauträger
   überhaupt denkbar ist (BGH IBR 2012, 89; OLG Köln NZBau 2005, 467).
4. Der Auftraggeber muss sich auf die Wirksamkeit der Honorarvereinbarung eingerichtet
   haben. Hier ist er vortragspflichtig (abgelehnt von der Rechtsprechung für die Ausführungen des AG, er habe seine Finanzierung darauf abgestellt, OLG Düsseldorf BauR
   2002, 510; bejaht, als nachgewiesen wurde, dass das vereinbarte Honorar Grundlage eines Förderantrags war, OLG Köln NJW-RR 2007, 455).
5. Die Zahlung der Differenz zwischen vereinbartem Honorar und Mindestsatz darf dem
   Auftraggeber nach Treu und Glauben nicht zumutbar sein. Auch dies wird er vorzutra-

gen haben (i. d. Sinne entschieden, als eine Baubetreuerin die Kalkulation der von ihr veräußerten Eigentumswohnungen an der die Mindestsätze unterschreitenden Honorarvereinbarung ausgerichtet hatte, BGH BauR 1997, 677 = NJW 1997, 2329; OLG Hamm BauR 2004, 643).

Sind die genannten Voraussetzungen kumulativ erfüllt, wird es bei einem Honoraranspruch des Architekten unter den Mindestsätzen bleiben (OLG Naumburg Urt. v. 10.10. 2013 – U 9/13). Gleiches wird für den Fall anzunehmen sein, dass der Architekt den Auftraggeber nachweisbar arglistig getäuscht hat. Dies ist dann der Fall, wenn er von vornherein – auch in Anbetracht der anders lautenden Vereinbarung – nach den Mindestsätzen abrechnen wollte (dazu BGH NJW 1993, 661 = BauR 1993, 239). **322**

g) Anspruch wegen Mehraufwand bzw. verlängerter Planungs- oder Bauzeit

In der Praxis stellt sich immer wieder die Frage, ob der Architektenschaft zusätzliche Vergütungsansprüche zustehen, wenn sich die Planungs- bzw. Bauphase „verlängert". Dass entsprechendes nicht diskutiert werden muss, wenn die Ursachen hierfür auf Architektenseite liegen, dürfte unstreitig sein. Was ist aber, wenn die Ursachen von außen kommen oder die Bauherrschaft Zusatzwünsche äußert? Sind damit Zusatzleistungen verbunden (z. B. wiederholende Grundleistungen etc.) richtet sich die Vergütungsseite nach den HOAI-Vorgaben, bzw. bei Leistungen außerhalb der HOAI, nach dem BGB. Angesprochen an dieser Stelle sind die Fälle, bei denen sich der Ablauf hinauszögert – bspw. weil Unterbrechungsphasen eintreten, z. B. die Objektüberwachung dauert 15 statt geplanter 8 Monate. In diesen Fällen stehen den Architekten im Regelfall keine zusätzlichen Ansprüche zu. Aus diesem Grunde ist vertragliche Vorsorge erforderlich. Diese geht bspw. dahin, dass vereinbart wird, dass das HOAI-Honorar für eine vorgesehene angemessene Durchführungsphase von x-Monaten gilt. Sofern die x-Monate um zwei Monate überschritten werden, soll dieser Puffer mitabgegolten sein. Nach Ablauf der zwei Monate soll der Architekt für jede zusätzliche begonnene Woche, sofern die Verlängerung nicht in seiner Sphäre begründet ist, ein Zusatzhonorar von € y erhalten. Bei entsprechenden Regelungen ist zu unterscheiden, ob allein die Verlängerungsphase vergütet werden soll oder ein tatsächlicher Mehraufwand (der nur in den seltensten Fällen gegeben sein wird). An den Gefahren dieser Unterscheidungsnotwendigkeit ist ein Architekt mit seiner Klausel für einen Mehraufwand vor dem KG gescheitert. Dieses hat wie folgt entschieden: *„Auf den für die Leistungserbringung erforderlichen Zeitaufwand kommt es für die Bemessung der Vergütung nicht an. Ein zusätzlich zu vergütender Mehraufwand liegt deshalb nicht schon dann vor, wenn die vom Architekten/Ingenieur geschuldeten Leistungen über einen längeren Zeitraum erbracht werden müssen; allein die Streckung des Leistungszeitraums reicht nicht aus"* (KG/BGH NZB. z. IBR 2012, 586).

h) Absicherung des Honoraranspruchs

aa) Bauhandwerkersicherungshypothek § 648 BGB

Das OLG Hamm hat sich mit der Frage befasst, ob der Entwurfsplaner seine Honoraransprüche durch eine **Bauhandwerkersicherungshypothek** im Sinne des **§ 648 BGB** absichern kann. Dies wird bejaht, wenn durch die Bebauung eine Wertsteigerung des Grundstücks eingetreten ist (OLG Hamm NJW-RR 2000, 971 = BauR 2000, 1087). Um kurzfristig seinen Honoraranspruch zu sichern, kann der Architekt/Ingenieur im Wege der einstweiligen Verfügung eine Vormerkung der Eintragung einer Bauhandwerkersicherungshypothek beantragen. Nach der Kündigung eines Werkvertrages seitens des Bestellers soll der Architekt Anspruch auf Eintragung einer Bauhandwerkersicherungshypothek **unabhängig von der tatsächlichen Wertsteigerung des Grundstückes** haben. Begründet wird dies damit, dass nach Kündigung der Vergütungsanspruch des Architekten die gesamte Vergütung erfasse (OLG Düsseldorf IBR 2007, 624). Diese Entscheidung widerspricht dem Schutzgedanken des § 648 BGB. **323**

Das OLG Karlsruhe hat die Frage, ob der Eintragung einer Architekten-Sicherungshypothek eine „Abmahnung" vorhergehen muss, dahingehend entschieden, dass bei einem **324**

Bestreiten des Honoraranspruchs der Architekt den Bauherrn ohne vorherige Abmahnung über eine einstweilige Verfügung auf Eintragung einer Vormerkung für eine Bauhandwerkersicherungshypothek in Anspruch nehmen könne (OLG Karlsruhe IBR 2003, 29). Das LG Köln bejaht ebenfalls die Sicherung des Honoraranspruchs des Architekten im Wege einer Bauhandwerkersicherungshypothek. Werden dem Architekten **Mängel** aus der Objektüberwachung entgegengehalten, so führe dies lediglich zu einer Kürzung des Honorars für die Leistungsphase 8 (LG Köln BauR 1995, 421). Gemäß § 648a Abs. 4 BGB ist der Anspruch auf Einräumung einer Sicherungshypothek i. S. des § 648 BGB ausgeschlossen, wenn der Unternehmer nach § 648a abgesichert ist (OLG Köln BauR 1996, 272).

bb) Bauhandwerkersicherung nach § 648a BGB

325   Auch Architekten/Ingenieure zählen zu dem von **§ 648a BGB** geschützten Personenkreis. Entscheidend ist insoweit, dass sie eine für das Vorhaben erforderliche geistige Leistung erbringen. Eine Planung muss insoweit weder umgesetzt sein noch sich im Bauwerk verwirklicht haben – keine Wertsteigerung (OLG Naumburg IBR 2014, 283). Problematisch kann die Festlegung des „voraussichtlichen Vergütungsanspruchs" sein. Der Grund liegt darin, dass die anrechenbaren Kosten für die Kostenermittlungen zu einem frühen Zeitpunkt (Vertragsabschluss) nur sehr unvollständig vorliegen. Teilweise wird hier auf die Kostenschätzung, teilweise auf den Kostenanschlag abgestellt. Letzteres erscheint zu spät, da der Architekt/Ingenieur auf diese Weise zu lange ungesichert ist. Dagegen spricht auch, dass ein Sicherungsanspruch in Höhe der **gesamten ausstehenden Werklohnforderung** nebst eines Puffers von 10% gegeben ist (§ 648a Abs. 1 S. 1 BGB). Die Sicherung umfasst auch Nachtragsforderungen, soweit nur deren Höhe streitig ist, nicht dagegen wenn sie dem Grunde nach strittig sind. Entgegengehaltene Mängel bleiben unberücksichtigt (OLG Karlsruhe IBR 2013, 1252). Der Anspruch besteht auch nach Kündigung des Architektenvertrages (KG IBR 2013, 1190).

Zu beachten ist, dass durch das Forderungssicherungsgesetz in § 648a BGB aus einer Obliegenheit ein klagbarer Anspruch auf Stellung einer Sicherheit wurde. Soweit dieser im Urkundsprozess durchgesetzt werden kann (bejahend Heiland IBR 2008, 493) kann nunmehr eine kurzfristige Möglichkeit des Anspruchstellers bestehen, die Bonität des Bestellers zu prüfen bzw. – durch Vollstreckung (ohne Sicherheitsleistung, § 708 Nr. 4 ZPO) – zu testen. Zu Recht wird deshalb davon gesprochen, dass hier ein sehr starkes Druckmittel für die Unternehmerseite (auch Architekten und Ingenieure) geschaffen wurde (Heiland IBR 2008, 493).

cc) Gesetz über die Sicherung von Bauforderungen (GSB) – Bauforderungs-SicherungsG

326   Das GSB stammt vom 1.6.1909. Derzeit in der Praxis zu berücksichtigen sind die Fassungen vom 5.10.1994 und 1.1.2009 (ab diesem Zeitpunkt heißt es Bauforderungs-SicherungsG – BauFordSiG). Gegenstand der Regelungen ist die Verwendung von Baugeld. Nach § 1 GSB ist dieses zur Befriedigung solcher Personen zu verwenden, die an der Herstellung des Baues aufgrund eines Werk-, Dienst- oder Lieferungsvertrages beteiligt sind. Eine anderweitige Verwendung ist nur bis zu einem Betrag statthaft, zu welchem der Empfänger den genannten Personen „andere Mittel" bereits hat zukommen lassen. Eine exakte Definition des Begriffes des **„Baugeldes"** ist in § 1 Abs. 3 des Gesetzes enthalten. Ziel der Regelung ist sicherzustellen, dass Gelder, die für eine Bebauung gewährt werden bzw. aufgenommen werden, auch tatsächlich für den „Bau" verwendet werden.

327   Für Architekten/Ingenieure ist von Bedeutung, dass auch sie zu den Baugläubigern zählen. Voraussetzung ist allerdings, dass ihre Leistung so eng mit dem Bauvorhaben verbunden ist, dass sich der Wert des Hausgrundstückes erhöht hat (OLG Dresden IBR 2005, 1283). Das Gesetz schützt somit Planungsleistungen und Koordinierungsleistung einschließlich der Objektüberwachung. Der „Baugeldempfänger" darf die für den Bau erhaltenen Mittel **nicht „am Bau vorbei" verwenden** – ausgenommen er hat diese Gläubiger bereits befriedigt. Eine Verfehlung des Empfängers der Gelder wird im Falle der Zahlungsunfähigkeit/Insolvenz mit Freiheitsstrafe bis zu fünf Jahren oder Geldstrafe bestraft. Voraussetzung ist, dass zum Nachteil der bezeichneten Gläubiger gehandelt wurde.

Bestraft wurde bis zum 31.12.2008 auch derjenige, der der bis zu diesem Zeitpunkt geltenden Pflicht zur Führung eines Baubuches nicht nachgekommen war (§ 2 GSB a. F.).

Die in § 1 GSB geforderte ordnungsgemäße „Verwendung des Baugeldes" wird als **328**
Schutzgesetz im Sinne des § 823 Abs. 2 BGB angesehen. Verstöße hiergegen werden als
unerlaubte Handlungen mit einer Schadensersatzpflicht geahndet. Das GSB ist durch die
Einführung des § 648a BGB, des „Bauhandwerkersicherungsgesetzes", nicht überflüs-
sig geworden. Dies insbesondere in den Fällen, in denen der Auftraggeber während der
Durchführung des Vorhabens in Insolvenz gerät – bevor der Auftragnehmer eine Sicherheit
erlangt hat. Abzustellen ist dabei allerdings nicht darauf, ob die Werkleistung bereits vollstän-
dig erbracht ist (so aber L/K/F Einl. Rn. 283). Entscheidend dürfte vielmehr allein die
Frage sein, ob der Auftragnehmer bereits eine Sicherheit erhalten hat. Das GSB hat seine
Bedeutung auch neben der Bauhandwerker Sicherungshypotheken-Regelung des § 648
BGB.

i) Rückforderung von Honorar

Erreicht der Architekt/Ingenieur nicht das vereinbarte Leistungsziel, unterliegt er Nich- **329**
terfüllungs- bzw. Nacherfüllungsansprüchen. Zur Frage, wie der Vertrag im Einzelnen beendet wird, ist auf die obigen Ausführungen zu verweisen. Hier wird die Frage gestellt, wie
eine „bis dahin" erfolgte Überzahlung rückabzuwickeln ist. So soll dem Architekt erhaltenes Honorar für die Genehmigungsplanung nicht zustehen, wenn die Genehmigungsfähigkeit des Objektes nicht erreicht wurde (OLG Oldenburg IBR 2007, 255). Zu beachten ist
die lehrreiche Entscheidung des OLG Düsseldorf vom 22.12.2011 (5 U 141/10). Danach
fällt auch bei mangelhafter Leistung das Honorar zunächst in voller Höhe an. Eine unmittelbare Kürzung erfolgt nicht. Schließlich muss dem AN ein Nacherfüllungsrecht eingeräumt werden. Dem Auftraggeber steht gegen die sonst fällige Leistung ein Zurückbehaltungsrecht oder – wenn nicht mehr erfüllt werden soll – die Möglichkeit der Aufrechnung
zu. Liegt eine Schlussrechnung vor, muss der Besteller nur vortragen, dass die von ihm geleisteten Abschlagszahlungen den ausgewiesenen Betrag übersteigen (OLG Karlsruhe, BGH
BauR 2007, 1770). Im Gegenzug muss der Architekt/Ingenieur nachweisen, warum ihm
überschießende Beträge zustehen sollen (OLG Oldenburg IBR 2007, 200). Nach altem
Recht wurde entschieden, dass ein entsprechender Rückzahlungsanspruch auch nach 6 ¼
Jahren noch nicht verwirkt sei – wenn der Architekt noch mit einer Überprüfung durch
den Rechnungshof rechnen musste (BGH NJW 1980, 880 = BauR 1980, 180). Nach
neuer Rechtslage beträgt die Frist nun 3 Jahre ab und zum Jahresultimo. Dies erfordert ein
Umdenken in den Rechnungshöfen. Werden diese rechtzeitig tätig, kann sich der Architekt nicht auf Entreicherung dahingehend berufen, er habe das Geld in sein Büro inves-
tiert. Ebenso wenig kann er entsprechende Rückzahlungsfristen formularmäßig verkürzen
(OLG Naumburg, BGH IBR 2007, 690).

j) Verjährung der Vergütungsansprüche

Literatur und Rechtsprechung waren sich lange nicht einig in der Beurteilung der Frage, **330**
ob der Verjährungsbeginn des Honoraranspruches von den Voraussetzungen des § 15
HOAI (Fassung 2009) oder „nur" den BGB-Voraussetzungen abhängt. Es handelt sich um
die Frage der **Fälligkeit.** Nur eine fällige Forderung kann verjähren. § 15 HOAI fordert
für das Fälligwerden des Honoraranspruches gerade das Ausstellen einer prüfbaren Schlussrechnung und deren Zugang. Der Bundesgerichtshof nimmt bis jetzt eine Wirksamkeit
dieser Regelung an und geht deshalb in ständiger Rechtsprechung davon aus, dass die Verjährung des Honoraranspruchs erst mit dem Schluss des Jahres beginnt, in dem die ordnungsgemäße Rechnung zugegangen ist (BGH BauR 1991, 489; BGH NJW-RR 2000,
386; BGH IBR 2001, 494). (Zu beachten ist, dass die Honoraransprüche von Architekten/
Ingenieure aus Verträgen, die vor dem 1.1.2002 geschlossen wurden, in zwei und nicht in
drei Jahren [wie seit dem 1.1.2002] verjähren). Eine Verwirkung eines Honoraranspruchs
wurde angenommen, als der Architekt vier Jahre nach Beendigung des Projekts eine Abrechnung ankündigte, danach jedoch weitere neun Jahre untätig blieb (OLG Hamm, BGH
NZB. z. IBR 2012, 403).

331   Was die Prüfbarkeit der Rechnung angeht, ist auf die bereits zitierte Entscheidung des Bundesgerichtshofes v. 23.9.2004 zu verweisen (BGH IBR 2004, 675). Danach wird der Werklohn auch dann fällig, wenn eine Rechnung objektiv nicht prüffähig ist, der Auftraggeber aber nicht binnen eines Monats nach Zugang der Schlussrechnung nachvollziehbare Einwendungen erhebt. Es findet in der Folge nur noch eine Sachprüfung statt, d. h. die Prüfung, ob die Forderung berechtigt ist.

III. Bedeutung des Generalplaners

1. Generalplaner

a) Begriff des Generalplaners

332   Der Architektenvertrag ist geprägt von einem Nebeneinander der Vertragsbeziehungen zwischen Bauherrn und Architekten sowie zwischen Bauherrn und Sonderfachleuten wie Statikern, Fachingenieuren, Innenarchitekten und Bodengutachter *(siehe allgemein oben Einführung, 3. d) Generalplanung; Korbion, Generalplaner und Subplaner, 2014)*. Der **Generalplaner** ist vergleichbar mit dem Generalunternehmer. Während der Generalunternehmer sämtliche Bauleistungen zu erbringen hat, ist es Aufgabe des Generalplaners, alle notwendigen Architekten- und Ingenieurleistungen zu erbringen. Der Generalplaner führt selbst Teilleistungen aus, zumeist die Architektenleistungen für das Gebäude. Die weiteren notwendigen Leistungen für die Erstellung des Bauwerkes, z. B. die Tragwerkplanung, die technische Gebäudeausrüstung, der raumbildende Ausbau, die Baugrundbeurteilung und die Erstellung des Wärme- und Schallschutznachweises wird dann vom Generalplaner Ingenieurbüros übertragen, die als Subplaner tätig sind. Bei der Auftragserteilung an einen Generalplaner besteht zwischen diesem und dem Bauherrn Einigkeit darüber, dass der beauftragte Generalplaner einen Teil der Leistungen im eigenen Namen an Sonderfachleute weiter vergibt. Der Bauherr hat dadurch einen Vorteil, dass er es nur mit einem Vertragspartner zu tun hat. Sämtliche Leistungen sind ihm gegenüber vom Generalplaner zu erbringen, folglich haftet der Generalplaner für alle Fehlplanungen, gleichgültig ob sie von ihm selbst stammen oder von den durch ihn eingeschalteten Subplanern. Es besteht zwischen Bauherrn und Generalplaner ein Vertragsverhältnis, nicht aber zwischen Bauherrn und Sonderfachmann. Bei einem Mangel, der auf einen Planungs- und Überwachungsfehler zurückzuführen ist, haftet dem Bauherrn gegenüber immer der Generalplaner. Im Gegenzug hat der Generalplaner alleine Honoraransprüche gegenüber dem Bauherrn. Ein Risiko ist dabei, wenn der Bauherr das dem Generalplaner zustehende Honorar trotz Fälligkeit nicht zahlt, so kann andererseits der Subplaner von dem Generalplaner das ihm zustehende Honorar verlangen, da die Zahlung dessen Honorar nicht abhängig ist von der Zahlung des Honorars vom Bauherrn an den Generalplaner (**grundsätzlich** zum Generalplaner: *Korbion, Generalplaner und Subplaner, 2014;* auch Kehrberg, BauR 2001, 1824; Wenner, BauR 1998, 1150; siehe auch Generalplanung, BdA 1998, Einleitung und Arbeitshilfen; zur erhöhten Anforderung des Architekten nach den neuen Grundleistungen, siehe Werner/Siegburg, BauR 2013, 1499).

333   Nicht zu verwechseln ist der Generalplaner mit demjenigen, der die Architekten- und Ingenieurleistungen **koordiniert.** Das ist üblicherweise der Architekt. Er muss die entsprechende Integration der verschiedenen Planungsleistungen vornehmen. Ein Generalplaner ist der Architekt nur dann, wenn er alleine einen direkten Auftrag vom Bauherrn hat, alle Architekten- und Ingenieurleistungen für das konkrete Bauvorhaben zu erbringen. Hat der Bauherr seinerseits eigene Verträge mit den Sonderfachleuten abgeschlossen, ist der Architekt gerade nicht Generalplaner OLG Dresden, BauR 2007, 1050). Die HOAI 2013 hat nun durch die Erweiterung der Termin- und Koordinationsaufgaben des Planers in den jeweiligen Leistungsphasen eine weitere Tätigkeitserweiterung des Architekten in Richtung „generalplanerische Aufgaben" dargestellt (dazu Korbion, Generalplaner und Subplaner, 2014; Werner/Siegburg, BauR 2013, 1499 ff.).

334   Der Generalplaner kann die Leistung durch sein Architekturbüro bzw. seine Planungsgesellschaft mit Hilfe von Subunternehmern erbringen oder sich mit den Sonderfachleuten in einer **ARGE (Arbeitsgemeinschaft)** zusammenschließen. Bei einer ARGE schließen

sich verschiedene Architekten- und Ingenieurbüros in der Weise zusammen, dass selbständige Architekten, Statiker, Fachingenieure oder Bodengutachter gemeinsam gegenüber dem Bauherrn für ein bestimmtes Bauwerk, jeder doch für sich allein genommen, die entsprechende Leistung erbringt. Der Bauherr hat das **Honorar** an die ARGE zu zahlen. Unterläuft einem ARGE-Partner ein **Mangel haften** die anderen ARGE-Partner gegenüber dem Bauherrn **gesamtschuldnerisch.** Die ARGE ist eine **Gesellschaft bürgerlichen Rechts** (GbR) gem. §§ 705 ff. BGB, die nach der Rechtsprechung auch rechtsfähig ist (BGH, Urt. v. 15.7.1997 – XI ZR 154/96, BGHZ 136, 254 = NJW 1997, 2754). Aufgrund der umfassenden persönlichen Haftung eines jeden Gesellschafters der ARGE, sofern die einzelnen Gesellschafter nicht in der Rechtsform einer GmbH oder GmbH & Co KG organisiert sind, trifft den Gesellschafter eine unbegrenzte Haftung. Anders sieht dies aus, wenn die einzelnen ARGE-Partner jeweils in Form von Kapitalgesellschaften, insbesondere von Gesellschaften mit beschränkter Haftung errichtet sind. Alternativ zu einer ARGE im Sinne einer Gesellschaft bürgerlichen Rechts kann auch für ein bestimmtes Objekt eine **GmbH** gegründet werden, an der die verschiedenen Architekten und Ingenieure Gesellschafter sind. Diese Generalplaner-GmbH kann die Leistungen durch ihre Gesellschaft erbringen oder sie kann auch Subingenieure beauftragen.

Eine weitere Möglichkeit der Zusammenarbeit stellt auch der **Konsortialvertrag** dar.　335 Dabei werden die Arbeitsleistungen der einzelnen Planer in eine gesellschaftliche Struktur eingebaut. Werkvertraglich hat der Bauherr es nicht mit einem Generalplaner zu tun, sondern mit einer Gesellschaft, die als Gemeinschaft agiert, aber sämtliche Leistungen zur gesamten Hand erbringt und ein Gesamthandsvermögen bildet, das auch zur Nachschusspflicht nach § 735 BGB verpflichtet. Die Honorare werden gemeinschaftlich verwaltet und darüber entschieden, wer entsprechend seinen vertraglichen Anteilen, das von ihm zumindest unter den Mindestsätzen vereinbarte und erreichte Honorar erhält. Die Ausschüttung der Honorare und die Einwendungen des Bauherrn gegen die Höhe des Honorars ist in diesen Verhältnissen nicht zum Nachteil der anderen Beteiligten durchzusetzen (weil jeder seinen Mindestsatz erhält) und auch nicht gem. § 307 BGB unwirksam.

b) Der Vertrag zwischen Bauherren und dem Generalplaner

Der Vertrag zwischen dem Generalplaner und dem Bauherrn ist ein Werkvertrag. Der　336 Generalplaner schuldet nicht das Bauwerk selbst als körperliche Sache. Dies bedeutet, dass der Generalplaner als Erfolg eine dauerhaft genehmigungsfähige Planung bezüglich aller Architekten- und Ingenieurleistungen sowie das Erstellen eines vertraglich vereinbarten Bauwerks schuldet. Weiterhin muss der Generalplaner, wie bei jedem Architekten- und Ingenieurvertrag darauf achten, dass die zu erbringenden Leistungspflichten genau beschrieben sind. Damit ist der Generalplanervertrag auch risikobehaftet (hierzu Locher in FS Motzke, S. 221 ff.).

Die Höhe des Honorars richtet sich nach den anrechenbaren Kosten und den zwischen　337 den Parteien zulässigerweise vereinbarten Honorarsätzen zwischen Mindest- und Höchstsatz (BGH, BauR 1997, 129). Wesentlich in Vertragsbeziehungen mit dem Bauherrn ist für den Generalplaner, dass er ein ausreichendes Honorar unter Berücksichtigung der Mindestsätze der HOAI erhält, damit er nicht unter Umständen mehr Honorar an die Subplaner ausbezahlen muss, als er für deren Teilleistungen erhält. Dabei ist von Bedeutung, dass der Subingenieur gegenüber dem Generalplaner berechtigt ist, nach den Mindestsätzen der HOAI abzurechnen. Da die HOAI zwingendes Preisrecht ist, ist eine Honorarvereinbarung unterhalb der Mindestsätze unwirksam.

Im Hinblick auf Mängel und Schäden muß der Generalplaner Vorsorge treffen, dass eine　338 ausreichende Versicherung besteht. Dabei muss der Generalplaner nicht nur seine eigene Leistung versichert haben, sondern auch die Leistung des Subplaners muss ausreichend versichert sein.

c) Grundlage des Generalplanervertrages

Für den Generalplanervertrag gibt es keine spezielle gesetzliche Regelung. Für den Ab　339 schluss des Generalplanervertrages besteht grundsätzlich **Vertragsfreiheit.** Aus Beweis-

gründen sollte der Vertrag schriftlich abgeschlossen werden. Formvorschriften sind zu beachten, wenn Verträge zwischen Generalplaner und Kommunen oder der evangelischen
bzw. katholischen Kirchen abgeschlossen werden. Auch bei anderen Konfessionen oder
Glaubensrichtungen gibt es zu beachtende Formvorschriften und Vertretungszwänge. Die
Formvorschriften ergeben sich für die katholische Kirche aus dem Vermögensgesetz vom
24.7.1924 (OLG Hamm, BauR 1998, 752). Bei Abschluss eines Vertrages mit der katholischen Kirche bedarf es der erzbischöflichen Genehmigung (KG, IBR 2001, 674). Für die
evangelische Kirche folgen die Formvorschriften aus den entsprechenden Landeskirchenge-
setzen, wobei die Genehmigung der jeweiligen Landessynode erforderlich ist. Generalpla-
nerverträge mit Kommunen sind nach den Gemeindeordnungen des betreffenden Bundeslandes schriftlich abzufassen und die Unterschrift des Bürgermeisters unter Beifügung
seiner Amtsbezeichnung und des Dienstsiegels müssen auf dem Vertrag vorhanden sein
(BGH, BauR 1994, 363 = NJW 1994, 1528). Ist diese Form nicht eingehalten, ist die seitens der Gemeinde abgegebene Erklärung gegenüber dem Generalplaner wegen Überschreitung der Vertretungsmacht bis zur Genehmigung oder Ablehnung der Genehmigung
schwebend unwirksam.

340   Unwirksam ist ein Generalplanervertrag auch, der gegen das **Koppelungsverbot**
Art. 10 § 3 MRVG verstößt. Ein freischaffender Architekt, auch wenn er Generalplaner ist,
darf keinen Generalplanervertrag abschließen, der im Zusammenhang mit dem Verkauf des
Grundstückes, auf welchem das zu planende Bauwerk errichtet werden soll, steht. Verkauft
der Generalplaner das Grundstück und schließt er zugleich mit dem Erwerber einen Generalplanervertrag bezüglich der Planung dieses Grundstückes ab, ist der Generalplanervertrag
unwirksam. Der Grundstückskaufvertrag hingegen behält seine Wirksamkeit.

Das Koppelungsverbot nach § 3 des Ges. zur Regelung von Ingenieur- und Architektenleistungen (ArchLG) greift auch dann ein, wenn ein Unternehmen im Einzelfall mit
isolierten Architektenleistungen in Konkurrenz zu Architekten und Ingenieuren tritt. Die
gesetzgeberische Absicht, den Leistungswettbewerb vor Manipulationen und das freie
Wahlrecht des Bauwilligen hinsichtlich des Ingenieurs oder Architekten seines Vertrauens
zu schützen, gebietet die Anwendung des Koppelungsverbotes in einem solchen Fall auch
dann, wenn das Unternehmen ansonsten auf anderen Geschäftsfeldern tätig ist. Das Koppelungsverbot greift nur dann ein, wenn das Unternehmen von einem Architekten oder Ingenieur beherrscht wird. Dabei ist der entscheidende Einfluss des Geschäftsführers auf die
laufenden Geschäfte nicht geringer zu gewichten als die den Gesellschaftern vorbehaltenen
Entscheidungsbefugnisse (OLG Hamm, Urt. v. 21.2.2014 – 12 U 88/13).

341   Unwirksam ist ein Generalplanervertrag, wenn er gegen das **Rechtsberatungsgesetz**
bzw. **Rechtsdienstleistungsgesetz** verstößt. Nach Art. 1 § 1 RBerG/§ 1 RDG darf
Rechtsberatung nur von Personen ausgeübt werden, welchen hierzu von den zuständigen
Behörden eine Erlaubnis erteilt worden ist. Der Generalplaner zählt nicht zu denjenigen
Personen, denen eine Erlaubnis erteilt werden kann. Der Generalplaner darf nach Art. 1
§ 5 RBerG/§ 5 RDG rechtliche Beratungen nur als Neben- oder Annextätigkeit zu den
von ihm erbrachten Leistungen erbringen. Zur Vorbereitung oder Ausarbeitung von Bauverträgen ist der Generalplaner nicht berechtigt. Eine dahingehende Tätigkeit verstößt gegen das Rechtsberatungsgesetz/Rechtsdienstleistungsgesetz (BGH, NJW 2001, 70). Auch
Beratungsleistungen im Zusammenhang mit der Auswahl des Notars, dessen Beauftragung,
die Abstimmung der nötigen Unterlagen und Einholung baurechtlicher Genehmigungen
können einen Verstoß gegen das Rechtsberatungsgesetz darstellen, mit der Folge, dass der
Vertrag nichtig ist (OLG Dresden, Urteil vom 17.2.1999 – 6 U 968/95; BGH, BauR
2000, 743).

342   Die vom Generalplaner zu erbringenden Architekten- und Ingenieurleistungen sind im
Vertrag bezüglich des **Leistungsgegenstand**es und genau zu bezeichnen und damit zu
vereinbaren. Gegenstand der Generalplanung können sein: Objektplanung für Gebäude;
Leistungen des raumbildenden Ausbaus; Tragwerksplanung; technische Gebäudeausrüstung; Baugrundbeurteilung und Gründungsberatung; Wärmeschutz- und Schallschutznachweis; Vermessung. Leistungen, die nicht dem Berufsbild des Architekten bzw. dem des
Sonderfachmannes entsprechen, sollte der Generalplaner grundsätzlich nicht übernehmen.

Hierunter fallen insbesondere Leistungen des Projektsteuerers im Bereich Kosten und Finanzierung. Derartige Tätigkeiten, die mit dem Leistungsbild des Generalplaners nur schwer in Übereinstimmung zu bringen sind, sind kaum versicherbar. Zu unterlassen ist eine Bezugnahme auf die entsprechenden Leistungsbilder der HOAI, da die HOAI nur Preisrecht regelt und kein Vertragsrecht beinhaltet (BGH, BauR 1997, 129). In dem Vertrag sollte im Einzelnen genau geregelt sein, welcher Umfang von Planungsleistungen und auch welcher Umfang bezüglich der Objektüberwachung geschuldet sind. Dabei sollte auch darauf geachtet werden, dass möglichst genau das zu planende und zu errichtende Bauwerk beschrieben wird. Soweit es bei Vertragsabschluss schon möglich ist, sollten neben der Nutzungsart auch die Größe des Objektes, die maximalen Baukosten, die Leistungsziele in technischer und wirtschaftlicher Hinsicht und die Ausstattungsanforderungen festgelegt werden. Im Vertrag ist zu regeln, in welchem Umfang Subplaner eingesetzt werden dürfen. Wenn es sich um Leistungen handelt, die auch vom Generalplaner erbracht werden können, sollte dieser sich vorsorglich die Genehmigung erteilen lassen, diese Leistungen auch durch Subplaner ausführen zu lassen. Daher sollten die einzelnen Subplaner im Vertrag aufgeführt und die Befugnisse des Generalplaners geregelt werden. Insbesondere sollte auch das Urheberrecht an den jeweiligen Planungsleistungen geregelt werden. Der Bauherr wiederum sollte vereinbaren, ob er die Verträge der Subplaner vorgelegt erhält. Auch die Abtretung der Ansprüche des Generalplaners gegenüber seinen Subplanern ist zu regeln. Weiterhin sollten Fristen festgeschrieben werden, zu denen die entsprechenden Planungen vorliegen müssen. Stehen die Subplaner bei Vertragsabschluss noch nicht feststehen, besteht auch die Möglichkeit, dass der Bauherr sich ein Mitspracherecht bei der gemeinsamen Beauftragung der Subplaner einräumen lässt.

d) Honorarfragen

Das dem Generalplaner zustehende Honorar folgt aus der vertraglichen Vereinbarung **343** und hält sich **exakt im Rahmen der Vorgaben und Möglichkeiten der HOAI,** also wie bei einem Einzelarchitekt. Der Generalplaner kann ein Honorar zwischen den jeweiligen Mindest- und Höchstsätzen nach der HOAI vereinbaren. Einen Generalplanerzuschlag, wenn dieses in der Praxis überhaupt durchsetzbar ist, kann der Generalplaner mit dem Bauherrn nur im Rahmen der Mindest- und Höchstsätze vereinbaren. Zu beachten ist dabei, dass der Rahmen durch § 6 Abs. 1 und 2 gesteckt ist. Unter- oder Überschreitungen sind nur im Rahmen des § 7 machbar. Ob hier ein Rahmen von 5 % bis 9 % anzusetzen ist, muss bezweifelt werden, weil die kalkulatorischen Kosten hier meist niedriger liegen (so aber Jochem, 4. Aufl., § 1 Rn. 9). Ob hier § 7 Abs. 3 anzuwenden ist, hängt vom tatsächlichen Aufwand des Generalplaners ab. Es handelt sich nämlich im Regelfall nicht um Architektenleistungen, abgesehen von Prüfungs- und Koordinationsleistungen. Der Abschlag der die Mindestsätze beim Subplaner reduziert, wird aber im Rahmen einer Ausnahmesituation im Vertragsverhältnis zwischen Generalplaner und Subplaner zu suchen sein. Bei objektiver Betrachtung der Vertragssituationen, wird es jedoch nicht anders sein, als im Verhältnis der Direktbeauftragung des Bauherrn mit dem Subplaner; die Leistungen sind im Regelfall gleich. Dann scheidet auch § 7 Abs. 3 aus (a. A. Locher/Koeble/Frik, Einl. Rn. 367; Frechen, FS Jagenburg, S. 201 ff.; Rauch, BauR 2006, 1662). Zu beachten ist in diesem Zusammenhang die Rechtsprechung des BGH, der im Rahmen des § 7 Abs. 3 auch bei ständigen Geschäftsbeziehungen eines ausländischen Tragwerksplaners keinen Ausnahmefall für die Unterschreitung von Mindestsätzen bei einem Subplanervertrag sieht. Selbst, wenn enge wirtschaftliche Beziehungen bestehen, kann daraus nicht hergeleitet werden, daß auch bei lange dauernderen Beziehungen solcher Art ein Ausnahmefall liegt (BGH, Urt. v. 27.10.2011, VII ZR 163/10). Die gilt gerade auch bei Rahmenverträgen und verstößt daher gegen den Verordnungszweck (BVerG, IBR 2005, 688). Diese Rechtsprechung im Verhältnis des Generalplaners und des Subplaners ist daher auch und insbesondere bei den Vertragsgestaltungen zum Honoraransatz zwischen dem Generalplaner und dem Auftraggeber zu beachten. Der Generalplaner wird im Rahmen der Gewinnermittlung seiner eigenen Tätigkeit insoweit zunächst eine Risikoanalyse zu erstellen haben und sodann die Möglichkeiten auszuloten haben, ob und wie er keine Mindestsätze, sondern Mittel- oder Höchstsätze vereinbaren kann (hierzu im Einzelnen: Korbion, Generalplaner und Subplaner, 2014).

Allerdings: Der Generalplaner wird auch weiterhin in der HOAI 2013 nicht genannt (siehe auch *Korbion, Generalplaner und Subplaner, 2014*). Das Gutachten zum Aktualisierungsbedarf zur Honorarstrukur der HOAI von 12/2012 im Auftrag des Bundesministeriums für Wirtschaft und Technologie erwähnt den Generalplaner unter Ziffer 10 ff. mit dem Hinweis auf eine adäquate Erhöhung des Leistungshonorars, gibt jedoch keine konkreten Hinweise auf eine Umsetzung, die der Verordnungsgeber dann auch unterlassen hat. Aus der Historie und dem Aufbau der §§ 7 Abs. 3, 8 Abs. 2 und 3 HOAI 2013 ergibt sich unter Berücksichtigung des § 34 Abs. 2 i. V. m. Anlage 10.1 HOAI und den entsprechenden Vorschriften in den Fachplanerteilen ein Hinweis auf die richtige Einordnung eines Honorars der Generalplaners. Dabei handelt es sich **nicht um ein gesondert zu vereinbarendes Honorar nach § 8 Abs. 3 HOAI,** sondern über § 8 Abs. 2 und Abs. 3 HOAI 2013 um ein **automatisch geltendes Honorar,** welches zusätzlich zu den Teilhonoraransprüchen aus den Leistungsphasen in der Schlussrechnung zu berücksichtigen ist und nach §§ 315, 316, 319 BGB berechnet werden kann. Dabei können anteilige prozentuale Einordnungen, die aus der *Siemon-Liste* abgeleitet werden, einen Anhaltspunkt bilden. Werden sie nicht angesetzt, besteht die Gefahr der **Mindestsatzunterschreitung** durch Verstoß gegen §§ 7 Abs. 3, 8 Abs. 2 und 3 HOAI. Eine Übersicht der anzusetzenden prozentualen Anteile hat *Korbion* in der FS für Jochem, Seiten 85, 95/96 dargestellt und begründet.

Die Vereinbarung eines Pauschalhonorars im Generalplanervertrag ist zulässig. Voraussetzung ist jedoch, dass das Pauschalhonorar zwischen den Mindest- und Höchstsätzen der HOAI liegt. Im Übrigen gilt, dass der Generalplaner, wenn er den Mindestsatz erhält, er gezwungen ist, mit dem Subplaner auch den Mindestsatz der HOAI zu vereinbaren. Das bedeutet, dass er für die Leistung des Subplaners keine Koordinationskosten erhält und zum anderen auch für die Leistung des Subplaners haftet. Dass die HOAI auch zwischen Generalplanern und Subplanern Anwendung findet, ist ständige Rechtsprechung (BGH, BauR 1985, 592, BGH, BauR 1997, 677; KG, Urt. v. 13.4.2010 – 21 U 191/08). Beruft sich der Subplaner allerdings auf eine Unterschreitung der Mindestsätze und sodann auf deren Einhaltung und Neuberechnung, so wurde dies bisher abgelehnt (OLG Nürnberg, NJW-RR 2003, 1326; OLG Stuttgart, BauR 2003, 1425). Dies ist unzutreffend, weil eine unwirksame Honorarvereinbarung durchaus das **Vertrauen** beim Bauherren ergeben kann (BGH, BauR 1997, 677). Der Bauherr kann sich dennoch auf seine Schutzwürdigkeit zurückziehen, wenn er darlegt, dass er auf die Wirksamkeit und die Durchführung vertraute und nicht nachträglich damit konfrontiert werden wollte. Das ist regelmäßig der Fall, denn der Generalplaner vertraut darauf, dass der Subplaner bei und nach Abschluss des Vertrages eben nicht sich auf die unwirksame Honorarvereinbarung beruft und weiteres Honorar fordert, ansonsten hätte er einen anderen Vertrag geschlossen (BGH, BauR 2006, 554, OLG Koblenz, BauR 2006, 551; BGH, Urt. v. 8.3.2012 – VII ZR 195/09 zu Pauschalvertrag der Mindestsatz bei TGA-Planer erheblich unterschreitet).

344   Der BGH hat aber insbesondere bei Subplanerverträgen klargestellt, dass es einem Ingenieur in Ausnahmefällen nach Treu und Glauben untersagt ist, nach Mindestsätzen abzurechnen, wenn er durch sein Verhalten ein besonderes Vertrauen des Auftraggebers dahin erweckt hat, er werde sich an die unter dem Mindestsatz liegende Pauschalvereinbarung halten (BGH, Urt. v. 27.10.2011 – VII ZR 163/10). Zudem ist zu beachten, dass § 7 Abs. 3 und § 4 Abs. 2 a. F. zwar inhaltsgleich sind, jedoch die Unterschreitung der Mindestsätze jetzt vor dem Hintergrund der Baukostenvereinbarungsmodelle in § 6 durchaus in einem neuen Licht erscheinen müssen und durch sogar die Ausnahmetatbestände zu erweitern sind. So dürfte der BGH in der Entscheidung VII ZR 163/10 vom 27.10.2011 zu verstehen sein, denn er deutet an, dass ein solcher Vertrag dem Planer als Kompensation für die Mindestsatzunterschreitung sonstige Vorteile bringen müsse. Der Gedanke ist danach wohl so einzuordnen, dass die Unterschreitung die Gefahr unauskömmlicher Honorierung berge und zu minderer Leistung verführen würde, was mit dem Verordnungszweck nicht in Einklang stünde (BVerfG, IBR 2005, 688). Daher hat der BGH einen Ausnahmefall auch deswegen abgelehnt, weil eine enge wirtschaftliche Beziehung nicht daraus hergeleitet werden können, dass ein Fachingenieur als Subplaner über längere Zeit erhebliche vertragliche und finanzielle Vereinbarungen unter dem Mindestsatz ausführte (s. o. zu Generalplanerhonorar; BGH, a. a. O.). Die Mindestsatzunterschreitung ist also dabei auch unwirksam und nicht nach § 7 Abs. 3 ein Ausnahmefall.

Allerdings können andererseits auch Honorarvereinbarungen erfolgen und sind über § 3 **345** Abs. 3 i. V. m. § 34 Abs. 4 i. V. m. Anhang 10.1 – rechte Spalte – möglich. Diese **Koordinierungsleistungen** des Generalplaners sind als **Besondere Leistungen** zu vereinbaren (so auch Werner/Pastor, Rn. 785; Locher/Koeble/Frik, Einl. Rn. 370).

Nicht möglich sind allerdings sog. „Durchstellungsklauseln" wonach die Zahlung erst **346** erfolgt, wenn der Bauherr zahlte, weil sie an § 307 Abs. 2 Nr. 1 BGB scheitern (z. B. „pay when paid"; OLG München, Urt. v. 25.1.2011 – 9 U 1953/10). Das gilt erst recht, wenn die Verzinsung zudem ausgeschlossen wird (OLG München, a. a. O.).

Zur Fälligkeit des Honorars kann auf § 641 Abs. 2 S. 1 BGB zurückgegriffen werden **347** (OLG Celle, BauR 2009, 1754; LG Magdeburg, BauR 2009, 1340). Durch diese Regelung kann auch widersprüchliches Verhalten des Generalplaners zu Lasten des Subplaners ausgeschlossen werden. Rechnet der Generalplaner gegenüber dem Auftraggeber Leistungen des Subplaners aus Nachträgen ab, so hat der Generalplaner diese Nachträge grundsätzlich auch gegenüber dem Subplaner zu vergüten (LG Magdeburg, a. a. O.).

Neben der Honorarhöhe muss auch die **Fälligkeit** der einzelnen **Honorarabschläge** **348** im Vertrag geregelt werden. § 15 Abs. 2 bestimmt, dass der Generalplaner Abschlagszahlungen in angemessenen zeitlichen Abständen für nachgewiesene Leistungen fordern kann. Wenn somit auch Abschlagszahlungen ohne ausdrückliche Vereinbarungen verlangt werden können (BGH, NJW 1981, 2351; OLG Celle, NZBau 2000, 296), sollte dennoch im Vertrag ein entsprechender Zahlungsplan für die Abschlagszahlungen enthalten sein. Dieser Zahlungsplan ist anzulehnen an bestimmte erbrachte Leistungen und nicht an Termine, da ansonsten aufgrund einer Terminverschiebung der Zahlungsplan gegen § 15 Abs. 2 HOAI verstoßen könnte, wenn Geld gefordert wird für eine Leistung, die noch nicht erbracht ist. Bei Vereinbarung entsprechender Zahlungsmodalitäten ist auch gewährleistet, dass bei lang andauernden Leistungsphasen (Objektüberwachung) entsprechende Abschlagszahlungen auch während der Bauausführung vom Generalplaner gefordert werden können.

e) Fristen und Vertragsstrafe

Termine und Fristen können im Generalplanervertrag, wie im Architektenvertrag ver- **349** einbart werden. Damit sichergestellt ist, dass die Planungen durch den Generalplaner fristgemäß erfolgen, müssen im Vertrag verbindlichen Zwischen- und Fertigstellungsfristen vereinbart werden. Von besonderer praktischer Bedeutung sind insbesondere Zwischenfristen für die Vorlage der entsprechenden Genehmigungsplanungen. Wenn diese verbindlichen Fristen überschritten werden, ist ein Vorgehen nach § 323 BGB möglich, d. h., dass dann der Bauherr gegenüber dem Generalplaner Schadensersatz wegen Verzuges erhalten kann. Weiterhin besteht auch die Möglichkeit, angemessene Vertragsstrafen zu vereinbaren, damit der Generalplaner angehalten wird, die vertraglich vereinbarten Fristen einzuhalten. Bei der Vereinbarung von Vertragsstrafenklauseln ist darauf zu achten, dass eine Haftung des Generalplaners nur dann eintritt, wenn die Fristüberschreitung entweder durch den Generalplaner oder seine Erfüllungsgehilfen, d. h. die Subplaner, verschuldet ist. Darüber hinaus muss die Vertragsstrafe sowohl für den Zeitraum (z. B. Werktag) als auch für den Gesamtrahmen angemessen sein. Angemessen ist in jedem Fall eine Vertragsstrafe, die sich auf 0,1 % pro Werktag, insgesamt 5 % der Nettoabrechnungssumme beläuft. Unwirksam ist eine Vertragsstrafenklausel, wenn pro Arbeitstag der schuldhaften Fristüberschreitung eine Vertragsstrafe von 0,5 % der Abrechnungssumme zu leisten ist (BGH, NZBau 2000, 577), ebenso eine Vertragsstrafe in Höhe von 10 % der Abrechnungssumme (BGH, BauR 2003, 807).

f) Kündigung

Der Generalplanervertrag als Werkvertrag kann gem. § 649 BGB jederzeit vom Bau- **350** herrn **gekündigt** werden. Die Folge ist jedoch, dass der Generalplaner für die nicht erbrachten Leistungen das vereinbarte Honorar abzüglich der ersparten Aufwendungen und der Einnahmen aus Füllaufträgen des Generalplaners erhält. Der **Ausschluss** des „freien Kündigungsrechts" nach § 649 BGB ist in Allgemeinen Geschäftsbedingungen unwirksam. Die formularmäßige Beschränkung des Kündigungsrechtes des Bauherrn bei Architekten- und Ingenieurverträgen auf das Vorliegen eines wichtigen Grundes ist nach § 307 BGB unwirksam (OLG Düsseldorf, NZBau 2000, 577). Ebenso ist der Ausschluss von Vergütungsansprüchen aus § 649 BGB unwirksam (OLG Karlsruhe, NJW-RR 1993, 1435). Eine **pauschale Vereinbarung,** welcher Betrag als **ersparte Aufwendungen** abzuziehen ist, ist grundsätzlich unwirksam (BGH, BB 1996, 2588; BGH, ZfBR 1998, 142).

350a Der Generalplaner hat bei der Vertragsgestaltung mit dem Auftraggeber einerseits und dem Subplaner andererseits allerdings auch zu berücksichtigen, daß die Regelung in einem Subplanervertrag, wonach sich die Vergütung des Subplaners im Falle der Kündigung des Generalplanervertrages danach richtet, in welchem Umfang der Generalplaner Zahlungen vom Hauptauftraggeber für denjenigen Leistungsteil erhält, der dem Subunternehmer übertragen wurde. Denn diese Regelung steht im Widerspruch zu § 649 S. 1, 2 BGB und §§ 305, 307 Abs. 1 BGB ist unwirksam (KG, Urt. v. 13.4.2010 – 21 U 191/08). Zudem allerdings wird in den Fällen des § 649 BGB auf Satz 3 einzugehen sein. Der Generalplaner hat zu überlegen, ob er die 5%-ige Pauschale gegenüber dem Auftraggeber ansetzt; genauso muß der Subplaner gegenüber dem Generalplaner überlegen, ob er den Nachweis der einzelnen entgangenen Gewinne und ersparten Aufwendungen und Mehrkosten nachweisen kann und will.

g) Abnahme

351 Für die **Fälligkeit** des Honorars des Generalplaners ist seit der HOAI 2013 **eine Abnahme** erforderlich. Es reicht aber die Abnahmereife des Werkes des Generalplaners aus. Zweifelhaft dürfte die Meinung sein, dass § 646 BGB insgesamt ausreichend ist. Hierzu ist auf die allgemeinen Ausführungen unter § 15 hinzuweisen, die auch hier gelten. Im Zweifel muß der Generalplanervertrag die förmliche Abnahme und eine Zeitregelung vorsehen, um nicht die Probleme der schlüssigen Abnahme zu bekommen. Denn nach der Rechtsprechung des BGH kommt eine konkludente Abnahme in Betracht, wenn das Werk nach den Vorstellungen des Auftraggebers im Wesentlichen mangelfrei fertig gestellt ist und der Auftragnehmer das Verhalten des Auftraggebers als Billigung der Leistung vertragsrechtlich verstehen darf (zum Beispiel: 6 Monate nach Beendigung und Benutzung des Werkes; BGH, Urt. v. 20.2.2014). Für den Beginn der Gewährleistungsfrist ist jedoch eine Abnahme erforderlich. Insbesondere muss der Generalplaner vertraglich versuchen zu vereinbaren, dass diese Abnahme gemeinsam mit den Leistungen der Subplaner erfolgt. Da jedoch jeder Subplaner einen Anspruch darauf hat, nach Fertigstellung die Abnahme zu verlangen, kann es hier zu Verschiebungen der einzelnen Termine kommen. Der Generalplaner kann jedoch frühestens nach Fertigstellung des Gebäudes, sofern er nur die Leistung bis zur Objektbetreuung übernommen hat, die Abnahme gegenüber dem Bauherrn verlangen. Somit verschiebt sich die Frist der Gewährleistung des Generalplaners gegenüber dem Bauherrn auch für die Leistung des Subplaners. Dies bedeutet, dass der Generalplaner ein Haftungsrisiko deswegen hat, weil Ansprüche seinerseits gegenüber dem Subplaner verjährt sein können, er aber andererseits Haftungsansprüchen des Bauherrn ausgesetzt ist. Um dieses Haftungsrisiko zu vermeiden, wird in Verträgen versucht, die Abnahme hinaus zu schieben. Die **Verschiebung** der Abnahmetermine in Klauseln um einen Zeitraum von mehr als zwei bis drei Wochen ist unwirksam (BGH, BauR 1986, 202). Eine Klausel, wonach die Abnahme der Subplanerleistung frühestens zum Zeitpunkt der Gesamtabnahme des Bauwerkes durch den Bauherrn erfolgt, ist ebenfalls unwirksam. Sie stellt für den Subplaner ein unüberschaubares Risiko dar. Sein Abnahmetermin wird auf einen völlig unbestimmten und nicht mehr vorhersehbaren Zeitpunkt hinausgeschoben (BGH, NJW 1994, 526). Auch ein sechsmonatiger Zeitraum der Verschiebung für die Abnahme der Leistung des Subplaners nach Fertigstellung des Bauwerkes ist nicht zulässig (BGH, BauR 1989, 322 = NJW 1989, 1602).

352 Zulässig ist jedoch eine Vereinbarung über die **Verlängerung der Gewährleistungsfrist,** gemäß § 202 BGB. Die Reduzierung der Gewährleistungsfrist nach §§ 634a Abs. 1 Nr. 2 BGB für Planungs- und Überwachungsleistungen ist unwirksam.

h) Rechte des Bauherrn und Versicherung

Aus dem Generalplanervertrag können Ansprüche des Bauherrn gegenüber dem Gene- **353** ralplaner auf **Erfüllung, Gewährleistung und Schadenersatz** folgen. Der Generalplaner hat für die von ihm selbst und auch für die von den Subplanern erbrachten Leistungen einzustehen. Für die Subplaner haftet er gemäß § 278 BGB, da diese als seine Erfüllungsgehilfen tätig sind. Ein Gewährleistungsausschluss ist nicht möglich. Möglich ist die Beschränkung der Gewährleistung auf einen angemessenen Betrag, wobei dies nur leicht fahrlässiges Verhalten des Generalplaners betrifft. Darüber hinaus kann die Haftung für Kardinalpflichten nicht ausgeschlossen werden (BGH, BauR 1992, 226). Allerdings ist der Bauherr dem Generalplaner auch gegenüber verpflichtet **Obliegenheiten** einzuhalten: Übernimmt der Bauherr, die von einem in Deutschland ansässigen Generalplaner erarbeitete Genehmigungsplanung mittels eines ortsansässigen Architekten bei ausländischen Baubehörden (Ukraine) einzureichen und das Genehmigungsverfahren dort zu betreuen, tritt den Bauherrn die Obliegenheit, den Generalplaner über Verlauf und Ergebnis des Genehmigungsverfahrens umfassend zu informieren. Verletzt der Bauherr diese Obliegenheit, kann er den Generalplaner nicht wegen einer Verletzung der Planungs- und Koordinationspflichten in Anspruch nehmen. Denn durch die Einschaltung eines weiteren Planungsbeteiligten werden die Pflichten des Generalplaners darauf beschränkt, die Ergebnisse des anderen fachlich Beteiligten zur Kenntnis zu nehmen, auf offensichtliche Defizite zu prüfen, notwendige Klärungen herbeizuführen und die Ergebnisse in die eigene Planung zu integrieren (OLG München, Urt. v. 29.6.2010 – 9 U 2718/09).

Ein Schutz des Generalplaners vor einer Inanspruchnahme durch den Bauherrn kann **354** nur durch eine ausreichende **Haftpflichtversicherung** erfolgen. Dabei muss darauf geachtet werden, dass das **Generalplanerrisiko** auch von einer Haftpflichtversicherung umfasst wird. Die normale Berufshaftpflicht für Architekten umfasst grundsätzlich nicht dieses Generalplanerrisiko. Bei größeren Objekten kommt auch eine Objektversicherung in Betracht, die absichert, dass auch die Planungsleistungen der Subplaner vollständig mitversichert sind. Eine Objektversicherung kann nur dann empfohlen werden, wenn der Versicherer eine 30-jährige Nachhaftung übernimmt. Damit ist sowohl für den Generalplaner als für den Bauherrn abgesichert, dass ein ausreichender Versicherungsschutz gegeben ist. Dies betrifft die Höhe der Versicherungssumme. Auch ist gewährleistet, dass der Versicherungsschutz nicht deswegen ausfällt, weil ein Subplaner betreffend seiner Haftpflicht die entsprechenden Versicherungsbeiträge nicht bezahlt hat und deswegen der Versicherungsschutz entfällt. Die in den Besonderen Bedingungen und Risikobeschreibungen für die Berufshaftpflichtversicherung für Architekten, Bauingenieuren und beratenden Ingenieuren (BBR) enthaltende Klausel *„IV. Mitversicherte Personen, Beauftragung freier Mitarbeiter sowie selbständiger Büros; mitversichert ist die gesetzliche Haftpflicht … (4) aus der Beauftragung selbständiger Architektur-/Ingenieurbüros, sofern hierfür ein Betrag aus der an diese Büros gezahlten Honorarsumme entrichtet wird, die persönliche gesetzliche Haftpflicht dieser Büros und deren Inhaber/Mitarbeiter ist nicht versichert.“* führt dazu, dass Versicherungsschutz für Fehler von beauftragten selbständigen Büros und deren Mitarbeiter nur dann besteht, wenn hierfür eine gesonderte Prämie gezahlt wird. Die Klausel ist weder überraschend, noch benachteiligt sie den Versicherungsnehmer unangemessen (KG, BauR 2007, 1928).

2. Vertragsverhältnis zwischen Generalplaner und Sonderfachleuten

a) Grundsätzliches zum Vertrag

Generalplanervertrag und Subplanervertrag sind rechtlich grundsätzlich völlig selbständig **355** im Hinblick auf ihr Zustandekommen, ihre Wirksamkeit, ihre inhaltliche Vertragsgestaltung und der Vertragsabwicklung (siehe insgesamt: Korbion, Generalplaner und Subplaner, 2014). Der Generalplaner ist darauf angewiesen, dass der von ihm mit dem Subplaner abgeschlossene Vertrag möglichst inhaltlich gleich gestaltet ist, wie er seinen Vertrag mit dem Bauherrn abgeschlossen hat. Allerdings gibt es Einschränkungen. So kann die Fälligkeit der Zahlung des Honorars durch den Generalplaner an den Subplaner nicht davon abhängig gemacht werden, dass der Generalplaner seinerseits vom Bauherrn bezahlt wurde. Auch hat der Subplaner in bestimmten Fällen vor Beendigung der Tätigkeit des Generalplaners einen Anspruch darauf, dass seine Leistungen abgenommen werden. Dies kann dazu führen, dass unterschiedliche Gewährleistungsfristen zwischen Generalplaner und Subplaner sowie zwischen Generalplaner und Bauherrn bestehen können. Auch muss darauf geachtet werden, dass bei einer Unwirksamkeit oder Änderungen des Vertrages mit dem Bauherren, diese Umstände nicht zum Nachteil des Generalplaners oder des Subplaners führen. So muss der Generalplaner darauf achten, dass er zum einen die Subplaner bindet, zum anderen jedoch noch keine vertraglich feste Bindung in der Weise erreicht, dass er später auch ein Honorar zahlen muss, wenn es nicht zum Abschluss des Generalplanervertrages kommt. Dies kann erreicht werden, in dem mit den Subplanern ein Vertrag unter der Bedingung geschlossen wird, dass der Vertrag mit dem Bauherrn auch rechtswirksam zustande kommt.

356   Werden Planungsleistungen vor Abschluss eines in Aussicht genommenen Vertrages erbracht, so ist zunächst die Frage zu klären, ob dies Leistungen bereits aufgrund Auftrages erfolgen oder ob es sich lediglich um eine akquisitorische Tätigkeit ohne vertragliche Bindungen handelt. Erst in zweiter Linie ist gegebenenfalls die Entgeltlichkeit des Auftrages Prüfungsgegenstand. Dabei ist zu berücksichtigen, dass nicht schon der Entfaltung der Tätigkeit als solcher vertraglich Indizwirkung zukommt, weil gerade bei Großprojekten Planungsleistungen häufig im vorvertraglichen Stadium in der Erwartung erbracht werden, sich im Realisierungsfalle einen interessanten Auftrag zu sichern. Ein konkludenter Vertragsschluss kann zwar anzunehmen sein, wenn ein Bauherr sich die Planungsleistungen eines Architekten oder Ingenieurs zu Eigen macht und diese für sich verwertet. Besteht zwischen den Parteien eine Akquisitionsabrede, welche eine Kostenerstattung ausdrücklich nur für den Fall einer Beauftragung vorsieht, so ist der etwaigen Weitergabe von Planungsunterlagen durch den vermeintlichen Auftraggeber ein konkludenter rechtsgeschäftlicher Wille nicht zu entnehmen (OLG Hamburg, Urt. v. 10.2.2011 – 3 U 81/06; a.A. LG Mönchengladbach, Urt. v. 30.8.2012 – 1 O 60/11). Andererseits kann es zu Situationen kommen, in denen bei einem Funktionalleistungsprogramm von 30 Mio. Euro für ein Bauvorhaben vom Subplaner im Rahmen der wettbewerblichen Ausschreibungssituation mit dem Generalplaner Leistungen der Leistungsphase 1 und 2 als reine Aquisitionsleistung einzustufen sind und keine Honorarabrede getroffen wird, entweder, weil die Ausschreibungsvorgaben das so vorsahen, oder weil dies vergessen wurde anzugeben. Dann wird man im Zweifel davon auszugehen haben, daß diese Leistung ohne Honoraranspruch ausgeführt und abgerechnet werden soll (so LG Mönchengladbach, Urt. v. 30.8.2012 – 1 O 60/11).

b) Honorar

357   Der Generalplaner ist bei der Honorierung des Sonderfachmannes an die HOAI gebunden. Somit ist zwischen Generalplaner und Sonderfachmann ein Honorar zu vereinbaren, welches zwischen den Mindest- und Höchstsätzen der HOAI liegt (Kehrberg, BauR 2001, 1824).

358   Die Vereinbarung eines zusätzlichen Honorars für die Koordinierung des Generalplaners für seine Tätigkeiten im Verhältnis zwischen Bauherr und Subplaner ist nur solange statthaft, solange sich der Abschlag des Honorars vom Honorar des Subplaners (z.B. 2%) innerhalb der Grenzen des Höchst- und Mindestsatzes hält. Soweit der Generalplaner von seinem Bauherrn ein Honorar über den Mindestsätzen der HOAI erhält, kann der Abschlag vereinbart werden. Dabei ist zu beachten, dass dem Sonderfachmann ein Honorar mindestens auf der Ebene der Mindestsätze gezahlt wird. Erhält aber der Generalplaner seinerseits nur ein Honorar auf Basis der Mindestsätze der HOAI, würde ein weiterer Abschlag eine Unterschreitung der Mindestsätze zur Folge haben. Hier kann nur eine Regelung helfen, die im Rahmen des § 7 Abs. 3 eine Unterschreitung zulässt (vgl. zur alten Regelung des § 4 Abs. 2: BGH, Urt. v. 22.5.1997 – VII ZR 290/95, ZfBR 1997, 250; BGH, Urt. v. 21.8.1997 – VII ZR 13/96, ZfBR 1997, 305). In einem solchen Fall wäre nach der HOAI 2009 auf die alte Rechtsprechung des § 4 HOAI einzugehen (siehe hierzu § 7 Abs. 3 der Kommentierung). So kann danach eine enge Beziehung rechtlicher Art dann angenommen werden, wenn ein ARGE-Vertrag zwischen dem Architekten und den

Sonderfachleuten besteht. Liegt ein üblicher Generalplanervertrag vor, ergibt sich die rechtliche und wirtschaftliche Beziehung nur aus diesem Vertragsverhältnis; ob dieses auf besondere Dauer angelegt ist, wie § 7 Abs. 4 dies fordert kann eine der Möglichkeiten sein, dieses anzunehmen. Da der Generalplaner einen erhöhten Aufwand hat und auch ein größeres Haftungsrisiko trägt, sind dieses Umstände die § 7 Abs. 3 fordert. So muss auch der Umstand gesehen und honoriert werden, dass es im Regelfall der Generalplaner ist, der für die Subplaner die entsprechenden Leistungen vorsieht und die Vertragsrisiken trägt. Die Höhe eines angemessenen Koordinationsabschlages dürfte zwischen 0,5 bis 3 % zulässig sein (§ 8 Abs. 3), auch wenn der Subplaner damit unter den Mindestsätzen liegt (siehe zum Ganzen: Korbion, Generalplaner und Subplaner, 2014). Allerdings ist dies nach § 7 Abs. 3 i. V. m. § 8 Abs. 3 bei Auftragserteilung vereinbart wird.

c) Fristen und Vertragsstrafe

Die Vertragsfristen sollten in allen Vertragsverhältnissen untereinander abgestimmt wer- **359** den. Zur Vertragsstrafenregelung und zur Höhe siehe bereits oben unter A. 5. (unwirksam 10 % BGH, BauR 2003, 870). Die Vertragsstrafe, die der Generalplaner nach den Vertragsinhalten an den Bauherrn zahlen muss, ist zumeist um ein Vielfaches höher als die Vertragsstrafe, die einzelne Subplaner an den Generalplaner zu leisten haben, zumal die Vertragsrahmen dann meist auch Honorarbereich erheblich niedriger sind.

d) Fälligkeit

Entsprechend dem Vertrag zwischen Bauherr und Generalplaner, sind die Regelungen **360** der Zahlungen in den Subplanervertrag zu übernehmen. Die Zahlungsvereinbarungen im Generalplaner- und Subplanervertrag sind so aufeinander abzustimmen, dass der Generalplaner gegenüber dem Subplaner nicht in Vorleistung treten muss. Dabei sind Zeitpuffer beim Zahlungsplan einzubauen. Allerdings werden diese erfahrungsgemäß gerade bei den Abschlagsrechnungen nach § 15 Abs. 2 weit überschritten. Auch wenn gesetzliche Verzugsregeln gelten, wirkt das meist nie abschreckend. So wird vertreten, dass ein Zeitpuffer von 2 bis 3 Wochen gegenüber dem mit dem Bauherrn vereinbarten Zahlungsplan vorsehen werden sollte (z. B. Locher in Wirth, Handbuch des Fachanwalts, S. 1538). Dies ist meist zu kurz, so dass von vier bis sechs Wochen Vorzeit im Vertrag mit dem Bauherrn auszugehen ist, damit der Generalplaner das Zahlungsrisiko nicht zu lange trägt. Das gilt auch für Preisgleitklauseln als auch für die Regelung von Vorschüssen und Abschlagszahlungen im selben Umfang. Die Vereinbarung, dass eine Zahlung des Generalplaners an den Subplaner erst erfolgen kann, wenn auch der Generalplaner das Honorar vom Bauherrn erhalten hat *(pay when paid)*, ist in den Geschäftsbedingungen bzw. den Klauseln des üblichen Vertrages unwirksam (§ 307 Abs. 2 Nr. 1 BGB), sofern er nicht individuell gestaltet ist (OLG München, Urt. v. 25.1.2011 – 9 U 1953/10). Dies gilt erst recht, wenn auch die Verzinsung ausgeschlossen wird (OLG Celle, BauR 2009, 1754). Vertragspartner muss aber dabei die reale Möglichkeit erhalten, den Inhalt der Vertragsvereinbarungen zu beeinflussen (BGH, NJW 1992, 2759; BGH, BB 1996, 611). Auch andere als Bedingung (§ 158 BGB) ausgestaltete Vereinbarungen sind unter dem Gesichtspunkt der unklaren Regelungsinhalte unwirksam (a. A. OLG Düsseldorf, NJW-RR 1997, 211). Allerdings ist es anders, wenn in der Vertragsklausel der Fall der treuwidrigen Verhinderung der Zahlung durch den Bauherrn geregelt wird. Um die Frage der Treuwidrigkeit der Verhinderung des Eintritts der Bedingung auszuschließen, sollte der Generalplaner dem Subunternehmer vertraglich die Honoraransprüche gegen den Bauherrn sicherheitshalber abtreten und dem Subplaner damit die Möglichkeit geben, direkt gegen den Bauherrn einen etwaigen Anspruch durchzusetzen.

e) Abnahme

Es ist zunächst die Frage zu klären, wann die Verjährungsfristen beginnen. Ausgangs- **361** punkt ist die Abnahme der jeweiligen Leistung. Nach § 640 BGB ist der Bauherr verpflichtet, die vertragsgemäße Leistung des Generalplaners abzunehmen. Die Abnahme gilt dann als erfolgt, wenn der Bauherr nicht innerhalb einer ihm vom Generalplaner gesetzten Frist das Werk bzw. die Planungsleistung abgenommen hat, obwohl die Leistung abnahmefähig ist, § 640 Abs. 1 Satz 3 BGB. Die Abnahme der Leistung des Generalplaners zwischen dem Bauherrn ist üblicherweise nicht zeitgleich mit der Abnahme der Leistung des Generalplaners vom Subplaner durchzuführen ist. Folge ist regelmäßig, dass die Gewährleistungsansprüche des Bauherrn gegen den Generalplaner später ablaufen, als diejenigen des Generalplaners gegenüber dem Subplaner. Die vertraglichen Vereinbarungen, die darauf abzielen, den Abnahmezeitpunkt hinauszuschieben, sind in fast allen Fällen unwirksam (siehe oben unter A. 7.). Insoweit kann nur eine verhandelte Vereinbarung von gleichlaufenden Fristen und Abnahmeterminen helfen. Insbesondere die Vereinbarung über die koordinierte Abnahmehandlung des Bauherrn und den anderen Beteiligten, stellt im Rahmen der zu berücksichtigenden Kooperationspflicht am Bau die einzig akzeptable Bedingung auch in einen Formularvertrag dar.

f) Gewährleistung und Haftung

362   Wenn die Gewährleistung des Generalplaners einige Monate später zu laufen beginnt, kann eine risikobehaftete Lücke entstehen, falls der Generalplaner durch den Bauherrn in Anspruch genommen wird und die Ansprüche gegen den Subplaner verjährt sind (Auswirkungen aus der Fiktion des BGH, Urt. v. 20.2.2014 – VII ZR 26/12 – zur sechsmonatigen Wartezeit oder Rügen des Bauherrn und damit auch des auftraggebenden Generalplaners). Diese Lücke kann nicht dadurch geschlossen werden, dass im Vertrag vereinbart wird, dass die Abnahme der Leistung des Subplaners auf einen späteren Zeitpunkt, z. B. die Fertigstellung des Objektes verschoben wird. Eine Klausel, wonach die Abnahme der Subplanerleistung frühestens zum Zeitpunkt der Gesamtabnahme des Bauwerkes durch den Bauherrn erfolgt, ist im Formularvertrag unwirksam. Selbst ein 6-monatiger Zeitraum der Verschiebung der Abnahme der Leistung des Subplaners nach Fertigstellung ist nicht wirksam (so auch zum Bauvertrag: BGH, BauR 1989, 322; siehe aber die Entscheidung BGH, Urt. v. 20.2.2014 – VII ZR 26/12). Ein Hinausschieben des Abnahmezeitpunkts um bis zu vier Wochen hat die Rechtsprechung zugelassen (BGH, NJW-RR 1986, 825). Eine Verschiebung bis zu sechs Wochen kann wohl bei berechtigtem Interesse des Generalplaners noch zulässig sein (Sangenstedt/v. Berchem, S. 697; Wirth (Locher), S. 1540). Nach § 202 Abs. 2 BGB kann die Verjährungsfrist durch Vertrag verlängert werden. Bei Werkverträgen ist eine Verlängerung der Gewährleistungsfrist in Allgemeinen Geschäftsbedingungen nur zulässig, wenn sie durch ein besonderes Interesse des Bestellers gerechtfertigt ist (BGH, NJW 1996, 2155). Grenze dürfte auch hier nur unter Berücksichtigung der Gesamtumstände bei etwa sechs Monaten liegen. Ob hier eine Anpassung an Verjährungsvorschriften in anderen EU-Ländern erfolgen kann, ist bisher nicht geklärt. Es dürfte aber derzeit nicht machbar sein, sich an Frankreich, Belgien, Niederlande (10 Jahre) oder England, Norwegen, Schweden (zwischen 8 bis 20 Jahre) zu orientieren.

Wird andererseits eine Verkürzung der Gewährleistung vereinbart, ist diese grundsätzlich unwirksam (BGH, NJW-RR 1999, 2434).

Um den Verjährungsbeginn klar definieren zu können, empfiehlt es sich, im Vertrag mit dem Subplaner eine förmliche Abnahme der von diesem zu erbringenden Leistung in allen Einzelheiten zu vereinbaren.

363   Im Übrigen sind **Organisationsverschulden** nicht zugleich der Arglisthaftung im Rahmen des Organisationsverschuldens zugänglich, obwohl bei den General- und Subunternehmerverträgen die Voraussetzungen hierfür im Grunde angelegt sind. Allerdings muss der Generalplaner den Subplaner sorgfältig aussuchen und dies nachweisen (LG Frankfurt/ M., Urt. v. 27.1.2011 – 20 O 273/07; BGH, IBR 2010, 574, BGH, IBR 2008, 18).

g) Versicherung

364   Aus der Selbständigkeit der beiden Vertragsebenen folgt, dass für Schäden beim Bauherrn, die auf eine Haftung bzw. Leistung eines Subplaners zurückzuführen sind, eine **Durchgriffshaftung** vom Bauherrn auf den jeweiligen Subplaner grundsätzlich nicht besteht. Entsprechend muss der Generalplaner sich versicherungsrechtlich so absichern, dass er den berechtigten Ansprüchen des Bauherrn gegenüber abgesichert ist. Wenn der Subplaner keinen ausreichenden Versicherungsschutz hat oder insolvent wird, ist der Haftungsrückgriff für den Generalplaner gegenstandslos. Dieses Insolvenzrisiko kann der Generalplaner dadurch vermeiden, indem er mit dem Subplaner entsprechend vereinbart, dass für das zu planende Objekt eine Objektversicherung abgeschlossen wird, was sinnvollerweise durch den Generalplaner geschieht. Entsprechend dem Honoraranteil hat sich sodann der Subplaner an dieser Objektversicherung zu beteiligen. Eine Objektversicherung macht aber nur Sinn, wenn der Versicherer eine 30-jährige Nachhaftung übernimmt. Durch diese Versicherung wird meist das Haftungsrisiko für den Fall abgedeckt, das der Generalplaner persönlich haftet, während der Subplaner, wenn dieser als juristische Person organisiert ist, z.B. in der Rechtsform der GmbH, nur beschränkt haftet (Wenner, BauR 1998, 151).

h) Kündigung

Da angestrebt ist, den Inhalt der Verträge anzugleichen, sollten die Gründe zur **Kündi-** **365** **gung** des Vertrages aus wichtigem Grunde übernommen werden, die im Generalplanervertrag bereits beschrieben sind. Der Ausschluss des freien Kündigungsrechtes nach § 649 ist in den Allgemeinen Geschäftsbedingungen nicht wirksam (BGH, BauR 1999, 1294; OLG Düsseldorf, NJW-RR 2000, 577). Ebenso wenig ist eine Vereinbarung zulässig, die im Falle einer freien Kündigung gemäß § 649 BGB den Anspruch des Subplaners auf den Ersatz nachgewiesener, notwendiger Aufwendungen beschränkt (OLG Frankfurt, IBR 2000, 387). Gleiches gilt in dem Fall, wenn in dem Subplanervertrag im Falle der Kündigung des Hauptauftraggebervertrages vereinbart wird, die Leistungen des Subplaners so abzurechnen, wie der Generalplaner für denjenigen Leistungsteil des Subplaners ein Honorar erhält (KG, Urt. v. 13.4.2010 – 21 U 191/08). Um das Kündigungsrisiko bzw. die damit verbundene Zahlung einer Vergütung für nicht erbrachte Leistungen zu minimieren, kann der Vertrag mit dem Subplaner auch gestaffelt abgeschlossen werden. Dies kann in der Weise erfolgen, dass erst der Subplaner die Leistungen auf Abruf erbringt bzw. einzelne vertraglich vereinbarte Leistungsphasen erbringt (Stufenvertrag oder Optionsvertrag). Bezüglich der weiteren Leistungen steht dann dem Generalplaner eine Option zu, diese Leistungen abzurufen. Damit werden die folgenden Leistungsphasen erst Vertragsbestandteil, wenn der Generalplaner gegenüber dem Subplaner die entsprechende Option geltend macht.

Die Äußerung eines Subplaners, dass der Generalplaner keine Ahnung von seinem Werk **365a** habe, er für einen Hungerlohn arbeite und kein Interesse mehr an dem Auftrag habe, reichen aus um die Zerstörung des Vertrauensverhältnisses zu begründen und damit einen Kündigungsgrund (KG, Urt. v. 14.4.2010 – 21 U 74/07).

i) Schadenersatz

Die Vorschrift des § 255 BGB, wonach der Schädiger nur dann Schadenersatz leisten **365b** muss, wenn ihm die Ansprüche **abgetreten** werden, die dem Ersatzberechtigten aufgrund des Schadens gegen Dritte zustehen, ist im Verhältnis eines Subplaners zum Generalplaner nicht entsprechend anwendbar, wenn der Subplaner behauptet, der Generalplaner habe zu viel Schadenersatz an den Auftraggeber geleistet (OLG München, Urt. v. 5.2.2013 – 9 U 2870/12).

j) Prozessuales

Eine **isolierte Drittwiderklage** des vom Auftraggeber auf Schadenersatz in Anspruch **365c** genommenen Generalplaners gegen die von ihm beauftragten Fachplaner auf **Freistellung** von den geltend gemachten Schadenersatzansprüchen des Auftraggebers ist unzulässig (BGH, Urt. v. 7.11.2013 – VII ZR 105/13).

IV. Urheberrecht

1. Grundlagen

Die Grundlagen des deutschen Urheberrechts ergeben sich aus dem Gesetz über Urhe- **366** berrechte und verwandte Schutzrechte – Urheberrechtsgesetz (UrhG). Das Urheberrecht erlischt siebzig Jahre nach dem Tod des Urhebers (§ 64 UrhG). Schutzzweck des Gesetzes sind vordringlich die Interessen des Urhebers. Angesprochen ist dabei das Recht am geistigen Eigentum. Im Architekten-/Ingenieurrecht stehen dem die Eigentumsrechte des Bauherrn gegenüber. Zusätzlich sind Interessen des jeweiligen Auftraggebers zu berücksichtigen. Eigentum und Auftraggeberstellung müssen nicht identisch sein. Das Urheberrecht wirkt gegenüber jedermann. Selbst wenn Vertragparteien durch Vertragsklauseln den Nutzungsbereich des Urheberrechts regeln (z.B. von Bauplänen) bzw. eine Änderungsbefugnis (Umbau des aufgrund der Pläne entstandenen Gebäudes), bleiben gleichwohl immer Schutzrechte des Urhebers gegenüber Dritten bestehen. Anders ausgedrückt: Das Urheberrecht selbst kann nicht übertragen werden. Allein die Einräumung von Nutzungs- und Verwertungsrechten ist verhandelbar (§ 29 Abs. 2 UrhG); ausführlich zu grundlegenden Fragen des Urheberrechts, Schulze NZBau 2007, 537 ff. u. 611 ff.).

2. Das geschützte Werk des Architekten/Ingenieurs

367   Werke von Architekten/Ingenieuren aller Fachrichtungen sind dem Urheberschutz zugänglich. Hierzu ist auf einen Satz von Thode hinzuweisen: „Weder ist alles, was ein Architekt macht, Baukunst, noch macht ein Ingenieur nie Baukunst". Der Schutz eines Architektenwerkes geht über Baupläne und das fertige Gebäude hinaus. So können auch **Ausschreibungsunterlagen** dem Urheberrecht unterfallen. Voraussetzung ist, dass sie eine eigenschöpferische Leistung darstellen (BGH BauR 1984, 423). Nach Einschätzung des BGH bekundet ein Architektenvermerk auf einem Architektenplan nur eine Vermutung für die Urheberschaft an der in diesem Entwurf verkörperten Gestaltung. Diese Vermutung gelte jedoch nicht für die Urheberschaft am Werk der Baukunst selbst – wie es im Gebäude (hier der Staatsbibliothek in Berlin) verkörpert sei – strittig war hier, ob der unterzeichnende Architekt oder einer seiner Mitarbeiter Urheber war (BGH IBR 2003, 83). Nicht geschützt vom Urheberrecht sollen einzelne Werkelemente sein (z.B. Türöffnungen, Oberlichter, Farbgestaltungen – LG Düsseldorf, Urt. v. 21.11.2012 – 12 O 426/11); gleiches gilt für Gebrauchsgegenstände (entschieden für Kletternetze für Kinderspielplätze, BGH, Urt. v. 12.5.2011 – I ZR 53/10). Streitig können die Fälle sein, bei denen die „Grundidee" vom Bauherrn stammt (abgestellt wurde auf den später erreichten Grad der Individualität, OLG Celle, Urt. v. 2.3.2011 – 14 U 140/10).

368   Vom Grundsatz her ist der Architekt nicht verpflichtet, ein urheberrechtlich geschütztes Werk zu schaffen. Seine primäre Aufgabe liegt darin, das Bauwerk den Wünschen und Bedürfnissen des Bauherrn entsprechend zu planen. Der Architekt ist insoweit nur weisungsgebundener Werkunternehmer des Auftraggebers. Dies hat jedoch auf die **Urheberrechtsfähigkeit** der Leistungen keine Auswirkungen. Es ist somit von den vertraglichen Vereinbarungen unabhängig, ob ein von einem Architekten/Ingenieur gestaltetes Bauwerk urheberrechtlichen Schutz genießt. Entscheidend ist, dass es sich um Bauwerke handelt, die auf künstlerischen Gestaltungen beruhen (Hesse BauR 1971, 210). Diese Einschätzung ist nicht ohne subjektiven Einfluss. Der Beurteilende begibt sich dabei auf den „unsicheren Boden des Kunstrichters" (Locher, Das private Baurecht Rn. 542). Erschwert wird dies dadurch, dass der Begriff der Kunst oder des Kunstwerkes schwer zu definieren ist. Zu Recht verweist Locher in diesem Zusammenhang auf den Satz von Augustinus: *„Kunst ist, was die Künstler machen"*.

369   Die Gerichte haben sich mit dem Begriff der „Kunst" beschäftigt. Dabei gefundene Kurzformeln können jedoch kaum mehr als Anhaltspunkte sein. Nach Auffassung des Bundesgerichtshofes liegt ein Kunstwerk vor, wenn eine **eigenpersönliche geistige Schöpfung** gegeben ist (BGHZ 24, 63). Diese Definition erschöpft sich weitgehend in der Wiederholung des Wortlautes des § 2 Abs. 2 UrhG. Auch die juristische Literatur versucht eine Annäherung an den Kunstbegriff. Für die Praxis der Architekten/Ingenieure verwertbar ist wohl die Formel von Locher *„Ein für den Architekten urheberrechtlich geschütztes Werk der Baukunst ist eine mit den Mitteln der Architektur verwirklichte Schöpfung, die Gestaltung und Individualität aufweist"* (Locher, Das private Baurecht, Rn. 543).

370   Damit wird die sog. Gestaltungshöhe zum Maßstab für die Urheberrechtsfähigkeit. Diese wiederum ist vom Grad der Individualität der Leistung abhängig. Es muss sich die „Hand-

schrift des Architekten" erkennen lassen (abgelehnt für den Mehrzwecksaal im Dresdner Kulturpalast). Im Ergebnis müssen hierzu regelmäßig gestalterische Elemente vorliegen, die über das „Normale" hinausgehen. Als entsprechende Entscheidungskriterien werden zum Vergleich bereits bestehende und bekannte Bauwerksgestaltungen herangezogen. Abgestellt werden soll dabei nicht auf die Ansichten der Fachwelt, sondern allein auf das Werturteil eines interessierten und gebildeten Laien (BGH NJW-RR 1988, 1204). Nach einer Entscheidung des OLG Düsseldorf, soll sich die erforderliche Gestaltungshöhe eines Bauwerks als „Werk der Baukunst" in zwei Schritten ermitteln lassen: Zunächst erfolgt ein Vergleich des Gesamteindrucks der konkreten Formgestaltung mit den vorbestehenden Gestaltungen. Im zweiten Schritt wird die Überprüfung der Planung auf die für den Urheberrechtsschutz erforderliche Gestaltungshöhe vorgenommen (OLG Düsseldorf IBR 2000, 181).

Nach der Rechtsprechung besteht **kein Urheberrechtschutz für reine Zweckbau-** 371 **ten** – z. B. für eine Großbäckerei – (OLG Celle BauR 2000, 1069), sowie für die Planung eines „durchschnittlichen Reihenhauses" (LG Düsseldorf IBR 2000, 617; ebenso OLG Karlsruhe IBR 2013, 694). Andererseits kann auch Plänen für ein Wohnhaus die erforderliche eigenschöpferische Leistung zugesprochen werden, wenn eine „ungewöhnliche, schöpferische Kombination bekannter und bereits anderswo verwendeter Komponenten" gegeben ist, „bei der durch das Zusammenfügen etwas neues oder jedenfalls Besonderes geschaffen worden ist, dass sich vom Durchschnittsprodukt abhebt" so das OLG Oldenburg (IBR 2008, 520). Abgelehnt, als die Gestaltung eines Wohnhauses zwar das Können eines durchschnittlichen Architekten überstieg, allerdings „bekanntes Formgut" übernahm (OLG Oldenburg IBR 2008, 520). Sogar eine **Lärmschutzwand** kann ein urheberrechtlich geschütztes Werk sein (BGH IBR 2011, 27).

Ein urheberrechtlich geschütztes Bauwerk soll nicht mehr vorliegen, wenn durch Ab- 372 rissmaßnahmen lediglich die konstruktive Grundkonstruktion des Kernelements und die von diesem auskragenden Geschossdecken erhalten bleiben" (LG Hamburg NZBau 2007, 50). Andererseits können auch Entwurfspläne im Maßstab 1 : 500 Werke der Baukunst darstellen – vorausgesetzt, sie stellen nicht nur das Ergebnis rein handwerklichen und routinemäßigen Schaffens dar (LG Köln IBR 2007, 438). Gleiches gilt für die Gestaltung einer Außenfassade (LG München IBR 2008, 220), nicht dagegen die Fußbodengestaltung eines Bauvorhabens (LG Leipzig IBR 2005, 1264). Nach Einschätzung des Kammergerichts können Werke der bildenden Kunst auch aus organischen Stoffen bestehen. Urheberrechtsschutz stünde insofern grundsätzlich auch von Landschaftsarchitekten kunstvoll gestalteten Gartenanlagen zu (KG IBR 2003, 84).

3. Beteiligte beim Urheberrechtschutz

Das Urheberrecht gibt keine Rechtsposition, die im Nachprüfungsverfahren zu über- 373 prüfen ist. Das Urheberrechtsgesetz stellt insoweit keine Vergabevorschriften im Sinne des § 97 Abs. 7 GWB dar (VK Nordbayern IBR 2008, 112). Erstellen **mehrere Architekten** gemeinsam ein Nutzungskonzept im Rahmen eines städtebaulichen Ideenwettbewerbs, so liegt eine widerlegbare Vermutung einer Miturheberschaft i. S. d. § 10 UrhG vor – dies bezogen nicht nur auf das Gesamtwerk, sondern aller verbundenen Einzelelemente. Es liegt insoweit nicht lediglich eine Werkverbindung vor. Trennen sich die Miturheber gesellschaftsrechtlich, kann der ausgeschiedene Partner Unterlassung von nach der Trennung ohne seine Zustimmung vorgenommenen Änderungen fordern (OLG Hamburg NZBau 2007, 381 = BauR 2007, 1086). Ist ein beamteter Architekt Inhaber des Urheberrechts, darf sein Dienstherr das Nutzungsrecht nicht übertragen (BGH vom 12.5.2010, I ZR 209/07). Das Werben mit Referenzobjekten ist für einen Architekten zulässig, wenn er die Architektenleistungen selbst in erheblichem Umfang erbracht hat (OLG Karlsruhe IBR 2011, 348).

4. Nutzungsrecht

Der Auftraggeber ist bestrebt, für das vom Architekten erstellte Werk das Recht zu er- 374 werben, dieses nutzen zu dürfen. Man spricht in diesem Zusammenhang oftmals auch von einem „Nachbaurecht". Nutzen bedeutet in diesem Fall, dass er die Pläne verwendet bzw. nach ihnen bauen darf. Das Nutzungsrecht wird in den §§ 31 ff. UrhG angesprochen. Die dortigen Bestimmungen sind durch das „Gesetz zur Stärkung der vertraglichen Stellung von Urhebern und ausübenden Künstlern" vom 22.3.2002 mit Wirkung zum 1.7.2002 geändert worden (BGBl. I S. 1155). Das Änderungsgesetz brachte u. a. bei der Einräumung von Nutzungsrechten einen grundsätzlichen Anspruch auf Anpassung der Vergütung.

375   Wird die sog. Vollarchitektur übertragen, ist man sich weitgehend einig, dass damit die urheberrechtlichen Nutzungsbefugnisse an den Plänen des Architekten – soweit sie zur Errichtung des Bauwerks benötigt werden – auf den Auftraggeber übergehen. Weiter besteht Einigkeit, dass in diesen Fällen mit der Bezahlung der Vollarchitektur das Nutzungsrecht mit abgegolten ist (KG Berlin BauR 2001, 1929). Streitfragen treten auf, wenn der Architekt nur mit Teilleistungen beauftragt wird (nach der früheren Rechtsprechung mit einzelnen Leistungsphasen, z.B. des § 15 HOAI). Wird der Auftrag nach Durchführung der Vorplanung beendet, soll der Auftraggeber noch nicht berechtigt sein, das Bauwerk von einem Dritten ausführen zu lassen (BGH NJW 1984, 2181). Gleiches soll gelten, wenn auch noch die Entwurfsplanung übertragen und bezahlt wird. Selbst auch bei Übertragung der Genehmigungsplanung soll ohne weitere Anhaltspunkte nicht von einer Übertragung des urheberrechtlichen Nachbaurechts an den Bauherrn ausgegangen werden können (OLG Frankfurt IBR 2007, 82; gegenteilig OLG Hamm IBR 2012, 332).

Strittig ist der Übergang der Nutzungsrechte insbesondere in den Fällen, dass das Projekt unterbrochen wird (hierzu Meier i. BauR 2012, 867 ff. m. Hinw. auf die unterschiedlichen Auslegungen des Bau- u. Urheberrechtssenats des BGH). Insbesondere auch im Hinblick auf mögliche Auseinandersetzungen mit Insolvenzverwaltern sollten entsprechende Entwicklungen im Architektenvertrag abgedeckt sein. Realisiert ein Bauherr das Objekt nach Übergang der Nutzungsrecht nicht, kann der Architekt die Planung nicht ein zweites Mal verkaufen (OLG Hamm, BGH, Urt. v. 10.1.2013 – VII ZR 259/11, zur Frage der Abgrenzung von bereicherungsrechtlichen zu schuldrechtlichen Ansprüchen). Bei Verletzung des Urheberrechts kann nur der Urheber selbst über § 97 UrhG immaterielle Schadensersatzansprüche (Schmerzensgeld) verlangen (OLG Düsseldorf IBR 2013, 258).

376   Ist eine Übertragung zu bejahen, kann für das urheberrechtliche Nutzungsrecht seitens des Architekten kein zusätzliches Honorar gefordert werden. Das Nutzungsentgelt ist Bestandteil der durch die HOAI vorgegebenen Vergütung. Wird hierfür ein zusätzliches Honorar gefordert, soll ein Verstoß gegen den Höchstpreischarakter der HOAI vorliegen (OLG Nürnberg NJW-RR 1989, 407). Stellt nach einem wirksamen Übergang des Nutzungsrechts der Architekt die von ihm erstellten Pläne dem Rechtsnachfolger des ursprünglichen Grundstückseigentümers erneut gegen Entgelt zur Verfügung, verletzt er das übergegangene Nutzungsrecht. Er hat dieses Entgelt dem ersten Eigentümer herauszugeben (OLG Hamm, IBR 2012, 332). Voraussetzung hierfür ist eine Verletzungshandlung der Autraggeberseite i. S. d. § 15 ff. UrhG. Eine entsprechende Verwertung i. S. d. § 51 UrhG wurde abgelehnt, als der Bauherr die Pläne potentiellen Käufern „nur vorgestellt" hatte. Etwas anderes hätte gegolten, wenn die Entwürfe der Öffentlichkeit vorgestellt worden wären, bzw. in den Verkehr gebracht worden wären (OLG Frankfurt, Urt. v. 28.1.2014 – 11 U 111/12).

377   Wiederum einer Einzelfallbeurteilung unterliegen die Sachverhalte, bei denen zuvor „ausreichende" Leistungsteile übertragen wurden (so dass von einem Übergang des Nutzungsrechts gesprochen werden kann), der Vertrag in der Folgezeit jedoch nicht vollständig durchgeführt wird. Hier ist zu prüfen, ob und wie weit der Auftraggeber die bis zur vorzeitigen Beendigung des Vertrages erhaltenen Pläne gleichwohl nutzen darf. Muss er insoweit nachfragen, wäre seine Position sehr schwach. Die hierzu vertretenen Ansichten sind nicht einheitlich. Einerseits wird die Verschuldensfrage gestellt, d.h. es soll danach entschieden werden, wer für die vorzeitige Beendigung des Vertragsverhältnisses die Ursache gesetzt hat. Andererseits wird darauf abgestellt, ob bereits aus der ursprünglichen Beauftragung geschlossen werden könne, was im vorzeitigen Beendigungsfalle mit dem Nutzungsrecht geschehen sollte (Hesse BauR 1971, 209, 219). Um diese Streitfragen nicht aufkommen zu lassen, sollte jeder Architektenvertrag gerade für die Fälle, dass der Architektenvertrag vorzeitig beendet wird, entsprechende Regelungen über das Nutzungsrecht enthalten.

Mit dem Sonderfall der Anforderungen an eine pauschale Nutzungsrechtsübertragung beim Ausscheiden eines Architekten aus einer Architektengemeinschaft hatte sich das OLG Köln auseinanderzusetzen: Entscheidend für die Tragweite der Nutzungsübertragung war auch hier der zu ermittelnde Vertragszweck sowie Gesellschaftszweck (OLG Köln BauR 2000, 303).

5. Urheberbenennungsrecht

Der Architekt wird bemüht sein, dass an dem von ihm geschaffenen Werk ein Hinweis **378** mit seinem **Namen angebracht** wird. Es handelt sich um das sog. **Urheberbenennungsrecht.** Damit stehen das Recht auf Abbildung sowie die Rechte über die Veröffentlichungsbefugnis in Zusammenhang. Die Auftraggeber sehen diese Rechte aus gegensätzlichen Positionen. Zunächst werden sie alles über ihr „eigenes" Bauwerk selbst veröffentlichen wollen. Unter Umständen stört es, dass der Urheber seinen Namen an dem Werk angebracht haben will. Beide angesprochenen Problemkreise lassen sich allein mit einer entsprechenden Vertragsgestaltung lösen.

6. Änderungsverbot

Aus den §§ 14, 23, 29 UrhG folgt, dass der Urheber vom Grundsatz her das Recht hat, **379** dass das von ihm gestaltete Werk unverändert bleibt. Da dieses Werk gerade seine „Handschrift" trägt, soll es der Urheber (Architekt) verbieten können, dass andere an seinem Werk etwas ändern. Allerdings soll das Änderungsverbot nicht soweit gehen, dass städtebauliche Planungen beeinträchtigt werden. Dies hat das Bundesverwaltungsgericht entschieden. Im Ausgangsfall war ein Architekt im Rahmen des Ausbaus des Elbtunnels im Zug der BAB A 7 freischaffend u. a. mit der Planung des Nordportals betraut worden. Zunächst übernahm die mit der Planung beauftragte Dienststelle die Vorschläge des Architekten. Im Laufe des Planfeststellungsverfahrens musste sie diese aufgrund der Einwendungen verschiedener Parteien anpassen. Festgestellt wurde schließlich ein Plan mit einer geänderten Ausgestaltung. Der Architekt war mit dieser Vorgehensweise nicht einverstanden. Er hat den Planfeststellungsbeschluss mit der Begründung angegriffen, die Behörde sei verpflichtet gewesen, im Planfeststellungsverfahren seine Planung durchzusetzen. Er sei in seinem urheberrechtlichen Persönlichkeitsrecht verletzt. Das Bundesverwaltungsgericht hat die Klage abgewiesen. Es führte aus, dass dem Architekten von Anfang an deutlich gewesen sein musste, dass er Leistungen für die Allgemeinheit erbracht habe. Folglich musste er davon ausgehen, dass Einsprüche Dritter zu Änderungen führen könnten.

Der Architekt hat „selbstverständlich" keinen Anspruch auf Erhaltung der nach seinen **380** Plänen gebauten Objekte. Abrissmaßnahmen kann er insoweit nicht aufhalten (LG Hamburg NZBau 2007, 50). Der Streit um den Stuttgarter Hauptbahnhof (**„Stuttgart 21"**) wurde auf verschiedenen Ebenen geführt. So hatte das LG Stuttgart festgestellt, dass allein ein unanfechtbarer Planfeststellungsbeschluss die urheberrechtlichen Unterlassungsansprüche (hier der Erben des Architekten Bonatz) nicht ausschließt (IBR 2010, 404). Die gegen den Abriss gerichtet Klage hatte aber dennoch keinen Erfolg. Das OLG und der BGH (IBR 2012, 29, Nichtzulassungsbeschw. zurückgewiesen) bestätigte das Landgericht Stuttgart in dessen Ansicht, das sowohl das Interesse des Eigentümers an einer Modernisierung und zweckmäßigen Nutzung als auch das Alter der Anlage (54 Jahre nach Tod des Urhebers) zu berücksichtigen seien. Allerdings kann ein Berechtigter Ergänzungen i. S. einer geänderten Konzeption verhindern. Insbesondere wenn Teile eines urheberrechtlich geschützten Gesamtwerkes (Ensemble) entfernt werden sollen (gesamtes Pfarrzentrum, OLG München IBR 2003, 139). Eine Zulässigkeit der Veränderung des Konzeptes kann auch nicht dadurch gerechtfertigt werden, dass die „unbestreitbaren Erweiterungsnotwendigkeiten" von einer hohen architektonischen Qualität geprägt sind (LG München I NZBau 2007, 672). Eine Beeinträchtigung des Urheberrechts ist auch ohne Eingriff in die Substanz möglich (OLG Hamm vom 12.4.2011 – 4 U 197/10)

Als rechtswidrig angesehen wurde vom LG Berlin die Ausführung einer Flachdecke an- **381** stelle einer Gewölbedecke im Berliner Hauptbahnhof (LG Berlin IBR 2007, 253). Anders wurde entschieden, als eine katholische Kirchengemeinde die Umgestaltung eines Altarraumes mit der Umsetzung der Liturgiereform des Zweiten Vatikanischen Konzils rechtfertigte. Hier wurden die Interessen des kirchlichen Selbstbestimmungsrechts höher bewertet als das Interesse des Architekten an der unveränderten Erhaltung seines Werkes (BGH IBR 2008, 582). Wird ein Bauwerk (Grundschule) unter Verwendung der die Werkqualität bestimmenden vorhandenen gestalterischen Elemente erweitert, kann eine Vervielfältigung des Werkes angenommen werden, die gemäß § 16 UrhG der Zustimmung des ursprünglichen Architekten bedarf (OLG Celle Beschl. v. 2.2.2005 – 13 U 317/04). Anders wurde es gesehen, als der neue Bauzustand deutlich vom ursprünglichen Konzept abwich. In diesen Fällen wurde keine Verletzung der Planung gesehen, man ging von einer freien Nutzbarkeit gemäß § 24 UrhG aus (LG Braunschweig Urt. v. 20.12.2006 – 9 O 2612/06).

Sicher in diesem Zusammenhang ist, dass sich der Auftraggeber/Bauherr nicht durch Allgemeine Geschäftsbedingungen ein uneingeschränktes Nutzungs- und Änderungsrecht geben lassen kann (LG Hannover IBR 2007, 620).

7. Vertragliche Vorsorge

382   Nicht nur in den oben angesprochenen Fällen des vorzeitigen Abbruchs der Durchführung von Projekten bietet sich eine vertragliche Vorsorge über die Regelung an, wem ab welchen Zeitpunkt ein Nutzungsrecht zusteht. Gleiches gilt für den Bereich der Änderungsrechte. Der Bundesgerichtshof hat sich mit der Wirksamkeit entsprechender Allgemeiner Geschäftsbedingungen der Auftragsgeberseite auseinandergesetzt. Danach können solche Regelungen zulässig sein: *„… ebenso eine Nutzung in Kooperation mit Dritten oder durch Dritte unter zustimmungsfreier Übertragung von Nutzungsrechten oder -befugnissen einschließlich der zustimmungsfreien Weiterübertragung".* Voraussetzung für die Zulässigkeit soll allerdings eine detaillierte Benennung der Nutzungsarten sein. Grenzen des Änderungsrechtes gibt allerdings das Entstellungsgebot des § 14 UrhG wieder (BGH, Urt. v. 31.5.2012 – I ZR 73/10).

V. Vergabefragen bei Architekten und Ingenieurverträgen;
VOF und Vergaberichtlinien

383   **Literatur:** *Hänsel/Grosse,* Vergabe von Architekten- und Ingenieurleistungen, 2. Auflage, 2012; *Voppel/Osenbrück/Bubert,* VOF, Kommentar, 3. Auflage, 2012; *Zeiss,* Sichere Vergabe unterhalb der Schwellenwerte, 2. Auflage, 2012; *Diercks-Oppler,* Wettbewerbe für Architekten und Ingenieure, 2013; *Summa,* Die HOAI im VOF-Verfahren, in Online Aufsatz, IBR 2014, 220.

1. Allgemeines

383a   Die Vergabe freiberuflicher Leistungen durch öffentliche Auftraggeber war bis zum Erlass europäischer Vorschriften im Jahre 1992 durch die Richtlinien 92/50/EWG des Rates vom 18.6.1992 in der Fassung der Änderungsrichtlinie 97/52/EG vom 13.10.1997 (DKR-Dienstleistungskoordinierungsrichtlinie), ABl. Nr. L 209 vom 24.7.1992, S. 1, geändert durch die Richtlinie 97/52/EG, ABl. Nr. L 328 vom 28.11.1997, S. 1 an kein durch Gesetze, Richtlinien oder Verordnungen geregeltes formales Verfahren gebunden. Allerdings sind die Haushaltsordnungen des Bundes und der Länder von diesen Festlegungen unberührt geblieben. Basis sind die §§ 7 und 30 des Gesetzes über die Grundsätze des Haushaltsrechtes des Bundes und der Länder (Haushaltsgrundsätzegesetz – HGrG vom 19.8.1969, BGBl. I, S. 1273) zuletzt geändert durch Art. 1 des Gesetzes vom 27.5.2010 (BGBl. I, S. 671). Dieses Gesetz verpflichtet Bund und Länder ihr Haushaltsrecht danach zu regeln. § 6 Abs. 2 HGrG definiert, was der Gesetzgeber unter Wirtschaftlichkeit und Sparsamkeit verstanden wissen will:

„Für alle finanzwirksamen Maßnahmen sind angemessene Wirtschaftlichkeitsuntersuchungen durchzuführen".

Dazu konkretisiert § 30 diese Vorschrift in Bezug auf Beschaffung wie folgt:

„Dem Abschluss von Verträgen über Lieferungen und Leistungen muss eine öffentliche Ausschreibung vorausgehen, sofern nicht die Natur des Geschäftes oder besondere Umstände eine Ausnahme rechtfertigen".

In der Bundeshaushaltsordnung (BHO) sind die Vorschriften für die Aufstellung und den **384** Verzug des Haushaltsplans durch die Bundesregierung formuliert. § 55 Abs. 1 BHO enthält wortgleich die Vorschrift des § 30 HGrG, wonach dem Abschluss von Verträgen über Lieferungen und Leistungen eine öffentliche Ausschreibung vorausgehen müsse, sofern nicht die Natur des Geschäfts oder besondere Umstände eine Ausnahme rechtfertigen. Nach § 55 Abs. 2 BHO ist beim Abschluss von Verträgen nach einheitlichen Richtlinien zu verfahren. Aus diesem Hinweis kann dann abgeleitet werden, dass das Vergabeverfahren grundsätzlich nach bestimmten einheitlichen Regelungen und Modalitäten durchzuführen ist. Die Länder haben sich eine eigene Landeshaushaltsordnung (LHO) und Gemeindehaushaltsordnungen gegeben. Die Struktur der durch das Haushaltsgrundsätzegesetz, die Bundes- und Haushaltordnungen sowie die daraus abgeleiteten Gemeindehaushaltsordnungen festgelegten Verfahren nach nationalem Recht zur Vergabe von Bau-, Liefer- und Dienstleistungen stellt eine Verpflichtung der öffentlichen Auftraggeber aufgrund nationalen Rechts dar, welches durch die europäische Gesetzgebung nicht abgelöst ist. Es gilt nach wie vor für die Vergabe von Aufträgen, deren Wert die in den europäischen Richtlinien und die daraus abgeleiteten deutschen Vergabevorschriften festgelegten Schwellenwerte nicht erreicht. Bei **freiberuflichen Leistungen** hat sich zunächst die Überzeugung durchgesetzt, dass öffentliche Auftraggeber und ihre Prüfgremien die freihändige Vergabe dieser Leistungen durchführen sollten. Insbesondere gelangte man zu der Überzeugung, dass Ingenieurleistungen nicht am Honorar messbar, sondern an den zur Aufgabe gehörenden Kriterien der Eignung, Leistungsfähigkeit, Ausrüstung, zeitliche Auslastung u. a. zu orientieren sind. Sie bedingen Erfahrungs- und Vertrauensverhältnisse zwischen Auftraggeber und Ingenieur. Umfang und Art von Ingenieurleistungen lassen sich nicht als kalkulierbare und prüfbare Leistungsbeschreibungen aufstellen, die nach eindeutigen Regeln auszuführen und abzunehmen sind. Zur Vergleichbarkeit von Honoraren wäre das aber eine erforderliche Grundlage. Zur Förderung von Leistungen und Kenntnissen sowie zur Beurteilung von Aufgabenlösungen können nur die Entwurfswettbewerbe beitragen. Honorarwettbewerbe sind zu diesem Punkt nicht geeignet. So kommt es, dass der öffentliche Auftraggeber in völlig ungeeigneter Weise und völlig rechtsunsicher, trotz der schlechten Erfahrungen mit Vergabeverfahren bei ausschließlicher Konzentration auf den Preiswettbewerb in vielen Fällen bei der Vergabe freiberuflicher Leistungen doch ausschließlich nach dem geringsten Preis und nicht nach dem wirtschaftlichsten oder bestmöglichen Angebot entschiedet. Kammern und Berufsverbände allerdings haben durch die Veröffentlichung von Hinweisen und Empfehlungen zu Vergabeverfahren versucht, dieser Tendenz entgegenzuwirken. Dabei sind auch Überlegungen berücksichtigt worden wie sie beispielsweise in den Vergaberichtlinien der KFW (Version 2006, geändert 25.8.2010) veröffentlicht sind. Danach erfolgt die Vergabe von Beratungsleistungen normalerweise als Teilnahmewettbewerb in zwei Stufen:

Stufe 1

Vergabebekanntmachung und Vorauswahl von Beratungsformen nach Qualitätsgesichtspunkten.

Stufe 2

Einladung zu Vergabeverhandlungen, Bewertung der personellen und finanziellen Angebote und Vertragsabschluss mit dem Unternehmen, welches die bestmöglichste Leistung mit dem wirtschaftlichsten Projektergebnis erwarten lässt.

Daraus folgt, dass in der Stufe 1 die generelle Eignung, die Erfahrung bei der Durchfüh- **385** rung vergabegleicher Vorhaben und der projektspezifischen Eignung des Personals in Schlüsselfunktionen eine bedeutende Rolle spielt. In Stufe 2 werden die ausgewählten Bewerber auf der Grundlage einer detaillierten Aufgabenstellung zur Abgabe von Angeboten aufgefordert, die in Vergabeverhandlungen zusammen mit der persönlichen Vorstellung des Schlüsselpersonals erörtert und nach einer zuvor bekannt gegebenen Methode bewertet werden. Sonach erhält das Unternehmen mit dem besten Wertungsergebnis den Auftrag.

Vergabeverfahren nach europäischem Recht

386   Am 23.10.2006 trat die Fassung der 3. Verordnung zur Änderung der Vergabeverordnung in Kraft (BGBl. I 2006, S. 2334). Dort wurde die Vergabekoordinierungsrichtlinie (VKR) vom 31.3.2007 (Richtlinie 2004/18/EG) und die ebenfalls vom 31.3.2004 angeführte Sektorenkoordinationsrichtlinie (SKR) (Richtlinie 2004/17/EG) berücksichtigt. Es sind die nicht vorab beschreibbaren freiberuflichen Dienstleistungen durch den öffentlichen Auftraggeber in der VOF Ausgabe 2006 enthalten. Dieses hat zugleich zur Folge, dass die Sektorenauftraggeber bei der Vergabe solcher nicht vorab eindeutig und erschöpfend beschreibbarer Leistungen die SKR weiter unmittelbar anwenden mussten. Erst mit Inkrafttreten der Verordnung über die Vergabe von Aufträgen im Bereich des Verkehrs, der Trinkwasserversorgung und der Energieversorgung (Sektorenverordnung 2009) vom 23.9.2009 (BGBl. I, S. 3110) wurde auch die Vergabe freiberuflicher Leistungen durch die Sektorenauftraggeber geregelt. Damit entfiel die unmittelbare Anwendung der SKR. Gleichzeitig wurde auch die Vergabeverordnung durch Art. 1 der Verordnung zur Anpassung der Vergabeverordnung und der Sektorenverordnung vom 7.6.2010 (BGBl. I, S. 1724) geändert. Insbesondere wurde in § 1 Abs. 2 geregelt, dass der Auftraggeber nach § 98 Nr. 1 bis 4 GWB die Aufträge in den Sektorenbereichen nach der Sektorenverordnung zu vergeben hatte. Es lässt sich daher feststellen, dass die Vergabe freiberuflicher Dienstleistungen, soweit sie vorab nicht beschreibbar ist und ihre Auftragswerte die **Schwellenwerte erreichen oder überschreiten** (oberhalb der Schwellenwerte) für die in den beiden Richtlinien genannten Tätigkeiten nach unterschiedlichen Rechtsvorschriften durchzuführen ist:

1. *Aufträge über die im Anhang I Teil A und B der VOF genannten freiberuflichen Leistungen sind, soweit ihr Auftragswert die in § 2 VGV geregelten Schwellenwerte für Liefer- und Dienstleistungsaufträge erreichen oder überschreiten (§ 1 Abs. 2 VOF) vorab nicht eindeutig und erschöpfend beschreibbar sind und es sich nicht um Aufträge in den Sektoren Wasser-, Energie- und Verkehrsversorgung handelt, nach der VOF in der Fassung von 2009 (18.11.2009, BAnz. Nr. 195a) zu vergeben.*

2. *Aufträge über die im Anhang I Teil A und B der VOF genannten freiberuflichen Dienstleistungen in den Sektoren Wasser-, Energie- und Verkehrsversorgung sind, soweit ihr Auftragswert die in Art. 16 der Richtlinie 2004/17/EG des Europäischen Parlaments und des Rates vom 31.3.2004 verordneten und Art. 69 der Richtlinie jeweils fortschreibenden Schwellenwerte erreichen oder überschreiten, nach der Sektorenverordnung zu vergeben.*

387   **Unterhalb der Schwellenwerte** gelten die für Vergabe freiberuflicher Leistungen geltenden Bestimmungen der Haushaltsordnung uneingeschränkt fort. Danach können freiberufliche Leistungen grundsätzlich weiterhin **freihändig** vergeben werden.

388   Die Reform des Vergaberechts mit der Folge der Überarbeitung der VOF 2009 änderte auch die Vorgaben an die **Schwellenwertberechnung.** Nach § 3 Abs. 7 S. 1 VgV 2010 sind bei Beschaffungsvorhaben in mehreren Losen der Wert aller Lose bei der Auftragswertschätzung zu Grunde zu legen. Daher werden die **Werte aller Auftragswerte für ein Bauvorhaben** und bei Erreichen oder Überschreiten des für Dienstleistungen geltenden Schwellenwertes addiert. Die europaweite Ausschreibung der einzelnen Leistungen ist dann vorzunehmen, wenn sie nicht dem 20% – Kontingent nach § 3 Abs. 7 S. 3 VgV 2010 zugeordnet ist.

Aufträge **verschiedener Auftraggeber** sind bei der Schätzung des Auftragswertes auch dann **selbständig** zu bewerten, wenn bei den Aufträgen sachliche Zusammenhänge bestehen. Ist der Auftragswert von der Vergabestelle ordnungsgemäß geschätzt worden, entscheidet allein dieser Schätzwert über die Anwendbarkeit des Vierten Teils des GWB. Das gilt auch dann, wenn sich im weiteren Verlauf des Vergabeverfahrens herausstellt, daß der Wert tatsächlich unterhalb oder oberhalb des maßgeblichen Schwellenwertes liegt (VK Nordbayern, Beschl. v. 8.10.2013 – 21 VK-3194-32/13).

Bei einem Architektenauftrag ist der Auftraggeber aus Transparenzgründen verpflichtet, eine **nachvollziehbare Schätzung** des Auftragswertes vor Durchführung des Vergabeverfahrens vorzunehmen und spätestens in dem abschließenden Vergabevermerk festzuhalten. Hat der Auftraggeber die Schätzung des Auftragswertes nicht hinreichend dokumentiert, muss die Vergabekammer im Nachprüfungsverfahren den Auftragswert selbst anhand der eingegangenen Angebote schätzen (VK Mecklenburg-Vorpommern, Beschl. v. 21.11.2013 – 2 VK 14/13; hierzu auch Summa, IBR-online Aufsatz 2014, 2001).

Die **freihändige Vergabe** ist ein Vergabeverfahren **ohne förmliches Verfahren,** das **389** heißt also ohne förmliche Ausschreibung, ohne Eröffnungstermin usw. Der Auftraggeber wählt einen oder mehrere für die Durchführung der zu vergebenden Leistungen gleich qualifizierten Bewerber und verhandelt mit diesen in einem nicht formalisierten Verfahren über die Bedingungen des Auftrags. Diese betreffen insbesondere die zu erbringende Leistung, die Ausführungsmodalitäten und den Preis. Die freihändige Vergabe ermöglicht dem Auftraggeber in Bezug auf den Ablauf des Vergabeverfahrens eine große formale Flexibilität. Er hat die Möglichkeit, den Ablauf der Verhandlung zu gestalten. Er ist lediglich an die Grundsätze des Vergaberechts gebunden, nämlich das Wettbewerbsprinzip, das Transparenz- und das Gleichbehandlungsgebot. Darüber hinaus allerdings sind länderspezifische eigene Regelungen eingeführt worden, die den Behörden und den Kommunen Beschränkungen in der Anwendung der freihändigen Vergabe auferlegen.

2. Das Verhandlungsverfahren nach VOF

Das gesetzlich formalisierte Vergabeverfahren nach VOF sieht das Verhandlungsverfahren **390** mit oder in besonderen Fällen ohne vorherige Vergabebekanntmachung als Regelverfahren vor (§ 3 VOF). Es findet Anwendung, wenn es sich bei der zu vergebenden Leistung um eine freiberufliche Leistung (§ 1 VOF i. V.m. § 18 Einkommensteuergesetz) handelt, deren geschätzter Nettoauftragswert die in § 2 Nr. 1 und Nr. 2 VGV festgesetzten Schwellenwerte erreicht oder überschreitet und der Anwendungsbereich der VOF berührt ist. Die Schwellenwerte betragen für die Dienstleistungsaufträge der obersten und oberen Bundesbehörden sowie vergleichbarer Bundeseinrichtungen nach Anhang IV der Richtlinien 2004/18/EG zur Zeit 134 000 €, für alle anderen Dienstleistungsaufträge zur Zeit 207 000 €. Die Schwellenwerte werden alle zwei Jahre über die EG-Verordnung aktualisiert. Die Vergabe freiberuflicher Dienstleistungen erfolgt aufgrund einer Prognose des Auftraggebers über die erwartete Leistungsqualität von Bewerbern, für die er ihre personelle Qualifikation, Kapazitäten und Referenzen über früher erbrachte vergleichbare Leistungen vergleichend bewertet und aufgrund einer vergleichbaren Wertung der für die zu vergebenden Leistung angebotenen Preise. Erst im Laufe bzw. nach Feststellung der zu vergebenden Leistung kann der Auftraggeber erkennen, ob seine Prognose richtig war. Deswegen ist es für eine richtige Entscheidung bei der Auftragsvergabe von großer Bedeutung, dass der Auftraggeber die hierfür stets notwendigen drei Bewertungsschritte regelgerecht durchführt.

Schritt 1

Prüfung der Bewerbungsunterlagen auf Vollständigkeit und Ausscheiden unvollständiger oder nach § 4 Abs. 6 VOF wegen Unzuverlässigkeit bzw. nach § 16 VGV wegen Voreingenommenheit des Bewerbers auszuscheidender Bewerbungen.

Schritt 2

Auswahl der Bewerber, die zur Vergabeverhandlung eingeladen werden sollen durch differenzierte fachliche Bewertung der Bewerbungsunterlagen anhand der zuvor in der Vergabebekanntmachung veröffentlichten Eignungskriterien (z. B. Fachkunde, Eignung, Erfahrung, Leistungsfähigkeit und Zuverlässigkeit).

Schritt 3

Durchführung der Vergabeverhandlung mit den ausgewählten Bewerbern und fachliche Bewertung der Ergebnisse der Gespräche anhand der vom Auftraggeber zuvor bekannt gemachten Zuschlagskriterien. Bei einem Vergabeverfahren nach VOF sind diese nach § 11 Abs. 4 VOF entweder in der Aufgabenbeschreibung oder der Vergabebekanntmachung oder der Aufforderung zur Angebotsabgabe mitzuteilen.

391   Eine Vermischung der Kriterien derart, dass die Vergabestelle in der Vergabephase erneut auf bereits verwendete Eignungskriterien zurückgreift, entspricht einem Verstoß gegen das Vergaberecht mit der Folge, dass ein darauf eingeleitetes Nachprüfungsverfahren nach § 107 GWB mit hoher Wahrscheinlichkeit erfolgreich ist (EuGH, Urteil vom 24.1.2008 – C 532/06). Bei der Durchführung der Vergabeverfahren muss der Auftraggeber stets die in § 2 normierten Vergabegrundsätze beachten, wonach insbesondere Aufträge im leistungsbezogenen Wettbewerb

– *an fachkundige, leistungsfähige und zuverlässige und soweit erforderlich befugte Bewerber zu vergeben sind,*
– *alle Bewerber gleich behandelt werden müssen,*
– *die Durchführung freiberuflicher Leistungen unabhängig von Ausführungs- und Lieferinteressen vergeben und*
– *kleine Büroorganisationen und Berufsanfänger angemessen beteiligt werden sollen.*

392   Die Bekanntmachung erfolgt im Amtsblatt der Europäischen Gemeinschaften (§ 9 Abs. 1 i. V. m. § 3 Abs. 1 VOF). Die Eignungskriterien, die der Auftraggeber bei der Auswahl der Bewerber verwenden will, die er zu Vergabeverhandlungen einladen wird, sind in der Vergabebekanntmachung zu benennen (§ 10 Abs. 2 VOF). Hierzu können je nach Art und Umfang der zu vergebenden Dienstleistungen folgende Erklärungen und Auskünfte in Teile oder insgesamt gehören:

– *Angaben nach § 7 Abs. 1 VOF zur Organisationsform der Bewerber,*
– *Hinweise darauf, ob und wie wirtschaftliche Verknüpfungen im Unternehmen gegeben sind, insbesondere mit Unternehmen, die an Lieferungen oder anderen Leistungen für Objekte interessiert sind, für die die zu vergebenden freiberuflichen Leistungen erbracht werden sollen,*
– *Aufschlüsse darüber, ob und wie die Bewerber auf den Auftrag bezogen mit Dritten zusammenarbeiten wollen,*
– *Namen bzw. berufliche Qualifikation der Person, welche die zu vergebenden Leistungen im Auftragsfall tatsächlich erbringen sollen,*
– *Erklärung der Bewerber, dass die Ausschlusskriterien nach § 4 Abs. 9 VOF auf sie nicht zutreffen, wie z. B. Insolvenzverfahren oder Liquidation über die Firma oder ihre Person,*
– *rechtskräftiges Strafurteil oder Bedenken gegen die berufliche Zuverlässigkeit,*
– *schwere Verfehlungen im Rahmen der beruflichen Tätigkeit,*
– *Verpflichtung zur Zahlung von Steuern und Abgaben,*

393   Zu den Erhaltungskriterien zählen ferner der Nachweis der finanziellen wirtschaftlichen Leistungsfähigkeit (§ 5 Abs. 4 VOF), der durch folgende Erklärungen erfolgen kann:

– *Bankenerklärung oder Berufshaftpflichtversicherungsdeckung,*
– *Vorlage von Bilanzen,*
– *Erklärung zum Gesamtumsatz,*
– *Erklärung zum Umsatz bezogen auf die zu vergebende Dienstleistung,*

394   Schließlich müssen die Bewerber den Nachweis ihrer Qualifikation (§ 5 in Verbindung mit § 19 VOF), insbesondere ihrer Fachkunde, Erfahrung und Zuverlässigkeit erbringen durch:

– *Angaben über die berufliche Befähigung des Führungspersonals, insbesondere des für die Dienstleistung verantwortlichen Personals,*
– *Referenzliste über vergleichbare Dienstleistung mit Angabe ihrer Dienstleistung, ihrer Dienstzeit, des Auftragswertes der einzelnen Aufträge und Mitteilung ihrer Auftraggeber,*
– *Angaben über die technische Leitung,*
– *Mittel der Zahlung der Beschäftigten und des Führungspersonals in den letzten drei Jahren,*
– *Klärung zur technischen Ausstattung für die angefragten Dienstleistungen,*
– *Maßnahmen der Qualitätssicherung, Forschungs- und Untersuchungsmöglichkeiten,*
– *Art und Umfang von Subunternehmerleistungen.*

395   Die vom Auftraggeber festgesetzten Fristen für die Annahme der Teilnahme (§ 14 VOF) betragen regelmäßig mindestens 37 Tage. Diese Frist kann auf 30 Tage verkürzt werden. In Fällen besonderer Dringlichkeiten können statt 37 mindestens 15 Tage benannt werden. Im

Falle der elektronisch erstellten und übermittelten Bekanntmachung beträgt die Frist sodann nur noch 10 Tage. Die angegebenen Fristen gelten jeweils gerechnet vom Tag der Absendung der Bekanntmachung an das Amt für amtliche Veröffentlichungen der Europäischen Gemeinschaft in Luxemburg. Der Auftraggeber muss rechtzeitig angeforderte zusätzliche Auskünfte über die Aufgabenstellung spätestens 6 Tage vor Ablauf der Frist für den Eingang der Bewerbungen, in Fällen besonderer Dringlichkeit spätestens 4 Tage vor Ablauf der Bewerbungsfrist erteilen.

Für die Ausarbeitung der Bewerbungsunterlagen erhalten die Bewerber keine Kostenerstattung (§ 13 Abs. 2 VOF). Wird vom Auftraggeber aber verlangt, dass objektspezifische Bewerbungsunterlagen, wie Entwürfe, Pläne, Zeichnungen, Berechnungen oder andere Unterlagen auszuarbeiten sind, muss für alle Bewerber eine einheitliche und angemessene Vergütung festgesetzt und zuvor mitgeteilt werden (§ 13 Abs. 3 i. V. m. § 20 Abs. 3 VOF). Hierbei bereits muss der öffentliche Auftraggeber die gesetzliche Gebühren- und Honorarordnung sowie die Bestimmung zum Urheberrechtsschutz beachten. Damit bekommt die HOAI bereits in diesem Stadium erhebliche Bedeutung. Zur weiteren Information können inländische Veröffentlichungen gemäß § 9 Abs. 4 Satz 4 VOF herhalten. Anhand der von den Bewerbern erteilten Auskünfte wählt der Auftraggeber dann mindestens drei Bewerber aus, die er zu Verhandlungen auffordert (§ 10 Abs. 1 und 4 VOF). Ein Bewerber kann von der Teilnahme am Vergabeverfahren bereits ausgeschlossen werden, wenn auf ihn eines der bereits benannten Ausschlusskriterien nach § 4 Abs. 9 VOF zutrifft oder wenn der Auftraggeber nach § 4 Abs. 8e VOF feststellt, dass er sich bei der Erteilung von Auskünften in erheblichem Maße falscher Erklärungen schuldig macht. Der Auftraggeber muss zudem nach § 4 Abs. 6 VOF einen Bewerber von der Teilnahme am Vergabeverfahren wegen Unzuverlässigkeit ausschließen, wenn er Kenntnis davon hat, dass eine Person, deren Verhalten dem Erwerber zuzurechnen ist, rechtskräftig gegen eine der in diesem Absatz unter a bis g genannten Vorschriften oder gegen entsprechende Vorschriften anderer Staaten verstoßen hat. Der Auftraggeber hat allerdings den Auszug aus dem Bundeszentralregister (Führungszeugnis) des Betroffen gemäß § 4 Abs. 7 VOF zu akzeptieren.

Die Vergabephase beginnt mit der gleichzeitigen schriftlichen Einladung ausgewählter **397** Bewerber zu Vergabeverhandlungen mit dem Auftraggeber nach § 11 Abs. 1 VOF und der Aufforderung, hierfür ein Angebot vorzulegen. Die Aufforderung muss nach § 11 Abs. 2 VOF mindestens Folgendes enthalten:

– *Die Verfahrensbedingungen,*
– *Angaben zu den Fristen und den Hinweis auf Bekanntmachung,*
– *die Aufgabenbeschreibung § 6 VOF,*
– *die auf die erwartete fachliche Leistung der Bewerber bezogenen Zuschlagskriterien und der Gewichtung (§ 11 Abs. 4 VOF).*

Bei der Entscheidung über die Auftragserteilung muss der Auftraggeber die besondere **398** Qualität, fachlichen und technischen Werte, Ästhetik, Zweckmäßigkeit, Kundendienste und technische Hilfe, Leistungszeitpunkt, Ausführungszeitraum und Frist sowie Preis und Honorar gemäß § 11 Abs. 5 VOF berücksichtigen. Ist die zu erbringende Leistung nach der gesetzlichen Gebühren- oder Honorarordnung zu vergüten, ist der Preis nur im dort vorgeschriebenen Rahmen zu berücksichtigen (§ 11 Abs. 5 Satz 3 VOF). Daher hat der Auftraggeber in diesem Falle alle für die Preisbildung notwendigen, in der Honorarordnung festgelegten Berechnungsparameter anzugeben. Verlangt der Auftraggeber außerhalb des Planungswettbewerbes, dass die Bewerber bei der Vergabeverhandlung Lösungsvorschläge für die Planungsaufgaben präsentieren, so sind die Lösungsvorschläge der Bewerber nach den Honorarbestimmungen der HOAI zu vergüten (§ 13 Abs. 3 und § 20 Abs. 3 VOF).

Nach § 20 Abs. 1 VOF sind Auftragsverhandlungen mit den nach § 10 VOF ausgewähl- **399** ten und nach § 11 VOF zur Angebotsabgabe aufgeforderten Bewerbern mit dem Ziel zu führen, den Bewerber zu ermitteln, der im Hinblick auf die gestellte Aufgabe am ehesten die Gewähr für eine sachgerechte und qualitätsvolle Leistungserfüllung bietet (§ 11 Abs. 6 und § 20 Abs. 1 VOF). Hierzu werden auf der Basis der Angebote mit dem Erwerber Auftragsgespräche geführt. Hierbei werden dann sowohl die angebotenen Leistungen als auch die angebotenen Honorare erörtert. Wenn der Auftraggeber allerdings vor den Verhandlungen festgestellt hat, dass Honorarangebote gegen gesetzliche Gebühren oder Honorarordnungen verstoßen, so ist mit den Bewerbern über ein verordnungskonformes Honorar zu verhandeln.

400 Die Entscheidung über die Auftragserteilung trifft der Auftraggeber nach Abschluss der Gespräche. Er bewertet die Angebote der Bewerber nach den zuvor festgelegten und den Bewerbern bekannten Zuschlagskriterien. Ferner sollte der Auftraggeber auch vorab die von ihm je Zuschlagskriterium zugeordneten Unterkriterien und sein Bewertungssystem bekannt geben, da dieses erfahrungsgemäß die Transparenz des Verhandlungsverfahrens spürbar verbessert. Die Bewertung der Zuschlagskriterien sollte gemäß § 20 Abs. 1 Satz 2 VOF nach Abschluss der Gespräche anhand der von den Bewerbern erteilten Auskünfte erfolgen. Nach § 12 VOF ist das Vergabeverfahren von Anfang an fortlaufend zu dokumentieren. Diese Dokumentation muss die einzelnen Stufen des Verfahrens, die einzelnen Maßnahmen, die Vorgehensweise zur Entscheidungsfindung und die Feststellungen sowie die Begründung der einzelnen Entscheidungen enthalten.

Unabhängig davon ist über jede Vergabe eine Bekanntmachung innerhalb von 48 Tagen dem Amt für amtliche Veröffentlichung der Europäischen Gemeinschaften zuzuleiten (§ 14 Abs. 1 VOF).

401 Es ist zulässig, wenn sich ein öffentlicher Auftraggeber die notwendige Kenntnis für eine ordnungsgemäße Vorbereitung und Durchführung eines Vergabeverfahrens durch die Einschaltung eines fachkundigen Dritten verschafft, sofern der Auftraggeber nicht selbst personell über das notwendige Know-how verfügt. Ein Auftraggeber muss aber sicherstellen, dass der herangezogene Dritte weder unmittelbar noch mittelbar an der Vergabe beteiligt ist. Er hat dafür Sorge zu tragen, dass nicht einzelne Angebote bei der Vergabeentscheidung aufgrund eigener wirtschaftlicher Interessen der bei der Vergabe einbezogenen sachkundigen Personen bevorzugt werden. Eine solche Bevorzugung liegt vor, wenn das zur Beratung herangezogene Architekturbüro zu einem Bieter eine dauerhafte Geschäftsbeziehung unterhält (VK Lüneburg, Beschl. v. 12.7.2011 – VgK-19/2011).

3. Wettbewerb

402 Das gesetzlich formalisierte Auslobungsverfahren ist dann erforderlich, wenn dessen Durchführung zu einem Dienstleistungsauftrag führen soll, dessen geschätzter Auftragswert einschließlich der Summen der Preisgelder und Zahlungen an Wettbewerbsteilnehmer die Schwellenwerte von derzeit 134.000,– € bzw. 207.000,– € erreicht oder übersteigt (§ 1 VOF i.V.m. § 3 Abs. 8 VGV) und der Anwendungsbereich der VOF berührt ist (§ 1 Abs. 1 VOF). Auch hier gelten die Vergabegrundsätze gemäß § 2 VOF.

403 In der Bekanntmachung über Wettbewerbe gemäß § 9 Abs. 2 und Abs. 9 VOF teilt der Auftraggeber seine Absicht mit, einen Wettbewerb durchführen zu wollen. Planungswettbewerbe können außerdem jederzeit vor, während oder nach dem Verhandlungsverfahren ausgelobt werden, § 15 Abs. 2 VOF. Die Bekanntmachung ist gemäß den Formvorschriften (§ 9 Abs. 2 VOF) mitzuteilen. In der Bekanntmachung sind alle für die Durchführung des Wettbewerbs notwendigen Beurteilungen und Auswahlkriterien zu nennen, nachdem im Falle des beschränkten Wettbewerbs die Wettbewerbsteilnehmer ausgewählt werden und das Preisgericht über die Wettbewerbsarbeiten entscheidet. Ferner sind den am Wettbewerb Interessierten die für die Durchführung des ausgelobten Wettbewerbs anwendbaren Regeln (§ 15 Abs. 3 VOF) mitzuteilen. Bei der Durchführung der Planungswettbewerbe können beispielsweise die Richtlinien für Planungswettbewerbe (RPW 2013) in der derzeitigen Fassung vom 31.1.2013, veröffentlicht in Bundesanzeiger vom 28.2.2013 als verbindliche Wettbewerbsregel festgelegt werden. Hier ist darauf hinzuweisen, dass das Bundesministerium für Verkehr, Bau und Stadtentwicklung die RPW 2013 mit Wirkung vom 1.3.2013 für den Bundesbau als verbindlich eingeführt hat. Die Länder sind dem gefolgt und haben auch den Kommunen die Anwendung empfohlen. Teilweise sind diese Regelungen der RPW 2013 länderspezifisch umgesetzt worden, z.B. in NRW mit der Richtlinie für Planungswertbewerbe gem. RdErl. d. Ministeriums für Bauen, Wohnen, Stadtentwicklung und Verkehr v. 15.5.2014 – MBl. NRW 2014, 5.6.2014, S. 299 bis 316.

Kriterien für die Auswahl der Bewerber sind in der Bekanntmachung mitzuteilen. Sie **404** entsprechen im Regelfall den in der Vergabebekanntmachung zu nennenden Eignungskriterien, insbesondere sind Anzahl und Höhe der Preise und ggf. der Ankäufe mitzuteilen. Die Auswahl der Bewerber, die zur Teilnahme am Wettbewerb eingeladen werden, verläuft ähnlich dem ersten und zweiten Schritt beim Verhandlungsverfahren. Dabei ist zu beachten, daß nach § 1 Abs. 5 RPW nunmehr auch kleine Büros und Bürogemeinschaften (Anfänger) besonders zu berücksichtigen sind. Danach werden die Bewerbungsunterlagen auf Vollständigkeit geprüft (§ 4 Abs. 6 und Abs. 9 VOF), ggf. auch ausgeschieden. Die Durchführung des Wettbewerbs, Bewertung der Wettbewerbsarbeiten und Entscheidung über die Rangfolge richten sich nach den in der Bekanntmachung mitgeteilten Regeln, z. B. RPW 2013. Der Auslober hat nach Abschluss des Wettbewerbes Pflichten zur Unterrichtung über das Wettbewerbsergebnis. In § 15 Abs. 6 VOF ist geregelt, dass jeder Wettbewerbsteilnehmer über das Ergebnis des Wettbewerbs unter Versendung der Niederschrift der Preisgerichtssitzung unverzüglich zu unterrichten ist. Unabhängig davon müssen Auftraggeber, die einen Wettbewerb durchgeführt haben, spätestens 48 Tage nach Durchführung des Wettbewerbs dem Amt für amtliche Veröffentlichungen der Europäischen Gemeinschaften eine Bekanntmachung zur Veröffentlichung im Amtsblatt der Europäischen Gemeinschaft gemäß § 14 Abs. 2 VOF übermitteln.

Weiterhin ist zwingend zu beachten, dass nach Art. 9 Richtlinie 2004/18/EG kein Be- **405** schaffungsvorhaben zu dem Zweck aufgeteilt werden darf, es der Anwendung der Richtlinie zu entziehen. Der EuGH hatte bereits für Bauaufträge ein Kriterium des einheitlichen Charakters gesehen. Diese Rechtsprechung ist nunmehr übertragen worden auf Dienstleistungsaufträge (z. B. nach VOF). Da es eine andere Natur von Dienstleistungsaufträgen aufgrund funktionaler Betrachtungsweisen nicht gibt, ist die Rechtsprechung vom EuGH auf die Architektenleistungen für ein einheitliches Bauvorhaben anzuwenden. Die Leistungen weisen in wirtschaftlicher und technischer Hinsicht eine innere Kohärenz und eine funktionelle Kontinuität auf, die durch die Aufteilung der Leistungen in verschiedene Abschnitte entsprechend dem Rhythmus der Ausführung der Arbeiten nicht durchbrochen wird. Haushaltsrechtliche Erwägungen dürfen eine Durchbrechung des Systems nicht rechtfertigen. Das gilt insbesondere für die Erwägungen, wonach die Architektenleistungen über mehrere Haushaltsjahre erfolgen sollen. Ob eine Architektenleistung, die in getrennten Bauabschnitten erfolgt, als einheitlicher Auftrag anzusehen ist, beurteilt sich danach, ob ihre wirtschaftliche und technische Funktion einen einheitlichen Charakter hat (EuGH, Urt. v. 15.3.2012 – Rs. C-574/10; hierzu Kokew, NZBau 2012, 749). Es helfen hier auch keine europaweiten „Interessensbekundungsverfahren". Dennoch können allerdings haushaltsrechtliche Überlegungen dazu führen – was wiederum erlaubt ist – den Gesamtauftrag in Lose aufzuteilen und die Vergabe späterer Lose unter den Finanzierungsvorbehalt zu stellen.

Die Vergabe von Architekten- und Ingenieurleistungen wird in der **VOF unter den** **406** **§§ 18 bis 20** behandelt und nachfolgend dargestellt.

§ 18 Anwendungsbereich

(1) Die Bestimmungen dieses Kapitels gelten zusätzlich für die Vergabe von Architekten- und Ingenieurleistungen.

(2) Architekten- und Ingenieurleistungen sind

– **Leistungen, die von der Honorarordnung für Architekten und Ingenieure (HOAI) erfasst werden sowie**
– **sonstige Leistungen, für die die berufliche Qualifikation des Architekten oder Ingenieurs erforderlich ist oder vom Auftraggeber gefordert wird.**

Abs. 1 regelt, dass die Bestimmungen des Kapitels 3 (§§ 18 bis 20 VOF) „zusätzlich" zu **407** den Bestimmungen des Kapitels 1 (§§ 1 bis 17 VOF) bei der Vergabe von Architekten-

und Ingenieurleistungen gelten. Abs. 2 definiert die in den Kapiteln 1 und 2 VOF erfassten Architekten- und Ingenieurleistungen wie folgt:

- **Leistungen,** die **von der HOAI erfasst** werden. Dazu gehören nach § 1 HOAI die Leistungen, die durch Leistungsbilder oder andere Bestimmungen der HOAI erfasst werden. Dies sind
  - die im Allgemeinen zur ordnungsgemäßen Erfüllung eines Auftrags erforderlichen Leistungen, deren Honorare in den Teilen 2 bis 4 HOAI geregelt sind,
  - andere zur Erfüllung des Leistungsziels oder des Leistungsumfangs erforderliche Leistungen, deren Honorare frei vereinbart werden können,
  - die in Anlage 1 der HOAI genannten Beratungsleistungen, deren Honorare nicht verordnet sind und
  - die in Anlage 2 der HOAI genannten Besonderen Leistungen nach § 3 Abs. 3 HOAI, deren Honorare ebenfalls frei vereinbart werden können.
- **Sonstige Leistungen, für die** die berufliche **Qualifikation des Architekten oder Ingenieurs erforderlich** ist **oder vom Auftraggeber gefordert** werden. Es handelt sich um Leistungen, die weder in der HOAI erfasst noch deren Preise in der HOAI geregelt sind, insbesondere Leistungen, für die die berufliche Qualifikation des Architekten gefordert werden können:
  - Gutachten zu Gebäuden, raumbildenden Ausbauten oder Freianlagen
  - Aufbau und Pflege von Planungsdokumentationen
  - Erfassung und Dokumentation denkmalgeschützter Bereiche und Bauwerke

408   Hierzu gehörend auch Leistungen, für die die berufliche Qualifikation des Ingenieurs erforderlich ist:

- Gutachten zu Ingenieurbauwerken, Verkehrsanlagen, Unfallschäden an Kraftfahrzeugen
- Gesamtentwässerungsplan
- Hochwasserabflussberechnungen/Abflusssimulationsrechnungen
- Aufbau und Fortschreibung von Leitungsdatenbanken oder Altlastenkatastern
- Erkundung und Dokumentation von Grundwasserganglinien,
- Betrieb von Versuchsanlagen (Aufbereitung von Wasser/Abwasser/Schlamm/Abfall)

409   Ferner können Leistungen dazugehören, für die berufliche Qualifikation des Architekten oder Ingenieurs vom Auftraggeber überlicherweise gefordert wird:

- Leistungen bei der Projektsteuerung oder beim Projektmanagement komplexer Bauvorhaben
- Leistungen bei der Sicherheits- und Gesundheitsschutzkoordination nach Baustellenverordnung
- bei allen Leistungen anstelle anderer denkbarer Qualifikationen (z. B. privates Betriebsführungsmanagement für einen kommunalen Eigenbetrieb durch einen Ingenieur anstelle eines Betriebswirtes)
- Leistungen der Vermessungsingenieure und Architekten für die archäologische Enttrümmerung der Frauenkirche in Dresden
- Management und Leistungsüberwachung von Ver- und Entsorgungsanlagen
- Facility-Management

410   Der in § 18 VOF beschriebene Anwendungsbereich ist nicht abschließend (Müller-Wrede, Kommentar zur VOF, § 18 Rn. 24; Hartmann, VOF a. F., § 22 Rn. 2). Wenn der Auftraggeber es begründen kann, so kann er von Bewerbern um die Übernahme der von ihm zu vergebenden Leistungen die Qualifikation eines Architekten oder Ingenieurs fordern, insbesondere bei:

- Auftraggebervertretung mit besonderer Vollmacht
- Kaufmännische Baubegleitung
- Nachtragsmanagement für den Auftraggeber
- Abwehr von Forderungen aus Bauzeitverlängerung.

411   Es ist eine nach § 18 VOF zwingende Pflicht des Auftraggebers, die Auswahlentscheidung als wesentliche Entscheidung in nachvollziehbarer Weise zu dokumentieren, um für

den Bewerber die erforderliche Überprüfbarkeit zu gewährleisten. Eine fehlende Dokumentation wesentlicher Schritte bis zur Vergabeentscheidung ist daher rechtsfehlerhaft und führt zu einer Nichtvollziehbarkeit der getroffenen Entscheidung (VK Arnsberg, Beschl. v. 22.4.2009 – VK 6/09).

Selbst wenn die HOAI für die Planungsleistungen für ein im Ausland belegenes Grundstück (z.B. Botschaft in Kiew oder Washington) nicht anzuwenden ist, werden die Wertungen und Wertungskriterien bei einem Verhandlungsverfahren mit vorgeschaltetem Teilnahmewettbewerb im Rahmen der VOF angewendet (OLG Düsseldorf, Beschl. v. 13.8.2008 – Verg 28/08). **412**

§ 19 Qualifikation des Auftragnehmers

(1) **Wird als Berufsqualifikation der Beruf des Architekten oder der einer seiner Fachrichtungen gefordert, so ist jeder zuzulassen, der nach den Architektengesetzen der Länder berechtigt ist, die Berufsbezeichnung Architekt zu tragen, oder nach den EG-Richtlinien, insbesondere der Richtlinie für die gegenseitige Anerkennung der Diplome auf dem Gebiete der Architektur, berechtigt ist, in der Bundesrepublik Deutschland als Architekt tätig zu werden.**

(2) **Wird als Berufsqualifikation der Beruf des „Beratenden Ingenieurs" oder „Ingenieurs" gefordert, so ist jeder zuzulassen, der nach den Gesetzen der Länder berechtigt ist, die Berufsbezeichnung „Beratender Ingenieur" oder „Ingenieur" zu tragen oder in der Bundesrepublik Deutschland als „Beratender Ingenieur" oder „Ingenieur" tätig zu werden.**

(3) **Juristische Personen sind als Auftragnehmer zuzulassen, wenn sie für die Durchführung der Aufgabe einen verantwortlichen Berufsangehörigen gem. Absatz 1 und 2 benennen.**

Abs. 1 und 2 stellen, dass der Auftraggeber vom Bewerber die **Berufsqualifikation** Architekt (Richtlinie des Rates 2005/36/EG vom 7.9.2005 über die Anerkennung von Berufsqualifikationen (ABl. EU Nr. L 255, S. 22) oder eine der zu diesem Beruf gehörenden Fachrichtungen (z.B. Innenarchitektur, Freianlagenplanung) bzw. Beratender Ingenieur oder Ingenieur fordern kann. Der Auftraggeber fordert damit **nichts anderes als die Bestätigung der Qualifikationsmerkmale des § 5 Abs. 5 lit. a) VOF** und die dort genannten Studiennachweise und Bescheinigungen über die **berufliche Befähigung** des Bewerbers sowie für die im Auftragsfall eingesetzten verantwortlichen Personen. Insofern ist § 19 Abs. 1 und 2 VOF lediglich eine Ergänzung zu § 5 VOF, ohne hiermit einen zusätzlichen Qualifikationsnachweis zu definieren. Die Richtlinien regeln lediglich die gegenseitige Anerkennung der Diplome, Prüfungszeugnisse und sonstigen Befähigungsnachweise auf dem Gebiet der Architektur und die Anerkennung der Hochschuldiplome. Die Regelungen sind keine Rechts- oder Verwaltungsvorschriften, die einen Vorbehalt für einen bestimmten Berufsstand rechtfertigen könnten. So sind nach dem Erwägungsgrund 42 der VKR die o.g. Richtlinien lediglich zur Anerkennung von Befähigungsnachweisen heranzuziehen. Die in Abs. 1 und 2 „geforderte" **Qualifikation bestimmter Berufsgruppen** darf aber **nicht mit Befugnis verwechselt** werden. Dies ergibt sich aus Artikel 46 Abs. 2 VKR: **413**

> „Müssen Bewerber oder Bieter eine bestimmte Berechtigung besitzen oder Mitglieder einer bestimmten Organisation sein, um die betreffende Dienstleistung in ihrem Ursprungsmitgliedstaat erbringen zu können, so kann der öffentliche Auftraggeber bei der Vergabe öffentlicher Dienstleistungsaufträge den Nachweis ihrer Berechtigung oder Mitgliedschaft verlangen."

Der Wortlaut macht deutlich, dass es nicht im Ermessen des Auftraggebers liegt, eine bestimmte Befugnis der Bewerber zu fordern, sondern ein „Müssen" voraussetzt. Es müssen also Gründe bezogen auf Rechts- oder Verwaltungsvorschriften vorliegen, die eine mit Befugnis zu begründende Wettbewerbsbeschränkung rechtfertigen. Gerade hierfür sind weder § 19 VOF noch die genannten Richtlinien geeignet (so auch Hartmann, § 23 VOF **414**

a. F. Rn. 1; Müller-Wrede, Kommentar zur VOF, § 19 Rn. 7; siehe auch EuGH, Urt. v. 18.10.2012 – Rs. C-218/11 – fachliche Eignung –; VK Sachsen, Beschl. v. 24.1.2013 – 1/SVK/043-12). Nur nach der letztgenannten Vorschrift sind Beschränkungen des Wettbewerbs im Zusammenhang mit öffentlich-rechtlichen Forderungen zutreffend. Dafür gelten beispielsweise die Regelungen über die Bauvorlageberechtigung nach den Bauordnungen der Bundesländer und die Prüfungsingenieurzulassung.

415   **Abs. 3** enthält gegenüber § 4 Abs. 1 VOF für Architekten- und Ingenieurleistungen nach § 18 VOF nur solche juristischen Personen als Bieter, die für die Durchführung der Aufgabe einen **verantwortlichen Berufsangehörigen** gem. Abs. 1 und 2 benennen. Die Forderung des Auftraggebers nach einer bestimmten Berufsqualifikation der Bewerber kann nur unter Beachtung der Vergabegrundsätze nach § 2 VOF gestellt werden. Zu beachten ist der Gleichbehandlungsgrundsatz und das Verbots wettbewerbsbeschränkender Verhaltensweisen i. V. m. der nach § 1 VOF zu gewährleistenden Öffnung des Wettbewerbs auch für Gewerbebetriebe. Nach einem Urteil des VGH Baden-Württemberg (VGH Mannheim, 3.5.1994 – 9 S 376/92) ist die Eintragung eines Alleingeschäftsführers eines größeren Ingenieurunternehmens in die Liste der Beratenden Ingenieure bei der Ingenieurkammer Baden-Württemberg mit der Begründung abgelehnt worden, dass der einzige Geschäftsführer eines in der Rechtsform einer GmbH betriebenen Ingenieurbüros, der nicht zugleich Gesellschafter ist, hat sich nicht mit anderen i. S. d. § 13 Abs. 2 IngKammG zusammengeschlossen und besitzt bei Einbindung dieser GmbH in einen Konzern mit gewerblichen Interessen keine Rechtsstellung, kraft deren er die Ausübung seiner Berufsaufgabe unbeeinflusst durch Rechte Dritter bestimmen kann. Er kann daher in Baden-Württemberg nicht in die Liste der Beratenden Ingenieure eingetragen werden. Damit ergibt sich das im Beratungsmarkt bekannte und durch umfangreiche Projektreferenzen qualifizierte Ingenieurunternehmen **bei der alleinigen Auftraggeberforderung nach der Berufsqualifikation „Beratender Ingenieur" vom Wettbewerb ausgeschlossen sein können.** Es würde sowohl inländischen als auch möglicherweise ausländischen Bewerben gegenüber **diskriminiert.** Die alleinige **Forderung** nach der **Berufsqualifikation des Beratenden Ingenieurs** stellt die Beteiligung von Gewerbebetrieben an VOF-Verfahren infrage und macht sie faktisch unmöglich, da ein angestellter Ingenieur eines Gewerbebetriebes nicht der Liste der Beratenden Ingenieure eingetragen werden kann und damit nicht die Berufsbezeichnung „Beratender Ingenieur" tragen darf. Dies gilt auch für die Geschäftsführer solcher Unternehmen, soweit sie nicht die an einen Freiberufler gestellten Qualifikationsmerkmale erfüllen. Bei der ausschließlichen Forderung nach der Qualifikation als „Beratender Ingenieur" nach Abs. 2 würde somit die nach den § 1 VOF geltende weite Öffnung des Bewerberkreises auf bestimmte Bewerber eingegrenzt: So wäre es beispielsweise nicht möglich, Abteilungen von Bau- oder Lieferunternehmen am Wettbewerb um die Durchführung von Ingenieur- oder Architektenleistungen zu beteiligen, da als Verantwortliche benannte unselbständige Angestellte trotz einer Qualifikation als Ingenieur nicht eintragungsfähig sind und damit nicht als Berufsangehörige gem. den Abs. 1 und 2 gelten können. Daraus ist zu folgern, dass Auftraggeber **nur die Forderung nach „Ingenieuren"** stellen dürfen; die Begrenzung des Bewerberkreises auf Beratende Ingenieure würde rechtsfehlerhaft sein, da damit eine starke Wettbewerbsbeschränkung stattfinden würde.

Die **Auswahl der Teilnehmer** aus dem Kreis der Bewerber gem. RPW 2008 ist Sache des Auslobers (VK Berlin, Beschl. v. 15.4.2011 – VK-B2–12/11). Ist nach der Vergabebekanntmachung die Ausführung der Leistung Architekten gem. § 19 Abs. 1 VOF oder „**juristischen Personen** gem. § 19 Abs. 3 VOF" vorbehalten, so muss eine juristische Person ebenfalls zwingend einen Architekten für die Durchführung der Aufgabe benennen (VK Sachsen, Beschl. v. 24.1.2013 – 1/SVK/043-12).

§ 20 Auftragserteilung

(1) **Die Auftragsverhandlungen mit den nach § 10 Absatz 1 ausgewählten Bietern dienen der Ermittlung des Bieters, der im Hinblick auf die gestellte Aufgabe am ehesten die Gewähr für eine sachgerechte und qualitätsvolle Leistungser-**

füllung bietet. **Die Auftraggeber führen zu diesem Zweck Auftragsgespräche mit den ausgewählten Bietern durch und entscheiden über die Auftragsvergabe nach Abschluss dieser Gespräche.**

(2) **Die Präsentation von Referenzobjekten, die der Bewerber oder Bieter zum Nachweis seiner Leistungsfähigkeit vorlegt, ist zugelassen. Die Ausarbeitung von Lösungsvorschlägen der gestellten Planungsaufgabe kann vom Auftraggeber nur im Rahmen eines Verfahrens nach Absatz 3 oder eines Wettbewerbes gem. Kapitel 2 verlangt werden. Die Auswahl eines Bewerbers oder Bieters darf nicht durch unaufgefordert eingereichte Lösungsvorschläge beeinflusst werden.**

(3) **Verlangen Auftraggeber außerhalb eines Planungswettbewerbes Lösungsvorschläge für die Planungsaufgabe, so sind die Lösungsvorschläge der Bieter nach den Honorarbestimmungen der HOAI zu vergüten.**

Die in den §§ 11 und 20 VOF unterschiedlich formulierten **Erwartungen des Auf-** **416** traggebers an den als am besten geeignet erscheinenden Bewerber sollen durch die dort auch genannten Entscheidungshilfen belegt werden. Diese **sind der Versuch,** die wichtigsten **Aspekte** zur Einschätzung der Qualität nicht vorab eindeutig und erschöpfend beschreibbare Leistungen zu benennen, die der Auftraggeber **für die Wahl** des aus seiner Sicht **wirtschaftlichsten und annehmbarsten Leistungsangebots** verwenden soll. § 20 Abs. 1 läßt die für Architekten- und Ingenieurleistungen spezifische Interpretation der „bestmöglichen" Leistung als Voraussetzung des Verfahrens zu. Die „sachgerechte und qualitätsvolle Leistungserbringung" als Entscheidungsmerkmal ergänzt die in § 1 Abs. 5 enthaltenen leistungsbezogenen Zuschlagskriterien und verdeutlicht damit den Inhalt der vom Auftraggeber zu treffenden Prognoseentscheidung. **„Gewähr bieten"** kann in diesem Zusammenhang nur als Leistungsversprechen des ausgewählten Bieters verstanden werden, welches der Auftraggeber als am ehesten glaubwürdig beurteilt hat. Die gemeinte Gewähr darf **nicht** mit der rechtlich bindenden **Garantieerklärung** des Bewerbers, z.B. einer Kostenobergrenze, verwechselt werden. Mit der Formulierung „am ehesten" wird verdeutlicht, dass es sich um keine eindeutige, objektive Abwägung und Entscheidung handelt, sondern um eine letztlich subjektive Wertung und Prognose des Auftraggebers auf der Grundlage der in den Vergabeverhandlungen erkennbar gewordenen projektbezogenen Qualifikationen und der dabei zusätzlich gewonnenen Eindrücke. Die in zulässiger Weise von subjektiven Vorstellungen der beteiligten Personen beeinflusste Auswahlentscheidung nach § 16 Abs. 3 VOF ist einer gerichtlichen Richtigkeitskontrolle weitgehend zudem entzogen. In einem kombinierten Ideen- und Preiswettbewerb zur Auswahl eines Generalplaners ist es nicht Aufgabe der Nachprüfungsbehörden, darüber zu befinden, ob eine derzeit noch nicht einmal in Ansätzen erkennbare Detailplanung genehmigungsfähig wäre und/oder welche technischen Schwierigkeiten bei der Umsetzung einer noch unbekannten Detailplanung auftreten können (OLG Koblenz, Beschl. v. 6.11.2008 – 1 Verg 3/08). Allerdings sind auch in dem VOF-Verfahren Angebote, welche **Änderungen an den vom Auftraggeber eindeutig in der Aufforderung zur Abgabe des Angebotes festgelegten Bedingungen** enthalten, zwingend auszuschließen. Allein in der Abgabe eines vom Ausschreibungsinhalt abweichenden Angebotes unter Beschreibung von hierfür herangezogenen Einsparpotentialen liegt keine durch schlüssiges Verhalten erhobene vergaberechtliche Beanstandung bzw. Geltendmachung eines Vergaberechtsverstoßes (VK Brandenburg, Beschl. v. 3.4.2012 – VK 5/12).

Während § 11 Abs. 6 Satz 2 VOF nur feststellt, dass der Auftraggeber den Vertrag mit **417** dem Bewerber abschließt, der aufgrund der „ausgehandelten Auftragsbedingungen" die bestmögliche Leistung erwarten lässt, erklärt **Abs. 1** in Ergänzung zu § 10 Abs. 1 VOF **Art und Sinn der Verhandlungen.** Der Verordnungsgeber definiert die Auftragsverhandlungen in Abs. 1 Satz 2 als **Auftragsgespräche.** Solche Gespräche beschränken sich nicht auf die Diskussion über die Auftragsbedingungen, wie es in § 11 Abs. 6 VOF heißt, sondern **geben dem Auftraggeber,** der sich anhand der von ihm formulierten Auskünfte über die grundsätzliche Geeignetheit der Bewerber vergewissert hat, die Möglichkeit, die **ausge-**

wählten Bewerber und die von ihnen angebotenen tatsächlichen Leistungserbringer kennenzulernen. Sie erlauben es dem Auftraggeber, auf diese Weise den Bewerber zu finden, der durch konkrete Vorstellung und Erläuterung seiner **Erfahrungen bei der Lösung vergleichbarer Aufgaben** im Hinblick auf die gestellte Aufgabe am ehesten die Gewähr für eine sachgerechte und qualitätsvolle Leistungserfüllung zu bieten verspricht. Diese Vorschrift lässt offen, wie die Gespräche und Verhandlungen geführt werden sollen (wie § 11 VOF). Um das so definierte Ziel der Gespräche sicher zu erreichen, ist es unvermeidlich, mit den Bewerbern auch über ihre Vorstellungen zu sprechen, **welche Leistungen** sie **in vergleichbaren Fällen** wie diese erbracht haben. Allerdings sollte dafür Sorge getragen werden, dass die Gesprächspartner nach den Auftragsgesprächen ihre **Entscheidung nicht im Rahmen einer Konferenz treffen,** sondern ihre **Bewertung ohne Abstimmung untereinander** vornehmen und erst nach Abschluss dieser Wertungsrunde deren Ergebnis in geeigneter Weise mitteilen. Anderenfalls besteht die Gefahr, dass sich bei einer gemeinsamen Wertung gesprächsweise diejenigen durchsetzen, die einen höheren Rang bekleiden oder besser formulieren und argumentieren können. **Änderungen der Wertungsmatrix** einschließlich ihrer Unterkriterien sind den Bietern so rechtzeitig bekannt zu machen, dass diese die Änderung vor Abgabe ihres Angebotes berücksichtigen können. Der Versuch einer Korrektur durch ein zweites Verhandlungsgespräch ändert nichts daran, dass ein Bewerber mit falschen Vorstellungen in das bewertete erste Verhandlungsgespräch ging (VK Rheinland-Pfalz, Beschl. v. 20.8.2011 – VK 2–20/11). Der Auftraggeber hat die Wertung nach den bekannt gemachten Zuschlagskriterien vorzunehmen. Abweichungen sind unzulässig. Der Präzisierungsgrad der Zuschlagskriterien muss dabei so hoch sein, dass für die Bieter erkennbar ist, worauf es dem Auftraggeber ankommt, so dass sie ihre Präsentation und ihr Angebot optimal gestalten können (VK Südbayern, Beschl. v. 16.5.2011 – Z3–3–3194-1-09-03/11).

418   In Verbindung mit Abs. 1 kann es bei der Vorlage von Referenzobjekten nur um den **Nachweis einer sachgerechten und qualitätsvollen Leistungserfüllung** für den Auftraggeber gehen, für die der Bewerber Gewähr bieten soll. Wenngleich die Bewerber nach **§ 10 Abs. 2 lit. b) bereits zum Nachweis** ihrer Eignung aufgefordert waren, eine Liste der **wesentlichen erbrachten Leistungen** vorzulegen, kann es sich bei diesen Nachweisen nur um eine Zusammenstellung von Leistungen bei gleichartigen Objekten handeln, deren Richtigkeit gegebenenfalls durch eine von der für öffentliche Auftraggeber zuständigen Behörde ausgestellte oder beglaubigte Bescheinigung bestätigt wird, Mit einem solchen Nachweis kann **nur die grundsätzliche fachliche Eignung von Bewerbern** festgestellt werden. Eine Aussage über die Qualität oder Sachgerechtigkeit der Bewerberleistungen ist damit regelmäßig trotz entsprechender Erklärungen nur sehr begrenzt möglich. Daraus ist zu folgern, dass die **persönliche Präsentation** von Referenzobjekten in Auftragsgesprächen **nicht dem Nachweis der Eignung der Bewerber dient** – dieser Nachweis ist mit der Antwort der Bewerber auf die nach § 5 VOF vorzulegenden Erklärungen erledigt –, sondern ausschließlich der vom Auftraggeber erwarteten **besonderen Qualifikation der für die Leistungserbringung vorgesehenen Personen** anhand der Vorstellung und Diskussion der von diesen durchgeführten Leistungen. Die Auftraggeber dürfen sich nach **Abs. 2 Satz 3** bei der Auswahl eines Bieters zudem **nicht von Lösungsvorschlägen beeinflussen** lassen, die **ohne Aufforderung** durch den Auftraggeber zusätzlich zu den Referenzprojekten eingereicht und bei den Vergabeverhandlungen präsentiert wurden. Das bedeutet, dass solche Lösungsvorschläge bei der Wertung durch den Auftraggeber nicht zu beachten sind. Die Vorschriften des Abs. 2 Satz 2 und Abs. 3 verdeutlichen die Voraussetzungen, unter denen der Auftraggeber **Lösungsvorschläge** als besondere Zuschlagskriterien zulassen kann und darf. Voraussetzung für deren angemessene Berücksichtigung und richtige Wertung ist die konsequente Einhaltung der Grundsätze der Gleichbehandlung und Nichtdiskriminierung der Bieter durch den Auftraggeber. Er muss daher Vorsorge für die Einhaltung dieser grundlegenden Wettbewerbsregeln treffen. Dies kann nur dadurch geschehen, dass er allen Bieter als Teil der Verdingungsunterlagen die gleichen Planungsgrundlagen, Planungsziele und Vorgaben für den Planungsumfang für die erwarteten Lösungsvorschläge so beschreibt, dass sie von allen Bietern in gleicher Weise verstanden werden. Außerdem müssen die Bieter wissen, wie der Auftraggeber die Lösungsvorschläge als Teil der Zuschlagskriterien gewichten und werten wird. Abs. 2 Satz 2 verpflichtet Auftraggeber, Bieter **entweder mit** der Ausarbeitung von **Lösungsvorschlägen direkt zu beauftragen oder** einen **Planungswettbewerb** nach Kapitel 2 VOF durchzuführen. Wie die Ergebnisse des erstgenannten Auftrags gewertet werden, ist dem Auftraggeber freigestellt; außer den bereits genannten Wettbewerbsgrundsätzen braucht der Auftraggeber keine in der VOF oder andernorts festgelegten Verfahrensregeln zu beachten. Anders ist dies nur bei der Durchführung eines Planungswettbewerbs, für die die Regelungen in Kapitel 2 VOF verbindlich einzuhalten sind.

Der Auftraggeber darf **nach Abs. 3** keine Leistungen ohne **Honorierung** verlangen. **419** Verlangt er die Ausarbeitung von Lösungsvorschlägen, gibt es hierfür zwei Möglichkeiten:

- Für die Vergütung von Leistungen der Bewerber außerhalb eines Planungswettbewerbes sind nach Abs. 3 die **Honorarbestimmungen der HOAI** anzuwenden.
- Für Leistungen der Bewerber im Rahmen eines Planungswettbewerbes nach §§ 15 bis 17 VOF werden **Preise und Anerkennungen** ausgelobt.

Stolz hält § 20 Abs. 3 VOF nicht für eine zivilrechtliche Anspruchsgrundlage, sondern ausschließlich für eine Verfahrensregel (Stolz, VergR 2014, 295). Dem ist beizupflichten. Ein Anspruch auf ein Honorar für Lösungsvorschläge nach HOAI-Berechnung entsteht erst, wenn der öffentliche Auftraggeber dieser Verfahrensregel nachkommt und sich in den Vergabeunterlagen dazu verpflichtet, ein entsprechendes Honorar zu bezahlen. Unterlässt er dies, müssen die Bieter diesen Verstoß gegen § 20 Abs. 3 VOF rügen und die Beachtung dieser Vorschrift gegebenenfalls über ein Nachprüfungsverfahren durchsetzen. Konzeptideen und Ideenskizzen werden nicht von § 20 Abs. 3 VOF erfasst, sondern unterfallen der Regelung des § 13 Abs. 3 VOF, so dass hierfür nur eine angemessene Vergütung in Form einer pauschalen Aufwandsentschädigung zu bezahlen ist.

Die VK Saarland (VK Saarland, 5.10.2007 – 3 VK 9/2007) hält die **Abfrage von Kon-** **420** **zeptideen** für ein zulässiges Wertungskriterium. Im entschiedenen Fall wurden Planungsleistungen für den Neubau eines Thermalbades ausgeschrieben. Dabei wurde als Wertungskriterium festgelegt, dass der Bieter Vorstellungen über die Art und Weise der Auftragsabwicklung darzustellen habe („Konzepte" bzw. „Konzeptideen"). Klargestellt war in den Bewerbungsunterlagen allerdings, dass die Ausarbeitung eines **Lösungsvorschlags** zu der Planungsaufgabe **nicht verlangt** wird. Verlangt der Auftraggeber von Bewerbern mit der Vorlage ihrer Bewerbung oder ihrer Angebote beispielsweise die **Erkundung der** **Projektregion** vor Ort und danach die verbale Erläuterung der von den Bewerbern für notwendig erachteten Erhebungen, Untersuchungen von Planungsvarianten für verschiedene Anforderungen und Kostenvergleichsrechnungen, so werden Lösungsvorschläge entwickelt, die zwar keine Planungsleistungen i. S. v. § 13 Abs. 3 (Ausarbeitung von Entwürfen, Plänen oder Zeichnungen) sind, aber den dort ebenfalls genannten „Berechnungen" oder „anderen Unterlagen" entsprechen und die ebenfalls vergütungspflichtig sind. Bereits § 24 Abs. 3 VOF 2006 stellte eine eigenständige Anspruchsgrundlage für die Vergütung von Architekten- und Ingenieurleistungen dar, soweit Leistungen außerhalb eines Planungswettbewerbes abgefordert und erbracht wurden. § 20 Abs. 3 VOF 2009 ist nicht anders zu sehen. Der Vergütungsanspruch errechnet sich unter Anwendung der Mindestsätze der HOAI. Anspruchsvoraussetzung ist, dass Planungsleistungen außerhalb des Wettbewerbs abgefordert werden und diese nicht nur eine Modifizierung des Ursprünglichen Angebots darstellen (LG Mainz, Urt. v. 8.12.2010 – 9 O 162/10). Gem. **§ 20 Abs. 3 VOF** sind die Lösungsvorschläge nach HOAI zu vergüten, wenn sie **ausserhalb des Planungswettbewerbes** liegen. Hat der Auftraggeber keine konkreten Lösungsvorschläge verlangt, sondern lediglich eine **projektbezogene Präsentation** des Angebotes, hat dies nichts mit der Erarbeitung von Lösungsvorschlägen zu tun, so dass hier eine Vergütung nicht in Betracht kommt (VK Südbayern, Beschl. v. 25.3.2013 – Z3-3-3194-1-06-03/13; LG München, Urt. v. 21.3.2013 – 11 O 17404/12; OLG München, Beschl. v. 20.3.2013 – Verg 5/13; Orlowski, BauR 2012, 1550).

Auch wenn § 1 HOAI den Anwendungsbereich der HOAI auf Planer im Inland begrenzt und damit eine Inländerdiskriminierung verbunden wäre, ist der Preis als Zuschlagskriterium auch im VOF-Verfahren beizubehalten (Turner, IBR 2010, 1239).

421   Ein Architekt, der für die Vergabestelle die Leistungsphasen 1 bis 4 erbrachte, kann nicht wegen dieser Vorbeauftragung vom nachfolgenden Wettbewerb um die Leistungsphasen 5 bis 9 ausgeschlossen werden. Bei Beteiligung eines vorbefassten Bewerbers trifft die Vergabestelle allerdings die Darlegungs- und Beweislast, dass sie ihrer Pflicht, einen diskriminierungsfreien Wettbewerb sicherzustellen, nachgekommen ist (VK Nordbayern, Beschl. v. 4.5.2009 – 21 VK-3194-06/09).

422   Bei der Vergabe nach der VOF schließt der Auftraggeber gem. § 11 Abs. 6 S. 2 VOF den Vertrag mit dem Bieter, der die bestmögliche Leistung erwarten lässt. Die Ausgestaltung der **Wertungskriterien** steht dabei im billigen Ermessen der der Vergabestelle, solange Transparenz und Gleichbehandlung gewährleistet sind. Dabei hat die ausschreibende Stelle die Bewertungsmatrix **vor dem Ablauf der Bewerbungsfrist** bekannt zu machen (VK Nordbayern, Beschl. v. 24.5.2013 – 21 VK-3194-17/13). Es ist möglich, dass der Auftraggeber bestimmte nicht HOAI-gebundene Honorarbestandteile abfragt und wertet, die die Bieter ihrer Honorarabrechnung zugrunde legen müssen. Aus Gründen der Gleichbehandlung können nicht nach Abgabe der Honorarangebote zusätzliche „**Sonderpunkte**" eingeführt und damit die bekannt gemachte **Höchstpunktzahl** überschritten werden (VK Nordbayern, Beschl. v. 20.12.2011 – 21 VK-3194-38/11). Bei der Ausschreibung von Planungsleistungen im Anwendungsbereich der HOAI ist zur Gewährleistung vergleichbarer Angebote eine **Honorarzone** durch den Auftraggeber vorzugeben (VK Sachsen, Beschl. v. 20.10.2011 – 1/SVK/39/11). Fordert der Auftraggeber als **Nachweis der Fachkunde** die Vorlage von **Referenzobjekten,** ist der dadurch bewirkte Ausschluss Anderer im Wettbewerb damit intensiv und entsprechend hoch zu bewerten. Daher können an diese Voraussetzungen eines einschränkenden Fachkundenachweises nur hohe Anforderungen gestellt werden und sind der Wertung zugrunde zu legen (VK Lüneburg, Beschl. v. 18.11.2011 – VgK-50/2011).

Mit dem in der Wertung obsiegenden Bewerber schließt der Auftraggeber einen **Vertrag,** für den grundsätzlich die allgemeinen Regeln des Vertragsrechts gelten. Da es in der VOF keinen Teil B mit Allgemeinen Geschäftsbedingungen gibt, gelten, soweit nichts Besonderes vereinbart ist, die Regeln des BGB, wobei die der VOF unterfallenden Dienstleistungen nach BGB je nach Vertragsinhalt in der Regel als Werkvertrag zu qualifizieren sein werden. Dabei wird der Auftraggeber einen **Vertragsentwurf** bereits der Aufforderung zum Angebot beigefügt haben, dessen Bestimmungen Gegenstand der Verhandlungen sind. Bei Geltung von Honorarordnungen wie der HOAI für die Vergütung der zu vergebenden Leistungen sind die für die Honorarberechnung notwendigen Parameter vom Auftraggeber zu bestimmen. Wenn der Zuschlag an einen ausländischen Bewerber erfolgen soll, so ist ausdrücklich die Geltung des deutschen Rechts und der Gerichtsstand des Auftraggebers festzulegen. Vor Abschluss des Vertrags sind allerdings die Regelungen des § 101a GWB zu beachten.

4. Rechtsschutz im Bereich der VOF

423   Der Verzicht auf die Vergabe ist rechtswidrig, wenn er gegen das Willkürverbot verstößt und für die Beteiligten eine Diskriminierung darstellt. Sofern es sich um eine Scheinaufhebung handelt, die dazu führen würde, einen Bewerber, der im ursprünglichen Verfahren keine Chance hatte, im Rahmen einer freihändigen Vergabe zu begünstigen, ist die Aufhebung nicht rechtmäßig. Der Auftraggeber hat die Darlegungs- und Beweislast für das Vorliegen der Voraussetzungen einer rechtmäßigen Aufhebung oder eines Rechtmäßigen Verzichts auf die Vergabe (VK Rheinland-Pfalz, Beschl. v. 9.10.2009 – VK 2–38/09).

424   Beurteilt das **Preisgericht** die Arbeiten eines Wettbewerbsteilnehmers als „nicht realisierungsfähig", fehlt einem Nachprüfungsantrag dieses Wettbewerbsteilnehmers das Rechtsschutzbedürfnis, wenn er sich allein dagegen wendet, dass der Wettbewerbsbeitrag eines Konkurrenten zu den Preisträgern zählt. Das Sitzungsprotokoll eines Preisgerichts kann abweichend vom Grundsatz, dass Dokumentationsmängel nachträglich nicht mehr geheilt werden können auch noch im Rahmen eines Nachprüfungsverfahrens um nicht dokumentierte Vorgänge ergänzt werden (OLG Koblenz, Beschl. v. 16.2.2011 – 1 Verg 2/10). Wie die Entscheidung des Gremiums intern zustande gekommen ist, unterliegt nicht der Nachprüfung. Es ist deshalb nicht erforderlich zur Vergabeakte die Handzettel zu nehmen, auf denen die einzelnen Mitglieder des Gremiums ihre jeweiligen Ergebnisse notieren (OLG München, Beschl. v. 25.9.2014 – Verg 9/14). Im Übrigen ist die **Entscheidung des Preisgerichts** dahingehend **überprüfbar,** ob die bindenden Vorgaben des Auslobers eingehalten worden sind. Können mit dem Preis ausgezeichnete Wettbewerbsbeiträge wegen Verletzung der bindenden Vorgaben nicht berücksichtigt werden, kann die Entscheidung des Preisgerichts durch die Vergabekammern für verbindlich eklärt werden (VK Sachsen, Beschl. v. 22.2.2013 – 1/SVK/047-12).

Die **Rügefrist** beträgt **ein bis drei Tage** gegen vermeindliche Verstöße der Vergabe-   425 stelle. Dabei ist zu berücksichtigen, dass der EuGH eine nationale Bestimmung, auf deren Grundlage ein nationales Gericht einen Nachprüfungsantrag in Anwendung des nach Ermessen beurteilten Kriteriums der Unverzüglichkeit der Verfahrenseinleitung wegen Fristversäumnis zurückweisen kann, mit der Rechtsmittelrichtlinie 89/665/EWG unvereinbar ist, für rechtmäßig erkannt hat. Dabei hat er ausdrücklich auch § 107 Abs. 3 S. 1 Nr. GWB so dargestellt (IBR 2010, 159; VK Nordbayern, Beschl. v. 8.6.2011 – 21 VK-3194-14/11).

Ist aus der Wettbewerbsbekanntmachung erkennbar, dass die Teilnehmer nicht der Aus-   426 lober, sondern ein mit Dritten besetztes Gremium auswählt, ist das **bis zum Ablauf der Frist zur Abgabe der Anträge auf Teilnahme zu rügen** (VK Berlin, Beschl. v. 15.4.2011 – VK-B2–12/11).

Werden Planungsleistungen in einem Architektenwettbewerb vergeben, müssen die Be-   427 werber, die den Auftrag nicht erhalten sollen, eine **Vorabmittelung** nach § 13 VgV a. F. bzw. § 101a GWB n. F. erhalten. Die Zulassung eines Bewerbers zum Wettbewerb impliziert nicht automatisch dessen Eignung. Vielmehr hat der Auftraggeber die Eignung des siegreichen Bewerbers unabhängig von der Entscheidung des Preisgerichts zu überprüfen und positiv festzustellen. Wird der siegreiche Bewerber nur formal beauftragt, sollen die Leistungen aber durch eine hinter dem Bewerber stehende Projektgesellschaft erbracht werden, erhält der Vertrag den Charakter eines Scheinvertrages, der vergaberechtlich unzulässig ist (VK Bund, ZfBR 2009, 824).

Hat der Bieter die von ihm **erkannte Unklarheit** einer Ausschreibung nicht **unver-   428 züglich** gerügt und wird er wegen eines die Bedingungen abändernden Angebotes ausgeschlossen, eröffnet ihm der Ausschluss eine neue Rügemöglichkeit in Bezug auf die Unklarheit. Ob eine Ausschreibung missverständlich ist – z. B. Vorgabe oder eigenständige **Ermittlung der Honorarzone** –, richtet sich nicht nach Unschärfen im Detail, sondern nach dem Gesamteindruck von Vergabebekanntmachung und Ausschreibungsunterlagen unter Berücksichtigung des **Empfängerhorizontes** der fachkundigen Ausschreibungsadressaten und des Gebotes einer vergabekonformen Auslegung (VK Sachsen, Beschl. v. 20.10.2011 – 1 SVK 39/11).

Für die **Bewertung der Preiskalkulation** sind neben den Bewertungskriterien auch   429 die Unterkriterien und die Bewertungsmaßstäbe den Bietern mitzuteilen. Sämtliche Umstände, die für die Wertung des Kriteriums „Honorar" maßgeblich sind, hat der Auftraggeber bekannt zu machen. Dabei ist unerheblich, ob es sich um ein „Unterkriterium" oder nur um eine Berechnungsweise handelt. Denn die Pflicht zur Bekanntgabe gilt auch für die Maßstäbe zur Art und Weise der Berechnung (EuGH, IBR 2008, 170; OLG Düsseldorf, IBR 2008, 760, OLG München, IBR 2008, 180; OLG Düsseldorf, Beschl. v. 13.8.2008 – Verg 28/08). Der öffentliche Auftraggeber ist daher gehalten, bei der Vergabe von Planungsleistungen **frühzeitig Überlegungen** zu den wesentlichen **Honorarparametern** einschließlich des angemessenen Umbauzuschlages und der anrechenbaren Kosten vorhandener Bausubstanz (§ 4 Abs. 3) anzustellen. Dies hat bereits bei der Auftragswertermittlung nach einem transparenten Verfahren zu erfolgen und ist zeitnah im Vergabevermerk zu dokumentieren. Zur Ermittlung eines angemessenen Umbauzuschlages kann eine **Matrix** dienen, die den Umfang der Umgestaltung und der Eingriffe in die Konstruktion abbildet.

Bei der Entscheidung über die Beauftragung ist nach Durchführung der Vergabeverhandlung auch zu prüfen, ob das im Rahmen der durch die HOAI eröffneten Verhandlungsspielräume abgegebene Honorarangebot Gewähr für eine **sachgerechte** und **qualitätsvolle** Leistungserfüllung bietet (siehe auch Fahrenbruch, ibr-online 2012, 1149; VK Bund, Beschl. v. 21.11.2013 – VK 2–102/13). Die Gewichtung des Kriteriums **„Honorarangebot"** mit 15% verstößt nicht gegen § 97 Abs. 5 GWB, wonach die Gewähr für eine sachgerechte und qualitätvolle Leistungserfüllung geboten werden muss (VK Bund, IBR 2004, 723; VK Brandenburg, ZfBR 2009, 304). Im Übrigen sieht die VOF nicht wie in § 16 VOB/A oder § 16 VOL/A den Ausschluss oder Nichtberücksichtigung von Angeboten wegen **unangemessenen hohen oder niedrigen Preises** vor (OLG München, BauR 2009, 1344 = VergabeR 2009, 675). So hat ein Bieter **keinen Rechtsanspruch** darauf, daß **überhaupt Honorarangebote** in die **Wertung** einbezogen werden. Die Vergabestelle hat gem. § 11 Abs. 6 S. 2 VOF den Vertrag mit dem Bieter zu schließen, der aufgrund des ausgehandelten Auftragsinhalts und der ausgehandelten Auftragsbedingungen im Rahmen der bekannt gemachten Zuschlagskriterien und deren Gewichtung die bestmöglichste Lösung erwarten läßt. Das muß **nicht** unbedingt der **Günstigste** sein oder die beste Lösung. Es kann Wert auf Qualität gelegt werden. Die Ausgestaltung der Wertungskriterien steht dabei im billigen Ermessen der Vergabestelle, solange Transparenz und Gleichbehandlung gewährleistet ist (VK Nordbayern, Beschl. v. 16.11.2012 – 21VK-3194). Der Ausschluss eines die **HOAI-Mindestsätze preislich unterschreitenden Angebotes** kann erst nach Scheitern von Nachverhandlungen über den verordnungswidrigen Angebotsteil erfolgen. Das gilt selbst dann, wenn der Auftraggeber in den Verdingungsunterlagen festgelegt hat, dass HOAI-widrige Angebote ausgeschlossen werden (VK Sachsen, Beschl. v. 8.8.2009 – 1/SVK/39/08). Eine **versteckte Unterschreitung des Mindestsatzes** kann auch durch den Ansatz zu niedriger Prozentsätze aus den Leistungsbildern für die betreffenden Leistungsphasen erfolgen (OLG Frankfurt/M., Beschl. v. 9.8.2007 – 11 Verg 6/07). Stehen vom Auftraggeber in den Vergabeunterlagen festgelegte Vergütungsbestimmungen im **Widerspruch zu verbindlichem Preisrecht** (HOAI), ist einem Bieter gestattet, den Verstoß gegen verbindliche Vergütungsvorschriften in einem Vergabenachprüfungsverfahren zu beanstanden (OLG Düsseldorf, NZBau 2009, 67). Es ist **nicht zulässig,** dass die Vergabestelle keine **Vorgaben** der für das **Vorhaben** anzusetzenden **Baukosten** macht und sie die Feststellung dieser Kosten allein den Bewerbern überlässt. **Honorarzonen** sind nach der HOAI nicht disponibel, sondern zwingend festgelegt (VK Nordbayern, Beschl. v. 1.2.2008 – 21 VK-3194-53/07; OLG Koblenz, Beschl. v. 29.1.2014 – 1 Verg 14/13). **Vermutet der Auftraggeber ein Unterschreiten der Mindestsätze der HOAI,** kann er das Angebot des betroffenen Bieters nicht sofort ausschließen, sondern muss dem Bieter Gelegenheit zu **Nachverhandlungen** geben (so auch Hänsel, VPR 2014, 55). Derartige Nachverhandlungen haben mit dem Ziel stattzufinden, dass der Bieter sein Angebot preislich nachbessert und anpasst. Erst nach Scheitern ist der Auftraggeber berechtigt, den betroffenen Bieter von der Vergabe auszuschließen (OLG Brandenburg, BauR 2009, 296). Ein Verfahren, bei welchem die Vergabestelle von den Bietern die Angabe eines **Pauschalhonorars** für die ausgeschriebenen Leistungen und die Angabe einer **Baukostenobergrenze** fordert, ohne dass eine den Vorgaben der HOAI entsprechende Kostenberechnung zur Verfügung gestellt wird, verletzt die Bieter in ihren Rechten (OLG Düsseldorf, VergabeR 2004, 657).

5. Die Vergabe freiberuflicher Leistungen nach nationalem Recht

a) Einführung und Rechtsschutz

430   Nach § 1 Satz 2 **VOL/A** Vergabe- und Verordnung für Leistungen (VOL), Teile A und B vom 20.11.2009 (BAnz. Nr. 196a, ber. 2010 S. 755) finden die Bestimmungen dieser Verordnung bei der **Vergabe von Leistungen,** die im Rahmen einer **freiberuflichen Tätigkeit** erbracht oder im Wettbewerb mit freiberuflich Tätigen von Gewerbebetrieben angeboten werden, **keine Anwendung.** Nach § 55 Abs. 1 **Bundeshaushaltsordnung (BHO)** und den daraus abgeleiteten **Landes- und Gemeindehaushaltsordnungen** muss dem Abschluss von Verträgen über Lieferungen und Leistungen eine öffentliche Ausschreibung vorausgehen, sofern nicht die Natur des Geschäfts oder besondere Umstände eine Ausnahme rechtfertigen. Nach § 1 **VOL/A** sind alle Leistungen, die im Rahmen einer freiberuflichen Tätigkeit erbracht werden, den Basisparagrafen entzogen. Welche Leistungen hierunter fallen, ergibt sich aus dem Katalog des § 18 Abs. 1 Nr. 1 EStG. Die Aufzählung ist nicht abschließend. Wird eine freiberufliche Leistung gleichzeitig im Wettbewerb von einem Gewerbebetrieb angeboten, findet die VOL auch auf die entsprechende Leistung des Gewerbebetriebs keine Anwendung. Liegt zwischen freiberuflich Tätigen und Gewerbebetrieben ein Wettbewerbsverhältnis nicht vor, d. h., wird eine der Natur nach freiberufliche Leistung ausschließlich durch Gewerbebetriebe erbracht, ist die VOL hingegen uneingeschränkt anwendbar. Die Frage, ob ein Wettbewerbsverhältnis zwischen freiberuflich Tätigen und Gewerbetrieben besteht, ist vom jeweiligen Auftraggeber im Einzelfall und im Voraus aufgrund der vorhandenen Marktübersicht zu beurteilen. Wird die Leistung nur von Gewerbebetrieben erbracht und ist daher mit einem Parallelangebot der freiberuflich Tätigen nicht zu rechnen, ist die Leistung nach dem Verfahren der VOL zu vergeben. Stellt sich im Laufe des VOL-Verfahrens wider Erwarten heraus, dass auch freiberuflich Tätige die Leistung erbringen und sich u. U. sogar um den Auftrag bewerben, so ist entscheidend, dass diese Leistung in der Vergangenheit nicht von freiberuflich Tätigen, sondern nur von Gewerbebetrieben erbracht wurde. Es kommt daher nicht auf die potentielle Fähigkeit der freiberuflich Tätigen an, derartige Leistungen zu erbringen, sondern auf die Erfahrung des Auftraggebers, dass diese Leistungen in der Vergangenheit auch tatsächlich von freiberuflich Tätigen erbracht worden sind. Freiberufliche Leistungen sind an solche Bewerber zu vergeben, deren Fachkunde, Leistungsfähigkeit und Zuverlässigkeit feststeht, die über ausreichende Erfahrungen verfügen und die Gewähr für eine wirtschaftliche Planung und Ausführung bieten. Die Aufträge sollen möglichst gestreut werden. Bei der **freihändigen Vergabe** wendet sich der Auftraggeber an ausgewählte Unternehmen, um mit einem oder mehreren über die Auftragsbedingungen zu verhandeln. Er vergibt **ohne ein förmliches Verfahren** und hat deswegen die Möglichkeit, den **Ablauf der Verhandlungen mit weitem Gestaltungsspielraum** zu formen. Als Maßstab seines Handelns gelten lediglich die **Grundsätze des Vergaberechts,** nämlich **Transparenz, Gleichbehandlung** und **Wettbewerb.**

Bewerber oder Bieter besitzen bei der freihändigen Vergabe von Leistungen **im Unter-** **431** **schwellenbereich** anders als bei Aufträgen mit Auftragswerten ab den Schwellenwerten **keinen Primärrechtsschutz,** dessen Ziel es ist, die Auftragserlangung zu erlangen (Recht auf Vergabe und Zuschlag). Das Bundesverfassungsgericht (BVerfG, 13.6.2006 – 1 BvR 1160/03) hat festgestellt, dass bei der öffentlichen Auftragsvergabe unterhalb der Schwellenwerte für den unterlegenen Bieter kein dem GWB vergleichbarer Rechtsschutz bestehen müsse, sondern ein entsprechend ausgestalteter **Sekundärrechtsschutz** mit dem Ziel des Schadensersatzanspruchs ausreichend sei. Der primäre Rechtsschutz ist bei den ordentlichen Gerichten (BVerwG, NJW 2007, 2275 = VergabeR 2007, 337) zu erreichen. Dabei ist der Weg über den einstweiligen Rechtsschutz §§ 935 ff. ZPO mit dem Erlass einer Verfügung durch Beschluss oder Urteil nach §§ 922 Abs. 1, 936 ZPO möglich (OLG Düsseldorf, BauR 2010, 960 = VergabeR 2010, 531; LG Potsdam, BauR 2010, 960 = VergabeR 2010, 539; Krist, VergabeR 2011, 163; Scharen, VergabeR 2011, 653). Dies ist außerordentlich schwierig, da im Gegensatz zum GWB bei den ordentlichen Gerichten keine Amtsermittlung gilt, sondern der **Beibringungsgrundsatz.** Das heißt, dass die Auftragnehmer dem Gericht den Sachverhalt liefern müssen, über den sie in der Regel mangels Kenntnisse nicht umfassend verfügen. Dennoch können Bieter die Unterlassung der beabsichtigten Auftragserteilung an einen Konkurrenten im Wege der einstweiligen Verfügung vor den Zivilgerichten geltend machen (OLG Jena, BauR 2009, 1023 = VergabeR 2009, 524; LG Leipzig, Beschl. v. 4.10.2011 – 7 O 2886/11). Ausreichend als **Verfügungsgrund** ist der Glaubhaftmachung, dass der Antragsteller aus ordnungsgemäßer Ausschreibung den Zuschlag erhalten hätte oder jedenfalls eine Chance auf die Zuschlagserteilung hat (a. A. OLG Brandenburg, Urt. v. 13.9.2011 – 6 W 73/11). Dies ist der Fall, wenn es nur zwei Bewerber gibt und der eine wegen Unterschreitung des Preisrechts wohl ausgeschlossen werden muss (LG Potsdam, BauR 2010, 960). Hierzu ist aber zunächst vorzutragen, dass ein gewichtiger Grund für die einstweilige Verfügung vorliegt. Das kann aber nur ein angreifbaren Verfahrensfehler sein, so zum Beispiel, wenn die Vergabestelle ohne sachlichen Grund von der früheren Praxis abweichen will (LG München I, Beschl. v. 18.4.2012 – 11 O 7897/12). Ein entsprechender Verfügungsanspruch ist aus §§ 823, 1004 BGB i. V. m. Art. 3 GG geltend zu machen. Daneben kommen Unterlassungsansprüche wegen Schadenersatz nach §§ 241, 280, 311 Abs. 2 BGB in Betracht, solange die Verletzungshandlung oder der pflichtwidrig geschaffene Zustand noch andauert. Unterhalb der Schwellenwerte genießt der Bieter **Vertrauensschutz** auf ein vergaberechtskonformes Verfahren nur, wenn sich der Auftraggeber der jeweiligen Verdingungsordnung ausdrücklich unterworfen und ihr damit Außenwirkung verliehen hat (OLG Jena, BauR 2009, 1023; OLG München, Urt. v. 17.1.2007 – 7 U 2759/06; BGH, NJW 2004, 2165; BGH, WM 2006, 1871). Die Begründetheit des geltend gemachten Unterlassungsanspruchs hängt nicht davon ab, ob das beanstandete Vergabeverfahren willkürlich und ersichtlich gegen den Gleichheitssatz aus Art. 3 Abs. 1 GG verstoßen hat. Vielmehr bildet das gesamte Regelwerk der VOB/A, VOL/A und der HOAI/VOF den entscheidenden Maßstab, soweit der öffentliche Auftraggeber nach diesen Vorgaben ausschreibt. Prozessrechtlich ist den Besonderheiten des Vergabeverfahrens Rechnung zu tragen. Das Zivilprozessrecht hat aber nur dienende Funktion und muss darauf reagieren, dass der Antragsteller im Einzelfall keine vollständige Kenntnis von den Vergabeentscheidungen und den Zwischenentscheidungen hat. Daher dürfen die Anforderungen an eine Glaubhaftmachung nicht überspannt werden. Der materielle Verfügungsanspruch wird inhaltlich begrenzt durch die Erkenntnis, dass er nicht weitergehen kann, als dies in Vergabeverfahren oberhalb der Schwellenwerte nach § 115 Abs. 1 GWB der Fall ist. Regelmäßig kann nicht mehr begehrt werden, als die vorläufige Unterlassung in dem beanstandeten Vergabeverfahren. Soweit im Einzelfall geboten und je nach Verfahrensfortschritt ist es angezeigt, ein drittbetroffenes Unternehmen über das einstweilige Verfügungsverfahren unverzüglich in Kenntnis zu setzen, damit dieses ggfs. die Nebenintervention nach §§ 66 ff. ZPO beantragen kann. Hier ist aber zu beachten, dass keine Dritten, die keine reale Chance haben, den Zuschlag zu erhalten, ein solches Verfahren durchführen können, § 71 ZPO. Ausnahme ist aber davon, dass wenn keiner der Bieter überhaupt die Voraussetzungen erfüllen kann (so aber LG Leipzig, Beschl. v. 4.10.2011 – 7 O 2886/11). Desweiteren ist in diesem Zusammenhang zu berücksichtigen, dass am Verfahren Beteiligte im Zivilverfahren Akteneinsicht in Verfahrensakten beantragen können. In einem Einstweiligen Verfügungsverfahren ist das aber schlechterdings nicht möglich, um an Informationen zu gelangen, die das Vergabeverfahren angeht. Dennoch hat das OLG Düsseldorf den naheliegenden Weg eingeschlagen und in der Entscheidung vom 13.1.2010 (VergabeR 2010, 531) die Möglichkeit eröffnet, die Vergabestelle durch das Gericht anzuhalten, die Vergabeentscheidung zu unterbrechen, Akten herauszugeben und Dritte zum Zwecke der Nebeninterventionsmöglichkeit §§ 66 ff., 71 ZPO zu informieren (auch OLG Jena, VergabeR 2009, 524). Unabhängig davon stellt aber die Einstweilige Verfügung ein Schadenersatzrisiko nach § 945 ZPO dar. Das muss dann in Anlehnung an § 125 GWB korrigiert werden.

b) Einhaltung der Vergabegrundsätze im Unterschwellenbereich

432   Das Europarecht besteht aus dem Primärrecht (AEUV – Vertrag über die Arbeitsweise der Europäischen Union, Fassung aufgrund des am 1.12.2009 in Kraft getretenen Vertrages von Lissabon, bekannt gemacht im ABl. EG Nr. C 115 vom 9.5.2008, S. 47 und EUV – Vertrag über die Europäische Union, Amtsblatt Nr. C 191 vom 29.7.1992 (Vertrag von Maastricht)) und dem Sekundärrecht (Richtlinien, Verordnungen). Unterhalb dieser Schwellenwerte kann daher lediglich auf die Grundsätze wie das Wettbewerbsprinzip, Gleichbehandlungsgrundsatz, Diskriminierungsverbot usw. zugegriffen werden. Somit fehlen auf das Europarecht zurück zu führende hinreichend klare Regelungen. Die **Durchführung reiner Preiswettbewerbe** anstelle von **Leistungswettbewerben ist daher fehlerhaft** (so auch Turner in IBR 2010, 1239). So richten Auftraggeber sog. „Preisanfragen" an Freiberufler, die regelmäßig nicht einmal die Aufgaben zuverlässig beschreiben. Die darauf eingehenden „Angebote" können wegen der unklaren Leistungsanforderungen im Regelfall nicht vergleichbar sein. Diese Vorgehensweise entspricht nicht den Vorgaben des Haushaltsrechts und der Haushaltsordnungen und wäre mit Verfahren gegen die öffentliche Hand im Rahmen eines einstweiligen zivilrechtlichen Rechtsschutzes anfechtbar. Zunehmend muss sich auch die **Rechtsprechung** der ordentlichen Gerichte mit dem **Primärrechtsschutz** bei der **Unterschwellenvergabe** auseinandersetzen. So hat das LG Potsdam (Urt. v. 20.11.2009 – 4 O 371/09, BauR 2010, 960 = VergabeR 2010, 539) zur Vergabe freiberufliche Leistungen von Architekten und Ingenieuren entschieden: „Unterwirft sich der öffentliche Auftraggeber keiner konkreten Verdingungsordnung, so muss er in seiner Ausschreibung eigene Regeln, wie er mit den Angeboten umgehen will, aufstellen sowie ein Minimum an ausreichenden Informationen übermitteln, beispielsweise u. a. die Angabe der wesentlichen Honorarparameter der HOAI.“ Das bedeutet, dass sich die Vergabestelle auch bei Vergaben unterhalb der Schwelle **transparente Regeln** geben muss, wie sie zu einer Vergabeentscheidung kommt. Das ergibt sich aus dem Gleichbehandlungsgebot.

Der öffentliche Auftraggeber muss zudem bei größeren Bauvorhaben sorgfältig prüfen, **433** ob die Beauftragung der Architekten und Ingenieure unter die VOF fallen kann (so auch Schnoor, IBR 2010, 1359). Dabei ist eine Honorarschätzung auf der Basis einer ersten Kostenermittlung notwendig, der eine Bedarfsplanung zu Grunde liegen muss. Wird ein Vergabeverfahren notwendig, hat der Auftraggeber in einer Aufgabenbeschreibung alle objektiv angebotsrelevanten Informationen eindeutig zu formulieren. Auch die HOAI mit den neu eingeführten Kostenberechnungs- und Baukostenvereinbarungsmodellen stellt hohe Anforderungen an die Beschreibung der Aufgabe. Die Bedarfsplanung nach DIN 18 205 ist hier zwingend.

Bei **Verfahren** ist Folgendes zu beachten: Bei einem **Verhandlungsverfahren mit** **434** **vorheriger Bekanntmachung** ist die Vergabestelle bis zum Ablauf der Bewerbungsfrist verpflichtet, den Bewerbern den vom Auftraggeber entworfenen **Bewerbungsbogen** auf die Anfrage zuzusenden, sofern nur Teilnahmeanträge auf dem Bewerbungsbogen berücksichtigt werden. Eine Ausschlussfrist, bis zu der der Bewerbungsbogen angefordert werden muss, darf nicht vorgesehen werden (OLG München, BauR 2009, 1946).

c) Einhaltung und Vorschriften der öffentlichen Auftraggeber

aa) Bund

Die „Richtlinien für die Bauaufgaben des Bundes“ **RBBau** (RBBau, Richtlinien für die **435** Durchführung von Bauaufgaben des Bundes, teilweise überarbeitet mit Erlass des BMVBS vom 1.9.2009 – B10–8111.1/0, 19.8.2013 – B 10–8111.4/3 und 25.9.2013 – B 10–8111. 4/3) haben nur wenige Regelungen für die Vergabe von Leistungen unterhalb des Schwellenwertes. Unter K 12 – Vergabe freiberuflicher Leistungen – heißt es unter Ziffer 5. i. V. m. 5.1 (s. RBBau S. 65):

„Bei der Vergabe von Leistungen, deren geschätzter Auftragswert ohne Umsatzsteuer den in § 2 Abs. 2 Verdingungsverordnung für freiberufliche Leistungen (VOF) genannten Wert (Schwellenwert) nicht erreicht, sind

- § 4 Abs. 2 – Diskriminierungsverbot,
- § 11 – Ausschlusskriterien,
- § 12 – Nachweis der finanziellen und wirtschaftlichen Leistungsfähigkeit,
- § 13 – fachliche Eignung.

der VOF anzuwenden.“

Wie die genannten Vorschriften der VOF im Einzelnen anzuwenden sind, wird nicht näher erläutert. Insbesondere fehlen Regelungen zur Veröffentlichung und zur Auftragsvergabe. Daher sind keine weiteren verwaltungsspezifischen Gesichtspunkte zu beachten. Grundsätzlich stellt die RBBau die sinngemäße Anwendung der VOF als einen geeigneten Weg dar, freiberufliche Leistungen im Unterschwellenbereich zu vergeben.

bb) Bundes-Straßenbaubehörden

Das Handbuch für die Vergabe und Ausführung von freiberuflichen Leistungen der In- **436** genieure und Landschaftsarchitekten im Straßen- und Brückenbau **HVA F-StB** wird

durch entsprechende Rundschreiben des Bundesministeriums für Verkehr, Bau und Stadtentwicklung (BMVBS) (z. B. Allgemeines Rundschreiben Straßenbau ARS des BMVBS
vom 12.12.2012 Nr. 23/2012) allen obersten Straßenbaubehörden der Länder zur Einführung empfohlen. Gleichzeitig richten sich bundesweit viele kommunale Auftraggeber bei
der Auftragsvergabe und Vertragsgestaltung von Straßenbaumaßnahmen nach diesem
Handbuch. Teil 1 des Handbuchs beschreibt die Richtlinien für das Aufstellen der Verträge
und das Durchführen der Vergabeverfahren. Dort heißt es unter 1.1.2 „Vergaben unter
dem Schwellenwert der VOF":

„(1) Bei einem Auftragswert unterhalb der Schwellenwerte ist dem öffentlichen Auftraggeber kein formelles Vergabeverfahren vorgeschrieben. In der Regel hat eine Leistungsanfrage bei mehreren Bewerbern (mindestens drei) zu erfolgen, wenn die Vergabestelle
über die entsprechende Marktübersicht verfügt. Ansonsten ist ein öffentlicher Teilnahmewettbewerb durchzuführen.

(2) Wenn die geforderten Leistungen im verbindlichen Teil der HOAI enthalten sind,
keine wesentlichen zusätzlichen Leistungen erforderlich werden, ausschließlich verbindlich fest vorgegebene Zu- und Abschläge vorzunehmen sind, keine oder unwesentliche Nebenkosten anfallen und die Mindestsätze der entsprechenden Honorarzone nicht überschritten werden, kann eine freihändige Vergabe nach Verhandlung mit
nur einem Bewerber erfolgen. Ist eine der vorgenannten Bedingungen nicht erfüllt,
hat eine Leistungsanfrage bei mehreren Bewerbern zu erfolgen.

(3) Wenn die geforderten Leistungen in der unverbindlichen Anlage 1 der HOAI (Beratungsleistungen) enthalten sind (gem. § 3 (1) der HOAI sind die Honorare für Beratungsleistungen nicht verbindlich geregelt), ist das Vergabeverfahren gem. Nr. (1)
durchzuführen. Die in der Anlage 1 aufgenommenen Regelungen sind unverbindlich
und sollen für die praktische Anwendung als Orientierungswerte zur Verfügung stehen.

(4) Bei Prüfingenieurleistungen genügt die Verhandlung mit einem Bewerber, wenn das
Honorar ausschließlich oder weit überwiegend aus Anteilen des Grundhonorars nach
den RVP festgelegt ist. Ansonsten gelten die Regelungen gem. Nr. (2) analog.

(5) Dem Grundsatz der wechselnden Bewerberauswahl ist eine hohe Bedeutung beizu-
messen und entsprechend im Vergabevermerk zu dokumentieren."

Genauere Definition und Vorgaben zur Preis- oder Leistungsvergabe erfolgen dort aber
nicht.

cc) Verwaltungen der Wasserwirtschaft (Bund)

437   Das „Handbuch für die Vergabe und Ausführung von freiberuflichen Leistungen der Ingenieure und Landschaftsarchitekten in der Wasserwirtschaft" **HIV-WAS** (HIV-WAS –
Handbuch für die Vergabe und Ausführung von freiberuflichen Leistungen Länderarbeits-
gemeinschaft Wasser der Ingenieure und Landschaftsarchitekten in der Wasserwirtschaft,
z. B. Stand 06/2010) ist für öffentliche Auftraggeber, welche im Bereich der Wasserwirtschaft oder des Wasserbaus Aufträge über Leistungen für Ingenieurbauwerke vergeben, aus
dem bereits vorgestellten HVA F-StB entwickelt worden. In Kapitel 1.1 (Wahl des Vergabeverfahrens) ist in 1.1.2 „Vergaben unter dem Schwellenwert der VOF" geregelt:

„Bei einem Auftragswert unterhalb des EG-Schwellenwertes ist gem. § 1 Abs. 2 VOF dem öffentlichen Auftraggeber kein formelles Vergabeverfahren vorgeschrieben. Der öffentliche Auftraggeber soll
ein wettbewerbliches Verfahren wählen, das einem breiteren Bewerberkreis die Möglichkeit der Teilnahme eröffnet. In den Bewerbungsbedingungen sollen die für die Vergabe wichtigen projektbezogenen Kriterien detailliert und in absteigender Reihenfolge mit der jeweiligen Wichtung angegeben
werden. Ist dies wegen des geringen Umfangs des Auftrags nicht wirtschaftlich, muss mindestens eine
Leistungsanfrage unter detaillierter Beschreibung der Aufgabe bei mehreren Bewerbern erfolgen. Die
Mindestsätze der HOAI dürfen nicht in unzulässiger Weise unterschritten werden.

Wenn die geforderten Leistungen in der HOAI verbindlich verpreist sind, keine wesentlichen zusätzlichen Leistungen erforderlich werden und die Mindestsätze der zutreffenden Honorarzone bzw.
Schwierigkeitsstufe nicht überschritten werden, kann eine freihändige Vergabe nach Verhandlung mit
nur einem Bewerber erfolgen."

dd) Länder

Die Bundesländer haben **zum Teil Landesvergabegesetze,** Verwaltungsvorschriften **438** und Richtlinien erlassen, welche sich mit der Vergabe von freiberuflichen Leistungen unterhalb der Schwellenwerte befassen. Grundsätzlich gilt: In den verschiedenen bundesweit eingesetzten Vertragsmustern und in den Regelungen der verschiedenen Länder werden in unterschiedlicher Tiefe Vorgaben für die Vergabe freiberuflicher Dienstleistungen bei Auftragswerten unterhalb der Schwellenwerte gemacht. Weit überwiegend wird die **freihändige Vergabe** in Form eines „Leistungswettbewerbs" als das angemessene Vergabeverfahren empfohlen oder vorgeschrieben. Insbesondere stellt die in den **RifT** veröffentlichte **Vorgehensweise** nach Beseitigung der vergaberechtlich problematischen Einzelregelungen die bestgeeignete Lösung dar. Danach erfolgte die Vergabe **aufgrund einer Prognose des Auftraggebers** über die erwartete Leistungsqualität von Bewerbern, bei der er ihre personelle Qualifikation, Kapazitäten und Referenzen über früher erbrachte vergleichbare Leistungen vergleichend bewertet und den angemessensten Angebotspreis für die von ihm gewünschten Leistungen zur Lösung seiner Aufgabenstellung ermittelt. Für die Beauftragung des richtigen Auftragnehmers ist von großer Bedeutung, dass der Auftraggeber die hierfür stets notwendigen **Bewertungsschritte** unter Beachtung vergaberechtlicher Grundsätze macht. Sollte der **Auftraggeber keine ausreichende Marktübersicht** haben und die grundsätzliche Leistungsfähigkeit infrage kommender Freiberufler nicht oder nur unzureichend kennen, kann er eine begrenzte Zahl möglicherweise geeigneter Bewerber – beispielsweise durch Nutzung der bei den Berufskammern oder -verbänden vorliegenden und im Internet verfügbaren Adressdatenbanken – aussuchen und in einem **nicht öffentlichen Auswahlverfahren** zur **Vorlage von Bewerbungsunterlagen** auffordern. Transparenter ist eine **Vergabebekanntmachung in der Presse** (je nach Projektanforderung im Bundes- oder Landesausschreibungsblatt, in Fachzeitschriften oder nur in regionalen Zeitungen) und ein Einstellen auf der **Internetplattform** der Vergabestelle, mit der formlos auf die Vergabeabsicht hingewiesen und zur Bewerbung um Teilnahme am Verhandlungsverfahren aufgefordert wird. In der Bekanntmachung oder in der Einladung an ausgewählte Bewerber sollte der Auftraggeber die zu lösende Aufgabe erläutern und die für die Auswahl geeigneter Bewerber abzugebenden Erklärungen und Auskünfte mitteilen. Dafür kommen grundsätzlich die in den §§ 4, 5 und 6 VOF genannten Angaben infrage. Im Hinblick auf den mit deren Zusammenstellung und Wertung bei Bewerbern und beim Auftraggeber selbst verbundenen Aufwand sollten aber nicht mehr Auskünfte erbeten werden als zur Beurteilung der Zuverlässigkeit, Berufserfahrung und Leistungsfähigkeit unbedingt notwendig. Ferner sollten die Bewerber über die vorgesehenen Eignungskriterien und die Methode ihrer Wertung sowie über die Zahl der Bewerber informiert werden, mit denen Vergabegespräche geführt werden sollen. Diese sollte wie bei VOF-Verfahren nicht unter drei liegen, um einen echten Leistungswettbewerb zu gewährleisten. Nach Vorlage der Bewerbungen geschieht Folgendes:

Schritt 1:   **Prüfung der Bewerbungsunterlagen auf Vollständigkeit** und Ausscheiden unvollständiger Bewerbungen.

Schritt 2:   **Auswahl der Bewerber,** die zu Vergabeverhandlungen eingeladen werden sollen, durch differenzierte fachliche Bewertung der Bewerbungsunterlagen **anhand** der **Eignungskriterien** (z. B. Fachkunde, Eignung, Erfahrung, Leistungsfähigkeit und Zuverlässigkeit).

Sind dem Auftraggeber ausreichend **qualifizierte Bewerber in genügender Zahl 439 bekannt,** kann er je nach Art, Umfang und fachlichem Anspruch der zu vergebenden Leistungen **beispielsweise mit einem Suchverfahren** (Empfehlungen in den RifT oder unter Anwendung der Empfehlungen der GKV – GHV Gütestelle Honorar- und Vergaberecht e. V., Mannheim –) entweder einen oder mehrere Bewerber auswählen und **zu Vergabegesprächen einladen,** um mit dem oder den Eingeladenen über die Auftragsbedingungen zu verhandeln. Ferner sollte der Auftraggeber die Zuschlagskriterien und die vorgesehene Methode ihrer Wertung mitteilen. Ist die zu vergebende Leistung nach gesetzlichen Gebühren- oder Honorarordnungen zu vergüten, sollte die Beschreibung so beschaffen sein, dass die Preis-/Honorarangebote der Bewerber vollständig und gesetzes-/verordnungskonform sind. Dafür sollte der **Auftraggeber** alle nicht frei disponierbaren, **honorarrelevanten Sachverhalte** in der Beschreibung festlegen; denn **nur er kann und muss** (LG Landshut, IBR 2008, 404) bei HOAI-Leistungen nach sachgerechter Durchführung der Auftraggeberaufgaben bei der Bedarfsplanung im Bauwesen nach DIN 18205 diese **Festlegungen** treffen. Dies gilt auch für die nicht ausgeprägt fachkundigen Bauverwaltungen, Bauämter etc. der Gebietskörperschaften. Diese sollten bei Unsicherheiten externe fachliche Unterstützung suchen. Umso mehr sind fachkundige Auftraggeber zu entsprechenden Angaben verpflichtet, wie z. B. die Finanzbauverwaltungen der Länder oder vergleichbare Institutionen, die sogar Teile der Leistungsphasen 1 und 2 (Grundlagenermittlung, Vorplanung) im Bereich von Bauplanungsleistungen selbst bereits erarbeitet haben. Es ist somit **Sache des Auftraggebers,** alle nach objektiven Kriterien bestimmbaren **Bedingungen zur Honorarberechnung vor Beginn des Verhandlungsverfahrens** festzulegen. Hierzu gehören bei Architekten- und Ingenieurleistungen mindestens

- die für erforderlich gehaltenen Leistungen,
- die anrechenbaren Kosten und die Honorarzone, der die gewünschte Leistung in Abhängigkeit von den Planungsanforderungen zuzuordnen ist, und
- die Leistungsphasen, deren Vergabe beabsichtigt ist, einschließlich der zugehörigen Bewertung in v. H. des Honorarsatzes,
- die Leistungsphasen oder Grundleistungen, deren Vergabe nicht an denselben Auftragnehmer vorgesehen ist, einschließlich der zugehörigen Bewertung,
- die Mitteilung der aus Auftraggebersicht notwendig erscheinenden besonderen Leistungen (ohne Bewertung).

Umfasst das Vorhaben, für das Leistungen zu vergeben sind, mehrere Objekte, sind diese nach dem der HOAI zugrunde liegenden Funktionalprinzip als **Abrechnungseinheiten** zu definieren.

6. Spielräume in der Honorarabrechnung

440   Die **in der HOAI gegebenen Spielräume** für die Honorarberechnung kann im Verhandlungsverfahren insbesondere durch Nutzung folgender Rahmen der HOAI erfolgen:

- Einordnung des Honorarsatzes zwischen Mindest- und Höchstsatz (§ 7 Abs. 1 HOAI),
- Honorierung der Besonderen Leistungen (§ 3 Abs. 3 HOAI),
- Honorierung der Leistungen, die in der HOAI nicht erfasst sind,
- Zuschläge (§§ 4 Abs. 3, 12, 36 HOAI) und die
- Höhe der Nebenkosten (§ 14 Abs. 1 HOAI).

Bei der Vergabe von Leistung, die nach der HOAI dem Preisrecht unterliegen, ist zwingend u. a. Zuschlagskriterium der Preis (OLG Stuttgart, Beschl. v. 28.11.2008 – 2 Verg 14/12; BayObLG, Beschl. v. 20.8.2001 – Verg 9/01; Stolz, VergabeR 2011, 326). Damit stellt sich die Frage, welchen Spielraum die HOAI überhaupt gewährt.

aa) Leistungen nach § 34 Abs. 4 i. V. m. Anlage 10.1

441   Die **anrechenbaren Kosten** sind nach DIN 276-01/2008-12 zu ermitteln und unterliegen nicht der Disposition der Parteien. Erst wenn die Tafelwerte außerhalb der Tabelle liegen sind die Honorarwerte, nicht aber die anrechenbaren Kosten disponibel.

Da das Honorar sich nur innerhalb der Mindestsätze und Höchstsätze bewegen darf. In § 7 Abs. 1 HOAI sind die Vorgaben von bestimmten **Honorarsätzen** nur bedingt das geeignete Mittel. Denn zum einen ist zu bedenken, dass der Wettbewerbsgrundsatz des § 97 Abs. 1 GWB die Gleichbehandlung Aller gebietet und damit der Honorarsatz nicht frei gegeben werden kann. Zum anderen können dabei auch die Mindestsätze unterschritten werden. Das aber liegt bereits in der Prognoseentscheidung der Vergabestelle. Verbindliche Einschränkungen der Vergabestelle durch Vorgaben (z. B. „Mittelsatz") sind die geeignete Methode der Vergabevoraussetzungen.

Die **Honorarzone** ist auf der Grundlage der objektiven Wertung nicht geeignet disponibel zu sein (so auch BGH, Urt. v. 13.11.2003 – VII ZR 362/02).

bb) Zuschläge bei Umbauten, Modernisierungen und Instandhaltungen, sowie die Berücksichtigung der anrechenbaren Kosten vorhandener Bausubstanz

Hier können bei der Vergabe die Wertungskriterien infolge der möglichen Vereinbarungen der Zuschläge in §§ 4 Abs. 3, 12, 36 ausgeschöpft werden und sind daher zum einen machbar und zum anderen allerdings zuvor bei den Wertungskriterien anzugeben. **442**

cc) Besondere Leistungen

Da gem. § 3 Abs. 3 die Besonderen Leistungen frei vereinbart werden können, ist die Möglichkeit der Wertung gegeben. Das allerdings darf nicht dazu führen, dass die Leistungen, die über die Leistungen der Anlage 11 hinausgehen oder anderen Leistungen darstellen nicht nach § 632 Abs. 2 BGB behandelt werden, also Leistungen unentgeltlich erfolgen müssen. Das ist in den Vergabeunterlagen klarzustellen. Hier bietet sich neben Grundlagen von Empfehlungen der AHO/DVP auch die Möglichkeit des Ansatzes von Stundensätzen an. Sämtliche Wertungskriterien müssen aber vorgegeben werden. **443**

dd) Nebenkosten

Da die Nebenkosten frei nach § 14 vereinbart werden können, dürfte hier die Pauschalierung das beste Mittel der Vergleichbarkeit sein. **444**

Im Wesentlichen dürfte bei den Vergaben unter Berücksichtigung der HOAI 2013 zu beachten sein, dass **keine Flucht in die Vergabe an Nichtbeteiligte** nach § 1 HOAI erfolgt (Flucht aus der HOAI), die allgemeinverbindliche Vorgabe des Mindestsatzes nach HOAI in der Wertung zu erfolgen hat, der Preis kein oder kein bedeutende Zuschlagskriterium sein darf; die Ablehnung eines ungewöhnlich niedrigen Angebotes entgegen der bisherigen Rechtsprechung zu erfolgen hat, weil ansonsten ein Verstoß gegen Art. 16 DienstleistungsRiL vorliegt, weitere Zuschlagskriterien nur unter Beachtung der HOAI-Grundsätze erfolgen dürfen. **445**

Die **Gleichbehandlung** bei der Vergabe kann allerdings infolge der beschränkten persönlichen Anwendbarkeit der HOAI im europaweiten Verfahren gem. § 11 Abs. 5 S. 3 VOF i.V.m. § 97 Abs. 2 GWB eingeschränkt sein und werden. Das würde bedeuten, dass bei solchen Verfahren eine Bindung an die HOAI grundsätzlich ausscheidet. Dann blieb nur die Angemessenheit der Preise zu prüfen, Art. 55 VKR.

VI. Grundlagen des Haftungsrechts

Nachfolgend werden die Grundlagen des Haftungsrechts im Überblick dargestellt. Eine nähere Darstellung der Haftungsproblematik, die aus den einzelnen Leistungsphasen der Leistungsbilder folgt, ist bei den jeweiligen Leistungsphasen zu finden. **446**

1. Leistungspflichten des Architekten/Ingenieurs

Die Leistungspflichten des Architekten/Ingenieurs ergeben sich primär aus dem Architekten-/Ingenieurvertrag, d.h. dem Inhalt des dort festgelegten Leistungsumfangs (BGH NJW 1997, 586; BGH BauR 1999, 187). Mit Abschluss des Architekten-/Ingenieurvertrags entsteht die Verpflichtung des Architekten/Ingenieurs, ein mangelfreies Architekten-/Ingenieurswerk (nicht das Bauwerk) zu erbringen. Die hierbei zugrunde zu legende geschuldete Leistung kann in drei Kategorien eingeteilt werden: Die **subjektive, funktionale und objektive Leistungsschuld.** Diese Einteilung orientiert sich an dem von Kniffka dargestellten Mangelbegriff, wobei im Zuge einer richtlinienkonformen Auslegung des § 633 BGB von einer notwendigen Kumulation der drei Teile des dort beschriebenen Mangelbegriffs auszugehen ist (hierzu im Einzelnen Ingestau/Korbion/Wirth VOB/B § 13 Abs. 1 Rn. 61ff.; Kniffka/Kniffka Bauvertragsrecht § 633 Rn. 5ff.). **447**

448   Die **subjektive** Leistungsschuld ist darauf gerichtet, dass der Auftragnehmer das Werk in der konkret vereinbarten Art und Weise zu erbringen hat. Das Werk muss alle „vereinbarten Beschaffenheiten" (z.B. auch eine Kostenobergrenze) aufweisen. Insoweit korrespondiert die Nichterfüllung der subjektiven Leistungsschuld mit der Nichteinhaltung einer Beschaffenheitsvereinbarung. Diese stellt gem. § 633 Abs. 2 Satz 1 BGB einen Sachmangel dar.

449   Die **funktionale** Leistungsschuld zielt darauf ab, ein „funktionstaugliches" Werk zu erbringen. Sie ist dann erreicht, wenn das geschuldete Werk den vom Auftraggeber beabsichtigten Erfolg verkörpert. Die funktionale Leistungsschuld kann somit über die subjektive hinausgehen. Dies ist beispielsweise dann der Fall, wenn der Auftragnehmer das Werk exakt so erstellt wie vom Auftraggeber gewünscht – es dennoch nicht funktionstauglich ist (nach den Vorgaben des Bauherrn geplant und gebaut, jedoch nicht wie gewünscht als Wohnung nutzbar). Strittig ist insofern, ob die funktionale Leistungsschuld stets vorliegen muss. Eine entsprechende Annahme kann aus der Tatsache des beim Werkvertrag geschuldeten Erfolgs resultieren. Entscheidend ist, ob als werkvertraglicher Erfolg immer auch die **Funktionstauglichkeit geschuldet** ist. Hiervon geht die h.M. aus. Sie nimmt bei Nichterreichen des funktionalen Erfolges einen Mangel an (BGH „Dach-dicht-Entscheidung", NZBau 2000, 198 u. BGH „Blockkraftheizwerk", NZBau 2008, 109).

Dies ist allerdings nicht unproblematisch, da der Auftragnehmer nach der Lösung des BGH der werkvertraglichen Haftung auch dann ausgesetzt ist, wenn er sämtliche Vorgaben des Auftraggebers erfüllt hat (i.d.S. u.a. Blockheizkraftwerk-Entscheidung: BGH, Urt. v. 8.11.2007 – VII ZR 183/05; OLG Celle, Urt. v. 17.1.2013 – 16 U 94/11). Eine andere Lösung könnte darin gesehen werden, dass in entsprechenden Fällen – bei Nichtvorliegen der Funktionstauglichkeit – zwar kein Sachmangel, gleichwohl jedoch eine Verletzung einer vertraglichen (Hinweis) Pflichten seitens des Auftragnehmers vorliegt – vorausgesetzt, er ist seinen Hinweispflichten nicht nachgekommen. In aller Regel wird man eine entsprechende Hinweis- bzw. Prüfungspflicht des Auftragnehmers in Bezug auf die Funktionstauglichkeit des zu erbringenden Werks annehmen können. Erbringt der Auftragnehmer daher „strikt nach Vorgaben" ein Werk, das nicht funktionstauglich ist, hätte er den Auftraggeber hierauf hinweisen und belehren müssen. Auch auf das Befolgen von Montageanleitungen kann er sich in diesem Zusammenhang nicht berufen (entschieden für einen Bauunternehmer – Entsprechendes wird jedoch auch für einen Architekten/Ingenieur gelten – als dieser einen Hähnchenmaststall erstellte, ohne die Fugen zwischen den Dämmplatten abzudichten – was die Montageanleitung auch nicht vorsah, OLG Oldenburg IBR 2008, 567). Der Auftragnehmer haftet demnach gleichwohl – jedoch nicht aufgrund des Vorliegens eines Sachmangels, sondern auf Schadensersatz wegen einer Pflichtverletzung gem. § 241 Abs. 2 BGB – die i.S. einer Erkennbarkeit regelmäßig schuldhaft sein wird (hierzu Vorwerk zum Bereich des Bauvertrags, BauR 2003, 1ff.).

450   Die **objektive** Leistungsschuld knüpft an Kriterien an, die bei einem Werk – wie dem geschuldeten – „üblicherweise" zu fordern sind. Umfasst sind somit vor allem einzuhaltende Mindeststandards. Die HOAI ist zur Bestimmung der vertraglichen Leistungspflichten grundsätzlich nicht geeignet, zumindest nicht dafür geschaffen worden. Der BGH hat ausdrücklich ausgesprochen, dass die HOAI für den Inhalt von Architekten-/Ingenieurverträgen keine normativen Leitbilder enthält (BGH NJW 1999, 427 = BauR 1999, 187 u. NJW 1997, 586 = BauR 1997, 154). Der jeweils geschuldete Inhalt des Architekten-/Ingenieurvertrags ist daher im konkreten Einzelfall zu ermitteln.

451   Sofern das geschuldete Werk des Architekten die vereinbarte Beschaffenheit aufweist, ist es gemäß § 633 Abs. 2 Satz 1 BGB frei von Sachmängeln. Hieraus ergibt sich im Umkehrschluss, dass das Werk des Architekten-/Ingenieurs mangelhaft ist, wenn es nicht der vereinbarten Beschaffenheit entspricht. Der Begriff der Beschaffenheit verweist auf den allgemeinen anerkannten subjektiven Fehlerbegriff (Abweichung der „Ist- von der Soll-Beschaffenheit"). Die vertraglich vereinbarte Soll-Beschaffenheit erstreckt sich nicht nur auf eine technisch einwandfreie Planung. Hinzu können weitere Aspekte treten, wie beispielsweise die Einhaltung bestimmter Wirtschaftlichkeitskriterien. So obliegt dem Sonderfachmann für Klimatechnik ein Hinweis an den Bauherrn bzgl. einer möglichen fehlenden

Wirtschaftlichkeit der geplanten – gleichwohl funktionstauglichen – Klimaanlage. Eine Haftung wurde allerdings verneint, als mehrere technische Möglichkeiten planbar waren und der Ingenieur mangels Beauftragung mit der Grundlagenermittlung keine Vergleichsanalyse vorgenommen hatte. Haltbar ist dieses Urteil meiner Ansicht nach nur deshalb, weil zusätzlich auf eine erhöhte Sachkunde der Auftraggeberin abgestellt wurde (OLG Frankfurt IBR 2008, 342) Ebenso kann der Architekt für die Einhaltung einer bestimmten Kostenobergrenze haften („Bausummenüberschreitung" s. u.).

Zu einer ordnungsgemäßen Leistungserbringung gehört regelmäßig auch die **Einhaltung** **452** **der anerkannten Regeln der Technik.** Anerkannte Regeln der (Bau-)Technik beschreiben nach allgemein gebräuchlicher Definition technische Regeln für den Entwurf und die Ausführung baulicher Anlagen, die in der technischen Wissenschaft als theoretisch richtig erkannt sind und feststehen sowie im Kreise der für die Anwendung der betreffenden Regeln maßgeblichen, nach dem neuesten Erkenntnisstand vorgebildeten Techniker durchweg bekannt und aufgrund fortdauernder praktischer Erfahrung als technisch geeignet, angemessen und notwendig anerkannt sind (Ingenstau/Korbion, VOB/B § 4 Abs. 2 Rn. 47). Genügt die Leistung des Architekten den anerkannten Regeln der Technik nicht, so spricht dies regelmäßig für das Vorliegen eines Mangels. Der Begriff der anerkannten Regeln der Technik ist im BGB nicht ausdrücklich genannt. Auch im Rahmen der Schuldrechtsmodernisierung wurde eine Aufnahme des Begriffs im Rahmen der Mangeldefinition nicht vorgenommen. Dies wurde damit begründet, dass die Gefahr bestünde, dass der Werkunternehmer/Architekt fälschlicherweise davon ausgehen könnte, dass er allein bei Einhaltung der anerkannten Regeln der Technik seine Leistungspflichten bereits erfüllt habe.

Die anerkannten Regeln der Technik können als einzuhaltende „Mindeststandards" im **453** Rahmen der Architekten-/Ingenieurleistung angesehen werden. Der Architekt/Ingenieur hat diese zu beachten. Jedoch kann sich aus dem vereinbarten Leistungsumfang ergeben, dass er eine höherwertigere Leistung schuldet, als die anerkannten Regeln der Technik verlangen. Dies ist wiederum zurückzuführen auf den Grundsatz, dass sich die vertraglich geschuldete Leistung zuerst danach richtet, was zwischen den Vertragsparteien vereinbart wurde. Die Einhaltung der Regeln der Technik entbindet den Architekten/Ingenieur daher nicht von der Verantwortung für ein **vertragsgerechtes** Werk. Er muss in allen Phasen seiner Arbeit sicherstellen, dass das vereinbarte Leistungsziel erreicht wird. Dies kann über die anerkannten Regeln der Technik hinausgehen.

Die festgeschriebenen **technischen Normen** (z. B. **DIN-Normen**) müssen nicht **454** zwangsläufig mit den anerkannten Regeln der Technik übereinstimmen. Kodifizierte technische Normen können Anforderungen enthalten, die den anerkannten Regeln der Bautechnik nicht genügen. Die Entwicklung der Schallschutznormen zeigt, dass entsprechende DIN-Normen durch die Praxis überholt sein können. In diesen Fällen sind die Anforderungen einzuhalten, die aufgrund der neueren Erkenntnisse den „aktuellen Standard" festlegen. Für die DIN-Normen besteht insoweit eine widerlegliche Vermutung, dass sie und vergleichbare technische Regelwerke die anerkannten Regeln der Technik korrekt wiedergeben. Bei der Pflicht zur Einhaltung der anerkannten Regeln der Technik ist zu trennen: Zum einen muss der Architekt/Ingenieur hinsichtlich seiner eigenen „handwerklichen" Fähigkeiten (z. B. seiner Kenntnis bzgl. der Technik zur Erstellung von Plänen etc.) diese Regeln beachten – zum anderen muss er die Einhaltung der Regeln der Technik bei den von ihm zu überwachenden anderen Auftragnehmerleistungen überprüfen.

Neben der zuvor beschriebenen Freiheit von Sachmängeln hat der Architekt/Ingenieur **455** dem Besteller das Werk frei von **Rechtsmängeln** zu verschaffen (§ 633 Abs. 1 BGB). Für den Architekten/Ingenieur können Rechtsmängel insbesondere im Bereich des Urheberrechtsschutzes auftreten. Denkbar ist dies, wenn ein Architekt eine Planung unter Verletzung von Urheberrechten eines anderen Architekten Pläne anfertigt und der Auftraggeber hierdurch Ansprüchen des Urhebers ausgesetzt wird (zur Frage einer streitigen Urheberschaft, BGH NZBau 2003, 158 = BauR 2003, 561 – Staatsbibliothek).

Wenig Architekt-/Ingenieurverträge enthalten Regelungen zur Frage, wann die Auf- **456** tragnehmerleistungen fällig sind und dazu, welche Rechte der Auftraggeberseite zustehen, wenn die Gegenseite ihre Leistungen nicht rechtzeitig erbringt. In diesen Fällen kann dem

Architekten/Ingenieur eine Nachfrist gesetzt werden. Dies setzt allerdings voraus, dass die entsprechenden Leistungen überhaupt fällig sind. Auch hierzu sollte vertragliche Vorsorge getroffen werden (durch Festschreibung entsprechender Bearbeitungszeiten und zur Dauer der Nachfristen, OLG München Urt. v. 28.1.2010 – 9 U 3388/04). Andernfalls muss bezüglich des dem Architekten/Ingenieurs zu zubilligenden Zeitaufwands – und damit der Festlegung des Fälligkeitszeitpunktes – für jede Einzelpflicht auf die Umstände des Einzelfalls abgestellt werden (was in der Praxis kaum realisierbar ist).

a) „Symptomrechtsprechung"

457 Nach der „Symptomrechtsprechung" des BGH genügt es, dass der Besteller/Auftraggeber den „Mangel in seinem äußeren Erscheinungsbild" beschreibt. Nicht erforderlich ist es, dass die Mangelursachen bezeichnet werden (BGH NJW 1987, 381 = BauR 1987, 443). Diese Rechtsprechung stellt eine Beweiserleichterung für den Auftraggeber dar, der vertragliche Mängel gegenüber dem Auftragnehmer geltend macht. Der BGH hat die Grundsätze der **Symptomrechtsprechung auch auf den Architektenvertrag übertragen.** Insbesondere sah der VII. Zivilsenat es als nicht erforderlich an, dass der rügende Auftraggeber die Mangelerscheinungen dem Planungs- oder Überwachungsstadium der Architektentätigkeit zuordnet (BGHZ 136, 342 = BauR 1997, 1065). Der Auftraggeber braucht demzufolge keine Nachforschungen zu betreiben oder entsprechende Nachweise zu liefern, in welchem Stadium der Architektentätigkeit die Ursache für einen Mangel gesetzt wurde. Es reicht aus, wenn er die Mangelerscheinung entsprechend beschreibt.

b) Hinweispflicht auf eigene Fehler

458 Der Architekt hat die Verpflichtung, auf eigene Fehler bzw. eigenes Verschulden hinzuweisen. Diese Pflicht resultiert aus seiner Rechtsstellung als „Sachwalter des Bauherrn" (nicht so der Tragwerksplaner, BGH BauR 2002, 108; a.A. OLG Bamberg IBR 2006, 508 – allerd. war der Tragwerksplaner u.a. zusätzlich mit der Bewehrungsabnahme beauftragt). Unterlässt er eine entsprechende Aufklärung, können hieraus Schadensersatzansprüche des Auftraggebers resultieren (OLG München IBR 2000, 614). Der Bauherr muss insoweit informiert werden, dass er seine Rechte gegen den Architekten rechtzeitig vor Eintritt der Verjährung der Gewährleistungsansprüche wahrnehmen kann. Andernfalls kann sich der Architekt nicht auf den Eintritt der Verjährung der Ansprüche berufen (BGH IBR 2007, 85 u. OLG Düsseldorf IBR 2004, 332 – dabei geht der BGH bzgl. der Verjährung von einer Nebenpflichtverletzung aus (Verjährung drei Jahre), das OLG von einer Hauptpflichtverletzung (Verjährung 5 Jahre). Bei entsprechenden Schadensersatzansprüchen oder der sog. **„Sekundärhaftung"** ist zwischen der Verjährung der Gewährleistungsansprüche gegen die Bauunternehmer und gegen den Architekten zu unterscheiden (LG Göttingen IBR 2008, 463). Nach Einschätzung des BGH bleibt diese Hinweispflicht des Architekten auch nach Beendigung des Architektenvertrages bestehen (siehe dazu auch unten sowie BGH NJW-RR 2002, 1531; BGH Urt. v. 26.9.2013 – VII ZR 220/12; BGH Urt. v. 23.7.2009 – VII ZR 134/08; BGH Urt. v. 26.10.2006 – VII ZR 133/04; OLG Hamburg, IBR 2009, 341; abzul. OLG Zweibrücken, IBR 2014, 28 für den Fall, dass keine Gewährleistungsansprüche mehr durchsetzbar sind; u.v. Rintelen NZBau 2008, 209; Jochem BauR 2012, 16 ff.). Vgl. hierzu auch unten 10 d.

2. Mangelansprüche der Auftraggeber- u. Auftragnehmerseite

Im Regelfall drehen sich die Haftungsprozesse im Architektenbereich um die Frage, welche Mängelrechte bzw. Mängelansprüche der Auftraggeberseite zustehen. Diese werden im Folgenden eingehend besprochen. Dazu zu trennen ist die Frage, ob der Architektenseite ihrerseits ein Recht auf Beseitigung von ihr begangener Planungsfehler zusteht. Dies wird man im Regelfall dahingehend zu bejahen haben, dass die Auftraggeberseite bei Nichteinräumung dieses Rechts gleichwohl die volle Vergütung zu leisten hat. Etwas anderes gilt allerdings, wenn die Mangelbeseitigung keinen Sinn mehr macht. Dies dann, wenn sich die Mängel im Bauwerk bereits verwirklicht haben und eine nachgebesserte Planung für die Beseitigung der Baumängel nicht erforderlich ist. Eine weitere Fragestellung ergibt

sich dahingehend, ob dem Architekten bezüglich der Mangelbeseitigung seiner Planungsleistung ein entsprechendes Recht einzuräumen ist, wenn der Bauunternehmer für seine
Mangelbeseitigung eine nachgebesserte Planung benötigt. Dies wird wohl zu bejahen sein.
Weiter zu fragen ist, ob dies auch gilt, wenn im Laufe der Nacherfüllung ein gänzlich oder
teilweise geändertes Werk erstellt werden muss. Hat nicht nur der Architekt, sondern auch
der Bauunternehmer ein Anspruch auf Zurverfügungstellung einer solchen Planung, kann
der Architekt diesbezüglich eine Art „Sowiesokosten" verlangen. Ebenso ist die Frage, ob
durch die Planung der Nacherfüllung seitens des Architekten in das Dispositionsrecht des
Bauunternehmers eingegriffen wird. Nicht einzuräumen sind die entsprechenden Rechte
wohl dann, wenn der Auftraggeberseite eine Mängelbeseitigung nicht mehr zuzumuten ist,
bzw. eine Zusammenarbeit mit diesem Architekten nicht mehr zumutbar ist.

Hiervon zu trennen ist die Problematik, dass die Architektenseite auch die Beseitigung
der Baumängel durchführen möchte, bspw. um damit die entsprechenden Kosten niedrig
zu halten. Hinsichtlich der Mängelbeseitigungsansprüche bzw. -rechte der Auftraggeber gilt
folgendes:

a) Nacherfüllungsanspruch

Sofern ein Mangel des Architekten-/Ingenieurwerks vorliegt, steht dem Auftraggeber zu- **459**
nächst ein Nacherfüllungsanspruch gemäß §§ 634 Nr. 1, 635 BGB zu. Zu beachten ist, dass
ein Mangel des Architekten-/Ingenieurwerkes nicht mit einem Mangel des Bauwerks bzw.
der Bauunternehmerleistung identisch ist. Der Baumangel selbst kann im Regelfall nachgebessert werden. Die mit dem Mangel verbundene Architektenleistung dagegen in vielen
Fällen nicht. Die Ursache hierfür ist, dass sich die mangelhafte Architektenleistung bereits im
Bauwerk realisiert hat (OLG Dresden, BGH IBR 2007, 1350). Ein Nacherfüllungsanspruch
bezüglich fehlerhafter Pläne wird somit zunächst nur dann gegeben sein, wenn diese noch
nicht im Bauwerk umgesetzt wurden (BGH NJW-RR 1989, 86 = BauR 1989, 97, 100) –
zusätzlich dann, wenn für die Nacherfüllung neue Pläne erforderlich sind (hierzu eingehd.
Miernik, BauR 2014, 155 ff.). Sofern eine Nacherfüllung noch möglich ist, muss der Auftraggeber eine Frist zur Nacherfüllung setzten. Bei einer voreiligen Einschaltung von Dritten
verliert der Auftraggeber seine entsprechenden Ansprüche (OLG Brandenburg, Urt. v.
13.3.2014 – 12 U 136/13 – n. rkr.) Hinsichtlich der Objektüberwachung kann bei Realisierung des Mangels im Bauwerk im Zuge der Nacherfüllung eine erneute Überwachungstätigkeit gefordert werden. Insoweit kann dem Architekten ein Nacherfüllungsrecht zustehen
(OLG Brandenburg IBR 2012, 276). Im Ergebnis hängt der Nacherfüllungsanspruch des
Auftraggebers bzw. das Nacherfüllungsrecht des Architekten/Ingenieurs regelmäßig vom
Grad der Verwirklichung des Bauwerkes ab. Der Architekt kann dabei nicht auf Nachbesse-
rungsleistungen bzw. -kosten bestehen, die für den Auftraggeber ein Restrisiko beinhalten –
keine sichere Abdichtung (OLG München/BGH NZBz. IBR 2014, 221).

Die Kündigung des Architekten-/Ingenieurvertrages hat nicht zwangsläufig den Verlust **460**
des Nacherfüllungsanspruchs zur Folge. Nacherfüllungsansprüche bzw. Nacherfüllungspflichten des Auftragnehmers werden durch die Kündigung vom Grundsatz her nicht an-
getastet. Dies hat zur Folge, dass ein Vergütungsanspruch des Auftragnehmers weiterhin
bestehen bleibt (OLG Hamm BauR 1995, 413). Etwas anderes wird gelten, wenn die
Kündigung gerade auf der Mangelhaftigkeit beruht und Nacherfüllungsaufforderungen
bzw. Nacherfüllungsversuche gescheitert waren. Im Einzelfall ist zu prüfen, ob dem Archi-
tekten/Ingenieur Gelegenheit gegeben werden muss, im Rahmen der Nacherfüllung selbst
für die Beseitigung des Baumangels zu sorgen. Auch bei Fehlern des Architekten im Bereich der Bausummenüberschreitung kann grundsätzlich noch ein Nacherfüllungsanspruch
gegeben sein (OLG Hamm BauR 1995, 413).

Auch wenn ein Nacherfüllungsanspruch mangels Realisierbarkeit nicht besteht, kann in **461**
Ausnahmefällen gleichwohl ein Recht des Architekten/Ingenieurs gegeben sein, den Schaden selbst zu beheben bzw. zumindest an der Schadensbehebung mitzuwirken. Es handelt
sich dann nicht um einen Fall der Nacherfüllung, sondern um die Verwirklichung eines
Schadensersatzanspruchs. Das Recht des Architekten/Ingenieurs auf Vornahme der Scha-
densbeseitigung/Mitwirkung folgt nicht aus dem Nacherfüllungsanspruch gem. §§ 634

Nr. 1, 635 BGB, sondern kann sich aus der Schadensminderungspflicht des Auftraggebers gem. § 254 Abs. 2 Satz 1 BGB ergeben (BGH NJW-RR 1996, 1044 = BauR 1996, 735, 737). Der Bauherr kann gegen diese Schadensminderungspflicht verstoßen, wenn er dem Architekten/Ingenieur ein zu gewährendes „Selbstvornahmerecht" bzw. Mitwirkungsrecht zu Unrecht nicht einräumt (BGHZ 43, 227; BGH NJW-RR 1996, 1044 = BauR 1996, 735). Ein entsprechendes Schadensbeseitigungsrecht kann angenommen werden, wenn der Architekt/Ingenieur gegenüber dem Auftraggeber willens und in der Lage ist, die Mängelbeseitigung preiswert und ohne Nachteil für den Bauherrn gegenüber einer „Fremdbeauftragung" durchzuführen bzw. durchführen zu lassen. (Werner/Pastor Rn. 2169f.; BGH VersR 1968, 152). Verweigert der Auftraggeber die Schadensbeseitigung durch den Architekten/Ingenieur, kann dies zur Annahme eines Mitverschuldens gem. § 254 Abs. 2 Satz 1 BGB führen. Voraussetzung soll sein, dass der Architekt/Ingenieur nachweisen kann, dass er zu einer preiswerteren Mängelbeseitigung in der Lage gewesen wäre (Werner/Pastor Rn. 2169; BGH Schäfer/Finnern, Z 3.01 Bl. 378).

462   Das Recht des Architekten/Ingenieurs zur eigenen Schadensbeseitigung kann aus zwei Sachverhalten resultieren. Diese sind voneinander zu unterscheiden:

- Einerseits kann der Fall vorliegen, dass der Architekt/Ingenieur aufgrund eines allein von ihm zu vertretenden Fehlers auf Schadensersatz in Anspruch genommen wird. Es stellt sich dann die Frage, ob er den selbst verursachten Schaden beseitigen (lassen) darf.
- Andererseits sind Fallgestaltungen möglich, bei denen der Schaden sowohl auf einer mangelbehafteten Leistung des Bauunternehmers, als auch auf einem Fehler des Architekten/Ingenieurs beruht. Oftmals wird bei einer fehlerhaften Leistung des Unternehmers gleichzeitig ein Objektüberwachungsfehler des Architekten/Ingenieurs vorliegen. Der Schaden ist somit nicht allein vom Architekten/Ingenieur zu vertreten. Gleichwohl kann der Auftraggeber ihn allein für den Schaden in Anspruch nehmen. Dies, sofern die Voraussetzungen für eine gesamtschuldnerische Haftung von Architekt/Ingenieur und Bauunternehmer gegeben sind. Fraglich ist dann, ob der Architekt/Ingenieur den Mangel an der Bauleistung selbst beseitigen (lassen) darf.

463   Zu berücksichtigen ist, dass der Architekt/Ingenieur grundsätzlich berechtigt ist, Mängelbeseitigungsarbeiten Dritter zu überwachen (OLG Celle BauR 1999, 676). Sofern sich das im Rahmen der Allgemeinen Geschäftsbedingungen vereinbarte Mitwirkungsrecht des Architekten/Ingenieurs an den Nacherfüllungsarbeiten hierauf bezieht, dürften insoweit keine Bedenken wegen des AGB-Rechts bestehen – vorausgesetzt allerdings, dass auch hier durch eine Öffnungsklausel die Tatbestände aufgefangen werden, bei denen es dem Bauherrn unzumutbar ist, erneut mit diesem Architekten zusammenzuarbeiten (vgl. OLG Celle BauR 1999, 676).

b) Rücktrittsrecht

464   Das Rücktrittsrecht des Bestellers/Auftraggebers nach den §§ 634 Nr. 3 1. Alt., 636, 323, 326 BGB tritt im Werkvertragsrecht als Gestaltungsrecht an die Stelle des bisherigen Wandelungsrechts. Der Rücktritt wandelt das bisherige Vertragsverhältnis in ein Rückgewähr- und Abwicklungsverhältnis um. Die bisherigen Leistungsansprüche und Leistungspflichten erlöschen. Die bereits empfangenen Leistungen sind zurück zu gewähren, gezogene Nutzungen sind herauszugeben (§ 346 Abs. 1 BGB).

465   Im Rahmen „reiner" Bauverträge dürfte das Rücktrittsrecht eine untergeordnete Rolle spielen. Da sich entsprechende Leistungen im Regelfall bereits im Bauwerk manifestiert haben, scheitert eine Rückgewähr regelmäßig. Anders beim Architektenvertrag. Hier können die Leistungen bis einschließlich die der Leistungsphase 7 regelmäßig zurückgewährt werden. Das Rücktrittsrecht dürfte somit für den Architekten/Ingenieur größere Bedeutung haben als für den Bauunternehmer.

466   Der Besteller (Auftraggeber) kann wegen eines Mangels schon vor Ablauf der Fertigungsstellungsfrist zurücktreten, wenn offensichtlich ist, dass diese wegen des Mangels nicht eingehalten werden kann (§ 323 Abs. 4 BGB). Hat der Schuldner (Architekt/Ingenieur) eine Teilleistung bewirkt, so kann der Gläubiger (Auftraggeber) vom gesamten Vertrag gemäß § 323 Abs. 5 Satz 1 BGB nur dann zurücktreten, wenn er an der Teilleistung kein

Interesse hat (an den Wegfall des Interesses sind hohe Anforderungen zu stellen – abgelehnt bei einer Gesamtaufgabe des Projektes, ohne dass die verzögerte Planung hierfür ursächlich war, KG, BGH IBR 2007, 383). Ein mangelndes Interesse des Auftraggebers an der erbrachten Planungsleistung des Architekten wird dagegen anzunehmen sein, wenn eine Umgestaltung der Planung erfolgen muss und die bisherigen Planungsleistungen weitgehend nicht verwendet werden können. U.U. kann eine Kündigung aus wichtigem Grund als Rücktritt vom Vertrag ausgelegt werden. Ausgesprochen für den Fall, dass aus Sicht des Auftraggebers die Gefahr bestand, dass die angemessenen Fertigstellungsfristen nicht gehalten werden können (BGH IBR 2001, 251 u. 2004, 378).

Der Rücktritt ist ausgeschlossen, wenn die Verletzung (der Mangel) unerheblich ist **467** (§ 323 Abs. 5 Satz 2 BGB). Kein Rücktrittsrecht besteht ebenfalls, wenn der Gläubiger für den Umstand, der ihn zum Rücktritt berechtigen würde, allein oder weit überwiegend selbst verantwortlich ist (§ 323 Abs. 6 1. Alt. BGB) oder wenn sich der Gläubiger zum Zeitpunkt des Rücktritts in Annahmeverzug befindet (§ 323 Abs. 6 2. Alt. BGB). Schadensersatz und Rücktritt können seit der Schuldrechtsreform nebeneinander geltend gemacht werden (§ 325 BGB).

c) Kündigung des Architektenvertrages

In Ausnahmefällen räumen die Gerichte dem Auftraggeber ein Kündigungsrecht ein, **468** ohne dass dem Architekten zuvor ein Nacherfüllungsrecht eingeräumt worden ist. Hierfür werden „triftige" Gründe verlangt. Entschieden, als der Architekt den Hinweis der Baugenehmigungsbehörde auf Abklärung wichtiger Fragen in Form einer Bauvoranfrage ignoriert hat und „einfach" weiterarbeitet. Hier wurde zu Recht moniert, dass nicht ersichtlich sei, warum auch in Anbetracht der in § 314 Abs. 2 BGB vorgenommenen Wertung eine sofortige fristlose Kündigung rechtmäßig sein soll (OLG Nürnberg m. Anm. Miernik IBR 2006, 1439). Nachvollziehbar war die Akzeptanz einer sofortigen Kündigung, als eine Architektin dem Rechtsanwalt ihres Auftraggebers Provisionszahlungen für eine gemeinsame Vermarktung des Objektes ihres Auftraggebers geboten hatte. Es wurde eine schwerwiegende schuldhafte Verletzung des Vertrauensverhältnisses bejaht. Das Kündigungsrecht war auch nicht deshalb entfallen, weil auch der Auftraggeber vertragszerrüttende Handlungen begangen hatte (OLG Dresden, BGH IBR 2006, 1516).

Eine Kündigung aus wichtigem Grund wurde bejaht, als der Architekt die Kostenschät- **469** zung gemäß DIN 276 auch nach mehrfacher Aufforderung nicht erbrachte. Bei dieser Entscheidung ist allerdings zu beachten, dass die Kostenschätzung ausdrücklich als Inhalt der Leistungspflichten des Architekten vereinbart worden war. Zudem konnte der Architekt erkennen, dass die Vorlage der Kostenschätzung für den Auftraggeber wesentliche Bedeutung hatte (OLG Naumburg, BGH IBR 2007, 694). Generell kann das Vorenthalten von Planungsunterlagen einen wichtigen Kündigungsgrund darstellen. Entschieden, als ein Architekt die Zahlung einer Abschlagsrechnung verlangte, ohne durch Vorlage der Unterlagen die Möglichkeit zur Überprüfung seiner Leistung zu verschaffen. Das Gericht sah hierin eine Verletzung der Treue- und Kooperationspflichten (KG IBR 2007, 499). Umgekehrt als treuwidrig wurde eine außerordentliche Kündigung angesehen, als der Bauherr dem Architekten eine Frist zur Fertigstellung der Ausführungsplanung setzte und die Kündigung erst Wochen später, nachdem die Baugenehmigung erteilt worden war, aussprach. Mit Recht sah das Gericht einen Verlust der Warnfunktion der Fristsetzung. Sie wurde in eine freie Kündigung im Sinne des § 649 BGB umgedeutet (OLG Frankfurt, BGH IBR 2007, 500). Allerdings kann nicht jede außerordentliche Kündigung in eine freie Kündigung umgedeutet werden. Entscheidend ist insoweit der exakte Inhalt der Kündigungserklärung/des Kündigungsvorganges. Die Auftraggeberseite sollte deshalb bei Ausspruch einer Kündigung aus wichtigem Grund immer deutlich machen, ob sie hilfsweise von einer ordentlichen Kündigung ausgehen will (BGH IBR 2003, 595 u. IBR 2006, 1184).

d) Minderung

Der Besteller/Auftraggeber kann unter den Voraussetzungen der §§ 634 Nr. 3 2. Alt., **470** 638 BGB die Vergütung des Architekten/Ingenieur mindern. Eine Minderung des Honoraranspruchs ist auch bei unerheblicher Pflichtverletzung des Architekten/Ingenieurs möglich (§ 638 Abs. 1 Satz 2, § 323 Abs. 5 Satz 2 BGB). Die Minderung des Honoraranspruchs setzt eine angemessene Fristsetzung zur Nacherfüllung voraus (OLG Brandenburg, Urt. v. 13.3.2014 – 12 U 136/13 – n. rkr.). Darüber hinaus müssen die Voraussetzungen des Rücktritts vorliegen. Dies folgt daraus, dass gemäß § 638 Abs. 1 BGB der Besteller/Auftraggeber das Minderungsrecht „statt" des Rücktritts ausüben kann. Eine Fristsetzung ist u. a. dann nicht erforderlich, wenn der Auftragnehmer (Architekt/Ingenieur) die Erfüllung ernsthaft und endgültig verweigert (§ 323 Abs. 2 Nr. 1 BGB). Sind auf Seiten des Auftraggebers oder des Architekten/Ingenieurs mehrere Beteiligte vorhanden, so kann die Minderung nur von allen oder gegenüber allen erklärt werden (§ 638 Abs. 2 BGB). Erbringt der Architekt von den ihm in Auftrag gegebenen Leistungen Teile nicht, so greifen insoweit die Regelungen des allgemeinen Leistungsstörungsrechts des BGB bzw. des werkvertraglichen Gewährleistungsrechtes ein. Der Honoraranspruchteil entfällt nur dann, wenn diese Regelungen einen Wegfall oder eine Minderung vorsehen (OLG Frankfurt, BGH BauR 2008, 703). Das Architektenhonorar ist i. d. R. anteilig zu mindern, wenn die nach § 15 a. F. HOAI vorgesehenen Kostenermittlungen nicht zeitgerecht erstellt werden (OLG Hamm NZBau 2006, 584 = BauR 2006, 1766). Im Regelfall hat der Architekt die Arbeitsschritte zu erbringen, die als planerische Vorgaben für den Bauunternehmer erforderlich sind – damit dieser die Planung vertragsgerecht umsetzten kann. Zu prüfen ist dabei insoweit, ob einzelne Grundleistungen als eigenständig geschuldete Teilerfolge (BGH Urt. v. 24.6.2004 – VII ZR 259/02) zu erbringen sind (OLG Brandenburg, Urt. v. 13.3.2014 – 12 U 136/13 – n. rkr.).

471　　Der Berechnung der Minderung sind nicht die tatsächlichen Kosten zur Mängelbeseitigung zugrunde zu legen, sondern das Verhältnis zwischen dem (hypothetisch) mangelfreien und dem tatsächlich mangelhaften Werk. Soweit erforderlich kann die Minderung auch durch Schätzung ermittelt werden (§ 638 Abs. 3 Satz 2 BGB). Bei einem Minderungsrecht des Bestellers (Auftraggebers) – der zuvor bereits eine vollständige Zahlung geleistet hat – kommt es nach § 638 Abs. 4 BGB zu einem eigenständigen Rückerstattungsanspruch. Ein Rückgriff auf Bereicherungsrecht – wie bisher – ist nicht erforderlich. Hinzuweisen ist auf eine Entscheidung de OLG Düsseldorf vom 22.12.2011 (5 U 141/10). Danach ist der Honoraranspruch auch bei mangelhaften Leistungen zunächst in voller Höhe entstanden. Eine automatische Kürzung erfolgt nicht. Der Auftraggeber ist auf seine Möglichkeit eines Zurückbehaltungsrechts oder der Aufrechnung (bzw. Minderung) zu verweisen.

e) Schadensersatz

aa) Grundlegendes

472　　Der Besteller/AG kann nach § 634 Nr. 4 Alt. 1 BGB i. V. m. §§ 636, 280, 281, 283, 311a BGB Schadenersatz verlangen. Die Vorschrift des § 634 Nr. 4 BGB verweist auf das allgemeine Leistungsstörungsrecht des BGB. Die Unterscheidung zwischen Mangelschäden und Mangelfolgeschäden verliert an Bedeutung. Zentraler Haftungstatbestand ist die Verletzung einer „Pflicht aus dem Schuldverhältnis" gem. § 280 Abs. 1 BGB. Hierbei kann es sich um eine Mangelhaftigkeit des geschuldeten Werks oder um eine Verletzung einer sonstigen vertraglichen Pflicht handeln. Die bisher gesetzlich nicht ausdrücklich geregelten Ansprüche aus positiver Forderungsverletzung und culpa in contrahendo sind nunmehr in den Regelungen des BGB enthalten (§ 241 Abs. 2, § 311 Abs. 2 u. 3 BGB). Hinsichtlich der Systematik des Schadensersatzanspruchs ist insofern eine Änderung eingetreten, als der Schadensersatzanspruch nicht mehr unter der Voraussetzung der Fristsetzung mit Ablehnungsandrohung steht. Der zentrale Haftungstatbestand des § 280 Abs. 1 BGB tritt – soweit es die Schäden „neben" der Werkleistung betrifft – unabhängig von einer Fristsetzung neben den Erfüllungsanspruch des Auftraggebers. Der Schadensersatzanspruch im Zusammenhang mit dem Werk selbst erfordert weiterhin zuvor eine Aufforderung zur Nacherfüllung mit Fristsetzung – eine Ablehnungsandrohung ist nicht mehr erforderlich (§ 281 Abs. 1 Satz 1 BGB).

473　　Der Schadensersatzanspruch statt der Leistung fordert gem. § 281 Abs. 1 Satz 1 BGB eine erfolglose Setzung einer angemessenen Frist. Dieser Anspruch wegen nicht oder nicht wie geschuldeter erbrachter (mangelhafter) Leistung ist für den Architekten/Ingenieur im besonderen Maße einschlägig. Seine praktische Bedeutung ist in dem Umstand zu sehen, dass Nacherfüllungsmaßnahmen bei Architekten-/Ingenieurleistungen zwar teilweise durchführbar sind (Pläne können korrigiert werden – nicht dagegen die Objektüberwachung und unterbliebene Hinweispflichten). Dies würde jedoch für den im Bauwerk verkörperten Mangel keine Abhilfe bringen. Minderungs- und Rücktrittsansprüche führen in der Regel ebenfalls nicht zu befriedigenden Ergebnissen. Dies führt in der Praxis dazu, dass vom AG auf den Schadenersatzanspruch statt der Leistung „ausgewichen" wird (hierzu BGH NZBau 2008, 187 = BauR 2007, 2083). Haben sich die Mängel der Planung oder Objektüberwachung bereits im Bauwerk verkörpert, soll der Schadensersatzanspruch gegen den Architekten nicht voraussetzen, dass diesem Gelegenheit gegeben wurde, die Mängel zu beseitigen. Eine Rüge ist deshalb nicht erforderlich (BGH NZBau 2008, 187 = BauR 2007, 2083), dazu, insbes. zu AGB-rechtlichen Regelungen, s. o.

Nach der Rechtsprechung zum bisherigen Schadensersatzanspruch aus § 635 BGB a. F. **474** sollen u. a. folgende Positionen umfasst sein: Rückerstattung des bereits gezahlten Architektenhonorars bzw. Freistellung von Honorarforderungen, Erstattung des Wertunterschieds zwischen mangelhaftem und mangelfreiem Gebäude, Mangelbeseitigungskosten (BGH NJW-RR 1991, 1429 = BauR 1991, 744); Kosten eines Privatgutachtens bei schwierigen technischen Problemen (BGH BauR 2002, 86); entgangener Gewinn, z. B. Miet- oder Verdienstausfall (BGH BauR 1985, 83); Schadensersatz auch für überhöhte Mietminderung, wenn dem Bauherrn kein Mitverschulden vorzuwerfen ist (OLG Hamm IBR 2006, 1436); Kosten eines selbstständigen Beweisverfahrens gegen beteiligten Handwerker (OLG Dresden IBR 2008, 462); vermeidbare Prozesskosten eines Vorprozesses gegen den Bauunternehmer (OLG München, BGH IBR 2006, 569); Überwachung von Mängelbeseitigungsleistungen – „Regiekosten" – werden nur nach Maßgabe der HOAI erstattet (OLG Celle IBR 2007, 260).

Immer sind die Umstände des Einzelfalles zu berücksichtigen. Dabei muss sich die **475** Pflicht zum Schadensersatz nicht auf die tatsächlich beschädigten Bauteile beschränken. Auch kann der Architekt vom Auftraggeber im Wege der Schadensminderungspflicht nicht verlangen, dass nur bestimmte Sanierungsmaßnahmen ergriffen werden. Allerdings muss er sich Nutzungsvorteile (Neu für Alt – verlängerte Nutzungsdauer) anrechnen lassen (OLG Dresden, BGH BauR 2007, 726). Regelmäßig ist zu differenzieren, ob der Gläubiger den sog. „kleinen Schadensersatz" oder den sog. „großen Schadensersatz" geltend machen will:

- Im Falle des „großen Schadensersatzes" erhält der Gläubiger Schadensersatz für die gesamte Leistung. Bereits erbrachte Leistungsteile werden zurückgewährt. Der Gläubiger erhält daher – entsprechend der neuen Terminologie – „Schadensersatz statt der ganzen Leistung".
- Beim „kleinen Schadensersatz" behält der Gläubiger bereits erbrachte Teilleistungen. Er erhält Schadensersatz nur für den noch nicht erbrachten Teil (Wirth/Sienz/Englert/Schalk § 281 Rn. 5).

Die Geltendmachung des großen Schadensersatzes ist gegenüber dem kleinen Schadens- **476** ersatz gem. § 281 Abs. 1 BGB an weitergehende Voraussetzungen geknüpft. Nach § 281 Abs. 1 Satz 2 BGB kann der Gläubiger, der bereits eine Teilleistung erhalten hat, Schadensersatz statt der ganzen Leistung nur dann verlangen, wenn er an der Teilleistung kein Interesse hat. Im Falle des Vorliegens einer nicht ordnungsgemäßen Leistung („nicht wie geschuldet"), ist die Geltendmachung eines Schadensersatzes statt der ganzen Leistung davon abhängig, ob eine nicht unerhebliche Pflichtverletzung vorliegt. § 281 Abs. 1 BGB differenziert danach, ob eine Teilleistung erbracht wurde oder ob eine „nicht wie geschuldet" bewirkte Leistung vorliegt. Entscheidend ist, ob der Schuldner eine an sich mangelfreie Teilleistung erbracht hat. Ist dies der Fall, ist die Geltendmachung des großen Schadensersatzes nur dann möglich, wenn der Gläubiger an der Teilleistung kein Interesse hat (§ 281 Abs. 1 Satz 2 BGB). Der „kleine Schadensersatz" ist somit bei Vorliegen einer an sich geeigneten Leistung der vom Gesetz vorgesehene Regelfall (Wirth/Sienz/Englert/Sienz, Teil 1 Rn. 124 BGB).

477 Anders im Falle der „nicht wie geschuldet" erbrachten Leistung (es liegt auch keine mangelfreie Teilleistung vor). Hier ist der große Schadensersatz der gesetzlich vorgesehene Regelfall (Wirth/Sienz/Englert/Sienz, Teil 1 Rn. 124). Der Gläubiger kann gem. § 281 Abs. 1 Satz 3 BGB den Schadensersatz statt der ganzen Leistung nur dann nicht verlangen, wenn die Pflichtverletzung unerheblich ist. Dieser Tatbestand stellt somit die gesetzlich formulierte Ausnahme dar. Fraglich ist jedoch, ob der Gläubiger im Falle der unerheblichen Pflichtverletzung statt des großen Schadensersatzes auf den kleinen Schadensersatz ausweichen kann. Denkbar wäre, dass er im Falle der unerheblichen Pflichtverletzung zumindest teilweise Schadensersatz statt der Leistung geltend machen kann (ablehn. Sienz in Wirth/Sienz/Englert/Sienz, Teil 1 Rn. 124). Fraglich ist auch, ob der Architekt gegenüber einem Schadensersatzanspruch den Einwand der Unverhältnismäßigkeit i. Sinne des § 251 Abs. 2 BGB erheben kann. Den bauausführenden Unternehmer wird dieses Recht über § 635 Abs. 3 BGB in Ausnahmefällen eingeräumt, allerdings nur dann, wenn nicht ein objektiv berechtigtes Interesse an einer ordnungsgemäßen Nacherfüllung besteht (OLG Karlsruhe, Urt. v. 27.9.2011 – 8 U 97/09). Hierzu wird eingewandt, das die Einrede der Unverhältnismäßigkeit nur den Mängelbeseitigungsaufwand betreffe, nicht aber den beim Architekten in Rede stehenden nahen Mangelfolgeschaden (OLG Celle, BGH NZB. z. IBR 2913, 421).

478 Im Schadensersatzbereich ist nicht nur bzgl. der Haftung der Bauunternehmer, sondern auch im Bereich der Architekten/Ingenieure immer wieder auf den Grundsatz zu verweisen, dass eine Haftung oder ein Schaden auch ohne Erkennbarwerden eines Mangels gegeben sein kann. Der Grund hierfür liegt darin, dass allein die Gefahr, dass Schäden eher auftreten können als bei einer vollständig ordnungsgemäßen Leistung, schon zu einem Minderwert der Leistung führt. Beispielsweise ist der Bauherr/Auftraggeber im Fall einer Veräußerung gehalten, Entsprechendes einem Erwerber mitzuteilen. Dies wird sicherlich zu einer Herabsetzung des Kaufpreises führen. Entschieden wurde in diesem Zusammenhang, dass eine nicht DIN-gerechte Bodenplatte bereits dann als mangelhaft einzustufen ist und zu Schadensersatzansprüchen führt, wenn der Mangel noch nicht zu Feuchtigkeitseintritten geführt hat (OLG Köln IBR 2003, 615; ebenso OLG Celle IBR 2007, 260). Auch ist eine Planung nicht erst dann mangelhaft, wenn sie die Verwendung brennbarer Werkstoffe vorsieht. Ausreichend ist bereits, wenn nur die Gefahr einer unzulässigen Ausführung besteht (OLG Frankfurt IBR 2008, 279).

In vielen Fällen besteht zwischen Architekt und Bauunternehmer bezüglich aufgetretener Baumängel ein Gesamtschuldnerverhältnis. Beide haften für alles. Wendet sich der Bauherr zunächst an den Architekten, erhält er von diesem Schadensersatz, der Bauunternehmer verliert seine Nacherfüllungsmöglichkeit. Wendet sich der Bauherr allerdings zuerst an dem Bauunternehmer und bessert dieser nach oder einigt sich mit dem Bauherrn anderweitig, verbunden mit der Absprache der Erledigung sämtlicher Ansprüche, sind die Forderungen der Bauherrschaft als erfüllt anzusehen, auch die gegenüber dem Architekten. Dieser muss keinen Schadensersatz (mehr) zahlen (OLG Düsseldorf, Urt. v. 16.3.2013 – 23 U 124/11).

bb) Einzelentscheidungen

479 Abgelehnt wurde eine Schadensersatzpflicht des Architekten, als sich ein Objekt nicht zu dem vom Auftraggeber kalkulierten Preis veräußern ließ und dieser die Einbußen auf eine mangelhafte Architektenleistung zurückgeführt hat. Nach dem Gericht war es dem Auftraggeber nicht gelungen die Kausalität zwischen Mängeln und Einbußen zu belegen bzw. zu beweisen (OLG Karlsruhe IBR 2012, 334). Empfiehlt der Architekt seinem Auftraggeber eine bestimmte Holzart, die besonders pflegeintensiv und deshalb für die konkrete Verwendung nicht wirklich geeignet ist, muss er auf diesen Umstand hinweisen, andernfalls haftet er für die Mangelbeseitigungskosten (OLG Koblenz IBR 2011, 472). Zur mangelfreien Beratung und Planung von Brandschutzeinrichtungen gehört auch die Berücksichtigung der Wirtschaftlichkeit (OLG Frankfurt IBR 2011, 346, NZB zurückgewiesen). Aus der Überschreitung eines vereinbarten Kostenrahmens folgt die Haftung wie bei Überschreitung eines vertraglich vereinbarten Kostenlimits (OLG Celle IBR 2009, 217). Auch

der nur mit den Leistungsphasen 5–9 beauftragte Architekt muss die Ergebnisse der anderweitigen Planung zu den Leistungsphasen 3 und 4 so durcharbeiten, dass eine ausführungsreife Lösung möglich wird (OLG Köln IBR 2012, 155). Regelmäßig haftet der Architekt für einen unzutreffenden Bautenstandsbericht (mit Wegfall seines Versicherungsschutzes, da es sich um eine bewusste Pflichtwidrigkeit handelt, OLG Dresden IBR 2012, 610). Ausnahmsweise wurde eine Haftung abgelehnt, als der Auftraggeber durch voreilige, über die Feststellung im Bautenstandsbericht hinausgehende Zahlungen geleistet hat. Vom Architekten wurde insoweit vor Gericht eingewandt, dass es an der Kausalität seiner Fehlleistung für den Schaden gemangelt habe. Dies wurde zu Recht in Frage gestellt, da nicht zwischen dem Teil der Zahlung, der über den fehlerhaft festgestellten Bautenstand hinausging und demjenigen, der dem festgestellten Bautenstandsbericht entsprach, unterschieden wurde (OLG Dresden, BGH IBR 2006, 280 – Laux). Zutreffend wurde entschieden, dass der Architekt nicht haftet, wenn er wegen Mängel der Bauleistung zum Einbehalten von Abschlagsforderungen rät, der Bauherr gleichwohl vollständige Zahlungen leistet (OLG Brandenburg IBR 2006, 281). Überprüft der Architekt bei der Errichtung eines Flachdaches nicht die Verbindungen zwischen der Dachkonstruktion und den darunter befindlichen Betonsäulen, haftet er bei Einsturz des Daches für dadurch entstandene Schäden (OLG Oldenburg, BGH IBR 2008, 584). Weist der Architekt auf starken Schwammbefall hin und darauf, dass das tatsächliche Ausmaß ohne Beauftragung eines Sachverständigen nicht festgestellt werden kann, genügt er seiner Hinweispflicht (OLG Brandenburg NZBau 2008, 587). Ein Tragwerksplaner schuldet nicht allein die Standsicherheit eines Betonbauwerkes. Zusätzlich muss er alle Belange berücksichtigen, um die Entstehung von Rissen zu verhindern – bspw. durch die Anordnung von Dehnungsfugen (OLG München, BGH IBR 2005, 32).

Im Vergabebereich unterliegt der Architekt der Haftung, wenn er dafür verantwortlich ist, dass ein Angebot mit offenkundiger Mischkalkulation bei der Wertung nicht ausgeschlossen wird (ein Bieter, der entsprechendes bei seiner Preisgestaltung nutzt, gilt als unzuverlässig). Die Haftung des Architekten ist in der Höhe zu sehen, in der der nächstfolgende Bieter günstiger abgerechnet hätte (OLG Nürnberg IBR 2008, 103).

f) Anspruch des Auftraggebers auf Herausgabe von Planungsunterlagen

In der Praxis stellt sich die Frage, ob der Architekt/Ingenieur die Herausgabe von Planungsunterlagen verweigern kann. Beim Herausgabeanspruch handelt es sich weder um einen „Mangelanspruch im eigentlichen Sinne", noch um einen Schadensersatzanspruch. Dennoch steht das Herausgabeverlangen des Auftraggebers oftmals in engem Zusammenhang mit der Geltendmachung entsprechender Ansprüche. Entschieden wurde vom OLG Hamm der Fall, bei dem der Auftraggeber vom Architekten Herausgabe von Planungsunterlagen im Wege eines einstweiligen Verfügungsverfahrens durchgesetzt hatte. Vorausgegangen war die Kündigung des Architektenvertrages. In diesem Zusammenhang stand auch das Recht des Architekten auf Zurückbehaltung der Pläne zur Diskussion. Das OLG führte hierzu aus, dass der planende Architekt im Hinblick auf erstellte Baupläne und sonstige Unterlagen vorleistungspflichtig sei. Er könne sich weder auf ein Zurückbehaltungsrecht, noch wegen offenstehender Honoraransprüche auf ein sonstiges Leistungsverweigerungsrecht berufen (OLG Hamm BauR 2000, 295). **480**

g) Haftung ohne Beauftragung

Der Architekt/Ingenieur wird auch dann haften, wenn er ohne ausdrücklich beauftragt zu sein „faktische" Planungsleistungen erbringt, entschieden, als ein Tragwerksplaner ohne Auftrag den Baugrubenverbau mitgeplant hat (OLG Stuttgart, Urt. v. 6.9.2012 – 2 U 3/12, BGH NZB. z. VII ZR 259/12). Man spricht in diesem Zusammenhang auch von Tätigwerden aus Gefälligkeit (BGH, BB 1996, 716). Die Gefälligkeit muss sich hierbei nicht zwangsläufig auf die gesamte Architektenleistung beziehen. Oftmals ist es so, dass der Architekt – obwohl er nur mit bestimmten Teilleistungen beauftragt wurde – andere weitergehende Leistungen „miterledigt". So kann ein Architekt, der nur mit der Planung beauftragt ist und gleichwohl Objektüberwachungsaufgaben wahrnimmt, wegen Fehlern bei der **481**

Objektüberwachung haften. In diesem Zusammenhang wird auch der Begriff des „faktischen Bauleiters" verwendet (s. Wirth/Theis, Architekt und Bauherr S. 267).

482   Einer Entscheidung des BGH aus dem Jahre 1996 (BGH BB 1996, 716) lag eine derartige Fallgestaltung zugrunde. Ein Architekt war nur mit der Planung beauftragt. Gleichwohl besuchte er die Baustelle auch während der Bauausführung. Auf Fragen des Auftraggebers/Bauherrn gab er ihm unzutreffende Auskünfte hinsichtlich der Verantwortlichkeit für bei den Handwerkerarbeiten aufgetretene Ausführungsmängel. Der Bauherr verließ sich hierauf und führte einen erfolglosen Rechtsstreit gegen den vom Architekten benannten Verantwortlichen. Schließlich forderte er vom Architekten Ersatz der ihm entstandenen Prozesskosten. Der Architekt berief sich darauf, die Beratung nur „gefälligkeitshalber" vorgenommen zu haben. Der BGH hat den Architekten gleichwohl zur Haftung verurteilt. Er betont dabei, dass ein Vertragspartner der von ihm eigentlich nicht geschuldete Aufgaben übernimmt, für dabei entstehende Schäden haftet (BGH BB 1996, 716). In entsprechender Weise hat sich auch das OLG Celle für eine Haftung des Architekten ausgesprochen. Danach haftet der Architekt für gefälligkeitshalber übernommene Überwachungsaufgaben wie ein vertraglich beauftragter Objektüberwacher. Dies folge aus der überragenden wirtschaftlichen Bedeutung einer sorgfältigen Bauüberwachung (OLG Celle, BGH BauR 2002, 1427).

483   Schwierigkeiten entstehen auch dann, wenn sich der Architekt gegenüber der Bauordnungsbehörde „nur formell" als Bauleiter ausgibt – diese Funktion gemäß Absprache mit dem Bauherrn tatsächlich jedoch nicht ausübt. Wird der Architekt in diesen Fällen von seinem Auftraggeber in Anspruch genommen, so hat er zu beweisen, dass er von den Pflichten der Bauleitung befreit war. Darüber hinaus hat der Architekt Konsequenzen von Seiten der Kammer sowie von den zuständigen Behörden zu befürchten. Auch gerät er durch eine entsprechende Bauleitererklärung in den Haftungsbereich gegenüber Dritten. Die Tatsache, dass er gegenüber der Bauordnungsbehörde die Übernahme der Bauleiterfunktion erklärt hat, zieht entsprechende Pflichten nach sich. Wenn der Architekt entsprechende Erklärungen abgibt, muss er sich auch daran festhalten lassen.

h) Haftungsbefreiungen

484   Eine Haftungsbefreiung kann dem Architekten in den Fällen zu Gute kommen, in denen er zwar eine fehlerhafte Planung gefertigt hat, diese aber im Rahmen der tatsächlichen Bauausführung in weiten Teilen nicht mehr genutzt wird. Entschieden wurde der Fall, als der nachfolgende Architekt erkennbare Umplanungen durchführt, jedoch ungeprüft aus der ersten Planung ein Verstoß gegen die Abstandsflächen in seine Genehmigungsplanung übernimmt. Nicht entschieden wurde allerdings die Frage, ob dem Bauherrn nicht zumindest ein Minderungsrecht bzgl. der teilweise fehlerhaften ersten Planung zustand (OLG Köln, BGH IBR 2006, 568). Vorsicht geboten ist selbst bei individuell im Architektenvertrag vereinbarten Haftungsausschlüssen für Eigenleistungen des Bauherrn. Ein solcher hilft dem Architekten zunächst nicht für Leistungen gewerblicher Unternehmen, auch wenn diese nicht in die Handwerksrolle eingetragen sind und vom Bauherrn als Eigenleistung bezeichnet werden („seine Helfer"). Ein solcher individuell ausgehandelter Haftungsausschuss hilft ebenfalls nicht, wenn der Architekt wesentliche Vertragspflichten – Kardinalpflichten verletzt (Pflichten, die die ordnungsgemäße Durchführung des Vertrages erst ermöglichen – bei deren Nichterreichung der Vertragszweck gefährdet ist). In Allgemeinen Geschäftsbedingungen dürften entsprechende Haftungseinschränkungen generell unwirksam sein (BGHZ 164, 11 = BGH NJW-RR 2005, 1496; OLG Celle NZBau 2006, 651).

i) Haftung aus unterlassener Schlussbegehung und fehlerhafter Beratung

485   Sofern der Architekt den Bauherrn nicht auf den drohenden Ablauf von Verjährungsfristen hinweist, kann dies ebenfalls Haftungstatbestände auslösen. Entsprechendes hat das OLG Hamm entschieden (OLG Hamm NJW-RR 1995, 400). Im entschiedenen Fall zeigten sich vor Ablauf der Gewährleistungsfrist Mängel am Innenputz. Der vom Bauherr hinzugezogene Architekt besichtigte zwar den Schaden, wies jedoch nicht auf den anstehenden Ablauf der für das Werk geltenden Gewährleistungszeit hin. Das OLG Hamm hat den Architekten wegen der fehlenden Information zur Haftung verurteilt.

Hiervon zu unterscheiden ist die Haftung des Architekten/Ingenieurs in Bezug auf **486** Hinweispflichten – ohne dass der Bauherr den Architekten im Hinblick auf bestimmte aufgetretene Mängel an die Baustelle holt. Diese Pflichten des Architekten/Ingenieurs wären – will man zumindest die zeitliche Abfolge der Leistungsphasen des § 34 HOAI heranziehen – der dortigen Phase 9 zuzuordnen. Angesprochen ist die Pflicht des Architekten/ Ingenieurs, vor Ablauf der Verjährungsfristen der Mängelansprüche des Bauherren gegenüber den einzelnen Handwerkern von sich aus eine „Schlussbegehung" durchzuführen. Diese Begehung muss das Ziel haben, vor Ablauf entsprechender Fristen noch einmal einen Blick auf die verschiedenen Werkleistungen zu werfen und dem Bauherrn ggf. zu raten, verjährungshemmende Maßnahmen zu ergreifen. Hierzu ist der Architekten/Ingenieur „von sich aus" verpflichtet. Unterlässt er dies und ist gewisse Zeit später – nach Ablauf der Verjährungsfristen gegenüber den Handwerkern – belegbar, dass bei einer entsprechenden Begehung eine Hemmung der Fristen hätte herbeigeführt werden können, wird der Architekt/Ingenieur aufgrund unterlassener Hinweispflichten haften (s. auch unten).

3. Haftungsbereiche

Im Rahmen der Haftung ist zwischen Planungsfehlern, Fehlern bei der Objektüberwa- **487** chung, von Fehlern im Bereich der Bausummenüberschreitung und der Verletzung von Sachwalterpflichten, insbesondere der Verletzung von Informations-, Nachfrage-, und Hinweispflichten, zu unterscheiden.

a) Planungsfehler

Bei der Beurteilung von Planungsfehlern ist zu klären, ob der Architekt eine „Ideallö- **488** sung" erbringen muss. Dies wird man nicht fordern können. Insbesondere muss er auch nicht die Zukunft voraus sehen (keine Erkennbarkeit Mitte der 90-er Jahre, dass die damals geplanten Doppelparker den heute sehr gebräuchlichen SUV nicht gerecht werden, OLG Braunschweig, BGH NZB. z. IBR 2012, 462). Entsprechendes ergibt sich auch nicht aus der als „Optimierungsurteil" bezeichneten Entscheidung des BGH (BGH NJW 1998, 1064 = BauR 1998, 354). Zu beachten sind jedoch stets die Vorgaben des Bauherrn. Wird von diesen abgewichen, wird dies regelmäßig zu einer mangelhaften Planung führen. Zwar ist dem Architekten in gewissem Maße ein planerisches Ermessen zuzugestehen (OLG Köln, BGH IBR 2001, 501). Dies darf jedoch nicht dazu führen, dass seine Verpflichtung, ein nach den Vorgaben des Bauherrn zu erstellendes Werk zu erbringen, ausgehöhlt wird. Die Vorgaben des Bauherrn sind für den Architekten verbindlich. Dies gilt auch dann, wenn sie erst im Laufe des Planungsprozesses gegeben werden (BGH NJW 1998, 1064 = BauR 1998, 354 – wobei es hier um eine Mangelbeseitigung an der Architektenleistung gehandelt hat).

Von zentraler Bedeutung ist die Genehmigungsfähigkeit der Planung aufgrund bauord- **489** nungsrechtlicher Bestimmungen. Der Architekt schuldet eine dauerhaft genehmigungsfähige Planung. Er muss entsprechende Kenntnisse im Bauplanungs- und Bauordnungsrecht aufweisen, um die Genehmigungsfähigkeit der Planung herbeiführen bzw. einschätzen zu können. Steht die Genehmigungsfähigkeit in Frage, muss er den Auftraggeber hierüber in Kenntnis setzen und entsprechend belehren. Geht er nicht entsprechend vor und stellt sich später die mangelnde Genehmigungsfähigkeit der Planung heraus, wird dies die Haftung des Architekten zur Folge haben. Gleiches gilt, wenn eine rechtswidrig erteilte Baugenehmigung zurückgenommen wird. Der Architekt/Ingenieur hat in diesen Fällen seinen werkvertraglich geschuldeten Erfolg – die dauerhaft genehmigungsfähige Planung – nicht erbracht (BGH NZBau 2003, 38; OLG Celle NZBau 2008, 328 u. Spiegels NZBau 2007, 270). Ausnahmsweise keine Haftung wurde angenommen, als der zweite Architekt Planungsleistungen des ersten Architekten ohne Hinweise auf die Risiken der Bebauung im Bereich des § 34 BauGB übernahm, weil diese für den Besteller erkennbar waren (OLG München, BGH BauR 2008, 1335). Das OLG Köln sieht eine eigene Prüfungspflicht des nur mit den Leistungsphasen 5–9 beauftragten Architekten auch hinsichtlich der Leistungsphasen 3 und 4 (OLG Köln IBR 2012, 155).

490   Ausreichend für die dauerhafte Genehmigungsfähigkeit ist z. B. nicht eine behördliche Duldung. Dies mit dem Argument, dass es der Behörde für die Zukunft nicht verwehrt sei, diese Rechtsposition zu ändern (OLG Düsseldorf NZBau 2005, 702). Aus diesem Grunde müssen Architekten in diesem Bereich über vertragliche Haftungsbeschränkungen nachdenken. So soll es in einem Architektenvertrag zulässig sein, dass dieser zwar die baurechtliche Genehmigungsfähigkeit schuldet, nicht aber weitere öffentlich rechtliche Genehmigungen, Erlaubnisse oder sonstige Bescheinigungen – etwa naturschutz- oder wasserrechtliche Bescheide (OLG Stuttgart NZBau 2007, 319). Das KG geht in diesem Zusammenhang dagegen davon aus, dass der Architekt „klüger" sein müsse, als die mit der Prüfung des Bauantrages befassten Behördenmitarbeiter (hierzu Troidl BauR 2007, 12). Allerdings müsse er nicht für Abgrenzungsfragen i. S. d. § 35 BauGB einstehen (erteilt war ein Bauvorbescheid für eine Bebauung im Außenbereich, dieser wurde nachträglich zurückgenommen, da in einem Landschaftsschutzgebiet ein eigenständiges Verfahren gemäß § 72 Abs. 1 Bbg-NatSchG erforderlich war, KG NZBau 2007, 316). Die Grenze der Haftung im Bauplanungs- u. Bauordnungsrecht hat das OLG München aufgezeigt. Danach ist der Gebäudeplaner nicht verpflichtet, sich über den Höhenverlauf einer noch in Planung befindlichen Erschließungsstraße zu erkundigen (OLG München IBR 2007, 145).

491   Die Haftung des Architekten entfällt auch dann nicht, wenn er lediglich aus Gefälligkeit die Erstellung des Baugenehmigungsantrages und die Durchführung der Bewehrungsabnahme durchführt. Entschieden für den Fall, dass der Bauherr das Haus überwiegend in Eigenleistung erstellte (OLG Köln, BGH BauR 2008, 861). Insoweit wird der Architekt im Haftungsverbund verbleiben, auch wenn Dritte das Haus erstellen. Dies insbesondere gegenüber Dritten. Es ist auch davon auszugehen, dass er aufgrund seines Verhaltens seinen Versicherungsschutz verlieren kann. Wie detailliert eine Ausführungsplanung sein muss, hängt von den Umständen des Einzelfalls ab. Sind Details der Ausführung besonders schadensträchtig, müssen diese u. U. im Einzelnen geplant und dem Unternehmer in einer jedes Risiko ausschließenden Weise verdeutlicht werden (OLG Celle BauR 2007, 1602). Im Rahmen der von ihm durchgeführten Genehmigungsplanung muss der Architekt die Grundwasserverhältnisse berücksichtigen und seine Planung hieran ausrichten. Nach dem OLG Koblenz muss der Architekt den Bauherrn, nachdem dieser auf einen Hinweis zur Einholung eines Bodengutachtens nicht reagiert hat, zusätzlich auf die Risiken der Grundwassergefährdung und die möglichen Schäden hinweisen (OLG Koblenz IBR 2006, 573). Dies wird allerdings nicht ausreichend sein. Auch bei erteilten Hinweisen wird der Architekt in seiner Planungshaftung verbleiben. Führt er das Objekt weiter, handelt er bewusst pflichtwidrig und wird seinen Versicherungsschutz verlieren. Er wird deshalb im Zweifel dieses Objekt nicht durchführen dürfen. Man wird soweit gehen können vom Planer zu verlangen, dass er bereits im Rahmen der Grundlagenermittlung/Vorplanung die Boden- und Wasserverhältnisse zu berücksichtigen hat – bspw. im Rahmen des Straßenbaus die Wasserdurchlässigkeit des Unterbaus zu berücksichtigen (OLG Cell, BGH Beschl. v. 20.3.2014 – VII ZR 80/12 NZB. z.).

492   Vor Beginn seiner Planung muss sich der Architekt über den tatsächlichen Verlauf der Grundstücksgrenzen informieren. Andernfalls begeht er eine objektive Pflichtverletzung im Sinne des § 280 BGB (Verletzung einer Kardinalpflicht mit der Folge einer Schadensersatzverpflichtung auf Beseitigungs- oder Rentenzahlungsverpflichtung der betroffenen Nachbarn, LG Regensburg IBR 2007, 1269). Bereits beim Stellen einer Bauvoranfrage muss der Architekt nicht nur darauf achten, dass das Baurecht an sich erteilt wird, sondern dass die beabsichtigte Bebauung bereits zu diesem Zeitpunkt ausreichend berücksichtigt wird. Der Architekt geriet in die Haftung, als er beim Stellen der Bauvoranfrage die spätere Lage von 22 Reihenhäusern nicht ausreichend berücksichtigte. Aus diesem Grunde war die Wirtschaftlichkeit des Projektes gefährdet (OLG Düsseldorf, BGH IBR 2008, 400). Ebenso ist die Planung einer Regenwasserkanalisation nicht bereits deshalb als mangelfrei einzustufen, weil sie vom Grunde her machbar ist. Wie in der vorigen Entscheidung musste der Architekt auch in diesem Fall Schadensersatz leisten, weil er im Zuge seiner Grundlagenermittlung und Vorplanung übersehen hatte, vorhandene Systeme in die Planung einzubeziehen. Allein die Machbarkeit der eigenen Planung führte deshalb nicht zur Mangelfreiheit (OLG Naumburg IBR 2006, 627).

Wird der Architekt als Werkunternehmer beauftragt neue Lösungen für ein technisches **493** Problem zu entwickeln und misslingt sein erster Konstruktionsentwurf, muss ihm der Auftraggeber die Chance zur Nacherfüllung geben (BGH IBR 2006, 507). Im Regelfall verpflichtet sich der Architekt/Ingenieur im Rahmen seines Vertrages, bei seiner Planung alle geltenden Vorschriften zu beachten. Hierzu zählt auch die Arbeitsstättenverordnung. Diese kommt ins Spiel, wenn der Auftraggeber des Architekten die geplanten und gebauten Räume später vermietet und von Mieterseite eine Aufheizung der Mieträume von über 26° C als Mangel gerügt wird. In diesen Fällen wird der Vermieter/Bauherr/Auftraggeber regelmäßig versuchen, beim Architekten Regress zu nehmen. Der Architekt/Ingenieur ist deshalb gehalten, im Rahmen seiner Planung mit dem Bauherrn zu klären, für welche Zwecke und unter welchen Umständen die Räume genutzt werden sollen. Gegebenenfalls bestehen Hinweispflichten bzgl. des zusätzlichen Einbaus einer Klimaanlage („26° C-Rechtsprechung" des OLG Hamm NJW-RR 1995, 143, OLG Rostock NJW-RR 2001, 802 u. OLG Naumburg NJW-RR 2004, 299 – a.A. OLG Frankfurt IMR 2007, 219). Dabei darf nicht übersehen werden, dass die zitierten Entscheidungen aus dem Bereich des Mietrechts stammen. Hintergrund sind die Beschwerden/Mietminderungen von Mietern gegenüber den Vermietern/Eigentümern, weil die bei nicht voll klimatisierten Gebäuden auftretenden Wärmelasten den Arbeitsprozess behindern. In der Folge versuchen Eigentümer/Vermieter bei Architekten/Bauunternehmern Rückgriff zu nehmen. Frage ist insoweit, ob die Wärmelasten Folge eines Baumangels sind. Dabei sind neben der zitierten Arbeitsstättenverordnung die Arbeitsstättenrichtlinien, die EnEV 2009/2014, die DIN 4108-2 bzw. die dort genannten Sonneneintragskennwerte zu beachten.

Vor diesem Hintergrund muss der Ingenieur als Sonderfachmann für den Wärmeschutz **494** Vorschläge zur Gestaltung des sommerlichen Wärmeschutzes unterbreiten. Dabei müssen seine Leistungen die Vorgaben der EnEV und den Stand der Technik dahingehend berücksichtigen, dass diese unter realistischen Nutzungsbedingungen eingehalten werden können. Er kann insoweit nicht von einer durchgehenden, auch nächtlichen Querlüftung ausgehen (OLG Celle IBR 2007, 572). Nicht schuldet der Bauherr dem planenden Architekten eine prüfungsrechtliche Überwachung von dessen Planung – entschieden, als der Architekt eine Detailplanung für die Sockelabdichtung an der Sohlplatte erbracht hatte und dies von den die Bauaufsicht führenden Personen der öffentlichen Hand nicht gerügt wurde. Diesbezüglich wurde ein Mitverschulden abgelehnt (OLG Schleswig IBR 2007, 628).

Kein Schadensersatzanspruch gegen den Architekten besteht in Höhe der sog. Sowieso- **495** Kosten. Dies ergibt sich aus den Grundlagen des Schadensersatzrechtes des BGB. Danach muss der Geschädigte auch bei vertragswidrigem Verhalten des Planers durch den Schadensersatz „nur" so gestellt werden, wie er von vornherein bei einer „richtigen Planung" gestanden hätte. Bei der Schadensersatzberechnung sind deshalb „Sowieso-Kosten" zu berücksichtigen. Als Voraussetzung hierfür muss allerdings in jedem Einzelfall der konkrete ursprüngliche geschuldete Leistungsumfang ermittelt werden. Wurde global-pauschal ein bestimmter Erfolg zu einem festgelegten Preis vereinbart, sind keine „Sowieso-Kosten" zu berücksichtigen, wenn der Erfolg nur mit aufwendigeren Leistungen erreicht werden kann (OLG Dresden IBR 2012, 337 u. BGH, OLG Dresden IBR 2007, 189).

Im Regelfall sind Architekt/Ingenieur verpflichtet, vom Bauherrn übergebene Anla- **496** gen auf ihre Nutzbarkeit/Wirtschaftlichkeit für das geplante Objekt zu überprüfen. Entgegenstehendes soll ausnahmsweise dann gelten, wenn dem Bauherrn die Konsequenzen seiner Vorgaben bewusst sind (OLG Frankfurt, BGH BauR 2008, 553). Ein Statiker darf in einem Boardinghouse keine Unterzüge planen, deren Unterseiten fast bis zur Türhöhe reichen. Anderes wäre denkbar, wenn diesbzgl. technische Notwendigkeiten bestanden hätten und dies mit dem Bauherrn abgeklärt worden wäre (OLG Hamm IBR 2007, 263). Der Tragwerksplaner muss die Haftzugfestigkeit des Betons prüfen, bevor er dem Bauherrn den Einbau von CFK-Lamellen empfiehlt. Das Unterbreiten eines entsprechenden Vorschlages ohne Prüfung der Zugfestigkeit des Betons, stellt eine mangelhafte Planungsleistung dar (OLG Dresden IBR 2006, 628).

Die erhebliche Unterschreitung einer vereinbarten Wohnfläche kann ebenfalls einen Pla- **497** nungsfehler darstellen (vgl. OLG Hamm BauR 1993, 729). Gleiches gilt, sofern im Rahmen der Architektenplanung gegen anerkannte Regeln der Technik verstoßen wird. Etwas anderes wurde entschieden, als die Abweichung trotz einer entsprechenden Belehrung durch den Architekten/Ingenieur vom Auftraggeber ausdrücklich gewünscht wurde. Eine Grenze ist jedoch auch in diesen Fällen dort zu ziehen, wo aus der Abweichung von den anerkannten Regeln der Technik eine Gefährdung (beispielsweise für Dritte) resultieren kann. Sofern im Rahmen der Planung gegen die anerkannten Regeln der Technik verstoßen wird, kann dies sogar zur Annahme eines grob fahrlässigen Planungsfehlers führen. Dies wurde entschieden, als der Architekt bei der Planung einer Innentreppe in mehrfacher Weise gegen die Regeln der Technik – insbesondere gegen die DIN 18065 – verstoßen hatte (OLG München IBR 2001, 499).

498   Altbausanierungen sind deshalb in der Praxis problematisch, weil nicht immer deutlich wird, ob das gesamte Objekt oder nur Teile (welche?) davon dahingehend saniert werden sollen, dass sie bei Nutzungsbeginn den aktuellen Regeln der Technik entsprechen müssen. Dies muss auch der Architekt in seiner Planung berücksichtigen. Soll beispielsweise der Souterrainbereich erstmalig zu Wohnzwecken genutzt werden, ist eine Überprüfung der Gebäudeabdichtung notwendig. Ggf. ist die Einholung eines Baugrundgutachtens erforderlich. Der Architekt kann dabei nicht auf gleichlautende Versäumnisse des Bauherrn oder des Bauunternehmers verweisen (OLG Düsseldorf IBR 2004, 704 u. OLG Hamburg IBR 2000, 598; a. A. KG IBR 2007, 1125).Die Baugrunduntersuchung kann eine Hauptleistungspflicht des Architekten im Rahmen der Grundlagenermittlung sein (OLG Rostock IBR 2012, 273).

499   Missachtet der Architekt die Anforderungen des Brandschutzes bei der Auswahl und der Beschreibung der zur Verfügung stehenden Baustoffe, liegt ein Planungsfehler vor. Insbesondere dann, wenn aufgrund seiner Ausschreibung mehrere Möglichkeiten der Ausführung möglich sind, muss er diese konkretisieren. Auf eine Zulassung eines Baustoffes im Einzelfall darf er nicht vertrauen (OLG Frankfurt IBR 2008, 279). Ein Architekt, der allein mit der Genehmigungsplanung und der Statik beauftragt ist, muss erkennen, dass die ihm gegebenen Informationen (Planungsleistungen) nicht ausreichend sind. So muss er sehen, dass ein Schutz gegen drückendes Grundwasser einzuplanen ist. Von seiner sich hieraus ergebenden Haftung kann er sich nicht durch einen einseitigen formularmäßigen Hinweis dergestalt freizeichnen, dass die Baugrundannahmen vor Baubeginn vom ausführenden Unternehmer und der Bauleitung zu überprüfen seien (BGH IBR 2008, 164). Der Architekt haftet insoweit auch für seinerseits erfolgte unzureichende Vorgaben an den Bodengutachter. Dabei sind die geplante Gründungstiefe der Baugrube sowie die Notwendigkeit der Errichtung von Maschinenfundamenten zu beachten. Geschieht dies nicht, besteht die Gefahr, dass dem Planer eine bewusste Pflichtwidrigkeit vorgeworfen wird (OLG Koblenz m. Anm. Krause-Allenstein IBR 2008, 399).

500   Im Bereich des Schallschutzes wird in der Praxis regelmäßig auf die DIN 4109 mit ihrem Beiblatt 2 in der Fassung des Jahres 1989 verwiesen. Darin wird unterschieden zwischen einem Mindest- und einen erhöhten Schallschutz. Immer wieder geht die Auftragnehmerseite davon aus, dass bei „bloßer Bezugnahme auf die DIN 4109" kein erhöhter Schallschutz geschuldet sei. Diese Aussage allein kann so nicht stehen bleiben. Regelmäßig wird der Vertragsinhalt insgesamt, insbesondere die dort vereinbarten Qualitäts- und Komfortstandards zu ermitteln sein. Dabei kann eine bestimmte Bauweise dafür sprechen, dass ein erhöhter Schallschutz geschuldet ist (LG Stuttgart IBR 2006, 342; OLG Karlsruhe, BGH IBR 2007, 692; OLG Hamm NJW-RR 2007, 897). Im Ergebnis wird man davon auszugehen haben, dass die Mindestanforderungen an den Schallschutz aus der DIN 4109 des Jahres 1989 nicht mehr den Ansprüchen an ein zeitgemäßes Wohnen entsprechen. Der Planer sowie der ausführende Unternehmer werden deshalb, wenn sie nicht bereits unmittelbar den erhöhten Schallschutz schulden, den Auftraggeber ausführlich darauf hinweisen haben, welche Folgen eine Bauweise nach den Mindestanforderungen des Schallschutzes für die Nutzbarkeit hat. Der Bundesgerichtshof hat dies bereits in seinen beiden Entscheidungen aus den Jahren 2007 und 2009 deutlich gemacht (BGH NJW 2007, 2983 u. BGH NZBau 2009, 648; ebenso: OLG Karlsruhe Urt. v. 20.9.2009 – 8 U 159/08 u. OLG Düsseldorf IBR 2010, 675).

Diese Schallschutzproblematik ist nicht zu verwechseln mit der generellen Unterschei- **501** dung zwischen „anerkannten Regeln der Technik" und dem „Stand der Technik". Letzterer ist nur bei einer speziellen vertraglichen Vereinbarung geschuldet (OLG Nürnberg, BGH IBR 2006, 567). Allerdings wird man auch in diesem Bereich eine Hinweispflicht anzunehmen haben, sobald für die Baubeteiligten erkennbar wird, dass die anerkannten Regeln der Technik nicht mehr den zeitgerechten Bedürfnissen entsprechen bzw. der Bauherr/Auftraggeber andere Vorstellungen hat.

Unabhängig davon, ob dies im Vertrag ausdrücklich erwähnt ist, schuldet der Ingenieur **502** im Rahmen seiner Planung regelmäßig die Einhaltung öffentlich-rechtlicher Vorschriften. Eine Haftung des Ingenieurs wurde angenommen, als dieser bei seiner Planung die Brandschutzrichtlinien nicht berücksichtigt hat. Sein Hinweis, dass sowohl der Bieter als auch dessen Vertragspartner dies hätten erkennen können, führte nicht zu einer Reduzierung seiner Haftung. Auch konnte er sich nicht auf eine entsprechende Prüfungspflicht seines Auftraggebers berufen (OLG Düsseldorf, BGH IBR 2006, 455).

Beauftragt ein Bieter einen Ingenieur mit der Planung eines Sondervorschlags, darf des- **503** sen Realisierung nicht öffentlich-rechtlichen Vorschriften widersprechen – d. h. der Ingenieur erfüllt seine Vertragspflichten nicht schon dadurch, dass der Sondervorschlag zu einer Kosteneinsparung führt und der Bieter auch in Anbetracht des Widerspruchs den Zuschlag erhält (OLG Düsseldorf BauR 2006, 1924).

Praxisrelevant sind die Konstellationen, dass sich die Anerkannten Regeln der Technik während eines Planungsprozesses/der Objekterichtung ändert. Hier treffen oftmals Fragen des öffentlichen Baurechts mit denen des Zivilrechts aufeinander. Zu denken ist an die Problematik des Schallschutzes der DIN 4109 und der Entwicklung des Energierechts. Während die EnEV 2009 in ihrem § 28 (die EnEV 2014 ebenfalls in § 28) dem Planer die Sicherheit gibt, dass er die EnEV anwenden kann, die im Zeitpunkt der Bauantragsstellung gilt, fordert das Zivilrecht, dass die Regeln der Technik und natürlich die Gesetze zu beachten hat, die zum Zeitpunkt der Abnahme gelten. Bei derartigen Konstellationen ist der Planer gehalten bereits bei seiner Beauftragung vertragliche Vorkehrungen zu treffen. Dass ihm bei Eintritt der genannten Veränderung Hinweispflichten treffen, ist davon unabhängig. Ebenso die Frage, dass er für notwenige Umplanungen vergütet werden muss – ausgenommen er hat irgendwelche Globalpauschalverträge abgeschlossen.

b) Objektüberwachungsfehler

Der Bereich der Objektüberwachung umfasst die Aufsicht darüber, dass ein Bauvorha- **504** ben entsprechend der Leistungsbeschreibung, den Ausführungsplänen, den verschiedenen Leistungen der Sonderingenieure (z. B. Tragwerksplanung, Elektroplanung, Planung der Klimatechnik, Schallschutz und Raumakustik, insgesamt Leistungen bei der technischen Ausrüstung) bzw. in Übereinstimmung mit der Baugenehmigung realisiert wird. Dabei ist u. a. für die Einhaltung des Mindeststandards der anerkannten Regeln der Technik und Baukunst Sorge zu tragen. „Selbstverständlich" muss der Bauleitende vorhandene Planung anderer Architekten auf Fehler überprüfen (OLG Celle, BGH Beschl. v. 20.3.2014 – VII ZR 80/12 NZB. z.). Ziel dieser Überwachungstätigkeit ist die Mangelfreiheit der Bauleistungen. Insoweit ist es nicht ausreichend, Mängel festzustellen und anzuzeigen, sondern bereits die Entstehung von Mängel muss verhindert werden (OLG München, BGH NZB. z., Planrechts-Report 6/2012 S. 22; BGH BauR 2000, 1330 u. 1513). Soweit dies dem Architekten nicht gelingt, hat er eine spätere Mängelbeseitigung zu überwachen und haftet insoweit auch auf Schadensersatz für eine untaugliche Mängelbeseitigung (OLG Celle/BGH Urt. 22.3.2012 – VII ZR 23/10 NZB. z. B. – entstandener Schaden 415 000,00 € für den Abriss eines Gebäudes, weil der Architekt die Nachbesserung von Rissen in der Sohlplatte nicht ordnungsgemäß überwacht hatte).

In diesem Zusammenhang spricht man von Planungsfehlern des Architekten, wenn die- **505** ser den Bauablauf bzw. die Durchführung der Bauleistungen nicht so plant und möglicherweise durch mündliche Anweisungen an der Baustelle unterstützt, dass Mängel gar nicht erst entstehen (i. d. S. Braun, Planungsrechts-Report 6/2012 S. 23 m. Hinw. auf BGH BauR 1974, 63).

506 Der bauüberwachende Architekt soll nicht verpflichtet sein ständig auf der Baustelle präsent zu sein. Er muss nicht sämtliche Arbeitsvorgänge überwachen – allerdings haftet er nach Meinung des Verfassers auch bezüglich des Ergebnisses der Arbeiten „bei denen er nicht dabei ist". Entweder muss er die Entstehung von Mängeln auch bei sog. „einfachen Arbeiten" durch Stichproben verhindern oder zumindest den Bauherrn bei der Abnahme dieser Arbeiten auf „doch" entstandene Mängel hinweisen. In der Praxis ist in diesem Zusammenhang auf die äußerst wichtige Vorschrift des § 4 Nr. 10 VOB/B hinzuweisen. Danach können/müssen Auftraggeber und Auftragnehmer den Zustand von Teilleistung rechtzeitig feststellen, wenn entsprechendes durch die Fortführung der Arbeiten nicht mehr möglich ist. Diese Leistungen i. Sinne des § 4 Nr. 10 VOB/B hat der Architekt für seinen Bauherrn zu erbringen. Er muss entsprechende Absprachen mit den einzelnen Auftragnehmern treffen. Ihm obliegt insoweit ein Baustellen-Management. Gleiche gilt in Bezug auf die Pflichten der Bauherrschaft aus § 377 HGB. Auch hier muss der Architekt ein Anlieferungs-Management betreiben.

Unstreitig hat der Architekt regelmäßig Stichproben durchzuführen. Darüber hinaus muss er vor Ort sein, wenn sich entsprechende Anhaltspunkte ergeben (OLG Celle, Urt. v. 4.10.2012 – 13 U 234/11; OLG Düsseldorf, Urt. 21.12.2012 – 23 U 18/12). Der Architekt hat insofern auf entsprechende „Signale" zu achten. Besondere Aufmerksamkeit erfordern kritische und wichtige Bauabschnitte. Dies gilt vor allem dann, wenn die betreffenden Leistungen „zugedeckt" werden und deswegen später nicht mehr überprüfbar sind (OLG Schleswig IBR 2001, 131). Liegen für bestimmte Gewerke keine ausreichenden Detailplanungen vor, wird vom Architekten eine intensivere Objektüberwachung gefordert (OLG Koblenz IBR 2012, 339).

507 Übernimmt der Architekt/Ingenieur im Rahmen einer isolierten Objektüberwachung fremde Pläne, so ist zu fragen, inwieweit er diese zu überprüfen hat. Muss er im Rahmen seiner Pflicht zum Entstehenlassen eines mangelfreien Bauwerks auch von ihm nicht erstellte Pläne im Einzelnen durchsehen? Entschieden wurde, dass der Architekt, der nur die Ausführungsplanung erbringt, die Bestandsanalysen seiner Vorplaner nicht in Frage stellen müsse (OLG Karlsruhe IBR 2006, 572). Im Bereich der Objektüberwachung wird ausgeführt, dass er nur den fachgerechten Ablauf des Herstellungsprozesses zu überwachen habe, nicht dagegen zur Fortentwicklung der Planung beitragen müsse (Löffelmann i. FS Werner 219, 226). Diese Ansichten sind abzulehnen. Da immer ein technischer u. funktionaler Erfolg geschuldet ist, muss der Architekt wie der Arzt, Rechtsanwalt etc. prüfen, worauf er aufbaut. Diese Überprüfungsleistungen sind ihm zusätzlich zu vergüten (BGH BauR 2000, 1513). Dabei wird auf durchschnittliche Kenntnisse des prüfenden Architekten abzustellen sein (OLG Köln IBR 2012, 155; BGH IBR 1997, 244). Sobald Mängel erkennbar sind, wird er zusätzliche Prüfungen/Hinweise/Bedenken anzumelden haben (BGH BauR 2003, 1918; OLG Düsseldorf IBR 2004, 629). Beauftragt der Bauherr zusätzlich Sonderfachleute zur Abklärung fachspezifischer Sonderfragen, kann (muss aber nicht) eine Haftung des Architekten entfallen (OLG Dresden, BGH NZB. z. IBR 2012, 521). Gleiches wurde entschieden, als der Architekt nur „auf Abruf" an die Baustelle kommen sollte (OLG Koblenz, BGH NZB. z. IBR 2012, 34). Der Einsatz von Fertigbauteilen hat zwischenzeitlich bedeutende Ausmaße angenommen. „Selbstverständlich" muss der Bauüberwachende deren Einbau überprüfen – Frage ist allerdings in welchem Umfang. Letzteres wird von den Schwierigkeitsgrad der Bauteile abhängen. Frage ist, ob seine Pflichten beispielsweise soweit gehen, gelieferte Profilelemente zu öffnen. In einer Entscheidung des OLG Hamm hatte der Planer dies mit der Begründung abgelehnt, es habe sich um ein langjährig erprobtes und zuverlässiges System gehandelt. Das Gericht hat ihm dennoch eine entsprechende Pflicht mit der Begründung auferlegt – selbst beim Einsatz vertrauenswürdiger Fachunternehmen – wenn die entsprechenden Teile (hier bei einer Glasfassadenkonstruktion) für die Dichtigkeit des Gebäudes von wesentlicher Bedeutung sind (OLG Hamm, Urt. v. 20.12. 2013 – 12 U 79/13).

508 Von der Beauftragung mit der Objektüberwachung sind Sachverhalte zu unterscheiden, bei denen Architekten/Bausachverständige „lediglich" damit beauftragt werden, an einer Baubegehung teilzunehmen. Hier wird man nur von einer Pflicht zur „Sichtprüfung" auszugehen haben (OLG Brandenburg, BGH IBR 2008, 299 u. OLG Celle, BGH IBR 2008, 280). Diese Entscheidung wird man allerdings einschränkend auslegen müssen. Sobald eine Objektüberwachung angeboten wird (gleich zu welchem Preis!) wird eine vollumfängliche Haftung eintreten (BGH BauR 2002, 315).

Der mit der Objektüberwachung/Bauaufsicht Beauftragte schuldet als Werkvertragsver- **509** pflichteter das Entstehenlassen eines mangelfreien Objekts. Als Folge sind ihm nicht nur Planungsfehler, sondern auch Objektüberwachungsfehler dahingehend vorzuwerfen, dass bei einer optimalen Baubegleitung ein solcher Mangel eines bauausführenden Unternehmens nicht hätte entstehen dürfen. Dies kann allerdings nicht uneingeschränkt gelten. Aus diesem Grunde wird teilweise vertreten, dass es ausreiche, wenn der Architekt die eingangs aufgeführten Pflichten erfüllt, d.h. Routinekontrollen, Reagieren auf entstandene Gefahrenquellen, regelmäßige Begleitung von gefahrträchtigen Arbeiten. Dies dürfte allerdings nicht ausreichend sein. Frage ist dabei, wer die **Beweislast** trägt, wenn bei einem Bauausführenden ein Mangel entstanden ist, den der Architekt durch seine Objektüberwachung nicht verhindert hat. Hierzu wird vertreten, die Antwort davon abhängig zu machen, ob es sich um eine handwerkliche Selbstverständlichkeit handelt oder Arbeiten, die besonders überwacht werden müssen (bspw. sollen Putzarbeiten nicht besonders zu überwachen sein, KG, BGH IBR 2007, 631; ands. dagegen Abdichtungsarbeiten, OLG Dresden, BGH NZB. z. IBR 2012, 464; ebenso Dachdichtungsarbeiten, OLG Köln IBR 2013, 352 u. OLG Koblenz, BGH NZB. z. IBR 2013, 632; bei Estrichverlegung müsse der Architekt zwar nicht anwesend sein, er müsse sich aber aussagefähige Messprotokolle vorlegen lassen, OLG Frankfurt IBR 2010, 99). Auch das wird noch nicht ausreichend sein. Eher wird man wohl dahin gehen müssen, dass bei jedem Baumangel zunächst ein **Anscheinsbeweis** dafür gegeben ist, dass ein Objektüberwachungsmangel vorliegt (das OLG Hamm spricht insoweit von erhöhten Überwachungspflichten im Bereich des Schallschutzes und damit von einem Anscheinsbeweis zu Lasten des Objektüberwachers, OLG Hamm, Urt. v. 27.2.2014 – 21 U 159/712) – dies gilt nicht nur bei „wichtigen" Gewerken (Ausführung eines Wärmedämmverbundsystems – OLG Nürnberg, Urt. v. 20.6.2012 – 6 U 1643/09), sondern generell. Da nur der Architekt den Bauablauf vor Ort erlebt hat und im Einzelnen kennt/kennen muss, obliegt es ihm, sich von diesem Anscheinsbeweis zu entlasten (OLG Düsseldorf, Urt. v. 6.11.2012 – 23 U 156/11). Einen Anscheinsbeweis nur beim Auftreten von „groben Mängeln" anzunehmen, kann nicht ausreichen (OLG Saarbrücken IBR 2007, 314). Auf diese Weise würde die Haftung des Architekten im Objektüberwachungsbereich nur auf eine Art grobe Fahrlässigkeit beschränkt. Ausreichend insoweit sind sicherlich auch „leicht erkennbare Mängel" (OLG Köln NJW-Spezial 2014, 238). Vertreten wird insoweit, dass der Objektüberwacher bei handwerklichen Selbstverständlichkeiten mangels Pflicht vor Ort sein zu müssen, zwar nicht die Entstehung des Mangels verhindern müsse, jedoch zumindest bei der Abnahme den Bauherrn entsprechend hinzuweisen habe (OLG München, BGH NZBz. IBR 2012, 401). Die Frage des Anscheinsbeweises gilt auch im Bereich der Frage, ob der Architekt Bauüberwachungsfehler **arglistig verschwiegen** hat. Entsprechendes wird angenommen, wenn die Mängel *„so augenfällig, schwerwiegend und/oder zahlreich sind, dass sie bei vernünftiger Betrachtungsweise nur infolge einer bewusst lückenhaften Bauüberwachung unentdeckt bleiben konnten oder hätten bemerkt werden müssen"* (OLG Zweibrücken, Urt. v. 13.2.2013 – 1 U 46/12).

Zutreffend ist insoweit, wenn das OLG Saarbrücken darauf hinweist, dass der Architekt **510** seine Überwachungstätigkeit „im Einzelnen" darlegen muss. In diesem Bereich stellen sich auch Fragen nach einem Organisationsverschulden. Wird die Objektüberwachung arbeitsteilig durchgeführt, wird der Architekt darzulegen haben, dass er die Objektüberwachung ordnungsgemäß organisiert hat (OLG Hamm IBR 2008, 104), bzw. kann er den ersten Anschein fehlerhafter Überwachung dadurch ausräumen, dass er darlegt und beweist, welche Überwachungsmaßnahmen er erbracht hat (OLG Frankfurt, Urt. v. 30.10.2012 – 6 U 181/11; OLG Frankfurt, BGH Urt. v. 6.2.2014 – VII ZR 327/12 Nzb. z.).

Im Rahmen seiner Überwachung enthebt den Architekten ein an sich vom Grundsatz **511** her zu bejahendes Vertrauen in die Kompetenz von Fachunternehmen nicht von seiner Verantwortung zur Kontrolle auch dieser Leistungen (BGH IBR 2009, 593; OLG Düsseldorf IBR 2009, 462; OLG Köln IBR 2010, 158; OLG Düsseldorf IBR 2010, 32; OLG Düsseldorf Urt. 17.11.2011 – 5 U 8/11). Wird der Architekt/Ingenieur/Tragwerksplaner mit der Planung und/oder der Überwachung von Mängelbeseitigungen Dritter beauftragt, darf er sich nicht auf die Fachkunde dieser Dritten verlassen (schließlich haben diese mangelhaft geleistet), d. h. er muss die Mängelbeseitigungsleistungen über das übliche Maß hinaus detailliert vorgeben (OLG Naumburg, Urt. v. 6.3.2014 – 1 U 95/13). Man spricht in diesem Zusammenhang von einer gezielten Überwachung (OLG Saarbrücken IBR 2006, 341). Selbst die Verlegung von Natursteinplatten muss der Architekt bspw. hinsichtlich der Qualität des verwendeten Dichtungsbandes und des Gefälles einer Dusche überprüfen. Auch dies wird dem ihm zumutbaren Erfolg zugerechnet (OLG Naumburg NZBau 2007, 453). Gleiches wurde bejaht für Außenputzarbeiten auf Porenbeton (OLG Brandenburg IBR 2007, 379), Abdichtungsarbeiten zur Ableitung von Regenwasser (OLG Celle BauR 2007, 1602) und den Bereich der Trittschalldämmung sowie des Brandschutzes (KG, BGH IBR 2006, 1438 – insoweit hat der Architekt im Bereich des Brandschutzes *„die Bauabläufe so koordinieren, dass die dort tätigen Handwerker durch Sonderfachleute überwacht werden und die handwerkliche Leistung in technischer Hinsicht überprüft wird"*, OLG Düsseldorf IBR 2012, 402) – abgelehnt dagegen für die Ausführung eines nachträglich hergestellten Bodeneinlaufes (OLG Köln, BGH IBR 2007, 86).

512   Als weitere Beispiele der Rechtsprechung im Haftungsbereich der Objektüberwachung sind zu nennen: Prüfung der nach der DIN 1045 geforderten Betondeckungsmaßnahmen bei Betonfertigteilen (LG Ulm VersR 1989, 144); Gitterritzprüfung der Estricharbeiten vor Beginn der Parkettverlegung (OLG Oldenburg NJW-RR 2000, 21 = BauR 1999, 1476); Wärmedämmungsarbeiten am Dach (KG NZBau 2000, 347 = BauR 2000, 1362); Ausführung des Wärmedämm-Verbundsystems (OLG Nürnberg, Urt. v. 20.6.2012 – 6 U 1643/09, BGH Beschl. v. 5.6.2014 – VII ZR 187/12 NZB. z.); Überprüfung der hinreichenden Austrocknung eines Estriches vor dem Verlegen der Fliesen (OLG Schleswig IBR 2001, 380); Rohrverlegungsarbeiten, Drainagearbeiten (OLG Schleswig IBR 2002, 86; OLG Hamm IBR 2002, 149); gesteigerte Überwachungspflichten im Bereich des Schall- und Brandschutzes (OLG Düsseldorf, Urt. v. 17.11.2011 – 5 U 8711; KG/BGH IBR 2006, 1438); Haftung bei handwerklich einfachen Tätigkeiten (OLG Rostock IBR 2009, 527); Haftung im Bereich von Betonarbeiten (OLG Hamm IBR 2008, 104); Sekundärhaftung des Architekten gegenüber Bauherrn (OLG Hamburg IBR 2009, 341); Haftungspflichten eines technischen Baubetreuers (OLG Düsseldorf IBR 2010, 32).

Die überragende Bedeutung, die „Bauüberwachungsfehler" im Rahmen der Haftung der Architektenschaft spielen, hat der Bundesgerichtshof „erneut" in einem Beschluss vom 19.12.2013 (VII ZR 54/12) herausgearbeitet. Dabei hat er einen Verstoß gegen den Anspruch auf Gewährung rechtlichen Gehörs angenommen, als sich das Gericht nicht mit dem Vortrag der Auftraggeberseite auseinander gesetzt hat, der bauleitende Architekt hätte im Zuge seiner Bauüberwachung bei der Ausführung des winterlichen Wärmeschutzes Mängel bemerken müssen.

c) Verletzung von Sachwalterpflichten

513   Der Architekt hat gegenüber dem Bauherrn eine besondere Sachwalterstellung inne. Aus dieser Stellung können zahlreiche „Nebenpflichten" resultieren. Zu nennen sind insbesondere Informations-, Aufklärungs-, Beratungs-, Schutz- und Obhutspflichten – beispielsweise muss er dem Bauherrn bezüglich der Realisierbarkeit verschiedener Planungsvorschläge „richtig" beraten, andernfalls macht er sich Schadensersatzpflichtig (i. R. einer Entscheidung des BGH bestand der Schaden in den Aufwendungen, die der Besteller für ein Gebäude getätigt hatte, das er ohne die fehlerhafte Beratung nicht hätte errichten lassen – BGH, Urt. v. 10.7.2014 – VII ZR 55/13).

514   In diesem Zusammenhang stellt sich seit dem 1.1.2002 die Frage, ob der Architekt/Ingenieur seinen Auftraggeber über die Rechtswirkung der Bauabzugssteuer zu beraten hat. Hier können ihn besondere Hinweis- und Überwachungspflichten treffen. Fraglich ist z. B., ob der Architekt von sich aus den Auftraggeber auf die Existenz dieser Steuer hinweisen muss (zu den unterschiedlichen Auffassungen vgl. Kesselring BauR 2002, 1173,

1175 ff.). Wie weit der Architekt den Bauherrn zu informieren hat, wird von dem beauftragten Leistungsumfang abhängen. Vertreten wird, dass ein mit der Rechnungsprüfung beauftragter Architekt/Ingenieur den Bauherrn „in groben Zügen auf die Existenz der Bauabzugssteuer hinweisen" müsse (Kesselring BauR 2002, 1173, 1175). Die Informationspflicht soll auch von der Sachkunde des Auftraggebers abhängen. Erteilt der Architekt/Ingenieur im Rahmen einer Beratung über die Abzugsbesteuerung unvollständige oder unrichtige Auskünfte, so führt dies bei hieraus resultierenden Schäden zu seiner Haftung.

Bei Umbauarbeiten, Modernisierung und Instandsetzungen bis hin zur Altbausanierung muss der Architekt die aufgrund der Gegebenheiten notwendigen Maßnahmen klären. Insbesondere gehört es zu seinen Beratungspflichten, den Bauherrn auf die Notwendigkeit der Erkundung der vorhandenen Bausubstanz hinweisen. Man spricht insoweit von einer **Substanzerkundungspflicht** (OLG Düsseldorf, IBR 2005, 497). Diese Bestandserkundung hat der Architekt durchzuführen. Wird er damit nicht beauftragt, kann er den geschuldeten Erfolg nicht herbeiführen (Brandenburgisches OLG IBR 2008, 526). Folglich muss er auf die notwendige Beauftragung hinweisen, andernfalls kann er den Auftrag nicht durchführen. Anders können die Fälle gelagert sein, wenn „nur eine wirtschaftliche Baubetreuung" geschuldet ist. Diese soll nicht dazu führen, dass der Architekt Untersuchungen bzgl. eines Schwammbefalls durchzuführen habe (OLG Köln IBR 2008, 167). Entsprechend weitgehende Pflichten im Rahmen der Altbausanierung führen auch zu erhöhten Überwachungspflichten bei der Objektdurchführung. Dabei reicht eine stichprobenartige Überprüfung durch den Subunternehmer nicht aus. Der Architekt muss sich selbst ein Bild vom Zustand der Bausubstanz machen – dabei muss er auf die angetroffenen Umstände reagieren (OLG Rostock IBR 2007, 144). Die Intensität und der geschuldete Erfolg bzgl. der Überwachungsleistungen hängen nicht von der Höhe des Honorars ab. Auch bei einem geringeren Honorar v. bspw. nur 1000 € können ihm Schäden in Höhe von mehreren 100 000 € angelastet werden (Honorar € 3500,–, Haftung € 259 000,–, OLG Naumburg IBR 2013, 87). Dies selbst für den Fall, dass mit der eigentlichen Bauüberwachung zusätzliche Dritte beauftragt sind (OLG Naumburg, BGH IBR 2005, 557).

Soweit dem Architekten vom Auftraggeber eine funktionale Leistungsbeschreibung **516** übergeben wird, hat er die Pflicht, diese auf Fehler und Vollständigkeit zu überprüfen. Hierzu zählt bspw. die Feststellung, dass die vereinbarte Ausführungsart nicht geeignet ist, die Funktionstauglichkeit zu gewährleisten. Bei Nichterkennung und Nichtkorrektur haftet er bspw. für das Fehlen eines Korrosionsschutzes (OLG Jena IBR 2008, 210).

Der mit der Baugrunduntersuchung und Gründungsberatung beauftragte Geologe haftet **517** werkvertraglich. Ist für ihn die Rutschgefahr eines Hanges erkennbar, verletzt er seine vertraglichen Pflichten, wenn er diesbzgl. keine Vorschläge für eine Befestigung unterbreitet (OLG Bamberg, BGH IBR 2007, 1224). Selbst wenn es sich um einen fachkundig beratenden Auftraggeber handelt, wird weder der Bauunternehmer noch der Architekt von seinen Prüfungs- und Hinweispflichten frei (OLG Düsseldorf IBR 2006, 1445; generell zur Frage der Reichweite der Architektenhaftung bei Einschaltung eines Fachingenieurs, OLG Brandenburg IBR 2007, 1336). Fordert der Prüfingenieur Planungsänderungen, muss der Architekt hierauf unverzüglich reagieren. Rechtlich sind diese Vorgaben des Prüfingenieurs wie Änderungswünsche des Bauherrn zu behandeln (LG Frankfurt/Oder IBR 2008, 1043).

Zu den weiteren im Regelfall nicht als Hauptpflichten einzustufenden Aufgaben (diese **518** Pflichten können jederzeit zu vertraglichen Hauptpflichten erhoben werden) zählt bspw. die Pflicht des Architekten, ein Bestandsverzeichnis über Schriftwechsel mit den beteiligten Firmen zu führen. Der Umfang richtet sich nach den Grundsätzen des § 242 BGB (Treu und Glauben). Die Pflicht des Architekten geht soweit, dass der Bauherr „später" in der Lage sein muss, seine Ansprüche gegen die Bauunternehmen durchzusetzen (KG IBR 2006, 1385).

Es stellt einen Mangel des Architektenwerks dar, wenn der mit der Leistungsphase 8 des **519** § 33 HOAI beauftragte Architekt die Rechnungsprüfung fehlerhaft durchführt. Der Schadensersatzanspruch wird sich an der Rückerstattung des zu viel gezahlten Werklohnes zu orientieren haben (KG, BGH IBR 2006, 1435). Der Architekt muss bei seiner Planung auch auf die Vereinbarkeit der eingesetzten Baustoffe mit öffentlich-rechtlichen Vorschriften achten. Entschieden für den Fall, dass der Architekt es versäumt hat, für die Verfestigung des Baugrundes mit Recyclingmaterial die notwendige Genehmigung einzuholen. Auch hier wurde eine mangelhafte Architektenleistung angenommen (OLG Düsseldorf NZBau 2005, 702).

520   Im Rahmen der Grundleistung der Leistungsphase 7 des § 34 HOAI – soweit eine Beauftragung entsprechend der HOAI-Leistungsphasen vorliegt – liegt auch die Prüfung und Wertung von Nebenangeboten. Der Architekt hat insoweit darüber zu befinden, ob auch die Nebenangebote in technischer und wirtschaftlicher Hinsicht der Ausschreibung genügen. Gelingt es dem Unternehmer später nicht, zu dem mit dem Nebenangebot genannten Leistungsumfang/Preis die Leistung mangelfrei zu erbringen, kann der Architekt in die Haftung genommen werden (OLG Schleswig NZBau 2007, 253). Gibt der Architekt überhöhte Abschlagszahlungen frei und ist eine Rückforderung aufgrund der späteren Insolvenz des Unternehmers nicht möglich, steht dem Bauherrn ein Schadensersatzanspruch zu. Für die Schadensberechnung wird der geleistete Werklohn dem erbrachten Leistungsstand gegenübergestellt (OLG Köln, BGH IBR 2007, 206).

521   Die Beratungspflicht des Architekten kann so weit gehen, dass er den Bauherrn über Risiken einer Unterversicherung des Gebäudes aufzuklären hat. Das Gericht warf dem Architekten vor, dass er den Unterschied zwischen Neuwert und Baukosten hätte erkennen müssen. Die Forderung entsprechender Spezialkenntnisse im Rahmen der Wertermittlung scheint allerdings zu weit zu gehen (OLG Saarbrücken, IBR 2006, 594). Eine Architektenhaftung wird auch dann bejaht, wenn dieser es versäumt, auf die Aufnahme eines Vertragsstrafenvorbehaltes in die Abnahmeniederschrift hinzuwirken (OLG Saarbrücken NZBau 2008, 124; OLG Bremen NJW-Spezial 2003, 141). Im Rahmen der Leistungsphase 9 des § 34 HOAI obliegt es dem Architekten, vor Ablauf der Verjährungsfristen etwaige Mängel festzustellen und dem Bauherrn die rechtzeitige Geltendmachung von Gewährleistungsansprüchen zu ermöglichen (OLG München, BGH BauR 2007, 1089). Beim Auflisten von Gewährleistungsfristen muss der Architekt Angaben des Bauherrn berücksichtigen, bspw. den Zeitpunkt der Zahlungen von Rechnungen (AG Mühlheim IBR 2006, 511).

d) Fehler im Bereich der Bausummenüberschreitung

522   Die Mangelhaftigkeit einer Architektenleistung kann sich auch aus der Missachtung ökonomischer Aspekte bei der Realisierung eines Bauvorhabens ergeben. Zu beachten ist, dass dies nicht auf die Fälle beschränkt ist, dass die Parteien des Architektenvertrages eine irgendwie geartete Baukostenvereinbarung treffen. Dabei kann sich zunächst die Frage der Abgrenzung einer unwirtschaftlichen Planung von einer marktkonformen Planung stellen (OLG München, Urt. v. 30.9.2008 – 9 U 5366/07). Unstreitig dürfte dabei sein, dass der Architekt den Bauherren fortwährend über die voraussichtlichen Baukosten beraten muss. Verletzt er diese Pflicht schuldhaft, ist er dem Bauherrn zum Schadensersatz verpflichtet. Verschulden wurde abgelehnt als der Bauherr nach Vorlage der Kostenschätzung weitere kostenträchtige Umgestaltungen gefordert hat. In diesem Falle habe es an der Kausalität zwischen Pflichtverletzung und Schaden gefehlt (BGH, Beschl. v. 7.2.2013 – VII ZR 3/12; i.d.S. auch OLG Oldenburg, Urt. 15.1.2013 – 2 U 49/12). Bei erheblicher Überschreitung einer vereinbarten Bausumme (691 000 Euro statt 425 000 DM) soll der Bauherr zur fristlosen Kündigung eines Architektenvertrages berechtigt sein (OLG Celle, Urt. v. 12.2.2014 – 14 U 103/13).

aa) Urteil des BGH vom 21.3.2013

Selbst bei einer fehlenden Vereinbarung zu den Baukosten hat der Architekt die Pflicht das Budget des Bauherrn „herauszufinden" und zu beachten. Zu verweisen ist insoweit auf die bemerkenswerten Leitsätze des VII. Zivilsenates des BGH vom 21.3.2013 (VII ZR 230/11): *„1. Der Architekt verletzt regelmäßig seine Vertragspflichten, wenn er ohne verlässliche Kenntnis von den wirtschaftlichen Möglichkeiten des privaten Auftraggebers die Planung eines Wohnhauses vornimmt. 2. Die vom Auftraggeber im Rahmen der Grundlagenermittlung dem Architekten gegenüber zum Ausdruck gebrachten Kostenvorstellungen sind in dem Sinne verbindlich, dass sie vorbehaltlich einer Änderung den Planungsrahmen bestimmen und jedenfalls dann regelmäßig zum Ver-*

tragsinhalt werden, wenn der Architekt ihnen nicht widerspricht. 3. Diese Kostenvorstellungen sind auch dann beachtlich, wenn sie nicht eine genaue Bausummenobergrenze enthalten, sondern nur Angaben zur ungefähren Bausumme, mit denen ein Kostenrahmen abgesteckt wird. "

Aus Folge aus dieser Entscheidung ist die Architektenschaft verpflichtet zu Beginn der Planungsphase mit dem Bauherrn die wirtschaftlichen Möglichkeiten des geplanten Objektes abzuklären. Damit wird auch nochmals die Wichtigkeit der Grundlagenermittlung bzw. der DIN 18205 „Bedarfsplanung im Bauwesen" verdeutlicht. Die Parteien des Architektenvertrages müssen zwar während des gesamten Vorhabens „ständig" die Kostenentwicklung im Auge haben. „Grundlegend" ist dies allerdings in der Leistungsphase 1. Vor diesem Hintergrund geht der BGH so weit zu sagen, dass von Bauherrnseite geäußerte Kostenvorstellungen selbst dann beachtlich sind, wenn nur eine „ungefähre Bausumme" genannt wird (BGH aaO). Ganz neu ist dies nicht. Zu verweisen ist insoweit auf zurückliegende Entscheidungen von Instanzgerichten. Danach kann selbst bei technisch makelloser Umsetzung der vertraglichen Vorgaben eine unverhältnismäßige Kostensteigerung zur Mangelhaftigkeit des Werkes führen (OLG Düsseldorf BauR 1988, 237; OLG Stuttgart BauR 1987, 462; OLG Rostock IBR 2002, 370). Neben diesen grundlegenden Pflichten hat die Rechtsprechung in Bezug auf die Haftung im Bausummenbereich bis zum 21. März 2013 regelmäßig folgende Fallgruppen unterschieden: Bausummenüberschreitung bei Bausummengarantie, Überschreitung eines vertraglich vereinbarten Kostenlimits, Überschreitung eines vom Auftraggeber vorgegebenen, jedoch nicht vereinbarten Kostenlimits, ausgebliebener Hinweis des Architekten an den Auftraggeber über eintretende Kostensteigerungen (gleich aus welchem Grund).

bb) „Bausummengarantie "

Im Falle einer Bausummengarantie liegt eine Garantieerklärung seitens des Architekten **523** vor, wonach bestimmte Baukosten eingehalten werden. Eine entsprechende „Garantie" kann auf einzelne Tatbestände beschränkt werden. Je nach Umfang und Inhalt der Garantie haftet der Architekt verschuldensunabhängig für das Risiko eines unerwartet höheren Kostenaufkommens. Die Übernahme einer entsprechenden „Garantie" muss nicht explizit erklärt werden. Ausreichend ist es, wenn der Architekt deutlich macht, dass er für den Fall der Kostenüberschreitung den Mehrbetrag übernehmen werde. Die Form bzw. die Wortwahl ist hierbei nicht entscheidend (vgl. OLG Düsseldorf, BGH NJW-RR 1993, 285, 286). Aus der Vereinbarung muss sich jedoch die „Garantieübernahme" des Architekten bzw. deren Umfang mit der notwendigen Eindeutigkeit ergeben. Unklarheiten wirken sich in der Regel zugunsten des Architekten aus. Dies, da aufgrund der weitreichenden Folgen für den Architekten eine „Bausummengarantie" eine „absolute Ausnahme" darstellt (OLG Celle, BGH IBR 2003, 260; OLG Frankfurt, BGH BauR 2008, 555). Etwas anderes kann sich ergeben, wenn nach der Abgabe der Garantieerklärung die ursprüngliche Planung mit Willen des Bauherrn grundlegend geändert wird. Insofern kann von den Haftungsfolgen einer Garantie abzuweichen sein (OLG Düsseldorf NJW-RR 1995, 1361).

Übernimmt der Architekt eine entsprechende **Bausummengarantie,** so hat diese Aus- **524** wirkungen auf den Honorarbereich. Er kann sein Honorar nur aus den garantierten Baukosten berechnen (OLG Hamm NJW-RR 1995, 1109; OLG Köln, Urt. 21.12.2012 – 19 U 181/11). Die Abgabe einer Bausummengarantie verstößt in der Regel gegen Standesrichtlinien. Dies ändert jedoch nichts an der Wirksamkeit einer entsprechenden Erklärung (Kniffka/Koeble, Kompendium 9. Teil Rn. 45). Bei der Abgabe einer solchen Garantie wird der Architekt seinen Haftpflichtversicherungsschutz verlieren. Regelmäßig sind versicherungsrechtliche Ansprüche ausgeschlossen, die auf fehlerhaften Kosten- oder Massenermittlungen beruhen (Ziff. IV. 2. Besondere Bedingungen und Risikobeschreibung für die Berufshaftpflichtversicherung von Architekten, Bauingenieuren und Beratenden Ingenieuren – BBR–AB 2008).

cc) Vertraglich vereinbartes Kostenlimit

Bei der Überschreitung eines **vertraglich vereinbarten Kostenlimits** ist darauf abzu- **525** stellen, ob die Kostenüberschreitung auf einer schuldhaften Pflichtverletzung des Architekten beruht oder ob andere Umstände die Kostenüberschreitung veranlasst haben. In Betracht kommen hierbei Umstände, auf die der Architekt im Regelfall keinen Einfluss hat. Dies gilt beispielsweise für das Auftreten unvorhergesehener Baugrundverhältnisse, vorausgesetzt eine ordnungsgemäße baugrundbezogene Beratung bzw. Untersuchung lag vor.

526 Ein Kostenlimit sollte zwischen den Parteien des Architektenvertrages erst vereinbart werden, wenn der Umfang des Bauvorhabens abschließend feststeht. Eine solche Vereinbarung betrifft die vertraglich geschuldete Beschaffenheit (BGH BauR 1997, 494). Werden die so vereinbarten Kosten vom Architekten nicht eingehalten, ist sein Werk mangelhaft. Es besteht insoweit ein Nacherfüllungsanspruch. Hierzu ist der Architekt aufzufordern. Gelingt ihm eine entsprechende Korrektur nicht oder sind die vorgeschlagenen Einsparungsmöglichkeiten für den Bauherrn in Anbetracht des ursprünglich festgeschriebenen Leistungsziels nicht akzeptabel, stellt sich zunächst die Frage, ob ein Grund zur außerordentlichen Kündigung vorliegt. Ebenso wie die Frage, ob ein Mangel vorliegt, wird auch die Möglichkeit zu einer außerordentlichen Kündigung davon abhängen, was ursprünglich als Leistungsziel vereinbart worden ist. Darüber hinaus kann ein Schadenersatzanspruch gegeben sein. Das Verschulden im Sinne des § 280 Abs. 1 BGB wird hier vermutet werden. Der Architekt muss sich exkulpieren. Eine „Haftungskorrektur" zugunsten des Auftragnehmers kann in diesen Fällen im Bereich der Schadensberechnung gegeben sein. Fraglich ist insoweit immer, ob ein nachweisbarer Schaden auf Seiten des Bauherrn entstanden ist. Gerade vor diesem Hintergrund muss auch das Recht zur außerordentlichen Kündigung geprüft werden. Anderenfalls müsste der Bauherr „sehenden Auges" einen finanziellen Bereich akzeptieren, den er möglicherweise nicht mehr realisieren kann.

527 Einigen sich die Vertragsparteien auf ein Baukostenlimit, liegt eine vom Architekten geschuldete Beschaffenheit vor (OLG Saarbrücken, Urt. v. 6.7.2011 – 1 U 408/09). Jede Überschreitung dieses Limits stellt einen Mangel dar. Auch wenn ein schriftlicher Architektenvertrag vorliegt, kann eine Vereinbarung über ein Baukostenlimit mündlich getroffen werden. Selbst konkludente Vereinbarungen sind denkbar, bspw., wenn dem Architekten die Finanzierungsgrenzen des Bauherrn bekannt sind. In diesem Sinne entschieden, als dem Architekten das Investitionskonzept des als Renditeobjekts geplanten Vorhabens bekannt war (OLG Frankfurt, Urt. v. 15.12.2011 – 12 U 71/10). Allerdings darf man nicht soweit gehen, dem Architekten die Pflichten eines Finanzberaters aufzuerlegen, bspw. in Bezug auf die Beantragung von Fördermitteln (OLG Dresden, BGH NZB. z. Beschl. v. 21.3.2013 – VII ZR 57/12). Sagt der Architekt allerdings zu, dass er sich um die Fördermittel-Frage kümmert, dann haftet er dafür auch (Dienstvertrag mit Schadensersatzpflicht, OLG Celle, Urt. 27.2.2014 – 16 U 187/13). An entsprechende konkludente Vereinbarung wird man hohe Anforderungen zu stellen haben. Entschieden, als der Architekt für den Bauherrn verschiedene Kostenschätzungen fertigte, der Bauherr diese immer wieder als zu hoch rügte und den Architekten erst aufgrund einer Schätzung beauftragte, die seinen Forderungen nachkam (OLG Frankfurt, BGH BauR 2008, 555). Insoweit verbleibt es bei der Beweislast des Bauherrn (OLG Düsseldorf IBR 2007, 693). Gegen eine solche Vereinbarung spricht die Akzeptanz „zu hoher" Kostenschätzung seitens des Bauherrn (OLG Celle IBR 2006, 626). Allein die Angaben im Bauantrag zu den voraussichtlichen Baukosten reichen nicht für die Annahme einer Kostenobergrenze (OLG Celle IBR 2006, 626); Gleiches gilt, wenn eine von vier Kostenermittlungen zur Grundlage des Vertrages gemacht wird, nicht aber als Kostengrenze bezeichnet wird (OLG Karlsruhe, BGH IBR 2008, 524). Eine vereinbarter Kostenrahmen soll wie ein Kostenlimit zu behandeln sei, so dass bei Überschreitung die Haftung des Architekten in Betracht kommt (OLG Celle IBR 2009, 217).

528 Als Folge einer vereinbarten nicht eingehaltenen Baukostenobergrenze ist nicht nur die Leistung des Architekten mangelhaft, sondern bildet bei Fortführung des Vertrages **die Obergrenze der anrechenbaren Kosten für seine Honorarberechnung** (BGH BauR 2003, 566 = NJW-RR 2003, 593). Entsprechendes gilt auch bei Vereinbarung eines Pauschalhonorars (OLG Köln, BGH BauR 2008, 697).

529 Als Folge einer Baukostenüberschreitung wird der Bauherr den Architekten zunächst zur Nacherfüllung auffordern müssen. Dies ergibt sich aus der Einordnung der Baukostenober-

grenze als Beschaffenheitsvereinbarung. Bessert der Architekt trotz Aufforderung seine insoweit mangelhafte Planung nicht nach, kann der Architekt aus wichtigem Grunde kündigen (OLG München, BGH IBR 2007, 381). Die dem Architekten zu setzende Frist muss angemessen sein (OLG Jena IBR 2007, 382).

Bei der Überschreitung des vereinbarten Kostenrahmens stehen dem Architekten keine **530** Toleranzspielräume zu (OLG Frankfurt IBR 2012, 336). Etwas anderes kann gelten, wenn es sich um die Sanierung/Umbau von Altbauten handelt und der Architekt den Bauherrn zuvor auf die Unsicherheiten einer Kostenschätzung hingewiesen hat (OLG München, BGH IBR 2007, 501). Die auch in diesem Zusammenhang immer wieder angesprochenen Toleranzspielräume zugunsten des Architekten sind nicht nachvollziehbar. Wenn es sich wie wohl unstreitig, um vereinbarte Beschaffenheiten handelt, darf von diesen nach dem werkvertraglichen Mangelrecht nicht abgewichen werden. Andernfalls ist das Werk mangelhaft (a.A. OLG Köln, BGH IBR 2007, 1201) (zu Toleranzen siehe auch unten). Wird aufgrund der Planung des Architekten der vorgesehene Kostenrahmen überschritten, führt dies zu Nacherfüllungs-/Schadensersatzansprüchen. Voraussetzung ist allerdings, dass der Bauherr auf die Richtigkeit der Zahlen vertrauen durfte. Dies ist nicht der Fall, wenn sich der Bauherr schon zur Durchführung des Bauvorhabens entschieden hatte, bevor ihm vom Architekten verlässliche Zahlen vorgelegt worden waren (OLG Saarbrücken, BGH IBR 2007, 1195).

Nach einer Entscheidung des OLG Koblenz kann des öffentliche Auftraggeber ein Architektenvertrag mit einer Baukostenvereinbarung (§ 6 Abs. 2 HOAI 2009) nicht wirksam schließen, wenn die einschlägigen Haushaltsordnungen vorsehen, *dass Ausgaben und Verpflichtungsermächtigungen für Baumaßnahmen [...] erst veranschlagt werden [dürfen], wenn Pläne, Kostenberechnungen und Erläuterungen vorliegen, aus denen die Art der Ausführung, die Kosten der Baumaßnahme, des Grunderwerbs und der Einrichtungen sowie die vorgesehene Finanzierung und ein Zeitplan ersichtlich sind, weil zum Zeitpunkt der Beauftragung des Architekten noch keine Planungen als Voraussetzungen für eine Kostenschätzung oder Berechnung vorliegen* (OLG Koblenz, Beschl. v. 25.3.2013 – 5 U 1481/12).

dd) Einseitige (nicht vereinbarte) Kostenvorgabe

In der Praxis treten regelmäßig Fälle auf, bei denen der Auftraggeber zwar im Beisein **531** des Architekten bestimmte Summen nennt, letzterer hierauf jedoch nicht reagiert bzw. keine Erklärung abgibt, aus der sich eine Vereinbarung über die Einhaltung der genannten Summe herleiten lässt. In den entsprechenden Fällen liegt noch keine Beschaffenheitsvereinbarung vor (BGH BauR 1997, 494). Zur Abgrenzung ist darauf abzustellen, ob der Architekt durch seine Haltung erkennbar die Verpflichtung eingehen wollte, bestimmte Vorgaben einzuhalten. Hierbei ist zu beachten, dass Vereinbarungen über ein Kostenlimit auch konkludent geschehen können (OLG Frankfurt, BGH IBR 2007, 573). Nicht ausreichend wird es sein, dass der Architekt im Bauantrag eine Summe einträgt und der Bauherr „nur" diesen Antrag unterschreibt. In entsprechenden Fällen besteht noch keine vertragliche Vereinbarung und damit auch keine „direkte" vertragliche Pflichtverletzung des Architekten. Der Architekt verletzt somit zumindest keine vertragliche Hauptpflicht. Sofern der Auftraggeber jedoch im Beisein des Architekten Zahlen nennt, können hieraus Pflichten des Architekten aufgrund seiner Sachwalterstellung resultieren. (S. hierzu auch oben aa))

Zumindest wird man eine entsprechende Nachfragepflicht durch den Architekten da- **532** hingehend verlangen können, ob es sich um eine einzuhaltende Kostenobergrenze handelt oder ob „nur" eine „lose" Kostenvorstellung des Auftraggebers vorliegt. Sind dem Architekten entsprechende Zahlen bekannt, aus denen er die Einhaltung einer entsprechenden Kostengrenze schließen kann, ist ein Schadensersatzanspruch wegen Verletzung von Abklärungspflichten (§§ 280ff., 241 Abs. 2 BGB) möglich. Es handelt sich insofern um eine Verletzung der dem Architekten obliegenden Sachwalterpflichten. Das Verschulden des Architekten wird auch hier vermutet werden. Er muss sich exkulpieren. Kein Verschulden liegt vor, wenn der Bauherr seine Kostenvorgaben während der Planung ändert oder erstmalig vorgibt und dem Architekten keine ausreichende Zeit zur Umplanung lässt (OLG Jena IBR 2007, 382). Erhält der Architekt derartige Kostenvorgaben erst „verspätet" und ist eine Umsetzung nicht mehr möglich, weil die geforderte Leistung zu diesen Kosten nicht planbar/ausführbar ist, muss der Architekt hierauf ausdrücklich hinweisen. Spricht der Auftraggeber daraufhin eine Kündigung aus, wird man dem Architekten die Ansprüche aus § 649 S. 2 BGB zusprechen müssen. Reagiert der Auftraggeber auf den Hinweis des Architekten nicht mehr, wird dieser nach § 643 BGB vorzugehen haben.

ee) Mangelnde/fehlerhafte Hinweise bzgl. Kostensteigerungen

533   Der Architekt darf den Auftraggeber nicht „sehenden Auges" in eine „selbstgestellte Kostenfalle" laufen lassen. Erkennt der Architekt, dass der Auftraggeber von unzutreffenden Kosten ausgeht, hat er diesen im Rahmen seiner Sachwalterstellung „aufzuklären" (LG Mönchengladbach IBR 2006, 1441). Dies gilt gerade auch für die Fälle, in denen Entwürfe geändert werden oder der Bauherr Zusatzwünsche äußert. Der Architekt darf sich in diesen Fällen nicht darauf verlassen, dass der Bauherr weiß, dass seine Änderungswünsche zu Kostensteigerungen (schon gar nicht in welcher Höhe) führen. In diesen Fällen muss er für den Bauherrn deutlich erkennbar machen, dass Kostenerhöhungen entstehen (eine entsprechende Pflicht wurde bejaht, als die Informationen des Architekten gegenüber dem Bauherrn bezüglich der Kostenentwicklung ausblieben, eine Haftung im Ergebnis allerdings abgelehnt, weil es an der Kausalität für den entstandenen Schaden mangelte (OLG Karlsruhe, BGH IBR 2008, 586); etwas anderes gilt dann, wenn unstreitig ist, dass dem Bauherrn die Folgen bspw. seiner Sonderwünsche ohne weiteres erkennbar sind (OLG Koblenz, BGH IBR 2008, 283). Der Architekt muss entsprechend informieren. Kommt er dem nicht nach, können auch hier Schadensersatzansprüche entstehen, bzw. ein Recht zur außerordentlichen Kündigung gegeben sein. Verletzt der Architekt die hier beschriebenen Sachwalterpflichten, begrenzt dies wiederum die Höhe seines Honoraranspruchs. Als anrechenbare Kosten darf er nur die Kosten ansetzen, bei denen es bei ordnungsgemäßem Hinweis geblieben wäre (LG Mönchengladbach IBR 2006, 1441).

ff) Toleranzgrenzen

534   Erbringt der Architekt im Rahmen seiner Kostenermittlungen fehlerhafte Leistungen, stehen ihm keinerlei Toleranzen zur Verfügung. Die in der Praxis immer wieder erwähnten „Toleranzgrenzen" bestehen nicht im Bereich mangelhafter Leistungen. Verrechnet sich der Architekt oder geht er von unzutreffenden Kostenangaben aus, ist sein Werk mangelhaft. Er wird auf Schadensersatz haften. Eine Exkulpation ist kaum möglich. Auch hier gilt das oben Gesagte. Zu beachten ist insoweit auch immer das Recht des Auftraggebers zu einer außerordentlichen Kündigung. Hierfür sind jedoch zuvor Fristen zur Nacherfüllung zu setzen. Der Bundesgerichtshof hat i. d. Zusammenhang einen „groben" Mangel der Leistung des Architekten dann angenommen, als dieser dem Bauherrn statt Bruttopreisen Nettopreise genannt hat (BGH NJW-RR 1997, 402 = BauR 1997, 335).

535   Toleranzen stehen dem Architekten nur in dem Bereich zu, in dem er sich rechtmäßig verhält. Dies gilt dann, wenn ihm zum jeweiligen Zeitpunkt der Kostenermittlung aufgrund der vorliegenden Angaben (Zahl der Quadratmeter, Kubikmeter, etc.) und auch der vorhandenen notwendigen Kenntnisse über Baukostenberechnungen, keine zutreffenden Angaben möglich sind. Eine solche „Bausummentoleranz" darf nicht mit einer nichtzulässigen „Fehlertoleranz" verwechselt werden. Der Bundesgerichtshof hat insoweit deutlich gemacht, dass es keinen „generellen Toleranzrahmen" nach bestimmten Prozentsätzen geben kann (BGH NJW 1994, 856).

gg) Schadensentstehung

536   Selbst wenn die Erhöhung der Baukosten/Bausumme zu einem Mangel bzw. einer Verletzung der Hinweispflicht führt, muss damit auf Seiten des Auftraggebers noch kein Schaden entstanden sein (zur Frage der Darlegungslast des Bauherrn, vgl. OLG Dresden BGH IBR 2009, 218 u. OLG Karlsruhe/BGH IBR 2008, 586). In vielen Fällen wird ein solcher nicht gegeben sein (zur Frage des zulässigen planerischen Ermessens des Architekten, vgl. OLG München BauR 2010, 929). Dies deshalb, weil der Bauherr im Regelfall für seine erhöhten Ausgaben auch einen Mehrwert erhalten hat (OLG Karlsruhe/BGH IBR 2008, 586). Anders ist dies dann, wenn der Bauherr vorträgt, dass er das Bauvorhaben in dieser

Konstellation entweder überhaupt nicht oder zumindest nur im niedrigen Kostenbereich durchgeführt hätte (OLG Dresden/BGH IBR 2009, 218). Belegbar ist dies beispielsweise durch nicht vorhandene Nachfinanzierungsmöglichkeiten. Ist nachvollziehbar, dass das Vorhaben „auf jeden Fall" durchgeführt worden wäre, fehlt es an der Ursächlichkeit zwischen Architektenhandeln und Schaden. Die Beweislast für die Schadensursächlichkeit der höheren Baukosten durch das fehlerhafte Handeln des Architekten trägt der Bauherr (OLG Saarbrücken, BGH IBR 2005, 691).

hh) Berechnung des Schadens

Bei der Berechnung der Höhe des ersatzfähigen Schadens ergibt sich dieser in der Regel **537** aus der Differenz zwischen Verkehrswert (OLG Saarbrücken/BGH IBR 2007, 1200) und den Baukosten (OLG Frankfurt, BGH BauR 2008, 555). Der Verkehrswert richtet sich bei Vermietung bzw. gewerblicher Nutzung des Gebäudes nach dem Ertragswert. Im Falle, dass der Bauherr das Gebäude selbst nutzt, ist der Sachwert als Verkehrswert anzusetzen (BGH BauR 1979, 74; OLG Saarbrücken, BGH IBR 2007, 1200). Gelingt es dem Bauherrn nicht, die Differenz zwischen Verkehrswert und Baukosten darzulegen, kann ein erstattungsfähiger Schaden auch darin liegen, dass der Bauherr belegt, dass es ihm möglich gewesen wäre, das Bauwerk zu geringeren Kosten zu errichten. Alternativ ist die Erstattung des negativen Interesses denkbar (OLG Saarbrücken, BGH IBR 2007, 1200). Regelmäßig kann der Bauherr einen Kredit aufnehmen und die dafür erforderlichen Finanzierungszinsen als Schaden verlangen. Nicht fordern kann er dagegen den eigentlichen Kreditbetrag, weil er damit die ihm durch die Kostensteigerung zugeflossene Sachwerterhöhung finanziert. Bei einer entsprechenden Berechnung muss der Bauherr allerdings die ihm zufließenden Nutzungseinnahmen gegenrechnen (zur Frage des Vorteilsausgleichs vgl. OLG Karlsruhe/BGH IBR 2008, 586). Denkbar ist, dass er in Folge des höherwertigen Sachwertes erhöhte Mieteinnahmen hat. Diese muss er den Zinsverpflichtungen gegenüberstellen. Prozessual sollte der Auftraggeber in diesen Fällen einen Feststellungsantrag stellen, dass ihm die Finanzierungskosten dann „wieder" erstattet werden, wenn die gegenzurechnenden Einnahmen (z.B. Mieteinnahmen) ausbleiben.

Bei einer gemischten Nutzung ergibt sich der Verkehrswert aus einer Mischung von **538** Sachwert und Ertragswert (Kniffka/Koeble, Kompendium 9. Teil Rn. 159). Immer kann sich der Verkehrs-/Sach-/Ertragswert durch besondere Umstände „relativieren", etwa weil der Bauherr ein hochwertiges Gebäude in einer „wenig erschlossenen" Gegend errichtet hat. In diesen Fällen wird zugunsten des Architekten ein Abschlag vorzunehmen sein (Kniffka/Koeble, Kompendium 9. Teil Rn. 160). Hinsichtlich des Zeitpunkts der Schadensberechnung ist auf die letzte mündliche Verhandlung abzustellen (BGH NJW-RR 1997, 402 = BauR 1997, 335).

Im Falle eines aufgrund der Bausummenüberschreitung notwendig gewordenen „Not- **539** verkaufs oder Zwangsversteigerung" kann der Bauherr die Differenz zwischen Verkehrswert und tatsächlichem Erlös geltend machen (OLG München BauR 2000, 437; a.A. OLG Celle BauR 1998, 1030). Der Bauherr muss jedoch die Ursächlichkeit der sog. „Liquiditätsbeengung" durch die Bausummenüberschreitung und der Zwangsversteigerung darlegen und beweisen. Kann ein solcher Verkauf durch eine Nachfinanzierung vermieden werden, werden die Nachfinanzierungskosten als Schaden anzusetzen sein.

ii) Folgen der Bausummenüberschreitung

Hinsichtlich der möglichen Rechtsfolgen ist zu unterscheiden, ob die Bausummenüber- **540** schreitung als Pflichtverletzung gem. § 241 Abs. 2 BGB einzustufen ist oder ob durch die Kostenüberschreitung ein Verstoß gegen eine „Beschaffenheitsvereinbarung" vorliegt. Letzteres ist dann anzunehmen, wenn zwischen Auftraggeber und Architekt/Ingenieur eine Kostengrenze vereinbart wurde. Die vereinbarte Höchstsumme kann insofern als „vereinbarte Beschaffenheit" des Werks im Sinne von § 634 Abs. 2 Satz 1 BGB angesehen werden. Liegt dagegen ein Verstoß des Architekten/Ingenieurs gegen seine Aufklärungs- und Hinweispflichten vor – etwa wegen erkennbar fehlerhafter Kostenvorstellungen des Auftraggebers –, ist dies als Pflichtverletzung im Sinne von § 241 Abs. 2 BGB einzustufen.

Eine Pflichtverletzung aufgrund unterbliebener/mangelhafter Aufklärung bzw. Beratung im Baukostenbereich führt bei einem Vertretenmüssen des Architekten/Ingenieurs zum Schadensersatzanspruch des Auftraggebers gem. §§ 280 ff., 241 Abs. 2 BGB. Sofern eine Kostengrenze als „vereinbarte Beschaffenheit" überschritten wurde, liegt ein mangelhaftes Werk im Sinne von § 633 Abs. 2 Satz 1 BGB vor. Dem Auftraggeber stehen daher die Mangelrechte des § 634 BGB zu. Im Ergebnis wird dies ebenfalls in aller Regel zu einem Schadensersatzanspruch gegen den Architekten/Ingenieur führen.

541   Eine besondere Rolle kann die Kündigung des Architekten-/Ingenieurvertrages aus wichtigem Grund spielen. Eine solche kommt vor allem dann in Betracht, wenn der Auftraggeber/Bauherr noch vor Baubeginn oder während des Bauablaufs die Nichterreichbarkeit der veranschlagten Baukosten feststellt. Fraglich ist, ob der Auftraggeber in solchen Fällen dem Architekten/Ingenieur vor einer Kündigung Gelegenheit zur „Nachbesserung" geben muss (Kniffka/Koeble, Kompendium 12. Teil Rn. 476). Dies ist jedenfalls dann zu verlangen, wenn eine „Umplanung" noch zu einer Einhaltung des Kostenlimits führen kann (OLG Düsseldorf BauR 1988, 237). Abzulehnen ist dies jedoch, wenn grobe bzw. „nicht mehr korrigierbare" Fehler in der Bausummenberechnung vorliegen und dem Auftraggeber das „Festhalten" an einer vertraglichen Bindung deshalb nicht mehr zumutbar ist. Ebenso, wenn ihm das Umplanungsergebnis nicht zumutbar ist (BGH NZBau 2001, 261). In einem solchen Fall ist ihm ein sofortiges Kündigungsrecht entsprechend §§ 314 Abs. 2 Satz 2, 323 Abs. 2 Nr. 3 BGB zuzubilligen.

e) Haftung des Architekten aus Verzug

Unstreitig ist, dass die Parteien bei vorausgesetztem Verschulden immer dann aus Verzugstatbeständen haften, wenn vereinbarte Fristen nicht eingehalten werden. Am Bau ist die Festschreibung von Fristen schon an sich problematisch (fehlende Planbarkeit), jedoch selbst wenn es gelingt, werden diese durch die am Bau nicht zu verhindernden „Verschiebungstatbestände" regelmäßig durch die Wirklichkeit überlagert. Vor diesem Hintergrund mussten sich die Gerichte sowohl im Bau- als auch im Architektenbereich schon oftmals mit der Frage beschäftigen, ob Verzugstatbestände auch dann begründete werden können, wenn keine verbindlichen Fristen vereinbart sind. Entsprechendes kann zwischenzeitlich bejaht werden. Der Grund liegt in der Heranziehung des § 271 BGB. Danach ist mangels abweichender Vereinbarung eine Leistung im Zweifel sofort zu erbringen. Da dies am Bau regelmäßig nicht möglich ist, wird das „sofort" durch „in angemessener Zeit" ersetzt (OLG Hamburg, BGH NZB. z. Beschluss v. 8.9.2011 – VII ZR 180/09)

Insoweit ist es ausreichend, dass der Auftraggeber dem Auftragnehmer (gleich ob Bauunternehmer oder Architekt) eine solche angemessene Frist setzt und nach deren Ablauf durch eine Mahnung den Schuldnerverzug herbeiführt. Entscheidend in diesen Fällen ist es somit, eine angemessene Frist festzusetzen. Wie die Praxis zeigt, ist dies aber relativ einfach möglich. Als Beispiel ist der Architekt zu nennen, der sich verpflichtet hatte, eine Brandschutz-Planung zu erstellen. Als dieser mit der Planung nach sieben Monaten einer insgesamt vereinbarten Frist von 10 Monaten für die Leistungserbringung, noch keinerlei Leistung erbracht hatte, wurde ihm eine Nachfrist gesetzt und danach der Vertrag gekündigt. Ihm wurde nicht nur ein Vergütungsanspruch verwehrt, sondern Verzug- bzw. Schadensersatzansprüche entgegengehalten (OLG Düsseldorf, BGH NZB. z. Beschluss v. 22.11.2012 – VII ZR 35/10).

4. Mitwirkung bei der Vergabe – Rechtsdienstleistungen der Architekten/Ingenieure

542   Der Architekt/Ingenieur hat bei entsprechender Beauftragung Angebote potentieller ausführender Bauunternehmer einzuholen und miteinander zu vergleichen. Eine Haftung kann sich u. a. daraus ergeben, dass Vergleichsangebote nicht in ausreichendem Maße eingeholt werden oder wenn er übersieht, dass ein Bieter durch sein Angebot von den Ausschreibungsbedingungen abweicht bzw. ein anderer Bieter kostengünstiger anbietet (vgl. Stemmer Anm. zu OLG Naumburg IBR 2008, 561). Gleiches gilt, wenn der Architekt Mengen fehlerhaft ausschreibt bzw. auffällige Preisgestaltungen übersieht und damit nicht zu einem Ausschluss des Bieters rät (OLG Nürnberg IBR 2008, 103). Einen weiteren „Risikobereich" stellt die Zusammenstellung der Verdingungsunterlagen bzw. Mitwirkung bei der Auftragserteilung dar.

In dieser Phase tauchen regelmäßig rechtliche Fragen hinsichtlich der mit den Unternehmern abzuschließenden Verträge auf. Fraglich ist, inwieweit der Architekt/Ingenieur den Auftraggeber beraten muss bzw. darf. Dem Architekt/Ingenieur ist es nicht erlaubt, reine Rechtsberatung vornehmen. Anderenfalls läuft er Gefahr gegen das am 1.7.2008 in Kraft getretene Gesetz über außergerichtliche Rechtsdienstleistungen (Rechtsdienstleistungsgesetz – RDG) zu verstoßen. Mit diesem wurde das bis dahin geltende Rechtsberatungsgesetz abgelöst. Dabei wurden, um den geänderten Anforderungen an das Wirtschaftsleben gerecht zu werden, die Möglichkeiten für nicht den rechtsberatenden Berufen Zugehörige erweitert, Rechtsdienstleistungen zu erbringen. Dies allerdings nur im Zusammenhang mit ihrer anderen beruflichen Tätigkeit. Das RDG geht ausdrücklich davon aus, dass eine umfassende Rechtsdienstleistungsbefugnis außerhalb der Rechtsanwaltschaft nicht gewollt ist. Wer umfassend rechtlich beraten will, muss Volljurist und als Rechtsanwalt zugelassen sein. Zulässig ist es allerdings, dass entsprechende Tätigkeiten als Nebenleistungen zum eigenen Berufs- oder Tätigkeitsbild erbracht werden. Die Rechtsdienstleistung darf somit von ihrem Gewicht und ihrer Bedeutung her nicht im Mittelpunkt des Leistungsangebotes stehen.

Diese Neugestaltung des Rechtsdienstleistungsbereiches schwächt die bisherigen Konfliktsituationen auch im Bereich von Architekten- und Ingenieurleistungen ab. Diesen wurde regelmäßig vorgeworfen, dass sie unerlaubte rechtsberatende Tätigkeit vornehmen würden. Gleichzeitig wurde von ihnen eine „Quadratur des Kreises" dahingehend verlangt, dass sie selbstverständlich im Vergabebereich sowie im privaten als auch im öffentlichen Baurecht ihren Kunden Rede und Antwort stehen mussten. Diese Konflikte werden in der Zukunft entschärft sein. Allerdings sollten Architekten/Ingenieure nach der hier vertretenen Ansicht weiterhin keine Verträge/Vertragsmuster erstellen. Dies vor dem Hintergrund, dass sie in diesem Bereich nicht haftpflichtversichert sind. Wenn es einzelne „abgeschwächte" Versicherungen gibt, decken diese gleichwohl nicht die tatsächlich bestehenden Haftungsrisiken ab. Der Architekt/Ingenieur muss weiterhin in bestimmten Fällen den Auftraggeber auf die Notwendigkeit der Zuziehung eines Rechtsanwalts (den „Sonderfachmann Recht") hinweisen. **543**

Vor diesem Hintergrund ist es zutreffend, dass das OLG Stuttgart entschieden hat, von einem Architekten könne die Klärung schwieriger und genehmigungsrelevanter Fragen nicht verlangt werden. Allerdings weist das Gericht ausdrücklich darauf hin, dass der Architekt die Pflicht hat, auf die Problematik hinzuweisen und den Bauherrn anzuhalten, rechtskundige Hilfe einzuholen (OLG Stuttgart IBR 2006, 682). Ein Schadensersatzanspruch gegenüber dem Architekten wurde verneint, als er für den Bauherrn eine Baugenehmigung beim zuständigen Baurechtsamt erwirkt hatte, diese allerdings auf Betreiben der Naturschutzbehörde zurückgenommen wurde. Letzteres wurde vom Verwaltungsgericht bestätigt. Das Gericht sah keine Pflichtverletzung des Architekten, da er schwierige Rechtsfragen aus dem Bereich des Baunebenrechts nicht lösen können müsse. Verneint wurde sowohl die Frage des Verschuldens als auch die vorab zu prüfende Frage einer objektiven Pflichtverletzung (KG IBR 2006, 571; a. A. OLG Düsseldorf IBR 2005, 555). Instruktiv in diesem Zusammenhang sind die Aussagen von Bruhns bzgl. der notwendigerweise von den Universitäten den Architekten und Ingenieuren zu vermittelnden Kenntnissen im Rechtsbereich (Bruhns NZBau 2007, 737). Kein Verstoß gegen das frühere Rechtsberatungsgesetz wurde angenommen, als ein Architekt/Ingenieur mit der Überprüfung von Rechnungen eines Architekturbüros beauftragt wurde. Dies auch bei Vereinbarung einer Erfolgspauschale (BGH NJW 2007, 842 = BauR 2007, 576). **544**

5. Haftung aus Vertrag mit Schutzwirkung zugunsten Dritter

Der zwischen Architekt/Ingenieur und Besteller/Auftraggeber geschlossene Vertrag berührt in aller Regel auch die Interessen Dritter, die nicht Vertragspartner sind. Hieraus können sich vertragliche Pflichten des Architekten/Ingenieurs gegenüber diesen Dritten **545** ergeben. Der Architekten-/Ingenieurvertrag kann insofern einen sog. „Vertrag mit Schutzwirkung zugunsten Dritter" darstellen. Charakteristisch ist die Einbeziehung Dritter in den Bereich von Sorgfalts- und Obhutspflichten (BGHZ 49, 353).

546   Entsprechende Pflichten gegenüber Dritten können sich vor allem aus Verträgen ergeben, die eine gutachterliche Leistung zum Gegenstand haben. Dies ist in der Praxis bei drittfinanzierten Bauvorhaben dann der Fall, wenn der Architekt/Ingenieur ein der Finanzierung zugrunde liegendes Wertgutachten über das Grundstück/Gebäude erstellt. Die vertragliche Vereinbarung über die Erstellung des Gutachtens wird zwischen Bauherr und Architekten geschlossen. Dieses Gutachten wird der Bank (Dritte) vorgelegt. Stellt sich im Nachhinein heraus, dass das Gutachten fehlerhafte Angaben enthält, kann die Bank Schadensersatzansprüche gegen den Architekten/Ingenieur wegen Verletzung der Pflichten aus dem Gutachtervertrag geltend machen. Der Gutachtervertrag stellt einen Vertrag mit Schutzwirkung zugunsten Dritter dar. Dritter ist die Bank, die für die Bereitstellung der Finanzierung auf die Richtigkeit des Wertgutachtens vertraut hat. Eine Haftung des Architekten wurde in diesem Zusammenhang vom Bundesgerichtshof bejaht, als dieser schuldhaft unrichtige Bautenstandsberichte erstellt und dadurch Zahlungen des Bauherrn bzw. seiner finanzierenden Bank auf den Erwerbspreis erfolgten (BGH IBR 2008, 743; OLG Köln, Urt. v. 12.3.2013 – 24 U 142/12). Nicht bejaht wurde eine Haftung, als der Planer im Rahmen der Instandsetzung eines Mauerwerkes einen dritten Ingenieur mit Mörteluntersuchungen bzgl. des zu verwendenden Materials beauftragt hatte. Als dieses Gutachten Mängel aufwies, wurden dem Bauherrn mangels Schutzbedürftigkeit Ansprüche aus einem Vertrag mit Schutzwirkung für Dritte verwehrt (OLG Naumburg, BGH IBR 2008, 349).

6. Haftung aus Beratervertrag

547   Bei Auskünften, Stellungnahmen oder Begutachtungen durch den Architekten/Ingenieur kann weitergehend ein direktes vertragliches Verhältnis zwischen ihm und dem Adressaten der Auskunft (z. B. der Bank) vorliegen. Es entsteht ein eigenständiger (konkludent geschlossener) Beratervertrag zwischen Architekt/Ingenieur und der Bank (OLG Hamm NJW-RR 1987, 209 = BauR 1987, 458). Das OLG Saarbrücken spricht im Zusammenhang mit einer fehlerhaften Baufortschrittsanzeige von einem Auskunftsvertrag (Urt. v. 15.5.2008 – 8 U 119/07; ebenso bereits BGH IBR 2002, 199). Die Tatsache, dass der Architekt/Ingenieur ansonsten mit der Bank keinerlei Vertragsbeziehungen unterhält, spielt keine Rolle. Es reicht aus, wenn der Architekt/Ingenieur erkennen kann, dass die Auskunft für Dritte (die Bank) bestimmt ist und als bedeutsame Auskunft die Grundlage für wichtige Entscheidungen darstellt (OLG Hamm NJW-RR 1987, 209 = BauR 1987, 458). Nach der zitierten Entscheidung kommt mit Entgegennahme und Verwendung der Auskunft ein Auskunftsvertrag zwischen Architekt und „dem, den es angeht" (der Bank) zustande. Der Architekt soll in diesen Fällen auf den Zugang der Annahmeerklärung an sich selbst „stillschweigend verzichten".

548   Erteilt der Architekt/Ingenieur fehlerhafte Auskünfte, kann er aus dem zwischen ihm und der Bank zustande gekommenen Beratervertrag in Anspruch genommen werden. Dies gilt aus den o. g. Gründen auch dann, wenn er die Auskünfte nicht direkt gegenüber der Bank, sondern z. B. gegenüber „seinem Auftraggeber" erteilt. Im Urteil des OLG Hamm wurde eine vertragliche Haftung des Architekten gegenüber der Bank angenommen, nachdem er seinem Bauherrn eine unzutreffende Baufortschrittsanzeige vorgelegt hatte (OLG Hamm NJW-RR 1987, 209 = BauR 1987, 458).

549   In der Praxis dürften die Fälle der Haftung aus Vertrag mit Schutzwirkung zugunsten Dritter und die Haftung aus Beratervertrag schwer zu unterscheiden sein. Die Grenze zur Annahme eines eigenständigen Beratervertrages ist kaum zu bestimmen. Bei Auskünften gegenüber dem Auftraggeber (Bauherrn) „mit Drittbezug" werden oftmals auch die Voraussetzungen für eine Annahme eines eigenständigen Beratungsvertrages gegenüber Dritten vorliegen. Schließlich kennt der Architekt/Ingenieur die Bedeutung entsprechender Auskünfte – wie beispielsweise zum Baufortschritt. Er weiß auch, dass die Auskünfte der drittfinanzierenden Bank vorgelegt werden und diese „wichtige Entscheidungen" – wie z. B. die Fortführung der Finanzierung – davon abhängig macht.

7. Haftung durch die Bauproduktenverordnung der EU v. 1.7.2013

Die Bauproduktenrichtlinie des Rates der Europäischen Union vom 21.12.1988 wurde in Deutschland durch das Bauproduktengesetz und die Landesbauordnungen umgesetzt. Die genannte Richtlinie wurde zwischenzeitlich durch die EU-Bauproduktenverordnung v. 9.3.2011 (BauPV), in Kraft getreten in allen Mitgliedsstaaten am 1.7.2013, abgelöst. Ziel dieser EU-Regelungen ist und war die Beseitigung technischer Handelshemmnisse auf dem Bauproduktensektor. Der freie Verkehr entsprechender Produkte soll gewährleistet werden. Problematisch an ihr ist, dass sie sich an sämtliche Akteure der Handels-, Ausführungs- u. Verwenderkette wendet (Hersteller, Händler, Handwerker, Bauherr u. auch Architekten).

Über die Bedeutung und die Auswirkungen dieser EU-Regelung herrscht zum derzeitigen Zeitpunkt noch keine Einigkeit. Teilweise wird befürchtet, nicht zuletzt wegen der horrenden Bußgeldandrohungen bei Verletzung, dass sich ein zusätzlicher Haftungsbereich für die Baubeteiligten eröffnet habe. Frage ist z.B., ob ein Planer haftet, wenn er an sich zugelassene Materialien ausschreibt, diese gleichwohl zu Mängeln führen (KG, BGH NZB. z. Beschluss v. 27.10.2011 – VII ZR 173/10) (vgl. u.a. Wirth „Die Europäische Bauproduktenverordnung", BauR 2013, 703ff., 717f.; Eisenberg „Das neue Bauproduktenrecht – Bekanntes, Neues, Ungeklärtes", NZBau 2013, 675ff.).

8. Unerlaubte Handlung/Verkehrssicherungspflichten/strafrechtliche Verantwortung

Neben der Haftung aus Vertrag kann der Architekt/Ingenieur aus deliktischer Haftung **550** in Anspruch genommen werden (§§ 823ff. BGB). Diese Haftung besteht nicht nur gegenüber seinem Vertragspartner, sondern kann ihn gegenüber jedermann treffen; z.B., wenn Dritte an der Baustelle infolge von Planungs- oder Überwachungsfehlern bzw. Verletzung von Verkehrssicherungspflichten geschädigt werden. Stürzt eine mangelhaft erstellte Dachkonstruktion ein, so kann auch der Architekt gegenüber dem Geschädigten nach § 823 Abs. 1 BGB zum Schadensersatz verpflichtet sein (BGH NJW 1987, 1013 = BauR 1987, 116; BGH BauR 1991, 377). Eine entsprechende Haftung entsteht unabhängig von der Frage, ob der die Baustelle betreuende Architekt zum verantwortlichen Bauleiter nach den Bauordnungen bestellt ist (BGH NJW 1977, 898–900 = BauR 1977, 428; OLG Frankfurt IBR 2006, 1433). Unterschieden wird dabei zwischen einer sog. **primären Sicherungspflicht und einer sekundären.** Erstere liegt vor, wenn selbst Maßnahmen veranlasst werden, die sich als Gefahrenquelle erweisen können, letztere wenn Gefahrenquellen Dritter erkannt werden oder bei gewissenhafter Beobachtung hätten erkannt werden können (BGH IBR 2007, 377). Die sekundäre Verkehrssicherungspflicht entsteht unabhängig davon, wie die Bauüberwachungsaufgaben im Architektenvertrag im Einzelnen abgegrenzt sind (OLG Frankfurt IBR 2006, 1433).

Voraussetzung für eine Haftung ist, dass dem Architekten zumindest fahrlässiges Verhal- **551** ten vorgeworfen werden kann. Der Schadenseintritt muss demnach vorhersehbar und vermeidbar gewesen sein. Nach der Rechtsprechung hat grundsätzlich jeder, der eine Gefahrenquelle eröffnet, die notwendigen Vorkehrungen zum Schutz Dritter zu treffen (BGH NJW 1966, 1457). Hierbei ist ein objektiver Maßstab anzulegen. Der BGH fordert, dass diejenigen Vorkehrungen zu treffen sind, die nach den Sicherheitsabwägungen des jeweiligen Verkehrs im Rahmen des Zumutbaren geeignet sind, Gefahren von Dritten abzuwenden (BGH NJW 1985, 1076). Die Haftung des Architekten nach den Grundsätzen der unerlaubten Handlung (§§ 823ff. BGB) ist insbesondere dann in Erwägung zu ziehen, wenn die zu betreuende Baustelle unzureichend gesichert ist. Droht beim Abriss eines Gebäudes Gefahr, so kann die ständige Anwesenheit des Architekten erforderlich sein (OLG Frankfurt BauR 1999, 1324). Zu den Pflichten des Architekten gehört es auch, zu Gunsten des Bauherrn Gebäude ausreichend vor witterungsbedingtem Wassereintritt zu sichern – insbesondere, wenn Teile des Werkes schon genutzt werden (OLG Celle NZBau 2008, 383 = BauR 2008, 863).

552   Bauplanungs- und Überwachungsfehler können auch strafrechtliche Folgen nach sich ziehen. So geschehen, als eine im Jahr 1967 errichtete Balkonplatte im Jahre 2005 mit der Folge, dass drei Menschen getötet wurden, abgebrochen ist. Der Vorwurf der fahrlässigen Tötung (§ 222 StGB) und der fahrlässigen Körperverletzung (§ 229 StGB) gegenüber dem Bauherrn, der zugleich Bauunternehmer war, wurde fallengelassen, weil die strafrechtliche Verantwortlichkeit unter objektiven Gesichtspunkten voraussetzt, dass dem „Täter" entweder ein sorgfaltwidriges Tun vorzuwerfen ist oder er einer Garantenpflicht nicht nachgekommen ist. Da der Bauherr in diesem Fall qualifiziertes Personal eingesetzt hatte, war ihm entsprechendes nicht vorzuwerfen. Dieses „qualifizierte Personal" (Architekt/Bauleiter) muss allerdings 38 Jahre nach „der Tat" noch mit strafrechtlichen Folgen rechnen. Der Grund hierfür liegt darin, dass die Verjährung (§§ 78a, 78 StGB) erst mit dem Eintritt des tatbestandlichen Erfolges beginnt. Dieser war hier die Verletzung der Menschen durch das Herabfallen der Platte.

9. Haftungsverteilung – Gesamtschuldnerische Haftung – Streitverkündung

553   Am Bau haften alle Beteiligten allein aufgrund der mit ihnen geschlossenen Verträge (geschuldete Leistungen) für von ihnen verursachte Mängel. Es bestehen insoweit getrennte Verantwortungsbereiche. Etwas anderes gilt, wenn eine Zweckgemeinschaft aus verschiedenen Beteiligten besteht. Dies ist der Fall, wenn mehrere Parteien zum Entstehen eines Mangels/Schadens beigetragen haben, ggf. der Mangel/Schaden nur durch eine einheitliche Maßnahme beseitigt werden kann, bzw. mehrere vom Geschädigten für das gleiche (Nacherfüllung, Schadensersatz) zu 100% in Anspruch genommen werden können (§ 421 BGB). Der Inanspruchgenommene ist auf einen Ausgleichsanspruch gegenüber seinen Mithaftenden angewiesen (§ 426 BGB). Er trägt das Risiko einer eventuellen Insolvenz der Mithaftenden. Wie schließlich die Haftungsverteilung unter diesen verschieden Beteiligten im Endeffekt ausgeht, soll den Geschädigten nicht kümmern. Es soll von ihm gerade nicht verlangt werden, dass er an die verschiedenen Schädigern entsprechend ihrer Haftungsquote herangehen muss und dabei unüberschaubaren Prozesskosten ausgesetzt ist. Liegen entsprechende Fälle vor, spricht man von einer gesamtschuldnerischen Haftung am Bau. Auch ist es denkbar, dass der Geschädigte von einzelnen Schädigern von vornherein wegen eines eigenen Mitverschuldens nur einen Teil des Schadens ersetzt verlangen kann (Mitverschulden, Obliegenheitsverletzung = Verschulden gegen sich selbst). Vor dem Hintergrund dieser Überlegung sind folgende Haftungs-Konstellationen denkbar, wobei weitere Kombinationen möglich sind (z.B. mit Projektsteuerer etc.):

– Bauherr und Bauunternehmer
– Bauherr und Architekt/Ingenieur
– Architekt aus Planungsfehler und Bauunternehmer aus Ausführungsfehler
– Architekt wegen Objektüberwachungsfehler und Bauunternehmer aus Ausführungsfehler
– Architekt wegen Planungsfehler und/oder Objektüberwachungsfehler und Bauunternehmer wegen Verletzung seiner Hinweispflicht
– Planender Architekt und objektüberwachender Architekt (dazu BGH BauR 2009, 515 „Glasfassade")
– Mangel-/Schadensverursachung durch mehrere Bauunternehmer
– Bauunternehmer und Sonderfachmann/Fachplaner
– Architekt und Sonderfachmann/Fachplaner
– Bauherr und Sonderfachmann/Fachplaner
– Vorunternehmer des Bauherrn leistet mangelhaft, Nachunternehmer baut hierauf auf, erkennt Mangelhaftigkeit nicht oder weist nicht darauf hin
– Mangelhaftes Zusammenwirken zwischen mehreren Fachplanern
– Bauherr koordiniert die Leistung verschiedener Fachplaner nicht ausreichend, Leistung des Architekten baut hierauf auf
– Weiter sind die Konstellationen denkbar, bei denen im Rahmen einer Mangelbeseitigung eine geänderte Planung erforderlich ist

– Konstellationen, bei denen Mangelbeseitigungsmaßnahmen fehlschlagen, bspw. durch den Bauunternehmer; lebt dann die Verantwortlichkeit des mitverursachenden planenden und/oder objektüberwachenden Architekten wieder auf?

– Wer haftet wie, wenn im Rahmen von Mangelbeseitigungsmaßnahmen weitere Mangelfolgeschäden auftreten, haften für diese die ursprünglich Haftenden mit?

Bei umfangreichen Mangelbeseitigungsarbeiten stellt sich in der Praxis die Frage, ob die **554** Mangelbeseitigung einer eigenen Planung bedarf (der mit der Tragwerksplanung beauftragte Ingenieur muss dem ausführenden Unternehmen die Mängelbeseitigung „in einer jedes Risiko ausschließenden Weise" vorgeben, OLG Naumburg, Urt. v. 6.3.2014 – 1 U 95/13). Wird diese Frage bejaht, stellt sich die Folgefrage dahingehend, wer hat die entsprechende Planung vorzunehmen – Bauherr, Architekt oder Bauunternehmer? Was ist, wenn durch die Folgeplanung weitere Mängel entstehen. Haftet der fehlerhaft Erstplanende hierfür auch? Zur letzten gestellten Frage wird vertreten, dass der Erstplaner auch für eine fehlgeschlagene Mängelbeseitigungsplanung Dritter haftet – vorausgesetzt es sind zwischendurch keine weiteren Fehler geschehen, bspw. durch eine fehlerhafte Inauftraggabe durch den Bauherrn. Was die Frage anbetrifft, wer die Planung in Auftrag zu geben hat, wird danach differenziert, aus welcher Sphäre der ursprüngliche Fehler kam. Muss die ursprüngliche Planung nachgebessert werden, wird dies die Bauherrnseite in Auftrag zu geben haben. Muss die ursprüngliche Planung nicht nachgebessert werden, sondern ist eine eigenständige Mängelbeseitigungsplanung erforderlich, wird man sie der Auftragnehmerseite zuzuweisen haben. Bei der ersten Konstellation stellt sich zusätzlich die Frage, ob dem ursprünglichen Planer ein Nacherfüllungsrecht zusteht. Um bei Verneinung dieser Frage ungünstige Schadensersatzkonstellationen zu Lasten der Architektenschaft zu verhindern, sollte diese entsprechendes in ihren Ausgangsarchitektenverträgen festschreiben lassen (zur Problematik insges. ausführl. Averhaus, BauR 2013, 1013ff.). *„Schaltet der Bauherr wegen eines nach Abnahme entdeckten Mangels des Bauwerks einen Fachplaner ein, der die Mängelbeseitigung betreut, muss der bauüberwachende Architekt die vom Fachplaner geplanten Mängelbeseitigungsmaßnahmen überprüfen. Durch die Beauftragung des Fachplaners wird er nicht von der Haftung freigestellt"* (OLG Celle, Urt. v. 29.11.2012 – 5 U 70/12).

Sofern eine (notwendige) Planung bzw. Überwachung der Mängelbeseitigungen zu vergüten ist, soll diese nach dem OLG Düsseldorf gemäß § 249 BGB, § 287 ZPO in Höhe von ca. 10% bis 15% der Mängelbeseitigungskosten geschätzt werden können (Urt. v. 22.11.2013 – 22 U 32/13), nach dem OLG Celle sind für Baunebenkosten (Architekten) 20% der Baukosten anzusetzen; zieht sich ein Verfahren über ca. viereinhalb Jahren hin – zwischen vom Sachverständigen geschätzte Kosten und der Entscheidung des Gerichts – wurde eine Preissteigerung in Höhe von 10% angesetzt (OLG Celle IBR 2014, 225). Zu Recht wird allerdings darauf hingewiesen, dass sich die Höhe der Regiekosten nach dem zwingenden Preisrecht der HOAI richten müsse (OLG München IBR 2007, 261, Anm. *Röder* u. OLG Düsseldorf IBR 2014, 142, Anm. *Bröker*). In der Praxis stellen sich entsprechende Fragen oftmals dann, wenn ein Sachverständiger im Rahmen eines Selbstständigen Beweisverfahrens gefragt wird, welche Maßnahmen zur Mängelbeseitigung erforderlich sind und welche Kosten dabei anfallen werden – und dieser daraufhin erklärt, dass er die entsprechenden Fragen erst dann beantworten könne, wenn er eine baureife Sanierungsplanung erstellt habe (i.d.S. OLG Hamm IBR 2014, 191 m.Anm. *Hesse;* a.A. OLG Düsseldorf Beschl. v. 9.1.2014 – 17 W 38/13).

Im Rahmen der Gesamtschuldnerhaftungs-Fragen zeigt sich regelmäßig die Problematik **555** inwieweit **Streitverkündungen** erforderlich und zulässig sind. Dabei ist zu beachten, dass die Zulässigkeit einer Streitverkündung nicht im stattfindenden Verfahren, sondern erst im Folgeprozess geprüft wird. Selbst wenn der im Ausgangsprozess Streitverkündete sein Beitritt erklärt, wird keine bspw. verjährungshemmende Wirkung herbeigeführt, wenn sich die Streitverkündung später als unzulässig herausstellt (BGH IBR 2008, 88). Als zulässig ist eine Streitverkündung anzusehen, wenn von einer alternativen Haftung (bspw. von Architekt und Bauunternehmer) auszugehen ist. Die entsprechenden Fragen sind auf Grund des Glasfassadenurteils des BGH (IBR 2009, 402) deshalb schwierig(er) geworden, weil im

Falle des Mitverschuldens der Auftraggeberseite in einer entsprechenden Fallkonstellation eben insgesamt keine Gesamtschuld mehr gegeben ist, somit in Höhe des antreffenden Anteils des Planungsverschuldens keine Gesamtschuld gegeben ist. Bejahen wird man die Zulässigkeit der Streitverkündung deshalb schon dann, wenn eine alternative Gesamtschuldnerschaft möglich ist. Beispielsweise im Prozess des Bauherrn gegen den Bauunternehmer. Schließlich hängt vom Ausgang dieses Rechtsstreits die Frage ab, welcher noch offene Anspruchteil gegen den Architekten später durchgesetzt werden kann. Allerdings spricht bereits diese Begründung dafür, dass es für die Bauherrschaft einfacher ist zunächst bzw. überhaupt gegen den Architekten vorzugehen. Hier bedarf es keiner Streitverkündung, die auch unzulässig wäre, weil eben gesamtschuldnerische Haftung und nicht alternative Haftung gegeben ist (OLG Celle IBR 2011, 1455; OLG Karlsruhe IBR 2012, 1185). Ist allerdings der Fall gegeben, dass eine Haftung des Architekten ganz oder teilweise auszuschließen ist, weil bei ihm kein Planungs- oder Überwachungsfehler vorliegt, ist im Verfahren gegen den Architekten eine Streitverkündung gegenüber den Bauunternehmer zulässig. Insoweit läge eine alternative Schuldnerschaft vor (OLG Düsseldorf, IBR 2013, 1319).

a) Gesamtschuldnerische Haftung zwischen Architekt/Ingenieur und Bauunternehmer sowie Mitverschulden des Bestellers

556   Nach der Rechtsprechung des BGH ist eine gesamtschuldnerische Haftung zwischen Architekt und Bauunternehmer dann anzunehmen, wenn beide für denselben Mangel haften (BGHZ 43, 227, BGH BauR 2001, 630, 632). Insofern liegt eine „Zweckgemeinschaft" vor, die die Grundlage für die gemeinschaftliche Haftung gem. § 421 BGB bildet. Der gemeinschaftliche „Zweck" ist die Beseitigung des vom Bauherren erlittenen Schadens (BGHZ 43, 227). Ein Verursachungsbeitrag des planenden Architekten wird dem Bauherrn im Verhältnis zum Bauunternehmer immer schon zugerechnet. Dahinter steht der Gedanke, dass der Bauherr dem Ausführenden eine mangelfreie und umsetzbare Planung zu geben habe. Im Umfang der Haftung des Planers wird also der Ausführende entlastet. Durch das Glasfassaden-Urteil des Bundesgerichtshofes (BGH, Urt. v. 27.11.2008 – VII ZR 206/06) wurden diese Überlegungen für den Architektenbereich „erweitert". Bietet der Bauherr dem ausführenden Architekten eine mangelhafte Planung seines planenden Architekten an, soll darin eine Obliegenheitsverletzung liegen. Der BGH spricht von **„Verschulden gegen sich selbst"**. Seit dieser Entscheidung soll der objektüberwachende Architekt nicht mehr alleine haften. Als Folge wird diskutiert, ob entsprechendes nicht auch auf das Verhältnis zwischen Vorunternehmer und Nachunternehmer des Bauherrn anzuwenden ist. Diesbezüglich wurde bisher ebenfalls abgelehnt, dass dem Bauherrn eine Pflicht treffe, dem Nachunternehmer mangelfreie Leistung des Vorunternehmers zur Verfügung zu stellen. Allerdings können die Überlegungen des Glasfassaden-Urteils in Form einer Obliegenheitsverletzung, d.h. als „Verschulden gegen sich selbst„ mit den gleichen Überlegungen auch hier angenommen werden.

557   Trifft den Architekten ein Planungsverschulden, so wird die Haftungsverteilung soweit zu seinen Lasten ausfallen, als der Planungsfehler für den ausführenden Unternehmer nicht erkennbar war. Dies kann nach Auffassung des OLG Naumburg sogar dann noch gelten, wenn der Bauunternehmer seine Prüfungs- und Hinweispflicht verletzt hat (OLG Naumburg IBR 2004, 519).

558   Trifft der Ausführungsfehler des Bauunternehmers nicht mit einem Planungsfehler des Architekten, sondern mit dessen fehlerhafter Überwachungstätigkeit zusammen, wird der Haftungsschwerpunkt beim Unternehmer zu suchen sein. Schließlich steht diesem gegenüber dem Bauherrn kein Anspruch auf Überwachung durch dessen Architekten zu. Ob dieser Haftungsanteil des Unternehmers bei 100% bleibt, wird davon abhängen, ob er „ausnahmsweise" eine mitwirkende Überwachung des Architekten erwarten konnte (s. auch unten OLG Stuttgart IBR 2006, 283).

559   Da der Architekt/Ingenieur gegenüber dem Bauunternehmer bzgl. der Planungsleistungen (nicht der Überwachungstätigkeit) Erfüllungsgehilfe des Bauherrn ist, führt dies bei Vorliegen eines Planungsfehlers dazu, dass der Auftraggeber vom Bauunternehmer nicht den vollen Schadensbeitrag verlangen kann. Der Auftraggeber muss sich gegenüber dem Bauunternehmer das Verschulden seines Architekten/Ingenieurs über die §§ 254, 278 BGB zurechnen lassen (BGH NJW 1984, 1676 = BauR 1984, 395, 397). Anspruch besteht dann nur auf den anteiligen Schaden. Ausnahme: Der BauU hat Planungsverantwortung übernommen (OLG Düsseldorf Urt. v. 22.11.2012 – 22 U 32/13) oder der GU eine „Vervollständigungsverantwortung" (OLG Franfkurt/BGH NZBz. IBR 2012, 701).

Liegt zwischen zwei Architekten ein gesamtschuldnerisches Verhältnis vor, entsteht der **560** Ausgleichsanspruch nach § 426 Abs. 1 S. 1 BGB nicht erst mit der Befriedigung eines Gläubigers, sondern bereits im Zeitpunkt der Entstehung des Gesamtschuldnerverhältnisses (OLG Frankfurt, Beschl. v. 25.5.2012 – 13 U 146/10). Dabei umfasst die Pflicht zur Freistellung auch die Verpflichtung, unbegründete Ansprüche von dem Freistellungsgläubiger abzuwehren (BGH IBR 2008, 35).

Ausnahmsweise kommt eine Mithaftung des objektüberwachenden Architekten bei Aus- **561** führungsfehlern des Unternehmers in Betracht. An sich haftet der Bauunternehmer für von ihm verursachte Ausführungsmängel im Innenverhältnis allein. Etwas anderes kann gelten, wenn es sich um grobe Überwachungsfehler bei in hohen Maßen schadensanfälligen Abschnitten handelt. So soll der überwachende Architekt bei Unterfangungsarbeiten für den Unternehmer schriftliche Planungen zu erstellen haben, mündliche Angaben reichten aufgrund der Gefahrgeneigtheit der Arbeit nicht aus (OLG Stuttgart IBR 2006, 283). Übersieht der Architekt eine Vielzahl vorhandener schwerer Mängel, begründe dies dem Anschein nach, dass er seinen Bauüberwachungspflichten nicht ausreichend nachgekommen sei (OLG Rostock, Urt. v. 2.2.2011 – 2 U 20/08).

Gegenteiliges wurde entschieden im Bereich von Estrich- und speziellen Abdichtungsar- **562** beiten (OLG Stuttgart IBR 2006, 283 u. OLG Düsseldorf IBR 2006, 1445). Bejaht wurde die Mithaftung des Bauherrn für Fehler seines bauaufsichtführenden Architekten auch dann, als dieser dem bauausführenden Unternehmer fehlerhafte Angaben zu Bohrstellen gegeben hatte (OLG Koblenz/BGH NZBz. BauR 2007, 1279). Ebenso wurde geurteilt, als zunächst Bauunternehmer u. Architekt gesamtschuldnerisch für Mängel am Bauwerk infolge unzureichend vorbereiteten Baugrundes hafteten. Das Mitverschulden des Bauherrn ergab sich daraus, dass der ebenfalls von ihm beauftragte Tragwerksplaner vergessen hatte, ausreichend Bewegungsfugen einzuplanen. Für die Haftungsverteilung im Innenverhältnis wurde allerdings betont, dass die Prüfung des Baugrunds eine Hauptleistungspflicht des Architekten darstelle (OLG Celle/BGH NZBz. IBR 2008, 508; ebenso BGH IBR 2004, 512).

Sobald für den Unternehmer Mängel der Planung erkennbar sind, hat er diese zu rügen. **563** Anderenfalls wird die Haftung weitgehend bei ihm verbleiben. Etwas anderes, wenn der Bauherr seinerseits durch seinen Architekten im Rahmen der von ihm gelieferten Planung nicht die Vorgaben eines Baugrundgutachters berücksichtigt hat (OLG Brandenburg IBR 2007, 1208). Plant der vom Bauherrn beauftragte Architekt von Anfang an fahrlässig keine Absicherungsmaßnahmen gegen Wasserschäden im Zuge von Dacharbeiten, wurde ihm gegenüber dem Dachdecker ein Mitverschulden von 75% angelastet (OLG Frankfurt IBR 2008, 224). Diese Prüfungspflicht von Plänen gilt auch im Verhältnis zwischen Fachunternehmen und Fachplaner (LG Rottweil IBR 2008, 148).

„Einem gesamtschuldnerisch mit einem Unternehmer wegen Bauaufsichtsfehlern haf- **564** tenden Architekten ist i.d.R. der Einwand versagt, der Auftraggeber hätte sich durch rechtzeitigen Zugriff beim Unternehmer befriedigen können." Dies selbst dann, wenn der Auftraggeber entgegen der Empfehlung des Architekten wegen der Mängel keinen Werklohn einbehalten hat (BGH IBR 2007, 571).

b) Haftung des Architekten bei Heranziehung von Sonderfachleuten

Vom Grundsatz her hat der Architekt nicht für jeden Mangel des Bauwerks einzustehen **565** – allerdings für die, die in sein Tätigkeitsgebiet fallen. Schaltet der Bauherr für fachspezifische Fragen einen Sonderfachmann ein, der in paralleler Zuständigkeit neben dem Architekten eigenverantwortlich in der Fachplanung tätig ist, scheidet eine Haftung des Architekten oftmals aus. Etwas anderes gilt, wenn die Leistung des Sonderfachmanns zum allgemeinen Wissensstand des Architekten gehört. In diesem Fall kann eine Mithaftung entstehen. Dabei ist darauf abzustellen, ob dem Architekten die Prüfung der Leistung des Sonderfachmanns möglich war und ihm Bedenken kommen mussten (OLG Bremen IBR 2008, 281). Der Architekt kann sich somit grundsätzlich auf das **Spezialwissen eines Sonderfachmanns** verlassen (OLG Jena IBR 2008, 341). Allerdings obliegt ihm eben immer eine Kontrollpflicht im Rahmen seiner verobjektivierten Fähigkeiten (OLG Celle IBR 2007, 436). Wenn also die unterschiedliche thermische Ausdehnung verschiedener Baustoffe sowohl für den Tragwerksplaner als auch für den Architekten erkennbar ist, werden beide gesamtschuldnerisch haften (OLG Düsseldorf NZBau 2008, 388). Dabei muss sich der Bauherr ein Planungsverschulden seines Architekten gegenüber dem von ihm in Anspruch genommenen Sonderfachmanns zurechnen lassen (OLG Karlsruhe/BGH NJW-RR 2007, 818). So hat der Architekt regelmäßig zu prüfen, ob der Tragwerksplaner von den tatsächlich gegebenen Verhältnissen ausgegangen ist. Umgekehrt muss der Tragwerksplaner, wenn ihm Zweifel kommen, ob der Baugrund hinreichend tragfähig ist, den Architekten hierauf ausdrücklich hinweisen (OLG Karlsruhe IBR 2007, 378). Übernimmt der Architekt die von einem Fachplaner erstellten Ausschreibungsunterlagen, tritt allein dadurch keine Verantwortung für deren Richtigkeit und Vollständigkeit ein (OLG Karlsruhe NZBau 2007, 451).

Aus den genannten Grundsätzen kann sich somit eine gesamtschuldnerische Haftung zwischen Architekten und Sonderfachleuten ergeben. Denkbar ist dies z.B. im Verhältnis zum Innenarchitekten, Tragwerksplaner, Vermessungsingenieur, Geologen, zu allen Planern der technischen Ausrüstung (Elektro, Klima, Heizung, Lüftung, Sanitär, etc.). Vom Ansatz her besteht insoweit kein Unterschied zur gesamtschuldnerischen Haftung mit dem Bauunternehmer. Bei Sonderfachleuten tritt jedoch der Umstand hinzu, dass diese Fachingenieure über Spezialwissen verfügen und gegenüber dem Architekten einem „Wissensvorsprung" aufweisen. Fraglich ist daher, inwieweit der Architekt die Angaben/Leistungen des Sonderfachmanns überprüfen kann bzw. muss. Dies vor dem Hintergrund, dass der Architekt nicht über das Spezialwissen aller Sonderfachleute verfügen kann (als Folge hat der BGH herausgearbeitet, dass der Architekt nur für übernommene Verpflichtungen haftet, IBR 2003, 552; i.d.S. auch OLG Köln IBR 1998, 490). Gleichwohl darf er auch die Leistungen von Sonderfachleuten nicht ungeprüft übernehmen (Haftung, obwohl Sonderfachleute beigezogen wurden, OLG Frankfurt/BGH IBR 2009, 593; gegenteilig OLG Karlsruhe IBR 2007, 626). Andernfalls kann sich hieraus seine gesamtschuldnerische Mithaftung (KG IBR 2010, 1133; OLG Karlsruhe IBR 2003, 1019) ergeben.

566   Der Architekt muss zumindest überprüfen, ob die Ausgangsdaten zutreffend sind, die der Sonderfachmann seiner Leistung zugrunde legt. Beispielsweise ist der Architekt im Falle der Heranziehung eines Tragwerksplaners verpflichtet, die statischen Berechnungen einzusehen. Er muss sich vergewissern, dass in der Statik von den tatsächlich gegebenen Verhältnissen ausgegangen wird. Entschieden vom Bundesgerichtshof, als der Tragwerksplaner unzutreffende Baugrundverhältnisse annahm (BGH BauR 1971, 265). Diese beruhten auf Abweichungen von den örtlichen Besonderheiten des Baugrundes. Diese Besonderheiten – unterschiedliche Vorbelastungen, dadurch Gefahr von Setzungsschäden – waren dem Architekten bekannt bzw. hätten ihm bekannt sein müssen. In einem entsprechenden Fall muss der Architekt zumindest klären, ob die statistischen Berechnungen gerade unter Zugrundelegung der tatsächlichen Verhältnisse noch aufrechterhalten werden können. Dabei stellt sich die Frage, ob eine bloße Rückfrage beim Sonderfachmann ausreicht. Dies dürfte zu verneinen sein. Sofern der Tragwerksplaner bei der Berechnung der Statik von „fehlerhaften Voraussetzungen" ausgegangen ist, handelt es sich um eine Angelegenheit von besonderer Wichtigkeit. Der Auftraggeber kann verlangen, dass eine umfassende und sichere Klärung herbeigeführt wird. Sofern die Statik auf falschen Tatsachen beruht, stellt dies für sich allein bereits einen „Unsicherheitsfaktor" dar. Dieser lässt sich regelmäßig nicht durch bloße Rückfrage seitens des Architekten ausräumen. Vielmehr muss sich der Architekt vergewissern, dass der Tragwerksplaner seine Berechnungen unter Berücksichtigung der tatsächlichen Verhältnisse umfassend überprüft (BGH IBR 2013, 476; BGH IBR 2013, 545; OLG Düsseldorf IBR 2013, 2974).

Grundlagen B

„Umgekehrt" ist denkbar, dass der Sonderfachmann sein Gutachten auf unzutreffende **567** Angaben des Architekten stützt. In diesem Falle sind beide in der Verantwortung. Eine interne Zuweisung hängt von dem jeweiligen Verursachungsbeitrag ab. Sofern der Architekt – im Auftrag des Bauherrn – einen Sonderfachmann heranzieht, muss er insbesondere dafür Sorge tragen, dass dessen Leistung auch tatsächlich zur Klärung der entscheidenden Fragen führt. Hierfür muss der Gutachterauftrag hinreichend klar und zutreffend formuliert sein. Erstellt der Sonderfachmann auf unklare oder unzureichende Fragen des Architekten ein „nutzloses" Gutachten, kann sich auch daraus eine (Mit-)Haftung des Architekten ergeben (BGH BauR 2002, 823).

Im Ergebnis setzt ein Gesamtschuldnerausgleich zwischen Sonderfachmann und Archi- **568** tekten voraus, dass dem Architekten ein für den festgestellten konkreten Schaden mitur-sächlicher Vertragsverstoß in Form eines Planungs- oder Überwachungsfehlers anzulasten ist (OLG Stuttgart IBR 2008, 401). Wird bei der Errichtung einer Tiefgarage das Fundament der Giebelwand eines auf dem Nachbargrundstück stehenden Gebäudes unterfangen, ohne zuvor den Baugrund zu untersuchen, haften für den Schaden sowohl Architekt, Bauunternehmer als auch Tragwerksplaner als Gesamtschuldner (OLG Karlsruhe BauR 2008, 1027). Prüft der Architekt im Rahmen des Aufbringens eines Sanierungsprozesses den Untergrund unzureichend und weist den Handwerker unzureichend an, kann er sich nicht darauf berufen, dass die entstandene Rissbildung noch andere Ursachen hat – Mitursächlichkeit reicht aus (OLG Celle, Urt. v. 29.1.2014 – 7 U 159/12). In die gleiche Richtung geht eine Entscheidung des OLG München, nach der der Architekt dem Bauherrn zwar vom Grundsatz her die Vorlage einer Planung schuldet, die für den Sonderfachmann so eindeutig ist, dass sie die diesem gestellte Aufgabe zweifelsfrei erkennen lässt. Gleichwohl wurde eine Haftung des Tragwerksplaners für Rissbildungen in einem Parkhaus bejaht, nachdem er die vom Architekten vorgegebene fehlerhafte Anordnung der Fugenausbildung ungeprüft übernommen hat (OLG München/BGH NZBz. IBR 2008, 585). Vor diesem Hintergrund ist der Architekt dem Bauherrn dann zum Schadensersatz verpflichtet, wenn er aus dem Bodengutachten erkennbar erforderliche Baumaßnahmen nicht umsetzt (OLG Brandenburg IBR 2008, 343).

Auch gegenüber verschieden Sonderfachleuten, insbesondere den Tragwerksplaner, trifft **569** dem Auftraggeber die Obliegenheit die notwendigen Angaben zu geben, die für die Erstellung einer mangelfreien Statik erforderlich sind. Hat er dies nicht getan, trifft ihn eine Mithaftung über die Gedanken des „Verschuldens gegen sich selbst". Gleiches gilt auch dann, wenn diese Angaben nicht von der Bauherrschaft selbst kommen, sondern von dem vom Auftraggeber beauftragten planenden Architekten (BGH, Urt. v. 15.5.2013 – VII ZR 257/11). Allerding wird man wie bei allen vergleichbaren Konstellationen auch hier wiederum zu prüfen haben, inwieweit der Betroffene Sonderfachmann die ihm übergebenden „fehlerhaften" Angaben überprüft hat und möglichen Hinweispflichten nachgekommen ist (i. d. S. BGH, Urt. v. 8.11.2007 – VII ZR 183/05).

Somit ist auch bei der Konstellation, dass der Bauherr einen Fachplaner beauftragt (geo- **570** technische Berater für Bruch- und Verformungsnachweis), um dessen Leistung seinem Architekten zur Verfügung zustellen, die Frage zu klären, ob Mängel der Fachplanerleistung dem Bauherrn in Verhältnis zu seinem Architekten anzurechnen sind. Auch hier fragt sich, ob ein „Verschulden gegen sich selbst" gegeben ist. Im Gegensatz zum Glasfassaden-Urteil wirkte sich die fehlerhafte Planung des Fachingenieurs allerdings nicht auf die Objektüberwachung des Architekten, sondern auf dessen anschließende Planung aus. Ein Mitverschulden wurde abgelehnt, da die Bauherrschaft diese Risiken gerade nicht übernehme (OLG Düsseldorf, Urt. v. 7.12.2010 – 21 U 156709). Etwas anderes hat der BGH entschieden, als der Gebäudeplaner dem Fachplaner unzureichende Unterlagen zur Verfügung gestellt hat. Diese mangelhafte Leistung des Gebäudeplaners sei dem Bauherrn im Verhältnis zu seinem Fachplaner anzulasten. Dem Bauherrn treffe insoweit ein Mitverschulden (BGH, Urt. v. 15.5.2013 – VII ZR 25711). An dieser Entscheidung ist zusätzlich zu beachten, dass der Tragwerksplaner versucht hat, durch einen einseitigen Hinweis im Zusammenhang mit der von ihm erstellten Statik sich seiner Haftung zu entziehen. So hatte er seine Unterlagen mit dem Hinweis verbunden, die seiner Leistung zugrundeliegenden

Baugrundannahmen müssten vor Baubeginn vom ausführenden Unternehmer und von der Bauleitung „verantwortliche" überprüft werden. Entsprechendes geht natürlich nicht.

571 Der Objektplaner muss die Leistungen anderer Planer integrieren, bzw. die Leistungsbeschreibungen anderer an der Planung fachlich Beteiligter abstimmen und koordinieren (OLG Braunschweig, Urt. v. 16.12.2010 – 8 U 123/08). Man kann es auch so ausdrücken, dass im Rahmen der Ausführungsplanung bspw. zwischen Objektplaner und TGA-Planer ein ständiger Informationsaustausch zu fordern ist. So hat der TGA-Planer die Ausführungswünsche des Architekten in Hinblick auf seine eigenen fachspezifischen Anforderungen zu bewerten. Treten Schäden ein, haften beide als Gesamtschuldner (OLG Düsseldorf, Urt. v. 25.10.2012 – 5 U 162/11). Soweit der Bauherr zur Überwachung von Mängelbeseitigungsleistungen ein Fachplaner einschaltet, befreit dies den Objektplaner nicht von seinen Pflichten, Vielmehr muss er seinerseits den Fachplaner überwachen (OLG Celle, Urt. 29.11.2012 – 5 U 70/12 n.rkr.). Im Rahmen dieser Entscheidung ist zu beachten, dass die fehlerhafte Fachplanerleistung dem Bauherrn im Verhältnis zu seinem objektüberwachenden Architekten nicht als Mitverschulden i. Sinne eines „Verschuldens gegen sich selbst" gewertet wurde.

572 Der Architekt wird mit der Beauftragung eines Tragwerksplaners nicht von seiner Verantwortung für die Planung der Wärmedämmung an tragenden Bauteilen enthoben. Auch insoweit wird von ihm eine Mitprüfung dahingehend erwartet, dass ihm entsprechende bautechnische Fachkenntnisse zugemutet werden können (OLG Hamm/BGH NZBz. Beschl. v. 25.10.2012 – VII ZR 33/1; OLG Braunschweig/BGH NZBz. Beschl. v. 12.4. 2012 – VII ZR 14/11). Im Verhältnis zwischen Tragwerksplaner und Architekt entstehen oftmals Zuweisungsprobleme bezüglich der Planung des Brandschutzes. Hier geht die Rechtsprechung davon aus, dass der Architekt prüfen muss, ob und wie die Möglichkeiten der Statik mit den Vorgaben der Auftraggeberseite bzgl. der Brandschutzvorschriften „kompatibel gemacht werden können" – dies sei nicht Aufgabe des Tragwerksplaners (OLG Celle/BGH, Beschl. v. 18.7.2013 – VII ZR 28/12). Handelt es sich um Sonderkonstruktionen bspw. bezüglich des Dachausbaus, wird dem Architekten eine sehr weitgehende eigenverantwortliche Kontrolle selbst der Pläne des Sonderfachmanns zugemutet. Dies vor dem Hintergrund, dass er bei derartigen Sonderkonstellationen von Gefährdungslagen ausgehen müsse und deshalb gerade auch Ausführungspläne intensiv zu prüfen habe (OLG Celle, Urt. v. 4.10.2012 – 13 U 234/11). Allerdings muss der Tragwerksplaner im Rahmen der von ihm vertraglich übernommenen Grundlagenermittlung mit der Bauherrschaft die vorgefunden Baugrundverhältnisse und die damit verbundene Folgen abklären (BGH, Urt. v. 20.6.2013 – VII ZR 4/12). Zutreffend ist i.d. Zusammenhg. Der Leitsatz des OLG Düsseldorf:

> „Der mit Vollarchitektur beauftragte Architekt hat im Rahmen seiner Überwachungspflicht (Leistungsphase 8) zu prüfen, ob der Sonderfachmann die fachtechnische Abnahme durchgeführt hat. Insbesondere im sensiblen Bereich des Brandschutzes hat der Architekt die Bauabläufe so zu koordinieren, dass die dort tätigen Handwerker durch Sonderfachleute überwacht werden und die handwerkliche Leistung in technischer Hinsicht überprüft wird" (OLG Düsseldorf, Urt. v. 17.11.2011 – 5 U 808/11).

573 Generell verbleibt es bei der Haftung des Architekten auch bei Einschaltung eines Fachplaners. Die Begründung dafür ergibt sich aus dem **funktionalen Mangelbegriff.** Auch der Architekt – nicht der der Bauunternehmer – schuldet dem Bauherrn einen Erfolg, beim planenden Architekten der mit dieser Planung bezweckte Erfolg. Selbst wenn sich die Vertragsparteien auf bestimmte Ausführungsmerkmale geeinigt haben, verbleibt es bei dieser Erfolgshaftung (OLG Celle, Urt. v. 29.1.2014 – 7 U 159/12). Etwas anderes kann nur dann gelten, wenn sich der Architekt auf **besondere Fachkenntnisse,** bspw. des Tragwerksplaners verlassen kann (OLG Naumburg/BGH NZBz. IBR 2014, 223).

c) Entscheidend: Übernommene, geschuldete Leistungspflicht

574 Keinen Gesamtschuldnerverbund hat die Rechtsprechung in Fällen angenommen, bei denen die verletzte Leistungspflicht primär einem potenziellen Gesamtschuldner zuzuordnen ist. Entschieden, als der Architekt eine nach DIN 4123 erforderliche Baugrundunter-

suchung mit der Folge des Auftretens von Gebäudeschäden bei in der Folge durchgeführten Unterfangungsarbeiten unterlassen hat. Es wurde als „alleinige" Hauptpflicht des mit der Planung beauftragten Architekten angesehen, die Eignung des Baugrundes für ein Vorhaben zu prüfen. Es wurde ihm insoweit kein Regressanspruch gegenüber dem ausführenden Unternehmer zugesprochen (OLG Karlsruhe IBR 2008, 461). Bei einer alleinigen Haftung des Architekten blieb es auch, als dieser den Unternehmer anwies, die Wärmedämmung anstatt wie geschuldet 8 cm nur 3 cm stark auszuführen. Das KG ging bzgl. dieser Anweisung zur Abänderung des Bauablaufes (nicht einer Vertragsänderung!) von einer Anscheinsvollmacht des Architekten aus (KG Urt. v. 29.4.2008 – 7 U 108/07). Ein Mitverschulden des Bauherrn i. R. der Schadensersatzforderung gegen seinen Architekten wurde bejaht, als der Architekt zuvor den Grundwasserstand („allg. bekannte Planungskomponente" – so das Gericht) fahrlässig unberücksichtigt ließ, der Bauherr jedoch entsprechende Warnhinweise im Bebauungsplan kannte (OLG München IBR 2008, 1119).

Keine gemeinsame Haftung ist somit dann gegeben, wenn eine geteilte Vergabe der **575** Leistungen vorliegt. Die Zurechnung daraufhin geschehener Pflichtverletzungen erfolgt im Bereich der jeweiligen Verträge. So geschehen, als ein Architekt die Leistungsphasen 1 bis 4 des § 33 HOAI a. F. erbracht hatte, ein anderer die Phasen 5 bis 9. Dass die geplanten Badezimmer wegen eines Kontergefälles mangelhaft waren, beruhte allein auf Fehlern in der Ausführungsplanung (Leistungsphase 5). Hier konnte nur der zweite Architekt in Anspruch genommen werden (OLG Celle, BGH IBR 2007, 625). Der Architekt, der in der Ausführungsplanung vergessen hatte, Details bzgl. einer Sperr- bzw. Z-Folie zu erstellen, berief sich nach Eintritt der Mängel darauf, dass die ihn beauftragende öffentliche Hand im Rahmen der von ihr selbst durchgeführten Bauleistung den Fehler hätte erkennen müssen. Dieser Mitverschuldenseinwand wurde mangels Erfüllungsgehilfeneigenschaft des Bauherrn abgelehnt (OLG Schleswig IBR 2007, 628).

d) Sonderfragen

Zwischen zwei mit aufeinander aufbauenden Tätigkeiten beauftragten Bauunternehmern **576** kann eine Gesamtschuld entstehen. So hat der Auftragnehmer für Putz- und Trockenbauarbeiten die vom Vorunternehmer eingebauten Kunststofffenster dahin zu überprüfen, ob die erforderliche Dampfdiffusionssperre eingebaut worden ist. Unterbleibt diese Überprüfung, entsteht ein Schadensersatzanspruch, auch wenn die vom Putz- und Trockenbauer eigentlich ausgeführten Arbeiten mangelfrei sind. Der Schaden besteht in der Nichtdurchsetzbarkeit eines „zweiten" Vergütungsanspruches für die wiederholte Aufbringung des Putzes nach erfolgter Abdichtung. Ein Mitverschuldenseinwand gegenüber dem Fensterbauer geht fehl, da dieser kein Erfüllungsgehilfe des Auftraggebers ist. Anderes gilt gegenüber dem Bauherrn bzgl. des Planungsverschuldens seines Architekten wegen Fehlens planerischer Detailangaben zur Abdichtung der Fenster (OLG Düsseldorf BauR 2008, 1005).

Geprüft wurde, ob ein Mitverschulden der Auftraggeberseite angenommen werden **577** kann, wenn der beauftrage Auftragnehmer für das Gewerk Dachausbau nach Beauftragung Werkstattpläne fertigt und diese dem Architekten bzw. Tragwerksplaner des Auftraggebers zuleitet. Sind die beiden zuletzt genannten verpflichtet, diese Pläne nochmals zu überprüfen? Das OLG Hamm hat dies mit seiner Entscheidung vom 12.4.2013 abgelehnt (OLG Hamm, Urt. v. 12.4.2013 – 12 U 75/12). Die ablehnende Begründung geht dahin, dass weder eine Pflicht noch Obliegenheit der Auftraggeberseite zu erkennen sei. Die Erstellung ordnungsgemäßer Werkpläne sei allein Aufgabe der Auftragnehmerseite. Das sie hierbei „überwacht" werden müssten, sei nicht ersichtlich.

Etwas anderes würde gelten, wenn vereinbart worden sei, dass die Auftragnehmerseite **578** nur nach Ausführungsplänen arbeiten dürfe, die zuvor von der Auftraggeberseite freigegeben worden sind. Vereinbart wird entsprechendes deshalb, damit die Auftraggeberseite überprüfen kann, ob ihre Planung durch das jeweilige Gewerk auch tatsächlich „richtig umgesetzt" wird (vgl. Mundt, NJW 2008, 2891). Allerdings wird auch für diese Konstellation zu Recht darauf hingewiesen, dass der Auftragnehmer damit nicht von seiner Pflicht, eine korrekte Leistung abzuliefern, entbunden wird (Hammacher, BauR 2013, 1592 ff., 1594). Immer in diesen Fällen ist die für einen Schadensersatzanspruch notwendige Kausalkette zwischen Fehler/Mangel und entstanden Schaden zu prüfen. Abgelehnt, als in einer Ausführungsplanung ein von der Genehmigungsplanung abweichendes Konzept festgelegt wurde (OLG Köln, Urt. v. 30.9.2013 – 7 U 32/13). Dabei hat der bauüberwachende Architekt die (geänderte) Ausführungsplanung eigenverantwortlich zu überprüfen, beispielsweise bezüglich des Wechsels von Baumaterial. Insoweit besteht die rechtliche Zweckgemeinschaft und damit die gesamtschuldnerische Haftung zwischen planendem und überwachendem Architekten (OLG Koblenz/BGH NZBz. IBR 2014, 222).

579 Eingangs wurde die Fallkonstellation genannt, dass das Vorhaben der Auftraggeberseite die Einschaltung mehrerer Fachplaner bedarf. In diesen Fällen stellt sich die Frage, wer diese Fachplaner zu koordinieren hat, der objektbegleitende Architekt oder die Bauherrschaft? Auch insoweit ist auf die HOAI 2013 hinzuweisen. Unabhängig davon, dass sie keine Leistungspflichten festlegt (wie alle HOAIs) werden dort Koordinierungspflichten deutlicher betont als in allen vorangegangen Novellen. In der Praxis wird man in entsprechenden Fällen – soweit nicht die Problematik in den Verträgen mit Objektüberwacher und Fachplanern fixiert wurde – wohl darauf abstellen müssen, ob dem objektüberwachenden Architekt eine solche Koordinierung der Fachplaner grundsätzlich möglich ist. Hat er überhaupt das Fachwissen hierfür? Wenn nicht, wird ihm die Bauherrschaft eine entsprechende koordinierte Planung der verschiedenen Fachplaner zur Verfügung stellen müssen. (So entschieden vom BGH, Beschl. v. 31.7.2013 – VII ZR 59/12). Allerdings wird man in all diesen Fällen zu prüfen haben, ob der Objektüberwacher auch ausreichend darauf hingewiesen hat, dass eine entsprechende Koordinierungsleistung fehlt.

580 Im Verhältnis zwischen Bauunternehmer und einem vom Bauherrn eingeschalteten Sonderfachmann (Bodengutachter) kann ebenfalls eine Gesamtschuld vorliegen. Hat der BauU allerdings ausreichende Hinweise auf die Fehler des vorgelegten Bodengutachtens, wird die alleinige Haftung bei ihm verbleiben (OLG Celle, BGH IBR 2008, 89). Es ist also denkbar, dass der Bauunternehmer die fachlichen Grenzen eines Fachingenieurs bzw. die Mangelhaftigkeit dessen Leistung erkennen muss. Diese allerdings nur im Rahmen ihm zumutbarer Prüfungs- und Hinweispflichten. Er ist insoweit kein „Ersatz-Gutachter" (OLG Köln, IBR 2007, 192 entgegen OLG Jena IBR 2005, 314 u. OLG Celle IBR 2004. 184), beispielsweise muss er über keine besonderen Kenntnisse über eine Statik aufweisen (entscheiden mit einer Haftungsverteilung im Rahmen einer Gesamtschuld zu Lasten des Tragwerkplaners zu 75% und des ausführenden Bauunternehmers zu 25%, KG IBR 2012, 335).

581 Strittig sind die Rechtsfolgen, wenn sich ein mangelgeschädigter Bauherr mit einem der Gesamtschuldner vergleichsweise einigt. Frage ist dann, ob dieser Vertragspartner des Vergleiches (der oftmals über seine reduzierte Schadensquote erfreut ist) gleichwohl noch von einem anderen Gesamtschuldner in Anspruch genommen werden kann (Stichwort: **Gestörter Gesamtschuldnerausgleich**). Dies nachdem der Bauherr seinerseits gegen diesen anderen Gesamtschuldner vorgegangen ist und dort seine verbleibenden Ansprüche durchgesetzt hat. Für diese Fälle kann nur angeraten werden, dass sich die den Vergleich schließenden Parteien vor Abschluss darüber erklären, inwieweit noch Ansprüche gegen Dritte weiter verfolgt werden sollen (OLG Düsseldorf BauR 2007, 2097). Die Problematik ist deshalb so relevant, weil die Gerichte teilweise unterstellen, dass der Bauherr den Haftungsanteil, den er gegenüber seinem Vergleichspartner nachgegeben hat, auch gegenüber anderen Gesamtschuldnern nicht mehr durchsetzten kann. Dies mit der Begründung, dass anderenfalls der Vergleich im Rahmen des Gesamtschuldnerregresses keine Wirkung entfalten könne (OLG Celle IBR 2008, 92).

582 Ein Sonderfall liegt vor, wenn der Besteller den Unternehmer mit dem Ziel der Abgabenumgehung beschäftigt. Entsprechende Verträge verstoßen gegen das Gesetz zur Bekämpfung der Schwarzarbeit. Ob ein solcher Werkvertrag aufgrund einer „Ohne-Rechnung-Abrede" insgesamt nichtig ist, sollte sich nach früherer Rechtsprechung nach § 139 BGB richten (BGH IBR 2001, 120). Dabei wurde auch danach unterschieden, ob beide Parteien Abgaben umgehen wollten. Als Folge ging man lange Zeit davon aus, dass seitens des Auftraggebers gegenüber den Auftragnehmern keine Mängelansprüche bestehen. Aufgrund zweier Entscheidungen des BGH v. 24.4.2008 sollte sich jedoch der Ingenieur oder

der Bauunternehmer bei entsprechenden unwirksamen Verträgen wegen Treuwidrigkeit zur Abwehr von Mängelansprüchen gerade nicht auf die Gesetzeswidrigkeit der Abmachung berufen können (BGH IBR 2008, 397 u. IBR 2008, 431 in Abgrenzung zu BGH IBR 2001, 120; kritisierend Wirth/Galda in FS Franke). „Gelöst" wurden diese Unsicherheiten/Widersprüche im Jahre 2013 durch eine weitere Entscheidung des BGH, wonach gemäß § 1 Abs. 2 Nr. 2 SchwarzArBG i. m. V. § 134 BGB entsprechende Verträge nichtig sind und deshalb weder Vergütungs- noch Gewährleistungsansprüche bestehen (BGH Urt. v. 1.8.2013 VII ZR 6/13; bestätigt durch OLG Schleswig, Urt. v. 16.8.2013 – 1 U 24/13).

Eine nicht alltägliche Konstellation wurde entschieden, als ein Unternehmer im Zuge **583** der Erstellung einer Schwimmbadanlage nicht nur die Erstellung seines Werkes, sondern zusätzlich auch Planungsleistungen erbrachte. Tut er dies, ist er verpflichtet, die ihm zur Verfügung gestellten Entwurfsplanung zu überprüfen. Zwar verbleibt es bei einem Verschulden der Auftraggeberseite, die diese mit Fehler behaftete Planung zur Verfügung gestellt hat, auf Grund einer nichtausreichenden Überprüfung seitens des ausführenden Unternehmers trifft diesen jedoch ein Mitverschulden (OLG Frankfurt, Urt. v. 16.3.2010 – 14 U 31/04).

Im bekannten „Blockheizkraftwerk-Fall" geht es darum, inwieweit ein Unternehmer, **584** der Komponenten-Leistungen für ein Gesamtwerk zu erstellen hat, Kenntnisse von der Funktionalität des Gesamtwerkes haben muss. Der Bundesgerichtshof verlangt in diesem Fall von dem die Komponenten liefernden Unternehmer, dass er sich über das Gesamtwerk „schlau" macht – allerdings nur soweit, als ihm dies fachlich zumutbar ist. Ist ihm das möglich, liegt allein deshalb zwar kein Sachmangel vor, allerdings kann die Verletzung einer Prüfungs-/Hinweispflicht vorliegen. Zusätzlich führt der BGH aus, dass die Erfüllung der Prüfungs-/Hinweispflichten ein Tatbestand sei, *„der den Unternehmer von der Sach- oder Rechtsmangelhaftung befreit."* Ebenso wird festgestellt, dass der die Komponenten liefernde Unternehmer bereits bei Vertragsschluss die Pflicht hatte, mit abzuklären, ob ausreichende Vorleistungen der Anderen vorliegen. Auch ausgesprochen wird, dass eine mögliche Nachbesserungspflicht des Unternehmers voraussetzt, dass der Auftraggeber ihm zuvor nun angepasste Vorleistungen der anderen Unternehmer anbietet. Anderenfalls wird er von seiner Leistungspflicht frei (BGH, Urt. v. 8.11.2007 – VII ZR 183/05).

Fehlerhafte Freigaben der vom Auftragnehmer erstellten Werkstattpläne durch einen **585** Prüfsachverständigen (Stahlkonstruktion) entlasten die Auftragnehmerseite nicht. Der Prüfsachverständige ist insoweit kein Erfüllungsgehilfe des Auftraggebers im Verhältnis zum Auftragnehmer; anders das Verhältnis zwischen dem Tragwerksplaner des Auftraggebers im Verhältnis zum Bauunternehmer (OLG Brandenburg IBR 2014, 289). Seine Aufgaben liegen darin, den Schutz der Allgemeinheit herbeizuführen und nicht die Arbeiten der Auftragnehmerseiten zu überprüfen (OLG Hamm, Urt. v. 12.4.2013 – 12 U 75/12 n. rkr. u. OLG Stuttgart, Urt. v. 24.4.2012 – 10 U 7/12). In der Praxis geschieht es immer wieder, dass ein **Prüfstatiker,** nachdem er Bedenken gegen die vom Tragwerksplaner vorgeschlagene Lösung erhebt, selbst einen Lösungsvorschlag unterbreitet. Der Tragwerksplaner muss erkennen, dass er sich auf einen entsprechenden Lösungsvorschlag nicht verlassen kann. Vielmehr muss er den Vorschlag des Prüfstatikers überprüfen, andernfalls gerät er in die Haftung (BGH, Urt. v. 9.2.2012 – VII ZR 31/11).

Im Verhältnis zwischen einer Spezialfirma für Tiefbau und der Auftraggeberseite hat ers- **586** tere Unterlagen der Bauherrschaft intensiv zu überprüfen – bspw. ein zur Verfügung gestelltes Baugrundgutachten. Dabei darf selbst das Spezialunternehmen nicht als „zweiter Baugrundgutachter" gefordert werden. Allerdings kann von einer „Spezialfirma" ein erhöhtes know-how und damit eine intensivere Überprüfungspflicht gefordert werden (OLG Jena, Urt. v. 30.4.2002 – 3 U 1144/01). Eine Sonderkonstellation ergibt sich regelmäßig auch dann, wenn – wie heute oftmals üblich – Fertigbauteile zum Einsatz kommen. Auch hier stellt sich die Frage der Intensität der vom Objektüberwacher zu fordernden Überwachungspflichten. Wie weit muss er die fertigen Elemente und eventuell die Grundlagen der Konstruktion überprüfen? Das OLG Hamm hat insoweit eine **bloße äußere Sichtkontrolle** der angelieferten Fassadenelemente als nicht ausreichend angesehen. Der Objektüberwacher hätte erkennen müssen, dass Entwässerungs- und Belüftungsvorrichtungen fehlten

(OLG Hamm, Urt. v. 20.12.2013 – 12 U 79/13). Auch insoweit kann nur geraten werden, eine vertragliche Vorsorge bezüglich der geschuldeten Leistungspflicht vorzunehmen.

587 *„Sind dem Auftraggeber Umstände bekannt, auf Grund derer sich die Fehlerhaftigkeit der Genehmigungsplanung des Architekten aufdrängt, und macht er von der erteilten Baugenehmigung dennoch Gebrauch, verstößt er regelmäßig gegen die im eigenen Interesse bestehende Obliegenheit, sich selbst vor Schäden zu bewahren."* Ihn trifft insoweit ein Mitverschulden (BGH, Urt. v. 10.2.2011 – VII ZR 8/10). *„Beauftragt ein Bauherr verschiedene Architekten mit der Planung unterschiedlicher Bereiche und sind die Pläne des einen für die Planung des anderen von Bedeutung, muss der Bauherr sich etwaige Fehler in den Plänen des einen Architekten gegenüber dem anderen Architekten dann nicht im Sinne eines Verschuldens gegen sich selbst nach §§ 254 Abs. 2 Satz 2, 278 BGB als Mitverschulden zurechnen lassen (BGH, Urt. v. 27.11.2008 – VII ZR 206/06; BGH, Urt. v. 15.5.2013 – VII ZR 257/11), wenn die Planungsfehler den Bereich betreffen, mit dessen Planung der andere Architekt selbst beauftragt war"* (OLG Celle, Urteil vom 24.7.2014 – 16 U 59/13 n. rkr., NZB. z. VII ZR 193/14).

e) Architektenschaft entlasten

588 Die Baubranche in Deutschland hat erkannt, dass die derzeitige Haftungsverteilung am Bau stark zu Lasten der Architektenschaft ausfällt. Nicht zuletzt deshalb hat sich der Deutsche Baugerichtstag im Jahre 2013 mit der Frage beschäftigt, ob eine Haftungsentlastung der Architektenschaft gerade im Bereich der gesamtschuldnerischen Haftung möglich ist. Nachgedacht wurde insbesondere über ein geändertes Haftungskonzept am Bau. Die derzeitige Lage, wonach für die in Rede stehenden Mangelfolgeschäden allein die Architekten versichert sind, führt regelmäßig zu deren vorrangiger Inanspruchnahme.

589 Die Fragestellung geht somit dahin, ob die Architektenschaft weiterhin weitgehend allein das Risiko für Mangelfolgeschäden am Bau tragen soll. Derzeit ist dies deshalb der Fall, weil Bauunternehmer für von ihnen selbst verursachte Gewährleistungsmängel im Regelfall nicht versichert sind (ausgenommen das aus Frankreich stammende sich in Deutschland bisher nicht durchsetzende Versicherungsmodell der Baufertigstellungs- und der Baugewährleistungsversicherung – Schutzpaket für Bauträger, Generalübernehmer und bauausführende Unternehmen). Versichert sind für derartige Schäden nur die Architekten/innen, weil es sich bei ihnen insoweit nicht um Gewährleistungsmängel handelt, sondern um Mangelfolgeschäden. Dies ist der Grund, weil sich in der Praxis die Bauherrn bei Gewährleistungsmängeln im Regelfall an die Architektenschaft halten (Gewährleistungsmangel ist Folge eines Planungs- oder eines Objektüberwachungsfehlers), nicht dagegen an den eigentlichen Verursacher des Mangels, den Bauunternehmer. Diese einseitige Haftungszuweisung wurde in der Praxis erkannt. Nicht zuletzt der Deutsche Baugerichtstag beschäftigt sich seit dem Jahre 2011 in seinem Arbeitskreis IX mit dieser Problematik. Diskutiert wird insoweit eine geänderte Regelung der gesamtschuldnerischen Haftung (hierzu *Preussner,* BauR 2014, 751 ff.) am Bau bzw. eine abgewandelte Konzeption der versicherungsrechtlichen Verteilung (hierzu *Meier* „Vermeidung von Baustreitigkeiten durch ganzheitliche Ansätze der Versicherungswirtschaft – eine möglicherweise steiniger Weg!", BauR 2012, 1559 ff.).

10. Verjährungsfragen im Haftungsbereich

a) Änderungen durch das Schuldrechtsmodernisierungsgesetz

590 Das Schuldrechtsmodernisierungsgesetz hat die regelmäßige Verjährungsfrist von dreißig auf drei Jahre verkürzt (§ 195 BGB). Auch weiterhin finden sich neben den Regelungen im allgemeinen Verjährungsrecht besondere Regelungen im Werkvertragsrecht. Diese gelten für die Verjährung von Mängelrechten. Insoweit ist es für Planungs- und Überwachungsleistungen im Zusammenhang mit Bauwerken (Wortlaut des Gesetzes: „hierfür") bei der fünfjährigen Frist geblieben. Liegen allerdings Planungs- oder Überwachungsleistungen vor für Werke, deren Erfolg in der Herstellung, Wartung oder Veränderung einer Sache liegen, gilt nun eine zweijährige Frist.

Auch in anderen Punkten wurde die Systematik des Verjährungsrechts geändert. Durch **591** die Schaffung einer einheitlichen „Pflichtverletzung" sollte die Notwendigkeit der Unterscheidung von Mangelschäden, nahen und entfernten Mangelfolgeschäden, unnötig werden. Dies ist an sich gelungen, jedoch bleibt eine Abgrenzungsnotwendigkeit von Haupt- und Nebenpflichten. Zwar ist bei Haupt- und Nebenpflichten die Verjährungsdifferenzierung zwischen der dreißigjährigen und der fünfjährigen Frist entfallen, nun aber besteht eine Differenzierung nach drei- und fünfjähriger Frist. So verjähren Ansprüche im Zusammenhang mit Werkmängeln über die §§ 634, 634a BGB in fünf Jahren. Werden dagegen Nebenpflichten verletzt, ergibt sich über die Haftungskette der §§ 241 Abs. 2, 282, 280, 195 BGB eine dreijährige Anspruchsverjährungsfrist.

b) Verjährung von Mängelansprüchen – Gesetzessystematik

Die Verjährung von Mängelansprüchen aus einem Architekten- bzw. Ingenieurvertrag **592** richtet sich nach § 634a BGB.

• Folgende Verjährungsfristen sind bei Mängeln zu unterscheiden:

2 Jahre	§ 634a Abs. 1 Nr. 1 BGB
5 Jahre	§ 634a Abs. 1 Nr. 2 BGB
3 Jahre	§§ 195, 199 BGB (regelmäßige Verjährungsfrist – Höchstfristen zehn bzw. 30 Jahre).

Die Verjährungsfrist für Mangelansprüche beginnt mit der Abnahme. Erfolg keine Ab- **593** nahme, kann das Ende der Erfüllungsphase auch durch das Ausüben eines Gestaltungsrechts herbeigeführt werden. Macht der Auftraggeber Schadensersatzansprüche geltend, hat auch dies das Ende der Erfüllungsphase zur Folge, jedenfalls soweit er zu erkennen gibt, dass er an der weiteren Erfüllung des Vertrages nicht festhält. In diesen Fällen ist die Abnahme für den Verjährungsbeginn nicht erforderlich. Fehlt es an einem solchen Ende der Erfüllungsphase, beginnt der Lauf der Verjährungsfrist nicht. Das hat zur Folge, dass zwar schon Schadensersatzansprüche bestehen können, aber die Verjährung des Ersatzanspruchs noch nicht begonnen hat (BGH zum alten Schuldrecht in IBR 2011, 202. Allerdings kann Verwirkung in Betracht kommen, wenn der Auftraggeber seine Ersatzansprüche über vierzehn Jahre lang nicht verfolgt hat (BGH IBR 2011, 590).

aa) Planungs- und Überwachungsleistungen für Bauwerke

Mängelansprüche aus der Verletzung von Planungs- und Überwachungsleistungen ver- **594** jähren bei Bauwerken in fünf Jahren (§ 634a Abs. 1 Nr. 2 Alt. 2 BGB). Erfasst ist hiervon die typische Architektenleistung bei Bauwerken von der Planung bis zur Objektüberwachung. Dies gilt auch für Teilbeauftragungen. Die Verjährungsfristen für Bauunternehmer (Bauwerk) und Architekten/Ingenieure (Planungs- und Überwachungsleistungen für ein Bauwerk) haben gem. § 634a Abs. 1 Nr. 2 BGB die gleiche Dauer. Die Verjährung beginnt jedoch in aller Regel zeitlich versetzt – jeweils mit der Abnahme des Werkes des Bauunternehmers oder des Architekten/Ingenieurs (§ 634a Abs. 2 BGB). Dabei führen einheitliche Planungsaufträge (Doppelhaus) unabhängig von unterschiedlichen Schadenspositionen zu einem einheitlichen Verjährungslauf (OLG München IBR 2008, 1046). Mängel in Kostenermittlungen stellen keine Nebenpflichtverletzungen dar, sondern sind Sachmängel, die unter die fünfjährige Verjährungsfrist des § 638 BGB a. F. bzw. § 634a BGB n. F. fallen (OLG München, BGH IBR 2007, 1258). Wenn nur Teile eines Bauwerks betroffen sind (Tank einer Produktionsanlage) soll es gleichgültig sein, ob diese Teile selbst als Bauwerk anzusehen sind, weil Arbeiten an einem Bauteil den Arbeiten an einem Gesamtbauwerk gleichzustellen sind (OLG Brandenburg IBR 2007, 629). Übernimmt der Sachverständige zusätzlich zur Gutachtertätigkeit Prüfungs- und Überwachungsaufgaben bzw. unterbreitet er Sanierungsvorschläge, soll ebenfalls die fünfjährige Frist gelten (OLG Frankfurt IBR 2008, 300 mit Anm. Bleutge).

bb) Sonstige Planungs- und Überwachungsleistungen

Für andere als in § 634a Abs. 1 Nr. 2 BGB genannte Werke gilt nach § 634a Abs. 1 **595** Nr. 1 BGB eine zweijährige Frist. Dieser umfasst – vorbehaltlich der Nr. 2 – Werke, deren

Erfolg in der Herstellung, Wartung oder Veränderung einer Sache oder der Erbringung von Planungs- oder Überwachungsleistungen bestehen. Hauptanwendungsfälle sind Wartungs- und Reparaturarbeiten. Zudem erfasst Nr. 1 auch baurelevante Planungs- und Überwachungsleistungen. Dies gilt beispielsweise für solche des Gartenplaners oder des Konstrukteurs von Anlagen, die nicht unter § 651 BGB fallen, aber auch keine Bauwerke sind (Beispiel: Garten- und Landschaftsbauarchitekt). Die Verjährung beginnt auch hier mit der Abnahme, § 634a Abs. 2 BGB.

cc) Auffangtatbestand

596   Andere Werke – die nicht in § 634a Abs. 1 Nr. 1 u. 2 BGB und § 651 BGB genannt sind – fallen unter die regelmäßige dreijährige Verjährungsfrist, § 634a Abs. 1 Nr. 3 BGB (zusätzlich zu beachten sind Werke i. S. d. § 651 BGB, für die die kaufrechtliche Verjährung gilt). Das Gesetz schafft somit einen Auffangtatbestand für Verjährungsfristen der Werkverträge, die von den zuvor genannten Nrn. 1 und 2 des § 634a Abs. 1 BGB u. § 651 BGB – und auch nicht über § 651 BGB dem Kaufrecht unterfallen- nicht erfasst werden. Für den Architekten/Ingenieur ist als Beispiel die Tätigkeit als Gutachter zu nennen (anderes soll gelten bei einer Kombination von Gutachten mit Prüfungs-, Überwachungsaufgaben/Sanierungsvorschlägen, vgl. OLG Frankfurt IBR 2008, 300 m. Anm. Bleutge – s. auch oben). Für den Beginn der Verjährungsfrist in diesem Bereich ist nicht wie bei § 634a Abs. 2 BGB auf die Abnahme abzustellen. Vielmehr richtet sich der Verjährungsbeginn nach § 199 BGB (regelmäßige Verjährungsfrist).

597   Der Beginn der regelmäßigen Verjährungsfrist ist in § 199 Abs. 1 BGB geregelt. Sie beginnt mit dem Schluss des Jahres, in dem der Anspruch entstanden ist (§ 199 Abs. 1 Nr. 1 BGB) und der Gläubiger von den den Anspruch begründenden Umständen und der Person des Schuldners Kenntnis erlangt oder ohne grobe Fahrlässigkeit erlangen musste (§ 199 Abs. 1 Nr. 2 BGB). Die Ultimo-Regelung (Schluss des Jahres) gilt jedoch ausschließlich für die Fälle, in denen das Gesetz auf die regelmäßige Verjährungsfrist verweist. Benennt das Gesetz indes ausdrücklich eine Verjährungsfrist von drei Jahren, wie in § 12 ProdHaftG (Verjährung des Schadensersatzanspruchs gegen den Hersteller), findet die Ultimo-Regelung keine Anwendung.

598   Als erste Voraussetzung bei § 199 Abs. 1 BGB ist die Kenntnis des Gläubigers von den anspruchsbegründenden Umständen zu prüfen. Anknüpfend an die Rechtsprechung zu § 852 BGB a. F. wird bei einem Schadensersatzanspruch regelmäßig verlangt, dass Kenntnis von der Pflichtverletzung und vom Eintritt des Schadens vorliegt. Dabei ist keine Detailkenntnis erforderlich. Es genügt vielmehr, dass der Gläubiger auf Grund der ihm bekannten oder erkennbaren Tatsachen mit einiger Erfolgsaussicht eine Klage erheben könnte – wobei eine Feststellungsklage als ausreichend angesehen wird.

599   Weiterhin muss der Gläubiger Kenntnis von der Person des Schuldners haben. Dabei hat er sich die Kenntnis Dritter zuzurechnen. Dies gilt z. B. für: Die Kenntnis des nach der Zuständigkeitsverteilung zuständigen Bediensteten bei einer Behörde; die Kenntnis des gesetzlichen Vertreters bei Geschäftsunfähigkeit des Gläubigers; den Kenntnisstand des Abtretenden bei der Abtretung zu Lasten des neuen Gläubigers. § 199 Abs. 1 Nr. 2 BGB enthält im Vergleich zum bisherigen § 852 BGB a. F. eine weitergehende Formulierung. So hat sich der Gläubiger grob fahrlässige Unkenntnis zurechnen zu lassen. Bei komplexen Abläufen und Zusammenhängen kann fehlende Tatsachenkenntnis gegeben sein. Hier dürfte eine Unterscheidung der Sorgfaltsanforderungen bei Verbrauchern (§ 13 BGB) und Unternehmern (§ 14 BGB) angebracht sein.

dd) Begrenzung durch Höchstfristen bei regelmäßiger Verjährungsfrist

600   Das neue – auf die Kenntnis bzw. grob fahrlässige Unkenntnis abstellende – Verjährungssystem würde ohne ein entsprechendes Korrektiv zu Rechtsunsicherheit führen. Dies gilt insbesondere, wenn der Zeitpunkt der Kenntnis bzw. grob fahrlässigen Unkenntnis bereits einige Jahre zurück liegt. Auch könnten Beweisschwierigkeiten auftreten (fehlende Unterlagen, etc.). Aus diesem Grunde hat sich der Gesetzgeber entschlossen, eine Begrenzung durch Höchstfristen vorzunehmen. Diese finden sich in § 199 Abs. 2, 3 und 4 BGB. § 199

Abs. 2 BGB trifft eine Sonderregelung für Schadensersatzansprüche, die auf der Verletzung höchstpersönlicher Rechtsgüter (Leben, Körper, Gesundheit oder Freiheit) beruhen. Dabei kommt es nicht auf die Entstehung des Anspruchs und die Kenntnis oder grob fahrlässige Unkenntnis an. Das Gesetz nennt vielmehr eine kenntnisunabhängige absolute Frist von 30 Jahren. Diese läuft von der Begehung der Handlung, der Pflichtverletzung oder dem sonstigen, den Schaden auslösenden Ereignis an. Bei Kenntnis des Gläubigers kommt die Frist von 30 Jahren zur Anwendung, wenn die Kenntnis später als im 26. Jahr erlangt wird.

Für sonstige Schadensersatzansprüche (z. B. aus der Verletzung von Eigentum) gelten die **601** Höchstfristen des § 199 Abs. 3 BGB. Dabei wird getrennt: Einerseits tritt Verjährung innerhalb von 10 Jahren ein, „ohne Rücksicht auf die Kenntnis oder grob fahrlässige Unkenntnis von ihrer Entstehung an" (§ 199 Abs. 3 Satz 1 Nr. 1 BGB). Erfasst von dieser Vorschrift sind u. a. Schadensersatzansprüche wegen fehlerhafter Beratung, Schadensersatzansprüche wegen Nebenpflichtverletzungen, Amtshaftungsansprüche sowie Schadensersatzansprüche wegen Arglist bei Verträgen.

Andererseits ohne Rücksicht auf Entstehung und Kenntnis oder grob fahrlässige Un- **602** kenntnis: Verjährung in 30 Jahren von der Begehung der Handlung, der Pflichtverletzung oder dem sonstigen schadenauslösenden Ereignis an (§ 199 Abs. 3 Satz 1 Nr. 2 BGB). Um Abgrenzungsschwierigkeiten vorzubeugen, bestimmt § 199 Abs. 3 Satz 2 BGB, dass die früher endende Frist maßgeblich ist.

Andere Ansprüche als Schadensersatzansprüche verjähren ohne Rücksicht auf die **603** Kenntnis oder grob fahrlässige Unkenntnis in einer Höchstfrist von 10 Jahren – beginnend mit ihrer Entstehung (§ 199 Abs. 4 BGB). Hierzu zählen beispielsweise: Erfüllungsansprüche aus Werkvertrag, Herausgabeansprüche sowie Ansprüche aus ungerechtfertigter Bereicherung.

Werden dem Architekten keine Planungs- oder Überwachungsfehler vorgeworfen, sondern Beratungsfehler, wird für einen Schadensersatzanspruch über § 634a Abs. 1 Nr. 3 BGB ab Ende des Jahres der Kenntniserlangung die regelmäßige Verjährungsfrist von drei Jahren angenommen (OLG Koblenz, IBR 2011, 1373).

ee) Arglistiges Verschweigen eines Mangels – Organisationsverschulden

Die regelmäßige dreijährige Verjährungsfrist gilt nach § 634a Abs. 3 BGB auch, wenn **604** ein Mangel arglistig verschwiegen wird. Insofern finden weder die Fristen des § 634a Abs. 1 Nr. 1 und 2 BGB, noch der Verjährungsbeginn zum Zeitpunkt der Abnahme Anwendung (§ 634a Abs. 2 BGB). Vielmehr beginnt die Verjährungsfrist am Schluss des Jahres der Anspruchsentstehung und des Vorliegens der Kenntnis bzw. grob fahrlässigen Unkenntnis des Gläubigers von den anspruchsbegründenden Umständen und der Person des Schuldners (§ 199 BGB).

Würde allerdings bei § 634a Abs. 1 Nr. 2 BGB die regelmäßige Verjährungsfrist ohne **605** Einschränkung Anwendung finden, so würde der arglistig Handelnde bei der Leistung für ein Bauwerk u. U. besser gestellt als der redlich Handelnde: Er würde – abhängig vom Kenntnisstand des Auftraggebers – nur drei Jahre für arglistig verschwiegene Mängel haften. Um dieses Ergebnis zu korrigieren, bestimmt § 634a Abs. 3 Satz 2 BGB, dass bei Arglist die Verjährung bei Bauwerken und dazugehörigen Planungs- und Überwachungsleistungen nicht vor Ablauf der in § 634a Abs. 1 Nr. 2 BGB genannten 5-Jahresfrist eintritt.

Aufgrund einer Entscheidung des BGH v. 12.3.1992 (BauR 1992, 500 = NJW 1992, **606** 1754, dazu Wirth BauR 1994, 33) ist das sog. Organisationsverschulden der Arglist gleichzusetzen. Die dabei entwickelten Rechtsgrundsätze sind auch auf den planenden Architekten/Sonderfachmann sowie den überwachenden Architekten anzuwenden (OLG Düsseldorf IBR 2007, 35). Zu weitgehend ist es allerdings, wenn zwischenzeitlich von den Gerichten Organisationsverschulden auch beim nicht arbeitsteilig organisierten Architekten angenommen wird (OLG Düsseldorf IBR 2006, 155). Schließlich basiert diese vom BGH entwickelte „Arglistform" aufgrund des Organisationsverschulden darauf, dass der arbeitsteilig handelnde Unternehmer (Bauunternehmer/Architekt/Ingenieur) sich durch Delegation auf Andere bei der Ablieferung des Werkes unwissend hält (OLG Köln IBR 2007, 627; KG, BGH IBR 2008, 36) und insoweit nicht schützenswerter ist als der selbst tätige.

Etwas anderes kann dann gelten, wenn der allein tätige Architekt die Pflicht zur Bauaufsicht gar nicht wahrgenommen hat (OLG Düsseldorf, BGH IBR 2008, 525).

607 Ausreichend für ein solches Organisationsverschulden ist dabei nicht, dass der Architekt einen Serienfehler oder grobe Fehler in der Detailplanung begeht (OLG München BauR 2008, 1334). Hinzutreten muss immer die arbeitsteilige Auftragsdurchführung. Das Argument, das dahinter steht, geht dahin, dass bei einem Einzelunternehmer diesem bei Ablieferung entsprechender mangelhafter Arbeiten Arglist unterstellt werden kann (weil eben nur er allein tätig war), während beim arbeitsteilig vorgehenden Unternehmer hinzutreten muss, dass er eine Organisation unterhalten hat, die entsprechende Mängel bei der Ablieferung des Werkes zugelassen hat. Nicht ausreichend ist deshalb, dass der die Bauaufsicht selbst durchführende Architekt offensichtliche schwerwiegende Mängel übersieht. Allerdings lassen solche Mängel den – widerlegbaren – Schluss zu, der Architekt habe nicht auf eine ausreichende Organisation geachtet (OLG Düsseldorf, BGH IBR 2008, 525).

608 Arglistiges Verhalten wird angenommen, wenn der Architekt weiß, dass er seine Überwachungspflicht nicht korrekt wahrgenommen hat, deshalb mit Mängeln rechnet und dieses Risiko nicht offenlegt (OLG Stuttgart NZBau 2008, 513). Gleiches gilt, wenn der bauüberwachende Architekt bei der Abnahme nicht offenbart, dass er entweder überhaupt keine Bauüberwachung vorgenommen hat oder bei einzelnen überwachungswichtigen Werken nicht dabei war (OLG Koblenz, BGH NZBz. IBR 2013, 756). Er darf dabei keine Erklärungen „ins Blaue" abgeben, wenn ihm keine Beurteilungsgrundlagen vorliegen (OLG Naumburg, Urt. v. 20.6.2013 – 1 U 91/12). Auch dann, wenn der Auftragnehmer zuverlässige erfahrene Mitarbeiter einsetzt soll er deren Einsatz einer Eigen- oder Fremdkontrolle unterziehen müssen (OLG Hamm, BGH NZBz. Urt. v. 11.4.2013 – VII ZR 139/12). Bejaht wurde die Arglist, als der Architekt entgegen den anerkannten Regeln der Technik plante (entschieden, als ein in der DIN vorgesehener statischer Nachweis für ein Bauteil nicht erstellt wurde, OLG Bamberg, BGH IBR 2007, 1191).

Keine Arglisthaftung sollen handwerkliche Nachlässigkeiten auslösen (OLG Karlsruhe IBR 2012, 385). Ebenfalls abgelehnt für den Fall eines „nur fahrlässigen Organisationsverschuldens" eines Architekten – im Gegensatz zum sich bewusst unwissend Halten (OLG Naumburg NZBau 2007, 522 = BauR 2008, 708); abgelehnt bei nicht ausreichender Überwachung eines Subplaners (LG Frankfurt IBR 2011, 224). Treten gravierende Ausführungsmängel auf, spricht der Beweis des ersten Anscheins dafür, dass der Architekt seinen Überwachungspflichten nachgekommen ist und deshalb Arglist anzunehmen ist – diese Annahme kann er dadurch ausräumen, dass er beweist welche Überwachungsleistungen er erbracht hat (OLG Frankfurt, BGH Beschl. v. 6.2.2014 – VII ZR 327/12 NZB. z.).

ff) Rücktritt und Minderung

609 Nicht alle in § 634 BGB genannten Rechte unterliegen der Verjährung. Durch das Schuldrechtsmodernisierungsgesetz wurden die Rechte des § 634 Nr. 3 BGB – Rücktritt und Minderung – als sog. Gestaltungsrechte normiert. Das unverjährbare Recht zum Rücktritt ersetzt den der Verjährung unterliegenden Wandlungsanspruch des bisherigen Rechts. Gestaltungsrechte können – anders als andere Mangelrechte – nicht verjähren. Dieser Umstand ergibt sich aus § 194 Abs. 1 BGB. Danach unterliegen nur „Ansprüche" der Verjährung. Somit kann bei Gestaltungsrechten an sich keine Einrede der Verjährung erhoben werden.

610 Die Mängelrechte Minderung und Rücktritt könnten somit ohne die Grenze einer Verjährungsfrist durchgesetzt werden – wohingegen Nacherfüllung oder Schadensersatz einer Verjährungsfrist unterliegen. Dies würde zu neuer Rechtsunsicherheit für den Auftragnehmer/Unternehmer führen. Er sähe sich gegenüber der bisherigen Rechtslage (Wandelungsanspruch verjährte) schlechter gestellt. Deshalb führt der Verweis in § 634a Abs. 4 Satz 1 und Abs. 5 BGB auf § 218 BGB zu einer Anbindung an die Verjährung des Nach-Erfüllungsanspruchs (*Wirth/Sienz/Englert/Sienz,* S. 100).

611 Gemäß § 218 Abs. 1 Satz 1 BGB ist der Rücktritt wegen nicht oder nicht vertragsgemäß erbrachter Leistung unwirksam, wenn der Anspruch auf die Leistung (Erfüllung) oder der Nacherfüllungsanspruch verjährt ist und der Schuldner sich hierauf beruft. Ohne die Regelung des § 218 Abs. 1 Satz 1 BGB würde der Rücktritt vom Vertrag auch dann noch möglich sein, wenn der Erfüllungs- bzw. Nacherfüllungsanspruch verjährt sind. Nimmt man als Beispiel einen Mangel an einem Bauwerk, so verjähren die Mängelansprüche gegen den Unternehmer in fünf Jahren ab Abnahme. Ließe man die Regelung des § 218 Abs. 1 Satz 1 BGB unberücksichtigt, könnte der Auftraggeber noch nach 20 oder 30 Jahren vom Vertrag zurücktreten. Dies würde zu erheblicher Rechtsunsicherheit führen. Daneben wäre allenfalls zu prüfen, ob ein Verwirkungstatbestand eingetreten ist. Es ist allerdings bekannt, dass die Rechtsprechung damit sehr zurückhaltend ist. Es müsste belegt sein, dass der Vertragspartner nach Treu und Glauben nicht mehr damit rechnen musste, dass der Auftraggeber die Ansprüche noch geltend macht.

Der genannten Unverjährbarkeit soll die Vorschrift des § 218 Abs. 1 Satz 1 BGB entge- **612** genwirken. Durch die Bezugnahme auf die Verjährung des (Nach-)Erfüllungsanspruchs wird die Möglichkeit einer „Quasi-Verjährungseinrede" für das Rücktrittsrecht eröffnet. Diese hat als Bezugspunkt die Verjährung des Erfüllungs- bzw. Nacherfüllungsanspruchs. Im vorgenannten Beispiel mit dem mangelhaften Bauwerk ergibt sich Folgendes: Der Auftraggeber erklärt den Rücktritt zu einem Zeitpunkt, zu dem der Nacherfüllungsanspruch verjährt ist. Der Auftragnehmer beruft sich auf diese Verjährung. Nach § 218 Abs. 1 Satz 1 BGB ist der Rücktritt des Auftraggebers in diesem Fall unwirksam. Über den „Umweg" der Verjährung des Nacherfüllungsanspruchs kommt es hier zur „Quasi-Verjährung" des Rücktrittsrechts. Das Rücktrittsrecht wird faktisch so behandelt, als könnte es verjähren.

Der Auftraggeber wird aber gleichwohl über § 634a Abs. 4 Satz 2 BGB geschützt. Diese **613** Vorschrift sorgt bzgl. des unwirksamen Rücktritts für einen rechtlichen Ausgleich. Demnach kann der Besteller/Auftraggeber trotz einer Unwirksamkeit des Rücktritts nach § 218 Abs. 1 BGB die Zahlung der Vergütung insoweit verweigern, als er auf Grund des Rücktritts dazu berechtigt sein würde. Allerdings beschränkt § 634a Abs. 4 Satz 2 BGB diese Zahlungsverweigerung auf den Umfang des – hypothetischen – Rücktritts. Kann der Besteller/Auftraggeber nur von Teilen des Vertrages zurücktreten, so soll er nicht die gesamte Vergütung verweigern können. Bei einem – unterstellten – teilweisen Rücktrittsrecht kann der Besteller/Auftraggeber also nur den entsprechenden Anteil der Vergütung verweigern. Macht der Besteller/Auftraggeber von diesem Zahlungsverweigerungsrecht Gebrauch, so gibt § 634a Abs. 4 Satz 3 BGB dem Unternehmer/Auftragnehmer seinerseits das Recht, vom Vertrag zurückzutreten. Folge hiervon ist, dass die Regelungen der §§ 346 ff. BGB eingreifen. Dies führt über § 346 Abs. 1 BGB in Verbindung mit § 346 Abs. 2 BGB u. a. dazu, dass der Auftraggeber Wertersatz zu leisten hat. Hierzu wird mit Recht darauf hingewiesen, dass damit der mangelhaft Leistende (und damit vertragsuntreue) Auftragnehmer geradezu belohnt wird (Voit BauR 2002, 159; Gaier WM 2002, 1 ff.). Es ist zu fragen, ob die „Reformer des Gesetzes" diese Rechtsfolge ausreichend bedacht haben.

§ 634a Abs. 5 BGB enthält eine weitgehend angepasste Regelung für das Minderungs- **614** recht. Dort wird auf die entsprechende Anwendung des § 218 BGB sowie von § 634 Abs. 4 Satz 2 BGB verwiesen. Durch die fehlende Verweisung auf Abs. 4 Satz 3 steht dem Unternehmer/Auftragnehmer für den Fall der Zahlungsverweigerung nach Abs. 4 Satz 2 bei der unwirksamen Minderung allerdings kein Rücktrittsrecht zu. Diese abweichende Regelung eröffnet dem Besteller/Auftraggeber die Möglichkeit, den Rücktritt des Unternehmers/Auftragnehmers zu verhindern. Er muss sich gegenüber dem Unternehmer auf die Minderung beschränken. Diese „Quasi-Verjährung" gilt nach § 218 Abs. 1 Satz 2 BGB auch für den Fall, dass der Schuldner nach § 275 Abs. 1 bis 3 BGB nicht zu leisten braucht. Angesprochen ist der Ausschluss der Leistungspflicht wegen Unmöglichkeit, Unverhältnismäßigkeit oder Unzumutbarkeit der Leistung. § 218 Abs. 1 Satz 2 BGB eröffnet somit für den Fall, dass der Schuldner aus den genannten Gründen selbst nicht geleistet hat, diesem die Möglichkeit der Verjährungseinrede bzgl. des (Nach-)Erfüllungsanspruchs.

Geht man von dem Beispiel des mangelhaften Bauwerks aus, so kann der Schuldner sich **615** nach Maßgabe des § 218 Abs. 1 Satz 2 BGB auch dann auf die Verjährung des (Nach-) Erfüllungsanspruchs berufen, wenn die Leistung für ihn unmöglich geworden ist. Dies kann beispielsweise geschehen sein, indem ein für das Bauvorhaben speziell angefertigtes Bauteil auf dem Transport zur Baustelle durch unvorhersehbare Einwirkungen (z. B. Unfall) zerstört wird – soweit dieses nicht neu hergestellt werden kann. Ferner gilt die „Quasi-Verjährung" im Werk- und Kaufvertragsrecht (§ 439 Abs. 3 BGB und § 635 Abs. 3 BGB) gemäß § 218 Abs. 1 Satz 2 BGB auch für die Fälle des Ausschlusses der Leistungspflicht wegen unverhältnismäßiger Kosten.

gg) „Arbeiten an einem Grundstück"/„Arbeiten an Bauwerken"

616   Durch das Schuldrechtsmodernisierungsgesetz ist die bisherige Unterscheidung des § 638 BGB a. F. zwischen „Arbeiten an einem Grundstück" (Verjährungsfrist: ein Jahr) und „Arbeiten an Bauwerken" (Verjährungsfrist: fünf Jahre) aufgehoben worden. Die bis dahin hierzu ergangene umfangreiche Rechtsprechung (Ingenstau/Korbion/Wirth, VOB/B § 13 Nr. 4 Rn. 81) kann jedoch keinesfalls als obsolet betrachtet werden. Die Begründung ist darin zu sehen, dass die Unterscheidung im Ergebnis wohl nur verlagert wurde. Dies vor dem Hintergrund, dass es sich bei dem bisherigen Tatbestand der „Arbeiten an einem Grundstück" um einen Auffangtatbestand gehandelt hat. Keinesfalls fielen dort nur Arbeiten an, die tatsächlich im Zusammenhang mit Grund und Boden standen. Vielmehr wurden hier auch alle Bauwerksleistungen zugeordnet, die nicht substantiell für die Errichtung oder Erhaltung des Bauwerkes waren. Als Folge hieraus wird man diese bisherige Unterscheidung auf die Differenzierung zwischen den Fällen des § 634a Abs. 1 Nr. 1 einerseits und Nr. 2 BGB andererseits übertragen können. Die bisherigen Fälle der einjährigen Verjährungsfrist werden mehr oder weniger mit dem nunmehr in § 634a Abs. 1 Nr. 1 BGB umschriebenen zweijährigen Bereich identisch sein.

c) Verjährungsbeginn bei Architekten-/Ingenieurleistungen

617   Im Bereich der Abnahmefragen wurde bereits darauf hingewiesen, dass der Abnahme des Architekten-/Ingenieurwerkes und dem damit verbundenen Beginn der Gewährleistungsfristen in der Praxis zu wenig Aufmerksamkeit geschenkt wird. Der BGH hatte das in seiner Entscheidung vom 24.2.2011 (IBR 2011, 202) noch einmal betont. Fehlt die Abnahme oder eine sonstige Beendigung der Erfüllungsphase, beginnt die Verjährungsfrist für Mangelrechte nicht. Allerdings ist Verwirkung denkbar, im konkreten Fall nach vierzehn Jahren (BGH IBR 2011, 590). Die öffentliche Hand versucht, diesbezüglich mit Allgemeinen Vertragsbestimmungen zu arbeiten. Als zulässig wurde dabei eine Klausel angesehen, nach der der Verjährungsbeginn an die „Übergabe an die nutzende Verwaltung „ geknüpft wurde (OLG Dresden, BGH IBR 2007, 316). Dies ist nicht nachvollziehbar, da diese Übergabe ein innerdienstlicher Vorgang ist. Gleichwohl hat der BGH die Nichtzulassungsbeschwerde zurückgewiesen (IBR a. a. O.). Nach dem KG erfolgt der Verjährungsbeginn bei Beauftragung mit den Leistungsphasen 1 bis 8 des § 33 HOAI [§ 34 HOAI] „durch Fertigstellung des Bauwerks, Inbenutzungnahme desselben und Bezahlung der Honorarschlussrechnung" (KG BauR 2008, 1025). Bei einem Auftrag nur über die Werkplanung (§ 33 Leistungsphase 5 HOAI) [§ 34 HOAI] soll die Abnahme und damit der Verjährungsbeginn nicht im Beginn der Bauarbeiten gesehen werden können (OLG Brandenburg IBR 2007, 315). Ist auch die Leistungsphase 9 des § 33 HOAI [§ 34 HOAI] vertraglich geschuldet, ist das Architektenwerk erst mit einer Objektbegehung vor Ablauf der Verjährungsfristen gegen die ausführenden Unternehmer vollendet (OLG Jena IBR 2008, 166). Beim sog. „hängengebliebenen Architektenvertrag", d. h. die Leistung wurde nicht ausdrücklich abgenommen, die Abnahme nicht endgültig verweigert und es liegen keine anderweitige Beendigung vor, sollen Schadensersatzansprüche der regelmäßigen Verjährungsfrist unterliegen (entschieden für § 635 BGB a. F., OLG Hamm NJW-RR 2008, 1053 = BauR 2008, 1482). Im Falle der Kündigung des Architektenvertrages seitens des Bauherrn wird die fünfjährige Frist des § 634 Abs. 1 Nr. 2 BGB in Lauf gesetzt – ausgenommen, der Architekt kündigt unberechtigt (OLG Hamm NJW-RR 2008, 1053 = BauR 2008, 1482).

618   Der Versuch von Seiten des Architekten, Allgemeine Geschäftsbedingen einzusetzen, wonach die Verjährung der gegen ihn laufenden Ansprüche spätestens mit Inbenutzungnahme des Objektes beginnt, wird als AGB-widrig angesehen (OLG Rostock IBR 2006, 284). Eine zulässige Verkürzung der Verjährungsfrist auf zwei Jahre wurde bei einer Individualvereinbarung angenommen (LG Köln BauR 2008, 1485). Für die Praxis kann nur ge-

raten werden, auch das Architekten-/Ingenieurwerk (nicht nur das Werk des Bauunternehmers) abzunehmen und den Verjährungsbeginn zu dokumentieren.

d) Sekundärhaftung – Haftung für unterlassene Schlussbegehung

Erkennt der Bauherr Mängel nicht innerhalb unverjährter Zeit oder macht er sie nach **619** Kenntnis in dieser unverjährten Zeit nicht geltend, können ihm zwei Wege doch noch einen Haftungsschuldner bringen. Zunächst ist zu prüfen, ob der Architekt – wenn er auch mit der Leistungsphase 9 oder einer entsprechenden Objektbetreuung beauftragt war – die „Objektbegehung zur Mängelfeststellung vor Ablauf der Verjährungsfristen der Gewährleistungsansprüche gegenüber dem Bau ausführenden Unternehmen" vorgenommen hat. Ist dies nicht der Fall und stellt sich im Nachhinein heraus, dass bei rechtzeitiger Durchführung dieser Objektbegehung Mängel der bauausführenden Unternehmen hätten erkannt werden können, haftet der Architekt für diese Folgen. Ihm ist vorzuwerfen, dass er bei ordnungsgemäßer Objektbegehung diese Mängel (zusammen mit dem Bauherrn) erkannt hätte und der Bauherr daraufhin noch rechtzeitig verjährungshemmende Maßnahmen hätte ergreifen können. Dem Bauherrn ist insoweit ein Schaden entstanden, der in der Nichtdurchsetzbarkeit der Ansprüche gegen die Bauunternehmer zu sehen ist. Diesen Schaden kann er gegenüber dem Architekten geltend machen. Dabei entsteht die Frage, wann auch diese Ansprüche gegenüber dem Architekten verjähren. Entscheidend ist insoweit der Verjährungsbeginn. Diesen wird man in dem Zeitpunkt sehen müssen, in dem die Gewährleistungsfristen gegenüber dem bauausführenden Unternehmen abgelaufen sind (i. d. S. BGH IBR 2007, 85; Anm. Vogel zu OLG Düsseldorf IBR 2004, 332).

Anders sind die Fälle zu beurteilen, bei denen es sich nicht um die Verjährung der Män- **620** gelansprüche gegenüber den bauausführenden Unternehmern handelt, sondern Mängel-/Schadensersatzansprüche gegenüber dem Architekten. Diese sind darin begründet, dass der entstandene Baumangel auch dem Verantwortungsbereich des Architekten zuzuordnen ist. Entsprechendes kann entweder im Bereich eines Planungsverschuldens oder einer fehlerhaften Objektüberwachung zu sehen sein. Kennt der Architekt einen solchen Mangel und weist er nicht auf möglicherweise gegen ihn bestehende Ansprüche hin, begeht er ebenfalls eine Vertragsverletzung (OLG Koblenz, Urt. v. 17.1.2013 – 1 U 215/12). Als Schadensersatz soll der Bauherr so gestellt werden, wie wenn der Architekt seiner Hinweispflicht nachgekommen wäre, d. h. der Bauherr hätte gegenüber dem Architekten verjährungshemmende Maßnahme ergreifen können. Als Folge spricht man von der sog. **Sekundärhaftung** des Architekten. Dieser kann sich gegenüber Schadensersatzansprüchen nicht auf die Verjährung von Ansprüchen ihm gegenüber berufen – er muss den Bauherrn als Ersatz so stellen, wie wenn er – der Architekt – rechtmäßig gehandelt hätte. Das gilt auch für den Fall, dass ein bauüberwachender Architekt arglistig verschweigt, dass er die Bauüberwachung vertragswidrig nicht durchgeführt hat (BGH BauR 2011, 1966 u. BauR 1985, 97).

Eine Sekundärverjährung soll dagegen nicht für Sonderfachleute greifen (BGH IBR 2011, 589), ebenso nicht für Bauträger (OLG Schleswig NJW-Spezial 2010, 302), nicht für den Tragwerksplaner (OLG Brandenburg IBR 2009, 1040), auch nicht für den Generalübernehmer (OLG Köln IBR 2013, 271), ebenso nicht, wenn dem Architekten ein „erfahrener" Bauherr gegenüber steht (OLG Hamburg IBR 2009, 341; gegenteilig entschieden falls der der Bauherr durch einen Privatgutachter „sachkundig" war, OLG Koblenz IBR 2013, 160). Der Bundesgerichtshof hat zur Sekundärverjährung ursprünglich von einem Nichtbeginn der Verjährung gesprochen. Dies wurde kommentiert von Koeble als eine möglicherweise unendliche Verjährung. Da dies nicht zutreffend sein kann, ist wiederum zu fragen, wann die Verjährung dieser sog. Sekundäransprüche gegenüber dem Architekten zu laufen beginnt. Wichtig ist dabei, dass die Sekundärhaftung auch dann besteht, wenn der Architekt nicht auch mit der Leistungsphase 9, d. h. nur einschließlich der Leistungsphase 8 des § 33 HOAI [34 HOAI n. F.] betraut ist (OLG Düsseldorf NZBau 2004, 454 u. OLG Hamm NZBau 2006, 324). Auch die spätere Beendigung des Architektenvertrages lässt die einmal begründete Sekundärhaftung des Architekten nicht entfallen (BGH IBR 2002, 554).

621   Teilweise wird davon ausgegangen, dass es sich bei Verletzung dieser Hinweispflicht auf eigene Vertragsverletzungen nicht um eine Nebenpflicht, sondern um eine Hauptpflicht handelt (LG Deggendorf BauR 2002, 339). Ansprüche gegen den Architekten würden insoweit der fünfjährigen Verjährung unterliegen. Die Verjährung soll dabei spätestens mit dem Schadenseintritt beginnen. Hierzu wird auf den Eintritt der Primärverjährung der Mängelansprüche gegen den Architekten verwiesen (OLG Düsseldorf IBR 2004, 332 m. Erläuterg. Vogel). Allerdings weist der BGH in seiner Entscheidung v. 26.10.2006 (IBR 2007, 85) ausdrücklich auf die Verletzung einer Nebenpflicht (Untersuchungs- und Beratungspflicht) hin, die nicht deckungsgleich mit der vertraglichen Hauptpflicht zum mangelfreien Entstehenlassen des Bauwerkes sei. Damit gelte nicht die fünfjährige Verjährungsfrist, sondern die dreijährige.

622   Konsequenz der Haltung des BGH ist es, dass die Verjährung des Schadensersatzanspruchs wegen Verletzung der Nebenpflicht erst mit dem Schluss des Jahres beginnt, in dem erstens der Anspruch entstanden ist und zweitens der Bauherr von den anspruchsbegründenden Umständen und der Person des Schuldners (Architekt) Kenntnis erlangt oder ohne grobe Fahrlässigkeit erlangen musste.

623   Aufgrund der nicht erfüllten Hinweispflicht seitens des Architekten und des Ablaufs der Gewährleistungsansprüche gegen den Architekten ist der Bauherr so zu stellen, wie er stünde, wenn der Architekt ihn rechtzeitig informiert hätte (§ 249 BGB). Bei rechtzeitiger Information hätte er den Architekten in unverjährter Zeit in Anspruch genommen. Er ist also so zu stellen, als wäre die Verjährung nicht eingetreten. Es gilt die dreijährige Verjährungsfrist (früher 30 Jahre). Diese beginnt nach Ablauf der Verjährungsfrist gegenüber dem Architekten zu laufen. Deren Dauer hängt davon ab, ob auch die Leistungsphase 9 mit beauftragt ist (hierzu eingeh. v. Rintelen NZBau 2008, 209: dieser geht von einer Hauptpflicht aus, wenn die Leistungsphasen 1 bis 9 beauftragt sind, von einer Nebenpflicht, wenn die Phase 9 nicht Leistungsinhalt ist. Er schlägt vor, die Sekundärhaftung aufzugeben. Als Folge ließe sich allein für die Architekten eine Sekundärhaftung nicht mehr aufrechterhalten. Er sieht in den Folgen kein Problem, da diese nachvertragliche Haftung auch durch eine eigenständige Auskunftshaftung aufgefangen werden könnte; i. d. Sinne auch OLG Dresden IBR 2010, 38). Nach dem BGH soll einer Sekundärhaftung nicht entgegenstehen, dass dem Architekten die Leistungsphasen 4 und 9 des § 15 HOAI 2002 = § 34 Abs. 3 HOAI 2013, nicht übertragen worden sind (BGH, Urt. v. 26.9.2013 – VII ZR 220/12). Etwas anderes soll gelten, wenn einschließlich der Leistungsphase 6 beauftragt worden ist (BGH IBR 2009, 589); (siehe dazu auch: BGH NJW-RR 2002, 1531; BGH Urt. v. 26.9.2013 – VII ZR 220/12; BGH Urt. v. 23.7.2009 – VII ZR 134/08; BGH Urt. v. 26.10.2006 – VII ZR 133/04; OLG Hamburg, IBR 2009, 341; abzul. OLG Zweibrücken, IBR 2014, 28 für den Fall, dass keine Gewährleistungsansprüche mehr durchsetzbar sind; Jochem BauR 2012, 16 ff.).

e) Neubeginn und Hemmung der Verjährung

624   Durch die Neuregelung in den §§ 203–213 BGB wurde eine Vielzahl der Fälle der früheren Verjährungsunterbrechung zu Hemmungstatbeständen. Der Neubeginn der Verjährung wird auf zwei Anwendungsfälle beschränkt.

aa) Neubeginn der Verjährung

625   Die im bisherigen Recht mit „Unterbrechung" (§ 217 BGB a. F.) bezeichnete Wirkung wird „als Neubeginn" bezeichnet. Die Regelung erfolgt in § 212 BGB. Mit dem nun verwendeten Begriff „Neubeginn der Verjährung" wird zugleich die Verjährungswirkung dargestellt. Diese beginnt „neu". Ganz korrekt ist dies nicht. Zutreffend müsste es heißen: Verjährungsunterbrechung mit anschließendem Neubeginn. Zudem wurde der Neubeginn – im Gegensatz zur bisherigen Unterbrechung der Verjährung – auf zwei Fälle begrenzt:

- Anerkenntnis durch Abschlagszahlung, Zinszahlung, Sicherheitsleistung oder in anderer Weise (§ 212 Abs. 1 Nr. 1 BGB).
- Beantragung oder Vornahme einer gerichtlichen oder behördlichen Vollstreckungshandlung (§ 212 Abs. 1 Nr. 2 BGB).

bb) Hemmung der Verjährung – Grundlagen

Hemmung der Verjährung bedeutet nach § 209 BGB, dass der Zeitraum der Hemmung **626** der Verjährung in die Verjährungsfrist nicht eingerechnet wird. Die einzelnen Hemmungstatbestände sind in §§ 203–208 BGB geregelt. Die für den Baubereich bedeutendsten Regelungen finden sich in den §§ 203–206 BGB.

cc) Hemmung der Verjährung bei Verhandlungen – § 203 BGB

Besondere Bedeutung für die Baupraxis hat der neue Hemmungtatbestand der Verjäh- **627** rung bei Verhandlungen (§ 203 BGB). Schweben zwischen dem Schuldner und Gläubiger Verhandlungen über den Anspruch oder die den Anspruch begründenden Umstände, so ist die Verjährung nach § 203 Satz 1 BGB so lange gehemmt, bis der eine oder andere Teil die Fortsetzung der Verhandlungen verweigert.

Unter einer Aufnahme von Verhandlungen wird man zunächst einen Meinungsaustausch **628** zwischen Gläubiger (Berechtigtem) und Schuldner (Verpflichtetem) über den Anspruch oder seine tatsächliche Grundlage verstehen können. Entscheidend nach dem gesetzgeberischen Willen ist, dass der Unternehmer durch seine Reaktion den Besteller vorläufig davon abhält, seine Mängelansprüche durchzusetzen (OLG Brandenburg, BGH BauR 2008, 1495).

Dass der Begriff des Verhandelns weit zu verstehen ist, hat zwischenzeitlich auch der **629** BGH bestätigt. Danach genügt für ein Verhandeln jeder Meinungsaustausch über den Schadensfall, sofern nicht eine Partei sofort und eindeutig jeden Ersatz ablehnt (BGH IBR 2007, 32). Ausreichend soll es bspw. sein, wenn die Versicherung des Unternehmers den Mangel untersucht (OLG Brandenburg, BGH BauR 2008, 1495). Beim Tragwerksplaner genüge es, dass er am Ortstermin zur Überprüfung der Rissbildung im Beton teilnimmt und die Beteiligten davon ausgehen, dass er „seine Werkleistung" überprüft (OLG München, BGH IBR 2008, 528).

Die Frage ist, wann Verhandlungen „beendet" sind und damit der Hemmungtatbestand **630** wegfällt. Verhandlungen können auf vielfältige Art enden. Denkbar ist eine ausdrückliche Beendigung, ebenso einsprechendes konkludentes Verhalten. Oftmals ist aber keinerlei Reaktion mehr festzustellen. Man wird für diese Weigerung, die Verhandlungen fortzuführen, ein nachvollziehbares Verhalten der Partei (Unternehmer) fordern müssen (i. d. S. Palandt/Heinrichs, § 203 Rn. 4 m. Hinweis auf BGH NJW 1998, 2819 u. NJW-RR 2005, 1044). Als Folge liegt auch die Beweislast für die Beendigung der Verjährungshemmung beim Unternehmer (OLG Brandenburg, BGH BauR 2008, 1495).

Unabhängig davon tritt die Verjährung frühestens drei Monate nach dem Ende der Hem- **631** mung ein (§ 203 Satz 2 BGB). Das Schuldrechtsmodernisierungsgesetz übernahm mit § 203 Satz 1 BGB sinngemäß den früheren § 852 Abs. 2 BGB a. F. des Deliktsrechts – verallgemeinerte aber dessen Anwendungsbereich. Hingegen stellt die Ablaufhemmung in Satz 2 eine Neuregelung des Schuldrechtsmodernisierungsgesetzes dar. Der Gläubiger soll mindestens drei Monate Zeit haben, die nach dem Scheitern der Verhandlungen erforderlichen Schritte einzuleiten. Die besondere Bedeutung des § 203 BGB für die Baupraxis wird insbesondere durch den Wegfall des § 639 Abs. 2 BGB a. F. (Prüfung des Mangels) begründet.

dd) Hemmung der Verjährung durch Rechtsverfolgung – § 204 BGB

Nach den bisherigen Regelungen in § 209 BGB a. F. führten eine Klageerhebung sowie **632** die weiteren dort genannten Fälle zu einer Unterbrechung der Verjährung. Durch das Schuldrechtsmodernisierungsgesetz wurden diese Fälle der Hemmungswirkung unterstellt. Zudem wurden neue Tatbestände hinzugefügt. § 204 Abs. 1 BGB nennt u. a. die für Architektenverträge hervorzuhebenden Hemmungtatbestände:

- Klageerhebung (§ 204 Abs. 1 Nr. 1 BGB),
- Aufrechnung im Prozess (§ 204 Abs. 1 Nr. 5 BGB),
- Streitverkündung (§ 204 Abs. 1 Nr. 6 BGB),
- Selbstständiges Beweisverfahren (§ 204 Abs. 1 Nr. 7 BGB),
- Vereinbartes Begutachtungsverfahren/Beauftragung des Gutachters im Verfahren nach § 641a BGB (§ 204 Abs. 1 Nr. 8 BGB),
- Schiedsrichterliches Verfahren (§ 204 Abs. 1 Nr. 11 BGB).

633   § 204 Abs. 2 Satz 1 BGB bestimmt, dass die Hemmung nach Absatz 1 der Vorschrift sechs Monate nach der rechtskräftigen oder anderweitigen Beendigung des eingeleiteten Verfahrens endet. Die Sätze 2 und 3 des § 204 Abs. 2 BGB treffen Regelungen für das endgültige/zwischenzeitliche Nichtbetreiben des Verfahrens durch die Parteien.

634   Soll die Verjährung durch eine Streitverkündung gehemmt werden ist zu beachten, dass nur eine wirksame Streitverkündung dieses Ziel erreichen kann (OLG Dresden vom 2.6.2010, 13 U 1660/09, IBR-online). Die Streitverkündung gegenüber einem Gesamtschuldner reicht dazu nicht aus. Deshalb hat es auch keine verjährungshemmende Wirkung, wenn der Bauherr nur den Architekten verklagt und gegenüber dem für den Mangel mit verantwortlichen Bauunternehmer den Streit verkündet (OLG Celle IBR 2011, 1455 – online). Ob die Streitverkündung zulässig war, wird erst im Folgeprozess geprüft (BGH vom 8.2.2011, VI ZB 31/09, IBR-online).

ee) Weitere Fälle der Hemmung

635   Nach § 205 BGB ist die Verjährung zusätzlich gehemmt, solange der Schuldner auf Grund einer Vereinbarung mit dem Gläubiger vorübergehend zur Verweigerung der Leistung berechtigt ist. Die Hemmung der Verjährung bei höherer Gewalt findet sich nunmehr in § 206 BGB (§ 203 BGB a. F.).

ff) Erstreckung der Verjährungswirkung auf andere Ansprüche

636   Die Wirkung von Hemmung, Ablaufhemmung und Neubeginn soll durch § 213 BGB auch auf Ansprüche erstreckt werden, die neben dem Anspruch oder an seiner Stelle gegeben sind. Voraussetzungen sind:

- Der andere Anspruch richtet sich gegen den gleichen Schuldner.
- Der andere Anspruch ist auf das gleiche wirtschaftliche Interesse gerichtet, wie der, für den eine Maßnahme in Form von Hemmung, Ablaufhemmung oder Neubeginn bewirkt ist.
- Der Gläubiger hatte von vornherein die Wahl zwischen beiden Ansprüchen. Alternativ zur Wahlmöglichkeit genügt es, wenn der Gläubiger die Möglichkeit hat, von dem zunächst geltend gemachten Anspruch auf den anderen Anspruch überzugehen.

f) Vereinbarungen über die Verjährung

637   Regelungen über die (Un-)Zulässigkeit von Vereinbarungen über die Verjährung enthält § 202 BGB. Die Norm steht im Gegensatz zu § 225 BGB a. F., der eine Erleichterung der Verjährung (Verkürzung der Verjährungsfrist) nur in engen Grenzen vorsah. Erschwerungen (Verlängerung der Verjährung) wurden – mit Ausnahme der Regelung des § 638 Abs. 2 BGB für Werkverträge – untersagt. Nach dem Inhalt des § 202 BGB und der Begründung zum Regierungsentwurf sind nunmehr auch Vereinbarungen wirksam, die verjährungserschwerend wirken. Die Verjährungszeit kann somit durch derartige Vereinbarungen verlängert werden.

638   Gesetzestechnisch wird die Erweiterung der Vereinbarungsmöglichkeiten dadurch herbeigeführt, dass erschwerende Vereinbarungen nicht mehr wie bisher grundsätzlich verboten werden. § 202 BGB schränkt die Vertragsfreiheit nur in zwei Fällen ein. Unzulässig ist es, die Verjährung bei Haftung für Vorsatz im Voraus durch Rechtsgeschäft zu erleichtern (§ 202 Abs. 1 BGB). Des Weiteren ist es unzulässig, die Verjährung durch Rechtsgeschäft über eine Verjährungsfrist von 30 Jahren ab dem gesetzlichen Verjährungsbeginn hinaus zu erschweren (§ 202 Abs. 2 BGB).

g) Verjährung bei Delikt – Verweis auf § 199 BGB

639   Die Verjährung bei Delikt richtet sich seit dem Schuldrechtsmodernisierungsgesetz nach der regelmäßigen Verjährungsfrist. Die bisherige Sonderregelung in § 852 BGB a. F. diente als Vorbild für den geänderten § 199 BGB – ergänzt um die sog. Ultimoverjährung – und konnte demnach entfallen.

VII. Prozessuales

1. Grundsätzliches

Prozesse in Bau- und Architektensachen zeichnen sich durch besondere Komplexität **640** aus. An ihnen sind oft mehr als zwei Parteien beteiligt und regelmäßig geht es um komplexe technische Sachverhalte. Dem muss das Prozessrecht Rechnung tragen. Die ZPO ermöglicht die Einbeziehung Dritter in den Rechtsstreit durch die Institute der Streitverkündung und Nebenintervention. Es besteht ein Bedürfnis, für die unterschiedlichen Beteiligten einen gemeinsamen Gerichtsstand zu finden. Die Aufklärung der technischen Sachverhalte erfordert regelmäßig ein Sachverständigengutachten. Das Institut des selbstständigen Beweisverfahrens ermöglicht eine vorprozessuale Klärung streitiger bautechnischer Fragen. Schließlich stellt sich in Architekten- und Bauprozessen gerade aufgrund der technischen Sachverhalte in besonderem Maße die Frage, wie konkret der Sachvortrag der Parteien sein muss, um den Eintritt in die Beweisaufnahme zu rechtfertigen. Diese Fragen sollen im Folgenden in der gebotenen Kürze behandelt werden.

2. Gerichtsstand

a) Allgemeiner Gerichtsstand

Hinsichtlich des allgemeinen Gerichtstands ergeben sich in Bau- und Architektenprozes- **641** sen keine Besonderheiten. Örtlich zuständig ist das Gericht am allgemeinen Gerichtsstand des Beklagten. Der allgemeine Gerichtsstand einer **natürlichen Person** ist sein Wohnsitz (§ 13 ZPO), bei **Gesellschaften** deren Sitz (§ 17 ZPO). Nachdem der Bundesgerichtshof die Rechtsfähigkeit der nach außen hin tätigen **GbR** anerkannt hat (BGHZ 146, 341 = BauR 2001, 775 = NJW 2001, 1056), gilt auch für sie § 17 ZPO (Zöller/Vollkommer, ZPO, § 17 Rn. 5; Thomas/Putzo/Hüßtege, ZPO, § 17 Rn. 1). Soweit sich aus der Satzung der Gesellschaft ihr Sitz nicht ergibt, bestimmt sich der Gerichtsstand nach dem Ort, wo die Verwaltung geführt wird, § 17 Abs. 1 S. 2 ZPO. Daneben kann nach § 21 ZPO ein Gerichtsstand auch da bestehen, wo die juristische Person eine selbständige, d.h. zum selbständigen Abschluss von Geschäften befugte (Thomas/Putzo/Hüßtege, ZPO, § 21 Rn. 3), Niederlassung betreibt. Der allgemeine Gerichtsstand eines **öffentlichen Auftraggebers** richtet sich nach dem Sitz der Behörde, die zur Vertretung des Fiskus in dem Rechtsstreit berufen ist, § 18 ZPO.

b) Gerichtsstand des Erfüllungsortes

In Bau- und Architektenstreitigkeiten besteht ein praktisches Bedürfnis für eine einheit- **642** liche Gerichtszuständigkeit am Ort des Bauwerkes. Eine solche Zuständigkeit hat den Vorteil der Orts- und Sachnähe bei einer Beweisaufnahme: das Gericht kennt die örtlichen Sachverständigen, es entstehen keine zusätzlichen Reisekosten des Sachverständigen bei seiner Anhörung im Termin und auch ein – häufig sinnvoller – Ortstermin ist leichter möglich. Die einheitliche Zuständigkeit für alle das Bauvorhaben betreffenden Rechtsstreitigkeiten erleichtert die Einbeziehung mehrerer an einem Bauwerk Beteiligter in einem Verfahren – etwa die Klage des Bauherrn gegen mehrere für einen Mangel Verantwortliche (z.B. Bauunternehmer und objektüberwachender Architekt). Ein solcher einheitlicher Gerichtsstand lässt sich bei Fehlen entsprechender Gerichtsstandsvereinbarungen in den Bau- und Architektenverträgen nur aus § 29 ZPO, dem Gerichtsstand des **Erfüllungsortes,** begründen. Erfüllungsort ist der Ort, an dem die geschuldete Leistung zu erfüllen ist. Das ist in der Regel der Wohnsitz des Schuldners „zur Zeit der Entstehung des Schuldverhältnisses", also bei Vertragsschluss, §§ 269, 270 BGB. Im deutschen Recht gibt es grundsätzlich keinen einheitlichen Erfüllungsort des Vertrages, vielmehr ist der Erfüllungsort für die jeweilige Leistung gesondert zu bestimmen. Anders ist es im Internationalen Zivilprozessrecht nach Art. 5 Nr. 1 EuGVVO bzw. Art. 7 Nr. 1 Brüssel Ia-VO (s. unten Rn. 649).

Dem oben dargestellten praktischen Bedürfnis folgend, ist nach ständiger Rechtspre- **643** chung **Erfüllungsort** für alle wechselseitigen Ansprüche aus einem **Bauvertrag** der **Ort,** an dem das **Bauwerk** steht – also nicht nur für Klagen, welche die Herstellungspflicht des Unternehmers betreffen, sondern auch für die Klage des Unternehmers auf Zahlung des Werklohns. Der Schwerpunkt des Bauvertrages liegt wegen der besonderen Ortsbezogenheit der vertragstypischen Werkleistung eindeutig am Ort des Bauwerkes. Hier muss der Unternehmer seine Leistung erbringen und auch eine der Hauptpflichten des Bestellers, die Abnahme, kann sinnvoll nur vor Ort erfolgen (BGH BauR 1986, 241 = NJW 1986, 935). Für Architekten und Sonderfachleute gilt diese Rechtsprechung noch nicht uneingeschränkt. Nach allgemeinen Regeln ist Erfüllungsort der **Planungsleistungen** des Architekten und Sonderfachmanns sein Büro und Erfüllungsort der **Honorarforderungen** der Sitz des Schuldners (Auftraggebers). Ist mit dem Bau aber begonnen und dem Architekten auch die Bauüberwachung übertragen, gilt die oben dargestellte Rechtsprechung auch für Architekten und Sonderfachleute. In diesem Fall ist Erfüllungsort für alle wechselseitigen Leistungen aus dem Architektenvertrag der Ort des Bauwerks (BGH BauR 2001, 979 = NJW 2001, 1936; OLG Celle OLGR 2009, 242 = IBR 2009, 177 Schwenker; OLG Hamm BauR 2012, 998 = IBR 2012, 303 Wessel), also sowohl für den Honoraranspruch des Architekten oder Ingenieurs als auch für die Mängelrechte des Bestellers. Streitig ist die Rechtslage, wenn der Architekt nur mit **Planungsleistungen** beauftragt ist. Die Rechtsprechung erkennt bisher für den bloß planenden Architekten den Ort des Bauwerks nicht als Erfüllungsort an, da die Planungsleistung im Büro des Architekten erbracht werde (OLG Hamm BauR 2012, 998 = IBR 2012, 303 Wessel; OLG Köln BauR 2010, 1112 = IBR 2010, 427 Wittmann; LG Ellwangen NZBau 2010, 255; ebenso Musielak/Voit/Heinrich, ZPO, § 29 Rn. 20 „Architektenverträge"; Ingenstau/Korbion/Joussen, VOB, § 18 Abs. 1 VOB/B Rn. 10; Zöller/Vollkommer, ZPO, § 29 Rn. 25 „Architektenvertrag"). Dem ist nicht zuzustimmen. Wenn die Planung umgesetzt und mit dem Bau begonnen wurde, gelten die für den einheitlichen Gerichtsstand am Ort des Bauwerks sprechenden Erwägungen gleichermaßen für Rechtsstreitigkeiten im Zusammenhang mit der Planung. Es ist kein Grund ersichtlich, einen auf reine Planungsleistungen beschränkten Werkvertrag anders zu behandeln als Bauwerksverträge oder einen Architektenvertrag, der auch die Bauüberwachung erfasst. Der BGH stellt in seiner Entscheidung zum Erfüllungsort des auf Planung und Bauüberwachung gerichteten Architektenvertrages (BGH BauR 2001, 979 = NJW 2001, 1936) nicht darauf ab, wo der Architekt seine Leistung erbringt, sondern darauf, dass der geschuldete Erfolg in der Ermöglichung der mangelfreien Errichtung des Bauwerks liegt und nur dort die Leistung sinnvoll überprüft werden kann (ebenso Locher/Koeble/Frik, HOAI, § 1 Rn. 38 für die Mängel- oder Schadensersatzklage des Auftraggebers; Kniffka/Koeble, Kompendium des Baurechts, 12. Teil Rn. 624; Glöckner/v. Berg/Christiansen-Geiss, Bau- und Architektenrecht, § 29 ZPO Rn. 3; Werner/Pastor, Der Bauprozess, Rn 421). Lediglich in den Fällen, in denen mit der Realisierung der Planung nicht begonnen wurde, bietet der geplante Ort des Bauwerks keine sinnvolle Anknüpfung für die gerichtliche Zuständigkeit.

644   Abzulehnen ist auch die Auffassung, dass für den **Honoraranspruch** wegen Planungsleistungen der Bürositz des Architekten Erfüllungsort ist (so aber LG München I NJW-RR 1993, 212; Locher/Koeble/Frik, HOAI, § 1 Rn. 35) mit der Folge, dass der Architekt sein Honorar an seinem Sitz einklagen könnte. Diese Ansicht übersieht, dass nach den allgemeinen Regeln der Erfüllungsort für Zahlungsansprüche der Sitz des Schuldners ist, also des Auftraggebers. Auf die Parallele zum Anwaltsvertrag kann sich diese Auffassung nicht mehr stützen, nachdem der BGH seine diesbezügliche Rechtsprechung aufgegeben hat (BGHZ 157, 20 = NJW 2004, 54; Zöller/Vollkommer, ZPO, § 29 Rn. 25 „Architektenvertrag").

c) Gerichtsstand der Widerklage

645   § 33 ZPO begründet einen besonderen Gerichtsstand für die Widerklage. Der beklagte Architekt oder Auftraggeber kann eigene Ansprüche auch dann im Wege der Widerklage geltend machen, wenn das Gericht der Klage für die mit der Widerklage geltend gemachte Forderungen an sich nicht zuständig ist. Voraussetzung hierfür ist nur, dass die Widerklageforderung mit der Klageforderung oder den gegen sie vorgebrachten Verteidigungsmitteln

in Zusammen steht. § 33 ZPO gilt auch für die isolierte Drittwiderklage, also die Widerklage gegen eine bisher am Rechtsstreit nicht beteiligte Partei (BGHZ 187, 112 = BauR 2011, 291 = NJW 2011, 460), sofern diese ausnahmsweise zulässig ist (hierzu Rn. 697 f.).

d) Gerichtsstandsvereinbarung

Gerichtsstandsvereinbarungen sind nach § 38 Abs. 1 ZPO nur zulässig, wenn die Parteien **646** **Kaufleute, juristische Personen des öffentlichen Rechts** oder **öffentlich-rechtliche Sondervermögen** sind. Architekten sind als Angehörige eines freien Berufs keine Kaufleute (BGH BauR 1979, 264; Werner/Pastor, Der Bauprozess, Rn. 414; Baumbach/Hopt, HGB, § 1 Rn. 19: rechtspolitisch fragwürdig, aber de lege lata hinzunehmen), so dass mit ihnen eine Gerichtsstandsvereinbarung nach § 38 Abs. 1 ZPO nicht möglich ist (Musielak/Voit/Heinrich, ZPO, § 38 Rn. 10; Thomas/Putzo/Hüßtege, ZPO, § 38 Rn. 10; Werner/Pastor, Der Bauprozess, Rn. 414; Glöckner/v. Berg/Christiansen-Geiss, Bau- und Architektenrecht, § 38 ZPO Rn. 4; a. A. Zöller/Vollkommer, ZPO, § 38 Rn. 18). Dies kann auch nicht über die Vereinbarung eines Erfüllungsortes umgangen werden, wie § 29 Abs. 2 ZPO klarstellt. Fachingenieure sind dagegen – soweit die übrigen Voraussetzungen des § 1 HGB vorliegen – Kaufleute (OLG Zweibrücken, NJW-RR 2013, 241).

Mit **Nichtkaufleuten** kann nur eine nachträgliche Gerichtsstandsvereinbarung oder **647** eine Gerichtsstandsvereinbarung für internationale Streitigkeiten, d. h. wenn eine der Parteien keinen Gerichtsstand in Deutschland hat (§ 38 Abs. 3 und 2 ZPO), getroffen werden. Allerdings gehen bei Streitigkeiten mit **Auslandsbezug** Sonderregelungen vor, insbesondere Art. 23 EuGVVO/LugÜ und Art. 27 Brüssel Ia-VO (Zöller/Vollkommer, ZPO, § 38 Rn. 24; zu den Anforderungen an eine Gerichtsstandsvereinbarung instruktiv OLG Saarbrücken, Urt. v. 18.10.2011 – 4 U 548/10, juris = NJOZ 2012, 923 = IBR 2012, 60 Schwenker). Art. 23 EuGVVO und Art. 23 LugÜ greifen schon dann ein, wenn nur eine Partei ihren Sitz in einem Vertragsstaat hat, also immer bei Beteiligung einer in Deutschland ansässigen Partei. Die seit 10.1.2015 geltende Regelung des Art. 25 Brüssel Ia-VO, welche die EuGVVO ablöst (hierzu Rn. 648), stellt nicht mehr auf den Sitz der Parteien ab, sondern auf die Vereinbarung der Zuständigkeit eines Gerichts in einem Mitgliedstaat der EU. Die **nachträgliche Gerichtsstandsvereinbarung** muss nach § 38 Abs. 3 Nr. 1 ZPO schriftlich und ausdrücklich geschlossen werden. Etwas erleichterte Formvorschriften enthalten Art. 23 EuGVVO/LugÜ und Art. 25 Brüssel Ia-VO.

e) Internationale Zuständigkeit

Bei grenzüberschreitenden Architektenverträgen richtet sich die internationale Zustän- **648** digkeit vorrangig nach den einschlägigen EU-Verordnungen und völkerrechtlichen zwischenstaatlichen Vereinbarungen. Maßgeblich ist in erster Linie die Brüssel Ia-VO (Verordnung (EU) Nr. 1215/2012 des Europäischen Parlaments und des Rates vom 12. Dezember 2012 über die gerichtliche Zuständigkeit und die Anerkennung und Vollstreckung von Entscheidungen in Zivil- und Handelssachen, ABl. 2012, L 351 S. 1, zuletzt geändert durch die Delegierte Verordnung (EU) 2015/281 der Kommission vom 26. November 2014 zur Ersetzung der Anhänge I und II, ABl. 2015, L 54 S. 1). Diese Verordnung hat mit Inkrafttreten am 10.1.2015 die bisherige Fassung der EuGVVO (Verordnung (EG) Nr. 44/2001 des Rates über die gerichtliche Zuständigkeit und die Anerkennung und Vollstreckung von Entscheidungen in Zivil- und Handelssachen vom 22.12.2000, Brüssel I-VO) abgelöst, Art. 80 Brüssel Ia-VO. Die alte Fassung der EuGVVO gilt aber noch für alle vor dem 10.1.2015 eingeleitete Rechtsstreitigkeiten, vgl. Art. 66 Brüssel Ia-VO. Die wichtigste Neuerung der Brüssel Ia-VO ist die Abschaffung der sog. Vollstreckbarerklärung. Vollstreckungstitel aus einem Mitgliedstaat der Europäischen Union sind in allen anderen Mitgliedstaaten unmittelbar vollstreckbar, ohne dass es eines Anerkennungs- oder Vollstreckbarerklärungsverfahrens bedarf, Art. 39 Brüssel Ia-VO, vgl. auch § 1112 ZPO. Die Zuständigkeitsvorschriften sind – soweit für das Bau- und Architektenrecht von Bedeutung – im Wesentlichen gleich geblieben. Änderungen haben sich aber bei der Regelung über Gerichtsstandsvereinbarungen nach Art. 25 und 31 Abs. 2 bis 4 Brüssel Ia-VO ergeben (Überblick bei Alio, Die Neufassung der Brüssel I-VO, NJW 2014, 2395). Eine sog. Entsprechungstabelle mit den geänderten Artikel-Nummern enthält der Anhang III der Brüssel Ia-VO. Insbesondere im Verhältnis zur Schweiz ist ferner das – in seiner aktuellen, für ab dem 1.1.2010 eingeleitete Rechtsstreitigkeiten geltenden Fassung der bisherigen EuGVVO angepasste – Lugano-Übereinkommen vom 30.10.2007 über die gerichtliche Zuständigkeit und die Anerkennung und Vollstreckung von Entscheidungen in Zivil- und Handelssachen (ABl. 2007, L 339 S. 3, LugÜ) von Bedeutung. Fehlen einschlägige völkerrechtliche Vorschriften oder Vereinbarungen – wie z. B. im Verhältnis zur Türkei oder zu vielen arabischen Staaten – gelten die Vorschriften der ZPO über die örtliche Zuständigkeit auch für die internationale Zuständigkeit (Thomas/Putzo/Hüßtege, ZPO, Vor § 1 Rn. 6; Zöller/Geimer, ZPO, IZPR Rn. 37; Messerschmidt/Voit/Freitag, Privates Baurecht, Syst. Teil P Rn. 81; BGHZ 115, 90 = NJW 1991, 3092).

649   Die für Architektenstreitigkeiten wesentlichen Gerichtsstände nach der EuGVVO bzw. Brüssel Ia-VO und dem LugÜ sind der Gerichtsstand des **Wohnsitzes des Beklagten** (Art. 4 Brüssel Ia-VO bzw. Art. 2 EuGVVO/LugÜ) und der **besondere Gerichtsstand des Erfüllungsortes** (Art. 7 Nr. 1 Brüssel Ia-VO, Art. 5 Nr. 1 EuGVVO/LugÜ). Anders als noch die Vorgängerregelungen knüpfen Art. 5 EuGVVO/LugÜ und Art. 7 Brüssel Ia-VO für die Bestimmung des **Erfüllungsortes** nicht mehr an das anwendbare materielle Recht an, sondern enthalten einen selbständigen Begriff des Erfüllungsortes (BGH NJW 2006, 1806; Thomas/Putzo/Hüßtege, ZPO, Art. 7 EuGVVO Rn. 6). Für die Erbringung von Dienstleistungen – hierunter fallen auch Architektenleistungen (Thomas/Putzo/Hüßtege, ZPO, Art. 7 EuGVVO Rn. 11) – ist Erfüllungsort der Ort, an dem sie nach dem Vertrag erbracht worden sind oder hätten erbracht werden müssen (Art. 7 Nr. 1b Brüssel Ia-VO, Art. 5 Nr. 1b EuGVVO/LugÜ). Der Erfüllungsort nach Art. 7 Nr. 1b Brüssel Ia-VO, Art. 5 Nr. 1b EuGVVO/LugÜ gilt nicht nur für die Leistung des Architekten, sondern für alle wechselseitigen Ansprüche aus dem Vertragsverhältnis (BGH NJW 2006, 1806; vgl. auch EuGH NJW 2010, 1059 Rn. 50).

650   Art. 8 Nr. 1 Brüssel Ia-VO, Art. 6 Nr. 1 EuGVVO/LugÜ enthalten einen **Gerichtsstand** des **Sachzusammenhangs** für Klagen gegen mehrere Beklagte, sofern zwischen den Klagen ein so enger Zusammenhang besteht, dass zur Vermeidung widersprechender Entscheidungen eine gemeinsame Verhandlung und Entscheidung geboten erscheint. Ferner kennen Art. 8 Nr. 3 Brüssel Ia-VO, Art. 6 Nr. 3 EuGVVO/LugÜ den Gerichtsstand der Widerklage, wenn Klage und Widerklage denselben Vertrag oder Sachverhalt betreffen. Dagegen gilt der **Gerichtsstand** der **Gewährleistungs- oder Interventionsklage** nach Art. 8 Nr. 2 Brüssel Ia-VO, Art. 6 Nr. 2 EuGVVO/LugÜ in Deutschland, Österreich und Ungarn aufgrund des Vorbehalts in Art. 65 Abs. 1 Brüssel Ia-VO, Art. 65 EuGVVO bzw. Art. II des Protokolls 1 i. V. m. Anh. IX zum LugÜ nicht, da solche Klagen dem deutschen Recht fremd sind. Einen gleichen Vorbehalt enthält Art. V des Protokolls Nr. 1 zum LugÜ für Spanien und die Schweiz. Gewährleistungs- und Interventionsklage ermöglichen es, einen Dritten, gegen den eine der Parteien glaubt, einen Regressanspruch zu haben, in den Hauptprozess hineinzuziehen (näher Geimer/Schütze/Geimer, Europäisches Zivilverfahrensrecht, Art. 6 EuGVVO Rn. 33; Glöckner/v. Berg/Hausmann, Bau- und Architektenrecht, IntZust Rn. 108). In Deutschland gelten stattdessen die Vorschriften über die Streitverkündung und Nebenintervention. Allerdings kann in einem anderen Staat gegen eine in Deutschland ansässige Person eine solche Gewährleistungs- oder Interventionsklage erhoben werden, ein entsprechendes Urteil ist in Deutschland anerkennungs- und vollstreckungsfähig (Art. 65 Abs. 2 Brüssel Ia-VO, Art. 65 Abs. 2 EuGVVO).

651   Schließlich gilt auch im internationalen Zivilverfahrensrecht die Zuständigkeit aufgrund **rügeloser Einlassung** (§ 38 ZPO, Art. 26 Brüssel Ia-VO, Art. 24 EuGVVO, Art. 24 LugÜ). Die Neufassung der Brüssel Ia-VO enthält allerdings in Art. 26 Abs. 2 den Vorbehalt, dass in Verbraucher-, Versicherungs- und Arbeitsvertragsstreitigkeiten, in denen der Beklagte Verbraucher, Versicherter, Versicherungsnehmer oder Begünstigter eines Versicherungsvertrages oder Geschädigter oder Arbeitnehmer ist, das Gericht, bevor es sich für zuständig erklärt, sicherzustellen hat, dass der Beklagte über sein Recht, die Zuständigkeit des Gerichts zu rügen, und die Folgen der Einlassung oder Nichteinlassung auf das Verfahren belehrt wird.

Für **Verbrauchersachen** enthalten Art. 17 ff. Brüssel Ia-VO und Art. 15 ff. EuGVVO/ **652**
LugÜ eigene, vorrangige Zuständigkeitsregeln. Eine Verbrauchersache liegt nach der Be-
griffsbestimmung in Art. 17 Brüssel Ia-VO, Art. 15 Abs. 1 EuGVVO/LugÜ vor, wenn eine
Partei den Vertrag, der Gegenstand des Rechtsstreits ist, zu einem Zweck geschlossen hat,
der nicht ihrer beruflichen oder gewerblichen Tätigkeit zuzuordnen ist. Architekten und
Ingenieure sind nach dieser Definition nicht Verbraucher. Bei grenzüberschreitenden Archi-
tekten- bzw. Ingenieurverträgen mit Verbrauchern liegt eine Verbrauchersache nach Art. 17
Nr. 1c Brüssel Ia-VO, Art. 15 Nr. 1c EuGVVO/LugÜ (nur) vor, wenn der Architekt bzw.
Ingenieur seine Tätigkeit (auch) in dem Staat ausübt, in dem der Verbraucher seinen Wohn-
sitz hat, oder seine Tätigkeit auch auf diesen Mitgliedstaat ausrichtet (zu den Anforderungen
an ein „Ausrichten" EuGH NJW 2011, 505; 2013, 3504) und beide Vertragspartner ihren
Sitz bzw. Wohnsitz in einem Vertragsstaat haben. Die Klage gegen den Verbraucher ist nach
Art. 18 Abs. 2 Brüssel Ia-VO, Art. 16 Abs. 2 EuGVVO/LugÜ nur an dessen Wohnsitz zu-
lässig. Der Verbraucher seinerseits kann den Architekten nach Art. 18 Abs. 1 Brüssel Ia-VO,
Art. 16 Abs. 1 EuGVVO/LugÜ in seinem Heimatstaat oder an dessen Sitz verklagen. Diese
Vorschriften gehen den übrigen Gerichtsständen vor, allerdings gelten auch in Verbraucher-
sachen der Gerichtsstand der Widerklage (Art. 18 Abs. 3 Brüssel Ia-VO, Art. 16 Abs. 3
EuGVVO/LugÜ) und die Zuständigkeit aufgrund rügeloser Einlassung.

f) Gerichtsstandsbestimmung

Sofern für mehrere Beklagte kein gemeinsamer Gerichtsstand gegeben ist, ermöglicht **653**
§ 36 Abs. 1 Nr. 3 ZPO die Bestimmung der Zuständigkeit durch das im Rechtszug zunächst höhere Gericht auf Antrag des Klägers. Voraussetzung ist, dass gegenüber allen Beklagten die internationale Zuständigkeit der deutschen Gerichte gegeben ist, es keinen gemeinsamen Gerichtsstand der Beklagten gibt und die Beklagten gem. §§ 59, 60 ZPO als
Streitgenossen verklagt werden können.

3. Streitverkündung

a) Zweck der Streitverkündung

Der Streitverkündung kommt in Bau- und Architektenprozessen eine überragende Be- **654**
deutung zu. In die Entstehung eines Bauwerks sind eine Vielzahl von Beteiligten eingebunden, deren Leistungen voneinander abhängen und aufeinander aufbauen. Für einen
Baumangel können mehrere Beteiligte – insbesondere Unternehmer und Architekt – haften. In diesen Fällen besteht für den vom Bauherrn in Anspruch genommenen Beteiligten
ein erhebliches Interesse, seine Ausgleichsansprüche gegen weitere für den Mangel Verantwortliche zu sichern und eine einheitliche Beurteilung der Mangelfrage in den verschiedenen Rechtsstreiten zu erreichen. Die Streitverkündung ermöglicht die Einbeziehung Dritter in den Rechtsstreit. Sie kommt zum Tragen, wenn der Anspruch eines Dritten oder
gegen einen Dritten vom Ausgang des Rechtsstreits abhängig ist. Die Streitverkündung soll
den Streitverkünder davor bewahren, die wegen der materiellen Verknüpfung der verschiedenen Ansprüche gegen unterschiedliche Beteiligten notwendigen Prozesse alle zu verlieren, obgleich er zumindest einen dieser Prozesse hätte gewinnen müssen (BGH BauR
2012, 675 = NJW 2012, 674 = NZBau 2012, 159). Hängt der Ausgang des zweiten
(Rechts)streits vom Ergebnis des ersten Prozesses ab, soll der Partei die Möglichkeit gegeben werden, zunächst den ersten Prozess zu führen und nur dann, wenn sie diesen verliert,
in den zweiten Rechtsstreit zu gehen. Die Streitverkündung erreicht dies dadurch, dass sie
zunächst die Verjährung im Verhältnis zum Streitverkündeten hemmt – die Partei also ohne
Rechtsverlust den Ausgang des ersten Prozesses abwarten kann – und zweitens den Streitverkündeten an den Ausgang des ersten Prozesses bindet (Interventionswirkung).

b) Zulässige Fälle der Streitverkündung

Nach § 72 ZPO kann eine Partei, die für den Fall des Unterliegens im Rechtsstreit ei- **655**
nen Regressanspruch gegen einen Dritten geltend machen will oder den Anspruch eines
Dritten besorgt, diesem den Streit verkünden. Voraussetzung der Streitverkündung ist damit die rechtliche Abhängigkeit der verschiedenen Ansprüche. Hauptanwendungsfall ist die

Streitverkündung des wegen eines Mangels in Anspruch genommene Architekten oder Unternehmers gegenüber weiteren gesamtschuldnerisch haftenden Beteiligten wegen seiner Ausgleichsansprüche aus § 426 Abs. 1 und 2 BGB (BGH Urt. v. 7.5.2015 – VII ZR 104/14, ZIP 2015, 1189 = IBR 2015, 400 Jenssen, BeckRS 2015, 09448) bzw. gegenüber seinen Nachunternehmern. Die Streitverkündung kann aber auch der Abwehr des Anspruchs eines Dritten dienen, so z. B. die Streitverkündung des Generalplaners, der sich gegen den Honoraranspruch seines Subplaners mit Mängeln verteidigt, gegenüber seinem Auftraggeber, damit im Falle des Unterliegens auch diesem gegenüber die Mangelfreiheit feststeht (BGHZ 179, 361 = NJW 2009, 1488 für das Verhältnis Untermieter – Hauptmieter – Vermieter). Ein weiterer Anwendungsfall der Streitverkündung ist die alternative Schuldnerschaft bei unklarer Passivlegitimation, z. B. bei Streit über die Wirksamkeit einer Beauftragung durch den Vertreter (BGH NJW-RR 2005, 1585) oder streitiger Rechtsnachfolge durch Schuld- oder Vertragsübernahme (BGH NJW 2010, 3576), insbesondere aber auch dann, wenn nicht feststeht, welcher Beteiligte für einen Mangel verantwortlich ist (BGH BauR 2015, 705 = NZBau 2015, 283). Dagegen scheidet eine Streitverkündung von vornherein in den Fällen aus, in denen der Ausgang des Verfahrens keinen Einfluss auf die Inanspruchnahme des Streitverkündeten hat, wie insbesondere die Streitverkündung des Klägers gegen einen mit dem Beklagten haftenden weiteren Gesamtschuldner (BGHZ 70, 187 = BauR 1978, 149 = NJW 1978, 643; BGHZ 175, 1 = BauR 2008, 711 = NJW 2008, 519) oder Bürgen. Maßgeblich für die Frage, ob von gesamtschuldnerischer oder alternativer Schuldnerschaft auszugehen ist, ist die Sicht des Streitverkünders im Zeitpunkt der Streitverkündung. Durfte der Streitverkünder von alternativer Schuldnerschaft ausgehen, ist die Streitverkündung zulässig (BGH BauR 2015, 705 = NZBau 2015, 283; BGHZ 70, 187 = BauR 1978, 149 = NJW 1978, 643). Daher kann der Bauherr im Gewährleistungsprozess gegen den Unternehmer, der sich auf ein Mitverschulden durch Planungsfehler beruft, dem planenden Architekten den Streit verkünden, sofern er nicht selbst von einem Planungsfehler ausgeht. Denn im Umfang eines möglichen Mitverschuldens durch Planungsfehler haftet der Unternehmer dem Auftraggeber nicht, so dass insoweit alternative Schuldnerschaft vorliegt (BGHZ 70, 187 = BauR 1978, 149 = NJW 1978, 643). Streitig ist, ob dies auch im umgekehrten Fall möglich ist, d. h. der Bauherr im Prozess gegen den planenden Architekten dem Unternehmer den Streit verkünden kann. Die (Mit)haftung des Unternehmers schränkt die Haftung des Architekten nicht ein. Eine alternative Haftung besteht aber, soweit der Baumangel nicht auch auf einem Planungsfehler beruht, so dass auch in dieser Konstellation die Streitverkündung zulässig ist, nämlich für des Fall, dass der Mangel nicht auf einem Planungsfehler beruht (vgl. BGH BauR 2015, 705 = NZBau 2015, 283; Kniffka/Koeble, Kompendium des Baurechts, 16. Teil Rn. 12; OLG Düsseldorf BauR 2013, 1149, 1153; a. A. OLG Celle BauR 2011, 1855).

c) Form der Streitverkündung

656 Die Streitverkündung erfolgt durch Zustellung eines Schriftsatzes an den Streitverkündeten, in dem der Grund der Streitverkündung – das ist der Regressanspruch, im Hinblick auf den die Streitverkündung erfolgt – und der Stand des Rechtsstreits anzugeben sind, § 73 ZPO. Der Regressanspruch ist dabei so genau zu bezeichnen, dass er individualisiert ist und der Streitverkündete – ggfs. nach Einsicht in die Gerichtsakten – prüfen kann, ob es angebracht ist, dem Rechtsstreit beizutreten (BGHZ 175, 1 = BauR 2008, 711 = NJW 2008, 519). Fehlt es hieran, entfaltet die Streitverkündung keine verjährungshemmende Wirkung. Für die Mitteilung über den Stand des Rechtsstreits genügt es, den Verfahrensstand anzugeben. Es ist aus Rechtsgründen für die Zulässigkeit der Streitverkündung **nicht erforderlich, Ablichtungen** der bisherigen Gerichtsakte beizufügen. Der Streitverkündete kann sich über Einzelheiten durch Akteneinsicht informieren (BGHZ 175, 1 = BauR 2008, 711 = NJW 2008, 519; Zöller/Vollkommer, ZPO, § 73 Rn. 3; ausführlich Seibel, Müssen einer Streitverkündungsschrift zur Angabe der „Lage des Rechtsstreits" Ablichtungen aus den Gerichtsakten beigefügt werden? BauR 2014, 456). Streitverkündeter kann auch ein mit verklagter Streitgenosse des Streitverkünders sein. Eine solche Streitverkündung kann zur Herstellung der Interventionswirkung und Hemmung der Verjährung des Ausgleichsanspruchs nach

§ 426 Abs. 1 BGB sinnvoll sein, wenn mehrere Beteiligte wegen eines Baumangels als Gesamtschuldner verklagt werden und sie keine Vereinbarung über die Verlängerung der Verjährung treffen. Die Streitverkündung ist nach § 72 Abs. 1 ZPO zulässig ab Einreichung der Klage bis zum rechtskräftigen Abschluss des Rechtsstreits (BGH BauR 2010, 460), also auch noch im Verfahren der Nichtzulassungsbeschwerde (BGH BauR 2010, 460).

d) Hemmung der Verjährung durch Streitverkündung

Gem. § 204 Abs. 1 Nr. 6 BGB hemmt die Zustellung der Streitverkündung die Verjäh-　**657** rung des gegen den Streitverkündeten gerichteten Anspruchs. Allerdings kommt diese verjährungshemmende Wirkung nur der zulässigen Streitverkündung zu (BGHZ 175, 1 = BauR 2008, 711 = NJW 2008, 519). Das setzt u. a. voraus, dass ein zulässiger Fall der Streitverkündung vorliegt, also der Anspruch gegen den Streitverkündeten vom Ausgang des Rechtsstreits rechtlich abhängig ist. Ferner wird die Verjährung nur für den in der Streitverkündungsschrift als Streitverkündungsgrund angegebenen Regressanspruch gehemmt (BGH BauR 2010, 460; BGH BauR 2012, 675 = NJW 2012, 674 = NZBau 2012, 159). Dagegen ist die verjährungshemmende Wirkung nicht auf den Umfang der Klageforderung beschränkt, sie bestimmt sich vielmehr nach dem in der Streitverkündungsschrift als Grund der Streitverkündung genannten Regressanspruch und kann daher auch Schadenspositionen erfassen, die nicht Gegenstand des Rechtsstreits gegen den Streitverkünder sind (BGH BauR 2012, 675 = NJW 2012, 674 = NZBau 2012, 159).

Die Zulässigkeit der Streitverkündung wird erst im Regressprozess geprüft, so dass auch erst dann feststeht, ob die Streitverkündung geeignet war, die Verjährung zu hemmen.

e) Rechte des Streitverkündeten und Interventionswirkung

Der Streitverkündete hat die Möglichkeit, dem Rechtsstreit auf Seiten des Streitverkün-　**658** ders beizutreten. Er erhält damit die Stellung eines Nebenintervenienten **(Streithelfers).** Er kann alle Angriffs- und Verteidigungsmittel geltend machen, die auch der unterstützen Partei zustehen, darf sich zu ihrer Prozessführung aber nicht in Widerspruch setzen. Der beigetretene Streithelfer ist berechtigt, **Rechtsmittel** einzulegen. Dabei handelt es sich indes nicht um ein eigenes Rechtsmittel, sondern das Rechtsmittel der unterstützen Hauptpartei. Das hat zur Folge, dass sich die Rechtsmittelfristen nach der Zustellung der Entscheidung an die Hauptpartei richten (BGH NJW-RR 2013, 1400 = IBR 2013, 721 Schwenker) und für die Rechtsmittelsumme nicht die Beschwer des Streitverkündeten, sondern die Beschwer der Hauptpartei maßgeblich ist (BGH Beschl. v. 25.9.2013 – VII ZR 340/12, juris = IBR 2014, 58 Schmitz für den Fall der Insolvenz der beklagten Hauptpartei).

Die prozessual zulässige Streitverkündung entfaltet unabhängig vom Beitritt des Streit-　**659** verkündeten Interventionswirkung, § 74 Abs. 3 ZPO. Diese bindet den Streitverkündeten für den Regressprozess an den Ausgang des Erstprozesses. Der Streitverkündete kann sich im nachfolgenden Regressprozess im Verhältnis zum Streitverkünder nicht darauf berufen, dass der Rechtsstreit, so wie er dem Erstgericht vorgelegen hat, unrichtig entschieden worden sei. Die Interventionswirkung gilt nur bei einer Entscheidung des Rechtsstreits durch Urteil. Sie wirkt nur zu Gunsten des Streitverkünders (BGH NJW 2015, 1824) und sie erstreckt sich nur auf die tragenden Gründe der Entscheidung im Vorprozess. Auf sog. überschießende Feststellungen, die zur Begründung des Ergebnisses des Vorprozesses nicht erforderlich sind, bezieht sich die Interventionswirkung dagegen nicht (BGH NJW 2015, 1824; Zöller/Vollkommer, ZPO, § 68 Rn 9 f.). Die Interventionswirkung läuft daher bei einer Beweislastentscheidung leer (BGH Urt. v. 19.3. 2014 – I ZR 209/12, MDR 2014, 1169 = ibr-online 2014, 4205 Schwenker; OLG Karlsruhe NZBau 2005, 519 bei Streit über die Person des Auftraggebers von Gerüstbauarbeiten). Anders ist es aber, wenn für Haupt- und Regressprozess eine unterschiedliche Beweislastverteilung gilt, z. B. bei Streit darüber, ob der Architekt Vollmacht hatte oder als Vertreter ohne Vertretungsmacht gehandelt hat (BGH NJW-RR 2005, 1585; NJW 2010, 3576).

Die Interventionswirkung setzt voraus, dass der Streitverkündete die **Möglichkeit** hatte,　**660** auf den Ursprungsprozess **Einfluss** zu **nehmen.** Nur dann ist es gerechtfertigt, ihn an das Ergebnis dieses Prozesses zu binden. Die Streitverkündung kann zwar noch bis zum Eintritt der Rechtskraft erklärt werden, also auch noch im Verfahren der Nichtzulassungsbeschwerde zum Bundesgerichtshof (BGH BauR 2010, 460). Sie führt auch dann zur Hemmung der Verjährung (BGH BauR 2010, 460). Interventionswirkung entfaltet sie aber nur, wenn der Streitverkündete die Möglichkeit hat, auf den Prozess noch Einfluss zu nehmen, der Rechtsstreit also nach erfolgreicher Revision an die Tatsacheninstanzen zurückverwiesen wird (BGH BauR 2010, 460). Ferner erfasst die Interventionswirkung gem. § 68 ZPO nicht solche Verteidigungsmittel, an deren Geltendmachung der Streithelfer nach § 67 ZPO dadurch gehindert war, dass er sich mit ihnen in Widerspruch zum Vorbringen des Streitverkünders gesetzt hätte (BGH NJW 1982, 281: im Vorprozess war lediglich die Vollmacht des Architekten streitig, im Regressprozess bestreitet der streitverkündete Architekt zulässig, den Auftrag überhaupt vergeben zu haben).

4. Selbständiges Beweisverfahren

661   Das selbständige Beweisverfahren ermöglicht die Klärung streitiger Tatsachen durch eine vorprozessuale gerichtliche Beweisaufnahme, die in einem späteren Rechtsstreit verwertet werden kann. Sind zwischen den Parteien vorwiegend Tatsachenfragen, insbesondere technischer Natur, streitig, kann so unter Umständen ein Rechtsstreit vermieden werden. Die Zustellung des Antrages auf selbständige Beweiserhebung hemmt nach § 204 Abs. 1 Nr. 7 BGB die Verjährung.

a) Zulässigkeit des selbständigen Beweisverfahrens

662   Nach § 485 Abs. 1 ZPO ist ein selbständiges Beweisverfahren während oder außerhalb eines Rechtsstreits zulässig bei **Zustimmung** des **Gegners** oder **drohendem Beweismittelverlust.** Ein solcher Beweismittelverlust kann durch den erforderlichen Baufortschritt oder die beabsichtige Mängelbeseitigung drohen (OLG Hamm BauR 2010, 943 = NZBau 2010, 702). Drohende Verjährung ist dagegen mit dem Beweismittelverlust nicht gleichzusetzen (Zöller/Herget, ZPO, § 485 Rn. 5; Ingenstau/Korbion/Joussen, VOB, Anh. 3 Rn. 12), ihr kann durch die Erhebung der Hauptsacheklage begegnet werden, sie begründet aber keine Eilbedürftigkeit der Beweiserhebung.

663   Wenn ein Rechtsstreit noch nicht anhängig ist, kann darüber hinaus nach § 485 Abs. 2 ZPO die **schriftliche Begutachtung** durch einen Sachverständigen beantragt werden, wenn ein rechtliches Interesse an der Feststellung des Zustands oder Wertes einer Sache oder der Ursache und des Aufwands der Beseitigung eines Schadens oder Sachmangels besteht. Das Gesetz nimmt ein rechtliches Interesse an, wenn die Feststellung der Vermeidung eines Rechtsstreits dienen kann. Das kann auch der Fall sein, wenn der Antragsteller bei negativem Ausgang des Beweisverfahrens von einer Klage absieht (BGH NJW 2013, 3654 = IBR 2014, 57 Seibel; OLG Düsseldorf BauR 2001, 128), ferner begründet auch die drohende Verjährung ein rechtliches Interesse (Zöller/Herget, ZPO, § 485 Rn. 7; Seibel, Selbständiges Beweisverfahren, § 485 Rn. 16).

664   Auf die **Erfolgsaussichten** eines **Hauptsacheverfahrens** kommt es **nicht** an, so dass auch Verjährung der Zulässigkeit des selbständigen Beweisverfahrens nicht entgegengehalten werden kann und der Antragsteller den Anspruch, dessen Geltendmachung die Begutachtung dienen soll, nicht schlüssig darlegen muss (BGH BauR 2004, 1975 = NJW 2004, 3488). Es widerspräche dem Eilcharakter und dem auf Beweiserhebung beschränkten Gegenstand des Beweisverfahrens, wenn für seine Zulässigkeit die Erfolgsaussichten der Hauptsacheklage geprüft werden müssten. Nur wenn evident ist, dass der behauptete Anspruch keinesfalls bestehen kann, fehlt dem Antrag auf Einleitung des selbständigen Beweisverfahrens das Rechtsschutzinteresse (BGH BauR 2004, 1975 = NJW 2004, 3488).

665   **Zuständig** ist nach § 486 ZPO das Gericht der Hauptsache, d. h. bei bereits anhängigem Rechtsstreit das Prozessgericht (§ 486 Abs. 1 ZPO), ansonsten das Gericht, welches auf Grundlage des Vorbringens des Antragstellers für die Hauptsache zuständig wäre (§ 485 Abs. 2 ZPO). In Fällen dringender Gefahr kann der Antrag auch bei dem Amtsgericht gestellt werden, in dessen Bezirk das Beweismittel sich befindet (§ 485 Abs. 3 ZPO).

666   Der Antrag unterliegt **nicht** dem **Anwaltszwang** (§§ 486 Abs. 4 i. V. m. § 78 Abs. 3 ZPO). Die die Zulässigkeit begründenden Tatsachen sind **glaubhaft** zu machen (§ 487

Abs. 4 ZPO). Hierzu gehört auch die Höhe der erwarteten Nachbesserungskosten, wenn hiervon die sachliche Zuständigkeit des Hauptsachegerichts und damit die Zuständigkeit des Gerichts für das selbständige Beweisverfahren abhängt.

b) Antrag

Das selbständige Beweisverfahren darf nicht der Ausforschung dienen. Bei einem selb-　**667** ständigen Beweisverfahren zur Feststellung von Mängeln muss der Mangel behauptet werden. Der Antrag muss sich auf die Feststellung von Tatsachen beschränken, die Beurteilung von Rechtsfragen ist nicht Aufgabe des Sachverständigen, sondern des Gerichts. Dazu gehört auch die Rechtsfrage, welche Beschaffenheit die Parteien vereinbart haben. Zulässig ist die Frage, ob ein technischer Mangel oder ein Verstoß gegen die anerkannten Regeln der Technik vorliegt (ausführlich Seibel, Selbständiges Beweisverfahren, § 487 Rn. 16 ff., der insoweit eine strenge Linie vertritt). Auch die Frage nach der Prüffähigkeit einer Architektenhonorarrechnung ist eine Rechtsfrage. Tatsachenfrage kann lediglich sein, ob die Kostenermittlung der maßgeblichen DIN 276 entspricht und inhaltlich zutreffend ist.

c) Streitverkündung im Selbständigen Beweisverfahren

Theoretisch können alle, die möglicherweise für den Mangel verantwortlich sind, als　**668** Antragsgegner in das Verfahren einbezogen werden, sofern für alle Antragsgegner die örtliche Zuständigkeit zu bejahen ist. Dabei besteht aber für den Antragsteller ein erhebliches Kostenrisiko. Denn die Antragsgegner, die vom Sachverständigen nicht belastet werden, können über § 494a ZPO die Erstattung ihrer Kosten erreichen.

Im selbständigen Beweisverfahren ist auch eine **Streitverkündung** zulässig (allgemein anerkannt seit BGHZ 134, 190 = BauR 1997, 347 = NJW 1997, 859). Die Interventionswirkung liegt darin, dass in einem nachfolgenden Rechtsstreit gegen den Streitverkündeten die Beweisaufnahme verwertbar ist (BGHZ 134, 190 = BauR 1997, 347 = NJW 1997, 859; BGH BauR 2015, 705 = NZBau 2015, 283). Das setzt indes voraus, dass die Streitverkündung so rechtzeitig erfolgt, dass der Streitverkündete zum Ortstermin des Sachverständigen geladen werden und an ihm teilnehmen kann, § 493 Abs. 2 ZPO. Die Streitverkündung hemmt zudem die Verjährung, § 204 Abs. 1 Nr. 6 BGB. Der Streitverkündete kann dem Beweisverfahren beitreten und seinerseits einem Dritten den Streit verkünden. Das dient der Einheitlichkeit der Mangelfeststellung, macht das Verfahren aber noch unübersichtlicher. Streitverkündung und der Beitritt des Streitverkündeten zum Beweisverfahren unterliegen nicht dem Anwaltszwang (BGHZ 194, 68 = BauR 2012, 1676 = NJW 2012, 2810).

d) Beweiserhebung

Für die **Beweiserhebung** im selbständigen Beweisverfahren gelten die gleichen Regeln　**669** wie für eine Beweisaufnahme im Hauptsacheverfahren, § 492 Abs. 1 ZPO.

Eine **Bauteilöffnung** bei **Dritten** kann im selbständigen Beweisverfahren nicht erzwungen werden. Nach § 144 Abs. 1 ZPO kann das Gericht die Einnahme des Augenscheins oder die Duldung der Begutachtung durch einen Sachverständigen zwar auch einem Dritten gegenüber anordnen. Ob diese Vorschrift auch im selbständigen Beweisverfahren gilt, ist indes noch nicht geklärt (offen gelassen von BGH BauR 2013, 1307 = NJW 2013, 2687 = NZBau 2013, 634; lesenswert und vom BGH zitiert KG BauR 2013, 1485 = NJW 2014, 85). Jedenfalls gilt diese Befugnis aber nicht, sofern eine Wohnung betroffen ist, § 144 Abs. 1 S. 3 ZPO. Der BGH fasst den Begriff der Wohnung sehr weit. Wohnung ist danach der zu Aufenthalts- oder Arbeitszwecken bestimmte und benutzte Raum einschließlich der Nebenräume (Keller, Speicher, Garagen) und des angrenzenden umschlossenen freien Geländes wie Gärten und Vorgärten (BGH BauR 2013, 1307 = NJW 2013, 2687 = NZBau 2013, 634). Damit kommt § 144 Abs. 1 ZPO in Bausachen kaum noch eine Bedeutung zu.

Die Beteiligten können die **mündliche Anhörung** des Sachverständigen beantragen.　**670** Nach § 411 Abs. 3 ZPO kann das Gericht den Sachverständigen zur mündlichen Erläuterung seines Gutachtens laden. Auf Antrag der Partei ist das Gericht verpflichtet, den Gutachter zu laden. Das ergibt sich aus §§ 402, 397 ZPO. Denn nach dieser Vorschrift hat die

Partei das Recht, den Sachverständigen selbst zu befragen. Grenzen ergeben sich nur aus dem Gesichtspunkt des Rechtsmissbrauchs und der Prozessverschleppung. Dafür reicht es aber nicht aus, dass das Gericht das Gutachten für überzeugend hält (BGH NJW-RR 2006, 1503 = NZBau 2006, 650; BauR 2007, 1610 = NZBau 2007, 641). Die Ladung des Sachverständigen darf nicht davon abhängig gemacht werden, dass die Partei die Fragen, die sie an den Sachverständigen stellen will, vorab konkret formuliert; es genügt, wenn sie allgemein angibt, in welche Richtung sie durch ihre Fragen eine weitere Aufklärung wünscht (BGH BauR 2007, 1610 = NZBau 2007, 641). Eine solche zumindest allgemeine Angabe empfiehlt sich schon deshalb, damit der Sachverständige sich vorbereiten und im Termin Stellung nehmen kann. Der Antrag kann nicht mehr gestellt werden, wenn das selbständige Beweisverfahren bereits abgeschlossen ist, d.h. die Frist zur Stellungnahme abgelaufen ist (hierzu Rn. 677). Der Antrag kann aber auch in diesem Fall noch im Hauptsacheverfahren gestellt werden (BGH BauR 2007, 1610 = NZBau 2007, 641).

671   Für die **Ablehnung** des Sachverständigen gilt § 406 ZPO. Ein Sachverständiger kann abgelehnt werden, wenn Tatsachen oder Umstände vorliegen, die vom Standpunkt des Ablehnenden bei vernünftiger Betrachtung die Befürchtung erwecken können, der Sachverständige stehe der Sache nicht unvoreingenommen und unparteiisch gegenüber (Überblick über mögliche Ablehnungsgründe bei Zöller/Greger, ZPO, § 406 Rn. 8, 9). Keinen Ablehnungsgrund stellt es dar, wenn das Gutachten für die Partei ungünstig ausfällt. Inhaltliche Einwendungen gegen das Gutachten sind nicht im Ablehnungsverfahren geltend zu machen. Auch die Überschreitung des Gutachterauftrags (etwa durch einen Ortstermin ohne Ladung der Parteien zur Vorbereitung der mündlichen Anhörung) begründet nicht in jedem Fall die Besorgnis der Befangenheit, vielmehr kommt es stets auf die Umstände des Einzelfalles an, ob nämlich das Verhalten des Sachverständigen als Ausdruck einer **unsachlichen Grundhaltung** gegenüber einer Partei gedeutet werden kann (instruktiv BGH BauR 2013, 1308 = NZBau 2013, 569). Ein eventueller **Ablehnungsantrag** muss innerhalb von 2 Wochen nach Verkündung oder Zustellung des Beschlusses über die Ernennung des Sachverständigen gestellt werden, § 406 Abs. 2 ZPO. Später bekannt gewordene Ablehnungsgründe müssen unverzüglich, d.h. innerhalb angemessener Prüfungs- und Überlegungsfrist geltend gemacht werden (BGH BauR 2005, 1205 = NJW 2005, 1869). Ergeben sie sich aus dem **Inhalt** des schriftlichen **Gutachtens,** läuft im Allgemeinen die Frist zur Ablehnung des Sachverständigen gleichzeitig mit der vom Gericht gesetzten Frist zur Stellungnahme nach § 411 Abs. 4 ZPO ab, wenn sich die Partei zur Begründung des Antrags mit dem Gutachten auseinandersetzen muss (BGH BauR 2005, 1205 = NJW 2005, 1869).

672   Die Einholung eines neuen oder **Obergutachtens** kommt im selbständigen Beweisverfahren regelmäßig nicht in Betracht. Voraussetzung dafür wäre nach § 412 ZPO, dass das Gericht das vorliegende Gutachten für nicht ausreichend ansieht. Da das Gericht im selbständigen Beweisverfahren das Gutachten nicht würdigt (das obliegt dem Hauptsachegericht im Rahmen der Entscheidung des Rechtsstreits), kann es diese Voraussetzung in der Regel nicht feststellen. Die Einholung eines weiteren Gutachtens kann daher allenfalls in Betracht kommen, wenn die Unzulänglichkeit des Gutachtens klar auf der Hand liegt (OLG Frankfurt/Main NJW-RR 2007, 18 = NZBau 2007, 250; deutlich großzügiger allerdings OLG Frankfurt BauR 2008, 1183 = NZBau 2008, 446). Gegen die Ablehnung eines Obergutachtens ist im selbständigen Beweisverfahren kein Rechtsmittel gegeben, da auch in einem Hauptsacheverfahren ein selbstständiges Rechtsmittel gegen die Ablehnung der Einholung eines Obergutachtens als das Urteil bloß vorbereitender Zwischenentscheidung nicht statthaft ist (BGH BauR 2010, 932 = IBR 2010, 729 Schwenker). Die Partei kann die unterlassene Einholung eines Obergutachtens lediglich im Rahmen eines eventuellen Rechtsmittels gegen ein Urteil in der Hauptsache geltend machen. Als bloß vorbereitende Entscheidung kann auch die Anforderung eines **Kostenvorschusses** nicht angefochten werden (BGH NJW-RR 2009, 1433 = NZBau 2009, 444).

e) Verwertung des Gutachtens im Hauptsacheverfahren

673   Nach § 493 ZPO steht die Beweisaufnahme im selbständigen Beweisverfahren der Beweisaufnahme im Hauptsacheprozess gleich. Beruft sich im Hauptsacheprozess eine Partei

auf Tatsachen, über die im selbständigen Beweisverfahren Beweis erhoben wurde, zieht das Hauptsachegericht die Akten des Beweisverfahrens bei. Das Gutachten ist dann in gleicher Weise verwertbar wie ein im Hauptsacheverfahren eingeholtes Gutachten. Über das Ergebnis der Beweisaufnahme ist allerdings – wie bei jeder Beweisaufnahme im Hauptsacheverfahren – mündlich zu verhandeln, § 285 Abs. 1 ZPO. Voraussetzungen für die Verwertung der selbständigen Beweiserhebung ist, dass der Gegner zum Beweisaufnahmetermin geladen war oder an ihm teilgenommen hat, § 493 Abs. 2 ZPO. Beweisaufnahmetermin im Sinne dieser Vorschrift ist insbesondere auch der Ortstermin des Sachverständigen. Es handelt sich um eine verzichtbare Rüge, auf die der Antragsgegner sich im Hauptsacheprozess – rechtzeitig, § 295 ZPO! – berufen muss.

f) Einwendungen gegen das Gutachten noch im Hauptsacheverfahren?

Im selbständigen Beweisverfahren müssen Einwendungen gegen das Gutachten inner-   **674** halb der vom Gericht gesetzten Frist, bzw. – wenn keine Frist gesetzt ist – binnen angemessener Frist geltend gemacht werden. Verspätete Einwendungen sind nicht zulässig, weil das Beweisverfahren nach Fristablauf beendet ist (hierzu Rn. 677).

Umstritten ist, inwieweit Einwendungen gegen ein im selbständigen Beweisverfahren er-   **675** stattetes Gutachten im **Hauptsacheverfahren** noch zulässig sind oder nach § 296 Abs. 1 und 2 ZPO **präkludiert** sein können. Hat das Gericht im selbständigen Beweisverfahren eine **Frist** zur **Stellungnahme** auf das Gutachten gem. § 411 Abs. 4 S. 2 ZPO gesetzt, gilt diese Frist nach einem obiter dictum des 5. Zivilsenats des BGH auch für Einwendungen im Hauptsacheverfahren, §§ 493 Abs. 1, 411 Abs. 4 S. 2, 296 Abs. 1 ZPO (BGH BauR 2010, 1585 = NJW 2010, 2873 = NZBau 2010, 597). Allerdings wird es bei rechtzeitiger Geltendmachung der Einwendungen im Hauptsacheprozess in der Regel an der für die Zurückweisung der Einwendungen erforderlichen Verzögerung fehlen, jedenfalls dann, wenn Haupttermin noch nicht bestimmt ist (Seibel, Selbständiges Beweisverfahren, § 493 Rn. 26; Sohn, Bindungswirkung des Gutachtens im selbständigen Beweisverfahren, BauR 2009, 1213; Ulrich, Selbständiges Beweisverfahren, BauR 2013, 299; ebenso OLG Zweibrücken BauR 2008, 420 = OLGR 2006, 408; für Präklusion aber OLG Brandenburg BauR 2008, 1499 = IBR 2008, 623). Wird im selbständigen Beweisverfahren **keine Frist** zur Stellungnahme zum Gutachten gesetzt, kommt eine verfahrensübergreifende Präklusion zwischen Beweisverfahren und Hauptsacheverfahren nicht in Betracht. Auf §§ 296 Abs. 2, 282 Abs. 1 und 2 ZPO kann die Präklusion nicht gestützt werden. § 282 Abs. 1 ZPO ist nur einschlägig, wenn innerhalb einer Instanz mehrere Termine stattfinden; ein Vorbringen im ersten Termin zur mündlichen Verhandlung kann daher niemals nach § 282 Abs. 1 ZPO verspätet sein (BGH NJW 2012, 3787). Nach § 282 Abs. 2 ZPO ist Vorbringen, zu welchem der Gegner ohne vorherige Erkundigung keine Erklärung abgeben kann, so rechtzeitig vor der mündlichen Verhandlung vorzubringen, dass der Gegner die erforderlichen Erkundigungen noch einholen kann. Auch diese Vorschrift ermöglicht somit keine Präklusion von Vorbringen in der Klageerwiderung.

Sachgerechter erscheint es, eine **verfahrensübergreifende Präklusion** zwischen Beweisverfahren und Hauptsacheverfahren generell **abzulehnen** (Seibel, Selbständiges Beweisverfahren, § 493 Rn. 29). Das selbständige Beweisverfahren ist auf Beweiserhebung, nicht Beweiswürdigung angelegt. Letztlich ist es das Gericht, welches im Rahmen der Beweiswürdigung von Amts wegen nach freier Überzeugung (§ 286 ZPO) entscheiden muss, ob das Gutachten ausreichend ist, um die Beweisfrage zu beantworten. Bei einem Sachverständigengutachten gehört hierzu, dass es in sich schlüssig und überzeugend ist und keine Fragen offen lässt. Wenn eine Partei Fragen aufwirft, welche die Überzeugungskraft des Gutachtens in Frage stellen, sind sie nicht dadurch aus der Welt, dass sie präkludiert sind (ähnlich Ulrich, Selbständiges Beweisverfahren, BauR 2013, 299). Umgekehrt überfrachtet es das Beweisverfahren, wenn die Parteien gezwungen sind, alle denkbare Einwendungen, deren Relevanz für das Hauptsacheverfahren noch gar nicht feststeht (Seibel, Selbständiges Beweisverfahren, § 493 Rn. 29), bereits in diesem Verfahrensstadium vorzubringen, nur um der drohenden Präklusion zu entgehen.

Eine **neue Begutachtung** im **Hauptsacheverfahren** ist nur unter den Voraussetzun-   **676** gen des § 412 ZPO zulässig, d. h. wenn das Gericht das Gutachten „für ungenügend" erachtet. Dafür genügt nicht, dass eine Partei anderer Meinung ist als der Sachverständige. Vielmehr bedarf es so konkreter Einwendungen, dass eine ergänzende Stellungnahme des Sachverständigen notwendig wird. In jedem Fall muss aber das Gericht von Amts wegen prüfen, ob es das Gutachten für ausreichend hält. Ist das Gutachten in sich nicht schlüssig oder wirft es Fragen auf, muss das Gericht den Sachverständigen um Ergänzung bitten. Das kann auch in der Berufung noch gerügt werden, § 529 Abs. 1 ZPO.

g) Beendigung des selbständigen Beweisverfahrens

677 Das selbständige Beweisverfahren kennt keine formale Beendigung durch abschließende gerichtliche Entscheidung. Es endet mit seiner sachlichen Erledigung, d.h. mit Beendigung der Beweiserhebung. Erfolgt die Beweiserhebung durch Sachverständigengutachten, ist das Beweisverfahren erledigt, wenn der Sachverständige sein Gutachten erstattet hat und die Parteien nicht innerhalb der ihnen nach § 411 Abs. 4 ZPO eingeräumten Prüfungs- und Stellungnahmefrist eine ergänzende Begutachtung oder die Anhörung des Sachverständigen beantragen (BGH BauR 2002, 1115 = NJW 2002, 1640; BauR 2009, 979 = NZBau 2009, 598). Setzt das Gericht nach § 411 Abs. 4 S. 2 ZPO eine Frist zur Stellungnahme, ist diese maßgeblich. Dabei endet das Beweisverfahren indes nur dann mit Ablauf der Frist, wenn diese wirksam gesetzt ist, d.h. durch das Gericht (Beschluss), und mit der erforderlichen Belehrung förmlich zugestellt wird (BGH NJW-RR 2006, 428 = NZBau 2006, 119; Ingenstau/Korbion/Joussen, VOB, Anh. 3 Rn. 113). Setzt das Gericht keine Frist oder ist die Fristsetzung unwirksam, sind Einwendungen gegen das Gutachten oder Ergänzungsfragen nach § 411 Abs. 4 S. 1 ZPO innerhalb eines angemessenen Zeitraums mitzuteilen. Welcher Zeitraum (noch) angemessen ist, ist Frage des Einzelfalles und hängt von Umfang und Schwierigkeit des Gutachtens ab, wobei auch bei schwierigeren Gutachten eine Frist von 4 Monaten in der Regel ausreichen wird (Überblick zur umfänglichen Rechtsprechung Werner/Pastor, Der Bauprozess, Rn. 114). Zu beachten ist, dass in den Fällen, in denen keine Frist gesetzt wird und binnen angemessener Frist auch keine Einwendungen gegen das Gutachten erhoben werden, das selbständige Beweisverfahren nicht erst mit Ablauf des angemessenen Zeitraumes endet, sondern bereits mit Erstattung des Gutachtens, d.h. seiner Übermittlung an die Parteien bzw. dem Ende der mündlichen Anhörung des Sachverständigen. Der BGH nimmt eine **„rückschauende Betrachtung"** vor (BGH BauR 2002, 1115 = NJW 2002, 1640; BauR 2009, 979 = NZBau 2009, 598). Einem eventuellen Gerichtsbeschluss, der die Beendigung des Verfahrens feststellt, kommt nur deklaratorische Bedeutung zu, er ist nicht geeignet, das Ende des Beweisverfahrens hinauszuschieben (BGH BauR 2011, 287 = NJW 2011, 594 = NZBau 2011, 156).

678 Die Beendigung des Beweisverfahrens hat prozessual zur Konsequenz, dass Anträge auf weitere Begutachtung oder Anhörung des Sachverständigen im selbständigen Beweisverfahren nicht mehr zulässig sind (zur Zulässigkeit im Hauptsacheverfahren s. Rn. 670). Materiell ist der Zeitpunkt der Beendigung des Beweisverfahren für das Ende der Verjährungshemmung von Bedeutung, diese endet nämlich nach § 204 Abs. 2 BGB 6 Monate nach Beendigung des Beweisverfahrens.

h) Streitwert und Kosten

679 Der **Streitwert** des selbständigen Beweisverfahrens richtet sich grundsätzlich nach dem Wert der Hauptsache, d.h. nach dem Wert des Anspruchs des Antragstellers, dem die selbständige Beweisaufnahme dient (BGH BauR 2004, 1975 = NJW 2004, 3488). Dabei kann von den vom Sachverständigen festgestellten Mängelbeseitigungskosten ausgegangen werden. Soweit der Sachverständige den Mangel nicht bestätigt, sind maßgeblich die geschätzten Kosten des vom Antragsteller behaupteten Mangels (BGH BauR 2004, 1975 = NJW 2004, 3488).

680 **Kosten** des selbständigen Beweisverfahrens sind Kosten des Hauptsacheverfahrens und von der Kostenentscheidung des Hauptsacheverfahrens umfasst, ohne dass dies in der Kostenentscheidung ausdrücklich ausgesprochen werden muss (BGH BauR 2006, 865 = NZBau 2006, 374). Das gilt schon dann, wenn der Streitgegenstand des Beweisverfahrens und des Hauptsacheverfahrens sich nur teilweise decken, solange nur die selben Parteien

betroffen sind. Die Kosten des selbständigen Beweisverfahrens werden allerdings nicht Gegenstand eines anschließenden Klageverfahrens, welches der Antragsteller nicht gegen den Antragsgegner, sondern ausschließlich gegen dessen **Streithelfer** einleitet. Denn der Streithelfer wird nicht Partei des selbständigen Parteiverfahrens. Dies gilt auch dann, wenn in diesem Rechtsstreit das Ergebnis der Beweisaufnahme im selbständigen Beweisverfahren verwertet wird (BGH BauR 2013, 2053 = NJW 2013, 3452). In diesem Fall bleibt dem Antragsteller nur die Geltendmachung der Kosten des Beweisverfahrens als materieller Kostenerstattungsanspruch, sofern dessen Voraussetzungen vorliegen, insbesondere aus §§ 634 Nr. 4, 280 BGB.

Sofern für Hauptsacheverfahren und Beweisverfahren unterschiedliche Kostenquoten ge- **681** rechtfertigt sind (z.B. wenn der Sachverständige einen Teil der gerügten Mängel nicht bestätigt und diese daher auch nicht Gegenstand des Hauptsacheverfahrens sind), kann das nach § 96 ZPO in der Kostenentscheidung berücksichtigt werden. Nach dieser Vorschrift können einer Partei die Kosten eines erfolglosen Angriffs- oder Verteidigungsmittels unabhängig vom Ausgang des Hauptsacheverfahrens auferlegt werden. Unterbleibt das, ist eine Korrektur im Kostenfestsetzungsverfahren allerdings nicht mehr möglich (BGH BauR 2006, 865 = NZBau 2006, 374).

Eine isolierte Kostenentscheidung im selbständigen Beweisverfahren, die Grundlage einer **682** Kostenerstattung ist, ist nur in **drei Fällen** möglich, nämlich bei **Zurückweisung** des Antrags **als unzulässig,** bei **Rücknahme** des Antrags durch den Antragsteller (hierzu BGH Beschl. v. 28.4.2015 – VI ZB 36/14, BeckRS 2015, 10243, wonach bei bereits anhängigem Hauptsacheverfahren die Kostenentscheidung dort zu erfolgen hat) und in den Fällen des **§ 494a ZPO** (Antrag auf Fristsetzung zur Hauptsacheklage). Darüber hinaus ist eine Kostenerstattung nur im Hauptsacheprozess oder auf Grundlage eines materiellen Kostenerstattungsanspruchs möglich (Anspruchsgrundlage §§ 634 Nr. 4, 280 Abs. 1 BGB). Das Gesetz sieht im selbständigen Beweisverfahren eine Kostentragungspflicht des Antragsgegners nicht vor. Der **Antragsteller** kann die Erstattung seiner Kosten daher nur im Hauptsacheverfahren oder als materiellen Kostenerstattungsanspruch geltend machen. Dem **Antragsgegner** bietet § 494a ZPO eine Möglichkeit, auch ohne Hauptsacheverfahren zu einem Kostentitel zu gelangen. Nach dieser Vorschrift hat das Gericht auf Antrag dem Antragsteller eine Frist zur Erhebung der Hauptsacheklage zu setzen (in der über die Kosten entschieden wird). Die Anordnung ist unanfechtbar. Kommt der Antragsteller dem nicht nach, hat das Gericht auf Antrag durch Beschluss auszusprechen, dass der Antragsteller die dem Antragsgegner entstandenen Kosten zu erstatten hat. Eine Kostenentscheidung nach § 494a ZPO zu Lasten des Antragstellers kann allerdings nicht ergehen, wenn der **Antragsgegner** die Mängel oder die Ursache der Störung, zu deren Ermittlung das selbständige Beweisverfahren eingeleitet wurde, beseitigt (BGH BauR 2003, 575 = NZBau 2003, 216). Ergeht in diesen Fällen dennoch eine bestandskräftige Anordnung auf Klageerhebung nach § 494a ZPO, bleibt dem Antragsteller (nur) noch die Möglichkeit einer Klage auf Feststellung, dass ihm gegen den Antragsgegner der Anspruch zustand (BGH NJW-RR 2004, 1580 = IBR 2005, 65 Großkopf). Der Antrag nach § 494a ZPO ist auch dann wegen **Rechtsmissbrauchs** ausgeschlossen, wenn ein Antragsgegner nach Abschluss des selbständigen Beweisverfahrens mit dem Antrag nach § 494a ZPO „über eine angemessene Überlegungsfrist hinaus so lange wartet, bis der etwaige Anspruch des Antragstellers verjährt ist" (BGH BauR 2010, 651 = NJW 2010, 1460 = NZBau 2010, 368). Der Bauherr hatte in diesem Fall, obwohl der Sachverständige die Mängel bestätigt hatte, wegen Vermögenslosigkeit des Antragsgegners von der Erhebung der Hauptsacheklage abgesehen. Nach Ablauf der Verjährungsfrist stellte der Antragsgegner den Antrag auf Erhebung der Hauptsacheklage.

Der **beigetretene Streithelfer** hat nach § 101 ZPO Anspruch auf Erstattung seiner **683** Kosten, soweit der Gegner der von ihm unterstützten Partei die Kosten zu tragen hat. Daraus ergibt sich, dass auch der auf Seiten des Antragsgegners dem Beweisverfahren beigetretene Streithelfer den Antrag nach § 494a ZPO stellen kann, gerichtet auf Erhebung der Hauptsacheklage gegen den Antragsgegner. Erhebt der Antragsteller keine Hauptsacheklage gegen den Antragsgegner, sind ihm die Kosten des Streithelfers nach §§ 494a, 101 ZPO aufzuerlegen. Eine Kostenentscheidung nach § 494a ZPO kommt dagegen nicht in Betracht, wenn der Antragsteller die Hauptsacheklage erhebt (BGHZ 182, 150 = BauR 2009, 1619 = NZBau 2010, 106).

Die Kosten des Streithelfers im selbständigen Beweisverfahren gehören ebenfalls zu den Kosten des Hauptsacheverfahrens und sind – wenn der Gegner der unterstützten Partei im Hauptsacheverfahren unterliegt – diesem gem. § 101 ZPO aufzuerlegen. Eines Beitritts des Streithelfers auch im Hauptsacheverfahren bedarf es hierzu nicht (BGH BauR 2014, 581 = NJW 2014, 1018 = IBR 2014, 119 Seibel).

i) Rechtsmittel gegen Entscheidungen im Selbständigen Beweisverfahren

684   Das Gesetz enthält keine zusammenhängende Regelung der Rechtsmittel im selbstständigen Beweisverfahren. Grundnorm ist § 567 ZPO, wonach die sofortige Beschwerde statthaft ist, wenn sie im Gesetz zugelassen ist oder gegen die Zurückweisung eines das Verfahren betreffenden Gesuchs. Gegen **Entscheidungen im Rahmen der Beweisaufnahme** (Beweisbeschluss, Auswahl des Sachverständigen) ist ein selbstständiges Rechtsmittel grundsätzlich nicht gegeben. Entscheidungen im Rahmen der Beweisaufnahme bereiten die Endentscheidung lediglich vor und sind regelmäßig nur im Zuge eines Rechtsmittels gegen die Endentscheidung angreifbar. Hintergrund ist, dass nach dem Grundsatz der freien Beweiswürdigung es von der freien Überzeugung des Gerichts abhängt, ob eine tatsächliche Behauptung als bewiesen angesehen wird (§ 286 Abs. 1 ZPO). Danach gilt für Rechtsmittel im selbständigen Beweisverfahren folgendes:

685   Die – auch teilweise – **Zurückweisung des Antrages** kann mit der sofortigen Beschwerde nach § 567 ZPO angegriffen werden. Das gilt auch für die Ablehnung eines weiteren Gutachtens mit der Begründung, das selbständige Beweisverfahren sei bereits beendet. Gegen die **Anordnung der Beweiserhebung** im selbstständigen Beweisverfahren ist dagegen ein Rechtsmittel ausdrücklich nicht gegeben, § 490 Abs. 2 S. 2 ZPO.

686   Die **Ablehnung** oder **Anordnung** eines **Obergutachtens** ist mit Rechtsmitteln nicht angreifbar (BGH BauR 2010, 932 = IBR 2010, 729 Schwenker). Auch gegen die Anordnung eines **Kostenvorschusses** zur Beweisaufnahme ist ein Rechtsmittel nicht gegeben (BGH NJW-RR 2009, 1433 = NZBau 2009, 444).

687   Dagegen kann die **Ablehnung** eines Antrages auf **mündliche Anhörung des Sachverständigen** mit der sofortigen Beschwerde angegriffen werden. Grund ist die in der unberechtigten Zurückweisung des Antrages liegende Verletzung des Anspruchs auf rechtliches Gehör. Zudem schließt sie das Verfahren faktisch ab, ohne dass gesichert ist, dass es zu einem Hauptsacheverfahren kommt, in dem die Frage geklärt werden kann (BGH BauR 2010, 932 = IBR 2010, 729 Schwenker; NZBau 2005, 688).

688   Die **Anordnung** einer **Frist zur Klageerhebung** nach § 494a Abs. 1 ZPO ist nicht mit Rechtsmitteln angreifbar (BGH BauR 2010, 1791 = NJW-RR 2010, 1318; Seibel, Selbständiges Beweisverfahren, § 494a Rn. 35), wohl aber deren Ablehnung. Gegen die anschließende **Kostenentscheidung** nach § 494a Abs. 2 ZPO ist die sofortige Beschwerde gegeben (§ 494a Abs. 2 S. 2 ZPO).

689   Grundsätzlich **kein Rechtsmittel** gibt es gegen **Entscheidungen** der **Berufungs- oder Beschwerdegerichte.** § 567 ZPO beschränkt die sofortige Beschwerde auf im ersten Rechtszug ergangene Entscheidungen. Ist daher ausnahmsweise das Berufungsgericht als Hauptsachegericht für das selbstständige Beweisverfahren zuständig, so können seine Entscheidungen nicht mit der sofortigen Beschwerde angegriffen werden. In Betracht kommt lediglich eine Rechtsbeschwerde zum Bundesgerichtshof, die aber voraussetzt, dass sie vom Berufungsgericht zugelassen und von einem beim Bundesgerichtshof zugelassenen Rechtsanwalt eingelegt wird, §§ 574, 78 Abs. 1 S. 3 ZPO.

j) Hemmung der Verjährung

690   Das selbständige Beweisverfahren bewirkt als gerichtliche Geltendmachung ebenso wie Klageerhebung und Streitverkündung die **Hemmung der Verjährung,** § 204 Abs. 1 Nr. 7 BGB. Die Hemmung tritt ein mit **Zustellung** des Antrags auf Durchführung des selbständigen Beweisverfahrens, wobei gem. § 167 ZPO bereits der Eingang des Antrages bei Gericht zur Hemmung der Verjährung führt, wenn der Antrag alsbald zugestellt wird.

Voraussetzung für die verjährungshemmende Wirkung ist, dass der Antrag auf Einleitung des selbständigen Beweisverfahrens durch das Gericht förmlich **zugestellt** wird, wozu das Gericht – wie der BGH klargestellt hat – von Amts wegen verpflichtet ist (BGHZ 188, 128 = BauR 2011, 669 = NJW 2011, 1965). Wird der Antrag dennoch vom Gericht dem Gegner nur formlos übermittelt, kann dieser Zustellungsmangel nach § 189 ZPO geheilt werden. Bei formloser Übermittlung gilt der Antrag nach § 189 ZPO als zugestellt, wenn er dem Antragsgegner zugeht (BGHZ 188, 128 = BauR 2011, 669 = NJW 2011, 1965). Die Hemmung der Verjährung endet gem. § 204 Abs. 2 BGB 6 Monate nach Beendigung des selbständigen Beweisverfahrens (hierzu Rn. 677).

Die Verjährung wird für den **Anspruch** gehemmt, dessen Feststellung das selbständige   **691** Beweisverfahren dient (BGHZ 175, 161 = BauR 2008, 986 = NZBau 2008, 377). Damit werden durch die Einleitung eines selbständigen Beweisverfahrens des Bauherrn auf Feststellung bestimmter Mängel nur die Ansprüche wegen dieser Mängel gehemmt. Ein selbständiges Beweisverfahren des Architekten auf Feststellung der Mängelfreiheit vor Abnahme führt zur Hemmung der Verjährung des Honoraranspruchs, sofern dessen Fälligkeit hiervon abhängt (BGH BauR 2012, 803 = NJW 2012, 1140 = NZBau 2012, 228), was zumindest seit der HOAI 2013 der Fall ist, da nunmehr nach § 15 Abs. 1 HOAI 2013 die Fälligkeit des Architektenhonorars von der Abnahme abhängt. Der Antrag hemmt nur die Verjährung, wenn er vom **materiell Berechtigten** gestellt wird (BGH BauR 2013, 1437 = NJW-RR 2013, 1169 für das Beweisverfahren einer WEG). Streitig ist, ob auch ein vom **Schuldner** eingeleitetes selbständiges Beweisverfahren die Verjährung hemmt, also ob z. B. das auf die Feststellung der Mangelfreiheit gerichtete selbständige Beweisverfahren des Auftragnehmers die Verjährung der Mängelansprüche des Auftraggebers hemmt (zu Recht verneinend Weyer, Selbständiges Beweisverfahren und Verjährung von Baumängelansprüchen nach künftigem Recht, BauR 2001, 1807, 1811; Palandt/Ellenberger, BGB, § 204 Rn. 22; a. A. Kniffka/Schulze-Hagen, Bauvertragsrecht, § 634a Rn 125; zu diesem Streit s. auch BGH, BauR 2012, 803 = NJW 2012, 1140 = NZBau 2012, 228, allerdings ohne den Streit zu entscheiden). Das selbständige Beweisverfahren des Schuldners ist keine gerichtliche Geltendmachung im Sinne von § 204 BGB. Ein einvernehmlich geführtes Beweisverfahren kann aber zur Hemmung der Verjährung durch Verhandlung nach § 203 BGB führen.

5. Anforderungen an den Sachvortrag, insbesondere zu Mängeln und technischen Sachverhalten

a) Anforderungen an die Substantiierung und gerichtliche Hinweispflicht

Grundsätzlich muss Sachvortrag, damit er prozessual zulässig ist und die Beweisaufnahme   **692** rechtfertigt, hinreichend substantiiert sein, d. h. der Vortrag muss so konkret sein, dass er einen bestimmten Sachverhalt erkennen lässt und der Gegner sich auf ihn einlassen, d. h. konkret Stellung nehmen kann. Nach ständiger Rechtsprechung ist ein Sachvortrag schlüssig, wenn Tatsachen vorgetragen werden, aus denen sich die begehrte Rechtsfolge ergibt (BGH NJW 2013, 3180; NZBau 2014, 221 = IBR 2014, 314 Manteufel). Die Angabe näherer Einzelheiten ist nur erforderlich, sofern sie für die Rechtsfolge von Bedeutung sind oder der Gegenvortrag Anlass zu weiterer Konkretisierung gibt. Wird infolge der Einlassung der Gegenseite der Tatsachenvortrag unklar, bedarf er der Ergänzung. Der Umfang der jeweils erforderlichen Substantiierung bestimmt sich aus dem Wechselspiel von Vortrag und Gegenvortrag, wobei die Ergänzung und Aufgliederung des Sachvortrags bei hinreichendem Gegenvortrag immer zunächst Sache der darlegungs- und beweispflichtigen Partei ist (BGH NJW 2005, 2711).

Hält das Gericht Sachvortrag für nicht hinreichend substantiiert, darf es ihn nicht einfach   **693** als unerheblich zurückweisen. Vielmehr ist das Gericht nach § 139 ZPO verpflichtet, die Partei hierauf hinzuweisen und ihr Gelegenheit zu geben, ihren Vortrag nachzubessern. Inhaltlich muss der Hinweis so detailliert sein, dass die Partei, an die er gerichtet ist, ihn versteht. Allgemeine und pauschale Hinweise auf die Unschlüssigkeit oder Unsubstantiiertheit des Vorbringens genügen nicht, vielmehr muss das Gericht unmissverständlich auf den aus seiner Sicht fehlenden Sachvortrag hinweisen und ihr die Möglichkeit eröffnen, ihren Sachvortrag sachdienlich zu ergänzen (BGH BauR 2013, 1146 = NZBau 2013, 433). Das gilt insbesondere in den Fällen, in denen die Erforderlichkeit und der Umfang des ergänzenden Vorbringens von der Bewertung des Gerichts im Einzelfall abhängen (BGHZ 140, 365 = BauR 1999, 635 = NJW 1999, 1867; BGHZ 164, 166 = BauR 2005, 1918 = NJW 2006, 60), wie es bei der Frage der Substantiierung regelmäßig der Fall ist. Der Hinweis auf die fehlende Substantiierung muss daher auch die Anforderungen des Gerichts an den Sachvortrag der Parteien enthalten (BGHZ 140, 365 = BauR 1999, 635 = NJW 1999, 1867; BauR 2006, 1753 für die Abrechnung nach § 649 BGB).

694   Nach § 139 Abs. 4 ZPO muss der Hinweis in der Akte dokumentiert sein, und zwar so genau, dass das Rechtsmittelgericht beurteilen kann, ob er inhaltlich ausreichend ist. Die Erteilung des Hinweises kann nur durch den Inhalt der Akten bewiesen werden (§ 139 Abs. 4 S. 2 ZPO), so dass eine oftmals in Schriftsätzen im Berufungsverfahren angebotene Beweisaufnahme über die Erteilung des Hinweises unzulässig ist (BGH NJW-RR 2011, 1556). Das Gericht muss schließlich der Partei Gelegenheit geben, auf den Hinweis zu reagieren, § 139 Abs. 5 ZPO. Ist einer Partei die rechtzeitige Stellungnahme im Termin nicht möglich und reicht sie diese nach, muss die mündliche Verhandlung nach § 156 ZPO wieder eröffnet werden, und zwar auch dann, wenn der Anwalt im Termin keinen Schriftsatznachlass beantragt hat (BGH NJW-RR 2007, 412; BauR 2009, 681 = NZBau 2009, 244; BauR 2010, 246; BauR 2011, 1200 = NJW-RR 2011, 877).

b) Symptomrechtsprechung

695   Für die Darstellung technischer Sachverhalte, insbesondere von Mängeln des Bauwerks oder der Architektenleistung, gilt die sog. **Symptomrechtsprechung:** danach genügt es als substantiierter Sachvortrag zu Mängeln, dass die Auswirkungen des Mangels benannt werden und der Mangel einem bestimmten Baubeteiligten (dem Prozessgegner) zugeordnet wird. Nähere Angaben zu den technischen Ursachen des Mangels oder dazu, welche technische Regel verletzt ist, werden von dem – oft nicht fachkundigen – Auftraggeber nicht verlangt (BGH BauR 1997, 1065 = NJW 1998, 135; BauR 2003, 1247 = NZBau 2003, 501 jeweils zu Mängeln des Architektenwerkes). Mit der hinreichenden Bezeichnung der Auswirkungen des Mangels werden sämtliche Ursachen des Mangels Gegenstand der Mängelrüge. Das gilt sowohl für die außergerichtliche Mängelrüge als auch den Vortrag im Prozess (BGH BauR 1997, 1065; BauR 2003, 1247 = NZBau 2003, 501). Dieser Rechtsprechung kommt daher auch besondere Bedeutung für den Umfang der Verjährungshemmung durch außergerichtliche und gerichtliche Geltendmachung eines Mangels zu (hierzu Schmitz, Die Symptomtheorie, BauR 2015, 371; Ehrich, Die Symptomrechtsprechung – Grundlagen und Vorschläge zur Rechtfertigung, BauR 2010, 381).

6. Widerklage und Drittwiderklage

696   Die Widerklage ist der Gegenangriff des Beklagten, mit dem er eine Titulierung seiner eigenen Ansprüche erreichen kann. Nach § 33 ZPO kann eine Widerklage bei dem Gericht der Klage erhoben werden, wenn der Gegenanspruch mit dem in der Klage geltend gemachten Anspruch oder den gegen ihn vorgebrachten Verteidigungsmitteln in Zusammenhang steht. Die Rechtsprechung sieht in der Konnexität eine besondere Zulässigkeitsvoraussetzung der Widerklage (BGHZ 40, 187; BGH NJW 1975, 1228). Nach zutreffender Auffassung regelt § 33 ZPO indes, wie sich schon aus der amtlichen Überschrift und der systematischen Stellung der Vorschrift ergibt, nur einen besonderen Gerichtsstand der Widerklage (Zöller/Vollkommer, ZPO, § 33 Rn. 1; Thomas/Putzo/Hüßtege, ZPO, § 33 Rn. 1). Dem Erfordernis der Konnexität kommt daher nur dann Bedeutung zu, wenn das Gericht der Klage nicht ohnehin für die Widerklage zuständig ist (Thomas/Putzo/Hüßtege, ZPO, § 33 Rn. 1). Allerdings ist die Konnexität weit zu fassen und bei wechselseitigen Ansprüchen aus dem selben Vertragsverhältnis oder einer Geschäftsbeziehung regelmäßig zu bejahen.

697   Der Beklagte kann mit der Widerklage grundsätzlich auch Dritte in das Verfahren einbeziehen, sei es mit einer gegen den Kläger und einen Dritten gerichteten, sog. **streitgenös-**

sischen **Drittwiderklage,** sei es ausnahmsweise auch mit einer **isolierten Drittwiderklage** nur gegen den Dritten. Voraussetzung jeder Drittwiderklage ist, dass zwischen ihr und der Klage ein rechtlicher Zusammenhang besteht (§ 33 ZPO) und die Voraussetzungen einer nachträglichen Parteierweiterung vorliegen, d.h. der Dritte seiner Einbeziehung in den Rechtsstreit zustimmt oder das Gericht sie als sachdienlich ansieht (BGHZ 187, 112 = BauR 2011, 291 = NJW 2011, 460). Eine **isolierte Drittwiderklage,** also eine Widerklage, die sich nicht auch gegen den Kläger, sondern ausschließlich gegen eine Dritten richtet, ist nur ausnahmsweise zulässig. Sie setzt einen **engen** rechtlichen **Zusammenhang** zwischen Klage und Widerklage voraus, ferner müssen die Voraussetzungen der Parteierweiterung vorliegen und schutzwürdige Interessen des Drittwiderbeklagten dürfen nicht verletzt werden (BGHZ 187, 112 = BauR 2011, 291 = NJW 2011, 460). Darüber hinaus dürfen aber auch die schützenswerten Interessen des Klägers nicht unberücksichtigt bleiben. Für ihn kann die Ausweitung des Prozessstoffes durch die Einbeziehung eines Streitgegenstandes, mit dem er nichts zu tun hat, zu einer Verlängerung des Verfahrens führen (BGH BauR 2014, 299 = NZBau 2014, 99).

Die **isolierte Drittwiderklage** ist anerkannt in den sog. Abtretungsfällen. Macht der **698** Kläger eine Forderung aus abgetretenem Recht geltend, kann der Beklagte seine Ansprüche gegen den ursprünglichen Forderungsinhaber aus dem betreffenden Rechtsverhältnis mit der Widerklage geltend machen. Zulässig ist gegenüber einer Klage auf Architektenhonorar aus abgetretenem Recht die Widerklage des Auftraggebers auf Schadensersatz wegen eines Planungsfehlers (BGHZ 147, 220 = BauR 2001, 1288 = NJW 2001, 2094) oder auf Feststellung, dass dem Zedenten keine weiteren Ansprüche zustehen (BGH NJW 2008, 2852). In diesen Fällen soll durch das Institut der Widerklage die Vervielfältigung und Zersplitterung von Prozessen vermieden werden. Zusammengehörende Ansprüche sollen einheitlich verhandelt und entschieden werden können (BGH BauR 2014, 299 = NZBau 2014, 99).

Dagegen kann mit der isolierten Drittwiderklage nicht der Regressprozess vorweggenommen werden (a.A. Boldt, Streitverkündung: Rechte des Nebenintervenienten, BauR 2013, 287). Unzulässig ist daher die Drittwiderklage des beklagten Auftragnehmers oder Generalplaners gegen seine Subunternehmer bzw. Subplaner (BGH BauR 2014, 299 = NZBau 2014, 99; ebenso schon die Vorinstanz, OLG München BauR 2013, 1317 = IBR 2013, 446 Wenkebach) oder die Drittwiderklage des wegen eines Baumangels in Anspruch genommenen objektüberwachenden Architekten gegen den ebenfalls als Gesamtschuldner verklagten Unternehmer auf Gesamtschuldnerausgleich (OLG Köln BauR 2013, 2054 = NZBau 2013, 375). Es fehlt für die Drittwiderklage an der erforderlichen engen Verbindung zwischen dem Klageanspruch und dem mit der Widerklage gegen den Dritten geltend gemachten Regressanspruch. Klage- und Widerklageforderung beruhen auf unterschiedlichen Rechtsverhältnissen und unterschiedlichen Werkverträgen. Auch die Interessen des klagenden Bauherrn stehen der Zulässigkeit der Drittwiderklage gegen Nachunternehmer oder weitere Gesamtschuldner entgegen. Seine Mängel- oder Schadensersatzklage wird durch die Klärung der für seinen Anspruch unerheblichen internen Verhältnisse zwischen dem Beklagten und dem Dritten überfrachtet und verzögert. Schließlich erweist sich die Drittwiderklage auch deshalb als unstatthaft, weil die Berechtigung der Widerklage voraussetzt, dass der Beklagte mit seiner Verteidigung gegen die Klage ganz oder teilweise unterliegt und damit Klageverteidigung und Widerklage einander ausschließen. Widersprechende Urteile im Haftungs- und Regressprozess muss der auf Schadensersatz verklagte Architekt oder Unternehmer durch eine Streitverkündung verhindern.

7. Teilurteil, Grundurteil, Zwischenfeststellungsurteil

Die Komplexität von Bau- und Architektenprozessen mit oftmals einer Vielzahl von **699** Beteiligten und wechselseitigen Ansprüchen (Vergütung, Mängel und Schadensersatz) lässt das Bedürfnis entstehen, den Prozess durch Vorabentscheidung einzelner Ansprüche oder zwischen den Parteien streitiger Fragen abzuschichten, zu beschleunigen und zu vereinfachen.

a) Grundurteil

700   Nach § 304 ZPO kann über den Grund des Anspruchs durch Zwischenurteil vorab entschieden werden, wenn ein Anspruch dem Grunde und der Höhe nach streitig ist. Das Grundurteil bietet die Möglichkeit, bei streitigem oder zweifelhaftem Anspruchsgrund über den Grund eine rechtskräftige Entscheidung herbeizuführen bevor eine aufwändige Beweisaufnahme über die Höhe der Forderung durchgeführt wird, die sich als überflüssig herausstellt, wenn die oberen Instanzen den Anspruch schon dem Grunde nach für nicht gegeben ansehen. Das Grundurteil setzt eine hinreichende Wahrscheinlichkeit dafür voraus, dass der Anspruch in irgendeiner Höhe besteht (BGH BauR 2007, 429 = NZBau 2007, 167). Ist offen, ob überhaupt ein Schaden entstanden ist, kommt ein Grundurteil über den Schadensersatzanspruch nicht in Betracht. Ferner müssen durch das Grundurteil alle Fragen, die zum Grund des Anspruchs gehören, erledigt werden (BGH BauR 2007, 429 = NZBau 2007, 167). Problematisch ist häufig die Frage, welche Punkte zum Grund und welche in das Höheverfahren gehören. Hier besteht eine gewisse Freiheit des Gerichts, insbesondere bei der Frage des Mitverschuldens. Wichtig ist, dass das Grundurteil erkennen lässt, welche Fragen es entschieden hat und welche dem Betragsverfahren überlassen bleiben (BGHZ 141, 129 = NJW 1999, 2440; Thomas/Putzo/Hüßtege, ZPO, § 304 Rn. 6f.). Zum Grund des Anspruchs kann auch die Wirksamkeit einer vertraglichen Preisvereinbarung gehören, wenn davon abhängt, ob dem Kläger ein Anspruch über das vereinbarte Honorar hinaus zusteht. Eine solche Konstellation kann sich ergeben, wenn der Architekt gegenüber einer niedrigeren Preisvereinbarung nach Mindestsatz abrechnen will (BGH BauR 2014, 1332 = NZBau 2014, 501 zur Baukostenvereinbarung nach § 6 Abs. 2 HOAI 2009). In diesen Fällen kann durch Grundurteil darüber entschieden werden, ob nach der vertraglichen Vereinbarung oder nach Mindestsätzen abzurechnen ist. Das Grundurteil entfaltet für den weiteren Fortgang des Rechtsstreits Bindungswirkung nach § 318 ZPO. Diese Bindungswirkung erfasst auch die Begründung des Grundurteils, nicht nur das Ergebnis. Das Gericht kann daher im Betragsverfahren nicht die Begründung auswechseln. Wenn im Grundurteil eine bestimmte Pflichtverletzung und ein daraus resultierender Schaden festgestellt werden, dürfen im Betragsverfahren weder weitergehende Feststellungen zur Pflichtverletzung mit anderslautenden Ergebnissen getroffen werden noch darf der Schaden auf einer völlig anderen Grundlage berechnet werden (BGH BauR 2011, 1690 = NJW 2011, 3242 für den Schadensersatz aus fehlerhafter Kostenberatung des Architekten).

b) Teilurteil

701   Nach § 301 ZPO kann ein Teilurteil erlassen werden, wenn von mehreren in der Klage geltend gemachten Ansprüchen nur einer oder ein Teil des Anspruchs oder nur die Klage oder Widerklage zur Entscheidung reif ist. Das Teilurteil darf sich nicht in Widerspruch setzen zum späteren Schlussurteil. Diese Widerspruchsgefahr besteht, wenn im Teilurteil eine Frage entschieden wird, die auch für den noch nicht entschiedenen Teil von Bedeutung ist (BGH BauR 2013, 1718 = NZBau 2013, 565 für die Frage nach der Verantwortung für eine Bauzeitverzögerung bei Klage auf Mehrvergütung und Widerklage auf Vertragsstrafe; BGH BauR 2013, 987 = NJW 2013, 1744 für die Berechtigung einer außerordentlichen Kündigung bei mit Klage und Widerklage geltend gemachten wechselseitigen Ansprüchen; BGH BauR 2012, 1391 = NZBau 2012, 440 für die Frage eines bindenden Vorvertrages bei Klage auf Architektenhonorar und Widerklage wegen unberechtigter Abstandnahme von dem behaupteten Vorvertrag). In diesen Fällen ist ein Teilurteil nur zulässig, wenn die Vorfrage – etwa über ein Grund- oder (Zwischen)feststellungsurteil – für das nachfolgende Verfahren bindend entschieden werden kann. Das unzulässige Teilurteil führt im Berufungsverfahren zur Aufhebung und Zurückverweisung an die 1. Instanz, ohne dass es hierzu des Antrages einer der Parteien bedarf, §§ 538 Abs. 2 S. 1 Nr. 7, S. 2 ZPO). Anders ist es nur, wenn es im Berufungsverfahren gelingt, die Widerspruchsgefahr zu beseitigen – entweder durch Erlass eines Zwischenfeststellungsurteils (was einen entsprechenden Antrag voraussetzt) oder dadurch, dass das Berufungsgericht den noch in der 1. Instanz verbliebenen Teil an sich zieht. Maßgeblicher Zeitpunkt für die Beurteilung der Widerspruchsgefahr ist der Zeitpunkt der Entscheidung über das Rechtsmittel gegen das Teilurteil. Die an sich bestehende Widerspruchsgefahr kann sich durch die weitere prozessuale Entwicklung erledigen, und zwar auch noch im Revisionsverfahren. Das an sich unzulässige Teilurteil über den Hauptantrag ohne Entscheidung über den Hilfsantrag kann geheilt werden, wenn im weiteren Verlauf der Hauptantrag rechtskräftig positiv entschieden wird und daher über den Hilfsantrag eine Entscheidung nicht mehr ergehen kann (BGH BauR 2014, 1300 = NZBau 2014, 556 = IBR 2014, 583 Manteufel).

c) Zwischenfeststellungsurteil

Nach § 256 Abs. 2 ZPO kann der Kläger durch Klageerweiterung und der Beklagte durch **702** Widerklage beantragen, dass ein im Laufe des Prozesses streitig gewordenes Rechtsverhältnis, von dessen Bestehen oder Nichtbestehen die Entscheidung des Rechtsstreits ganz oder teilweise abhängt, vorab durch Zwischenurteil festgestellt wird. Ein solches Zwischenfeststellungsurteil setzt voraus, dass dem streitigen Rechtsverhältnis Bedeutung über den der Rechtskraft fähigen Gegenstand der zu treffenden Entscheidung hinaus zukommt. So kann z. B. der Auftraggeber, der eine Bürgschaft für eine eventuelle Nachtragsforderung gestellt hat, um das Zurückbehaltungsrecht des Auftragnehmers abzuwenden und den weiteren Baufortschritt sicherzustellen, im Rechtsstreit über die Rückforderung der Bürgschaft durch einen entsprechenden (Zwischen)feststellungsantrag eine rechtskräftige Entscheidung auch über das Bestehen der Nachtragsforderung herbeiführen (BGH BauR 2014, 1773 = NZBau 2014, 555). Die für das Zwischenfeststellungsurteil erforderliche übergreifende Bedeutung der Zwischenfeststellung ist allerdings nicht zwingend verfahrensübergreifend. Es genügt, dass in einem Rechtsstreit mehrere selbständige Ansprüche aus dem Rechtsverhältnis geltend gemacht werden. Ein Zwischenurteil ist auch dann zulässig, wenn alle wechselseitigen Ansprüche aus dem Rechtsverhältnis Gegenstand des Rechtsstreits sind (BGH BauR 2013, 987 = NJW 2013, 1744: Zwischenfeststellungsurteil über die Berechtigung einer Kündigung, aus der mit Klage und Widerklage wechselseitige Ansprüche hergeleitet werden; BGH BauR 2012, 1391 = NZBau 2012, 440: Zwischenfeststellungsurteil über das Bestehen eines Vorvertrages). Damit kann das Zwischenurteil auch dazu dienen, die sonst bestehende Widerspruchsgefahr, die den Erlass eines Teilurteils verhindert (hierzu Rn. 701), zu beseitigen. Das gilt insbesondere bei mit Klage und Widerklage verfolgten wechselseitigen Ansprüchen aus einer Kündigung, deren Berechtigung streitig ist und vorab durch Zwischenurteil geklärt werden kann. Das Zwischenurteil muss nicht notwendig mit einem Teilurteil verbunden werden, sondern kann auch vorab ergehen (vgl. BGH BauR 2013, 987 = NJW 2013, 1744).

8. Urheberrechtsstreitigkeiten

Das Gesetz über Urheberrecht und verwandte Schutzgesetze – Urheberrechtsgesetz **703** (UrhG) enthält in den §§ 97 ff. Vorschriften zum zivilrechtlichen Schutz der Urheberrechte.

a) Gerichtsstand

Nach § 105 UrhG sind die Landesregierungen ermächtigt, durch Rechtsverordnung **704** Urheberrechtsstreitsachen bezirksübergreifend bei bestimmten Amts- und Landgerichten zu konzentrieren. Hiervon haben alle Bundesländer Gebrauch gemacht (Übersicht über die Rechtsverordnungen bei Schönfelder, Deutsche Gesetze, § 105 UrhG). Nach der Legaldefinition in § 104 S. 1 UrhG sind Urheberrechtssachen Rechtsstreitigkeiten, durch die ein Anspruch aus einem im UrhG geregelten Rechtsverhältnis geltend gemacht wird. Darunter fallen nicht nur die in §§ 97 ff. UrhG geregelten Ansprüche auf Auskunft, Unterlassung und Schadensersatz, sondern auch auf das UrhG gestützte Vergütungsansprüche (BeckOK UrhG/Reber § 104 Rn. 2; zu den im Bau- und Architektenrecht in Betracht kommenden urheberrechtlichen Ansprüchen Werner/Pastor, Der Bauprozess, Rn. 2444).

Neben dem allgemeinen Gerichtsstand des Beklagten gilt für Urheberrechtsstreitigkeiten **705** grundsätzlich auch der Gerichtsstand der unerlaubten Handlung nach § 32 ZPO, der eine Klage bei jedem Gericht erlaubt, in dessen Bezirk die Urheberrechtsverletzung begangen wird. Richtet sich die Klage allerdings gegen eine natürliche Person, welche das urheberrechtliche Werk nicht für ihre gewerbliche oder selbständige berufliche Tätigkeit verwendet, ist nach dem am 9.10.2013 in Kraft getretenen § 104a UrhG örtlich ausschließlich zuständig das Gericht an ihrem Wohnsitz oder Aufenthaltsort, wobei auch hier die Konzentration der Urheberrechtsstreitigkeiten nach § 105 UrhG zu beachten ist (§ 104 Abs. 2 UrhG). Bei einem Verbraucher als Bauherrn schließt diese – an sich zur Eindämmung des Abmahnunwesens bei Urheberrechtsverletzungen im Internet eingeführte – Vorschrift die urheberrechtliche Klage am Ort des Bauwerks künftig aus, sofern dieser dort nicht auch seinen Wohnsitz hat.

b) In Betracht kommende Ansprüche, § 97 UrhG

706 Als Anspruch aus dem Urheberrecht kommen insbesondere der **Unterlassungsanspruch** nach § 97 Abs. 1 UrhG und der **Schadensersatzanspruch** nach § 97 Abs. 2 UrhG in Betracht.

707 Eine konkret drohende Urheberrechtsverletzung kann durch einstweilige Verfügung unterbunden werden. Das setzt aber voraus, dass der Anspruchsteller die drohende Urheberrechtsverletzung hinreichend glaubhaft machen kann, wozu ihm in der Regel die erforderlichen Informationen fehlen. Außerdem ist die vorläufige Stilllegung einer Baumaßnahme risikobehaftet: erweist sich die einstweilige Verfügung im Nachhinein als unberechtigt, drohen erhebliche Schadensersatzansprüche (Neuenfeld, Bewegung im Architekten-Urheberrecht, BauR 2011, 180). Nach § 945 ZPO ist der Antragssteller zum Schadensersatz verpflichtet, wenn die Anordnung der einstweiligen Verfügung sich als von Anfang an ungerechtfertigt erweist.

c) Berechnung des Schadensersatzanspruchs

708 Der Schaden kann entweder konkret unter Einschluss des entgangenen Gewinns, nach dem Verletzergewinn oder nach § 97 Abs. 2 S. 3 UrhG auf Grundlage des Betrages berechnet werden, den der Verletzer als angemessene Vergütung hätte entrichten müssen, wenn er die Erlaubnis zur Nutzung des verletzten Rechts eingeholt hätte (angemessene Lizenzgebühr). Die **Lizenzanalogie** ist die gebräuchlichste Methode der Schadensberechnung (Neuenfeld, Bewegung im Architekten-Urheberrecht, BauR 2011, 180). Die fiktive Lizenzgebühr wird auf Grundlage des **Honorars** bestimmt, das der Architekt nach der **HOAI** erhalten hätte, wenn er mit der Veränderung seines Werkes beauftragt worden wäre unter Berücksichtigung **ersparter Aufwendungen** (BGHZ 61, 88 = NJW 1973, 1696 – Wählamt; Neuenfeld, Bewegung im Architekten-Urheberrecht, BauR 2011, 180; Werner/Pastor, Der Bauprozess, Rn. 2473). Dabei kommen indes nach heute überwiegender Auffassung nur die urheberrechtsrelevanten Leistungsphasen zum Tragen. Welche Leistungsphasen für die Berechnung heranzuziehen ist, wird in Rechtsprechung und Literatur nicht einheitlich gesehen. In Betracht kommen die planenden Leistungsphasen 1 bis 5 einschließlich aus der Objektüberwachung die künstlerischer Oberleitung, da nur diese zur Wahrung des Urheberrechts zu übertragen gewesen wären (OLG Hamm BauR 1999, 1198 = NJW-RR 2000, 191 Leistungsphasen 1–3 und 5; OLG München NJW-RR 1995, 474 Leistungsphasen 1–4; Kuffer/Wirth/Neumeister, Handbuch des Fachanwalts Bau- und Architektenrecht, 10. Kapitel Rn. 98 Leistungsphasen 1–4; Neuenfeld, Bewegung im Architekten-Urheberrecht, BauR 2011, 180; Locher/Koeble/Frik, HOAI, Einl. Rn. 303 Leistungsphasen 1–3, 5; Werner/Pastor, Der Bauprozess, Rn. 2473 m. w. Nachw.). Der BGH hatte eine solche Beschränkung auf einzelne Leistungsphasen indes nicht vorgenommen (BGHZ 61, 88 = NJW 1973, 1696 – Wählamt; Neuenfeld, Bewegung im Architekten-Urheberrecht, BauR 2011, 180).

d) Auskunftsansprüche

709 Für Urheberrechtsstreitigen gelten die allgemeinen Regeln über die Darlegungs- und Beweislast. Grundsätzlich hat damit der Architekt, der eine Urheberrechtsverletzung geltend macht, sämtliche tatsächlichen Voraussetzungen einschließlich der für die Höhe eventueller Ansprüche maßgeblichen Tatsachen vorzutragen und zu beweisen. Um die Geltendmachung der Ansprüche zu erleichtern, enthält das UrhG in §§ 101, 101a Auskunftsansprüche des Verletzten, die dieser selbständig oder im Rahmen einer Stufenklage nach § 254 ZPO geltend machen kann. § 101 UrhG setzt eine Verletzung „gewerblichen Ausmaßes" voraus und eröffnet einen Anspruch auf Auskunft über „Herkunft und Vertriebsweg der rechtsverletzenden Vervielfältigungsstücke oder sonstigen Erzeugnisse". Für Architekten von größerer praktischer Bedeutung ist der Auskunftsanspruch nach §§ 101a, 101b UrhG auf Vorlage von Urkunden oder Besichtigung einer Sache, soweit dies zur Begründung seines Anspruchs erforderlich ist. Voraussetzung ist die hinreichende Wahrscheinlichkeit einer Urheberrechtsverletzung (§ 101a UrhG) bzw. ein Schadensersatzanspruch wegen einer in gewerblichem Ausmaß begangenen Urheberrechtsverletzung. Nach dem Erwägungsgrund 14 der Richtlinie 2004/48/EG vom 19.4.2004 zur Durchsetzung der Rechte des geistigen Eigentums (ABl. EU 2004 L 195, 16) zeichnen sich in gewerblichem Ausmaß vorgenommene Rechtsverletzungen dadurch aus, dass sie „zwecks Erlangung eines unmittelbaren oder mittelbaren wirtschaftlichen oder kommerziellen Vorteils vorgenommen werden; dies schließt in der Regel Handlungen aus, die in gutem Glauben von Endverbrauchern vorgenommen werden" (vgl. Neuenfeld, Bewegung im Architekten-Urheberrecht, BauR 2011, 180). Der Auskunftsanspruch kann im Wege der einstweiligen Verfügung geltend gemacht werden (§ 101a Abs. 3 ZPO).

9. Außergerichtliche Streitbeilegung

Dauer und Kosten gerichtlicher Verfahren in Bau- und Architektenstreitigkeiten wecken **710** häufig den Wunsch nach alternativen, außergerichtlichen Streitbeilegungsmöglichkeiten. Zu den alternativen Streitbeilegungsverfahrens gehören insbesondere die Mediation, die Schlichtung, Schiedsgutachten und Schiedsverfahren sowie die aktuell in der Diskussion befindliche Adjudikation.

a) Mediation

Die Mediation ist definiert in § 1 des Mediationsgesetzes (MediatG), welches in Umset- **711** zung der EU-Richtlinie vom 21.5.2008 über bestimmte Aspekte der Mediation in Zivil- und Handelssachen (ABl. EU 2008 L 136, 3) am 26.7.2012 in Kraft getreten ist. Danach ist Mediation „ein vertrauliches und strukturiertes Verfahren, bei dem Parteien mithilfe eines oder mehrerer Mediatoren freiwillig und eigenverantwortlich eine einvernehmliche Beilegung ihres Konflikts anstreben." Ergebnis der erfolgreichen Mediation ist eine Einigung zwischen den Parteien. Nach § 278a ZPO kann das Gericht in geeigneten Fällen den Parteien eine Mediation vorschlagen und das Ruhen des Verfahrens anordnen, wenn die Parteien ihr oder einem anderen Verfahren der außergerichtlichen Konfliktbeilegung zustimmen. Bei den Gerichten sind ferner Güterichter eingesetzt, an welche das Gericht die Parteien für die Güteverhandlung oder weitere Güteversuche verweisen kann (§ 278 Abs. 5 ZPO). Ziel dieser Verfahren ist es, dass die Parteien mit Hilfe des Mediators eine eigene Konfliktlösung erarbeiten.

b) Schlichtung

Anders als bei der Mediation liegt das Wesen der Schlichtung darin, dass der Schlichter den **712** Parteien eine Einigung vorschlägt. Die Parteien sind frei, diesem Vorschlag zuzustimmen oder ihn abzulehnen. Viele Architekten- und Ingenieurkammern haben eigene Schlichtungsstellen eingerichtet, die in der Regel paritätisch mit einem Architekten oder Architektin und einem Verbraucher oder Verbraucherin besetzt sind und unter Vorsitz eines Rechtsanwalts den Parteien einen rechtlich und technisch fundierten Vergleichsvorschlag unterbreiten können. Nähere Informationen sind bei den betreffenden Architekten- und Ingenieurkammern erhältlich. Es besteht kein Zwang, vor einem eventuellen Rechtsstreit die Schlichtungsstelle anzurufen. Wendet sich allerdings der Bauherr an die Schlichtungsstelle, kann der Architekt und Ingenieur nach den berufsrechtlichen Regelungen seiner Kammer verpflichtet sein, an der Verhandlung teilzunehmen (Locher/Koeble/Frik, HOAI, Einl. Rn. 449; vgl. z. B. Ziff. 4.2. und 4.3. der Satzung der Bayerischen Architektenkammer).

c) Schiedsverfahren

Mediator und Schlichter sind nicht befugt, den Streit der Parteien zu entscheiden. Ihre **713** Aufgabe liegt darin, eine einvernehmliche Regelung der Parteien zu fördern oder vorzuschlagen. Die Parteien können auch eine Schiedsvereinbarung treffen und die verbindliche

Entscheidung des Streits einem privaten Schiedsgericht übertragen. Soweit die Haftung des Architekten bzw. Ingenieurs in Rede steht, bedarf dies zunächst der Zustimmung des Haftpflichtversicherers, da dieser an einen Schiedsspruch nicht gebunden ist. Ein weiterer Nachteil des Schiedsgerichtsverfahrens über Mängel, die sich im Bau realisiert haben, besteht darin, dass eine Einbeziehung möglicher weiterer Verantwortlicher, die sich der Schiedsvereinbarung nicht unterworfen haben, in das Verfahren über Antragserweiterung oder Streitverkündung nicht möglich ist, so dass eine einheitliche verbindliche Klärung der Haftung und Schadenshöhe gegenüber allen Beteiligten nicht erreicht werden kann.

Besondere praktische Bedeutung kommt dem Schiedsverfahren in gesellschaftsrechtlichen Streitigkeiten zu. Viele Gesellschaftsverträge, darunter auch solche von Architektengemeinschaften, enthalten Schiedsklauseln für gesellschaftsrechtliche Streitigkeiten.

714   Die **Anforderungen** an die **Schiedsvereinbarung** regelt § 1031 ZPO: sie muss schriftlich getroffen werden, wobei – soweit Verbraucher nicht beteiligt sind – die erleichterte Schriftform gilt, d. h. es genügt, dass sie sich aus einem Schriftwechsel ergibt. Bei Beteiligung eines Verbrauchers (Architekten sind nach § 13 BGB nicht Verbraucher) muss die Schiedsvereinbarung nach § 1031 Abs. 5 ZPO in einer selbständigen, von beiden Parteien unterzeichneten Urkunde, die keine weiteren Regelungen enthalten darf, getroffen werden. Dies gilt nicht bei notarieller Beurkundung, die indes für Architektenverträge regelmäßig nicht in Betracht kommt. Nach der Rechtsprechung des BGH kann die Schiedsvereinbarung, sofern die Form des § 1031 Abs. 5 ZPO eingehalten ist, auch in Allgemeinen Geschäftsbedingungen getroffen werden (BGHZ 162, 9 = NJW 2005, 1125; BGH BauR 2007, 1039 = NJW-RR 2007, 1466; mit Recht kritisch Thode, Europarecht und Schiedsvereinbarung in Verbraucherverträgen – Anmerkung zum BGH-Urteil vom 1.3.2007 – III ZR 164/06, ZfBR 2007, 430, auch zu Bedenken im Hinblick auf die Richtlinie 93/13/ EWG des Rates vom 5.4.1993 über missbräuchliche Klauseln in Verbraucherverträgen, ABl. EG 1993 L 95, 29 EU-Klauselrichtlinie). Inhaltlich muss die Schiedsvereinbarung den Streit der Parteien unter Ausschluss des staatlichen Rechtsweges einem privaten Schiedsgericht übertragen.

715   Die wirksame Schiedsvereinbarung stellt nach § 1032 Abs. 1 ZPO eine **prozesshindernde Einrede** dar. Die Einrede ist nicht von Amts wegen zu prüfen, vielmehr muss sich der Beklagte auf sie ausdrücklich und rechtzeitig – d. h. vor Beginn der mündlichen Handlung – berufen. Über die Wirksamkeit der Schiedsklausel entscheidet nach § 1032 Abs. 1 ZPO allein das staatliche Gericht. Auch eine sog. Kompetenz-Kompetenz-Klausel, wonach alle Streitigkeiten über die Wirksamkeit und Auslegung der Schiedsklausel vom Schiedsgericht entschieden werden, bindet das staatliche Gericht nicht (BGHZ 162,9 = NJW 2005, 1125). Die Einrede setzt neben einer wirksamen Schiedsvereinbarung auch voraus, dass das Schiedsverfahren **nicht undurchführbar** ist. Undurchführbar ist das Schiedsverfahren bei **Mittellosigkeit** einer der Parteien, d. h. wenn eine Partei nicht in der Lage ist, die auf sie entfallenden Kosten des Schiedsverfahrens einschließlich notwendiger Anwaltskosten zu tragen (BGHZ 102, 199 = NJW 1988, 1215 Mittellosigkeit des Beklagten; BGHZ 145, 116 = NJW 2000, 3720 Mittellosigkeit des Klägers; Zöller/Geimer, ZPO, § 1032 Rn. 20).

716   Der Schiedsspruch ist nicht vollstreckbar, kann aber nach §§ 1060, 1061 ZPO durch das zuständige Oberlandesgericht für vollstreckbar erklärt werden.

d) Schiedsgutachten

717   Im Unterschied zur Schiedsvereinbarung werden durch einen **Schiedsgutachtervertrag** nicht die Entscheidung des Streites, sondern nur einzelne Fragen (Mängel, Höhe der anrechenbaren Kosten oder des Honorars) auf den Schiedsgutachter übertragen. Hierfür gelten die §§ 1025 ff. ZPO nicht. Eine Schiedsgutachterklausel gegenüber einem Verbraucher ist in Allgemeinen Geschäftsbedingungen nicht wirksam (BGHZ 115, 329 = BauR 1992, 223 = NJW 1992, 433 für einen Fertighausvertrag), wohl aber im Geschäftsverkehr (BGHZ 157, 102 = BauR 2004, 488 = NJW 2004, 502).

718   Die Schiedsgutachtervereinbarung begründet keine prozesshindernde Einrede, führt aber zu einer **Beschränkung** der zulässigen **Beweismittel.** Wird Klage erhoben, obwohl das Gutachten nicht eingeholt ist, ist die Klage wegen Beweisfälligkeit als derzeit unbegründet abzuweisen (BGH NJW-RR 2011, 1059; NJW-RR 2014, 492; Thomas/Putzo/Reichold, ZPO, vor § 1029 Rn. 5).

Auf das Schiedsgutachten finden die §§ 317 ff. BGB entsprechende Anwendung mit der **719** Folge, dass das Gutachten für die Parteien grundsätzlich bindend ist und nur mit der Begründung angegriffen werden kann, es sei offenbar unbillig (§ 319 Abs. 1 BGB), d. h. bei offenbarer Unrichtigkeit (BGH NJW 2013, 1296 BMW-Vertragshändler ./. Dekra). Ein Gutachten ist erst dann offenbar unrichtig, wenn es den Grundsatz von Treu und Glauben in grober Weise verletzt und sich seine Unrichtigkeit dem Blick eines sachkundigen und unbefangenen Beurteilers sofort aufdrängen muss (BGH NJW 2013, 1296 BMW-Vertragshändler ./. Dekra). Die Bindungswirkung des Schiedsgutachtens ist aber auf den Gegenstand der Schiedsgutachtervereinbarung beschränkt. So bindet ein im Rahmen einer Schiedsgutachterklausel bei Streit über die Abnahmefähigkeit eingeholtes Schiedsgutachten nicht für einen späteren Mängelprozess, seine Bindungswirkung beschränkt sich auf die Frage der Abnahmepflicht (vgl. BGH BauR 2005, 1473 = NJW 2005, 3420 = NZBau 2005, 511 Kreuzstockfenster).

Eventuelle **Schadensersatzansprüche** der Parteien **gegen** den **Schiedsgutachter** bei **720** offensichtlich unrichtigem Gutachten finden ihre Grundlage im Schiedsgutachtervertrag, der Werkvertrag ist. Der Schadensersatzanspruch steht unabhängig davon, wer den Schiedsgutachter beauftragt hat, beiden Parteien zu. Dem Wesen des Schiedsgutachtens entspricht es, dass der Schiedsgutachter allen Parteien des Schiedsgutachtens gegenüber gleichermaßen zur ordnungsgemäßen Erstellung des Gutachtens verpflichtet ist (BGH NJW 2013, 1296 BMW-Vertragshändler ./. Dekra).

Wegen der nur eingeschränkten Möglichkeiten, das Gutachten zu überprüfen, ist eine **721** Schiedsgutachterabrede nicht unproblematisch. Der Haftpflichtversicherer ist an das Schiedsgutachten nicht gebunden, da es keine Entscheidung im Sinne des Ziff. 5.1 AHB 2008 darstellt (Kniffka/Koeble, Kompendium des Baurechts, 2. Teil Rn. 19; Koeble, Das Schiedsgutachten als alternativer Weg der Streiterledigung in Bausachen, BauR 2007, 1116; a. A. Lembcke, Risiken und Chancen im Zusammenhang mit neuen Verfahren zur Baukonfliktbewältigung am Beispiel der Architektenhaftpflichtversicherung, VersR 2010, 723).

e) Adjudikation und Bauverfügung

Unter den Stichworten Adjudikation und Bauverfügung wird die Einführung eines au- **722** ßergerichtlichen oder gerichtlichen Eilverfahrens diskutiert, welches aufkommende Streitigkeiten baubegleitend durch eine einstweilige, vorläufig bindende Regelung lösen und damit verhindern soll, dass der Streit den weiteren Baufortschritt stört. Der Deutsche Baugerichtstag hat schon in 2008 (BauR 2008, 1768) und 2010 (BauR 2010, 1421) empfohlen, für alle Streitigkeiten aus Bau- und Architektenverträgen durch Gesetz ein verpflichtendes außergerichtliches Streitbeilegungsverfahren nach dem Vorbild der englischen Construction Adjudication einzuführen. Unter **Adjudikation** versteht man ein dem Rechtsstreit vorgeschaltetes, baubegleitendes Eilverfahren. Ein bauerfahrener und neutraler Dritter soll aufgrund einer summarischen Sachverhalts- und Rechtsprüfung innerhalb fest bestimmter, kürzester Fristen mit vorläufiger Bindungswirkung, aber korrigierbar durch staatliche Gerichte bzw. ein Schiedsgericht zu einer Entscheidung kommen (so die Empfehlung des Arbeitskreises VII des Deutschen Baugerichtstages, BauR 2010, 1421). Endgültig bindend wird die Entscheidung durch Vereinbarung oder nach Ablauf einer Einspruchsfrist. Ein Gerichts- oder Schiedsverfahren ist zulässig, aber erst nach Durchführung der Adjudikation.

Alternativ hierzu wird als **gerichtliches Eilverfahren** die Einführung einer sog. **Bau- 723 verfügung** diskutiert. Der Baugerichtstag 2012 hat in erster Linie die gesetzliche Einführung eines Eilverfahrens in Form einer Bauverfügung zur Vermeidung bzw. Beilegung von Streit über die Anordnung und Bezahlung von Nachtragsleistungen empfohlen, ersatzweise ein solches Streitbeilegungsverfahren außergerichtlichen Gremien zu übertragen, etwa im Rahmen eines (beschränkten) Adjudikationsverfahrens (Empfehlungen 1 und 2 des Arbeitskreises I – Bauvertragsrecht – des Deutschen Baugerichtstages, BauR 2012, 1471). Der Abschlussbericht der Arbeitsgruppe Bauvertragsrecht beim BMJ vom 18.6.2013 (abrufbar unter www.ibr-online, Materialien und www.bmj.de) sieht ebenfalls Bedarf für einen

Streitbeilegungsmechanismus, mit dem die Parteien insbesondere bei Nachtragsstreitigkeiten zeitnah eine für die weitere Bauausführung verbindliche Entscheidung erlangen können. Er hält ein vertragliches Adjudikationsverfahren für eine denkbare Möglichkeit, äußert aber verfassungsrechtliche Bedenken (hierzu Papier, Rechtsgutachten zur verfassungsrechtlichen Zulässigkeit der Adjudikation in Bausachen, Beilage zu BauR 2013, Heft 7, sowie abrufbar unter www.baugerichtstag.de, wonach die gesetzliche Einführung einer verpflichtenden Adjudikation mit dem grundgesetzlichen Justizgewährungsanspruch grundsätzlich vereinbar ist) und schlägt statt dessen die Einführung einer sog. Bauverfügung in der ZPO vor, welche sich am Verfahren der einstweiligen Verfügung orientiert (Abschlussbericht der Arbeitsgruppe Bauvertragsrecht beim BMJ vom 18.6.2013, S. 28 ff., abrufbar unter www. ibr-online, Materialien und www.bmj.de). Der Baugerichtstag 2014 hält die gesetzliche Einführung von weiteren planungs- und baubegleitenden Eilverfahren für dringend erforderlich. Er sieht hierfür sowohl die Bauverfügung als auch die Adjudikation als geeignet an und plädiert für eine Wahlmöglichkeit der Bauvertragsparteien. Zum aktuellen Diskussionsstand s. die Diskussion und Beschlüsse des Arbeitskreises III/VII des 5. Deutschen Baugerichtstages 2014 (BauR 2014, 1585).

724 Ob Bund und Länder indes bereit sind, in der gegenwärtigen Haushaltslage die kurzfristig erforderlichen zusätzlichen Ressourcen für eine Bauverfügung zur Verfügung zu stellen, erscheint fraglich, und auch die gesetzliche Einführung einer außergerichtlichen Adjudikation wird sicherlich einige Zeit in Anspruch nehmen. Bis dahin bleibt nur die Möglichkeit, ein solches Verfahren im Einzelfall im Bauvertrag zu vereinbaren. Die von der Deutschen Gesellschaft für Baurecht und dem Deutschen Beton- und Bautechnik-Verein e.V. herausgegebene Streitlösungsordnung für das Bauwesen (SL Bau, Fassung 1.7.2013 mit Korrektur September 2013, abrufbar unter www.dg-baurecht.de) enthält in Abschnitt IV. Regelungen über die Adjudikation und auch die Deutsche Institution für Schiedsgerichtsbarkeit e.V. (DIS) stellt eine Verfahrensordnung für Adjudikation zur Verfügung (www.dis-arb.de).

VIII. Versicherungsrechtliche Fragen

1. Grundlagen

725 Der Architekt ist nach dem Hessischen Architekten- und Stadtplanergesetz verpflichtet, eine Haftpflichtversicherung in ausreichender Höhe zu unterhalten (§ 4 Abs. 6 Nr. 5 HASG). Dabei ist zunächst streitig, was unter „ausreichend" zu verstehen ist. In der Praxis kann dem Architekten/Ingenieur nur geraten werden, eine zu seinem Schutz „wirklich angemessene" Haftpflichtversicherung der Höhe und bzgl. der versicherten Schadensrisiken zu unterhalten. Bzgl. der Höhe ist nicht nachvollziehbar, warum standardmäßig für Personenschäden drei Million Versicherungssumme angesetzt werden, für Sachschäden eine Millionen. Plant der Architekt „interessante" Objekte, wird er mit der zweiten Summe im Regelfall nicht auskommen. Zum anderen erscheint es sinnvoll, ab einer gewissen Größenordnung die Höhe des Haftpflichtschutzes gegenüber dem Auftraggeber zum Thema zu machen und beispielsweise über einen Exzendenten zu sprechen. Gegebenenfalls ist der Auftraggeber bereit, sich diesbezüglich an den Prämien zu beteiligen. Bei Haftungsrisiken über den Exzendenten hinaus muss über Haftungsbegrenzungsvereinbarungen zu Gunsten des Architekten/Ingenieurs nachgedacht werden. Zu denken ist auch an Objektversicherungen. Zu raten ist immer, dass Auftraggeber und Auftragnehmer diese Fragen im Rahmen der Vertragsgestaltung erörtern. Wichtig ist, dass der Architekt/Ingenieur falls er als Generalplaner tätig werden will, vor Abschluss entsprechender Verträge mit seiner Versicherung abklärt, dass er Tätigkeiten erbringt, die vom „normalen Architektenhaftpflichtschutz" nicht abgedeckt sind. Mit Wirkung zum 1.1.2008 ist ein grundlegend reformiertes Versicherungsvertragsgesetz (VVG) in Kraft getreten. Die vorgesehene Einführung eines generellen Direktanspruches ist mit dem Argument verhindert worden, dass dies zu Prämienerhöhungen geführt hätte, die die finanzielle Leistungsfähigkeit eines Teils der freiberuflichen Architekten überschritten hätte.

2. Einzelfragen

Architekten/Ingenieure genießen keinen Versicherungsschutz bei bewusst pflichtwidri- **726** gem Verhalten. Hierfür hat der Versicherer die Beweislast. Diese dreht sich jedoch um, wenn ein Verstoß gegen sog. elementares Wissen vorliegt. Ein solcher Verstoß wurde angenommen, als ein Architekt es im Rahmen eines fünfjährigen Planungszeitraums vergessen hatte, den Grundwasserstand abzufragen (OLG Karlsruhe IBR 2006, 422). Ebenso bejaht wurde ein berufspflichtwidriges Verhalten, als der Architekt ein Trapezblechdach mit einer Neigung von lediglich 0,77% plante, obwohl die DIN 18807 eine Mindestneigung von 5% fordert. Dies, obwohl für den Architekten sprach, dass nur auf diese Weise die betriebsnotwendige Höhe des Gebäudes einhalten werden konnte (OLG Hamm IBR 2007, 400). Versicherungsschutz abgelehnt wurde auch als eine Planung ohne Baugenehmigung durchgeführt wurde (OLG Köln NZBau 2006, 443). Ein Verstoß wurde abgelehnt, als der Architekt das vereinfachte Baugenehmigungsverfahren gewählt hatte, obwohl die dafür erforderliche gesicherte Erschließung nicht gegeben war (OLG Köln IBR 2008, 297).

Architekten/Ingenieuren ist der Umfang der von ihnen abgeschlossenen Haftpflichtversi- **727** cherung nicht immer gegenwärtig. Dabei finden Klauseln, die den Versicherungsumfang begrenzen, zu wenig Beachtung. Als Beispiel zu nennen ist die Klausel in den Besonderen Bedingungen und Risikobeschreibungen für die Berufshaftpflichtversicherung von Architekten/Bauingenieuren und beratenden Ingenieuren, die mangelhafte Leistung des Subplaners ausschließt bzw. nur bei zusätzlicher Prämienzahlung einschließt. In diesem Zusammenhang kann der Planer allenfalls prüfen lassen, ob er von seinem Versicherungsmakler (nicht Versicherungsvertreter) ausreichend beraten wurde. Gegebenenfalls bestehen hier Regressansprüche. Kein Versicherungsschutz besteht auch bei gleichzeitiger Bauträgertätigkeit (OLG Düsseldorf IBR 2007, 103). Gleiches gilt, wenn der Versicherungsnehmer (Architekt) an einer Bauträgergesellschaft beteiligt ist. Das Bauen im eigenen Namen ist insoweit nicht versichert (OLG Karlsruhe NZBau 2006, 256). Nicht versichert sind auch sog. Erfüllungsschäden (OLG Hamm IBR 2007, 454). Zu solche nicht versicherten Erfüllungsschäden gehören auch die Kosten für Umplanungen und Ausschreibungen (BGH vom 19.11.2008, IV ZR 277/05). Nicht versichert sind Überschreitungen eines Baukostenlimits (OLG Celle vom 7.1.2009, 14 U 115/08). Treten bei einem Bauvorhaben mehrere Fehler des Architekten auf, handelt es sich nicht um nur einen Versicherungsfall, so dass der Versicherer sich nicht auf das Erreichen der Höchstsumme berufen kann (OLG Celle vom 23.9.2010, 8 U 180/09).

Zwar kann der Versicherer Risiken auf seinen Versicherungsnehmer nicht dadurch über- **728** tragen, dass er diesem die Abwehr der Haftpflichtansprüche selbst überträgt. Der BGH ist insoweit von einer Vertragsverletzung des Versicherers ausgegangen. Dieser schulde eine klare Entscheidung zum Deckungsschutz (BGH IBR 2007, 287). Allerdings muss der Architekt die Einleitung eines selbstständigen Beweisverfahrens, in dem er Antragsgegner ist, unverzüglich seinem Haftpflichtversicherer anzeigen (OLG Köln IBR 2007, 31). Erfolgt eine entsprechende Anzeige oder eine sonstige Schadensanzeige schuldhaft zu spät, kann der Versicherungsschutz entfallen bzw. seit der Reform des Versicherungsvertragsgesetzes des Jahres 2008 (Quotenregelung) ein Mitverschulden gegeben sein (LG Düsseldorf IBR 2008, 116). Der Architekt kann im Honorarprozess seinem Haftpflichtversicherer den Streit verkünden, wenn der Auftraggeber ihm Schadensersatzansprüche entgegen hält (LG Berlin IBR 2008, 52). Für Architekten/Ingenieure von Bedeutung sind die Gefahren der fünfjährigen Nachhaftungsfrist. Darunter versteht man im Regelfall die Eintrittspflicht eines Berufshaftpflichtversicherers innerhalb von fünf Jahren nach Beendigung der Versicherung für Schadensfälle aus der Laufzeit des Vertrages. In Anbetracht des Hinausschiebens des Verjährungsbeginns für die Architektenhaftung bei Übernahme der Leistungsphase 9 des § 34 HOAI bzw. der Sekundärhaftung, dürfte eine entsprechende Nachhaftungserklärung nicht mehr ausreichend sein (BGH IBR 2000, 507; LG Mönchengladbach VersR 2000, 754 und LG Düsseldorf IBR 2008, 116 m. Anm. Langen).

Dass ein Versicherungsmakler seinen Vertragspartner umfassend beraten muss, ist unstreitig. Fraglich ist allerdings wieweit die Information-/Hinweispflicht des Architekten gegenüber seinem Bauherrn in Bezug auf sinnvollerweise abzuschließende Versicherungen bei der Durchführung des Vorhabens geht. Dabei steht nicht das spezielle versicherungsrechtliche Fachwissen des Architekten im Vordergrund, sondern seine Pflicht den Bauherrn überhaupt darauf hinzuweise, dass dieser sich beraten lassen muss (hierzu Krause-Allenstein, Handbuch Bauversicherungsrecht, Kap. 1, Rn. 10).

Eine andere Fragestellung geht dahin, ob die Architektenschaft weiterhin weitgehend allein das Risiko für Mangelfolgeschäden am Bau tragen soll. Derzeit ist dies deshalb der Fall, weil Bauunternehmer für von ihnen selbst verursachte Gewährleistungsmängel im Regelfall nicht versichert sind (ausgenommen das aus Frankreich stammende sich in Deutschland bisher nicht durchsetzende Versicherungsmodell der Baufertigstellungs- und der Baugewährleistungsversicherung – Schutzpaket für Bauträger, Generalübernehmer und bauausführende Unternehmen). Versichern können sich für derartige Schäden die Architekten/innen, weil es sich bei ihnen insoweit nicht um Gewährleistungsmängel handelt, sondern um Mangelfolgeschäden. Dies ist der Grund, weil sich in der Praxis die Bauherrn bei Gewährleistungsmängeln im Regelfall an die Architektenschaft halten (Gewährleistungsmangel ist Folge eines Planungs- oder eines Objektüberwachungsfehlers), nicht dagegen an den eigentlichen Verursacher des Mangels, den Bauunternehmer. Diese einseitige Haftungszuweisung wurde in der Praxis erkannt. Nicht zuletzt der Deutsche Baugerichtstag beschäftigt sich seit dem Jahre 2011 in seinem Arbeitskreis IX mit dieser Problematik. Diskutiert wird insoweit eine geänderte Regelung der gesamtschuldnerischen Haftung am Bau bzw. eine abgewandelte Konzeption der versicherungsrechtlichen Verteilung (hierzu Meier „Vermeidung von Baustreitigkeiten durch ganzheitliche Ansätze der Versicherungswirtschaft – eine möglicherweise steiniger Weg!", BauR 2012, 1559 ff.).

IX. Internationale Bezüge

729 Neben den nationalen Rechtsvorschriften und den Entscheidungen der bundesdeutschen Gerichte haben die Bestimmungen des primären und sekundären europäischen Gemeinschaftsrechts Auswirkungen auf die Tätigkeit von Architekten und Ingenieuren.

- Zum primären Gemeinschaftsrecht zählen die Gründungsverträge der europäischen Gemeinschaften (z. B. der EUV/AEUV).
- Das sekundäre Gemeinschaftsrecht besteht insbesondere aus den Normen, die aufgrund der Gemeinschaftsverträge erlassen werden sind. Hier sind Verordnungen und Richtlinien der EG zu nennen.
- EU-Verordnungen sind nicht mit einer „Verordnung" im Sinne des deutschen Rechts gleichzusetzen. Eine deutsche (Rechts-)Verordnung (z. B. die HOAI) steht im Rang unterhalb eines Gesetzes. Sie bedarf einer gesetzlichen Ermächtigungsgrundlage. Demgegenüber richtet sich eine EU-Verordnung direkt an die Mitgliedsstaaten. Sie bedarf keines nationalen Umsetzungsaktes – wie beispielsweise eine EU-Richtlinie. Mit ihrem Inkrafttreten gilt eine EU-Verordnung in den Mitgliedsländern unmittelbar.
- EU-Richtlinien geben den Mitgliedsstaaten ein „Ziel" vor – überlassen ihnen aber den „Weg" der Umsetzung. Darüber hinaus kann der einzelne Staat noch die Lücken ausfüllen, die innerhalb der Vorgaben der Richtlinie verblieben sind. Allerdings dürfen diese der vorgegebenen Zielsetzung der Richtlinien nicht widersprechen.

1. Vorgaben des EG/EU-Vertrages

730 Der EWG-Vertrag stellt den Gründungsvertrag der EG dar. Er ist seit Unterzeichnung der Römischen Verträge im Jahre 1957 mehrfach modifiziert worden, u. a. durch den Vertrag von Maastricht (7.2.1992) – durch den der EWG-Vertrag in EG-Vertrag (EGV) unbenannt wurde – und durch den Vertrag von Nizza (26.2.2001). Seit diesem Datum spricht man vom „Post-Nizza-Prozess". Im Anschluss kam es zum Vertrag von Lissabon, der am 13.12.2007 unterzeichnet wurde. Er sollte eine Art „Verfassung für Europa darstellen. Ziel war/ist es weiterhin, alle bestehenden Verträge durch einen einzigen Text zu ersetzen. Beabsichtigt war es, ihn vor der Wahl des Europäischen Parlaments im Juni 2009 in Kraft treten zu lassen. Mit Inkrafttreten des Lissabon-Vertrages am 1.12.2009 wurde aus dem EGV der Vertrag über die Arbeitsweise der Europäischen Union (AEUV). Dessen Ratifizierungsprozess verläuft in den einzelnen Mitgliedsländern unterschiedlich. Unabhängig von der aktuellen politischen Situation sind für Architekten und Ingenieure aus diesen Regelungen neben allgemeinen Gesichtspunkten – wie dem Diskriminierungsverbot aus Gründen der Staatsangehörigkeit (Art. 18 AEUV) sowie der Verpflichtung zur Zahlung des gleichen Entgelts für Männer und Frauen (Art. 157 AEUV) – die Grundfreiheiten des AEUV maßgeblich. Sie sind elementarer Bestandteil des Europäischen Binnenmarktes. Zu ihnen zählen:

- Der freie Warenverkehr (Art. 28–44 AEUV),
- Die Freizügigkeit der Arbeitnehmer (Art. 45–48 AEUV),
- Das Niederlassungsrecht (Art. 49–54 AEUV),
- Die Dienstleistungsfreiheit (Art. 56–62 AEUV) sowie
- Der freie Kapital- und Zahlungsverkehr (Art. 63–66 AEUV).

Für Architekten und Ingenieure sind vorrangig das Niederlassungsrecht und die Dienstleistungsfreiheit von Bedeutung.

a) Niederlassungsfreiheit

Für Selbstständige ist das Niederlassungsrecht als Pendant zur Freizügigkeit der Arbeit- **731** nehmer in der Gemeinschaft zu verstehen. Für Architekten und Ingenieure bedeutet es, dass sie grundsätzlich in jedem Mitgliedstaat der EU ein Büro eröffnen und von dort aus tätig sein können. Nach Art. 54 AEUV ist die gewählte Rechtsform unbeachtlich. Sowohl der Architekt/Ingenieur als natürliche Person, als auch eine Architekten-GmbH können sich auf die Niederlassungsfreiheit berufen. Juristische Personen müssen jedoch ihren Sitz, ihre Hauptverwaltung oder ihre Hauptniederlassung in einem der Mitgliedstaaten der EU haben. Durch die in Deutschland ursprünglich angewandte Sitztheorie (die Gesellschaft wird nach dem am Sitz ihrer Hauptverwaltung geltenden Recht behandelt) wurde nach Ansicht des EuGH gegen Art. 48 EGV [Art. 54 AEUV] verstoßen (EuGH NJW 1999, 2027 – Centros; NJW 2002, 3614 – Überseering; dazu Clausnitzer NZG 2008, 321). Dies berücksichtigt der Gesetzesvorschlag der Bundesregierung vom 7.1.2008 zum internationalen Gesellschaftsrecht, nach dem die Gründungstheorie Anwendung finden soll, d. h. die Gesellschaft wird nach dem Recht ihres Gründungsstaates behandelt (hierzu Clausnitzer NZG 2008, 321).

Kernpunkt der Niederlassungsfreiheit ist das Diskriminierungsverbot. Danach darf kein **732** Bürger eines EU-Mitgliedsstaates in einem anderen Mitgliedsland gegenüber dessen Bürgern benachteiligt werden. Zulässig ist es allerdings, dass für Angehörige des eigenen Mitgliedsstaates unter bestimmten Voraussetzungen strengere Regelungen gelten, als für Bürger eines anderen EU-Mitgliedslandes (sog. „Inländerdiskriminierung" – zu deren möglicher Verfassungswidrigkeit, vgl. Deckers „HOAI und Inländerdiskriminierung", BauR 2007, 1128). Nur ausnahmsweise kann ein Bürger eines anderen EU-Landes gegenüber den eigenen Bürgern benachteiligt werden. Art. 52 AEUV ermöglicht dies aus Gründen der öffentlichen Ordnung, Sicherheit oder Gesundheit.

b) Dienstleistungsfreiheit

Die Dienstleistungsfreiheit (Art. 56 ff. AEUV) zielt im Wesentlichen auf ein Diskrimi- **733** nierungsverbot für grenzüberschreitend angebotene Dienstleistungen ab. Es wird zwischen der sog. „aktiven" und „passiven" Dienstleistungsfreiheit unterschieden. Die aktive Dienstleistungsfreiheit soll das „freie" Anbieten und Erbringen von Dienstleistungen in einem anderen Mitgliedstaat gewährleisten. Die passive Dienstleistungsfreiheit stellt demgegenüber die Möglichkeit der Inanspruchnahme derartiger Leistungen sicher (Roth in Dauses, Hdb. des EU-Wirtschaftsrechts, Art. 49 EGV Rn. 187 ff.). Der europarechtliche Begriff der „Dienstleistung" darf nicht mit dem deutschen „Dienstvertragsrechts" verwechselt werden. Eine „Dienstleistung" kann auch im Rahmen eines Werkvertrags erbracht werden. Somit fallen auch die Leistungen der Architekten/Ingenieure unter die Dienstleistungsfreiheit. Einer der wesentlichen „Streitpunkte" hierbei ist das zwingende Preisrecht der HOAI. Als Folge ist die Anwendbarkeit der HOAI auf grenzüberschreitende Vertragsbeziehungen umstritten.

2. HOAI und Europarecht

734   Kernpunkt der Diskussion war immer schon die Frage, ob die HOAI europäischem Recht widerspricht und deshalb vom EuGH als gemeinschaftsrechtswidrig angesehen werden könnte. In Betracht kommt vor allem eine Unvereinbarkeit mit der Dienstleistungsfreiheit. Durch die Begrenzung des Anwendungsbereichs auf Architekten und Ingenieure mit Sitz in Deutschland, soweit sie ihre Leistung vom Inland aus erbringen (§ 1), wurde diesem Gesichtspunkt Rechnung getragen.

735   Mit dem am 27.2.2003 vom VII. Senat des BGH verkündeten Urteil (NZBau 2003, 279 = BauR 2003, 748) hat dieser ein Verfahren an das Kammergericht zurückverwiesen und auf dessen Vorlagepflicht hingewiesen. Anknüpfungspunkt war dabei die Frage, ob die Anwendung des damaligen § 4 Abs. 4 HOAI auf eine Vergütungsvereinbarung zwischen einem Auftraggeber mit Sitz in der Bundesrepublik Deutschland und einem Auftragnehmer mit Sitz in einem EG-Staat der Dienstleistungsfreiheit entgegensteht (BGH NZBau 2003, 279 = BauR 2003, 748).

736   Ob die aktuelle HOAI mit der Begrenzung des Anwendungsbereichs in § 1 insbesondere dem Prüfungsmaßstab des primären Europarechts standhält, ist bisher nicht entschieden. Ging man davon aus, dass der EuGH darüber in der Zukunft entscheiden würde, so hat er in seinem Verfahren bzgl. einer italienischen Gebührenordnung für Rechtsanwälte die Entscheidung, ob ein Verstoß gegen die Dienstleistungsrichtlinie vorliegt, etwas überraschend in die Hand der nationalen Gerichte gelegt (EuGH BauR 2007, 368 m. Anm. Kniffka). Als eine Art „obiter dictum" – das die nationalen Gerichte zu beachten haben – hat er festgehalten, dass Vorschriften, wie sie auch die HOAI aufweisen (Mindestsatzgebot), eine Beschränkung des freien Dienstleistungsverkehrs (Art. 49 EGV) [Art. 49 AEUV] darstellen. Entsprechendes sei ausnahmsweise zulässig, wenn zwingende Gründe des Allgemeinwohls das Verbot rechtfertigen. Dies müssten aber die nationalen Gerichte selbst entscheiden. In der bereits zuvor ergangenen Entscheidung des BGH v. 27.2.2003 hatte dieser sich zur Frage, ob ein Widerspruch zu europarechtlichen Regelungen vorliegt, noch nicht abschließend geäußert, (BGH NZBau 2003, 279), insbesondere nicht über einen möglichen Verstoß gegen Art. 49 des EU-Vertrages [Art. 56 AEUV]. Unabhängig hiervon mussten die Mitgliedsstaaten bis zum 18.12.2009 die Dienstleistungsrichtlinie umgesetzt haben (Richtlinie 2006/123/ EG des Europäischen Parlaments und des Rates vom 12.12.2006 über Dienstleistungen im Binnenmarkt) Nach ihr ist eine Einschränkung der Dienstleistungsfreiheit aus Gründen des Verbraucherschutzes nicht (mehr) zulässig. Die bisherige Argumentation der Rechtfertigung der HOAI-Mindestsätze bzw. der Beschränkungen aus Gründen des Verbraucherschutzes ist ab diesem Zeitpunkt in der bisherigen Form somit nicht mehr haltbar. Allerdings ist in diesem Zusammenhang zu diskutieren, ob die zitierte Richtlinie in ihrem Verzicht auf den Verbraucherschutz mit dem höherrangigen Recht des AEUV in Einklang steht.

X. Sicherheits- und Gesundheitsschutzkoordinator (SiGeKo)

1. Grundlagen

737   Die **Richtlinie 92/57/EWG** des Rates vom 24. Juni 1992 über die auf zeitlich begrenzte oder ortsveränderliche Baustellen anzuwendenden Mindestvorschriften für die Sicherheit und den Gesundheitsschutz (8. Einzelrichtlinie im Sinne des Art. 16 Abs. 1 der Richtlinie 89/391/EWG) (ABl. Nr. L 245 vom 26.8.1992 Seite 6) ist der rechtliche Rahmen für das **Arbeitsschutzgesetz,** welches Mindestanforderungen für den Arbeitsschutz für die Tätigkeitsbereiche Pflichten und Rechte der Arbeitgeber/Unternehmer, die Pflichten und die Rechte der Beschäftigten und die Überwachung des Arbeitsschutzes durch die zuständigen staatlichen Behörden regelt. Das Arbeitsschutzgesetz regelt u. a. die Unternehmerpflichten (§§ 3–14), die Rechte und Pflichten der Beschäftigten (§§ 15–17), die Ermittlung, die Beurteilung und Dokumentation von Gefährdungen (§§ 5 und 6) und die Befugnisse der staatlichen Behörden sowie die Zusammenarbeit mit den Trägern der gesetzlichen Unfallversicherung (Abschnitt 5, §§ 21–26). Das Gesetz sieht vor, dass die zuständigen staatlichen Behörden die Einhaltung der erlassenen Rechtsvorschriften überwachen müssen. Die Dokumentation der Ergebnisse von Gefährdungsanalysen sowie der Arbeitsschutzmaßnahmen an den Arbeitsplätzen (§ 6) ist für Betriebe ab 10 Beschäftigte vorgeschrieben. Für die Überwachung der Vorschriften sind weiterhin ausschließlich die nationalen staatlichen Institutionen verantwortlich, wie in Deutschland das Bundesministerium für Wirtschaft und Arbeit (BMWA) sowie die Arbeitsministerien der Länder und ihre nachgeordneten Behörden. Die nachgeordneten Behörden sind auf der Bundesebene die Bundesanstalt für Arbeitsschutz und Arbeitsmedizin (BAuA) und auf Landesebene die Arbeitsschutzbehörden der Länder. Diese Behörden werden im Allgemeinen als Gewerbeaufsicht bezeichnet. Dahinter verbergen sich die Benennungen wie Gewerbeaufsichtsamt, Landesamt für Arbeitsschutz, Landesamt für Arbeitssicherheit usw.

Die Gewerbeaufsicht hat als Aufgabe, die Einhaltung des staatlichen Arbeitsschutz- **738** rechtes zum Schutz von Beschäftigten in den Betrieben zu überwachen und die Arbeitgeber bei der Erfüllung ihrer Pflichten zu beraten. Darüber hinaus wird unter Berücksichtigung des sogenannten dualen Arbeitsschutzsystems eine gesetzliche Unfallversicherung im Rahmen des Sozialgesetzbuches (SGB) durch die Berufsgenossenschaften (BG) überwacht.

Diese wiederum hat für alle abhängig Beschäftigten in Deutschland eine Deckung des berufsbedingten Unfall- und Berufskrankheitenrisikos unabhängig von der Schuld des Betroffenen zu gewährleisten. Dabei untergliedern sich die Berufsgenossenschaften nach Branchen und sind verantwortlich für die Überwachung des vorsorgenden, betrieblichen Gesundheitsschutzes und des Arbeitsschutzes in den Unternehmen ihres Gewerbezweiges. Für Baustellen sind dies die Bauberufsgenossenschaften, aber auch die Berufsgenossenschaften, wie z. B. die Metallberufsgenossenschaften sowie die Berufsgenossenschaften für Feinmechanik und Elektrotechnik. Im Rahmen ihrer Verantwortlichkeit hat jede BG das Recht bindende Vorschriften und Regeln als Unfallverhütungsvorschriften (UVV) zu erlassen. Der Auftrag der BG zur betrieblichen Gesundheitsvorsorge ist um die Verhütung von arbeitsbedingten Gesundheitsgefahren erweitert worden und beinhaltet somit auch die Pflicht zur Gefahrenermittlung und -prävention. Das Arbeitsschutzgesetz fordert in § 21 Abs. 3 zugleich eine enge Zusammenarbeit und vermehrt Erfahrungsaustausch der Berufungsgenossenschaften und Gewerbeaufsicht. Verstöße gegen die Vorschriften können in besonders schweren Fällen (§ 26 ArbSchG) zu Lasten des Arbeitgebers Straftatbestände darstellen. Ausgehend davon, dass die EU beispielsweise bei Geräten das Sicherheits-GS-Zeichen bzw. den Nachweis der CE-Konformität fordert, um ein Höchstmaß an Arbeitssicherheit zu erreichen, ist dieses auch die Intention der EU-Baustellenrichtlinie. Sie ist in Deutschland durch die **Baustellenverordnung** vom 10.6.1998 – BGBl. I S. 1283 – als sogenannte Baustellenverordnung = **BaustellV**, novelliert durch das Gesetz vom 29.12.2004 – BGBl. I S. 3816 – eingeführt worden. Für das staatliche Bauvorhaben ist die Einhaltung der EU-Baustellenrichtlinie 92/57/EWG bereits seit 1994 bindend. Auch der private Bauherr muss seit dem 1. Juli 1998 für den Betrieb von Baustellen die im nationalen Recht harmonisierte Verordnung über Sicherheit und Gesundheitsschutz auf Baustellen einhalten. Damit zielt die Baustellenverordnung als neue Pflicht für den Bauherrn im Hinblick auf den Arbeitsschutz auf einen Beitrag zur Verbesserung von Arbeits- und Gesundheitsschutz auf Baustellen, grundlegende Sicherheitsanforderungen an den Bauherrn, nicht aber innerbetriebliche sicherheitstechnische Organisation des Bauherrn für das Bauvorhaben und das beteiligte Unternehmen oder der Baubetriebe, denn diese bleiben davon unberührt. Es ist Aufgabe der Unternehmen und des Bauherrn die sicherheitstechnischen Anforderungen gegenüber den staatlichen Stellen zu erfüllen. Dieses soll auf bestimmten Wegen erzielt werden. So ist es primäre Aufgabe des Bauherrn, in Zusammenarbeit mit dem unternehmerischen Arbeitgeber der Beschäftigten auf der Baustelle für die Ausarbeitung des Sicherheits- und Gesundheitsplanes (§ 2 Abs. 2 BaustellV), die Einhaltung der Koordinationspflicht (§ 3 Abs. 2 Nr. 1 BaustellV), die Aufstellung des Sicherheits- und Gesundheitsplanes (§ 3 Abs. 2 Nr. 2 BaustellV) sowie die Zusammenstellung der Unterlagen für den Sicherheits- und Gesundheitsschutz (§ 3 Abs. 2 Nr. 3 BaustellV) zu gewährleisten. Diese gehören zur Vorbereitung der Durchführung des Objekts und zur sogenannten Überwachungsphase. Nicht zutreffend dürfte sein, die Tätigkeiten der Überwachungstätigkeit ausschließlich zuzuordnen (andere Ansicht: Locher/Koeble/Frik, Einleitung, Rn. 375). Hier ist aufgrund der Arbeitsinstrumente der Baustellenverordnung zu unterscheiden. Die Vorankündigung gemäß § 2 der BaustellV ist dem planerischen Bereich zuzuordnen. Hierbei ist die Vorankündigung an die zuständige Behörde (Gewerbeaufsicht-Hamburg: Bauaufsicht) zu richten. Gemäß § 2 Abs. 2 ist dieses bei Baustellen, bei der

1. die voraussichtliche Dauer der Arbeiten mehr als 30 Arbeitstage beträgt und auf der mehr als 20 Beschäftigte gleichzeitig tätig werden, oder
2. der Umfang der Arbeiten voraussichtlich 500 Personentage überschreitet.

Danach ist der zuständigen Behörde zwei Wochen vor Einrichtung der Baustelle die Vorankündigung zu übermitteln.

739   Der überwachenden Tätigkeit ist der Folgeablauf zuzuordnen. Erst wenn Beschäftigte **mehrerer** Arbeitgeber auf der Baustelle tätig sind, ergibt sich die Notwendigkeit zur Ausarbeitung eines Sicherheits- und Gesundheitsplanes. **Ziele des Sicherheits- und Gesundheitsplanes** sind

– Verbesserung der Information des Bauherrn über den Arbeits- und Gesundheitsschutz auf der Baustelle und Schaffung eine qualifizierten Basis zur inhaltlichen Diskussion mit den an der Baustelle beteiligten Akteuren
– Sensibilisierung aller an der Baustelle Beschäftigten, auch der Selbständigen, für Fragen des Arbeits- und Gesundheitsschutzes
– Verbesserung der Akzeptanz der vereinbarten Maßnahmen als Hilfsmittel zur Prävention von Störungen alles Art
– Förderung der Funktion des Koordinators als bereichsübergreifende Fachpersönlichkeit.

Darüber hinaus gilt die Verpflichtung zur Bestellung eines SiGeKo auch dann, wenn mehrere Unternehmer nicht gleichzeitig, sondern **nacheinander** auf der Baustelle tätig werden, da der Koordinierungsbedarf erkennbar auch in diesem Fall besteht. Dies folgt daraus, daß § 3 Abs. 1 S. 1 BaustellenV, wonach auf Baustellen, bei denen Beschäftigte mehrerer Arbeitgeber tätig werden, ein oder mehrere Koordinatoren zu bestellen seien, nicht die Einschränkung enthält, daß mehrere Arbeitgeber gleichzeitig tätig werden müssen. § 2 Abs. 1 läßt erkennen, daß der VO-Geber auch die Einteilung von nacheinander erfolgenden Arbeiten als gefahrträchtig ansehe. Der Wortlaut unterscheidet nicht danach, ob ein Haupt- oder ein Nachunternehmer auf der Baustelle tätig ist (VGH Bayern, Beschl. v. 6.2.2013 – 22 Cs 13.53; OLG Celle, Beschl. v. 18.9.2013 – 322 SsRs 203/13).

Auch **mehrere bauliche Anlagen** sind **eine Baustelle** im Sinne der BaustellenV (OLG Zweibrücken, Beschl. v. 6.12.2001 – 1 Ss 117/01; Meyer, BauR 2006, 597).

740   Zum zwingenden Inhalt des von dem Koordinator aufzustellenden Sicherheits- und Gesundheitsplanes gehört

– Auflistung der für die betreffende Baustelle relevanten Vorschriften für Arbeitssicherheit und Gesundheitsschutz
– Darstellung gewerkespezifischer Gefährdungen, insbesondere bei besonderen Gefährdungen nach Anhang 2 der Baustellenverordnung
– Vermeidung des Übersehens von Gefährdungen
– Darstellung gegenseitiger Gefährdungen, die bei örtlicher und zeitlicher Zusammenarbeit zweier oder mehrerer Gewerke auftreten können
– Darstellung von Gefährdungen für den Baustellenbetrieb in Objekten mit gleichzeitig laufender Produktion oder Dienstleistungsbetrieb
– Auflistung geeigneter technischer und organisatorischer Maßnahmen zur Gefahrenabwehr mit Darstellung der zeitlichen und örtlichen Verfügbarkeit
– Hinweise auf Positionen im Leistungsverzeichnis, Pläne und Anweisungen.

741   Als **Mindestanforderungen** an den Sicherheits- und Gesundheitsplan gilt, dass er während der Vorbereitungs- und Objektplanungsphase erstellt wird und somit eine Grundlage für die Ausschreibung für das Bauvorhaben darstellt. Erste Entwürfe des **SiGe-Planes** werden daher in der frühen Planungsphase erstellt und unter Einbeziehung der dort Beteiligten fortgeschrieben. Der SiGe-Plan liegt daher vor, bevor der Bauzeitenplan zwischen Auftraggeber und Auftragnehmer verhandelt und erarbeitet wird. Der SiGe-Plan beinhaltet eine Auflistung der Gefahren durch die jeweils beteiligten Gewerke. Diese werden in zeitlichen Abläufen dargestellt, ebenso die Vor- und Nacharbeiten zu den entsprechenden Gewerken. Der SiGe-Plan wird in **fünf Arbeitsschritten** ausgearbeitet:

1. Bestandsaufnahme (Baugenehmigung, Bauvorhaben, Beschreibung, Gutachten, Pläne usw.) sowie gewerkspezifische Gefährdungsbeurteilung mit Hilfe des Leitfadens.
2. Überarbeitung eines groben Bauzeitplanes in den SiGe-Plan in Form von Gefährdungszahlen.
3. Beurteilung gegenseitiger Gefährdung, die sich aus örtlicher und zeitlicher Nähe der Beschäftigten verschiedener Gewerke ergeben.
4. Koordinierung der notwendigen Sicherheitseinrichtungen.
5. Vorschläge zu den Ausschreibungstexten des Leistungsverzeichnisses.

Mit dem **Einrichten der Baustelle** muss der SiGe-Plan entsprechend § 2 Abs. 3 der **742** BaustellV dann vorliegen. Dieser braucht nicht der zuständigen Behörde übermittelt zu werden, sondern lediglich den auf den Baustellen Beteiligten. Allerdings werden die Unterlagen bei Routinerevisionen der Baustellen, Verdachtsanlässen oder bei Unfallereignissen von den zuständigen Stellen überprüft. Das Anforderungsprofil ist daher zwingender Leistungsinhalt und zugleich vertragliche Leistungsverpflichtung. Bestimmte Formalitäten des Planes sind nicht vorgeschrieben.

Bei **Beendigung der Bauarbeiten** sind entsprechend den Angaben zum Sicherheits- **743** und Gesundheitsschutz folgende Unterlagen durch den Sicherheits- und Gesundheitskoordinator zu erstellen:

– Dokumentation des Bauwerkes
– Auflistung der bei den Wartungs- und Instandhaltungsarbeiten zu erwartenden Gefährdung
– Übersicht über die am Bauwerk vorzusehende sicherheitstechnischen Einrichtung für die Durchführung von Wartungs- und Instandhaltungsarbeiten inklusive der bei Bedarf vorgesehenen Standorte zur Aufbewahrung dieser Einrichtung und Information über ihren bestimmungsgemäßen Einsatz und Pflege sowie der Überwachung
– Liste der zur sicheren Ausführung der Wartungs- und Instandhaltungsarbeiten einzusetzenden Hilfsmittel.

Die Leistungsverpflichtung des SiGeKo ergibt sich aus der vertraglichen Verpflichtung **744** zwischen Bauherrn, ggf. Unternehmer und dem SiGeKo. Die Tätigkeit als Sicherheits- und Gesundheitskoordinator fällt nicht unter die Leistungsmerkmale der HOAI, weswegen das Honorar zwischen dem Bauherrn und dem Koordinator frei verhandelt und vereinbart wird. Grundlagen der vertraglichen Verpflichtung sind aber die Zusammenhänge von Baustellenverordnung, Regelwerk zum Arbeitsschutz auf Baustellen (RAB) und das Leistungsbild. Die Regeln zum Arbeitsschutz auf Baustellen geben den Stand der Technik bezüglich Sicherheit und Gesundheitsschutz auf Baustellen wieder. Sie werden vom Ausschuss für Sicherheit und Gesundheitsschutz auf Baustellen (ASGB) aufgestellt. Diese RAB werden vom Bundesministerium für Arbeit und Sozialordnung im Bundesarbeitsblatt (BARBlatt) bekannt gegeben. Gegenstand, Zustandekommen, Aufbauanwendung und Wirksamkeit sind in den RAB 01 geregelt. Insgesamt gliedert sich das Regelwerk zum Arbeitsschutz auf Baustellen als RAB 01 bis 09 Allgemeines, RAB 10 bis 19 Begriffsbestimmungen, RAB 20 bis 29 Regeln zur Anwendung des Arbeitsschutzgesetzes auf Baustellen, RAB 30 bis 39 Regeln zur Baustellenverordnung. Im Wesentlichen sind folgende RAB von Bedeutung:

– RAB 01 Gegenstand, Zustandekommen, Aufbau, Anwendung und Wirksamwerden der RAB, BARBlatt 2001, S. 77 ff.
– RAB 10 Begriffsbestimmungen (Konkretisierung von Begriffen aus der BaustellV) BARBlatt 2004, S. 42 ff.
– RAB 25 Arbeiten in Druckluft (Konkretisierungen zur Druckluftverordnung) BARBlatt 2004, S. 48 ff.
– RAB 30 Geeigneter Koordinator (Konkretisierungen zu § 3 BaustellV) BARBlatt 2003, S. 64 ff.

– RAB 31 Sicherheits- und Gesundheitsschutzplan (Konkretisierung zu § 2 Abs. 3 BaustellV) BARBlatt 2004, S. 59.
– RAB 32 Unterlagen für spätere Arbeiten (Konkretisierung zu § 3 Abs. 2 Nr. 3 BaustellV) BARBlatt 2006, S. 73 ff.
– RAB 33 Allgemeine Grundsätze nach § 4 des Arbeitsschutzgesetzes bei Anwendung der Baustellenverordnung, BARBlatt 2004, S. 65 ff.

Zum Leistungsbild: AHO Praxishilfe zur Honorarermittlung von Leistungen nach der BaustellV, Heft 15; Torwarth, Die Honorierung von Leistungen nach der BaustellV, Schriftenreihe des Verbandes der Sicherheits- und Gesundheitsschutzkoordinatoren Deutschland VSGK e. V. Bd. 5; Kinias, der Sicherheitskoordinator, 5. Aufl. 2008.

745 Grundlage der vertraglichen Leistungsbilder sind verschiedene **Typleistungen,** wobei es verschiedene Ansatzpunkte für die Grundleistungen eines Leistungsbildes gibt. Die Architektenkammer Nordrhein-Westfalen hat eine unverbindliche Honorarempfehlung für die Tätigkeit als Sicherheits- und Gesundheitskoordinator nach der Baustellenverordnung herausgegeben, die sich an einem **mittleren Schwierigkeitsgrad** der Tätigkeit orientieren. Voraussetzung ist zunächst die Definition der wesentlichen Bestandteile der Koordination. Diese kann wie folgt beschrieben werden:

746 In der Planungsphase:

– Koordination der Belange der Arbeitssicherheit und des Gesundheitsschutzes ist im Auftrag des Bauherrn und nach dessen Vorgaben zu erstellen und bei der architektonischen Planung, der technischen Planung, der organisatorischen Planung Beteiligten zu berücksichtigen
– Analyse der Vorplanung, Entwurfsplanung und Werkplanung auf Sicherheitsrisiken und Gesundheitsschutzaspekte. Dabei Aufzeigen von sicherheitstechnischen Lösungsmöglichkeiten
– Ausarbeiten des SiGe-Plans auf der Grundlage der vorgenommenen Analyse
– Anpassung des SiFe-Plans im Zuge des Planungsprozesses
– Feststellen von Wechselwirkungen zu betrieblichen Tätigkeiten und Mitwirken bei der Ausarbeitung der Baustellenordnung
– Mitwirken bei sicherheitstechnischen Vorüberlegungen zur Baustelleneinrichtung und die Berücksichtigung zugehöriger Maßnahmen
– Hinwirken auf das Festlegen von Meldepflichten an den Koordinator in den Vertragsunterlagen
– Beraten hinsichtlich der Terminplanung bei der Feststellung angemessener Ausführungszeiträume für Maßnahmen im Rahmen der Arbeitssicherheit, des Gesundheitsschutzes
– Hinwirken auf die Aufnahme von sicherheitsrelevanten Elementen in Planungs- und Ausschreibungsunterlagen
– Mitwirkung bei der Prüfung von Angeboten im Zusammenhang mit Belangen der Arbeitssicherheit und des Gesundheitsschutzes
– Beratung bei der Planung bleibender sicherheitstechnischer Wartungseinrichtungen
– Zusammenstellung der Unterlagen mit den Merkmalen des Bauwerkes für eine sichere Durchführung von Instandhaltungsarbeiten.

747 In der Ausführungsphase:

– Koordination der Belange der Arbeitssicherheit und des Gesundheitsschutzes zwischen den gleichzeitig oder nacheinander auf der Baustelle tätigen Unternehmen, insbesondere durch die laufende Kontrolle der Einhaltung des SiGe-Plans und der Baustellenverordnung
– Hinwirken auf das laufende Erfassen der beteiligten Firmen
– Achten auf die Absicherung der Baustelle gegenüber anderen betrieblichen Tätigkeiten
– Mitwirkung bei der Abstimmung der Baustelleneinrichtung der verschiedenen Unternehmen
– Klären der sicherheitsrelevanten Belange mit allen Auftragnehmern und ihren Subunternehmern vor Beginn der Arbeiten (Verfahren, Ablauf, Prüfzertifikate)

- Lagerung und Entsorgung
- Organisieren der Zusammenarbeit der Arbeitgeber
- Anpassen des SiGe-Plans und Bekanntmachung der Änderungsstände
- Mitwirkung bei der Fortschreibung des Bauablaufplans, soweit Arbeitssicherheit und Gesundheitsschutz betroffen sind
- schwerpunktmäßige Überwachung von sicherheitstechnischen Einrichtungen und Schutzmaßnahmen auf vertragsgemäße Ausführung der Leistungen aus dem Bauvertrag und Intervention bei Gefahrenzuständen
- Organisation und Durchführung von Sicherheitsbegehungen und Besprechung
- Fortführen und Abschließen der Unterlagen mit den Merkmalen des Bauwerks für die sichere Durchführung von Instandhaltungsarbeiten.

Weitere vertraglich zu regelnde Punkte sind: **748**

- der zeitliche Umfang der Koordination
- der Ansatz für die Tagessätze und den Anteil der Mindestvorortkoordination der Baustelle
- die Definition der Vorortkoordination bei einem zeitlichen Einsatz beim Bauherrn selbst sowie bei denen im Rahmen der Baustellenverordnung am Bau Beteiligten und die Begehung der Baustelle.

Vertragsinhalt muss ebenso die Regelung der Abrechnung sowie der Tatbestand, wenn es auf Wunsch oder auf Verschulden des Bauherrn zur Planung bzw. Ausführung des Bauvorhabens nicht kommt, sowie Regelungen zur Unterbrechung der Koordination sein. **Das oben beschriebene Leistungsbild SiGe-Koordination stellt sich überlicherweise als Grundleistung dar.** Daneben können vertraglich besondere Leistungen vereinbart werden.

Die **Grundleistungen** werden zumeist bestimmt durch **weitere Tätigkeiten** daneben   **749** und aufgrund von bauherren- und baustellenspezifischen weiteren Grundleistungen bestimmt, die vertraglich besonders zu regeln sind, aber keine besonderen Leistungen darstellen.

Die grundsätzlich zu erbringenden Grundleistungen unterteilen sich in die oben beschriebenen Grundleistungen während der Planung der Ausführung und in die Grundleistungen während der Ausführung. Daneben sind die Besonderen Leistungen zu berücksichtigen.

Leistungsbild			
Grundleistungen I		Besondere Leistungen II	
Grundleistungen während der Planung der Ausführung I. 1	Grundleistungen während der Ausführung I. 2	Bedarfsleistungen	Zusatzleistungen

Die Grundleistungen während der Planung der Ausführungen sind zunächst bestimmt   **750** durch die terminlichen Abfolgen, wie sie in RAB 31 Mindestanforderungen an den SiGe-Plan dargestellt sind. Die Einarbeitung des Sicherheits- und Gesundheitsschutzplanes erfolgt sodann nach den Vorschriften des § 3 (Koordinierung) Abs. 2 BaustellV. Im Stadium der Planung zur Ausführung wird im Hinblick auf die Nutzung der zu erstellenden baulichen Anlage die Genehmigungs- und Ausführungsplanung analysiert, bevor diese als Unterlage erarbeitet werden kann (RAB 32). Hier ist wiederum Grundlage § 3 (Koordinierung) Abs. 2 Nr. 3 BaustellV.

Im Stadium der Grundleistungen während der Ausführung, die mit dem Beginn der   **751** Bauarbeiten beginnt und die eigentliche Koordinierungspflicht im Sinne der Baustellenverordnung darstellt, werden im Wesentlichen die in § 4 des ArbSchG dargestellten Arbeiten ausgeführt (s. o.). Neben diesen Grundleistungspflichten werden besondere, durch die Baustelle oder durch besondere Anforderungen des Bauherrn ergänzend neben das Grundleistungsbild tretende weitere Leistungen möglicherweise erforderlich, die eben nicht durchschnittliche Leistungen sind. Diese werden durch einen Zuschlag zum Honorar dargestellt und können bei einer Vergabe der Leistungen berücksichtigt werden, wobei die **AHO** einen aus 10 Punkten bestehenden weiteren **Leistungskatalog** befürworte

- Berücksichtigung besonders gefährlicher Arbeiten nach Anhang II BaustellV
- Rückbau und Abbrucharbeiten
- Berücksichtigung betrieblicher Tätigkeiten bzw. äußerer Einflüsse
- Berücksichtigung von Einflüssen anderer Baumaßnahmen
- Anpassung des Sicherheits- und Gesundheitsschutzplanes bei erheblichen Änderungen in der Bauausführung
- Sonstige zusätzliche Koordinierungsleistungen, z.B. durch Planungsänderungen, Bauablaufstörungen, Bauzeitverlängerung
- Berücksichtigung spezieller Randbedingungen beim Bauen im Bestand
- Erstellung und ggf. Aktualisierung der Baustellenvorankündigung und Übermittlung an die zuständige Behörde
- Einarbeitung bei verspäteter Einschaltung des SiGe-Koordinators
- Leistungen für Koordination und Abstimmung bei Heranziehen von verschiedenen Koordinatoren bei der Phase der Planung der Ausführung bzw. der Ausführung.

752   Daneben ergibt sich zusätzlich zu den Grundleistungen und den weiteren durchschnittlichen Grundleistungen eine Zuordnung von Leistungen als Besondere Leistung. Diese – nicht mit den Besonderen Leistungen der HOAI gleichzusetzenden – Leistungsanforderungen werden von der AHO im Wesentlichen wie folgt beschrieben, wobei die vertragliche Vereinbarung mit dem Bauherrn erforderlich ist:

- Die Übernahme der Funktion des beauftragten Dritten
- Frühzeitige Gefährdungsanalyse
- Kostenanalysen alternativer Sicherheitsmaßnahmen
- Vorbereitung der Vergabe für gemeinsam zu nutzende Sicherheitseinrichtung
- Prüfung und Bewertung von Angeboten nach sicherheitstechnischen Belangen
- Teilnahme an allgemeinen Baubesprechungen (Jour fixe)
- Erstellen eines Baustelleneinrichtungsplans
- Erstellen einer Baustellenordnung
- Erstellen eines Flucht- und Rettungsweges-Konzepts
- Erstellen von Verkehrslenkungsplänen
- Einholung von straßenverkehrsrechtlichen Anordnungen
- Organisation der Anlagensicherheit während des Bauzustandes
- Abfassung von Gefährdungsbeurteilungen.

Fasst man die so gefundenen Erfordernisse zunächst zusammen, sind unter Beachtung von § 4 ArbSchG und RAB 23 folgende Leistungsbilder in den vier möglichen Leistungsteilen grundsätzlich zu erbringen:

I. Grundleistungen

I.1 Grundleistungen während der Planungsphase zur Ausführung

I.1.1 Koordinieren unter Berücksichtigung des § 4 Ziffer 1 bis 5 ArbSchG

753   Die auszuführen Bauleistungen sind zunächst einzuteilen und die gleichzeitig oder nacheinander auszuführenden Leistungen müssen aufgestellt werden, sowie die Ausführungszeiten für diese Arbeiten in einen Plan eingearbeitet werden.

I.1.2 Ausarbeitung des SiGeKo-Planes

754   Analyse des jeweiligen Planungsstadiums. Dabei wird entsprechend den Vorgaben aus der HOAI die entsprechenden einzelnen Teilleistungen der Planungs-, Genehmigungs- und Ausführungsplanung analysiert. Zudem müssen in der Abhängigkeit der geplanten Bauabläufe die möglichen koordinationsrelevaten Gefahren für den Baubetrieb ermittelt werden. Hierbei sind zunächst alle arbeitssicherheits- und gesundheitsrelevanten Tätigkeiten und Gefahren zwischen den Tätigkeiten bei der Ausführung der Gewerke und anderen

baubetrieblichen Tätigkeiten und Arbeiten oder die Einflüsse auf und in der Umgegend um die Baustelle zu erfassen. Sodann müssen diese Punkte in ein Lösungsprogramm eingearbeitet werden, wie eventuelle Gefahren an der Baustelle zu minimieren sind und den Gefahren entgegengesteuert werden kann. Dabei ist wiederum § 4 ArbSchG zu beachten. Der SiGeKo hat daraufhin den Bauherrn und Auftraggeber in der Folge seiner Erkenntnisse zu beraten und bei der Terminplanung zu unterstützen. Das kann bzw. muss auch in Richtung der eingesetzten Architekten und Fachplaner gehen, mit denen der SiGeKo auf Weisung des Bauherrn bzw. Auftraggebers zusammenarbeiten muss. Die Ergebnisse dieser Arbeitsschritte fließen in den nach RAG 31 zu erstellen Sicherheits- und Gesundheitsschutzplan ein und müssen dementsprechend mit in die Ausschreibungsunterlagen (und Vertragsentwürfe – soweit vertraglich dort vorgegeben –) des Architekten bzw. des Fachplaners (durch diese) eingearbeitet werden. Der SiGeKo hat zu überprüfen, ob dieses geschehen ist, weil die Abstimmung notwendiges Element der Erfordernisse durch § 4 ArbSchG ist.

I.1.3 Zusammenfassung in den Unterlagen

Der SiGeKo hat zunächst auch die späteren Wartungs- und Instandsetzungsarbeiten an **755** dem Werk in der Planung zu berücksichtigen und diese Analyse in die Genehmigungs- und Ausführungsplanung einzubeziehen. Unter Mitwirkung an den weiteren Planungen hat er die sicherheitstechnischen Einrichtungen an der baulichen Anlage vorzugeben und auf Umsetzung in der Planung der am Bau Beteiligten hinzuwirken. Die Ergebnisse mit den erforderlichen Angaben für die erforderliche sicherheits- und gesundheitlich unbedenkliche Ausführung des Baues ist sodann in den Unterlagen festzuhalten und sind zwingend – worauf der SiGeKo hinzuwirken hat – in die Vergabe- und Vertragsunterlagen vom Bauherrn und den anderen Baubeteiligten einzuarbeiten.

I.1.4 Vorankündigung

Die Vorankündigung ist Sache des Bauherrn nach § 4 BaustellV. Der SiGeKo kann hier **756** ergänzende vertragliche Pflichten und daraus resultierende Tätigkeiten übernehmen. Die Unterlagen müssen dem Bauherrn übergeben werden, von diesem unterschrieben und an die staatliche Arbeitsschutzbehörde von diesem gesandt werden.

I.2 Grundleistungen während der Bauausführung

I.2.1 Mitwirken bei der Baustelleneinrichtung

Der SiGeKo wird beratend tätig bei der Absprache mit den beauftragten Unternehmen **757** bei der Umsetzung des Sicherheits- und Gesundheitsschutzplanes. Seine Tätigkeit umfasst die Koordination. Er ist nicht verpflichtet einen Baustelleneinrichtungsplan zu entwerfen. Dies ist eine zusätzliche Besondere Leistung.

I.2.2 Bekanntmachung der SiGeKo-Planung

Die Unterlagen sind auf der Baustelle auszulegen. Zudem hat eine Einweisung aller am **758** Bau Beteiligten und Firmen zu erfolgen. Dabei sind auch die Nachunternehmer mit einzubeziehen. Gem. § 5 Abs. 2 BaustellV haben sämtliche Unternehmer im Hinblick auf ihre tatsächliche und vertragliche Weisungsbefugnis die SiGeKo-Planung zu berücksichtigen.

I.2.3 Koordinierung der Planung an der Baustelle

Nach § 3 Abs. 3 Nr. 1 BaustellV sind die Grundsätze nach § 4 ArbSchG zu beachten. **759** Während der Ausführung muss der SiGeKo daher die Anwendung dieser Regeln mit den Beteiligten abstimmen (vgl. RAB 33).

I.2.4 Hinwirken auf das Einhalten und Umsetzung der Vorgaben aus dem Plan durch die Unternehmen

Nach § 3 Abs. 3 Nr. 2 BaustellV sind unter Berücksichtigung von §§ 5, 6 BaustellV die **760** Arbeitgeber und Beschäftigten verpflichtet, den Arbeitsschutzvorschriften eigenverantwortlich nachzukommen. Hier ist es Aufgabe des SiGeKo dieses auf der Baustelle zu überwachen. Eine vollständige Erfassung aller Mängel bzw. vermuteten Mängel bei der Umsetzung des Planes und der Arbeitsschutzvorschriften wird allerdings nicht zu den Grundleistungpflichten gehören. Diese Umsetzung bedeutet eine vollständige Überwachung („Big-Broser-Prinzp") welches schon faktisch nicht umsetzbar ist.

I.2.5 Anpassung und Fortschreibung des SiGeKo-Planes

761　　Entsprechend § 3 Abs. 3 Nr. 3 BaustellV ist der SiGeKo-Plan fortlaufend weiterzuschreiben. Dabei werden geänderte Planung, Leistungs- und Bauzeitvorgaben einzuarbeiten sein. Diese Mehrarbeit kann in einem üblichen Fall ohne weitere Honorierung einbegriffen sein. Lediglich bei außergewöhnlichen Umständen am Bau wird eine weitere Honorierung im Rahmen der besonderen Leistung zuzusprechen sein. Die Plananpassung selbst ist allerdings elementare Verpflichtung und als Grundleistung anzusehen und damit dauerhaft anzupassen. Auch die Unterlagen sind anzupassen und sind elementare Grundleistungen gegenüber dem Auftraggeber ohne Mehrvergütungsanspruch. Allerdings sind auch diese Arbeiten an einem möglich erheblichen Mehraufwand zu messen, der zu einer Mehrforderung auf vertraglicher Basis zusätzlich vereinbart werden kann.

I.2.6 Organisation der Arbeitgeber (Unternehmer) untereinander

762　　Die Arbeitgeber haben nach § 3 Abs. 3 Nr. 4 BaustellV die Arbeitssicherheit und Gesundheitsschutz zu gewährleisten. Hierauf hat der SiGeKo gegenüber diesen ebenfalls hinzuwirken.

I.2.7 Überwachen der ordnungsgemäßen Arbeitsverfahren der Unternehmer

763　　Die Überwachung dieser Aufgaben ist zwingend, § 3 Abs. 3 Nr. 5 BaustellV. Allerdings wird der SiGeKo vielfach lediglich Unterlagen und Nachweise von den Unternehmern verlangen können, weil ihm die notwendige Sachkunde fehlt.

I.2.8 Sicherheitsbegehungen und -besprechungen

764　　Begehungen werden in der BaustellV nicht verbindlich oder nach Anzahl vorgeschrieben. Dennoch obliegt es dem SiGeKo die Arbeiten vor Ort entsprechend zu überwachen. Hier müssen ansonsten durch vertragliche Vereinbarungen die Zahl der Begehungen und weiteren ortsgebundenen Tätigkeit festgelegt werden. Bei gefährlichen Arbeiten sind zwingend allerdings zuvor Besprechungen anzusetzen.

I.2.9 Stichprobenartige Überprüfung von gemeinsam genutzten Einrichtungen

765　　Sobald auf der Baustelle von mehreren Unternehmen für ihre Gewerke genutzte Einrichtungen (z. B. Gerüste, Baukrane, Bagger, Laufstege usw.) benutzt werden, so hat der SiGeKo auf den Sicherheitsstand zu achten und Nachweise zu fordern, ggfs. den Plan fortzuschreiben.

I.2.10 Dokumentation

766　　Die Dokumentation ist zwingend fortzuschreiben und in regelmäßigen Zeitpunkten dem Bauherrn und den Unternehmen zu übergeben, § 5 Abs. 1 BaustellV. Die Hinweise sind von allen am Bau Beteiligten zu beachten.

II. Besondere Leistungen

II.1 Bedarfsleistungen

Bedarfsleistungen müssen nicht immer zusätzlich erbracht werden, jedoch bei besonderen Bedingungen am Bau sind sie notwendig.

II.1.1 Anpassen des Planes bei erheblichen Änderungen

767　　Der Plan ist bei erheblichen Änderungen zwingend anzupassen. Wann erhebliche Änderungen eintreten, ist einfallbezogen zu sehen und dann besonders zu vergüten. Dies bedarf der vorherigen vertraglichen Vereinbarung.

II.1.2 Zusätzlicher Koordinationsaufwand während der Planung

768　　Bei Mehraufwand von Planungsänderungen, Bauablaufstörungen, Bauzeitverlängerungen usw. werden zusätzlich Mehraufwendungen notwendig. Auch hier ist die Tätigkeit und die Honorierung bei Vertragsschluss zu vereinbaren.

II.1.3 Anpassen der Unterlagen bei erheblichen Änderungen

Bei Einrichtungen und Maßnahmen für die sichere Ausführung von Wartungs- und In- **769** standsetzungsarbeiten können Mehraufwendungen der Fall sein. Auch hier muss bei Vertragsschluss dies und das Honorar vereinbart werden.

II.1.4 Erstellen der Vorankündigung

Die Vorankündigung und deren Übermittlung kann ebenfalls bei erheblichen Änderun- **770** gen zu Mehraufwand und geänderten Honorar führen, wenn das bei Vertragsschluss berücksichtigt wurde.

II.1.5 Mehrere Koordinatoren

Die Aufgabe des SiGeKo's kann vertraglich an Mehrere vergeben werden. So können **771** bei der Leistungsphase „Planung der Ausführung" und „Ausführung des Bauvorhabens" mehrere Koordinatoren nebeneinander tätig werden. Der Mehraufwand wäre vertraglich bei Vertragsschluss zu regeln.

II.2 Zusatzleistungen, die sich nicht aus der BaustellV ableiten

Weitere Leistungsaufgaben können sich durch die Besonderheit der Baustelle ergeben, **772** aber nicht nach der BaustellV grundsätzlich erforderlich sein. Der AHO hat einige besondere Leistungen aufgelistet, die allerdings nicht umfassend sind. Dabei ist allerdings zu beachten, dass die Leistungen vertraglich zunächst bestimmt werden müssen. Dies bedeutet eine Leistungsbeschreibung und eine Honorarbeschreibung. Das Honorar kann als Pauschale, Stundensatz oder nach prozentualen Abhängigkeiten und Erhöhungen der Grundleistungshonorare festgemacht werden.

II.2.1 Arbeiten für einen Dritten

Nach § 4 BaustellV kann der Bauherr Pflichten im Rahmen der BaustellV an Dritte **773** übertragen. Dies betrifft Entscheidungen, Verantwortungen und Tätigkeiten nach dem ArbSchG. Der SiGeKo kann hier Leistungen ergänzend erbringen und damit zivilrechtliche, arbeitsrechtliche oder öffentlich-rechtliche Verpflichtungen für den Bauherrn wahrnehmen. Dabei muss er die entsprechenden Voraussetzungen mitbringen. Dies betrifft auch verpflichtende Aufgaben nach §§ 2, 3 Abs. 1 S. 1 BaustellV. Die Leistungen sind aufgrund gesonderter Vereinbarung und Honorarvereinbarungen zu erbringen.

II.2.2 Mehrere Entwurfsplanungen

Bei einer frühzeitigen beratenden Tätigkeit des SiGeKo im Rahmen der Vorplanung **774** kann ein erheblicher Beratungsbedarf vor dem Entwurfsstadium erfolgen. Hier sind je nach Planungstiefe erhebliche Vorleistungen zu erbringen. Auch hier kann unter den unter II.2.1 dargestellten Umständen eine Mehrforderung entstehen.

II.2.3 Kostenanalysen

Werden bei verschiedenen Baukonstruktionen verschiedene Ausführungen möglich, so **775** werden auch kostengünstige Varianten zu berücksichtigen sein. Daher sind diese Mehrleistungen im Rahmen des Arbeits- und Gesundheitsschutzes auf Mehrkosten zu untersuchen, da diese die Baukosten betrifft. Zur vertraglichen Seite und Honorarvereinbarung siehe II.2.1.

II.2.4 Vorbereiten und Mitwirken an der Vergabe sicherheitstechnischer Einrichtungen

Bei der Erstellung einer kompletten sicherheitstechnischen Ausschreibung ist dieses als **776** besondere Leistung zu beschreiben mit den Folgen oben zu II.2.1.

II.2.5 Überprüfung von Angeboten in sicherheitstechnisch relevanter Hinsicht

Bei zusätzlichen Angeboten, Nachträgen oder plantechnischen Neuerungen sind die **777** bisherigen sicherheitstechnischen und gesundheitsrelevanten Planungen zu überprüfen. Bei Funktionalausschreibungen sind die üblichen groben Vorstellungen des Bauherrn in die Planung, Ausschreibung und die Angebote umzusetzen und ggfs. zu konkretisieren. Hier müssen die verschiedenen Angebote bei der Wertung ebenfalls überprüft werden. Zur Folge siehe II.2.1.

II.2.6 Teilnahme an Baubesprechungen

778 Die Teilnahme an Baubesprechungen ist durch die Grundleistungsbeschreibung im Vertrag umschrieben. Jedoch werden bei Verpflichtungen auf Großbaustellen und anderen Planungsänderungen usw. die Teilnahme an den Besprechungen notwendig sein. Dies kann auch aufgrund übernommener Pflichten als „Dritter" – siehe II.2.1 – erforderlich sein.

II.2.7 Erstellen des Baustelleneinrichtungsplans

779 Bei der Vorplanung ist ggfs. die Baustelleneinrichtung zu berücksichtigen, wenn es um die Sicherheit der Arbeitnehmer geht. Dies ebenfalls, wenn mehrere Umsetzungen der Baustelleneinrichtungen erfolgen müssen. Auch hier ist Folge II.2.1.

II.2.8 Baustellenordnung

780 Die Aufstellung der Baustellenordnung ist nach der BaustellV nicht erforderlich, aber im Hinblick auf RAB 30 sinnvoll. Diese Option ist als Besondere Leistung zu honorieren; zu II.2.1 s. o.

II.2.9 Beratung von Verkehrssicherungsplanungen

781 Nach § 1 Abs. 1 BaustellV sind die Bauausführungen so zu sichern, dass auch Dritte nicht gefährdet werden. So können aus vertraglichen Pflichten und Umständen Schutzwirkungen zugunsten Dritter erfolgen. Dies kann zu Ersatzansprüchen gegen den Bauherrn oder den Unternehmer durch geschädigte Dritte (Vertragspartner, Passaten, usw.) führen, §§ 823 Abs. 1, 823 Abs. 2 i. V. m. Arbeitsschutz- und Strafvorschriften. Zwar ist der SiGeKo nicht für den Schutz Dritter verantwortlich und muss dies auch nicht bei den Grundleistungen berücksichtigen. Jedoch sollte in Anlehnung an RAB 31 dies erfolgen. Grundsätzlich haftet der Verursacher, also der Bauherr oder der Unternehmer. Jedoch ist die Überleitung auf den SiGeKo möglich und vertraglich zu vereinbaren, mit den besonderen Risiken für den SiGeKo. Die versicherungsrechtliche Absicherung ist hier notwendig. Daher sind im Vertrag die Risiken und Tätigkeiten zu beschreiben und das Honorar festzulegen.

II.2.10 Rettungskonzepte und Fluchtwege

782 Während der Bauphase kann es zu Gefahren kommen, die eine Evakuierung oder eine Rettung erforderlich machen. Diese Leistungen der Erstellung von Plänen und Konzepten ist nicht Gegenstand der Grundleistung, sondern besondere Leistung. Die Leistungen erfolgen häufig im Sanierungsbereich und in Bereichen während der weiteren Benutzung des Bauwerkes, wie Schulen, Fabriken und chemische Anlagen, sowie im Verkehrswegebau. Folgen: siehe II.2.1.

II.2.11 Verkehrslenkungspläne

783 Bei Verkehrsanlagen- und wegebau, sowie bei Arbeiten an Gleisanlagen sind Verkehrslenkungspläne zu erstellen und Sicherheitsvorschriften zu beachten. Folgen: siehe II.2.1.

II.2.12 Straßenverkehrsrechtliche Anordnungen

784 Bei Verkehrswegearbeiten sind auch die Vorschriften zur Sicherung von Arbeitsstellen an Straßen (RSA) zu beachten und Anordnungen und Genehmigungen einzuholen. Im Zuge der Sicherheitsmaßnahme sind dies besondere Leistungen. Das Merkblatt MVAS 99 gibt hier Hinweise zur Ausführung und der Qualifikation der planenden Bearbeiter und des SiGeKo's. Folge: II.2.1.

II.2.13 Sicherheitsfragen

785 Im Rahmen der Absicherungen der Baustelle gegen unbefugtes Betreten oder Benutzung der Baustelle von Dritten und der Abwehr von Schäden am Bau kann der SiGeKo auch mit der Erstellung von Sicherheitskonzepten beauftragt werden. Folgen: II.2.1.

2. Honorar

Die HOAI 2013 hat der Empfehlung der Koordinierungsgruppe zur Aktualisierung der 786
Leistungsbilder im Jahre 2011 folgend, sich gegen die Aufnahme eines eigenen Leistungsbildes in die HOAI in Anlage 1 ausgesprochen. Daher ist das Honorar weiterhin frei auszuhandeln. Das Honorar ist vertraglich zwischen Bauherrn bzw. in besonderen vereinzelten Fällen mit dem Unternehmer und dem SiGeKo zu vereinbaren. Dabei gilt bereits aus Darlegungs- und Beweislastgründen die schriftliche Vereinbarung. Mündliche Vereinbarungen sind ebenfalls rechtsgültig. Sie haben den Nachteil der Nichterweislichkeit. Dabei handelt es sich nicht um Besondere Leistungen im Sinne der HOAI oder solche, die außerhalb der HOAI stehen (dafür OLG Celle, BauR 2004, 1649; Quack, BauR 2002, 541; Porz, BauR 2002, 1180). Nach Einführung der 6. Veränderungsverordnung der HOAI handelt es sich um einen nach dem unverbindlichen Anhang (Anlage 2) zu beurteilenden Bereich, der nicht mehr dem preisrechtlichen Regelungsbereich der HOAI unterliegt, sondern ausschließlich deren Honorierung über § 632 BGB im reinen vertraglichen Sinne zu erfolgen hat (anderer Ansicht noch: Wingsch, BauR 2001, 314). Grundsätzlich ist danach das Honorar für die Leistung des SiGeKo frei vereinbar und richtet sich nicht nach Grundsätzen der HOAI (OLG Celle, BauR 2004, 1649 (Entscheidung im Rahmen der Frage nach Prozesskostenhilfe und der Frage zur Vergütung bei 0,4% der Nettobausumme; Meyer, BauR 2006, 597, 602; Thode/Kuffer/ Wirth-Budde, Praxishandbuch Architektenrecht, § 23, Rn. 46). Allerdings ist die Frage des „angemessenen Honorars" sowohl bei dienst- als auch werkvertraglichen Vereinbarungen (§§ 612 Abs. 2, 632 Abs. 2 BGB) an deren Einordnung zu messen (offengelassen von OLG Celle, NZBau 2005, 529; wohl grundsätzlich als Dienstvertrag: Locher/Koeble/Frik, Einleitung, Rn. 397). Dienstvertragliche Tätigkeiten wird man bei reinen Beratungsleistungen oder Überwachungstätigkeiten annehmen müssen. Die Erstellung und Überwachung der SiGe-Pläne und fortlaufende Anpassung ist dagegen eine erfolgsbezogenen Tätigkeit. Die Einhaltung einer besonderen Form für den Vertrag ist nicht vorgeschrieben und sie kann damit sowohl schriftlich als auch mündlich getroffen werden. Ebenso ist es möglich, ein Pauschalhonorar oder ein Zeithonorar oder eine Kombination daraus zu vereinbaren. Hat der SiGeKo die Leistungen erbracht ohne eine Vereinbarung zu treffen, so steht ihm die übliche Vergütung gemäß § 632 Abs. 2 BGB bzw. § 612 Abs. 2 BGB abhängig von den erbrachten Leistungen und deren Inhalt zu. Wird die Leistung der Sicherheits- und Gesundheitsschutzkoordination im Zusammenhang mit Leistungen der Objektplanung und/oder der Objektüberwachung erbracht, kann eine koordinierte Beauftragung vereinbart werden. Wird die Leistung der Sicherheits- und Gesundheitsschutzkoordination nicht im Zusammenhang mit Leistungen der Objektplanung und/oder der Objektüberwachung erbracht, sollte eine getrennte Beauftragung vereinbart werden. Als anrechenbare Kosten können die Kostengruppen 300 und 400 nach DIN 276 Fassung 12/2008 verwandt werden. Diese Gestaltung geht auf Vorschläge der Architektenkammer Nordrhein-Westfalen zurück und stellt nichts anderes als eine Einordnung in § 632 Abs. 2 BGB dar. Die AHO geht hier von den Gruppen 200 bis 500 aus, was im Rahmen der umfassenden Aufgabenstellung des SiGeKo und der Überwachung des gesamten Baugeschehens angemessener ist. Für die Ermittlung eines angemessenen Honorars gemäß § 632 Abs. 2 BGB sind verschiedene Modelle entwickelt worden, wobei ein Anhaltspunkt sein kann, dass ein Honorar von ca. 0,4 bis 0,6% der Nettobausumme als angemessen erscheinen kann (OLG Celle, BauR 2004, 1649). Da allerdings die Gefährdungszone im Verhältnis zu höheren Baukosten einen unterschiedlich auslösenden Faktor darstellt, können derzeit nachfolgende Praxisempfehlungen als Leitlinie für die Ermittlung des angemessenen Honorars gemäß § 632 Abs. 2 BGB angesehen werden.

Nach der Empfehlung der Architektenkammer Nordrhein-Westfalen wird das Leistungs- 787
bild nach **Planungs-** und **Ausführungsphase** unterschieden und dem entsprechend eine jeweilige Honorierung. Ausgegangen wird von den anrechenbaren Kosten der Kostengruppen 300 und 400 nach DIN 276 Fassung 12/2008. In Spalte 2 der Übersicht wird nach Planungsphase und Ausführungsphase unterschieden. In Spalte 3 ergibt dieses bei einer üblichen Neubaumaßnahme im Hochbau bei einer kombinierten Beauftragung mit Leistungen der Objektplanung und/oder der Objektüberwachung einen sich daraus ergebenden,

aus der Tabelle ablesbaren Wert sowie in der Spalte 4 bei getrennten Beauftragungen, also Leistungen nicht im Zusammenhang mit Leistungen der Objektplanung und/oder der Objektüberwachung einen aus der Tabelle lesbaren weiteren Wert. Negativ ist, dass sie für andere Bauvorhaben als Neubauvorhaben im Hochbau nicht verwendbar ist. Für Erschwernisse kann ein Zuschlag bis zu 30 % vereinbart werden oder individuelle Vereinbarungen erfolgen. Diese Erschwernisse können sich aus der Komplexität der Bauaufgabe, aus dem Gefährdungspotential des Projekts, aus der Bauzeit oder den Baubestandsmaßnahmen ergeben. Es handelt sich um Nettobeträge. Die Erstattung von Nebenkosten ist dazuzurechnen.

788 Der **Ausschuss der Verbände und Kammern der Ingenieure und Architekten für die Honorarordnung e. V. (AHO)** hat zusammen mit dem Verband der beratenden Ingenieure (VBI) eine Arbeitsgruppe SiGeKo benannt, die bereits im Jahre 2001 die in Heft 15 der AHO-Schriftenreihe eine „Praxishilfe zur Honorarermittlungen für Leistungen nach der Baustellenverordnung" herausgegeben hat. Im Gegensatz zur Übersicht der Architektenkammer Nordrhein-Westfalen beruhen die Zahlen auf Erhebungen in allen Bundesländern. Die Übersicht liegt nunmehr in der Ausgabe 2011 vor. Bei richtiger Lesart können je nach Einfluss der Baukosten im Verhältnis zu den Grundhonoraren bei mittlerem Gefährdungspotential 4,2 % bis 0,28 % der anrechenbaren Kosten möglich sein. Aber auch dieses sind eher Näherungswerte, die im Rahmen des § 632 Abs. 2 BGB noch der Konkretisierung bedürfen. Folgt man diesem Vorschlag ist zu beachten, dass seit Juni 2011 eine Kombination aus Kostenermittlung in Abhängigkeit der erbrachten Leistungsphase empfohlen wird und zur Berechnungsgrundlage gemacht wird. Danach sind „Leistungen während der Planung und Ausführung" und „Leistungen während der Ausführung" zu trennen und nach dem jeweiligen Baufortschritt ins Verhältnis zu setzen. Dabei werden für Planung und Ausführung die anrechenbaren Kosten auf der Grundlage der DIN 276 Teil 1 Fassung 2008/12 bei Architektenleistungen und DIN 276 Teil 4 Fassung 2009/8 im Rahmen der Submissionsergebnisse ohne Umsatzsteuer angesetzt. Je weiter das Bauvorhaben schreitet, desdo mehr Gewerke und anrechenbare Kosten sind hinzuzuaddieren. Bei der Ausführung werden nur die Kostenfeststellungsergebnisse Grundlage der Honorarabrechnung/-berechnung. Bei Planungen werden bei Vertragsschluss die zugrundeliegenden Kostenschätzungen bzw. die Kostenberechnung Grundlage.

789 Folgt man diesem Vorschlag, so ist zur Berechnung des zeitlichen Berechnungsmodus eine Honorarberechnungsformel zu entwickeln, denn die Abhängigkeit des Aufwandes ist bei Planungen erhöht, während sie bei der Vergabe sinkt und bei der Ausführung – terminsabhängig – ganz erheblich ansteigen kann. Die AHO hat die Formel entwickelt:

$$\text{Honorar}_{\text{gesamt}} = \text{Honorar}_{\text{Planung}} + \text{Honorar}_{\text{Ausführung}}$$

$$\text{Honorar gesamt} = 4{,}045 \times AK^{0{,}4282} + (460 + 0{,}001 \times AK/BZ)) \times BZ$$

AK: anrechenbare Baukosten

BZ: Bauzeit oder Planungszeit während dessen die Koordination stattfindet in Monaten

790 Danach ergibt sich folgende Honorartabelle für Grundleistungen (Quelle: AHO Band 15, Seite 22):

	Bauzeit (Monate)	Bauzeit (Monate)	Bauzeit (Monate)	Bauzeit (Monate)	Bauzeit (Monate)	Bauzeit (Monate)	Bauzeit (Monate)	Bauzeit (Monate)
	3	**6**	**9**	**12**	**18**	**24**	**36**	**48**
50.000 €	1.849 €	3.229 €	4.609 €	5.989 €	8.749 €	11.509 €	17.029 €	22.549 €
100.000 €	2.045 €	3.425 €	4.805 €	6.185 €	8.945 €	11.705 €	17.225 €	22.745 €
200.000 €	2.341 €	3.721 €	5.101 €	6.481 €	9.241 €	12.001 €	17.521 €	23.041 €
300.000 €	2.586 €	3.966 €	5.346 €	6.726 €	9.486 €	12.246 €	17.766 €	23.286 €
400.000 €	2.806 €	4.186 €	5.566 €	6.946 €	9.706 €	12.466 €	17.986 €	23.506 €
500.000 €	3.009 €	4.389 €	5.769 €	7.149 €	9.909 €	12.669 €	18.189 €	23.709 €
600.000 €	3.201 €	4.581 €	5.961 €	7.341 €	10.101 €	12.861 €	18.381 €	23.901 €
700.000 €	3.385 €	4.765 €	6.145 €	7.525 €	10.285 €	13.045 €	18.565 €	24.085 €

	Bauzeit (Monate)	Bauzeit (Monate)	Bauzeit (Monate)	Bauzeit (Monate)	Bauzeit (Monate)	Bauzeit (Monate)	Bauzeit (Monate)	Bauzeit (Monate)
	3	6	9	12	18	24	36	48
800.000 €	3.562 €	4.942 €	6.322 €	7.702 €	10.462 €	13.222 €	18.742 €	24.262 €
900.000 €	3.733 €	5.113 €	6.493 €	7.873 €	10.633 €	13.393 €	18.913 €	24.433 €
1.000.000 €	3.901 €	5.281 €	6.661 €	8.041 €	10.801 €	13.561 €	19.081 €	24.601 €
1.500.000 €	4.690 €	6.070 €	7.450 €	8.830 €	11.590 €	14.350 €	19.870 €	25.390 €
2.000.000 €	5.429 €	6.809 €	8.189 €	9.569 €	12.329 €	15.089 €	20.609 €	26.129 €
2.500.000 €	6.135 €	7.515 €	8.895 €	10.275 €	13.035 €	15.795 €	21.315 €	26.835 €
3.000.000 €	6.819 €	8.199 €	9.579 €	10.959 €	13.719 €	16.479 €	21.999 €	27.519 €
4.000.000 €	8.140 €	9.520 €	10.900 €	12.280 €	15.040 €	17.800 €	23.320 €	28.840 €
5.000.000 €	9.418 €	10.798 €	12.178 €	13.558 €	16.318 €	19.078 €	24.598 €	30.118 €
6.000.000 €	10.666 €	12.046 €	13.426 €	14.806 €	17.566 €	20.326 €	25.846 €	31.366 €
7.000.000 €	11.891 €	13.271 €	14.651 €	16.031 €	18.791 €	21.551 €	27.071 €	32.591 €
8.000.000 €	13.099 €	14.479 €	15.859 €	17.239 €	19.999 €	22.759 €	28.279 €	33.799 €
9.000.000 €	14.292 €	15.672 €	17.052 €	18.432 €	21.192 €	23.952 €	29.472 €	34.992 €
10.000.000 €	15.473 €	16.853 €	18.233 €	19.613 €	22.373 €	25.133 €	30.653 €	36.173 €

Quelle: AHO-Schriftenreihe Heft Nr. 15, Seite 22.

Aufgrund der nach der **Erhöhung** der Honoraransätze von durchschnittlich 10% bis 12% in der HOAI 2013 bei § 35 Abs. 1 – Honorartabelle –, ist eine gleiche Erhöhung der vorstehenden Beträge der Honorartabelle denkbar. Eine aktuell angepasste Honorartabelle (bis 4–2014) liegt bisher durch den Ausschuss der AHO nicht vor.

Auch der Vorschlag der Vereinigung der Koordinatoren für Sicherheits- und Gesundheitsschutz (BVKSG e. V.) orientiert sich an den anrechenbaren Kosten. Die Vorschläge sind heute nicht mehr aktuell, ähneln aber dem Prinzip des Vorschlages der AHO.

Weitere Vorschläge basieren auf reinen Honorarabrechnungen nach Stundensätzen bzw. **791** in die Aufteilung 3 Bearbeitungsphasen, nämlich der Planung, Ausführung und der Vorbereitung der Nutzung. Auf der Grundlage der anrechenbaren Kosten nach DIN 276 soll sich ein Honorarrahmen zwischen 0,5 bis 1,4% im Rahmen des Angemessenen bei Neubauvorhaben im Hochbau halten. Das BMVBS hat mit Erlass vom 24.2.2010 Az. B 10–8111.1/0 ein neues Vertragsmuster – Sicherheits- und Gesundheitsschutzkoordination – SiGeKo eingeführt. Dies ist verbindlich bei Vergaben der öffentlichen Auftraggeber. Dabei wird die Erbringung der Leistung in 3 Leistungsstufen gegliedert, nämlich die Leistung während der Planung der Ausführung als Leistungsstufe 1, die Leistung während der Ausführung des Bauvorhabens Leistungsstufe 2 und die Unterlagen für die späteren Arbeiten Leistungsstufe 3. Hinsichtlich der Honorarermittlung wird empfohlen bzw. verbindlich geregelt, dass die Leistungen zur Leistungsstufe 1 zu pauschalen Festpreisen erfolgen. Die Leistungsstufe 2 wird außer Baustellenbegehung ebenfalls pauschal zu Festpreisen sowie die Baustellenbegehung in der Leistungsstufe 2 nach 4 Leistungsphasen a) bis d) in zeitlich terminierten Wochen und Tagen berechnet und vereinbart. Dabei wird ein Pauschalfestpreis pro Woche für Tage und Wochen netto vereinbart. Die Leistungen der Leistungsstufe 3 werden ebenfalls zum pauschalen Festpreis netto vereinbart. Die Festpreise sind unabhängig von notwendigen Mehr- oder Mindermengen und zeitlicher Verschiebung der Leistungserbringung und des Leistungsumfangs und Zeitraums. Die Vergütung gilt ergänzend zu der nachgewiesenen Anzahl der Wochen der turnusmäßig durchgeführten Begehung. Ergänzende Leistungen, die keine besonderen Leistungen sind, das Fortschreiben des Sicherheits- und Gesundheitsplanes kann bei wesentlichen Programmänderungen in Verbindung mit einer entsprechenden Änderung der Planung, soweit diese für das Sicherheitskonzept relevant ist und zu einer maßgeblichen Änderung der Unterlagen gemäß § 3 Abs. 2 der BaustellV führt, nochmals eine weitere Vereinbarung für den nachweislich dann zusätzlich erforderlichen Mehraufwand getroffen werden.

Bei weiteren Leistungen, die über die vereinbarten Leistungen hinausgehen und zur Erreichung der Ziel- und Aufgabenstellung notwendig sind und die im Verhältnis zu den beauftragten Leistungen einen nicht unwesentlichen Arbeits- und Zeitaufwand erfordern, erhält der SiGeKo unter Zugrundelegung von vertraglich vereinbarten Stundensätzen ein zusätzliches Honorar im Rahmen der Vorausschätzung des Zeitaufwandes (§ 650 BGB). Nebenkosten können gemäß § 14 HOAI vereinbart werden.

3. Honorare bei Besonderen Leistungen

792 Soweit eine Vereinbarung bei Vertragsschluss nicht möglich ist, wird man auf die Stundensatzvereinbarung zurückgreifen müssen (Berechnung im konkreten Fall jeweils hierzu: Enseleit/Reimers, 2009, Ermittlung des Monats-/Stundensatzes auf Basis des AHO-Bürokostenvergleichs 2008/2011; auch http://www.aho.de/hoai/weg3.php3). Dabei kann die Methode über Stundenverrechnungssätze und über die Mitarbeiterverrechnungssätze angewandt werden.

Nebenkosten sind analog § 14 HOAI auf Nachweis, oder als Pauschale oder als Mischvereinbarung daraus schriftlich vereinbar.

4. Honorarberechnung nach Kündigung oder teilweiser Leistungserbringung

793 Das Honorar des SiGeKo im Falle der Kündigung oder teilweiser Leistungserbringung ist im Rahmen der §§ 612 Abs. 2, 632 Abs. 2 BGB „angemessen" zu berechnen. In Fortführung der nicht anwendbaren Regeln der HOAI und der Berechnung diesen Fällen (z. B. Steinfort-Liste, Siemon-Liste, usw.) wird man nicht umhinkommen für den Nachweis des bis zur Kündigungserklärung maßgeblichen Zeitpunkt nachweisbaren Leistungsumfang neben einer Dokumentation auch im Rahmen der oben aufgeführten üblichen Grundleistungsleistungspflichten (nach den Vorgaben der AHO) in Punktebewertungen einfließen zu lassen. Die Anwendung im Bereich der **Besonderen Leistungen** ist allerdings **nicht** in diesem Prinzip aufzuführen, weil die Parteien gerade hier eine Gewichtung durch eine vertraglich festgelegte Tätigkeit in Abhängigkeit mit dem Honorar bereits bei Vertragsschluss getroffen haben.

794 Die Einteilung der einzelnen Teilleistungen der Grundleistungen kann analog der HOAI gedanklich angesetzt werden und ist im Rahmen der privatautonomen Vereinbarung des Honorars auch vor dem Hintergrund des Ansatzes der anrechenbaren Kosten gerechtfertigt. Es kann daher nachfolgender Maßstab empfohlen werden:

I. Grundleistungen

I.1. Grundleistungen während der Planung der Ausführung

	Gesamt 100%	Beauftragung nur I.1.	Beauftragung mit I.2.
I.1.1. Koordinieren		30%	15%
I.1.2. Ausarbeiten		40%	20%
I.1.3. Zusammenstellen		15%	7,5%
I.1.4. Vorankündigung		15%	7,5%
I.2.1. Mitwirken			2,5%
I.2.2. Bekanntmachen			2,5%
I.2.3. Koordinieren			2,5%
I.2.4. Hinwirken auf Einhaltung			2,5%
I.2.5. Fortschreiben			15%
I.2.6. Zusammenwirken			2,5%
I.2.7. Arbeitsverfahren			2,5%
I.2.8. Sicherheitsbegehungen			10%
I.2.9. Überprüfung, Zustand			5%
I.2.10. Dokumentation			5%

Die Übersicht stellt eine Näherung an Tätigkeitsgewichtungen dar und ist nicht ab- **795** schließend. Durch vertraglich festgelegte Tätigkeiten können andere Gewichtungen notwendig werden und angesetzt werden. Wird in seltenen Fällen nur die Grundleistung während der Ausführung beauftragt, so sind die dortigen **Werte jeweils zu verdoppeln,** wenn keine anderen vertraglichen Schwerpunkte der jeweiligen Teilleistungen gebildet werden bzw. vereinbart werden.

Eine Aufnahme von Teilleistungen und Angaben der Schwerpunkte und prozentualen Ansätze empfiehlt sich wie bei der Vereinbarung nach HOAI-Verträgen.

5. Haftungsfragen

Die Einordnung der Leistungen des SiGeKo als Dienstvertrag ist nicht unproblematisch **796** (so aber Locher/Koeble/Frik, Einleitung, Rn 397). Wird der SiGeKo mit allen 3 Leistungsphasen beauftragt, schuldet er einen Werkerfolg, da der Bauherr die Funktionsfähigkeit der Planung und Ausarbeitung der Pläne, Übersichten sowie Einwirken auf Vergaben und Vertragsbestandteile sowie das gesamte Überwachen der Baustelle auf Einhaltung mit gesetzlichen Vorschriften des Arbeitsschutzes, insbesondere auch durch Dokumentation als primäres Leistungsziel ansieht. Bei Qualifizierung lediglich einzelner Leistungspflichten oder der Teilleistungen 1, 2 und 3 dürfte dagegen ein **Dienstvertrag** vorliegen. Hier kommt die Haftung auf Schadensersatz wegen Pflichtverletzung gemäß §§ 241, 280, 281 BGB in Frage. In seltenen Fällen auch § 823 Abs. 1 bzw. § 823 Abs. 2 BGB in Verbindung mit strafrechtlichen Vorschriften wie §§ 223 ff. StGB, § 7 Abs. 2 BaustellV. Die Ansprüche verjähren in 3 Jahren, §§ 195, 199 BGB. Sicherungs- bzw. Verkehrssicherungspflichten können aus der übernommenen Tätigkeit des SiGeKo erwachsen, insbesondere wenn er mit sämtlichen Leistungen aus der Baustellenverordnung beauftragt wurde. Hier kommt ein Direktanspruch über § 823 Abs. 2 BGB in Verbindung mit § 7 Abs. 2 BaustellV oder §§ 223 ff. StGB in Betracht.

Eine Schutzwirkung zugunsten der Arbeitnehmer, die sich üblicherweise und berechtigt auf der Baustelle aufhalten (**Vertrag zur Schutzwirkung Dritter aus dem SiGeKo-Vertrag;** OLG Celle, BauR 2006, 133) kann bestehen. Danach ergibt sich die vertragliche Nebenpflicht des Unternehmers hinsichtlich der körperlichen Unversehrtheit des Bestellers und auch seiner eigenen Mitarbeiter aus dem Werkvertrag mit dem Besteller einerseits und dem Arbeitsvertrag andererseits. Daher kann sich ein Unternehmer nicht von der Verkehrssicherungspflicht auf der Baustelle dadurch befreien, daß er einen Vertrag mit einem SiGeKo direkt schließt. Denn ein Verschulden des SiGeKo wird dem Auftragnehmer nach § 278 BGB zugerechnet. Der Auftragnehmer haftet nicht nur dafür, dass er den SiGeKo ordnungsgemäß auswählt und kontrolliert. Der Vertrag zwischen dem Auftragnehmer und dem SiGeKo ist ein Vertrag mit Schutzwirkung zu Gunsten **aller** Personen, die sich berechtigterweise auf der Baustelle aufhalten. Der SiGeKo haftet gegenüber diesen Personen unmittelbar, wenn es zu einem Baustellenunfall kommt (§ 311 Abs. 3 S. 2 BGB i. V. m. § 4 BaustellV). Die Aufstellung eines Sicherheits- und Gesundheitsplans durch den Bauherrn/Auftraggeber bzw. durch ein vom ihm damit beauftragtes Unternehmen begründet **keine** vertraglichen Ansprüche eines Mitarbeiters eines am Bau tätig gewordenen Unternehmers unter dem Gesichtspunkt des **Vertrages zugunsten Dritter** (OLG Hamm, Urt. v. 9.11.2012 – 9 U 7/11).

Für eine Baustelle, auf der mehrere Unternehmen anwesend sein werden, muss immer **797** ein Sicherheits- und Gesundheitskoordinator beauftragt werden, ohne das es darauf ankommt, ob für die Arbeiten eine Baugenehmigung erforderlich ist oder ob die Baustelle mit besonderen Gefahren verbunden ist (EuGH, BauR 2010, 2164 – Rs. C-224/09).

Ausführlich zu Haftungsfragen in den verschiedenen denkbaren Vertragsbeziehungen und Umfang der Haftungsbeschränkung und Haftungsausschlussvereinbarungen: Thode/Kuffer/Wirth-Hebel, Handbuch des Architektenrechts, § 17, Rn. 34 ff.

XI. Projektsteuerungsvertrag und Projektmanagement

1. Die Aufgabe der Projektsteuerung

a) Projektsteuerung, Begriff und Vertragstypus

798   Mit der Regelung der Honorierung der Projektsteuerung in § 31 HOAI a. F. hatte der Verordnungsgeber einen Bereich in die HOAI aufgenommen, der zwar von Architekten und Ingenieuren regelmäßig erbracht wird, dem Grunde nach aber zu den Aufgaben des Bauherrn gehört. Der Leistungsumfang wurde grundsätzlich mit acht Teilleistungen beschrieben. Nach überwiegender Ansicht insbesondere des DVP/AHO e. V. wird heute von fünf Teilleistungen eines Projektsteuerers ausgegangen, nämlich von

1. Projektvorbereitung
2. Planung
3. Ausführungsvorbereitung
4. Ausführung
5. Projektabschluss.

799   Zu betonen ist allerdings, dass dieses keine Teilleistungsanordnungen oder -pflichten, die wie selbstverständlich bei einem Projektsteuerungsvertrag zu erbringen sind. Es handelt sich vielmehr um Empfehlungen des DVP/AHO e. V. bei Projektsteuerungsverträgen sich an diesen Leistungsempfehlungen zu orientieren. Die Leistungspflicht ist Sache der vertraglichen Vereinbarung der Parteien untereinander und der Vertragsgestaltung. Eine Honorarregelung war in dem § 31 a. F. vorgesehen und zwingend. Nach Herausnahme einer vergleichbaren Regelung aus der HOAI 2009 ist die **schriftliche Vereinbarung bei Auftragserteilung nicht mehr Anspruchsvoraussetzung, sondern lediglich Darlegungs- und Substantiierungsempfehlung.** Eine freie Honorarvereinbarung ist die notwendige Folge.

800   In der amtlichen Begründung zur ersten Fassung von 1977 (BR-Drucks. 270/76, S. 39) sind die Erwägungen für die Einführung einer Honorarregelung für Leistungen, die § 31 a. F. mit „Projektsteuerung" bezeichnet, so ausführlich dargelegt, dass sich die vollständige Wiedergabe des ersten Abschnitts der Begründung zu § 31 a. F. anbietet:

*„Mit steigendem Bauvolumen wachsen die Anforderungen an den Auftraggeber, seine Vorstellungen von der Bauaufgabe in die Praxis umzusetzen, wobei er die Geschehensabläufe in technischer, rechtlicher und wirtschaftlicher Hinsicht zu koordinieren, zu steuern und zu überwachen hat. Diese Tätigkeiten sind originäre Aufgaben des Auftraggebers und von den Leistungen des Architekten und Ingenieurs zu trennen. Infolge der zunehmenden Kompliziertheit der Geschehensabläufe, insbesondere durch Einschaltung von anderen an der Planung fachlich Beteiligten, sind Auftraggeber ab einer bestimmten Größenordnung des Projektes nicht immer in der Lage, sämtliche Steuerungsleistungen selbst zu übernehmen. In der Praxis werden in diesen Fällen Aufträge für Leistungen bei der Projektsteuerung erteilt. Die Aufträge umfassen insbesondere **Beratungs-, Koordinations- und Kontrollleistungen.** Es erscheint zweckmäßig, diese Entwicklung zu berücksichtigen und für Leistungen der Projektsteuerung auch Honorarregelungen zu treffen. Da keine repräsentativen Untersuchungen für eine angemessene Honorierung vorliegen, beschränkt sich die Verordnung darauf, die Leistungen der Projektsteuerung zu umschreiben und hinsichtlich der Honorierung die freie Vereinbarung zuzulassen. So wird die weitere Diskussion über die Honorierung von Leistungen der Projektsteuerung offengehalten."*

801   Der § 31 HOAI a. F. lautete:

§ 31 Projektsteuerung

(1) Leistungen der Projektsteuerung werden von Auftragnehmern erbracht, wenn sie Funktionen des Auftraggebers bei der Steuerung von Projekten mit mehreren Fachbereichen übernehmen. Hierzu gehören insbesondere:

1. Klärung der Aufgabenstellung, Erstellung und Koordinierung des Programms für das Gesamtprojekt,
2. Klärung der Voraussetzungen für den Einsatz von Planern und anderen an der Planung fachlich Beteiligten (Projektbeteiligte),
3. Aufstellung und Überwachung von Organisations-, Termin- und Zahlungsplänen, bezogen auf Projekt und Projektbeteiligte,
4. Koordinierung und Kontrolle der Projektbeteiligten, mit Ausnahme der ausführenden Firmen,

5. Vorbereitung und Betreuung der Beteiligten von Planungsbetroffenen,

6. Fortschreibung der Planungsziele und Klärung von Zielkonflikten,

7. laufende Information des Auftraggebers über die Projektabwicklung und rechtzeitiges Herbeiführen von Entscheidungen des Auftraggebers,

8. Koordinierung und Kontrolle der Bearbeitung von Finanzierungs-, Förderungs- und Genehmigungsverfahren.

(2) Honorare für Leistungen bei der Projektsteuerung dürfen nur berechnet werden, wenn sie bei Auftragserteilung schriftlich vereinbart worden sind; sie können frei vereinbart werden.

Mochte es zum Zeitpunkt des Inkrafttretens der HOAI noch streitig sein, ob dem Projektsteuerer neben dem Architekten eine fachliche Betätigung zukommt, so hat sich die Projektsteuerung nun als selbständiger technisch-wirtschaftlicher Leistungsbereich (Eschenbruch, Recht der Projektsteuerung, Rn. 2) etabliert.

In der Betriebswirtschaftslehre werden mit Projektsteuerung **alle leitenden orga-** 802 **nisatorischen Maßnahmen,** so auch und vor allen Dingen die Koordination und die Kontrolle der Beteiligten, bezogen auf ein einzelnes Projekt, nicht also für den Gesamtbetrieb, verstanden. Im Sinne des § 31 a. F. sind mit Projektsteuerung vornehmlich Leistungen zur Ermittlung von Planungsvorgaben sowie zur Koordinierung und Kontrolle von Leistungen der Projektbeteiligten für ein Gesamtprojekt gemeint, die originäre Aufgaben des Bauherrn sind und zu dessen Entlastung einem externen Auftragnehmer übertragen werden. Dieser muss auch nicht unbedingt mit anderen Leistungen der Objektplanung und/oder Tragwerksplanung beauftragt werden. Insofern ist die Einordnung der Projektsteuerung bei der DIN 276 in der Fassung vom Juni 1993 in die Kostengruppe 712 als **Bauherrnaufgabe** (Kostengruppe 710) zu sehen, im Gegensatz zu den Architekten- und Ingenieurleistungen der Kostengruppe 730 (DIN 276/06.93 Abschnitt 4.3). Gleichwohl ist eine solche Trennung insofern nicht unproblematisch, als auch der Architekt Sachwalter des Bauherrn ist. Diese begriffliche Abgrenzung, wenn auch juristisch unglücklich, hilft aber bei der getrennten Betrachtung der jeweiligen Aufgabenbereiche. Denn in jedem Fall ist der Aufgabenbereich des Projektsteuerers dem Auftraggeber deutlich näher, als der des Architekten, der seine Auftragsvorgaben vom Projektsteuerer, als Vertreter des Bauherrn, erhält und von diesem auch überwacht wird. Insofern unterscheiden sich beide Aufgabenbereiche allgemein auch durch eine unterschiedliche Bevollmächtigung. Die Vollmacht des Projektsteuerers wird dabei regelmäßig über die originäre Vollmacht des Architekten hinausgehen. Im Gegensatz zur Vollmacht des Architekten, werden dem Projektsteuerer im Regelfall auch weitergehende Rechte zur Steuerung und damit zum direkten Eingriff in Entscheidungsprozesse des Auftraggebers zustehen. Inhaltlich müssen aber ähnliche Vertragsverhältnisse, wie insbesondere die des Architekten, des Ingenieurs, des Projektsteuerers, des Baucontrollers, des Baubetreuers, des Projektmanagers voneinander abgegrenzt werden, was in der Praxis aber vielfach nicht gelingt und insofern vielfach sich überschneidende Tätigkeitsbereiche übertragen werden.

Da mit der Übertragung der Projektsteuerung auch Koordinierungen und Kontrollen 803 anderer Projektbeteiligter verbunden sind, empfiehlt es sich jedoch, gerade nicht mit der Objekt- oder Tragwerksplanung des gleichen Objekts Beauftragte auch noch mit der Projektsteuerung zu betrauen, wenngleich die gleichzeitige Beauftragung mit der Objektplanung und der Projektsteuerung nicht ausgeschlossen ist (Jochem, in 4. Aufl., § 31 Rn. 1). Andernfalls müsste sich der Projektbeteiligte in seinem eigenen Planungsbereich selbst überwachen, was praktisch nicht funktionieren wird. Folglich ist eine **Doppelbeauftragung** eines Auftragnehmers bei der er **sowohl als Architekten als auch als Projektsteuerer** tätig wird **grundsätzlich abzulehnen.** Gleiches gilt auch für Fachplaner.

Die **DIN 276-1:2008-12** regelt nunmehr verbindlich bei der Berechnung der anre- 804 chenbaren Kosten in **Kostengruppe 713** die Projektsteuerung als Kosten des Bauwerkes auf Seiten der **Bauherrenaufgaben.** Das ist zwar keine vertraglich rechtliche Verbindlichkeit, jedoch ein Hinweis darauf, welche Aufgaben der Bauherr wahrzunehmen hat. Dort heißt es:

„Kosten für Projektsteuerungsleistungen sowie für andere Leistungen, die sich mit der übergeordneten Steuerung und Kontrolle von Projektorganisation, Terminen, Kosten, Qualitäten und Quantitäten befassen."

805   **Abgrenzungen zur Objektplanung** können ebenfalls auf Schwierigkeiten deshalb stoßen, weil eine Reihe von Koordinierungsaufgaben wie das Abstimmen mit anderen an der Planung fachlich Beteiligten, Kostenkontrollen, Verhandlungen mit Behörden u. a. zu den Grundleistungen und Termin- und Ablaufpläne und selbst „fachliche und organisatorische Unterstützung des Bauherrn im Widerspruchsverfahren, Klageverfahren oder ähnliches" (z. B. Leistungsphase 4 des § 34 Abs. 4 i. V.m. Anllage 10.1) bereits zu den Besonderen Leistungen zählen. Auch im Bereich von Leistungen bestehen Überschneidungen. So wird die „Klärung der Aufgabenstellung" ebenso benannt, wie nach Anhang 10.1 zu Leistungsphase 1. Anhand dieses Beispiels zeigt sich bereits, dass eine Abgrenzung der Leistung des Projektsteuerers zur gleichlautenden Leistung bei der Objektplanung am jeweilige Inhalt der Aufgabe bestimmt werden muss. Insofern müssen beide ihre jeweils eigene Aufgabe klären, die sich inhaltlich unterscheidet. Dagegen ist eine rein begriffliche Abgrenzung vielfach nicht möglich. Bezüglich der Kontroll- und Koordinierungsleistungen kann zur Abgrenzung nur in jedem Einzelfall die Beantwortung der Frage weiterhelfen, ob und inwieweit diese nur zur Verwirklichung der eigentlichen (Objekt-)Planungsaufgabe zählen und in diesem Zusammenhang zur Erfüllung der Aufgaben des Auftragnehmers erforderlich sind oder ob sie übergeordnete Aufgaben des Auftraggebers darstellen, die dann dem Leistungsbild der Projektsteuerung unterfallen (siehe auch Saerbeck, FS Jochem, S. 271; Eschenbruch, FS Jochem, S. 355). Keinen Zweifel kann es aber darüber geben, dass es sich um Architektenleistungen handelt, wenn Planungsleistungen (dazu gehören auch Kostenermittlungen) ausgearbeitet werden. Es kommt dabei nicht darauf an, ob diese Leistungen von einem Architekten oder einem Projektsteuerer erbracht werden, sondern allein auf den **Leistungsinhalt.** Denn dem Wesen nach sind Tätigkeiten bei einer Ermittlung oder planerischen Ausarbeitung für ein Objekt eindeutig Architekten- bzw. Ingenieurleistungen, für die auch einem Projektsteuerer ein Grundleistungshonorar zusteht, soweit solche Leistungen zu seinem Vertragsgegenstand gehören. Bezogen auf die Leistungsinhalte der Projektbeteiligten muss aber ein **interaktives Zusammenwirken von Projektsteuerer und Architekt bzw. Fachplaner** gesehen werden. Dabei werden durch den Projektsteuerer Ziele vorgegeben, die durch die Leistungen der Objektbeteiligten planerisch umzusetzen sind. Die planerische Einhaltung der vorgegebenen Ziele hat schließlich wiederum der Projektsteuerer zu überwachen und gegebenenfalls steuernd einzugreifen. Erbringt der Projektsteuerer, abweichend von diesem Prinzip, selbst Planungsleistungen in der Bauplanung oder Kostenplanung, setzt er also selbst auftraggeberseitige Vorgaben im Bereich der so genannten Objekt- oder Fachplanung planerisch um, erbringt er **Grundleistungen** aus dem jeweiligen Leistungsbild der **HOAI.**

806   Zur jetzt nicht mehr gültigen und im Übrigen nicht in die neue Fassung der HOAI 2009 übernommenen Regelung des § 31 a. F. oder anderen Regelungen muss die Entscheidung des BGH berücksichtigt werden. Insofern hatte der BGH entschieden, dass zumindest Abs. 2 1. Halbsatz nicht von der gesetzlichen Ermächtigungsgrundlage in Art. 10 §§ 1, 2 MRVG gedeckt ist und folglich mangels Ermächtigung nichtig ist. Der BGH hat dabei festgestellt, dass § 31 a. F. keine Preisregelung enthält, sondern nur wiedergibt, was allgemein nach dem BGB gilt. Demnach können die Honorare aber für Werk- und Dienstleistungen, nach dem Grundsatz der Vertragsfreiheit, der im Übrigen verfassungsrechtlich geschützt ist, allgemein frei vereinbart werden (BGH BauR 1997, 497 = NJW 1997, 1694). Auch gemessen am Geltungsbereich der HOAI ist die Einordnung von § 31 a.F. in die HOAI überaus fragwürdig gewesen. Denn nach § 1 a. F. sollten die Bestimmungen der Verordnung für die Berechnung der Entgelte für die Leistungen der Architekten und Ingenieure in ihrer Eigenschaft als Auftragnehmer gelten. Zum einen enthielt § 31 a. F. aber gerade keine substanzielle Regelung zur Berechnung der Honorare für die Leistungen bei der Projektsteuerung (BGH a. a. O.). Zum andern handelt es sich dabei auch nicht um Auftraggeberleistungen. Weder die Projektsteuerung selbst mit ihren einzelnen Teilleistungen, noch die Tatsache, dass diese Teilleistungen als eigentliche Aufgaben des Auftraggebers einem Auftragnehmer übertragen werden, hat Kritik ausgelöst, sondern die Tatsache, dass eine betriebs- oder baubetriebswirtschaftliche Prozess- und Ablaufsteuerung an seltener vorkommenden Großprojekten, die ordnungsgemäß nur von besonders ausgebildeten und in der (bau-)betrieblichen Organisation erfahrenen Architekten und Ingenieuren wahrgenommen werden kann, in einer Honorarordnung für Architekten und Ingenieure mit dem einzigen Honorarmerkmal geregelt wurde, dass das Honorar bei Auftragserteilung schriftlich zu vereinbaren sei. Weder handelt es sich bei den Aufgaben der Projektsteuerung um Bereiche, die Hauptmerkmale des Berufsbildes der Architekten und Ingenieure sind, noch gibt es Sinn, über fast drei Jahrzehnte einen speziellen Aufgabenbereich der Auftraggeber regeln zu wollen, um letztendlich nur vorzuschreiben, dass über das Honorar bei Auftragserteilung schriftlich eine Vereinbarung zustande kommen muss. Bereits nach der HOAI 2009 war das überholt.

b) Rechtsnatur und Klauselverträge; Vergabe

Umstritten ist, ob der Auftrag zur Erbringung von Leistungen der Projektsteuerung als **807** **Dienstvertrag oder Werkvertrag** anzusehen ist. Der BGH (BauR 1995, 572) hat sich in einem Fall, in dem der Projektsteuerer mit einer „wirtschaftlichen und kostenreduzierenden Objektabwicklung" beauftragt war und für seine Tätigkeit ein reines Erfolgshonorar vereinbart hatte, mit dem **Vertragscharakter eines Projektsteuerungsvertrages** auseinandergesetzt. Nach dem Leitsatz dieser Entscheidung kann „allein aus der Vereinbarung eines Erfolgshonorars (Honorar für erzielte Einsparungen) für Projektsteuerungsleistungen nicht hergeleitet werden, dass ein Projektsteuerungsvertrag ein Werkvertrag ist". Dem hier in Rede stehenden Vertrag hat der BGH den Charakter eines Werkvertrages deshalb abgesprochen, weil es an dem einen Werkvertrag kennzeichnenden Erfolg, den der Werkunternehmer schulde, mangele.

Werden unter diesem Gesichtspunkt die **Leistungsbilder eines Projektsteuerervertra-** **808** **ges (dazu unten)** betrachtet, dann haben fast alle Leistungen nur **Geschäftsbesorgungs-** **charakter.** Damit ist allerdings noch nicht bestimmt, ob ein solcher Vertrag als Dienstvertrag oder als Werkvertrag zu qualifizieren ist. Nach Auffassung des BGH (BauR 1999, 1317 = NJW 1999, 3118; BauR 2002, 316 = NJW 2002, 749) ist für die rechtliche Qualifikation des Projektsteuerungsvertrags als Dienst- oder Werkvertrag der Inhalt der konkreten vertraglichen Vereinbarung maßgeblich. Wenn der Projektsteuerer Aufgaben übernommen hat, bei denen die Erfolgsorientierung überwiegt und den Vertrag prägt, ist Werkvertragsrecht anzuwenden. Dies trifft vor allem dann zu, wenn die zentrale Aufgabe des Projektsteuerers die technische Bauüberwachung eines Generalübernehmers ist. Dabei schadet es der werkvertraglichen Einordnung nicht, wenn der Projektsteuerer nicht ausschließlich erfolgsorientierte Pflichten übernommen hat. Auch bei Übernahme eines Bündels verschiedener Aufgaben und Überwiegen der erfolgsorientierten Aufgaben muss Werkvertragsrecht angenommen werden. Dagegen hat das OLG Düsseldorf (BauR 1999, 508) bei einem Projektsteuerungsvertrag, der sich an das Leistungsbild des § 31 Abs. 1 HOAI a. F. angelehnt hatte, aus der Einzelaufstellung über die auszuführenden Leistungen gefolgert, dass hier vorrangig Beratungs- und Koordinierungsleistungen erbracht werden sollten, so dass ein Dienstvertrag mit Geschäftsbesorgungscharakter anzunehmen sei. In einer weiteren Entscheidung wurde ausgeführt (OLG Düsseldorf, BauR 1999, 1049), wurde ausgeführt, dass bei Vereinbarung „des Vollbildes" der Leistungen nach § 31 HOAI a. F. oder des vergleichbaren im Wesentlichen gegenüber § 31 HOAI a. F. nur genauer differenzierten AHO/DVP-Modells ohne Abrede konkreter werkvertraglicher Verpflichtungen der Dienstvertragscharakter bejaht werden könne, während der BGH (BauR 2007, 724 = NJW-RR 2007, 596) bereits bei der Beauftragung der ersten beiden Stufen des AHO/ DVP-Modells (Projektvorbereitung und Planung) von einem Werkvertrag ausgeht. Bei Projektsteuerungsverträgen mit **umfassenden Leistungsbildern** hat sich inzwischen in der Rechtsprechung die werkvertragliche Qualifikation durchgesetzt (vgl. auch OLG Naumburg, BauR 2009, 1171 bei der Beauftragung mit Aufgaben, die über die Leistungsbilder des AHO/DVP-Modells hinausgehen). Welches Recht auf einen Projektsteuerungsvertrag anzuwenden ist, ist zweifellos eine Frage der jeweiligen Vertragsauslegung und folglich eine Frage des Einzelfalls. In aller Regel wird die Tätigkeit des Projektsteuerers sowohl dienstvertraglichen als auch ein werkvertraglichen Charakter aufweisen. Der BGH hat aber entschieden, dass Werkvertragsrecht anwendbar ist, wenn der Projektsteuerer verschiedene Aufgaben übernommen hat, die erfolgsorientierten Aufgaben dabei dermaßen überwiegen, dass sie den Vertrag prägen. Im Hinblick auf die überwachenden Tätigkeiten des Projektsteuers ist Werkvertragsrecht anwendbar, wenn die zentrale Aufgabe des Projektsteuers die technische Überwachung eines Generalübernehmers ist (BGH BauR 1999, 1317 = NJW 1999, 3118; IBR 1999, 423 m. w. N.; anders entschieden OLG Düsseldorf BauR 1999, 508; IBR 1999, 332; OLG Düsseldorf BauR 1999, 1049; IBR 1999, 379 m. w. N.). Bei der überwachenden und steuernden Funktion handelt es sich aber um ein Kardinalpflichten bei der Projektsteuerung. Im Ergebnis bleibt es aber bei der allgemeinen Abgrenzung: Überwiegen tätigkeitsorientierte Aufgaben des Projektsteuerer, ist ein Dienstvertrag anzunehmen. Liegt dagegen der **Schwerpunkt** beim Leistungserfolg der Tätigkeit, ist Werkvertragsrecht anzuwenden. Wird dem Projektsteuerer die **Ermittlung von Vorgaben** für die Projektbeteiligten sowie deren **Überwachung auf Einhaltung** und gegebenenfalls **steuerndes Eingreifen** bei einem Bauprojekt übertragen, wird man nach den durch den BGH definierten Grundsätzen (a. a. O.) um die **werkvertragliche Einordnung** nicht herum kommen. Ziel ist hier ein **erfolgreicher Projektabschluss** und damit ein **werkvertraglicher Leistungserfolg.** Insofern wird ein Projektsteuerungsvertrag nur **im Ausnahmefall** als **Dienstvertrag** einzuordnen sein. Insgesamt aber steht nunmehr fest, dass aufgrund der Unterschiede zwischen Objektplanungs- und Projektsteuerungsleistungen einem **Architekten neben Objektplanungs- auch Projektsteuerungsleistungen übertragen** werden können (BGH, BauR 1997, 497, 499 = NJW 1997, 1694; OLG Nürnberg, BauR 2001, 438; KG, BauR 2004, 389; OLG Hamm, BauR 2008, 2062; OLG Düsseldorf, BauR 2009, 1483; Eschenbruch, Rn 152ff; Werner/Pastor, Rn 1428; Fischer in Thode/Wirth/Kuffer, § 19 Rn 65; a. A. Neuenfeld/Baden/Dohna/Groscurth, § 31 Rn 2). Dabei ist allerdings zu beachten, dass honorarrechtlich zwei Verträge bestehen müssen und auch getrennt zu behandeln sind. Die HOAI ist auf die Projektsteuerungsverträge nicht anzuwenden (OLG Hamm, BauR 2008, 2062). Dies gilt nur, wenn dies vereinbart ist. Die Honorarabrede eines Projektsteuerungsvertrages kann unwirksam sein, wenn der Projektsteuerungsvertrag zur Umgehung des Preisrechts der HOAI geschlossen wurde, weil es um Bauüberwachende Leistungen handelt, die Leistungsphase 8 ähnlich sind und auch Teile von Leistungsphasen 1 bis 7, sowie Besondere Leistungen umfassen. Wenn dann der Planer sich auf die Unwirksamkeit der Honorarabrede als nichtig beruft und ebenfalls auf die Mindestsatzunterschreitung, kann über § 139 BGB die Vergütungsabrede im Vertrag anzupassen sei, wenn die Gesamtvergütung aus beiden Verträgen unverändert bleibt (OLG Hamm, BauR 2008, 2062). Überträgt aber der Auftraggeber typische Bauherrenaufgaben einem Projektsteuerer, so wird der Projektsteuerungsvertrag nicht dadurch oder insoweit nichtig, dass sich ein Teil dieser Leistungen mit den Leistungspflichten überschneidet, die der Projektsteuerer als Architekt zu erbringen hat (OLG Hamm, BauR 2008, 2062). Der Projektsteuerer haftet für die Erbringung seiner Projektsteuerungsleistungen unabhängig von seiner Haftung als Architekt. Allerdings ist besonders bei öffentlichen Auftraggebern festzustellen, die nicht selten auch zur haushaltsrechtlichen „Deckung" und infolge personellen Mangels zur Abwicklung Projektsteuerer beauftragen, dass gerade dort sehr unscharf abgegrenzte Leistungsbilder für die Projektsteuerung vereinbart werden oder sich ein solches durch Projektsteuerer aufdrängen lassen. Dabei ist gelegentlich festzustellen, dass dieses vom Projektsteuerer vorgeschlagene Leistungsbild mehr etwas mit märchenhafter Leistungsbeschreibung zu tun, als dass es in fassbarer und klarer juristischer Terminologie vom Leistungsbild der Architekten und Ingenieure abgrenzbar wäre (z. B. „Abwicklung nach selbstdefinierten Standards" oder „eigenentwickelte Leistungsaufgabenbereiche"). Solche Vereinbarungen bedürfen zur Bestimmung des tatsächlichen Leistungsinhalts der Klarheit, sind aber nicht als nichtig zu betrachten, weil das Wagnis der Beschreibung vom Auftraggeber übernommen und damit zu wiederlegen ist (§§ 305, 306, 307 BGB). Daher ist ein Projektsteuerungsvertrag, der zu einer weitgehenden Entlastung des Auftraggebers führen soll und die Sicherung und Steuerung der Kosten, Termine und Qualitäten sowie die gesamte Koordinierung des Bauablaufs beinhaltet, ein Werkvertrag. Allerdings ist die Übernahme werkvertraglicher Leistungspflichten grundsätzlich kein Einstehnmüssen des Projektsteuerers für definierte Termin- und Kostenvorgaben. Insbesondere sind im Regelfall damit keine Garantiezusagen verbunden (OLG Naumburg, BauR 2009, 1171).

Die Vergabe von Projektsteuererleistungen unterliegt der **Vergabe;** insbesondere bei **809** Vergaben **oberhalb der Schwellenwerte** ist die **VOF** zu beachten (VK Brandenburg, Beschl. v. 11.7.2006 – 1 VK 25/06). Hat der öffentliche Auftraggeber einen Projektsteuerer beauftragt und sollen im Rahmen der späteren Projektrealisierung zusätzlich Bauüberwachungsleistungen vergeben werden, kann sich der Projektsteuerer nicht auch um die Bauüberwachungsleistungen bewerben. Entsprechendes gilt, wenn sich eine verbundene Gesellschaft des Projektsteuererbüros um zusätzlich zu vergebende Bauüberwachungsleistungen bewerben, wenn eine Personenidentität besteht (VK Brandenburg, a. a. O.).

Weiterhin kann der öffentliche Auftraggeber **nicht alle Projektmanagementleistungen,** einschließlich der Projektleitung, umfassend übertragen. So darf nach den zwingenden Vorschriften des Vergaberechts ein öffentlicher Auftraggeber die Verantwortung der Vergabe selbst nicht einem Projektsteuerungsbüro übertragen, sondern muß zumindest die wichtigsten Entscheidungen im Vergabeverfahren weiterhin **selbst** durchführen. Derartige Verfahrensschritte darf der Projektsteuerer nicht in Eigenverantwortung vornehmen (OLG München, IBR 2008, 723). Zudem gibt es Zweckmäßigkeitserwägungen, die projektspezifisch einen mehr oder weniger großen Umfang von Selbstausführungen bei Managementleitungen nahelegen.

Ebenso wenig wie der Architekt schuldet auch der Projektsteuerer das mangelfreie Bau- **810** werk als körperliche Sache. Nachdem die Objektüberwachungstätigkeit des Architekten nach § 34 Abs. 4 i. V. m. Anlage 10.1 – Lph 8 **werkvertraglich** einzuordnen ist, muss dies auch für das in starkem Maße durch **Kontrollpflichten** geprägte Modell des Projektsteuerers gelten. Aber unabhängig von der rechtlichen Qualifikation übt der Projektsteuerer eine vermögensnahe wirtschaftliche Tätigkeit aus, so dass auch § 675 BGB anzuwenden ist. Zwar verweist § 675 BGB auf § 670 BGB. Aber dadurch, dass Auslagenersatz nach § 670 BGB verlangt werden kann, entfällt nicht die Vergütungspflicht und ändert nichts daran, dass der Projektsteuerer eine selbständige Tätigkeit wirtschaftlicher Art ausübt. Allerdings werden die Vorschriften des Auftragsrechts häufig abbedungen und in Projektsteuerungsverträgen vertraglich abweichend geregelt. Die Einordnung des Projektsteuerungsvertrags als **Geschäftsbesorgungsvertrag** gemäß § 675 BGB ist daher nicht unstreitig. Es kann die Ansicht, dass die vom Projektsteuerer zu erbringenden Leistungen nicht als Übernahme bereits bestehender Obliegenheiten des Bauherrn anzusehen seien, weil durch die Beauftragung des Projektsteuerers erst der Aufgabenkreis geschaffen werde, nur bedingt herangezogen werden. Im Zeitpunkt der Beauftragung des Projektsteuerers hat der Bauherr noch keine Obliegenheiten gegenüber Dritten zu erfüllen. Der Projektsteuerer wahrt aber selbständig fremde Vermögensinteressen, insbesondere dann, wenn er umfassend, auch „in kaufmännischer Hinsicht entlastender Form" und als selbständiger Leistungsträger beauftragt und tätig wird. Diese Voraussetzung wird vor allem dann erfüllt, wenn dem Projektsteuerer Vertretungsbefugnisse eingeräumt werden, wie dies in der Regel der Fall ist (Eschenbruch, Rn. 956; für Geschäftsbesorgungsvertrag auch Locher, Rn 582; Motzke/Wolff, S. 485, Kniffka, ZfBR 1995, 10, 13; Hartmann/Diederichs, HOAI, § 31 Rn. 11).

Ob Projektsteuerungsleistungen **abnahmefähig** sind, richtet sich nach dem Vertrag, **811** wenn dort eine Form der Abnahme vorgesehen ist (formlos, förmlich, stillschweigend). Soweit vertreten wird, dass bei Projektsteuerungsverträgen die Abnahme durch die Vollendung und Abschluss von Arbeiten ersetzt wird, ist dass nicht richtig (so aber OLG Naumburg, BauR 2009, 1171). Es wird übersehen, dass im Rahmen des Werkvertrages § 646 BGB von der Beschaffenheit des Werkes ausgeht. Die werkvertraglich einzuordnenden Verträge sind allerdings einer ausdrücklichen oder stillschweigenden Abnahmehandlung zugänglich. Das wird nicht nur in der Bezahlung des Projektsteuerers liegen, sondern auch in der Entgegennahme der Leistung, wenn sie unwidersprochen bleibt. Gibt der Auftraggeber aber zu erkennen, dass er gegen die Leistung Vorbehalte hat, so wird von einer Abnahmehandlung (stillschweigend oder konkludent) nicht auszugehen sein, sondern vielmehr von einem rechtlichen Einwand, dass die Abnahme gehindert wird. Auch die Fertigstellung des Werkes oder des Projektes ist daher kein Anknüpfungspunkt für eine abnahmereife Werkleistung (a. A. OLG Naumburg, BauR 2009, 1171 = NZBau 2009, 318).

2. AHO/DVP-Empfehlungen und Regeln (nach Stand bis 4. Auflage AHO-Heft Nr. 9 Zeitraum bis 5/2014)

812 Damit ergibt sich nun, nachdem der BGH das Schriftformerfordernis für nichtig erklärte (BGH, BauR 1997, 497) und ebenfalls nunmehr darlegte, dass die HOAI auf einen Projektsteuerungsvertrag nicht anwendbar sei (BGH, BauR 2007, 724), dass die Regelungen der Leistung und der Honorierung in anderer Gestalt getroffen werden müssen. Hierzu kann nun auf die AHO/DVP-Empfehlungen verwiesen werden, die sich in ihrer Gestalt nunmehr mehr und mehr als „üblich" erweisen (AHO-Heft 9 „Projektmanagement in der Bau- und Immobilienwirtschaft", Stand 3/2009 und 5/2014 (dieses lag bei Redaktionsschluss 5/2014 noch nicht vor, weswegen von der Empfehlung bis 5/2014 ausgegangen wird. Die bis zum dem Erscheinungsdatum geschlossenen Verträge sind nach der Auflage es Heftes 9 verbindlich zu behandeln). Der BGH hat gemeint, dass das **DVP/AHO-Standartleistungsmodell als Werkvertrag** zu qualifizieren sei (BGH, BauR 2007, 724). Auf den umfassenden Inhalt muss hier verwiesen werden. Der in § 31 HOAI a. F. aufgeführte Leistungskatalog enthielt keine vollständige Auflistung aller Projektsteuerungsleistungen. Es konnten auch nur Teilleistungen aus diesem Katalog oder weitere Leistungen erbracht werden. Das wird nunmehr berücksichtigt. Die jetzige Fassung der AHO/DVP-Empfehlung enthält eingehende Regelungsvorschläge für eine umfassende Honorarordnung für Projektsteuerungsleistungen. Hierin wird in Anlehnung an die sonstigen in der HOAI enthaltenen Leistungsbilder ein vollständiges Leistungsbild entwickelt und es werden die Projektsteuerungsleistungen auch hinsichtlich der anrechenbaren Kosten in das Gesamtsystem der HOAI eingebunden. Die Projektsteuerung wird je nach Projektsteuerungsanforderungen eingestuft. Die Grundleistungen sind in den Projektstufen 1–5 zusammengefasst *(Projektvorbereitung, Planung, Ausführungsvorbereitung, Ausführung, Projektabschluss)*. Die Projektstufen werden jeweils für die Erbringung von fünf Handlungsbereichen (A-E) bewertet.

A Organisation, Information, Koordination und Dokumentation
B Qualitäten und Quantitäten
C Kosten und Finanzierung
D Termine, Kapazitäten und Logistik
E Verträge und Versicherungen

und im Rahmen einer „Leistungs- und Honorarordnung Projektmanagement in der Bau- und Immobilienwirtschaft" unter Ziffer 2 der Empfehlungen u. a. wie folgt geregelt:

§ 206 Honorartafel,
§ 208 Teilleistungen der Projektsteuerung als Einzelleistung,
§ 209 wiederholte Projektsteuerungsleistungen,
§ 212 Umbauten und Modernisierungen,
§ 213 Instandhaltungen und Instandsetzungen und
§ 214 Einschaltung eines Generalplaners und/oder Generalunternehmers/-übernehmers.

813 Zu beachten ist, dass die Anwendung des AHO/DVP-Modells sowohl hinsichtlich des Umfangs der beauftragten Projektsteuerungsleistungen als auch der Honorierung eine **ausdrückliche Vereinbarung** voraussetzt. Die in dem AHO/DVP-Modell enthaltene prozentuale Bewertung für die einzelnen Projektstufen kann auch ohne Vereinbarung dieses Vertragsmodells als Anhaltspunkt für die Bewertung der erbrachten Leistungen bei nicht vollständiger Durchführung eines Projektsteuerungsvertrages dienen, wenn in diesem Vertrag keine anderweitige Bewertung der Einzelleistungen vereinbart wurde (OLG Hamburg, NZBau 2003, 686).

Weiterhin ist derzeit darauf hinzuweisen, daß das **Leistungsbild** der Projektmanagementleistungen von der AHO in einem **Gelbdruck** im Herbst 2013 veröffentlich wurde. Darin sind insbesondere die überschneidenden Leistungen mit Objektplanern neu berücksichtigt.

Im Einzelnen regelt die **Leistungs- und Honorarordnung Projektsteuerung nach dem AHO/DVP-Modell:**

§ 201 Projektsteuerung

(1) Leistungen der Projektsteuerung werden von Auftragnehmern erbracht, wenn sie Funktionen des Auftragge-bers bei der Steuerung von Projekten mit mehreren Fachbereichen übernehmen.

(2) Honorare für Leistungen bei der Projektsteuerung dürfen nur berechnet werden, wenn sie bei Auftragsertei-lung schriftlich vereinbart worden sind.

(3) Die nachfolgenden Regelungen zu den Leistungen und den Honoraren für die Projektsteuerung gelten für folgende Investitionen:

- *Hochbauten gemäß Teil II der HOAI*
- *Ingenieurbauwerke gemäß § 51 (1) der HOAI*
- *Verkehrsanlagen gemäß § 51 (2) HOAI*
- *Anlagebauten*
- *Altlastensanierung inkl. Abbruch, Rückbau, Wiederverwendung und Verwertung.*

§ 202 Grundlagen des Honorars

(1) Das Honorar für Grundleistungen der Projektsteuerung richtet sich nach den anrechenbaren Kosten des Pro-jektes gemäß DIN 276 (Juni 1993) mit den Kostengruppen 100 bis 700 ohne 110, 710 und 760, nach der Honorarzone, der das Projekt angehört, sowie nach der Honorartafel in § 206.

(2) Die anrechenbaren Kosten richten sich

1. für die Projektstufen 1 und 2 nach der Kostenberechnung, solange diese nicht vorliegt, nach der Kostenschätzung;

2. für die Projektstufen 3 bis 5 nach der Kostfeststellung, solange diese nicht vorliegt, nach dem Kostenanschlag.

(3) Die Parteien können bei Vertragsschluss schriftlich vereinbaren, dass sich die anrechenbaren Kosten für die Pro-jektstufen 1 bis 5 nach der genehmigten Kostenberechnung oder nach dem genehmigten Kostenanschlag richten sollen.

(4) Vorhanden Bausubstanz gemäß § 10 (3a) HOAI, die technisch oder gestalterisch mit verarbeitet wird, ist bei den anrechenbaren Kosten in Ausnahmefällen angemessen zu berücksichtigen. Der Umfang der Anrechnung bedarf der schriftlichen Vereinbarung.

§ 203 Honorarzonen für Leistungen der Projektsteuerung

(1) Die Honorarzone wird bei Leistungen der Projektsteuerung auf Grund folgender Bewertungsmerkmale er-mittelt:

1. Honorarzone I:
   Projekte mit sehr geringen Projektsteuerungsanforderungen, d. h. mit
   - *sehr geringer Komplexität der Projektorganisation*
   - *sehr hoher spezifischer Projektroutine des Auftraggebers*
   - *sehr wenigen Besonderheiten bei den Projektinhalten*
   - *sehr geringem Risiko bei der Projektrealisierung*
   - *sehr wenigen Anforderungen an die Terminvorgaben*
   - *sehr wenigen Anforderungen an die Kostenvorgaben*

2. Honorarzone II:
   Projekte mit geringen Projektsteuerungsanforderungen, d. h. mit
   - *geringer Komplexität der Projektorganisation*
   - *hoher spezifischer Projektroutine des Auftraggebers*
   - *wenigen Besonderheiten in den Projektinhalten*
   - *geringem Risiko bei der Projektrealisierung*
   - *wenigen Anforderungen an die Terminvorhaben*
   - *wenigen Anforderungen an die Kostenvorgaben*

3. Honorarzone III:
   Projekte mit durchschnittlichen Projektsteuerungsanforderungen, d. h. mit
   - *durchschnittlicher Komplexität der Projektorganisation*
   - *durchschnittlicher spezifischer Projektroutine des Auftraggebers*
   - *durchschnittlichen Besonderheiten in den Projektinhalten*
   - *durchschnittlichem Risiko bei der Projektrealisierung*
   - *durchschnittlichen Anforderungen an die Terminvorgaben*
   - *durchschnittlichen Anforderungen an die Kostenvorgaben*

4. Honorarzone IV:
   Projekte mit überdurchschnittlichen Projektsteuerungsanforderungen, d. h. mit
   - *hoher Komplexität der Projektorganisation*
   - *geringer spezifischer Projektroutine des Auftraggebers*
   - *vielen Besonderheiten in den Projektinhalten*
   - *hohem Risiko bei der Projektrealisierung*

– hohen Anforderungen an die Terminvorgaben
– hohen Anforderungen an die Kostenvorgaben

5. Honorarzone V:
Projekte mit sehr hohen Projektsteuerungsanforderungen, d. h. mit
– sehr hoher Komplexität für Projektorganisation
– sehr geringer spezifischer Projektroutine des Auftraggebers
– sehr vielen Besonderheiten in den Projektinhalten
– sehr hohem Risiko bei der Projektrealisierung
– sehr hohen Anforderungen an die Terminvorgaben
– sehr hohen Anforderungen an die Kostenvorgaben.

(2) Bei der Zurechnung eines Projektes zu einer Honorarzone sind entsprechend dem Schwierigkeitsgrad der Projektsteuerungsanforderungen die vorstehenden Bewertungsmerkmale bezüglich Komplexität der Projektorganisation, spezifischer Auftraggeberroutine, Besonderheiten in den Projektinhalten und Risiko der Projektrealisierung mit je bis zu 20 Punkten zu bewerten, bezüglich Termin- und Kostenvorgaben mit je bis zu 5 Punkten. Das Projekt ist dann nach der Summe der Bewertungspunkte folgenden Honorarzonen zuzurechnen:

1. Honorarzone I:
Projektsteuerungsleistungen mit bis zum 10 Punkten
2. Honorarzone II:
Projektsteuerungsleistungen mit bis zu 20 Punkten
3. Honorarzone III:
Projektsteuerungsleistungen mit bis zu 30 Punkten
4. Honorarzone IV:
Projektsteuerungsleistungen mit bis zu 40 Punkten
5. Honorarzone V:
Projektsteuerungsleistungen mit bis zu 50 Punkten

§ 204 Leistungsbild Projektsteuerung

(1) Das Leistungsbild der Projektsteuerung umfasst die Leistungen von Auftragnehmern, die Funktionen des Auftraggebers bei der Steuerung von Projekten mit mehreren Fachbereichen übernehmen. Die Grundleistungen sind in Abs. 2 aufgeführten Projektstufen 1 bis 5 zusammengefasst. Sie werden in der folgenden Tabelle für die Erbringung aller vier Handlungsbereiche

A Organisation, Information aller vier Handlungsbereiche
B Qualitäten und Quantitäten
C Kosten und
D Termine

nach Projektstufen mit nachfolgenden Prozentsätzen der Honorare des § 206 bewertet.

Projektstufen	Bewertung der Grundleistungen in v. H. des Grundhonorars nach § 206 (1)
1 Projektvorbereitung (Projektentwicklung, strategische Planung, Grundlagenermittlung)	26
2 Planung (Vor-, Entwurfs- und Genehmigungsplanung)	21
3 Ausführungsvorbereitung (Ausführungsplanung, Vorbereiten der Vergabe und Mitwirken bei der Vergabe)	19
4 Ausführung (Projektüberwachung)	26
5 Projektabschluss (Projektbetreuung, Dokumentation)	8
Summe	100

(2) Für das Leistungsbild sind folgende Hinweise zu beachten:
1. Das Aufstellen, Abstimmen und Fortschreiben i. S. des Leistungsbildes beinhaltet:
– die Vorgabe der Solldaten (Planen / Ermitteln)
– die Kontrolle (Überprüfen und Soll-/Ist-Vergleich) sowie
– die Steuerung (Abweichungsanalyse, Anpassen, Aktualisieren).
2. Mitwirken im Sinne des Leistungsbildes heißt stets, dass der beauftragte Projektsteuerer die genannten Teilleistungen in Zusammenarbeit mit den anderen Projektbeteiligten inhaltlich abschließend zusammenfasst und dem Auftraggeber zur Entscheidung vorlegt.
3. Sämtliche Ergebnisse der Projektsteuerungsleistungen erfordern vor Freigabe und Umsetzung die vorherige Abstimmung mit dem Auftraggeber.

Grundleistungen	*Besondere Leistungen*

1. Projektvorbereitung

A Organisation, Information, Koordination und Dokumentation

1 Entwickeln, Vorschlagen Festlegen der Projektziele und der Projektorganisation durch ein projektspezifisch zu erstellendes Organisationshandbuch	1 Mitwirken bei der betriebswirtschaftlich-organisatorischen Beratung des Auftraggebers zur Bedarfsanalyse, Projektentwicklung und Grundlagenermittlung
2 Auswahl der zu Beteiligenden und Führen von Verhandlungen	2 Besondere Abstimmungen zwischen Projektbeteiligten zur Projektorganisation
3 Vorbereitung der Beauftragung der zu Beteiligenden	3 Unterstützen der Koordination innerhalb der Gremien des Auftraggebers
4 Laufende Informationen und Abstimmung mit dem Auftraggeber	4 Besondere Berichterstattung in Auftraggeber- oder sonstigen Gremien
5 Einholen der erforderlichen Zustimmungen des Auftraggebers	

B Qualitäten und Quantitäten

1 Mitwirken bei der Erstellung der Grundlagen für das Gesamtprojekt hinsichtlich Bedarf nach Art und Umfang (Nutzerbedarfsprogramm NBP)	1 Mitwirken bei Grundstücks- und Erschließungsangelegenheiten
2 Mitwirken beim Ermitteln des Raum-, Flächen- oder Anlagenbedarfs und der Anforderungen an Standard und Ausstattung durch das Bau- und Funktionsprogramm	2 Erarbeiten der erforderlichen Unterlagen, Abwickeln und/oder Prüfen von Ideen-, Programm- und Realisierungswettbewerben
3 Mitwirken beim Klären der Standortfragen, Beschaffen der standortrelevanten Unterlagen, der Grundstücksbeurteilung hinsichtlich Nutzung in privat-rechtlicher und öffentlich-rechtlicher Hinsicht	3 Erarbeiten von Leit- und Musterbeschreibungen, z. B. für Gutachten, Wettbewerbe etc.
4 Herbeiführen der erforderlichen Entscheidungen des Auftraggebers	4 Prüfen der Umwelterheblichkeit und der Umweltverträglichkeit

C Kosten und Finanzierung

1 Mitwirken beim Festlegen des Rahmens für Investitionen und Baunutzungskosten	1 Überprüfen von Wertermittlungen für bebaute und unbebaute Grundstücke
2 Mitwirken beim Ermitteln und Beantragen von Investitionsmitteln	2 Festlegen des Rahmens der Personal und Sachkosten des Betriebs
3 Prüfen und Freigeben von Rechnungen zur Zahlung	3 Einrichten der Projektbuchhaltung für den Mittelzufluss und die Anlagenkonten
4 Einrichten der Projektbuchhaltung für den Mittelabfluss	

D Termine und Kapazitäten

1 Entwickeln, Vorschlagen und Festlegen des Terminrahmens	
2 Aufstellen/Abstimmen der Generalablaufplanung und Ableiten des Kapazitätsrahmens	

2. Planung

A Organisation, Information, Koordination und Dokumentation

1 Fortschreiben des Organisationshandbuches	1 Veranlassen besonderer Abstimmungsverfahren zur Sicherung der Projektziele
2 Dokumentation der wesentlichen projektbezogenen Plandaten in einem Projekthandbuch	2 Vertreten der Planungskonzeption gegenüber der Öffentlichkeit unter besonderen Anforderungen und Zielsetzungen sowie bei mehr als 5 Erläuterungs- oder Erörterungsterminen

Grundleistungen	Besondere Leistungen
3 Mitwirken beim Durchsetzen von Vertragspflichten gegenüber den Beteiligten	3 Unterstützen beim Bearbeiten von besonderen Planungsrechtsangelegenheiten
4 Mitwirken beim Vertreten der Planungskonzeption mit bis zu 5 Erläuterungs- und Erörterungs-terminen	4 Risikoanalyse
5 Mitwirken bei Genehmigungsverfahren	5 Besondere Berichterstattung in Auftraggeber- oder sonstigen Gremien
6 Laufende Informationen und Abstimmung mit dem Auftraggeber	
7 Einholung der erforderlichen Zustimmungen des Auftraggebers	

B Qualitäten und Quantitäten

Grundleistungen	Besondere Leistungen
1 Überprüfen der Planungsergebnisse auf Konformität mit den vorgegebenen Projektzielen	1 Vorbereiten, Abwickeln oder Prüfen von Wettbewerben zur künstlerischen Ausgestaltung
2 Herbeiführen der erforderlichen Entscheidungen des Auftraggebers	2 Überprüfen der Planungsergebnisse durch besondere Wirtschaftlichkeitsuntersuchungen
	3 Festlegen der Qualitätsstandards ohne/mit Mengen oder ohne/mit Kosten in einem Gebäude- und Raumbuch bzw. Pflichtenheft
	4 Veranlassen oder Durchführen von Sonderkontrollen der Planung
	5 Änderungsmanagement bei Einschaltung eines Generalplaners

C Kosten und Finanzierung

Grundleistungen	Besondere Leistungen
1 Überprüfen der Kostenschätzungen und -berechnungen der Objekt- und Fachplaner sowie Veranlassen erforderlicher Anpassungsmaßnahmen	1 Kostenermittlung und -steuerung unter besonderen Anforderungen (z. B. Baunutzungskosten)
2 Zusammenstellen der voraussichtlichen Baunut-zungskosten	2 Fortschreiben der Projektbuchhaltung für den Mittelzufluss und die Anlagenkonten
3 Planung von Mittelbedarf und Mittelabfluss	
4 Prüfen und Freigeben der Rechnungen zur Zahlung	
5 Fortschreiben der Projektbuchhaltung für den Mittelabfluss	

D Termine und Kapazitäten

Grundleistungen	Besondere Leistungen
1 Aufstellen und Abstimmen der Grob- und Detailablaufplanung für die Planung	1 Ablaufsteuerung unter besonderen Anforderungen und Zielsetzungen
2 Aufstellen und Abstimmen der Grobablaufplanung für die Ausführung	
3 Ablaufsteuerung der Planung	
4 Fortschreibung der General- und Grobablauf-planung für Planung und Ausführung sowie der Detailablaufplanung für die Planung	
5 Führen und Protokollieren von Ablaufbesprechun-gen der Planung sowie Vorschlagen und Abstimmen von erforderlichen Anpassungsmaßnahmen	

3. Ausführungsvorbereitung

A Organisation, Information, Koordination und Dokumentation

Grundleistungen	Besondere Leistungen
1 Fortschreiben des Organisationshandbuches	1 Veranlassen besonderer Abstimmungsverfahren zur Sicherung der Projektziele

Grundleistungen	*Besondere Leistungen*
2 *Fortschreiben des Projekthandbuches*	2 *Durchführung der Submissionen*
3 *Mitwirken beim Durchsetzen von Vertragspflichten gegenüber den Beteiligten*	3 *Besondere Berichterstattung in Auftraggeber- oder sonstigen Gremien*
4 *Laufende Information und Abstimmung mit dem Auftraggeber*	
5 *Einholen der erforderlichen Zustimmungen des Auftraggebers*	

B Qualitäten und Quantitäten

1 *Überprüfen der Planungsergebnisse inkl. evtl. Planungsänderungen auf Konformität mit den vorgegebenen Projektzielen*	1 *Überprüfen der Planungsergebnisse durch besondere Wirtschaftlichkeitsuntersuchungen*
2 *Mitwirken beim Freigeben der Firmenliste für Ausschreibungen*	2 *Fortschreiben des Gebäude- und Raumbuches unter Einbeziehung der Ergebnisse der Ausführungsplanung*
3 *Herbeiführung der erforderlichen Entscheidungen des Auftraggebers*	3 *Veranlassen oder Durchführen von Sonderkontrollen der Ausführungs-vorbereitung*
4 *Überprüfen der Verdingungsunterlagen für die Vergabeeinheiten und Anerkennen der Versandfertigkeit*	4 *Versand der Ausschreibungsunterlagen*
5 *Überprüfen der Angebotsauswertungen in technisch-wirtschaftlicher Hinsicht*	5 *Änderungsmanagement bei Einschaltung eines Generalplaners*
6 *Beurteilen der unmittelbaren und mittelbaren Auswirkungen von Alternativangeboten auf Konformität mit den vorgegebenen Projektzielen*	
7 *Mitwirken bei den Vergabeverhandlungen bis zur Unterschriftsreife*	

C Kosten und Finanzierung

1 *Vorgabe der Soll-Werte für Vergabeeinheiten auf der Basis der aktuellen Kostenberechnung*	1 *Kostenermittlung und -steuerung unter besonderen Anforderungen (z. B. Baunutzungskosten)*
2 *Überprüfen der vorliegenden Angebote im Hinblick auf die vorgegebenen Kostenziele und Beurteilung der Angemessenheit und Preise*	2 *Fortschreiben der Projektbuchhaltung für den Mittelzufluss und die Anlagenkonten*
3 *Vorgabe der Deckungsbestätigungen für Aufträge*	
4 *Überprüfen der Kostenanschläge der Objekt- und Fachplaner sowie Veranlassen erforderlicher Anpassungsmaßnahmen*	
5 *Zusammenstellen der aktualisierten Baunutzungs-kosten*	
6 *Fortschreiben der Mittelbewirtschaftung*	
7 *Prüfen und Freigeben der Rechnungen zur Zahlung*	
8 *Fortschreiben der Projektbuchhaltung für den Mittelabfluss*	

D Termine und Kapazitäten

1 *Aufstellen und Abstimmen der Steuerungsablauf-planung für die Ausführung*	1 *Ermitteln von Ablaufdaten zur Bieterbeurteilung (erforderlicher Personal-, Maschinen- und Geräteeinsatz nach Art, Umfang und zeitlicher Verteilung)*
2 *Fortschreiben der General- und Grobablaufplanung für Planung und Ausführung sowie der Steuerungs-ablauf*	2 *Ablaufsteuerung unter besonderen Anforderungen und Zielsetzungen*

Grundleistungen	*Besondere Leistungen*

3 Vorgabe der Vertragstermine und -fristen für die Besonderen Vertragsbedingungen der Ausführungs- und Lieferleistungen

4 Überprüfen der vorliegenden Angebote im Hinblick auf vorgegebene Terminziele

5 Führen und Protokollieren von Ablaufbesprechungen der Ausführungsvorbereitung sowie Vorschlagen und Abstimmen von erforderlichen Anpassungsmaßnahmen

4. Ausführung

A Organisation, Information, Koordination und Dokumentation

1 Fortschreiben des Organisationshandbuches	*1 Veranlassen besonderer Abstimmungsverfahren zur Sicherung der Projektziele*
2 Fortschreibung des Projekthandbuches	*2 Unterstützung des Auftraggebers bei Krisensituationen (z. B. bei außergewöhnlichen Ereignissen wie Naturkatastrophen, Ausscheiden von Beteiligten)*
3 Mitwirken beim Durchsetzen von Vertragspflichten gegenüber den Beteiligten	*3 Unterstützung des Auftraggebers beim Einleiten von Beweissicherungsverfahren*
4 Laufende Information und Abstimmung mit dem Auftraggeber	*4 Unterstützung des Auftraggebers beim Abwenden unberechtigter Drittforderungen*
5 Einholen der erforderlichen Zustimmungen des Auftraggebers	*5 Besondere Berichterstattung in Auftraggeber- oder sonstigen Gremien*

B Qualitäten und Quantitäten

1 Prüfen von Ausführungsänderungen, ggf. Revision von Qualitätsstandards nach Art und Umfang	*1 Mitwirken beim Herbeiführen besonderer Ausführungsentscheidungen des Auftraggebers*
2 Mitwirken bei der Abnahme der Ausführungsleistungen	*2 Veranlassen oder Durchführen von Sonderkontrollen bei der Ausführung, z. B. durch Einschalten von Sachverständigen und Prüfbehörden*
3 Herbeiführen der erforderlichen Entscheidungen des Auftraggebers	*3 Änderungsmanagement bei Einschaltung eines Generalunternehmers*

C Kosten und Finanzierung

1 Kostensteuerung zur Einhaltung der Kostenziele	*1 Kontrolle der Rechnungsprüfung der Objektüberwachung*
2 Freigabe der Rechnungen zur Zahlung	*2 Kostensteuerung unter besonderen Anforderungen*
3 Beurteilen der Nachtragsprüfungen	*3 Fortschreiben der Projektbuchhaltung für den Mittelzufluss und die Anlagenkonten*
4 Vorgabe von Deckungsbestätigungen für Nachträge	
5 Fortschreiben der Mittelbewirtschaftung	
6 Fortschreiben der Projektbuchhaltung für den Mittelabfluss	

D Termine und Kapazitäten

1 Überprüfen und Abstimmung der Zeitpläne des Objektplaners und der ausführenden Firmen mit den Steuerungsablaufplänen der Ausführung des Projektsteuerer	*1 Ablaufsteuerung unter besonderen Anforderungen an Zielsetzungen*
2 Ablaufsteuerung der Ausführung zur Einhaltung der Terminziele	

Grundleistungen	*Besondere Leistungen*

3 *Überprüfen der Ergebnisse der Baubesprechungen (Baustellen-Jours-fixes) anhand der Protokolle der Objektüberwachung, Vorschlagen und Abstimmen von Anpassungsmaßnahmen bei Gefährdung von Projektzielen*

5. Projektabschluss

A Organisation, Information, Koordination und Dokumentation

1 *Mitwirken bei der organisatorischen und administrativen Konzeption und bei der Durchführung der Übergabe/Übernahme bzw. Inbetriebnahme/Nutzung*

2 *Mitwirken beim systematischen Zusammenstellen und Archivieren der Bauakten inkl. Projekt- und Organisationshandbuch*

3 *Laufende Information und Abstimmung mit dem Auftraggeber*

4 *Einholen der erforderlichen Zustimmungen des Auftraggebers*

1 *Mitwirken bei Einweisen des Be- dienungs- und Wartungspersonal für betriebstechnische Anlagen*

2 *Prüfen der Projektdokumentation der fachlich Beteiligten*

3 *Mitwirken bei der Überleitung des Bauwerks in die Bauunterhaltung*

4 *Mitwirken bei der betrieblichen und baufachlichen Beratung des Auftraggebers zur Übergabe/Übernahme bzw. Inbetriebnahme/Nutzung*

5 *Unterstützung des Auftraggebers beim Prüfen von Wartungs- und Energielieferungsverträgen*

6 *Mitwirken bei der Übergabe/Übernahme schlüsselfertiger Bauten*

7 *Organisatorisches und baufachliches Unterstützen bei Gerichtsverfahren*

8 *Baufachliches Unterstützen bei Sonderprüfungen*

9 *Besondere Berichterstattung beim Auftraggeber zum Projektabschluss*

B Qualitäten und Quantitäten

1 *Veranlassen der erforderlichen behördlichen Abnah-men, Endkontrollen und/oder Funktionsprüfungen*

2 *Mitwirken bei der rechtsgeschäftlichen Abnahme der Planungsleistungen*

3 *Prüfen der Gewährleistungsverzeichnisse*

1 *Mitwirken bei der abschließenden Aktualisierung des Gebäude- und Raumbuches zum Beistands-gebäude- und -raumbuch bzw. -pflichtenheft*

2 *Überwachen von Mängelbeseitigungsleistungen außerhalb der Gewährleistungsfristen*

C Kosten und Finanzierung

1 *Überprüfen der Kostenfeststellungen der Objekt- und Fachplaner*

2 *Freigabe der Rechnungen zur Zahlung*

3 *Veranlassen der abschließenden Aktualisierung der Baunutzungskosten*

4 *Freigabe von Schlussabrechnungen sowie Mitwirken bei der Freigabe von Sicherheitsleistungen*

5 *Abschluss der Projektbuchhaltung für den Mittelabfluss*

1 *Abschließende Aktualisierung der Baunutzungs-kosten*

2 *Abschluss der Projektbuchhaltung für den Mittel-zufluss und die Anlagenkonten inkl. Verwendungs-nachweis*

D Termine und Kapazitäten

1 *Veranlassen der Ablaufplanung und -steuerung zur Übergabe und Inbetriebnahme*

1 *Ablaufplanung zur Übergabe/Übernahme und Inbetriebnahme/Nutzung*

§ 205 Leistungsbild Projektleitung

(1) Sofern seitens des Auftraggebers auch die Projektleitung in Linienfunktion beauftragt wird, gehören dazu im Wesentlichen folgende Grundleistungen:

1. *Rechtzeitiges Herbeiführen bzw. Treffen der erforderlichen Entscheidungen sowohl hinsichtlich Funktion, Konstruktion, Standard und Gestaltung als auch hinsichtlich Qualität, Kosten und Terminen.*

2. *Durchsetzen der erforderlichen Maßnahmen und Vollzug der Verträge unter Wahrung der Rechte und Pflichten des Auftraggebers.*

3. *Herbeiführen der erforderlichen Genehmigungen, Einwilligungen und Erlaubnisse im Hinblick auf die Genehmigungsreife.*

4. *Konfliktmanagement zur Orientierung der unterschiedlichen Interessen der Projektbeteiligten auf einheitliche Projektziele hinsichtlich Qualitäten, Kosten und Termine u. a. im Hinblick auf*
   – *die Pflicht der Projektbeteiligung zur fachlich-inhaltlichen Integration der verschiedenen Planungsleistungen und*
   – *die Pflicht der Projektbeteiligten zur Untersuchung von alternativen Lösungsmöglichkeiten.*

5. *Leiten von Projektbesprechungen auf Geschäftsführungs-, Vorstandsebene zur Vorbereitung/Einleitung/Durchsetzung von Entscheidungen.*

6. *Führen aller Verhandlungen mit projektbezogener vertragsrechtlicher oder öffentlich-rechtlicher Bindungswirkung für den Auftraggeber.*

7. *Wahrnehmen der zentralen Projektanlaufstelle; Sorge für die Abarbeitung des Entscheidungs-/Maßnahmenkatalogs.*

8. *Wahrnehmen von projektbezogenen Repräsentationspflichten gegenüber dem Nutzer, dem Finanzier, den Trägern öffentlicher Belange und der Öffentlichkeit.*

(2) Für den Nachweis der übertragenen Projektleitungskompetenzen ist dem Auftragnehmer vom Auftraggeber eine entsprechende schriftliche Handlungsvollmacht auszustellen.

Die AHO hat **weitere Leistungsbilder zum Projektmanagement** entwickelt. So werden **PPP-Hochbauprojekte** der öffentlichen Hand zumeist vom Auftraggeber nicht umfassend begleitet und aufgearbeitet, weil diese Form der Projektentwicklung vom öffentlichen Auftraggeber teilweise wegen der beschränkten personellen Vorhaltungen nur bedingt begleitet werden können. Die AHO hat mit dem *Heft 22 – Interdisziplinäres Projektmanagement für PPP-Hochbauprojekte (2006)* – eine Vorgehensweise auf der Grundlage der fünf im Projektmanagementwesen entwickelten Tätigkeitsstufen dargestellt. Bei Bestandsimmobilien werden überwiegend Leistungen auch anderer nicht am Bau Beteiligter (z. B. Steuerberater, Makler, Verwalter, usw.), sowie Fachplaner zur Bestandsoptimierung eingesetzt. Hierfür bedarf es ebenfalls besonderer Maßnahmen und Tätigkeiten von Projektsteuerern. Die Tätigkeiten dieser Leistungen bei Bauen im Bestand wurden ebenfalls von der AHO in dem *Heft 21 – Interdisziplinäre Leistungen zur Wertoptimierung von Bestandsimmobilien (2006)* – dargestellt.

3. Die Haftung des Projektsteuerers

815   Wenn der Projektsteuerungsvertrag nach dem Vorgesagten als Werkvertrag einzuordnen ist, so richtet sich die Haftung des Projektsteuerers nach §§ 633 ff. BGB. Es gelten die allgemeinen Regeln. Ist die Projektsteuerungsleistung mangelhaft, ist der Projektsteuerer zunächst zur Nacherfüllung aufzufordern (§ 635 BGB), wenn die Nacherfüllung noch möglich ist. Erst wenn der Projektsteuerer einer Nacherfüllungsaufforderung nicht innerhalb der gesetzten Frist nachgekommen ist, kann der Auftraggeber den Mangel selbst beseitigen und Ersatz der erforderlichen Aufwendungen verlangen. Setzt der Auftraggeber eine angemessene Frist, so kann nach Ablauf der Frist der Auftraggeber Minderung geltend machen. Im Falle des Verschuldens ist der Anspruch auf Schadensersatz eröffnet. Die Verjährungsfrist des § 634a Abs. 1 Nr. 2 BGB beginnt mit der Abnahme der Leistungen des Projektsteuerers. Der Abnahmezeitpunkt setzt Vollendung der Projektsteuerungsleistungen und deren billigende Entgegennahme voraus. Letztere ist zumindest dann anzuwenden, wenn rügelos die Rechnung des Projektsteuerers bezahlt wird. Jedoch entfällt die Setzung einer Frist dann, wenn – wie üblich – aufgrund des Baufortschrittes sich Mängel der Qualitäts-, Termin- und Kostensteuerung sowie des Vertragsmanagements nachträglich nicht mehr beheben lassen. **Nacherfüllungsansprüche** kommen deshalb wegen zeitlicher Überholung in der Regel nicht mehr in Betracht. dem Auftraggeber verbleiben in diesen Fällen ggfs. An-

sprüche auf Minderung, Schadenersatz und Rücktritt. Nach Fertigstellung der Leistungen hat der Auftraggeber die geltend gemachten Unzulänglichkeiten der Vertragsleistung des Projektsteuerers im Einzelnen zu bezeichnen. Er muss dabei konkret darlegen, welche Einzelleistungen mit Mängeln behaftet sind. Im Hinblick auf nicht erbrachte Leistungsteile hat der Auftraggeber vorzutragen, dass es sich um wesentliche Leistungen handelt oder sich durch Weglassen einzelner Leistungen die Tätigkeit insgesamt als mangelhaft erweist (OLG Naumburg, BauR 2009, 1171).

Im Rahmen der üblichen Auftragsfunktionen, ist der Projektsteuerer auch **Erfüllungs-** **816** **gehilfe** des Auftraggebers gegenüber anderen am Bau Beteiligten. Daher hat sich der Auftraggeber das **Mitverschulden** durch den Projektsteuerer anrechnen zu lassen. Dies wird vor allem bei Planungs- und Koordinationsverschulden des Projektsteuerers in Frage kommen (vgl. Eschenbruch, Rn. 1679ff; Locher, Rn. 584). Andererseits können Architekten oder sonstige Beteiligte ein Verschulden durch den Projektsteuerer infolge mangelnder Kontrolle ihrer Leistungen nicht geltend machen, weil der Auftraggeber ihnen gegenüber diese Tätigkeiten nicht schuldet. Dies gilt umgekehrt auch für den Architekt, der sich auf ein Mitverschulden des Projektsteuerers beruft. Inwieweit der von seinem Auftraggeber wegen mangelhafter Erbringung der Projektsteuerungsleistung in Anspruch genommene Projektsteuerer sich auf das **Mitverschulden des Auftraggebers** durch das Verhalten dessen Architekten berufen kann, hängt davon ab, inwieweit das Verhalten des Architekten eine Pflicht des Auftraggebers dem in Anspruch genommenen Projektsteuerer gegenüber verletzt und der Architekt somit **Erfüllungsgehilfe** des Bauherrn im Verhältnis zum Projektsteuerer ist. Soweit der Auftraggeber dem Projektsteuerer gegenüber keine Pflicht oder Obliegenheit zu einem bestimmten Verhalten hat, muss sich dieser ein **Mitverschulden des Architekten** nach den **§§ 254, 278 BGB** im Verhältnis zum Projektsteuerer **nicht** anrechnen lassen. So gilt dies bei notwendigen Kontrollen des Projektsteuerers wie „Überprüfen der Kostenschätzung" (Projektstufe 2 C) oder „Prüfen der Rechnungen zur Zahlung" (Projektstufe 2 C) oder auch „Überprüfen der Planungsergebnisse" (Projektstufe 3 B). Dann besteht keine Verpflichtung des Auftraggebers dem Architekten gegenüber. **Anders** wiederum, wenn der Terminrahmen „festlegt" wird (Projektstufe1 D), die Ablaufplanung „aufstellt" und „abstimmt" wird (Projektstufe 2 D) oder Deckungsbestätigungen für Aufträge vorgegeben werden (Projektstufe 3 C). Eine **gesamtschuldnerische Haftung** (hierzu Eschenbruch, Rdn 1643ff) mit anderen am Bau Beteiligten ist zu verneinen, weil die für eine gesamtschuldnerische Haftung erforderliche planmäßige Zweckgemeinschaft nicht gegeben ist, da der Projektsteuerer Bauherrenaufgaben wahrnimmt (so auch Locher, Rn. 585; Hartmann/Diederichs, § 31 Rn. 12).

Erstellt der Projektsteuerer im Rahmen eines **Kreditantrages** in der **Leistungsstufe 1** **817** **– Projektvorbereitung oder 2 – Planung oder 3 – Vorbereitung der Ausführung (dort jeweils Teil C – Kosten und Finanzierung; AHO-Vertragsmuster)** zur Finanzierung der Baumaßnahme eine Übersicht der erwarteten Kosten zur Vorlage bei der Bank, müssen dort nicht Zweifelsfragen über die wirtschaftliche Realisierbarkeit oder gar wirtschaftliche Lösungsvarianten erörtert werden (OLG München, Urt. v. 13.7.2010 – 9 U 4414/09). Im Rahmen **der Leistungsstufe 3 – Ausführungsvorbereitung** kann die Haftung des Projektsteuers seinen Beginn nehmen, wenn Zuwendungen an den Auftraggeber infolge Vergaben an Unternehmer wegen der Verletzung von Vergabevorschriften, die auch der Projektsteuerer aus der Natur des Projektsteuerungsvertrages heraus zu beachten hatte und die Vergabe im Übrigen auch nicht ordnungsgemäß dokumentiert wurde (OLG Düsseldorf, Urt. v. 27.6.2014 – 17 U 5/14).

Im Rahmen der **Leistungsstufe 4 – Ausführung** haftet der Projektsteuerer für fehlerhafte Plankontrollen. Dies gilt, wenn im Projektsteuerer im Rahmen der Kontroll- und Steuerungstätigkeiten auch die Überprüfung von Architektenplänen übernommen hat, dann haftet er, wenn bei sachgerechter Ausübung der Kontrolle ein auf dem Planungsfehler beruhender Schadenseintritt vermieden worden wäre. Die in der Rechtsprechung des BGH entwickelte rechtliche Abgrenzung im Verhältnis zwischen dem planenden und dem bauaufsichtsführenden Architekten (BGH, BauR 2009, 515) kommt insoweit nicht zur Anwendung. Denn hier ist es gerade Aufgabe des Projektsteuerers, die Architektenpläne zu prüfen. Die übergeordneten Kontrollfunktion schließt ein Mitverschulden des Auftraggebers aus (OLG Düsseldorf, BauR 2009, 1483).

Zudem hat sich bei der Leistungsstufe 4 – Ausführung – auch die **Informationsbeschaffung im Projektberichtswesen** etabliert. Dabei geht man davon aus, daß eine erfolgreiche Steuerung und Kontrolle eines Bauprojektes den Entscheidungsträgern – insbesondere der Auftraggeberseite – nur dann als verlässlich gilt, wenn aktuelle Informationen vorliegen (Madauss, Projektmanagement 2009, 306). Die Informationen sind daher vom Projektmanagement so aufzuarbeiten, daß durch Statussymbole der jeweilige Projektstand und die Durchführung als **Ampelfarben** gekennzeichnet werden. Voraussetzung ist, daß alle Informationen zeitnah aufbereitet wurden und den Erfolg durch die Ampelfarben (grün, gelb, rot) kennzeichnen (hierzu Eschenbruch/Grüner, BauR 2013, 1348). Werden allerdings aufgrund unzutreffender oder nicht zeitnah erhältlicher Daten falsche Ampelfarben gesetzt und damit unzutreffende Informationen erteilt, liegt eine Haftung des Projektmanagement bei Entscheidungen vor, weil die fehlerhaften Vorgaben zu wirtschaftlich erheblichen Fehlern/Schäden führen.

818   Die Grenze der erlaubnispflichtigen **Rechtsbesorgung** ist dann überschritten, wenn die ordnungsgemäße Erfüllung der Tätigkeit des Projektsteuerers eine umfassende Beratung auf mindestens einem Teilgebiet des Rechts und eine juristische Ausbildung erfordert. Demgegenüber sind rechtsberatende Hilfstätigkeiten dadurch gekennzeichnet, dass die notwendige rechtliche Betätigung in für die angesprochenen Verkehrskreise geläufigen Bahnen verläuft und typischerweise keine individuelle Beratung über rechtliche Sachverhalte unter Berücksichtigung der Umstände des Einzelfalles erfordert (§ 1 Abs. 1 RDG i.V.m. § 5 RDG). Die Rechtsberatung bleibt auch dann unerlaubt, wenn ein Auftragnehmer Rechtsberatungsleistungen verspricht, die er durch einen Rechtsanwalt erbringen lässt. Damit kann der Vertrag bereits von vorneherein nichtig oder teilnichtig sein (§§ 134, 139 BGB). Es sprechen deswegen die besseren Argumente dafür, einen Projektsteuerungsvertrag, sofern er die vertragliche Gestaltung von Bauverträgen für den Einzelfall umfasst, die Rechtswirksamkeit zu versagen. Bei einer nur als Annex vollzogenen rechtlichen Betreuung können keine umfassenden rechtlichen Kenntnisse verlangt werden. Haftungsmaßstab ist der durchschnittliche rechtserfahrene Projektsteuerer (OLG Saarbrücken, BauR 2009, 1482). Ein Projektsteuerer überschreitet die Grenze zu unerlaubten Rechtsbesorgungen nicht, wenn er im Rahmen eines umfassenden Projektsteuerungsvertrages folgende Leistungen des Vertragsmanagements übernimmt: Vertragsmanagement bezogen auf Beraterverträge, insbesondere betreffend die baufachliche Überprüfung der Vollständigkeit der Leistungsbilder. Vertragsmanagement zu den Auftragnehmern im Hinblick auf die Nachtragsbeauftragung und Terminsituation und Anti-Claimmanagement zum gestörten Bauablauf, sowie die Vorbereitung des Mahnwesens und des Belastungsmanagements (OLG Naumburg, BauR 2009, 1171; OLG Köln, BauR 2005, 741 zur Abgrenzung der baufachlichen und wirtschaftlichen Betreuung mit Planungs-, Kontroll- und Koordinationsaufgaben). Die lediglich fachtechnische Überprüfung von Architektenleitungen und deren Berechnungen durch den Projektmanager ist allerdings keine unerlaubte Rechtsberatung (BGH, NZBau 2007, 182).

4. Kündigung des Projektsteuervertrages

819   Bei Einordnung als **Dienstvertrag** gilt: eine **ordentliche Kündigung** nach § 621 BGB möglich. Die **außerordentlichen Kündigung** ist nach § 627 BGB auch ohne wichtigen Grund zulässig. Projektsteuerungsleistungen sind im Regelfall solche Dienste höherer Art, wobei es auch den Inhalt des konkreten Vertrag ankommt, ob die Projektsteuerungsleistungen aufgrund besonderen Vertrauens übertragen wurden (Eschenbruch, NZBau 2000, 409; Eschenbruch, Rn. 1406ff.). Die Rechtsprechung (BGH, BauR 1999, 1469 = NZBau 2000, 29; OLG Dresden, NJW-RR 2000, 652, OLG Karlsruhe, IBR 2005, 385) weist darauf hin, dass der Projektsteuerungsvertrag unmittelbar auf das Vertrauen in die persönliche Leistungserbringung abstellt und auf das persönlichen Vertrauen (OLG Düsseldorf, BauR 1999, 1049, 1051 = NJW-RR 1999, 3129; OLG Celle, BauR 2004, 1800 = NZ-

Bau 2004, 684). Das Recht zur Kündigung aus wichtigem Grund kann nicht in AGB ausgeschlossen werden (BGH, BauR 2005, 1772 = NZBau 2005, 509).

Wird der Projektsteuerungsvertrag als **Werkvertrag** eingeordnet, so ist § 649 BGB anwendbar. Das setzt bei der Abrechnung aber voraus, dass der Projektsteuerer die erbrachten Leistungen spezifiziert und die Vergütung für die erbrachten Leistungen substantiiert darlegt und von dem Anspruch auf die Vergütung für aufgrund der Kündigung nicht mehr erbrachten Leistungen nachvollziehbar abgrenzt (OLG Dresden, IBR 2003, 90). Dabei kann ohne Anhaltspunkte im Projektsteuerungsvertrag auf die Bewertung der Einzelleistungen nach dem AHO-Vertragsmuster zurückgegriffen werden (OLG Hamburg, NJW-RR 2003, 1670). Zudem kommt § 649 S. 3 BGB in Betracht, wonach für die zukünftigen und noch nicht ausgeführten Leistungen eine Pauschale von 5% des Wertes der Leistungen angesetzt werden kann. **820**

Auch die **Kündigung aus wichtigem Grund** ist zulässig, weil das Recht zur freien Kündigung meist vertraglich ausgeschlossen wird (BGH, BauR 2005, 1772 = NZBau 2005, 509). Allerdings treffen den Projektsteuerer besonders umfangreiche Informationspflichten (OLG Dresden, NJW-RR 2000, 652 – Projektmitarbeiterkündigung). Auch führen Elemente des persönlichen Vertrauens eines Projektsteuerervertrages zu gesteigerten Loyalitätspflichten, so dass der Versuch einer Irreführung des Auftraggebers mit eigenen Vorteil für eine Kündigung aus wichtigem Grund ausreichend sein kann (BGH, BauR 1999, 1469 = NZBau 2000, 29); auch die Behauptung an Dritte, dass der Auftraggeber angeblich seine Pflichten aus dem Projektsteuerungsvertrag nicht einhält (OLG Karlsruhe, IBR 2005, 385) stellt eine grobe Vertragsverletzung dar.

Bei einem **vorzeitig gekündigten** Projektsteuerungsvertrag wird die Vergütung für bereits erbrachte Leistungen nach §§ 631, 632 BGB ermittelt. Die bis zur Kündigung nicht erbrachten Leistungen, die aber fällig gewordene Teilleistungen darstellen, rechtfertigen eine anteilige **Minderung** des Honorars. Die Höhe der Minderung muss im Streitfall der Auftraggeber beweisen (u. a. durch Schätzung des Auftragswertes, OLG Naumburg, Beschl. v. 14.3.2014 – 2 Verg 1/14), wobei es dem Auftragnehmer im Rahmen einer sekundären Darlegungslast obliegt, die auf die nicht erbrachten Teilleistungen entfallenden Vergütungsanteile darzulegen. Für die nicht erbrachten Leistungen ist auf § 649 S. 2 BGB abzustellen, wenn der Projektsteuerer nach Kündigung die Arbeiten eingestellt und abgerechnet hat. Endet der Projektsteuerervertrag mit einer **Pauschalvergütungsabrede** vorzeigt, hat der Projektsteuerer den Umfang der erbrachten Leistungen wie auch die hierauf entfallende anteilige Pauschalvergütung darzulegen und zu beweisen. Die auf die erbrachten Leistungen entfallende anteilige Pauschalvergütung ist anhand des Verhältnisses der erbrachten Leistungen zum vertraglichen Leistungsumfang festzustellen. Dabei ist eine Vergütungsvereinbarung der Parteien mit einer prozentualen Aufteilung des Pauschalhonorars nach Leistungsphasen und Handlungsbereichen, wie sie die AHO-Leistungs- und Honorarordnung darstellt, zu berücksichtigen. Die konkrete Aufteilung kann das Gericht nach § 287 Abs. 2 ZPO vornehmen (OLG Frankfurt/M., Urt. v. 20.6.2008 – 8 U 131/05). Allerdings ist eine Vereinbarung in allgemeinen Geschäftsbedingungen unwirksam, wonach im Falle der Kündigung grundsätzlich 10% des Honorars zu zahlen sind (OLG Frankfurt/M., BauR 2007, 1107). **821**

5. Projektsteuererhonorar

Nach Wegfall des § 31 a. F. ist das Honorar frei vereinbar, ohne dass die Honorarvereinbarung schriftlich getroffen werden muss. Wird eine Regelung im Vertrag – schriftlich oder mündlich – nicht getroffen, so ist das Honorar beim Dienstvertrag gemäß § 612 Abs. 2 BGB in Ermangelung einer Taxe „als übliche Vergütung", beim Werkvertrag gemäß § 632 Abs. 2 BGB mangels einer Taxe ebenfalls „als übliche Vergütung" festzulegen. Eine Taxe stellt nicht der Vorschlag AHO/DVP i. S. d. § 632 Abs. 2 BGB dar (so auch Eschenbruch, Rn. 1221). Für die Üblichkeit der Vergütung gilt dann, was zur Zeit des Vertragsabschlusses nach Auffassung der beteiligten Kreise am Ort der Leistung für eine entsprechende Dienst- oder Werkleistung dieser Art als Vergütung gelten kann. Lässt sich eine übliche Vergütung nicht feststellen, dann ist der Projektsteuerer ausnahmsweise berechtigt, diese **822** nach §§ 313, 316 BGB zu bestimmen. So schlägt Neuenfeld (Neuenfeld/Baden/Dohna/ Groscurth, § 31 Rn. 14) eine zeitanteilige Festsetzung von Monat zu Monat vor. Pfarr (Stapelfeld, BauR 1994, 693) will eine anrechenbare projektkostengebundene Pauschalvergütung. Will (BauR 1994, 335, 348) hat eine differenzierte Honorartabelle entwickelt, die den Schwierigkeitsgrad des Projekts berücksichtigt. Nicht selten wird bei kleineren Projekten eine Vergütung nach Stundensätzen vereinbart. Auch eine Projezierung auf einen Mittelwert von 1,5 % der anrechenbaren Kosten als Projektsteuerungsvergütung ist denkbar. Werden **neben Leistungen der Objektplanung auch Projektsteuerungsleistungen** erbracht, so werden die Projektsteuerungsleistungen grundsätzlich vom Preisrecht der HOAI nicht erfasst (OLG Nürnberg, BauR 2001, 438 = NZBau 2001, 337; Eschenbruch NZBau 2001, 308). **Insbesondere findet § 15 auf die Projektsteuerungsverträge keine Anwendung** (BGH, BauR 2007, 724). Werden aber Leistungen der §§ 34, 43, 51, 55 HOAI neben den Projektsteuerungsleistungen erbracht, so wird man allgemein darauf abzuheben haben, wo der Schwerpunkt der Leistung liegt. Dabei allerdings muss Abgrenzungspunkt derjenige sein, daß sich die Leistungen klar trennen lassen und nicht jeweils auch unter isolierte oder immanente Besondere Leistungen fallen und auch nicht unter § 3 Abs. 2 fallen. Der Gesamtcharakter des Vertrages und der Leistungspflicht ist daher wesentlich (BGH, BauR 1998, 183). Der Projektsteuer unterliegt allerdings der HOAI, wenn Architekten- und Ingenieurleistungen einen wesentlichen Teil des Projektsteuerungsvertrags bilden (Eschenbruch, Rn. 1052 ff. und Eschenbruch, NZBau 2001, 308). In diesem Fall dürfen durch die Vereinbarung eines **einheitlichen Pauschalhonorars für Objektplanungs- und Projektsteuerungsleistungen** die preisrechtlichen Vorschriften des § 7 HOAI für die Architektenleistungen nicht umgangen werden. Dennoch scheidet mangels Inhaltsbestimmung und Honorartabelle in der HOAI ein Mindestsatzunterschreitung bzw. Höchstsatzüberschreitung aus. Ob eine unzulässige Mindestsatzunterschreitung oder Höchstsatzüberschreitung vorliegt, wenn das Pauschalhonorar insgesamt unter den Mindestsätzen für die separat zu kennzeichnenden Architektenleistungen liegt, ist durch Ermittlung dieser Leistungen und das Honorar zunächst zu ermitteln. In diesem Fall kann der Projektsteuerer aufgrund der nach § 7 Abs. 3 HOAI unwirksamen Honorarvereinbarung sein Honorar durch Vorlage einer konkreten Berechnung auf der Basis der Mindestsätze abrechnen. Das gilt bei Verträgen mit Schwerpunkt in Architektenleistungen. Liegt der Schwerpunkt in Projektsteuerleistungen, so wird man zugestehen müssen, dass eine unwirksame Honorarvereinbarung nach § 7 Abs. 3 nicht dazu führt, dass der Projektsteuerer zur Vorlage einer die Mindestsätze einhaltenden Berechnung der Vergütung gezwungen ist (BGH, BauR 2000, 1926 = NZBau 2001, 690; BGH, BauR 2005, 739). Hier reicht der Vortrag der Vereinbarung der Leistungen und des Honorars für wesentliche Projektsteuerungsleistungen aus. Bei der Kombination von Architekten- und Projektsteuerungsleistungen ist das aber schon wieder zweifelhaft, weil die Architektenleistungen definitiv dem Honorarrecht der HOAI unterliegen. Eine getrennte Abrechnung des Pauschalhonorars nach HOAI und nach Projektsteuerungsvertrag ist deshalb grundsätzlich erforderlich (a. A. Eschenbruch, NZBau 2001, 308, 309; Eschenbruch, Rn 1406; Motzke/Wolff S. 489; Werner/Pastor, Rn. 1430; ähnlich wie hier OLG Nürnberg, BauR 2001, 438 = NZBau 2001, 337; Schill, NZBau 2002, 203); das gilt auch und insbesondere in sämtlichen Kündigungsabrechnungen nach § 649 BGB.

823   Die Bewertung der Projektsteuererleistungen nach der AHO-Leistungs- und Vergütungsordnung lässt Teilleistungshonorare zu und damit auch die Feststellung der tatsächlich erbrachten Leistungen. Dies kann zu Minderungen führen, wenn nicht alle vertraglich notwendigen Leistungsteile erbracht wurden (so auch OLG Frankfurt/M., Urt. v. 20.6. 2008 – 8 U 131/05). Sind die erbrachten Leistungen und die darauf entfallende Vergütung festzustellen, können bei einem vereinbarten Leistungsbild nach § 204 AHO **Abzüge** wegen folgender Umstände vorgenommen werden:

Eine Vergütung für das Mitwirken beim Ermitteln des Raum-, Flächen- und Anlagenbedarfs und der Anforderungen durch das Bau- und Funktionsprogramm **(Grundleistungen 1 B 2)** entfällt, wenn ein Bau- und Funktionsprogramm überhaupt nicht erarbeitet worden ist.

Die anteilige Vergütung für die Projektbuchhaltung **(Grundleistung 1 C 4)** ist zu reduzieren, wenn die erforderliche Untergliederung hinsichtlich der einzelnen Haushaltsstellen nicht vorgenommen worden ist.

Eine Reduzierung der Vergütung für das Organisationshandbuch **(Grundleis-** **824** **tung 2 A 1)** ist angezeigt, wenn Fortschreibungen nicht vorgenommen worden sind.

Auch die anteilige Honorierung für das Projekthandbuch ist zu reduzieren, wenn die Projektziele nicht vollständig erfasst oder das Projekthandbuch nicht fortgeschrieben worden ist **(Grundleistung 2 A 2)**.

Besondere Bedeutung gewinnen sog. Bautestate für die Honorierung und die Fälligkeit **825** von Projektsteuererleistungen. Wenn im Rahmen der Finanzierung eines Projektes die Honorierung des Projektsteuerers vom Vorliegen eines Bautestates des auftraggebenden Bauherrn erforderlich ist, um dieses von der Bank auszahlen zu lassen, so ist der Auftraggeber zur Abgabe der Erklärung dann verpflichtet, wenn die Voraussetzung der Auszahlung vorliegen. Das dabei im Rahmen einer Forfaitierung abgegebene Bautestat ist ein deklaratorisches Schuldanerkenntnis im Verhältnis zwischen Auftraggeber und auszahlender Bank. Ein vereinbarter Einwendungsausschluss zwischen Auftragnehmer und Bank bezieht sich grundsätzlich nur auf das abgeschlossene Bautestat. Die Streitigkeiten über die Berechtigung der Forderungen des Auftragnehmers müssen im Zusammenhang mit der Erteilung des Bautestates geklärt werden. Auch Aufrechnungen des Auftragnehmers sind insoweit nicht ausgeschlossen. Im Umfang der bestehenden Forderungen aus den Werkverträgen hat der Unternehmer einen Anspruch gegen den Auftraggeber auf Erteilung eines Bautestates (OLG Naumburg, BauR 2009, 1171).

Projektsteuerhonorare können zudem frei vereinbar werden und damit auch Erfolgs- **826** komponenten enthalten. Vereinbaren die Vertragsparteien ein zusätzliches Erfolgshonorar, welches an einen Rentabilitätsfaktor anknüpft, der auf dem Verhältnis nicht beeinflussbarer Baukosten zu Mieterträgen beruht, so besteht grundsätzlich kein Anlass zur gerichtlichen Korrektur der sich daraus ergebenden Zusatzhonorare, selbst wenn diese insgesamt 9% der anrechenbaren Kosten ausmachen. Eine Aufklärungsverpflichtung über eine für den Auftraggeber gegebenenfalls nachteilige Erfolgsvergütung besteht zumindest dann nicht, wenn es sich bei den Beteiligten um erfahrene Marktteilnehmer handelt, die über die Vergütung intensiv verhandelt haben. Ein Abzug vom Honorar wegen nicht erbrachter Leistungen findet nur bei mangelhaften Projektsteuererleistungen statt (OLG Hamm, BauR 2008, 2062).

Teil C. Gesetz zur Regelung von Ingenieur- und Architektenleistungen – Kommentar

I. Zweck des Gesetzes

Das Gesetz zur Regelung von Ingenieur- und Architektenleistungen (IngAlG) vom **1** 4. November 1971 bildet die Ermächtigungsgrundlage für den Erlass der HOAI. Es ist Bestandteil (Art. 10) des **Gesetzes zur Verbesserung des Mietrechts und zur Begrenzung des Mietanstiegs sowie zur Regelung von Ingenieur- und Architektenleistungen.** Zweck dieses Gesetzes war es, die durch den damals erheblichen Nachfrageüberhang von Architekten- und Ingenieurleistungen und den Anstieg der Baupreise verzerrte Marktsituation auf dem Wohnungsmarkt für die Mieter bis zu einer endgültigen Lösung des Marktproblems zu mildern und sie vor unerträglichen Folgen der damaligen Marktsituation und den durch sie ermöglichten Auswüchsen zu schützen (Begründung der Bundesregierung, BTDrucks. VI/1549 S. 6). Diesen Zwecken sollte das Gesetz zur Regelung von Ingenieur- und Architektenleistungen „wenigstens mittelbar" dienen (Begründung a. a. O.). Dass die Höhe und die Bemessungsgrundlagen der Honorare für Leistungen der Architekten und Ingenieure die Baukosten und damit die **Wirtschaftlichkeit von Bauwerken** und Anlagen beeinflussen können, ist einleuchtend (vgl. Begründung S. 14). Diesem Sachverhalt trugen nach der Auffassung des Gesetzgebers (Begründung a. a. O.) die bisherigen Honorarregelungen nicht ausreichend Rechnung. Insbesondere wurde bemängelt, dass Planern kein materieller Anreiz gegeben wurden, durch **rationalisierungswirksame Besondere Leistungen** die Bau- und Nutzungskosten zu senken. Ein Zweck des Gesetzes zur Regelung von Ingenieur- und Architektenleistungen ist es danach, über das Gebührenrecht im langfristigen Interesse einer **Stabilisierung der Mieten** die Architekten und Ingenieure zu technisch-wirtschaftlich fortschrittlicher, das heißt rationeller und kostensparender, dabei aber qualitativ hochwertiger Bauweise anzuregen. Daneben sieht das Gesetz auch ein **Verbot der Architektenbindung im Zusammenhang mit dem Erwerb von Grundstücken** vor, um den Wettbewerb zu fördern.

II. Entstehungsgeschichte

In dem Entwurf der Bundesregierung (BTDrucks. VI/1549) bildete das Gesetz zur Re- **2** gelung von Ingenieur- und Architektenleistungen den Artikel 6. In der darin vorgesehenen Ermächtigung an die Bundesregierung zum Erlass von Gebührenordnungen für Ingenieure und Architekten war vorgesehen, dass **Mindest- und Höchstsätze** festgesetzt werden könnten, aber nicht müssten, und dass, falls der Verordnungsgeber Mindest- und Höchstsätze festsetzte, davon – von den Höchstsätzen nur unter besonderen Voraussetzungen (außergewöhnliche und ungewöhnlich lange dauernde Leistungen) – nur durch schriftliche Vereinbarung abgewichen werden dürfe. Der Rechtsausschuss des Bundestages änderte diese Vorschriften in zwei Punkten: Der Verordnungsgeber sollte verpflichtet werden, Mindest- und Höchstsätze festzulegen, und die Mindestsätze sollten nicht unterschritten werden dürfen. Grund für diese letztere Änderung war die Befürchtung des Ausschusses, Unterschreitungen der Mindestsätze könnten zu einer Minderung des Umfangs und der Qualität der Leistung führen (Schriftlicher Bericht, BTDrucks. VI/2421 S. 6). Während die zuerst genannte Änderung fortan unumstritten blieb, entzündeten sich an der Frage der **Unterschreitung der Mindestsätze** lebhafte Auseinandersetzungen (hierzu Neuenfeld BauR 1975, 302, 303/04). Der Bundestag nahm die vom Rechtsausschuss erarbeitete Fassung an. Der Bundesrat rief jedoch – auch wegen anderer Fragen – den Vermittlungsausschuss gemäß Art. 77 Abs. 2 GG an (BTDrucks. VI/2564) und zwar auf Antrag des Landes Baden-Württemberg (BRDrucks. 391/2/71), das die Zulässigkeit von Abweichungen von den Mindestsätzen wünschte. Das antragstellende Land befürchtete, dass die Unzulässigkeit der Unterschreitung der Mindestsätze bei wenig aufwändigen Leistungen, insbesondere bei kleineren Umbau- und Reparaturarbeiten, zu erheblichen Verteuerungen führen würde, die besonders die sozial schwächeren Kreise der Kleinhauseigentümer und Mieter treffen würde. Der Vermittlungsausschuss und danach auch der Bundestag stimmten diesem Vorschlag zu. Bei einer aus anderen Gründen erfolgten abermaligen Anrufung des Vermittlungsausschusses und der darauf folgenden Abstimmung im Bundestag blieb es bei der Fassung, nach der Vereinbarungen zur Unterschreitung der Mindestsätze in Ausnahmefällen zulässig sind. Dagegen waren aus Kreisen der Architektenschaft bis zuletzt Bedenken erhoben worden.

3   Auch das **Verbot der Architektenbindung** war in den Einzelheiten umstritten. In der Stellungnahme des Bundesrats (BTDrucks. VI/1549 S. 31) war gewünscht worden, das Bindungsverbot auch auf Unternehmer auszudehnen, um der Gefahr von Umgehungen vorzubeugen. Die Bundesregierung erwiderte darauf, durch eine solche Ausdehnung des Verbots werde die Tätigkeit von Wohnungsbauunternehmen, die Grundstücke erschließen und die erschlossenen Grundstücke für Rechnung der Erwerber im sogenannten Betreuungsbau bebauen ließen, unerwünscht behindert (*zu* BTDrucks. VI/1549 S. 4). Auch im Rechtsausschuss des Bundestages wurde ein entsprechender Antrag aus diesem Grund abgelehnt. Den Wohnungsbauunternehmen solle es möglich bleiben, ihre Planungen mit Hilfe von **Kopplungsverträgen** durchzusetzen (BTDrucks. VI/2421 S. 6). Dagegen folgte der Rechtsausschuss in einem anderen Punkt den Bedenken des Bundesrats: Die Bundesregierung hatte vorgeschlagen, eine Ausnahme von dem Bindungsverbot zuzulassen, wenn der Ingenieur (Architekt) Grundstückseigentümer sei (BTDrucks. VI/1549 S. 15). Den Einwand des Bundesrats, damit würden Umgehungen des Verbots durch Vorratskäufe ermöglicht (a. a. O. S. 31), sah die Bundesregierung nicht als schwerwiegend an (*zu* BTDrucks. VI/1549 S. 4). Der Rechtsausschuss betonte demgegenüber, dass die Umgehungsgefahr so erheblich sei, dass damit die gesamte Vorschrift entwertet werde (BTDrucks. VI/2421 S. 6). Dieser Auffassung schloss sich auch der Bundestag an.

III. Gegenstand der Regelung

4   Das Gesetz zur Regelung von Ingenieur- und Architektenleistungen enthält nur drei Paragraphen, zerfällt aber gleichwohl in zwei heterogene Teile: Die §§ 1 und 2 richten sich nur an den Verordnungsgeber und **ermächtigen** diesen **zum Erlass von Gebührenordnungen** für Leistungen der Ingenieure und Architekten in Form von Rechtsverordnungen. Diese Vorschriften haben für die am Baugeschehen Beteiligten keine unmittelbaren Auswirkungen: Solange die Bundesregierung von der Ermächtigung keinen Gebrauch gemacht hatte, konnten aus den Richtlinien, die der Gesetzgeber für die Gebührenbemessung gab, für niemanden Rechte und Pflichten hergeleitet werden. Auch nach dem Erlass der Honorarordnung ergeben sich Rechte und Pflichten der Beteiligten nur aus dieser selbst, nicht dagegen aus dem zugrunde liegenden Gesetz. Dieses ist nur insofern von Bedeutung, als nunmehr in Streitfällen jedermann geltend machen kann, das Gesetz stelle keine ausreichende Ermächtigungsgrundlage dar oder die Honorarordnung oder einzelne ihrer Vorschriften widersprächen zwingenden Weisungen des Gesetzgebers (vgl. hierzu die Kommentierung bei den einzelnen Vorschriften der HOAI). Darüber hinaus kann die Ermächtigung in Einzelfällen als **Auslegungshilfe** für inhaltlich unklare Vorschriften der HOAI in Betracht kommen, da davon auszugehen ist, dass der Verordnungsgeber den Weisungen des Gesetzgebers hat folgen wollen.

Von unmittelbarer Auswirkung ist dagegen § 3 des Gesetzes, der sich nicht an den Ver- **5** ordnungsgeber, sondern an die Allgemeinheit wendet. Durch diese Vorschrift werden bestimmte **Kopplungsgeschäfte verboten** und die Rechtsfolgen von Verstößen geregelt. Die Vorschrift ist unmittelbar und sofort wirksam; zusätzlicher Bestimmungen zu ihrer Inkraftsetzung oder Ausführung bedurfte es nicht (vgl. dazu im Einzelnen Art. 10 § 3 MRVG).

§ 1 Ermächtigung zum Erlass einer Honorarordnung für Ingenieure

(1) **Die Bundesregierung wird ermächtigt, durch Rechtsverordnung mit Zustimmung des Bundesrates eine Honorarordnung für Leistungen der Ingenieure zu erlassen. In der Honorarordnung sind Honorare für Leistungen bei der Beratung des Auftraggebers, bei der Planung und Ausführung von Bauwerken und technischen Anlagen, bei der Ausschreibung und Vergabe von Bauleistungen sowie bei der Vorbereitung, Planung und Durchführung von städtebaulichen und verkehrstechnischen Maßnahmen zu regeln.**

(2) **In der Honorarordnung sind Mindest- und Höchstsätze festzusetzen. Dabei ist den berechtigten Interessen der Ingenieure und der zur Zahlung der Honorare Verpflichteten Rechnung zu tragen. Die Honorarsätze sind an der Art und dem Umfang der Aufgabe sowie an der Leistung des Ingenieurs auszurichten. Für rationalisierungswirksame besondere Leistungen des Ingenieurs, die zu einer Senkung der Bau- und Nutzungskosten führen, können besondere Honorare festgesetzt werden.**

(3) **In der Honorarordnung ist vorzusehen, dass**

1. **die Mindestsätze durch schriftliche Vereinbarung in Ausnahmefällen unterschritten werden können;**

2. **die Höchstsätze nur bei außergewöhnlichen oder ungewöhnlich lange dauernden Leistungen überschritten werden dürfen;**

3. **die Mindestsätze als vereinbart gelten, sofern nicht bei Erteilung des Ingenieurauftrages etwas anderes schriftlich vereinbart ist.**

§ 2 Ermächtigung zum Erlass einer Honorarordnung für Architekten

(1) **Die Bundesregierung wird ermächtigt, durch Rechtsverordnung mit Zustimmung des Bundesrates eine Honorarordnung für Leistungen der Architekten (einschließlich der Garten- und Landschaftsarchitekten) zu erlassen. In der Honorarordnung sind Honorare für Leistungen bei der Beratung des Auftraggebers, bei der Planung und Ausführung von Bauwerken und Anlagen, bei der Ausschreibung und Vergabe von Bauleistungen sowie bei der Vorbereitung, Planung und Durchführung von städtebaulichen Maßnahmen zu regeln.**

(2) **In der Honorarordnung sind Mindest- und Höchstsätze festzusetzen. Dabei ist den berechtigten Interessen der Architekten und der zur Zahlung der Honorare Verpflichteten Rechnung zu tragen. Die Honorarsätze sind an der Art und dem Umfang der Aufgabe sowie an der Leistung des Architekten auszurichten. Für rationalisierungswirksame besondere Leistungen des Architekten, die zu einer Senkung der Bau- und Nutzungskosten führen, können besondere Honorare festgesetzt werden.**

(3) **In der Honorarordnung ist vorzusehen, dass**

1. **die Mindestsätze durch schriftliche Vereinbarung in Ausnahmefällen unterschritten werden können;**

2. **die Höchstsätze nur bei außergewöhnlichen oder ungewöhnlich lange dauernden Leistungen überschritten werden dürfen;**

3. die Mindestsätze als vereinbart gelten, sofern nicht bei Erteilung des Architektenauftrages etwas anderes schriftlich vereinbart ist.

I. Allgemeines

1   § 1 des Gesetzes ermächtigt die Bundesregierung, durch Rechtsverordnung mit Zustimmung des Bundesrats eine Honorarordnung für Ingenieure zu erlassen. § 2 enthält eine entsprechende Ermächtigung betreffend die Honorare der Architekten. Die beiden Vorschriften sind im Wortlaut nahezu gleich. Die Bundesregierung weist in ihrer Begründung (BTDrucks. VI/1549 S. 14) darauf hin. Sie hat bei dem Erlass der Honorarordnung aus der oft engen **Verflechtung von Ingenieur- und Architektenleistungen** die Folgerung gezogen, eine einheitliche Gebührenordnung zu erlassen, wenn sie zunächst auch nur die Architektenleistungen umfassend, die Ingenieurleistungen dagegen nur ausschnittsweise (Tragwerksplanung) geregelt hatte. Inzwischen sind jedoch auch die Ingenieurleistungen weitgehend in der HOAI geregelt. Deshalb erscheint es sachdienlich, die §§ 1 und 2 nicht getrennt, sondern gemeinsam zu erläutern.

II. Gegenstand der Ermächtigung

1. Honorare für Leistungen der Ingenieure

2   § 1 betrifft die Honorare für Leistungen der Ingenieure. Was unter einem **Ingenieur** zu verstehen ist, erläutern weder das Gesetz noch die Begründung. Auch aus der HOAI und der Begründung hierzu (BRDrucks. 270/76) sind keine zwingenden Schlüsse darauf zu ziehen, wessen Leistungen gemeint sind. Da es sich jedoch um eine Honorarordnung nicht so sehr für einen Berufsstand als vielmehr für **bestimmte Leistungen** handelt, wird man davon auszugehen haben, dass die Ermächtigung die Entgelte aller derjenigen Personen betrifft, die erlaubterweise Ingenieurleistungen erbringen, unabhängig davon, ob sie etwa berechtigt sind, die Berufsbezeichnung eines Ingenieurs zu führen. Nur diese **Auslegung im Sinne einer leistungsbezogenen und nicht einer personen- oder berufsstandsbezogenen Honorarordnung** kann letztlich dem Ziel des Gesetzes, den Mietanstieg zu begrenzen, dienen.

Als **Objekte ingenieurmäßiger Tätigkeit** werden Bauwerke und technische Anlagen sowie städtebauliche und verkehrstechnische Maßnahmen genannt. Die Ermächtigung lässt es dementsprechend auch zu, die Tätigkeit des Ingenieurs auf den Gebieten der Bautechnik (Bauwerke, Verkehrsbau, Siedlungsbau, Wasserbau), der Maschinentechnik (Maschinen-, Apparate- und Einrichtungstechnik, technische Gebäudeausrüstung), der Elektrotechnik (Energie-, Leit- und Nachrichtentechnik) sowie auf Sondergebieten, z.B. der Akustik und des Vermessungswesens, in die Gebührenregelung einzubeziehen. Für in der HOAI nicht geregelte Ingenieurleistungen gilt die HOAI dagegen nicht; das ergibt sich aus § 1 HOAI, wonach diese nur auf solche Grundleistungen Anwendung findet, die durch die Verordnung erfasst sind.

§ 1 Abs. 1 S. 2 nennt als Tätigkeiten, die der Gebührenregelung zu unterwerfen sind, Beratung, Vorbereitung, Planung und Ausführung (Durchführung). Damit ist die Tätigkeit des Ingenieurs umfassend beschrieben, vom frühesten Stadium der Konsultation bis zum Abschluss der Herstellungsphase, die auch die Abnahme und die Beratung und Unterstützung des Auftraggebers bei der Durchsetzung von Ansprüchen gegen die an der Herstellung (Durchführung) der geplanten und überwachten Objekte beteiligten Unternehmer umfasst.

2. Honorare für Leistungen der Architekten

§ 2, der die Gebühren der Architekten betrifft, lässt ebenso wie § 1 bezüglich der Inge- **3** nieure offen, was unter einem Architekten zu verstehen ist. Auch hier ist davon auszugehen, dass jede erlaubterweise erbrachte Architektenleistung der Gebührenregelung unterworfen ist.

Bei der Aufzählung der **Objekte der Tätigkeit** des Architekten ist schlechthin von Anlagen die Rede (nicht nur von technischen Anlagen, wie in § 1), während verkehrstechnische Maßnahmen nicht genannt sind. Diese Unterschiede beruhen darauf, dass die Arbeitsgebiete der Ingenieure und der Architekten einander zwar vielfach berühren, aber doch im Wesentlichen verschieden sind. Anders als bei den Ingenieurleistungen hat der Verordnungsgeber den **Ermächtigungsspielraum** bei den Architektenleistungen von Anfang an nahezu **voll ausgenutzt.** Er hat auch durch die Einbeziehung von Freianlagen und von landschaftsplanerischen Leistungen die Leistungen der Garten- und Landschaftsarchitekten erfasst, wie dies in § 2 Abs. 1 S. 1 des Gesetzes vorgesehen ist. Auch § 2 enthält die Grundlage für die Honorarregelungen für alle Stadien der Tätigkeit eines Architekten von der Beratung des Auftraggebers bis zur Ausführung des Werkes.

III. Weisungen des Gesetzgebers an den Verordnungsgeber

1. Umfassende Honorarregelung

Nach § 1 Abs. 1 S. 2, § 2 Abs. 1 S. 2 „sind" Honorare für Leistungen der Ingenieure **4** und der Architekten für die in Rn. 2 und 3 näher umschriebenen Tätigkeitsbereiche zu regeln. Es stellt sich die Frage, ob der Verordnungsgeber durch diese imperative Formulierung **verpflichtet** worden ist, den **Ermächtigungsrahmen auszuschöpfen,** ob es ihm also verboten ist, von den im Gesetz genannten Leistungen nur einen Teil zu regeln. Diese Frage ist zu verneinen. Eine Ermächtigung zum Erlass einer Rechtsverordnung nach Art. 80 GG enthält in der Regel nicht zugleich eine Verpflichtung der Bundesregierung, alsbald oder doch innerhalb eines bestimmten Zeitraums von der Ermächtigung Gebrauch zu machen, es sei denn, der Gesetzgeber hat eine solche Verpflichtung ausdrücklich ausgesprochen. Ist es der Regierung aber freigestellt, ob sie überhaupt die Ermächtigung ausnutzen will, dann kann es ihr auch grundsätzlich nicht verboten sein, einen nur teilweisen Gebrauch davon zu machen, es sei denn, dass die teilweise Ausnutzung der Ermächtigung zu einem deren Zweck und Inhalt widersprechenden Ergebnis führen würde (BVerfGE 13, 248, 254/55; 16, 332, 338). Davon kann hier letztlich wohl keine Rede sein. Insbesondere wird die Wirksamkeit der anderen durch das Gesetz zur Verbesserung des Mietrechts usw. getroffenen Maßnahmen nicht dadurch beeinträchtigt, dass die Honorare der Ingenieure nicht von Anfang an, sondern erst nach und nach in den verschiedenen Änderungsverordnungen umfassend geregelt worden sind. Trotz des Wortlauts, den der Gesetzgeber gewählt hat, wird die Bundesregierung demnach nicht verpflichtet, den Ermächtigungsrahmen vollständig auszuschöpfen. § 1 HOAI kann deshalb den Anwendungsbereich auf die Grundleistungen beschränken.

2. Mindest- und Höchstsätze

a) Preisrechtliche Gesichtspunkte

5   Die Ermächtigung bezieht sich zunächst auf die Festsetzung von **Höchstsätzen** (§ 1 Abs. 2 S. 1, § 2 Abs. 2 S. 1). Dieser Bestimmung misst die Begründung der Bundesregierung (BTDrucks. VI/1549 S. 14) besondere Bedeutung zu und verweist in diesem Zusammenhang auf die Zielsetzung des Gesetzes, zur Begrenzung des Mietanstiegs beizutragen (vgl. auch BRDrucks. 270/76, Begründung S. 2). Die Höchstsätze, deren Festsetzung der Gesetzgeber bindend vorgeschrieben hat (a. a. O. S. 8; vgl. auch den Schriftlichen Bericht des Rechtsausschusses, BTDrucks. VI/2421 S. 6), stellen eine zwingende **preisrechtliche Begrenzung der Vertragsfreiheit** der Parteien dar, ebenso wie dies bei den Sätzen der GOA nach § 1 Abs. 2 VO PR Nr. 66/50 der Fall war. In dieser gesetzlichen Begrenzung der Vertragsfreiheit liegt kein Verstoß gegen zwingende Regelungen des Gesetzes gegen Wettbewerbsbeschränkungen (GWB), da dieses Gesetz nicht anzuwenden ist, soweit staatliches Recht der Vertragsfreiheit der Angehörigen der freien Berufe Grenzen setzt (BGH WuW/E 1474, 1477; BVerfG NJW 1980, 2124).

b) Marktwirtschaftliche Gesichtspunkte

6   Ebenso zwingend in der Ermächtigung vorgeschrieben ist die Einführung von **Mindestsätzen.** Deren Festsetzung soll marktwirtschaftlichen Gesichtspunkten dienen, den Verhandlungsspielraum der Vertragschließenden verdeutlichen und verhindern, „dass aus Höchstsätzen in der Praxis Festsätze werden" (BTDrucks. VI/1549 S. 14) oder diese wie bei der GOA zur üblichen Vergütung im Sinne des § 632 Abs. 2 BGB werden. Die Ermächtigungsgrundlage lässt jedoch nicht erkennen, in welchem Verhältnis die Höchstsätze zu den Mindestsätzen stehen sollen, wie hoch also die Unterschiede (absolut oder prozentual) zwischen Mindest- und Höchstsätzen sein sollen. Einen gewissen Anhaltspunkt dafür bietet lediglich die Bestimmung (§ 1 Abs. 2 S. 2, § 2 Abs. 2 S. 2), dass bei der Festsetzung den berechtigten Interessen der Beteiligten Rechnung zu tragen sei. Damit ist, wenn auch ohne brauchbare Begrenzung, jedenfalls ausgesprochen, dass die **Unterschiede zwischen Mindest- und Höchstsätzen** nicht so groß sein dürfen, dass durch die Mindestbeträge eine angemessene Entlohnung verhindert, durch die Höchstbeträge ein unangemessen hohes Entgelt gewährt würde.

c) Regelcharakter der Mindestsätze

7   Nach § 1 Abs. 3 Nr. 3, § 2 Abs. 3 Nr. 3 wird dem Verordnungsgeber, gleichfalls bindend, vorgeschrieben, in der Honorarordnung vorzusehen, dass die **Mindestsätze als vereinbart** gelten, sofern nicht bei der Erteilung des Architekten-(Ingenieur-)Auftrags etwas anderes schriftlich vereinbart worden ist. Die Vorschrift soll der Rechtsklarheit dienen (BTDrucks. VI/1549 S. 14). Der Verordnungsgeber hat dieser Anweisung durch § 4 Abs. 2 u. 4 HOAI Fassung 1977 (aktuell § 7 Abs. 3 u. 5) Rechnung getragen. Dem Gebot der Rechtsklarheit hätte auch allein das Erfordernis der Schriftform genügt. Das zusätzliche Verlangen der **schriftlichen Honorarvereinbarung bei Auftragserteilung** fördert das Ziel einer Kostenreduzierung. Ein Bauherr kann so während der (unveränderten) Bauausführung nicht dem Druck nachträglicher Honorarforderungen ausgesetzt werden.

d) Zulässige Abweichungen

Abweichungen von dem Honorarrahmen der Höchst- und Mindestsätze sind in der Ermächtigungsnorm nach zwei Richtungen möglich:

aa) Abweichung von den Mindestsätzen

8   Es ist vorzusehen, dass die Mindestsätze durch schriftliche Vereinbarung in Ausnahmefällen (§ 1 Abs. 3 Nr. 1; § 2 Abs. 3 Nr. 1) unterschritten werden können. Diese Bestimmung

ist lange umstritten gewesen. Nach dem ursprünglichen Gesetzestext war die Wirksamkeit der Abweichung nach unten nur an die Einhaltung der Schriftform geknüpft. Auch die Begründung der Bundesregierung (BTDrucks. VI/1549 S. 14) ließ nicht erkennen, dass weitere Zulässigkeitsvoraussetzungen aufgestellt werden sollten. Der auf die Wiedereinführung dieser Bestimmung zielende Antrag des Landes Baden-Württemberg (BRDrucks. 391/2/71) war zwar motiviert durch den Wunsch nach Zulässigkeit der Mindestsatzunterschreitung wegen der Befürchtung, man könne anders den Umständen des Einzelfalles bei wenig aufwändigen Leistungen nicht gerecht werden – die Begründung zur HOAI greift diesen Gesichtspunkt wieder auf, vgl. BRDrucks. 270/76, S. 9 –, enthält aber in seinem Textvorschlag ebenso wenig eine Beschränkung auf sachlich umgrenzte Fallgruppen. Der Gesetzgeber hatte daher dem Verordnungsgeber zunächst vorgeschrieben, die schriftliche Vereinbarung der Mindestsatzunterschreitung ohne weitere Voraussetzungen zuzulassen. Dieser Anforderung entsprach auch zunächst der Entwurf der Bundesregierung zur HOAI. Auf Betreiben des Bundesrats ist aber § 4 Abs. 2 HOAI a. F. so gefasst worden, dass die **Mindestsätze nur „in Ausnahmefällen" unterschritten** werden können. Diese Beschränkung war aber, wie das BVerfG entschieden hat (BauR 1982, 74 = ZfBR 1982, 35), durch die Ermächtigung nicht gedeckt und daher wirkungslos.

Diese Entscheidung des BVerfG war dann Anlass für den Gesetzgeber, die Ermächtigungsgrundlage entsprechend zu ändern, wie dies mit dem Änderungsgesetz vom 12. November 1984 (BGBl. I, S. 1337) durch Einfügung der sachlichen Voraussetzung für die Unterschreitung der Mindestsätze „in Ausnahmefällen" in § 1 Abs. 3 Nr. 1 und § 2 Abs. 3 Nr. 1 des Gesetzes zur Regelung von Ingenieur- und Architektenleistungen geschehen ist.

Die Möglichkeit der Unterschreitung von Mindestsätzen bleibt damit auf Ausnahmefälle beschränkt. Soweit § 6 Abs. 2 HOAI 2009, dem § 6 Abs. 3 HOAI 2013 entspricht, den Parteien die Möglichkeit eröffnet, Vereinbarungen zu einem – auch unterhalb der Mindestsätze liegenden – Honorar noch vor dem Erbringen von Planungsleistungen auf der Grundlage einer Baukostenvereinbarung zu treffen, wird die Beschränkung auf einen Ausnahmefall dadurch verlassen. Auch wenn die einvernehmlich festgelegten Baukosten nachprüfbar sein müssen, bleibt dennoch die Möglichkeit einer Mindestsatzunterschreitung, denn allein die Nachprüfbarkeit der vereinbarten Baukosten schließt nicht aus, dass sie unterhalb der tatsächlichen Baukosten vereinbart werden. Eine solche Möglichkeit kann aber nicht mehr als der von der Ermächtigungsgrundlage zwingend geforderte Ausnahmefall angesehen werden. **Damit ist § 6 Abs. 2 HOAI 2009 nicht von der Ermächtigungsgrundlage gedeckt und infolge dessen unwirksam (BGH Urt. v. 24.4.2014, VII ZR 164/13). Für den inhaltsgleichen § 6 Abs. 3 HOAI 2013 kann nichts anderes gelten.**

bb) Überschreitung der Höchstsätze

Nach § 1 Abs. 3 Nr. 2, § 2 Abs. 3 Nr. 2 ist in der Honorarordnung vorzusehen, dass die **9** **Höchstsätze** nur bei außergewöhnlichen oder ungewöhnlich lange dauernden Leistungen **überschritten** werden dürfen. Aus § 1 Abs. 3 Nr. 1, § 2 Abs. 3 Nr. 1 ergibt sich, dass der Verordnungsgeber gehalten ist, die Zulässigkeit der Höchstsatzüberschreitung nicht nur von den oben genannten sachlichen Voraussetzungen abhängig zu machen, sondern zusätzlich von einer schriftlichen Vereinbarung der Parteien. Diese Aufforderung an den Verordnungsgeber ergibt sich auch aus der jeweiligen Nr. 3 der genannten Bestimmungen, nach der mangels anderweitiger schriftlicher Vereinbarung bei Auftragserteilung die Mindestsätze als vereinbart gelten sollen.

Der Verordnungsgeber hat den genannten Weisungen in § 7 Abs. 4 HOAI Rechnung getragen. Er hat dabei auch den Versuch unternommen, die sachlichen Voraussetzungen der Höchstsatzüberschreitung von anderen Tatbestandsmerkmalen zu unterscheiden, an die schon die Honorargestaltung anknüpft (Honorarzonen, Mindestsatzüberschreitung).

3. Bemessungsgrundlagen

Das Gesetz gibt in § 1 Abs. 2 S. 2 und 3, § 2 Abs. 2 S. 2 und 3 Anhaltspunkte dafür, woran sich die Bemessungsgrundlagen für die Honorarberechnung auszurichten haben.

a) Art und Umfang der Aufgabe

10 Die Honorarsätze sind an der **Art und** dem **Umfang der Aufgabe** auszurichten. Die Begründung der Bundesregierung spricht demgegenüber von dem Wert und dem Umfang der Aufgabe (BTDrucks. VI/1549 S. 14). Das lässt den Schluss zu, dass die Formulierung des Gesetzes begrifflich nicht scharf umrissen ist, sondern dass lediglich zum Ausdruck gebracht werden sollte, dass die allgemeine Charakteristik der Aufgabe ein Anhaltspunkt für die Honorarbemessung sein soll. Die beiden Begriffe „Art" und „Wert" haben soviel gemein, als in der Regel die Bewältigung einer ihrer Art nach ungewöhnlichen und komplizierten Aufgabe auch von besonderem Wert für den Auftraggeber ist. Ist so mit dem Begriff der Art der Aufgabe die **Qualität** der (Soll-)Leistung angesprochen, so wird man den Begriff des Leistungsumfangs auf die **Quantität** zu beziehen haben. Sucht man in der HOAI nach Vorschriften, die diesen nicht gerade deutlich umschriebenen Vorstellungen des Gesetzgebers gerecht werden, dann ist festzustellen, dass die Honorarzonen (mit Objektlisten) und Schwierigkeitsstufen die Art der Aufgabe als **qualitatives Element** betreffen, während in der Abhängigmachung der Honorarhöhe von den Kosten in den Honorartafeln das **quantitative Element,** das dem Begriff des Umfangs der Aufgabe entspricht, zum Ausdruck gekommen ist.

b) Leistung des Auftragnehmers

11 Die genannten Vorschriften bezeichnen als einen weiteren Anknüpfungspunkt die **Leistung des Auftragnehmers.** Es kann zweifelhaft sein, was damit gemeint ist. Die Begründung der Bundesregierung gibt keinen näheren Aufschluss. Da der Ingenieur (Architekt) vertraglich zu mangelfreier Leistung unter Beachtung der anerkannten Regeln der Baukunst und der Technik verpflichtet ist, kann mit dieser Bestimmung nicht gemeint sein, dass etwa minderwertige, fehlerhafte Leistungen geringer honoriert werden sollen. Über die Frage, ob der Ingenieur (Architekt) sein Honorar ungeschmälert erhält, entscheidet allein das Werkvertragsrecht des BGB. Die HOAI bezieht sich nur auf die **vertragsgemäße Leistung** und bestimmt dafür das Honorar. Man wird deshalb annehmen müssen, dass nicht an die tatsächliche Vertragsgemäßheit der Leistung angeknüpft werden soll, sondern an die Anforderungen hierfür. Damit kommt der Begriff der Leistung des Auftragnehmers dem der Art der Aufgabe sehr nahe; ob überhaupt unterschiedliche Bemessungsgrundlagen gemeint sind, erscheint nicht sicher. Am ehesten wird man noch annehmen können, dass individuelle **Besonderheiten der einzelnen Leistung,** die den Architekten zu erhöhtem planerischen, organisatorischen und zeitlichen Aufwand nötigen, Berücksichtigung bei der Honorarbemessung finden sollen. Man sieht aber, wie groß die Nähe zu den in § 1 Abs. 3 Nr. 2, § 2 Abs. 3 Nr. 2 angeführten außergewöhnlichen Leistungen ist. In erster Linie soll aber damit die Leistungsbezogenheit des Honorars zum Ausdruck gebracht werden.

c) Interessenausgleich

12 Die Honorarbemessung soll den **berechtigten Interessen** der Architekten und Ingenieure und der Zahlungspflichtigen, also der Auftraggeber, genügen. Diese Bestimmung besagt im Grunde nichts, als was für eine gesetzliche Honorarregelung selbstverständlich ist, dass nämlich die Belange beider Vertragspartner in angemessener Weise zu beachten sind. Die Bestimmung könnte deshalb nur dann ein brauchbares Kriterium für die Honorarbemessung abgeben, wenn sie diejenigen Gesichtspunkte aufführen würde, die bei der gebotenen Interessenabwägung beachtet werden sollen, etwa der Grundsatz der Kostendeckung und das berechtigte Interesse an einer angemessenen Gewinnerzielung auf Seiten des Auftragnehmers, die Grundsätze der Wirtschaftlichkeit des Objekts auf Seiten des Auftraggebers. Da der Gesetzgeber solche Hinweise nicht gegeben hat – auch die Begründung der Bundesregierung wiederholt lediglich den Gesetzeswortlaut ohne jede Erläuterung (BTDrucks. VI/1549 S. 14) –, ist die Vorschrift inhaltlos und hätte ebenso gut fehlen können. Demzufolge lässt sich diesem Bemessungskriterium auch keine besondere Vorschrift der HOAI zuordnen.

4. Rationalisierungswirksame besondere Leistungen

Nach § 1 Abs. 2 S. 4 und § 2 Abs. 2 Satz 4 „können" besondere Honorare für rationali- **13**
sierungswirksame besondere Leistungen, die zu einer **Senkung der Bau- und Nutzungskosten** führen, festgesetzt werden. Diese Vorschrift scheint in der Vorstellung des
Gesetzgebers eine große Rolle gespielt zu haben; denn sie ist in der Begründung der Bundesregierung nicht nur eingehender erläutert als andere gesetzliche Tatbestandsmerkmale,
sondern sie ist bereits in der Vorbemerkung zu der Gesetzesbegründung (BTDrucks. VI/
1549 S. 14) angesprochen. Offenbar sollte diese Vorschrift das gedankliche Bindeglied zu
den übrigen gesetzgeberischen Maßnahmen des Gesetzes zur Verbesserung des Mietrechts
und zur Begrenzung des Mietanstiegs sowie zur Regelung von Ingenieur- und Architektenleistungen darstellen, denn die Förderung des rationellen Wohnungsbaus durch finanzielle Anreize für den Planer erschien dem Gesetzgeber geeignet, zur Begrenzung des
Mietanstiegs einen Beitrag zu leisten. Vertragsrechtlich mag diese Bestimmung schon bedenklich erscheinen (vgl. Hesse BauR 1971, 24): Die bestmögliche Nutzung anerkannter
rationalisierungswirksamer Techniken kann in der Regel keine Sonderhonorierung beanspruchen, weil der Auftragnehmer hierzu meist bereits vertraglich verpflichtet ist, die Ver-
nachlässigung solcher Techniken also eine Vertragsverletzung darstellen kann, so dass die
Beachtung der anerkannten Regeln der Technik begrifflich nur die Regelhonorierung auslösen kann. Die Anwendung revolutionärer neuer, noch unerprobter und noch nicht zum
anerkannten Stande der Technik gehörender Maßnahmen aber zum Ausgangspunkt einer
Sondervergütung zu machen, ist ebenso bedenklich; denn der Bauherr darf nicht verpflichtet werden, die risikoreiche Experimentierfreude des Planers zu finanzieren. Der Verordnungsgeber hat diesen Bedenken weitgehend Rechnung getragen und die Möglichkeit
einer **Sonderhonorierung in § 7 Abs. 6 HOAI n. F.** (§ 29 a. F.) auf **wesentliche Kostensenkungen** beschränkt und sie zusätzlich an die Wahrung der an das Objekt gestellten
Anforderungen und eine schriftliche Vereinbarung gebunden. Damit ist der Verordnungsgeber sicher hinter den Zielvorstellungen des Gesetzgebers zurückgeblieben; aber diese
Lösung passt ohne Zweifel besser in das System des Werkvertragsrechts als eine Regelung,
wie sie dem Gesetzgeber anscheinend vorgeschwebt hat. Man kommt freilich nicht um die
Feststellung herum, dass damit auch eine Lockerung des Zusammenhangs des Gebühren-
rechts mit den übrigen Maßnahmen, die der Gesetzgeber im Rahmen des Gesetzes zur
Verbesserung des Mietrechts usw. getroffen hat, eingetreten ist. Dies gilt umso mehr, als die
Sonderhonorierung für entsprechende Leistungen damit erheblich an praktischer Bedeutung verloren hat, wenn nicht gar völlig bedeutungslos ist.

IV. Verfassungsmäßigkeit der Ermächtigungsgrundlage

Nach Art 80 Abs. 1 S. 2 GG müssen Inhalt, Zweck und Ausmaß der dem Verordnungs- **14**
geber erteilten Ermächtigung im Gesetz bestimmt werden. Fehlt es an einem dieser Erfordernisse, dann verstößt die Ermächtigungsnorm gegen zwingendes Verfassungsrecht; auch
eine auf ihr beruhende Rechtsverordnung ist dann mangels wirksamer Grundlage unwirksam (Maunz/Dürig/Herzog, Grundgesetz, Art. 80 Rdn. 27). Die Vorschrift ist im Interesse
der Wahrung der Gesetzgebungskompetenz der gesetzgebenden Körperschaften streng zu
handhaben (Jarass/Pieroth, Grundgesetz, 7. Aufl., Art. 100; OLG Düsseldorf BauR 2008,
546). Art. 80 Abs. 1 S. 2 GG zwingt den Gesetzgeber, die entscheidenden Vorschriften
selbst zu setzen, damit der Bürger erkennen kann, mit welcher Tendenz von der Ermächtigung Gebrauch gemacht werden darf (BVerfGE 1, 14, 60; 5, 71, 76; 7, 282, 301; 15, 153,
160; 19, 17, 30; 24, 1, 15; Leibholz/Rinck, Grundgesetz, Art. 80 Anm. 7; Model/Müller,
Grundgesetz, Art. 80 Anm. 3). Angesichts dieser Maßstäbe sind gegen die **Verfassungsmäßigkeit der Ermächtigung** mehrfach **Bedenken** erhoben worden, weniger gegen
die Bestimmtheit des Gegenstands und des Zwecks, als vielmehr des Ausmaßes der Ermächtigung (vgl. z.B. Hesse BauR 1975, 170, 171/172; Crome DArchBl. 1977, 283; Beigel DArchBl. 1980, 217; a.M. Vollmer DArchBl. 1978, 659, 660). Die Kritik richtete sich

dagegen, dass das Gesetz nur eine allgemeine Richtung für das Tätigwerden des Verordnungsgebers andeute, dass die Honorarbemessungskriterien unbestimmt, teilweise sogar inhaltlos seien (vgl. dazu noch die 3. Auflage §§ 1, 2 GIA Rdn. 14). Die **Rechtsprechung** hat dagegen bisher **keine Bedenken** gegen die Verfassungsmäßigkeit der Ermächtigung gehabt (zum Kopplungsverbot BVerfG v. 16.6.2011 – 1 BvR 2394/10; vgl. auch BGH Urt. v. 25.9.2008 – VII ZR 174/07; OLG Düsseldorf BauR 2008, 546). Das Bundesverfassungsgericht teilt in seiner Entscheidung vom 20. Oktober 1981 – 2 BvR 201/80 –, abgedruckt u.a. BauR 1982, 74 und ZfBR 1982, 35, die genannten Bedenken ebenso wenig. Es hat entschieden, dass Art. 10 § 2 MRVG – und das muss wegen der Übereinstimmung der Vorschriften auch für § 1 gelten – den Erfordernissen des Art. 80 Abs. 1 GG genügt. Insbesondere zur Frage des Ausmaßes der Ermächtigung hat das BVerfG ausgeführt: Zwar seien die Bemessungskriterien für die Höhe der Gebühren in dem Gesetz nicht im Einzelnen beschrieben, so dass dem Verordnungsgeber ein Spielraum bei der Auswahl der Bewertungsmerkmale verbleibe. Das sei jedoch unschädlich. In den Fällen, in denen der Staat mit dem Mittel der Entgeltfestsetzung in einen Wirtschaftsablauf eingreife, sei **dem Bestimmtheitserfordernis genüge getan,** wenn die Ermächtigung die Faktoren festlege, die der Regelung zugrunde zu legen seien, sofern diese geeignet und zureichend seien, die Entscheidung des Verordnungsgebers zu bestimmen und zu begrenzen (BVerfGE 42, 191, 203). Das sei der Fall: Welche Gebühren bei einzelnen Architektenleistungen festzusetzen seien, um den Auftraggeber vor überzogenen Forderungen zu bewahren und dem Architekten die **angemessene Vergütung** zu sichern, lasse sich aus Art und Umfang der Aufgabe und der Leistung des Architekten ermitteln, also aus den vom Gesetz genannten Kriterien. Das genüge der Verfassung; die weiteren Einzelheiten hätten dem Verordnungsgeber überlassen werden dürfen (BauR 1982, 74, 76 = ZfBR 1982; 35, 37). Dies wurde durch die Entscheidung v. 16.6.2011, insb. mit Hinw., dass kein Eingriff in die Freiheit der Berufswahl vorliege, festgestellt.

Dass in der Begrenzung der Vertragsfreiheit durch die Ermächtigung zum Erlass einer in verschiedener Hinsicht die Vertragspartner auch gegen ihren Willen bindenden Honorarordnung keine Verletzung des Rechts- und Sozialstaatsprinzips liegt, hat das BVerfG wiederholt ausgesprochen (BVerfGE 8, 274, 329; BVerfG NJW 1980, 2124).

Die weitere Frage, ob der Verordnungsgeber sich im Rahmen der gesetzlichen Ermächtigung gehalten hat, – auch ein Verstoß gegen diese Pflicht würde die Unwirksamkeit zumindest von Teilen der Verordnung auslösen – ist bei der Erläuterung der einzelnen Vorschriften der HOAI zu behandeln.

§ 3 Unverbindlichkeit der Kopplung von Grundstückskaufverträgen mit Ingenieur- und Architektenverträgen

Eine Vereinbarung, durch die der Erwerber eines Grundstücks sich im Zusammenhang mit dem Erwerb verpflichtet, bei der Planung oder Ausführung eines Bauwerks auf dem Grundstück die Leistungen eines bestimmten Ingenieurs oder Architekten in Anspruch zu nehmen, ist unwirksam. Die Wirksamkeit des auf den Erwerb des Grundstücks gerichteten Vertrages bleibt unberührt.

Übersicht

I. Allgemeines

1. Kopplungsgeschäfte auf dem Grundstücksmarkt

Auf dem Grundstücks- und Baumarkt hatte sich in den 60er Jahren eine besondere **1** Form des Kopplungsgeschäfts ausgebreitet (vgl. BGH BauR 1973, 117/118 = NJW 1973, 315; OLG Düsseldorf BauR 1970, 186, 187): Grundstückseigentümer, oft solche, die im Zuge der „Baureifmachung" ihres Geländes fachliche oder auch geschäftliche Unterstützung eines Architekten (seltener eines Ingenieurs) in Anspruch genommen hatten, überließen diesem zusätzlich die Vermittlung der Veräußerung der Baugrundstücke an bauwillige Käufer. Die Vergütung, die der Eigentümer dem Architekten für die Leistung, die eigentlich berufsfremd war und mehr der Tätigkeit eines Maklers entsprach, zusagte, bestand vielfach darin, dass sich der Grundstückseigentümer verpflichtete, Grundstücke nur an solche Interessenten zu veräußern, die ihrerseits die Verpflichtung eingingen, das Bauwerk durch eben diesen Architekten planen und dessen Errichtung durch ihn überwachen zu lassen. Das Grundstück wurde **„architektengebunden"** veräußert. Da es sich häufig um Veräußerungen ehemals zusammenhängenden, z.B. bäuerlichen Landbesitzes im Zuge der Erschließung neuer Wohngebiete handelte, erlangte der mit der Vermittlung der Veräußerung beauftragte Architekt oft eine starke Stellung: Es konnte geschehen, dass für Interessenten am Erwerb eines Baugrundstücks in einem neu erschlossenen Wohngebiet die Beauftragung eines bestimmten Architekten, unabhängig von dessen fachlichen Eigenschaften und stilistischen Vorstellungen, so gut wie unvermeidbar war.

Solchen Kopplungsgeschäften versagt § 3 des Gesetzes die rechtliche Anerkennung. Die- **2** ses Verbot der **Architektenbindung** in Art. 10 § 3 MRVG hat entgegen den voranstehenden §§ 1 und 2, die eine bloße gesetzliche Ermächtigung für den Verordnungsgeber enthalten, unmittelbare rechtliche Wirkung, d.h. es bedurfte nicht erst noch des Erlasses einer entsprechenden Verordnung, sondern das Kopplungsverbot wirkt unmittelbar auf entsprechende **Grundstückskaufverträge mit Architekten- bzw. Ingenieurbindung.** Bewirkt wird damit eine Nichtigkeit der Bindung des Erwerbers und damit die **Nichtigkeit eines bereits abgeschlossenen Architekten- und/oder Ingenieurvertrages –** ohne zugleich auch eine Nichtigkeit des Grundstückserwerbsvertrages herbeizuführen.

Seit dem Inkrafttreten dieses Kopplungsverbotes am 10. November 1971 hat es eine **Vielzahl von Rechtsstreitigkeiten** über die Voraussetzungen und Grenzen dieses Kopplungsverbotes und dessen Rechtsfolgen gegeben. Das Gesetz selbst und die Rechtsprechung dazu haben in den Jahren seit dem Inkrafttreten bewirkt oder jedenfalls dazu beigetragen, dass die vorher vorhandenen und ständig zunehmenden Wettbewerbsverfälschungen und -beschränkungen unter den Architekten und Ingenieuren zurückgedrängt wurden und die Architekten und Ingenieure sich wieder allein ihrem ureigensten Aufgabenfeld widmen konnten, ohne zugleich die berufsfremden Tätigkeiten eines Maklers ausüben zu müssen, um Aufträge zu erhalten und erfolgreich tätig sein zu können. So gesehen hat das Verbot der Architektenbindung sicherlich Erfolg gehabt. Ob es aber heute unter den veränderten wirtschaftlichen Verhältnissen auf dem Bau- und Grundstücksmarkt nach mehr als 35 Jahren noch notwendig ist, ist fraglich.

Das **Kopplungsverbot sollte deshalb auf die Fälle beschränkt werden, in denen die Gefahr einer Beschränkung der Vertragsfreiheit des Bauherrn besteht.** In diesem Sinn hatte sich der BGH bereits gegen die Anwendbarkeit des Kopplungsverbots in Fällen ausgesprochen, in denen **der Bauherr selbst den Architekten veranlasst hat, ein Grundstück zu vermitteln, und ihm gleichzeitig die Beauftragung als Architekt in Aussicht stellte.** Entscheidend war hier, dass die Initiative gerade vom potentiellen Bauherrn ausging. Er wurde damit selbst als Auslöser der Kopplung gesehen, folglich bedurfte er gerade nicht eines Schutzes durch das Kopplungsverbot. Die Anwendung des Kopplungsverbots würde hier in die grundrechtlich geschützte Berufsfreiheit (Art. 12 Abs. 1 GG) eingreifen (BGH BauR 2008, 2059).

Diese Rechtsprechung hat der VII. Zivilsenat des Bundesgerichtshofs mit seiner Entscheidung vom 22.7.2010 fortgesetzt (NJW 2010, 3154). In der Entscheidung wurde festgehalten, dass der auf Honorar verklagte Bauherr *„auf Grund der äußere Umstände einem psychologischen Zwang zum Abschluss des Architektenvertrages"* mit dem Architekten ausgesetzt gewesen sei" *und befürchtet habe, bei Nichtbeauftragung des Klägers das Grundstück zu verlieren"*, und damit eine Anwendung des Kopplungsverbotes befürwortet. Auf die Verfassungsbeschwerde gegen diese Entscheidung erklärte das BVerfG das Koppelungsverbot in dieser Anwendung mit dem Grundgesetz für vereinbar (BVerfG IBR 2011, 591).

2. Grund des Verbots

3   Als Grund für dieses Verbot gibt die Begründung der Bundesregierung (BTDrucks. VI/1549, S. 14/15) an: Bei knappem Angebot an Baugrund erwerbe der Planer durch die Architektenbindung eine **monopolartige Stellung,** die nicht auf eigener Leistung beruhe. Der Wettbewerb werde manipuliert; der Käufer werde in der freien Wahl des Architekten (Ingenieurs) behindert, er kaufe die Planungsleistung unbesehen mit, ohne die Leistungsfähigkeit des Planers zu kennen. Auch der Rechtsausschuss des Bundestages nennt als Grund für das Kopplungsverbot, es könne eine Beeinträchtigung des Wettbewerbs entstehen (BTDrucks. VI/2421, S. 6).

4   Das allgemeine bürgerliche Recht war ebenso wenig wie das in erster Linie zur Bekämpfung unerwünschter Auswüchse dieser Art auf dem Wettbewerbssektor berufene Kartellrecht in der Lage, solche Bindungsvereinbarungen wirksam zu verhindern: Die Rechtsprechung zu § 138 BGB stellte sich (unter dem Gesichtspunkt der Sittenwidrigkeit zutreffend) auf den Standpunkt, trotz **Standeswidrigkeit von Architektenbindungen** (vgl. BGH BauR 1973, 117, 118; zur Rechtslage nach den Berufsordnungen der Architekten vgl. Knemeyer NJW 1983, 249, 251) könne diesen Vereinbarungen höchstens in Ausnahmefällen die Anerkennung versagt werden, weil sich der Bauherr durch Kündigung nach § 649 BGB aus der Bindung lösen könne (BGH a.a.O.; OLG Düsseldorf BauR 1970, 186) und weil nicht selten ein schutzwürdiges Interesse des Architekten an der Bindung bestehe (BGH LM § 138 (Bb) BGB Nr. 16; BGH BB 1963, 111; OLG Frankfurt BauR 1973, 392; zur Diskussion in der Literatur vgl. Merkert BB 1962, 1144; Hesse BauR 1977, 73, 74; Bilda MDR 1977, 540, 541; Jagenburg BauR 1979, 91, 94–97).

5   Das **Kartellrecht** musste ebenso versagen. Zwar unterfallen regelmäßig auch die Architekten als Angehörige eines freien Berufs angesichts ihrer auf Erwerb gerichteten Teilnahme am Wirtschaftsleben dem Unternehmensbegriff des § 1 GWB (BGH GRUR 1977, 739). Aber diese zur Anwendung des **Kartellrechts** nötige Eigenschaft fehlt in den meisten Fällen deren Vertragspartnern, also den Grundstückseigentümern und den Erwerbern.

Es bedurfte deshalb damals zur Eindämmung der unerwünschten wettbewerbsbehin- 6
dernden **Architekten- und Ingenieurbindungen** eines gesonderten Verbots, welches in
MRVG Art. 10 § 3 Aufnahme gefunden hat, weil es, über die den Bauherren günstige Beseitigung der Wettbewerbsverzerrung, indirekt auch den Mietern, deren Schutz das Gesetz
bezweckt, zugute kommt oder jedenfalls zugute kommen konnte und sollte.

Das Verbot erfasst alle Arten von Architekten-(Ingenieur-)Bindungen im Zusammen- 7
hang mit Grundstückserwerbsgeschäften. Es stellt nicht auf die Umstände des Einzelfalles
ab. Insbesondere kann der Begründung der Bundesregierung nicht entnommen werden,
dass die „architektengebundene" Veräußerung von Grundstücken nicht verboten sein soll,
wenn nach den Umständen des Falles die unerwünschten Auswirkungen der Wettbewerbsverzerrung und die Entstehung monopolartiger Stellungen nicht eintreten oder wenn das
Angebot von Baugrundstücken (allgemein oder regional) ausreichend ist. Das Verbot greift
unabhängig davon, von wem die Initiative ausgeht. Nach Ansicht des OLG Frankfurt liegt
ein vom Kopplungsverbot erfasster Fall auch dann vor, wenn der Eigentümer des Grundstücks sich gegenüber dem Architekten verpflichtet, im Fall des Grundstücksverkaufs die
Pflicht zur Beauftragung des Architekten mit den noch nicht abgerufenen Leistungen auf
den Käufer zu übertragen, andernfalls einen pauschalen Schadensersatz zu bezahlen (OLG
Frankfurt NJW-RR 2010, 1394). Anders zu beurteilen ist es, wenn der Grundstückseigentümer den Architekten beauftragt hat, bevor er sich zur Veräußerung des Grundstücks
entschließt, dann den Erwerber verpflichtet, diesen Architekten zu beauftragen oder ihn
von dessen Forderungen freizustellen (BGH BauR 1978, 230). Erwirbt der Bauherr das
Grundstück vom Architekten, verpflichtet sich aber ein Dritter aus eigenem Interesse dazu,
das Architektenhonorar zu bezahlen, soll das Kopplungsverbot nicht greifen (BGH BauR
2006, 1334).

II. Verbotene Vereinbarungen

1. Grundstückserwerb

a) Erwerbsgrund

Die Architektenbindung darf nicht im **Zusammenhang mit dem Erwerb** eines 8
Grundstücks stehen. Das Verbot trifft auch Vorverträge, z.B. Vereinbarungen, durch die
sich ein Architekt im Zusammenhang mit dem Abschluss eines Architektenvertrages verpflichtet, den Nachweis der Möglichkeit des Erwerbs eines Baugrundstücks, auf dem das
Bauwerk errichtet werden soll, zu erbringen (OLG Hamm BauR 1975, 288, 290).

Das Gesetz beschränkt das Verbot nicht auf bestimmte **Arten des Erwerbsgrundes.** Es 9
kommen also nicht nur Kauf und Tausch als dem Erwerb zugrunde liegende Rechtsgeschäfte in Betracht, sondern – jedenfalls nach dem Wortlaut der Bestimmung – etwa auch
Schenkungen und Erwerbe im Zuge der Auseinandersetzung einer Gemeinschaft. Man
wird aber nicht schlechthin alle Architekten-(Ingenieur-)Bindungen im Zusammenhang
mit Rechtsgeschäften dieser Art für verboten halten dürfen. Das gilt insbesondere für Fälle
der **Schenkung unter der Auflage,** mit einem bestimmten Architekten (Ingenieur)
einen Vertrag über die Planung und Beaufsichtigung der Errichtung eines Bauwerks abzuschließen (§ 525 BGB). Auch wird es z.B. als zulässig anzusehen sein, dass ein Mitglied
einer Erbengemeinschaft bei deren Auseinandersetzung ein Grundstück erhält, das an sich
den Wert seines Anteils übersteigt, und sich zum Ausgleich gegenüber einem anderen, mit
einem geringerwertigen Teil der Erbschaft abgefundenen Mitglied der Erbengemeinschaft,
das von Beruf Architekt ist, verpflichtet, ein Bauwerk auf dem Grundstück durch diesen
Architekten errichten zu lassen. Entgegen der Ansicht des OLG Hamm (BauR 1983, 482)
wird man auch einen Gesellschaftsvertrag zwischen Architekt, Baubetreuer und Statiker,
der vorsieht, das Grundstück nach den Plänen des Architekten und Statikers zu bebauen
und dann weiterzuverkaufen, nicht wegen Verstoßes gegen das Kopplungsverbot als unwirksam ansehen können.

10   Zu den Erwerbsgeschäften im Sinne der Vorschrift kann auch der Erwerb von Miteigentumsanteilen, etwa zum Zwecke der Begründung von Wohnungseigentum, zählen, sofern damit eine Verpflichtung des Erwerbers verbunden ist, bei der Planung oder Ausführung des Bauwerks auf dem Grundstück die Leistungen eines bestimmten Architekten oder Ingenieurs in Anspruch zu nehmen. Das wird aber meist nicht der Fall sein, da in der Regel vor dem Erwerb des Miteigentumsanteils – jedenfalls bei dem Erwerb von **Eigentumswohnungen im Bauherrenmodell** – der Architektenvertrag schon abgeschlossen ist oder aber der für den Erwerber handelnde Baubetreuer oder Treuhänder in der Auswahl des Architekten oder Ingenieurs nicht eingeschränkt ist.

b) Grundstücksgeschäfte ohne Erwerb

11   Die Frage, ob der Erwerb eines **Erbbaurechts** in einem Zusammenhang mit der Begründung einer Architektenbindung stehen darf, wird man ebenfalls zu verneinen haben. Allerdings scheint die Entstehungsgeschichte auf den ersten Blick dagegen zu sprechen. Der Bundesrat hatte im Rahmen seiner Stellungnahme (BTDrucks. VI/1549 S. 32) verlangt, dem Regierungsentwurf solle ein (neuer) Absatz 2 hinzugefügt werden mit dem Wortlaut: „Absatz 1 gilt bei der Bestellung oder Veräußerung eines Erbbaurechts entsprechend." In ihrer Gegenäußerung (*zu* BTDrucks. VI/1549 S. 4) nahm die Bundesregierung zu diesem Vorschlag nicht ausdrücklich Stellung, so dass man auf ihn den Schlusssatz wird beziehen können, sie erhebe im Übrigen gegen die Vorschläge des Bundesrats keine Einwendungen. In dem von der Regierung im Bundestag eingebrachten Entwurf fehlte die Vorschrift jedoch, und auch der Rechtsausschuss ging auf diese Frage nicht ein (BTDrucks. VI/2421 S. 6). Wenn man daher nicht annehmen will, das Problem sei im Verlauf der Erörterungen schlicht vergessen worden – eine Annahme, die nach den Materialien nicht ohne weiteres von der Hand zu weisen ist – liegt der Schluss nahe, der Gesetzgeber habe die Eingehung von **Architektenbindungen im Zusammenhang mit dem Erwerb eines Erbbaurechts** tolerieren wollen. Diese Folgerung ist freilich nicht zwingend und sollte aus sachlichen Erwägungen auch nicht gezogen werden: Der Erwerb von Erbbaurechten durch Bauwillige ist weit verbreitet. Die unerwünschten Folgen der Architektenbindung unterscheiden sich in diesen Fällen von denen beim Erwerb des Eigentums an Grundstücken nur unwesentlich. Es ist deshalb geboten, die Vorschrift so auszulegen, dass darunter auch die Eingehung einer Architektenbindung im Zusammenhang mit dem Erwerb von Erbbaurechten fällt.

12   Dasselbe gilt für andere Verträge, die auf die Bestellung eines **Rechts an einem Grundstück** gerichtet sind, das dem Erwerber das Recht einräumt, auf dem Grundstück ein Gebäude zu errichten (§ 95 Abs. 1 S. 2 BGB; Nießbrauch, wenn sein Inhalt abweichend von § 1037 BGB geregelt ist; Grunddienstbarkeit, § 1018 BGB; beschränkt persönliche Dienstbarkeit, § 1090 BGB; ähnliche Rechte, die im öffentlichen Recht und im Landesrecht ihre Grundlage haben).

c) Begriff des Grundstücks

13   Das Verbot bezieht sich auf **Grundstücke ohne Einschränkung.** Die Rechtsprechung (RGZ 84, 270) versteht unter einem Grundstück einen räumlich abgegrenzten Teil der Erdoberfläche, der im Bestandsverzeichnis eines Grundbuchblatts unter einer besonderen Nummer gebucht ist. Ein Grundstück im Sinne der Verbotsvorschrift ist ein Teil der Erdoberfläche auch dann, wenn er nicht in der genannten Weise grundbuchlich ausgewiesen ist. Gerade bei der **Erschließung größerer Wohngebiete** beziehen sich die Erwerbsverträge häufig auf noch nicht im Kataster und im Grundbuch als selbstständige Grundstücke geführte Geländeteile, die noch vermessen werden müssen, ehe sie als Grundstücke ein selbstständiges rechtliches Schicksal haben können. Es ist nach dem Sinn der Vorschrift selbstverständlich, dass auch **solche Verträge dem Kopplungsverbot** unterliegen.

d) Bebaubarkeit des Grundstücks

14   Die **Bebaubarkeit des Grundstücks** und der Grad der Bauerwartung sind ohne Belang. Grundstücke, die ihrer natürlichen Beschaffenheit nach nicht für eine Bebauung in Frage kommen, werden naturgemäß nicht unter Architektenbindung veräußert. Auch hier kann es aber Sonderfälle geben, so etwa, wenn in einer Wasserfläche ein Bauwerk für eine gewerbliche Anlage, z. B. für die Gewinnung von Bodenschätzen auf dem Grund des Gewässers, errichtet werden soll, und auch hier ist eine Architektenbindung nicht gestattet. Im Übrigen kommt es nicht darauf an, ob das Grundstück im Bereich eines verbindlichen Bauleitplans (Bebauungsplan) liegt (§§ 8 ff. BauGB), ob seine Bebauung zulässig ist, weil es im Zusammenhang bebauter Ortsteile belegen ist (§ 34 BauGB) oder weil ein zulässiges Bauwerk im Außenbereich errichtet werden kann (§ 35 BauGB), oder ob eine mehr oder minder konkrete Bauerwartung besteht. Auch Grundstücke, die z. B. wegen ihrer geringen Größe nicht für eine Bebauung in Betracht kommen, dürfen nicht architektengebunden veräußert werden, da dieser Mangel der Bebaubarkeit nur rechtlicher Natur ist und jederzeit, entweder durch eine Änderung des verbindlichen Bauleitplans oder durch Hinzuerwerb benachbarter Grundstücke oder Grundstücksteile, beseitigt werden kann. Das Gleiche gilt für sonstige rechtliche Hindernisse der Bebauung: Auch ein Grundstück, das zur Zeit im Bereich einer **Veränderungssperre** (§ 14 BauGB) liegt, fällt hinsichtlich der Architekten-(Ingenieur) Bindung unter das gesetzliche Verbot.

2. Architekten-(Ingenieur-)Bindung

Das Gesetz verbietet eine Bindung des Erwerbers, bei der Planung oder Ausführung eines Bauwerks die Leistungen eines bestimmten Architekten oder Ingenieurs in Anspruch zu nehmen.

a) Person des Begünstigten

Begünstigter der Bindungsvereinbarung muss, wenn das Verbot eingreifen soll, ein Ingenieur oder ein Architekt sein. **15**

aa) Architekten- oder Ingenieureigenschaft

Das Gesetz sagt auch an dieser Stelle nicht, wer unter den Begriff des Ingenieurs oder des Architekten fällt. Wenn auch diese Vorschrift von der Rechtsprechung zu Recht **berufsstands- und nicht leistungsbezogen** gesehen wird (vgl. BGH BauR 1984, 192 = ZfBR 1984, 83), so kann es doch letztlich nicht entscheidend darauf ankommen, ob der durch das Kopplungsverbot Begünstigte zulässigerweise die Berufsbezeichnung Ingenieur oder Architekt führt, und auch nicht darauf, ob er die Leistungen in seiner Eigenschaft als Ingenieur oder Architekt oder im Rahmen eines dazu gegründeten und von ihm beherrschten Unternehmens erbringt (BGH BauR 1984, 192 = ZfBR 1984, 83). Über den Architekten- und Ingenieurbegriff nach den §§ 1 und 2 des Gesetzes hinaus wird man deshalb auch diejenigen Fälle als durch § 3 erfasst anzusehen haben, in denen der durch die Bindung begünstigte Auftragnehmer aus rechtlichen Gründen nicht befugt ist, Architekten- oder Ingenieurleistungen der in Rede stehenden Art zu erbringen, sofern nur die zu erbringende Leistung ihrer Art nach im Wesentlichen in das Berufsbild des Architekten oder des Ingenieurs einzuordnen ist.

Es genügt, dass bei einer einheitlichen Leistung das Schwergewicht auf solchen Tätigkeiten liegt, die dem **Berufsbild des Architekten** (Ingenieurs) zugehören. Erweiterungen des herkömmlichen Leistungsbildes hindern die Anwendung der Vorschrift nicht. Das Verbot greift vielmehr auch dort ein, wo **freiberufliche Ingenieure oder Architekten** über die ihr Berufsbild prägenden Aufgaben hinaus **zusätzliche Leistungen** versprechen und damit wie **Generalübernehmer** (der Architekt verspricht die schlüsselfertige Herstellung des Bauwerks zu einem Festpreis, schließt aber die Verträge mit den Bauhandwerkern, wie üblich, im Namen des Bauherrn), **Generalunternehmer** (vgl. OLG Köln BauR 1976, 288; BGH Schäfer/Finnern/Hochstein Nr. 1 zu Art. 10 § 3 MRVG; Locher/Koeble/Frik, HOAI Rdn. 2 zu MRVG § 3; a. A. OLG Düsseldorf BauR 1984, 418), **Bauträger** oder **Baubetreuer** gleich welcher Art auftreten (BGH BauR 1978, 147 = NJW 1978, 639). **16**

Anders ist die Rechtslage aber zu beurteilen und **keine unzulässige Architektenbindung** anzunehmen, wenn ein **gewerbsmäßig (mit Erlaubnis nach § 34c GewO) als Generalunternehmer tätiger Architekt oder Ingenieur** schlüsselfertige Bauten auf einem dem Erwerber vorweg zu übertragenden Grundstück errichtet (so auch BGH BauR **17**

1989, 95 = ZfBR 1989, 29 im Anschluss an BGH BauR 1984, 58). Dies gilt aber (BGH BauR 1991, 114) dann nicht, wenn ein **freiberuflicher Ingenieur oder Architekt** wie ein Bauträger auf einem eigenen, dem Erwerber vorweg übertragenen Grundstück einen schlüsselfertigen Bau auf eigene Rechnung und eigenes Risiko errichtet (im Anschluss an BGH BauR 1978, 147).

18   Entscheidend stellt die Rechtsprechung also immer auf die Stellung des Architekten oder Ingenieurs ab: Ist er **freiberuflich** tätig, greift das Kopplungsverbot; ist er dagegen gewerbsmäßig (§ 34c GewO) oder als GmbH mit erweiterter Zielsetzung tätig, so ist eine Bindung zulässig.

bb) Baubetreuungsunternehmen und Bauträger

19   Dagegen gilt das Kopplungsverbot im Allgemeinen nicht für **Baubetreuungsunternehmen** und **Bauträger** und auch nicht für Generalunternehmer oder Generalübernehmer, wenn diese zugleich Planungsverpflichtungen und damit Architekten- und/oder Ingenieurleistungen übernehmen und sie damit Begünstigte einer Architektenbindung sind. Diese **Ausklammerung** der **Baubetreuungsunternehmen von dem Verbot der Architektenbindung** ist vom Gesetzgeber damit begründet worden, dass die von diesen Unternehmen erbrachten Erschließungsleistungen nicht erschwert werden sollen. Auch in der Rechtsprechung des BGH klingt diese Begründung verschiedentlich an. So enthält die Entscheidung des VII. Zivilsenats vom 9. Dezember 1974 (BGHZ 63, 102 = BauR 1975, 128, 129 = NJW 1975, 259) die Wendung, die Vorschrift könne nicht auf Baubetreuungsverträge solcher Unternehmen angewendet werden, zu deren berufstypischer Leistung auch die **Beschaffung und Erschließung von Baugrundstücken** gehöre; darauf, dass diese Unternehmen im Zusammenhang mit der Betreuung auch eine architektenähnliche Stellung erhielten, komme es nicht an. In seinem Urt. v. 18.3.1993 (BauR 1993, 490 = ZfBR 1993, 186) hat der BGH entschieden, dass die Vereinbarung der Partner eines angestrebten Baubetreuungsvertrages, wonach der Baubetreuer zunächst Vorplanungsleistungen nach Leistungsphasen 1 und 2 zu erbringen hat und der Bauinteressent diese Planungsleistungen zu honorieren habe, wenn er später die vorgesehenen Bauleistungen nicht in Anspruch nimmt, nicht gegen das Kopplungsverbot verstößt, auch wenn der Baubetreuer das zu bebauende Grundstück „an der Hand" hat. Ähnlich heißt es in dem Urt. v. 21.12.1978 (BauR 1979, 179 = ZfBR 1979, 72): Gerade im Hinblick auf die Erschließung habe der Gesetzgeber die **Wohnungsbau- und Betreuungsunternehmen in das Kopplungsverbot nicht einbezogen.** Aus diesen Formulierungen kann nun aber nicht weitergehend geschlossen werden, dass eine Bindung nur dann zulässig ist, wenn das begünstigte Unternehmen im konkreten Falle Erschließungsleistungen erbringt. Die Erbringung von Erschließungsleistungen ist zwar das gesetzgeberische Motiv dafür gewesen, das Kopplungsverbot nicht auf Wohnungsbau- und Betreuungsunternehmen zu erstrecken. Das Gesetz ist aber nicht so gefasst, dass bestimmte Arten von Unternehmen von dem Verbot ausgenommen sind, sondern so, dass es sich **lediglich auf Architekten und Ingenieure** bezieht. Auch dies zeigt, dass das Kopplungsverbot im Grundsatz **berufsstandsbezogen** ist, ohne dass es allerdings darauf ankommt, dass der Begünstigte zu Recht die Berufsbezeichnung Ingenieur oder Architekt führt.

20   Nicht verboten sind Bindungen, die sich nicht auf berufsspezifische Leistungen von Ingenieuren und Architekten beziehen (vgl. Bilda MDR 1977, 540, 541). Das gilt auch dann, wenn der Leistende von Beruf Ingenieur oder Architekt ist, aber ausschließlich oder ganz überwiegend Leistungen erbringen soll, die außerhalb seines Berufsbildes liegen, wie dies z. B. dann anzunehmen ist, wenn ein gewerbsmäßig (mit Erlaubnis nach § 34c GewO) als Generalunternehmer tätiger Architekt oder Ingenieur schlüsselfertige Bauten auf einem dem Erwerber vorweg zu übertragenden Grundstück errichtet (BGH BauR 1989, 95 = ZfBR 1989, 29 im Anschluss an BGH BauR 1984, 58).

cc) Bestimmtheit der Person des Begünstigten

21   Die Voraussetzung, dass die Bindung einen „bestimmten" Architekten oder Ingenieur begünstigt, darf nicht wörtlich genommen werden. Zweck der Vorschrift ist es zu verhindern, dass dem Erwerber/Bauherrn die Auswahl des Planers aus der Hand genommen wird. Verboten ist demgemäß jede Vereinbarung, die ihn der **Wahlmöglichkeit** ganz oder teilweise beraubt. So ist es untersagt, den Erwerber zugunsten einer begrenzten Anzahl von Auftragnehmern zu binden, auch wenn es ihm freigestellt bleibt, unter diesen eine eigene Wahl zu treffen (BGH BauR 1982, 512 = ZfBR 1982, 219; OLG Hamm BauR 1986, 711; unrichtig daher OLG Düsseldorf BauR 1979, 171, 174). Verboten ist es auch, die Bindung zugunsten eines der Person nach noch unbestimmten, später von dem Veräußerer oder einem Dritten auszuwählenden Auftragnehmers zu vereinbaren oder sonst die freie Wahl des Auftraggebers zu behindern, etwa durch den Ausschluss einzelner oder mehrerer Planer oder durch die Abhängigmachung der Beauftragung von der Zustimmung des Veräußerers oder eines Dritten.

Welchen Grad der **Konkretisierung die Bindungsvereinbarung** in Richtung auf einen Architekten-(Ingenieur-)Vertrag in inhaltlicher Hinsicht annimmt, ist ebenso wenig entscheidend. Selbst wenn außer der Person des Begünstigten auch der Leistungsumfang und die Leistungszeit unbestimmt bleiben, ist die Vereinbarung verboten, sofern sie nur die freie Architekten-(Ingenieur) Wahl des Bauherrn in Bezug auf ein bestimmtes Grundstück ausschließt oder beeinträchtigt. **22**

So hat das OLG Köln, Urt. v. 7.7.1992, entschieden, dass eine Vereinbarung wegen Verstoßes gegen das Kopplungsverbot unwirksam ist, wonach ein Bauinteressent einem Baubetreuer zwecks „Reservierung" eines Grundstücks einen „Planungsauftrag" erteilt, der nur Architektenleistungen zum Gegenstand hat (OLG Rep. 1992, 313). Einen Verstoß gegen das Kopplungsverbot sieht das OLG Köln (Urt. v. 7.7.1993 – IBR 1994, 19 = Schäfer/Finnern/Hochstein Nr. 22 zu Art. 10 § 3 MRVG) auch dann als gegeben an, wenn der Grundstückserwerber sich verpflichtet, eine Abstandszahlung an den Architekten dafür zu entrichten, dass er keine Leistungen erbringt. Demgegenüber wird man es für wirksam halten können, dass ein Grundstückserwerber sich dem Verkäufer gegenüber verpflichtet, bereits erbrachte Architektenleistungen zu vergüten (OLG Frankfurt, Urt. v. 10.11.1994 – IBR 1995, 168 = OLG Rep. 1995, 2).

b) Art der Leistungen

Das Verbot betrifft die „Planung oder Ausführung eines Bauwerks auf dem Grundstück".

aa) Errichtung eines Bauwerks

Nur die **Errichtung von Bauwerken** fällt unter die Vorschrift. Architekten- und Ingenieurbindungen beim Erwerb von Grundstücken, auf denen andere Anlagen errichtet oder in Bezug auf die (nur) Erschließungsleistungen erbracht werden sollen (BGH BauR 1979, 169, 170 = ZfBR 1979, 72, 73), sind danach erlaubt. Bei Bauwerken kommt es hingegen auf die Zweckbestimmung nicht an. Das Verbot gilt nicht nur für Wohnbauten, sondern auch für gewerbliche Bauwerke und für solche, die öffentlichen Zwecken zu dienen bestimmt sind. **23**

Die Bindung muss sich auf die Errichtung eines Bauwerks „auf dem Grundstück" beziehen. Es muss sich also um die Errichtung eines Bauwerks handeln, das **auf dem veräußerten Grundstück** errichtet werden soll. Wird ein Grundstück veräußert und im Zusammenhang damit vereinbart, dass der Erwerber sich bei der Bebauung eines anderen Grundstücks der Leistungen eines „bestimmten" Auftragnehmers zu bedienen habe, dann ist eine solche Vereinbarung grundsätzlich erlaubt. Anders ist es aber dann, wenn damit eine **Umgehung des Verbots** bezweckt wird. Das ist z.B. der Fall, wenn der Veräußerer mehrere Grundstücke an einen Erwerber veräußert und die Architektenbindung für das eine Grundstück jeweils in dem auf den Erwerb des anderen Grundstücks gerichteten Vertrag enthalten ist.

bb) Planung oder Ausführung

Die Leistungen des Auftragnehmers müssen die **Planung oder Ausführung** betreffen. Damit ist klargestellt, dass etwa eine Bindung, die nur einen Ausschnitt aus der umfassenden planerischen und überwachenden Tätigkeit des Auftragnehmers (diese Letztere **24** ist mit „Ausführung" gemeint) betrifft, etwa die Erstellung eines Vorentwurfs oder die Führung der örtlichen Bauaufsicht, ebenfalls verboten ist (BGH BauR 1982, 512 = NJW 1982, 2189, 2190 = ZfBR 1982, 219). Es ist ferner nicht anzunehmen, dass der Gesetzgeber den Leistungsumfang anders hat umschreiben wollen als in den §§ 1 und 2 des Gesetzes. Die dort weiter genannten Tätigkeiten der Beratung des Auftraggebers sowie der Ausschreibung und Vergabe von Bauleistungen sind daher ebenfalls zu den Leistungen zu rechnen, auf die sich eine Architekten- oder Ingenieurbindung nicht beziehen darf. Anders ist es mit Tätigkeiten, die (fast) ausschließlich keine spezifischen Ingenieur- oder Architektenleistungen zum Gegenstand haben, wie die finanzielle Betreuung des Bauvorhabens.

3. Die Bindungsvereinbarung

Verboten sind Vereinbarungen, durch die der Erwerber eines Grundstücks sich verpflichtet, die Leistungen eines bestimmten Ingenieurs oder Architekten in Anspruch zu nehmen (sog. Bindungsvereinbarung).

a) Partner der Bindungsvereinbarung

25   Wer **Partner** einer derartigen Vereinbarung ist, ist ohne Bedeutung. Allerdings fällt eine Vereinbarung, durch die sich ein Dritter aufgrund eines eigenen Interesses zur Zahlung des Architektenhonorars verpflichtet, nicht unter das Koppelungsverbot (BGH BauR 2006, 1334). Die Bindung kann im Übrigen zwischen dem Veräußerer und dem Erwerber des Grundstücks abgesprochen sein; an die Stelle des Veräußerers können aber auch andere Personen treten, z. B. der Architekt (Ingenieur) selbst, ein Baubetreuer oder eine andere Person, wenn nur ein Zusammenhang zwischen dem Erwerb des Grundstücks und der Bindungsvereinbarung besteht (vgl. OLG Düsseldorf BauR 1975, 138, 139; 1976, 64; 1980, 480; Schäfer/Finnern/Hochstein Art. 10 § 3 MRVG Nr. 6; OLG Hamm BauR 1974, 135; 1975, 288, 290; LG Bonn NJW 1973, 1843). Insbesondere ist das Verbot nicht davon abhängig, dass zwischen dem Veräußerer und dem begünstigten Planer ein **Zusammenwirken** stattfindet; das Verbot greift auch dann ein, wenn der an der Absprache nicht beteiligte Veräußerer oder Architekt (Ingenieur) von der Bindungsvereinbarung nichts weiß (BGHZ 64, 173 = BauR 1975, 288; LG Bonn NJW 1973, 1843; Jagenburg BauR 1979, 91, 98). **Denn auch in einem solchen Fall wird, was die Vorschrift verhindern will, der Wettbewerb zwischen Architekten (Ingenieuren) ausgeschlossen oder beschränkt.**

b) Inhalt der Bindungsvereinbarung

26   Vereinbarungen sind verboten, durch die der Erwerber eine Verpflichtung zur Beauftragung eines „bestimmten" Auftragnehmers übernimmt. Die Vereinbarung ist damit, entsprechend dem Zweck des Verbots, nur dann untersagt, wenn sie gegen den Erwerber durchsetzbar ist, d. h. wenn die Verpflichtung zur Beauftragung des Auftragnehmers durch den Erwerber/Bauherrn von dem Veräußerer oder einem Dritten ohne das Verbot gerichtlich mit Erfolg geltend gemacht werden könnte oder wenn an die Verletzung dieser Verpflichtung gerichtlich geltend zu machende, ohne das Verbot erfolgreiche Sanktionen geknüpft sind. Auch hier ist es aber ohne Bedeutung, wem diese Ansprüche aus der Bindungsvereinbarung zustehen, ob sie der Architekt etwa kraft eigener Beteiligung an der Absprache erheben kann oder weil er durch einen echten Vertrag zu Gunsten eines Dritten (§ 328 BGB) begünstigt ist (vgl. BGH WM 1973, 172) oder ob ein anderer Vertragspartner des Erwerbers, z. B. der Veräußerer, allein zur Erzwingung der Erfüllung der Bindungsverpflichtung oder zur Geltendmachung von Ersatzansprüchen befugt wäre. Entscheidend ist nur, dass die Bindungswirkung einem vom Erwerber nicht frei gewählten Architekten (Ingenieur) zugute kommen würde.

27   Nicht verboten werden durch Art. 10 § 3 MRVG an sich solche Vereinbarungen, an denen der **Erwerber nicht beteiligt** ist und durch die er folglich auch nicht verpflichtet wird. Verpflichtet sich z. B. ein Grundstückseigentümer gegenüber einem Architekten, **den Erwerbern eine Architektenbindung aufzuerlegen,** dann verstößt diese Vereinbarung nicht unmittelbar gegen § 3, weil sie für sich allein noch keinen Erwerber an den Architekten bindet. Gleichwohl ist sie **nach § 134 BGB nichtig,** weil die damit versprochene und vom Veräußerer geschuldete Leistung gegen das gesetzliche Verbot verstoßen würde. Gibt der Grundstückseigentümer bei der Veräußerung die Bindung abredewidrig nicht an den Erwerber weiter, dann macht er sich dem Architekten gegenüber nicht ersatzpflichtig (BGH BauR 1982, 509, 511 = NJW 1982, 2190, 2191 = ZfBR 1982, 217, 218). Dasselbe gilt, wenn zwar der Erwerber an dem Vertrag beteiligt ist, er aber nur die Verpflichtung eingeht, die Bindung an einen von ihm verschiedenen Bauherrn, der das Grundstück nicht erwerben soll, weiterzugeben.

Anders liegt der Fall aber dann, wenn sich der (spätere) Veräußerer gegenüber einem Ar- **28** chitekten (Ingenieur) mittels eines – ernst gemeinten – Architekten-(Ingenieur-)Vertrages gebunden hat, das Grundstück durch den Architekten (mit Hilfe des Ingenieurs) bebauen zu lassen, der Grundstückseigentümer danach das Grundstück veräußert und dabei den Erwerber verpflichtet, ihn von seiner Bindung gegenüber dem Architekten – wahlweise durch dessen Beauftragung oder durch Zahlung einer Abstandssumme – zu befreien (vgl. BGHZ 70, 262 = BauR 1978, 230; BGH BauR 1979, 169 = ZfBR 1979, 72); in diesem Fall liegt jedenfalls solange **keine unzulässige Architekten-(Ingenieur-)bindung** vor, als nicht der Umgehungstatbestand erfüllt ist, was insbesondere dann anzunehmen ist, wenn die Veräußerung von Anfang an beabsichtigt war. Deshalb wird es sich, wie der BGH klargestellt hat (BauR 1983, 93 = ZfBR 1982, 258 = NJW 1983, 227), nur um Einzelfälle handeln, in denen durch die besonderen Umstände sichergestellt ist, dass eine Manipulation des Wettbewerbs zwischen Architekten (Ingenieuren) nicht stattfindet. In dem zuletzt erwähnten Urteil hat der BGH den Verbotstatbestand zu Recht als erfüllt angesehen; anders in einem Fall, in dem der Architekt für den Veräußerer bereits Planungsleistungen erbracht hatte, bevor dieser den Entschluss zur Veräußerung gefasst hatte. Das Verbot greift auch ein, wenn dem Erwerber nicht die Möglichkeit einer **Ablösung** gegeben, sondern er verpflichtet wird, die Leistung des Architekten in Anspruch zu nehmen (BGHZ 71, 33, 38 = BauR 1978, 232). In allen Fällen, in denen der Erwerber gezwungen wird, für eine bereits erbrachte Planungsleistung – durch deren entgeltliche Inanspruchnahme oder zur Ablösung der Ansprüche des Planers gegen den Veräußerer – Verpflichtungen einzugehen, besteht jedenfalls häufig Anlass zu der Besorgnis, dass die Beauftragung des Architekten von vornherein nicht ernst gemeint ist (der spätere Veräußerer also in Wahrheit nicht selbst bauen, sondern unter Architektenbindung verkaufen will) und deshalb ein **Umgehungstatbestand** vorliegt.

Besondere Probleme ergeben sich durch das Kopplungsverbot bei der Frage, ob im Zu- **29** sammenhang mit einem **Architektenwettbewerb** die Verpflichtung, den oder einen der **Preisträger** mit den Architektenleistungen zu beauftragen, als unzulässige Architektenbindung angesehen werden kann oder muss (vgl. OLG Düsseldorf BauR 1979, 171). Verweist z.B. eine Stadt nach **Durchführung eines Architektenwettbewerbs** die späteren Grundstückserwerber an den oder die Preisträger, so liegt darin bereits eine unzulässige Architektenbindung (BGH BauR 1982, 512 = NJW 1982, 2189 sowie KG Berlin NJW-RR 1992, 916 und OLG Hamm BauR 1986, 711; a.A. Hess. VGH BauR 1985, 224), und zwar auch dann und insoweit, als ein Bauwilliger nur zur Klärung der Bebauungsmöglichkeiten dem Architekten die Vorplanung in Auftrag gegeben hat.

c) Zusammenhang mit dem Grunderwerb

Zwischen dem Grundstückserwerb und der Architekten- oder Ingenieurbindung muss **30** ein **Zusammenhang** bestehen. Beide Rechtsgeschäfte brauchen zwar nicht in einem einheitlichen Vertrag oder zur gleichen Zeit vorgenommen zu werden (OLG Hamm BauR 1974, 135; OLG Düsseldorf BauR 1975, 138, 139; 1976, 64, 65; Schäfer/Finnern/Hochstein Art. 10 § 3 MRVG Nr. 6). Ein Zusammenhang kann auch bestehen, wenn an beiden Vereinbarungen verschiedene Partner beteiligt sind. Der Zusammenhang braucht kein rechtlicher zu sein, da sonst Umgehungen des Verbots leicht zu bewerkstelligen wären. Es genügt vielmehr, ist aber andererseits auch erforderlich, dass es sich um einen wirtschaftlichen, d.h. tatsächlichen Zusammenhang handelt (BGH BauR 1975, 288, 290). Der Wille der Vertragspartner, die auf den Erwerb des Grundstücks gerichtete Vereinbarung und die Bindungsvereinbarung zu koppeln, d.h. das Grundstücksgeschäft ohne die Bindung nicht oder nicht wirksam abzuschließen, braucht in den Vereinbarungen nicht, etwa als **Bedingung, Auflage, Voraussetzung für den Ausschluss eines Rücktrittsrechts** oder dergleichen, in Erscheinung zu treten; es genügt, dass ein solcher Wille vorhanden war und zur Grundlage des Geschäfts geworden ist. Im Zusammenhang mit dem Erwerb des Baugrundstücks steht jede Verpflichtung des Erwerbers zur Inanspruchnahme von Architekten- oder Ingenieurleistungen, ohne die er **rechtlich oder tatsächlich** das Grundstück nicht hätte bekommen können (BGHZ 64, 173, 176 = BauR 1975, 288; BGH BauR 1978, 495 = ZfBR 1978, 80; BGH BauR 1979, 530 = BB 1979, 1066; BGH BauR 1981, 295 = ZfBR 1981, 141). Es reicht also ein bloß tatsächlicher Zwang aus (BGH BauR 1982, 183 = ZfBR 1982, 77). Das Verhalten der Beteiligten muss den objektiv nachvollziehbaren Schluss zulassen, dass es wesentlich von dem Architekten abhängt, wer das Baugrundstück erwerben darf. Das kann sogar dann der Fall sein, wenn der Architekt während der Erwerbsverhandlungen erklärt, das Grundstück werde ohne Architektenbindung verkauft (BGH BauR 1981, 295 = ZfBR 1981, 141), sofern die sonstigen Umstände ergeben, dass tatsächlich die **freie Willensentscheidung des Erwerbers** bei der Auswahl des Architekten beeinträchtigt war.

31   Deshalb bestehen auch Bedenken gegen die Entscheidung des OLG Düsseldorf (BauR 1979, 171), das den Zusammenhang für nicht gegeben erachtet hat in einem Fall, in dem eine Stadtgemeinde die Veräußerung der Parzellen in einem neuen Wohngebiet davon abhängig gemacht hatte, dass die Interessenten sich für die Beauftragung eines der Architekten entschieden, die **preisgekrönte Entwürfe** vorgelegt hatten. Hier mochten zwar aus der Sicht der veräußernden Stadtgemeinde die bereits erbrachten planerischen Leistungen der Architekten das Motiv für die Bindung sein; allein dies ändert nichts daran, dass die Interessenten die Grundstücke nur erhalten konnten, wenn sie eine Auswahl aus der Gruppe der von der Grundstückseigentümerin favorisierten Architekten trafen (zutreffend demgegenüber BGH NJW 1982, 2189, 2190 = BauR 1982, 512 = ZfBR 1982, 219). Nur bei völligem Fehlen einer Abhängigkeit ist die Vereinbarung unbedenklich: Ist der Erwerb nach dem Willen der Vertragschließenden auch ohne die Architektenbindung möglich, dann ist letztere erlaubt (OLG Düsseldorf BauR 1975, 138, 139; 1976, 64, 65).

32   Im Streitfall hat derjenige, der sich auf die Unwirksamkeit der Vereinbarung beruft, die Umstände zu beweisen, die den Zusammenhang zwischen Grundstückserwerb und Architekten-(Ingenieur-)bindung begründen (BGH BauR 1981, 295 = ZfBR 1981, 141). Vielfach wird ihm aber dabei der **Beweis des ersten Anscheins** zugute kommen, der sich häufig aus dem engen zeitlichen Zusammenhang herleiten lässt.

4. Person des Grundstücksveräußerers

33   Ohne Bedeutung für das Eingreifen des Verbots ist es auch, wer Veräußerer des Grundstücks ist, sei er nun an der Bindungsvereinbarung beteiligt oder nicht. Mit ihrer Vorstellung, ein schutzwürdiges Interesse an einer Architekten-(Ingenieur-)bindung könne dann zu bejahen sein, wenn der Auftragnehmer selbst Eigentümer des Grundstücks sei und kein Vorratskauf vorliege, ist die Bundesregierung nicht durchgedrungen. Das Fehlen einer Ausnahmevorschrift ist deshalb dahin zu verstehen, dass nicht nur die Person des Veräußerers ohne Bedeutung ist, sondern auch der Rechtsgrund und die näheren tatsächlichen Umstände seines Grundstückserwerbs. Verboten ist die Architektenbindung also auch dann, wenn es sich nur um ein einzelnes Grundstück des Architekten oder eines seiner nahen Angehörigen (z.B. seiner Ehefrau) handelt, und auch dann, wenn der Architekt das Grundstück aus anderen Gründen als zum Zwecke der späteren Bebauung erworben hat, etwa durch Erbfolge. In dem Fehlen einer Ausnahmebestimmung zugunsten des Architekten und seiner Familienangehörigen liegt auch kein Verstoß gegen die Eigentumsgarantie des Art. 14 GG vor (BGH NJW 1978, 639 = BauR 1978, 147).

III. Rechtsfolgen eines Verstoßes

1. Unwirksamkeit der Bindung

Die verbotene Vereinbarung einer Architekten-(Ingenieur-)bindung ist unwirksam. Das **34** Gesetz bezeichnet die Rechtsfolge nicht als **Nichtigkeit,** so dass es nach dem Wortlaut scheinen könnte, als sei eine **relative Unwirksamkeit** gemeint. Das würde bedeuten, dass sich nur der Grundstückserwerber auf die Unwirksamkeit der Bindungsvereinbarung berufen könnte, dass aber der Auftragnehmer an den die Bindung enthaltenden Architekten- oder Vorvertrag gebunden wäre. Dies wird man jedoch nicht annehmen können. Aus der Überschrift der Vorschrift *„Unverbindlichkeit der Kopplung …"* kann man eine solche Einschränkung zu Gunsten einer Vertragsseite nicht entnehmen. Dass der Bundesrat in seiner Stellungnahme schlechthin von einem „Verbot" spricht (BTDrucks. VI/1549, S. 31), bringt keine weitere Klärung, da sowohl § 134 BGB, der die Nichtigkeit behandelt, als auch § 135 BGB, der die Rechtsfolge der relativen Unwirksamkeit ausspricht, von der Zuwiderhandlung gegen ein **gesetzliches Verbot** ausgehen. Entscheidend ist, zu wessen Schutz die Vorschrift erlassen worden ist. Sie soll ohne Zweifel dem Schutz des Erwerbers dienen und ihm die erwünschte Entscheidungsfreiheit bei der Beauftragung eines Planers sichern. Das ist aber nicht der einzige Zweck der Vorschrift. Sie soll vielmehr auch im öffentlichen Interesse einer funktionierenden Wettbewerbsordnung dazu beitragen, Wettbewerbsverfälschungen und -beschränkungen zu verhindern und marktwirtschaftliche Grundsätze durchzusetzen (BGH BauR 1973, 117/118). Das Verbot liegt mithin ebenso sehr im Interesse der Allgemeinheit. Daher ist die Folge eines Verstoßes nicht nur die relative Unwirksamkeit im Sinne des § 135 BGB, sondern die absolute **Nichtigkeit der Bindungsvereinbarung nach § 134 BGB** (so auch OLG Hamm BauR 1974, 135). Nichtig ist aber nicht nur die im Zusammenhang mit dem Grundstückserwerb stehende Bindungsvereinbarung, sondern auch der in deren Vollzug abgeschlossene Architekten-(Ingenieur-) vertrag (BGH BauR 1978, 495 = ZfBR 1978, 80).

Eine **Bestätigung** der nichtigen Bindungsvereinbarung durch (teilweise) Erfüllung nach **35** § 141 BGB wird regelmäßig nicht in Betracht kommen, weil der bestätigenden Handlung der Nichtigkeitsgrund ebenfalls anhaftet und ihr deshalb die bestätigende Wirkung gleichermaßen zu versagen ist. Anders kann in Bezug auf den Architektenvertrag selbst zu entscheiden sein: Wird dieser von den Parteien in Kenntnis der Nichtigkeit der Bindungsvereinbarung und des Architektenvertrages bestätigt, so ist diesem die Wirksamkeit regelmäßig nicht zu versagen (vgl. OLG Düsseldorf Schäfer/Finnern/Hochstein Art. 10 § 3 MRVG Nr. 6).

Hat der Architekt auf Grund des nichtigen Vertrages Leistungen erbracht, so hat die **36** **Abwicklung nach Bereicherungsgrundsätzen** zu erfolgen (BGH BauR 1982, 83 = ZfBR 1982, 20; OLG Düsseldorf BauR 1975, 138, 140; Schäfer/Finnern/Hochstein Art. 10 § 3 MRVG Nr. 6). Hat der Architekt (Ingenieur) gewusst, dass die Vereinbarung, auf Grund deren er seine Leistung erbracht hat, gegen das Verbot verstieß, dann fragt sich, ob der Bauherr nach **§ 817 S. 2 BGB** die **Herausgabe der Bereicherung** verweigern kann. Diese Frage wird zu verneinen sein, da nur der Vertragsabschluss gegen das gesetzliche Verbot verstößt, nicht dagegen die Erbringung der Leistung (dazu BGH BauR 2010, 277).

Dem Architekten und dem Ingenieur steht daher in aller Regel ein **Bereicherungsanspruch** aus §§ 812ff. BGB im Fall der Nichtigkeit des Architekten-(Ingenieur-)vertrages zu, allerdings nur für die bereits erbrachten Leistungen des Architekten bzw. Ingenieurs, wie sich aus der Natur des Bereicherungsanspruchs ergibt. Darüber hinaus wird man für diesen Bereicherungsanspruch auch voraussetzen müssen, dass die **erbrachten Leistungen vom Auftraggeber auch verwertet worden sind,** sei es zur Erlangung eines positiven Vorbescheides, sei es zum Erhalt der Baugenehmigung oder auch zur tatsächlichen Bauausführung. Nur im Fall einer solchen **Verwertung der Architekten- oder Ingenieurleistung** kann davon ausgegangen werden, dass der Auftraggeber – infolge der Nichtigkeit des

Architekten- bzw. Ingenieurvertrages ohne rechtlichen Grund – etwas erlangt hat, also bereichert ist. Dies gilt allerdings auch dann, wenn der Auftraggeber Kosten für den Einsatz eines anderen Architekten bzw. Ingenieurs erspart hat (Locher/Koeble/Frik, HOAI, Rn. 22 zu MRVG § 3). Problematisch erscheint dabei aber auch die Frage, ob der Bauherr gegenüber diesem Bereicherungsanspruch gemäß § 818 Abs. 2 BGB bereicherungsmindernd Mängel der Architekten- und/oder Ingenieurleistung geltend machen kann. Diese Frage wird ohne Einschränkung zu bejahen sein (so auch Löffelmann/Fleischmann Rn. 872; Schwenker in Thode/Wirth/Kuffer, Praxishandbuch Architektenrecht § 4 Rdn. 134), vor allem auch im Hinblick auf die neuere Rechtsprechung des BGH (BauR 2008, 1301 ff. und BGH BauR 2008, 1330 ff.).

In all diesen Fällen steht dem Architekten/Ingenieur der Höhe nach das **nach den Mindestsätzen der HOAI zu berechnende Honorar** zu (vgl. OLG Hamm BauR 1986, 710; OLG Hamm BauR 1986, 711 sowie zur GOA: BGH BauR 1982, 84 = NJW 1982, 879 und BGH BauR 1984, 193 = NJW 1984, 1035 = Schäfer/Finnern/Hochstein Nr. 5 zu § 19 GOA).

Dagegen wird ein Bereicherungsanspruch des Architekten bzw. Ingenieurs zu verneinen sein, wenn die Architekten-(Ingenieur-)leistungen vom Auftraggeber nicht verwertet worden sind und damit dem Vermögen des Auftraggebers kein Vorteil zugeflossen ist (Locher/Koeble/Frik, HOAI, Rn. 22 zu MRVG § 3).

37   Ebenfalls noch nicht entschieden ist die Frage, ob dem Erwerber unter Umständen die **Berufung auf die Nichtigkeit** zu versagen ist (vgl. hierzu Jagenburg BauR 1979, 91, 101/102), etwa dann, wenn er die Bindung in Kenntnis von deren Unwirksamkeit eingeht in der Absicht, sich später unter Berufung auf das Verbot dieser Verpflichtung zu entziehen. Bei der Lösung dieses Problems ist zu berücksichtigen, dass das Verbot nicht nur dem Individualschutz des einzelnen Erwerbers dient, sondern auch eine im Allgemeininteresse liegende wettbewerbsordnende Funktion hat. Aus diesem Grunde muss es auch bei einem gegen Treu und Glauben verstoßenden Verhalten des Erwerbers bei der Nichtigkeitsfolge bleiben (vgl. die Rechtsprechung zu dem ähnlichen Problem bei § 34 GWB, z. B. BGH GRUR 1978, 320, 321 = WuW/E BGH 1513 – Belüftungsgitter m. w. N.).

2. Wirksamkeit des Erwerbsgeschäfts

Die Wirksamkeit des auf den **Erwerb des Grundstücks** gerichteten Vertrages bleibt dagegen unberührt.

a) Abweichung von § 139 BGB

38   § 3 S. 2 regelt die Rechtsfolge der Nichtigkeit der Bindungsvereinbarung abweichend von der allgemeinen Vorschrift des § 139 BGB, nach der von der Nichtigkeit des gesamten Rechtsgeschäfts auszugehen ist, wenn nicht anzunehmen ist, dass das Geschäft auch ohne den nichtigen Teil vorgenommen worden wäre. § 139 BGB stellt damit nur auf den **Parteiwillen** ab: Lässt sich nicht ausschließen, dass die Parteien des Erwerbsvertrages den Vertrag ohne die Bindungsklausel nicht abgeschlossen haben würden, dann wäre auch der Erwerbsvertrag nichtig. Eine solche Rechtsfolge würde aber häufig zu schweren Unbilligkeiten führen. Der Erwerber würde trotz der **Nichtigkeit der Architektenbindung** die damit eingegangene Verpflichtung in vielen Fällen gleichwohl erfüllen, um nicht das Grundstück wieder zu verlieren. Das Gesetz ordnet deshalb an, dass auf den Parteiwillen keine Rücksicht genommen wird, dass vielmehr der **Erwerbsvertrag wirksam** ist, auch wenn ihn die Parteien – vor allem wird dies bei dem Veräußerer oft der Fall sein – ohne die Architektenbindung nicht abgeschlossen haben würden.

39   Dementsprechend kann es – insbesondere bei fehlendem rechtlichem Zusammenhang zwischen dem Erwerbsvertrag und der Bindungsvereinbarung – dem Veräußerer auch nicht gestattet sein, sich unter Hinweis auf die Unwirksamkeit der Bindung auf das Fehlen der **Geschäftsgrundlage** (§ 242 BGB) für den Erwerbsvertrag zu berufen. Ebenso wenig kann er mit der Begründung, er sei fälschlich von der Wirksamkeit der Bindungsvereinbarung ausgegangen, den Erwerbsvertrag mit Erfolg nach § 119 BGB wegen Irrtums anfechten. Dagegen wird man in besonders gelagerten Fällen eine Täuschungsanfechtung nach

§ 123 BGB zuzulassen haben, wenn der Erwerber den Veräußerer über die Zulässigkeit der Architektenbindung arglistig getäuscht hat, um ihn zum Abschluss des Erwerbsvertrags zu bewegen.

Andererseits ist auch der Erwerber gebunden; auch er kann nicht die Gelegenheit benut- **40** zen, sich von dem ihm lästig gewordenen Erwerbsvertrag zu lösen, indem er sich auf die Nichtigkeit der Bindungsvereinbarung beruft. Jedoch besagt Art. 10 § 3 MRVG nur, dass der Bestand des Grundstücksgeschäfts nicht allein deshalb in Frage gestellt wird, weil die Architektenbindung unzulässig ist. Das schließt indes eine Anwendung des § 139 BGB aus anderen Gründen oder des § 119 BGB (Anfechtung wegen Irrtums) oder des § 123 BGB (Anfechtung wegen arglistiger Täuschung) durch den Erwerber nicht aus (vgl. BGHZ 71, 33 = BauR 1978, 232).

b) Umfang der Wirksamkeit

Die auf den Erwerb des Grundstücks gerichteten Vereinbarungen sind trotz des Versto- **41** ßes gegen das Kopplungsverbot vollinhaltlich gültig, und zwar sowohl die schuldrechtlichen wie die dinglichen Verträge. Das kann zu **Abgrenzungsschwierigkeiten** führen, wenn der Erwerbsvertrag und die Bindungsvereinbarung in einem einheitlichen Vertragswerk enthalten sind. Es kann **Vertragsbedingungen** geben, die Einzelheiten des vereinbarten Erwerbs betreffen, aber zugleich der Erleichterung der Durchsetzung der Bindung dienen. Es ist dann zu untersuchen, ob solche Bestimmungen ihren Sinn verlieren, wenn man von der Unwirksamkeit der Architektenbindung ausgeht. Ist dies der Fall, dann entfallen sie ebenfalls; behalten sie trotz des Wegfalls der Bindung eine wenn auch eingeschränkte Bedeutung, dann bleiben sie wirksam.

Es kommt vor, dass mit dem verbotenen Kopplungsgeschäft noch weitere Vereinbarun- **42** gen rechtlich und/oder wirtschaftlich verknüpft sind, die, für sich oder auch im Zusammenhang mit dem verbotenen Kopplungsgeschäft gesehen, außerhalb des **Schutzbereichs der Verbotsnorm** liegen, etwa weil sie keine Bindung betreffen, die in einem Zusammenhang mit Leistungen des Architekten oder des Ingenieurs bei der Errichtung des Bauwerks stehen. Die Kopplung einer solchen Absprache mit einem auf den Grundstückserwerb gerichteten Geschäft ist nicht verboten. Jedoch kann die Wirksamkeit des erlaubten Kopplungsgeschäfts durch den **Zusammenhang mit der verbotenen Bindung** (Kaufvertrag–Architektenbindung) berührt werden. Ob die an sich erlaubte Vereinbarung wirksam bleibt, ist nicht nach § 3 S. 2 zu entscheiden, sondern allein nach § 139 BGB (OLG Köln BauR 1976, 288, 290; vgl. auch BGHZ 71, 33 = BauR 1978, 232). Man wird aber vielfach zu einer Aufrechterhaltung des erlaubten Kopplungsgeschäfts gelangen, da kraft Gesetzes der **Grundstückskaufvertrag** bestehen bleibt und, was für die Ermittlung des Parteiwillens von erheblicher Bedeutung ist, die weitere Absprache auch beim Wegfall der Architektenbindung ihren Sinn behalten kann.

IV. Einzelfälle zum Kopplungsverbot aus der Rechtsprechung

Mit zahlreichen Entscheidungen hat die Rechtsprechung bis heute versucht, die vielen **43** Varianten einer Kopplung von Grundstückskauf und Ingenieur- bzw. Architektenvertrag rechtlich einzuordnen und die Grenzen der Anwendbarkeit des Kopplungsverbots abzustecken; dabei wurden folgende Grundsätze von der Rechtsprechung herausgearbeitet:

– **Abstandssumme**
„Wird der Wettbewerb unter Architekten im Zusammenhang mit dem Erwerb eines Grundstücks sachwidrig beeinflusst, so verstößt die hierbei eingegangene Verpflichtung zur Zahlung einer „Abstandssumme" auch dann gegen das Verbot der Architektenbindung, wenn die Zahlung bereits entstandene Architektengebühren abgelten soll." BGH, Urt. v. 7.10.1982 – VII ZR 24/82 (im Anschluss an BGHZ 70, 262).
Schäfer/Finnern/Hochstein Nr. 13 zu Art. 10 § 3 MRVG = NJW 1983, 227 = BB 1983, 214 = BauR 1983, 93.

– Abstandssumme, Verjährungsfrist,
§ 196 BGB, Art. 10 § 3 MRVG.

1. *„Verpflichtet sich der Eigentümer eines Grundstücks als ein Kaufmann nach § 6 HGB, einem anderen das Grundstück zum Kauf anzubieten und verpflichtet sich dieser in gesonderter Vertragsbestimmung neben einem Kaufpreis, eine Abstandssumme für Architekten- und Statikerleistungen u. ä. zu zahlen, so verjährt der Anspruch auf Zahlung dieser Summe nach § 196 I Nr. 1 BGB.*

2. *Für die Anwendung der Vorschrift unerheblich ist es, ob und inwieweit der Grundstückseigentümer die Arbeiten zur Zeit des Vertragsschlusses bereits durch Dritte hatte ausführen lassen.*

3. *Die Vorschrift erfasst auch den Anspruch aus § 812 BGB oder Geschäftsführung ohne Auftrag, soweit dieser wegen Unwirksamkeit des Vertrags wirtschaftlich den vertraglichen Entgeltanspruch ersetzt."* BGH, Urt. v. 11.5.1995 – VII ZR 257/93.

BauR 1995, 699 = MDR 1995, 901 = ZfBR 1995, 261 = Sch-F-H Nr. 15 zu § 196 Abs. 1 Nr. 2 BGB.
Zur Verjährung: BGH Beschl. v. 29.10.2009 – V ZR 54/09
BauR 2010, 277

– Abstandszahlung
„Das Kopplungsverbot findet auch dann Anwendung, wenn der Grundstückserwerber sich verpflichtet, eine Abstandszahlung an den Architekten dafür zu entrichten, dass er keine Leistungen erbringt." OLG Köln, Urt. v. 7.7.1993 – 11 U 53/93.
Sch-F-H Nr. 22 zu Art. 10 § 3 MRVG = OLG Rep. 1993, 223 = IBR 1994, 19.

– Abstandszahlung an Verkäuferarchitekt
„Art. 10 § 3 MRVG verbietet nur, dass der Erwerber des Grundstücks an einen bestimmten Ingenieur oder Architekten gebunden wird, [...] aber nicht, dass der Käufer einen bereits gegenüber dem Verkäufer entstandenen Anspruch des Architekten durch Zahlung ablöst. Der Wettbewerb wird hierdurch nicht verzerrt." BGH, Urt. v. 26.1.1978 – VII ZR 10/77.
BGHZ 70, 262 = NJW 1978, 820 = MDR 1978, 484 = BauR 1978, 230 = WPM 1978, 412 = Schäfer/Finnern/Hochstein Nr. 2 zu Art. 10 § 3 MRVG.

– Abstandszahlung für bereits erbrachte Architektenleistungen

1. *„Das Kopplungsverbot ist textlich weit gefasst. Gleichwohl wird nicht jede Vereinbarung erfasst, die einen Zusammenhang zwischen Grundstückskaufvertrag und Architektenleistung regelt.*

2. *Verpflichtet sich der Erwerber eines Grundstückes dem Verkäufer gegenüber, bereits erbrachte Architektenleistungen zu vergüten, ist diese Vereinbarung wirksam."*
IBR 1995, 168 – *Reineke;* OLG Frankfurt, Urt. v. 10.11.1994 – 1 U 107/93; OLG Rep. 1995, 2.

– Abstandszahlung im Kaufpreis

1. *„Macht der Architekt den Verkauf eines ihm gehörenden Grundstücks von der Bezahlung von Aufwendungen für Planung und Statik abhängig, ist diese Vereinbarung unwirksam (Kopplungsverbot).*

2. *Sind im Grundstückskaufpreis die Aufwendungen für Planung und Statik enthalten, so errechnet sich die ungerechtfertigte Bereicherung des Architekten aus dem Betrag, der über den Verkehrswert des Grundstücks hinausgeht."* OLG Hamm, Urt. v. 5.5.1993 – 25 U 160/91.
BauR 1993, 641 L = IBR 1993, 332 L. § 3

– Architektenwettbewerb

1. *„Das in Art. 10 § 3 MRVG enthaltene Kopplungsverbot zwischen Grundstückserwerb und Architektenvertrag gilt auch für nach der Entstehungsgeschichte des Gesetzes davon an sich nicht betroffene Wohnungsbauunternehmen, wenn sie im jeweiligen Einzelfall nicht gemäß ihrem typischen Berufsbild gemeinsam Grundstücksverkauf und Baubetreuung am Markt anbieten, sondern, insbesondere ohne selbst über Grundstücke zu verfügen, mit isolierten Planungs- und Betreuungsleistungen unmittelbar mit Architekten oder Ingenieuren in Wettbewerb treten (Einschränkung zu BGHZ 63, 302 [...] = BauR 1975, 128).*

2. *Art. 10 § 3 MRVG ist nach Sinn und Zweck der Vorschrift einschränkend dahin auszulegen, dass eine Beschränkung der Auswahlmöglichkeit für die Grundstückserwerber hinsichtlich des*

Kreises der Anbieter von Architektenleistungen durch eine fachliche leistungsbezogene Vorauswahl kompensiert werden kann, insbesondere wenn dieses Vorgehen einer Stadt der öffentlich-rechtlichen Zielsetzung einer Entwicklungsmaßnahme nach dem Städtebauförderungsgesetz dient (Anlehnung an OLG Düsseldorf BauR 1979, 171).
3. *Der Senat lässt offen, ob jedermann durch Veranstaltung eines Architektenwettbewerbs aus dem Kopplungsverbot des Art. 10 § 3 MRVG entlassen werden kann und ebenso, ob der Vorschrift eine drittschützende Wirkung zugunsten benachteiligter Konkurrenten zukommt."* VGH Kassel, Beschl. v. 1.7.1983 – 4 TG 35/83.
BauR 1985, 224.

– **Architektenwettbewerb, Preisträger**
„Wegen des Verbots der Architektenbindung ist es einer Stadt verwehrt, Grundstücke an Erwerber mit der Verpflichtung zu veräußern, die Architektenleistungen einem der Preisträger in einem von der Stadt ausgeschriebenen Wettbewerb in Auftrag zu geben."
OLG Hamm, Urt. v. 20.3.1985 – 26 U 120/84.
BauR 1986, 711 = NJW-RR 1986, 449 = MDR 1986, 410.

– **Architektenwettbewerb, Bindung an Preisträger**
„Veranstaltet eine Gemeinde als Eigentümerin eines Baugebietes einen Architektenwettbewerb, gibt sie den Preisträgern bestimmte Grundstücke „an die Hand" und verweist sie die an einem dieser Grundstücke interessierten Bauwilligen an den dafür „zuständigen" Architekten, so verstößt der von dem Bauwilligen mit dem Architekten geschlossene Vertrag auch dann gegen das Kopplungsverbot des Mietrechtsverbesserungsgesetzes, wenn der Bauwillige lediglich die Bebauungsmöglichkeiten des Grundstücks erkunden wollte und zu diesem Zweck den Architekten mit der Anfertigung von Vorentwürfen beauftragt hat." BGH, Urt. v. 24.6.1982 – VII ZR 253/81.
Schäfer/Finnern/Hochstein Nr. 11 zu Art. 10 § 3 MRVG = NJW 1982, 2189 = BauR 1982, 512ff. = WPM 1982, 1077 = Betrieb 1982, 2691 = ZfBR 1982, 219.

– **Architektenbindung an preisgekrönte Planung**
„Wird der Erwerber eines Grundstückes in einem Sanierungsgebiet in dem mit der Gemeinde abgeschlossenen Kaufvertrag dazu verpflichtet, die Bebauung ausschließlich nach der preisgekrönten, die städtebauliche und architektonische Gestaltung des Sanierungsgebietes betreffenden Planung eines Architekten vorzunehmen, so verstößt der von dem Erwerber mit diesem Architekten geschlossene Vertrag nicht gegen das Kopplungsverbot des Mietrechtverbesserungsgesetzes, wenn nur eine Bindung an den sachlichen Gegenstand der Planung, im Übrigen aber kein faktischer Zwang zur Beauftragung gerade dieses Architekten besteht."
OLG Köln, Urt. v. 2.11.1989 – 7 U 60/89
BauR 1991, 642 = DAB 1992, 128 (Leitsatz von Ganten)
Revision durch Beschluss des BGH vom 31. Mai 1990 – VII ZR 355/89 – nicht angen.

– **Bau nach Plänen des Architekten ... nach öffentlichem Planungswettbewerb**
„Das Kopplungsverbot hinsichtlich der Übernahme eines Architekten im Zusammenhang mit einem Grundstückserwerb gilt auch für den Erwerb eines Erbbaurechts und in den Fällen, in denen die Architektenplanung auf einen öffentlichen Planungswettbewerb zurückgeht. Eine Verpflichtung zur Inanspruchnahme von Architektenleistungen im Sinne des Art. 10 § 3 MRVG liegt bereits dann vor, wenn der Erwerb davon abhängig gemacht wird, dass das Gebäude „nach den Bauplänen des Architekten (...)" errichtet wird."
KG Berlin, Urt. v. 5.3.1991 – 21 U 6673/90
NJW-RR 1992, 916.

– **Baubetreuungsunternehmen**
„Verträge, durch die sich ein Baubetreuungsunternehmen im Zusammenhang mit dem Ankauf eines Grundstücks verpflichtet, bei Planung oder Ausführung eines Bauwerks auf dem Grundstück die Leistungen eines bestimmten Ingenieurs oder Architekten in Anspruch zu nehmen, unterliegen zumindest dann nicht dem gesetzlichen Kopplungsverbot mit Nichtigkeitsfolge, wenn es dem Bau-

betreuungsunternehmen gerade darauf ankam, ein Grundstück mit bereits vorhandener Planung zu erwerben."
KG Berlin, Urt. v. 3.7.1985 – 24 U 1393/85.
BauR 1986, 598.

– **Baubetreuungsunternehmen: Abstand für Vorplanung**
„Vereinbaren die Parteien eines angestrebten Baubetreuungsvertrages, dass der Baubetreuer zunächst die Leistungen nach Phasen 1 und 2 des § 15 Abs. 1 HOAI zu erbringen hat, und sieht der Planungsvertrag für den Fall, dass der Bauinteressent die vorgesehenen Bauleistungen nicht in Anspruch nimmt, eine Honorierung der Planungsleistung vor, verstößt der Planungsvertrag in der Regel nicht gegen das Kopplungsverbot des Art. 10 § 3 MietRVerbG, auch wenn der Baubetreuer das zu bebauende Grundstück „an der Hand" hat."
BGH, Urt. v. 18.3.1993 – VII ZR 176/92.
BauR 1993, 490 = ZfBR 1993, 186.

– **Baubetreuungsunternehmen**
„Verträge mit Baubetreuungsunternehmen unterliegen im Allgemeinen nicht dem Kopplungsverbot des Art. 10 § 3 des Gesetzes vom 4. November 1971 (BGBl. I, 1745), wonach eine Vereinbarung unwirksam ist, durch die der Erwerber eines Grundstücks sich im Zusammenhang mit dem Erwerb verpflichtet, bei der Planung oder Ausführung eines Bauwerks auf dem Grundstück die Leistungen eines bestimmten Ingenieurs oder Architekten in Anspruch zu nehmen." BGH, Urt. v. 9.12.1974 – VII ZR 180/73.
BGHZ 63, 302 = Sch-F Z 7.10 Bl. 1 = NJW 1975, 259 = BB 1975, 113 = MDR 1975, 311 = BauR 1975, 128 = Betrieb 1975, 203 = DNotZ 1975, 361.

– **Baubetreuer: Planungsauftrag zwecks Reservierung eines Grundstücks**
Unwirksam ist eine Vereinbarung, *„mit der ein Bauinteressent einem Baubetreuer zwecks „Reservierung" eines Grundstücks einen „Planungsauftrag" erteilt, der nur Architektenleistungen gemäß der HOAI umfasst."* IBR 1992, 499 – Hamm.
OLG Köln, Urt. v. 7.7.1992 – 9 U 5/92; OLG Rep. 1992, 313.

– **Bausatzabnahme**
„Auch die Vereinbarung, dass der Käufer eines Grundstücks für dieses einen bestimmten Bausatz abnehmen und der Grundstücksverkäufer hierfür von der Herstellerin des Bausatzes eine Provision beziehen soll, verstößt gegen Art. 10 § 3 MRVG, wenn der Grundstücksverkäufer eine Gesellschaft bürgerlichen Rechts ist, an der ein Baubetreuer, ein Architekt und ein Statiker beteiligt sind und diese jeweils mit den entsprechenden Leistungen beauftragt werden."
OLG Hamm, Urt. v. 24.11.1982 – 8 U 234/82; BauR 1983, 482.

– **Bauträger: Freiberuflicher Architekt als Bauträger**
Das Kopplungsverbot des *„Art. 10 § 3 MRVG greift auch dann ein, wenn ein freiberuflicher Ingenieur oder Architekt wie ein Bauträger auf einem eigenen, dem Erwerber vorweg übertragenen Grundstück einen schlüsselfertigen Bau auf eigene Rechnung und eigenes Risiko errichtet (im Anschluss an BGHZ 70, 55)".*
BGH, Urt. v. 27.9.1990 – VII ZR 324/89; BauR 1991, 114.

– **Bauwerksvertrag**
„Im Gegensatz zu Art. 10 § 3 MRVG gilt bei nichtigem Architektenvertrag anders als für den Grundstückserwerbsvertrag für den Bauwerksvertrag § 139 BGB. Art. 10 § 3 S. 2 MRVG zeigt nur, dass der Wille des Verkäufers, Kauf- und Architektenvertrag zu koppeln, im Rahmen des § 139 BGB keine Rolle spielen kann. Er ergibt aber nicht, dass der Wille des Verkäufers, den Architektenvertrag zusätzlich mit – anderen – Verträgen zu koppeln, im Rahmen des § 139 BGB unerheblich wäre. Art. 10 § 3 S. 2 ist als Ausnahmeregelung eng auszulegen. Es kommt insoweit darauf an, ob die Parteien den Bauwerksvertrag auch ohne den Architektenvertrag abgeschlossen hätten. (Im konkreten Fall wurde dies verneint, da der Abschluss des Bauwerksvertrages

mit seinem vereinbarten Inhalt sinnlos gewesen wäre, wenn die Architektenleistungen nicht zur Verfügung gestanden hätten.)"
KG, Urt. v. 6.1.1981 – 21 U 4648/78.
Schäfer/Finnern/Hochstein Nr. 8 zu Art. 10 § 3 MRVG.

– **Generalunternehmer**
„Das Kopplungsverbot des Art. 10 § 3 MRVG greift nicht ein, wenn sich ein Architekt als General- oder Totalunternehmer verpflichtet, im eigenen Namen und für eigene Rechnung auf einem fremden Grundstück für seinen Auftraggeber ein Bauwerk zu errichten."
OLG Düsseldorf, Urt. v. 9.11.1982 – 23 U 51/82.
BauR 1984, 418.

– **Architekt als Generalunternehmer**
„Für einen gewerbsmäßig (mit Erlaubnis nach § 34c GewO) als Generalunternehmer tätigen Architekten oder Ingenieur, der schlüsselfertige Bauten auf einem dem Erwerber vorweg zu übertragenden Grundstück errichtet, gilt das Kopplungsverbot des Art. 10 § 3 MRVG grundsätzlich nicht."
BGH, Urt. v. 29.9.1988 – VII ZR 94/88 (im Anschluss an BGHZ 89, 240 = BauR 1984, 58); BauR 1989, 95 = ZfBR 1989, 29.

– **Generalunternehmer, Bauträger**
„Für Bauträger, Generalunternehmer mit Planungsverpflichtung und sogenanntem Generalübernehmer, die schlüsselfertige Bauten auf einem dem Erwerber vorweg übertragenen Grundstück errichten, gilt das Kopplungsverbot des MRVG Art. 10 § 3 grundsätzlich nicht. […]
Die Entstehungsgeschichte des Gesetzes zeigt, dass von dem Kopplungsverbot nur derjenige betroffen sein soll, der sich als Ingenieur oder Architekt einer berufsfremden, der des Maklers ähnlichen Tätigkeit widmet."
Deshalb greift das Koppelungsverbot immer dort ein, *„wo freiberufliche Ingenieure oder Architekten über die ihr Berufsbild prägenden Aufgaben hinaus zusätzliche Leistungen versprechen und damit wie ein Generalübernehmer, Bauträger oder Baubetreuer […] auftreten (BGHZ 70, 55, 60)".* Dagegen ist ein Verstoß gegen das Kopplungsverbot nicht anzunehmen, wenn der Erwerber sich an ein Unternehmen bindet, *„das Baubetreuung im „engeren" oder „weiteren Sinne" betrieb, also an einen Baubetreuer oder an einen Bauträger […]."* (BGH, Urt. v. 22.12.1983 – VII ZR 59/82)
Nach alledem bezieht sich das Kopplungsverbot grundsätzlich nur auf Ingenieure und Architekten, nicht aber auf Unternehmen der verschiedensten Art, die u. a. auch Planungsleistungen übernehmen.
Das Kopplungsverbot ist nach alledem nicht *„leistungsbezogen, sondern berufsstandsbezogen".*
BGH, Urt. v. 22.12.1983 – VII ZR 59/82.
NJW 1984, 732 = BB 1984, 370 = MDR 1984, 481 = BauR 1984, 192 = WPM 1984, 339 = ZfBR 1984, 83.

– **Grundstückserwerb**
„MRVG Art. 10 § 3 verstößt auch dann nicht gegen Art. 14 GG, wenn das zu veräußernde Grundstück dem Ingenieur oder Architekten bzw. dessen Ehefrau gehört, an den sich der Bauinteressent im Zusammenhang mit dem Erwerb des Grundstücks binden soll.
MRVG Art. 10 § 3 greift auch dort ein, wo freiberufliche Ingenieure oder Architekten über die ihr Berufsbild prägenden Aufgaben hinaus zusätzliche Leistungen versprechen und damit wie Generalübernehmer, Bauträger oder Baubetreuer (gleich welcher Art) auftreten […]."
BGH, Urt. v. 24.11.1977 – VII ZR 213/76.
Schäfer/Finnern/Hochstein Nr. 1 zu Art. 10 § 3 MRVG = BauR 1978, 147 = WPM 1978, 242 = Betrieb 1978, 582.

– **Grundstückserwerb**
„Im Zusammenhang mit dem Erwerb des Baugrundstücks steht jede Verpflichtung des Erwerbers zur Inanspruchnahme eines Ingenieurs oder Architekten, ohne die er rechtlich oder tatsächlich das

Grundstück nicht hätte erwerben können. Ein solcher Zusammenhang liegt nicht nur dann vor, wenn der Veräußerer den Verkauf eines Grundstücks davon abhängig macht, dass der Erwerber einen bestimmten Ingenieur oder Architekten beauftragt, sondern auch dann, wenn der Architekt den Nachweis eines zum Verkauf stehenden Baugrundstücks davon abhängig macht, dass der Erwerber seine Leistungen in Anspruch nimmt. Dabei kommt es nicht darauf an, ob Veräußerer und Architekt zusammenwirken; allein entscheidend ist, dass das Grundstück dem Erwerber nicht ohne seine Bindung an den Architekten vermittelt worden wäre. Unerheblich ist in diesem Zusammenhang auch die zeitliche Verbindung zwischen Architektenvertrag und Grundstückskaufvertrag. Ein Zusammenhang ist bereits anzunehmen, wenn irgendwie eine Verbindung besteht."
OLG Düsseldorf, Urt. v. 10.12.1979 – 5 U 56/79.
BauR 1980, 480.

– **Grundstückserwerb**
„Ergeben die objektiv erkennbaren Umstände, dass es wesentlich vom Architekten abhängt, wer ein bestimmtes Baugrundstück erwerben darf, so kommt es für die Feststellung des vom Gesetz missbilligten Zusammenhangs von Grundstückserwerb und Architektenvertrag in der Regel nicht darauf an, ob der Architekt oder eine von ihm bestellte Person während der Erwerbsverhandlungen erklärt, das Grundstück werde ohne Architektenbindung verkauft." BGH, Urt. v. 26.2.1981 – VII ZR 20/80.
Schäfer/Finnern/Hochstein Nr. 7 zu Art. 10 § 3 MRVG = MDR 1981, 747 = BauR 1981, 295 = ZfBR 1981, 141 = NJW 1981, 1840 = Betrieb 1981, 2120.

– **Grundstückskauf mit Übernahme des Architektenvertrages**
„Die Verpflichtung eines Grundstückserwerbers gegenüber dem Veräußerer, den zwischen dem Veräußerer und einem Architekten abgeschlossenen Architektenvertrag zu übernehmen, verstößt gegen das Verbot der Architektenbindung." BGH, Urt. v. 9.7.1992 – VII ZR 138/91.
BauR 1993, 104 = ZfBR 1993, 19 = NJW-RR 1992, 1372 = Schäfer/Finnern/ Hochstein Nr. 20 zu Art. 10 § 3 MRVG.

– **Kopplungsverbot**
„Die im Zusammenhang mit dem Erwerb eines Grundstücks eingegangene Verpflichtung des Käufers, ein Gebäude nach – vom Verkäufer vor dem Grundstückskauf eingeholten – Plänen eines bestimmten Architekten zu errichten, enthält eine unzulässige Architektenbindung." BGH, Urt. v. 2.3.1978 – VII ZR 240/77.
BGHZ 71, 33 = Schäfer/Finnern/Hochstein Nr. 3 zu Art. 10 § 3 MRVG = NJW 1978, 1434 = MDR 1978, 1551 = BauR 1978, 232 = WPM 1978, 638.

– **Kopplungsverbot**
„1. Das Mietrechtsverbesserungsgesetz wendet sich nicht gegen die Abwälzung solcher Kosten auf den Käufer, die im Zeitpunkt der Veräußerung des Grundstücks durch dessen Erschließung bereits unvermeidlich entstanden waren und dadurch die Preiskalkulation beeinflusst haben.
2. Werden dem Erwerber im Zusammenhang mit dem Erwerb eines Baugrundstücks Vorteile für den Fall versprochen, dass er, ohne Übernahme einer Verpflichtung hierzu, bei der Planung oder Ausführung des Bauwerks einen bestimmten Architekten beauftragt, so liegt darin kein Verstoß gegen das Kopplungsverbot des Art. 10 § 3 MRVG."
BGH, Urt. v. 21.12.1978 – VII ZR 40/78.
Schäfer/Finnern/Hochstein Nr. 5 zu Art. 10 § 3 MRVG = NJW 1979, 982 = MDR 1979, 393 = BauR 1979, 169.

– **Kopplungsverbot**
Art. 10 § 3 MRVG. Für einen Zusammenhang zwischen Grundstückserwerb und einem Architektenvertrag genügt es, dass die beiden Rechtsgeschäfte in einem wirtschaftlichen, d. h. tatsächlichen Zusammenhang stehen. Es ist nicht erforderlich, dass diese in einem einheitlichen Vertrag oder zur gleichen Zeit vorgenommen werden. Es ist auch kein

rechtlicher Zusammenhang erforderlich. Der Wille der Vertragspartner zur Koppelung muss sich auch nicht aus den Vereinbarungen selbst ergeben. Es genügt, dass tatsächlich ein solcher Wille vorhanden war. Es reicht hiernach ein bloßer tatsächlicher Zwang aus. Ein solcher kann sogar dann bestehen, wenn der Architekt während der Erwerbsverhandlungen erklärt, das Grundstück werde ohne Architektenbindung verkauft. OLG Bamberg, Urt. v. 28.5.2003 – 3 U 71/02. BauR 2003, 1756f. = IBR 2003, 546. vgl. BGH BauR 1981, 295; 1982, 183; 1975, 288ff.

– **Kopplungsverbot, Erwerb BGB-Gesellschaftsanteile**
Art. 10 § 3 MRVG. *„Bei dem Erwerb von Anteilen an einer Grundstücksgesellschaft bürgerlichen Rechts handelt es sich nicht Grundstückserwerb i. S. v. Art. 10 § 3 MRVG. [...] Eine entsprechende Anwendung des Art. 10 § 3 MRVG auf Geschäfte dieser Art ist nach dem Schutzzweck der Norm nicht geboten."* KG Berlin, Urt. v. 24.10.2002 – 10 U 2166/99. Rev. nicht angen., BGH, Beschl. v. 11.12.2003, VII ZR 5/02 IBR 2004, 147.

– **Kopplungsverbot, Unternehmen als Anbieter isolierter Architektenleistungen**
Das Koppelungsverbot greift auch für ein Unternehmen, das zwar einen umfassenden Geschäftsgegenstand außerhalb der HOAI hat (hier: Generalunternehmer / Projektsteuerer), aber mit isolierten Architektenleistungen durch gesonderte Verträge, neben denen auf Grundstückserwerb gerichteten, in Konkurrenz zu Architekten und Ingenieuren tritt. OLG Hamm Urteil v. 21.2.2014, 12 U 88/13, IBR 2014, 282, n. rkr.

– **Kopplungsverbot, Grundstückserwerb mit Architekten-Vorleistungen**
Art. 10 § 3 MRVG. Ein Verstoß gegen das Kopplungsverbot liegt dann nicht vor, wenn sich der Grundstückserwerber verpflichtet, *„dem Verkäufer bereits bezahlte grundstücksbezogene Architektenleistungen zu erstatten, sofern die Verpflichtung des Erwerbers nach den Plänen des Architekten zu bauen, nicht vereinbart wird."* KG Berlin, Urt. v. 24.10.2002 – 10 U 2166/99. Rev. nicht angen., BGH, Beschl. v. 11.12.2003, VII ZR 5/02 IBR 2004, 147.

– **Kopplungsverbot, Grundstücksverkauf, beauftragter Architekt**
Art. 10, § 3 MRVG. Das Kopplungsverbot gilt dann nicht, wenn das Architektenhonorar nur eine kalkulatorische Größe des Gesamtpreises für das beplante Grundstück ist und der Veräußerer des Grundstücks den Architekten bereits rechtsverbindlich beauftragt hat. In diesem Fall steht es gleich, wenn Veräußerer und Architekt identisch sind. Für den durch das Koppelungsverbot geschützten Wettbewerber macht es keinen Unterschied, ob der kalkulatorische Wert der vor der Veräußerung des Grundstücks erstellten Architektenplanung vom Veräußerer selbst erbracht wird oder der Veräußerer einen Architekten beauftragt hat.
Das Koppelungsverbot gilt dann nicht, wenn der Erwerber des Grundstücks eine Bauträgergesellschaft ist. Diese kann sich nach Treu und Glauben nicht auf das Kopplungsverbot berufen, weil ihr dieses bekannt ist, wobei diese Kenntnis von Beteiligten, die im Immobiliengeschäft tätig sind, unterstellt wird. Gleiches gilt für eine einer Bauträgergesellschaft gleich stehenden GbR. Rev. nicht angen., BGH, Beschl. v. 25.9.2003 – VII ZR 5/02 KG Berlin, Urt. v. 9.12.2002 – 24 U 1059/00. IBR 2004, 22.

– **Kopplungsverbot, Ingenieur**
„Ein Ingenieurvertrag, der in unmittelbarem Zusammenhang mit der Vermittlung eines Grundstückskaufvertrages durch den Ingenieur abgeschlossen worden ist, verstößt auch dann gegen Art. 10 § 3 MRVG und ist deshalb nichtig, wenn das Grundstück von der Ehefrau des Geschäftsführers

*und persönlich haftenden Gesellschafters einer Kommanditgesellschaft erworben wird, der Ingenieur-
vertrag aber mit der Kommanditgesellschaft abgeschlossen wird und diese auch von vornherein das
Grundstück bebauen und das Bauprojekt anschließend weiterverkaufen wollte.“* OLG Düsseldorf, Urt. v. 18.6.1985 – 23 U 250/84.
BauR 1985, 700.

– **Kopplungsverbot, schlüssiges Verhalten, Anscheinsbeweis**
*„Im Zusammenhang mit dem Erwerb“ eines Baugrundstücks steht jede Verpflichtung des Erwer-
bers zur Inanspruchnahme von Ingenieurleistungen und Architektenleistungen, ohne die er rechtlich
oder tatsächlich das Grundstück nicht hätte bekommen können. Das ist aber auch dann der Fall,
wenn ein Architekt den Nachweis eines zum Verkauf stehenden Baugrundstücks von der Verpflichtung des Interessenten zur Erteilung eines entsprechenden Auftrages abhängig macht […]. Ausdrücklich braucht der Architekt das nicht zu verlangen; ein „Zusammenhang mit dem Erwerb“ ist
auch dort anzunehmen, wo das Verhalten des Architekten unter Berücksichtigung aller objektiv erkennbaren Begleitumstände als dahin gerichtete Willenserklärung zu verstehen ist und der Erwerber
das auch so aufgefasst hat.“*
Die Ursächlichkeit der Kopplung für den späteren Architektenvertrag ist vom Erwerber
zu beweisen. Hierfür kann der erste Anschein sprechen.
*„Art. 10 § 3 MRVG greift auch und gerade dort ein, wo ein Architekt ein ihm „anhand“ gege-
benes Grundstück mit seiner Planung für den Erwerber erst „interessant“ gemacht hat. Anderenfalls wäre die vom Gesetz missbilligte monopolartige, den Wettbewerb verzerrende Stellung des Architekten […] nicht zu verhindern.“* BGH, Urt. v. 25.9.1978 – VII ZR 292/77.
WPM 1978, 1324 = ZfBR 1978, 80 = BauR 1978, 495.

– **Kopplungsverbot, schlüssiges Verhalten**
Art. 10, § 3 MRVG. Es genügt zum Nachweis dafür, dass der Erwerber eines Grundstücks sich im Zusammenhang mit dem Erwerb des Grundstücks verpflichtet, bei Planung oder Ausführung eines Bauwerks auf dem Grundstück die Leistungen eines bestimmten Architekten in Anspruch zu nehmen, dass der Erwerber das Grundstück aus
rechtlichen oder tatsächlichen Gründen nur unter der Voraussetzung erwerben kann,
dass er mit einem bestimmten Architekten einen Architektenvertrag abschließt. Dies
kann sich auch aus schlüssigem Handeln der Parteien ergeben, wofür Rückschlüsse aus
indiziellen Umständen bei den Vertragsverhandlungen ausreichend sind. (Im konkreten
Fall war mit der Beurkundung zweier Kaufverträge jeweils so lange gewartet worden, bis
der Erwerber einen Architektenvertrag unterschrieben hatte.)
OLG Celle, Urt. v. 14.10.1999 – 18 U 101/98.
IBR 2000, 128.

– **Kopplungsverbot, Teilnichtigkeit**
*„Art. 10 § 3 S. 2 MRVG besagt aber nur, dass der Bestand des Grundstücksgeschäftes nicht
allein deshalb in Frage gestellt wird, weil der auf eine unzulässige Architektenbindung gerichtete
Vertragsteil deswegen unwirksam ist. […] Das schließt aber eine Anwendung des § 139 BGB aus
anderen Gründen nicht aus.“* BGH, Urt. v. 23.9.1978 – VII ZR 240/77.
BGHZ 71, 33 = LM MRVG Nr. 7 = Schäfer/Finnern/Hochstein Nr. 3 zu Art. 10 § 3
MRVG = NJW 1978, 1434 = MDR 1978, 1571 = BauR 1978, 232 = WPM 1978,
638.

– **Kopplungsverbot, Umgehungsgeschäft über Ehefrau**
Art. 10 § 3 MRVG. *„Es verstößt gegen das Kopplungsverbot, wenn in engem zeitlichen Zu-
sammenhang mit dem Abschluss des Grundstückskaufvertrages der Erwerber faktisch gezwungen
wird, nicht benötigte Ausführungspläne von der Ehefrau des Architekten zu kaufen.“* OLG
Frankfurt, Urt. v. 28.9.2000 – 12 U 129/99.
Rev. nicht angen., BGH, Beschl. v. 7.3.2002 – VII ZR 53/01
IBR 2002, 317.

– **Kopplungsverbot: Vergütungspflicht des Käufers für Baugenehmigungsplanung ohne Verwertung**

Art. 10 § 3 MRVG.

„*1. Verpflichtet sich der Erwerber eines Grundstücks im Kaufvertrag, die auf eigenes Risiko erbrachte Baugenehmigungsplanung eines Architekten zu vergüten, ist die Vereinbarung auch dann gemäß Art. 10 § 3 MietRVerbG unwirksam, wenn der Erwerber die Planung nicht verwerten muss (im Anschluss an BGH, Urt. v. 7.10.1982 – VII ZR 24/82 –, BauR 1983, 93 = NJW 1983, 227).*

2. Ein Vertrag, in dem der Veräußerer des Grundstücks dem Architekten verspricht, darauf hinzuwirken, dass der Erwerber ihm die im Rahmen der Bebauung zu vergebenden Architektenleistungen in Auftrag geben wird, ist nicht ohne weiteres unwirksam." BGH, Urt. v. 6.4. 2000 – VII ZR 455/98.

BauR 2000, 1213 ff. = MDR 2000, 879 = ZfBR 2000, 463 = NZBau 2000, 343 ff.

– **Maklertätigkeit**

Art. 10 § 3 MRVG, § 8 Abs. 1 HOAI, § 242 BGB.

„*Ist der Erwerb eines Grundstücks rechtlich oder tatsächlich nur durch den Nachweis oder die Vermittlung eines Maklers möglich, und macht der Makler den Erwerb des Grundstücks von einem Auftrag an einen Architekten abhängig, dann verstößt der mit dem Architekten geschlossene Vertrag gegen das Kopplungsverbot des Mietrechtsverbesserungsgesetzes.*

[...] für einen Zusammenhang zwischen dem Erwerb des Grundstücks und dem Architektenvertrag ist es nicht erforderlich, dass der Veräußerer den Erwerb des Grundstücks rechtlich oder tatsächlich davon abhängig macht, dass der Käufer einem bestimmten Architekten einen Auftrag erteilt. Es genügt, dass der Erwerber das Grundstück aus rechtlichen oder tatsächlichen Gründen nur unter der Voraussetzung erwerben konnte, dass er mit einem bestimmten Architekten einen Architektenvertrag abschließt." BGH, Urt. v. 19.2.1998 – VII ZR 236/96.

BauR 1998, 579 ff. = MDR 1998, 711 = IBR 1998, 303.

– **Maklertätigkeit**

„*1. Das Mietrechtsverbesserungsgesetz richtet sich gegen die den Wettbewerb unter Architekten (und Ingenieuren) beeinträchtigende Bindung des Bauherrn, sofern diese mit dem Erwerb des Baugrundstücks im Zusammenhang steht.*

2. Es ist zulässig, wenn ein Makler dem Bauherrn die Möglichkeit zum Abschluss eines Architektenvertrages nachweist und diesen Umstand sowie die früheren Planungsarbeiten des Architekten als Berechnungsgrundlage für die Provisionshöhe ansieht" (Orientierungssatz Juris Datenbank).

BGH, Urt. v. 20.4.1979 – IV ZR 27/78.

BauR 1979, 530 = BB 1979, 1066.

– **Tatsächlicher Zwang**

„*MRVG Art. 10 § 3 greift auch ein, wenn der Erwerber das Grundstück nur unter Auflagen bekommen kann, die ihn durch den tatsächlichen Zwang, der von ihnen ausgeht, an einen bestimmten Architekten binden sollen. [...] Im notariellen Vertrage hatten die Beklagten sich verpflichtet, binnen drei Jahren seit Vertragsabschluss „mit dem Bau eines Wohnhauses zu beginnen" oder das Grundstück gegen Erstattung des Kaufpreises an den Kläger zurückzuübertragen.*" Das Berufungsgericht hatte, was die Revision hinnehmen musste, den Sachverhalt dahingehend gewürdigt, dass die Beklagten zwar nach dem Wortlaut des Vertrages frei gewesen seien, jeden beliebigen Architekten zu beauftragen, dass aber die Dreijahresfrist so kurz bemessen sei, „*[...] dass sich die Beklagten gedrängt fühlen würden, den Auftrag an den Kläger zu vergeben, um ihn dadurch von der Geltendmachung seiner Rechte aus der Übertragungsvereinbarung abzuhalten.* Dies wurde als tatsächlicher Zwang angesehen.

BGH, Urt. v. 19.11.1981 – VII ZR 350/80.

Schäfer/Finnern/Hochstein Nr. 10 zu Art. 10 § 3 MRVG = BauR 1982, 183 = ZfBR 1982, 77.

– **Vorvertrag**

„Macht der Architekt den Nachweis eines Baugrundstücks von dem Abschluss eines Architekten-vertrages abhängig, so steht dieser Vorvertrag im Zusammenhang mit dem (anschließenden) Erwerb des Grundstücks und ist deshalb gemäß Gesetz vom 1971-11-01 Art. 10 § 3 unwirksam."
(Gesetz zur Verbesserung des Mietrechts und zur Begrenzung des Mietanstiegs sowie zur Regelung der Ingenieur- und Architektenleistungen vom 4. November 1971 (BGBl. I 1745).) BGH, Urt. v. 10.4.1975 – VII ZR 254/73.
BGHZ 64, 173 = Schäfer/Finnern Z 3.000 Bl. 7 = NJW 1975, 1218 = BB 1975, 941 = MDR 1975, 658.

– **Wohnungseigentumsbildung, Vorratsteilung**

„Begründet der Eigentümer im Wege der „Vorratsteilung" gemäß § 8 WEG Wohnungseigentum, so liegt ein Verstoß gegen das Kopplungsverbot des Art. 10 § 3 MRVG nicht vor, wenn die Erwerber sich im Zusammenhang mit dem Erwerb verpflichten, zur Errichtung des Gebäudes diejenige Planung zu verwenden, die nach § 7 Abs. 4 WEG der Bildung des Wohnungseigentums zugrunde gelegt war, und denjenigen Ingenieur oder Architekten mit der Ausführung zu beauftragen, der die Planung gefertigt hat."
BGH, Urt. v. 6.3.1986 – VII ZR 111/85.
Schäfer/Finnern/Hochstein Nr. 16 zu Art. 10 § 3 MRVG = NJW 1986, 1811 = BauR 1986, 464 = ZfBR 1986, 170.

– **Bereicherung des Bauherrn**

In seinem Urteil BGHZ 70, 12 hat der Senat unter Hinweis auf seine frühere Rechtsprechung entschieden, dass der Architekt den Wert der Leistungen, die er auf Grund eines wegen Verstoßes gegen Art. 1 §§ 1, 5 RBeratG nichtigen Baubetreuungsvertrag erbracht hatte, nach Bereicherungsgrundsätzen ersetzt verlangen könne. Der Höhe nach sei der Wert nach der üblichen oder (mangels eines solchen) der angemessenen Vergütung zu bestimmen, sofern der Auftraggeber entsprechende Auslagen erspart habe. Damit werde nicht etwa eine vom Gesetz verbotene Tätigkeit auf einem Umwege doch honoriert; verhindert werde nur, dass der Empfänger der Leistungen daraus einen ungerechtfertigten Vorteil ziehe. Hier gilt nichts anderes.
Ob bei einem Verstoß gegen das Kopplungsverbot § 817 BGB anzuwenden wäre, kann offen bleiben. Die weiteren Feststellungen des Berufungsgerichts, dass der Kläger sich des – nunmehr nur noch zu unterstellenden – Verstoßes nicht bewusst gewesen sei, ist nicht zu beanstanden. (Nicht amtliche Leitsätze).
BGH, Urt. v. 5.11.1981 – VII ZR 216/80.
Schäfer/Finnern/Hochstein Nr. 9 zu Art. 10 § 3 MRVG = NJW 1982, 879 = BauR 1982, 83 = ZfBR 1982, 20.

– **Bereicherungsanspruch, Übliche Vergütung**

„1. Hat ein Architekt auf Grund eines wegen des Kopplungsverbotes unwirksamen Vertrages Architektenleistungen erbracht, so bestimmt sich der Wert der Bereicherung des Bauherrn allein nach der üblichen und angemessenen Vergütung.

2. Der Kläger kann deshalb für seine Leistungen den nach der HOAI berechneten Mindestsatz einschließlich der für Nebenkosten angesetzten Beträge verlangen. Der Wert der Bereicherung des Beklagten bestimmt sich nach dem Honorar, das nach den Mindestsätzen der HOAI für derartige Leistungen zu zahlen ist ...

Dieser Bereicherung kann der Beklagte nicht entgegenhalten, er hätte bei Kenntnis der Unwirksamkeit des Vertrages Architekten- und Statikerleistungen für den halben Preis bekommen. Nach den in der Rechtsprechung vertretenen Grundsätzen ist für die Wertbestimmung im Rahmen des § 812 Abs. 2 BGB der objektive Verkehrswert des Erlangten maßgebend."
OLG Hamm, Urt. v. 8.6.1984 – 25 U 188/83.
BauR 1986, 410 = MDR 1986, 410.

– **Bereicherungsanspruch, Wegfall der Bereicherung**

Im Fall einer unzulässigen Architektenbindung steht dem Architekten für die erbrachten Architektenleistungen zwar grundsätzlich ein Honoraranspruch aus ungerechtfertigter

Bereicherung zu. Der Bauherr kann sich aber zur Begründung eines – teilweisen – Wegfalls der Bereicherung mit Erfolg darauf berufen, er habe ohne die unzulässige Architektenbindung geringere Kosten für Architektenleistungen aufwenden müssen, weil er diese selbst (falls er Architekt ist) erbracht hätte oder durch Verwandte oder Freunde billiger hätte erhalten können.

OLG Hamm, Urt. v. 20.3.1985 – 26 U 120/84.

BauR 1986, 711 = NJW-RR 1986, 449 = MDR 1986, 410.

– **Architektenvertrag wegen Verstoßes gegen das Koppelungsverbot nichtig – Architekt haftet gleichwohl für Bauüberwachungsfehler**
Nach dem OLG Köln soll der Architekt seinem Auftraggeber auch dann auf Mängelansprüche wegen fehlerhafter Bauüberwachung haften, wenn der Architektenvertrag wegen Verstoß gegen § 3 IngALG nichtig ist (Urt. v. 30.7.2014 – 11 U 133/13).

V. Ausblick

Nachdem das Kopplungsverbot nunmehr mehr als 30 Jahre in Kraft ist und zahlreiche **44** Urteile dazu ergangen sind, erscheint es mehr als fraglich, ob das damalige Ziel des Gesetzgebers, den Mieter zumindest mittelbar vor Mieterhöhungen zu schützen, erreicht worden ist. Die eigentliche Zielrichtung des Gesetzes scheint heute die Vertragsfreiheit des Bauherrn zu sein. Er wird durch das Kopplungsverbot davor geschützt, sich an Architekten oder Ingenieure binden zu müssen, wenn ein Grundstückserwerb mit dem Vertrag verbunden ist. Diesen Anwendungsbereich hat das BVerfG als verfassungskonform angesehen (BVerfG IBR 2011, 591).

Dies wirkt sich auch bei **Architektenwettbewerben** aus. Den Grundstückserwerbern dürfen gestalterische Vorgaben durch Bindung an bestimmte Architekten-Preisträger im Hinblick auf das Kopplungsverbot nicht gemacht werden (BGH BauR 2010, 1772). Will eine Gemeinde die Entwicklung eines Stadtteils unter den gestalterischen Gesichtspunkten betreiben, die der Sieger eines Wettbewerbs herausgearbeitet hat, stehen ihr Möglichkeiten zur Verfügung, die nicht wegen eines Verstoßes gegen das Kopplungsverbot unwirksam sind. So können in die Grundstückskaufverträge Klauseln aufgenommen werden, die diese gestalterischen Vorgaben umsetzen. Der Erwerber verpflichtet sich, sein Grundstück nach diesen Vorgaben zu bebauen. Welcher Architekt dann diese Vorgaben umsetzt, bleibt ihm überlassen. Damit wird der Wettbewerb der Architekten nicht beeinträchtigt. Derjenige Architekt, der die gestalterischen Vorgaben entwickelt hatte, kann einen finanziellen Ausgleich dafür durchsetzen, dass auf der Grundlage seines urheberrechtlich geschützten Entwurfs gearbeitet wird. Mit diesem Anwendungsbereich, dem Bauherrn die Möglichkeit der Auswahl eines für ihn geeigneten Architekten zu sichern, damit gleichzeitig auch den Wettbewerb aufrecht zu halten, hat das Kopplungsverbot auch zukünftig eine Existenzberechtigung.

Teil D. Vorbemerkung HOAI

Übersicht

I. Geschichtliche Entwicklung

1. Die HOAI und ihre Vorgänger

Die Honorarordnung für Architekten und Ingenieure – HOAI – ersetzte 1977 die Ver- **1** ordnung PR Nr. 66/50 über die Gebühren für Architekten vom 13. Oktober 1950 (GOA), die zuletzt am 23. Juli 1974 geändert worden war, sowie die inhaltsgleiche Berliner Verordnung über Gebühren für Architekten vom 9. April 1951, gleichfalls zuletzt geändert am 23. Juli 1974. Sie griff aber hinsichtlich ihres Geltungsbereichs über die Regelungen der alten GOA hinaus und betraf zunächst nur die Architektenleistungen bei der Planung und Errichtung von Gebäuden, Freianlagen und Innenräumen, Gutachten und Wertermittlungen (§ 34 HOAI a. F.) sowie Architektenleistungen bei der städtebaulichen Planung (§§ 35 bis 42 HOAI a. F.) auch die landschaftsplanerischen Leistungen (§§ 43 bis 50 HOAI a. F.). Sie galt darüber hinaus auch für Ingenieurleistungen (§ 1 HOAI), die in der Begründung zu der Ermächtigungsnorm (BTDrucks. VI/1549, S. 14) als „Teilleistungen einer umfassenden Bauleistung" bezeichnet wurden, wenn sie zunächst auch nur die Tragwerksplanung (damals §§ 51–56) als einzige spezielle Ingenieurleistung erfasst und damit den Ermächtigungsspielraum (§ 1 des Gesetzes zur Regelung von Ingenieur- und Architektenleistungen vom 4. November 1971, BGBl. I S. 1749) bei weitem nicht ausgefüllt hatte (Begründung zur HOAI, BRDrucks. 270/76, S. 2, 4; hierzu die Übersicht über Fachrichtungen und Fachgebiete des Verbands Beratender Ingenieure, in: Beratung + Planung, 1970, S. 119 ff.). In der Folgezeit wurden weitere Ingenieurleistungen einbezogen. So erfasste die HOAI ab dem 1. Januar 1985 auch Leistungen bei Ingenieurbauwerken und Verkehrsanlagen (§§ 51–61 HOAI a. F.), Verkehrsplanerische Leistungen (§ 61a HOAI a. F.), Leistungen bei der Technischen Ausrüstung (§§ 68–76 HOAI a. F.), Leistungen für Thermische Bauphysik (§§ 77–79 HOAI a. F.), Leistungen für Schallschutz und Raumakustik (§§ 80–90 HOAI a. F.), Leistungen für Bodenmechanik, Erd- und Grundbau (§§ 91–95 HOAI a. F.) und Vermessungstechnische Leistungen (§§ 96–100 HOAI a. F.). In der Sache war die HOAI daher nicht nur Nachfolgerin der früheren GOA, sondern auch – jedenfalls teilweise – von Honorar- und Leistungsverzeichnissen für Garten- und Landschaftsarchitekten und der Gebührenordnung für Ingenieure – GOI – bzw. der Leistungs- und Honorarordnung der Ingenieure – LHO –, die – wie auch die GOA – jeweils auf eine längere Geschichte zurückblicken.

2. Gebührenordnungen nicht amtlicher Art

a) Architektenhonorare

2   Bestrebungen zu einer Vereinheitlichung der Grundlagen für die Berechnung der **Honorare der Architekten** gingen von deren berufsständischen Organisationen aus und führten schon im Jahre 1871 zur Aufstellung und Veröffentlichung einer Gebührenordnung für Architekten. Es handelte sich dabei um eine private Arbeit, der keinerlei Verbindlichkeit zukam, wenn sie auch in der Praxis eine gewisse Bedeutung erlangte. 1888 wurde die Gebührenordnung durch die Aufnahme von Gebührensätzen für Ingenieurleistungen erweitert (vgl. Sauerzapf, Die GOI als Grundlage der Honorierung von Ingenieurleistungen, 1964 S. 9). Die Vereinigung der beiden Gebührenregelungen blieb auch bei der grundlegenden Neufassung im Jahre 1901 (Roth/Gaber a. a. O., Sauerzapf a. a. O.) erhalten. 1920 gab der Ausschuss für Gebührenordnungen der Architekten und Ingenieure (AGO) eine Gebührenordnung heraus, die sich wieder auf die Honorierung der Architektenleistungen beschränkte. Die folgenden Jahre brachten, teilweise durch die Inflation bedingt, häufige Änderungen. 1932 erschien eine wesentlich veränderte Gebührenordnung, die 1935 durch eine von der Reichskammer der bildenden Künste herausgegebene Gebührenordnung ersetzt wurde. Deren Neufassung aus dem Jahre 1937 konnte sich auf das Einverständnis des Reichskommissars für die Preisbildung stützen, ein Einverständnis, das der von der Reichskammer erlassenen Gebührenordnung von 1942 versagt blieb. Gleichwohl erlangte die letztere praktische Bedeutung, trotz einer damals vorhandenen Unsicherheit, ob ihre Anwendung preisrechtlich überhaupt zulässig war. Diesen Zweifeln setzte erst die – dann durch die HOAI abgelöste – GOA von 1950 ein Ende.

b) Ingenieurhonorare

3   **Gebühren der Ingenieure** wurden durch die HOAI erstmals mit Gesetzeskraft geregelt. Die Ursprünge der – privaten – Gebührenregelungen der Ingenieure gehen auf das Jahr 1878 zurück (Norm für die Berechnung des Honorars für maschinentechnische und Ingenieur-Arbeiten, sog. „Gothaer Norm", vgl. Sauerzapf a. a. O.). Nach dem immerhin 32 Jahre währenden Zusammengehen von Architekten und Ingenieuren in einer gemeinsamen Gebührenordnung (1888 bis 1920) gaben sich die Ingenieure wieder eine eigene Gebührenordnung. Sie wurde – nach wiederholten Änderungen (1923, 1927, 1932) – 1937 durch eine von dem AGO (Ausschuss für Gebührenordnungen der Architekten und Ingenieure), dessen Mitglied der BDA nach seinem Eintritt in die Reichskammer der bildenden Künste nicht mehr war, mit Zustimmung des Preiskommissars erlassene Gebührenordnung ersetzt. Änderungen wurden 1950 getroffen. Eine neue Gebührenordnung für Ingenieure (GOI) erarbeitete der AGO bis 1956, jedoch konnte diese nur im Verhältnis zwischen den Ingenieuren und privaten Auftraggebern Bedeutung gewinnen, während die öffentliche Hand Preisvereinbarungen auf der Grundlage der GOI 1937/1950 bevorzugte

(Sauerzapf S. 10/11). Während auf der einen Seite durch die VO PR Nr. 1/65 vom 25. Januar 1965 (BAnz Nr. 20 vom 30. Januar 1965) der **Preisstopp für Ingenieurhonorare** aufgehoben und damit die Freiheit der Honorargestaltung wiederhergestellt wurde, hatte unterdessen das Gesetz gegen Wettbewerbsbeschränkungen (GWB) vom 27. Juli 1957 (BGBl. I S. 1081) Schranken gegen die verbindliche oder empfehlende Aufstellung von Gebührenordnungen von privater Seite errichtet (Mayer-Wegelin in: Müller-Henneberg/Schwartz, Gesetz gegen Wettbewerbsbeschränkungen und Europäisches Kartellrecht, 3. Aufl. 1973, § 38 GWB Rdn. 27). Das Bundeskartellamt (BKA) stellte fest, dass die Aufstellung und Herausgabe von Gebührenordnungen – auch durch Organisationen der freien Berufe – gegen die Vorschriften der §§ 1 und 38 Abs. 2 Satz 2 GWB verstießen. Es sei lediglich erlaubt, Zusammenstellungen von Gebühren vorzunehmen, die von Angehörigen des Berufsstandes tatsächlich berechnet worden seien. Dabei dürften nur die festgestellten Von-Bis-Werte, aber keine Durchschnittswerte angegeben werden; die Untergrenze dürfe nicht als „Mindestgebühr" bezeichnet, und es dürfe auch kein Druck auf die Verbandsmitglieder zur Anwendung der Zusammenstellung ausgeübt werden (Tätigkeitsbericht des BKA 1961, BTDrucks. IV/378, S. 49). Das dürfte vor allem nicht in der Weise geschehen, dass die Nichtanwendung der Gebührenordnung als standeswidrig gebrandmarkt (Frankfurter Kommentar zum GWB, § 38 Rdn. 101) oder deren Anwendung für verbindlich erklärt wurde (Müller/Gießler/Scholz § 38 GWB Rdn. 91, 95). An diesen Grundsätzen hielt das Bundeskartellamt mit aller Strenge fest (vgl. Tätigkeitsbericht des BKA 1965, BTDrucks. V/530, S. 56). Diese Haltung veranlasste den AGO, seine neue GOI von 1965 als reines Leistungs- und Honorarverzeichnis ohne Empfehlungscharakter zu konzipieren (vgl. Embser, Honorargestaltung bei freiberuflichen, technisch/wirtschaftlichen Leistungen, unter Berücksichtigung der neueren Gesetzgebung, in: Verträge und Honorare der Beratenden Ingenieure, Recht und Wirtschaft der Planer, Bd. 1, S. 43, 47). Die letzte von den Ingenieuren herausgegebene Gebührenordnung war die **Leistungs- und Honorarordnung der Ingenieure** (LHO) von 1969, die sich an die kartellamtlichen Richtlinien hielt. Rechtlich war sie als eine **Allgemeine Geschäftsbedingung** zu qualifizieren, die, um Geltung zu erlangen, von Fall zu Fall vereinbart werden musste, und die der richterlichen Inhaltskontrolle unterlag (BGHZ 60, 353, 355; Rietschel LM Allg. Geschäftsbedingungen Nr. 45) und sich danach an den Bestimmungen des Gesetzes zur Regelung des Rechts der Allgemeinen Geschäftsbedingungen vom 9.12.1976 (BGBl. I S. 3317) messen lassen musste.

c) Honorare der Garten- und Landschaftsarchitekten

Auch bei den **Garten- und Landschaftsarchitekten,** deren Leistungen jetzt auch **4** weitgehend von der HOAI erfasst werden, zeigte sich die Wirkung der Kartellgesetzgebung: Stellte noch die **GOGA** (Gebührenordnung für Garten- und Landschaftsarchitekten) von 1958 eine zwar private, aber doch *„im Zweifel"* Verbindlichkeit beanspruchende Honorarordnung dar, so stellt die Einführung zu dem *„Leistungs- und Honorarverzeichnis für Garten- und Landschaftsarchitekten"* von 1964 fest, dass es sich lediglich um „die Beschreibung der Aufgabenstellung und des Leistungsbildes sowie die Zuordnung von entsprechenden Leistungsentgelten" auf Grund einer Umfrage handelte.

3. Gebührenordnung für Architekten (GOA 1950)

a) Die Bedeutung des alten Gebührenrechts während des Übergangs von der GOA zur HOAI

Die GOA verlor mit dem Inkrafttreten der HOAI ihre **Bedeutung** nicht völlig. Soweit **5** bei dem Abschluss von Verträgen über Architektenleistungen vor dem Inkrafttreten der HOAI die Honorierung nach der GOA vereinbart worden war, blieb es bei deren Anwendbarkeit grundsätzlich auch dann, wenn die vertraglichen Leistungen noch nicht erbracht worden waren (§ 103 HOAI a. F.). Sowohl für die Abwicklung von Architektenverträgen, die vor dem 1. Januar 1977 abgeschlossen worden waren, als auch für Streitigkeiten aus solchen Verträgen, die die Gerichte erfahrungsgemäß noch lange Zeit später beschäftigten, wurde immer wieder auf die Bestimmungen der GOA zurückgegriffen, was die Rechtsprechung bis in die 80er Jahre bestätigt hat (z. B. BGHZ 82, 100 = BauR 1982, 79

= ZfBR 1982, 15; BGH BauR 1982, 187 = ZfBR 1982, 59; BGH BauR 1982, 290 = ZfBR 1982, 126). Die Erläuterungsbücher zur GOA, vor allem Fabricius/von Nordenflycht/Bindhardt, Gebührenordnung für Architekten, sowie Roth/Gaber, Kommentar zum Vertragsrecht und zur Gebührenordnung für Architekten, hatten ihren Wert für die Gebührenberechnung und die Rechtsanwendung in dem genannten Umfang noch nicht verloren, zumal die Rechtsprechung auch viele Grundsätze zur GOA entwickelt hatte, die auch heute unter der Geltung der HOAI uneingeschränkt zur Anwendung kommen (vgl. z.B. die – wenn auch in den letzten Jahren stark eingeschränkte – Bindung des Architekten an seine Honorarschlussrechnung). Im Zusammenhang mit dieser Kommentierung der HOAI sollen lediglich die **Grundzüge des alten Architekten-Gebührenrechts,** soweit sie für das Verständnis der HOAI oder historisch von Bedeutung sind, kurz dargestellt werden:

b) Die VO PR 66/50

6   Die GOA 1950 war als Anlage zu der VO PR 66/50 über die Gebühren für Architekten vom 13. Oktober 1950 (BAnz Nr. 216 vom 8. November 1950) vom Bundesminister für Wirtschaft erlassen worden. Als **Ermächtigungsgrundlage** diente § 2 des Preisgesetzes vom 10. April 1948 (WiGBl. S. 27), dessen Wirksamkeit wiederholt verlängert und auf das gesamte Bundesgebiet erstreckt worden war (Gesetze vom 3. Februar 1949, WiGBl. S. 14; 21. Januar 1950, BGBl. S. 7; 8. Juli 1950, BGBl. S. 274; 25. September 1950, BGBl. S. 681). Das Bundesverfassungsgericht hatte diese Grundlage als ausreichend angesehen (BVerfGE 8, 274, 307 ff.). Eine Änderung vom 11.11.1958 (VO PR Nr. 13/58 zur Änderung der VO PR Nr. 66/50 über die Gebühren für Architekten, BAnz. Nr. 219 vom 13. November 1958) betraf im Wesentlichen den Wegfall der gesonderten Bauklasse VII, die Wohnbauten des öffentlich geförderten sozialen Wohnungsbaus umfasste. Eine weitere Änderung durch Verordnung vom 23. Juli 1974 (BAnz. Nr. 134 vom 24. Juli 1974) bezog sich auf die VO PR Nr. 66/50 selbst, die an das nunmehr als Ermächtigungsgrundlage angeführte Gesetz zur Regelung von Ingenieur- und Architektenleistungen vom 4.11.1971 (BGBl. I S. 1745, 1749) angeglichen wurde, und regelte die Gebühren für städtebauliche Leistungen sowie die Stundengebühr neu (§§ 24, 25, 31 GOA). Auch bezüglich dieser letzten Änderungen galt, dass Architektenverträge, die vor deren Inkrafttreten abgeschlossen worden waren, nach der alten Fassung der VO PR Nr. 66/50 abzuwickeln waren (Hesse BauR 1975, 170, 176/77).

Die Geltung der VO PR Nr. 66/50 in der jeweiligen Fassung im Lande **Berlin** ergab sich aus der Verordnung des Senators für Wirtschaft und Ernährung vom 9. April 1951 (GVBl. für Berlin S. 337), der Änderungsverordnung des Senators für Wirtschaft und Kredit vom 22. Mai 1959 (GVBl. für Berlin S. 712) und § 4 der Verordnung vom 23. Juli 1974 (BAnz Nr. 134 vom 24. Juli 1974). Auf das **Saarland** war die Geltung der GOA durch die VO PR Nr. 12/59 vom 21. Juli 1959 erstreckt worden (BAnz. Nr. 139 vom 24. Juli 1959).

Die VO PR Nr. 66/50 sah vor, dass Leistungsentgelte für Architekten nach der als Anlage beigefügten GOA zu berechnen waren. Die danach ermittelten Entgelte waren grundsätzlich – nur für die Stundengebühr nach § 31 GOA galt seit 1974 ein Gebührenrahmen, der nach Maßgabe der neuen Absätze 2 und 3 des § 2 der VO zu handhaben war – **Höchstentgelte.** Die VO PR Nr. 66/50 stellte somit eine preisrechtliche Regelung dar, die die Vertragsfreiheit nur beschränkte, indem sie eine Überschreitung der Gebührensätze untersagte (§ 3 VO PR Nr. 66/50) mit der Rechtsfolge des § 134 BGB (Nichtigkeit). Die Unwirksamkeit war jedoch nach der Rechtsprechung (BGH Schäfer-Finnern Z 2.320 Bl. 25) beschränkt auf den den Höchstpreis überschreitenden Betrag. Die vertragliche **Unterschreitung der Gebührensätze** blieb erlaubt (OLG Hamm Schäfer-Finnern Z 8.1 Bl. 22), wobei allerdings mangels ausdrücklicher Honorarvereinbarung die Honorare der GOA **als übliche Vergütung** für Architektenleistungen im Sinne des § 632 Abs. 2 BGB angesehen wurden. Eine Überschreitung der in der GOA vorgesehenen Honorare war nur durch schriftliche Vereinbarung und nur für außergewöhnliche oder ungewöhnlich lange dauernde Leistungen zulässig (zur Auslegung dieser Bestimmung, Hesse BauR 1975, 170, 176).

c) Grundzüge der Regelung der GOA

Die GOA enthielt in ihrem ersten Abschnitt (§§ 1 bis 4) **Allgemeine Bestimmungen,** 7
die sich auf alle Arten von Architektenleistungen bezogen. Von besonderer Bedeutung
waren folgende Vorschriften: Nach § 2 Abs. 2 GOA löste die Ausführung von in Auftrag
gegebenen Teilleistungen auch nur die Pflicht zur Bezahlung der entsprechenden Teilge-
bühren aus. § 3 GOA bestimmte eine besondere Vergütungspflicht für Sonderleistungen
und Leistungen von Sonderfachleuten und enthielt ferner die Generalklausel, dass Leistungen, für die keine besonderen Gebührensätze vorgesehen waren, analog zu ihnen nahe stehenden Leistungen zu berechnen waren. § 4 GOA stellte den Grundsatz auf, dass die
mehrfache Verwendung von Leistungen mehrfache Gebührenpflicht auslöste; allerdings ergaben sich Einschränkungen aus § 12 GOA.

Der zweite Abschnitt (§§ 5 bis 21 GOA) war mit **„Gebühren für bauliche Leistungen"** überschrieben und spielte in der Praxis naturgemäß die größte Rolle. Grundlagen der Gebührenberechnung waren einerseits die **Bauklasse,** die sich nach Art,
Schwierigkeit und Ausbau des Bauwerks richtete (§§ 7, 8 und 9 GOA), andererseits die
Kostenanschlagssumme (§§ 6, 19 Abs. 1 lit. d), von der allerdings unter bestimmten
Voraussetzungen (Mehrleistung auf Grund von Baukostenerhöhungen ohne Verantwortlichkeit des Architekten, § 5 Abs. 2 GOA) abgewichen werden konnte. Die Prozentsätze
der Gebühren in Abhängigkeit von der Bauklasse und von der Kostenanschlagssumme
ergaben sich aus einer in § 10 GOA enthaltenen Tabelle, die Prozentsätze zwischen 2%
und 18% der Kostenanschlagssumme auswies. Dabei war die Abhängigkeit des Honorars
von den Kosten nicht linear, sondern degressiv. Welche Anteile auf die einzelnen Teilleistungen des vollständigen Architektenwerks entfielen, war in § 19 GOA aufgeschlüsselt. Die §§ 11 bis 18 und 20 GOA betrafen die Gebührenberechnung in besonderen
Fällen: so bei der Anfertigung von mehreren Entwürfen und von Entwürfen als Einzelleistung, bei der Errichtung von mehreren Bauwerken, der abschnittsweisen Bauausführung, bei Umbauten, Erweiterungen, Aufbauten, Wiederherstellungen, Instandsetzungen
und Wiederaufbauten sowie Einrichtungen. § 21 GOA behandelte die Fälligkeit des Honorars nach Leistungsfortschritt.

Der 3. Abschnitt betraf die Gebühren für **Gutachten** (§ 22 GOA) **und Schätzungen**
(§ 23 GOA). Während sich das Gutachterhonorar nach der Schwierigkeit oder dem Zeitaufwand richtete, ohne dass hierfür besondere Richtlinien gegeben wurden (zu beachten
war aber § 31 GOA wegen der Höhe der Zeitgebühr), galten für die Abschätzung des
Wertes von Grundstücken und Gebäuden besondere Gebührenstaffeln.

Die längst überholten Vorschriften des 4. Abschnitts der GOA 1950 über Gebühren für
städtebauliche Leistungen (§§ 24 bis 30 GOA) waren 1974 durch eine generalklausel-
artige Regelung (§§ 24, 25 GOA) ersetzt worden, wonach diese Arbeiten nach ihrer Art
und ihrem Umfang und der Leistung des Architekten zu honorieren waren.

Auch der 5. Abschnitt (Gebühren für **Leistungen nach Zeit,** §§ 31, 32, später § 31
GOA) hatte 1974 die seit langem fällige Neufassung erfahren. Die Zeitgebühr war danach
eine Rahmengebühr von 40 bis 60 DM je Stunde, für technisch-wirtschaftliche Hilfskräfte
von 35 bis 55 DM, wobei mangels anderweitiger schriftlicher Absprache der **Mindestsatz
als vereinbart** galt (§ 2 Abs. 2 und 3 VO PR Nr. 66/50).

Der 6. Abschnitt (§ 33 GOA) schließlich enthielt Bestimmungen über die Auslagenerstattung.

II. Das Gebührenrecht der HOAI

1. Die Ermächtigungsgrundlage

Die ÄnderungsVO vom 23. Juli 1974, die noch die alte GOA betraf, gab als Ermächtigungsgrundlage erstmals das Gesetz zur Regelung von Ingenieur- und Architektenleistungen vom 4. November 1971 (BGBl. I S. 1745, 1749) an. Dieses Gesetz stellt auch die Ermächtigungsgrundlage für die seit 1977 geltende HOAI dar.

a) Das Artikelgesetz

8   Dieses Gesetz ist als Artikel 10 Bestandteil des **Gesetzes zur Verbesserung des Mietrechts und zur Begrenzung des Mietanstiegs sowie zur Regelung von Ingenieur-
und Architektenleistungen.** Nach der Begründung der Bundesregierung zu dem Entwurf dieses Gesetzes (BTDrucks. VI/1549, S. 6), das vielfach mit der wenig aussagekräftigen
Bezeichnung „Artikelgesetz" versehen wird (vgl. schon den Schriftlichen Bericht des
Rechtsausschusses, BTDrucks. VI/2421, S. 1), sind die durch dieses Gesetz angestrebten
Ziele und ergriffenen Maßnahmen, d. h. Änderungen des Miet- (Art. 1) und des Mieter-
schutzrechts (Art. 3), eine Ermächtigung an die Landesregierungen zum Erlass von Bestimmungen gegen die Zweckentfremdung von Wohnraum (Art. 6), ein Gesetz zur Regelung
der Wohnungsvermittlung (Art. 9) sowie die **Ermächtigung zum Erlass der Gebührenordnung,** im Zusammenhang zu sehen: Sie sollen dazu beitragen, die durch erheblichen Nachfrageüberhang auf dem Wohnungsmarkt und den Anstieg der Baupreise verzerrte
Marktsituation zu korrigieren. Dem Gesetz zur Regelung von Ingenieur- und Architektenleistungen wird in diesem Zusammenhang der „wenigstens" mittelbare Zweck zugeschrie-
ben, den Mieter zu schützen. Geht man von der Intention des Gesetzgebers aus, dann wird
sich die HOAI – trotz der *„eigenständigen Bedeutung"* der Ermächtigung im Rahmen des
gesamten Gesetzeswerks (Schriftlicher Bericht des Rechtsausschusses a. a. O. S. 2) – immer
daran messen lassen müssen, ob sie sich dazu eignet, die Situation des Mieters zu verbessern,
das heißt konkret: So auf die Entwicklung der Baukosten einzuwirken, dass dadurch der
Mietanstieg in den nach der Ansicht des Gesetzgebers vertretbaren Grenzen gehalten wird.
Damit ist nicht unbedingt gesagt, dass die HOAI nach dem Willen des Gesetzgebers unter
allen Umständen zu einer Verminderung der Gebühren oder zu deren Stabilisierung führen
muss. Vielmehr dient es auch dem **Zweck des Gesetzes,** wenn die Honorare sich daran
ausrichten, in welchem Maße die Tätigkeit des Architekten und Ingenieurs zur Wirtschaftlichkeit des Bauwerks beiträgt, insbesondere inwieweit durch rationalisierungswirksame
Maßnahmen die Bau- und Nutzungskosten gesenkt werden können (Amtl. Begründung,
BTDrucks. VI/1549, S. 14; Schriftl. Bericht, BTDrucks. VI/2421, S. 6).

b) Das Gesetz zur Regelung von Ingenieur- und Architektenleistungen

9   **Das Gesetz zur Regelung von Ingenieur- und Architektenleistungen** ermächtigt
die Bundesregierung mit Zustimmung des Bundesrats durch Rechtsverordnung Honorarordnungen für Leistungen der Ingenieure (§ 1) und der Architekten einschließlich der Gar-
ten- und Landschaftsarchitekten (§ 2) zu erlassen. Hinsichtlich der Architekten- und Ingenieurhonorare löste es als Ermächtigungsgrundlage das **Preisgesetz** ab; dieses hatte insoweit **keine Bedeutung** mehr (vgl. BGHZ 81, 229, 243 = BauR 1981, 582, 588 = ZfBR
1981, 232, 235; Gross BauR 1980, 9, 10). Als zu vergütende Leistungsgegenstände waren
in beiden Vorschriften nahezu gleich lautend Leistungen bei der Beratung des Auftraggebers, bei der Planung und Ausführung von Bauwerken und (technischen, § 1 Abs. 1 Satz 2)
Anlagen, bei der Ausschreibung und Vergabe von Bauleistungen sowie bei der Vorbereitung, Planung und Durchführung von städtebaulichen (und verkehrstechnischen, § 1
Abs. 1 Satz 2) Maßnahmen genannt. Dieser Gleichklang der Aufgabengebiete machte
deutlich, in wie starkem Maße beim Bauen Ingenieur- und Architektenleistungen miteinander verzahnt sind (Amtl. Begründung, BTDrucks. VI/1549, S. 14). Es erschien daher
sachgemäß, dass die Bundesregierung ihre Ermächtigung in der Weise genutzt hatte, die
Honorare für Ingenieur- und Architektenleistungen in einer einheitlichen Honorarordnung zusammenzufassen.
       Abweichend von der GOA ordnen § 1 Abs. 2 S. 1 und § 2 Abs. 2 S. 1 des Gesetzes an,
dass **Mindest- und Höchstsätze** festzusetzen sind. Die **Mindestsätze können und sollen nicht als Regelsätze für die Honorierung von Architekten- und Ingenieurleistungen angesehen werden;** sie stellen aber einen Auffangtatbestand für alle die Fälle
dar, in denen die Vertragspartner keine oder keine wirksame Honorarvereinbarung getroffen haben, da die Mindestsätze nach der Ermächtigungsgrundlage stets dann gelten sollen,
wenn nichts anderes vereinbart worden ist (§ 1 Abs. 3 Nr. 3, § 2 Abs. 3 Nr. 3 GIA). Von
ihnen konnte nach der Änderung des Gesetzes vom 12. November 1984 (BGBl. I S. 1337)

nach unten in Ausnahmefällen durch schriftliche Vereinbarung abgewichen werden (§ 1 Abs. 3 Nr. 1, § 2 Abs. 3 Nr. 1) – eine Vorschrift, die im Gesetzgebungsverfahren lange Zeit umstritten war (vgl. hierzu Amtl. Begründung, BTDrucks. VI/1549, S. 14; Stellungnahme des Bundesrats, a.a.O. S. 31; Gegenäußerung der Bundesregierung, *zu* BTDrucks. VI/1549, S. 4; Schriftl. Bericht des Rechtsausschusses, BTDrucks. VI/2421 S. 6, 20/21; Antrag des Landes Baden-Württemberg, BRDrucks. 391/2/71; zur Entstehungsgeschichte vgl. auch Neuenfeld BauR 1975, 302, 303/04) –, nach oben durch schriftliche Vereinbarung, wenn es sich um *„außergewöhnliche oder ungewöhnlich lange dauernde"* Leistungen handelte (§ 1 Abs. 3 Nr. 2, § 2 Abs. 3 Nr. 2). § 1 Abs. 2 S. 2 und § 2 Abs. 2 Satz 2 stellten klar, dass die Honorarbemessung die Interessen der Architekten und Ingenieure und der zur Zahlung der Honorare Verpflichteten angemessen zu berücksichtigen hatte. In Satz 3 der 2. Absätze der §§ 1 und 2 fanden sich die Bestimmung, dass für Bau- und Baunutzungskosten senkende **rationalisierungswirksame besondere Leistungen** besondere Honorare festgesetzt werden konnten (hierzu Hesse BauR 1971, 24), eine Bestimmung, der der Verordnungsgeber in § 7 Abs. 6 (§ 29 HOAI a.F.) Rechnung zu tragen versucht hat.

§ 3 des Gesetzes hat mit Honorarfragen an sich nichts zu tun, sondern betrifft eine damals unerfreuliche Erscheinung des Bau- und Grundstückswesens, die in den Jahren vor dem Erlass des Gesetzes um sich gegriffen hatte: Durch diese Vorschrift wird es verboten, Baugrundstücke *„architektengebunden"* zu veräußern. Abweichend von § 139 BGB ist aber nur die **Architekten-(Ingenieur-)Bindung** unwirksam, während die Wirksamkeit des auf den Erwerb des Grundstücks gerichteten Vertrags unberührt bleibt (dazu eingehend oben: MRVG Art. 10 § 3).

2. Die Entstehung der HOAI

In dem Zeitraum seit dem Inkrafttreten der Ermächtigungsnorm bis zu dem Erlass der Honorarordnung sind die unterschiedlichsten Vorstellungen über den Inhalt der Gebührenregelung an das federführende Bundeswirtschaftsministerium herangetragen worden.

a) Die HOA 1971 (Entwurf der Bundesarchitektenkammer)

Ende des Jahres 1971 hatte die Bundesarchitektenkammer den Entwurf einer Honorarordnung für Leistungen der Architekten – **HOA 1971** – vorgelegt (Deutsches Architektenblatt Nr. 2/1972 vom 15. Januar 1972). Ging die GOA bei der Honorarermittlung von der **Bauklasse** (§§ 7, 8 GOA) und der **Kostenanschlagssumme** (§ 10 GOA) aus, wobei sich eine höhere Bauklasse honorarerhöhend, eine höhere Bausumme ebenfalls honorarsteigernd, jedoch in einem degressiven prozentualen Verhältnis zur Kostenanschlagssumme, auswirkten, so unternahm die HOA 1971 den Versuch einer weiteren Differenzierung. An die Stelle der Kostenanschlagssumme sollten die **Herstellungskosten** treten, wobei jeder Leistungsabschnitt einzeln berechnet werden sollte: die endgültigen Herstellungskosten sollten auf den Zeitpunkt der Erbringung der jeweiligen Teilleistung durch **Baukostenindexvergleich** zurückgerechnet werden. Für Planungsleistungen sollten die Kosten des technischen Ausbaus in die Herstellungskostensumme einbezogen werden, für die Durchführungsleistungen dagegen nicht. Für die einzelnen Leistungsabschnitte sollte **nicht mehr ein Prozentsatz eines Gesamthonorars** in Ansatz gebracht werden (wie nach § 19 GOA); vielmehr war die Bewertung der einzelnen Leistungsteile nach einem Punktsystem vorgesehen, wobei sich für die sogenannten Grundleistungen eine Summe von 1000 Punkten ergab, die bei der Erbringung zusätzlicher Leistungen bis zu einer Höchstgrenze überschritten werden konnte. Der Abhängigkeit der Leistung von der Höhe der Herstellungskosten sollte weiter der sogenannte Mengenfaktor Rechnung tragen, der im Prinzip dem Degressionsgrundsatz des § 10 GOA entsprach. Die Abhängigkeit des Honorars von der Art und der Schwierigkeit der Bauaufgabe (Bauklasse) spiegelte sich in den sogenannten Schwierigkeitsfaktoren wieder. Für die Honorarberechnung sollte danach folgende Formel gelten:

$$\frac{\text{Summe der Bewertungspunkte} \times \text{Herstellungskosten}}{100\,000} \times \text{Mengenfaktor} \times \text{Schwierigkeitsfaktor.}$$

Es war vorgesehen, dass sich das Honorar nach dem Einfachen bis Zweifachen der jeweiligen Bewertungspunkte richten sollte.

Die HOA 1971 sah ferner Vorschriften für die Vergütung nach dem Zeitaufwand, für die Auslagenerstattung, für Sonderleistungen und besondere Bauaufgaben sowie für Gutachten und Wertermittlungen vor.

Wenn auch dieser Entwurf nicht die Grundlage der HOAI geworden ist, so sind doch einige Anregungen von ihm ausgegangen. Das betrifft vor allem die in den Leistungsbildern der HOAI vorgenommene Aufteilung in Grundleistungen und Besondere Leistungen.

b) Das Battelle-Gutachten aus dem Jahre 1971

11   Im September 1971 legte das **Battelle**-Institut e. V., Frankfurt (Main), eine im Auftrage des Bundeswirtschaftsministeriums gefertigte *„Untersuchung zur Schaffung von Grundlagen für eine neue Gebührenordnung für Hochbauplanungs- und Bauführungsaufgaben"* vor. Das Gutachten übte scharfe Kritik an dem Aufbau der GOA und an den für die Honorarermittlung maßgebenden Bemessungsgrundlagen. Es rügte vor allem die Abhängigkeit des Honorars von den Baukosten, die für den Architekten einen Anreiz bedeute, aufwändig zu planen und kostensenkende Techniken zu vernachlässigen. *„Schlechte"* und *„gute"* Architektenleistungen würden gleich honoriert. Hiervon ausgehend, schlug das Gutachten ein *„System mit objektbezogener, aufwandabhängiger Honorarbemessung"* vor. Es versprach sich davon eine Reihe von Vorteilen, vor allem die Rationalisierung der Planung und die Förderung der Zusammenarbeit von Spezialfachleuten. Es werde, so hofften die Gutachtenverfasser, erstmalig im Rahmen einer Gebührenordnung möglich, *„progressive, kreative Leistungen, die sich rationalisierend auf die Planung und Ausführung auswirken, zu honorieren"*.

Im Einzelnen schlug das Gutachten ein kompliziertes Verfahren zur Ermittlung der für die Honorarbemessung bedeutsamen Faktoren vor. So sollte die Bestimmung des Objekts beginnen mit dessen Einordnung in eine sogenannte Basistypenliste mit fünf Haupttypen zu je etwa zehn Nebengruppen, die noch in Untergruppen gegliedert werden können. Die Unterscheidung der Basistypen sollte an Hand einer Basisdatensammlung erfolgen. Die auf Grund beispielsweise einer Vorstudie ermittelten *„Realobjektdaten"* sollten dann mit den Basisdaten verglichen werden; dieser Vergleich sollte über die Zugehörigkeit zu einem bestimmten Basistyp und einer von dessen Untergruppen entscheiden. Die sodann folgende Bestimmung der Tätigkeiten sollte auf einem ähnlich mühseligen Wege geschehen: Am Anfang sollte die Aufstellung einer *„totalen Tätigkeitsliste"* stehen, einer *„stichwortartigen Beschreibung aller zur Zeit erfassbaren und möglichen Planungstätigkeiten"*, die aufgeteilt sein sollte in neun Tätigkeitsbereiche für die einzelnen typischen Planungs- und Koordinierungsaufgaben. Diese wiederum waren gegliedert in je neun Tätigkeitsgruppen, deren jede in maximal drei Phasen mit je drei Einzelaktivitäten zerfiel. Diese totale Tätigkeitsliste diente zur Aufstellung der *„bewerteten Typen-Tätigkeitsliste"* für jeden der etwa 50 Basistypen. Sodann war für jede *„auftragsbezogene"* Tätigkeit eine Leistungseinheit zu errechnen, und zwar auf der Grundlage eines Vergleichs des Basisobjekts mit dem Realobjekt. Als Arbeitsmittel dienten Basistyp-Bemessungseinheiten, die *„entsprechend der quantitativen, qualitativen und schwierigkeitsbezogenen Grunddaten der Basisobjekte nach dem erforderlichen Zeitaufwand zu bemessen"* waren, sowie Umrechnungsformeln, die *„das Maß der Änderungen des Objektumfangs gegenüber den Basistypen"* bestimmten. Die Honorarhöhe sollte sich dann ergeben aus einer Multiplikation der Summe des Leistungsumfangs (Summe der Leistungseinheiten) mit einem sogenannten internen Bürokostenfaktor.

Ein solches Honorarermittlungssystem wäre ohne Zweifel nur mit einem unzumutbaren Arbeitsaufwand zu praktizieren gewesen. Die Tätigkeit des Planers wäre zu einem ins Gewicht fallenden Anteil auf die Honorarermittlung verlagert worden, ohne dass die vorgeschlagenen Kriterien von Unsicherheiten frei gewesen wären. Die vom Bundeswirtschaftsministerium an die beteiligten Kreise gerichteten Fragen zu diesem Gutachten haben denn auch zu der einhelligen Antwort geführt, dass das vorgeschlagene System völlig unpraktikabel sei.

c) Das Pfarr-Gutachten aus dem Jahre 1974

Im Auftrage des federführenden Ministeriums erarbeitete sodann eine Arbeitsgemein- **12** schaft *„Forschungsauftrag Honorarordnung"*, der **Pfarr, Arlt und Hobusch** angehörten, ein *„Gutachten zur Honorarordnung für Architekten"*, das im September/Oktober 1974 in zwei Teilen vorgelegt wurde und das inhaltlich in zwei Schriften der Gutachter seinen Niederschlag fand, die 1974/75 unter den Titeln *„Das Planungsbüro und seine Kosten"* und *„Das Planungsbüro und sein Honorar"* erschienen.

Die Gutachter griffen die Formulierung von § 1 Abs. 2 Satz 2, § 2 Abs. 2 Satz 2 der Ermächtigungsnorm auf, wonach die neue Honorarordnung den berechtigten Interessen der Planer und der Auftraggeber Rechnung zu tragen habe. Dem vordringlichen Interesse des Bauherrn an einer hochwertigen Planungsleistung stünde das Interesse des Planers an einer kostendeckenden und gewinnversprechenden Honorierung gegenüber. Auch das Pfarr-Gutachten kam deshalb zu dem Schluss, dass die Summe der Baukosten kein allein gültiger Maßstab für die Honorarberechnung sei. Anderseits sei nicht zu verkennen, dass das Honorar des Planers in prozentualer Abhängigkeit zur Bauleistung stehe. Das Gutachten schlug die **Aufgliederung der gesamten Planungsleistung in Leistungsphasen** vor, in denen jeweils ein Bündel von Einzeltätigkeiten beschrieben und zusammengefasst wird. Die Leistungsphasen sollten Grundleistungen enthalten, das heißt Tätigkeiten, die allgemein erforderlich sind, und Zusatzleistungen, die über das generell Erforderliche hinausgehen, zum Beispiel wegen besonderer Anforderungen des Bauherrn an das Objekt. In dieser Aufgliederung sahen die Gutachter einen Ansatzpunkt für eine rationalisierungsfördernde Wirkung des Leistungsbildes. Das Gesamthonorar sollte prozentual auf die einzelnen Leistungsphasen aufgeteilt werden (vgl. § 19 GOA), wobei die Grundleistungen mit 100% angesetzt werden. Die ideale Bemessungsgrundlage sollte folgende Faktoren berücksichtigen: Qualitätssteigerung, Kostensenkung, Proportionalität zum Planungsaufwand, Zwang zur vollständigen Kosteninformation, objektive Ermittelbarkeit und automatische Indizierung bei Kostensteigerungen. Die Gutachter sahen jedoch, dass dies mangels zuverlässiger Grundlagen nicht durchführbar war. Als mögliche praktikable Bemessungsgrundlage erschienen ihnen die **Baukosten** unter verschiedenen Aspekten: geschätzt, tatsächlich, ortsüblich, nach Richtwerten; ferner bautechnische Kennzahlen in **Abhängigkeit vom umbauten Raum und von der Nutzfläche.** Von den danach denkbaren Möglichkeiten bevorzugten die Gutachter die Bindung an bautechnische Kennzahlen allgemein oder jedenfalls für die ersten Leistungsphasen, in denen der Planer entscheidenden Einfluss auf die Baukosten nehmen könne, unter gleichzeitiger Anwendung von Maßnahmen zur Bestrafung von Kostenüberschreitungen und zur Prämierung von Kostenunterschreitungen.

3. Die Rechtsnatur der HOAI

Auch wenn der Anwendungsbereich der HOAI durch die Herausnahme der Beratungs- **13** leistungen und Besonderen Leistungen aus den verbindlichen Honorarregelungen deutlich eingeschränkt wurde, ist sie nach wie vor **Preisrecht.** Sie greift in die Vertragsfreiheit ein und schreibt den Vertragspartnern bindend den Preisrahmen für die in der Honorarordnung im Einzelnen geregelten Leistungen vor. Damit werden zugleich auch die Honorarvereinbarungen, soweit sie sich auf die in der HOAI geregelten Leistungen beziehen, einer Wirksamkeitskontrolle unterworfen und im Falle ihres Verstoßes gegen den Preisrahmen durch festgelegte Honorare ersetzt, die auch dann eingreifen, wenn die Vertragspartner keine Honorarvereinbarung getroffen haben. Die Festlegung von Mindestsätzen für die Honorarvereinbarung dient vor allem der **Qualitätssicherung** der Leistungen von Architekten und Ingenieuren, während die Höchstsätze einen Beitrag zur **Begrenzung der Baupreise** und damit auch der Mieten leisten sollen.

Sie gilt dabei nicht nur für Architekten und Ingenieure und deren Auftraggeber, sondern **14** auch für andere Personen, die ohne Architekt oder Ingenieur zu sein, Leistungen erbringen, die in der Honorarordnung geregelt sind. Diese erweiterte Anwendung der HOAI hat ihren Grund darin, dass die **Honorarordnung nicht berufsstandsbezogen, sondern leistungsbezogen** ist.

4. Allgemeine Beurteilung und Kritik der HOAI

15 Mit der 6. und 7. Novelle ist erstmalig ernsthaft der Versuch gemacht worden von der **Bindung an die Baukostensumme** wegzukommen.

16 Die Möglichkeit für Vereinbarungen zu den in der HOAI geregelten Leistungsbildern wird allerdings nach wie vor dadurch eingeschränkt, dass die Unterschreitungen von Mindestsätzen in § 7 Abs. 3 auf Ausnahmefälle beschränkt wurden. Nach wie vor müssen Auftraggeber selbst dann damit rechnen, höhere als die vereinbarten Honorare zu bezahlen, wenn die Vereinbarung auf Veranlassung des Auftragnehmers getroffen wurde.

Wenn es aber das Ziel der Bundesregierung ist, **mehr Verhandlungsspielraum** und **mehr Wettbewerb** für beide Vertragspartner und dadurch auch **mehr Verbraucherschutz** durch die **Novellierung der HOAI** zu schaffen, dann drängt sich ein schon seit langem geforderter Weg auf: Die §§ 1 und 2 des Art. 10 MRVG, also die gesetzliche Ermächtigungsgrundlage für den Erlass der Verordnung über die Honorare der Ingenieure und Architekten muss geändert werden. Soweit in Abs. 2 der beiden §§ 1 und 2 geregelt ist, dass in der Honorarordnung Mindest- und Höchstsätze festzusetzen sind, kann dies zunächst möglicherweise stehen bleiben, wenn man jedenfalls Abs. 3 Nr. 1 dahingehend ändert, dass die Worte **„in Ausnahmefällen"** gestrichen werden, die Mindestsätze also in Zukunft durch schriftliche Vereinbarung der Vertragspartner unterschritten werden können. Diese Regelung ist *verbraucherfeindlich,* weil sie trotz schriftlicher Vereinbarung eines unterhalb der Mindestsätze liegenden Pauschalhonorars dem Architekten/Ingenieur die Möglichkeit eröffnet, später den nach der HOAI vorgesehenen Mindestsatz zu verlangen, er also als Verbraucher keine Planungs- und Kostensicherheit hat. Die **Baukostenvereinbarung** erfordert eine nachprüfbare Vereinbarung zu den Baukosten bei der Beauftragung, ohne dass Planungen vorgelegen haben. Erstellt der Auftragnehmer für seinen Auftraggeber eine **Kostenschätzung,** erbringt er bereits eine Vertragsleistung und damit eine Auftragserteilung vor der Baukostenvereinbarung (so auch Koeble BauR 2008, 896). Ohne Planungen können aber schwerlich nachprüfbare Baukosten festgelegt werden. Das Modell der Kostenvereinbarung, eine zentrale Regelung für die Möglichkeit der Honorarvereinbarungen, ist damit für beide Vertragspartner mit schwer kalkulierbaren Risiken verbunden. Wessen – nachweisbare – Vorstellungen über Art und Umfang des Bauwerks und seiner Ausstattung gelten in Falle eines späteren Streits über die Wirksamkeit dieser Vereinbarung als maßgeblich? Den Parteien ist zu empfehlen, das geplante Bauwerk und seine Ausstattungsmerkmale bereits weitgehend in Protokollen festzulegen, damit eine spätere Beurteilung möglich ist, wovon sie bei der Vereinbarung der Baukosten ausgegangen sind.

III. Änderungen der HOAI

Seit dem Inkrafttreten der HOAI am 1. Januar 1977 hat es bis heute sieben Änderungsverordnungen (ÄndVO) gegeben. Die Diskussion über weitere Änderungen wird bereits geführt. Das Bundesministerium für Verkehr, Bau und Stadtentwicklung hat zusammen mit Vertretern von Bund. Ländern und der Ingenieur- und Architektenkammern einen Bericht *(„Evaluierung der HOAI, Aktualisierung der Leistungsbilder")* erarbeitet, der Vorschläge für zukünftige Änderungen enthält. Dabei soll die Kosten- und Terminsicherheit im Vordergrund stehen.

1. Änderungen der HOAI durch die 1. ÄndVO

17 Die ursprüngliche Fassung der HOAI hatte von den klassischen Ingenieurleistungen nur im damaligen Teil VII (§§ 51 ff. a. F.) Leistungen bei der **Tragwerksplanung** für Gebäude und zugehörige bauliche Anlagen, also die früheren **Statikerleistungen,** geregelt. Die Erfassung weiterer Ingenieurleistungen war von Anfang an entsprechend der Ermächtigungsnorm vorgesehen, unterblieb jedoch zunächst, weil die Vorbereitungen sich schwieriger als erwartet gestalteten. Diese Lücke sollte durch die **1. ÄndVO** geschlossen werden.

Der Entwurf wurde seitens der Bundesregierung bereits im Mai 1980 dem Bundesrat vorgelegt (BRDrucks. 274/80); dieser enthielt neben der Einbeziehung weiterer ingenieurspezifischer Leistungen auch eine Überarbeitung bereits bestehender Teile der Honorarordnung. Aus rein fiskalischen Gründen verzögerte der Bundesrat seine Zustimmung bis März 1984 und setzte zudem verschiedene Honorarreduzierungen gegenüber dem Entwurf der Bundesregierung durch. Diese **1. ÄndVO trat schließlich am 1. Januar 1985 in Kraft.** Durch sie erfolgte eine Erhöhung der Zeithonorare des § 6 Abs. 2 HOAI a. F., die Begründung eines Anspruchs der Architekten und Ingenieure auf die zusätzliche Zahlung der Umsatzsteuer, auch ohne dass es dazu einer gesonderten schriftlichen Vereinbarung bedarf (§ 9 HOAI a. F.), die Aufnahme von Entschädigungen und Schadensersatzleistungen in die Gruppe der nicht anrechenbaren Kosten (§ 10 Abs. 5 Nr. 11 HOAI a. F., eine Neufassung der Objektliste für Freianlagen (§ 14 HOAI a. F.), eine Erstreckung des Leistungsbildes Objektplanung (§ 15 HOAI a. F., bisher: Gebäude und Freianlagen) auf Leistungen bei Innenräumen (vgl. § 3 Nr. 7 HOAI a. F.), was wiederum Änderungen bei raumbildenden Ausbauten (§ 25 HOAI a. F.) nach sich zog, eine zeitliche Beschränkung einiger Grundleistungen der Leistungsphase 9 des § 15 HOAI a. F. (Feststellung und Überwachung der Beseitigung von Mängeln) und schließlich die Beseitigung der Honorarminderung nach § 22 Abs. 2 HOAI a. F. bei Aufträgen für mehrere Gebäude für die Leistungsphase 9 des § 15 HOAI a. F.

2. Einbeziehung weiterer Ingenieurleistungen durch die 1. ÄndVO

Die 1. ÄndVO bewirkte ferner die Einbeziehung weiterer Ingenieurleistungen – über **18** die bisher allein geregelte Tragwerksplanung (früherer Teil VII) hinaus. Es handelte sich dabei um folgende Leistungen: **Leistungen bei Ingenieurbauwerken und Verkehrsanlagen** (Bauwerke und Anlagen des Wasserbaus, der Wasserwirtschaft, für Abfallbeseitigung, für Ver- und Entsorgung mit Gasen und Feststoffen, Anlagen des Straßen- und Schienenverkehrs); **Leistungen bei der Technischen Ausrüstung** (Teil IX; Anlagen auf den Gebieten der Gas-, Wasser- und Abwassertechnik, Wärmeversorgungs-, Brauchwassererwärmungs- und Raumlufttechnik, Elektrotechnik, Aufzug-, Förder- und Lagertechnik, Küchen-, Wäscherei- und Chemischreinigungstechnik, Medizin- und Labortechnik); **Leistungen für Thermische Bauphysik** (Teil X; Erfassung und Begrenzung von thermodynamischen Einflüssen und deren Wirkungen auf Gebäude und Ingenieurbauwerke, auf Menschen, Tiere und Pflanzen sowie auf die Raumhygiene); **Leistungen für Schallschutz und Raumakustik** (Teil XI; baulicher Schallschutz und Schallimmissionsschutz); **Leistungen für Bodenmechanik, Erd- und Grundbau** (Teil XII; Baugrundbeurteilung und Gründungsberatung sowie Untersuchungen, Berechnung und Überwachung in bodenmechanischer Hinsicht bei der Errichtung von Bauwerken); **Leistungen für Vermessung** (Teil XIII; Erfassen ortsbezogener Daten, Erstellung von Plänen, Übertragung von Bestandsdaten und Planungen in die Örtlichkeit, vermessungstechnische Überwachung der Bauausführung; die Vorschriften sollten sich nicht beziehen auf nach Landesrecht durchgeführte Maßnahmen für Zwecke der Landvermessung und des Liegenschaftskatasters). Der frühere Teil VII (Tragwerksplanung) wurde zum Teil VIII, weil er um die – bisher nicht geregelten – Leistungen bei der Tragwerksplanung für Ingenieurbauwerke (neuer Teil VII) erweitert wurde. Die Schluss- und Übergangsvorschriften waren in Teil XIV enthalten.

Die Begründung zu dem Entwurf dieser 1. ÄndVO führte aus, es solle das Honorarni- **19** veau, das bisher von den betroffenen Ingenieuren erzielt worden sei, gewahrt werden. Dabei habe man sich an verschiedene Richtlinien (z. B. RBBau, LAWA-Vertragsmuster) angelehnt, die von öffentlichen Auftraggebern verwandt wurden. Da es jedoch an einem einheitlichen Honorarniveau fehle, seien die **Auswirkungen der geplanten Verordnung** auf die Honorare und insbesondere auf die öffentlichen Haushalte nur schwer zu übersehen. Indes seien spürbare Auswirkungen auf die allgemeine Verbraucherpreisentwicklung nicht zu erwarten (Begründung, BRDrucks. 274/80 S. 118–122).

Der **Aufbau der aufgenommenen Teile** folgte weitgehend dem aus den bisherigen Regelungen, insbesondere der Teile II, V, VI und VII, bekannten Schema: Nach der Festlegung der anrechenbaren Kosten wurden Honorarzonen festgesetzt und durch Objektlisten erläutert. Die Leistungsbilder wurden – jedoch nicht bei allen Teilen – in mehrere Leistungsphasen mit Grundleistungen und Besonderen Leistungen aufgeteilt. An die Honorartafeln – die Mindest- und Höchstbeträge festsetzen – schlossen sich Vorschriften über spezielle Fälle von Leistungen an.

20   Mit dieser Erweiterung der HOAI wurden die bedeutsamsten Ingenieurleistungen in der HOAI geregelt, so dass Honorare für diese Leistungen nur noch im Rahmen der Honorarvorschriften vereinbart und berechnet werden konnten. Insoweit begrenzte das **Preisrecht** die Vertragsfreiheit der Parteien. Auch nach dieser Erweiterung des Anwendungsbereichs der HOAI gab es aber Architekten- und Ingenieurleistungen, die sich auf Bauwerksleistungen bezogen und gleichwohl nicht von der HOAI erfasst wurden, weil es für eine Honorarregelung entweder an der erforderlichen gesetzlichen Ermächtigung mangelte (z.B. die landesrechtlich geregelten Gebühren für hoheitliche Vermessungen, Kataster- und Landesvermessung) oder weil der Verordnungsgeber bewusst auf eine Regelung verzichtet hatte, wie z.B. für die Objektplanung für Versorgungsleitungen über Land für Elektrizität in Teil VII). Soweit die Honorare für solche Leistungen nicht an anderer Stelle preisrechtlich geregelt wurden, waren sie weiterhin frei vereinbar.

3. Änderungen der HOAI durch die 2. ÄndVO

21   Das Gesetz zur Regelung von Ingenieur- und Architektenleistungen vom 4. November 1971 legte in der ursprünglichen Fassung in § 1 Abs. 3 Nr. 1 und § 2 Abs. 3 Nr. 1 fest, dass in der Honorarordnung für Ingenieure und Architekten, für die das Gesetz die notwendige **Ermächtigungsgrundlage** darstellte, vorzusehen war, dass von den Mindestsätzen durch schriftliche Vereinbarung abgewichen werden konnte. Die darauf gestützte Verordnung über die Honorare für Leistungen der Architekten und der Ingenieure (HOAI) bestimmte dann aber in § 4 Abs. 2, dass die in dieser Verordnung festgesetzten Mindestsätze nur durch schriftliche Vereinbarung *„in Ausnahmefällen"* unterschritten werden können. Damit war der Verordnungsgeber über die ihm gegebene Ermächtigungsgrundlage hinausgegangen, so dass schließlich das Bundesverfassungsgericht im Jahre 1981 die Verfassungswidrigkeit dieser Beschränkung auf Ausnahmefälle feststellte (BVerfG BauR 1982, 74 = ZfBR 1982, 35). Daraufhin war zunächst eine Unterschreitung der Mindestsätze ohne jede Einschränkung durch schriftliche Vereinbarung möglich, bis die Ermächtigungsgrundlage durch Änderung des Gesetzes zur Regelung von Ingenieur- und Architektenleistungen vom 12. November 1984 (BGBl. I, 1337) entsprechend erweitert und durch die 2. ÄndVO zur HOAI vom 10. Juni 1985 (BGBl. I, S. 961) diese einschränkende Voraussetzung *„in Ausnahmefällen"* in § 4 Abs. 2 HOAI für das Unterschreiten der Mindestsätze wieder eingefügt wurde. Weitere Änderungen brachte diese 2. ÄndVO zur HOAI nicht.

4. Änderungen der HOAI durch die 3. ÄndVO

22   Die 3. ÄndVO verfolgte vor allem das Ziel, die seit 1976 unverändert gebliebenen **Honorare für städtebauliche und landschaftsplanerische Leistungen,** die allgemein als nicht auskömmlich angesehen wurden, an die Einkommensentwicklung anzupassen und teilweise deutlich zu erhöhen. Zugleich erfolgte in diesen Teilen V und VI der HOAI auch eine Anpassung an die inhaltlichen und verfahrensrechtlichen Änderungen der Bauleitplanung durch das Baugesetzbuch; ebenso und eine weitgehende Neufassung der Regelungen über landschaftsplanerische Leistungen (Teil VI).

Ferner wurden die Zeithonorare des § 6 Abs. 2 HOAI noch einmal angehoben und weitere weniger bedeutende Änderungen der HOAI vorgenommen.

5. Änderungen der HOAI durch die 4. ÄndVO

23   Mit Inkrafttreten der 4. ÄndVO zur HOAI am 1. Januar 1991 wurden vor allem die Honorare in den verschiedenen Honorartafeln angehoben und den geänderten wirtschaftlichen Verhältnissen angepasst.

So wurden insbesondere folgende **damaligen Honorartafeln** linear um 10% angehoben worden:

§ 16 Grundleistungen bei Gebäuden und raumbildenden Ausbauten,
§ 17 Grundleistungen bei Freianlagen,
§ 56 Abs. 1 Grundleistungen bei Ingenieurbauwerken,
§ 65 Grundleistungen bei der Tragwerksplanung,
§ 83 Leistungen bei der Bauakustik und
§ 89 Leistungen bei der raumakustischen Planung und Überwachung.

Andere Honorartafeln wurden mit unterschiedlichen Prozentsätzen erhöht worden, so die Honorartafel des § 56 Abs. 2 a. F. für Grundleistungen bei Verkehrsanlagen um 15% bis 38%, die Honorartafeln des § 74 Abs. 1 a. F. für Grundleistungen bei der Technischen Ausrüstung um 15% und die Honorartafel des § 99 a. F. für Grundleistungen bei der Vermessung um ca. 40%. Auch die **Zeithonorare** in § 6 a. F. wurden den veränderten wirtschaftlichen Verhältnissen angepasst und der Honorarrahmen so gestaltet, dass den Bedürfnissen des Einzelfalles besser Rechnung getragen werden konnte.

Eine weitere Änderung betraf die Honorierung von **Besonderen Leistungen gemäß** **24** § 5 Abs. 4, a. F. die zuvor durchweg daran scheiterte, dass es an einer schriftlichen Vereinbarung des zusätzlichen Honorars **vor** der Ausführung dieser Besonderen Leistungen des Architekten oder Ingenieurs fehlte. Durch die in der 4. ÄndVO vorgenommene Streichung des Wortes *„zuvor"* in § 5 Abs. 4 a. F. genügte die schriftliche Vereinbarung eines Honorars, so dass diese auch noch während oder nach der Ausführung solcher Besonderen Leistungen erfolgen konnte.

Geändert wurde auch § 24, der sich mit dem **Umbauzuschlag** befasste, dessen Berech- **25** nung in der Vergangenheit häufig an einer fehlenden schriftlichen Vereinbarung bei Auftragserteilung scheiterte. Die vorgenommene Änderung gewährte dem Architekten und Ingenieur unter bestimmten Voraussetzungen (ab durchschnittlichem Schwierigkeitsgrad) auch ohne vorherige schriftliche Vereinbarung einen **Mindest-Umbauzuschlag von 20%.**

Die Honorarbestimmungen für Freianlagen wurden an die Erfordernisse des Natur- **26** schutzes und der Landschaftspflege angepasst und die Honorargrundlagen überarbeitet, wobei zugleich auch eine Abgrenzung zu den Leistungen des Teils VII (Ingenieurbauwerke und Verkehrsanlagen) vorgenommen wurde. In den Teil V (Städtebauliche Leistungen) wurde ein völlig **neues Honorarsystem für Bauleitpläne** aufgenommen, um den Anforderungen an die Aufstellung solcher Bauleitpläne in Zukunft besser gerecht werden zu können. In Teil VI (Landschaftsplanerische Leistungen) wurden die Honorarberechnungssysteme für **Umweltverträglichkeitsstudien** und **landschaftspflegerische Begleitpläne** an die Anforderungen der Umweltschutzgesetzgebung angepasst. Zudem wurde das **Leistungsbild für Pflege- und Entwicklungspläne** auf Grund der bisherigen Erfahrungen überarbeitet und eine **eigene Honorartafel** für diese Leistungen geschaffen (§ 49d a. F.).

Grundlegend überarbeitet wurden auch die Vorschriften über die Objektplanung von **27** Ingenieurbauwerken und Verkehrsanlagen (Teil VII), wobei insbesondere die Objektliste neu gefasst, die Beschreibung von Bewertungsmerkmalen erweitert und die Honorare für Grundleistungen bei Verkehrsanlagen erhöht wurde.

Neu eingefügt wurde ein Teil VII a für **verkehrsplanerische Leistungen,** die ein besonderes eigenständiges Arbeitsfeld darstellten und zuvor von der HOAI nicht erfasst waren.

In Teil VIII (Leistungen bei der Tragwerksplanung) wurden die Vorschriften über die Ermittlung und den Ansatz der anrechenbaren Kosten sowie einige Grundleistungen und auch einige Besondere Leistungen geändert.

In Teil IX (Leistungen bei der Technischen Ausrüstung) wurden der Begriff der Techni- **28** schen Ausrüstung und teilweise die Objektliste neu gefasst und die Honorare erhöht. In den Teilen X bis XII (Leistungen für Thermische Bauphysik, für Schallschutz und Raumakustik und für Bodenmechanik, Erd- und Grundbau) wurden nur einzelne Bestimmungen klarer gefasst und aus den Honorartafeln die Honorare für Leistungen bei Objekten mit niedrigen anrechenbaren Kosten gestrichen – stattdessen die Möglichkeit der freien Honorarvereinbarung bzw. des Zeithonorars eröffnet.

Dagegen ist Teil XIII **(Vermessungstechnische Leistungen)** grundlegend überarbeitet worden. Die Bestimmungen erfassten jetzt alle vermessungstechnischen Leistungen, die an ein Objekt gebunden waren, und auch sonstige vermessungstechnische Leistungen mit deutlich erhöhten Honorarsätzen.

6. Änderungen der HOAI durch die 5. ÄndVO

29   Der Erlass der HOAI hatte nahezu fünf Jahre seit dem Inkrafttreten der Ermächtigungsgrundlage auf sich warten lassen, obwohl das Bundeswirtschaftsministerium unverzüglich an die Ausarbeitung eines ersten Entwurfs gegangen war. Die Schwierigkeit, ein Gebührenrecht zu schaffen, das einerseits überschaubar und praktikabel, andererseits aber unter Berücksichtigung der gestiegenen Planungs- und Überwachungsanforderungen stärker an den Besonderheiten der jeweiligen Bauaufgabe orientiert sein sollte, fand darin ihren sichtbaren Niederschlag. Die Entwürfe des Ministeriums blieben bis zuletzt umstritten, so dass die Honorarordnung das Ergebnis zahlreicher und mühevoller Kompromisse wurde, die keineswegs immer positiv zu beurteilen waren (Hartmann, HOAI, Einführung Rdn. 3). Noch der Bundesrat hatte an der von der Bundesregierung beschlossenen Fassung der Verordnung (BRDrucks. 270/76 vom 9. April 1976) eine Reihe von Änderungen vorgenommen.

30   Die HOAI wurde in vierzehn Teile untergliedert. Der erste, mit *„Allgemeine Vorschriften“* überschriebene Teil (§§ 1 bis 9), enthielt Begriffsbestimmungen der einzelnen Objekte, für deren Planung die HOAI Bestimmungen enthielt (§ 3 a. F.), umriss den Anwendungsbereich der Verordnung (§ 1) und regelte den Grundsatz, dass sich die in den Leistungsbildern (§§ 15, 37, 40, 45a, 46, 47, 48a, 49a, 49c, 55, 64, 73, 97b und 98b, jeweils a. F.) aufgeführten Leistungen des Planers in Grundleistungen und Besondere Leistungen untergliederten. Von den Letzteren zu unterscheiden waren außergewöhnliche Leistungen, die – wie auch ungewöhnlich lange dauernde Leistungen – eine Überschreitung der Honorarhöchstsätze erlaubten (§ 4 Abs. 3 a. F.). § 4 Abs. 1 a. F. stellte klar, dass – im Rahmen der Höchst- und Mindestsätze – das Honorar frei vereinbart werden konnte; mangels abweichender schriftlicher Vereinbarung galten aber die Mindestsätze als vereinbart (§ 4 Abs. 4 a. F. = § 7 Abs. 3 HOAI). Selbst diese konnten durch schriftliche Vereinbarung in Ausnahmefällen unterschritten werden. Bis dahin war die in § 4 Abs. 2 HOAI vorgesehene Beschränkung für die Unterschreitung der Mindestsätze „nur in Ausnahmefällen“ mangels ausreichender Ermächtigungsgrundlage als verfassungswidrig angesehen worden (vgl. BVerfG BauR 1982, 74 = ZfBR 1982, 35). Der Abschnitt enthielt weiter Bestimmungen über Honorare in Sonderfällen (u. a. über die Voraussetzungen der Honorierung Besonderer Leistungen), über das Zeithonorar, die Nebenkosten, die Fälligkeit und die Umsatzsteuer (§§ 5 bis 9 a. F.).

31   Teil II (§§ 10 bis 27 a. F.) behandelte Leistungen bei Gebäuden, Freianlagen und raumbildenden Ausbauten. Hier wurden die für die Honorarberechnung maßgebenden Faktoren im Einzelnen bestimmt: die anrechenbaren Kosten des Objekts (§ 10 Abs. 2–6 a. F.), die für die Eingliederung in Honorarzonen bedeutsamen Bewertungsmerkmale (§§ 11, 13 a. F.), die ergänzt werden durch typisierende Objektlisten (§§ 12, 14 a. F.), sowie die Honorartafeln (§§ 16, 17 a. F.), die, in Abhängigkeit von den anrechenbaren Kosten und der jeweiligen Honorarzone, die zulässigen Mindest- und Höchsthonorare für Grundleistungen (§ 2 Abs. 2 a. F.) enthielten. Was im Einzelnen zu den Grundleistungen gehörte und welche Honoraranteile auf die einzelnen Leistungsphasen entfielen, ergab sich aus den Leistungsbildern (z. B. § 15 a. F.). In diesen waren auch Leistungen beschrieben, die zu den Besonderen, unter den engen Voraussetzungen des § 5 Abs. 4 und 5 a. F. zu vergütenden, Leistungen gehörten. Diese Leistungskataloge waren bezüglich der Besonderen Leistungen im Gegensatz zu den Grundleistungen nicht abschließend (§ 2 Abs. 3 S. 2 a. F.). Die weiteren Vorschriften dieses Abschnitts gaben Regeln für die Honorarberechnung in besonderen Fällen.

Teil III (§§ 28 bis 32 a. F.) befasste sich mit Zusätzlichen Leistungen, die weder mit den **32** Besonderen Leistungen nach § 2 Abs. 2 a. F., noch mit den außergewöhnlichen Leistungen nach § 4 Abs. 3 a. F. verwechselt werden durften. Es handelte sich dabei um Leistungen bei der Entwicklung und Herstellung von Fertigteilen, um rationalisierungswirksame besondere Leistungen, um Leistungen von Rationalisierungsfachleuten im Wohnungsbau (diese zuvor in § 30 enthaltene Regelung war allerdings durch die 4. ÄndVO mit Wirkung vom 1. Januar 1991 gestrichen worden), bei der Projektsteuerung und im Winterbau. Grundsätzlich waren solche Leistungen nach freier Vereinbarung oder nach Zeitaufwand zu vergüten.

Für Gutachten (§ 33 a. F.) galt Ähnliches, während für Wertermittlungen (§ 34 a. F.) nach einer Honorartafel abzurechnen war, die in Abhängigkeit vom Objektwert Rahmengebühren in jeweils zwei Stufen (Normalstufe und Schwierigkeitsstufe) enthielt (Teil IV).

Eine eingehendere Regelung hatten in Teil V die städtebaulichen Leistungen (Flächennutzungs- und Bebauungspläne) erfahren (§§ 35 bis 42 a. F.). Dabei wurde im Wesentlichen dasselbe Schema angewendet wie in Teil II: Leistungsbilder (§§ 37, 40 a. F.) gliederten die einzelnen Leistungsphasen in Grundleistungen und Besondere Leistungen; die Honorare ergaben sich aus den Honorartafeln. Die Objektkosten wurden bei Flächennutzungsplänen durch eine Abhängigkeit von Verrechnungseinheiten ersetzt, die sich im Wesentlichen nach der Einwohnerzahl und der Flächengröße richteten, bei Bebauungsplänen durch eine Abhängigkeit von der Fläche des Planbereichs in Hektar (§ 41 a. F.), Letzteres allerdings erst durch die 4. ÄndVO.

In enger Anlehnung hieran wurden auch die Honorare für landschaftsplanerische Leis- **33** tungen geregelt (Teil VI, §§ 43 bis 50 a. F.). Die Vorschriften betrafen Landschaftspläne, Landschaftsrahmenpläne, Umweltverträglichkeitsstudien und Grünordnungspläne sowie landschaftspflegerische Pläne mit jeweils eigenen Honorartafeln und sonstige landschaftsplanerische Leistungen (§ 50 a. F.). Auch hier unterschieden die Leistungsbilder nach Grundleistungen und Besonderen Leistungen.

Als einzige spezielle Ingenieurleistung waren zunächst in der ersten Fassung der HOAI **34** nur in Teil VII die Leistungen bei der Tragwerksplanung (Statik) für Gebäude und zugehörige Anlagen behandelt, die dann in der geänderten Fassung vom 17. Juli 1984 in Teil VIII (§§ 62–67) geregelt wurden. Die Honorarberechnung wurde derjenigen nach Teil II weitgehend angeglichen, das heißt, sie richtete sich nach den anrechenbaren Kosten (§ 62 Abs. 2 bis 8 a. F.) und nach der Honorarzone (§ 63 a. F.). Das Leistungsbild (§ 64 a. F.) wurde ähnlich wie in § 15 a. F. aufgebaut.

In Teil VII (§§ 51–61 a. F.) wurden die Leistungen bei Ingenieurbauwerken und Verkehrsanlagen geregelt, deren Honorierung sich ebenfalls nach den anrechenbaren Kosten des Objekts (§ 52 Abs. 2–7 a. F.), der Honorarzone (§ 53 a. F.) sowie nach den getrennten Honorartafeln für Ingenieurbauwerke (§ 56 Abs. 1 a. F.) und Verkehrsanlagen (§ 56 Abs. 2 a. F.) richteten. Das Leistungsbild (§ 55 a. F.) wurde in enger Anlehnung an § 15 HOAI aufgebaut und gleichfalls in neun Leistungsphasen, jeweils mit Grundleistungen und Besonderen Leistungen, unterteilt.

In dem durch die 4. ÄndVO mit Wirkung vom 1. Januar 1991 neu eingefügten Teil **35** VII a wurde das Honorar für verkehrsplanerische Leistungen in der Weise geregelt, dass dieses grundsätzlich frei vereinbart werden konnte (§ 61a a. F.).

Eine besondere Regelung enthielt Teil IX für die Leistungen bei der Technischen Ausrüstung (§§ 68–76 a. F.), zu denen insbesondere die Gas-, Wasser- und Abwassertechnik, die Wärmeversorgungs-, Brauchwassererwärmungs- und Raumlufttechnik, die Elektrotechnik, die Aufzug-, Förder- und Lagertechnik, die Küchen-, Wäscherei- und chemische Reinigungtechnik sowie die Medizin- und Labortechnik gehörten. Die Honorarberechnung erfolgte bei diesen Leistungen nach den anrechenbaren Kosten der jeweiligen Anlagen (§ 69 Abs. 3–7 a. F.), nach der Honorarzone (§ 71 a. F.) und der Honorartafel des § 74 a. F. Das Leistungsbild bestand auch hier in Anlehnung an § 15 HOAI a. F. aus neun Leistungsphasen mit entsprechenden Prozentsätzen für die jeweiligen Grundleistungen dieser Leistungsphasen (§ 73 a. F.).

Durch die Änderung wurden in Teil X (§§ 77–79 a. F.) auch die Leistungen für Thermi- **36** sche Bauphysik einer speziellen Regelung unterworfen, wozu vor allem der Wärmeschutz zählte. Die Honorare für diese Leistungen (Wärmeschutz) berechneten sich wiederum nach den anrechenbaren Kosten des Gebäudes (§ 10 HOAI a. F.), der Honorarzone, der das Gebäude nach den §§ 11 und 12 zuzurechnen war, und nach der Honorartafel des § 78 Abs. 3 HOAI a. F. Für andere Leistungen der Thermischen Bauphysik konnte das Honorar bei Auftragserteilung frei vereinbart werden; mangels schriftlicher Honorarvereinbarung bei Auftragserteilung wurde es als Zeithonorar nach § 6 HOAI a. F. berechnet (§ 79 HOAI a. F.).

37   Teil XI befasste sich eingehend mit den Leistungen für Schallschutz und Raumakustik (§§ 80–90 a. F.), deren Honorierung bezüglich der Bauakustik nach den anrechenbaren Kosten (§ 81 Abs. 3–6 a. F.), der Honorarzone (§ 82 a. F.) und der speziellen Honorartafel gemäß § 83 a. F. erfolgte, während das Honorar für sonstige Leistungen für den Schallschutz wiederum frei vereinbart werden konnte bzw. mangels schriftlicher Vereinbarung bei Auftragserteilung als Zeithonorar nach § 6 HOAI a. F. zu berechnen war. Desgleichen erfolgte die Honorarberechnung für die raumakustische Planung und Überwachung nach Prozentsätzen für die jeweils erbrachten Grundleistungen (§ 86 a. F.), nach den anrechenbaren Kosten (§ 86 Abs. 3–6 a. F.), der maßgeblichen Honorarzone (§§ 87, 88 a. F.) und der speziellen Honorartafel des § 89 Abs. 1 HOAI a. F. Für sonstige Leistungen für die Raumakustik konnte das Honorar dagegen grundsätzlich frei vereinbart werden (§ 90 a. F.).

38   Auch die Leistungen für Bodenmechanik, Erd- und Grundbau wurden in Teil XII (§§ 91–95 a. F.) besonders geregelt, wobei zunächst § 91 a. F. den Anwendungsbereich mit den verschiedenen Leistungen dieses Fachgebietes absteckte und in §§ 92–94 a. F. dann die Honorarberechnung für die Baugrundbeurteilung und Gründungsberatung nach Prozentsätzen der jeweils zu erbringenden Leistungen (§ 92 Abs. 1 a. F.), nach den maßgeblichen anrechenbaren Kosten wie bei der Tragwerksplanung, nach der Honorarzone (§ 93 a. F.) und nach der Honorartafel des § 94 Abs. 1 a. F. festzulegen war. Für sonstige Leistungen für Bodenmechanik, Erd- und Grundbau blieb es bei der Möglichkeit der freien Honorarvereinbarung bei Auftragserteilung bzw. der Berechnung als Zeithonorar gemäß § 6 HOAI a. F.

39   Schließlich regelte die HOAI in der seit dem 1. Januar 1985 geltenden Fassung in Teil XIII auch die Vermessungstechnischen Leistungen (§§ 96–100 a. F.), wobei zunächst nur die Honorare für Leistungen für Vermessung von außerörtlichen Straßen (§§ 97–99 a. F.) nach anrechenbaren Kosten entsprechend der Regelung für Ingenieurbauwerke und Verkehrsanlagen (§ 52 Abs. 2 bis 6 HOAI a. F.), der Honorarzone (§ 98 a. F.) und der besonderen Honorartafel des § 99 Abs. 1 a. F. nach Mindest- und Höchstsätzen festgelegt waren, während die Honorare für sonstige Vermessungsleistungen (§ 100 a. F.) wiederum frei vereinbart werden konnten bzw. mangels wirksamer Honorarvereinbarung als Zeithonorar nach § 6 HOAI a. F. zu berechnen waren. Durch die nach dem 1. Januar 1991 geltende 4. ÄndVO wurden allerdings weitere vermessungstechnische Leistungen der Honorartafel des § 99 Abs. 1 a. F. unterworfen, d. h. die gesamten Leistungen zur Entwurfsvermessung (§ 97b a. F.) und der Bauvermessung (§ 98b a. F.), so dass der Bereich der Vermessungsleistungen, für die das Honorar frei vereinbart werden konnte, auf die sonstigen vermessungstechnischen Leistungen gemäß § 100 a. F. beschränkt war.

40   Teil XIV enthielt die notwendigen Schluss- und Überleitungsvorschriften (§§ 101–103 a. F.), von denen besonders § 103 a. F. von Bedeutung war, der die zeitliche Abgrenzung der Geltung des jeweils alten von dem jeweils neuen Gebührenrecht regelte und besondere Übergangsvorschriften für die am 1. Januar 1985 (1. ÄndVO v. 17.7.1984), am 1. April 1988 (3. ÄndVO v. 17.3.1988), am 1. Januar 1991 (4. ÄndVO v. 13.12.1990) und am 1. Januar 1996 (5. ÄndVO v. 14.7.1995) in Kraft getretenen Änderungen der HOAI vorsah.

41   Mit **Inkrafttreten der 5. ÄndVO zur HOAI am 1. Januar 1996** erfolgte eine seit langem angestrebte Anpassung der Honorare für Architekten und Ingenieure. Entgegen der ursprünglichen Absicht der Bundesregierung (vgl. BRDrucks. 238/94) wurden die Honorare allerdings nicht in zwei Stufen, sondern einheitlich zum 1. Januar 1996 angehoben. Die Erhöhung fiel aber unterschiedlich aus: für **flächenbezogene und baukostenunabhängige Honorare** erfolgte eine Erhöhung um 12%, für **baukostenabhängige Honorare** dagegen nur um 5%, und zwar ohne die von der Bundesregierung ursprünglich vorgesehene zweite Stufe um weitere 3,5%; diese wurde vom Bundesrat abgelehnt, weil die Baukosten seit 1991 überproportional um ca. 20% gestiegen seien.

Änderungen durch den Bundesrat erfolgten insofern, als damals in die HOAI ein § 4a **42** aufgenommen wurde, der die Möglichkeit eröffnete, **schriftlich bei Auftragserteilung** zu vereinbaren, das Honorar auf der Grundlage einer nachprüfbaren **Ermittlung der voraussichtlichen Herstellungskosten** nach der **Kostenberechnung** oder nach dem **Kostenanschlag** zu berechnen. Damit war nicht mehr zwingend auf die Kostenfeststellung abzustellen. So sollte einem mangelnden Interesse der Auftragnehmer an einer wirtschaftlichen Bauausführung entgegengewirkt werden (vgl. Begründung zu den Änderungen seitens des Bundesrates – Drucksache 399/95 – zu § 4a).

Des Weiteren wurde im Anschluss an § 5 Abs. 4 ein Abs. 4a eingefügt, wonach für **Be-** **43** **sondere Leistungen,** die unter Ausschöpfung der technisch-wirtschaftlichen Lösungsmöglichkeiten zu einer wesentlichen **Kostensenkung** ohne Verminderung des Standards führten, ein **Erfolgshonorar** zuvor schriftlich vereinbart werden konnte, das bis zu 20% der vom Auftragnehmer durch seine Leistungen eingesparten Kosten betragen konnte. Dadurch sollte, wie durch die Einfügung des § 4a, ein wirtschaftlicher Anreiz zu einer besonders kostengünstigen Planung geschaffen werden, wobei in der Begründung (Drucksache 399/95) als Beispiele für solche, über das übliche Maß hinausgehende planerische Leistungen genannt werden: Varianten der Ausschreibung, die Konzipierung von Alternativen, die Reduzierung der Bauzeit, die systematische Kostenplanung und -kontrolle, die verstärkte Koordinierung aller Fachplanungen sowie die Analyse zur Optimierung der Energie- und sonstigen Betriebskosten. Als Bemessungsgrundlage für das dafür zuvor zu vereinbarende Erfolgshonorar sollten die vom Auftragnehmer durch seine Leistungen eingesparten Kosten dienen, was aber voraussetzte, dass ein Ausgangswert zur Ermittlung der Einsparung auf Grund von realistischen Kostenschätzungen von den Vertragspartnern festgelegt wurde. Unerfindlich bleibt dabei, warum ein solches **Erfolgshonorar** *„zuvor"* **schriftlich vereinbart** werden mußte und nicht auch noch nach eingetretenem Erfolg vereinbart werden konnte.

Als wichtig und insbesondere auch haftungsrelevant wurden in § 15 Abs. 2 Nr. 3, 7 und **44** 8 **Grundleistungen neu eingefügt,** nach denen bereits im Zeitpunkt der Entwurfsplanung eine **Kostenkontrolle durch Vergleich der Kostenberechnung mit der Kostenschätzung,** im Zeitpunkt der Vergabe der Bauaufträge eine **Kostenkontrolle durch Vergleich des Kostenanschlags mit der Kostenberechnung** und im Rahmen der Objektüberwachung eine **Kostenkontrolle durch Überprüfen der Leistungsabrechnung der bauausführenden Unternehmen im Vergleich zu den Vertragspreisen und dem Kostenanschlag** durchzuführen waren.

Diese weiteren Grundleistungen mit der Verpflichtung zur Kostenkontrolle wurden entsprechend auch bei den Ingenieurbauwerken und Verkehrsanlagen (§ 55 a. F.) sowie bei der Tragwerksplanung (§ 64 a. F.) und der Technischen Ausrüstung (§ 73 a. F.) eingefügt.

Eine besonders wichtige Änderung enthielt § 10 Abs. 2, der sich mit den **anrechenba-** **45** **ren Kosten** befasste und zugleich auch wichtige Grundlage für eine **prüfbare Honorarschlussrechnung** des Architekten wurde. Unverändert waren die anrechenbaren Kosten für die Leistungsphasen 1–4 nach der Kostenberechnung unter Verwendung der Kostenermittlung nach DIN 276 in der alten Fassung von April 1981 zu ermitteln. Für die Leistungsphasen 5–9 trat aber eine wichtige Änderung ein, da für die Leistungsphasen 5–7 der **Kostenanschlag** und für die Leistungsphasen 8 und 9 die **Kostenfeststellung** maßgebend wurde. Dies machte eine noch weitergehende Aufgliederung der Honorarberechnung notwendig. Diese Regelung der anrechenbaren Kosten fand sich auch bei der Technischen Ausrüstung in § 69 a. F. entsprechend.

Schließlich enthielten die §§ 41, 45a und 47 a. F. in ihrer Neufassung erweiterte Mög- **46** lichkeiten zu freien Honorarvereinbarungen, z. B. bei Bebauungsplänen mit besonders geringen und besonders großen Flächen (§ 41 a. F.) und zu abweichenden Honorarvereinbarungen unter bestimmten Voraussetzungen bei Landschafts- und Landschaftsrahmenplänen (§§ 45a, 47 a. F.). Neben den bereits erwähnten Erhöhungen der Honorare in den jeweiligen Honorartafeln wurden auch die Honorare für die **isolierte Beauftragung mit der**

Objektüberwachung in § 19 Abs. 4 deutlich erhöht, und zwar um durchweg 0,3% der anrechenbaren Kosten, also je nach Honorarzone von 1,8% auf 2,1%, von 2,0% auf 2,3% usw.

Diese Fassung der HOAI trat am 1. Januar 1996 in Kraft, fand also nur Anwendung auf Verträge, die nach dem 1. Januar 1996 abgeschlossen wurden. Die Vertragspartner konnten aber, wie bei den vorangegangenen Änderungen der HOAI, vereinbaren, dass diese Neuregelungen einschließlich der höheren Honorare auch für vorher abgeschlossene Verträge gelten sollen, sofern Leistungen zur Erfüllung dieser sog. Altverträge nach dem Stichtag 1. Januar 1996 erbracht wurden (vgl. § 103 Abs. 6 i.V.m. Abs. 2 a.F.).

IV. Grundzüge der HOAI nach der 6. Novelle

47   Für Verträge, die vor dem Inkrafttreten der 6. Novelle (in Kraft getreten 17.8.2009) geschlossen wurden, war die HOAI in der Fassung nach der 5. Novelle (Fassung 1996) anzuwenden (§ 55 HOAI). Durch die 6. HOAI-Novelle war der bis dahin über Jahrzehnte gehaltene Aufbau sowie das bis dahin geltende System der HOAI weitgehend geändert worden. In einem vorangestellten ersten Teil (§§ 1–16) waren die allgemeinen Vorschriften zu finden, es folgen die Regelungen zur Flächenplanung (§§ 17–31), zur Objektplanung (§§ 32–47), schließlich die Fachplanung (§§ 48–54).

Der **Allgemeine Teil** befasste sich mit dem Anwendungsbereich (§ 1), enthielt Begriffsbestimmungen (§ 2), verwies in § 3 auf die Regelungen zu den Leistungsbildern in den Anlagen der HOAI, und enthielt die für alle Leistungsbilder geltenden Vorgaben für das Honorar. Zu nennen waren vor allem die Regelungen zu anrechenbaren Kosten (§ 4), zu den Honorarzonen (§ 5) und zu möglichen Honorarvereinbarungen (§ 7). Diese galten für alle in der HOAI geregelten Ingenieur- und Architektenleistungen.

48   Im 2. Teil, der **Flächenplanung,** waren die Regelungen zu den Honoraren für Flächennutzungs- und Bebauungspläne sowie für die Landschaftsplanung gelistet, einschließlich der Honorartafeln. Der 3. Teil, die **Objektplanung,** enthielt Regelungen zum Leistungsbild Gebäude und raumbildende Ausbauten (§ 33 = § 15 a.F.). Nach der Honorartafel (§ 34) und den Honorarzonen (§ 34 Abs. 2) folgten die Regelungen für Leistungen im Bestand (§ 35), Instandhaltungen und Instandsetzungen (§ 36). Für Freianlagen enthielt § 37 die Besonderen Grundlagen des Honorars, § 38 das Leistungsbild, § 39 die Honorartafel und die Honorarzonen. Der Anwendungsbereich für **Ingenieurbauwerke** war in § 40, die Besondere Grundlagen des Honorars in § 41, das Leistungsbild in § 42 und die Honorartafel sowie die Honorarzonen in § 43 aufgenommen worden.

49   **Entfallen** waren insbesondere die Zeithonorare (§ 6 a.F.), die Berücksichtigung **vorhandener Bausubstanz** (§ 10 Abs. 3 a.F.) sowie die Regelungen bei zeitlich getrennter Ausführung (§ 21 a.F.). § 35 sah statt der Berücksichtigung vorhandener Bausubstanz bei **Leistungen im Bestand** Honorarerhöhungen durch schriftliche Vereinbarung eines **Zuschlags bis zu 80%** vor. Ohne schriftliche Vereinbarung fiel ab der Honorarzone II ein Zuschlag von 20% an.

50   Mit der Neuregelung war die bisherige Trennung in Grundleistungen und Besondere Leistungen zugunsten einer Beschränkung der verbindlichen Honorarregelungen für reine Planungs- und Überwachungsleistungen aufgegeben worden. Die Honorare für **Besondere Leistungen** konnten frei vereinbart werden (§ 3 Abs. 3). Eine nicht abschließende Aufzählung der Besonderen Leistungen enthielt die **Anlage 2.** Für die in der **Anlage 1** aufgelisteten **Beratungsleistungen** enthielt die HOAI ebenfalls **keine verbindlichen Regelungen** (§ 3 Abs. 1). Die Anlagen 3–14 enthielten dagegen verbindliche Regelungen zum Honorar. In der **Anlage 3** waren die **Objektlisten** für die Zuordnung zu den **Honorarzonen** enthalten, in den **Anlagen 4–14** die Leistungen zu den noch in der HOAI verbliebenen **Leistungsbildern.**

51   Nach wie vor galten die **Mindestsätze,** wenn nicht bei Auftragserteilung etwas anderes schriftlich vereinbart wurde (§ 7 Abs. 6). Sie konnten **in Ausnahmefällen** durch schriftliche Vereinbarung **unterschritten** werden (§ 7 Abs. 3). Damit wurde die Vorgabe des § 1

Abs. 3 GIA auch in dieser Neufassung umgesetzt. Die Neuregelung sollte den Rahmen für **Honorarvereinbarungen** innerhalb der durch § 1 GIA gesetzten Grenzen erweitern (§ 7 Abs. 1). § 6 Abs. 2 ermöglichte es, Honorarvereinbarungen auf der Grundlage der anrechenbaren Kosten zu treffen, wobei die Baukosten einvernehmlich festgelegt werden konnten. Welche Anforderungen an die Nachprüfbarkeit der so **vereinbarten Baukosten** zu stellen waren, gab die HOAI nicht vor.

Die Berechnung des Honorars in besonderen Fällen erfolgte gemäß § 8. Wurden **nicht** **52** **alle Leistungsphasen eines Leistungsbildes beauftragt,** durfte auch nur der dafür vorgesehene Prozentsatz vereinbart werden. Innerhalb einer Leistungsphase durfte bei deren nicht vollständiger Beauftragung nur das anteilige, im Verhältnis zum Gesamthonorar stehende Honorar vereinbart und verlangt werden (§ 8 Abs. 2).

Den **Geltungsbereich** der HOAI regelte § 1, indem die Anwendung auf Auftragnehmer und Auftragnehmerinnen mit Sitz im Inland beschränkt wurde, soweit die Leistung vom Inland aus erbracht wurde.

Im Ergebnis erfolgten durch die 6. HOAI-Novelle vom 11. August 2009 (BGBl. I S. 2732 grundlegende Änderungen. Der Aufbau der HOAI wurde an den Ablauf der Schritte bei der Bebauung eines Grundstücks angepasst. Seit dem wurden in einem Allgemeinen Teil die für alle Leistungsbilder geltenden Honorarregelungen aufgelistet. Nach diesem ersten Teil folgte im 2. Teil die Flächenplanung, anschließend die Objektplanung (3. Teil), dann die Fachplanung (4. Teil). Die verbindlichen Honorarregelungen wurden auf die eigentlichen Planungsleistungen beschränkt. Beratungsleistungen waren nicht mehr Gegenstand der verbindlichen Honorarregelungen (§ 3 Abs. 2 HOAI). Sie wurden in einer Anlage 1 aufgelistet, die einzelne, aber nicht verbindliche Honorartafeln enthielt. Damit war auch die Aufteilung in Grund- und Besondere Leistungen für den verbindlichen Honorarteil entfallen. Die Besonderen Leistungen wurden – nicht abschließend – in einer Anlage 2 aufgelistet. In der Anlage 3 waren die Objektlisten für die Zuordnung zu den Honorargruppen der verbliebenen Leistungsbilder enthalten.

V. Grundzüge der HOAI nach der 7. Novelle

Am 17. Juli 2013 ist die HOAI 2013 in Kraft getreten. Sie enthält umfangreiche Änderungen, zu nenen sind beispielhaft:
– Die Honorare wurden im Mittel um 17 % erhöht.
– Zahlreiche neue/geänderte Begriffsdefinitionen wurden in § 2 festgeschrieben.
– Die Fälligkeit des Honorars wurde analog zum BGB von der Abnahme abhängig gemacht (§ 15).
– Die Leistungsbilder wurden an die CAD Planung angepasst. Die Leistungsbilder wurden stark überarbeitet, sie umfassen nun weitere wesentliche Grundleistungen (z. B. umfasst das Leistungsbild der Objektplanung nun in den Leistungsphasen 2 u. 6 eine Kostenkontrolle, in den Lph 2, 3, 5 u. 8 wird eine planungsbegleitende Terminsplanung „gefordert". Der bisherige Kostenvoranschlag der Lph 7 ist in die Lph 6 gewandert in Form der Pflicht zur Erstellung eines bepreisten Leistungsverzeichnisses. Die Lph 7 wurde um die Dokumentation des Vergabeverfahrens erweitert.

Neu ist die fachliche Bewertung von Mängeln innerhalb der Verjährungsfrist von fünf Jahren in der Lph 8. Die Pflicht zur Überwachung der Mängelbeseitigung stellt eine Besondere Leistung dar. Insgesamt sind die Besondere Leistungen ebenfalls stark erweitert worden, zu nennen sind beispielhaft der vorbeugende und organisatorische Brandschutz (Lph 2). Dabei wurde die prozentuale Gewichtung der Grundleistungen entsprechend geändert. Insgesamt steht den Honorarerhöhungen ein deutlich erweiterter Leistungskatalog gegenüber (dabei darf nicht vergessen werden, dass die HOAI kein Vertragsrecht, sondern „nur" ein Preisrecht darstellt).

Im Rahmen der geänderten prozentualen Gewichtung der Grundleistungen fällt auf, dass die Bewertung der Leistungsphase 1 des § 34 HOAI im Rahmen der Gebäudeplanung von drei auf zwei Prozentpunkte abgewertet wurde. Dies erscheint in Anbetracht der

Wichtigkeit dieser Grundlagenermittlung nicht nachvollziehbar. Viele Planungsmängel haben ihren Ursprung in einer ungenügenden Ermittlung der Grundlagen eines Vorhabens, d. h. dessen was der Auftragnehmer für den Bauherr leisten soll (schließlich ist der Architektenvertrag eine Art Findungsvertrag, da die Parteien bei Vertragsschluss noch gar nicht wissen, was sie gegenseitig fordern werden). Die prozentuale Abwertung ist auch vor dem Hintergrund schmerzlich, dass die oftmals als Leistungsphase Null bezeichnete von Bauherrnseite geschuldete „Bedarfsplanung im Bauwesen" nach der DIN 18205 in der Praxis nahezu unbekannt ist.

Ein Umbau/Modernisierungszuschlag wurde auf höchstens 33 % begrenzt – ohne schriftliche Vereinbarung wird ab einem durchschnittlichen Schwierigkeitsgrad ein Zuschlag von 20 % unwiderleglich vermutet.

– Zahlreiche Gedanken der HOAI 1996/2002 wurden wieder aufgegriffen. Als Beispiel ist die mitzuverarbeitende Bausubstanz zu nennen, die wieder angemessen zu berücksichtigen ist. Ihr Wert und Umfang ist objektbezogen zu ermitteln und schriftlich zu vereinbaren.

– Die Objektlisten wurden überarbeitet, der Anlagenteil wurde umgestaltet, Grundleistungen und Besondere Leistungen werden wieder zusammen tabellarisch dargestellt.

– Die von der Architekten- u. Ingenieurschaft so vehement geforderte Rückführung der Beratungsleistungen (Anlage 1) als verbindlichen Teil der HOAI wurde nicht umgesetzt. Somit unterliegen weiterhin Leistungen im Rahmen von Umweltverträglichkeitsstudien, der Thermische Bauphysik, der Schallschutz, die Raumakustik, die Bodenmechanik, der Erd- und Grundbau, einschließlich der vermessungstechnischen Leistungen, nicht dem zwingenden Preisrecht der HOAI – ihr Honorar ist frei zu vereinbaren.

Besonders schmerzlich trifft es die Ingenieurschaft, dass die örtliche Bauüberwachung bei Ingenieurbauwerken und Verkehrsanlagen (nicht wie bei der Gebäudeplanung) als Grundleistung, sondern nur als Besondere Leistung eingestuft wird. Schließlich hatte es sich hierbei immer um das „Sahnehäupchen" der Honorierung gehandelt.

Vorbemerkung: Anlagen der HOAI

1. „Anlagen-Technik" der HOAI 2009

Wurde im Rahmen der Kommentierungen der verschiedenen HOAI-Fassungen bis zum Jahre 2009 von „Anlagen" gesprochen, so dachte man an sog. Anhänge. Diese bezogen sich beispielsweise auf interpolierte Honorartafeln, auf den Abdruck der DIN 276 in ihren verschiedenen Ausgaben, den Abdruck der DIN 277 (Grundflächen und Rauminhalte von Bauwerken im Hochbau), auf Tabellen zur Bewertung von Teilleistungen im Rahmen von Architekten- und Ingenieurleistungen, etc.

Seit der HOAI 2009 gibt es „gesetzeswirksame" Anlagen, d. h. Anlagen, die zum zwingenden Preisrecht der HOAI gehören. In nicht unbedingt übersichtlicher Weise wird dabei zwischen verbindlichen und nicht verbindlichen Anlagen unterschieden.

Zum Hintergrund dieser Entwicklung ist zu sagen, dass eines der Reformziele der HOAI 2009 deren Verschlankung sein sollte. Man hat dies u. a. dadurch erreicht, dass Teile des bisherigen Verordnungstextes in die Anlagen verschoben wurden. Die dabei erreichte Verschlankung ist deshalb „nicht ganz ehrlich", weil Teile dieser herausgenommenen Paragraphen nun als Anlagen weiterhin verbindlich sind.

2. Verbindlichkeiten der Anlagen?

Im Rahmen der 15 Anlagen der HOAI 2013 ist nur noch die Anlage 1 unverbindlich, die Anlagen 2–15 dagegen verbindlich (bei der HOAI 2009 waren noch die Anlagen 1–3 unverbindlich). Allerdings ist diese Aussage mit Vorsicht zu genießen. Dies vor dem Hintergrund, dass beispielsweise in der Anlage 1 Beratungsleistungen aufgelistet werden (Beratungsleistungen zur Umweltverträglichkeitsstudie, zur thermischen Bauphysik, zur Bauakustik, zur Raumakustik, zu Leistungen für die Bodenmechanik, den Erd- und Grundbau, bis hin zu vermessungstechnischen Leistungen), die ausdrücklich nicht mehr dem gesetzlichen Preisrecht unterliegen sollen. Insoweit ist doch eine verbindliche Aussage getroffen worden. Als Folge können Honorare in diesem Bereich von nun ab frei – d. h. von den preisrechtlichen Vorgaben der HOAI losgelöst – vereinbart werden.

Alle anderen Anlagen, d. h. die Nummern 2–15 sind verbindlich. Auf sie wird in den verschiedenen Vorschriften bezüglich der Honorarermittlung eingehend Bezug genommen. Beispielhaft wird im bekanntesten Leistungsbild für „Gebäude und Innenräume" in § 34 Abs. 4 wörtlich ausgeführt: *„Anlage 10 Nummer 10.1 regelt die Grundleistungen jeder Leistungsphase und enthält Beispiele für Besondere Leistungen".*

3. Inhalt der einzelnen Anlagen

– **Anlage 1:** Regelung der Honorare für Beratungsleistungen:
  - Anlage 1.1 Umweltverträglichkeitsstudie
  - Anlage 1.2 Bauphysik
  - Anlage 1.3 Geotechnik
  - Anlage 1.4 Ingenieurvermessung
– **Anlage 2:** Grundleistungen im Leistungsbild Flächennutzungsplan
– **Anlage 3:** Grundleistungen im Leistungsbild Bebauungsplan
– **Anlage 4:** Grundleistungen im Leistungsbild Landschaftsplan
– **Anlage 5:** Grundleistungen im Leistungsbild Grünordnungsplan
– **Anlage 6:** Grundleistungen im Leistungsbild Landschaftsrahmenplan
– **Anlage 7:** Grundleistungen im Leistungsbild Landschaftspflegerischer Begleitplan
– **Anlage 8:** Grundleistungen im Leistungsbild Pflege- und Entwicklungsplan
– **Anlage 9:** Besondere Leistungen zur Flächenplanung
– **Anlage 10:** Grundleistungen im Leistungsbild im Leistungsbild Gebäude und Innenräume, Besondere Leistungen, Objektliste

– **Anlage 11:** Grundleistungen im Leistungsbild Freianlagen, Besondere Leistungen, Objektliste
– **Anlage 12:** Grundleistungen im Leistungsbild Ingenieurbauwerke, Besondere Leistung, Objektliste
– **Anlage 13:** Grundleistungen im Leistungsbild Verkehrsanlagen, Besondere Leistungen, Objektliste
– **Anlage 14:** Grundleistungen im Leistungsbild Tragwerksplanung, Besondere Leistungen, Objektliste
– **Anlage 15:** Grundleistungen im Leistungsbild technische Ausrüstung, Besondere Leistungen, Objektliste

Die Architekten- und Ingenieurschaft hat seit der HOAI 2009 Anspruch auf Honorar für Besondere Leistungen auch ohne schriftliche Vereinbarung. Die Auftragnehmerseite ist insoweit gehalten, eine Art **„Honorarmanagement"** zu betreiben. Ziel der Politik und des Verordnungsgebers war es mit der 7. HOAI Novelle (in Kraft getreten am 17. Juli 2013) – und man wird wohl davon ausgehen können, dass dieses Ziel erreicht wurde – die Architektenschaft zu einem solchen Honorarmanagement zu zwingen. In allen vorangegangenen sechs Novellen hatte man versucht die Architekten-/Ingenieurhonorare von den anrechenbaren Baukosten zu lösen. Nun ist dies wohl erstmals mit der 6. Novelle und wohl endgültig mit der 7. Novelle gelungen. Zu verweisen ist insoweit auf § 6 der HOAI 2009 bzw. der HOAI 2013. Danach richtet sich das Honorar über alle Leistungsbilder nur noch nach den anrechenbaren Kosten des Objekts „auf der Grundlage der **Kostenberechnung"** (ersatzweise der Kostenschätzung, wenn die Kostenberechnung noch nicht vorliegen kann).

Die kommenden Monate/Jahre werden zeigen, wie dieses Berechnungsmodell in der Praxis zu handhaben ist. Wie soll der Architekt/Architektin beispielsweise den Fall abrechnen, dass nach Erstellung der Kostenabrechnung in der Leistungsphase 3 (oder noch später), sich der Auftragsumfang – aus welchen Gründen auch immer – in den folgenden Leistungsphasen ändert? In der Praxis wird teilweise die Ansicht vertreten, in diesem Falle „einfach" die Kostenberechnung anzupassen. Das widerspricht deutlich dem, was mit der HOAI 2009/2013 gewollt war/ist. Auch würden bei einem solchem Vorgehen Leistungen, die vor der Veränderung des Bauvolumens erbracht wurden, nun im Zusammenhang mit einem regelmäßig gewachsenem Bauvolumen abgerechnet. Dies ist nicht gewollt.

Als Folge muss die Architektenschaft das angesprochene Honorarmanagement betreiben, d. h. die Auftragnehmerseite muss mit den Auftraggebern Honorarvereinbarungen bezüglich der notwendig werdenden Änderungs-/Ergänzungsleistungen treffen. Zugegebener Maßen wird dies „mühsam" sein. Allerdings wird auf diese Weise ein Ziel der bisherigen HOAI – Novellen erreicht, der Architekt muss der Auftraggeberseite deutlich machen, welche Honorarforderungen auf ihn zukommen, wenn er vom Architekten/Architektin Änderungen der Planung erwartet. Der bisherige Automatismus, dass Änderungen „zwangsweise in der Kostenfeststellung landen" tritt nicht mehr ein (vgl. Messerschmidt, NZBau 2014, 4 ff.). Zu beachten sind in diesem Zusammenhang die Formulierungen in § 10 Abs. 1 und Abs. 2 HOAI 2013, wonach sich Auftraggeber und Auftragnehmer bei Änderungen des Umfangs der beauftragten Leistung während der Laufzeit des Vertrages erst einmal „einigen" müssen. Auch wenn es sich bei diesen beiden Aussagen des Abs. 1 und des Abs. 2 des § 10 um zivilrechtliche Aussagen handelt (nicht gedeckt von der Ermächtigungsgrundlage), kann daraus gleichwohl die Intention des Verordnungsgebers abgeleitet werden.

4. Abdruck und Kommentierung der Anlagen

Abgedruckt sind sämtliche Anlagen zunächst einmal im Zusammenhang mit dem am Beginn dieses Buches veröffentlichten Verordnungstextes. Die Anlagen 4–15 sind aufgrund ihrer Kürze und Übersichtlichkeit nochmals im Rahmen jeder einzelnen Paragraphenkommentierung im Anschluss an den eingangs dargestellten Verordnungstext nachzulesen. Die Anlagen 1–3 werden im Rahmen der sie betreffenden Paragraphen kommentiert, allerdings sind sie dort aufgrund ihres Umfanges nicht nochmals abgedruckt.

Teil E. Kommentar – HOAI 2013 – Verordnung über die Honorare für Architekten- und Ingenieurleistungen (Honorarordnung für Architekten und Ingenieure – HOAI)

Vom 10. Juli 2013 (BGBl. I S. 2276)

Auf Grund der §§ 1 und 2 des Gesetzes zur Regelung von Ingenieur- und Architektenleistungen vom 4. November 1971, die durch Artikel 1 des Gesetzes vom 12. November 1984 (BGBl. I S. 1337) geändert worden sind, verordnete die Bundesregierung:

Teil 1. Allgemeine Vorschriften

§ 1 Anwendungsbereich

Diese Verordnung regelt die Berechnung der Entgelte für die Grundleistungen der Architekten und Architektinnen und der Ingenieure und Ingenieurinnen (Auftragnehmer oder Auftragnehmerinnen) mit Sitz im Inland, soweit die Grundleistungen durch diese Verordnung erfasst und vom Inland aus erbracht werden.

Übersicht

I. Bisheriger Geltungsbereich der HOAI

Nach § 1 Fassung 1977 galten die Bestimmungen der Verordnung für die Berechnung **1** der Entgelte für die Leistungen der Architekten und der Ingenieure. Der Wortlaut der Vorschrift glich dem des früheren § 1 GOA. Es bestand Einigkeit darüber, dass angesichts der preisrechtlichen Natur der GOA damit lediglich zum Ausdruck gebracht werden sollte, dass die darin festgesetzten Entgelte nicht überschritten werden durften, dass aber die Sätze der GOA mangels ausdrücklicher Vereinbarung nicht ohne weiteres Vertragsinhalt wurden. Fehlte eine Absprache über die Anwendbarkeit der GOA, war das vereinbarte Entgelt maßgebend, jedoch nur bis zur Höhe der durch die GOA festgelegten zulässigen Höchstpreise. War eine Honorarvereinbarung nicht getroffen worden, so richtete sich der Vergütungsanspruch des Architekten entweder nach § 612 Abs. 2 BGB – falls es sich bei der übertragenen Leistung ausnahmsweise um eine Dienstleistung handelte – oder nach § 632 Abs. 2 BGB – wenn der Architekt wie in der Regel eine Werkleistung zu erbringen hatte. Das bedeutete, dass die taxmäßige Vergütung zu zahlen war, in Ermangelung einer Taxe das übliche Entgelt. Die Rechtsprechung sah die Sätze der GOA zwar nicht als eine bestehende (behördliche) Taxe an, wohl aber als das übliche Entgelt (hierzu BGH NJW 1969, 1855; BGH Schäfer-Finnern Z 3.01 Bl. 351, 362; BGH BauR 1982, 290; OLG Celle BB 1961, 765). Das bedeutete negativ, dass die vereinzelten materiell-rechtlichen Vorschriften der GOA mangels ausdrücklicher oder stillschweigender Vereinbarung nicht Vertragsgegenstand wurden (Fabricius/v. Nordenflycht/Bindhardt, § 1 GOA Rn. 4).

2   Der annähernd gleiche Wortlaut der Vorschriften des § 1 a. F. und des § 1 GOA legt die Auffassung nahe, dass auch die HOAI nur dann Anwendung finden sollte, wenn die Parteien sie in ihre vertraglichen Abmachungen einbezogen hatten und dass sie andernfalls nur dann zur Bestimmung des üblichen Entgelts Bedeutung erlangen konnte, wenn überhaupt keine Abmachung über die Höhe der Vergütung getroffen worden war. Dieser Schluss war aber nicht gerechtfertigt. Die HOAI unterschied sich von der GOA unter anderem darin, dass sie nicht nur Höchstentgelte festsetzte, sondern auch Mindestvergütungen, und dass sie außerdem Bestimmungen darüber traf, welche Entgelte mangels anderweitiger Honorarvereinbarungen zu entrichten waren. Während die GOA sich darauf beschränkte, festzusetzen, dass die Honorare eine bestimmte Höhe nicht überschreiten durften (§ 1 Abs. 2 VO PR Nr. 66/50), mussten die Vertragschließenden nach der HOAI ihre Vereinbarungen „im Rahmen der durch diese Verordnung festgesetzten Mindest- und Höchstsätze treffen" – wobei allerdings Abweichungen nach oben und unten zulässig waren, aber wiederum nur unter den in der HOAI selbst umschriebenen engen Voraussetzungen, vgl. § 4 Abs. 2, Abs. 3 S. 1 a. F. –, und es war auch im Einzelnen geregelt, welche Gebühren zu zahlen waren, wenn es an einer Vereinbarung überhaupt fehlte: Nach § 4 Abs. 4 a. F. galten mangels anderweitiger Absprache die Mindestentgelte der HOAI als vereinbart.

1. Mindestsätze als übliche Vergütung?

3   Anders als die Entgelte nach der GOA, die, wenn sie nicht ausdrücklich oder stillschweigend zum Vertragsinhalt gemacht worden waren, nur auf einem Umweg als „übliche" Entgelte wieder Bedeutung erlangen konnten, galten und gelten die Mindestsätze der HOAI mangels anderweitiger Vereinbarung kraft Verordnung als vereinbart (BGH BauR 1982, 293 = ZfBR 1982, 125; OLG Düsseldorf BauR 1980, 488; OLG Hamm, Urt. v. 19.3.1981 – 6 U 134/80; abweichend OLG Köln BauR 1994, 271; OLG Düsseldorf BauR 1981, 401, 402, das die Verbindlichkeit der Mindestsätze der HOAI unnötigerweise daraus herleiten wollte, dass es sich dabei um die übliche Vergütung handelte). Der Frage, ob es sich bei den Mindestsätzen der HOAI zugleich auch um die übliche Vergütung im Sinne der §§ 612 Abs. 2, 632 Abs. 2 BGB handelt, kommt im Geltungsbereich der HOAI keine praktische Bedeutung mehr zu. Dogmatisch wird diese Frage aber mit Locher/Koeble/Frik (§ 7 Rn. 95) zu verneinen sein, da die Heranziehung der üblichen Vergütung stets nur der letzte Ausweg sein kann und deshalb voraussetzt, dass im konkreten Fall die Vergütung nicht bestimmt ist. Im Anwendungsbereich der HOAI ist aber die Höhe der Vergütung für Architekten- und Ingenieurleistungen bestimmt, da nach § 7 Abs. 5 mangels anderweitiger oder bei unwirksamer anderweitiger Vereinbarung die Mindestsätze als vereinbart gelten. Damit fehlt es aber an einer tatbestandlichen Voraussetzung für eine Anwendung des § 632 Abs. 2 BGB (vgl. Locher/Koeble/Frik a.a.O.). Kniffka (Kniffka, Bauvertragsrecht, § 632 Rn. 30) ist wohl dahingehend zu verstehen, dass der Mindestsatz keinesfalls generell als übliche Vergütung angesehen werden kann, es vielmehr sachgerecht erscheint, zumindest in der Regel innerhalb des am ehesten vergleichbaren Honorarrahmens unterschiedliche Leistungsanforderungen durch entsprechende Ab- oder Höherstufungen angemessen zu berücksichtigen. Deshalb ist der Mindestsatz – wie allgemein bei Rahmengebühren – nur

bei sehr geringen Leistungsanforderungen und bei durchschnittlichem Schwierigkeitsgrad als angemessene und damit übliche Vergütung im Sinne des § 632 Abs. 2 BGB anzusehen.

2. Begrenzte Ausschließlichkeit der HOAI

Die HOAI greift damit stärker in die Preisgestaltung ein als die frühere GOA, obwohl 4 die Öffnung einer Spanne zwischen Mindest- und Höchstentgelten vordergründig marktwirtschaftlichen Gesichtspunkten Rechnung zu tragen scheint. Die HOAI stellt für die in ihr geregelten Leistungen zwingendes Recht dar, soweit nicht in einzelnen Bestimmungen Abweichungen ausdrücklich zugelassen werden. Die dem Architekten oder dem Ingenieur zustehenden Honorare lassen sich also stets auf dem einen oder dem anderen Weg aus der HOAI herleiten und berechnen. Neben der HOAI sind andere Berechnungsgrundlagen unzulässig. So ist es beispielsweise ausgeschlossen, dass die berufsständischen Organisationen der Architekten oder der Ingenieure eigene Grundsätze für die Gebührenermittlung – etwa nach Art der kartellrechtlich zulässigen Honorarverzeichnisse – aufstellen, auch wenn diese den Spielraum zwischen Mindest- und Höchstsätzen der HOAI nicht verlassen würden. In diesem Sinne kann daher von einer ausschließlichen, konkurrenzlosen Geltung der Sätze der HOAI gesprochen werden. Das gilt freilich nur für die Materien, die in der HOAI geregelt sind.

II. Begriff des Entgelts

Gegenstand der Regelung sind die für die Leistungen der Architekten und der Ingenieu- 5 re zu entrichtenden *„Entgelte"*. Unter einem Entgelt versteht das bürgerliche Recht die Gegenleistung für eine vermögenswerte Zuwendung (vgl. RGZ 163, 356). Das Entgelt enthält begrifflich demnach nicht nur die Vergütung für die von dem Auftragnehmer selbst erbrachte Leistung (Vergütung für Werk- oder Dienstleistungen), sondern auch seine Entschädigung für Aufwendungen, die er im Zusammenhang mit der Erbringung seiner Vertragsleistung gehabt hat. Aber auch die Vereinbarung einer **„Erfolgsprämie"** für den Fall der Erreichung der Baugenehmigung bei einer risikoreichen Baugenehmigungsplanung fällt unter den Begriff des Entgelts und damit in den Anwendungsbereich der HOAI, so dass auch insoweit § 7 Abs. 5 zur Geltung kommt (OLG München IBR 1995, 344). Die Verwendung des Ausdrucks „Entgelte" stellt somit klar, dass sich nicht nur die Berechnung der eigentlichen Leistungsvergütung (des Honorars) nach der HOAI richten soll, sondern auch die Erstattung von Nebenkosten (BRDrucks. 270/76 S. 4). Damit ist ausgesprochen, dass die Parteien auch über die Nebenkostenerstattung keine anderen als die in § 14 für zulässig erklärten Vereinbarungen zu treffen berechtigt sind. Es ist daher zum Beispiel nicht zulässig, dass sich der Auftragnehmer andere Arten von Aufwendungen – zum Beispiel einen Anteil an seinen allgemeinen Bürokosten – erstatten lässt, oder dass er Geschäftsreisen pauschal zu Sätzen abrechnet, die über den steuerlich zulässigen Pauschalsätzen liegen. Immerhin eröffnet aber § 14 Abs. 3 die Möglichkeit, Nebenkosten insgesamt pauschal abzurechnen, sofern dies bei Auftragserteilung schriftlich vereinbart worden ist. Die Zugehörigkeit der Umsatzsteuer zum Begriff des Entgelts im Sinne der HOAI wird im Rahmen der Kommentierung des § 16 behandelt.

III. Gender main stream

Redaktionell ergänzt wurden die weiblichen Formen „Architektinnen" bzw. „Ingenieu- 6 rinnen" und „Auftragnehmerinnen". Die entscheidende Änderung der HOAI des Jahres 2009 ist darin zu sehen, dass die HOAI neben den oben geschilderten Voraussetzungen (Leistungen der Architekten/innen, Entgelte für entsprechende Leistungen) nur noch dann anwendbar ist, wenn zwei weitere Voraussetzungen erfüllt sind: Derjenige, der die Leistung erbringt, muss seinen Sitz im Inland haben und die Leistung muss vom Inland aus erbracht werden.

IV. Vorgaben des EU-Rechts

7   Ausgangspunkt dieser Änderung ist die Richtlinie 2006/123/EG des Europäischen Parlamentes und des Rates vom 12.12.2006 über Dienstleistungen am Binnenmarkt. Die Dienstleistungsrichtlinie hatte zu einer intensiven Diskussion darüber geführt, ob die HOAI in der Version bis zur 6. Novelle den EG-Vorschriften gerecht würde.

1. Wettbewerbsfreiheit der Dienstleistungsrichtlinie

8   Prüfungsmaßstab waren Art. 14 und 15 der EU-Dienstleistungsrichtlinie, durch die Dienstleistungserbringern in der EU Niederlassungsfreiheit garantiert wird. Eine Einschränkung ist gemäß Art. 15 Abs. 3b Dienstleistungs-RiL nur dann zulässig, wenn „zwingende Gründe des Allgemeinwohls" dies rechtfertigen. Als solche Gründe zählen der Schutz der Umwelt sowie der Verbraucherschutz. Die Festlegung von Mindest- und Höchstsätzen durch die HOAI wurde als davon nicht mehr erfasst angesehen.

Auch der Bundesgerichtshof hat sich mit der Problematik auseinandergesetzt. In seiner Entscheidung (BGHZ 154, 110 = NZBau 2003, 386), in der er einen Rechtsstreit an das Kammergericht Berlin zurückverwiesen hat, wird wörtlich ausgeführt: „Die Mindestsatzfiktion des § 4 IV ist geeignet, die Dienstleistungsfreiheit (Art. 49 f. EG-Vertrag) [56 ff. AEUV] der in einem anderen Mitgliedstaat der Gemeinschaft ansässigen Vertragspartei zu behindern" (a. A. Kalte/Wiesner „HOAI-Preise kein Verstoß gegen EU-Recht", IBR 2013, 1285).

9   Die amtlichen Leitsätze des Bundesgerichtshofes lauten wie folgt:

1. *„Die Rechtswahlvereinbarung zugunsten des deutschen materiellen Schuldvertragsrechts in einem Architekten- oder Ingenieurvertrag umfasst nicht das öffentlich-rechtliche Preisrecht der HOAI.*)*

2. *a) Die Mindestsatzregelung des § 4 ist eine zwingende Bestimmung im Sinne des Art. 34 EGBGB.*)*

   b) Auf einen grenzüberschreitenden Architekten- und Ingenieurvertrag ist die Mindestsatzregelung anwendbar, wenn die vereinbarte Architekten- oder Ingenieurleistung für ein im Inland gelegenes Bauwerk erbracht werden soll.*)

3. *a) Die nachträgliche vertragliche Änderung eines nach § 4 Nr. 4 fingierten Mindestsatzes ist nur wirksam, wenn sie nach Beendigung der Architekten- oder Ingenieurleistung getroffen wird.*)*

   b) Die Tätigkeit des Architekten oder Ingenieurs ist, wenn der Vertrag durchgeführt wird, erst beendet, wenn das Werk abgenommen und zwischen den Vertragsparteien zum Zeitpunkt der Vergütungsvereinbarung kein Streit darüber besteht, ob das Werk mangelfrei ist.*)

4. *Ob die Anwendung des § 4 Abs. 4 auf eine Vergütungsvereinbarung zwischen einem Auftraggeber mit Sitz in der Bundesrepublik Deutschland und einem Auftragnehmer mit Sitz in einem anderen EG-Staat der Dienstleistungsfreiheit entgegensteht, ist eine bisher ungeklärte Frage der Auslegung der Dienstleistungsfreiheit. Diese Frage ist gegebenenfalls dem Europäischen Gerichtshof nach Art. 234 EG-Vertrag vorzulegen." *)* [Art. 267 AEUV]

10   Ausgangspunkt war die Beauftragung eines in Luxemburg ansässigen Ingenieurbüros mit der Planung haustechnischer Anlagen bei einem denkmalgeschützten Gebäude in Berlin. Nach Beginn der Arbeiten hatten die Parteien eine schriftliche Vergütungsregelung getroffen. Die Frage war, ob die HOAI auf diesen grenzüberschreitenden Sachverhalt anwendbar war bzw. ob sie insoweit europarechtliche Gültigkeit hatte.

11   In seiner Entscheidung hat der Bundesgerichtshof dem KG nahe gelegt, das Verfahren dem EuGH vorzulegen. Damit wollte das höchste Zivilgericht die Diskussion über die Frage der HOAI-Europarechtswidrigkeit in Deutschland vorantreiben bzw. beenden. Das Kammergericht ist dem Hinweis des BGH allerdings nicht nachgekommen.

12   In der Folgezeit gab es eine Vorlage der italienischen Gerichtsbarkeit zur Frage der Vereinbarkeit der italienischen Gebührenordnung für Rechtsanwälte mit Vorschriften des EG-Vertrages – die sog. Cipolla-Entscheidung. In seinen Entscheidungsgründen bestätigte der EuGH seine Rechtsprechung, nach der Regelungen unzulässig sind, die den Handel zwischen den Mitgliedstaaten beeinträchtigen können bzw. den Wettbewerb innerhalb des gemeinsamen Marktes beschränken.

13   Der EuGH kam zu dem Ergebnis, dass die Regelung mit europäischem Recht nicht vereinbar sei. Folge dieser Entscheidung waren Überlegungen, dass auch die deutsche

HOAI – was ihre Mindestsatzregelung anbetrifft – gegen primäres EG-Recht verstoße. Die Dienstleistungsfreiheit würde dadurch verletzt, dass ein die Beschränkung dieser Freiheit rechtfertigender Grund nicht gegeben sei.

Als Folge der EuGH-Entscheidung stand die Einleitung eines Vertragsverletzungsverfah- **14** rens gemäß Art. 226 EG-Vertrag [Art. 258 AEUV] gegen die Bundesrepublik Deutschland im Raum. Zudem bestand ein erheblicher Zeitdruck, da die EU-Dienstleistungsrichtlinie bis zum 28.12.2009 umgesetzt werden musste. Es war wohl dieses Zeitdruck-Argument, dass noch vor der Bundestagswahl im Jahre 2009 eine Novelle verabschiedet wurde. Diese führt dazu, dass als geltendes Recht nun eine reine „**Inländer-HOAI**" gilt.

2. Benachteiligung von Inländern?

Mit der Begrenzung der Anwendbarkeit der HOAI auf Büros mit Sitz im Inland und **15** Erbringung der Leistung aus dem Inland sollen die Vorgaben des Art. 16 der Dienstleistungsrichtlinie umgesetzt werden. Soweit die Dienstleistungsrichtlinie keine Anwendung findet, soll die Verbindlichkeit der HOAI unvermindert beibehalten werden, so die amtliche Begründung. Die HOAI bleibt also verbindliches Recht, wenn eine Gefahr der Beeinträchtigung des grenzüberschreitenden Dienstleistungsverkehrs nicht gegeben ist. Dies heißt nichts anderes, als dass sie für im Inland Ansässige und im Inland Leistungen Erbringende weiterhin – soweit sie von ihrem Wortlaut her überhaupt Anwendung findet – uneingeschränkte Geltung hat. Man spricht insoweit von einer nach dem Bundesverfassungsgericht zulässigen „**Inländerdiskriminierung**".

Damit soll im Inland weiterhin das Ziel erreicht werden, einen ruinösen Preiswettbe- **16** werb zwischen Architekten/Architektinnen zu vermeiden. Zu diesem Zwecke sind die Mindestsätze weiterhin Verordnungsinhalt. Durch einen ruinösen Preiswettbewerb könnte auch die Qualität der Planungstätigkeit gefährdet werden. Die aktuelle Fassung der HOAI setzt damit die Vorgaben des Gesetzes zur Regelung von Ingenieur- und Architektenleistungen (IngALG), also der ihr zugrunde liegenden Ermächtigungsgrundlage, weiterhin um.

Die jetzt geschaffene „Inländerdiskriminierung" verstößt nicht gegen EU-Recht, da der **17** Vertrag zur Gründung der Europäischen Gemeinschaft nicht für Inlandssachverhalte ohne grenzüberschreitenden Bezug gilt. Als Folge ist die HOAI „nur" noch unter inländischen Verfassungsgesichtspunkten zu prüfen (Art. 12, Art. 3 GG). Das BVerfG hat im Jahr 2005 entschieden (BVerfG NJW 2006, 495), dass die Mindestsatzregelung der HOAI in § 4 a. F. zwar in die durch Art. 12 Abs. 1 GG geschützte Berufsfreiheit (Berufsausübungsfreiheit) eingreife, dies aber durch die Ermächtigungsgrundlage der HOAI – des Gesetzes zur Regelung von Ingenieur- und Architektenleistungen (IngALG) – gedeckt sei. Die Rechtfertigung ergäbe sich daraus, dass das IngALG zwingendes Preisrecht dann erlaube, wenn dessen Ziel die Verbesserung der Qualität von Architektenleistungen sowie die Verhinderung eines ruinösen Preiswettbewerbes sei.

Der Wettbewerb zwischen deutschen und ausländischen Architektur-/Ingenieurbüros sei **18** durch die Vorgaben zum Anwendungsbereich der HOAI nicht beeinträchtigt. Dies deshalb nicht, weil nur bei Großprojekten, bei denen die HOAI regelmäßig keine Rolle spiele, eine solche Beteiligung von Ausländern zu erwarten sei. Dies kann sicher nicht für Grenzgebiete gelten. In diesen dürfte es Standard sein, dass auch das EU-ausländische Büro jenseits der Grenze sich in dieser Region um gleiche Aufträge bemüht/bewirbt wie das deutsche Büro, d. h. auch um Projekte, deren anrechenbare Kosten innerhalb der Tafelwerte der HOAI liegen. Dieses EG-ausländische Büro hat somit gegenüber dem deutschen Büro einen Wettbewerbsvorteil dahingehend, dass es unter den Mindestsätzen anbieten darf. Werden Vereinbarungen getroffen, die über den Mindestsätzen liegen kann das ausländische Büro einen entsprechenden höheren Honorarsatz legitim einklagen. Dem Klageanspruch des deutschen Büros können dagegen die weiteren Voraussetzungen des § 7 Abs. 1 entgegenstehen (§ 4 Abs. 1 a. F.).

Nach dem OLG Brandenburg ist die HOAI dann anwendbar, wenn eine deutsche Ingenieurgesellschaft Planungsleistungen für ein ausländisches Bauvorhaben erbringt und die

Parteien die Anwendung deutschen Rechts gewählt haben. Diese Wahl könne ausdrücklich oder auch konkludent erfolgen (OLG Brandenburg, Urt. v. 25.1.2012 – 4 U 112/08). Dabei sind allerdings folgende Überlegungen vorzunehmen: Unterstellt man die konkludente Wahl deutschen Rechts, so gilt deutsches materielles Schuldvertragsrecht. Dies umfasst aber nicht die HOAI, da sie kein Vertragsrecht, sondern öffentlich-rechtliches Preisrecht darstellt (BGH IBR 2003, 253). Die HOAI kommt nach diesen Überlegungen nur dann ins Spiel, wenn ihre Mindestsatzregelung eine zwingende Eingriffsnorm i. Sinne v. Art. 9 Rom I-VO darstellt. Die HOAI selbst enthält keine Kollisionsregelungen. Zu prüfen ist deshalb welchen Stellenwert die Durchsetzung ihrer Regelungen aus deutscher ordnungspolitischer Sicht für Auslandsbauten hat. Dieser dürfte gering sein, da für diese Bauten die Ziele der HOAI (Verhinderung eines ruinösen Preiswettbewerbs u. des Mietanstiegs) nicht grundlegend sein dürften (i. d. Sinne Wronna, IBR 2012, 277). Als Folge wäre die HOAI allein auf Grund der Wahl deutschen Rechts nicht anwendbar.

V. Anwendungsbereich, Beschränkung des Anwendungsbereichs

19 Die HOAI beansprucht indessen keine allumfassende Geltung für alle Architekten- und Ingenieurleistungen.

1. Preisrechtliche Zielsetzung und Erhalt der Vertragsfreiheit

20 Aus ihrer preisrechtlichen Zielsetzung (BRDrucks. 270/76 S. 4, 8) ist zu folgern, dass die HOAI bindende Grundsätze nur aufstellen will, soweit es sich um die Ermittlung des Entgelts der Höhe nach handelt. Das brachte § 1 a. F. durch die Wendung zum Ausdruck, dass für die Berechnung der Entgelte die Bestimmungen der Verordnung gelten sollten. Die Versionen der Jahre 2009 u. 2013 mit dem Wortlaut „Diese Verordnung regelt die Berechnung …" haben daran nichts geändert – in weiterem Umfang wird die Vertragsfreiheit der Parteien nicht beeinträchtigt (BRDrucks. 270/76 S. 4).

2. Erfasste Leistungen

21 Die HOAI regelt verbindlich die Honorare für die in den Teilen 2–4 geregelten Leistungen. Dabei handelt es sich um die Leistungsbilder Flächenplanung, Objektplanung und Fachplanung. Innerhalb dieser Leistungsbilder sind die Honorarvorgaben verbindlich geregelt, soweit sich die anrechenbaren Kosten, Werte oder Verrechnungseinheiten im Rahmen der jeweiligen Honorartabellen bewegen (§ 7 Abs. 2).

22 Honorare für Beratungsleistungen und für Besondere Leistungen werden seit der HOAI 2009 nicht mehr verbindlich vorgegeben, sie können frei vereinbart werden (§ 3 Abs. 2 u. 3 HOAI 2013).

3. HOAI als Preisrecht – Frage des Vertragsschlusses richtet sich nach BGB

23 Die HOAI selbst regelt nur die Höhe eines Honoraranspruchs, die Grundlagen für den Anspruch selbst stellen weiterhin die Vorschriften des BGB dar, insbesondere die §§ 631 ff. BGB. Wörtlich heißt es in dem BGH-Urteil vom 24.10.1996 (BauR 1997, 154): *„Die Vorschriften der HOAI als öffentlich-rechtliche Preisvorschriften für die Berechnung des Entgelts setzen den Bestand eines nach den Vorschriften des Bürgerlichen Rechts (BGB) begründeten Anspruchs voraus; sie regeln nicht die Frage, unter welchen Voraussetzungen ein derartiger Anspruch vertraglich begründet oder wieder aufgehoben werden kann."* Daraus folgt, dass die Vertragspartner einerseits unentgeltliche Architekten- und Ingenieurleistungen vereinbaren können, z. B. als Akquisition oder bedingte Honorarvereinbarungen (OLG Celle IBR 2011, 1090; OLG Naumburg IBR 2011, 528; NJW-RR 1998, 952 und BauR 1996, 414; OLG Dresden BauR 2008, 1654), aber auch eine nachträgliche Honorarverzichtsvereinbarung möglich und wirksam ist (OLG Hamm IBR 2011, 91; BGH NJW 1996, 728; für den Fall eines Erlassvertrages OLG Hamm IBR 2011, 1170). Dieser vom Verordnungsgeber selbst vorgegebene

Grundsatz, wonach die HOAI nur die Höhe der Honoraransprüche regeln, aber keine selbstständigen Anspruchsgrundlagen schaffen kann, ist allerdings nicht konsequent durchgehalten worden. Einzelne Bestimmungen begründen unmittelbare Ansprüche, ohne dass die Vertragsparteien entsprechende Vereinbarungen treffen müssen. Dazu gehören u. a. die Nebenkosten (§ 14) sowie die Umsatzsteuer (§ 16).

Für den eigentlichen **Honoraranspruch** des Auftragnehmers bleibt es aber bei dem **24** Grundsatz, dass die HOAI keine Anspruchsgrundlage schafft, sondern nur für die Höhe eines dem Grunde nach – auf Grund allgemeiner Vorschriften des BGB – bestehenden Honoraranspruchs einschlägig ist. Daher richtet es sich zunächst einmal nach den Absprachen der Vertragspartner und den Grundsätzen des allgemeinen Vertragsrechts, ob eine bloße Akquisition oder doch schon ein Vertragsverhältnis vorliegt (auf das die Bestimmungen der HOAI Anwendung finden). Eine Akquise soll nach Ansicht des OLG Düsseldorf spätestens ab der Leistungsphase 4 nicht mehr in Betracht kommen (OLG Düsseldorf IBR 2011, 529). Das OLG Hamm will diese Grenze nicht ziehen (OLG Hamm IBR 2009, 278).

Der Architekten- oder Ingenieurvertrag bedarf keiner bestimmten **Form.** Er kann **25** schriftlich, mündlich oder durch schlüssiges bzw. konkludentes Verhalten zustande kommen – dabei individualvertraglich ausgehandelt oder als Formularvertrag geschlossen werden. Zu berücksichtigen ist die Regelung des § 7 Abs. 3. Danach können die Mindestsätze nur in Ausnahmefällen und nur durch schriftliche Vereinbarung unterschritten werden.

Ein Vertrag kommt durch **schlüssiges Verhalten** insbesondere dann zustande, wenn **26** der Auftragnehmer bestimmte Leistungen erbringt und der Auftraggeber durch deren Entgegennahme sowie Verwertung schlüssig zu erkennen gibt, dass diese Architekten- oder Ingenieurleistungen von ihm gegen Entgelt gewollt sind. Da Architekten und Ingenieure in der Regel entgeltlich tätig werden und dies auch nach den Umständen nicht anders zu erwarten ist – § 632 Abs. 1 BGB – (OLG Celle IBR 2003, 201; OLG Hamm IBR 2003, 138), kann in der Entgegennahme und Verwertung entsprechender Leistungen durch den Auftraggeber im Allgemeinen auch die stillschweigende Vereinbarung einer Honorarzahlungspflicht gesehen werden. Wer architektenübliche Leistungen in Anspruch nimmt, kann selbst dann, wenn er diese Inanspruchnahme als „unverbindlich" bezeichnet, ohne besondere Absprache nicht davon ausgehen, der Architekt werde seine Leistungen für ihn kostenlos erbringen (OLG Düsseldorf BauR 1993, 108 = NJW-RR 1992, 1172). Andererseits genügt aber die bloße Tatsache, dass ein Architekt oder Ingenieur Leistungen erbracht hat, jedenfalls dann nicht den Anforderungen an einen verbindlichen Vertragsabschluss, wenn der Auftraggeber im späteren Rechtsstreit einen rechtsgeschäftlichen Auftrag bestreitet und vorträgt, dass die Parteien später einen schriftlichen Vertrag noch abschließen wollten, es dazu aber nicht gekommen sei (BGH BauR 1997, 1160 = NJW 1997, 3017).

Dagegen wird ein solcher **Vertragsabschluss durch schlüssiges Verhalten** in der Regel anzunehmen sein bei folgenden Beispielsfällen:
– Benutzung des Ergebnisses einer Bauvoranfrage hinsichtlich der Art und des Maßes der baulichen Nutzung eines Grundstücks durch den Auftraggeber zur Werbung für den Verkauf des Grundstücks oder des geplanten Objekts;
– Unterschrift des Bauherrn auf Plänen, auf einer Bauvoranfrage, dem Baugesuch, der Bauanzeige, auf Kostenermittlungen (OLG Saarbrücken NJW-RR 1999, 1035);
– Erteilung einer Vollmacht durch den Bauherrn zu Verhandlungen mit Behörden oder Nachbarn (BGH BauR 1988, 234 = ZfBR 1988, 117; KG Berlin NJW-RR 1988, 21 = BauR 1988, 624);
– Übernahme von Leistungsverpflichtungen durch den Architekten (KG Berlin BauR 1988, 621);
– Nicht unerhebliche Vorleistungen des Architekten, z. B. die Grundlagenermittlung, Vorplanung und Kostenschätzung, überschreiten in aller Regel den Rahmen einer Akquisitionstätigkeit (OLG Hamm, OLG Rep. 1993, 126);
– Vorbringen von Änderungs- oder Sonderwünschen der Auftraggeberseite (OLG Düsseldorf, IBR 2011, 529; OLG Hamburg, IBR 2009, 719);

- Verwertung von Architekten- oder Ingenieurleistungen zur Entscheidungsfindung: Fortfall des Bauentschlusses auf Grund einer Kostenberechnung oder Verzicht auf Grundstückserwerb nach einer Kostenermittlung; Verzicht auf Anmietung von Praxisräumen;
- Verwendung einer Kostenermittlung für Finanzierungszwecke: Verhandlungen mit Banken; Anträge zur Erlangung öffentlicher Mittel bzw. Prüfung von Steuervorteilen; Verhandlung mit Grundstückseigentümer über Anmietung von Praxisräumen und Beteiligung an Umbaukosten;
- Leistung von Abschlagszahlungen (OLG Jena, IBR 2009, 392);
- Entgegennahme von Ausführungsplänen, nach denen gebaut werden soll (BGH BauR 1985, 582 = NJW-RR 1986, 18);
- Weiterleitung einer Vorplanung durch den Bauherrn an den Nachbarn zur Erlangung einer nachbarlichen Zustimmung (OLG Frankfurt NJW-RR 1987, 535);
- Verwendung der Vorplanung oder Erschließungsleistung durch gewerblichen Bauträger/Baubetreuer zu Vertriebszwecken;
- Beauftragung mit einer unverbindlichen Kostenschätzung (OLG Köln, Sch-F-H Nr. 36 zu § 631 BGB);
- Beauftragung eines Architekten, der bereits früher für den Bauherrn tätig war, mit einer Kostenschätzung für ein anderes Bauvorhaben, wurde nicht als bloße Akquisitionstätigkeit angesehen, sondern als entgeltlicher Auftrag (OLG Köln, OLG Rep. 1992, 147).

27   Ein Architektenvertrag kommt allerdings noch nicht dadurch konkludent zustande, dass der Architekt einem potenziellen Auftraggeber ein Kostenangebot zum Festpreis übersendet und im Begleitschreiben formuliert, er würde sich über einen Auftrag von ihm freuen. Konkludent kann der Vertrag dann aber zustande kommen, wenn der Bauherr von dem Architekten die im **Akquisitionsstadium** gefertigten Pläne tatsächlich für sein Bauvorhaben verwendet, weil die Akquisition nicht darauf gerichtet ist, Planungen entgegenzunehmen und von einem anderen realisieren zu lassen (OLG Celle IBR 2000, 592 – Schwenker). Diesen Fällen durchaus vergleichbar ist die Situation, wenn Fachunternehmer zur Angebotsabgabe aufgefordert werden und es dazu der Projektierung der geforderten technischen Anlage (z. B. Heizungsanlage, Klima- und Lüftungstechnik usw.) als Vorstufe bedarf, also der Erbringung von Leistungen, die in der HOAI geregelt sind. Je nach Fallgestaltung kann sich daraus ein Honoraranspruch auf der Grundlage der HOAI ergeben, sofern nur ein wirklicher Vertragsabschluss über diese Projektierungsleistungen – unabhängig von dem Bauvertrag über die Ausführung der eigentlichen Arbeiten – festgestellt werden kann (dazu Vygen, FS Korbion 1986, S. 411 ff., mit weiteren Nachweisen, aber auch BGH BauR 1979, 509 = ZfBR 1979, 203).

28   In diesem Zusammenhang ist die Neuregelung im BGB 2002 zu beachten: Gemäß § 632 Abs. 3 BGB ist ein **Kostenanschlag** im Zweifel nicht zu vergüten. Diese in erster Linie auf Werkunternehmer, insbesondere Handwerksbetriebe ausgerichtete Neuregelung, die der Rechtsprechung entsprach, kann als nunmehr gesetzliche Regelung durchaus auch Auswirkungen auf den dem Werkvertragsrecht unterliegenden Architekten- und Ingenieurvertrag haben. Dies mit der Folge, dass bloße Kostenermittlungen von Architekten oder Ingenieuren im Zweifel nicht zu vergüten sind. Daraus könnte sich eine gesetzlich verankerte Verlängerung der Akquisitionsphase ergeben, so dass Architekten und Ingenieure gut beraten sind, hier für Beseitigung der Zweifel durch klare Absprachen über eine Honorierungspflicht solcher Leistungen zu sorgen, die als Kostenanschlag angesehen werden könnten. Andernfalls bestehet die Gefahr, dass z. B. die Anfrage an einen Architekten, welche Kosten bei einer Sanierung eines Kaufobjekts anfallen, zu Unrecht als kostenloser Kostenanschlag i. S. des § 632 Abs. 3 BGB n. F. angesehen wird. Tatsächlich kann aber mit dieser gesetzlichen Regelung bei Architekten nur der Kostenanschlag für ihren eigenen Honoraranspruch, also die Honorarkostenermittlung gemeint sein.

29   Ein konkludenter Vertragsabschluss wird nicht angenommen werden können, wenn ein Architekt Architektenleistungen als Angestellter oder Geschäftsführer eines Bauträgers oder Generalunternehmers erbringt und es später nicht zum Abschluss eines Architektenvertrages kommt, sondern ein **Baubetreuungs-, Bauträger-, Generalunternehmervertrag** oder ähnliches abgeschlossen werden soll (Locher/Koeble/Frik Einl. Rn. 53; Werner/Pastor Rn. 635; OLG Stuttgart NJW-RR 1989, 917). Dieser Grundsatz gilt auch für den Architekten oder Ingenieur, der baugewerblich tätig ist und neben dieser Tätigkeit für ein Wohnungsbauunternehmen oder ein gewerbliches Bauunternehmen noch ein eigenes Architektur- oder Ingenieurbüro betreibt. In diesen Fällen setzt der **konkludente Abschluss** eines Architekten- oder Ingenieurvertrages die Klarstellung seitens des Auftragnehmers voraus, dass er seine Leistungen als Architekt erbringt, wobei es für diese Klarstellung stets auf die Sicht des Auftraggebers als Erklärungs- und Leistungsempfänger ankommt. Die zu fordernde Klarheit wird man bejahen können, wenn der Bauherr die **Doppelstellung des Architekten** oder Ingenieurs kennt oder von sich aus dessen Architekturbüro in Anspruch nimmt (dazu OLG Hamm NJW-RR 1993, 1368; OLG Koblenz BauR 1998, 542 und OLG Celle BauR 2000, 1069). Dagegen kommt ein Architektenvertrag nicht schon dadurch zustande, dass ein Architekt von sich aus einer Stadtverwaltung einen Entwurf unterbreitet und diese auf seinen Wunsch hin mit ihm die Möglichkeit einer Realisierung erörtert (OLG Oldenburg BauR 1988, 620 = NJW-RR 1987, 1166; Vygen DAB 1989, 1153 ff.). Anders ist es aber, wenn ein privater oder öffentlicher Auftraggeber einen Architekten ohne weitere Absprache einfach tätig werden lässt und die Leistung dann tatsächlich in Anspruch nimmt oder verwertet oder auf andere Weise deutlich macht, dass er mit ihr einverstanden ist (im Falle eines Generalunternehmers, OLG Celle IBR 2000, 592).

Problematisch ist die stillschweigende oder konkludente Auftragserteilung durch **kirchliche Institutionen** bzw. bei **Städten** und **Gemeinden**, da hier besondere **Formvorschriften** die Auftragserteilung von der Schriftform abhängig machen bzw. sich **Vollmachtsfragen** ergeben – die nach der jeweiligen Gemeindeordnung zu klären sind (dazu OLG Dresden BauR 2001, 1769; OLG Stuttgart BauR 2001, 288; zur Vollmacht: BGH BauR 1994, 363 sowie Locher/Koeble/Frik Einl. Rn. 92, für die neuen Bundesländer BGH BauR 1998, 576 u. BauR 1998, 868; BGH BauR 2004, 495 ff. für die Beauftragung bzw. Anordnung von Zusatzleistungen). Geht man in diesen Fällen von Formvorschriften aus, ist bei deren Fehlen von einer Unwirksamkeit des Vertrages über § 125 BGB auszugehen. Sieht man in den jeweiligen Bestimmungen eine Frage der Vollmacht, sind diese wegen fehlender Vertretungsmacht nach § 177 BGB schwebend unwirksam. Als Folge könnte der Auftraggeber über § 179 Abs. 1 BGB den Vertrag nachträglich genehmigen (BGH NJW 1980, 117; BGH NJW 1994, 1528; BGH, IBR 2005, 1132; OLG Brandenburg NJW-RR 2011, 1393. **30**

Schließlich ist die Schwelle für die Annahme eines rechtswirksamen Architektenvertrages gegenüber bloßer Akquisition auch dann höher, wenn die Beteiligten durch Verwandtschaft, Freundschaft oder Mitgliedschaft in einem Verein eng miteinander verbunden sind (OLG Oldenburg BauR 1984, 541 und OLG Köln OLGZ 1990, 233). **31**

Probleme bereiten daneben vor allem die in der Praxis der Gerichte immer zahlreicher werdenden Fälle, in denen der Auftraggeber behauptet, er habe den Architekten nur gebeten, ihm unverbindlich oder freibleibend einen Vorschlag über die Bebauungsmöglichkeiten und die voraussichtlichen Kosten zu unterbreiten. Im Grundsatz ist zunächst festzustellen, dass „**unverbindlich**" keineswegs gleichzusetzen ist mit „**kostenlos**" oder „**unentgeltlich**" (OLG Celle IBR 2011, 1090; OLG Naumburg IBR 2011, 528; OLG Düsseldorf IBR 2008, 31; BGH BauR 1987, 454). Gleichwohl kann in Ausnahmefällen eine unverbindliche Auftragserteilung auch zugleich als zunächst „unentgeltliche" Akquisition anzusehen sein, wenn ein öffentlicher Auftraggeber den Architekten „unverbindlich" mit der Bebauungsplanung für ein Gebiet beauftragt, da in diesem Falle eine darüber hinausgehende zusätzliche Tätigkeit nicht in Betracht kam und deshalb Unverbindlichkeit nur Unentgeltlichkeit bedeuten konnte (vgl. BGH Schäfer/Finnern Z 3.01 Bl. 380). **32**

Oftmals streiten die Parteien über die Frage, ob zwischen ihnen Einigkeit über die **Unentgeltlichkeit** oder **Kostenlosigkeit** der zu erbringenden Architektenleistungen (meist Vorplanung gemäß § 33 Nr. 2) bestanden hat. In diesen Fällen obliegt dem Auftraggeber die volle Beweislast für die vereinbarte Unentgeltlichkeit (OLG Celle IBR 2011, 1090; BGH BauR 1987, 454; OLG Hamm BauR 1990, 636). Dem vorgeschaltet muss allerdings der Auftragnehmer zunächst schlüssig darlegen und im Falle des Bestreitens auch beweisen, dass überhaupt ein Auftrag seitens des Bauherrn erteilt worden ist, also überhaupt nach den **33**

Grundsätzen des BGB (OLG Celle IBR 2011, 1090; OLG Naumburg IBR 2011, 528; OLG Düsseldorf IBR 2008, 31; BGH BauR 1997, 1160 u. BauR 1997, 1060) ein Vertrag zustande gekommen ist. Dabei kann für vorausgehende Leistungen ein Vertrag nicht deshalb schon unterstellt werden, weil vom Architekten darauf aufbauende Leistungen erbracht werden. Entschieden vom BGH für Leistungen der Leistungsphase 4 des § 15 a.F., als Leistungen der Leistungsphase 1–3 nicht beauftragt waren (BGH NJW 2008, 1880; ands. OLG Düsseldorf NJW 2000, 2597).

34 Ein „**Automatismus**", wonach bei Beauftragung einer späteren Leistungsphase die früheren „automatisch" mitumfasst sein müssen (IBR 2008, 161 Anm. *Steiger*) wird somit abgelehnt. Dies hat der BGH bereits zuvor betont, als er eine Beauftragung auch dann nicht als erwiesen ansah, als die tatsächlich erbrachte Leistung, andere Leistungen als „notwendig vorangehenden Entwicklungsschritt" benötigte (BGH NJW-RR 2007, 378).

35 Andererseits ist es denkbar, dass der Architekt seine schlüssige Beauftragung durch den Nachweis entsprechender erbrachter Leistung belegt. Dazu kann es genügen, dass der Architekt die von ihm tatsächlich erbrachten Leistungen im Einzelnen darlegt. Je weitergehender diese Architekten- oder Ingenieurleistungen sind, desto eher ist der Tatbestand des § 632 Abs. 1 BGB erfüllt, wonach auch aus der Sicht des Bauherrn diese Leistungen den Umständen nach nur gegen eine Vergütung zu erwarten sind. In diesem Sinne hat der BGH zu Recht eine entgeltliche Tätigkeit eines Architekten bejaht, als dieser Bestandspläne, ein Aufmaß des bestehenden Gebäudes, Vorplanungsleistungen, eine Baukostenermittlung sowie eine Wirtschaftlichkeitsberechnung erstellte (BGH BauR 1987, 454 = ZfBR 1987, 187 = NJW 1987, 2742). Derartig umfangreiche Leistungen werden von Architekten üblicherweise nur aufgrund eines entsprechenden Auftrags und gegen eine Vergütung erbracht. Dies gilt auch für Leistungen zur Erlangung einer Zusage der öffentlichen Förderung einer Modernisierung mit einer Kostenermittlung nach DIN 276 (KG Berlin NJW-RR 1988, 21).

36 Andererseits können aber und werden häufig einzelne Vorplanungsleistungen noch zur **Werbungsphase** und damit zur Akquisition zur Erlangung des Auftrags gehören und deshalb häufig unentgeltlich erbracht oder jedenfalls nur unter der **aufschiebenden Bedingung** einer späteren Auftragserteilung zu vergüten sein (OLG Hamm NJW-RR 1986, 1280). In diesen Fällen wird man häufig annehmen können, dass der Architekt seine Vorplanungsleistungen „**auf eigenes Risiko**" und damit zunächst unentgeltlich erbringt, diese Leistungen allerdings vergütet werden sollen, wenn es später zur Auftragserteilung insgesamt kommt (BGH BauR 1985, 467 = ZfBR 1985, 181). Die Grenze für die Annahme solcher **unentgeltlicher Leistungen** auf eigenes Risiko liegt aber jedenfalls bei umfangreichen Vorplanungsleistungen oder bei Erbringung der Kostenschätzung oder gar Kostenberechnung nach DIN 276, da derartige Leistungen nicht als geringfügige **Werbemaßnahmen** angesehen werden können und deshalb ihre Erbringung nach den Umständen gemäß § 632 Abs. 1 BGB nur gegen eine Vergütung erwartet werden kann (OLG Düsseldorf IBR 2006, 504).

37 Ein wesentliches Abgrenzungskriterium von **Akquisition** und entgeltlichem Architektenvertrag ist darin zu sehen, ob die von dem Architekten erbrachten Leistungen **werbender Natur** und eher allgemein gehalten sind oder ob sie absprachegemäß schon in die konkrete Planung übergehen (so Hartmann, HOAI § 1 Rn. 6) – und eine Verpflichtung des Architekten zur Leistung besteht oder jedenfalls vom Auftraggeber gesehen wird (Terminsetzung, Erinnerungen, Mahnungen, Änderungswünsche, usw.).

38 Schließlich kommt ein konkludenter Abschluss eines Architekten- oder Ingenieurvertrages auch in Betracht, wenn auf Seiten des Auftraggebers bestimmte **Formvorschriften/ Vertretungsregelungen** vorgeschrieben sind, diese aber bei dem Vertragsabschluss nicht eingehalten worden sind (z.B.: bei einer Genossenschaft als Auftraggeber hat nur eines statt zwei Vorstandsmitglieder unterschrieben; bei einer Gemeinde werden die Vertretungsvorschriften der Gemeindeordnung des jeweiligen Landes nicht eingehalten; bei der Kirche als Auftraggeber sind die Formvorschriften für Verpflichtungserklärungen der Kirchengemeinde nicht gewahrt). In diesen Fällen kann neben der Eigenhaftung der handelnden Personen (§§ 164, 179 BGB) eine vertragliche Bindung der als Vertragspartner in Erscheinung getretenen Organisationen nach den Grundsätzen der **Duldungs- und Anscheinsvollmacht** und des konkludenten Vertragsabschlusses in Betracht kommen (vgl. OLG Düsseldorf BauR 1987, 587; vgl. aber auch BGH BauR 2004, 495 ff. für den Bauvertrag). In besonderen Ausnahmefällen kann die Berufung auf die **Nichteinhaltung derartiger Formvorschriften** gegen Treu und Glauben verstoßen und deshalb ausgeschlossen sein (vom BGH – NJW 1994, 1528 – so gesehen als zwar die Vertretungsvorschriften nicht eingehalten waren, aber der Magistrat zugestimmt hatte; a. A. das OLG Stuttgart – IBR 2001, 121 – als der zustimmende Beschluss des Kreisrates die Beauftragung nicht eindeutig ausgesprochen hat – i. d. Sinne auch Werner/Pastor Rn. 682). Eine Gemeinde kann auf Schadensersatz (Architektenhonorar) wegen Verschuldens bei Vertragsschluss für ihren Bürgermeister haften, wenn dieser den Architekten nicht darauf hinweist, dass der notwendige Treuhandauftrag der Zustimmung der Kommunalaufsicht bedarf (BGH Urt. v. 4.12.2003 – III ZR 30/02).

Geht man nach alledem davon aus, dass die Bestimmungen der HOAI immer erst dann **39** zur Anwendung kommen, wenn ein Honoraranspruch des Auftragnehmers dem Grunde nach gemäß den Regeln des allgemeinen Vertragsrechts besteht, ist ein Architekt oder Ingenieur nicht gehindert, Leistungen, über deren Vergütung die HOAI Bestimmungen trifft, **schenkungsweise** zu erbringen. Dies bedarf jedoch einer entsprechenden Vereinbarung, die nach heute herrschender Meinung auch mündlich getroffen werden kann (BGH BauR 1985, 467; OLG Karlsruhe BauR 1985, 236; Locher/Koeble/Frik Einl. Rn. 61). Dies war allerdings zunächst umstritten, weil § 4 Abs. 1 a. F. (§ 7 Abs. 3 n. F.) für eine Unterschreitung der Mindestsätze die Schriftform zwingend vorschreibt und die Vereinbarung kostenloser Architektenleistungen eigentlich die extremste **Unterschreitung** der **Mindestsätze** darstellt (so noch OLG Stuttgart, Urt. v. 17.12.1980 – 1 U 93/80 –) und deshalb schwer verständlich erscheint, dass ein vereinbartes Architektenhonorar von 1,– Euro oder auch 100,– Euro unwirksam ist (wegen unzulässiger Unterschreitung der verbindlich festgelegten Mindestsätze), andererseits die Vereinbarung unentgeltlicher Leistungen wirksam sein soll. Dem ist der BGH aber nicht gefolgt, weil die Voraussetzungen für einen Honoraranspruch zunächst nach allgemeinen Rechtsgrundsätzen des Vertragsrechts erfüllt sein müssen und dieser Honoraranspruch insbesondere auch an **Bedingungen** (z. B. den Erwerb des zu bebauenden Grundstücks – OLG Hamm BauR 1987, 582 – oder die Durchführung des Bauvorhabens – BGH BauR 1998, 579 –) geknüpft wird. Diese Bedingungen können aber auch mündlich vereinbart werden. Dies ergibt sich aus dem allgemeinen Vertragsrecht (BGH BauR 1985, 467).

Dabei liegt die **Beweislast** für die **bedingte Vereinbarung** einer Vergütung und auch **40** die Beweislast für den Eintritt einer solchen aufschiebenden Bedingung beim **Auftragnehmer** (BGH NJW 1985, 497; BGH IBR 2002, 670). Diese Auffassung bedarf allerdings einer gewissen Einschränkung: Zunächst ist durch Auslegung des Vertrages zu ermitteln, ob es sich bei der Bedingung für die Honorarpflicht um eine aufschiebende oder eine auflösende Bedingung handelt. Diese Auslegung kann in vielen Fällen sachgerecht zu der Feststellung einer auflösenden Bedingung gemäß § 158 Abs. 2 BGB führen, wenn der Auftraggeber von der Verwirklichung seines Bauvorhabens grundsätzlich ausgeht (Grundstückserwerb, Baugenehmigung, öffentliche Förderung usw.), sich aber für den Fall des Scheiterns ein Türchen offen halten will, um das Honorar nicht zahlen zu müssen. In diesen Fällen liegt dann die Beweislast für die Vereinbarung und den Eintritt der auflösenden Bedingung beim Auftraggeber (Palandt/Ellenberger, BGB, Einf. vor § 158 Rn. 14). Dies erscheint auch durchaus sachgerecht, da die Anwendung der sog. Leugnungstheorie mit der Beweislast für den Auftragnehmer, dass eine Bedingung nicht vereinbart worden ist, äußerst unbefriedigend ist und grundsätzlich bedingte Vertragsabschlüsse nicht die Regel, sondern seltene Ausnahmen sind. Die Rechtsprechung versucht unter Anwendung der Leugnungstheorie und Annahme einer aufschiebenden statt auflösenden Bedingung diese Unbilligkeit der Beweislastverteilung dadurch abzumildern, dass sie erhöhte Anforderungen an die Darlegung und Substantiierung zu den Umständen und zum Inhalt der vereinbarten Bedingung stellt (dazu Koeble BauR 1997, 191, 193, aber auch BGH BauR 1992, 505; kritisch Keldungs BauR 2008, 1201 zur Beweislast bei behaupteter Pauschalpreisvereinbarung beim VOB-Vertrag).

41   Auch ist es denkbar, dass ein abgeschlossener Architektenvertrag als **Geschäftsgrundlage** vorsieht, dass die Planung des Bauvorhabens nach den geltenden öffentlich-rechtlichen **Förderungsrichtlinien** förderungswürdig sein muss. In diesen Fällen kommt es zum Wegfall oder zur Änderung der Geschäftsgrundlage, wenn sich die Förderungsrichtlinien unvorhergesehen und unvorhersehbar ändern und dieses Risiko nach der Auslegung des Vertrages von keinem der beiden Vertragspartner übernommen worden ist. Als Folge bedarf das vereinbarte oder nach der HOAI zu berechnende Honorar der **Anpassung** gemäß § 242 BGB, was zu einem Fortfall jeglichen Honoraranspruchs oder zu einer Herabsetzung führen kann (BGH BauR 1990, 379).

42   Geht man davon aus, dass die kostenlose Erbringung von Architekten- und Ingenieurleistungen mündlich vereinbart werden kann, so bleibt noch die weitere Frage, ob dies auch für **gemischte Schenkungen** gilt, also die Erbringung solcher Leistungen zu einem geringen Entgelt. Dies muss indes verneint werden, da damit in das von der HOAI ausgestaltete Preisrecht eingegriffen wird. In diesem Falle ist der Honoraranspruch dem Grunde nach gegeben. Für dessen Höhe sind die Vertragspartner sowohl bezüglich der Vereinbarung als auch bezüglich der Berechnung an die Vorschriften der HOAI gebunden. Dies führt letztlich zu dem unvermeidbaren Ergebnis, dass mündliche Vereinbarungen über die kostenlose Erbringung von Architekten- und Ingenieurleistungen zulässig und wirksam sind, dass aber Vereinbarungen von geringen Honoraren unterhalb der Mindestsätze für dieselben Leistungen nur wirksam sind, wenn sie schriftlich bei Auftragserteilung getroffen werden und außerdem ein **Ausnahmefall** im Sinne des § 7 Abs. 3 u. 4 vorliegt.

43   Diese Grundsätze hat das OLG Hamm (BauR 1987, 467) auch zu Recht auf **Kompensationsabreden** zwischen Architekten oder/und Ingenieuren angewandt, mit denen diese wechselseitige Leistungen abgelten wollten. Derartige Kompensationsabreden unterliegen dem Regelungsbereich der HOAI, da die Kompensation nicht zur Unentgeltlichkeit führt; es liegt hier eher ein Tausch oder eine Verrechnung als eine Schenkung vor, da diese Kompensation in der Regel auch eine Berechnung des Wertes der beiderseits zu kompensierenden Leistungen erfordert.

44   Erbringt der Auftragnehmer seine Leistung in der irrigen Meinung, er sei vertraglich dazu verpflichtet, kann er seinen Vergütungsanspruch nicht auf einen rechtswirksamen Werk-(Dienst)Vertrag stützen, sondern nur auf die Vorschriften über die **Geschäftsführung ohne Auftrag** gemäß §§ 670, 683 S. 1 BGB oder den Ausgleich einer **ungerechtfertigten Bereicherung** (§§ 812 ff. BGB). Das kann auch der Fall sein, wenn der Architektenvertrag wegen Verstoßes gegen das Kopplungsverbot des Art. 10 § 3 MRVG oder aus anderen Gründen (Anfechtung gemäß §§ 119, 123 BGB) unwirksam ist. In diesen Fällen gelten für die Berechnung eines Ausgleichanspruches die Bestimmungen der HOAI jedenfalls nicht ohne weiteres; vielmehr ist primär der Vermögensvorteil maßgebend, der dem Leistungsempfänger auf Kosten des Leistenden zugeflossen ist. Man wird allerdings auch in solchen Fällen der HOAI eine gewisse Bedeutung nicht absprechen können: So bilden die Höchstsätze der HOAI gleichzeitig die Obergrenze für Bereicherungsansprüche dieser Art. Der Leistende, der die vermeintliche Vertragsleistung in Wahrheit ohne vertragliche Grundlage erbringt, kann dafür im Ergebnis kein höheres Entgelt erlangen, als er zulässigerweise erlangt hätte, wenn die angenommene vertragliche Grundlage tatsächlich Bestand gehabt hätte. Jedoch kann dieser Gesichtspunkt nicht zu schematischer Anwendung der HOAI auf Bereicherungsfälle führen; hier kommt es vielmehr stets auf die im Rahmen der gesetzlichen Regelung (§§ 670, 683 Satz 1, 812 ff. BGB) zu beachtenden Umstände des Einzelfalles an (dazu BGH BauR 1994, 651 = ZfBR 1994, 220). So hat das OLG Düsseldorf (BauR 1992, 413 = OLG-Rep. 1992, 41) entschieden, dass Ansprüche eines Architekten oder eines Baubetreuers aus Geschäftsführung ohne Auftrag oder aus ungerechtfertigter Bereicherung anstelle einer unwirksam vereinbarten Vergütung (hier: wegen fehlender notarieller Beurkundung) nicht in Betracht kommen, wenn die versprochene Betreuungsleistung (z.B. Vorplanung) den Umständen nach als Akquisitionstätigkeit ohne Entgelt erwartet werden konnte. Insoweit liegt eben eine Bereicherung des Auftraggebers nicht vor, wie sich den Umständen des Einzelfalles entnehmen lässt.

Dies zeigen auch zwei, von verschiedenen Senaten des OLG Hamm entschiedene Fäl- **45** le. Im ersten Fall hat das OLG (BauR 1986, 410) erkannt: Hat ein Architekt auf Grund eines (hier wegen Verstoßes gegen das Kopplungsverbotes) unwirksamen Vertrages Architektenleistungen erbracht, so bestimme sich der Wert der Bereicherung des Bauherrn allein nach der üblichen und angemessenen Vergütung. Der Architekt könne deshalb für seine Leistungen den nach der HOAI zu berechnenden Mindestsatz einschließlich der für Nebenkosten anzusetzenden Beträge verlangen, da dies dem Wert der Bereicherung des Bauherrn entspräche. Dieser Bereicherung könne der Bauherr nicht entgegenhalten, er hätte bei Kenntnis der Unwirksamkeit des Vertrages die Architekten- und Statikerleistungen für den halben Preis bekommen. Nach Bereicherungsgrundsätzen sei auf den objektiven Verkehrswert des Erlangten abzustellen. Auch ein anderer Architekt hätte dieselben Leistungen nicht billiger hätte erbringen können, ohne gegen das bindende Preisrecht der HOAI zu verstoßen. In dem zweiten Fall hat das OLG Hamm (BauR 1986, 711 = NJW-RR 1986, 449) entschieden: Im Falle einer unzulässigen Architektenbindung steht dem Architekten für die erbrachten Architektenleistungen zwar grundsätzlich ein Honoraranspruch aus ungerechtfertigter Bereicherung gemäß §§ 812, 818 BGB zu. Der Bauherr kann sich aber zur Begründung eines – teilweisen – Wegfalls der Bereicherung (§ 818 Abs. 3 BGB) mit Erfolg darauf berufen, er habe ohne die unzulässige Architektenbindung geringere Kosten für Architektenleistungen aufwenden müssen, weil er diese selbst (sofern er selbst Architekt ist) erbracht hätte oder durch Verwandte oder Freunde billiger hätte erhalten können.

Beide Urteile scheinen sich auf den ersten Blick zu widersprechen, ohne dass dies aber **46** im Ergebnis tatsächlich sein muss. Auf den **Wegfall der Bereicherung** wird sich der Bauherr nur dann erfolgreich berufen können, wenn er schlüssig darlegt, dass er die Architektenleistungen tatsächlich und in rechtlich (ausnahmsweise) zulässiger Weise billiger, also zu einem Honorar unterhalb der Mindestsätze erhalten hätte.

Dies aber setzt voraus, dass er dann – also bei Kenntnis der Unwirksamkeit dieses Archi- **47** tektenvertrages – mit einem anderen Architekten eine Honorarvereinbarung gemäß § 4 Abs. 2 unterhalb der Mindestsätze getroffen hätte, wozu es aber eines Ausnahmefalles bedarf, der möglicherweise bei der Erbringung von Architektenleistungen für Verwandte oder gute Freunde gegeben sein könnte; dies erfordert aber einen hinreichend substantiierten Sachvortrag des Bauherrn.

Eine (unmittelbare) Anwendung der HOAI kommt danach nur in Betracht für Archi- **48** tekten- und Ingenieurleistungen, die zur Erfüllung eines entgeltlichen Vertrags erbracht werden. Dies kann im Einzelfall aber auch durch einen sog. **Rahmenvertrag** geschehen. So kann in der Vereinbarung eines Architekten mit einem Generalübernehmer, wonach der Architekt für mehrere Bauvorhaben Planungsleistungen auf eigenes Risiko erbringen soll, während der Generalübernehmer sich verpflichtet, bei Durchführung jedes dieser Bauvorhaben mit dem Architekten über einen Vertrag mit einem nach der HOAI zu errechnenden Pauschalhonorar zu verhandeln, ein Rahmenvertrag zu sehen sein (BGH BauR 1992, 531 = NJW-RR 1992, 977). Führt der Generalübernehmer eines der Vorhaben nach Abschluss der Planungsleistung des Architekten aus und lehnt er den Abschluss eines Architektenvertrages mit dem Architekten ohne sachlichen Grund ab, so kann und wird er in der Regel zum Schadensersatz verpflichtet sein (BGH a. a. O.).

VI. Persönlicher Anwendungsbereich

1. Leistungen von Architekten/Architektinnen u. Ingenieur/Ingenieurinnen – berufsbild- oder leistungsbildbezogen?

Die HOAI ist anzuwenden, wenn Leistungen erbracht werden, die von ihren Regelun- **49** gen erfasst werden. Damit wird wie bisher nicht auf die berufliche Bezeichnung und Qualifikation des Leistenden abgestellt, sondern auf den Charakter der erbrachten Tätigkeit. Eine Anwendung der HOAI nur auf Architekten und Ingenieure würde dazu führen, dass

Berufsfremde, die gelegentlich oder vereinzelt Architekten- und Ingenieurleistungen erbringen, nicht an die Höchst- und Mindestsätze gebunden wären. Damit wäre eine der Zielrichtungen der HOAI, die Sicherung der Qualität der Leistung, nicht mehr durchzusetzen. Zu berücksichtigen ist auch, dass § 632 Abs. 2 BGB die übliche Vergütung für solche Leistungen regelt. Die Leistung wird aber auch von einem Nichtfachmann zunächst einmal erbracht.

50   Der BGH hat durch sein Urteil vom 22.5.1997 (BauR 1997, 677 = NJW 1997, 2329) dazu folgende Leitsätze formuliert:

> „1.a) Die Mindest- und Höchstsätze der HOAI sind aufgrund der für ihren Geltungsbereich maßgeblichen Ermächtigungsgrundlage des Art. 10, §§ 1 und 2 MRVG auf natürliche und juristische Personen unter der Voraussetzung anwendbar, dass sie Architekten- und Ingenieuraufgaben erbringen, die in der HOAI beschrieben sind.
>
> b) Sie sind nicht anwendbar auf Anbieter, die neben oder zusammen mit Bauleistungen auch Architekten- oder Ingenieurleistungen erbringen. "

51   Zusammenfassend ergibt sich daraus: Die HOAI ist nicht nur für Architekten und Ingenieure maßgebend, sondern auch für alle anderen juristischen und natürlichen Personen, die Architekten- oder Ingenieurleistungen erbringen (BGH BauR 1997, 677 sowie OLG Düsseldorf BauR 1979, 325; OLG Düsseldorf BauR 1980, 490; OLG Stuttgart BauR 1981, 404; OLG Düsseldorf BauR 1987, 348).

52   Damit kann und muss auch der Architekturstudent, der Architektenleistungen erbringt und der Beamte im Bauamt, der eine Genehmigungsplanung erstellt, sein Honorar nach der HOAI abrechnen. Das hat zur Folge, dass auch diese Personen, die nicht als selbstständige freiberufliche Architekten tätig sind, die Mindestsätze der HOAI nicht unterschreiten dürfen und auch sonst an die HOAI gebunden sind.

2. Paketanbieter/Generalunternehmer/Subplaner

53   Wendet man diese Rechtsprechung des BGH (BauR 1997, 677 und BauR 1998, 193) konsequent an, so müsste dies auch für Unternehmen gelten, die im Rahmen der Bauausführung – z.B. beim schlüsselfertigen Bauen – als Generalunternehmer oder als Bauträger bzw. Baubetreuer erhebliche Teile der Planung, insbesondere die Ausführungsplanung, Objektüberwachung oder Leistungen der Tragwerksplanung, übernehmen (so auch Konrad BauR 1989, 654). Infolge des leistungsbezogenen Geltungsbereichs der HOAI müsste auch für diese Unternehmen die HOAI gelten, soweit sie Architekten- oder Ingenieurleistungen erbringen (vgl. OLG Düsseldorf BauR 1987, 348; OLG Frankfurt BauR 1993, 254 = NJW-RR 1992, 1321; OLG Frankfurt NJW-RR 1993, 1305; Vygen DAB 1989, 1153; Locher/Koeble/Frik § 1 Rn. 9ff.; OLG Stuttgart NJW-RR 1989, 917). Ebenso wie Architekten und Ingenieure, die ihre Leistungen als Gesellschaft mit beschränkter Haftung (GmbH) erbringen, der HOAI als leistungsbezogener Honorarordnung unterliegen, müssten auch solche juristische Personen (GmbH, AG) der HOAI als zwingendes Preisrecht unterliegen, die nicht nur Planungs- und Beratungsleistungen gemäß der HOAI, sondern auch Ausführungsleistungen, also insbesondere Bauleistungen erbringen, wie dies vor allem im Rahmen des Fertighausbaus, des schlüsselfertigen Bauens, bei Bauträger-, Baubetreuungs-, Generalübernehmer-, aber auch bei Generalunternehmerverträgen, häufig der Fall ist – wenn also Planung und Bauausführung in einer Hand liegen (Kniffka a.a.O. u. Konrad BauR 1989, 654). In diesen Fällen lässt sich die HOAI als zwingendes Preisrecht nicht einfach ausheben. Würde man diese Möglichkeit tatsächlich eröffnen, so wäre es für den Architekten und Ingenieur ein Leichtes, durch rein formale Übernahme zusätzlicher Ausführungsleistungen, die er dann aber tatsächlich von Subunternehmern ausführen lässt, der zwingenden Anwendung der HOAI zu entgehen und so die Mindestsätze der HOAI zu unterbieten oder bei entsprechender Marktlage die Höchstsätze zu überschreiten. Dies aber würde zugleich wieder die Leistungsbezogenheit der HOAI entscheidend in Frage stellen.

54   Der gegenteiligen Ansicht des BGH (BauR 1997, 677 u. BauR 1998, 813; ebenso Locher/Koeble/Frik, § 1 Rn. 9ff.) kann deshalb nicht gefolgt werden, zumal auch die Begründungen nicht überzeugen. Der BGH begründet seine gegenteilige Auffassung damit,

dass die HOAI bei der Beschreibung der wichtigsten Leistungsbilder von Auftragnehmern ausgehe, die mit den dort beschriebenen Architekten- und Ingenieuraufgaben betraut seien. Das aber ist auch bei Generalunternehmen und Bauträgern der Fall, sei es als angestellte Architekten und Ingenieure, sei es als von ihnen beauftragte freiberufliche Planer, die bei Billigung der BGH-Rechtsprechung diese Planungsleistungen aber nach der HOAI abrechnen dürfen und müssen. Dies wirft dann aber doch die Frage auf, warum nicht auch der Generalunternehmer und Bauträger dies tun muss. Die für die Durchführung des Bauvorhabens notwendigen Planungsleistungen sind keineswegs nur unbedeutende Vorbereitungsleistungen. Der Generalunternehmer ist für diese Planungsleistungen bei Mängeln – unabhängig von möglichen Ausführungsfehlern – nach Werkvertragsrecht gewährleistungspflichtig, ohne dass dafür die für die Bauleistung vereinbarte und insoweit auch wirksam vereinbarte VOB/B mit der kürzeren Gewährleistungsfrist eingreift (so BGH Urt. v. 17.9. 1987 – VII ZR 166/86= BauR 1987, 702 = NJW 1988, 142).

Ebenso wie der BGH bei der Frage der Gewährleistungsfrist nach Planungs- und Ausführungsmängeln unterscheidet, kann auch bei der Frage der Anwendung der HOAI auf den Generalunternehmer- und Bauträgervertrag zwischen dem Honorar für die Planung und der Vergütung für die Bauausführung unterschieden werden. Deshalb wird in diesen Fällen die Vergütung eines Unternehmers für von ihm erbrachte Planungsleistungen, auch wenn sie in einem einheitlichen Vertrag über Planung und Bauausführung (z. B. einem Generalunternehmervertrag) mitenthalten sind, stets darauf zu überprüfen sein, ob sie sich bezüglich der Planungsleistungen im Rahmen der von der HOAI vorgegebenen Mindest- und Höchstsätze bewegt – da es sich dabei um zwingendes Preisrecht für diese Art von Planungsleistungen handelt (vgl. auch Vygen FS Korbion S. 447 f.). Deshalb wird man auch dem Bauunternehmer, der von seinem Auftraggeber nachträglich gemäß § 2 Nr. 9 VOB/B mit bestimmten Planungsleistungen beauftragt wird (z. B. Erstellung von Ausführungszeichnungen, Bewehrungsplänen, Schlitzplänen usw.), einen zusätzlichen Vergütungsanspruch zu erkennen müssen, der sich der Höhe nach aus der HOAI ergibt und der deshalb die Mindest-/Höchstsätze der HOAI nicht unter- und nicht überschreiten darf (Vygen FS Korbion, S. 447 f.).

55 Selbstständige Bedeutung im Rahmen eines solchen Generalunternehmervertrages wird man allerdings nur den echten Planungsleistungen einräumen können, da für die Übertragung und Erbringung etwa der Leistungsphasen 6–9 des § 34 (Vorbereitung der Vergabe, Mitwirkung bei der Vergabe, Objektüberwachung und Dokumentation) beim Generalunternehmervertrag und ähnlichen Verträgen mit Planungs- und Ausführungsleistungen kein Raum ist. Diese Leistungen sind entweder überflüssig oder bereits mit der eigentlichen Bauausführung zu erbringen.

56 Nach alledem müssen bei einer leistungsbezogenen Auslegung der HOAI – entgegen der BGH-Rechtsprechung – auch die Unternehmen, die neben der Planung auch die Bauausführung erbringen, hinsichtlich der Planungsleistungen der HOAI unterworfen werden, so dass sie insoweit auch zur Einhaltung der Mindest- und der Höchstsätze verpflichtet sind (a. A. Locher/Koeble/Frik § 1 Rn. 9 ff.; BGH BauR 1997, 677). Aus diesem Grunde kann auch einem Beschluss des OLG Stuttgart (NJW-RR 1989, 917) nicht gefolgt werden, in dem das OLG die Mindestpreisvorschrift des § 4 Abs. 2 a. F. und die gesamte HOAI für nicht anwendbar erklärt hat auf planerische Leistungen, wie Bauvorlagen und Statik, die ein Bauträger beim Erwerb eines Wohnhauses zum Festpreis zusätzlich in Rechnung stellte, als der Erwerber eine individuelle Planung wünschte. Dagegen hat das OLG Jena die HOAI für anwendbar erklärt, als ein **Generalunternehmer** mit Planungsleistungen beauftragt wurde, ohne dass gleichzeitig Bauleistungen beauftragt waren und dabei die getroffene Pauschalhonorarvereinbarung die Höchstsätze der HOAI ohne Vorliegen der Voraussetzungen des § 4 Abs. 3 a. F. überschritt (OLG Jena IBR 2003, 27 – Schill), so dass ihm nur die zulässigen Höchstsätze im Wege der Umdeutung zuerkannt wurden. Dagegen hat das OLG Celle (IBR 2003, 202 – Weyer) die HOAI für nicht anwendbar erklärt, als bereits bei Abschluss des Planungsvertrages vorgesehen war, dass der Auftragnehmer auch mit der Durchführung des Bauvorhabens beauftragt werden sollte und es sechs Monate später zum Abschluss des Generalunternehmervertrages über den 1. Bauabschnitt kam (a. A. aber Weyer IBR 2003, 202 und OLG Oldenburg IBR 2002, 200, die beide § 4 HOAI a. F. für anwendbar halten).

57   Schließlich greift die HOAI mit ihren Mindest- und Höchstsätzen auch dann ein, wenn Architekten untereinander Verträge über Architektenleistungen schließen (Locher/Koeble/rik, § 1 Rn. 19), insbesondere ein Architekt einen anderen Architekten oder auch einen Ingenieur als **Subplaner** mit der Detail- oder Ausführungsplanung bzw. mit der Objektüberwachung; ebenso, wenn ein Generalplaner mit Architektur- und sämtlichen Ingenieurleistungen verschiedene Fachingenieure als Subplaner beauftragt wird, es sei denn, der andere Architekt oder Ingenieur wird auf Grund eines arbeitnehmerähnlichen Dienstvertrages, etwa als freier Mitarbeiter, ohne eigene Verantwortung für den Erfolg seiner Tätigkeit und nach Weisungen des Auftraggebers, tätig (OLG Düsseldorf BauR 1984, 670 u. BGH BauR 1985, 582).

58   Die Abgrenzung zwischen einem echten **Sub-Auftragnehmer** und einem Mitarbeiter des Architekten oder Ingenieurs, mit dem ein arbeitnehmerähnliches Vertragsverhältnis (Dienstvertrag) besteht, ist im Einzelfall schwierig und kann nur von Fall zu Fall entschieden werden – wie insbesondere der vom OLG Düsseldorf zu beurteilende und rechtskräftig entschiedene Fall (BauR 1984, 670) deutlich macht.

59   Von Bedeutung kann diese Frage dann werden, wenn der Generalplaner mit dem oder den Subplanern ein unter den Mindestsätzen liegendes Honorar mündlich oder jedenfalls nicht bei Auftragserteilung vereinbart hat und der als „Subplaner" tätig gewordene Architekt oder Ingenieur später unter Berufung auf die Anwendung der HOAI gemäß § 7 Abs. 5 die Mindestsätze von seinem Auftraggeber verlangt, dieser aber seinerseits von dem Bauherrn auch nur die Mindestsätze erhält. In diesen Fällen sollten bei Auftragserteilung klare schriftliche Vereinbarungen zwischen den Architekten oder Ingenieuren über die Art der Beauftragung im Sinne einer echten selbstständigen Subplaner-Tätigkeit mit der Folge einer uneingeschränkten Anwendung der HOAI, allerdings evtl. mit einer Unterschreitung der Mindestsätze gemäß § 7 Abs. 3, wenn man ein solches Subunternehmerverhältnis als Ausnahmefall ansieht oder aber im Sinne eines arbeitnehmerähnlichen Dienstverhältnisses ohne Anwendung der HOAI, getroffen werden.

60   Fehlt es an einer solchen klaren Vereinbarung, so können folgende Abgrenzungskriterien für die eine oder andere Art der Tätigkeit des „Subplaners" gelten (vgl. OLG Düsseldorf BauR 1984, 670):

– Der angestellte Architekt oder Ingenieur bezieht ein Gehalt und kein Honorar, so dass die HOAI keine Anwendung findet. In Zweifelsfällen, ob die vereinbarte Vergütung als Gehalt oder Honorar anzusehen ist, etwa bei monatlichen Abschlagszahlungen, kann die steuerliche Behandlung (Abführung von Lohnsteuer) ein ausschlaggebendes Kriterium sein.

– Bei freien Mitarbeiterverhältnissen führt die steuerliche Behandlung noch nicht zu einer Klärung, da der freie Mitarbeiter stets als Selbstständiger Einkünfte aus freiberuflicher Betätigung (§ 18 EStG) bezieht, dies aber für die Frage der Anwendbarkeit der HOAI nicht allein entscheidend sein kann (vgl. OLG Düsseldorf BauR 1984, 670).

– Unterhält der freie Mitarbeiter kein eigenes Büro und wird er demzufolge ausschließlich für seinen Auftraggeber (Dienstherrn) in dessen Büro tätig, so liegt ein arbeitnehmerähnliches Dienstverhältnis vor, auf das die HOAI keine Anwendung findet.

– Unterhält der „Subunternehmer" jedoch ein eigenes Büro und beschäftigt er selbst eigene Mitarbeiter, so spricht vieles für ein echtes Subunternehmerverhältnis mit dann zwingender Anwendung der HOAI.

– Schaltet der Architekt, der mit der Gesamtplanung des Bauvorhabens durch den Bauherrn beauftragt worden ist (sog. Generalplaner), Sonderfachleute, also Ingenieure oder Architekten der verschiedenen Fachrichtungen (z. B. Tragwerksplanung, Technische Ausrüstung, Thermische Bauphysik, Erd- und Grundbau, Schallschutz usw.) ein, indem er diese in eigenem Namen und für eigene Rechnung beauftragt, so handelt es sich jeweils um selbstständige Subplaner-Werkverträge, die zwingend (Preisrecht) nach der HOAI abzurechnen sind.

– Vergibt dagegen ein Architekt Leistungen aus seinem eigenen Leistungsbild, also z. B. die Ausführungsplanung der Leistungsphase 5 des § 34 HOAI an einen Architektenkollegen, so kann dies ebenfalls als selbstständig zu erbringende Leistung im Sinne des Werkvertragsrechts, also mit erfolgsbezogener Gewährleistungspflicht, geschehen – wie dies besonders häufig bezüglich der Objektüberwachung gemäß Leistungsphase 8 des § 34 HOAI in der Praxis vorkommt. In diesen Fällen findet ebenfalls zwingend die HOAI Anwendung.

– Der Architekt kann aber auch einen anderen Weg beschreiten und mit diesen Leistungen einen anderen Architekten oder Ingenieur als freien Mitarbeiter beauftragen. In diesen Fällen scheidet die Anwendung der HOAI als zwingendes Preisrecht aus, wenn das freie Mitarbeiterverhältnis so gestaltet ist, dass es einem arbeitnehmerähnlichen Dienstverhältnis nahekommt. Dies ist insbesondere dann anzunehmen, wenn der Mitarbeiter in den Betriebsablauf des auftraggebenden Architekturbüros weitgehend eingebunden ist, ihm in diesem Büro ein Arbeitsplatz zur Verfügung gestellt wird, seine Leistungszeiten und Urlaub festgelegt werden, eine Vergütung nach Stunden, Tagen, Wochen, Monaten oder Jahren vereinbart wird, der Mitarbeiter von der werkvertraglichen erfolgsbezogenen Gewährleistung freigestellt und er dem Weisungsrecht seines Auftraggebers unterworfen ist (vgl. OLG Düsseldorf BauR 1984, 670). Bsp.: Für die Bebauung eines Grundstücks überträgt ein Architekt einer freien Mitarbeiterin Planungsaufgaben bei der Gebäudeplanung. Nach Leistungserbringung stellt die freie Mitarbeiterin eine Schlussrechnung und verlangt ein Honorar nach der HOAI in Höhe von etwa 27 700 DM. Der Architekt wendet ein, es sei lediglich eine pauschale monatliche Vergütung in Höhe von 4000 DM vereinbart gewesen. Das OLG Frankfurt stellt klar, dass hier zunächst ein Werkvertrag zustande gekommen ist, auf den die Vorschriften der HOAI zwingend anzuwenden sind. Dabei ist zu beachten, dass die HOAI nicht berufsbezogen, sondern leistungsbezogen aufzufassen ist. Es kommt also nicht darauf an, wer die Planungsleistungen erbringt. Insofern ist es auch unerheblich, ob die Klägerin freie Mitarbeiterin des Architekten war. Die HOAI ist also auch auf freie Mitarbeiterverhältnisse anzuwenden, sofern der freie Mitarbeiter nicht eine arbeitnehmerähnliche Stellung hat (OLG Frankfurt IBR 2003, 144 – Seifert).

Die HOAI stellt grundsätzlich **zwingendes Preisrecht** dar, so dass es nicht möglich ist, **61** von ihr abweichende Vereinbarungen über das Honorar zu treffen; jede Honorarvereinbarung muss sich vielmehr innerhalb der in der HOAI festgelegten Mindest- und Höchstsätze bewegen; dies gilt auch für **Pauschalhonorarvereinbarungen.**

Aus der hier vertretenen Ansicht (s. o. Rdn. 54 ff.) folgt weiter, dass es für die Anwend- **62** barkeit der HOAI auf die Art der Rechtspersönlichkeit des Auftragnehmers nicht ankommt, insbesondere nicht darauf, ob die Architekten- und Ingenieurleistungen von natürlichen oder juristischen Personen erbracht werden (BGH BauR 1997, 677 = NJW 1997, 2329). Letzteres ist z. B. dann der Fall, wenn ein als Kapitalgesellschaft organisiertes Unternehmen außer der Herstellung der Bauleistung, der Baubetreuung und/oder der Bauträgerschaft auch Planungsleistungen erbringt, entweder durch von ihm beauftragte Architekten, Ingenieure oder auch berufsfremde Planer, die ihrerseits mit dem Auftraggeber des Gesamtvorhabens nicht in vertragliche Beziehungen treten oder durch angestellte Planer – gleich welcher beruflichen Qualifikation. Ebenso, wie es nicht auf das Berufsbild der die Leistung erbringenden natürlichen Person ankommt, ist es ohne Bedeutung, ob die Erbringung von Planungsleistungen – ganz oder teilweise – satzungsgemäßer Zweck der juristischen Person ist.

Zur GOA ist die Auffassung vertreten worden, dass Auftragnehmer, die das Berufsbild **63** eines Architekten nicht erfüllten, nicht berechtigt seien, die **vollen Gebührensätze** als **übliches Entgelt** zu berechnen (OLG München MDR 1959, 757; OLG Braunschweig BB 1966, 181). Diese Auffassung ist von der kommentierenden Literatur (vgl. z. B. Fabricius/v. Nordenflycht/Bindhardt § 1 GOA Rn. 6 und 7) zu Recht abgelehnt worden. Nach Dienst- und Werkvertragsrecht kommt es allein auf die Güte der Leistung an, nicht auf die Vorbildung und die Berufsbezeichnung des Leistenden. Es ist nicht einzusehen, warum ein Berufsfremder, der einen Architektenauftrag erfolgreich durchführt, nicht das gleiche Honorar soll fordern dürfen, das ein Architekt für die gleiche Leistung erhalten würde. Führt die „mindere berufliche Qualifikation" des Auftragnehmers zu Mängeln der Leistung, stehen dem Auftraggeber nach bürgerlichem Recht genügend Rechtsbehelfe (Mängelanspruch auf Nacherfüllung, Recht zum Rücktritt, zur Kündigung oder Minderung und/oder Anspruch auf Schadensersatz) zur Verfügung. Das ist aber eine Frage, die mit dem Vergütungs- und Honorarrecht der HOAI nichts zu tun hat.

3. Irrtum über Architekten-/Ingenieurseigenschaft

64 Von der Frage nach der Bindung an die Honorarvorgaben zu trennen ist die Frage, welche Auswirkungen ein **Irrtum** des Auftraggebers über die **Architekten- bzw. Ingenieureigenschaft** des Auftragnehmers hat. Ist der Auftraggeber fälschlich der Ansicht, der Auftragnehmer sei Architekt (Ingenieur), so begründet dies ein **Anfechtungsrecht** des Auftraggebers (§ 119 BGB bei Irrtum des Auftraggebers bzw. § 123 BGB bei arglistiger Täuschung durch den Auftragnehmer; vgl. OLG Düsseldorf DArchBl. 1973, 121; BauR 1982, 86; OLG Stuttgart BauR 1979, 259). Der Auftragnehmer soll verpflichtet sein, bereits bei der Vertragsanbahnung den Auftraggeber auf die fehlende Berechtigung zur Führung der Berufsbezeichnung „Architekt" hinzuweisen (vgl. OLG Düsseldorf BauR 1993, 630 = NJW-RR 1993, 1173; OLG Köln BauR 1980, 372; OLG Düsseldorf IBR 2006, 1081; dazu auch BVerfG IBR 2008, 456). Ein Vertrag mit einem Innenarchitekt, der nicht darauf hinweist, dass er nicht bauvorlageberechtigt ist, kann wegen arglistiger Täuschung angefochten werden (OLG Oldenburg IBR 2014, 487).

65 Wird der auf dem Irrtum (oder der Täuschung) beruhende Vertrag dagegen nicht angefochten, können sich aus dem Irrtum (der Täuschung) honorarrechtliche Folgerungen ergeben. Der Auftragnehmer, der über seine fehlende Qualifikation nicht aufgeklärt hat, verliert seinen Honoraranspruch, da er den Auftraggeber so zu stellen hat, wie er stehen würde, wenn das schadenstiftende Ereignis, also die Hervorrufung des Irrtums, nicht eingetreten wäre (§ 249 BGB). Dann wäre es – von Ausnahmefällen abgesehen – regelmäßig zu dem Vertragsabschluss und damit zur Begründung der Honorarforderung nicht gekommen (vgl. OLG Düsseldorf BauR 1970, 119; 1973, 329; OLG Köln BauR 1980, 372; OLG Düsseldorf BauR 1993, 630 = NJW-RR 1993, 1173). Sind auf Grund des Vertrages aber bereits Leistungen erbracht worden, dann regelt sich deren Erstattung wiederum nach Bereicherungsrecht. Ist der Auftrag in Kenntnis der fehlenden Qualifikation erteilt worden, so hat der Auftraggeber das vereinbarte Honorar im Rahmen der Sätze der HOAI zu entrichten. Der Anwendungsbereich der HOAI ist dann gegeben.

4. Sitz im Inland

66 Weitere Voraussetzung der Anwendbarkeit ist es, dass der Leistende seinen Sitz im Inland hat und die Leistung vom Inland aus erbracht wird. Unklar an der vorliegenden Regelung ist, wann ein „Sitz im Inland" gegeben ist, so etwa wenn ein ausländisches Architektur-/Ingenieurbüro „ab und zu" Leistungen von Deutschland aus erbringt. Muss es eine Niederlassung sein oder reicht ein projektbezogenes „Aufenthaltsbüro"? Die Richtlinie nimmt einen Sitz dort an, wo die Leistungen **„mittels fester Infrastruktur auf unbestimmte Zeit"** erbracht werden. Was ist, wenn das ausländische Büro mit Sitz im Ausland auch einen Sitz/Niederlassung in Deutschland hat, der in Rede stehende Auftrag jedoch ausschließlich vom nicht-deutschen Büro erbracht wird? Diese Problematik wurde bei Abfassung der HOAI 2009 gesehen. In diesem Falle soll die HOAI nicht gelten.

67 Entscheidend ist der Sitz, von dem aus die Dienstleistung erbracht wird. Eröffnen Architekten/Architektinnen bzw. Ingenieure/Ingenieurinnen sowohl eine Niederlassung im Inland als auch in einem anderen EU-Mitgliedstaat, muss auf den Ort abgestellt werden, von dem aus die Dienstleistung konkret erbracht wird. In der amtlichen Begründung wird insoweit ausgeführt, dass im Falle eines „mehrfachen Sitzes" „ein Sitz im Inland" nur dann gegeben ist, wenn die vereinbarte Leistung von diesem inländischen Sitz aus erbracht wird. Damit ist allerdings nicht die Frage gelöst, wie zu entscheiden ist, wenn die Leistung gleichzeitig von mehreren „Sitzen" aus erbracht wird. Problematisch ist hier, ob in diesem Zusammenhang künftig eine Schwerpunkttheorie gelten soll. Allerdings wird auch dies nicht unbedingt eine Lösung darstellen, da es oftmals schwierig sein dürfte, zwischen zwei „Sitzen" einen Schwerpunkt herauszufinden. Eine Lösung wäre dahingehend denkbar, dass immer dann, wenn zumindest ein „beträchtlicher Teil" der Leistungen aus Deutschland erbracht wird, auf diesen Sitz abzustellen ist. Dabei ist nicht zu verkennen, dass auch der „beträchtliche Teil" wiederum keine eindeutige Definition zulässt. Allerdings wird man dies dahingehend lösen können, dass immer dann, wenn überhaupt nennenswerte Leistungen von einem deutschen Sitz erbracht werden, auf diesen abzustellen ist.

Umgekehrt stellt sich die Frage, ob es für das deutsche Büro möglich ist, die Begrenzung **68** auf die HOAI dadurch zu umgehen, dass es objektbezogen seinerseits eine „Kurz-Niederlassung" im Ausland gründet oder nur ein projektbezogenes Baustellenbüro. Ist es ausreichend, wenn für das Einzelobjekt im Rahmen der Objektdauer ein kleines Büro vor Ort angemietet wird? Von einer Niederlassung im rechtlichen Sinne wird man in diesem Zusammenhang sicherlich nicht sprechen können. Weiter stellt sich die Frage, wie die international operierenden Architekten-/Ingenieurgesellschaften einzustufen sind. Wenn diese an mehreren Orten in Europa Sitze haben, wird es schwer zuzuordnen sein, von wo aus das jeweilige Objekt betreut wird. Denkbar ist, dass die gesamten Planungsleistungen von der nicht im Land des Bauvorhabens befindlichen Niederlassung erbracht werden. Selbst die Objektbetreuer können – beispielsweise weil sie Spezialisten sind – nur für dieses Projekt abgestellt sein. Zu diskutieren sind weiter die Fälle, dass sich Büros zusammen für einen Auftrag bewerben, bzw. diesen gemeinsam ausführen. Was geschieht in den Fällen, in denen entsprechende Zusammenschlüsse zwischen einem deutschen und einem EU-ausländischen Büro vorgenommen werden? Aus der Begrenzung des persönlichen Anwendungsbereichs ergibt sich eine Vielzahl von derzeit noch nicht geklärter Fragen.

5. Höhe des Entgelts

Im Rahmen der erhalten gebliebenen Vertragsfreiheit der Parteien liegt es auch, welche **69** Honorarvereinbarung sie treffen, wenn sie sich nur im Rahmen der Höchst- und Mindestsätze der HOAI halten und für deren Über- oder Unterschreitung keine anderen Umstände zum Anlass nehmen als die HOAI gestattet. Die Begründung (BRDrucks. 270/76 S. 8) scheint dem zu widersprechen. Hierin werden besondere Bewertungsmaßstäbe für die Honorarbemessung innerhalb des Rahmens zwischen Mindest- und Höchstsätzen in Betracht gezogen, zum Beispiel besondere Umstände der einzelnen Aufgabe, Schwierigkeitsgrad, Arbeitsaufwand, künstlerischer Gehalt, Einflüsse aus Zeit, Umwelt, Institutionen, Nutzung oder Herstellung und verschiedene andere. Es könnte daraus geschlossen werden, dass die Parteien nicht frei sind, im Rahmen der Höchst- und Mindestsätze das Honorar zu bestimmen. In die gleiche Richtung deutet § 7 Abs. 4 Satz 2, wonach Umstände, die schon bei der Einordnung in den Rahmen der Mindest- und Höchstsätze mitbestimmend gewesen sind, nicht noch einmal maßgebend für eine Höchstsatzüberschreitung bei außergewöhnlichen Leistungen sein dürfen. Einer solchen Auslegung steht jedoch der Wortlaut des § 7 Abs. 1 entgegen, wonach die Parteien – einschränkungslos – Vereinbarungen innerhalb des Rahmens der Mindest- und Höchstsätze treffen dürfen. Die Erwähnung besonderer sachlicher Gesichtspunkte in diesem Zusammenhang hat demnach nur die Bedeutung, dass die Parteien ihre Absprachen regelmäßig an solchen Umständen ausrichten werden und auch sollen; es ist dagegen nicht verboten, ein Honorar oder Entgelt zu vereinbaren, das sich innerhalb des gesetzlichen Rahmens hält, auch wenn keine Umstände vorliegen, die gerade die getroffene Vereinbarung als angemessen erscheinen lassen. Für eine Bauaufgabe ohne besondere Schwierigkeiten darf daher ebenso das Höchstentgelt vereinbart werden wie für eine Bauaufgabe, die solche besonderen Schwierigkeiten aufweist, ein Mindestentgelt vereinbart werden kann. Diese Ansicht findet ihre Bestätigung in § 7 Abs. 5, wonach ohne Rücksicht auf das Vorliegen von Umständen, die Anlass für eine höhere Honorierung sein könnten, mangels abweichender schriftlicher Vereinbarung bei Auftragserteilung stets nur das Mindesthonorar als vereinbart und damit geschuldet gilt.

VII. Zeitlicher Anwendungsbereich

Hinsichtlich des **zeitlichen Anwendungsbereiches** wird auf die Kommentierung in **70** diesem Kommentar zu § 57 HOAI (bzw. auf die Kommentierung zu § 55 HOAI, Fassung vom 18. Aug. 2009, 8. Auflage diese Kommentars) verwiesen.

Von besonderer Bedeutung ist die Behandlung von **Stufenverträgen.** Bei diesen stellt sich regelmäßig die Frage, welche Fassung der HOAI anzuwenden ist (hierzu OLG Koblenz, Urt. v. 6.12.2013 – 10 U 344/13 n.rkr.u. Kalte/Wiesner IBR 2013, 1335).

VIII. Vereinbarungen zum anwendbaren Recht

71   Die Regelungen zum Anwendungsbereich sind auch bei der Gestaltung von Verträgen zu beachten. Erhält der Architekt mit Sitz im Ausland den Zuschlag für ein deutsches Objekt und wird das dann bestehende Rechtsverhältnis deutschem Recht unterworfen, so gelten die verbindlichen Honorarvorgaben der HOAI gleichwohl nicht. Die HOAI hat für diesen Fall der Auslandsbeteiligung ausdrücklich geregelt, dass sie keine Anwendung findet. Dieses müsste erst recht gelten, wenn die Leistungserbringung im Ausland erfolgt, allerdings ein deutscher Auftraggeber beteiligt ist und dieser es durchsetzt, dass das Rechtsverhältnis deutschem Recht unterworfen werden soll.

72   Anders dürfte es sein, wenn die Parteien die Geltung der HOAI vereinbaren. Soll in Verträgen mit Auslandsbezug die HOAI mit ihren verbindlichen Regelungen zum Honorar gelten, muss dazu eine ausdrückliche Vereinbarung getroffen werden. Ein allgemeiner Hinweis darauf, dass deutsches Recht Anwendung finden soll, wird nicht ausreichen.

Nach dem OLG Brandenburg ist die HOAI dann anwendbar, wenn eine deutsche Ingenieurgesellschaft Planungsleistungen für ein ausländisches Bauvorhaben erbringt und die Parteien die Anwendung deutschen Rechts gewählt haben. Diese Wahl kann ausdrücklich oder auch konkludent erfolgen (OLG Brandenburg, Urt. v. 25.1.2012 – 4 U 112/08). Dabei sind allerdings folgende Überlegungen vorzunehmen: Unterstellt man die konkludente Wahl deutschen Rechts, so gilt deutsches materielles Schuldvertragsrecht. Dies umfasst aber nicht die HOAI, da sie kein Vertragsrecht, sondern öffentlich-rechtliches Preisrecht darstellt (BGH IBR 2003, 253). Die HOAI kommt nach diesen Überlegungen nur dann ins Spiel, wenn ihre Mindestsatzregelung eine zwingende Eingriffsnorm i. Sinne v. Art. 9 Rom I-VO darstellt. Die HOAI selbst enthält keine Kollisionsregelungen. Zu prüfen ist deshalb welchen Stellenwert die Durchsetzung ihrer Regelungen aus deutscher ordnungspolitischer Sicht für Auslandsbauten hat. Dieser dürfte gering sein, da für diese Bauten die Ziele der HOAI (Verhinderung eines ruinösen Preiswettbewerbs u. des Mietanstiegs) nicht grundlegend sein dürften (i. d. Sinne Wronna, IBR 2012, 277). Als Folge wäre die HOAI allein auf Grund der Wahl deutschen Rechts nicht anwendbar.

§ 2 Begriffsbestimmungen

(1) **Objekte sind Gebäude, Innenräume, Freianlagen, Ingenieurbauwerke, Verkehrsanlagen. Objekte sind auch Tragwerke und Anlagen der Technischen Ausrüstung.**

(2) **Neubauten und Neuanlagen sind Objekte, die neu errichtet oder neu hergestellt werden.**

(3) **Wiederaufbauten sind Objekte, bei denen die zerstörten Teile auf noch vorhandenen Bau- oder Anlagenteilen wiederhergestellt werden. Wiederaufbauten gelten als Neubauten, sofern eine neue Planung notwendig war.**

(4) **Erweiterungsbauten sind Ergänzungen eines vorhandenen Objekts.**

(5) **Umbauten sind Umgestaltungen eines vorhandenen Objekts mit wesentlichen Eingriffen in Konstruktion oder Bestand.**

(6) **Modernisierungen sind bauliche Maßnahmen zur nachhaltigen Erhöhung des Gebrauchswertes eines Objekts, soweit sie nicht unter Absatz 4, 5, oder 8 fallen;**

(7) **Mitzuverarbeitende Bausubstanz** ist der Teil des zu planenden Objekts, der bereits durch Bauleistungen hergestellt ist und durch Planung- oder Überwachungsleistungen technisch oder gestalterisch mitverarbeitet wird.

(8) **Instandsetzungen** sind Maßnahmen zur Wiederherstellung des zum bestimmungsgemäßen Gebrauch geeigneten Zustandes (Soll–Zustandes) eines Objekts, soweit sie nicht unter Absatz 3 fallen.

(9) **Instandhaltungen** sind Maßnahmen zur Erhaltung des Soll–Zustandes eines Objekts.

(10) **Kostenschätzung** ist die überschlägige Ermittlung der Kosten auf der Grundlage der Vorplanung. Die Kostenschätzung ist die vorläufige Grundlage für Finanzierungsüberlegungen. Der Kostenschätzung liegen zugrunde:

1. Vorplanungsergebnisse

2. Mengenschätzungen

3. erläuternde Angaben zu den planerischen Zusammenhängen, Vorgängen sowie Bedingungen und

4. sowie Angaben zum Baugrundstück und dessen Erschließung.

Wird die Kostenschätzung nach § 4 Absatz 1 Satz 3 auf der Grundlage der DIN 276 in der Fassung vom Dezember 2008 (DIN 276-1: 2008-12) erstellt, müssen die Gesamtkosten nach Kostengruppen mindestens bis zur ersten Ebene der Kostengliederung ermittelt werden.

(11) **Kostenberechnung** ist die Ermittlung der Kosten auf der Grundlage der Entwurfsplanung. Der Kostenberechnung liegen zugrunde:

1. durchgearbeitete Entwurfszeichnungen oder auch Detailzeichnungen wiederkehrender Raumgruppen,

2. Mengenberechnungen und

3. für die Berechnung und Beurteilung der Kosten relevante Erläuterungen.

Wird die Kostenberechnung nach § 4 Absatz 1 Satz 3 auf der Grundlage der DIN 276 erstellt, müssen die Gesamtkosten nach Kostengruppen bis zur zweiten Ebene der Kostengliederung ermittelt werden.

Überblick

I. Änderungen

Der Inhalt des Begriffs „Objekte" ist neu formuliert worden. Inhaltliche Änderungen **1** sind damit nicht verbunden. Statt der raumbildenden Ausbauten werden jetzt Innenräume genannt. Wie schon bisher werden auch Tragwerke und Anlagen der Technischen Ausrüstung als Objekte bezeichnet. Dies wird zwar nicht konsequent beibehalten, so trennt z.B.

§ 5 Abs. 1 begrifflich in Objekt- und Tragwerksplanung, ist aber für die Honorarberechnung zutreffend. § 6 Abs. 1 verweist auf die zum jeweiligen Objekt gehörenden Leistungsbilder. Der Begriff des Objekts bezeichnet damit nicht ein eigenständiges Bauwerk, sondern einen gesondert abrechenbaren Gegenstand der Leistung.

Die Definition des Gebäudes (bisher Nr. 2) ist entfallen

Entfallen ist auch die Definition der allgemein anerkannten Regeln der Technik (bisher Nr. 12). Unabhängig von der Frage, ob diese Definition so Gültigkeit beanspruchen konnte, war die HOAI als Regelung zu Honorarfragen nicht der richtige Ort dafür.

Ebenfalls entfallen ist die Definition der Honorarzonen (bisher Nr. 15). Die Honorarzonen sind umfassend in § 5 geregelt.

Umbauten sind nur noch bei einem wesentlichen Eingriff in die Konstruktion oder den Bestand zu berücksichtigen.

Die mitzuverarbeitende Bausubstanz ist wieder aufgenommen worden.

II. Allgemeines

2   Diese Vorschrift schafft keinen Rechtssatz mit Verhaltensregeln für die Vertragspartner, sondern enthält lediglich Begriffsbestimmungen. Sie definiert Begriffe, wie sie der Verordnungsgeber verstanden wissen will. Derartigen Legaldefinitionen (gesetzlichen Begriffsbestimmungen) geben lediglich Aufschluss darüber, wie ein Begriff inhaltlich zu verstehen ist, wenn er nachfolgend in der Verordnung gebraucht wird.

3   Bei der Erläuterung der Begriffsbestimmungen des § 3 stellt sich allgemein die Frage, ob deren Inhalt an den Definitionen des bürgerlichen Rechts oder an denen des öffentlichen Baurechts, etwa an den von den Landesbauordnungen verwendeten Begriffen, auszurichten ist. Es gibt Fälle, in denen die Begriffe unterschiedliche Tragweite und Bedeutung haben, je nachdem, auf welchem Rechtsgebiet sie verwendet werden. Bedenkt man, dass der öffentlich-rechtliche Aspekt der HOAI nicht auf dem Gebiet des öffentlichen Baurechts, sondern auf dem des Preisrechts liegt, und dass in der HOAI Entgelte geregelt werden, die für Leistungen geschuldet werden, die auf Grund bürgerlich-rechtlicher (zumeist Werk-) Verträge erbracht werden, liegt es nahe, in erster Linie von den im bürgerlichen Recht verwendeten Begriffen und deren Bedeutung auszugehen.

III. Die einzelnen Begriffsbestimmungen

1. Objekte

4   De Begriff des Objekts, wie er in der HOAI verwendet wird, meint nicht etwa einen selbständigen körperlichen Gegenstand, etwas ein eigenes Bauwerk. Er ist vielmehr dem Gegenstand der HOAI zu verstehen, der Regelung zur Abrechnung von Honoraren. Objekte in diesem Sinn sind selbständige abrechenbare Leistungsbereiche. Dem entsprechen die jeweiligen Leistungsbilder.

Nur bei dieser Auslegung des Begriffs des Objekts können auch Tragwerke oder Anlagen der Technischen Ausrüstung als eigene Objekte angesehen werden. Dem entspricht es, wenn § 6 Abs. 1 die einzelnen Elemente, dazu auch die anrechenbaren Kosten, der Honorarberechnungen für die jeweiligen Objekte auflistet, dann in § 54 Abs. 1 für das Honorar des Objekts der Technischen Ausrüstung auf die anrechenbaren Kosten der jeweiligen Anlage abstellt.

5   Die Innenräume, bisher raumbildende Ausbauten, sind gesondert genannt, da sie als eigenes Objekt abgerechnet werden können. Über § 34 Abs. 2 wird vorgegeben, dass als Leistung die Gestaltung oder Erstellung von Innenräumen ohne wesentliche Eingriffe in Bestand oder Konstruktion zu verstehen ist. Die bisher in § 2 Nr. 8 enthaltene Definition konnte dadurch entfallen.

Allerdings ist die Definition nicht in Einklang zu bringen mit der Formulierung in § 33 Abs. 1. Danach sind für Grundleistungen bei (Gebäuden und) Innenräumen die Kosten der

Baukonstruktion anrechenbar. Damit ist auch fraglich, ob durch die Untergliederung der Innenräume unter die Objekte der Ansatz von Ausstattungen, z.B. Möbel (Kostengruppe 611 der DIN 276–2008-12) bei den anrechenbaren Kosten ausgeschlossen sein soll. Gegen die Einbeziehung der Möblierung in die raumbildenden Ausbauten spricht nicht, dass die bisherige Nr. 8 nicht mehr gesondert genannt wird. Eine Verschlechterung des Honorars, z.B. durch den Entfall anrechenbarer Kosten, sollte durch die Neufassung der HOAI nicht erfolgen.

Gebäude werden als eigenes Objekt genannt. Bisher war dazu in § 2 Nr. 2 HOAI a.F. **6** definiert, dass als Gebäude selbständig nutzbare überdeckte bauliche Anlagen zu verstehen sind, die von Menschen betreten werden können und geeignet oder bestimmt sind, dem Schutz von Menschen, Tieren oder Sachen zu dienen. Diese Definition wird nicht mehr verwendet, da sie zu kurz greift. Auch Ingenieurbauwerke können Gebäude sein, ohne dass sie diesen Gebäudebegriff erfüllen.

Ein Gebäude liegt vor bei fester Verbindung mit dem Erdboden. Ob ein oder mehrere **7** Gebäude anzunehmen sind richtet sich danach, ob eine konstruktive oder funktionale Trennung vorliegt (BGH IBR 2012, 206).

2. Neubauten und Neuanlagen

Neubauten und Neuanlagen sind neu zu errichtende oder neu herzustellende Objekte. **8** Diese Begriffsbestimmung entspricht herkömmlicher Ausdrucksweise und herkömmlichem Inhalt (BRDrucks. 270/76 S. 6). Neuerrichtung (Neuherstellung) bedeutet, dass dieses Objekt (Bauwerk, Anlage) vorher nicht existiert hat und dass seine Errichtung einer besonderen neuen Planung bedarf. Das heißt wiederum nicht, dass ein individueller Plan angefertigt werden muss, um das Bauwerk (die Anlage) zu einem Neubau (einer Neuanlage) zu machen. Auch das nach Typenplänen, etwa den durch entsprechende Software vorgegebenen Computerplänen oder nach wiederholt ausgeführten sogenannten „Schubladenentwürfen" errichtete Haus ist ein Neubau. Das Erfordernis einer besonderen (neuen) Planung besagt nur, dass zuvor an dieser Stelle ein solches Objekt nicht vorhanden gewesen ist. Es kommt daher auch nicht darauf an, ob früher an der Stelle, an der das Objekt errichtet wird, schon einmal ein anderes Objekt gestanden hat oder nicht. Wird ein Gebäude niedergerissen, um einem anderen Gebäude Platz zu machen, dann stellt das neue Gebäude einen Neubau dar. Eine Neuanlage kann z.B. auch bei dem erstmaligen Einbau einer Heizungs- oder Klimaanlage in ein bestehendes Gebäude angenommen werden (Jochem § 3 Rn. 3). Allerdings wird mit der Heizungsanlage kein eigenes Objekt vorliegen, wenn sie im Zusammenhang mit dem Neubau eines Gebäudes geplant wird. Dagegen hat das OLG Düsseldorf (BauR 2002, 117 = IBR 2002, 263) entschieden, dass Anbauten an ein Krankenhausgebäude mit Treppen, Fluren, Versorgungsstraßen und Aufzügen keinen Neubau und auch keinen Umbau darstellt, sondern als Erweiterungsbau (§ 2 Nr. 4) anzusehen ist.

3. Wiederaufbauten

Als Wiederaufbau wird die Wiederherstellung zerstörter Objekte auf vorhandenen Bau- **9** oder Anlageteilen bezeichnet. Die Definition knüpft an Formulierungen in § 16 GOA an (BRDrucks. 270/76 S. 6), ohne diese jedoch ganz zu übernehmen. § 16 GOA unterschied zwischen Wiederherstellungen (Abs. 1) und Wiederaufbauten (Abs. 3); der Unterschied bestand darin, dass bei der Wiederherstellung die bisherige Planung und Gestaltung nicht verändert wurde, während beim Wiederaufbau eine solche wesentliche Änderung stattfand. Letzterer war wie ein Neubau zu behandeln, sofern ein neuer Entwurf erforderlich war (§ 16 Abs. 5 GOA). Die HOAI fasst beide Gruppen unter der Bezeichnung „Wiederaufbauten" zusammen, trennt aber wie die GOA nach dem Maß der Erforderlichkeit einer neuen Planung: Ist eine neue Planung erforderlich, gilt der Wiederaufbau als Neubau (Abs. 3 Satz 2).

Ein Wiederaufbau setzt ferner voraus, dass noch alte Bau- oder Anlagenteile vorhanden **10** sind, z.B. Fundamente, der Keller usw. Muss das Objekt dagegen von Grund auf neu errichtet werden, so handelt es sich nach § 2 Abs. 2 stets um einen Neubau.

11 Der Wiederaufbau hat auch Berührungspunkte mit der Instandsetzung (Abs. 8). Auch der Wiederaufbau ist im weiteren Sinne eine „Maßnahme zur Wiederherstellung des Soll-Zustandes eines Objekts". Die Grenze liegt da, wo in erheblichem Umfang eine teilweise Erneuerung nicht mehr vorhandener Substanz des Objekts erforderlich ist: Die Ersetzung einer von Hausschwamm befallenen Innenwand ist Instandsetzung, die Wiedererrichtung eingestürzter Mauern dagegen Wiederaufbau.

12 Beim Wiederaufbau ist in der Hauptsache an die Wiederherstellung von Gebäuden gedacht, die durch Kriegseinwirkung oder sonstige Unglücksfälle (Brand, Explosion, Erdbeben) zerstört worden sind. Es kommen aber auch andere Zerstörungsursachen in Betracht, z.B. Abriss wegen allgemeiner Bauschäden, mögen diese eine Folge fehlerhaften Bauens, natürlicher Alterung oder äußerer Einwirkungen (Hochwasserschäden, Unterspülungen, Setzungen, Bergbauschäden, Vertiefungen durch Nachbargebäude, Schwammbefall, Hausbockbefall) sein. Dagegen ist ein Abriss, der nur den Zweck verfolgt, das Objekt durch ein anderes zu ersetzen, keine Zerstörung im Sinne der Vorschrift, auch dann nicht, wenn Teile des Baukörpers erhalten bleiben. Letzteres lässt sich auch aus Abs. 5 entnehmen, wonach Umgestaltungen eines vorhandenen Objekts mit wesentlichen Eingriffen in Konstruktion oder Bestand als Umbauten bezeichnet werden.

4. Erweiterungsbauten

13 Erweiterungsbauten beinhalten Ergänzungen eines vorhandenen Objekts. Beispiele für Ergänzungen sind Aufstockung oder Anbau. § 15 Abs. 2 GOA nannte daneben noch „Aufbauten" und verstand darunter „Bauten nach neuer Planung auf vorhandenen Mauern oder Bauteilen". Auch solche Objekte fallen nach der amtlichen Begründung (BRDrucks. 270/76 S. 7) unter den Begriff der Erweiterungsbauten. Wesentliches Kriterium für Erweiterungsbauten ist die unmittelbare körperliche Verbindung mit einem bereits vorhandenen Objekt, wobei es aber stets auch zu einer räumlichen Ausdehnung kommen muss, auch wenn dies den als Beispiel aufgeführten Ergänzungen nicht immanent sein muss.

14 Erweiterungsbauten sind häufig, z.B. bei Aufstockungen, bei denen der alte Dachstuhl entfernt, vielfach aus statischen Gründen auch eine vorhandene Geschossdecke ersetzt werden muss, nicht ohne erheblichen Eingriff in die Konstruktion und die Bausubstanz möglich. Durch solche Eingriffe wird die Erweiterung noch nicht zum Umbau (Abs. 5). Vielmehr bleibt sie ein Erweiterungsbau, wenn das Ergebnis der Leistung in der Ergänzung (Vergrößerung) der bisherigen Bausubstanz besteht. Etwas anderes kann gelten, wenn die Erweiterung mit wesentlichen Eingriffen in die bereits vorhandene Konstruktion einhergeht. Dann liegt neben einer Erweiterung ein Umbau vor. Liegt ein wesentlicher Eingriff in die Konstruktion vor, fällt insoweit der Umbauzuschlag mit 20% an, sofern keine andere Vereinbarung getroffen wurde (§ 6 Abs. 2). Der Umbauzuschlag ist für diesen Teil der Maßnahme zu berechnen (ähnlich Preussner, BauR 2012, 711 zur HOAI 2009, der die Höhe des Umbauzuschlags an das Verhältnis von Erweiterung zu Umbau anpassen will. Dagegen spricht allerdings der vorgegebene Mindestsatz von 20% bei Fehlen einer anderen Vereinbarung; a.A. L/K/F § 2 Rn. 11, die den Umbauzuschlag auf die gesamte Maßnahme beziehen). Für die hier vertretene Auffassung spricht die frühere Version der HOAI, die getrennte Abrechnungen von Erweiterungs- und Umbaumaßnahmen gefordert hatte, wobei der Umbauzuschlag nur für die Umbaumaßnahme anzusetzen war (§ 23 HOAI 2002). Ist eine Differenzierung in Erweiterung und Umbau nicht möglich, ist entscheidend, wo der Schwerpunkt der dann auch hinsichtlich des Zuschlags einheitlich zu behandelnden Maßnahme liegt (OLG Düsseldorf BauR 1987, 708). Liegen lediglich Anbauten vor, z.B. von Treppen, Fluren, Versorgungsstraßen und Aufzügen an ein Krankenhausgebäude, sind diese nicht als Umbau oder Neubau, sondern als Erweiterungsbauten anzusehen (OLG Düsseldorf BauR 2002, 117 = NJW-RR 2002, 163).

5. Umbauten

15 Wieder aufgenommen wurde die Anforderung, dass ein „wesentlicher" Eingriff in die Konstruktion vorliegen muss. Es muss sich also um „deutliche" Eingriffe in Konstruktionen oder Bestand handeln, damit der Umbauzuschlag abgerechnet werden kann. Nach dem Wortlaut ist nicht der Schwierigkeitsgrad der Planung entscheidend, sondern der Umfang des Eingriffs in Bestand oder Konstruktion. Damit ist aber nicht auf den Umfang der Substanzveränderung abzustellen, denn auch mit geringem Eingriff in die Substanz können wesentliche Folgen für die Konstruktion verbunden sein. Erst die Höhe des Umbauzuschlags ist nach dem Schwierigkeitsgrad der Planung zu richten, wie z. B. § 6 Abs. 2 für Gebäude bestimmt.

Ein Umbau liegt bereits vor, wenn in die Konstruktion oder den Bestand eingegriffen wird, es muss nicht beides betroffen sein.

6. Modernisierungen

Der Begriff der Modernisierung findet sich auch im Gesetz zur Förderung der Modernisierung von Wohnungen (BGBl. 1976 I S. 2429) und in § 17 Abs. 1 Satz 2 des II. WoBauG (dazu auch BVerwG NJW-RR 1987, 1489). **16**

Nach der Legaldefinition des § 2 Abs. 6 liegt eine Modernisierung nur dann vor, wenn mit der Maßnahme eine nachhaltige Erhöhung Gebrauchswertes verbunden ist.

Modernisierungen sind gegen Erweiterungsbauten und Umbauten sowie gegen Instandsetzungen abzugrenzen. Dazu bestimmt Abs. 6 Satz 2, dass Modernisierungen nur anzunehmen sind, wenn die Maßnahme nicht unter Abs. 4 (Erweiterung), Abs. 5 (Umbauten) oder Abs. 8 (Instandsetzung) fällt. Führen Erweiterungs- und Umbauten also zu Modernisierungen, bleiben sie gleichwohl Erweiterungs- oder Umbauten. Dasselbe ist der Fall bei Instandsetzungen, also Wiederherstellungen des Soll-Zustandes von Objekten, bei denen etwa wegen dabei erfolgter Verwendung moderner Baustoffe, neuartiger Installationsgegenstände, usw. auch eine gewisse Modernisierung herbeigeführt wird. Modernisierung entfällt immer dann, wenn ein wesentlicher Eingriff in Konstruktion oder Bestand erfolgt (Umbau). Wird umgekehrt durch eine Modernisierung auch eine Instandsetzung bewirkt – z. B. eine leistungsfähigere Heizungsanlage ersetzt eine veraltete, die noch dazu defekt war –, bleibt die Maßnahme eine Modernisierung. Das Gleiche gilt für Instandsetzungen, die überhaupt erst durch die Modernisierung erforderlich werden, z. B. das Schließen von Wanddurchbrüchen und die Erneuerung des Innenputzes nach der Installation einer Zentralheizung in einem Haus, das zuvor durch Öfen beheizt worden war (vgl. auch § 3 Abs. 3 ModEnG). **17**

Bei der Modernisierung muss es sich um eine bauliche Maßnahme handeln. Sie muss also den Baukörper selbst betreffen. Die Ersetzung von Kohleöfen durch Ölöfen fällt daher nicht unter Abs. 6, wohl aber der Einbau einer Zentralheizung oder einer zentralen Ölversorgungsanlage, der Einbau von Verbundglasscheiben, die Einbringung einer wärmedämmenden Dachhaut, der Einbau von Bädern und dergleichen (vgl. § 3 Abs. 2 ModEnG). **18**

Welche Arten von Maßnahmen im Einzelnen als Modernisierungen anzusehen sind, ist in Abs. 6 nicht gesagt. Einen Anhaltspunkt dafür kann, obwohl die Vorschrift in keinem unmittelbaren Zusammenhang mit der HOAI steht und auch ihrerseits keine abschließende Aufzählung enthält, § 4 Abs. 1 und 3 ModEnG bieten. Danach sind bauliche (Modernisierungs-)Maßnahmen, die den Gebrauchswert der Wohnungen erhöhen, insbesondere Maßnahmen zur Verbesserung des Zuschnitts der Wohnung, der Belichtung und der Belüftung sowie des Schallschutzes, der Energie- und Wasserversorgung sowie der Entwässerung, der sanitären Einrichtungen, der Beheizung, der Kochmöglichkeiten, der Funktionsabläufe in Wohnungen, der Sicherheit vor Diebstahl und Gewalt sowie Maßnahmen zur nachhaltigen Einsparung von Heizenergie. Ferner gehören hierzu auch Anbauten, die zur Aufnahme sanitärer Einrichtungen oder von Aufzügen dienen, ohne deshalb als Erweiterungsbau angesehen zu werden (vgl. OLG Düsseldorf BauR 2000, 117 = NJW-RR 2002, 163); schließlich besondere bauliche Maßnahmen für Behinderte und alte Menschen. Nicht hierher gehören diejenigen baulichen Maßnahmen, die nicht den Gebrauchswert der Wohnungen erhöhen oder zu Energieersparnis führen, sondern (im Sinne des § 4 Abs. 2 ModEnG) lediglich die allgemeinen Wohnverhältnisse verbessern, wie die Anlage und der Ausbau von nicht öffentlichen Gemeinschaftsanlagen. Grund: Die Verbesserung **19** der allgemeinen Wohnverhältnisse ist als Merkmal der Modernisierung in § 3 Nr. 6 nicht genannt.

20   Die Erhöhung des Gebrauchswertes der Objekte muss nachhaltig sein, d. h. sie darf nicht von vornherein nur für eine vorübergehende Zeit gedacht sein. Dass Bau- und Anlagenteile, die zur Erzielung des erhöhten Gebrauchswertes eingebaut werden, natürlichem Verschleiß unterliegen und in mehr oder weniger absehbarer Zukunft ersetzt werden müssen, spielt selbstverständlich keine Rolle.

21   Es muss sich um eine Erhöhung des Gebrauchswertes handeln. Der bloße Anstieg des merkantilen Wertes genügt nicht. Ein solcher geht zwar im Regelfalle mit einer Erhöhung des Gebrauchswertes einher, aber nötig ist das nicht. Die Erhöhung des Handels- oder Mietwertes des Objekts kann beispielsweise auch erzielt werden durch Maßnahmen, die auf eine Steigerung des ästhetischen Wertes des Objekts abzielen, z. B. durch Anbringung künstlerischen Schmucks an einem Wohnhaus, Ersetzung von voll funktionsfähigen Türen durch technisch gleichwertige aus edlen Hölzern und dergleichen. In solchen Fällen liegt keine Modernisierung vor.

22   Der Ausdruck „Modernisierung" gibt nicht genau wieder, was der Verordnungsgeber meint. Man könnte annehmen, dass die Maßnahme stets auf der Nutzung einer gegenüber dem Ist-Zustand des Objekts fortgeschrittenen Technik beruhen müsse. Das ist aber nicht der Fall. Die Definition zeigt vielmehr, dass es allein auf die nachhaltige Erhöhung des Gebrauchswertes ankommt. Das kann auch geschehen, indem modernere, erst jüngst entwickelte Bauteile, die aber von verhältnismäßig geringem Gebrauchswert sind, durch solche ersetzt werden, die es zwar schon längere Zeit gibt, die sich aber bewährt haben und den Gebrauchswert steigern. Auch in solchen Fällen handelt es sich um eine Modernisierung im Sinne dieser Vorschrift. Man hätte daher erwägen können, dass der Ausdruck „Verbesserungen" die hier gemeinten Fälle zutreffender umschrieben hätte, wobei allerdings zu bedenken ist, dass solche Maßnahmen nicht hierher zählen, die nur den Soll-Zustand herstellen, also zu den Instandsetzungen gehören.

7. Mitzuverarbeitende Bausubstanz

23   § 2 Abs. 7 enthält die Legaldefinition der wieder in die Verordnung aufgenommenen mitzuverarbeitenden Bausubstanz. Der bereits durch Bauleistungen hergestellte Teil des Objekts wird nur dann einbezogen, wenn er durch Planungs- oder Überwachungsleistungen mitverarbeitet wird. Dieses Mitverarbeiten kann technisch oder gestalterisch erfolgen.

Zunächst muss eine Bausubstanz vorliegen. Diese ist nicht zwingend identisch mit den in § 4 Abs. 2 Nr. 4 angesprochenen Baustoffen und Bauteilen. Bausubstanz ist nur anzunehmen, wenn eine feste Verbindung mit dem Gebäude vorhanden ist, Bauteile können dagegen entfernt werden, wie z. B. Fenster oder Türen.

Die Bausubstanz muss durch eine Bauleistung hergestellt worden sein. Damit ist der Bewuchs von Freianlagen nicht erfasst. Die Begrünung eines Daches ist dagegen Bauleistung.

Erfasst wird dann alles, was entweder technisch oder gestalterisch mitverarbeitet wird. Damit ist von einem weiten Anwendungsbereich auszugehen.

Während § 2 Abs. 7 festlegt, was zur mitverarbeitenden Bausubstanz gehört, bestimmt § 4 Abs. 3, in welchem Umfang sie bei den anrechenbaren Kosten zu berücksichtigen ist. Dazu soll der Umfang und de wert der mitverarbeiteten Bausubstanz objektiv ermittelt und (möglichst) schriftlich vereinbart werden.

8. Instandsetzungen

24   Instandsetzungen sind Maßnahmen zur Wiederherstellung des zum bestimmungsgemäßen Gebrauch geeigneten Zustandes eines Objekts. Sie sind abzugrenzen gegen Wiederaufbauten und gegen solche Maßnahmen, die durch Modernisierungen verursacht werden.

25   Der Begriff der Instandsetzung ist der DIN 31051 entnommen (BRDrucks. 270/76 S. 7). Letztere führt den Begriff unter der Überschrift „Instandhaltung" auf und beschreibt ihn als „Maßnahmen zur Wiederherstellung des Sollzustandes" (DIN 31051.3.1). Die Notwendigkeit solcher Maßnahmen setzt einen Istzustand (den bestehenden tatsächlichen

Zustand, DIN 31051.3.3) voraus, der von dem für den jeweiligen Fall festgelegten (geforderten) Zustand (Sollzustand, DIN 31051.3.2) abweicht. Das vorhandene Objekt muss also in irgendeiner Form Schaden genommen haben, sei es durch Witterungseinflüsse, altersbedingte Abnutzung, Emissionen, Brand, Sturm, Wasser oder auch durch mangelhafte Errichtung oder auch Unterhaltung, so dass z. B. auch Sanierungsplanungen für ein Gebäude, das nicht gegen drückendes Wasser isoliert worden ist, hierunter fallen. Jedoch darf dieser Istzustand nicht so beschaffen sein, dass das Objekt als (ganz oder teilweise) zerstört anzusehen ist. Dann handelt es sich um einen Wiederaufbau.

Die bei der Instandsetzung planerisch oder gestalterisch einbezogenen mitverarbeitete Bausubstanz ist bei den anrechenbaren Kosten zu berücksichtigen.

9. Instandhaltungen

Nach DIN 31051.3.1, die auch für den Begriff der Instandhaltung maßgebend ist **26** (BRDrucks. 270/76 S. 7), ist darunter die Gesamtheit aller Maßnahmen zur Bewahrung und Wiederherstellung des Sollzustandes sowie zur Feststellung und Beurteilung des Istzustandes zu verstehen. Da jedoch die Instandsetzung, das heißt die Beseitigung eines dem bestimmungsgemäßen Gebrauch nicht genügenden Istzustandes, bereits unter Abs. 8 definiert ist, umfasst Abs. 9 solche Maßnahmen nicht. Instandhaltung im Sinne der Abs. 9 sind daher nur solche Maßnahmen, die der Bewahrung eines dem Sollzustand entsprechenden Istzustandes dienen, also vor allem konservierende und vorbeugende Maßnahmen. Die DIN 31051 bezeichnet solche Maßnahmen als Wartung (3.1.1). Sie führt unter dem Oberbegriff der Instandhaltung aber zusätzlich die Inspektion auf (3.1.2) und umschreibt diese als Maßnahmen zur Feststellung und Beurteilung des Istzustandes. Es handelt sich um eine bloße Überprüfung, deren Ergebnis von Fall zu Fall darüber entscheidet, ob Maßnahmen zur Instandsetzung oder zur Instandhaltung erforderlich sind.

10. Kostenschätzung

Abs. 10 definiert und erläutert den Begriff der Kostenschätzung. Gemäß § 6 soll auf ih- **27** rer Grundlage das Honorar berechnet werden, wenn die Kostenberechnung nicht vorliegt. Der Kostenschätzung liegt – wie der Begriff schon sagt – eine Schätzung zugrunde, eine Schätzung der Mengen. Alternativ ist auch eine Heranziehung von Bezugseinheiten denkbar – z. B. cbm = umbauter Raum. Immer sollen diese „überschlägigen Ermittlungen der Kosten" auf den Erkenntnissen der Vorplanung basieren und eine vorläufige Grundlage für Finanzierungsüberlegungen darstellen. Der Kostenschätzung liegen somit Ergebnisse der Vorplanung zugrunde bzw. damit verbundene Mengenschätzungen und zusätzlich erläuternde Angaben zu planerischen Zusammenhängen; ebenso Angaben zum Baugrundstück und dessen Erschließung.

Der Wortlaut des Abs. 10 führt ausdrücklich aus, dass die Kostenschätzung auf Grundla- **28** ge der DIN 276 in der Fassung vom Dezember 2008 zu erstellen ist, und die Gesamtkosten der Kostengruppen bis zur ersten Ebene der Kostengliederung ermittelt werden müssen. Dies erscheint allerdings als nicht ausreichend, weil diese erste Ebene noch keine ausreichenden Werte liefert.

11. Kostenberechnung

Wiederum als Grundlage für die nachfolgende Regelung des § 4 Abs. 1 S. 2 u. § 6 muss **29** auch der Begriff der „Kostenberechnung" festgelegt werden. Die Erkenntnisse, die der Kostenberechnung zugrunde liegen, gehen dabei naturgemäß weiter als jene der Kostenschätzung. Bei der Kostenberechnung erfolgt eine Ermittlung der Kosten auf der Grundlage der Entwurfsplanung, nicht mehr nur der Vorplanung. Der Entwurfsplanung müssen durchgearbeitete Entwurfszeichnungen, Detailzeichnungen, Mengenberechnungen und dafür relevante Erläuterungen zugrunde liegen. Die Kostenberechnung ist auf Grundlage der DIN 276 in der Fassung vom Dezember 2008 zu erstellen. Die Gesamtkosten müssen nach Kostengruppen bis zur zweiten Ebene der Kostengliederung ermittelt werden.

30   Auch dieses Abstellen auf die Kostengruppen der zweiten Ebene muss allerdings nicht ausreichen, da bspw. bei der Fachplanung nur dann ausreichende Werte vorliegen, wenn einschließlich der dritten Ebene differenziert wird.

Problematisch in diesem Zusammenhang könnte sein, dass die fehlende Bezugnahme der DIN 276 auf die Fassung vom Dezember 2008 einen nicht zulässigen dynamischen Verweis beinhaltet. Entsprechendes wird man allerdings über § 4 Abs. 1 Satz 3 „lösen" können. Dort ist klargestellt, dass jede Bezugnahme in dieser Verordnung auf die DIN 276 die Fassung vom Dezember 2008 anspricht.

§ 3 Leistungen und Leistungsbilder

(1) **Die Honorare für Grundleistungen der Flächen-, Objekt- und Fachplanung sind in den Teilen 2 bis 4 dieser Verordnung verbindlich geregelt. Die Honorare für Beratungsleistungen der Anlage 1 sind nicht verbindlich geregelt.**

(2) **Grundleistungen, die zur ordnungsgemäßen Erfüllung eines Auftrags im Allgemeinen erforderlich sind, sind in Leistungsbildern erfasst. Die Leistungsbilder gliedern sich in Leistungsphasen gemäß den Regelungen in den Teilen 2 bis 4.**

(3) **Die Aufzählung der Besonderen Leistungen in dieser Verordnung und in den Leistungsbildern ihrer Anlagen ist nicht abschließend. Die Besonderen Leistungen können auch für Leistungsbilder und Leistungsphasen, denen sie nicht zugeordnet sind, vereinbart werden, soweit sie dort keine Grundleistungen darstellen. Die Honorare für Besondere Leistungen können frei vereinbart werden.**

(4) **Die Wirtschaftlichkeit der Leistung ist stets zu beachten.**

Übersicht

I. Überblick

1   Die Trennung zwischen Leistungen, für die das Honorar in der HOAI verbindlich geregelt ist und solchen, für die es dort keine verbindlichen Regelungen gibt, wird beibehalten. Dazu wird zwischen Grundleistungen, Beratungsleistungen und Besonderen Leistungen unterschieden. Wie bisher sind die Honorarreglungen nur für die Grundleistungen verbindlich.

Der verunglückte Begriff der „anderen Leistungen", wie er in der vorhergehenden Fassung verwendet wurde, ist entfallen. Das war notwendig, denn eine Trennung zwischen Leistungen, die den verbindlichen oder unverbindlichen Regelungen der HOAI zuzuordnen sind, war weder über den Begriff der „anderen Leistung" noch über die dazu im bisherigen Abs. 2 genannten Beispiele eindeutig möglich.

Die Auflistung der einzelnen Leistungsphasen, bisher Abs. 4–6, ist ebenso entfallen wie der Hinweis auf die prozentualen Bewertungen der Leistungsphasen (Abs. 7 a. F.). Die einzelnen Leistungsphasen werden jetzt bei den jeweiligen Leistungsbildern genannt.

Das Erörterungsgebot (Abs. 8 a. F.) wird nicht mehr genannt. Durch diese Vorschrift war eine Leistung als geschuldet beschrieben, somit auf den Vertragsinhalt Einfluss genommen worden. Dazu fehlt der HOAI die Grundlage, das sie lediglich Preisrecht sein darf. Die Herausnahme des Abs. 8 ist im Hinblick auf die Ermächtigungsgrundlage der Verordnung konsequent.

Damit ist das Erörtern der Planungsergebnisse aber nicht als preisgebundene Leistung entfallen. Über die Grundleistungen der planungsbezogenen Leistungsphasen (z. B. LP 1–3 der Anlage 11 zu § 33) gehört das Erörtern der Planungsergebnisse weiter zu den erfassten Leistungen. Über die Kostenentwicklung, insbesondere im Fall der drohenden Überschreitung des vom Bauherrn gesetzten Kostenrahmens, ist dieser während der gesamten Bauausführung zu informieren (BGH BauR 2003, 566).

Das bisher in Abs. 6 S. 2 enthaltene Gebot der wirtschaftlichen Planung wird jetzt in Abs. 4 genannt. Wie schon bisher, besteht eine solche Verpflichtung für den Auftragnehmer unabhängig davon, ob sie in der HOAI genannt wird oder nicht. Eine unwirtschaftliche Planung verstößt gegen vertragliche Pflichten und würde einen (verschuldensabhängigen) Schadensersatzanspruch begründen.

II. Begriff der Leistungen

§ 3 stellt in verschiedenen Zusammenhängen auf den Begriff der „Leistungen" ab. Er **2** wird nicht definiert und in verschiedenen Zusammenhängen gebraucht:

- Grundleistungen entsprechen den Leistungen, die zur ordnungsgemäßen Erfüllung eines Auftrags im Allgemeinen erforderlich sind; § 3 Abs. 2 S. 1. Die Bezeichnung als „im allgemeinen erforderlich sind" soll klarstellen, dass nicht alle in den Leistungsbildern aufgeführten Leistungen bei jedem Objekt zur Erreichung des Vertragszieles notwendig sind.
- Besondere Leistungen sind Leistungen, die im Allgemeinen zur Erfüllung des Vertrags- und Leistungserfolgs nicht erforderlich sind, die aber im Einzelfall wegen besonderer Anforderungen des Leistungsziels oder auf Wunsch des Auftraggebers notwendig werden – weil die Erbringung der Grundleistungen dazu nicht ausreicht.
- Leistungsbilder enthalten jeweils objektbezogen alle dem derzeitigen Stand der Technik für ein bestimmtes Leistungsziel im Allgemeinen erforderlichen Einzelleistungen (Grundleistungen). Teilweise sind die Leistungsbilder durch die HOAI 2013 gegenüber den vorhergenden Fassungen geändert worden. Die Inhalte der einzelnen Leistungsbilder wurden in den Anhang der HOAI verschoben. Die Anlagen zu den Leistungsbildern enthalten auch die (nicht abschließenden) Beratungsleistungen.
- Leistungsphasen stellen Teile eines Leistungsbildes dar. Sie enthalten jeweils in sich abgeschlossene und insoweit selbstständige Leistungsabschnitte, die sowohl getrennt beauftragt als auch jeweils einzeln abgenommen werden können. Ihre Bezahlung kann ebenfalls getrennt verlangt werden (vgl. auch §§ 632a S. 1, 641 Abs. 1 S. 2 BGB). Die Prozentsätze der Leistungsphasen sind gegenüber den vorherigen Fassungen teilweise abgeändert worden.
- Einzelleistungen sind in der HOAI in § 9 erwähnt. Darunter fällt die ausschließliche Beauftragung von Vorplanung oder Entwurfsplanung sowie der Objektüberwachung, bei Landschaftsplänen der vorläufigen Planfassung. Das Honorar ist entsprechend zu erhöhen.

III. Zu Abs. 1: Verbindliche und unverbindliche Honorarregelungen

§ 3 Abs. 1 behält den wesentlichen Grundsatz der Trennung in verbindlich und unver- **3** bindlich geregelte Honorare bei. Verbindlich sind die Honorarvorgaben für die Grundleistungen zur Flächenplanung (Teil 2), die Objektplanung (Teil 3) und die Fachplanung (Teil 4). Zu den Beratungsleistungen verweist Satz 2 auf die Anlage 1. Diese Anlage befasst sich mit Honoraren für Umweltverträglichkeitsstudien, Bauphysik, Geotechnik und Ingenieurvermessungen.

1. Grundleistungen

4   Abs. 2 verweist auf die in Leistungsbildern erfassten Grundleistungen, die als allgemein erforderlich angesehen werden, um einen Auftrag ordnungsgemäß zu erfüllen.

a) Leistungen zur ordnungsgemäßen Erfüllung eines Auftrags

5   Auch wenn diese Leistungen als „im Allgemeinen erforderlich" angesehen werden, werden sie dadurch nicht automatisch Vertragsgegenstand. Die HOAI enthält nach wie vor nur Preisrecht.

6   Der Kreis der allgemein erforderlichen „Grund"-Leistungen ist, wie die Leistungsbilder zeigen, empirisch abgesteckt. Er umfasst diejenigen Einzelleistungen, die erfahrungsgemäß erforderlich sind, um ein Objekt zu planen und auszuführen, also das Planungsziel zu verwirklichen. Auf Besonderheiten des konkreten Objekts wird dabei keine Rücksicht genommen. Die entsprechenden Kataloge sind sehr detailliert und umfassend. Die darin beschriebenen Leistungen werden in der Mehrzahl der Fälle zur Bewältigung der Aufgabe ausreichen. Manche Aufgabe wird auch zu lösen sein, ohne dass alle Grundleistungen einer Leistungsphase erbracht werden. So ist es denkbar, dass bei Bauaufgaben mit geringen Planungsanforderungen eine ganze Anzahl von Grundleistungen aus den beiden ersten Leistungsphasen (Grundlagenermittlung, Vorplanung) entfallen kann. Es ist beispielsweise schwer vorstellbar, dass beim Bau einer Schlafbaracke zur vorübergehenden Nutzung die Klärung und Erläuterung der wesentlichen städtebaulichen, gestalterischen, funktionalen, technischen, bauphysikalischen, wirtschaftlichen, energiewirtschaftlichen und landschaftsökologischen Zusammenhänge, Vorgänge und Bedingungen sowie der Belastung und Empfindlichkeit der betroffenen Ökosysteme eine nennenswerte Rolle spielen. Zweifelhaft und jeweils im Einzelfall zu entscheiden ist dabei, ob die Nichterbringung solcher im konkreten Fall nicht erforderlicher Grundleistung eine Kürzung des Honorars rechtfertigen kann bzw. ob eine mangelhafte Leistung vorliegt. Für den Fall eines nicht geführten Bautagebuchs hat der BGH entschieden, dass eine Minderung des Honorars berechtigt sei (BGH IBR 2011, 588). Ist dem Auftraggeber aufgrund fehlender Grundleistungen die Beurteilung, ob der geschuldete Erfolg erreicht wird, nicht möglich, soll eine mangelhafte Leistung vorliegen (OLG Brandenburg IBR 2014, 280 n. rechtskr.). Allerdings müssen die Voraussetzungen der Mangelrechte vorliegen, also in der Regel Mangelrüge und Aufforderung zur Mangelbeseitigung unter Fristsetzung. Inwieweit in solchen Fällen die Honorare gemindert werden können oder ob sie sämtlich entfallen, bestimmt sich ausschließlich nach den Haftungs- und Gewährleistungsvorschriften, die das bürgerliche Recht für den jeweiligen Vertragstyp aufstellt, also in der Regel nach den Mängelansprüchen der §§ 633ff. BGB (OLG Frankfurt IBR 2007, 496, NZB zurückgewiesen; BGH IBR 2004, 513).

b) Leistungsbilder und Leistungsphasen

7   Bei den zur ordnungsgemäßen Erfüllung erforderlichen Leistungen handelt es sich nach dem Wortlaut des § 3 Abs. 2 S. 1 um solche, die in Leistungsbildern aufgelistet sind

8   Die Leistungsbilder, die in der HOAI gelistet sind, geben den sichtbaren Ausdruck der Absicht des Verordnungsgebers wieder, die Berechnung der Architekten- und Ingenieurhonorare stärker als bisher an die Besonderheiten der individuellen technischen Aufgabe zu binden und sie in gleichem Maße von Formalkriterien der früheren GOA zu lösen, die teilweise – man denke an die „künstlerische Oberleitung" des § 19 Abs. 1 lit. f GOA – eines konkreten Inhalts weitgehend entbehrten. Die ins einzelne gehenden Leistungsbeschreibungen der Leistungsbilder sollen dem Auftragnehmer klar vor Augen führen, welche Einzeltätigkeiten die von ihm übernommene Aufgabe umfasst; sie sollen den Auftraggeber darüber belehren, welche Tätigkeiten und Leistungen er von dem Auftragnehmer erwarten und in der Regel auch verlangen kann.

9   Nur die in den Leistungsbildern ausdrücklich genannten Grundleistungen gehören zu den erfassten Leistungen. Die Aufzählung ist abschließend, soweit sie die HOAI und damit die Frage der Honorarhöhe betrifft, was indes eine am Begriff der ordnungsgemäßen Erfüllung orientierte, auch ausdehnende Auslegung zur Erreichung des geschuldeten Erfolgs nicht ausschließt (vgl. LG Freiburg BauR 1980, 467). Dies ergibt auch ein Rückschluss aus § 3 Abs. 3 S. 1. Dort ist über die Besonderen Leistungen gesagt, dass sie in den Leistungsbildern nicht abschließend aufgeführt sind. Die abschließende Aufzählung der Grundleistungen dient auf der einen Seite der Klarheit: Es steht damit fest, dass eine im Einzelfall zur ordnungsgemäßen Auftragserfüllung erforderliche Teilleistung, die weder unter den Grundleistungen noch unter den Besonderen Leistungen aufgeführt ist, niemals Grundleistung sein kann, sondern allenfalls Besondere Leistung. Dies gilt jedenfalls dann, wenn die Leistung nicht als Grundleistung zu dem jeweiligen Leistungsbild genannt wird. Dagegen ist es möglich, dass die Grundleistung eines Leistungsbildes in einem anderen Leistungsbild als besondere Leistung gilt – weil sie dort nicht als Grundleistung aufgeführt ist (Abs. 3 S. 2).

Diese strikte Trennung zwischen Grundleistungen und Besonderen Leistungen führt zu einer gewissen Starrheit. Sie verhindert eine flexible Anpassung an veränderte technische Gegebenheiten. Wenn sich etwa im Zuge der Entwicklung der Bautechnik und der steigenden Anforderungen an die Qualität von Bauwerken ergibt, dass eine Leistung, von der der Verordnungsgeber angenommen, dass sie nur in Sonderfällen zur ordnungsgemäßen Auftragserfüllung erforderlich ist und die infolge dessen nicht den Grundleistungen zugeordnet worden ist, nunmehr als allgemein erforderlich anzusehen ist, so bedarf es, um dieser veränderten Situation Rechnung zu tragen, einer Änderung der HOAI durch Verordnung – als Folge dessen die betreffende Leistung aus der Liste der Besonderen Leistungen in die Grundleistungen übernommen wird. Mit der Herausnahme der Überwachung einer Mangelbeseitigung innerhalb der Verjährungsfrist aus den Grundleistungen der LP 9 zu § 33 tatsächlich den geänderten Anforderungen auf der Baustelle und dem Interesse des Auftraggebers Rechnung getragen wurde, kann allerdings bezweifelt werden.

Die Leistungsbilder der HOAI sind in Leistungsphasen untergliedert. Jeder Leistungs-phase ist für die Grundleistungen ein vom Hundertsatz des Gesamthonorars für das vollständige Leistungsbild zugeordnet, so dass die Leistungsphase die kleinste, von der HOAI bereits der Höhe nach bewertete Einheit für die Honorarberechnung darstellt. Die einzelnen Überschriften der Leistungsphasen bezeichnen das angestrebte erfolgsorientierte Arbeitsziel dieser Teilleistung – das der Auftragnehmer erreichen muss. **10**

Aus umgekehrter Sicht betrachtet sind sachlich zusammengehörende Leistungen zu jeweils in sich abgeschlossenen Leistungsphasen zusammengefasst. Die Leistungsphasen lassen sich im Prinzip mit den Teilleistungen des § 19 GOA vergleichen, von denen sie allerdings inhaltlich teilweise erheblich abweichen. Auch die sachliche Zusammengehörigkeit der einzelnen Grundleistungen ist vom Verordnungsgeber nach empirischen Maßstäben ermittelt worden. Dass die Leistungsphasen „jeweils in sich abgeschlossen" sind, bedeutet, dass eine etwa nach den Umständen des Einzelfalles mögliche oder gar wünschenswerte Verschiebung der Grenzen zwischen einzelnen Leistungsphasen nicht stattfindet. Diese Entscheidung des Verordnungsgebers hat durchaus praktische Bedeutung: Wäre es zulässig, eine Einzelleistung, die als Grundleistung in einer bestimmten Leistungsphase enthalten ist, einer anderen Leistungsphase zuzuordnen, weil sie unter den besonderen Bedingungen der konkreten Bauaufgabe eher dorthin gehört, so könnten sich Abweichungen bei der Honorarberechnung vor allem dann ergeben, wenn dem Auftragnehmer nur bestimmte Teilleistungen übertragen worden sind. Er könnte zum Beispiel geltend machen, dass er Leistungen aus zwei Phasen statt nur aus einer zu erbringen habe. Nun kann er zwar im Falle der Übertragung nur einzelner Grundleistungen auch nur eine anteilmäßige Honorierung beanspruchen (§ 8 Abs. 2), so dass es scheinbar gleichgültig ist, in welche Leistungsphase eine einzelne Grundleistung eingeordnet ist. Dass gleichwohl unterschiedliche Ergebnisse möglich wären wird aber deutlich, wenn man bedenkt, dass die einzelnen Leistungsphasen mit unterschiedlichen von Hundertsätzen bewertet sind und dass eine Einzelleistung im Verhältnis zu den anderen Einzelleistungen verschiedener Phasen ein unterschiedliches Gewicht haben kann. **11**

Solche Unsicherheiten werden durch die starre Abgrenzung der Leistungsphasen gegeneinander – jedenfalls hinsichtlich der Grundleistungen – vermieden. Damit ist allerdings nicht auch zwingend der Arbeitsablauf vorgeschrieben; es wird vielmehr nur der übliche Arbeitsablauf beschrieben, so dass es entsprechend den Anforderungen der konkreten Bauaufgabe durchaus möglich ist, einzelne Leistungen vorzuziehen, ohne dass dies allerdings die Honorarberechnung beeinflussen kann (so auch Hartmann § 2 Rn. 3).

12   Die Amtliche Begründung nennt die „Leistungsphasen mit den für sie festgesetzten Honorarsätzen die kleinsten rechnerischen Bausteine der Honorierung" (BRDrucks. 270/76 S. 5). Das ist so zu verstehen, dass die HOAI nur für vollständige Leistungsphasen prozentuale Anteile am Gesamthonorar festsetzt, dagegen nicht mehr für einzelne Grundleistungen einer Leistungsphase. Das bedeutet aber nicht, dass der Auftragnehmer stets nur nach vollständig erbrachten Leistungsphasen honoriert wird. Werden ihm nicht alle Leistungen einer Phase übertragen, so richtet sich sein Honorar nach dem Anteil, den die ihm übertragene und von ihm erbrachte Leistung an der betreffenden Phase hat (§ 8 Abs. 2 S. 1). Sind aber dem Auftragnehmer alle Grundleistungen einer Leistungsphase übertragen, so steht ihm auch das volle Honorar für diese Leistungsphase zu. Dies ist selbst dann möglich, wenn er einzelne Grundleistungen nicht erbracht hat, sei es weil sie nicht notwendig waren, er gleichwohl den Erfolg seiner geschuldeten Werkleistung insgesamt erreicht hat, also insbesondere kein Mangel seiner Werkleistung im Sinne des § 633 BGB vorliegt (OLG Hamm IBR 2012, 399; OLG Frankfurt IBR 2007, 496).

2. Beratungsleistungen

13   Im Rahmen der einzelnen Leistungsbilder der jeweiligen Beratungsleistungen werden Leistungsphasen genannt, denen wiederum Prozentsätze zugeordnet sind. Diese werden durch Honorartafeln ergänzt. Damit wird für die Beratungsleistungen ein System beibehalten, das dem der Teile 2 bis 4 entspricht. Auch wenn in den Leistungsphasen wieder zwischen Grundleistungen und Besonderen Leistungen unterschieden wird, bleiben die Honorartafel insgesamt unverbindlich, da sämtliche Leistungen, auch die aufgelisteten Grundleistungen, zu den Beratungen zählen. Da hierfür keine verbindliche Regelung des Honorars erfolgt (§ 3 Abs. 1 S. 2), können die Prozentsätze und Honorartafeln als übliche Vergütung gemäß § 632 BGB angesetzt werden – sofern keine abweichende Regelung von den Parteien getroffen wird. Die Unverbindlichkeit dieser Honorarvorgaben gilt auch bei Vereinbarungen, die sie über- und unterschreiten. Solche Vereinbarungen fallen nicht unter das Verbot der Mindestsatzunterschreitung des § 7 Abs. 3, so dass Über- oder Unterschreitungen der Tabellenhonorare für Beratungsleistungen zulässig sind.

Die Einzelkommentierungen erfolgen in den Paragraphen, mit denen die Anlagen im Zusammenhang stehen.

IV. Abs. 3: Besondere Leistungen

1. Verweis auf die Anlagen

14   Die Besondern Leistungen sind, wie die Grundleistungen, in den Anlagen zu den jeweiligen Leistungsbildern aufgeführt. Diese Auflistung ist im Gegensatz zu denjenigen der Grundleistungen nicht abschließend.

In der Anlage 9 sind die Besonderen Leistungen zur Flächenplanung aufgelistet.

Das Honorar für diese Besonderen Leistungen kann frei vereinbart werden. Eine schriftliche Vereinbarung wird nicht gefordert.

2. Ausnahmecharakter der Besonderen Leistungen

15   Besondere Leistungen sind solche, die erforderlich sind, um besonderen Anforderungen des Auftrags gerecht zu werden, für deren Erfüllung der Katalog der Grundleistungen nicht ausreicht. Die einfachste und zugleich zuverlässigste Bestimmung der Grenze zwischen Grundleistungen und Besonderen Leistungen lässt sich so treffen: Jede Einzelleistung, die nicht ausdrücklich unter den Grundleistungen eines Leistungsbildes aufgeführt ist, gehört dort zu den Besonderen Leistungen. Allerdings können Grundleistungen aus einem Leistungsbild in anderen Leistungsbildern, die sie nicht als Grundleistung auflisten, Besondere Leistung sein (Abs. 3 S. 2). Da die Grundleistungskataloge so reichhaltig sind, dass durch die Erbringung der darin enthaltenen Einzelleistungen Verträge im Allgemeinen ordnungsgemäß erfüllt werden können, besitzen die Besonderen Leistungen Ausnahmecharakter (BRDrucks. 270/76 S. 6).

Damit gehören auch solche Leistungen, die außerhalb der HOAI liegen, von ihr also nicht **16** erfasst sind, zu den Besonderen Leistungen, wenn sie von Architekten oder Ingenieuren im Zusammenhang mit der Planung und Errichtung eines Objekts geleistet werden. Werden dem Architekten oder Ingenieur neben a. e. L. im Sinne der HOAI zusätzliche Leistungen übertragen, so handelt es sich selbst dann um Besondere Leistungen, wenn es sich um außerhalb der HOAI liegende und nicht einmal um typische berufsbezogene Leistungen des Architekten oder Ingenieurs handelt (so OLG Düsseldorf BauR 1993, 758 = NJW-RR 1993, 476). Als Besondere Leistungen kommen in Betracht: die zusätzliche Fertigung von Brandschutzplänen zur Kostenermittlung für besondere Sicherheitsbelange (OLG Köln BauR 1995, 576), die Erstellung von Nachtragsunterlagen zur Baugenehmigung, wenn der Architekt diese Änderungen der Genehmigungsunterlagen nicht zu vertreten hat (OLG Frankfurt/M. BauR 2000, 435), der Antrag auf Bewilligung öffentlicher Mittel (OLG Hamm BauR 1993, 761), wohnungswirtschaftliche Verwaltungsleistungen (OLG Hamm NJW-RR 1994, 985), die Bestandsaufnahme bei einem Umbau, Aufmaß vor Baubeginn, Bauantrag für Garagen bzw. Carports (vgl. OLG Hamm BauR 1989, 351, 352), evtl. mit Sonderverfahren zur maßlichen und technischen Erfassung der Altbausubstanz auch im Zusammenhang mit Mieterdaten, detaillierte Untersuchungen des konstruktiven Bestandes und deren Auswertung, einschließlich der Untersuchung auf Kontaminationen, Kostenermittlungen nach Bauteilkatalog, Kosten-Nutzen-Berechnungen, Mitwirken bei der Finanzierung, das Aufstellen von Zeit- und Organisationsplänen zur Information der Mieter (vgl. dazu Schlömilch DAB 1988, 365). Auch die EDV-mäßige Überarbeitung alter Bauzeichnungen zur Anfertigung eines Aufmaßes oder der eindeutigen Leistungsbeschreibung der vorhandenen Bausubstanz auch bezüglich etwaiger Kontaminationen bei Umbauten und Sanierungen oder Modernisierungen stellt eine Besondere Leistung dar (OLG Hamm BauR 2001, 1614). Ebenso kann die Überprüfung der vorhandenen Statik eines Bauvorhabens bei einer später vom Bauherrn beabsichtigten Aufstockung des Gebäudes als notwendige Besondere Leistung der Bestandsaufnahme im Rahmen der statischen Berechnung anzusehen sein (so OLG Düsseldorf BauR 1997, 685) – für deren Beauftragung der Statiker sorgen muss.

Als Besondere Leistungen können auch Leistungen vereinbart werden, die nicht zu den **17** typisch berufsbezogenen Tätigkeiten von Architekten und Ingenieuren gehören, sofern sie nur in einer Beziehung zum Objekt stehen.

Besondere Leistungen können Grundleistungen ersetzen. Entsprechendes kommt dann in Betracht, wenn eine nach den Umständen erforderliche Besondere Leistung eine bestimmte Grundleistung überflüssig macht. So kann z. B. in der Leistungsphase 6 des § 33 (Vorbereitung der Vergabe) die Ermittlung der Mengen und die Aufstellung von Leistungsverzeichnissen entfallen, da der Auftraggeber eine Ausschreibung anhand einer Leistungsbeschreibung mit Leistungsprogramm (funktionale Leistungsbeschreibung gemäß § 9 Nr. 10–12 VOB/A – dazu im Einzelnen: Vygen, FS Mantscheff, 2000, S. 459 ff.) wünscht; dadurch wird die Besondere Leistung (funktionale Leistungsbeschreibung) zu einer Grundleistung – da sie eine solche ersetzt, so dass eine zusätzliche Vergütung gemäß § 3 Abs. 3 entfällt.

V. Wirtschaftlichkeitsgebot

§ 3 Abs. 4 enthält keine eigene Regelung, sondern einen allgemein gültigen Grundsatz: **18** Die Wirtschaftlichkeit der Leistung ist stets zu beachten – und wäre es auch, wenn dieser Satz nicht in die HOAI aufgenommen worden wäre. Diese Verpflichtung führt nicht dazu, dass der Architekt zum Finanzberater des Bauherrn wird (OLG Düsseldorf IBR 2008, 1246). Er hat aber dessen ihm bekannte finanziellen Interessen zu berücksichtigen. Dazu gehört auch die Beratung bei der Materialwahl. Auf besonders hohe Folgekosten des vom Bauherrn gewünschten Materials (hier besonders pflegeintensives Fichtenholz für Fensterrahmen) muss er hinweisen (OLG Koblenz IBR 2011, 472). Eine Leistung kann deshalb auch mangelhaft sein, wenn sie zwar technisch funktionstauglich ist, aber dafür ein übermäßiger Aufwand betrieben wurde (BGH IBR 2009, 521).

Durch das Gebot der Wirtschaftlichkeit ist der Auftragnehmer verpflichtet, unnötige Kosten zu vermeiden. Zur Berücksichtigung der Kosten ist er auch im Hinblick auf die finanziellen Möglichkeiten des Bauherrn verpflichtet (BGH BauR 1999, 1319). Bereits im Planungsstadium muss er dessen wirtschaftlichen Rahmen abstecken (BGH BauR 2005, 400). Ist ihm dieser finanzielle Rahmen bekannt, kann die Grenze zur Vereinbarung einer Baukostenobergrenze schnell erreicht sein. Die Anforderungen dafür sind seit dem Urteil des BGH vom 21.3.2013 (BauR 2003, 566) deutlich gesunken. Danach sind bestimmte Angaben eines Auftraggebers zu Obergrenze der Baukosten nicht erforderlich, damit diese vom Auftragnehmer zu beachten ist. Vielmehr soll es dafür bereits ausreichen, wenn die Ehefrau oder der Vater des Auftraggebers bei den Gesprächen die Höhe der Kostenvorstellung erwähnt, ohne dass der Planer dem ausdrücklich widerspricht. Kann er dann auch nicht nachweisen, dass er den Bauherrn darauf hingewiesen hat, dass dessen Planung diesen Kostenrahmen überschreitet, besteht nicht nur ein Haftungsrisiko für die übersteigenden kosten, sondern auch noch ein Risiko für die Honorarforderung, da die Planung so den vertraglichen Anforderungen nicht genügen und für den Bauherrn damit unbrauchbar sein kann.

§ 4 Anrechenbare Kosten

(1) **Anrechenbare Kosten sind Teil der Kosten für die Herstellung, den Umbau, die Modernisierung, Instandhaltung oder Instandsetzung von Objekten sowie für die damit zusammenhängenden Aufwendungen. Sie sind nach allgemein anerkannten Regeln der Technik oder nach Verwaltungsvorschriften (Kostenvorschriften) auf der Grundlage ortsüblicher Preise zu ermitteln. Wird in dieser Verordnung im Zusammenhang mit der Kostenermittlung die DIN 276 in Bezug genommen, so ist die Fassung vom Dezember 2008 (DIN 276-1: 2008-12) bei der Ermittlung der anrechenbaren Kosten zugrunde zu legen. Umsatzsteuer, die auf die Kosten von Objekten entfällt, ist nicht Bestandteil der anrechenbaren Kosten.**

(2) **Die anrechenbaren Kosten richten sich nach den ortsüblichen Preisen, wenn der Auftraggeber**

1. **selbst Lieferungen oder Leistungen übernimmt,**

2. **von bauausführenden Unternehmen oder von Lieferanten sonst nicht übliche Vergünstigungen erhält,**

3. **Lieferungen oder Leistungen in Gegenrechnung ausführt oder**

4. **vorhandene oder vorbeschaffte Baustoffe oder Bauteile einbauen lässt.**

(3) **Der Umfang der mitzuverarbeitenden Bausubstanz im Sinne des § 2 Absatz 7 ist bei den anrechenbaren Kosten angemessen zu berücksichtigen. Umfang und Wert der mitzuverarbeitenden Bausubstanz sind zum Zeitpunkt der Kostenberechnung oder, sofern keine Kostenberechnung vorliegt, zum Zeitpunkt der Kostenschätzung objektbezogen zu ermitteln und schriftlich zu vereinbaren.**

Übersicht

I. Allgemeines

Die Honorare von Leistungen der „Objektplanung" (Teil 3) und der „Fachplanung" **1** (Teil 4) richten sich maßgeblich nach den anrechenbaren Kosten. Die HOAI hält dafür an verschiedenen Stellen Vorschriften bereit, die zur Ermittlung der anrechenbaren Kosten heranzuziehen sind:

In Anlehnung an die DIN 276 (wenn auch mit Abweichungen hinsichtlich der Gliederungstiefe) enthält § 2 Abs. 10 und 11 (erstmals eingeführt in § 2 Nr. 13 und 14 HOAI 2009) **Begriffsbestimmungen für Kostenschätzungen und Kostenberechnungen.**

Mit der Neufassung der HOAI von 2009 wurden in § 4 erstmals allgemeine Bestimmungen über die anrechenbaren Kosten in den allgemeinen Teil aufgenommen. Gemäß § 6 Abs. 1 wird das sog. **Kostenberechnungsmodell als Regelsystem** zur Kostenermittlung festgeschrieben.

Eine Abweichung hiervon ist das sogenannten **„Baukostenvereinbarungsmodell"** gemäß § 6 Abs. 3, wonach unter den dort benannten Voraussetzungen eine Vereinbarung von anrechenbaren Kosten möglich sein soll. Allerdings hat der BGH mit Urteil vom 24.4.2014 – VII ZR 164/13 bestimmt, dass § 6 Abs. 2 HOAI nicht von der Ermächtigungsgrundlage der §§ 1, 2 MRVG gedeckt ist, und damit die Baukostenvereinbarung gegen die HOAI verstößt und unwirksam ist, wenn dadurch die Mindestsätze der HOAI unterschritten oder die Höchstsätze der HOAI überschritten werden. Die anrechenbaren Kosten sind nach allgemein anerkannten Regeln der Technik oder nach Verwaltungsvorschriften (Kostenvorschriften) zu ermitteln. Soweit in der Neufassung der HOAI „die DIN 276 in Bezug genommen wird, so ist diese in der Fassung von Dezember 2008 (DIN 276-1:2008-12) zugrunde zu legen. Die anrechenbaren Kosten werden ausschließlich auf Grundlage der **Kostenberechnung** ermittelt und sofern diese nicht vorliegt, ersatzweise nach der **Kostenschätzung,** § 6 Abs. 1 HOAI.

Weitere **Sonderregelungen** zur Ermittlung der anrechenbaren Kosten finden sich schließlich in den jeweiligen Vorschriften der **Objektplanung,** vergl. § 33 (Gebäuden und Innenräume), § 38 (Freianlagen), § 42 (Ingenieurbauwerke), § 46 (Verkehrsanlagen), § 50 (Tragwerksplanung) und § 54 (Technische Ausrüstung).

Im Vergleich zur Fassung 2009 wurden die Abs. 1 und 2 lediglich sprachlich überarbei- **2** tet. Insbesondere wurde die Bezeichnung des Prüfungsmaßstabes in Abs. 1 von vormals

„fachlich anerkannten Regeln der Technik" zu jetzt kürzer **„allgemein anerkannten Regeln der Technik"** an den allgemeinen Sprachgebrauch angepasst. Inhaltlich ergeben sich jedoch keine Unterschiede (vgl. Amtl. Begr. zu § 4 in BT-Drucks. 334/13).

Eine wesentliche Änderungen hat sich jedoch durch den neu eingeführten Abs. 3 ergeben, mit dem die „mitzuverarbeitende Bausubstanz" wieder in die HOAI aufgenommen wurde, die bei den anrechenbaren Kosten „angemessen zu berücksichtigen" ist (dazu unten, Rdn. 41 ff.).

3   Eine entsprechende Regelung zu **anrechenbaren Kosten aus vorhandener Bausubstanz,** war bereits in der Fassung 2002 (§ 10 Abs. 3a) enthalten, wurde jedoch in der Fassung 2009 nicht übernommen, wohl weil „die Regelung des bisherigen § 10 Absatz 3a in der Vergangenheit vielfach zu Rechtsstreitigkeiten geführt (hat)" (amtliche Begründung zu § 35 a. F.). Als Begründung für die Wiedereinführung der mitzuverarbeitende Bausubstanz wird nun angeführt, dass sich in der Praxis zu § 35 HOAI 2009 gezeigt hätte, dass das Ziel einer angemessenen Honorierung für das Planen und Bauen im Bestand nicht alleine durch die Gewährung eines Zuschlages auf das Honorar erreicht werden könne.

II. Definition der anrechenbaren Kosten (Abs. 1 Satz 1)

4   Gemäß § 4 Abs. 1 Satz 1 sind die „anrechenbaren Kosten" „Teil der Kosten für die Herstellung, den Umbau, die Modernisierung, Instandhaltung oder Instandsetzung von Objekten sowie für die damit zusammenhängenden Aufwendungen". Damit ist zunächst allgemein klargestellt, dass nicht sämtliche Kosten des Bauvorhabens gem. DIN 276 Teil für die Ermittlung des Honorars maßgeblich sind und somit angerechnet werden können, sondern nur ein Teil davon. Darüber, welche Kosten konkret anzurechnen sind, trifft § 4 keine Aussage. Hierfür sind die für das Bauvorhaben jeweils einschlägigen Regelungen zu beachten, insbesondere die Vorgaben der entsprechenden Objekt- und Fachplanungen bzw. bei Vorliegen einer entsprechenden Vereinbarung § 6 Abs. 3 (vgl. Rdn. 2).

Es ist davon auszugehen, dass § 4 Abs. 1 Satz 1 auf sämtliche Objekte der HOAI Anwendung findet. Dies lässt sich aus der Stellung der Vorschrift im allgemeinen Teil der HOAI und der allgemeinen Bezugnahme auf „Objekte" i. V. m. den Begriffsbestimmungen in § 2 Abs. 1, 2 und 3 schließen. Insbesondere für Gebäude, Innenräume, Freianlagen und Verkehrsanlagen ergibt sich dies auch daraus, dass in den jeweiligen Vorschriften ausdrücklich Vorgaben zu den anrechenbaren Kosten enthalten sind. Dies gilt ebenso für Fachleistungen nach Teil 4.

Vom Begriff der „Herstellung" sind zudem Neumaßnahmen in Form von Neubauten (§ 2 Abs. 2), Wiederaufbauten (§ 2 Abs. 3) und Erweiterungsbauten (§ 2 Abs. 4) umfasst. Ein „Umbau" betrifft Maßnahmen i. S. von § 2 Abs. 5, „Modernisierung" i. S. von § 2 Abs. 6, „Instandsetzung" Maßnahmen i. S. von § 2 Abs. 8 und „Instandhaltung" i. S. von § 2 Abs. 9.

III. System zur Ermittlung der anrechenbaren Kosten (Abs. 1 Satz 2)

1. Allgemein

5   Gemäß § 4 Abs. 1 Satz 2 sind die anrechenbaren Kosten „nach allgemein anerkannten Regelnder Technik oder nach Verwaltungsvorschriften (Kostenvorschriften) auf der Grundlage ortsüblicher Preise zu ermitteln. Soweit diese Regelung für die Ermittlung der Kosten auf „allgemein anerkannte Regeln der Technik" **oder** auf Verwaltungsvorschriften verweist, ist von einem **Vorrang** der anerkannten Regeln der Technik auszugehen (so auch Locher/Koeble/Frik, § 4, Rdn. 10). D. h. sofern es allgemein anerkannte Regeln der Technik gibt, sind diese zu Grunde zu legen. Anderenfalls ist auf entsprechende Verwaltungsvorschriften auszuweichen. Damit ist jedoch nicht geklärt, wie bei der Ermittlung der anrechenbaren Kosten tatsächlich vorzugehen ist.

Hierzu trifft § 6 Abs. 1 eine grundlegende Aussage: Die Ermittlung der anrechenbaren Kosten für die Leistungsbilder der Teile 3 und 4 hat auf der **Grundlage der Kostenberechnung** (Ausnahme: Kostenschätzung) zu erfolgen.

Die anrechenbaren Kosten sind demnach in **zwei Schritten** zu ermitteln: Zunächst wird eine Kostenberechnung erstellt und auf dieser Grundlage werden sodann die anrechenbaren Kosten ermittelt.

Bei der Erstellung der Kostenberechnung ist einerseits die Regelung des § 2 Abs. 11 zu beachten. Da die anrechenbaren Kosten später aus der Kostenberechnung abgeleitet werden, sind zudem bereits bei Erstellung der Kostenberechnung die Vorschriften des § 4 Abs. 1 zu berücksichtigen. Die Kosten der Kostenberechnung sind also nach allgemein anerkannten Regeln der Technik oder Verwaltungsvorschriften auf der Grundlage ortsüblicher Preise zu ermitteln. Dies hat im Regelfall wiederum anhand der **DIN 276** als – zumindest in Teilen – anerkannte Regel der Technik (dazu unten) zu geschehen. Die Anwendung der DIN 276 ergibt sich darüber hinaus insbesondere für die Leistungsbilder nach Teil 3 aus den ausdrücklichen Vorgaben zu den Grundleistungen in den entsprechenden Anlagen (so bspw. in der Anlage 10 für die Gebäude und Innenräume).

Die so ermittelten Kosten bilden die Grundlage für die anrechenbaren Kosten. **6**

Der DIN 276 selbst kommt dabei allerdings nur **Hilfsfunktion** zu, die nach ihrem Charakter als technische Regel nur als Auslegungshilfe für eine Ermittlung der anrechenbaren Kosten verstanden werden kann (so bereits Seifert in der Vorauflage unter Verweis auf BGH BauR 1994, 654).

Auf der Grundlage der Kostenberechnung (oder Kostenschätzung) sind anschließend in **7** einer eigenständigen Ermittlung die **anrechenbaren Kosten** zu bestimmen. Die anrechenbaren Kosten können dabei nicht einfach eins zu eins aus der zugrundeliegenden Kostenermittlung übernommen werden. Die Kostenermittlung nach DIN 276 oder den anerkannten Regeln der Technik bestimmt lediglich welche Baukosten welchen Kostengruppen zuzuordnen sind, die dann wiederum anrechenbare Kosten sein können. Die anrechenbaren Kosten sind dann unter Berücksichtigung der jeweils geltenden Sondervorschriften zu ermitteln (bspw. bei Gebäuden und Innenräume gemäß § 33 Abs. 2 und 3).

Für eine prüfbare Schlussrechnung ist es grundsätzlich erforderlich, **diesen Ermittlungsvorgang nachvollziehbar darzustellen: Es ist also aufzuzeigen, welche Kosten aus der nach DIN 276 erstellten Kostenberechnung in die weitergehende Ermittlung einbezogen werden und unter Anwendung welcher Sondervorschriften daraus letztlich die anrechenbaren Kosten zustande kommen.**

2. Ermittlung anhand der DIN 276

a) DIN 276 als „allgemein anerkannte Regel der Technik"

Nach § 4 Abs. 1 Satz 2 sind die anrechenbaren Kosten grundsätzlich nach „allgemein **8** anerkannter Regeln" der Technik zu ermitteln. Durch die Neuformulierung des Satz 3 ist zudem mit der 7. Novelle klargestellt worden, dass für die darin betroffenen Fallgruppen als „allgemein anerkannte Regel der Technik" zur Kostenermittlung **allein die DIN 276** in Betracht kommt. Nach dieser kommt die DIN 276 i.d.F. 2008 für die Ermittlung der anrechenbaren Kosten zur Anwendung, wenn in Zusammenhang mit der Kostenermittlung auf die DIN 276 verwiesen wird. Dies ist bei den Leistungsbildern Gebäude, Innenräume, Freianlagen, Technische Anlagen der Fall, so dass bei diesen Objekten die anrechenbaren Kosten **zwingend** nach der DIN 276 i.d.F. 2008 zu ermitteln sind. Die Regelung ist insoweit eindeutig.

Der Gesetzgeber hat zudem auch für die HOAI 2013 ausdrücklich klargestellt, dass der Verweis auf die DIN 276 sich nur auf deren Teil 1 (Hochbau) bezieht (vgl. BT-Drucks. 334/13 zu § 4).

Insbesondere hinsichtlich der **Ingenieurbauwerke und Verkehrsanlagen** trifft die HOAI also nach wie vor keine Aussage, welche „allgemein anerkannte Regel der Technik" zur Kostenermittlung herangezogen werden kann. Als solche Regel der Technik könnte indes die DIN 276 i.d.F. 2009 Abschnitt 4, Anwendung finden, die auch die Voraussetzungen des § 2 Ziff. 12 HOAI a. F. erfüllt hat (Morlock, Meurer, die HOAI in der Praxis, 9. Auflage, Werner Verlag Rn. 673). Sofern in einigen Bereichen bestimmte Verwaltungs- bzw. Kostenvorschriften regelmäßige Anwendung finden (bspw. bei der Bahn oder den Straßenbauverwaltungen (AKS); vgl. dazu auch Simmendinger IBR 2011, 1076), bleibt allerdings kein Raum für eine Anwendung der DIN 276 i.d.F. 2009 Abschnitt 4 als „allgemein anerkannte Regel der Technik", da sich diese hier (bislang) praktisch nicht bewährt hat.

b) Verweis auf die DIN 276 i. d. F. 2008

9   Sofern im Vertrag nichts anderes vereinbart wurde (vergl. dazu unten), sind die anrechenbaren Kosten anhand der DIN 276 i. d. F. 2008 zu ermitteln. Dies gilt zwingend für die von Abs. 1 Satz 3 erfassten Leistungsbilder. Die Entscheidung des BGH vom 22.1.1998 (VII ZR 259/96) hat sich insoweit eindeutig und zutreffend für einen **statischen Verweis** der Vorschrift (in der Entscheidung nach § 10 Abs. 2 HOAI a. F.) ausgesprochen.

Werden die anrechenbaren Kosten eines Auftrages im Geltungsbereich der HOAI 2013 also aufgrund einer früheren oder späteren Fassung der DIN 276 erstellt, führt dies regelmäßig dazu, dass die Schlussrechnung **nicht prüffähig** ist (vgl. BGH, a. a. O.).

10   Eine solche statische Verweisung ist jedoch ausdrücklich nur in § 4 Abs. 1 Satz 3 enthalten. Hierbei handelt es sich um eine Sonderregelung, die zwingend zu einer Anwendung der DIN 276 i. d. F. 2008 führt, sofern innerhalb der HOAI bzw. den dazugehörigen Anlagen auf die DIN 276 Bezug genommen wird. Anderenfalls gilt die „allgemeine Regelung" des Abs. 1 Satz 2, wonach die Kosten nach den „allgemein anerkannten Regeln der Technik" zu ermitteln sind. Hierbei ist dann im Einzelfall zu prüfen, welche Regel der Technik Anwendung findet. Dies kann möglicherweise auch eine neuere Fassung der DIN 276 sein, wenn sich diese zwischenzeitlich als anerkannte Regel der Technik durchgesetzt hat. Ein rein statischer Verweis ausschließlich auf die DIN 276 i. d. F. 2008 ergibt sich dabei weder aus dem Gesetz noch ist diese aus anderen Gründen geboten. Es ist daher insoweit von einer **dynamischen Verweisung** auszugehen.

11   Eine weitere Frage ist, ob im Fall des Abs. 1 Satz 3 neben den anrechenbaren Kosten auch die **Gesamtkosten** auf der Grundlage der DIN 276 i. d. F. 2008 zu ermitteln sind. Diese Problematik ist mit Abs. 1 Satz 3 seit der 6. HOAI-Novellierung weitgehend aufgelöst, da für die erfassten Fallgruppen eindeutig klargestellt ist, dass die Gesamtkostenermittlungen und die Ermittlung der Anrechenbaren Kosten nach der gleichen DIN 276 i. d. F. 2008 zu ermitteln sind.

Werden die Gesamtkosten hingegen nach einer anderen Kostenermittlungsart bestimmt (Bspw. RBBAu oder HÜ-Bau oder nach Berechnungsvorschriften der Wohnungswirtschaft), hat der Planer für die Ermittlung der anrechenbaren Kosten zumindest teilweise zwei Kostenermittlungen zu erstellen. Denn dann muss der Planer die Gesamtkosten nach den besonderen Bedingungen der vertraglichen Vereinbarung erstellen. Andererseits muss er aber, um eine prüffähige Honorarschlussrechnung zu erstellen, zumindest diejenigen Kosten, die er seinen anrechenbaren Kosten hinzufügen will, in die Kostengruppen der DIN 276 i. d. F. 2008 transformieren (Morlock, Meurer, die HAOI in der Praxis, Werner Verlag 9. Auflage Rn. 675).

c) Aufbau und Struktur der DIN 276 – 1 Teil 1 i. d. F. 2008

12   Der Anwendungsbereich erstreckt sich auf die Kostenplanung im Hochbau, insbesondere die Ermittlung und die Gliederung von Kosten.

Die DIN 276 definiert zunächst einige Begrifflichkeiten der Kostenplanung, um sodann die Grundsätze derselben festzulegen. Kostenplanung ist demgemäß die Gesamtheit aller Maßnahmen der Kostenermittlung, der Kostenkontrolle und der Kostensteuerung. Ziel der Kostenplanung ist es, ein Bauprojekt wirtschaftlich und kostentransparent sowie kostensicher zu realisieren.

Die Kostenermittlungen sind dabei das maßgebliche Instrument zur Kostenkontrolle und -steuerung. Die DIN 276 geht von folgendem gestaffelten Aufbau der Kostenermittlungen aus:

– Kostenrahmen (als Grundlage für die Entscheidung über die Bedarfsplanung)
– Kostenschätzung (als Grundlage für die Entscheidung über die Vorplanung)
– Kostenberechnung (als Grundlage für die Entscheidung über die Entwurfsplanung)
– Kostenanschlag (als Grundlage für die Entscheidung über die Ausführungsplanung und die Vergabe)
– Kostenfeststellung (Nachweis der entstandenen Kosten)

Die einzelnen Kostenermittlungen bauen aufeinander auf und geben den jeweiligen Pla- **13** nungsstand aus Kostengesichtspunkten wieder. Zu beachten ist allerdings, dass die Erstellung eines „Kostenrahmens" i. S. d. DIN 276 grundsätzlich nicht zum üblichen Leistungsumfang der Objektplanung gehört.

Die DIN 276 gibt zudem eine bestimmte Kostengliederung nach Kostengruppen vor, die in den jeweiligen Kostenermittlungen einzuhalten ist. Hierzu bietet die DIN 276 im Anhang praktischerweise ein entsprechendes Musterformular, das verwendet werden kann. Die Verwendung des Formulars ist nicht zwingend vorgeschrieben (vgl. bspw. BGH, Urt. v. 24.6.1999 – VII ZR 299/98; BauR 1999, 1318), jedoch empfehlenswert, da eine prüfbare Schlussrechnung grundsätzlich die darin genannte Ordnung nach Kostengruppen erfüllen muss.

Demnach ist folgende Grobgliederung nach Kostengruppen vorgesehen: **14**
100 Grundstück
200 Herrichten und Erschließen
300 Bauwerk-Baukonstruktion
400 Bauwerk-Technische Anlagen
500 Außenanlagen
600 Ausstattung und Kunstwerke
700 Baunebenkosten

Mit zunehmendem Planungsfortschritt ist diese Gliederung weiter ins Detail fortzuschreiben. Ist für die Kostenschätzung noch eine Untergliederung auf der 1. Ebene vorgesehen, muss bereits die Kostenberechnung bis zur 2. Ebene gegliedert werden.

So sind bspw. in der Kostengruppe 300 (Bauwerk-Baukonstruktion), Untergliederungen in folgende Unterpunkte vorgesehen:
310 Baugrube
320 Gründung
330 Außenwände
340 Innenwände
350 Decken
360 Dächer
370 Baukonstruktive Einbauten
390 Sonstige Maßnahmen für Baukonstruktionen

Ab dem Kostenanschlag müssen die Kosten dann bis zur 3. Ebene aufgegliedert werden. Die genannten Unterpunkte sind also ggf. nochmals zu unterteilen. So sieht die DIN 276 beispielsweise für die Kostengruppe 330 (Außenwände) nochmals folgende Unterteilung vor:
331 Tragende Außenwände
332 Nichttragende Außenwände
333 Außenstützen
334 Außentüren- und Fenster
Usw.

Die Kostenplanung des Architekten muss grundsätzlich alle Kostengruppen berücksich- **15** tigen. Die in der DIN 276 enthaltene „Mustergliederung" enthält zudem als Hilfestellung entsprechende Angaben zu den einzelnen Kostengruppen. Fehlzuweisungen bei den Kosten führen dazu, dass eine auf dieser Grundlage erstellte Schlussrechnung inhaltlich unzutreffend ist und gegebenenfalls korrigiert werden muss. Die Prüffähigkeit der Rechnung wird hierdurch nicht berührt.

Soweit Kosten aus einer älteren oder neueren Fassung der DIN 276 für die Abrechnung **16** in die DIN 276 i. d. F. 2008 übernommen werden sollen, ist zu beachten, dass sich die Kostengruppen inhaltlich widersprechen können. Es muss daher im Detail geprüft werden, ob eine Umlage eins-zu-eins möglich ist. Auch wird es in der Regel nicht ausreichend sein, die Kosten aus der anderweitigen Fassung mittels eines „Umlageschlüssels" in die anzuwendende DIN zu transformieren. Anderenfalls droht eine auf dieser Basis erstellte Abrechnung an den Voraussetzungen der Prüfbarkeit zu scheitern.

d) Kostenschätzung

17   Gemäß **§ 2 Abs. 10** ist die Kostenschätzung die überschlägige Ermittlung der Kosten **auf der Grundlage der Vorplanung** (Leistungsphase 2). Nach § 2 Abs. 10 Satz 2 ist die Kostenschätzung zudem die vorläufige Grundlage für Finanzierungsüberlegungen. Im Übrigen sind die Grundlagen, auf denen die Kostenschätzung zu erstellen ist, sowohl in § 2 Abs. 10 als auch in der DIN 276, Ziff. 3.4.2 identisch geregelt. Die Kostenschätzung ist demnach auf der Grundlage der Ergebnisse der Vorplanung und der Mengenberechnung gemäß DIN 277 sowie ggf. erläuternden Angaben zu den planerischen Vorgängen und Angaben zum Baugrundstück und dessen Erschließung zu erstellen.

Sofern die DIN 276 für die Erstellung der Kostenschätzung zugrunde zu legen ist, müssen die Kosten nach Kostengruppen mindestens bis **zur 1. Ebene der Kostengliederung** ermittelt werden.

Die Kostenschätzung ist **ausnahmsweise Grundlage der Honorarschlussrechnung**, § 6 Abs. 1, Nr. 1 (siehe Rn. 14). Auch in diesen Ausnahmefällen genügt grundsätzlich eine Gliederung bis zur ersten Ebene, zumal der Planungsstand in diesen Fällen regelmäßig nicht über die Vorplanung hinausreicht. Die von Seifert in der Vorauflage verlangte Gliederung innerhalb der Kostenschätzung „mindestens" bis zur 3. Ebene bei einer getrennten Abrechnung von Gebäude und „raumbildenden Ausbauten" hat sich mit der Regelung in § 37 Abs. 2 HOAI 2013 praktisch erledigt. Demnach findet in diesen Fällen grundsätzlich keine getrennte Abrechnung von Gebäuden und Innenräumen mehr statt.

e) Kostenberechnung

18   Nach **§ 2Abs. 11** ist die Kostenberechnung eine Ermittlung der Kosten **auf der Grundlage der Entwurfsplanung (Leistungsphase 3).** Der Kostenberechnung sind die durchgearbeiteten Entwurfszeichnungen(auch Detailzeichnungen), die Mengenberechnungen und ggf. die dazu relevanten Erläuterungen zugrunde zu legen.

In der Kostenberechnung müssen die Gesamtkosten mindestens bis zur 2. Ebene der Kostengliederung ermittelt werden. Die Kostenberechnung ist im Regelfall die **allein maßgebliche Kostenermittlung** zur Bestimmung der anrechenbaren Kosten, § 6 Abs. 1, Nr. 1.

Wird im Zuge der Entwurfsplanung keine Kostenberechnung erstellt und wird diese erst später oder gar nicht angefertigt, ist ein entsprechender Abzug beim Architektenhonorar gerechtfertigt, da die Bauherrschaft grundsätzlich **kein Interesse an einer nachträgliche erstellten Kostenberechnung** hat (BGH, Urt. v. 11.11.2004 – VII ZR 128/03; BauR 2005, 400; NJW-RR 2005, 318). Der Architekt muss die jeweiligen Kostenermittlungen in den Leistungsphasen erbringen, denen sie in der HOAI zugeordnet sind. Anderenfalls können sie ihren Zweck, die Information des Bauherrn über die voraussichtlichen Kosten des Bauwerks, nicht mehr erfüllen (BGH, a.a.O.).

Wurde während des Bauvorhabens keine Kostenberechnung angefertigt, muss diese aber spätestens bei der **Schlussrechnungsstellung** nachgeholt und vorgelegt werden, da diese sonst in der Regel **nicht prüfbar** ist. In diesem Fall ist also eine nachträgliche Erstellung der Kostenberechnung aus Prüfbarkeitsgesichtspunkten geboten, ohne dass für diese Leistung ein Honoraranspruch entstünde.

f) Korrekturen / Fortschreiben von Kostenermittlungen

19   Ein Fortschreiben der Kosten ist grundsätzlich dann erlaubt, wenn dies in der HOAI ausdrücklich vorgesehen ist, wie insbesondere in den Fällen des § 10 Abs. 1, bei nachträglichen Auftragserweiterungen. Anderenfalls kommt eine nachträgliche Fortschreibung der Kosten im Allgemeinen nicht in Betracht (vgl. dazu BGH, Urt. v. 5.8.2010 – VII ZR 14/09; BauR 2010, 1957; NJW-RR 2010, 1668).

Dies hat in zur Folge, dass bspw. Kostenerhöhungen, die sich erst während der Vergabe herausstellen oder Nachträge, die von den Handwerkern während der Leistungsphase 8 bei ansonsten gleichbleibendem Leistungsziel gestellt werden, **grundsätzlich keinen Eingang in die Kostenberechnung finden** und daher nicht zu einer Erhöhung der anrechenbaren Kosten bzw. des Architektenhonorars führen (vgl. BGH, a. a. O.). Der BGH betont in diesem Urteil zur HOAI 2002, dass die Kostenermittlungen im Laufe des Planungsprozesses immer genauer werden und hieraus resultierende Abweichungen bei den jeweils vorhergehenden Kostenermittlungen nicht berücksichtigt werden können, solange das Planungsziel gleich bleibt. Dies gilt insbesondere für Nachträge, die infolge von Planungsfehlern überhaupt erst entstanden sind. Diese darf der Planer nach Treu und Glauben nicht honorarerhöhend berücksichtigen (vgl. BGH 9.2.2012 – VII ZR 31/11).

Nach der vorgenannten BGH-Rechtsprechung ist eine Vergütung von Nachträgen aber dann **ausdrücklich nicht ausgeschlossen,** wenn der Auftraggeber Architektenleistungen verlangt, die ursprünglich nicht Gegenstand des Auftrages waren (so auch zutreffend KG, Urteil v. 28.7.2011, VII ZR 65/10). Diese kann der Planer in den vor der Änderungsanordnung ausgeführten Leistungen nicht berücksichtigt haben. Richtig ist es in diesen Fällen – wenn eine Erweiterung des Auftragsumfanges gegeben ist, die Kostenermittlungen um die Änderungen des Auftragsumfanges anzupassen. Voraussetzung ist, dass es sich dabei nicht nur um unwesentliche, die bisherige Planung nur unwesentlich berührende Änderungen oder Ergänzungen handelt (KG, a. a. O.). Liegen reine Änderungsleistungen vor, die keine Auswirkungen auf die anrechenbaren Kosten haben, komme eine Fortschreibung der Kostenberechnung nicht in Betracht. Vielmehr sind diese Leistungen eigenständig nach den Grundsätzen der „wiederholt erbrachten Grundleistungen" (vgl. § 10 Abs. 2 s. u. bzw. nach Aufwand) abzurechnen.

3. Anrechenbare Kosten auf Basis von Verwaltungsvorschriften

Nach Abs. 1 Satz 2 sind die anrechenbaren Kosten nach allgemein anerkannten Regeln **20** der Technik oder nach Verwaltungsvorschriften zu ermitteln. In der amtlichen Begründung zu § 4 Abs. 1 HOAI 2009 war dazu angemerkt: „dass die Kosten der öffentlichen Auftraggeber im Bereich Tiefbau" anhand von Verwaltungsvorschriften (Kostenvorschriften) ermittelt werden, die sich nicht unter dem Begriff „nach fachlich allgemein anerkannten Regeln der Technik" subsumieren lassen. Demnach kommen die Verwaltungsvorschriften (Kostenvorschriften) allenfalls dann zum Zuge, wenn es insoweit keine „allgemein anerkannten Regeln der Technik" gibt. Anderenfalls sind diese vorrangig zu beachten (so auch Locher/Koeble/Frik, § 4, Rdn. 11f.). Die verbindliche Einhaltung dieser Rangfolge gebietet sich insbesondere aus Gründen der Preis- bzw. Rechtssicherheit, da anderenfalls durch „Vereinbarung" bestimmter Kostenvorschriften die zwingenden preisrechtlichen Regelungen der HOAI zu den Höchst- und Mindestsätzen, einfach unterlaufen werden könnten.

4. Auf der Grundlage ortsüblicher Preise

Sowohl die Kostermittlung nach den „allgemein anerkannten Regeln der Technik" als **21** auch nach „Kostenvorschriften" muss auf der Grundlage **ortsüblicher Preise** geschehen (vgl. Amtl. Begründung z. HOAI 2009). Maßgeblich ist der temporäre Kostenstand im Zeitpunkt der jeweiligen Kostenermittlung (vgl. DIN 276-1, Ziff. 3.3.10). Mögliche lokale oder regionale Preisunterschiede sind zu berücksichtigen.

Grundlage für die Ermittlung von Kosten sind Mengen- und Kostenkennwerte (DIN 276-1 Abschnitt 2.7; Seifert/Preussner, S. 96ff.). Diese Mengen- und Kostenwerte können wiederum auf Schätzungen und/oder Erfahrungen des Auftragnehmers beruhen. Zudem werden bspw. vom BKI aktuelle Kostendaten zur Verfügung gestellt, die eine einigermaßen genaue und verifizierbare Einordnung ermöglichen.

5. Ausnahmen

a) Vorgabe eines Baukostenbetrages

In Architektenverträgen finden sich häufig mehr oder weniger eindeutige Regelungen **22** zu Kostenvorgaben des Auftraggebers. Je nachdem, wie die Regelung zu verstehen ist, weisen diese teils erhebliche Unterschiede im Grad ihrer Verbindlichkeit auf, mit den entsprechenden Konsequenzen für den Auftragnehmer.

Am geringsten ist dabei die Bindung an einen möglicherweise vereinbarten **„Kostenrahmen"**. Diese Begrifflichkeit hat sich praktisch durchgesetzt, wenn auch nicht zu verwechseln, mit dem in der DIN 276 ebenso bezeichneten Arbeitsschritt. Gemeint ist eine Kostenvorgabe der Bauherrschaft, die – je nach Vereinbarung und den entsprechenden Umständen – in einem gewissen Bereich Toleranzen zulässt, bevor man von einer insgesamt mangelhaften Planungsleistung ausgehen muss. Bei einer Kostenüberschreitung kommen Schadenersatzansprüche des Auftraggebers dann in Betracht, wenn der Auftragnehmer infolge einer Vertragsverletzung (bspw. einer fehlerhaften Kostenermittlung) für die Kostenüberschreitung verantwortlich ist und dem Auftraggeber hieraus ein nachweisbarer Schaden entstanden ist. Beweispflichtig ist der Auftraggeber (vgl. BGH, Urt. v. 23.1.1997 – VII ZR 171/95; BauR 1997, 494; NJW-RR 1997, 850).

23   Wird hingegen eine verbindliche **„Kostenobergrenze"** (Kostenhöchstgrenze, Kostenlimit) vereinbart, liegt eine **Beschaffenheitsvereinbarung des Architektenwerkes** vor. In diesem Fall kann der Architekt grundsätzlich keine Toleranzen für sich in Anspruch nehmen. Er schuldet das Werk zu den vereinbarten Kosten (vgl. BGH, Urt. v. 13.2.2003 – VII ZR 395/01; BauR 2003, 935; NJW-RR 2003, 877). Der BGH hat zudem ausdrücklich klargestellt, dass die in einem Bauantrag angegebene Bausumme nicht allein dadurch als neue Obergrenze vereinbart wird, wenn der Bauherr den Bauantrag unterzeichnet und dieser anschließend der Baubehörde vorgelegt wird (BGH, a.a.O.).

24   Eine derartige Kostenobergrenze kommt jedoch nicht nur dann in Betracht, wenn diese ausdrücklich zwischen den Parteien vereinbart wurde. Insoweit hat der BGH mit Urteil vom 21.3.2013 – VII ZR 230/11 (IBR 2013, 284) eine beachtliche Entscheidung getroffen: Demnach seien die vom Auftraggeber im Rahmen der Grundlagenermittlung dem Architekten gegenüber zum Ausdruck gebrachten **Kostenvorstellungen in dem Sinne verbindlich, dass sie vorbehaltlich einer Änderung den Planungsrahmen bestimmen** und jedenfalls dann regelmäßig zum **Vertragsinhalt** würden, wenn der Architekt ihnen nicht **widerspricht.** Hierfür würde es im Einzelfall sogar schon genügen, wenn sich auch nur ein Familienmitglied des Auftraggebers, das bei dem Aufklärungsgespräch beteiligt ist, entsprechend zu den Kosten äußert. Diese Kostenvorstellungen seien bereits dann beachtlich, wenn sie nur Angaben zur ungefähren Bausumme enthalten (BGH, ebenda). Der BGH begründet dies damit, dass die Leistung der Planer gerade auch darin besteht, Rahmenbedingungen mit dem Bauherrn abzuklären, die dann insgesamt zu einem Werk nach den Vorstellungen des Bauherrn führen sollen. Im Rahmen dieser Abstimmungen reicht es dann aus, wenn der Bauherr dem Planer bestimmte Vorgaben macht. Dies gelten dann als Beschaffenheitsvereinbarung im Sinne des § 633 BGB und sind vom Planer zu erfüllen. Zuzustimmen ist dieser Entscheidung insoweit, als dass ein unwissender Bauherr sich darauf verlassen muss, dass ein Planer rechtzeitig bei ihm Entscheidungen abruft und zwar so rechtzeitig, dass man planerisch noch darauf reagieren kann. Der BGH hat in der o.g. Entscheidung dem Planer aber ausdrücklich Toleranzen zugebilligt deren Höhe im Wege der Vertragsauslegung zu ermitteln sind. Erst wenn diese Toleranzen überschritten sind, ist das Werk mangelhaft, so dass man letztlich von einem Kostenrahmen ausgehen muss.

25   Fraglich erscheint aber, ob diese Entscheidung richtig ist und den Planer nicht mit erheblichen Risiken behaftet. Die Annahme, eine einseitig geäußerte und widerspruchslos zur Kenntnis genommene Vorstellung führe auch nach Vertragsabschluss zu einer verbindlichen Beschaffenheitsvereinbarung, widersprich allgemeinen Grundsätzen des Vertragsrechtes (a.A. auch Locher/Koeble/Frik, Einleitung, Rdn. 178). Eine vertragliche (Beschaffenheits-)Vereinbarung setzt grundsätzlich zwei übereinstimmende Willenserklärungen voraus. Dem bloßen „Schweigen" kann hingegen regelmäßig kein Erklärungswert beigemessen werden, selbst wenn man dies über die Besonderheiten des „Planungsvertrages" begründen möchte, wie dies der BGH getan hat. Vielmehr müssen weitere Anhaltspunkte hinzukommen, aufgrund derer objektiv von einem „Einverständnis" des Architekten dahin gehend ausgegangen werden kann, dass er zu den entsprechenden Kostenbedingungen arbeiten

HOAI E

möchte. Dies kann nur der Fall sein, wenn Bauherr und Planer „an einem Strang ziehen", ansonsten besteht die Gefahr, dass der Bauherr dem Planer unerfüllbare Beschaffenheitsvereinbarungen diktiert. Die Entscheidung des BGH birgt zudem unabsehbare haftungsrechtliche Risiken für den Architekten. Denn im Falle der Vereinbarung einer Beschaffenheitsvereinbarung bezüglich der Gesamtkosten, der im Wege der Vertragsauslegung keine Toleranzen zugemessen werden können (= Kostenobergrenze) und einer (schuldhaften) Überschreitung derselben, wird regelmäßig der Versicherungsschutz für daraus resultierende Schäden versagt.

Praktisch wird der Architekt fortan frühzeitig, insbesondere im Rahmen der Grundlagenermittlung und Vorplanung, der Kostenfrage noch höhere Aufmerksamkeit widmen müssen. Sofern mit den geäußerten Kostenvorstellungen der Bauherrschaft kein Einverständnis besteht, ist diesen ggf. ausdrücklich zu widersprechen. U.U. empfiehlt es sich zudem, im Vertrag oder in Aktennotizen, Protokollen oder Gesprächsnotizen explizit festzuhalten, dass eine Kostenvorgabe nur schriftlich vereinbart werden kann. **26**

Die Folge einer Überschreitung eines Kostenrahmens oder einer Baukostenobergrenze richtet sich nach dem Werkvertragsrecht gem. §§ 631 ff. BGB. Der Auftragnehmer ist daher zur Nacherfüllung der Planungsleistungen verpflichtet. Die erforderlichen Umplanungen und Änderungen sind dann als Mängelbeseitigung zu betrachten. Ein möglicher Schadensersatzanspruch des Auftraggebers gegenüber dem Auftragnehmer wegen einer möglichen Kostenüberschreitung setzt zudem immer voraus, dass der Auftragnehmer die Kostenüberschreitung zu vertreten hat und dass sich hieraus kausal ein konkreter Schaden ableiten lässt (siehe hierzu auch die Ausführungen in der Einleitung).

Anders verhält es sich hingegen bei der strengst möglichen Vereinbarung zu den Kosten, der sogenannten **Baukostengarantie**. Bei dieser übernimmt der Auftragnehmer die **verschuldensunabhängige Verpflichtung** gegenüber dem Auftraggeber, das Werk zu den vereinbarten Kosten zu errichten. Das bedeutet, dass der Auftragnehmer grundsätzlich für sämtliche Kostenerhöhungen einzustehen hat, unabhängig davon, ob ihm diese zuzurechnen sind oder nicht (also auch für etwaige Mehrkosten sämtlicher Drittunternehmer). **27**

Eine solche Baukostengarantie ist aber nur in seltenen Ausnahmefällen anzunehmen und kommt grundsätzlich nur dann in Betracht, wenn diese ausdrücklich vereinbart wird (vgl. OLG Köln, IBR 2009, 40; OLG Düsseldorf, BauR 2003, 1604).

Haben die Parteien eine bestimmte Summe als Beschaffenheit des Werkes vereinbart, dann bildet diese Summe gleichfalls die **Obergrenze der Anrechenbaren Kosten** für die Honorarberechnung (BGH, Urt. v. 23.1.2003 – VII ZR 362/01; BauR 2003, 566). Auch hier bemüht der BGH letztlich wieder den Gedanken aus § 242 BGB, wonach ein Planer aus seinen eigenen Fehler nicht profitieren darf.

b) Pauschalpreisvereinbarungen

Wird der der Auftragnehmer zu einem Pauschalpreis beauftragt, bildet diese Vereinbarung die Basis der Abrechnung. Eine Aufschlüsselung nach den einzelnen HOAI-Parametern, insbesondere die Ermittlung der Anrechenbaren Kosten, ist dann in der Regel keine Voraussetzung für die Prüfbarkeit der Schlussrechnung. Allerdings muss der vereinbarte Pauschalpreis zwingend im Rahmen der von der HOAI vorgegebenen Höchst- und Mindestsätze liegen. Die Pauschale muss zudem bei **Auftragserteilung schriftlich** vereinbart werden, § 7 Abs. 1. Anderenfalls ist die Vereinbarung unwirksam. Es gilt dann der entsprechende Mindestsatz als vereinbart. **28**

c) Auskunftsanspruch über die anrechenbaren Kosten

In § 6 Abs. 1 ist für die Leistungsbilder der Teile 3 und 4 das sog. „Kostenberechnungsmodell" als Grundlage der Honorarermittlung festgeschrieben. Die anrechenbaren Kosten werden demnach immer auf Basis der Kostenberechnung und ausnahmsweise der Kostenschätzung ermittelt. Die gilt auch dann, wenn der Auftragnehmer selbst nicht mit der Erstellung der Kostenberechnung beauftragt ist (bspw. Beauftragung nur für die Leistungsphasen 6–8). Verweigert oder verhindert der Auftraggeber, dass dem Auftragnehmer die anrechenbaren Kosten aus der Kostenberechnung bekannt werden, steht dem Auftragneh- **29** mer in der Regel ein entsprechender **Auskunftsanspruch** zu, den er gerichtlich durchsetzen kann (Bspw. OLG Stuttgart, Urt. v. 21.10.2014 – 10 U 70/14; IBR 2014, 742). Der Auftraggeber hat dem Auftragnehmer im Rahmen des Zumutbaren sämtliche Auskünfte zu geben oder die entsprechenden Unterlagen vorzulegen, die für die Ermittlung der Anrechenbaren Kosten erforderlich sind (OLG Stuttgart, a.a.O.). Dieser Auskunftsanspruch kann im Rahmen einer sogenannten **Stufenklage** geltend gemacht werden.

30   Alternativ kann der Auftragnehmer die anrechenbaren **Kosten schätzen** und auf dieser Grundlage die Schlussrechnung erstellen (so bereits BGH, Urt. v. 27.10.2994 – VII ZR 217/93). Voraussetzung ist auch hier, dass der Auftraggeber zuvor zur Auskunft über die anrechenbaren Kosten aufgefordert wurde. Im Prozess obliegt es dann dem Auftraggeber, unter Vorlage der Unterlagen die anrechenbaren Kosten konkret zu bestreiten (BGH, a.a.O.).

IV. In Bezugnahme der DIN 276 (Abs. 1 Satz 3)

31   In **Satz 3** wird bestimmt wird, dass die **DIN 276** in der Fassung vom **Dezember 2008** bei der Ermittlung der anrechenbaren Kosten zugrunde zu legen ist, wenn in der Verordnung im **Zusammenhang mit der Kostenermittlung** die **DIN 276 in Bezug genommen** wird. So ist bei den Leistungsbildern der Objekte Gebäude und Innenräume (Anlage 10), Freianlagen (Anlage 11), Technische Anlagen (Anlage 15) vorgeschrieben, dass die **Kostenermittlungen** nach der DIN 276 aufgestellt werden sollen. Da die Anlagen der HOAI unzweifelhaft Bestandteil dieser Verordnung sind, ist die Formulierung – geändert in der 7. Novelle – eindeutig. Für die Ermittlung der anrechenbaren Kosten ist im Falle dieser Objekte die DIN 276 i.d.F. 2008 zu Grunde zu legen.

V. Umsatzsteuer (Abs. 1 Satz 4)

32   Gemäß der Regelung in § 4 Abs. 1 Satz 4 ist die Umsatzsteuer, die auf die Kosten von Objekten entfällt, nicht Bestandteil der anrechenbaren Kosten. Die anrechenbaren Kosten sind also **stets aus den Nettokosten** zu ermitteln. Da die anrechenbaren Kosten in der Regel auf Grundlage der DIN 276 (i.d.F. von 2008) zu ermitteln sind, ist weiter zu beachten, dass die DIN 276 dem Ersteller der Kostenermittlungen grundsätzlich die Wahl überlässt, ob er darin die Kosten mit oder ohne Umsatzsteuer ausweist (vgl. Ziff. 3.3.11 DIN 276).

Es ist außerdem möglich, nur bei einzelnen Kostenangaben (z.B. bei übergeordneten Kostengruppen) die Umsatzsteuer auszuweisen. Im Ergebnis muss in Kostenermittlungen und bei den Kostenkennwerten aber immer erkennbar sein, in welcher Form die Umsatzsteuer berücksichtigt wurde. Dies gebietet sich schon aus der vertraglichen Verpflichtung des Planers zu einer transparenten und überschaubaren Kostenkontrolle gegenüber dem Auftraggeber.

Nach der BGH Rechtsprechung (Urt. v. 25.11.1999 – VII ZR 388/97; IBR 2000, 82; BauR 2000, 591) wird die **Prüffähigkeit der Schlussrechnung indes nicht dadurch beeinträchtigt,** dass aus ihr nicht hervorgeht, ob der Architekt bei der Ermittlung der Anrechenbaren Kosten die Umsatzsteuer angegeben hat. Ob die Rechnung auf der Grundlage von Netto- oder Bruttowerten ausgegangen ist, ist eine Frage der **inhaltlichen Richtigkeit.** Wurde die Rechnung fälschlicherweise anhand von Brutto-Werten erstellt, ist die Rechnung entsprechend der zutreffenden Netto-Werte zu korrigieren.

VI. Ergänzende anrechenbare Kosten (Abs. 2)

33   Die Vorschrift des § 4 Abs. 2 ist identisch mit der Regelung des § 10 Abs. 3 HOAI 2002. Zweck der Vorschrift ist es, den Auftragnehmer in bestimmten Fällen vor möglichen Benachteiligungen zu schützen. So sind in den Ziffern 1–4 des Abs. 4 Fallgruppen be-

schrieben, in denen infolge bestimmter Umstände zugunsten des Auftraggebers von niedrigeren Baukosten auszugehen ist, als gemeinhin üblich. Diese Einsparungen dürfen aber nach der amtlichen Begrünung nicht zulasten der Anrechenbaren Kosten und mithin zulasten des Honorars des Auftragnehmers gehen. In diesen Fällen darf der Auftragnehmer daher ortsübliche Preise ansetzen, um einen adäquaten Ausgleich für seine Leistungen zu erhalten.

Der **„ortsübliche Preis"** ist synonym zu dem in § 15 Abs. 1 Nr. 2 VOB/B verwendeten Begriff der „ortsüblichen Vergütung" (vgl. Mantscheff FS Vygen, S. 234 ff.). Ausschlaggebend sind die Sätze, wie sie für das betreffende Gewerk zur Zeit der Bauleistung an dem Ort ihrer Ausführung oder in dessen engeren Bereich allgemein und deshalb üblicherweise bezahlt werden (Ingenstau/Korbion, VOB/B, § 15 Abs. 1, Rdn. 5).

Die Aufzählung der Fallgruppen in den Ziffern 1–4 ist abschließend.

1. Selbstübernahme von Lieferungen oder Leistungen, sog. Eigenleistungen (Nr. 1)

Von der Ziff. 1 des Abs. 2 sind die sogenannten Eigenleistungen der Bauherrschaft er- **34** fasst. Dies betrifft jene Fälle, in denen der Auftraggeber selbst Lieferungen (z. B. Baustoffe oder Bauteile) oder Leistungen (z. B. Verlegen von Bodenbelägen, Installation der Sanitäreinrichtung oder der Heizung, Malerarbeiten im Innenbereich, usw.) übernimmt.

Nicht erforderlich ist, dass der Auftraggeber die Leistungen selbst ausführt. Erfasst sind vielmehr auch solche Lieferungen oder Leistungen, die der Auftraggeber von Dritten erhält, die von ihm aus persönlicher Verbundenheit oder aus sonstigen Gründen einen günstigeren als den ortsüblichen Preis verlangen (so die wohl h. M., vgl. Locher/Koeble/Frik, § 4 Rdn. 45; Jochem § 10 Rdn. 8: Meurer, die HOAI in der Praxis, Rdn. 763.) Der ortsübliche Preis ist selbstverständlich auch dann anzusetzen, wenn die Lieferung oder Leistung umsonst erfolgt.

Im Hinblick auf die Entscheidung des BGH vom 12.6.2006 (NJW-RR 2006, 667) ist Voraussetzung für die Anrechenbarkeit dieser Kosten aber, dass der Planer bezgl. dieser Kosten auch zur Leistung beauftragt ist (Meurer, die HOAI in der Praxis, Rdn. 765).

2. Sonst nicht übliche Vergünstigungen von bauausführenden Unternehmern oder von Lieferern (Nr. 2)

Bei **Vergünstigungen** handelt es sich in der Regel um gewährte Rabatte, Prämien, **35** Provisionen, usw. (vgl. dazu Koeble, BauR 1983, 323). Mögliche **Skontoabzüge** stellen hingegen keine Vergünstigungen im Sinne der Vorschrift dar. Diese mindern die anrechenbaren Kosten nicht (vgl. OLG Köln, BauR 2007, 132; Locher/Koeble/Frik, § 4, Rdn. 47; Werner/Pastor, Rdn. 982b m. w. N.). Die Höhe der anrechenbaren Kosten kann und darf nicht von der Liquidität oder dem Zahlungsverhalten des Auftraggebers abhängig sein. Skontoabreden stehen zudem in keinem unmittelbaren Zusammenhang zu den Baukosten. Vielmehr handelt es sich hierbei um einen aufschiebend bedingten Teilerlass (BGH NJW 98, 1302), wobei der Bedingungseintritt letztlich ungewiss und allein einer Handlung des Auftraggebers abhängig ist. Der Skontoabzug steht damit in keinem direkten Zusammenhang zum Bauprojekt (OLG Köln, a. a. O.). Nicht hierher gehören aber grundsätzlich Angebote, die eine Reduzierung des üblichen Angebotspreises darstellen und vom Auftragnehmer abgegeben werden, um beauftragt zu werden. Die Abweichung vom ortsüblichen Preis muss derart unüblich sein, dass ein vernünftiger Unternehmer dieses so nicht abgeben würde (vgl. Meurer, die HOAI in der Praxis, Rdn. 769; Locher/Koeble/Frick, § 4, Rdn. 46; ebenso Kromik DAB 1979, 1047).

Nachdem die anrechenbaren Kosten seit der HOAI 2009 grundsätzlich allein aus der Kos- **36** tenberechnung zu ermitteln sind, dürfte die praktische Relevanz der Vorschrift überschaubar sein. Denn bei Erstellung der Kostenberechnung wird der Planer regelmäßig ohnehin von „ortsüblichen Preisen" ausgehen. Mögliche Vergünstigungen und Nachlässe, die später im Rahmen der Vergabe gewährt werden, werden in der Kostenberechnung üblicherweise nicht berücksichtig und wirken sich folglich auch nicht auf die anrechenbaren Kosten aus.

3. Lieferungen oder Leistungen in Gegenrechnung (Nr. 3)

37   In dieser Fallgruppe geht es darum, dass der Auftraggeber die Leistungen der Auftragnehmer nicht mit Geld bezahlt, sondern als Gegenleistung selbst Lieferungen oder Leistungen erbringt. Dies kommt häufig dann vor, wenn der Auftraggeber selbst ein Bauhandwerkergeschäft betreibt. Sofern durch das Gegengeschäft nur ein Teil der Lieferungen oder
Leistungen abgedeckt werden soll, zählt der überschießende Teil voll in die anrechenbaren
Kosten (sofern hier nicht die Regelung des Nr. 2 anzuwenden ist). Hinsichtlich des „verrechneten Teils" ist der ortsübliche Preis anzusetzen.

4. Einbau vorhandener oder vorbeschaffter Baustoffe oder Bauteile (Nr. 4)

38   Die Begriffe Baustoffe und Bauteile werden synonym zu § 1 VOB/A verwendet. Unter
Baustoffen sind Einzelgattungen bzw. -arten des Materials zu verstehen, das zur Be- und
Verarbeitung bei der Herstellung eines Bauwerkes Verwendung findet. Beispiele: Zement,
Bausteine, Kalk, Holz, Farbe, Sand, Leim, Natursteinplatten, usw. (vgl. Ingenstau/Korbion,
VOB/A, § 1 Rdn. 59).
     Hierzu gehören auch diejenigen **Hilfsmittel,** die der Auftragnehmer verbrauchen muss,
um am Bau in eigener Tätigkeit überhaupt etwas zu schaffen, was vorher noch keine selbständige, aus sich kommende Gestalt im Sinne einer Werkleistung gehabt hat, z. B. auch
elektrischer Strom (Ingenstau/Korbion, ebenda).
     Bauteile sind hingegen Sachen, die bereits aus Stoffen gebildet worden sind und die einen in sich abgeschlossenen und fertig gestellten Körper darstellen, der durch Einbau eine
selbständige Einzelfunktion im Rahmen des Gesamtbauwerkes erhält. Hierzu gehören z. B.
Eisenträger, Waschbecken, Heizkörper, Türen, Fenster und insbesondere auch vorgefertigten Bauelemente, z. B. Wände, Decken, Heizöfen, usw. (vgl. Ingenstau/Korbion, a. a. O.
Rdn. 60).

39   Die Baustoffe oder Bauteile müssen **vorhanden oder vorbeschafft** sein. Sie müssen
dem Auftraggeber also zur Verfügung stehen, bspw. weil er diese im Vorfeld angeschafft
hat, sie ihm geschenkt oder gestiftet wurden. Hierzu zählen auch Baustoffe und Bauteile,
die zunächst aus dem Bestand ausgebaut wurden und später (ggf. an anderer Stelle) wieder
eingesetzt werden. Auch hier sind die ortsüblichen Preise anzusetzen. Sofern die Baustoffe
oder Bauteile schadhaft sein, können hierfür auch nur die Preise angesetzt werden, die für
eine derartige Qualität üblich sind.
     Mit der Wiedereinführung der vorhandenen bzw. mitzuverarbeitenden Bausubstanz
in Abs. 3 stellt sich zudem wieder die Frage der Abgrenzung dieser Regelung zu Abs. 2
Ziff. 4.

40   So sind **Bauteile** und **Baustoffe** im Sinne des Abs. 2 Ziff. 4 zunächst **bewegliche Sachen,** die in das Bauwerk eingebaut werden. Demgegenüber genügt es im Rahmen des
Abs. 3, wenn vorhandene Bausubstanz **mitverarbeitet** wird. Ein Einbau (auch ein „Wiedereinbau" nach vorherigem Ausbau) der Bausubstanz ist nicht erforderlich. Eine „Mitverarbeitung" kann hingegen auch dann gegeben sein, wenn die vorhandene Bausubstanz an
sich unverändert bleibt. Die vorhandene Bausubstanz spielt so gesehen – Im Gegensatz zu
einem (Wieder-)Einbau vorhandener beweglicher Baustoffe – bei der unternehmerischen
Bauleistung grundsätzlich keine wesentliche Rolle (wohl aber bei der planerischen Leistung). Vorhandene Bausubstanz kann demnach nicht in § 4 Abs. 2 Ziff. 4 berücksichtigt
werden, da diese nicht eingebaut, sondern mitverarbeitet wird (vgl. Meurer, die HOAI in
der Praxis, Rdn. 776).

VII. Mitzuverarbeitende Bausubstanz (Abs. 3)

41   Mit Abs. 3 wird die mitzuverarbeitende Bausubstanz, nachdem diese in der HOAI 2009
gänzlich entfernt wurde, wieder in die HOAI aufgenommen. § 4 Abs. 3 orientiert sich an
10 Abs. 3a HOAI 1996 (vgl. amtl. Begründung). Nach § 2 Abs. 7 handelt es sich bei der

mitzuverarbeitenden Bausubstanz um den Teil des zu planenden Objektes, der bereits durch Bauleistungen hergestellt ist und durch Planungs- oder Überwachungsleistungen technisch oder gestalterisch mit verarbeitet wird.

Sinn und Zweck der Vorschrift ist ein Ausgleich bei den anrechenbaren Kosten dafür, dass vorhandene Bausubstanz Bestandteil des Planungskonzeptes ist, daraus aber keine anrechenbaren Kosten aus unternehmerischen Leistungen entstehen, weil solche Bausubstanz bereits vorhanden ist und insofern nicht erst neu hergestellt werden muss (BGH BauR 1986, 593).

Im Geltungsbereich der HOAI 2009 kommt hingegen eine Berücksichtigung der vorhandenen bzw. mitzuverarbeitenden Bausubstanz nach der wohl h. M. (vgl. Locher/Koeble/ Frik, § 4, m. w. N.; a. A. Meurer, die HOAI in der Praxis, Rdn. 956 ff.) im Rahmen der anrechenbaren Kosten nicht in Betracht. Dies entspricht auch der ausdrücklichen Erklärung des Vorordnungsgebers zur damaligen Novellierung, wonach eine Berücksichtigung in der Honorierung ggf. über einen entsprechend zu vereinbarenden Zuschlag erfolgen sollte.

Eine Mindermeinung (vgl. Morlock/Meurer, a. a. O.) kommt zu einem anderen Ergeb- **42** nis. Die Anrechnung der vorhandenen Bausubstanz ist nach dieser Auffassung über den Verweis des § 4 Abs. 1 Satz 3 HOAI 2009 auf die DIN 276 i. d. F. 2008 und die dortige Einleitung Ziff. 3.3.6 denkbar. In der DIN heißt es hier, dass die vorhandene Bausubstanz bei den Kostengruppen auszuweisen ist. Durch den Verweis der HOAI in § 4 Abs. 1 Satz 3 auf die DIN 276 i. d. F. 2008 wird bestimmt, welche Kosten bspw. gem. § 33 Abs. 1 „Kosten der Baukonstruktion" sind. Die DIN def. den Umfang der anrechenbaren Kosten. Sie bestimmt zudem, dass die vorhandene Bausubstanz ebenfalls Teil dieser Kosten ist, so dass diese konsequenter Weise auch zu den anrechenbaren Kosten gehören. Eine Entscheidung des BGH hierzu steht noch aus.

1. Technische oder gestalterische Mitverarbeitung der vorhandenen Bausubstanz durch Planungs- oder Überwachungsleistungen

Ausgangspunkt für die Anwendung der Vorschrift nach Abs. 3 ist zunächst, dass am vor- **43** gesehenen Ort der Baumaßnahme **Bausubstanz vorhanden bzw. „hergestellt"** (vergl. § 2 Abs. 7) sein muss. Durch die Neufassung klargestellt ist auch, dass die Bausubstanz durch Bauleistung hergestellt worden sein muss (vgl. amtliche Begründung § 2 Abs. 7). „Diese muss in aller Regel fest mit dem Grund und Boden verbunden sein. Sie kann also sowohl aus tragenden wie auch aus nichttragenden Elementen der Bereiche Gründung, Außenwände, Innenwände, Decken, Treppen und Dächer bestehen.

Auf einen statischen Nachweis kommt es also nicht an. Anders als bei „Bauteilen" (Abs. 2 Nr. 4) ergibt sich aus dem Begriff „Bausubstanz", dass die betreffenden Elemente mit dem Bauwerk eng verbunden sein müssen, so dass beispielsweise bloß vorhandenes Erdmaterial nicht von Abs. 3 erfasst ist. Ferner können auch Installationen und zentrale Betriebstechnik zur vorhandenen Bausubstanz gehören. Auch diese sind als Bausubstanz fest mit dem Grund und Boden verbunden.

Zur vorhandenen bzw. hergestellten Bausubstanz gehören in der Regel also vornehmlich Bereiche, die **Bestandteil des Bauwerks** sind.

Allgemein gilt, dass Bausubstanz grundsätzlich beim so genannten **Bauen im Bestand** **44** vorhanden ist". (So auch Seifert in der 7. Aufl.) Dabei handelt es sich insbesondere um Leistungen bei Wiederaufbauten (§ 2 Abs. 3), Erweiterungsbauten (§ 2 Abs. 4), Umbauten (§ 2 Abs. 5), Modernisierungen (§ 2 Abs. 6), Instandsetzungen (§ 2 Abs. 8) und Instandhaltungen (§ 2 Abs. 9).

Fraglich ist, ob vorhandene Bausubstanz lediglich bei Gebäuden und Innenräumen oder auch bei Freianlagen vorliegen kann. Diesbezüglich sieht die Vorschrift jedoch keine Einschränkung vor, insbesondere ist in § 2 Abs. 7 eine Einschränkung auf bestimmte Objekte ist nicht vorgesehen. Damit ist auch die **Freianlage** als Objekt im Sinne des § 2 Abs. 1 erfasst. Allerdings ist durch die neugefasste Formulierung des § 2 Abs. 7 klargestellt, dass nur solche Substanz angerechnet werden kann, die durch Bauleistung hergestellt worden ist. Der vegetative Bestand ist somit nicht Teil der vorhandenen Bausubstanz (vgl. amtliche

Begründung). Dies gilt nach dem Wortlaut der Norm selbst dann, wenn der Planer seine Planungsleistungen auf den vorhandenen vegetativen Bestand ausrichtet und seine Leistungen gezielt so erbringt, dass der vegetative Bestand erhalten bleiben kann bzw. in seiner Planung technisch oder gestalterisch mitverarbeitet wird. Ob dieser vom Gesetzgeber in der amtlichen Begründung gewählte Ansatz richtig ist, erscheint fraglich. Einzuleuchten vermag es auch im Hinblick auf die BGH Entscheidung vom 22.3.2002 BGH BauR 2003, 745 nicht, da dieser letztlich ein Leistungsgedanke zu Grunde liegt. Spart der Planer dem Bauherrn Baukosten durch seine Planungsleistungen, erhält er zum Ausgleich eine Erhöhung der anrechenbaren Kosten, die letztlich maßgeblich für die Honorarermittlung sind. Anders formuliert bedeutet dies, hatte der Planer Arbeit, soll er dafür vergütet werden. Die Tatbestandsvoraussetzung „durch Bauleistung hergestellt" ist aber im Gesetz nicht näher definiert worden, so dass es mit dem Sinn und Zweck der Norm sinnvoll erscheint, den durch Bauleistung/Pflanzung geschaffene vegetative Bestand als vorhandene Bausubstanz im Sinne der Normen zu behandeln. Anzusetzen bei der Ermittlung des Wertes des vegetativen Bestandes ist dann immer der aktuelle Zeitwert der Vegetation, nicht der Pflanzwert.

45   Weiter ist vorausgesetzt, dass diese Bausubstanztechnisch oder gestalterisch bei dem Bauvorhaben mitverarbeitet wird.

Also muss die vorhandene Bausubstanz nicht entfernt, sondern erhalten und in die Planung und die darauf beruhende Bauausführung mit einbezogen werden. „Mitverarbeiten" bedeutet das Einbeziehen der vorhandenen bzw. bereits hergestellten Substanz in planerischer Hinsicht. Für die Anrechenbarkeit genügt es, wenn eine Mitverarbeitung entweder aus **technischer oder aus gestalterischer** Sicht erfolgt. Allein eine zeichnerische Darstellung vorhandener Bausubstanz ist allerdings keine technische oder gestalterische Mitverarbeitung (BGH BauR 2003, 745; Seifert BauR 1999, 304, 205).

Die Darstellung vorhandener Bausubstanz muss vielmehr einem Planungszweck dienen. Dabei muss aber nicht die vorhandene Bausubstanz selbst verändert werden, sondern der betreffende Planungsbereich (vgl. Seifert, a.a.O.).

Betrifft ein Umbau (§ 2 Abs. 5) mit Modernisierungen (§ 2 Abs. 6) ein Gebäude insgesamt, sind alle Gebäudeteile zu berücksichtigen, die nicht vollständig zu erneuern sind (Seifert, a.a.O.).

Vorhandene Bausubstanz wird aber in Geschossen oder Bereichen des Gebäudes nicht mitverarbeitet, die außerhalb des Planungsbereiches des Auftragnehmers liegen. Auch nicht mitverarbeitet wird Bausubstanz, die abgebrochen wird.

Davon abzugrenzen ist eine Bestandsaufnahme bzw. ein „Beurteilen und Bewerten" der vorhandenen Bausubstanz, die als besondere Leistung im Rahmen der Vorplanung beauftragt werden kann (vgl. Anlage 11 zur HOAI). Für ein Mitverarbeiten der vorhandenen Bausubstanz kommt es nicht darauf an, ob der Auftragnehmer dafür eine Bestandsaufnahme schuldet.

2. Angemessene Berücksichtigung bei den anrechenbaren Kosten

46   Sofern vorhandene Bausubstanz technisch oder gestalterisch mitverarbeitet wird, ist diese nach der weiteren Regelung des Abs. 3 **„angemessen"** bei den anrechenbaren Kosten zu berücksichtigen, was ersichtlich auf den Einzelfall abgestellt ist. Dabei muss sich die Angemessenheit zunächst auf die **Höhe** der anrechenbaren Kosten aus vorhandener Bausubstanz beziehen, also auf die Ersparnis, die sich für den Auftraggeber dadurch ergibt, dass vorhandene Bausubstanz mitverarbeitet wird.

Ferner hat der BGH entschieden, dass es auch auf die **Leistung des Auftragnehmers** bei der Mitverarbeitung ankommen soll (BGH BauR 2003, 745; IBR 2003, 255).

47   Im Rahmen der Bewertung der Angemessenheit muss deshalb zunächst der Umfang der maßgeblichen Planungsaufgabe und insofern der Vertragsgegenstand in räumlicher, funktionaler, gestalterischer und quantitativer Hinsicht berücksichtigt werden (bei Neuherstellung entsprechend: BGH BauR 1999, 1045; IBR 1999, 324).

Hinsichtlich des zu berücksichtigenden **Leistungsfaktors für Planung und Überwachung** ist nach der Rechtsprechung des BGH, für jede Leistungsphase gesondert zu ermitteln, welche Kosten der mitzuverarbeitenden Bausubstanz angerechnet werden können (BGH, BauR 2003, 745). Dabei sind gänzlich unterschiedliche Bewertungen je Leistungsphase möglich. Beispielsweise wird bei der Gebäudeplanung für die Leistungsphasen 1 bis 3 grundsätzlich eine weit überwiegende Anrechnung gerechtfertigt sein, wohingegen in den Leistungsphasen 6 und 7 eine (vollständige) Anrechnung kaum in Betracht kommt. Letztlich wird es immer darauf ankommen, ob der **Aufwand des Planers für die Erbringung der Leistungsphase bezüglich der vorhandenen Bausubstanz genauso hoch gewesen ist, wie er gewesen wäre, wenn die die vorhandene Bausubstanz abgebrochen und neugebaut worden wäre.** Ist dies der Fall, ist die Anrechnung der Substanz zu 100% mit dem Neubauwert nach BKI gerechtfertigt. Wird die Bauleistung neugebaut erhält der Planer unstreitig eine Vergütung über die anrechenbaren Kosten der Baumaßnahme. Die Regelungen über die vorhandene Bausubstanz wollen letztlich den Missstand ausgleichen, dass der Planer durch Leistung dem Bauherren Baukosten erspart, dafür aber kein angemessenes Entgelt erhält. Begrenzt ist die Anrechnung der Substanz auf deren Neubauwert.

Zu berücksichtigen ist auch, dass das Abrechnungssystem der HOAI durch die leistungs- **48** phasenbezogene Ermittlung der vorhandenen Bausubstanz nicht gestört werden darf. D. h., dass im Hinblick auf das geltende Kostenberechnungsmodell nicht für jede Leistungsphase verschiedene anrechenbare Kosten ermittelt werden dürfen, was im schlimmsten Fall dazu führt, dass 9 Honorarabrechnungen vorzunehmen wären. Richtig ist es einen gemittelten Wert, der die unterschiedlichen Ansätze der vorhandenen Bausubstanz in den einzelnen Leistungsphasen berücksichtigt, für alle Leistungsphasen den anrechenbaren Kosten des jeweiligen Leistungsbildes hinzuzufügen (vgl. BGH BauR 2003, 745). Empfehlenswert erscheint es dafür, die Gesamtsumme der angemessenen und anzurechnenden vorhandenen Bausubstanz zu ermitteln. Anrechenbar aus dieser Gesamtsumme ist dann lediglich ein prozentualer Anteil hieraus. Dieser bestimmt sich sinnvoller Weise nach den erbrachten Leistungsprozente der Leistungsphase nach HOAI. Werden alle Leistungsphasen erbracht, sind die so ermittelten Werte aufzuaddieren. Damit ist die Bausubstanz insgesamt zu 100% berücksichtigt und dem leistungsbezogene Ansatz der angemessenen Berücksichtigung durch einen einheitlichen Wert genüge getan worden (vgl. Morlock/Meurer, 9. Auflage Rdn. 965 ff.). Weiter ist der Wert der mitzuverarbeitenden Bausubstanz zu berücksichtigen (sog. **Wertfaktor**). Insoweit ist nach h. M. grundsätzlich der tatsächliche **Erhaltungszustand** maßgeblich. Wird vorhandene Bausubstanz technisch mitverarbeitet, spielt bei der Festlegung angemessener anrechenbarer Kosten die wirtschaftliche und technische Alterung eine wesentliche Rolle. Denn je schlechter der Zustand der Substanz ist, desto mehr Baukosten werden aufgewendet werden müssen, um diese mitverarbeiten zu können. Nach der Intensität der Erhaltungsaufwendungen bestimmt sich auch der Minderungsumfang auf den Neubauwert der vorhandenen Bausubstanz.

Der Wertfaktor bemisst dabei z. B. nach dem Nutz- und Gebrauchswert, dem Funk- **49** tionswert, dem ökonomischen Wert und dem Erhaltungswert. Der zu berücksichtigende Wert aus vorhandener Bausubstanz darf aber grundsätzlich nicht aus einer Wertermittlung gemäß WertV bezogen werden. Durch einen Wertfaktor sind vielmehr die vergleichbaren ortsüblichen Preise einer Neuerstellung zu vermindern, wenn die vorhandene Bausubstanz nur eingeschränkt mitverarbeitet werden kann. Der Wert der vorhandenen Bausubstanz wird sich bei einem kompletten Umbau mit Modernisierungen eines Gebäudes vielfach aus der Differenz der Kosten bei einer kompletten Neuherstellung und den erforderlichen Umbau- und Modernisierungskosten ergeben. Sonderfälle können sich aber ergeben, wenn besondere Bautechniken oder Baumaßnahmen im Denkmalschutz zu unverhältnismäßig hohen „Sanierungskosten" führen. In solchen Fällen wird die Summe der Kosten aus vorhandener Bausubstanz und der Bauleistungen über der üblichen Neuherstellung liegen.

Besonders schwierig kann die Bewertung sein, wenn ausschließlich oder auch gestalterische Gesichtspunkte für die Mitverarbeitung maßgeblich sind. Hier sind oftmals künstlerische und historische Gründe von Bedeutung. Dabei wird bei der Bewertung der anrechenbaren Kosten eine **bestmögliche Verobjektivierung** erforderlich sein, was oftmals eine Beurteilung von sachverständiger Seite verlangen wird (vgl. Frik, DAB 10/1988).

Die **Ermittlung des Wertes** wird grundsätzlich über den Rauminhalt vorgenommen. Die amtliche Begründung schlägt hierzu beispielhaft eine Ermittlung über die Parameter Fläche, Volumen, Bauteile oder Kostenanteile vor.

Die anrechenbaren Kosten aus vorhandener Bausubstanz gehören bei der Ermittlung der gegebenenfalls bedingt anrechenbaren Kosten (bspw. nach § 33 Abs. 2) zu den **sonstigen anrechenbaren Kosten,** soweit es sich dabei um solche aus vorhandenen Baukonstruktionen handelt. Weil aber zur vorhandenen Bausubstanz grundsätzlich auch Kosten aus vorhandener bzw. mitzuverarbeitender technischer Ausrüstung gehören können, ist insoweit zu differenzieren. Demnach gehören die Kosten aus vorhandenen mitzuverarbeitenden Baukonstruktionen zu den voll anrechenbaren sonstigen anrechenbaren Kosten. Die Kosten aus vorhandener mitzuverarbeitender Haustechnik müssen demgegenüber für eine angemessene Berücksichtigung zu den gegebenenfalls beschränkt anrechenbaren Kosten gezählt werden.

3. Schriftliche Vereinbarung über Umfang und Wert

50   Nach der weiteren Formulierung des Abs. 3 muss eine schriftliche Vereinbarung über den Umfang und Wert der mitzuverarbeitenden Bausubstanz getroffen werden. Dies könnte bedeuten, dass die mitzuverarbeitende Bausubstanz bei den anrechenbaren Kosten nicht zu berücksichtigen ist, wenn bei Vereinbarung die Schriftform nicht eingehalten wird. Insoweit hatte der BGH zur „Vorgänger"-Regelung des § 10 Abs. 3a HOAI 2002 indes entschieden, dass diese keine zwingende Formvorschrift darstellt (BGH BauR 2003, 745; IBR 2003, 256). Dies gilt gleichfalls für die im Wesentlichen identische Regelung in Abs. 3. Eine Berücksichtigung der mitzuverarbeitenden Bausubstanz in den anrechenbaren Kosten setzt daher nicht voraus, dass vorher eine schriftliche Vereinbarung (auch nicht zum Zeitpunkt der Kostenberechnung) über Umfang und Wert geschlossen wurde.

Unter Verweis auf das zwingende Preisrecht der HOAI (Formulierung in Abs. 3 Satz 1: „**ist** angemessen zu berücksichtigen") hat der BGH a.a.O. zudem entschieden, dass es nicht nur keiner schriftlichen Vereinbarung bedarf, sondern dass im Grunde gar keine Vereinbarung über die mitzuverarbeitenden Bausubstanz notwendig ist, um diese angemessen zu berücksichtigen. Bei der Vereinbarung über die mitzuverarbeitende Bausubstanz sind die Parteien jedoch an die preisrechtlichen Vorgaben der HOAI gebunden. Die mitzuverarbeitende Bausubstanz ist daher nicht frei verhandelbar. Sowohl Umfang, Wert als auch Angemessenheit müssen auf den tatsächlichen Vertragsgegenstand bezogen sein und mit diesem korrespondieren, da anderenfalls die grundsätzlich zwingenden Bestimmungen zu den Höchst- und Mindestsätzen ausgehebelt werden könnten. Zeigt sich im Laufe der Vertragsentwicklung ein geänderter Vertragsgegenstand, muss sich dies auch auf die Ermittlung der anrechenbaren Kosten aus vorhandener Bausubstanz auswirken. Insofern muss es dann gegebenenfalls zu einer nachträglichen Fortschreibung der Kosten kommen (vgl. Meurer, BauR 2003, 328, 331).

4. Maßgeblicher Zeitpunkt

51   Die Regelung des Abs. 3 sieht schließlich vor, dass Umfang und Wert der mitzuverarbeitenden Bausubstanz im Zeitpunkt der Kostenberechnung oder, sofern eine solche nicht vorliegt, im Zeitpunkt der Kostenschätzung zu ermitteln und (schriftlich) zu vereinbaren ist. Der Zeitpunkt der Kostenberechnung ist damit Bezugszeitpunkt, an dem die vorhandene Bausubstanz ermittelt werden soll. Praktisch bedeutet dies, dass der Planer ausgehend vom Leistungsstand des Entwurfes für jedes Leistungsbild entscheiden soll, wieviel Aufwand die Berücksichtigung der vorhandenen Bausubstanz gemacht hat und – im Hinblick auf die zwischenzeitlich fertig gestellte Entwurfsplanung – noch für die weitere Planung und/oder Überwachung machen wird.

Damit ist zudem durch das Gesetzausdrücklich klargestellt, dass eine Vereinbarung über die mitzuverarbeitende Bausubstanz nicht bereits im Zeitpunkt der Auftragserteilung erfolgen muss, sondern auch später getroffen werden kann, was wiederum der Rspr. des BGH entspricht (vgl. etwa BGH BauR 2009, 523).

Soweit nach Abs. 3 Satz 2 der Zeitpunkt der Kostenberechnung bzw. der Kostenschätzung für die Ermittlung der mitzuverarbeitenden Bausubstanz maßgeblich sein soll, wird konsequent und folgerichtig ein Gleichlauf mit der Vorschrift des § 6 hergestellt, nach der die anrechenbaren Kostengrundsätzlich auf der Basis Kostenberechnung bestimmt werden. Auf die Kostenschätzung wird es daher, ebenso wie bei § 6, nur dann ankommen, wenn die Planung bei Abrechnung noch nicht den Stand erreicht hat, in dem eine Kostenberechnung zu erbringen ist (ebenso Locher/Koeble/Frik, § 4, Rdn. 60).

§ 5 Honorarzonen

(1) **Die Objekt- und Tragwerksplanung wird den folgenden Honorarzonen zugeordnet:**

1. **Honorarzone I:**   **sehr geringe Planungsanforderungen,**

2. **Honorarzone II:**   **geringe Planungsanforderungen,**

3. **Honorarzone III:**   **durchschnittliche Planungsanforderungen,**

4. **Honorarzone IV:**   **hohe Planungsanforderungen,**

5. **Honorarzone V:**   **sehr hohe Planungsanforderungen.**

(2) **Flächenplanungen und die Planung der Technischen Ausrüstung werden der folgenden Honorarzone zugeordnet**

1. **Honorarzone I:**   **geringe Planungsanforderungen,**

2. **Honorarzone II:**   **durchschnittliche Planungsanforderungen,**

3. **Honorarzone III:**   **hohe Planungsanforderungen.**

(3) **Die Honorarzonen sind anhand der Bewertungsmerkmale in den Honorarregelungen der jeweiligen Leistungsbilder der Teile 2 bis 4 zu ermitteln. Die Zurechnung zu den einzelnen Honorarzonen ist nach Maßgabe der Bewertungsmerkmale und gegebenenfalls der Bewertungspunkte sowie unter Berücksichtigung der Regelbeispiele in den Objektlisten der Anlagen dieser Verordnung vorzunehmen.**

Übersicht

I. Allgemeines

Nachdem die Einordnung der Honorarzone seit der HOAI 2009 nicht mehr in jedem **1** Fachteil gesondert geregelt ist, hat nun für das Verständnis einer sachgerechten Honorarzoneneinordnung ist eine **Gesamtschau** zu erfolgen. Hierbei sind einerseits die allgemeine Regelungen zu den Honorarzonen in § 5 und außerdem die besonderen Vorschriften in den Fachteilen mit den jeweiligen Bewertungsmerkmalen und schließlich die Objektlisten in den Anlagen zu berücksichtigen. Weitere Regelungen zu den sogenannten „Beratungsleistungen" finden sich zudem in der Anlage 1.

§ 5 wurde im Vergleich zur HOAI 2009 nur geringfügig geändert. Für die **Flächenplanung werden nun einheitlich drei Honorarzonen** vorgesehen, weshalb der frühere Abs. 3 entfällt. Abs. 3 übernimmt im Wesentlichen unverändert die Regelung des früheren Abs. 4. Im Unterschied zur Fassung 2009 haben die Objektlisten jedoch lediglich indikative Bedeutung und sind nur „zu berücksichtigen" (vergl. amtl. Begr.). Insbesondere bei den Beispielobjekten Gebäude Anlage 10.2 und 10.3 (Innenräume) wurden mehrere Objekte mehreren Honorarzonen zugeordnet, so dass man ohne eine Punktebewertung keine Zuordnung der Objekte vornehmen können wird. In der Anlage 10.2 und 10.3 sowie in § 5 Abs. 3 S. 2 spricht die HOAI aber noch von „Regelbeispielen", so dass, wenn ein Regelbeispiel vorliegt, eine Vermutung für dessen Richtigkeit nach wie vor vorliegen wird. Die Objektlisten finden sich nun nicht mehr einheitlich in der Anlage 3 sondern sind je nach Leistungsbild auf die einzelnen Anlagen verteilt (10.2 Gebäude, 10.3 Innenräume, 11.2 Freianlagen, 12.2 Ingenieurbauwerke, 13.2 Verkehrsanlagen, 14.2 Tragwerksplanung, 15.2 Technische Ausrüstung). Zur Einordnung der Honorarzone sind nun in erster Linie die Bewertungsmerkmale maßgeblich und erforderlichenfalls eine Punktebewertung. Die in § 2 Abs. 15 HOAI 2009 enthaltene Begriffsbestimmung der Honorarzonen wurde nicht übernommen, da sich diese auf der „Grundlage der Konkretisierung des § 5 HOAI" als entbehrlich erwiesen hätte (amtl. Begründung).

2   Die Vorschriften zur Bestimmung der Honorarzone gelten grundsätzlich für sämtliche Leistungsarten des § 2 Abs. 2 bis 6 und 9 (Neubauten, Wiederaufbauten, Erweiterungsbauten, Umbauten, Modernisierungen, Instandsetzungen und Instandhaltungen).

Die Honorarzone ist, neben dem Honorarsatz, den anrechenbaren Kosten und dem Leistungsumfang, eine der vier **wesentlichen Parameter** für die Honorarberechnung. Die Einteilung in die jeweilige Honorarzonen erfolgt objektbezogen nach dem entsprechenden **Schwierigkeitsgrad** des Objektes. Die Einordnung eines Objekts in eine Honorarzone dient dem Ziel, das Honorar in ein **angemessenes Verhältnis zum Wert der Leistung** des Planers zu bringen (vgl. BGH, Urt. v. 11.12.2008 – VII ZR 235/06; IBR 2009, 146). Einem Objekt kann grundsätzlich immer nur **ein einheitlicher Schwierigkeitsgrad** zugewiesen werden. Das Objekt wird jeweils allein durch den Vertragsgegenstand bestimmt (BGH, Urt. v. 12.1.2006 – VII ZR 2/04; BGHZ 165, 382), was dementsprechend auch für die Einordnung des Objektes in eine Honorarzone gilt (BGH, Urt. v. 11.12.2008 – VII ZR 235/06; IBR 2009, 146).

3   Die Honorarzone ist anhand der in der HOAI enthaltenen preisrechtlichen Vorschriften **objektiv zu ermitteln** (BGH Urt. v. 13.11.2003 – VII ZR 362/02; BauR 2004, 354; NJW-RR 2004, 233). Dies gilt auch für die Fälle, in denen eine **vertragliche Abrede** über die anzusetzende Honorarzone getroffen wird. Es ist daher grundsätzlich ausgeschlossen, dass sich die Parteien vertraglich auf eine unzutreffende Honorarzone einigen. Dies gilt auch für entsprechende Vereinbarungen im Rahmen eines Vergabeverfahrens (VK Bund, Beschluss v. 22.8.2001 – VK 2–24/01; IBR 2002, 38). Die Parteien haben insoweit nur die Möglichkeit, den innerhalb der HOAI-Vorschriften bestehend **Beurteilungsspielraum** auszuschöpfen und insoweit eine vertretbare Vereinbarung zu treffen. Dies hat der Richter regelmäßig zu berücksichtigen (BGH Urt. v. 13.11.2003 – VII ZR 362/02). Derartige Spielräume dürften jedoch allenfalls in engen Grenzen bestehen, wenn die Einordnung sowohl in die niedrigere als auch in die höhere Honorarzone vertretbar erscheint und eine „eindeutige" Einordnung nicht in möglich ist (ähnlich auch Locher/Koeble/Frik, § 5, Rdn. 11).

4   Wurde eine unzutreffende Honorarzone vereinbart, hat dies aber nicht automatisch zur Folge, dass die getroffene Vereinbarung insgesamt unwirksam ist. Es ist dann vielmehr zu ermitteln, welche Mindest- bzw. Höchstsätze bei Ansatz der zutreffenden Honorarzone gelten würden. Liegt das vertraglich vereinbarte Honorar im Ergebnis innerhalb dieser Grenzen, ist die Honorarvereinbarung an sich nicht zu beanstanden. Voraussetzung ist dann aber, dass sich die Parteien schriftlich bei Auftragserteilung geeinigt haben (vgl. § 7 Abs. 5). Führt die Vereinbarung einer unzutreffenden Honorarzone indes dazu, dass bspw. die **Mindestsätze unterschritten werden, ist die Vereinbarung unwirksam** (vergl. BGH, a. a. O.). Es ist also stets vom Ergebnis her zu prüfen, ob die entsprechende Vereinbarung in Ihrer Gesamtheit, d. h. unter Berücksichtigung sämtlicher Parameter innerhalb der zulässigen Grenzen liegt.

5   Die Frage, welche Honorarzone anwendbar ist, ist eine **Rechtsfrage** und daher grundsätzlich vom Gericht zu beurteilen (BGH, Urt. v. 16.12.2004 – VII ZR 16/03). Die recht-

liche Beurteilung darf das Gericht nicht dem Sachverständigen überlassen. Das Gericht muss insoweit auf der Grundlage der vom Sachverständigen ermittelten Tatsachen zu einer eigenständigen Entscheidung kommen (BGH, a. a. O.).

II. Honorarzonen bei Objekt- und Tragwerksplanung (Abs. 1)

Die Objekt- und Tragwerksplanung wird gemäß Abs. 1 entsprechend dem jeweiligen **6** Schwierigkeitsgrad in fünf Honorarzonen eingeteilt. Die „Objektplanung" i. S. d. Vorschrift erfasst die Planung von Gebäuden, Innenräumen, Freianlagen, Ingenieurbauwerken und Verkehrsanlagen. Ebenso von Abs. 1 erfasst ist die Tragwerksplanung als Leistung der Fachplanung des Teil 4 der HOAI (in Abgrenzung zu Abs. 2, der mit der „Technischen Ausrüstung" ein weiteres Leistungsbild der Fachplanung erfasst).

Welche Honorarzone im Einzelfall anzusetzen ist, bestimmt sich nach den planerischen Anforderungen. Diese werden wiederum grundsätzlich anhand von **Bewertungsmerkmalen** bestimmt, für die jeweils die entsprechenden **Sondervorschriften** heranzuziehen sind:

Bei Gebäude nach § 35 Abs. 2, bei Innenräumen nach § 35 Abs. 3, bei Freianlagen nach § 40 Abs. 2, bei Ingenieurbauwerken nach § 44 Abs. 2, bei Verkehrsanlagen nach § 48 Abs. 2, bei Flächennutzungsplänen nach § 20 Abs. 3, bei Bebauungsplänen nach § 21 Abs. 3 und bei der Tragwerksplanung nach § 52 Abs. 2 i. V. m. Anlage 14 Nummer 14.2.

III. Honorarzonen bei Flächenplanungen und die Planung der technischen Ausrüstung (Abs. 2)

Die Flächenplanung und die Planung der Technischen Ausrüstung wird gemäß Abs. 2 **7** nur in drei Honorarzonen (geringe, durchschnittliche und hohe Planungsanforderungen) eingeteilt.

Abweichend von der HOAI 2009 werden für sämtliche Flächenplanungen nun also einheitlich drei Honorarzonen vorgesehen.

Zur Flächenplanung i. S. d. Vorschrift gehören damit sämtliche Leistungsbilder der Bauleitplanung und der Landschaftsplanung.

Die Technische Ausrüstung gehört zur Fachplanung, Teil 4, Abschnitt 2.

Der Schwierigkeitsgrad richtet sich auch hier nach den jeweiligen Planungsanforderun- **8** gen, die grundsätzlich anhand der besonderen Beurteilungsmerkmale zu ermitteln sind:

Bei Flächennutzungsplänen nach § 20 Abs. 3, bei Bebauungsplänen nach § 21 Abs. 3, bei Landschaftsplänen nach § 28 Abs. 3, bei Grünordnungsplänen nach § 29 Abs. 3, bei Landschaftsrahmenplänen nach § 30 Abs. 3, bei Landschaftspflegerischen Begleitplänen nach § 31 Abs. 3 und bei Pflege- und Entwicklungsplänen nach § 32 Abs. 3.

IV. System der Honorarzoneneinordnung (Abs. 3)

In Abs. 3 ist ein geregelt, wie bei der Einordnung eines Objektes in eine Honorarzone **9** allgemein vorzugehen ist.

Bevor vertieft in die Ermittlung eingestiegen wird, empfiehlt es sich, zunächst in einem **ersten Schritt** einen Blick in die **Objektlisten** zu werfen und auf dieser Grundlage eine erste grobe Einteilung vorzunehmen. Objektlisten liegen allerdings nur für folgende Leistungsbilder vor:

Gebäude (Anlage 10.2), Innenräume (10.3), **Freianlagen** (11.2), **Ingenieurbauwerke** (Anlage 12.2), **Verkehrsanlagen** (Anlage 14.2), **Tragwerksplanung** (14.2) und **Anlagen der Technischen Ausrüstung** (Anlage 15.2).

Nachdem ggf. über die Objektlisten eine Vorauswahl getroffen wurde, müssen in einem **10** **zweiten Schritt** die in den Fachteilen genannten Bewertungsmerkmale objektbezogen geprüft und eine Einordnung versucht werden. Sofern keine Objektliste zur Verfügung steht, ist gleich zu diesem Schritt überzugehen. Bestätigt die Prüfung nach Beurteilungsmerkmalen die anhand der Objektlisten getroffene Auswahl, ist die Ermittlung der Honorarzone abgeschlossen. Kommt die Prüfung hingegen zu dem Ergebnis, dass eine höhere oder niedrigere Honorarzone einschlägig ist, zählt allein dieses Ergebnis. Im Zweifel kommt es also allein auf eine objektive Beurteilung anhand der Bewertungsmerkmale an (vgl. BGH, Urt. v. 13.11.2003 – VII ZR 362/02; IBR 2004, 78). In prozessualer Hinsicht ist zu beachten, dass die Objektlisten bzw. die darin genannten Regelbeispiele grundsätzlich eine widerlegbare Vermutung für die Richtigkeit der Einordnung enthalten. Hieran hat sich auch durch die neue Formulierung in § 5 Abs. 3 nach hiesiger Auffassung nichts geändert (ebenso L/K/F § 5 Rdn. 5 ff.). Wird daher im Prozess behauptet, dass das streitgegenständliche Objekt entgegen der (eindeutigen) Zuordnung in der Objektliste zu einer höheren oder niedrigeren Honorarzone gehört, trägt grundsätzlich derjenige dafür die Beweislast, der sich hierauf beruft.

11   Nur dann, wenn nach dem genannten zweiten Schritt, d.h. nach der Prüfung anhand der Bewertungsmerkmale das Objekt nicht zweifelsfrei einer bestimmten Honorarzone zugeordnet werden kann, muss schließlich ein **dritter Schritt** gegangen werden: In diesem Fall ist zusätzlich eine sogenannte **Punktebewertung** vorzunehmen. Dies kann freilich nur dann durchgeführt werden, wenn dazu entsprechende preisrechtliche Vorschriften existieren.

Hierzu finden sich zwischenzeitlich zu den meisten Leistungsbildern entsprechende Regelungen, ausgenommen der Technische Ausrüstung und der Tragwerksplanung. Zu den Einzelheiten der Punktebewertungen ist auf die Kommentierung zu den jeweiligen Sondervorschriften zu verweisen.

§ 6 Grundlagen des Honorars

(1) **Das Honorar für Grundleistungen nach dieser Verordnung richtet sich**

1. **für die Leistungsbilder des Teils 2 nach der Größe der Fläche und für die Leistungsbilder der Teile 3 und 4 nach den anrechenbaren Kosten des Objekts auf der Grundlage der Kostenberechnung oder, soweit keine Kostenberechnung vorliegt, auf der Grundlage der Kostenschätzung,**

2. **nach dem Leistungsbild,**

3. **nach der Honorarzone,**

4. **nach der dazugehörigen Honorartafel,**

(2) **Honorare für Leistungen bei Umbauten und Modernisierungen gemäß § 2 Absatz 5 und Absatz 6 sind zu ermitteln nach**

1. **den anrechenbaren Kosten,**

2. **der Honorarzone, welcher der Umbau oder die Modernisierung in sinngemäßer Anwendung der Bewertungsmerkmale zuzuordnen ist,**

3. **den Leistungsphasen,**

4. **der Honorartafel und**

5. **dem Umbau- und Modernisierungszuschlag auf das Honorar.**

Der Umbau- und Modernisierungszuschlag ist unter Berücksichtigung des Schwierigkeitsgrads de Leistung schriftlich zu vereinbaren. Die Höhe des Zuschlags auf das Honorar ist in den jeweiligen Honorarregelungen der Leistungsbilder der Teile 3 und 4 geregelt. Sofern keine schriftliche Vereinbarung getroffen wurde, wird unwiderleglich vermutet, dass ein Zuschlag von 20 Prozent ab einem durchschnittlichen Schwierigkeitsgrad vereinbart ist.

(3) **Wenn zum Zeitpunkt der Beauftragung noch keine Planungen als Voraussetzung für eine Kostenschätzung oder Kostenberechnung vorliegen, können die Vertragsparteien abweichend von Absatz 1 schriftlich vereinbaren, dass das Honorar auf der Grundlage der anrechenbaren Kosten einer Baukostenvereinbarung**

nach den Vorschriften dieser Verordnung berechnet wird. Dabei werden nachprüfbare Baukosten einvernehmlich festgelegt.

Übersicht

I. Überblick

Klarstellend wird in Abs. 1 statt des bisherigen Begriffes der „Leistung" jetzt auf das Honorar für „Grundleistungen" abgestellt. Eine inhaltliche Änderung ist damit nicht verbunden, da die verbindlichen Honorarvorgaben der HOAI auch in der vorhergehenden Fassung nur für die Grundleistungen galten. **1**

Wie schon in der HOAI 2009 wird für die Honorarberechnung nach zwingendem Preisrecht im Regelfall nur noch die Kostenberechnung gefordert, wenn diese nicht vorliegt, die Kostenschätzung. Die Kostenschätzung ist ausreichend, wenn nur die Leistungsphasen 1 und 2 beauftragt werden.

Die Vorgabe der Kostenberechnung als Grundlage der Honorarberechnung gilt für alle Leistungsbilder der Teile 3 und 4. Für die Flächenplanung (Teil 2) sind nur Flächengrößen und nicht mehr die Verrechnungseinheiten anzusetzen.

Gestrichen wurde Abs. 1 Nr. 6 mit dem Verweis auf die Honorarregelungen bei Leistungen im Bestand in den §§ 35 und 36. Dazu wurde ein neuer Absatz 2 eingeführt.

Der Umbau- und Modernisierungszuschlag ist durch diesen neuen Absatz 2 in den Allgemeinen Teil vorgezogen worden. Damit wird verdeutlicht, dass er generell für die Leistungsbilder der Teile 3 (Objektplanung) und 4 (Fachplanung) gilt.

Der bisherige Abs. 2 ist als Abs. 3 unverändert übernommen worden. Nach der Entscheidung des BGH vom 24.4.2014 (IBR 2014, 535) ist die Regelung zur Honorarvereinbarung auf der Grundlage einer Baukostenvereinbarung unwirksam. Dies deshalb, weil dadurch Honorarvereinbarungen unterhalb des Mindestsatzes möglich sind, ohne dass ein von der Ermächtigungsgrundlage in Art. 10 §§ 1 und 2 MRVG geforderter Ausnahmefall vorliegt. Die Entscheidung ist zur § 6 Abs. 2 HOAI 2009 ergangen, aufgrund des identischen Wortlauts in § 6 Abs. 3 HOAI 2013 aber auch dafür anzuwenden.

II. Abs. 1: Honorarberechnung auf der Grundlage der HOAI

1. Elemente der Honorarberechnung

2　　Abs. 1 nennt diejenigen Elemente, die jeder Honorarberechnung zugrunde zu legen sind, soweit die verbindlich geregelten Grundleistungen abgerechnet werden. Für die konkrete Berechnung des Honorars müssen dann noch jeweils die Prozentsätze der einzelnen Leistungsphasen hinzugezogen werden und ggf. eine Interpolation erfolgen. Mit diesen Berechnungselementen lässt sich für jedes der Leistungsbilder eine im Sinne des § 15 prüffähige, besser: prüfbare Rechnung erstellen.

Falls Zuschläge für Bauen im Bestand zu addieren sind, sind die jeweiligen Berechnungsvorgaben der einzelnen Leistungsbilder der Teile 3 und 4 zu beachten. Von dem gemäß § 6 Abs. 2 S. 4 als vereinbart geltenden Zuschlag von 20% kann durch schriftliche Vereinbarung abgewichen werden.

Für die Beratungsleistungen und die Besonderen Leistungen gelten die verbindlichen Honorarvorgaben der HOAI nicht. Damit kann auch das Erfordernis einer prüfbaren Honorarrechnung gemäß § 15 Abs. 1 nicht als Fälligkeitsvoraussetzung gelten.

3　　Die Ermittlung des Honorars erfolgt anhand der in Abs. 1 genannten fünf Berechnungsgrundlagen, damit in folgenden fünf Schritten:

a) Anrechenbare Kosten und Größe der Flächen

Für die Teile 3 (Objektplanung) und 4 (Fachplanung) sind die anrechenbaren Kosten maßgebend; für den Teil 2 (Flächenplanung) Größe der Flächen.

aa) Ermittlung der anrechenbare Kosten

4　　Maßgeblich sind die anrechenbaren Kosten des jeweiligen Objekts. Was als anrechenbare Kosten in die Berechnung einfließt, wird ergänzend zur Regelung in § 4 für die Teile 3 und 4 bei den jeweiligen Leistungsbildern bestimmt. Anzusetzen sind immer nur die Nettobeträge.

Die mitzuverarbeitende Bausubstanz ist bei den anrechenbaren Kosten angemessen zu berücksichtigen (§ 4 Abs. 3). Dazu soll ihr Wert und ihr Umfang ermittelt und schriftlich vereinbart werden.

Die anrechenbaren Kosten des Objekts sind auf der Grundlage der Kostenberechnung zu ermitteln. Eine Untergliederung in Abrechnungen nach verschiedenen Leistungsphasen ist damit nicht mehr erforderlich. Die Kostenberechnung wird einheitlich für die Leistungsphasen erstellt.

5　　Als Grundleistung der Leistungsphase 3 ist die Kostenberechnung zu einem Zeitpunkt zu erstellen, der vor dem Beginn mit der Bauausführung liegt. Das führt zu der Frage, wie mit Änderungen der anrechenbaren Kosten während der Ausführung umzugehen ist. Zur HOAI 1991, die noch drei Kostenermittlungen (nach den Leistungsphasen 1–4; 5–7 und 8–9) vorgesehen hatte, hatte der BGH die Berücksichtigung von Nachträgen begrenzt. Die durch Nachträge gestiegenen anrechenbaren Kosten waren danach in den bereits erstellten Kostenanschlag nicht mehr einzubeziehen (BGH BauR 2010, 1957 = NJW-RR 2010, 1668). Gemäß § 10 Abs. 2 soll im Fall einer Einigung der Parteien auf Änderungen des Leistungsumfangs und einer dadurch bedingten Änderung der anrechenbaren Kosten die Honorarberechnungsgrundlage geändert werden. Als Honorarberechnungsgrundlage kommen hier nur die anrechenbaren Kosten und die Kostenberechnung in Betracht, § 6 Abs. 1. Würden die anrechenbaren Kosten nachträglich erhöht und so der Abrechnung aller Leistungsphasen zugrunde gelegt, würde dies zu einen höheren Honorar auch für die planungsbezogenen Leistungsphasen 1–3 führen. Das erscheint zumindest dann unangemessen, wenn der Kostensteigerung keine weiteren Planungsleistungen zugrunde liegen. Deshalb ist für diesen Fall der Grundsatz, dass nur eine Kostenberechnung zu erstellen und der Honorarberechnung zugrunde zu legen ist, nicht anwendbar. Hier sollten die zusätzlich anfallenden anrechenbaren Kosten über eine gesonderte Kostenberechnung abgegrenzt und in die Honorarberechnung eingestellt werden.

Im Regelfall von den anrechenbaren Kosten gemäß einer einheitlichen Kostenermittlung auszugehen.

Nur dann, wenn die Kostenberechnung nicht vorliegt, sind die anrechenbaren Kosten auf der Grundlage einer Kostenschätzung maßgeblich.

bb) Zeitpunkt der Kostenberechnung

Für die Kostenberechnung gibt die DIN 276–DIN 276 Abschnitt 3.3.10 vor: „Bei Kos- **6** tenermittlungen ist vom Kostenstand zum Zeitpunkt der Ermittlung auszugehen". Damit ist insoweit auf den Zeitpunkt der Entwurfsplanung abzustellen, was für die Planer eine Belastung darstellt. Die Entwurfsplanung enthält in der Regel keine Prognose bezüglich Vergabeergebnisse oder Abrechnungssummen. Werden somit längerfristige Planungs- oder Bauzeiten vorliegen, eventuell verbunden mit steigenden Baupreisen, wird sich der Zeitfaktor zu Lasten der Planer auswirken. Diese Abkopplung des Honorars von den tatsächlichen Baukosten ist allerdings eines der Ziele der aktuellen Fassung der HOAI.

Die Kostenberechnung ist für die Leistungsbilder Gebäude, raumbildende Ausbauten **7** und Freianlagen als Grundleistung in der Leistungsphase 3 genannt. Sie erfolgt danach zu einem Zeitpunkt, zu dem mit dem Bauvorhaben noch nicht begonnen wurde. Das führt zu der Frage, wie das Honorar zu berechnen ist, wenn der Auftrag vor der Leistungsphase 3 endet oder erst danach beginnt.

Werden nur die Leistungsphasen 1 und 2 beauftragt, gehört die Kostenschätzung zu den **8** Grundleistungen. Eine Kostenberechnung muss in den Fällen, in denen die Leistungsphase 3 oder weitergehende Leistungsphasen nicht erbracht werden, nicht gesondert erstellt werden (OLG Schleswig IBR 2009, 1295, NZB zurückgew.).

cc) Getrennte Beauftragung ab Leistungsphase 4

Erfolgt die Beauftragung erst ab der Leistungsphase 4, gehört die Kostenberechnung (da **9** genannt in Leistungsphase 3) nicht mehr zu den „Grundleistungen". Hier ist die Frage, welche Leistungen zur Erfüllung des Vertrages zu erbringen sind, von derjenigen nach den ausreichenden Grundlagen der Honorarrechnung zu trennen.

Ob eine Kostenberechnung geschuldet ist, muss anhand der vertraglichen Vereinbarun- **10** gen und dem Informationsinteresse des Auftraggebers beurteilt werden. Auch wenn die HOAI als Preisrecht keine Vertragsinhalte bestimmt, kann z.B. durch die Bezugnahme auf die Leistungsphasen die Kostenberechnung der Leistungsphase 3 zur vertraglich geschuldeten Leistung werden. Für die Honorarberechnung stellt Absatz 1 aber nicht auf diese vertraglich geschuldete Leistung ab. Für die Prüfbarkeit der Rechnung (§ 15 Abs. 1) reicht es nach dem Wortlaut des Absatz 1 aus, dass die Kostenschätzung zugrunde gelegt wird, wenn die Kostenberechnung nicht existiert. Allein aus dem Informationsinteresse des Auftraggebers an einer Kostenberechnung und an Informationen über die Kostenentwicklung im Lauf der Bauarbeiten kann nicht geschlossen werden, dass für die Prüfbarkeit der Rechnung eine Kostenberechnung erstellt werden muss – etwas anderes gibt der Wortlaut des § 6 Abs. 1 Nr. 1 nicht her.

Sie ist allerdings dann als Voraussetzung der Honorarrechnung zu erstellen, wenn sie zu **11** den beauftragten Leistungen gehört (OLG Schleswig IBR 2009, 1295). Das folgt auch daraus, dass § 15 als Fälligkeitsvoraussetzung das vertragsgemäße Erbringen der Leistung voraussetzt.

Stellt die Kostenberechnung für die Prüfbarkeit keine zwingende Voraussetzung der Ho- **12** norarrechnung dar – sofern sie nicht zur vertraglich geschuldeten Leistung (§ 15 Abs. 1) gehört – stellt sich die Frage, ob der später, z.B. ab der Leistungsphase 4 Beauftragte, an die Kostenberechnung des nur bis zur Leistungsphase 3 Beauftragten gebunden ist.

Eine Verpflichtung, die Kostenberechnung als Voraussetzung der Honorarberechnung zu **13** erstellen, besteht schon nach dem Wortlaut des Abs. 1 nicht (so auch L/K/F § 6 Rn. 16; OLG Düsseldorf IBR 2001, 2008 = BauR 2001, 434). Die Kostenschätzung kann aber für ihn ungünstig sein, weil sie zu niedrig ausgefallen ist. Dann muss es dem Architekten/Ingenieur freistehen, eine eigene Kostenberechnung als Abrechnungsgrundlage zu erstellen. Ein Honorar dafür wird er nicht verlangen können, sofern keine vertraglich geschuldete Leistung vorliegt. Erstellt er die Kostenberechnung ausschließlich in seinem Interesse, um seine Honorarrechnung auf dieser Basis stellen zu können, fällt dafür kein eigenes Honorar an. Der Zeitpunkt, auf den sich diese spätere Kostenberechnung bezieht, kann allerdings nicht beliebig gewählt werden. Maßgeblich ist derjenige Zeitpunkt, zu dem die Kostenberechnung zu erstellen gewesen wäre (so auch L/K/F § 6 Rdn. 18). Auch der später Beauftragte kann nicht die tatsächlichen Kosten am Ende der Baumaßnahme ansetzen, sondern ist an diesen Zeitpunkt, zu dem die Kostenberechnung zu erstellen gewesen wäre, gebunden. Andernfalls wäre damit das Ziel der Reform, das Honorar von den tatsächlichen Baukosten abzukoppeln, unterlaufen.

dd) Fehlerhafte Kostenberechnungen / Kostenschätzungen

14   Wie ist zu entscheiden, wenn der Planer mangelhaft eine zu niedrige Kostenberechnung/Kostenschätzung erstellt hat? Hat er ein Recht zur Nacherfüllung? Wie ist die Lage, wenn er schuldhaft oder nicht schuldhaft eine überhöhte Kostenermittlung vorgelegt hat?

Da bezüglich der Kostenberechnung keine vertragliche Einigung vorliegen wird, wird man hier nicht über Anfechtungsfragen sprechen müssen. Gleichwohl stellt sich die Frage, ob die Gerichte in einem späteren Honorarprozess eine überzogene Kostenberechnung korrigieren können.

Eine schuldhaft überhöhte Kostenberechnung stellt eine Pflichtverletzung dar, die zum Schadensersatz verpflichtet. Der Auftraggeber ist so stellen, als wäre der zum Ersatz verpflichtende Umstand nicht eingetreten (§ 249 BGB). Danach könnte die überhöhte Kostenberechnung keinen Bestand haben, also auch der Honorarberechnung nicht zugrunde gelegt werden. Die Kostenberechnung wäre, diesmal fehlerfrei, nachzuholen.

Umgekehrt wird man eine Bindung des Auftragnehmer an seine zu niedrige Kostenermittlung an Hand der bekannten Rechtsprechung des VII. Zivilsenats der Bundesgerichtshofes entscheiden können (BGH NJW-RR 2010, 1176; OLG Köln IBR 2012, 212). Danach tritt eine Bindung nur in Ausnahmefällen ein.

ee) Kostenberechnung bei Leistungsänderungen

15   § 6 setzt einen Ablauf des Bauvorhabens entsprechend den zeitlichen Vorgaben der HOAI voraus. Damit werden Fälle der „baubegleitenden Planung" oder von Planungsänderungen nicht erfasst. § 10 HOAI fordert für den Fall, dass sich der beauftragte Leistungsumfang während der Laufzeit des Vertrages ändert, dass die dem Honorar zugrunde liegende Vereinbarung durch schriftliche Vereinbarung anzupassen ist.

(Zur Änderung der anrechenbaren Kosten ohne Änderung des Leistungsumfangs s. o. Rdn. 5).

ff) Größe der Flächen

16   Für die Flächenplanung ist die Größe der Fläche des Plangebietes entscheidend. Die Honorartafeln zu den §§ 20 (Flächennutzungsplan) und 21 (Bebauungsplan) geben jeweils die Flächen in Hektar vor. Das entsprechende Honorar ergibt sich aus den zugeordneten Zeilen zu den jeweiligen Honorarzonen.

Die Honorarberechnung anhand von Flächen ist damit auch für den Flächennutzungsplan eingeführt worden, für den Bebauungsplan war sie schon bisher anzuwenden. Die Verrechnungseinheiten, die bisher Grundlage der Honorarberechnung für Flächennutzungspläne waren, sind nicht mehr anzusetzen. Diese Verrechnungseinheiten waren über die Einwohnerzahl, die Größe der Bauflächen und Baugebiete und die sonstigen Flächen des Plangebietes zu ermitteln (§ 20 Abs. 2 HOAI a. F.). Durch die Neufassung des § 20 ist jetzt nur noch die Größe des Plangebietes maßgeblich.

b) Leistungsbilder

17   In den Leistungsbildern sind die Grundleistungen erfasst, die im Allgemeinen zur ordnungsgemäßen Erfüllung eines Auftrags erforderlich sind (§ 3 Abs. 3). Werden nicht alle in den jeweiligen Leistungsphasen aufgelisteten Grundleistungen beauftragt, ist das Honorar entsprechend zu kürzen (§ 8 Abs. 1, 2).

c) Honorarzone

Anhand der Honorarzonen des § 5 werden die jeweiligen Anforderungen an die Pla- **18** nungsleistungen unterschieden.

Für die Objekt- und Tragwerksplanung werden wie bisher fünf Honorarzonen gebildet. Für die Flächenplanung sind statt bisher fünf nur noch drei Honorarzonen vorgegeben, ebenso für die Technische Ausrüstung.

Je geringer die Anforderungen sind, desto niedriger ist die Honorarzone. Für die Ob- **19** jektplanung und die Tragwerksplanung ist zu unterscheiden nach „sehr geringen Anforderungen (HZ I), über „geringe" Anforderungen (HZ II), „durchschnittliche" Anforderungen (HZ III), bis hin zu „überdurchschnittlichen" Anforderungen (HZ IV) und zu „sehr hohen" Planungsanforderungen (HZ V).

Für Flächenplanung und die Technische Ausrüstung fordert die HZ I geringe Planungs- **20** anforderungen, die HZ II durchschnittliche und die HZ III hohe Planungsanforderungen.

Die Zuordnung erfolgt über ein Punktesystem. Zu den Leistungsbildern ist jeweils vor- **21** gegeben, wie viele Punkte für einzelne Bewertungskriterien vergeben werden können, ebenso wie viele Punkte zur Zuordnung zur jeweiligen Honorarzone führen.

Da die Einordnung in dieses Punktesystem im Einzelfall schwierig sein kann und nicht **22** mit mathematischer Genauigkeit erfolgen kann, gibt § 5 Abs. 4 Satz 2 die Möglichkeit, über die Objektliste der Anlage 3 vorzugehen. Ist ein Objekt nach dieser Liste einer Honorarzone zuzuordnen, muss keine Bewertung nach Punkten erfolgen.

Bei der Einordnung in Honorarzonen handelt es sich um eine Zuordnung, die vertragli- **23** chen Regelungen nicht zugänglich ist – da sie nach objektiven Kriterien vorzunehmen ist. Fehlerhafte Einordnungen können deshalb zu unzulässigen Unterschreitungen der Mindestsätze (§ 7 Abs. 3) führen. Auf die Kommentierung zu § 5 und der jeweiligen Leistungsbilder ist zu verweisen.

d) Honorartafeln

Anhand der anrechenbaren Kosten bzw. Flächen, der jeweiligen Prozentsätze der er- **24** brachten Leistungsphasen und der Honorarzonen kann mittels der Honorartabellen für die Leistungsbilder das Honorar ermittelt werden. Die Honorartabellen geben den Mindest- und Höchstsatz zu den jeweiligen anrechenbaren Kosten bzw. Flächen an. Zur Ermittlung z. B. des Mittelsatzes ist die entsprechende Quote zu bilden. Stimmen die anrechenbaren Kosten nicht genau mit den in der Tabelle angegebenen Werten überein, was der Regelfall sein wird, ist gemäß § 13 zu interpolieren.

Im Einzelnen wird auf die Kommentierung bei den jeweiligen Leistungsbildern verwiesen.

III. Abs. 2: Umbau- und Modernisierungszuschlag

Der bisher in § 35 Abs. 1 HOAI a. F. geregelte Umbau- und Modernisierungszuschlag **25** ist in den Allgemeinen Teil aufgenommen worden. Damit wird klargestellt, dass er für alle Leistungsbilder des 3. und 4. Teils gilt.

Entsprechend der Auflistung für Grundleistungen in Abs. 1 zählt Abs. 2 die 5 „Honorargrundlagen" auf, zu denen dann noch eine weitere kommt, und zwar der eigentliche Zuschlag auf das Honorar. § 6 Abs. 2 S. 2 regelt nur die unwiderlegbare Vermutung eines mit 20% vereinbarten Zuschlags für den Fall, dass keine andere schriftliche Vereinbarung getroffen wurde. Im Einzelnen sind die jeweils zulässigen Obergrenzen des Zuschlags in den jeweiligen Leistungsbildern geregelt. So bestimmt § 36 Abs. 1 für den Umbau- oder Modernisierungszuschlag bei Gebäuden, dass er bei einem durchschnittlichen Schwierigkeitsgrad mit höchstens 33% vereinbart werden kann.

Die Höhe des Zuschlags wurde gegenüber der vorhergehenden Fassung reduziert. Grund dafür ist die Aufnahme der mitverarbeiteten Bausubstanz (§ 2 Abs. 7) bei den anrechenbaren Kosten. In der HOAI 2009 war die mitverarbeitete Bausubstanz gestrichen worden, dafür konnte ein Umbauzuschlag bis zu 80% vereinbart werden.

1. Umbauten und Modernisierungen

26 Die Definition der Begriffe erfolgt über § 2 Abs. 5 und Abs. 6. Beides setzt Eingriffe in die Bausubstanz voraus, reine Nutzungsänderungen sind nicht ausreichend.

a) Umbau

27 Der Umbauzuschlag kann nur bei wesentlichen Eingriffen in die Konstruktion oder den Bestand verlangt werden (§ 2 Abs. 5). Der Begriff der „Konstruktion" verweist auf die Kostengruppe 300 der DIN 276. Erfasst sind die tragenden und die nicht tragenden Teile der Konstruktion. In der Kostengruppe 3970 sind baukonstruktive Einbauten genannt. Dazu gehören die fest mit dem Bauwerk verbundenen Einbauten, sofern sie nicht zu den nutzungsspezifischen Anlagen der KG 470 zählen. Die Einbeziehung dieser KG 370 folgt auch aus der Definition der baukonstruktiven Einbauten in der DIN 276 KG 370. Demnach ist maßgeblich, dass diese Einbauten technische und bauplanerische Maßnahmen erforderlich machen, z. B. das Anfertigen von Werkplänen, statischen und anderen Berechnungen.

28 Der Begriff des Bestandes ist weitergehend als derjenige der Konstruktion. Auch Installationen werden erfasst (so auch L/K/F § 2 Rdn. 12). Auch hier ist ein wesentlicher Eingriff die Voraussetzung für die Abrechnung eines Zuschlags.

b) Modernisierung

29 Ein Modernisierungszuschlag setzt die nachhaltige Erhöhung des Gebrauchswertes eines Objekts voraus, und die Maßnahme nicht als Erweiterung, Umbau oder Instandsetzung zu werten ist, § 2 Abs. 5 (dazu im Einzelnen § 2 Rdn. 16 ff.).

2. Anrechenbare Kosten

30 Wie in Abs. 1 generell für die Honorarberechnung vorgegeben, ist auch für den Umbau- und Modernisierungszuschlag die Kostenberechnung maßgeblich, ausnahmsweise die Kostenschätzung.

31 Umbauzuschläge setzten einen wesentlichen Eingriff in Konstruktion oder Bestand voraus. Damit ist in aller Regel auch die mitverarbeitet Bausubstanz bei den anrechenbaren Kosten angemessen zu berücksichtigen, § 4 Abs. 3.

Der Zuschlag ist auf das gesamte Honorar zu berechnen. Da die anrechenbaren Kosten für das Gesamthonorar bei einer zu berücksichtigenden mitverarbeiteten Bausubstanz erhöht wurden, erfolgt durch den Zuschlag eine doppelte Erhöhung (L/K/F § 6 Rdn. 47). Dafür ist der Prozentsatz, mit dem der Zuschlag vereinbart werden kann, reduziert worden, z. B. bei Gebäuden auf maximal 33 %, vgl. § 36 Abs. 1.

3. Honorarzone

32 Die für den Umbau oder die Modernisierung anzusetzende Honorarzone ist durch sinngemäße Anwendung der Bewertungsmerkmale zu ermitteln. Maßgeblich ist damit nicht, in welche Honorarzone das bearbeitet Objekt selbst einzustufen ist, sondern die Bewertung des Umbaus oder der Modernisierung. Die Bewertungsmerkmale sind dem jeweiligen Leistungsbild zu entnehmen, z. B. bei Gebäuden § 5 iVm § 35 HOAI.

33 Die Bewertungsmerkmale können dabei nicht immer direkt übertragen werden. So ist das Merkmal „Einbindung in die Umgebung" des § 35 Abs. 2 Nr. 1 nicht für Umbauten oder Modernisierungen übertragbar. L/K/F weisen zu Recht darauf hin, dass dieses Merkmal nicht mit 0 angesetzt werden kann, da sonst das Ergebnis der Einstufung verfälscht würde (L/K/F § 6 Rdn 48). Sie schlagen vor, die Gesamtpunktzahl zu verringern. Danach wären die für dieses Merkmal maximal erreichbaren 6 Punkte (§ 35 Abs. 4 Nr. 1) von der Gesamtpunktzahl abzuziehen. Dagegen spricht, dass ein völliger Ausschluss des Merkmals „Einbindung" aber die unter Umständen erheblichen Planungsleistungen unberücksichtigt ließe. Deshalb erscheint es angemessen, statt der „Einbindung in die Umwelt" die „Einbindung in das Objekt" anzusetzen und in die Bewertung mit einzubeziehen.

4. Leistungsphasen

Für den Zuschlag sind die Leistungsphasen nur insoweit von Bedeutung, wie sie zur Be-　**34** rechnung des „Grundhonorars" heranzuziehen sind, auf das der Zuschlag aufgeschlagen wird.

Wird nur der Auftrags zur Planung einer Umbaumaßnahme erteilt, z. B. nur für die Planungsphasen 1–3, kann auch der Zuschlag nur auf das Honorar für diese Leistungsphasen aufgeschlagen werden.

Für eine gekündigten Vertrag hat das OLG Düsseldorf (BauR 202, 648) entschieden,　**35** dass die Kündigung in der Leistungsphase 2 den Zuschlag ausschließe, weil die mit einem Umbau typischerweise verbundenen Schwierigkeiten hier noch nicht aufgekommen seien. Diese Entscheidung kann aber nicht verallgemeinert werden. Ausweislich der Urteilsgründe war die Planung des Auftragnehmers mangelhaft. Damit hatte das OLG keinen Anlass, den Honoraranspruch unter dem Gesichtspunkt des § 649 BGB zu prüfen. Hätte der Auftragnehmer bei einer freien Vertragskündigung den Anspruch auf das Vertragshonorar abzüglich der ersparten Aufwendungen (§ 648 BGB), bestünde kein Anlass, einen Abzug wegen der noch nicht zum Umbau erbrachten Leistungen vorzunehmen.

einstweilen frei　　　　　　　　　　　　　　　　　　　　　　　　　　　　**36**

5. Honorartafel

Auf die anrechenbaren Kosten, ggf. mitverarbeiteter Bausubstanz, sind die Honorartafeln　**37** für die Umbau- oder Modernisierungsmaßnahme wie üblich unter Berücksichtigung der Honorarzone anzuwenden. Die Interpolation erfolgt nach § 13 HOAI.

6. Zuschlag auf das Honorar

Der Zuschlag kann von den Vertragsparteien innerhalb der Grenzen, die durch die ein-　**38** zelnen Leistungsbilder gezogen werden, vereinbart werden.

a) Höhe des zu vereinbarenden Zuschlags

Damit gelten bei einer durchschnittlichen Schwierigkeit folgende Höchstsätze:　　　**39**
– Gebäude, § 36 Abs. 1: 33 %
– Innenräume von Gebäuden, § 36 Abs. 2: 50 %
– Freianlagen, §§ 40 Abs. 6 iVm § 36 Abs. 1: 33 %
– Ingenieurbauwerke, § 44 Abs. 6: 33 %
– Verkehrsanlagen, § 48 Abs. 6: 33 %
– Technische Ausrüstung, § 56 Abs. 5: 50 %

b) Schriftform

Der Zuschlag ist schriftlich zu vereinbaren. Der Zeitpunkt der Vereinbarung wird nicht　**40** vorgegeben. Allerdings schreibt § 7 Abs. 5 vor, dass die unwiderlegliche Vermutung einer Vereinbarung der Mindestsätze gilt, wenn nicht bei Auftragserteilung etwas anderes vereinbart wird. Wäre diese Vorschrift anwendbar, müsste jede Vereinbarung eines Umbauzuschlages, die von den in § 6 Abs. 2 S. 3 vorgegebenen 20 % abweicht, bereits bei Auftragserteilung vereinbart werden. Das hat der BGH (BauR 2009, 264) zur Vorgängerregelung des § 24 HOAI a. F. anders entschieden. Die Regelung des damaligen § 4 Abs. 4 HOAI a. F. (entsprechend dem heutigen § 7 Abs. 5) war für die Vereinbarung des Umbauzuschlages nicht anwendbar, so dass dazu auch nach Vertragsschluss Vereinbarungen zulässig waren. Die Entscheidung kann auf die aktuelle HOAI übertragen werden.

Soweit es in der amtlichen Begründung (BT-Drucksache 334/13 heißt: „Die Höhe des　**41** Zuschlags ist im Wege einer schriftlichen Vereinbarung bei Auftragserteilung gemäß § 7 Absatz 1 frei vereinbar", steht das einer Vereinbarung auch nach Vertragsschluss nicht entgegen, soweit damit nicht die Mindestsätze unterschritten oder die Höchstsätze überschritten werden.

c) Zuschlag und Mindestsatz

42 Die in § 6 Abs. 2 vorgegebenen 20% für den Umbau- oder Modernisierungszuschlag sind bei einem durchschnittlichen Schwierigkeitsgrad zugrunde zu legen. Liegt eine solche durchschnittliche Schwierigkeit vor, sind diese 20% damit bei der Berechnung des Mindestsatzes anzusetzen. Zwar gibt § 6 Absatz 2 Satz 4 keinen Mindestwert vor (so die amtl. Begründung). Die 20% können damit auch unterschritten werden. Das aber nur dann, wenn kein Fall der durchschnittlichen Schwierigkeit vorliegt. Die Vereinbarung eines Zuschlags von wenige als 20% ohne Vorliegen einer unterdurchschnittlichen Schwierigkeit würde den Mindestsatz unterschreiten (so im Ergebnis auch KG IBR 2011, 343 zu § 24 HOAI a. F.).

43 Eine solche Unterschreitung des Mindestsatzes ist gemäß § 7 Abs. 3 nur in Ausnahmefällen zulässig. Damit sind Vereinbarungen, die einen Zuschlag von weniger als 20% festschreiben wollen, nur dann möglich, wenn ein Ausnahmefall vorliegt. Da die 20% nur für den durchschnittlichen Schwierigkeitsgrad vorgesehen sind, kann ein Ausnahmefall schon dann vorliegen, wenn die Anforderungen unter dem Durchschnitt liegen. Die von der Rechtsprechung im Übrigen an einen Ausnahmefall gestellten Forderungen (vgl. BGH BauR 1997, 677; BGH IBR 2012, 88) müssen für den Zuschlag unterhalb von 20% nicht vorliegen, sofern eine unterdurchschnittliche Anforderung vorliegt.

44 Allerdings ist hier der von § 7 Abs. 5 vorgegebene Zeitpunkt zu beachten. Danach müssen Vereinbarungen unterhalb des Mindestsatzes bei Auftragserteilung geschlossen werden. Die Vereinbarung eines Zuschlags von mehr als 20% ist, soweit sie innerhalb der jeweils zu den Leistungsbildern genannten Obergrenzen bleibt, auch nach Vertragsschluss möglich.

IV. Abs. 3: Vereinbarung von Baukosten

45 Der BGH hat am 24.4.2014 (Az. VII ZR 164/13; IBR 2014, 353) entschieden, dass § 6 Abs. 2 HOAI 209 unwirksam ist. Da § 6 Abs. 3 HOAI 2013 identisch ist, gilt das Urteil auch für diese Fassung.

Die Regelung zur Honorarberechnung auf der Grundlage einer Baukostenvereinbarung ist von der Ermächtigungsgrundalge nicht gedeckt, so der BGH zur Begründung seiner Entscheidung.

In der Ermächtigungsgrundlage (Art. 10 §§ 1 und 2 MRVG) wird als Voraussetzung für die Zulässigkeit einer Unterschreitung der Honorarmindestsätze das vorliegen eines Ausnahmefalles genannt.

46 § 6 Abs. 2 bindet die Honorarberechnung an das Vorliegen einer Vereinbarung zu den Baukosten. Die Baukosten müssen dazu nachprüfbar festgelegt werden. Für die Ermittlung der Baukosten wird außer dem Erfordernis der Nachprüfbarkeit keine weitere Vorgabe erteilt. Durch diese Nachprüfbarkeit ist somit nicht gesichert, dass sie den tatsächlichen oder den zum Zeitpunkt der Vereinbarung realistischen anrechenbaren Kosten entsprechen. Sie müssen nur nachprüfbar ermittelt werden, ihre dann vereinbarte Höhe bleibt geradezu beliebig. Damit kann eine Unterschreitung der Mindestsätze durch die Vereinbarung nicht ausgeschlossen werden. Ein von der Ermächtigungsgrundlage geforderter Ausnahmefall ist in dieser Vereinbarung nicht zu sehen. Infolge dessen ist die Vorschrift des § 6 Abs. 2 von der Ermächtigungsgrundlage nicht gedeckt mit der weiteren Folge ihrer Unwirksamkeit.

47 Die Entscheidung setzt die Anforderungen der Ermächtigungsgrundlage konsequent um. Ihr ist zuzustimmen. Die Vorschrift kann auch nicht durch Auslegung auf einen der Ermächtigungsgrundlage genügenden Inhalt gebracht werden. Dies schon deshalb nicht, weil als erste Voraussetzung der Vereinbarung ein Zeitpunkt gefordert wird, zu dem noch keine Planung als Voraussetzung der Kostenschätzung oder Kostenberechnung vorliegt. Damit fehlt jede Möglichkeit zu beurteilen, ob die vereinbarten Baukosten irgendeinen realistischen Bezug zu den späteren anfallenden haben. Das Honorar würde damit vollständig von den tatsächlichen anrechenbaren Kosten gelöst, die aber der notwenige Anknüpfungspunkt für die Ermittlung des im Regelfall nicht zu unterschreitenden Mindestsatzes sind. Diese Abkopplung des Honorars von den Baukosten wird in der amtlichen Begründung als das Ziel der Regelung genannt.

Zur Lösung dieses Problems wird in der amtlichen Begründung ausgeführt, dass nachprüfbare Baukosten beispielsweise anhand vergleichbarer Referenzobjekte oder einer Bedarfsplanung (auf Basis der DIN 18 205) ermittelt werden könnten. Angesprochen können hier „Bauprofis" (Auftraggeber u. Auftragnehmer) sein, die vergleichbare Objekte schon mehrfach geplant haben.

Da noch nach dem Wortlaut des § 6 Abs. 3 keine Planung als Voraussetzung der Kosten- **48** schätzung vorliegen darf, könnte allenfalls eine Grundlagenermittlung oder Vorplanung existieren. Damit wird aber keine ausreichende Grundlage für die Kostenermittlung vorliegen. Erst im Zuge der Entwurfsplanung sind die dazu notwendigen Konkretisierungen gefordert.

Eine Verlagerung des Zeitpunkts der Vereinbarung auf einen späteren Zeitpunkt ist derzeit nicht möglich. Vereinbarungen zur Änderung des Honorars während der Vertragsausführung sind nicht zulässig. § 7 Abs. 1 fordert, auch zum Schutz des Bauherren, dass die Vereinbarungen zum Honorar bei Vertragsschluss getroffen werden. Nach dem Abschluss der Planungsphase stehen die Kosten, die durch die Umsetzung dieser Planung entstehen werden, mit einer hinreichenden Bestimmbarkeit fest, sie sind jetzt in die Kostenberechnung einzustellen. Deshalb muss dazu dann keine Vereinbarung mehr getroffen werden. Den Parteien ist allenfalls zu raten, jetzt im Detail festzuhalten, welcher Ausstattungsstandard dieser Planung im Einzelnen zugrunde gelegt wurde. Erhöhungen des Honorars kommen dann bei Planungs- oder Ausstattungsänderungen in Betracht, § 10 HOAI. Für die einvernehmliche Aufstellung zum Ausstattungsstandard ist keine gesetzliche Regelung erforderlich.

Durch die einer Vereinbarung zur Baukostenobergrenze können die Parteien in zulässi- **49** ger Weise auf die Grundlage des Honorars Einfluss nehmen. Seit der Entscheidung des Bundesgerichtshofes aus dem Jahre 1997 (BauR 1997, 494) ist bestätigt, dass der/die Architekt/Architektin vom Auftraggeber/Bauherrn an eine Kostenaussage (im Regelfall Kostenlimit) im Sinne einer Beschaffenheitsvereinbarung gebunden werden kann. Die Anforderungen an eine solche Vereinbarung sind gering. So soll es ausreichen, dass nicht am Vertrag beteiligte Dritte gegenüber dem Planer die Höhe der dem Bauherrn zur Verfügung stehenden finanziellen Mittel darstellen, und dieser dem nicht widerspricht. Wird diese Kostenobergrenze dann überschritten, ist die Planung für den Auftraggeber möglicherweise nicht verwertbar und damit mangelhaft (BGH IBR 2013, 1571).

§ 7 Honorarvereinbarungen

(1) **Das Honorar richtet sich nach der schriftlichen Vereinbarung, die die Vertragsparteien bei Auftragserteilung im Rahmen der durch diese Verordnung festgesetzten Mindest- und Höchstsätze treffen.**

(2) **Liegen die ermittelten anrechenbaren Kosten oder Flächen außerhalb der in den Honorartafeln dieser Verordnung festgelegten Honorarsätze, sind die Honorare frei vereinbar.**

(3) **Die in dieser Verordnung festgesetzten Mindestsätze können durch schriftliche Vereinbarung in Ausnahmefällen unterschritten werden.**

(4) **Die in dieser Verordnung festgesetzten Höchstsätze dürfen nur bei außergewöhnlichen oder ungewöhnlich lange dauernden Grundleistungen durch schriftliche Vereinbarung überschritten werden. Dabei bleiben Umstände, soweit sie bereits für die Einordnung in Honorarzonen oder für die Einordnung in den Rahmen der Mindest- und Höchstsätze mitbestimmend gewesen sind, außer Betracht.**

(5) **Sofern nicht bei Auftragserteilung etwas anderes schriftlich vereinbart worden ist, wird unwiderleglich vermutet, dass die jeweiligen Mindestsätze gemäß Absatz 1 vereinbart sind.**

(6) **Für Planungsleistungen, die technisch-wirtschaftliche oder umweltverträglliche Lösungsmöglichkeiten nutzen und zu einer wesentlichen Kostensenkung ohne Verminderung des vertraglich festgelegten Standards führen, kann ein Erfolgshonorar schriftlich vereinbart werden. Das Erfolgshonorar kann bis zu 20 Prozent des vereinbarten Honorars betragen. Für den fall, dass schriftlich festgelegte anrechenbare Kosten überschritten werden, kann ein Malus-Honorar in Höhe von bis zu 5 Prozent des Honorars schriftlich vereinbart werden.**

Übersicht

I. Überblick

1   § 3 Abs. 1 S. 2 HOAI bestimmt für die Beratungsleistungen, dass die Honorare dafür frei vereinbart werden können. Für die Besonderen Leistungen gilt dies gemäß § 3 Abs. 3 S. 3. Soweit § 7 für Honorarvereinbarungen Einschränkungen enthält, kann dies deshalb nur für die Honorar für Grundleistungen gelten.

2   Wie bisher muss eine Honorarvereinbarung die durch die HOAI festgesetzten Mindest- und Höchstsätze beachten. Es bleibt zudem beim Gebot der Schriftform und des Abschlusses der Vereinbarung bei Auftragserteilung. Damit werden die Vorgaben der Ermächtigungsgrundlage (Art. 10 §§ 1 und 2 MRVG) eingehalten.

Gemäß § 7 Abs. 2 kann das Honorar dann frei vereinbart werden, wenn die ermittelten **3** anrechenbaren Kosten oder Flächen außerhalb der Tafelwerte liegen. Die bisher genannten „Werte oder Verrechnungseinheiten" sind entfallen, da in der Flächenplanung statt dessen nur die Flächengrößen anzusetzen sind.

In den Absätzen 3 und 4 werden die Ausnahmefälle geregelt, nach denen Mindestsätze **4** unterschritten oder Höchstsätze überschritten werden können. Abs. 4 stellt klar, dass dies nur für die Honorare für Grundleistungen gilt.

Wie bisher gelten die Mindestsätze, wenn nicht bei Auftragserteilung etwas anderes ver- **5** einbart wurde (Abs. 6).

Die Bonus-Malus-Regelung in Absatz 6 (bisher Abs. 7) ist sprachlich geringfügig und **6** ohne Einfluss auf den Inhalt geändert worden.

Der bisherige Abs. 5 (Leistungsänderungen) ist hier gestrichen worden. Er ist weitge- **7** hend in § 10 HOAI übernommen worden.

II. Abs. 1: Honorarvereinbarung innerhalb der Mindest- und Höchstsätze

1. Beschränkung der Vertragsfreiheit

Die HOAI lässt die Vertragsfreiheit grundsätzlich unberührt. Insbesondere trifft sie keine **8** Bestimmungen darüber, zu welchen Leistungen sich der Architekt und der Ingenieur verpflichten können. Die HOAI nimmt jedoch einen seiner Natur nach preisrechtlichen Eingriff (vgl. MRVG Art. 10 §§ 1, 2) in die Freiheit der Vertragspartner vor, die Höhe der von dem Auftraggeber geschuldeten Gegenleistung (des Honorars) zu bestimmen: Nur innerhalb der von der HOAI aufgestellten Grenzen sind die Parteien frei, über das Honorar zu bestimmen. Die Frage, ob sie sich grundsätzlich auch an die Mindestgrenzen zu halten haben, war zunächst durch die Entscheidung des BVerfG vom 20.10.1981 (BauR 1982, 74 = ZfBR 1982, 35 = NJW 1982, 373) mit Gesetzeskraft (§ 31 Abs. 2 BVerfGG) dahin beantwortet worden, dass eine Unterschreitung der Mindestsätze möglich und zulässig war, weil der Regelung in § 4 Abs. 2, wonach es dazu eines Ausnahmefalles bedurfte, die notwendige Ermächtigungsgrundlage fehlte. Diese ist dann durch die Änderung des MRVG vom 12.11.1984 (BGBl. I, S. 1337) und die nachfolgende 2. ÄndVO zur HOAI durch den Gesetzgeber geändert worden, so dass die Vertragsfreiheit der Parteien auch insoweit eingeschränkt ist, als sie die Mindestsätze der HOAI nicht unterschreiten dürfen.

Die Ermächtigungsgrundlage hat Unterschreitungen der Mindestsätze nicht generell für **9** unzulässig erklärt. Sie sollen aber nicht zum Regelfall werden. Deshalb muss für eine solche Mindestsatzunterschreitung ein Ausnahmefall vorliegen. Dieser Anforderung wird § 6 Abs. 2 HOAI a. F., dem § 6 Abs. 3 HOAI 2013 entspricht, nicht gerecht. Die dort geregelte Vereinbarung zu den Baukosten stellt zwar auf die Überprüfbarkeit der Baukosten ab, sichert aber in keiner Weise, dass diese auch den tatsächlichen oder zum Zeitpunkt der Vereinbarung realistischen Kosten entsprechen. Damit bliebe die Möglichkeit, eine zwar inhaltlich nachprüfbare, aber unrealistisch niedrige Vereinbarung zu den Kosten zu treffen. Dies hätte Auswirkung auf das Honorar, das damit ebenfalls zu niedrig und damit unter den bei zutreffend angesetzten Kosten anfallenden Mindestsätzen liegen kann. Eine solche Norm, die Unterschreitungen der Mindestsätze ohne die in Art. 10 §§ 1, 2 MRVG geforderten Ausnahmefall zulässt, verlässt die von der Ermächtigungsgrundlage gesetzten Grenzen. Aus diesem Grund hat der BGH (IBR 2014, 353) § 6 Abs. 2 HOAI 2009 für unwirksam erklärt.

Unzulässig sind Honorare für Grundleistungen, durch die die festgesetzten Höchstsätze **10** überschritten werden, sofern die HOAI keine Ausnahme zulässt.

Zu einer solchen unzulässigen Überschreitung kann es kommen, wenn die Vertragspartner z. B. das nach der HOAI zulässige Höchsthonorar vereinbaren, aber gleichzeitig bei der Festlegung des geschuldeten Leistungsumfangs einen nicht unerheblichen Teil der vorgesehenen Grundleistungen ausschließen. Ein Verstoß gegen den Höchstpreischarakter der HOAI liegt auch vor, wenn sich der Architekt oder Ingenieur für die Übertragung der urheberrechtlichen Nutzungsrechte ein zusätzliches Honorar im Vertrag ausbedungen hat oder ein solches verlangt (vgl. OLG Nürnberg NJW-RR 1989, 407 = BauR 1989, 510), obwohl diese Übertragung grundsätzlich Bestandteil der geschuldeten Architekten- oder Ingenieurleistung ist (OLG Nürnberg NJW-RR 1989, 407; L/K/F Einl. Rn. 299). Die HOAI sieht insoweit zwingend Höchstsätze vor, die vom Grundsatz her einer zusätzlichen Vergütung des Architekten bei Schaffung eines urheberrechtlich geschützten Entwurfs entgegenstehen (OLG München NJW-RR 1995, 474). Bei vorzeitiger Beendigung des Architektenvertrages mit einem Vergütungsanspruch des Architekten nur für die Leistungsphasen 1–4 des § 33, nicht aber für die weiteren nicht mehr erbrachten Leistungen, steht dem Architekten auch dann kein weiterer Zahlungsanspruch gemäß § 97 UrhG zustehen, wenn sein urheberechtlich geschützter Entwurf vom Bauherrn mit fremder Architektenhilfe realisiert wird (OLG München NJW-RR 1995, 474).

11   Dagegen wird man keinen Verstoß gegen den Höchstpreischarakter darin sehen können, dass die Vertragspartner für die Leistungen des Auftragnehmers auf der einen Seite zwar die Höchstsätze der HOAI vereinbaren, auf der anderen Seite dem Auftragnehmer aber in Abweichung von den gesetzlichen Gewährleistungs- und Haftungsvorschriften erhebliche Haftungserleichterungen zugebilligt werden. Die Zulässigkeit solcher Haftungsbeschränkungen beurteilt sich allein nach dem BGB. Sie sind nicht Gegenstand des Preisrechts der HOAI.

12   Auf der anderen Seite ist zu beachten, dass eine unzulässige Mindestsatzunterschreitung auch schon dann – ebenso wie im umgekehrten Fall eine Höchstsatzüberschreitung – vorliegt, wenn der geschuldete Leistungsumfang auch Leistungen enthält, die bei der Honorarfestlegung ausgeklammert worden sind, für die keine gesonderte Vergütung vorgesehen ist – wie dies gerade bei öffentlichen Auftraggebern nicht selten der Fall ist (vgl. Locher BauR 1986, 643). Gleiches gilt, wenn die der Honorarberechnung zugrunde zu legenden anrechenbaren Kosten (dazu auch KG Berlin BauR 1991, 251 ff. mit Anm. Locher S. 255 f.) bereits im Vertrag bindend, aber zu niedrig, festgelegt werden (vgl. OLG Düsseldorf BauR 1987, 590).

2. Schriftform der Vereinbarung

13   Das Formerfordernis dient verschiedenen Zwecken. Nach der amtlichen Begründung zum MRVG (BT-Drucks. VI/1549 S. 14) liegt der Zweck in der Sicherung der „Rechtsklarheit", d. h. der Sicherung des Beweises des Abschlusses und des Inhalts der Gebührenvereinbarung. Der Formzwang übt darüber hinaus eine Schutzfunktion vorwiegend zu Gunsten des Auftraggebers aus, indem er ihn vor Nachforderungen bewahren und ihm den Umfang seiner finanziellen Verpflichtungen verdeutlichen soll (so auch BGH BauR 1988, 364 = ZfBR 1988, 134 und BGH BauR 1987, 706 = ZfBR 1987, 284 sowie BGH BauR 1985, 582).

14   Was unter Schriftlichkeit zu verstehen ist, ist § 126 BGB zu entnehmen. Danach muss die Vereinbarung, für die Schriftform vorgeschrieben ist, in einer Urkunde von beiden Vertragspartnern oder deren bevollmächtigten Vertretern eigenhändig durch Namensunterschrift oder mittels notariell beglaubigten Handzeichens unterzeichnet werden.

15   Vorgeschrieben ist die Schriftform nur für die Honorarvereinbarung, die die Parteien treffen. Der weitere Vertragsinhalt braucht nicht schriftlich vereinbart zu werden, er kann mündlich abgesprochen sein, sich aus einem Briefwechsel ergeben oder sonst in einem nicht unterzeichneten Schriftstück enthalten sein (vgl. Jochem DArchBl. 1978, 543; Koeble BauR 1977, 372, 375, 376). Es muss allerdings sichergestellt werden, dass die Honorarvereinbarung einem bestimmten Leistungsinhalt eindeutig zugeordnet werden kann. Wenn offen bleibt, welche Leistung durch das schriftlich vereinbarte Honorar abgegolten werden soll, kann nicht ermittelt werden, ob sich das Honorar im Rahmen der Mindest- und Höchstsätze der HOAI hält. Eine solche Honorarvereinbarung scheitert schon an der allgemeinen Wirksamkeitsvoraussetzung des Schuldrechts, dem Erfordernis der Bestimmtheit von Leistung und Gegenleistung.

16   Erforderlich ist eine eigenhändige Unterzeichnung desselben Schriftstücks (Urkunde) durch beide Vertragspartner. Das bedeutet aber nicht, dass die Vertragschließenden selbst unterzeichnen müssen. Sie können sich dabei auch vertreten lassen. Der Bevollmächtigte muss aber so unterzeichnen, dass das Vertretungsverhältnis erkennbar wird, entweder indem er seinem Namen einen die Vertretungsmacht kennzeichnenden Zusatz beifügt (z. B.: „für Architekt A: B") oder indem er mit dem Namen des Vertretenen unterschreibt (RGZ 81, 1; RGZ 96, 286, 289; BGH WM 1981, 375). Unterzeichnung mit dem Familiennamen oder dem Firmennamen ist ausreichend.

Die Honorarvereinbarung muss unterzeichnet werden, das heißt: die Unterschriften bei- **17** der Vertragspartner müssen den das Honorar betreffenden Vertragstext vollinhaltlich abdecken (RGZ 52, 277, 280; 57, 66, 67; OLG Düsseldorf BauR 1982, 294, 295; OLG Celle OLG Rep. 1994, 316 = IBR 1995, 67). Nicht ausreichend ist daher die Unterzeichnung des Angebots durch den einen, der Annahme durch den anderen Vertragspartner, da keine der beiden Urkunden den ganzen Vertrag enthält (RGZ 105, 60, 62; LG Waldshut-Tiengen BauR 1981, 80, 83); nicht ausreichend ist auch die Unterschrift auf einem den Vertragstext enthaltenden Umschlag (RGZ 110, 166, 168) oder ein Namenszug am Rande der Urkunde. Auch wechselseitige Bestätigungsschreiben genügen dem Schriftformerfordernis des § 126 BGB nicht (OLG Düsseldorf NJW-RR 1995, 340), ebenso wenig ein kaufmännisches Bestätigungsschreiben (BGH BauR 1989, 222 = NJW-RR 1989, 786; Vygen DAB 1989, 1469).

§ 126 Abs. 2 BGB enthält in diesem Zusammenhang immerhin eine Erleichterung: Sind **18** mehrere gleichlautende Ausfertigungen des Vertragstextes vorhanden, reicht es aus, dass jeder Vertragspartner die für den anderen Teil bestimmte Ausfertigung unterzeichnet bzw. die unterschriebenen Ausfertigungen ausgetauscht werden. Nicht nötig ist es auch, dass die Unterschrift unter den fertigen Vertrag gesetzt wird. Eine Blankounterschrift ist ausreichend (RGZ 78, 26, 29/30; BGHZ 40, 65, 68), sofern der später darüber gesetzte Vertragstext den Abmachungen entspricht. Ist dies nicht der Fall, kann der Unterzeichnende normalerweise seine Erklärung wegen Irrtums (§ 119 BGB) oder wegen arglistiger Täuschung (§ 123 BGB) anfechten.

Die schriftliche Form der Honorarvereinbarung kann nach § 126 Abs. 4 BGB auch **19** durch die (früher auch gerichtliche, jetzt nur noch) notarielle Beurkundung ersetzt werden.

Die Schriftform muss die gesamte Honorarvereinbarung abdecken, nicht dagegen den **20** übrigen Inhalt des Architekten- oder Ingenieurvertrages, der auch mündlich oder z. B. durch Bestätigungsschreiben festgelegt werden kann – sofern nicht aus anderen Gründen eine bestimmte Form gewahrt werden muss, z. B. nach den einschlägigen Gemeindeordnungen (dazu OLG Frankfurt NJW-RR 1989, 1505, aber auch OLG Frankfurt NJW-RR 1989, 1425 u. Vygen ZfBR 1989, 182) oder nach dem Vermögensverwaltungsgesetz für die katholische Kirche (vgl. OLG Hamm NJW-RR 1988, 467 = BauR 1988, 742 sowie OLG Düsseldorf BauR 1987, 587). Ist bspw. auf Grund kommunalrechtlicher Vorschriften der gesamte Architektenvertrag unwirksam, besteht ausnahmsweise ein Schadensersatzanspruch des Architekten gegen die Gemeinde, wenn der Architekt beweisen kann (und er darauf vertraut hat), dass der für die Gemeinde handelnde Bürgermeister es geradezu verhindert hat, dass ein schriftlicher Vertrag geschlossen wurde. Ersetzt wird in diesen Fällen allerdings nur der Vertrauensschaden, nicht ein übliches Honorar (OLG Frankfurt IBR 2012, 397).

3. Bestimmtheitserfordernis der Honorarvereinbarung

Die Honorarvereinbarung muss schon nach allgemeinen schuldrechtlichen Grundsätzen **21** hinreichend bestimmt getroffen werden. Dies gilt im Bereich der HOAI verstärkt, da die Honorarvereinbarung an den preisrechtlichen Vorschriften der HOAI gemessen werden muss. An diesem Erfordernis hat das OLG Düsseldorf (BauR 1985, 234) eine Vereinbarung scheitern lassen, in der zwar „reine Baukosten = 500 000 DM" und „60 000 DM = Honorarzone IV" genannt waren, aber nicht ersichtlich war, ob das Honorar nach den Mindestsätzen oder mit welchem Erhöhungssatz berechnet werden sollte.

Die Anforderungen an die Bestimmtheit der Honorarvereinbarung dürfen allerdings **22** auch nicht überspannt werden. Es bedarf insbesondere nicht der Vereinbarung eines bestimmten Betrages als Honorar. Ausreichend ist es, dass das Honorar bestimmbar ist, d. h. nach Erbringung der Architekten- und/oder Ingenieurleistungen gemäß den vertraglich getroffenen Vereinbarungen berechnet und vom anderen Vertragspartner überprüft werden kann. Dies ist in der Regel schon dann der Fall, wenn in der schriftlichen Honorarvereinbarung z. B. der Mittelsatz oder ein Honorar von 10 % über dem Mindest- oder unter dem Höchstsatz festgelegt worden ist.

23 Zweifelhaft und eher zu verneinen sein wird die hinreichende Bestimmtheit, wenn die Vertragspartner schriftlich festlegen, dass das Honorar nachträglich durch einen Schiedsgutachter bestimmt werden soll, ohne dass für diese Festlegung durch den Dritten ausreichend exakte Kriterien (wie etwa Mittelsatz) vereinbart werden. Zulässig wird dagegen die Festlegung der offen gelassenen Honorarzone durch einen Schiedsgutachter sein, wenn die übrigen Parameter für die Honorarberechnung schriftlich vereinbart worden sind.

4. Rechtsfolgen bei Formmangel

24 Ist die Schriftform, wie sie in § 126 BGB vorgeschrieben ist, nicht eingehalten, ist die Honorarvereinbarung nichtig (§ 125 S. 1 BGB; BGH BauR 1989, 222; BGH BauR 1985, 582; OLG Stuttgart BauR 1981, 404 = ZfBR 1982, 171; OLG Düsseldorf BauR 1980, 488, 489; 1982, 294, 295). Das würde bedeuten, dass – mangels eines feststellbaren anderweitigen Parteiwillens – der gesamte Vertrag nichtig wäre (§ 139 BGB). Diese wird aber durch § 7 Abs. 5 verhindert. Diese Vorschrift bestimmt, dass, sofern nicht bei Auftragserteilung etwas anderes schriftlich „vereinbart worden ist", die jeweiligen Mindestsätze als vereinbart gelten. Da mit der Formulierung „etwas anderes" eine wirksame Honorarvereinbarung gemeint ist, greift die Bestimmung auch in den Fällen ein, in denen es der anderweitigen Vereinbarung an der gesetzlich vorgeschriebenen Schriftform mangelt (BGH BauR 1989, 222; BGH BauR 1985, 582; OLG Stuttgart BauR 1981, 404; OLG Düsseldorf BauR 1980, 488, 489; 1982, 294, 295). Haben die Parteien daher eine Honorarvereinbarung getroffen, dabei die Schriftform nicht beachtet, so ist der Architekten-/Ingenieurvertrag gültig; nur die Honorarvereinbarung ist unwirksam. Diese unwirksame Honorarvereinbarung wird durch die Regelung des § 7 Abs. 5 ersetzt, so dass als Gegenleistung nur die Mindestsätze der HOAI geschuldet sind.

5. Zeitpunkt der Vereinbarung

25 Die Honorarvereinbarung muss bereits bei Auftragserteilung getroffen worden sein, wobei allenfalls Meinungsverschiedenheiten darüber bestehen, ob damit der eigentliche Architektenvertrag absolut zeitgleich mit der Unterzeichnung einer schriftlichen Honorarvereinbarung erfolgen muss (so noch BGH BauR 1985, 582 und BGH BauR 1987, 112; OLG Düsseldorf BauR 1988, 766 L; OLG Stuttgart BauR 1995, 414) oder ob es ausreicht, wenn die schriftliche Honorarvereinbarung in engem zeitlichen Zusammenhang mit der eigentlichen Auftragserteilung steht (so OLG Stuttgart BauR 1985, 346). Wenn auch vieles für die letztere Auffassung spricht, so lässt sich Wortlaut, Sinn und Zweck der Vorschrift dagegen anführen. Wenn der Bauherr nach zunächst nur mündlicher Beauftragung den Architektenvertrag mit den darin vorgesehenen Mittel- oder gar Höchstsätzen der HOAI unterzeichnet, soll der Architekt nach dem Wortlaut der Norm im späteren Streitfall nur die Mindestsätze verlangen. Die schriftliche Honorarvereinbarung nicht bei Auftragserteilung erfolgt und deshalb unwirksam (Vygen DAB 1989, 1469). Allerdings hat der BGH (BauR 2005, 735) in einem Fall, in dem der Architekt das über den Mindestsätzen liegende Angebot abgegeben und mit den Leistungen vor der Annahmeerklärung des Auftraggebers begonnen hatte, die Wirksamkeit der Vereinbarung bestätigt. Der Architekt konnte oberhalb der Mindestsätze abrechnen. Dies deshalb, weil der eigentliche Vertragsschluss erst in der Annahme des Angebots durch den AG zu sehen ist.

26 Wegen der vorgeschriebenen Gleichzeitigkeit von der Erteilung des Planungsauftrags bzw. von Abschluss des Architekten- oder Ingenieurvertrages und der schriftlichen Honorarvereinbarung, bedarf es beim Streit über diese Frage, ob diese Wirksamkeitsvoraussetzungen erfüllt sind, stets der Prüfung, ob und mit welchem Inhalt der Architektenvertrag im Zeit-

punkt der Unterzeichnung der schriftlichen Honorarvereinbarung bereits rechtswirksam und verbindlich abgeschlossen war. Dies ist vor allem deshalb oft nicht leicht zu klären, weil der rechtswirksamen Auftragserteilung nicht selten eine mehr oder weniger lange Akquisitions- oder Werbephase vorausgeht, so dass die Grenze zwischen Akquisition und stillschweigendem Vertragsabschluss fließend ist (dazu OLG Frankfurt IBR 2012, 397). Bei einer stufenweisen Beauftragung einzelner oder mehrerer Leistungsphasen (zunächst Leistungsphasen 1 und 2 – Vorplanung, später dann 3 und 4 – Entwurfs- und Genehmigungsplanung und schließlich Leistungsphasen 5–8 oder 9) muss für die Honorarvereinbarung die Schriftform bei jeder weiteren Stufen- und Optionsvereinbarung eingehalten werden (OLG Bamberg BauR 2005, 1372 = IBR 2005, 550 sowie OLG Düsseldorf IBR 1998, 541).

Durch das Abrufen einer neuen Stufe kommt jeweils ein neuer Vertrag zustande. Des- **27** halb gilt bei einer stufenweisen Beauftragung für jeden dieser Verträge die zu diesem Zeitpunkt jeweils aktuelle Fassung der HOAI (OLG Koblenz IBR 2014, 90). Zur anwendbaren Fassung der HOAI bei stufenweiser Beauftragung siehe BGH Urt. v. 18.12.2014 – VII ZR 350/13.

Möglich ist es allerdings bei einer solchen stufenweisen Beauftragung einen sog. Staffelvertrag abzuschließen, z.B. über die Leistungsphasen 1–8 oder 9 des § 33, und darin die schriftliche Honorarvereinbarung zu treffen, die dann nicht bei jeder Beauftragung der neuen Stufe wieder schriftlich abgeschlossen werden muss. Eine solche schriftliche Honorarvereinbarung ist wirksam und kann schon vor der eigentlichen Auftragserteilung getroffen werden (so OLG Rostock IBR 2008, 34).

Problematisch wird dieses Vorgehen allerdings dann, wenn das frühzeitig vereinbarte Honorar nicht mehr die Mindestsätze der bei Beauftragung der weiteren Stufe in Kraft getretenen HOAI erreicht. Der darin liegende Verstoß gegen das Verbot der Mindestsatzunterschreitung, der durch die Ermächtigungsgrundlage in allen Fassungen der HOAI enthalten sein muss, wird zur Unwirksamkeit der Honorarvereinbarung führen. Ein von Art 10 §§ 1, 2 MRVG und der jeweiligen Norm der HOAI, z.B. § 7 Abs. 3 HOAI 2013, geforderter Ausnahmefall für die Unterschreitung wird allein in der frühzeitigen Vereinbarung nicht zu sehen sein. Etwas anderes kann gelten, wenn die Parteien dieses Honorar auch ausdrücklich für den Fall einer bei Vertragsschluss noch nicht absehbaren Änderung der HOAI vereinbart haben. Dann erscheint das vertrauen des Auftraggebers in den Bestand der Vereinbarung schützenswert, schützenswerte Belange des Planers sind auch im Hinblick auf Konkurrenzgesichtspunkte nicht verletzt.

Zur Frage nach dem Zeitpunkt der Auftragserteilung ist auch zu beachten, dass eine Be- **28** auftragung mit der Genehmigungsplanung nicht zwingend eine Beauftragung auch der vorangehenden Leistungsphasen der Grundlagenermittlung, Vorplanung und Entwurfsplanung einschließen muss (BGH BauR 2008, 543; OLG Celle IBR 2012, 210), obwohl sich dies häufig aus den Umständen ergeben wird.

Eine bei Auftragserteilung versäumte schriftliche Vereinbarung, wonach von den Min- **29** desthonorarsätzen abgewichen werden soll, kann für einen noch unerledigten Architektenauftrag nicht mehr nachgeholt werden – soweit dadurch die Fiktion des § 7 Abs. 5 außer Kraft gesetzt werden soll (BGH BauR 1985, 582).

Bei der Prüfung der Frage, ob eine tatsächlich erfolgte schriftliche Honorarvereinbarung **30** bei Auftragserteilung getroffen worden ist, bereitet es häufig Schwierigkeiten, den Zeitpunkt der Auftragserteilung exakt zu bestimmen. Aus diesem Grund wird es gerechtfertigt sein, einen engen zeitlichen Zusammenhang zwischen der eigentlichen Auftragserteilung (vor allem Festlegung der vom Auftragnehmer zu erbringenden Leistungen) und der schriftlichen Honorarvereinbarung genügen zu lassen. Dies insbesondere vor dem Hintergrund, dass nahezu jedem Architektenvertrag und damit der Auftragserteilung im Sinne des § 7 eine sog. Akquisitionsphase voraus geht, in der die Art und die Rahmenbedingungen des Objekts besprochen und festgelegt werden müssen. Dadurch wird eine klare Grenzziehung zwischen Akquisition einerseits und bereits stillschweigender oder konkludenter Auftragserteilung andererseits erschwert (BGH BauR 1987, 454 = NJW 1987, 2742).

Auch ohne nachgewiesenen Vertrag kann der Planer ein Honorar geltend machen, wenn **31** der potentielle Auftraggeber seine Leistungen verwertet hat. Durch das Einreichen der Planungen zum Einholen de Baugenehmigung, aber auch durch Erteilen einer Vollmacht zu Verhandlungen zur Klärung de Genehmigungsfähigkeit, hat der AG zu erkennen gegeben, dass er die Leistungen verwerten will, so das KG (IBR 2013, 688 NZB zurückgewiesen).

32   Problematisch wird es für den Planer, wenn der (angebliche) Auftraggeber behauptet, der Vertragsschluss stehe unter der Bedingung, dass das Vorhaben auch tatsächlich realisiert werde. In diesem Fall liegt die Beweislast für einen wirksamen Vertrag, der also ohne einschränkende Bedingung geschlossen wurde, bei dem Planer (OLG Braunschweig IBR 2013, 217; BGH NJW 2002, 2862). Wird das Vorhaben nicht realisiert und kann der Planer einen Vertragsschluss ohne die vom Gegner behauptete Bedingung nicht nachweisen, fehlt die Grundlage für eine Honorarforderung. Zu seinen Gunsten wird vom (angeblichen) Auftraggeber zwar eine erhöhte Darlegungspflicht zur Vereinbarung der Bedingung verlangt, die Umkehr der Beweislast ist damit aber nicht verbunden.

33   Eine Auftragserteilung, verbunden mit der erforderlichen schriftlichen Honorarvereinbarung, wird man im Allgemeinen erst dann annehmen können, wenn die für eine Honorarvereinbarung notwendigen Kriterien feststehen und damit eine Vereinbarung über die Höhe des Honorars oder die der Honorarberechnung zugrunde zu liegenden Faktoren überhaupt getroffen werden kann. Dazu gehört sicherlich Klarheit über Art und Umfang des Objekts und über die vom Auftragnehmer zu erbringenden Leistungen, ebenso über die Einordnung des Objekts in eine Honorarzonen (so auch Hartmann § 4 Rn. 5, 8). Erst wenn diese Vorgaben geklärt sind, lässt sich ermitteln und verhandeln, welches Honorar innerhalb des von der HOAI zur Verfügung gestellten Rahmens vom Mindestsatz bis zum Höchstsatz angemessen ist. Wenn man auch den Zeitpunkt der Auftragserteilung mit dem des Vertragsabschlusses gleichsetzen muss und dieser durch Angebot und Annahme (§§ 146 ff. BGB) erfolgt, so gibt § 154 BGB dem Auftragnehmer die Möglichkeit, den Zeitpunkt der in diesem Sinne zu verstehenden Auftragserteilung ein wenig zu verzögern. Schließlich gilt nach § 154 BGB ein Vertrag noch nicht als geschlossen, solange sich die Vertragspartner noch nicht über alle Punkte des Vertrages geeinigt haben, über die nach der Erklärung auch nur einer Partei eine Vereinbarung getroffen werden soll. Dies eröffnet dem Auftragnehmer die Möglichkeit, dem Auftraggeber unmissverständlich zu erklären, dass über die Höhe bzw. Berechnungskriterien des Honorars noch gesprochen und eine Einigung erzielt werden muss. In diesem Falle kommt der Vertrag erst mit der Einigung über das Honorar zustande.

34   Nicht selten scheitert die Annahme einer bereits erfolgten Auftragserteilung in einem frühen Zeitpunkt auch daran, dass schon die Auftragserteilung und damit der Architektenvertrag selbst der Schriftform bedarf, wie dies z.B. für Gemeinden nach den Vorschriften der GemO oder für Kirchen nach dem Vermögensverwaltungsgesetz (vgl. OLG Frankfurt NJW-RR 1989, 1425 und 1505 sowie OLG Hamm BauR 1988, 742 = NJW-RR 1988, 467 und OLG Düsseldorf BauR 1987, 587) der Fall ist. Allerdings können sich weder der Auftraggeber (OLG Düsseldorf IBR 2011, 647) noch der Architekt (LG Mainz IBR 2010, 696) auf die fehlende Schriftform berufen, falls besondere Umstände für die Wirksamkeit der Vereinbarung sprechen.

35   Hat eine Gemeinde mit einem Architekten einen schriftlichen Architektenvertrag mit einer die Mindestsätze überschreitenden Honorarvereinbarung zu einem Zeitpunkt abgeschlossen an dem bereits Monate zuvor ein mündlicher Auftrag erteilt und dieser bereits teilweise ausgeführt worden war, so ist diese schriftliche Honorarvereinbarung gleichwohl wirksam und der Honoraranspruch des Architekten nicht auf die Mindestsätze beschränkt, wenn und weil der mündliche Architektenvertrag zunächst gemäß § 154 Abs. 2 BGB unwirksam war. Hierfür spricht wegen der Vorschrift des § 56 GemO NRW eine Vermutung (OLG Hamm BauR 1995, 129 = NJW-RR 1995, 274).

36   Des Weiteren kann eine frühzeitige Auftragserteilung auch daran scheitern, dass die Parteien gemäß § 154 Abs. 2 BGB die Schriftform ausdrücklich oder stillschweigend als Wirksamkeitsvoraussetzung und nicht zu bloßen Beweiszwecken vereinbart haben.

37   Anders ist die Rechtsfolge aber dann, wenn der Auftragnehmer mit Leistungen beauftragt wird, ohne dass eine Vereinbarung über deren Honorierung getroffen wird und ohne dass der Auftragnehmer deutlich zu erkennen gibt, dass es noch einer Einigung über die Honorarhöhe bedarf – ohne also einen entsprechenden Vorbehalt gegenüber der Beauftragung durch den Auftraggeber zu machen. Geht der Auftragnehmer auf diese – an sich noch unvollständige – Beauftragung ein und beginnt er mit der Ausführung von Leistungen (z. B. Grundlagenermittlung und Vorplanung), so ist bereits jetzt der Zeitpunkt der Auftragserteilung gegeben. In diesem Stadium der Auftragserteilung muss auch die schriftliche Honorarvereinbarung getroffen werden (einschränkend Weyer FS Korbion S. 490, der eine schriftliche Honorarvereinbarung spätestens bei – auch stillschweigender – Auftragserteilung verlangt). Anders aber, wenn der Auftraggeber die schriftliche Erklärung zur Annahme des Angebots nach dem Beginn mit den Leistungen noch abgibt (BGH BauR 2005, 735).

Des Weiteren stellt sich die Frage, ob eine bei Auftragserteilung unterlassene schriftliche **38** Honorarvereinbarung noch – ggf. bis oder ab wann – nachgeholt bzw. ob eine getroffene Honorarvereinbarung abgeändert werden kann. Beides ist nach der Rechtsprechung des BGH erst nach „Beendigung der Architektentätigkeit" möglich. Problematisch, wenn nicht gar ungeeignet und verfehlt, erscheint dabei das vom BGH in ständiger Rechtsprechung (BGH BauR 1985, 582 = NJW-RR 1986, 18; BGH BauR 1987, 112 = NJW-RR 1987, 13; BGH BauR 1987, 706 = ZfBR 1987, 284; BGH BauR 1988, 364; BGH BauR 2003, 748 ff.) und ihm folgend auch von den Instanzgerichten (OLG Stuttgart BauR 1985, 346) herangezogene Merkmal der „Beendigung der Tätigkeit" des Architekten oder Ingenieurs, da dieses Merkmal weder im Werkvertragsrecht des BGB noch in der HOAI eine Anlehnung findet. Bei der vom BGH herangezogenen „Beendigung der Tätigkeit" bleibt unklar, ob damit die rein tatsächliche, also auch evtl. die vertragswidrige Beendigung ausreicht oder ob es einer Beendigung durch Kündigung oder durch vollständige/vertragsgemäße Erbringung der Leistungen des Auftragnehmers bedarf, wobei aber vieles für die letztere Alternative spricht. Immerhin hat der BGH den von ihm geprägten Begriff der Beendigung der Architektentätigkeit dahin erläutert, dass die Leistung des Architekten oder Ingenieurs jedenfalls dann beendet ist, wenn das Werk abgenommen ist und zwischen den Vertragsparteien zum Zeitpunkt der Vergütungsvereinbarung, die den nach § 7 Abs. 5 fingierten Mindestsatz erhöht, kein Streit darüber besteht, ob das Werk mangelfrei ist (BGH BauR 2003, 748 ff.). Eine Beendigung in diesem Sinne ist allerdings häufig erst zu einem sehr späten Zeitpunkt anzunehmen, insbesondere wenn der Architekt auch die Objektbetreuung und Dokumentation der Leistungsphase 9 des § 33 schuldet. In diesen Fällen würde selbst ein Vergleich der Vertragspartner über das streitige Honorar des Architekten erst nach vertragsgemäßer Erbringung auch der Leistungen dieser letzten Leistungsphase neun möglich und zulässig sein (BGH BauR 1987, 112).

Das Bestehen eines Vorvertrages hindert eine wirksame Gebührenvereinbarung im Zeit- **39** punkt des Abschlusses des späteren Hauptvertrages nicht. Die Auftragserteilung im Sinne des § 7 ist der Abschluss des auf die Erbringung der Architekten-/Ingenieurleistung gerichteten Vertrages. Das ist der Hauptvertrag. Der Vorvertrag begründet demgegenüber noch keine werk- (evtl. dienst-)vertraglichen Pflichten, sondern allenfalls eine Verpflichtung zum Abschluss des Hauptvertrages. Geht man mit der gebotenen Zurückhaltung an die Annahme eines Vorvertrages heran – enthält die Vereinbarung bereits konkrete werk- (dienst-)vertragliche Pflichten – so wird man eher einen ergänzungsbedürftigen Rahmen- oder Hauptvertrag annehmen können, dessen Wirksamkeit nach den §§ 154, 155 BGB zu beurteilen ist. In diesem Fall gefährdet die Verschiebung der schriftlichen Honorarvereinbarung auf den Zeitpunkt des Abschlusses des Hauptvertrages den Gesetzeszweck nicht (hierzu Groß BauR 1980, 9, 11).

6. Honorarrahmen

Das Honorar für Grundleistungen richtet sich nach der schriftlichen Vereinbarung „im **40** Rahmen der durch diese Verordnung festgesetzten Mindest- und Höchstsätze".

a) Festlegung durch die HOAI

Die Festsetzung von Mindest- und Höchstsätzen folgt einer zwingenden Anordnung des **41** Gesetzgebers in MRVG Art. 10 § 1 Abs. 2, § 2 Abs. 2. Diese Vorschriften bestimmen, dass in der Honorarordnung Mindest- und Höchstsätze festzusetzen sind.

42   Die Spannen zwischen Mindest- und Höchstsätzen in den einzelnen Honorarzonen sind, wie die amtliche Begründung (BRDrucks. 270/76 S. 21) zeigt, folgendermaßen ermittelt worden: Zunächst sind die „untere und obere Aufwandsgrenze" festgestellt worden. Darunter ist, jeweils bezogen auf einen bestimmten Betrag anrechenbarer Kosten, das Mindesthonorar in Zone I und das Höchsthonorar in Zone V zu verstehen. Die Differenz zwischen diesen beiden Beträgen ist sodann im Verhältnis 15 : 20 : 30 : 20 : 15 aufgeteilt worden. Welchen Sinn dieser komplizierte Berechnungsmodus hat, verrät die amtliche Begründung nicht, insbesondere nicht, warum z. B. in den einzelnen Honorarzonen die Höchsthonorare um sehr unterschiedliche Vomhundertsätze über den Mindesthonoraren liegen.

b) Freie Vereinbarung innerhalb des Rahmens

43   Die Vertragsfreiheit der Parteien sollte nicht weiter eingeschränkt werden, als es durch die primär preisrechtliche Zielsetzung der HOAI erforderlich ist. Innerhalb des von der HOAI zur Verfügung gestellten Gebührenrahmens sind die Parteien in der Honorargestaltung vollständig frei (vgl. Wörmann DArchBl. 1978, 931). Weder ist die Vereinbarung der Mindestgebühr davon abhängig, dass es sich um eine verhältnismäßig unkomplizierte Leistung handelt, noch darf die Höchstgebühr nur für entsprechend schwierige und umfangreiche Leistungen vereinbart werde. Diesen Gesichtspunkten tragen vielmehr zahlreiche andere Bestimmungen der HOAI ausreichend Rechnung, bspw. die Vorschriften über Honorarzonen und Objektlisten. Innerhalb der jeweils vorgesehenen Honorarmargen (Mindest- und Höchstsätze) ist grundsätzlich jedes vereinbarte Honorar preisrechtlich zulässig (Hartmann § 4 Rdn. 26–28).

44   Vereinbarungen über Honorare innerhalb dieses Rahmens können auch durch Allgemeine Geschäftsbedingungen getroffen werden. Allerdings unterliegen diese der Inhaltskontrolle nach den §§ 305 ff. BGB, die an den Grundgedanken der HOAI auszurichten ist (vgl. BGHZ 81, 229 = BauR 1981, 582, 585). Keine zulässige Vereinbarung innerhalb des Rahmens stellt die Absprache dar, dass sich die anrechenbaren Kosten nach den Gesamtkosten entsprechend dem Bewilligungsbescheid der Bewilligungsbehörde (OLG Düsseldorf BauR 1987, 590) oder nach der Bauplanungsunterlage des öffentlichen Auftraggebers (KG Berlin BauR 1991, 251 ff. m. Anm. Locher S. 255 f.) richten sollen. Dem Inhalt eines vorformulierten Architektenvertrages und damit teilweise auch der Honorarvereinbarung sind durch die §§ 305 ff. BGB deutliche Grenzen gesetzt (vgl. dazu: Knychalla, Inhaltskontrolle von Architektenformularverträgen, S. 109 ff.).

III. Abs. 2: Frei vereinbare Honorare außerhalb der Tafelwerte

45   Absatz 2 regelt sowohl den Fall, dass die anrechenbaren Kosten oder Flächen unterhalb der Tabellenwerte liegen, als auch den, dass sie darüber liegen.

46   Eine Schriftform ist für die Honorarvereinbarung nicht gefordert. Einigen sich die Vertragspartner bei solchen über oder unter den Tafelwerten liegenden anrechenbaren Kosten für Grundleistungen nicht über den Gebührenanspruch bzw. die Art und Weise seiner Berechnung im Einzelnen, fehlt es für den betreffenden Fall an einer vereinbarten Vergütung. Als Folge wird im Ausgangspunkt nach § 632 Abs. 2 BGB abzurechnen sein, d. h. nach der für solche Leistungen üblichen Vergütung. Für diese Fälle (Großprojekte) ist bei der öffentlichen Hand eine ergänzende Honorartafel entwickelt worden. Sie kann als Anhaltspunkt dienen und hat sich in der Praxis wohl bewährt (vgl. Rift-Brief Nr. 2/82 der Staatlichen Hochbauverwaltung Baden-Württemberg; Runderlass Ministerium Bauen und Wohnen NRW vom 15.5.1997).

Eine – auch mündliche – Vereinbarung kann daher den Ansatz der linearen Fortschreibung der Tabelle beinhalten. Ebenso ist die Vereinbarung eines Stundenhonorars oder einer Pauschale möglich (KG Berlin BauR 2001, 126 m. Anm. Rath = NZBau 2000, 257).

47   Haben die Parteien keine Honorarvereinbarung getroffen, kann das Honorar nicht durch eine Fortschreibung der Tabellenwerte bestimmt werden, da diese Tabellen ein in sich geschlossenes System darstellen (BGH BauR 2004, 1640). Es kann auch ohne entsprechende Vereinbarung nicht auf die Unter- oder Obergrenzen der jeweiligen Honorartafeln begrenzt werden. Damit richtet sich die Vergütung nach dem üblichen Honorar, § 632 Abs. 2 BGB. Was darunter zu verstehen ist, steht nicht fest. Das KG hatte auf prozentuale Werte der anrechenbaren Kosten abgestellt (KG NZBau 2005, 522), Das OLG Hamburg hatte die Fortschreibung der Tafelwerte als üblich bezeichnet (IBR 2011, 414). Möglich im Sinne der „Üblichkeit" sind die Fortschreibung der Honorarkurve, die Fortschreibung des Prozentsatzes mit Degressionsfolgen, die Festschreibung des höchsten/niedrigsten Tabellenwertes, die Fortschreibung des Tabellenwertes (die der öffentliche Auftraggeber empfiehlt) oder die Ermittlung der Quersumme der Tabellenwerte.

Allerdings ist für die „Üblichkeit" dieser Ansätze nach § 632 Abs. 2 BGB grundsätzlich **48** der Planer beweisbelastet, es sei denn, er kann sich auf eine der für seinen Bereich gängigen Regeln berufen (z.B. RiFT oder Runderlass NRW). Ob ein „objektives" Sachverständigengutachten geeignet ist die Darlegungs- und Beweislast des Planers hierzu zu ersetzen, ist zweifelhaft. Der Grund liegt darin, dass ein Gutachten zumindest den Bereich zu berücksichtigen hat in dem der Planer tätig ist, also persönliche, örtliche und aufgabenbezogene Umstände zu klären sind und erst dann eine Einschätzung des Sachverständigen erfolgen kann. Bei Verträgen mit öffentlichen Auftraggebern können die Vertragsgrundlagen aus öffentlichen Ausschreibungen nach VOL/A und VOF zugrunde gelegt werden, also die Bedingungen des Ausschreibenden. Dabei ist allerdings die AGB-Problematik zu beachten. Es handelt sich insoweit um einseitige Bedingungen, die der Öffentliche Auftraggeber „stellt". Im Ergebnis wird man insgesamt mit den von der Öffentlichen Hand entwickelten fortgeschriebenen Tabellen von einer „Üblichkeit" ausgehen können, da der öffentliche Auftraggeber diese Tafel ständig fortgeschrieben hat (OLG Düsseldorf BauR 2002, 1726; BGH BauR 2004, 1640; Thode/Wirth/Kuffer-Budde, § 22 Rn. 35; Werner/Pastor Rn. 768). Danach sind die Richtlinien der Staatlichen Hochbauverwaltung Baden-Württemberg (RiFT), die Richtlinien der obersten Baubehörde im Bayerischen Staatsministerium des Innern und der Runderlass des Ministeriums Bauen und Wohnen vom 15.5.1997 im Sinne dieser „Üblichkeit" zu verstehen (a.A. KG Berlin NZBau 2005, 522, das auf die Sachverständigenkenntnisse abstellt).

Eine Ausnahme von der Möglichkeit der freien Honorarvereinbarung ist anzunehmen, **49** wenn die Parteien eines Architekten- oder Ingenieurvertrages eine Bausumme oder Kosten der Baumaßnahme nach den Kostengruppen 300 und 400 der DIN 276 als Beschaffenheit des geschuldeten Werkes vereinbaren (OLG Brandenburg IBR 2011, 648). Insoweit bildet diese Summe die Obergrenze der anrechenbaren Kosten bei der Honorarberechnung (BGH BauR 2003, 566 = ZfBR 2003, 359; OLG Köln IBR 2013, 220). Zur technischen Ausrüstung hat der BGH in seiner Entscheidung vom 8.2.2012 (IBR 2012, 269) noch zur alten Fassung der HOAI entschieden, dass bei Leistungen in mehreren Anlagegruppen nach § 6 a.F. die Abrechnung getrennt nach Anlagegruppen und nach anrechenbaren Kosten der jeweiligen Anlagegruppen zu erfolgen hat. Der Tafelhöchstwert ist überschritten, wenn eine der Anlagegruppen ihn übersteigt. Insoweit kann das Honorar frei vereinbart werden. Leistungen im Rahmen der Brandschutzplanung sind nach dem BGH (IBR 2012, 208) als Grundleistungen im Rahmen der konstruktiven Gebäudeplanung anzusetzen, dementsprechend auch die dafür anzusetzenden anrechenbaren Kosten.

IV. Abs 3. Unterschreitung der Mindestsätze in Ausnahmefällen

Absatz 3 bestimmt, dass die Mindestsätze der Honorare für Grundleistungen durch **50** schriftliche Vereinbarung „in Ausnahmefällen" unterschritten werden dürfen. Zur Berechnung des Mindestsatzes ist auf dass für die gesamten vertraglich vereinbarten Leistungen bezogene Honorar abzustellen, nicht etwa auf einzelne Abrechnungseinheiten (BGH Urteil v. 9.2.2012, VII ZR 31/11). Nach einem Beschluss des OLG Stuttgart (NJW-RR 1989, 917) soll die Mindestpreisvorschrift auf planerische Leistungen, wie Bauvorlagen und Statik, die ein Bauträger beim Erwerb eines Wohnhauses zum Festpreis zusätzlich in Rechnung stellt (wenn der Erwerber eine individuelle Planung wünscht), nicht anwendbar sein.

Bei dieser Vertragsgestaltung seien die Vorschriften der HOAI generell nicht anwendbar, da es sich bei diesen Leistungen vielmehr um unselbstständige Leistungs- und Rechnungspositionen handle.

1. Honorarvereinbarung unterhalb der Mindestsätze: Schriftform

51   Die Unterschreitung der Mindestsätze bedarf der schriftlichen Vereinbarung. Dies gilt auch für Pauschalhonorare, die die Mindestsätze unterschreiten. Unter Schriftlichkeit ist nichts anderes zu verstehen als nach Absatz 1, weshalb auf die dortigen Ausführungen verwiesen werden kann. Auch die Folgen eines Formmangels sind hier nicht anders: Ist eine Unterschreitung der Mindestsätze nicht wirksam, insbesondere nicht formgültig vereinbart worden, greift auch in solchen Fällen Absatz 5 ein mit der Folge, dass der Vertrag über die zu erbringende Leistung wirksam bleibt und die Mindestsätze zwingend als vereinbart gelten.

52   Auf welche Weise die Unterschreitung der Mindestsätze erreicht wird – ob etwa ausdrücklich ein Prozentsatz der zutreffend ermittelten Mindestgebühr als Nachlass (z.B. 10%), evtl. sogar ein Skonto (3% bei Zahlung binnen einer Woche) oder ob eine unter der Mindestgebühr liegende Pauschale vereinbart wird (OLG Stuttgart BauR 1981, 404; OLG Düsseldorf BauR 1980, 488) –, ist ohne Bedeutung. Die Unterschreitung ist in jedem Falle unzulässig und deshalb unwirksam – es sei denn, die Voraussetzungen für eine ausnahmsweise wirksame Unterschreitung der Mindestsätze sind erfüllt. Deshalb liegt auch dann eine Mindestsatzunterschreitung vor, wenn die Vertragspartner die anrechenbaren Kosten des Objekts abweichend von den §§ 4, 33 der Höhe nach beschränken (vgl. OLG Düsseldorf BauR 1987, 590), oder indem sie die Einordnung des Objekts in eine niedrigere Honorarzone bzw. die Anwendung einer älteren als der gültigen Honorartafel mit niedrigeren Honoraren (vgl. Löffelmann/Fleischmann, 5. Aufl. Rdn. 979 ff.) oder eine überzogene Bewertung erbrachter oder zu erbringender Eigenleistungen (vgl. Locher BauR 1986, 649 und Konrad BauR 1989, 663) vereinbaren. In allen diesen Fällen, in denen die vereinbarte Honorarberechnung von dem nach objektiven Gesichtspunkten unter zutreffender Anwendung der HOAI ermittelten Mindesthonorar für die Grundleistungen nach unten abweicht, liegt eine Unterschreitung der Mindestsätze vor. Sie bedarf zu ihrer Wirksamkeit einer schriftlichen Vereinbarung (OLG Düsseldorf BauR 1987, 590). Dabei ist es ohne Bedeutung, ob sich die Vertragschließenden darüber klar sind, dass ihre Gebührenvereinbarung die Mindestsätze unterschreitet. Auch dann, wenn sie subjektiv der Auffassung sind, sie hätten sich auf ein Honorar geeinigt, das den Mindestsätzen entspricht oder gar darüber liegt, ist die Vereinbarung wirkungslos (vgl. OLG Düsseldorf BauR 1982, 390, 394). Das kann der Fall sein, wenn die Parteien ihren Berechnungen irrtümlich eine niedrigere als die tatsächlich gegebene Honorarzone zugrunde legen (BGH BauR 2004, 354; Konrad BauR 1989, 663). Liegt das danach vereinbarte Honorar unter den unter zutreffenden Voraussetzungen errechneten Mindestsätzen, greift Absatz 5 ein – mit der Folge, dass die Mindestsätze als vereinbart gelten.

2. Zeitpunkt der Vereinbarung

53   Über den Zeitpunkt der Vereinbarung der Mindestsatzunterschreitung enthält Absatz 3 keine ausdrückliche Bestimmung. Es ist aber nicht zu bezweifeln, dass eine solche Vereinbarung wirksam nur in dem in Absatz 5 genannten Zeitpunkt, also „bei Auftragserteilung" getroffen werden kann. Nach Absatz 5 gilt die Mindestgebühr stets dann als vereinbart, wenn nicht bei Auftragserteilung eine anderweitige Absprache getroffen worden ist. Eine nach Auftragserteilung vereinbarte Mindestsatzunterschreitung muss also schon deshalb wirkungslos bleiben, weil inzwischen über Absatz 5 die Mindestsätze – und zwar preisrechtlich nicht mehr korrigierbar (Begründung BRDrucks. 270/76 S. 10) – zum Vertragsinhalt geworden sind (so auch BGH BauR 1988, 364 = NJW-RR 1988; BGH BauR 1987, 112 = NJW-RR 1987, 13; BGH BauR 1987, 706; OLG Düsseldorf BauR 1982, 390, 394; BGH BauR 1990, 236).

54   Bei einem Stufenvertrag erfolgt die Auftragserteilung jeweils zu der nachfolgenden Stufe. Der Zeitpunkt de Auftragserteilung ist deshalb nicht einheitlich, sondern für jede Stufe gesondert festzustellen. Damit ist für jeden neuen Auftrag die zu diesem Zeitpunkt gültige Fassung der HOAI anzuwenden (OLG Koblenz IBR 2014, 90; so auch BGH Urt. v. 18.12.2014 – VII ZR 350/13). Die jeweils zu beachtenden Mindestsätze können dadurch in jeweils unterschiedlicher Höhe anfallen.

3. Zulässige Vereinbarung nur „in Ausnahmefällen"

Was unter einem Ausnahmefall im Sinne des § 7 Abs. 3 zu verstehen ist, ist zwar vielfach **55** Gegenstand von Urteilen geworden, kann aber letztlich nicht abschließend geklärt werden. Im Gesetzgebungsverfahren zur Neufassung der Ermächtigungsgrundlage in Art. 10 §§ 1 und 2 Abs. 3 Nr. 1 MRVG vom 12.11.1984 ist diese Auslegungsfrage ausgiebig diskutiert worden, wobei der Raumordnungsausschuss des Deutschen Bundestages den Anwendungsbereich der Ausnahmefälle in engen Grenzen sah. Danach sollten nur verwandtschaftliche Beziehungen des Auftragnehmers zum Bauherrn oder Leistungen von ganz außergewöhnlich geringem Umfang einen Ausnahmefall begründen können, nicht aber z.B. soziale Gründe. Demgegenüber hatte schon die Begründung zum Regierungsentwurf der „Erstfassung" des § 4 Abs. 2 eine weitere Auslegung angestrebt, da mit dieser Regelung ermöglicht werden sollte, „insbesondere bei wenig aufwändigen Leistungen den Gegebenheiten des einzelnen Falles zu entsprechen". Dabei war insbesondere an kleine Umbau- und Reparaturarbeiten gedacht.

Im Gesetzgebungsverfahren zur Neufassung der Ermächtigungsgrundlage bestand zu- **56** nächst Einigkeit darüber, dass eine nach unten offene Honorarordnung für Architekten und Ingenieure nicht zumutbar sei. Diesem Ziel, einen Preiswettkampf zu vermeiden, sollte zunächst ein Änderungsentwurf dienen, der eine Unterschreitung der Mindestsätze nur zulassen wollte, „wenn die Leistungen mit außergewöhnlich geringem Aufwand verbunden sind". Dem widersprachen aber sowohl die Bundesregierung als auch die ARGE Bau der Länderminister, weil diese Fassung „zu eng sei, um alle möglichen Ausnahmen zu erfassen". Dem schloss sich der federführende Raumordnungsausschuss an. Es kam zu der Fassung „in Ausnahmefällen", wobei bewusst von einer näheren Klarstellung, etwa durch Beispiele, abgesehen wurde. Dabei ging man davon aus, dass der unbestimmte Rechtsbegriff des Ausnahmefalles in der Rechtsprechung in dem Sinne geklärt sei, dass als Ausnahmefall nur Verwandtschaft oder außergewöhnlich geringer Aufwand in Betracht komme. Dem hat sich der Bundestag schließlich angeschlossen, ohne dass damit aber letztlich eine Klärung herbeigeführt worden ist. Eine teilweise Klärung hat schließlich der BGH in seinem Urt. v. 22.5.1997 (BauR 1997, 677) geschaffen, dabei im Leitsatz sehr allgemein und ohne überzeugende Klärung des Problems festgestellt: „Ein Ausnahmefall, in dem die Unterschreitung der Mindestsätze zulässig ist, liegt vor, wenn aufgrund der besonderen Umstände des Einzelfalls unter Berücksichtigung des Zwecks der Mindestregelung ein unter den Mindestsätzen liegendes Honorar angemessen ist."

Zur Begründung hat der BGH auf die Entstehungsgeschichte Bezug genommen und **57** ausgeführt: „Bei der Bestimmung eines Ausnahmefalles sind der Zweck der Norm und die berechtigten Interessen der Beteiligten zu berücksichtigen. Die zulässigen Ausnahmefälle dürfen einerseits nicht dazu führen, dass der Zweck der Mindestsatzregelung gefährdet wird, einen ‚ruinösen Preiswettbewerb' unter Architekten und Ingenieuren zu verhindern. Andererseits können alle die Umstände eine Unterschreitung der Mindestsätze rechtfertigen, die das Vertragsverhältnis in dem Sinne deutlich von den üblichen Vertragsverhältnissen unterscheiden, dass ein unter den Mindestsätzen liegendes Honorar angemessen ist. Das kann der Fall sein, wenn die vom Architekten oder Ingenieur geschuldete Leistung nur einen besonders geringen Aufwand erfordert, sofern dieser Umstand nicht schon bei den Bemessungsmerkmalen der HOAI zu berücksichtigen ist. Ein Ausnahmefall kann ferner beispielsweise bei engen Beziehungen rechtlicher, wirtschaftlicher, sozialer oder persönlicher Art oder sonstigen besonderen Umständen gegeben sein. Solche besonderen Umstände können etwa in der mehrfachen Verwendung einer Planung liegen."

Ein Ausnahmefall und damit die zulässige Unterschreitung der Mindestsätze in einer **58** schriftlich bei Auftragserteilung getroffenen Honorarvereinbarung wurde vom OLG Dresden (IBR 2003, 423) bejaht, als der Architekt mit 8,82% Geschäftsanteilen an der Gesellschaft des Auftraggebers beteiligt war. Das OLG Naumburg hatte einem Verbraucher zugebilligt, dass er auf die Wirksamkeit der unter dem Mindestsatz getroffenen Honorarvereinbarung vertrauen durfte, und diese deshalb als wirksam angesehen (IBR 2014, 281). Dagegen soll ein solches schutzwürdiges Vertrauen bei einem bauerfahrenen Bauherrn nicht anzunehmen sein (OLG Koblenz IBR 2013, 550).

59   Nicht möglich erscheint es, eine Unterschreitung der Mindestsätze um 15% unter generalisierender Festlegung von Ausnahmefällen im Sinne des § 7 Abs. 3 in Allgemeinen Geschäftsbedingungen festzulegen. Derartige Klauseln verstoßen gegen das Leitbild der Honorargestaltung der HOAI und sind deshalb gemäß § 305 BGB unwirksam (vgl. OLG Zweibrücken BauR 1989, 228).

60   Zusammenfassend ist festzustellen, dass diese Kriterien eines Ausnahmefalls in der praktischen Anwendung seitens des BGH äußerst restriktiv gehandhabt werden (BGH BauR 1997, 1062 = NJW-RR 1997, 1448 und BGH BauR 1999, 1044 = NJW-RR 1999, 1108). So soll auch kein Ausnahmefall vorliegen, wenn der Auftraggeber dem Architekten einen anderen Auftrag vermittelt und der Architekt deshalb mit dem Auftraggeber ein die Mindestsätze unterschreitendes Pauschalhonorar vereinbart (OLG Köln IBR 2000, 439). Ebenso wurde nicht als Ausnahmefall angesehen die Teilnahme an einem privaten Gutachterwettbewerb (BVerwG NZBau 2000, 30 = NJW-RR 1999, 1542), sowie aus der Tatsache, dass über einen längeren Zeitraum (drei Jahre) ein Ingenieur für denselben Generalunternehmer bei 17 Bauvorhaben die Statik erbracht hat (BGH BR 2012, 88 – zuvor gegenteilig von dem OLG Stuttgart als Vorinstanz entschieden, IBR 2010, 694; i.S.d. BGH, KG IBR 2011, 342).

4. Mindestsatzunterschreitung als Wettbewerbsverstoß?

61   Eine höchstrichterlich nur teilweise geklärte Frage ist ferner, ob die Unterschreitung der Mindestsätze der HOAI ohne Vorliegen der tatbestandlichen Voraussetzungen des § 7 Abs. 3, also insbesondere bei Fehlen eines Ausnahmefalles, wettbewerbswidrig ist. Dies wird dann zu bejahen sein, wenn besondere wettbewerbstypische Merkmale hinzutreten, die ein solches Verhalten nicht nur aus standesrechtlichen Gründen, sondern auch aus wettbewerbsrechtlicher Sicht als anstößig oder unlauter erscheinen lassen (vgl. OLG Hamm BauR 1988, 366 = NJW-RR 1988, 466). Diese Voraussetzungen sind bereits erfüllt, wenn sich ein Architekt oder Ingenieur bewusst und planmäßig über die zwingenden Vorschriften der HOAI mit ihrem preisrechtlichem Charakter hinwegsetzt und für ihn dabei erkennbar ist oder sein muss, dass er sich auf diese Weise einen sachlich nicht gerechtfertigten Vorsprung vor seinen Mitbewerbern verschafft und verschaffen will. In diesem Sinne ist ein Wettbewerbsverstoß gemäß § 1 UWG gegeben bei Angebotsschreiben, Presseanzeigen, Rundschreiben, Handzetteln und dergleichen, in denen Architekten- oder Ingenieurleistungen zu unter den Mindestsätzen der HOAI liegenden Honoraren oder kostenlose Ausschreibungsunterlagen angeboten oder die Bereitschaft dazu erklärt wird (so vor allem: BGH BauR 1991, 638; OLG Hamm BauR 1988, 366 m.Anm. Sangenstedt BauR 1986, 370 und LG Detmold BauR 1987, 603). Dies wird auch dann zu gelten haben, wenn ein Architekt oder Ingenieur im Hinblick auf ein bereits vorliegendes Honorarangebot eines anderen Auftragnehmers, das sich im Rahmen der Mindest- und Höchstsätze der HOAI bewegt, ein Angebot unterhalb der Mindestsätze abgibt (Hartmann § 4 Rdn. 44) – ohne dass die Voraussetzungen des § 7 Abs. 3 vorliegen. Dies gilt auch bei Abgabe eines entsprechenden Pauschalhonorarangebots.

62   Die HOAI enthält andererseits keine Regelung der Modalitäten einer Auftragsvergabe an Architekten und Ingenieure und schließt deshalb vom Grundsatz her auch Ausschreibungen und Honoraranfragen für Leistungen – die der HOAI unterliegen – durch Auftraggeber nicht aus (so wohl auch Hartmann § 4 Rdn. 41). In der Rechtsprechung wird die Zulässigkeit solcher Ausschreibungen allerdings zunehmend verneint, wobei zunächst das Urteil des BGH (BauR 1991, 99 = NJW-RR 1991, 363) eine gewisse Richtung erkennen ließ. Danach sind öffentlich bestellte Vermessungsingenieure nach dem für sie

maßgebenden Gebührenrecht nicht befugt, verbindliche (Gebühren-)Angebote für Leistungen abzugeben, hinsichtlich deren die Gebührenordnung nicht ausdrücklich Gebührenvereinbarungen zulässt. Wer ungeachtet dieser Gesetzeslage planmäßig zur Erlangung eigener Vorteile im Wettbewerb Aufforderungen (Ausschreibungen) an „Öffentlich bestellte Vermessungsingenieure" richtet, verbindliche Gebührenangebote auch über solche Leistungen abzugeben, über die Vereinbarungen nicht zugelassen sind, handelt wettbewerbswidrig im Sinne des § 1 UWG (BGH BauR 1991, 99 = NJW-RR 1991, 363).

Das OLG Hamm (BauR 1988, 366 = NJW-RR 1988, 466) hat für den Anwendungs- **63** bereich der HOAI entschieden, dass ein Tragwerksplaner, der seine allgemeine Bereitschaft durch Schreiben an Architekturbüros bekundet, „Nachlässe von 60% der HOAI" zu geben, wettbewerbswidrig handelt. Das OLG Frankfurt (BauR 1992, 798) hat die Werbung mit der kostenlosen Herstellung eines Wohnanlagenentwurfes nach § 3 UWG für unzulässig erklärt. Schließlich hat der BGH (BauR 1991, 638 = NJW-RR 1991, 1258) eine öffentlich-rechtliche Gebietskörperschaft (Gemeinde) wettbewerbsrechtlich als Störer zur Unterlassung verurteilt, weil sie im Zusammenhang mit der Erschließung eines Baugebiets Honoraranfragen an Ingenieure gerichtet hat, die so abgefasst waren, dass die angeforderten Angebote zu einer wettbewerbswidrigen Unterbietung der Mindestsätze der HOAI führen konnten. Auch das LG Marburg (BauR 1994, 271) hat entschieden, dass schriftliche Anfragen eines Stadtbauamtes an Architekturbüros, in denen nach der Honorarhöhe für Architekturleistungen gefragt wird (Parkierungsanlage), ohne diese Leistungen genau zu spezifizieren, wettbewerbswidrig sein könnte, weil es nicht möglich ist, die Leistungen bestimmten Honorarzonen zuzuordnen (und das Honorarangebot auf der Basis der HOAI zu kalkulieren) ohne dabei Gefahr zu laufen, die Mindestsätze im Sinne wettbewerbswidriger Angebote zu unterlaufen. Unzulässig und damit wettbewerbswidrig ist es auch, wenn dem Auftragnehmer bei Aufforderung zur Abgabe eines Honorarangebots nahe gelegt wird, die Mindestsätze zu unterschreiten (OLG Düsseldorf BauR 2001, 274). Diese Grundsätze gelten gleichermaßen auch für Ausschreibungen durch Auftraggeber (OLG Celle BauR 1995, 266; OLG München BauR 1996, 283; OLG Düsseldorf NZBau 2000, 578 sowie Locher BauR 1995, 146).

In entsprechenden Fällen eines Wettbewerbverstoßes sind gemäß § 8 Abs. 1, 3 UWG **64** neben den unmittelbaren Wettbewerbern auch die Berufsverbände und Kammern klagebefugt. Die Klagen richten sich dabei auf Unterlassung dieses wettbewerbswidrigen Verhaltens. So hat ein Ingenieurverband gegen eine Stadt auf Unterlassung von Honoraranfragen an Ingenieure erfolgreich geklagt. In der dazu ergangenen Entscheidung des BGH wird festgestellt: „Eine öffentlich-rechtliche Gebietskörperschaft (hier: Stadt) ist wettbewerbsrechtlich als Störer zur Unterlassung verpflichtet, wenn sie im Zusammenhang mit der Erschließung eines Baugebiets Honoraranfragen an Ingenieure richtet, die so abgefasst sind, dass sie zu einer wettbewerbswidrigen Unterbietung der Mindestsätze der HOAI führen können" (BGH BauR 1991, 638).

Gehört der Auftragnehmer, der unter Verstoß gegen § 4 Abs. 2 die Mindestsätze unter- **65** schreitet, dem Berufsstand der Architekten oder Ingenieure an, so kann er auch standesrechtlich zur Rechenschaft gezogen werden (dazu Locher DAB 1982, BW 55, Hussmann DAB 1986, NW 163 aber auch Hartmann § 4 Rdn. 45).

Auf der anderen Seite ist es den berufsständischen Organisationen nicht erlaubt, den **66** Preiswettbewerb über den Wortlaut des § 7 Abs. 3 hinaus etwa durch Berufsordnungen, Erlasse, Richtlinien oder auch nur Empfehlungen einzuschränken.

5. Folgen einer unzulässigen Mindestsatzunterschreitung

a) Regelfall: Mindestsatz

Ein Verstoß gegen § 7 Abs. 3 führt entgegen der Regelung des § 139 BGB nicht zur **67** Unwirksamkeit des Architekten- oder Ingenieurvertrages (OLG Düsseldorf BauR 1982, 597), sondern nur zur Nichtigkeit der Honorarvereinbarung. Dabei ist es unerheblich, ob es an den formellen Voraussetzungen, also Einhaltung der Schriftform bei Auftragserteilung, oder an der materiellen Voraussetzung eines Ausnahmefalles fehlt. Alle diese Fälle

führen zur Unwirksamkeit der Honorarvereinbarung, wenn diese unterhalb der Mindestsätze liegen, und zwar auch im Falle der Vereinbarung eines Pauschalhonorars, wenn dadurch die Mindestsätze der HOAI bei zutreffender Berechnung unterschritten werden.
Geht man in diesem Sinne von der Unwirksamkeit der Mindestsatzunterschreitung aus, so
kommt zwangsläufig die in § 7 Abs. 5 enthaltene Fiktion zum Zuge mit der Folge, dass die
Mindestsätze als vereinbart gelten. Haben also die Vertragspartner ein Architekten- oder
Ingenieurhonorar vereinbart, das bei zutreffender Berechnung unterhalb der Mindestsätze
liegt, sei es in Gestalt eines prozentualen Nachlasses, sei es auf Grund einer zu niedrigen
Honorarzone, zu niedriger anrechenbarer Kosten, der Anwendung veralteter Honorartafeln, zu hoher Bewertung von Eigenleistungen des Auftraggebers oder als Pauschalhonorar,
so kann der Auftragnehmer im Regelfall die Mindestsätze der jeweils anwendbaren Hono-
rartafel verlangen – es sei denn, es liegt ein Ausnahmefall im Sinne des § 7 Abs. 3 vor.
Gleiches gilt, wenn es an der Schriftform der Honorarvereinbarung mangelt oder wenn die
schriftliche Honorarvereinbarung nicht bei Auftragserteilung getroffen worden ist (BGH
BauR 1993, 239 = NJW 1993, 661; BGH BauR 1995, 126 = NJW 1995, 401; BGH
BauR 1997, 677 = NJW 1997, 2329; BGH BauR 1998, 813 = NJW 1998, 2672; BGH
BauR 2000, 1512 = NZBau 2000, 473; OLG Stuttgart BauR 1981, 404; OLG Düsseldorf
BauR 1980, 488; OLG Düsseldorf BauR 1981, 484).

b) Ausnahme: Bindung an die Vereinbarung

68 Der Grundsatz, dass der Auftragnehmer bei einer unwirksamen Honorarvereinbarung
die Mindestsätze verlangen kann, hat durch die Rechtsprechung jedoch einige Einschränkungen erfahren. Zum einen kann der Auftragnehmer an seine einmal erstellte Schlussrechnung ausnahmsweise nach Treu und Glauben (§ 242 BGB) gebunden sein (BGH
BauR 1997, 677 = NJW 1997, 2329; BGH BauR 2000, 1512 = NZBau 2000, 473; BauR
1993, 239 = NJW 1993, 660 = ZfBR 1993, 68 u. BauR 1993, 236 = NJW 1993). Unter
bestimmten Voraussetzungen kann er gehindert sein, nach Erteilung seiner Honorarschlussrechnung an den Auftraggeber Nachforderungen zu stellen oder auch nur Berechnungsparameter zu ändern.

69 Diese ausnahmsweise Bindung des Architekten an seine Schlussrechnung beruht im Wesentlichen auf dem Gedanken von Treu und Glauben (BGH BauR 1974, 211 = NJW
1974, 898; BGH BauR 1978, 64 = NJW 1978, 319; BGH BauR 1985, 582 = ZfBR
1985, 222 = NJW-RR 1986, 18).

70 Der BGH hat die Voraussetzungen einer Bindung der Architekten und Ingenieure an
ihre Schlussrechnung konkretisiert:
– Eine Erklärung, dass der Architekt auf die Honorierung erbrachter Mehrleistungen verzichtet, wenn der Auftraggeber das geforderte Resthonorar unverzüglich überweist, ist
  unerheblich und nicht geeignet, die Bindungswirkung der Honorarschlussrechnung aufzuheben oder einzuschränken. Ein solcher Vorbehalt kann den durch die Schlussrechnung begründeten Vertrauensschutz des Auftraggebers nur dann begrenzen, wenn der
  Auftraggeber auf Grund des Inhalts des Vorbehalts und der besonderen Umstände des
  Einzelfalles das Risiko abschätzen kann, aus welchem Rechtsgrund, für welche Leistungen und in welcher Höhe der Architekt möglicherweise nachträglich eine zusätzliche
  Honorarforderung geltend machen wird. Das gilt auch dann, wenn die Schlussrechnung
  auf Grund einer unwirksamen Honorarvereinbarung erstellt wurde (BGH BauR 1990,
  382 = NJW-RR 1990, 725).
– Erteilt ein Architekt eine Schlussrechnung nach der HOAI, so liegt darin regelmäßig
  zwar die Erklärung, dass er seine Leistung abschließend berechnet habe. Eine Nachforderung zur Schlussrechnung stellt aber nicht stets ein treuwidriges Verhalten nach § 242
  BGB dar. Es müssen vielmehr in jedem Einzelfall die Interessen des Architekten und des
  Auftraggebers umfassend geprüft und gegeneinander abgewogen werden (Einschränkung
  zu BGH NJW-RR 1986, 18 = BauR 1985, 582 und NJW-RR 1990, 725 = BauR 1990,
  382). Nicht jede Änderung einer Schlussrechnung des Architekten stellt nach § 242 BGB
  ein unzulässiges widersprüchliches Verhalten ohne Rücksicht darauf dar, ob auf Seiten
  des Auftraggebers überhaupt ein schutzwürdiges Vertrauen begründet worden ist. Nicht

jede Schlussrechnung eines Architekten begründet beim Auftraggeber ein solches Vertrauen und nicht jedes erweckte Vertrauen ist schutzwürdig. Auf ein Vertrauen wird sich der Auftraggeber im Regelfall insbesondere insoweit nicht berufen können, als er selbst die mangelnde Prüffähigkeit der Schlussrechnung gerügt hat.

– Im Anschluss an diese BGH-Urteile hat das OLG Düsseldorf (BauR 1993, 236 und 1994, 146 = OLG Rep 1993, 333) entschieden: Die Rüge mangelnder Prüffähigkeit der Schlussrechnung eines Architekten schließe nicht schlechthin ein Vertrauen des Auftraggebers in den Bestand der Schlussrechnung aus. Vielmehr sei auf den Zeit-punkt und die Umstände der Rüge abzustellen. Eine alsbald nach Zugang der Schlussrechnung vom Auftraggeber ausgesprochene Rüge schließe allerdings das Entstehen eines Vertrauenstatbestandes aus.

Diese Rechtsprechung zur Einschränkung der Bindung an eine Schlussrechnung mit **71** Unterschreitung der Mindestsätze hat der BGH noch weiter eingeschränkt und dazu folgende Grundsätze formuliert (BGH BauR 1997, 677 = NJW 1997, 2329) und diese auch in späteren Urteilen wiederholt und fortgeführt:

„a) Nach der ständigen Rechtsprechung des Senates ist ein Architekt an eine Schlussrechnung, mit der er die Mindestsätze unterschreitet, gebunden, wenn er mit der Schlussrechnung einen Vertrauenstatbestand begründet und der Auftraggeber sich im berechtigten Vertrauen auf die Endgültigkeit der Schlussrechnung in schutzwürdiger Weise eingerichtet hat. Diese Grundsätze sind auf eine Honorarvereinbarung übertragbar, die deshalb unwirksam ist, weil die Mindestsätze in nicht zulässiger Weise unterschritten worden sind.

Vereinbaren die Parteien eines Architektenvertrages ein Honorar, das die Mindestsätze in unzulässiger Weise unterschreitet, verhält sich der Architekt, der später nach den Mindestsätzen abrechnen will, widersprüchlich. Dieses widersprüchliche Verhalten steht nach Treu und Glauben einem Geltendmachen der Mindestsätze entgegen, sofern der Auftraggeber auf die Wirksamkeit der Vereinbarung vertraut hat und vertrauen durfte und wenn er sich darauf in einer Weise eingerichtet hat, dass ihm die Zahlung des Differenzbetrages zwischen dem vereinbarten Honorar und den Mindestsätzen nach Treu und Glauben nicht zugemutet werden kann.

b) Nach diesen Grundsätzen kann der Beklagten der Einwand widersprüchlichen Verhaltens nicht mit der Begründung des Berufungsgerichts versagt werden. Der nach Abschluss der unwirksamen Honorarvereinbarung von der Klägerin erteilte Hinweis auf die Unwirksamkeit steht dem Einwand eines widersprüchlichen Verhaltens dann nicht entgegen, wenn die Beklagte sich zu diesem Zeitpunkt im berechtigten Vertrauen auf die Wirksamkeit der unwirksamen Pauschalvereinbarung in schutzwürdiger Weise eingerichtet hat. Nach den Feststellungen des Berufungsgerichts liegt es nahe, dass die Klägerin nach Treu und Glauben gehindert ist, ihre Honorarforderung durchzusetzen, weil die Beklagte den Preis für die Eigentumswohnungen u.a. an dem vereinbarten Pauschalhonorar orientiert hat.“

Aus dieser Rechtsprechung lassen sich vier Voraussetzungen für die erfolgreiche Beru- **72** fung des Auftraggebers auf die Bindungswirkung einer Schlussrechnung des Auftragnehmers ableiten. Diese müssen grundsätzlich kumulativ vorliegen:

– Die Erstellung einer neuen – höheren – Schlussrechnung auf Mindestsatz-Basis muss als widersprüchliches Verhalten des Auftragnehmers zu werten sein.

– Der Auftraggeber muss auf die Zulässigkeit und Wirksamkeit der Honorarvereinbarung vertraut haben.

– Der Auftraggeber durfte auch auf die Wirksamkeit der Honorarvereinbarung vertrauen, d.h. er ist insoweit schutzwürdig.

– Der Auftraggeber hat sich auf die Wirksamkeit der Honorarvereinbarung und auf die Schlussrechnung des Auftragnehmers eingerichtet, bzw. seine Preise (z.B. als Bauträger) auf dieser Honorargrundlage kalkuliert.

Diese Grundsätze der Rechtsprechung des BGH werden von den Instanzgerichten mit **73** unterschiedlichen Schwerpunktsetzungen umgesetzt. So hat das OLG Köln in einem Beschluss vom 23.11.2011 (IBR 2012, 212) den Grundsatz der Bindung bei geschütztem

Vertrauen des Auftraggebers betont. Diesen Vertrauensschutz hat der BGH selbst für den Fall hervorgehoben, dass der Architekt durch sein Verhalten besonderen Anlass zu der Annahme gibt, er werde sich an die Pauschalhonorarvereinbarung unterhalb des Mindestsatzes halten (BGH IBR 2012, 89). Das OLG Stuttgart (IBR 2003, 364) hat entschieden, dass einem Architekten/Ingenieur es auch gegenüber einem sachkundigen Auftraggeber nach Treu und Glauben verwehrt sein kann, sich auf die Unwirksamkeit einer Pauschalhonorarvereinbarung wegen Unterschreitung der Mindestsätze der HOAI zu berufen, obwohl es sicherlich an dem Vertrauen auf die Zulässigkeit und Wirksamkeit einer solchen Honorarvereinbarung fehlt und er auch nicht schutzwürdig erscheint. Schließlich ist er sachkundig und die HOAI ihm nicht fremd sein kann (so zu Recht Werner IBR 2003, 364).

74   Eine Einschränkung des Anspruchs des Auftragnehmers auf das Mindesthonorar bei unzulässiger Vereinbarung einer Mindestsatzunterschreitung kann auch daraus abgeleitet werden, dass dem Auftraggeber ein Schadensersatzanspruch zustehen kann, der zu einer Herabsetzung des an sich geschuldeten Mindesthonorars auf das – nach § 7 Abs. 3 unwirksam – vereinbarte Honorar führen kann (dazu Weyer BauR 1987, 131 ff.). Ein solcher Schadensersatzanspruch setzt eine Verletzung der Aufklärungs- oder Hinweispflicht des Auftragnehmers voraus. Diese kann sich insbesondere dann ergeben, wenn zwar ein Ausnahmefall im Sinne des § 7 Abs. 3 vorliegt, der Auftraggeber aber nicht weiß oder nicht daran denkt, dass die Honorarvereinbarung in diesen Fällen schriftlich bei Auftragserteilung getroffen werden muss. Diese Situation lässt für den Architekten oder Ingenieur bei Vertragsverhandlungen eine Aufklärungs- oder Hinweispflicht entstehen (dazu eingehend Knacke BauR 1990, 395 ff. unter Bezugnahme auf ein Urteil des OLG Stuttgart BauR 1989, 630 = NJW 1989, 2402), da er seine Honorarordnung kennen und auf die Einhaltung der Formerfordernisse hinwirken muss, während der – im Allgemeinen – berufsfremde Auftraggeber diese Anforderungen an eine wirksame Honorarvereinbarung häufig nicht kennen wird.

75   Dies hat die Rechtsprechung dazu veranlasst, in derartigen Fällen dem Auftraggeber einen Schadensersatzanspruch aus Verschulden bei Vertragsabschluss zuzuerkennen. Dieses führt im Ergebnis dazu, dass der Auftraggeber nur das – an sich nach § 7 Abs. 3 und Abs. 5 unwirksam – vereinbarte Honorar unterhalb der Mindestsätze der HOAI zu zahlen verpflichtet ist (vgl. OLG Hamm NJW-RR 1990, 522). Auch dies führt zu einer nicht unerheblichen Aushöhlung der preisrechtlich festgesetzten Mindest- und Höchstsätze der HOAI – weshalb diese Rechtsprechung nicht ausufern darf, ohne mit dem Preisrecht in Konflikt zu geraten. Folglich wird man einen solchen Schadensersatzanspruch nur dann bejahen können, wenn sich aus den besonderen Umständen des Einzelfalles eine solche Aufklärungspflicht des Auftragnehmers ergibt (a.A. offensichtlich Weyer BauR 1987, 138 ff.; ders. FS Korbion S. 491, der eine generelle Aufklärungspflicht bejahen und deren Verletzung bereits aus der Existenz einer nicht wirksam getroffenen Honorarabrede herleiten will, sowie Lenzen BauR 1991, 692 ff., der einen Schadensersatzanspruch schon bejahen will, wenn der Auftragnehmer die – unzulässige – Honorarvereinbarung vorgeschlagen hat). Zutreffend weist deshalb das OLG Köln (BauR 1994, 271 = NJW-RR 1994, 340) darauf hin, dass eine Aufklärungspflicht des Architekten über die Höhe seines voraussichtlichen Honorars nur in begrenzten Ausnahmefällen besteht, etwa wenn der Auftraggeber ausdrücklich nach den voraussichtlichen Kosten fragt, er erkennbar völlig falsche Vorstellungen über die Höhe der anfallenden Kosten hat oder der Architekt um das Vorliegen eines besonders günstigen Konkurrenzangebotes weiß.

76   Diese besonderen Umstände können gegeben sein, wenn der Auftragnehmer auf die ausdrückliche Frage nach den Wirksamkeitsvoraussetzungen einer Honorarvereinbarung unterhalb der Mindestsätze diese nicht nennt oder den Auftraggeber vom Abschluss einer wirksamen schriftlichen Honorarvereinbarung bei Auftragserteilung, z.B. durch bewusstes Hinauszögern seiner Unterschrift, abhält (OLG Hamm NJW-RR 1990, 552); ebenso wenn der Auftragnehmer von vornherein die Absicht hat, nach den Mindestsätzen abzurechnen und dennoch mit dem Auftraggeber eine niedrigere Honorarvereinbarung mündlich abschließt (vgl. zu diesem Schadensersatzanspruch: OLG Oldenburg BauR 1984, 541).

77   In all diesen Fällen kann ein Schadensersatzanspruch des Auftraggebers jedoch nur durchdringen, wenn er darüber hinaus substantiiert darlegt und ggf. beweist, dass er einen

anderen Auftragnehmer hätte beauftragen können, der diese Leistungen zu einem Honorar unterhalb der Mindestsätze erbracht hätte. Entsprechendes würde aber zugleich voraussetzen, dass er auch darlegt und ggf. beweist, dass ein Ausnahmefall im Sinne des § 7 Abs. 3 vorgelegen hätte. Damit aber erfährt dieser Schadensersatzanspruch aus Verschulden bei Vertragsabschluss wegen der Verletzung von Aufklärungspflichten bei Mindestsatzunterschreitungen eine entscheidende Einschränkung aus der preisrechtlichen Beschränkung der Zulässigkeit von Mindestsatzunterschreitungen nur in Ausnahmefällen. Als Folge wird er letztlich nur eingreifen können, wenn zwar ein Ausnahmefall vorliegt, es aber an der erforderlichen Schriftform bei Auftragserteilung fehlt. Fehlt es dagegen an einem Ausnahmefall i. S. des § 7 Abs. 3, so ist ein Schaden des Auftraggebers nicht ersichtlich.

V. Abs. 4: Überschreitung der Höchstsätze

Unter besonderen sachlichen Voraussetzungen lässt die HOAI auf der anderen Seite aber 78 auch eine Überschreitung der Höchstsätze zu (Abs. 4). Diese Möglichkeit besteht nur, wenn es sich bei den vom Auftragnehmer zu erbringenden Grundleistungen um außergewöhnliche oder ungewöhnlich lange dauernde Leistungen handelt.

1. Außergewöhnliche Leistungen

Die Außergewöhnlichkeit der Leistung wird in erster Linie als Qualitäts- und nicht als 79 Quantitätsbegriff zu verstehen sein. Dabei ist nicht auf die Person des Architekten und seine „früheren Leistungen" abzustellen (also nicht auf sein Renommee und die Qualität seiner bisherigen „Baukunstwerke", OLG Stuttgart IBR 2012, 400, Planrechtsrechts-Report 6/2012 S. 21), sondern nur auf das konkrete Objekt. Sie wird immer dann gegeben sein, wenn der jeweilige Höchstsatz der HOAI eine leistungsgerechte Honorierung nicht mehr gewährleistet (i. d. Sinne Digel zu OLG Stuttgart IBR 2012, 400). Dabei ist es noch nicht ausreichend, dass das in Rede stehende Objekt urheberrechtlich geschützt ist.

Es kann sein, dass die Aufgabe selbst schon eine außergewöhnliche Lösung erfordert und 80 dass die schlicht aufgabengemäße Lösung ohne weiteres als eine außergewöhnliche Leistung zu qualifizieren ist. Die Außergewöhnlichkeit kann ferner im technischen Bereich liegen – und auch hier ist es wieder denkbar, dass sie schon mit der Aufgabe vorgegeben ist oder dass sie sich erst aus der Lösung ergibt. Dasselbe kann der Fall bei außergewöhnlichen Lösungen auf wirtschaftlichem Gebiet sein. Die bloße Erzielung einer Baukostenersparnis spricht aber noch nicht für eine außergewöhnliche Leistung (OLG Frankfurt BauR 1982, 88).

2. Ungewöhnlich lange dauernde Leistungen

Eine Höchstsatzüberschreitung ist ferner zulässig bei Leistungen von ungewöhnlich lan- 81 ger Dauer. § 2 VO PR Nr. 66/50 in seiner ursprünglichen Fassung, auf den diese Vorschrift letztlich zurückgeht, hatte noch einen Zusatz enthalten: Danach war eine Höchstsatzüberschreitung nur zulässig, wenn der Architekt die lange Dauer nicht zu vertreten hatte. Von „ungewöhnlich lange dauernden Leistungen" ohne den genannten Zusatz war und ist dagegen in Art. 10 § 1 Abs. 3 Nr. 2, § 2 Abs. 3 Nr. 2 MRVG die Rede. Diese Formulierung wurde durch die Änderungsverordnungen vom 23. Juli 1974 (BAnz. Nr. 134) in den neu gefassten § 2 VO PR Nr. 66/50 übernommen. § 7 Abs. 4 Satz 1 folgt diesem Wortlaut ebenfalls. Nach dem Erlass der ÄnderungsVO ergaben sich zwei Fragen: einmal die, ob eine ungewöhnlich lange Dauer die Höchstsatzüberschreitung auch dann rechtfertige, wenn der Architekt sie zu vertreten hat, sodann – da die erste zutreffend zu verneinen war – die, wer künftig das Vertretenmüssen oder Nichtvertretenmüssen zu beweisen habe (vgl. Hesse BauR 1975, 170, 176).

Diese Fragen sind für den Bereich der HOAI durch den Zusammenhang der Bestim- 82 mungen gelöst: Da die Vereinbarung über die Höchstsatzüberschreitung schriftlich getroffen werden muss, liegt es nahe, dass nur eine objektiv nötige, also durch die Sachzusammenhänge geforderte lange Herstellungszeit die Höchstgebührenüberschreitung rechtfertigen kann, nicht aber die – zur Zeit des Vertragsabschlusses nicht vorherzusehende – bloß verzögerte Bauausführung.

3. Schriftform

83 Die Überschreitung der Höchstsätze des Honorars für Grundleistungen bedarf der schriftlichen Vereinbarung. Diese Honorarüberschreitung muss in der schriftlichen Vereinbarung nicht nur dem Grunde, sondern auch der Höhe nach bestimmt oder doch wenigstens bestimmbar sein. Ansonsten liegt eine bindende Einigung nicht vor (Vygen DAB 1989, 1469). Fehlt es hieran, ist aber ansonsten die Schriftform gewahrt, würde es dem eindeutigen Parteiwillen zuwiderlaufen, wenn nunmehr § 7 Abs. 5 zur Anwendung käme mit der Folge, dass die Mindestsätze als vereinbart gelten. Die sonst formgültige Vereinbarung der Parteien lässt vielmehr darauf schließen, dass die Vertragschließenden, wenn sie schon über die Höchstsätze hinausgehen, dies jedoch an der notwendigen Bestimmbarkeit und den fehlenden Berechnungsgrundlagen scheitert, doch wenigstens die Höchstsätze als vereinbart ansehen wollen. Dasselbe muss gelten, wenn die Parteien ein (auch der Höhe nach konkretisiertes) Honorar oberhalb der Höchstsätze an sich formgültig vereinbaren, in Wahrheit aber die Voraussetzungen für die Höchstsatzüberschreitung nicht vorliegen (so BGH, Urt. v. 9.11.1989, BauR 1990, 239 = NJW-RR 1990, 276 für den Fall eines die Höchstsätze überschreitenden Pauschalhonorars).

84 Über den Zeitpunkt der Vereinbarung der Höchstsatzüberschreitung sagt Abs. 4 nichts. Auch Abs. 1 fordert eine Vereinbarung bei Auftragserteilung. Zeichnet sich die Außergewöhnlichkeit der Leistung erst später im Zuge der nach Vertragsabschluss stufenweise sich ergebenden Lösung der Aufgabe ab, kann ein Nachholen der Vereinbarung in Betracht kommen. Dabei kommt es entscheidend darauf an, die schriftliche Vereinbarung eines die Höchstsätze überschreitenden Honorars für die noch nicht ausgeführten Leistungsteile bei Erkennen der Außergewöhnlichkeit der Leistung zu treffen, da sich in diesem Zeitpunkt das Leistungsziel ändert. Als Folge ergibt sich die Möglichkeit zu einer neuen oder ergänzenden Auftragserteilung (Vygen DAB 1989, 1470; OLG Hamm BauR 1986, 718).

4. Verhältnis der Höchstsatzüberschreitung zu anderen Honorarbemessungsgrundlagen

85 § 7 Abs. 4 Satz 2 kennzeichnet die Höchstsatzüberschreitung als Ausnahmefall: Umstände, soweit sie bereits für die Einordnung in Honorarzonen oder für die Einordnung in den Rahmen der Mindest- und Höchstsätze mitbestimmend gewesen sind, rechtfertigen eine Höchstsatzüberschreitung nicht. Für den Regelfall stehen den Vertragschließenden mit dem Gebührenrahmen und den Honorarzonen ausreichende Möglichkeiten zur Verfügung, um die Besonderheiten des Einzelfalles – auch hinsichtlich der Zeitdauer, nicht nur hinsichtlich der Schwierigkeit der Aufgabe – „honorarmäßig befriedigend zu erfassen" (BRDrucks. 270/76 S. 9). Nur Umstände, die durch die übrigen Bemessungskriterien nicht oder nicht ausreichend erfasst werden, können eine Höchstsatzüberschreitung rechtfertigen.

5. Folgen der unzulässigen Höchstsatzüberschreitung

86 Vereinbaren die Parteien schriftlich bei Auftragserteilung ein Honorar, das die nach der HOAI zulässigen Höchstsätze übersteigt, ohne dass die entsprechenden Voraussetzungen erfüllt sind, verstoßen sie damit gegen ein gesetzliches Verbot im Sinne des § 134 BGB. Diese Vorschrift ordnet – vorbehaltlich anderweitiger gesetzlicher Regelung, die aber in der HOAI fehlt – Nichtigkeit des verbotswidrigen Rechtsgeschäfts an. Jedoch bezieht sich die Verbotswidrigkeit hier aber nur auf einen Teil des Rechtsgeschäfts, d. h. auf die Honorarvereinbarung, soweit sie den Gebührenanteil betrifft, der über die nach der HOAI höchstzulässigen Entgelte hinausgeht.

87 Die Rechtsprechung hat deshalb den Vertrag – mit dem zulässigen Preis – aufrechterhalten (RGZ 88, 252; 166, 89; OGHZ 1, 76; BGHZ 51, 181). Dieser Auffassung ist die

Rechtsprechung auch zu § 1 Abs. 2 VO PR Nr. 66/50 gefolgt (BGH NJW 1953, 740; BGH Schäfer/Finnern Z 2.320 Bl. 25; OLG Hannover BlGBW 1960, 367; für die GOA BGH BauR 1973, 189; OLG Düsseldorf BauR 1976, 287; KG NJW-RR 1990, 91).

Der BGH hat durch Urt. v. 9.11.1989 (BauR 1990, 239) entschieden: „Ist die schriftlich **88** getroffene Vereinbarung eines Pauschalhonorars gemäß § 4 Abs. 3 unwirksam, weil die in der HOAI festgelegten Höchstsätze überschritten werden, ohne dass die erforderlichen Voraussetzungen vorliegen, so ist die Vereinbarung nicht etwa insgesamt nichtig. Der Architekt kann vielmehr die Höchstsätze verlangen." Durch Urt. v. 11.10.2007 – VII ZR 25/06 – (BauR 2007, 2081 = NZBau 2008, 65) hat der BGH diese bisherige Rechtsprechung noch einmal bestätigt: „Eine schriftliche Honorarvereinbarung, die die Honorarsätze der HOAI überschreitet, ist nicht insgesamt nichtig. Sie ist insoweit aufrechtzuerhalten, als die nach der HOAI zulässige Höchstvergütung nicht überschritten wird (im Anschluss an BGH BauR 1990, 239)". Dies gilt auch bei einer Honorarvereinbarung mit einer zu hohen Honorarzone (vgl. BGH BauR 2004, 553 = NZBau 2004, 159 und BGH BauR 2007, 2081).

Haben die Parteien also ein Honorar schriftlich bei Auftragserteilung vereinbart, das **89** über den zulässigen Höchstsätzen liegt, ohne dass die Voraussetzungen für eine Überschreitung der Höchstsätze gemäß § 7 Abs. 4 vorliegen, so ist der Vertrag zu den zulässigen Höchstsätzen – nicht etwa zu den Mindestsätzen – wirksam. Denn dem Willen der Parteien, die die Höchstsätze überschritten haben, entspricht es am ehesten, den Vertrag zu den höchstmöglichen Gebühren als denjenigen Gebühren, die den vereinbarten am nächsten kommen, aufrechtzuerhalten.

Sind auf Grund einer unzulässigen Gebührenvereinbarung Honorare gezahlt worden, die **90** die Höchstsätze übersteigen, so steht dem Auftraggeber gegen den Auftragnehmer ein Bereicherungsanspruch nach § 812 BGB zu. Der Anspruch besteht allerdings dann nicht, wenn der Auftraggeber gewusst hat – und zwar zum Zeitpunkt der Zahlung des Entgelts –, dass eine Verpflichtung nicht bestand (§ 814 BGB). Erforderlich für die Anwendbarkeit dieser Vorschrift ist eine Kenntnis der Rechtslage. Kennt der Leistende zwar die Tatumstände, die die Honorarvereinbarung (teilweise) unwirksam machen, erkennt er aber daraus nicht – verschuldet oder unverschuldet – die Rechtsfolge der Unwirksamkeit, so bleibt sein Bereicherungsanspruch erhalten (BGH Betrieb 1968, 612). „Kennenmüssen" der Rechtsfolge oder rechtliche Zweifel am Bestehen der Schuld schließen den Rückforderungsanspruch ebenso wenig aus (BGH WM 1972, 283; 1973, 294).

Dagegen steht § 817 S. 2 BGB dem Rückforderungsanspruch nicht entgegen. Weil die **91** Höchstpreisvorschriften der HOAI außer dem öffentlichen Interesse auch den berechtigten Interessen des Auftraggebers dienen sollen, würde der Ausschluss des Rückforderungsrechts nach § 817 S. 2 BGB mit der Begründung, auch der Auftraggeber habe gegen das gesetzliche Verbot verstoßen, den Grundsätzen von Treu und Glauben (§ 242 BGB) zuwiderlaufen.

VI. Abs. 5: Mindestsatz als Regelgebühr

Absatz 5 bestimmt, dass die Mindestsätze als vereinbart gelten, wenn die Parteien keine **92** oder keine zulässige (keine formgültige schriftliche oder keine rechtzeitige bei Auftragserteilung) Honorarvereinbarung innerhalb des Gebührenrahmens (oder zulässigerweise außerhalb dieses Rahmens) getroffen haben. Dieser Vorschrift stehen verfassungsrechtliche Bedenken nicht entgegen. Sie wird von der Ermächtigung gedeckt bzw. ist darin sogar vorgegeben.

Die Regelung ist in den Allgemeinen Teil aufgenommen, sie gilt damit für die **93** Grundleistungen aller Leistungsbilder, auch derjenigen der Flächenplanung.

Eine unterlassene, an sich zulässige Abweichung von den Mindestsätzen ist nicht mehr **94** nachholbar (Begründung, BRDrucks. 270/76, S. 10). Im Fall einer stufenweisen Beauftragung liegt der maßgebliche Zeitpunkt dann vor, wenn die weitere Stufe beauftragt wird (OLG Koblenz IBR 2014, 90). In diesem Zusammenhang kann dann auch wieder eine wirksame Vereinbarung zu den Honoraren für Grundleistungen getroffen werden. Für frei vereinbare Honorare der Besonderen Leistungen und Beratungsleistungen (§ 3 Abs. 1 S. 2, Abs. 3 S. 3) gilt die zeitliche Beschränkung ohnehin nicht.

VII. Abs. 6: Bonus und Malus

95 § 7 Abs. 6 enthält eine sog. „Bonus-Malus-Regelung". Einerseits kann zu Gunsten des Auftragnehmers ein Bonus vereinbart werden, wenn seine Planungsleistungen technisch-wirtschaftliche oder umweltverträgliche Lösungsmöglichkeiten nutzen, und zu eine wesentlichen Kostensenkung ohne Verlust an Standard führen. Andererseits kann zu seinen Lasten ein Malus vereinbart werden, wenn die schriftlich festgelegten anrechenbaren kosten überschritten werden.

96 Die Kostensenkung muss wesentlich sein. Der Grund dafür muss in der technisch-wirtschaftlichen oder umweltverträglichen Lösung liegen.

1. Wirksamkeit der Regelung?

97 Das Erfolgshonorar wird daran gebunden, dass bestimmte Planungsleistungen zu einer Reduzierung der Kosten führen. Die Verpflichtung zur kostengünstigen Planung besteht bereits unabhängig von der Regelung in Abs. 6. Soll also eine Planung honoriert werden, die nicht im Rahmen des Üblichen, also innerhalb der Grundleistungen liegt, wird eine Besondere Leistung als Voraussetzung für den Bonus gefordert. Dies folgt auch aus der amtlichen Begründung zu § 5 Abs. 4a HOAI a. F.

98 Anders als die in § 6 Abs. 3 eröffnete Möglichkeit der von einem Ausnahmefall losgelösten Honorarvereinbarung unterhalb des Mindestsatzes bestehen keine Bedenken gegen die Vereinbarkeit der Bonusregelung mit der Ermächtigungsgrundlage. Dort ist diese Möglichkeit ausdrücklich vorgesehen (§ 1 Abs. 2 S. 4, § 2 Abs. 2 S. 4 ArchLG).

99 Bedenken bestehen allerdings im Hinblick auf die Vorgabe eine Obergrenze von 20% für das Erfolgshonorar. Diese Obergrenze wird von den §§ 1, 2 ArchLG zwar nicht gefordert, aber auch nicht ausgeschlossen. Sie steht aber im Widerspruch zu der Regelung in § 3 Abs. 3 S. 3. Danach können die Honorare für Besondere Leistungen frei geregelt werden. Dem widerspricht § 7 Abs. 6 S. 2, wenn dort eine Obergrenze von 20% für das Erfolgshonorar festgeschrieben wird, und die Voraussetzung dafür in einer über die Grundleistungen hinausgehenden Planungsleistung, damit in einer Besonderen Leistung, liegt. Die Reglung könnte nur dann als nicht im Widerspruch zu § 3 Abs. 3 S. 3 stehend angesehen werden, wenn sie lex specialis dazu wäre. Dagegen spricht, dass die in der Anlage 1 aufgeführten Besonderen Leistungen nicht abschließend sind (§ 3 Abs. 3 S. 1). Der Ausschluss von Preisvorgaben für Besondere Leistungen ist dagegen umfassend und nicht auf die in der Anlage Genannten beschränkt. Das spricht gegen eine Ausnahme in Form einer Spezialregelung. Deshalb müssen nach der hier vertretenen Ansicht auch Erfolgshonorare von mehr als 20% zulässig sein.

100 Für die Malus-Regelung in Abs. 6 S. 3 greifen diese Bedenken nicht. Hier wird lediglich eine vertragsstrafenähnliche Regelung angesprochen. Die Höhe de „Vertragsstrafe" wird dadurch zwar begrenzt, darin liegt aber kein Widerspruch zu § 3 Abs. 3 S. 3. Allenfalls ist zu fragen, warum eine solche Regelung zum Vertragsinhalt in die auf das Preisrecht bezogene HOAI aufgenommen wurde. Unwirksam wird die Regelung dadurch aber nicht.

2. Voraussetzung für ein Erfolgshonorar

101 Eine Bonusregelung zugunsten des Auftragnehmers war bereits durch § 4a a. F. vorhanden. Die Begründung des Bundesrates für die Einfügung des Abs. 4a a. F. hatte folgenden Wortlaut (BRDrucks. 399/95, S. 2): „Werden planerische Leistungen erbracht, die bei unverändertem Standard zu einer besonderen Senkung der Bau- und Nutzungskosten führen, so kann ein Erfolgshonorar für diese besondere Leistung des Auftragnehmers vereinbart werden. Der wirtschaftliche Anreiz zu einer besonders kostengünstigen Planung wird auf diese Weise verstärkt. Beispiele für derartige, über das übliche Maß hinausgehende planerische Leistungen können Varianten der Ausschreibung, die Konzipierung von Alternativen, die Reduzierung der Bauzeit, die systematische Kostenplanung und -kontrolle, die verstärkte Koordinierung aller Fachplanungen sowie die Analyse zur Optimierung der Energie- und sonstigen Betriebskosten sein. Bemessungsgrundlage des Erfolgshonorars sind die vom Auftragnehmer durch seine Leistungen eingesparten Kosten. Dabei bleibt es den Vertragsparteien überlassen, den Ausgangswert zur Ermittlung der Einsparung auf Grund von realistischen Kostenschätzungen selbst zu bestimmen. Das Erfolgshonorar ist der Höhe nach begrenzt; es muss zuvor schriftlich vereinbart werden".

a) Kostenunterschreitungen

Notwendige Voraussetzung eines Erfolgshonorars sind „wesentliche Kostenunterschreitungen". Um feststellen zu können, ob Kosten unterschritten wurden, muss ein Bezugswert existieren. Dies erfordert zunächst die Festlegung eines Ausgangswertes für die Baukosten. Ein Wert hierfür kann durch eine realistischen Kostenschätzung oder Kostenberechnung ermittelt werden, die aber bereits eine Vor- bzw. Entwurfsplanung voraussetzen. Dieser Wert sollte im Vertrag festgeschrieben werden, damit eine Grundlage für die Berechnung von eventuellen Einsparungen besteht.   **102**

Auch die weitere Voraussetzung, dass die wesentliche Kostensenkung ohne Verminderung des Standards erreicht worden sein muss, schafft erhebliches Streitpotential. Gerade bei der Materialwahl der Baustoffe lassen sich erhebliche Kostensenkungen auf verhältnismäßig einfache Weise erreichen. Dies wird aber stets die Frage auslösen, ob damit eine Verminderung des Standards verbunden ist: beispielsweise wird statt eines Fliesenbodens Parkett oder Teppichboden, statt einer Dacheindeckung mit Naturschiefer wird eine solche mit Eternitschiefer oder Dachpfannen ausgeführt. Allerdings wird hier die weitere Voraussetzung, das Ausnutzen technisch-wirtschaftlicher oder umweltverträglicher Lösungen, einige Streitfälle bereits ausschließen.   **103**

Auch hier können sorgfältige Formulierungen des Vertrages das Streitpotential zumindest reduzieren, beispielsweise wenn eine Ausstattungs- oder Materialliste mit Bewertungen erstellt wird.   **104**

Schließlich lassen sich Kostensenkungen durch funktionale Leistungsbeschreibung mit weiten Freiräumen für den Bieter und Auftragnehmer bezüglich Gestaltung und Materialauswahl erreichen, ohne dass der Auftragnehmer dazu technisch-wirtschaftliche Lösungsmöglichkeiten ausschöpfen muss. Der Vereinbarung eines Erfolgshonorars sollten deshalb möglichst konkrete Vorgaben zum Objekt zugrunde liegen.   **105**

b) Wesentliche Kostensenkung

Die erzielte Kostensenkung muss „wesentlich" sein. Wie stellt man eine wesentliche Kostensenkung fest? Bei den sehr stark schwankenden Baupreisen (z.B. durch Stahlpreissteigerungen von mehr als 50%) sind Kostensteigerungen und Kostensenkungen bis zu 10% oder 20% normal und letztlich allein vom Zeitpunkt der Ausschreibung und der Konjunkturlage abhängig. Was also muss vorliegen, um von einer wesentlichen Kostensenkung sprechen zu können, ungeachtet dessen, dass für den Bauherrn 10% Kostensenkung schon sehr viel sein kann.   **106**

Die Feststellung einer wesentlichen Kostensenkung kann nur nach dem Verhältnis zu den üblichen Baukosten getroffen werden. Die Vertragspartner sollten nicht nur den Grenzwert der Baukosten, von dem aus die Kostensenkung ermittelt werden soll, festlegen, sondern auch die Grenze, ab der die Kostensenkung als „wesentlich" vereinbart wird.   **107**

c) Sachliche Voraussetzungen für die Vereinbarung eines Erfolgshonorars

Nach dem Wortlaut muss es sich um eine wesentlichen Kostensenkung ohne Verminderung des Standards handeln, die durch Ausschöpfung technisch-wirtschaftlicher oder umweltverträglicher Lösungsmöglichkeiten erzielt wird. Der Begriff „technisch-wirtschaftlich" ist sehr wie gefasst. Auch Änderungen bei Materialien oder Ausstattungsmerkmalen können darin enthalten sein. Die Frage, ob eine Verminderung des Standards oder Gleichwertigkeit vorliegt, wird die Auseinandersetzungen um den Bonus vielfach weiter prägen und Sachverständige beschäftigen.   **108**

d) Formelle Voraussetzungen des Erfolgshonorars

109   Das Erfolgshonorar ist schriftlich zu vereinbaren. Diese Schriftform erfordert gemäß § 126 BGB die Unterzeichnung der entsprechenden Honorarvereinbarung durch beide Vertragspartner auf einer Urkunde (so KG Berlin IBR 2006, 505) oder aber gemäß § 126 Abs. 2 BGB die Unterzeichnung mehrerer gleich lautender Ausfertigungen durch jeweils einen Vertragspartner und der Austausch dieser Urkunden. Dagegen genügen wechselseitige Schreiben und auch Bestätigungsschreiben nicht.

110   Ein Abschluss der Vereinbarung bereits bei Auftragserteilung ist nicht vorgeschrieben, so dass sie auch später erfolgen kann. Die Vermutung des Abs. 5 zur Vereinbarung der Mindestsätze, wenn nicht bei Auftragserteilung etwas anderes vereinbart wurde, greift nicht, denn die Mindestsätze sind durch das zusätzliche Erfolgshonorar nicht berührt.

3. Malus-Honorar

111   Über § 7 Abs. 7 S. 2 ist eine Malus-Regelung in die HOAI eingeführt worden. Anders als zur Bonusregelung ist dabei keine Schriftform für die Vereinbarung erwähnt worden. Das Schriftformerfordernis des Satz 1 dürfte aber auch hier gelten.

112   Ein Malus-Honorar in Höhe von bis zu 5 % des Honorars kann für die Fälle vereinbart werden, in denen ein Überschreiten der einvernehmlich festgelegten anrechenbaren Kosten eintritt. Die Grundlage einer solchen Einigung für eine Malus-Abrechnung entfällt, wenn sich das von Auftraggeberseite geforderte Leistungsprogramm später ändert. Auch hier wird eine möglichst konkrete Beschreibung des über das „Grundhonorar" zu erreichenden Ziele und Merkmale erforderlich sein, will man den Eintritt der Bedingung feststellen können.

113   Zur Höhe von 5 % bezieht sich die amtliche Begründung auf die zulässige Höhe einer Vertragsstrafe im Rahmen Allgemeiner Geschäftsbedingungen geprägt durch die Rechtsprechung des VII. Zivilsenates (BGH NJW 2002, 2322; OLG Brandenburg IBR 2012, 1032). Zusätzlich wird zur Begründung zu § 7 Abs. 7 auch darauf hingewiesen, dass Änderungen der anrechenbaren Kosten aufgrund der Baupreisindizes unberührt bleiben.

114   Fragen könnten sich in diesem Zusammenhang dadurch geben, dass als Folge der Malus-Regelung und der damit verbundenen Minderung des Honorars Unterschreitungen der Mindestsätze eintreten können. Auch hier geht der Verordnungsgeber in seiner Begründung davon aus, dass dies durch die Ermächtigungsgrundlage gedeckt sei. Schließlich lasse diese in Ausnahmefällen Mindestsatzunterschreitungen zu. Eine Kostenüberschreitung mit einer entsprechend zuvor getroffenen Vereinbarung über einen Abzug beim Honorar soll als zulässiger Ausnahmefall anzusehen sei. Dies vor dem Hintergrund, dass entsprechende Regelungen auf Ausnahmefälle beschränkt bleiben würden.

115   Die Bundesregierung sieht die Malus-Regelung als zulässig an, weil die Ermächtigungsgrundlage davon ausgeht, dass in Ausnahmefällen eine Unterschreitung der Mindestsätze zulässig sein kann. Von Teilen der Literatur (so wohl L/K/F § 7 Rdn. 177) wird keine Honorarminderung, sondern eine Gegenforderung in Form einer Vertragsstrafe angenommen. Dann müsste sich der Auftraggeber eine entsprechende Geltendmachung bei der Abnahme vorbehalten (§ 341 Abs. 3 BGB). Dies führt allerdings wiederum zu dem Problem, dass es sich insoweit um eine schuldrechtliche Regelung handelt, um die die HOAI bereinigt werden sollte und für die gerade keine Ermächtigungsgrundlage besteht. Damit liegt auch hier ein schuldrechtliches Element vor, das durch die gesetzliche Ermächtigungsgrundlage des MRVG nicht gedeckt ist.

§ 8 Berechnung des Honorars in besonderen Fällen

(1) **Werden dem Auftragnehmer nicht alle Leistungsphasen eines Leistungsbildes übertragen, so dürfen nur die für die übertragenen Phasen vorgesehenen Prozentsätze berechnet und -vereinbart werden. Die Vereinbarung hat schriftlich zu erfolgen.**

(2) **Werden dem Auftragnehmer nicht alle Grundleistungen einer Leistungsphase übertragen, so darf für die übertragenen Grundleistungen nur ein Honorar berechnet und vereinbart werden, das dem Anteil der übertragenen Grundleistungen an der gesamten Leistungsphase entspricht. Die Vereinbarung hat schriftlich zu erfolgen. Entsprechend ist zu verfahren, wenn dem Auftragnehmer wesentliche Teile von Grundleistungen nicht übertragen werden.**

(3) **Die gesonderte Vergütung eines zusätzlichen Koordinierungs- oder Einarbeitungsaufwands ist schriftlich zu vereinbaren.**

Übersicht

I. Allgemeines

Die Vorschriften des § 8 waren früher Teil des § 5 HOAI 2002 und auch die Überschrift **1** *„Berechnung des Honorars in besonderen Fällen"* wurde bis zur heutigen Fassung unverändert übernommen. In § 5 a. F. waren Honorarermittlungsvorschriften für zwei verschiedenartige Gruppen von „besonderen Fällen" enthalten. Zum einen handelte es sich früher um die Fälle, in denen der Auftragnehmer nicht alle Leistungen eines Leistungsbildes (§ 5 Abs. 1 HOAI 2002) oder **nicht alle Grundleistungen** einer Leistungsphase (§ 5 Abs. 2 Satz 1 HOAI 2002) oder nicht alle wesentlichen **Teile von Grundleistungen** (§ 5 Abs. 2 Satz 2 HOAI 2002) **beauftragt** oder **übertragen** erhält (§ 5 Abs. 1 bis 3 HOAI 2002), sodann um die Fälle, in denen neben (§ 5 Abs. 4 HOAI 2002) oder anstelle (§ 5 Abs. 5 HOAI 2002) **von Grundleistungen Besondere Leistungen erbracht** werden. Die Systematik war schon damals unverständlich, da beide Fallgruppen nichts miteinander zu tun haben. Weil es seit der HOAI 2009 keine Honorarregelungen für Besondere Leistungen mehr gibt, waren dafür auch keine besonderen Fallgruppen mehr zu regeln. Bei § 8 geht es demnach also nur noch um **Sonderregelungen bei Grundleistungen** mit einem **eingeschränkten Leistungsumfang.**

Die Bezeichnung bei einer Übertragung nur eines Teils der Leistungen eines Leistungs- **2** bildes als „besondere Fälle" in der Überschrift des § 5 ist nicht glücklich. Sie kann den Anschein erwecken, als gehe der Verordnungsgeber davon aus, dass die Übertragung sämtlicher zu einem Vorhaben gehörender Leistungen (Leistungsphasen und alle Grundleistungen) des Architekten oder Ingenieurs als „Vollauftrag" der **Regelfall,** die Erteilung eines nur einen Teil dieser Leistungen betreffenden Auftrags dagegen die Ausnahme (mit entsprechenden Folgen für die Darlegungs- und Beweislast) sei. Dieser Eindruck wurde durch das in der 7. Novelle eingeführte Schriftformgebot noch verstärkt (s. u.). Es stellt sich also die Frage, ob § 8 HOAI etwas über den Regelfall der Beauftragung aussagt. Es ist weder typisch noch unbedingt bei allen in der HOAI geregelten Architekten- und Ingenieurleistungen die Regel, dass der Auftraggeber dem Auftragnehmer sämtliche in einem Leistungsbild aufgeführten Leistungen bzw. Leistungsphasen überträgt (BGH BauR 1980, 84 = NJW 1980, 122; OLG Düsseldorf BauR 1982, 390, 391). Vielmehr kann man bei einem nur mündlich oder konkludent geschlossenen Architektenvertrag wegen der damit meist auch fehlenden klaren Festlegung der dem Auftragnehmer übertragenen Leistungen regelmäßig nicht davon ausgehen, dass der Auftraggeber sich so umfassend über alle Leistungsphasen hinweg binden wollte. Der konkrete Bindungswille muss in jedem Einzelfall genau geprüft werden. Es muss durch Auslegung ermittelt und abgegrenzt werden, welche Leistungen die Parteien übertragen wollten. Zur Auslegung müssen sämtliche Umstände des Einzelfalles herangezogen werden. Regelmäßig wird man dabei nur von einer **stufenweisen Übertragung** ausgehen können (so z.B. OLG Düsseldorf, Urt. v. 20.6.1995 – BauR 1995, 733). Dies ist auch deshalb sachgerecht, weil den Auftraggeber im Falle einer Kündigung oder Aufgabe der Bauabsicht die nachteiligen Folgen aus § 649 S. 2 BGB treffen. Daraus folgt, dass es entsprechend der allgemeinen zivilprozessualen Regelungen grundsätzlich dabei bleibt, dass der Auftragnehmer, der seinen Honoraranspruch geltend macht, den **Auftragsumfang** im Einzelnen **darzulegen** und notfalls **nachzuweisen** hat (BGH a. a. O. m. w. N.). Die Rechtsprechung hat gewisse **Beweiserleichterungen** – dahingehend entwickelt, dass die Beauftragung des Architekten mit der **Genehmigungsplanung** (Leistungsphase 4 des § 34 HOAI) regelmäßig auch die Grundlagenermittlung, Vorplanung und Entwurfsplanung, also die Leistungsphasen 1–3 als Vorstufen erfasst (OLG Düsseldorf BauR 1981, 401; OLG Düsseldorf BauR 1982, 597; OLG Hamm NJW-RR 1990, 522). Einer schematischen Auslegung, wonach grundsätzlich die Leistungsphasen 1 bis 3 mitbeauftragt sind, wenn eine Genehmigungsplanung verlangt wird, hat der BGH allerdings widersprochen. Die Beweiserleichterung führt nicht zu einem Automatismus, sondern es muss weiterhin im Einzelfall ermittelt werden, welche Leistungen konkret beauftragt wurden. So hat der BGH nochmals klargestellt, dass allein die Tatsache, dass vorangegangene Leistungsphasen Entwicklungsschritte der Planung darstellen oder vom Auftragnehmer erbracht wurden, noch nicht für deren Beauftragung spricht (BGH BauR 2007, 571; BGH BauR 2008, 543). Letztlich hat der BGH auch in diesen Urteilen den Grundsatz betont, dass allein vom Preisrecht der HOAI auf den beauftragten Leistungsumfang geschlossen werden darf. Dies schließt andererseits aber nicht aus, dass bei einer eingehenden Prüfung und Auslegung der Willenserklärungen der Parteien dennoch von einer umfassenden Beauftragung ausgegangen werden kann, z.B. wenn die vorangehenden Leistungsphasen weder vom Auftraggeber selbst noch von einem Dritten erbracht und dem Auftragnehmer zur Verfügung gestellt werden (vgl. BGH BauR 2008, 543). Dass die Abgrenzung zum Teil schwierig ist, kann nicht dazu führen, dass sie nicht stattfindet. Die HOAI selbst gibt lediglich vor, wie die beauftragten Leistungen, auch wenn es sich um isolierte Einzelleistungen (z.B. Vorplanung oder Entwurfsplanung gem. § 9) handelt, honoriert werden.

Fraglich ist, ob sich an diesen Grundsätzen etwas ändert, nachdem der Verordnungsgeber sowohl die Überschrift dieser Fallgruppe als „besondere Fälle" beibehalten hat, als auch die **Schriftform** für die Übertragung nur einzelner Leistungen neu aufgenommen hat. Müsste demnach nicht doch von einem Vollauftrag ausgegangen werden, wenn die Begrenzung des Auftragsumfangs nicht schriftlich vereinbart wird? Betrachtet man allein die HOAI, kommt man nicht umhin, dass der Verordnungsgeber bei der Regelung der Honorare den Vollauftrag vor Augen hatte und als Regelfall betrachtet. Eine andere Frage ist aber, ob diese Betrachtung Auswirkung auf die das Vertragsverhältnis der Parteien hat. In ständiger Rechtsprechung geht der BGH davon aus, dass die HOAI keine Leistungspflichten der Architekten und Ingenieure bestimmt (vgl. BGH BauR 2007, 571). Dies muss somit erst recht für den Auftragsumfang als solchen gelten. Einen solchen Regelungsinhalt hinsichtlich der Vermutung einer Vollbeauftragung lässt schließlich die Ermächtigungsgrundlage nicht zu. Die HOAI als Honorarverordnung kann die Vertragsfreiheit nicht aushebeln. Ähnlich wie bei den Leistungspflichten der Architekten und Ingenieure kann die HOAI aber zur Auslegung herangezogen werden. Hier könnte auch dem Schriftformerfordernis für die Begrenzung der Übertragung der Leistungen eine gewisse Bedeutung zukommen.

3   Nach dem System der HOAI ist die Leistungsphase nach der amtlichen Begründung zu § 5 a. F. der „**kleinste rechnerische Baustein** der Honorierung" (BRDrucks. 270/76 S. 5) und damit zwar die **kleinste bewertete Einheit,** aber nicht notwendigerweise immer zugleich auch kleinster zu honorierender Leistungsteil. Dies zeigt gerade die Vorschrift des § 8 HOAI. Die **Bewertung von Teilleistungen einer Leistungsphase** bleibt den Parteien weitgehend selbst überlassen. Wenn damit auch nicht gerade der Weg zu einer willkürlichen Honorarbemessung eröffnet wird, so wird man doch den Vertragsschließenden bei der **Bewertung der Teilleistungen einer Leistungsphase** eine gewisse Bandbreite zugestehen müssen; eine unzulässige Höchstsatzüberschreitung wird also sehr schwer festzustellen sein. Da die Ermächtigungsgrundlage die preisrechtliche Tendenz verfolgt, unüberschreitbare Höchstsätze festzusetzen, ist im Hinblick auf weitere Unsicherheitsfaktoren bei der Honorarberechnung (z. B. beim Beurteilungsspielraum der Honorarzoneneinordnung; BGH Urteil v. 13.11.2003 – VII ZR 362/02; BauR 2004, 354) fraglich, ob die HOAI den in der Ermächtigung vorgegebenen Richtlinien und Zielen noch entspricht. Für eine Bejahung dieser Frage kann sprechen, dass die Ermächtigung auch den Gesichtspunkt der individuell leistungsgerechten Honorierung herausstellt, einen Gesichtspunkt, der zu der preisrechtlichen Intention des Gesetzgebers von vornherein in einem gewissen Spannungsverhältnis steht. Der praktische Umgang mit der HOAI wird damit einerseits nicht einfacher, andererseits eröffnet diese Regelung individuelle Möglichkeiten der Honorargestaltung. Trotz Bedenken an der **Verfassungsmäßigkeit** der HOAI auch in diesem Punkt, wurde die Regelung vom Verordnungsgeber beibehalten.

II. Übertragung einzelner Leistungsphasen (Abs. 1)

Die HOAI kennt **Leistungsbilder, Leistungsphasen und Teilleistungen,** wobei sich **4** die Leistungsinhalte der einzelnen Leistungsphasen in **Grundleistungen** (§ 3 Abs. 2; Anlagen 2–8; 10–15) und **Besondere Leistungen** (§ 3 Abs. 3; Anlagen 9; 10–15) aufteilen. Die Grundleistungen und Besonderen Leistungen wurden in den Anlagen 10–15 wieder direkt gegenübergestellt. Die Besonderen Leistungen grenzen die Grundleistungen inhaltlich ab. Was Besondere Leistung ist, kann keine Grundleistung sein. Die Grundleistungen setzen sich wiederum aus verschiedenen Teilleistungen zusammen. Bei den Leistungsphasen handelt es sich um die Zusammenfassung sachlich zusammengehöriger Grundleistungen. Obwohl dies seit der Fassung von 2009 nicht mehr explizit bestimmt ist (vgl. noch § 2 Abs. 2 Satz 2 HOAI 2002), hat sich daran nichts geändert. In den Leistungsbildern (Anlagen 2–8; 10–15) ist die Aufteilung der für ein Objekt im Allgemeinen erforderlichen Leistungen auf die einzelnen Leistungsphasen vorgenommen. Die einzelnen Leistungsphasen sind in den Teilen 2 bis 4 mit Prozentsätzen des Gesamthonorars bewertet (§ 3 Abs. 2 Satz 2). Diese speziell für die **nicht vollständige Übertragung aller Leistungsphasen** von preisrechtlich geregelten Leistungsbildern geschaffene Regelung kann auch auf preisrechtlich nicht mehr geregelte „Beratungsleistungen" der Anlage 1 (1.1 Leistung Umweltverträglichkeitsstudie; 1.2 Bauphysik; 1.3 Geotechnik, 1.4 Ingenieurvermessung) übertragen werden, da auch dort Teilleistungen, die den Leistungsphasen entsprechen, mit Prozentsätzen bewertet sind.

Es kommt nicht selten vor, dass einem Auftragnehmer nur bestimmte Leistungsphasen eines Leistungsbildes übertragen werden (zur Auslegung derartiger Vereinbarungen vgl. OLG Düsseldorf BauR 1995, 733; OLG Düsseldorf BauR 1982, 597, 598; OLG Düsseldorf BauR 1981, 401 und BauR 1982, 390; OLG Frankfurt NJW-RR 1987, 535; OLG Düsseldorf BauR 2000, 908; OLG Hamm, BauR 2002, 1113; OLG Hamm, BauR 2012, 1288; OLG Düsseldorf, IBR 2014, 93). In der Praxis wird meist eine Trennung der planerischen Phasen (bei der Objektplanung für Gebäude also der Leistungsphasen 1 bis 7) von den Phasen der Objektüberwachung und -betreuung (Leistungsphasen 8 und 9) vorgenommen. Ferner ist immer mehr zu beobachten, dass die Leistungsphase 9 nicht mit übertragen wird. Es können aber auch andere Aufteilungen in Betracht kommen. So ist es denkbar, dass ein Auftragnehmer nur die Grundlagen für die Planung des Objekts zu ermitteln hat und ein anderer Auftragnehmer auf dieser Basis mit der eigentlichen Planung der Baumaßnahme beauftragt wird (OLG Düsseldorf BauR 1981, 401). Außerdem kann es vorkommen, dass der Auftraggeber einzelne Leistungsphasen selbst erbringen will (z. B. Grundlagenermittlung bei einer Gemeinde oder Mitwirkung bei der Vergabe, Leistungsphase 7) und deshalb von einer Übertragung an den Auftragnehmer insoweit absieht. In vereinzelten Fällen wird die Ausführungsplanung, auch in Zusammenhang mit den Vergabephasen, von einem anderen Auftragnehmer ausgeführt als dem, der die Leistungen bis zur Genehmigungsplanung erbracht hat, oder die gesamte Ausführungsplanung wird einem **Generalunternehmer** oder **Generalübernehmer** übertragen.

5   Die HOAI folgt dem Grundsatz, dass bei einer **Aufteilung der Summe aller Leistungsphasen oder Grundleistungen auf mehrere Auftragnehmer** das Gesamthonorar nicht den Betrag übersteigen darf, der zulässig wäre, wenn alle Leistungen von einem einzigen Auftragnehmer erbracht würden. Einzige Ausnahme ist der Einarbeitungs- und Koordinierungsaufwand gem. Abs. 3, dazu aber später. **§ 8 Abs. 1** ordnet daher an, dass jeder Auftragnehmer, dem nur einzelne Leistungsphasen übertragen werden, nur den Prozentsatz des Gesamthonorars erhält, der nach den Leistungsbildern auf die ihm übertragenen Leistungsphasen entfällt. Werden beispielsweise einem Auftragnehmer die Vorbereitung der Vergabe, die Mitwirkung bei der Vergabe sowie die Objektüberwachung und Objektbetreuung (Leistungsphasen 6 bis 9) für ein Gebäude übertragen, dann kann er, sofern er die darunter fallenden Grundleistungen, aber keine vergütungspflichtigen Besonderen Leistungen erbringt, von der Gesamtvergütung 48 % i. S. von § 34 Abs. 3 Nr. 6–9 beanspruchen. Fraglich ist, ob die Regelung des § 8 Abs. 1 lediglich die Mindest- und Höchstsätze für den beauftragten Leistungsumfang festlegt. Ist eine Verschiebung der Leistungsprozente im Rahmen der beauftragten Leistungsphasen aufgrund § 8 HOAI untersagt? Dies wird zu verneinen sein, wenn damit die Mindest- und Höchstsätze dennoch eingehalten werden. Allerdings handelt es sich dabei letztlich um eine Honorarvereinbarung gem. § 7 Abs. 1 und nicht um einen Fall des § 8 HOAI. Mit welchem Betrag das Gesamthonorar also anzusetzen ist, richtet sich nach der gemäß § 7 Abs. 1 getroffenen Vereinbarung der Vertragspartner, bzw. gem. § 7 Abs. 5 HOAI nach den Mindestsätzen, wenn es keine wirksame schriftliche Vereinbarung bei Auftragserteilung gibt. Dabei steht der **Honorarrahmen für jede einzelne Vereinbarung** mit jedem einzelnen der beteiligten Auftragnehmer innerhalb des Rahmens zwischen Mindest- und Höchstsätzen zur freien Disposition der Parteien. Es ist daher zulässig zum Beispiel mit dem Auftragnehmer, der in dem oben gebildeten Beispiel die Leistungsphasen bis einschließlich zur Ausführungsplanung erbringt (Phasen 1 bis 5 nach § 34 Abs. 3 Nr. 1–5), ein Honorar zu vereinbaren, das sich auf 52 v. H. der zulässigen Höchstsätze beläuft, mit dem Auftragnehmer, dem die weiteren Leistungsphasen übertragen werden, ein Honorar von 48 v. H. nach den Mindestsätzen. Jeweils kann natürlich ein zusätzliches Honorar für den Einarbeitungs- und Koordinierungsaufwand gem. § 8 Abs. 3 schriftlich vereinbart werden.

6   Aus dem Grundsatz, dass im Falle der **Aufteilung der Leistungsphasen auf mehrere Auftragnehmer** das ihnen zu zahlende Honorar das zulässige Gesamthonorar nicht übersteigen darf, folgt nicht etwa, dass nun die Differenz zwischen dem zulässigen Höchstentgelt, das auf eine einzelne, einem der mehreren Auftragnehmer in Auftrag gegebene Leistungsphase nach der Honorartafel entfällt, und dem mit diesem Auftragnehmer tatsächlich vereinbarten niedrigeren Entgelt dem Honorar zugeschlagen werden dürfte, das ein anderer Auftragnehmer erhält. Auf das genannte Beispiel übertragen, bedeutet dies: Erhält der Auftragnehmer der Phasen 6 bis 9 gemäß § 34 insgesamt 48 % des Mindestsatzhonorars, dann darf dem Auftragnehmer der Phasen 1 bis 5 gleichwohl nicht mehr als 52 v. H. des Höchstsatzhonorars bezahlt werden, jeweils zuzüglich des Einarbeitungs- und Koordinierungsaufwands. Es ist nicht etwa zulässig, dass er darüber hinaus 48 % der Differenz zwischen Mindest- und Höchstsätzen erhält. Denn wenn durch eine solche Vereinbarung auch das Gesamthonorar für beide Auftragnehmer zusammen die zulässigen Höchstsätze insgesamt nicht übersteigen würde, so würde doch gegen § 8 Abs. 1 verstoßen, da einer der Auftragnehmer mehr erhielte, als zulässigerweise für die ihm übertragenen Leistungsphasen berechnet werden darf. Eine **Ausnahme** von diesem Grundsatz des § 8 Abs. 1 enthält aber § 9, der die Möglichkeit eröffnet, bei **isolierter Beauftragung** der **Vorplanung** (Leistungsphase 2), der **Entwurfsplanung** (Leistungsphase 3) bei Bauleitplänen, Gebäuden, Innenräumen, Freianlagen, Ingenieurbauwerken und Verkehrsanlagen (§ 9 Abs. 1) sowie bei der **Objektüberwachung** bei Gebäuden oder der Technischen Ausrüstung (§ 9 Abs. 2) **als Einzelleistung** die dort aufgeführten höheren Prozentsätze bzw. Honorare zu vereinbaren (bei der Vorplanung oder Entwurfsplanung) bzw. auch ohne Vereinbarung zu berechnen (bei der Objektüberwachung).

7   Die Aufteilung des Honorars nach Maßgabe der für die einzelnen Leistungsphasen vorgesehenen **prozentualen Teilhonorare** ist eine automatische Folge der **auf einzelne**

Phasen beschränkten Auftragserteilung. Dennoch sieht die HOAI 2013 in § 8 Abs. 1 in Abweichung zur HOAI 2009 nunmehr vor, dass die Vereinbarung **schriftlich** zu erfolgen hat. In der Begründung wird dazu ausgeführt, dass nunmehr klargestellt wird, dass **auch die Beauftragung mit einzelnen Leistungsphasen** dem Schriftformerfordernis genügen muss (Amtl. Begründung BRDrucks. 334/13 zu § 8 Abs. 1).

Die Begründung wirft Fragen auf. Die Schriftform ist nach dem System der HOAI immer dann erforderlich, wenn von den Mindestsätzen oder den Abrechnungsvorschriften der HOAI abweichende Vereinbarungen getroffen werden, bspw. Pauschalhonorare etc. (vgl. § 7 Abs. 1 und 5). Wenn in der amtlichen Begründung nun hervorgehoben wird, dass auch die Nichtvollbeauftragung mit allen Leistungsphasen eine Abweichung von der Regel ist bzw. sein soll, zeigt dies, dass die HOAI also im Regelfall von einer Vollbeauftragung ausgeht. Dies würde allerdings dazu führen, dass ohne eine schriftliche Beauftragung mit einzelnen Teilleistungen automatisch ein Vollauftrag des Architekten/Ingenieurs vorliegen würde. Dieser Ansatz wäre von der Ermächtigungsgrundlage der HOAI aber nicht mehr umfasst. Die HOAI kann nicht in das Werkvertragsrecht als solches eingreifen und trifft auch keine Regelungen zum Vertragsumfang. Geradezu gebetsmühlenartig weist der BGH zu Recht immer wieder darauf hin, dass die HOAI lediglich Preisrecht ist und keine Vertragsinhalte vorgibt (BGH, Urteil v. 24.10.1996 – VII ZR 283/95 = BauR 1997, 154; BGH, Urteil v. 24.6.2004 – VII ZR 259/02; BauR 2004, 1640; BGH BauR 2007, 571; BGH BauR 2008, 543 = IBR 2008, 161). Aus diesem Grund kann die Schriftform des § 8 Abs. 1–3 auch nur für preisrechtliche Fragen gelten. Kann hieraus nun der Schluss gezogen werden, dass trotz Beauftragung mit nur einzelnen Leistungsphasen stets das volle Honorar zu bezahlen ist, wenn schriftlich nichts anderes vereinbart wurde, weil dann preisrechtlich dennoch von einem Vollhonorar auszugehen ist? Dies würde § 1 Abs. 2 MRVG widersprechen, der vorschreibt, dass das Honorar an der Art, dem Umfang der Aufgabe sowie der Leistung des Architekten/Ingenieurs auszurichten ist. Locher/Koeble/Frik (vgl. § 8 Rdn. 8) kommen hier zur Auffassung, dass die Schriftform in § 8 Abs. 1 Satz 2 unverständlich sei und letztlich bedeutungslos, da in jedem Fall – auch für einzelne Leistungsphasen – die Mindestsätze geltend gemacht werden können. Selbstverständlich wird man auch dann, wenn lediglich eine Leitungsphase beauftragt und keine schriftliche Honorarvereinbarung getroffen wurde, gem. § 7 Abs. 5 zum Ergebnis kommen müssen, dass die Mindestsätze vereinbart sind. Jegliches Verständnis dieses Schriftformerfordernisses dahingehend, dass bei fehlender Schriftform kein Honorar geschuldet ist, verbietet sich letztlich aus dem System der HOAI. Damit ist das Schriftformerfordernis aber in der Tat bedeutungslos.

III. Nichtübertragung einzelner Grundleistungen einer Leistungsphase oder wesentlicher Teile von Grundleistungen (Abs. 2)

Die Aufteilung der Gesamtleistung auf mehrere Auftragnehmer muss nicht notwendig in 8 den Grenzen vorgenommen werden, die durch die Leistungsphasen der verschiedenen Leistungsbilder der HOAI markiert werden; die Aufteilung kann vielmehr quer durch einzelne oder gar alle Leistungsphasen hindurchgehen. Auch ist es möglich, dass Einzelleistungen einer oder mehrerer Leistungsphasen aus dem Auftrag herausgenommen werden, weil sie überhaupt nicht erbracht zu werden brauchen oder vom Auftraggeber selbst erbracht werden sollen (dazu kritisch: Arlt DAB 1978, 657). In diesen Fällen bedarf es aber klarer vertraglicher Bestimmungen der dem Auftragnehmer übertragenen Leistungen, also der konkreten Beschreibung der Leistungen zur erfolgreichen Erbringung der Planungsaufgabe (vgl. dazu im Einzelnen: Eich BauR 2002, 102ff.; Wirth BauR 2003, 1121ff. und Wingsch, Leistungsbeschreibungen und Leistungsbewertungen zur HOAI, 2002, S. 90ff.).

1. Nichtübertragung einzelner Grundleistungen (Abs. 2 Satz 1)

Absatz 2 behandelt in Satz 1 zunächst die Fälle, in denen **nicht alle Grundleistungen** 9 **einer Leistungsphase übertragen werden.**

Nach § 3 Abs. 2 Satz 1 sind die Grundleistungen in den Leistungsbildern erfasst, die zur ordnungsgemäßen Erfüllung eines Auftrags im Allgemeinen erforderlich sind. Schon daraus ergibt sich, dass nicht immer alle Grundleistungen zur Lösung der konkreten Planungsaufgabe erforderlich sind. Die konkrete Aufgabe erfordert in manchen Fällen ein Mehr, in anderen ein Weniger an Grundleistungen als in den jeweiligen Leistungsphasen beschrieben wird. Sind weitere Leistungen erforderlich, so kann deren Honorierung unter dem Gesichtspunkt der Besonderen Leistungen erfolgen. Bleiben die **übertragenen Leistungen** hinter den Grundleistungen der einzelnen Leistungsphasen zurück, dann greift § 8 Abs. 2 ein. Welche Fälle diese Vorschrift betrifft, ist dem Verordnungstext nicht eindeutig zu entnehmen. Sicher ist die Bestimmung anwendbar, wenn die **Grundleistungen einer Phase vom Auftraggeber auf mehrere Auftragnehmer aufgeteilt** werden oder wenn der Auftraggeber einen Teil dieser **Grundleistungen selbst ausführt,** wie dies insbesondere bei öffentlichen Auftraggebern nicht selten vorkommt. Für den **„zusätzlichen Koordinierungs- und/oder Einarbeitungsaufwand"** kann gem. Abs. 3 ein gesondertes Honorar schriftlich vereinbart werden.

Werden im Vertrag einzelne Grundleistungen vom Leistungsumfang ausgenommen, ist bei der Honorarabrechnung nur der Honoraranteil für die übertragenen Grundleistungen zu berücksichtigen. Fraglich ist, ob § 8 Abs. 2 HOAI und damit die Honorarminderung auch dann zur Anwendung kommt, wenn Grundleistungen nicht übertragen werden, die für die **konkrete Planungsaufgabe objektiv nicht erforderlich** sind. Davon zu unterscheiden sind schließlich die Fälle, in denen es fraglich ist, ob bestimmte Grundleistungen vom Auftragsumfang umfasst sind und die Fälle, in denen Leistungen zwar übertragen, aber **nicht erbracht** wurden.

10 Die Verordnung spricht in § 8 Abs. 2 Satz 1 von **nicht übertragenen Grundleistungen**. Die Frage ist, ob die Vorschrift so zu lesen ist, dass „nicht alle in den Leistungsbildern einer Leistungsphase **aufgeführten** Grundleistungen" **übertragen werden,** oder ob man sie so zu verstehen hat, dass „nicht alle **konkret erforderlichen** Grundleistungen einer Leistungsphase" **übertragen werden.** Nach der ersten Ansicht wäre der Ausfall objektiv gar nicht erforderlicher Grundleistungen gebührenrechtlich relevant, weil dann eine Honorarminderung nach Abs. 2 vorzunehmen wäre, während nach der zweiten Auffassung eine Honorarminderung nur zum Zuge käme, wenn **im konkreten Fall erforderliche Grundleistungen nicht übertragen worden sind.** Es geht hierbei also entscheidend um die Frage, ob auch eine in den Leistungsbildern der HOAI aufgeführte, aber für die konkrete Planungsaufgabe objektiv nicht notwendige und deshalb auch nicht beauftragte und nicht erbrachte Grundleistung schon zu einer Honorarminderung nach § 8 Abs. 2 Satz 1 führt.

11 Nach der Rechtsprechung des OLG Hamm **kommt es nicht darauf an, aus welchen Gründen einzelne Grundleistungen nicht übertragen wurden.** Auf Grund ihrer Vertragsfreiheit ist es den Parteien unbenommen, einzelne Grundleistungen nicht zum Gegenstand der vertraglichen Leistungsverpflichtung zu machen. Auf die Frage, ob die Grundleistungen im konkreten Fall für die Realisierung des Bauvorhabens wesentliche Bedeutung haben, kommt es demnach nicht an (OLG Hamm, Urteil v. 8.12.2010 – 12 U 85/10).

12 Es ist fraglich, ob diese Auffassung zutreffend ist. Die in der Vorauflage hier vertretene Auffassung ging davon aus, dass der Auftraggeber auch willkürlich einzelne Grundleistungen aus der Beauftragung herausnehmen kann, selbst wenn diese nach der konkreten Planungsaufgabe ohnehin nicht notwendig wären. Dies sei Ausfluss der insoweit nicht angetasteten Vertragsfreiheit, die es dem Auftraggeber überlässt, den vom Auftragnehmer zu erbringenden **Leistungsumfang festzulegen** und den Auftrag entsprechend einzuschränken, wobei sich die Folgen für die Berechnung des Honorars aus § 8 Abs. 1 und 2 ergeben würde. Außerdem sei es häufig schwierig abzugrenzen, ob die Grundleistungen erforderlich oder die Teilleistung wesentlich war. Die Frage der Honorarminderung gemäß § 8 Abs. 2 sei allein an die Nichtübertragung von Grundleistungen oder wesentlichen Teilen davon angeknüpft, so dass es auf die Gründe einer solchen eingeschränkten Übertragung nicht ankomme. Diese Argumente können aber nicht überzeugen. Warum soll eine Reduzierung des Honorars nach § 8 Abs. 2 Satz 1 HOAI stattfinden, für Leistungen, die nicht übertragen wurden, weil sie beim konkreten Bauvorhaben niemals erforderlich gewesen wären. Sind bei einem Bauvorhaben Vorverhandlungen über die Genehmigungsfähigkeit nicht erforderlich, würde dies zu folgendem paradoxen Ergebnis führen: Ist der Architekt mit allen Grundleistungen der Leistungsphase 2 beauftragt erhält er das volle Honorar für die Leistungsphase 2, auch wenn er keine Vorverhandlungen mit den Behörden führt. Wurde diese – nicht erforderliche – Grundleistung von den Parteien aber herausgenommmen, müsste der Architekt nach dem Urteil des OLG Hamm eine Reduzierung des Honorars akzeptieren, da es auf die Erforderlichkeit der herausgenommenen Grundleistung nicht ankommt. Dies erscheint nicht sachgerecht. Gerade die Architekten, die sich im Vorfeld intensiv mit den von ihnen zu erbringenden Leistungen auseinandersetzen, und im Sinne einer möglichst klaren Vertragsgestaltung die erforderlichen Leistungen bestimmen, wären dadurch erheblich benachteiligt. Dafür spricht auch nicht der Wortlaut der Verordnung. Denn in § 3 Abs. 2 HOAI ist ja ausdrücklich davon die Rede, dass die in den Leistungsbildern erfassten Grundleistungen „im Allgemeinen" zur ordnungsgemäßen Erfüllung des Auftrages erforderlich sind. Damit geht der Verordnungsgeber gerade davon aus, dass nicht immer alle Grundleistungen erforderlich sind, um das volle Honorar für eine Leistungsphase zu verdienen. Entgegen der in den Vorauflagen vertretenen Auffassung ist daher davon auszugehen, dass § 8 Abs. 2 Satz 1 nur dann eingreift, wenn die herausgenommene Grundleistung für die konkrete Planungsaufgabe überhaupt erforderlich war. Mögliche Schwierigkeiten im Bereich der Abgrenzung müssen dabei in Kauf genommen werden und rechtfertigen es nicht, einen Honorarabzug vorzunehmen für Leistungen, die selbst bei ihrer Übertragung nicht erbracht werden müssten. Anhaltspunkte für diese Auffassung finden sich auch in der Entscheidung des BGH vom 28.7.2011 (VII ZR 65/10, IBR 2011, 588). Der BGH betonte in dieser Entscheidung, im Hinblick auf die Frage, ob ein Bautagebuch eine erforderliche Leistung des Architekten ist, dass es (zentrale) Grundleistungen gibt, deren Erfüllung der Bauherr immer erwarten kann. Sind diese nicht erbracht worden, ist eine Honorarkürzung vorzunehmen. Im Umkehrschluss aus dieser Entscheidung folgt, dass es Grundleistungen gibt, die nicht immer erforderlich sind und bei denen eine Honorarkürzung dann auch nicht erforderlich wäre.

Gegen diese Auffassung spricht auch nicht § 8 Abs. 2 Satz 3, der die gleiche anteilige **13** Honorarminderung vorsieht, „wenn **wesentliche Teile von Grundleistungen** dem Auftragnehmer **nicht übertragen** werden". Bei den Grundleistungen ergibt sich bereits aus § 3 Abs. 2 HOAI, dass nicht alle in den Leistungsbildern aufgeführten Grundleistungen bei allen Planungsaufgaben erforderlich sind. Für Teile von Grundleistungen ist dies in § 8 Abs. 2 Satz 3 HOAI nochmals klargestellt.

Entscheidend ist daher, aus welchem Grund einzelne Grundleistungen oder wesentliche **14** Teile von Grundleistungen nicht übertragen wurden.

Dabei ändert sich an den **Grundsätzen** für eine Anwendung des § 8 Abs. 2 Satz 1 und **15** damit auch Satz 2 nichts, sie lassen sich wie folgt zusammenfassen: Im Ausgangspunkt geht § 8 stillschweigend von der Möglichkeit aus, dem Auftragnehmer nicht alle Leistungen eines Leistungsbildes zu übertragen. Dies entspricht dem **Grundsatz der Vertragsfreiheit.** Der Auftraggeber kann also sowohl von der Übertragung ganzer Leistungsphasen absehen (§ 8 Abs. 1) als auch von der Übertragung einzelner Grundleistungen einer Leistungsphase (§ 8 Abs. 2 Satz 1) als auch von der Übertragung einzelner wesentlicher Teile von Grundleistungen (§ 8 Abs. 2 Satz 2). In all diesen Fällen soll dem Auftragnehmer ein Honorar nur für die Leistungen zustehen, die ihm übertragen worden sind. Die Vertragsparteien müssen deshalb die übertragenen und die nicht übertragenen Leistungen im Einzelfall bewerten, wobei sich die **Bewertung bei nur teilweiser Übertragung** von einzelnen Leistungsphasen (§ 8 Abs. 1) unmittelbar aus den Prozentsätzen der in Leistungsphasen gegliederten Leistungsbilder ergibt, während in den Fällen des § 8 Abs. 2 eine Bewertung von den Vertragspartnern selbst im Einzelfall erfolgen muss (vgl. dazu unten Rdn. 36).

Die Vorschriften des § 8 Abs. 1 und 2 und die sich daraus ergebenden **Honorarminde-** **16** **rungen** greifen nach den obigen Erkenntnissen nur, wenn sich die Vertragspartner über einen in diesem Sinne **eingeschränkten Leistungsumfang** des Auftragnehmers im Klaren sind, so dass hiervon nur die Fälle **bewusster Auftragsbeschränkung** erfasst werden. Diese Auffassung wurde durch die Einführung der Schriftform in der HOAI 2013 bekräftigt. An einer bewussten Auftragsbeschränkung fehlt es z. B., wenn die Planungsaufgabe durch Vorleistungen des Auftraggebers erleichtert wird, ohne dass die Vertragspartner eine teilweise Nichtübertragung ausdrücklich vereinbart haben. Dies wird gerade bei fachkundigen Auftraggebern nicht selten vorkommen. In diesen Fällen kann es sein, dass zwar sämtliche Grundleistungen übertragen und auch erbracht werden müssen, dass allerdings der Aufwand des Auftragnehmers dabei verhältnismäßig gering ist. Lassen sich dabei die von dem fachkundigen Auftraggeber erbrachten Vorleistungen oder noch zu erbringenden Eigenleistungen nicht so abgrenzen, dass einzelne Leistungsphasen gemäß § 8 Abs. 1 oder einzelne Grundleistungen gemäß § 8 Abs. 2 Satz 1 oder wesentliche Teile von Grundleistungen gemäß § 8 Abs. 2 Satz 3 schon bei Abschluss des Vertrages ausgeklammert werden können, und erfolgt deshalb eine Übertragung aller Leistungen, so ist dies kein Anwendungsfall des § 8 Abs. 1 oder 2. Dem verminderten Aufwand des Auftragnehmers kann hier nur durch eine entsprechende Vereinbarung des Honorars im Rahmen der vorgegebenen Mindest- und Höchstsätze Rechnung getragen werden.

17   Eine bewusste Auftragsbeschränkung kann ausdrücklich oder konkludent bzw. stillschweigend erfolgen. Dies muss ggf. durch **Auslegung gemäß §§ 133, 157 BGB** ermittelt werden. Eine Minderung des Honorars ist nur dann gerechtfertigt, wenn trennbare und ausscheidbare Grundleistungen ganz oder teilweise nach der Natur des Bauvorhabens erbracht werden müssen, die Parteien aber vereinbaren, dass der Auftragnehmer sie nicht zu erbringen hat, sondern der Auftraggeber selbst oder ein Dritter. Beauftragt z. B. eine Gemeinde einen Architekten mit der Erarbeitung eines Planungskonzepts und gibt sie ihm in ihrer Ausschreibung die wesentlichen Grundlagen (Aufgabenstellung, planerische Randbedingungen, Raum- und Funktionsbedarf usw.) vor, so ist er mit der Grundlagenermittlung der Leistungsphase 1 des § 34 nicht beauftragt (Landesberufsgericht für Architekten in Stuttgart BauR 1995, 407 noch zu § 15 HOAI).

18, 19   Die Frage nach den Rechtsfolgen, wenn der Auftragnehmer tatsächlich nicht alle ihm übertragenen Leistungen erbringt bzw. erbracht hat, wird folglich von § 8 Abs. 1 und 2 nicht beantwortet und auch überhaupt nicht angesprochen, da diese Regelungen **allein auf die Auftragserteilung** abstellen. In § 8 Abs. 1 und 2 werden deshalb insbesondere nicht die Fälle behandelt, in denen Leistungen vom Auftragnehmer nicht erbracht werden, weil der Vertrag angefochten, gekündigt oder einvernehmlich vorzeitig beendet worden ist oder in denen der Auftragnehmer zwar das gewünschte Leistungsziel, also den Erfolg seiner Werkleistung, erreicht, dabei jedoch nicht alle dazugehörigen Grundleistungen oder nicht einmal alle Leistungsphasen erbringt. Sämtliche dieser Tatbestände werden weder in § 8 Abs. 1 und 2 noch an anderen Stellen der HOAI geregelt. Sie beurteilen sich ausschließlich nach den Grundsätzen des allgemeinen Leistungsstörungsrechts des BGB oder des werkvertraglichen Gewährleistungsrechts (BGH, Urteil v. 24.6.2004 – VII ZR 259/02; BauR 2004, 1640; NZBau 2004, 509) (Locher/Koeble/Frik § 8 Rdn. 15 ff.; Werner-Pastor, Rdn. 861 ff.) sowie den Kündigungsfolgen die zu ändern dem Verordnungsgeber insoweit auch die **Ermächtigungsgrundlage fehlte.** Auch eine entsprechende Anwendung des § 8 Abs. 2 HOAI ist daher nicht angezeigt.

20   Die **Grundsätze** für eine Anwendung des § 8 Abs. 2 Satz 1 und damit auch Satz 3 lassen sich wie folgt zusammenfassen: Im Ausgangspunkt geht § 8 stillschweigend von der Möglichkeit aus, dem Auftragnehmer nicht alle Leistungen eines Leistungsbildes zu übertragen. Dies entspricht dem **Grundsatz der Vertragsfreiheit.** Der Auftraggeber kann also sowohl von der Übertragung ganzer Leistungsphasen absehen (§ 8 Abs. 1), von der Übertragung einzelner Grundleistungen einer Leistungsphase (§ 8 Abs. 2 Satz 1), als auch von der Übertragung einzelner wesentlicher Teile von Grundleistungen (§ 8 Abs. 2 Satz 3). In all diesen Fällen soll dem Auftragnehmer ein Honorar nur für die Leistungen zustehen, die ihm übertragen worden sind, es sei denn, die nicht übertragenen Leistungen waren objektiv nicht notwendig. Die Vertragsparteien müssen deshalb die übertragenen und die nicht übertragenen Leistungen im Einzelfall bewerten, wobei sich die **Bewertung bei nur**

teilweiser Übertragung von einzelnen Leistungsphasen (§ 8 Abs. 1) unmittelbar aus den Prozentsätzen der in Leistungsphasen gegliederten Leistungsbildern ergibt, während in den Fällen des § 8 Abs. 2 eine Bewertung von den Vertragspartnern selbst im Einzelfall erfolgen muss (vgl. dazu unten Rdn. 36).

Von den vorerwähnten Fällen zu **unterscheiden** ist wiederum derjenige, in welchem **21** dem Auftragnehmer entweder sämtliche oder auch einzelne **Leistungsphasen mit den gesamten dazugehörigen Grundleistungen vertraglich übertragen worden sind,** er aber entweder einzelne Leistungsphasen oder einzelne Grundleistungen oder **wesentliche Teile von Grundleistungen nicht erbringt.** Lässt der Auftragnehmer eine **ganze Leistungsphase** (oder gar mehrere) aus, obwohl sie ihm in Auftrag gegeben war, so lässt sich auch in diesem Falle eine Honorarkürzung bzw. eine Beschränkung des Honoraranspruchs dem Grunde nach nicht aus § 8 Abs. 1 oder 2 herleiten, auch nicht aus einer entsprechenden Anwendung; denn zum einen stellen beide Absätze des § 8 schon dem Wortlaut nach allein auf die **eingeschränkte Übertragung von Leistungsphasen** (Abs. 1) bzw. von Grundleistungen einer Leistungsphase (Abs. 2) ab und zum anderen sind beide Bestimmungen auch eindeutig: sie erfassen eben nur die Fälle der Übertragung nur einzelner Leistungsphasen, nur einzelner Grundleistungen oder nur einzelner wesentlicher Teile von Grundleistungen.

Zwischenzeitlich spricht auch die Historie für diese Auslegung. In Kenntnis der streitigen **22** Auslegung des § 5 Abs. 2 Satz 1 HOAI 2002 wurde vom Verordnungsgeber in der HOAI 2009 und 2013 dieselbe Formulierung gebraucht und bewusst die **Honorarminderung** von der **Nichtübertragung** und nicht von der **Nichterbringung** wesentlicher Teile von Grundleistungen abhängig gemacht. Nur diese Auslegung hält sich auch im Rahmen der Ermächtigungsgrundlage. Würde man dagegen auch die Fälle, in denen Leistungen zwar übertragen, aber – aus welchen Gründen auch immer – nicht erbracht wurden, der Honorarminderung unterwerfen, so könnten damit in vielen Fällen die **Kündigungsregelung des § 649 BGB** und teil-weise auch das **Gewährleistungsrecht der §§ 633–635 BGB** unterlaufen werden, was von der Ermächtigungsgrundlage nicht gedeckt und vom Verordnungsgeber auch in keiner Weise beabsichtigt war. Insoweit ist allerdings die Formulierung in der amtlichen Begründung zu § 5 Abs. 2 a. F. (BRDrucks. 270/76: vgl. Anhang 2) missverständlich, wenn es dort heißt, dass der „Auftragnehmer aus preisrechtlicher Sicht nur das Honorar für Leistungen erhalten soll, die ihm übertragen sind und die er erbringt". Die weitere amtliche Begründung zu § 5 Abs. 2 a. F. stellt aber immer wieder nur auf die Übertragung und gerade nicht auf die Erbringung von Leistungen ab, was auch der Systematik der HOAI entspricht. Trotzdem wird aber im Falle der Nichterbringung ganzer Leistungsphasen das Honorar um den entsprechenden, auf die betreffende Leistungsphase (oder die Leistungsphasen) entfallenden Anteil **gekürzt,** ohne dass es darauf ankommt, ob die Bauherstellung selbst mangelfrei oder mangelhaft ist. Dies folgt zum einen daraus, dass die Leistungsphase die kleinste rechnerische Einheit darstellt (vgl. die Amtl. Begründung zu § 5 a. F., BRDrucks. 270/76, S. 5), zum anderen auch aus den Grundsätzen des Werkvertragsrechts (vgl. auch die Berechnung der Vergütung beim Bauvertrag mit Einheitspreisen), wonach eine **Vergütung nur für die erbrachten und abgenommenen Leistungen** erfolgt, denen entsprechende Honorarsätze zugeordnet sind, wie dies z. B. in § 34 Abs. 3 Nr. 1–9 der Fall ist. In diesem Sinne hat sich auch der BGH zur damals gültigen GOA geäußert, ohne diese Frage abschließend entschieden zu haben (BGHZ 45, 372 = NJW 1966, 1713; BGH NJW 1969, 420; OLG Düsseldorf BauR 1972, 384).

Erbringt dagegen der Auftragnehmer aus einer oder mehreren Leistungsphasen an sich **23** erforderliche **einzelne Grundleistungen nicht,** so bleibt in diesen Fällen der Honoraranspruch an sich zwar zunächst ungeschmälert (so vor allem Kniffka, FS Vygen, S. 26 f.), es stehen dann aber dem Auftraggeber evtl. **Mängelansprüche gemäß §§ 633 ff. BGB** zu, die auch zu einer Honorarminderung nach § 638 BGB führen können (BGH NJW 1969, 420; BGH BauR 1982, 290 = NJW 1982, 1387; BGH BauR 2004, 1640 = NJW 2004, 2588, OLG Düsseldorf BauR 1972, 384; OLG Frankfurt BauR 1978, 68; OLG Düsseldorf BauR 1982, 597; OLG Frankfurt BauR 1982, 600; OLG Hamm BauR 1986, 710).

24   Der BGH hat in seiner Grundsatzentscheidung aus dem Jahr 2004 klargestellt, dass der geschuldete Gesamterfolg des Architekten oder Ingenieurs im Regelfall **nicht darauf beschränkt** ist, dass er die Aufgaben wahrnimmt, die für eine **mangelfreie Errichtung des Bauwerks** erforderlich sind (BGH, Urteil v. 24.6.2004 – VII ZR 259/02; BauR 2004, 1640; NJW 2004, 2588). Der BGH führt dazu weiter aus: „Der Auftraggeber wird im Regelfall ein Interesse an den Arbeitsschritten haben, die als Vorgaben aufgrund der Planung des Architekten für die Bauunternehmer erforderlich sind, damit diese die Planung vertragsgerecht umsetzen können. Er wird regelmäßig ein Interesse an den Arbeitsschritten haben, die es ihm ermöglichen zu überprüfen, ob der Architekt den geschuldeten Erfolg vertragsgemäß bewirkt hat, die ihn in die Lage versetzen, etwaige Gewährleistungsansprüche gegen Bauunternehmer durchzusetzen, und die erforderlich sind, um die Maßnahmen zur Unterhaltung des Bauwerkes und dessen Bewirtschaftung zu planen." (BGH a. a. O.) Die konkrete geschuldete Leistung ist durch Auslegung des Vertrages zu ermitteln und kann nicht abstrakt bestimmt werden. Gerade bei mündlich oder konkludent geschlossenen Verträgen bereitet dies Schwierigkeiten. Aber auch bei schriftlichen Verträgen fehlt es oft an einer genauen Beschreibung der beauftragten Leistungen, so dass auch diese im Einzelfall ausgelegt werden müssen. Je nach Vertragsgestaltung können die einzelnen Grundleistungen einer Leistungsphase gem. Anlage 10 zu § 34 HOAI bei der Auslegung herangezogen werden und somit durchaus geschuldete Teilleistungen darstellen, auch wenn die HOAI selbst keine normativen Leitbilder für den Inhalt von Architekten- und Ingenieurverträgen enthält, sondern nur Honorartatbestände (BGH, Urteil v. 24.10.1996, VII ZR 283/95; BauR 1995, 154; BGH, Urteil v. 22.10.1998 – VII ZR 91/97; BauR 1999, 187). Der **Vertragsauslegung** kommt hier also entscheidende Bedeutung zu: Wird der Auftragnehmer mit der Erbringung von bestimmten Grundleistungen beauftragt, erbringt er diese jedoch nicht, ist zwar § 8 Abs. 2 nach wie vor nicht anwendbar, aber eine **Minderung der Vergütung** kann **nach den Grundsätzen des allgemeinen Leistungsstörungsrechts oder werkvertraglichem Gewährleistungsrecht** vorgenommen werden (BGH a. a. O.; § 638 BGB).

25   Ein anderer Fall liegt vor, wenn die Nicht- bzw. Schlechterfüllung einer (Teil-)Leistung zu einem **Mangel der Bauwerksleistung** geführt hat. Dann vermindert sich zwar der Vergütungsanspruch nach der HOAI als solcher nicht, jedoch kann der Auftraggeber auch in einem solchen Falle entweder **Minderung der Vergütung** (§ 638 BGB) oder **Schadensersatz** (§§ 636, 280, 283, 311a BGB) verlangen (so auch BGHZ 83, 181 = NJW 1982, 1387 = BauR 1982, 290; OLG Hamm BauR 1986, 710). Wählt der Auftraggeber die Minderung, hat der Auftragnehmer als Gewährleistungspflichtiger grundsätzlich eine entsprechende Minderung der Vergütung (§ 638 BGB) hinzunehmen, wenn die Voraussetzungen der §§ 633 ff. BGB erfüllt sind.

26   Fraglich ist, ob der Auftraggeber einerseits das Honorar mindern kann, weil aufgrund einer Schlechterfüllung ein bestimmter Teilerfolg nicht eingetreten ist und gleichfalls Schadenersatz für den daraus resultierenden Mangel verlangen kann. Grundsätzlich ist seit der Schuldrechtsreform ein Nebeneinander von Minderung und Schadenersatz möglich. Dies führt aber dazu, dass sich die Schlechtleistung doppelt auswirkt, einmal bei der Kürzung des Vergütungsanspruches und zum anderen im Rahmen der Gewährleistung. Selbstverständlich erhält der Auftraggeber bei einer Schlechtleistung des Auftragnehmers den ihm daraus resultierenden Schaden ersetzt. Wenn er darüber hinaus aber auch noch das Honorar des Auftragnehmers mindern kann, steht der Auftraggeber letztlich besser, als er ohne die Schlechtleistung stehen würde. Der Schaden wird im Ergebnis überkompensiert. Locher/Koeble/Frik (Einl., Rdn. 151) nehmen dies aufgrund der geänderten Rechtslage nach der Schuldrechtsreform 2002 hin. Nach der hier vertretenen Auffassung ist jedenfalls dann eine Einschränkung geboten, wenn der sich im Bauwerk bereits verwirklichte Mangel des Architektenwerkes durch den Schadenersatzanspruch neben der Leistung (§ 280 Abs. 1 BGB) vollständig kompensiert wird. Ein zusätzliches Minderungsverlangen wäre dann treuwidrig, da der Auftraggeber bereits so gestellt wurde, wie er bei mangelfreier Leistung des Architekten stehen würde. Der BGH führt insoweit in einer älteren Entscheidung aus: „Erhält dieser im Wege des Schadenersatzes einen Ausgleich für die schlechte Erfüllung des

Architektenvertrages, so besteht weder ein Bedürfnis noch ein Grund, ihn durch eine Herabsetzung des Architektenhonorars zusätzlich zu begünstigen." (BGHZ 83, 181 = NJW 1982, 1387 = BauR 1982, 290). Das Urteil bezieht sich zwar auf eine andere Rechtslage, die Billigkeitserwägungen sind jedoch nach wie vor sachgerecht, da der Auftraggeber aus dem schädigenden Ergebnis keinen Vorteil erlangen soll.

Für die Darlegungs- und Beweislast ist vom Grundsatz auszugehen, dass der Auftrag- **27** nehmer, der Honorar geltend machen will, den übertragenen Leistungsumfang beweisen muss. Behauptet umgekehrt der Auftraggeber, dass bestimmte Arbeitsschritte übertragen waren, aber nicht erbracht wurden und will er insofern Mängelrechte geltend machen, hat er die Voraussetzungen für eine Honorarminderung zu beweisen.

2. Nichtübertragung wesentlicher Teile von Grundleistungen (Abs. 2 Satz 3)

Nach der Vorstellung des Verordnungsgebers sollten zunächst die Leistungsphasen der **28** jeweiligen Leistungsbilder mit den ihnen zugeordneten Prozentsätzen des Gesamthonorars gemäß § 3 Abs. 2 Satz 1 und daneben deren Grundleistungen die **kleinste rechnerische Einheit** im Gesamtgefüge der Leistungsbilder und Leistungsphasen sein. Folgerichtig bestimmt § 8 Abs. 2 Satz 1, dass im Falle der Nichtübertragung aller Grundleistungen einer Leistungsphase das Honorar entsprechend zu mindern ist. Durch die 1. ÄndVO zur HOAI vom 17. Juli 1984 (BGBl. I, S. 948) erweiterte der Verordnungsgeber diese Grundlage der Honorarberechnung, indem er in § 5 Abs. 2 a.F. (jetzt § 8 Abs. 2) einen Zusatz aufnahm, wonach eine **Honorarkürzung** auch dann vorzunehmen ist, wenn **wesentliche Teile von Grundleistungen** dem Auftragnehmer **nicht übertragen** werden. Damit ist nicht mehr in jedem Falle die Grundleistung kleinste rechnerische Einheit, sondern es können auch Teile von ihr sein.

Wird dem Auftragnehmer z.B. aus der Leistungsphase 2 der Anlage 10 (Vorplanung) **29** von der dort aufgeführten **Einzelleistung** „Klären und Erläutern der wesentlichen Zusammenhänge, Vorgänge und Bedingungen (zum Beispiel städtebauliche, gestalterische, funktionale, technische, wirtschaftliche, ökologische, bauphysikalische, energiewirtschaftliche, soziale, öffentlich-rechtliche)" nur die Klärung und Erläuterung der technischen und bauphysikalischen Zusammenhänge übertragen, während die Klärung der anderen Aspekte (etwa der wirtschaftlichen) einem anderen Fachmann in Auftrag gegeben wird, dann ist auch in einem solchen Fall § 8 Abs. 2 mit den dort beschriebenen Folgen für die Honorarberechnung anzuwenden. Diese Grundsätze gelten auch für den Fall, dass dem Auftragnehmer zwar grundsätzlich die **Vorbereitung der Vergabe** und damit auch die Grundleistung „Aufstellen von Leistungsbeschreibungen mit Leistungsverzeichnissen nach Leistungsbereichen" übertragen wird, dies aber nur für den **Rohbau** oder andere im Einzelnen **bestimmte Gewerke** gilt, während andere Gewerke davon ausgenommen, also dem Auftragnehmer nicht übertragen werden. Auch hier greift gemäß § 8 Abs. 2 Satz 3 die Honorarminderung ein (so auch Locher/Koeble/Frik § 8 Rdn. 10).

Fraglich ist, ob auch die Fälle unter § 8 HOAI fallen, bei denen der Auftrag lediglich für **30** einzelne Gewerke erteilt wird. Der BGH hat dies verneint und darin vielmehr eine Begrenzung des Vertragsgegenstandes gesehen (BGH, Urteil v. 12.1.2006 – VII ZR 2/04; BauR 2006, 693 = NZBau 2006, 248). Der BGH führt dazu aus, dass § 8 HOAI – damals noch § 5 – nicht zur Anwendung kommen kann, wenn alle Leistungsphasen übertragen werden. In der Vorauflage wies Seifert darauf hin, dass der BGH Abs. 2 Satz 2 des § 5 HOAI 2002 offenbar übersehen habe, „wenn er bei einer Aufteilung von Leistungen des gleichen Leistungsbildes an verschiedene Auftragnehmer zum einen nach **Grundleistungen** und zum anderen nach **Gewerken** differenzieren will" (so Seifert in Korbion/Mantscheff/Vygen, 8. Aufl., § 8 HOAI Rz. 30). In der Begründung sei nur ausgeführt, „dass Abs. 2 nur den Fall regelt ‚dass nicht alle Grundleistungen einer Leistungsphase übertragen werden'". Seifert wies darauf hin, dass eine **Differenzierung** nach nicht vertragsgegenständlichen **Grundleistungen** und **Gewerken** uneingeschränkt nur in den **planungsorientierten Leistungsphasen 1 bis 4** möglich sei. In den **Leistungsphasen 5 bis 9, die ausführungsorientiert** sind, liege eine **Überschneidung von Grundleis-**

tungen und Gewerken vor (so Seifert in Korbion/Mantscheff/Vygen, 8. Aufl., § 8 HOAI Rz. 30). Wenn aber für die Leistungsphasen 1 bis 4 eine Begrenzung des Leistungsumfanges möglich sein soll, ist nicht verständlich, warum dies nicht auch für die Leistungsphasen 5–9 gelten soll. Es kommt auch in der Praxis immer häufiger vor, dass bestimmte, hochspezialisierte Gewerke (z.B. Fassadenbau oder Abdichtungen gegen drückendes Wasser) von Fachplanern übernommen werden, die auch für die Ausschreibung und Bauüberwachung zuständig sind. Wenn die Gewerke also klar abgrenzbar sind, dürfte es nach der Entscheidung des BGH zutreffen, dass dann der Vertragsgegenstand begrenzt ist und sich daraus die anrechenbaren Kosten bestimmen. Die dagegen vorgebrachten formalen Argumente, wonach die DIN 276 von allen Gewerken ausgeht, können nicht greifen, da eine DIN-Vorschrift genauso wenig Einfluss auf den rechtsgeschäftlich beauftragten Leistungsumfang haben kann, wie die HOAI selbst. Die DIN ist, wie der BGH zutreffend ausführt, entsprechend anzuwenden. Die von Seifert in der Vorauflage (a.a.O.) geschilderte Fallkonstellation, wonach ein Auftragnehmer bspw. für bestimmte Gewerke keine Leistungsverzeichnisse erstellen muss, weil der Auftraggeber diese in Eigenleistung erbringen will, stellt unbestritten einen Fall des § 8 Abs. 2 Satz 3 dar, weil dann **wesentliche Teile von Leistungen,** nämlich z.B. der Leistungsphase 6, dem Auftragnehmer nicht übertragen wurden. Die Reduzierung des Honorars erfolgt dann bei den Leistungsprozenten und nicht bei den anrechenbaren Kosten. Dieser Fall ist aber nicht mit dem vom BGH entschiedenen Fall zu vergleichen, da es sich ja nicht um den Fall handelt, dass ein Auftragnehmer nur bestimmte Gewerke überhaupt übertragen bekommen hat.

31   Diese Einfügung in § 8 Abs. 2 Satz 3 eröffnet damit dem Auftraggeber grundsätzlich auch die Möglichkeit, Teile von Grundleistungen aus den Leistungsbildern auszuklammern, sei es, weil diese für das vorgesehene Objekt ohnehin nicht erforderlich sind, sei es, weil der Auftraggeber diese aus seiner Sicht für entbehrlich hält oder selbst erbringen oder einem anderen Auftragnehmer übertragen will. Voraussetzung ist nur, dass es sich objektiv bezogen auf das konkrete Objekt um **wesentliche Teile von Grundleistungen** handelt. Durch diese Einschränkung der vorgesehenen Honorarminderung wird sichergestellt, dass es dem Auftraggeber verwehrt ist, bestimmte Teile von Grundleistungen, deren Aufzählung in den einzelnen Leistungsbildern sehr umfassend ist und nahezu alle überhaupt denkbaren Grundleistungen enthält, die aber im konkreten Fall in ihrer Gesamtheit nahezu nie anfallen, aus dem Auftragsumfang herauszunehmen und damit eine Honorarminderung zu verlangen; denn derartige, im konkreten Einzelfall gar nicht erforderliche Teile von Grundleistungen wird man im Allgemeinen auch nicht als „**wesentliche Teile**" ansehen können (so vor allem Locher/Koeble/Frik § 8 Rdn. 10). Letztlich wird die Vorschrift des § 8 Abs. 2 Satz 3 tatsächlich nur Bedeutung gewinnen, wenn Teile von Grundleistungen aus dem Auftrag ausgeklammert werden, weil sie vom Auftraggeber selbst oder von einem anderen Auftragnehmer erbracht werden sollen; denn im Falle der gänzlichen **Ausklammerung solcher Teilleistungen** ohne Übertragung an einen anderen Auftragnehmer oder Selbsterbringung wird man diese meist auch **nicht als wesentlich** für das **konkrete Objekt der Planung** ansehen können, insbesondere wenn man den Grundsatz aufrechterhalten will, dass Architekten- und Ingenieurleistungen **erfolgsbezogen** und erfolgsorientiert zu sehen sind, wovon auch der BGH stets ausgegangen ist (BGH NJW 1969, 420 und BGH BauR 1982, 290 = NJW 1982, 1387); dies folgt letztlich auch zwingend aus dem Werkvertragscharakter des Architekten- und Ingenieurvertrages.

3. Anteilmäßige Honorarberechnung

32   In den vorstehend genannten Fällen ist für die **übertragenen Leistungen** ein Honorar zu berechnen, das dem Anteil der übertragenen Leistungen an der gesamten Leistungsphase entspricht. Da die HOAI die einzelnen Grundleistungen einer Leistungsphase grundsätzlich nicht bewertet – eine indirekte Bewertung einer Einzelleistung ergibt sich lediglich bei der Tragwerksplanung bei § 51 Abs. 2 für die Schalpläne im Stahlbetonbau und bei der Technischen Ausrüstung bei § 55 Abs. 2 das Anfertigen von Schlitz- und Durchbruchsplänen bzw. das Prüfen der Montage- und Werkstattpläne der ausführenden Unternehmen – ist die **Bewertung der übertragenen** einzelnen Grundleistungen und der sonstigen **Einzelleistungen** Sache der Parteien, wobei sie aber, wie die amtl. Begründung zu § 5 Abs. 2 2002 ausführt (BRDrucks. 270/76, S. 10), nicht von den in den Leistungsbildern niedergelegten generalisierenden Vorstellungen ausgehen, sondern die **Verhältnisse des Einzelfalles** berücksichtigen sollen, da eine generalisierende Bewertung „vor allem wegen der Vielfalt der einzelnen Grundleistungen und den von Objekt zu Objekt unterschiedlichen Verhältnissen nicht durchführbar" ist (a. a. O.). Das bedeutet, dass man den Vertragschließenden einen gewissen **Bewertungsspielraum** zugestehen muss (so vor allem Locher/Koeble/Frik, § 8 Rdn. 11; LG Nürnberg-Fürth BauR 1993, 105) und dass die Nachprüfung der Frage, ob eine Einzelleistung im konkreten Falle richtig oder vertretbar oder jedenfalls nicht zu hoch bewertet worden ist (oder auch zu niedrig, in dem Fall, in dem wegen Nichtübertragung der Einzelleistung ein Abzug vorgenommen werden muss), außerordentlich erschwert ist.

Der den Parteien eröffnete **Ermessens- und Bewertungsspielraum** ist jedenfalls dadurch begrenzt, dass bei der Aufteilung der Einzelleistungen einer Leistungsphase auf verschiedene Auftragnehmer nicht insgesamt ein Honorar zugebilligt werden darf, das über dem auf die gesamte Leistungsphase entfallenden Vomhundertsatz der Höchstsätze liegt, freilich nur unter der Voraussetzung, dass nicht ein zusätzlicher **Einarbeitungs- und/oder Koordinierungsaufwand** erforderlich ist, der nach Abs. 3 bei der Honorarberechnung **zusätzlich berücksichtigt werden kann** (vgl. dazu unten: Rdn. 40), wenn er schriftlich vereinbart wurde, was bei der Bewertung der Einzelleistungen aber in der Regel der Fall sein wird. Ebenso lässt sich sagen, dass im Falle des völligen Wegfalls einer Grundleistung oder einer sonstigen Einzelleistung oder eines Teils einer Einzelleistung das Honorar für die übertragenen übrigen Leistungen einer Phase den darauf entfallenden Prozentsatz des Höchstsatzes nicht überschreiten darf. Weitere Regeln lassen sich bei der Vielfalt der möglichen Fallgestaltungen kaum aufstellen (vgl. OLG Frankfurt BauR 1982, 600, 601).

Ähnlich wie im Fall des Bewertungsspielraumes der Parteien bei der Honorarzone, dürfte es aber auch in diesem Punkt Grenzen geben, die nicht überschritten werden dürfen, bzw. bei einer unzutreffenden Bewertung letztlich **zu einer Mindestsatzunter- oder einer Höchstsatzüberschreitung** führen können.

Werden die Prozentsätze für den in Auftrag gegebenen **verminderten Leistungsumfang** nicht einvernehmlich bei Vertragsabschluss oder später festgelegt, stellt sich die Frage nach der Rechtsfolge. Wurde früher noch die Auffassung vertreten, dem Auftragnehmer stehe in diesem Fall ein einseitiges Bestimmungsrecht nach billigem Ermessen gemäß §§ 315, 316 BGB zu, wurde dies mangels entsprechender Vereinbarung zu Recht abgelehnt(so Seifert in Korbion/Mantscheff/Vygen, 8. Aufl., § 8 HOAI Rz. 33). Um festzustellen, welche Höhe des Prozentsatzes für die eingeschränkte Beauftragung angemessen ist, muss zunächst geklärt werden, um welche konkreten Leistungen es sich handelt. Insbesondere, ob es sich überhaupt um eine erforderliche Grundleistung oder um einen wesentlichen Teil einer Grundleistung handelt, die eine Reduzierung des Honorars erfordern.   **33**

Erst wenn diese Frage bejaht wird, erfolgt die Bewertung der Leistung. Der BGH hat sich dazu im Rahmen der Bewertung von Teilleistungen im Kündigungsfalle insofern geäußert, als er festgestellt hat, dass es nicht erforderlich, wenn auch naheliegend ist, bei der Leistungsbewertung die so genannten **„Steinfort-Tabelle" oder ähnlichen Bewertungstabellen** anzuwenden. „Die Steinfort-Tabelle oder ähnliche Berechnungsvorschläge beruhen in der Regel auf dem Durchschnitt der Erfahrungswerte von sachverständigen Praktikern, so dass sie sich als Orientierungshilfe auch für die Bewertung nicht erbrachter Leistungen eignen. Allerdings kann eine Abrechnung im Einzelfall auch auf hiervon abweichenden Berechnungsmaßstäben beruhen, wobei es dann maßgeblich auf die im Einzelfall geschuldeten, aber nicht erbrachten Leistungen ankommt." führt der BGH aus (BGH, Urteil v. 16.12.2004 – VII ZR 174/03; BauR 2005, 588 = NZBau 2005, 163). Diese Ausführungen lassen sich für die Bewertung i. S. von § 8 Abs. 2 übertragen. Die verschiedenen **Tabellen zur Bewertung von Teil-Grundleistungen** (vgl. Locher/Koeble/Frik, Anhang 3; Pott/Dahlhoff/Kniffka/Rath, Bewertung zu den einzelnen Grundleistungen, z. B.

bei § 34 Rdn. 12–134; Siemon, Klaus-Dieter, Praxishilfen zur Einzelbewertung von Planungsleistungen – Teil I, Wirtschaftsdienst Ingenieure und Architekten, Ausgabe 1/2004 sowie hier: unten § 8 Rdn. 36) können daher ebenfalls **Orientierungshilfen** darstellen. Dabei muss auf die unterschiedlichen Fassungen der HOAI geachtet werden, da mit der HOAI 2013 eine Anpassung der Leistungsprozente der einzelnen Leistungsphasen erfolgte. Aus diesem Grund ist die so genannte **„Steinfort-Tabelle"** („Der Gemeindehaushalt" Nr. 11/1980) nicht mehr anwendbar. Überhaupt eignen sich Tabellen mit starren Prozentsätzen, wie die „Steinfort-Tabelle", nicht, um der Komplexität der Bewertung in den einzelnen Fällen gerecht zu werden (vgl. auch Locher/Koeble/Frik § 8 Rdn. 27). Grundsätzlich müssen bei der Bewertung der Leistungen die Umstände des konkreten Auftragsverhältnisses und das Verhältnis der übertragenen Leistungen zur Leistung der gesamten Leistungsphase berücksichtigt werden. Die schematische Anwendung solcher Bewertungstabellen verbietet sich daher. Im Streitfall obliegt die Bewertung dem Gericht und nicht dem Sachverständigen. Dieser kann aber zur Beurteilung herangezogen werden.

34   Trotz dieser Bedenken gegen derartige verallgemeinernde Bewertungen von Grundleistungen innerhalb einer Leistungsphase besteht für eine solche **Tabelle als Richtschnur** jedoch ein dringender Bedarf, um einerseits den Vertragspartnern bei Abschluss des Vertrages über Leistungen der Objektplanung bei Gebäuden (§ 34), aber auch bei anderen Leistungsbildern mit Leistungsphasen und Grundleistungen eine Grundlage für die **Bewertung der übertragenen einzelnen Grundleistungen** im Falle der Nichtübertragung aller Grundleistungen (§ 8 Abs. 2 Satz 1) oder Nichtübertragung einzelner wesentlicher Teile von Grundleistungen (§ 8 Abs. 2 Satz 3) insgesamt zu geben und eine darauf aufbauende Honorarvereinbarung treffen zu können (vgl. dazu insbesondere KG Berlin BauR 2005, 1371 und OLG Düsseldorf IBR 2007, 622 – Bolz = BauR 2007, 1767, das für die Bewertung auch die Vereinbarung eines pauschalen Honoraranteils zulässig ist), aber auch um andererseits den Gerichten und den Honorarsachverständigen ein **Hilfsmittel für die nachträgliche Bewertung und Ermittlung des dem Auftragnehmer zustehenden Honorars bei Nichtübertragung aller Grundleistungen bzw. aller wesentlichen Teile von Grundleistungen** an die Hand zu geben. Schließlich kann eine solche Bewertungstabelle auch helfen, das dem Auftragnehmer nach § 649 S. 2 BGB zustehende Honorar im Falle einer **Kündigung des Architektenvertrages** durch den Auftraggeber zu ermitteln (vgl. dazu insbesondere BGH BauR 2005, 588 = IBR 2005, 159 = NZBau 2005, 163). Letztlich ist eine solche Aufgliederung für die Praxis wohl unerlässlich, da die HOAI einerseits die Leistungsphasen als „kleinste rechnerische Bausteine" bezeichnet (vgl. Amtl. Begründung zu § 5 2002), andererseits aber in § 8 Abs. 2 ausdrücklich eine **anteilmäßige Bewertung einzelner Grundleistungen sowie wesentlicher Teile von Grundleistungen** vorschreibt. Damit verlangt die HOAI aber eine **Bewertung bzw. Berechnung des anteiligen Honorars** und nicht eine freie Vereinbarung der Parteien im Falle der Nichtübertragung aller Grundleistungen.

35   Die einzige preisrechtliche Vorgabe, die die HOAI für die Fälle des § 8 Abs. 2 nennt, besteht darin, dass das Honorar dem Anteil der übertragenen Grundleistungen an der gesamten Leistungsphase entspricht. Ob dabei allein auf den **Aufwand des Auftragnehmers** abzustellen ist, wie dies hier in der Vorauflage vertreten wurde, ist fraglich. Zwar wird man auch nicht davon ausgehen können, dass eine Gleichwertigkeit aller Grundleistungen vorliegt (a. A. OLG Frankfurt; BauR 1982, 600), für eine Bewertung des jeweiligen Einzelfalls spielen aber auch die Wichtigkeit der einzelnen Leistung für den Erfolg, sowie konkrete **Objektparameter** eine Rolle, insbesondere: Größe des Objekts, die Anzahl der am Bauvorhaben Beteiligter sowie evtl. Besonderheiten (z. B. Denkmalschutz). Eine ausschließlich am benötigten Zeitaufwand orientierte Einschätzung ist daher abzulehnen, und bietet sich allenfalls bei den mit besonders hohem Aufwand verbundenen Leistungsphasen an (vgl. für die Leistungsphase 8 des § 15 a. F.: Seifert, FS Werner 145, 156 f.).

36   Mit der folgenden, grundlegend überarbeiteten **Bewertungstabelle, welche insbesondere die neue Bewertung der Leistungsphasen der HOAI 2013 umfasst,** soll eine **Bewertung der einzelnen in Anlage 10 aufgeführten Grundleistungen bei Gebäuden** i. V. mit § 34 versucht werden:

Bewertungstabelle für (Grund-)Leistungen der Anlage 11 bei Teilbeauftragung, Kündigung und Mängelansprüchen

(Grund-)Leistungen für Gebäude		v. H.
1.	**Grundlagenermittlung**	
a)	Klären der Aufgabenstellung	0,50–1,00
b)	Beraten zum gesamten Leistungsbedarf	0,50–1,00
c)	Formulieren von Entscheidungshilfen für die Auswahl anderer an der Planung fachlich Beteiligter	0,50–1,00
d)	Zusammenfassen der Ergebnisse	0,50–1,00
	Volle Leistung	3,00
2.	**Vorplanung (Projekt- und Planungsvorbereitung)**	
a)	Analyse der Grundlagen	0,10–0,20
b)	Abstimmen der Zielvorstellungen (Randbedingungen, Zielkonflikte)	0,10–0,20
c)	Aufstellen eines planungsbezogenen Zielkatalogs (Programmziele)	0,10–0,50
d)	Erarbeiten eines Planungskonzepts einschließlich Untersuchung der alternativen Lösungsmöglichkeiten nach gleichen Anforderungen mit zeichnerischer Darstellung, Strichskizzen, gegebenenfalls mit erläuternden Angaben	4,00–5,00
e)	Integrieren der Leistungen anderer an der Planung fachlich Beteiligter	0,10–0,50
f)	Klären und Erläutern der wesentlichen städtebaulichen, gestalterischen, funktionalen, technischen, bauphysikalischen, wirtschaftlichen, energiewirtschaftlichen (z.B. hinsichtlich rationeller Energieverwendung), biologischen und ökologischen Zusammenhänge, Vorgänge und Bedingungen	0,50–1,50
g)	Vorverhandlungen mit Behörden und anderen an der Planung fachlich Beteiligten über die Genehmigungsfähigkeit	0,00–1,00
h)	– entfällt – (nur bei Freianlagen)	–
i)	Kostenschätzung nach DIN 276 oder nach dem wohnungsrechtlichen Berechnungsrecht	0,20–1,00
j)	Zusammenstellen aller Vorplanungsergebnisse	0,05–0,20
	Volle Leistung	7,00
3.	**Entwurfsplanung (System- und Integrationsplanung)**	
a)	Durcharbeiten des Planungskonzepts (stufenweise Erarbeitung einer zeichnerischen Lösung) unter Berücksichtigung städtebaulicher, gestalterischer, funktionaler, technischer, bauphysikalischer, wirtschaftlicher, energiewirtschaftlicher (z.B. hinsichtlich rationeller Energieverwendung), biologischer und ökologischer Anforderungen unter Verwendung der Beiträge anderer an der Planung fachlich Beteiligter bis zum vollständigen Entwurf	1,50–2,50
b)	Integrieren der Leistungen anderer an der Planung fachlich Beteiligter	0,20–1,00
c)	Objektbeschreibung	0,10–0,50
d)	Zeichnerische Darstellung des Gesamtentwurfs, zum Beispiel durchgearbeitete, vollständige Vorentwurfs- und/oder Entwurfszeichnungen (Maßstab nach Art und Größe des Bauvorhabens), gegebenenfalls auch Detailpläne mehrfach wiederkehrender Raumgruppen	5,00–6,00

(Grund-)Leistungen für Gebäude		v. H.
e)	Verhandlungen mit Behörden und anderen an der Planung fachlich Beteiligten über die Genehmigungsfähigkeit	0,00–1,00
f)	Kostenberechnung nach DIN 276 oder nach dem wohnungsrechtlichen Berechnungsrecht	0,50–1,50
g)	Kostenkontrolle durch Vergleich der Kostenberechnung mit der Kostenschätzung	0,05–0,20
h)	Zusammenfassung aller Entwurfsunterlagen	0,05–0,20
	Volle Leistung	11,00
4.	**Genehmigungsplanung**	
a)	Erarbeiten der Vorlagen für die nach den öffentlich-rechtlichen Vorschriften erforderlichen Genehmigungen oder Zustimmungen einschließlich der Anträge auf Ausnahmen und Befreiungen unter Verwendung der Beiträge anderer an der Planung fachlich Beteiligter sowie noch notwendiger Verhandlungen mit Behörden	5,00–5,90
b)	Einreichen dieser Unterlagen	0,01–0,10
c)	Vervollständigen und Anpassen der Planungsunterlagen, Beschreibungen und Berechnungen unter Verwendung der Beiträge anderer an der Planung fachlich Beteiligter	0,00–1,00
d)	– entfällt – (nur bei raumbildenden Ausbauten)	–
	Volle Leistung	6,00
5.	**Ausführungsplanung**	
a)	Durcharbeiten der Ergebnisse der Leistungsphasen 3 und 4 (stufenweise Erarbeitung und Darstellung der Lösung) unter Berücksichtigung städtebaulicher, gestalterischer, funktionaler, technischer, bauphysikalischer, wirtschaftlicher, energiewirtschaftlicher (z.B. hinsichtlich rationeller Energieverwendung), biologischer und ökologischer Anforderungen unter Verwendung der Beiträge anderer an der Planung fachlich Beteiligter bis zur ausführungsreifen Lösung	2,00–4,00
b)	Zeichnerische Darstellung des Objekts mit allen für die Ausführung notwendigen Einzelangaben, zum Beispiel endgültige, vollständige Ausführungs-, Detail- und Konstruktionszeichnungen im Maßstab 1:50 bis 1:1, mit den erforderlichen textlichen Ausführungen	15,00–20,00
c)	– entfällt – (nur bei raumbildenden Ausbauten)	–
d)	Erarbeiten der Grundlagen für die anderen an der Planung fachlich Beteiligten und Integrierung ihrer Beiträge bis zur ausführungsreifen Lösung	1,00–3,00
e)	Fortschreiben der Ausführungsplanung während der Objektausführung	0,00–5,00
	Volle Leistung	25,00
6.	**Vorbereitung der Vergabe**	
a)	Ermitteln und Zusammenstellen von Mengen als Grundlage für das Aufstellen von Leistungsbeschreibungen unter Verwendung der Beiträge anderer an der Planung fachlich Beteiligter	3,00–5,00
b)	Aufstellen von Leistungsbeschreibungen mit Leistungsverzeichnissen nach Leistungsbereichen	4,00–6,00

(Grund-)Leistungen für Gebäude		v. H.
c)	Abstimmen und Koordinieren der Leistungsbeschreibungen der an der Planung fachlich Beteiligten	0,50–1,00
	Volle Leistung	10,00
7.	**Mitwirkung bei der Vergabe**	
a)	Zusammenstellen der Verdingungsunterlagen für alle Leistungsbereiche	0,20–0,50
b)	Einholen von Angeboten	0,05–0,50
c)	Prüfen und Werten der Angebote einschließlich Aufstellen eines Preisspiegels nach Teilleistungen unter Mitwirkung aller während der Leistungsphasen 6 und 7 fachlich Beteiligten	1,00–2,00
d)	Abstimmen und Zusammenstellen der Leistungen der fachlich Beteiligten, die an der Vergabe mitwirken	0,10–050
e)	Verhandlung mit Bietern	0,00–0,50
f)	Kostenanschlag nach DIN 276 aus Einheits- oder Pauschalpreisen der Angebote	0,10–1,00
g)	Kostenkontrolle durch Vergleich des Kostenanschlags mit der Kostenberechnung	0,05–0,20
h)	Mitwirken bei der Auftragserteilung	0,01–0,50
	Volle Leistung	4,00
8.	**Objektüberwachung (Bauüberwachung)**	
a)	Überwachen der Ausführung des Objekts auf Übereinstimmung mit der Baugenehmigung oder Zustimmung, den Ausführungsplänen und den Leistungsbeschreibungen sowie mit den allgemein anerkannten Regeln der Technik und den einschlägigen Vorschriften	12,00–16,00
b)	Überwachen der Ausführung von Tragwerken nach § 50 Absatz 2 Nummer 1 und 2 auf Übereinstimmung mit den Standsicherheitsnachweis	0,00–1,00
c)	Koordinieren der an der Objektüberwachung fachlich Beteiligten	1,00–2,00
d)	Überwachung und Detailkorrektur von Fertigteilen	0,00–0,50
e)	Aufstellen und Überwachen eines Zeitplanes (Balkendiagramm)	0,01–1,00
f)	Führen eines Bautagebuches	1,00–2,50
g)	Gemeinsames Aufmaß mit den bauausführenden Unternehmen	2,00–4,00
h)	Abnahme der Bauleistungen unter Mitwirkung anderer an der Planung und Objektüberwachung fachlich Beteiligter unter Feststellung von Mängeln	0,10–3,00
i)	Rechnungsprüfung	1,00–7,00
j)	Kostenfeststellung nach DIN 276 oder nach dem wohnungsrechtlichen Berechnungsrecht	0,10–1,00
k)	Antrag auf behördliche Abnahme und Teilnahme daran	0,05–0,50
l)	Übergabe des Objekts einschließlich Zusammenstellung und Übergabe der erforderlichen Unterlagen, zum Beispiel Bedienungsanleitungen, Prüfprotokolle	0,05–0,50
m)	Auflisten der Gewährleistungsfristen	0,05–0,50
n)	Überwachen der Beseitigung der bei der Abnahme der Bauleistungen festgestellten Mängel	0,50–3,00

(Grund-)Leistungen für Gebäude		v. H.
o)	Kostenkontrolle durch Überprüfen der Leistungsabrechnung der bauausführenden Unternehmen im Vergleich zu den Vertragspreisen und dem Kostenanschlag	0,50–1,50
	Volle Leistung	31,00
9.	**Objektbetreuung und Dokumentation**	
a)	Objektbegehung zur Mängelfeststellung vor Ablauf der Verjährungsfristen der Gewährleistungsansprüche gegenüber den bauausführenden Unternehmen	0,10–1,00
b)	Überwachen der Beseitigung von Mängeln, die innerhalb der Verjährungsfristen der Gewährleistungsansprüche, längstens jedoch bis zum Ablauf von vier Jahren seit Abnahme der Bauleistungen auftreten	0,00–2,50
c)	Mitwirken bei der Freigabe von Sicherheitsleistungen	0,10-0,50
d)	Systematische Zusammenstellung der zeichnerischen Darstellungen und rechnerischen Ergebnisse des Objekts	0,50–1,50
	Volle Leistung	3,00

37   Bei der Anwendung auch dieser Tabelle muss beachtet werden, dass diese nur **Orientierungshilfe** und Grundlage für eine individuelle, auf das konkrete Objekt bezogene Bewertung sein kann und soll. Eine solche Bewertung von **ausnahmsweise nicht übertragenen Grundleistungen** kann häufig allerdings nicht im Voraus bei Abschluss des Vertrages und der zu diesem Zeitpunkt zu treffenden Honorarvereinbarung auch nur annähernd zuverlässig vorgenommen werden. Beispielsweise sind die nachfolgenden Grundleistungen der Anlage 10, schwer einzuschätzen, vor allem auch weil im Vorfeld unklar ist, ob diese Leistungen überhaupt erforderlich sind: „Vorverhandlungen über die Genehmigungsfähigkeit" in der Leistungsphase 2, das „Ergänzen und Anpassen der Planungsunterlagen, Beschreibungen und Berechnungen" in der Leistungsphase 4, das „Fortschreiben der Ausführungsplanung aufgrund der gewerkeorientierten Bearbeitung während der Objektausführung" in der Leistungsphase 5, das „Überwachen der Beseitigung der bei der Abnahme der Bauleistungen festgestellten Mängel" oder das „Überwachen der Ausführung von Tragwerken mit sehr geringen und geringen Planungsanforderungen auf Übereinstimmung mit dem Standsicherheitsnachweis" in der Leistungsphase 8, die „Fachliche Bewertung der innerhalb der Verjährungsfristen der Gewährleistungsansprüche festgestellten Mängel, längstens jedoch bis zum Ablauf von fünf Jahren seit Abnahme der Leistung, einschließlich notwendiger Begehungen" in der Leistungsphase 9 usw. Eine angemessene Bewertung kann eigentlich erst im Nachhinein erfolgen. Wie bei anderen Honorarparametern auch, kann deshalb erst am Ende des Vertrages festgestellt werden, ob die Honorarvereinbarung sich im Rahmen der Mindest- und Höchstsätze bewegt und somit zulässig ist.

38   Zu beachten ist bei der Anwendung dieser und anderer Bewertungstabellen auch, dass jede Änderung in der Bewertung einer Grundleistung zum Ausgleich bei den anderen Grundleistungen der jeweiligen Leistungsphase führt, da deren vorgeschriebener Prozentsatz für jede Leistungsphase **in der Summe unverändert** bleiben muss. Es kann also nur um eine Gesamtverteilung der preisrechtlich bestimmten Prozentsätze einer Leistungsphase gehen, die allerdings für den jeweiligen Einzelfall aufwandsbezogen durchzuführen ist (vgl. oben Rdn. 35).

39   Die Anwendung solcher **Bewertungstabellen als Orientierungshilfe** kommt nur für solche Fälle in Betracht, in denen die wertmäßige Erfassung bzw. Berechnung des Anteils einzelner Grundleistungen an der gesamten Leistungsphase von der HOAI verlangt wird. Dazu gehören insbesondere folgende Problemfälle:

– § 8 Abs. 2:   Wenn einzelne **Grundleistungen oder wesentliche Teile davon nicht übertragen** werden und deshalb das Honorar anteilig zu vermindern ist.

– § 649 BGB: Wenn der Architekten- oder Ingenieurvertrag vorzeitig durch Kündigung beendet wird und der Architekt zum Zeitpunkt der Kündigung noch nicht alle Grundleistungen einer Leistungsphase erbracht hat für die Ermittlung der erbrachten Leistungen (vgl. BGH BauR 2005, 588 ff. = NZBau 2005, 163 f.).

– § 645 BGB: Wenn die geschuldete Architekten- oder Ingenieurleistung auf Grund eines Mangels der Bausubstanz **unausführbar** und der Auftragnehmer von seiner weiteren Leistungspflicht freigeworden ist (§ 275 BGB), bestimmen sich die Rechtsfolgen für den Anspruch auf die Gegenleistung, also das Honorar nach § 645 BGB, so dass es einer Bewertung der erbrachten Teilleistungen bedarf (BGH BauR 2005, 735 ff. = NZBau 2005, 285 ff.).

– §§ 633 ff., 638 BGB: Wenn die Werkleistung des Architekten mangelhaft ist (z. B. wegen fehlender Kostenermittlungen oder Kostenkontrolle) und dem Auftraggeber deshalb ein Minderungsanspruch zusteht (vgl. BGH BauR 2005, 588 = NZBau 2005, 163 und BGH BauR 2005, 400 ff. sowie OLG Hamm BauR 2005, 1350 f. und BGH BauR 2004, 1640 = IBR 2004, 512 f.).

Bei der letzten Fallgruppe ist die Anwendbarkeit solcher Bewertungen in Rechtsprechung und Schrifttum umstritten. Wie schon ausgeführt, greift § 8 HOAI in den Fällen, in denen der Architekt oder Ingenieur Grundleistungen, die ihm übertragen sind, **tatsächlich nicht erbringt,** nicht ein. In diesen Fällen ist der Auftraggeber auf **Mängel- oder Gewährleistungsansprüche** (z. B. Minderung oder Schadensersatz) unter den in §§ 633 ff. BGB genannten Voraussetzungen zu verweisen. Die Höhe der **Honorarminderung** erfolgt in der Rechtsprechung ebenfalls nach solchen Bewertungstabellen (vgl. BGH, Urteil v. 24.6.2004 – VII ZR 259/02, BauR 2004, 1640 = IBR 2004, 512, 513 und BGH BauR 2005, 588 = NZBau 2005, 163; OLG Rostock BauR 2005, 1370; OLG Celle BauR 2005, 1790).

IV. Gesonderte Vergütung des zusätzlichen Koordinierungs- oder Einarbeitungsaufwands

Nachdem in der ursprünglichen Fassung der früheren Norm des § 5 Abs. 2 Satz 3, die bis **40** zum 31. Dezember 1990 Gültigkeit hatte, nur die Berücksichtigung eines zusätzlichen **Koordinierungsaufwandes** vorgesehen hatte, erfolgte durch die 4. ÄndVO mit Wirkung vom 1. Januar 1991 die Einbeziehung auch eines zusätzlichen **Einarbeitungsaufwandes,** was aber vor allem klarstellenden Charakter haben dürfte. Es liegt auf der Hand, dass die **getrennte Vergabe von Grundleistungen** einer Leistungsphase, sei es an verschiedene Auftragnehmer, sei es nur teilweise an den Auftragnehmer bei Erbringung der übrigen Grundleistungen durch den Auftraggeber selbst, einen zusätzlichen Einarbeitungs- und Koordinierungsaufwand erfordert; denn zur Erreichung des letztlich einheitlichen Erfolgsziels muss einer der verschiedenen Leistungsverpflichteten diese Leistungen koordinieren und/oder sich in die von einem anderen erbrachten Vorleistungen einarbeiten.

In der Neufassung des § 8 Abs. 3 wurde zunächst die unglückliche Formulierung, wonach **41** ein zusätzlicher Koordinierungs- und Einarbeitungsaufwand vorliegen muss, geändert. Es genügt nunmehr, dass entweder ein zusätzlicher Koordinierungs- oder Einarbeitungsaufwand vorliegt. Außerdem wurde die systematische Stellung geändert. Der Einarbeitungs- oder Koordinierungsaufwand wird nicht mehr nur in Abs. 2 genannt, sondern für alle Fälle des § 8 in Abs. 3 gesondert geregelt. Im Gegensatz zur alten Fassung muss eine Mehrvergütung wegen eines **zusätzlichen Koordinierungs- oder Einarbeitungsaufwandes** nunmehr **schriftlich vereinbart** werden. Dabei handelt es sich um eine Anspruchsvoraussetzung. Es gibt also keinen preisrechtlichen Anspruch mehr für ein solches Zusatzhonorar, wie dies noch bei der alten Fassung 2009 der Fall war. Dieser Aufwand wird nach der Neufassung folglich nicht mehr automatisch beim Honorar berücksichtigt (vgl. Locher/Koeble/Frik § 8

Rdn. 12). Damit kann die fehlende Vereinbarung einer solchen Zusatzvergütung, auch nicht mehr zu einer **mittelbaren Mindestsatzunterschreitung** führen.

Die **gesonderte Vergütung des Einarbeitungs- oder Koordinierungsaufwandes** bedarf zwar der schriftlichen Vereinbarung. Ob die Vereinbarung bei Auftragserteilung erfolgen muss, ist jedoch nicht ausdrücklich geregelt. Nach § 8 a. F. war man davon ausgegangen, dass die Berücksichtigung des Einarbeitungs- und Koordinierungsaufwandes nicht bei Auftragserteilung erfolgen musste, da es keine besondere Honorarvereinbarung war. Nunmehr ist aber nicht mehr von der Berücksichtigung eines solchen Aufwandes als Sonderfall die Rede, sondern von einer gesonderten Vergütung, die es schriftlich zu vereinbaren gilt. Es handelt sich also ausdrücklich um eine Honorarvereinbarung. Anderseits verweist § 8 Abs. 3 nicht auf § 7 Abs. 1 HOAI. Es gibt daher keinen Grund, dass die Vereinbarung bei Auftragserteilung getroffen werden muss.

42 Die **Höhe der Vergütung für diesen Koordinierungs- und Einarbeitungsaufwand,** können die Parteien frei vereinbaren. Da sowohl § 8 Abs. 1 also auch Abs. 2 nach der Neuregelung der Schriftform bedürfen, können die Parteien die Vergütung des Koordinierungs- und Einarbeitungsaufwandes bereits im Rahmen dieser Vereinbarung treffen. Die gesonderte Bewertung kann etwa nach Zeitaufwand erfolgen. Es ist aber weiterhin auch möglich, eine Vereinbarung dahingehend zu treffen, dass die Honorarminderung nach § 8 Abs. 2 Satz 1 und 3 geringer ausfällt.

43 Ein zusätzlicher **Einarbeitungsaufwand** liegt dann vor, wenn es sich um eine **Erschwernis** oder einen **Zusatzaufwand** handelt. Ein solcher wird im Regelfall, so führt die Begründung zu § 5 Abs. 2 a. F. aus (BRDrucks. 270/76, S. 11), in der Leistungsphase selbst anfallen, deren Leistungen getrennt erbracht werden; er könne aber auch in anderen Leistungsphasen entstehen.

44 Entgegen der hier in der 7. Auflage vertretenen Auffassung kann ein zusätzlicher **Koordinierungsaufwand** nicht nur dann entstehen, wenn Leistungen einer Phase auf mehrere Auftragnehmer aufgeteilt oder teilweise von dem Auftraggeber selbst erbracht werden, sondern auch dann, wenn Einzelleistungen überhaupt nicht erbracht werden. Ein Koordinierungsaufwand kann unabhängig davon entstehen, ob es mehrere Auftragnehmer gibt. Auch das Fehlen einer Grundleistung kann in anderen Bereichen zu einem zusätzlichen Koordinierungsaufwand führen (vgl. auch Locher/Koeble/Frik, § 8 HOAI, Rz. 12). Dies gilt genauso für den zusätzlichen **Einarbeitungsaufwand.** Eine zusätzliche Einarbeitung kann auch dann notwendig werden, wenn einzelne Grundleistungen oder wesentliche Teile davon vollständig wegfallen und auch nicht von einem anderen erbracht werden. Die Einarbeitung bezieht sich gerade darauf, dass der Auftragnehmer nur Teile der Leistungen übertragen erhält. Auch diese Fälle sind von § 8 Abs. 3 umfasst.

45 Von einer bestimmten Größenordnung des Koordinierungs- und Einarbeitungsaufwandes spricht der Verordnungsgeber nicht, so dass **nicht geklärt werden muss, ob ein solcher Mehraufwand als unwesentlich oder als wesentlich** anzusehen ist (ebenso: Locher/Koeble/Frik § 8 Rdn. 12).

46 Die Honorierung des zusätzlich anzusetzenden Koordinierungs- oder Einarbeitungsaufwandes kann auch insoweit erfolgen, als bewusst von einer **Honorarminderung** abgesehen wird, obwohl die eine oder andere Grundleistungen oder wesentliche Teile davon aus dem Leistungsumfang herausgenommen wurden. Sollen beispielsweise Leistungsverzeichnisse vom Auftraggeber oder Dritten erstellt werden, kann der zusätzliche Koordinationsaufwand (rechtzeitige Abgabe des LV zur Ausschreibung) und der zusätzliche Einarbeitungsaufwand in Leistungsphase 8 dadurch vergütet werden, dass keine Honorarminderung in der Leistungsphase 6 vereinbart wird. Ein Mehraufwand in Koordination und Einarbeitung kann die entfallene Leistung leicht kompensieren. Anders als bislang muss die Vereinbarung aber schriftlich erfolgen.

Der zusätzliche Koordinierungs- oder Einarbeitungsaufwand kann nunmehr auch dazu führen, dass das Honorar für die jeweilige Leistungsphase **höher** ausfällt, als bei einer **vollen Leistungsphase.** Das gesonderte Honorar ist frei vereinbar.

47 Es ist leicht nachvollziehbar, dass nicht nur in den Fällen des Abs. 2, sondern erst recht auch bei der Nichtübertragung ganzer Leistungsphasen gem. **Abs. 1** ein **zusätzlicher Ko-**

ordinierungs- und/oder Einarbeitungsaufwand erforderlich werden kann. Gerade wenn die klassische Trennung zwischen Planung und Ausführung, insbesondere der Objektüberwachung gem. Leistungsphase 8 erfolgt, darf der Einarbeitungsaufwand nicht unterschätzt werden. Der Auftragnehmer, dem die Objektüberwachung der Leistungsphase 8 übertragen wird, hat – vor dem Hintergrund der Haftungsgrundsätze des BGH erst recht – sämtliche ihm zur Verfügung gestellten Pläne und Ausschreibungsunterlagen zu überprüfen. Er kann die Ausführung nur dann ordnungsgemäß prüfen, wenn er die Planungsdetails kennt und die Rechnungen nur dann zutreffend prüfen, wenn ihm die Verträge mit den Unternehmern vertraut sind. Zu Recht wurde daher vom Verordnungsgeber mit dem Absatz 3 des § 8 klargestellt, dass eine gesonderte Vergütung in allen Bereichen des § 8 möglich ist. Soweit Zusatzleistungen bei isoliert übertragenen Leistungsphasen über die Grundleistungen hinausgehen und als **Besondere Leistung einzuordnen sind,** kann solcher zusätzlicher Aufwand auch gemäß § 3 Abs. 3 vereinbart werden. Das Honorar kann entsprechend frei vereinbart werden und bedarf in diesem Fall keiner schriftlichen Vereinbarung mehr.

§ 9 Berechnung des Honorars bei Beauftragung von Einzelleistungen

(1) **Wird die Vorplanung oder Entwurfsplanung bei Gebäuden und Innenräumen, Freianlagen, Ingenieurbauwerken, Verkehrsanlagen und Technischer Ausrüstung als Einzelleistung in Auftrag gegeben, können für die Leistungsbewertung der jeweiligen Leistungsphase**

1. **für die Vorplanung höchstens der Prozentsatz der Vorplanung und der Prozentsatz der Grundlagenermittlung herangezogen werden und**
2. **für die Entwurfsplanung höchstens der Prozentsatz der Entwurfsplanung und der Prozentsatz der Vorplanung herangezogen werden.**

Die Vereinbarung hat schriftlich zu erfolgen.

(2) **Zur Bauleitplanung ist Absatz 1 Satz 1 Nummer 2 für den Entwurf der öffentlichen Auslegung entsprechend anzuwenden. Bei der Landschaftsplanung ist Absatz 1 Satz 1 Nummer 2 für die abgestimmte Fassung entsprechend anzuwenden. Die Vereinbarung hat schriftlich zu erfolgen.**

(3) **Wird die Objektüberwachung bei der Technischen Ausrüstung oder bei Gebäuden als Einzelleistung in Auftrag gegeben, können für die Leistungsbewertung der Objektüberwachung höchstens der Prozentsatz der Objektüberwachung und die Prozentsätze der Grundlagenermittlung und Vorplanung herangezogen werden. Die Vereinbarung hat schriftlich zu erfolgen.**

Vorhergehende Regelung: § 9 HOAI 2009

Übersicht

I. Allgemeines, Vergleich mit den bisherigen Fassungen

§ 9 regelt die Berechnung des Honorars bei Beauftragung von Einzelleistungen (Vor- **1** und Entwurfsplanung und Objektüberwachung) und wurde grundlegend vom VO-Geber überarbeitet. Die vorgenommenen Änderungen sollen vor allem der Vereinbarung und besseren Systematisierung der Einzelvorschriften dienen. Neu ist die Strukturierung der Vorschrift dergestalt, dass § 9 Abs. 1 die Regelung zur gesonderten Honorierung der Vor- und Entwurfsplanung für die dort aufgeführten Leistungsbilder der Objekt- und Fachplanung enthält, § 9 Abs. 2 die Flächenplanung erfasst und § 9 Abs. 3 die Honorierung der separat beauftragten Objektüberwachung für Gebäude und die Technische Ausrüstung regelt. § 9 Abs. 3 der HOAI 2009 wurde in überarbeiteter Fassung in § 9 Abs. 2. S. 1 überführt. Inhaltlich wurden folgende Klarstellungen vorgenommen: § 9 Abs. 1 wurde auf das Leistungsbild der Tragwerksplanung erweitert, da kein sachlicher Grund besteht, die Tragwerksplanung generell einer Regelung der Beauftragung von Einzelleistungen zu entziehen. Darüber hinaus wurde im Wortlaut des § 9 Abs. 3 durch die Formulierung *„können herangezogen werden"* auch klargestellt, dass die zusätzliche Honorierung der gesonderten Beauftragung der Objektüberwachung für das Leistungsbild Gebäude wie bislang für das Leistungsbild der Tragwerksplanung einer Vereinbarung zwischen Auftragnehmer und Auftraggeber bedarf. Dabei erscheint es sachgerecht, für die Einarbeitung je nach den konkreten Umständen des jeweiligen Einzelfalls zusätzlich höchstens die Summe der prozentualen Bewertung der Leistungsphasen 1 und 2 (Vor- und Entwurfsplanung) in Ansatz zu bringen. § 9 Abs. 1 S. 2, Abs. 2 S. 3 und Abs. 3 S. 2 stellen klar, dass das Schriftformerfordernis des § 7 Abs. 1 für sämtliche in § 9 geregelten Sachverhalte zu beachten ist.

2   Zentraler Begriff des § 9 ist nunmehr der Begriff der *„Einzelleistung"* geworden. War in den früheren Versionen der HOAI die Denkweise des Verordnungsgebers noch so, dass man davon ausging, der Auftragnehmer beauftrage ohne Weiteres das **gesamte** Leistungsbild, welches aus Planung bis hin zur Objektüberwachung auszuführen war, so hat sich diese generalisierende Meinung grundlegend geändert, wie bereits die Neufassung des § 8 als der Fassung 2009 zeigte. Dort wurde nunmehr deutlich der Leistungsübertragung und damit auch die Auffassung des modernen Architekten- und Ingenieurwerkes/-arbeit so angesehen, als wenn auch vertraglich es nicht selbstverständlich ist, dass Leistungsübertragungen auch gleichzeitig die Übertragung von Vollarchitekten-/Ingenieurleistungen seien. Das musste Auswirkungen auf die gesamte Honorarberechnung haben, was letztlich sich zu der Überzeugung führen muss, die Leistungen seien auch als **„Teilleistungen" oder untechnisch ausgedrückt, als „Arbeitsschritte"** anzusehen. Wurde bisher in der Vorauflage noch vertreten, dass § 8 Abs. 1 eine Ausnahme von der Regel der einheitlichen Sichtweise der grundsätzlichen gesamteinheitlichen Leistungsbeauftragung und damit einhergehend des Vollarchitektenvertrages sei, so muss davon Abstand genommen werden, weil es nicht mehr aktuell ist. Das zeigt sich schon daran, weil einzelne Leistungsphasen als Teilleistungsschritte oder auch bestimmte Einzeltätigkeiten aus einzelnen Leistungsphasen, wie in § 8 Abs. 2 vertraglich durchaus übertragen werden können.

Allerdings wird nicht ausdrücklich darauf hingewiesen, dass auch § 9 nur die Grundleistungen (§ 3 Abs. 2 S. 1) meint.

Sieht man aber die Möglichkeit zur Beauftragung und damit Vergütung von einzelnen Grundleistungen oder Leistungsphase in einer mehr generalisierenden Sichtweise, so ergibt sich rein praktisch, dass bei bestimmten Grundleistungen diese Sichtweise nicht mehr stimmig ist, weil die „Gegenleistung" des Honoraraufkommens niedriger oder auch höher im Verhältnis zum Leistungsaufwand ist. Gerade die Leistungsphasen 1, 2, 3 und 8 sind vom Verordnungsgeber als solche „Musterbeispiele" angesehen worden und in § 9 Abs. 1 und 3 deswegen abweichend vom „Normalfall" geregelt worden.

Soweit ebenfalls in der Vorauflage die Meinung vertreten wurde, dass das *„erforderliche Gleichgewicht zwischen Leistung und dem damit verbundenen Aufwand einerseits und angemessener Vergütung andererseits zu Lasten des Architekten verschoben werden kann"* (dort Rdn. 1), ist das nur bedingt zutreffend, denn nicht die HOAI verschiebt dieses „Gleichgewicht", sondern der Vertrag der Parteien. Die HOAI gibt in § 9 nur Beispielsfälle eines Lösungsansatzes an, wobei auf **typische Leistungsbeispiele** zurückgegriffen wird. Diese sind die **Vorplanung** (Leistungsphase 2) oder die **Entwurfsplanung** (Leistungsphase 3) und die **Objektüberwachung** (Leistungsphase 8). Die **Grundlagenermittlung** (Leistungsphase 1) ist grundsätzlich **nicht** mit einer der vorgenannten Leistungsphasen verbunden. Jedoch ergeben sich Leistungsaufgaben und Haftungsfragen des Planers, wenn die folgenden Leistungsphase nicht doch die vorangehenden Arbeitsschritte und Arbeitsergebnisse berücksichtigen (siehe zum Beispiel Leistungsphase 2a, der auf Leistungsphase 1 als gedankliches Grundelement der Leistungen in Leistungsphase 2 eben hinweist).

Daraus folgt aber auch, dass den Vertragspartnern die Möglichkeit zu bieten ist, ein höheres Honorar zu vereinbaren, wenn entweder ein – mentales – Gleichgewicht (s. o.) der Vergütung oder eben eine tatsächliche Berücksichtigung der tatsächlich erbrachten Leistungen stattfinden soll.

Durch die jetzt vorgenommene prozentuale Angliederung an die vorhandenen Vorschriften der jeweiligen Prozentansätze und Flächenmaße (z. B. § 34 Abs. 3, § 39 Abs. 3, § 43 Abs. 1, § 47 Abs. 1, § 51 Abs. 1, § 55 Abs. 1) wird allerdings zumindest erreicht, dass die prozentualen Anteile der Teilleistungen sich entsprechend den jeweils vorbestimmten Grenzen halten und damit nur scheinbar eine Ausgewogenheit von Leistung und Honorar darstellen. Diese Ausgewogenheit orientiert sich aber **nicht** an den **tatsächlichen üblichen Arbeitsweisen und Anforderungen** des Auftragnehmers. So werden bei den in Abs. 1 Nr. 2 dargestellten Leistungen der Leistungsphasen 2 und 3, die Leistungsphase 1 und der Ansatz der Honorierung außer Betracht gelassen. Die Anforderungen der jeweiligen vereinbarten folgenden Leistungsphasen 2 und 3 setzen aber gerade die Vorleistung der Grundlagenermittlung voraus, wie z. B. § 34 Abs. 3 und 4 zeigen. Die Leistungsphase 2 setzt bei 2.a) und 2.b) das Analysieren der Grundlagen und die Abstimmung der Leistung mit fachlich an der Planung zu beteiligenden Fachplanern, sowie das Abstimmen der Zielvorstellungen mit dem Auftraggeber voraus und damit eine umfängliche optimale Bearbeitung der Leistungsphase 1, obwohl nicht ausdrücklich vereinbart. Werden die Teilleistungen der Grundleistungen in der Leistungsphase 2 nicht eingearbeitet, kann sich zudem ein Haftungsfall bei einer begrenzten Beauftragung nach § 9 Abs. 1 Nr. 2 ergeben, wenn die dortigen Voraussetzungen nicht bearbeitet und damit nicht entsprechend den Vorlagen bearbeitet werden. Hier also ist – neben einer Verminderung des Honorars – mit einer gestiegenen Tätigkeitsanforderung des Auftragnehmers zu rechnen, der keine Honorar- oder Haftungsabsicherung entgegensteht.

Vor der in der Fassung 2009 (dort § 9) erfolgten Umstellung und damit dem Versuch der **3** Bündelung gleichartiger Honorarstrukturen waren vertragliche Erhöhungen bei der Vor- oder Entwurfsplanung als Einzelleistung in den jeweiligen Fachteilen geregelt, so in § 19 Abs. 1–3, § 58, § 75, § 37 Abs. 4, §§ 45a Abs. 4 und 46 Abs. 3 HOAI 1996/2002.

Erweitert wurde in der Fassung 2009 dann die Möglichkeit der Anwendung der Erhö- **4** hungsregelungen auf **Umbauten und Modernisierungen** i. S. von § 2 Nr. 6 und 7, obwohl dies nicht ausdrücklich erwähnt wurde. In der Fassung 2013 nun ist die Möglichkeit der Erhöhung über § 2 Nr. 5 und 6 ebenfalls eröffnet, wenn es sich bei Modernisierungen um Erhöhungen des Gebrauchswertes von einiger Tragweite oder bei Umbauten um wesentliche Eingriffe in die Substanz handelt. Folge ist dann ebenfalls, dass auf **Instandhaltungen und Instandsetzungen** des § 12 weitere vertragliche Erhöhungen nun möglich sind. Zudem ist die Erhöhung der jeweiligen anrechenbaren Kosten durch den Einbezug der vorhandenen Bausubstanz nach §§ 2 Abs. 7, 4 Abs. 3 zu beachten und einzuschließen.

Darüber hinaus verleiht § 9 nun einer allgemein üblichen Vorgehensweise von institu- **5** tionellen und öffentlichen Auftraggebern Gestalt, die grundlegende, vom VO-Geber so gesehene Möglichkeit der abgestuften Planung und Realisierung des Bauvorhabens durch Einzelvergaben und gleichzeitiger angemessener Regelung des Honoraraufkommens (s. o.), was auch der Ermittlung der Wirtschaftlichkeit eines Projekts dienen kann. Denn nach Durchführung der Leistungsphasen 2 oder 3 kann aufgrund der Kostenermittlungsarten der Kostenschätzung bzw. der Kostenberechnung durchaus eine konkrete wirtschaftliche und finanzielle Aussage zur endgültigen Realisierung getroffen werden, wenn es nicht schon in Leistungsphase 1 erfolgte.

Geht man mit dem OLG Brandenburg BauR 2008, 127 zunächst davon aus, dass wenn eine beauftragte Planung in der Entwurfs- oder Vorentwurfsphase nicht fortgeführt wird und dieses auf Veranlassung des Auftraggebers erfolgte, so rechtfertige dieser Umstand für sich gesehen noch nicht ein höheres Honorar als eine Einzelleistung, so ist das nicht unkritisch zu sehen. Erst die vertragliche Vereinbarung führt dazu. Allerdings ist zu beachten, dass diese Entscheidung für die Fassung 1996/2002 erging. Das wird man jetzt anders sehen müssen, denn § 9 Abs. 1 spricht nur noch von *„in Auftrag gegeben"*. Damit ist zunächst einmal zu hinterfragen, ob eine Beauftragung erfolgte, was anhand der Auslegungsregeln der §§ 133, 157 BGB erfolgen muss. Werden zunächst umfassende Leistungen vereinbart, kann man nicht von beauftragten Einzelleistungen in diesem Sinne sprechen, wenn die Leistungen später gekündigt werden/wird. Das gilt auch später bei einvernehmlichen Beschränkungen oder Aufhebung des Vertrages.

6   Die mündliche **Erteilung** eines **Auftrages** zur Erbringung von Einzelleistungen bei der Vorplanung, Entwurfsplanung oder Bauüberwachung führt auch nicht zur – unterstellten fiktiven – Regelung des Honoraranspruchs nach § 9. Das bedarf einer **ausdrücklichen schriftlichen Vereinbarung.** Erst dann kann die in Auftrag gegebene Einzelleistung nach § 9 mit einem geregelten erhöhten Prozentsatz damit vereinbart und vom Auftragnehmer gefordert werden. Das Erfordernis einer **schriftlichen Vereinbarung** (*„bei Auftragserteilung"* noch in der Begr. des Referentenentwurfs zu § 9, Fassung 2013; siehe BR-Drs. 334/13. S. 146) ergibt sich aus dem jeweiligen letzten Satz der Abs. 1 bis 3 i.V.m. § 7 Abs. 1 (vgl. auch allgemein dazu schon OLG Düsseldorf BauR 1993, 108; so für die Fassung 1996/2002: OLG Brandenburg BauR 2008, 127; zu Fassungen 2009: Locher/Koeble/Frik § 9 Rdn. 3f.; Pott/Dahlhoff/Kniffka/Rath § 19 Rdn. 5). Die **Vereinbarung** ist **nicht bei Auftragserteilung** zu schließen, sondern kann zu einem späteren Zeitpunkt während der Vertragslaufzeit geschlossen werden (so auch Locher/Koeble/Frik, 11. Aufl., § 9 Rdn. 4; Scholtissek, 2. Aufl. § 9, Rdn. 2).

Dies gilt für alle Beauftragungen von Einzelleistungen bei der Vorplanung und Entwurfsplanung (Abs. 1) bei den dort beschriebenen Leistungsbildern, der Entwurfsplanung der Flächenplanung und für die Objektüberwachung bei der Gebäudeplanung und der Technischen Ausrüstung (Abs. 3). Soweit Werner/Siegburg (BauR 2013, 1499, 1512) und Fuchs/Berger/Seifert (NZBau 2013, 730, 736) die Notwendigkeit der schriftlichen Vereinbarung *bei Auftragserteilung*, als unsystematisch im Rahmen der HOAI und Vergleich zu § 8 darstellen, kann dem so nicht beigepflichtet werden. Immerhin darf nicht übersehen werden, dass § 8 Abs. 2 von der Möglichkeit der schriftlichen Änderung von verbindlichen Honorarvorgaben ausgeht. Unsystematisch ist aber entgegen den vorgenannten Meinungen eben **nicht** die Schriftlichkeit. Diese kann während der Laufzeit des Vertrages **jederzeit nachgeholt** und **klargestellt** werden (*Beispiele*: Änderungen der Anforderungen nach Beginn der Leistungen des Architekten; Einschränkungen nach Beginn der Leistungserbringung; Teilkündigung). Fuchs/Berger/Seifert (a.a.O.) übersehen hier, dass die Referentenbegründung aus März 2013 eben in der VO an dieser Stelle nicht wörtlich übernommen wurde; es wurde der Wortlaut *„bei Auftragserteilung"* herausgenommen. Diese Voraussetzung ist damit nicht notwendig und zwingend.

7   Während in der **Fassung 2009** infolge der **unklaren Fassung des Wortlautes** bei der Übertragung der **Objektüberwachung für Gebäude** als Einzelleistung nach § 9 Abs. 2 Nr. 2 (a.F.) umstritten war, ob eine **vertragliche Vereinbarung notwendig war und diese bei Auftragserteilung oder zu einem späteren Zeitpunkt als Wirksamkeitsvoraussetzung geschlossen werden musste** (siehe Vorauflage § 9 Rdn. 6), hat der VO-Geber diese Unsicherheit nunmehr mit einem Satz 2 am Ende der drei Absätze gelöst. Begründet wurde die Meinung (siehe Vorauflage § 9 Rdn. 6) mit dem anscheinend eindeutigen Wortlaut *(„... können ... berechnet werden: ..."),* und dem Fehlen des Hinweises auf eine notwendige schriftliche Vereinbarung (s.a. Locher/Koeble/Frik, 9. Aufl., § 9 Rdn. 2, 3). Diese Folgerung war durchaus gerechtfertigt, da auch § 7 Abs. 1 und 7 S. 1 (a.F.) keine eindeutigen Hinweise – außer auf die Geltung der Mindestsätze – ergaben. Im Allgemeinen ist davon auszugehen, dass der Auftraggeber, der einem Auftragnehmer lediglich die Objektüberwachung der Leistungsphase 8 bei der Objektplanung überträgt, Kenntnis über mögliche erhebliche Mehrarbeit infolge der Übernahme von anderweitig erbrachten Planungs- und Vergabeergebnissen hat, in die er sich erst einzuarbeiten hat, u.a. um Haftungsfälle zu vermeiden und um die Vorplanerergebnisse zu überprüfen. Daraus wurde geschlossen, dass der in § 33 Nr. 8 HOAI 2009 angegebene Prozentansatz zu niedrig sei (Vorauflage Rdn. 6, 21: aus Abs. 2 Nr. 2 ergebe sich nicht zwangsläufig, sondern nur bei

größeren Objekten ein erhöhtes Honorar). Die eigentliche Problematik bestand in der allgemeinen, aber eben im Wortlaut nicht in § 9 übernommen Fassung der §§ 7 Abs. 1 und 7 HOAI 2009.

Nunmehr jedoch ist die **Schriftlichkeit** in den jeweiligen Absätzen als letzter Satz vorgegeben. Dies stellt keine Abweichung von den Grundsätzen der §§ 7 Abs. 1 und Abs. 5 dar. Aber es stellt sich die Frage, ob eine Unterschreitung der Mindestsätze vorliegt. Der Wortlaut ist allerdings eindeutig und stimmt bereits mit der Begründung im Referentenentwurf an dieser Stelle überein („... *§ 9 Abs. 1 S. 2, Abs. 2 S. 3 und Abs. 3 S. 2 stellen klar, dass das Schriftformerfordernis des § 7 Abs. 1 für sämtliche in § 9 geregelten Sachverhalte zu beachten ist ...*"). Es gilt nicht automatisch die Erhöhung der in § 9 geregelten Honoraranhebungen, wenn die dort beschriebene Leistung vereinbart und erbracht wird. Denn der Wortlaut weist nur darauf hin, dass die dort erwähnten erhöhten Prozentsätze „....können herangezogen werden ..." bzw. „... ist ... anzuwenden ..." einer Vereinbarung der Parteien unterliegen. Folge ist die Vereinbarung eines zusätzlichen prozentualen Ansatzes, der sich auch an den Teilleistungslisten wie **Siemon** oder **Simmendinger** (z. B. „HOAI 2013 für Objekt- und Fachplaner" bei den Anlagen ab 10.1 bis 15.1) orientieren kann. Im Übrigen sind die Parteien frei in der Wahl der maximal vorgegebenen prozentualen Vorgabe der Leistungsphasen 1 und 2 in den Varianten u. a. des § 34 und haben damit eine Bandbreitenwahl. Soweit allerdings in Abs. 1 in den Nr. 1 und 2 und Abs. 3 die Wahlmöglichkeit auf die Grundleistungen „... *höchstens* ..." ausgedehnt wird, ist das § 8 Abs. 2 geschuldet, sofern die Parteien ausdrücklich Teilleistungen vereinbaren. Keine Wahl besteht darin bei vollständig beauftragten und ausgeführten Teilleistungen einen minderen Satz zu vereinbaren, da dieses dem Mindestsatzerfordernis nach § 7 Abs. 1, 3 und 5 widerspricht.

Wird eine **schriftliche Vereinbarung** jedoch **nicht getroffen,** so ist der Mindestsatz unterschritten, wenn die beauftragte Grundleistung (Vorplanung, Entwurfsplanung, Objektüberwachung) einen minderen Ansatz als in § 34 Abs. 3, 4 i. V. m. Anlage 10.1 vorgegeben, aufweist (unter Berücksichtigung des § 8 Abs. 2). Der Wortlaut lässt zudem zu, dass die Einschränkung „... höchstens ..." sich nur auf diese beauftragten Grundleistungen erstreckt und eben nicht auf die nach der Verordnung mit einzubeziehenden vorhergehenden Leistungsphasen 1 und 2. Der VO-Geber hätte an dieser Stelle ansonsten diese Einschränkung wiederholen müssen. Zudem ist denkbar, dass die Vertragspartner hier allgemein an eine Reduzierung des Honoraransatzes sowohl in den beauftragten Grundleistungen (2, 3 oder 8) denken, jedoch auch diesen reduzierten Ansatz auf die vom VO-Geber in § 9 vorgegebenen Vorphasen/-leistungen übernehmen wollen (Beispiel: Grundleistung Objektüberwachung Lph 8 zu 22% statt 32% und daher Grundlagenermittlung zu 1,5% und Vorplanung zu 5%). Da dieses eine Unterschreitung der Mindestsätze darstellt, welche nach § 7 Abs. 1, 5 nicht gestattet ist, wird man hier bei Nichtschriftlichkeit auf die Mindestsatzregelung des § 9 zurückzukommen haben. § 9 stellt damit eine legis speciales zu § 7 Abs. 1, 5 dar. Die Regelung stellt damit gerade bei den Ansätzen der „Vorphasen/-leistungen" eine zwingende Mindestsatzregelung dar und ist nur durch vertragliche schriftliche Änderungen bei den Teilleistungen der Grundleistungen und den „Vorphasen/-leistungen" – soweit zu erbringen – herabsetzbar.

II. Vorplanung und Entwurfsplanung als Einzelleistung (Abs. 1)

Vorplanung ist die **Leistungsphase 2** und Entwurfsplanung die **Leistungsphase 3.** In **8** Abs. 1 wird für bestimmte Leistungsbilder – **Gebäuden, Innenräumen, Freianlagen, Ingenieurbauwerken, Verkehrsanlagen, Tragwerksplanung und technische Ausrüstung** – eine Erhöhung der entsprechenden Prozentsätze bei den Leistungsphasen 2 oder 3 dargestellt und verbindlich im Rahmen einer **Mindestsatzanordnung** vorgesehen. Eine vereinbarte **Erhöhung** des Prozentsatzes ist daher zulässig **„bis zum Höchstsatz des Prozentsatzes der vorangegangenen Leistungsphase".** Praktisch bedeutet das im Rahmen einer Gebäudeplanung, dass bei der Auftragnehmer, der mit der Vorplanung oder

der Entwurfsplanung **als Einzelleistung** beauftragt wurde, schriftlich im Rahmen des in § 34 vorgegebenen Prozentsatzes einen maximal entsprechend erhöhten Satz vereinbaren kann, der bei der Vorplanung nach § 34 Abs. 3, 4 i. V. m. Anlage 10.1 mit bis 7% bewertet wird und eine Erhöhung um maximal 3%, wie sie nach § 34 Abs. 3, 4 i. V. m. Anlage 10.1 für die Leistungsphase 1 vorgesehen ist. Damit können **bis zu 9%** (2% + 7%) und bei der Entwurfsplanung **bis zu 22%** (15% + 7%) der Honorare schriftlich vereinbart werden. Außerdem lässt § 9 mit dem Begriff „... *höchstens* ..." nach dem Willen des VO-Gebers es unter Berücksichtigung des § 8 zu, im Einzelfall ein Honorar zu vereinbaren, welches z. B. bei Gebäuden zwischen 7% und 9% (bei der Vorplanung) oder zwischen 15% und 22% (bei der Entwurfsplanung) liegt.

Die in der Verordnung § 9 angegebenen erhöhten Sätze sind **Höchstsätze und damit einzuhaltende Höchstgrenzen. Ansonsten kommt die Regelung des § 7 Abs. 1 und 4 zur Anwendung** (siehe dort). Die Vorschrift lässt aber auch die **Vereinbarung** eines **geringeren Zuschlagsatzes** zu.

9   Grundlage für einen erhöhten Prozentsatz ist daher zunächst, dass **entweder die Vorplanung oder die Entwurfsplanung als Einzelleistung** (vgl. dazu oben Rdn. 5) dem Auftragnehmer vertraglich schriftlich übertragen wird. Daher ist kein Raum für die Anwendung des § 9 Abs. 1 in dem Fall, wenn **kumulativ sowohl die Vorplanung als auch die Entwurfsplanung beauftragt** wurde. Denn in einem solchen Fall sind – wie üblich – die beiden Leistungsphasen nach den vertraglich vereinbarten bzw. in der Verordnung angegebenen Prozentsätzen der übertragenen Leistungsphasen abzurechnen. Das gilt für die **Grundleistungen** (siehe § 3 Abs. 2). Für den Fall, dass **neben** der Vorplanung oder der Entwurfsplanung noch weitere Leistungsphasen oder auch nur Teilleistungen aus einer anderen Leistungsphase beauftragt werden, also neben der Beauftragung der Vorplanung oder Entwurfsplanung ergänzend Teilleistungen aus weiteren Leistungsphasen übertragen worden sind, gilt gleiches; ebenfalls bei der kumulativen Beauftragung von Besonderen Leistungen neben der kumulativen Beauftragung der Leistungsphasen 2 und 3 bzw. von Teilleistungen (zu Letzterem: ähnlich auch Locher/Koeble/Frik § 9 Rdn. 5, 6).

Unklar in der Vorauflage (dort Rdn. 8 a. E.) war der Punkt der Verwendung von vom Auftragnehmer nicht angefertigten, aber verwendete Vorplanung bzw. Vorplanungsunterlagen eines anderen Planers. Deutlich ist hier zu sagen, dass im Rahmen einer Auslegung des Vertragsinhalts (§§ 133, 157 BGB), davon auszugehen ist, welche Leistung der Vorplanung oder Entwurfs hinsichtlich der Einzelübertragung nach § 9 in Betracht kommen könnte. Verwendet er lediglich die Unterlagen des Vorplaners, so wäre der Auftrag dahin auszulegen, dass der Planer lediglich mit der Entwurfsplanung beauftragt wäre. Ein Rückschluss in dem Fall der Verwendung der Entwurfsplanung auf eine vertraglich vereinbarte Vorplanung schließen zu wollen, verbietet sich hingegen vom Grundsatz her.

10   Eine **Vorplanung** kann regelmäßig nicht ohne die vorhergehende Grundlagenermittlung erbracht werden. Zumindest wird das nicht ohne Klärung der Aufgabenstellung als Grundleistung aus bzw. in der Leistungsphase 1 erbracht werden. Dazu zählen aber auch Eigenleistungen des Auftraggebers in Leistungsphase 1, die dieser dem Auftragnehmer übergibt. Denn der Auftragnehmer hat in der Leistungsphase 2 stets die Grundlagen der eigenen Planung zu klären (BGH, BauR 2007, 571 = NZBau 2007, 253). Nicht zu dieser Grundleistung – da Besondere Leistung – gehört zum Beispiel die Bearbeitung eines Raumprogramms.

Eine lediglich beauftragte **Entwurfsplanung** bedarf im Regelfall einer vom Auftragnehmer oder einem Dritten zuvor anderweitig **gefertigten Vorplanung als Grundlage** der beauftragten seiner Leistungserbringung und ist ansonsten zwingend vom Auftraggeber zur Verfügung zu stellen, was aber auch vertraglich zu regeln ist, weil es sich nicht von selbst versteht. Wenn eine vom Auftraggeber oder einem Dritten ausgearbeitete Vorplanung aber nicht vorliegt bzw. Vertragsgegenstand ist, hat der Auftragnehmer als Grundlage für die beauftragte Entwurfsplanung auch eine Grundlagenermittlung sowie die Vorplanung erbringen, weil diese Leistungen wiederum Voraussetzungen enthalten, die in Leistungsphase 3 zum Tragen kommen. In dem Fall, in dem eine Vorplanung vorhanden ist (gleich, ob vom Auftraggeber oder aufgrund separaten vorhergehenden Vertrages selbst erstellt), kann ebenfalls über Abs. 1 Nr. 2 für die Entwurfsplanung ein erhöhter Prozentsatz von bis 22% (15% + 7%) vereinbart werden.

Ist die Vorplanung durch den Auftraggeber aber nicht vorhanden und/oder weigert der Auftraggeber sich, diese irgendwie beizusteuern, hat der Auftragnehmer die Kündigung des geschlossenen Vertrages in Betracht zu ziehen oder einen Vertragsschluss nicht in Betracht zu ziehen, da möglicherweise Haftungs- und Honorarfragen die Folge sein könnten.

§ 9 Abs. 1 geht dem Wortlaut nach von der **umfassenden Übertragung der Vorplanung oder Entwurfsplanung** aus. Wenn der Auftraggeber aber auf einzelne Arbeitsschritte verzichten will (z.B. auf Koordinierungsleistungen – 2.e) – oder auf die Objektbeschreibung – 3.c), weil er bereits externe weitere Berater oder Planer beauftragte) kann eine Erhöhung nach Abs. 1 vereinbart werden. Aber zugleich ist dann aber auch eine **Verminderung des Prozentsatzes** i.S. von § 8 Abs. 1 und 2 **für nicht übertragene Grundleistungen** zu berücksichtigen (siehe dazu Siemon-Liste in Anhang 9). Es ist dann wegen dieser nicht zu erbringenden Leistungen eine entsprechende **Kürzung** des betreffenden **Prozentsatzes** der **nicht übernommenen Teilleistung** vorzunehmen, wenn dem Auftragnehmer zwar die gesamte Leistungsphase 2 oder 3 übertragen war, er aber **einzelne Grundleistungen** als vereinbarte notwendige Arbeitsschritte **nicht erbringt** (BGH, Urteil v. 24.6.2004 – VII ZR 259/02; BauR 2004, 1640 = NZBau 2004, 509). **11**

Auch ein Fall des § 9 ist es, wenn dem Architekten **nacheinander mehrere Vorplanungen oder Entwurfsplanungen jeweils als Einzelleistungen** übertragen werden. Zunächst ist faktisch davon auszugehen, dass Mehraufwand der Leistung in den Einzelleistungsphasen 2 bzw. 3 auch mehrfach entsteht. Das ist dann beim Honoraranspruch zu berücksichtigen. Zudem steht hier auch § 10 im Raum. Fraglich ist aber jeweils, ob die Vor- oder Entwurfsplanungen jeweils teilweise oder vollständig beauftragt wurden, oder eben gar nicht. Die Frage ist also, ob es sich um einen veränderten Leistungsumfang oder um Wiederholungen von Grundleistungen mit und ohne Änderungen der Flächen oder anrechenbaren Kosten handelt. Steht der Leistungsumfang von Anfang fest und wird lediglich der Leistungsumfang später verändert, ohne dass eine vertragliche neue Abgrenzung der vollständigen Tätigkeit in den Leistungsphasen 2 oder 3 ermittelt werden kann, wird es sich im Zweifel um einen Fall des § 10 handeln. Dort kann allerdings als Anhaltspunkt für eine Vereinbarung nach den dortigen Tätigkeitsvoraussetzungen und Honorarbezügen bei den prozentualen Ansätzen beispielsweise auf die Rechenmodelle des § 9 für die geforderte Vereinbarung zurückgegriffen werden. **12**

Der Auftragnehmer hat allerdings seinerseits den Auftraggeber auch darauf hinzuweisen, dass die von dem Auftraggeber beabsichtigte Leistungsbeauftragung einzelner Leistungsphasen oder Teilleistungsphasen zu anderen Honoraransprüchen – eben des § 9 – führen wird. Gerade bei unklaren schriftlichen Vereinbarungen, in denen es heißt, „einen Plan" oder „einen Bauplan" zu fertigen, ist die Leistungsaufgabe völlig unzureichend beschrieben. Der Architekt/Ingenieur kann eben nicht sich darauf berufen, dass ihm ein Auftrag zur Entwurfsplanung übertragen worden ist, was eben honorarmäßig vorteilhafter wäre. Eine solche Vermutungsregel existiert nicht. Der Auftragnehmer muss daher zunächst den Auftraggeber auf die Unterschiede zwischen Vorplanung und Entwurfsplanung und auf die Auswirkungen beim Honoraranspruch **hinweisen und ihn beraten** und seine endgültige und eindeutige Entscheidung herbeiführen. Ggfs. ist der schriftliche Vertrag an diesem Punkt nachzubessern. **13**

Ebenfalls darf deswegen und weil es keine Vermutungsregel zu seinen Gunsten gibt, der Auftragnehmer nicht von sich aus tätig werden und beispielsweise bereits eine Entwurfsplanung fertigen. Der Auftragnehmer darf also nicht „Vorpreschen" und Leistungen erbringen, die vertraglich unnötig bzw. nicht klar beauftragt wurden. In einem solchen Fall käme nur in Betracht von der beauftragten Vorplanung auszugehen und daher das darauf entfallende Honorar zu ermitteln (so auch Locher/Koeble/Frik § 9 Rdn. 7; Locher/Koeble/Frik Einl. Rdn. 84 m.w.N. und § 9 Rdn. 9; ähnlich auch Vorauflage § 9 Rdn. 12). **14**

III. Auftragserweiterung über die Einzelleistungen nach den Abs. 1 hinaus

15   Es bleibt auch bei einer späteren **Auftragserweiterung** der bisher beschränkt beauftragten Leistungsphasen 2 oder 3 beim nach Abs. 1 erhöhten Satz, wenn die dafür notwendigen Voraussetzungen jeweils vorlagen und insbesondere eine entsprechende schriftliche Vereinbarung vorliegt. „Das gilt auch dann, wenn der Auftrag später über die Leistungsphasen 1 bis 3 des jeweiligen Leistungsbildes, oder wiederum für sich gesondert, erweitert wird". (So auch Seifert in der Vorauflage.) Das ergab sich schon aus der amtlichen Begründung zu § 19 HOAI 1996/2002. **Ein anderer Fall** liegt allerdings vor, wenn eine **stufenweise Beauftragung** vorliegt. Hier ist allerdings jeweils am § 8 Abs. 3 zu denken, wonach der Einarbeitungs- oder Koordinierungsaufwand angemessen zu berücksichtigen ist. Das hat mit § 9 Abs. 1 nichts zu tun und ist dort zu berücksichtigen. Bei öffentlichen Vergaben und Aufträgen wird das meist nicht zur praktischen Anwendung kommen, weil die Vergabebedingungen § 8 Abs. 3 meist direkt oder indirekt ausschließen.

   Soweit in der Vorauflage (*Seifert*) an dieser Stelle noch vertreten wurde, dass eingeschränkte Aufträge auch zur Überschreitung des Höchstpreises (Höchstsatzcharakter) führen könnten, traf das ersichtlich auf die HOAI 1996/2002 zu, nicht aber auf HOAI 2009 oder 2013. Es wird ausdrücklich nicht daran festgehalten.

IV. Einzelne Beauftragung zu Bauleitplanung und Landschaftsplanung (Abs. 2)

16   Abs. 2 stellt eine vergleichende Anwendungsanweisung des Abs. 1 bei der Flächenplanung (Bauleitplanung und Landschaftsplanung) dar.

   Bei der **Bauleitplanung** ist für den Entwurf der öffentlichen Auslegung in Leistungsphase 2 lediglich § 9 Abs. 1 S. 1 Nr. 2 anzuwenden. Im Rahmen der in der Bauleitplanung im Leistungsbild des Bebauungsplanes daher separat und nach den unter Rdn. 7 ff. festgelegten Besonderheiten der schriftlichen Vereinbarung nach Satz 2 erfolgten Beauftragung eines Entwurfs zur öffentlichen Auslegung in Leistungsphase 2 ergibt sich zunächst ein Honoraranspruch von 30%, der im Hinblick auf die Anwendung des § 9 Abs. 1 Nr. 1 S. 2 maximal um weitere 60% der Leistungsphase 1 erhöht werden kann.

   Bei der **Landschaftsplanung** hingegen bezieht sich die Verweisung auf § 9 Abs. 1 S. 1 Nr. 1 auf die in Leistungsphase 3 maßgebliche vorläufige Fassung, während die Verweisung auf § 9 Abs. 1 S. 1 Nr. 2 sich auf die abgestimmte Fassung in der Leistungsphase 4 bezieht.

   Abs. 2 Satz 1 trägt der im BauGB vorgeschriebenen umfassenden Bürgerbeteiligung Rechnung. Dazu schreibt § 3 Abs. 1 BauGB eine frühzeitige Beteiligung und Information der Bürger in der Weise vor, dass die Grundzüge der beabsichtigten Bauleitplanung in einem ersten Auslegungsverfahren vorgestellt werden. Der eigentliche Entwurf des Bauleitplans wird anschließend mit Erläuterungsbericht oder Begründung für einen Monat öffentlich ausgelegt, § 3 Abs. 2 BauGB. Von der frühzeitigen Bürgerbeteiligung kann unter bestimmten Umständen abgesehen werden, so bei anderweitiger Unterrichtung und Erörterung oder bei nur unwesentlichen Auswirkungen eines beabsichtigten Bebauungsplans.

   Diesen im Regelfall geforderten beiden Verfahren zur Bürgerbeteiligung entsprechen die Grundleistungen in der Anlage 3. Die Leistungsphase 1 enthält die Grundleistungen zum Vorentwurf, die Leistungsphase 2 diejenigen zur öffentlichen Auslegung.

   Die Leistungsphase 1 ist mit 60% des Honorars wesentlich höher bewertet als die Leistungsphase 2, für die 30% vorgegeben werden. Der Grund dafür liegt in dem Umstand, dass die Arbeiten zum auszulegenden Entwurf diejenigen aus der Vorplanung voraussetzen und verwerten.

   Würde ein öffentlicher Auftraggeber den Auftrag auf die Leistungsphase 2 beschränken, müsste der Planer dennoch Leistungen des Vorentwurfs (LP 1) erbringen, da er sonst den auszulegenden Entwurf nicht herstellen könnte.

Durch die Regelung in Abs. 2 S. 1 wird die Möglichkeit eröffnet, das Honorar diesem Leistungsumfang anzupassen, auch wenn nur die LP 2 beauftragt wird. Das Honorar kann dann in Höhe der 30% der LP 2 und der 60% der LP 1 vereinbart werden. Dabei handelt es sich um einen Höchstsatz im Sinne des § 7 Abs. 1 HOAI. Diesen Rahmen müssen die Parteien nicht ausnutzen, sie dürfen ihn nicht überschreiten.

Die Vorschrift ist nur anwendbar, wenn Leistungsphasen 2 als Einzelleistung in Auftrag gegeben wird. Das gibt Abs. 2 S. 1 eindeutig durch die Bezugnahme auf den „Entwurf zur öffentlichen Auslegung" vor. Bezieht sich der Auftrag dagegen auch auf die Leistungsphase 1, muss Abs. 2 S. 1 nicht bemüht werden, da dann ohnehin der dafür vorgesehene Prozentsatz einbezogen ist.

Fraglich ist dagegen, was bei einer Beauftragung der LP 2 und 3 abzurechnen ist. Nach dem Wortlaut des § 9 Abs. 2 S. 1 käme es dann nicht zu einer Erhöhung des Prozentsatzes für die Entwurfsplanung, da dies dort ausdrücklich nur bei einer Beauftragung des Entwurfs als Einzelleistung vorgesehen ist. Für die LP 3 (Erarbeiten des Plans für die Beschlussfassung) ist lediglich mit 10% des Honorars abzurechnen. Damit kann keine Kompensation des Wegfalls der LP 1 erfolgen. In diesem Fall muss es dem Planer möglich sein, die LP 2 ebenfalls nach Abs. 2 S. 1 abzurechnen.

§ 9 verlangt von den Parteien eine Einigung, die schriftlich zu erfolgen hat. Diese Form wird als „muss", nicht als „soll" vorgegeben. Das spricht dafür, dass bei Fehlen einer schriftlichen Vereinbarung die Möglichkeit der Honorarerhöhung nach § 9 nicht gegeben ist (so auch Locher/Koeble/Frik, § 9 Rdn 4). Zum Zeitpunkt der Vereinbarung sagt § 9 nichts aus, so dass diese auch noch nach der Auftragserteilung getroffen werden kann. Gegenüber § 7 Abs. 4, der nur den Mindestsatz zulässt, wenn bei Auftragserteilung keine andere Vereinbarung getroffen wurde, enthält § 9 für den Fall der Beauftragung von Einzelleistungen die speziellere Regel und geht damit vor (Locher/Koeble/Frik, § 9 Rdn. 4).

V. Objektüberwachung bei Gebäuden und TGA als Einzelleistung (Abs. 3)

Abs. 3 befasst sich mit der einzeln beauftragten **Objektüberwachung bei der Technischen Ausrüstung** (Leistungsphase 8 der Anlage 15.1) und bei **Gebäuden** (Leistungsphase 8 der Anlage 10.1) als isolierte Leistungsphase. Für andere Leistungsbilder sind diese Sonderregelungen nicht vorgesehen. **17**

Bei der **Objektüberwachung für die Technische Ausrüstung als Einzelleistung** **18** regelt Abs. 3, dass entsprechend den Vorgaben in Abs. 1 der Prozentsatz der Leistungsphasen 8 bis höchstens des Prozentsatzes der Objektüberwachung betragen kann und zusätzlich die Prozentsätze der Grundlagenermittlung und der Vorplanung vereinbart werden können. Der bei § 55 Abs. 1 Nr. 8 bestimmte Prozentsatz in Höhe von 35% kann also, um den Prozentsatz der Leistungsphase 1 (Grundlagenermittlung) nämlich 2% und Leistungsphase 3 (Vorplanung) um weitere 9% **auf** 46% erhöht werden. Auch hier gilt (vgl. dazu oben Rdn. 9), dass es sich um einen Höchstsatz handelt, der verhandelbar ist und damit eine Erhöhung von weniger als 11% **vereinbart** werden kann. Dabei gilt – wie in Absatz 1 und 2 auch – das Schriftlichkeitsgebot nach Vereinbarung/Verhandlung. Es gelten die unter oben Rdn. 7 und 9 ff. bereits erörterten Grundzüge der Berechnungen und Beauftragungen. Bei der Wahl der Parteien im Rahmen der schriftlichen Vereinbarung ist es daher ebenso möglich nur die Grundleistung oder nur die Vorplanung bei der Berechnung zu berücksichtigen. Das wird vom **Schwerpunkt** der beauftragten Tätigkeit und der Notwendigkeit von Grundleistungen aus der einen oder anderen Leistungsphase abhängen, insbesondere bei den vom Auftragnehmer als vorhergehende Planungsleistung des Auftraggebers oder dritter Planer zu berücksichtigenden Vorarbeiten, auf denen der Auftragnehmer aufbaut.

Die in der **Objektüberwachung für Gebäude** noch bei § 9 Abs. 2 HOAI 2009 vorgesehene Möglichkeit der alternativen Honorarberechnung ist in der HOAI 2013 entfallen. **19**

Nunmehr hat § 9 Abs. 3 die einfachere Berechnung zur Zuordnung zu den Leistungsphasen 1 und 2 (Grundlagenermittlung und Vorplanung) übernommen. Auch hier ist Vor- **20** aussetzung die Einzelbeauftragung (siehe Rdn. 7, 9 ff.). Dies gilt nicht für die Objektüberwachung aus anderen Leistungsbildern, also insbesondere auch **nicht** für die Objektüberwachung bei **Freianlagen** und bei **Innenraumplanung.**

Soweit Leistungen bei Gebäuden und bei Innenraumplanung bei einer Baumaßnahme zusammenfallen ist § 37 Abs. 2 zu beachten. Danach darf ein **gesondertes** Honorar nach § 11 Abs. 1 für die Grundleistungen für Innenräume **nicht** berechnet werden. Jedoch sind bei der Vereinbarung (mündlich oder schriftlich) der Grundleistungen für Innenräume bei gleichzeitiger Beauftragung der Gebäudeplanung die Honoraransätze **bei der Vereinbarung** zu berücksichtigen. Der VO-Geber hat hier lediglich den Parteien den Spielraum eingeräumt im Rahmen der Mindest- und Höchstsätze eine Vereinbarung zu treffen.

21   Die Parteien können daher nach Maßgabe der unter Rdn. 7 f. und 9 ff. dargestellten Voraussetzungen eine Vereinbarung zur Honorarhöhe treffen. Danach sind neben dem Ansatz von 32% für die Objektüberwachung auch die Grundlagenermittlung bis 2% und die Vorplanung mit 7% zu berücksichtigen, womit eine Erhöhung bis 11% vertraglich vereinbart werden kann. Für Zwischenlösungen sind die Ausführungen zu Abs. 1 zu beachten.

22   Hinsichtlich der Abrechnung des Honorars bei der Einzelbeauftragung der Objektüberwachung ist § 2 Nr. 11 i. V. m. § 6 Abs. 1 Nr. 1 zu beachten. Danach richtet sich die Abrechnung nach der **Kostenberechnung,** hilfsweise nach der Kostenschätzung (§ 2 Nr. 10). Soweit vertreten wird, dass die Kostenberechnung bei Einzelbeauftragungen nach § 9 Abs. 3 nicht anzuwenden ist (so wohl Pott/Dahlhoff/Kniffka/Rath, § 9 Rdn. 17), steht nicht nur der klare Wortlaut des § 6 Abs. 1 Nr. 1 dem entgegen. Denkbar ist allerdings, dass die **Kostenvereinbarung** nach § 6 Abs. 3 eine Kostenfeststellung **berücksichtigt** und somit vereinbart werden kann. Das hat ausdrücklich und nachvollziehbar zu geschehen. Allerdings sind die Höchstsatzregelungen des § 7 Abs. 1 zu beachten.

23   Soweit die **bisherige Kostenberechnung,** die der Auftragnehmer im Rahmen der Ziffer 8g) bis j) und m) der Leistungsphase 8 der Anlage 10.1 zu berücksichtigen hat, unzutreffend ist, weil beispielsweise der Vorarchitekt oder der Auftraggeber sich verrechnete, ist eine Änderung nicht über den Ansatz der Kostenfeststellung durchzuführen. Das werden jedoch seltene Fälle sein (siehe Haftungsfälle unter § 34, Leistungsphase 8). Nach den **Grundsätzen der erneuten Kostenberechnung** auf der Basis der geänderten Vorplanung, der Ausführungsplanung oder der angepassten Auftragsvergabe, sowie der Objektüberwachung wird im Rahmen der Abrechnung auf der Grundlage des § 10 Abs. 1 oder 2 (Wiederholungs- und Änderungsleistung) die ergänzte und geänderte Kostenberechnung nach § 2 Nr. 11 als neuer Honorarparameter dort eingeführt (siehe Kommentierung zu § 10).

Wird die Kostenberechnung nicht geändert, weil auch der Planungs- und/oder Leistungsumfang sich nicht änderte, aber sich die anrechenbaren Kosten jedoch wegen Preisänderungen sich änderten, besteht eine **Regelungslücke.** Diese ist jedoch nur scheinbar. Zum einen sind die Parteien gehalten die Vereinbarung zur Ausführung von Leistung und Honorar entsprechend § 9 Abs. 3 schriftlich zu treffen. Daher werden die Parteien im Regelfall auch die anrechenbaren Kosten regeln müssen. Dabei bleibt aber § 6 Abs. 3 außer Betracht, weil eine Planungsleistung bereits vorliegt. § 2 Nr. 11 beschreibt allerdings die Kostenberechnung auf der Grundlage der Entwurfsplanung. Diese ist zwar Voraussetzung der Grundleistungen in Lph 8, da eine Kostenkontrolle im Sinne der Ziffer 8j) nicht möglich ist und eine Darstellung der geforderten Kostenentwicklung des Objekts nach Ziffer 8m) ebenfalls nicht. Man wird hier auf die anrechenbaren Kosten im Zuge der Kostenkontrolle nach Ziffer 8i) zurückkommen müssen. Diese Kostenkontrolle beinhaltet zwar das Vergleichen der Angebotspreise mit dem selbst bepreisten Leistungsverzeichnis, welches der Auftraggeber dem Auftragnehmer zur Verfügung zu stellen hat. Aber dieser Vergleich kann auch die Kostenberechnung aus Lph 3 beinhalten. Stellt der Auftraggeber dem Auftragnehmer den Kostenvergleich zur Verfügung, so ist zwar nicht der Kostenanschlag die Verhandlungsgrundlage. Aber die Kostenberechnung ist auf diesem Stand zu erneuern. Dies gilt für den Fall, dass sich „während der Vertragsausführung" i. S. d. § 10 Abs. 1 die anrechenbaren Kosten infolge des geänderten Leistungsumfangs nicht ändern. Ändern sie sich ist § 10 Abs. 1 vorrangig.

Allerdings wird § 10 Abs. 2 dann anwendbar sein, wenn Auftraggeber und Auftragneh- **24** mer sich über die Wiederholung von Grundleistungen einigen. Der Wortlaut des § 10 Abs. 2 lässt es zu, auch eine vorherige Einigung zu Wiederholungen der Grundleistungen, die schon andere Planer oder der Auftraggeber erbrachten, zu vereinbaren. Eine wörtliche Einschränkung, dass dieses derselbe Planer sein muss, ergibt sich aus dem Wortlaut nicht. Insoweit ist § 10 Abs. 2 anwendbar, in dem Fall, dass die Kostenberechnung erneut durch den mit der Objektüberwachung Beauftragten vertraglich erbracht werden soll. Dann ist eine neue Kostenberechnung auf der Grundlage der Kostenfeststellung nach DIN 276 mit dem Unterschied der anzuwendenden Maßgabe des § 2 Nr. 11 und § 4 Abs. 1 und § 6 Abs. 1 ansetzbar.

§ 10 Berechnung des Honorars bei vertraglichen Änderungen des Leistungsumfangs

(1) **Einigen sich Auftraggeber und Auftragnehmer während der Laufzeit des Vertrages darauf, dass der Umfang der beauftragten Leistungen geändert wird, und ändern sich dadurch die anrechenbaren Kosten oder Flächen, so ist die Honorarberechnungsgrundlage für die Grundleistungen, die infolge des veränderten Leistungsumfangs zu erbringen sind, durch schriftliche Vereinbarung anzupassen.**

(2) **Einigen sich Auftraggeber und Auftragnehmer über die Wiederholung von Grundleistungen, ohne dass sich dadurch die anrechenbaren Kosten oder Flächen ändern, ist das Honorar für diese Grundleistungen entsprechend ihrem Anteil an der jeweiligen Leistungsphase zu vereinbaren.**

Übersicht

I. Allgemeines

§ 10 HOAI soll die Fälle erfassen, in denen sich die Parteien während der Laufzeit des **1** Vertrages auf eine Änderung des Leistungsumfangs einigen. Die bisherige Fassung des § 10 hatte nur Fälle der wiederholten Vor- und Entwurfsplanungen nach grundsätzlich verschiedenen Anforderungen behandelt. Durch die Neufassung sind weitergehende Änderungen des Leistungsumfangs einbezogen worden.

Die Neufassung des § 10 fasst verschiedene Vorschriften der HOAI 2009 zusammen, die **2** sich mit Änderungen des Leistungsumfangs befasst hatten. So ist der Begriff der „anderen

Leistung" aus § 3 Abs. 2 S. 2 HOAI 2009 weggefallen. Die bisher an verschiedenen Stellen aufgenommenen Regelungen zur Vergütung bei Leistungsänderungen (§ 3 Abs. 2 S. 2, § 7 Abs. 5 HOAI, § 10 HOAI 2009) sollen zusammengefasst werden.

3   Abs. 1 befasst sich mit denjenigen Leistungsänderungen, durch die die anrechenbaren Kosten oder Flächen verändert werden. Durch Abs. 2 werden Wiederholungen von Grundleistungen erfasst, durch die keine Änderungen bei den anrechenbaren Kosten oder Flächen entstehen.

Da neben Änderungen der anrechenbaren Kosten auch Änderungen der Flächen als Anwendungsfall des § 10 Abs. 1 werden genannt, werden diejenigen Leistungsbilder, bei denen die Flächen der Honorarabrechnung zugrunde liegen, mit einbezogen. Zu diesen Leistungsbildern gehören der Flächennutzungsplan, der Bebauungsplan und di Leistungsbilder der Landschaftsplanung.

Für Bebauungspläne muss die Sonderregelung des § 21 Abs. 5 beachtet werden, die Änderungen der Größe des Plangebiets während des „förmlichen" Verfahrens erfasst. Das Honorar für diejenigen Leistungsphasen, die bis zur Änderung noch nicht erbracht wurden, sind nach der geänderten Größe des Plangebietes abzurechnen.

Diese Reglung geht als lex specialis dem § 10 Abs. 1 vor. Anders als § 10 Abs. 1 setzt § 21 Abs. 5 keine Vereinbarung der Parteien zur Änderung der Leistung voraus. Das entspricht dem Charakter des Bebauungsplans als Satzung. Der Plan ist solchen Vereinbarungen zwischen Auftragnehmer und Auftraggeber entzogen.

4   Sowohl Abs. 1 als auch Abs. 2 legen zugrunde, dass während der Vertragslaufzeit eine Änderung des Leistungsumfangs eintritt. Abs. 1 nennt den Fall, dass Grundleistungen wiederholt werden. Das setzt voraus, dass diese Leistungen bereits einmal ausgeführt wurden. Eine Beschränkung auf einzelne Leistungsphasen wird nicht genannt, so dass Grundleistungen aus allen Leistungsphasen erfasst sind.

5   Abs. 2 erfasst die Einigung, die den Umfang der bisher beauftragten Leistungen ändert. Das ist auch dann der Fall, wenn Grundleistungen wiederholt werden. Der Unterschied zwischen Abs. 1 und Abs. 2 liegt in der Auswirkung der Einigung auf die anrechenbaren Kosten oder Flächen. Die anrechenbaren Kosten/Flächen sind eine der Grundlagen für die Honorarberechnung, § 6 HOAI. Wird dieses Berechnungselement nicht verändert, verändert sich auch das Ergebnis der Honorarberechnung nicht. Abs. 2 enthält die eigentlich selbstverständliche Regelung, dass die Wiederholungen der Grundleistungen vom Planer auch dann nicht nicht ohne Entgelt zu erbringen sind, wenn sich dadurch die Höhe der anrechenbaren Kosten oder die Flächen nicht ändern. Kommt es zu Wiederholungen von Grundleistungen mit veränderten anrechenbaren Kosten oder Flächen, greift Abs. 1 ein.

6   Der weitere Unterschied zwischen Abs. 1 und Abs. 2 scheint in der Vorgabe zur Berechnung des Entgelts für die vereinbarte Leistungsänderung zu liegen. Abs. 1 stellt darauf ab, dass die Berechnungsgrundlagen für die betroffenen Grundleistungen anzupassen sind. Die in § 6 genannten Berechnungsgrundlagen umfassen alle Elemente einer Honorarrechnung, die Vorgabe zur Anpassung der Berechnung ist damit umfassend. Abs. 2 stellt nicht auf die Berechnungsgrundlagen ab, sondern auf den Anteil der Grundleistung an der jeweiligen Leistungsphase. Auch mit umfassenden Änderungen der Planung und dadurch wiederholten Grundleistungen müssen nicht zwingend Änderungen der anrechenbaren Kosten bzw. Flächen verbunden sein. Sogar Änderungen der Honorarzonen dürften möglich sein, ohne dass die anrechenbaren Kosten sich verringern oder erhöhen, z. B. bei einfachen, aber kostenintensiven Lösungen gegenüber anspruchsvolleren mit geringerem Kostenaufwand. Damit sind auch in den von Abs. 2 erfassten Fällen die Berechnungsgrundlagen des § 6 jeweils darauf zu überprüfen, ob sie sich durch das Wiederholen der Grundleistung geändert haben, dann die Honoraranteile für die jeweilige Leistungsphase auf dieser Grundlage neu zu vereinbaren. Im Ergebnis sind die Berechnungsgrundlagen sowohl in den Fällen des Abs. 1 als auch denen des Abs. 2 zu prüfen, dann das Honorar entsprechend zu vereinbaren. Dies gilt auch bei wiederholten Grundleistungen. Werden dadurch die anrechenbaren Kosten oder Flächen geändert, gibt Abs. 1 die Grundlage für die geänderte Honorarforderung, ohne eine solche Änderung greift Abs. 2.

II. Abs. 1: Vereinbarte Änderung des Leistungsumfangs

Abs. 1 gibt beiden Vertragsparteien während der Vertragslaufzeit einen Anspruch auf **7** Abschluss einer auf die Anpassung der Honorarberechnungsgrundlagen gerichteten Vereinbarung. Der Grundsatz, dass Vereinbarungen zum Honorar vor der Beendigung der Tätigkeit des Architekten nicht zulässig sind (BGH BauR 1988, 364), wird für den Fall der Leistungsänderungen durchbrochen.

1. Einigung als Voraussetzung?

Nach dem Wortlaut des Abs. 1 sind nur diejenigen Leistungsänderungen erfasst, denen **8** Einigungen der Parteien zugrunde liegen. Zu einseitigen Anordnungen ist der Auftraggeber eines Architekten- oder Ingenieurvertrages, anders als beim VOB/B-Vertrag (§ 1 Abs. 3, Abs. 4 VOB/B), ohne gesonderte Vereinbarung nicht berechtigt. Solche Anordnungen des Auftraggebers zur Änderung des Umfangs der beauftragten Leistungen, denen der Auftragnehmer nachkommt, sind als Fall der dann konkludent geschlossenen Vereinbarung ebenfalls erfasst (anders L/K/F, § 10 Rdn. 13, die zwar auch die Möglichkeit einer konkludenten Vereinbarung annehmen, davon aber Änderungen, die auf Veranlassung des Auftraggebers ausgeführt werden, nicht als erfasst ansehen).

2. Schriftform

Sowohl Abs. 1 als auch Abs. 2 fordern eine schriftliche Vereinbarung zwischen den Parteien als Grundlage der Honorarforderung. In der amtlichen Begründung wird dies als Voraussetzung genannt. Damit wären aber Honorarforderungen wegen Änderungen des Leistungsumfangs oder wiederholter Grundleistungen ausgeschlossen, falls keine schriftliche Vereinbarung vorliegt.

Würde man das Schriftformerfordernis als konstitutive Voraussetzung ansehen, wäre es den Parteien möglich, auf den Abschluss einer solchen Vereinbarung zu verzichten. Dazu könnte sich ein Auftragnehmer auch bereits im Ursprungsvertrag verpflichten. Das wäre zwar ABG-rechtlich nicht haltbar, würde aber nichts daran ändern, dass dann die Vereinbarung fehlt. Damit würde der AN zwar auf einen Teil seines Honorars verzichten, sich aber durch die damit verbundene Unterschreitung der Mindestsätze ggf. einen Wettbewerbsvorteil verschaffen. Eine solche Unterschreitung der Mindestsätze soll durch die HOAI aber zumindest für Grundleistungen ausgeschlossen werden.

Verlangt der Auftraggeber die Planungsänderung und gibt damit vor, dass er die ursprünglich beauftragte Planung nicht mehr entgegennehmen will, bliebe dem Planer nur die Möglichkeit, die neu verlangte Planung solange zu verweigern, bis die schriftliche Einigung erzielt wird, wenn diese Schriftform zwingende Voraussetzung einer späteren Honorarforderung wäre.

Ohne die Schriftform als Anspruchsvoraussetzung bleibt für den Auftragnehmer die Möglichkeit, die geforderten Leistungsänderungen auszuführen und anschließend auf das nach seiner Berechnung zutreffende Honorar zu klagen. In der Zahlungsklage sind die einzelnen Daten der geänderten Berechnungsgrundlagen und deren Auswirkungen auf das Honorar darzulegen. Mit dem der Zahlungsklage stattgebenden Urteil wird dann die eigentlich von den Parteien verlangte Einigung ersetzt. Eine vorherige schriftliche Einigung der Parteien ist nach der hier vertretenen Auffassung keine Anspruchsvoraussetzung für das auf Leistungsänderungen gestützte Honorar.

3. Änderung des Umfangs der beauftragten Leistung

Von Abs. 1 ist jede Änderung des Umfangs der beauftragten Leistungen erfasst, sofern **10** sich dadurch die anrechenbaren Kosten oder Flächen ändern. Damit ist der Anwendungsbereich nicht auf die Änderungen in der Phase der Vorentwurfs- oder Entwurfsplanung begrenzt. Erfasst sind auch spätere Änderungen in der Zeit der Bauausführung.

Obwohl das Wiederholen von Grundleistungen nur in Abs. 2 ausdrücklich erwähnt wird, ist es ebenfalls von Abs. 1 erfasst, sofern sich dadurch die anrechenbaren Kosten oder Flächen ändern.

a) Keine Untergrenze

11   Der Begriff der Änderung des „Umfangs" der beauftragten Leistungen muss umfassend verstanden werden. Die Änderungen können die Vorgaben zur Nutzung des Objekts ebenso betreffen wie Ausführungsdetails, Erweiterungen oder Reduzierungen der Leistungen.

Eine wesentliche Änderung ist nicht erforderlich. Auch geringfügige Änderungen des Umfangs der beauftragten Leistungen werden erfasst, sofern sich diese dadurch ändern.

b) Änderungen mit der Folge, dass ein geändertes Objekt Vertragsgegenstand wird

12   Für einen Auftrag, der mehrere Objekte umfasst, verlangt § 11 Abs. 1 grundsätzlich, dass die Honorare für jedes der Objekte getrennt zu berechnen sind. Diese Grenze zum neuen Objekt ist schon dann überschritten, wenn die Nutzung wesentlich geändert wird, z. B. statt der bisher verlangten Nutzung als Bürogebäude jetzt eine Nutzung als Hotel erfolgen soll (OLG Düsseldorf BauR 1994, 534). Das entspricht dem Grundsatz, dass der Begriff des Objekts vom Vertragsgegenstand bestimmt wird (BGH BauR 2006, 693).

13   Die Vereinbarung zur Leistungsänderung gemäß § 10 Abs. 1 kann somit dazu führen, dass der Auftrag auf ein neues Objekt im Sinne des § 11 Abs. 1 gerichtet ist. Die Vorgaben des § 10 zur Berechnung des Honorars in solchen Fällen stehen dem von § 11 aufgestellten Grundsatz, dass jedes Objekt getrennt abzurechnen ist, nicht entgegen. § 10 Abs. 1 gibt lediglich vor, dass die Honorarberechnungsgrundlage für diejenigen Grundleistungen, die aufgrund des veränderten Leistungsumfangs zu erbringen sind, anzupassen ist. Diese Anpassung ist auch dann möglich, wenn zwei getrennte Objekte abzurechnen sind, denen ein später geänderter Ursprungsauftrag zugrunde liegt. Denjenigen Grundleistungen, die aufgrund dieser Änderung neu zu erbringen sind, ist dasjenige Honorar zuzuordnen, das sich aus den Berechnungsgrundlagen des § 6 ergibt. Für Grundleistungen, die zum Ursprungsauftrag gehören und die aufgrund der Änderung des Leistungsumfangs nicht neu zu erbringen sind, bleibt es bei demjenigen Honorar, dass insoweit dafür bereits vereinbart war. Diese Sichtweise entspricht der Vorgabe der amtlichen Begründung, dass nur der tatsächlich angefallene Mehraufwand vergütet werden soll (BT-Drucks. 334/13, S. 149).

4. Änderung der Berechnungsgrundlagen

14   Zu den in § 6 Abs. 1 genannten Honorarberechnungsgrundlagen gehören, neben den anrechenbaren Kosten oder Flächen, das Leistungsbild, die Honorarzone und die Honorartafel. Abs. 2 nennt zusätzlich den Umbau- oder Modernisierungszuschlag.

5. Berechnung des Honorars

15   § 10 Abs. 1 enthält lediglich die Vorgabe, dass die Berechnungsgrundlage anzupassen ist. Die Folge davon können sowohl Erhöhungen als auch Reduzierungen des Honorars sein. Eine Reduzierung des Honorars wird aber nur in Betracht kommen, wenn die Parteien dies ausdrücklich vereinbart haben. In solchen Fällen ist zudem das Verbot der Mindestsatzunterschreitung zu berücksichtigen.

a) Vertragliche Regelungen

16   Den Vertragsparteien steht auch für Grundleistungen die Möglichkeit offen, im Rahmen der Mindest- und Höchstsätze Vereinbarungen zum Honorar zu treffen, § 7 Abs. 1 HOAI. Dieser Grundsatz wird durch § 10 nicht aufgebrochen.

Haben die Parteien bereits im Ursprungsvertrag die Möglichkeit der Auftragsänderung und das dann anfallende Honorar geregelt, ist diese Vereinbarung weiter wirksam, sofern sie sich im Rahmen der Mindest- und Höchstsätze bewegt. § 10 Abs. 1 steht dem nicht entgegen, da dort nur der Grundsatz enthalten ist, dass das Honorar anzupassen ist.

b) Berechnung ohne vertragliche Vereinbarung

Haben die Parteien für den Fall von Leistungsänderungen keine Regelungen im Ur- 17
sprungsvertrag getroffen, gibt Abs. 1 vor, auf welcher Grundlage die Vereinbarung zum
Honorar beruhen soll, die bei dieser Beauftragung getroffen werden soll. Diese Vorgabe
greift auch dann, wenn die Parteien zwar eine Leistungsänderung vereinbaren, aber insoweit keine Reglung zum Honorar treffen. In diesen Fällen muss der Auftraggeber, der im
Streitfall ein konkretes Honorar durch Zahlungsklage durchsetzen will, den Nachweis an-
treten, dass seine Forderung auf der zutreffend zugrunde gelegten Änderung der Honorarberechnungsgrundlage beruht.

Dazu ist zunächst zu ermitteln, in welchem Umfang sich die anrechenbaren Kosten oder 18
Flächen geändert haben. Diese Änderung muss auf der Änderung des Leistungsumfangs beruhen, reine Kostensteigerungen bei unveränderter Leistung können keine Grundlage sein.

Als weitere Berechnungsgrundlage, die verändert anzusetzen sein kann, wird insbeson- 19
dere die Honorarzone in Betracht kommen. Dagegen werden Änderungen der Berechnungsgrundlage „Leistungsbild" in aller Regel ausscheiden.

Bei Umbauten und Modernisierungen gehört der Umbauzuschlag zu den Berechnungs- 20
grundlagen, § 6 Abs. 2 Nr. 5. Dieser Zuschlag fällt nur bei wesentlichen Eingriffen in die
Konstruktion oder den Bestand an, § 2 Abs. 5. Seine Höhe ist in den verschiedenen Leistungsbildern näher geregelt, ergänzt durch § 6 Abs. 2 S. 2. Danach ist der jeweilige Schwierigkeitsgrad maßgeblich. Eine Änderung der Berechnungsgrundlage für den Umbau- oder
Modernisierungszuschlag kann somit bei geändertem Schwierigkeitsgrad vorliegen.

c) Reduzierung des Honorars durch Leistungsänderungen ?

In welcher Weise sich die geänderte Berechnungsgrundlage auf das letztlich zu bezah- 21
lende Honorar auswirkt, wird durch § 10 Abs. 1 nicht vorgegeben. Der Anwendungsbereich der Norm ist nicht darauf beschränkt, Neuberechnungen zum Honorar nur bei gestiegenen anrechenbaren Kosten oder Flächen zu veranlassen. Jede Änderung aufgrund der
Änderung des Auftragsumfangs ist Voraussetzung für die Anpassung der Honorarberechnungsgrundlagen. Damit kommen auch Reduzierungen des Auftragsumfangs oder andere
Änderungen in Betracht, die zu einer Verringerung der anrechenbaren Kosten oder Flächen führen. Die Folge davon wären Reduzierungen des Honorars, da niedrigere anrechenbare Kosten oder Flächen zu einem niedrigeren Tabellenwert führen. Die Reduzierung des Honorars durch Änderungen des Auftragsumfangs kann dem Auftragnehmer
nicht zwingend vorgeschrieben werden. Eine solche Regelung würde gegen den Gedanken
des § 649 BGB verstoßen. Der Änderungswunsch des Auftraggebers entspricht einer Teilkündigung im Sinne des § 649 BGB. Der Auftragnehmer behält damit seinen Anspruch
auf das gesamte Honorar (abzüglich ersparter Aufwendungen). Einen „anderweitigen Erwerb", den er ohne die Kündigung – hier die Leistungsänderung – nicht hätte, muss er
sich anrechnen lassen. Dieser „anderweitige Erwerb" liegt in dem Entgelt für diejenigen
Leistungen, die durch die Auftragsänderung neu hinzukommen. Zwar geht § 10 Abs. 1
von einer Vereinbarung der Parteien aus, damit anders als § 649 BGB nicht von einer
Kündigung. Das Ziel der durch die Vereinbarung anzupassenden Honorarberechnungsgrundlage ist es nicht, die Honorarforderung zu kürzen.

Welches Ziel mit § 10 HAOI verfolgt wird, zeigt die amtliche Begründung auf. Danach 22
soll der tatsächliche Mehraufwand des Auftragnehmers maßgeblich für das Honorar sein.

Dem entspricht nach unserer Ansicht nur das folgende Berechnungsmodell. Danach ist
das Honorar in Fällen der Leistungsänderung mit geänderten anrechenbaren Kosten oder
Flächen in mehreren Schritten zu berechnen.

1. Schritt:

Erfolgt die Änderung des Leistungsumfangs nach dem Erstellen der Kostenberechnung
für den ursprünglichen Auftrag, stehen die anrechenbaren Kosten für diesen ursprünglich
erteilten Auftrag fest. Das Honorar dafür muss auf dieser Grundlage (Kostenberechnung)
errechnet werden. Kommen durch die Leistungsänderung Leistungsphasen insgesamt oder
Teile davon nicht zur Ausführung, muss gemäß § 649 S. 2 BGB das Honorar abzüglich

ersparter Aufwendungen und des anderweiten Erwerbs berechnet werden. Nach dem hier vorgeschlagenen Berechnungsmodell wird zunächst nur das anteilige Honorar für die tatsächlich erbrachten Leistungen berechnet. Wird eine Leistungsphase nicht vollständig ausgeführt, wird das anteilige Honorar für die tatsächlich erbrachten Grundleistungen errechnet, z. B. unter Verwendung der Tabellen von Steinfort oder Siemon.

2. Schritt

Der Mehraufwand für die neu hinzukommenden Leistungen wird durch eine gesonderte Kostenberechnung auf der Basis der dafür anzusetzenden anrechenbaren Kosten und der dabei zu erbringenden ermittelt.

Dieses Honorar für die hinzugekommenen Leistungen wird wie ein anderweitiger Erwerb im Sinne des § 649 S. 2 BGB behandelt. Das Honorar für diejenigen Leistungen, die der Auftragnehmer aufgrund der Kündigung (im Fall des § 649 BGB) bzw. der Leistungsänderung (im Fall des § 10 Abs. 1 HOAI) nicht mehr ausführt, kann er nicht verlangen, soweit er statt dessen über die neu hinzugekommenen Leistungen einen anderweitigen Erwerb hat.

3. Schritt:

Beide Honorare werden addiert und ergeben so das Gesamthonorar.

Unter der Voraussetzung, das die anrechenbaren Kosten der neu hinzugekommenen Leistungen höher sind als diejenigen der Leistungen, die entfallen sind, fällt das Gesamthonorar höher aus als dasjenige, das der Architekt aus dem Ursprungsauftrag erhalten hätte – wenn dieser unverändert geblieben wäre. Das ist auch angemessen, schließlich hat er zusätzliche Leistungen erbracht, die nach dem System der HOAI zu einem höheren Honorar führen als der entfallene Teil des Ursprungsauftrags.

23   Dieses Ergebnis entspricht sowohl den Vorgaben des § 649 BGB als auch denen der amtlichen Begründung zu § 10 HOAI. Der Änderungswunsch wird regelmäßig vom Auftraggeber ausgehen. Er entspricht einer Teilkündigung im Sinne des § 649 BGB. Der Auftragnehmer behält damit seinen Anspruch auf das gesamte Honorar (abzüglich ersparter Aufwendungen). Einen „anderweitigen Erwerb", den er ohne die Kündigung – hier die Leistungsänderung – nicht hätte, muss er sich anrechnen lassen. Dieser „anderweitige Erwerb" liegt in dem Entgelt für diejenigen Leistungen, die durch die Auftragsänderung neu hinzukommen. Damit wird im Sinne der amtlichen Begründung auch nur der tatsächliche angefallene Mehraufwand vergütet.

Es ist aber auch möglich, dass es zu einem rechnerischen Honorarverlust kommt, wenn die neu hinzukommen Leistungen zu einem geringeren Honorar führen als es für diejenigen, die durch die Leistungsänderung entfallenen sind, abzurechnen gewesen wäre. Im Sinne des § 649 BGB muss es dem Auftragnehmer möglich sein, sein Ursprungshonorar zumindest in einer solchen Höhe abzurechnen, dass es unter Einbeziehung des Honorars für die neuen Leistungen die ursprüngliche Höhe erreicht – d. h. die Anwendung des § 649 S. 2 BGB bezüglich der Anrechnung ersparter Aufwendungen/anderweitigen Erwerbs darf nur bis zu dieser Höhe gehen.

In jedem dieser Fälle kann das durch § 649 BGB vorgegebene Ergebnis und durch die von § 10 Abs. 1 HOAI gewollte Beschränkung auf das am tatsächlichen Aufwand orientierte Honorar nur durch getrennte Berechnungen erreicht werden.

Zwei Berechnungsbeispiele für die Fälle der Leistungsänderung mit geänderten anrechenbaren Kosten folgen unten.

Problematisch wird es, wenn die Leistungsänderung im Zuge der Leistungsphasen 1 oder 2 erfolgt, und noch keine Kostenberechnung, sondern nur eine Kostenschätzung vorliegt. In diesem Fall ist nicht exakt bestimmbar, welches Honorar für die entfallene Leistung abzurechnen gewesen wäre. Hier muss die Kostenschätzung als Grundlage der Berechnung genügen, wenn die Parteien keine Vereinbarung dazu treffen.

24   § 10 Abs. 1 verlangt von den Vertragsparteien den Abschluss einer Vereinbarung. Kommt eine solche Vereinbarung nicht zustande, muss es bei den werkvertraglichen Regelungen des BGB bleiben. Hier ist insbesondere wieder § 649 BGB zu nennen. Will der Auftraggeber sich vom bisherigen Vertrag durch eine Änderung des Umfangs der beauf-

tragten Leistung lösen, und finden die Vertragsparteien dazu keinen Modus im Sinne des § 10 HOAI, bleibt ihm nur die Kündigung des Vertrags mit den bekannten Folgen.

d) Getrennte Abrechnung der geänderten Leistungen

In welcher Weise die geänderten Leistungen abgerechnet werden sollen, gibt § 10 Abs. 1 **25** nicht vor. Dazu kommen mehrere Möglichkeiten in Betracht. Zum Einen können die Parteien bereits im Ursprungsvertrag und unabhängig von § 10 Abs. 1 eine Vereinbarung innerhalb der Mindest- und Höchstsätze treffen, § 7 Abs. 1 – darin das Honorar sowie die Berechnungsgrundlagen und die Art und Weise der Abrechnung für den Fall von Leistungsänderungen festlegen. An einer solchen Vereinbarung wird es in aller Regel fehlen.

Kommt es zu der in § 10 Abs. 1 zugrunde gelegten Änderung des Leistungsumfangs, ist **26** nach der hier vertretenen Ansicht das Honorar nur über die oben genannten Zwischenschritte zu ermitteln.

Im nachfolgenden Beispiel soll folgende Situation angenommen werden:

Grundfall:

Der Architekt ist mit den Leistungen entsprechend den Leistungsphasen 1–9 des § 33 HOAI beauftragt worden.

Die anrechenbaren Kosten gemäß Kostenberechnung betragen € 1 000 000,00, das Vorhaben liegt in der HZ III, vereinbart wurde der Mindestsatz, die Nebenkosten pauschal mit 5 %.

Das Honorar würde bei unverändertem Vertragsablauf betragen:

LP 1–9	
100 %	€ 115 675,00
Nebenkosten	€ 5783,75
MwSt	€ 23 077,16
Insgesamt	€ 144 535,91

1. Abwandlung

Der Bauherr erfährt, dass er höher und näher an die Grenze bauen kann als bisher geplant, weil der Nachbar einer Baulast zugestimmt hat. Die neuen anrechenbaren Kosten betragen € 1 500 000,00. Vor der Vereinbarung zur Leistungsänderung hatte der Architekt für den Ursprungsauftrag Leistungen bis zur LP 4 erbracht. Durch die Leistungsänderung werden neue Leistungen des Architekten ab der LP 3 notwendig.

a) Berechnung zur Teilleistung aus dem Ursprungsvertrag

Die erste Berechnung erfolgt zum Ursprungsauftrag. Die anrechenbaren Kosten dafür sind wie bisher mit € 1 000 000,00 anzusetzen.

LP 1–9	
100 %	€ 115 675,00
erbracht:	
LP 1–4: 27 %	€ 31 232,25
Nebenkosten, 5 %	€ 1561,61
MwSt	€ 6230,83
Summe	€ 39 024,69

b) Berechnung zur Teilleistung nach der Vertragsänderung

Anrechenbare Kosten: € 1 500 000,00

LP 1–9	
100 %	€ 165 911,00
erbracht:	
LP 3–9: 81 %	€ 134 387,91
Nebenkosten, 5 %	€ 6719,40
MwSt	€ 26 810,39
Summe	€ 167 917,70

Diese € 167 917,70 sind als anderweitiger Erwerb im Sinne des § 649 S. 2 BGB anzusetzen. Sie werden dem durch die Leistungsänderung entfallenen Honorar für die LP 5–9 des Ursprungsvertrags „gegengerechnet", da die Leistung für die LP 1–4 erbracht wurde und das Honorar dafür bereits erarbeitet worden ist. Zur Erläuterung: Die „Gegenrechnung" des anderweitigen Erwerbs ist dadurch erfolgt, dass hinsichtlich des Ursprungsauftrages nur die dafür tatsächlich erbrachten Leitungen abgerechnet werden, das Honorar für die entfallenen Leistungen wird „ersetzt" durch das Honorar für die neuen Leistungen.

Summe aus den beiden Berechnungen:

Honoraranteil aus dem Ursprungsauftrag	€ 39 024,69
Honoraranteil aus dem geänderten Leistungsteil	€ 167 917,70
Gesamthonorar	€ 206 942,39

2. Abwandlung

Der Nachbar erteilt die zunächst in Aussicht gestellt Zustimmung zur Unterschreitung des Grenzabstandes nicht. Die Planung muss geändert werden mit der Folge, dass die anrechenbaren Kosten jetzt nur noch € 500 000,00 betragen.

a) Berechnung zur Teilleistung aus dem Ursprungsvertrag

Die Leistung für den Ursprungsauftrag ist wieder bis zur LP 4 erbracht worden. Das Honorar beträgt damit wie oben bereits berechnet wieder € 39 024,69.

b) Berechnung zur Teilleistung nach der Vertragsänderung

Anrechenbare Kosten: € 500 000,00

LP 1–9	
100 %	€ 62 900,00
erbracht:	
LP 3–9: 81 %	€ 50 949,00
Nebenkosten, 5 %	€ 2547,45
MwSt	€ 10 164,33
Insgesamt	€ 63 660,78

Auch dieses Honorar stellt wieder anderweitigen Erwerb im Sinne des § 649 BGB dar. Es kompensiert aber den Verlust durch die Leistungsänderung nicht vollständig.

Addition der beiden Teilhonorare:

Teilhonorar aus Ursprungsauftrag	€ 39 024,69
Teilhonorar aus dem geänderten Leistungsteil	€ 63 660,78
Insgesamt:	**€ 102 685,47**

Dieses Honorar liegt um € 41 850,44 unter demjenigen, das der Architekt bei unverändertem Leistungsumfang erhalten hätte. Eine Kürzung des Honoraranspruchs durch die vom Auftraggeber veranlassten Änderungen unter denjenigen, der sich aus dem unveränderten Ursprungsauftrag ergeben hätte, ist auch dann nicht durch § 10 Abs. 1 HOAI zu erzwingen, wenn die Parteien eine Vereinbarung getroffen haben, da ansonsten gegen § 649 BGB verstoßen würde. Die Differenz zur Höhe des Honorars aus dem Ursprungsauftrag, im Beispiel € 41 850,44, kann der Architekt deshalb auch nach der Änderung des Leistungsumfangs geltend machen. Er erhält nach dem hier vorgeschlagenen Honorarberechnungsmodell die € 144 535,91, die er bei unverändertem Vertragsgeschehen hätte abrechnen können.

Auf diese Weise können diejenigen Fälle von Leistungsänderungen erfasst werden, bei denen Leistungen aus einzelnen Leistungsphasen doppelt erbracht werden, aber jeweils andere Werte, z. B. unterschiedliche anrechenbare Kosten, anzusetzen sind. So können aber auch die Honorar in Fällen ermittelt werden, in denen einzelne Leistungsphasen bereits teilweide erbracht wurden, bevor die geänderte Leistung vereinbart wurde. Wenn einzelne Leistungsphasen ganz wiederholt werden, läßt sich dies ebenso abrechnen wie das Wiederholen von einzelnen Grundleistungen. (Die Notwendigkeit mehrerer getrennter Abrechnungen sieht auch Messerschmidt, Das Honorar für Änderungs- und Zusatzleistungen nach der HOAI 2013, NZBau 2014, 3 ff., wobei die vollständige Abrechnung unter Berücksichtigung der entfallenen und der hinzukommenden Leistungen dort noch nicht einbezogen worden ist.).

Eine einheitliche Abrechnung sowohl der vom Ursprungsauftrag als auch der durch die **27** Leistungsänderung hinzukommenden Leistungen erscheint dagegen nicht praktikabel. Zwar gibt die HOAI in § 6 nur eine einzige Kostenberechnung als Honorarermittlungsgrundlage vor. Für Leistungsänderungen vor der Leistungsphase 3 existiert in der Regel keine Kostenberechnung. Für die nicht ausgeführten Leistungen wird damit keine Kostenberechnung erfolgen, sondern nur eine Kostenschätzung vorliegen. Damit kann an dem Grundsatz einer einzigen Kostenermittlung zur Honorarberechnung in solchen Fällen nicht festgehalten werden. Wird nur eine Kostenberechnung erstellt, könnte diese den von § 10 Abs. 1 geregelten Fall nicht erfassen, da sich dort die anrechenbaren Kosten oder Flächen geändert haben müssen. Wie soll diese Änderung durch nur eine einzige Kostenberechnung erfasst werden? Dementsprechend verlangt § 10 Abs. 1 auch, dass die Berechnungsgrundlagen angepasst werden. Das erscheint nur über mehrere Kostenermittlungen möglich, die dann insgesamt der Honorarberechnung zugrunde gelegt werden (anders wohl L/K/F § 10 Rdn. 15).

III. Abs. II: Wiederholte Grundleistungen

Abs. 2 unterscheidet sich von Abs. 1 in zwei Punkten. Zum einen ist es hier Vorausset- **28** zung, dass die anrechenbaren Kosten oder Flächen durch die Änderung des Leistungsumfangs nicht verändert werden. Zum anderen sind nur die Fälle erfasst, in denen Grundleistungen wiederholt werden.

Das Honorar für diese wiederholten Leistungen soll zwischen den Parteien schriftlich vereinbart werden.

Das Honorar soll dem Anteil der Grundleistung an der jeweiligen Leistungsphase entsprechen.

1. Wiederholte Grundleistungen

Die Beschränkung auf Grundleistungen ist, ebenso wir für Abs. 1, bereits dadurch vor- **29** gegeben, dass die HOAI nur noch verbindliche Preisreglungen für solche Grundleistungen enthält.

Werden Grundleistungen wiederholt, kann dies auch von Abs. 1 erfasst sein. Die dort behandelten Änderungen des Umfangs der Leistungen enthalten auch solche Wiederholungen. Die wiederholten Grundleistungen werden damit sowohl von Abs. 1 als auch von Abs. 2 erfasst.

Nicht jedes Wiederholen von Grundleistungen führt zu einem zusätzlichen Honoraran- **30** spruch. In den Planungsphasen sind mehrere Entwürfe nach gleichen Anforderungen zu stellen, die nicht gesondert zu bezahlen sind. Jedes Prüfen einer Rechnung ist auch eine Wiederholung einer Grundleistung, ohne dass dafür ein zusätzliches Honorar anfällt, ebenso das Feststellen von Mängeln der Leistungen einzelner Gewerke im Rahmen der LP 8 des § 15.

Ein Wiederholen von Grundleistungen, das zu einem zusätzlichen Honoraranspruch **31** führt, setzt voraus, dass es sich um eine Grundleistung aus dem jeweiligen Leistungsbild handelt, das Vertragsgegenstand ist. Grundleistungen sind nur solche Leistungen, die in einem Leistungsbild ausdrücklich als solche bezeichnet werden (Pott/Dahlhoff/Kniffka/Rath, § 2 Rdn. 4).

Ein Wiederholen der Grundleistung setzt voraus, dass diese bereits einmal erbracht wur- **32** de. Die Notwendigkeit, sie zu wiederholen, kann aus geänderten technischen Anforderungen, aus Änderungswünschen des Auftraggebers, aber z.B. auch aus der Insolvenz eines Beteiligten folgen. Die wiederholt erbracht Leistung ist dann zu honorieren, wenn nicht der Auftragnehmer selbst aufgrund einer mangelhaften Leistung die Ursache für die Notwendigkeit der doppelten Grundleistung geschaffen hat.

2. Keine Änderung der anrechenbaren Kosten

33   Abs. 2 stellt sicher, dass der Auftragnehmer auch dann ein Honorar für zusätzlich erbrachte Leistung erhält, wenn dies nach den Berechnungsgrundlagen der HOAI eigentlich nicht der Fall wäre. Ändern sich die anrechenbaren Kosten oder Flächen nicht, ergibt sich auch kein geändertes Ergebnis der Kostenberechnung. Der aus der Honorartabelle zu ermittelnde Wert bleibt damit gleich.

Die anrechenbaren Kosten setzen sich aus einer Vielzahl von Einzelpositionen zusammen. § 10 Abs. 2 verlangt nicht, dass es um unveränderte anrechenbare Kosten aus demjenigen Gewerk geht, das von der wiederholten Grundleistung betroffen ist. Entscheidend ist lediglich die unveränderte Summe der anrechenbaren Kosten.

3. Abrechnung der wiederholten Grundleistung

34   Die Fragen zur Abrechnung, die sich im Zusammenhang mit Abs. 1 stellen (s. Rn. 26), stehen bei Abs. 2 nicht an. Da die anrechenbaren Kosten zwingend unverändert bleiben, ist auch keine neue Kostenberechnung oder -schätzung erforderlich.

35   Nach dem Wortlaut des Abs. 2 sollen die Parteien im Falle ihrer Einigung das Honorar für die wiederholte Grundleistung schriftlich vereinbaren. Die Höhe des Honorars soll dem Anteil der wiederholt erbrachten Grundleistung an der jeweiligen Leistungsphase entsprechen. Dazu kann auf die bekannten Tabellen, z. B. Steinfort oder Siemon, zurückgegriffen werden.

36   Fraglich ist, ob den Parteien damit zwingend vorgegeben ist, in exakt derjenigen Höhe zu vereinbaren, wie sie sich aus dem Prozentsatz der jeweiligen Leistungsphase und der anteiligen Bewertung der wiederholten Grundleistungen ergibt, oder ob sie hier einen Spielraum haben.

Die durch § 7 Abs. 1 eröffnete Möglichkeit, das Honorar innerhalb der Mindest- und Höchstsätze zu vereinbaren, weist auf einen Spielraum hin, der den Parteien auch bei den wiederholten Grundleistungen für ihre Vereinbarung zur Verfügung steht.

4. Schriftform

37   Abs. 2 verlangt, eine schriftliche Vereinbarung des Honorars, nicht der Einigung zur Wiederholung der Grundleistung. Diese Schriftform kann nicht Anspruchsvoraussetzung sein, da andernfalls eine einvernehmlich beauftragte Leistung kostenlos zu erbringen wäre, nur weil die Höhe des Honorars nicht schriftlich fixiert wurde.

38   Fehlt es an einer schriftlichen Vereinbarung zur Höhe des auf die wiederholte Grundleistung entfallenden Honorars, gibt Abs. 2 nur vor, dass der prozentuale Anteil an der jeweiligen Leistungsphase verlangt werden kann. Die anrechenbaren Kosten sind durch die Kostenberechnung bzw. -schätzung bereits vorgegeben. Fraglich kann dann noch sein, ob nur der Mindestsatz oder ein im Vertrag abweichend vereinbarter Honorarsatz für die wiederholte Grundleistung anzusetzen ist. Die Anwendung des § 7 Abs. 4 auf den Zeitpunkt der Vereinbarung zur Leistungsänderung wird ausscheiden, da kein neuer Auftrag erteilt wird, sondern ein bereits bestehender abgewandelt wird. Dessen Berechnungselemente, damit auch den Honorarsatz, auch auf die wiederholte Grundleistung anzuwenden, erscheint angemessen, wenn die Parteien keine andere schriftliche Vereinbarung in diesem Zusammenhang treffen.

§ 11 Auftrag für mehrere Objekte

(1) **Umfasst ein Auftrag mehrere Objekte, so sind die Honorare vorbehaltlich der folgenden Absätze für jedes Objekt getrennt zu berechnen.**

(2) **Umfasst ein Auftrag mehrere vergleichbare Gebäude, Ingenieurbauwerke, Verkehrsanlagen oder Tragwerke mit weitgehend gleichartigen Planungsbedin-**

gungen, die derselben Honorarzone zuzuordnen sind und die im zeitlichen und örtlichen Zusammenhang als Teil einer Gesamtmaßnahme geplant und errichtet werden sollen, ist das Honorar nach der Summe der anrechenbaren Kosten zu berechnen.

(3) Umfasst ein Auftrag mehrere im Wesentlichen gleiche Gebäude, Ingenieurbauwerke, Verkehrsanlagen oder Tragwerke, die im zeitlichen oder örtlichen Zusammenhang unter gleichen baulichen Verhältnissen geplant und errichtet werden sollen, oder mehrere Objekte nach Typenplanung oder Serienbauten, so sind für die erste bis vierte Wiederholung die Prozentsätze der Leistungsphase 1 bis 6 um 50 Prozent, von der fünften bis siebten Wiederholung um 60 Prozent und ab der achten Wiederholung um 90 Prozent zu mindern.

(4) Umfasst ein Auftrag Leistungen, die bereits Gegenstand eines anderen Auftrags über ein gleiches Gebäude, Ingenieurbauwerke oder Tragwerk zwischen den Vertragsparteien waren, so ist Absatz 3 für die Prozentsätze der beauftragten Leistungsphasen in Bezug auf den neuen Auftrag auch dann anzuwenden, wenn die Grundleistungen nicht im zeitlichen oder örtlichen Zusammenhang erbracht werden sollen.

Übersicht

I. Allgemeines

1. Vergleich mit den bisherigen Fassungen

§ 11 HOAI wurde durch die 7. Novelle der HOAI 2013 noch einmal deutlich überarbei- **1** tet. Die Schwierigkeiten, die durch die 6. Novelle 2009 in der Auslegung des § 11 Abs. 2 S. 1, S. 2 entstanden sind, wurden weitestgehend beseitigt bzw. durch eine sprachliche Neufassung der Vorschrift neu geregelt. Nach wie vor handelt es sich bei § 11 um eine Vorschrift, die ein elementares Grundprinzip der HOAI Abrechnungssystematik festschreibt: beauftragt ein Auftraggeber mit einem Auftrag mehrere Objekte, dann ist jedes Objekt getrennt abzurechnen. Maßgeblich ist für die Bestimmung der Zahl der Objekte in diesem Fall – wie dies der BGH in den Urteilen vom 12.1.2006, VII ZR 02/04 und BGH, Urteil vom 11.12.2008, VII ZR 235/06 festgeschrieben hatte – der Auftragsumfang für die Bestimmung der Anzahl der Objekte. Sobald ein Auftragnehmer mit einem Auftrag mehrere Objekte beauftragt, gilt zunächst der Grundsatz, dass jedes Objekt getrennt abzurechnen ist. Dies bedeutet, dass die anrechenbaren Kosten getrennt zu ermitteln sind. Der praktische Anwender wird sich zunächst die Frage stellen müssen, wie viele Objekttypen (vgl. § 2 Abs. 1 Gebäude, Innenräume, Freianlagen, Verkehrsanlagen, Ingenieurbauwerke, Tragwerke und Technische Anlagen) gegeben sind. Objekte verschiedener Objekttypen sind stets getrennt abzurechnen. Sodann ist zu ermitteln, ob mehrere Objektes eines Types (bspw. Gebäude gem. § 2 Abs. 1 HOAI) gegeben sind. Ist dies zu bejahen, werden die **anrechenbaren Kosten für jedes Objekt getrennt ermittelt.** Die Honorartafeln sind degressiv, d. h. bei zunehmenden anrechenbaren Kosten verringert sich der prozentuale Anteil des Honorars. Wird eine Summe von anrechenbaren Kosten auf bspw. vier Objekte aufgeteilt, wird sich ein deutlich höheres Honorar ergeben. Ergibt die Prüfung, dass Objekte verschiedener Objekttypen gegeben sind, können einzelne Kosten bei beiden Objekttypen anrechenbar sein, nämlich bspw. beim Gebäude und bei den anrechenbaren Kosten der Innenräume, so dass sich hieraus auch noch eine zusätzliche Erhöhung der anrechenbaren Kosten ergeben kann.

Werden mehrere Maßnahmen an einem Objekt durchgeführt, also bspw. ein Umbau, oder Anbau an einem Bestandsgebäude, so handelt es sich auch bei der HOAI 2013 um eine einheitliche Maßnahme, wobei über § 2 geklärt werden muss, ob die Maßnahme ein Anbau (= Neubau) oder ein Umbau im Sinne des § 2 Abs. 5 ist. Eine Trennung der verschiedenen Maßnahmen an einem Gebäude ist seit dem Wegfall der Vorschrift des § 23 a. F. HOAI 2002 nicht mehr vorgesehen. Hinsichtlich der weggefallen **Trennungsvorschrift des § 23 a. F. HOAI 2002** wird zwar in der amtlichen Begründung zur HOAI 2009 ausgeführt, dass diese Regelung „durch die allgemeine Regelung des § 6 Absatz 1 HOAI 2009, nach der sich das Honorar unter anderem nach dem jeweiligen Leistungsbild und bei Bauten im Bestand nach den §§ 35 und 36 richtet", in der Neufassung der HOAI 2009 bereits erfasst sein sollte. Tatsächlich ergab sich daraus aber nur eine Trennung der Abrechnung für ganz verschiedene Objekte im Sinne des § 2 Abs. 1, nicht aber für verschiedene Maßnahmen an einem Gebäude, wie dies ehemals § 23 Abs. 1 und 2 HOAI 2002 vorgesehen hatten. Letztlich erscheint die Aufgabe dieser Trennung für die Honorarermittlung auch sachgerecht. In der Praxis wurden und werden verschiedene Maßnahmen an einem Gebäude in der Regel nicht getrennt vergeben, sondern als ein einheitlicher Auftrag an Unternehmen erteilt. Die Abrechnung des Architekten, diesen einheitlichen Auftrag in mehrere Teilabrechnungseinheiten zu unterteilen, hat in der Praxis erhebliche Mühen gemacht und dem Architekten das Erstellen einer prüffähigen Rechnung erheblich erschwert. Eine prüffähige Rechnung lag in der Regel nur vor, wenn die einzelnen Maßnahmen getrennt abgerechnet worden sind (vgl. bspw. BGH, BauR 2000, 1513, OLG Hamm, BauR 2006, 1766).

Auch die 7. Novelle hat an der Trennung der honorarrechtlichen Vorschriften und Ansprüche aus Behinderungen gem. § 642 BGB oder sonstigem Bauverzug festgehalten. Sämtliche Maßnahmen und Anordnungen des Bauherrn, die den Bauablauf abweichend vom angedachten Normalfall regeln und Mehraufwand verursachen, sind entweder als zusätzliche oder Besondere Leistung zu vergüten oder über §§ 642 ff. BGB oder die Regelungen des Annahmeverzugs zu entschädigen Beim Wegfall der **Trennungsvorschrift des § 21 a. F.** hat der Gesetzgeber 2009 vertragliche Regelungen konsequent aus der HOAI gestrichen. Somit ist der alte Meinungsstreit, ob § 21 HOAI 2009 die gesetzlichen Annahmeverzugsregelungen gem. § 642 BGB als lex specialis zumindest dann verdrängt, wenn der Auftragnehmer hierüber einen angemessenen Ausgleich erhält (vgl. Löffelmann/Fleischmann, 6. Werner Verlag, § 21 HOAI Rdn. 1073) beigelegt worden. Die in den Vorlagen hierzu von Seifert vertretenen kritischen Anmerkungen werden insoweit fallengelassen.

Mit der Fassung der HOAI 2013 wurde daran festgehalten, den bisherigen § 22 a. F. HOAI 2002, § 11 HOAI 2009 fachbereichsübergreifend in den allgemeinen Teil 1 vorzuziehen. Durch die Verwendung des Begriffes „Objekte" ist über § 2 HOAI klargestellt, dass der Grundsatz der getrennten Honorarabrechnung für alle Objekte zur Anwendung kommt. Daran ist auch in der 7. Novelle festgehalten worden ist. Darüber hinaus wurde der Anwendungsbereich der Ausnahmefälle der Absätze 2 und 3 auf 4 Objektgruppen, nämlich Gebäude, Tragwerke, Ingenieurbauwerke und Verkehrsanlagen, begrenzt. Mit der 7. Novelle wurden verschieden Veränderungen, die primär klarstellende Funktion gehabt haben, vorgenommen.

Unverkennbar hat sich der Gesetzgeber bereits 2009 bei der Neufassung des § 11 an § 66 HOAI 2002 orientiert. Dieser sah bereits in der damaligen Fassung eine zusammengefasste Ermittlung der anrechenbaren Kosten mehrerer Objekte Tragwerk vor, wenn „konstruktiv vergleichbare Tragwerke derselben Honorarzone" gegeben waren (vgl. § 66 Abs. 2 HOAI 2002). Gem. § 66 Abs. 3 HOAI waren trotz konstruktiv gleicher Tragwerke einzelne Objekte getrennt abzurechnen, wenn sie sich durch geringfügige Änderungen der Tragwerksplanung unterscheiden und einen wesentlichen Arbeitsaufwand verursachen. In diesem Fall waren die 1. bis 4. Wiederholung um 50 % und ab der 5. Wiederholung das Honorar für die Leistungsphasen 1 bis 6 um 50 % zu mindern. In Abs. 4 der alten Fassung der HOAI war bereits eine Minderung des Honorars um 90 % für die Wiederholungsplanungen vorgesehen, wenn keine Änderung der Planung erforderlich war oder nur für einen unwesentlicher Arbeitsaufwand erforderte. Deutlich erkennbar ist bereits bei der Fassung des § 66 HOAI 2002 die Tendenz des Gesetzgebers, bei geringerem Aufwand das Honorar zu mindern und die bei dem Planer entstehenden Synergien an den Auftraggeber durchzureichen.

Durch die Neufassung des § 11 Abs. 1 bis 3 wurde § 11 Abs. 1 S. 2 a. F. HOAI 2009 als eigener Absatz 2 eingeführt. Im Unterschied zu der bisherigen Fassungen bezieht sich Abs. 1 auf alle Objekte, die Absätze zwei und drei als Sondervorschrift einer Honorarminderung bzw. als Honorarbegrenzungsvorschriften nur auf die Objekte, Gebäude, Tragewerke, Verkehrsanlagen, Ingenieurbauwerke. Abs. 4 der Vorschrift regelt einen Sonderfall, nämlich, dass ein „zufriedener" Auftraggeber erneut einen Auftrag an denselben Auftragnehmer über ein gleiches Objekt erteilt. Dies ist nur in sehr begrenzten Fällen ein Ausnahmefall, der zu einer Minderung der HOAI-Mindestsätze führen kann.

Bei **Abs. 2** wird die Anwendung dieser Vorschrift nun davon abhängig gemacht, dass „vergleichbare" Gebäude oder Ingenieurbauwerke, Verkehrsanlagen oder Tragwerke vorliegen. Zudem wurde die völlig verunglückte Voraussetzung der HOAI 2009 „im Wesentlichen gleiche Objektbedingungen derselben Honorarzone" (vgl. § 11 Abs. 1 S. 2 HOAI 2009) gestrichen und durch die griffigere Definition der „weitgehend gleichartigen Planungsbedingungen, die derselben Honorarzone zuzuordnen sind", ersetzt. Zwar muss nach wir vor ein zeitlicher und örtlicher Zusammenhang gegeben sein. Allerdings ist durch die 7. Novelle nun klargestellt, dass die in Abs. 2 genannten Objekte als Teil einer Gesamtmaßnahme geplant und errichtet werden sollen, womit die völlig überzogene und missglückte Formulierung der HOAI 2009 („als Teil einer Gesamtmaßnahme geplant, betrieben und genutzt werden") aufgegeben wurden.

Bei **Abs. 3** verbleibt es in der 7. Novelle bei dem Begriff der „im Wesentlichen gleichartige" Objekte. Der Anwendungsbereich der Vorschrift wurde aber auf die Objekte Gebäude, Ingenieurbauwerke, Verkehrsanlagen oder Tragwerke begrenzt. Nicht geändert wurde auch das durch die 6. Novelle eingeführte dreistufige Abminderungssystem (1. bis 4. Wiederholung = 50 %, 5. bis 8. Wiederholung = 60 % und ab der 9. Wiederholung = 90 %) Neu ist aber, dass diese Abminderungen nur noch für die Leistungsphasen 1 bis 6 und nicht für die Leistungsphasen 1 bis 7 gelten sollen. Dies ist letztlich nur konsequent, da die Vergabe der Leistungen auch bei mehreren Wiederholungen von Objekten in der Regel separat auszuführen gewesen ist.

Für Fälle von **Nachfolgeaufträgen bei gleichen Vertragspartnern** hat man bei Abs. 4, der bisherige Abs. 3, die Regelungen des § 22 Abs. 4 HOAI 2002 a. F. übernommen. Eingeengt wurde der Anwendungsbereich der Vorschrift allerdings auf „gleiche Gebäude", Tragwerke oder Ingenieurbauwerke.

Mit der 7. Novelle wurde die Regelung des § 11 Abs. 4 HOAI 2009 a. F. bzgl. der Flächenplanung gestrichen, die erst durch die 6. Novelle 2009 in die HOAI aufgenommen worden ist. Hierdurch wurde nunmehr unmissverständlich klargestellt, dass **Abs. 1 bis 3 nicht bei der Flächenplanung** i. S. von Teil 2 gelten sollten. Verlangt wurde stattdessen aber eine angemessene Honorarreduzierung, wenn „die Festlegungen, Ergebnisse oder Erkenntnisse anderer Pläne [...] herangezogen werden. Die amtliche Begründung der 7. Novelle verweist zu Recht darauf, dass sich dieser Gedanke eigentlich nicht mit § 1 BauGB in Einklang bringen lässt, da die Verwendung anderer Pläne der hoheitlichen Bauleitplanung widerspräche.

3   Trotzdem das Thema Baugruppen oder Baugemeinschaften GbR zunehmend an Bedeutung gewinnt, hat der Gesetzgeber davon Abstand genommen, die bei der 6. Novelle ersatzlos entfallene Regelung des § 22 Abs. 3 a. F. wieder oder in gleicher oder in abgewandelter Form aufzunehmen. Bei Erteilung **mehrerer Aufträge durch mehrere Auftraggeber** über Gebäude, die gleich, spiegelgleich oder im Wesentlichen gleichartig sind, sollten nach dieser Regelung Honorarminderungen gleichmäßig auf alle Auftraggeber verteilt werden. Weitere Voraussetzung war zudem, dass die Objekte im zeitlichen oder örtlichen Zusammenhang und unter gleichen baulichen Verhältnissen errichtet werden sollten. In der amtlichen Begründung der HOAI 2009, wird darauf verwiesen, dass der Freiberufler seine Planungen durchaus mehrfach verwenden dürfe, und dies letztlich keine Honorarminderung rechtfertigt. Dies wiederum entspricht letztlich dem Gedanken der BGH-Entscheidungen vom 12.1.2006, VII ZR 02/04 und BGH, Urteil vom 11.12.2008, VII ZR 235/06, in denen der BGH betont, dass jeder Vertrag grundsätzlich als einheitliche Abrechnungseinheit zu betrachten ist. Dies muss auch für obigen Fall gelten. Wünschenswert wäre gleichwohl eine Regelung gewesen, die insbesondere die Thematik der Baugruppen aufnimmt und hier bspw. den Fall regelt, dass mehrere gleiche (Reihen-)häuser von einem Architekten geplant werden. Die Verweisung auf die Grundsätze der BGB Gesellschaft können den komplexen Anforderungen, die Bauherren an ihre Planer stellen, nicht gerecht werden.

Auch erscheint es wenig sachgerecht, in diesen Fällen von einem Ausnahmefall auszugehen, der es rechtfertigen würde, die Mindestsätze der HOAI zu unterschreiten. Keinesfalls kann von einer solchen wirksamen Unterschreitung aber bei der ersten Planungsbeauftragung, sondern erst ab der zweiten ausgegangen werden. Erst hier wird sich der geringere Aufwand ergeben, der eine solche Unterschreitung der Mindestsätze gem. § 7 Abs. 1 und 3 rechtfertigen könnte. Damit werden die typischen Probleme, die bei Baugruppen entstehen, aber gerade nicht gelöst, da konsequenter Weise keiner der 1. Auftraggeber sein möchte (vgl. BGH 22.5.1997 – VII ZR 290/95).

Bereits durch die Regelungen der HOAI 2009 wurden die Sonderregelungen im Bereich des Tragwerks gem. § 66 Abs. 3 und 4 HOAI 2002 gestrichen. Alleiniges Kriterium für die Frage, ob eine Honorarminderung gem. § 11 Abs. 3 in Betracht kommen kann, ist somit die Frage, ob „im Wesentlichen gleiche" Tragwerke gegeben sind (vgl. hierzu unten). Ein Abstellen auf die Änderungsintensität oder den Arbeitsaufwand, wie er in § 66 Abs. 3 und 4 HOAI 2002 als Alternative zu § 66 Abs. 2 HOAI 2002 (zusammengefasste Ermittlung der anrechenbaren Kosten), vorgesehen worden war, ist somit nicht mehr maßgeblich und wurde durch die Sonderregelungen des jetzigen § 11 Abs. 3 (zeitlicher und örtlicher Zusammenhang unter gleichen baulichen Verhältnissen, vgl. § 11 Abs. 3 HOAI) ersetzt.

4   Im Gegensatz zu der bisherigen Fassung sind mehrere Innenräume und mehrere Freianlagen nur noch von Abs. 1, also dem Gebot der getrennten Honorarermittlung, erfasst. Abs. 2, 3 und 4 beinhalten auch nach der amtlichen Begründung eine abschließende Auflistung von Objekten, für die sie anzuwenden sind, wozu die Objekte Freianlagen und Innenräume gerade nicht mehr gehören.

2. Bedeutung für die Honorarberechnung

5   Liegen mehrere Objekte vor, sind die anrechenbaren Kosten für jedes Objekt unweigerlich getrennt – für jedes Objekt – zu ermitteln. Hat der Planer dies nicht von Anfang an

gemacht, so müssen nachträglich für jedes Objekt separate Kostenermittlungen erstellt werden (vgl. BGH, BauR 2000, 1513, Urteil vom 6.7.2000, VII ZR 160/99 mit Verweis auf BGH, BauR 2000, 591 Urteil vom 25.11.1999, AZ: VII ZR 388/97). Eine prozentuale Umlage für die Verteilung der anrechenbaren Kosten oder eine sonstige pauschale Aufteilung erfüllt die Anforderungen an eine prüffähige und nachvollziehbare Honorarermittlung nicht. Ausnahmsweise müssen hiervon jedoch Befreiungen möglich sein, bspw. wenn Auftraggeber und Auftragnehmer in einer gem. § 7 HOAI unwirksamen Honorarvereinbarung die zusammengefasste Ermittlung der anrechenbaren Kosten vereinbart haben, und deswegen während der gesamten Projektrealisierung (Entwurf, Planung, Vergabe, Bauausführung) keine Trennung der Baukosten erfolgte. In diesem Fall wird es dem Auftraggeber nach dem Grundsatz des „venire factum contra proprium" untersagt sein, die Anforderungen an die Prüffähigkeit so hoch zu setzen. Letztlich wird er damit nur das Ziel verfolgen, dem Auftragnehmer die Honorarabrechnung nach den Mindestsätzen der HOAI unmöglich zu machen (OLG Stuttgart, Urteil v. 3.5.2007 – 19 U 13/05; BauR 2009, 842).

Je mehr Objekte für die vertragsgegenständlichen Leistungen gebildet werden können, desto höher wird das Honorar ausfallen. Letztlich wird die Trennung von einer Gesamtbaumaßnahme immer zu Mehrhonorar führen. Dies wird nach dem Willen des Gesetzgebers selbst dann gelten, wenn ein Fall von Abs. 3 gegeben ist. Je mehr Objekte gegeben sind, desto eher ist der Anwendungsbereich der HOAI-Tafeln gegeben. Da diese bei 25 Mio. Euro Nettokosten enden (vgl. §§ 35, 44, 48) kann bei höheren anrechenbaren Kosten gem. § 7 Abs. 2 ein Honorar frei vereinbart werden. Dies gilt dann auch für eine zusammengefasste Honorarermittlung bei mehreren Objekten, abweichend von § 11 HOAI. Liegen die anrechenbaren Kosten daher um die 25 Mio. Euro herum, tun alle Beteiligten bei einer Honorarvereinbarung gut daran, sich zunächst zu überlegen, wie viele gleiche und verschiedene Objekte gem. § 2 HOAI gegeben sind und welche anrechenbaren Kosten diesen Objekten zuzuordnen sind.

Beauftragt ein Auftraggeber einen Auftragnehmer mit mehreren Objekten und mit mehreren Verträgen/Aufträgen, so findet nur § 11 Abs. 4 HOAI – wenn überhaupt – Anwendung. Da es dem Auftraggeber letztlich freisteht, wie und in welcher Form er den Auftragnehmer beauftragt, wird er sich nicht auf eine Anwendung des § 11 Abs. 1 bis 3 HOAI berufen können, da er diese durch seine eigene Vertragsgestaltung ausgeschlossen hat (Arg. Ex § 242 BGB).

Hiervon zu unterscheiden ist der Fall, dass in einem Vertrag die Honorarberechnungsvorschriften des § 11 HOAI abbedungen werden, und mehrere Objekte zusammen oder getrennt abgerechnet werden sollen. Solche Vereinbarungen sind nur dann zulässig, solange die Mindest- und Höchstsätze der HOAI nicht über- oder unterschritten werden. Auch aus AGB-rechtlichen Gesichtspunkten unterliegen solchen Klauseln erheblichen Bedenken, da durch sie letztlich die gesetzlichen Abrechnungsvorschriften der HOAI umgangen werden und Mindest- und Höchstsatzunter- oder -überschreitungen entstehen können (für § 9 Abs. 2 Nr. 1 AGB-Gesetz a. F.: BGH, BauR 1981, 582, 586 = NJW 1981, 2351).

Schließlich ist festzuhalten, dass der Auftraggeber Anspruch auf eine Honorarberechnung nach § 11 Abs. 2 bis 4 hat, wenn einer dieser Fälle gegeben ist. Liegt also gar keine schriftliche vertragliche Vereinbarung vor, muss der Auftraggeber § 11 Abs. 2 bis 4 als Ausnahmen von der Regelung des Grundsatzes in Abs. 1 berücksichtigten. Allerdings wird man zu Recht mit L/K/F, § 11 Rdn. 15, davon ausgehen müssen, dass die Beweislast für das Vorliegen der Voraussetzungen der Absätze 2 bis 4 beim Auftraggeber liegt.

Im Falle der **stufen- und abschnittsweisen Beauftragung des AN** stellt sich die Frage, ob ein Anwendungsfall des § 11 Abs. 2 bis 3 überhaupt noch gegeben sein kann, wenn die einzelnen Objekte (bspw. Reihenhäuser) nacheinander (abschnittsweise) nach den Vereinbarungen des Vertrages abgerufen werden. In Anbetracht des Urteils des BGH vom 27.11.2008 – VII ZR 211/07, in dem der BGH den Zeitpunkt der Auftragserteilung im Sinne des § 7 HOAI auf den Zeitpunkt des Abrufens der nächsten Leistungsstufe gelegt hat, liegt kein einheitlicher Auftrag mehr vor, so dass ein Anwendungsbereich des § 11 Abs. 1 bis 3 gar nicht gegeben ist. Lediglich § 11 Abs. 4 könnte in diesen Fällen erfüllt sein, da es bei diesem gerade nicht auf einen Auftrag ankommt (vgl. OLG Braunschweig, BauR 2007, 903).

II. Grundsatz der getrennten Honorarberechnung für mehrere Objekte (Abs. 1)

1. Mehrere Objekte, konstruktive und funktionale Abgrenzung, erforderliche Gesamtschau

8   Voraussetzung für die Anwendung des § 11 Abs. 1 ist, dass ein Auftragsverhältnis von einem Auftraggeber erteilt wurde, das mehrere Objekte nach HOAI umfasst. Erteilt der Auftraggeber mehrere Aufträge, dann ist jeder Vertrag separat abzurechnen und der Anwendungsbereich des § 11 HOAI nicht mehr gegeben (OLG Nürnberg, BauR 2005, 768; IBR 2005, 160, sowie im Ergebnis BGH, 12.1.2006, VII ZR 02/04 und BGH, 11.12.2008, VII ZR 235/06).

9   Ein Abweichen von der Vorschriften des Absatz 1 ist nur dann möglich, wenn einer der folgenden Absätze erfüllt ist. Hierbei ist davon auszugehen, dass die Absätze nacheinander zu prüfen sind, wobei Absatz 3 vor Absatz 2 geprüft werden sollte, da seine Tatbestandsvoraussetzungen enger gefasst sind. Ist ein Absatz erfüllt, kann denknotwendig ein anderer Absatz nicht vorliegen, da die einzelnen Fälle des § 11 HOAI unterschiedlich sind.

Wie die Baumaßnahme in der vertraglichen Vereinbarung oder in der Ausschreibung benannt ist, ist für die Bewertung der Anzahl der Objekte letztlich egal, da sich diese objektiv bestimmt (OLG Düsseldorf, NJW-RR 1995, 1361; IBR 1995, 526 m. w. N.).

10   Der Begriff des Objekts ist in § 2 Abs. 1 definiert. Verschiedene Objekttypen sind immer getrennt abzurechnen, da bspw. ein Ingenieurbauwerk und ein Gebäude oder ein Innenraum niemals vergleichbar, im Wesentlichen gleich oder gleich sein können, wie es die Vorschriften des § 11 Abs. 2, 3, 4 fordern.

Zur Beantwortung der Fragen, wann mehrere Objekte eines Objekttyps gegeben sind, kann zunächst auf die in den Anlagen 10 bis 15 als Teil 2 eingefügten Objektlisten **der jeweiligen Leistungsbilder der Objekte, die durch die 7. Novelle weitgehend neu gefasst worden sind, verwiesen werden. Die Objekte gliedern sich nun nach Themen und beinhalten teilweise auch übergeordnete Objektbegriffe (bspw. 10.3 Objekte Innenräume, Jugendzentren, Jugendherbergen, oder 12.2 Gruppe 5, Verbrennungsanlagen), bei denen dann immer nur ein Objekt vorliegt, obwohl je nach Betrachtung evtl. auch mehrere Objekte vorliegen können. Den Objektlisten wird insoweit aber nur indizieller Charakter zukommen. Letztlich bestimmt sich die** Bewertung der Frage, ob ein oder mehrere Objekte vorliegen, nach konstruktiven und funktionellen Gesichtspunkten/Kriterien und der Frage, ob die Gebäudeteile eine Einheit bilden (vgl. BGH, BauR 2012, 829, BGH BauR 2005, 735, OLG Düsseldorf, BauR 2007, 1270, Seifert, BauR 2000, 801).

11   Maßgeblich für die Bewertung, ob ein oder mehrere Objekte vorliegen, ist primär die Frage der konstruktiven Einheit (vgl. BGH, BauR 2012, 829). Daher liegen immer dann mehrere Gebäude vor, wenn sie **durch einen Zwischenraum getrennt** sind (BGH, Urteil v. 9.2.2012 – VII ZR 31/11 m. w. N.; IBR 2012, 206; Locher/Koeble/Frik, § 11 Rdn. 16 ff.). Die Wertung der funktionalen Gesichtspunkte kommt subsidiär zur Anwendung. So entspricht es allgemeiner Ansicht, dass eine gemeinsame Giebelwand zwischen zwei Häusern – z. B. bei Reihen- oder Doppelhäusern – den einzelnen Objekten noch nicht ihren Objektcharakter nimmt. Gleiches kann allgemein für Verbindungsgänge zwischen einzelnen Gebäuden oder sonstigen untergeordneten Verbindungsbauteilen gelten. Nach einer Entscheidung des OLG Hamm, können im Rahmen einer Gesamtschau eine gemeinsame Treppenanlage oder ein gemeinsames Keller- oder Dachgeschoss für ein einheitliches Gebäude sprechen wenn zudem noch die funktionale Selbständigkeit fehlt, weil nur eine Heizung, eine Schornsteinanlage und ein übergreifender Bodenraum vorhanden sind (OLG Hamm, NRW-RR 1990, 522 ,OLG Düsseldorf, BauR 2007, 764 und BauR 2009, 1929.

12   Mehrere ansonsten selbständige Gebäude werden im Wege der vorzunehmenden Gesamtschau auch dann nicht zu einem Gebäude, wenn ihre Versorgungs- und Entsorgungsanlagen von einer Zentrale gespeist werden (OLG Düsseldorf, Urteil v. 26.10.2006 – 5 U

100/05; BauR 2007, 764; BauR 2007, 1270; BauR 2009, 1764; BauR 2009, 1929; NZBau 2007, 109, so auch OLG Jena BauR 2005,1070 (LS), IBR 2005,265).

Zu Recht hat Seifert in den Vorauflagen darauf hingewiesen, dass die Anzahl der **13** Grundbuchblätter über die in Betracht kommenden Grundstücke höchstens als Indiz herangezogen werden, letztlich aber nicht maßgeblich seien, weil sich Grundbuchblätter auf Grundstücke beziehen und nichts mit dem Objektbegriff der HOAI zu tun haben. Zudem kann ein Gebäude sich durchaus auch auf mehrere Grundstücke erstrecken. (vgl. Locher/Koeble/Frik a. a. O. Rdn. 19).

Unwesentlich ist die Nutzung der Objekte, da diese trotz gleichen konstruktiven und **14** funktionellen Gesichtspunkten vollständig unterschiedlich sein kann.

Das Gleiche gilt, wenn eine **Tiefgarage unter mehreren,** nach der Anschauung des täglichen Lebens ansonsten **selbständigen Gebäuden** liegt (OLG Köln, BauR 2007, 132; IBR 2007, 84). Eine solche Tiefgarage kann dann nicht dem einen oder anderen Gebäude zugeordnet werden und muss schon deshalb selbständig sein (zutreffend Motzke/Wolff, S. 434 f.). Andererseits kann eine Tiefgarage, die alleine unter einem Wohnhaus liegt und in der zudem noch Kellerräume untergebracht sind, nicht die Annahme rechtfertigen, dass sie als eigenständiges Objekt zu betrachten ist. Eine solche Annahme könnte nur dann gerechtfertigt sein, wenn die Tiefgarage vor oder neben dem Gebäude liegt und auch mehreren Gebäuden zu dienen bestimmt ist (vgl. KG, BauR 2002, 1730, IBR 2002,490). Auch gemeinsame tragende Wände vermögen die Eigenständigkeit von Tiefgarage und Gebäude nicht aufzuheben (vgl. KG, BIR 2008,33).

Durch die HOAI 2013 wurde erstmals eine Definition für ein Tragwerk eingefügt. Mit Tragwerk ist ein statisches Gesamtsystem der miteinander verbundenen, lastabtragenden Konstruktionen, die für die Standsicherheit von Gebäuden, Ingenieurbauwerken und Traggerüsten bei Ingenieurbauwerken maßgeblich sind, gemeint. Miteinander kraftschlüssig verbundene Bauteile bilden somit eine konstruktive Einheit im Sinne der HOAI und sind damit als eine Konstruktion zu bewerten. Da der BGH in seinem maßgeblichen Urteil vom 2012 (vgl. BauR 2012, 829) für die Frage der Anzahl der Objekte auf die Zahl der konstruktiven Einheiten abstellt und die HOAI jetzt eine Legaldefinition hierfür vorgibt, wird die Definition der HOAI für die Bestimmung der Anzahl der Objekte jetzt maßgeblich werden.

Zu Recht hat Seifert in der Vorauflage darauf hingewiesen, dass allein die **Unterschiedlichkeit von Konstruktionen und Materialien kein Indiz** für eine Selbständigkeit eines Objekts sind. Die funktionalen Kriterien spielen hierbei zwar immer noch eine Bewertungsrolle nach Sinn und Zweck des Gebäudes. So kann ein Wohngebäude massiv hergestellt sein und ein angebauter Wintergarten vollständig aus einer Holz/Glas- oder Stahl/Glas-Konstruktion bestehen, ohne dass deswegen mehrere Gebäude vorliegen. Funktionale Kriterien werden auch überwiegen, wenn eine 150 m lange Fabrikhalle errichtet wird, die alle 30m eine vollständige konstruktive Trennung bei Verwendung unterschiedlicher Materialien und einheitlicher Nutzung als Produktionsstätte erfährt. Auch eine Tiefgarage, auf der mehrere Gebäude stehen, wird zumindest konstruktiv als ein Objekt zu betrachten sein. Entscheidend wird es daher auf die Funktionalität der einzelnen Gebäudeteile ankommen.

2. Abgrenzungen der einzelnen Objekte gem. § 2 Abs. 1 untereinander:

Mit der Novelle 2009 wurde nach dem Wegfall von § 25 a. F. und der Regelung des **15** § 11 Abs. 1 i. V. mit § 2 Abs. 1 und 6 Abs. 1 HOAI 2009 a. F. eingeführt, dass Leistungen bei **Gebäuden** und Innenräume innerhalb einer Gesamtbaumaßnahme auch dann **getrennt abzurechnen** sind, selbst wenn diese von demselben Auftragnehmer erbracht werden. Mit der 7. Novelle 2013 und der Einführung des § 37 Abs. 2 HOAI wurde diese Trennung wieder aufgegeben und das generelle Verbot der getrennten Abrechnung von Innenräumen für einen Auftragnehmer, der, sowohl ein Objekt Gebäude als auch Objekte des Innenraumes in Auftrag hat, wieder eingeführt. Die getrennte Abrechnung der Innenräume ist jetzt also wieder ein Sonderfall. Im Regelfall sind die Kosten der Hochbauten und der Innenräume zusammenzufassen. Dies ist auch sachgerecht, da jeder Architekt mit dem Hochbau auch regelmäßig Leistungen für Innenräume erbringt. Eine Trennung der Objekte ist nicht sinnvoll und führt in der Praxis zu erheblichen Problemen. Ungeklärt ist daher auch noch die Frage, ob bspw. der Innenputz an einer Wand zu den anrechenbaren Kosten der Innenraumplanung gehört, weil es dabei i. S. von § 34 Abs. 1 um die „innere Gestaltung" von Innenräumen geht oder zum Objekt Gebäude, oder zu beiden Kosten. Letzteres erscheint im Hinblick auf die Entscheidungen des BGH (12.1.2006 – VII ZR 02/04 und BGH, 11.12.2008, VII ZR 235/06) zur getrennten Abrechnung der anrechenbaren Kosten je nach Auftragsumfang auch bei einem Auftrag, der beide Objekte erfasst, richtig, da dieser Fall gerade nicht vom § 11 HOAI erfasst ist und es somit bei den allgemeinen Auftragsgrundsätzen verbleiben muss. Die Trennung der Objekte Innenräume und Gebäude ist damit nur noch von Bedeutung, wenn es sich um verschiedene Auftragnehmer handelt. In diesem Fall bestimmt sich der Umfang der anrechenbaren Kosten nach den vertraglichen Vereinbarungen (vgl. BGH, 12.1.2006, VII ZR 02/04, wie vor), so dass ausgehend von dem konkreten Auftragsumfang die anrechenbaren Kosten zu bestimmen sind. Anrechenbar ist, mit dem der Planer zu tun hat. Nicht anrechenbar ist, was der Planer nicht bearbeitet. In der Praxis werden sich hierzu noch genug **Abgrenzungsprobleme** ergeben. Werden Innenräume von Gebäuden getrennt abgerechnet, stellt sich dann noch die Frage, wieviel Objekte Innenräume vorliegen. Gem. § 34 Abs. 2 HOAI sind die Erstellung von Innenräume, die Gestaltung oder die Erstellung von Innenräumen ohne wesentlichen Eingriff in Konstruktion oder Bestand. Die Objektliste der Anlage 10.3 vermag ein wenig Verständnis dafür schaffen, was ein Innenraum ist. Letztlich geht es dabei um den Innenraum an sich, so dass ein Objekt Gebäude zahlreiche Innenräume ausweisen wird. D. h. ein Objekt Hotel besteht aus div. Schlafräumen, Bädern, Fluren, Rezeption, Restaurant, etc. die jeweils ein Objekt Innenraum bilden. Vertretbar und sinnvoll erscheint es nun dabei, die verschiedenen Objekte gewissen Themen zuzuordnen und diese wiederum einem „Oberthema" Innenraum zuzuordnen (bspw. Schlafräume), die dann ein Objekt bilden. Falsch und zu grob wäre es aber, bspw. ein Hotel zu einem Objekt „Innenraum" zu machen. Dies ist mit der Objektliste der Anlage 10.3 nicht vereinbar.

19 § 11 Abs. 1 – nicht Abs. 2 bis 4 – sind auch für Freianlagen anwendbar. Zur Frage wann ein Objekt Freianlagen vorliegt, wird man natürlich zunächst wieder auf die Objektliste in Anlage 11.2 Bezug nehmen können. Letztlich wird es bei Freianlagen nicht allzu häufig konstruktive, sondern eher funktionale Trennungskriterien geben müssen, so dass diese für die Frage der einzelnen Objektanzahl maßgebend sind. Mehrere Hausgärten an einer Reihenhausbebauung bilden mehrere Objekte, genauso wie ein öffentlicher Park mit Spielplatz und Biergarten eigene Objekte bilden. Zu beachten ist aber, dass eine Freianlage kein Objekt im Sinne des § 11 Abs. 1 ist, wenn deren anrechenbaren Kosten unter 7500 Euro liegen (vgl. § 37 Abs. 2). In diesem Fall werden die anrechenbaren Kosten der Freianlage den anderen Objekten des § 11 Abs. 1 zugeschlagen.

20 Zu beachten ist ferner, dass nach der Begriffsdefinition des § 2 Abs. 1 HOAI 2009 und 2013. (abweichend zu § 3 Abs. 1 HOAI 2002.) auch **„Tragwerke" als Objekt** definiert sind. In § 49 Abs. 2 ist durch die 7. Novelle zudem eine eigene Definition für das Tragwerk eingeführt worden. Ein Tragwerk ist danach immer dann anzunehmen, wenn ein statisches Gesamtsystem der miteinander verbundenen lastabtragenden Konstruktionen, die für die Standsicherheit von Gebäuden, Ingenieurbauwerken und Traggerüsten bei Ingenieurbauwerken maßgeblich sind. Man wird davon ausgehen müssen, dass durch diese Neuformulierung des Objektbegriffes Tragwerk, sich die Anzahl der Objekte Tragwerk reduzieren wird, da alle miteinander verbundenen Tragkonstruktionen ein einheitliches Tragsystem bilden werden. Im Hinblick auf die Neufassung des § 11 Abs. 1 n. F. bedeutet dies, dass es mehrere Tragwerke an einem einheitlichen Gebäude oder Ingenieurbauwerk nur noch selten bzw. gar nicht mehr geben wird. Wenn dies aber der Fall sein sollte, sind diese getrennt abzurechnen.

Hiervon zu unterscheiden ist noch die Rechtslage zur HOAI 2002. § 66 HOAI alte Fassung stellte für die Frage, ob mehrere Tragwerke vorliegen, auf das Vorhandensein verschiedener Gebäude ab. Voraussetzung für eine getrennte Abrechnung bei der Tragwerksplanung war damals, dass mehrere Gebäude oder Ingenieurbauwerke vorliegen. Innerhalb eines einheitlichen Gebäudes oder Ingenieurbauwerkes konnten Leistungen bei der Tragwerksplanung früher nicht getrennt abgerechnet werden.

Für den Bereich der Technischen Anlagen gilt § 54 Abs. 1 und 2 als Sondervorschrift **21** vor § 11. **Entgegen den anderen Objekten wird für die Honorarermittlung auf die anrechenbaren Kosten der Anlagen einer Anlagengruppe abgestellt (vgl. § 54 Abs. 1 HOAI).** Eine Anlagengruppe besteht indes aus mehreren Einzelanlagen, mithin aus mehreren „Objekten" i. S. von § 2 Abs. 1 n. F. Durch die Zusammenfassung der Anlagen einer Anlagengruppe bei der Honorarabrechnung (vgl. § 54 HOAI) wird von der objektbezogenen Abrechnung eine Ausnahme gemacht und die Anlagengruppe zum Objekt i. S. d. § 11. Dieses Prinzip wird auch nicht dann durchbrochen, wenn eine Anlage mehreren Objekten Gebäuden dient (vgl. BGH, Beschluss v. 20.12.2007; NJW-RR 2008, 615). Dies wurde nun auch in § 54 Abs. 2 niedergeschrieben (vgl. dort).

III. Zusammenfassung der anrechenbaren Kosten

1. Anwendungsvoraussetzungen

Die Regelung Abs. 2 entspricht dem § 11 Abs. 1 S. 2 und Abs. 2der HOAI 2009, der **24** durch die Novelle 2013 neu gegliedert und sprachlich neu gefasst worden ist Zudem wurde der Anwendungsbereich der Absätze 2 bis 3 eingeschränkt. Voraussetzung für den Anwendungsbereich des Abs. 2 sind nunmehr „vergleichbare Objekte", die „weitgehend vergleichbare Planungsbedingungen" aufweisen. Grund für die Honorarminderung bei Absatz 2 ist auch nach der amtlichen Begründung, dass der Auftragnehmer durch den „Großauftrag" über mehrere Objekte weniger Planungsaufwand bei der Planung der einzelnen Objekte hat und sich somit Synergien bei ihm einstellen. Es erscheint dem Gesetzgeber für diesen Fall nicht angemessen zu sein, wenn der AN gleichwohl das volle Honorar nach HOAI-Mindestsätzen für jedes Objekt erhält.

Die Vorschriften des Absatz 2 und Absatz 3 können nicht nebeneinander vorliegen. Entweder liegen die Voraussetzungen des Absatz 2 oder des Absatz 3 vor. Die Voraussetzungen des Absatzes 3 sind, was die Vergleichbarkeit der Planung angeht, höher als in Abs. 2, weil hier „im Wesentlichen gleiche Objekte" gefordert werden und damit vor denen des Absatz 3 zu prüfen.

Die Regelung des Absatz 2 der HOAI 2013, wie die des Absatz 1 Satz 2 der HOAI 2009 gehen auf einen Vorschlag des Statusberichts 2000plus (Kapitel 10, Seite 40) zurück, der sich wiederum stark an der damaligen Fassung des § 66 HOAI orientiert. Die Gutachter hielten es für richtig, das entstehende Synergien zu einer Honorarminderung führen müssen und folgen dem Gedanken des alten § 66 HOAI dass das Honorar stufenweise, je nach Umfang der beim Planer eintretenden Synergieeffekte zu mindern ist (vgl. § 66 Abs. 1 bis 4 HOAI). In der amtlichen Begründung zur HOAI 2009 ist ausdrücklich ausgeführt, dass die Gutachter des Statusbericht 2000 plus es für richtig hielten, dass ein Zusammenfassen von im Wesentlichen gleichartigen Objekten derselben Honorarzone, die im gleichen zeitlichen und örtlichen Zusammenhang errichtet werden, bei allen Objektplanungs- und Fachplanungsleistungen gebündelt vorzunehmen ist, auch wenn dies zum Teil eine Honorarverschlechterung zur Folge hat. An diesem Prinzip wird auch in der Novelle 2013 festgehalten, wobei die neugefassten Begrifflichkeiten der „weitgehend gleichartige" Planungsbedingungen und „vergleichbaren Gebäuden" der besseren Abgrenzbarkeit dienen sollen (vgl. amtliche Begründung zu § 11 BTag Drucksache 334/13).

Die Klarstellung durch den Gesetzgeber erfolgt, weil die Regelung des Abs. 1 Satz 2 der HOAI 2009 sich als wenig griffig erwiesen hat. Unklar war insbesondere, wann „im Wesentlichen gleiche Objektbedingungen derselben Honorarzone" vorliegen, und wann die Objekte „gemeinsam geplant, betrieben und genutzt" sind, wie es die Voraussetzungen der Norm gefordert haben. Inhaltlich ist die Norm, so die amtliche Begründung, indes unverändert geblieben (vgl. amtl. Begründung). Anzuwenden ist die Norm nur noch bei den

Objekten Gebäuden, Ingenieurbauwerken, Verkehrsanlagen und Tragwerke. Für sonstige Objekte der technischen Anlagen, der Freianlagen und der Innenräume ist die Vorschrift daher nicht anwendbar. Darüber hinaus muss beabsichtigt gewesen sein, die Objekte nach wesentlich gleichen Planungsbedingungen, die derselben Honorarzone zuzuordnen sind, im zeitlichen und örtlichen Zusammenhang als Teil einer Gesamtmaßnahme zu planen und zu errichten. Nicht erforderlich ist, dass die Umsetzung der Objekte dann tatsächlich auch so erfolgt.

a) „Gebäude, Ingenieurbauwerke, Verkehrsanlagen, Tragwerke mit wesentlich gleichen
    Planungsbedingungen, die derselben Honorarzone zuzuordnen sind"

25   Durch die Novelle der HOAI 2013 ist klargestellt worden, dass diese Tatbestandsmerkmale zwar zusammengehören, aber doch letztlich eine eigenständige Bedeutung haben. Wesentlich gleiche Planungsbedingungen können, müssen aber nicht zwingend dazu führen, dass ein Objekt derselben Honorarzone zuzuordnen ist (vgl. L/K/F, § 11 Rdn. 31). Dies gilt insbesondere dann, wenn die Punktebewertung ergibt, dass das Objekt genau zwischen zwei Honorarzonen steht. Die Planungsbedingungen entsprechen auch nicht etwa den Bewertungsmerkmalen der Honorarzonen (vgl. bspw. § 34 Abs. 2 HOAI), da das Kriterium der Planungsbedingungen in der amtlichen Begründung der HOAI deutlich weiter gefasst worden ist. Auch ist durch die grammatikalische Ausbildung des Relativsatzes klargestellt, dass das Objekt mit diesen Planungsbedingungen zudem noch der gleichen Honorarzone zuzuordnen sein muss und somit ein weiteres eigenes Tatbestandsmerkmal bildet. Im Umkehrschluss können Objekte die der gleichen Honorarzone zuzuordnen sind, auch Planungsbedingungen aufweisen, die nicht im Wesentlichen gleich sind, so dass eine Anwendung des § 11 Abs. 2 ausscheidet.

Nach der amtlichen Begründung zur HOAI 2013 gehören zu den Planungsbedingungen der Baugrund, Nutzungsart, bauliche Gestaltung (vgl. amtl. Begründung). Die Aufzählung ist nicht abschließend, so dass weitere Kriterien hinzutreten können. Zu denken wäre hier auch an die weiteren Aufgabenstellungen, die an Planer herangetragen werden können, bspw. das Umbauen im laufenden Betrieb, Denkmalschutz, besondere Erschließung, planen im Außenbereich/Innenbereich oder bspw. sonstige besondere Genehmigungsvoraussetzungen, die der Planer zu erfüllen hat. Die Bewertungsmerkmale der Honorarzone sind hiermit nicht gemeint, da diese über das 2. Tatbestandsmerkmal gesondert erfasst sind. Bei verschiedenen Nutzungsarten eines Objektes wird man immer von unterschiedlichen Planungsbedingungen ausgehen müssen. Trotz gleicher Honorarzone ist nicht ausgeschlossen, dass die Projektbedingungen hinsichtlich der objektspezifischen Bewertungsmerkmale sehr unterschiedlich sein können und trotzdem im Ergebnis zur selben Honorarzone führen. Das Merkmal „weitgehend vergleichbaren Planungsbedingungen, die derselben Honorarzone angehören" **ist im Zweifel eng auszulegen.** Das „Objekt" ist in diesen Fällen dann nicht z. B. das Gebäude. „Objekte" und damit auch die **„weitgehend vergleichbaren Objektbedingungen" richten sich nach dem Vertragsgegenstand,** da dieser das Objekt bestimmt und begrenzt (BGH, Urteil v. 6.5.1999 – VII ZR 379/97; BauR 1999, 1045; BGH, Urteil v. 12.1.2006 – VII ZR 2/04; BauR 2006, 693 = NZBau 2006, 248; BGH, Urteil v. 11.12.2008 – VII ZR 235/06; BauR 2009, 521 = NZBau 2009, 259).

Ein Mehrfamilienhaus und ein Einfamilienhaus werden das Tatbestandsmerkmal der „weitgehend vergleichbaren Planungsbedingungen" nicht erfüllen. Ob dies allerdings auch dann verneint werden muss, wenn bereits bei ansonsten identischen Planungsbedingungen ein Gebäude mit einem Satteldach und eines mit einem Flachdach errichtet werden muss (vgl. L/K/F, § 11 Rdn. 31) erscheint zumindest fraglich und wird letztlich eine Einzelfallfrage sein. Liegt ein Umbau an einem Objekt und ein Anbau an einem anderen Objekt vor, können die weitgehend gleichen Planungsbedingungen nicht mehr erfüllt sein, da es sich bereits um unterschiedliche Tätigkeiten im Sinne des § 2 HOAI handelt. Bei verschiedenen Umbaumaßnahmen ist dies ebenfalls zu verneinen. Bei Umbaumaßnahmen und bei Instandsetzungsmaßnahmen wird man insoweit ohnehin nur in seltenen Fällen von weitgehend gleichen Planungsbedingungen ausgehen können, da solche Maßnahmen in der Regel von besonderen Umständen, wie Qualität der Bausubstanz, planerische Anforderungen,

Bauherrenwünschen stärker beeinflusst werden. Anders kann dies zweifelsfrei bei Modernisierungen sein, da die Anbringung eines WDVS auch bei verschiedenen Gebäuden, durchaus weitgehend gleichen Planungsbedingungen unterworfen sein kann.

Der Begriff „weitgehend vergleichbare Planungsbedingungen" ist ein neuer unbestimmter Rechtsbegriff, der aber nach der amtlichen Begründung, dem der „im Wesentlichen gleichartigen Objekte" entsprechen soll. Wie bereits 2009 wurde damit in der Novelle der HOAI 2013 ein neuer unbestimmter Rechtsbegriff geschaffen, der nur schwer gefasst werden kann. Im Gegensatz zu § 11 Abs. 3 geht es hier nicht um „gleiche bauliche Verhältnisse. Fraglich ist indes, wie die Begriffe abzugrenzen sind, da die Planungsbedingungen letztlich sowohl die das Objekt beeinflussenden Maßnahmen, als auch die Ausbildung des Objektes selbst betreffen (vgl. hierzu auch L/K/F, § 11 Rdn. 32). Auffällig ist jedoch, dass die baulichen Verhältnisse gleich (vgl. § 11 Abs. 3), die Planungsbedingungen nur weitgehend gleich (vgl. § 11 Abs. 2) sein müssen. Zudem sind die baulichen Verhältnisse eher geprägt von der Bauausführung und somit enger auszulegen als Planungsbedingungen, die auch die baulichen Verhältnisse umfassen, da diese immer auch die Planung beeinflussen werden. Des Weiteren ist auch noch der Sinn und Zweck von Abs. 2 und Abs. 3 zu beleuchten. Abs. 2 schreibt eine Reduzierung des Honorars vor, wenn der Auftragnehmer aufgrund eines Auftrages von mehreren Objekten weniger Aufwand bei der Planung hat. Die hierbei entstehende Synergie soll der AN an den AG weitergeben. Abs. 3 zieht seinen Anwendungsbereich enger und sieht eine Honorarminderung nur dann als gerechtfertigt an, wenn eine fast identische Planung (zur genauen Begriffsdefinition s. u.), bei der denknotwendig kein oder nur ein sehr geringer Mehraufwand entstehen kann, bei gleichen baulichen Verhältnissen umgesetzt wird.

26 Nach den Voraussetzungen der Norm, müssen die Objekte zudem der gleichen Honorarzone angehören. Hierbei wird die Honorarzone für jedes Objekt getrennt festzustellen sein. Diese richtet sich also nicht nach der gesamten Abrechnungseinheit, bestehend aus mehreren Objekten, sondern aus dem jeweiligen (Einzel-)Objekt (so im Ergebnis auch Locher/Koeble/Frik, § 11 Rdn. 232).

27 In der Vorauflage hat Seifert zu Recht unter Verweis auf die Rspr. vertreten, dass weitgehend vergleichbare Planungsbedingungen bei **Ingenieurbauwerken,** im Bereich von Kanälen in einem Trennsystem, bestehend aus einem Schmutzwasserkanal und einem Regenwasserkanal regelmäßig nicht mehr vorliegen, wenn hierfür unterschiedliche fachtechnische Berechnungen und Bemessungen durchzuführen sind (ebenso: Locher/Koeble/Frik § 11 Rdn. 23). Auch bei Kläranlagen liegen bei der Wasserreinigung und der Schlammbehandlung regelmäßig nicht mehr weitgehend vergleichbare Objektbedingungen vor.

b) Zeitlicher und örtlicher Zusammenhang

28 Weitere Voraussetzung für die Anwendung der Vorschrift ist, dass mehrere Objekte in einem „zeitlichen und örtlichen Zusammenhang" errichtet werden. Für die Anwendung der Zusammenfassungsvorschrift des § 11 Abs. 2 n. F. kommt es also darauf an, dass **sowohl ein zeitlicher als auch ein örtlicher Zusammenhang** bei mehreren Objekten vorliegen. Genau hierin unterscheidet sich die Vorschrift auch von dem Fall des Abs. 3, bei dem ein zeitlicher **oder** örtlicher Zusammenhang gegeben sein muss. Gesetzgeberischer Gedanke ist, dass verschiedene Planungsansätze nur bei Erfüllung sehr hoher Voraussetzungen eine Honorarminderung rechtfertigen. Zur Definition des zeitlichen und örtlichen Zusammenhangs sei auf die Ausführungen bei Absatz 3 verwiesen.

c) Als Teil einer Gesamtmaßnahme geplant und errichtet werden sollen

29 Als Letztes muss die Voraussetzung erfüllt sein, dass mehrere Objekte „als Teil einer Gesamtbaumaßnahme geplant und errichtet werden sollen. Im Unterschied zur HOAI 2009 und dem dortigen Abs. 1 S. 2 ist diese Voraussetzung deutlich abgeschwächt worden. Zum einen kommt es nur noch darauf an, dass die Gebäude als Teil einer Gesamtmaßnahme geplant und errichtet werden sollen, aber nicht darauf, ob sie als Teil einer solchen Gesamtmaßnahme tatsächlich auch geplant und errichtet werden. Maßgeblich ist also nur noch die Absicht des Auftraggebers.

Wann eine Gesamtmaßnahme vorliegt, ist zudem auch nicht näher durch das Gesetzt definiert worden. Eine solche wird somit bereits dann vorliegen, wenn der Auftraggeber mehrere Baumaßnahmen zu einer Gesamtmaßnahme zusammenfasst (bspw. eine Sanierung aller Kanalbrücken, des Rhein-Main-Donau-Kanales, Einkaufszentrum, Reihenhaussiedlung etc.).

Der Begriff muss weit verstanden werden. Eine „Gesamtbaumaßnahme" zielt letztlich auch auf den Vertragsgegenstand ab. Eine „Gesamtbaumaßnahme" kann im Rahmen der Gebäudeplanung beispielsweise ein Schulzentrum, eine Kasernenanlage oder eine Reihenhaussiedlung sein. Tatsächlich dürfte es damit nur noch darauf ankommen, ob der Auftraggeber die Objekte zu einer Gesamtmaßnahme definiert und ihre Durchführung gemeinsam beabsichtigt und ein gewisser innerer Funktionszusammenhang zwischen den Objekten einer Gesamtmaßnahme gegeben ist. Keine Gesamtmaßnahme dürfte somit vorliegen, wenn es an diesem inneren Zusammenhang fehlt, und die Objekte nichts miteinander zu tun haben (bspw. Sanierung zweier Gebäude in verschiedenen Städten, nach unterschiedlichen Vorgaben). Dies gilt auch dann, wenn die unterschiedlichen Gebäude energetisch saniert werden, da der innere Zusammenhang nicht nur in der Maßnahme bestehen kann, sondern in einer baulichen oder tatsächlichen Verbindung bestehen muss. Unerheblich ist es im Unterschied zur HOAI 2009, ob die Einzelobjekte gemeinsam betrieben und genutzt werden. Dies ist insoweit konsequent, als dass die Nutzung oder das Betreiben eines Objektes nichts mit dessen Errichtung und der Vergütung der Planer zu tun hat (so auch L/K/F, § 11 Rdn. 30).

2. Honorarberechnung

30 Soweit die Voraussetzungen des Absatzes 2 erfüllt sind, werden die anrechenbaren Kosten der einzelnen Objekte addiert. Dies ergibt sich aus § 11 Abs. 2 und dem in § 11 Abs. 1 festgeschriebenen Grundsatz der getrennten Honorarabrechnungen. Falsch wäre es in diesem Zusammenhang, die separate Honorarberechnung über § 6 Abs. 1 herzuleiten, weil diese Vorschrift offensichtlich davon ausgeht, dass ein Auftrag über ein Objekt eine separate Honorarberechnung auslöst. Mit dem Gedanken, dass ein Auftrag mehrere Objekte umfasst, hat sich die Vorschrift erkennbar nicht befasst (so in der Vorauflage aber noch Seifert).

Durch die Addition der anrechenbaren Kosten wird im Mittel eine Honorarreduzierung um ca. 5 bis 10% erreicht. Je mehr Objekte zusammengefasst ermittelt werden, desto höher ist der prozentual gewährte Nachlass. Wenn also der Auftraggeber bspw. 2 Objekte Gebäude nach den Voraussetzungen des Abs. 2 in Auftrag bekommt, dann würde er bei anrechenbaren Kosten von 2 x 1 Mio. Euro, bei allen Leistungsphasen, ein Honorar gem. § 35 HOAI von $2 \times 115\,675 = 231\,350$ Euro, bei eine angenommenen Honorarzone III erhalten. Wenn die anrechenbaren Kosten zusammengefasst werden, beträgt das Honorar für ein Objekt der Honorarzone III bei anrechenbaren Kosten von 2 Mio. Euro, 214 108 Euro. Was eine Honorarminderung von 17 242 Euro ausmacht und ca. 8% entspricht. Wenn 5 Objekte der Honorarzone III bei anrechenbaren Kosten von 5 Mio. Euro beauftragt werden, entspricht das addierte Honorar für jedes Objekt $5 \times 115\,675$ Euro $= 578\,375$ Euro. Für ein Objekt mit 5 Mio. Euro anrechenbaren Baukosten, der Honorarzone III, sieht die HOAI in § 35 nur noch 478 207 Euro Honorar vor, also knapp 100 000 Euro weniger, was einem Nachlass von 17,28% entspricht. Je mehr Objekte also unter die Voraussetzungen des Absatz 2 fallen, desto höher die Honorarminderung.

IV. Auftrag über mehrere im Wesentlichen gleichartige Gebäude, Tragwerke, Verkehrsanlagen Ingenieurbauwerke oder Gebäude nach Typenplanung oder Serienbauten (Abs. 3)

1. Anwendungsvoraussetzungen

33 Abs. 3 berücksichtigt, dass sich der Aufwand beim Planer reduziert, weil die Planungen der Gebäude, Ingenieurbauwerke, Verkehrsanlagen oder Tragwerke „im Wesentlichen gleich" sind. Die dadurch auftretenden Synergien und der verminderte Arbeitsaufwand werden vom Gesetzgeber bei der Bestimmung des Mindestsatzhonorars berücksichtigt. Der Planer muss eine über das Maß des Absatzes 2 hinausgehende Minderung seines Honorars in Kauf nehmen. In Anlehnung an die Regelung des § 66 HOAI stellt der Gesetzgeber bei der neuen Fassung des § 11 wieder auf die beim Planer eintretenden Arbeitserleichterungen ab und reduziert das Honorar, wenn zudem die weiteren Voraussetzungen des Abs. 3 erfüllt sind:

– im **Wesentlichen gleiche Gebäude, Ingenieurbauwerke, Verkehrsanlagen oder Tragwerke** (mitenthalten, weil begrifflich über den Erst-Recht-Schluss umfasst sind, gleiche oder spiegelgleiche Planungen) und

– ein **zeitlicher oder örtlicher Zusammenhang** und

– **gleiche bauliche Verhältnisse**

– **gemeinsame Planung und Errichtungsabsicht.**

Ist eine dieser Bedingungen nicht erfüllt, kann eine Honorarminderung nur noch über §§ 11 Abs. 2 erfolgen, weil der Fall des Abs. 3 vorrangig zu prüfen ist. Sollte ein Fall des § 11 Abs. 2 und 3 nicht gegeben sein, ist Abs. 4 zu prüfen. Liegt auch dieser nicht vor, verbleibt es bei der Anwendung des § 11 Abs. 1.

2. „im Wesentlichen gleich"

Im **Wesentlichen gleich** müssen die Objekte Gebäude Ingenieurbau, Verkehrsanlagen **34** und Tragwerke sein. Nach der amtlichen Begründung ist der Begriff gleich, wie der in der 6. Novelle verwendete Begriff „gleichartig" zu verstehen. Gemeint sind somit Objekte, wenn sie in der Planung von Grundriss oder Tragwerk **nicht wesentlich voneinander abweichen** (vgl. amtl. Begründung zu § 22 a. F. HOAI 2002); Solche Objekte liegen **nur bei ganz nebensächlichen und für die Konstruktion sowie die sonstige bauliche Gestaltung nahezu unerheblichen Unterschiede** vor (OLG Braunschweig, BauR 2006, 1948; 2007, 903; IBR 2007, 83; OLG Düsseldorf, BauR 1982, 283; OLG Düsseldorf, BauR 1983, 283 ebenso Locher/Koeble/Frik § 11 Rdn. 38; ähnlich Weyer, BauR 1982, 519). Hierbei kommt es nicht auf die technische Ausstattung der Objekte an, sondern auf konstruktive und funktionale Kriterien, wobei die konstruktiven Kriterien hier vorrangig zu beachten sind (vgl. oben). Auch in dieser Fassung der HOAI ist davon auszugehen, dass die Begriffe „im Wesentlichen gleich" eng auszulegen sind. Dies umso mehr, als in der HOAI 2013 in den Absätzen 2 bis 4 zwischen „vergleichbaren", in Abs. 3 von „im Wesentlichen gleichen" und in Abs. 4 von „gleichen" Objekten differenziert wird. Somit ist im Wesentlichen wieder die Differenzierung hergestellt, die bereits beim alten § 22 HOAI 2002 gegolten hat. Hierbei ist davon auszugehen, dass die Synergien, die beim Planer auftreten, am größten sind, wenn die Objekte „gleich" sind, weniger groß sind, wenn die Objekte „im Wesentlichen gleichen sind" und am geringsten sind, wenn die Objekte „vergleichbar" sind. Dies spiegelt sich dann auch in der Höhe der Minderung des Honorars wieder. Absatz 4 ist insoweit ein Sonderfall, als dass er eine Honorarminderung auch bei neuen separat erteilten Aufträgen bei gleichen Auftraggebern vorsieht, weswegen sein Anwendungsfall auf gleiche Objekte begrenzt ist.

Zu Recht hat Seifert in der Vorauflage darauf verwiesen, dass im Wesentlichen gleiche **35** Objekte dann gegeben sind, wenn diese in ihren **äußeren Abmessungen** oder in **Grundrissen, Schnitten oder Ansichten** nur unwesentlich voneinander abweichen. Im Wesentlichen gleichartig sind **Objekte gleichen Grundtyps,** die nur in einzelnen Teilbereichen, z.B. bei Reihenhäusern im Bereich der Giebelfenster und der Positionierung der Garage voneinander abweichen (OLG Düsseldorf, BauR 1982, 597). Das gilt z.B. gerade auch für Reihenhäuser, auch wenn der Vertrag auf „Neubau eines Wohngebäudes" lautet (vgl. OLG Düsseldorf, NJW-RR 1995, 1361). Auch abweichende Details der Ausführung, z.B. der Einbau einer Fußbodenheizung oder die Ausstattung mit einem offenen Kamin, sind demgegenüber nur unerhebliche Abweichungen (vgl. OLG Düsseldorf a. a. O.). Dies trifft dagegen nicht auf eine Doppelhaushälfte zu, die zwar gegenüber der anderen Hälfte in

Teilen, bspw. im Keller und im Erdgeschoss spiegelgleich ist, jedoch in den darüber liegenden Stockwerken vollständig andere Planungsansätze ausweist. Dies wäre bspw. bei einer Nutzung als Mehrfamilienhaus statt Einfamilienhaus oder als Geschäftshaus anstatt als Wohnhaus gegeben (vgl. OLG Düsseldorf, BauR 1983, 283). Nicht mehr im Wesentlichen gleichartige Gebäude liegen z. B. auch vor, wenn die Eingänge und die Aufteilung der Kellerräume unterschiedlich sind (OLG Braunschweig, Urteil vom 24.8.2006 – 8 U 154/05, BauR 2007, 903). Die andere Erschließung beinhaltet einen neuen planerischen Ansatz, weswegen die Objekte zwar noch vergleichbar, aber nicht mehr im Wesentlichen gleich sind. Dabei kommt es nicht darauf an, ob der Entwurf eines Gebäudes für das andere Gebäude wieder verwendet werden kann (OLG Braunschweig a. a. O.).

36   Bei Umbauten und Modernisierungen sowie bei Instandhaltungen und Instandsetzungen von mehreren Objekten, wird es nur selten zu „ im Wesentlichen gleichen" Umbau- Modernisierungs-, Instandsetzungs- oder Instandhaltungsleistungen des AN kommen. In der Regel werden die Leistungen des Planers unterschiedlich in Inhalt und Umfang sein, da die Gebäude in der Regel nicht den gleichen Erhaltungszustand aufweisen werden. Abzustellen ist nach dem Wortlaut des § 11 aber immer auf das Objekt bspw. Gebäude nicht auf die Vergleichbarkeit oder die wesentliche Gleichartigkeit der vom Planer zu erbringenden Umbau- oder Instandsetzungsleistungen.

3. im zeitlichen oder örtlichen Zusammenhang geplant und errichtet werden sollen

37   Die **Errichtung** der betreffenden Objekte müssen **im zeitlichen oder örtlichen** (also alternativ; vgl. OLG Düsseldorf, BauR 1982, 597) **Zusammenhang und unter gleichen baulichen Verhältnissen** erfolgen.

a) unter gleichen baulichen Verhältnissen geplant und errichtet werden sollen

38   Während in der HOAI 2002 das Tatbestandsmerkmal der „gleichen baulichen Verhältnisse" nur unter dem Blickwinkel der Errichtung der Gebäude betrachtet und ausgelegt wurde (vgl. § 22 Abs. 2 und 3 HOAI 2002) hat sich dies ab der 6. Novelle geändert. Gleiche bauliche Verhältnisse müssen auch in Bezug auf die Planung des Gebäudes (Objektes) gegeben sein. D. h., dass nur, wenn die Objekte auch unter gleichen baulichen Verhältnissen geplant **und** errichtet werden, ein Anwendungsfall des Abs. 3 gegeben ist. Bemerkenswert ist hierbei insgesamt, dass die Errichtungsphase der Leistungsphasen 7, 8 und 9 des § 34 Abs. 2 von der Honorarminderungsvorschrift des § 11 Abs. 3 gar nicht erfasst ist und somit der Planer, der nur die Lph. 7, 8, 9 in Auftrag hat, im Falle von gleichen Gebäuden mehr Honorar erhält, als ein Planer der vergleichbare Gebäude in diesen Leistungsphasen betreut (so auch L/K/F, § 11 Rdn. 37).

Durch die Neufassung der 7. Novelle muss der Bauherr wenigstens die **Absicht** haben, die Objekte gemeinsam zu planen **und** zu errichten. Die Voraussetzungen müssen kumulativ vorliegen, weswegen die Vorschrift im Ergebnis enger auszulegen ist als bisher**.** Sollen die Gebäude zwar in einem zeitlichen oder örtlichen Zusammenhang gemeinsam geplant, aber nicht errichtet werden, sind die Voraussetzungen des Abs. 3 bereits nicht mehr erfüllt. Letztlich kommt es auch hierbei auf die planerische Absicht des Auftraggebers und nicht auf die tatsächliche Realisierung an („sollen"). Maßgeblich ist also die „geplante Errichtung", nicht aber die tatsächliche Errichtung des Objekts.

b) zeitlicher oder örtlicher Zusammenhang

39   Ein **zeitlicher Zusammenhang** liegt vor, wenn die beabsichtigte Planung und Bauerrichtung der mehreren im Wesentlichen gleichen Objekte **zeitlich zusammenfällt.** Das setzt aber nicht unbedingt eine absolut gleichzeitige Planung und Errichtung dieser Objekte voraus. Vielmehr genügt es schon, wenn die Planung und die Ausführung der betreffenden Bauvorhaben jedenfalls teilweise zeitlich zusammenfällt (amtliche Begründung zu § 22, die im Wege des Gesamtverständnis für den neueingeführten Bereich der „Planung" entsprechend gelten muss.) Wenn sich also ein Gebäude erst in der Planung, während sich das andere bereits mitten in den Rohbauarbeiten befindet, ist Absatz 3 anwendbar. Der „zeitliche Zusammenhang" wird also nach dem eindeutigen Wortlaut der Vorschrift nicht mehr nur auf die Bauerrichtungsphase bezogen und hat sich damit stark verlängert.

Ein örtlicher Zusammenhang liegt vor, wenn die Objekte in einer so großen räumlichen Nähe errichtet werden sollen, dass beim Planer Synergien entstehen können.

Aufgrund der Verknüpfung mit dem Wort „oder" muss entweder ein zeitlicher oder ein räumlicher Zusammenhang gegeben sein. Dabei kommt es nicht unbedingt darauf an, dass die betreffenden Objekte auf gleichem oder benachbartem Baugelände errichtet werden sollen. Dafür reicht vielmehr aus, dass die in Betracht kommenden Objekte **räumlich in der näheren Umgebung errichtet** werden sollen (Locher/Koeble/Frik, § 11 Rdn. 39 sowie OLG Düsseldorf, BauR 1983, 283 und Baur 1982, 597). Hiernach ist vor allem weder rechtlich (grundbuchmäßig) noch tatsächlich ein unmittelbar zusammenhängendes Baugelände erforderlich (so jetzt auch Jochem, §§ 11, 16. Das OLG Düsseldorf (BauR 1982, 597) bejaht einen räumlichen Zusammenhang, wenn die Objekte 400m auseinander liegen. Abgestellt wurde in der Urteilsbegründung darauf, dass auch bei einer Distanz von 400 m davon auszugehen ist, dass Arbeitserleichterungen/Synergien eintreten, die den üblicher Weise eintretenden Arbeitsaufwand, der bei zwei vollständig verschiedenen Objekten entsteht, deutlich minder. Im Urteil heißt es insoweit:" Für den von § 22 vorausgesetzten räumlichen Zusammenhang kommt es in erster Linie darauf an, ob bei einer einheitlichen Bearbeitung der mehreren Vorgaben kein nennenswert größerer Arbeitsaufwand entsteht, als bei einem Gebäude"). Dass die Grundstücke mit einer Straße getrennt sind, ist daher unerheblich. Es kommt letztlich auf eine Gesamtbetrachtung an und vor allen Dingen darauf, um der räumliche Zusammenhang die Planung und die Bauausführung erleichtert. Absatz 3 gilt daher für die klassische Reihenhausbebauung genauso wie für die Planungen mehrerer Einfamilienhäuser, die größere Abstände von bis zu 400 m zwischen den Gebäuden haben. Unerheblich ist hierbei, dass die einzelnen Objekte erst nach und nach, bspw. mit einem Abstand von 1 Jahr, in die Ausführung gelangen. Erfüllt sein muss natürlich auch das Tatbestandsmerkmal der gleichen baulichen Verhältnisse, dass wiederum bei einer vollständig verschiedenen Geländetopografie nicht gegeben sein kann (s. u. Rdn. 40). Letztlich sind die Gegebenheiten des Einzelfalles ausschlaggebend (vgl. amtlich Begründung zu § 22 HOAI 2002). Seifert hat deswegen in der Vorauflage zu Recht darauf hingewiesen, dass z. B. das Vorhandensein eines einheitlichen Baubüros ein Indiz für das Vorliegen eines örtlichen Zusammenhanges sein kann. Auch kann es für den Bereich von Planungsleistungen ausreichend sein, wenn der Architekt seine Arbeiten im Wesentlichen in seinem Büro, „von seinem Schreibtisch aus" erledigt.

c) gleiche bauliche Verhältnisse

Egal, ob ein zeitlich oder ein räumlicher Zusammenhang gegeben ist, immer sollten die **40** Objekte unter „gleichen baulichen Verhältnissen" geplant und errichtet werden. Auch dieses Tatbestandsmerkmal „gleiche bauliche Verhältnisse" muss gegeben sein, und bezieht sich nach der neuen Formulierung sowohl auf die Planungsphase wie auch auf die Bauausführungsphase und dort zu Arbeitserleichterungen/Synergien führen. Die Planungsphasen beeinflussen bspw. die Topographie, verschiedenes Baurecht, Zugehörigkeit zu anderen Gemeinden mit verschiedenen örtlichen Satzungen, verschiedener Baugrund, verschiedene Gründungen etc. Die Bauausführungen beeinflussen bspw. Witterungen, Jahreszeiten (bspw. Sommer, Winter s. a. L/K/F § 11 Rdn. 40), aber auch die Wahl der gleichen Baustoffen, Bauausführungsarten (bspw. Bauausführung nach esoterischen Grundsätzen bzw. nach Stern- und Mondkonstellationen) etc.

Fraglich und nicht geklärt nach der Gesetzesformulierung ist, ob das Tatbestandsmerkmal der „gleichen baulichen Verhältnisse" entweder für die Planung **oder** die Errichtung (so wohl L/K/F, § 11 Rdn. 40), oder ob dieses Tatbestandsmerkmal bei der Planung **und** der Errichtung vorliegen muss. Wäre Letzteres richtig, dann wäre der Anwendungsbereich des Absatzes 3 gegenüber der HOAI 2002 stark eingeschränkt worden, da insoweit beide Voraussetzungen vorliegen müssten, damit ein Anwendungsfall des Absatzes 3 gegeben ist. Gleichwohl ist diese Auffassung richtig, da § 11 Ausnahmefälle von den Mindestsatzberechnungen definiert, deren Voraussetzungen im Zweifel eng auszulegen sind.

Zu beachten ist nach alledem auch noch, dass es im Hinblick auf die Verwendung des Wortes „sollen" nur auf die Absicht der gemeinsamen Planung und Errichtung, nicht aber auf die tatsächliche Umsetzung derselben ankommt. Wenn also bei Auftragserteilung von einer gemeinsamen Planung und Errichtung ausgegangen wird, diese aber später so nicht umgesetzt wird, kommt es gleichwohl zur Honorarminderung, obwohl u. U. beim Planer gar keine Synergien mehr auftreten. Bei einer stufen- und abschnittsweisen Beauftragung wird es dann aber – im Hinblick auf das Urteil des BGH vom 27.11.2008 – VII ZR 262/08 darauf ankommen, was beim Abruf der jeweiligen Leistungsstufe noch der Vorstellung des Auftraggebers entsprach.

4. Objekte nach Typenplanung oder Serienbauten

41   Die Rechtsfolgen des Abs. 3 treten unabhängig von den obigen Voraussetzungen auch dann ein, wenn es sich um Serienbauten oder Gebäude nach Typenplanungen handelt. Nicht erforderlich ist in diesen Fällen, dass auch ein zeitlicher oder örtlicher Zusammenhang und gleiche bauliche Verhältnisse sowie die Absicht des Auftraggebers vorliegt, diese Objekte gemeinsam zu planen und zu errichten. Für Serienbauten gilt nach wie vor die amtliche Begründung zu § 22 Abs. 2 S. 3 der HOAI 2002. Demnach müssen Gebäude vorliegen, die nach einen im Wesentlichen gleichen Entwurf ausgeführt werden müssen. Der in der amtlichen Begründung zur HOAI 2002 verwendete Begriff wird sich nach wie vor mit dem Begriff „im Wesentlichen gleich" decken, so dass auf die obigen Ausführungen zu Fragen der Abgrenzung verwiesen werden kann. Im Unterschied hierzu wird bei Typenplanungen davon auszugehen sein, dass die Objekte identisch bzw. gleich ausgeführt werden (vgl. hierzu zur Typenstatistik OLG Düsseldorf, NJW-RR 1999, 1694). Dadurch, dass die Planung auf eine mehrfache Verwendung ausgerichtet ist, treten bei deren Erstellung zwangsläufig erhebliche Synergien auf. Abzustellen ist bei Absatz 4 nur auf die Planung nicht aber auf die tatsächliche oder beabsichtigte Errichtung der Gebäude, Ingenieurbauwerke, Verkehrsanlagen oder Tragwerken. Ob die Gebäude errichtet werden, ist insoweit unbeachtlich.

42   Ferner wird von einer zur wiederholten Verwendung bestimmten Typenplanung gesprochen werden müssen, wenn es sich um Fälle handelt, welche nach den Landesbauordnungen für eine sog. Typengenehmigung ausreichen (bauliche Anlagen, die an mehreren Stellen in derselben Ausführung nach identischen Plänen errichtet werden sollen).

43   Ein Auftragnehmer, dem Leistungen für Serienbauten oder Typenplanungen übertragen werden, hat immer ein volles Leistungsbild (Lph. 1 bis 9 bspw. gem. § 34 HOAI) in Auftrag. Der geringere Aufwand, den der Planer durch die mehrfache Verwendung der Planung hat, wird nach den gesetzlichen Bestimmungen der HOAI über § 11 Rechnung getragen und nicht noch zusätzlich dadurch, dass dem Auftragnehmer weiterhin weniger Grundleistungen in Auftrag gegeben werden (ähnlich Seifert in der Vorauflage).

5. Berechnung der Honorarminderung

44   Liegen die Voraussetzungen des Absatz 3 vor, ist das Honorar der Leistungsphasen 1 bis 6 für die erste bis vierte **Wiederholung** (also die Planungen 2 bis 5) die Vomhundertsätze der Leistungsphasen 1 bis 6 in § 34 (dort Abs. 1) um 50 Prozent, ab der fünften bis siebten Wiederholung der Planung (also von der sechsten bis achten Planung) um 60 Prozent und ab der achten Wiederholung um 90 Prozent zu mindern. Ab der neunten Planung erhält der Planer also nur noch 10 % des Honorars für die Leistungsphasen 1 bis 6.

Die **Honorarminderung** betrifft seit der 7. Novelle nur noch die **Leistungsphasen 1 bis 6 und nicht 1 bis 7, wie dies noch in der HOAI 2009 vorgesehen war. Ungemindert** bleiben dagegen in jedem Fall die erneute Ausschreibung und Vergabe, die Objektüberwachung der Leistungsphase 8 und seit der 1. ÄndVO auch die Objektbetreuung und Dokumentation der Leistungsphase 9, da der Gesetzgeber nicht davon ausgeht, dass in diesen Leistungsphasen große Synergien beim Auftragnehmer eintreten werden. Letztlich vermag diese Überlegung für die Lph 7 aber auch für die Lph. 8 und 9 nicht ganz zu überzeugen, da man sich viele Fälle vorstellen könnte, in denen Synergien eintreten (bspw. parallele Bauausführung, einheitliche Vergabe, etc.).

Damit ist der Auftragnehmer von im Wesentlichen gleichen Objekten besser gestellt, als der Auftragnehmer von mehreren vergleichbaren Objekten mit gleichen Objektbedingungen i. S. von Abs. 2, den bei einer Zusammenfassung der anrechenbaren Kosten über die Degression der Honorartafeln eine Honorarminderung in allen Leistungsphasen trifft (vgl. oben Rdn. 32). Gleichwohl fällt die Honorarminderung im Falle des Absatz 3 höher aus, als in Absatz zwei, da durch die Degression der Tabelle ca. 10% Honorarnachlass gewährt werden, während es im Falle des Absatzes 3 mindestens 30% Nachlass auf das Gesamthonorar gibt.

Maßgeblich für die Bestimmung des Honorars für jedes Objekt sind immer die anre- **45** chenbaren Kosten des jeweiligen Objektes. Da diese differieren können (bspw. bei Sonderwünschen der Käufer einzelner Reihenhäuser) kann es hier zu gewissen Honorarabweichungen kommen. Im Hinblick auf die oben erläuterten Voraussetzungen für die Anwendbarkeit des Absatzes 3 kann es eigentlich im Regelfall nicht zu besonders großen Verschiebungen in den anrechenbaren Kosten kommen.

V. Honorarminderung bei Anschlussaufträgen (Abs. 4)

Die Regelung des Abs. 4 wurde aus dem früheren § 11 Abs. 3 HOAI 2009 und dieser **48** aus § 22 Abs. 4 HOAI 2002 a. F. übernommen. Bei der Novelle 2009 hatte man allerdings die Formulierung „für ein Gebäude nach gleichem oder spiegelgleichem Entwurf", die noch im alten § 22 Abs. 4 enthalten gewesen ist, ersatzlos gestrichen. Hierdurch entstand eine rechtliche Unklarheit dahingehend, ob § 11 Abs. 3 HOAI 2009 auch dann Anwendung finden sollte, wenn ein Folgeauftrag von einem gleichen Auftraggeber mit unterschiedlicher Planung erfolgen sollte. Wäre dieses Verständnis der Norm richtig gewesen, wäre der Folgeauftrag eines zufriedenen Auftraggebers erfasst worden, was unmöglich die Absicht des Gesetzgebers gewesen sein kann. Aufgrund des Bezugs zur auf Honorarminderungsvorschrift des § 11 Abs. 2 konnte im Hinblick auf dessen klare Formulierung der Rechtsfolge auch nicht geschlossen werden, dass die bestimmten Tatbestandsvoraussetzungen auch bei § 11 Abs. 3 HOAI 2002 gelten sollte (a. A. Seifert, in der Vorauflage ebenso Irmler – Hanke, HOAI Praktikerkommentar, § 11 Rdn. 52). Ein solches Verständnis der Norm konnte nur über die Gesamtauslegung des § 11 und dessen Sinn und Zweck erfolgen. Nur so konnte letztlich auch die Anwendung dieser Vorschrift für Fälle begründet werden, bei denen ein Auftraggeber einen Auftragnehmer mit „im Wesentlichen gleichen" Leistungen erneut beauftragt (ebenso: Locher/Koeble/Frik, 8. Auflage, § 11 Rdn. 33). Die Regelung des § 11 Abs. 3 a. F. war sprachlich missglückt und unscharf. Durch die 7. Novelle wurden die Voraussetzungen wieder weitgehend dem alten engen Anwendungsbereich des § 22 Abs. 4 HOAI 2002 angeglichen, indem der Tatbestand auf das Vorliegen eines Folgeauftrages eines Auftraggebers abstellt, der das **gleiche** Gebäude bzw. dessen Planung nochmals in Auftrag geben muss. Gleiche Planung bedeutet, dass die Planung ohne Veränderungen umgesetzt werden kann. Bereits eine Änderung der Gründung, der Erschließung oder der Fenster lässt den Anwendungsbereich des § 11 Abs. 4 wieder entfallen. Dies bedeutet aber auch, dass eine gleiche Planung nur dann Gegenstand eines Auftrags sein kann, wenn auch **gleiche bauliche Verhältnisse** vorliegen (so auch L/K/F, § 11 Rdn. 45). Denn nur in diesen Fällen kann die gleiche Planung nochmals umgesetzt werden. Zudem gilt § 11 Abs. 4 nur noch für die Objekte Gebäude, Ingenieurbauwerke und Tragwerke, und nicht für Verkehrsanlagen. Der Anwendungsbereich der Vorschrift wurde daher zur HOAI 2009 deutlich eingegrenzt und ihr Profil geschärft (a. A. L/K/F § 11 Rdn. 44). Hierdurch wird die Norm letztlich auch von dem Tatbestand des Abs. 3 abgegrenzt. Während Abs. 3 bereits dann vorliegt, wenn „im Wesentlichen gleiche Objekte" unter gleichen baulichen Verhältnissen errichtet werden sollen, stellt Abs. 4 auf das „gleiche" Objekt ab und engt den Anwendungsbereich des Abs. 4 damit erheblich ein. Die von Jochem (vgl. Jochem, § 11 Rdn. 21) geäußerte Kritik an der Fassung des § 11 Abs. 3 a. F. ist damit hinfällig geworden. Der Gedanke des § 11 Abs. 4 besteht vor allen Dingen darin, dass ein Auftragnehmer auf eine „Schubladenplanung" zurückgreifen kann, die er ohne

Anpassung vom Entwurf bis zu den Leistungsverzeichnissen erneut verwenden kann. Auf einen zeitlichen oder örtlichen Zusammenhang kommt es dabei als weiteres Abgrenzungskriterium gerade nicht an. Im Ergebnis wird es nur wenige Fälle geben, in denen ein Fall des § 11 Abs. 4 gegeben sein wird.

Die Regelung des Absatzes 4 betrifft darüber hinaus aber einen von Abs. 2 und 3 nicht erfassten **Sondertatbestand.** Auszugehen ist dabei wiederum von denselben Vertragsparteien, also vertraglichen Beziehungen zwischen **einem bestimmten Auftraggeber und einem bestimmten Auftragnehmer.**

Bei Absatz 4 wird nicht gefordert, dass es bei der Folgebeauftragung mehrerer gleicher Objekte durch denselben Auftraggeber einen **zeitlichen oder örtlichen Zusammenhang gibt** (vgl. dazu oben Rdn. 37–39). Es ist hier also unerheblich, wo später das gleiche Objekt für diesen Auftraggeber errichtet wird und in welchem zeitlichen Abstand vom ersten das geschieht. Die HOAI geht auch in solchen Fällen davon aus, dass der Auftragnehmer bei der identischen Wiederholung im Bereich der Planung Leistungen erspart, die eine Honorarminderung rechtfertigen.

§ 12 Instandhaltungen und Instandsetzungen

(1) **Honorare für Grundleistungen bei Instandsetzungen und Instandhaltungen von Objekten sind nach den anrechenbaren Kosten, der Honorarzone, den Leistungsphasen und der Honorartafel, der die Instandhaltungs- und Instandsetzungsmaßnahmen zuzuordnen ist, zu ermitteln.**

(2) **Für Grundleistungen bei Instandsetzungen und Instandhaltungen von Objekten kann schriftlich vereinbart werden, daß der Prozentsatz für die Objektüberwachung oder Bauoberleitung um bis zu 50 Prozent der Bewertung der Leistungsphase erhöht wird.**

Vorherige Vorschrift: § 36 HOAI 2009

Übersicht

I. Allgemeines zu § 36 HOAI 2009 und der jetzigen Fassung

1   § 12 übernimmt die bislang im Teil 3 (Objektplanung) enthaltene Regelung des § 36 HOAI 2009. Die Regelung zur Ermittlung der Honorare für Leistungen bei Instandsetzungen im Sinne des § 2 Abs. 8 und Instandhaltungen im Sinne des § 2 Abs. 9 bezieht sich allgemein **auf Objekte im Sinne des § 2 Abs. 1** und ist daher dem allgemeinen Teil der HOAI zuzuordnen. Inhaltlich ist diese Vorschrift im Wesentlichen unverändert geblieben. Aus Gründen der besseren Systematisierung wird die allgemeine Vorschrift über die Ermittlung der Honorare in § 12 Abs. 1 und die Vorschrift zur Erhöhung des Prozentsatzes für Leistungsphasen 8 in § 12 Abs. 2 aufgenommen. Um für sämtliche Objekte einschließlich der Ingenieurbauwerke und Verkehrsanlagen einen Anknüpfungspunkt der Regelung zu gewährleisten, nimmt § 12 Abs. 2 die Leistungsphase 8 für Gebäude und Innenräume mit der „Objektüberwachung" und für Ingenieurbauwerke und Verkehrsanlagen mit der „Bauoberleitung" in Bezug.

2   Die Vorschrift des § 36 a. F. war aus § 27 HOAI 1996/2002 hervorgegangen. Die Regelung wurde zwar umformuliert, der Regelungsinhalt war **im Grunde** aber **gleich** geblieben. Bei § 36 a. F. ging es – neben § 35 a. F. – um eine **Honorarerhöhungsvorschrift** für Leistungen an **bestehenden Objekten,** soweit es dabei um **Instandhaltungen und In-**

standsetzungen i. S. von § 2 Nr. 9 und 10 a. F. ging. Im Übrigen waren in der HOAI 1996/2002 die Honorarerhöhungen für Instandhaltungen und Instandsetzungen neben § 27 HOAI 1996/2002 zur Objektplanung auch in § 60 (Ingenieurbauwerke und Verkehrsanlagen), sowie in §§ 69 Abs. 7, 27 HOAI 1996/2002 – Technische Ausrüstung – enthalten. Übergreifend regelte die HOAI 2009 sodann für alle Objekte im Sinne des § 2 Nr. 1 HOAI 2009 die Instandhaltung und Instandsetzung. Jedoch mit dem Unterschied, dass nicht mehr die Honorarzone in die das Objekt einzuordnen war, sondern nach der Honorarzone in die die Maßnahme einzuordnen war, die vertragsgegenständlich ist. Insoweit ergibt sich Gleiches aus § 35 Abs. 2 HOAI 2009 („*... zuzuordnen sind ...*").

Instandhaltungsmaßnahmen sind bauliche Maßnahmen zur Erhaltung des Soll- **3** Zustandes eines Objekts im Sinne des § 2 Abs. 1 (§ 2 Abs. 9). Bei **Instandsetzungen** sind Maßnahmen zur **Wiederherstellung** des zum bestimmungsgemäßen Gebrauch geeigneten Zustandes (Soll-Zustand) eines Objekts (§ 2 Abs. 1), soweit diese Maßnahmen nicht unter Abs. 3 fallen. Vereinfacht gesagt, sind das Reparaturen am Objekt. Der benannte Begriff der „Wiederherstellung" wird in diesem Zusammenhang dann benutzt, wenn es sich um zwischenzeitlich eingetretene Beschädigungen oder Zerstörungen und altersbedingte Abnutzungen handelt, es sich um früherer, mangelhafte Bauausführungen oder zu beseitigende, schadstoffbelastete Bauteile handelt. Der Begriff der Instandsetzung stammt von der DIN 31051. Diese Norm gliedert den Oberbegriff „Instandhaltung" in die vier Grundmaßnahmen „Wartung", „Inspektion", „Instandsetzung" und „Verbesserung".

Davon abzugrenzen sind insbesondere Umbauten (§ 2 Abs. 5) und Modernisierungen (§ 2 Abs. 6). Soweit im Rahmen von Modernisierungsmaßnahmen auch Instandsetzungen erfolgen, sind diese Leistungen nach § 2 Abs. 6 insgesamt als Modernisierung einzustufen. § 2 Abs. 6 verweist darauf, dass es sich bei Modernisierungen um bauliche Maßnahmen handeln muß, die die nachhaltige Erhöhung des Gebrauchswertes eines Objekts verfolgen. Dabei allerdings sind Modernisierungen nicht Maßnahmen des Erweiterungsbaues (Abs. 4), der Umbauten (Abs. 5) oder reine Instandsetzungen nach Abs. 8. Dabei muss im Einzelfall der Schwerpunkt der Leistung betrachtet werden und die Leistungsaufgabe des Auftragnehmers. Sowohl bei Modernisierungen i. S. von § 2 Abs. 6 als auch bei Instandsetzungen i. S. von § 2 Abs. 8 geht es um Leistungen an **einem Objekt,** nicht aber um Leistungen an einem Teilobjekt (vgl. Rdn. 6).

§ 12 Abs. 2 gilt aber auch für **Freianlagen.** Zwar wird in § 40 Abs. 6 nunmehr auf § 36 Abs. 1 verwiesen bzw. die entsprechende Anwendung angeordnet. § 36 Abs. 1 bezieht sich aber auf Umbauten und Modernisierungen, nicht auf Instandsetzungen und Instandhaltungen.

Zudem ist die **zusätzliche** Vereinbarung **schriftlich** zu treffen. § 12 Abs. 2 lässt hier of- **4** fen, ob dieses **bei** Auftragserteilung oder **während der Laufzeit** der Vereinbarung getroffen werden muss. Da der VO-Geber hier auf eine Spezifizierung zu § 7 Abs. 1, Abs. 3 und Abs. 5 verzichtete, ist die Regelung so zu verstehen, dass **auch nach Auftragserteilung bzw. Beginn der Tätigkeit diese Vereinbarung – schriftlich – geschlossen werden kann** (so auch Scholissek, HOAI, 2. Aufl., § 12 Rdn. 7; Werner/Siegburg, BauR 2013, 1499, 1515; Orlowski, ZfBR 2013, 315, 320). Die Schriftlichkeit ist aber **weder Anspruchsvoraussetzung, noch Fälligkeitsvoraussetzung.** Mündliche oder vergessene schriftliche Vereinbarungen haben daher lediglich Darlegungs- und Beweishindernisse zur Folge. Voraussetzung ist aber immer eine **Vereinbarung** der Parteien (so schon OLG Düsseldorf, NJW-RR 1999, 669). Der BGH hatte noch im Rahmen der Entscheidung zur HOAI 1996/2002 zu § 24 Abs. 1, § 4 Abs. 1 und 4 entschieden, dass der Umbauzuschlag auch noch nachträglich vereinbart werden kann, Dabei allerdings forderte er getreu dem damaligen Wortlaut die Schriftlichkeit (BGH, NJW-RR 2009, 447 = BauR 2009, 264). Das wird man nach § 7 Abs. 1 und 5 heute anders sehen müssen. Zwar kann die Vereinbarung später als bei Auftragserteilung getroffen werden. Die Schriftlichkeit ist aber dann nicht erforderlich, wenn die Auffangvorschrift des § 7 Abs. 5 eingreift.

§ 6 Abs. 2 Nr. 5 soll i. V. m. § 2 Abs. 5 und 6 die Berechnung bei Leistungen im Bestand, **5** also bei **Umbauten** und **Modernisierungen** allgemein regeln. **Dies betrifft alle Objekte im Sinne des § 2 Abs. 1.** Dabei ist zu beachten, dass die Umbauten und Modernisierungen durchaus häufig **zugleich** mit Instandsetzungen und Instandhaltungen in einem Objekt zusammentreffen können. Möglich ist daher eine Instandhaltung oder Instandsetzung in bestimmten Abschnitten eines Objekts. Z. B. können bei Gebäuden abschnittweise Leistungen des Umbaues oder der Modernisierung mit den Instandsetzungen und Instandhaltungen dann zusammenfallen, dass ein Teil des Gebäude (z. B. ein Mehrfamilienhaus) nur eine Instandsetzung benötigt (Außenfassadenfarbe und neue Beleuchtungskörper, sowie Ausbesserung von Treppenstufen) und der andere Teil einen Dachausbau zur Vergrößerung des Wohnraumes. Dabei wird es sicherlich auf die Vertragsgestaltung und die tatsächlichen Verhältnisse, sowie Teilbarkeit einer Leistungsaufgabe ankommen. § 6 Abs. 2 befasst sich aber nur mit der Honorierung dieser Leistungen und wird ergänzt von § 36 (zur Abgrenzung zu Instandhaltungen und Instandsetzungen, §§ 2 Abs. 5 und 6, sowie Rdn. 2).

6   Gewöhnlich allerdings wird eine **Nichtteilbarkeit der Leistungsanforderung am Objekt** sein. So wird man üblicherweise nur eine Modernisierung, einen Umbau, eine Instandsetzung oder eine Instandhaltung annehmen („als Ganzes") und im Übrigen auch nur vereinbaren können. Zwar sind künstliche Aufteilungen möglich (im Gegensatz zu den einschränkenden Vorgaben des § 5 VOB/A). Dies haben jedoch die Parteien im Rahmen ihrer Kontrahierungsmöglichkeiten zu suchen und zu vereinbaren. Daher geht § 2 Abs. 6 (Modernisierungen) davon aus, dass Umbauten und Instandsetzungen gewöhnlich nicht miteinander zu vereinbaren sind und auch nicht einer Addierung der Honorare, weder im Vertrage noch in der Berechnung zugänglich sind. Instandhaltungen (§ 2 Abs. 8) sind darüber hinaus nicht mit Wiederaufbauten und Erweiterungsbauten zu vereinbaren und honorarmäßig zu ergänzen bzw. zu addieren. Das führt dazu, dass lediglich Modernisierungen und Instandhaltungen zusammengeführt werden können. Nach dem Wortlaut der Definition schließen sich diese Leistungen vordergründig auch aus und wären durchaus – je nach tatsächlichem Zustand und des beauftragten Leistungsumfangs und der vertraglichen Leistungspflicht des Auftragnehmers – getrennt aber ergänzend abzurechnen. Auch hier kann das obige Beispiel helfen. Werden Leistungen an einem Objekt teilbar erbracht und ergibt sich eine natürliche Teilung der Leistungsaufgabe (Beispiel: linke autarke Gebäudehälfte ist Instand zu halten, die rechte autarkte Gebäudehälfte ist zu modernisieren), so kann im Rahmen der Leistungspflichtbeschreibung des Vertrages nur eine separate Abrechnung der jeweiligen hälftigen Anteile nach den Grundsätzen des § 2 Abs. 6 und 9 erfolgen.

Denkbar aber sind aber **Mischvarianten** in einem Objekt, also **Modernisierung und Instandhaltung.** Sind nach dem Schwerpunkt der vertraglichen Gestaltung **objektiv** keine Teilungsmöglichkeiten in die eine oder andere Richtung zu erkennen und ist zu dem Punkt (Leistungspflicht und -umfang) im Vertrag auch nichts geregelt, wird man von einer parallelen Anwendung der §§ 2 Abs. 5 und 9 i. V. m. § 6 Abs. 2 i. V. m. § 12 Abs. 1, 2 auszugehen haben. Das führt zu einer Aufspaltung der Honoraransätze nach § 6 Abs. 1 und Abs. 2, denn die anrechenbaren Kosten werden sich bei Instandhaltungen nach § 6 Abs. 1 zu berechnen haben, während bei Modernisierungen nach § 6 Abs. 2 vorzugehen ist. Dies folgt ebenfalls aus § 12 Abs. 1, wonach die Zuordnung zur jeweiligen Honorartafel der Instandsetzung und Instandhaltungsmaßnahme Grundlage der Berechnung ist. Danach ist jeweils bei einer **Mischbeauftragung** die Abrechnung **aufzuteilen.** Beispielsweise wird bei einem Gebäude, dass unterschiedliche Planungs- und Überwachungsaufgaben zur Modernisierung und Instandhaltung zwischen den Parteien vereinbart, je nach Bedarf die Architekten- oder Fachplanerleistung zeitabhängig pro Wohnung zu erbringen (sog. „Aufteilermodell"). Danach sollen nach jedem Auszug von bisherigen Mietern ggfs. nach geführten Rechtsstreiten („Herausklagen") die jeweiligen Wohnungen nach und nach und nach Befund entweder modernisiert oder instandgehalten werden (neue Tapete, Farbe, neue Leuchtkörper). Die Maßnahme zieht sich hin und es soll erst am Ende der Maßnahme gesamt abgerechnet werden. Da die Parteien keine Bestimmung der Tätigkeiten zu einzelnen Wohnungen und damit die Bestimmung einer einheitlichen Leistung vorgenommen haben, wird hier die Abrechnung eine Darstellung der modernisierten Teile des Objekts und der instandgehaltenen Leistungen des Objekts nach § 6 Abs. 1 und 2 i. V. m. § 12 darstellen müssen. Denn eine Addition von Leistungen nach § 2 Abs. 6 und 9 würde zu einem Verstoß gegen die jeweiligen Ansätze der Honorarzone dann führen, wenn die

Honorarzonenzuordnungen nicht übereinstimmen, da die Honorarzonen nach Anlage 10.2 und 10.3 nicht miteinander kompatibel sind, oder einfachste und mittlere Zuordnungen bei Anlage 10.2 nicht zugeordnet werden können; es sei denn eine weitere Zwischenrechnung nach § 35 Abs. 5 ist möglich. Die Abrechnung hat also beide Leistungsteile nach § 6 Abs. 1 zur Instandhaltung und nach § 6 Abs. 2 zur Modernisierung darzustellen und entsprechend den anrechenbaren Kosten, der jeweiligen Honorarzone und der Honorartafel darzustellen. Die Ergebnisse sind dann zusammenzuführen.

„Folglich muss grundsätzlich untersucht werden, ob ein Objekt **insgesamt umgebaut** **7** **und modernisiert oder lediglich instandgehalten und instandgesetzt** wird. Beides zusammen kann an einem Objekt **bei einem einheitlichen Auftrag** in Teilbereichen auftreten, kann aber nicht getrennt abgerechnet werden, **wenn die Honorarzonen einheitlich sind.** Die Leistung kann grundsätzlich nicht aus einer leistungsbezogenen Teilbetrachtung einer Teilleistung an einem Objekt stimmt werden, sondern allein nur durch eine **objektbezogene Gesamtbetrachtung.** Insofern sind dann auch die anrechenbaren Kosten objektbezogen zu ermitteln (§ 6 Abs. 1 und Abs. 2). Mit diesen anrechenbaren Kosten wird dann das Honorar für das Objekt **einheitlich ermittelt,** das schließlich nach § 12 **einheitlich erhöht** wird. Werden also an einem Objekt beispielsweise zum einen Leistungen bei der Instandsetzung einer Flachdachabdichtung und zum andern der Umbau und die Modernisierung eines davon räumlich getrennten Geschosses durchgeführt, bleibt es im Rahmen einer **einheitlichen objektbezogenen Vereinbarung** dabei, dass die anrechenbaren Kosten objektbezogen, also für **beide Leistungsbereiche kumuliert zu ermitteln sind** und anschließend das Honorar nach **§ 12** zu erhöhen ist". (So auch Seifert in der Vorauflage.)

Ausnahmen von einer einheitlichen Gesamtbetrachtung bestehen auch dann, **8** wenn **mehrere Auftragnehmer** mit verschiedenen Leistungen **an einem Objekt** beauftragt werden. Grundsätzlich gilt, dass das Objekt auf den Vertragsgegenstand begrenzt ist. Daher haben sich die anrechenbaren Kosten und auch die Honorarzone zunächst nach dem Vertragsinhalt zu richten (BGH, Urteil v. 6.5.1999 – VII ZR 379/97; BauR 1999, 1045 = NJW-RR 1999, 1107; BGH, Urteil v. 12.1.2006 – VII ZR 4/04; BauR 2006, 693 = NZBau 2006, 248; BGH, Urteil v. 11.12.2008 – VII ZR 235/06; BauR 2009, 521 = NZBau 2009, 259). „Ist Vertragsinhalt, dass die Leistungen z. B. an einem Gebäude so aufgeteilt werden, dass der Auftragnehmer die Leistungen für die Flachdachinstandsetzung und ein weiterer Planer den Umbau des inneren Gebäudes ausführen soll, sind diese Honorare dann getrennt zu berechnen". (So auch Seifert in der Vorauflage.)

Desweiteren liegt eine **Ausnahme** von dieser **einheitlichen Gesamtbetrachtung** vor, **9** falls ein einheitlicher Vertragsinhalt bzw. Leistungsgegenstand **mehrere Objekte** i.S. von § 11 umfasst. Hier ist darauf hinzuweisen, dass es sich um eine klare Anordnung des VO-Gebers handelt, der dies als Trennung der Anwendung vorsieht. Daher muss dann für **jedes Objekt getrennt** untersucht werden, ob jeweils ein Anwendungsfall von § 12 vorliegt.

Bei den Instandhaltungen und Instandsetzungen sind zudem die **anrechenbaren Kos-** **10** **ten vorhandener Bausubstanz** nach § 2 Abs. 7 i. V. m. § 4 Abs. 3 zu berücksichtigen. Da auch hier die eine schriftliche Vereinbarung notwendig wird, ist § 7 Abs. 1, 3 und 5 zu beachten (zum Umbauzuschlag vergl. die Ausführungen zu § 7 Abs. 1 und insbesondere Abs. 5; Voppel, BauR 2013, 1758 ff., der entgegen der Rechtsprechung des BGH, BauR 2003, 745, 747 zur HOAI 1996/2002 – anrechenbare Kosten vorhandener Bausubstanz – davon ausgeht, dass in den einzelnen Leistungsphasen in der Fassung 2013 von einem immer gleichen Ansatz der anrechenbaren Kosten in allen vertraglich vereinbarten Leistungsphasen auszugehen ist). Allerdings kann die Schriftlichkeit auch während der Laufzeit des Vertrages nachgeholt werden. Selbst wenn die Parteien keine schriftliche Vereinbarung zustande bringen, kann (im Sinne des „muss"!) auf Grund der Anordnung des § 4 Abs. 3 die vorhandene Bausubstanz, die technisch oder planerisch vom Auftragnehmer mitverarbeitet wird, angemessen berücksichtigt und damit abgerechnet werden (BGH, NJW 2003, 1667 = BauR 2003, 745 = NZBau 2003, 279 zu § 10 Abs. 3a HOAI 1996/2002; ähnlich Werner/Siegburg, BauR 2013, 1499, 1506; Locher/Koeble/Frik, § 4 Rdn. 62), da ansonsten eine Unterschreitung der Mindestsatzregelung nach § 7 Abs. 5 vorliegt.

II. Berechnungsgrundlagen (Abs. 1)

11   Abs. 1 war in der Fassung 2009 der § 36 Abs. 2.

§ 12 regelt, dass die Honorare für Leistungen bei Instandhaltungen und Instandsetzungen von Objekten nach den anrechenbaren Kosten, der Honorarzone, den Leistungsphasen und der Honorartafel, der die Instandhaltungs- und Instandsetzungsmaßnahme zuzuordnen ist, zu ermitteln sind. Zu beachten ist, dass es sich dabei ausschließlich um die Honorarparameter handeln darf, die nur auf die Leistungen der Instandhaltung und Instandsetzung entfallen und nicht auf das Objekt, denn dieses ist insoweit nicht maßgeblich (ähnlich: Scholtissek, HOAI, 2. Aufl., § 12 Rdn. 4). **Diese dürfen nicht bei anderen Leistungen (z. B. Umbau, Wiederherstellung, Aufbau, Modernisierung, usw.) enthalten sein oder sich darauf beziehen.** Dabei handelt es sich vor Allem um Berechnungsgrundlagen entsprechend § 6 Abs. 1 und 2. Danach sind die **anrechenbaren Kosten** nach § 4 Abs. 1 und den ergänzenden Vorschriften in den Leistungsbildern zu ermitteln (§§ 33, 40, 42, 48, 52, 54). Dazu können anrechenbaren Kosten aus vorhandenen oder vorbeschafften Baustoffen oder Bauteilen i. S. von § 4 Abs. 2 gehören. Die anrechenbaren Kosten sind dabei durch den Vertragsgegenstand bestimmt und begrenzt (BGH, Urteil v. 6.5.1999 – VII ZR 379/97; BauR 1999, 1045 = NJW-RR 1999, 1107; BGH, Urteil v. 12.1.2006 – VII ZR 4/04; BauR 2006, 693 = NZBau 2006, 248; BGH, Urteil v. 11.12.2008 – VII ZR 235/06; BauR 2009, 521 = NZBau 2009, 259). Außerdem sind die anrechenbaren Kosten vorhandener Bausubstanz, die technisch oder planerisch mitverarbeitet wird, angemessen zu berücksichtigen, § 4 Abs. 3 i. V. m. § 2 Abs. 7.

Weiter muss die Honorarzone ermittelt werden. Dabei stellt sich Frage, ob die Honorarzone anhand des Objekts und dessen objektiver Einordnung oder nach den betreffenden vertraglichen Leistungen zu bestimmen ist. Der BGH hat dazu ausgeführt, dass sich die Honorarzone nach dem Vertragsgegenstand primär bestimmt (BGH, Urteil vom 11.12.2008 – VII ZR 235/06; BauR 2009, 521; NJW-RR 2009, 519; NZBau 2009, 259). Hiernach wurde u. a. auch in der Vorauflage vertreten, dass die Honorarzone nicht nach dem Ausgangsobjekt, z. B. i. S. der Objektliste eingeordnet werden kann (8. Auflage, Rdn. 5). Allerdings ist zunächst nach der Maßgabe der vorgenannten Entscheidung die vertragliche Einordnung primär darzustellen. „Für die zutreffende Honorarzone kommt es daher darauf an, welcher Honorarzone die betreffenden Leistungen am jeweiligen Objekt zuzuordnen sind. Für eine zutreffende Honorarzoneneinordnung müssen dabei die Bewertungsmerkmale im Einzelnen untersucht werden": (Seifert i. d. Vorauflage.) bei Gebäuden und Innenräumen nach § 35 Abs. 2 bis 4, bzw. Abs. 5, bei Freianlagen nach § 40 Abs. 2 bis 4, bei Ingenieurbauwerken nach § 43 Abs. 2 bis 4, bei Verkehrsanlagen nach § 48 Abs. 2 bis 4, bei der Tragwerksplanung nach § 52 Abs. 2 und 3 i. V. m. Anlage 14. 2 und bei der Technischen Ausrüstung nach § 56 Abs. 2. Sofern sich bei der Berechnung nach den vorgenannten Bewertungsmerkmalen keine eindeutigen rechnerischen Zuordnungen ergeben, kann hilfsweise auf der Grundlage der jeweiligen Verweise in den Folgeabsätzen der o. a. Vorschriften mit den dort in Bezug genommenen Anhängen eine Ermittlung der Honorarzone aufgefunden werden. Dabei gilt die Einordnung als objektiv Übliche (§ 35 Abs. 5 i. V. m. Anlage 10.2 für Gebäude und Anlage 10.3 für Innenräume; § 40 Abs. 5 i. V. m. Anlage 11.2; § 43 Abs. 4 i. V. m. Anlage 12.2; § 48 Abs. 5 i. V. m. Anlage 13.2, § 52 Abs. 4 i. V. m. Anlage 14.2; § 56 Abs. 3 i. V. m. Anlage 15.2).

Weitere Grundlage der Berechnung des Honorars ist die Einordnung in die **Leistungsphase.** Bei § 12 kann aber auch nicht gleich davon ausgegangen werden, dass immer der vollständige Leistungsumfang, also alle Leistungsphasen (z. B. bei Gebäuden, Innenräumen und Freianlagen i. S. von Anlage 10.1, 11.1), notwendig sein werden. Es ist in jedem Einzelfall zu prüfen, welche Leistungsphasen tatsächlich erforderlich sein werden. Das betrifft auch die Teilleistungen in den Leistungsphasen. Regelmäßig werden das die Grundlagenermittlung sowie Vergabe- und die Überwachungsleistungen (Leistungsphasen 1 und 6 bis 8) sein. (So Seifert i. d. Vorauflage.) Außerdem werden gewöhnlich die Leistungen der Leistungsphase 2 (Vorplanung), deren Leistungsanteile an der Gesamtplanung meist im Rahmen der Instandsetzung und Instandhaltung erforderlich sind, insbesondere, wenn eine umfassende Vorplanung zur Ermittlung des tatsächlichen Bedarfs notwendig wird. Sind Ausführungsdetails erforderlich, so können auch diesbezügliche Leistungen bei der Ausführungsplanung – insbesondere bei erheblich aufwendigen oder konstruktiv anspruchsvollen Details, hinzukommen. Allerdings werden meist Leistungen der Leistungsphasen 3 und 4 nicht erforderlich sein. Insofern ist auch bei Instandhaltungen und Instandsetzungen die Vorschrift des § 8 Abs. 1, 2 und 3 zu beachten.

Zusätzliche Grundlage bei der Honorarberechnung sind die **Honorartafeln:** so sind bei Gebäuden und Innenräumen nach § 34 Abs. 1, bei Freianlagen nach § 40 Abs. 1, bei Ingenieurbauwerken nach § 44 Abs. 1, bei Verkehrsanlagen nach § 48 Abs. 1, bei der Tragwerksplanung nach § 52 Abs. 1 und bei der Technischen Ausrüstung nach § 56 Abs. 1 zu beachten.

II. Erhöhung des Prozentsatzes für die Bauüberwachung (Abs. 2)

§ 12 Abs. 2 entspricht in wesentlichen Teilen dem § 36 Abs. 1 HOAI 2009.   **12**

§ 12 Abs. 2 regelt die Besonderheit, dass für den Bereich der Grundleistungen der Objektüberwachung bzw. der Bauoberleitung (Verkehrsanlagen) eine Honorarerhöhung bis 50% der entsprechenden Leistungsphase (meist Lph 8) vereinbart werden kann. Dabei hat die Vereinbarung davon auszugehen, dass das zugrundeliegende „Grundhonorar", welches zu erhöhen ist **innerhalb der Mindest- und Höchstsätze vereinbart worden** ist. Es ist daher möglich, die durch § 12 Abs. 2 vereinbarte Erhöhung auf Höchstsätze abzusprechen. Dies bedarf der schriftlichen Vereinbarung (§ 7 Abs. 1 und Abs. 5). Eine solche Erhöhung trägt im Regelfall der praktischen Erfahrung Rechnung, dass bei Instandsetzungen und Instandhaltungen vom Auftragnehmer im Allgemeinen erhöhte Aufmerksamkeit und auch Mehrarbeit verlangt werden müssen, wenn er die ihm übertragenen Aufgaben sachgerecht und vollständig ausführen will und muss. (So Seifert i. d. Vorauflage.) **Daher ist grundsätzlich zunächst der prozentuale Anteil der Bauüberwachungsleistung bzw. Bauoberleitung festzulegen und daran sodann die Erhöhung bis 50% festzulegen und zu berechnen.**

Daher ist es im Regelfall möglich, den Prozentsatz für die Leistungsphase 8 bei Gebäuden, Innenräumen und Freianlagen, welcher für Grundleistungen bei Gebäuden 32% und Freianlagen 30% beträgt, um bis zu 50% – also bei Gebäuden auf bis zu 48% und Freianlagen bis 45% – zu erhöhen. Bei Ingenieurbauwerken sind dies immerhin 22,5%, wobei bei separater Beauftragung der örtlichen Bauüberwachung die Empfehlungen der AHO zu beachten sein können. Dort wird empfohlen entsprechend den örtlichen objektspezifischen Anforderungen einen angemessenen Satz zwischen den Mindest- und Höchstsätzen zu wählen. So beträgt bei € 25 000 die Bandbreite zwischen 3,1% bis 4,1%, bei € 1 000 000 von 2,9% bis 3,9% und bei 15 000 000 2,5% bis 3,5%. Ein angemessenes Honorar für Leistungen bei Ingenieurbauwerken nach der RBBau wird unter Einschluss der Leistungen für Anlagen der Verfahrens- und Prozesstechnik dann erreicht, wenn die Honorare für die Leistungen der Ingenieurbauwerke nach den preisrechtlichen Vorschriften der HOAI ermittelt und anschließend mit einem Faktor nach Maßgabe der folgenden Tabelle in Abhängigkeit von den Kostenanteilen der Verfahrens- und Prozesstechnik einerseits und der sonstigen Kosten der Technischen Ausrüstung andererseits erhöht werden.

Zuschlagsfaktor (Kostenanteil der sonstigen technischen Ausrüstung nach DIN 276 i. H. v. H. der Herstellkosten)	Faktor bei x% Kostenanteil der Verfahrens- und Prozesstechnik			
	10%	20%	30%	40%
5	1,18	1,28	1,36	1,42
10	1,16	1,25	1,32	1,37
15	1,14	1,22	1,28	1,32
20	1,12	1,19	1,24	1,27

Bei der Berechnung nach § 12 Abs. 2 ist der für den Einzelfall mögliche Erhöhungssatz **13** eine **obere Grenze,** deren Überschreitung grundsätzlich **nicht zulässig** ist, anderenfalls können die Höchstsätze überschritten werden, da § 12 Abs. 2 eine Höchstsatzgrenze darstellt. Wird diese Grenze im Einzelfall missachtet, so ist die betreffende Absprache gemäß

§ 139 BGB teilunwirksam. Eine Erhöhung auf die in § 12 Abs. 2 normierte Obergrenze ist nicht möglich. Der Vertrag kann gem. § 139 BGB dahin nicht ausgelegt werden, dass die Parteien in voller Kenntnis der Umstände des Preisrechts diesen mit einem Prozentsatz bis 50% geschlossen hätten. Dabei kommt es sicherlich auf den Einzelfall an (anders noch die Vorauflage bei § 36 Rdn. 3). Bei § 12 wird zunächst nicht das Honorar der Leistungsphase 8 (Bauüberwachung bzw. Bauoberleitung) erhöht, sondern deren **Prozentsatz.** Wird aber, abweichend vom Wortlaut der Vorschrift, das Honorar der Leistungsphase 8 entsprechend erhöht, führt dies der Höhe sicherlich zu einem ähnlichen Ergebnis. Eine solche Vereinbarung ist daher im Grunde nicht unzulässig (so die Vorauflage). Sie hat sich aber an den preisrechtlich verbindlichen Honorarprozentanteilen der Leistungsphase (z.B. Lph 8) zu orientieren (Abkehr von der Meinung der Vorauflage). Eine Überschreitung ist unzulässig und nur denkbar bei Erhöhung der entsprechenden Teilleistungen und Zuordnungen in der Siemon-Liste oder nach Simmendinger bis maximal 32% bzw. 30%.

Nicht zu folgen ist dem OLG München (Urt. v. 28.11.2006 – 13 U 2426/06), wonach bei Instandsetzungs- und Instandhaltungsmaßnahmen für durchzuführende Sanierungsmaßnahmen, die Abrechnung der Kosten für Planung, Ausschreibung und Überwachung pauschal mit 10% Erhöhung anzusetzen sind. Diese Auffassung ist mit den üblichen oben dargestellten Regelwegen zur Findung des Honorars nicht vereinbar. Zielführender ist die grundsätzliche Annahme des OLG Celle (Urt. v. 1.6.2006 – 6 U 233/05 = BauR 2007, 728), wonach die üblichen erforderlichen Leistungsbilder der jeweiligen Tätigkeit heranzuziehen sind (so auch Scholissek, HOAI, 2. Aufl., § 12, Rdn. 10). Damit wird allerdings nur der Weg aufgezeigt, dass die Honorarfindung sich an einer ganzheitlichen Sichtweise der gesamten Planung zu orientieren hat (siehe Rdn. 7). Es ist also zunächst für jede einzelne Tätigkeit die Unterscheidung nach Gewerken und Leistungsbildern, sodann nach Instandhaltung bzw. Instandsetzung im Vergleich zu den Modernisierungs- bzw. ggfs. Neubauplanungen (z.B. Sanierungen mit Erweiterungen) aufzulisten. Sodann kann erst anhand der jeweiligen Leistungsphasen bzw. Teilleistungen für den Bereich der erbrachten Leistungen zur Instandsetzung und Instandhaltung unter Bezug auf den üblichen Regelweg (s.o. zu Abs. 1) das Honorar für diesen Leistungsbereich gefunden werden.

§ 13 Interpolation

Die Mindest- und Höchstsätze für Zwischenstufen der in den Honorartafeln angegebenen anrechenbaren Kosten und Flächen sind durch lineare Interpolation zu ermitteln.

1   Der Text unterscheidet sich von der alten Fassung. Mit ihm soll klargestellt werden, dass bei allen Honorartafeln die Honorare bei Zwischenwerten zwischen den dort aufgeführten anrechenbaren Kosten durch **lineare Interpolation** zu ermitteln sind. § 13 ist für **alle Honorartafeln,** also in § 20 Abs. 1 bei Flächennutzungsplänen, in § 21 Abs. 1 bei Bebauungsplänen, bei § 28 Abs. 1 bei Landschaftsplänen, in § 29 Abs. 1 bei Grünordnungsplänen, in § 30 Abs. 1 bei Landschaftsrahmenplänen, in § 31 Abs. 1 bei Pflege- und Entwicklungsplänen, in § 34 Abs. 1 für Leistungen bei der Objektplanung und raumbildenden Ausbauten, in § 39 Abs. 1 für Leistungen bei Freianlagen, in § 43 Abs. 1 für Leistungen bei Ingenieurbauwerken, in § 47 Abs. 1 für Leistungen bei Verkehrsanlagen, in § 50 Abs. 1 für Leistungen bei der Tragwerksplanung und schließlich in § 54 Abs. 1 für Leistungen bei der Technischen Ausrüstung anwendbar. Die **lineare Interpolation** ist unabhängig davon vorzunehmen, ob es um **Honorartafeln nach anrechenbaren Kosten, nach Verrechnungseinheiten (VE) oder nach Flächengrößen** als Grundlage für die Honorarberechnung geht, wenn sich im konkret abzurechnenden Einzelfall Zwischenwerte ergeben.

2   Aus der Vorschrift ergibt sich dagegen nicht, dass die lineare Interpolation auch für die **Honorartafeln der Anlage 1** gilt. Diese Leistungen werden von den preislichen Regelungen der HOAI nicht mehr erfasst, das sie sich nur noch in Anlage 1 wiederfinden. Diese Leistungen sind somit preisrechtlich nicht mehr geregelt. Die Parteien können insoweit eine freie Honorarvereinbarung treffen. Soweit dazu die Vertragsparteien jedoch nichts

vereinbart haben, kann es aber für die Honorartafeln der Anlage 1, also bei Ziff. 1.1.2 Abs. 4 für Umweltverträglichkeitsstudien, 1.2.2 Abs. 3 für Leistungen für den Wärmeschutz, 1.3.3 Abs. 3 für Leistungen bei der Bauakustik, 1.3.6 Abs. 4 für Leistungen bei der Raumakustik, 1.4.3 Abs. 3 für Leistungen bei der Baugrundbeurteilung und Gründungsberatung und 1.5.8 für Leistungen bei der Vermessung letztlich keinen Zweifel darüber geben, dass die Honorare auch für diese Leistungen i.S. von § 13 durch lineare Interpolation zu ermitteln sind. Der Verordnungsgeber gewährt durch die neue HAI den Vertragsparteien die Möglichkeit der individuellen Vereinbarung, betont aber gleichzeitig, dass bei fehlender anderslautender Vereinbarung auf den Text der HOAI abzustellen ist.

Die danach **für alle preisrechtlich geregelten Honorartafeln vorgeschriebene lineare Interpolation** schließt andere denkbare Interpolationsarten aus. Lineare Interpolation bedeutet die Feststellung eines Wertes zwischen zwei bekannten, in gerader Linie, also linear, zu verbindenden Eckwerten. **3**

Für eine **lineare Interpolation** werden bei Honorarberechnungen über anrechenbare Kosten, bezogen auf die jeweils maßgebliche Honorartafel (vgl. oben Rdn. 1), folgende Einzelangaben benötigt: **4**
– Objektspezifische anrechenbare Kosten (AK)
Aus der maßgeblichen Honorartafel müssen folgende Werte entnommen werden:
– Nächstniedriger Tafelwert bei den anrechenbaren Kosten (AK u)
– Nächsthöherer Tafelwert bei den anrechenbaren Kosten (AK o)
– Nächstniedriger Honorarwert der Tafel bei der zutreffenden Honorarzone (H u)
– Nächsthöherer Honorarwert der Tafel bei der zutreffenden Honorarzone (H o)
Bei Honorarberechnungen auf der Grundlage von Mindest- oder Höchstsätzen kann mit diesen Werten unmittelbar interpoliert werden. Dafür kann folgende Interpolationsformel angewendet werden:

$$\text{H u} + \frac{(\text{AK} - \text{AK u}) \times (\text{H o} - \text{H u})}{(\text{AK o} - \text{AK u})} = \text{Honorar}$$

Soll das Honorar nicht unmittelbar für den Mindest- oder Höchstsatz, sondern für eine Zwischensatz berechnet werden, muss bei der Berechnung der maßgebliche Honorarsatz eingearbeitet werden. Dafür können in einem ersten Zwischenschritt bezogen auf den vereinbarten Honorarsatz (z.B. Viertelsatz = 25 %) über die Honorartafelwerte (Tafelwert Mindestsatz-Min. bzw. Tafelwert Höchstsatz-Max.) Zwischenwerte bei den Honorarwerten der Tafel errechnet werden:

Für den nächstniedrigeren Honorarwert (H u):

H u-Min. + (H u-Max. – H u-Min.) × Honorarsatz = H u

Für den nächsthöheren Honorarwert (H o):

H o-Min. + (H o-Max. – H o-Min.) × Honorarsatz = H o

Bei Honorarberechnungen, die auf der Grundlage von Flächen oder Verrechnungseinheiten durchzuführen sind, gelten analoge Werte zu den anrechenbaren Kosten.

Die Anwendung der vorgenannten Formeln soll an drei Beispielen verdeutlicht werden, die mit unterschiedlichem Honorarsatz berechnet werden. Dabei wird zunächst von folgenden Grundlagen ausgegangen: **5**
Objektart: Gebäude (Honorartafel nach § 34 Abs. 1)
Anrechenbare Kosten: 2 255 000 €
Maßgebliche Honorarzone: IV
Aus der Honorartafel werden folgende Werte entnommen:

Anrechenbare Kosten unterer Wert: Ak u:	2 000 000 €
Anrechenbare Kosten oberer Wert: Ak o:	2 500 000 €
Honorar bei Honorarzone IV unterer Wert: Hu, Mindestsatz:	206 201 €
Honorar bei Honorarzone IV unterer Wert: Hu, Höchstsatz:	234 105 €
Honorar bei Honorarzone IV oberer Wert: Ho, Mindestsatz:	254 487 €
Honorar bei Honorarzone IV oberer Wert: Ho, Höchstsatzsatz:	288 842 €

Beispiel 1:
Bei vereinbartem Mindestsatz ergibt sich folgende Interpolation:

$$206\,201\ € \quad \frac{(2\,255\,000\ € \ - \ 2\,000\,000\ €) \ \times \ (254\,487\ € \ - \ 206\,201\ €)}{(2\,500\,000\ € \ - \ 2\,000\,000\ €)} = 230\,826{,}86\ €$$

Beispiel 2:
Bei vereinbartem Viertelsatz (Mindestsatz + 25 %) ergibt sich zunächst folgende Ermittlung der maßgeblichen Honorarwerte:

Für nächstniedrigeren Honorarwert (H u):

$$206\,201\ € \quad + \quad (234\,105\ € \ - \ 206\,201\ €) \ \times \ 25\ \% \ = \ 213\,177\ €$$

Für nächsthöheren Honorarwert (H o):

$$254\,487\ € \quad + \quad (288\,842\ € \ - \ 254\,487\ €) \ \times \ 25\ \% \ = \ 263\,075{,}75\ €$$

Anhand der so ermittelten Viertelsatzwerte ergibt sich schließlich folgende Interpolation:

$$213\,177\ € \quad \frac{(2\,255\,000\ € \ - \ 2\,000\,000\ €) \ \times \ (263\,075{,}75\ € - \ 213\,177\ €)}{(2\,500\,000\ € \ - \ 2\,000\,000\ €)} = 238\,625{,}36\ €$$

Beispiel 3:
Bei vereinbartem Höchstsatz ergibt sich folgende Interpolation:

$$234\,105\ € \quad \frac{(2\,255\,000\ € \ - \ 2\,000\,000\ €) \ \times \ (288\,842\ € \ - \ 234\,105\ €)}{(2\,500\,000\ € \ - \ 2\,000\,000\ €)} = 262\,020{,}87\ €$$

6 Die jeweiligen Honorartafeln gelten immer nur im Rahmen des jeweils festgelegten Anwendungsbereichs, also nur zwischen der jeweils niedrigsten und höchsten Zahl der anrechenbaren Kosten, Verrechnungseinheiten (VE) bzw. Flächen, also im Falle des § 34 Abs. 1 zwischen 25 565 Euro und 25 564 594 Euro. Liegen die Werte der anrechenbaren Kosten oder Flächen außerhalbe der Honorartafeln, bestimmt § 7 Abs. 2, dass die Honorare frei zu vereinbaren sind.

§ 14 Nebenkosten

(1) **Der Auftragnehmer kann neben den Honoraren dieser Verordnung auch die für die Ausführung des Auftrages erforderlichen Nebenkosten in Rechnung stellen; ausgenommen sind die abziehbaren Vorsteuern gemäß § 15 Absatz 1 des Umsatzsteuergesetzes in der Fassung der Bekanntmachung vom 21. Februar 2005 (BGBl. I S. 386), das zuletzt durch Artikel 2 des Gesetzes vom 8. Mai 2012 (BGBL. I S. 1030) geändert worden ist. Die Vertragsparteien können bei Auftragserteilung schriftlich vereinbaren, dass abweichend von Satz 1 eine Erstattung ganz oder teilweise ausgeschlossen ist.**

(2) **Zu den Nebenkosten gehören insbesondere:**

1. **Versandkosten, Kosten für Datenübertragungen,**

2. **Kosten für Vervielfältigungen von Zeichnungen und schriftlichen Unterlagen sowie für die Anfertigung von Filmen und Fotos,**

3. **Kosten für ein Baustellenbüro einschließlich der Einrichtung, Beleuchtung und Beheizung,**

4. **Fahrtkosten für Reisen, die über einen Umkreis von 15 Kilometern um den Geschäftssitz des Auftragnehmers hinausgehen, in Höhe der steuerlich zulässigen Pauschalsätze, sofern nicht höhere Aufwendungen nachgewiesen werden,**

5. **Trennungsentschädigungen und Kosten für Familienheimfahrten in Höhe der steuerlich zulässigen Pauschalsätze, sofern nicht höhere Aufwendungen an**

Mitarbeiter oder Mitarbeiterinnen des Auftragnehmers auf Grund von tariflichen Vereinbarungen bezahlt werden,

6. Entschädigungen für den sonstigen Aufwand bei längeren Reisen nach Nummer 4, sofern die Entschädigungen vor der Geschäftsreise schriftlich vereinbart worden sind,

7. Entgelte für nicht dem Auftragnehmer obliegende Leistungen, die von ihm im Einvernehmen mit dem Auftraggeber Dritten übertragen worden sind.

(3) Nebenkosten können pauschal oder nach Einzelnachweis abgerechnet werden. Sie sind nach Einzelnachweis abzurechnen, sofern bei Auftragserteilung keine pauschale Abrechnung schriftlich vereinbart worden ist.

Übersicht

I. Änderungen gegenüber den vorherigen Fassungen

Die Fassung des § 14 der HOAI 2013 weist gegenüber der vorherigen Fassung sprachliche Änderungen im Absatz 1 auf, inhaltliche Änderungen sind damit nicht verbunden. **1**

Die Änderungen der vorherigen Fassung gegenüber der Regelung der Nebenkosten in § 7 der 6. HOAI-Novelle wurden beibehalten. Auch jetzt sind somit die Kosten für Vermessungsfahrzeuge nicht mehr aufgeführt. Die Vermessungsleistungen sind in der Anlage 1 zu § 3 HOAI (Beratungsleistungen) aufgeführt. Die Honorare dafür sind in der HOAI nicht verbindlich geregelt worden (§ 3 Abs. 1), so dass die Parteien in ihre Vereinbarung auch die Vermessungsfahrzeuge einbeziehen können.

II. Erstattungsfähigkeit von Auslagen

§ 14 regelt die Erstattung von Auslagen (Nebenkosten) des Auftragnehmers. Abs. 1 **2** Satz 1 stellt zunächst den Grundsatz auf, dass die bei der Ausführung des Auftrags entstehenden Auslagen (Nebenkosten) des Auftragnehmers, soweit sie erforderlich sind, abzüglich der nach § 15 Abs. 1 des Umsatzsteuergesetzes abziehbaren Vorsteuern neben den Honoraren dieser Verordnung berechnet werden können. Satz 2 bestimmt dann weiter, dass die Vertragsparteien bei Auftragserteilung schriftlich vereinbaren können, dass abweichend von Satz 1 eine Erstattung ganz oder teilweise ausgeschlossen ist.

Abs. 2 zählt sodann die häufigsten Arten von solchen Nebenkosten im Einzelnen auf, während Abs. 3 die Art und Weise der Abrechnung dieser Auslagen – pauschal oder nach Einzelnachweis – regelt.

Der Begriff der Nebenkosten gehört ebenso wie die in der Verordnung festgelegten Honorare zu dem Oberbegriff des Entgelts, wobei die Begriffe Nebenkosten und Auslagen gleichbedeutend sind.

Für bestimmte Gruppen von Auslagen des Abs. 2 wird die Erstattungsfähigkeit eingeschränkt, z.B. durch Beschränkung auf die steuerlich zulässigen Pauschalsätze (Nr. 4 und 5) oder durch die Notwendigkeit der vorherigen schriftlichen Vereinbarung (Nr. 6) oder durch das notwendige Einvernehmen mit dem Auftraggeber (Nr. 7).

1. Entstehung von Nebenkosten

Auslagen sind zu erstatten, soweit sie erforderlich sind und bei der Ausführung des Auftrags entstehen.

a) Tatsächliche Entstehung im Zusammenhang mit der Auftragsausführung

3   Die Auslagen müssen bei der Ausführung des Auftrags entstehen. Das bedeutet, dass die bloße Erforderlichkeit nicht ausreicht, dass die Auslagen vielmehr tatsächlich entstehen müssen, um erstattungsfähig zu sein.

Zwischen der Auftragsausführung und der Entstehung der Nebenkosten muss ein unmittelbarer Zusammenhang bestehen. Das bedeutet, dass die Aufwendungen der Ausführung des Auftrags dienen müssen. Deshalb gehören die normalen Bürokosten (Mieten, Energie- und Materialverbrauch, Gehälter der Mitarbeiter) nicht zu den ersetzbaren Auslagen, auch dann nicht und nicht einmal teilweise, wenn die Bürokosten infolge des Auftrags um einen feststellbaren Betrag steigen, etwa weil ein zusätzlicher Mitarbeiter eingestellt, ein zusätzlicher Raum angemietet, beheizt und beleuchtet werden muss. Dagegen sind die Kosten für ein Baustellen-Büro gemäß Abs. 2 Nr. 3 erstattungsfähig.

b) Erforderlichkeit der Auslagen

4   Die Auslagen werden nur erstattet, soweit sie erforderlich sind bzw. waren. Dabei kommt es entscheidend darauf an, ob die Auslagen objektiv erforderlich waren. Es genügt deshalb nicht, dass der Auftragnehmer die Auslagen den Umständen nach für erforderlich halten durfte, wie dies bei dem gesetzlichen Aufwendungsersatzanspruch nach § 670 BGB ausreicht. § 7 erfordert dagegen die objektive Notwendigkeit der zu erstattenden Aufwendungen. Das gilt sowohl für die Frage, ob die Kosten überhaupt nötig waren, als auch für die Frage, ob sie in der beanspruchten Höhe notwendig waren.

c) Beweislast

5   Die Fassung der Bestimmung stellt klar, dass der Auftragnehmer Entstehung und Erforderlichkeit der Auslagen behaupten und im Streitfall beweisen muss (vgl. BGH BauR 1990, 632 = ZfBR 1990, 227 = NJW-RR 1990, 1109). Für viele Kosten, zum Beispiel Porti und Telefonkosten, ist ein exakter Nachweis schwer zu führen (vgl. dazu insbesondere OLG Hamm BauR 2002, 1721 ff.). Dem Auftragnehmer ist daher zu empfehlen, für seine einzelnen Aufträge jeweils getrennte Kostenblätter zu führen, in die er die entstandenen Kosten und die Ursache ihrer Entstehung einträgt (BGH BauR 1990, 632). Ein solches Kostenblatt erbringt zwar im Regelfalle keinen zwingenden Beweis, gestattet aber stichprobenartige Nachprüfungen, bei deren positivem Ergebnis der Richter kaum zögern wird, die gesamte Aufstellung für beweiskräftig zu erachten. An den Nachweis von Nebenkosten dürfen nämlich letztlich keine übertriebenen Anforderungen gestellt werden, so dass es im Allgemeinen genügt, wenn der Auftragnehmer seine Aufzeichnungen und Unterla-

gen vorlegt (vgl. auch OLG Hamm BauR 2006, 1766 = NZBau 2006, 584 und OLG Hamm, Urt. v. 8.1.1991 – 21 U 142/90 – IBR 1991, 180 L = BauR 1991, 385 L). Soweit der Auftragnehmer mangels anderweitiger schriftlicher Vereinbarung bei Auftragserteilung die Nebenkosten nach Einzelnachweis abrechnen muss, reichen hinsichtlich der im eigenen Büro angefallenen Kosten (z.B. Fahrtkosten mit eigenem PKW, Portokosten, eigene Kopierkosten) in der Regel auch Eigenbelege, also eigene Aufzeichnungen als Einzelnachweise aus, während bei Fremdkosten Rechnungen vorzulegen sind (so OLG Hamm BauR 2002, 1721 = IBR 2003, 550 – Hebel). Bei Telefonkosten sieht das OLG Hamm (a.a.O.) sogar den Ansatz einer angemessenen Monatspauschale als zulässig an, weil Einzelnachweise kaum zu führen sind.

Eine solche genaue Aufzeichnung kann nämlich im Einzelfall einen zusätzlichen Arbeits- und Zeitaufwand beanspruchen, der außer Verhältnis zu den geltend gemachten Nebenkosten steht. Unter solchen Umständen muss man es – auch wenn eine Pauschalvereinbarung nach Abs. 3 nicht abgeschlossen ist – für zulässig und hinreichend beweiskräftig ansehen, dass der Auftragnehmer bei einzelnen Posten einen an Erfahrungswerten orientierten Gesamtbetrag berechnet (OLG Hamm a.a.O.).

Die Fälligkeit der Nebenkostenforderung setzt eine geordnete Zusammenstellung der Auslagen und ggf. auch die Vorlage entsprechender Belege voraus, wenn der Auftraggeber dies verlangt (BGH BauR 1990, 632 = NJW-RR 1990, 1109 und OLG Düsseldorf BauR 2000, 1889 = NJW-RR 2000, 1550 = NZBau 2000, 575).

2. Vorsteuerabzug

Die Erstattung der Nebenkosten schließt die abzugsfähigen Vorsteuern nach § 15 Abs. 1 **6** UStG nicht ein.

Da ein Architekt/Ingenieur keine Bauleistung im Sinne des UStG erbringt, ist für diese keine Verlagerung der Umsatzsteuer auf den Leistungsempfänger möglich. Für Bau-Werkverträge ist diese Möglichkeit eröffnet, wenn der die Bauleistung Empfangende sie selbst wieder im Rahmen eigener Bauleistungen verwendet, die er gegenüber Dritten erbringt.

3. Erstattung neben den Honoraren ohne besondere Vereinbarung

Nach dem Wortlaut des Abs. 1 können die entstehenden Nebenkosten des Auftragneh- **7** mers neben den Honoraren berechnet werden. Daraus ist zu folgern, dass dem Auftragnehmer die notwendigen Auslagen stets neben den Honoraren zu erstatten sind, wenn er dies verlangt, sie im Einzelnen belegt und die Erstattung nicht ausnahmsweise gemäß Abs. 1 Satz 2 ausgeschlossen worden ist. Dieser Erstattungsanspruch bedarf also auch keiner ausdrücklichen – schriftlichen oder mündlichen – Vereinbarung. Die Erstattungsfähigkeit der Nebenkosten ergibt sich unmittelbar aus der Verordnung, so dass sie auch zusätzlich zu den Mindestsätzen und im Falle einer Höchstsatzvereinbarung auch zusätzlich zu diesen Höchstsätzen zu erstatten sind.

III. Ausschluss der Erstattung von Auslagen

Nach Abs. 1 Satz 2 können die Vertragsparteien bei Auftragserteilung schriftlich verein- **8** baren, dass abweichend von Satz 1 eine Erstattung von Auslagen ganz oder teilweise ausgeschlossen ist. Ein solcher Ausschluss oder auch nur eine Beschränkung der Nebenkostenerstattung ist auch dann zulässig, wenn die Vertragspartner als Honorar nur die Mindestsätze vereinbart haben oder mangels wirksamer Honorarvereinbarung nur die Mindestsätze als vereinbart gelten. In diesen Fällen führt zwar der Ausschluss der Nebenkostenerstattung im praktischen Ergebnis zu einer – an sich unzulässigen – Mindestsatzunterschreitung, da es im Allgemeinen an dem Erfordernis eines Ausnahmefalles fehlen wird. Auf den Anspruch des Auftragnehmers auf Auslagenerstattung finden jedoch die Vorschriften des § 7 mit dem darin festgelegten Mindest- und Höchstpreischarakter der HOAI keine Anwendung, da diese Festlegung nur für die Honorare gilt, Nebenkosten oder Auslagen aber nicht Bestandteil des Honorars sind. Eine Vereinbarung über den Ausschluss oder die Beschränkung z.B. auf bestimmte Auslagen oder auch auf Höchstbeträge für bestimmte Arten einer Nebenkostenerstattung ist also grundsätzlich zulässig, sofern sie nur die Voraussetzungen des § 14 Abs. 1 Satz 2 erfüllt, es sich also um eine Vereinbarung handelt, die schriftlich und bei Auftragserteilung getroffen worden ist.

Bei fehlender Schriftform oder schriftlicher Vereinbarung nach Auftragserteilung ist die Vereinbarung unwirksam und kann auch nicht mehr geheilt werden, so dass nur der Erstattungsanspruch auf Nachweis besteht.

1. Vereinbarung der Parteien

9   Der Ausschluss einer Auslagenerstattung muss durch eine Vereinbarung der Parteien erfolgen. Durch eine solche Abrede kann die Erstattung nicht nur vollständig, sondern auch teilweise ausgeschlossen werden. Der teilweise Ausschluss kann sich auf bestimmte Arten von Auslagen beziehen. Es kann auch vereinbart werden, dass nur ein bestimmter Anteil (Bruchteil, Vomhundertsatz) erstattet wird. Schließlich ist auch eine Vereinbarung möglich, wonach nur die nachgewiesenen notwendigen Kosten bis zu einem bestimmten Höchstbetrag erstattet werden, die darüber hinausgehenden Kosten aber nicht. Zwischen allen Beschränkungsmöglichkeiten sind ferner Kombinationen vorstellbar, beispielsweise so, dass bestimmte Kostenarten ganz, andere überhaupt nicht, wieder andere nur zu unterschiedlichen Bruchteilen und alle zusammen nur bis zu einem Höchstbetrag erstattet werden.

2. Form und Zeitpunkt der Vereinbarung

10   Der – vollständige oder teilweise – Ausschluss der Auslagenerstattung bedarf der schriftlichen Vereinbarung bei Auftragserteilung und muss daher in derselben Form und zu demselben Zeitpunkt vereinbart werden wie das Honorar selbst.

IV. Art und Weise der Berechnung

11   Nach Abs. 3 Satz 1 können die Nebenkosten pauschal oder nach Einzelnachweis abgerechnet werden. Nach Abs. 3 Satz 2 sind sie aber nach Einzelnachweis abzurechnen, sofern nicht bei Auftragserteilung eine pauschale Abrechnung schriftlich vereinbart worden ist.

1. Einzelnachweis

12   Einzelnachweis ist die nach der Verordnung primär zum Zuge kommende Abrechnungsweise. Zu beachten ist, dass der Auftragnehmer, der zum Vorsteuerabzug nach § 15 UStG berechtigt ist, die Umsatzsteuer von den Nebenkosten absetzen muss, also nur die Nettobeträge erstattet verlangen kann, denen allerdings dann die Mehrwertsteuer doch wieder hinzuzurechnen ist, sofern es sich nicht um durchlaufende Posten handelt, weil der Auftragnehmer die zugrunde liegenden Aufträge im Namen und für Rechnung des Auftraggebers erteilt hat.

13   Der Auftraggeber kann von dem Auftragnehmer verlangen, dass er ihm nicht nur eine geordnete Zusammenstellung der Auslagen vorlegt, sondern auch die dem Nachweis dienenden Belege in der Reihenfolge der Zusammenstellung (BGH BauR 1990, 632 = NJW-RR 1990, 1109). Ungeordnete Belegsammlungen kann der Auftraggeber zurückweisen und im Falle der berechtigten Zurückweisung der Nebenkostenabrechnung auch deren Bezahlung verweigern, bis der Auftragnehmer eine den Anforderungen an eine Prüfbarkeit genügende Nebenkostenabrechnung vorlegt.

2. Pauschalabrechnung

14   Die Bestimmung sagt nichts darüber, wie der Pauschalbetrag zu bemessen ist. Zweckmäßig gehen die Parteien so vor, dass sie im Wege der Vorausschätzung den ungefähren Gesamtbetrag der zu erwartenden Nebenkosten ermitteln und sich bei der Festlegung der

Pauschale annähernd danach richten, wobei vorhandene Risiken je nach der Lage des Einzelfalles sich in einer Erhöhung oder Ermäßigung des geschätzten Betrages niederschlagen können. Maßstab für die Beurteilung der Wirksamkeit der schriftlich bei Auftragserteilung vereinbarten Nebenkostenpauschale ist danach allein § 138 BGB so dass sie unwirksam ist, wenn sie gegen die guten Sitten verstößt (vgl. dazu Schwenker IBR 2004, 23). Ist aus diesen Gründen die Nebenkostenpauschale sittenwidrig überhöht und deshalb unwirksam, so kann dem Auftragnehmer ohne Einzelnachweis auch keine niedrigere Nebenkostenpauschale zuerkannt werden.

Die Nebenkostenpauschale kann zum einen in Form eines Festbetrages vereinbart wer- **15** den; es ist zum anderen aber auch möglich und in der Praxis weitgehend üblich, die Nebenkostenpauschale als Prozentsatz vom Honorar zu vereinbaren.

V. Umfang der Nebenkostenerstattung

1. Keine abschließende Aufzählung

Abs. 2 benennt eine Vielzahl von Nebenkosten, die üblicherweise bei der Abwicklung **16** eines Architekten- oder Ingenieurvertrages anfallen, wobei die Aufzählung durch das vorangestellte Wort „insbesondere" nach Zahl und Art erstattungsfähiger Auslagen bewusst offen gehalten worden ist, so also auch andere Auslagen, die hier nicht genannt sind, erstattungsfähig sind.

2. Die einzelnen Arten der Nebenkosten

In Abs. 2 werden die üblicherweise anfallenden Auslagen oder Nebenkosten des Auf- **17** tragnehmers nach ihrer unterschiedlichen Art behandelt und im Einzelnen als erstattungsfähig bezeichnet, wobei allerdings teilweise auch Ausnahmen oder Eingrenzungen vorgenommen werden, wie z.B. bei den Reisekosten. Im Übrigen ist aber die Aufzählung nur beispielhaft und daher ergänzungsfähig, sofern es sich nur um echte Auslagen und nicht um allgemeine Bürokosten handelt, wie dies z.B. bei den normalen oder üblichen Versicherungsprämien der Fall sein dürfte.

a) Versandkosten, Datenübertragungen (Nr. 1)

Damit sind alle Arten von Gebühren gemeint, die bei der Ausführung des Auftrags ent- **18** stehen, insbesondere Porti und Telefonkosten.

Die Kosten für Datenübertragungen werden ausdrücklich aufgeführt. Ihre Bezifferung wird aber auf Probleme stoßen, zumal heute Flatrates die übliche Art der Abrechnung darstellen dürfte.

b) Kosten für Vervielfältigungen von Zeichnungen und schriftlichen Unterlagen sowie Anfertigung von Filmen und Fotografien (Nr. 2)

Die Anfertigung von Zeichnungen und von anderen Unterlagen gehört zur Ausführung **19** des Auftrags und ist daher mit dem Honorar abgegolten. Erst wenn im Büro des Auftragnehmers angefertigte oder auch von Dritten herrührende Zeichnungen und sonstige Unterlagen vervielfältigt werden, setzt die gesonderte Auslagenerstattungspflicht nach § 14 ein. Zahl und Verfahren der Vervielfältigung sind ohne Bedeutung: Auch wenn ein eingehendes Schreiben zum Beispiel einer beteiligten Behördekopiert, wenn eine Bestandszeichnung – erlaubterweise – abgezeichnet wird, liegt eine Vervielfältigung im Sinne der Abs. 2 Nr. 2 vor. Zu den Vervielfältigungen dieser Art gehören insbesondere die Unterlagen, die den Baugenehmigungsbehörden vorgelegt werden, die den Bauhandwerkern im Rahmen von Ausschreibungen und Vergaben zugänglich gemacht werden, schließlich die Bauvorlagen, jedoch immer nur, sofern es sich nicht um Originale handelt. Zu den schriftlichen Unterlagen gehören insbesondere Leistungsverzeichnisse, Ausschreibungs- und Verdingungsunterlagen, Angebote, Preisspiegel, Kostenermittlungen, soweit diese zur Erfüllung der vertraglich geschuldeten Leistungen vervielfältigt werden.

c) Kosten für ein Baustellenbüro einschließlich der Errichtung, Beleuchtung und Beheizung (Nr. 3)

20   Nicht berechnet werden dürfen die in dem Baustellenbüro entstehenden Personalkosten. Diese gehören, wie die Personalkosten am Geschäftssitz des Auftragnehmers, zu den allgemeinen Geschäftskosten, die durch das Honorar abgedeckt werden, und zwar auch dann, wenn sie ausschließlich mit der Abwicklung des Auftrags im Zusammenhang stehen. Hiervon wird man aber eine Ausnahme machen müssen für Personalkosten, die durch die Unterhaltung des Baustellenbüros entstehen und deren Aufwendungen deshalb nur in einem indirekten Verhältnis zur Auftragserfüllung stehen: So sind z.B. Löhne für einen Handwerker, der das schadhafte Dach des Büros repariert, Kosten der Unterhaltung des Baustellenbüros und damit erstattungsfähig.

21   Bis zu welcher Grenze zum Beispiel die Einrichtung des Büros erstattungsfähig ist, richtet sich gemäß Abs. 1 nach der Erforderlichkeit. Arbeitserleichterungen für die dort Beschäftigten sind erforderlich in diesem Sinne, insbesondere dann, wenn das Büro auf längere Zeit in Betrieb ist. So kann etwa ein Personalcomputer im Baustellenbüro durchaus zu den erstattungsfähigen Nebenkosten gehören.

d) Reisekosten

22   In Abs. 2 Nr. 4–6 werden bestimmte Reisekosten des Auftragnehmers unter bestimmten Voraussetzungen als erstattungspflichtig ausgewiesen. Dabei wird unterschieden nach Fahrtkosten (Nr. 4), Trennungsentschädigungen und Familienheimfahrten (Nr. 5) sowie Aufwandsentschädigungen bei längeren Reisen (Nr. 6).

aa) Fahrtkosten (Nr. 4)

23   Fahrtkosten sind nur zu erstatten, wenn das Fahrtziel mehr als 15 km vom Geschäftssitz des Auftragnehmers entfernt ist. Diese Grenze gilt für die einfache Fahrt. Wieviel Straßen-(Bahn-)Kilometer tatsächlich zurückgelegt werden, ist ohne Bedeutung. Auszugehen ist vielmehr von der kürzesten Entfernung zwischen Geschäftssitz und Fahrtziel. Ob damit die Luftlinie oder die mit dem jeweiligen Verkehrsmittel mögliche kürzeste Entfernung gemeint ist, ist umstritten. Die Luftlinie ist aber für den Auftragnehmer letztlich ohne Bedeutung, wenn er das Ziel auf diesem kürzesten Weg nicht erreichen kann. Deshalb wird auf denjenigen Verkehrsweg abzustellen sein, mit dem das Ziel tatsächlich auf dem kürzesten Weg zu erreichen ist.

24   In der Bestimmung nicht geregelt ist der Fall, dass der Auftragnehmer die Reise von einem anderen Ort als seinem Geschäftssitz aus antritt und entweder an diesen oder an seinen Ausgangspunkt zurückkehrt. Hier wird wieder auf denjenigen Weg abzustellen sein, den er tatsächlich für den Auftrag zurück gelegt hat.

25   Werden auf einer Reise mehrere Geschäfte für unterschiedliche Auftraggeber erledigt, dann sind die Kosten angemessen aufzuteilen. Die anteiligen Kosten sind, sofern nur die gesamte Reise über den in der Vorschrift bezeichneten Umkreis hinausgeht, erstattungsfähig, auch wenn der Anteil geringer ist als eine Reise von zweimal 15 km gekostet haben würde. Würde man anders entscheiden, so würde das dazu führen, dass ein Auftragnehmer, der seine (längere) Reise so plant, dass er unterwegs möglichst viele Geschäfte erledigen kann, leer ausgehen würde, was sicherlich nicht der Billigkeit entspricht.

26   Der Auftragnehmer ist befugt, seine Reisekosten in Höhe der steuerlich zulässigen Pauschsätze ohne weiteren Nachweis zu liquidieren.

Will der Auftragnehmer tatsächlich entstandene höhere Fahrtkosten liquidieren, dann muss er diese auch der Höhe nach (zum Beispiel durch Vorlage der Fahrkarten) nachweisen.

bb) Trennungsentschädigungen und Familienheimfahrten (Nr. 5)

27   Abs. 2 Nr. 5 befasst sich mit dem Erstattungsanspruch für Auslagen in Form von Trennungsentschädigungen und Kosten für Familienheimfahrten nach den steuerlich zulässigen Pauschsätzen.

Auch diese Kosten sind grundsätzlich erstattungsfähig „nach den steuerlich zulässigen Pauschsätzen". Wie hoch diese sind, ergibt sich teils aus den Steuergesetzen, teils aus den dazu erlassenen Richtlinien.

Die Trennungsentschädigung – die Steuervorschriften verwenden diesen Ausdruck nicht – setzt sich zusammen aus den Mehraufwendungen für Verpflegung und den notwendigen Kosten der Unterkunft am inländischen (für das Ausland gelten von Land zu Land unterschiedliche besondere Bestimmungen) Beschäftigungsort.

cc) Aufwandsentschädigungen bei längeren Reisen (Nr. 6)

Nr. 6 befasst sich mit der Entschädigung für den „sonstigen Aufwand" bei Reisen nach **28** Nr. 4, also bei Geschäftsreisen, die nicht mit der Führung eines doppelten Haushalts (Nr. 5) verbunden sind. Trennungsgelder, Entschädigungen für Verpflegungsmehraufwand, Unterbringungskosten sowie Entschädigungen für Zeitaufwand bei solchen Reisen werden nicht ohne weiteres erstattet. Hierzu bedarf es vielmehr einer Vereinbarung, die vor Antritt der Geschäftsreise schriftlich getroffen worden sein muss. Die Vereinbarung muss sich auf eine bestimmte, nach Entfernung (Reiseziel) und Reisezweck festliegende Reise beziehen; es genügt nicht, dass die Parteien Entschädigungen „für etwa notwendig werdende Geschäftsreisen" vereinbaren. Die Kosten für eine zweite mitreisende Person sind nur erstattungsfähig, wenn deren Einsatz erforderlich oder zumindest sinnvoll ist, wobei auch dies schriftlich vereinbart werden sollte (OLG Düsseldorf BauR 2000, 1889 = NJW-RR 2000, 1550 = NZBau 2000, 575). Die Vereinbarung braucht nicht notwendig einen bestimmten Betrag zu nennen; sie muss aber die Maßstäbe enthalten, die die zweifelsfreie Berechnung der Kosten ermöglichen. Denkbar und zulässig sind Absprachen, nach denen pro Tag ein bestimmter Betrag zu zahlen ist, oder auch Vereinbarungen, nach denen zum Beispiel für Verpflegungsmehraufwand und Unterbringungskosten in nachgewiesener Höhe ohne oder mit Festsetzung eines Höchstbetrages eine Entschädigung zu zahlen ist.

e) Entgelte für Fremdleistungen (Nr. 7)

Nr. 7 betrifft Entgelte für nicht dem Auftragnehmer obliegende Leistungen, die von ihm **29** im Einvernehmen mit dem Auftraggeber Dritten übertragen worden sind. Es handelt sich hierbei um Leistungen, die nicht in den Aufgabenbereich des Auftragnehmers fallen – sonst wäre der Dritte dessen Erfüllungsgehilfe und die Leistung wäre mit dem Honorar abgegolten –, die aber auch nicht namens und im Auftrage des Auftraggebers und mit dessen Vollmacht durch den Auftragnehmer vergeben werden – sonst wäre der Auftraggeber dem Dritten gegenüber unmittelbar zahlungspflichtig. Gemeint sind vielmehr nur die Fälle, in denen der Auftragnehmer im eigenen Namen Aufträge für Leistungen vergibt – und damit dem Dritten gegenüber (allein) zahlungspflichtig wird –, die er nicht zu erbringen hat, die vielmehr im Verhältnis zwischen den Vertragsparteien zu Lasten des Auftraggebers gehen. Beispiel: Architekt und Bauherr verabreden, dass zur Untersuchung des Baugrundes auf Kosten des Bauherrn das Gutachten eines Sonderfachmanns eingeholt werden soll, dass aber diesem gegenüber nicht der Bauherr, sondern nur der Architekt als Auftraggeber in Erscheinung treten soll. Dann ist der Architekt, der vereinbarungsgemäß den Gutachterauftrag erteilt, dem Sachverständigen gegenüber zahlungspflichtig, während der Bauherr diese Aufwendungen dem Architekten zu erstatten hat. Voraussetzung ist, dass er die Aufträge im eigenen Namen erteilt hat und das Einvernehmen des Auftraggebers.

§ 15 Zahlungen

(1) **Das Honorar wird fällig, wenn die Leistung abgenommen und eine prüffähige Honorarschlussrechnung überreicht worden ist, es sei denn, es wurde etwas anderes schriftlich vereinbart.**

(2) **Abschlagszahlungen können zu den schriftlich vereinbarten Zeitpunkten oder in angemessenen zeitlichen Abständen für nachgewiesene Grundleistungen gefordert werden.**

(3) **Die Nebenkosten sind auf Einzelnachweis oder bei pauschaler Abrechnung mit der Honorarrechnung fällig.**

(4) **Andere Zahlungsweisen können schriftlich vereinbart werden.**

I. Änderungen

1   Wesentliche Änderung ist das Erfordernis einer Abnahme als weitere Voraussetzung für die Fälligkeit des Honorars. Bisher genügte neben der prüffähigen Rechnung die vertragsgemäße Leistung. Mit der Abnahme als Fälligkeitsvoraussetzung wird dem werkvertraglichen Charakter der Architekten- und Ingenieurverträge Rechnung getragen, und § 641 Abs. 1 BGB umfassend im Werkvertragsrecht angewendet.

Die Beschränkung auf Regelungen zu Honoraren für Grundleistungen entspricht der schon in der vorhergehenden Fassung geltenden Trennung zwischen den Honoraren für die zur ordnungsgemäßen Erfüllung des Auftrags notwendigen Leistungen (Grundleistungen) und den Besonderen und den Beratungsleistungen. Nur für die Grundleistungen sind die Vorgaben der HOAI verbindlich, für Besondere Leistungen kann das Honorar frei vereinbart werden (§ 3 Abs. 3 S. 3 HOAI), die in der Anlage 1 genannten Honorare für Beratungsleistungen sind ebenfalls nicht verbindlich (§ 3 Abs. 1 S. 2 HOAI).

Ebenfalls neu ist das Erfordernis der Schriftform für Vereinbarungen zu Abschlagszahlungen.

Ohne eine gesonderte schriftliche Vereinbarung bleibt es bei der Möglichkeit, Abschlagszahlungen in angemessenen zeitlichen Abständen zu verlangen, sofern die Leistung nachgewiesen wird, also erbracht wurde.

Eine Regelung zu den Abschlagszahlungen wurde als notwendig erachtet, weil § 632a BGB für Abschlagszahlungen einen Wertzuwachs auf der Bestellerseite voraussetzt. Dies ist bei Planungsleistungen in der Regel aber noch nicht der Fall. § 15 HOAI verschafft dem Architekten/Ingenieur somit unabhängig von einem Wertzuwachs die Möglichkeit, auch ohne vertragliche Vereinbarung Abschlagszahlungen für nachgewiesenen Leistungen zu verlangen. Das Erfordernis einer schriftlichen Vereinbarung zu den Nebenkosten ist entfallen. Der Zeitpunkt „bei Auftragserteilung" ist unverändert geblieben.

II. Grundsätzliches

1. Inhalt und Anwendungsbereich

§ 15 HOAI schließt mit der Einführung der Abnahme als Fälligkeitsvoraussetzung an die **2** Regelungen des BGB-Werkvertragsrechts an, behält aber das zusätzliche Erfordernis der prüfbaren Schlussrechnung als weiteres Element bei.

Da § 15 im Allgemeinen Teil der HOAI steht, soll er die Zahlungsmodalitäten für die **3** Honorare und Nebenkosten aller Auftragnehmer (also der Architekten und Ingenieure) für die von der HOAI erfassten Leistungen regeln.

2. Frage des Verfassungswidrigkeit des § 15 und deren Folgen

Diese spezielle Regelung nur für Architekten- und Ingenieurleistungen zu der Frage der **4** Fälligkeit des Honorars und der Nebenkosten sowie der Befugnis der Parteien, unter bestimmten Voraussetzungen von dieser Regelung abzuweichen, stellt einen materiell-rechtlichen Eingriff in die gesetzlichen Vorschriften des BGB und in die vertraglichen Beziehungen der Parteien dar – der durch den Zweck der Gebührenregelung nicht geboten ist (zum früheren Rechtszustand vgl. Fabricius/v. Nordenflycht/Bindhardt § 21 GOA Rdn. 1).

Es stellt sich deshalb die Frage, ob § 15 noch durch die Ermächtigungsgrundlage gedeckt **5** wird. Die Ermächtigung in Art. 10 §§ 1 und 2 MRVG beschränkt sich auf die Bemessung der Honorare und gibt hierfür einige allgemeine Grundsätze. Nur in diesem Umfang gibt sie dem Verordnungsgeber die Befugnis, in die Vertragsfreiheit der Parteien einzugreifen und das BGB zu ändern bzw. zu ergänzen. Die Frage, wann und unter welchen sachlichen Voraussetzungen der Auftraggeber das nach den Grundsätzen der HOAI ermittelte Honorar zu entrichten hat und der Honoraranspruch fällig wird, liegt damit möglicherweise außerhalb der Regelungskompetenz des Verordnungsgebers.

Die Rechtsprechung hat sich für die Wirksamkeit der Vorschrift ausgesprochen (BGHZ **6** 81, 229, 242/243 = BauR 1981, 582, 587/588 mit Anm. Locher = NJW 1981, 2351 ff., 2354 = ZfBR 1981, 232, 235). Dies mit der Begründung, dass die Frage, wann der Architekt (Ingenieur) das Honorar verlangen könne, in engem Zusammenhang mit der Höhe der Vergütung stehe (BGH a. a. O.).

Der Auftragnehmer ist vorleistungspflichtig. Er kann seine Vergütung erst fordern, wenn **7** er die Leistung erbracht hat. Für Abschlagszahlungen gilt ebenfalls das Erfordernis nachgewiesener Leistungen. Das gilt sowohl dann, wenn – wie es regelmäßig der Fall ist – der Vertrag als Werkvertrag zu qualifizieren ist, als auch dann, wenn es sich – ausnahmsweise – um einen Dienstvertrag handelt. Für den Werkvertrag folgt dies aus § 641 BGB, wonach die Vergütung „bei Abnahme des Werkes" – also gemäß § 640 BGB nach der Fertigstellung des vertragsgemäß hergestellten Werkes und dessen Entgegennahme und Anerkennung als im Wesentlichen vertragsgemäße Leistung durch den Besteller – zu entrichten ist. Bei Dienstverträgen ergibt sich die Vorleistungspflicht des Auftragnehmers aus § 614 BGB: Die Vergütung ist nach der Leistung der Dienste zu entrichten.

In jedem Fall ist § 321 BGB zu beachten: Der vorleistungspflichtige Auftragnehmer **8** kann bei einer wesentlichen Verschlechterung der Vermögensverhältnisse des Auftraggebers nach Vertragsabschluss die Vorleistung verweigern, bis ihm die Vergütung gezahlt oder Sicherheit hierfür geleistet worden ist. Zu beachten ist hierbei, dass der Auftragnehmer dieses Leistungsverweigerungsrecht nicht hat, wenn die Vermögensverhältnisse des Auftraggebers schon beim Vertragsabschluss ohne Wissen des Auftragnehmers so schlecht waren, dass die vereinbarte Gegenleistung gefährdet war bzw. erschien. Es muss sich vielmehr um eine nachträgliche Verschlechterung handeln. Sonst bleibt dem Auftragnehmer nur das Recht der Anfechtung wegen arglistiger Täuschung, wenn der Auftraggeber ihm seine unzureichenden Vermögensverhältnisse verschwiegen hat.

III. Freie Vereinbarkeit der Fälligkeit

9   Durch Absatz 4 wird die Möglichkeit der schriftlichen Vereinbarung anderer Zahlungs-weisen eröffnet. Damit sind auch abweichende Regelungen zur Fälligkeit möglich. Das Erfordernis einer Abnahme als Fälligkeitsvoraussetzung wird nicht über Allgemeine Ge-schäftsbedingungen auszuschließen sein, da sonst in den Kernbereich der BGB-Regelung eingegriffen würde.

1. Form und Zeitpunkt der Vereinbarungen

10   War in der vorherigen Fassung des § 15 noch verlangt, dass Vereinbarungen zu Neben-kosten bei Auftragserteilung getroffen werden müssen, ist diese zeitliche Einschränkung jetzt entfallen. Damit sind auch nachträgliche Vereinbarungen möglich. Ebenso wird für die Vereinbarung zur Fälligkeit, auch für die Abschlagszahlungen, kein Zeitpunkt vorgege-ben. Die Sonderregelung des § 7 Abs. 1 bleibt davon aber unberührt. Werden Vereinba-rungen zur Höhe des Honorars nicht bei Vertragsschluss getroffen, bleibt es bei den Min-destsätzen. Für die Honorarvereinbarung nach § 7 ist nach wie vor die Schriftform notwendig.

2. Inhalt einer Vereinbarung zu anderen Zahlungsweisen

11   Eine schriftliche Vereinbarung verlangt Absatz 4 für die „anderen Zahlungsweisen". Man kann unter „Zahlungsweisen" eine Absprache verstehen, die sich nicht nur auf den Zeit-punkt der Entrichtung der Gegenleistung bezieht, sondern auch auf Modalitäten wie Zah-lung an einem bestimmten Ort, auf ein bestimmtes Konto, bar oder mit Scheck, auf sonsti-ge Anweisung an einen Dritten, in einer bestimmten Währung, durch Verrechnung mit Gegenlieferungen, usw. Es ist aber nicht anzunehmen, dass der Verordnungsgeber den Aus-druck „Zahlungsweisen" in diesem umfassenden Sinne verstanden wissen wollte. Das er-gibt sich aus dem Zusammenhang mit den vorhergehenden Absätzen des § 15. In diesen ist nicht von den sonstigen Zahlungsmodalitäten die Rede, sondern stets nur von der Fällig-keit, das heißt von dem Zeitpunkt, zu dem der Auftraggeber zu zahlen hat. Die Frage hat praktische Bedeutung. Da Absatz 4 für die abweichende Vereinbarung mit der Schriftform ein Formerfordernis aufstellt, würde die Erstreckung dieses Absatzes auf andere Zahlungs-modalitäten als auf die Fälligkeit bedeuten, dass auch diese der Schriftform bedürfen. Das ist vom Verordnungsgeber sicher nicht beabsichtigt gewesen. Andere Zahlungsvereinbarun-gen außer solchen über die Fälligkeit werden vielmehr von der HOAI überhaupt nicht betroffen. Sie können deshalb nach der hier vertretenen Ansicht von den Parteien mit be-liebigem Inhalt, zu beliebiger Zeit und in beliebiger Form getroffen werden.

12   Über den möglichen Inhalt einer abweichenden Vereinbarung über die Fälligkeit sagt die Vorschrift nichts. Das bedeutet, dass der Vertragsfreiheit der Parteien, was den sachli-chen Inhalt der vereinbarten Fälligkeitsregelung angeht, keine anderen Grenzen als die der allgemeinen Gesetze gezogen sind. Die Parteien können abweichend von den vorherge-henden Absätzen des § 15 die Fälligkeit von Teilen der Vergütung an beliebige Ereignisse (zum Beispiel an den Zeitpunkt der Auszahlung eines Bankkredits oder eines Bauspardar-lehns an den Auftraggeber) knüpfen. Sie können Abschlagszahlungen ausschließen, sie können umgekehrt auch Vorauszahlung von Teilen des Honorars jeweils vor Beginn be-stimmter Leistungsabschnitte vereinbaren, ebenso wie sie ihre Absprache etwa darauf rich-ten können. Sie können auch vereinbaren, dass die Fälligkeitsregeln der VOB/B gelten sollen (vgl. Hesse ZfBR 1980, 259, 260). Die Möglichkeiten sind damit nicht annähernd erschöpfend aufgezählt. Haben die Vertragspartner beispielsweise in ihrem Architektenver-trag vereinbart, dass jeweils Zwischenrechnungen gemäß den Leistungsphasen der HOAI erstellt und 40% des vereinbarten Pauschalhonorars nach Beendigung der Planungsleistun-gen der jeweiligen Gebäudeprototypen in Rechnung gestellt werden können sowie die weiteren Zahlungen prozentual nach verkauften Wohneinheiten erfolgen, so kann darin einerseits eine abweichende Fälligkeitsvereinbarung oder andererseits eine Stundungsabrede

gesehen werden (dazu OLG Frankfurt BauR 2005, 442 und IBR 2005, 71 – Schmidt-Hofmann), die bei erst sehr später Veräußerung der Wohneinheiten gemäß § 242 BGB angepasst werden kann.

Abweichende Vereinbarungen können auch in Allgemeinen Geschäftsbedingungen ge-   **13** troffen werden, jedoch müssen sich diese an den Bestimmungen der §§ 305 ff. BGB messen lassen (vgl. BGHZ 81, 229, 242 ff.). Gerade diese Regelungen über Allgemeine Geschäftsbedingungen schränken hier aber die Vertragsfreiheit der Parteien entscheidend ein, soweit in vorformulierten Vertragsbedingungen zugunsten des Verwenders dieser Vertragsbedingungen Regelungen vorgesehen sind, die den anderen Vertragspartner unangemessen benachteiligen (vgl. § 307 Abs. 1 BGB). So ist eine Vertragsklausel des Auftraggebers unwirksam, dass er erst zu zahlen hat, wenn er selbst bezahlt wurde („pay when paid-Klausel, OLG München IBR 2011, 148). Unwirksam ist auch eine Klausel, die dem Auftragnehmer 10 % seines Gesamthonorars nach Erbringung der Leistungen der Leistungsphasen 1–8 des § 33 vorenthält (BGH BauR 1981, 582, 588). Unwirksam ist die Vertragsklausel des Auftraggebers, durch die eine Fälligkeit der Schlusszahlung vom Eingang des amtlichen Gebrauchsabnahmescheins oder von der vollständigen Beseitigung der bei der Objektübergabe festgestellten Baumängel bzw. der Erledigung etwaiger Restarbeiten abhängig gemacht wird (BGH a.a.O.). Umgekehrt können auch vorformulierte Vertragsklauseln des Auftragnehmers gegen das AGB-Gesetz bzw. jetzt §§ 305 ff. BGB verstoßen, wenn sie den Auftraggeber unangemessen benachteiligen. Dies ist aber nicht schon dann der Fall, wenn die Regelungen des BGB vereinbart werden, also insbesondere die Fälligkeit nicht von einer prüfbaren Honorarschlussrechnung abhängen soll, da diese Abhängigkeit in §§ 640, 641 BGB gerade nicht vorgesehen ist. Das Abbedingen der Abnahme als Fälligkeitsvoraussetzung durch AGB wird nicht möglich sein, da dadurch in den Kernbereich der Regelung des § 641 BGB verstoßen würde, der aber jetzt auch für Ingenieur- und Architektenverträge gelten soll.

IV. Fälligkeit des Honorars ohne besondere Vereinbarung

1. Fälligkeit des Gesamthonorars (Absatz 1)

Absatz 1, der die Fälligkeit des Gesamthonorars behandelt, ist im Zusammenhang mit   **14** Absatz 2 zu sehen, der die Fälligkeit von Abschlagszahlungen behandelt. Da Absatz 2 dem Auftragnehmer einen Anspruch auf Abschlagszahlungen verleiht, behandelt Absatz 1 streng genommen in der Hauptsache die Fälligkeit des Resthonorars, die Fälligkeit des Gesamthonorars dagegen nur in den Fällen, in denen eine Abschlagszahlung gleich aus welchem Grunde nicht verlangt oder nicht geleistet worden ist.

a) Abnahme der Leistung

Während in der Vorversion des § 15 noch die vertragsgemäß erbrachte Leistung als Fäl-   **15** ligkeitsvoraussetzung genannt wurde, ist dieses Merkmal durch das Erfordernis der Abnahme ersetzt worden. Die Verpflichtung zur Abnahme besteht für den Auftraggeber zwar nur dann, wenn eine abnahmereife, also im Wesentlichen mangelfreie Leistung erbracht wurde. Dennoch sind die beiden Merkmale nicht inhaltsgleich.

Die Abnahme setzt eine Erklärung des Auftraggebers voraus. Diese kann ausdrücklich oder konkludent, also durch Handlungen, aus denen sich der Abnahmewille ergibt, erfolgen. Ist streitig, ob eine Abnahme erklärt wurde, muss der Architekt/Ingenieur dies als Voraussetzung für die Durchsetzung seines Honorars beweisen.

Diese zusätzliche Voraussetzung erscheint auf den ersten Blick als überflüssiges Erschwernis bei der Durchsetzung eines Honorars. Die eigentliche Wirkung zeigt dieses Merkmal an anderer Stelle, und zwar bei der Verjährung. Der Verjährungszeitraum für Mangelansprüche beginnt mit der Abnahme. Liegt sie nicht vor, beginnt die Verjährungsfrist nicht, mit der Folge einer zeitlich nahezu unbegrenzten Haftung (BGH BauR 2011, 1032). Eine Grenze wurde durch den Einwand der Verwirkung gesetzt, die der BGH jedenfalls 14 Jahre nach dem vollständigen Erbringen der Leistung gesehen hatte (BGH BauR 2010, 1778). Weitere zeitliche Einschränkungen der Haftung knüpfen an das (vermeindliche) Ende der

Erfüllungsphase an (OLG München BauR 2012, 1837). Diese „Hilfsmittel" sind nicht mehr notwendig, wenn durch die nachgewiesene Abnahme der Zeitpunkt feststeht, zu dem die Verjährungsfrist beginnt.

Verweigert der Auftraggeber die Abnahme, eröffnet § 640 Abs. 1 S. 3 BGB die Möglichkeit, ihm eine Frist zur Abnahme zu setzen. Die Abnahmewirkung tritt nach Ablauf dieser Frist ein, wenn der Auftraggeber verpflichtet war, die Abnahme zu erklären. Kommt es zum Streit darüber, ob eine abnahmereife Leistung vorlag, hilft diese Vorschrift dem Auftragnehmer nur wenig weiter. Er muss jetzt beweisen, dass diese Voraussetzung vorlag, im Ergebnis somit die vertragsgerechte Leistung ebenso nachweisen, wie es ohne die Regelung des § 640 Abs. 1 S. 3 BGB der Fall wäre. Der Vorteil für ihn liegt in der rückwirkenden Feststellung, dass zu einem früheren Zeitpunkt die Verpflichtung zur Abnahme vorlag und mit Ablauf der von ihm gesetzten Frist die Abnahmewirkung eintrat. Damit ist ein Teil der Verjährungsfrist bereits abgelaufen. Zudem beschränkt sich die Haftung im Fall eines Annahmeverzugs des Auftraggebers gemäß § 300 BGB.

Der für den Bau-Werkvertrag entwickelte Grundsatz, dass eine Kündigung des Vertrages die Abnahme nicht entbehrlich macht, wird auch im Architektenvertrag gelten. Auch nach der Kündigung verbleibt ein Teil des Werkes, das vertragsgemäß erbracht worden sein kann und dann abzunehmen ist (BGH BauR 2003, 689).

Nicht mehr erforderlich ist eine Abnahmeerklärung, wenn durch andere Umstände das Ende der Erfüllungsphase herbeigeführt wurde. Hier sind Minderung und Rücktritt zu nennen sowie das Geltendmachen von Schadensersatzansprüchen wegen Verletzung einer vertraglichen Hauptleistungspflicht.

Haben die Parteien eines Architekten-/Ingenieurvertrages die Einbeziehung der VOB/B vereinbart, gelten die Abnahmesurrogate des § 12 VOB/B im Fall der Vertragskündigung nicht (BGH BauR 2003, 689). Gegenüber privaten Auftraggebern kann sich der Auftragnehmer auf diese Klauseln des § 12 Abs. 5 VOB/B nicht berufen.

16 Der Auftragnehmer hat einen Anspruch auf die Abnahme seiner Leistung, wenn sie vertragsgerecht erbracht wurde. Er schuldet regelmäßig nicht das nach seinen Plänen und unter seiner Aufsicht zu errichtende Objekt (Bauwerk, Anlage) selbst. Er schuldet vielmehr das „Entstehen lassen" des Objekts (BGHZ 31, 224; BGH IBR 2000, 30; BGH IBR 2010, 463). Der nur mit der Planung und der Herbeiführung der erforderlichen behördlichen Genehmigungen betraute Auftragnehmer hat daher die ihm obliegende Leistung nicht erst erbracht, wenn das nach seinen Plänen zu errichtende Objekt fertig gestellt ist, sondern schon dann, wenn er die Pläne fertig gestellt und das zur Erlangung der behördlichen Genehmigungen Erforderliche in die Wege geleitet hat. Ist in einem solchen Falle etwa die Genehmigung noch nicht erteilt oder wird sie (zu Recht oder zu Unrecht) aus einem Grunde, der seine Ursache nicht in der Leistung des Auftragnehmers hat, verweigert – zum Beispiel wegen zwischenzeitlicher Verhängung einer Veränderungssperre oder infolge falscher Gesetzesanwendung – dann ist die Leistung gleichwohl erbracht und damit diese Voraussetzung für die Fälligkeit des Honorars eingetreten. Grundsätzlich schuldet der Architekt eine dauerhaft genehmigungsfähige Planung einschließlich aller dazu erforderlichen Unterlagen. Etwas anderes kann aber dann gelten, wenn die vollständige Erbringung der geschuldeten Werkleistung des Architekten ausschließlich an fehlenden Mitwirkungshandlungen des Bauherrn scheitert (OLG Saarbrücken IBR 2005, 25 – Knipp). Dies gilt auch dann, wenn die erforderliche Genehmigung wegen eines im Risikobereich des Auftraggebers liegenden Umstands nicht zustande kommt (hier: Bedenken gegen den Bau einer Deponie im Stadtgebiet), obwohl die Planung als solche mangelfrei war (OLG Zweibrücken BauR 2008, 1018 und IBR 2008, 100 – Wolber).

17 Sind dem Auftragnehmer sämtliche Leistungsphasen bis zur Objektüberwachung übertragen worden, fällt die Erbringung der vertragsgemäßen Leistung mit der Fertigstellung des Objekts zusammen. Die Bauaufsicht endet erst, wenn der letzte Bauhandwerker seine Arbeit abgeschlossen hat und deren Werkleistungen abgenommen worden sind, wozu auch das Überwachen der Beseitigung der bei der Abnahme der Bauleistungen festgestellten Mängel, aber auch die Rechnungsprüfung, die Kostenfeststellung und die Kostenkontrolle als Grundleistungen gehören.

Die Leistung des Auftragnehmers geht über die Fertigstellung des Objekts hinaus, wenn er **18** alle Leistungsphasen nach § 33, also einschließlich der Phase 9 (Objektbetreuung und Dokumentation) zu erbringen hat. Insoweit ist seine Leistung mit der Fertigstellung des Objekts noch nicht abgeschlossen, er kann die (Schluss-)Zahlung noch nicht verlangen. Zu den geschuldeten Grundleistungen gehört noch die Objektbegehung zur Feststellung von Ausführungsmängeln vor Ablauf der Verjährungsfristen. Diese Pflicht geht allerdings nicht so weit, dass der Architekt bei dieser Schlussbegehung nach versteckten Mängeln suchen muss (OLG Dresden IBR 2011, 531). Eine Überwachung der Mangelbeseitigung gehört gemäß Anlage 11 zu § 33 HOAI 2013 nicht mehr zu den Grundleistungen, sondern ist Besondere Leistung. (Zur vorhergehenden Fassung der Anlage 11: OLG Köln NJW-RR 1992, 1173; BGH NJW 1994, 1276; OLG Stuttgart BauR 1995, 414; BGH IBR 2009, 285.)

Bei Übertragung aller Leistungsphasen des § 33 einschließlich der Leistungsphase 9, also **19** der Objektbetreuung und Dokumentation, kann dies dazu führen, dass der Honoraranspruch des Auftragnehmers erst lange Zeit nach dem eigentlichen Abschluss seiner Tätigkeit fällig wird. In diesem Fall gehört es noch zu seinen Leistungspflichten, kurz vor Ablauf der Gewährleistungsfristen für die Bauleistungen der ausführenden Unternehmer eine Begehung des Objekts zur Feststellung von Mängeln durchzuführen.

b) Die prüffähige Honorarschlussrechnung

Weitere Fälligkeitsvoraussetzung ist die Überreichung einer prüffähigen Honorarschluss- **20** rechnung. Die Honorarschlussrechnung stellt die abschließende Berechnung des Honorars für die gesamte vertragsgemäße Leistung dar. Es ist nicht erforderlich, dass der Auftragnehmer sie ausdrücklich als „Schlussrechnung" bezeichnet. Es muss sich aber aus ihr zweifelsfrei ergeben, dass er damit sein Honorar endgültig berechnen will. Bei Zweifeln ist auf die hier maßgebliche Sicht aus dem Empfängerhorizont des Auftraggebers abzustellen und zu entscheiden, ob es sich um eine Schlussrechnung oder nur um eine Abschlagsrechnung handelt. Der Vorbehalt von Nachforderungen beseitigt den Charakter als Schlussrechnung nicht (OLG Karlsruhe BauR 1998, 171).

aa) Bindungswirkung der Honorarschlussrechnung

Bezeichnet der Auftragnehmer eine Rechnung als Schlussrechnung oder ergibt sich aus **21** den Umständen, dass er sie als seine abschließende Berechnung seiner gesamten vertragsgemäßen Leistungen verstanden wissen will (vgl. dazu aber OLG Hamm IBR 2006, 274 – Preussner; BGH BauR 2007, 586 = NZBau 2007, 252 sowie IBR 2007, 81 – Schwenker), dann war er nach der bis 1992 ganz herrschenden Rechtsprechung im Regelfalle daran gehindert, weitere Rechnungsposten oder eine höhere Honorarforderung später geltend zu machen. Er habe insoweit mit seiner Rechnung zu erkennen gegeben habe, wie er sein Honorar berechnen und dass er weitere Ansprüche nicht erheben wolle (BGHZ 62, 208, 210/11 = BauR 1974, 213, 214; BGH NJW 1978, 319 = BauR 1978, 64; OLG Düsseldorf MDR 1968, 321; BB 1968, 1262; BauR 1971, 279; 1982, 390, 393; OLG Hamburg MDR 1968, 667). Diese Sichtweise wurde aufgegeben. Mit der Schlussrechnung gibt ist keine Erklärung verbunden, dass auf weitergehende Forderungen verzichtet wird (KG, NZB zurückgewiesen IBR 2014, 218).

Auch für den Geltungsbereich der HOAI hatte der BGH zunächst an seiner Rechtspre- **22** chung zur bindenden Wirkung einer Schlussrechnung festgehalten (BGH BauR 1985, 582, 584 = ZfBR 1985, 222 = NJW-RR 1986, 18; zum Vertrauensschutz OLG Köln IBR 2012, 212), dies dann aber geändert.

In der Folgezeit ist für die Bindung an eine Schlussrechnung auf die Grundsätze von **23** Treu und Glauben abgestellt worden. Eine solche Bindung setzt demnach voraus, dass der Auftraggeber auf die Bindungswirkung der Schlussrechnung vertraut hat, darauf auch vertrauen durfte und sich auf diese Bindungswirkung eingestellt hat (KG/BGH IBR 2014, 218; BGH IBR 2010, 397; OLG Köln IBR 2012, 212).

Eine Bindung an Schlussrechnung ist nicht anzunehmen, wenn der Auftraggeber die **24** Honorarschlussrechnung als nicht prüffähig beanstandet, da er damit zu erkennen gibt, dass er auf die Endgültigkeit dieser Honorarschlussrechnung gerade nicht vertraut hat. Wenn er einerseits die Rechnung als nicht prüffähig beanstandet, andererseits aber darauf vertraut haben will und deshalb den Auftragnehmer daran binden möchte, kann darin eine unzulässige Rechtsausübung liegen (KG IBR 2007, 1270 – Seifert; OLG Frankfurt IBR 2006, 1434 – Knipp; OLG Düsseldorf OLG Rep. 1993, 333 = IBR 1994, 115; KG NJW-RR 1995, 536; OLG Köln NJW-RR 1999, 1109; vgl. dazu aber auch OLG Saarbrücken NZBau 2006, 655 und IBR 2006, 1178 – Knipp).

25   Diese Fälle zeigen, dass es sich bei der Bindung an die Schlussrechnung um einen Grundsatz handelt, der nicht starr angewendet werden darf. Das gilt vor allem dann, wenn seine Berechnung auf einem offenkundigen Irrtum beruht, den der Empfänger der Rechnung erkannt hat oder bei einiger Aufmerksamkeit hätte erkennen können oder wenn der Auftragnehmer seine Rechnung in unverschuldeter Unkenntnis der für die Berechnung maßgebenden Umstände erteilt hat.

26   Ein Auftraggeber, der sich auf die Bindungswirkung der ihm erteilten Honorarschlussrechnung mit Erfolg berufen will, muss im Einzelnen darlegen und beweisen, dass er auf die Endgültigkeit und Richtigkeit – möglicherweise auch ohne detaillierte Prüfung – tatsächlich vertraut hat und auch vertrauen durfte und vor allem sich auf die abschließende Honorarrechnung in einer Weise eingerichtet hat (KG/BGH IBR 2104, 218; OLG Köln IBR 2012, 221; OLG Düsseldorf BauR 2000, 277), dass ihm eine Nachforderung nach Treu und Glauben nicht zugemutet werden kann. Diese Verteilung der Beweislast folgt auch aus grundlegenden Entscheidungen des BGH (BauR 1993, 236 = NJW 1993, 659), in denen es ausdrücklich heißt, „auf Vertrauen wird sich der Auftraggeber im Regelfall insbesondere insoweit nicht berufen können" (also insoweit Darlegungs- und Beweislast beim Auftraggeber) (BGH BauR 1993, 239 = NJW 1993, 660 und BGH BauR 1997, 677 = NJW 1997, 2329).

bb) Prüffähigkeit der Rechnung

27   Die Honorarschlussrechnung muss „prüffähig" sein. Das bedeutet, dass der Auftragnehmer sie so aufstellen und gliedern muss, dass der Auftraggeber in der Lage ist, zu überprüfen, ob sie „sachlich und rechnerisch richtig" ist. Das heißt: Er muss ihr entnehmen können, welche Leistungen im Einzelnen berechnet worden sind und auf welchem Wege und unter Zugrundelegung welcher – gleichfalls überprüfbaren – Parameter die Berechnung vorgenommen worden ist. Hierzu gehört, dass die Leistungen und Vergütungen so weit wie möglich aufgegliedert werden. Ist beispielsweise eine Anzahl von Leistungen in Auftrag gegeben worden, für die das Honorar nach dem Zeitaufwand zu ermitteln ist, dann ist eine Rechnung nicht hinreichend prüffähig, wenn der Zeitaufwand nicht für jede Einzelleistung getrennt angegeben ist, sondern nur eine Gesamt-Stundenzahl genannt wird. Waren dem Auftragnehmer nicht sämtliche Grundleistungen einer Leistungsphase in Auftrag gegeben worden, dann muss der Rechnung zu entnehmen sein, wie hoch der Honoraranteil für die einzelnen Grundleistungen ist und auf welchen Erwägungen diese Aufteilung und anteilige Honorarberechnung beruht. Bei nur teilweiser Erbringung von Grundleistungen, z.B. infolge der Kündigung des Architekten- oder Ingenieurvertrages, genügt es nicht, ohne Begründung statt der vollen Prozentsätze der jeweiligen Leistungsphase nur 80 % bzw. 50 % der Sätze in der Rechnung zu berechnen. Dies sei für den Auftraggeber so nicht prüfbar (OLG Rostock BauR 1993, 762 = NJW-RR 1994, 661). Dies gilt vor allem auch für die Honorarschlussrechnung nach erfolgter Kündigung des Architektenvertrages. Dazu hatte der BGH entschieden, dass eine Honorarrechnung nach Kündigung gemäß § 649 BGB als prüfbar anzusehen ist, wenn sie die ersparten Personalaufwendungen nach Stundensatz und Stundenzahl aufführt. Eine Aufgliederung nach Leistungsphasen sei nicht notwendig (BGH IBR 2000, 28).

28   Wie weit die Aufgliederung einer Honorarschlussrechnung im Einzelnen zu gehen hat, lässt sich nicht allgemein, sondern nur nach den Umständen des Einzelfalles entscheiden. Allgemein lässt sich nur sagen, dass eine Schlussrechnung den Anforderungen nicht genügt, wenn zum Verständnis erforderliche oder die Nachprüfung erst ermöglichende oder auch wesentlich erleichternde Differenzierungen und Erläuterungen unterblieben sind. Daraus folgt, dass es im Einzelfall entscheidend auch auf die unterschiedliche Sachkunde auf Seiten des Auftraggebers ankommen kann. Für den mit dem Baubetrieb und der Bauabrechnung vertrauten Sachbearbeiter eines großen Wohnungsbauunternehmens oder eines öffentlichen Auftraggebers kann eine Honorarschlussrechnung ausreichend verständlich und nachprüfbar sein (so OLG Hamm BauR 2004, 693 = NZBau 2004, 339 und IBR 2004, 434 – Büchner), während sie einem privaten Bauherrn eine Prüfung noch lange nicht ermöglicht. Letzterem kann nicht etwa zugemutet werden, sich zur Nachprüfung der Rechnung der Hilfe eines Fachmanns oder eines Honorar-Sachverständigen zu bedienen. Andererseits braucht die Schlussrechnung aber auch nicht jeder denkbaren individuellen Verständnisschwierigkeit des Auftraggebers Rechnung zu tragen; vielmehr darf der Auftragnehmer bei einem Auftraggeber, der einen Bauentschluss gefasst und einen Bauauftrag erteilt hat, ein normales Maß an Verständnisbereitschaft und -fähigkeit voraussetzen.

Dass die Schlussrechnung, um dem Erfordernis der Prüffähigkeit zu genügen, sachlich **29** und rechnerisch richtig ist, ist nicht zu fordern (so vor allem BGH BauR 1997, 1065 = NJW 1998, 135; BGH BauR 1999, 63 = NJW-RR 1999, 95; BGH BauR 2000, 124 = NJW 2000, 206; BGH BauR 2000, 591 = NJW 2000, 808 und auch OLG Hamm NJW-RR 1990, 522 und OLG Frankfurt BauR 1994, 657 = NJW-RR 1994, 1502 = IBR 1994, 421; OLG Köln BauR 1992, 668). Ermöglicht sie dem Auftraggeber die Nachvollziehung der Berechnung in allen Einzelheiten, so ist seinen Interessen Genüge getan. In diesen Fällen ist er in der Lage, etwaige Fehler nach Grund und Umfang zu erkennen und das von ihm in Wahrheit oder aus seiner Sicht geschuldete Honorar zu ermitteln.

Haben die Vertragspartner für die übertragenen Leistungen oder einen Teil von übertrage- **30** nen Leistungen ein Pauschalhonorar vereinbart und ist diese Pauschalhonorarvereinbarung auch wirksam, so bedarf es zur Herbeiführung der Fälligkeit des Honoraranspruchs zwar auch der Vorlage einer prüffähigen Schlussrechnung; an sie sind jedoch keine besonderen Anforderungen zu stellen. Insoweit genügt eine Rechnung, die das vereinbarte Pauschalhonorar für die in Auftrag gegebenen Leistungen ausweist (OLG Hamm NJW-RR 1999, 1250; OLG Hamm OLG Rep. 1994, 39; OLG Hamm NJW-RR 1993, 1175; OLG Düsseldorf NJW-RR 1993, 1173). Ist aber die Pauschalhonorarvereinbarung wegen Unterschreitung der Mindestsätze unwirksam, so reicht für eine prüfbare Honorarschlussrechnung der Angabe allein des Pauschalhonorars nur dann, wenn der Auftragnehmer sich damit zufrieden geben will. Verlangt er aber wegen der Unwirksamkeit der Honorarvereinbarung ein höheres Honorar, so bedarf es einer detaillierten Aufstellung mit Honorarzone, Gebührensätzen und anrechenbaren Kosten (OLG Düsseldorf BauR 1993, 630 = NJW-RR 1993, 1173).

Die Fälligkeit des Honoraranspruchs setzt stets und zwingend die Erteilung einer prüffä- **31** higen Honorarschlussrechnung voraus, und zwar auch im Falle einer vorzeitigen Beendigung des Architektenvertrages durch Kündigung oder einverständliche Vertragsaufhebung (BGH BauR 1986, 596 = ZfBR 1986, 232). Gerade im Falle einer Kündigung des Architekten- oder Ingenieurvertrages, bedarf es einer für den Auftraggeber prüfbaren Honorarschlussrechnung in besonderem Maße, weil diese Fälle sehr häufig zu anschließenden Rechtsstreitigkeiten führen. Im Falle der Kündigung, sei es durch den Auftraggeber, sei es durch den Auftragnehmer, werden an die Prüfbarkeit der Rechnung hohe Anforderungen gestellt. Der Architekt muss darstellen, welche Teile der beauftragten Leistung er erbracht und aufgrund der Kündigung nicht erbracht hat. Diesen Leistungsteilen muss er das Honorar zuordnen. Die Bewertung der jeweils erbrachten und nicht erbrachten Teile kann z.B. anhand der Steinfort- oder der Siemontabellen erfolgen (OLG Düsseldorf IBR 2013, 693).

Die Anforderungen an die Prüffähigkeit der Honorarschlussrechnung dürfen allerdings **32** auch nicht zu hoch angesetzt werden. So stellt die Rechtsprechung, insbesondere des BGH (BauR 1999, 63 = NJW-RR 1999, 95; BauR 2000, 591 = NZBau 2000, 204; BauR 1999, 1318 = NJW-RR 1999, 1541; BauR 2000, 1216) fest, dass die Anforderungen an die Prüffähigkeit der Honorarschlussrechnung nicht überspannt werden dürfen und vor allem, dass die Prüffähigkeit kein Selbstzweck ist, sondern sich vorrangig aus den Informations- und Kontrollinteressen des Auftraggebers ergibt. In welchem Umfang die Schlussrechnung aufgeschlüsselt werden muss, ist eine Frage des Einzelfalls, die abgesehen von den Besonderheiten der Vertragsgestaltung und Vertragsdurchführung auch von den Kenntnissen und Fähigkeiten des Auftraggebers und seiner Hilfspersonen abhängt (BGH BauR 1999, 63 = NJW-RR 1999, 95). Für die Prüffähigkeit der Schlussrechnung reicht es aus, dass die vom Architekten vorgelegten Unterlagen zusammen mit der Schlussrechnung alle Angaben enthalten, die der Auftraggeber zur Beantwortung der Frage benötigt, ob das geltend gemachte Honorar den vertraglichen Vereinbarungen entsprechend abgerechnet worden ist (BGH BauR 2000, 1216). Die Informations- und Kontrollinteressen des Auftraggebers bestimmen und begrenzen die Anforderungen an die Prüffähigkeit der Rechnung (OLG Hamm BauR 2004, 693 = NZBau 2004, 339).

33   In Einzelfällen kann die vom Architekten geschuldete und für seine prüffähige Honorarschlussrechnung notwendige Kostenermittlung auf unüberwindliche Schwierigkeiten stoßen; beispielsweise dann, wenn der Bauherr einzelne Bauleistungen in eigener Regie vergibt (z. B. an Schwarzarbeiter oder im Wege der Nachbarschaftshilfe) oder selbst ausführt und dem Architekten die Rechnungen nicht zugänglich macht. Ähnlich liegt der Fall bei der Honorarabrechnung der Ingenieure für die Tragwerksplanung oder andere Ingenieurleistungen, wenn die für deren Honorarberechnung zugrunde zu legenden Kostenermittlungen nicht zum geschuldeten Leistungsumfang des Ingenieurs gehören und der Auftraggeber oder sein Architekt bzw. Generalplaner die zugrunde zu legenden anrechenbaren Kosten nicht oder zu niedrig zur Verfügung stellt. In diesen Fällen hat der Architekt oder Ingenieur zwar grundsätzlich einen Auskunftsanspruch gegen den Bauherrn, der auch einklagbar ist (vgl. OLG Köln BauR 1991, 116 ff. mit Anm. Sangenstedt, S. 117 ff.). Auch die Witwe und Erbin eines Architekten kann vom Bauherrn Auskunft über sämtliche Baukosten verlangen, um für die erbrachten Architektenleistungen eine prüffähige Honorarrechnung erstellen zu können (OLG Frankfurt NJW-RR 1994, 405). Andererseits wird man es in diesen Ausnahmefällen aber auch für zulässig halten können, dass der Architekt/Ingenieur seiner Honorarberechnung geschätzte Baukosten zugrunde legt (OLG Düsseldorf IBR 2010, 151). Der Bauherr muss, wenn er diese substantiiert bestreiten will, die tatsächlichen Baukosten mitteilen. Da ihm diese Kosten bekannt sind bzw. er sie von seinen Auftragnehmern erfragen kann, ist er verpflichtet, erstellte Kostenermittlung zur Verfügung zu stellen bzw. die notwendigen Auskünfte zu erteilen (OLG Düsseldorf BauR 1987, 465). Ermittelt also der Statiker die anrechenbaren Kosten auf Grund eigener Schätzung, weil der Bauherr ihm die Kostenermittlung des Architekten nicht vorlegt, und berechnet der Statiker hieraus sein Honorar, so kann dieser Rechnung nicht der Einwand mangelnder Prüffähigkeit entgegengehalten werden (OLG Hamm BauR 1992, 260 = NJW-RR 1991, 1430; so auch KG, Urt. v. 19.9.2005 – 10 U 24/01 – IBR 2007, 1270 – Seifert).

34   Diese Grundsätze müssen auch dann gelten, wenn ein Architekt einem anderen Architekten die Objektüberwachung ohne Übergabe der Kostenfeststellung übertragen hat und dieser als Subunternehmer, besser Subplaner tätige Architekt für seine Honorarberechnung auf diese Kostenfeststellung angewiesen ist (OLG Stuttgart, Urt. v. 30.9.1986 – 12 U 116/86 –).

35   Kann der Architekt die für seine Schlussrechnung erforderlichen anrechenbaren Kosten insgesamt oder teilweise nur schätzen, weil er die Grundlagen für ihre Ermittlung in zumutbarer Weise nicht selbst beschaffen kann, und erteilt ihm der Auftraggeber vertragswidrig die erforderlichen Auskünfte nicht, bzw. stellt er ihm die in seinem Besitz befindlichen Unterlagen nicht zur Verfügung, genügt der Architekt seiner Darlegungslast, wenn er die geschätzten Berechnungsgrundlagen vorträgt. „Unter diesen Voraussetzungen obliegt es dem beklagten Auftraggeber, die geschätzten anrechenbaren Kosten in der Weise zu bestreiten, dass er unter Vorlage der Unterlagen die anrechenbaren Kosten konkret nachweist." (BGH NJW 1995, 399).

36   Ist die Prüffähigkeit der Honorarschlussrechnung im Prozess streitig – das ist die tägliche Praxis der Instanzgerichte –, so kann diese Frage nicht durch Einholung eines Sachverständigengutachtens eines Honorar-Sachverständigen geklärt werden. Es handelt sich vielmehr um eine Rechtsfrage (so zu Recht Portz/Rath, Architektenrecht, Rn. 428; OLG Stuttgart BauR 1999, 514).

cc) Frist für Rüge der fehlenden Prüffähigkeit: (derzeit noch) 2 Monate

37   Nachdem sich in der gerichtlichen Praxis die Probleme mit der Rüge der fehlenden Prüffähigkeit der Honorarrechnungen der Architekten und Ingenieure immer mehr häuften und der BGH zunehmend mit fragwürdigen Klageabweisungen der Instanzgerichte wegen fehlender Prüffähigkeit der Honorarrechnungen befasst wurde, hat er nach einer Lösung dieses Problems gesucht und diese in der VOB/B gefunden. § 16 Nr. 3 Abs. 1 VOB/B sieht vor, dass der Anspruch auf die Schlusszahlung alsbald nach Prüfung und Feststellung der vom Auftragnehmer vorgelegten Schlussrechnung fällig wird, spätestens innerhalb von 2 Monaten nach Zugang. Diese Regelung der VOB/B hat der BGH in seinem Urt. v. 27.11.2003 – VII ZR 288/02 (BauR 2004, 316 = NZBau 2004, 216 = BGHZ 157, 118) für die HOAI aktiviert. Der Auftraggeber ist nach Treu und Glauben mit solchen Einwendungen gegen die Prüffähigkeit der Schlussrechnung ausgeschlossen ist, die er nicht spätestens innerhalb einer Frist von 2 Monaten nach Zugang der Rechnung vorgebracht hat. „Mit diesem Urteil konkretisiert der Bundesgerichtshof erneut die Kooperationspflichten der Vertragspartner und räumt mit prozesstaktischen Maßnahmen von Auftraggebern auf, die Einwendungen gegen die Prüffähigkeit von Honoraransprüchen erstmals im gerichtlichen Verfahren vorbringen" – so Ulbrich IBR 2004, 79. Zugleich hat der BGH in diesem Urteil entschieden, dass der Architekt bei einer nur teilweise prüffähigen Rechnung die Zahlung eines Guthabens verlangen kann, das unter Berücksichtigung eventueller Voraus- und/oder Abschlagszahlungen bereits feststeht. Diese Zahlung des unstreitigen Honoraranteils ist dann aber wohl nur als Abschlagszahlung anzusehen, so dass die Verjährungsfrist erst mit Erteilung einer insgesamt prüffähigen Honorarschlussrechnung zu laufen beginnt (BGH BauR 2004, 384 = NZBau 2004, 216).

Eine Begrenzung der Rügefrist auf zwei Monate ist in der HOAI nicht enthalten. Sie wurde erst eingeführt durch das Urteil des BGH vom 27.11.2003, AZ: VII ZR 288/02, NJW-RR 2004, 445, NZBau 2004, 216, BauR 2004, 316. Ein verspäteter Einwand der fehlenden Prüffähigkeit wurde dort als Verstoß gegen Treu und Glauben angesehen. Macht der Auftraggeber diese Einwendungen nicht in einer angemessenen Frist geltend, gibt er dadurch zu verstehen, dass er „die erteilte Schlussrechnung als geeignete Grundlage für die Abrechnung akzeptiert und nicht mehr in Frage stellt". Als angemessenen Zeitraum hatte der BGH unter Bezugnahme auf die damalige Fassung des § 16 Abs. 3 Nr. 1 VOB/B eine Frist von zwei Monaten nach Zugang der Rechnung angesehen. Durch die aktuelle Fassung des § 16 Abs. 3 Nr. 1 VOB/B wird Frist die Prüfung der Abrechnung einer Werk-lohnforderung aus einem VOB-Vertrag auf 30 Tage verkürzt. Wie schon für die vorhergehenden Fassungen der VOB/B gilt, dass § 16 Abs. 3 Nr. 1 VOB/B keinen unmittelbaren Einfluss auf die Prüfungsfristen der Honorar-Schlussrechnung eines Architekten/Ingenieurs hat. Dennoch ist davon auszugehen, dass auch für solche Rechnungen zukünftig nur noch eine Frist von 30 Tagen zur Verfügung steht um geltend zu machen, dass es an der Prüfbarkeit fehlt. Dies zum einen deshalb, weil die aktuelle Fassung des § 16 Abs. 3 Nr. 1 VOB/B für den „Normalfall" der Schlussrechnung davon ausgeht, dass sie innerhalb von 30 Tagen geprüft werden kann. Auf einen solchen angemessenen Zeitraum hatte der BGH schon in seiner Entscheidung aus dem Jahr 2003 auch für die Honorar-Schlussrechnung abgestellt. Zum anderen entspricht die Regelung des (aktuellen) § 16 Abs. 3 Nr. 1 VOB/B den Fälligkeitsregelungen in den §§ 271a Abs. 3, 286 Abs. 3 BGB. Auch hier wird auf eine Fälligkeit nach 30 Tagen abgestellt. Bliebe es jetzt bei einer Rügefrist von zwei Monaten für die Honorar-Schlussrechnung, wäre zwar nach Ablauf von 30 Tagen deren Fälligkeit eingetreten, innerhalb eines weiteren Monats könnte diese Fälligkeit aber durch eine (begründete) Rüge der fehlenden Prüfbarkeit wieder „aufgehoben" werden. Im Interesse der Rechtssicherheit ist eine solche Unklarheit, wann von einer Fälligkeit auszugehen ist, zu vermeiden. Die Rügefrist für die HOAI-Schlussrechnung wird deshalb zukünftig an der 30-Tage-Frist des BGB zu orientieren sein, wie dies für VOB/B-Schlussrechnungen jetzt auch durch § 16 Abs. 3 Nr. 1 VOB/B der Fall ist.

dd) Überreichung (Zugang) der Rechnung

Die Rechnung muss zur Herbeiführung der Fälligkeit „überreicht" werden. Damit ist **38** nicht die Übergabe der Schlussrechnung durch den Auftragnehmer in die Hand des Auftraggebers, etwa nach Art der Übergabe bestimmter Urkunden im öffentlichen Recht, gemeint. Durch den Ausdruck „überreicht" wird vielmehr nur zum Ausdruck gebracht, dass die Rechnung in einem Schriftstück verkörpert sein muss und dass eine mündliche

Übermittlung nicht ausreicht. Der Zugang erfordert nicht unter allen Umständen, dass der Empfänger die Rechnung entgegennimmt und er davon Kenntnis nimmt. Zugegangen – und damit „überreicht" im Sinne des Absatzes 1 – ist die Schlussrechnung vielmehr bereits dann, wenn sie so in den Machtbereich des Empfängers gelangt ist, dass bei Annahme gewöhnlicher Verhältnisse damit zu rechnen war, dass er von ihr Kenntnis nehmen konnte (BGH NJW 1965, 966). So genügt zum Beispiel der Einwurf in den Hausbriefkasten, das Einlegen in das Schließfach, die Aushändigung an den Pförtner oder an Hausmitbewohner sowie Angestellte. Verhindert der Empfänger grundlos den Zugang, hat er sich so behandeln zu lassen, wie wenn der Zugang erfolgt wäre (vgl. § 162 BGB, in dem ein allgemeiner, letztlich auf § 242 BGB beruhender Grundsatz zum Ausdruck kommt). Kommt es, zum Beispiel für die Verjährungsfrage oder den Zinsbeginn, auf den genauen Zeitpunkt des Zugangs an, dann ist darauf abzustellen, wann der Empfänger unter normalen Umständen von der Schlussrechnung Kenntnis nehmen konnte. So ist etwa die Rechnung bei Einwurf in den Hausbriefkasten kurz vor Mitternacht erst am folgenden Tage zugegangen, da niemand damit rechnen kann, dass der Wohnungsinhaber (das Büropersonal) nachts den Briefkasten leert (hierzu und zu ähnlichen Fällen RG Warn 1921, 131; RGZ 144, 293; BGH LM § 130 BGB Nr. 2; BVerwG NJW 1960, 1587).

39   Die Rechnung muss dem Auftraggeber – nicht notwendig dem Zahlungspflichtigen, falls dieser vom Auftraggeber verschieden ist – zugehen. Das braucht aber nicht der Auftraggeber persönlich zu sein. Es genügt vielmehr, dass die Rechnung einer von ihm bestellten Hilfsperson zugeht, etwa einem Angestellten. Ob eine nicht zum Hausstand gehörende oder im Geschäftsbetrieb des Empfängers tätige Person die Rechnung mit Wirkung gegen den Auftraggeber in Empfang zu nehmen befugt ist, muss der Auftragnehmer selbstständig beurteilen; Fehlleitungen gehen zu seinen Lasten. So hängt es von dem Umfang der Befugnisse und der Vertretungsmacht des Architekten ab, ob der Bauherr die Übersendung der Rechnung des Statikers an den Architekten gegen sich gelten lassen muss. Liefert der zur Entgegennahme der Rechnung nicht befugte Architekt die Rechnung des Statikers dem Bauherrn ab, dann ist der Zugang erst zu diesem Zeitpunkt erfolgt; der Architekt hat dabei die Stellung eines Boten des Statikers. Hat der Auftraggeber durch sein Verhalten den Anschein hervorgerufen, ein Dritter sei von ihm zur Entgegennahme der Rechnung bestellt, dann muss er den Zugang bei diesem gegen sich gelten lassen, auch dann, wenn dieser in Wahrheit nicht von ihm bevollmächtigt war (Anscheins- oder Duldungsvollmacht).

40   Überreicht der Architekt in seinem Honorarprozess eine prüffähige Honorarrechnung erstmals im Berufungsrechtszug, so tritt erst damit die Fälligkeit und auch der Zinsbeginn ein (§ 641 BGB); außerdem können ihm die Kosten des Berufungsverfahrens gemäß § 97 Abs. 2 ZPO auch im Falle des Obsiegens auferlegt werden (OLG Köln BauR 1992, 668 = OLG Rep. 1992, 224).

2. Fälligkeit von Abschlagszahlungen (Absatz 2)

a) Voraussetzungen für die Fälligkeit von Abschlagszahlungen

41   Die Fälligkeit der Abschlagszahlungen für Grundleistungen ist an bestimmte in § 15 Abs. 2 im Einzelnen geregelte Voraussetzungen geknüpft, ohne dass auch noch die besonderen Anforderungen des § 632a BGB erfüllt sein müssen. Sind also die abzurechnenden Leistungen des Auftragnehmers als Grundleistungen von der HOAI erfasst und damit auch § 15 HOAI anwendbar, so kann der Architekt/Ingenieur Abschlagszahlungen auf seinen Honoraranspruch verlangen. Er muss nur die Voraussetzungen des § 15 Abs. 2 erfüllen. Dazu gehört aus Sicht des XII. Zivilsenats auch die Prüffähigkeit der Abschlagsrechnung (BGH IBR 2005, 689). Dem hat sich das OLG Celle angeschlossen (OLG Celle IBR 2009, 399).

aa) Nachgewiesene Grundleistungen

42   Abschlagszahlungen für andere als Grundleistungen können die Parteien frei vereinbaren. Werden sie für Grundleistungen verlangt, können nur für nachgewiesene Leistungen gefordert werden. Das bedeutet zunächst, dass der Auftragnehmer angeben muss, auf welche Leistungen sich die Abschlagszahlung beziehen soll. Der Auftragnehmer ist sodann verpflichtet, nachzuweisen, dass er diese Leistungen auch tatsächlich erbracht hat (vgl. Locher

DAB 1978, 1335, 1336). Auf welche Weise er diesen Nachweis führt, ist ihm überlassen. Er kommt seiner Pflicht normalerweise nach, indem er den Auftraggeber in groben Zügen über den Stand der Leistungen unterrichtet und seine Angaben auf Verlangen belegt, etwa durch Vorlage von Zeichnungen, Berechnungen oder eine Leistungsaufstellung. Abschlagszahlungen für nachgewiesene Leistungen gemäß Absatz 2 kann der Auftragnehmer auch dann schon verlangen, wenn er noch nicht alle Grundleistungen einer Leistungsphase erbracht hat, was vor allem für die Leistungsphasen 5 (Ausführungsplanung) und 8 des § 33 Abs. 2 (Objektüberwachung) bei umfangreichen Baumaßnahmen von besonderer Bedeutung ist. Gegebenenfalls kann für die Bemessung der Höhe der Abschlagzahlung auf die Bewertungstabelle für die einzelnen Grundleistungen des § 33 zurückgegriffen werden. Ebenso wie der Architekt nach der GOA für einen Teil der in § 19 GOA aufgeführten Teilleistungen Abschlagszahlungen fordern konnte, gilt dies auch im Falle der Erbringung nur einzelner Grundleistungen einer Leistungsphase nach § 33 HOAI, ohne dass diese Leistungsphase bereits vollständig abgeschlossen sein muss.

Der Nachweis umfasst auch die Darlegung, dass die Teilleistung vertragsgemäß erbracht **43** worden ist. Erweist sich also, dass die Leistung schon in dem Stadium, in dem sie sich im Augenblick der Forderung der Abschlagzahlung befindet, mangelhaft ist, so wird die Abschlagzahlung für diese mangelhaften Leistungen nicht fällig solange der Auftragnehmer die Mängel nicht im Wege der Nachbesserung behoben hat.

bb) Angemessene zeitliche Abstände

Haben die Parteien keine schriftliche Vereinbarung zu den Zeitpunkten der Abschlags- **44** zahlungen getroffen, können sie in angemessenen zeitlichen Abständen verlangt werden.

Nach § 21 GOA konnten Abschlagszahlungen „nach dem jeweiligen Stande (der) Leistungen" verlangt werden. § 15 Abs. 2 spricht demgegenüber von „angemessenen zeitlichen Abständen". Damit kann keine andere, vom Leistungsstand losgelöste Anforderung verbunden sein. Allein der Leistungsfortschritt bietet einen brauchbaren Anknüpfungspunkt für die Bestimmung des Zeitpunkts der Fälligkeit und der Höhe der zu leistenden Abschlagszahlungen. Verhindert werden soll lediglich, dass bei jedem noch so geringfügigen Leistungsfortschritt der Auftragnehmer eine weitere Abschlagzahlung verlangt. Dagegen soll er das Recht haben, eine solche Zahlung zu fordern, wenn er eine weitere nennenswerte Teilleistung erbracht hat.

Die Abstände zwischen den einzelnen Abschlagszahlungen sollen angemessen sein. Feste **45** Regeln hierfür gibt es nicht. Angemessen erscheint es, dass die Erbringung sämtlicher Grundleistungen einer Leistungsphase eine solche angemessene Teilleistung darstellt, also nach Erbringung der jeweiligen Grundleistungen einer Leistungsphase eine – ggf. weitere – Abschlagzahlung gefordert werden kann.

Der Anspruch des Auftragnehmers auf Abschlagszahlungen endet, wenn der Vertrag ab- **46** schließend abgewickelt worden ist. Gleiches gilt, wenn der Vertrag beendet wurde, sei es durch Kündigung des Vertrages von einen der beiden Vertragspartner, sei es durch eine einverständliche Vertragsaufhebung (so auch OLG Düsseldorf BauR 2002, 117; BGH BauR 1991, 81 = NJW 1991, 565). In allen diesen Fällen ist der Auftragnehmer in der Lage und deshalb auch verpflichtet, seine Honorarschlussrechnung zu erstellen; Abschlagszahlungen kann er nicht mehr fordern (OLG Köln BauR 1973, 324 mit Anm. Hochstein; ebenso für den Bauvertrag: BGH BauR 1985, 456; BGH BauR 1987, 453). Mit Erstellung der Honorarschlussrechnung nach vollständiger Leistungserbringung gehen die Ansprüche auf Abschlagszahlungen unter (OLG Celle BauR 1991, 371), es sei denn, der Auftraggeber hat die Abschlagsforderung anerkannt (OLG Köln NJW-RR 1992, 1438). Einmal angefallene Zinsen werden ihm erhalten bleiben, sofern vor deren Verjährung entsprechende Klage eingereicht wird.

b) Höhe der Abschlagszahlungen

Die Höhe der Abschlagszahlungen ist nicht genauer bestimmt. Sie ergibt sich aber nähe- **47** rungsweise daraus, dass sich die Abschlagzahlung auf nachgewiesene Leistungen beziehen muss. Es darf also nicht mehr gefordert werden, als auf die erbrachten Leistungen entfällt;

andererseits kann weniger verlangt werden, da es dem Auftragnehmer überlassen ist, ob er überhaupt eine Abschlagszahlung fordern will. Anteilige Umsatzsteuer kann gefordert werden, da für den Auftragnehmer die Steuer nicht erst bei endgültiger Bewirkung der Leistung fällig wird, sondern schon bei Vereinnahmung (eines Teils) des Entgelts.

48 Grundsätzlich ist es zulässig, im Vertrag die Höhe der jeweiligen Abschlagszahlung zu vereinbaren. Allerdings weicht eine Klausel in Allgemeinen Geschäftsbedingungen des Auftraggebers, wonach dem Architekten oder Ingenieur Abschlagszahlungen in Höhe von 95 von Hundert des Honorars für die nachgewiesenen Leistungen einschließlich Umsatzsteuer gewährt werden, vom gesetzlichen Leitbild des § 15 Abs. 2 HOAI ab. Die Klausel ist jedenfalls dann wegen unangemessener Benachteiligung des Auftragnehmers unwirksam, wenn sie in einem Vertrag verwendet wird, der die Leistungen aller Leistungsphasen des § 33 Abs. 2 HOAI enthält, eine Teilschlusszahlung lediglich nach Genehmigung der bis zur Leistungsphase 4 erbrachten Leistungen vereinbart ist und die Schlusszahlung für die Leistungsphasen 5 bis 9 erst fällig wird, wenn der Auftragnehmer sämtliche Leistungen aus dem Vertrag erfüllt hat (BGH BauR 2006, 674 = NZBau 2006, 245 und IBR 2006, 212 – Koeble). Jede AGB-Klausel über Abschlagszahlungen wird sich deshalb am Leitbildcharakter des § 15 Abs. 2 messen lassen müssen.

c) Verjährung des Anspruchs auf Abschlagszahlung

49 Der Anspruch auf Abschlagszahlung kann verjähren (OLG Dresden IBR 2008, 216; BGH BauR 1999, 267). Mit der Abschlagsrechnung ist allerdings noch nicht der gesamte Honoraranspruch geltend gemacht worden. Dieser entsteht erst mit dem Erbringen der gesamten geschuldeten Leistung und deren prüffähiger Abrechnung.

50 Der Anspruch auf Abschlagszahlung verjährt gesondert mit der Folge, dass der Auftragnehmer diesen Anspruch nach Eintritt der Verjährung auf entsprechende Einrede nicht mehr durchsetzen kann. Er ist aber nicht gehindert, diesen als Abschlagszahlung geforderten Betrag wieder in seine Honorarschlussrechnung aufzunehmen und ggf. auch dann noch im Rahmen des Gesamthonorars gerichtlich durchzusetzen, ohne dass die Verjährungseinrede entgegengesetzt werden kann (BGH BauR 1999). Abschlagsforderungen verjähren somit selbständig, aber auch verjährte Abschlagsforderungen können von dem Architekten (und Ingenieur) als Rechnungsposten in die Schlussrechnung eingestellt und erfolgreich geltend gemacht werden (BGH a.a.O.). Diese Differenzierung bei der Verjährung ist vor allem auch deshalb gerechtfertigt, weil gemäß § 15 in Abs. 1 und 2 eine klare Trennung zwischen der Fälligkeit des eigentlichen Honoraranspruchs nach Abschluss aller Leistungen und der Forderung von Abschlagszahlungen in gewissen Zeitabständen zu ziehen ist.

51 Im Gegensatz zu Abschlagsrechnungen stellen Teilschlussrechnungen endgültige Abrechnungen dar. Sie verjähren wie Schlussrechnungen selbstständig und endgültig. Mit dem Zugang einer solchen Teilschlussrechnung für erbrachte Teilleistungen – nach deren Teilabnahme gemäß § 641 BGB bei entsprechender Vereinbarung im Vertrag – beginnt der Lauf der Verjährungsfrist für die abgerechneten Leistungsphasen. Folge ist, dass diese Leistungen auch nicht mehr mit der Honorarschlussrechnung geltend gemacht werden können, wenn die Verjährungsfrist abgelaufen ist (OLG Dresden BauR 2004, 553 und IBR 2004, 24 sowie OLG Schleswig IBR 2003, 484).

d) Rückforderung von Abschlagszahlungen

52 Eine nach Vertragsbeendigung erhobene Klage des Auftraggebers gegen den Architekten auf Rückzahlung geleisteter Abschlagszahlungen ist begründet, wenn der Architekt nicht darlegt, dass ihm ein fälliger Honoraranspruch in einer den geleisteten Zahlungen entsprechenden Mindesthöhe zusteht – wozu er auch eine prüffähige Honorarschlussrechnung überreichen muss (BGH BauR 2008, 540 und IBR 2008, 98 – Steiger sowie BGH BauR 2006, 693 = NZBau 2006, 248 = BGHZ 165, 382 und IBR 2006, 211 – Steiger; OLG Düsseldorf BauR 1994, 272 = MDR 1994, 276 = OLG Rep. 1994, 33).

Wurde eine Abschlagszahlung zu hoch oder sogar versehentlich doppelt geleistet, soll der der Rückzahlungsanspruch nicht in Abhängigkeit von diesem Zahlungszeitpunkt verjähren.

Maßgeblich ist vielmehr der Zeitpunkt, zu dem der Auftragnehmer seine Schlussrechnung stellt. Erst damit liegt die Endabrechnung der vertraglichen Zahlungsverpflichtungen vor, so dass auch erst dadurch der Stichtag für die Erstattungsansprüche aus der zu viel geleisteten Abschlagszahlung bestimmt wird (OLG Bremen IBR 2014, 133, nicht rechtskräftig).

3. Fälligkeit der Nebenkosten

a) Fälligkeit ohne Vereinbarung

§ 15 Abs. 3 wird durch § 14 Abs. 3 ergänzt. Danach sind die Nebenkosten auf Einzel- **53** nachweis abzurechnen, wenn bei Auftragserteilung keine schriftliche Vereinbarung zu einer pauschalen Abrechnung getroffen wurde.

Der maßgebliche Zeitpunkt ist somit derjenige der Auftragserteilung. Spätere Vereinbarungen dazu haben keine Wirksamkeit. Soweit dazu in § 14 Abs. 3 die Schriftform gefordert wird, dient das dem Nachweis der Vereinbarung, ist aber nicht Voraussetzung für deren Wirksamkeit (so auch L/K/F § 15 Rdn. 114).

Fraglich ist, ob Nebenkosten erst über die prüffähige Schlussrechnung abgerechnet werden dürfen, oder ob darauf Abschlagszahlungen verlangt werden können. Da die Entstehung der Nebenkosten regelmäßig mit dem Leistungsfortschritt einhergeht, ist kein Grund ersichtlich, weshalb nicht mit den Abschlagszahlungen auch ein angemessener Anteil der Nebenkosten gefordert werden kann.

b) Anderweitige Vereinbarung

Treffen die Parteien bei Auftragserteilung eine Vereinbarung zu den Nebenkosten, sind **54** sie in ihrer Dispositionsfreiheit nicht eingeschränkt. Insbesondere sind Vereinbarungen zulässig, nach denen der Auftragnehmer berechtigt ist, allgemein oder für einzelne Nebenkosten Vorschüsse zu fordern. Dies kann durchaus sachgerecht sein, wenn z.B. durch teure Flugreisen erhebliche Nebenkosten entstehen.

V. Nichteintritt der Fälligkeit in besonderen Fällen

§ 8 a.F./§ 15 n.F. regelte/regelt die Frage der Fälligkeit nicht unter Ausschluss der Be- **55** stimmungen des allgemeinen bürgerlichen Rechts. Umstände, die nach dessen Regeln den Eintritt der Fälligkeit hindern oder hinausschieben, können selbstverständlich auch dem Honoraranspruch als Werklohn- oder Dienstentgeltanspruch des Auftragnehmers entgegengehalten werden, und zwar sowohl dem Anspruch auf Zahlung des Gesamt-(Rest-) Honorars als auch dem Anspruch auf Abschlagszahlungen sowie auf Erstattung der Nebenkosten.

Welche Rechte der Auftraggeber geltend machen kann hängt davon ab, ob eine Ab- **56** nahme bereits durchgeführt wurde oder noch nicht. Vor der Abnahme gelten die Vorschriften des Allgemeinen Teils des BGB, also insbesondere die §§ 280ff. BGB. Nach der Abnahme sind die Regelungen des Besonderen Teils des BGB anzuwenden, damit gelten insbesondere §§ 634ff. BGB. Diese verweisen teilweise wieder auf die Vorschriften des Allgemeinen Teils des BGB. Das Recht auf Ersatzvornahme, damit auch die Möglichkeit einer Klage auf den Vorschuss der zur Mangelbeseitigung erforderlichen Kosten, hat ein Auftraggeber deshalb erst nach der Abnahme, da dies nur im Besonderen Teil des BGB (§§ 643, 337 BGB) geregelt ist

Für den nicht erfüllten Vertrag folgt aus § 320 BGB das Recht, die Gegenleistung zu verweigern. Das ist dann der Fall, wenn die vertragsgemäße Leistung nicht erbracht wurde, also mangelhaft geleistet wurde.

Macht der Auftraggeber gegen die Zahlungsklage des Auftragnehmers ein Zurückbehaltungsrecht geltend, weil er dessen Leistung als mangelhaft ansieht, zur Zahlung aber nur bei vertragsgerechter, also mangelfreier Leistung verpflichtet ist, wird die Klage bei Vorliegen des Mangels und des nicht untergegangenen Mangelbeseitigungsrechts nur zu einer Verurteilung Zug-um-Zug führen. Der Auftraggeber wird zur Zahlung des Werklohns/Honorars Zug-um-Zug gegen Beseitigung der Mängel bzw. des Mangels verurteilt.

VI. Verjährung

57   Wie alle Forderungen, so unterliegen auch der Honoraranspruch und der Anspruch auf Erstattung der Nebenkosten der Verjährung (§ 194 BGB).

1. Dauer der Verjährungsfrist

58   Die regelmäßige Verjährungsfrist beträgt drei Jahre (§ 195 BGB). Sie beginnt am Ende des Jahres, an dem die Fälligkeit des Honorars eingetreten war. Solange die Fälligkeit nicht vorlag, konnte auch keine Verjährungsfrist für das Honorar laufen. Denkbar ist deshalb auch eine Abrechnung noch Jahre nach dem Abschluss der Leistungen. Nur in absoluten Ausnahmefällen wird man eine Verwirkung des Anspruchs auf das Honorar zu prüfen haben, wenn diese Fälligkeit des Honorars noch nicht herbeigeführt wurde. Dies wurde zu Lasten des Architekten entschieden, als er vier Jahre nach Beendigung eines Projektes eine zeitnahe Abrechnung ankündigte, entsprechendes jedoch erst nach 13 Jahren erfolgte (OLG Hamm BGH IBR 2012, 403 NZB zurückgew.).

2. Beginn der Verjährungsfrist

59   Die Verjährungsfrist beginnt grundsätzlich mit der Entstehung des Anspruchs zu laufen (§ 199 Abs. 1 Nr. 1 BGB). Da für den Honoraranspruch und den Anspruch auf Auslagenerstattung bzw. Nebenkosten die kurze Verjährung nach § 195 BGB gilt, beginnt der Lauf der Verjährungsfrist erst mit dem Schluss des Jahres, in dem die Forderung entstanden ist. Mit der Entstehung der Forderung ist nicht der Vertragsabschluss gemeint, der Zeitpunkt also, in dem sich der Auftraggeber zur Zahlung des Honorars verpflichtet (Entstehung des Anspruchs), sondern der Zeitpunkt, zu dem die Forderung erstmals klageweise geltend gemacht werden kann. Voraussetzung des Verjährungsbeginns ist demnach die Fälligkeit des Anspruchs (BGHZ 53, 222, 225; BGH BauR 1971, 206).

Dazu nennt § 15 Abs. 1 HOAI jetzt erstmals auch für Architekten und Ingenieure die Abnahme ihrer Leistung als Fälligkeitsvoraussetzung. Ohne den Nachweis der Abnahme kann deren Rechnung nicht als fällig durchgesetzt werden. Verweigert der Auftraggeber die Abnahme, hat der Auftragnehmer über § 640 Abs. 1 S. 3 BGB die Möglichkeit, ihm eine Frist zur Abnahme zu setzen. Nach Ablauf der Frist tritt die Abnahmewirkung ein, wenn die Leistung zu diesem Zeitpunkt abnahmereif vorlag, also im Wesentlichen mangelfrei erbracht worden ist.

Weitere Voraussetzung für die Fälligkeit und damit für den Verjährungsbeginn ist das Überreichen einer prüffähigen Honorarschlussrechnung (so BGH BauR 2004, 316 = NZBau 2004, 216 = BGHZ 157, 118 und IBR 2004, 80 – Ulbrich; BGH BauR 1986, 596, 598; BGH BauR 1991, 489 f.; BGH BauR 2000, 589 = NJW-RR 2000, 386). Auf die bloße Möglichkeit, eine Honorarschlussrechnung zu erstellen, kommt es nicht an. Dies gilt auch für die Honorarrechnung nach erfolgter Kündigung.

60   Die Verjährung einer auf eine nicht prüffähige Honorarschlussrechnung gestützten Forderung beginnt spätestens, wenn die Prüfungsfrist von 2 Monaten abgelaufen ist, ohne dass der Auftraggeber substantiierte Einwendungen gegen die Prüffähigkeit vorgebracht hat (BGH BauR 2004, 316 ff. = NZBau 2004, 216 = BGHZ 157, 118).

3. Unterbrechung und Hemmung der Verjährung

61   Die Verjährung kann nach den allgemeinen Vorschriften gehemmt werden (§§ 203–213 BGB). Dazu kann auch ein selbständiges Beweisverfahren geeignet sein. Üblicherweise werden durch solche Beweisverfahren die Mangelansprüche vor der Verjährung geschützt. Leitet aber der Auftragnehmer ein solches Beweisverfahren ein, um die Mangelfreiheit seiner Leistungen und damit die – vom Auftraggeber in Abrede gestellte – Fälligkeit seiner Honorarforderung nachzuweisen, hemmt dieses Beweisverfahren die Verjährung des Honoraranspruchs (BGH IBR 2012, 137).

Werden mehrere Mängel zum Gegenstand des Beweisverfahrens gemacht, können sich unterschiedliche Verjährungsabläufe ergeben. Dies dann, wenn der Sachverständige zu einzelnen Mängeln ein jeweils abschließendes Gutachten erstellt und keine weiteren Anhörungen oder Einwendungen dazu erfolgen. Dann ist für diesen Mangel das Beweisverfahren beendet, auch wenn das Verfahren als solches noch wegen der verbliebenen Mängel weiter läuft. Für den abschließend behandelten Mangel läuft nach der Wartefrist des § 204 Abs. 2 BGB die Verjährungsfrist weiter. Sie kann damit früher enden als diejenige der noch im Verfahren verbliebenen Mängel (KG IBR 2014, 388).

VII. Leistungsort und Gerichtsstand

Wo der Auftraggeber seine Honorarschuld zu erfüllen (wo er zu leisten) hat, ergibt sich **62** aus den Vorschriften des bürgerlichen Rechts. Nach § 269 BGB ist – sofern sich nicht aus den Umständen, insbesondere aus der Natur des Schuldverhältnisses, etwas anderes ergibt – der Wohnsitz (die gewerbliche Niederlassung) des Auftraggebers zur Zeit des Vertragsabschlusses Leistungsort. Dabei ist jedoch zu beachten, dass der Auftraggeber nach § 270 BGB Geld – und das Honorar ist mangels anderweiter Vereinbarung in Geld zu entrichten – auf seine Kosten und Gefahr dem Auftragnehmer an dessen Wohnsitz zu übermitteln hat (Zahlungsort). Hat der Auftragnehmer sein Büro an einem anderen Ort, dann ist dieser maßgebend. Der Erfüllungsort ändert sich hierdurch nicht (§ 270 Abs. 4 BGB).

Für die gerichtliche Geltendmachung der Honorarforderung des Architekten/Ingenieurs **63** gelten die §§ 12ff. ZPO. Danach kann der Auftragnehmer seine Forderungen außer beim Gericht des Wohnsitzes (des Sitzes) des Auftraggebers (§§ 13, 17 ZPO) auch beim Gericht des Erfüllungsortes (§ 29 ZPO) geltend machen. Dies wirft die Frage auf, ob als Erfüllungsort im Sinne des § 29 ZPO nicht auch der Ort des Bauwerks angesehen werden kann.

Beim Bauwerkvertrag soll Erfüllungsort für die beiderseitigen Verpflichtungen regelmä- **64** ßig der Ort des Bauwerks sein (BGH BauR 1986, 241 = NJW 1986, 935; OLG Celle IBR 2009, 177). Architekten und Ingenieure können somit ihre Honorarforderung auch am Ort des Bauvorhabens einklagen (BGH BauR 2001, 979 = NJW 2001, 1936 = NZBau 2001, 333). Zweifelhaft ist die Anwendung dieser Rechtsprechung des BGH nur, wenn es nicht zur Bauwerkserrichtung kommt, der Ort des Bauwerks also nicht der Erfüllungsort ist (OLG Hamm IBR 2012, 303; OLG Zweibrücken BauR 1990, 513). In diesen Fällen kann der Ort des Bauwerks also nicht der Erfüllungsort sein (OLG Zweibrücken BauR 1990, 513). Gleiches soll gelten, wenn dem Auftragnehmer die Objektüberwachung nicht mit übertragen worden ist und er nur Planungsaufgaben schuldet (OLG Hamm IBR 2012, 303). In diesen Fällen ist der Ort der Bauwerkserrichtung nicht Erfüllungsort im Sinne des § 29 ZPO, so dass am Wohnsitz des Auftraggebers geklagt werden muss.

Zu beachten ist, dass Gerichtsstandsvereinbarungen in Architekten- und Ingenieurver- **65** trägen, sofern sie von den gesetzlich vorgesehenen Gerichtsständen der §§ 12ff. ZPO abweichen, unwirksam sind – ausgenommen beide Vertragspartner sind Vollkaufleute (vgl. §§ 29 Abs. 2, 38 Abs. 1 ZPO).

VIII. Sicherung des Honoraranspruchs

Für Architekten und Ingenieure stellt sich nicht selten auch die Frage, welche Möglich- **66** keiten es gibt, den Honoraranspruch zu sichern, um später bei seiner Fälligkeit nicht auszufallen.

Gemäß § 648 BGB kann der Unternehmer eines Bauwerks für seine Forderungen aus dem Vertrag die Einräumung einer Sicherungshypothek am Baugrundstück des Bestellers verlangen. Die Eintragung einer Vormerkung zur Sicherung des Anspruchs auf Eintragung einer solchen Bauhandwerkersicherungshypothek im Grundbuch kann im Einzelfall sehr schnell durch einstweilige Verfügung des Gerichts durchgesetzt werden. Dennoch bereitet diese Sicherungsmöglichkeit in der Praxis erhebliche Schwierigkeiten. Ist das Werk noch nicht vollendet, also die geschuldete Planungs- und/oder Überwachungsleistung des Architekten oder Ingenieurs noch nicht vollständig erbracht, so kann er die Einräumung der Sicherungshypothek nur für einen der geleisteten Arbeit entsprechenden Teil des Honorars einschließlich der Auslagen und Nebenkosten verlangen. Dabei hängt die Höhe des zu sichernden Honoraranspruchs im Grundsatz von einer entsprechenden Wertsteigerung des zu beplanenden und zu bebauenden Grundstücks ab (OLG Düsseldorf BauR 1999, 1482 = NJW-RR 2000, 166 = NZBau 2000, 577; OLG Hamm BauR 2000, 1087). Des Weiteren müssen Auftraggeber und Grundstückseigentümer identisch sein – da die Sicherungshypothek an dem Grundstück des Bestellers der Architekten- und Ingenieurleistung zu bestellen ist. In der Praxis ist diese Identität aber keineswegs immer gegeben. Schließlich kann der Besteller die Eintragung einer solchen Hypothek im Grundbuch häufig auch dadurch verhindern, dass er Mängel der Architekten- oder Ingenieurleistung glaubhaft macht, so dass keine oder jedenfalls nur eine geringere Wertsteigerung des Grundstücks festgestellt werden kann. Deshalb hat sich diese Sicherungsmöglichkeit für den Honoraranspruch des Architekten oder Ingenieurs in der Praxis oftmals nicht bewährt.

67   Gemäß § 648a BGB kann der Unternehmer eines Bauwerks, einer Außenanlage oder eines Teils davon – dazu gehört auch der Architekt und Ingenieur (Amtl. Begr. BT-Drucks. 12/1836 vom 13.12.1991, S. 8) – vom Besteller Sicherheit für die von ihm zu erbringenden Vorleistungen verlangen. Die Sicherheit ist in Höhe des gesamten voraussichtlichen Honoraranspruchs zu leisten (so auch BGH BauR 2001, 386 = NZBau 2001, 129), ohne dass es dazu einer entsprechenden Regelung im Vertrag bedarf. Dieser gesetzliche Anspruch auf Sicherheit ist allerdings nicht gegeben, wenn der Auftraggeber eine juristische Person des öffentlichen Rechts bzw. ein öffentlich-rechtliches Sondervermögen ist oder aber eine natürliche Person, die Leistungen zur Herstellung oder Instandsetzung eines Einfamilienhauses mit oder ohne Einliegerwohnung ausführen lässt, es sei denn, es liegt eine Betreuung durch Baubetreuer vor. Des Weiteren ist aber in § 648a Abs. 3 BGB vorgesehen, dass die üblichen Kosten der Sicherheitsleistung, also insbesondere die Avalprovision der Banken bis zu 2% p. a. vom Architekten oder Ingenieur, der die Sicherheit verlangt hat, zu erstatten sind.

68   Dieser Anspruch auf die Sicherheitsleistung kann durch vertragliche Vereinbarung nicht ausgeschlossen oder auch nur abweichend geregelt werden. Insoweit handelt es sich gemäß § 648a Abs. 7 BGB um zwingendes Recht. Deshalb kann und sollte der Architekt und Ingenieur diesen Anspruch auf Sicherheitsleistung jedenfalls spätestens immer dann geltend machen, wenn der Auftraggeber begründete fällige und geforderte Abschlagszahlungen nicht leistet. In einem solchen Fall kann er Sicherheit nicht nur für seine bereits erbrachten (noch nicht bezahlten Leistungen verlangen), sondern auch für alle nach Vertrag zu erbringenden Leistungen nebst eines „Aufschlages" von 10 Prozent – „dazugehöriger Nebenforderungen, die mit 10 von Hundert des zu sichernden Vergütungsanspruchs anzusetzen sind, ..." – verlangen (§ 648a Abs. 1 S. 1 BGB) (BGH BauR 2001, 386 = NJW 2001, 822 = NZBau 2001, 129).

69   Wird die geforderte Sicherheit nach § 648a BGB vom Auftraggeber geleistet, so entfällt damit der Anspruch aus § 648 BGB auf Eintragung einer Bauhandwerker-Sicherungshypothek.

§ 16 Umsatzsteuer

(1) **Der Auftragnehmer hat Anspruch auf Ersatz der gesetzlich geschuldeten Umsatzsteuer für nach dieser Verordnung abrechenbare Leistungen, sofern nicht die Kleinunternehmerregelung nach § 19 des Umsatzsteuergesetzes angewendet wird. Satz 1 gilt auch hinsichtlich der um die nach § 15 des Umsatzsteuergesetzes abziehbare Vorsteuer gekürzten Nebenkosten, die nach § 14 dieser Verordnung weiterberechenbar sind.**

(2) **Auslagen gehören nicht zum Entgelt für die Leistung des Auftragnehmers. Sie sind als durchlaufende Posten im umsatzsteuerrechtlichen Sinn einschließlich einer gegebenenfalls enthaltenen Umsatzsteuer weiter zu berechnen.**

Übersicht

I. Grundsätzliches

§ 16 HOAI 2013 enthält keine inhaltlichen Änderungen gegenüber der vorausgehenden **1** Fassung der HOAI.

II. Entwicklung der Rechtslage

1. Rechtslage zur Zeit der GOA

Zurzeit der Geltung der GOA war der Auftragnehmer nicht berechtigt, neben den **2** Höchstpreisen die von ihm zu entrichtende Umsatzsteuer (Mehrwertsteuer) in Rechnung zu stellen. Die Rechtsprechung sah sich überwiegend auch nach der Einführung des Mehrwertsteuersystems im Jahre 1967 durch den Höchstpreischarakter der GOA-Sätze gehindert, dem Architekten die Mehrwertsteuer neben dem Honorar zuzusprechen, und zwar auch dann, wenn der Architekt zur offenen Ausweisung der Umsatzsteuer berechtigt war (BGHZ 60, 199, 202 = BauR 1973, 198, 199/200; OLG Düsseldorf BauR 1971, 142; OLG Hamm MDR 1972, 51; OLG Nürnberg NJW 1972, 2137; OLG München BauR 1982, 603). Die Berechnung der Umsatzsteuer wurde nur zugelassen, wenn das in Rechnung gestellte Honorar mindestens um den Umsatzsteuerbetrag hinter dem höchstzulässigen Honorar zurückblieb (BGH BauR 1975, 434; BGH MDR 1975, 1013 = BauR 1975, 435; OLG Hamm BauR 1980, 192). Zu Unrecht gezahlte Umsatzsteuer konnte der Auftraggeber nach § 812 BGB zurückfordern (OLG München a.a.O.). Diese Rechtsprechung, der nach dem seinerzeitigen Rechtszustand die Berechtigung nicht abgesprochen werden konnte, lief auf eine Schmälerung der Entgelte der Architekten hinaus, da sie von dem als Brutto-Honorar aufgefassten Entgelt die gegenüber früher erhöhten Steuersätze entrichten mussten, so dass ihr tatsächlich vereinnahmtes Honorar deutlich hinter den Höchstsätzen der GOA, die zugleich als übliche Vergütung im Sinne des § 632 Abs. 2 BGB galten, zurückblieb. Ganz anders war die damalige Rechtslage bei den Honoraren der Ingenieure, die üblicherweise nach der LHO (Leistungs- und Honorarordnung der Ingenieure) berechnet wurden. Die LHO ließ die zusätzliche Berechnung der Mehrwertsteuer ohne weiteres zu, wovon auch regelmäßig seit Einführung des Mehrwertsteuersystems im Jahre 1967 Gebrauch gemacht worden war.

2. Rechtslage seit Inkrafttreten der HOAI am 1.1.1977 bis 31.12.1984

Durch die am 1.1.1977 in Kraft getretene HOAI ergab sich eine neue Rechtslage: **3** Nunmehr bestimmte § 9 a.F., dass die Umsatzsteuer für die Leistung des Auftragnehmers in den nach dieser Verordnung berechneten Honoraren und in den nach § 7 berechneten Nebenkosten nicht enthalten war. Damit war die Möglichkeit für den Auftragnehmer geschaffen, die Mehrwertsteuer dem Auftraggeber zusätzlich in Rechnung zu stellen.

4   Mit dieser Vorschrift des § 9 Satz 1 a. F. wurde zum Ausdruck gebracht, dass der Auftragnehmer preisrechtlich nicht gehindert war, dem Auftraggeber die Umsatzsteuer in Rechnung zu stellen, auch dann nicht, wenn die zulässigen Höchstsätze berechnet wurden. Die Höchstsätze der HOAI waren also im Grundsatz, anders als die der GOA, Netto-Höchstsätze. Ob der Auftragnehmer seine Umsätze nach den allgemeinen Vorschriften des UStG versteuerte oder ob er von den Privilegien nach § 20 Abs. 1 bis 3 UStG Gebrauch machte – wenn er also die Umsatzsteuer nicht offen auswies – war für die Frage, ob er die Umsatzsteuer auf den Auftraggeber abwälzen durfte, ohne Bedeutung. Aus dem Höchstpreischarakter der Honorarsätze der HOAI ergab sich nunmehr kein Hindernis mehr, die Mehrwertsteuer zusätzlich zu berechnen. Wegen der hier berührten rein steuerrechtlichen Fragen wird auf die kommentierende Literatur zum UStG verwiesen.

5   Die HOAI 1977 enthielt sich aber bewusst einer Aussage darüber, ob der Auftraggeber verpflichtet war, die Umsatzsteuer zu tragen. Mit der Zulässigkeit der Berechnung war zunächst nur zum Ausdruck gebracht, dass preisrechtlich keine Bedenken gegen die Überbürdung der Umsatzsteuer auf den Auftraggeber bei gleichzeitiger Berechnung der Honorarhöchstsätze bestand. Ob eine Verpflichtung des Auftraggebers zur Entrichtung der Umsatzsteuer gegeben war, richtete sich dagegen ausschließlich nach den Vereinbarungen, die die Parteien getroffen hatten. Hatten die Parteien ausdrückliche Vereinbarungen darüber getroffen, ob die Mehrwertsteuer in Ansatz zu bringen war, so ergaben sich keine Probleme. Schwieriger war die Frage zu beurteilen, ob der Auftragnehmer die Bezahlung der Umsatzsteuer fordern konnte, wenn keinerlei Absprachen hierüber zustande gekommen waren. Allgemein stand die Rechtsprechung auf dem Standpunkt, dass die Mehrwertsteuer ein Teil des zu zahlenden Preises sei, dass sie, falls sich aus den Umständen nichts anderes ergab, in dem angebotenen und vereinbarten Preis enthalten war und nicht zusätzlich gefordert werden konnte (BGHZ 58, 295; 60, 203). Das galt auch für Werkverträge (OLG Karlsruhe NJW 1972, 451) und war – unter der Herrschaft der GOA – auch für Architektenverträge bejaht worden (OLG Nürnberg NJW 1972, 2137). Es fragte sich, ob für Verträge, die der HOAI unterworfen waren, mit Rücksicht auf die in § 9 a. F. ausdrücklich bejahte Zulässigkeit der Überwälzung der Umsatzsteuer auf den Auftraggeber etwas anderes gelten konnte. Das war zu verneinen. Die Antwort auf diese Frage ergab sich schon daraus, dass die Vorschrift des § 9 a. F. die Frage nach der Verpflichtung des Auftraggebers zur Tragung der Mehrwertsteuer zusätzlich zu dem vereinbarten Honorar weder positiv noch negativ entschieden hatte. Man konnte auch nicht sagen, dass sich infolge der Regelung des § 9 a. F. nunmehr auch ohne ausdrückliche Vereinbarung aus den Umständen etwas anderes ergab. Grund: Auf allen Gebieten, auf denen es keine Höchstpreise gab, war die Abwälzung der Umsatzsteuer auf den Kunden zulässig – nichts anderes besagt aber § 9 a. F. –, ohne dass sich allein aus der Zulässigkeit auf einen Willen der Parteien schließen ließ, von dieser Möglichkeit auch Gebrauch zu machen. Es verblieb deshalb grundsätzlich dabei, dass der Auftraggeber mangels Vereinbarung nicht verpflichtet war, die Umsatzsteuer zu bezahlen.

6   Dieser Auffassung hatte sich auch die Rechtsprechung durchweg angeschlossen (vgl. BGH LM HOAI Nr. 2 = BauR 1982, 293 = ZfBR 1982, 125 = NJW 1982, 1595; BGH BauR 1990, 101 f.; OLG Stuttgart ZfBR 1982, 172; OLG Hamm, Urt. v. 19.3.1981 – 6 U 134/80). Das galt auch dann, wenn – kraft ausdrücklicher Vereinbarung oder über § 4 Abs. 4 a. F. – das Honorar auf die Mindestsätze beschränkt war, so dass auch ohne wirksame Vereinbarung die Mehrwertsteuer nicht aufgeschlagen werden konnte, dem Auftragnehmer also nicht einmal diese Mindestsätze ungeschmälert verblieben (BGH BauR 1982, 293, 294).

7   Etwas anderes galt auch nicht dann, wenn beide Parteien Kaufleute waren. Eine gesetzliche Bestimmung, nach der Kaufleute berechtigt waren, einander die Umsatzsteuer auch dann in Rechnung zu stellen, wenn hierüber keine Vereinbarung getroffen worden ist, gab es nicht. Auch war noch immer zweifelhaft, ob sich insoweit bereits ein Handelsbrauch diesen Inhalts gebildet hatte, was von der Rechtsprechung überwiegend verneint wurde (vgl. BGH WM 1973, 677; OLG Oldenburg NJW 1969, 1486; OLG München Betrieb 1970, 1480; OLG Düsseldorf NJW 1976, 1268; teilweise anders OLG Köln NJW 1971, 894).

8   Die Vereinbarung über die Berechnung der Umsatzsteuer konnte sich auf die Absprache beschränken, dass die anfallende Umsatzsteuer dem vereinbarten Entgelt zuzuschlagen war.

Näherer Bestimmungen darüber, welcher Steuersatz anzuwenden war und von welchen Entgelten die Steuer zu berechnen war, bedurfte es nicht, da sich diese Berechnungsgrundlagen schon aus den gesetzlichen Bestimmungen herleiten ließen.

Die Vereinbarung über die Erstattung der Mehrwertsteuer bedurfte aber stets der Schrift- **9** form und musste bei Auftragserteilung getroffen werden. Dies war allerdings nicht unumstritten. Der BGH (BauR 1982, 293, 294) hatte die Frage zunächst offen gelassen. Das OLG Düsseldorf (BauR 1982, 597, 600) und das LG Waldshut-Tiengen (BauR 1981, 80, 84) hatten sie anders entschieden. Dieser Auffassung schloss sich schließlich auch der BGH an, indem er feststellte, dass die nach § 9 a. F. notwendige Vereinbarung über die Erstattung der Mehrwertsteuer nur wirksam war, wenn sie schriftlich getroffen wurde (BGH BauR 1989, 222 = NJW-RR 1989, 786 und BGH BauR 1990, 101 = ZfBR 1990, 64), nachdem er zuvor schon entschieden hatte, dass dies bereits bei Auftragserteilung geschehen sein musste (BGH BauR 1987, 706 = ZfBR 1987, 284 = NJW-RR 1987, 1374). Damit war endgültig klargestellt, dass der Auftragnehmer die Mehrwertsteuer nur dann zusätzlich zu seinem Honoraranspruch in Rechnung stellen und bezahlt verlangen konnte, wenn er dies mit seinem Vertragspartner schriftlich bei Auftragserteilung vereinbart hatte (BGH BauR 1990, 101 f.). Daran änderte sich selbst dann nichts, wenn ein Auftragnehmer bei seinen Abschlagsrechnungen regelmäßig die Mehrwertsteuer zusätzlich berechnet und der Auftraggeber sie auch zusätzlich bezahlt hatte, eine schriftliche Vereinbarung darüber aber bei Auftragserteilung nicht getroffen worden war (so OLG Düsseldorf BauR 1986, 473).

3. Rechtslage seit Inkrafttreten der 1. ÄndVO zur HOAI am 1.1.1985

Durch die 1. ÄndVO zur HOAI vom 17.7.1984 (BGBl. I, S. 948) wurde § 9 a. F. wegen der **10** aufgetretenen Unzulänglichkeiten insgesamt neu gefasst. Seitdem wird grundsätzlich allen Auftragnehmern einen unmittelbaren Anspruch auf die Mehrwertsteuer eingeräumt. Damit hatte jeder Auftragnehmer seit dem 1.1.1985 für die von der HOAI erfassten Leistungen der Architekten und Ingenieure auch ohne ausdrückliche Vereinbarung Anspruch auf die zusätzliche Erstattung der jeweils gültigen Umsatzsteuer auf Honorare und Nebenkosten, sofern diese Umsatzsteuer auch von ihm erhoben wurde. Es bestand also kein Erstattungsanspruch, wenn die Mehrwertsteuer beim Auftragnehmer nicht erhoben wurde (§ 19 Abs. 1 UStG).

III. HOAI 2013: Ersatz der gesetzlich geschuldeten Umsatzsteuer

§ 16 HOAI stellt auf die „gesetzlich geschuldete" Umsatzsteuer ab. Das ist nur als Klarstel- **11** lung anzusehen für diejenigen Fälle, bei denen sich im Lauf der Leistungserbringung der Umsatzsteuersatz ändert. Haben die Parteien in solchen Fällen im Vertrag den alten Steuersatz eingetragen, wird der Auftragnehmer bei einer Steuererhöhung dennoch den höheren Steueranteil durchreichen können. Bei der Leistungserbringung über einen Zeitraum mit Steuererhöhungen ist für den gesamten Rechnungsbetrag der höhere Steuersatz anzusetzen. In solchen Fällen könnte eine Erhöhung des Abrechnungsbetrages allenfalls dann vermieden werden, wenn vor dem Zeitpunkt der Steuererhöhung abgeschlossene Teilleistungen durch gesonderte Schlussrechnung abgerechnet werden. Eine willkürliche Aufteilung und Abrechnung in einen Leistungsteil, der vor der Erhöhung erbracht, aber nicht in sich abgeschlossen ist und einen weiteren Abrechnungsteil nach der Steuererhöhung ist unzulässig.

Damit der Auftraggeber die gezahlte Umsatzsteuer als Vorsteuer verrechnen kann, muss **12** die Rechnung den Anforderungen des § 14 Abs. 4 UStG genügen. Dazu gehören neben dem gesonderten Ausweis der Umsatzsteuer unter anderem auch die Angaben zum Leistungszeitraum Rechnungsnummer, vollständige Angaben zum Leistungserbringer und -empfänger sowie die Steuernummer oder USt-ID.

Im Fall der – von ihm nicht zu vertretenden – Vertragskündigung vor vollständiger Leis- **13** tungserbringung steht dem Auftragnehmer das Vertragshonorar abzüglich ersparter Aufwendungen zu, sofern kein Ersatzerwerb in Betracht kommt (§ 649 BGB, § 8 Abs. 1 Nr. 2 VOB/B). Diesem Teil des Honorars liegt keine umsatzsteuerpflichtige Leistung zugrunde. Die so abgerechnete Leistung ist deshalb ohne Umsatzsteuer in die Rechnung aufzunehmen. Die Umsatzsteuer entfällt nur auf denjenigen Rechnungsteil, dem eine erbrachte, damit umsatzsteuerpflichtige Leistung zugrunde liegt (BGH NJW 2008, 1522).

IV. Anrechenbare Kosten

14   Die auf die Objektkosten entfallende Umsatzsteuer ist nicht Bestandteil der anrechenbaren Kosten. Daraus folgt, dass sich das Honorar des Auftragnehmers immer nur nach den Netto-Baukosten berechnet, die Umsatzsteuer also stets zuvor herausgerechnet werden muss, bevor das Honorar auf der Grundlage der anrechenbaren Kosten errechnet wird. Da aber die Kostenermittlungen nach der DIN 276 die Umsatzsteuer mitenthalten müssen, ist den Auftragnehmern zu empfehlen, die Umsatzsteuer jeweils gesondert hinzuzusetzen, um sie für die Feststellung der anrechenbaren Kosten als Grundlage der Honorarberechnung leichter wieder herausrechnen zu können. Festzuhalten ist aber: Die Prüffähigkeit einer Architektenschlussrechnung kann nicht deshalb verneint werden, weil aus ihr nicht hervorgeht, ob der Architekt bei Ermittlung der anrechenbaren Kosten die Umsatzsteuer gemäß herausgerechnet hat (BGH BauR 2000, 591 = NJW 2000, 808 = NZBau 2000, 204).

15   Der Grundsatz, dass die Mehrwertsteuer bei der Ermittlung der anrechenbaren Kosten als Grundlage der Honorarberechnung außer Ansatz bleiben soll, beruht auf dem zutreffenden Gedanken, dass es sich bei diesem Kostenelement um solche handelt, welche nicht auf die Leistung des Auftragnehmers bezogen werden können, daher auch auf sein Honorar keinen Einfluss haben sollen. In diesem Punkt weicht die HOAI von der früheren GOA ab, bei der die Umsatzsteuer zu den honorarfähigen Kosten gehörte.

V. Nebenkosten

16   § 16 Abs. 1 Satz 2 stellt klar, dass der Auftragnehmer aus seinen Nebenkosten denjenigen Umsatzsteueranteil herauszieht, den er als Vorsteuer geltend macht. Auf den so errechneten Betrag stellt er in seiner Abrechnung gegenüber seinem Auftraggeber die Umsatzsteuer in Rechnung.

VI. Auslagen

17   § 16 Abs. 2 setzt die Regelung des § 1 UStG um, nach der nur steuerpflichtige Leistungen mit Umsatzsteuer belegt werden. Auslagen sind keine Leistungen in diesem Sinn, so dass darauf keine Umsatzsteuer zu berechnen ist.

VII. Kleinunternehmerregelung

18   Die Kleinunternehmerregelung des § 19 UStG besagt in der bei Abfassen dieses Textes geltenden Fassung, dass keine Umsatzsteuer erhoben wird von Unternehmern, deren Umsatz zuzüglich der darauf entfallenden Steuer im Vorjahr nicht über 17 500,00 € lag und im laufenden Jahr voraussichtlich nicht über 50 000,00 € liegen wird. Da diese Kleinunternehmen auf Antrag von der Umsatzsteuer befreit werden, darf diese dann auch nicht in der Rechnung ausgewiesen werden.

VIII. Keine Verlagerung der Umsatzsteuer auf den Leistungsempfänger

19   Steuerrechtlich betrachtet erbringt ein Architekt/Ingenieur keine Bauleistungen. Deshalb ist auch das Schreiben des BMF vom 8.5.2014 zur Steuerschuld bei Bauleistungen auf das Architektenhonorar nicht anwendbar. Die in diesem Schreiben vorgesehene Verlagerung der Steuerschuld auf den Leistungsempfänger greift für Architekten und Ingenieure somit nicht. Die Verlagerung der Umsatzsteuer auf den Leistungsempfänger von Bauleistungen greift dann, wenn ein inländischer Unternehmer ein Bauleistung an einen anderen Unternehmer erbringt, der diese selbst für eine Bauleistung verwendet (§ 13b UStG).

Teil 2. Flächenplanung

Abschnitt 1. Bauleitplanung

Vorbemerkung

Übersicht

I. Die Entwicklung der Regelung der Honorare für städtebauliche Leistungen

Die GOA enthielt in ihren §§ 34 bis 30 Vorschriften über die Honorierung städtebauli- **1** cher Arbeiten. Als solche bezeichnete sie Wirtschaftspläne, Gesamtsiedlungspläne und Teilbebauungspläne. In die Vorschriften zum Bauplanungsrecht wurden diese Begriffe nicht aufgenommen. Seit dem Erlass des BBauG (23. Juni 1960) waren die Honorarvorschriften der GOA für städtebauliche Leistungen überholt. Einige Entwürfe, die der geänderten Gesetzeslage Rechnung zu tragen versuchten, haben keine Rechtsverbindlichkeit erlangt (vgl. im Einzelnen Hesse BauR 1975, 170, 175). Die Verordnung zur Änderung der VO PR Nr. 66/50 vom 23. Juli 1974 (BAnz Nr. 134 vom 24. Juli 1974 S. 1) ersetzte die bisherigen Vorschriften. Als städtebauliche Leistungen wurden „Planung und sonstige Leistungen für städtebauliche Maßnahmen" bezeichnet (§ 24 GOA n. F.). Über die Honorierung dieser Leistungen sagte § 25 GOA n. F. lediglich, dass sie sich nach Art und Umfang der Aufgabe sowie an der Leistung des Architekten auszurichten habe. Die Arbeitsgemeinschaft der Bauminister der Länder (ARGEBAU) stellte daraufhin ein Merkblatt für die Berechnung von Honoraren für städtebauliche Fachleistungen auf, das sich auf Leistungen bei Flächennutzungsplänen, Bebauungsplänen und städtebaulichen Einzelaufgaben sowie auf eine Anzahl von Sonderleistungen bezog. Diese ins einzelne gehende Honorarregelung hatte keine Rechtsverbindlichkeit für das Rechtsverhältnis zwischen den Vertragsschließenden. Bedeutung erlangte es als das Vorbild der maßgebenden Regelung des ehemaligen Teils V der HOAI.

Durch die 6. Novelle der HOAI wurden die Regelungen des Honorars für die Flächen- **2** planung im Anschluss an die Allgemeinen Vorschriften in den Teil 2 aufgenommen worden. Die HOAI 2013 hat diesen Aufbau beibehalten, enthält aber weitgehende inhaltlich Änderungen. Die bisher bei den Flächennutzungsplänen zugrunde zu legenden Verrechnungseinheiten sind entfallen. Satt dessen werden auch hier Flächen angesetzt. Dadurch soll die Honorarberechnung für die Leistungen in der Flächenplanung besser zu vergleichen sein, so die Begründung für diese Umstellung (BT-Drs. 334/13, S. 151). Statt bisher jeweils fünf, gibt es für den Flächennutzungsplan und den Bebauungsplan jetzt nur noch jeweils drei Leistungsphasen. Ebenso wurden die Honorarzonen von bisher fünf auf jeweils drei reduziert. Die Grundleistungen der einzelnen Leistungsphasen wurden teilweise neu strukturiert, die prozentuale Bewertung verändert.

Die Honorartafel ist deutlich angehoben worden, der Höchstsatz für Flächennutzungs- **3** pläne liegt jetzt bei € 394 213,00 in der HZ III (für die Fläche von 15 000 ha), bisher lag er in der HZ V bei € 88 058,00 (3 000 000 VE). Die Honorartafel für Bebauungspläne endet jetzt bei € 459 282,00, statt bisher bei € 395 877,00.

Die bisher im Allgemeinen Teil (§ 12 HOAI a. F.) enthaltene Regelung zum Honorar **4** für Planausschnitte ist in § 20 Abs. 6 aufgenommen worden. Für die Beauftragung des Entwurfs eines Bebauungsplanes zur öffentlichen Auslegung als Einzelleistung enthält jetzt

§ 9 Abs. 2 S. 1 die Möglichkeit, die für diese Leistungsphase vorgesehenen 30% um die 60 Prozent der LP 1 zu erhöhen. Dazu wird eine schriftliche Vereinbarung von den Parteien gefordert.

5   Das Honorar für Besonderen Leistungen kann zwischen den Parteien frei vereinbart werden (§ 3 Abs. 3 HOAI). Von der HOAI soll nur noch das Honorar für die planerische Tätigkeit des Architekten erfasst sein. Zur freien Vereinbarkeit der Honorare für Leistungen beim Städtebaulichen Entwurf wurde die Klarstellung in § 17 Absatz 2 aufgenommen. Die Leistungen beim Städtebaulichen Entwurf werden als Besondere Leistungen in der Anlage 9 aufgelistet. Dort ist auch die Teilnahme an Sitzungen von politischen Gremien oder an Sitzungen im Rahmen der Öffentlichkeitsbeteiligung als Besondere Leistungen aufgeführt.

II. Grundzüge des Honorars für städtebauliche Leistungen

1. Vertragsschluss

6   Die Bauleitplanung ist hoheitliche Aufgabe. Sie wird von den Gemeinden im Rahmen ihrer Selbstverwaltung ausgeführt. Der Architekt ist damit Beteiligter an einem öffentlich-rechtlichen Geschehen. Dennoch ist das zwischen ihm und der Gemeinde begründete Vertragsverhältnis zivilrechtlicher Natur.

7   Trotz dieser rein privatrechtlichen Vertragsgestaltung wirken die öffentlich-rechtlichen Formvorschriften auf das Vertragsverhältnis ein. Die Gemeindeordnungen sehen vor, dass Verpflichtungsverträge zur Wirksamkeit der Unterzeichnung durch das nach außen vertretungsberechtigte Organ bedürfen. Fehlt es daran, sind Verträge in der Regel unwirksam (BGH, Urteil v. 13.10.1983, III ZR 158/82, NJW 1984, 606; OLG Frankfurt, Urteil v. 20.12.1988, 22 U 35/88, NJW-RR 1989, 1425). Eine Berufung auf diese Formvorschriften soll aber dann ausgeschlossen sein, wenn das nach der Gemeindeordnung zuständige Organ den Vertragsschluss gebilligt hat (BGH, Urteil v. 20.1.1994, VII ZR 174/92, BauR 1994, 363; OLG Düsseldorf IBR 2000, 610). Nach Ansicht des OLG Stuttgart (Urteil v. 15.2.2000, 10 U 118/99, BauR 2001, 288) ist aber noch keine wirksame Beauftragung anzunehmen, wenn der Gemeinderat nach Ruhen des Projekts dessen Fortführung beschließt. Erforderlich sei die Schriftform der Beauftragung und die Unterzeichnung des Auftrags durch den Landrat.

8   Wettbewerbsrechtliche Fragen spielen im Vertragsverhältnis zwischen Gemeinde und Architekt ebenfalls eine Rolle. Dies im Hinblick auf das Verbot der Unterschreitung des Mindestsätze der HOAI. So sind Anfragen von Gemeinden unzulässig, die so formuliert sind, dass sie zu einer wettbewerbswidrigen Unterschreitung der Mindestsätze führen können. Solche Honoraranfragen müssen sich an den Honorarvorgaben der HOAI orientieren, da sie andernfalls zu einer wettbewerbswidrigen Honorarunterschreitung auffordern (LG Offenburg, Urteil v. 28.5.2003, IBR 2003, 610). In einem solchen Fall kann die Architekten- bzw. Ingenieurkammer von der Gemeinde Unterlassung verlangen (BGH, Urteil v. 2.5.1991, 1 ZR 227/89, BauR 1991, 638; so auch OLG Celle, Urteil v. 23.11.1994, 13 U 65/94, BauR 1995, 266; OLG Düsseldorf, Urteil v. 25.4.2000, 20 U 113/99, BauR 2001, 274). Die Architektenkammer kann nach einem Urteil des OLG München vom 26.10. 1995 (239 U 2759/95, BauR 1996, 283) schon dann Unterlassung von der Gemeinde verlangen, wenn diese ein Angebot für Leistungen anfordert, für die Mindesthonorarsätze vorgeschrieben sind, ohne dass die anrechenbaren Kosten angegeben werden.

2. Vertragsparteien

9   Auftraggeber sind die Gemeinden in ihrer Eigenschaft als Träger der Planungshoheit, gegebenenfalls die nach den § 205 BauGB an ihre Stelle tretenden Hoheitsträger. Tätigkeiten des Architekten für die Genehmigungsbehörde, z.B. bei einer gutachterlichen Überprüfung des Plans, sind von Teil 2 nicht erfasst. Danach wirkt der Architekt bei denjenigen Leistungen mit, die die Gemeinde beim Erstellen des Bauleitplans zu erbringen hat.

Auftraggeber eines Vertragsverhältnisses, auf das die §§ 17 ff. HOAI anwendbar sind, **10** kann auch der Architekt sein. Das ist der Fall, wenn sich der Architekt mit Zustimmung seines Auftraggebers für die Ausführung bestimmter Teilleistungen eines – nicht bei ihm angestellten, sondern gleichfalls freiberuflich tätigen – Helfers bedient. Die Anwendbarkeit der HOAI in diesen Fällen folgt daraus, dass die Bestimmungen über die Honorierung städtebaulicher Leistungen nicht auf bestimmte Arten von Vertragsverhältnissen beschränkt sind. Die HOAI geht von einer leistungsbezogenen, nicht berufsbezogenen Abrechnung aus. Deshalb ist sie auch anwendbar, wenn die Leistungen nicht von einem Architekten erbracht wurden.

3. Schema der Honorarberechnung

Die Bauleitplanung wird unterteilt in die vorbereitende Bauleitplanung (Flächennut- **11** zungsplan) und die verbindliche Bauleitplanung (Bebauungsplan). Für beide Arten der Bauleitplanung stellt das BauGB in seinen §§ 1 bis 4 gemeinsame Grundsätze auf, die als Leitlinien auch für die planende Tätigkeit des Auftragnehmers auf diesem Gebiet zu gelten haben.

Auch bei Flächennutzungsplänen erfolgt die Honorarberechnung jetzt, wie schon vorher **12** bei Bebauungsplänen, auf der Grundlage von Flächen (ha). Für die maßgebliche Fläche lassen sich die Von-Bis-Sätze auf der Grundlage der Honorarzone aus der Honorartafel des §§ 20 (Flächennutzungspläne) bzw. 21 (Bebauungspläne) ablesen. Abschließend erfolgt die Bewertung nach den Vomhundertsätzen der Leistungsphasen des § 18 (Flächennutzungspläne) bzw. § 19 (Bebauungspläne).

Maßgeblich ist die Fläche des Plangebietes (§ 19 Abs. 2 für den Flächennutzungsplan, § 21 Abs. 2 für den Bebauungsplan). Die Honorarzone ist anhand er Kriterien des § 20 Abs. 3 (Flächennutzungsplan) bzw. 21 Abs. 3 (Bebauungsplan) und des Punktesystems (§ 20 Abs. 4 und Abs. 5, § 21 Abs. 4) zu ermitteln.

§ 17 Anwendungsbereich

(1) **Leistungen der Bauleitplanung umfassen die Vorbereitung der Aufstellung von Flächennutzungs- und Bebauungsplänen im Sinne des § 1 Absatz 2 des Baugesetzbuches in der Fassung des Bekanntmachung vom 23. September 2004 (BGBl. I S. 2414), das zuletzt durch Artikel 1 des Gesetzes vom 22. Juli 2011 (BGBl. I S. 1509) geändert worden ist, die erforderlichen Ausarbeitungen und Planfassungen sowie die Mitwirkung beim Verfahren.**

(2) **Honorare für Leistungen beim städtebaulichen Entwurf können als Besondere Leistung frei vereinbart werden.**

Übersicht

I. Leistungen im Rahmen der Bauleitplanung

§ 17 regelt den sachlichen Anwendungsbereich des Abschnitts 1 der HOAI und nennt **1** die vom Auftragnehmer zu erbringenden Leistungen. Zu diesen Leistungen gehören die Vorbereitung der Aufstellung, das Ausarbeiten der Bauleitpläne und der Planfassungen sowie das Mitwirken beim Verfahren. Die einzelnen Grundleistungen werden in den §§ 18 und 19 aufgelistet.

Durch den Verweis in § 17 Abs. 2 auf § 1 Abs. 2 BauGB werden Flächennutzungspläne und Bebauungspläne erfasst. Ziel der Bauleitplanung ist die geordnete städtebauliche Entwicklung. Dabei spielt die Sicherung der Umwelt und eine sozial gerechte Bodennutzung eine entscheidende Rolle. Um diesen Zielen gerecht zu werden, steht die Bürgerbeteiligung und die Abwägung im Zentrum der Bauleitplanung. Der Architekt trägt dazu durch die Bestandsaufnahme und Analyse, sowie durch die Prognose der voraussichtlichen Entwicklung bei. Nach einer Gewichtung der so ermittelten Daten erfolgt der Vorentwurf. Dieser ist die Grundlage der vorgezogenen Bürgerbeteiligung, an der der Architekt beteiligt ist. Unter Berücksichtigung der dabei vorgebrachten Anregungen ist der Entwurf mit Begründung zu fertigen. Dieser wird dann durch Beschluss des Gemeinderats zur Satzung.

2   Aus § 17 Abs. 2 folgt, dass die §§ 18 bis 21 nicht für andere Tätigkeiten im Zusammenhang mit städtebaulichen Planungen anwendbar sind.

1. Flächennutzungspläne

3   Flächennutzungspläne betreffen die vorbereitende Bauleitplanung. Der Flächennutzungsplan umfasst das gesamte Gemeindegebiet, auch Teilflächennutzungspläne können nach § 5 Abs. 2b BauGB aufgestellt werden. Ein Flächennutzungsplan hat die sich aus der beabsichtigten städtebaulichen Entwicklung ergebende Art der Bodennutzung (Wohngebiete, landwirtschaftliche, gewerbliche Nutzung) nach den voraussehbaren Bedürfnissen der Gemeinde in den Grundzügen darzustellen (§ 5 Abs. 1 Satz 1 BauGB). Der Flächennutzungsplan ist also im Wesentlichen auf die künftige Entwicklung gerichtet, er ist ein Entwicklungsplan.

4   Durch den Flächennutzungsplan werden die geplanten unterschiedlichen Nutzungsarten der einzelnen Flächen dargestellt. Dazu gehören die Flächen für Dienstleistungen des öffentlichen und privaten Bereiches. Ebenso Flächen für den überörtlichen Verkehr und die örtlichen Hauptverkehrswege; Flächen für Versorgungsanlagen, Abfallentsorgung und Abwasserbeseitigung, Ablagerungen sowie für Hauptversorgungs- und Hauptwasserleitungen. Darzustellen sind auch Grünflächen; Flächen, die dem Immissionsschutz dienen; Wasserflächen und wasserwirtschaftlich zu nutzende Flächen; Flächen, die Oberflächenveränderungen unterliegen; Flächen für Landwirtschaft und Wald sowie Flächen zum Schutz, zur Pflege und Entwicklung von Natur und Landschaft.

5   Unmittelbare rechtliche Auswirkungen auf die Bodennutzung hat der Flächennutzungsplan für die Bürger des Gemeindegebietes wegen seines die Bauleitplanung nur vorbereitenden Charakters nicht. Dennoch bindet er die Gemeinde, da der Bebauungsplan den Festsetzungen des Flächennutzungsplans nicht widersprechen darf.

6   Unverzichtbarer Bestandteil jeder Flächennutzungsplanung ist die Begründung (§ 5 Abs. 5 BauGB).

7   Bevor der Flächennutzungsplan wirksam wird, ist die Genehmigung der höheren Verwaltungsbehörde erforderlich (§ 6 BauGB). Auch an diesem Verfahrensteil können freiberufliche Architekten beteiligt sein. So ist es beispielsweise nicht ausgeschlossen, dass sich die Höhere Verwaltungsbehörde bei der Klärung der Genehmigungsfähigkeit einer speziellen Einzelheit des Flächennutzungsplans (etwa bergbaulicher Art) der Unterstützung eines Experten bedienen muss. Ebenso ist es denkbar, dass andere Beteiligte die Anpassung ihrer Planung an die Flächennutzungsplanung der Gemeinde durch sachkundige private Planer vorbereiten lassen. Leistungen dieser Art werden von den §§ 17 bis 21 in aller Regel nicht erfasst. Die Begründung hierfür ergibt sich aus § 17 Abs. 1. Danach umfassen städtebauliche Leistungen die Vorbereitung und die Erstellung von Flächennutzungsplänen sowie die Mitwirkung beim Verfahren. Mit der Erstellung ist nur die planende Gemeinde befasst. Dazu gehört nicht die Überprüfung des Entwurfs. Diese setzt eine Erstellung des Entwurfs bereits voraus. Nicht erfasst ist somit eine gutachterliche Tätigkeit im Rahmen der Überprüfung der von der Gemeinde beschlossenen Leitplanung durch die Genehmigungsbehörde. Diese Auffassung findet ihre Bestätigung in dem Leistungsbild des § 18. Damit ist jedoch nicht ausgeschlossen, dass Leistungen, die ein Auftragnehmer für die Genehmigungsbehörde erbringt, etwa als Gutachten honoriert werden können.

2. Bebauungspläne

Der Bebauungsplan nach den §§ 8 bis 13a BauGB stellt die endgültige (verbindliche) **8** Bauleitplanung dar. Er kann sich auf einen Teil des Gemeindegebiets beschränken (§ 9 Abs. 7 BauGB). Im Gegensatz zum Flächennutzungsplan trifft der Bebauungsplan für den betroffenen Grundstückseigentümer rechtsverbindliche Festsetzungen. Wird dem Eigentümer durch den Bebauungsplan eine bisher zulässige Nutzung entzogen, kann darin ein enteignender Eingriff liegen, der den Begünstigten zur Entschädigung nach den §§ 39 bis 44 BauGB verpflichtet.

Die Gemeinde erlässt den Bebauungsplan als Satzung (§ 10 BauGB). An den bis dahin **9** erforderlichen Schritten kann der Architekt im Rahmen seines Auftrages beteiligt werden. Seine Tätigkeit ist aber stets privatrechtlicher Natur. Er übt keine hoheitlichen Befugnisse aus. Nach Abschnitt 1 der HOAI sind somit seine Leistungen abzurechnen, die er bei der Ausarbeitung der Planung erbringt.

Ein qualifizierter Bebauungsplan (§ 30 BauGB) enthält Festsetzungen zu den überbauba- **10** ren Flächen, den Verkehrsflächen, zur Art und zum Maß der baulichen Nutzung. Welche Festsetzungen dazu im Einzelnen zulässig sind, bestimmt § 9 BauGB.

Der Bebauungsplan soll als Regelfall aus dem Flächennutzungsplan entwickelt werden **11** (§ 8 Abs. 2 BauGB). Von diesem Entwicklungsgebot kann abgesehen werden, wenn ein Bebauungsplan ausreicht, um die städtebauliche Entwicklung zu ordnen. Abweichend davon kann der Bebauungsplan auch gleichzeitig mit der Aufstellung, Änderung, Aufhebung oder Ergänzung eines Flächennutzungsplans erstellt werden. Dieses Parallelverfahren nach § 8 Abs. 3 BauGB lässt es zu, dass der Bebauungsplan vor dem Flächennutzungsplan bekannt gemacht wird. Voraussetzung dafür ist es, dass nach dem Stand der Planungen anzunehmen ist, dass der Bebauungsplan aus den zukünftigen Darstellungen des Flächennutzungsplans entwickelt sein wird. Ein vorzeitiger Bebauungsplan ist bei dringenden Gründen zulässig, § 8 Abs. 4 BauGB.

In die Planung fließt das Ergebnis der frühzeitigen Bürgerbeteiligung ein (§ 3 Abs. 1 **12** BauGB). Dabei werden die Bürger über die allgemeinen Ziele der Planung informiert. Sie erhalten Gelegenheit zur Äußerung. Die so vorgebrachten Anregungen fließen in den Entwurf ein. Die Grundleistungen für den Vorentwurf für die frühzeitige Beteiligung sind in der Leistungsphase 1 des § 19 HOAI aufgelistet.

Im Rahmen der formellen Bürgerbeteiligung (§ 3 Abs. 2 BauGB) ist der Entwurf mit der Begründung auszulegen. Die Grundleistungen nennt § 19. Abs. 1 in der Leistungsphase 2.

Vorhaben- und Erschließungspläne wurden durch das BauROG 1998 in das BauGB, **13** § 12, dauerhaft übernommen. Zuvor waren sie als Übergangsregelung für das Beitrittsgebiet gedacht, dann zeitlich befristet durch das BauGB-MaßnahmeG übernommen. Mit der Aufnahme des § 12 in das BauGB fallen die Vorhaben- und Erschließungspläne nach dem Wortlaut des § 17 Abs. 2 Nr. 2 HOAI dem Geltungsbereich des Teils 2. Dementsprechend hatte das OLG Rostock die Vergütung für einen Vorhaben- und Erschließungsplan dem Leistungsbild Bebauungsplan, damit § 40 a. F. zugeordnet (Urteil v. 7.8.1996, 2 U 60/95, IBR 1997, 467).

Wie dem Flächennutzungsplan ist dem Bebauungsplan eine (schriftliche) Begründung **14** beizufügen.

§ 13 BauGB stellt dem Träger der Planungshoheit ein vereinfachtes Verfahren zur Ände- **15** rung und Ergänzung des Bebauungsplans zur Verfügung. Dabei kann die frühzeitige Bürgerbeteiligung nach § 3 Abs. 1 BauGB entfallen. Nur die tatsächlich betroffenen Bürger müssen beteiligt werden. Voraussetzung des vereinfachten Verfahrens ist es, dass die Grundzüge der Planung erhalten bleiben.

Durch § 13a BauGB wurden die Bebauungspläne der Innenstadtentwicklung aufge- **16** nommen. Ihr Anwendungsbereich wird auf Flächen von weniger als 20 000 qm bzw. 20 000 bis 70 000 qm Grundfläche begrenzt. Für Flächen zwischen 20 000 qm und 70 000 qm findet das beschleunigte Verfahren zur Aufstellung von Bebauungsplänen nur dann Anwendung, wenn voraussichtlich keine erheblichen Umweltauswirkungen von dem Vorhaben ausgehen.

17   Wie beim Flächennutzungsplan, kann der Auftragnehmer auch beim Bebauungsplan aus rechtlichen Gründen nur Aufgaben übernehmen kann, die nicht hoheitlicher Natur sind. Nach der HOAI abzurechnen sind daher Leistungen, die der Auftragnehmer bei der Ausarbeitung der Bebauungspläne erbringt. Dazu gehören insbesondere Leistungen zur Vorbereitung der Festsetzungen nach § 9 BauGB.

18   Nicht zu den nach der HOAI abzurechnenden Leistungen gehören solche, die für die Aufsichtsbehörde im Genehmigungsverfahren erbracht werden.

II. Abs. II: Städtebaulicher Entwurf als Besondere Leistung

19   Auch für die Flächenplanung gilt, dass die HOAI nur noch verbindliche Vorgaben zu Grundleistungen enthält. Das bedeutet, dass sich die §§ 17 bis 21 nicht auf die Architekten- und Ingenieurleistungen beziehen, die im Rahmen anderer Verfahren als denjenigen zur Bauleitplanung erbracht werden. Solche Leistungen kommen in verschiedener Hinsicht in Betracht. So ist es vorstellbar, dass sich die Gemeinde bei der Sicherung der Bauplanung vor dem Erlass einer Veränderungssperre (§§ 14 ff. BauGB) von einem Architekten oder Ingenieur über den Umfang und die Art der zu treffenden Maßnahmen beraten lässt. In Betracht kommt, dass sie den Rat eines solchen Fachmanns vor der Entscheidung über eine Teilungsgenehmigung (§§ 19 ff. BauGB), die Ausübung eines Vorkaufsrechts (§§ 24 ff. BauGB) oder dass Umlegungsverfahren (§§ 45 ff. BauGB) einholt. Alle diese Leistungen sind nicht nach den §§ 17 bis 21 zu honorieren.

20   In der Anlage 9 sind die Besonderen Leistungen zur Flächenplanung aufgelistet, darunter auch der städtebauliche Entwurf. Für diese Besonderen Leistungen können die Parteien das Honorar frei vereinbaren, § 3 Abs. 3 S. 3.

§ 18 Leistungsbild Flächennutzungsplan

(1) **Die Grundleistungen bei Flächennutzungsplänen sind in drei Leistungsphasen unterteilt und werden wie folgt in Prozentsätzen der Honorare des § 20 bewertet:**

1. **für die Leistungsphase 1 (Vorentwurf für die frühzeitigen Beteiligungen)**
Vorentwurf für die frühzeitigen Beteiligungen nach den Bestimmungen des Baugesetzbauches mit 60 %
2. **für die Leistungsphase 2 (Entwurf zur öffentlichen Auslegung)**
Entwurf in der vorgeschriebenen Fassung mit Begründung für die öffentliche Auslegung nach den Bestimmungen des Baugesetzbuches mit 30 %
3. **für die Leistungsphase 3 (Plan zur Beschlussfassung)**
Plan für den Beschluss durch die Gemeinde mit 10 %

Der Vorentwurf, Entwurf oder Plan ist jeweils in der vorgeschriebenen Fassung mit Begründung anzufertigen.

(2) **Anlage 2 regelt, welche Grundleistungen jede Leistungsphase umfasst. Anlage 9 enthält Beispiele für Besondere Leistungen.**

Anlage 2 zu § 18 Abs. 2, Grundleistungen im Leistungsbild Flächennutzungsplan

Das Leistungsbild Flächennutzungsplan setzt sich aus folgenden Grundleistungen je Leistungsphase zusammen:

1. **Leistungsphase 1:** Vorentwurf für die frühzeitigen Beteiligungen
   a) Zusammenstellen und Werten des vorhandenen Grundlagenmaterials
   b) Erfassen der abwägungsrelevanten Sachverhalte
   c) Ortsbesichtigungen

d) Festlegen ergänzender Fachleistungen und Formulieren von Entscheidungshilfen für die Auswahl anderer fachlich Beteiligter, soweit notwendig
e) Analysieren und Darstellen des Zustandes des Plangebietes, soweit für die Planung von Bedeutung und abwägungsrelevant, unter Verwendung hierzu vorliegender Fachbeiträge
f) Mitwirken beim Festlegen von Zielen und Zwecken der Planung
g) Erarbeiten des Vorentwurfs in der vorgeschriebenen Fassung mit Begründung für die frühzeitigen Beteiligungen nach den Bestimmungen des Baugesetzbuches
h) Darlegen der wesentliche Auswirkungen der Planung
i) Berücksichtigen von Fachplanungen
j) Mitwirken an der frühzeitigen Öffentlichkeitsbeteiligung einschließlich Erörterung der Planung
k) Mitwirken an der frühzeitigen Beteiligung der Behörden und Stellen, die Träger öffentlicher Belange sind
l) Mitwirken an der frühzeitigen Abstimmung mit den Nachbargemeinden
m) Abstimmen des Vorentwurfs für die frühzeitigen Beteiligungen in der vorgeschriebenen Fassung mit der Gemeinde

2. **Leistungsphase 2:** Entwurf zur öffentlichen Auslegung
a) Erarbeiten des Entwurfs in der vorgeschriebenen Fassung mit Begründung für die Öffentlichkeits- und Behördenbeteiligung nach den Bestimmungen des Baugesetzbuches
b) Mitwirken an der Öffentlichkeitsbeteiligung
c) Mitwirken an der Beteiligung der Behörden und Stellen, die Träger öffentlicher Belange sind
d) Mitwirken an der Abstimmung mit den Nachbargemeinden
e) Mitwirken bei der Abwägung der Gemeinde zu Stellungnahmen aus frühzeitigen Beteiligungen
f) Abstimmen des Entwurfs mit der Gemeinde

3. **Leistungsphase 3:** Plan zur Beschlussfassung
a) Erarbeiten des Planes in der vorgeschriebenen Fassung mit Begründung für den Beschluss durch die Gemeinde
b) Mitwirken bei de Abwägung der Gemeinde zu den Stellungnahmen
c) Erstellen des Planes in der durch Beschluss der Gemeinde aufgestellten Fassung

Übersicht

I. Allgemeines

§ 18 behandelt das „Leistungsbild Flächennutzungsplan". Die Vorschrift folgt im Abs. 1 **1** mit jetzt nur noch drei Leistungsphasen dem Ablauf des Verfahrens bei der Aufstellung und dem Beschluss zum Plan.

Die bisher in Abs. 2 enthaltene Regelung des Honorars für die Teilnahme an Sitzungen **2** von politischen Gremien oder Sitzungen im Rahmen der Öffentlichkeitsbeteiligung ist entfallen. Diese Leistung ist jetzt bei den besonderen Leistungen der Anlage 9 genannt. Die Begründung verweist darauf, dass aufgrund de unterschiedlichen Größen der Plangebiete keine einheitliche Vorgabe für die Anzahl der Sitzungstermine möglich sei, damit auch keine einheitliche Vorgabe zum Honorar. Dies müsse im Rahmen der Besonderen Leistungen jeweils ausgehandelt werden. Vollständig aus den Grundleistungen herausgenommen werden die Teilnahmen an Sitzungen dann aber doch nicht. Sitzungstermine mit politischen Gremien, die lediglich der Vorbereitung der Beschlussfassung zum Beispiel des Gemeinderates dienen und bei kleinen Gemeinden nicht gesondert durch Verwaltungsbeamte durchgeführt werden können, sollen als Grundleistung der jeweiligen Leistungsphase von der Honorartafelwerten erfasst sein (amtl. Begründung, S. 152). Solche „regulären Abstimmungstermine" sollen nicht zusätzlich als Besondere Leistung abgerechnet werden können. Die Abgrenzung zur Besonderen Leistung bleibt auch nach der Vorgabe dazu in der Begründung problematisch. Für eine Abgrenzung zwischen Grundleistung und Besonderer Leistung soll es nicht darauf ankommen, dass ein politisches Gremium die Sitzung einberufen hat, sondern darauf, ob es sich materiell um eine zur Abstimmung der Planung mit dem Auftraggeber erforderliche Sitzung handelt, die als Grundleistung ohnehin eine Voraussetzung zur ordnungsgemäßen Erfüllung des Planungsauftrags ist. Damit können auch mehr als die bisher genannten fünf Teilnahmen an Sitzungen zu den Grundleistungen gehören.

3   Die Leistungsphase 1 entspricht etwa den bisherigen Leistungsphasen 1–3. Hier sollen die Leistungen erfasst werden, die im Zusammenhang mit den frühzeitigen Beteiligungen anfallen. Dazu gehört auch die Einbeziehung der Fachplanungen, der Behörden und Träger öffentlicher Belange, und die frühzeitige Bürgerbeteiligung des § 3 Abs. 1 BauGB. Die Leistungsphase ist mit „Vorentwurf" bezeichnet, und folgt damit den in anderen Leistungsbildern für dieses Planungsstadium verwendeten Begriff, obwohl er im BauGB selbst nicht zu finden ist (Locher/Koeble/Frik-Zahn, § 18 Rdn. 6).

4   Die Leistungsphase 2 fasst zusammen, was bisher im Wesentlichen in der Leistungsphasen 4 als Grundleistungen enthalten war. Hier wird, aufbauend auf den Ergebnissen der Vorplanung, der Entwurf für die öffentliche Auslegung behandelt.

5   Die Leistungsphase 3 erfasst die weiteren Leistungen für den Beschluss der Gemeinde, sie waren bisher in der Leistungsphase 5 geregelt.

II. Bewertung der Leistungsphasen

6   Die in § 18 Abs. 1 genannten Prozentsätze für die einzelnen Leistungsphasen beziehen sich nur auf die Leistungen der Anlage 2. Besondere Leistungen, die – nicht abschließend – in der Anlage 9 genannt werden, sind damit nicht abgegolten. Das Honorar für Besondere Leistungen kann auch im Bereich der Flächenplanung frei vereinbart werden (§ 3 Abs. 3 S. 3).

7   Die Grundleistungen sind in drei Phasen aufgeteilt. Jeder Leistungsphase ist ein Vomhundertsatz des nach § 20 zu bemessenden Gesamthonorars zugeordnet. Die Bewertung der Leistungsphase 1 mit 60% des Honorars zeigt, dass hier der Schwerpunkt der Leistung liegt. Der Prozentsatz entspricht in etwa dem der bisherigen Leistungsphasen 1–3. Allerdings ist kein Spielraum („Spreizung") mehr vorgesehen, wie dies bisher bei den Leistungsphasen 1 und 2 der Fall war. Auch nach Abschluss der Vorplanung sind noch Änderungen möglich, z.B. aufgrund der Ergebnisse der Bürgerbeteiligung. Das hier noch mit 30% zugeordnete Honorar zeigt, dass dem ein deutlich geringerer Aufwand zugeordnet wird. Für die abschließenden Leistungen zur Vorbereitung der Beschlussfassung (LP 3) verbleiben noch 10% des Honorars.

III. Grundleistungen im Leistungsbild – Anlage 2

8   Das Leistungsbild des § 18 Abs. 1 gliedert die drei Leistungsphasen auf, die in der Anlage 2 im Einzelnen beschrieben werden. Die einzelnen Grundleistungen sind nicht in § 19 HOAI aufgelistet, sondern werden in der Anlage 2 genannt. Diese Anlage 2 wird nachfolgend kurz und in ihren Grundzügen dargestellt.

1. Grundleistungen der Leistungsphase 1 (Vorentwurf für die frühzeitigen Beteiligungen)

9   Die Leistungsphase 1 ist mit „Vorentwurf für die frühzeitigen Beteiligungen" überschrieben. Die dazu im Einzelnen genannten Grundleistungen sind allgemeiner formuliert

als dies bisher der Fall war. So umfassen die ersten beiden Grundleistung, das „Zusammenstellen und Werten des vorhandenen Grundlagenmaterials" und das „Erfassen der abwägungsrelevanten Sachverhalte", im Regelfall die bisherigen Grundleistungen wie z.B. das „Klären der Aufstellung und Ermitteln des Leistungsumfanges", ebenso das „Zusammenstellen einer Übersicht der vorgegebenen bestehenden und laufenden örtlichen und überörtlichen Planungen und Untersuchungen einschließlich solcher benachbarter Gemeinden". Die allgemein gehaltene Formulierung lässt es zu, die bereits vorliegenden Materialien oder Ergebnisse einzubeziehen, ohne dass damit eine Grundleistung und damit ein anteiliges Honorar entfällt.

Durch das Zusammenfassen der bisherigen Leistungsphasen 1–3 entfällt die Notwendig- **10** keit einer Abgrenzung. Die bisherigen Phasen waren oft nur schwer voneinander trennen.

Die Zusammenstellung des Grundlagenmaterials soll umfassend sein. Zu berücksichtigen **11** sein können deshalb auch Pläne, die aus der Zeit vor dem Erlass des Bundesbaugesetzes bzw. des Baugesetzbuches stammen (Wirtschafts- und Siedlungspläne). Ebenso Planungen regionaler und überregionaler Behörden (Landes- oder Bundesbehörden) oder um Planungen mit speziellen Zielen (Generalverkehrspläne, Wasserversorgungs-, Bildungs- und Freizeitstättenplanungen). Planungen, die noch nicht verbindlich geworden sind, sondern über die erst Studien oder Entwürfe vorliegen („laufende Planungen"), sind zu berücksichtigen, damit die aktuellen Bestrebungen anderer Beteiligter nicht aus dem Auge verloren, Mehrfacharbeit und Widersprüche in den Planungen verhindert werden. So würde es dem Sinn einer vernünftigen Planung zuwiderlaufen, fremde Planungen, über die anderen Behörden die Planungshoheit zusteht, nur deshalb zu ignorieren, weil sie sich noch im Entwurfsstadium befinden und noch nicht rechtsverbindlich sind.

Zum Grundlagenmaterial gehören auch Ausarbeitungen behördlicher Stellen, die die **12** Sichtung und Wertung von Planungsvorgaben zu Gegenstand haben, also etwa von anderen Planungsträgern erbrachte Leistungen. Es kommen aber auch Entwicklungsstudien anderer Stellen, z.B. Universitäts- oder Industrieinstitute, in Betracht, sofern sie grundlegende Aussagen enthalten, die für die Flächennutzungsplanung von Bedeutung sein können.

Dieses Grundlagenmaterial ist zusammenzustellen. Damit ist gemeint, dass es auffindbar **13** und benutzbar gemacht (katalogisiert) werden soll. Es brauchen nur die vorhandenen, d.h. beim Auftraggeber vorhandenen Materialien zusammengestellt werden; die Beschaffung von Materialien von anderen Behörden und Institutionen gehört nicht zu dieser Grundleistung.

Zu dieser Grundleistung gehört auch eine wertende Beurteilung. Das Werten des vorhandenen Grundlagenmaterials und der materiellen Ausstattung bezeichnet die Beurteilung, ob das zusammengestellte Material für die weiteren Arbeiten zum Erstellen des Flächennutzungsplans geeignet ist. Diese Einzelleistung hat also zum Ziel, aus den Zusammenstellungen des Grundlagenmaterials unbrauchbare und überholte Unterlagen auszuscheiden und sicherzustellen, dass den weiteren Leistungen nur solches Material zugrunde gelegt wird, das hinreichend aussagekräftig ist.

Die Abwägung ist eines der zentralen Elemente des Planaufstellungsverfahrens, das Erfas- **14** sen der abwägungsrelevanten Sachverhalte ist Grundleistung.

Ortsbesichtigungen können erforderlich sein, um die Verwendbarkeit des vorhandenen **15** Grundlagenmaterials auf seine grundsätzliche Brauchbarkeit zu überprüfen. Z.B. kann eine vorhandene schriftliche oder kartographische Unterlage auf ihre Übereinstimmung mit den örtlichen Gegebenheiten zu überprüfen sein. Zur Ermittlung des Leistungsumfangs kann ein unmittelbarer Eindruck von der Örtlichkeit erforderlich sein. Die Festlegung der Beauftragung anderer Fachleute kann von einer genauen und unmittelbaren Kenntnis lokaler Gegebenheiten abhängen. Diese Ortsbesichtigungen sind abzugrenzen von den örtlichen Erhebungen der zweiten Leistungsphase. Letztere dienen der ergänzenden Bestandsaufnahme.

Weitere Grundleistung ist das Festlegen ergänzender Fachleistungen und das Formulie- **16** ren von Entscheidungshilfen für die Auswahl anderer an der Planung fachlich Beteiligter. Es handelt sich dabei um die Vorbereitung einer Art Grundsatzentscheidung des Auftraggebers über den Einsatz von Spezialfachleuchten. Die genaue Festlegung des Leistungsumfangs, den diese Fachleute zu bewältigen haben werden, ist damit nicht verbunden. In Betracht kommen beispielsweise die Leistungen von Geologen und Bergbauexperten, von Wasser- und Elektrizitätswirtschaftlern, von Verkehrsfachleuten.

17 Das Analysieren und Darstellen des Plangebietes wird gefordert, soweit es für die Planung von Bedeutung und abwägungsrelevant ist. Soweit danach gefordert, ist bestehende Zustand des Planungsgebiets ist kartographisch darzustellen, diese Darstellung fließen dann die Wiedergabe der Bodengestalt, die Bodennutzung, die Umweltverhältnisse, die gewerblichen und sozialen Verhältnisse, die Bebauung und die zu berücksichtigenden öffentlichen Belange ein. Im Allgemeinen ist dazu die zeichnerische Darstellung durch Pläne in verschiedenen Maßstäben, Planzeichen, Grafien, Diagrammen und Texten erforderlich.

18 Der Auftragnehmer kann sich häufig nicht auf die Materialsammlung allein verlassen, die ihm zur Verfügung steht. Deshalb muss er gegebenenfalls nach Kenntnisnahme von den tatsächlichen Verhältnissen an Ort und Stelle kleinere Ergänzungen vorhandener Karten vornehmen. Solche werden bei einem sich ständig verändernden Baubestand und Netz von Erschließungsanlagen oft erforderlich sein. In Betracht kommt auch die Aufnahme neuer Straßenzüge oder Bauwerke.

19 Zu diesem Bereich gehört auch noch das Zusammenstellen und Gewichten der vorliegenden Fachprognosen über die voraussichtliche Entwicklung der Bevölkerung, der sozialen und kulturellen Einrichtungen, der gewerblichen Wirtschaft, der Land- und Forstwirtschaft, des Verkehrs, der Ver- und Entsorgung und des Umweltschutzes.

20 Eine weitere zu dieser Phase gehörende Grundleistung ist die Mitwirkung des Auftragnehmers bei der Aufstellung von Zielen und Zwecken der Planung. Es kann sich hier nur um eine Hilfestellung handeln, da die Festlegung der Planungsziele wesentliche Aufgabe des Planungsträgers und seiner Vertretungskörperschaften ist.

21 Unter „Zielen und Zwecken der Planung" ist die Zusammenstellung der mit der beabsichtigten Flächennutzungsplanung angestrebten Ergebnisse gemeint, nicht bereits die Zusammenstellung der Planungsmaßnahmen, durch deren Durchführung diese Ergebnisse erreicht werden sollen. Die Planungsmaßnahmen selbst sind Bestandteile des Flächennutzungsplans; sie sind daher nicht Gegenstand der vorbereitenden Leistungsphasen.

22 Zum Erarbeiten des Vorentwurfs gehört die zeichnerische Darstellung. Ein bestimmter Maßstab ist ebensowenig vorgeschrieben wie eine bestimmte Art der Darstellung. Da der Vorentwurf die Grundlage für die endgültige Planfassung ist, werden die Vorgaben der Planzeichenverordnung zu beachten sein.

23 Der zeichnerischen Darstellung ist eine textliche Begründung beizufügen. Auch hier ist es zweckmäßig, von vornherein diejenige Darstellungsart zu wählen, in der der zur Genehmigung eingereichte Erläuterungsbericht abzufassen ist. Das schließt nicht aus, dass Erläuterungen eingefügt werden, die in dem Erläuterungsbericht nach § 5 Abs. 5 BauGB fehlen können, aber als Entscheidungshilfen für den Auftraggeber von Bedeutung sind. Die Erläuterungen haben das Ziel, die städtebauliche Konzeption zu verdeutlichen und zu begründen, die dem Vorentwurf zugrunde liegt. Es reicht also nicht aus, mit Worten wiederzugeben, was der zeichnerischen Darstellung bereits zu entnehmen ist; es ist vielmehr erforderlich, dass der Leser der Erläuterungen auch erfährt, warum der Entwurf diese und keine anderen Planungsvorschläge enthält.

24 Ferner gehört zur Grundleistung das Darlegen der Auswirkungen der Planung, um dem Auftraggeber eine bestmögliche Entscheidungshilfe zu vermitteln.

25 Soweit Beiträge der Fachplanungen zur Verfügung stehen, sind sie zu berücksichtigen.

26 Die Mitwirkung an der frühzeitigen Öffentlichkeitsbeteiligung schließt die Teilnahme an der Erörterung ein. Eine Beschränkung auf die Teilnahme an fünf Sitzungen, wie sie bisher in § 18 Abs. 2 HOAI a. F. enthalten war, ist nicht mehr enthalten. Nach der amtl. Begründung soll die Teilnahme an „erforderlichen" Sitzungen zu den Grundleistungen gehören. Die Teilnahme an „anderen" Sitzungen gehören demnach zur Besonderen Leistung der Anlage 9. Die damit verbundenen Abgrenzungsprobleme liegen auf der Hand.

27 Die Behörden und Stellen, die Träger öffentlicher Belange sind von der Planung berührt werden können, sollen möglichst frühzeitig bei der Aufstellung von Bauleitplänen beteiligt werden. Sie müssen Gelegenheit erhalten, sich zu dem Planungsvorhaben der Gemeinde

durch Darlegung ihrer eigenen planerischen Absichten, durch Erhebung von Bedenken und durch Anregungen zu äußern. Das setzt zunächst eine erschöpfende Information dieser Behörden und Stellen voraus, erfordert aber von Seiten der planenden Gemeinde darüber hinaus häufig Kontaktaufnahmen zur Abstimmung der Planungen, Ausräumung von Bedenken usw. Die Beteiligung des Auftragnehmers hieran, die der Sache nach aber keine Verfahrensbeteiligung, sondern eine interne Hilfestellung für die mit den Verhandlungen betrauten Beamten des Auftraggebers ist, ist als Grundleistung aufgeführt. Gleiches gilt für das Mitwirken an der Abstimmung mit den Nachbargemeinden sowie der frühzeitigen Beteiligung der Bürger einschließlich Erörterung der Planung.

Die Planungen benachbarter Gemeinden sind einzubeziehen, die eigene Planung früh- **28** zeitig darauf abzustimmen. Dies folgt daraus, dass es das Ziel einer geordneten Flächennutzungsplanung sein muss, die örtlichen Planungen möglichst nahtlos miteinander zu verbinden (vgl. §§ 2 Abs. 2, 204, 205 BauGB).

Die Entscheidung, welche der sich wesentlich unterscheidenden Lösungen des Vorent- **29** wurfsstadiums zur Grundlage der endgültigen Planfassung wird, gehört noch in das Stadium des Vorentwurfs. Diese Entscheidung zu treffen ist Sache des Auftraggebers. Dabei wird es in der Regel der Mitwirkung des Auftragnehmers zur sachgerechten Abwägung der Vor- und Nachteile der einzelnen Alternativvorschläge bedürfen. Auch diese Mitwirkung gehört zu den Grundleistungen. Als letzte Grundleistung dieses Abschnitts nennt die Vorschrift das Abstimmen des Vorentwurfes mit dem Auftraggeber. Damit ist diejenige Planfassung gemeint, die aus den verschiedenen Alternativen als Grundlage für das weitere Verfahren ausgewählt worden ist. Vor der Erstellung der Endgültigen Planfassung ist zwischen den Vertragsbeteiligten abzustimmen, in welcher Hinsicht der Vorentwurf der Änderung und der Überarbeitung bedarf.

2. Grundleistungen der Leistungsphase 2 (Entwurf zur öffentlichen Auslegung)

Die wichtigste Leistung dieser Phase ist die Herstellung des Entwurfs des Flächennut- **30** zungsplans für die öffentliche Auslegung in der vorgeschriebenen Fassung mit Erläuterungsbericht. Spätestens in dieser Phase muss der Entwurf in jeder Beziehung den Anforderungen des § 5 BauGB und den diese Vorschrift ergänzenden Bestimmungen (Baunutzungsverordnung und PlanzV) genügen. Als Unterlagen sind Karten zu verwenden, die vollständig und genau genug sind, um den Zustand des Planergebiets in einem für den Planinhalt ausreichenden Grade erkennen zu lassen (§ 1 Abs. 1 PlanzV). Ein bestimmter Kartenmaßstab ist nicht vorgeschrieben. Regelmäßig genügt der Maßstab der Deutschen Grundkarte (1 : 5000).

Die Anlage zur PlanzV enthält eine Reihe von Planzeichen, die verwendet werden sol- **31** len. Das vom Fachnormenausschuss Bauwesen im Deutschen Institut für Normung e.V. als Ergänzung zur PlanzV herausgegebene Normblatt DIN 18002 (Zeichen für Flächennutzungspläne) wiederholt die Planzeichen aus der Anlage zur PlanzV und enthält darüber hinaus zahlreiche weitere Planzeichen, die für weitere dazustellende Gegenstände aus den Zeichen nach der PlanzV entwickelt worden sind. Diese Planzeichen dürfen nach § 2 Abs. 2 PlanzV in Flächennutzungsplänen verwendet werden. Da der Auftragnehmer vertragsgemäß den anerkannten Regeln der Technik zu genügen hat, muss er gegebenenfalls weitere Normblätter beachten: DIN 18702 Zeichen für Vermessungsrisse, großmaßstäbige Karten und Pläne; DIN 19710 Gewässerkundliche Zeichen; DIN 19665 Planzeichen für Landespflege, Landschaftspflege und Grünplanung; DIN 21900 Bergmännisches Risswerk; Richtlinien für die Herstellung und Ausgestaltung.

Die Begründung ist wesentlicher Bestandteil des Flächennutzungsplans. Seine Abfassung **32** gehört zu den Grundleistungen. Er muss das planerische Konzept verdeutlichen und die Gründe für die einzelnen vorgegebenen Maßnahmen erkennen lassen.

Auch in diese Leistungsphase gehört das Mitwirken an der Öffentlichkeitsbeteiligung zu **33** den Grundleistungen.

Nach § 3 Abs. 2 Satz 4 BauGB hat die Gemeinde während der Dauer der Auslegung des Plans vorgebrachte Anregungen zu prüfen. Ist aufgrund solcher Anregungen eine Überarbeitung des Entwurfs erforderlich, muss auch eine neue Auslegung erfolgen. Die Mitarbeit des Auftragnehmers dabei ist als Besondere Leistung im Sinne der Anlage 9, dort Zif. 5h, zu honorieren. Lehnt die Gemeinde es ab, den Anregungen zu folgen, hat sie ihre Stellungnahme den Betroffenen mitzuteilen. Ausnahmen davon sind in Massenverfahren zulässig. Voraussetzung einer solchen Ausnahme ist es, dass mehr als 50 Personen Anregungen mit im wesentlichen gleichen Inhalt vorgebracht haben (§ 3 Abs. 2 BauGB).

34   Wie in der LP 1 sind auch hier die Träger öffentlicher Belange zu beteiligen, das Mitwirken daran ist Grundleistung (s. Rdn. 27).

35   Auch der auszulegende Entwurf ist mit den Nachbargemeinden abzustimmen, die Mitwirkung daran Grundleistung (s. Rdn. 28).

36   Die Abwägung ist eines der wesentlichen Elemente des Verfahrens, das Mitwirken bei der Abwägung zu Stellungnahmen aus der frühzeitigen Beteiligungen ist Grundleistung. In die Abwägung sind diejenigen Äußerungen einzubeziehen, die während der Auslegung abgegeben wurden. Solche Belange, zu denen keine Äußerung erfolgte, sind im Rahmen der Abwägung nur dann zu beachten, wenn sie sich der Gemeinde aufdrängen müssen.

37   Über die Endfassung nach Berücksichtigung der Äußerungen der zu beteiligenden Träger öffentlicher Belange und der Bürger entscheidet die Gemeinde in dem nach der Gemeindeordnung dafür vorgesehen Gremium. Die Abstimmung des Entwurfs mit der Gemeinde ist die letzte der zur Leistungsphase 2 genannten Grundleistungen.

3. Grundleistungen der Leistungsphase 3 (Plan zur Beschlussfassung)

38   Erste Grundleistung ist das Erarbeiten des Flächennutzungsplans in der vorgeschriebenen Fassung zur Vorbereitung des Beschlusses der Gemeinde. Dazu gehört auch die Begründung. Bestandteil der Leistung ist die Einarbeitung kleinerer Änderungen gegenüber dem Entwurf, die eine erneute Auslegung nicht erforderlich gemacht haben.

39   Der endgültigen Fassung des Planes muss die Abwägung der Stellungnahmen vorausgehen, da eine erneute Änderung des Planes durch solche Anregungen und Stellungnahmen nicht ausgeschlossen werden kann. Die Auseinandersetzung mit den Stellungnahmen muss, soweit diese für die Abwägung von Bedeutung sind, zu erkennen sein, da andernfalls das Risiko besteht, dass ein Abwägungsdefizit die Wirksamkeit des Plans beeinträchtigt.

IV. Abs. 2: Besondere Leistungen, Anlage 9

40   Für Besondere Leistungen enthält die HOAI keine verbindlichen Honorarregelungen mehr, § 3 Abs. 3. Teilweise sind diese Besonderen Leistungen bereits neben den Grundleistungen in die jeweiligen Anlagen zu den Leistungsbildern mit aufgenommen worden, z.B. in der Anlage 10 zum Leistungsbild Gebäude und Innenräume. Für die Flächenplanung sind sie gesondert in der Anlage 9 genannt. Diese Anlage 9 gilt für die Flächenplanung insgesamt, damit auch für Flächennutzungspläne und Bebauungspläne.

Auch hier ist keine abschließende, sondern nur eine beispielhafte Aufzählung enthalten. Der Kreis der Besonderen Leistungen kann somit über die in der Anlage 9 genannt hinausgehend erweitert werden. Ist eine Leistung zu dem Leistungsbild Flächenplanung als Grundleistung genannt, kann sie hier keine Besondere Leistung sein. In Betracht kommt es aber, eine Grundleistung aus einem anderen Leistungsbild als Besondere Leistung zu vereinbaren.

41   Die Anlage 9 ist in Auszügen am Ende der Kommentierung zu § 19 abgedruckt.

§ 19 Leistungsbild Bebauungsplans

(1) **Die Grundleistungen bei Bebauungsplänen sind in drei Leistungsphasen unterteilt und werden wie folgt in Prozentsätzen der Honorare des § 21 bewertet:**

1. **für die Leistungsphase 1 (Vorentwurf für die frühzeitigen Beteiligungen)**
Vorentwurf für die frühzeitigen Beteiligungen nah den Bestimmungen des Baugesetzbuches mit 60 %

2. **für die Leistungsphase 2 (Entwurf zur öffentlichen Auslegung)**
Entwurf für die öffentliche Auslegung nach den Bestimmungen des Baugesetzbuches mit 30 %

3. **für die Leistungsphase 3 (Plan zur Beschlussfassung)**
Plan für die Beschlussfassung durch die Gemeinde mit 10 %

Der Vorentwurf, Plan oder Entwurf oder Plan ist jeweils in der vorgeschriebenen Fassung mit Begründung anzufertigen.

(2) Die Anlage 3 regelt, welche Grundleistungen jede Leistungsphase umfasst. Anlage 9 enthält Beispiele für Besondere Leistungen.

Anlage 3 zu § 19 Abs. 2, Grundleistungen im Leistungsbild Bebauungsplan

Das Leistungsbild Bebauungsplan setzt sich aus folgenden Grundleistungen je Leistungsphase zusammen:

1. **Leistungsphase 1:** Vorentwurf für die frühzeitigen Beteiligungen
   a) Zusammenstellen und Werten des vorhandenen Grundalgenmaterials
   b) Erfassen der abwägungsrelevanten Sachverhalte
   c) Ortsbesichtigungen
   d) Festlegen ergänzender Fachleistungen und Formulieren von Entscheidungshilfen für die Auswahl anderer an der Planung fachlich Beteiligter, soweit notwendig
   e) Analysieren und Darstellen des #Zustands des Plangebietes, soweit für die Planung von Bedeutung und abwägungsrelevant, unter Verwendung hierzu vorliegender Fachbeiträge
   f) Mitwirken beim Festlegen von Zielen und Zwecken der Planung
   g) Erarbeiten des Vorentwurfs in der vorgeschriebenen Fassung mit Begründung für die frühzeitigen Beteiligungen nach den Bestimmungen des Baugesetzbuches
   h) Darlegen der wesentlichen Auswirkungen der Planung
   i) Berücksichtigen von Fachplanungen
   j) Mitwirken an der frühzeitigen Öffentlichkeitsbeteiligung einschließlich Erörterung der Planung
   k) Mitwirken an der frühzeitigen Beteiligung der Behörden und Stellen, die Träger öffentlicher Belange sind
   l) Mitwirken an der frühzeitigen Abstimmung mit den Nachbargemeinden
   m) Abstimmen des Vorentwurfs für die frühzeitigen Beteiligungen in der vorgeschriebenen Fassung mit der Gemeinde

2. **Leistungsphase 2:** Entwurf zur öffentlichen Auslegung
   a) Erarbeiten des Entwurfs in der vorgeschriebenen Fassung mit Begründung für die Öffentlichkeits- und Behördenbeteiligung nach den Bestimmungen des Baugesetzbuches
   b) Mitwirken an der Öffentlichkeitsbeteiligung
   c) Mitwirken an der Beteiligung der Behörden und Stellen, die Träger öffentlicher Belange sind
   d) Mitwirken an der Abstimmung mit den Nachbargemeinden
   e) Mitwirken bei de Abwägung der Gemeinde zu Stellungnahmen aus frühzeitigen Beteiligungen
   f) Abstimmen des Entwurfs mit der Gemeinde

3. **Leistungsphase 3:** Plan zur Beschlussfassung
   a) Erarbeitend es Planes in der vorgeschriebenen Fassung mit Begründung für den Beschluss durch die Gemeinde
   b) Mitwirken bei der Abwägung der Gemeinde zu Stellungnahmen
   c) Erstellen des Planes in der durch Beschluss der Gemeinde aufgestellten Fassung

Übersicht

I. Allgemeines

1   § 19 behandelt das „Leistungsbild Bebauungsplan". Auch hier sind ausschließlich die Grundleistungen erfasst. Die Besonderen Leistungen sind nicht Gegenstand der verbindlichen Vorgaben zum Honorar. Sie sind exemplarisch und nicht abschließend in der Anlage 9 genannt. Die Vorschrift ist dem § 18 (Leistungsbild Flächennutzungsplan) nachgebildet. Der bisherige Verweis auf die Leistungsbilder des § 18 ist ohne inhaltliche Änderung entfallen. Die Leistungsbilder werden jetzt auch direkt in § 19 genannt.

2   Wie in § 18 für den Flächennutzungsplan sind auch für den Bebauungsplan jetzt nur noch drei statt der bisher fünf Leistungsphasen verblieben. Die Leistungsphasen 1–3 wurden in der neuen Leistungsphase 1 zusammengefasst, die bisherige Leistungsphase 4 entspricht im Wesentlichen der neuen Leistungsphase 2, die bisherige Leistungsphase 5 der neuen Nr. 3.

3   Entsprechend dieser Aufteilung in nur noch drei Leistungsphasen mussten deren prozentuale Bewertungen verändert werden.

4   Durch die Neufassung werden Abgrenzungsprobleme zwischen den einzelnen Leistungsphasen vermieden. Die Unterteilung in nur noch drei Leistungsphasen orientiert sich am Ablauf des Satzungsverfahrens für den Bauleitplan. Die Leistungsphase 1 umfasst den Ablauf bis zur frühzeitigen Beteiligung von Bürgern und Trägern öffentlicher Belange (§§ 3 Abs. 1, $ Abs. 1 BauGB). Die Leistungsphase 2 erfasst umfasst die Abläufe bis zur öffentliche Auslegung (§§ 3 Abs. 2, 4 Abs. 2 BauGB). Die Leistungsphase 3 umfasst das Verfahren bis zum Satzungsbeschluss (§ 10 BauGB).

II. Bewertung der Leistungsphasen

5   Durch die Reduzierung von bisher fünf auf jetzt nur noch drei Leistungsphasen mussten auch die prozentualen Bewertungen neu erfolgen.

Die bisher vorgesehene Möglichkeit, das Honorar für die LP 1 in einer Höhe zwischen 1% und 3% und dasjenige für die LP 2 zwischen 10% und 20% zu vereinbaren, ist entfallen. Auch hier sind jetzt feste Prozentsätze zugeordnet.

Für die LP 1 sind jetzt 60%, für die LP 2 sind 30%, für die LP 3 noch 10% des Honorars anzusetzen. Auch dies entspricht der Verteilung bei den Flächennutzungsplänen.

Die 60% der Leistungsphase 1 entsprechen in etwas der Bewertung der bisherigen Leistungsphasen 1–3.

III. Leistungen im Leistungsbild, Anlage 3

6   Die einzelnen Grundleistungen sind nicht in § 19 HOAI aufgelistet, sondern werden in der Anlage 3 genannt. Sie sind mit denen, die in der Anlage 2 zum Flächennutzungsplan genannt werden, identisch. Da überrascht zunächst, denn der Bebauungsplan unterscheidet sich nicht nur durch seine deutlich konkreten Regelungen von einem Flächennutzungsplan. Die Festsetzungen des Bebauungsplans gemäß § 9 BauGB lassen eine sehr tiefgehende Strukturierung der Planung und gezielte Lenkungsmaßnahmen für einzelne Baugebiete zu. Die Planungsleistungen für den Bebauungsplan werden damit deutlich differenzierter an den konkreten Bedürfnissen für einzelne Bereiche eines Gemeindegebietes auszurichten sein. Die Zusammenarbeit von Planer und Gemeine ist hier in einem hohen Maß gefor-

dert. Diese Umstände hätten sich auch in der Auflistung der Grundleistungen niederschlagen können, wie es bisher zumindest in einem größeren Detailierungsgrad der Fall war. Die Abkehr von diesen detaillierten Grundleistungen hin zu einer sehr pauschalen Beschreibung der (wenigen) einzelnen Grundleistunden bedeutet aber nicht automatisch eine Reduzierung der Anforderungen, die der Planer zu erfüllen hat. Auch wenn viele der in der bisherigen Anlage 5 genannten Grundleistungen jetzt nicht mehr ausdrücklich genannt werden, wird ein Planer auch diese Leistungen im Einzelfall erbringen müssen. Ihm wird aber nicht mehr eine Liste von Grundleistungen vorgegeben, um den vollen Prozentsatz der jeweiligen Leistungsphase abrechnen zu können. Die eher pauschale Beschreibung der einzelnen Verfahrensschritte als Grundleistungen lässt es zu, auf die jeweiligen Notwendigkeiten des Einzelfalls zu reagieren.

Die weniger detaillierte Auflistung von Grundleistungen bedeutet auch keine Reduzierung des Honorars, wie die Tabelle zu § 19 HOAI zeigt. Die Honorarwerte enden deutlich höher, als dies bisher der Fall war.   **7**

Zudem können die für ein Bebauungsplanverfahren in aller Regel notwendigen Maßnahmen, die nicht in den Grundleistungen genannt werden, über die (nicht abschließende) Anlage 9 als Besondere Leistungen abgerechnet werden. Hier können exemplarisch die unter Ziffer 5 genannten Besondern Leistungen erwähnt werden, z. B. das Vorbereiten und Durchführen des Scopings (Nr. 5a), das Vorbereiten, Durchführen, Auswerten und Dokumentieren der formellen Beteiligungsverfahren (Nr. 5b), das Ermitteln der voraussichtlichen erheblichen Umweltauswirkungen für den Umweltbericht (Nr. 5c), das Erarbeiten des Umweltberichts (Nr. 5d) und viele solcher Maßnahmen mehr, die im Satzungsverfahren in aller Regel anfallen werden. Für diese Besonderen Leistungen kann ein gesondertes Honorar ausgehandelt werden, was den Honorarrahmen deutlich erweitert.   **8**

Vom Honorar für die Grundleistungen sind die Besonderen Leistungen nicht erfasst. Diese Grundleistungen sind in der Anlage 3 abschließend genannt. Die Anlage 3 wird nachfolgend kurz und in ihren Grundzügen dargestellt.   **9**

1. Grundleistungen der Leistungsphase 1

Die Leistungsphase 1 ist in 13 Unterpunkte gegliedert.   **10**

Die hier genannten Grundleistungen betreffen die Sammlung und Sichtung, die systematische Ordnung und Auswertung des maßgeblichen Grundlagenmaterials, das Mitwirken an den frühzeitigen Beteiligungen und das Erstellen des Vorentwurfs.

Zum Zusammenstellen und Werten des vorhandenen Grundlagematerials gehört auch   **11** die Zusammenstellung einer Übersicht der vorgegebenen bestehenden und laufenden örtlichen und überörtlichen Planungen. Wie im Falle des Flächennutzungsplans kommen hier alle erdenklichen Planungen aus beliebiger Zeit zu beliebigen Zwecken und von beliebiger Herkunft in Betracht, sofern sie nur geeignet erscheinen, den Planungsgegenstand zu berühren. Dabei kommt es nicht darauf an, ob diese Planungen bereits rechtsverbindlich sind oder nicht, ob sie fertig gestellt oder noch in der Aufstellung sind. In die Zusammenstellung des Grundlagenmaterials sind auch Untersuchungen mit einzubeziehen. Wie beim Flächennutzungsplan, hat der Auftragnehmer diese Untersuchungen nicht selbst vorzunehmen, sondern nur bereits vorliegende Untersuchungen zu berücksichtigen.

Die Zusammenstellung des Grundlagenmaterials soll umfassend sein, da auch Pläne, die   **12** aus der Zeit vor dem Erlass des Bundesbaugesetzes bzw. des Baugesetzbuches stammen (Wirtschafts- und Siedlungspläne) zu berücksichtigen sein können, ebenso Planungen regionaler und überregionaler Behörden (Landes- oder Bundesbehörden) oder Planungen mit speziellen Zielen (Generalverkehrspläne, Wasserversorgungs-, Bildungs- und Freizeitstättenplanungen). Auch Ausarbeitungen behördlicher Stellen, die die Sichtung und Wertung von Planungsvorgaben zu Gegenstand haben, also etwa von anderen Planungsträgern erbrachte Leistungen gehören zum Grundlagenmaterial. Es kommen aber auch Entwicklungsstudien anderer Stellen, z.B. Universitäts- oder Industrieinstitute, in Betracht, sofern sie grundlegende Aussagen enthalten, die für die Flächennutzungsplanung von Bedeutung sein können.

Zu berücksichtigen sein können auch Planungen, die noch nicht verbindlich geworden sind, sondern über die erst Studien oder Entwürfe vorliegen („laufende Planungen"), um die aktuellen Bestrebungen anderer Beteiligter zu beachten, und um Mehrfacharbeit und Widersprüche in den Planungen zu verhindern. Fremde Planungen, über die anderen Behörden die Planungshoheit zusteht, können nicht deshalb ignoriert werden, weil sie sich noch im Entwurfsstadium befinden und noch nicht rechtsverbindlich sind.

13　　Das Werten des vorhandenen Grundlagenmaterials und der materiellen Ausstattung bezeichnet die Beurteilung, ob das zusammengestellte Material für die weiteren Arbeiten zum Erstellen des Flächennutzungsplans geeignet ist. Damit sollen unbrauchbare und überholte Unterlagen aussortiert werden um sicherzustellen, dass den weiteren Leistungen nur solches Material zugrunde gelegt wird, das hinreichend aussagekräftig ist.

14　　Eine fehlerhafte Abwägung kann den Bebauungsplan zu Fall bringen. Die für die Abwägung relevanten Sachverhalte müssen frühzeitig erfasst werden. Deshalb wird bei aller Pauschalisierung der Grundleistungen diese Leistung weiter einzeln aufgeführt.

15　　Ortsbesichtigungen können erforderlich sein, um die konkreten Verhältnisse vor Ort zu überprüfen. So können Abweichungen der tatsächlichen Verhältnisse von den unter Umständen überholten Karten festgestellt werden.

16　　Wie bei den Flächennutzungsplänen, so gehört auch bei den Bebauungsplänen zu den Grundleistungen das Festlegen ergänzender Fachleistungen und das Formulieren von Entscheidungshilfen für die Auswahl anderer an der Planung fachlich Beteiligter. Die genaue Festlegung des Leistungsumfangs, den diese Fachleute zu bewältigen haben werden, ist damit nicht verbunden. In Betracht kommen beispielsweise die Leistungen von Geologen und Bergbauexperten, von Wasser- und Elektrizitätswirtschaftlern, von Verkehrsfachleuten.

17　　Die nächste Untergruppe der Grundleistungen betrifft die Analyse und das Darstellen des Zustands des Plangebietes, soweit dies für die Planung von Bedeutung und abwägungsrelevant ist.

18　　Da der bereits vorhandene Zustand zu beschreiben ist, kann es sich bei der Analyse nicht um den in § 2a BauGB geforderten Umweltbericht handeln. Dieser Umweltbericht ist bei allen Bebauungsplänen zu erstellen, die UVP-pflichtige Vorhaben zum Gegenstand haben. Wesentlicher Inhalt des Umweltberichtes ist die Beschreibung der zu erwartenden Umweltauswirkungen des Vorhabens. Damit ist eine Prognose gefordert, die von der Analyse des bestehenden Zustandes gerade nicht erfasst wird. Hier ist auf die Besonderen Leistungen unter Ziffer 5 der Anlage 9 zu verweisen.

19　　Die Ermittlungen können sich nicht auf die Systematisierung des Planungsbestandes beschränken. Sie müssen den tatsächlichen (Ist-)Zustand des Planbereiches in seiner Gesamtheit erfassen. Dieser ist in jeder Hinsicht zu erforschen. Die Feststellungen betreffen die Topographie, vorhandene Bebauung und Nutzung, Freiflächen und Nutzung einschließlich der Bepflanzung, Verkehrsanlagen, Ver- und Entsorgungsanlagen, Umweltverhältnisse, Baugrund, wasserwirtschaftliche Verhältnisse, Denkmalschutz und Milieuwerte, Naturschutz, Baustrukturen, Gewässerflächen und Eigentümer.

Die Art und Weise, in der der Ist-Zustand zu ermitteln ist, ist umfassend, soweit er abwägungsrelevant ist.

20　　Zur Bestandaufnahme werden auch örtliche Erhebungen gerechnet. Hiermit sind Feststellungen an Ort und Stelle zur Ergänzung der Bestandsaufnahme gemeint. Der Unterschied zu den oben genannten Begehungen wird nicht immer leicht zu bestimmen sein. Schließlich soll auch die Begehung nicht nur eine Inaugenscheinnahme sein, sondern zu Feststellungen im Rahmen der Bestandsaufnahme führen.

21　　Die Erfassung von vorliegenden Äußerungen der Einwohner dient der Vorbereitung der nach § 3 BauGB vorgesehenen Mitwirkung der Betroffenen. Auch hier sollen die schon geäußerten Ansichten der Bürger beizeiten erfasst werden, damit sie in dem Planungskonzept Berücksichtigung finden können. Selbst einholen muss der Auftragnehmer die Äußerungen nicht.

22　　An die Analyse schließt sich das Mitwirken beim Festlegen von Zielen und Zwecken der Planung an. Auch hierbei sind die übergeordneten Planungen (Raumordnung und Landesplanung, überregionale Fachplanungen) und die Beiträge anderer an der Planung fachlich Beteiligter zu berücksichtigen.

Die Grundleistung ist auf das Mitwirken, damit die Beratung der für die Aufstellung des 23 Planungsprogramms zuständigen Stellen des Auftraggebers beschränkt.

Der Vorentwurf zieht die planerischen Folgerungen aus dem Ergebnis der beiden vor- 24 hergehenden Leistungsphasen. Aus ihm sind die weiteren Planfassungen (Entwurf und Planfassung für die Anzeige oder Genehmigung) zu entwickeln. Er muss inhaltlich den Anforderungen des § 9 BauGB schon so weitgehend wie möglich entsprechen. Die Darstellungsweise ist frei, jedoch ist es jedenfalls zweckmäßig, den Vorentwurf auch in formeller Hinsicht auf die endgültige Planfassung auszurichten.

Der Vorentwurf kann als „grundsätzliche Lösung der wesentlichen Teile der Aufgabe" 25 bezeichnet werden. Die Darstellung hat in Gestalt von Zeichnungen (Karten, Plänen) zu erfolgen. Die Darstellung ist beliebig. Jedoch sollte nicht ohne Grund von der durch die PlanzV für die endgültige Planfassung vorgeschriebenen Darstellungsweise abgewichen werden. Es ist daher auch zweckmäßig, Planunterlagen zu wählen, die den Anforderungen des § 1 PlanzV entsprechen.

Nach § 9 Abs. 8 BauGB ist dem Bebauungsplan eine Begründung beizufügen. Im 26 Rahmen der frühzeitigen Bürgerbeteiligung des § 3 Abs. 1 BauGB hat nur eine Information über die allgemeinen Ziele und Zwecke der Planung zu erfolgen. Eine ausformulierte Begründung wird noch nicht verlangt. Allerdings sind diese Ziele der zukünftigen Planung schon so konkret darzustellen, dass beurteilt werden kann, ob ein Vorhaben im Einzelfall zulässig sein kann. Nur bei einer derart konkretisierten Planung, die noch nicht bis ins Detail gehe muss, können Sicherungsmaßnahmen nach den §§ 14 ff. BauGB erfolgen. Zu diesen Sicherungsmaßnahmen gehören die Veränderungssperre und das Zurückstellen von Baugesuchen. Eine textliche Erläuterung, die die Ziele der Planung in Vorbereitung des Erläuterungsberichtes darlegt, kann für solche Sicherungsmaßnahmen somit von Bedeutung sein. Sie soll die dem Entwurf zugrunde liegende städtebauliche Konzeption begründen. Das entspricht § 9 Abs. 8 Satz 2 BauGB, wonach die Begründung die Ziele und Zwecke des Bebauungsplans darzulegen hat.

Das Darlegen der wesentlichen Auswirkungen ist in § 2 Abs. 4 BauGB erwähnt. Die 27 wesentlichen Umweltauswirkungen müssen ermittelt und in dem Umweltbericht beschrieben und bewertet werden. Dabei handelt es sich nicht mehr um Grundleistungen, sondern um Besondere Leistungen, die in der Anlage 9 unter Nr. 5c und 5d genannt werden.

Soweit Beiträge der Fachplanungen zur Verfügung stehen, sind sie zu berücksichtigen. 28

Das Mitwirken an der frühzeitigen Öffentlichkeitsbeteiligung schließt die Teilnahme an 29 der Erörterung ein. Eine Beschränkung auf die Teilnahme an fünf Sitzungen, wie sie bisher in § 18 Abs. 2 HOAI a. F. enthalten war, ist nicht mehr enthalten. Nach der amtl. Begründung soll die Teilnahme an „erforderlichen" Sitzungen zu den Grundleistungen gehören. Diese Verlagerung in eine Besondere Leistung wird damit begründet, dass die Anzahl der Sitzungstermine sehr uneinheitlich ist. Ein einheitlicher Leistungsumfang entsprechend ein Richtwert für die Preisregulierung lässt sich nicht begründen. Deshalb soll die Vergütung für die Teilnahme an Gremien- und Öffentlichkeitsterminen grundsätzlich jeweils projektbezogen zwischen Auftraggeber und Auftragnehmer als Besondere Leistung vereinbart werden. Dagegen sollen „erforderliche Sitzungstermine mit politischen Gremien, die lediglich der Vorbereitung der Beschlussfassung zum Beispiel des Gemeinderates dienen und bei kleinen Gemeinden nicht gesondert durch Verwaltungsbeamte durchgeführt werden können, als Grundleistung der jeweiligen Leistungsphase von den Honorartafelwerten erfasst" sein, so die amtl. Begründung (S. 152). Solche regulären Abstimmungstermine sollen keine Besondere Leistung sein. Für eine Abgrenzung zwischen Grundleistung und Besonderer Leistung soll es nicht darauf ankommen, „dass ein politisches Gremium die Sitzung einberufen hat, sondern ob es sich materiell um eine zur Abstimmung der Planung mit dem Auftraggeber erforderliche Sitzung handelt, die als Grundleistung ohnehin eine Voraussetzung zur ordnungsgemäßen Erfüllung des Planungsauftrags ist" (amtl. Begr., a. a. O.).

Die Beteiligung anderer Behörden und anderer Träger öffentlicher Belange sowie der 30 Nachbargemeinden, soweit diese von dem Bebauungsplan betroffen werden können, ergibt sich aus § 4 BauGB. Hierzu hat der Auftragnehmer dem Auftraggeber Informationen zur Verfügung zu stellen, und ihn bei Verhandlungen mit den beteiligten Stellen zu unterstützen. Eine förmliche Verfahrensbeteiligung ist damit nicht gemeint.

31 Gleiches gilt für das Mitwirken an der Abstimmung mit den Nachbargemeinden.

32 Zu den Leistungen gehört schließlich das Abstimmen der Vorläufigen Planfassung mit der Gemeinde.

2. Grundleistungen der Leistungsphase 2

33 Im Anschluss an die Leistungen, die im Zusammenhang mit den frühzeitigen Beteiligung stehen, folgen in der Leistungsphase 2 die Arbeiten zum Entwurf und die damit zusammenhängende Beteiligungen.

Den Entwurf des Bebauungsplans mit Begründung hat die Gemeinde nach ortsüblicher Bekanntmachung auf die Dauer eines Monats auszulegen, damit die Beteiligten Gelegenheit haben, Anregungen vorzubringen (§ 3 Abs. 2 BauGB). Diese Anregungen können dazu führen, dass der Entwurf noch einmal zu überarbeiten ist. Durch die Bürgerbeteiligung soll eine umfassende Abwägung aller betroffenen Belange erreicht werden. Solche Belange können erstmals durch die Bürgerbeteiligung zutage treten. Dann ist der Entwurf entweder zu ändern, oder der Betroffene darüber zu informieren, warum seine Belange im Rahmen der Abwägung nicht zu einer Änderung führten. Ein so geänderter Entwurf ist erneut auszulegen. Allerdings kann die Dauer der Auslegung auf zwei Wochen verkürzt werden. Die Anregungen können auf die geänderten Teile des Entwurfs beschränkt werden. Kommt es zu keinen weiteren Änderungen, ist der auszulegende Entwurf ist die endgültige Planfassung, deren Herstellung wesentlicher Gegenstand der Leistungsphase 3 ist.

34 Im Mittelpunkt dieser Leistungsphase steht die Leistung „Entwurf des Bebauungsplans für die öffentliche Auslegung mit Begründung." Dieser Entwurf muss inhaltlich und formal den Anforderungen des § 9 BauGB, der BauNVO und der PlanzV entsprechen. Hier ist insbesondere auf § 1 Abs. 2 PlanzV hinzuweisen, wonach aus den Planunterlagen für Bebauungspläne die Flurstücke mit ihren Grenzen und Bezeichnungen in Übereinstimmung mit dem Liegenschaftskataster, die vorhandenen baulichen Anlagen, die Straßen, Wege und Plätze sowie die Geländehöhe ersichtlich sein sollen. Demgemäß werden üblicherweise Maßstäbe zwischen 1 : 2000 und 1 : 500 gewählt, wenn es auch von landesrechtlichen Vorschriften abgesehen, keine ausdrückliche gesetzliche Vorschrift hierfür gibt.

35 Die Leistung umfasst den gesamten Inhalt des Bebauungsplans, wie er nach § 9 BauGB erforderlich ist.

36 Zu dem Entwurf gehört die (schriftliche) Begründung. Wesentlicher Zweck der Begründung des Planes in seiner endgültigen Fassung ist die Rechtfertigung der im Bebauungsplan getroffenen Entscheidungen. Deshalb kann sich dessen Begründung darauf beschränken, die wesentlichen Festsetzungen, Grundgedanken und Leitziele darzulegen, und deren tragende Gründe zu nennen (BVerwG, Beschluss v. 3.11.1992, ZfBR 1993, 89 f.). Dagegen ist in der Begründung des Entwurfes eher auf die einzelnen Festsetzungen einzugehen. Hier soll das Für und Wider der einzelnen Festsetzungen dargelegt werden. Kommt es im Rahmen der Bürgerbeteiligung zu keinen neuen Gesichtspunkten, kann die Entwurfsbegründung für die endgültige Fassung übernommen werden. Zu den Festsetzungen eines Bebauungsplanes gehören können Flächen für Wohngebäude, die aus Mitteln des sozialen Wohnungsbaus gefördert werden; Flächen für Wohngebäude für Personengruppen mit besonderem Wohnbedarf; Flächen, deren besonderer Nutzungszweck durch besondere städtebauliche Gründe erfordert wird (§ 9 Abs. 1 Nr. 7 bis 9 BauGB). Die Gründe hierfür sind besonders darzulegen. Es soll auf Maßnahmen hingewiesen werden, die alsbald zur Verwirklichung des Bebauungsplans getroffen werden sollen. Dabei sollen überschlägig die der Gemeinde entstehenden Kosten und deren Deckung angegeben werden. Bodenordnende und sonstige Maßnahmen, für die der Bebauungsplan die Grundlage bilden sollen, sind darzulegen, ebenso wie die allgemeinen Vorstellungen, wie nachteilige Auswirkungen des Bebauungsplans auf die Lebensumstände der Betroffenen vermieden oder gemildert werden können.

Im Rahmen des Mitwirkens bei der Öffentlichkeitsbeteiligung gehen Anregungen ein, **37** die während der Auslegezeit des Planentwurfs vorgebracht worden sind. Die Mitwirkung des Auftragnehmers bei der Abfassung der Stellungnahme dazu ist Gegenstand der Leistungsphase 3. Das Mitwirken an der Öffentlichkeitsarbeit der Gemeinde ist Besondere Leistung gemäß Anlage 9 Ziff. 5q.

Ebenso wie die Bürger im Rahmen der öffentlichen Auslegung innerhalb der Monats- **38** frist des § 3 Abs. 2 BauGB einzubeziehen sind, gilt dies auch für die Träger öffentlicher Belange. Das Mitwirken daran ist Grundleistung.

Ebenso ist auch in dieser Phase das Mitwirken an der Abstimmung mit den Nachbarge- **39** meinden Grundleistung.

Als weitere Grundleistungen werden das Mitwirken bei der Abwägung der Gemeinde zu **40** den Stellungnahmen und das Abstimmen des Entwurfs mit der Gemeinde genannt. Dadurch soll die endgültige Fassung des Bebauungsplanes vorbereitet werden.

3. Grundleistungen der Leistungsphase 3

Unter Berücksichtigung der Anregungen aus der öffentlichen Auslegung ist der Plan für **41** die Beschlussfassung zu erarbeiten. Allen dadurch wesentliche Änderungen an, ist dies Besondere Leistung gemäß Anlage 9 Ziff. 5h.

Das Mitwirken bei der Abwägung der Gemeinde zu den Stellungnahmen ist Grundleis- **42** tung. Dagegen fallen das Verfassen von Bekanntmachungstexten und die Organisation der öffentlichen Bekanntmachung unter die Besonderen Leistungen (Anlage 9, Ziff. 5ll).

Das Erstellen des Bebauungsplans in der durch den Beschluss der Gemeinde aufgestellten **43** Fassung und seiner Begründung zur Anzeige (vgl. § 11 Abs. 1 BauGB) bzw. Genehmigung durch die obere Verwaltungsbehörde ist Grundleistung dieser Phase. Diese Fassung muss, wie der Entwurf, den gesetzlichen Erfordernissen nach dem BBauG, der BauNVO und der PlanzV entsprechen. Sie muss in einer farbigen oder einer vervielfältigungsfähigen Schwarz-Weiß-Fassung vorgelegt werden. Bestandteil der Grundleistung ist die Einarbeitung kleinerer, eine erneute Auslegung nicht erfordernder Änderungen gegenüber der endgültigen Planfassung.

IV. Besondere Leistungen, Anlage 9

Die Besonderen Leistungen für den Bebauungsplan – und auch für den Flächennut- **44** zungsplan – sind in der Anlage 9 aufgeführt. Auch hier ist die Auflistung nicht abschließend. Gemäß § 3 sind die Honorare für Besondere Leistungen fei zu vereinbaren und von den zwingenden Preisvorgaben der HOAI nichterfasst.

Die Anlage 9 enthält nicht nur eine nicht abschließende Liste von Besonderen Leistun- **45** gen für den Flächennutzungs- und den Bebauungsplan, sondern weitere Beispiele solcher Besonderen Leistungen für die Flächenplanung, zu der auch die landschaftsplanerischen Leistungen gehören.

Die (nicht abschließenden) Besonderen Leistungen der Anlage 9 sind (ohne landschafts- **46** planerische Leistungen):

1. Rahmensetzende Pläne und Konzepte:
   a) Leitbilder
   b) Entwicklungskonzepte
   c) Masterpläne
   d) Rahmenpläne
2. Städtebaulicher Entwurf:
   a) Grundlagenermittlung
   b) Vorentwurf
   c) Entwurf
   Der Städtebauliche Entwurf kann als Grundlage für Leistungen nach § 19 der HOAI dienen und Ergebnis eines städtebaulichen Wettbewerbes sein.

3. Leistungen zur Verfahrens- und Projektsteuerung sowie zur Qualitätssicherung:
   a) Durchführen von Planungsaudits
   b) Vorabstimmungen mit Planungsbeteiligten und Fachbehörden
   c) Aufstellen und Überwachen von integrierten Terminplänen
   d) Vor- und Nachbereiten von planungsbezogenen Sitzungen
   e) Koordinieren von Planungsbeteiligten
   f) Moderation von Planungsverfahren
   g) Ausarbeiten von Leistungskatalogen für Leistungen Dritter
   h) Mitwirken bei Vergabeverfahren für Leistungen Dritter (Einholung von Angeboten, Vergabevorschläge)
   i) Prüfen und Bewerten von Leistungen Dritter
   j) Mitwirken beim Ermitteln von Fördermöglichkeiten
   k) Stellungnahmen zu Einzelvorhaben während der Planaufstellung

4. Leistungen zur Vorbereitung und inhaltlichen Ergänzung:
   a) Erstellen digitaler Geländemodelle
   b) Digitalisieren von Unterlagen
   c) Anpassen von Datenformaten
   d) Erarbeiten einer einheitlichen Planungsgrundlage aus unterschiedlichen Unterlagen
   e) Strukturanalysen
   f) Stadtbildanalysen, Landschaftsbildanalysen
   g) Statistische und örtliche Erhebungen sowie Bedarfsermittlungen, zum Beispiel zur Versorgung, zur Wirtschafts-, Sozial- und Baustruktur sowie zur soziokulturellen Struktur
   h) Befragungen und Interviews
   i) Differenziertes Erheben, Kartieren, Analysieren und Darstellen von spezifischen Merkmalen und Nutzungen
   j) Erstellen von Beiplänen, zum Beispiel für Verkehr, Infrastruktureinrichtungen, Flurbereinigungen, Grundbesitzkarten und Gütekarten unter Berücksichtigung der Pläne anderer an der Planung fachlich Beteiligter
   k) Modelle
   l) Erstellen zusätzlicher Hilfsmittel der Darstellung zum Beispiel Fotomontagen, 3D-Darstellungen, Videopräsentationen

5. Verfahrensbegleitende Leistungen:
   a) Vorbereiten und Durchführen des Scopings
   b) Vorbereiten, Durchführen, Auswerten und Dokumentieren der formellen Beteiligungsverfahren
   c) Ermitteln der voraussichtlich erheblichen Umweltauswirkungen für die Umweltprüfung
   d) Erarbeiten des Umweltberichtes
   e) Berechnen und Darstellen der Umweltschutzmaßnahmen
   f) Bearbeiten der Anforderungen aus der naturschutzrechtlichen Eingriffsregelung in Bauleitplanverfahren
   g) Erstellen von Sitzungsvorlagen, Arbeitsheften und anderen Unterlagen
   h) Wesentliche Änderungen oder Neubearbeitung des Entwurfs nach Offenlage oder Beteiligungen, insbesondere nach Stellungnahmen
   i) Ausarbeiten der Beratungsunterlagen der Gemeinde zu Stellungnahmen im Rahmen der formellen Beteiligungsverfahren
   j) Leistungen für die Drucklegung, Erstellen von Mehrausfertigungen
   k) Überarbeiten von Planzeichnungen und von Begründungen nach der Beschlussfassung (zum Beispiel Satzungsbeschluss)
   l) Verfassen von Bekanntmachungstexten und Organisation der öffentlichen Bekanntmachungen m) Mitteilen des Ergebnisses der Prüfung der Stellungnahmen an die Beteiligten

n) Benachrichtigen von Bürgern und Behörden, die Stellungnahmen abgegeben haben, über das Abwägungsergebnis

o) Erstellen der Verfahrensdokumentation

p) Erstellen und Fortschreiben eines digitalen Planungsordners

q) Mitwirken an der Öffentlichkeitsarbeit des Auftraggebers einschließlich Mitwirken an Informationsschriften und öffentlichen Diskussionen sowie Erstellen der dazu notwendigen Planungsunterlagen und Schriftsätze

r) Teilnehmen an Sitzungen von politischen Gremien des Auftraggebers oder an Sitzungen im Rahmen der Öffentlichkeitsbeteiligung

s) Mitwirken an Anhörungs- oder Erörterungsterminen

t) Leiten bzw. Begleiten von Arbeitsgruppen

u) Erstellen der zusammenfassenden Erklärung nach dem Baugesetzbuch

v) Anwenden komplexer Bilanzierungsverfahren im Rahmen der naturschutzrechtlichen Eingriffsregelung w) Erstellen von Bilanzen nach fachrechtlichen Vorgaben x) Entwickeln von Monitoringkonzepten und -maßnahmen

y) Ermitteln von Eigentumsverhältnissen, insbesondere Klären der Verfügbarkeit von geeigneten Flächen für Maßnahmen

§ 20 Honorare für Grundleistungen bei Flächennutzungsplänen

(1) **Die Mindest- und Höchstsätze der Honorare für die in § 18 und Anlage 2 aufgeführten Grundleistungen bei Flächennutzungsplänen sind in der folgenden Honorartafel festgesetzt:**

Fläche in Hektar	Honorarzone I geringe Anforderungen		Honorarzone II durchschnittliche Anforderungen		Honorarzone III hohe Anforderungen	
	von	bis	von	bis	von	bis
	Euro		Euro		Euro	
1 000	70 439	85 269	85 269	100 098	100 098	114 927
1 250	78 957	95 579	95 579	112 202	112 202	128 824
1 500	86 492	104 700	104 700	122 909	122 909	141 118
1 750	93 260	112 894	112 894	132 527	132 527	152 161
2 000	99 407	120 334	120 334	141 262	141 262	162 190
2 500	111 311	134 745	134 745	158 178	158 178	181 612
3 000	121 868	147 525	147 525	173 181	173 181	198 838
3 500	131 387	159 047	159 047	186 707	186 707	214 367
4 000	140 069	169 557	169 557	199 045	199 045	228 533
5 000	155 461	188 190	188 190	220 918	220 918	253 647
6 000	168 813	204 352	204 352	239 892	239 892	275 431
7 000	180 589	218 607	218 607	256 626	256 626	294 645
8 000	191 097	231 328	231 328	271 559	271 559	311 790
9 000	200 556	242 779	242 779	285 001	285 001	327 224
10 000	209 126	253 153	253 153	297 179	297 179	341 206
11 000	216 893	262 555	262 555	308 217	308 217	353 878
12 000	223 912	271 052	271 052	318 191	318 191	365 331
13 000	230 331	278 822	278 822	327 313	327 313	375 804
14 000	236 214	285 944	285 944	335 673	335 673	385 402
15 000	241 614	292 480	292 480	343 346	343 346	394 213

(2) Das Honorar für die Aufstellung von Flächennutzungsplänen ist nach der Fläche des Plangebiets in Hektar und nach der Honorarzone zu berechnen.

(3) Welchen Honorarzonen die Grundleistungen zugeordnet werden, richtet sich nach folgenden Bewertungsmerkmalen:

1. zentralörtliche Bedeutung und Gemeindestruktur,
2. Nutzungsvielfalt und Nutzungsdichte
3. Einwohnerstruktur, Einwohnerentwicklung und Gemeinbedarfsstandorte,
4. Verkehr und Infrastruktur,
5. Topografie, Geologie und Kulturlandschaft,
6. Klima-, Natur- und Umweltschutz.

(4) Sind auf einen Flächennutzungsplan Bewertungsmerkmale aus mehreren Honorarzonen anwendbar und bestehen deswegen Zweifel, welcher Honorarzone der Flächennutzungsplan zugeordnet werden kann, so ist zunächst die Anzahl der Bewertungspunkte zu ermitteln. Zur Ermittlung der Bewertungspunkte werden die Bewertungsmerkmale wie folgt gewichtet:

1. geringe Anforderungen: 1 Punkt,
2. durchschnittliche Anforderungen: 2 Punkte,
3. hohe Anforderungen: 3 Punkte.

(5) Der Flächennutzungsplan ist anhand der nach Absatz 4 ermittelten Bewertungspunkte einer der Honorarzonen zuzuordnen:

1. Honorarzone I: bis zu 9 Punkte,
2. Honorarzone II: 10 bis 14 Punkte,
3. Honorarzone III: 15 bis 18 Punkte.

(6) Werden Teilflächen bereits aufgestellter Flächennutzungspläne (Planausschnitte) geändert oder überarbeitet, so ist das Honorar frei zu vereinbaren.

Übersicht

I. Überblick

1   § 20 Abs. 1 HOAI verweist auf das Leistungsbild Flächennutzungsplan und dessen inhaltliche Beschreibung in der Anlage 2 (dazu im Einzelnen § 18). Die Honorarsätze wurden gegenüber der vorhergehenden Fassung deutlich angehoben. Ein Mindesthonorar, wie es in § 20 Absatzes 6 a. F. in Höhe von € 2300 noch vorgesehen war, wird nicht mehr genannt. Der unterste Tabellenwert ist stattdessen von bisher € 1041,00 auf € 70 439,00 angehoben worden.

2   Wie auch bei den weiteren Leistungsbildern, sind auch für die Flächenplanung nur noch die Honorare für Grundleistungen verbindlich geregelt. Honorare für Besondere Leistungen können frei vereinbart werden, § 3 Abs. 3 S. 3. Diese Besonderen Leistungen sind in einer nicht abschließenden Anlage 9 aufgeführt.

3   Eine wesentliche Änderung ist die Abrechnung auf der Grundlage von Flächen, satt der bisher zugrunde gelegten Verrechnungseinheiten. Damit sich in der Flächenplanung insgesamt die Flächen der Abrechnungsmaßstab.

Auch für die Flächenplanung gelten die Vorschriften des Allgemeinen Teils. Honorarver- **4** einbarungen sind dadurch in § 7 HOAI geregelt. Solche Vereinbarungen nach wie vor möglich. Mindestsatzunterschreitungen sollen in Ausnahmefällen möglich sein (§ 7 Abs. 3). Für Flächenplanungen dürfte diese keine praktische Bedeutung haben. Werden Vereinbarungen getroffen, durch die von den Mindestsätzen abgewichen wird, muss dies schriftlich bei Auftragserteilung erfolgen (§ 7 Abs. 5). Die Höchstsätze können durch schriftliche Vereinbarung überschritten werden. Voraussetzung einer solchen Vereinbarung ist eine außergewöhnliche oder ungewöhnlich lange andauernde Grundleistung (§ 7 Abs. 4).

Die Zuordnung zu den Honorarzonen ist jetzt einheitlich geregelt. Statt wie bisher fünf **5** Honorarzonen gibt es jetzt nur noch drei Honorarzonen, gleiches gilt für den Bebauungsplan.

Werden lediglich Teilflächen der Bauleitpläne bearbeitet, verweist § 20 Abs. 6 jetzt dar- **6** auf, dass dies Besondere Leistungen sind, das Honorar dafür somit frei vereinbart werden kann.

II. Abs. 1: Honorartafel

Die Honorarsätze der Honorartafel des Abs. 1 in Abhängigkeit von der Größe der in **7** Hektar (ha) anzusetzenden Fläche und den Honorarzonen zu entnehmen. Es handelt sich um Vom-Bis-Sätze.

Für jede in der Honorartafel genannten Flächen sind ein Mindestsatz und ein Höchstsatz **8** angegeben. Es handelt sich dabei um Mindest- und Höchstsätze im Sinne von § 7 Abs. 1. Das bedeutet, dass die Parteien frei sind, beliebige Vereinbarungen innerhalb des anwendbaren Gebührenrahmens zu treffen. Dabei ist die Mindestgebühr zugleich die Regelgebühr. Nur bei formgültiger und rechtzeitiger Vereinbarung können andere als die Mindestsätze verlangt werden. Abweichungen sind nur „in Ausnahmefällen" in § 7 Abs. 3, 4 zulässig.

Die Honorartafel gibt Honorarsätze nur für bestimmte Flächen an, beginnend mit 1000 ha und endend mit 15 000 ha.

Zwischenstufen der angegebenen Flächen sind durch Interpolation (§ 13) zu ermitteln.

III. Abs. 2: Honorarberechnung

Anders als für die Objekte des § 2 Abs. 1 werden für die Flächenplanung keine anre- **9** chenbaren Kosten für die Honorarermittlung zugrunde gelegt. Der Maßstab ist hier die zu beplanende Fläche. Diese Fläche ist das erste der drei Elemente der Honorarberechnung.

Das zweite Berechnungselement ist die Honorartafel. Hier ist anhand der Flächen der jeweilige Mindest- oder Höchstsatz bei einer umfassenden Beauftragung mit den Grundleistungen zu entnehmen. Zwischenwerte sind zu interpolieren.

Weiteres Element der Berechnung sind die Leistungsphasen. Bei nur teilweiser Beauftragung mit einzelnen Leistungsphasen sind die dafür in § 18 genannten Prozentsätze des Honorars abzurechnen.

Mit der Beauftragung des Entwurfs zur öffentlichen Auslegung als Einzelleistung befasst sich § 9 Abs. 2 S. 1.

IV. Abs. 3: Bewertungsmerkmale der Honorarzonen

Alle drei Honorarzonen sind nach sechs Merkmalen untergliedert. Diese Merkmale sind **10** in allen drei Zonen gleich. Für alle drei Zonen sind die Anforderungen aus der zentralörtlichen Bedeutung und der Gemeindestruktur, der Nutzungsvielfalt und der Nutzungsdichte, der Einwohnerstruktur Einwohnerentwicklung und Gemeindebedarfsstandorte, dem Verkehr und der Infrastruktur, der Topografie Geologie und Kulturlandschaft und schließlich aus Klima, Natur- und Umweltschutz zu prüfen.

Galda

11   Die Bewertungsmerkmale wurden gegenüber den vorhergehenden Fassungen neu formuliert. Diese Aktualisierung soll die auf die spezifischen Anforderungen und Inhalte des Flächennutzungsplans abstellen.

12   Ein Flächennutzungsplan für ein Dorf muss anderen Anforderungen genügen als sein solcher für eine Stadt, das liegt auf der Hand. Das Merkmal der Bedeutung erfasst aber auch die Anforderungen, die aufgrund der Situation der Gemeinde in der Region zu beachten sind. Die Einstufung von Gemeinden, z.B. als Oberzentrum, ist für die örtliche Bedeutung und für die Ausrichtung der weiteren Entwicklung maßgeblich. Hier können die Vorgaben der Landes- und Regionalplanung zu berücksichtigen sein.

Die Struktur der Gemeinde kann sich einerseits durch die Ausprägung ihrer Besiedlung, z.B. als zentrierte oder als in viele Teilorte untergliederte Flächengemeinde ergeben (Locher/Koeble/Frik-Zahn § 20 Rn. 10), andererseits auch aus ihrer baulichen Struktur, z.B. die Besiedlung mit Ballungszentren in Form von Hochhäusern oder großflächigen Grundstücken mit Einzelhäusern.

13   Die Anforderungen an die Nutzungsvielfalt sind naturgemäß eher gering, wenn die Umgebung nicht bebaut ist.

In der Frage der Nutzung sowie der Dichte kommt es darauf an, ob eine entsprechende Homogenität vorhanden ist. Je unterschiedlicher sowie wechselhafter die die Nutzungen sind, umso höher ist hier auf den Planer zukommende Schwierigkeitsgrad. Vor allem bei einer erheblichen Zahl unterschiedlicher Nutzung spielt dies eine besondere Rolle. Gerade auch bei verschiedener städtebaulicher Nutzung, die dort regelmäßig vorliegt, wird dem Planer eine besondere Aufmerksamkeit abverlangt. Da die Merkmale auch für den Bebauungsplan gelten, kommt der Rücksichtnahme auf die vorhandene Bebauung und Nutzung hohe Bedeutung zu. Werden nicht miteinander vereinbare Nutzungen nebeneinander geplant, würde in der späteren Nutzung ein Verstoß gegen das Rücksichtnahmegebot des § 15 BauNVO liegen.

14   Die Einwohnerstruktur, also die Zusammensetzung der Gemeindebewohner hinsichtlich Alter, Herkunft, Familienstruktur, und ähnlicher Merkmale, ist für die Beurteilung der zukünftigen Entwicklung auch im Hinblick auf die Planungen für die Daseinsvorsorge von Bedeutung. Studentisch geprägte Städte werden einen anderen Bedarf haben als solche Gemeinden, die eher industriell geprägt sind. Diese Bewohnerstruktur kann Auswirkungen auch bei zukünftigen Umlegungsverfahren (§ 45 ff. BauGB) haben, wenn z.B. Flächen für Kindergärten oder Schulen zur Verfügung gestellt werden müssen.

15   Unter dem Bewertungsmerkmal „Infrastruktur" ist sowohl die technische als auch die soziale Infrastruktur erfasst.

16   Bei den topografischen Verhältnissen und den geologischen Gegebenheiten kommt es maßgebend auf die Beschaffenheit des Geländes an, wie Ebenheit, Neigung(en), Hänge, starkes oder schwaches Gefälle. Besonders wichtig ist dabei auch die Beschaffenheit von Grund und Boden, insofern vor allem die Bodenklassen, die Erdschichten und die jeweiligen, evtl. unterschiedlichen, Wasserverhältnisse. Sind hier überdurchschnittliche oder höhere Anforderungen gegeben, werden diese in der Regel nur durch besondere fachplanerische Leistungen gemeistert werden.

17   Anforderungen an die Umweltvorsorge sowie ökologische Bedingungen spielen eine immer größere Rolle. Die Bedeutung dieser Belange wird u.a. in § 1 Abs. 5 und § 1a Abs. 2 BauGB betont. Dies gilt sowohl für den Flächennutzungsplan als auch für den Bebauungsplan. Die Anforderungen an den Umweltschutz sind sowohl bei Planungen im Außenbereich als auch bei solchen im beplanten oder unbeplanten Innenbereich zu berücksichtigen (BVerwG, Urteil v. 31.8.2000, 4 CN 6.99, DVBl 2000, 377).

V. Abs. 4: Bewertungspunkte

18   Die drei Honorarzonen sind unterteilt in solche mit geringen Anforderungen (HZ I), durchschnittlichen Anforderungen (HZ II) und hohen Anforderungen (HZ III). In aller Regel ist es nicht möglich, die sechs Bewertungsmerkmale des Abs. 3 einheitlich und unmittelbar in eine dieser Anforderungsstufen einzuordnen.

Abs. 4 stellt deshalb ein Punktesystem zur Verfügung, mit dem die Zuordnung zu der Honorarzone ermöglicht werden soll. Dazu ist für jedes der Bewertungskriterien zu entscheiden, ob es jeweils geringe, durchschnittliche oder hohe Anforderungen zu erfüllen hat. Je nach dieser Einordnung erden dann 1 Punkt (geringe Anforderung), 2 Punkte (durchschnittliche Anforderung) oder drei Punkte (hohe Anforderung) für dieses jeweilige Bewertungsmerkmal vergeben.

Auf diese Weise können für jedes der sechs Bewertungsmerkmale zwischen einem und **19** drei Punkte vergeben werden. Insgesamt sind also für alle sechs Bewertungsmerkmale mindestens sechs Punkte und höchstens 18 Punkte zu erreichen.

VI. Abs. 5: Einordnung in eine Honorarzone

Abs. 5 bestimmt, wie die Zuordnung nach Punkten zu erfolgen hat. Können bis zu 9 **20** Punkte vergeben werden, ist die Planung in die Honorarzone I einzustufen, bei 10–14 Punkten in die HZ II; bei 15–18 Punkten in die HZ III.

1 zentralörtlichen Bedeutung und der Gemeindestruktur	1	2	3
2 Nutzungsvielfalt und der Nutzungsdichte	1	2	3
3 Einwohnerstruktur Einwohnerentwicklung und Gemeindebedarfsstandorte	1	2	3
4 Verkehr und der Infrastruktur	1	2	3
5 Topografie Geologie und Kulturlandschaft	1	2	3
6 Klima, Natur- und Umweltschutz	1	2	3

Durch eine Addition der so ermittelten Punkte ist die Zuordnung zur jeweiligen Honorarzone möglich. Diese Zuordnung gibt Abs. 2 vor:

Honorarzone I bis zu 9 Punkte
Honorarzone II 10 bis 14 Punkte
Honorarzone III 15 bis 18 Punkte

VII. Abs. 6: Teilflächen

Flächennutzungspläne können auch in Teilen zu ändern sein. Dies sieht § 5 Abs. 2b **21** BauGB ausdrücklich vor. Das Ändern oder Überarbeiten solcher Teile eines Flächennutzungsplans ist Besondere Leistung. Das Honorar dafür kann frei vereinbart werden.

§ 21 Honorare für Grundleistungen bei Bebauungsplänen

(1) **Die Mindest- und Höchstsätze der Honorare für die in § 19 und Anlage 3 aufgeführten Grundleistungen bei Bebauungsplänen sind in der folgenden Honorartafel festgesetzt:**

Fläche in Hektar	Honorarzone I geringe Anforderungen		Honorarzone II durchschnittliche Anforderungen		Honorarzone III hohe Anforderungen	
	von	bis	von	bis	von	bis
	Euro		Euro		Euro	
0,5	5 000	5 335	5 335	7 838	7 838	10 341
1	5 000	8 799	8 799	12 926	12 926	17 054
2	7 699	14 502	14 502	21 305	21 305	28 109
3	10 306	19 413	19 413	28 521	28 521	37 628
4	12 669	23 866	23 866	35 062	35 062	46 258

Fläche in Hektar	Honorarzone I geringe Anforderungen von	bis	Honorarzone II durchschnittliche Anforderungen von	bis	Honorarzone III hohe Anforderungen von	bis
	Euro		Euro		Euro	
5	14 864	28 000	28 000	41 135	41 135	54 271
6	16 931	31 893	31 893	46 856	46 856	61 818
7	18 896	35 595	35 595	52 294	52 294	68 992
8	20 776	39 137	39 137	57 497	57 497	75 857
9	22 584	42 542	42 542	62 501	62 501	82 459
10	24 330	45 830	45 830	67 331	67 331	88 831
15	32 325	60 892	60 892	89 458	89 458	118 025
20	39 427	74 270	74 270	109 113	109 113	143 956
25	46 385	87 376	87 376	128 366	128 366	169 357
30	52 975	99 791	99 791	146 606	146 606	193 422
40	65 342	123 086	123 086	180 830	180 830	238 574
50	76 901	144 860	144 860	212 819	212 819	280 778
60	87 599	165 012	165 012	242 425	242 425	319 838
80	107 471	202 445	202 445	297 419	297 419	392 393
100	125 791	236 955	236 955	348 119	348 119	459 282

(2) **Das Honorar für die Aufstellung von Bebauungsplänen ist nach der Fläche des Plangebiets in Hektar und nach der Honorarzone zu berechnen.**

(3) **Welchen Honorarzonen die Grundleistungen zugeordnet werden, richtet sich nach folgenden Bewertungsmerkmalen:**

1. **Nutzungsvielfalt und Nutzungsdichte,**

2. **Baustruktur und Baudichte,**

3. **Gestaltung und Denkmalschutz,**

4. **Verkehr und Infrastruktur,**

5. **Topografie und Landschaft,**

6. **Klima-, Natur- und Umweltschutz.**

(4) **Für die Ermittlung der Honorarzone bei Bebauungsplänen ist § 20 Absatz 4 und 5 entsprechend anzuwenden.**

(5) **Wird die Größe des Plangebiets im förmlichen Verfahren während der Leistungserbringung geändert, so ist das Honorar für die Leistungsphasen, die bis zur Änderung noch nicht erbracht sind, nach der geänderten Größe des Plangebiets zu berechnen.**

Übersicht

I. Überblick

Für die Honorarberechnung sind, ebenso wie beim Flächennutzungsplan, auch für Be- **1** bauungspläne jetzt nur noch drei Honorarzonen anzuwenden, statt bisher fünf, § 21 Abs. 1 HOAI.

Die Bewertungsmerkmale für die Einordnung in die Honorarzonen wurden geändert.

Das Tafelhonorar ist angehoben worden. Der Mindestsatz liegt jetzt bei € 5000,00 für die Fläche von 0,5 ha, statt bisher € 472,00. Dafür ist die Vorschrift des § 21 Abs. 4 a.F. entfallen, die das Mindesthonorar mit € 2300,00 bestimmt hatte.

Der Höchstsatz liegt jetzt bei € 459 282,00 für die Fläche von 100 ha, statt bisher € 395 877,00.

Die Honorartafel erfasst nur das Honorar für Grundleistungen. Für Besondere Leistun- **2** gen enthält die Anlage 9 einen nicht abschließenden Katalog von Beispielen.

Für die Beauftragung des Entwurfs zur öffentlichen Auslegung als Einzelleistung enthält § 9 Abs. 2 S. 1 eine Sonderregelung. Danach kann der Prozentsatz für die Leistungsphase 1 zu demjenigen für die (allein beauftragte) Leistungsphase 2 addiert werden. Dafür ist eine schriftliche Vereinbarung der Parteien zwingende Voraussetzung.

II. Abs. 1: Honorartabelle

Die Honorartabelle des § 21 gibt für Bebauungspläne das Mindest- und Höchsthonorar **3** im Sinne des § 7 Abs. 1 an.

Das Honorar für Bebauungspläne mit einer Gesamtfläche des Planungsgebietes von mehr **4** als 100 ha kann frei vereinbart werden. Überschreiten die zu bearbeitenden Flächen den Höchstwert der Tabelle des § 21 Abs. 1, kann das Honorar frei festgelegt werden (§ 7 Abs. 2). Dabei ist von der Gesamtfläche des Planungsgebietes auszugehen.

III. Abs. 2: Berechnungsgrundlage:
Größe des Planbereichs und Honorarzone

Neben der Einordnung in die zutreffende Honorarzone ist die Größe des Plangebietes **5** das maßgebliche Element für die Honorarberechnung.

1. Honorarzone

Für die Honorarabrechnung wird das Plangebiet nur einer Honorarzone zugerechnet. Ist **6** die Einstufung in die Honorarzone erfolgt, muss die Größe des Plangebietes bestimmt werden, da die Honorartafel nach Abs. 1 nicht auf Verrechnungseinheiten, sondern auf Hektarflächen gestützt ist.

2. Planbereich

Für die Bestimmung der Größe des Planbereiches ist der jeweilige Aufstellungsbeschluss **7** maßgebend. Das ist zugleich die Fläche, welche dem Planer zur Bearbeitung aufgegeben wird.

Für Flächen, die zwischen den in der Tafel genannten Größen liegen, ist zu interpolieren, § 13.

Diese Fläche aus dem Aufstellungsbeschluss der Gemeinde hat auch dann Bedeutung, **8** wenn der Planer nicht für die Gemeinde selbst tätig wird, sondern für einen privaten Auftraggeber. Zu einer solchen Konstellation kann es im Zusammenhang mit Vorhaben- und Erschließungsplänen (§ 12 BauGB) kommen. Hier leisten Private einen Teil derjenigen Arbeit, die für Bebauungspläne von den Gemeinden zu erbringen wäre. Sie erstellen auf eigene Rechnung diejenigen Planungen, die anschließend in Satzungsverfahren nach dem

BauGB von der Gemeinde als Bebauungsplan beschlossen werden sollen. Dazu werden Stadtplaner eingesetzt, die auch gegenüber dem privaten Auftraggeber auf der Grundlage der §§ 17 ff. HOAI abrechnen. Auch in diesem Verhältnis gilt § 21 Abs. 2, so dass die Fläche aus dem Aufstellungsbeschluss bei der Abrechnung zugrunde zu legen ist. Dies auch dann, wenn der private Investor nur eine kleinere Fläche beplanen lassen wollte, die Gemeinde aber für diese Fläche den Bebauungsplan nicht in Kraft gesetzt hätte, und eine größere Planfläche forderte. Wird diese größere Fläche dann für den Auftraggeber beplant, damit der von ihm gewünschte Bebauungsplan erlassen wird, der die ursprünglich allein gewollten Flächen mit umfasst, kann der Auftragnehmer die Fläche des Plangebietes gemäß Beschluss für die Abrechnung ansetzten (OLG Koblenz NZBau 2005, 466).

Eine Vereinbarung, in der die Parteien kleinere Flächen als die tatsächlich beplanten zur Honorarberechnung vereinbaren, verstößt gegen den Grundsatz des Verbots der Mindestsatzunterschreitung und ist unwirksam (Locher/Koeble/Frik-Zahn, § 21 Rdn. 6).

IV. Abs. 3: Bewertungsmerkmale der Honorarzonen

9   Die bisherige Verweisung auf die Nutzungsmerkmale für den Flächenplan ist entfallen. Für den Bebauungsplan werden jetzt eigene Merkmale genannt. Damit wird dem Charakter des Bebauungsplans als verbindlichem Bauleitplan mit Festsetzungen für einzelne Grundstücke Rechnung getragen.

Das Merkmal Nutzungsvielfalt und Nutzungsdichte wird um so ehr zu einer höheren Einstufung führen, je größer das Plangebiet ist.

Baustruktur und Baudichte können die Planung im Hinblick auf einander ausschließende Nutzungen beeinflussen. Hier ist an das aus § 15 BauNVO hergeleitete Rücksichtnahmegebot zu denken. Neben lärmintensiven Industriegebieten kann kein Wohngebiet geplant werden.

Anforderungen an die Gestaltung müssen Bezug zur städtebaulichen Planung haben. Das Bewertungsmerkmal „Denkmalschutz" wird in Fällen des Ensembleschutzes höher zu bewerten sein als bei Einzelgebäuden.

Als weitere Bewertungsmerkmale werden Verkehr und Infrastruktur, Topografie und Landschaft sowie Klima-, Natur- und Umweltschutz genannt. Insbesondere der Naturschutz hat eine nach wie vor steigende Bedeutung. Die Arbeiten im Zusammenhang mit dem Umweltbericht gehören zu den in der Anlage 9 genannten besonderen Leistungen.

V. Abs. 4: Einordnung in die Honorarzonen

10   Für die Einordnung in die Honorarzonen verweist § 21 Abs. 4 auf die Regelungen zum Flächennutzungsplan.

Die Honorarzonen unterscheiden nach Leistungen, die geringe Anforderungen erfüllen müssen (HZ I), solche für durchschnittliche Anforderungen (HZ II), und solche für hohe Anforderungen (HZ III). Steht diese Zuordnung für alle sechs Bewertungsmerkmale des Abs. 3 einheitlich fest, steht damit auch die Honorarzone fest

Kann die Einordnung nicht in der Weise erfolgen, weil nicht alle Bewertungsmerkmale einheitlich als entweder gering, durchschnittlich oder hoch einzustufen sind, muss eine Einzelbewertung jedes Merkmals nach Punkten erfolgen.

11   Dabei ist für jedes der Bewertungsmerkmale zu prüfen, welche Anforderungen insoweit zu erfüllen sind. Bei geringen Anforderungen erhält das Merkmal eine Punkt, bei durchschnittlichen zwei Punkte, bei hohen Anforderungen drei Punkte (§ 20 Abs. 4).

Insgesamt können somit mindestens sechs Punkte und höchsten 18 Punkte erreicht werden (dazu auch das Beispiel zu § 20 Rdn. 18).

Die weitere Einordnung in die Honorarzonen erfolgt dann über § 20 Abs. 5. Bei bis zu 9 Punkten greift die HZ I, bei 10–14 Punkten die HZ II, bei 15–18 Punkten die HZ III.

VI. Abs. 5: Änderungen der Größe des Plangebietes

Die bisherige Reglung des § 21 Abs. 2 S. 2 HOAI 2009 zu Änderungen der Größe des **12** Plangebietes während der Vertragslaufzeit ist jetzt in Abs. 5 enthalten.

Änderungen des Leistungsumfangs während der Vertragslaufzeit behandelt auch § 10. Dort wird zwischen solchen Änderungen, die die anrechenbaren Kosten oder Flächen ändern (§ 10 Abs. 1), und solchen, die diese unverändert lassen (§ 10 Abs. 2), unterschieden.

Anders als § 10 setzt § 21 keine Vereinbarung zwischen den Parteien voraus. Im Bebauungsplanverfahren ist allein die Entscheidung der Gemeinde maßgeblich, wenn die Größe des Plangebietes verändert werden soll. Private können darauf keinen Einfluss haben, da die Planungshoheit bei der Gemeinde liegt. Gibt die Gemeinde eine solche Änderung vor, regelt deshalb allein § 21 Abs. 5 die honorarrechtlichen Folgen.

Das Honorar für diejenigen Leistungsphasen, die noch nicht erbracht wurden, ist nach **13** der geänderten Größe zu berechnen. Damit sind auch diejenigen Leistungsphasen, die begonnen wurden, aber noch nicht vollständig abgeschlossen sind, auf dieser neuen Grundlage abzurechnen (so auch L/K/F-Zahn, § 21 Rdn. 11).

Diese Berechnungsvorgabe ist unproblematisch, wenn es durch die Änderung der Größe **14** des Plangebietes zu einem höheren Honoraranspruch des Planers kommt. Dies kann auch der Fall sein, wenn die größere Fläche eine höhere Honorarzone Anwendung findet. Andererseits erfasst § 21 Abs. 5 auch diejenigen Fälle, in denen das Plangebiet verkleinert wird. Da die Größe des Plangebietes Berechnungsgrundlage für das Honorar ist, würde es jetzt geringer ausfallen. Die Anwendung des § 21 Abs. 5 scheint für diesen Fall ausgeschlossen, da ein über eine gesetzliche Reglung erzwungenen Verlust eines bereits entstandenen Honoraranspruchs die Folge wäre. In solchen Fällen wird eine Teilkündigung, die gemäß § 649 BGB abzurechnen wäre, in Betracht kommen.

Abschnitt 2. Landschaftsplanung

§ 22 Anwendungsbereich

(1) Landschaftsplanerische Leistungen umfassen das Vorbereiten, das Erstellen der für die Pläne nach Absatz 2 erforderlichen Ausarbeitungen.

(2) Die Bestimmungen dieses Abschnitts sind für folgende Pläne anzuwenden:

1. Landschaftspläne,

2. Grünordnungspläne und landschaftsplanerische Fachbeiträge,

3. Landschaftsrahmenpläne,

4. Landschaftspflegerische Begleitpläne,

5. Pflege- und Entwicklungspläne.

Übersicht

I. Verfassungsmäßigkeit der Regelung

Gegen die Verfassungsmäßigkeit des die landschaftsplanerischen Leistungen enthaltenden Teils der HOAI werden gelegentlich verfassungsrechtliche Bedenken geltend gemacht. **1**

Diese werden daraus hergeleitet, dass zwar Freianlagen unter den Begriff der in Art. 10 § 2 Abs. 1 Satz 2 MRVG genannten Anlagen fielen, aber nicht die – auch nicht gesondert aufgeführten – landschaftsplanerischen Leistungen. Seit den Neufassungen der HOAI taucht diese Argumentation kaum noch auf. In Art. 10 § 2 Abs. 1 Satz 1 MRVG ist schlechthin von Leistungen der Architekten, einschließlich der Garten und Landschaftsarchitekten, die Rede, zu denen die hier behandelten Leistungen fraglos gehören. Außerdem stehen die landschaftsplanerischen Leistungen, die in der HOAI geregelt sind, in einem engen sachlichen Zusammenhang mit den ausdrücklich genannten städtebaulichen Leistungen. Verfassungsrechtliche Bedenken sind daher nicht überzeugend zu begründen.

2 Im Statusbericht 2000plus Architekten/Ingenieure wird die Bedeutung der Gemeinschaftsverträglichkeit und der Beachtung der europäischen Normen und Rechtsprechung herausgestellt. Dieser Statusbericht kommt angesichts der immer zentraler werdenden Bedeutung der landschaftsplanerischen Leistung zu dem Ergebnis, dass die Regelung der landschaftsplanerischen Leistung in der HOAI nicht entbehrlich ist.

3 Auch im Aufsatz von Rechtsanwalt Frank Steeger und Prof. Dr. Clemens Schramm, BauR 2003 S. 445 ff., wird die Bedeutung dieser Regelung nicht in Frage gestellt. Die obersten Schutzziele sind nach dem Statusbericht der Verbraucherschutz und der Umweltschutz. Gerade diese Ziele unterstreichen die Notwendigkeit und Bedeutung der Regelungen der HOAI über die landschaftsplanerischen Leistungen.

4 Darüber hinaus ist die Landschaftsplanung ein wichtiges Instrument zur Umsetzung der Ziele des Naturschutzes. Die Landschaftsplanung stellt insoweit eine querschnittartige Fachplanung dar (vgl. Glaser Jus 2010, 209 ff.). Dabei ist zu beachten, dass die Eingriffsregelung des neuen Bundesnaturschutzgesetzes und das BauGB teilweise nebeneinander stehen. § 14 I BNatSchG definiert den Eingriffstatbestand mit Maßnahmen, die die Leistungsfähigkeit und die Funktionsfähigkeit des Naturhaushaltes oder des Landschaftsbildes erheblich beeinflussen (Bendler/Brockhoff NVwZ 2010, 733 ff.). Der Eingriffstatbestand des BNatSchG steht deswegen nur teilweise neben den Regelungen des BauGB, weil die Bauleitplanung und die genannten Satzungen dafür nicht zugänglich sind. Dort stehen die Themen Vermeidung, Ausgleich und Ersatz im Vordergrund, Scheidler BauR 2010, 1987.

5 Schließlich sollten die Pläne des Immissionsschutzrechtes, wie Luftreinhaltungspläne und Lärmminderungspläne als wichtige Instrumente der bauleitplanerischen Abwägung beachtet werden, vgl. Scheidler, Pläne des Immissionsschutzrechtes als Abwägungsgrundlage BauR 2012, 439 ff.

II. Weitere Entwicklung der landschaftsplanerischen Leistungen

6 Die landschaftsplanerischen Leistungen gewinnen durch das europäische Recht immer mehr an Bedeutung. Richtlinien und Verordnungen der europäischen Union ordnen diesen Leistungen immer größere Bedeutung zu. Folglich ist die vertragsgerechte Erbringung dieser Leistungen erst dann gegeben, wenn hierbei auch das europäische Recht berücksichtigt worden ist. Auf die zu berücksichtigenden Normen wird jeweils an den entsprechenden Stellen eingegangen werden. Ohne Anspruch auf Vollständigkeit sollen hier genannt werden

- Flora-Habitat-Richtlinie (FFH-Richtlinie), Richtlinie 92/43 EWG des Rates vom 21.5. 1992 Erhaltung der natürlichen Lebensräume sowie der wildlebenden Tiere und Pflanzen
- Vogelschutzrichtlinie, Richtlinie 79/409/EWG des Rates vom 2.4.1979 über die Erhaltung der wildlebenden Vogelarten
- Richtlinie 97/62/EG des Rates vom 27.10.1997 zur Anpassung der Richtlinie 92/43/EWG über die Umweltverträglichkeitsprüfung bei bestimmten öffentlichen und privaten Projekten an den technischen und wissenschaftlichen Fortschritt
- Richtlinie 2001/42/EG des Europäischen Parlaments und des Rates vom 27.6.2001 über die Prüfung der Umweltauswirkungen bestimmter Pläne und Programme, in Deutschland unter dem Begriff strategische Umweltprüfung (SUP)

- UVP-Änderungsrichtlinie 97/11/EG
- Verordnung über die freiwillige Beteiligung von Organisationen an einem Gemeinschaftssystem über das Umweltmanagement und die Umweltbetriebsprüfung (EMAS) vom 19.3.2001.
- Richtline des Europäischen Parlamentes und des Rates vom 26.5.2003, 2003/35/EG über die Beteiligung der Öfeentlichkeit bei der Ausarbeitung bestimmter umweltbezogener Pläne und Programme
- Richtlinie 85/337/EWG vom 27.6.1985 über die Umweltverträglichkeitsprüfung bei bestimmten öffentlichen und privaten Auftraggebern

Diese Aufzählung ist, wie bereits augeführt, nicht abschließend.

Gerade der europäische Habitatschutz nach Maßgabe der FFH-Richtlinie findet immer mehr Eingang in die Bauleitplanung. Das OVG Münster hat in seiner Entscheidung vom 3.9.2009, 10 D 121/07/NE deutlich gemacht, dass der Habitatschutz auf der Ebene der Bebauungsplanung hinreichend bewältigt werden muss. Die FFH Verträglichkeitsprüfung ist auf der Ebene der Bauleitplanung zu beachten (Reidt BauR 2010, 167 ff.).

Die europäische Rechtsentwicklung muss sorgfältig verfolgt werden. Darüber hinaus ist **7** auch die hierzu ergehende europäische Rechtsprechung zu beachten.

Die sonstigen landschaftsplanerischen Leistungen nach § 50 HOAI a.F. sind nicht mehr in den verordnungsrechtlichen Regelungen enthalten. Sie finden sich als Besondere Leistungen im Anhang 2, auf den weiter unten eingegangen wird.

Die Umweltverträglichkeitsstudie ist keine Leistung, die unter die landesplanerischen Leistungen fällt, sondern wird jetzt gem. § 3 Abs. 1 HOAI als eine Beratungsleistung eingeordnet. Sie wird in der Anlage 1.1. behandelt.

III. Vertragspartner der Auftragnehmer

Der naturgegebene Auftraggeber, der die Bauleitplanung ergänzenden landschaftsplaneri **8** schen Leistungen in Auftrag gibt, ist der **Träger der kommunalen Planungshoheit,** also die Gemeinden, gegebenenfalls andere Hoheitsträger, die nach § 205 BauGB an deren Stelle treten können. Auch hier – wie bei den städtebaulichen Leistungen – sind aber andere Vertragsverhältnisse denkbar, z.B. zwischen dem Auftragnehmer, der Kommune und einem von diesem eingesetzten freiberuflich tätigen Erfüllungsgehilfen. Auch Rechtsverhältnisse betreffende landschaftsplanerische Leistungen, an denen nur Privatrechtssubjekte beteiligt sind, unterstehen uneingeschränkt der HOAI; anderseits beseitigt die Beteiligung von Hoheitsträgern an diesen Auftragsverhältnissen nicht die ausschließliche Geltung des Zivilrechts für die Rechte und Pflichten der Vertragspartner.

Für landschaftspflegerische Leistungen kommen neben öffentlich-rechtlichen Rechts **9** spersönlichkeiten als Auftraggeber in verstärktem Maße sonstige öffentliche Auftraggeber im Sinne des § 98 GWB als auch **Privatpersonen** in Betracht. So ist hierunter als Beispielsfall der Inhaber eines Industrieunternehmens zu nennen, der zur Verhinderung umweltschädigender Einflüsse einer von ihm geplanten industriellen Anlage einen Plan ausarbeiten lässt, um ihn der Behörde im Genehmigungsverfahren vorzulegen, zu nennen. Ebenso sind große Projektentwickler zu nennen, die Stadtteile oder Industriebrachen entwickeln.

IV. § 22 Abs. 1 HOAI n. F.

Landschaftsplanerische Leistungen. Die privaten Gebührenordnungen und Leis **10** tungs- und Honorarverzeichnisse der berufsständischen Organisation der Garten- und Landschaftsarchitekten erfassen grundsätzlich alle Leistungen, die von den Angehörigen der Berufsgruppe gemäß dem Berufsbild ausgeführt werden. Der Begriff der landschaftsplanerischen Leistungen in der HOAI ist wesentlich enger, auch wenn man ihn im natürlichen Wortsinne versteht. Zu ihnen gehören z.B. nicht Leistungen bei der Planung von Freianlagen, obwohl diese zum Arbeitsgebiet der Garten- und Landschaftsarchitekten zählen. Landschaftsplanerische Leistungen sind vielmehr nur solche, die sich auf „Veränderungen der Landschaft" (Amtl. Begründung, BRDrucks. 270/76, S. 57) beziehen. Von dem Begriff sind daher diejenigen Leistungen der Landschafts- und Gartenarchitekten ausgeschlossen, die sich auf kleine Flächeneinheiten beziehen, deren Umgestaltung das Prädikat einer **Veränderung der Landschaft** nicht verdient. Die landschaftsplanerische Leistung kann erst bei Objekten einsetzen, die über die in der Objektliste für Freianlagen Anlage 3.2, genannten und diesen verwandten Objekte hinausgehen.

Die Neufassung des Textes wurde notwendig, weil jetzt auch die Erholungsplanung und die Biotopverbundplanung in den Landschaftsplan zu integrieren ist. Der Lanschaftsplan ist darüber hinaus Grundlage für die Umweltprüfung des lächennutzungsplanes, vgl. Werner BauR 2013, 1552 ff.

11 Die Formulierung „auf der Ebene der Bauleitpläne" entfällt. Damit ist klargestellt, dass § 22 HOAI n. F. auch anwendbar ist, wenn es sich um Landschafts- und Grünordnungspläne handelt, die nicht auf der Ebene der Bauleitpläne erstellt werden. Hierbei geht es zum Beispiel um Landes- oder Regionalplanungen. Ebenso können solche Leistungen für überregionale Verbände anfallen wie z. B. für den Ruhrverband.

V. § 22 Abs. 2 Nr. 2 und Nr. 3 HOAI n. F.

12 Landschaftsplanerische Leistungen stellen die Erfordernisse und Maßnahmen zur Verwirklichung der Ziele des Naturschutzes und der Landschaftspflege dar. Planungen bezogen auf kleine Flächeneinheiten werden diesem Anforderungsprofil nicht gerecht.

13 Die HOAI bezieht sich aber nicht auf alle landschaftsplanerischen Leistungen in dem oben erörterten Sinne. Sie greift vielmehr aus der Fülle der die Landschaftsplanung betreffenden Leistungen nur wenige Gruppen heraus. Es sind nur diejenigen, die eine besonders enge Beziehung zu den städtebaulichen Leistungen und den naturschutzrechtlichen Anforderungen haben, nämlich
- **Landschaftspläne,**
- **Grünordnungspläne** sowie **landschaftsplanerische Fachbeiträge** auf der Ebene der Bauleitplanung,
- **Landschaftsrahmenpläne**
- **Landschaftspflegerische Begleitpläne** zu Vorhaben, die den Naturhaushalt, das Landschaftsbild oder den Zugang zur freien Natur beeinträchtigen können,
- **Pflege- und Entwicklungspläne.**

Die Umweltverträglichkeitsstudie ist Gegenstand der Anlage 1.1 HOAI geworden. Hierauf wird später eingegangen werden.

§ 23 Leistungsbild Landschaftsplan

(1) **Die Grundleistungen bei Landschaftsplänen sind in vier Leistungsphasen unterteilt und werden wie folgt in Prozentsätzen der Honorare des § 28 bewertet:**

1. **für die Leistungsphase 1 (Klären der Aufgabenstellung und Ermitteln des Leistungsumfangs) mit 3 Prozent,**

2. **für die Leistungsphase 2 (Ermittlung der Planungsgrundlagen) mit 37 Prozent,**

3. **für die Leistungsphase 3 (Vorläufige Fassung) mit 50 Prozent,**

4. **für die Leistungsphase 4 (Abgestimmte Fassung) mit 10 Prozent.**

(2) **Anlage 4 regelt die Grundleistungen jeder Leistungsphase. Anlage 9 enthält Beispiele für Besondere Leistungen.**

**Grundleistungen
im Leistungsbild Landschaftsplan**

Das Leistungsbild Landschaftsplan setzt sich aus folgenden Grundleistungen je Leistungsphase zusammen:

1. **Leistungsphase 1:** Klären der Aufgabenstellung und Ermitteln des Leistungsumfangs

   a) Zusammenstellen und Prüfen der vom Auftraggeber zur Verfügung gestellten planungsrelevanten Unterlagen
   b) Ortsbesichtigungen
   c) Abgrenzen des Planungsgebiets
   d) Konkretisieren weiteren Bedarfs an Daten und Unterlagen
   e) Beraten zum Leistungsumfang für ergänzende Untersuchungen und Fachleistungen
   f) Aufstellen eines verbindlichen Arbeitsplans unter Berücksichtigung der sonstigen Fachbeiträge

2. **Leistungsphase 2:** Ermitteln der Planungsgrundlagen

   a) Ermitteln und Beschreiben der planungsrelevanten Sachverhalte auf Grundlage vorhandener Unterlagen und Daten
   b) Landschaftsbewertung nach den Zielen und Grundsätzen des Naturschutzes und der Landschaftspflege
   c) Bewerten von Flächen und Funktionen des Naturhaushalts und des Landschaftsbildes hinsichtlich ihrer Eignung, Leistungsfähigkeit, Empfindlichkeit und Vorbelastung
   d) Bewerten geplanter Eingriffe in Natur und Landschaft
   e) Feststellen von Nutzungs- und Zielkonflikten
   f) Zusammenfassendes Darstellen der Erfassung und Bewertung

3. **Leistungsphase 3:** Vorläufige Fassung

   a) Formulieren von örtlichen Zielen und Grundsätzen zum Schutz, zur Pflege und Entwicklung von Natur und Landschaft einschließlich Erholungsvorsorge
   b) Darlegen der angestrebten Flächenfunktionen und Flächennutzungen sowie der örtlichen Erfordernisse und Maßnahmen zur Umsetzung der konkretisierten Ziele des Naturschutzes und der Landschaftspflege
   c) Erarbeiten von Vorschlägen zur Übernahme in andere Planungen, insbesondere in die Bauleitpläne
   d) Hinweise auf Folgeplanungen und -maßnahmen
   e) Mitwirken bei der Beteiligung der nach den Bestimmungen des Bundesnaturschutzgesetzes anerkannten Verbände
   f) Mitwirken bei der Abstimmung der Vorläufigen Fassung mit der für Naturschutz und Landschaftspflege zuständigen Behörde
   g) Abstimmen der Vorläufigen Fassung mit dem Auftraggeber

4. **Leistungsphase 4:** Abgestimmte Fassung

   Darstellen des Landschaftsplans in der mit dem Auftraggeber abgestimmten Fassung in Text und Karte.

Übersicht

1   Die Textierung entspricht im Wesentlichen § 45a HOAI a. F. Die Leistungsphasen werden jedoch in ihrer Textierung sehr kurz gehalten. Die Verkürzung ist darin begründet, dass nur noch die Grundleistungen in die HOAI aufgenommen wurden. Die Leistungsbilder werden in der Anlage 4 HOAI ausführlicher dargestellt. Hierauf wird an der dortigen Stelle näher eingegangen werden.

     Entfallen ist die Leistungsphase 5, da schon § 45a HOAI a. F. regelte, dass die Vertragsparteien das diesbezügliche Honorar frei vereinbaren können.

     Die besonderen Leistungen finden sich auch nicht mehr in § 23 HOAI. Sie finden sich teilweise in der Anlage 9 Nr. 6, vgl. § 22 Abs. 2 S. 2 HOAI.

I. Der Landschaftsplan § 23 Abs. 1 HOAI

2   Die landschaftsplanerischen Leistungen der HOAI beziehen sich, wie bereits herausgestellt, nur auf die Ebene der Bauleitpläne. Damit besteht ein direkter Bezug zum Flächennutzungsplan und zum Bebauungsplan. Auf diese Art und Weise hat die uneinheitliche Rechtslage in Bund und Ländern keinen Einfluss auf die Anwendung der Regelungen der HOAI.

1. Definition des Begriffes Landschaftspläne

3   **Landschaftspläne** stellen die örtlichen Erfordernisse und Maßnahmen zur Verwirklichung der Ziele des Naturschutzes, der Umwelt und der Landschaftspflege dar. Bei der Planung sind somit die Belange der Umwelt, die Zwecke des Naturschutzes, der Landschaftspflege und die Erholungsvorsorge zu berücksichtigen. Landschaftspläne sind querschnittsorientierte Fachpläne. In § 14 BNatSchG heißt es, dass sie die Erfordernisse und Maßnahmen des Naturschutzes und der Landschaftspflege enthalten. Sie haben sich den Grundsätzen und Zielvorstellungen der Raumordnung und Landesplanung einzuordnen. Sie betreffen in diesem Rahmen denjenigen Teil der Planung, der sich nicht unmittelbar auf die Siedlung der Bewohner eines Gebiets und auf deren gewerbliche Aktivitäten bezieht, sondern im Wesentlichen auf die Gestaltung der die Wohn- und Arbeitsstätten umgebenden Landschaft. Die Landschaftsplanung setzt also – vereinfachend gesagt – dort ein, wo die Bauleitplanung im eigentlichen Sinne endet. Die Landschaftsplanung ist insoweit eigenständig.

4   Bei der integrierten Landschaftsplanung handelt es sich um eine Planung auf der Ebene des Flächennutzungsplanes. Landschaftsplanung und Bauleitplanung stehen nicht unverbunden nebeneinander. Sie bilden unter dem übergeordneten Gesichtspunkt der Lebensraumgestaltung eine sinnvolle Einheit. Landschaftspläne beziehen sich deshalb hauptsächlich auf diejenigen Festsetzungen, die den oben genannten Zwecken dienen. Sie können aber nicht ohne ständige Berücksichtigung der baulichen oder gewerblichen Nutzung des Bodens innerhalb des Plangebiets erstellt werden. Beides – der Gegenstand der Planung und dessen Verzahnung mit der Bauleitplanung – wird bei einer näheren Betrachtung des Leistungsbildes deutlich. In § 14 BNatSchG wird herausgestellt, dass die Landschaftsplanung in jeglicher Fachplanung zu berücksichtigen ist, andererseits bestimmen gem. § 16 Abs. 2 BNatSchG die Länder, ob die Darstellungen des Landschaftsplanes als Darstellungen oder Festsetzungen in die Bauleitpläne übernommen werden, vgl. Schillhorn BauR 2002, 1800 ff. Anders verhält es sich bei Landschaftsschutzverordnungen. Beachten die Festsetzungen des Bebauungsplanes nicht die Regelungen einer Landschaftsschutzverordnung, so ist der Bebauungsplan unwirksam, vgl. BVerwG, Beschluss vom 9.2.04, 4 BN 28.03.

2. Zweck von Landschaftsplänen und Grünordnungsplänen

5   Die Zwecke der beiden Planarten wurde bereits erörtert. Sie sind, was den Gegenstand und die Art und Weise der Planung angeht, unmittelbar miteinander verzahnt. Die Zuordnung des Grünordnungsplans zum Bebauungsplan kann dabei höhere Anforderungen an die Detaillierung stellen.

Der Grünordnungsplan ist die für ein kleineres Gebiet maßgebende, gegebenenfalls stärker in die Einzelheiten gehende Darstellung der Struktur und Nutzung der Landschaft. Er wird aus dem Landschaftsplan entwickelt. **6**

Die Ziele von Landschaftsplan und Grünordnungsplan liegen einheitlich in Zwecken des Naturschutzes und der Landschaftspflege. Damit sind die landschaftsgestalterischen Anliegen der beiden Planarten umfassend beschrieben. Sie betreffen nicht nur die Landschaft als Gegenstand und Hintergrund menschlicher Aktivitäten, sondern entsprechen auch der Verantwortung, denen der Mensch als Beherrscher und Hüter der Natur zu genügen hat. Aus diesen unterschiedlichen Aspekten können Spannungen entstehen, so wenn den Erfordernissen des Schutzes von Pflanzen- oder Tierarten das Interesse der Bevölkerung an der Schaffung und dem Ausbau von Erholungsgebieten entgegensteht. Naturschutz, Umweltschutz und Erholung scheinen manchmal in einem tiefen Konflikt zueinander zu stehen. Landschafts- und Grünordnungsplanung sind daher auch dazu bestimmt, solche **Interessenkonflikte** zu vermeiden oder im Falle der Unvermeidbarkeit einen harmonischen alle Belange bedenkenden Ausgleich zu schaffen. **7**

(nicht belegt) **8**

3. Zuordnung der Landschafts- und Grünordnungspläne zur Bauleitplanung als Voraussetzung der Anwendbarkeit der HOAI

Landschaftspläne und Grünordnungspläne, die nach der HOAI honoriert werden, müssen in „der Ebene der Bauleitplanung" liegen. Damit kann nicht bloß die naturgemäße Bezogenheit der Planarten aufeinander unter übergeordneten Planungsgesichtspunkten gemeint sein. Es muss sich vielmehr um eine weitaus konkretere Beziehung handeln, die zwischen Landschaftsplan und Grünordnungsplan einerseits sowie Flächennutzungsplan und Bebauungsplan andererseits besteht. Wie bereits dargestellt, stellen die Beziehungsverhältnisse der genannten Pläne untereinander ein Verhältnis des majore ad minus im Sinne von vom Generellen zum Speziellen dar. Landschafts- und Grünordnungsplan müssen so dargestellt werden, dass sie in die Festsetzungen des Flächennutzungs- oder des Bebauungsplans integriert werden können. Landschaftsplan und Grünordnungsplan müssen, wenn sie der HOAI unterfallen sollen, Festsetzungen auf den ihnen gemäßen Planungssektoren betreffen, die den Zwecken der Bauleitplanung dienen und zu dienen bestimmt sind. Die amtliche Begründung drückt diesen Zusammenhang so aus, dass die HOAI „nur die **im Rahmen der Bauleitplanung** erlassenen Landschaftspläne und Grünordnungspläne erfasst" (BRDrucks. 270/76 S. 57). Daraus ergibt sich, dass die Bauleitplanung im Verhältnis zu der der HOAI unterworfenen Landschaftsplanung übergeordnet ist. Werden Pläne in (Bundes- oder Landes-)Gesetzen als Landschaftspläne (oder als Grünordnungspläne) bezeichnet, so bedeutet dies für sich allein noch nicht, dass Leistungen für solche Pläne unter allen Umständen nach der HOAI zu honorieren sind. Das ist vielmehr nur dann der Fall, wenn sie der Bauleitplanung **in untergeordneter Stellung** zu dienen bestimmt sind. Landschaftspläne (Grünordnungspläne), die der Bauleitplanung gleichrangig oder gar übergeordnet sind, fallen daher nicht in den Geltungsbereich der HOAI. **9**

Über den erforderlichen **Grad der Zuordnung („Ebene")** ist dem Text nichts zu entnehmen. Die obigen Ausführungen machen zwar deutlich, dass die Pläne in einem aufbauenden Verhältnis zueinander stehen, dies bedeutet jedoch nicht, dass die Landschafts- und Grünordnungspläne so beschaffen sein müssen, dass sie in ihrer Gesamtheit in die Bauleitplanungen aufgenommen werden müssen. Landschafts- und Grünordnungspläne können sich z.B. mit Einzelheiten der Planung unter dem Gesichtspunkt besonderer landschaftspflegerischer Zwecke näher befassen, ohne dass es erforderlich ist, die gefundenen Ergebnisse vollständig in die Bauleitplanung zu übernehmen. So kann der Landschaftsplan (Grünordnungsplan) besondere Maßnahmen zum Schutz der Fauna und Flora enthalten, die die Bauleitplanung allenfalls indirekt berühren und deshalb in deren Rahmen nicht geschildert zu werden brauchen. Für diese Auffassung, nach der eine prinzipielle, nicht aber eine vollständige „Zuordnung" erforderlich ist, sprechen auch die in der HOAI formulierten Leistungsbilder der Erstellung dieser Pläne: In beiden Leistungsbildern sind je- **10** weils in der Leistungsphase 3 als Grundleistung Vorschläge für Inhalte genannt, die für die Übernahme in andere Planungen, insbesondere die Bauleitplanung geeignet sind.

11   Landschafts- und Grünordnungspläne sind zwar im Wesentlichen zur Einarbeitung in die Bauleitplanung bestimmt, sie sind jedoch **nicht von vornherein Bestandteile der Bauleitplanung.** Das wird schon darin sichtbar, dass in den Leistungsbildern Grundleistungen und Besondere Leistungen Hinweise fehlen, die ein förmliches Genehmigungsverfahren nach dem BauGB betreffen. Deshalb kann auch von einer unmittelbaren rechtlichen Wirkung der Landschaftsplanung keine Rede sein. Bei der Aufstellung der Pläne ist aber die unterschiedliche rechtliche Tragweite der Pläne, in die die Landschafts- und Grünordnungspläne ihrer hauptsächlichen Substanz nach eingeordnet werden sollen, zu berücksichtigen. Während der Flächennutzungsplan die Entscheidung über die Bebauungsplanung nur vorbereitet und noch keine im Verhältnis zu den betroffenen Dritten rechtsverbindlichen Festsetzungen trifft, hat der Bebauungsplan Außenwirkung und greift in die Rechte der Bürger ein. Bei der Aufstellung eines Grünordnungs- und Landschaftsplanes ist daher zu berücksichtigen, dass ihre Festsetzungen einmal Bestandteil einer solchen rechtsverbindlichen Planung sein sollen und dass sie deshalb tunlichst von vornherein den an eine solche gesetzesähnliche Regelung zu stellenden rechtsstaatlichen Anforderungen genügen sollen. Damit ist zugleich hervorzuheben, dass auch die europarechtlichen Gesichtspunkte zu beachten sind, wie z.B. die Flora-Fauna-Habitat-Richtlinie (FFH-Richtlinie) oder die Vogelschutzrichtlinie oder andere einschlägige Richtlinien aus dem Bereich des Umweltschutzes. Bei der FFH Richtlinie ist zu beachten, dass die Mitgliedstaaten der EU die Gebiete auswählen, die am besten Gewähr für die Verwirklichung der Richtlinienziele bilden, vgl. BVerwG, Beschluss vom 12.6.2004, NVwZ 2004, 452 ff. In seinem Beschluss vom 7.9.05, Az.: 4 B 49/05 hat das BVerwG deutlich gemacht, dass es nicht der Kommission folgt und dass bis zur Entscheidung der Kommission über die Aufnahme eines Gebietes in die Gemeinschaftsliste jedwede Verschlechterung der Lebensräume zu vermeiden ist.

12   Dem Begriff der „Ebene" ist zu entnehmen, dass die Grünordnungs- und Landschafspläne sich nicht auf solche landschaftsgestaltenden Planungen erstrecken sollen, die der Auftragnehmer bei der Ausarbeitung eines Bauleitplans beiläufig mit erarbeitet und die von vornherein als **unselbstständige Bestandteile eines Bauleitplans** gedacht sind. Erbringt ein Auftragnehmer im Rahmen städtebaulicher Leistungen zur Erfüllung eines einheitlichen Auftrags auch landschaftsplanerische Leistungen, dann sind diese nicht gesondert zu honorieren; eine Honorierung kommt gegebenenfalls als Besondere Leistung in Betracht. Die Anwendbarkeit der Vergütungsregelung für Landschaftspläne setzt demgegenüber einen selbstständigen, auf die Erarbeitung eines Landschafts- oder Grünordnungsplans gerichteten Auftrag voraus. Dabei ist weder erforderlich, dass die zueinander gehörenden Pläne (z.B. Flächennutzungsplan und Landschaftsplan) verschieden sind, noch dass der Auftragnehmer, wenn er beide Aufträge (auch in einem einzigen Vertrag) erhalten hat, diese zu unterschiedlichen Zeiten erfüllt. Auch ein solcher Auftragnehmer kann seine städtebaulichen Leistungen und seine landschaftsplanerischen Leistungen unabhängig voneinander liquidieren. Er muss sich aber gegebenenfalls Abzüge gefallen lassen, wenn er den Landschaftsplan (Grünordnungsplan) schon vor Beginn der Erarbeitung des Bauleitplanes fertiggestellt hat, wozu er unter Umständen im Interesse des Auftraggebers vertraglich verpflichtet ist.

II. Leistungsphasen nach § 23 Abs. 1 HOAI und Anlage 4

1. Klären der Aufgabenstellung und Ermitteln des Leistungsumfanges

13   **a)** Die Leistungsphase 1 (Klären der Aufgabenstellung und Ermitteln des Leistungsumfanges) gehört ins Vorfeld der Auftragserfüllung. Es ist zunächst Sache des Auftraggebers, dem Auftragnehmer die Aufgabe zu stellen und ihm den Auftrag zu erteilen, eine Lösung dafür zu erarbeiten. Die Aufnahme dieser Leistungsphase in das Leistungsbild beruht auf der Erwägung, dass es aus Gründen der Zweckmäßigkeit nicht selten vorkommt, dass der

Auftragnehmer bereits seine Kenntnisse und Erfahrungen bei der Formulierung der Aufgabe zur Verfügung stellt. Die Ermittlung des Leistungsbedarfes bedarf regelmäßig der Mitwirkung des Auftragnehmers. Der Fülle der hierbei möglichen Fallgestaltungen trägt die Variabilität des Vomhundertsatzes (1 bis 3) Rechnung.

Die Grundleistungen der Leistungsphase 1 umfassen das **Sichten und Ordnen des** 14 **Grundlagenmaterials,** soweit dies für die Klärung der Aufgabenstellung geboten ist. Abgrenzungsschwierigkeiten zur Leistungsphase 2 können auftreten, da auch diese der Planungsvorbereitung dient, jedoch auf der Grundlage einer schon fest umrissenen Aufgabe und mit dem Ziel der systematischen Ordnung und Auswertung des Grundlagenmaterials.

Erste Grundleistung ist das Zusammenstellen einer **Übersicht der** vorgegebenen beste- 15 henden und laufenden – d.h. also auch der noch nicht fertiggestellten – örtlichen und **überörtlichen Planungen und Untersuchungen.** Damit sind nicht nur Landschafts- und Grünordnungsplanungen und mit diesen in Zusammenhang stehende Untersuchungen gemeint, sondern jede Art von Planung, die von Einfluss auf die auftragsgemäße Leistung oder die Stellung der Aufgabe sein kann. Hierher gehören in erster Linie die Bauleitpläne, zu deren Ergänzung der Landschaftsplan dienen soll.

Während bei der entsprechenden Grundleistung auch die Planungen und Untersuchun- 16 gen benachbarter Gemeinden in die Zusammenstellung aufzunehmen sind, fehlt deren Erwähnung unter den Grundleistungen. Ein vernünftiger Grund für diese Abweichung ist nicht zu erkennen, da bei der Aufstellung von Landschaftsplänen von großer Bedeutung ist, dass die Planungen benachbarter Gemeinden einander ergänzen und aufeinander abgestimmt sind. Da jedoch die Planungen der Nachbargemeinden nicht genannt sind, kann nach dem Grundsatz, dass die Grundleistungen abschließend aufgezählt sind, die Einbeziehung solcher Planungen in die Zusammenstellung nicht als Grundleistung angesehen werden, sondern nur als Besondere Leistung, für die ein gesondertes Honorar zu vereinbaren ist. Auch die Einbeziehung von Planungen und Untersuchungen zu Beteiligender über das Landschaftsbild, das Landschaftserleben und den Erholungswert der Landschaft stellen eine besondere Leistung dar. Dasselbe gilt für die Einbeziehung von einschlägigen Aussagen der Europäischen Union. Eine andere Frage ist es allerdings, ob die listenmäßige Erfassung benachbarter Landschaftspläne oder anderer zu Beteiligender einen solchen Arbeitsaufwand verursacht, dass deswegen eine Honorierung als Besondere Leistung gerechtfertigt ist. Dies wird man vom Aufwand im Einzelfall abhängig machen müssen.

Eine Grundleistung ist das **Abgrenzen des Planungsgebietes.** Obwohl der Land- 17 schaftsplan dem Flächennutzungsplan zugeordnet ist, muss sein Geltungsbereich nicht notwendig mit dem Gemeindegebiet übereinstimmen. Es kann ausreichen, landschaftsplanerische Ergänzungen zum Flächennutzungsplan nur für einen Teil des Gemeindegebiets vorzunehmen. Auf die Festlegung solcher Teilgebiete bezieht sich die Grundleistung.

Zu den Grundleistungen der ersten Phase gehört das **Zusammenstellen der verfügbaren Kartenunterlagen und Daten** nach Umfang und Qualität.

Die folgende Grundleistung des **Wertens des vorhandenen Grundlagenmaterials** und der „materiellen Ausstattung" ist mit der des § 18 identisch.

Die mit dieser Grundleistung gewonnene bereinigte Zusammenstellung ist die Grundlage der **Ermittlung des Leistungsumfangs,** d.h. des eigentlichen Gegenstands der Planungsaufgabe.

Die **Ermittlung der Schwierigkeitsmerkmale** sind auch in der jetzigen Fassung der HOAI genannt, so dass auch diese Ermittlung Grundleistung ist.

Grundleistung ist das **Festlegen ergänzender Fachleistungen** – anderer Fachleute –, 18 soweit notwendig. Das Formulieren von Entscheidungshilfen für die Auswahl anderer an der Planung fachlich Beteiligter ist weder in der Anlage 6 noch im Verordnungstext genannt. Das hat zur Folge, dass es sich um Besonderen Leistungen handelt, wenn der Auftrag sich über die Festlegung ergänzender Leistungen hinaus auf die Vorbereitung der Beauftragung – bestimmter – Sonderfachleute bezieht.

Die als letzte Grundleistung dieser Phase erwähnten **Ortsbesichtigungen** sind im Zusammenhang mit den sonstigen „problemorientierten" Tätigkeiten der ersten Leistungsphase zu sehen.

19   **b)** Wegen der häufigen Befassung mit Belangen der Bauleitplanung kann es sein, dass der Auftragnehmer mit **Zuschussfragen** besser vertraut ist als der Auftraggeber, zumal wenn er eigenständig die Landschaftsplanung in Angriff nimmt. Daher kann es sinnvoll sein, den Auftragnehmer mit Anträgen für Planungszuschüsse zu befassen. Die Aufzählung der Anlage 6 im Hinblick auf die Grundleistungen ist abschließend. Alle anderen Aufgaben, die auf den Auftragnehmer im Zusammenhang mit der Beauftragung der Landschaftsplanung zukommen können, stellen daher besondere Leistungen dar. Hinzuweisen ist in diesem Zusammenhang auf die europäischen Regelungen, die je nach Sachlage sicherlich einer besonderen Würdigung und Betrachtung bedürfen.

2. Ermitteln der Planungsgrundlagen

20   **a)** Die **Grundleistungen** der zweiten Leistungsphase weichen entsprechend der Unterschiedlichkeit der Planungsgegenstände von denen der Leistungsphase 2 des 18 HOAI erheblich ab. Der Zweck der in dieser Phase jeweils enthaltenen Leistungen ist aber derselbe: Es geht, nachdem das der Aufgabenerfüllung vorgeschaltete Stadium der Klärung der Aufgabenstellung abgeschlossen ist, nunmehr um die Ermittlung der Grundlagen für die auftragsgemäße Planerstellung.

Die Grundleistungen dieser Phase sind in drei Untergruppen aufgeteilt. Die beiden ersten von ihnen (a und b) sind mehraktig.

21   Die **Bestandsaufnahme, Gruppe a,** beginnt mit der **Erfassung der Daten,** die entsprechend dem Planungszweck für die Aufgabenerfüllung von Bedeutung ist. Dazu gehört nicht nur die Erfassung des vorhandenen Bestandes, sondern auch das Einbeziehen voraussehbarer Veränderungen von Natur und Landschaft. Hierher rechnen beispielhaft und nicht abschließend folgende Leistungen:
– Das Erfassen der größeren naturräumlichen Zusammenhänge und siedlungsgeschichtlichen Entwicklungen.
– Das Erfassen der Raumtypologie
– Das Festhalten zusammenhängender Landschaftselemente sowie für die Planung wesentlicher Entwicklungen in der Besiedlung (Frühere Gewässer, alte, bisher offengelassene Industriegebiete bzw. -standorte und Bauflächen, Einwirkungen durch Tage- und Untertagebau).

22   Der Naturhaushalt ist wesentliches Element der hier anzustellenden Ermittlungen. Dazu gehört die Feststellung der Wirkungszusammenhänge von natürlichen oder naturnahen Ökosystemen, wie geologische Gegebenheiten, Klima, Wasser, Boden, ferner Pflanzen und Tierwelt. Des Weiteren kommt es auf die Feststellung der landschaftsökologischen Einheiten an, also Faktoren, die durch ihre besondere Ausprägung ökologisch als Einheit gelten, wie z.B. Felsgebiete, Heiden, Feuchtgebiete, Waldregionen. Die Ermittlung des Landschaftsbildes bedeutet die Feststellung des landschaftlichen Erscheinungsbildes. Festzustellen sind die Schutzgebiete und die sonst geschützten Bestandteile der Landschaft auf der Grundlage des Bundesnaturschutzgesetzes und der Landschaftsgesetze der Länder.

Ebenso sind die bedeutsamen Beeinträchtigungen des Landschaftsbildes aufzunehmen. Besonders wichtig ist die Ermittlung der Erholungsgebiete und -flächen, ihrer Erschließung sowie der Bedarfssituation. Dazu rechnen die ausgewiesenen Flächen für Freizeit und Erholung im Gemeindebereich, aber auch überregionale Flächen, wie z.B. Naturparks. Die Ermittlung der Kultur-, Bau- und Bodendenkmäler kommt hinzu, wobei nach § 2 Nr. 13 Bundesnaturschutzgesetz u. U. auch die Umgebung dieser Denkmäler mit einzubeziehen ist, wenn dies für den Erhalt der Eigenart des Denkmales nötig ist. Wesentlich ist auch die Ermittlung der Flächennutzung im Planungsbereich, wie z.B. Friedhöfe, Sportanlagen, Bäder, Campingplätze, Kleingartenanlagen, land- und forstwirtschaftliche Flächen, Weinanbaugebiete, Obstanbaugebiete, Weiden, Verkehrsflächen, Bauflächen. Hinzu kommt schließlich das Erfassen der voraussichtlichen Änderungen durch städtebauliche Planungen, Fachplanungen und andere Eingriffe in Natur und Landschaft. Hier findet sich oft der Ansatz für etwaige Änderungen durch landschaftsplanerische Eingriffe. Wie oben schon angesprochen geht es um die Erfassung bedeutsamer Beeinträchtigungen des Landschaftsbildes.

Die Erfassung stützt sich nur auf vorhandene, dass heißt vom Auftraggeber zur Verfü- 23
gung gestellte oder sonst nachgewiesene Unterlagen und örtliche Erhebungen. Es ist im
Rahmen dieser Grundleistung nicht Aufgabe des Planers, diese Unterlagen, etwa durch
geologische Untersuchungen, Vermessungen, Klimabeobachtungen, Begehungen usw.
selbst zu schaffen. Sind keine ausreichenden Unterlagen vorhanden – und das wird häufig
der Fall sein –, dann ist es Sache des Auftraggebers, fachlich geeignete Personen und Stellen mit deren Anfertigung zu betrauen. Das kann im Einzelfall auch der Auftragnehmer des
Landschaftsplans sein, sofern er über die nötigen fachlichen und sachlichen Mittel verfügt.
Erbringt er derartige Leistungen, dann sind diese als Besondere Leistungen zu honorieren.

Zu der ersten Leistungsgruppe gehört ferner das **Erfassen von Äußerungen,** die die 24
Einwohner des Planungsgebiets über den Planungsgegenstand abgegeben haben. Es handelt
sich auch hier nur um bereits getätigte und in irgendeiner Form (Eingaben an Behörden,
Leserbriefe an Zeitungen usw.) fixierte Äußerungen. Es ist im Rahmen der Grundleistungen dieser Leistungsphase nicht Aufgabe des Auftragnehmers, Befragungsaktionen vorzubereiten oder durchzuführen. Wird dies gefordert, stellt diese Leistung eine Besondere Leistung dar.

Die nächste Leistungsgruppe zieht die Schlussfolgerungen aus der Bestandsaufnahme.
Die **Landschaftsbewertung der Gruppe b** ist aber noch nicht Bestandteil der Planung,
sondern gehört, wie die gesamte Leistungsphase, noch zur Vorbereitung.

Auch hier sind folgerichtig in erster Linie die Ziele und Grundsätze des Naturschutzes 25
und der Landschaftspflege einschließlich der Erholungsvorsorge tragende Gesichtspunkte
für die Bewertung. Hinzu kommt das Bewerten des Landschaftsbildes und der Leistungsfähigkeit des Zustandes, der Faktoren und der Funktion des Naturhaushaltes, wobei es vor
allem – beispielhaft, nach aller Erfahrung jedoch im Allgemeinen aber besonders wesentlich – auf folgende Gesichtspunkte ankommt:
– Die Empfindlichkeit der Landschaft, wobei es darum geht, welche Belastungen den vorliegenden Naturfaktoren zuzumuten sind, ferner, welches Ausmaß bereits erreicht ist.
– Die Bewertung besonderer Flächen- und Nutzungsfunktionen, wozu Boden-, Klima-
  und Wasserschutz, Biotop- und Naturschutz, aber auch Erholungsvorsorge rechnen.
– Die Bewertung nachteiliger Nutzungsauswirkungen, wobei Gebiete einzubeziehen sind,
  die nachteilige Auswirkungen wegen gegenwärtiger oder früherer Nutzungen erkennbar
  machen und erwarten lassen.
– Die Bewertung geplanter Eingriffe in Natur und Landschaft. Insofern geht es um das
  Erkennen des Umfanges und der Wirkung vorliegender Planungen in Bezug auf Eingrif-
  fe in die Natur.
– Feststellung der Nutzungs- und Zielkonflikte, und zwar auch hier nach den Zielen und
  Grundsätzen von Naturschutz und Landschaftspflege.

Ganz besondere Bedeutung kommt in diesem Zusammenhang den europäischen Rege- 26
lungen zu. Als pars pro toto ist in diesem Zusammenhang auf die Flora-Fauna-Habitat-
Richtlinie hinzuweisen. Liegt ein Gebiet im Einzugsbereich dieser Richtlinie, muss sich alles
an dieser Richtlinie orientieren, vgl. BVerwG vom 17.5.2002 – 4 A 28.01, § 43 Rdn. 4.

Die Aufzählung der einzelnen Leistungen im Verordnungstext gibt erschöpfend wieder, 27
welche Leistungen von dem Auftragnehmer zu erbringen sind.

Am Ende der Analyse muss geklärt sein:
– Welche Möglichkeiten der Planung stehen zur Verfügung.
– Welche Nutzungsart und -intensität können der Landschaft bei Wahrung der Ziele der
  Landschaftsplanung zugemutet werden,
– Welche Nutzungsarten und -grade können andererseits schädlich sein und müssen ver-
  mieden werden.

Die Ergebnisse der Bestandsaufnahme und der Landschaftsanalyse sind abschließend zu- 28
sammenfassend in **Text und Karten darzustellen, Gruppe c.**

Für die Darstellungsweise sind keine Vorschriften gegeben. Jedoch wird zu berücksichtigen sein, dass diese Darstellung Grundlage einer Planung sein soll, die ihrerseits wieder
Bestandteil einer Bauleitplanung zu werden bestimmt ist, für die Kartierungsvorschriften
gegeben sind. Die zusammenfassende kartographische Darstellung soll deshalb nicht ohne

besonderen Grund von der dort vorgesehenen Darstellungsweise abweichen. Die zusammenfassende Darstellung umfasst die Wiedergabe der Ergebnisse aller vorangegangenen Grundleistungen dieser Leistungsphase.

Einzeluntersuchungen natürlicher Grundlagen und zu spezifischen Nutzungen sind nicht von der Vergütung umfasst. Sie stellen Besondere Leistungen dar, für die ein gesondertes Honorar zu vereinbaren ist. Es sind dies häufig Untersuchungen und die zusätzliche Schaffung von Unterlagen, die in die Bestandsaufnahme oder auch in die Landschaftsanalyse einbezogen werden. Da solche Unterlagen von dem Auftraggeber nachzuweisen sind, geht die Durchführung dieser ergänzenden Untersuchungen über die Grundleistungen hinaus.

29   Fraglich ist, ob die vollständige oder jedenfalls überwiegende Durchführung der für die Bestandsaufnahme erforderlichen Untersuchungen in die Leistungen des Landschaftsarchitekten hineinfällt. Das ist zu verneinen. Eine solche umfassende Untersuchung, die sich auf verschiedene Fachgebiete erstrecken müsste, fällt aus dem Leistungsbild des Landschaftsarchitekten heraus; der Auftragnehmer würde damit die Arbeit einer Reihe von Spezialisten leisten. Erbringt er – was selten der Fall sein wird, weil ihm hierzu im Allgemeinen die sachlichen Mittel und die nötigen speziellen Kenntnisse und Erfahrungen fehlen werden – eine solche umfassende Leistung, dann kann das Honorar hierfür außerhalb der HOAI frei vereinbart werden.

Sofern Grundleistungen aus der zweiten Phase der Flächennutzungsplanung in der zweiten Phase der Landschaftsplanung keine Entsprechung haben, sind auch diese, sofern sie in der zweiten Phase der Landschaftsplanung erbracht werden, als Besondere Leistungen zu bewerten und einer gesonderten Honorarvereinbarung zugänglich.

3. Vorläufige Fassung

30   **a)** Das Schwergewicht der Tätigkeit des Auftragnehmers liegt, wie schon aus der Bewertung mit 50 v.H. des Honorars zu entnehmen ist, in der dritten Leistungsphase, die die Herstellung des Vorentwurfs betrifft. Die zentrale Grundleistung dieser Phase ist die **grundsätzliche Lösung der Aufgabe mit sich wesentlich unterscheidenden Lösungen nach gleichen Anforderungen und Erläuterungen in Text und Karten.** Was im Einzelnen hierzu gehört, ist im Verordnungstext detailliert dargelegt. Von der Darstellung, die als letzte Grundleistung der zweiten Leistungsphase genannt ist, unterscheidet sich die in der dritten Phase geforderte Darstellung durch ihre Zukunftsbezogenheit. Sie ist nicht mehr ausschließlich an den Gegebenheiten orientiert, sondern hat die planzielgemäßen Änderungen des Landschaftsbildes und der Landschaftsnutzung zu umfassen. Dabei sind nicht nur diejenigen Planbestandteile niederzulegen, die einer kartographischen Darstellung zugänglich sind, weil sie sich in einer äußerlich erkennbaren Gestaltung der Landschaft niederschlagen, sondern auch alle dem Planziel dienenden Maßnahmen, die sich kartographischer Darstellung entziehen. Daraus ist ersichtlich, dass die textliche Darstellung nicht nur die Funktion einer Erläuterung des Kartenmaterials hat, sondern unter Umständen darüber hinausgeht und sich auf zusätzliche Inhalte erstrecken kann.

31   Nach der jetzigen Fassung der HOAI ist es **entscheidende Aufgabe** des Landschaftsplaners, die von ihm geforderte **grundsätzliche Lösung durch Entwicklung und Abwägung planerischer Alternativen zu suchen,** wobei es sich um sich wesentlich unterscheidende Lösungen handeln muss. Dabei ginge es zu weit, vom Landschaftsplaner mehrere alternative Vorentwürfe in Text und Karte zu fordern. Maßgebend ist vielmehr, dass Teillösungen herausgearbeitet werden, die das Ergebnis der Abwägung von sich wesentlich unterscheidenden Lösungen sind. Dabei ist die Verständlichkeit für alle Beteiligten und Interessierten wichtige Voraussetzung.

32   Grundlegende Aufgabe ist das **Darlegen der Entwicklungsziele des Naturschutzes und der Landschaftspflege,** weil dies entscheidender Richtpunkt für die letztlich zu treffenden planerischen Entscheidungen ist. Insofern muss insbesondere der Zusammenhang zwischen dem vorliegenden Bestand und dessen Auswirkungen und der vorgesehenen weiteren Entwicklung allgemein verständlich und erkennbar für die Allgemeinheit darge-

stellt werden. Dazu dienen die unter a) im Einzelnen aufgezeigten Teilleistungen. Daraus ist dann die Folgerung durch das Darlegen der aufgeführten Flächenfunktionen einschließlich notwendiger Nutzungsänderungen zu ziehen, wie des Näheren unter b) – insofern beispielhaft, also nicht abschließend – aufgeführt ist. Dabei erstreckt sich die vorläufige Planfassung auch auf weitere Auswirkungen im Hinblick auf städtebauliche Planungen, sonstige Fachplanungen und weitere Einrichtungen von Natur und Landschaft, wodurch Änderungen des Landschaftsbildes herbeigeführt werden. Einmal handelt es sich um die Darlegung landschaftspflegerischer Sanierungsgebiete, also um das Festhalten von Maßnahmen zur Beseitigung oder zum Ausgleich von nachteiligen Einwirkungen auf Natur und Landschaft sowie auf den Boden. Des Weiteren handelt es sich um das Festhalten von Flächen für landschaftspflegerische Entwicklungsmaßnahmen, wobei es um die Förderung von Pflanzen- und Tierarten und die Gestaltung der Erholungsgebiete geht. Weiter geht es um die Gestaltung von Freiräumen einschließlich Sport-, Spiel- und Erholungsflächen, worin naturgemäß auch öffentliche Flächen bzw. Räume einzubeziehen sind. Wichtig ist auch das Darlegen von Vorrangflächen und -objekten des Naturschutzes oder der Landschaftspflege, von Flächen für Kultur-, Bau- und Bodendenkmälern, für besonders schutzwürdige Biotope oder Ökosysteme sowie für die Erholungsvorsorge. Dabei geht es vor allem um das Festhalten von Natur- und Landschaftsschutzgebieten, um geschützte oder schützenswerte Kultur-, Bau- und Bodendenkmäler, um Flächen von besonderer Ökologischer Bedeutung im Hinblick auf Feuchtigkeit, Pflanzenbestand, sonstigen Bewuchs und Bodengestaltungen besonderer Art. Beispielhaft sind aufzuführen das Festhalten von Flächen für landschaftspflegerische Maßnahmen, und zwar in Verbindung mit sonstigen Nutzungen, sowie Flächen für Ausgleichs- und Ersatzmaßnahmen wegen der bereits genannten Eingriffe. Hierzu gehören Eingriffe in den Naturhaushalt oder das Landschaftsbild, wie sie durch alle möglichen Nutzungen (Wohngebiete, Gewerbe- und Industriegebiete, Verkehrsflächen, Flächen zum Abbau und zur Ablagerung, Land- und Forstwirtschaft sowie Wasserwirtschaft) vorkommen können. Hinzu kommen nach c) Vorschläge für Inhalte, die für die Übernahme in andere Planungen, vor allem die Bauleitplanung, geeignet sind. Dabei müssen diese Vorschläge inhaltlich so beschaffen sein, dass sie in die anderen Planungen ohne Schwierigkeiten, vor allem unter Vermeidung von Missverständnissen, aufgenommen werden können. In diesem Rahmen müssen die Planzeichen der Bauleitplanung und sonstige besondere Planzeichen beachtet werden.

Außerdem (d) muss der Auftragnehmer Hinweise auf landschaftliche Folgeplanungen **33** und -maßnahmen sowie auf kommunale Förderungsprogramme geben. Hier handelt es sich vornehmlich um das Aufmerksam machen auf Folgen, die sich aus dem genehmigten Landschaftsplan ergeben, vor allem um etwa nötige spätere Planungen i. S. einer Vertiefung und näherer Untersuchung von Teilbereichen, wie z. B. durch Grünordnungsplan, landschaftspflegerische Begleitpläne, Pflege- und Entwicklungspläne, Maßnahmen zur Verpflichtung zur Duldung oder Pflege, der Bodenordnung und etwaiger Enteignung.

Hierher gehören auch Hinweise auf etwa noch unter Schutz zu stellende Landschaftstei- **34** le. Hinweise wegen kommunaler Förderungsprogramme haben insbesondere Förderungsmaßnahmen durch die Kommunalbehörde einschließlich etwaiger Subventionierung zum Hintergrund. Hinweise sind auch nötig auf schon bestehende Förderungsmaßnahmen oder -programme, wie z. B. die Stilllegung von Flächen. In diesem Zusammenhang stellt sich zusätzlich die Frage, ob der Auftragnehmer als vertragsgemäße Leistung Förderprogramme des Landes, des Bundes und oder der Europäischen Union zu beachten und auf sie hinzuweisen hat. Angesichts der Aufgabenstellung, nämlich des listenmäßigen Hinweises auf solche Programme ist der Auftragnehmer auch verpflichtet, nach solchen Förderprogrammen zu recherchieren und sie aufzulisten, ohne hierfür eine besondere Vergütung beanspruchen zu können.

Als weitere Grundleistung ist die **Beteiligung** des Auftragnehmers **an der Mitwirkung 35 von Verbänden nach § 21 BNatSchG aufgeführt.** Dabei hat der Auftragnehmer nur eine beratende Funktion. Damit haftet er nur für die Ordnungsgemäßheit der Beratung.

Der Auftragnehmer ist verpflichtet, die **vorliegenden Fachplanungen zu beachten 36** und in seine Überlegungen mit einzubeziehen.

37   Außerdem hat der Auftragnehmer den Vorentwurf **mit den für den Natur- und Landschaftsschutz zuständigen Behörden durch seine Mitwirkung abzustimmen,** wobei es sich regelmäßig um höhere und untere Naturschutzbehörden handelt. Es wird auch an dieser Stelle auf § 58 BNatSchG verwiesen.

38   Letztlich muss dann der Auftragnehmer den Vorentwurf **mit dem Auftraggeber abstimmen,** also dessen Billigung herbeiführen. Um hier nicht nachträglich in Schwierigkeiten zu geraten, ist es in geeigneten Fällen geboten, dass der Auftragnehmer schon während der Vorentwurfsplanung in fraglichen oder kritischen Punkten mit dem Auftraggeber Verbindung aufnimmt und sich mit diesem abstimmt.

39   **b)** Besondere Leistungen sind in der Leistungsphase 3 nicht angegeben. Die Vorschrift wird hier wie auch sonst durch §§ 37, 40 ergänzt. Wie üblich sind auch sonstige, dort nicht genannte Besondere Leistungen möglich.

4. Abgestimmte Fassung

40   **a)** Die vierte Leistungsphase betrifft die abgestimmte Fassung mit der einzigen Grundleistung **„Darstellen des Landschaftsplans in der vorgeschriebenen Fassung in Text und Karte."** Eine gesetzlich vorgeschriebene Fassung für Landschaftspläne gibt es nicht. Ein Zurückgreifen auf das BNatSchG hilft auch nicht weiter. § 14 BNatSchG enthält nur eine inhaltliche Beschreibung. Folglich sind in erster Linie die vertraglichen Vereinbarungen für die Darstellungsweise maßgebend. Soweit der Landschaftsplan dazu bestimmt ist, Bestandteil anderer Pläne, insbesondere des Flächennutzungsplans, zu werden, hat der Auftragnehmer sich in seiner Darstellungsweise, auch ohne besondere vertragliche Vereinbarung, nach den für diese Pläne geltenden Vorschriften zu richten.

41   Die Endgültige Planfassung unterscheidet sich vom dem Vorentwurf nicht hinsichtlich des Gegenstandes; sie enthält daher von der Thematik her alle Ausarbeitungen, die in der Leistungsphase 3 genannt sind. Der Unterschied besteht im Wesentlichen darin, dass er die Ergebnisse der Abstimmung des Vorentwurfs mit dem Auftraggeber und der zuständigen Behörde berücksichtigt. Dazu gehört, dass nicht ausgewählte Alternativen ausscheiden und gewünschte und geforderte Änderungen eingearbeitet werden.

   Zur endgültigen Planfassung gehört insbesondere auch der Erläuterungsbericht, also die wörtliche Kommentierung der Darstellung, wie sie in der Karte erscheint. Insofern handelt es sich um eine – weitere – textliche Erläuterung der sich aus Text und Karte ergebenden Zusammenhänge im Sinne ihrer folgerichtigen Reihenfolge und ihres tragenden Inhaltes. Ziel ist es, dem Nichtfachmann Hinweise zum richtigen Verständnis zu geben.

42   Die besonderen Leistungen finden sich in Anlage 2.3. HOAI Für sie ist entsprechend § 3 Abs. 3 HOAI das Honorar frei zu vereinbaren.

   Die genehmigungsfähige Planfassung, die nach § 45a HOAI a. F. noch eine Leistungsphase darstellte, wird an keiner Stelle aufgeführt. Es handelt sich somit um eine Besondere Leistung. Für sie ist das Honorar ebenfalls frei zu vereinbaren.

43   Eine genehmigungsfähige Planfassung ist dann zu erstellen, wenn der Entwurf als Fachplan Verbindlichkeit bekommen soll. Dieses Ziel ist dadurch zu erreichen, dass er entweder als eigenständiger Plan oder als Bestandteil einer Gesamtplanung (Flächennutzungsplan) einem **förmlichen Verfahren** unterzogen wird. Das Leistungsbild ist **nicht näher umschrieben.** Der Grund liegt darin, dass **unterschiedliche Landesregelungen** vorliegen. Daher ist es nötig, die von dem Auftragnehmer vorzunehmende genehmigungsfähige Planfassung **im jeweiligen Vertrag näher zu regeln.**

III. Bewertung und Teilnahme an Sitzungen

44   Die vom-bis Sätze, die ein einzelne Bewertung notwendig machten, sind abgeschafft worden. Dies führt dazu, dass nur zu prüfen ist, ob die Leistungsphasen, wie sie in der Verordnung und in den genannten Analgen formuliert sind, erfüllt worden sind. Damit ist die alte Honorarstruktur verlassen worden, vgl. auch Werner, BauR 2013, 1552 ff.

Für die Teilnahme an Sitzungen enthält die HOAI keine ausdrückliche Regelung mehr. Es wird daher immer darauf ankommen, zu vereinbaren, an wie vielen Sitzungen teilzunehmen ist. Ist keine Vereinbarung getroffen worden, könnten die alten Formulierungen der HOAI zur Beurteilung der Frage, was mit den Honoraren abgegolten ist, herangezogen werden. Dort wurde in § 23 Abs. 2 HOAI a.F. von 6 Sitzungen gesprochen, die im Honorar enthalten sein müssten. Die im Honorar enthaltene Zahl der Sitzungen ist dabei daran zu messen, welche Anzahl von Sitzungen tatsächlich erforderlich ist, um die Leistungshasen zu erfüllen.

§ 24 Leistungsbild Grünordnungsplan

(1) **Die Grundleistungen bei Grünordnungsplänen und Landschaftsplanerischen Fachbeiträgen sind in vier Leistungsphasen zusammengefasst und werden wie folgt in Prozentsätzen der Honorare des § 29 bewertet:**

1. **für die Leistungsphase 1 (Klären der Aufgabenstellung und Ermitteln des Leistungsumfangs) mit 3 Prozent,**

2. **für die Leistungsphase 2 (Ermittlung der Planungsgrundlagen) mit 37 Prozent,**

3. **für die Leistungsphase 3 (Vorläufige Fassung) mit 50 Prozent,**

4. **für die Leistungsphase 4 (Abgestimmte Fassung) mit 10 Prozent.**

(2) **Anlage 5 regelt die Grundleistungen jeder Leistungsphase. Anlage 9 enthält Beispiele für Besondere Leistungen.**

Anlage 5
(zu § 24 Absatz 2)

**Grundleistungen
im Leistungsbild Grünordnungsplan**

Das Leistungsbild Grünordnungsplan setzt sich aus folgenden Grundleistungen je Leistungsphase zusammen:

1. **Leistungsphase 1:** Klären der Aufgabenstellung und Ermitteln des Leistungsumfangs

   a) Zusammenstellen und Prüfen der vom Auftraggeber zur Verfügung gestellten planungsrelevanten Unterlagen
   b) Ortsbesichtigungen
   c) Abgrenzen des Planungsgebiets
   d) Konkretisieren weiteren Bedarfs an Daten und Unterlagen
   e) Beraten zum Leistungsumfang für ergänzende Untersuchungen und Fachleistungen
   f) Aufstellen eines verbindlichen Arbeitsplans unter Berücksichtigung der sonstigen Fachbeiträge

2. **Leistungsphase 2:** Ermitteln der Planungsgrundlagen

   a) Ermitteln und Beschreiben der planungsrelevanten Sachverhalte auf Grundlage vorhandener Unterlagen und Daten
   b) Bewerten der Landschaft nach den Zielen des Naturschutzes und der Landschaftspflege einschließlich der Erholungsvorsorge
   c) Zusammenfassendes Darstellen der Bestandsaufnahme und Bewertung in Text und Karte

3. **Leistungsphase 3:** Vorläufige Fassung

   a) Lösen der Planungsaufgabe und Erläutern der Ziele, Erfordernisse und Maßnahmen in Text und Karte
   b) Darlegen der angestrebten Flächenfunktionen und Flächennutzungen
   c) Darlegen von Gestaltungs-, Schutz-, Pflege- und Entwicklungsmaßnahmen
   d) Vorschläge zur Übernahme in andere Planungen, insbesondere in die Bauleitplanung

Grieger 645

e) Mitwirken bei der Abstimmung der vorläufigen Fassung mit der für den Naturschutz zuständigen Behörde

f) Bearbeiten der naturschutzrechtlichen Eingriffsregelung

    aa) Ermitteln und Bewerten der durch die Planung zu erwartenden Beeinträchtigungen des Naturhaushalts und des Landschaftsbildes nach Art, Umfang, Ort und zeitlichem Ablauf

    bb) Erarbeiten von Lösungen zur Vermeidung oder Verminderung erheblicher Beeinträchtigungen des Naturhaushalts und des Landschaftsbildes in Abstimmung mit den an der Planung fachlich Beteiligten

    cc) Ermitteln der unvermeidbaren Beeinträchtigungen

    dd) Vergleichendes Gegenüberstellen von unvermeidbaren Beeinträchtigungen und Ausgleich und Ersatz einschließlich Darstellen verbleibender, nicht ausgleichbarer oder ersetzbarer Beeinträchtigungen

    ee) Darstellen und Begründen von Maßnahmen des Naturschutzes und der Landschaftspflege, insbesondere Ausgleichs-, Ersatz-, Gestaltungs- und Schutzmaßnahmen sowie Maßnahmen zur Unterhaltung und rechtlichen Sicherung von Ausgleichs- und Ersatzmaßnahmen

    ff) Integrieren ergänzender, zulassungsrelevanter Regelungen und Maßnahmen auf Grund des Natura 2000-Gebietsschutzes und der Vorschriften zum besonderen Artenschutz auf Grundlage vorhandener Unterlagen

4. **Leistungsphase 4:** Abgestimmte Fassung

Darstellen des Grünordnungsplans oder Landschaftsplanerischen Fachbeitrags in der mit dem Auftraggeber abgestimmten Fassung in Text und Karte.

Übersicht

I. Allgemeines

1   § 24 behandelt das Leistungsbild Grünordnungsplan. Vorbilder für diese Vorschrift ist einerseits der Bebauungsplan, weil der Grünordnungsplan dem Bebauungsplan zugeordnet ist. Andererseits ist das Vorbild Leistungsbild Landschaftsplan zu beachten, weil der Grünordnungsplan im Wesentlichen die Weiterbildung und Konkretisierung des Landschaftsplans für bestimmte Planbereiche darstellt. Diese Inkorporierung des Grünordnungsplanes entweder im Landschaftsplan oder im Bebauungsplan ist notwendig, damit er gegenüber Dritten verbindlich ist. Nur in diesem Fall stellen die im Grünordnungsplan vorgesehenen Ausgleichs- und Ersatzmaßnahmen rechtsverbindliche Kompensationen für Eingriffe in die Natur und Landschaft dar, OVG Lüneburg NuR 1997, 298, 301. Dies wird durch die neue Formulierung der HOAI unterstrichen.

2   In dem Leistungsbild wird deutlich, dass die Bebauung und die gewerbliche Nutzung beim Grünordnungsplan stärker ins Blickfeld rücken, als dies beim Landschaftsplan der Fall ist. Das wird besonders auffällig betont durch § 29 Abs. 3 bei der Bewertung der einzelnen Ansätze in Verrechnungseinheiten. Der Grund hierfür liegt nicht darin, dass sich im Vergleich zum Landschaftsplan Gegenstand und Ziele der Planung grundsätzlich geändert hätten, sondern in der veränderten Zuordnung: Während der Flächennutzungsplan, dem der Landschaftsplan zugeordnet ist, grundsätzlich das gesamte Gemeindegebiet ohne Rücksicht auf die Nutzung seiner Teile umfasst – womit zugleich das Plangebiet des Landschaftsplans für die Mehrzahl der Fälle umrissen ist –, betrifft der Bebauungsplan regelmäßig nur einen **Ausschnitt aus dem Gemeindegebiet.** Er wird nur aufgestellt für Gebiete, die der verbindlichen Festsetzung für die städtebauliche Ordnung bedürfen (§ 8 Abs. 1 Satz 1 BauGB) und trifft Festsetzungen nur, soweit diese unter dem Blickwinkel der städtebaulichen Ordnung erforderlich sind (§ 9 Abs. 1 BauGB). Er befasst sich deshalb in erster Linie mit der Ordnung der für die Bebauung vorgesehenen Gebiete. Das bleibt naturgemäß nicht ohne Einfluss auf den Inhalt des dem Bebauungsplan zugeordneten Grünordnungsplans. Seine Aufgabe ist es, die Ziele und Maßnahmen im Sinne von Freiräumen für Mensch und Natur festzulegen. Zu einem Hauptanliegen wird daher die Durchgrünung der Siedlungsgebiete und der Gewerbeflächen.

Der Grünordnungsplan ist, zusammenfassend formuliert, die Grundlagenermittlung für die Maßnahmen des Naturschutzes und der Landschaftsflege, vgl. Werner, BAuR 2013, 1552.

In Aufbau und Inhalt ist auf § 23 zu verwiesen, so dass das dort geläufige Schema auch auf den Gründordnungsplan anzuwenden ist. Abs. 1 kennzeichnet schlagwortartig die Leistungsphasen. Die Detaillierung erfolgt in der Anlage 5, vgl. § 24 Abs. 2 HOAI.

II. § 24 Abs. 1 HOAI Leistungsbild Grünordnungsplan

Die Leistungsphasen sind in der Anlage 7 HOAI dargestellt.

1. Klären der Aufgabenstellung und Ermitteln des Leistungsumfanges

Die erste Leistungsphase, Klären der Aufgabenstellung und Ermitteln des Leistungsumfanges enthält in wörtlicher Übereinstimmung dieselben Grundleistungen wie § 23. Deshalb kann in vollem Umfange auf die Erläuterungen hierzu verwiesen werden.   **3**

2. Ermitteln der Planungsgrundlagen

Mit der zweiten Leistungsphase wird das Gebiet der Aufgabenstellung verlassen und das der Vorbereitung der Lösung betreten. Die Grundleistungen dieser Phase sind wie beim Landschaftsplan in drei Gruppen aufgeteilt. Nach der Eigenart und Zielrichtung des Grünordnungsplans ergeben sich gewisse Abweichungen von der Leistungsphase 2 Landschaftsplanes, Anlage 6.   **4**

Die unter a) aufgeführte Aufgabe der Bestandsaufnahme einschließlich voraussichtlicher Änderungen entspricht weitgehend der Bestandsaufnahme beim Landschaftsplan. Dabei geht die Bestandsaufnahme auch hier zunächst vom Vorhandensein eines Landschaftsplanes aus, der für die Erstellung eines Grünordnungsplanes vorausgesetzt wird. Dadurch ist der Bereich der hier festgelegten Grundleistung eindeutig umgrenzt. Soll die Bestandsaufnahme ohne Rücksicht auf vorhandene Unterlagen eines Landschaftsplanes ausgeführt werden, handelt es sich um eine besondere Leistung im Sinne der Anlage 2.4., für die ein besonderes Honorar zu vereinbaren ist. Hinzu kommt, dass die Bestandsaufnahme auf Grund örtlicher Erhebungen zu machen ist. Sie ist eine weitere im Honorar für das Erfassen auf Grund vorhandener Unterlagen enthaltene Leistung, wobei es sich im Wesentlichen um eine vergleichende Überprüfung handelt, ob die Unterlagen des Landschaftsplanes mit den jetzigen Gegebenheiten übereinstimmen. Außerdem dienen die örtlichen Erhebungen im Wesentlichen dazu, etwaige voraussichtliche Änderungen im Rahmen der Bestandsaufnahme festzuhalten. Auch hier sind beispielhaft die einzelnen Maßnahmen aufgezeigt, die erfahrungsgemäß für eine ordnungsgemäße Bestandsaufnahme erforderlich sind. Sie entsprechen im Wesentlichen denen der Leistungsphase 2 des § 23. Es geht um die Frage nach Schutzgebieten, Bereichen, in denen Eingriffe unterbleiben sollen, um Freiflächen aus klimatischen Gründen, Freiflächen zur Erhaltung des vielfältigen Erscheinungsbildes der Landschaft, um regionale Grundzüge, für die Erholung geeignete besondere Flächen, um Flächen zur Beseitigung von Schäden an Natur und Landschaft, um nur einige relevante Themen zu nennen. Im Vergleich zum Landschaftsplan ist jedoch bei der Erfassung der Vorgaben des Artenschutzes, des Bodenschutzes und des Orts- und Landschaftsbildes eine nähere, vertiefende Untersuchung erforderlich, vor allem betrifft dies die genauere Herausarbeitung des schützenswerten Bestandes. Sowohl an dieser Stelle als auch später im Bereich der Bewertung spielen die europarechtlichen und internationalen Schutzvorschriften eine wesentliche Rolle. Es ist u. a. hinzuweisen auf die Vogelschutzrichtlinie 79/409/EWG und die EG-   **5**

Richtlinie Fauna, Flora, Habitat, FFH-Richtlinie 92/43/EWG. So ist es Ziel der zuletzt genannten Richtlinie, ein ökologisches Netz von Schutzgebieten zu schaffen, wobei das Gebiet von der europäischen Kommission festgelegt wird.

6   Beim Orts- und Landschaftsbild kommt es auf die genauere Darlegung natürlicher geschichtlicher und kulturbedingter Verhältnisse an. Auch hinsichtlich der Flächennutzung ist ein höherer Genauigkeitsgrad anzusetzen, vor allem im Hinblick auf Flächenversiegelungen, Größe, Nutzungsarten, Ausstattung, Verteilung, Vernetzung von Frei- und Grünflächen sowie Erschließungsflächen für Freizeit- und Erholungsanlagen. Das Erfassen der Immissionen, Boden- und Gewässerbelastungen geschieht im Allgemeinen durch Beachtung der dem Auftraggeber vorliegenden Gutachten. Sollten hier weitere, spezielle Untersuchungen vom Auftraggeber gefordert werden, handelt es sich um Besondere Leistungen im Sine der Anlage 2.4. oder um eine Leistung, für die ein Honorar nach § 7 Abs. 5 geltend gemacht werden kann. Die Erfassung der Eigentümer bezieht sich ebenfalls auf vorhandene Unterlagen und Erhebungen. Soll der Auftragnehmer hier eigene Erhebungen anstellen, handelt es sich wieder um eine von der genannten Grundleistung nicht erfasste Besondere Leistung.

7   Die unter b) dieser Leistungsphase genannte Bewertung der Landschaft nach den Zielen und Grundsätzen des Naturschutzes und der Landschaftspflege einschließlich der Erholungsvorsorge hat die Zusammenfassung der zusammengetragenen Planungsgrundlagen und der Bewertung zum Gegenstand. Auch dies entspricht weitgehend dem § 23. Insoweit sind aber wegen des Planmaßstabes durchaus genauere Aussagen möglich, aber auch erforderlich. Die einzelnen Faktoren sind genauer zu bewerten, vor allem in Bezug auf die auch hier nur beispielhaft genannten Einzelgesichtspunkte. Zusammenhänge, Vernetzungen, Ausstattungen, aber auch Beeinträchtigungen des Grüns werden in konkreter Weise bewertet. Diese Bewertung ist nicht an ein bestimmtes Bewertungsverfahren gebunden, BVerwG NVwZ 1997, 1213. Es besteht somit für die Planung ein großer Freiraum.

Die letzte Gruppe der Leistungsphase 2 (c) stimmt mit der entsprechenden Leistung nach § 23 überein. Die Ergebnisse der beiden vorangehenden Gruppen sind **in Text und Karten** zusammenfassend **darzustellen.**

3. Vorläufige Fassung

8   Die Leistungsphase 3 betrifft die Vorläufige Planfassung (Vorentwurf) mit der zentralen Grundleistung „Grundsätzliche Lösung der wesentlichen Teile der Aufgabe mit sich wesentlich unterscheidenden Lösungen nach gleichen Anforderungen in Text und Karte." Während an entsprechender Stelle in § 23 die **grundsätzliche Lösung der Aufgabe** genannt ist, dürfen bei der Vorläufigen Planfassung nach § 24 anscheinend „unwesentliche", also nebensächliche Teile der Aufgabenlösung noch fehlen. Das stimmt nicht überein mit der außerordentlich hohen Bewertung dieser Leistungsphase und der Gleichbehandlung der Leistungsphase 4 in den §§ 23 und 24. Das Ergebnis ist aber nach dem Grundsatz, dass zu den Grundleistungen nur das zählt, was ausdrücklich genannt ist, unabänderlich. Daraus müsste man nun folgerichtig weiter schließen, dass die Darstellung unwesentlicher Planteile eine Besondere Leistung ist. Es ist aber sehr zweifelhaft, ob diese Folgerung gezogen werden muss. Der Verordnungsgeber hat dies sicher nicht im Auge gehabt. Seiner Intention dürfte eher folgende Auslegung entsprechen: Die vollständige Grundsatzlösung ist eine Grundleistung. Sie genügt aber auch dann den Erfordernissen, wenn einzelne unwesentliche Lösungsbestandteile noch nicht dargestellt sind. Dieses Ergebnis bestätigt sich auch dadurch, dass die noch fehlenden Lösungsteile spätestens in der Leistungsphase 4 enthalten sein müssen, und, falls ihre Erbringung in der Phase 4 stattfindet, nicht als Besondere Leistung zu honorieren sind. Die Vergütung dieser Leistungen in der Leistungsphase 4 entfällt, weil diese Leistungen zur Grundleistung gehören.

9   Die nunmehr geforderte grundsätzliche Lösung der Aufgabe mit der Entwicklung und der Bewertung planerischer Alternativen, nämlich sich wesentlich unterscheidender Lösungen nach gleichen Anforderungen bedeutet nicht, dass der Auftragnehmer alternativ mehrere Vorentwürfe in Text und Karte zu erarbeiten hat. Leistungsinhalt ist vielmehr, den

planerischen Entscheidungsentschluss durch Aufzeigen etwaiger Varianten und sonstigen Möglichkeiten dem Außenstehenden – vor allem aber dem Auftraggeber – zu erleichtern. Die unter a) geforderte Darlegung der Flächenfunktionen und räumlichen Strukturen nach ökologischen Gesichtspunkten bedeutet, dass der Vorentwurf nicht nur auf die vorhandenen Verhältnisse begrenzt ist. Er hat das zu erfassen, was die Planung jeweils veranlasst hat. Hierbei geht es auch um etwaige vorhersehbare Änderungen nach städtebaulichen Planungen und/oder Fachplanungen, wodurch Änderungen in Natur und Landschaft zu erwarten sind. Neben ökologischen sind auch gestalterische Überlegungen zu berücksichtigen. Der Grünordnungsplan stellt sozusagen die Überleitung von der Bauleitplanung zur Objektplanung dar. Gerade dies gilt auch für das unter b) geforderte Darlegen von Entwicklungs-, Schutz-, Gestaltungs- und Pflegemaßnahmen, die dort im Einzelnen aufgezählt sind. Beim Grünordnungsplan treten die hier genannten Gestaltungsmaßnahmen stärker als beim Landschaftsplan in den Vordergrund, was eben gerade Aufgabe des Grünordnungsplanes ist. Die Festlegung von Pflegemaßnahmen aus Gründen des Naturschutzes und der Landschaftspflege ist besonders dort nötig, wo noch nicht entsprechende Schutzgebiete nach den landesgesetzlichen Regelungen festgelegt sind, jedoch und gerade deshalb entsprechende erhaltende oder weiterentwickelnde Pflegemaßnahmen zu treffen sind. Bei den Maßnahmen kann es sich insbesondere handeln um allgemeine Schutz-, Pflege- und Entwicklungsmaßnahmen, um Schutzgebiete, um Maßnahmen zum Schutz und zur Pflege wildwachsender Pflanzen und wildlebender Tiere sowie um Maßnahmen zum Biotopenschutz. Die Festlegung der zeitlichen Reihenfolge dient der Aufstellung einer Reihenfolge nötiger Maßnahmen, und zwar aus Gründen sachgerechten Bestandes und folgerichtiger Entwicklung. Gerade deshalb ist es auch verständlich, wenn vom Auftragnehmer eine Kostenschätzung als Grundleistung gefordert wird. Es handelt sich um eine entsprechend DIN 276 auszurichtende Kostenangabe, soweit sie nach dem Maßstab des Grünordnungsplanes möglich ist. Wie auch sonst entsprechen die unter c) geforderten Hinweise weitgehend dem beim Landschaftsplan aufgeführten Bild, so dass darauf verwiesen werden kann.

4. Abgestimmte Fassung

Die vierte Leistungsphase (Endgültige Planfassung) entspricht in den Grundleistungen **10** der Leistungsphase 4 des § 23.

Auch in Bezug auf den Grünordnungsplan wird wie beim Landschaftsplan nur noch auf vier Phasen abgestellt. Die 5. Phase des § 46 HOAI a. F., genehmigungsfähige Planfassung, ist nicht mehr erfasst. Sie fällt somit aus der HOAI heraus. Wird sie dennoch in Auftrag gegeben, handelt es sich um eine Leistung, für die das Honorar frei vereinbart werden kann.

Für die Beauftragung von Einzelleistungen gilt § 9 Abs. 3.

Die genehmigungsfreie Planung wurde oben schon behandelt, die Beauftragung der Leistungsphase 2 als Einzelleistung ist Gegenstand des § 9 Abs. 3 HOAI. Bezüglich der Überschreitung der Höchstgrenzen bei überdurchschnittlicher Leistung gilt entweder § 7 Abs. 4 HOAI oder aber es handelt sich um eine besondere Leistung nach § 3 Abs. 3 HOAI, bei der das Honorar frei vereinbart werden kann.

§ 24 Abs. 2 HOAI verweist auf die Anlage 5 und für besondere Leistungen als Beispiele auf die Anlage 9 Nr. 6. Wichtig ist, dass es sich nicht um eine abschließende Aufzählung der besonderen Leistungen handelt, für die eine Honorarvereinbarung getroffen werden kann.

§ 25 Leistungsbild Landschaftsrahmenplan

(1) **Die Grundleistungen bei Landschaftsrahmenplänen sind in vier Leistungsphasen unterteilt und werden wie folgt in Prozentsätzen der Honorare des § 30 bewertet:**

1. **für die Leistungsphase 1 (Klären der Aufgabenstellung und Ermitteln des Leistungsumfangs) mit 3 Prozent,**

2. für die Leistungsphase 2 (Ermitteln der Planungsgrundlagen) mit 37 Prozent,

3. für die Leistungsphase 3 (Vorläufige Fassung) mit 50 Prozent,

4. für die Leistungsphase 4 (Abgestimmte Fassung) mit 10 Prozent.

(2) **Anlage 6 regelt die Grundleistungen jeder Leistungsphase. Anlage 9 enthält Beispiele für Besondere Leistungen.**

Anlage 6
(zu § 25 Absatz 2)

Grundleistungen
im Leistungsbild Landschaftsrahmenplan

Das Leistungsbild Landschaftsrahmenplan setzt sich aus folgenden Grundleistungen je Leistungsphase zusammen:

1. **Leistungsphase 1:** Klären der Aufgabenstellung und Ermitteln des Leistungsumfangs

   a) Zusammenstellen und Prüfen der vom Auftraggeber zur Verfügung gestellten planungsrelevanten Unterlagen
   b) Ortsbesichtigungen
   c) Abgrenzen des Planungsgebiets
   d) Konkretisieren weiteren Bedarfs an Daten und Unterlagen
   e) Beraten zum Leistungsumfang für ergänzende Untersuchungen und Fachleistungen
   f) Aufstellen eines verbindlichen Arbeitsplans unter Berücksichtigung der sonstigen Fachbeiträge

2. **Leistungsphase 2:** Ermitteln der Planungsgrundlagen

   a) Ermitteln und Beschreiben der planungsrelevanten Sachverhalte auf Grundlage vorhandener Unterlagen und Daten
   b) Landschaftsbewertung nach den Zielen und Grundsätzen des Naturschutzes und der Landschaftspflege
   c) Bewerten von Flächen und Funktionen des Naturhaushalts und des Landschaftsbildes hinsichtlich ihrer Eignung, Leistungsfähigkeit, Empfindlichkeit und Vorbelastung
   d) Bewerten geplanter Eingriffe in Natur und Landschaft
   e) Feststellen von Nutzungs- und Zielkonflikten
   f) Zusammenfassendes Darstellen der Erfassung und Bewertung

3. **Leistungsphase 3:** Vorläufige Fassung

   a) Lösen der Planungsaufgabe und
   b) Erläutern der Ziele, Erfordernisse und Maßnahmen in Text und Karte
   Zu Buchstabe a) und b) gehören:
   aa) Erstellen des Zielkonzepts
   bb) Umsetzen des Zielkonzepts durch Schutz, Pflege und Entwicklung bestimmter Teile von Natur und Landschaft und durch Artenhilfsmaßnahmen für ausgewählte Tier- und Pflanzenarten
   cc) Vorschläge zur Übernahme in andere Planungen, insbesondere in Regionalplanung, Raumordnung und Bauleitplanung
   dd) Mitwirken bei der Abstimmung der vorläufigen Fassung mit der für den Naturschutz zuständigen Behörde
   ee) Abstimmen der Vorläufigen Fassung mit dem Auftraggeber

4. **Leistungsphase 4:** Abgestimmte Fassung

   Darstellen des Landschaftsrahmenplans in der mit dem Auftraggeber abgestimmten Fassung in Text und Karte.

I. Allgemeines

Eine Definition des Begriffes Landschaftsrahmenplan, wie sie in § 47 Abs. 1 HOAI a. F. **1** enthalten ist, findet sich in § 25 HOAI nicht. Letztendlich wird man davon ausgehen müssen, dass Landschaftsrahmenpläne so zu verstehen sind, wie sie in § 47 Abs. 1 HOAI a. F. dargestellt sind. Hierfür spricht auch, dass letztendlich die Leistungsbilder von § 47 HOAI a. F. übernommen worden sind. Dementsprechend ist davon auszugehen, dass auch beim Leistungsbild Landschaftsrahmenplan gem. § 25 Abs. 1 HOAI von Plänen auszugehen ist, die überörtliche Erfordernisse und Maßnahmen zur Verwirklichung des Naturschutzes und der Landschaftspflege umfassen.

Die amtliche Begründung, warum auf eine Definition verzichtet worden ist, lautet, dass **2** in der Leistungsphase 4, Anlage 2.4, die Definition enthalten sei. Darüber hinaus würden die Länder in ihren Landschaftsgesetzen die Inhalte regeln (a. a. O.).

Diese Begründung ist so nicht nachvollziehbar. Durch die Vergütungsordnung der **3** HOAI war ein einheitlicher Rahmen geschaffen worden. Gleichgültig in welchem Land der Architekt/Ingenieur tätig war. Die Unterschiede in den Landesgesetzgebungen waren unbeachtlich. Es kann nunmehr infolge des föderalistischen Prinzips in Bezug auf Landschaftsrahmenpläne eine föderalistische Struktur auch in Bezug auf die Vergütung entstehen. Dies wird nicht zur Vereinfachung der HOAI beitragen und die Abrechnung dieser Leistungen erschweren.

Das Leistungsbild des Landschaftsrahmenplanes und dessen Honorierung umfassen die **4** Darstellung von überörtlichen Erfordernissen und Maßnahmen zur Verwirklichung der Ziele des Naturschutzes und der Landschaftspflege. Also geht der Landschaftsrahmenplan insofern über den Landschaftsplan hinaus, als er große Planungsgebiete, wie z. B. Kreise oder sonstige größere Planungsregionen, umfasst. Dabei dient diese Planung den überörtlichen Erfordernissen und Maßnahmen, um die Ziele des Naturschutzes und der Landschaftspflege festzuhalten. Der Landschaftsrahmenplan enthält die landschaftlichen Gegebenheiten und die Funktionen. Er leistet einen ökologischen Beitrag zum Regionalplan und enthält vertiefende Aussagen über schutzwürdige Bereiche sowie Vorschläge für Maßnahmen für den Schutz und die Pflege der Landschaft. Die allgemeinen Ziele des Landschaftsprogramms werden durch den Landschaftsrahmenplan für die Region konkretisiert und ergänzt. § 15 BNatSchG definiert den Landschaftsrahmenplan als Plan, in dem für Teile des Landes Maßnahmen des Naturschutzes und der Landschaftspflege dargestellt werden. In seinen Aussagen über die ökologisch – funktionelle Raumgliederung hat er eine wichtige Aufgabe für alle raumwirksamen Planungen. Die Grundlagen für diese Aussagen finden sich in § 5 BNatSchG. Im Allgemeinen werden Landschaftsrahmenpläne den Maßstab 1 : 25 000 haben müssen. Die Verfahren sind in den Bundesländern verschieden geregelt.

§ 25 Abs. 1 HOAI und Anlage 6 gehören zusammen. In der Anlage 9 finden sich unter **5** Nr 2 Beispiele für besondere Leistungen, für die eine gesondertes Honorar vereinbart werden kann.

II. Die Leistungsphasen – Anlage 6

1. Klären der Aufgabenstellung und Ermitteln des Leistungsumfanges

6 Früher sprach man insoweit von einer Landschaftsanalyse. Landschaftsanalyse ist nämlich das Erfassen und Zusammenstellen in Text und Karten der natürlichen Grundlagen,
– der Landschaftsgliederung (Naturräume, ökologische Raumeinheiten),
– der Flächennutzung
– der geschützten Flächen und Einzelbestandteile der Natur.

7 Insofern gleicht diese Leistungsphase in weitem Bereich der Bestandsaufnahme beim Landschafts- und auch Grünordnungsplan, wobei der Landschaftsrahmenplan kaum genauere Angaben wegen seines größeren Maßstabes zulässt. Zu den natürlichen Grundlagen rechnen die geologischen Verhältnisse, die Wasserverhältnisse einschließlich Grundwasser, Klima, Boden. Dazu gehören auch sonstige Elemente der Landschaft, wie Pflanzen und Tiere. Die in Naturräume und ökologische Raumeinheiten aufgeteilte Landschaftsgliederung beachtet die unterschiedliche Verteilung und das unterschiedliche Zusammenwirken der verschiedenen Landschaftselemente. Die Flächennutzung i. S. der tatsächlichen Nutzung soll festgestellt werden, um die Auswirkungen auf Natur und Landschaft feststellen zu können. Geschützte Flächen und Einzelbestandteile der Natur sind
– Natur- und Landschaftsschutzgebiete,
– Wasserschutzgebiete,
– Als Einzelbestandteile – auch bestimmte landschaftliche Gegebenheiten, wie Naturdenkmale, Bereiche von Quellen, Sumpfgebiete, Heiden usw.

8 Die Erforderlichkeit dieser Leistungsphase folgt aus der Grundbestimmung des Landschaftsrahmenplanes, den Ausgleich zwischen ökologisch-biologischem Bestand der freien und besiedelten Landschaft und den Ansprüchen der Gesellschaft, vor allem auch in flächenmäßiger Hinsicht, zu finden. Soweit in diese Leistungsphase Leistungen anfallen, die über das Maß der Grundleistung hinausgehen, handelt es sich entweder um eine Besondere Leistung. In beiden Fällen besteht ein Anspruch auf eine geänderte Vergütung. Schon bei dieser Stufe der Bearbeitung muss beachtet werden, dass das Defizit vieler räumlicher Planungen darin besteht, die Belange von Natur und Landschaft nicht ausreichend ermittelt zu haben. Dies kann durch Landschaftsrahmenpläne verhindert werden. Ebenso ist an dieser Stelle zu beachten, dass der Landschaftsrahmenplan als Maßstab für der Bewertung der Umweltverträglichkeit dienen kann.

2. Ermitteln der Planungsgrundlagen

9 Dieses Leistungsbild umfasst die Bewertung der Ergebnisse der Leistungsphase 1 unter Ansatz der ökologischen Raumeinheiten durch Darstellung in Text und Karten nach den im Einzelnen aufgeführten tragenden Merkmalen:

10 – Der Naturhaushalt, wobei es um die Feststellung des Wirkungszusammenhanges der jeweiligen Ökosysteme geht. Dazu rechnen die Auswirkungen von Klima, Boden, Wasser, geologischer Verhältnisse, selbstverständlich aber auch die Pflanzen- und Tierwelt.
– Das naturbedingte und das anthropogene Landschaftsbild, wobei es um die Einstufung geht, ob es sich um eine Natur- oder eine Kulturlandschaft handelt.
– Die Feststellung der Nutzungsauswirkungen
– Die Aufnahme von Schäden an Natur und Landschaft.

11 Besonders hervorzuheben sind dabei Gebiete, die wegen früherer oder gegenwärtiger Nutzung erkennbar nachteilige Auswirkungen aufweisen oder zu erwarten haben. Im Hinblick auf die Empfindlichkeit der Ökosysteme bzw. einzelner Landschaftsfaktoren geht es um die Feststellung der Belastbarkeit, die den vorliegenden Naturfaktoren zuzurechnen ist und inwieweit die Belastbarkeit in ihrem Ausmaß schon festzustellen ist. Schließlich sind bei dieser Leistungsphase die Zielkonflikte zwischen den Belangen des Naturschutzes und der Landschaftspflege einerseits und den raumbeanspruchenden Vorhaben andererseits festzuhalten. Im Rahmen dieser Diagnose sind auch die europarechtlichen Vorschriften zu beachten, wie z. B. die FFH-Richtlinie oder die Vogelschutzrichtlinie.

Durch diese Einzelfeststellungen und -bewertungen wird der Hauptaufgabe des Land- **12** schaftsrahmenplanes, nämlich der planerischen Entwicklung ganzer Regionen zu dienen, hinreichend breiter Raum gegeben. Durch die Landschaftsdiagnose wird im Einzelnen verdeutlicht, welche Folgen und Auswirkungen bereits formulierte Beanspruchungen des Raumes, die notgedrungen Eingriffe in Natur und Landschaft mit sich bringen, haben.

3. Vorläufige Fassung

Auch hier hat der Auftragnehmer den größten Aufwand an Arbeit zu erledigen, weshalb **13** 50 Prozentpunkte angesetzt sind. Es handelt sich um den Kern bei der Landschaftsrahmenplanung, aufgebaut auf vorheriger Landschaftsanalyse und Landschaftsdiagnose. Die Ziele der Landschaftsentwicklungen sind nach Maßgabe der Empfindlichkeit des Naturhaushaltes festzuhalten, wobei insbesondere auch auf die europarechtlichen Vorgaben zu achten ist. Landschaftsrahmenpläne beinhalten nachrichtlich Schutzgebietsausweisungen und die Flächen, die besonderer Sicherung und Pflege bedürfen, wie z. B. regional bedeutsame Biotope.

Bei der Aufstellung des Entwurfs soll durch das Festhalten der Bereiche **14**
– Ohne Nutzung oder
– Mit naturnaher Nutzung,
– Mit extensiver Nutzung,
– Mit intensiver landwirtschaftlicher Nutzung
– Sowie städtisch-industrieller Nutzung klargemacht werden, welche Flächennutzung entsprechend der Empfindlichkeit des Naturhaushaltes von der ökologischen Seite her vertretbar ist.

Die Feststellung des Arten- und Biotopschutzes dient der Ermittlung eines etwai- **15** gen Rückganges von Arten und der Beeinflussung von Biotopen durch Einwirkungen von außen sowie der Festlegung hinreichender, erforderlicher Schutzmaßnahmen.

Die weiter vorzunehmende **Bestimmung der Ziele zum Schutz abiotischer Landschaftsfaktoren** hat unter Beachtung geologischer Gegebenheiten, des Klimas, der Wasser- und Bodenverhältnisse zu erfolgen.

Die **Sicherung und Pflege von Schutzgebieten und Einzelbestandteilen** von Na- **16** tur und Landschaft erstreckt sich auf die vorhandenen Gebiete, was eine besonders hervorzuhebende Aufgabe im Bereich des Landschaftsrahmenplanes ist. Sehr wichtig ist ferner die **Darstellung von Pflege-, Gestaltungs- und Entwicklungsmaßnahmen** zur Sicherung überörtlicher **Grünzüge, der Grünordnung** im Siedlungsbereich sowie zur Landschaftspflege einschließlich des **Arten- und Biotopschutzes, des Wasser-, Boden- und Klimaschutzes** und zur Sanierung von – vorhandenen – Landschaftsschäden. Dadurch werden mit Sicherheit die nachfolgenden Planungsstufen im Rahmen der Bauleitplanung entscheidend beeinflusst. Vor allem muss auch der Landschaftsplan die Vorgaben des Landschaftsrahmenplanes beachten. **Die Grundzüge einer landschaftsschonenden Landnutzung** sind des Weiteren festzulegen. Das betrifft Fragen im Rahmen der landwirtschaftlichen Nutzung, wie der Verdichtung des Bodens, der Erosion, der Schädlingsbekämpfung, der Belastung des Wassers, vor allem des Grundwassers. Hierzu rechnet aber auch die bauliche Nutzung und deren Folgen, wie die Versiegelung der Flächen, Abgase, Ablagerungen und deren Einflüsse auf das Klima. Die Darstellung der Leitlinien für die Erholung in der freien Natur betrifft die erforderliche Ausweisung von Freizeit- und Erholungsgebieten als Ausgleich für den Verbrauch von Flächen in Ballungsräumen. Die schließlich genannte Darstellung von Gebieten, für die detaillierte landschaftliche Planungen nötig sind wie durch Landschaftspläne, Grünordnungspläne und landschaftspflegerische Begleitpläne, ist vor allem erforderlich, um auf der Grundlage der örtlichen Gegebenheiten auf die Erstellung von Landschaftsplänen, Grünordnungsplänen oder landschaftspflegerischen Begleitplänen hinzuwirken, also die regional erforderlichen Maßnahmen baldmöglichst durchzusetzen. Den Abschluss der Leistungsphase 3 bildet das Abstimmen des Entwurfs mit dem Auftraggeber.

4. Abgestimmte Fassung

17 In dieser Leistungsphase wird der Entwurf nach Abstimmung mit dem Auftraggeber vom Auftragnehmer in die abschließende Fassung gebracht. Dies betrifft die endgültige Festlegung der in den drei vorangegangenen Leistungsphasen gefundenen Ergebnisse, nachdem diese vom Auftraggeber gebilligt wurden, also den Bereich der Grundleistungen. Weitere Leistungen, die darüber hinausgehen, sind den **Besonderen Leistungen** zuzurechnen. So wird ausdrücklich die Mitwirkung bei der Einarbeitung von Zielen der Landschaftsentwicklung in Programme und Pläne im Sinne des § 5 Abs. 1, 2 und Abs. 3 ROG als Besondere Leistung angesehen. Weitere Besondere Leistungen können z. B. in der Mitwirkung bei der öffentlichen Diskussion, bei Informationsveranstaltungen, bei der Abfassung von Informationsschriften liegen. Auch die Besonderen Leistungen beim Landschaftsplan, Flächennutzungsplan und Grünordnungsplan können hier vorkommen. Die sind nach § 3 Abs. 3 HOAI als Besondere Leistungen einzustufen.

III. § 25 Abs. 2 HOAI

18 Früher ging es in diesem Absatz um die Fortschreibung des Landschaftsrahmenplanes. Dies ist heute nicht mehr der Fall. Damit ist klargestellt, dass jede Arbeit an oder zur Erstellung eines Landschaftsrahmenplanes entsprechend den Regelungen des Absatzes 1 zu vergüten ist.

Im Übrigen wird auf die oben Behandelte Anlage 6 verwiesen und Anlage 9, die Beispiele für Besondere Leistungen enthält. Entscheidend ist, welche Leistung von Absatz 1 vergütungsmäßig erfasst wird und welche nicht. Für Letztere ist immer eine gesonderte Vergütung zu vereinbaren.

§ 26 Leistungsbild Landschaftspflegerischer Begleitplan

(1) **Die Grundleistungen bei Landschaftspflegerischen Begleitplänen sind in vier Leistungsphasen unterteilt und werden wie folgt in Prozentsätzen der Honorare des § 31 bewertet:**

1. **für die Leistungsphase 1 (Klären der Aufgabenstellung und Ermitteln des Leistungsumfangs) mit 3 Prozent,**

2. **für die Leistungsphase 2 (Ermitteln und Bewerten der Planungsgrundlagen) mit 37 Prozent,**

3. **die Leistungsphase 3 (Vorläufige Fassung) mit 50 Prozent,**

4. **für die Leistungsphase 4 (Abgestimmte Fassung) mit 10 Prozent.**

(2) **Anlage 7 regelt die Grundleistungen jeder Leistungsphase. Anlage 9 enthält Beispiele für Besondere Leistungen.**

Anlage 7
(zu § 26 Absatz 2)

Grundleistungen
im Leistungsbild Landschaftspflegerischer Begleitplan

Das Leistungsbild Landschaftspflegerischer Begleitplan setzt sich aus folgenden Grundleistungen je Leistungsphase zusammen:

1. **Leistungsphase 1:** Klären der Aufgabenstellung und Ermitteln des Leistungsumfangs

   a) Zusammenstellen und Prüfen der vom Auftraggeber zur Verfügung gestellten planungsrelevanten Unterlagen

b) Ortsbesichtigungen
c) Abgrenzen des Planungsgebiets anhand der planungsrelevanten Funktionen
d) Konkretisieren weiteren Bedarfs an Daten und Unterlagen
e) Beraten zum Leistungsumfang für ergänzende Untersuchungen und Fachleistungen
f) Aufstellen eines verbindlichen Arbeitsplans unter Berücksichtigung der sonstigen Fachbeiträge

2. **Leistungsphase 2:** Ermitteln und Bewerten der Planungsgrundlagen

a) Bestandsaufnahme:
Erfassen von Natur und Landschaft jeweils einschließlich des rechtlichen Schutzstatus und fachplanerischer Festsetzungen und Ziele für die Naturgüter auf Grundlage vorhandener Unterlagen
und örtlicher Erhebungen
b) Bestandsbewertung:
aa) Bewerten der Leistungsfähigkeit und Empfindlichkeit des Naturhaushalts und des Landschaftsbildes nach den Zielen und Grundsätzen des Naturschutzes und der Landschaftspflege
bb) Bewerten der vorhandenen Beeinträchtigungen von Natur und Landschaft (Vorbelastung)
cc) Zusammenfassendes Darstellen der Ergebnisse als Grundlage für die Erörterung mit dem
Auftraggeber

3. **Leistungsphase 3:** Vorläufige Fassung

a) Konfliktanalyse
b) Ermitteln und Bewerten der durch das Vorhaben zu erwartenden Beeinträchtigungen des Naturhaushalts und des Landschaftsbildes nach Art, Umfang, Ort und zeitlichem Ablauf
c) Konfliktminderung
d) Erarbeiten von Lösungen zur Vermeidung oder Verminderung erheblicher Beeinträchtigungen
des Naturhaushalts und des Landschaftsbildes in Abstimmung mit den an der Planung fachlich
Beteiligten
e) Ermitteln der unvermeidbaren Beeinträchtigungen
f) Erarbeiten und Begründen von Maßnahmen des Naturschutzes und der Landschaftspflege, insbesondere Ausgleichs-, Ersatz- und Gestaltungsmaßnahmen sowie von Angaben zur Unterhaltung dem Grunde nach und Vorschläge zur rechtlichen Sicherung von Ausgleichs- und Ersatzmaßnahmen
g) Integrieren von Maßnahmen auf Grund des Natura 2000-Gebietsschutzes sowie auf Grund der
Vorschriften zum besonderen Artenschutz und anderer Umweltfachgesetze auf Grundlage vorhandener Unterlagen und Erarbeiten eines Gesamtkonzepts
h) Vergleichendes Gegenüberstellen von unvermeidbaren Beeinträchtigungen und Ausgleich und
Ersatz einschließlich Darstellen verbleibender, nicht ausgleichbarer oder ersetzbarer Beeinträchtigungen
i) Kostenermittlung nach Vorgaben des Auftraggebers
j) Zusammenfassendes Darstellen der Ergebnisse in Text und Karte
k) Mitwirken bei der Abstimmung mit der für Naturschutz und Landschaftspflege zuständigen
Behörde
l) Abstimmen der Vorläufigen Fassung mit dem Auftraggeber

4. **Leistungsphase 4:** Abgestimmte Fassung

Darstellen des Landschaftspflegerischen Begleitplans in der mit dem Auftraggeber abgestimmten
Fassung in Text und Karte.

Übersicht

Der Text des § 26 Abs. 1 HOAI ist verkürzt. Die umfassende Darstellung findet sich jedoch in der Anlage 9.

I. Allgemeines

1   Durch die 3. ÄndVO wurde das Leistungsbild des Landschaftspflegerischen Begleitplanes in die HOAI aufgenommen. Der Grund dafür war, dass die bisherige Regelung zu sehr auf die Leistungsbilder des Landschaftsplanes und des Grünordnungsplanes abgestellt war. Landschaftspflegerische Begleitpläne sind Fachpläne. Sie ermitteln und bewerten naturschutzrechtliche Eingriffe und setzen Ausgleichs- und Ersatzmaßnahmen fest. Im Übrigen ist im Sinne der generellen Umstellung nur noch von Grundleistungen die Rede, um diese Leistungen von den besonderen Leistungen abzuheben.

II. Umfang des landschaftspflegerischen Begleitplanes

2   Der landschaftspflegerische Begleitplan erfasst
– Die Ermittlung des Bestandes
– Die Bewertung der Empfindlichkeit bzw. Schutzbedürftigkeit der in der Natur vorhandenen Verhältnisse (Tier- und Pflanzenwelt, Wasser, Luft, Boden),
– Die Bewertung der Leistungsfähigkeit des Naturhaushaltes, des Landschaftsbildes und der bestehenden Nutzungen,
– Die Feststellung und Bewertung der Auswirkungen des betreffenden Vorhabens auf die genannten Bereiche.

3   Die Feststellung und Bewertung der Beeinträchtigungen durch das betreffende Vorhaben ist im Wege der Gegenüberstellung der Empfindlichkeit mit den Auswirkungen des Vorhabens vorzunehmen. Dabei geht es um die Möglichkeiten zur Vermeidung oder jedenfalls Verminderung der Beeinträchtigung von Natur und Landschaft. Dies soll sichergestellt werden durch Änderung des fachplanerischen Entwurfes und durch die Festlegung der dadurch gegebenen Verbesserung des Entwurfes der Fachplanung in einem Erläuterungsbericht. Unvermeidbare Beeinträchtigungen müssen festgestellt werden. Ferner müssen Ausgleichsmaßnahmen, Pflegemaßnahmen, Ersatzmaßnahmen sowie Maßnahmen in Richtung auf gestalterische, bau- und verkehrstechnische Funktionen mit dem gebotenen Schutz dargestellt und begründet werden. Letztlich ist eine vergleichsweise Gegenüberstellung von Beeinträchtigungen und möglichem Ausgleich anzustellen.

Regelmäßig erfolgt die Darstellung im Maßstab des Fachplanes, also 1 : 10 000 oder 1 : 5000 im Maßstab des Flächennutzungsplanes bzw. 1 : 1000 im Maßstab des Bebauungsplanes.

4   Aus dem zuvor Gesagten ergibt sich folgende Gliederung für einen landschaftspflegerischen Begleitplan:
– Analyse des vorhandenen Zustands
– Beschreibung der Auswirkungen des Vorhabens
– Bewertung der Auswirkungen
– Darstellung der erforderlichen Ausgleichs- und Ersatzmaßnahmen.

Durch diesen Inhalt des landschaftspflegerischen Begleitplanes wird deutlich, dass er sich nicht nur auf ein „bisschen Grün" beschränkt, sondern er ist eine wichtige Grundlage für die fachliche Erledigung der naturschutzrechtlichen Eingriffsregelungen.

III. Die Leistungsphasen – Anlage 7

5   § 26 Absatz 1 hat die Festlegung der einzelnen Grundleistungen in fünf Leistungsphasen zum Gegenstand, wobei auch hier die jeweils vorzunehmenden Schritte im Rahmen der Planung in sich folgerichtig aufgebaut sind.

1. Klären der Aufgabenstellung und Ermitteln des Leistungsumfanges

Die Grundleistungen der Leistungsphase 1 entsprechen denen der Leistungsphase 1 bei **6** der Umweltverträglichkeitsprüfung, vgl. Anlage 1.1. Des Weiteren wird im Rahmen dieser Leistungsphase ein verbindliches Arbeitspapier aufgestellt, das die einzelnen Vorgänge im Rahmen der hier maßgebenden Planung enthält. Auch Ortsbesichtigungen sind unumgänglich.

2. Ermitteln und Bewerten der Planungsgrundlagen

Die Leistungsphase 2 ist weitgehend übereinstimmend mit der Leistungsphase 2 der **7** Umweltverträglichkeitsstudie, Anlage 1.1.

Dabei sind mit Rücksicht darauf, dass es sich um die Begleitplanung zu einer bestimmten Fachplanung handelt, naturgemäß bestimmte Grundleistungen auf den jeweiligen Rahmen der Planung eingegrenzt. Zusätzlich findet sich hier bei der Bestandsaufnahme die Erfassung der Eigentumsverhältnisse auf der Grundlage vorhandener Unterlagen.

3. Vorläufige Fassung

Im Rahmen der Planungsgrundlagen ist als integrierte Leistung auch die Bestandsbewertung und die Bewertung vorhandener Beeinträchtigungen vorzunehmen.

Dies ist ohne Zweifel eines der Schwergewichte der landschaftspflegerischen Begleitpla- **8** nung.

a) und **b)** Hierzu gehört eine Konfliktanalyse, die zwar nicht mehr genannt ist, aber **9** notwendiger Bestandteil ist. Sie setzt sich mit den im Bereich des Vorhabens zu erwartenden Nachteilen für den Naturhaushalt und das Landschaftsbild auseinander. Sie sind zu ermitteln und zu bewerten. Dabei kommt es auf die einzelnen Elemente des Naturhaushaltes und des Landschaftsbildes im Bereich der Untersuchung an, die durch das Vorhaben beeinträchtigt werden können. Die Bewertung bezieht Art, Umfang, Ort und Zeit der Beeinträchtigung ein.

c) und **d)** Ziel des landschaftspflegerischen Begleitplanes muss es sein, Eingriffe auszu- **10** schließen. Er umfasst daher das Ausarbeiten von Lösungen, um Beeinträchtigungen des Naturhaushaltes und des Landschaftsbildes zu verhindern oder auf ein erträgliches Maß herabzuführen. Dabei muss eine Abstimmung mit den an der Planung Beteiligten erfolgen. Bei dieser Arbeit erhalten die Beteiligten vom Auftragnehmer erste Ergebnisse. Sie und der Auftragnehmer müssen die herausgearbeiteten Lösungen mit den von den Beteiligten vorgesehenen Maßnahmen abstimmen.

e) Soweit sich herausstellt, dass **Beeinträchtigungen** des Naturhaushaltes und des **11** Landschaftsbildes **unvermeidbar** sind, muss dies im Einzelnen festgestellt und dargestellt werden.

f) Die bisher gewonnenen Ergebnisse können und müssen dann dazu führen, den bisher **12** angenommenen **Untersuchungsbereich zu überprüfen.** Insofern kann nach den Ergebnissen der Bestandsaufnahme und der Bestandsbewertung die Änderung des Untersuchungsbereiches nötig sein, vor allem dann, wenn sich für den Naturhaushalt und das Landschaftsbild nachteilige Auswirkungen ergeben oder jedenfalls die begründete Möglichkeit in dieser Hinsicht besteht. Denkbar ist auch, dass die nachteiligen Auswirkungen durch außerhalb des bisherigen Planungsgebietes gelegene mögliche Maßnahmen ausgeglichen oder vermindert werden können. Die Veränderung des Untersuchungsbereiches wirkt sich auf die Honorarhöhe aus, weil diese nach den Flächenwerten des Planungsbereiches ermittelt wird.

einstweilen frei **13**

Die zur ordnungsgemäßen Durchführung der naturschutzrechtlichen Bestimmungen **14** **nötigen Maßnahmen** werden nach einzelnen Abschnitten festgelegt. Dabei ist das Erarbeiten der grundsätzlichen Lösung der wesentlichen Teile der Aufgabe in Text und Karte nebst Alternativen nötig.

15   **aa)** Zunächst müssen **Ausgleichsmaßnahmen** einschließlich Biotopenentwicklungs- und Pflegemaßnahmen festgelegt werden, und zwar nach Art, Umfang und zeitlicher Abfolge. Für den Ausgleich kommt alles in Betracht, was im Bereich des nachteiligen Eingriffes geeignet ist, die für den Naturschutz und die Landschaftspflege erforderlichen Ziele zu erreichen, zumindest zu stützen und zu fördern. Dazu gehören vor allem Restaurierungs- und Rekultivierungsmaßnahmen. Insgesamt geht es um den Erhalt, die Wiederherstellung oder die landschaftsgerechte Neugestaltung, welche den hier erörterten Zielen dient. Die Erarbeitung von **Ersatzmaßnahmen ist** nötig, wenn ein Ausgleich nicht möglich ist. Solche Ersatzmaßnahmen sind nur dann in Betracht zu ziehen, wenn das Vorhaben bei sachgerechter objektiver Betrachtung Vorrang vor den Belangen des Naturschutzes und der Landschaftspflege hat. Ersatzmaßnahmen sind solche, die ähnliche Funktionen haben als die bisher gegebenen Verhältnisse, vor allem aber nicht geringerwertig sind. Bei der Planung von Ausgleichs- und Ersatzmaßnahmen ist nur das Ob der Festsetzung der Ausgleichs- und Ersatzmaßnahmen zwingend, nicht jedoch, wie dies geschieht. Dort hat die Behörde einen Gestaltungsspielraum, der durch das Abwägungsgebot begrenzt wird. Des Weiteren müssen **Gestaltungs- und Schutzmaßnahmen und auch Maßnahmen nach § 3 Abs. 2 BNatSchG** herausgearbeitet werden. Damit ist der Schutz der Vegetation, der Biotopenflächen, Gewässer und deren Ufer, die Sicherstellung wertvoller Pflanzen oder Pflanzenbereiche, der Tiere und deren Lebensräume usw. gemeint, also der Schutz für alles, was zum Naturschutz und der Landschaftspflege gehört. Nach § 6 BNatSchG sind bei Eingriffen öffentlicher Planungsträger nicht nur Ausgleich- und Ersatzmaßnahmen, sondern in erster Linie auch Maßnahmen des Naturschutzes und der Landschaftspflege im Zusammenwirken mit der Naturschutzbehörde und zu deren Unterstützung erforderlich. Dabei muss der Auftragnehmer vorgeben, in welchem Umfang, in welcher Art und in welcher zeitlichen Reihenfolge der jeweilige Eingriff zu erfolgen hat.

16   Um für das spätere Genehmigungsverfahren, wie z. B. das Planfeststellungsverfahren, die erforderliche Grundlage zu liefern, sind die **Ausgleichs- oder auch die Ersatzmaßnahmen mit den Eingriffen** nach Umfang, Art und zeitlichem Verlauf **gegenüberzustellen** und zu vergleichen. Dabei müssen die bleibenden, ausgleichbaren Beeinträchtigungen dargestellt werden.

g) Das Ergebnis der zuvor dargestellten Arbeit ist auf Grund des Natura-2000-Gebietsschutzes sowie aufgrund des Artenschutzes und anderer umweltrechtlicher Vorschriften in ein Gesamtkonzept zu integrieren. Herbei sind insbesondere auch die Bestimmungen des europäischen Rechts, also insbesondere der einschlägigen Richtlinien und Verordnungen zu beachten.

h) Den unvermeidbaren Beeinträchtigungen sind die Ersatz- und Ausgleichsmaßnahmen gegenüberzustellen. Dabei ist auch der verbleibende nicht ausgleichsfähige Bereich darzustellen.

17   **i)** Für alle Maßnahmen, welche in Ansatz zu bringen sind, hat der Auftragnehmer eine **Kostenermittlung** anzufertigen und vorzulegen. Hinsichtlich Genauigkeit und der Art der Ansätze ist auf die DIN 276 zu verweisen. Die als Leistungserfüllung geforderte Kostenschätzung kann nur ein grober Kostenrahmen sein, soweit dies unter Beachtung des Maßstabes des Planes überhaupt möglich ist. Ferner hat die **Abstimmung des Ergebnisses nicht nur mit dem Auftraggeber, sondern auch mit der für Naturschutz und Landschaftspflege zuständigen Behörde** zu erfolgen. Nicht vorgesehen ist die Abstimmung mit sonstigen Behörden und den Gemeinden. Da dies nicht als Grundleistung aufgeführt ist, handelt es sich für den weitergehenden Bereich, mit dem eine Abstimmung vorgenommen werden soll, um eine Besondere Leistung. Der Auftragnehmer sollte daher darauf achten, dass diese Leistungen zuvor erträglich genau festgelegt sind. Bittet der Auftraggeber nach Vertragsabschluss um diese Abstimmung, sollte eine Ergänzungsvereinbarung getroffen werden, und zwar aus Beweisgründen schriftlich.

j) Sämtliche Ergebnisse müssen in Karten eingetragen werden. Des Weiteren sind die Ergebnisse textlich darzustellen.

k) was bisher nicht geschriebener Inhalt der Leistungserbringung war, wird jetzt ausdrücklich als Leistungsverpflichtung aufgeführt. Der Beauftragte muss bei der Abstimmung mit den für Naturschutz und Landschaftsschutz zuständigen Behörden mitwirken. Dies kann einen erheblichen Aufwand zur Folge haben. Daher sollte für diese Leistung vor Vertragsabschluss eine detaillierte Abstimmung mit dem Auftraggeber erfolgen.

4. Abgestimmte Fassung

Die bisherige Fassung des Landschaftspflegerischen Begleitplanes wird die endgültige Fassung. Damit hat der Auftragnehmer die von ihm auszuführenden Grundleistungen erfüllt. **18**

einstweilen frei **19**

IV. § 26 Abs. 2 HOAI

Ausgangspunkt für die Berechnung ist zunächst der Maßstab, in welchem der Land- **20** schaftspflegerische Begleitplan aufgestellt worden ist. Erfolgt die Planung im Maßstab des Flächennutzungsplan und/oder erfolgt sie im Maßstab des Bebauungsplanes, richtet sich die Honorarbemessung nach §§ 28, 29 HOAI. Insofern ist auf die Kommentierung zu diesen Bestimmungen hinzuweisen. Auch hier – wie bei der Umweltverträglichkeitsstudie – ist für die Bemessung des Honorars die Feststellung der Größe des Planungsbereiches von entscheidender Bedeutung. Maßgebend ist die zu untersuchende Fläche, auf die sich das Vorhaben im Rahmen der Fachplanung auswirken kann. Es kommt folglich auf den Bereich an, auf welchen das betreffende Vorhaben Einfluss auf die Umwelt nehmen kann. Dabei kann es notwendig werden, den zunächst nach Leistungsphase 1 abzugrenzenden Planungsbereich zu ändern, wenn sich während des Planungsverlaufes herausstellt, dass dies notwendig ist.

Im Übrigen bedarf dieser Absatz keiner besonderen Erläuterung. Wichtig ist, dass die Anlage 9 Nr. 6 wenn überhaupt nur Beispiele für eine besondere Leistungen enthält. Es kommt auf die mit dem Auftraggeber getroffene Vereinbarung an.

§ 27 Leistungsbild Pflege- und Entwicklungsplan

(1) **Die Grundleistungen bei Pflege- und Entwicklungsplänen sind in vier Leistungsphasen zusammengefasst und werden wie folgt in Prozentsätzen der Honorare des § 32 bewertet:**

1. **für die Leistungsphase 1 (Zusammenstellen der Ausgangsbedingungen) mit 3 Prozent,**

2. **für die Leistungsphase 2 (Ermitteln der Planungsgrundlagen) mit 37 Prozent,**

3. **für die Leistungsphase 3 (Vorläufige Fassung) mit 50 Prozent und**

4. **für die Leistungsphase 4 (Abgestimmte Fassung) mit 10 Prozent.**

(2) **Anlage 8 regelt die Grundleistungen jeder Leistungsphase. Anlage 9 enthält Beispiele für Besondere Leistungen.**

Anlage 8
(zu § 27 Absatz 2)

**Grundleistungen
im Leistungsbild Pflege- und Entwicklungsplan**

Das Leistungsbild Pflege- und Entwicklungsplan setzt sich aus folgenden Grundleistungen je Leistungsphase zusammen:

1. **Leistungsphase 1:** Klären der Aufgabenstellung und Ermitteln des Leistungsumfangs

   a) Zusammenstellen und Prüfen der vom Auftraggeber zur Verfügung gestellten planungsrelevanten Unterlagen
   b) Ortsbesichtigungen
   c) Abgrenzen des Planungsgebiets anhand der planungsrelevanten Funktionen
   d) Konkretisieren weiteren Bedarfs an Daten und Unterlagen
   e) Beraten zum Leistungsumfang für ergänzende Untersuchungen und Fachleistungen
   f) Aufstellen eines verbindlichen Arbeitsplans unter Berücksichtigung der sonstigen Fachbeiträge

2. **Leistungsphase 2:** Ermitteln der Planungsgrundlagen

   a) Ermitteln und Beschreiben der planungsrelevanten Sachverhalte auf Grund vorhandener Unterlagen
   b) Auswerten und Einarbeiten von Fachbeiträgen
   c) Bewerten der Bestandsaufnahme einschließlich vorhandener Beeinträchtigungen sowie der abiotischen Faktoren hinsichtlich ihrer Standort- und Lebensraumbedeutung nach den Zielen und Grundsätzen des Naturschutzes
   d) Beschreiben der Zielkonflikte mit bestehenden Nutzungen
   e) Beschreiben des zu erwartenden Zustands von Arten und ihren Lebensräumen (Zielkonflikte mit geplanten Nutzungen)
   f) Überprüfen der festgelegten Untersuchungsinhalte
   g) Zusammenfassendes Darstellen von Erfassung und Bewertung in Text und Karte

3. **Leistungsphase 3:** Vorläufige Fassung

   a) Lösen der Planungsaufgabe und Erläutern der Ziele, Erfordernisse und Maßnahmen in Text und Karte
   b) Formulieren von Zielen zum Schutz, zur Pflege, zur Erhaltung und Entwicklung von Arten, Biotoptypen und naturnahen Lebensräumen bzw. Standortbedingungen
   c) Erfassen und Darstellen von Flächen, auf denen eine Nutzung weiter betrieben werden soll und von Flächen, auf denen regelmäßig Pflegemaßnahmen durchzuführen sind sowie von Maßnahmen zur Verbesserung der ökologischen Standortverhältnisse und zur Änderung der Biotopstruktur
   d) Erarbeiten von Vorschlägen für Maßnahmen zur Förderung bestimmter Tier- und Pflanzenarten, zur Lenkung des Besucherverkehrs, für die Durchführung der Pflege- und Entwicklungsmaßnahmen und für Änderungen von Schutzzweck und -zielen sowie Grenzen von Schutzgebieten
   e) Erarbeiten von Hinweisen für weitere wissenschaftliche Untersuchungen (Monitoring), Folgeplanungen und Maßnahmen
   f) Kostenermittlung
   g) Abstimmen der Vorläufigen Fassung mit dem Auftraggeber

4. **Leistungsphase 4:** Abgestimmte Fassung

   Darstellen des Pflege- und Entwicklungsplans in der mit dem Auftraggeber abgestimmten Fassung in Text und Karte.

Übersicht

I. Allgemeines

Die neue Verordnung verzichtet auf eine Definition, welche Leistungen Pflege- und **1** Entwicklungspläne umfassen. Der Verordnungsgeber ist der Auffassung, dass insoweit auf die Landesgesetzlichen Regelungen zurückgegriffen werden kann. Im Hinblick auf eine einheitliche Vergütungsregelung ist der Verweis auf Landesgesetzliche Vorschriften und damit auf die föderale Struktur nicht unbedingt förderlich. Andererseits ist zu bedenken, dass der Inhalt der zu erbringenden Leistungen schon immer nach den landesgesetzlichen Regelungen bestimmt wurde. Während bisher der Inhalt der Leistungserbringung föderal strukturiert war, ist nunmehr auch die Vergütung dieser Leistung föderal laufgebaut.

Pflege- und Entwicklungspläne sind ein **eigenständiger Planungstyp,** der durch die **2** 3. ÄndVO in die HOAI Eingang gefunden hat. Dieser hat seine Grundlage im BNatSchG und den darauf beruhenden neuen Formen der Planung. Auf Grund landesgesetzlicher Regelungen müssen Pflege- und Entwicklungspläne vor allem für bereits geschützte Gebiete oder Landschaftsteile, die schützenswert sind, aufgestellt werden. Während die übrigen landschaftsplanerischen Leistungen Vorhaben in Natur und Landschaft begleiten oder ihnen vorgreifen, haben Pflege- und Entwicklungspläne die Aufgabe, **den vorhandenen Zustand** zu erhalten oder in eine beabsichtigte Form oder einen Zustand zu versetzen.

Durch die 4. ÄndVO wurde das Leistungsbild Pflege- und Entwicklungspläne ergänzt und mit eigenen Leistungsphasen versehen.

Die jetzige Änderung legt nunmehr die Prozentsätze fest. Von – Bis – Regelungen wurden entfernt, da sie nicht mehr leistungsgerecht sind.

II. Leistungsphasen – Anlage 8

Die einzelnen Leistungsphasen des Absatzes 1 sind in der Anlage 8 dargestellt. Insgesamt **3** gibt es vier Leistungsphasen:

1. Zusammenstellen der Ausgangsbedingungen
2. Ermitteln der Planungsgrundlagen
3. Vorläufige Fassung
4. abgestimmte Fassung

Die als Grundleistungen zu erbringenden Arbeiten sind durch nähere Erläuterungen zu dem zuvor genannten vier, folgerichtig aufeinander aufgebauten Leistungsphasen festgelegt, Anlage 8.

1. Zusammenstellen oder Ausgangsbedingungen

Als erstes ist der Planungsbereich abzugrenzen. Dies muss unter Mitwirkung und im **4** Einverständnis mit dem Auftraggeber geschehen. Maßgebend ist dabei die Größe der Schutzgebiete oder der schützenswerten Landschaftsteile, wobei auch solche Bereiche hinzuzurechnen sind, von denen Beeinträchtigungen auf die vorgenannten Gebiete ausgehen können.

– Dazu sind die planungsrelevanten Unterlagen zusammenzustellen.
– Dann ist die ökologische und wissenschaftliche Bedeutung des Planungsgebietes, der Schutzzweck herauszuarbeiten.
– Die einschlägigen Schutzverordnungen sind aufzulisten.

Es geht um die Darstellung der Qualität und der Bedeutung für den Bereich der Ökolo- **5** gie und der Wissenschaft. Es muss dargestellt werden, warum das Schutzgebiet oder die schützenswerten Landschaftsteile in der vorhandenen Art und Weise oder in bestimmter Art und Weise erhalten bleiben sollen. Die gesetzlichen Grundlagen müssen vom Auftragnehmer angegeben werden. Ebenso muss er in diesem Zusammenhang die Eigentümer der betroffenen Grundstücke ermitteln und aufführen.

2. Ermitteln der Planungsgrundlagen

6 Die natürlichen Grundlagen müssen erfasst und beschrieben werden.

- Die maßgebenden klimatischen, geologischen, bodenkundlichen, wasserwirtschaftlichen Verhältnisse sowie die im Rahmen der Natur gegebene Lage der Pflanzen und Tiervorkommen, der Ökosysteme und der Biotoparten sind festzulegen und zu erläutern.
- Des Weiteren müssen alle Beeinträchtigungen des Planungsbereiches festgestellt und umschrieben werden. Dabei handelt es sich um die Nutzung als solche, Einwirkungen von außen, unordentliche Pflege, unsachgemäße Benutzungen durch Menschen usw. Es ist nicht die Aufgabe des Auftragnehmers, selbst zu ermitteln.
- Der Planer hat die Aufgabe, die Planungsgrundlagen zusammenzutragen, sie zu kontrollieren und zu ergänzen, auszuwerten und zusammenzufassen, und zwar, soweit sie ihm von den maßgebenden Stellen, in der Regel staatliche oder kommunale Stellen oder sonstige Behörden, zur Verfügung gestellt werden.
- Darüber hinausgehende Untersuchungen des Grundlagenmaterials in eigener Tätigkeit sind dagegen als Besondere Leistung im Sinne des § 3 Abs. 3 anzusehen. Werden folglich solche Leistungen vom Auftragnehmer verlangt, sollte hierüber eine schriftliche Ergänzungsvereinbarung getroffen werden.

3. Vorläufige Fassung

7 Dies ist das eigentliche Schwergewicht der Tätigkeit des Auftragnehmers. Das Konzept muss folgende Schrittfolgen beachten:

- Erfassung und Darlegung der Flächen, auf denen eine Nutzung weiterbetrieben werden soll.
- Festlegung der Flächen, auf denen regelmäßig Pflegemaßnahmen durchzuführen sind, wie z. B. Auslichten, Mähen, Zurückschneiden.
- Darstellung von Maßnahmen zur Verbesserung der ökologischen Standortverhältnisse, wie z. B. durch Entfernung bestimmter Ablagerungen, Bodenteile, Regelung des Wasserhaushaltes usw. Maßnahmen zur Änderung der Biotopstruktur, wie Anpflanzungen in geeigneter Art und Form und Entwicklung vorhandener Pflanzbestände,
- Vorschläge für gezielte Maßnahmen zur Förderung bestimmter Tier- und Pflanzenarten, wie der Schutz vorhandener oder die Neuanlage von Grundlagen für einen gesunden Tierbestand,
- Umgrenzung von schutzwürdigen Pflanzen, die Verbesserung ihrer Lebensbedingungen usw.
- Maßnahmen zur Lenkung des Besucherverkehrs, wozu vor allem Zufahrtswege, Wege im betreffenden Gelände, die Festlegung von Flächen für den ruhenden Verkehr, das Aufstellen von Informationstafeln gehören.
- Vorschläge für Maßnahmen zur Änderung der rechtlichen Vorschriften, wobei es um die Verbesserung rechtlicher Bestimmungen auf der Grundlage des Pflege- und Entwicklungskonzeptes geht. Es handelt sich nicht um die Neuaufstellung oder eine jetzt erfolgende Aufstellung rechtlicher Vorschriften.
- Vorschläge für weitere wissenschaftliche Untersuchungen, sofern der Auftragnehmer hierzu Ergänzungen oder Erweiterungen für nötig hält.
- Vorschläge für die Durchführung der Pflege- und Entwicklungsmaßnahmen, wobei es sich vornehmlich auch um deren Trägerschaft, Betreuung und Organisation handelt. Möglich ist hier die notwendige Koordination oder Abstimmung mit anderen Behörden, jedoch sind diese Maßnahmen nicht als Grundleistung aufgezählt, so dass es sich um Besondere Leistungen im Sinne des § 3 Abs. 3 handelt.
- Anfertigen der Kostenschätzung für die Pflege- und Entwicklungsmaßnahmen in Anlehnung an DIN 276. Dabei ist die Kostenschätzung auf die Möglichkeiten abzustellen, soweit sie mit Hilfe des Maßstabes des Planes gegeben sind. Letztlich hat der Auftragnehmer auch hier seine Konzepte mit dem Auftraggeber abzustimmen.

4. Abgestimmte Fassung

Nach Abstimmung mit dem Auftraggeber muss der Auftragnehmer sein Konzept in die **8** endgültige Fassung des Pflege- und Entwicklungsplanes bringen. Dabei richtet sich der Inhalt und der Aufbau nach den jeweils maßgebenden landesrechtlichen Regelungen. Die endgültige Fassung hat in Text und Karte zu geschehen.

Die besonderen Leistungen, die noch in § 49c HOAI a. F. genannt sind, sind in der An- **9** lage 2.5. angesprochen. Gem. § 3 Abs. 3 HOAI ist hierfür das Honorar fei zu vereinbaren. § 49c Abs. 4 HOAI a. F. ist nicht übernommen worden. Unterstellt, dass diese Regelung diejenigen Fälle erfassen wollte, bei denen entsprechende schriftliche Vereinbarungen gefehlt haben, gilt insoweit § 7 Abs. 6 HOAI. Es können nur die Mindestsätze angewandt werden, wenn nicht vor Erbringung der Grundleistungen etwas anderes vereinbart ist. Wie schon mehrfach angesprochen, steht die zwischen Auftragnehmer und Auftraggeber getroffene Vereinbarung im Vordergrund. Ihr ist vom Auftragnehmer und Auftraggeber besondere Aufmerksamkeit zu widmen. Hinsichtlich des Zeitpunktes der Vereinbarung wird keine klare Aussage getroffen. Im Zweifelsfall kann die Vereinbarung auch noch vor Erbringung einzelner Grundleistungen getroffen werden. Gerade bei Pflege- und Entwicklungsplänen lassen sich Inhalt und Umfang der nötigen Bearbeitung, vor allem deren Intensität, erst während der Bearbeitung feststellen. Zu empfehlen ist in jedem Fall, eine solche Vereinbarung vorher zu treffen und es nicht auf den „Zweifelsfall" ankommen zu lassen. Im Übrigen ist bei schriftlichen Vereinbarungen darauf hinzuweisen, dass gemäß § 7 Abs. 1 HOAI sich das Honorar nach der schriftlichen Vereinbarung richtet, die den Rahmen der Mindest- und Höchstsätze zu beachten hat.

§ 28 Honorare für Grundleistungen bei Landschaftsplänen

(1) **Die Mindest- und Höchstsätze der Honorare für die in § 23 und Anlage 4 aufgeführten Grundleistungen bei Landschaftsplänen sind in der folgenden Honorartafel festgesetzt:**

Fläche in Hektar	Honorarzone I geringe Anforderungen		Honorarzone II durchschnittliche Anforderungen		Honorarzone III hohe Anforderungen	
	von	bis	von	bis	von	bis
	Euro		Euro		Euro	
1 000	23 403	27 963	27 963	32 826	32 826	37 385
1 250	26 560	31 735	31 735	37 254	37 254	42 428
1 500	29 445	35 182	35 182	41 300	41 300	47 036
1 750	32 119	38 375	38 375	45 049	45 049	51 306
2 000	34 620	41 364	41 364	48 558	48 558	55 302
2 500	39 212	46 851	46 851	54 999	54 999	62 638
3 000	43 374	51 824	51 824	60 837	60 837	69 286
3 500	47 199	56 393	56 393	66 201	66 201	75 396
4 000	50 747	60 633	60 633	71 178	71 178	81 064
5 000	57 180	68 319	68 319	80 200	80 200	91 339
6 000	63 562	75 944	75 944	89 151	89 151	101 533
7 000	69 505	83 045	83 045	97 487	97 487	111 027
8 000	75 095	89 724	89 724	105 329	105 329	119 958
9 000	80 394	96 055	96 055	112 761	112 761	128 422
10 000	85 445	102 090	102 090	119 845	119 845	136 490
11 000	89 986	107 516	107 516	126 214	126 214	143 744
12 000	94 309	112 681	112 681	132 278	132 278	150 650
13 000	98 438	117 615	117 615	138 069	138 069	157 246
14 000	102 392	122 339	122 339	143 615	143 615	163 562
15 000	106 187	126 873	126 873	148 938	148 938	169 623

(2) Das Honorar für die Aufstellung von Landschaftsplänen ist nach der Fläche des Planungsgebiets in Hektar und nach der Honorarzone zu berechnen.

(3) Welchen Honorarzonen die Grundleistungen zugeordnet werden, richtet sich nach folgenden Bewertungsmerkmalen:

1. topographische Verhältnisse,
2. Flächennutzung,
3. Landschaftsbild,
4. Anforderungen an Umweltsicherung und Umweltschutz,
5. ökologische Verhältnisse,
6. Bevölkerungsdichte.

(4) Sind auf einen Landschaftsplan Bewertungsmerkmale aus mehreren Honorarzonen anwendbar und bestehen deswegen Zweifel, welcher Honorarzone der Landschaftsplan zugeordnet werden kann, so ist zunächst die Anzahl der Bewertungspunkte zu ermitteln. Zur Ermittlung der Bewertungspunkte werden die Bewertungsmerkmale wie folgt gewichtet:

1. die Bewertungsmerkmale gemäß Absatz 3 Nummern 1, 2, 3 und 6 mit je bis zu 6 Punkten und
2. die Bewertungsmerkmale gemäß Absatz 3 Nummern 4 und 5 mit je bis zu 9 Punkten.

(5) Der Landschaftsplan ist anhand der nach Absatz 4 ermittelten Bewertungspunkte einer der Honorarzonen zuzuordnen:

1. Honorarzone I: bis zu 16 Punkte,
2. Honorarzone II: 17 bis 30 Punkte,
3. Honorarzone III: 31 bis 42 Punkte.

(6) Werden Teilflächen bereits aufgestellter Landschaftspläne (Planausschnitte) geändert oder überarbeitet, so ist das Honorar frei zu vereinbaren.

Übersicht

I. § 28 Abs. 1 HOAI, Grundlagen

1 Für Leistungen außerhalb der Tafelwerte ist gemäß § 7 Abs. 2 HOAI das Honorar frei zu vereinbaren.

2 Durch die 3. ÄndVO wurde eine andere, eigenständige Honorartafel für Grundleistungen bei Landschaftsplänen in die HOAI aufgenommen, die sich von dem früheren § 46 unterscheidet. Diese Honorartafel wird in § 28 HOAI fortgeführt. Diese Tabelle ist auch anwendbar für Landschaftspflegerische Begleitpläne, soweit sie im Maßstab des Flächennutzungsplanes erstellt werden. Sie geht bis zu einem **Höchstmaß von einer Fläche von 15 000 ha.** Darüber hinaus ergibt sich die **Möglichkeit zur freien Honorarvereinbarung.**

II. § 28 Abs. 2 HOAI, Flächenwerte

3 Ausgangspunkt der Berechnung ist die Gesamtfläche des Plangebietes, die von einem einheitlichen Planungsauftrag erfasst ist. Bezieht sich dieser Auftrag auf mehrere Teilflächen, so sind diese zusammenzurechnen. Die Berechnung hat in Hektar als maßgeblichem

Maß zu erfolgen. Hierbei sind nicht nur volle Hektarflächen, sondern auch Bruchteile von Hektar anzusetzen. Dies kann Bedeutung für den Ausgangspunkt der Berechnung nach der ersten Spalte der Tabelle des Abs. 1 haben, sofern die betreffenden Grenzwerte überschritten werden.

III. § 28 Abs. 3 HOAI, Bewertungsmerkmale

In dieser Regelung wird dargestellt, welche Bewertungsmerkmale für die Zuordnung in 4 die einzelnen Honorarzonen gelten.

Für die Einordnung in die zutreffende Honorarzone sind jeweils sechs Bewertungsmerkmale festgelegt, nämlich die Beurteilung nach topographischen Verhältnissen, der Flächennutzung, dem Landschaftsbild, den Anforderungen an Umweltsicherung und Umweltschutz, den ökologischen Verhältnissen und der Bevölkerungsdichte. Dabei ist die Bewertung zur Einordnung in eine der drei Zonen umschrieben auf der Grundlage von geringem (Zone I), durchschnittlichem (Zone II) und hohem Schwierigkeitsgrad (Zone III). Es stellt sich die Frage, ob die jeweils genannten sechs Bewertungsmerkmale abschließend festgelegt sind. Eine Formulierung, woraus sich ergeben könnte, dass es sich um eine nicht abschließende Aufzählung handelt, fehlt. Andererseits ist zu bedenken, dass häufig die genannten Bewertungsmerkmale sachlich zusammenhängen. So sind bewegte topographische Verhältnisse im Allgemeinen gegeben, wenn ein gegliedertes Landschaftsbild vorliegt und außerdem die Bevölkerungsdichte durchschnittlich ist. Unter ökologischen Verhältnissen ist der Zustand des Naturhaushaltes im Ganzen, aber auch nach den jeweiligen landschaftlichen Faktoren, z. B. Boden, Wasser, Klima, Pflanzen- und Tierwelt zu verstehen. Bei Umweltsicherung und Umweltschutz handelt es sich im Wesentlichen um die Auswirkungen auf den Menschen, z. B. durch Immissionen, Lärm und Abgas. Dabei geht es z. B. um das Offenhalten von Frischluftzufuhr, Lärm- und Sichtschutzpflanzungen, Grünpflanzungen und die Durchgrünung von früheren Agrargebieten. Dies sind typische Erfordernisse und Maßnahmen zur Verwirklichung der Ziele des Naturschutzes und der Landschaftspflege auf lokaler Ebene. Landschaftspläne sind nämlich nach §§ 1, 2 und 6 BNatSchG Maßnahmen zum Schutz, der Pflege, Entwicklung und, soweit erforderlich, der Wiederherstellung der Natur. Landschaftspläne setzen somit nicht zwingend Störungen voraus. Betrachtet man diese Darstellung, so ergibt sich hieraus zwingend, dass die genannten Kriterien nicht eng ausgelegt werden dürfen, so dass vergleichbare andere Kriterien von der Sache her ebenfalls Eingang in die Bewertung finden müssen.

IV. § 28 Abs. 4 HOAI, Einordnung in die Honorarzonen

Es geht um die Einordnung in die Honorarzone für jene Fälle, bei denen die jeweils auf- 5 geführten sechs Bewertungsmerkmale mehreren Honorarzonen zugeordnet sind und deswegen Zweifel bestehen, welcher Honorarzone der betreffende Landschaftsplan zuzurechnen ist. Dann ist die Anzahl der Bewertungspunkte nach der Richtlinie des Absatzes 3 (vgl. Rdn. 4) zu ermitteln. Dabei ist das Ergebnis nach den dort aufgeführten Punkten, und zwar durch deren Zusammenrechnung festzustellen. Landschaftspläne bis zu 16 Punkten werden der Honorarzone I, von 17 bis zu 30 Punkte der Honorarzone II und von 31 bis zu 42 Punkte der Honorarzone III zugeordnet. Damit ist jedoch noch nicht das Honorar in den Mindest- und Höchstsätzen festgelegt. Vielmehr handelt es sich bei der Einordnung in die Honorarzone nur um ein Kriterium für die Honorarberechnung.

V. § 28 Abs. 5 HOAI, Schwierigkeitsgrad

In dieser Regelung wird die Bewertung entsprechend dem Schwierigkeitsgrad der Pla- 6 nungsanforderungen für die Einordnung in die zutreffende Honorarzone festgelegt. Damit ist zugleich auch zum Ausdruck gebracht, welche Tätigkeitsmerkmale bei der Aufstellung von Landschaftsplänen nach allgemeiner Ansicht und Erfahrung besonderes Gewicht besitzen, vor allem im Hinblick auf die an den Auftragnehmer zu stellenden Leistungsanforderungen. Hiernach sind die Merkmale topographische Verhältnisse, Flächennutzung, Landschaftsbild und Bevölkerungsdichte mit je bis zu 6 Punkten, die Merkmale ökologische Verhältnisse sowie Umweltsicherung und Umweltschutz mit je bis zu 9 Punkten zu bewerten. Durch die 4. ÄndVO und jetzt fortgeführt wurden die Merkmale „Bevölkerungsdichte" sowie „Umweltsicherung und Umweltschutz" gegeneinander ausgetauscht. Durch die dadurch erreichte Erhöhung der Punktebewertung bei den zuletzt genannten Merkmalen wird diesen gegenüber der jetzt geringer zu veranschlagenden Bevölkerungsdichte erhöhte Bedeutung beigemessen.

§ 29 Honorare für Grundleistungen bei Grünordnungsplänen

(1) **Die Mindest- und Höchstsätze der Honorare für die in § 24 und Anlage 5 aufgeführten Grundleistungen bei Grünordnungsplänen sind in der folgenden Honorartafel festgesetzt:**

Fläche in Hektar	Honorarzone I geringe Anforderungen von Euro	bis	Honorarzone II durchschnittliche Anforderungen von Euro	bis	Honorarzone III hohe Anforderungen von Euro	bis
1,5	5 219	6 067	6 067	6 980	6 980	7 828
2	6 008	6 985	6 985	8 036	8 036	9 013
3	7 450	8 661	8 661	9 965	9 965	11 175
4	8 770	10 195	10 195	11 730	11 730	13 155
5	10 006	11 632	11 632	13 383	13 383	15 009
10	15 445	17 955	17 955	20 658	20 658	23 167
15	20 183	23 462	23 462	26 994	26 994	30 274
20	24 513	28 496	28 496	32 785	32 785	36 769
25	28 560	33 201	33 201	38 199	38 199	42 840
30	32 394	37 658	37 658	43 326	43 326	48 590
40	39 580	46 011	46 011	52 938	52 938	59 370
50	46 282	53 803	53 803	61 902	61 902	69 423
75	61 579	71 586	71 586	82 362	82 362	92 369
100	75 430	87 687	87 687	100 887	100 887	113 145
125	88 255	102 597	102 597	118 042	118 042	132 383
150	100 288	116 585	116 585	134 136	134 136	150 433
175	111 675	129 822	129 822	149 366	149 366	167 513
200	122 516	142 425	142 425	163 866	163 866	183 774
225	133 555	155 258	155 258	178 630	178 630	200 333
250	144 284	167 730	167 730	192 980	192 980	216 426

(2) **Das Honorar für Grundleistungen bei Grünordnungsplänen ist nach der Fläche des Planungsgebiets in Hektar und nach der Honorarzone zu berechnen.**

(3) **Welchen Honorarzonen die Grundleistungen zugeordnet werden, richtet sich nach folgenden Bewertungsmerkmalen:**

1. **Topographie,**

2. **ökologische Verhältnisse,**

3. **Flächennutzungen und Schutzgebiete,**

4. **Umwelt-, Klima-, Denkmal- und Naturschutz,**

5. Erholungsvorsorge,

6. **Anforderung an die Freiraumgestaltung.**

(4) **Sind auf einen Grünordnungsplan Bewertungsmerkmale aus mehreren Honorarzonen anwendbar und bestehen deswegen Zweifel, welcher Honorarzone der Grünordnungsplan zugeordnet werden kann, so ist zunächst die Anzahl der Bewertungspunkte zu ermitteln. Zur Ermittlung der Bewertungspunkte werden die Bewertungsmerkmale wie folgt gewichtet:**

1. **die Bewertungsmerkmale gemäß Absatz 3 Nummer 1, 2, 3 und 5 mit je bis zu 6 Punkten und**

2. **die Bewertungsmerkmale gemäß Absatz 3 Nummer 4 und 6 mit je bis zu 9 Punkten.**

(5) **Der Grünordnungsplan ist anhand der nach Absatz 4 ermittelten Bewertungspunkte einer der Honorarzonen zuzuordnen:**

1. **Honorarzone I:**   **bis zu 16 Punkte,**

2. **Honorarzone II:**   **17 bis 30 Punkte,**

3. **Honorarzone III:**   **31 bis 42 Punkte.**

(6) **Wird die Größe des Planungsgebiets während der Leistungserbringung geändert, so ist das Honorar für die Leistungsphasen, die bis zur Änderung noch nicht erbracht sind, nach der geänderten Größe des Planungsgebiets zu berechnen.**

Übersicht

I. Allgemeines

Der Aufbau ist nicht besonders glücklich, so dass es zunächst der Anleitung bedarf, wie **1** bei der Ermittlung des Honorars für Grünordnungspläne vorzugehen ist. Die verordnungsrechtliche Regelung beginnt sofort mit der Honorartafel. In folgenden Schritten hat die Honorarermittlung zu erfolgen:

1. Einordnung der Planung in Schwierigkeitsstufe nach Abs. 3

2. Ablesung der Vom-Bis-Sätze aus der Honorartafel des Abs. 1.

3. Bewertung der Leistung

Je nachdem, was aus den in § 24 HOAI sich ergebenden Leistungsphasen erbracht wor- **2** den ist, ergibt sich ein bestimmter Vom-Hundert-Satz, aus dem Mindest- und Höchstsätze für die jeweilige Planung feststellbar sind.

II. § 29 Abs. 3 HOAI, Bewertungsmerkmale

Es ist möglich, die Grünordnungspläne nach Anzahl und Gewicht ihrer Schwierigkeits- **3** merkmale der jeweiligen Schwierigkeitsstufe zuzuordnen. Hierüber kann auch eine Vereinbarung getroffen werden. **Diese muss bei Auftragserteilung – Wirksamkeitsvoraussetzung – geschlossen werden.** Dabei sind die vier in Absatz 3 ausgeführten Schwierigkeitsmerkmale abschließend genannt. Dafür bieten sie jedoch auch Anhaltspunkte dafür, ob und inwieweit andere Merkmale die Aufnahme in die Schwierigkeitsstufe rechtfertigen. Die Schwierigkeitsstufe ist erreicht, wenn eines der genannten Schwierigkeitsmerkmale vorliegt. Im Übrigen sind die in Absatz 3 genannten jeweiligen Schwierig-keits- bzw. Bewertungsmerkmale aus sich heraus verständlich, so dass sie keiner näheren Erläuterung bedürfen.

III. § 29 Abs. 6 Größe des Plangebiets

4   Hier sind die jeweiligen Verrechnungseinheiten für im Einzelnen bestimmte Flächen festgelegt. Die Höhe der anzusetzenden Verrechnungseinheiten ist ersichtlich nach der Größe des Grünordnungsplangebietes ausgerichtet.

5   Die endgültige Planfassung ist nach der Leistungsphase 4 in § 24 HOAI i.V.m. § 23 HOAI Abs. 1 zu berechnen. Es gelten somit die dortigen Ausführungen.

Kommt es nicht zur endgültigen Planfassung, kommt es darauf an, welcher Planungs-stand erreicht ist bzw. mit dem Auftraggeber vereinbart worden ist. Soweit die Leistung über die Leistungsphase 4 hinausgeht, handelt es sich um eine besondere Leistung nach § 3 Abs. 3 HOAI bzw. eine geänderte Leistung nach § 7 Abs. 4 HOAI, für die das Honorar frei vereinbart werden kann. Im Übrigen gilt die Leistungsphase die zwischen den Parteien vereinbart worden ist.

IV. § 29 Abs. 4 und 5 Bewertungsmerkmale und ihre Gewichtung

6   Die Bewertung führt zu Punktzahlen. Für die Topographie, ökologischen Verhältnisse, Flächennutzungen und Schutzgebiete sowie für Gebiete der Erholungsvorsorge werden jeweils 6 Punkte gegeben. Für die Bereiche Umwelt, Klima, Denkmal- und Naturschutz und Anforderungen an die Freizeitgestaltung, jeweils 9 Punkte. Diese Punktzahl wird zu-sammengerechnet und führt im Rahmen des Absatzes 5 zu einer entsprechenden Honorar-zone.

V. Änderung der Größenordnung

7   Wird während der Planbearbeitung die Fläche des Einzugsgebietes verändert, sind zwei Abrechnungen vorzunehmen, nämlich die Berechnung der Leistungen bis zur Änderung und die Berechnung derjenigen Leistungen, die nach der Änderung der Fläche durchge-führt worden ist.

§ 30 Honorare für Grundleistungen bei Landschaftsrahmenplänen

(1) **Die Mindest- und Höchstsätze der Honorare für die in § 25 und Anlage 6 aufgeführten Grundleistungen bei Landschaftsrahmenplänen sind in der folgenden Honorartafel festgesetzt:**

Fläche in Hektar	Honorarzone I geringe Anforderungen		Honorarzone II durchschnittliche Anforderungen		Honorarzone III hohe Anforderungen	
	von	bis	von	bis	von	bis
	Euro		Euro		Euro	
5 000	61 880	71 935	71 935	82 764	82 764	92 820
6 000	67 933	78 973	78 973	90 861	90 861	101 900
7 000	73 473	85 413	85 413	98 270	98 270	110 210
8 000	78 600	91 373	91 373	105 128	105 128	117 901
9 000	83 385	96 936	96 936	111 528	111 528	125 078

Fläche in Hektar	Honorarzone I geringe Anforderungen		Honorarzone II durchschnittliche Anforderungen		Honorarzone III hohe Anforderungen	
	von	bis	von	bis	von	bis
	Euro		Euro		Euro	
10 000	87 880	102 161	102 161	117 540	117 540	131 820
12 000	96 149	111 773	111 773	128 599	128 599	144 223
14 000	103 631	120 471	120 471	138 607	138 607	155 447
16 000	110 477	128 430	128 430	147 763	147 763	165 716
18 000	116 791	135 769	135 769	156 208	156 208	175 186
20 000	122 649	142 580	142 580	164 043	164 043	183 974
25 000	138 047	160 480	160 480	184 638	184 638	207 070
30 000	152 052	176 761	176 761	203 370	203 370	228 078
40 000	177 097	205 875	205 875	236 867	236 867	265 645
50 000	199 330	231 721	231 721	266 604	266 604	298 995
60 000	219 553	255 230	255 230	293 652	293 652	329 329
70 000	238 243	276 958	276 958	318 650	318 650	357 365
80 000	253 946	295 212	295 212	339 652	339 652	380 918
90 000	268 420	312 038	312 038	359 011	359 011	402 630
100 000	281 843	327 643	327 643	376 965	376 965	422 765

(2) **Das Honorar für Grundleistungen bei Landschaftsrahmenplänen ist nach der Fläche des Planungsgebiets in Hektar und nach der Honorarzone zu berechnen.**

(3) **Welchen Honorarzonen die Grundleistungen zugeordnet werden, richtet sich nach folgenden Bewertungsmerkmalen:**

1. **topographische Verhältnisse,**

2. **Raumnutzung und Bevölkerungsdichte,**

3. **Landschaftsbild,**

4. **Anforderungen an Umweltsicherung, Klima- und Naturschutz,**

5. **ökologische Verhältnisse,**

6. **Freiraumsicherung und Erholung.**

(4) **Sind für einen Landschaftsrahmenplan Bewertungsmerkmale aus mehreren Honorarzonen anwendbar und bestehen deswegen Zweifel, welcher Honorarzone der Landschaftsrahmenplan zugeordnet werden kann, so ist zunächst die Anzahl der Bewertungspunkte zu ermitteln. Zur Ermittlung der Bewertungspunkte werden die Bewertungsmerkmale wie folgt gewichtet:**

1. **die Bewertungsmerkmale gemäß Absatz 3 Nummer 1, 2, 3 und 6 mit je bis zu 6 Punkten und**

2. **die Bewertungsmerkmale gemäß Absatz 3 Nummer 4 und 5 mit je bis zu 9 Punkten.**

(5) **Der Landschaftsrahmenplan ist anhand der nach Absatz 4 ermittelten Bewertungspunkte einer der Honorarzonen zuzuordnen:**

1. **Honorarzone I:**   bis zu 16 Punkte,

2. **Honorarzone II:**   17 bis 30 Punkte,

3. **Honorarzone III:**   31 bis 42 Punkte.

(6) **Wird die Größe des Planungsgebiets während der Leistungserbringung geändert, so ist das Honorar für die Leistungsphasen, die bis zur Änderung noch nicht erbracht sind, nach der geänderten Größe des Planungsgebiets zu berechnen.**

I. Allgemeines

1   Die Vorschrift beginnt sofort mit der Honorartafel. Es ist daher zu erläutern, wie die Berechnung erfolgt.

Die Honorarabrechnung erfolgt auf der Grundlage folgender Vorgehensweise:
– Als erstes sind die Flächenwerte des in Auftrag gegebenen Planungsgebietes festzustellen, und zwar in Hektar.
– In einem zweiten Schritt ist zu prüfen, welche Bewertungsmerkmale gelten.
– Anhand der Bewertungsmerkmale ist die Honorarzone zu ermitteln.
– Im nächsten Schritt sind die Vom-Bis-Sätze aus der Tabelle des Abs. 1 festzustellen.
– Zum Schluss wird dann die Bewertung der Leistungen vorgenommen.

II. § 30 Abs. 1 HOAI, Tabelle

2   In der Spalte 1 sind als Bewertungsansätze bestimmte Hektargrößen angegeben, die von 5000–100 000 ha stufenweise aufgegliedert sind. Dann sind die Vom-Bis-Sätze einmal für die Normalstufe, zum anderen für die Schwierigkeitsstufe angegeben. Es handelt sich jeweils um Mindest- bzw. Höchstsätze.

III. § 30 Abs. 2 HOAI, Berechnungsgrundlage

3   Berechnungsgrundlage bilden die Fläche des Plangebietes und die Honorarzone.

IV. § 30 Ab. 3 Bewertungsmerkmale

4   **Die Honorarzone ist anhand der genannten Bewertungsmerkmale zu ermitteln. Die Aufzählung ist abschließend.**

Insoweit ist auf die Kommentierungen zu §§ 28 und 29 HOAI zu verweisen.

V. Anwenbarkeit mehrerer Honrarzonen

5   In diesem Fall werden die Bewertungsmerkmale wie in der Verordnung dargestellt gewichtet. Die Bewertungsmerkmale werden danach in Punkte umgerechnet. Nach Absatz V ergibt die errechnete Punktzahl die Honorarzone.

VI. Änderung der Größe des Plangebietes

6   Es sind zwei Berechnungen vorzunehmen. Die Leistung, die bis zur Änderung der Größe des Gebiets erbracht worden ist, ist nach der alten Größe abzurechnen, so dass nur die noch zu Leistung nach der Größe zu berechnen ist.

§ 31 Honorare für Grundeistungen bei landschaftspflerischen Begleitplänen

(1) **Die Mindest- und Höchstsätze der Honorare für die in § 26 und Anlage 7 aufgeführten Grundleistungen bei Landschaftspflegerischen Begleitplänen sind in der folgenden Honorartafel festgesetzt:**

Fläche in Hektar	Honorarzone I geringe Anforderungen		Honorarzone II durchschnittliche Anforderungen		Honorarzone III hohe Anforderungen	
	von	bis	von	bis	von	bis
	Euro		Euro		Euro	
6	5 324	6 189	6 189	7 121	7 121	7 986
8	6 130	7 126	7 126	8 199	8 199	9 195
12	7 600	8 836	8 836	10 166	10 166	11 401
16	8 947	10 401	10 401	11 966	11 966	13 420
20	10 207	11 866	11 866	13 652	13 652	15 311
40	15 755	18 315	18 315	21 072	21 072	23 632
100	29 126	33 859	33 859	38 956	38 956	43 689
200	47 180	54 846	54 846	63 103	63 103	70 769
300	62 748	72 944	72 944	83 925	83 925	94 121
400	76 829	89 314	89 314	102 759	102 759	115 244
500	89 855	104 456	104 456	120 181	120 181	134 782
600	102 062	118 647	118 647	136 508	136 508	153 093
700	113 602	132 062	132 062	151 942	151 942	170 402
800	124 575	144 819	144 819	166 620	166 620	186 863
1 200	167 729	194 985	194 985	224 338	224 338	251 594
1 600	207 279	240 961	240 961	277 235	277 235	310 918
2 000	244 349	284 056	284 056	326 817	326 817	366 524
2 400	279 559	324 987	324 987	373 910	373 910	419 338
3 200	343 814	399 683	399 683	459 851	459 851	515 720
4 000	400 847	465 985	465 985	536 133	536 133	601 270

(2) Das Honorar für Grundleistungen bei Landschaftspflegerischen Begleitplänen ist nach der Fläche des Planungsgebiets in Hektar und nach der Honorarzone zu berechnen.

(3) Welchen Honorarzonen die Grundleistungen zugeordnet werden, richtet sich nach folgenden Bewertungsmerkmalen:

1. ökologisch bedeutsame Strukturen und Schutzgebiete,

2. Landschaftsbild und Erholungsnutzung,

3. Nutzungsansprüche,

4. Anforderungen an die Gestaltung von Landschaft und Freiraum,

5. Empfindlichkeit gegenüber Umweltbelastungen und Beeinträchtigungen von Natur und Landschaft,

6. potenzielle Beeinträchtigungsintensität der Maßnahme.

(4) Sind für einen Landschaftspflegerischen Begleitplan Bewertungsmerkmale aus mehreren Honorarzonen anwendbar und bestehen deswegen Zweifel, welcher Honorarzone der Landschaftspflegerische Begleitplan zugeordnet werden kann, so ist zunächst die Anzahl der Bewertungspunkte zu ermitteln. Zur Ermittlung der Bewertungspunkte werden die Bewertungsmerkmale wie folgt gewichtet:

1. die Bewertungsmerkmale gemäß Absatz 3 Nummer 1, 2, 3 und 4 mit je bis zu 6 Punkten und

2. die Bewertungsmerkmale gemäß Absatz 3 Nummer 5 und 6 mit je bis zu 9 Punkten.

(5) Der Landschaftspflegerische Begleitplan ist anhand der nach Absatz 4 ermittelten Bewertungspunkte einer der Honorarzonen zuzuordnen:

1. Honorarzone I: **bis zu 16 Punkte,**
2. Honorarzone II: **17 bis 30 Punkte,**
3. Honorarzone III: **31 bis 42 Punkte.**

(6) **Wird die Größe des Planungsgebiets während der Leistungserbringung geändert, so ist das Honorar für die Leistungsphasen, die bis zur Änderung noch nicht erbracht sind, nach der geänderten Größe des Planungsgebiets zu berechnen.**

Übersicht

I. Allgemeines

1   § 31 HOAI ist ebenso aufgebaut wie §§ 29 und 30 HOAI. Zur Verdeutlichung der Bedeutung dieser naturschutz- und landschaftsschutzbezogenen Fachplanung wurde mit der aktuellen Verordnung auch eine eigene Regelung für die Honorarberechnung für diese Fachplanung eingeführt worden.

Bis auf die Bewertungsmerkmale ist auf die Darstellungen zu §§ 28 ff. HOAI zu verweisen.

II. Bewertungsmerkmale

2   Die Bewertungsmekrmale umfassen zum einen die fachlichen Vorgaben aus den anderen Plänen. Insoweit ist auf die obigen Kommentierungen zu verweisen.

Hinzu kommen die Differenziertheit des floristischen, des faunistischen Inventars und der Pflanzengesellschaften.

Schließlich wird besonders der Aufwand berücksichtigt, der für die Zielaussagen und die Pflege- und Entwicklungsmaßnahmen zu treffen ist. Dieser muss entsprechend dokumentiert werden.

§ 32 Honorare für Grundleistungen bei Pflege- und Entwicklungsplänen

(1) **Die Mindest- und Höchstsätze der Honorare für die in § 27 und Anlage 8 aufgeführten Grundleistungen bei Pflege- und Entwicklungsplänen sind in der folgenden Honorartafel festgesetzt:**

Fläche in Hektar	Honorarzone I geringe Anforderungen		Honorarzone II durchschnittliche Anforderungen		Honorarzone III hohe Anforderungen	
	von	bis	von	bis	von	bis
	Euro		Euro		Euro	
5	3 852	7 704	7 704	11 556	11 556	15 408
10	4 802	9 603	9 603	14 405	14 405	19 207
15	5 481	10 963	10 963	16 444	16 444	21 925
20	6 029	12 058	12 058	18 087	18 087	24 116
30	6 906	13 813	13 813	20 719	20 719	27 626
40	7 612	15 225	15 225	22 837	22 837	30 450
50	8 213	16 425	16 425	24 638	24 638	32 851
75	9 433	18 866	18 866	28 298	28 298	37 731
100	10 408	20 816	20 816	31 224	31 224	41 633
150	11 949	23 899	23 899	35 848	35 848	47 798

Fläche in Hektar	Honorarzone I geringe Anforderungen		Honorarzone II durchschnittliche Anforderungen		Honorarzone III hohe Anforderungen	
	von	bis	von	bis	von	bis
	Euro		Euro		Euro	
200	13 165	26 330	26 330	39 495	39 495	52 660
300	15 318	30 636	30 636	45 954	45 954	61 272
400	17 087	34 174	34 174	51 262	51 262	68 349
500	18 621	37 242	37 242	55 863	55 863	74 484
750	21 833	43 666	43 666	65 500	65 500	87 333
1 000	24 507	49 014	49 014	73 522	73 522	98 029
1 500	28 966	57 932	57 932	86 898	86 898	115 864
2 500	36 065	72 131	72 131	108 196	108 196	144 261
5 000	49 288	98 575	98 575	147 863	147 863	197 150
10 000	69 015	138 029	138 029	207 044	207 044	276 058

(2) Das Honorar für Grundleistungen bei Pflege- und Entwicklungsplänen ist nach der Fläche des Planungsgebiets in Hektar und nach der Honorarzone zu berechnen.

(3) Welchen Honorarzonen die Grundleistungen zugeordnet werden, richtet sich nach folgenden Bewertungsmerkmalen:

1. fachliche Vorgaben,
2. Differenziertheit des floristischen Inventars oder der Pflanzengesellschaften,
3. Differenziertheit des faunistischen Inventars,
4. Beeinträchtigungen oder Schädigungen von Naturhaushalt und Landschaftsbild,
5. Aufwand für die Festlegung von Zielaussagen sowie für Pflege- und Entwicklungsmaßnahmen.

(4) Sind für einen Pflege- und Entwicklungsplan Bewertungsmerkmale aus mehreren Honorarzonen anwendbar und bestehen deswegen Zweifel, welcher Honorarzone der Pflege- und Entwicklungsplan zugeordnet werden kann, so ist zunächst die Anzahl der Bewertungspunkte zu ermitteln. Zur Ermittlung der Bewertungspunkte werden die Bewertungsmerkmale wie folgt gewichtet:

1. das Bewertungsmerkmal gemäß Absatz 3 Nummer 1 mit bis zu 4 Punkten,
2. die Bewertungsmerkmale gemäß Absatz 3 Nummer 4 und 5 mit je bis zu 6 Punkten und
3. die Bewertungsmerkmale gemäß Absatz 3 Nummer 2 und 3 mit je bis zu 9 Punkten.

(5) Der Pflege- und Entwicklungsplan ist anhand der nach Absatz 4 ermittelten Bewertungspunkte einer der Honorarzonen zuzuordnen:

1. Honorarzone I: bis zu 13 Punkte,
2. Honorarzone II: 14 bis 24 Punkte,
3. Honorarzone III: 25 bis 34 Punkte.

(6) Wird die Größe des Planungsgebiets während der Leistungserbringung geändert, so ist das Honorar für die Leistungsphasen, die bis zur Änderung noch nicht erbracht sind, nach der geänderten Größe des Planungsgebiets zu berechnen.

Zu Anlage 1.1 HOAI – Umweltverträglichkeitsstudie

Übersicht

I. Allgemeines

1   Das Leistungsbild Umweltverträglichkeitsstudie wurde durch die 3. ÄndVO neu in die HOAI aufgenommen, womit dem seinerzeit vorliegenden Entwurf des Umweltverträglichkeitsgesetzes (UVG), welches auf der EG-Richtlinie über die Umweltverträglichkeitsprüfung v. 27.6.1985 beruht, für den Bereich der HOAI Rechnung getragen wurde. Heute findet sich diese Leistung nur noch in der Anlage 1.1 als Beratungsleistung. Es gilt das Gesetz über die Umweltverträglichkeitsprüfung, UVPG. Hieraus wird zugleich der enge Zusammenhang mit dem Umweltrecht deutlich. Insbesondere ist auf das Bundesnaturschutzgesetz und das einschlägige Europarecht zu verweisen. Entsprechende Auflistungen finden sich u. a. in § 10 BNatSchG.

§ 1 des UVPG formuliert, dass das Gesetz bei bestimmten Bauvorhaben zur Sicherstellung der entsprechenden Umweltvorsorge dienen soll. Die Umweltverträglichkeitsprüfung umfasst nach § 2 des UVPG die Ermittlungen, Beschreibung und Bewertung der unmittelbaren und mittelbaren Auswirkungen auf die Menschen, Tiere, Pflanzen, Boden, Wasser, Luft, Klima, Landschaft, Kulturgüter und sonstige Sachgüter einschließlich der Betrachtung der Wechselwirkungen.

Die Notwendigkeit von Umweltverträglichkeitsstudien ist leichter negativ zu formulieren. Sie ist dann nicht notwendig, wenn offensichtlich keine erheblichen oder bedeutenden Umweltauswirkungen zu bewältigen sind. In allen anderen Fällen ist eine Umweltverträglichkeitsstudie anzufertigen. Umweltverträglichkeitsstudien befassen sich folglich mit
– Den Auswirkungen solcher Vorhaben,
– Die entsprechenden Auswirkungen auf die Umwelt,
– Der Analyse
– Und der Bewertung dieser Auswirkungen.

Hauptanliegen ist es dabei, es durch eine solche Studie der zuständigen Behörde zu ermöglichen, die Umweltverträglichkeit bestimmter öffentlicher und privater Vorhaben hinreichend zuverlässig beurteilen zu können und damit zu der Entscheidungsfindung beizutragen. Die EG-Richtlinie zur Umweltverträglichkeitsprüfung, die hier als Ausgangsbasis gilt, ist darauf ausgerichtet, bei allen technischen Planungs- und Entscheidungsprozessen die Auswirkungen auf die Umwelt so früh wie möglich zu erkennen. Man versteht dabei die Umweltverträglichkeitsprüfung als ein behördliches Prüfungsverfahren, zu dem die Umweltverträglichkeitsstudie eine wichtige Grundlage ist.

Im Rahmen der Umweltverträglichkeitsprüfungen sollte summarisch auch die Summationsbetrachtung der FFH-Richtlinie Eingang finden. Dies könnte spätere Verfahren erheblich vereinfachen, da die Nachholung einer FFH-Verträglichkeitsprüfung bei UVP-pflichten Vorhaben zu einer erneuten Öffentlichkeitsbeteiligung führt, vgl. OVG Nordrhein – Westfalen BauR 2012, 773 ff. –.

II. Inhalt der Umweltverträglichkeitsstudie

Hier geht es zunächst um   **2**
- Die Erfassung des Bestandes
- Die Bewertung der Empfindlichkeit der vorhandenen natürlichen Verhältnisse,
- Die Leistungsfähigkeit des Naturhaushalts (wie Tier- und Pflanzenwelt, Luft, Klima, Boden- und Wasserverhältnisse)
- Die Leistungsfähigkeit des Landschaftsbildes, wobei vorhandene Nutzungen und sog. konfliktarme Korridore zu ermitteln sind.
- Feststellung
- und Bewertung der voraussichtlichen Auswirkungen des betreffenden Vorhabens auf die vorgenannten Bereiche.

Ziel dieser Vorausschau ist es, über den Weg der Umweltverträglichkeitsstudie negative Umweltauswirkungen zu vermeiden. Dabei werden die zu erwartenden Beeinträchtigungen im Sinne der ökologischen Risikoeinschätzung aufgeteilt nach jedem in Betracht kommenden Bereich. Es erfolgt eine **methodische Ermittlung und Bewertung der Umweltauswirkungen,** BVerwG NVwZ 1996, 381. Es werden die **Wechselwirkungen der Umweltauswirkungen eines Vorhabens auf Menschen, Tier und Pflanzen, Boden, Luft, Wasser, Klima und Landschaft** untersucht. Ebenso sind die **Möglichkeiten zur Vermeidung der zu erwartenden Beeinträchtigungen** für jede Variante zu ermitteln. Ferner geht es darum, **Vorschläge zur Verminderung und zum Ausgleich** unvermeidbarer Beeinträchtigungen für jede Variante zu unterbreiten. Gleiches gilt für die Ermittlung und Bewertung der voraussichtlich nicht ausgleichbaren Beeinträchtigungen. Die erforderliche Darstellung wird im Allgemeinen im Maßstab der anschließenden Fachplanung gefertigt, insofern nach der jeweiligen Projektgröße 1 : 5000 (vgl. Abs. 2 Leistungsphase 5). Bei der Betrachtung des Zieles im Zusammenhang mit Bebauungsplänen ist zu beachten, dass für die Umweltverträglichkeitsprüfung verfahrensmäßig und inhaltlich die Vorschriften maßgebend sind, die für die Aufstellung, Änderung oder Ergänzung von Bebauungsplänen gelten. Dementsprechend schafft die Umweltverträglichkeitsprüfung die methodischen Voraussetzungen dafür, dass die Umweltbelange in den Abwägungsprozeß Eingang finden, BVerwG 18.11.2004, BauR 2005, 671 ff.

III. Leistungsbild Umweltverträglichkeitsstudie

Abs. 1 Grundleistungen

Anlage 1.1. Abs. 1 bestimmt, dass die im Rahmen der Umweltverträglichkeitsstudie in **3** Betracht kommenden Grundleistungen bei Umweltverträglichkeitsstudien zur Standortfindung in vier Leistungsphasen aufzugliedern sind.

1. Klären der Aufgabenstellung und Ermitteln des Leistungsumfanges

Diese Aufgabe deckt sich weitgehend mit der beim Landschaftsplan in § 23 HOAI sowie **4** beim Grünordnungsplan in § 24 HOAI. Die Abgrenzung der Untersuchungsbereiche erfolgt allerdings durch den Auftragnehmer. Er hat die Aufgabe und ist demgemäß auch in der Lage, zu beurteilen, welche Planung er als Fachmann vorzunehmen hat, vor allem nach Ortsbesichtigungen usw. Er muss zwangsläufig auch den Umfang des jeweiligen örtlichen Untersuchungsbereiches feststellen. Da dies wesentlichen Einfluss auf das Honorar haben kann, empfiehlt es sich, nicht eine Abgrenzung nach Richtwerten, sondern auf der Grundlage von individuellen Feststellungen (Ortsbesichtigungen, Planungsunterlagen) vorzunehmen. Sofern Unterlagen vorhanden und als für die Planung relevant anzusehen sind, hat der Auftragnehmer sie zusammenzustellen (Fach- und Raumplanungen, entsprechende Fach- und Raumuntersuchungen). Diese Unterlagen muss der Auftragnehmer nicht erstel-

len und zusammenstellen, sondern sie müssen vom Auftraggeber selbst oder mit seiner Hilfe zur Verfügung gestellt werden können. Auf der Grundlage solcher bisher gewonnenen Informationen ist der Auftragnehmer dann in der Lage zu ermitteln, welcher Leistungsumfang zu erbringen ist, vor allem unter Berücksichtigung des Aussagewertes solcher Unterlagen. Des Weiteren können **ergänzende Fachleistungen** nötig sein, wozu rechnen können:
– Luft- und Wassermesswerte bei etwaigen Emissionen im Planungsgebiet,
– Nachprüfung der Folgen von Betriebsunfällen und Betriebsstörungen, sonstigen Unfällen,
– Feststellung der Veränderungen der Witterungsverhältnisse (Sonneneinstrahlung, Niederschläge).
Entsprechend §§ 14 f. UVPG sollte die hierfür zuständige Behörde eingeschaltet werden, da sie die gesetzliche Kompetenz für die Festlegung des Untersuchungsrahmens hat.

Zur Vergütung ist anzumerken, dass es sich um Beratungsleistungen handelt. Dementsprechend handelt es sich nicht um einen Leistungsbereich, bei dem die Honorare Nach § 3 HOAI frei vereinbart werden können.

2. Ermitteln und Bewerten der Planungsgrundlagen

5   Es handelt sich um die Bestandsaufnahme, die Bestandsbewertung und die zusammenfassende Darstellung. In diesem Zusammenhang ist erneut auf das UVPG, Gesetz über die Umweltverträglichkeitsprüfung, und auf die europarechtlichen Vorschriften hinzuweisen. Sie sind vom Auftragnehmer bei dieser Leistungserbringung zu beachten.

6   **a)** Die **Bestandsaufnahme** ist abschließend geregelt (also anders als beim Landschafts- und Grünordnungsplan). Bei dieser kommt es auf das Erfassen auf der Grundlage vorhandener Unterlagen und örtlicher Erhebungen an. Die zum Wirkungsbereich des Naturhaushaltes genannten Prüfungsfaktoren sind beispielhaft genannt, so dass es hier auch noch auf andere ankommen kann. Dementsprechend muss auch geprüft werden, welche anderen Prüfungsfaktoren im Bundesnaturschutzgesetz oder in europarechtlichen Vorschriften genannt sind, Die Ausführungsvorschriften zum Umweltverträglichkeitsprüfungsgesetz, UVP, VwV, Dr. Spoerr, die allgemeine Verwaltungsvorschrift zur Ausführung des Gesetzes über die Umweltverträglichkeitsprüfung NJW 1996, 85 ff. Wesentlich ist als Ziel, das Gesamtgefüge der Ökosysteme, dessen Auswirkungen und Ströme im Einzelnen festzustellen. Das Ermitteln der Schutzgebiete, der geschützten Landschaftsbestandteile und der schützenswerten Lebensräume stellt neben den Schutzgebieten und geschützten Landschaftsbestandteilen nach den einschlägigen Gesetzen und Verordnungen auf „schützenswerte Lebensräume" ab. Diese Formulierung geht über die einschlägigen gesetzlichen Definitionen zurück und verdeutlicht, dass hier der Planer die Aufgabe eigener, sachgerechter, der Zielsetzung der Umweltverträglichkeit gerecht werdender Bewertung hat. Die Ermittlung vorhandener Nutzungen, Beeinträchtigungen und Vorhaben hat zum Ziel, die Vorbelastung des Planungsbereiches festzulegen. Die weiterhin erforderliche Ermittlung des Landschaftsbildes und der Landschaftsstruktur dient der Feststellung der menschlichen Bedürfnisse nach Schönheit, Erholung, Heimat, Identifikation usw. Der Begriff Landschaftsbild betrifft gemäß § 1 BNatSchG die Vielfalt, Eigenart und Schönheit der Natur und Landschaft, um deren nachhaltige Sicherung es für den Menschen geht. **Landschaftsbild ist die sinnlich wahrnehmbare Erscheinung von Natur und Landschaft.** Dabei geht es u. a. um die Vegetation, das Wasser, die Bau- und Erschließungswerte. Die Sachgüter und das kulturelle Erbe umfassen die Besiedelung und deren strukturelle und traditionelle Besonderheiten (handwerkliche und landschaftliche Ausdrucksformen auf Lebensräume und Kultur), wobei es darum geht, die örtliche Lebensform als Planungsgrundlage zu verwerten.

7   **b)** Die **Bewertung des Bestandes** ist die Zusammenfassung der bisher gewonnenen Ergebnisse und deren Beurteilung. Entscheidend ist die Bewertung der Leistungsfähigkeit und der Empfindlichkeit des Naturhaushalts und des Landschaftsbildes nach den Zielen und

Grundsätzen des Naturschutzes und der Landschaftspflege. Dabei müssen die einzelnen Faktoren der Landschaft in ihrer Leistungsfähigkeit getrennt bewertet werden (Erholungswert, Stabilität, Reifegrad, Natürlichkeit usw.). Schwierig ist die Frage nach der Belastbarkeit der Landschaftsfaktoren, um Einflüsse von außen abzuwehren. Hierbei kommt es auf die natürlichen Wirkungen, die zur nachhaltigen Sicherung der normalen Nutzungs- und Regenerationsfähigkeit nötig sind, aber auch auf die Verbreitung und den Zusammenhang der Ökosysteme an. Die Bewertung der vorhandenen und vorhersehbaren Umweltbelastungen der Bevölkerung sowie der Beeinträchtigungen (Vorbelastung) von Natur und Landschaft erfasst die Belastungen im menschlichen Lebensbereich (Luftverschmutzungen, Lärm), aber des Weiteren auch die Vorbelastung von Natur und Landschaft, die vorhanden oder jedenfalls vorhersehbar ist. **Überall dort liegt schon eine Überlastung des Naturhaushaltes vor, wo die Kreisläufe zusammengebrochen oder ganz zerstört sind oder nur mit einem erheblichen Aufwand und mit erheblichem Zeitverlust wieder hergestellt werden können.**

c) Die Bestandsaufnahme und -bewertung als **zusammenfassende Darstellung** stellt **8** das Ergebnis der genannten Arbeit dar. Die Ergebnisdarstellung hat prägnant und in der gebotenen Kürze, vor allem aber auch für Nichtfachleute verständlich und einprägsam, zu erfolgen.

d) Soweit Leistungen erforderlich sind, die über den Rahmen der einzelnen Grundleistungen hinausgehen, handelt es sich ebenfalls um Leistungen, für die das Honorar frei zu vereinbaren ist, die aber nicht mehr unter die Grundleistungen zu subsumieren sind. **Solche zusätzlichen nicht in Anlage 1.1. erfassten Leistungen sind insbesondere** Einzeluntersuchungen zu natürlichen Grundlagen, zur Vorbelastung und zu sozialökonomischen Fragestellungen, Sonderkartierungen, Prognosen, Ausbreitungsberechnungen, Beweissicherungen, Aktualisierung der Planungsgrundlagen, Untersuchen von Sekundäreffekten außerhalb des Untersuchungsgebietes. Im Hinblick auf das zuvor Ausgeführte ist den Beteiligten eines Vertrages über die Durchführung einer Umweltverträglichkeitsprüfung anzuraten, Regelungen für solche zusätzlichen Leistungen aufzunehmen.

3. Konfliktanalyse und Alternativen

Der Landschaftsplaner muss die möglichen Auswirkungen eines etwaigen Vorhabens auf **10** Natur und Landschaft darlegen. Dazu muss er eine Reihe von Einzelgesichtspunkten beachten, die zu Beginn der Leistungsphase 3 unter Ermitteln der projektbedingten umwelterheblichen Wirkungen zusammengefasst sind. Da der Umweltverträglichkeitsstudie im Allgemeinen noch keine Fachplanung vorausgegangen ist, muss in der Konfliktanalyse dargestellt werden, welche Gefahren und möglichen Auswirkungen ein bestimmtes, etwaiges Vorhaben auf die Umwelt haben kann. Dabei ist Mittelpunkt der Untersuchung die Verknüpfung der im Bereich der Leistungsphase 2 festgestellten Empfindlichkeit des Untersuchungsgebietes mit den projektbedingten umwelterheblichen Wirkungen und die Beschreibung dieser Wechselwirkungen zwischen den betroffenen Faktoren. Dabei bedarf es zum einen der Untersuchung der umwelterheblichen Wirkung auf die landschaftsbildenden Faktoren, zum anderen muss die Frage nach den Wechselwirkungen auf der Basis etwaigen Ungleichgewichtes beantwortet werden. **Hier kommt es auf eine ganzheitliche Betrachtung an.** Insofern sind auch sog. konfliktarme Bereiche herauszuarbeiten, wie die Wirkungsbeziehungen und Überlagerungen im Hinblick auf die jeweiligen Umwelteinflüsse. Da erst so ein hinreichendes Bild gewonnen werden kann, ist außerdem die Frage der räumlichen Abgrenzung des Prüfungsbereiches zu überprüfen. Eventuell sind auch neue räumliche Grenzen festzulegen. Hierzu bedarf es einer Vereinbarung der Vertragspartner, was aus Gründen der Klarheit, Sicherheit und Beweisbarkeit schriftlich erfolgen sollte. Das gilt vor allem auch im Hinblick auf die Haftung des Auftragnehmers. Nachdem mit dem Auftraggeber die entsprechende Abstimmung erfolgt ist, vor allem im Hinblick auf den Planungsstand, endet diese Leistungsphase mit der zusammenfassenden Darstellung in Text und Karte.

4. Vorläufige Fassung der Studie

11 Es geht um die grundsätzliche Lösung in Text und Karte, wobei die vom Auftragnehmer abgegrenzten Alternativen, die er mit dem Auftraggeber im Rahmen der Leistungsphase 3 abgestimmt hat, zu beachten sind. Diese sind nunmehr herauszuarbeiten, wobei die Bestimmung der Zahl dieser Alternativen an sich beim Auftragnehmer liegt; auch nur eine ausgearbeitete Alternative kann den Rahmen der Leistungsphase 4 ausfüllen. Die Zahl der Alternativen muss der sachgerechten Beurteilung des Auftragnehmers überlassen bleiben, also vor allem auch dahin, ob und welche Alternativen näher auszuarbeiten sind und welche dagegen auszuscheiden haben. Aus Klarheitsgründen und insbesondere zur Vermeidung von Streitigkeiten sollte die Zahl der Alternativen schriftlich festgelegt werden. Nach der alten Fassung der HOAI gab es Probleme, wenn der Auftraggeber nicht hinreichend beachtet, dass die Zahl der Alternativen eine Angelegenheit des Planers ist und er pauschal eine Anzahl von Alternativen verlangt, konnte sich im Einzelfall die Frage stellen, ob dies in solch einem Fall eine Besondere Leistung war. Nach der Fassung der jetzigen Verordnung ist das Honorar frei zu vereinbaren. Dementsprechend wird es darauf ankommen, welche Vereinbarung die Vertragsparteien sowohl zum Inhalt als auch zur Vergütung getroffen haben. Die Vereinbarung wird nach §§ 133, 157 BGB auszulegen sein, wenn keine Regelung zu der Frage getroffen worden ist, wieviele Alternativen mit dem Honorar abgegolten sind.

Die Abarbeitung dieser Leistungsphase erfolgt auch in drei Stufen.

12 **a)** Zunächst geschieht die **Ermittlung, Bewertung und Darstellung** jeder Alternative für sich. Dabei ist das **Vermeidungs- und/oder Ausgleichsangebot in verschiedener Hinsicht zu berücksichtigen,** und zwar
– Hinsichtlich des ökologischen Risikos für den Naturhaushalt,
– Der Beeinträchtigungen des Landschaftsbildes und
– Der Auswirkungen auf den Menschen, die Nutzungsstruktur, die Sachgüter und das kulturelle Erbe.

Entsprechend dem Vermeidungsgebot sind vermeidbare Beeinträchtigungen zu unterlassen. Das Ausgleichsangebot verpflichtet dazu, nicht vermeidbare Auswirkungen eines Eingriffes durch erforderliche Vorkehrungen zu beseitigen. Ein Ausgleich ist immer erfolgt, wenn nach dem Ende des Eingriffes keine nachhaltigen Beeinträchtigungen mehr bleiben und das Landschaftsbild wieder gewahrt ist (vgl. § 19 Abs. 3 BNatSchG). Um zu einer klaren Übersicht zu kommen, ist es naturgemäß erforderlich, aus dem Untersuchungsbereich Entwicklungstendenzen aufzuzeigen, wie sie ohne das geplante Vorhaben bestehen (sog. Status-quo-Prognose). Andernfalls würde es auch an einem ausreichenden Bezugspunkt hinsichtlich der Auswirkungen des Vorhabens fehlen.

13 **b)** Nach dem Gesagten ist es nur folgerichtig, wenn es zur vorläufigen Fassung der Studie weiter gehört, voraussichtlich nicht ausgleichbare Beeinträchtigungen der sich wesentlich unterscheidenden Alternativen zu ermitteln und darzustellen. Hierher gehört auch das Abstimmen der vorläufigen Planfassung mit dem Auftraggeber.

14 **c)** Nachdem aufgeführt ist, welche Auswirkungen durch das Vorhaben eintreten können, **muss bewertet werden, welche Ergebnisse die alternativen Lösungen** in Bezug auf das zu erreichende Ziel der Umweltverträglichkeit erzielen. Dabei kommt es auf eine **allgemeinverständliche Darstellung** an, die vor allem dem Auftraggeber als ausreichende Grundlage für weitere Diskussionen oder gar Planungen dienen soll.

15 **d)** Alle vorangehend unter Rdn. 11 ff. genannten Arbeiten sind abschließend als Grundleistungen aufgeführt. Darüber hinausgehende Leistungen des Auftragnehmers fallen somit nicht mehr unter die Grundleistungen. Sie fallen auch unter die Besonderen Leistungen des § 3 Abs 3, da die Aufzählung in der Anlage 1.1. nicht abschließend ist. Hierzu nennt die HOAI an dieser Stelle beispielhaft das Erstellen zusätzlicher Hilfsmittel wie die Vorstellung der Planung vor Dritten sowie Detailausarbeitungen in besonderen Maßstäben. **Außerdem kann gerade hier die Mitwirkung bei öffentlichen Diskussionen und In-**

formationsveranstaltungen, bei der Erstellung von Informationsschriften u.a. helfen. In der vertraglichen Vereinbarung sollte auch Raum für solche zusätzlichen Leistungen vorhanden sein. Werden nur die in der Anlage 1.1.1 angesprochenen Leistungsphasen angesprochen, sind diese Leistungen nicht Vertragsinhalt.

5. Abgstimmte Fassung der Studie

Hierbei handelt es sich um die endgültige und abschließende Bearbeitung auf der **16** Grundlage der vorher erfolgten Abstimmung mit dem Auftraggeber. Dabei müssen der Planungshergang und die jeweiligen Schritte, die zu der Entscheidung geführt haben, in einer nichttechnischen Zusammenfassung dargestellt werden. Der Auftragnehmer muss diese Darstellung in allgemeinverständlicher, nicht nur dem Fachmann begrifflich zugänglicher Ausdrucksform vornehmen. Im Übrigen erfolgt die Darstellung der Umweltverträglichkeitsstudie in der vorgeschriebenen Fassung in Text und Karte, letztere in der Regel im Maßstab 1 : 5000.

Zu Anlage 1.1.2 Abs. 1 bis Abs. 3 HOAI
Honorare für Grundleistungen bei Umweltverträglichkeitsstudien

Übersicht

I. Allgemeines

Durch die 4. ÄndVO wurde ein **neues Berechnungssystem** für Leistungen bei Um- **1** weltverträglichkeitsstudien festgelegt. Dieses wird jetzt fortgeschrieben. Ziel dieses anderen Berechnungssystems ist es, dem Ziel von Umweltverträglichkeitsstudien Rechnung zu tragen, nämlich die Auswirkungen eines geplanten Vorhabens nicht nur auf Natur und Landschaft, sondern auch auf die Menschen zu untersuchen. Insofern bot sich zunächst die Einteilung in Honorarzonen an. Satz maßgebendes Kriterium ist die Gesamtfläche des Untersuchungsraumes. Das Honorar kann anhand der Honorartafel des Absatzes 1 ermittelt werden.

II. Honorartafel

In Absatz 1 wird klargestellt, dass das Honorar nach der Honorarzone ermittelt werden **2** kann. Damit wird gleichzeitig verdeutlicht, dass vorrangig die Honorarvereinbarung der Parteien ist. Ist nichts anderes vereinbart, gilt die Honorartafel als übliche Vergütung nach § 632 BGB.

III. Grundlagen der Ermittlung (Abs. 2)

Bei Vereinbarung der Anlage 1 gelten als Kriterien der Ermittlung des Honorares die **3** Gesamtfläche des Untersuchungsraumes und Honorarzonen.

IV. Honorarzonen (Abs. 3)

4   Für die Umweltverträglichkeitsprüfung gibt es drei Honorarzonen, die Honorarzone 1 für geringe Anforderungen, Zone 2 für durchschnittliche Anforderungen und III für hohe Anforderungen.

V. Die Zuordnung zu den Honorarzonen (Abs. 4)

5   Die für die Einteilung in Honorarzonen maßgebenden Bewertungsmerkmale sind nach geringem, durchschnittlichem sowie hohem Schwierigkeitsgrad aufgeteilt, und zwar jeweils bezogen auf den betreffenden, dem Auftragnehmer in Auftrag gegebenen Untersuchungsraum. Für die Bewertung sind insgesamt sechs Kriterien genannt, und zwar
 – Die ökologischen Strukturen, d.h. die Bedeutung des Untersuchungsraumes für die Schutzgüter im Sinne des Gesetzes über die Umweltverträglichkeitsprüfung
 – Die Untersuchung, wieviel Schutzgüter es im Untersuchungsraum schon gibt
 – Die Gliederung des Lanhaftsbildes und seiner Sruktur
 – Die Ausprägung der Erholungsnutzung,
 – Die Nutzungsansprüche,
 – Die Empfindlichkeit gegenüber Umweltbelastungen und Beeinträchtigungen von Natur und Landschaft;
 – Die potentielBe Beeiträchtigungsintensität.
 Diese Kriterien machen zugleich deutlich, welche große Bedeutung die Schutzgüter des Naturschutzrechts für die Umweltverträglichkeitsstudie haben. Diese insgesamt sechs Bewertungsmerkmale stehen in der Regel in engem Zusammenhang. So stellen z.B. die festzustellenden ökologischen Verhältnisse in der Regel auch gleiche Anforderungen an die Umweltsicherung und den Umweltschutz. Die Differenzierung nach Schwierigkeitsgrad sollte daher über in dem Untersuchungsraum vorhandene und leicht erfassbare Kriterien erfolgen, z.B. Hecken, Wälder, Gewässer, Lebensräume für Pflanzen und Tiere, Ausstattung mit sonstigen gliedernden und belebenden Elementen. Daraus kann auch ohne weiteres die Erholungsnutzung für den Menschen abgeleitet werden. Die Empfindlichkeit im Hinblick auf die potentielle Beeinträchtigung ergibt sich als Ergebnis der Bewertung nach den anderen fünf Gesichtspunkten sozusagen als negative Seite. Letzterer Gesichtspunkt ist ein entscheidendes Kriterium für die Bemessung nach dem jeweils in Betracht kommenden Schwierigkeitsgrad. Die Frage der potentiellen Beeinträchtigung ist auf das konkrete Objekt bezogen.

VI. Bewertungsmerkmale aus mehreren Honorarzonen (Abs. 5)

6   Treffen die Bewertungsmerkmale mehrerer Schwierigkeitsstufen zu, ist die Summe der jeweiligen Bewertungspunkte maßgebend. Dabei sind die einzelnen Merkmale der Bewertung nach Maßgabe des Absatzes 6 festzulegen, wobei entsprechend dem Schwierigkeitsgrad im Rahmen der jeweiligen Bewertungsmerkmale des Absatzes 1 eine Bewertung entweder bis zu sechs oder eine Bewertung bis zu neun Punkten erfolgt. Dann erfolgt gemäß der näheren Bestimmung in Absatz 2 die Zurechnung zu den jeweiligen Honorarzonen.

VII. Maßgeblichkeit der Einordnung nach Abs. 6

7   Ergibt die Zusammenrechnung der Punktebewertung der Bewertungsmerkmale Ausstattung an ökologisch bedeutsamen Strukturen, Landschaftsbild, Erholungsnutzung, Nutzungsansprüche, Empfindlichkeit gegenüber Umweltbelastungen und Beeinträchtigung von Natur und Landschaft sowie des Merkmals potentielle Beeinträchtigungsintensität bis zu 16 Punkte handelt es sich um die Honorarzone I, bis zu 30 Punkten handelt es sich um die Honorarzone II und bis zu 42 Punkte handelt es sich um die Honorarzone III.

Die Summe der jeweiligen Bewertungspunkte ist somit maßgebend. Entsprechend dem **8** Schwierigkeitsgrad ist im Rahmen der jeweiligen Bewertungsmerkmale des Absatzes 1 eine Bewertung entweder bis zu sechs oder eine Bewertung bis zu neun Punkten vorzunehmen. Dann erfolgt gemäß der oberen Darstellung die Zurechnung zu den jeweiligen Honorarzonen.

VIII. Ermittlungen der Flächen und nachträgliche Änderung der Fläche (Abs. 7)

Zunächst müssen die Flächenwerte gemäß der ersten Spalte festgestellt werden, wobei **9** die Ansätze zwischen 50 ha als unterstem Wert und 10 000 ha als oberstem Wert liegen. Die Festlegung der Fläche kann durchaus Schwierigkeiten bereiten, weil hier als Planungsbereich diejenige Fläche zu verstehen ist, die von der Umweltverträglichkeitsstudie erfasst ist, also der Bereich, auf den sich das betreffende Vorhaben auswirken kann. Berücksichtigt man die Interessen der Beteiligten aus der Öffentlichkeit, der Verwaltung und der Politik und insbesondere die europäische Umweltpolitik, so kann dem nur entsprochen werden, wenn der Planungsbereich weitesöglich ausgedehnt wird. Die Grenzziehung sollte nach dem Grundsatz erfolgen, wie weit der Einfluss auf die Umwelt der Sache nach reicht. Eine Eingrenzung des Gebietes kann das Planvorhaben mit dem Hinweis auf nicht ausreichende Berücksichtigung der Umweltsituation gefährden. Man hat versucht, dem dadurch Rechnung zu tragen, dass auch während eines Planungsverfahrens der Untersuchungsbereich noch geändert werden kann, was naturgemäß Einfluss auf die Honorarberechnung hat. **Als Konsequenz hieraus kann nur gezogen werden, dass der Planungsbereich so weit wie möglich ausgedehnt werden sollte. Nur so kann für das Vorhaben entsprechende Plansicherheit geschaffen werden.**

Wird die Fläche während der Studie geändert, muss die Berechnung zweigeteilt erfolgen, d.h. nach der Frage, welche Fläche lag welcher Untersuchung zugrunde.

Teil 3. Objektplanung

Abschnitt 1. Gebäude und Innenräume

Vorbemerkung

Übersicht

I. Die früheren Fassungen zur Objektplanung in der HOAI und Neuerungen in der HOAI 2013

1   Noch in der Fassung der HOAI 1996/2002 waren die Leistungsbilder der Gebäude, raumbildende Ausbauten – jetzt Innenräume – und Freianlagen gebündelt und in **Teil II** geregelt. Die Fassung 2009 sah dann die Aufteilung im **Teil 3** vor, nämlich im **Abschnitt 1 – Gebäude und raumbildende Ausbauten (§§ 32–36) –** und im **Abschnitt 2 – Freianlagen (§§ 37–39) –**. Der **Teil 3 Abschnitt 1** der HOAI wurde inhaltlich stark vereinfacht und übersichtlich **zusammengefasst,** denn die Fassung hatte die Regelungen der Objektplanung bereits mit den §§ 10 bis 27 unübersichtlich im Allgemeinen Teil untergebracht. In der Fassung 2009 wurden teilweise diese Regelungen dann weiterhin in dem allgemeinen Teil beibehalten. Die Fassung 2013 hat nun zu einigen weiteren Änderungen, Zusammenfassungen und Klarstellungen, sowie der vollständigen Verselbständigung der Freianlagen geführt. Daher ist § 32 Abs. 4 a. F. entfallen und findet sich jetzt in § 38 Abs. 2 wieder. Die Fassung der Vorschrift des § 32 HOAI 2009 in den Absätzen 1 bis 3 wurde in dem § 33 HOAI aber beibehalten. Wesentlich ist die klarstellende Änderung des Begriffs der „Leistung" in „Grundleistung" (siehe § 3 Abs. 1, 2 HOAI; zum Anwendungsbereich „Grundleistung" in der HOAI 2013 siehe § 1). Damit soll die ausschließliche Anwendbarkeit des verbindlichen preisrechtlichen Anwendungsbereichs klargestellt werden und schon eine verbale augenscheinlich genau definierte Abgrenzung die Betroffenen auf die richtige Einordnung der Leistungen und der entsprechenden Honorierungen hingewiesen werden, ohne das es weiterer Erklärungen bedarf.

2   **Allgemeine Änderungen der Leistungsbilder der Objektplanung in der Fassung 2013** ergeben sich wie folgt:

a) Kostenermittlung und Kostenkontrolle:

Die Leistungsbilder wurden in den Leistungsphasen 2 und 6 durch die Grundleistung der Kostenkontrolle ergänzt, um so die Verpflichtung zur durchgängigen Kostenverfolgung während des gesamten Planungs- und Ausführungsprozesses zugrunde zu legen. In diesem Sinne sind auch die Leistungsphasen 6 und 7 ergänzt worden. Nunmehr sind bepreiste Leistungsverzeichnisse aufzustellen. Im Rahmen der Kostenkontrolle sind diese bepreisten Leistungsverzeichnisse mit der Kostenberechnung und den Ausschreibungsergebnissen zu vergleichen. Durch diese präzisierte Kostenermittlung und Kontrolle wurde der Kostenanschlag entbehrlich. Der Kostenanschlag umfasst nämlich gemäß DIN 276 – 1 : 2008 – 12 lediglich die Kostenermittlung bis zu 3. Ebene und die Ordnung nach Vergabeeinheiten.

Dokumentation:

In allen Leistungsbildern der Objektplanung wurde in den Leistungsphasen 1 bis 3 die Grundleistung zur Dokumentation und Erläuterung der Ergebnisse präzisiert. Damit wurde die bisher in § 3 Abs. 8 HOAI 2009 geregelte Unterrichtung des Auftraggebers direkt in den relevanten Leistungsphasen aufgenommen. Die Prüfung und Wertung der Angebote ist ohne eine Dokumentation des Vergabeverfahrens nicht möglich und schließt diese ein. In der Leistungsphase 7 wurde daher die Dokumentation des Vergabeverfahrens aufgenommen. Die auch bisher schon bestehende systematische Zusammenstellung der zeichnerischen Darstellungen und rechnerischen Ergebnisse wurde nunmehr in die Leistungsphase 8 eingestellt, da sie zeitlich mit der Übergabe des Objekts verknüpft ist. Damit soll darauf hingewirkt werden, dass dem Auftraggeber bei einer etwaigen Teilabnahme nach der Leistungsphase 8 die notwendige Objektdokumentation zur Verfügung steht.

Terminplanung:

Die Terminplanung der Leistungsbilder Gebäude, Freianlagen und Technische Ausrüstung wurde in den Leistungsphasen 2, 3 und 5 aufgenommen. In der Leistungsphase 8 ist auch bisher das Aufstellen und Überwachen eines Terminplans verankert. Am deutlichsten ist diese Grundleistung im Leistungsbild Gebäude hervorgehoben, da diese übergreifende Objektplanung eine Vielzahl von Fachplanungen und Gewerken berücksichtigt und zusammenführen muss. Die in der Leistungsphase 2 aufgestellte Terminplanung soll in den Leistungsphasen 3, 5 und 8 kontinuierlich fortgeschrieben und ergänzt werden. Über die bisherige Teilleistung lit. 2) der Leistungsphase 8 der HOAI 2009 hinaus wurde das Erstellen, Fortschreiben und Überwachen des Terminplans als Teilleistung in die Leistungsphasen 2, 3, 5 und 8 aufgenommen. Zur Leistungsphase 8 (bisher: „Aufstellen und Überwachen eines Zeitplans (Balkendiagramm)", neu: „Aufstellen, Fortschreiben und Überwachen eines Terminplans (Balkendiagramm)") war das Fortschreiben des Terminplans während der Ausführung bereits durch das Überwachen erfasst und wurde zur Klarstellung aufgenommen. Darüber hinaus ist die Terminplanung während der Bauausführung durch die Berücksichtigung der ineinandergreifenden Abläufe der Bauarbeiten als fortlaufender Prozess zu betrachten. Daher wurde vom VO-Geber jetzt klargestellt, dass neben dem Fortschreiben eine kontinuierliche Überwachung des fortgeschriebenen Terminplans im Bauablauf erforderlich ist. In den Leistungsbildern Ingenieurbauwerke und Verkehrsanlagen ist der Aspekt der Terminplanung mit Ausnahme der Leistungsphase 8 dagegen nicht berücksichtigt. Im Gegensatz zum Leistungsbild Gebäude laufen hier mehrere eigenständige Objektplanungen parallel (z.B. bei der Planung eines Wasserwerks). Es wäre deshalb nicht sachgerecht, diese übergreifende terminliche Planung auf Basis der anrechenbaren Kosten einer Objektplanung zu honorieren. Die objektübergreifende, integrierte Bauablaufplanung stellt daher eine Besondere Leistung dar.

Weitere Änderungen je Leistungsphase

Leistungsphase 6: Vorbereitung der Vergabe:
Die Grundleistung „Zusammenstellen der Vergabeunterlagen" wurde systematisch der Vorbereitung der Vergabe zugeordnet und aus der Leistungsphase 7 in die Leistungsphase 6 verlagert.

Leistungsphase 7: Mitwirkung bei der Vergabe
Die ehemalige Teilleistung lit. e) „Verhandeln mit Bietern" wird nunmehr in lit. d) „Führen von Bietergesprächen" genannt, da bei öffentlichen Auftragsvergaben Verhandlungen mit Bietern nicht bei allen Vergabearten zulässig sind. Unter Bietergesprächen sind Aufklärungsgespräche oder Verhandlungen im Rahmen der Vergabeverfahren zu verstehen.

Leistungsphase 9: Objektbetreuung
Der Aufwand für die bisherige Grundleistung – Überwachen der Mängelbeseitigung – ist im Umfang nur schwierig kalkulierbar. Daher soll die Überwachung der Mängelbeseitigung zukünftig als Besondere Leistung z.B. auf Zeithonorarbasis beauftragt werden können. Durch die neu aufgenommene Grundleistung der fachlichen Bewertung der Mängel einschließlich notwendiger Begehungen wird sichergestellt, dass der beauftragte Architekt oder Ingenieur auch nach Abschluss des Projekts dem Bauherrn bei auftretenden Mängeln zur Seite steht und eine verursachungsgerechte Inanspruchnahme des Schädigers ermög-

licht wird. Mit der fachlichen Bewertung der Mängel soll in erster Linie die Zuordnung des Mangels zu einem Bau- oder Planungsbeteiligten aus fachlicher Sicht sichergestellt werden. Eine Bewertung mit der Qualität und Ausführlichkeit eines Sachverständigengutachtens ist nicht Gegenstand dieser Grundleistung. Mit der HOAI 2009 wurde die Frist zur Überwachung der Mängelbeseitigung gemäß § 13 Abs. 4 VOB Teil B auf vier Jahre festgelegt. Da diese nicht in jedem Fall die Vertragsgrundlage bildet, wurde die Frist für die fachliche Bewertung der festgestellten Mängel an § 438 Abs. 1 Nummer 2 BGB auf fünf Jahre angepasst.

Änderungen zu den Objektlisten

Die Objektlisten wurden neu strukturiert. Bisher waren diese nach den Honorarzonen gegliedert. Durch die Strukturierung nach Objekttypen und die tabellarische Zuordnung zu den Honorarzonen wird für den Anwender ein besserer Überblick geschaffen und die Zuordnung zur Honorarzone erleichtert.

II. Inhalt der Regelungen

3   Auch mit der Neufassung der HOAI 2013 im Teil 3 Abschnitt 1 sind folgende Kernbestimmungen für die Honorarberechnungen bei **Gebäuden und Innenräumen** verblieben:
– § 33   „Besondere Grundlagen des Honorars" (Anrechenbarkeit von Kosten)
– § 34   „Leistungsbild Gebäude und Innenräume" (Bewertung)
          Abs. 4 in Verbindung mit Anlage 10 Nr. 10.1 (Grundleistungen und Beispiel für Besondere Leistungen)
– § 35   „Honorare für Grundleistungen bei Gebäuden und Innenräumen"
          Abs. 1: Honorartafel
          Abs. 2: Honorarzonen „Gebäude", Bewertungsmerkmale
          Abs. 3: Honorarzonen „Innenräume", Bewertungsmerkmale
          Abs. 4: Bewertungspunkte „Gebäude"
          Abs. 5: Bewertungspunkte „Innenräume"
          Abs. 6: Honorarzonenzuordnung „Gebäude" und „Innenräume"
          Abs. 7: Zuordnung nach Objektlisten
          – Anlage 10 Nr. 10.2 für Gebäude (Beispiele)
          – Anlage 10 Nr. 10.3 für Innenräume (Beispiele)
– § 36   „Umbauten" und „Modernisierungen" bei Gebäuden und Innenräumen
– § 37   Abs. 1: Berechnung des Honorars bei einem Auftrag: „Gebäude und Freianlagen"
          Abs. 2: Berechnung des Honorars bei einem Auftrag „Gebäude und Innenräume"

4   Die Begriffe **„Gebäude"** und **„Innenräume"** sind in § 2 Abs. 1 als **„Objekte"** im Sinne der HOAI definiert. Auf eine **eigenständige Definition** wurde in der HOAI 2013 verzichtet. Danach ist allerdings im Zweifelsfalle auf § 2 Nr. 2 HOAI 2009 zurückzugreifen. Dort wurde allgemein beschrieben: *„Gebäude sind selbstständig benutzbare, überdeckte bauliche Anlagen, die von Menschen betreten werden können und geeignet oder bestimmt sind, dem Schutz von Menschen, Tieren oder Sachen zu dienen".* Zudem können allerdings die Beispielsobjekte zu den „Gebäuden" in Anlage 10 Nr. 10.2 und für die Innenräume in Anlage 10 Nr. 10.3 **im Zweifelsfalle** beigezogen werden; allerdings wegen des Beispielscharakters der Norm nur bedingt. Entscheidend ist die alte Definition in § 2 Nr. 2 HOAI 2009. Eine Definition des „Innenraumes" fehlt weiterhin. Sie kann nur aus dem Leistungsbild der Tätigkeit nach § 34 Abs. 2 in Verbindung mit Anhang 10 Nr. 3 erschlossen werden und betrifft die Leistung der Gestaltung oder Erstellung von Innenräumen im Rahmen der Definitionsvorgabe für Gebäude nach § 2 Nr. 2 HOAI 2009. Die **Eingriffe** in den Bestand oder/und Konstruktion dürfen nach der Vorgabe des § 34 Abs. 2 **nicht wesentlich** sein.

Instandhaltungen und **Instandsetzungen** sind nunmehr infolge von Zweifelsfragen bei der Anwendung bei anderen Leistungsbildern – Freianlagen, Ingenieurbau, TGA, Tragwerksplanung und Verkehrsanlagen – im Allgemeinen Teil unter § 12 neu eingeordnet worden und gelten damit hier ebenfalls bei der Objektplanung zu Gebäuden und Innenräumen. Eine Erhöhung des Honoraransatzes kann danach bis 50 % bei den Grundleistungen schriftlich vereinbart und berechnet werden (siehe im Einzelnen unter § 12). Zuvor war dies unter § 36 HOAI 2009 mit ebenfalls bis zu 50 % geregelt.

Zudem ist bei den Berechnungen der Honorare die Grundnorm der Honorarberech-   5
nungsvorschrift des § 6 Abs. 1 zu beachten. Dort ist das **Kostenberechnungsmodell** in der HOAI verankert. Das **Kostenvereinbarungsmodell** in § 6 Abs. 3 verliert allerdings wegen der eingeschränkten Behandlung des öffentlichen Auftraggebers im Rahmen der Vergabeverfahren erheblich an Bedeutung. Darüber hinaus ist in § 4 Abs. 1 und 2 die **Kostenermittlung nach anrechenbaren Kosten** vorgeschrieben. Ebenfalls findet sich unter § 4 Abs. 3 der wiedereingeführte Abschnitt über die Berücksichtigung der **anrechenbaren Kosten mitzuverarbeitender Bausubstanz,** der in der Fassung 2009 (ehemals § 10 Abs. 3a HOAI 1996/2002) gestrichen worden war. Die für die Honorarermittlung bedeutsamen Vorschriften zu der **Kostenschätzung** und **Kostenberechnung** sind nun in § 2 Abs. 10 und § 2 Abs. 11 verortet.

§ 33 Besondere Grundlagen des Honorars

(1) **Für Grundleistungen bei Gebäuden und Innenräumen sind die Kosten der Baukonstruktion anrechenbar.**

(2) **Für Grundleistungen bei Gebäuden und Innenräumen sind auch die Kosten für Technische Anlagen, die der Auftragnehmer nicht fachlich plant oder deren Ausführung er nicht fachlich überwacht,**

1. **vollständig anrechenbar bis zu einem Betrag von 25 Prozent der sonstigen anrechenbaren Kosten und**

2. **zur Hälfte anrechenbar mit dem Betrag der 25 Prozent der sonstigen anrechenbaren Kosten übersteigt.**

(3) **Nicht anrechenbar sind insbesondere die Kosten für das Herrichten, die nicht öffentliche Erschließung sowie für Leistungen zur Ausstattung und zu Kunstwerken, soweit der Auftragnehmer die Leistungen weder plant noch bei der Beschaffung mitwirkt oder ihre Ausführung oder ihren Einbau fachlich überwacht.**

Vorgehende Vorschrift: § 32 HOAI 2009

Übersicht

I. Darstellung der Grundlagen

1. Frühere Fassungen der HOAI im Vergleich zur HOAI 2013

1   Die Fassung der HOAI 2009 sah bereits die Einteilung vor, wonach anrechenbaren Kosten bei Gebäuden und raumbildenden Ausbauten in § 32 HOAI a. F. und zu den Freianlagen in § 37 HOAI a. F. geregelt wurden. In der Fassung 1996/2002 wurden nach § 10 Abs. 2–6 die Vorschriften für die Ermittlung der anrechenbaren Kosten bei Gebäuden, raumbildende Ausbauten und Freianlagen schon gebündelt; waren aber insgesamt unübersichtlich. Mit der Fassung 2009 wurde die DIN 276 Teil 1 bei der Ermittlung der anrechenbaren Kosten bei den Leistungen bei Gebäuden und raumbildenden Ausbauten herausgenommen und durch die Fassung DIN 276-1 : 2008-12 ersetzt. Dies sollte auch die teilweise unübersichtliche Rechtsprechung zur Anwendung der Fassungen 1981 und 1993 erübrigen. Diese Rechtsprechung hatte u. a. zur Folge, dass Honorarrechnungen, die nach der Fassung der DIN 276 Teil 1 Fassung 1993 (DIN 276-1 : 1993-06) erstellt wurden, als unwirksam dargestellt wurden oder – richtigerweise – nicht prüfbar. Denn die Voraussetzungen für die Prüfbarkeit einer Architektenrechnung ist eine Kostenermittlung nach HOAI 1996 § 10 Abs. 2 nach DIN 276 gewesen. Im Rahmen des Geltungsbereichs von § 10 Abs. 2 HOAI 1996 musste die DIN 276 in der Fassung April 1981 verwendet werden. Bei Verwendung der DIN 276 in der Fassung 1993 ist aber die Schlussrechnung des Architekten **in der Regel** nicht prüfbar (OLG Hamm, Beschl. v. 4.9.2012 – 21 U 52/12; folgend NZB BGH v. 25.9.2013 – VII ZR 276/12). Das OLG Rostock hatte in bedenklicher Weise noch dargestellt, dass solange eine Kostenberechnung nach DIN 276 der Fassung 1981 noch nicht vorliegt, durchaus eine Kostenschätzung nach DIN 276/93 erstellt und/oder danach aufgestellt werden kann und zur Grundlage der Honorarrechnung gemacht werden könne. Das ist allerdings nicht zutreffend gewesen. Denn mit der Fassung 1993 lässt sich das nicht in Einklang bringen, da die Nummerierung der einzelnen Kostengruppen schon nicht übereinstimmt und daher umgerechnet werden muss (siehe dazu schon Seifert, BauR 2001, 1330). Fehlt eine solche Umrechnung ist die Aufstellung der Kostenschätzung oder Kostenberechnung bereits falsch. Denn finden sich beispielsweise die Kosten für Installationen, Zentrale Betriebstechnik und Betriebliche Einbauten in der DIN 276/81 unter KG 3.2 bis 3.4 und 3.5.2 bis 3.5.4, so sind diese in der Fassung 1993 in der KG 400 zu finden. Eine Zuordnung unter Berücksichtigung beispielsweise der Regelungen in § 10 Abs. 4 HOAI 1996 war daher zur Fassung 1993 nicht möglich. Bereits in der Fassung 2009 wurde einheitlich auf die neue Fassung 276-1 : 2008-12 verwiesen und angewandt (dort § 4 Abs. 1). Auch die Fassung 2013 nimmt in § 4 Abs. 1 auf die Fassung DIN 276-1 : 2008-12 Bezug. Selbst wenn der Auftragnehmer der Abrechnung einen **Umrechnungsschlüssel** der DIN 276 Fassung 1981 oder Fassung 1993 beilegen würde, so ist eine **Prüfbarkeit** der Rechnung **nicht** gegeben (so schon BGH, BauR 1997, 1026). Eine Umrechnung und Vergleichbarkeit bei den Abrechnungen nach der HOAI 2009 und HOAI 2013 ist ebenfalls nicht pauschal zu bejahen. Dem Wortlaut nach muss unterschieden werden. Denn wenn in § 4 Abs. 1 der beiden Fassungen auf die DIN 276-1 : 2008-12 zur Anwendung der Kostenschätzung und Kostenberechnung, sowie den Kostenzuordnungen bei der Abrechnung verwiesen wird, ist das nicht gleich zu behandeln und zu übernehmen. Denn in der Fassung ist der Begriff *„fachlich"* in Satz 2 der Vorschrift nicht mehr verwendet worden. Das wirft das Problem auf, was der VO-Geber damit bezweckte. Die Kostenermittlung nach den *„fachlich anerkannten Regeln der Technik"* oder den *„Verwaltungsvorschriften"*/Kostenvorschriften sind auf der Grundlage der ortsüblichen Preise zu ermitteln. Diese Ermittlung ging auf die Fassung in der Definition der „fachlich anerkannten Regeln der Technik" in § 2 Nr. 12 HOAI 2009 zurück. Dabei traten aber offenkundige Probleme mit dem Bestimmungs- und Definitionsgedanken im Zusammenhang mit der rechtlich und politisch völlig **missglückten Einbindung des Verbrauchers** in die Frage der Darstellung technischer Vorschriften und deren Handhabung auf. Der VO-Geber verzichtete daher auf die Neuaufnahme dieser Regelung. Auszulegen ist damit § 4 Abs. 1 insoweit, als im Rahmen der technischen Vorschriften diese Verweisung so zu interpretieren ist. So ist die Fassung DIN 276-1 : 2008-12 die in der VO genannte *technische Vorschrift*. Diese hat keinen Normcharakter. Dennoch ist diese technische Vorschrift in der VO benannt und damit **Grundlage der Anspruchsvoraussetzung und -merkmals der gesetzlichen Verweisung.** Damit kann den Bedenken von Fuchs/Berger/Seifert, NZBau 2013, 729, 732 nicht entsprochen werden, denn es handelt sich nicht um eine dynamische Verweisung, sondern ist klar statisch durch die Benennung der Norm. Richtig allerdings ist, dass die Anwendung der **DIN 276-4 : 2009-08** eben nicht in § 4 Abs. 1 benannt wurde und daher **nicht** darauf anwendbar ist.

Geändert hat sich, dass in § 33 (auch schon § 32 a. F.) nicht wörtlich auf die DIN 276 Bezug genommen wird (siehe noch § 10 Abs. 2 HOAI 1996/2002; aber jetzt § 4 Abs. 1). Grundlage der im Einzelnen benannten Kostengruppen ist aber damit weiterhin, über die allgemein anzuwendende Vorschrift des § 4 Abs. 1, die DIN 276-1 : 2008-12. Im so verbindlich und zwingend anzuwendenden Preisrecht der HOAI 2013 sind daher zumindest beim Hochbau und Innenausbau nur Kostengruppen der bereits bei § 2 Nr. 10 und Nr. 11 und bei § 4 Abs. 1 Satz 3 benannten DIN 276 Teil 1 in der Fassung vom Dezember 2008 (vgl. § 4 Rdn. 9–14 und 65) anzuwenden und somit auch inhaltlich definiert.

Die Ermittlung der anrechenbaren Kosten in der HOAI 2013 erfolgt über das System **2** der bisherigen Kategorien der Anrechenbarkeit von Kosten:
– *vollständig anrechenbare Kosten*
– *teilweise beschränkt anrechenbare Kosten*
– *bedingt anrechenbare Kosten*
– *grundsätzlich nicht anrechenbare Kosten.*

Zwar hatte die Neufassung der HOAI 2009 einen Wechsel zur Fassung 1996/2002 vorgenommen. In den früheren Fassungen der HOAI waren Regelungen der gegebenenfalls beschränkt anrechenbaren Kosten (§ 10 Abs. 4 Fassung 1996/2002), zu bedingt anrechenbaren Kosten und auch zu den grundsätzlich nicht anzurechnenden Kosten (§ 10 Abs. 5 Fassung 1996/2002) vorhanden. Anders waren auch die vollständig anrechenbaren Kosten nicht direkt geregelt, sondern erschlossen sich erst durch den Umkehrschluss, wonach Baukonstruktionen der Kostengruppe 3.1 und 3.5.1 i. S. der DIN 276/81 vollständig anrechenbar waren, weil eine besondere Regelung in der HOAI nicht bestand. Der Umkehrschluss folgte mittelbar aus § 10 der Fassung 1996/2002. In der HOAI 2009 wurden dem Wortlaut nach nun die Kosten benannt, welche vollständig anrechenbar waren (§ 32 Abs. 1 a. F.). Ebenfalls wurden die nur gegebenenfalls beschränkt anrechenbaren Kosten in § 32 Abs. 2 definiert. Schließlich bestimmte die HOAI 2009, welche Kosten bedingt anrechenbar sein sollten in § 32 Abs. 3 HOAI 2009. Im Gegensatz zu § 10 Abs. 5 Fassung 1996/2002 wurden die Kosten, die grundsätzlich nicht anrechenbar waren, dann aber nicht im Einzelnen benannt. Dieses System ist trotz der Kritik des Gutachtens des BMVBS (Teil V, S. 151) beibehalten worden. Allerdings wurde in der Fassung 2013 jetzt klargestellt, dass es sich bei den anrechenbaren Kosten um Ansätze im Zusammenhang mit den **Grundleistungen** handeln muss. Ergänzend wurde nur klargestellt, dass der Anwendungsbereich sich auf die **Innenräume** ebenso erstreckt.

2. Die Grundlagen der Ermittlung

3   **§ 6 Abs. 1 bildet die Grundlage der Honorarermittlung (siehe hierzu die Kommentierung zu § 6).** Das Honorar richtet sich im Wesentlichen nach den anrechenbaren Kosten des Objektes, die auf der Grundlage der Kostenberechnung (**„Kostenberechnungsmodell"**) zu ermitteln sind. Zudem ist für die **Bestimmung der anrechenbaren Kosten** die Vorschrift des § 4 zu beachten. **§ 4 Abs. 1** behandelt die **Grundsätze für die Ermittlung der anrechenbaren Kosten.** Die anrechenbaren Kosten sollen sich nach den **„allgemein anerkannten Regeln der Technik oder den Verwaltungsvorschriften (Kostenvorschriften)"** richten, die noch in der Fassung der HOAI 2009 in **§ 2 Nr. 12** definiert wurden, aber im Zuge der Novellierung der HOAI 2013 entfallen ist. Der Bedeutungsstand ist aber im Wesentlichen im Kern gleich geblieben (aber: Wegfall des nicht rechtlich hier hin gehörenden Begriffs „Verbraucher", der einzig in der Fassung 2009 politisch bedingt war). **§ 2 Nr. 10 und Nr. 11** definieren dann die Begriffe der **„Kostenschätzung"** und **„Kostenberechnung"**.

Abweichend von der üblichen, mit der HOAI verbundenen Honorarvorgabe wird nach **§ 4 Abs. 2** aber auch bestimmt, dass in besonderen Fällen **„ortsübliche Preise"** bei den anrechenbaren Kosten anzusetzen. Das richtet sich – als **Ausnahme von Regel** bestimmt – danach, ob der Auftraggeber

1. selbst Lieferungen oder Leistungen übernimmt,
2. von bauausführenden Unternehmen oder Lieferanten sonst nicht übliche Vergünstigungen erhält,
3. Lieferungen oder Leistungen in Gegenrechnung ausführt oder
4. vorhandene oder vorbeschaffte Baustoffe oder Bauteile einbauen lässt.

Besondere Vorschriften für die Ermittlung der anrechenbaren Kosten sind in den jeweiligen Leistungsbildern der Fachteile, wie z.B. die für Gebäude und Innenräume bei § 33, aufgeführt. Es wird dort geregelt, das und welche anrechenbaren Kosten existieren können.

4   Voraussetzung für die **Ermittlung** von anrechenbaren Kosten bei Gebäuden und Innenräumen sind zunächst die **Zuordnungen von Kosten in die Kostengruppen** der einzelnen betreffenden Gewerke der Planung und Ausführung, also die Zuordnung der Einzelkosten. Das ist aus objektiver Sicht vom Anwender auszuführen. Dabei ist zu beachten, dass formal unzutreffende Kostengruppenzuordnungen von verschiedenen Einzelkosten bei der Kostenplanung nicht grundsätzlich zu fehlerhaften Gesamtkosten führen. Aber es ist auch zu beachten, dass bei der Ermittlung der anrechenbaren Kosten **Zuordnungsfehler** bei der Einordnung in die Kostengruppen dann auch zu **sachlich unrichtigen Honoraransätzen** führen und damit zu inhaltlich falschen Honoraren. Grundlage der zutreffenden Honorarermittlung ist damit immer die zutreffende Einordnung der Einzelkosten in die zutreffende Kostengruppe. Nur dann sind die Voraussetzungen des § 4 Abs. 1 und 2 i. V. m. § 6 Abs. 1 und Abs. 2 erfüllt. **Einordnungshilfen** für eine Zuordnung in die **Kostengruppe** ergeben sich aus DIN 276 Teil 1, Nr. 4 – Kostengliederung – i. V. m. Tabelle 1 in der **rechten Spalte** *„Anmerkungen"* (siehe auch BKI-Kostentabellen; Schneider, Bautabellen für Ingenieure, 18. Aufl.; Seifert/Preussner, Baukostenplanung, 4. Aufl., 2013).

5   Bei der **Kostenermittlung** muss nicht zwingend und zwangsläufig das **Formblatt der DIN 276** verwendet werden. Auch die Einhaltung des dortigen Gliederungsschemas nach DIN 276 ist nicht zwingend erforderlich. Ausreichend ist stattdessen, dass der Architekt zu den einzelnen Kostengruppen Angaben macht (OLG Celle, Urt. v. 17.7.2013 – 14 U 202/12).

Probleme ergeben sich bei der Ermittlung der anrechenbaren Kosten dann, wenn es dem Auftragnehmer **nicht möglich** ist, die **anrechenbaren Kosten zu ermitteln,** weil beispielsweise der Auftraggeber dem **ausschließlich für die Bauüberwachung** beauftragten Architekten und Ingenieur die Kostenberechnung eines Vorplaners oder seine eigene Berechnung nicht zur Verfügung stellt, oder er dem Vertragspartner die Kontrolle der Kosten und die Rechnungsprüfungen aus dem Vertrag gestrichen hat, so dass der Auftragnehmer – gerade bei bauüberwachenden Leistungen – keine genaue Rückgriffsmöglichkeit hat. Das gilt auch und insbesondere in den Fällen der **vorzeitigen Kündigung** des Architektenvertrages. Dem im Beispielsfall gekündigten oder nur teilbeauftragten Planer/Überwacher bleibt lediglich die Schätzung der anrechenbaren Kosten durch Sachverständigengutachten oder nach Erfahrungswerten, sowie z. B. nach objektivierten Listen, wie das jeweils für den beauftragten Zeitabschnitt geltende BKI (Sachverständigen: BGH, Urt. v. 12.10.1989 – VII ZR 98/99, BauR 1990, 97). Dieses folgt aus dem Grundsatz, dass der Auftragnehmer darlegungs- und beweisbelastet ist. Dem muss der Auftraggeber dann im Einzelnen substantiiert entgegentreten, ggfs. selbst einen Sachverständigen beauftragen. Allerdings wird zur Darlegung der anrechenbaren Kosten meist die Vorlage der tatsächlichen Abrechnungen im Falle der lediglichen Beauftragung des Auftragnehmers mit den Grundleistungen des Leistungsphase 8 bei Bauüberwachungsleistungen oder der Kostenberechnung nach BKI in den übrigen Fällen ausreichen. Dem hat der Planer im Rahmen der sekundären Beweislast dann erneut entgegenzutreten (BGH, Urt. v. 24.10.1991 – VII ZR 81/90, BauR 1992, 265; BGH, Urt. v. 2.5.2002 – VII ZR 481/00, BauR 2002, 1421).

Beim **gekündigten Vertrag** liegen gleiche Probleme vor (siehe dazu auch die Ausführungen unter Einl. Rdn. 242 ff.). Hier sind als Folge der Forderung in § 649 S. 2, 3 BGB die anrechenbaren Kosten zu den erbrachten Leistungen bis zum Kündigungszeitpunkt und in einer zweiten Aufstellung die anrechenbaren Kosten nach dem Kündigungszeitpunkt darzustellen (letztlich Folge auch der Entscheidung BGH, Urt. v. 9.6.1994 – VII ZR 87/93, BauR 1994, 655). Während die Aufstellung der anrechenbaren Kosten für die Grundlage des Nachweises der erbrachten Leistungen bis zum Kündigungszeitraum nach den zuvor beschriebenen Maßstäben – ggfs. durch Sachverständigengutachten, ortsübliche Erfahrungssätze und/oder BKI erfolgen können, gibt die Situation **nach dem Kündigungszeitpunkt** teilweise Rätsel auf, weil hier u. a. **Zukunftsprognosen** der weiteren Entwicklung der üblichen und/oder vertraglich Tätigkeit des Gekündigten gefordert werden müssen. Allerdings sind an diese Prognosen, die die vertragliche und/oder übliche zu erwartende Leistung als Grundlage der Berechnung zu den anrechenbaren Kosten der geforderten Kostenberechnung dienen müssen, **keine überspannten Anforderungen** zu stellen (so schon BGH, Urt. v. 27.10.1995 – VII ZR 217/93, BauR 1995, 126). Dies gilt im Übrigen auch für den Fall, dass der **Auftraggeber Unterlagen in seinen Händen hält und diese – trotz Aufforderung und Inverzugsetzung zur Auskunft/Herausgabe – nicht herausgibt.**

Andererseits dient die Prüfung der Angabe der anrechenbaren Kostenangabe, sowie in den **Teil- oder Abschlagsrechnungen** (§ 15 Abs. 2), als auch in der Schlussrechnung dem Informations- und Kontrollinteresse des Auftraggebers. Das gilt auch und insbesondere für die während der Ausführung vertraglich vereinbarten Teilrechnungen. Allerdings resultiert dort daraus eben kein **Vertrauensschutz** (BGH, Urt. v. 12.10.1995 – VII ZR 1995, 194, BauR 1996, 138), sondern sie gelten als **Informationsquelle,** was mit der üblich zu erwartenden Weiterentwicklung am Bau zu tun hat. Daher **reicht** in seltenen Fällen, in denen eine vom Auftragnehmer nachzuweisende **subjektive Unmöglichkeit im Sinne des § 275 Abs. 1, 2, 3 BGB** der Beschaffung der anrechenbaren Kosten für die Ausgestaltung der Kostenberechnung bis in die zweite oder dritte Gliederungsebene nicht zu beschaffen ist, die **Kostenschätzung** aus. Denn auch dann wird ersichtlich, welche Kosten Grundlage der Honorarabrechnung sein sollen (BGH, Urt. v. 18.6.1998 – VII ZR 189/97, BauR 1998, 1108; BGH, Urt. v. 8.7.1999 – VII ZR 194/98, BauR 1999, 1467).

Folge einer Honorarrechnung, die unzutreffend anrechenbare Kosten beinhaltet und damit bei der weiteren Berechnung zugrundegelegt, ist, dass sie zwar prüfbar und prüffähig ist, jedoch inhaltlich unrichtig, was letztlich nicht direkt zu einer Klageabweisung mangels Prüfbarkeit oder Prüffähigkeit führen darf, sondern nur zur – ggfs. – sachverständigen inhaltlichen Prüfung zur Höhe des Honorars unter Zugrundelegung der tatsächlichen in solchen Fällen üblichen anrechenbaren Kosten (BGH, Urt. v. 24.6.1999, VII ZR 229/08, BauR 1999, 1318; OLG Schleswig, Urt. v. 9.9.2008 – 3 U 76/07, folgend BGH, NZB 4.6.2009 – VII ZR 193/08).

Im Falle der Kündigung ist die **Sachkunde des Auftraggebers** ebenfalls mit zu bewerten. Dabei entlastet es den Auftragnehmer, wenn erbrachte Leistungen ohne Schwierigkeiten überprüft werden können oder anrechenbare Kosten gerade auch aufgrund einer vorhergehenden Ausschreibung der Planerleistungen eingeordnet werden können. Dann sind ebenfalls keine hohen Anforderungen an die Darstellung des Auftragnehmers zu stellen (im Falle des Architekten als Auftraggeber: BGH, Urt. v. 18.5.2000 – VII ZR 69/99, NZBau 2000, 480; so auch Scholtissek, HOAI, 2. Aufl., § 33 Rdn. 9).

Liegt eine wirksame **Bausummenhöchstgrenzenvereinbarung** vor, hat das **keine Auswirkungen** auf den Rechenweg der Rechnung und der Ermittlung der anrechenbaren Kosten.

Hinzuweisen ist noch darauf, dass die Ermittlung, welche **Kosten anrechenbaren Kosten** sind, welche **Honorarzone zutreffend** ist, wie **erbrachte Leistungen zu bewerten** sind und ob die **Bewertung der anrechenbaren Kosten zutreffend** sei, **Rechtsfragen** sind, die **nicht** dem Sachverständigen, sondern dem **Gericht** zu überlassen sind (BGH, Urt. v. 16.5.2004 – VII ZR 16/03, NZBau 2005, 355; Scholtissek, HOAI, 2. Aufl., § 33 Rdn. 11).

II. Vollständig anrechenbare Kosten (Abs. 1)

1. Grundlagen

6   Für die vollständige Anrechenbarkeit der Kosten ist in Abs. 1 festgelegt, dass „für Leistungen bei Gebäuden und raumbildenden Ausbauten **die Kosten der Baukonstruktion**" voll anrechenbar sind. Damit stellt sich zunächst die Frage, was *„Kosten der Baukonstruktion"* und insbesondere die *„Baukonstruktion"* ist und darstellt.

Wie bereits festgestellt (Rdn. 3 bis 5), nimmt § 33 selbst inhaltlich auf die DIN 276 oder eine Kostengruppe (KG) keinen Bezug, sondern nur §§ 4, 6 mit Verweisen. Dabei wird man auch erkennen müssen, dass die Formulierung im Abs. 1 des § 33 im Singular ein **redaktionelles Versehen** des VO-Gebers ist. Eine andere Bedeutung kann dem nicht zugeordnet werden, da auch die amtlichen Begründungen der VOen nichts hierzu aussagen (siehe auch BR-Drs. 334/13). Technisch sind auch keine anderen Erklärungen denkbar.

7   Im Verhältnis der Fassung 2009 zu 2013 haben sich **keine Veränderungen** ergeben. Nach der Fassung 1996/2002 waren die **Kostengruppen 3.4** (betriebliche Einbauten) nach DIN 276/81 i.S. von § 10 Abs. 4 HOAI 1996/2002 bei den anrechenbaren Kosten noch **beschränkt** und die Kosten der **Kostengruppe 6** (zusätzliche Maßnahmen) **nicht** anzusetzen. Diese Kostengruppen sind **aber in der Fassung 2009 Bestandteil der Kostengruppe 300 Bauwerk – Baukonstruktionen** geworden. Somit ergibt sich, dass die bisher nur beschränkt anrechenbaren Kosten der **Kostengruppe 3.4 (alt 1981) = 370** und die bisher vollständig nicht anrechenbaren Kosten der **Kostengruppe 6 (alt 1981) = 397** nunmehr **voll anrechenbar** sind. Zudem haben sich Änderungen in den einzelnen Fassungen der DIN 276 ergeben. So waren die Kosten für „tragende Konstruktionen" (KG 3.1.2 = DIN 276/81), und „nichttragende Konstruktionen" (KG 3.1.3 = DIN 276/81), sowie „Installationen" (KG 3.2 = DIN 276/81) und „zentrale Betriebstechnik" (KG 3.3 = DIN 276/81) kaum scharf zu trennen. In der Fassung der DIN 276/81 fehlen auch ganze Zuordnungen; so die „informationstechnische Anforderungen", „Recycling", „Entsorgung" und „Abbruchmaßnahmen". Daher sind Honorare der Abrechnung DIN 276/81 nach heutigen Maßstäben, wegen des Fehlens dieser Zuordnungen inhaltlich unrichtig (nicht: nicht prüffähig oder prüfbar!). In Fällen dieser Art sind die Kosten nicht in der DIN 276/81 enthaltener oder nicht zuordenbarer Kostengruppen nur durch Rückschluss über die nächste höhere Stufe einzuordnen, es sei denn, dass die Parteien diese Zuordnung festlegten, was selten genug der Fall ist, oder Zuordnung ergibt sich in der anderen Richtung der KG infolge der Zuordnung in der dritten, vierten oder fünften Stufe, so dass Rückgriffe auf die Zuordnung in der ersten oder zweiten Stufe möglich sind (Beispiel: CT-Gerät wird unter 3.4 zu den betrieblichen Einbauten gelistet, dort unter 3.4.3 Krankenhausspezifische Einbauten, dann 3.4.3.1 – Unterbringung und Behandlung, sodann in 3.4.3.1.07 –

Röntgendiagnose und Kernspintomographie verortet. Maßgeblich waren in der Fassung 276/81 daher die Ziffern 3.4 und 3.4.1. In der Fassung 276/08 ist dies unter 474 „Medizinische Einrichtungen" oder 479 „nutzungsspezifische Einrichtungen, sonstiges" in der dritten Stufe (Kostenberechnung) einzuordnen.

Die Änderungen der Struktur der DIN 276 hat nach der Fassung 1981 und 1993 eine fast nicht richtig wahrgenommene Änderung mit der Fassung DIN 276/11.2006 gebracht. In dieser Fassung wurden die Kostengliederungsebenen bereits in die aus der jetzigen Fassung 2008 bekannten 100er Fassungen umgestellt, also

100 Grundstück
200 Herrichten und Erschließen
300 Bauwerk – Baukonstruktion
400 Bauwerk – Technische Anlagen (TGA)
500 Außenanlagen
600 Ausstattung und Kunstwerke
700 Baunebenkosten

Innerhalb der jeweiligen Kostengruppenzuordnung in 100er-Angaben sind dann die Feinzuordnungen zu machen, die dann zu den richtigen Einordnungen der betreffenden Kostengruppe führen.

Beispiel anhand der üblicherweise im Hochbau verwendeten KG:

Gründung:	322	Flachgründung
	323	Tiefgründung
Tragende Wandkonstruktionen	331	Tragende Außenwände
	333	Außenstützen
	341	Tragende Innenwände
	343	Innenstützen
Nichttragende Wandkonstruktionen	332	Nichtragende Außenwände
	337	Elementierte Außenwände
	342	Nichtragende Innenwände
	346	Elementierte Innenwände
Türen und Fenster	334	Außentüren und -fenster
	344	Innentüren und -fenster
	363	Dachfenster und -öffnungen
Horizontalkonstruktionen	324	Unterböden und Bodenplatten
	351	Deckenkonstruktionen
Wandbekleidungen	335	Außenwandbekleidungen, außen
	336	Außenwandbekleidungen, innen
	345	Innenwandbekleidungen
Beläge	325	Bodenbeläge
	352	Deckenbeläge
	363	Dachbeläge
Unterseitige Bekleidungen	353	Deckenbekleidungen
	364	Dachbekleidungen

Zu **Umrechnungsschlüsseln** und **Vorbringen im Klageverfahren:** LG Hagen, Urt. v. 28.2.2012 – 9 O 425/10, nachfolgend OLG Hamm, Beschl. v. 4.9.2012 – 21 U 52/12. Siehe zu den Änderungen bei Leistungserbringungen nach HOAI 2009 und zu HOAI 2013 auch die Kommentierung zu § 57.

Neben diesen **Einordnungen,** die **objektiven Grundsätzen** zu entsprechen haben **8** und daher **nicht dem Vertragsinhalt der Parteien unterliegen dürfen,** da die DIN 276-1 : 2008-12 insofern bereits durch den VO-Geber als anerkannte Regel der Technik selbst in §§ 4 und 6 benannt und damit als **verbindlich** dargestellt wird, ist zu beachten, dass diese objektive Zuordnung der KG in die anrechenbaren Kosten nach § 33 Abs. 1 allerdings nur so zu behandeln, soweit der Auftrag des Auftraggebers gegenüber dem Auftragnehmer geht. Bestimmend ist beim Ansatz der Kostengruppen in der Aufstellung nach DIN 276/08 also der Vertragsinhalt. Wird der Auftragnehmer damit beauftragt lediglich den Anbau an einen Bestandsbau zu planen, der eine Garage beinhaltet und einen Abstellraum für Fahrräder, werden mit Sicherheit die KG 345 – Innenwandbekleidung, KG 325 – Bodenbeläge und KG 353 – Deckenbekleidungen keine Rolle in der Planung und auch nicht in den Berechnungen spielen. Es sind nur die Kosten aus den Baukonstruktionen ansetzbar, die auch **Vertragsgegenstand** des Auftragnehmers im Verhältnis zum Auftraggeber sind (BGH, BauR 2004, 1640; BGH, Urteil v. 6.5.1999 – VII ZR 379/97; BauR 1999, 1045; BGH, Urteil v. 12.1.2006 – VII ZR 4/04; BauR 2006, 693 = NZBau 2006, 248; BGH, Urteil v. 11.12.2008 – VII ZR 235/06; BauR 2009, 521; BGH; BauR 2011, 1677; OLG Brandenburg, Urt. v. 13.3.2014 – 12 U 136/13; OLG Celle, Urt. v. 17.7.2013 – 14 U 202/12). Im Zweifel können bei Zusatzleistungen (*Beispiel:* Auftragnehmer ist mit Ingenieurleistungen betraut und werden Verbauarbeiten notwendig, aber von ihm nicht geplant und überwacht, so besteht kein Grund des Ansatzes.) allerdings **Besondere Leistungen** erbracht werden und nach § 3 Abs. 3 zu honorieren sein, für die dann eine Honorarvereinbarung getroffen werden kann.

Ein häufig vorkommender Fall bei kleineren Bauten, wie Einfamilienhäuser oder Sanierungsbauten, in denen einfache **Leistungen der Tragwerksplanung** bei Baukonstruktionen des Hochbaues erforderlich sind, **ändert** aber an der **vollen Anrechenbarkeit von Kosten der Baukonstruktionen nichts.** Denn die betreffenden Bauleistungen der Tragwerksplanung gehören zum **Vertragsgegenstand bei der Objektplanung** und **nicht** zu Ingenieurbauwerken.

Hinsichtlich des notwendigen **Auskunftsanspruches** des Auftragnehmers gegen den Auftraggeber zu den anrechenbaren Kosten der Baukonstruktion bei Verschweigen von Unternehmerkosten siehe § 4 Rdn. 5, 15, 25 ff. (KG, MDR 1995, 257; OLG Frankfurt/M. BauR 1994, 657; OLG München, Urt. v. 7.8.2012 – 9 U 2829/11 Bau; OLG Celle, Urt. v. 17.7.2013 – 14 U 202/12). Unterlagen sind zeitweise dem Auftragnehmer zur Verfügung zu stellen, damit er die Geeignetheit für die Kostenaufstellung prüfen kann. Unternehmerangebote oder -schlussrechnungen können dabei geeignet sein, die Plausibilität der Kostenansätze einer Kostenberechnung zu überprüfen. Jedoch sind die Kostenansätze in den richtigen Kostengruppen zu verorten. Das gilt auch für bloße Kostenschätzungen, z. B. nach BKI.

Die Parteien können jedoch den **Umfang der anrechenbaren Kosten** nicht dergestalt regeln, dass sie in einem **Klauselvertrag** aufnehmen, dass der Architekt *„eine Pauschalvergütung in Höhe von 16 % der anrechenbaren Kosten nach HOAI"* erhält. Zum einen kennt die HOAI keine solche Berechnungsmethode. Zum anderen ist auch nicht die genaue Zuordnung der anrechenbaren Kosten der Kostengruppen nach DIN 276-1 : 2008-12 genau bestimmt. Die Unwirksamkeit einer solchen Pauschalvereinbarung führt zwar nicht zur Unwirksamkeit des gesamten Architektenvertrages. Vielmehr ist der Vertrag als wirksam anzusehen und die Honorarvereinbarung insoweit aufrecht zu erhalten, als es Anhaltspunkte dafür geben sollte, welche Vergütung die Parteien festlegen wollten. Lässt sich kein übereinstimmender Parteiwille in Bezug auf die Einordnung des vereinbarten Honorars innerhalb der Mindest- und Höchstsätze der HOAI feststellen, kommt nur ein Vergütungsanspruch auf der Grundlage der HOAI **ohne** eine Honorarvereinbarung in Betracht. Fehlen entsprechende Bemessungspunkte des Pauschalhonorars, ist bei Fehlen einer Honorarvereinbarung nach Mindestsätzen abzurechnen (OLG Koblenz, Urt. v. 25.5.2012 – 10 U 754/11).

2. Verhältnis des Begriffs „Gebäude" zu „Innenräumen"

9   In der Fassung 2013 wurde nun in der Folge der Änderung in § 2 Abs. 1 der Begriff des *„raumbildenden Ausbaues"* in den Begriff des *„Innenraums"* geändert (insgesamt zum Thema Innenraumplanungen, deren Leistung und Honorierung siehe div. Ausführungen in FS Haible 2012).

Welche anrechenbaren Kosten von **Gebäuden und Innenräumen** bei der Kostenschätzung und/oder Kostenberechnung **sachlich gegeneinander abzugrenzen** sind (zum Begriff „raumbildender Ausbau" = „Innenraum": vgl. Krüger in FS Haible, S. 109 m. w. N.; Meurer in FS Haible, S. 173) ist neben der vertraglichen Vorgabe vor allem anhand der Zuordnung zu den jeweiligen Gewerken und Kostengruppen vorzunehmen. Definieren kann man ein *„Gebäude"* als raumumschließendes „Objekt", eine unbewegliche Hülle, in der sich im Inneren auch Konstruktionen befinden können. Beim Innenraum geht es zunächst nur um den Ausbau des Gebäudes. und die Leistungsaufgabe – sei es vertraglich odertatsächlich – beschränkt sich darauf. Anders können sogar Ingenieurbauwerke (Hallen mit Abtrennungen, Türme, U-Bahn-Bahnhöfe, usw.) Innenraumplanungen beinhalten, wenn die Ingenieurplanung auch Abtrennungen und – funktionale – Aufteilungen enthalten soll (Frage des Vertrages). Der Begriff „Innenraum" beschreibt inhaltlich also, dass es dabei nicht allein um Innenraumplanung geht, sondern vielmehr auch um Ausbauleistungen, die Einfluss auf die Innenraumgestaltung haben (z. B. Bodenarbeiten und Trockenbau; vgl. Seifert in FS Haible, S. 231).

Die Kosten dafür sind zu den **voll** anrechenbaren Kosten **bei Gebäuden und Innenräumen** zu zählen. § 2 Abs. 1 behandelt Gebäude und Innenräume allerdings getrennt, so dass es sich immer um zwei zu selbständig zu betrachtende und abzurechnende **Objekte** handelt. Diese sind zudem nach § 11 Abs. 1 mit getrennt aufzustellenden anrechenbaren Kosten abzurechnen. Damit können neben den Grundleistungen bei Gebäuden auch Grundleistungen bei den Innenräumen getrennt abzurechnen sein (vgl. § 11 Rdn. 18).

In welchem Umfang die Kosten der Baukonstruktionen bei den anrechenbaren Kosten anzusetzen sind, wurden verschiedene **Lösungsansätze** entwickelt werden (siehe hierzu auch an gleicher Stelle (Rdn. 9) die Vorauflage):

- Sämtliche **Baukonstruktionskosten** (KG 300) sind **sowohl bei „Gebäuden" als 10 auch bei „Innenräumen"** als jeweils voll anrechenbar anzusetzen. Dies könnte man dem Wortlaut zwar entnehmen, aber diese Überlegung führt zu Doppelansätzen in der Auflistung der jeweiligen Kostengruppen. Hierdurch wird zudem der Grundsatz der Eingrenzung der Kostenansätze durch vertragliche Begrenzung (siehe hierzu Rdn. 7) missachtet werden. Zudem wird die in § 2 Abs. 1 niedergelegte und in § 11 Abs. 1 verfeinerte Zuordnung zu den Objektkosten umgangen (*Beispiel:* Baugrube bei Kosten des Innenausbaus?; Inneneinrichtungen bei Kosten des Gebäudes?).
- Eine weitere Lösung wäre, dass bei Gebäuden die gesamten Kosten anrechenbar und bei 11 Innenräumen nur die dieses Leistungsbild betreffenden Kosten anrechenbar wären. Hier ist allerdings nicht berücksichtigt, dass die Leistungen dann wie ein Teilobjekt der Gebäudeplanung zusehen wären. Auch diese Lösung ist nicht sachgerecht. Auch hier sind Doppelberechnungen dann denkbar.
- Heymann vertritt in FS Haible, S. 99, 104 ff. die Auffassung, dass es sich bei Gebäuden 12 und Innenräumen i. S. von § 2 Abs. 1 um **zwei unterschiedliche Objekte** handelt und daher die **Kosten der Baukonstruktionen** entsprechend **konsequent und nicht lediglich geteilt aufzuteilen** sind, damit es eben nicht zu Doppelberechnungen bei den Objekten kommt, was zu einem Verstoß gegen die Anordnung des § 2 Abs. 1 führen würde. Bei jeder Kostenposition müsste überlegt werden, ob sie dem einen oder anderen Leistungsbild zuzurechnen ist. Damit werden aber die anrechenbaren Kosten nicht dem vertraglichen Leistungsinhalt des jeweiligen Leistungsbildes zugeordnet. Beim Deckenaufbau (Rohbeton, Folie, Dämmung, Estrich, Bodensysteme) würde das zum Beispiel bei der Gebäudeplanung eine Rolle spielen, wie auch bei der Innenraumplanung. Es wird hier übersehen, dass bei Leistungsbildern teilweise die gleichen Kostenpositionen anzusetzen sind, wie die Kostengruppe 400 „technische Anlagen", die bei Gebäuden oder Innenraumplanungen sowohl bei der Technischen Ausrüstung, als auch bei der Tragwerksplanung einzustellen ist.
- Unter Beiseitelassen der Anrechenbarkeit der Kosten in einem anderen Leistungsbild 13 wird **nur das betreffende Leistungsbild untersucht und der Frage nachgegangen,** ob dafür Leistungen innerhalb der vertraglichen Beauftragung dafür zu erbringen sind. Bei einer solchen Untersuchung können unter Berücksichtigung der betroffenen Gewerke die meisten Kostengruppen entsprechend aufgeteilt werden. Bei Überschneidungen (z. B. wie bei Estricharbeiten und damit verbundenen Dämmarbeiten, Deckenaufbau und Deckenbelägen, KG 352) können verschiedene Kosten bei beiden Leistungsbildern anzusetzen sein.

14   Auch durch das Kostenberechnungsmodell nach § 6 Abs. 1 und 2 ergeben sich Änderungen der Aufteilung. Weil die Kostenberechnung in der Entwurfsplanung, Leistungsphase 3 zu erstellen ist (§ 2 Nr. 11), ist eine entsprechende Aufteilung der Kosten nach „Gebäude" und „Innenräumen" aufgrund der noch nicht vollständigen Ausarbeitungstiefe bei der Entwurfsplanung nur bedingt überprüfbar. Dabei spielt es keine Rolle, dass aufgrund der Änderungen der Leistungsanforderungen in den Leistungsphasen 2 und 3 und dem Verschieben von Leistungen aus den Leistungsphasen 5 und 8 in diese vorgenannten Leistungsphasen hinein, zu einem jetzt auch technisch und fachliche zu fordernden höheren Detailierungs- und Ausarbeitungsgrad faktisch kommt. Denn notwendige Informationen können sich weiterhin nur bedingt aus den Entwurfszeichnungen ergeben, obwohl § 2 Abs. 11 Nr. 1 von „durchgearbeiteten Entwurfszeichnungen" oder „wiederkehrenden Raumgruppen" spricht. Notwendig ist eine Ermittlung der anrechenbaren Kosten mit entsprechender Baubeschreibung. Insofern spricht § 2 Nr. 11 Nr. 3 auch von „für die Berechnung und Beurteilung der Kosten **relevanten Erläuterungen**".

Bei der **Objektgliederung zu Innenraumplanungen** hat die **Objektgliederung bei Gebäuden** keinen grundsätzlichen Vorrangcharakter oder müsste die Objektgliederung der Innenraumplanung der Objektgliederung für Gebäude verbindlich folgen. Ein Gebäude besteht im Regelfall aus mehreren Innenräumen. Diese können – wie ein Wohn- und Geschäftshaus – auch zu verschiedenen Funktionsbereichen gehören. Daher ist vorrangig zunächst, die Aufgliederung in eigenständige Objekttypen (Gebäude, Innenräume, § 2 Nr. 1) zu finden. Dann ist aber auch zu berücksichtigen, dass mehrere Gebäude und mehrere Innenräume bei Ausbauten nach funktionellen und konstruktiven Kriterien eigenständig abgegrenzt werden (vgl. auch § 11 Rdn. 18 und § 35 Rdn. 33–34). Eine solche Aufteilung hat zudem auf die einzelnen Besonderheiten des Objekts Bezug nehmen, wobei auch vertragliche Vorgaben zu berücksichtigen sind (z. B. Umbau eines Hotels in eine Asylantenunterkunft). Wird bei der Aufteilung der Kosten eine **fiktive Ermittlung von Kosten,** z. B. nach einem Flächenschlüssel, bei der Berechnung der anzusetzenden anrechenbaren Kosten zugrunde gelegt, so würde das **nicht** den **Anforderungen** an die **Prüffähigkeit** der Rechnung entsprechen, was nicht ganz von der Hand zu weisen ist (BGH, Beschluss v. 6.7.2000 – VII ZR 160/99, BauR 2000, 1513). Wenn nämlich nicht vertraglich eine solche Abrechnungsmethode gebilligt wurde, so sieht weder die Kostenschätzung noch die Kostenberechnung eine solche Methode der Ermittlung vor. Auch wenn man davon ausgeht, dass die Kostenberechnung wegen des Charakters der „Vorausschätzung" ein gewisses Wagnis in der Kostenermittlung darstellt, hat ein fiktiver Ansatz der Kostenermittlung nichts mit dem verbindlichen Ansatz der DIN 276 Teil 1 – Ziffer 3.4.2 oder der DIN 277 zu tun.

15   Die vorgegebenen Gliederungstiefen bei Kostenberechnungen (vgl. § 2 Nr. 11: „bis zur zweiten Ebene") **und Kostenschätzungen** (vgl. § 2 Nr. 10: „bis zur ersten Ebene") lassen ebenfalls eine Aufteilung der Kosten nach den Objekten „Gebäude" und „Innenräume" nur bedingt zu, da sich erhebliche Unschärfen bei der Beschreibung der Ausführung zeigen. Wird die in DIN 276 Teil 1 – Ziffern 3.4.2 ff. vorgegebene Gliederungstiefe eingehalten, ist die Aufteilung der Kosten bei der Planung der Gebäude und der Innenräume bei der dann erheblichen Unschärfe der Kostenermittlung/Kostenermittlungsart eben **nicht prüffähig.** Denn dafür ist eine Aufgliederung der anrechenbaren Kosten **mindestens bis zur dritten Ebene der Kostengliederung erforderlich** (vgl. auch § 4 Rdn. 18). *Seifert* hatte in der Vorauflage bereits darauf hingewiesen (§ 32 Rdn. 14), dass dann z. B. die Kosten der KG 320 „Gründung" in der zweite Ebene eigentlich, um dem Prüffähigkeitserfordernis zu genügen, nach KG 322 „Flachgründung", KG 324 „Unterböden und Bodenplatte", KG 325 „Bodenbeläge", KG 326 „Bauwerksabdichtungen" aufgegliedert werden, um die maßgeblichen Kosten für „Gebäude" und raumbildende Ausbauten daraus ableiten und daraus anrechenbaren Kosten ermitteln zu können (Seifert, a. a. O.). Daher ist andererseits in § 2 Abs. 10 und 11 die Rede von „mindestens". Bei der Kostenermittlung und Trennung der beiden Leistungsbilder *„Gebäude"* und *„Innenräume"* ist daher **im Zweifelsfalle** immer auf die **dritte Ebene** zu gehen und darzustellen. Allerdings stellt der VO-Geber die **„Mindestanforderung"** für eine Prüfbarkeit der Abrechnung schon bei den vorherigen

Kostengliederungen um eine Stufe zurück und damit im Zweifelsfalle als wirksame Berechnung dar. Prüffähig wäre nach dem VO-Geber die Abrechnung dann schon.

3. „Kosten der Baukonstruktion"

a) Kosten der Baukonstruktion als Kosten des Bauwerks

§ 33 Abs. 1 beschreibt die **Kosten der Baukonstruktionen** als **grundsätzlich voll-** **16** **ständig anrechenbare Kosten, auch wenn es dort nur heißt „sind … anrechenbar"**. Hierzu gehören zuerst einmal die Kosten der Kostengruppe 300 nach DIN 276-1:2008-12 (vgl. § 4 Rdn. 18). Bereits in der Fassung der DIN 276-1 : 2006-11 waren diese Änderungen der Bezeichnungen in der DIN 276 vorgenommen worden und eine Umstellung auf Zahlensystem statt Ziffersysteme erfolgt. Die DIN 276-1 : 2008-12 hat das fortgeführt und teilweise ergänzt. Danach sind die Kosten der *„Baukonstruktion"* in der KG 300 in der zweiten Gliederungsebene in acht Unterkostengruppen (Grobelemente) wie folgt untergliedert:

310 Baugrube
320 Gründung
330 Außenwände
340 Innenwände
350 Decken
360 Dächer
370 Baukonstruktive Einbauten
390 Sonstige Baukonstruktionen

Allerdings ist für eine zutreffende und damit inhaltlich richtige Abrechnung bei Gebäu- **17** den und auch bei den Innenräumen eine Honorarabrechnungen vorzunehmen und dabei zunächst diese Kostengruppe (KG 300) weiter aufzuteilen und zu untergliedern. Damit ist das System der Aufstellung in der DIN 276-1 : 2008-12 weiter aufzunehmen (§ 4 Abs. 1 und 2). Grundsätzlich gehören zum Bauwerk – Baukonstruktionen der KG 300 die Kosten der Bauleistungen und Lieferungen zur Herstellung des Bauwerkes. Hinzutreten die mit dem Bauwerk fest verbundenen Einbauten. Diese müssen eine bestimmte Zweckbestimmung übernehmen bzw. diesem Bauwerk dienen. Dazu zählen nicht die technische Einbauten, technische Geräte, Ingenieur-, Tragwerks oder TGA-Konstruktionen. Abzugrenzen sind also die reinen technischen Anlagen nach den KG 400, so dass es sich bei den Einbauten nur um die Konstruktionen in den aufgeführten KG 300 handelt. Außerdem gehören zu den anzurechnenden KG 300 auch die übergreifenden Maßnahmen, die im Zusammenhang mit der Baukonstruktion stehen. Bei Umbauten und Modernisierungen zählen hierzu auch die Kosten von Teilabbruch-, Instandsetzungs-, Sicherungs- und Demontagearbeiten. Diese Kosten sind allerdings gesondert in den jeweiligen dortigen betreffenden Kostengruppen auszuweisen.

Zudem ist zu beachten, dass die DIN 276 in der Fassung 1993 und 2006 noch die Zusammenfassung von KG zuließ, was in der Fassung 2008 nicht mehr vorgesehen ist. **Daher ist nunmehr auf eine exakte Trennung der KG zu achten.**

Zu den hier interessierenden und häufigsten zu berücksichtigenden Kostengruppen 310 bis 360 zählen die nachfolgenden Aufzählungen. Dabei gibt die DIN 276-1 : 2008-12 selbst nur Beispiele als Hilfe zur Einordnung an. Besondere weitere Unterteilungen der Kostengruppe nach der hier aufgeführten dritten Ebene sind ebenfalls – jedoch nicht in der DIN 276-1 : 2008-12 aufzufinden und können als anerkannte Regel der Technik im Sinne des § 4 Abs. 1 S. 2 anzusehen sein.

Baugrube (KG 310) umfasst die KG 311, 312, 313, 319. Bei der Fassung 1981 war die **18** Baugrube noch ein Bestandteil der Gründung in KG 3.1.1. In der Fassung 1993 wurde das als eigenständige Kostengruppe erfasst.

Baugrubenherstellung (KG 311) ist der Bodenabtrag, Aushub einschließlich Arbeitsräumen und Böschungen, Lagern, Hinterfüllen, Ab- und Anfuhr. Allerdings gehört hierher das Abschieben des Oberbodens nicht. Dieses zählt zur Oberbodensicherung beim Herrichten der Geländeoberfläche in KG 214.

Baugrubenumschließung (KG 312). Verbau, z.B. Schlitz-, Pfahl-, Spund-, Träger-bohl-, Injektions- und Spritzbetonwände einschließlich Verankerung, Absteifung. Nicht hier her gehören die Sicherungsmaßnahmen nach KG 393. Das sind Unterfangungen oder Abstützungen bei bestehenden Bauwerken.

Wasserhaltung (KG 313). Grund- und Schichtenwasserbeseitigung während der Bau-zeit. Das betrifft die Beseitigung von Oberflächen- (Regen-), Grund- und Schichtenwasser.

Baugrube, sonstiges (K 319). Dazu zählen die witterungsbedingten Abdeckungen und Abplanungen der Baugrube und der Seitenflächen (a.A. Seifert/Preussner, Teil C, Seite 144). Die KG 397 beinhalten die Sicherungsmaßnahme der Baukonstruktion selbst, nicht aber der Baugrube, die nur die Errichtung der Baukonstruktion ermöglicht.

19   **Gründung (KG 320).** Die Kostengruppen enthalten die zugehörigen Erdarbeiten und Sauberkeitsschichten. Hier wird die Verbindung der Baukonstruktion zu dem Baugrund hergestellte., Daher ist auch das Verfüllen enthalten.

Baugrundverbesserung (KG 321). Bodenaustausch, Verdichtung, Einpressung.

Flachgründungen (KG 322). Einzel-, Streifenfundamente, Fundamentplatten.

Tiefgründungen (KG 323). Pfahlgründung einschließlich Roste, Brunnengründun-gen; Verankerungen bei Sicherungen von Gebäuden. Diese zählen zu KG 393.

Unterböden und Bodenplatten (KG 324). Diese dürfen nicht der Fundamentierung dienen. Die Fundamentplatten selbst gehören zu zur KG 322.

Bodenbeläge (KG 325). Das sind Beläge auf Boden- und Fundamentplatten, z.B. Estriche, Dichtungs-, Dämm-, Schutz-, Nutzschichten. Nicht aber gehören hierher die Abdichtungen des Bauwerkskörpers, wie KMB, Bitumendickbeschichtungen, Ölpappe, Dämm- und Dichtstoffe und -platten, sowie andere Außenmauerwerkabdichtungen. Diese sind KG 326 zuzuordnen. Auch nicht hierzu zählen die Wand- und Deckenbeläge des In-nenausbaus, KG 352.

Bauwerksabdichtungen (KG 326). Horizontale Abdichtungen des Bauwerks ein-schließlich Filter-, Trenn- und Schutzschichten. Das sind die Abdichtungen im Grün-dungsbereich. Hier werden auch nur die horizontalen Abdichtungen dargestellt. Die vertikalen Abdichtungen gehören zu den Wandbekleidungen, außen, KG 335. Die Sau-berkeitsschichten und die Dämmschichten unter Bodenplatte gehören zu den Unterbö-den und Bodenplatten des KG 324. Dies gilt auch für Trennfolien, Ölpappe, Flüssig-kunststoff als Mittel zum Schließen von Betonrissen, Verfestigungsmittel auf chemischer Basis.

Dränagen (KG 327). Leitungen, Schächte, Packungen. Die Dränagen müssen der Baukonstruktion dienen, also im Zweifel dem Gebäude oder Innenraum, Ingenieur-, Tragwerk, Verkehrsanlage (§ 2 Abs. 1). Bei Freianlagen ist die Drainage der Außenanlage zuzuordnen (KG 530). Das gilt dann auch bei Gartenanlagen, wenn die Drainage der Ent-wässerungssituation des Gartens dient und nicht dem Schutz des Gebäudes.

20   **Außenwände (KG. 330).** Dazu gehören nach DIN 276/08 Wände und Stützen, die dem Außenklima ausgesetzt sind bzw. an das Erdreich oder an andere Bauwerke grenzen.

Tragende Außenwände (KG 331). Tragende Außenwandkonstruktionen, einschließ-lich horizontaler Abdichtungen in den Außenwänden.

Nichttragende Außenwände (KG 332): Außenwände, Brüstungen, Ausfachungen, jedoch ohne Bekleidungen. Das sind insbesondere die statisch nichttragenden Außenwand-konstruktionen mit Brüstungen und Ausfachungen; allerdings nicht die Bekleidungen und Beschichtungen (Vorwandkonstruktionen) und Holzschutzsysteme.

Außenstützen (KG 333). Stützen und Pfeiler mit einem Querschnittsverhältnis ≤ 1 : 5; also Außenstützen und -pfeiler, sowie den enthaltenen horizontalen Abdichtungen. Ver-kleidungen gehören zu KG 335.

Außentüren und -fenster (KG 334). Fenster und Schaufenster, Türen und Tore ein-schließlich Fensterbänken, Umrahmungen, Beschlägen, Antrieben, Lüftungselementen und sonstige eingebaute Elemente, wie Briefkastenanlagen in Türen.

Außenwandbekleidungen, außen (KG 335). Äußere Bekleidungen einschließlich Putz-, Dichtungs-, Dämm-, Schutzschichten an Außenwänden und -stützen. Das sind auch Holzfassaden und Kunststofffassaden.

Außenwandbekleidungen, innen (KG 336). Raumseitige Bekleidungen, einschließlich Putz-, Dichtungs-, Dämm-, Schutzschichten an Außenwänden und -stützen. Dazu zählen der Putz, Anstrich, Natursteine, Kunststoffe, Holz, Metallplatten, Glasplatten, sowie die Sanierungsputze, Silikatplatten.

Elementierte Außenwände (KG 337). Elementierte Wände, bestehend aus Außenwand, -fenster, -türen, -bekleidungen. Fertigteilwände, Fertigteile.

Sonnenschutz (KG 338). Rollläden, Markisen und Jalousien einschließlich Antrieben. Ebenfalls zählen dazu Verschattungselemente nebst Antrieb, Klapp- und Schiebeläden nebst Antrieb. Allerdings keine Verdunkelungsanlagen und Antriebe, da diese zu KG 371 einzuordnen sind. Fensterbehänge und Vorhänge gehören zu KG 610 (Ausstattung) bei den Innenräumen.

Außenwände, sonstiges (KG 339). Gitter, Geländer, Stoßabweiser und Handläufe. Hierzu gehören auch die Vordächer bis 3 m². Sind diese über 3 m² groß, so ist KG 361 anzuwenden. Die Geländer und Handläufe an Treppen selbst sind allerdings den Decken, sonstiges KG 359 zuzuordnen, wenn es sich um Innentreppen handelt.

Innenwände (KG. 340) sind Innenwände als Wände und Stützen im Inneren des Ge-   **21** bäudes.

Tragende Innenwände (KG 341). Innenwände ohne und mit horizontaler Abdichtungen in den Wänden.

Nichttragende Innenwände (KG 342). Innenwände, Ausfachungen, jedoch ohne Bekleidungen; hierher gehören die Ständerwände mit GK-Beplankungen.

Innenstützen (KG 343). Stützen und Pfeiler nebst horizontaler Abdichtung mit einem Querschnittsverhältnis $\le 1 : 5$.

Innentüren und -fenster (KG 344). Türen und Tore, Fenster und Schaufenster einschließlich Umrahmungen, Beschlägen, Antrieben und sonstigen eingebauten Elementen, wie Lüftungsgitter, Klappen, Gitter, Glasbausteine.

Innenwandbekleidungen (KG 345). Bekleidungen einschließlich Putz, Dichtungs-, Dämm-, Schutzschichten an Innenwänden und -stützen. Die Ständerwände gehören zu den nichttragenden Innenwänden (KG 342).

Elementierte Innenwände (KG 346). Die vorgefertigten oder elementierten Bauteile, bestehend aus Innenwänden, -türen, -fenstern, -bekleidungen, z. B. Falt- und Schiebewände, Sanitärtrennwände, Verschläge zählen hierzu. Geländer und Handläufe sind KG 359 – Decken, sonstige – zuzuordnen. Dusch- und Toilettentrennwände sind KG 611 zuzuordnen.

Innenwände, sonstiges (KG 349). Gitter, Geländer, Stoßabweiser, Handläufe, Rollläden einschließlich Antrieben. Geländer und Handläufe sind KG 359 zuzuordnen.

Decken (KG. 350) sind nach DIN 276/2008 Decken, Treppen und Rampen oberhalb   **22** der Gründung und unterhalb der Dachfläche.

Deckenkonstruktionen (KG 351). Konstruktionen von Decken, Treppen, Rampen, Balkonen, Loggien einschließlich Über- und Unterstützen, füllenden Teilen wie Hohlkörpern, Blindböden, Schüttungen, jedoch ohne Beläge und Bekleidungen. Fundamentplatten sind KG 322 zuzuordnen, Flachdachplatten KG 361 und Bodenplatten KG 324.

Deckenbeläge (KG 352) sind Beläge auf Deckenkonstruktionen einschließlich Estrichen, Dichtungs-, Dämm-, Schutz-, Nutzschichten; Schwing- und Installationsdoppelböden. Dazu zählen auch die Installationsdoppelböden, soweit sie nur der Kaschierung der Unterdecke dienen. Die Doppelböden, die der lufttechnischen und sonstigen Installationen dienen, sind unter KG 439 einzuordnen.

Deckenbekleidungen (KG 353). Bekleidungen unter Deckenkonstruktionen einschließlich Putz, Dichtungs-, Dämm-, Schutzschichten; Licht- und Kombinationsdecken. Das sind Putze, Rauhputze, Tapeten, Anstriche, Beschichtungen, Dämm- und Schutzschichten; Licht- und Kombinationsdecken, soweit sie keine tragende oder statische Funktion haben, dann sind sie KG 351 zuzuordnen.

Decken, sonstiges (KG 349). Abdeckungen, Schachtdeckel, Roste, Geländer, Stoßabweiser, Handläufe, Leitern, Einschubtreppen.

Dächer (KG 360). Gemeint sind flache oder geneigte Dächer, also der obere Abschluss   **23** des Gebäudes.

Dachkonstruktionen (KG 361). Konstruktionen von Dächern, Dachstühlen, Raumtragwerken und Kuppeln einschließlich Über- und Unterzügen, füllenden Teilen wie Hohlkörpern, Blindböden, Schüttungen, jedoch ohne Beläge und Bekleidungen. Wenn diese in der Ebene der tragenden Konstruktion liegen, sind entsprechend dort (z.B. KG 350) einzuordnen. Vordächer über 3 m² Größe, KG 339. Überdachungen in den Außenanlagen sind KG 535 zuzuordnen.

Dachfenster, Dachöffnungen (KG 362). Fenster, Ausstiege einschließlich Umrahmungen, Beschlägen, Antrieben, Lüftungselementen und sonstigen eingebauten Elementen. Dazu zählen die Lichtkuppeln, Lichtfenster-/-röhrenkonstruktionen (Fertigteile), RWA-Anlagen, jedoch ohne die mechanische und elektrische Entrauchungstechnik. Diese sind KG 431 zuzuordnen.

Dachbeläge (KG 363). Beläge auf Dachkonstruktionen einschließlich Schalungen, Lattungen, Gefälle-, Dichtungs-, Dämm-, Schutz- und Nutzschichten; Entwässerungen der Dachfläche bis zum Anschluss an die Abwasseranlagen. Hierzu zählen nicht nur die Regenrinnen, sondern auch die Regenrohre nebst Befestigungen. Soweit vertreten wird (Preussner/Seifert, Teil C, Seite 151), dass die Regenrohre nicht dazu zählen ist das unzutreffend, weil hier erst die Übergabestation am Einlauf zum Kanalanschluss das Ende des Gewerkes Dachdecker ist. **Dachbegrünung** sind den intensiven oder extensiven begrünten Dächern bei Freianlagen (KG 576, insbesondere auch 570, 571 bis 579; siehe auch § 38 Rdn. 12ff.).

Dachbekleidungen, § 364. Dachkonstruktionen einschließlich Putz, Dichtungs-, Dämm-, Schutzschichten, sowie Licht- und Kombinationsdecken unter Dächern.

Dächer, sonstiges (KG 369). Geländer, Laufbohlen, Schutzgitter, Schneefänge, Dachleitern, Sonnenschutz. Blitzableiter gehören zu KG 446.

b) Die Kostenermittlung durch Gliederung in (Bau-)Elemente oder Gewerke sowie nach Vergabevorgaben oder -einteilungen

24   Üblicherweise werden bei den Kostenermittlungen (Kostenrahmen, Kostenschätzung, Kostenberechnung, Kostenanschlag und Kostenfeststellung, DIN 276/2008 Teil 1, Ziff. 3.4) auch Gliederungen der Kosten nach **Gewerken oder Vergabeeinheiten** vorgenommen. Das ist zulässig, weil DIN 276/2008 Teil 1, Ziffer 3.3.2 bei der Kostenermittlung lediglich vorschreibt, dass die Kostenermittlung dem System der Kostengliederung der DIN 276 zu folgen und diese Angaben entsprechend zu ordnen sind. Allerdings sind die Kosten vollständig zu ermitteln und anzugeben. Zur **Ermittlung** der anrechenbaren Kosten dann darauf zu achten, eine entsprechende Kostenaufteilung vorzunehmen, zum einen nach „Gebäude" und zum anderen in „Innenräume". Zudem ist nach „Baukonstruktionen" und „technischen Anlagen", sowie gegebenenfalls nach Tragwerken und Ingenieurbau mit den entsprechenden leistungsbildspezifischen Gewerken vorzugehen. Die Gliederungen nach Gewerken oder nach Vergabeeinheiten beinhalten Kosten aus **verschiedenen** Bereichen oder Kostengruppen.

c) Baukonstruktive Einbauten (Kostengruppe 370)

25   Die **Kostengruppe 370 „Baukonstruktive Einbauten"** zählt zu den **voll anrechenbaren Kosten** im Sinne des § 33 Abs. 1. Der BGH sieht die Anrechenbarkeit von Kosten dieser Kostengruppe darin, dass die betreffenden Leistungen zum **Leistungsinhalt des Vertrages** gehören, also ausdrücklicher Leistungsgegenstand sind (BGH, Urt. v. 6.5.1999 – VII ZR 379/97; BauR 1999, 1045; BGH, Urt. v. 12.1.2006 – VII ZR 4/04; BauR 2006, 693; BGH, Urt. v. 11.12.2008 – VII ZR 235/06; BauR 2009, 521; BGH, BauR 2011, 1677; OLG Brandenburg, Urt. v. 13.3.2014 – 12 U 136/13; OLG Celle, Urt. v. 17.7.2013 – 14 U 202/12). Beispiel aus der Vorauflage Seifert, § 32, Rdn. 24): wird der Auftragnehmer nicht mit Leistungen bei Einbaumöbeln oder der Einbauküche beauftragt, kann er diese Kosten auch nicht bei seinen anrechenbaren Kosten berücksichtigen und die anrechenbaren Kosten sind daher durch den Vertragsgegenstand bestimmt und begrenzt. Für die Anrechenbarkeit dieser Kosten kommt es also auf die **fachliche bzw. planerisch integrierende Bearbeitung der vertraglich betreffenden Leistungen** an (s. auch Seifert in der Vorauflage).

Baukonstruktiven Einbauten sind **fest mit Bauwerk verbundene Einbauten**, je-   26
doch **ohne nutzungsspezifischen Anlagen i. S. der Kostengruppe 470 nach DIN
276/2008.** Das können sein küchentechnische Anlagen, Wäscherei- und Reinigungsanlagen, Medienversorgungsanlagen, Medizin- und labortechnische Anlagen, Feuerlöschanlagen, Badetechnische Anlagen, Prozesswärme-, kälte- und -luftanlagen, Entsorgungsanlagen
oder bühnentechnische Anlagen (Seifert, 8. Aufl., § 32, Rdn. 24). Die jeweils erforderliche
Abgrenzung gegenüber der Ausstattung (KG 610) ist nach KG 370 darin zu sehen, dass
Einbauten durch ihre **Beschaffenheit und Befestigung** technische und bauplanerische
Maßnahmen **erforderlich** machen (Seifert, 8. Aufl., § 32, Rdn. 24). Das sind im Wesentlichen die **Anfertigung von Werkplänen** oder **statischen und anderen in Frage
kommenden Berechnungen (z. B. Fassadenplanungen)** (so auch Seifert, 8. Aufl.,
§ 32, Rdn. 24). Auch die Planungen von Installationen im und am Gebäude zählen als
fachplanerische Leistung bereits dazu.

Baukonstruktive Einbauten sind nach **KG 370** damit alle fest mit dem Bauwerk verbundenen Einbauten. Es ist zu beachten, dass eine nutzungsspezifische Abgrenzung allerdings stattzufinden hat. Danach sind die KG 470 und die Ausstattung nach KG 610 zu beachten. KG 470 ist Bestandteil der Nutzungsspezifischen Anlagen bei den technischen
Anlagen und KG 610 ist davon abzugrenzen. So ist es zunächst maßgeblich, dass baukonstruktive Einbauten durch die Beschaffenheit und befestigungstechnische und bauplanerische Maßnahmen erforderlich werden. Die Leistungsaufgabe des Planers ist hier das Anfertigen von Werkplänen, Berechnungen, Anschlüsse an Isolatoren. Ausstattung nach KG 610
kann dagegen ohne besonderen und nur mit geringem planerischen Aufwand aufgestellt,
eingebracht oder befestigt werden.

Allgemeine Einbauten (KG. 371). Einbaumöbel wie Sitz- und Liegemöbel, festes
Gestühl, Podien, Theken, Schränke, Garderoben, Regale oder Einbauküchen, Saunaanla-
gen, Schwimmbäder, soweit sie auf vorgefertigten Bestandteile konstruiert sind. Rollende
Regal- oder Raumtrennungen (begehbarer Schrank) zählen nicht dazu, sondern zu KG
469. Voraussetzung insgesamt ist, dass die Bauteile eine planerische und baukonstruktive
feste Verbindung zu der Baukonstruktion aufweisen. Nicht fest eingebauten Gegenstände,
wie Möbel oder Regal gehören zur KG 610.

Besondere Einbauten (KG 372). Auch diese Einbauten können zu den voll anrechenbaren Kosten gehören, wenn sie fest eingebaut und einen baukonstruktiven Planungsinhalt haben. Das können sein: feste Werkbänke, Labortische, Einbaugeräte und Tribünen
in Sporthallen, Operationstische und Behandlungseinrichtungen der bautechnischen Art
(KG 300), Kircheneinrichtungen, wie Altäre, Kanzeln, Kryptae, Taufbecken, bei Stallungen, Einbauten und Futtervorratsspeicher, Bühnenaufbauten und feste Bestuhlungen im
Theater/Opernbauten.

Baukonstruktive Einbauten, sonstiges (KG 379). Hinzu zählen baukonstruktive
Einbauten im Zusammenhang mit dem Gebäude und Inneneinrichtung. Das können Luft-
schutzanlagen, geschlossene Kelleranlagen in Stollen und Hängen (Weinkeller, Laufgänge
zwischen Gebäuden) oder Verbindungsschleusen sein. Nicht hierher sind Einbauten ohne
Zuordnung zu Gebäuden zu zählen (so aber Preussner/Seifert, Teil C, Seite 153).

d) Sonstige Maßnahmen für Baukonstruktionen (KG 390 ff.)

Die Kosten der **„Sonstigen Maßnahmen für Baukonstruktionen"**, KG 390 sind   27
regelmäßig Teil der Baukonstruktionen und damit der voll anrechenbaren Kosten i. S. von
Abs. 1. Das sind alle sonstigen Maßnahmen für die Baukonstruktionen, die nicht direkt
mit den Maßnahmen der Baukonstruktion zusammenhängen, aber aus technischer Sicht
notwendigerweise zur Planung und Durchführung im Rahmen der Gewerke gehören.
Sie werden auch als „Nebenleistungen" umgangssprachlich bezeichnet (s. a. § 4 Abs. 4
VOB/B).

Baustelleneinrichtung (KG 391). Dazu gehören Einrichten, Vorhalten, Betreiben,   28
Räumen der übergeordneten Baustelleneinrichtung, z. B. Material- und Geräteschuppen,
Lager-, Wasch-, Toiletten- und Aufenthaltsräume, Bauwagen, Misch- und Transportanla-
gen, Energie- und Bauwasseranschlüsse, Baustraßen, Lager- und Arbeitsplätze, Verkehrssi-

cherungen, Abdeckungen, Bauschilder, Bau- und Schutzzäume, Baubeleuchtung, Schutt-
beseitigung. Staubschutzwände sind in KG 491 einzuordnen. Im Übrigen muss am
Schwerpunkt der vertraglichen Leistung die Einordnung festgemacht werden. **Nicht** zur
Baustelleneinrichtung und auch **nicht** zu einer anderen Kostengruppe bei den *„Baukonstruk-
tionen"* gehören dagegen die **Bewirtschaftungskosten.** Dazu zählen **Baustellenbüros** für
Planer und Bauherrn, einschließlich deren Beheizung, Beleuchtung und Reinigung, eine
Baustellenbewachung oder **Nutzungsentschädigungen** während der Bauzeit (so auch
Seifert, 8. Aufl., § 32, Rdn. 27). Das sind **Baunebenkosten der Kostengruppe 772.**
Auch **Betriebskosten nach der Abnahme** z. B. **für den vorläufigen Betrieb bis zur
endgültigen Inbetriebnahme gehören zu den Baunebenkosten,** KG. 774 (Seifert,
a. a. O.). Muss eine **Baustraße** – ingenieurtechnisch – geplant werden, handelt es sich um
die Planung einer **Verkehrsanlage** (Seifert, a. a. O.).

29   **Gerüste, KG 392. Auf-, Um-, Abbauen von Gerüsten,** die sich keiner anderen
Kostengruppe zuordnen lassen. Ebenfalls zählen die **Vorhaltekosten** von Gerüsten dazu,
also entweder Zeit des Aufstellens an der Baustelle, das Bevorraten von Gerüstteilen auf der
Baustelle oder einem anderen Lagerort im Zusammenhang mit der betreffenden Baustelle
oder auch Leasing- oder Mietkostenkosten von Gerüsten oder Gerüstteilen für extra für die
betreffende Baustelle vom Unternehmer angeschafften Materialien. Problematisch wird die
Auflistung, wenn diese in bestimmten Gewerken bereits **in den Nebenleistungen ein-
gepreist** sind und nicht gesondert aufgelistet werden (z. B. DIN 18363, 4.1.1; DIN
18330, 4.1.2). Hier wird man diese Kosten nicht nach KG 392 auflisten, sondern dem Gewerk weiter im Rahmen der Kostenaufstellung zuzuordnen haben, ohne besondere Auflistung, da ansonsten die Nachvollziehbarkeit der **Kalkulation** zur Leistungsaufgabe des Planers würde, was aber allenfalls eine Besondere Leistung wäre.

30   **Sicherungsmaßnahmen (KG 393). Unterfangungen und Abstützungen** an bestehenden Gebäuden. Auch wenn andere Objekte im Sinne des § 2 Nr. 1 betroffen sind
(z. B. Verkehrsanlagen, Ingenieurbauwerke) ist auf eine Abgrenzung bei den anrechenbaren
Kosten nach Objekten zu achten, § 11 Abs. 1. Es können daher auch Leistungen an mehreren Objekten vorliegen, die nach § 11 Abs. 1 mit getrennten anrechenbaren Kosten anzurechnen sind. **Nicht** hierher zählen Verbaumaßnahmen, es sei denn, es handelt sich um
reine temporäre Sicherungsmaßnahmen. Verbaumaßnahmen sind temporäre Ingenieurbauwerke, wenn sie eine eingehende Planung voraussetzen (so ähnlich Seifert, FS Jochem,
S. 111: „Verbau ist eigenständiges Objekt"). Zunächst sind nämlich Verbaumaßnahmen dem Bereich der Bauhelfe zuzuordnen. Allerdings ist je nach Notwendigkeit der zeitlichen und technischen Struktur der Planungen und damit des Umfangs der engen oder
weiteren Zugehörigkeit von Planungen bei Gebäuden zu berücksichtigen, ob es sich um
Leistungen handelt, sie den „Grundleistungen bei Gebäuden" oder den „Grundleistungen
bei Verbauarbeiten" als eigenständige Ingenieurplanungen zuzurechnen sind. Bei der Unterscheidung wird es auf den Charakter der „Eigenständigkeit" der Planung ankommen.
Denn wenn die Verbauarbeiten nur Teil der Baukonstruktion und damit eng mit dem
Hochbauwerk zusammenhängen, sowie keine oder wenige eigenständige Planungsleistungen erforderlich machen, werden sie grundsätzlich der der Kostengruppe 312 „Bau-
grubenerschließung", KG 313 „Wasserhaltung", KG 391 „Baustelleneinrichtung" und
KG 397 „Zusätzliche Maßnahmen" objektbezogen zuzuordnen sein und damit unter § 33
Abs. 1 fallen. Anders ist das, wenn eine ingenieurtechnische Planung erforderlich ist, weil
dann § 50 Abs. 1 mit der Unterscheidung bei den Kostengruppen KG 300 (Kostenansatz 55 %) und KG 400 (Kostenansatz 10 %) zum Tragen kommt. Der Verbau gehört
dort in den Bereich der Baugrubenumschließung, wird dann aber als eigenständiges Objekt
zu betrachten sein, so dass gem. § 50 Abs. 3 eine schriftliche Honorarvereinbarung zur
Sicherstellung des Honoraranspruches zwar nicht zwingend notwendig, aber zu empfehlen
ist.

31   **Abbruchmaßnahmen (KG 394).** Zunächst ist zu unterscheiden, ob es sich um Abbruchmaßnahmen zur Vorbereitung des Grundstücks zu Bebauung handelt. Dann ist KG
212 anzuwenden. Sind aber Baumaßnahmen im Bestand, also Umbauten und Modernisierungen, Vertragsgegenstand, so sind die Kosten von Teilabbruch-, Instandsetzungs-, Siche-

rungs- und Demontagearbeiten allgemein Kosten des Bauwerks. Wenn diese Kosten die Baukonstruktionen betreffen, dann gehören sie zur Kostengruppe 320 bis 370. Bei Abbruchkosten sind im Übrigen nicht zuordenbare Abbruch- und Demontagearbeiten einschließlich Zwischenlagern wiederverwendbarer Teile, Abfuhr des Abbruchmaterials im Bereich der Baukonstruktionen nicht Kosten des Abbruchs. Die Abbruchmaßnahmen im Rahmen der Herstellung oder eines Umbaues von Technischen Anlagen sind bei KG 410 bis 480 und insbesondere bei KG 494 einzuordnen. Bei Außenanlagen und Freianlagen sind KG 520 bis 570 einschlägig, insbesondere KG 594.

Instandsetzungen (KG 395). Maßnahmen zur Wiederherstellung des zum bestim- 32 mungsgemäßen Gebrauch geeigneten Zustands, es sei denn, sie sind in anderen Kostengruppen erfassbar. Allerdings sind die hier in Betracht zu ziehenden Kosten weitestgehend bei den Kostengruppen 310 bis 370 einzuordnen. Daher wird die KG 395 weitgehend nicht beschreiben bleiben (so auch Seifert, 8. Aufl., § 32, Rdn. 31).

Materialentsorgung (KG 396). Gemeint sind hier die **Entsorgung von Materialen** 33 **und Stoffen,** die bei dem Abbruch, bei der Demontage und beim Ausbau von Bauteilen oder bei der Erstellung einer Bauleistung anfallen und **zum Zwecke des Recyclings oder der Deponierung abgefahren bzw. anderweitig von der Baustelle entfernt werden.** In DIN 276/93 hieß der Bereich noch „Recycling, Zwischendeponierung und Entsorgung".

Zusätzliche Maßnahmen nach KG 397 sind Maßnahmen die bei der Erstellung von 34 Baukonstruktionen erforderlich werden. Das sind z. B. Maßnahmen zum Schutz von Personen und Sachen, Reinigung vor Inbetriebnahme, Maßnahmen aufgrund von Forderungen des Wasser-, Landschafts-, Lärm- oder Erschütterungsschutzes während der Bauzeit, Schlechtwetter- und Winterbauschutz, Erwärmung des Bauwerks während der Bauzeit, Schneeräumung (Seifert, 8. Auflage, § 32, Rdn. 33). Baustellensicherungsmaßnahmen, wie Schutzzäune, Baubeleuchtung, Abdeckungen sind den KG 391 bzw. KG 491 und KG 591 zuzuordnen. Die Baustellenbewachung fällt unter KG 772. Bei Technischen Anlagen sind Winterdienste bzw. der Schutz der Gewerke bei KG 497 einzuordnen.

Provisorische Baukonstruktionen (KG 398). Es gehören die Kosten für die sowie 35 die Anpassung des Bauwerks bis zur Inbetriebnahme des endgültigen Bauwerks dazu (Seifert, 8. Auflage, § 32, Rdn. 34).

Sonstigen Maßnahmen für Baukonstruktionen, sonstiges (KG 399). Gemeint 36 sind Bauteile oder Baukonstruktionen, die in keine der KG 390ff einzuteilen sind bzw. solche **Baukonstruktionen, die mehrere Kostengruppen betreffen.** Hierzu gehören dann vorübergehende Bauteile, wie Bauschließanlagen, vorübergehende Schächte zur Sicherung der Baukonstruktion, Schornsteine, soweit nicht in anderen Kostengruppen erfasst (Seifert, 8. Auflage, § 32, Rdn. 35). Edelstahlkamine/-abzugsrohre außen bei Kaminanlagen des Gebäudes zählen zu den Wärmeversorgungsanlagen nach KG 429.

III. Anrechenbare Kosten aus Technischen Anlagen (Abs. 2)

1. Regelungscharakter und Inhalt

Grundgedanke des **§ 33 Abs. 2** ist, die für die Berechnung des Architektenhonorars 37 maßgeblichen anrechenbaren Kosten der Technischen Planungen und Ausrüstungen **zur tatsächlichen Werthaltigkeit bei der eigentlichen Objektplanung angemessen anzusetzen, denn vielfach hat der Architekt der Objektplanung „Gebäude" bzw. „Innenausbau" die Fachplanerische Leistung z.B. des TGA-Planers oder des Ingenieurs oder Statikers eben nicht erbracht. Dennoch hat er diese Planungen in seine Überlegungen und eigenen Planungen zu integrieren, oder zumindest sogar mit zu planen. Auch hier wurde durch die Einfügung des Begriffs „Innenräume" in der HOAI 2013 nun klargestellt, dass die beschränkt anrechenbaren Kosten auch für dieses Leistungsbild (Objekt, § 2 Abs. 1) gelten.** Nicht bei der Berücksichtigung der beiden Leistungsbilder darf das Wort *„und"* täuschen. Denn die wörtliche Auslegung und die Begründung in BR-Drs. 334/13 weisen keine Kumulation der Anwendung aus, sondern ein **entweder** bei Gebäuden **oder** bei Innenräumen. Daher sind die Abrechnungen auch im Rahmen der vertraglichen Leistungsumfänge bei Gebäuden und bei Innenräumen differenziert und damit geteilt vorzunehmen (zu den vertraglichen Umfängen siehe oben Rdn. 7).

Außerdem gilt, dass ein Gebäudeplaner sowohl bei Beauftragung der Planung als auch während der Bauaufsicht, im Hinblick auf die Abrechnung nach §§ 33 f., nicht vollständig die Leistungen anderer Planer, deren Planungen notwendiger eigener Planungsinhalt und Koordinationsaufgabe seiner eigenen vertragsrelevanten Leistungen sind, beim Honoraransatz zu berücksichtigen hat. **Sinnlogisch** ist das Honorar dann aber dafür nur in einem **verminderten Wert anzusetzen, auch dann, wenn er die Grundleistungen überhaupt nicht erbringt.** Weiterhin **gibt es – notwendig –** Bauleistungen, die durch **Sonderfachleute** bei Planung, als auch bei Überwachung der Ausführung erforderlich werden und vertraglich vom Auftraggeber oder als Subplaner beauftragt werden. Damit nähert sich der Gedanke des § 33 Abs. 2 dem Leistungsbild eines **Generalplaners** (Korbion in FS Jochem, 2014, S. 178). Durch eine Anrechnung der betreffenden Kosten sowohl bei den Sonderfachleuten als auch beim Objektplaner für Gebäude oder Innenräumen darf aber auch **keine „Doppelhonorierung"** vorliegen, welche z.B. durch den Ansatz der KG sowohl im Bereich der Innenräume, als auch bei den Gebäudekosten im Rahmen der dort betroffenen KG 300, angesetzt werden. Dieses ist durch **eindeutige Einstellung im Rahmen und unter Berücksichtigung des Schwerpunktes des Vertrages und der technisch, planerischen Tätigkeiten bei der Erstellung der Übersichten der Kostengruppen auszuweisen. Maßgeblich ist damit der Vertragsinhalt des beauftragten Gebäude-/Innenraumplaners.** Im Gegensatz zur fachplanerischen Leistung soll der Gebäude-Innenraumplaner aus diesen Kostengruppen anrechenbare Kosten also nicht für eine fachliche Planung oder Objektüberwachung für sich verwenden und ansetzen dürfen. Diesbezügliche Kosten sind vielmehr deshalb – gegebenenfalls beschränkt – anrechenbar, weil zu den Aufgaben des Objektplaners für Gebäude und Innenräume regelmäßig entsprechende **Koordinierungstätigkeiten** voraussetzen. Zudem ist bereits nach Leistungsphase 2e) der Anlage 10.1 das **Integrieren** der fachplanerischen Leistungen **in die Leistungen des mit der Gesamtplanung Beauftragten nunmehr in der HOAI 2013 deutlich in den Vordergrund gerückt. Das hat dann auch die Berücksichtigung bei der Honorarstruktur nach § 33 Abs. 2 zur Folge** (siehe auch *unten unter 3.*; BGH, Urteil v. 30.9.2004 – VII ZR 192/03; BauR 2004, 1963). Die **bloße Ermittlung** eines **baulichen Bestands** einschließlich der zur fachplanerischen Leistungen benötigten Erkenntnis als **Bestandsaufnahme** ist eine Besondere Leistung und zählt hier nicht zum Inhalt des Regelungscharakters des § 33 Abs. 2. Im Übrigen sind auch die **Leistungspflichten der Grundleistungen** in Leistungsphasen 2, 3, 5, 6, 7, 8 zu beachten (siehe dort).

38   Da Abs. 2 sowohl für Leistungen bei Gebäuden als auch bei Innenräumen anzuwenden ist, müssen die **Kosten der technischen Anlagen** entsprechend – unter Berücksichtigung des Vertragsinhalts – dem jeweiligen Objekt zugeordnet werden, also dem Gebäude oder der Innenraumplanung. Dabei sind die **Kosten für technische Anlagen von** den jeweiligen **Fachplanern zu ermitteln.** Diese werden in der Vorplanung (2.e) und Entwurfsplanung (3.b) allerdings zu dem Zeitpunkt kaum in der Lage sein, eine Aufteilung nach Kosten für technische Anlagen vorzunehmen, die im Rahmen der Gebäudeplanung oder im Rahmen der Planung von Innenräumen zu integrieren oder zu koordinieren sind (so auch Seifert in der Vorauflage). Da der Gebäude- bzw. Innenraumplaner die Ermittlung der Kosten aus technischen Anlagen selbst nicht schuldet – was allerdings beim **Generalplanervertrag** der Fall sein kann – ist der **Auftraggeber zur Auskunft** über die entsprechend anderweitig von jenen Planern oder Dritten ermittelten anrechenbaren Kosten **verpflichtet.** Es besteht auch ein **Einsichtsrecht des betroffenen Planers in die Unterlagen des Auftraggebers und** des Planers. **Auch die Einsicht beim dritten Planer ist möglich, bedarf aber des Nachweises der Rechtsgefährdung.** Letztlich kann er auch nach ortsüblichen Preisen, seiner Erfahrung oder nach BKI **schätzen (siehe oben schon zu Abs. 1). Der Fachplaner selbst hat gleiche Rechte.** Folglich kann der Planer die Kostenanteile, die er bei den anrechenbaren Kosten für Gebäude und für Innenräume letztlich nicht aus eigener Kenntnis ansetzen kann und damit nicht oder nicht vollständig selbst darstellen kann, auch im Falle der Verweigerung der Auskunft oder der Herausgabe der Unterlagen, **seiner Darlegungs- und Beweislast** genügen, wenn er – soweit möglich – aufgrund der ihm bekannten und zugänglichen Unterlagen und Informationen die entsprechenden Anteile der anrechenbaren Kosten, die bei Gebäude- und bei Innenraumplanung anzusetzen sind, unter Berücksichtigung aller Umstände des jeweiligen Einzelfalls **sorgfältig schätzt** (OLG Düsseldorf, Urteil vom 15.5.2008 – 5 U 68/07; BauR 2009, 1339; OLG Oldenburg, Beschluss vom 18.8.2004 – 2 U 70/04; OLG Celle, Urteil vom 11.11.1998 – 13 U 118/98; BauR 1999, 508; Seifert, 8. Aufl., § 32, Rdn. 39). Dabei kann der Planer auch nach Aufstellungen nach BKI oder nach ortsüblichen Preisen oder allgemeinen Erfahrungswerten, auf die er aufgrund seiner Kenntnis zurückgreifen kann, eine Kostenschätzung aufstellen (§ 4 Abs. 1, 2; zur Zulässigkeit von Schätzungen siehe dort).

39   Abs. 2 ist ausdrücklich nur auf die dort **genannten Kostengruppen beschränkt.** So kann die **Koordinierung** bei der öffentlichen Erschließung (KG. 220), der nicht öffentlichen Erschließung (KG. 230) oder bei Technischen Anlagen in den Freianlagen/Außenanlagen (KG. 530) nicht eingeschlossen werden, es sei denn, diese Leistungen werden als Besondere Leistungen daneben beauftragt.

40   Fraglich bleibt aber der Fall, wenn ein hoher Anteil an technischen Anlagen zu planen ist (TGA). Dies kann dann der Fall sein, wenn bei Umbau- oder Sanierungsleistungen maßgeblich kostenträchtige Geräte eingebaut werden (z. B. Blockheizkraftwerke oder bei Krankenhäusern eine CT- oder MRT-Anlage). Da kann der Objektplaner möglicherweise zu **nicht zu unangemessen hohen anrechenbaren Kosten** zu gelangen. Die Vorschrift sieht aber eine Beschränkung nicht vor. In der 8. Auflage (Seifert) wurde ohne Verweis auf die bis zur 5. Auflage richtigerweise vertretende Auffassung an gleicher Stelle noch vertreten, dass sich aus der amtlichen Begründung zu § 10 Abs. 4 Fassung 1996/2002 ergäbe, die Vorschrift enthielte eine Beschränkung. In der 3. ÄndVO hatte die Vorschrift nämlich eine Klarstellung erfahren. So wurde in Satz 1 das Wort **„fachlich"** eingefügt („fachlich plant" oder „fachlich überwacht"). Damit wurde der Verweis auf die Fachplanungen gegeben. In § 33 Abs. 2 wurde dann aber zur Klarstellung im Hinblick auf § 3 Abs. 2 der Begriff der „Grundleistungen" (statt „Leistungen") aufgenommen und damit die **Leistungspflicht** eingegrenzt. Damit sind auch nur diese Leistungen gemeint. Bei den Kosten für Technische Anlagen im Sinne des § 33 Abs. 2 handelt es sich um die Kosten der Anlagen der Technischen Ausrüstung gemäß § 53 Abs. 2. Im Bereich Gebäude werden die anrechenbaren Kosten auf Grundlage der DIN 276 – 1 : 2008 – 12 ermittelt, hier die Kostengruppe 400 „Bauwerk – Technische Anlagen", wie sich nunmehr aus der amtlichen Begründung ergibt und Zweifelsfragen nicht mehr aufkommen lässt (BR-Drs. 334/13).

41   Hierher gehört aber auch der Fall der **beschränkt anrechenbaren Kosten. Das** sind neben den **Kosten** für **technische Anlagen der Kostengruppe 400,** auch die **Kosten i. S. von § 4 Abs. 2.** § 4 Abs. 2 regelt
– Eigenleistungen, wenn der Auftraggeber im Bereich der technischen Anlagen Leistungen oder Beschaffungen selbst erbringt (§ 4 Abs. 2 Nr. 1),
– der Auftragnehmer von bauausführenden Unternehmen oder Lieferanten von technischen Anlagen sonst nicht übliche Vergünstigungen erhält (§ 4 Abs. 2 Nr. 2),
– der Auftraggeber Lieferungen oder Leistungen bei technischen Anlagen in Gegenrechnung ausführen lässt (§ 4 Abs. 2 Nr. 3),
– er vorhandene oder vorbeschaffte technische Anlagen oder Anlagenteile einbauen lässt (§ 4 Abs. 2 Nr. 4).
Dafür sind dann im Rahmen von Abs. 2 die ortsüblichen Preise anzusetzen oder auch – einzelfallbedingt – zu mindern bzw. nach dem Wertverfahren der objektive geltende Marktwert anzusetzen.

Zu berücksichtigen sind dann zudem auch die möglichen Kosten vorhandener Bausubstanz in den jeweiligen Fachplanungen, wenn sich aus den entsprechenden Kostengruppen der KG 300 oder 400 dieses ergeben kann, wie DIN 276-1 : 2008-12 Abschnitt 3.3.6 darstellt: *„Der Wert der vorhandenen Bausubstanz und wiederverwendeter Teile ist bei den betreffenden Kostengruppen gesondert auszuweisen."*. Dabei spielt die Vereinbarung nach § 4 Abs. 3 im Hinblick auf andere Fachplaner keine Rolle und ist nicht zu übernehmen.

2. Besonders zu erfassende Kostengruppen

42   Wie sich aus der amtlichen Begründung (siehe Rdn. 41) ergibt, sind nur die **Kosten für Technische Anlagen** bei den beschränkt anrechenbaren Kosten der **Grundleistungen** von Gebäuden und Innenräumen zu berücksichtigen. Das sind Anlagen der Technischen Ausrüstung i. S. von § 53 Abs. 1. Die **Kostengruppen 400 ff. der DIN 276-1 : 2008-12 beinhalten:**

400   Technische Anlagen
410   Abwasser-, Wasser-, Gasanlagen
420   Wärmeerzeugungsanlagen
430   Lufttechnische Anlagen
440   Starkstromanlagen
450   Fernmelde- und informationstechnische Anlagen
460   Förderanlagen
470   Nutzungsspezifische Anlagen
480   Gebäudeautomation
490   Sonstige Anlagen für Technische Anlagen

43   Können die anrechenbaren Kosten diesen Kostengruppen zugeordnet werden, ist Abs. 2 zwingend anzuwenden.

Grundsätzlich nicht entscheidend ist auch, ob die Anlagen und Einrichtungen dem **Betrieb des Gebäudes, Innenraum oder der Anlage dienen.** Technische Anlagen, die deren Zweckbestimmung dienen und Bestandteil der „technischen Anlagen" eines Gebäudes oder des Innenraumes sind, unterfallen dem Abs. 2.

44   Die **Technischen Anlagen nach KG 400** sind alle im Bauwerk eingebauten, daran angeschlossenen oder damit festverbundenen technischen Anlagen und Anlagenteile. Dazu gehören Gestelle, Befestigungen, Wärme- und Kältedämmung, Schallschutzmaßnahmen, Brandschutzvorrichtungen, Abdeckungen, Verkleidungen, Anstriche Kennzeichnungen, sowie die erforderlichen Mess-, Steuer- und Regeltechniken. Dazu können dann auch Aufhängungen im Rahmen der Tragwerke dienen, wenn sie der zentralen Betriebstechnik dienen.

Grundsätzlich fallen aber die Kosten für **Schlitzungen** und **Durchbrüche,** sowie **Bohrungen** unter KG 300.

45   **Abwasser-, Wasser- und Gasanlagen (KG 410).**

Abwasseranlagen (KG 411). Abläufe, Abwasserleitungen, Abwassersammelanlagen, -behandlungsanlagen, Hebeanlagen. Dränageanlagen sind KG 327 zuzuordnen. Entwässerungsanlagen auf dem Grundstück gehören zu den Außenanlagen (KG 541). Regenwasserableitungen sind einschließlich der Fallrohre dem Dachbereich und Dachentwässerung KG 363 zuzuordnen. Das betrifft auch innenliegende Rohre und Dachentwässerung.

Wasseranlagen (KG 412). Das sind Wassergewinnungsanlagen, Aufbereitungs- und Druckerhöhungsanlagen, Rohrleitungen, dezentrale Wassererwärmer und Sanitärobjekte.

Gasanlagen (KG 413). Gasanlagen für Wirtschaftsräume, Gaslagerung und Erzeugungsanlagen, Übergabestationen, Druckregelanlagen und Gasleitungen, soweit sie nicht zu KG 420 oder KG 470 gehören. Druckluftregelanlagen gehören zu KG 477.

Abwasser-, Wasser- und Gasanlagen, sonstiges (KG 419). Hierzu gehören Gewerkeleistungen, die im Rahmen von Fertigteilen oder ganzen Baugruppen geliefert werden.

46   **Wärmeversorgungsanlagen (KG 420).**

Wärmeerzeugungsanlagen (KG 421). Brennstoffversorgung, Wärmeübergabestationen, Wärmeerzeugung insgesamt (Öl, Gas, Holz, Elektrizität, Wärmetauscher, usw.), sowie Schornsteinanschlüsse, zentrale Wärmegewinnungsanlagen (Wärmekraftkoppelung).

Wärmeverteilungsnetze (KG 422). Pumpen, Leitungen, Rohrnetze, Raumheizungen, Raumlufttechnische Anlagen.

Raumheizflächen (KG 423). Heizkörper, Flächenheizungen, Fußbodenheizungen und Wand-/Deckenheizungen.

Wärmeversorgung, sonstiges (KG 429). Dazu zählen die Nebenanlagen zum Betrieb, also auch Vorratsbehälter, Tanks und Pelletsilos. Kamine und Schornsteine, soweit gesondert angebaut (Edelstahlkamine außen). Schornsteine gehören ansonsten zum Bauwerk KG 399.

Lufttechnische Anlagen (KG 430). Zu den Lufttechnischen Anlagen gehören Lüf-   47
tungsanlagen, Teilklimaanlagen, Klimaanlagen, Prozesslufttechnische Anlagen und Kälteanlagen. Dabei ist die Abgrenzung nach Installationen oder zentraler Betriebstechnik durchzuführen, denn die Lüftungsanlagen können zentral oder dezentral angeordnet sein. Zur Installation gehören immer die Einzelgeräte oder auch die dezentralen Anlagen nebst Rohrleitungen. Zur zentralen Betriebstechnik gehören zentrale Anlagen des Bauwerks.

Lüftungsanlagen (KG 431). Hierzu gehören Abluftanlagen, Zuluftanlagen und eine Kombination daraus mit Luftbehandlungsfunktion sowie mechanische Entrauchungsanlagen, wie RWA-Anlagen. Nicht zu den Lüftungsanlagen gehören RWA-Anlagen als Dachfenster oder Dachöffnungen ohne mechanische Entrauchung, da diese KG 362 zuzuordnen sind.

Teilklimaanlagen (KG 432). Das sind Anlagen mit zwei oder drei Thermodynamischen Luftbehandlungsfunktionen.

Klimaanlagen (KG 433). Anlagen mit vier thermodynamischen Luftbehandlungsfunktionen.

Kälteanlagen (KG 434). Das sich Kälteanlagen für lufttechnische Anlagen, Kälteerzeugungs- und Rückkühlanlagen einschließlich Pumpen, Verteiler und Rohrleitungen. Kälteversorgungsanlagen sowie Eissportflächen in Bauwerken gehören zu den Kälteanlagen in KG 477. Kälteanlagen in küchentechnischen Anlagen gehören zu KG 471.

Lufttechnische Anlagen, sonstiges (KG 439). Das sind zusätzliche Hilfsmittel der Kältehaltung und -erzeugung. Lüftungsdecken, Kühldecken, Abluftfenster und Installationsdoppelböden, soweit nicht in anderen KG erfasst, so sind Installationsdoppelböden der KG 352 zuzuordnen.

Starkstromanlagen (KG 440). Starkstromanlagen haben zumeist einen Spannungsbe-   48
reich ab 110 Volt. Zu den Anlagen zählen Hoch- und Mittelspannungsanlagen, Eigenstromversorgungsanlagen, Niederspannungsanlagen, Niederspannungsinstallationsanlagen, Beleuchtungsanlagen, Blitzschutz- und Erdungsanlagen.

Hoch- und Mittelspannungsanlagen (KG 441). Schaltanlagen und Transformatoren mit Nennspannungen von 60000 bis 110000 Volt (Hochspannung) und 3000 bis 30000 Volt bei Niederspannungsanlagen.

Eigenstromversorgungsanlagen (KG 442). Das sind Stromerzeugungsaggregate einschließlich Kühlung; Abgasanlagen und Brennstoffversorgung, zentrale Batterie- und unterbrechungsfreie Stromversorgungsanlagen, photovoltaische Anlagen.

Niederspannungsschaltanlagen (KG 443). Niederspannungshauptverteiler, Blindstromkompensationsanlagen, Maximalüberwachungsanlagen mit Nennspannungen von 110 bis 1000 Volt.

Niederspannungsinstallationsanlagen (KG 444). Kabel, Leitungen, Unterverteiler, Verlegesystem (Rohre, Kabelkanäle), Installationsgeräte mit Nennspannungen 110 Volt bis 1000 Volt.

Beleuchtungsanlagen (KG 445). Ortsfeste Leuchten, einschließlich Sicherheitsbeleuchtung mit Leuchtmitteln.

Blitzschutz- und Erdungsanlagen (KG 446). Auffangeinrichtungen, Ableitungen, Erdungen und Potentialausgleich.

Starkstromanlagen, sonstiges (KG 449). Sonstige nicht erfasste Teile und Zubehör, wie Frequenzumformer.

Fernmelde- und Informationstechnische Anlagen (KG 450). Fernmelde- und In-   49
formationstechnische Anlagen sind Kleinspannungsanlagen, auch Niedervolt oder Schwach-

stromanlagen genannt. Diese haben eine Wechselspannung von bis 50 Volt und bei Gleichspannung bis 120 Volt. Zu Fernmelde- und Informationstechnischen Anlagen gehören die Telekommunikationsanlagen, Such- und Signalanlagen, Zeitdienst, Elektroakustische Anlagen, Fernseh- und Antennenanlagen, Gefahrmeldeanlagen und Alarmanlagen, Übertragungsnetze. Dabei ist zu beachten, dass nach Installationen oder zentralen Betriebstechniken im Einzelfall entschieden werden muss, ob diese zu dem Anlagetyp gehören. Fernmelde- und informationstechnische Anlagen können daher zentral oder dezentral angeordnet sein. Zu Installation gehören immer Einzelgeräte oder bei zentralen Anlagen die Verbindungen und Rohrleitungen. Zu zentraler Betriebstechnik gehren zentrale Anlagen des Bauwerks.

Telekommunikationsanlagen (KG 451). Telefonanlagen, einschließlich Verteiler, Kabel und Leitungen.

Such- und Signalanlagen (KG 452). Personalrufanlagen, Lichtruf- und Klingelanlagen, Türsprech- und Türöffnungsanlagen.

Zeitdienstanlagen (KG 453). Uhren- und Zeiterfassungsanlagen.

Elektroakustische Anlagen (KG 454). Beschallungsanlagen, Konferenz- und Dolmetscheranlagen, Gegensprech- und Wechselsprechanlagen.

Fernseh- und Antennenanlagen (KG 455). Fernsehanlagen, soweit die nicht in Such-, Melde-, Signal- und Gefahrenmeldeanlagen, wie Überwachungsanlagen, erfasst sind, einschließlich Sende- und Empfangsanlagen, Antennen und Umsetzer.

Gefahrmelde- und Alarmanlagen (KG 456). Brand-, Überfall-, Einbruchmeldeanlagen, Wächter- und Kontrollanlagen, Zugangskontroll- und Raumbeobachtungsanlagen.

Übertragungsnetze (KG 457). Kabelnetze zur Übertragung von Daten, Sprache, Text und Bild, soweit diese nicht in anderen Kostengruppen erfasst sind.

Fernmelde- und Informationstechnische Anlagen, sonstiges (KG 459). Hierzu zählen die bisher nicht erfassten Anlagen und Zubehör, wie Fernwirkanlagen und Parkleitsysteme.

50   **Förderanlagen (KG 460).** Dazu gehören Aufzugsanlagen, Fahrtreppen, Fahrsteige, Befahranlagen, Transportanlagen, Krananlagen.

Aufzugsanlagen (KG 461). Personen- und Lastenaufzüge.

Fahrtreppen, Fahrsteige (KG 462). Rolltreppen und Fahrsteige.

Befahranlagen (KG 463). Befahranlagen sind Fassadenaufzüge, Aufzüge für Reinigungs- und Revisionszwecke, an Fassaden, Decken und Dächern.

Transportanlagen (KG 464). Automatische Warentransportanlagen, Aktentransportanlagen, Rohrpost.

Krananlagen (KG 465). Zu den Krananlagen zählen die „Laufkatzen" und Hebezeuge.

Förderanlagen, sonstiges (KG 469). Hebebühnen, bewegliche Parksysteme, wie Doppel- oder Dreifachparker, Schiebeparkierungen, Regalsystem, wie Rollregalsysteme.

51   **Nutzungsspezifische Anlagen (KG 470).** Zu diesen Anlagentypen gehören Anlagen, die einer besonderen Zweckbestimmung dienen und fest mit dem Bauwerk verbunden sind. Dabei muss die Abgrenzung zu baukonstruktiven Einbauten (KG 370) und zur Ausstattung (KG 610) beachtet werden. Nutzungsspezifische Anlagen (KG 470) sind Bestandteile der Baukonstruktionen. Für die Abgrenzung zur Ausstattung in KG 610 ist maßgeblich, dass die nutzungsspezifischen Anlagen technische und planerische Maßnahmen erforderlich machen, wie das Anfertigen von Werkplänen, Berechnungen oder das Anschließen von anderen technischen Anlagen. Ausstattung nach KG 610 kann dagegen ohne besonderen oder mit nur geringem Aufwand aufgestellt werden, eingebracht und befestigt werden.

Küchentechnische Anlagen (KG 471). Hierzu gehören alle Anlagen die der Zubereitung von Speisen und Getränken dienen, aber auch die Ausgabe, die Lagerung und die dazugehörigen Kälteanlagen (Biervorrat und -leitungen).

Wäscherei- und Reinigungsanlagen (KG 472). Hierzu gehören neben der Wäscherei und Reinigungsanlagen auch die zugehörigen Wasseraufbereitungs-, Desinfektions- und Sterilisationsanlagen und -techniken.

Medienversorgungsanlagen (KG 473). Hierzu gehören Anlagen für medizinische und technische Gase, Druckluft, Vakuum, Flüssigkeitschemikalien, Erzeugungsanlagen, Lagerung, Übergabestationen, Lösungsmittel, für vollentsalztes Wasser, einschließlich der

Erzeugungsanlagen, Lagerung, Übergabestationen, Druckregelanlagen, Leitungen und Entnahmestellen.

Medizin- oder labortechnische Anlagen (KG 474). Hierzu sind zu zählen, die ortsfesten medizintechnischen oder labortechnischen Anlagen, soweit diese nicht der Ausstattung (KG 610) zuzuordnen sind. Bei der Fassung der DIN 276/93 waren die Kostengruppen der medizintechnischen Anlagen (KG 474) und Labortechnische Anlagen (KG 475) noch getrennt aufgeführt. Allerdings ist es zulässig die KG 474 in der heutigen Fassung weiter zu unterteilen, um den Bedürfnissen und Entwicklungen der Medizin- und Labortechnik zu entsprechen.

Feuerlöschanlagen (KG 475). Das betrifft Sprinkleranlagen, -leitungen, CO^2-Anlagen, Löschwasserleitungen, Wandhydranten. Soweit die Fassung 2008 nunmehr auch **Handfeuerlöscher** auflistet, ist das infolge des Fertigteilcharakters nicht recht nachzuvollziehen. Wenn man damit allerdings größere Bevorratung und -standorte mit einer gewissen Anzahl meint, die besondere Aufhängungssysteme erfordern, ist die planerische Leistung und die feste Verbindung mit der Baukonstruktion immanent. Bloße Handfeuerlöscher nebst Aufhängungen, sind nicht darunter zu zählen. Sind diese allerdings infolge der Bedeutung des Brandschutzes in besonderen Wandschränken und –Konstruktionen lose untergebracht, wird man die bauliche Konstruktion dazu zählen müssen. Allerdings wird man diese Aufhängungen und Vorhaltung, einschließlich der Aggregate/Handlöscher der KG 612 (besondere Ausstattung) zuordnen müssen.

Badetechnische Anlagen (KG 476). Aufbereitungsanlagen für Schwimmbeckenwasser, soweit nicht unter KG 410 einzuordnen.

Prozesswärme-, -kälte und luftanlagen (KG 477). Diese Kostengruppe ist aus den Kostengruppen 434 „prozesslufttechnische Anlagen" und KG 477 „Kälteanlagen" hervorgegangen (DIN 276/93). Hierzu gehören Wärme-, Kälte- und Kühlwasserversorgungsanlagen für die Industrie-, Gewerbe-, Sportanlagen (Eissportanlagen), soweit nicht bei anderen Kostengruppen erfasst. außerdem zählen dazu die Farbnebelanlagen, Prozessluftsystem, Absauganlagen und Druckluftanlagen. Allerdings ist bei den Kälteanlagen zu unterscheiden. Für lufttechnische Anlagen gilt KG 434, für küchentechnische Anlagen gilt KG 471 und für Außenanlagen gilt KG 545.

Entsorgungsanlagen (KG 478). Entsorgungsanlagen für Abfall, Medienentsorgung, Staubsaugeanlagen, soweit nicht KG 610 betroffen.

Nutzungsspezifische Anlagen, sonstiges (KG 479). Das können sein, bühnentechnische Anlagen, Kirchenorgeln, Wasserorgeln, soweit die Anlagen nicht unter KG 457 bis 478 aufgezählt sind.

Gebäudeautomation (KG 480). Die Gebäudeautomation betrifft die anlagenübergrei- **52** fende Automation, die mehreren technischen Anlagen dient, einschließlich der zugehörigen Verteiler, Kabel, Leistungen, Rohre.

Automationssysteme (KG 481). Automationsstationen, Bedien- und Beobachtungseinrichtungen, GA-Funktionen, Anwendungssoftware, Lizenzen, Sensoren und Aktoren, Schnittstellen zu Feldgeräten und anderen Automationseinrichtungen. Hier sind aber die Abgrenzungen zu fernmelde- und informationstechnischen Anlagen zu beachten.

Schaltschränke (KG 482). Hierzu gehören Schaltschränke zur Aufnahme von Automationssystemen (KG 481), mit Leistungs-, Steuerungs- und Sicherungsbaugruppen, einschließlich zugehöriger Kabel und Leistungen, Verlegesysteme, soweit nicht in anderen Kostengruppen enthalten.

Management- und Bedieneinrichtungen (KG 483). Hierzu gehören übergeordnete Einrichtungen für Gebäudeautomation und Gebäudemanagement mit Bedienstationen, Programmiereinrichtungen, Anwendungssoftware, Lizenzen, Servern, Schnittstellen zu Automationseinrichtungen und externen Einrichtungen.

Raumautomationssysteme (KG 484). Hierzu gehören Raumautomationsstationen mit Bedien- und Anzeigeeinrichtungen, Schnittstellen zu Feldgeräten und anderen Automationseinrichtungen.

Übertragungsnetze (KG 485). Netze zur Datenübertragung, soweit nicht anderen Kostengruppen zuzuordnen.

Gebäudeautomation, sonstiges (KG 489). Darunter fallen Regel- und Prozessoranlagen bei Windkraftanlagen und Fütterungsautomaten in der Landwirtschaft.

53   **Sonstige Maßnahmen für Technische Anlagen (KG 490).** Technische Anlagen und übergreifenden Maßnahmen im Zusammenhang mit technischen Anlagen, die nicht einzelnen Kostengruppen der technischen Anlagen zugeordnet werden können. Andererseits gehören aber die Maßnehmen, die direkt mit den technischen Maßnahmen in Beziehung stehen und zugleich erbracht werden mit zu den jeweiligen dortigen Kostengruppen, wie Baustelleneinrichtungen, Abbruchmaßnahmen. Bei der Abgrenzung zwischen Installationen und Zentraler Betriebstechnik im Rahmen der Zuordnung muss im Einzelnen festgestellt werden, ob die jeweiligen sonstigen Maßnahmen dem einen oder dem anderen Bereich dienen oder im Zusammenhang damit erbracht werden.

Baustelleneinrichtung (KG 491). Zu den Baustelleneinrichtungen gehören das einrichten, vorhalten, betreiben und räumen der übergeordneten Baustelleneinrichtung. Das sind auch Geräteschuppen, Lagerräume und Plätze, Wasch-, Toiletten, Aufenthaltsräume, Bauwagen, Container, Transportanlagen, Energie- und Brauchwasseranschlüsse und -erzeuger, Verkehrssicherung, Zäune, Abdeckungen, Bauschilder, Schuttbeseitigung, Staubschutzwände, soweit sie ausschließlich der Einrichtung der technischen Anlage dienen, ansonsten KG 391. Nicht hierher gehören die Baubüros und Unterbringung der Auftraggeberseite und der planenden Auftragnehmer.

Gerüste (KG 492). Hierzu gehören das Aufbauen und Vorhalten, Umbauen, Abbauen von übergeordneten Gerüsten in Bezug auf die Technischen Anlagen.

Sicherungsmaßnahmen (KG 493). Auch diese dürfen nur in Bezug zu den Technischen Anlagen stehen.

Abbruchmaßnahmen (KG 494). Diese dürfen nur in Bezug zu den Technischen Anlagen bestehen. Das sind Abbruch und Demontage, einschließlich Zwischenlagerung. Wenn Bauleistungen im Rahmen der KG 300 erbracht werden, gehören diese dazu, das gilt auch für die Vorbereitung des Grundstücks (KG 212), auch wenn sie der Vorbereitung einer technischen Anlage mittelbar dient (z.B. Pumpenhaus, E-Versorgungsstation). Bei Tiefbauarbeiten bei Technischen Anlagen (Pumpenkammern) kann KG 494 erfüllt sein; bei Außenanlagen kommt KG 594 in Betracht.

Instandsetzung (KG 495). Hierzu gehören als Maßnahme die Wiederherstellung des zum bestimmungsgemäßen Gebrauch jeweils dafür Erforderlichen.

Materialentsorgung (KG 496). Bis DIN 276/93 zählte diese Kostengruppe zu „Recycling, Zwischendeponierung und Entsorgung". Es gehört dazu die Entsorgung der Materialien und Stoffe, bei Abbruch und Demontage und Ausbau; Deponierungsmaterial.

Zusätzliche Maßnahmen (KG 497). Das sind Maßnahmen bei der Erstellung von technischen Anlagen, wie der Schutz von Personen, Sachen, Reinigen, Vorbereiten der Technischen Anlage für Erstgebrauch, Berücksichtigung der verbindlichen Vorschriften im Umweltbereich. Winterschutz, durch Abdeckungen und Wärmebehandlung und -bedarf; Schneeräumung.

Provisorische technische Anlagen (KG 498). Dazu gehören Kosten für die Erstellung und Beseitigung provisorischer technischer Anlagen sowie Anpassungen der technischen Anlagen bis zur Inbetriebnahme der endgültigen technischen Anlagen.

Sonstige Maßnahmen für Technische Anlagen, sonstiges (KG 499). Das sind ergänzende Maßnahmen, die in den allgemeinen Leistungsverzeichnissen im Rahmen der Vorhaltung der Technischen Anlagen und bei den ersten Testläufen erforderlich werden, insbesondere die Stellung von Mustern und Probeteilen.

3. Koordinierende Tätigkeiten des Planers/Überwachers im Zusammenhang mit anderen fachplanerischen Leistungen

54   In den Leistungsphasen des § 34 Abs. 3 und 4 i.V.m. Anhang 10.1 – Grundleistungen – werden jeweils die Koordinierung an der Planung fachlich Beteiligter aufgelistet (Lph 1, 1d); Lph 2, 2a); Lph 3, 3b); Lph 4, 4. a); Lph 5, c), Lph 6, 6b); Lph 7a); Lph 8, 8c) und k)). Damit besteht bei vertraglicher Vereinbarung dann eine Leistungspflicht des Auftrag-

nehmers die Fachplaner mit in seine Planung einzubeziehen. Für **koordinierende und integrierende Tätigkeiten des Objektplaners** bei den anrechenbaren Kosten ist das **nicht im Einzelnen** zu berücksichtigen, denn diese Leistungen sind **integraler Bestandteil der Grundleistungen.** Dies erfährt nur **Ausnahmen** bei bestimmten normierten Ausnahmen, so **bei § 8 Abs. 3 und § 9,** sowie bei **Kündigungssituationen** und **Einarbeitung eines neuen Planers** und auch bei **Stufenverträgen** und **Generalplanerverträgen** (Korbion, FS Jochem, 2014, Seite 174 ff.; Korbion, Generalplaner und Subplaner, S. 89 ff.); nicht aber gilt das für fachplanerische Leistungen. Beispielsweise wurde in den früheren Fassungen der HOAI aus § 10 Abs. 5 Nr. 6 HOAI 1996/2002 geregelt, dass die Kosten des Geräts, KG. 4 – und dazu gehörte die Beleuchtung nach DIN 276/04.1981 – dann zu den anrechenbaren Kosten gehört, wenn der Architekt dafür entsprechende „fachliche" Leistungen erbringt (Seifert, 8. Aufl., § 32, Rdn. 46). Seifert hatte in der 8. Auflage das folgende – hier angepasste – Beispiel gebildet: Ist der Objektplaner „bei der Objektplanung auch mit der Planung der Beleuchtung entsprechend befasst, können die Kosten aufgrund des Regelungsinhalts bei § 33 nicht einfach zu den voll anrechenbaren Kosten hinzuaddiert werden. Eine dahingehende vertragliche Regelung wäre zweifellos zulässig. Fehlt es aber daran, muss unterschieden werden, ob es sich dabei um **fachplanerische Grundleistungen** im Bereich der Technischen Ausrüstung handelt **oder** diesem planerische **Grundleistungen** bei der Beleuchtung übertragen werden, die grundsätzlich von fachplanerischen Leistungen abzugrenzen sind. In jedem Fall steht dem Architekten ein **Zusatzhonorar** über eine Anrechenbarkeit i. S. von Abs. 2 zu, wenn er **für die Beleuchtung** Leistungen erbringt, die **über integrierende und koordinierende Leistungen hinausgehen.** Wird der Architekt mit fachplanerischen Leistungen i. S. von Teil 4 Abschnitt 2 beauftragt, erhält er für die Beleuchtung ein Fachplanerhonorar nach diesen Vorschriften. In allen anderen Fällen der Planung, Ausschreibung oder Objektüberwachung steht ihm dafür ein gesondertes Honorar zu, **im Zweifel nach der üblichen Vergütung** (§ 632 Abs. 2 BGB), da die HOAI ein Honorar für Grundleistungen bei der Beleuchtung **nicht regelt".**

Zu Beachten ist in diesem Zusammenhang aber, dass auch zu den beschränkt anrechen- **55** baren Kosten i. S. von Abs. 2 die Kosten für **Übergangsmaßnahmen (z. B. Provisorien)** i. S. der Kostengruppe 250 gehören können, soweit es sich dabei um technische Anlagen handelt (Seifert, 8. Aufl., § 32, Rd. 47). Anderseits können Übergangsmaßnahmen nach KG 250 auch einem eigenständigen Objekt (§ 2 Abs. 1) zugeschlagen werden. Zu beachten ist auch hier, dass gem. § 11 Abs. 1 mit getrennten anrechenbaren Kosten abzurechnen ist (so Seifert, 8. Aufl., § 32, Rdn. 47).

Die Kosten der **baukonstruktiven Einbauten, KG. 370** gehören zu den voll anre- **56** chenbaren Kosten. Zu beachten ist, dass in der Fassung § 10 Abs. 4 Fassung 1996/2002 waren als Betriebliche Einbauten der Kostengruppe 3.4 nach DIN 276/04.1981 diese baukonstruktiven Einbauten zugeordnet worden waren (Seifert, 8. Aufl., § 32, Rdn. 48).

4. Weitere Voraussetzung: Keine fachliche Planung oder Überwachung durch den Auftragnehmer; auch Generalplaner

Soweit in der Vorauflage vertreten wurde (Seifert, § 32, Rdn. 49), dass Abs. 2 die **57** Grundlage für eine **Verminderung der anrechenbaren Kosten** in den genannten Kostengruppen sei, ist das schon ist nach dem Wortlaut der Vorschrift zunächst unrichtig und wird daher aufgegeben, denn ersichtlich handelt es sich um eine **zusätzliche Honorierung,** die den Honoraraufbau bei der Abrechnung entsprechen dem tatsächlichen Leistungsaufkommen ausgleichen soll. Voraussetzung zu den oben bereits besprochenen Voraussetzungen des Satzes 1 des Abs. 2 ist lediglich, dass der Auftragnehmer die betreffenden technischen Anlagen **fachlich nicht plant oder deren Ausführung fachlich auch nicht überwacht.** Allerdings ist die gewählte Formulierung weiterhin (auch in der Fassung 2013) missverständlich bzw. nicht umfassend verständlich gewählt. **Voraussetzung für die Anrechenbarkeit** der verschiedenen Kosten der Kostengruppe 400 ist nicht, dass der Objektplaner für die entsprechenden technischen Anlagen nichts zu leisten hat. Aufgrund der einschränkenden Formulierung, aber doppelten Wahl des Begriffs „*fachlich*" ergibt sich mittelbar, dass die Vorschrift letztlich für technische Anlagen anzuwenden ist, für die durch den Objektplaner Leistungen für eine **Integration** oder die **Koordinierung anderer fachplanerischen Leistungen** erbringt (so unter Verweis auf BGH, BauR 2004, 1963 = NZBau 2004, 680 noch Seifert, 8. Aufl., § 32, Rdn. 49), gleichwohl aber die vertragliche Verpflichtung hat den Objektbau zu planen bzw. den Einbau der von Fachplanern geplanten technischen Anlagen in dieses Objekt (Gebäude, Innenraum) zu überwachen (so schon BGH BauR 2004, 1963 = NZBau 2004, 680). Nicht unter die Regelung fällt die Situation (Seifert, 8. Aufl., § 32, Rdn. 49), dass vom Objektplaner bei einem Gebäude nur eine wetterfeste Hülle zu planen ist, in die dann der Auftraggeber später, nach der Herstellung der Baukonstruktion, die technischen Anlagen unterbringt (**es kommt maßgeblich aber hier auf die alleinige Funktionstauglichkeit des Gebäudes und der technischen Anlagen an: Ortsvermittlungsstelle** zu § 10 Abs. 5 Nr. 6 HOAI 1996/2002, BGH, Urteil v. 21.4.1994 – VII ZR 144/93; BauR 1994, 654; **dagegen Film- und Rundfunkanlagen,** OLG Stuttgart, Urt. v. 17.8.2006 – 26 U 20/05).

Damit ist **zunächst festzustellen, ob** die betreffenden Technischen Anlagen hinsichtlich der integrativen oder koordinierenden Leistungspflicht des Auftraggebers zum eigentlichen Vertragsgegenstand seines Vertrages gehören (BGH, Urteil v. 6.5.1999 – VII ZR 379/97; BauR 1999, 1045; BGH, Urteil v. 12.1.2006 – VII ZR 4/04; BauR 2006, 693; BGH, Urteil v. 11.12.2008 – VII ZR 235/06; BauR 2009, 521). **Andernfalls sind diese nach Abs. 2 nicht anrechenbar** (Seifert, 8. Aufl., § 32, Rdn. 49).

58   Für seine **Koordinierungstätigkeiten und die Einarbeitung (Integration) der Fachplanung** in sein Planungskonzept stehen dem Objektplaner und Innenraumplaner in seiner Eigenschaft als **Objektplaner grundsätzlich anrechenbaren Kosten nach Abs. 2 zu,** die auf Grund der Berechnungsvorschrift gegebenenfalls gemindert sein können (*siehe schon oben unter 3.*) (Seifert, 8. Aufl., § 32 Rdn. 50). Für darüber hinausgehende fachplanerische Leistungen, die dem Objektplaner im Rahmen eines Vertrages als **Generalplaner** übertragen sein können, erhält dieser **ein weiteres Honorar aus dem jeweiligen fachplanerischen Bereich** (Seifert, 8. Aufl., § 32 Rdn. 50 unter Hinweis auf OLG Saarbrücken, OLGR 2001, 73; Korbion, FS Jochem, S. 174 ff. zu Erhöhungen von 20 % auf die vertraglichen Grundleistungen). Ein **fachplanerisches Honorar** für Leistungen bei der Fachplanung für die Technische Ausrüstung **ist mit der Anrechnung der Kosten** aus technischen Anlagen im Rahmen der Objektplanung „Gebäude" und „Innenräume" also **noch nicht abgedeckt** (Seifert, 8. Aufl., § 32 Rdn. 50).

59   Die angesprochenen Grundzüge der Koordinierung und dessen Einfluss auf die Anrechenbarkeit von Kosten bei technischen Anlagen bei den Gebäuden bzw. bei Innenräumen dürfte mit der Neuformulierung des Verordnungstextes in der Fassung 2009 entschieden worden sein. In § **10** Abs. 4 Satz 2 Fassung 1996/2002 hieß es noch: „*Plant der Auftragnehmer die in Satz 1 genannten Gegenstände fachlich und/oder überwacht er fachlich deren Ausführung, so kann für diese Leistungen ein Honorar neben dem Honorar nach Satz 1 vereinbart werden*". Dies ist mit der HOAI 2009 entfallen. Das bedeutet, dass der VO-Geber klar die Schwierigkeiten bei der Abgrenzung dem vertraglichen Leistungssoll sah, also den Parteien es überlassen wollte, ob die anrechenbaren Kosten bei den Beauftragungen der technischen fachplanerischen Leistungen oder doch bei den Objekten der Gebäude bzw. bei den Innenräumen zu sehen ist. Damit liegt die gesonderte Berechnung über den Ansatz des § 11 Ans. 1 klar in der vertraglichen Gestaltung beim Leistungssoll des Auftragnehmers. Schon in § 10 Abs. 4 Satz 2 HOAI 1996/2002 war in Wahrheit auf die Möglichkeit einer entsprechenden Zusatzvereinbarung hingewiesen worden (Seifert, 8. Aufl., § 32 Rdn. 51). Wenn aber dem Planer erst noch die Möglichkeit der Zusatzvereinbarung nach der a. F. eingeräumt wurde, ist es dem Objektplaner, der daneben auch fachplanerische Leistungen erbringt, zuzugestehen, für diese beauftragten (Grund-)leistungen ein zusätzliches Honorar zu erhalten (siehe auch Seifert, 8. Aufl., § 32 Rdn. 51 unter Hinweis auf LG Saarbrücken OLGR 2001, 73).

Damit ist festzustellen, dass § 33 Abs. 2 dann ausscheidet, wenn der Auftragnehmer fachlich planend oder bauüberwachend tätig wird, denn dann handelt es sich um Leistungen aus dem Bereich Teil 4 Abschnitt 2 (TGA). **Anspruchsgrundlage** ist daher § 33 Abs. 2 für ein **zusätzliches** Honorar nicht (so auch Scholissek, HOAI, 2. Aufl., § 33 Rdn. 23). Es ist **Abrechnungsgrundlage.**

Generalplanerleistungen werden explizit in der HOAI nicht geregelt oder erwähnt, **60** sieht man einmal von den „mittelbaren" Begriffen des „Koordinierens" in Anlage 10.1 zu Ziffer 2.e), 3.b) oder 8.c) ab. Weiterhin wird man festzustellen haben, dass im Grundfall von dem **Generalplaner im Rahmen der Objektplanung „Gebäude" oder „Innenraumplanung" i. S. von Teil 3 keine fachlichen Leistungen also fachplanerischen Leistungen i. S. von Teil 4 zu erbringen sind** und es daher auch für die HOAI 2013 dabei bleibt, dass es nach § 33 Abs. 2 i. V. m. § 8 Abs. 3 auch dann einen Zuschlag zu den anrechenbaren Kosten für koordinierende und integrierende Leistungen nur gibt, wenn der Auftragnehmer entsprechende fachliche Leistungen in einem anderen Leistungsbild erbringt (für die HOAI 2009: Seifert, 8. Aufl., § 32 Rdn. 51), die Vereinbarung dazu aber (empfohlen) schriftlich vereinbart wurde (ebenso: Locher/Koeble/Frik, 12. Aufl., § 33 Rdn. 7; Korbion, Generalplaner und Subplaner, S. 35 ff.). Damit ergibt sich aber zunächst einmal unter Abweichung der Meinung in der Vorauflage (*Seifert*) an dieser Stelle, dass die Honorierung des Generalplaners nicht allein aus § 33 Abs. 2 folgt, denn das auch über die Anlage 10.1 schon nicht her. Die Honorierung der zusätzlichen und teilweise erheblich aufwendigen koordinierenden und/oder integrierenden Leistungen werden zunächst einmal daran festzumachen sein, welches „Mehr" an Leistung der Generalplaner tatsächlich gegenüber einem üblichen Architektenvertrag/-leistung zu erbringen hat. Nur um dieses „Mehr" an Leistung geht es bei der Frage des Ansatzes eines zusätzlichen entsprechenden Honorars, dass aber lediglich als nicht vertraglich und damit nicht schriftlich festzuhaltender Honoraranspruch aus der HOAI und damit nicht aus einem schriftlichen Vertrag (siehe zum empfohlen Fall oben) zu folgen hat. Korbion hat in FS Jochem, S. 85 ff. festgestellt, dass eine Erhöhung des Honorars des Generalplaners aus § 8 Abs. 2, 3 analog i. V. m. § 34 Abs. 2, Anlage 10.1 eben keines schriftlichen Vertrages bedarf, sondern automatisch für das „Mehr" an Leistung anfällt. Dabei allerdings basieren die Honorarmaßstäbe einerseits auf den Teilleistungshonorareinordnungen wie z. B. Simmendinger oder Siemon-Liste (§ 8 Abs. 2) und §§ 315, 316, 319. Nur für den Fall, dass tatsächlich der Generalplaner im Bereich der Objektplanung „Gebäude" und „Innenraumplanung" genau die gleiche Leistung, wie ein isoliert mit diesen Leistungsbildern beauftragter Architekt erbringen würde, ergibt sich kein honorarmäßiger Unterschied. Grundsätzlich ist gerade beim Generalplaner genauso wie beim Hauptplaner oder Architekten im ersten Schritt zu ermitteln, ob und wie vertraglich das Leistungssoll geregelt ist und welches Leistungsbild die geforderten Leistungen abzurechnen in der Lage ist bzw. vertraglich abzurechnen ist (Korbion, Generalplaner und Subplaner, S. 41 ff.). Generalplaner müssen grundsätzlich die verschiedenen Leistungsbilder in der HOAI anwenden, wenn sie mit verschiedenen Objekten betraut werden (§ 2 Abs. 1). Dabei ist § 11 Abs. 1 anzuwenden. Im nächsten Schritt ist dann zu klären, ob bei der Honorarermittlung jeweils Ausnahmen des § 11 Abs. 2 bis 4 zugrunde zu legen sind.

5. Die nach Abs. 2 nur beschränkt anrechenbare Kosten

Der VO-Geber hat in der amtlichen Begründung (BR-Drs. 334/13) klargestellt, dass bei **61** den Kosten der Technischen Anlagen im Sinne des § 33 Abs. 2 es sich um Kosten der Anlage der technischen Ausrüstung handelt (siehe Rdn 50). Im Bereich Gebäude werden die anrechenbaren Kosten auf Grundlage der DIN 276-1 : 2008-12 ermittelt, hier die Kostengruppe 400 „Bauwerk" – Technische Anlagen –. Damit ist zunächst der Umfang der anrechenbaren Kosten insgesamt eingegrenzt. Aber die Kosten aus diesen Bereichen werden gegebenenfalls nach der Berechnungsvorschrift des Abs. 2 **gekürzt, auch wenn dem Auftragnehmer auch Leistungen bei den betreffenden technischen Anlagen übertragen werden.** Zu einer Kürzung der Kosten aus der in Abs. 2 genannten Kostengruppe *„Technische Anlagen"* kommt es aber nur dann, wenn diese einen Anteil von 25 Prozent der **sonstigen anrechenbaren Kosten** überschreitet (auch LG Görlitz, Urt. v. 13.9.2013 – 1 O 355/12).

Der Abs. 2 bestimmt, dass der Anteil der anrechenbaren Kosten aus den anrechenbaren Kosten der technischen Anlagen zu berechnen ist:

1. *vollständig bis zu 25 Prozent der sonstigen anrechenbaren Kosten,*
2. *zur Hälfte mit dem 25 Prozent der sonstigen anrechenbaren Kosten übersteigenden Betrag.*

Die von **Abs. 2** erfasste Kostengruppe ist also grundsätzlich **voll** anrechenbar, wenn sie **nicht 25 Prozent** der **sonstigen anrechenbaren, außerhalb des Abs. 2 liegenden Kosten überschreitet** (Seifert, 8. Aufl., § 32 Rdn. 53). **D**ie vom VO-Geber gewählte sprachliche Wendung *„bis zu 25 Prozent"* in Verbindung mit der weiteren Wendung *„25 Prozent der sonstigen anrechenbaren Kosten übersteigenden Betrag"* bedeutet, dass **bis** zur Obergrenze von einschließlich 25 Prozent der sonstigen anrechenbaren Kosten gilt (Seifert, 8. Aufl., § 32 Rdn. 53).

62   Abs. 2 gibt wörtlich aber auch vor, dass wenn bei der Berechnung die **25-Prozent-Grenze überschritten** wird, die **zweistufige Ermittlung** der anrechenbaren Kosten aus den Kosten der technischen Anlagen vorgenommen werden muss. So werden in der **ersten Stufe** die anrechenbaren Kosten bis zu 25 Prozent der sonstigen anrechenbaren Kosten zu ermitteln. Diese Kosten sind **vollständig nach den oben genannten Kriterien unter Berücksichtigung des Abs. 1 (Rdn. 5 bis 35)** anrechenbar. In der **zweiten Stufe** dagegen ist festzustellen werden, welche Kosten aus den jeweils für das beauftragte Objekt und in Betracht kommenden Kostengruppen die Grenze von 25 Prozent der sonstigen anrechenbaren Kosten überschreitet. Hiervon darf dann nur noch **die Hälfte** der anrechenbaren Kosten berechnet bzw. angerechnet werden.

63   Zu den in Abs. 2 gemeinten **„sonstigen anrechenbaren Kosten"** sind auch diejenigen zu zählen, die zwar anrechenbar sind, aber auch **außerhalb** des Abs. 2 liegen (Seifert, 8. Aufl., § 32 Rdn. 55). Gemeint sind damit alle anrechenbaren Kosten **außerhalb der Kostengruppe 400** (Seifert, 8. Aufl., § 32 Rdn. 55). In Betracht kommen die anrechenbaren Kosten aus **Baukonstruktionen** nach **Abs. 1** und daher die **Kostengruppe 300** (Seifert, 8. Aufl., § 32 Rdn. 55).

Werden bei der Ermittlung der Kosten für den Planer zu Abs. 2 und damit zu den vorgenannten anrechenbaren Kosten der KG 400 und in Ausnahmefällen (siehe zuvor) auch KG 300 ortsübliche **Preise i. S. von § 4 Abs. 2 heranzuziehen bzw. zu ermitteln sein** (Seifert, 8. Aufl., § 32 Rdn. 55)**,** so sind diese eben nicht **als dort gemeinte Ersatzkosten** i. S. der Kostengruppe 400 zu verstehen. Vielmehr sind diese nach BKI oder Erfahrungswerten/Schätzungen des Planers zu ermitteln, falls keine weiteren Ermittlungsgrundlagen vorliegen. Kostenanteile i. S. von § 4 Abs. 2, die den technischen Anlagen insgesamt zuzurechnen sind, sind daher nach Abs. 2 notfalls zu mindern.

Soweit darüber hinaus auch Kosten nach den Ausnahmeregelungen von Abs. 3 anrechenbar sind (nicht anrechenbar sind die Kostengruppen 100, 200, 600), gehören auch diese zu den „sonstigen anrechenbaren Kosten" (Seifert, 8. Aufl., § 32 Rdn. 55).

Ergibt sich eine Beschränkung bzw. Regelung zu den *„sonstigen anrechenbaren Kosten"* aus dem **Vertrag, so sind diese Kostenanteile als „beschränkt" zu werten und damit einzubeziehen** (BGH BauR 2004, 1963 = NZBau 2004, 680; (Seifert, 8. Aufl., § 32 Rdn. 55).

64   Soweit es in Abs. 2 heißt, dass bis zu einem Prozentsatz von 25 Prozent der sonstigen anrechenbaren Kosten Berechnungsgrundlage sind, ist allerdings darauf hinzuweisen, dass damit nicht 25 Prozent der anrechenbaren Gesamtkosten gemeint sind. *Beispiel dazu in der Vorauflage* (Seifert, 8. Aufl., § 32 Rdn. 56):

Belaufen „sich die bei der Ermittlung der anrechenbaren Kosten zu berücksichtigenden Gesamtkosten z. B. auf 1 000 000 € und betragen davon die nach Abs. 2 maßgeblichen Kosten aus technischen Anlagen 250 000 €, so sind das zwar 25 Prozent der Gesamtkosten, aber 33¹/₃% der sonstigen anrechenbaren Kosten. Die sonstigen anrechenbaren Kosten betragen dann 750 000 €; somit kommt wegen des Betrages von 250 000 € − 750 000 × 0,25 = 62 500 € die Regelung des Abs. 2 zum Zuge. Die anrechenbaren Kosten sind bei diesem Beispiel demnach wie folgt zu ermitteln:

Sonstige anrechenbare Kosten KG   *750 000 €*
300:
Kosten der gemäß Abs. 2 genannten Kostengruppen, KG 250 000 €
400:
Nr. 1: Nr. 1: davon voll anrechenbar bis 25 %
*   der sonstigen anrechenbaren Kosten:*   *0,25 × 750 000 € = 187 000 €*
Nr. 2: Nr. 2: darüber hinaus zu Hälfte anrechenbar:
*   250 000 € − 187 500 € = 62 500 €*   *0,50 × 62 500 € =   31 250 €*

Gesamte anrechenbare Kosten: **968 750 €"**

Weiteres Beispiel:

Planung eines Altenheimes mit Baukonstruktionskosten von € 5.000.000. Das Altenheim soll eine Lüftungsanlage und eine Betriebsküche erhalten. Die Lüftungsanlage ist der KG 430 zuzuordnen und die Betriebsküche gehört zu KG 471 und nicht zu KG 371 – Einbauküchen als Baukonstruktive Bauteile. Die Betriebsküche ist darüber hinaus auch über TGA, §§ 53–56 i. V. m. Anlage 15.1 anzusetzen.

Sonstige anrechenbare Kosten KG 300   5 000 000
Kosten der Technischen Anlagen nach KG 400   1 900 000
anrechenbare Kosten 25 % aus KG 300   1 250 000
50 % des 25 % übersteigenden Betrages   325 000
(1 900 000 − 1 250 000 (= 650,000) ./. 2 = 325 000)

Gesamt anrechenbare Kosten für die Objektplanung Gebäude   6 575 000

IV. Nicht oder nur bedingt anrechenbare Kosten (Abs. 3)

1. Grundlagen

In der HOAI 2009 wurden **bedingt anrechenbare Kosten** nach **Abs. 3** definiert. **65** Nunmehr in der Fassung 2013 ist die Regelung noch klarer gefasst worden. Zu Recht meint Seifert in der Vorauflage (Seifert, 8. Aufl., § 32 Rdn. 57), dass „die Bedingungen für die Nichtanrechenbarkeit waren missverständlich formuliert (*„bei der Beschaffung mitwirkt oder ihre Ausführung oder ihren Einbau fachlich überwacht")"*. Die Vorschrift meint, dass „die benannten Kostenanteile nur dann nicht anrechenbar sind, wenn der Auftragnehmer sie **weder plant,** noch bei ihrer **Beschaffung mitwirkt,** noch ihre **Ausführung** oder ihren **Einbau überwacht.** Wie auch bereits bei § 10 Abs. 5 Fassung (Fassung 1996/2002) ergibt sich zudem aus dem Umkehrschluss, dass die entsprechenden Kosten **voll** anrechenbar sind, soweit der Objektplaner und Innenraumplaner für zumindest eine der genannten Kostengruppen Leistungen" vertraglich ausdrücklich „zu erbringen hat".

Planung, Mitwirkung und fachliche Überwachung müssen **nicht kumulierend** vorliegen. Die **Planung** bezieht sich auf den **Planungsbegriff** und keine reine Koordination. Die **Beschaffung** setzt eine gewisse Intensität voraus. Abs. 3 setzt aber gerade **nicht** die Mitwirkung voraus. **Für** die **Anrechenbarkeit** folgt daraus aber, dass die Beschaffung von Prospekten oder Informationen nicht ausreicht. Es muss ein auf den planerischen Vorgang bezogenes Handeln vorliegen. Zudem sind Markttransparenzen durchzuführen und die Darstellung von Vor- und Nachteilen bei der Beschaffung. Dazu zählen insbesondere Kostenanalyen und Beschaffungsnachweise. Über Abs. 3 wird also die Mehrleistung bei den Beschaffungen von Informationen und Nachweise für Vorrats-, Beschaffungs-, Transport-, Aufstell- oder Einbaunachweise, sowie einen Kosten-/Nutzenanalyse für den Auftraggeber dann entgeltet, **wenn diese Leistungen vorliegen bzw. erbracht werden.**

Der Begriff *„insbesondere"* ist allerdings in diesem Zusammenhang eher geeignet erneut **66** Unklarheit zu schaffen, denn was soll desweiteren oder daneben zu den dort genannten Ausnahmen zählen? Dazu meinte die amtl. Begründung der Fassung 2009 bereits, dass „die Regelung ist hier so auszulegen" sei, „dass hier die DIN 276, KG 100, 200, 600 und 700 einschlägig sein" sollen. Dieses wäre aber nur eine wörtliche Auslegung (ebenso wohl Locher/Koeble/Frik § 33 Rdn. 13). Da die **Kostengruppe 100,** Kosten des Grundstücks (Grundstückswert, Grundstücksnebenkosten und Freimachen) oder die **Kostengruppe 700,** Baunebenkosten (Kosten für Bauherrnaufgaben, Honorare, Finanzierungskosten usw.) grundsätzlich **nicht anrechenbar sein können, ist fraglich, was weiter gemeint ist** (Seifert, 8. Aufl., § 32 Rdn. 58). Dabei handelt es sich auch nicht um Bereiche der zwingenden Grundleistung. Die Kosten des Grundstücks oder die Baunebenkosten dienen weder der Gebäudeplanung noch der Planung von Innenräumen. „Wirkt der Auftragnehmer bei der Beschaffung des Grundstücks mit oder erbringt er Leistungen beim Freimachen i. S. der Kostengruppe 130 handelt es sich dabei ohnehin um **Besondere Leistungen,** für die dann auch nicht die anrechenbaren Kosten für die Berechnung von Grundleistungshonoraren erhöht werden können" (Seifert, 8. Aufl., § 32 Rdn. 58). Das wurde erneut vom Verordnungsgeber übersehen.

67   Warum der Verordnungsgeber weiterhin bei der **„nicht öffentlichen Erschließung"** nicht auf die Kostengruppe 230 Bezug nimmt *(„nichtöffentliche Erschließung"),* ist weiterhin nicht nachzuvollziehen. Verbal werden zwar, wie hier in § 33 Abs. 3, **Kostengruppen** benannt, aber es ist völlig unklar, ob es sich dabei um einen redaktionellen Fehler und damit Schreibfehler handelt oder die Abweichung absichtlich vorgenommen werden sollte (schon Seifert in der 8. Auflage zur Fassung 2009, § 32 Rdn. 50). Letzteres dürfte zutreffen, weil der VO-Geber nun schon zum zweiten Male dieses nicht änderte *(Fassung 2009 und 2013).* Anlagen auf dem Grundstück gehören allerdings nicht zur nichtöffentlichen Erschließung i. S. der DIN 276, sondern zu den Außenanlagen, Kostengruppe 500. Ob auch die Kosten der Kostengruppe 540 *(„Technische Anlagen in Außenanlagen")* zu den Kosten der „nichtöffentlichen Erschließung" i. S. von Abs. 3 gehören sollen, kann nur vermutet werden. Nach üblichem „Verständnis kann die Herstellung einer technischen Anlagen aber auch der Gebäudeplanung unmittelbar dienen, so dass diese Kosten dann i. S. von Abs. 3 zu den **bedingt anrechenbaren Kosten** gehören" (Seifert, 8. Aufl., § 32 Rdn. 59). „Abzugrenzen ist der Fall, in dem der Auftragnehmer **fachliche Leistungen für die öffentliche oder die nichtöffentliche Erschließung (KG 220 oder 230) erbringt"** (Seifert, 8. Aufl., § 32 Rdn. 59). **Dann** handelt es sich dabei regelmäßig um Leistungen für **Ingenieurbauwerke oder Verkehrsanlagen und fallen nicht unter Abs. 3.**

68   Auch die **„Außenanlagen"** der Kostengruppe 500, die in der Fassung der HOAI 2013 nun nicht mehr gleichgesetzt werden können mit den *„Freianlagen"* i. S. des § 39 Abs. 1 sind problematisch (so schon die Vorauflage: Seifert, 8. Aufl., § 32 Rdn. 60). „Wenn der Auftragnehmer keine „Freianlagenplanung" erbringt, ihm aber im Rahmen der Gebäudeplanung auch Planungsleistungen bei technischen Anlagen in den Außenanlagen (Kostengruppe 540) obliegen, müssen darauf bezogene Kosten i. S. von Abs. 3 dann zu den anrechenbaren Kosten gehören, wenn er dafür fachliche Leistungen erbringt" (Seifert, 8. Aufl., § 32 Rdn. 60).

Daher ist es durchaus zutreffend, wenn der Begriff *„insbesondere"* hier die Kostengruppe 540 im Rahmen der Gebäudeplanung bei den anrechenbaren Kosten meinen soll. Denn fachtechnische Leistungen für technische Anlagen in den Außenanlagen können auch die Anlagen der **technischen Ausrüstung für Freianlagen** sein.

69   Zeitlich befristete bauliche **Übergangsmaßnahmen (z. B. Provisorien, zeitweise bestimmungsgemäße Herstellung, Behelfsbauten und -brücken),** die zur Kostengruppe 250 gehören, sind dann zu den hier gemeinten anrechenbaren Kosten zu zählen, wenn sie der Gebäude- und Innenraumplanung als solcher dienen und es sich dabei um Kosten handelt, die nicht direkt zu den Baukonstruktionen, den technischen Anlagen, dem Herrichten, der nicht öffentlichen Erschließung oder Leistungen für Ausstattung und Kunstwerke gehören bzw. man diese dort fachlich zuordnen könnte.

Hinzukommt, dass es sich bei sogenannten Provisorien vielfach um eigenständige Objekte handelt, die zunächst für eine bestimmte oder unbestimmte Zeit statt des eigentlichen Objekts benutzt werden müssen, wie z. B. Behelfsbrücken, Fußgängerüberwegungen über Baugruben oder innerhalb von Gebäuden, wie Museen, Bahnhöfen oder Hallen, Straßenhilfskonstruktionen, sowie Konstruktionen innerhalb des Gebäudes, wie Ersatztreppen, für die dann die Honorare für die betreffenden Leistungen mit getrennten anrechenbaren Kosten abzurechnen sind (§ 11 Abs. 1).

Abzugrenzen sind von den zuvor genannten Leistungen in Abs. 3, aber daraus folgende **70** Leistungen, die dann zu § 33 Abs. 2 gehören und damit über DIN 276 **bedingt anrechenbar** sind. Das können die dort genannten KG 210 (Herrichten), die KG (230) nichtöffentliche Erschließung, die KG 540 (Technische Anlagen in Außenanlagen) und KG (600) Ausstattung und Kunstwerke sein, wenn der Auftragnehmer sie **eben doch** plant, bei der Beschaffung mitwirkt oder ihre Ausführung oder ihren Einbau fachlich überwacht. Das hängt dann vom Vertragsinhalt ab und kann sich während der Leistungserbringung auch ändern, § 10 Abs. 1, 2.

Nicht für eine Anrechenbarkeit **genügt eine nur koordinierende oder integrierende Tätigkeit** des Auftragnehmers (BGH BauR 2004, 1963 = NZBau 2004, 680). § 33 Abs. 3 beschränkt die Leistung darauf nicht bzw. beschreibt deutlich eine Leistungserbringung.

Folglich ist festzustellen, dass als **grundsätzlich nie anrechenbar** folgende Kosten- **71** gruppen gelten: KG 100 – Grundstück, KG 220 – Öffentliche Erschließung, KG 240 – Ausgleichsabgaben, KG 250 – Übergangsmaßnahmen, KG 500 – Außenanlagen, wobei KG 540 – „Technische Anlagen in Außenanlagen" – zu beachten ist (s. o.) und KG 700 – Baunebenkosten. Sie stehen im Allgemeinen nicht in einem Zusammenhang mit Grundleistungen bei der Gebäudeplanung oder bei der Innenraumplanung. Allerdings kann über vertragliche Regelung erreicht werden (z. B. Leistungen oder gesonderte vertragliche Risikoübernahme, wie beispielsweise die Mitübernahme der Öffentlichen Erschießung bei Verpflichtungen aus Bauträgerverträgen, die eine Gesamtleistung vorsehen und den Planer zu einer umfassenden Leistung für ein ganzes Baugebiet verpflichten), dass eben diese Leistungen doch zu anrechenbaren Kosten führen bzw. diese Kosten anzusetzen sind.

2. Zu berücksichtigende und nicht zu berücksichtigende Kosten (Abs. 3)

Auf der Grundlage dieser Ausführungen ist daher in jedem Einzelfall zunächst zu prüfen, **72** ob vor dem Hintergrund der Voraussetzungen des Absatz 3 – eben der **negativen** Tätigkeit *„weder"* – doch zunächst anrechenbare Kostenbereiche vorliegen (folgend im Anschluss an die 5. Auflage (Korbion) und die 8. Auflage (Seifert), im Übrigen wird auf die DIN 276-1 : 2008-12 inhaltlich verwiesen:

a) Kostengruppe 100 – die Kosten des Grundstücks

Diese sind **nicht anrechenbar.** Erbringt der Architekt Leistungen bei der Beschaffung **73** des Grundstücks handelt es sich dabei um eine **Besondere Leistung** (Seifert, 8. Aufl., § 32 Rdn. 64). **Diese ist vertraglich abzusichern.** Kosten des **Grundstückswertes** (KG. 110) betreffen sämtliche Kosten, die in Zusammenhang mit dem Erwerb des Grundstückes im eigentlichen Sinne stehen. Das sind neben dem **Kaufpreis** für den Erwerb des Grundstückes auch die **Grundstücksnebenkosten** (KG. 120). Dazu zählen die Notar- und Gerichtskosten, Grunderwerbssteuern, sonstige mit dem Grundstückserwerb zusammenhängende Gebühren, Provisionen an Makler, Wertgutachten und Untersuchungen des Grundstückes auf seine Bebaubarkeit, soweit davon der Erwerbsentschluss abhängt, Vermessungskosten die im Zusammenhang mit dem Erwerb des Grundstücks erforderlich werden usw. (Seifert, 8. Aufl., § 32 Rdn. 64). Der Begriff der Kosten des „**Freimachens"** (KG. 130) ist unklar. Dabei handelt es sich nicht etwa um Bodenbearbeitungen (hierzu KG 200), sondern um **Abfindungen und Entschädigungen** für Miet- und Pachtverträge, Ablösung dinglicher Rechte oder Belastungen, sonstige, an Dritte zu zahlende Vergütungen oder Entschädigungen, um den Erwerb zum Zwecke der Bebauung zu ermöglichen und diese durchzuführen. Die HOAI 1996/2002 hatte dies separat auch in § 10 Abs. 5 Nr. 11 vorgesehen. In Betracht kommen hier auch Ansprüche gegen den Auftraggeber durch Bauunternehmer nach § 6 Nr. 6 VOB/B und § 642 BGB wegen Bauzeitverzögerungen oder aus §§ 241 Abs. 2, 242, 311a BGB bei Verzögerungen des Grundstückserwerbs oder fehlerhafter und ggfs. aufgehobenen Vergabeentscheidungen im Zusammenhang mit Grundstückserwerben und -aufteilungen, sowie Umwidmungen aufgrund Verwaltungsrechtlicher Entschlüsse (Flächennutzungsplan, Bauleitplan, Bebauungsplanbeschluss, Veränderungssperre). Nach dem Sinn und dem Zweck der in § 33 Abs. 3 enthaltenen Ausnahmeregelungen, nämlich aus den anrechenbaren Kosten Teile auszuklammern, welche grundsätzlich weder zu planerischen noch zu überwachenden Leistungen des Auftragnehmers rechnen, ist es im Grunde selbstverständlich, auch Entschädigungen und/oder Schadensersatzleistungen nicht den anrechenbaren Kosten zuzurechnen. Sie können also **weder** erhöhend **noch** mindernd beachtet werden. Zu diesen Ersatzleistungen zählen die **Ersatzforderungen** nach § 642 BGB, § 6 Abs. 6 VOB/B, § 8 Abs. 3 VOB/B, §§ 280, 281 BGB – **Verzugs- und Verzögerungsschäden.** Erbringt der Auftragnehmer in dieser Hinsicht gleichwohl Leistungen kann es sich dabei um **Besondere Leistungen** handeln, für die dann das Honorar frei vereinbart werden kann (§ 3 Abs. 3) und im Zweifel die übliche Vergütung anzusetzen ist (§ 632 Abs. 2 BGB).

b) Kostengruppe 200 – Die Kosten für Herrichten und Erschließung

74   In der Kostengruppe 200 *„Herrichten und Erschließen"* sind Kosten enthalten, die einerseits bedingt und damit bei § 33 Abs. 2 und 3 anrechenbar sind und solche, die nicht anrechenbar sind.

Zum Begriff **„Herrichten"** (KG. 210) sind zunächst alle Leistungen zu zählen, die als **vorbereitende Maßnahmen** für die Baumaßnahme auf dem Grundstück durchzuführen sind. Das sind: Sicherungsmaßnahmen (KG. 211), also der Schutz von vorhandenen Bauwerken, Bauteilen, Versorgungsleitungen sowie Sichern von Bewuchs und Vegetationsschichten. Abbruchmaßnahmen (KG. 212) sind das Abbrechen und Beseitigen von vorhandenen Bauwerken, Ver- und Entsorgungsleistungen sowie Verkehrsanlagen. Zu den Abbruchmaßnahmen zählen die Kosten, die aufzuwenden sind, um das Grundstück in eine Beschaffenheit zu versetzen, um eine **ordnungsgemäße Bauausführung zu ermöglichen,** also insbesondere den Zustand des Baugrundes und Bodens im Allgemeinen zu belasten oder zu bearbeiten. Bei Eingriffen in die vorhandene Bausubstanz, wie bei Umbauten und Modernisierungen oder auch Instandhaltungen und Instandsetzungen sind die Kosten von Teilabbruch-, Instandsetzungs-, Sicherungs- und Demontagearbeiten zu den anrechenbaren Kosten des Bauwerks zu zählen. Zum Herrichten gehört auch die KG 213 – Altlastenbeseitigung, also die Beseitigung der Kampfmittel und andere gefährliche Stoffe, sowie die Sanierung der belasteten und kontaminierter Böden. Diese Leistungen sind im Rahmen der vertraglichen Regelung der Risiken des Baugrundes immer dem Auftraggeber bzw. dem Bauherrn obliegen (Englert/Grauvogl/Mauer, Handbuch des Baugrund- und Tiefbaurechts, S. 471 ff.). Das Herrichten der Geländeoberfläche – KG 214 zählt zunächst nur bedingt hierzu. Denn gemeint ist das Roden von Bewuchs zur beabsichtigten Bebauung, Planieren, Bodenbewegungen, einschließlich der Oberbodensicherung, also lediglich der Sicherung gegen Abschwemmen oder Abrutschen bei Hängen oder Ufern. Hier allerdings ist scharf zu unterscheiden zu den Arbeiten, die KG 500 im Rahmen der Außenanlagengenarbeiten und damit im Zweifel immer im Rahmen der Freianlagenplanung nach §§ 38 ff. dort Berücksichtigung finden müssen (zur Abgrenzung siehe Komm. dort vor § 38). Zu der KG 219 – Herrichten, sonstige können auch diesbezügliche Baustelleneinrichtungen und Versorgungsanschlüsse zählen, soweit sie ausschließlich der KG 200 zuzuordnen sind und dienen.

75   Bei den **Umbau- und Modernisierungsmaßnahmen** gehören die Leistungen zu den in Abs. 2 und 3 zu berücksichtigenden Kosten, die im Rahmen der Kostengruppe 300 für rückgebaute Baukonstruktionen zählen. Diese sind damit voll anrechenbar i.S. von Abs. 1 oder Kostengruppe 400 für rückgebaute technische Anlagen und damit auch beschränkt anrechenbar i.S. von Abs. 2. Nicht zu den anrechenbaren Kosten zählen Leistungen, die vom Objektplaner **weder geplant noch überwacht** werden, also entweder keine planerische oder überwachende Tätigkeit oder beides eben nicht. Sobald er also dennoch eine Planung oder Überwachung im Rahmen der Ausnahmeregelung des Abs. 2 oder 3 übernimmt, greift die Ausschlussregelung **nicht** ein. Hat der Planer einzelne der genannten

Leistungen, und zwar im Wesentlichen ausgerichtet nach ihrer Notwendigkeit im Einzelfall, zwar nicht plant (wie z.B. Abbrucharbeiten), aber im Rahmen der Ausführungen überwacht, handelt es sich aber **entsprechend dem jeweiligen ausgeführten Umfang** um hier anrechenbare Kosten. **Koordinieren reicht nicht aus** (BGH, BauR 2004, 1963 = NZBau, 2004, 680), da der VO-Text diese Einschränkung der Leistung z.B. unter Berücksichtigung der Leistungen aus den Anlage 10.1 nicht vorsieht.

Zu den bedingt anrechenbaren Kosten zählen **Abbruchmaßnahmen, im Zusammenhang mit** Leistungen für den Neubau, den Wiederaufbau, für Erweiterungsbauten, Umbauten, Modernisierung, Instandhaltungen und Instandsetzungen von **Objekten** i.S. von § 2 Nr. 1 HOAI.   **76**

Werden aber im Rahmen der **Abbruchmaßnahmen isoliert Leistungen** notwendig, die keine Grundleistungen sind, sind diese **vom zwingenden Preisrecht der HOAI nicht erfasst.** Es handelt sich im Zweifel im Besondere Leistungen oder ergänzende, zu den Grundleistungen hinzutretende Leistungen. In diesen Fällen ist Vergütung nicht nach der HOAI zu berechnen, sondern nach Vergütungsvereinbarung festzulegen oder nach der üblichen Vergütung, § 632 Abs. 2 BGB (so auch Locher/Koeble/Frik § 33 Rdn. 15). Das hängt auch damit zusammen, dass in Anlage 10.2 und 10.3 das Abbruchobjekt nicht aufgenommen wurde, obwohl Leistungen der Bauerrichtung auch auf den Abbruch bezogen werden können, wie Planungen, Ausschreibung oder Bauüberwachung. Auch die Einordnung in eine Honorarzone als solches bereitet unter Berücksichtigung der Einordnung in § 35 Abs. 2 und 3 erhebliche Probleme, weil diese dort nicht aufgeführt sind. Bei **isoliert** beauftragten Leistungen kann bzw. muss daher eine freie Vergütungsvereinbarung getroffen werden (Seifert, 8. Aufl., § 32 Rdn. 67 unter Bezug auf Locher/Koeble/Frik, HOAI 2009, 11. Aufl., § 32, Rdn. 15). Wird eine Vereinbarung nicht getroffen, ist unter Rückgriff auf die gesetzliche Regelung nach § 632 Abs. 2 BGB die übliche Vergütung geschuldet.

Eine Besondere Leistung kommt allerdings ebenfalls – allerdings mit den gleichen Honorargrundlagen – in Betracht, wenn die Leistung für den Abbruch in **keinen unmittelbaren und zeitlichen Zusammenhang** mit der **späteren Bebauung** des so vorbereiteten Grundstückes steht.

Bei **mehreren Objekten** – insbesondere mehrere Gebäude i.S. von § 11 Abs. 1 Satz 1 – ist zu unterscheiden. Unproblematisch ist der Fall, wenn das Herrichten direkt im Planungsbereich einzelner Gebäude liegt. Wenn aber diese Maßnahmen flächenübergreifend das gesamte Grundstück oder mindestens Grundstücksteile betrifft, also ein Herrichten eines größeren Bauareals für mehrere Objekte, die bei der neuen Planung zu mehreren Objekten gehören, bleibt nur die Möglichkeit der flächenmäßigen Aufteilung der maßgeblichen Kosten. Hier ist also die Aufteilung nach Objekten vorzunehmen. Fallen dann in unterschiedlichen Bereichen des – größeren – Grundstücks (welches dann nicht mehreren Objekten beplant wird) unterschiedlich hohe Kosten an, kann im Einzelfall aber auch eine Gewichtung der Kosten notwendig werden. **Fachliche Leistungen** können **Leistungen für ein anderes Objekt** sein (z.B. Gebäude, Freianlagen usw.), die dann bei einem Anwendungsfall von § 11 Abs. 1 mit getrennten anrechenbaren Kosten abzurechnen sind (Seifert, 8. Aufl., § 32 Rdn. 74).   **77**

Grundsätzlich nicht anrechenbar ist die **öffentliche Erschließung** (KG 220). Diese dazugehörenden Kostenpositionen sind nicht zu berücksichtigen, weil sie meist schon vertraglich oder aufgrund anderer Vorschriften des Verwaltungs- oder Kommunalrechts in aller Regel **nicht vom Auftragnehmer,** sondern von dritter Seite, wie z.B. dem Träger der öffentlichen Versorgung oder Entsorgung, erbracht werden, weil sie aus den vorgenannten Gründen bereits dort verpflichtet zu übernehmen sind und Planungs- und Bauüberwachungsleistung im Verhältnis dieser Träger der öffentlichen Versorgung und eines ggfs. eingeschalteten Auftragnehmers zu übernehmen sind. Werden dort oder auch in dem Fall der Beauftragung des Bauherrn/Auftraggeber an den Auftragnehmer vergebener Leistungen vom Auftragnehmer im hier interessierenden Fall **fachliche Leistungen bei der öffentlichen Erschließung** erbracht, kann es sich dabei um Leistungen bei **Ingenieurbauwerken und Verkehrsanlagen** (Seifert, 8. Aufl., § 32 Rdn. 70). Das kommt üblicherweise vor bei fachlichen Planungs- oder Überwachungsleistungen bei der öffentlichen Wasserver-   **78** sorgung (§ 41 Nr. 1) oder bei der Abwasserentsorgung (§ 41 Nr. 2) (Seifert, 8. Aufl., § 32 Rdn. 70). Dagegen werden Straßenbaumaßnahmen von § 45 Nr. 1 als Verkehrsanlagen erfasst (Seifert, 8. Aufl., § 32 Rdn. 70).

79   **Ausgleichsabgaben.** Zur **Kostengruppe 220 (KG 220 bis 229)** zählen auch die anteiligen Kosten aufgrund gesetzlicher Vorschriften wie „**Erschließungsbeiträge und Anliegerbeiträge und Kosten aufgrund öffentlich-rechtlicher Verträge für die Beschaffung oder den Erwerb der Erschließungsflächen gegen Entgelt durch den Träger der öffentlichen Erschließung,** ferner für die **Herstellung oder Änderung gemeinschaftlich genutzter technischer Anlagen,** z. B. zur Ableitung von Abwasser sowie zur Versorgung mit Wasser, Wärme, Gas, Strom und Telekommunikation sowie die **erstmalige** Herstellung oder den Ausbau der öffentlichen Verkehrsflächen, der Grünflächen und sonstiger Freiflächen für öffentliche Nutzung, mithin also insbesondere **Kostenzuschüsse und Anschlusskosten** für die Abwasserentsorgung, die Wasserversorgung, die Gasversorgung, die Fernwärmeversorgung, die Stromversorgung, die Telekommunikation, die Verkehrserschließung und die Abfallentsorgung" (Seifert, 8. Aufl., § 32 Rdn. 69). „In dieser Hinsicht sind alle weiteren, im Einzelfall erforderlichen Maßnahmen hier einzubeziehen, welche dazu dienen, die **Benutzung** des bebauten Grundstückes bestimmungsgemäß und seinem Zweck entsprechend **zu ermöglichen,** vornehmlich durch Anschluss an das bereitstehende Versorgungs- oder Entsorgungsnetz" (Seifert, 8. Aufl., § 32 Rdn. 69).

80   Wenn, wie bei der Elektro- oder die fernmeldetechnische Erschließung, fachplanerische Grundleistungen bei der öffentlichen Erschließung der KG 220 auch **außerhalb** des Anwendungsbereichs **der HOAI liegen,** kann neben der **üblichen Vergütungsvereinbarung** dafür die **übliche Vergütung** im Sinne von § 632 Abs. 2 BGB verlangt werden, der als Pauschalsatz oder Zeithonorar vereinbart werden kann und insoweit als Besondere Leistung zu behandeln ist.

Werden lediglich **Koordinierungs- und Abstimmungsleistungen mit dem Versorgungsunternehmen** erbracht, die als Grundlage für die Vertragserfüllung bei den Architektenleistungen erforderlich sind, handelt es sich dabei im Sinne von § 3 Abs. 3 um **Besondere Leistungen,** auch honorarrechtlich im Sinne der Besonderen Leistung **frei** zu vereinbaren sind (so auch Seifert in der Vorauflage).

81   Bedingt anrechenbar sind im Allgemeinen Kosten der „**nicht öffentlichen Erschließung".** Die **Nichtöffentlichen Erschließung (KG 230)** sind im Prinzip die gleichen Leistungen wie bei der öffentlichen Erschließung (KG 220), allerdings mit dem Unterschied, dass es sich dabei um Verkehrsflächen und technische Anlagen handelt, die ohne öffentlich-rechtliche Verpflichtung oder Beauftragung mit dem Ziel der späteren Übertragung in den Gebrauch der Allgemeinheit oder Anlieger hergestellt und ergänzt werden. Kosten von Anlagen auf dem eigenen Grundstück gehören zur KG 500. Das betrifft z. B. die technischen Anlagen in den Außenanlagen, KG 540, und sind im Rahmen der Freianlagenplanung anzurechnen. Die DIN 276 gibt hier allerdings auch vor, dass, soweit erforderlich. die KG 230 entsprechend der KG 230 untergliedert werden kann, was der Übersicht der Aufgabenstellungen dient.

82   Schlussendlich werden daher **fachliche Leistungen für die nichtöffentliche Erschließung** bei Gebäuden und raumbildende Ausbauten anrechenbar sein. Allerdings betrifft das nur die Fälle, in denen sich der Vertragsgegenstand auf einen Zusammenhang der nichtöffentlichen Erschließung mit dem Objektbau bezieht, also in einem Sinnzusammenhang steht. Von selbst erschließt sich das nicht, weswegen die Gesamtschau der Beauftragung betrachtet werden muss. Im Übrigen handelt es sich dabei allerdings **regelmäßig** um **Leistungen für Ingenieurbauwerke oder Verkehrsanlagen** insofern gelten die Ausführungen für die öffentliche Erschließung auch für die nicht öffentliche Erschließung sinngemäß.

83   **Ausgleichsabgaben (KG 240)** sind Kosten, die aufgrund rechtlicher Bestimmungen aus Anlass des geplanten Bauvorhabens einmalig und zusätzlich zu den Erschließungsbeiträgen entstehen. „Hierzu gehört insbesondere das Ablösen von Verpflichtungen aus öffentlich-rechtlichen Vorschriften, z. B. Stellplätze, Baumbestand" (Seifert, 8. Aufl., § 32 Rdn. 73). Auch diese Kosten gehören grundsätzlich nicht zu den anrechenbaren Kosten.

„Erbringt der Auftragnehmer gleichwohl dafür Leistungen, handelt es sich dabei um **Besondere Leistungen** i.S. von § 3 Abs. 3, so dass dafür die Honorare frei vereinbart werden können. Im Zweifel gilt die übliche Vergütung, § 632 Abs. 2 BGB" (Seifert, 8. Aufl., § 32 Rdn. 73).

Übergangsmaßnahmen (KG 250) sind nach der DIN 276 **Provisorien** (KG 251). 84
Dazu zählen Kosten der Erstellung, Anpassung oder Umlegung von Bauwerken und Außenanlagen als provisorische Maßnahme der endgültigen Bauwerke und Außenanlagen einschließlich dem Wiederentfernen der Provisorien soweit nicht in den Kostengruppen 398, 498 und 598 erfasst (Seifert, 8. Aufl., § 32 Rdn. 74).

Desweiteren zählen dazu die **Auslagerungen** (KG 252), also Kosten für die Auslagerung von Nutzungen während der Bauzeit, also im Wesentlichen die Umzugs-, Miet- und Vorhaltekosten.

c) Kostengruppe 500 – Die Kosten für Außenanlagen

Außenanlagen i. S. der Kostengruppe 500 sind, soweit sie nicht über die Freianlagen- 85
planung in §§ 38ff ff. geregelt sind nicht Gegenstand der Anrechnungsvorschrift des § 33 Abs. 1, 2, 3. Denn die Kosten für die Bearbeitung von Geländeflächen (KG. 510), befestigte Flächen (KG. 520), Baukonstruktionen in Außenanlagen (KG. 530), technische Anlagen in Außenanlagen (KG. 540), Einbauten in Außenanlagen (KG. 550), Wasserflächen (KG. 560), Pflanz- und Saatflächen (KG. 570) und sonstigen Außenanlagen (KG. 590 – analog zu KG. 390) sind elementare Abrechnungskostengruppen bei der Freianlagenplanung. Diese Kosten sind bei Gebäuden und raumbildenden Ausbauten regelmäßig nicht anrechenbar.

Allerdings ist die Abgrenzung am Begriff der VO festzumachen, denn gemeint ist die Planungs- und Überwachungsleistung **bei** Freianlagen und **bei** Objekten und Innenräumen. Zur Unterscheidung der Begriffe „Außenanlagen" und „Freianlagen": vgl. § 38 Rdn. 4–8.

Werden (Grund-)Leistungen **bei** Gebäuden- oder Innenraumplanungen auch **fachliche** 86
Leistungen bei den Außenanlagen der Kostengruppe 500 erbracht, muss jeweils geprüft werden, um welche Leistungen es sich dabei handelt. „Denn neben Leistungen bei **Freianlagen** kommen bezüglich der als **Außenanlagen** i.S. der Kostengruppe 500 geregelten Leistungen (Abgrenzung siehe § 38 Rdn. 4 bis 8) auch Leistungen bei **Ingenieurbauwerken** (z.B. für Schutzkonstruktionen der KG. 532, Mauern und Wände der KG. 533, Brücken und Stege der KG. 536, Wasserbauliche Anlagen der KG. 538) und bei **Verkehrsanlagen** (z.B. für Befestigte Flächen der KG. 520), **ausnahmsweise auch andere Gebäude** (z.B. für Überdachungen der KG. 535, die aufgrund von § 11 Abs. 1 dann getrennt abzurechnen sind) und schließlich **Anlagen der Technischen Ausrüstung** (z.B. für Technische Anlagen in Außenanlagen der KG. 540) in Betracht" (Seifert, 8. Aufl., § 32 Rdn. 76).

Streng zu beachten ist im Zusammenhang mit der Objektplanung nach §§ 32ff. die **Sonderregelungen nach § 37 Abs. 1.** Demnach kommt eine gesonderte Honorarabrechnung für Freianlagen bzw. Gebäude nicht in Betracht, wenn die anrechenbaren Kosten den Betrag von 7500 € **unterschreiten** (so auch Seifert in der Vorauflage).

d) Kostengruppe 600 – Die Kosten für Ausstattung und Kunstwerke

Die Kostengruppe 600 beinhaltet die Kosten für alle beweglichen oder ohne besondere 87
Maßnahmen zu befestigenden Sachen, die zur Ingebrauchnahme, zur allgeimnen Benutzung oder zur künstlerischen Gestaltung des Bauwerks und der Außenanlagen erforderlich sind oder diesen dienen. Dabei sind die Leistungen zu den Kostengruppen 370 – baukonstruktive Einbauten – und 470 – Nutzungsspezifische Anlagen – abzugrenzen.

Die **Ausstattung** (KG 610) bezeichnet zunächst die **„allgemeinen Ausstattung"** (KG 611), wozu Möbel und Geräte, z.B. Sitz- und Liegemöbel, Schränke, Regale, Tische; Textilien, z.B. Vorhänge, Wandbehänge, lose Teppiche, Wäsche; Hauswirtschafts-, Garten- und Reinigungsgeräte gehören. Zur **„besonderen Ausstattung"** (KG 612) gehören Ausstattungsgegenstände, die der besonderen Zweckbestimmung eines Objekts dienen wie z.B. wissenschaftliche, medizinische, technische Geräte. Weitere Unterteilungen sind hinsichtlich dieser „Sachen" nicht vorgesehen. Daher werden alle diesen Kostengruppen nicht zugehörenden Ausstattungen dem Bereich der „Ausstattung, sonstiges" (KG 619) zugeordnet. Dazu gehören Schilder, Wegweiser, Orientierungstafeln, Werbeanlagen (zu KG 610). Es gehören auch Kosten für alle **beweglichen oder ohne besondere Maßnahmen zu befestigenden Sachen,** die zur Ingebrauchnahme, zur allgemeinen Benutzung oder zur künstlerischen Gestaltung des Bauwerks und der Außenanlagen erforderlich sind dazu.

Hier ist wichtig, dass für die Abgrenzung gegenüber der Kostengruppe 370 (Baukonstruktive Einbauten) maßgebend ist, dass die hier gemeinte Ausstattung, anders als die baukonstruktive Einbauten, keine besonderen technischen und bauplanerischen Maßnahmen erforderlich machen, wie z. B. das Anfertigen von Werkplänen, statischen und anderen Berechnungen, Anschließen von Installationen (so auch Seifert in der Vorauflage). Denn unzweifelhaft meint KG 611 und 612 nicht in unmittelbarem Zusammenhang und Zweck einzubauende Gegenstände, die nicht der Bewirtschaftung oder der Funktion des Objekts als solchen dienen. Das gilt auch und insbesondere für die KG 470 (Baukonstruktive Anlagen).

Gerade bei letzterer Anlage kann allerdings dann ein Zweifel aufkommen, wenn die Ausstattung zugleich den Zweck der baukonstruktiven Anlage erfüllt, wie z. B. der Brunnen im Innenbereich, der zugleich zur Kühlwassergewinnung dient, oder das Kühlelement in einer Trockenbauwand, die zugleich der Kühlung des Raumes dient. Dort handelt es sich nicht um die KG 610, sondern die KG 370 und 470.

Die Kosten für diese Gegenstände (KG 610, 611, 612, 619) zählen dann **nicht** zu den anrechenbaren Kosten, wenn der Auftragnehmer diese **weder plant noch** ihre Ausführung oder ihren – einfachen – Einbau oder die Aufstellung **beaufsichtigt** (§ 33 Abs. 3). **Ist das dennoch der Fall,** so werden die Summen den anrechenbaren Kosten **zugeschlagen** (§ 33 Abs. 2, 3).

88   Streitig ist, ob für die Anrechenbarkeit der Kosten der Ausstattung **es ausreicht,** wenn der Auftragnehmer – z. B. bewegliche Möbel – in seine Vorentwurfs-, Entwurfs- oder Ausführungspläne **lediglich einzeichnet.** Das ist im Regelfall eben nicht der Fall. Dort geht es üblicherweise um den Nachweis der Funktionsfähigkeit oder Nutzbarkeit der Räume gegenüber dem Auftraggeber oder Dritten. Vielfach werden diese als Grundlage für kopierte Verkaufspläne zu benutzt. Daraus resultiert kein Anspruch.

Bei Verkaufsplänen kann vertraglich eine besondere Leistung erbracht sein, wenn diese vereinbart ist und ggfs. über übliche Honorare nach § 632 Abs. 2 BGB vereinbart sind. Die Leistung ist also gesondert zu vereinbaren und zu berechnen. Bei einem Anspruch „hat der Auftragnehmer eine entsprechende **Auftragserteilung beweisen.** Ansonsten muss sich der Architekt auch **im Rahmen seiner Grundleistungen** mit den Vorstellungen des Bauherrn zur **losen** Möblierung befassen, wenn er das Raumprogramm zeichnerisch umsetzt. Dabei geht es z. B. um die Frage, ob der geplante Raum auch für die vorgesehene Nutzung und Möblierung geeignet ist. Dies gilt auch, wenn für die Räumlichkeiten eine individuelle Möblierung vorgesehen bzw. erforderlich ist" (Seifert, 8. Aufl., § 32 Rdn. 78 unter Bezug auf OLG Schleswig, Urteil vom 18.4.2006 – 3 U 14/05; BauR 2007, 139).

Seifert, 8. Aufl., § 32 Rdn. 74 stellte nochmals heraus: „Eine honorarpflichtige Planung setzt vielmehr voraus, dass sich der Auftragnehmer **mit der eigens vorzusehenden Einrichtung auseinandersetzt** und die Planung dann erst **zu einer Auswahl von bestimmter Ausstattung** führt. Eine solche Auseinandersetzung kann allerdings auch schon in den Leistungsphasen 1 bis 3 zum Vertragsgegenstand gehören. Auch dann gehören die Kosten von Ausstattung zu den anrechenbaren Kosten, wenn der Auftragnehmer im Auftrag des Auftraggebers diese Gegenstände z. B. aus einem Katalog ausgewählt oder diese bei der Leistungsbeschreibung berücksichtigt" (ähnlich auch Locher/Koeble/Frik, § 33, Rdn. 17). Dies kann auch gelten, wenn diese Gegenstände vom oder für den Bauherrn in Empfang genommen wurden, um diese dann bei den Planungen zu berücksichtigen (z. B. bei einem Umbau den Einbauschrank, der an eine andere Stelle versetzt werden soll).

Nicht zu verwechseln ist das hier Besprochene mit dem Fall, dass der Auftragnehmer Einrichtungsgegenstände entwirft und ausarbeitet und diese bis zur Ausführungsreife durchplant. § 33 Abs. 3 umfasst **nicht** die individuelle Planung beispielsweise von Stühlen oder Tischen. **Möbeldesign oder Möbelplanung sind von der HOAI nicht erfasst. Daher werden Küchenplanungen eben nicht über die HOAI abgerechnet, wenn es sich um individuelle Planungen der Einrichtungsgegenstände als solche handelt; anders bei Maß- und Standardküchen, die unter § 33 Abs. 2, 3 fallen.**

Kostengruppe 620 – **Kunstwerke** sind üblicherweise **nicht wesentlicher Bestandteile** 89 des Grundstückes oder des Bauwerks, wenn sie nicht Teile der Baukonstruktion selbst sind, wie Kühlbrunnen oder Kühlwände als Teile der technischen Anlagen, § 93 BGB. Ein **wesentlicher Bestandteil** ist ein Kunstwerk dann, wenn es so **untrennbar mit dem Bauobjekt verbunden** ist, dass es nicht ohne ins Gewicht fallende Beschädigung des Objekts wieder entfernt werden kann (vgl. z. B. Palandt/Ellenberger § 94 Rdn. 1, 5; Beispiel: ein in den Fußboden eingelassenes Mosaik; besagte Kühlaggregate). Dann ist ein solches Kunstwerk aber nicht mehr in die Kostengruppe 620 einzuordnen, sondern Bestandteil des Bauwerks und dann der Kostengruppe 300 zuzuordnen (vgl. dazu KG 621 – „Ausstattung des Bauwerkes").

Die Kostengruppe 620 unterteilt in **„Kunstobjekte"** (KG 621), wozu Kunstwerke zur 90 künstlerischen Ausstattung des Bauwerks und der Außenanlagen einschließlich Tragkonstruktionen, z. B. Skulpturen, Objekte, Gemälde, Möbel, Antiquitäten, Altäre, Taufbecken gehören sowie **„Künstlerisch gestaltete Bauteile des Bauwerks"** (KG 622), wozu z. B. Kosten für die künstlerische Gestaltung, z. B. Malereien, Reliefs, Mosaiken, Glas-, Schmiede-, Steinmetzarbeiten gehören. Zudem ist zu beachten, dass künstlerisch gestaltete Bauteile der Außenanlagen (KG 623) für die Freianlagenplanung hinzukommen können und ggfs. abzugrenzen sind. Es gehören hierzu die Kosten für die künstlerische Gestaltung bei Malereien, Reliefs, Mosaiken, Glas-, Schmiede- und Steinmetzarbeiten. Diese spielen allerdings bei § 33 Abs. 3 keine Rolle. Bei KG 629 – Kunstwerke, sonstiges – spielen zum Beispiel Aufhängungen, Sockel, Mauervorsprünge eine Rolle.

Ein **Kunstwerk** ist eine **eigenpersönliche geistige Schöpfung,** die mit Darlegungs- 91 mitteln der Kunst durch formgebende Tätigkeiten hervorgebracht worden ist und deren ästhetischer Gehalt einen solchen Grad erreicht hat, dass nach den im Leben herrschenden Anschauungen von Kunst gesprochen werden kann, und zwar ohne Rücksicht auf den höheren oder geringeren Kunstwert und ohne Rücksicht darauf, ob das Werk neben dem ästhetischen noch einem praktischen Zweck dient (BGHZ 35, 24 = NJW 1957, 1108). Daher sind an Definition und Begriff des Kunstwerkes nach allgemeiner Auffassung **keine allzu hohen Anforderungen zu stellen.** Letztlich wird davon allgemein ausgegangen, dass das, was Kunst ist oder darstellen soll, nach den üblichen und herrschenden Anschauungen und der Durchschnittsmeinung der für Kunst Interessierten – jedoch nicht Sachkundigen bzw. Sachverständigen – verstanden und akzeptiert werden muss.

Die anfallenden Kosten für Kunstwerke sind dann zu den anrechenbaren Kosten zu zäh- 92 len, wenn, wie sich aus dem Umkehrschluss von § 33 Abs. 3 ergibt, der Auftragnehmer diese **„plant, bei der Beschaffung mitwirkt oder ihre Ausführung oder ihren Einbau fachlich überwacht".** Mit dem Honorar für Grundleistungen bei Gebäuden oder raumbildende Ausbauten wird allerdings **kein** Honorar des Künstlers als Auftragnehmer abgegolten sein, wenn ein Architekt ein Kunstwerk „plant". Daher kann es als Voraussetzung für die Anrechenbarkeit der betreffenden Kosten nicht darauf ankommen können, dass der Auftragnehmer ein Kunstwerk auch „plant". Wie mit Seifert (Seifert, 8. Aufl., § 32 Rdn. 82) ist davon auszugehen, dass in diesem Fall eher ein „einplanen" verstanden werden muss. Dies gilt auch für die Überwachung der „Ausführung". Dabei kann es nicht darum gehen, dass der Auftragnehmer im Atelier des Künstlers die Herstellung eines Kunstwerkes überwacht. Bei geht es eher darum, dass der Auftragnehmer die räumliche Lage und Position für die Anordnung eines Kunstobjekts festlegt und die Anlieferung und Aufstellung überwacht (Seifert, 8. Aufl., § 32 Rdn. 82).

Das sog. „Künstlerhonorar" wiederum gehört im Grunde zu den **Baunebenkos-** 93 **ten** der Kostengruppe 750. Seifert, 8. Aufl., § 32 Rdn. 82 meint dazu zutreffend: „Allerdings sind Kosten für Kunstwerke und die dafür zu entrichtenden Honorare regelmäßig als Einheit zu sehen. Kosten für Kunstwerke können im Allgemeinen aus Honoraren für Künstler, Materialkosten und ggf. Handelspreisen bestehen. Der Ansatz von gesonderten

Künstlerhonoraren (KG 752) wird daher eher der Ausnahmefall sein. Davon geht offenbar auch die DIN 276 aus. Bei KG 752 ergibt sich, dass es sich bei den dortigen Kostenansätzen um Kosten für die geistig-schöpferischen Leistungen für Kunstwerke oder künstlerisch gestaltete Bauwerke handelt, „soweit nicht in der KG 620 enthalten". Nach DIN 276 ist es also nicht nur zulässig, sondern sogar der Normalfall, dass auch die Honorare für Kunstwerke der KG 620 zugeordnet werden."

Im Rahmen des **Erwerbs** eines Kunstwerkes bei einem **Kunsthändler** handelt es sich um einen Kauf, der nicht der KG 620 oder KG 750 unterfällt. Dort geht es um Honorierung der darauf bezogen Leistungen. Der Kaufpreis wird daher nicht einbezogen. Dabei spielt auch der Marktpreis von Kunstwerken keine Rolle, da dieser die künstlerische Anerkennung eines Künstlers widerspiegelt.

Wird das Kunstwerk direkt beim Künstler bezogen, ändert das ebenso nichts an den anrechenbaren Kosten und der Nichtanrechenbarkeit, wenn der Auftragnehmer eben nicht bei der Beschaffung mitwirkt, § 33 Abs. 3.

Wirkt der Auftragnehmer bei der Beschaffung mit oder überwacht er den Einbau/Aufstellung, ist auch der **(Gesamt-)Preis des Kunstwerks anrechenbar. Dabei ist gleichgültig, ob das Kunstwerk beim** Händler bzw. Galeristen erworben wurde oder beim Künstler selbst. Entscheidend ist lediglich, dass die Voraussetzungen des § 33 Abs. 3 (wie oben beschrieben) vorliegen (*missverständlich zu dem Thema leider Seifert in der Vorauflage an dieser Stelle*).

94 Historisch ist noch für **Altfälle** zu beachten, dass „Kunstwerke" nach **§ 10 Abs. 5 Nr. 8 HOAI 1996/2002** einer **preisrechtlichen Veränderung** zu den Fassungen 2009 und 2013 unterlagen. Nach der Fassung 1996/2002 waren Kunstwerke nur dann anrechenbar, wenn sie wesentlicher Bestandteil des Objekts waren. Allerdings ist darauf hinzuweisen, dass Kunstobjekte regelmäßig kein wesentlicher Bestandteil (Ausnahme sind z.B. Mosaiken) des Objekts und ansonsten der Kostengruppe 300 – Kosten des Bauwerks – zuzuordnen sind. Nach **§ 10 Abs. 5 Nr. 9 Fassung 1996/2002** konnten dagegen auch nach altem Recht „künstlerisch gestaltete Bauteile" zu den anrechenbaren Kosten gehören, soweit der Auftragnehmer diese plante oder ihre Ausführung überwachte. Das aber fällt seit der Fassung 2009 und 2013 dann unter die Ausnahmeregelung des § 33 Abs. 3 und ist dort dann nach den Vorgaben zu prüfen.

e) Kostengruppe 700 – Die Baunebenkosten

95 Grundsätzlich gehören die **Baunebenkosten** – KG 700 **nicht** zu den anrechenbaren Kosten. Dieses sind nach der DIN 276-1 : 2008-12:
- **KG 710: Bauherrnaufgaben**
  Projektleitung (KG 711), Kosten zum Zwecke der Zielvorgabe, der Überwachung und Vertretung der Bauherreninteressen
  Bedarfsplanung (KG 712), Kosten für Bedarfs-, Betriebs- und Organisationsplanung, z.B. zur betrieblichen Organisation, zur Arbeitsplatzgestaltung, zur Erstellung von Raum- und Funktionsprogrammen, zur betrieblichen Ablaufplanung und zur Inbetriebnahme
  Projektsteuerung (KG 713), Kosten für Projektsteuerungsmaßnahmen sowie für andere Leistungen, die sich mit der übergeordneten Steuerung und Kontrolle von Projektorganisation, Terminen, Kosten, Qualitäten und Quantitäten befassen
  Bauherrenaufgaben, sonstiges (KG 719), wie z.B. Baubetreuung, Rechtsberatung und projektbezogener Steuerberatung
- **KG 720: Vorbereitung der Objektplanung,**
  Untersuchungen (KG 721), Standortanalysen, Baugrundgutachten, Gutachten für Verkehrsanbindungen, Bestandsanalysen, wie Untersuchungen zum Gebäudebestand bei Umbauten und Modernisierungen, Umweltverträglichkeitsprüfungen
  Wertermittlungen (KG 722), Gutachten zur Ermittlung von Gebäudewerten, soweit nicht von KG 126 erfasst
  städtebauliche Leistungen (KG 723), vorbereitende Bebauungsstudien
  Landschaftsplanerische Leistungen (KG 724), vorbereitende Grünplanstudien

Wettbewerbe (KG 725), Kosten für Ideenwettbewerbe und Realisierungswettbewerbe
Vorbereitung der Objektplanung, sonstiges (KG 729), sonstige Beratungskosten
- **KG 730: Architekten- und Ingenieurleistungen,**
Gebäudeplanung (KG 731)
Freianlagenplanung (KG 732)
Planung der raumbildende Ausbauten (KG 733)
Planung der Ingenieurbüro und Verkehrsanlagen (KG 734)
Tragwerksplanung (KG 735)
Planung der Technischen Ausrüstung (KG 736)
Sonstiges (KG 739)
- **KG 740: Gutachten und Beratung,**
Thermische Bauphysik (KG 741)
Schallschutz und Raumakustik (KG 742)
Bodenmechanik, Erd-. und Grundbau (KG 743)
Vermessung (KG 744), Vermessungstechnische Leistungen mit Ausnahme von Leistungen, die aufgrund landesrechtlicher Vorschriften für Zwecke der Landvermessung und des Liegenschaftskatasters durchgeführt werden (KG 771)
Lichttechnik, Tageslichttechnik (KG 745)
Brandschutz (KG 746)
Sicherheits- und Gesundheitsschutz (KG 747)
Umweltschutz und Altlasten (KG 748)
Sonstiges – Gutachten und Beratung (KG 749)
- **KG 750: künstlerische Leistungen** (siehe zur Abgrenzung von KG 620 auch Rdn. 83, 84)
Kunstwettbewerbe (KG 751). Kosten für die Durchführung von Wettbewerben zur Erarbeitung eines Konzepts für Kunstwerke oder künstlerisch gestaltete Bauteile
Honorare (KG 752 – soweit nicht in KG 620 enthalten); Kosten für geistig-schöpferische Leistungen für Kunstwerke oder künstlerisch gestaltete Bauwerke
Künstlerische Leistungen, sonstiges (KG 759)
- **KG 760: Finanzierungskosten.** Das sind alle im Zusammenhang mit der Finanzierung des Projekts anfallenden Kosten der Finanzierung bis zum Zeitpunkt der Fertigstellung und Übergabe der Nutzung
Kosten für die Finanzierungsbeschaffung (KG 761)
für Fremdkapitalzinsen (KG 762)
Eigenkapitalzinsen (KG 763)
Finanzierungskosten, sonstige (KG 769)
- **KG 770: Allgemeine Baunebenkosten,**
Prüfungen, Genehmigungen und Abnahmen (KG 771), Kosten im Zusammenhang mit Prüfungen, Genehmigungen und Abnahmen, z.B. Prüfung der Tragwerksplanung, Vermessungsgebühren für das Liegenschaftskataster
Bewirtschaftungskosten (KG 772), Baustellenbewachung, Nutzungsentschädigungen während der Bauzeit; Gestellung des Baustellenbüros für Planer und Bauherrn sowie dessen Beheizung, Beleuchtung und Reinigung
Bemusterungskosten (KG 773), Modellversuche, Musterstücke, Eignungsversuche oder -messungen
Betriebskosten nach der Abnahme (KG 774), Kosten für den vorläufigen Betrieb insbesondere der technischen Anlagen nach der Abnahme bis zur Inbetriebnahme;)
Versicherungen (KG 775), Haftpflicht- und Bauwesenversicherungen
sonstige allgemeine Baunebenkosten (KG 779), Kosten für Vervielfältigung und Dokumentation, Post- und Fernsprechgebühren, Kosten für Baufeiern, z.B. Grundsteinlegung, Richtfest.
Zudem fallen alle weiteren Kosten, die nicht in der Auflistung enthalten sind unter KG **96** 790 – **Sonstige Baunebenkosten.** Jedoch grundsätzlich nicht zu den **sonstigen Baunebenkosten** gehört der „GU-Zuschlag", also „Regiekosten" des Generalunternehmers. Das sind solche Kosten, die vertragliche Mehrkosten und Koordinierung der Nachunter-

nehmer darstellen. Es handelt sich nicht um planerischen, sondern um unternehmerische Kosten, die zu den Bauleistungen gehören und damit den Kosten des Bauwerks (KG 300) zuzuordnen sind (so auch Werner/Pastor Rdn. 842; a.A. OLG Köln IBR 2003, 422; auch AK Hessen, HOAI-Orientierungshilfe, S. 32). Die Höhe des „GU-Zuschlags" bewegt sich allgemein in Höhen von etwa 10–15 % (siehe aber Ingenstau/Korbion-Korbion, VOB Teile A und B, Anhang 2, Rdn. 139 ff.).

97 Infolge der Verschiebung der Leistungsanforderungen des Auftragnehmers in der Leistungsphase 2. g) zur Kostenschätzung und in Leistungsphase 1.a) der Grundlagenermittlung ist nunmehr die frühzeitige Ermittlung der Baunebenkosten bei der Gebäudeplanung erheblich geworden. Diese Kostenermittlung der KG 700 ist ein wesentliches Entscheidungskriterium bei der Realisierung des Bauvorhabens geworden. Oftmals mangelt es des Planer aber an verlässlichen Zahlen oder der Bauherr ist nicht in der Lage entsprechende Auskünfte zu erteilen oder will ganz einfach diese Probleme ausgrenzen, weil er eine Lösung über den Planer erwartet, oder sie sich schlicht – wie beim privaten Bauherrn meist – nicht vorhanden.

Kalusche hat in der BKI 2014, S. 44 ff. ein System entwickelt, welches einen ersten Hinweis auf entsprechend ansetzbaren Kosten geben kann. Die Orientierungswerte für Baunebenkosten, bezogen auf die Bauwerkskosten (ohne KG 200, KG 500, KG 600) von Gebäuden (Neubau) der Honorarzonen I bis IV können danach wie folgt abgebildet werden:

KG		von-bis-Werte
710	Bauherrenaufgaben	3 % bis 5 %
720	Vorbereitung der Objektplanung	0 % bis 2 %
730	Architekten- und Ingenieurleistung	12 % bis 20 %
740	Gutachten und Beratung	1 % bis 3 %
750	Künstlerische Leistungen	Einzelfallbezogen
760	Finanzierungskosten	Einzelfallbezogen/Angaben Bauherr
770	Allgemeine Baunebenkosten	1 % bis 3 %
790	Sonstige Baunebenkosten	Einzelfallbezogen
700	Baunebenkosten insgesamt ohne KG 760	17 % bis 33 %

V. Innenraumplanung

98 § 2 Abs. 1 weist jetzt nach der **Separierung** der ehemals so bezeichneten raumbildenden Ausbauten, die Innenraumplanung als eigenständiges Leistungsbild aus und weist diesem in § 33 Abs. 1 bis 3 bereits eine eigene Leistungsgruppe innerhalb des Leistungsbildes Objektplanung zu. Dabei ist auf Anlage 10.3 hinzuweisen, der die Objekte der Bearbeitung beispielhaft beschreibt. Auch in § 34 und § 35 werden mit der Leistungsverpflichtung zu den Grundleistungen und der Honorartafel durchaus getrennte Wege in der Fassung 2013 gegangen.

Grundsätzlich gilt aber, dass die Leistungsbestimmung und Leistungsverpflichtung aus dem Vertrag mit dem Planer wesentlich für die Honorierungszuordnung ist. Denn bei der gleichzeitigen Beauftragung von Leistungen am Gebäude und den Innenräumen kann der Planer kein gesonderte Honorar ausweisen, denn § 33 Abs. 3 beschreibt nur die Leistungen der Ausstattung und ggfs. von Kunstwerken als separat ansetzbar. Hier ist § 37 Abs. 2 zu beachten.

Ebenfalls ergibt sich kein gesonderter Zuschlag – wie noch § 25 Abs. 2 HOAI 1996/2002 vorsah – sondern die HOAI 2013 überlässt es den Parteien eine Regelung zu treffen (z.B. § 11 Abs. 1 und § 37 Abs. 2).

Eine automatische Berücksichtigung des jeweils anderen Leistungsbildes (Gebäude, Innenraum) bei Beauftragung nur eines Leistungsbildes nach § 2 Abs. 1 ergibt sich **nicht**. Denn dies würde der Vertragsautonomie der Parteien widersprechen. Abgesehen von Darlegungs- und Beweislastproblemen des insoweit betroffenen Auftragnehmers, gilt auch nach dem Wortlaut der §§ 33 ff. die Abrechnungsteilung der Leistungsbilder. Eine Abrechnung hat damit auch in diesem Fall nur der Beauftragung und dem jeweiligen Leistungsbild zu folgen, obwohl das Leistungsbild nach § 34 Abs. 3 und Anlage 10.1 durchaus im Wesentlichen übereinstimmt (siehe aber die unterschiedlichen Prozentpunkteansätze in den einzelnen Leistungsphasen).

Bei **isolierter Beauftragung** der Planung von Innenräumen, gelten zunächst die bereits bekannten und beschriebenen Regeln der §§ 33 ff. mit Ausnahme des § 37 Abs. 2 als Sondervorschrift. Die anrechenbaren Kosten der Baukonstruktion in § 33 Abs. 1 sind zunächst heranzuziehen, also die KG 300. Allerdings ist – je nach Auftragsinhalt – zu klären, welches Gewerk hier zum Vertragsgegenstand gehört und zu bearbeiten ist. Das folgt der Überzeugung, dass die Beauftragung auch Teilgewerke beinhalten kann (BGH, BauR 2006, BauR 2006 = NZBau 2006, 248; Seifert in FS Haible, S. 231 ff.). Neben den KG 300 sind damit auch die KG 400 zu beachten.

Weiterhin ist unter § 33 Abs. 3 zu beachten, dass die Kosten der Ausstattung nach KG 610 und der Kunstwerke nach KG 620 zu berücksichtigen sind.

Zusätzlich sind die §§ 2 Abs. 7, 4 Abs. 3 im Hinblick auf die bei den Aufträgen zumeist vorliegenden Tatbeständen der Berücksichtigung der vorhandenen und mitzuverarbeitenden Bausubstanz zu berücksichtigen. Dies gilt auch für eventuell vorbeschaffte Stoffe und Eigenleistungen des Auftraggebers.

Zudem sind Erhöhungen aus §§ 8, 9, 10, 12 zu berücksichtigen.

Die Honorarzone ist nunmehr aus der Beispielsliste des § 35 Abs. 7 i. V. m. Anlage 10.3 zu entnehmen. Sodann – bei Schwierigkeiten der Einordnung – ist die Berechnung nach § 35 Abs. 5 und 6 beizuziehen.

Die erbrachten Leistungen sind sodann noch über die Einordnungen nach Anlage 10.1 zu § 34 Abs. 3 zu ermitteln und ggfs. über § 8 Abs. 2 mit den entsprechenden Teilleistungslisten Simmendinger oder Siemon (siehe in diesem Werk unter Anhang IX.) zu ermitteln.

Die Honorartafel der Innenraumplanung ist gleich der Gebäudeplanung unter § 35 Abs. 1 zu finden.

Der Zuschlag zu den Innenraumplanungen bei Umbau- und Modernisierung muss über § 36 Abs. 2 ermittelt bzw. vereinbart werden.

Liegen bei einem Auftrag **mehrere Objekte im Sinne des § 11 Abs. 1** vor, sind **99** mehrere Honorarabrechnungen möglich. Sind in einem Gebäude mehrere Räume zu bearbeiten und diese dann nach § 11 Abs. 1 geteilt, ist damit addiert abzurechnen (so z. B. bei einem Mehrfamilienhaus jede Wohnung oder sogar jeder Raum). Das widerspricht schon dem Begriff „Objekt" des § 2 Abs. 1 und der Rechtsprechung. Danach ist § 11 Abs. 1 so auszulegen, dass Bauteile nach funktionalen und technischen Kriterien zu einer Einheit zusammengefasst werden können (BGH, BauR 2002, 817 = NZBau 2002, 278; BGH, BauR 2008, 735 = NZBau 2005, 285; BGH, BauR 2008, 695 = NJW-RR 2008,615 = NZBau 2008, 258; BGH, Urt. v. 9.2.2012, VII ZR 31/11, BauR 2012, 829; Heymann, FS Koeble, S. 335, 345; Scholissek, HOAI, 2. Aufl., Rdn. 31). Das bedeutet, dass bei einer einheitlichen Beauftragung (hier ein Mehrfamilienhaus im Rahmen der Innenraumplanung zu bearbeiten), dass vor allem räumliche und funktionale Trennungen erforderlich sein müssen. Im Beispielsfall ist das allgemein nicht gegeben. Jedoch sind Fälle denkbar, wonach unterschiedliche Leistungsinhalte bei einem Vertragsvolumen vorliegen, die zu räumlicher und funktionaler Trennung in dem Objekt und damit der vertraglichen Sichtweise führen können. Werden in einem Mehrfamilienhaus beispielsweise unterschiedliche Badkonstruktionen mit Schwimmbad und Sauna pro Wohnung beauftragt, so wird man nicht von einer funktionalen und räumlichen Einheit ausgehen können, obwohl dies in einem Gebäude liegt. Das betrifft auch andere Objekte, wie Geschäftshäuser mit unterschiedlichen Anforderungen der Nutzer (reine Büros, Kombinationen aus Wellness- und Sportabteilungen, Arztpraxen in einem „Ärztehaus" mit unterschiedlichen Fachrichtungen ggfs. mit und ohne Labor oder Geräten – z. B. CT-Geräten –; oder auch Hotels mit unterschiedlichen Raumbedürfnissen – Speisesaal, Tagungsraum, Küche –). Dann sind mehrere Objekte nach dem Vertragsinhalt vorhanden. Allerdings ist § 11 Abs. 2 und 3 zu beachten, wonach auch Zusammenrechnungen möglich sind.

100 Der **übliche Fall** der **gemeinsamen Bearbeitung** von **Gebäuden mit Innenraumplanung** regelt aber § 37 Abs. 2 (siehe weiter dort). Bei **gleichzeitiger Beauftragung** von Erstellung, Änderungen, Wiederherstellungen und Umbauten **eines Gebäudes** ist grundsätzlich die getrennte Abrechnung **nicht** möglich, also kein Honorar betreffend die Innenräume zu berechnen. Damit wird die Möglichkeit der Trennung nach § 11 Abs. 1 bei mehreren Objekten ausgeschlossen. Zudem ist zu berücksichtigen, dass bei späterer Beauftragung von Leistungen, die dem § 33 Abs. 3 unterfallen (also ergänzende Leistungen bei z. B. Beschaffungen von Kunstwerken) bei einheitlichem Grundvertrag § 7 Abs. 5 zu beachten ist (Mindestsatz) (so auch Scholtissek, HOAI, 2. Aufl., § 33 Rdn. 30).

Allerdings verbleibt die Möglichkeit der Parteien dennoch, ein ergänzendes „Mehrhonorar" zu vereinbaren. An das Zustandekommen und die Höhe werden keine Anforderungen gestellt. Hier bleibt es den Parteien überlassen. Es muss jedoch angemessen sein und die §§ 8, 9, 10, 12, 36 berücksichtigen. Daher können dortige Erhöhungen in der Honorarfindung zu einem angemessenen Honorar führen und eben nicht zu einer weiteren Erhöhung.

Werden aber – wie bei Stufenverträgen oder Teilverträgen – nur einzelne Leistungsphasen bei der Objektplanung beauftragt und ergeben sich dann aber unterschiedliche Leistungsaufgaben bei der Planung und Überwachung, so ist § 37 Abs. 2 i.V.m. § 33 Abs. 1 bis 3 dann so auszulegen, dass die Leistungsanforderungen vergleichend zunächst darzustellen sind und sodann der Teil der „überschießenden Tätigkeit und Durchführung" bei der Innenraumplanung ergänzend zu berechnen ist, weil andere und weitergehende Leistungen durchgeführt werden. Das gilt nur für die Grundleistungen. Beispiel: Bei einem Hotelumbau werden ein Speisesaal neu angebaut nebst neuem Küchentrakt. Die vorhandenen Zimmer werden aber nur „neu eingerichtet" und technisch aufgewertet. In einzelnen Fällen ist allerdings durch die Baukonstruktion der neuen Küche und des Speisesaals bedingt eine vollständige bauliche Änderung von Zimmern erforderlich. Die Planungen und Überwachung des Speisesaals und der Küche, sowie der vom Umbau betroffenen Zimmer ist unter Berücksichtigung der §§ 11 Abs. 1, 37 Abs. 2, 33 Abs. 1 bis 3 nur als Gebäudeplanung abrechenbar. Die Zimmer, die umgestaltet werden, sind nach § 11 Abs. 1 und § 37 Abs. 2 separat und nach „Innenräumen" abzurechnen. Hier liegt zugleich eine getrennte Beauftragung vor, auch wenn das nicht separat geschehen ist.

Wird in dem Beispielsfall erst nur die Planung und Umgestaltung des Speisesaals beauftragt, dann aber darauf verzichtet dieses gesamt durchzuführen, sondern nur einen Abschnitt und der Rest soll erst in Jahren durchgeführt werden, so ist der umgesetzte Teil nach Gebäude abzurechnen und der restliche Teil der Planung nach Innenraum (§ 37 Abs. 2, § 11 Abs. 1; ähnlich auch Locher/Koeble/Zahn, § 33 Rdn. 36).

VI. Tabellarische Übersicht über die anrechenbaren Kosten

101 Im Folgenden wird eine tabellarische Gesamtübersicht nach der *Liste von Seifert in der Vorauflage, 8. Aufl., § 32 Rdn. 88* hinsichtlich der Regelung bei § 33 Abs. 1 bis 3 i.V. mit den Kostengruppen der DIN 276-1:2008-12 dargestellt. Sie kann im **normalerweise durchschnittlichen und üblichen Fall** zur **Anrechenbarkeit von Kosten** für Honorarabrechnung von Leistungen bei der **Gebäudeplanung** und der **Planung bei Innenräumen** herangezogen werden. Hinzuweisen ist allerdings darauf, soweit Kostengruppen an verschiedenen Stellen erwähnt werden, dass der genaue vertragliche und tatsächliche Leistungsinhalt zunächst zu ermitteln ist, worauf Seifert zur Anwendung der Tabelle bereits hingewiesen hat (Seifert, 8. Aufl., § 32 Rdn. 88).

1. Anrechenbare Kosten bei Gebäuden

Bezeichnung der Kostengruppe	Anrechenbarkeit				Grundlage
	voll	beschränkt	bedingt	nicht	
100 Grundstück				X	
210 Herrichten			X		§ 33 Abs. 3
220 Öffentliche Erschließung				X	
230 Nichtöffentliche Erschließung			X		§ 33 Abs. 3
240 Ausgleichsabgaben				X	
250 Übergangsmaßnahmen		X	X	X	
300 Bauwerk – Baukonstruktionen					§ 33 Abs. 1
310 Baugrube	X				
320 Gründung					
321 Baugrundverbesserung	X				
322 Flachgründung	X				
323 Tiefgründung	X				
324 Unterböden, Bodenplatte	X				
325 Bodenbeläge	X			X	
326 Bauwerksabdichtung	X			X	
327 Dränagen	X				
329 Gründung, sonstiges	X			X	
330 Außenwände					
331 Tragende Außenwände	X				
332 Nichttragende Außenwände	X				
333 Außenstützen	X				
334 Außentüren und -fenster	X				
335 Außenwandbekleidungen, außen	X				
336 Außenwandbekleidungen, innen				X	
337 Elementierte Außenwände	X				
338 Sonnenschutz	X			X	
339 Außenwände, sonstiges	X			X	
340 Innenwände					

Bezeichnung der Kostengruppe	Anrechenbarkeit				Grundlage
	voll	beschränkt	bedingt	nicht	
341 Tragende Innenwände	X				
342 Nichttragende Innenwände	X			X	
343 Innenstützen	X				
344 Innentüren und -fenster				X	
345 Innenwandbekleidung				X	
346 Elementierte Innenwände				X	
349 Innenwände, sonstiges				X	
350 Decken					
351 Deckenkonstruktionen	X				
352 Deckenbeläge	X			X	
353 Deckenbekleidungen	X			X	
359 Decken, sonstiges	X			X	
360 Dächer					
361 Dachkonstruktionen	X				
362 Dachfenster, Dachöffnungen	X				
363 Dachbeläge	X				
364 Dachbekleidungen				X	
369 Dächer, sonstiges	X			X	
370 Baukonstruktive Einbauten				X	
390 Sonstige Maßnahmen	X			X	
400 Bauwerk – Technische Anlagen		X		X	§ 33 Abs. 2
510 Geländeflächen				X	
520 Befestigte Flächen				X	
530 Baukonstruktive Einbauten				X	
540 Technische Anlagen in Außenanlagen			X	X	§ 33 Abs. 3
550 Einbauten in Außenanlagen				X	
560 Wasserflächen				X	
570 Pflanz- und Saatflächen				X	
590 Sonstige Außenanlagen				X	
600 Ausstattung und Kunstwerke				X	§ 33 Abs. 3
700 Baunebenkosten				X	

2. Anrechenbare Kosten bei Innenraumplanung

103

Bezeichnung der Kostengruppe	Anrechenbarkeit				Grundlage
	voll	beschränkt	bedingt	nicht	
100 Grundstück				X	
210 Herrichten			X		§ 33 Abs. 3
220 Öffentliche Erschließung				X	
230 Nichtöffentliche Erschließung			X		§ 33 Abs. 3
240 Ausgleichsabgaben				X	
250 Übergangsmaßnahmen		X	X	X	
300 Bauwerk – Baukonstruktionen					§ 33 Abs. 1
310 Baugrube				X	
320 Gründung					
321 Baugrundverbesserung				X	
322 Flachgründung				X	
323 Tiefgründung				X	
324 Unterböden, Bodenplatte				X	
325 Bodenbeläge	X			X	
326 Bauwerksabdichtung	X			X	
327 Dränagen				X	
329 Gründung, sonstiges	X			X	
330 Außenwände					
331 Tragende Außenwände				X	
332 Nichttragende Außenwände				X	
333 Außenstützen				X	
334 Außentüren und -fenster				X	
335 Außenwandbekleidungen, außen				X	
336 Außenwandbekleidungen, innen	X				
337 Elementierte Außenwände				X	
338 Sonnenschutz	X			X	
339 Außenwände, sonstiges	X			X	
340 Innenwände					
341 Tragende Innenwände				X	
342 Nichttragende Innenwände	X			X	
343 Innenstützen				X	
344 Innentüren und -fenster	X				
345 Innenwandbekleidung	X				

Bezeichnung der Kostengruppe	Anrechenbarkeit				Grundlage
	voll	beschränkt	bedingt	nicht	
346 Elementierte Innenwände	X				
349 Innenwände, sonstiges	X				
350 Decken					
351 Deckenkonstruktionen				X	
352 Deckenbeläge	X			X	
353 Deckenbekleidungen	X			X	
359 Decken, sonstiges	X			X	
360 Dächer					
361 Dachkonstruktionen				X	
362 Dachfenster, Dachöffnungen				X	
363 Dachbeläge				X	
364 Dachbekleidungen	X				
369 Dächer, sonstiges	X			X	
370 Baukonstruktive Einbauten	X				
390 Sonstige Maßnahmen …	X			X	
400 Bauwerk – Technische Anlagen		X		X	§ 33 Abs. 2
510 Geländeflächen				X	
520 Befestigte Flächen				X	
530 Baukonstruktive Einbauten				X	
540 Technische Anlagen in Außenanlagen				X	
550 Einbauten in Außenanlagen				X	
560 Wasserflächen				X	
570 Pflanz- und Saatflächen				X	
590 Sonstige Außenanlagen				X	
600 Ausstattung und Kunstwerke			X		§ 33 Abs. 3
700 Baunebenkosten				X	

§ 34 Leistungsbild Gebäude und Innenräume

(1) **Das Leistungsbild Gebäude und Innenräume umfasst Leistungen für Neubauten, Neuanlagen, Wiederaufbauten, Erweiterungsbauten, Umbauten, Modernisierungen, raumbildende Ausbauten, Instandhaltungen und Instandsetzungen.**

(2) **Leistungen für Innenräume sind die Gestaltung oder Erstellung von Innenräumen ohne wesentliche Eingriffe in Bestand und Konstruktion.**

(3) **Die Grundleistungen sind in neun Leistungsphasen zusammengefasst und werden wie folgt in Prozentsätzen der Honorare des § 35 bewertet:**

1. **für die Leistungsphase 1 (Grundlagenermittlung) mit je 2 Prozent bei Gebäuden und Innenräumen,**

2. **für die Leistungsphase 2 (Vorplanung) mit je 7 Prozent bei Gebäuden und Innenräume,**

3. **für die Leistungsphase 3 (Entwurfsplanung) mit 15 Prozent bei Gebäuden und bei Innenräumen,**

4. **für die Leistungsphase 4 (Genehmigungsplanung) mit 3 Prozent bei Gebäuden und 2 Prozent bei Innenräumen,**

5. **für die Leistungsphase 5 (Ausführungsplanung) mit 25 Prozent bei Gebäuden und 30 Prozent bei Innenräumen,**

6. **für die Leistungsphase 6 (Vorbereitung der Vergabe) mit 10 Prozent bei Gebäuden und 7 Prozent bei Innenräumen,**

7. **für die Leistungsphase 7 (Mitwirkung bei der Vergabe) mit 4 Prozent bei Gebäuden und 3 Prozent bei Innenräumen,**

8. **für die Leistungsphase 8 (Objektüberwachung – Bauüberwachung und Dokumentation) mit je 32 Prozent bei Gebäuden und Innenräumen,**

9. **für die Leistungsphase 9 (Objektbetreuung) mit je 2 Prozent bei Gebäuden und Innenräumen.**

(4) **Anlage 10 Nummer 10.1 regelt die Grundleistungen in jeder Leistungsphase und enthält Beispiele für Besondere Leistungen.**

Vorgehende Vorschrift: § 33 HOAI a. F. und Anlage 11

10.1 Leistungsbild Gebäude und Innenräume

Grundleistungen	Besondere Leistungen
LPH 1 Grundlagenermittlung	
a) Klären der Aufgabenstellung auf Grundlage der Vorgaben oder der Bedarfsplanung des Auftraggebers b) Ortsbesichtigung c) Beraten zum gesamten Leistungs- und Untersuchungsbedarf d) Formulieren der Entscheidungshilfen für die Auswahl anderer an der Planung fachlich Beteiligter e) Zusammenfassen, Erläutern und Dokumentieren der Ergebnisse	– Bedarfsplanung – Bedarfsermittlung – Aufstellen eines Funktionsprogramms – Aufstellen eines Raumprogramms – Standortanalyse – Mitwirken bei Grundstücks- und Objektauswahl, – beschaffung, -übertragung – Beschaffen von vorhabenerheblichen Unterlagen – Bestandsaufnahme – technische Substanzerkundung – Betriebsplanung – Prüfen der Umwelterheblichkeit – Prüfen der Umweltverträglichkeit – Machbarkeitsstudie – Wirtschaftlichkeitsuntersuchung – Projektstrukturplanung – Zusammenstellen der Anforderungen aus Zertifizierungssystemen – Verfahrensbetreuung, Mitwirken bei der Vergabe von Planungs- und Gutachterleistungen

LPH 2 Vorplanung **(Projekt- und Planungsvorbereitung)**	

a) Analysieren der Grundlagen, Abstimmen der Leistungen mit den fachlich an der Planung Beteiligten
b) Abstimmen der Zielvorstellungen, Hinweisen auf Zielkonflikte
c) Erarbeiten der Vorplanung, Untersuchen, Darstellen und Bewerten von Varianten nach gleichen Anforderungen, Zeichnungen im Maßstab nach Art und Größe des Objekts
d) Klären und Erläutern der wesentlichen Zusammenhänge, Vorgaben und Bedingungen (z. B. städtebauliche, gestalterische, funktionale, technische, wirtschaftliche, ökologische, Bauphysikalische, energiewirtschaftliche, soziale, öffentlich-rechtliche)
e) Bereitstellen der Arbeitsergebnisse als Grundlage für die anderen an der Planung fachlich Beteiligten sowie Koordination und Integration deren Leistungen
f) Vorverhandlungen über die Genehmigungsfähigkeit
g) Kostenschätzung nach DIN 276, Vergleich mit den finanziellen Rahmenbedingungen
h) Erstellen eines Terminplans mit den wesentlichen Vorgängen des Planungs- und Bauablaufs
i) Zusammenfassen, Erläutern und Dokumentieren der Ergebnisse
	– Aufstellen eines Katalogs für die Planung und Abwicklung der Programmziele
	– Untersuchen alternativer Lösungsansätze nach verschiedenen Anforderungen einschließlich Kostenbewertung
	– Beachten der Anforderungen des vereinbarten Zertifizierungssystems
	– Durchführen des Zertifizierungssystems
	– Ergänzen der Vorplanungsunterlagen aufgrund besonderer Anforderungen
	– Aufstellen eines Finanzierungsplanes
	– Mitwirken bei der Kredit- und Fördermittelbeschaffung
	– Durchführen von Wirtschaftlichkeitsuntersuchungen
	– Durchführen der Voranfrage (Bauanfrage)
	– Anfertigen von besondere Präsentationshilfen, die für die Klärung im Vorentwurfsprozess nicht notwendig sind, z. B.
	  – Präsentationsmodelle
	  – Perspektivische Darstellungen
	  – Bewegte Darstellung/Animation
	  – Farb- und Materialcollagen
	  – digitales Geländemodell
	– 3-D oder 4-D Gebäudemodellbearbeitung (Building Information Modelling (BIM)
	– Aufstellen einer vertieften Kostenschätzung nach Positionen einzelner Gewerke
	– Fortschreiben des Projektstrukturplanes
	– Aufstellen von Raumbüchern
	– Erarbeiten und Erstellen von besonderen bauordnungsrechtlichen Nachweisen für den vorbeugenden und organisatorischen Brandschutz bei baulichen Anlagen besonderer Art und Nutzung, Bestandsbauten oder im Falle von Abweichungen von der Bauordnung

LPH 3 Entwurfsplanung **(System- und Integrationsplanung)**	
a) Erarbeiten der Entwurfsplanung, unter weiterer Berücksichtigung der wesentlichen Zuammenhänge, Vorgaben und Bedingungen (z. B. städtebauliche, gestalterische, funktionale, technische, wirtschaftliche, ökologische, soziale, öffentlich-rechtliche) auf Grundlage der Vorplanung und als Grundlage für die weiteren Leistungsphasen und die erforderlichen öffentlich-rechtlichen Genehmigungen unter Verwendung der Beiträge anderer an der Planung fachlich Beteiligter Zeichnungen nach Art und Größe des Objekts im erforderlichen Umfang und Detaillierungsgrad unter Berücksichtigung aller fachspezifischen Anforderungen, z. B. bei Gebäuden im Maßstab 1 : 100, z. B. bei Innenräumen im Maßstab 1 : 50 bis 1 : 20	– Analyse der Alternativen/Varianten und deren Wertung mit Kostenuntersuchung (Optimierung) – Wirtschaftlichkeitsberechnung – Aufstellen und Fortschreiten einer vertieften Kostenberechnung – Fortschreiben der Raumbücher

b) Bereitstellen der Arbeitsergebnisse als Grundlage für die anderen an der Planung fachlich Beteiligten sowie Koordination und Integration deren Leistungen c) Objektbeschreibung d) Verhandlungen über die Genehmigungsfähigkeit e) Kostenberechnung nach DIN 276 und Vergleich mit der Kostenschätzung f) Fortschreiben des Terminplans g) Zusammenfassen, Erläutern und Dokumentieren der Ergebnisse	
LPH 4 Genehmigungsplanung	
a) Erarbeiten und Zusammenstellen der Vorlagen und Nachweise für öffentlich-rechtliche Genehmigungen oder Zustimmungen einschließlich der Anträge auf Ausnahmen und Befreiungen, sowie notwendiger Verhandlungen mit Behörden unter Verwendung der Beiträge anderer an der Planung fachlich Beteiligter b) Einreichen der Vorlagen c) Ergänzen und Anpassen der Planungsunterlagen, Beschreibungen und Berechnungen	– Mitwirken bei der Beschaffung der nachbarlichen Zustimmung – Nachweise, insbesondere technischer, konstruktiver und bauphysikalischer Art für die Erlangung behördlicher Zustimmungen im Einzelfall – Fachliche und organisatorische Unterstützung des Bauherrn im Widerspruchsverfahren, Klageverfahren oder ähnlichen Verfahren
LPH 5 Ausführungsplanung	
a) Erarbeiten der Ausführungsplanung mit allen für die Ausführung notwendigen Einzelangaben (zeichnerisch und textlich) auf Grundlage der Entwurfs- und Genehmigungsplanung bis zur ausführungsreifen Lösung, als Grundlage für die weiteren Leistungsphasen b) Ausführungs-, Detail- und Konstruktionszeichnungen nach Art und Größe des Objekts im erforderlichen Umfang und Detaillierungsgrad unter Berücksichtigung aller fachspezifischen Anforderungen, z. B. bei Gebäuden im Maßstab 1 : 50 bis 1 : 1, z. B. bei Innenräumen im Maßstab 1 : 20 bis 1 : 1 c) Bereitstellen der Arbeitsergebnisse als Grundlage für die anderen an der Planung fachlich Beteiligten, sowie Koordination und Integration deren Leistungen d) Fortschreiben des Terminplans e) Fortschreiben der Ausführungsplanung aufgrund der gewerkeorientierten Bearbeitung während der Objektausführung f) Überprüfen erforderlicher Montagepläne der vom Objektplaner geplanten Baukonstruktion und baukonstruktiven Einbauten auf Übereinstimmung mit der Ausführungsplanung	– Aufstellen einer detaillierten Objektbeschreibung als Grundlage der Leistungsbeschreibung mit Leistungsprogramm [x] – Prüfen der vom bauausführenden Unternehmen aufgrund der Leistungsbeschreibung mit Leistungsprogramm ausgearbeiteten Ausführungspläne auf Übereinstimmung mit der Entwurfsplanung [x] – Fortschreiben von Raumbüchern in detaillierter Form – Mitwirken beim Anlagenkennzeichnungssystem (AKS) – Prüfen und Anerkennen von Plänen Dritter, nicht an der Planung fachlich Beteiligter auf Übereinstimmung mit den Ausführungsplänen (z. B. Werkstattzeichnungen von Unternehmen, Aufstellungs- und Fundamentpläne nutzungsspezifischer oder betriebstechnischer Anlagen), soweit die Leistungen Anlagen betreffen, die in den anrechenbaren Kosten nicht erfasst sind [x] Diese Besondere Leistung wird bei Leistungsbeschreibung mit Leistungsprogramm ganz oder teilweise Grundleistung. In diesem Fall entfallen die entsprechenden Grundleistungen dieser Leistungsphase
LPH 6 Vorbereitung der Vergabe	
a) Aufstellen eines Vergabeterminplans b) Aufstellen von Leistungsbeschreibungen mit Leistungsverzeichnissen nach Leistungsbereichen, Ermitteln und Zusammenstellen von Mengen auf Grundlage der Ausfüh-	– Aufstellen der Leistungsbeschreibungen mit Leistungsprogramm auf Grundlage der detaillierten Objektbeschreibung [x] – Aufstellen von alternativen Leistungsbeschreibungen für geschlossene Leistungsbereiche

rungsplanung unter Verwendung der Beiträge anderer an der Planung fachlich Beteiligter c) Abstimmen und Koordinieren der Schnittstellen zu den Leistungsbeschreibungen der an der Planung fachlich Beteiligten d) Ermitteln der Kosten auf Grundlage vom Planer bepreister Leistungsverzeichnisse e) Kostenkontrolle durch Vergleich der vom Planer bepreisten Leistungsverzeichnisse mit der Kostenberechnung f) Zusammenstellen der Vergabeunterlagen für alle Leistungsbereiche	– Aufstellen von vergleichenden Kostenübersichten unter Auswertung der Beiträge anderer an der Planung fachlich Beteiligter x) Diese Besondere Leistung wird bei Leistungsbeschreibung mit Leistungsprogramm ganz oder teilweise Grundleistung. In diesem Fall entfallen die entsprechenden Grundleistungen dieser Leistungsphase

LPH 7 Mitwirkung bei der Vergabe	
a) Koordinieren der Vergaben der Fachplaner b) Einholen von Angeboten c) Prüfen und Werten der Angebote einschließlich Aufstellen eines Preisspiegels nach Einzelpositionen oder Teilleistungen, Prüfen und Werten der Angebote zusätzlicher und geänderter Leistungen der ausführenden Unternehmen und der Angemessenheit der Preise d) Führen von Bietergesprächen e) Erstellen der Vergabevorschläge, Dokumentation des Vergabeverfahrens f) Zusammenstellen der Vertragsunterlagen für alle Leistungsbereiche g) Vergleichen der Ausschreibungsergebnisse mit den vom Planer bepreisten Leistungsverzeichnissen oder der Kostenberechnung h) Mitwirken bei der Auftragserteilung	– Prüfen und Werten von Nebenangeboten mit Auswirkungen auf die abgestimmte Planung – Mitwirken bei der Mittelabflussplanung – Fachliche Vorbereitung und Mitwirken bei Nachprüfungsverfahren – Mitwirken bei der Prüfung von bauwirtschaftlich begründeten Nachtragsangeboten – Prüfen und Werten der Angebote aus Leistungsbeschreibung mit Leistungsprogramm einschließlich Preisspiegel x) – Aufstellen, Prüfen und Werten von Preisspiegeln nach besonderen Anforderungen x) Diese Besondere Leistung wird bei Leistungsbeschreibung mit Leistungsprogramm ganz oder teilweise Grundleistung. In diesem Fall entfallen die entsprechenden Grundleistungen dieser Leistungsphase

LPH 8 Objektüberwachung (Bauüberwachung) und Dokumentation	
a) Überwachen der Ausführung des Objektes auf Übereinstimmung mit der öffentlich-rechtlichen Genehmigung oder Zustimmung, den Verträgen mit ausführenden Unternehmen, den Ausführungsunterlagen, den einschlägigen Vorschriften sowie mit den allgemein anerkannten Regeln der Technik b) Überwachen der Ausführung von Tragwerken mit sehr geringen und geringen Planungsanforderungen auf Übereinstimmung mit dem Standsicherheitsnachweis c) Koordinieren der an der Objektüberwachung fachlich Beteiligten d) Aufstellen, Fortschreiben und Überwachen eines Terminplans (Balkendiagramm) e) Dokumentation des Bauablaufs (z. B. Bautagebuch) f) Gemeinsames Aufmaß mit den ausführenden Unternehmen g) Rechnungsprüfung einschließlich Prüfen der Aufmaße der bauausführenden Unternehmen h) Vergleich der Ergebnisse der Rechnungsprüfungen mit den Auftragssummen einschließlich Nachträgen	– Aufstellen, Überwachen und Fortschreiben eines Zahlungsplanes – Aufstellen, Überwachen und Fortschreiben von differenzierten Zeit-, Kosten- oder Kapazitätsplänen – Tätigkeit als verantwortlicher Bauleiter, soweit diese Tätigkeit nach jeweiligem Landesrecht über die Grundleistungen der LPH 8 hinausgeht

i) Kostenkontrolle durch Überprüfen der Leistungsabrechnung der bauausführenden Unternehmen im Vergleich zu den Vertragspreisen j) Kostenfeststellung, z. B. nach DIN 276 k) Organisation der Abnahme der Bauleistungen unter Mitwirkung anderer an der Planung und Objektüberwachung fachlich Beteiligter, Feststellen von Mängeln, Abnahmeempfehlung für den Auftraggeber l) Antrag auf öffentlich-rechtliche Abnahmen und Teilnahme daran m) Systematische Zusammenstellung der Dokumentation, zeichnerischen Darstellungen und rechnerischen Ergebnisse des Objekts n) Übergabe des Objekts o) Auflisten der Verjährungsfristen für Mängelansprüche p) Überwachen der Beseitigung der bei der Abnahme festgestellten Mängel	
LPH 9 Objektbetreuung	
a) Fachliche Bewertung der innerhalb der Verjährungsfristen für Gewährleistungsansprüche festgestellten Mängel, längstens jedoch bis zum Ablauf von fünf Jahren seit Abnahme der Leistung, einschließlich notwendiger Begehungen b) Objektbegehung zur Mängelfeststellung vor Ablauf der Verjährungsfristen für Mängelansprüche gegenüber den ausführenden Unternehmen c) Mitwirken bei der Freigabe von Sicherheitsleistungen	– Überwachen der Mängelansprüche innerhalb der Verjährungsfrist – Erstellen einer Gebäudebestandsdokumentation – Aufstellen von Ausrüstungs- und Inventarverzeichnissen – Erstellen von Wartungs- und Pflegeanweisungen – Erstellen eines Instandhaltungskonzepts – Objektbeobachtung – Objektverwaltung – Baubegehungen nach Übergabe – Aufbereiten der Planungs- und Kostendaten für eine Objektdatei oder Kostenrichtwerte – Evaluieren von Wirtschaftlichkeitsberechnungen

Übersicht

Einführung

Der § 33 Satz 1 und 2 HOAI 2009 ersetzte den bisherigen § 15 Abs. 1 Fassung 1996/ **1** 2002. Die Leistungskataloge in den Leistungsbildern führten die besonderen Leistungen nicht mehr auf. Diese wurden in den Anhang 2 der Fassung 2009 verschoben (dort für Gebäude unter 2.6 und für Freianlagen unter 2.7). Sie konnten gem. § 3 Abs. 3 S. 2 a. F. frei vereinbart werden. § 15 HOAI 1996/2002 regelte die Leistungen für Gebäude, raumbildende Ausbauten und Freianlagen in einem Leistungsbild. Mit der Fassung 2009 wurden diese erstmals aufgeteilt. Die Regelungen für Freianlagen sind dann in einem eigenen Leistungsbild in § 38 a. F. geregelt worden. Der Referentenentwurf zur 6. Novelle vom 18.2. 2009 sah hier noch ein Einbeziehen in diese Regelung vor. Danach aber sind diese in Anlage 11 der Fassung 2009 in den jeweiligen Leistungsphasen besonders aufgeführt worden.

Der **Gebäude**begriff ist vom Verordnungsgeber in § 2 Nr. 2 HOAI 2009 definiert worden. Danach sind Gebäude selbständig benutzbare, überdeckte bauliche Anlagen, die von Menschen betreten werden können und geeignet und bestimmt sind, dem Schutz von Menschen, Tieren oder Sachen zu dienen (siehe Kommentierung zu § 2 Nr. 1). Allerdings hat der VO-Geber mit der Fassung 2013 auf eine Aufnahme der Definition oder Beschreibung verzichtet. In § 2 Abs. 1 HOAI 2013 wird der Begriff jetzt nur noch erwähnt und inhaltlich als bekannt „vorausgesetzt". Damit gehört der Begriff als Unterbegriff zum Haupt-/Oberbegriff „Objekt" in § 2 Abs. 1.

Die HOAI 2013 hat den Begriff der **Raumbildende Ausbauten** in **Innenräume** umgewandelt. Gemeint ist das Gleiche. Diese sind die innere Gestaltung oder Erstellung von Innenräumen ohne wesentliche Eingriffe in Bestand oder Konstruktion, § 2 Nr. 8 HOAI 2009, heute in § 34 Abs. 2 definiert (siehe Kommentierung unter § 2 Abs. 1 und § 34 Abs. 2). Diese können anfallen im Zusammenhang mit Neubauten und Neuanlagen, Wiederaufbauten, Erweiterungsbauten, Umbauten sowie Modernisierungen (siehe Kommentierung zu § 2 Abs. 1 und § 34 Abs. 2). Hier konnte nach § 25 Abs. 1 HOAI Fassung 1996/2002 der Architekt, der mit der Gebäudeplanung und zusätzlich mit Leistungen der Innenraumplanung beauftragt war, für diese Leistungen ein besonderes Honorar nicht verlangen. Die Leistungen sollten bei der Vereinbarung des Honorars für die Grundleistungen für Gebäude im Rahmen der für diese Leistungen festgesetzten Mindest- und Höchstsätze berücksichtigt werden, § 25 Abs. 1 S. 2 HOAI Fassung 1996/2002. Diese Regelung wurde mit der Fassung 2009 ersatzlos gestrichen. Sofern nicht § 36 bei Umbauten oder insbesondere § 37 Abs. 2 bei gleichzeitiger Beauftragung eingreifen, gilt gem. § 37 Abs. 2 S. 2, daß unter Berücksichtigung des § 11 Abs. 1 eben diese Leistungen bei gleichzeitiger Leistungen parallel vergütet werden, sondern lediglich angemessen zu berücksichtigen sind. Wie dieses zu geschehen hat, wird allerdings nur insoweit vorgegeben, als die jeweiligen Mindest- und Höchstsätze Grundlage der Berechnungsberücksichtigung sein sollen. Allerdings ist die Formulierung so unklar gewählt worden, daß entweder die Berücksichtigung nur der anrechenbaren Kosten bei Innenräumen oder des Gebäudes in Betracht kommt. Eine kumulative Ergänzung/Addierung ist ausgeschlossen (siehe hiesige Kommentierung zu § 37 Abs. 2).

Entfallen ist der Tätigkeitsbereich und Wertung der „künstlerischen Oberleitung" des § 15 Abs. 3 HOAI Fassung 1996/2002 mit der Fassung 2009. § 15 Abs. 3 HOAI 1996/ 2002 sah die „künstlerische Oberleitung" noch als regelungsbedürftig an, allerdings mit der Maßgabe, dass diesbezüglich eine freie, aber zwingend schriftliche Honorarvereinbarung abzuschließen war. Eine entsprechende Regelung ist nicht mehr in der Verordnung 2009 und auch nicht 2013 enthalten. Auch in den Auflistungen der Besonderen Leistungen in dem Anhang 10.1 findet man sie nicht. Damit ist es den Vertragsparteien freigestellt, hierüber bei Übertragung der entsprechenden Pflichten als Inhalt der auftragnehmerseitig geschuldeten Leistung eine (form-)freie Honorarvereinbarung zu treffen. Eine schriftliche Vereinbarung oder Bestätigung wäre aus Beweisgründen besser.

Die Vereinbarung kann auch während der Vertragslaufzeit geschlossen werden. Einschränkungen macht der VO-Text nicht. Wenn keine Vereinbarung vorhanden ist, dann steht dem Architekten die übliche Vergütung nach § 632 Abs. 2 BGB zu. Hier kann ein Anhaltspunkt für die sicherlich sachverständigenseits zu erwägende Einordnung die Größenordnung von bis zu ca. 7% des Gesamthonoraraufkommens bei der Übernahme der gesamten künstlerischen Oberleitung sein.

Auch die Regelung des § 15 Abs. 4 HOAI Fassung 1996/2002 war entfallen. Dort ging es um Arbeiten im Bestand. Dieses ist denkbar bei Umbauten und Modernisierungen, wie dort vorgegeben nach dem § 3 Nr. 5 und 6 HOAI 1996/2002. Dabei war zu berücksichtigen, daß der VO-Geber davon ausging, daß es weitere Besondere Leistungen gibt. Die ohnehin zu den Besonderen Leistungen zählenden Leistungen bei Umbauten und Modernisierungen wurden auch nicht in § 35 HOAI 2009 übernommen, mit der Folge der freien Vereinbarkeit der Leistung und des Honorars bei den Leistungsanforderungen:

– maßliches, technisches und verformungsgerechtes Aufmaß
– Schadenskartierung
– Ermitteln von Schadensursachen
– Planen und Überwachen von Maßnahmen zum Schutz vorhandener Substanz
– Organisation von Betreuungsmaßnahmen für Nutzer und andere Planungsbetroffene
– Wirkungskontrollen von Planungsansatz und Maßnahmen im Hinblick auf die Nutzer, zum Beispiel durch Befragen

Die Honorierung dürfte hier aufgrund der freien Verhandelbarkeit dann im Bereich von Stundenansätzen, Pauschalen aufgrund von Aufwand und Tagespauschalen, oder einer weiteren prozentualen Ergänzungsfestlegung vom Gesamthonorar bei bereits zu erbringendem Gesamthonorar (z.B. pauschal 10% über dem Gesamthonorar) vorzunehmen sein. Mit der HOAI 2013 wurde über § 3 Abs. 3 S. 2 und 3 die Möglichkeit der neuen Definierung der Besonderen Leistungen durch die Parteien selbst eingefügt. Die Anhänge (z.B. 10.2 und 10.3) haben nur beispielhaften Charakter.

Die Bewertung in Vom-Hundertsätze der Grundleistungen hat sich nicht geändert. § 33 a.F. regelte nur die Leistungsbilder für Gebäude und Innenräume (dort: raumbildende Ausbauten). Die Regelungen für Freianlagen fanden sich in § 38 Abs. 1 a.F.

Der § 33 Satz 3 i.V.m. Anlage 11 a.F. ersetzte den § 15 Abs. 2 HOAI 1996/2002. Die Einzelleistungen standen nicht in § 33 a.F., sondern in der Anlage 11. Diese war dann abschließend.

Das Leistungsbild der Freianlagen wurde aber in der Fassung 2009 insgesamt zusammengefasst und in §§ 37 ff. a.F. gesondert geregelt. Mit der Fassung 2013 ist das in §§ 38 bis 40 und Anlagen 11.1 und 11.2 als völlig eigenständiges Leistungsbild geregelt worden.

Wichtig zu erwähnen ist darüber hinaus, dass die Fassung 2013 mit der Leistungsphase 9 eine Änderung zugunsten des Planers einführte, wonach er statt wie bisher 5 Jahre nach der Abnahme des Bauwerkes, nun nur noch 4 Jahre die Mangelbeseitigungsmaßnahmen überwachen musste und damit auch die Leistungsentwicklung der am Bau Beteiligten im Rahmen der jeweiligen Gewährleistungsfristen. In der Fassung 2013 ist das wieder rückgängig gemacht worden (siehe Anlage 10.1 – Lph 9 – Grundleistungen).

1. Die allgemeinen Änderungen der Leistungsbilder der Objektplanung

2   **a) Kostenermittlung und Kostenkontrolle:** Die Leistungsbilder wurden in den Leistungsphasen 2 und 6 durch die Grundleistung der Kostenkontrolle ergänzt, um so die Verpflichtung zur durchgängigen Kostenverfolgung während des gesamten Planungs- und Ausführungsprozesses zugrunde zu legen. In diesem Sinne sind auch die Leistungsphasen 6 und 7 ergänzt worden. Nunmehr sind bepreiste Leistungsverzeichnisse aufzustellen. Im Rahmen der Kostenkontrolle sind diese bepreisten Leistungsverzeichnisse mit der Kostenberechnung und den Ausschreibungsergebnissen zu vergleichen. Durch diese präzisierte Kostenermittlung und Kontrolle wurde der Kostenanschlag entbehrlich. Der Kostenanschlag umfasst nämlich gemäß DIN 276-1 : 2008-12 lediglich die Kostenermittlung bis zu 3. Ebene und die Ordnung nach Vergabeeinheiten.

b) Dokumentation: In allen Leistungsbildern der Objektplanung wurde in den Leistungsphasen 1 bis 3 die Grundleistung zur Dokumentation und Erläuterung der Ergebnisse präzisiert. Damit wurde die bisher in § 3 Abs. 8 a. F. geregelte Unterrichtung des Auftraggebers direkt in den relevanten Leistungsphasen aufgenommen. Die Prüfung und Wertung der Angebote ist ohne eine Dokumentation des Vergabeverfahrens nicht möglich und schließt diese ein. In der Leistungsphase 7 wurde daher die Dokumentation des Vergabeverfahrens aufgenommen. Die auch bisher schon bestehende systematische Zusammenstellung der zeichnerischen Darstellungen und rechnerischen Ergebnisse wurde nunmehr in die Leistungsphase 8 eingereiht, da sie zeitlich mit der Übergabe des Objekts verknüpft ist. Damit soll darauf hingewirkt werden, dass dem Auftraggeber bei einer etwaigen Teilabnahme nach der Leistungsphase 8 die notwendige Objektdokumentation zur Verfügung steht.

c) **Terminplanung:** Die Terminplanung der Leistungsbildern Gebäude, Freianlagen und Technische Ausrüstung wurde in den Leistungsphasen 2, 3 und 5 aufgenommen. In der Leistungsphase 8 war auch bisher das Aufstellen und Überwachen eines Terminplans verankert. Am deutlichsten ist diese Grundleistung im Leistungsbild Gebäude hervorgehoben, da diese übergreifende Objektplanung eine Vielzahl von Fachplanungen und Gewerken berücksichtigt und zusammenführen muss. Die in der Leistungsphase 2 aufgestellte Terminplanung soll in den Leistungsphasen 3, 5 und 8 kontinuierlich fortgeschrieben und ergänzt werden. Über die bisherige Teilleistung lit. 2) der Leistungsphase 8 der HOAI 2009 hinaus wurde das Erstellen, Fortschreiben und Überwachen des Terminplans als Teilleistung in die Leistungsphasen 2, 3, 5 und 8 aufgenommen. Zur Leistungsphase 8 (bisher: *„Aufstellen und Überwachen eines Zeitplans (Balkendiagramm)"*, neu: *„Aufstellen, Fortschreiben und Überwachen eines Terminplans (Balkendiagramm)"*) war das Fortschreiben des Terminplans während der Ausführung bereits durch das Überwachen erfasst und wurde zur Klarstellung aufgenommen. Darüber hinaus ist die Terminplanung während der Bauausführung durch die Berücksichtigung der ineinandergreifenden Abläufe der Bauarbeiten als fortlaufender Prozess zu betrachten. Daher war auch klarzustellen, dass neben dem Fortschreiben eine kontinuierliche Überwachung des fortgeschriebenen Terminplans im Bauablauf erforderlich ist. In den Leistungsbildern Ingenieurbauwerke und Verkehrsanlagen ist der Aspekt der Terminplanung mit Ausnahme der Leistungsphase 8 dagegen nicht berücksichtigt. Im Gegensatz zum Leistungsbild Gebäude laufen hier mehrere eigenständige Objektplanungen parallel (z. B. Wasserwerk, Brückenbauwerk, Kanal- und Schleusenbauwerk). Es war nach Willen des VO-Gebers deshalb nicht sachgerecht, diese übergreifende terminliche Planung auf Basis der anrechenbaren Kosten einer Objektplanung zu honorieren. Die objektübergreifende, integrierte Bauablaufplanung stellt daher eine Besondere Leistung dar.

2. Weitere Änderungen je Leistungsphase

a) **Leistungsphase 6: Vorbereitung der Vergabe:** Die Grundleistung *„Zusammenstellen der Vergabeunterlagen"* wurde systematisch der Vorbereitung der Vergabe zugeordnet und aus der Leistungsphase 7 in die Leistungsphase 6 verlagert.

b) **Leistungsphase 7: Mitwirkung bei der Vergabe:** Die ehemalige Teilleistung lit e) *„Verhandeln mit Bietern"* wird nunmehr in lit. d) *„Führen von Bietergesprächen"* genannt, da bei öffentlichen Auftragsvergaben Verhandlungen mit Bietern nicht bei allen Vergabearten zulässig sind. Unter Bietergesprächen sind Aufklärungsgespräche oder Verhandlungen im Rahmen der Vergabeverfahren zu verstehen.

c) **Leistungsphase 9: Objektbetreuung:** Der Aufwand für die bisherige Grundleistung *„Überwachen der Mängelbeseitigung"* ist im Umfang nur schwierig kalkulierbar. Daher soll die Überwachung der Mängelbeseitigung zukünftig als **Besondere Leistung** z. B. auf Zeithonorarbasis beauftragt werden können. Durch die neu aufgenommene Grundleistung der **fachlichen Bewertung der Mängel einschließlich notwendiger Begehungen** wird sichergestellt, dass der beauftragte Architekt oder Ingenieur auch nach Abschluss des Projekts dem Bauherrn bei auftretenden Mängeln zur Seite steht und eine verursachungsgerechte Inanspruchnahme des Schädigers ermöglicht wird. Mit der fachlichen Bewertung der Mängel soll in erster Linie die Zuordnung des Mangels zu einem Bau- oder Planungsbeteiligten aus fachlicher Sicht sichergestellt werden. Eine **Bewertung mit der Qualität und Ausführlichkeit eines Sachverständigengutachtens ist nicht Gegenstand dieser Grundleistung.** Mit der HOAI 2009 wurde die Frist zur Überwachung der Mängelbeseitigung gemäß § 13 Abs. 4 VOB Teil B auf vier Jahre festgelegt. Da diese **nicht** in jedem Fall die Vertragsgrundlage bildet, wurde die Frist für die fachliche Bewertung der festgestellten Mängel an § 438 Abs. 1 Nr. 2 BGB auf **fünf** Jahre angepasst.

3. Änderungen zu den Objektlisten

Die Objektlisten wurden neu strukturiert. Bisher waren diese nach den Honorarzonen gegliedert. Durch die Strukturierung nach Objekttypen und die tabellarische Zuordnung zu den Honorarzonen wird nach Meinung des VO-Gebers für den Anwender ein besserer Überblick geschaffen und die Zuordnung zur Honorarzone erleichtert.

Zur Anlage 10.1

(Grundleistungen im Leistungsbild Gebäude und Innenräume; Besondere Leistungen)

3   Das Leistungsbild Gebäude und Innenräume ist gegenüber der Anlage 11 der HOAI 2009 wie folgt geändert worden:

a) Leistungsphase 2: Vorplanung (Projekt- und Planungsvorbereitung)

– **Buchstabe c):** Anstelle des Planungskonzeptes ist die Vorplanung getreten. Damit soll verdeutlicht werden, dass über die gestalterische Konzeption hinaus Zusammenhänge, Vorgaben, Bedingungen mit und aus den Fachplanungen Bestandteil der Vorplanung sind. Dies ergibt sich auch aus den folgenden Teilleistungen der Leistungsphase 2.
– **Buchstabe e):** Über die eigene Planung hinaus trifft Planer als Objektplaner bereits in der Vorplanung die Pflicht zur Koordination und Integration der Leistungen der übrigen an der Planung fachlich Beteiligten. Aus diesem Grunde wurde bewusst der Begriff *„Arbeitsergebnisse"* der Vorplanung gewählt. Diese sind Grundlagen der weiteren Planungsschritte und müssen alle anderen fachlich Beteiligten zur Verfügung gestellt werden.
– **Buchstabe g):** Die alternative Kostenschätzung nach dem wohnungsrechtlichen Berechnungsrecht ist entfallen. Für die Regelung, die auf die Zweite Berechnungsverordnung verwies, existiert kein praktischer Bedarf mehr: Die Zweite Berechnungsverordnung findet im Wesentlichen auf den öffentlich geförderten und den steuerbegünstigten Wohnungsbau Anwendung. Diese Förderung des sozialen Wohnungsbaus wurde indes durch das WoFG 2002 grundlegend modifiziert. Die Zweite Berechnungsverordnung gilt lediglich für bestehenden Wohnungsbau, nicht aber für Neu- und Umbauten.

b) Leistungsphase 2: Neue Besondere Leistung „Vorbeugender und organisatorischer Brandschutz"

Der Leistungsphase 2 wurde die Besondere Leistung zur Erarbeitung und Erstellung von besonderen bauordnungsrechtlichen Nachweisen für den vorbeugenden und organisatorischen Brandschutz neu zugeordnet. § 11 Abs. 1 Musterbauvorlagen-Verordnung (MBauVorlV) enthält eine Liste von Angaben, die insbesondere für den Nachweis des Brandschutzes im Lageplan, in den Bauzeichnungen und in der Baubeschreibung, soweit erforderlich, darzustellen sind. Diese in die üblichen Bauvorlagen einzutragenden Angaben stellen somit keine besonderen bauordnungsrechtlichen Nachweise dar und sind somit den Grundleistungen der Objektplanung zuzuordnen. Bei Bestandsbauten oder im Falle von Abweichungen werden allerdings in der Regel darüber hinausgehende Unterlagen und Nachweise erforderlich, die den Besonderen Leistungen zuzuordnen sind. Nach § 11 Abs. 2 S. 1 MBauVorlV müssen bei Sonderbauten, Mittel- und Großgaragen zusätzliche Angaben gemäß dortiger Auflistung gemacht werden, also besondere bauordnungsrechtliche Nachweise, die in der Regel eine eigenständige Dokumentation erfordern, die über die vorbeschriebenen Einträge in die Planunterlagen bzw. üblichen Bauvorlagen hinaus geht. Es handelt sich somit um Besondere Leistungen. § 11 Abs. 2 S. 2 MBauVorlV legt fest, dass auch anzugeben ist, weshalb es der Einhaltung von Vorschriften wegen der besonderen Art oder Nutzung baulicher Anlagen oder Räume oder wegen besonderer Anforderungen nicht bedarf, siehe § 51 S. 2 Musterbau-Ordnung (MBO). § 11 Abs. 2 S. 3 MBauVorlV regelt, dass der Brandschutznachweis auch gesondert in Form eines objektbezogenen Brandschutzkonzeptes dargestellt werden kann. Die Bearbeitung dieser speziellen Fragestellungen erfordert besondere fachübergreifende Kenntnisse des baulichen, anlagentechnischen und betrieblich-organisatorischen Brandschutzes. In verschiedenen Bundesländern ist für die Bearbeitung dieser Nachweise eine besondere Qualifikation (z. B. Nachweisberechtigung, staatliche Anerkennung) bauaufsichtlich vorgeschrieben. Häufig sind hierfür besondere Planunterlagen als Visualisierung des Brandschutzkonzeptes zu erstellen, die erheblich über die in § 11 Abs. 1 MBauVorlV beschriebenen üblichen Bauvorlagen hinausgehen.

c) Leistungsphase 3: Entwurfsplanung (System- und Integrationsplanung)

– Buchstabe a): Die Zeichnungsmaßstäbe werden nur beispielhaft benannt und sollen den erforderlichen Durcharbeitungsgrad verdeutlichen. Da im Zuge des Computer-Aided-Designs jeder beliebige Maßstab ausgedruckt werden kann und auch je nach Projektgröße und -art die Planmaßstäbe variieren können, ist nicht der konkrete Maßstab ausschlaggebend, sondern der **Inhalt an Informationen.**

d) Leistungsphase 4: Genehmigungsplanung

– Buchstabe b): Wie unter Buchstabe a) auch schon bisher verwendet, wurde der Begriff *„Unterlagen"* durch den im Zusammenhang mit der Einreichung der Baugenehmigung üblicherweise verwandten Begriff *„Vorlagen"* ersetzt.
– Buchstabe c): Die hier aufgeführten Grundleistungen ergeben sich, soweit aufgrund von Auflagen zur öffentlich-rechtlichen Genehmigung Ergänzungen oder Anpassungen der Planunterlagen erforderlich sind. Gegenüber der bisherigen Formulierung der Teilleistung wurde darauf verzichtet, die Verwendung der Beiträge anderer an der Planung fachlich Beteiligter zu wiederholen. Müssen aber andere an der Planung fachlich Beteiligte für die Ergänzungen oder Anpassungen mitwirken, so sind diese auch weiterhin im Rahmen der Grundleistungen durch den Architekt zu beteiligen und deren Beiträge zu verwenden.

e) Leistungsphase 5: Ausführungsplanung

– Buchstabe b): Wie auch in der Leistungsphase 3 werden die Maßstäbe nur beispielhaft benannt und sollen den erforderlichen Durcharbeitungsgrad der Planung verdeutlichen.
– Buchstabe f): Die Leistung *„Überprüfen erforderlicher Montagepläne der vom Objektplaner geplanten Baukonstruktionen ..."* wurde neu als Grundleistung aufgenommen. Diese Grundleistung gehörte auch bisher schon zum Leistungsumfang, wird aber nun aus Gründen der Klarstellung aufgeführt. Dagegen wird das *„Prüfen und Anerkennen von Plänen Dritter, nicht an der Planung fachlich Beteiligter ... soweit die Leistungen Anlagen betreffen, die in den anrechenbaren Kosten nicht erfasst sind"*, als **Besondere Leistung** der HOAI 2009 fortgeführt.

f) Leistungsphase 7: Mitwirken bei der Vergabe

– Buchstabe a): Die neue Grundleistung *„Koordinieren der Vergaben der Fachplaner"* ersetzt die bisherige Grundleistung nach Buchstabe d) HOAI 2009 *„Abstimmen und Zusammenstellen der Leistungen der fachlich Beteiligten, die an der Vergabe mitwirken"*.
– Buchstabe c): Die Grundleistung wurde ergänzt um das Prüfen und Werten der Angebote zusätzlicher und geänderter Leistungen der ausführenden Unternehmen. Darunter sind im Zuge der Ausführung sich ergebende Änderungen z. B. hinsichtlich des beauftragten Produkts, Materialien etc. zu verstehen, die aber nicht zu einem geänderten Leistungsumfang gemäß § 10 Abs. 1 führen. Um dies klarzustellen, wurde auch das Prüfen und Werten von Nebenangeboten mit Auswirkungen auf die abgestimmte Planung als Besondere Leistung aufgenommen.

g) Leistungsphase 8: Objektüberwachung (Bauüberwachung) und Dokumentation

– Buchstabe a): Mit *„Überwachung der Ausführung des Objekts"* ist unter anderem auch die Übereinstimmung mit den Verträgen der ausführenden Firmen zu prüfen. Hierbei geht es um die Prüfung inwieweit die beauftragten Leistungen vertragsgemäß ausgeführt werden. Da sich dies nicht allein aus der Leistungsbeschreibung ergibt, sondern z. B. auch aus den Besonderen Vertragsbedingungen, wurden allgemein die Verträge in Bezug genommen. Mit der Überprüfung der Übereinstimmung der Ausführung mit den Verträgen ist keine rechtliche Vertragsprüfung gemeint.
– Buchstabe b): Überwachen der Ausführung von Tragwerken. Mit dieser Grundleistung soll klargestellt werden, ob und welche Tragwerke durch den Objektplaner im Rahmen der örtlichen Bauüberwachung in der Leistungsphase 8 zu überwachen sind. Im Wesentlichen geht es dabei

um die Kontrolle der Bewehrung im Stahlbetonbau. Es wird klargestellt, dass **nur einfache Tragwerke** der Honorarzone 1 und 2 gemäß § 49 Abs. 3 Nr. 1 und 2 vom Objektplaner überwacht werden. Wird das **Tragwerk** einer **höheren Honorarzone** zugeordnet, so handelt es sich bei der Kontrolle der Bewehrung um eine **ingenieurtechnische Kontrolle,** die nach Teil IV Abschnitt 1 vom Auftragnehmer als **Besondere Leistung** durch gesonderte vertragliche Vereinbarung übernommen und berechnet werden kann.
- Buchstabe k): Die Grundleistung h) HOAI 2009 wurde von *„Abnahme der Bauleistungen …"* neu mit *„Organisation der Abnahme der Bauleistungen …, Feststellen von Mängeln, Abnahmeempfehlung für den Auftraggeber"* in das Leistungsbild aufgenommen. Hintergrund ist, dass die rechtgeschäftliche Abnahme im Regelfall durch den Auftraggeber selbst erfolgt und der Architekt bzw. Ingenieur dafür eine Abnahmeempfehlung abgibt.

h) Besondere Leistung: „Erstellen einer Gebäudebestandsdokumentation":

In der Leistungsphase 9 wurde neu die Besondere Leistung *„Erstellen einer Gebäudebestandsdokumentation"* aufgenommen. Die Aufnahme dieser Besonderen Leistung soll eine bessere Abgrenzung gegenüber der Grundleistung des Buchstaben m) in Leistungsphase 8 *„Systematische Zusammenstellung der Dokumentation"* ermöglichen.
Die Grundleistung der Leistungsphase 8 konzentriert sich in Buchstabe m) auf das Zusammenstellen aller Daten und Ergebnisse des Objekts. Demgegenüber umfasst eine gesondert zu vergütende Gebäudebestandsdokumentation der Leistungsphase 9, wie sie z. B. in den Baufachlichen Richtlinien Gebäudebestandsdokumentation des Bundes festgeschrieben sind, alphanumerische und geometrische Bestandsdaten, die nach ganz bestimmten Anforderungen aufzubereiten und zu erstellen sind.

4   Zum Vergleich mit der Fassung 2013 – Anlage 10.1 – erfolgt nachfolgend die Aufstellung der Anlage 11 aus dem VO-Text 2009.

Anlage 11
(zu den §§ 33 und 38 Absatz 2)

Leistungen im Leistungsbild Gebäude und raumbildende Ausbauten sowie im Leistungsbild Freianlagen

Leistungsphase 1: Grundlagenermittlung

a) Klären der Aufgabenstellung,
b) Beraten zum gesamten Leistungsbedarf,
c) Formulieren von Entscheidungshilfen für die Auswahl anderer an der Planung fachlich Beteiligter,
d) Zusammenfassen der Ergebnisse;

Leistungsphase 2: Vorplanung (Projekt- und Planungsvorbereitung)

a) Analyse der Grundlagen,
b) Abstimmen der Zielvorstellungen (Randbedingungen, Zielkonflikte),
c) Aufstellen eines planungsbezogenen Zielkatalogs (Programmziele),
d) Erarbeiten eines Planungskonzepts einschließlich Untersuchung der alternativen Lösungsmöglichkeiten nach gleichen Anforderungen mit zeichnerischer Darstellung und Bewertung, zum Beispiel versuchsweise zeichnerische Darstellungen, Strichskizzen, gegebenenfalls mit erläuternden Angaben,
e) Integrieren der Leistungen anderer an der Planung fachlich Beteiligter,
f) Klären und Erläutern der wesentlichen städtebaulichen, gestalterischen, funktionalen, technischen, bauphysikalischen, wirtschaftlichen, energiewirtschaftlichen (zum Beispiel hinsichtlich rationeller Energieverwendung und der Verwendung erneuerbarer Energien) und landschaftsökologischen Zusammenhänge, Vorgänge und Bedingungen sowie der Belastung und Empfindlichkeit der betroffenen Ökosysteme,
g) Vorverhandlungen mit Behörden und anderen an der Planung fachlich Beteiligten über die Genehmigungsfähigkeit,
h) bei Freianlagen: Erfassen, Bewerten und Erläutern der ökosystemaren Strukturen und Zusammenhänge, zum Beispiel Boden, Wasser, Klima, Luft, Pflanzen- und Tierwelt, sowie Darstellen der räumlichen und gestalterischen Konzeption mit erläuternden Angaben, insbesondere zur Geländegestaltung, Biotopverbesserung und -vernetzung, vorhandenen Vegetation, Neupflanzung, Flä-

chenverteilung der Grün-, Verkehrs-, Wasser-, Spiel- und Sportflächen; ferner Klären der Randgestaltung und der Anbindung an die Umgebung,
i) Kostenschätzung nach DIN 276 oder nach dem wohnungsrechtlichen Berechnungsrecht,
j) Zusammenstellen aller Vorplanungsergebnisse;

Leistungsphase 3: Entwurfsplanung (System- und Integrationsplanung)

a) Durcharbeiten des Planungskonzepts (stufenweise Erarbeitung einer zeichnerischen Lösung) unter Berücksichtigung städtebaulicher, gestalterischer, funktionaler, technischer, bauphysikalischer, wirtschaftlicher, energiewirtschaftlicher (zum Beispiel hinsichtlich rationeller Energieverwendung und der Verwendung erneuerbarer Energie) und landschaftsökologischer Anforderungen unter Verwendung der Beiträge anderer an der Planung fachlich Beteiligter bis zum vollständigen Entwurf,
b) Integrieren der Leistungen anderer an der Planung fachlich Beteiligter,
c) Objektbeschreibung mit Erläuterung von Ausgleichs- und Ersatzmaßnahmen nach Maßgabe der naturschutzrechtlichen Eingriffsregelung,
d) zeichnerische Darstellung des Gesamtentwurfs, zum Beispiel durchgearbeitete, vollständige Vorentwurfs- und/oder Entwurfszeichnungen (Maßstab nach Art und Größe des Bauvorhabens; bei Freianlagen: im Maßstab 1 : 500 bis 1 : 100, insbesondere mit Angaben zur Verbesserung der Biotopfunktion, zu Vermeidungs-, Schutz-, Pflege- und Entwicklungsmaßnahmen sowie zur differenzierten Bepflanzung; bei raumbildenden Ausbauten: im Maßstab 1 : 50 bis 1 : 20, insbesondere mit Einzelheiten der Wandabwicklungen, Farb-, Licht- und Materialgestaltung), gegebenenfalls auch Detailpläne mehrfach wiederkehrender Raumgruppen,
e) Verhandlungen mit Behörden und anderen an der Planung fachlich Beteiligten über die Genehmigungsfähigkeit,
f) Kostenberechnung nach DIN 276 oder nach dem wohnungsrechtlichen Berechnungsrecht,
g) Kostenkontrolle durch Vergleich der Kostenberechnung mit der Kostenschätzung,
h) Zusammenfassen aller Entwurfsunterlagen;

Leistungsphase 4: Genehmigungsplanung

a) Erarbeiten der Vorlagen für die nach den öffentlich-rechtlichen Vorschriften erforderlichen Genehmigungen oder Zustimmungen einschließlich der Anträge auf Ausnahmen und Befreiungen unter Verwendung der Beiträge anderer an der Planung fachlich Beteiligter sowie noch notwendiger Verhandlungen mit Behörden,
b) Einreichen dieser Unterlagen,
c) Vervollständigen und Anpassen der Planungsunterlagen, Beschreibungen und Berechnungen unter Verwendung der Beiträge anderer an der Planung fachlich Beteiligter,
d) bei Freianlagen und raumbildenden Ausbauten: Prüfen auf notwendige Genehmigungen, Einholen von Zustimmungen und Genehmigungen;

Leistungsphase 5: Ausführungsplanung

a) Durcharbeiten der Ergebnisse der Leistungsphase 3 und 4 (stufenweise Erarbeitung und Darstellung der Lösung) unter Berücksichtigung städtebaulicher, gestalterischer, funktionaler, technischer, bauphysikalischer, wirtschaftlicher, energiewirtschaftlicher (zum Beispiel hinsichtlich rationeller Energieverwendung und der Verwendung erneuerbarer Energien) und landschaftsökologischer Anforderungen unter Verwendung der Beiträge anderer an der Planung fachlich Beteiligter bis zur ausführungsreifen Lösung,
b) zeichnerische Darstellung des Objekts mit allen für die Ausführung notwendigen Einzelangaben, zum Beispiel endgültige, vollständige Ausführungs-, Detail- und Konstruktionszeichnungen im Maßstab 1 : 50 bis 1 : 1, bei Freianlagen je nach Art des Bauvorhabens im Maßstab 1 : 200 bis 1 : 50, insbesondere Bepflanzungspläne, mit den erforderlichen textlichen Ausführungen,
c) bei raumbildenden Ausbauten: detaillierte Darstellung der Räume und Raumfolgen im Maßstab 1 : 25 bis 1 : 1 mit den erforderlichen textlichen Ausführungen; Materialbestimmung,
d) Erarbeiten der Grundlagen für die anderen an der Planung fachlich Beteiligten und Integrierung ihrer Beiträge bis zur ausführungsreifen Lösung,
e) Fortschreiben der Ausführungsplanung während der Objektausführung;

Leistungsphase 6: Vorbereitung der Vergabe

a) Ermitteln und Zusammenstellen von Mengen als Grundlage für das Aufstellen von Leistungsbeschreibungen unter Verwendung der Beiträge anderer an der Planung fachlich Beteiligter,

b) Aufstellen von Leistungsbeschreibungen mit Leistungsverzeichnissen nach Leistungsbereichen,
c) Abstimmen und Koordinieren der Leistungsbeschreibungen der an der Planung fachlich Beteiligten;

Leistungsphase 7: Mitwirkung bei der Vergabe

a) Zusammenstellen der Vergabe- und Vertragsunterlagen für alle Leistungsbereiche,
b) Einholen von Angeboten,
c) Prüfen und Werten der Angebote einschließlich Aufstellen eines Preisspiegels nach Teilleistungen unter Mitwirkung aller während der Leistungsphasen 6 und 7 fachlich Beteiligten,
d) Abstimmen und Zusammenstellen der Leistungen der fachlich Beteiligten, die an der Vergabe mitwirken,
e) Verhandlung mit Bietern,
f) Kostenanschlag nach DIN 276 aus Einheits- oder Pauschalpreisen der Angebote,
g) Kostenkontrolle durch Vergleich des Kostenanschlags mit der Kostenrechnung,
h) Mitwirken bei der Auftragserteilung;

Leistungsphase 8: Objektüberwachung (Bauüberwachung)

a) Überwachen der Ausführung des Objekts auf Übereinstimmung mit der Baugenehmigung oder Zustimmung, den Ausführungsplänen und den Leistungsbeschreibungen sowie mit den allgemein anerkannten Regeln der Technik und den einschlägigen Vorschriften,
b) Überwachen der Ausführung von Tragwerken nach § 50 Absatz 2 Nummer 1 und 2 auf Übereinstimmung mit dem Standsicherheitsnachweis,
c) Koordinieren der an der Objektüberwachung fachlich Beteiligten,
d) Überwachung und Detailkorrektur von Fertigteilen,
e) Aufstellen und Überwachen eines Zeitplanes (Balkendiagramm),
f) Führen eines Bautagebuches,
g) gemeinsames Aufmaß mit den bauausführenden Unternehmen,
h) Abnahme der Bauleistungen unter Mitwirkung anderer an der Planung und Objektüberwachung fachlich Beteiligter unter Feststellung von Mängeln,
i) Rechnungsprüfung,
j) Kostenfeststellung nach DIN 276 oder nach dem wohnungsrechtlichen Berechnungsrecht,
k) Antrag auf behördliche Abnahme und Teilnahme daran,
l) Übergabe des Objekts einschließlich Zusammenstellung und Übergabe der erforderlichen Unterlagen, zum Beispiel Bedienungsanleitungen, Prüfprotokolle,
m) Auflisten der Verjährungsfristen für Mängelansprüche,
n) Überwachen der Beseitigung der bei der Abnahme der Bauleistungen festgestellten Mängel,
o) Kostenkontrolle durch Überprüfen der Leistungsabrechnung der bauausführenden Unternehmen im Vergleich zu den Vertragspreisen und dem Kostenanschlag;

Leistungsphase 9: Objektbetreuung und Dokumentation

a) Objektbegehung zur Mängelfeststellung vor Ablauf der Verjährungsfristen für Mängelansprüche gegenüber den bauausführenden Unternehmen,
b) Überwachen der Beseitigung von Mängeln, die innerhalb der Verjährungsfristen für Mängelansprüche, längstens jedoch bis zum Ablauf von vier Jahren seit Abnahme der Bauleistungen auftreten,
c) Mitwirken bei der Freigabe von Sicherheitsleistungen,
d) systematische Zusammenstellung der zeichnerischen Darstellungen und rechnerischen Ergebnisse des Objekts.

I. Allgemeines

1. Zielsetzung

5   § 34 kann – ebenso wie der frühere § 19 GOA, § 15 HOAI 1996/2002 und § 33 HOAI 2009 – zusammen mit §§ 3, 6 und 7, sowie § 35 als das **wesentlichste Teilstück** auf dem Wege zur Ermittlung des Architektenhonorars bezeichnet werden, soweit von ihm erfasste Architektenleistungen von dieser Regelung betroffen sind. Hier tritt die Honorarermittlung nunmehr durch § 34 in ihr entscheidendes Stadium, bevor sich die insgesamt gewon-

nenen Erkenntnisse aus der Honorartafel des § 35 Abs. 1 für die Gebäude und die Innen-raumplanung ablesen lassen. Sie greift ein, wenn die anrechenbaren Kosten (§ 4) und die Honorarzonen (§§ 5, 35 Abs. 2 bis Abs. 7 bei Gebäuden und bei Innenraumplanung) er-mittelt sind. Dabei zwingt die im Rahmen der anrechenbaren Kosten festgelegte **unter-schiedliche Ermittlungsgrundlage** des § 4 Abs. 1 S. 3 i.V.m. DIN 276-1 : 2008-12 und § 6 Abs. 1 gerade für den Bereich des § 34 zu einer **getrennten Berechnung** einmal nach den **Leistungsphasen 1 bis 4** und zum anderen nach den **Leistungsphasen 5 bis 7 und 8 bis 9.**

Wichtig ist in diesem Zusammenhang **zunächst,** was ein Architekt aus dem jeweils **ge-schlossenen Vertrag als Leistung zu erbringen hat.** Dies ergibt sich primär aus dem Vertrag, sekundär aus den Vorschriften des BGB, regelmäßig den §§ 631 ff. Dagegen ent-hält die HOAI mit ihren Leistungsbildern nur Angaben über die Berechnung der Höhe des Honorars des Architekten.

Dem Grunde nach richtet sich der Honoraranspruch nach den vertraglichen, ersatzweise nach den gesetzlichen Leistungsbestimmungen. Durch die Unterscheidung zwischen Grundleistungen und Besonderen Leistungen wird nur geregelt, ob und wann sich der Architekt mit dem „Normalhonorar" begnügen muss und wann er, sofern die vertragli-chen Voraussetzungen vorliegen, zusätzliches Honorar verdient. Im Hinblick auf eine ord-nungsgemäße und mängelfreie Leistung wird damit keine abschließende Regelung getrof-fen (vgl. dazu: BGHZ 133, 399 = BauR 1997, 154 = NJW 1997, 586 = Schäfer/Finnern/Hochstein § 631 BGB Nr. 48; ebenfalls BGH BauR 1999, 187 = NJW 1999, 427 = Schä-fer/Finnern/Hochstein, § 631 BGB Nr. 55). Deshalb ist die ordnungsgemäße Beschrei-bung der vom Architekten zu erbringenden Leistung im Vertrag von besonderer Bedeu-tung (vgl. dazu insbesondere Wiener/Stemmer BauR 1998, 1129). Daher kann § 34 zu-dem auch als **Auslegungshilfe** bei mündlichem Architektenvertrag (so z.B. OLG Hamm ZfBR 2008, 567) dienen.

§ 34 ist als „Feinregelung" des Honoraranspruchs des Architekten zu verstehen. Auf sei-ner Basis, insbesondere in Absatz 4 und Anhang 10.1 erschließt sich dem Anwender unter Berücksichtigung der vertraglichen Leistungsverpflichtung und der hilfsweise eingreifenden gesetzlichen Bestimmungen zum Leistungsumfang (§§ 631, 632 BGB) die konkrete Hono-rierung. Dabei sind die **tatsächlichen** Leistungen entscheidend zu berücksichtigen.

Generell gilt also für die **Grundlagen der Honorarermittlung,** dass die Berechnung zunächst die anrechenbaren Kosten (§§ 4, 6 Abs. 1, 33) und die Honorarzone (§§ 5, 6 Abs. 1 Nr. 3, 35 Abs. 2, 4 bis 7 mit Anlage 10.2; bei dem raumbildenden Ausbau §§ 5, 6 Abs. 1 Nr. 3, 35 Abs. 3, 4 bis 7) zu ermitteln sind. **Danach ist in § 34 Abs. 3 festzu-stellen, welche Leistungsphasen gesamt oder Teilleistungen tatsächlich erbracht wurden und – unter Heranziehen der entwickelten und im Rahmen der Hono-rierungsermittlung anerkannten Listen nach Steinfort, Siemon oder anderer (s.u.; auch unter § 8 und Anhang VIII. in dieser Kommentierung) – der jeweili-gen Prozentsatz oder -anteil des auf den 100%igen Gesamtanteil der Leistungs-phasen 1 bis 9 entfallenden Gesamthonoraransatzes aus der Honorartafel nach § 35 Abs. 1 zu ermitteln. Allerdings ist darauf hinzuweisen, dass diese Listen in ihrem Ursprung aus den Berechnungsversuchen der Minderleistungen (Minde-rung, Gewährleistung, Erfüllungsleistung) kommen, aber neben dem dortigen Einsatzort auch für die Anwendung der Honorierung bei übertragenen Teilleis-tungen geeignet und anwendbar sind (siehe Erläuterungen von Siemon im An-hang VIII. dieses Kommentars).**

Festzuhalten ist weiterhin, dass die **Besonderen Leistungen** der Gebäude und Innen-räume sich im Anhang 10.1 für Gebäude und Innenräume befinden. Die im Anhang 10.1 – rechte Spalte – beispielhaft dort aufgeführten Besonderen Leistungen bzw. Teilleistungen sind preisrechtlich gem. § 3 Abs. 3 S. 2 und 3 völlig frei – unter Maßgabe der üblichen und ortsüblichen Handhabungen und Honorarermittlungen und -größen – zu vereinbaren.

Spezialregelungen enthalten zudem „*Umbau*" und „*Modernisierung*" (§ 36), „*Instand-haltung*" und „*Instandsetzung*" (§ 12); hier ist auf die Definitionen unter § 2 Abs. 1 bis 6, 8 und 9 insgesamt hinzuweisen, die auch ansonsten allgemeinen gesetzesähnlichen Charakter erhalten und beispielsweise in Begrifflichkeiten des allgemeinen Werkvertragsrechts, des Makler- und Bauträgerrechts, des Mietrechts und des Wohnungseigentumsrecht (z.B. 2. ÄndVO BV; §§ 10, 16, 21, 22 WEG) Bedeutung erlangen. § 2 Nr. 12 HOAI 2009 regelte die fachlich allgemein anerkannten Regeln der Technik – zuvor: allgemein anerkannte Regeln der Technik – deren Bedeutung in der DIN 276-1 : 2008-12 ausgeweitet wurde (siehe auch die Kommentierung unter § 4 Abs. 1). Diese Regelung ist entfallen, weil sie Mißverständnisse enthielt und überflüssig war. So basierte die Begriffsdefinition auch auf einem politischen und damit nicht tragfähigen Beschluss der Bundesregierung das Verbraucherrecht (und damit das zuständigen Verbraucherschutzresort) einfließen zu lassen. Da Verbraucher aber kaum die allgemein anerkannten Regeln der Technik bestimmen können, war dieser Fehler zu berichtigen. Zum anderen kann der Begriff des „Mangels" rechtlich nicht nur am Begriff der allgemein anerkannten Regeln der Technik festgemacht werden (siehe § 13 Abs. 1 VOB/B und § 633 BGB), sondern kann auch ein Rechtsbegriff aus dem Vertragsrecht sein und damit nichts mit einer preisrechtlichen Vorschrift zu tun haben. Zudem ist der ungeschriebene Verweis auf die DIN 276 als allgemein anerkannte Regel der Technik unverständlich gewesen und stand neben § 4. Weitere Spezialregelungen ergänzend zu § 34 sind Vorschriften der Vorplanung, Entwurfsplanung, Objektüberwachung als Einzelleistungen, § 9 für mehrere Vor- und Entwurfsplanungen und Aufträge für mehrere Objekte nach § 11.

2. Aufbau der folgenden Kommentierung

6   Bei der **folgenden Kommentierung** wird zunächst die in § 34 Abs. 4 und Anhang 10.1 – linke Spalte – aufgeführte grundlegende vertragliche Leistung in den jeweiligen Leistungsphase zugrundegelegt und der Anhang 10.1 somit nach vorne gezogen. Ebenfalls wurde aus der Anlage 10.1 – rechte Spalte – die jeweils betroffene Besondere Leistung in der jeweiligen Leistungsphase nachrangig aufgelistet und kommentiert. Am Anfang einer jeweiligen Kommentierung der Grundleistungen wird auf eine Einschätzung der Bewertung der Leistungteile in den einzelnen Leistungsphasen hingewiesen. Diese sind Näherungswerte und basieren auf der **„Siemon-Liste" (siehe auch Anhang IX. dieses Kommentars) und der Simmendinger-Liste.** Ebenso können die Liste von Pott/Dahlhoff/Kniffka/Rath, 7. Aufl., Anh. III oder Locher/Koeble/Frick, 12. Aufl. Anh. 3/1 und 3/2 herangezogen werden. Unterschiede zwischen der älteren „Steinfort-Liste" und den anderen Listen werden von Schwenker/Schramm DAB 2005, 480 dargestellt. Nach den Entscheidungen des BGH BauR 2005, 588 und BGH BauR 2004, 1640 steht fest, das solche Listen anerkannt sind. Gleichwohl wird in diesem Buch die Problematik des **anteiligen Honorarsatzes** als **sog. „Berechnung des Honorars in besonderen Fällen"** als **„Teilleistung" auch** unter **§ 8 Abs. 1 und 2 nebst tabellarischer Übersicht** der unterschiedlichen Ansätze besprochen.

3. Kritik am Aufbau der Regelung

7   Auch die Neuregelung des § 34 sieht weiterhin neun Leistungsphasen vor, obwohl dieses bereits häufiger als nicht mehr zeitgemäß angesehen wurde (hierzu insgesamt: Werner/Siegburg, BauR 2013, 1499, 1518; Fuchs/Berger/Seifert, NZBau 2013, 729 ff. u. NZBau 2014, 9 ff.). Dem tatsächlichen Bauverlauf entspricht die Aufteilung in die Leistungsphasen 2 bis 5 teilweise überhaupt nicht mehr. Insbesondere werden heute verschiedene Leistungsphasen zusammen oder ineinander „verschachtelt" erbracht. Dabei ist aber deutlich darauf hinzuweisen, dass neben dem technischen Fortschritt der CAD-Technik auch Leistungsanforderungen des institutionellen und des öffentlichen Auftraggebers gerade in der Planungsphase äußerst angestiegen sind. Nicht selten werden Leistungen aus den Phasen 3 und 5 bereits in Leistungsphase 2 erwartet, wie beispielsweise eine Kostenberechnung oder die vollständige planerische Abstimmung mit anderen Fachplanern (*Beispiel bei der Tragwerksplanung:* Schlitz- und Durchbruchspläne mit einem hohen Genauigkeitsgrad). Auch das Leistungsbild des Bauens im Bestand als übergeordnetes Leistungsbild wurde nicht eingeführt. Allerdings zeigt die neue Verortung der Instandhaltung und Instandset-

zung in den Allgemeinen Teil (§ 12) durchaus eine Überlegung des VO-Gebers in diese Richtung. Ausserdem kann durch die Wiedereinführung der Berücksichtigung des Umfangs der mitzuverarbeitenden Bausubstanz (§ 2 Abs. 7 und § 4 Abs. 3), sowie des Erhöhung des Honorars bei Umbauten und Modernisierungen in § 36, diese Kritik nicht mehr nachvollzogen werden. Zudem berücksichtigt diese Kritik auch nicht, dass gerade beim Bauen im Bestand die HOAI mit den verschiedenen Leistungsbildern übergreifende Planungen berücksichtigt und in der Grundregelung des § 11 und den Spezialregelungen in §§ 54 Abs. 3, 37 eine Doppelberechnung über die Anwendung der DIN 276-1 : 2008-12 (und DIN 276-4 : 2009-6 als allgemein anerkannte Regel der Technik bei Ingenieurbauwerken, Verkehrsanlagen, Tragwerksplanung, TGA) ausgeschlossen ist.

4. Regelungsgegenstand „Gebäudeplanung", § 34 Abs. 1 und Innenraumplanung, § 34 Abs. 2

§ 34 betrifft zunächst im Obersatz das **Leistungsbild Gebäude und Innenräume.** **8** Hiernach sind durch den Begriff „Leistungsbild" **sämtliche** durch die im Einzelnen zu erörternden Leistungsphasen umschriebenen **Arbeiten eines Architekten** erfasst, welche nach allgemeiner Erfahrung von ihm zur Unterstützung des Bauherrn **zwecks Verwirklichung eines Bauvorhabens** erbracht werden. **Anders:** Bietet ein Architekt die Erstellung des Bauwerks **selbst als Bauträger oder durch einen Bauträger an** und sind in diesem **Angebot die Planungsleistungen** des Architekten enthalten, indiziert dies, dass die Planungsleistungen **nicht gesondert** zu vergüten sind, sondern von der Baufirma im Zusammenhang mit der Angebotserstellung zu übernehmen und vom Bauherrn letztlich erst im Falle der Auftragserteilung zu vergüten sind (OLG Koblenz IBR 2008, 459).

Der in § 34 Abs. 1 zunächst verwendete Oberbegriff *„Leistungsbild Gebäude und Innenräume"* erfasst nicht schlechthin alles, was im Gesamtrahmen der HOAI nach § 2 Abs. 1 zum Objektbegriff etwa des Hochbaues gehört (z.B. Gebäude, sonstige Bauwerke, Anlagen, Freianlagen und Innenräume). Vielmehr beschränkt sich der Regelungsbereich des § 34 nach dem insoweit klaren Wortlaut in Absatz 1 zunächst auf bestimmte **Leistungen bei Gebäuden und Innenräumen, sofern diese unter den Begriff „Objekte" fallen** (zum Begriff „Objekt" noch nach der HOAI 2009 insgesamt: Fischer/Krüger BauR 2013, 1176), nämlich auf Neubauten nach § 2 Abs. 2, Wiederaufbauten nach § 2 Abs. 3, Erweiterungsbauten nach § 2 Abs. 4, Umbauten nach § 2 Abs. 5, Modernisierungen nach § 2 Abs. 6, sofern sie nicht unter die Innenräume nach § 34 Abs. 2, Instandhaltungen nach § 2 Abs. 9 und Instandsetzungen nach § 2 Nr. 8, sofern nicht unter Abs. 3 fallend. Hiernach werden also von § 34 nicht die weiteren, in dem früheren § 2 HOAI Fassung 1996/2002 auch noch genannten „Objekttätigkeiten" eines Architekten (Einrichtungsgegenstände gemäß Nr. 8 und integrierte Werbeanlagen gemäß Nr. 9) berührt. Ob diese unter die Begrifflichkeiten fallen, ist nunmehr unter Berücksichtigung der Objektlisten in Anlage 10.2 für Gebäude oder Anlage 10.3 bei Innenräumen ggfs. auch in technisch und vertraglicher Hinsicht auszulegen.

Die Begriffsbestimmungen des Abs. 1 umfassen damit folgende Leistungen der dort genannten Tätigkeitsobjekte:

a) Gebäude

Nach § 2 Abs. 4 der Musterbauordnung und z.B. § 1 Abs. 1 NachbRG NRW ist unter **9** einem **Gebäude** eine **bauliche Anlage** zu verstehen, die selbstständig benutzbar und überdacht ist, von Menschen aufrecht betreten werden kann und geeignet oder bestimmt ist, dem Schutz von Menschen, Tieren oder Sachen zu dienen. Diese Begriffsbestimmung umfasst daher nicht nur **zum ständigen Aufenthalt von Menschen** bestimmte Bauwerke, sondern z.B. auch Stallungen, Lagergebäude, Bürocontainer, Garagen und jedenfalls alle Objekte, die in der Objektliste der Anlage 10.2 und Anlage 10.3 genannt werden, ohne dass diese darin allerdings abschließend aufgeführt sind, da es sich dabei nur um Regelbeispiele handelt, sofern nur ihr Betreten durch Menschen vorgesehen ist. Im Übrigen muss ein Gebäude auch alle Begriffsmerkmale erfüllen, die dem **Bauwerk als Oberbegriff** eigen sind, so dass z.B. bewegliche, also nicht mit dem Grund und Boden verbundene Aufenthaltsräume (Wohnwagen, Messestände, Zelte, Campingwagen, Schaustellerwagen) nicht zu den Gebäuden zu zählen sind. Versteht man die Begriffsbestimmung mit diesen Einschränkungen, dann entspricht sie im Großen und Ganzen dem allgemeinen Verständnis und Sprachgebrauch und erscheint, obwohl sie in den Vorschriften des bürgerlichen Rechts nicht verankert ist, für den Bereich des Honorarrechts brauchbar. Geht man von dieser Begriffsbestimmung für Gebäude aus und sieht dies als Oberbegriff an, so folgt daraus, dass es sich um „unbewegliche, durch Verwendung von Arbeit und Material in Verbindung mit dem Erdboden hergestellte Sachen" (BGHZ 57, 60) handeln muss, siehe auch § 1 VOB/A. Daran aber fehlt es bei **Baubuden, Wohnwagen, Festzelten** und wohl auch bei **Messeständen.** Auch wenn man diese den **„baulichen Anlagen"** wird zuordnen müssen, so kommt dieser Abgrenzung doch entscheidende Bedeutung zu, da die HOAI in §§ 33 ff. nur die Honorare für Leistungen bei Gebäuden und Innenräumen regelt, nicht aber auch bei sonstigen baulichen Anlagen, so dass diese, soweit sie nicht ausnahmsweise in den Ingenieurleistungen anderer Teile geregelt sind, von der HOAI nicht erfasst werden. Das aber hat zur Folge, dass für Leistungen bei solchen baulichen Anlagen eine **freie Honorarvereinbarung möglich ist.**

b) Sonstige Bauwerke

10   Als **ungeschriebenen Teilbegriff** verwendet § 34 Abs. 1 den Begriff des **„Bauwerkes".** Was unter einem **Bauwerk** zu verstehen ist, ist im bürgerlichen Recht ebenso wenig gesetzlich festgelegt (hierzu und ausführlich zum Begriff des Bauwerkes und der Bauleistung beim BGB- und VOB-Vertrag siehe auch Ingenstau/Korbion, VOB/A, 18. Aufl., § 1 und § 1 Abs. 1 EG). Das Werkvertragsrecht des BGB benutzt den Begriff wiederholt (§§ 634a Abs. 1 Nr. 2, 648, 648a BGB), ohne ihn jedoch zu definieren. Aus § 638 BGB a. F. (im Gegensatz zu § 634a Abs. 1 BGB n. F.) lässt sich lediglich entnehmen, dass nicht jede Arbeit an einem Grundstück die Errichtung eines Bauwerks zum Gegenstand hat. Nach der zu § 638 BGB a. F. ergangenen umfangreichen Rechtsprechung fallen unter den Begriff des Bauwerks z. B.: Elektrohängebahn einer Werkhalle (BGH BauR 1997, 640), Einbauküche (OLG Köln NJW-RR 1995, 818 und KG NJW-RR 1996, 1010), Hofpflasterung (BGH BauR 1993, 217), technische Anlagen, die in einem Bauwerk integriert werden (BGH BauR 1997, 1018), Alarmanlage (OLG Hamm BauR 1997, 62), Außenwandisolierung und Drainage (BGH BauR 1984, 64), Einbau von Produktionsanlagen in bestehendes Gebäude (OLG Hamm IBR 1997, 330), Entwässerungsplanung (BGH BauR 1973, 332), Gleisanlagen der Bahn (BGH BauR 1972, 172), Kanalanlage, Klimaanlage (BGH BauR 1974, 57), Makadam-Decke auf Tankstellengelände, Wintergarten (OLG Hamm BauR 1992, 413) sowie Fertiggaragen (OLG Düsseldorf IBR 1999, 162) u. v. a. Ob diese zu § 638 BGB a. F. ergangene Rechtsprechung allerdings vollumfänglich auf den Begriff des Bauwerks in der HOAI übertragen werden kann, erscheint zumindest zweifelhaft.

11   Die hier maßgebliche **zivilrechtliche Rechtsprechung** umschreibt das Bauwerk als eine unbewegliche, durch Verwendung von Arbeit und Material hergestellte Sache (RGZ 56, 41, 43; RG JW 1908, 657; RG WarnRspr 1914, Nr. 333; BGH LM § 638 BGB Nr. 7; BGH BauR 1971, 259, 260; 1972, 172; BGH BauR 1977, 203; BGH BauR 1984, 64; BGH BauR 1978, 303). Hierher gehören alle über und unter der Erdoberfläche errichteten Werke (vgl. auch § 1 Abs. 1 ErbbRVO). Ein abschließender Katalog lässt sich bei der Vielfalt der Möglichkeiten nicht aufstellen. Die Abgrenzung ist eher an Hand von Beispielen zu verdeutlichen; als **Bauwerke** sind angesehen worden: selbstständige Keller (KG JW 1933, 1335); Träger einer Seilbahn (OLG Kiel OLG 25, 126); Gleisanlagen (BGH BauR 1972, 172; KGJ 29 A 132); Makadamdecke auf einem Tankstellengelände (BGH NJW 1964, 1791); Kanalanlage mit gemauerten Schächten (BGH Schäfer-Finnern Z. 2.414 Bl. 208 ff.); Rohrbrunnen, wenn er „mehr als eine kunstgerecht ausgeführte Veränderung des natürlichen Zustandes des Grund und Bodens" darstellt (BGH BauR 1971, 259, 260); Stahltürme, Förderanlagen in einem Grubenschacht (BGH a. a. O.); Grabdenkmale (OLG 8, 123); Schwimmbecken aus genormten Fertigteilen (BGH BauR 1983, 64); Klimaanlage in Druckereigebäude (BGH BauR 1974, 57); Fassadenschutzbeschichtung (BGH BauR 1970, 47); Drainagen (BGH BauR 1984, 64), Ausschachtungsarbeiten zur Vorbereitung

eines Bauwerks (BGH BauR 1977, 203). **Nicht** zu den **Bauwerken** hat die Rechtsprechung gezählt: festgeschraubte Maschinen (BayObLG 6, 596); lose in den Erdboden eingelegte Rohrleitungen (KGJ 29 A 133); Heizöltank im Erdreich (BGH BauR 1986, 437); Sportplätze (LG Braunschweig MDR 1953, 480). Man sieht, dass die Grenze fließend ist. Zweifel verlieren jedoch häufig dadurch an Bedeutung, dass ein Objekt, bei dem unsicher ist, ob es den Bauwerken zuzurechnen ist, auf alle Fälle unter den Begriff der baulichen Anlage fällt.

c) Anlagen

Auch den Begriff der *„Anlage"* verwendet § 34 Abs. 1 als **Teilbegriff.** Die **Anlage** ist   **12** ein Begriff, der herkömmlicherweise einen noch weitergehenden Bedeutungsinhalt hat als der des Bauwerks. Der Gesetzgeber verwendet im bürgerlichen Recht die Bezeichnung *„Anlage"* in unterschiedlichem Zusammenhang, z. B. dem der gefahrdrohenden Anlage in § 907 BGB, ferner im Zusammenhang mit der Grunddienstbarkeit (§§ 1020 ff. BGB) und dem Nießbrauch (§ 1037 Abs. 2 BGB). In § 1022 BGB ist von „baulichen Anlagen" die Rede, ein Anzeichen dafür, dass auch der Gesetzgeber im Zivilrecht Bauwerke als eine Untergruppe der baulichen Anlagen ansieht. § 1037 BGB zeigt, dass auch andere Objekte, die keine Bauwerke sind, zu den Anlagen gerechnet werden müssen; denn dort ist ausdrücklich die Rede von Anlagen zur Gewinnung von Bodenbestandteilen. Da indes der Verordnungsgeber nicht von „sonstigen Anlagen" spricht, sondern schlechthin von *„Anlagen"*, wird man seine Auffassung so verstehen müssen, dass er **„Werke und Einrichtungen"** (vgl. Palandt-Bassenge § 907 BGB Anm. 1, 2) mit Ausnahme von Bauwerken meint. Ausgenommen von dem Begriff sind ferner die in §§ 39 Abs. 1 gesondert definierten „Freianlagen". Unter einer **Anlage** ist nur ein solches Werk zu verstehen, **dessen Entstehung eine menschliche Planung voraussetzt und das zielbewusst errichtet wird. Keine Anlagen** sind daher Gegenstände, die ihre Entstehung **ausschließlich Naturkräften** verdanken (z. B. Teiche, sofern sie nicht künstlich angelegt worden sind) oder solche, die zwar auf menschliche Tätigkeit zurückgehen, aber nur eine zufällige Nebenfolge dieser Tätigkeit sind (z. B. Gebäudetrümmer nach einer Sprengung, vgl. OLG Hamm NJW 1954, 273). Die Frage, ob Anlagen auch in der willkürlichen Anordnung lebender Pflanzen bestehen können (vgl. § 907 Abs. 2 BGB), stellt sich im Rahmen der HOAI nicht, da Anlagen dieser Art zu den Freianlagen gehören oder die Ausgestaltung von Innenräumen betreffen.

d) Innenräume (§ 34 Abs. 2)

Durch die 1. ÄndVO wurde bereits **die Bewertung der Grundleistungen des Leis-**   **13** **tungsbildes „Innenräume" in den Bereich des § 15 HOAI 1986** aufgenommen, was § 34 jetzt fortsetzt; dabei wurden die Besonderheiten von Architektenleistungen im Rahmen von Innenraumplanungen hinreichend berücksichtigt.

Nachdem **noch** in § 3 Nr. 1 HOAI 1996/2002 von **„Innenräumen"** die Rede war, erfolgte durch die 3. ÄndVO zur HOAI eine Veränderung in *„raumbildende Ausbauten"*, womit eine Anpassung an die Formulierung in § 3 Nr. 7 HOAI 1996/2002 und vor allem an die Neuregelung der Honorarzonen für Leistungen und die Objektliste für *„raumbildende Ausbauten"* in §§ 14a und b HOAI 1996/2002 erfolgte, die erstmals durch die 3. ÄndVO in die HOAI eingefügt worden sind. Nunmehr ist die Definition in § 34 Abs. 2 übergegangen. Unter **Innenräumen** versteht man nach allgemeinem Sprachgebrauch in erster Linie **das Innere von Gebäuden,** das heißt die von dem Baukörper oder von Teilen deselben umschlossenen Raumgebildes. Die Zuordnung zu den Gebäuden ist indessen nicht begriffnotwendig. Auch ein durch natürliche Gegebenheiten gebildeter Raum kann begrifflich einbezogen werden, z. B. ein Raum im gewachsenen Fels, ebenso Räume, die sich nicht in einem ortsfesten Gebilde befinden, z. B. Räume in Landfahrzeugen, Schiffen und Flugzeugen. Die Innenräume beziehen sich ausschließlich auf Maßnahmen an Gebäuden, woraus sich eine entsprechende Eingrenzung dahin ergibt, dass diese von Bauteilen umschlossen sein müssen.

e) Neubauten und Neuanlagen

14   Neubauten und Neuanlagen sind neu zu errichtende oder neu herzustellende Objekte. Diese Begriffsbestimmung entspricht herkömmlicher Ausdrucksweise und herkömmlichem Inhalt (BR-Drucks. 270/76 S. 6). Der Begriff des Neubaus bezieht sich auf die unter § 2 Abs. 1 genannten Bauwerke unter Einschluss der Gebäude, der Begriff der Neuanlage auf die unter § 2 Abs. 2 aufgeführten Gebäude (-teile). Neue Innenräume können dagegen nicht Gegenstand eines Neubaus oder einer Neuanlage im Sinne der § 2 Nr. 2 sein. Neuerrichtung (Neuherstellung) bedeutet, dass das Objekt (Bauwerk, Anlage) vorher nicht existiert hat und seine Errichtung einer **besonderen neuen Planung** bedarf. Das heißt wiederum nicht, dass ein individueller Plan angefertigt werden muss, um das Bauwerk (die Anlage) zu einem Neubau (einer Neuanlage) zu machen. Auch das nach **Typenplänen,** etwa den durch entsprechende Software vorgegebenen Computerplänen oder nach wiederholt ausgeführten sogenannten „Schubladenentwürfen" errichtete Haus ist ein Neubau. Das Erfordernis einer besonderen (neuen) Planung besagt nur, dass zuvor an dieser Stelle ein solches Objekt nicht vorhanden gewesen ist. Es kommt daher auch nicht darauf an, ob früher an der Stelle, an der das Objekt errichtet wird, schon einmal ein anderes Objekt gestanden hat oder nicht. Wird ein Gebäude niedergerissen, um einem anderen Gebäude Platz zu machen, dann ist das neue Gebäude ein Neubau, wenn es eine neue Planung erfordert. Eine Neuanlage kann z. B. auch bei dem erstmaligen **Einbau einer Heizungs- oder Klimaanlage** in ein bestehendes Gebäude angenommen werden, selbst wenn dies im Rahmen eines Umbaus oder einer Modernisierung geschieht. Der Anbau an ein Krankenhausgebäude mit Treppen, Fluren, Versorgungsstraßen und Aufzügen ist kein Neubau und auch kein Umbau, sondern als Erweiterungsbau im Sinne des § 2 Nr. 4 (OLG Düsseldorf, BauR 2002, 117).

f) Wiederaufbauten

15   Die Wiederherstellung zerstörter Objekte auf vorhandenen Bau- oder Anlageteilen nennt § 2 Nr. 3 **Wiederaufbauten.** Die Definition knüpft an Formulierungen in § 16 GOA an (BRDrucks. 270/76 S. 6), ohne diese jedoch ganz zu übernehmen. § 16 GOA unterschied zwischen Wiederherstellungen (Abs. 1) und Wiederaufbauten (Abs. 3); der Unterschied bestand darin, dass bei der Wiederherstellung die bisherige Planung und Gestaltung nicht verändert wurde, während beim Wiederaufbau eine solche wesentliche Änderung stattfand. Letzterer war wie ein Neubau zu behandeln, sofern ein **neuer Entwurf** erforderlich war (§ 16 Abs. 5 GOA). Die HOAI fasst beide Gruppen unter der Bezeichnung „Wiederaufbauten" zusammen, trennt aber wie die GOA nach dem Maß der Erforderlichkeit einer neuen Planung: Ist eine **neue Planung** erforderlich, dann gilt der **Wiederaufbau als Neubau (§ 2 Abs. 3 S. 2).** Es kommt nicht darauf an, weshalb die neue Planung erforderlich ist. Auch dann, wenn zwar vollständige Übereinstimmung zwischen dem zerstörten und dem wieder zu errichtenden Objekt besteht, ist es als Neubau anzusehen, wenn die alten Pläne verloren gegangen sind und deshalb neu erstellt werden müssen. Über das Ausmaß der erforderlichen **Neuplanung** sagt der Verordnungstext nichts aus. Es kann aber durchaus vorkommen, dass vorhandene Pläne nicht mehr vollständig oder wegen des Fortschritts der Bautechnik nicht mehr brauchbar sind und durch neue Teilplanungen ersetzt werden müssen. Ob das Objekt dann als ein (bloßer) Wiederaufbau oder als ein Neubau zu behandeln ist, hängt davon ab, ob das **Schwergewicht der Planung** auf den noch benutzbaren vorhandenen Plänen oder auf den neu anzufertigenden Plänen liegt; es bedarf also nicht unbedingt einer vollständig neuen Planung.

16   Ein Wiederaufbau setzt ferner voraus, dass noch **alte Bau- oder Anlagenteile vorhanden** sind, z. B. Fundamente, der Keller usw. Muss das Objekt dagegen von Grund auf neu errichtet werden, dann handelt es sich um einen Neubau, wenn die alten Pläne nicht mehr vorhanden sind oder nicht uneingeschränkt benutzt werden können, also eine neue Planung erforderlich ist. Bei einem **Wiederaufbau nach vollständiger Zerstörung** (z. B. infolge Brandes) ist nicht schon von einem Neubau zu sprechen, wenn nach den vorhandenen Plänen das gleiche Gebäude wieder errichtet wird.

Der Wiederaufbau hat auch Berührungspunkte mit der **Instandsetzung** (§ 2 Nr. 8). **17**
Auch der Wiederaufbau ist im weiteren Sinne eine „Maßnahme zur Wiederherstellung des
Soll-Zustandes eines Objekts". Die Grenze liegt da, wo in erheblichem Umfang eine teilweise Erneuerung nicht mehr vorhandener Substanz des Objekts erforderlich ist: Die Ersetzung einer von Hausschwamm befallenen Innenwand ist Instandsetzung, die Wiedererrichtung eingestürzter Mauern dagegen Wiederaufbau.

Beim Wiederaufbau ist in der Hauptsache an die Wiederherstellung von Gebäuden ge- **18**
dacht, die durch Kriegseinwirkung oder sonstige Unglücksfälle (Brand, Explosion, Erdbeben) zerstört worden sind. Es kommen aber auch andere **Zerstörungsursachen** in Betracht, z.B. Abriss wegen allgemeiner Bauschäden, mögen diese eine Folge fehlerhaften
Bauens oder natürlicher Alterung oder äußerer Einwirkungen (Hochwasserschäden, Unterspülungen, Setzungen, Grundbruch, Bergbauschäden, Vertiefungen durch Nachbargebäude, Schwammbefall, Hausbockbefall) sein. Dagegen ist ein Abriss, der nur den Zweck
verfolgt, das Objekt durch ein anderes zu ersetzen, keine Zerstörung im Sinne der Vorschrift, auch dann nicht, wenn Teile des Baukörpers erhalten bleiben. Letzteres lässt sich
auch aus § 2 Nr. 5 entnehmen, wonach Umgestaltungen eines vorhandenen Objekts mit
wesentlichen Eingriffen in Konstruktion oder Bestand als **Umbauten** bezeichnet werden.

g) Erweiterungsbauten

Unter **Erweiterungsbauten** versteht § 2 Nr. 4 **Ergänzungen** eines vorhandenen Ob- **19**
jekts. Als Beispiele sind **Aufstockung** oder **Anbau,** was bereits in § 15 Abs. 1 GOA beschrieben war. § 15 Abs. 2 GOA nannte daneben noch **„Aufbauten"** und verstand darunter „Bauten nach neuer Planung auf vorhandenen Mauern oder Bauteilen". Auch solche
Objekte fallen nach der Amtlichen Begründung (BRDrucks. 270/76 S. 7) unter den Begriff der Erweiterungsbauten. Wesentliches Kriterium für Erweiterungsbauten ist die unmittelbare körperliche Verbindung mit einem bereits vorhandenen Objekt, wobei es aber
stets auch zu einer räumlichen Ausdehnung kommen muss, auch wenn dies den als Beispiel
aufgeführten Ergänzungen nicht immanent sein muss.

Erweiterungsbauten sind häufig, z.B. bei Aufstockungen, bei denen der alte Dachstuhl **20**
entfernt, vielfach aus statischen Gründen auch eine vorhandene Geschossdecke ersetzt
werden muss, nicht ohne erheblichen **Eingriff in die Konstruktion und die Bausubstanz** möglich. Durch solche Eingriffe wird die Erweiterung aber noch nicht zum **Umbau.** Vielmehr bleibt sie ein Erweiterungsbau, wenn das Ergebnis der Leistung in der Ergänzung (Vergrößerung) der bisherigen Bausubstanz besteht (OLG Düsseldorf, BauR 2002,
117 = NJW-RR 2002, 163).

In vielen Fällen werden aber Erweiterungsbauten und **Umbauten** zusammentreffen, **21**
weil dies entweder technisch und/oder konstruktiv notwendig ist oder weil der Bauherr
die Gelegenheit nutzt und zugleich mit dem **Erweiterungsbau auch Umbaumaßnahmen** oder umgekehrt in Auftrag gibt. Entscheidendes Kriterium ist im Übrigen, ob der
Schwerpunkt der gesamten Baumaßnahme auf dem Erweiterungs- oder auf dem
Umbau liegt (OLG Düsseldorf BauR 1987, 708 und OLG Düsseldorf, BauR 1995, 733).
Im letzteren Falle kann dann auch der **Umbauzuschlag** nach § 36 für die gesamte
Baumaßnahme vereinbart werden. Bei diesen **Um- und Anbauten** bereitet häufig auch
die Ermittlung der richtigen **Honorarzone** gemäß § 35 Abs. 2 bis 7 Schwierigkeiten, wobei aber jedenfalls auf das als Planungsziel **angestrebte umgebaute Neugebäude** und
nicht auf das umzubauende Altgebäude abzustellen ist (OLG Düsseldorf, BauR 1995, 733;
siehe aber Anlagen 10.2 und 10.3).

Ist dagegen eine Abgrenzung zwischen **Erweiterungsbau** und **Umbau,** insbesondere **22**
auch bezüglich der anrechenbaren Kosten für beide Baumaßnahmen, möglich, so erfolgt
die Honorarberechnung getrennt, wie es in § 36 vorgesehen ist, mit der Folge, dass für den
Umbau, aber eben nur für diesen, der Zuschlag nach § 36 vereinbart bzw. verlangt werden
kann. Bei der Honorarberechnung für Erweiterungsbauten sind bei der Ermittlung der
anrechenbaren Kosten nach der Fassung 2009 nicht die **Kosten der vorhandenen Bausubstanz,** die technisch oder gestalterisch mitverarbeitet wird, zu berücksichtigen. Es bestand die Möglichkeit der Erhöhung des Honorars durch Vertrag. In der aktuellen Fassung

ist nach § 2 Abs. 7 und § 4 Abs. 3 der Umfang der Kosten der vorhandenen Bausubstanz wiederum einzurechnen. Zudem bietet DIN 276-1 : 2008-12 in Ziffer 3.3.6 die Möglichkeit die anrechenbaren Kosten vorhandener Bausubstanz bei den entsprechenden Kostengruppen einzubeziehen. Vorrangig sind diese Fälle der Mitverwendung von alter Substanz bei Erweiterungsbauten/Anbauten nur dadurch zu lösen, in dem die Parteien einen angemessenen Ansatz der vorhandenen Bausubstanz finden und vertraglich festhalten.

23   Auch mit einem **Wiederaufbau** kann ein **Erweiterungsbau** im Zusammenhang stehen, z. B. wenn nicht nur das zerstörte Gebäude wiedererrichtet, sondern dieses zugleich durch einen **Anbau** oder eine **Aufstockung** erweitert wird. Normalerweise lassen sich die beiden Leistungen voneinander trennen. Es gibt aber auch Grenzfälle, bei denen die Erweiterung, wenn sie die frühere Konstruktion verändert, die Wiederbenutzung der alten Pläne teilweise ausschließt. In den Fällen, in denen der Umfang der Neuplanung überwiegt, wird aus dem mit einer Erweiterung verbundenen Wiederaufbau ein Neubau gemäß § 2 Nr. 2.

h) Umbauten

24   § 2 Nr. 5 hält sich an den Wortlaut des § 14 Abs. 1 GOA. Danach wurden als Umbauten **„wesentliche Eingriffe in Bestand oder Konstruktion eines bestehenden Bauwerks"** bezeichnet. Die HOAI verbessert diesen Wortlaut lediglich, indem sie auch das Ergebnis dieser Eingriffe, nämlich die Umgestaltung, mit einbezieht, hat aber inhaltlich keine Änderung getroffen (BR-Drs. 270/76 S. 7).

Über die **Abgrenzung des Umbaus vom Erweiterungsbau** ist auf die obigen Ausführungen zu den Erweiterungsbauten zu verweisen. Treffen Umbau und Erweiterungsbau zusammen, so ist eine **getrennte Honorarberechnung** vorzunehmen. Ist dies – insbesondere bei der Ermittlung der anrechenbaren Kosten – nicht möglich, so entscheidet der Schwerpunkt, ob von einem Umbau oder einem Erweiterungsbau auszugehen ist (OLG Düsseldorf BauR 1987, 708).

Umbauten sind ferner von **Modernisierungen** abzugrenzen. Umbauten brauchen nicht, wie die Modernisierung, zu einer Erhöhung des Gebrauchswertes zu führen. Andererseits schließen sie eine solche nicht aus. Führt also ein Umbau zu einer **Erhöhung des Gebrauchswertes** (und damit auch zu einer Modernisierung), dann liegt im Sinne der HOAI ein Umbau vor, dagegen keine Modernisierung. Bedingt umgekehrt eine der Modernisierung dienende Maßnahme einen **wesentlichen Eingriff in Konstruktion oder Bestand,** dann handelt es sich ebenfalls um einen **Umbau.**

25   Über das **Ausmaß der Umgestaltung,** das erforderlich ist, um den Begriff des Umbaus zu erfüllen, sagt die Vorschrift nichts. Ein Umbau liegt schon und immer dann vor, wenn **wesentlich** in **Konstruktion oder Bestand eingegriffen** werden muss. Es ist nicht erforderlich, dass **beides** erheblich verändert wird. Nur der Bestand wird z. B. verändert, wenn Bauteile wie Wände oder Treppen entfernt und ersetzt werden, die ohne Bedeutung für die Konstruktion, d. h. für das statische Gefüge des Bauwerks, sind. Erforderlich ist aber ein wesentlicher Eingriff in den Bestand, der nicht gegeben ist, wenn lediglich der Putz abgeschlagen oder eine Verschieferung am Giebel angebracht wird. Muss dagegen etwa eine Decke verstärkt werden, weil der darüber liegende Raum schwere Lasten aufzunehmen hat, dann kann ein erheblicher Eingriff in die Konstruktion vorliegen, während der Bestand unbeeinträchtigt bleibt. So liegt ein Umbau vor, wenn eine Dachgeschosswohnung in zwei Wohnungen unter Einbeziehung des Spitzbodens aufgeteilt wird und dazu Wände versetzt und Treppen eingebaut werden (OLG Düsseldorf BauR 1996, 893).

i) Modernisierungen

26   Der Begriff der Modernisierung findet sich z. B. auch im Gesetz zur Förderung der Modernisierung von Wohnungen (BGBl. 1976 I S. 2429), in § 17 Abs. 1 Satz 2 des II. WoBauG (vgl. dazu auch BVerwG NJW-RR 1987, 1489), im Entwurf des MietRÄndG vom 11.5.2011.

Unter **Modernisierungen** versteht § 2 Nr. 6 bauliche Maßnahmen zur nachhaltigen **Erhöhung des Gebrauchswertes eines Objekts,** grenzt aber sogleich gegen Erweiterungsbauten und Umbauten sowie gegen Instandsetzungen ab (siehe die Hinweise aus Abs. 4, 5 und 8): Führen **Erweiterungs- und Umbauten** zu Modernisierungen, dann bleiben sie gleichwohl Erweiterungs- oder Umbauten. Dasselbe ist der Fall bei Instandsetzungen, also Wiederherstellungen des Soll-Zustandes von Objekten, bei denen etwa wegen dabei erfolgter Verwendung moderner Baustoffe, neuartiger Installationsgegenstände usw. auch eine gewisse Modernisierung herbeigeführt wird. In diesen Fällen soll eine mehrfache Erhöhung des Honorars bei sich überschneidenden Maßnahmen vermieden werden. Modernisierung entfällt deshalb immer dann, wenn ein wesentlicher Eingriff in Konstruktion oder Bestand erfolgt **(Umbau)**. Wird umgekehrt durch eine Modernisierung auch eine **Instandsetzung** bewirkt – z.B. eine leistungsfähigere Heizungsanlage ersetzt eine veraltete, die noch dazu defekt war, dann bleibt die Maßnahme eine **Modernisierung**. Das Gleiche gilt für Instandsetzungen, die überhaupt erst durch die Modernisierung erforderlich werden, z.B. das Schließen von Wanddurchbrüchen und die Erneuerung des Innenputzes nach der Installation einer Zentralheizung in einem Haus, das vorher durch Öfen beheizt worden war.

27 Bei der Modernisierung muss es sich um eine **bauliche Maßnahme** handeln. Sie muss also den Baukörper selbst betreffen. Die Ersetzung von Kohleöfen durch Ölöfen oder Elektro-Radiatoren fällt daher z.B. nicht unter § 2 Nr. 6, wohl aber der Einbau einer Zentralheizung oder einer zentralen Ölversorgungsanlage, der Einbau von Verbundglasscheiben, die Einbringung einer wärmedämmenden Dachhaut, der Einbau von Bädern und dergleichen.

28 Welche **Arten von Maßnahmen** im Einzelnen als Modernisierungen anzusehen sind, ist in § 2 Nr. 6 nicht gesagt. Danach sind bauliche (Modernisierungs-) aber Maßnahmen, die den **Gebrauchswert der Wohnungen** erhöhen, insbesondere Maßnahmen zur Verbesserung des Zuschnitts der Wohnung, der Belichtung und der Belüftung sowie des Schallschutzes, der Energie- und Wasserversorgung sowie der Entwässerung, der sanitären Einrichtungen, der Beheizung und der Kochmöglichkeiten, der Funktionsabläufe in Wohnungen, der Sicherheit vor Diebstahl und Gewalt sowie Maßnahmen zur nachhaltigen Einsparung von Heizenergie. Ferner gehören hierzu auch Anbauten, die zur Aufnahme sanitärer Einrichtungen oder von Aufzügen dienen, ohne deshalb als Erweiterungsbau angesehen zu werden (vgl. OLG Düsseldorf BauR 2000, 117 = NJW-RR 2002, 163), schließlich besondere bauliche Maßnahmen für Behinderte und ältere Menschen (barrierefreies Wohnen). Nicht hierher gehören diejenigen baulichen Maßnahmen, die nicht den Gebrauchswert der Wohnungen erhöhen oder zu **Energieersparnis** führen, sondern lediglich die allgemeinen Wohnverhältnisse verbessern, wie die Anlage und der Ausbau von nicht öffentlichen Gemeinschaftsanlagen; denn die Verbesserung der allgemeinen Wohnverhältnisse ist als Merkmal der Modernisierung in § 2 Nr. 6 nicht genannt. Die baulichen Maßnahmen müssen zur **nachhaltigen Erhöhung des Gebrauchswertes** erfolgen. Es reicht aber nicht aus, dass die Erhöhung des Gebrauchswertes die subjektive Absicht oder Vorstellung des Planers oder des Bauherrn ist, während sich die Maßnahme in Wirklichkeit nicht eignet, zur Erhöhung des Gebrauchswertes beizutragen. Dies kann etwa der Fall sein bei der Vornahme modischer Veränderungen, die in Wirklichkeit nutzlos oder gar schädlich für den Gebrauchswert des Objekts sind. Andererseits genügt es, dass die Maßnahme objektiv einen Beitrag zur Gebrauchswerterhöhung leistet, auch wenn dies subjektiv nicht beabsichtigt ist oder wenn sie ihn auch allein noch nicht endgültig herbeiführt. So handelt es sich um eine Modernisierung, wenn die baulichen Voraussetzungen für die Installation einer Zentralheizung geschaffen werden, auch wenn der Einbau der Heizung selbst, der erst zu der Gebrauchswerterhöhung führt, nicht Gegenstand des Planungs- und/oder Überwachungsauftrags ist. Die Erhöhung des Gebrauchswertes der Objekte muss **nachhaltig** sein, d.h. sie darf nicht von vornherein nur für eine vorübergehende Zeit gedacht sein. Dass Bau- und Anlagenteile, die zur Erzielung des erhöhten Gebrauchswertes eingebaut werden, natürlichem Verschleiß unterliegen und in mehr oder weniger absehbarer Zukunft ersetzt werden müssen, spielt selbstverständlich keine Rolle.

29 Es muss sich um eine Erhöhung des Gebrauchswertes handeln. Die bloße **Erhöhung des merkantilen Wertes** genügt nicht. Die **Erhöhung des Handels- oder Mietwertes**

des Objekts kann beispielsweise auch erzielt werden durch Maßnahmen, die auf eine Steigerung des ästhetischen Wertes des Objekts abzielen, z.B. durch Anbringung künstlerischen Schmucks an einem Wohnhaus, Ersetzung von voll funktionsfähigen Türen durch technisch gleichwertige aus edlen Hölzern und dergleichen. In solchen Fällen liegt keine Modernisierung vor.

30   Der Ausdruck „Modernisierung" gibt nicht genau wieder, was der Verordnungsgeber meint. Die Definition in § 2 Nr. 6 zeigt vielmehr, dass es allein auf die nachhaltige Erhöhung des Gebrauchswertes ankommt. Das kann auch geschehen, indem modernere, erst jüngst entwickelte Bauteile, die aber von verhältnismäßig geringem Gebrauchswert sind, durch solche ersetzt werden, die es zwar schon längere Zeit gibt, die sich aber bewährt haben und den Gebrauchswert steigern. Auch in solchen Fällen handelt es sich um eine Modernisierung im Sinne der Vorschrift.

31   Hat die Maßnahme gebrauchswerterhöhende Vorteile zur Folge, aber gleichzeitig auch Nachteile, dann entscheidet eine **Abwägung der Vorzüge und Nachteile** darüber, ob von einer nachhaltigen Erhöhung des Gebrauchswertes die Rede sein kann. Dabei ist von der Zweckbestimmung des Objekts auszugehen: Betrifft etwa der Nachteil einen Umstand, der nach der Zweckbestimmung keine oder nur eine geringe Rolle spielt, dann steht er der Anerkennung der Gebrauchswerterhöhung unter Umständen nicht im Wege, während derselbe Nachteil bei anderweitiger Zweckbestimmung des Objekts so schwerwiegend sein kann, dass er diese Anerkennung verhindert.

j) Innenräume

32   § 2 Nr. 1 definiert die **Innenräume,** die häufig von **Innenarchitekten** geplant und überwacht werden nicht, sondern § 34 Abs. 2. Darunter ist die innere Gestaltung oder Erstellung von Innenräumen **ohne wesentliche Eingriffe in den Bestand oder die Konstruktion** zu verstehen. Dem Wortlaut nach sind damit Innenräume, gleich in welchen **Bauwerken oder Anlagen,** z.B. auch in Fahrzeugen (Flugzeugen, Schiffen) gemeint. Aus Anlage 10.3 ergibt sich aber, dass die HOAI Innenräume nur erfasst, wenn sie sich **in Gebäuden** befinden (früher zu § 25 HOAI 1996/2002: BR-Drucks. 270/76 S. 7), so dass **im Übrigen das Honorar frei vereinbart** werden kann.

33   Gestaltung oder Erstellung von Innenräumen müssen, um unter den Begriff zu fallen, **ohne wesentliche Eingriffe in Konstruktion oder Bestand des Gebäudes** erfolgen. Sie bilden damit das Gegenstück zu denjenigen Umgestaltungen eines Objekts, die mit wesentlichen Eingriffen dieser Art verbunden sind und die unter dem Begriff der **Umbauten** erfasst sind. So wie geringfügige Eingriffe in Bestand und Konstruktion nicht für die Annahme eines Umbaus ausreichen, so hindern sie auf der anderen Seite nicht die Annahme eines raumbildenden Ausbaus. Anders aber als der Umbau, der ein bereits vorhandenes Objekt voraussetzt, kann eine Innenraumplanung **auch im Zusammenhang mit einem Neubau** vorkommen. Die Innenplanung kann ferner im Zusammenhang mit Wiederaufbauten, Erweiterungsbauten, Umbauten und Modernisierungen stehen. Es fehlt jedoch eine eigenständige **Honorartafel** für diese Leistungen, so dass die des § 35 Abs. 1 zur Anwendung kommt.

34   Die **innere Gestaltung von Räumen** – der Erste genannte Fall einer Innenraumplanung in § 34 Abs. 2 Nr. 8 – kann sich auf unterschiedliche Bereiche erstrecken. Er kann die Formgebung (Proportionierung) unter technischen Gesichtspunkten betreffen, und zwar sowohl unter konstruktiven wie unter ausrüstungsbezogenen, er kann funktionelle oder auch ästhetische Zwecke verfolgen. Darunter fallen insbesondere die innere Gestaltung und der **Ausbau von Räumen,** Sälen und Hallen in Gaststätten, Hotels, Theatern, Kongresshallen, Flughäfen, Bahnhöfen usw.

35   § 34 Abs. 2 nennt weiter den Fall der **Erstellung von Innenräumen.** Da normalerweise die Raumaufteilung eines Gebäudes mit seiner Herstellung geplant und durchgeführt wird und die Veränderung der Raumaufteilung zumeist unter den Begriff des Umbaus fällt, sind hiermit nur die verhältnismäßig seltenen Fälle gemeint, in denen innerhalb eines vorhandenen Raums ein Innenraum geschaffen wird. Die Amtliche Begründung nennt in diesem Zusammenhang als Beispiel die Erstellung eines Kiosks in einer Bahnhofshalle

(BR-Drucks. 270/76 S. 7). Außerdem wird man auch die Erstellung und innere Gestaltung von **Messeständen** hier einzuordnen haben.

k) Instandsetzungen

Instandsetzungen – Maßnahmen zur Wiederherstellung des zum bestimmungsgemäßen Gebrauch geeigneten Zustandes eines Objekts – werden in § 2 Nr. 8 abgegrenzt gegen Wiederaufbauten und gegen solche Maßnahmen, die durch Modernisierungen verursacht werden. Der Begriff der Instandsetzung ist der DIN 31051 entnommen (BR-Drucks. 270/76 S. 7). Letztere führt den Begriff unter der Überschrift „**Instandhaltung**" auf und beschreibt ihn als „**Maßnahmen zur Wiederherstellung des Sollzustandes**" (DIN 31051.3.1). Die Notwendigkeit solcher Maßnahmen setzt einen Istzustand (den bestehenden tatsächlichen Zustand, DIN 31051.3.3) voraus, der von dem für den jeweiligen Fall festgelegten (geforderten) Zustand (Sollzustand, DIN 31051.3.2) abweicht. Das vorhandene Objekt muss also in irgendeiner Form Schaden genommen haben, sei es durch Witterungseinflüsse, altersbedingte Abnutzung, Emissionen, Brand, Sturm, Wasser oder auch durch mangelhafte Errichtung oder auch Unterhaltung, so dass z.B. auch **Sanierungsplanungen für ein Gebäude,** das nicht gegen drückendes Wasser isoliert worden ist, hierunter fallen. Jedoch darf dieser Istzustand nicht so beschaffen sein, dass das Objekt als (ganz oder teilweise) zerstört anzusehen ist. Dann handelt es sich um einen Wiederaufbau.

l) Instandhaltungen

Nach DIN 31051.3.1, die auch für den Begriff der **Instandhaltung** (§ 2 Nr. 9) maßgebend ist (BR-Drucks. 270/76 S. 7), ist die Gesamtheit aller **Maßnahmen zur Bewahrung und Wiederherstellung des Sollzustandes sowie zur Feststellung und Beurteilung des Istzustandes** zu verstehen. Da jedoch die Instandsetzung, das heißt die Beseitigung eines dem bestimmungsgemäßen Gebrauch nicht genügenden Istzustandes, bereits unter § 2 Nr. 8 definiert ist, umfasst § 2 Nr. 9 solche Maßnahmen nicht. Instandhaltung im Sinne der § 2 Nr. 9 sind daher nur solche Maßnahmen, die der **Bewahrung eines dem Sollzustand entsprechenden Istzustandes** dienen, also vor allem **konservierende und vorbeugende Maßnahmen.** Die DIN 31051 bezeichnet solche Maßnahmen als **Wartung** (3.1.1). Sie führt unter dem Oberbegriff der Instandhaltung aber zusätzlich die **Inspektion** auf (3.1.2) und umschreibt diese als Maßnahmen zur Feststellung und Beurteilung des Istzustandes. Es handelt sich um eine bloße Überprüfung, deren Ergebnis von Fall zu Fall darüber entscheidet, ob Maßnahmen zur Instandsetzung oder zur Instandhaltung erforderlich sind. Nach ihrem Wortlaut scheint daher die Vorschrift des § 2 Nr. 9 – ebenso wenig wie § 2 Nr. 8 – auf die Inspektion nicht zu passen. Da die **Inspektion** aber der **Vorbereitung von Instandhaltungsmaßnahmen** dienen soll, wird man sie als konservierende oder jedenfalls vorbeugende Maßnahme und im Sinne des § 34 Abs. 4 i.V.m. Anhang 10.1 wohl schon als **Grundlagenermittlung** auch der Instandhaltung zuordnen können, und zwar auch dann, wenn sich dabei herausstellt, dass weitere (Instandsetzungs- und Instandhaltungs-)Maßnahmen nicht erforderlich sind, dass also der Istzustand dem Sollzustand entspricht und diese Entsprechung nicht gefährdet ist.

Weitere Zusammenhängende Vorschriften zu § 34 Abs. 1 und 2

Ergänzende Regelungen zu den von § 34 umfassten, auf Gebäude bezogenen Tätigkeiten finden sich in § 36 (Umbauten und Modernisierungen) und **§ 12** (Instandsetzungen und Instandhaltungen). Auf Gebäude bezogene Sondervorschriften sind insbesondere noch in § 9 (Vorplanung, Entwurfsplanung und Objektüberwachung als Einzelleistung), § 10 (u.a. zur zeitlichen Trennung der Ausführung durch Anordnung des Auftraggebers – Änderungs- und Wiederholungsleistungen) und § 11 (Auftrag für mehrere Gebäude) enthalten. § 34 Abs. 1 erwähnt nicht ausdrücklich **Freianlagen.** Diese werden unter §§ 38 ff. separat behandelt. Zu beachten ist aber § 33 Abs. 3. Gemeint sind dort die Kostengruppen 500 – insbesondere 530, 540, 570 – und dort als Außenanlagen bezeichnet. Leistungen für Freianlagen – also nicht für Gebäude – sind in diese Regelung nicht mit **eingeschlossen. Es handelt sich im wesentlichen um die KG 510, 560, 570, 598, 599.** Hiernach

36

37

38

betrifft § 34 nicht nur Neubauten, Neuanlagen, Wiederaufbauten, Erweiterungsbauten, Umbauten, Modernisierung, raumbildende Ausbauten, Instandhaltungen und Instandsetzungen im vorangehend gekennzeichneten Sinne bei Gebäuden, sondern auch bei Freianlagen den im unmittelbaren Zusammenhang mit der Erstellung, Änderung oder Abbruch **in Zusammenhang stehenden Tätigkeiten bei Außenanlagen.**

5. Grundleistungen – Besondere Leistungen

39   Das jeweilige Leistungsbild „Gebäude" und „Innenräume" umfasst in seinem wesentlichen Kern Grundleistungen des Architekten, wie sie bereits aus § 15 Abs. 1 Satz 2 HOAI 1996/2002 und auch der Bewertungstabelle in § 15 Abs. 1 Satz 4 HOAI 1996/2002 hervorging. Mit Einführung der neuen HOAI 2009 wurde für den Begriff der Grundleistung der Begriff der „Leistung" verwendet. Nunmehr hat die HOAI 2013 als augenfälligste Änderung diesen Begriff wieder in den Begriff der „Grundleistung" zurückgeführt, was sicherlich auch der sprachlichen Klarheiten wegen galt. Der Begriff der Besonderen Leistung wird nur noch in § 3 Abs. 3 i. V. m. den jeweiligen Anhängen der Leistungsbilder verwendet; so im Anhang 10.1 in der rechten Spalte. Die Aufgliederung in Grundleistungen und Besondere Leistungen ergibt sich nicht erst aus § 34. Vielmehr ist sie eine der Grundlagen des durch die HOAI geregelten Gebührenrechts überhaupt, wie sich aus § 3 Abs. 1 ergibt. Allgemein erfolgt nach der HOAI die **Aufgliederung in Grundleistungen und Besondere Leistungen, sofern Leistungen in Leistungsbildern** erfasst sind (§ 3 Abs. 2 S. 2). Letzteres trifft gerade auf den § 34 zu. Auf § 34 übertragen bedeutet diese Unterscheidung im Wesentlichen:

40   Bei den **Grundleistungen** handelt es sich um solche, welche der Architekt im Rahmen der ihm übertragenen, von § 34 Abs. 3 i. V. m. § 3 Abs. 2 erfassten Aufgaben nach allgemein anerkannter Erfahrung sowohl im Bereich der Planung als auch dem der Aufsicht **im Regelfall zu erbringen** hat, um dem vom Bauherrn normalerweise erstrebten Leistungsziel sachgerechter und ordnungsgemäßer Bauherstellung gerecht zu werden („... zur ordnungsgemäßen Erfüllung eines Auftrages im Allgemeinen ..."); ohne diese Grundleistungen wäre das Bild von einer dem Architekten im Planungs- und Aufsichtsbereich obliegenden Aufgabe grundsätzlich **unvollständig.** Eich hat hierzu eine Untersuchung der notwendigen Elemente eines Inhalts eines Leistungs- und Honorarvertrages aufgrund empirischer Untersuchungen vorgelegt, FS Jochem, S. 41. Zu den neuen Grundleistungen in der HOAI 2013, Werner in FS Jochem, S. 147.

41   **Besondere Leistungen** sind hingegen solche, welche im Einzelfall zumindest nach Ansicht der Beteiligten **zusätzlich oder auch alternativ** erforderlich sind, weil mit dem Bauvorhaben oder der zu erreichenden erfolgsbetonten Leistungserfüllung des Auftragnehmers verbundene, über den Regelfall hinausgehende Umstände solche Leistungen notwendig machen. § 3 Abs. 3 i. V. m. Anlagen der einzelnen Leistungsbilder erfasst, also nicht Besondere Leistungen für sich allein (vgl. BGH BauR 1997, 1060 = NJW 1997, 3017 = Schäfer/Finnern/Hochstein § 632 Nr. 24 zu § 15 HAOI a. F.). Man kommt also mit den Leistungen nicht aus, um eine zutreffende und vollständige Erfüllung des Leistungszieles zu erreichen, sondern muss entweder zusätzlich zu den oder anstelle bestimmter Leistungen andere, aus dem allgemeinen Rahmen fallende erbringen. Dabei ist es letztlich entscheidend, wie der vom Bauherrn festgelegten Zielsetzung hinsichtlich Planung, Ausführung, aber auch späterem Nutzungszweck der Bauleistung **am sachgerechtesten** durch den Architekten gedient werden kann.

42   Die HOAI geht grundsätzlich davon aus, dass der Auftragnehmer, sofern ihm ein **umfassender** Auftrag über Grundleistungen nach dem Gesamtleistungsbild des § 34 Abs. 3 übertragen worden ist, er diese Leistungen auch **selbst** erbringt und er sie nur **ausnahmsweise** einem anderen an der Planung und Überwachung fachlich Beteiligten im Einvernehmen mit dem Auftraggeber überträgt. Im letzteren Fall trat eine Minderung des Honorars des Auftragnehmers ein, wie sich aus § 5 Abs. 3 HOAI 1996/2002 ergab, u. U. auch schon aus § 5 Abs. 1 und 2 HOAI 1996/2002, ergab. Dies ist mit der neuen HOAI über § 8 Abs. 1 oder Abs. 2 zu lösen oder vertraglich. Hinsichtlich der Besonderen Leistungen, die zu den Grundleistungen hinzutreten, müssen für eine zusätzliche, über die Bezahlung der Leistungen hinausgehende Honorierung die **Ausgangsvoraussetzungen des § 3 Abs. 3 erfüllt** sein. Sofern Besondere Leistungen **ganz oder teilweise an die Stelle** von Grundleistungen treten, ist zunächst § 3 Abs. 3 S. 2 zu beachten. Die **separate Vereinbarung** ist **zwingend** erforderlich, wobei es nicht auf die Schriftlichkeit ankommt, sondern die Vereinbarung über die Honorierung auch mündlich erfolgen kann. § 7 HOAI gibt hier nämlich keinen Hinweis. Damit sollten allerdings die Besonderen Leistungen auch schriftlich vereinbart werden, weil dem Planer der Nachweis einer Vereinbarung im Rahmen der Darlegungs- und Beweislast dann leichter fällt.

6. Leistungsphasen und ihre Ausführung

Der hier verwendete Begriff der Leistungsphasen war in der Ausgangsbestimmung des **43** § 2 Abs. 2 Satz 2 HOAI 1996/2002 dahingehend definiert, dass **sachlich zusammengehörige Grundleistungen** zu jeweils in sich abgeschlossenen Leistungsphasen zusammengefasst sind. Dies galt, über den Wortlaut des § 2 Abs. 2 Satz 2 HOAI 1996/2002 hinaus, im Rahmen des § 15 HOAI 1996/2002 nicht nur für Grundleistungen, sondern auch für Besondere Leistungen, wie sich aus § 15 Abs. 2 HOAI 1996/2002 ergab. Hierzu schweigt der Wortlaut auch in der Fassung 2013. Allerdings ergibt sich aus der BRDrucks. 395/09 Seiten 160, 191 ebenfalls keine Begründung. Dort wird nur darauf hingewiesen, dass die in der HOAI geregelten Leistungsbilder lediglich Gebührentatbestände für die Berechnung des Honorars seien und die Rechtsprechung des BGH keine normativen Leitbilder für den Inhalt von Verträgen mit der HOAI vorgebe (BGH, Urt. v. 24.10.1996 – VII ZR 283/95). Daraus ist zu schließen, dass bereits die HOAI 2009 bewusst an die 5. ÄndVO und die Kommentierungen dazu anschloss und diese sogar voraussetzte. Gedankliche Änderungen ergeben sich daher nicht.

Allerdings sind die für § 3 Abs. 2 S. 2 i. V. m. § 34 Abs. 3 und Anhang 10.1 maßgebenden Leistungsphasen nach den sachlich zusammengehörigen Grundleistungen ausgerichtet, während sich die Besonderen Leistungen in Anhang 10.2 nur an diese Aufteilung anlehnen. Das ergibt sich aus § 3 Abs. 3 S. 2 und § 34 Abs. 4. Danach sind die in § 34 Abs. 3 aufgeführten Leistungsphasen in den die Phasen 1 bis 9 zusammengefasst.

Diese neun Leistungsphasen sind

1. Grundlagenermittlung;

2. Vorplanung (Projekt- und Planungsvorbereitung);

3. Entwurfsplanung (System- und Integrationsplanung);

4. Genehmigungsplanung;

5. Ausführungsplanung;

6. Vorbereitung der Vergabe;

7. Mitwirkung bei der Vergabe;

8. Objektüberwachung (Bauüberwachung und Dokumentation);

9. Objektbetreuung.

Gerade für den Bereich der Leistungsphasen dokumentiert sich ein wesentlicher **Unter-** **44** **schied zu § 19 GOA:** Die Leistungsphasen sind gegenüber den Leistungsbildern der früheren Regelung nicht nur um **eine vermehrt,** sondern sie sind in ihren Umschreibungen auch **wesentlich eingehender gestaltet,** wie sich vor allem aus den Katalogen in § 15 Abs. 2 HOAI 1996/2002 und Anhang 10.1 ergibt. Das trifft **erst recht** auf die **Besonderen Leistungen im Anhang 10.1** zu, die früher überhaupt nicht von den Leistungsbildern des § 19 GOA erfasst waren und im Allgemeinen nur unter den Voraussetzungen des § 3 GOA honorarpflichtig wurden. Insoweit ist zuzugeben, dass die HOAI hier jedenfalls den Versuch unternimmt, im Wege der Ablösung der recht grob umschriebenen Leistungsbilder des § 19 GOA durch den heutigen Anforderungen an eine **sachgemäße Architektentätigkeit** eher gerecht werdende Einzelbeschreibung in den jeweiligen Leistungsphasen gebührenmäßig möglichst alle, grundsätzlich erforderlichen Einzelleistungen des Architekten zu erfassen. Dabei ist das Bestreben insbesondere auch dahin gerichtet, **Meinungsver-schiedenheiten** darüber, ob eine gebührenpflichtige Einzeltätigkeit vorliegt oder nicht, **zu verhindern.** Dass diesem Gesamtziel zusätzlich die vorerwähnte Aufteilung in Leistungen und Besondere Leistungen dienen soll, versteht sich am Rande. Dem gegenüber tritt allerdings die mit der Einführung der HOAI 2009 eingeführte Ausgliederung in die Anhänge, wobei allerdings die Besonderen Leistungen auch in den einzelnen dort beschriebenen Leistungsphasen eben nicht abschließend, sondern nur beispielhaft genannt sind.

45   Genaue **vergleichende Einordnungen** bestimmter Leistungsphasen in bestimmte Leistungsbilder des § 19 GOA lassen sich schon nach dem vorangehend Gesagten **nicht** vornehmen. Das ist umso schwieriger, als sich aus den genannten Bezeichnungen der einzelnen Phasen 1. bis 9. ihrem Wortsinn nach ergibt, dass ihre Bereiche zumindest teilweise anders abzustecken sind, als bei in etwa vergleichbaren Leistungsbildern des § 19 GOA. Das trifft erst recht zu, wenn die im Anhang 10.1 für die einzelnen Leistungsphasen zu den Grundleistungen umschriebenen Einzeltätigkeiten berücksichtigt werden.

Unter diesen **Vorbehalten** kann höchstens folgender Vergleich im Wege überschlägiger Gegenüberstellung angestellt werden:

GOA	HOAI bis 5. ÄndVO, HOAI 2009, HOAI 2013
1. Vorentwurf	1. a) Grundlagenermittlung
	b) Vorplanung
2. Entwurf	2. Entwurfsplanung
3. Bauvorlagen	3. Genehmigungsplanung
4. Massen- und Kostenberechnung	4. a) Vorbereitung der Vergabe
	b) Mitwirken bei der Vergabe
5. Ausführungszeichnungen	5. Ausführungsplanung
6. Künstlerische Oberleitung	6. a) Ausführungsplanung
	b) Objektüberwachung
7. Technische und geschäftliche Oberleitung	7. a) Vorbereitung der Vergabe
	b) Mitwirken bei der Vergabe
	c) Objektüberwachung
8. Bauführung (örtliche Bauaufsicht)	8. Objektüberwachung
	Dokumentation
	Objektbetreuung

46   Grundsätzlich geht die HOAI nicht nur von einem dem Architekten erteilten **umfassenden Auftrag** aus (BGH BauR 1997, 154 = NJW 1997, 586; BGH BauR 1999, 187), wofür der Architekt allerdings die Darlegungs- und Beweislast trägt (vgl. OLG Hamm BauR 1990, 636), sondern auch davon, dass er durchweg die **Leistungen aller Phasen erfüllt.** Dann wird ihm über § 34 Abs. 3 und § 8 Abs. 1 und Abs. 2 der **volle** Vergütungsanspruch vermittelt. Ist der **Auftrag** an den Architekten auf einzelne Leistungsphasen **beschränkt oder nicht vollständig vertraglich übertragen** (wie z. B. auf die Leistungsphasen 1–4; vgl. dazu BGHZ 102, 384 = BauR 1988, 234 = NJW 1988, 1261 = Schäfer/Finnern/Hochstein § 631 BGB Nr. 23, für den Fall eines Vorvertrages wegen der weiteren Leistungen; OLG Düsseldorf NJW-RR 1995, 1425 = Schäfer/Finnern/Hochstein § 15 HOAI Nr. 11, obwohl ein vom Auftraggeber nicht unterschriebener Vertrag die Erbringung der Leistungen der Phasen 1–8 vorsah), dann erfasst er jedenfalls nicht das gesamte Leistungsbild des § 34 Abs. 3 und Anhang 10.1. Es stehen ihm nur die für die übertragenen Phasen vorgesehenen **Teilhonorare** zu, wie sich aus § 8 Abs. 1 und 2 ergibt. Für diese Fälle ist die Aufstellung in § 34 Abs. 3 wesentlich, nach welcher die einzelnen Leistungen in Vomhundertsätzen bewertet werden, und zwar für Gebäude und für Innenräume. Diese Regelung ist also für einen solchen Fall besonders wesentlich. Wird einem Architekten der Auftrag erteilt, die zur Baugenehmigung erforderlichen Architektenleistungen zu erbringen, so umfasst dieser Auftrag grundsätzlich die Leistungsphasen 1 bis 4 des § 34 Abs. 3 i. V. m. Anhang 10.1 – Leistungsphasen 1 bis 4, weil die Genehmigungsplanung notwendigerweise die anderen Leistungsphasen mit umfasst, es sei denn, diese sind bereits

durch einen anderen Planer in einer für den beauftragten Architekten verwertbaren Weise erbracht worden (OLG Düsseldorf BauR 1981, 401; ebenso OLG Hamm NJW-RR 1990, 522; KG BauR 1996, 892; OLG Düsseldorf BauR 2000, 915 (Tragwerksplaner). Werden dem Architekten als selbstständiges Architektenwerk beispielsweise zunächst nur die Leistungen bis zur Entwurfsplanung in Auftrag gegeben und erhält er später den Auftrag, die Genehmigungsplanung zu erstellen (sog. stufenweise Beauftragung), so kann er Honorar für eine als solche mangelfreie Leistung bis zur Entwurfsplanung auch dann verlangen, wenn ihm die Erstellung der Genehmigungsplanung nicht gelingt (vgl. BGH BauR 1997, 1065 = NJW 1997, 135 = Schäfer/Finnern/Hochstein § 631 BGB Nr. 50). Wird ein Architekt mit den für ein Vermietungsangebot erforderlichen Architektenleistungen für ein noch zu errichtendes Zentrallager beauftragt, so sind die erforderlichen Arbeiten nach den Leistungsphasen 1 und 2 zu honorieren (OLG Düsseldorf NJW-RR 1998, 1317). Behauptet der Architekt, dass ihm weitergehende Teilleistungen in Auftrag gegeben worden sind, als vom Auftraggeber eingeräumt wird, trägt er auch insoweit die Darlegungs- und Beweislast (OLG Hamm BauR 1992, 797). Wichtig ist in diesem Zusammenhang, dass sich die Leistungspflicht des Architektenwerkes nicht aus der HOAI, sondern nur aus Vertrag und BGB-Regelungen bestimmt. Die Leistungsbilder der HOAI haben lediglich „Vermutungscharakter". Damit sind sie aber dennoch von Bedeutung bei der Zuordnung und Bestimmung des Leistungsumfangs. Das gilt insbesondere, wenn die Parteien die in Anhang 10.1 genannten Leistungen zum Gegenstand der Tätigkeit aufgrund pauschaler vertraglicher Vereinbarung und Inbezugnahme machen. Dann haben sie den in Anhang 10.1 beschriebenen Katalog zum Leistungsgegenstand des Vertrages gemacht (so auch Motzke zur a. F. BauR 1999, 1251; zur neuen Fassung: Locher/Koeble/Frik, § 34 Rdn. 15; Kniffka/Koeble, Teil 12, Rdn. 361, 362). Insoweit stellt § 34 Abs. 3 und Anhang 10.1 auch eine **Auslegungshilfe** dar (OLG Dresden, Urt. v. 15.2.2007 – 9 U 2057/08; Preussner, BauR 2006, 898, OLG Düsseldorf, BauR 2011, 1980, 1988), wenn eine Unklarheit oder Regelungslücke im Vertrag – wie bei mündlichen Verträgen – vorliegt (Koeble BauR 1996, 774; BGH, BauR 2007, 653 = NJW 2008, 285). Somit verbleibt es aber dabei, dass die HOAI kein normiertes vertragliches Leistungsbild ist, sondern eine **Honorarregelung** (BGH BauR 1997, 154; BGH BauR 1999, 187).

Daraus folgt aber auch, dass die in Anhang 10.1 aufgeführten Grundleistungen **nicht alle vollständig zu erbringen** sind, **wenn die Beauftragung und die notwendigen damit verbundenen Leistungen – auch nicht vollständig erbracht – zum vertraglichen und bei nicht eindeutig beschriebener oder beschreibbarem Leistungsumfang – erforderlich sind** (hierzu auch Irmler-Walter, § 33, Rdn. 10; Locher/Koeble/Frik, § 34, Rdn. 15). Der Architekt hat **dennoch einen dann vollständigen** Honoraranspruch. Das aber ist Frage des Einzelfalls und des jeweiligen Erfordernisses, wobei nicht verkannt werden darf, dass die Leistungserbringung **in sich** gesehen **absolut vollständig** erfolgen muss.

Ob damit dann auch Verschiebungen der prozentualen Honoraranteile der Teilleistungen infolge des jeweiligen Erfolgszwecks der notwendigen und erforderlichen (Teil-)Leistungen einhergehen, ist ebenfalls nach Auslegung des Vertragsinhalts zu ermitteln, aber unter den zuvor genannten Voraussetzungen erforderlich, um den prozentual durch § 34 Abs. 3 vorgegebenen Prozentanteil der Leistungsphasen beibehalten zu können. Das Ergebnis wäre hier nämlich ansonsten eine **Unterschreitung der Mindestsätze.** Das ist von § 7 Abs. 3 nicht mehr gedeckt. Zudem ergibt sich auch, dass diese Sichtweise aus § 3 Abs. 2 S. 1 folgt. Dort wird auf die „... *dnungsgemäße Erfüllung des Auftrages ...*" verwiesen. Daraus folgt, dass neben der vollständigen Leistung im Sinne des Vertragszweckes auch eine mangelfreie und nach dem Vertragszweck vorgesehene und für den Auftraggeber zu gebrauchende Leistung erbracht sein muss, auch wenn nicht nach dem Vertragszweck alle (Teil-) Leistungen notwendig entsprechend dem Katalog des Anhang 10.1 zu erbringen waren.

Daraus folgt dann auch, dass Anhang 10.1 eben nicht vollständig sein kann, wenn die speziellen Erfordernisse des Vertragsinhalts weitere Grundleistungen erforderlich machen, aber eben keine Besonderen Leistungen des Anhang 10.1 darstellen und auch nicht besonders vereinbart sind (auch das Honorar). Dies wiederum ergibt sich aus der Erfolgsbezogenheit des Architektenvertrages, der das Entstehenlassen einer umfassenden gebrauchsfähigen Architektentätigkeit voraussetzt (BGH, BauR 2007, 1761). Danach ist klar, dass es sich bei dem Inhalt der HOAI und insbesondere den Vorgaben des § 34 Abs. 3 und Anlage 10.1 eben **nicht um abschließende Darstellungen** handelt, sondern die HOAI eine **Auslegungshilfe** an diesen Punkten bietet (so auch BGH, BauR 2007, 1761, OLG Düsseldorf, BauR 2011, 1980, 1988; Motzke, BauR 1999, 1251, Locher/Koeble/Frik, 12. Aufl. § 34 Rd. 16; Kniffka/Koeble, Kompendium des Baurechts, 12. Teil, Rdn. 361, 362). Wird daher in einem Vertrag nur Bezug genommen auf eine Leistung „... *§ 34 HOAI und Anhang 10.1 ...* ", so ist mangels weiterer konkreter Regelungen davon auszugehen, dass der Architekt in jeder Leistungsphase eben Teilerfolge schuldet (BGH, NJW 2004, 2588). Daher ist auch in dem Anhang die jeweils letzte Bezifferung verständlich, wenn es dort u. a. heißt: „... *Zusammenfassen ... Erläutern ... Zusammenstellen ...* ". Dadurch soll der Schlusspunkt nach jeder Leistungsphase im Rahmen der **„Teilerfolgstheorie"** gesetzt werden. Daher ist die Teilleistung eine **Pflicht** und **keine Obliegenheit** des Architekten. In dem Fall in dem der Architekt damit auch bestimmte (Teil-)Leistungen nach dem Vertrag nicht erbringt, weil sie eben nicht vertraglich erforderlich sind, ergeben sich folglich auch keine Mangelrechte des Auftraggebers. Daher ist immer die vertragliche Auslegung vorrangig und wichtig und zunächst durchzuführen (OLG Düsseldorf, BauR 2011, 1980, 1988).

Davon zu unterscheiden ist aber die **Vereinbarung** des Bauherrn mit dem Architekten über die **Höhe einer Bausumme als Beschaffenheit des geschuldeten Werkes.** Dann bildet die festgelegte Summe die Obergrenze der anrechenbaren Kosten für die Honorarberechnung (BGH Schäfer/Finnern/Hochstein, § 10 HOAI Nr. 21; BGH BauR 1999, 1045 zum Vertragsgegenstand). Dies ist aber nicht eine Frage der Ansätze der Berechnung nach § 34 Abs. 3 und Anhang 10.1 und der erbrachten oder eben nicht erbrachten Leistungen z. B. vor der Kündigung des Architektenvertrages. Vielmehr darf der Architekt/Ingenieur bei der Abrechnung eben nicht den den festgelegten Betrag überschreitenden Betrag mit in seine Abrechnung aufnehmen, sondern ist aufgrund seiner Vereinbarung an die vereinbarte Summenobergrenze gebunden. Eine prozentuale Herabsetzung analog der Rechtsprechung zum Pauschalvertrag ergibt sich nicht. Dies gilt auch dann, wenn das vom Bauherrn verlangte Werk nur mit höheren Kosten verbunden ist, die realistischerweise dem Architektenvertrag dann zugrunde gelegt werden müssten (so auch BGH Schäfer/Finnern/Hochstein, § 15 HOAI, Nr. 21). Zudem ist eine Vereinbarung nur in den engen Grenzen der §§ 4, 6 und 7 Abs. 1, 2, 3, 4 und 6 möglich (hierzu siehe dortige Ausführungen; **zur Haftung nach fehlender Vereinbarung in Bezug auf Baukosten, siehe Ausführungen bei Leistungsphase 2 – Haftung;** Bräuer, NZBau 2013, 417).

47　　§ 34 besagt allerdings nichts zu dem **weiter möglichen Fall,** dass der Architekt gemäß einem eingeschränkten Auftrag aus einer oder auch aus mehreren Leistungsphasen **nur einzelne** der in den jeweiligen Katalogen des Anhangs 10.1 aufgezählten **Teilleistungen erbringt.** Das wird in § 8 geregelt. Dazu bestimmt § 8 Abs. 3 ergänzend im Kern, dass dann dem Architekten – unter Berücksichtigung eines etwaigen zusätzlichen Koordinations- und Einarbeitungsaufwandes – ein Honorar zusteht, welches dem Anteil der übertragenen Leistungen an der jeweiligen gesamten Leistungsphase entspricht (vgl. dazu im Einzelnen die Kommentierung zu § 8). Allerdings ist hierzu dann bei Übertragung von einzelnen Leistungen der Vorplanung oder Entwurfsplanung, sowie der Bauüberwachung die Spezialregelung des § 9 HOAI zu beachten, dabei werden der jeweilige Einarbeitungs- und Koordinierungsaufwand berücksichtigt; dieser ist aber weiterhin zwischen den Parteien ausdrücklich zu vereinbaren (siehe Kommentierung dort). Dennoch bildet der volle jeweils auf die Vorphase bezogene prozentuale Höhe den Ausgangspunkt für eine Vereinbarung der Parteien zu dieser zusätzlichen Honorierung und den Aufwand.

48　　Von den vorerwähnten Fällen zu unterscheiden ist wiederum derjenige, in welchem dem Architekten entweder **sämtliche oder auch einzelne** Leistungsphasen (Leistungen) **vertraglich übertragen** worden sind, er aber entweder einzelne Leistungsphasen oder Teile aus solchen **nicht erbringt.** Lässt der Auftragnehmer eine **ganze Leistungspha-**

se (oder gar mehrere) aus, wird sein Honorar um den entsprechenden, auf die betreffende Leistungsphase (oder die Leistungsphasen) entfallenden Anteil **gekürzt,** ohne dass es deswegen darauf ankommt, ob die Bauherstellung selbst mangelfrei oder mangelhaft ist (BGHZ 45, 372 = NJW 1966, 1713 = Schäfer/Finnern Z 3.01 Bl. 364; BGH NJW 1969, 420; OLG Düsseldorf BauR 1972, 384). Aus dieser, dem Sinn und Zweck der Architektenleistung entsprechenden und daher auch für die HOAI gültigen Rechtsprechung folgt, dass es in solchen Fällen zu einer **entsprechenden Anwendung des § 8 nicht** kommt, wenn es sich um die Berechnung des dem Auftragnehmer verbliebenen Honorars handelt. Dort ist vorausgesetzt, dass der vertragliche Leistungsinhalt nicht vollständig übertragen wird. Erbringt der Architekt aus einer oder mehreren Leistungsphasen an sich erforderliche **einzelne Grundleistungen nicht,** so steht ihm dagegen grundsätzlich das **volle Honorar** für die betreffende Phase zu, **sofern** die spätere Bauherstellung nicht darunter leidet und **nicht** deswegen mangelhaft ist (s. o. und Kommentierung zu § 8; so auch schon NJW 1969, 420; BGH BauR 1982, 290 = NJW 1982, 1387; OLG Frankfurt BauR 1978, 68; OLG Düsseldorf BauR 1972, 384; OLG Hamm BauR 1986, 710; OLG Frankfurt BauR 1982, 600; OLG Düsseldorf BauR 1982, 597; Locher/Koeble/Frik, 12. Aufl., § 34 Rdn. 15 und § 8 Rdn. 15 ff.). Umgekehrt ist davon auszugehen, daß der Architekt zwingend eben nicht alle Teilleistungen der Leistungsphase zu erbringen hat, um die vollständige Honorierung zu dieser Leistungsphase zu erhalten. Insoweit ist mißverständlich, wenn der Eindruck in der Rechtsprechung und Literatur entstanden ist, daß die Frage der prozentualen Zergliederung in den zu § 8 Abs. 1 und 2 entwickelten Listen von z. B. Steinfort, Simmendinger und Siemon (hier in der Kommentierung unter Anhang IX.) dies dort genannten Prozentanteile der Leistungsphasenteilleistungen etwa verbindlich oder vom VO-Geber vorgegeben sind. Das Gegenteil ist der Fall, denn es handelt sich um Erfahrungswerte zu arbeitsaufwendigem, technischem und zeitlichem produktivem Arbeitsaufwand des Planers selbst. Diese Liste haben Empfehlungscharakter für die Vertragsparteien diese Prozentsätze vertraglich festzulegen (siehe auch in diesem Kommentar Siemon-Tabellen unter Anhang IX.; siehe ebenfalls die Vertragsmuster der RBBau Fassung 9/2013, Ausgabe 2/2014). Damit ist immer die vertragliche Vereinbarung zur Leistungspflicht des Planers und die vertragliche Festlegung der Honorierung zur Erreichung dieses Ziels wesentlich (so auch Locher/Koeble/Frik, 12. Aufl., § 34 Rdn. 15).

Anders liegt der Fall, wenn das **Weglassen einzelner Leistungen** aus der oder den betreffenden Leistungsphase(n) zu einem **Mangel der Bauwerksleistung** geführt hat. Dann vermindert sich zwar der Vergütungsanspruch als solcher nicht, jedoch kann der Auftraggeber dann entweder Minderung der Vergütung (§ 634 BGB a. F./§§ 634 Nr. 3 2. Alt., 638 BGB n. F.) oder Schadensersatz wegen Nichterfüllung (§ 635 BGB a. F./§§ 634 Nr. 4, 636, 280, 281, 283, 311a BGB n. F.) verlangen; so auch BGHZ 83, 181 = NJW 1982, 1387 = BauR 1982, 290 = Schäfer/Finnern/Hochstein § 19 GOA Nr. 4 = MDR 1982, 572 = LM GebOA Nr. 27; OLG Hamm BauR 1986, 710. Der Architekt muss dann als Gewährleistungspflichtiger grundsätzlich eine entsprechende **Minderung** der Vergütung hinnehmen. Darüber hinaus hat die aufgezeigte Folge auch sonst ihre **Grenzen:** Sofern der unterbliebene, jedoch in Auftrag gegebene Leistungteil aus einer bestimmten Leistungsphase für die betreffende Bauabsicht und ihre sachgerechte Verwirklichung sich als **grundlegend** im Sinne eines **selbstständigen Leistungserfolges** darstellt, **mindert** sich ebenfalls das Honorar des Architekten. Das gilt z. B. für die Kostenschätzung aus der Leistungsphase 2, den Entwurf, die Objektbeschreibung und die Kostenberechnung aus der Leistungsphase 3 (vgl. dazu OLG Karlsruhe BauR 1993, 109; OLG Hamm NJW-RR 1994, 982 = BauR 1994, 793), das Erarbeiten der Vorlagen für die erforderlichen öffentlich-rechtlichen Genehmigungen oder Zustimmungen aus der Leistungsphase 4, die zeichnerische Darstellung des Objekts aus der Leistungsphase 5, die Massenermittlung und -zusammenstellung, die Leistungsbeschreibungen mit Leistungsverzeichnissen aus der Leistungsphase 6, den Kostenanschlag aus der Leistungsphase 7 und die Kostenfeststellung aus der Leistungsphase 8. Hier ist wesentlich, dass solche Leistungen unumgänglich notwendig sind, weil spätere Leistungen zwangsläufig auf ihnen aufbauen müssen, also **ohne diese „Vorleistungen" nicht sachgerecht bewerkstelligt** werden können (OLG Düsseldorf

BauR 2000, 908 = NZBau 2000, 295). Gleiches gilt für solche Teile von Grundleistungen aus bestimmten Leistungsphasen, die **so wesentlich** sind, dass davon **weitere Entscheidungen** des Auftraggebers in Bezug auf die Verwirklichung der Bauabsicht überhaupt oder jedenfalls im Hinblick auf die Art und Weise der Bauausführung abhängig sind. Auch in solchen Fällen mindert sich das Honorar des Architekten, und zwar ebenfalls in entsprechender Anwendung des § 5 Abs. 3. Gleiches gilt für jene Fälle, in welchen die betreffende Teilleistung des Architekten im **Sinne eines Mangels unvollständig ist und nicht mehr nachgeholt** werden kann, weil dies angesichts bereits fortgeschrittener Bauausführung sinnwidrig wäre.

Die Grundsätze der „**Symptomtheorierechtsprechung**" gelten auch im Architekten- und Ingenieurvertragsrecht (siehe allgemein in diesem Kommentar unter Einführung Rdn. 422). So hat der Bauherr aber auf jeden Fall die Darlegungs- und Beweislast für eine genaue Darlegung des Architektenfehlers nach der Abnahme des Architektenwerkes. Vor der Abnahme gelten wie im normalen Werkvertragsrecht die erleichterten Voraussetzungen (OLG Düsseldorf NJW-RR 1999, 1616; BGH BauR 1997, 135). Der Bauherr hat daher keine genaue Ursache und Kausalität anzugeben. Jedoch ist er **nicht befreit darzulegen**, wo und worin der Mangel oder Schaden liegt oder liegen könnte. Damit ergibt sich, dass auch beim Architektenwerk die Frage der Beweislast nicht betroffen ist, sondern die der Beschreibung der Darlegungslast. Daher ist der Bauherr auch nicht entlastet die Planungs- und Überwachung genau zu beschreiben (OLG Düsseldorf, NJW-RR 1999, 1616). Notwendig ist auf jeden Fall immer, dass dem Architekten/Planer für die Nachbesserung seines Werkes eine angemessene Frist zur Nachholung und Verbesserung der mangelhaften Leistungen gesetzt wird. Erst wenn er zu erkennen gibt, dass er dies nicht macht, so kann auch im vornhinein eine Fristsetzung entbehrlich sein, §§ 636, 281 Abs. 2 BGB.

Vereinbaren die Parteien eines Architektenvertrages, dass die Planung eines Bauvorhabens nach den geltenden öffentlich-rechtlichen **Förderungsrichtlinien** förderungswürdig sein müsse, kann die **unvorhersehbare Änderung** der Förderungsrichtlinien **zum Wegfall der Geschäftsgrundlage** führen; ist dies der Fall, kann der Auftraggeber Vorschüsse, die er auf die Honorarforderung geleistet hat, nur zurückverlangen, soweit die im Wege der Vertragsanpassung durchgeführte Abwicklung des Vertragsverhältnisses eine Überzahlung des Auftragnehmers ergibt (BGH BauR 1990, 379 = NJW-RR 1990, 601 = Schäfer/Finnern/Hochstein § 242 BGB Nr. 46).

Bei der Abrechnung von Honorar im Zusammenhang mit dem **Einsatz eines Generalunter- oder -übernehmers,** oder bei **Projektsteuerern** ergibt sich das Problem, dass nicht alle Leistungsansätze nicht erbracht werden müssen, weil es entweder nicht notwendig oder nicht verlangt wird. Zu dem Problemkreis Generalunternehmer siehe Rath, BauR 1996, 632. Hier sind Honorarabzüge berechtigt, wenn innerhalb der Leistungsphasen Leistungen nicht erbracht werden oder nicht vereinbart wurden. Hier kommt erneut zum Ausdruck, dass die vertragliche Leistungsregelung vorrangig vor der pauschalen Beschreibung der Leistungsphase und der in diesem Zusammenhang vorzunehmenden Abrechnung nach in der HOAI festgelegten Prozentsätzen für die Leistungsphasen sind. Die dort gemachten Angaben lassen sich nämlich gewichten und daher die Prozentsätze teilbar machen, je nach Schwerpunkt der Tätigkeit innerhalb der Leistungsphasen. Für den Architekten ist – sofern dieser Fall nicht schon vertraglich ausdrücklich geregelt wurde – ein Berufen auf den vollen Prozentsatz im Nachhinein nicht möglich (so auch Locher/Koeble/Frik, § 34, Rdn. 23). Diese Probleme des Leistungsumfangs lassen sich nunmehr mit § 8 im Rahmen der Leistungsvereinbarung zwischen dem Planer und dem auftraggebendem Generalunternehmer, Generalübernehmer oder Projektsteuerer in den Griff bekommen, wenn dort die Einzelleistungen genau beschrieben werden. Fallen später Leistungen fort oder werden diese geändert vom Auftraggeber, so kommt § 10 Abs. 1 oder Abs. 2 in Betracht, weil es sich dort um ein geregeltes **Anordnungsrecht des Auftraggebers** handelt.

Anders ist das zu sehen bei Entzug von – vertraglich aber vereinbarten – Teilleistungen innerhalb der Leistungsphasen oder bei Kündigungen grundsätzlich. Anders auch im Fall der Leistungsänderung (Anordnung) des Auftraggebers beim Wechsel des Vergabeverfahrens (a. A. OLG Nürnberg NJW-RR 1989, 407).

7. Honorar bei vorzeitiger Vertragskündigung

Das Vorerörterte führt zur Behandlung jener Fälle, in welchen dem Architekten zwar   **49** entweder sämtliche oder einzelne Leistungsphasen oder auch Teilleistungen aus einer oder mehreren Leistungsphasen vertraglich übertragen worden sind, er seine Arbeit aber nicht oder nicht zu Ende erbringen kann, weil der Architektenvertrag **vorzeitig gekündigt** worden ist.

Kündigt der Auftraggeber, was unter Umständen auch darin liegen kann, dass der Auftraggeber einen anderen Architekten mit der Weiterführung der Arbeiten beauftragt oder anders **konkludent,** wenn sich aus dem Verhalten des Bauherrn ergibt, dass der Wunsch besteht die Vertragsbeendigung herbeizuführen, jedenfalls nicht mit dem Architekten fortzuführen, z. B. Nichtreaktion auf Schreiben von Baubeteiligten (OLG Rostock IBR 2008, 337), so kommt es darauf an, **ob** er einen **wichtigen Grund** zur Kündigung hatte oder nicht (hierzu Kniffka, Jahrbuch BauR 2001, 1; Schiffers NZBau 2002, 185). Für den **letzteren Fall** ist zu vermerken, dass der Auftraggeber gemäß **§ 649 BGB** jederzeit das Recht zur Kündigung eines Werkvertrages, demgemäß also auch eines als Werkvertrag anzusehenden Architektenvertrages hat.

Mit dem Schuldrechtsmodernisierungsgesetz ist § 649 BGB nicht geändert worden. Durch die umfassenden Änderungen der §§ 323, 324 BGB wurden für alle Pflichtverletzungen einheitliche Rücktrittsregelungen zur Beendigung des Vertragsverhältnisses geschaffen. Der neu eingefügte § 314 Abs. 1 BGB ist jedoch vom Wortlaut aus nur auf Dauerschuldverhältnisse anwendbar. Dies ist der Werkvertrag eben nicht, obwohl er solche zeitlichen Dimensionen annehmen kann. Ein Dauerschuldverhältnis liegt nur vor, wenn die Vertragsparteien auch wechselseitig verpflichtete wiederkehrende Leistungen vereinbaren (vgl. auch Palandt/Heinrichs, § 314 Rdn. 2). Das wird vielfach übersehen. Die Meinung, dass § 314 BGB auf den Werkvertrag ebenfalls Anwendung finden kann, weil die Möglichkeit der Teilkündigung im Werkvertragsrecht anerkannt sei und daher bei Kündigungen aus wichtigem Grund anwendbar wäre (Böttcher ZfBR 2003, 213 ff.) übersieht, dass der Gesetzgeber das Problem sah (BT-Drucksache 14/6040 Seite 92), aber über die Neuregelung der §§ 323, 324 BGB lösen wollte, da der Werkvertrag eben kein Dauerschuldverhältnis ist. Sienz und Kraus üben zwar berechtigte Kritik an dieser Situation unter Hinweis auf eine nicht mehr bestehende Regelungslücke (Sienz BauR 2002, 181, 194; Kraus BauR 2002, 524, 527). Jedoch wird übersehen, dass auf der Grundlage der Regelung der §§ 280, 281 BGB der Maßstab für das Verschulden aus Anlass der Vertragserfüllung (Nebenpflichten) klar geregelt wurde und diese Regelungslücke hierüber zu schließen ist. Damit verbleibt aber die Anwendung des § 242 BGB in eben den nicht geregelten Fällen unter Hinzuziehung des Maßstabs aus §§ 280, 281 BGB. Die Vertragsparteien sind aber frei darin diese Situation vertraglich zu regeln.

Das Recht zur **Kündigung „ohne Grund"** ist aber nicht selten in formularmäßig aufgesetzten und auch sonstigen (individuell abgeschlossenen) Architektenverträgen **ausgeschlossen;** es ist also auch hinsichtlich des Auftraggebers nur eine Kündigung aus wichtigem Grund vereinbart. Dann gilt diese besondere vertragliche Absprache, zumal einer solchen Regelung auch für Formularverträge die Vorschriften der §§ 305 ff. BGB **nicht** entgegenstehen (a. A. OLG Hamburg MDR 1992, 1059; OLG Düsseldorf MDR 1999, 1439). Ist aber eine „grundlose" Kündigung des Auftraggebers möglich und macht er hiervon Gebrauch, so steht dem Auftragnehmer für den Normalfall des § 649 BGB, ausgerichtet nach dem Umfang des jeweils erteilten Auftrages (vgl. dazu für den Vorvertrag BGHZ 102, 384 = BGH BauR 1988, 234 = NJW 1988, 1261 = ZfBR 1988, 117), grundsätzlich die **volle Vergütung** zu (OLG Zweibrücken BauR 1989, 227), allerdings **abzüglich ersparter Aufwendungen** (BGH BauR 2005, 739 = NZBau 2005, 349). Letztere wurden für den Rahmen der GOA allgemein mit 40 % aus der dem Architekten vertraglich übertragen gewesenen, infolge der Kündigung nicht mehr erfüllten Leistung angesetzt, so dass ihm 60 % des **Gesamthonorars** für die nicht durchgeführten Leistungen (insoweit allerdings ohne Mehrwertsteuer, vgl. OLG Celle OLGR Celle 1994, 316) **zuerkannt** wurden, während die **bis zur Kündigung** geleisteten Arbeiten vom Auftraggeber **voll** zu honorieren waren (vgl. BGH NJW 1969, 419; BGH Schäfer/Finnern Z 3.01 Bl. 351; BGH BauR 1988, 82, 85; BGH, BauR 1988, 739 = Schäfer/Finnern/Hochstein § 649 BGB Nr. 14 = NJW-RR 1988, 1295; BGH BauR 2005, 739 = NZBau 2005, 349; OLG Naumburg IBR 2007, 688 – auch bei mangelhaftem Architektenwerk). Dem Auftraggeber oblag die Beweislast dafür, dass dem Auftragnehmer im betreffenden Fall – etwa wegen nicht ausgeführter Bauaufsicht – höhere ersparte Aufwendungen zugute gekommen waren. Wenn auch das Leistungsbild der HOAI, wie insbesondere durch die Leistungsphasen des § 34 Abs. 3 sowie die eingehendere Beschreibung der von ihnen jeweils erfassten Tätigkeiten in der Anlage 10.1 ausgewiesen wird, im Verhältnis zur GOA umfassender geworden ist, vor allem auch die Objektüberwachung der Leistungsphase 8 im Verhältnis zur örtlichen Bauaufsicht in § 19 Abs. 4 GOA mit einem höheren Honoraranteil vergütet wird, erschien dies auch noch lange nach Inkrafttreten der HOAI gerechtfertigt, und zwar vor allem auch nach der zwischenzeitlich ergangenen Rechtsprechung (vgl. die 6. Auflage an dieser Stelle). Insofern hat der BGH diese Rechtsprechung jedoch eindeutig durch Urteil vom 8.2.1996 – VII ZR 219/94 – geändert (BGH BauR 1996, 412 = NJW 1996, 1751 = Schäfer/Finnern/Hochstein § 649 BGB Nr. 26 = LM § 649 BGB Nr. 26; BGH BauR 1999, 167 = NJW 1999, 418; Schäfer/Finnern/Hochstein § 649 BGB Nr. 36). Danach ist auch beim Architektenvertrag bei den als erspart anzurechnenden Aufwendungen auf den konkreten Vertrag abzustellen. Dies bedeutet: welche ersparten Aufwendungen und welchen anderweitigen Erwerb er sich anrechnen lässt, hat der Architekt vorzutragen und zu beziffern. Trägt er nur einen bestimmten Prozentsatz vor – z.B. 40% –, so genügt er der Substantiierungslast nicht, weil nicht ersichtlich ist, wie er für den konkreten Vertrag gerade zu diesem Prozentsatz gekommen ist und ob er von dem richtigen Begriff der Ersparnisse ausgegangen ist. Damit ist dem Architekten sozusagen ein Privileg genommen worden und für seinen Vertrag gelten nunmehr dieselben Anforderungen, wie sie auch für den normalen Werkvertrag und insbesondere den Bauvertrag nach § 649 BGB bzw. § 8 Nr. 1 VOB/B gestellt werden (vgl. dazu auch Ingenstau/Korbion, B, § 8 Nr. 1 Rdn. 28 ff. und 34 ff.). Ist der Architekt allerdings Verwender einer nach den §§ 305 ff. unwirksamen Klausel, die zur Berücksichtigung der ersparten Aufwendungen einen pauschalen Abzug von 40% vorsieht, kann er sich auf die Unwirksamkeit der Klausel nicht berufen (OLG Rostock IBR 2008, 395; BGH BauR 1998, 866 = NJW-RR 1998, 1391). Hiernach ist der Architekt nunmehr verpflichtet, seine tatsächlichen Aufwendungen und demgemäß seine ersparten Aufwendungen an den einzelnen Leistungsbereichen, insbesondere Leistungsphasen festzuhalten, um im Falle der Vertragskündigung durch den Auftraggeber im Einzelnen vortragen zu können, also seiner Substantiierungslast zu genügen (BGH BauR 1996, 412; BGH BauR 2000, 126 = NJW 2000, 205). Hat der Architekt dem Folge geleistet, so muss auch hier der Auftraggeber im Einzelnen darlegen und beweisen, dass und inwieweit die Angaben des Architekten nicht stimmen und was demgegenüber richtig ist. Das dürfte dem Auftraggeber wie auch sonst nur schwer gelingen. Der Architekt hat also die Darlegungs- und Beweislast für die Höhe der ersparten Aufwendungen oder des anderweitigen Erwerbs nicht. Dies obliegt dem Bauherrn (BGH BauR 2001, 666). Das erscheint unbillig, ist jedoch die stringente Durchsetzung der Darlegungs- und Beweislastregeln. Allerdings muss doch beachtet werden, dass dem Architekten eine erste anfängliche Darlegungslast zu diesem Vortrag eben doch obliegt, da er für die Bezifferung natürlich zuständig ist (BGH BauR 2000, 430; Koeble BauR 2000, 791). Ersparte Aufwendungen sind entgegen Brügmann (NJW 1996, 2982) durchaus darlegbar, wenn er – was vorauszusetzen ist – im Rahmen seiner Berufsausübung eine Betriebsberechnung bzw. -abrechnung hat, wie sie jede selbstständig berufliche Tätigkeit schon aus steuerlichen Gründen notwendig macht. Eine andere Annahme wäre lebensfremd. Im Allgemeinen gelten als ersparte Aufwendungen Löhne und Gehälter, die der Auftragnehmer wegen der Kündigung des Vertrages nicht mehr zu zahlen braucht, was vornehmlich Zahlungen an freie Mitarbeiter (BGH BauR 2000, 126; OLG Düsseldorf IBR 2002, 26) oder Subunternehmer, wie Bauleiter, von ihm beschäftigte Fachplaner – wie Ingenieure, Zeichner, usw. – betrifft, sofern solche Personen speziell für ein bestimmtes Verhalten beauftragt oder eingestellt wurden. Insofern sind aber Aufwendungen nur ab dem Zeitpunkt erspart, ab welchem der Architekt rechtlich in der

Lage war, sich von dem betreffenden Personenkreis zu trennen (Wenner/Siegburg BauR 1997, 181; Niestrate ZfBR 1997, 9; BGH BauR 2000, 430; Werner/Pastor Rdn. 938 zu Kündigungen von freien Mitarbeitern – treuwidrig –). Für die Bemessung des Zeitraums, innerhalb dessen anderweitiger Erwerb im Sinne des § 649 S. 2 BGB entstanden sein kann, kommt es darauf an, welcher Zeitraum erforderlich gewesen wäre, um die infolge der Kündigung nicht mehr ausgeführten Leistungen bei ununterbrochener Arbeit auszuführen (OLG Rostock IBR 2008, 278).

Gelingt dem Architekten dieser Nachweis im Rahmen der ersten Darlegungslast nicht, so ist die Klage als derzeit unbegründet abzuweisen. Jedoch ist der Rest der Rechnung dann zu prüfen, der den ausgeführten Teil der Leistung betrifft (BGH BauR 1999, 265; BGH BauR 2000, 126; Koeble BauR 2000, 205; Wirth/Freund FS Vygen S. 88 ff.).

Erspart sind auch Nebenkosten, die nicht nach § 14 Abs. 2 HOAI gesondert abgerechnet werden dürfen, wie z. B. Fahrtkosten zur Baustelle, wenn die Fahrtstrecke nicht mehr als 15 km beträgt und die Kosten beim Auftraggeber nicht gesondert abgerechnet werden dürfen – vgl. § 14 Abs. 2 Nr. 4 –. Dies kann vor allem im Rahmen der Leistungsphase 8 des § 33 HOAI eine Rolle spielen. Auch sonstige auftragsbezogene Sachkosten (z. B. Papier, Bleistifte, Kosten spezieller Geräte – Kopierer, Scanner –), die nicht mehr anfallen, sind abzulehnen. Notfalls ist hier entsprechend § 287 Abs. 2 ZPO zu schätzen (Wenner/Siegburg BauR 1997, 181; BGH BauR 2000, 430).

Nicht erspart sind dagegen hinsichtlich des nicht ausgeführten Teils die sog. Allgemeinen Geschäftskosten, die dem Architekten unabhängig vom gekündigten Auftrag ohnehin entstehen, wie z. B. Mieten, Gehälter fest angestellter Mitarbeiter aller Art, Versicherungsprämien usw. Nicht erspart sind auch Nebenkosten, die der Architekt zusätzlich abrechnet, wenn nichts anderes vereinbart ist (BGH BauR 2000, 126; BGH BauR 2000, 430; OLG Düsseldorf BauR 2002, 649).

Erbringt der Inhaber eines Architektenbüros die Leistungen selbst, so ist seine monatliche Vorwegentnahme für die Kosten der Lebenshaltung nicht erspart, weil sie unabhängig vom gekündigten Auftrag entstehen (ähnlich: Niestrate ZfBR 1997, 9; allgemein dazu: Rinteln BauR 1998, 603 ff.).

Soweit sich der Architekt i. S. des § 649 S. 2 BGB anderweitigen Erwerb anrechnen lassen muss, den er selbst oder durch seine Mitarbeiter erzielt oder erzielen kann, so liegt dieser Sachverhalt nicht schon vor, wenn der Architekt schon vor der Kündigung durch den Auftraggeber hereingeholte Aufträge lediglich jetzt schon ausführen kann, weil er freigewordene Kapazitäten hat, da dies keine anderweitige Verwendung der Arbeitskraft ist. Vielmehr ist ein anderweitiger Erwerb nur vorhanden, wenn der Architekt ausschließlich durch die Kündigung in die Lage versetzt ist, überhaupt den anderen Auftrag auszuführen. Das wiederum ist nicht der Fall, wenn der andere Auftrag durch Überstunden oder neu beschäftigte oder neu eingestellte Mitarbeiter durchgeführt wird. Daher wird ein Architekt, der bisher jeden Auftrag, der ihm erteilt wurde und den er ausführen wollte, auch annehmen konnte, keinen anderweitigen Erwerb im zuvor genannten Sinn (so auch zutreffend Rinteln BauR 1998, 603 ff.).

Daher sind zunächst die Sachkosten zu bezeichnen. Dabei kann ein pauschaler Abzug von 2 % bis 5 % zutreffend sein (BGH BauR 2000, 430). Diese sind vom Architekten in der ersten Darlegung projektbezogen vorzutragen.

Sodann sind die Personalkosten zu ermitteln und nachvollziehbar darzulegen.

Werden diese Gesichtspunkte beachtet, so ergibt sich als Folge der BGH-Rechtsprechung (s. o.), dass selbst bei größeren oder mittleren Büros die beim infolge der Auftraggeberkündigung nicht ausgeführten Teil des Auftrages ersparten Aufwendungen unter 40 % liegen. Erst recht gilt dies für die kleinen Architekten- und Ingenieurbüros (vgl. dazu OLG Celle BauR 1999, 191). Ob dies allerdings im Einzelfall wirklich einen Vorteil bringt (Wenner/Siegburg BauR 1997, 181; Niestrate a. a. O.; ebenso v. Rinteln a. a. O.; siehe zu den Stundensätzen BGH, Urt. v. 17.4.2009 – VII ZR 164/07 und die Vorschläge von Siegburg – Siegburgliste – unter www.siegburgtabelle.de), dürfte die Praxis ergeben, da dem Architekten andererseits ein nicht unerheblicher Abrechnungsaufwand abverlangt wird, je weiter seine Tätigkeit bis zur Kündigung gediehen ist.

Somit ist dann, nach Darlegung der ersparten Aufwendungen auch ausreichend der Vortrag, dass der gekündigte Architektenvertrag mit dem vorhandenen Personal neben den anderen Aufträgen durchgeführt worden wäre und die anderen Verträge nicht als sog. „Füllaufträge" zu sehen sind, weil die Kapazität dafür ausreichend war und ist (BGH BauR 2000, 126; OLG Celle BauR 1999, 191).

Unbestritten ist allerdings, dass eine **individuelle Pauschalvereinbarung** im Falle der Kündigung nach § 649 BGB hinsichtlich eines bestimmten Satzes ersparter Aufwendungen zulässig ist. Nach der Kündigung des Pauschalvertrages muss der Architekt die erbrachten Leistungen von den infolge Kündigung noch nicht erbrachten Leistungen abgrenzen und darlegen, welcher Anteil des Pauschalpreises auf die erbrachten Leistungen entfällt (BGH BauR 2005, 739; OLG Dresden IBR 2006, 456). Dabei sind im Einzelnen die Arbeitsschritte der jeweiligen Leistungsphasen zu bewerten (z.B. durch Steinfort-Liste; siehe in dieser Kommentierung unter § 8; Siemon-Liste, siehe hier in der Kommentierung unter Anhang IX.; Simmendinger-Liste oder Pott/Dahlhoff/Kniffka/Rath, Anhang III) und dann der Leistungsstand prozentual zu gewichten. Sodann erfolgt der prozentuale Verhältnismaßstab zwischen Pauschalvertrag zu Mindestsatz/vereinbarter Satz/Höchstsatz der HOAI (siehe auch KG IBR 2007, 495). Haben die Parteien bei Vertragsschluss des Pauschalvertrages auch eine Bewertung bei der Abrechnung von Teilleistungen vereinbart, so hat der Architekt danach vorzugehen. Dabei reicht es aus, dass er die Erbringung bestimmte Leistungsphasen behauptet, da es für die Prüfbarkeit der Abrechnung ausreicht (BGH BauR 2005, 739 = NZBau 2005, 349 = NJW-RR 2005, 749). Einigen sich der Auftraggeber und Auftragnehmer nach Kündigung eines Pauschalpreisvertrages unter Bezugnahme auf ein Standardwerk zur Ermittlung des Wertes baulicher Anlagen (z.B. Ross/Brachmann, Wertermittlung) über die Art der Abrechnung, so ist die darauf basierende Abrechnung des Auftragnehmers prüfbar und wenn inhaltlich zutreffend, auch begründet (OLG Dresden IBR 2008, 74).

Anders sieht es nach der vorgeschilderten neueren Rechtsentwicklung **in AGB-rechtlicher** Hinsicht, vor allem **in Bezug auf mehrfach verwendete Formularverträge,** dabei nicht zuletzt den sog. Einheitsarchitektenvertrag, aus (soweit dieser überhaupt noch verwendet wird nach dem Rückzug der Bundesarchitektenkammer):

So hat der BGH im Urteil vom 10.10.1996 entschieden, dass die Ziff. 8.3 aus einer inzwischen längst überholten Fassung des Einheitsarchitektenvertrages gegen die §§ 11 Nr. 5b und 10 Nr. 7 AGB-Gesetz (jetzt § 309 Abs. 1 Nr. 5b BGB und § 308 Nr. 7 BGB) verstößt (vgl. BGH BauR 1997, 156 = NJW 1997, 259 = Schäfer/Finnern/Hochstein, § 10 Nr. 7 AGBG Nr. 5; BGH BauR 1998, 866 = Schäfer/Finnern/Hochstein, § 9 AGBG Nr. 78 = NJW-RR 1998, 139). Die Klausel ist nachfolgend benannt:

> *„In den übrigen Fällen (= also abgesehen von den Fällen, in denen ein wichtiger Grund vorliegt, den der Auftragnehmer zu vertreten hat) behält der Auftragnehmer den Anspruch auf das vertragliche Honorar, jedoch unter Abzug der ersparten Aufwendungen, die mit 40 % für die vom Auftragnehmer noch nicht erbrachten Leistungen vereinbart werden."*

Zur Begründung wird mit Recht ausgeführt, aus dieser Klausel ergebe sich konkludent, dass dem Auftraggeber der Gegenbeweis höherer ersparter Aufwendungen versagt sei. Außerdem lasse sich die Unangemessenheit dieser Klausel zwar nicht damit begründen, dass der Reingewinn des selbstständigen Architekten in der Regel unter 60% des Honorars liege. Jedoch sei die Klausel deswegen unwirksam, weil in ihr nicht die Möglichkeit aufgezeigt werde, dass sich der Architekt das anrechnen lassen müsse, was er durch anderweitige Verwendung seiner Arbeitskraft erwirbt oder zu erwerben böswillig unterlässt. Je nach Auftragslage und Zeitpunkt der Kündigung könne er die Möglichkeit haben, die durch die Kündigung freigewordenen Kapazitäten einschließlich seiner eigenen Arbeitskraft für andere Aufträge einzusetzen. Entgegen dem Inhalt dieser Klausel müsse er sich dies aber als ersparte Aufwendungen anrechnen lassen.

In Anbetracht dieser insofern sicher richtigen Entscheidung ist zunächst davor zu warnen, alte Formulare des Einheitsarchitektenvertrages oder vorformulierter architektenvertraglicher Bedingungen zu benutzen. Schon 1985 wurde nämlich die alte Fassung des Einheitsarchitektenvertrages, die Gegenstand der BGH-Entscheidung war, geändert und es hieß dort:

„**§ 8 Vorzeitige Auflösung des Vertrages**

...

8.3 In allen anderen Fällen behält der Architekt den Anspruch auf das vertragliche Honorar, jedoch unter Abzug ersparter Aufwendungen. Sofern der Bauherr im Einzelfall keinen höheren Anteil an ersparten Aufwendungen nachweist, wird dieser mit 40 % des Honorars für die vom Architekten noch nicht erbrachten Leistungen vereinbart."

...

Damit wurde – teilweise – schon damals der erstgenannte Teil der angeführten BGH-Entscheidung erledigt. Dieser hier maßgebende Teil aus dem Einheitsarchitektenvertrag 1985 wurde dann durch folgende Fassung – **jetzt § 9** – ersetzt:

...

„*(1) Der Vertrag ist aus wichtigem Grund kündbar.*
Hat der Architekt die Kündigung zu vertreten, so hat er nur Anspruch auf Vergütung der bis dahin erbrachten Leistungen. In allen anderen Fällen steht dem Architekten das vertraglich vereinbarte Honorar zu; er muss sich jedoch dasjenige anrechnen lassen, was er infolge der Aufhebung des Vertrages an Aufwendungen erspart oder durch anderweitige Verwendung seiner Arbeitskraft erwirbt oder zu erwerben böswillig unterlässt.
Sofern der Bauherr im Einzelfall keinen höheren Anteil an ersparten Aufwendungen nachweist, wird dieser mit 40 % des Honorars für die vom Architekten noch nicht erbrachten Leistungen vereinbart.
(2) Will der Bauherr einen Abzug wegen Erwerbs durch anderweitige Verwendung der Arbeitskraft des Architekten oder böswilliger Unterlassung anderweitigen Erwerbs vornehmen, so trägt er insoweit dem Grund und der Höhe nach die Beweislast."

...

Hiernach scheinen die aus der vorgenannten BGH-Entscheidung sich ergebenden AGB-rechtlichen Bedenken durch diese Fassung erledigt zu sein. Dies trifft jedoch nur vordergründig zu, wie sich vor allem aus der oben zitierten Entscheidung des BGH vom 8.2.1996 (BGH BauR 1996, 412 = NJW 1996, 1751 = Schäfer/Finnern/Hochstein § 649 BGB Nr. 26 = LM § 649 BGB Nr. 26) ergibt. Diese **Bedenken** beziehen sich **auf § 9 Abs. 2 der – jetzigen – Fassung des Einheitsarchitektenvertrages** (soweit er nicht von der Bundesarchitektenkammer nicht mehr empfohlen wird), weil insoweit dem Auftraggeber voll die Darlegungs- und Beweislast obliegen soll (ebenso Wenner/Siegburg a. a. O.). Diese Klausel bedeutet so einen Verstoß gegen § 309 Nr. 12 BGB (§ 11 Nr. 15 AGB-Gesetz a. F.), weil hiernach bei objektiver Auslegung eine unzulässige Umkehr der Beweislast vorliegt. Nach § 649 Satz 2 BGB ist der Anspruch des Architekten um die ersparten Aufwendungen und/oder anderweitigen Erwerb von vornherein verkürzt. Dies bedeutet aber, dass der Architekt zunächst darlegen muss, ob und welche ersparten Aufwendungen und/oder welchen anderweitigen Erwerb er hat oder gehabt hat. Dann erst ist sein Anspruch schlüssig. Dagegen verstößt § 9 Abs. 2 des Einheitsarchitektenvertrages **1994** gegen die zwingende Bestimmung des § 309 Nr. 12 BGB (§ 11 Nr. 15 AGBG a. F.). Erst wenn der Architekt die vorgenannten Gesichtspunkte oder Einzelheiten dazu hinreichend vorgebracht hat, hat der Auftraggeber die Darlegungs- und Beweislast, dass dies im konkreten Fall nicht zutrifft. Entgegen Niestrate (a. a. O.) liegt in der vorgenannten Klausel des Einheitsarchitektenvertrages von 1994 aber nicht ein Verstoß gegen § 307 BGB (§ 9 AGBG a. F.) deswegen vor, weil in § 9 Abs. 2 des Vertragsmusters nicht der Abzug von Gegenansprüchen ausdrücklich bestimmt ist. Denn in § 649 Abs. 1 Satz 2 BGB wird nur von dem Abzug ersparter Aufwendungen von der vereinbarten Vergütung gesprochen, nicht aber von etwaigen weiterem Abzug, weil z. B. die Leistungen wegen Kostenüberschreitungen unbrauchbar sind. Derartige Gegenansprüche, die evtl. außerdem von der Vergütung abzuziehen sind, ergeben sich vielmehr **aus anderen Anspruchsgrundlagen,** wie etwa den §§ 634 ff. BGB. Auch die hier erörterte Klausel schließt dies nicht aus. Vielmehr gestattet sie auch hier einen entsprechenden auf den anderen gesetzlichen Grundlagen beruhenden Abzug, was Niestrate übersieht. Zu den hier erörterten Fragen zusammenfassend auch Schmeel MDR 1997, 109. Vgl. auch Beigel BauR 1997, 782 und v. Rinteln BauR 1998, 606 ff.

Es empfiehlt sich daher in Architektenverträgen etwa folgende Regelung aufzunehmen:

„Im Falle der Kündigung des Vertrages, die der Architekt nicht zu vertreten hat, hat er Anspruch nach § 649 BGB auf die volle Vergütung der bis dahin erbrachten Leistungen. Hinsichtlich des Honorars für die nicht erbrachten Leistungen muss er sich jedoch dasjenige anrechnen lassen, was er in Folge der Aufhebung des Vertrages an Aufwendungen erspart oder durch anderweitige Verwendung seiner Arbeitskraft erwirbt oder zu erwerben böswillig unterlässt. Dies vorausgeschickt vereinbaren die Parteien, dass die ersparten Aufwendungen mit … % des Honorars auf den nicht erbrachten Teil anzusetzen sind. Hiervon unberührt hat der Auftraggeber die Möglichkeit, den Nachweis höherer ersparter Aufwendungen zu führen."

Diese Regelung der vertraglich vereinbarten Feststellung der ersparten Aufwendungen im Rahmen des Aushandelns berücksichtigt das o. a. Ergebnis der Überlegungen aus der Rechtsprechung.

Ist aber der Architekt – was regelmäßig zutrifft – **selbst Verwender** der bisherigen 40%/60%-Klausel, dann kann er als Verwender einer AGB-rechtlich unwirksamen Klausel nicht mehr als 60% seines Honorars verlangen, wenn sich nach den vom BGH aufgestellten Grundsätzen über die Abrechnung vorzeitig beendeter Architektenverträge ein Honorar ergeben sollte, das 60% der Forderung übersteigt; dies ist die allgemeine Folge der Verwendung unwirksamer AGB-Klauseln (vgl. BGH BauR 1998, 357 = ZfBR 1998, 200 = Schäfer/Finnern/Hochstein § 649 BGB Nr. 34 = NJW-RR 1998, 594 = LM § 649 BGB Nr. 31). Für die **Berechnung** des vom Architekten verdienten Honorars ist von den anrechenbaren Kosten des **Gesamtobjektes als Abrechnungsbasis** auszugehen, wenn ihm dieses ursprünglich insgesamt in Auftrag gegeben worden war, sonst von den gesamten anrechenbaren Kosten des ursprünglichen Teilauftrages (vgl. dazu OLG Köln BauR 1992, 688).

50 Hat der Auftraggeber aber einen **wichtigen Grund** zur Kündigung, so stehen dem Architekten aus seiner Vergütung rechnerisch – also abgesehen von und abzüglich etwaiger, zur Verrechnung gestellter Gegenansprüche des Auftraggebers, wie etwa aus dem Gesichtspunkt des Schadenersatzes, aus Verzug oder wegen Nichterfüllung – **lediglich** die bis zum Zeitpunkt der Kündigung **verdienten Gebühren** zu (BGHZ 31, 224; BGHZ 45, 372, 375; OLG Düsseldorf BauR 1971, 283; OLG Hamm = NJW-RR 1986, 764; OLG Düsseldorf Schäfer/Finnern/Hochstein § 649 BGB Nr. 12; OLG Düsseldorf, BauR 2001, 434, OLG Celle, Urt. v. 12.2.2014 – 14 U 103/13), wohingegen eine Klausel in AGB, der Architekt erhalte für erbrachte Leistungen nur ein Honorar, sofern der Auftraggeber sie später verwende, gegen § 307 BGB verstößt (vgl. OLG Zweibrücken BauR 1989, 227). Dabei erhält der Architekt ein Honorar nur insoweit, als seine erbrachten Leistungen mängelfrei (verwertbar) sind, wofür der Architekt die Darlegungs- und Beweislast trägt (vgl. BGH BauR 1997, 1060 = NJW 1997, 3017 = Schäfer/Finnern/Hochstein § 632 BGB Nr. 24 m. w. N.; OLG Düsseldorf BauR 2001, 434). Ist die Leistung des Architekten wegen Mängel nicht nachbesserungsfähig, was der Auftraggeber darzulegen und zu beweisen hat, entfällt sein Honoraranspruch für erbrachte Leistungen (BGH a. a. O.). Darüber hinaus hat der Architekt auch die Abrechnung nach den erbrachten Teilleistungen innerhalb der begonnenen Leistungsphasen in der Schlussrechnung dann darzulegen, da die Rechnung ansonsten nicht prüfbar ist (Werner/Pastor, Rdn. 938; OLG Koblenz BauR 1998, 1043; a. A. Koeble BauR 2000, 785).

Ein wichtiger Kündigungsgrund liegt immer dann vor, wenn dem Auftraggeber – unter Berücksichtigung aller Umstände des Falles die Fortsetzung des Vertrages **nicht mehr zugemutet** werden kann (OLG Hamm a. a. O.; OLG Oldenburg OLGR 1998, 241). In erster Linie kommt hier ein **schuldhaft vertragswidriges Verhalten** des Architekten, wie z. B. beachtlicher Leistungsverzug, schwerwiegende Unzuverlässigkeit oder ein sonstiges, das Vertrauensverhältnis in Bezug auf das Vertragsziel – hier Architektenvertrag – schwer erschütterndes Tun oder Unterlassen in Betracht. So liegt z. B. ein wichtiger Kündigungsgrund für den Auftraggeber vor, wenn der Architekt seine Leistungen grob fehlerhaft erbringt, so dass es dem Auftraggeber nach den Umständen des Falles, vor allem unter Berücksichtigung seiner berechtigten Bestellerinteressen, nicht mehr zugemutet werden kann, den Vertrag fortzusetzen (OLG Düsseldorf Schäfer/Finnern/Hochstein Z 3.01 Bl. 73). Das gilt vor allem, wenn der Architekt dann für die Mängelbeseitigung noch Honorar verlangt (vgl. KG OLGR 1998, 94). Ebenso trifft dies zu, wenn der Architekt eine weitaus übersetzte Abschlagszahlung verlangt, ohne dass die Voraussetzungen des § 8 Abs. 2 HOAI gegeben sind (LG Darmstadt BauR 1997, 162; BGH BauR 1998, 866; BGH BauR 2000, 592 = NZBau 2000, 134). Gleiches gilt, wenn sich der Architekt nicht über die Bebaubarkeit des Geländes Gewissheit verschafft hat und deshalb seine Planungen unbrauchbar sind (OLG Oldenburg MDR 1958, 424; vgl. auch OLGR Oldenburg 1995, 169). Wichtiger Kündigungsgrund ist die Veranlassung des Baubeginns durch den Architekten, ohne dass die erforderliche Baugenehmigung vorliegt. Gleiches trifft auf eine nicht genehmigungsfähige Bauplanung zu. Sicher liegt auch eine ganz empfindliche Beeinträchtigung des Vertrauensverhältnisses zum Architekten vor, wenn sich dieser aus Anlass der Vergabe von Bauaufträgen von einem oder mehreren beteiligten Unternehmen finanzielle oder sonstige wirtschaftliche Vorteile verschafft, sich z.B. von Handwerkern „Provisionen" versprechen und gewähren lässt (BGH NJW 1977, 1915). Das ist z.B. auch der Fall, wenn der Architekt einen Lieferanten veranlasst, dem Auftraggeber eine Rechnung ohne den vereinbarten **Rabatt** zu erteilen und den Rabattbetrag an eine andere Firma des Architekten zu überweisen (vgl. OLG Düsseldorf BauR 1996, 574); auch wenn der vereinbarte Kostenrahmen gesprengt wird (OLG Stuttgart IBR 2001, 327). Ein zur Kündigung berechtigter Planungsmangel liegt auch dann vor, wenn die Interessen des Auftraggebers hinsichtlich des Personalbedarfs des Betriebs einer Küche nicht berücksichtigt wird. Wenn sodann trotz Aufforderung zur Nachbesserung der Architekt nicht tätig wird, so besteht ein wichtiger Kündigungsgrund (OLG München IBR 2007, 381). Ein mit der Bauplanung beauftragter Architekt hat bereits bei der Grundlagenermittlung zu prüfen, ob das Bauvorhaben grundsätzlich **genehmigungsfähig ist** (OLG Nürnberg BauR 2006, 2083 = NZBau 2006, 320). Der Architekt muss die Bauordnungsvorschriften und insbesondere die entsprechenden Abstandsflächen – kennen und selbständig prüfen. Sie gehören zu den grundlegenden Rechtskenntnissen des Architekten. Er muss ebenfalls die Notwendigkeiten der Eintragung einer Baulast kennen und den Bauherrn darüber aufklären. Der Architekt darf sich gegenüber seinem Auftraggeber nicht auf möglicherweise falsche Auskünfte des Bauamtes berufen (OLG Düsseldorf BauR 2005, 1684).

Ein weiterer wichtiger Grund zur Kündigung sind die Fälle der **Baukostenüberschreitung.** Erstellt der Architekt im Rahmen der Leistungsphase 2 eine Planung mit einer Kostenschätzung von 1,8 Mio. DM, obwohl der Auftraggeber nur Kosten von 600 000 DM vorsah und dies im Vertrag auch zum Ausdruck brachte, so kann der Auftraggeber aus wichtigem Grund kündigen und den Honoraranspruch des Architekten für die bereits erbrachten Leistungen wegen mangelhafter Planung mindern, weil bereits die Grundlagenermittlung des Architekten unzureichend und mangelhaft war, so dass schon die Vorplanung überflüssig und für den Auftraggeber wertlos war (OLG Naumburg BauR 2002, 1722).

Der Architekt ist auch, wenn eine **Kostenobergrenze nicht** als Beschaffenheit des Architektenwerkes vereinbart worden ist, verpflichtet, die ihm bekannten Kostenvorstellungen des Bauherrn bei seiner Planung zu berücksichtigen und ihn über etwaige Kostenmehrungen zu informieren (siehe hierzu nun die Leistungsphase 1a oder 2g). Behauptet der Bauherr im Prozess, dem Architekten eine bestimmte Obergrenze für die Baukosten vorgegeben zu haben, so trifft den Architekten die **Beweislast** dafür, dass dies nicht der Fall war oder die Obergrenze höher lag (LG Mönchengladbach NZBau 2006, 381; OLG Koblenz ZfBR 2007, 345). Die Nichteinhaltung eines vom Auftraggeber vorgegebenen Kostenrahmens reicht jedenfalls für eine Kündigung nicht aus, wenn die Kosten von denen der bis dahin vorliegenden Planung erheblich abweichen und dem Architekten eine sehr knappe Frist zur Änderung eingeräumt wird (OLG Jena IBR 2007, 382). Der Architekt kann seiner Honorarberechnung von ihm geplante Maßnahmen nicht zu Grunde legen, soweit sie zu einer Steigerung der Baukosten oder einer Minderung des Wertes des Objekts geführt haben und er deshalb von ihnen hätte abraten müssen. Aus der Überschreitung einer vereinbarten Baukostenobergrenze darf der Architekt für seine Honorarabrechnung aber **keine Vorteile** ziehen (OLG Hamm BauR 2006, 1766 = NZBau 2006, 584). Trägt der Bauherr vor, daß er im Falle der ordnungsgemäßen Pflichterfüllung des Architekten in dem

Falle, daß vertraglich **keine Baukostenobergrenze** festgelegt wurde, grundlegend veränderte Anforderungen gestellt hätte, wenn er die tatsächlichen Kostenschätzungen oder Kostenberechnungen gekannt hätte, so wird der Schadenersatzanspruch regelmäßig im **Entfall des Honorars** des Architekten liegen, mit **Ausnahme** des Honoraranteils der Leistungsphase 1 und 2 (siehe zur Berechnung § 4 Rdn. 60 in diesem Kommentar; so auch BGH, NZBau 2013, 386 = NJW 2013, 1593 zu Leistungsphase 1 *„kann entfallen"*). Bei pflichtgemäßem Handeln des Architekten wären zumindest Kosten der Leistungsphase 2 ebenso angefallen, während alle weitergehenden Arbeitsergebnisse aus den folgenden Leistungsphasen für den Auftraggeber wertlos sein können. Allenfalls in besonderer Fallkonstellationen wird die Rechtsfolge der Aufklärungspflichtverletzung ausnahmsweise ein vollständiger Entfall des Honoraranspruchs sein können (§§ 280, 281 BGB; BGH, NZBau 2013, 386, OLG Hamm, NZBau 2013, 388; so auch Bräuer, NZBau 2013, 417).

Ein wichtiger Kündigungsgrund liegt auch vor, wenn das Bauvorhaben erkennbar **Erwerbszwecken** oder der **Rentabilität** dienen soll und der Architekt diese Zielsetzung bei seiner Planung missachtet, selbst wenn er sonst technisch einwandfrei plant (BGH NJW 1975, 1657); Gleiches trifft zu, wenn der Architekt entgegen dem eindeutig erklärten Verlangen des Auftraggebers eine nicht gewünschte teurere Ausführungsart wählt (BGH Schäfer/Finnern/Hochstein Z 3.00 Bl. 134); ebenso, wenn der Architekt ein ihm eindeutig vorgegebenes Kostenlimit erheblich und vorwerfbar überschreitet (vgl. OLG Hamm MDR 1986, 934 = NJW-RR 1986, 1150; OLG Düsseldorf Urt. v. 21.10.1997 – 21 U 32/97 –); ein wichtiger Grund zur Kündigung ist auch gegeben, wenn der Architekt die ihm nach Leistungsphase 6 übertragenen Arbeiten in einer für den Auftraggeber untauglichen Weise zu erbringen versucht (LG Aachen NJW-RR 1988, 1364). Auch wenn der Architekt finanzielle und zeitliche Vorgaben des Auftraggebers nicht einhält, mit ihm und dem Erschließungsträger nicht kooperiert und sich zu persönlichen verbalen Angriffen hinreißen lässt, ist das Vertrauensverhältnis erschüttert (OLG Koblenz ZfBR 2007, 345). Wird die ausdrücklich als Inhalt der Leistungspflicht des Architekten vereinbarte Kostenschätzung gemäß DIN 276 vom Architekten auch nach mehrfacher Aufforderung nicht erbracht, rechtfertigt dieses Verhalten eine fristlose Kündigung des Architektenvertrages jedenfalls dann, wenn der Architekt wusste oder wissen musste, dass der Auftraggeber nur begrenzte Mittel zur Verfügung hat und von der Erlangung von Fördermitteln abhängig ist (OLG Naumburg IBR 2007, 694). Kündigungsgrund kann auch die Zurückhaltung von Überprüfungen des erbrachten Leistungsstandes und -umfanges sein, wenn der Architekt eine Teilhonorarforderung gestellt hat (KG IBR 2007, 499). Ein wichtiger Kündigungsgrund braucht aber nicht nur in einem wiederholten oder in einem einzelnen, ganz schwerwiegend gegen die Vertragspflichten verstoßenden schuldhaften Verhalten des Architekten zu liegen, vielmehr kann ein solcher auch dann gegeben sein, wenn sich mehrere, für sich allein an sich nicht so schwer anzusehende Verstöße aneinander reihen, diese sich insgesamt aber als eine so **tiefgreifende Erschütterung des Vertrauensverhältnisses** darstellen, dass dem Auftraggeber die Fortsetzung des Vertragsverhältnisses einfach nicht mehr zugemutet werden kann. Deshalb liegt ein wichtiger Grund i. S. des § 7, I., II. AVA nicht schon vor, wenn der Architekt auf einen schlichten Hinweis seines Auftraggebers, dass er den vertraglich vereinbarten Nachweis des Bestehens einer Haftpflichtversicherung nicht erbracht habe, seiner Verpflichtung zum Nachweis der Versicherung nicht nachkommt (BGH BauR 1993, 755 = NJW-RR 1994, 15 = Schäfer/Finnern/Hochstein AVA Nr. 1). Bei „bloßen Missverständnissen" des Architekten mit dem Bauherrn über die Ausführung des Auftrages oder aber auch Eigenmächtigkeiten sind, solange diese gerade über einen längeren Zeitraum vom Auftraggeber geduldet wurden, keine wichtigen Gründe zur Kündigung (OLG Düsseldorf BauR 2002, 649; BGH BauR 2000, 409; BGH BauR 1996, 412).

51   **Allerdings:** Eine Kündigung aus **wichtigem Grund** kommt **nicht nur bei schuldhaftem Verhalten** des Vertragsgegners in Betracht, sondern auch unter Umständen, welche dieser nicht einmal verursacht hat oder ihm jedenfalls nicht als Verschulden zuzurechnen sind, die aber dennoch die Annahme rechtfertigen, dass seinem Partner nach den Umständen des Falles die Fortsetzung des Vertrages **nicht mehr zuzumuten** ist. Deshalb

kann der Auftraggeber die Kündigung des Vertrages mit dem Architekten aus wichtigem Grund z. B. aussprechen, wenn dieser längere Zeit so ernsthaft erkrankt ist, dass er dadurch außerstande gesetzt ist, die ihm obliegende Leistung selbst zu erbringen (vgl. auch Bindhardt/Jagenburg § 12 Rdn. 7; Locher/Koeble/Frik Einl. 128) oder wenn von dritter Seite objektiv nicht vorhersehbar derart eingegriffen wird, dass die Verwirklichung der Bauabsicht empfindlich gestört oder gar unmöglich gemacht wird (z. B. durch Änderung des Bebauungsplanes oder sonstiger öffentlich-rechtlicher Bauvorschriften; unvorhergesehene erhebliche Änderung der Kreditbedingungen, ohne dass diese vom Auftraggeber in irgend einer Weise veranlasst worden ist usw.). Ist der Vertragspartner an der Kündigung des Vertrages schuldlos, so steht dem Architekten nur ein Honorar für die bisher geleisteten Arbeiten zu, sofern diese brauchbar sind. Wenn der Auftraggeber kündigt, kann insofern der Weg über §§ 636 Abs. 1, 327 Satz 2 BGB a. F. (= §§ 634 Nr. 3, 636, 323, 326 Abs. 5 BGB n. F.) – jedoch als Kündigung (a. A. Börner BauR 1995, 392) – in Betracht gezogen werden, wobei die erbrachten tauglichen Leistungen nach § 812 Abs. 2 BGB zu bezahlen sind (insoweit wiederum zutreffend Börner a. a. O.).

Das Vorliegen eines **wichtigen Kündigungsgrundes muss der Auftraggeber darlegen und beweisen** (BGH BauR 1990, 632 = Schäfer/Finnern/Hochstein § 649 BGB Nr. 17 = NJW-RR 1990, 1109). Der außerordentlichen Kündigung aus wichtigem Grund muss weder eine **Abmahnung** noch eine Fristsetzung vorausgehen (OLG Düsseldorf BauR 2005, 1684). Jedoch muss nicht jede Kündigung aus wichtigem Grund als **freie Kündigung** ausgelegt werden. Es kommt auf den genauen **Inhalt** der Kündigung an (OLG München IBR 2006, 1184). Eine als Kündigung aus wichtigem Grunde bezeichnete Erklärung kann als Rücktritt vom Vertrag ausgelegt werden. Das gilt selbst dann, wenn das Kündigungsschreiben von einem Anwalt formuliert wurde. Auch der grundsätzlich zurückwirkende Rücktritt kann im Einzelfall auch den noch unerledigten Teil des Vertrages beschränkt und damit praktisch als eine Kündigung gehandelt werden. Der auf die Vorschrift des § 636 BGB a. F. gestützte Rücktritt stellt an den Auftraggeber geringere Anforderungen als eine außerordentliche Kündigung aus wichtigem Grund; diese ist damit in dieser Hinsicht für den Auftraggeber günstiger (OLG Köln BauR 2004, 1344).

Eine **Kündigung** des Architektenvertrags **aus wichtigem Grund** kommt **auch für** **52** **den Architekten** gegenüber dem Auftraggeber in Betracht. Das ist zunächst bei **grob vertragswidrigem,** ihm als **Verschulden** zuzurechnenden Verhalten des Auftraggebers der Fall, wie z. B. bei ehrverletzenden Äußerungen über den Architekten (vgl. dazu das Beispiel bei Bindhardt/Jagenburg § 12 Rdn. 5), herabsetzender Kritik durch die Auftraggeberseite (vgl. OLG Düsseldorf BauR 1995, 267) oder bei beharrlicher Weigerung, dem Auftragnehmer gemäß § 8 HOAI fällige Honoraranteile zu zahlen (vgl. dazu BGH BauR 1989, 626 = Schäfer/Finnern/Hochstein § 649 BGB Nr. 15; OLG Frankfurt Schäfer/Finnern/Hochstein § 635 BGB Nr. 69) oder im Falle ernsthafter und endgültiger Weigerung des Auftraggebers, den Architektenvertrag zu erfüllen (vgl. OLG Celle OLGR Celle 1994, 316) oder wenn der Auftraggeber schuldhaft Mitwirkungspflichten, wie die Beauftragung eines Vermessungsbüros, nicht erfüllt (§§ 642, 643 BGB; vgl. auch OLG Düsseldorf BauR 1998, 880). Auch hier kann es ferner Fälle geben, in welchen nach den angeführten Grundsätzen eine Kündigung des Architektenvertrages bei **beiderseits schuldlosem Verhalten auch für den Architekten** in Betracht kommt. Das gilt im Wesentlichen für die gleichen oder vergleichbaren Tatbestände, welche im vorangehenden Absatz aufgeführt worden sind.

Ist vereinbart, dass der Architekt **in kürzester Zeit einen Bauantrag** einreicht, dann berechtigen selbst erhebliche Mängel der Planung nicht zur sofortigen Kündigung aus wichtigem Grund; dem Architekten ist vorab Gelegenheit zu geben die Nachbesserung durchzuführen. Denn auch erhebliche Mängel der Planung können, soweit das Bauvorhaben noch nicht realisiert wurde, nachbesserungsfähig sein (OLG Braunschweig BauR 2002, 333). Der mit der Bauüberwachung beauftragte Architekt muss sich durch Einnahme des Augenscheins von der vollständigen und ordnungsgemäßen Ausführung der Isolierung des vom Erdreich berührten Außenmauerwerks überzeugen, bevor mit der Verfüllung der Arbeitsräume oder der Auffüllung des Geländes begonnen wird. Eine Kündigung des Architektenvertrages durch den Auftraggeber kann auch **konkludent** erfolgen; allein daraus, dass der Architekt die Bauüberwachung nicht mehr wahrnimmt und der Auftraggeber ihn **nicht mehr hinzuzieht,** kann eine Kündigung oder eine einvernehmliche Vertragsaufhebung nicht entnommen werden (OLG Düsseldorf BauR 2002, 336).

53   Erhält der Architekt im Falle der Vertragskündigung aus wichtigem Grund – sei es durch den Auftraggeber, sei es durch ihn selbst – grundsätzlich nur die nach dem Leistungsstand im Zeitpunkt der Kündigung ausgerichtete Vergütung, so ergibt sich daraus, dass für solche Fälle die Regelungen in **§ 5 Abs. 3 und/oder § 8 Abs. 1 und Abs. 2** – je nach dem Umfang der im betreffenden Fall geleisteten Arbeit, **sofern diese für den Auftraggeber brauchbar ist** (vgl. dazu OLG Hamm MDR 1986, 934 = NJW-RR 1986, 1150; LG Aachen NJW-RR 1988, 1364; OLGR Oldenburg 1995, 169), für die Honorarberechnung **entsprechend heranzuziehen** sind. Dabei ist für die Berechnung des verdienten Honorars von den anrechenbaren Kosten des **Gesamtobjektes als Abrechnungsbasis** auszugehen, wenn ihm dieses ursprünglich insgesamt in Auftrag gegeben worden war, sonst von den gesamten anrechenbaren Kosten des ursprünglichen Teilauftrages (vgl. dazu OLG Köln BauR 1992, 688). Abgerechnet wird dabei nach dem jeweiligen Leistungsstand. Erfolgt die Kündigung **während** einer Leistungsphase, so sind die erbrachten Teilleistungen der Phase ebenfalls im Hinblick auf die Vergütung festzulegen. Wird während der Leistungsphase 8 gekündigt, so ist bei der Bemessung des Anteils der erbrachten Leistungen einerseits zu berücksichtigen, dass sich die eigentliche Bauüberwachung über die gesamte Ausführungszeit der einzelnen Gewerke erstreckt, aber andererseits zu beachten, dass die Bauüberwachung gegen Ende der Bauzeit ein häufigeres Tätigwerden des Architekten erfordert und ein Teil der Grundleistungen der Leistungsphase 8 erst an deren Ende anfällt (vgl. OLG Düsseldorf NJW-RR 1996, 84). Kündigt der Auftraggeber den Vertrag aus wichtigem Grund während der Leistungsphase 8, so muss der Architekt auch dann, wenn ein Pauschalhonorar und ein Verzicht auf die Erstellung einer Schlussrechnung vereinbart war, zur Berechnung seines Honorars im Einzelnen den Fertigstellungsstand des Bauvorhabens und den Umfang seiner erbrachten Leistungen vortragen (vgl. auch OLG Düsseldorf BauR 1996, 574).

Hat der **Auftraggeber** daher die Kündigung des Architekten **verursacht,** so besteht der Schaden des Architekten (§§ 280, 281 BGB) im Anspruch auf Vergütung der bisher erbrachten Leistungen (OLG Düsseldorf BauR 2001, 434; BGH BauR 1996, 412; BGH BauR 1999, 1319, 1322; vgl. auch so Schmidt NJW 1995, 1313). Endet der Architektenvertrag durch Kündigung des Auftraggebers, bevor der Architekt, der eine **dauerhafte genehmigungsfähige** Planung schuldet, eine Abstimmung mit der Baubehörde für ein Vorhaben im Außenbereich durchgeführt und die Genehmigungsplanung endgültig eingereicht hat, so muss im Wege der Prognose festgestellt werden, ob die bisher erstellten Planungsunterlagen die Planvorstellungen des Bauherrn aufgreifen und auf dieser Grundlage eine genehmigungsfähige Planung entwickelt werden kann (OLG Karlsruhe IBR 2006, 101). Auch hier gilt zu der Darlegungslast der Architekten das oben Gesagte (BGH BauR 1994, 655).

Kündigt allerdings der Architekt **mit Recht** aus wichtigem Grund wegen **schuldhaften** Verhaltens des Auftraggebers, so wird man ihm über die Vergütung für die geleisteten Arbeiten hinaus einen **Schadenersatzanspruch wegen positiver Vertragsverletzung** (§§ 280, 281 BGB) des Auftraggebers nicht versagen können; dieser liegt im Allgemeinen im Schaden (insbesondere dem verlorenen Honoraranteil), welcher dem Auftragnehmer durch die vom Auftraggeber schuldhaft begangene und ihn zur Kündigung aus wichtigem Grund berechtigende Vertragsverletzung entstanden ist. Insofern kommt eine Berechnung entsprechend § 649 BGB in Betracht. Allerdings für den Bereich der nicht erbrachten Leistungen ohne Mehrwertsteuer (vgl. OLG Celle OLGR Celle 1994, 316). Umgekehrt kommt ein solcher **Schadenersatzanspruch** aber **auch für den Auftraggeber** in Betracht, wenn er seinerseits mit Recht den Vertrag aus wichtigem Grund gekündigt hat (z.B. aus Verzug, §§ 634, 636, 323, 326 Abs. 5 BGB) –, aus bisher mangelhafter Erfüllung oder aus positiver Vertragsverletzung (§§ 280, 281 BGB) des Auftragnehmers). Mit diesem kann er gegenüber der vom Architekten bis zur Vertragskündigung verdienten Teilvergütung die Aufrechnung bzw. Verrechnung erklären, so dass diese teilweise oder ganz wieder entfällt. Ein **Minderungs- oder Schadensersatzanspruch** des Auftraggebers (§§ 634 Nr. 4, 636, 280, 281, 283, 311a BGB) kann sich auch aus einer Überschreitung der festgelegten Baukosten und einer darin liegenden mangelhaften Planung des Architekten ergeben. Voraussetzung für einen solchen Anspruch ist aber eine Aufforderung des Auftraggebers an den Architekten zur Beseitigung der Mängel seiner Planung unter Fristsetzung und Ablehnungsandrohung gemäß §§ 634 Nr. 1, 635 BGB Nacherfüllung verlangen, sofern eine Umplanung noch zu einer mängelfreien Planung i.S. einer Einhaltung des Baukostenlimits führen kann; dazu muss dem Architekten vor Kündigung des Architektenvertrages aus wichtigem Grund Gelegenheit gegeben werden, sofern nicht ausnahmsweise die Voraussetzungen gegeben sind (OLG Düsseldorf Schäfer/Finnern/Hochstein § 649 BGB Nr. 12). Sind im Zeitpunkt der Kündigung die Honorarteile unbekannt und noch nicht ermittelbar, die bis zum Kündigungszeitpunkt erbracht wurden, ist ein **Feststellungsantrag,** mit welchem die Verpflichtung zur Zahlung der **Mehrwertsteuer** in Bezug auf die Abrechnung des frei gekündigten Leistungsteils begehrt wird zulässig. Das Feststellungsinteresse ergibt sich daraus, dass unklar sein kann, ob nach der Regelung der 6. Richtlinie des Rates zur Harmonisierung der Rechtsvorschriften der Mitgliedsstaaten über die Umsatzsteuer 77/388/EWG nicht erbrachte Leistungen im Sinne des § 649 BGB mehrwertsteuerpflichtig sind (OLG Frankfurt/M. BauR 2008, 550).

Allerdings: Durch eine Kündigung des Architektenvertrages **verliert** der Architekt grundsätzlich **nicht sein Nachbesserungsrecht.** Deshalb besteht ein Schadensersatz- oder Minderungsanspruch des Auftraggebers wegen mangelhafter Planung oder Baukostenüberschreitung **nicht, wenn dem Architekten keine Gelegenheit gegeben worden ist, die Planung rechtzeitig vor Bauausführung zu überarbeiten, dem Auftraggeber eine Nachbesserung durch denselben Architekten trotz seiner Fehler noch zuzumuten ist und er auch sonst nicht das Interesse an einer Nachbesserung verloren hat** (§§ 634, 635 BGB; OLG Hamm BauR 1995, 413 = ZfBR 1995, 142 = NJW-RR 1995, 724). Dem **Bauherrn** steht ein **Rückforderungsrecht** aus **Überzahlung** des Architekten zu, wenn die Leistungen **unbrauchbar** sind. Dann entfällt grundsätzlich jeder Honoraranspruch. Sind nur nicht nutzbare Aufwendungen oder aber auch etwaige Abschlagszahlungen vom Bauherrn geleistet worden kann der Bauherr diese nach §§ 323, 325 BGB zurückverlangen (OLG Karlsruhe BauR 2005, 1069; **allgemein zur Nacherfüllung von Architekten- und Ingenieurleistungen,** Miernik, BauR 2014, 155).

Dagegen hat der **Architekt** anders als der Auftraggeber **nicht das sog. freie Kündigungsrecht,** weil es allein für den Auftraggeber in § 649 BGB festgelegt ist. Jedoch kommt wiederum als Unterfall einer Kündigung aus wichtigem Grund für den Auftragnehmer eine Vertragskündigung dann in Betracht, wenn der **Auftraggeber** mit der Erfüllung einer ihm obliegenden **Mitwirkungspflicht in Verzug** ist und diese trotz Setzung einer angemessenen Frist durch den Auftragnehmer nicht erfüllt, sofern Letzterer die Kündigung für den Fall der Nichterfüllung der Mitwirkungspflicht angedroht hat (§§ 642, 643 BGB). Solche Mitwirkungspflichten des Auftraggebers können gerade auch in Architektenverträgen eine erhebliche Rolle spielen und vor allem bei ihrer Nichterfüllung dazu führen, dass dem Auftragnehmer die vertragsgerechte Ausführung seiner vertraglichen Leistungen entweder **unmöglich** gemacht oder jedenfalls in **unzumutbarer Weise erschwert** wird. Hierher rechnen z.B. die grundlose und daher schuldhafte Verweigerung der Unterschrift des Auftraggebers auf dem Baugenehmigungsantrag oder auf sonstigen für die erfolgreiche weitere Planung sowie die ordnungsgemäße Bauausführung erforderlichen Unterlagen (so schon BGH BB 1963, 160); Gleiches gilt für die von Seiten des Auftraggebers unumgänglich notwendigen Angaben, um seine Vorstellungen und Wünsche in eine ordnungsgemäße Planung sowie Bauausführung umsetzen zu können usw.

In diesen Fällen der Kündigung durch den Architekten nach § 643 BGB hat der Architekt Ansprüche nach § 645 Abs. 1 BGB. Im Falle des Verschuldens des Auftraggebers stehen ihm Ansprüche aus positiver Vertragsverletzung (vgl. § 645 Abs. 2 BGB, aber auch §§ 280, 281 BGB) zu, die auf die volle Vergütung gerichtet sein können. Letzteres gilt überhaupt bei Kündigungen des Architekten wegen schwerer positiver Vertragsverletzung des Auftraggebers (vgl. auch Börner BauR 1995, 331, 332 ff.).

55   Sofern der Architektenvertrag ausnahmsweise **dienstvertraglichen** Charakter hat, kommt neben dem bereits erwähnten § 627 BGB für den Architekten und den Auftraggeber **nur eine Vertragskündigung aus wichtigem Grund** in Betracht, wie § 626 BGB zeigt. Wegen der Auswirkungen der Kündigung vgl. § 628 BGB.

56   **Auch bei vorzeitiger Beendigung** des Architektenvertrages wird das **Honorar erst fällig, wenn der Architekt eine prüfbare Honorarschlussrechnung erteilt hat** (BGH BauR 1986, 596 = Schäfer/Finnern/Hochstein § 8 HOAI Nr. 4 = NJW-RR 1986, 1279; BGH BauR 1994, 655 = NJW-RR 1994, 1238 = Schäfer/Finnern/Hochstein § 649 BGB Nr. 23; OLG Düsseldorf MDR 1980, 934), wobei die Schlussrechnung in die erbrachten und die nicht erbrachten Teilleistungen aufzuteilen, außerdem Abschlagszahlungen gesondert auszuweisen ist und der Architekt für die erbrachten Teilleistungen die Darlegungs- und Beweislast hat. Steht danach dem Architekten für die Einreichung der Bauantragsunterlagen das Honorar für die Leistungsphase 4 zu, steht damit auch gleichzeitig der Vergütungsanspruch für die Leistungsphasen 1 bis 3 fest, unabhängig davon, ob einzelne dem Architekten übertragene Grundleistungen einer Leistungsphase unvollständig erbracht worden sind. Allerdings müssen diese bei teilweiser Nichtbringung der Grundleistungen reduziert werden (a. A. OLG Braunschweig BauR 2002, 333, 334). Unabhängig davon sind Mängel der Leistung zu betrachten, da hier die Gewährleistungsrechte greifen. Hat der Auftraggeber den Vertrag mit dem Architekten ohne Vorliegen eines wichtigen Grundes gekündigt, entfällt der grundsätzliche Vergütungsanspruch des Architekten auch dann nicht, wenn die erbrachten Leistungen des Architekten für die Fortführung des Bauwerks unbrauchbar und für den Auftraggeber wertlos sind. Er ist lediglich am Maßstab der Gewährleistungsrechte zu messen und bei Geltendmachung von Minderung oder Schadenersatzansprüchen – durch Ausübung der entsprechenden rechtlichen Voraussetzungen – zu reduzieren (OLG Braunschweig BauR 2002, 333, 334). U. U. ist der **Auftraggeber verpflichtet, dem Auftragnehmer die entsprechende Hilfe bei der Feststellung der anrechenbaren Kosten zu leisten.** Sofern dem Auftragnehmer keine hinreichenden Unterlagen zur Verfügung stehen, ihm vor allem Gewerkeschlussrechnungen fehlen, schuldet der Auftraggeber z. B. bei Stundenlohnarbeiten Auskunft getrennt nach Gewerken über Anzahl der berechneten Stunden (Meister-, Facharbeiter-, Helferstunden), die eingebauten Materialien (Art, Menge, Preis), gegebenenfalls unter Vorlage vorhandener Belege (Stundenlohnzettel, Lieferscheine, Rechnungen), vgl. dazu OLG Frankfurt NJW-RR 1991, 279.

Beruhen Architektenleistungen auf **Erweiterungs- und Umbauplanungen** und liegt dem ein einheitlicher Auftrag zur Planung und Ausführung zugrunde, so ist **nach Kündigung des Vertrages** durch den Auftraggeber **keine** getrennte Honorarberechnung für Umbau und Erweiterung vorzunehmen, wenn Umbau und Erweiterung aus technischen und konstruktiven Gründen ineinandergreifen (z. B. Planung eines Anbaues mit Schwimmbad an ein Wohnhaus; OLG Celle, Urt. v. 12.2.2014 – 14 U 103/13).

8. Einverständliche Vertragsaufhebung

57   Es ist auch möglich, einen Architektenvertrag ohne ausdrücklichen Ausspruch einer Kündigung vorzeitig im **gegenseitigen Einverständnis** aufzuheben. Dann wird im Allgemeinen anzunehmen sein, dass der Architekt **nicht** auf sein Honorar für die nichterbrachten Leistungen **verzichten** will. Somit ist für die Honorarberechnung zunächst davon auszugehen, als habe der Auftraggeber ohne Vorliegen eines wichtigen Grundes gemäß § 649 BGB gekündigt. **Anders** liegt dies natürlich, wenn die Vertragspartner bei oder nach einverständlicher Vertragsaufhebung eine Regelung dahin getroffen haben, dass dem Architekten nur die bisher **tatsächlich verdiente Vergütung** zustehen soll oder wenn den Umständen des Falles ein entsprechender übereinstimmender Wille der Vertragsparteien zu entnehmen ist (BGHZ 62, 208; BGH BauR 2000, 589). Hätte aber einer der Vertragspartner – oder hätten evtl. sogar beide – im Zeitpunkt der einvernehmlichen Aufhebung des Vertrages ein Recht zur **Kündigung des Vertrages aus wichtigem Grund,** so besteht für den Berechtigten – oder die Berechtigten – die Möglichkeit, sich auch noch nach der Vertragsaufhebung auf diesen wichtigen Grund **zu berufen** und damit geltend zu machen, es habe in Wirklichkeit ein berechtigter Anlass zur Vertragskündigung vorgelegen. Dies hat die Wirkung, dass sich dann ebenso wie bei der tatsächlich aus wichtigem Grund ausgesprochenen Vertragskündigung der Gebührenanspruch des Auftragnehmers auf die wirklich **erbrachte Leistung beschränkt,** falls der Auftraggeber im Zeitpunkt der Vertragsaufhebung aus wichtigem Grund hätte kündigen können (BGH BauR 1976, 140; OLG Karlsruhe NZBau 2006, 322). Auch sonst treten die Wirkungen ein, die maßgebend gewesen wären, wenn der Vertrag im Zeitpunkt der einverständlichen Aufhebung aus wichtigem Grund gekündigt worden wäre. Das gilt in gleicher Weise, wenn der Auftragnehmer einen wichtigen Grund zur Kündigung gehabt hätte (vgl. BGH BauR 1986, 596 = Schäfer/Finnern/Hochstein § 8 HOAI Nr. 4 = NJW-RR 1986, 1279).

Bei **Tod des Architekten** endet das Vertragsverhältnis. Die allgemeinen Regeln des **58** BGB, wonach das Vertragsverhältnis auf die Erben übergeht, mag für „Familienarchitekturbüros" zutreffen. Innerhalb einer Architekten-GmbH wird der Gesellschaftervertrag nach innen und der Vertrag mit dem Bauherrn nach außen dies zu regeln haben. Dabei kommt zum Ausdruck, dass eine „höchstpersönliche" Leistung Gegenstand des Vertrages in den üblichen Fällen vom Bauherrn erwartet wird, §§ 133, 157, 242 BGB (ähnlich Locher/Koeble/Frik HOAI, Einl. Rdn. 134).

9. Honoraranspruch bei fehlender Leistungsbestimmung und Aquisitionstätigkeiten

Die Regelungen der HOAI, dabei insbesondere der §§ 3, 6, 7, 14, 15 und 34, gehen **59** davon aus, dass im einzelnen Architektenvertrag der Umfang der vom Auftragnehmer zu erbringenden **Leistungen** im Wege der hinreichend klaren Festlegung **bestimmt** worden ist. Dies trifft aber häufig nicht zu, vor allem in jenen Fällen, in welchen der Vertrag nicht schriftlich, sondern mündlich abgeschlossen wird. Fehlt es an einem schriftlich aufgesetzten und unterzeichneten Architektenvertrag, so stehen dem Auftragnehmer, da es dann auch zu einer schriftlichen Honorarvereinbarung nicht gekommen ist, zwar nur die **Mindesthonorarsätze** gemäß § 7 Abs. 5 zu, jedoch ist der Vertrag unter dieser Voraussetzung gültig. Dann kommt es aber wegen der hier auch häufig fehlenden Bestimmung des Umfanges der vom Architekten nach dem betreffenden Vertrag zu erbringenden Leistung erfahrungsgemäß nicht selten zu **Auslegungsschwierigkeiten.**

Wird ein Architekt auf Veranlassung des Auftraggebers **vor Abschluss** eines in Aussicht genommenen Vertrages tätig, bedarf es der Prüfung, ob ihm ein **Auftrag** erteilt oder ob er **ohne vertragliche Bindung „aquisitorisch"** tätig ist. **Denn die Aquisition bedarf zunächst einmal der Beauftragung** (so auch LG Mönchengladbach, Urt. v. 30.8.2012 – 1 O 60/11). Ob diese Tätigkeit dann **nicht honoriert** werden soll oder ob man sich erst später darauf einigen will, muß anhand des Vorbringens der Parteien geklärt werden. Bei späterer Einigung über die Leistung und das Honorar, ist eben nicht von einer kostenlosen Leistungserbringung auszugehen, § 7 Abs. 5. Es bedarf der Klärung, ob die Mindestsätze für die Grundleistungen dann geschuldet sind. Soll eine Honorierung für Tätigkeiten des Architekten eben nicht gezahlt werden und damit der Architekt „werbend" tätig werden, so ist das zugleich mit der Leistungsaufgabe vertraglich festzulegen. Ob und inwieweit dadurch eine Mindestsatzunterschreitung oder eine kostenlose Leistung möglich ist, bestimmt sich nach dem Einzelfall. Jedoch ist es möglich, daß ein Architektenvertrag erst geschlossen werden soll, wenn endgültig feststeht, daß ein konkretes Bauvorhaben umgesetzt werden soll und der vertragliche Vereinbarung über bestimmte Aquisitionsleistungen, die Planungstätigkeiten als Grundleistungen sind, ein Entgelt zu vereinbaren, daß **unterhalb** der Mindestsätze liegt (OLG Jena, Urt. v. 8.1.2014 – 2 U 156/13).

Nicht hierher zählen die Fälle der **Aquisitionstätigkeit** im Rahmen der **Vergabe.** Dort besteht die Sonderregelung des **§ 20 Abs. 3 VOF.** Im VOL/A-Verfahren besteht **keine** gleiche Regelung, was vom Gesetzgeber in Kauf genommen wurde (siehe hierzu Einführung Rdn. 381; Orlowski, BauR 2012, 1550). Die dortigen Regelungen sind auch nicht auf die vertraglichen Bestimmungen eines Planervertrages übertragbar oder stillschweigend zu unterstellen.

Ist ein Auftrag erteilt, ist zu klären, ob und in welcher Höhe eine Vergütung dafür geschuldet wird; dies muss der Architekt darlegen und beweisen (vgl. dazu BGH ZfBR 1997, 600; OLG Brandenburg, Urt. v. 16.1.2003 – 8 U 67/02; OLG Jena, Urt. v. 8.1.2014 – 2 U 156/13; zu Aquisitionstätigkeiten nach Kündigung des Architektenvertrages OLG Rostock, Urt. v. 2.5.2007 – 2 U 54/07). Hier wird man schon davon ausgehen müssen, dass dem Architekten unter der Voraussetzung, dass der Auftraggeber mit ihm eine konkrete Bauabsicht verwirklichen will, **sämtliche Leistungen** des § 34 Abs. 3 in Verbindung mit Anhang 10.1 übertragen sind, **soweit** sie zur sachgerechten Planung und Ausführung des betreffenden Objektes **erforderlich** erscheinen (so wohl auch Bindhardt/Jagenburg § 2 Rdn. 49). Das gilt auch für die Grundleistungen der Leistungsphase 9, da die HOAI erklärtermaßen auch diese zu den heute üblichen Architektenleistungen als Hauptpflichten rechnet (Sangenstedt, A VII, Rdn. 65 ff.; a. A. Bindhardt/Jagenburg § 2 Rdn. 52 und § 3 Rdn. 79 ff.).

60   Andererseits gibt es **keine Lebenserfahrung und auch keinen Anscheinsbeweis dafür, dass ein Bauherr im allgemeinen den Architekten mit allen zur Durchführung eines Bauvorhabens erforderlichen Leistungen beauftragt.** Wenn dies auch häufig der Fall ist, so ergibt sich gleichwohl schon aus § 8 und § 9 HOAI, dass auch die Übertragung von Teilleistungen durchaus nicht unüblich ist, insbesondere dann, wenn es sich nur um die Anfertigung von Vorentwürfen oder die Genehmigung einer Entwurfsplanung handelt. Entscheidend gegen die Anwendung der Grundsätze vom Anscheinsbeweis spricht weiter, dass es vorliegend um die Feststellung eines individuellen Willensentschlusses geht, der nicht aus typischen Geschehensabläufen, sondern regelmäßig nur aus den besonderen Umständen des Einzelfalles geschlossen werden kann (BGH BauR 1980, 84 = Schäfer/Finnern/Hochstein § 19 GOA Nr. 1; OLG Düsseldorf BauR 1982, 346; a. A. OLG Köln BauR 1973, 251). Daher gilt allgemein: Die HOAI enthält keine **normativen Leitbilder** für den Inhalt von Architekten- und Ingenieurverträgen. Der Leistungsinhalt kann nicht durch Vergleich der Gebührentatbestände der HOAI und der vertraglich vereinbarten Leistungen bestimmt werden (BGH BauR 1999, 197; OLG Düsseldorf BauR 2002, 117, 119). In seiner grundsätzlichen Entscheidung hat der BGH nunmehr die Grundzüge der Leistungsbestimmung bei Tätigkeiten von Architekten ohne Leistungsbestimmung im Vortrag deutlich gemacht (BGH BauR 2004, 1640 = BGHZ 159, 376 = NJW 2004, 2588 = NZBau 2004, 509): Der vom Architekten geschuldete Gesamterfolg ist im Regelfall nicht darauf beschränkt, dass er die Aufgaben wahrnimmt.

Die **Beweislast** für den **Auftragsumfang** hat der Auftragnehmer (OLG Hamm BauR 1990, 517).

Hat eine **Kommune** einen Architektenauftrag ohne die nach der Gemeindeordnung erforderliche Schriftform erteilt, hat der Architekt für seine Planungsleistungen keine vertraglichen Honorar-, sondern allenfalls gesetzliche **Bereicherungsansprüche.** Gibt daher eine Stadt die vom Land erhaltene Bewilligung zu Fördermitteln zurück, zu deren Erreichung ein Architekt ohne wirksamen Auftrag Leistungen erbracht hat und kommt das Planvorhaben deshalb nicht zur Ausführung, weil der Stadt die erforderlichen Mittel fehlen, entfällt eine Bereicherung und damit ein Bereicherungsanspruch des Architekten (OLG Celle IBR 2006, 338).

Zwar hat die HOAI den bereits in § 2 Abs. 1 GOA ausgesprochenen Grundsatz, wonach die allgemeinen Leistungen in der Regel als **einheitliches Ganzes** die Leistungen des § 9 umfassten, nicht ausdrücklich wiederholt. Es ergibt sich aber aus dem einheitlichen Ziel eines Architektenvertrages, nämlich der planerischen Vorbereitung und der Überwachung der tatsächlichen Ausführung eines Bauvorhabens, dass die Leistungsphasen des § 34 und Anhang 10.1 ebenso wie die Teilleistungen des § 19 GOA dazu bestimmt sind, dieses einheitliche Ziel zu verwirklichen, so dass **auch für den Rahmen der HOAI** im Grundsatz kein anderer Schluss zu ziehen ist, als sich dieser aus § 2 Abs. 1 GOA ergab.

61   Abweichend hiervon können jedoch z.B. die folgenden Umstände eine **einschränkende Folgerung** rechtfertigen:

Wird der Architekt zunächst nur beauftragt, das Grundstück im Hinblick auf die Bebauungsmöglichkeit zu besichtigen und die Bebauungsfrage zu klären, so wird sicher noch kein umfassender Architektenvertrag vorliegen; vielmehr wird der Architekt grundsätzlich nur mit einer Grundlagenermittlung nach Leistungsphase 1 beauftragt sein, was vor allem bei einer Beauftragung des Architekten vor Grundstückserwerb in Betracht kommt (vgl. OLG Düsseldorf BauR 1980, 376; OLG Frankfurt NJW-RR 1987, 535); höchstens kann – je nach Lage des Falles – ein Teil der Vorplanung gemäß der Leistungsphase 2 mit im Auftrag enthalten sein (vgl. OLG München BauR 1996, 417 = OLGR 96, 41 = NJW-RR 1996, 341). U. U. kann hier der Auftrag zur Vorplanung als Einzelleistung nach § 9 HOAI vorliegen (BGH Schäfer/Finnern Z 3.00 Bl. 158). Dabei ist hinsichtlich der Vergütung des Architekten gerade hier zu beachten, dass eine etwaige „**unverbindliche**" Beauftragung durch den Auftraggeber im Allgemeinen **nicht** bedeutet, dass derartige Leistungen vereinbarungsgemäß **kostenlos** zu erbringen seien (vgl. BGH Schäfer/Finnern Z 3.01 Bl. 380; OLG Stuttgart BauR 1973, 63; OLG Stuttgart NJW 1989, 2402 = BauR 1989, 630, insoweit auch über die Aufklärungspflicht des Auftragnehmers über die voraussichtliche Honorarhöhe; vgl. OLG Koblenz BauR 96, 888 = NJW-RR 1996, 1045). Vielmehr kann dann lediglich angenommen werden, dass sich der Auftraggeber den Entschluss, ob er den Architekten mit weiteren, durch die Leistungsphasen des § 34 Abs. 3 i. V. m. Anhang 10.1 ausgewiesenen Arbeiten beauftragen will, noch vorbehält (OLG Schleswig Schäfer/Finnern/Hochstein Z 3.01 Bl. 197; vgl. auch OLG Hamm BauR 1990, 636; auch OLG Köln Schäfer/Finnern/Hochstein § 631 BGB Nr. 36 im Falle des Auftrages mit einer „unverbindlichen Kostenschätzung"). Hiernach bedarf es einer ganz klaren und unmissverständlich dahingehend zum Ausdruck gebrachten einverständlichen Regelung zwischen Auftraggeber und Auftragnehmer, wenn ausnahmsweise die Annahme gerechtfertigt sein soll, der Architekt habe sich bereit erklärt, für den Auftraggeber – vor allem auch vorerst – kostenlos zu arbeiten (siehe auch OLG Koblenz BauR 1996, 888). Dies hat der Auftraggeber im Streitfall zu beweisen (ebenso Bindhardt/Jagenburg § 2 Rdn. 54 m. w. N., wofür dann allerdings auch die Umstände des Einzelfalles sprechen können, wie z. B. bei der Baumaßnahme eines Tennisvereins bzw. einer Tennisabteilung eines Vereins, wenn der Auftragnehmer nicht nur Mitglied, sondern mit einem Ehrenamt (Amt des Sachverständigen bzw. Baubeauftragten) betraut ist (vgl. OLG Köln MDR 1990, 244). **Anders** liegt es auch, wenn der **Architekt von sich aus die Initiative ergreift** und die von ihm ohne Auftrag oder sonstigen Anlass gefertigte Planung – bloß – mit dem Auftraggeber erörtert. Dann hat der Architekt einen dennoch erteilten Auftrag im Einzelnen darzulegen und zu beweisen. So kommt z. B. ein Architektenvertrag nicht schon dadurch zustande, dass ein Architekt von sich aus einer Stadtverwaltung einen Entwurf unterbreitet und diese mit ihm auf seinen Wunsch die Möglichkeit einer Realisierung erörtert (OLG Oldenburg NJW-RR 1987, 1166).

Ist der Erwerb des Grundstückes noch nicht gesichert, also die Möglichkeit der **Bauaus-** 62 **führung überhaupt noch ungewiss** und soll der Architekt bereits vorbereitende Maßnahmen für die Errichtung eines Neubaues treffen, so erschöpft sich sein Auftrag zunächst in der **Grundlagenermittlung** nach Leistungsphase 1, höchstens – je nach dem Inhalt der Absprache mit dem Auftraggeber – in der **Vorplanung** gemäß der Leistungsphase 2 (OLG Saarbrücken NJW 1967, 2360). Soll der Architekt unabhängig von dem beabsichtigten Grundstückserwerb seine Planung durchführen, bedarf es hierzu einer klaren **Willensäußerung des Auftraggebers.** Im Zweifel ist nämlich davon auszugehen, dass der Auftragnehmer immer nur diejenigen Leistungen erbringen soll, welche zumindest in absehbarer Zeit zur Verwirklichung des Bauvorhabens benötigt werden.

Sofern der Auftragnehmer beauftragt worden ist, die **Leistungen bis zum Bauantrag** 63 **oder bis zur Baugenehmigung** zu erbringen, sind ihm im Allgemeinen die Aufgaben bis zur **Genehmigungsplanung,** also die Arbeiten nach den Leistungsphasen 1 bis 4, übertragen (vgl. OLG Düsseldorf BauR 1981, 401). Dabei handelt es sich durchweg um einen Auftrag, welcher die Leistungsphasen 1 bis 4 erfasst (OLG Düsseldorf BauR 2000, 908 = NZBau 2000, 295). Das ergibt sich insbesondere für die Leistungsphasen 2, 3 und 4, da aus dem gegebenen Zusammenhang die nächstfolgende Phase zwangsläufig die Tätigkeit des Architekten in der oder den vorangehenden Phase(n) voraussetzt. So kommt z.B. ein bloßer Auftrag – und demgemäß eine nur darauf abgestellte Honorierung des Architekten – für die Leistungen der Leistungsphase 4 grundsätzlich nicht in Betracht, was sich schon daraus ergibt, dass § 9 HOAI einen Auftrag für eine Tätigkeit bloß im Rahmen der Leistungsphase 4 nicht vorsieht. In Betracht kann ein Auftrag nach lediglich Leistungsphase 4 nur kommen, wenn die Leistungen der Phasen 1 bis 3 bereits vollständig – von einem anderen Architekten – erbracht worden sind und sie durchweg uneingeschränkt von dem jetzigen Planer für die Leistungsphase 4 übernommen werden können (OLG Düsseldorf BauR 1982, 597). Dabei können aber die besonderen Voraussetzungen des § 11 HOAI vorliegen.

64   Sind dem Architekten die Leistungsphasen 1 bis 4 übertragen worden, so darf er dann nicht „vorprellen" (also z.B. noch nicht die Ausführungsplanung nach Leistungsphase 5 machen), bevor nicht zumindest die Genehmigung erteilt ist und/oder der Auftraggeber zumindest klar erkennbar den Auftragnehmer mit weiteren Leistungen betrauen will. Ebenso gilt dies, wenn dem Architekten zwar weitergehende Leistungen über die Leistungsphase 4 hinaus in Auftrag gegeben worden sind. Auch hier darf er grundsätzlich nicht schon Leistungen erbringen, bevor die im Einzelfall erforderliche Baugenehmigung erteilt worden ist (OLG Hamm ZfBR 97, 308). Anders nur dann, wenn der Auftraggeber die Vorziehung einer weiteren Leistungsphase (z.B. der Nr. 6) ausdrücklich verlangt und das Risiko dafür übernommen hat, dass die vorgezogenen Leistungen nicht benötigt werden oder überholt sind (vgl. OLG Düsseldorf NJW-RR 1994, 858). **Besonders vorsichtig** sind solche Fälle zu bewerten, in welchen die Durchführung des Vorhabens nach den geltenden Vorschriften des **öffentlichen Baurechts ungewiss** ist. So kann sich die Erforderlichkeit des Dispenses ergeben. Dann muss der Architekt zunächst eine **Bauvoranfrage** einreichen, wobei es unerheblich ist, ob ihm bereits sämtliche Architektenleistungen übertragen worden sind (BGH Schäfer/Finnern Z 3.01 Nr. 385; LG Essen MDR 1969, 220). Dies ergibt sich daraus, dass der Architekt für den Auftraggeber kostspielige Leistungen zu vermeiden hat, bevor nicht das Ergebnis der Bauvoranfrage vorliegt. Überhaupt muss der Architekt den Auftraggeber bei Zweifeln darüber, ob die baurechtlichen Genehmigungen entsprechend der Bauabsicht erteilt werden, über die Möglichkeit der Bauvoranfrage belehren (Kretschmar NJW 1968, 535; LG Dortmund MDR 1964, 232). Ob und inwieweit Leistungen des Architekten wiederum zur Bewerkstelligung der Bauvoranfrage erforderlich sind, hängt vom Einzelfall ab. In der Regel wird es sich zumindest um Teile der Vorplanung nach Leistungsphase 2 handeln, u.U. auch um eine Vorplanung als Einzelleistung, die den erhöhten Vergütungssätzen des § 9 unterliegt.

Dem vorangehend Gesagten ähnlich ist es zu bewerten, wenn es der Architekt neben seinen eigentlichen Planungs- und gegebenenfalls auch Aufsichtsleistungen übernommen hat, die **Finanzierung des Bauvorhabens zu besorgen.** Dann darf er zunächst nur solche Leistungen vornehmen, die zur Erreichung der Finanzierung **notwendig** sind. Auch hier handelt es sich im Wesentlichen um nicht mehr als die Vorplanung nach Leistungsphase 2 (vgl. BGH Schäfer/Finnern Z 3.01 Bl. 111). Scheitert die Finanzierung dann, so steht dem Architekten, der diese zu besorgen hatte, grundsätzlich kein Vergütungsanspruch gegenüber dem Auftraggeber zu (OLG Düsseldorf Schäfer/Finnern Z 3.01 Bl. 10), falls er dies zu vertreten hat.

In letzter Hinsicht ist davon auszugehen, dass der Honoraranspruch des Auftragnehmers **auflösend bedingt** ist. Gleiches gilt, wenn z.B. zwischen den Vertragspartnern vereinbart ist, dem Architekten solle keine Vergütung zustehen, wenn bestimmte Voraussetzungen nicht eintreten, z.B. der beabsichtigte Kauf des Baugrundstücks misslingt (BGH Schäfer/Finnern Z 3.00 Bl. 102 und Z 3.01 Bl. 300) oder die erstrebte Baugenehmigung nicht erreicht wird.

10. Allgemeine Geschäftsbedingungen (Klauseln) in Architektenverträgen betreffend § 34 i. V. m. Anhang 10.1 HOAI (rechte und linke Spalte)

Grundsätzlich verstoßen Klauseln in Honorarvereinbarungen, die die Honorarabrech- **65** nung betreffen und zum Nachteil des Architekten Änderungen vorsehen gegen das Prinzip der verordnungsrechtlichen Abrechnungsstruktur der HOAI und sind daher unwirksam (§ 307 Abs. 2 Nr. 1 BGB).

Klauseln in Verträgen, die den **Leistungskatalog** gem. § 34 Abs. 3 i. V. m. Anhang 10.1 oder § 3 Abs. 3 **erweitern,** sind unwirksam. Sie scheitern an der bindenden Beschreibung des § 34 und des Anhangs betreffend die Grundleistungen in der linken Spalte. Die weitere Schaffung von Leistungsphasen hatte der Verordnungsgeber vorgesehen. Außerdem ist die Honorierung des Architekten damit abweichend zur Regelung der HOAI erweitert und/oder eingeschränkt (Locher/Koeble/Frik, § 2 Rdn. 4 und § 34 Rdn. 15, 16; Motzke in Graf v. Westphalen, AGB und Vertragsklauseln, Stand 2011, Rdn. 163).

Bei Auslegungsschwierigkeiten der **Leistungsbeschreibung zu Gunsten des Bauherrn,** wie z. B. „*Zu den Grundleistungen gehört auch die fachtechnische Prüfung der Ausführungspläne, deren Anpassung und eventuelle Abänderung.*" handelt es sich um eine Erweiterung des Aufgabenbereichs insbesondere bei Leistungsphase 8. Hier werden die gesamten Vorarbeiten der Vorleistungsphasen in diese Phase mit einbezogen, so dass die Einteilung bei Leistungsphase 8 in Grund- und Besondere Leistung umgangen wird (siehe auch BGH BauR 2000, 280; Motzke a. a. O., Rdn. 280). Hier liegt dann ein Verstoß gegen § 307 Abs. 2 Nr. 1 BGB vor. Zudem wäre eine solche Klausel eine nicht vorgesehene Erweiterung der Leistungen, die im Bereich der Besonderen Leistungen anzusiedeln wäre und eine Umgehung des Honorierungsgrundsatzes und damit eines elementaren Grundgedankens der §§ 3 Abs. 1, 2, 3 und 7 Abs. 1, 2, 3, 4, 5 wäre. Allerdings kann vertraglich vereinbart werden, dass die im Rahmen der selbständigen Übertragung der Leistungspflichten Leistungen zu erbringen sind, die auf anderen Leistungen aufbauen (BGH, NJW 2009, 582).

Grundsätzlich ist es statthaft, durch Klauseln die **Besonderen Leistungen** des § 3 Abs. 3 zu erweitern, weil diese nur beispielhaft aufgeführt sind und die Honorierung dem Einzelfall unterliegt. Allerdings sind Klauseln unwirksam, wenn sie besondere Leistungen als Grundleistungen ausgeben, oder umgekehrt die Grundleistungen als frei vereinbare Besondere Leistungen darstellen. Das widerspricht dem Grundgedanken des verbindlichen Preisrechts der Leistungen in § 3 Abs. 1 und 3 (v. Westphalen, AGB-Klauseln, Stand 2011, Rdn. 167). Nicht so ist dieses mit Abweichungen durch Änderungsleistungen als Besondere Leistungen. Grundsätzlich verstößt diese Einordnung gegen die Prinzipien der HOAI, weil die Änderungsleistung auch Grundleistung sein kann, deren mehrfache Vergütung bei mehrfacher Erbringung gesichert werden soll (siehe § 10 Abs. 1 und 2; Boetcher BauR 2000, 792; Jochem FS Heiermann S. 169; Motzke BauR 1994, 570; a. A. OLG Hamm BauR 1994, 398 – nimmt Besondere Leistung an).

Eine Klausel in AGB eines Architektenvertrages, die neben einem Pauschalhonorar eine zusätzliche **Nebenkostenpauschale** vorzieht, ist unwirksam, wenn die Preisgestaltung der AGB insgesamt unklar ist (OLG Düsseldorf BauR 2004, 1834).

Zur **Klausel in Subplanerverträgen:** Korbion FS Werner, 2006, S. 341; Korbion, Generalplaner und Subplaner, 2013; Honorarklauseln Korbion, FS Jochem 2014, S. 85 ff.).

Teilbeauftragungen verstoßen bei Einhaltung des Kataloges des § 34 nicht gegen § 307 Nr. 5 BGB, da sie eine Leistungsbeschreibung enthalten (Wolf/Horn/Lindacher, § 8, Rdn. 10).

Die **stufenweise Beauftragung** ist differenziert zu betrachten. Einerseits sind diese gültig. Jedoch ist der Zeitablauf zu beurteilen. So ist nach der **RBBau** bis Fassung 2009 in den Ziffern 3.1 bis 3.4 eine Möglichkeit, je nach Haushaltslage die Beauftragung zu staffeln. Wenn Ziffer 1.2 Gegenstand eines solchen Vertrages wird, so würde der Architekt 36 Monate gebunden bleiben. Dies verstößt gegen § 308 Nr. 1 BGB (Osenbrück, RBBau, Rdn. 168 ff.). Auch gilt dies für die RBBau Fassung ab 2009 zu Ziffer 3.1 der von 24 Monaten ausgeht (siehe auch Motzke a. a. O., Rdn. 167, der von einer bedingten Wirksamkeit ausgeht).

Reduzierungen der Vom-Hundertsatz-Bestimmungen wie in Ziffer 2.3 der RBBau erweisen sich wegen ihrer geringen Abweichung von den Vorgaben der HOAI als vertretbar zulässig. Zudem kommt auch ein Fall des § 7 Abs. 3 in Betracht.

Änderungsleistungen, die in § 10 Abs. 1 und Abs. 2 geregelt sind, sind frei vereinbar und anzuordnen dem Auftraggeber vorbehalten. Hier sind Vergleiche mit §§ 1 Nr. 3 und 4 VOB/B auch vom VO-Geber gewollt. Damit sind Reglungen in dieser Hinsicht zunächst wirksam. Allerdings sind Regelungen, wonach Leistungen des Planers auf der Grundlage dieser Änderungsanordnungen ohne weitere Honorarauswirkung bleiben durch den entgegen gesetzten Wort „... sind ... zu vereinbaren ...“ **unwirksam,** weil dieses eine Unterschreitung der Mindestsatzregelung ist, § 7 Abs. 1, 3, 5.

Bauzeitverzögerungen können für den Architekten mit Mehrtätigkeit und -verantwortung verbunden sein und die Frage einer **Mehrvergütung** aufwerfen. Der Einheits-Architektenvertrag von 1994 – zurückgezogen durch die Bundesarchitektenkammer – sah einen Ausgleich vor. Diesen sollten die Parteien durch individuelle Vereinbarung der Dauer eintragen. Damit ist aber die Klausel wirksam, da die Parteien diese aushandelten. Die Bedenken des BGH sind berechtigt. Immerhin kann vor und nach dem Vertragsschluss noch über die Honorierung verhandelt werden (BGH BauR 1987, 112). Die RBBau hat hier die Möglichkeit geschaffen, bei einer Überschreitung von 20% der Zeit maximal aber 6 Monate die Vergütung unangetastet zu lassen. Allerdings ist der **Wegfall der Geschäftsgrundlage** dann anzunehmen, wenn die Verlängerung der Bauzeit mit einer erheblichen Bindung des Architekten und seines Personals verbunden ist, welche betriebswirtschaftlich nicht mehr zu vertreten ist. Hier ist dann entsprechend § 242 BGB und der Rechtsprechung zur Kündigung des Vertrages durch den Architekten davon auszugehen, dass ohne konkreten Hinweis auf die Unverträglichkeit hier die Zeitspanne von 6 Monaten die maximale Obergrenze bildet. Hier muss gem. § 10 der Bauherr eine Verhandlung mit dem Architekt über den Ansatz der Bauzeitverzögerung eingehen, § 242 BGB. Der Anspruch resultiert aber nicht aus § 642 BGB, weil es kein Fall des Annahmeverzugs im eigentlichen Sinne ist. Wurde der Einheitsarchitektenvertrag verwendet, so findet sich gewöhnlich unter § 6 Ziff. 6.1. die Verpflichtung der Parteien zum Verhandeln über das weitere Honorar zur Bauüberwachung. Diese Klausel verstößt allerdings gegen § 305b BGB n. F.), da sie eine weitergehende Honorierung gestattet. Wird in einer solchen Klausel durch den Architekten dann eine zu kurze oder unrealistische Bauzeit eingetragen, kann dies zu einer Erhöhung des Honorars auf unrealistischer Basis führen, § 242 BGB (so schon Korbion/ Locher/Sienz, AGB-Klauseln, Rdn. 20; ähnlich Motzke a. a. O. Rdn. 300 ff.).

Verstieß eine Klausel, wonach für den Fall der zeitlichen Trennung eine Honorarerhöhung ausgeschlossen war, zuvor gegen § 307 Abs. 2 Nr. 1 BGB weil § 21 HOAI a. F. die Honorarerhöhung gerade zuließ und erfolgte Gleiches im Anwendungsbereich des § 21 HOAI a. F. für den Fall einer stufenweisen Beauftragung, so ist der Weg in der HOAI 2009 für eine neue Vertragsgestaltung nunmehr frei (BR-Drucksache 395/09 S. 152). Eine von Vertragsparteien gewählte Formulierung

> „... Für den Fall, dass der Auftrag abschnittsweise in zeitlich größeren Abständen (über 6 Monate) bereits ausgeführt wird und nicht bereits nach § 11 HOAI eine getrennte Honorarberechnung erfolgt, gilt folgende Vereinbarung: .... Das Honorar für diejenigen Leistungsphasen, die für eine Maßnahme zusammenhängend erbracht werden (z. B. für die Leistungsphasen 1 bis 3 bzw. 4) wird aus den gesamten anrechenbaren Kosten ermittelt. Das Honorar für diejenigen Leistungsphasen, die abschnittsweise erbracht werden (z. B. die Leistungsphase 5 oder 6) wird für jeden Bauabschnitt aus den jeweiligen anrechenbaren Kosten getrennt berechnet. Dadurch sind sämtliche Mehraufwendungen, die dem Auftragnehmer im Falle einer abschnittsweisen Leistungsbringung in zeitlich größeren Abständen entstehen können, abgegolten. Etwaige weitergehende gesetzliche Ansprüche bleiben unberührt. ...“

(vgl. auch Seifert, IBR 2011, 1002) ist wirksam. Haben allerdings die Vertragspartner keine Vereinbarung im Hinblick auf die Honorierung bei einer Verlängerung der Bauzeit getroffen, ist § 10 Abs. 1 und 2 ungeeignet. Denn die in der HOAI festgesetzten Höchstsätze können bei außergewöhnlich oder ungewöhnlich lang andauernden Leistungen durch schriftliche Vereinbarung überschritten oder unterschritten werden (§ 7 Abs. 4 S. 1), was auch unter § 52 Abs. 5 und § 44 Abs. 7 dort im Hinblick auf die örtliche Ausdehnung geregelt wird. Da § 7 Abs. 4 Satz 1 lediglich Preisrecht ist, kann durch vertragliche Vereinbarung eine besondere Vereinbarung regelmäßig nur aus § 313 BGB resultieren (Werner/Pastor, Rdn. 1036). Diese Vereinbarung hat allerdings bei Auftragserteilung zu erfolgen (BGH, NJW-RR 2005, 322). Wird in einem mehrfach verwendeten Architektenvertrag, z. B. die in § 6 Ziff. 6.1 des Einheitsarchitektenvertrages (Fassung 1994), die Erstattung von Mehrkosten für Bauzeitverlängerungen dem Architekten zugestanden, wie auch in § 9 Ziff. 9.4. der Allgemeinen Vertragsbestimmungen zum Vertrag der Objektplanung Gebäude (AVB) der RBBau, so sind diese gemäß § 309 Nr. 1 BGB unwirksam. Eine Honorarerhöhungsklausel liegt allerdings nicht vor, da keine Vergütung für Leistungen, sondern ein Ausgleich dafür erfolgen soll, dass dem Architekten Mehrkosten für die dem Leistungskatalog nach sachlich gleichgebliebenen Leistungen erstattet werden. Denn der Mehrkostenerstattungsanspruch folgt aus § 642 BGB, der über einen Aufwendungsersatz nach § 304 BGB hinaus geht (Palandt/Sprau, § 642 Rdn. 5; OLG Düsseldorf, NZBau 2007, 109). Ein Mehrkostenerstattungsanspruch wird aber auch dann nicht in Betracht kommen, wenn in einem Architekten- oder Planervertrag die Ausführungszeiten unrealistisch knapp oder mit keinen Pufferzeiten versehen sind. Dieses gilt allerdings nur bei einer standardisierten Klauselverwendung (Korbion/Locher/Sienz, L, Rdn. 20).

Weitere Bestimmungen aus der RBBau, wie unter § 9 Ziff. 9.4:

„... Im Übrigen begründen Veränderungen der festgelegten Termine allein keinen Anspruch auf Erhöhung des Honorars ..."

sind schon durch den Wortlaut gemäß §§ 642, 313 Abs. 1 BGB ausgeschlossen und in Allgemeinen Vertragsbedingungen der Architekten unwirksam.

Grundsätzlich verstoßen diese Regelungen auch gegen das Preisrecht, denn auch § 10 Abs. 1, 2 legen fest, dass es der Verhandlungsfreiheit der Vertragspartner obliegt, Bauzeitänderungen und deren Rechtsfolgenseite zu regeln. Maßstab allerdings ist § 7 Abs. 4 S. 1. Im Regelfall werden, soweit der Planer nicht selbst Verursachungen für die Bauzeitverlängerung getroffen hat, Änderungen bei den anrechenbaren Kosten, den Werten oder den Verrechnungseinheiten erfolgen. Hierbei ist Grundlage die DIN 276 Fassung 2008 und die dort aufgeführten Kostengruppen. Alleine schon eine Bauzeitverzögerung wird mit an Sicherheit grenzender Wahrscheinlichkeit zu erhöhten Kosten der baubetrieblichen Einrichtungen, der Vorhaltung von Maschinen und Geräten und anderen Nebenkosten führen. Diese Kosten sind allerdings honorarbedingt und nicht ersatzbedingt gemäß §§ 642, 313 Abs. 1 BGB.

Eine prozentual an der Bauzeitverlängerung ausgerichtete Erhöhung der Vergütung für die Objektüberwachung führt zu einer Erhöhung des Honoraransatzes. Ein Ausschluss allerdings ist dann nach § 309 Nr. 1 BGB zu messen. Grundsätzlich sind Erhöhungsklauseln mit § 309 Nr. 1 BGB vereinbar, weil im Regelfall die Objektüberwachung innerhalb von vier Monaten nach Vertragsschluss erbracht wird.

II. Die Leistungsphasen im Einzelnen § 34 Abs. 3 und 4 i. V. m. Anlage 10 Nr. 10.1

Grundlegend sind zwei Punkte bei der Bearbeitung und der Honorierung **vorgeschaltet** bei der Einordnungen und Befassung mit Leistungsphasen und Teilleistungsphasen zu beachten:
– Beachtung der des Gesichtspunktes des wirtschaftlichen Handelns und der Berücksichtigung der Interessen des Auftraggebers, § 3 Abs. 4
– Zusammenfassung der Ergebnisse der Tätigkeiten des Planers für den Auftraggeber ggfs. auch mit ihm zusammen. Dabei wurde in der Fassung 2013 im Gegensatz zu § 3 Abs. 8 a. F. diese Tätigkeitspflicht in die Leistungsphasen 1, 2, 3 und 6 integriert.
Dies hat zunächst keinen Einfluss auf die Anwendung der Honorierungsgrundsätze und dem Anfall des Honorars. Jedoch können diese Punkte grundlegende Bedeutung bei der weiteren Ermittlung der Erfüllungsleistungen des Planers und dem Ansatz des Teilhonoraranspruches haben. Das bedeutet, dass es sich hier um Minderleistungen und Ersatzan-

sprüche gegen den Planer handeln kann, die nach Ermittlung des Honorars zu berücksichtigen sind.

1. Grundlagenermittlung (§ 34 Abs. 3 und Anhang 10.1)

A. Leistungen

66   Der Begriff der **Grundlagenermittlung** war dem Leistungskatalog des **§ 19 GOA fremd**. Dies beruht im Wesentlichen darauf, dass die vor der Vorplanung nach der jetzigen Leistungsphase 2 sowie dem Vorentwurf als nach der GOA ersten Leistungsabschnitt liegende Grundlagenermittlung **ursprünglich** als **Aufgabe des Bauherrn** gesehen wurde. Das leuchtet ohne weiteres ein, wenn man sich vergegenwärtigt, dass vom Überkommenen her der Beginn der Architektentätigkeit für einen Bauherrn im Vorentwurf bzw. in der Vorplanung lag. Die in der Vergangenheit gesammelte Erfahrung hat jedoch gezeigt, dass die grundsätzlich dem Auftraggeber selbst oblegene Grundlagenermittlung von diesem oft genug überhaupt nicht durchgeführt und deshalb zwangsläufig vom Architekten noch **zusätzlich mit übernommen** wurde. Damit trat eine weitere Belastung des Architekten – auch im Hinblick auf seine Verantwortung oder Mitverantwortung – ein, die auf der Vergütungsseite im Allgemeinen mangels hinreichender Absprache auch keinen Ausgleich über § 3 GOA erfahren konnte. Hiernach passt sich die HOAI durch den erstmaligen Einbezug der Grundlagenermittlung in die für Architekten jetzt maßgebende Gebührenregelung an die **Gegebenheiten der Praxis** an. Das hat aber nicht nur die Folge einer sachgerechten Anpassung der Vergütung des Architekten an seine regelmäßig entwickelte berufliche Betätigung, sondern auch die eindeutig **vertragliche Übernahme der Verantwortung** des Auftragnehmers gegenüber dem Auftraggeber. Allerdings treten häufig Situationen auf, in denen die Leistungserwartung des Auftraggebers die Bearbeitung der Teilleistungen der Leistungsphase 1 als **kostenlos** voraussetzt. Dies widerspräche im Regelfall § 7 Abs. 3 und 5 und damit dem Mindestsatzcharakter der HOAI als Preisverordnung. Zwar können bei Beauftragung der Vor- und Entwurfsplanung, sowie der Bauüberwachung auch die prozentualen vollen Ansätze der Leistungsphase 1 ergänzend als Einarbeitungs- und Koordinierungsaufwand vereinbart werden, § 9. Dies obliegt aber den Parteien. Würde Leistungsphase 1 aus mißverstandener und nicht ausdrücklich vereinbarter Aquisitionsleistung nicht berechnet, so liegt eine Unterschreitung der Mindestsätze vor.
   Die Ausführungen gelten generell für Gebäude- und Innenraumplanungen. Der VO-Geber hat beide hier zusammengefasst.

a) Klären der Aufgabenstellung auf Grundlage der Vorgaben oder der Bedarfsplanung des Auftraggebers

67   Diese Grundleistung ist neu gefasst worden, hat aber seinen Inhalt und seine Bedeutung beibehalten (so auch Wener/Siegburg, BauR 2013, 1499, 1521; Locher/Koeble/Frik, § 34, Rdn. 29). Hier soll, für eine Leistungspflicht des Planers wesentlich, zunächst die Klärung auf Grundlage der Vorgaben oder der Bedarfsplanung des Auftraggebers oder vorliegender Planungs- und Genehmigungsunterlagen erfolgen. Angesprochen werden hier zunächst die Leistungsaufgaben des Auftraggebers für die Ermittlung der Leistungsaufgabe des Auftragnehmers und damit auch die Vorgaben des Auftraggebers für den Auftragnehmer. Der Auftraggeber hat damit zunächst eine Pflicht, sämtliche Unterlagen, Dokumente und auch verbalen Äußerungen/Wünsche vorzulegen/vorzutragen, die für die folgenden Planungsleistungen erforderlich sind. Der Auftragnehmer seinerseits ist damit verpflichtet, die Wünsche des Auftraggebers, die zugleich auch Vertragsinhalt werden sollen, zu ermitteln und die Leistungsinhalte zu sammeln. Zur von dem Auftraggeber beizubringenden Informationen und Unterlagen, werden neben den ggfs. vorliegenden anderweitigen Planungen und Gutachten auch die Mitteilung zu den finanziellen Rahmenbedingungen gehören (BGH, BauR 2013, 386; Jochem, NZBau 2013, 352; BGH, BauR 2009, 1611 = NJW 2009, 2947; BGH, BauR 2005, 400 = NZBau 2005, 158; BGH, BauR 1991, 366). Diese hat der Auftraggeber durchaus offen zu legen, insbesondere die beabsichtigte Finanzierung eines Planungsvorhabens. Hiervon hängt die weitere Planung und die Kostenbedarfsplanung ab.

Der Auftragnehmer hingegen, wird sich im Rahmen der Ermittlung der Wünsche und ggfs. bisherigen Planungen um die Finanzierungsfragen insoweit zu kümmern haben (Obliegenheit), welche finanziellen Möglichkeiten der Auftraggeber hat. Das wird nicht nur bei privaten Bauherrn so sein, sondern auch und gerade bei institutionellen Auftraggebern. Unzutreffend ist die Meinung von Werner/Siegburg, wonach des sich hier um eine Art kostenlose Grundleistung handeln soll (Werner/Siegburg, BauR 2013, 1499, 1520).

Beim öffentlichen Auftraggeber ist maßgeblich die **Bedarfsplanung,** die Ziffer 1a) nunmehr ausdrücklich erwähnt. Diese orientiert sich an DIN 18205. Siehe hierzu auch § 6 Abs. 3 S. 2. Die Bedarfsplanung orientiert sich nicht nur an Nachweisen zu Referenzobjekten oder Vergleichsobjekten im Unterschied zu DIN 18205. Die Bedarfsplanung beschreibt die methodische Ermittlung der Bedürfnisse von Bauherren und Nutzern, deren zielgerichtete Aufbereitung als Bedarf und dessen Umsetzung bauliche Anforderungen voraussetzt. Sie stellt sog. Prüflisten zur Verfügung, die es ermöglichen, die Anforderungen nach ihrer Vollständigkeit zu kontrollieren. Es gibt diese Prüflisten in drei Varianten, die sich im Detaillierungsgrad unterscheiden. Bedarfsplanung kommt zur Anwendung, wenn bei einem Auftraggeber grundsätzlicher Bedarf für eine Investition besteht. Seine Vorgaben und Wünsche werden in qualitativer und quantitativer Form im sog. Nutzerbedarfsprogramm festgehalten. Definiert werden dort u. a.

– Art und Anzahl der benötigten Flächen und Räume (Raumprogramm, Flächenbedarf in Abhängigkeit von der Funktion, notwendige Raumhöhen);
– Qualität und Ausstattung (Arbeitsplatz, Beleuchtung, Geräte, Möblierung, Kommunikationssysteme);
– Organisatorische und betriebliche Randbedingungen (Strahlenbelastung, Schallschutz);
– finanzielle und terminliche Randbedingungen.

Somit ist eine Soll-Vorgabe geschaffen, die das Vorhaben ständig begleitet und an denen sich der Planer bei der Entwurfsplanung orientieren kann. Die Vorgaben sollen so ausgearbeitet sein, daß sie auch bei Wettbewerben eingesetzt werden können. Dabei ist allerdings zu beachten, daß diese **Bedarfsplanung nach DIN 18205 vom Auftraggeber selbst zu erstellen** ist.

Im Allgemeinen handelt es sich bei der **Grundlagenermittlung** um die **sachgerechte Beratung** des Auftraggebers, bevor überhaupt mit der eigentlichen planerischen Arbeit des Architekten i. S. der Lösung architektonischer Fragen begonnen wird (vgl. auch Jochem FS Heiermann, S. 169, 170 f.; Neuenfeld NZBau 2000, 405). So ist im Wege der Klärung der Aufgabenstellung durch den Auftragnehmer zunächst der **Bauwunsch** des Auftraggebers im Wege sachgerechter Erörterung festzuhalten und insbesondere **klar zu umreißen.** Es liegt auf der Hand, dass diese erste Aufgabe des Architekten innerhalb eines mit dem Auftraggeber abgeschlossenen Vertrages von den Umständen des Einzelfalles je nach Art des vorgesehenen Objektes, seiner Lage, der damit verbundenen Zielsetzung abhängig ist. Dabei kommt es für den Architekten ganz wesentlich darauf an, die Vorstellungen des Bauherrn in einen bauordnungsrechtlich, wirtschaftlich und vor allem technisch vertretbaren und darüber hinaus überhaupt **ausführbaren Rahmen** zu bringen. Insbesondere hat der Architekt hier die finanziellen Möglichkeiten des Auftraggebers in Erfahrung zu bringen und die **wirtschaftlichen** Grenzen abzustecken (BGH, BauR 2009, 1611 = NJW 2009, 2947; BGH BauR 2005, 400; OLG Düsseldorf BauR 1998, 880; OLG Naumburg BauR 1996, 890; BGH BauR 1991, 366). Insgesamt ist eine Abklärung jeweils soweit erforderlich, dass sich nach dem hier vorläufig abgesteckten Rahmen die **Vorplanung** des Architekten **unmittelbar** und ohne Notwendigkeit der Schaffung weiterer Voraussetzungen **anschließen** kann. Hierzu zählt auch die Überlegung zu einem **zeitlichen** möglichen Ablauf des Bauvorhabens. Zudem ist zwar nach dem Willen des VO-Gebers in der 7. VO die Terminplanung in einigen Leistungsphasen als notwendige Leistungspflicht stärker herausgearbeitet worden, so in Lph 2, 3, 5 und 8. Allerdings gehört es zu den Leistungspflichten des Architekten sich im Rahmen der Terminplanung um die Aufstellung eines vorläufigen Zeitplanes der Planung, der Genehmigung und der Ausführung zu kümmern. Das ist zwar in diesem Zeitpunkt augenscheinlich sehr früh, ist aber bei den ersten Überlegungen zu den Grundlagen des Planbarkeit und Durchführbarkeit eines Bauvorhabens in einem überschlägigen Sinne ausführbar und daher auch Teil der Bedarfsplanung.

Auch ein **Grundstückserwerb** und die damit in Zusammenhang stehenden möglichen Schwierigkeiten, wie Bebaubarkeit, Bauzustand eines vorhandenen Gebäudes, müssen mit dem Bauherrn erörtert werden und auf Probleme hingewiesen werden. Sofern **bauordnungsrechtlich** noch nicht die **grundlegenden** – also nicht unbedingt schon alle – Voraussetzungen für die Bebauung geschaffen sind, z.B. ein Bebauungsplan noch nicht vorliegt und § 34 BauGB nicht maßgebend ist, wird es für den Bereich der Grundlagenermittlung nötig sein, bereits jetzt eine **Bauvoranfrage** bei der Baubehörde durchzuführen. Dies beruht darauf, dass ein Architekt verpflichtet ist, so früh als möglich klären zu lassen, ob ein Bauvorhaben durchgeführt werden kann. Deshalb muss er in der Regel eine Bauvoranfrage in die Wege leiten, wenn Anlass zu Zweifeln an der Durchführbarkeit des Bauvorhabens besteht (OLG Köln BauR 1993, 358 = Schäfer/Finnern/Hochstein § 631 BGB Nr. 34; OLG Hamm BauR 96, 578, OLG Stuttgart BauR 97, 681; OLG Düsseldorf IBR 2008, 339). Gleiches gilt auch im Hinblick auf Fragen der Nachbarbebauung und deren Klärung (OLG Frankfurt NJW-RR 1987, 535). Die **Bauvoranfrage** kann aber auch als alleinige und isolierte Leistung in Auftrag gegeben werden. Ihre Verortung in Anhang 10.1 Leistungsphase 2f) bedeutet nicht, dass sie nur dort vorkommen kann. Sie ist bereits in der Grundlagenermittlung notwendig (Bestandsbau, Reihenhäuser; OLG Düsseldorf IBR 2008, 339; OLG Nürnberg, NZBau 2006, 320). Auf die Dauer von Genehmigungsverfahren muss allerdings nicht ungefragt eingegangen werden (OLG München, BauR 2008, 1335). Kennt allerdings der Bauherr aus einem anderen Verfahren Probleme des Genehmigungsverfahrens und weist er den Architekten darauf hin, hat der Planer dieses bei der Beratung zu berücksichtigen.

Ebenfalls hat er auf eine **Bauzustandsbesichtigung** und ggfs. eine **Bestandsaufnahme** zu dringen, wenn es sich um Instandsetzungen, Instandhaltungen, Modernisierungen, Umbauten und anderen Eingriffen in den Bestand (z.B. Sanierungsbauten) handelt. Daneben hat er in der Beratung bereits durch die Verwendung des Objekts oder Grundstücks einhergehende Nutzungen, wie Miete und Betriebstätigkeiten zu berücksichtigen. das tritt auch für Stilllegungen zu.

Abzugrenzen sind hier Leistungen die zu **geologischen Untersuchungen, Verhandlungen mit Verkäufern und Nachbarn** und auch die **Suche nach weiteren Verwertungen des Gebäudes und der Grundstücke** einhergehen. Das sich besonders zu honorierende **Besondere Leistungen.**

Weiterhin besteht an dieser Stelle **zunächst nur die allgemeine Pflicht** des Architekten und damit im Rahmen des Leistungsumfangs über Inhalt und Anforderungen der **Energieeinsparverordnung – EnEV** (BGBl. 2009, S. 954–989 und BGBl. 2013, 3949, 3951) aufzuklären. Hierzu ist dann auch auf den Fachberater und -planer hinzuweisen, der entweder nach der Anlage 1.3 (Bauphysik) oder als gesonderter Berater im Rahmen der Beratung der Energieeinsparverordnung planend und überwachend tätig werden kann. Hier ist zur Leistung und zur Honorierung auf Heft 23 der AHO – Energieeinsparverordnung – 2008 hinzuweisen.

Auch der Hinweis auf den **Fachplaner für Fassadentechnik,** der entweder über den Bereich der Tragwerksplanung oder als Fachplaner für Fassadentechnik ausgewiesen ist, muß hier erfolgen. Dazu ist auf Heft 28 der AHO – Fachingenieurleistungen für die Fassadentechnik hinzuweisen (2012).

Sofern sich bereits Problem mit dem **Baufeld** und möglichen **Umweltbelastungen** ergeben, so ist der Fachbereich der **Baufeldfreimachung und Altlasten** hier im Rahmen der Planung mit einzubeziehen. Die AHO hat mit Heft 8 – Planungsbereich „Altlasten" die Leistung und Honorierung der Fachplaner beschrieben.

b) Ortsbesichtigung

68   Diese Tätigkeit ist ausdrücklich neu aufgenommen, obwohl es sich bei früheren Fassungen von selbst verstand. Ob und wie viele **Ortsbesichtigungen** stattzufinden haben, ist nicht durch die 7. Änd.VO vorgesehen. Das kommt auf den Einzelfall, Zeitpunkt und

Umstände des Planungsstandes an. Maßgeblich ist nur, daß die Ortsbesichtigung im Regelfall notwendige Kenntnisse von den Belegenheiten des Grundstückes oder des Objektes vermitteln und damit der Klärung der Aufgabenstellung in Ziffer 1. a) beitragen soll. Zudem kann sie im Falle der Klärung der Grundstücksverhältnisse zur Beratung der dann folgenden Grundleistungen in Ziffern c) und d) dienen, also der Beratung für weitere Leistungen und Entscheidungshilfen, sowie der Auswahl fachlich zu Beteiligender.

c) Beraten zum gesamten Leistungs- und Untersuchungsbedarf

Die **Beratung zum gesamten Leistungs- und Untersuchungsbedarf** umfasst **69** **grundsätzlich immer** die Darlegung der zur Durchführung der Bauabsicht im Einzelnen nach Art und voraussichtlichem Umfang **erforderlichen Unternehmerleistungen,** zum anderen aber auch die Bekanntgabe des notwendigen Einsatzes von – meist im Planungsbereich tätigen – **Sonderfachleuten,** wie Statiker, sonstiger Ingenieurleistungen, Bodengutachten (vgl. dazu OLG Hamm ZfBR 1997, 308) usw. Zudem sollte der Auftragnehmer bereits an dieser Stelle den Auftraggeber dazu beraten, daß und welche Unternehmereinsatzformen (siehe hierzu Ingenstau/Korbion, VOB, Teil B, 18. Aufl., Anhang 2) möglichwerweise sich für die Durchführung des Bauwerkes eignen können. So sind Hinweise auf ARGE, GbR-Formen und Generalunternehmer, Generalübernehmer, Projektsteuerer notwendig (Rath, BauR 1996, 632, 633). Bei der Absicht des Auftraggebers zur Gebäudeerrichtung hat der Auftragnehmer den Auftraggeber grundsätzlich über die erforderlichen Unterlagen zu beraten, welche die Ermittlung des **Grundwasserstandes** betreffen (OLG Düsseldorf BauR 1992, 536; OLG Zweibrücken – Nichtanb. BGH IBR 2001, 130). Die Abklärung, ob mit ungünstigen Bodenverhältnissen zu rechnen ist und welche Konsequenzen sich hieraus erben können, gehört bereits zur Leistungspflicht in der Leistungsphase 1 (OLG Köln IBR 2009, 38). Die **Bestandserkundigungspflicht** ist bei Umbauten, Modernisierungen und Instandsetzungen bereits in Lph 1 = Grundlagenermittlung notwendig zu klären, da sie das Ermitteln der Voraussetzungen zur Lösung der Bauaufgabe durch Planung zählt (OLG Brandenburg IBR 2008, 526). Das bedeutet im Allgemeinen die sachgerechte Beratung des Auftraggebers, bevor überhaupt mit der eigentlichen planerischen Arbeit des Architekten im Sinne dieser Lösung architektonischer Fragen begonnen wird. Gerade bei Umbauten, Modernisierungen oder Sanierungen gehört die Bestandsaufnahme, die konstruktive und sonstige Bauschäden erfasst zu den Grundleistungen. Nur eine sorgfältige Bestandsaufnahme kann die Beurteilungsgrundlage schaffen, ob und inwieweit das verbundene Altgebäude umgebaut werden kann. Dazu gehört die Prüfung, inwieweit sich die Bausubstanz hinsichtlich der vorhandenen Baustoffe, der Bauart und des altersbedingten Abnutzungsgrades für einen Umbau eignet. Vorrang ist die Beurteilung der Bauqualität, so dass festgestellt werden muss, welche Baumängel vorliegen. Die Bauwerkserkundigungspflicht wird umso stärker und intensiver, je mehr in den Bestand eingegriffen wird. Daher ist nicht erst im Rahmen der Ausführungsplanung und -überwachung (Lph 5 und 8) eine intensive Bauaufsicht als bei Neubauten erforderlich (BGH NJW 2000, 1500), sondern schon eine entsprechende Planung. **Damit ist die Bestandserkundigungspflicht Grundleistung im Gegensatz zur Bestandsaufnahme, die als Tätigkeit das Verzeichnis des Bestandes vorzieht.** Nicht zuletzt ist hier auch eine Beratung des Auftraggebers mit gebotenem **Hinweis** erforderlich, wenn sich im betreffenden Fall ergibt, dass der Architekt nicht nur Grundleistungen im Rahmen der Leistungsphasen des § 34 Abs. 3 i. V. m. Anlage 10.1, sondern **auch Besondere Leistungen** erbringen muss, welche seinen Vergütungsanspruch erhöhen, zugleich aber auch seine Verantwortung erweitern. Hierzu zählt auch die **Beratung zum Einsatz eines Sicherheitskoordinators nach der BaustellenVO** (siehe auch hierzu: v. Wietersheim, BaustellenVO, 2006).

Systematisch ist hier die konkrete Beratung zu den Möglichkeiten der Verwendung und Berücksichtigung der erneuerbaren Energien anzuführen (VO für energiesparenden Wärmeschutz und energiesparende Anlagentechnik bei Gebäuden (EnEV) und des EEWärmeG (Gesetz zur Förderung erneuerbarer Energien im Wärmebereich vom 1.1.2009). Dazu zählen die Umfänge der technischen Ausrüstung, der Statik, die Bauphysik. Dies gilt bei Alt- und Neubauten. Auch die Notwendigkeit den Bauherrn auf den Energie- und Wärmebedarfsausweis hinzuweisen besteht, § 16 EnEV. Folge ist eine Auskunfts- und Berechnungspflicht über Mehrkosten und Fördermittelbedarf. Keine Grundleistung ist die Energieplanung, sondern nur **Besondere Leistungen.** Im übrigen kommen die Leistungen aus der Beratung der **thermischen Bauphysik** der Anlage 1 Ziff. 1.2 in Betracht, die frei verhandelbar ist.

d) Formulieren von Entscheidungshilfen für die Auswahl anderer an der Planung fachlich Beteiligter

70   Formulieren von Entscheidungshilfen für die Auswahl anderer an der Planung fachlich Beteiligter greift in das Vorhergesagte ein und erweitert es für den angesprochenen Rahmen. Hier geht es nicht nur darum, überhaupt die Notwendigkeit des Einsatzes von Sonderfachleuten im Bereich der Planung festzulegen, sondern auch, ihre einzelnen **Aufgabenbereiche** zumindest vorläufig gegeneinander **abzugrenzen** und aufeinander **abzustimmen,** damit der jeweilige Leistungs- und Verantwortungsbereich für den Auftraggeber klar überschaubar ist, was nicht zuletzt auch Fragen der Haftung und der Vergütung berührt. Soweit der Einsatz des Sicherheits- und Gesundheitskoordinators ist nach der BaustellVO der Bauherr über die Notwendigkeit und die gesetzliche Anordnung zu informieren und bei den Voraussetzungen auf den Abschluss eines Vertrages zu dringen.

Hier müssen dem Auftraggeber die von der Sache her erforderlichen Unterlagen **(nicht schon Vertragsunterlagen)** bereitgestellt werden, damit er anschließend in der Lage ist, selbstständig inhaltlich klare und hinreichend umrissene Verträge mit planenden Dritten zu schließen.

Dazu zählt auch eine Beratung über den Vorteil eines Einsatzes eines **Generalunternehmers** (siehe auch Rath BauR 1996, 632).

e) Zusammenfassen, Erläutern und Dokumentieren der Ergebnisse

71   Schließlich kommt noch die diese Leistungsphase im Rahmen der Leistungen abschließende **Zusammenfassung** der im Wege der Grundlagenermittlung herausgefundenen **Ergebnisse** hinzu. Dazu ist ein zusammenfassender Bericht erforderlich, welcher die Einzelergebnisse für den Auftraggeber festhält. Dieser Bericht muss nicht schriftlich aufgesetzt werden, er kann vielmehr **auch mündlich** erteilt werden. Sicher ist es für den Architekten schon aus Beweisgründen besser, den hier geforderten Bericht schriftlich zu erstatten. Die Berichterstattung kann entbehrlich sein, wenn diese praktisch nur eine nutzlose Förmlichkeit wäre. Das kann aber grundsätzlich nur zutreffen, wenn und soweit der Auftraggeber selbst bereits Einzelergebnisse der Grundlagenermittlung ganz zuverlässig auch so weiß, z. B. weil er persönlich an Verhandlungen bzw. Gesprächen mit Dritten teilgenommen und deren Ergebnisse zutreffend festgehalten hatte (vgl. dazu auch Locher/Koeble/Frik § 33 Rdn. 34; zu weitgehend verallgemeinernd dagegen Jochem § 15 Rdn. 10).

Folgende Eckpunkte sollten daher seitens des Planers im Rahmen der Bauaufgabe durchgeprüft werden:
– Wirtschaftlicher Rahmen
– Zeitplan
– Grundstück/erforderlicher Bestand
– zu beteiligende Behörden und Nachbarn
– Leistungen des Architekten
– erforderliche Fachplaner und Sonderfachleute
– Erfordernisse und Fachgewerke der Bauunternehmer
– Eigenleistungen
– besondere Anforderungen an das Objekt und die Umsetzungen und deren Kostenmöglichkeiten
– Fördermittelmöglichkeiten

Mit der Fassung 2013 konnte auf die für alle Leistungsphasen am Ende vorgesehene Tätigkeit und Pflicht (siehe dazu unter § 3 Abs. 8 der Vorauflage) verzichtet werden. Die Tätigkeit wird sich neben dem Dokumentieren, sowieso auf den – auch verbalen – Austausch der Ergebnisse und Prüfungen des Planers in dieser Leistungsphase nicht nur beschränken (ebenso Locher/Koeble/Frik, § 34 Rdn. 35). Die neue Fassung der Ziffer 1e) dient damit der Klarstellung der Leistungspflichten und des üblichen Arbeitsumfangs des Planers.

Die in § 3 Abs. 8 HOAI 2009 beschriebene Leistungshandlung der Erörterung der Ergebnisse ist zunächst einmal eine Anordnung des VO-Gebers „... *ist ... zu erörtern ...* " gewesen. Nach hier vertretener Meinung handelt es sich um eine missglückte Leistungsbeschreibung mit nunmehr anordnendem und damit bindendem Charakter. Eine Leistungspflicht im Sinne der vertraglichen Schuldverpflichtung ergibt sich aus der HOAI aber andererseits nicht. Damit handelt es sich zumindest um die Anordnung des VO-Gebers mit quasigesetzlichem Charakter. Diese Verpflichtung ist eine verpflichtende und mit Sanktionen behaftete Obliegenheit des vertraglichen Schuldners. Da § 3 Abs. 8 HOAI 2009 im allgemeinen verbindlichen und verpflichtenden Teil 1 der HOAI vor die Klammer gezogen wurde, ist dem VO-Geber diese Anordnung offenbar wichtig. Damit gewann § 3 Abs. 8 HOAI 2009 neben der Handlungspflicht eine korrespondierende schuldrechtliche Obliegenheitspflicht mit der Maßgabe, dass das Nichtdurchführen der Erörterung – also das Durchsprechen mit dem Auftraggeber, was der Planer als Ergebnis der Leistungsphase darstellen kann – zu einer Auswirkung in zweierlei Hinsicht führen kann.

Zum einen hat die Nichtleistung Auswirkung auf die Honorierung. Da allerdings § 3 Nr. 8 HOAI 2009 in der dortigen Anlage 11 Leistungsphase 1 keine Erwähnung fand, ist eine Darstellung des Honorars als neutral zu bezeichnen und als notwendige kostenneutrale, aber schuldrechtlich verpflichtende Handlung (Grundleistung) darzustellen.

Zum anderen allerdings ist eine Erörterung sicherlich ein Teil des Zusammenfassens der Ergebnisse. Zusammenfassen ist aber nicht gleich erörtern. Gemeint ist hier in e) die für die Entschließung des Auftragebers erforderliche Zusammenstellung der Ergebnisse. Das kann mündlich oder schriftlich sei. Das kommt auf das Bedürfnis des Auftraggebers an. Im Regelfall ist damit die schriftliche Zusammenfassung gemeint, denn im Regelfall kann sich der Auftraggeber erst dann ein für ihn nachvollziehbares Bild des weiteren Vorgehens und der Machbarkeit des Projekts verschaffen. Sodann wird erst eine Erörterung, also der Austausch von Meinungen machbar sein und sinnvoll. Der VO-Geber hat das mit der neuen Fassung der Ziffer 1e) gemeint. Dort verwendet er in der Fassung 2013 nun den Begriff „erläutern". Damit ist die aktive Rolle des Auftragnehmers gemeint, nämlich die Erläuterung der bisherigen Teilleistungsergebnisse in der Leistungsphase, also das Ergebnis seiner Leistungen nach Vertrag. Das beinhaltet sicherlich, wie im § 3 Abs. 8 HOAI 2009 ein „Erörtern" und damit Fragestellungen des Auftraggebers an den Auftragnehmer. Die Dokumention muss daher zwingend das Ergebnis dieses Gesprächs über die bisherigen Teilleistungen enthalten (s. o.).

Wird die Erläuterung und Dokumentation nicht durchgeführt, führt das zu einem weiteren, neben den notwendigen Teilleistungen der Leistungsphase 1 erforderlichen schuldrechtlichen Erfüllungsanspruch. Wird dieser separate Erfüllungsanspruch nicht erfüllt und damit durchgeführt, hat der Auftraggeber die üblichen Leistungsansprüche und Erfüllungsrechte vor der Ab-nahme der Planerleistung, z.B. §§ 634, 635, 636, 638, 280, 281, 323, 241 Abs. 2, 313 BGB.

Wird die Erörterung zugleich als **Abnahmezeitpunkt** vom Auftraggeber oder vom Auftragnehmer gewünscht oder vereinbarungsgemäß angesetzt und die Abnahme z.B. durch schriftliche Abnahmebescheinigung durchgeführt, so geltend die allgemeinen Regeln der Abnahme nach §§ 640, 641, 646 BGB. Wird eine Vereinbarung zur Abnahme nicht getroffen wird im Zweifel § 646 BGB anzuwenden sein mit der Folge der Fälligkeit der Vergütung, die allerdings eine prüffähige Rechnung des Planers voraussetzt. Allerdings ist nicht zu verkennen, dass es sich bei einem Planervertrag über mehrere Leistungsphasen dann bei der Durchführung der Erläuterung immer um die Beendigung einer Teilleistung handelt. Der VO-Geber hat die Leistungsphasen nicht ausdrücklich als teilabnahmefähig betrachtet. Daher bedarf es im Planervertrag einer gesonderten Vereinbarung der Teilfälligkeit der Abrechnung, § 641 Abs. 1 BGB. Diese kann nach der Erläuterung und Übergabe der Zusammenfassung sofort gestellt werden und die Honorierung – vorausgesetzt die Ermittlung des Honorars ist unter Berücksichtigung der vertraglichen Bedingungen zutreffend – ist damit fällig.

B. Nichterbringung von Leistungen nach § 8 Abs. 1, 2

73　Erbringt der Architekt eine der Grundleistungen nicht, so kann nach einer überkommenen Ansicht jede mit einem Abzug von 0,75 Punkten bedacht werden (so noch in der 7. Auflage). Diese Einordnung ist nicht mehr zeitgemäß und entspricht nicht den tatsächlichen Anforderungen. Folgende prozentualen Ansätze sind vertretbar:

	Siemon(G)	Simmendinger(G)	Siemon(I)	Simmendinger (I)	Begründung Siemon
a) Klären der Aufgabenstellung	0,75–1,0	0,5	0,75–1,0	0,5	Basisplanungsleistungen
b) Ortsbesichtigung	a)	0,5	a)	0,5	in a) enthalten
c) Beraten zum gesamten Leistungsbild	0,75–1,0	0,5		0,5	Bedeutung zur Planungsaufgabe
d) Formulieren von Entscheidungshilfen	c)	0,25	c)	0,25	in c) enthalten
e) Zusammenfassen der Ergebnisse	0,1–0,5	0,25	0,1–0,5	0,25	Bedeutung für AG

Der VO-Geber hat zwingend hier bei **Gebäuden 2 Prozentpunkte** und bei **Innenraumplanung ebenfalls 2 Prozent** angegeben.

C. Besondere Leistungen (Anhang 10.1 – rechte Spalte)

Wie bereits dargestellt (siehe Kommentierung zu § 3 Abs. 3), handelt es sich um beispielhaft aufgelistete Tätigkeiten, die vom Tätigkeits- und Leistungszweck der planerischen Aufgabe abhängen und von dem Vertragsinhalt.

74　Besondere Leistungen sind nur in Betracht zu ziehen, wenn sie neben den regelmäßig notwendigen Leistungen für eine sachgerechte Grundlagenermittlung **erforderlich** sind und deshalb zusätzlich in Auftrag gegeben werden müssen. Dabei wird sich nach den Gegebenheiten des Falles meist herausstellen, dass nicht alle, sondern nur einzelne Besondere Leistungen erbracht werden müssen. Andererseits kann sich aber auch die Notwendigkeit einer Besonderen Leistung ergeben, die nicht im Katalog der Besonderen Leistungen im Bereich der Leistungsphase 1 mit aufgezählt ist. Ist diese nach vorheriger Aufklärung des Auftraggebers durch den Auftragnehmer ebenfalls in Auftrag gegeben worden, muss sie **genauso wie alle anderen sachgerecht** und nicht zuletzt auch vollständig und pünktlich **erbracht** werden.

Bedarfsplanung

75　Gedanklich ist die Bedarfsplanung eine vorgeschaltete Maßnahme zur Ermittlung und Abwägung der wirtschaftlichen Interessen des Auftraggebers. Diese können zum einen sein, die Ermittlung des tatsächlichen Bedarfs eines Bestandbaues und dessen Erweiterung, sowie auch bei Mietobjekten die Ermittlung der Wunschvorstellungen des Auftraggebers bei Sanierungen und Modernisierung. Andererseits kann diese Bedarfsplanung eine Konzeptionierung der notwendigen Erfordernisse des Bauwerkes darstellen, um einen bestimmten Zweck zu erreichen (z. B. Planung eines Einkaufszentrums, Innenstadtzentrum). Dabei steht neben der Ermittlung der notwendigen Erfordernisse zur Durchführung des Konzepts auch die Planung des Konzepts im Vordergrund.

Bedarfsermittlung

76　Gleiches betrifft die Bedarfsermittlung. Hier steht allerdings die Ermittlung der notwendigen Bedürfnisse und Vorstellungen als Teil der Bedarfsplanung im Vordergrund.

Aufstellen von Raumprogramm und Funktionsprogramm

77　**Raumprogramm und Funktionsprogramm** können im Einzelfall erforderlich werden, wenn die besondere Art und Zweckbestimmung des Bauvorhabens solche Leistungen erforderlich machen. Im Allgemeinen bedeutet die Aufstellung des Raumprogramms die Zusammenstellung der vorgesehenen Räumlichkeiten nach den erforderlichen Größen und auch ihrer Zweckbestimmung (z. B. Wohnräume, Ladenlokale, Büroräume, Einstellräume usw.). Das Funktionsprogramm beinhaltet dagegen die Festlegung der Funktionsbereiche der jeweiligen nach dem Raumprogramm feststehenden Räumlichkeiten (z. B. Schlafräume, Küchen, Lagerräume, Produktionsräume, Heizungsräume, Klima usw.). Beides hat Auswirkungen auf die Finanzierung des Objekt durch den Bauherrn. In diesem Zusammenhang ist es allerdings zwingend erforderlich die Bedürfnisse des Auftraggebers zwingend abzufragen oder weitere Vorschläge zu machen. Diese – auch weiteren – Leistungen sind dann Besondere Leistungen, worauf der Planer allerdings in diesem Zusammenhang der Erörterung hinzuweisen hat. Im öffentlichen Bereich wird sich ebenfalls ergeben, dass eine Normung nach dem „DIN-Normenwerk Bauwesen" erforderlich wird und nach den Bedürfnissen des öffentlichen Auftraggebers zu berücksichtigen ist.

Standortanalyse

Standortanalyse ist von der Zielrichtung her dazu bestimmt, dem Auftraggeber eine   **78** Entscheidung über den genauen Ort des zu erstellenden Bauobjektes sowohl insgesamt als auch in seinen wesentlichen Details zuverlässig zu ermöglichen. Dazu reicht nicht selten die vorerwähnte Bestandsaufnahme noch nicht aus; vielmehr kann die Entscheidung auch von anderen Umständen abhängig sein, die sich vor allem **von außen** auf den möglichen Platz der vorgesehenen Bauerrichtung **auswirken,** wie z. B. Umwelteinflüssen, Nachbarbebauung, Verkehrslage, Einkaufsmöglichkeiten, Schulen, Klima usw. Dass die Standortanalyse im Hinblick auf die Zweckbestimmung bei gewerblichen und sog. öffentlichen Bauten im Allgemeinen eine besondere Bedeutung hat, ergibt sich aus der Natur der Sache.

Mitwirken bei Grundstücks- und Objektauswahl, -beschaffung und -übertragung

Diese Leistungen gehören nicht zu den Grundleistungen 1. a) oder 1. c) (s. o.). Auf-   **79** grund seiner Sachkunde kann der Auftraggeber den Auftragnehmer beauftragen die Grundstücks- und Objektauswahl zu begleiten. Dabei können Gutachten zu Standorten, Wertgutachten zu Gebäuden, Vorgespräche mit Eigentümern und Ermittlungen derselben möglich sein. Bei der Übertragung darf er allerdings nicht rechtlich beraten und Übertragungsakte durch Musterverträge vorbereiten, weil dies gegen §§ 1, 2 Rechtsberatungsgesetz verstoßen würde.

Beschaffen von Unterlagen, die für das Vorhaben erheblich sind

Hierzu gehören die Unterlagen und Einsichten beim Bauplanungs- und Bauordnungs-   **80** amt, Grundbuchamt, früheren Statikern und Eigentümern, Mietern, Pächtern. Auch die Suche in Archiven wird hierzu zählen. Die Beschaffung ist üblicherweise Sache des Auftraggebers.

Bestandsaufnahme

Eine **Bestandsaufnahme** ist häufig zusätzlich erforderlich, falls eine ordnungsgemäße   **81** Ausführung der eigentlichen Architektenplanung erst erfolgen kann, wenn der auf dem Baugrundstück vor Planungsbeginn vorhandene Bestand an Gebäuden und sonstigen Baulichkeiten nach Lage, Beschaffenheit, Funktion sowie Aufmaß festgehalten worden ist. Gleiches gilt im Hinblick auf Außen- und Freianlagen z. B. wegen der Umgebung, den Pflanzenbestand. Das wird besonders für **Um- und Erweiterungsbauten sowie Modernisierungen** notwendig sein. Bestandsaufnahme kann aber nicht nur die Feststellung des baulichen Bestandes bedeuten, sondern im Einzelfall darüber hinausgehen, was von Ziel und Zweck der beabsichtigten Bauausführung abhängig ist. So kann die Feststellung von Produktionswegen und -abläufen, vorhandenen Maschinen, Einrichtungen, Lagerplätzen, Zu- und Abfahrten, Versorgung und Entsorgung mit zur Bestandsaufnahme gehören. Die Erstellung einer Wohnflächenberechnung stellt keine Bestandsaufnahme dar (OLG Düsseldorf, BauR 2007, 2097). Bei Umbauten, Modernisierungen oder Sanierungen ist die Bestandsaufnahme wesentlich. Allerdings ist hierzu § 15 Abs. 4 HOAI 1996/2002 weggefallen und § 36 hat die Konkretisierung der Leistungen nicht weiter aufgenommen, sondern spricht nur von durchschnittlichen Leistungen. Bei Änderungen im Bestand ist allerdings vom Planer auf § 8 EnEV hinzuweisen und eine Vereinbarung über das Objekt zu treffen.

Technische Substanzerkundung

82   Hierzu zählen die Aufnahme und Aufmaße der vorhandenen Substanz. Das ist im Rahmen von § 2 Abs. 7 und § 4 Abs. 3 erforderlich, da mitzuverarbeitende vorhandene Bausubstanz zunächst auf ihre Brauchbarkeit zu ermitteln ist und den Zustand allgemein. Zudem sind im Rahmen von § 3 Abs. 4 die Wirtschaftlichkeitsaspekte zu beachten. Daher zählen neben der Erkundung auch die Aufmaße zur Erstellung der Leistungsverzeichnisse und der Beratung des Auftraggebers zur Brauchbarkeit dazu. Wichtig ist aber, daß die eigene Erkundung nicht in die Eigenvornahme des Auftragnehmers durch Bohrungen und unternehmerische Leistungen ausarten darf. Das ist bei den meisten Haftpflichtversicherungen ausgeschlossen (AVA). Eine Excedentenversicherung wäre hier vor Vertragsabschluss anzustreben.

Betriebsplanung

83   **Betriebsplanung** ist sicher keine normalerweise von einem Architekten zu verlangende Leistung, sondern setzt besondere Kenntnisse und Planungen im Allgemeinen gewerblichen Bereich, vor allem in demjenigen, welchem das zu errichtende Bauwerk speziell angehört, voraus, so dass nicht jeder Architekt von vornherein in der Lage ist, diese Besondere Leistung zu erbringen. Oftmals bedarf es dazu eines Sonderfachmannes. Sie betrifft im Allgemeinen die Feststellung der Grundlagen für einen ordnungsgemäßen Betriebsablauf in dem jeweils gebotenen umfassenden Maße. Dabei geht es vornehmlich auch um Fragen der Rationalisierung.

Prüfung der Umweltverträglichkeit und Umwelterheblichkeit

84   Die schließlich noch erwähnte **Prüfung** von einerseits **Umwelterheblichkeit** und andererseits **Umweltverträglichkeit** hat sicher für die heute an eine ordnungsgemäße Bauplanung zu stellenden Anforderungen eine **zunehmende Bedeutung.** Die Prüfung der Umwelterheblichkeit erfasst zunächst die Überlegung, ob und inwieweit das vorgesehene Objekt nach Lage, Funktion und den von ihm ausgehenden Auswirkungen auf die Umwelt einwirkt und ob der in dieser Hinsicht festgestellte Einfluss als **fühlbar** anzusehen ist. Dabei geht es wesentlich um den Schutz von Menschen, Tieren und Pflanzen sowie schützenswerter Sachgüter vor schädlichen Umwelteinflüssen, die von dem vorgesehenen Bauvorhaben ausgehen können. Vgl. auch die Grundsätze für die Prüfung der Umweltverträglichkeit **öffentlicher** Maßnahmen des Bundes (Bekanntmachung des Bundesinnenministeriums v. 12.9.1975, GMBl. 1975, 717), die wesentliche Anhaltspunkte für die Prüfung der Umwelterheblichkeit und der Umweltverträglichkeit bieten, so dass sie für private Bauvorhaben beachtet werden sollten. Sollte hier eine Umwelterheblichkeit festgestellt werden, muss in die weitere Prüfung über die Umweltverträglichkeit eingetreten werden. Dazu ist in erster Linie die Prüfung des vorgefundenen Sachverhaltes im Hinblick auf das für den Bereich des Umweltschutzes in Betracht zu ziehende Recht (z. B. Immissionsschutz usw.) maßgebend. Die Prüfung der Umweltverträglichkeit verfolgt letztlich das Ziel, Umweltbelastungen abzustellen oder zumindest auf ein zulässiges Maß zurückzuführen. Die hier erörterte Besondere Leistung geht erheblich über die Grundleistung in Leistungsphase 2 „Klären und Erläutern der biologischen und ökologischen Zusammenhänge" hinaus.

Machbarkeitsstudie und Wirtschaftlichkeitsuntersuchung, Projektstrukturplanung

Diese besonderen Leistungen werden ebenfalls im Rahmen der Ermittlung der Abstim- **85** mung des Auftraggebers mit meist größeren Projekten, wie Ansiedlungen von Firmen, Einkaufszentren (IKEA, McDonalds), Lagerungen und Auslieferungen (DPD, Deutsche Post, UPS, Amazon) durchgeführt. Der Auftragnehmer erhält noch vor der Beauftragung der Leistungsphase 1 einen gesonderten Auftrag zur Ermittlung dieser Erfordernisse, auf deren Ergebnissen der Auftraggeber seine Planungen fortsetzt.

Zusammenstellung der Anforderungen aus Zertifizierungssystemen

Bei der Planung zu den Erfordernissen der Ansiedelung von Firmen, sind zumeist Um- **86** weltbelange und genormte Abläufe des Herstellungsprozesses zu finden (Windenergieanlagen, Aluminiumhütten, Stahlwerke, Flughäfen, kunststoffverarbeitende Industrie). Die Bearbeitung von Materialien oder die Betriebsabläufe sind meist durch Zertifikate – meist dauerhaft – nachzuweisen. Davon hängen dann auch die baulichen Voraussetzungen ab, die nachzuweisen sind, wie Brandschutz, Schleusen, Wartungserfordernisse. Die Anforderungen und die Folgekosten sind für den Betreiber meist eine Voraussetzung zur Ansiedelung.

Verfahrensbetreuung, Mitwirken bei der Vergabe von Planungs- und Gutachterleistungen

Diese Leistungen betreffen die Ausschreibungen und Vergaben auch des öffentlichen **87** Auftraggebers, die dieser nicht erbringen kann oder will. Dabei werden dem Auftragnehmer die Pflichten der Ausschreibung übertragen. Dieser hat sich dann an die Vorgaben des Auftraggebers zu halten (VOL-, VOB-, VOF-Verfahren). Nicht an dieser Stelle gemeint, sind die gerichtliche Begleitung der Angelegenheiten des Auftraggebers. Das sind Besondere Leistungen im Rahmen der Leistungsphasen 4, 8 und 9.

D. Haftungsfragen

Für den Bereich der **Grundlagenermittlung** ist es ganz im Vordergrund stehende Ver- **88** pflichtung des Architekten, den Auftraggeber **richtig und** im jeweils gebotenen Umfang **umfassend zu beraten** (vgl. Neuenfeld NZBau 2000, 405). Diese hier gegebenen Beratungspflichten, welche im Rahmen des § 19 GOA noch keinen ausdrücklichen Niederschlag gefunden hatten, sind vom Architekten ausgesprochen ernst zu nehmen, zumal die Rechtsprechung für die auch von der Grundlagenermittlung erfassten Aufgaben des Architekten **wesentliche Aufklärungspflichten** festgelegt hat. Dabei handelt es sich vornehmlich um die nähere Überlegung zu den vom Auftraggeber in Bezug auf seine Bauabsicht geäußerten Wünsche durch Prüfung der Zweckmäßigkeit, der voraussichtlichen bzw. möglichen Kosten (vor allem, wenn dem Auftragnehmer ein bestimmter Kostenrahmen genannt worden ist, vgl. dazu OLG Naumburg BauR 1996, 890), der mit der Ausführung verbundenen Vor- und Nachteile und eine entsprechende Beratung des Auftraggebers. So hat der Architekt durchaus die wirtschaftliche und finanzielle Situation des Auftraggebers zu klären. Dabei reicht aber einfaches Nachfragen aus. Er darf sich dann auch auf die Auskunft verlassen. Dennoch hat er sich auch nach Finanzierungsmöglichkeiten des Auftraggebers zu erkundigen (BGH, BauR 2013, 982, BGH, BauR 2009, 1611). Auch **übermäßige Planungsaufwendung** in diesem Stadium kann die Grundlage der Haftung bilden, wenn sie von vorneherein wirtschaftlich nicht mit den Zielvorstellungen und dem Planer bekannten wirtschaftlichen Rahmen übereinstimmten (OLG Hamm 2012, 530). Findet eine Beratung in steuerlicher Hinsicht statt (Gewerbeansiedlung, Gewerbesteuer) ist dieses zum einen versicherungsvertraglich nicht abgesichert und zum anderen nur dann erheblich, wenn das ausdrücklich Vertragsgegenstand war (BGH, BauR 1998, 354, BGH, BauR 1999, 319). Soweit die wirtschaftlichen Risiken Vertragsgegenstand sind und der Auftragnehmer eine unzutreffende Empfehlung abgibt, haftet er (OLG Düsseldorf, BauR 204, 1024).

Das gilt im Übrigen u. U. auch zur Frage der Verwendbarkeit und Zweckmäßigkeit neuartiger Baustoffe oder Bauteile oder Bauverfahren (BGH VersR 1971, 958). Insofern dürfen nur solche Methoden dem Auftraggeber vorgeschlagen werden, welche den jeweils nach den **anerkannten Regeln der Technik** zu verlangenden Anforderungen voll entsprechen, was beim Auftragnehmer erforderliche Sachkunde, gegebenenfalls umfassende Erkundigung an fachkundiger Stelle, u. U. auch die eigene Überprüfung oder Vorprüfung von Materialien voraussetzt (vgl. u. a. BGH BauR 1976, 66 = Schäfer/Finnern Z 3.001 B. 2). Bei einem Planungsauftrag ohne Grundlagenermittlung treffen den Architekten keine Aufklärungs- und Hinweispflichten in Bezug auf bindende Vorgaben des Bauherrn, es sei denn, die Umsetzung ist unmöglich (OLG Frankfurt/M. BauR 2008, 553). Ebenfalls hat der Auftragnehmer nur die Auskünfte, Produktherstellungsrichtlinien, Produkthefte und -hinweise zu berücksichtigen. Bei Prospekten muß er sich über tatsächliche **Produktrisiken** erkundigen und ggfs. hinterfragen. Notfalls hat er auch Beratungen der Herstellung in Anspruch zu nehmen, wenn die Verarbeitung unbekannt oder er nicht damit vertraut ist (OLG München, BauR 2011, 1197 zur Garantie eines Herstellers von Dachplatten).

Bei der **Bestandserkundigungspflicht als Leistung** und der **Bestandsaufnahme als Besondere Leistung** müssen intensive Erkundigungen im **Bestands- und Sanierungsbau** durchgeführt werden. Unterlaufen dem Architekten hierbei bei der Beurteilung der vorhandenen Bauqualität Fehler, ist damit die **Ursache späterer Fehler** gesetzt (OLG Rostock BauR 2006, 2092; OLG Brandenburg IBR 2008, 526 – Kenntnis von SalpeterVorscheiden).

89 **Sofern** die Beratertätigkeit des Architekten, wie hier für den Bereich der Grundlagenermittlung, **wesentliche Voraussetzung** für seine ordnungsgemäße Planung und Ausführung in technischer und wirtschaftlicher Hinsicht ist, handelt es sich um **vertragliche Hauptpflichten** des Auftragnehmers aus seinem Vertrag mit dem Auftraggeber (ebenso BGH, BauR 2008, 553; OLG München NJW-RR 1988, 55; OLG Hamm ZfBR 1997, 308 = BauR 1997, 1069 = NJW-RR 1997, 1310 im Falle des **Unterlassens** der gebotenen Einholung eines **Bodengutachtens** (so auch BGH, Urt. v. 20.6.2013 – VII ZR 4/12); Locher/Koeble/Frik § 34 Rdn. 46, 47; Locher, Das private Baurecht, Rdn. 302; Ganten BauR 1974, 85; Bindhardt/Jagenburg § 1 Rdn. 30 ff.), bei deren Verletzung letzterem Gewährleistungsansprüche, in der Regel auf Minderung der Vergütung des Architekten (§§ 634 Nr. 3, 638 BGB) oder auf Schadenersatz wegen Nichterfüllung (§§ 634 Nr. 4, 636, 280, 281, 283, 311a BGB), erwachsen, da die unterlassene oder unrichtig ausgeführte Grundlagenermittlung jedenfalls dann nicht mehr nachzuholen ist, wenn sich die darauf aufgebaute – deswegen ebenfalls fehlerhafte – Planung bereits in einer dem Vertrag nicht entsprechenden Bauausführung ausgewirkt hat. Sofern die ordnungsgemäße Grundlagenermittlung vor Errichtung des betreffenden Bauvorhabens noch nachholbar ist, besteht für den Auftraggeber in erster Linie noch ein **Nachbesserungsanspruch** (§§ 634 Nr. 1, 635 BGB), den er dann grundsätzlich auch geltend machen muss. **Das gilt auch für Fehlleistungen im Bereich anderer Leistungsphasen, sofern dadurch der Planungsrahmen ergriffen ist, also im Allgemeinen bis zur Leistungsphase 7.** Ist dem Architekten im konkreten Vertrag das **Recht zur Selbstbeseitigung von Mängeln** eingeräumt worden (vgl. § 5 Abs. 3 AVA), so steht ihm auch das Recht zur Inangriffnahme der Mängelbeseitigung – gegebenenfalls durch ausführende Unternehmer – zu. Eine solche Klausel verstößt nicht gegen § 309 Nr. 8b BGB (vgl. dazu OLG Hamm BauR 1992, 800).

90 Handelt es sich hingegen um **einzelne Beratungspflichten**, welche **nicht unumgängliche Voraussetzung** für eine sachgerechte Ausführung der weiteren eigenen Aufgaben des Auftragnehmers sind, wie z. B. reine und für sich abgeschlossene Beratungspflichten (hier u. a.: Formulieren von Entscheidungshilfen für die Auswahl der erforderlichen Sonderfachleute), so haftet der Auftragnehmer nicht wegen Verletzung einer vertraglichen Hauptleistungspflicht, sofern wegen Missachtung einer **vertraglichen Nebenverpflichtung** (§§ 280, 281 BGB) auf Schadenersatz. Auch hier ist er dem Auftraggeber zum Ersatz des vollen Schadens verpflichtet, welcher diesem aus der schuldhaften Pflichtverletzung des Auftragnehmers entstanden ist (Bindhardt/Jagenburg § 1 Rdn. 34; Locher/Koeble/Frik

§ 34 Rdn. 47, 50, 51). Zu den vertraglichen Nebenpflichten zählen die Aufklärung des wirtschaftlichen Rahmens und der Finanzierung des Bauwerkes (BGH BauR 1991, 366; OLG Düsseldorf BauR 1998, 880; OLG Naumburg BauR 1996, 890). Außerdem ist ein übermäßiger Planungsaufwand, der wirtschaftlich und auch steuerlich nicht sinnvoll ist zu erläutern (BGH BauR 1998, 354; BGH BauR 1999, 1319). Auf eine intensive Auseinandersetzung des Planers mit den wirtschaftlichen und steuerlichen Risiken eines Projekts detailliert hinzuweisen und sich damit auseinanderzusetzen, ist allerdings nicht Haftungsgegenstand (OLG Düsseldorf, BauR 2004, 1024, dort allerdings zu weitgehend bejaht). Auf das Risiko neuer oder neuartiger Baustoffe ist hinzuweisen (BGH BauR 1976, 66; OLG Celle BauR 1990, 759; OLG Köln BauR 1990, 103). Wurde allerdings der Architekt seinerseits von einem Hersteller oder Baustoffhändler beraten, so haftet im Innenverhältnis auch dieser bei fehlerhafter Beratung (BGH NJW 2001, 2630). Dies gilt auch für Prospekte. Bei außergewöhnlichen Konstruktionen ist besondere Sorgfalt an den Tag zu legen, wenn diese zu einem erheblichen planerischen und technischen Aufwand führt. Hierzu gehört auch eine mögliche nicht alltägliche fachgemäße Verarbeitung bzw. Verarbeitungstechnik (OLG Köln, BauR 1990, 102; OLG Celle, BauR 1990, 759). Stellt sich erst später heraus, dass die zum Zeitpunkt der Planung als ausreichend geprüften Materialien doch nicht geeignet sind, so haftet der Planer nicht (OLG Hamm, BauR 2003, 567). Insbesondere gehört hierin die Fallgruppe, wonach von dem Planer auch keine detaillierte Fachkenntnis mehr erwartet werden kann, insbesondere auf dem Gebiet der Werkstoffkunde neuerer und noch nicht allgemein verwendeter Produkte, Materialien, Verarbeitungsmethoden und Verarbeitungsabläufe. Hier allerdings muss dann gegenüber dem Auftraggeber ein Hinweis auf weitergehende Beschaffung und Kosten von Informationen und Beratern zwingend erfolgen.

Folge dieser Beratungspflichten sind die Hinweise und notfalls das **„zwingende Verlangen"** des Planers (Obliegenheit) an den Bauherrn, dass **weitere Fachplaner vom Bauherrn zu beauftragen sind (Bodengrundgutachter, Statiker, Fachplaner und SiGeKo).** Kennt er deren finanzielle Lage (z.B. Insolvenz oder – Möglichkeit, haftet er dann, wenn es dadurch zu Bauzeitverzögerungen oder weiterer Beauftragung kommt auf die anfallenden weiteren Kosten unter Abzug der „Sowieso-Kosten". Es besteht allerdings **keine allgemeine Beratungspflicht** von Architekt und Tragwerksplaner, bei baulichen Maßnahmen an einer Schulsporthalle dem Auftraggeber die Hinzuziehung eines Holzfachgutachters zur Prüfung der Dachbinderkonstruktion zu empfehlen (OLG Schleswig, Urt. v. 15.7.2013 – 1 U 107/12).

Allerdings ist auch zu berücksichtigen, dass den Bauherrn wegen der Nichtmitwirkung ein **Mitverschulden,** wegen unterlassener weiterer Handlungen oder des Eingehens einer risikoreichen Vorgabe der Planung treffen kann, **§ 254 BGB.** Zudem ist zu beachten, dass ein Fall der Haftung auch dann nur in Betracht kommt, wenn der Planer zwar nicht alle zur Planung erforderlichen weiteren Planer benannte, aber der Bauherr wegen der zusätzlichen Kosten von der weiteren Planung und Umsetzung Abstand nimmt und sich deshalb dann weitere dann erfolgende Beauftragungen von anderen Planern oder des verursachenden Planers als nutzlos erweisen. Hier muss der Bauherr die entstehenden **„Sowieso-Kosten"** gegen sich gelten lassen, wenn sie als so oder so bei üblicher oder gewollter weiterer Planung des Objekts fortgesetzt wurden.

2. Leistungsphase 2: Vorplanung (Projekt- und Planungsvorbereitung) (§ 34 Abs. 3 i. V. m. Anhang 10.1)

A. Grundleistungen

a) Analysieren der Grundlagen; Abstimmen der Leistungen mit den fachlich an der Planung Beteiligten

Die zunächst vorzunehmende **Analyse der Grundlagen** ist dazu bestimmt, die für den Bereich der Vorplanung erforderlichen Maßnahmen abzuklären und eindeutig abzustecken, wobei ein etwa vom Auftraggeber **vorgegebener Kostenrahmen zu beachten** ist. Da-

91

mit muss die Vorplanung oft genug nach aller Erfahrung beginnen. Dabei wird zunächst auf den Ergebnissen der Grundlagenermittlung nach der inzwischen abgeschlossenen Leistungsphase – aufgebaut.

Mit der HOAI 2013 wurde nun neu eingeführt das bereits früher vorausgesetzte „Integrieren" anderer Planungsbeteiligter, also meist der vom Auftraggeber beauftragten Fachplaner und -ingenieure. Diese Leistung des Hauptplaners bzw. Architekten ist eine Koordinationsleistung. Diese ist nunmehr deutlich vorgezogen worden und als **Hauptpflicht** zur Leistungserbringung ausgestaltet worden. Die Fachplaner werden in diesem Teil der Planung bereits erste Ergebnisse der sie betreffenden Leistungsumfänge vorlegen können, wenn die Beauftragung vom Auftraggeber bereits erfolgte und die ersten Planungsergebnisse – insbesondere aus Leistungsphase 1 – des Architekten oder Hauptplaners vorliegen. Dabei wird auch eine Rolle spielen, ob und inwieweit diese Fachplaner beauftragt wurden und ob es bereits ggfs. aus Besonderen Leistungen des Hauptplaners Arbeitsergebnisse gibt, die Grundlagen für die Tätigkeit der Fachplaner sein können. Beispielsweise kann der Hauptplaner nur mit der Besonderen Leistung der Aufstellung eines Raumprogramms beauftragt worden sein und der Hauptplaner nur die Leistungsphasen 1 und 2 erbringen muß. Hier wird der Fachplaner der Tragwerkplanung im Rahmen der Raumplanung bereits Hinweise zu Anlagen der Tragwerkplanung und Abtragung von Lasten, sowie Schlitz- und Durchbruchsstellen geben können. Diese Hinweise sind dann zu integrieren.

b) Abstimmen der Zielvorstellungen, Hinweisen auf Zielkonflikte

92   Nunmehr sind die Ergebnisse der Grundlagenermittlung **auf die Interessen** der jeweils an dem Bauvorhaben mit rechtlichem und/oder wirtschaftlichem Einfluss **Beteiligten,** wie Auftraggeber, weitere Bauherren, etwaige spätere Erwerber, Finanzierungsträger, ausführende Auftragnehmer, **abzustimmen** und im Sinne vertretbarer Durchführbarkeit festzulegen sind. Das ist in der HOAI mit der Aufgabe des **Abstimmens der Zielvorstellungen** (Randbedingungen, Zielkonflikte) umschrieben. Dazu gehört neben dem Vorhergesagten auch noch die Berücksichtigung der Vorstellungen zur **technisch einwandfreien Konstruktion** sowie über die äußere und innere Ausgestaltung des betreffenden Bauvorhabens. Insofern können die ästhetische Gestaltung und der mit dem Vorhaben verfolgte Nutzungszweck miteinander im Widerstreit liegen und einen sinnvollen, unumschränkt vertretbaren Kompromiss erheischen.

Es ist Aufgabe des Architekten die Entscheidungshilfen für den Bauherrn vorzubereiten und Randbedingungen und Einflüsse, die erfolgen können zumindest im Rahmen eines Hinweises darzustellen. Dazu gehören neben den Eckpunkten Bauzeit und Finanzierung, auch der Hinweis auf mögliche behördliche Einschränkungen und Vorschriften, nachbarliche Rechte und energetische Fragen. Zumindest an dieser Stelle hat der Architekt auch die **Obliegenheit,** sich nach den **finanziellen Möglichkeiten** und deren Umfang beim Auftraggeber zu erkundigen (so schon BGH, BauR 1991, 367). Ob diese Auskünfte stimmen, ist allerdings nicht eine zur Obliegenheit des Architekten gehörende Pflicht, sondern fallen in den Verantwortungsbereich des Bauherrn. es ist nicht Aufgabe des Architekten die finanziellen Möglichkeiten und Wahrheiten des Bauherrn herauszufinden und sicherzustellen. Es ist ebenfalls auf erforderliche Einwilligungen und Zustimmungen des Nachbarn hinzuweisen (OLG Frankfurt/M. IBR 2009, 94).

93   Ist das Erarbeiten der Zielvorstellungen des Bauherrn erledigt, so ist es sicher zunächst einmal weiter notwendig, jetzt die **Programmziele** – allein abgestellt auf das betreffende Vorhaben – im Rahmen eines **planungsbezogenen Zielkatalogs** zusammenzustellen und damit festzuhalten. Hier wird jedenfalls für geeignete größere Objekte eine einheitliche übersichtliche Unterlage geschaffen, welche systematisch die an das vorgesehene Bauwerk gestellte Anforderung aufführt, vor allem auch, um später bei Beendigung dieser und weiterer Leistungsphasen überprüfen zu können, ob das gesetzte Ziel erreicht, nicht erreicht oder überschritten worden ist. Dabei handelt es sich genau genommen um den Ausgangspunkt für die nunmehr einsetzende eigentliche planerische Arbeit des Architekten. Wird ein Architekt beauftragt, die Ausnutzung eines Grundstückes zum Zwecke der

Wohnbebauung planerisch zu untersuchen und alle erforderlichen Planungen soweit zu erarbeiten, dass danach eine Bauvoranfrage gestellt werden kann, ist ihm jedenfalls eine Vorplanung als Grundleistung in Auftrag gegeben (vgl. OLG Düsseldorf BauR 1995, 270 = NJW-RR 1995, 276).

Ob das bisher aus der Leistungsphase 2 Abgehandelte wirklich für jeden Planungsfall **erforderlich** ist, wird zu **verneinen** sein, und zwar für **kleinere,** sich häufiger wiederholende Planungen, die zudem von nicht erheblicher wirtschaftlicher Bedeutung für die Beteiligten – keinesfalls nur den Auftragnehmer – sind. Dann wird sich die jetzt einsetzende Planung auch so verwirklichen lassen. Daher kommt das bisher zur Leistungsphase 2 Gesagte im Allgemeinen bei **nicht ganz einfachen,** größeren und auch hinsichtlich ihres Wertes überdurchschnittlichen Vorhaben in Betracht.

Insgesamt ergibt sich nun zu der neu gefassten Teilleistung 2. b), daß der Architekt im Rahmen seiner Planung die Probleme, die sich aus der Bauaufgabe, den Planungsanforderungen und **Zielvorstellungen** ergeben, zu **analysieren und** zu **klären** hat. Inhalt und Umfang der Beratung richten sich nach ihrem Zweck, dem **Auftraggeber** eine **sachgerechte Entscheidung** darüber zu ermöglichen, welche Planung verwirklicht werden soll. Dazu gehört es, ihm die verschiedenen Möglichkeiten der Umsetzung aufzuzeigen und die jeweiligen Vor-, Nachteile und Risiken zu erläutern. Er muss dabei sämtliche Umstände offenbaren, die nach der Verkehrsanschauung für die Willensbildung des Auftraggebers wesentlich werden können. Art und Umfang der Beratung richten sich nach allgemeinen Grundsätzen, auch nach dem ggfs. durch Sonderfachleute vermittelten Kenntnisstand des Auftraggebers. Soweit der Architekt nicht über entsprechende Spezialkenntnisse verfügt, hat er das dem Auftraggeber zu **offenbaren,** damit dieser einen Sonderfachmann einschalten kann. Inwiefern der Architekt auf die Beauftragung eines Sonderfachmannes **einwirken** muß, ist **einzelfallabhängig,** aber ist **nicht nur eine Obliegenheit.** Die Einschaltung von Sonderfachleuten entbindet den Architekten nicht von seiner eigenen Verantwortlichkeit. Er haftet vielmehr für die **Auswahl des Sonderfachmannes** dann, wenn er auf die Beauftragung eines bestimmten Planers gedrängt hat. Jedoch haftet er auch und daneben auch, wenn er die Ergebnisse der Leistungen des Fachplaners (bereits aus 2. a)) nicht geprüft hat oder Fehler *„sehenden Auges"* nicht erkannte. Auch **Vorkenntnisse** und **Ausbildung** zu dem entsprechenden Fachgebiet werden zu berücksichtigen sein. Für ein fehlerhaftes Gutachten ist er mitverantwortlich, wenn der Mangel auf seinen Vorgaben beruht (OLG Düsseldorf, Urt. 6.3.2014 – 5 U 84/11).

94 *Erarbeiten der Vorplanung, Untersuchen, Darstellen und Bewerten von Varianten nach gleichen Anforderungen, Zeichnungen im Maßstab nach Art und Größe des Objekts.*

Die Leistungen des Buchstabe c) sind in der HOAI neu umschrieben worden. Anstelle des Planungskonzeptes ist die Vorplanung getreten. Damit soll verdeutlicht werden, dass über die gestalterische Konzeption hinaus, Zusammenhänge, Vorgaben, Bedingungen mit und aus den Fachplanungen Bestandteil der Vorplanung sind. Dies ergibt sich auch aus den folgenden Teilleistungen der Leistungsphase 2.

95 Die als Grundleistung aufgeführte Aufgabe, nämlich das **Erarbeiten der Vorplanung** ist mit ein Kernstück, damit eine ganz wesentliche Planungsleistung, welche grundsätzlich von jedem Architekten, welcher Planungsleistungen – zumindest ab Leistungsphase 2 – übertragen erhalten hat, **erbracht werden muss,** wenn es sich nicht um eine ganz einfache, alltägliche Maßnahme handelt. Jedenfalls im Ausgangspunkt handelt es sich hier um nichts anderes als die probeweise zeichnerische Lösung im Rahmen der auch nach § 19 Abs. 1a) GOA festgelegt gewesenen Vorentwurfstätigkeit des Auftragnehmers. Allerdings ist nunmehr diese Aufgabenstellung für den Architekten den durch die Entwicklung der vergangenen Jahre gewonnenen Erkenntnissen angepasst. Insgesamt gesehen ergibt die jetzt in dieser Leistungsphase umschriebene Planungsaufgabe **mehr Anforderungen,** als die frühere probeweise zeichnerische Lösung, ist also keineswegs voll damit identisch. Diese Folgerung ergibt sich schon aus dem die hier erörterte Planungstätigkeit betreffenden Wortlaut der HOAI, der im Rahmen der Fassung der HOAI 2009 nur ein Erarbeiten der Vorentwürfe verbal darstellte und damit den tatsächlichen Entwicklungen der Planertätigkeiten und -verträge überhaupt nicht gerecht wurde. Hier geht es für den Architekten um die

Optimierung der geforderten Leistung im Rahmen ihm vorgegebener und beschriebener Ziele.

Die nunmehr im Anhang 10.1 unter c) beschriebene Leistungsaufgabe lautet konkreter gefasst *„Erarbeiten der Vorplanung, Untersuchen, Darstellen und Bewerten von Varianten nach gleichen Anforderungen, Zeichnungen im Maßstab nach Art und Größe des Objekts".* Dabei ist der VO-geber auf die Kritik auch in dieser Vorauflage eingegangen und hat den Begriff der *„alternativen Lösungsmöglichkeiten"* in den Begriff der „Variante" geändert. Denn der Begriff Variante soll deutlich machen, daß der Planer nicht ganze Lösungsmöglichkeiten mit dem Erfordernis der gesamten Neuplanung quasi kostenlos zu erbringen hat, bis der Auftraggeber zustimmt. Das konnte vor dem Hintergrund des Inhalts des § 10 Abs. 1 und 2 nicht mehr gehalten werden. Nunmehr ist lediglich eine **begrenzte Anzahl von Varianten** auszuführen, die sich im Bereich der Vorgaben des Auftraggebers befinden. Daher hat der Planer zu Beginn der Leistungsphase 2 deutlich auf die Eingrenzung der Zielvorstellungen des Auftraggebers in Ziffer 2b) zu dringen. Ansonsten besteht die Gefahr der Kollision mit § 10. Der VO-Geber hat aber die Anzahl der Varianten bewußt nicht eingegrenzt, weil diese Angabe dann dem Vertragsinhalt und den Zielvorstellungen der Parteien zuwider laufen würde. Es hängt also von den Parteien ab, ob die Lösung der Zielvorstellungen des Auftraggebers getroffen werden kann und wie lange das dauert. Ggfs. sollte auch das schriftlich festgehalten werden.

96   Zu dem auszuarbeitenden Planungskonzept gehört in erster Linie die **zeichnerische Darstellung der wesentlichen Teile der Vorstellung** des Architekten über die Lösung der ihm gestellten Bauaufgabe, was im Allgemeinen durch Grundrisse und/oder Ansichten zum Ausdruck gebracht werden wird. Hierbei ist ihm eine gewisse künstlerische Gestaltungsfreiheit einzuräumen. **Nicht notwendig** ist dabei die Darstellung nach einem bestimmten **Maßstab;** auch sind Maßangaben grundsätzlich entbehrlich. Andererseits ist die überschlägige zeichnerische Darstellung unter Beachtung bestimmter Proportionen in dem Sinne erforderlich, dass der Auftraggeber ohne Schwierigkeit in die Lage versetzt ist, die vom Auftragnehmer konzipierte **Gesamtvorstellung** einschließlich ihrer wesentlichen gestalterischen Elemente nach den Grundsätzen ihrer Verhältnismäßigkeit zueinander zu erkennen und gedanklich zu verarbeiten. Bei gleichen Zielvorstellungen und unverändertem Zielkatalog ist unter Beachtung der allgemein anerkannten Regeln der Technik sowohl in der Planung als auch insbesondere in der späteren tatsächlichen Ausführung die Darstellungen vorzunehmen (ebenso Weyer BauR 1995, 446, 450; Locher/Koeble/Frik, § 34. Rdn. 56; Koeble/Zahn, HOAI 2013, Teil C, Rdn. 109). Sie müssen dasselbe Gebäude betreffen (vgl. OLG Düsseldorf OLGR Düsseldorf 1994, 119 für den Fall der Planung eines Bürogebäudes einerseits und eines Hotels andererseits). Sinn dieser erweiterten Leistungspflicht des Auftragnehmers ist es, ihn als denjenigen, welcher fachmännisch die Vorstellungen des Bauherrn planerisch zu realisieren hat, anzuhalten, den Auftraggeber auf die im betreffenden Fall sowohl im Künstlerischen als insbesondere auch im Technischen gegebenen verschiedenen Lösungsmöglichkeiten in der gebotenen Weise aufmerksam zu machen und ihm diese auch für einen endgültigen Bauherrnentschluss geeignet darzustellen.

97   Solche alternativen Lösungsvorschläge sind als Grundleistung **generell erforderlich** und ausnahmsweise nur dann entbehrlich, wenn nach den Gegebenheiten des Falles nur eine (Haupt-)Lösung möglich ist oder der Auftraggeber sich von vornherein auf diese unabänderlich festgelegt hat (so auch Locher/Koeble/Frik § 34 Rdn. 56). Derartige Ausnahmen dürften in der Praxis aber selten sein. Grundlegend wichtig für die Ausarbeitung alternativer Lösungsvorschläge ist es, dass der Auftragnehmer **nach gleichen Anforderungen,** vor allem unter Einhaltung des bisherigen Planungskonzeptes, Alternativlösungen, also Varianten, festlegt. In der Praxis dürfte es schwierig sein, die dadurch gesteckten Grenzen einzuhalten. Dabei sind die, wie vorangehend umgrenzten alternativen Lösungsmöglichkeiten, **von den veränderten,** in wesentlichen Teilen von den bisherigen Planungsvorstellungen abweichenden, für sich selbstständigen **weiteren Planungskonzepte,** welche als Besondere Leistungen gelten und unter den Voraussetzungen des § 3 Abs. 3 i. V. m. Anhang 2 oder u. U. sogar nach § 10 oder nach § 7 Abs. 5 infolge der vom Auftraggeber veranlassten zusätzlichen Leistungen zusätzlich zu honorieren sind, **zu unterschei-**

den. Diese Abgrenzung ist vor allem auch für den Auftraggeber wichtig: Will er nicht erhöhte oder gar zusätzliche Vorplanungskosten bezahlen, muss er sich auch seinerseits in seinen Planungsanforderungen an die hiermit gesteckten Grenzen halten. Dies setzt voraus, dass der Auftraggeber nicht mehrfach oder gar ständig seine Programmziele ganz oder teilweise ändert und dadurch den Auftragnehmer zwingt, seine Vorplanung grundlegend zu ändern oder gar zu wiederholen.

Ist es nach dem Architektenvertrag Aufgabe des Architekten, dem Auftraggeber ein Planungskonzept zu entwickeln und es graphisch und rechnerisch darzustellen, so erbringt der Architekt Vorplanungsleistungen (LBG Baden-Württemberg BauR 1995, 406).

Es ist von der Sache her geboten, dass das Planungskonzept nebst den alternativen Lö-   **98** sungsmöglichkeiten **grundsätzlich schriftlich** (zeichnerisch) zu erarbeiten ist. Zu den versuchsweise zeichnerischen Darstellungen können **Strichskizzen** eine wertvolle Hilfe sein. Auch kann es erforderlich sein, die zeichnerischen Ausarbeitungen mit erläuternden Angaben zu versehen, nämlich dann, wenn solche zum Verständnis oder besseren Verständnis des Auftraggebers, der meist Laie auf baulichem Gebiet ist, im Einzelfall notwendig sind.

Allerdings müssen die Darstellungen und Zeichnungen so beschaffen sein, daß die weiteren Planungen darauf aufbauen und keine Unklarheiten hinterlassen. Zudem ist die Darstellung Voraussetzung der Kostenschätzung in Ziffer 2g). Diese aber setzt eine durchaus exakte zeichnerische und textlich unzweideutige Darstellung der Erfordernisse der Planung voraus, so daß über DIN 276 Teil 1 (DIN 276-1 : 2008-12) und auch der Heranziehung der BKI eine solche Kostenschätzung fachlich möglich ist. Hierzu hat der Planer nicht nur die Darstellungen der äußeren Hülle und Raumaufteilungen, sondern auch Schnitte und Details darzustellen. In dieser Situation wird er kreativ tätig, entsprechend seinem Anforderungsprofil. Das gilt insbesondere auch bei der Innenraumplanung.

d) Klären und Erläutern der wesentlichen Zusammenhänge, Vorgaben und Bedingungen (zum Beispiel städtebauliche, gestalterische, funktionale, technische, wirtschaftliche, ökologische, bauphysikalische, energiewirtschaftliche, soziale, öffentlich-rechtliche)

Der früher in § 19 Abs. 1a) GOA nicht näher umrissene **Erläuterungsbericht** ist hin-   **99** sichtlich seiner Anforderungen im Anhang 10.1 zu Leistungphase 2 Buchstabe d) in Wiederholung des Wortlautes zu § 15 Abs. 2 Leistungsphase 2 HOAI 1996/2002 im Einzelnen festgelegt: *„Klären und Erläutern der wesentlichen städtebaulichen, gestalterischen, funktionalen, technischen, bauphysikalischen, wirtschaftlichen, energiewirtschaftlichen (hier z. B. wegen rationeller Energieverwendung und der Verwendung erneuerbarer Energien) und landschaftsökologischer Zusammenhänge, Vorgänge und Bedingungen sowie der Belastung und Empfindlichkeit der betroffenen Ökosysteme."* Es handelt sich ersichtlich um eine Fülle notwendiger Überlegungen mit dem Ziel, die für die Verwirklichung des Vorhabens wichtigen Anforderungen zu klären und dem Auftraggeber die gefundenen Ergebnisse zu vermitteln, um dadurch die Gefahr einer vergeblichen, unvollständigen oder sonst nicht sachgerechten Planung zu vermeiden. Dabei handelt es sich zum einen um die für die **Lage und die äußere Ausgestaltung** des Vorhabens maßgebenden Gesichtspunkte, besonders auch im Hinblick auf bestehende Rechtsvorschriften aus dem Bauplanungs- und Bauordnungsrecht sowie sonstige für die Bebauung wesentliche Gesetze, Verordnungen und Erlasse, wie z. B. das Energieeinsparungsgesetz v. 22.7.1976 (BGBl. I 1873) oder EnEG i. d. F. vom 20.6.1982 – BGBl. I S. 701 und die Wärmeschutzverordnung v. 11.8.1977 (BGBl. I 1554) oder vom 16.8.1994 – BGBl. I S. 2121; siehe auch Langen/Kus BauR 1995, 161 oder der EnEV vom 16.11.2001/25.11. 2003 – BGBl. 2003 S. 2304 und Fassung vom 18.11.2013 – BGBl. I S. 3949, 3951. Gerade den Anforderungen im Rahmen von baulichen und bautechnischen Anforderungen und Forderungen im Rahmen der Energiebewirtschaftung und der Folgen und Möglichkeiten für den Bauherrn kommt an dieser Stelle entscheidende Bedeutung zu.

Zum anderen sind Anforderungen zu klären und dem Auftraggeber zu erläutern, welche im Hinblick auf die **spätere Funktion,** vor allem aber die **technischen und bauphysikalischen Erfordernisse** bedeutsam sind. Gerade auch hier sind rechtlich wesentliche Regeln und Normen, wie z. B. die allgemein anerkannten **Regeln der Bautechnik,** die unter diesen Oberbegriff einzuordnenden **DIN-Normen,** die behördliche Zulassung von neuartigen Baustoffen, Bauteilen und Bauverfahren usw. zu beachten. Im Bereich des Bauphysikalischen spielen u.a. vor allem auch konstruktive Fragen zum Feuchtigkeitsschutz, zum Schallschutz (vgl. dazu Döbereiner BauR 1980, 296) und zur Wärmedämmung eine bedeutsame Rolle. Schließlich kommt es hier auf die Wirtschaftlichkeit sowohl allgemein als auch speziell hinsichtlich der Versorgung (z.B. möglichst sparsamer Energieverbrauch), außerdem auf landschaftsökologische Gesichtspunkte an, sofern solche für das betreffende Bauvorhaben bei sachgerechter Überlegung von Bedeutung sind.

Im Rahmen der Erörterungen der Zielvorstellungen des Bauherrn sind auch **technische Zusammenhänge** zu klären. Bei Reihenendhäusern ist die Standsicherheit zu klären, da dies zum Grundwissen des Architekten gehört. Dabei ist zu entscheiden, ob eine selbstständige Gründung der Häuser erforderlich ist. Dies hat Auswirkungen auf die Kosten (OLG Frankfurt IBR 2009, 94).

Alle für den **Erläuterungsbericht** maßgebenden Einzelpunkte werden in den seltensten Fällen immer und bei jeder Vorplanung eine Rolle spielen. Daraus folgt, dass der **Erläuterungsbericht nur diejenigen** enthalten muss, welche im betreffenden Fall für die spätere eingehendere Planung nach den gegenwärtig vorliegenden Zielkatalogen **wesentlich** sind. Die in der HOAI enthaltene Aufzählung besagt daher nur, was aus dem Bereich der Grundleistungen in den Erläuterungsbericht gehören **kann** (Neuenfeld § 15 Anm. 23; Klocke/Arlt S. 141; Locher/Koeble/Frik § 34 Rdn. 58; Jochem § 15 Rdn. 20).

100   Wenn es die HOAI auch nicht ausdrücklich verlangt, so wird doch **grundsätzlich** zu fordern sein, dass der Auftragnehmer dem Auftraggeber den Erläuterungsbericht **schriftlich** erstattet. Jedenfalls muss dies für jene Fälle gelten, in welchen nicht nur einige wenige, sondern mehrere oder gar eine größere Anzahl von Einzelpunkten der Klärung und darauf folgenden Erläuterung bedürfen. Dann entspricht es nur den Anforderungen an eine vollständige, sachgerechte und nicht zuletzt klare Erläuterung, dass diese schriftlich erfolgt und dem Auftraggeber in der Zeit der weiteren Planung und der Bauausführung bei Bedarf zur Verfügung steht (eingeschränkt nun Locher/Koeble/Frik § 34 Rdn. 59; auch Löffelmann/Fleischmann Rdn. 117; a.A. Neuenfeld § 15 Anm. 23). Ganz davon abgesehen, ist es sicher für den Architekten geboten, die Schriftform für den Erläuterungsbericht zu wählen, um bei späterem Streit mit dem Auftraggeber ein einigermaßen **taugliches Beweismittel** zur Verfügung zu haben; Gleiches gilt selbstverständlich auch für den Auftraggeber.

e) Bereitstellen der Arbeitsergebnisse als Grundlage für die anderen an der Planung fachlich Beteiligten sowie die Koordination und Integration von deren Leistungen

101   Über die eigene Planung hinaus trifft Planer als Objektplaner bereits in der Vorplanung die Pflicht zur Koordination und Integration der Leistungen der übrigen an der Planung fachlich Beteiligten. Aus diesem Grunde wurde bewusst der Begriff *„Arbeitsergebnisse"* der Vorplanung gewählt. Diese sind Grundlagen der weiteren Planungsschritte und müssen alle anderen fachlich Beteiligten zur Verfügung gestellt werden.

Nötig ist daher bei der Vorplanung weiter das **Integrieren der Leistungen anderer an der Planung Beteiligter.** Allerdings ist dafür Voraussetzung, dass solche Leistungen bereits im Vorplanungsstadium erbracht worden sind oder erbracht werden, wie z.B. eine Untersuchung des Baugrundes, statische Berechnungen usw. Hinzu kommen muss weiter, dass ein Integrieren schon jetzt **notwendig** ist, um eine sachgerechte, den Gegebenheiten des Falles gerecht werdende Vorplanung durchzuführen. Das trifft z.B. noch nicht auf die nach einem Bodengutachten evtl. notwendigen Anforderungen an die Fundamentierung zu, wenn deren spätere Eintragung in die Ausführungsplanung genügt (so schon BGH VersR 1959, 904).

Daher ist Maßgabe, daß die eigenen Leistungen des Auftraggebers zunächst diesen Fachplanern und anderen an der Planung Beteiligten zur Verfügung gestellt werden, diese wiederum ihre Leistungsergebnisse darauf abstellen und integrieren, ggfs. verbessern und anpassen und sodann dem Planer wieder zur Verfügung stellen, damit dieser diese Ergebnisse wieder in seine eigenen Ergebnisse integrieren kann. Hier besteht also nicht nur eine wesentliche Koordinationspflicht, sondern eine Aufgabe der Abstimmung, die nicht unterschätzt werden darf. Der Aufwand und die Verantwortung an dieser Stelle sind enorm, zumal auch zeichnerische Leistungen abzustimmen sind. Hier liegt eine der Hauptaufgaben des Planers mit hohem Haftungsrisiko verankert.

Zugleich werden hier aber auch Aufgaben sichtbar, die bisher im Rahmen der **Generalplanung** oder der **Projektsteuerung** liegen. Letzteres ist im Rahmen der HOAI und der Leistungsanforderungen aber schon immer eine andere Leistungsaufgabe gewesen, wenn auch Überschneidungen erkennbar waren. Die **Generalplanerleistungen** sind aber entweder als **Besondere Leistungen** oder **separate Leistungen** zu honorieren (siehe auch Korbion, Generalplaner und Subplaner, 2013).

f) Vorverhandlungen über die Genehmigungsfähigkeit

Das gilt auch im Hinblick auf zivilrechtliche Fragen, z.B. die **Nachbarbebauung.** **102** Führt der Architekt im Auftrag des Bauherrn Verhandlungen mit Grundstücksnachbarn, um die Grenzbebauungsfähigkeit zu klären, und fertigt er auftragsgemäß für die Verhandlungen erforderliche Pläne und Skizzen, so gehört dies mit zum Bereich der Vorplanung mit entsprechender Vergütungspflicht des Bauherrn nach den Leistungsphasen 1 und 2 (OLG Frankfurt NJW-RR 1987, 535). Auch hier sind die Anforderungen an die Zusammenhänge der bauphysikalischen, bautechnischen und energetischen Belange und Wünsche des Bauherrn zu beachten. Dabei sind die Energiesparmaßnahmen und andere Konzepte zu berücksichtigen und zu entwickeln. Zudem muss an dieser Stelle dann der Planer dem Bauherrn notfalls raten eine Bauvoranfrage zu stellen. **Von sich aus darf der Planer hier nicht vorpreschen.**

Zur ordnungsgemäßen Vorplanung gehören – ebenso wie schon nach § 19 Abs. 1a) GOA – **Vorverhandlungen** des Auftragnehmers **mit Behörden und anderen an der Planung fachlich Beteiligten über die Genehmigungsfähigkeit** des Bauvorhabens. Die Genehmigungsfähigkeit richtet sich allein nach den maßgebenden Rechtsvorschriften aus dem **öffentlichen Baurecht.** Dabei ist es wichtig, dass nach der HOAI im Bereich der Vorplanung lediglich die **Vor**verhandlungen als Grundleistung festgelegt sind, während die in erster Linie zu § 19 Abs. 1a) GOA gehörenden – eigentlichen – Verhandlungen als Grundleistung dem Bereich der Entwurfsplanung zugeordnet worden sind (Leistungsphase 3). Daraus folgt zugleich, dass die HOAI als kleinsten rechnerischen Baustein der Honorierung die Leistungsphase ansieht (OLG Frankfurt BauR 1982, 600 = Schäfer/Finnern/Hochstein § 287 ZPO Nr. 1). Somit ist durch den Auftragnehmer im Rahmen der Vorplanung noch **nicht endgültig und abschließend** für den Auftraggeber **zu verhandeln.** Vielmehr handelt es sich hier zunächst um eine Vorabklärung der zur Genehmigungsfähigkeit anstehenden Fragen dahingehend, ob überhaupt eine Genehmigung und – bejahendenfalls – unter welchen Voraussetzungen im Einzelnen in Aussicht gestellt werden kann. Hier geht es wesentlich darum, ob es für den Auftraggeber Sinn hat, seine bisherigen Programmziele weiterzuverfolgen oder ob wegen vorliegender und evtl. nicht zu beseitigender baurechtlicher Hindernisse veränderte Planungsziele aufgestellt werden müssen oder gar die Bauabsicht überhaupt aufgegeben werden muss. Dass hier die Vorplanung sowie die Frage öffentlich-baurechtlicher Dispense bzw. die hinreichend konkrete Möglichkeit ihrer Erlangung eine ganz besondere Bedeutung hat, liegt in der Natur der Sache. Gleiches gilt für etwa gegen die Bauabsicht zu erwartende und in ihrem Ausgang aller Wahrscheinlichkeit nach erfolgreiche Einsprüche Dritter. Dabei kann die Bauvoranfrage als alleinige und isolierte Leistung in Auftrag gegeben werden (OLG Düsseldorf IBR 2008, 339).

Im Übrigen enthält die HOAI in dem hier für die Vorplanung erörterten Bereich im **103** Verhältnis zur GOA auch eine Erweiterung dahingehend, dass die **Vorverhandlungen** nicht nur mit Behörden, sondern auch **mit anderen an der Planung fachlich Beteiligten** zu führen sind. Dazu rechnen z.B. Sonderfachleute, wie Statiker, Wärme- und Klimatechniker, Heizungs- und Lüftungsingenieure, Hersteller spezieller Baustoffe, Firmen, welche besondere Bauverfahren in ihrem Programm haben usw. Dabei geht es wesentlich um die Abklärung der Genehmigungsfähigkeit in Bezug auf Sondervorschriften, welche in das spezielle Fachgebiet desjenigen, mit dem die Vorverhandlungen zu führen sind, fallen. Andererseits ergibt sich aus dem Grundsatz, dass die HOAI als kleinsten rechnerischen Baustein der Honorierung die Leistungsphase ansieht, dass der Architekt bei der Geltendmachung seiner Honorarforderung im Regelfall seiner Darlegungslast genügt, wenn er die Erbringung der betreffenden Leistungsphase mit der in § 34 Abs. 3 i. V. m. Anhang 10.1 festgelegten Umschreibung darlegt (OLG Frankfurt BauR 1982, 600 = Schäfer/Finnern/ Hochstein § 287 ZPO Nr. 1). Über das Ergebnis der Vorverhandlungen muss der Architekt den Auftraggeber unterrichten (OLG Düsseldorf BauR 1986, 471).

104   Der Architekt schuldet keine Rechtsberatung in diesem Zusammenhang und dieser Teilleistungsphase; jedoch sind Hinweise zum weiteren Verfahrensgang und Hinweise und Empfehlungen in diesem Stadium zwingend erforderlich (Scholtissek, FS Ganten, 2005, S. 65; Knocke/Schütz, FS Koeble, S. 375).

g) Kostenschätzung nach DIN 276, Vergleich mit den finanziellen Rahmenbedingungen

105   Die alternative Kostenschätzung nach dem wohnungsrechtlichen Berechnungsrecht ist entfallen. Für die Regelung, die auf die Zweite Berechnungsverordnung verwies, existiert kein praktischer Bedarf mehr: Die Zweite Berechnungsverordnung findet im Wesentlichen auf den öffentlich geförderten und den steuerbegünstigten Wohnungsbau Anwendung. Diese Förderung des sozialen Wohnungsbaus wurde indes durch das WoFG 2002 grundlegend modifiziert. Die Zweite Berechnungsverordnung gilt lediglich für bestehenden Wohnungsbau, nicht aber für Neu- und Umbauten.

106   Ein nach aller Erfahrung ganz wesentliches Element der Vorplanung ist die vom Auftragnehmer vorzunehmende **Kostenschätzung,** da der weitere oder gar endgültige Bauentschluss des Auftraggebers entscheidend von der möglichst frühzeitigen Ermittlung der voraussichtlichen Baukosten abhängt. Die Kostenschätzung erfolgt unter Bezugnahme auf § 4 Abs. 1 S. 3 ausschließlich nur noch nach DIN 276 in der Fassung Dezember 2008 (DIN 276-1: 2008-12) und nicht mehr nach DIN 276 Teil 3 Fassung 04/81 Anlage 1 oder DIN 276 Fassung 06/93 Ziff. 3.2.1. Allerdings sind die wohnungsrechtlichen Berechnungsvorschriften (2. Berechnungs-VO i. d. F. v. 22.6.1979) nur dann alternativ zu berechnen und möglichst zur Berechnung der Kosten anzuwenden, wenn es sich um die Förderungen von sozialem Wohnungsbau handelt. Entfallen ist die Berechnung mit der HOAI 2013 nicht. Für den hier erörterten Bereich der Kostenschätzung ist daher nicht mehr die Verwendung des Formblattes in Anhang 1 der DIN 276/81 oder 276/93 Teil 3 und im Einzelfall ausnahmsweise der Genauigkeitsgrad der Spalte 1 der Kostengruppen aus DIN 276/ 81 oder 276/93 Teil 2 Anhang anzuwenden. Vielmehr hat sich die Kostenschätzung an die Vorgaben der DIN 276-1/2008-12 Teil 1 bzw. bei Ingenieurbauten Teil 4 zu halten. In der DIN 276-1:2008-12 sind nunmehr unter Ziffer 3.2 die Kostenvorgaben und unter Ziffer 3.3 die Kostenermittlungen verbindlich dargestellt. Eine vertragliche Änderung dieser Grundlagen ist ausgeschlossen und führt zur Unwirksamkeit des Vertrages gem. §§ 134, 138 BGB weil insbesondere in die zwingenden Vorgaben des § 4 Abs. 1 S. 3 eingegriffen wird. Dies insbesondere, wenn sich bei genauerer Gegenprüfung herausstellt, dass dadurch die Unterschreitung der Mindestsätze oder Überschreitung der Höchstsätze erreicht würde. Dabei spielt es keine Rolle, dass § 6 Abs. 1 eine vertragliche Regelung vorsieht. Denn diese ist an die Einhaltung der DIN 276-1: 2008-12 zwingend gebunden (siehe hierzu Kommentierung bei § 4 Abs. 1 S. 3 und § 6 Abs. 1).

Weiterhin ist Ziffer 3.4 – Stufen der Kostenermittlung – zu beachten. Neben dem grundsätzlichen Kostenrahmen (Ziffer 3.4.1) der Bedeutung bei der Bedarfplanung und der wirtschaftlichen und finanzierenden Planung und Bedarf hat, ist bei Leistungsphase 2 auf Ziffer 3.4.2 – Kostenschätzung – hinzuweisen. Inhalt der Kostenschätzung ist unter Berücksichtigung folgender Informationen, die der Planer zusammenzutragen hat, danach:

– Ergebnisse der Vorplanung, insbesondere Planungsunterlagen, zeichnerische Darstellungen,
– Berechnungen der Mengen von Bezugseinheiten der Kostengruppen, nach DIN 277,
– Angaben zum Baugrundstück und zur Erschließung.

Weiterhin ist nunmehr verbindlich in der Kostenschätzung die Gesamtkosten nach Kostengruppen mindestens bis zur 1. Ebene der Kostengliederung zu ermitteln.

Grundsätzlich und als allgemeiner Obersatz für alle Kostenermittlungen ist der Grundsatz in Ziffer 3.5.1 und 3.5.2 zu beachten, wonach ständig die Kostenkontrolle und Kostensteuerung durchzuführen ist.

Nach Ziffer 3.4.2 ist bei der Kostenschätzung im Verbindung mit Ziffer 4.1 in der ersten Kostengruppe eine ähnlich der DIN 276 Fassung 06/93 aufgestellte Kostengliederung zu verwenden (hierzu die unten dargestellte vergleichende Übersicht). Wichtig ist dabei auch, dass das Bauvorhaben in der Kostenschätzung als eine **geschlossene Einheit** angesehen wird. Die Kosten selbst können nach Einzelbeträgen, Pauschalen, konkreten Erfahrungssätzen oder nach Kostenrichtwerten angesetzt werden. Dabei hat der Auftragnehmer allerdings nicht die freie Wahl. Vielmehr ist es seine **vertragliche Obliegenheit, die im Einzelfall zumutbare und mögliche Berechnungsart anzuwenden,** welche dem Auftraggeber unter Berücksichtigung des bisher lediglich erreichten Vorplanungsstadiums die zuverlässigsten Werte übermittelt.

DIN 276 Fassung 04/81 Spalte 1	DIN 276 Fassung 06/93 1. Ebene	DIN 276 Fassung 12/2008 1. Ebene
1 Baugrundstück	100 Grundstück	100 Grundstück
2 Erschließung	200 Herrichten und Erschließen	200 Herrichten und Erschließen
3 Bauwerk	300 Bauwerk – Baukonstruktionen	300 Bauwerk – Baukonstruktionen
4 Gerät	400 Bauwerk – Technische Anlagen	400 Bauwerk – Technische Anlagen
5 Außenanlagen	500 Außenanlagen	500 Außenanlagen
6 zusätzliche Maßnahmen	600 Ausstattung und Kunstwerke	600 Ausstattung und Kunstwerke
7 Baunebenkosten	700 Baunebenkosten	700 Baunebenkosten

Die Kostengruppen 300 und 400 können zudem zu Bauwerkskosten zusammengefasst **107** werden. Das ist bei einfachen Planungen, sowie bei Instandsetzungen, Instandhaltungen, einfach bis mittelschwer gelagerten Sanierungen und Modernisieren durchaus zulässig und anzuwenden.

Bei umfangreichen Planungen und bei Planungen, bei denen vertraglich oder ersichtlich der Auftraggeber erheblichen Wert auf die Mitteilung und Ermittlung der anrechenbaren Kosten bereits in einem frühen Stadium der Planung legt kann – aber muss der Planer grundsätzlich nicht – die die Kostengruppen in die Kostengruppen der 2. oder 3. Ebene nach der Hauptebene (Hauptebene = 100, 200, 300 usw.) unterteilen und aufgliedern (2. Ebene also = 120, 130, 210 usw.; 3. Ebene also = 121, 122, 211, 212, usw.). Zu beachten ist aber im Bereich der §§ 35, 36 auch, dass die Kostenermittlung nicht auf genaue Planungen oder -unterlagen zurückgreifen kann, insbesondere nicht bei alten Sanierungs- oder gar denkmalgeschützten Objekten. Dann sind die Kostenermittlungen auf der Grundlage von Flächen- und Rauminhalten genügend genau darzustellen. Im Bereich der öffentlichen Auftraggeber und der „Hochbauverwaltungen" (z.B. NRW: BLB NRW) ist in solchen Situationen auf die Standardleistungsbücher (StLB) zurückzugreifen oder sofern geeignet die Darstellungen in den Normen der VOB Teil C. Eine weitere hilfsweise Ermittlungsform stellt zudem das BKI dar. Diese auf Ermittlungen vergleichbarer Objekte und Baukonstruktionen basierenden Sammlungen – so auch die Datenbank „baupreislexikon.de" beschreiben Kosten nach Erfahrungs- und Kundendaten/-eingaben in Sammlungen (so Letztere). Diese Werte sind allerdings nicht geeignet eine ganz sichere Darstellung oder Analyse herzustellen, was die zu erwartenden Kosten sein werden. jedoch ist die DIN 276-1:2008-12 auch auf eine gewisse Ungenauigkeit angelegt. Infolge der inzwischen anerkannten Datensammlung des BKI (Baukosteninformationszentrum Deutscher Architektenkammern) wird man allerdings grundsätzlich – auch bei sachverständiger Überprüfung der Kostenschätzung – z.B. im Schiedsverfahren oder gerichtlichen Verfahren – auf die BKI-Listen zurückzugreifen haben. Diese unterteilen sich zunächst in Baukosten Teil 1 für Gebäude, Teil 2 für Bauelemente und Teil 3 für Positionen. Sodann werden die Kostenkennwerte dargestellt. Die Auflistung der Kostenkennwerte erfolgt nach Bauwerkstypen.

Weiterhin schreibt Ziffer 4.1 der DIN 276-1:2008-12 vor, dass über die Kostengliederung hinaus die Kosten entsprechend den technischen Merkmalen z.B. für eine differenziertere Kostenplanung oder den herstellungsmäßigen Gesichtspunkten z.B. im Hinblick auf Vergabe und Ausführung oder nach Lage im Bauwerk bzw. auf dem Grundstück z.B.

für Zwecke der Termin- und Finanzplanung noch weiter untergliedert werden können, also auch die 4. oder fünfte Ebene bereits hier denkbar ist.

Der Planer hat nunmehr in der Fassung 2013 die weitere Hauptpflicht erhalten, daß er die in Phase 1 ermittelten **finanziellen Rahmenbedingungen** des Auftraggebers berücksichtigen muss und nunmehr in die durch die Kostenschätzung ermittelten Werte mit einander zu vergleiche hat. Er hat also einen „Ist" und „Soll"-Vergleich anzustellen und den Auftraggeber bei Überschreitungen dringend zu warnen. Das gilt auch für Unterschreitungen, wenn unklar ist, was der Auftraggeber sind vorstellte. Dabei hat der Auftragnehmer erneut Vergleich und Varianten ggfs. dem Auftraggeber zur Kosteneinsparung vorzulegen oder Erklärungen zu erteilen, warum die Kostenvorgaben unterschritten werden. Hier wird man auch darauf abzustellen haben, daß eine Kostenschätzung in einem Wagnisbereich von 30% bis 40% zur späteren Kostenfeststellung bei gleicher oder ähnlicher Planung und Ausführung liegen sollte.

h) Erstellen eines Terminplanes mit wesentlichen Vorgängen des Planungs- und Bauablaufs

108   Die HOAI 2013 hat bereits in der Leistungsphase 1 eine terminliche Beratung des Auftraggebers unter Ziffer 1a), d), e) eingeführt. Dabei wird in der Leistungsphase 2 vom Auftragnehmer eine bereits exakte Vorgabe der Terminplanung erwartet. Diese ist zudem als Hauptpflicht ausgestaltet, denn die wesentlichen Planungs- und Bauabläufe sollen am Ende der Vorplanung bereits sichtbar gemacht werden. Dabei wird man allerdings nicht zeitlich exakte, aber eine typischerweise für dieses und vergleichbare Objekt zu erwartende Zeitvorgabe als notwendig zu erachten haben. Die Belange des Auftraggebers und weitere ungeklärte Punkte, wie Nachbarzustimmungen, Genehmigungen, Änderungen, finanzielle Wagnisse sind zu berücksichtigen, aber auch schriftlich klar darzustellen (Darlegungs- und Beweislast des Auftragnehmers).

i) Zusammenfassen, Erläutern und Dokumentieren

109   Schließlich enden bei der Vorplanung die Grundleistungen des Auftragnehmers in der **Zusammenstellung aller Vorplanungsergebnisse.** Es liegt auf der Hand, dass diese schriftlich zu erfolgen hat und dem Auftraggeber auszuhändigen ist, damit er eine geschlossene, hinreichend klare, insgesamt vollständige und brauchbare Unterlage für seine weiteren Überlegungen hat. Zudem handelt es sich bei dieser Leistung um eine teilerfolgsbezogene Handlung. Unterlagen sind in dem Anhang 10.1 nicht unter i) beschrieben. jedoch dürften dazu üblicherweise Grundrisse, Ansichten, Schnitte und die Kostenschätzung als notwendige Unterlagen fallen. Die Erstgenannten haben allerdings noch keine durchdringende Planungsschärfe aufzuweisen.

B. Nichterbringung von Leistungen nach § 8 Abs. 1, 2

110   Erbringt der Architekt eine der Grundleistungen nicht, so kann nach einer überkommenen Ansicht jede mit einem Abzug von 0,8 Punkten bedacht werden (so noch Vorauflage; OLG Frankfurt BauR 1982, 1600; OLG Düsseldorf IBR 1996, 207; Neuenfeld Rdn. 28). Diese Einordnung ist nicht mehr zeitgemäß und entspricht nicht den tatsächlichen Anforderungen. Folgende prozentualen Ansätze sind vertretbar:

	Siemon(G)	Simmendinger(G)	**Siemon(I)**	Simmendinger (I)	**Begründung**
a) Analyse der Grundlagen	0,25–0,5		0,5	0,25–0,5 0,5	Basisplanungsleistungen
b) Abstimmen der Zielvorstellungen Aufstellen eines Zielkataloges	in a) enthalten		0,5	in a) ent- halten 0,5	Bedeutung zur Planungsaufgabe Bedeutung zur Planungsaufgabe
c) Planungskonzept	3,0–3,5		3,5	3.0–3,5 3,5	Bedeutung für Planung
d) Klären und Erläutern					
e) Integrieren	1,0–2,0		0,5	1,0–2,0 0,5	Basisleistung

	Siemon(G)	Simmendinger(G)	**Siemon(I)**	**Simmendinger (I)**	**Begründung**
	in d) ent- halten	0,5	in d) ental- ten	-0,5	Umstände der Erfordernisse
f) Vorverhandlungen	0,1–0,5	0,5	0,1–0,5	0,5	Grundsätzliche Überlegungen
g) Kostenschätzung DIN 276	0,75–1,5	0,5	0,75–1,5	0,5	Erfordernisse des AG
h) Terminplanung	0,1–0,5	0,25	0,1–0,5	0,25	Bedeutung für AG
i) Zusammenstellen der Vorplanung	0,1–0,5	0,25	0,1–0,5	0,25	Grundsätzliche Pflicht

In Leistungsphase 2 hat der VO-Geber bei den Gebäuden 7 Prozentpunkte und bei Innenraumplanung mit ebenfalls 7 Prozentpunkten angegeben.

C. Besondere Leistungen (§ 34 Abs. 3 i. V. m. Anhang 10.1 – rechte Spalte)

b) Die in Anhang 10.1 zur Leistungsphase 2 – rechte Spalte beispielhaft aufgezählten **111** Besonderen Leistungen, zu denen im Einzelfall noch andere, in der HOAI nicht genannte hinzutreten können, sind solche, die erfahrungsgemäß bei bestimmten Fallgestaltungen häufig vorkommen können.

Aufstellen eines Katalogs für die Planung und Abwicklung der Programmziele

Diese Leistung ist in Rahmen einer Übersicht an den Auftraggeber zu verstehen, die weiteren Planungsziele festzulegen. Sie ist im Rahmen der Generalplanerleistungen notwendig und findet als Grundleistung bei der Projektsteuerung Einsatz.

Untersuchen von alternativen Lösungsansätzen nach verschiedenen Anforderungen einschließlich Kostenbewertung

Im Vordergrund steht dabei die Untersuchung von **Lösungsmöglichkeiten nach grundsätzlich verschiedenen Anforderungen.** Diese unterscheidet sich von der zu den Leistungen gehörenden Untersuchung von bloßen Alternativen nach gleichgebliebenen Anforderungen dadurch, dass hier die bisher allein **festgelegten Planungsziele zur Ermöglichung einer alternativen Entscheidungshilfe geändert** werden, der Auftragnehmer also die Vorplanungstätigkeit neu beginnen oder jedenfalls in wesentlichen Punkten beachtlich variieren muss (vgl. dazu Jochem FS Heiermann S. 169, 175 ff.; ferner Weyer BauR 1995, 445, 450). Hierzu bedarf es, wie auch bei den übrigen Besonderen Leistungen, grundsätzlich eines gesonderten, ausdrücklichen **Auftrages des Auftraggebers.** Vergütungspflichtige verändernde Leistungen liegen somit vor, wenn der Architekt auf Wunsch des Auftraggebers bisher als abgeschlossen zu betrachtende Leistungen erneut oder ganz grundlegend anders auszuführen hat. Dabei ist allerdings nicht unbedingt der Auftrag zu einer völlig neuen, nachfolgenden zweiten Vorplanung notwendig, weil eine solche ohnehin nach § 10 zu vergüten ist. Zudem kommt auch § 10 in Betracht. Vielmehr reicht es für die Abgrenzung zu den Leistungen, wenn für die nunmehr verlangte, in Teilen erweiterte Vorplanungstätigkeit die in **§ 9 festgelegten Voraussetzungen** gegeben sind (vgl. OLG Düsseldorf BauR 1995, 270 zu § 5 Abs. 4 a. F.). Dazu wird es im Allgemeinen genügen, wenn durch alternative Zielvorstellungen der Umfang des Bauvorhabens, der Grundriss, die Konstruktion (so Neuenfeld § 15 Anm. 14) oder auch das sonstige Programm oder die Funktion (so Locher/Koeble/Frik § 34 Rdn. 71) erheblich verändert werden. Grundlegend wichtig ist es, dass es sich um **wirkliche Veränderungen im Verhältnis zur bisherigen Vorplanungsaufgabe** und nicht etwa nur um ein zwangsläufiges Nachholen wegen bisher nachlässiger Arbeit des Auftragnehmers handelt.

Allerdings: Wird der Architekt beauftragt, für die Bebauung eines Grundstückes ein Bürogebäude und alternativ ein Hotel zu planen und eine Kostenschätzung anzufertigen, so handelt es sich dabei nicht um bloße Planungsvarianten oder -alternativen für dasselbe Gebäude als Besondere Leistungen i. S. des Anhang 2 – Ziffer 2.6.2 oder um mehrere Vorplanungen nach grundsätzlich verschiedenen Anforderungen i. S. des § 10 HOAI, sondern um selbstständige Aufträge mit unterschiedlichen Zielvorstellungen, so dass beide Aufträge getrennt nach den anrechenbaren Kosten abzurechnen sind (OLG Düsseldorf BauR 1994, 534 = NJW-RR 1994, 858 = Schäfer/Finnern/Hochstein § 15 HOAI Nr. 9). Auch hier ist wieder § 10 zu beachten.

Beachten der Anforderungen des vereinbarten Zertifizierungssystems und Durchführen des Zertifizierungssystems

Soweit die Parteien bereits in Leistungsphase 1 bestimmte Zertifizierungssysteme vereinbarten oder ausmachten, die für die Durchführung des Objektbaues erforderlich sind (Umwelt- und Ablaufzertifizierungen), ist in der Leistungsphase 2 die darauf aufbauende Planung und Berücksichtigung fortzusetzen.

Ergänzen von Vorplanungsunterlagen aufgrund besonderer Anforderungen

112 Eine weitere Besondere Leistung kann in einem **Ergänzen der Vorplanungsunterlagen** auf **Grund besonderer Anforderungen** liegen. Auch hier muss es sich um Umstände handeln, welche erst nach Beginn der bisherigen Vorplanungsarbeit eingetreten sind. Ferner ist wesentlich, dass es sich um **gewichtige** und nicht nur nebensächliche **Zusatzarbeiten** handelt (insofern wohl missverstanden von Motzke BauR 1994, 570, 584). Das kann z. B. bei verändertem Raumbedarf, baulichen und wirtschaftlichen Ergänzungen, veränderter Ausstattung, vor allem auch bei Ergänzungen auf Grund später ohne Veranlassung durch den Architekten ergangener behördlicher Anordnungen zutreffen. Von dem vorher erörterten Fall der Untersuchung von Lösungsmöglichkeiten nach grundsätzlich verschiedenen Anforderungen unterscheidet sich der hier erörterte dadurch, dass es nicht um eine die bisherige Vorplanung wesentlich verändernde Maßnahme geht, sondern um eine **Ergänzung,** welche der bisherigen Vorplanung hinzugefügt wird, diese also bestehen bleibt.

Aufstellen eines Finanzierungsplanes

113 Das **Aufstellen eines Finanzierungsplanes** wird dem Architekten häufig übertragen, zumal ein Finanzierungsplan im Rahmen der Wirtschaftlichkeitsberechnung nach der II. BVO v. 1.8.1963 (BGBl. I S. 594) bzw. Fassung v. 22.6.1979; auch Fassung v. 10.10. 1990 – BGBl. I 2178 und Fassung v. 30.7.1992 – BGBl. I 1251 gefordert wird. Hierdurch erhält er eine zusätzliche **Betreuungsfunktion,** ohne dass damit zugleich der Abschluss eines Baubetreuungsvertrages vorausgesetzt werden müsste. Durch die HOAI werden grundsätzlich nur typische Architektenarbeiten erfasst, **nicht** aber die hinsichtlich ihrer Rechte und Pflichten zumindest teilweise einer besonderen Bewertung unterliegende Arbeit des **Baubetreuers bzw. Bauträgers.** Mit der hier erörterten Besonderen Leistung ist zwangsläufig die vorherige Erledigung der Kostenschätzung als Leistung verbunden, da sonst der Finanzierungsplan nicht den notwendigen Bezug zu dem konkret in Aussicht genommenen Bauobjekt hätte. Der Finanzierungsplan verfolgt den Zweck, dem Auftraggeber eine **Übersicht** darüber zu vermitteln, **wann und in welcher Höhe** im Falle der weiteren Verfolgung und der Verwirklichung der Bauabsicht **Zahlungen** geleistet und dafür Mittel bereitgestellt werden müssen. Hier ist eine ausreichend zuverlässige Finanzierungsplanung anhand der Kostenschätzung in Verbindung mit dem voraussichtlichen Bauablauf notwendig.

Mitwirken bei der Kredit- und Fördermittelbeschaffung

114 Der Planer ist hier als Berater des Auftraggebers bei der **Beschaffung von Krediten und Fördermitteln** eingesetzt. Diese Leistung umfasst zunächst die Beratung in Richtung der jeweils für das Bauprojekt in Betracht zu ziehenden KfW- und länder-/kommunenspezifischen Fördertöpfe. Zudem sind das Aufzeigen von besonderen Krediten bei Banken und Sparkassen oder Versicherungen in Betracht zu ziehen. Dabei ist die Tätigkeit des Planer genau zu bezeichnen und erstreckt sich im üblichen Fall auf die Auflistung der Möglichkeiten, die Kontaktaufnahme und Vorbereitung der Unterlagen, sowie das weitere Auflisten von baulichen Planungserfordernissen, wenn Genehmigungen erteilt werden. Zudem hat der Planer darauf hinzuweisen, daß mit den Baumaßnahmen erst dann zu beginnen ist und auch die Verträge mit Unternehmern erst abgeschlossen werden können, wenn die Voraussetzungen der Bestimmungen der Förderungen erfüllt sind, also meist nicht bereits Beauftragungen oder Baubeginne erfolgen können. Weist der Planer eben bei diesen besonderen Leistungen **nicht** darauf hin und wird die **Fördermöglichkeit** versagt, kann er **auf die entgangenen Mittel haften.**

Im Rahmen der **Projektförderung der öffentlichen Hand** ist allerdings darauf hinzuweisen, daß der Planer darauf zu achten hat, daß **Zuwendungen** der öffentlichen Hand zur Projektförderung grundsätzlich nur für solche Vorhaben bewilligt werden, die **noch nicht begonnen** worden sind. Als Vorhabenbeginn ist dabei der Abschluss eines der Ausführung zuzurechnenden Lieferungs- und Leistungsvertrages anzusehen. Planung und Bodenuntersuchung sowie sonstige vorbereitenden Maßnahmen gelten bei Baumaßnahmen **nicht** als Beginn des Vorhabens, ebenso der Grunderwerb (OVG Niedersachsen, Urt. v. 13.9.2012 – 8 LB 58/12).

Allerdings ist eine Differenzierung bei reinen **Beraterverträgen** über bauliche **energetische Sanierung** eines Gebäudes **einschließlich** der **Beratung über Fördermittel** vorzunehmen, denn diese sind im Regelfall **Dienstleistungsverträge.** Ist die Beraterleistung dann fehlerhaft und werden die Fördermittel deswegen versagt, so ist der Beratervertrag schuldhaft nicht erbracht worden und damit der Berater zum Schadenersatz verpflichtet, wenn er die Leistung nicht nachholen kann. Der **Schadenersatz** umfasst aber **nicht** die ohnehin nötigen Sanierungskosten und/oder den darüberhinausgehenden Aufwand zur Erlangung der Kosten des Zuschusses. Es hat ein **Vermögensvergleich nach der Differenzhypothese** (§ 249 BGB) zu erfolgen. Daher kann bei falscher Beratung über **energetische Sanierungen** oder **Gebäudezertifizierungen** auf die Rspr. zu Schäden bei Baukostenüberschreitung zurückgegriffen werden. Dadurch gelten die Regeln der „Vorteilsausgleichung" (BGH, IBR 1997, 156). Auch bei falscher Auskunft muß sich der Auftraggeber alle Vermögenszuwächse anrechnen lassen. Das gilt auch, wenn er die unnützen Kosten nur durch zusätzliche Finanzierung erreichen kann (OLG Celle, Urt. v. 27.2.2014 – 16 U 187/13).

Mit der **Aufstellung des Finanzierungsplanes** ist oftmals die weitere Besondere Leistung der **Mitwirkung** des Auftragnehmers **bei der Kreditbeschaffung** verbunden. Ebenso wie die übrigen Besonderen Leistungen muss gerade auch hier die Tätigkeit des Auftragnehmers im Aufwand und der erforderlichen Zeit von **einigem Gewicht** sein, um einen zusätzlichen Vergütungsanspruch auslösen zu können (so auch Morloch/Meurer, Rdn. 354). Deshalb reichen in der Regel noch nicht die bloße Erkundigung nach den Kreditbedingungen oder lediglich das Ausfüllen von Formularen, also Tätigkeiten, die ohne Schwierigkeiten und ohne nennenswerten Aufwand nebenher erledigt werden können. Anders liegt es, wenn besondere Berechnungen sowie die Herstellung gesonderter Unterlagen für den Kreditgeber, die Teilnahme an ins einzelne gehenden Verhandlungen mit diesem usw. erforderlich werden (Locher/Koeble/Frik § 34 Rdn. 74). Unter diesen Voraussetzungen genügt andererseits aber die **Mitwirkung** bei der Kreditbeschaffung, die allerdings eine **intensive eigene Tätigkeit** des Architekten voraussetzt. Dabei ist nicht unbedingt zu verlangen, dass die Bemühungen um den erstrebte Kredit auch tatsächlich zum Erfolg führen, sofern diese nur infolge gerade auch dem Auftragnehmer bekannter oder bei ihm als bekannt vorauszusetzender Umstände von vornherein aussichtslos sind. **115**

Im Rahmen der wirtschaftlichen Betreuung kommen neben dem Aufstellen von Finanzierungsplänen und dem Mitwirken bei der Kreditbeschaffung auch andere ins Gewicht fallende Tätigkeiten als besonders zu vergütende Leistungen in Betracht, wie z.B. das Aufstellen von **Tilgungsplänen** und **Rentabilitätsberechnungen.** **116**

Möglich ist es auch, dass dem Architekten als Besondere Leistung die Beantragung öffentlicher Fördermittel übertragen wird, was aber hinreichend klar und deutlich erfolgen muss (vgl. BGH BauR 1996, 570 = NJW 1996, 1889 = Schäfer/Finnern/Hochstein § 631 BGB Nr. 45).

117   Die für sämtliche als Besondere Leistungen anzusehenden Tätigkeiten im Bereich der wirtschaftlichen Betreuung (Finanzierungspläne, Kreditbeschaffung usw.) in Betracht zu ziehende **Vergütung** des Auftragnehmers richtet sich für den Geltungsbereich der HOAI nunmehr ausschließlich **nach § 3 Abs. 3 und ist damit frei verhandelbar.** Insbesondere besteht ein Honoraranspruch für solche Besonderen Leistungen nur, wenn die Vergütung vorher **schriftlich vereinbart** worden ist.

Durchführen von Wirtschaftlichkeitsuntersuchungen

118   Die im Rahmen der Vorplanung als weitere Besondere Leistung mögliche **Bauwerks- und Betriebs-Kosten-Nutzen-Analyse** kommt im Wesentlichen bei betrieblichen oder zum Zwecke bestimmter Nutzung zu errichtenden Bauwerken, auch bei öffentlichen Bauvorhaben, in Betracht. Hier geht es um die Ermittlung der **Betriebskosten und des Ertrages** eines Gebäudes und ihres Verhältnisses zueinander, also um die **Rentabilität.** Dabei ist nicht selten die Mitwirkung anderer an der Planung fachlich Beteiligter erforderlich, um die betreffenden Kosten- und Ertragselemente zutreffend feststellen zu können (z. B. für Heizung, Lüftung, Aufzug, laufende Unterhaltung, fortdauernde Belastungen, Steuern und Abgaben, Vermietung, Verpachtung, erhöhter oder verminderter Umsatz). Hier ist ergänzend zur DIN 276 die DIN 18960 heranzuziehen.

Durchführung von Voranfrage

119   Die ferner als Besondere Leistungen erwähnte Durchführung einer **Bauvoranfrage** bei der zuständigen Behörde kann bereits zu den Pflichten des Auftragnehmers aus dem Architektenvertrag gehören, um den Auftraggeber vor weiteren unnützen Planungskosten zu bewahren (vgl. auch Miegel S. 63; Weyer BauR 1995, 446). Das kommt vor allem in Betracht, wenn die Bebauung des Grundstückes, auf welchem das Bauvorhaben durchgeführt werden soll, überhaupt in Frage steht oder es ungewiss ist, ob die vorgesehene Ausführung genehmigt werden wird. Dann muss der Auftragnehmer den Auftraggeber über die hier anstehenden Fragen **aufklären** und ihn über die Möglichkeit der Bauvoranfrage **belehren** (Hartmann BauR 1974, 168, 169), insbesondere über Bedeutung und Tragweite eines dadurch möglicherweise zu erreichenden Vorbescheides. Dabei kann es sein, dass die Bauvoranfrage als Besondere Leistung im wohlberechtigten Interesse des Auftraggebers **bereits** zu einer Zeit zu erfolgen hat, in welcher erst die **Grundlagenermittlung** ausgeführt wird oder in welcher jedenfalls noch nicht alle Grundleistungen der **Vorplanung** erledigt sind (vgl. OLG Düsseldorf BauR 1974, 216). U. U. kann es im Einzelfall wegen der vor Erlangung eines Vorbescheides bestehenden Unsicherheit sinnvoll sein, zunächst die Vorplanung oder einen Teil davon als **Einzelleistung** in Auftrag zu geben (hier: § 9) oder den Architekten vor Beginn der Vorplanung nur mit einer Bauvoranfrage zu betrauen (vgl. dazu auch § 10). Entscheidend ist letztlich das sachgerechte Herausfinden der besten Möglichkeit dahin, dass einerseits die **hinreichende Gewissheit** zur Frage der Durchführbarkeit des Vorhabens erreicht wird, dieses andererseits zu dem für den Auftraggeber **günstigsten Kostenaufwand** geschieht. Im Übrigen richtet sich auch hier die dem Architekten für die Besondere Leistung der Bauvoranfrage zustehende Vergütung nach den Voraussetzungen und Maßstäben des § 3 Abs. 3.

Zu beachten ist: Der Auftrag an den Architekten zur Einholung einer Bauvoranfrage umfasst in der Regel außer der eigentlichen Bauvoranfrage als Vorarbeiten auch Grundleistungen der Phasen 1 bis 3. Ist keine (schriftliche; Beweislast!) Honorarvereinbarung getroffen worden, steht dem Architekten neben den Leistungen für die erbrachte Bauvoranfrage kein Honorar zu. Im Übrigen schuldet der mit einer Bauvoranfrage – bloß – beauftragte Architekt keine Kostenschätzung nach DIN 276 und ist auch nicht verpflichtet, eine solche allein zur Honorarberechnung nachzuliefern; er kann die anrechenbaren Kosten prüfbar als Produkt von Rauminhalt des geplanten Gebäudes und Nettobaukosten je m³ ermitteln (vgl. OLG Düsseldorf BauR 1996, 292 = NJW-RR 1996, 470; siehe ferner OLG Stuttgart BauR 1997, 681; vgl. auch LG München I BauR 1996, 421; OLG Düsseldorf, BauR 2008, 2070). Für eine Bauvoranfrage als eigene Besondere Leistung können nach Ansicht des LG Köln 6% des Honorars nach § 34 Abs. 3 i.V.m. Anhang 10.1 gerechtfertigt sein (vgl. LG Köln NJW-RR 1998, 456 zu § 15 Abs. 2 Nr. 1 und 2 HOAI a.F.).

Anfertigen von besonderen Präsentationshilfen, die für die Klärung im Vorentwurfsprozess nicht notwendig sind, zum Beispiel

- **Präsentationsmodelle**
- **Perspektivische Darstellungen**
- **Bewegte Darstellungen/Animation**
- **Farb- und Materialcollagen**
- **digitales Geländemodell**
- **3D oder 4D-Gebäudemodellbearbeitung (Buiding Information Modelling BIM)**

Die Anfertigung von **Darstellungen durch besondere Techniken,** wie z.B. Perspek- **120** tiven, Muster, Modelle, kommt vor allem in Betracht, wenn der Auftraggeber die Bauerrichtung zwecks Weiterveräußerung oder gewinnbringender Nutzung vorzunehmen gedenkt. Dann kann es für ihn notwendig, zumindest aber zweckmäßig sein, sich vom Auftragnehmer die mit dessen Fachwissen zusammenhängenden Werbemittel anfertigen zu lassen, um dadurch seine Absichten besser und/oder sachgerechter verwirklichen zu können. Voraussetzung für die besondere Vergütungspflicht nach Maßgabe des § 3 Abs. 3 ist hier allerdings, dass die Anfertigung von Darstellungen durch besondere Techniken vom Auftragnehmer selbst geschieht, es sich also **nicht** um eine **Nebenleistung** nach Maßgabe des § 14 Abs. 2 Nr. 7 handelt.

Aufstellen einer vertiefenden Kostenschätzung nach Positionen einzelner Gewerke

Hier kommt in Betracht, daß bereits jetzt die Auflistung der Kostengruppen in der drit- **121** ten Ebene erfolgen oder bei speziellen Erfordernissen, wie Klinikbauten und TGA-Ausstattungen bis in die fünfte Ebene eine Auflistung der anrechenbaren Kosten erfolgt (CT-Geräte, elektrotechnische Sonderbauten).

Fortschreiben des Projektstrukturplanes

Dieses kommt bei komplexen Bauten der Infrastruktur und der Versorgung in Betracht. **122**

Aufstellen von Raumbüchern

Diese Leistung ist an dieser Stelle bereits aufgenommen, weil es sich nicht nur um Pla- **123** nungsvorgaben der Innenraumplan handelt, sondern die Erfordernisse der Ausschreibung nach § 7 VOB/B bereits abdeckt (funktionale Ausschreibung) und zugleich ein haushaltstechnisches Problem des öffentlichen Auftraggebers abdeckt, um die Ausschreibung für des Genehmigung des Haushaltstitels vorzubereiten.

Aufstellen eines Zeit- und Organisationsplanes

Das schließlich noch als Besondere Leistung im Bereich der Vorplanung erwähnte Auf- **124** stellen eines **Zeit- und Organisationsplanes** dient dazu, den Ablauf bei Ausführung des Bauvorhabens zeitmäßig zu erfassen und dadurch dem Auftraggeber eine wesentliche Hilfe für seine weiteren Entscheidungen in die Hand zu geben. Diese Unterstützung kann vor allem durch Zeitablaufpläne (z.B. **Netzpläne oder sog. Balkendiagramme**) geleistet werden. Da ein solcher Zeit- und Organisationsplan im Stadium der Vorplanung häufig nur überschlägig aufgestellt werden kann, wird es notwendig sein, diesen bei der späteren weiteren Planung, möglicherweise auch noch im Verlaufe der Bauausführung, fortlaufend zu ergänzen (zutreffend Jochem § 15 Rdn. 29).

Ergänzen der Vorplanungsunterlagen

125   Durch die **5. ÄndVO wurde neu als Besondere Leistung** eine Tätigkeit aufgenommen, die gerade heute wegen der gebotenen **Verringerung des Energieverbrauchs sowie der Schadstoff- und CO$_2$-Emissionen und zur Nutzung erneuerbarer Energien** von besonderer Bedeutung ist. Dabei muss es sich um das Ausarbeiten besonderer Maßnahmen zur Gebäude- und Bauteiloptimierung handeln, die **über das übliche** – ohnehin im Bereich der Grundleistungen liegende – **Maß hinausgehen.** Insofern ist das übliche Maß in Satz 2 der Neuregelung dahin definiert, dass es dabei um Maßnahmen zur Energieeinsparung durch Erfüllung der Anforderungen geht, die sich aus Rechtsvorschriften und den allgemein anerkannten Regeln der Technik ergeben. Solche, normalerweise und ohnehin im Bereich der Planung liegende Leistungen können also **nicht** schon den Charakter einer Besonderen Leistung haben. Hiernach liegt die Grundlage, um von einer Besonderen Leistung sprechen zu können, darin, dass die Anforderungen, die sich ohnehin aus rechtlichen Bestimmungen ergeben, welche im Zusammenhang mit der Energieeinsparung stehen, und auch die entsprechenden normalen Anforderungen der anerkannten Regeln der Technik bei der Planung **überschritten** werden müssen. In Betracht kommen daher nach der BR-Drucksache 238/94 **z. B.:**
- Anwendung passiver solarer Bauprinzipien bei der Planung und für die Einbeziehung neuartiger Materialien und Bauteile bei der Konstruktion der Außenbauteile zur Minimierung des Energieverbrauchs auf ein Niveau unterhalb der Anforderungen von Rechtsvorschriften, z. B. der Wärmeschutzverordnung, oder
- Optimierung der Bau- und Beheizungsweise zur Absenkung des Energieverbrauchs sowie der Schadstoff- und CO$_2$-Emissionen auf ein Niveau unterhalb der Anforderungen von Rechtsvorschriften, oder
- besondere Integration von Solaranlagen in den Baukörper, oder
- Planung des Einsatzes von Windgeneratoren zur Stromgewinnung oder von geothermischen Energien angesichts der damit verbundenen besonderen Anforderungen, oder
- über das übliche Maß hinausgehende detaillierte Planungen über Wirkungen und Einsatz von Biomasse, Sonnenkollektoren, Wärmepumpen und Photovoltaikanlagen.

Soweit erforderlich, soll bereits in diesem Stadium der Planung eine Abstimmung mit anderen an der Planung fachlich Beteiligten erfolgen, wobei deren Beiträge mit verwendet werden. Auch das rechnet mit zu der hier neu eingeführten Besonderen Leistung.

„Vorbeugender und organisatorischer Brandschutz"

126   **Erarbeiten und Erstellen von besonderen bauordnungsrechtlichen Nachweisen für den vorbeugenden und organisatorischen Brandschutz bei baulichen Anlagen besonderer Art und Nutzung, Bestandsbauten oder im Falle von Abweichungen von der Bauordnung.**
Der Leistungsphase 2 wurde die Besondere Leistung zur Erarbeitung und Erstellung von besonderen bauordnungsrechtlichen Nachweisen für den vorbeugenden und organisatorischen Brandschutz neu zugeordnet. § 11 Abs. 1 Musterbauvorlagen-Verordnung (MBauVorlV) enthält eine Liste von Angaben, die insbesondere für den Nachweis des Brandschutzes im Lageplan, in den Bauzeichnungen und in der Baubeschreibung, soweit erforderlich, darzustellen sind. Diese in die üblichen Bauvorlagen einzutragenden Angaben stellen somit keine besonderen bauordnungsrechtlichen Nachweise dar und sind somit den Grundleistungen der Objektplanung zuzuordnen. Bei Bestandsbauten oder im Falle von Abweichungen werden allerdings in der Regel darüber hinausgehende Unterlagen und Nachweise erforderlich, die den Besonderen Leistungen zuzuordnen sind. Nach § 11 Abs. 2 S. 1 MBauVorlV müssen bei Sonderbauten, Mittel- und Großgaragen zusätzliche Angaben gemäß dortiger Auflistung gemacht werden, also besondere bauordnungsrechtliche Nachweise, die in der Regel eine eigenständige Dokumentation erfordern, die über die vorbeschriebenen Einträge in die Planunterlagen bzw. üblichen Bauvorlagen hinaus geht. Es handelt sich somit um Besondere Leistungen. § 11 Abs. 2 S. 2 MBauVorlV legt fest, dass

auch anzugeben ist, weshalb es der Einhaltung von Vorschriften wegen der besonderen Art oder Nutzung baulicher Anlagen oder Räume oder wegen besonderer Anforderungen nicht bedarf, siehe § 51 S. 2 Musterbau-Ordnung (MBO). § 11 Abs. 2 S. 3 MBauVorlV regelt, dass der Brandschutznachweis auch gesondert in Form eines objektbezogenen Brandschutzkonzeptes dargestellt werden kann. Die Bearbeitung dieser speziellen Fragestellungen erfordert besondere fachübergreifende Kenntnisse des baulichen, anlagentechnischen und betrieblich-organisatorischen Brandschutzes. In verschiedenen Bundesländern ist für die Bearbeitung dieser Nachweise eine besondere Qualifikation (z. B. Nachweisberechtigung, staatliche Anerkennung) bauaufsichtlich vorgeschrieben. Häufig sind hierfür besondere Planunterlagen als Visualisierung des Brandschutzkonzeptes zu erstellen, die erheblich über die in § 11 Abs. 1 MBauVorlV beschriebenen üblichen Bauvorlagen hinausgehen.

Diese Besondere Leistung ist damit in einen zentralen Punkt der Planung gerückt. § 3 Abs. 3 S. 3 beschreibt die Möglichkeit der gesonderten Vergütung. Dabei wird nicht der Zeitpunkt der Vereinbarung und die Maßgaben der Honorarhöhe, aber auch die Schriftlichkeit angesprochen. Danach kann die Vereinbarung jederzeit und auch mündlich erfolgen. Damit aber ergeben sich Probleme für den Planer, wenn die Leistung des Brandschutzes an dem Objekt notwendig wird. Die Berücksichtigung hat bei Neubauten bereits in der Leistungsphase 1 zu beginnen und hat bei Planung und anrechenbaren Kosten ihren Niederschlag gefunden. Der VO-Geber erwähnt daher nicht von ungefähr hier nur den Bestandsbau und bauordnungsbedingte Änderungen des Gebäudes (Umbau von öffentlichen Gebäuden, U-Bahn, Schulen) und den damit verbunden brandschutzbedingten Planungen. Der Planer hat daher zum einen den Auftraggeber hier auf die Mehrhonorierung hinzuweisen und zum anderen ist ein Verschweigen des Honoraranspruchs gleichbedeutend mit dem Verlust, wenn sich beide Parteien bis zum Ende der Leistungserbringung nicht noch einigen.

Hier ist zudem auf **Heft 17 der AHO „Leistungen im Brandschutz", 2009,** hinzuweisen. Dort sind im Einzelnen die erforderlichen weiteren Unterteilungen der Leistungen in den Leistungsphasen bei den Grundleistungen und Besonderen Leistungen aufgegliedert und Vorschläge und Berechnungsformeln zu den Honoraren und den zugrundezulegenden Grund- und Besonderen Leistungen, sowie der Qualitativen Themenkataloge ausgeführt.

D. Haftungsfragen

In stärkerem Maße als im Bereich der Grundlagenermittlung hat der Auftragnehmer bei **127** der **Vorplanung** gegenüber dem Auftraggeber **Aufklärungs- und Beratungspflichten.** Vor allem ist es Aufgabe des Architekten, die Bauwünsche seines Auftraggebers zu ermitteln und dementsprechend zu planen. Wünscht der Auftraggeber eine andere Gestaltung, wie z. B. hinsichtlich des Zuganges zum Aufzug über das Haupttreppenhaus, muss der Architekt den Auftraggeber über die technischen Möglichkeiten aufklären, mit denen dessen Zielvorstellungen verwirklicht werden können. Dabei ist es im Rahmen des Architektenvertrages damit den Architekten gesondert zu beauftragen (vgl. BGH BauR 1998, 356 = Schäfer/Finnern/Hochstein § 631 BGB Nr. 51 = NJW-RR 1998, 668).

Im Übrigen sind die Aufklärungs- und Beratungspflichten in den Grundleistungen des § 34 Abs. 3 i. V. m. Anhang 10.1a) bis i) im Einzelnen festgehalten. In der Praxis liegen sie **innerhalb bestimmter Schwerpunkte.** Neben der Untersuchung und dem Erarbeiten von alternativen Lösungsmöglichkeiten, der Koordinationspflicht durch Integrieren der Leistungen anderer an der Planung Beteiligter und dem Klären sowie Erläutern der gleichrangig nebeneinander stehenden gestalterischen, technischen und wirtschaftlichen Gesichtspunkte, handelt es sich hier ganz besonders um die sachgerechte Beratung hinsichtlich der Kosten. Dazu zählt in erster Linie die zutreffende Kostenschätzung nach DIN 276 oder dem wohnungsrechtlichen Berechnungsrecht.

Dabei hat der Auftragnehmer zu beachten, dass die jetzt in der HOAI geforderte **Kos- 128 tenschätzung** nach DIN 276 oder nach dem wohnungsrechtlichen Berechnungsrecht sicher **mehr als eine bloß überschlägige Ermittlung** der Kosten ist. Die ergibt sich einmal aus der im Gegensatz zur GOA (§ 19 Abs. 1a) ausdrücklich geforderten Kostenschätzung nach DIN 276, die eine nach einem bestimmten System aufgebaute, nach einzelnen Kostengruppen ausgerichtete, die gegebenen Möglichkeiten erfassende Feststellung der Kosten voraussetzt. Gleiches gilt bei einer Ermittlung nach dem wohnungsrechtlichen Berechnungsrecht. Hinzu kommt, dass die fast am Ende der Vorplanung stehende Kostenermittlung durch die weiteren Teilleistungen aus dem Bereich der Vorplanung, welche ihr als Hilfsmittel dienen, einen **nicht unerheblichen Grad an Genauigkeit** erreichen kann und muss (vgl. Bindhardt/Jagenburg § 5 Rdn. 10 f.). Allerdings muss auch jetzt noch dem Architekten für den Bereich der normalen Kostenschätzung ein **gewisser Spielraum** gelassen werden, was sich daraus ergibt, dass es sich hier nach wie vor um einen **Schätzvorgang** handelt, und zwar unter Berücksichtigung der Maßstäbe des § 276 BGB (richtig Hartmann BauR 1995, 151, 156). Ein solcher Spielraum lässt sich nicht generell in einen bestimmten Prozentsatz festlegen; vielmehr kommt es auf die Umstände des Einzelfalles und dabei das erkennbare Interesse des Auftraggebers an, dass die Baukosten einen bestimmten Rahmen nicht überschreiten (vgl. dazu OLG Stuttgart BauR 1977, 426 sowie Bindhardt/Jagenburg § 6 Rdn. 181 ff.; konkret dagegen auf die jeweiligen Anforderungen der einzelnen Arten der Kostenermittlung und insbesondere die Gegebenheiten des Falles abgestellt, daher beachtlich Hartmann BauR 1995, 151). So ist der Rahmen enger zu stecken, wenn es zugleich um die Ermittlung des Finanzbedarfs geht, was auch im Hinblick auf die Bereitstellung von Mitteln im Bereich des öffentlichen Auftragswesens gilt (vgl. BGH BauR 1988, 734 = NJW-RR 1988, 1361 = Schäfer/Finnern/Hochstein § 631 BGB Nr. 26). Insgesamt wird der dem Architekten hier offen bleibende Raum **nicht mehr so weit** gesteckt werden können, als es noch nach der GOA der Fall war. Erst recht gilt dies, wenn dem Auftragnehmer ein bestimmter Kostenrahmen angegeben worden ist; zumindest trifft den Auftragnehmer hier die Pflicht, den Auftraggeber auf eine bestimmte oder wahrscheinliche Überschreitung hinzuweisen (vgl. dazu BGH BauR 1991, 366 = NJW-RR 1991, 664 = Schäfer/Finnern/Hochstein § 15 HOAI Nr. 6). Sicher kommt es dem Auftraggeber in diesem Stadium der Planung (vgl. hierzu BGH, BauR 1998, 396) nicht so sehr darauf an, was Einzelheiten des Vorhabens wahrscheinlich kosten werden, als vielmehr darauf, welche **Gesamtbaukosten** voraussichtlich anfallen werden. Dennoch darf der Auftragnehmer nicht bloß „über den Daumen peilen", sondern er muss sich mit der gebotenen Sorgfalt an die in der HOAI ausdrücklich genannten Maßstäbe der Kostenschätzung halten (hierzu auch: BGH BauR 1991, 366; OLG Düsseldorf BauR 1998, 880). Außerdem ist er verpflichtet, den Auftraggeber über etwaige Veränderungen der Baukosten **fortlaufend aufzuklären** (vgl. dazu Bindhardt/Jagenburg § 6 Rdn. 175; auch Miegel S. 59).

Im Übrigen richtet sich der **Genauigkeitsgrad** der Kostenschätzung **nach den jeweiligen Anforderungen,** welche der Auftraggeber im Architektenvertrag an den Auftragnehmer stellt (ebenso BGH BauR 1994, 268 = NJW 1994, 856 = Schäfer/Finnern/Hochstein § 635 BGB Nr. 91). Diese können über den vorangehend gekennzeichneten allgemeinen Rahmen, welcher vom Auftragnehmer grundsätzlich einzuhalten ist, hinausgehen. Das gilt z. B., wenn sich der Architekt vereinbarungsgemäß um die Finanzierbarkeit eines konkreten Objektes kümmern soll (vgl. KG OLGR 1994, 49). Insbesondere kann es – nicht selten – vorkommen, dass dem Auftragnehmer vom Auftraggeber ein **Kostenlimit** gesetzt worden ist, welches er nicht überschreiten darf. Dafür, dass dem Architekten ein Baukostenlimit gesetzt worden ist und dessen Planungsleistungen für ihn unbrauchbar sind, trägt der Auftraggeber die Darlegungs- und Beweislast. Sobald der Auftragnehmer im Rahmen der Vorplanung, dabei vor allem seiner sachgerechten Schätzung der Kosten, sieht oder sehen muss, dass sich das Vorhaben innerhalb der ihm gesetzten Grenzen nicht verwirklichen lässt, ist er gehalten, den Auftraggeber aufzuklären und zumindest dessen weitere Entschließung abzuwarten. Aus der Bezifferung der „geschätzten Herstellungskosten" in der Honorarvereinbarung kann nicht die Verpflichtung des Architekten zur Einhaltung eines Baukostenlimits entnommen werden; vielmehr spricht die Nichterwähnung einer solch bedeutsamen Pflicht im Architektenvertrag gegen deren Vereinbarung (OLG Düsseldorf BauR 1993, 356; BGH IBR 2003, 315). Anders liegt es, wenn die Parteien ausdrücklich oder auch hinreichend klar stillschweigend vereinbaren, dass eine bestimmte **Obergrenze nicht überschritten werden darf,** wobei es sich um eine Zusicherung durch den Architekten handelt.

Ein Schadenersatzanspruch des Auftraggebers wegen Überschreitung eines gewissen Kostenrahmens durch den Architekten **(Bausummenüberschreitung)** setzt allerdings voraus, dass die Vertragspartner den Kostenrahmen vereinbart haben. Ist das der Fall, so bedeutet die Überschreitung des Kostenrahmens nur dann und nur insoweit keine Schlechterfüllung, als sich im konkreten Vertrag Anhaltspunkte dafür finden, dass der Architekt einen gewissen Spielraum (Toleranzen) haben soll (vgl. BGH BauR 1997, 494 = Schäfer/Finnern/Hochstein § 635 BGB Nr. 115 = NJW-RR 1997, 850; OLG Köln, Urt. v. 21.12.2012 – 19 U 181/11; OLG Oldenburg, Urt. v. 15.1.2013 – 2 U 49/12; BGH, Beschl. v. 7.2.2013 – VII ZR 3/12; OLG Hamm, Urt. v. 15.3.2013 – 12 U 152/12; BGH, Urt. v. 21.3.2013 – VII ZR 230/11), wie z.B. die Angabe einer Größenordnung oder einer bloßen Orientierung. Für die ein Bauvorhaben begleitenden Kostenermittlungen des Architekten kann dieser insoweit eine gewisse Toleranz in Anspruch nehmen, als die in den Ermittlungen enthaltenen Prognosen von gewissen Unsicherheiten und Unwägbarkeiten abhängen (BGH BauR 1997, 494). Wird die Obergrenze, wie vorangehend gekennzeichnet, später überschritten, haftet der Architekt auf Schadensersatz gemäß §§ 634 Nr. 4, 636, 280, 281, 311a BGB (vgl. auch OLG Hamm BauR 1992, 22; Einzelfall: Überschreiten des Kostenrahmens um 31% bei Sanierungsbau ist keine Pflichtverletzung; OLG Dresden IBR 2003, 536). Ein Schadenersatzanspruch des Auftraggebers wegen fehlerhafter Kostenermittlung oder sonst falscher Beratung des Architekten zur Kostenentwicklung setzt voraus, dass der Auftraggeber die Ursächlichkeit der Vertragsverletzung für den Schaden nachweist. Dabei kann auf die Rechtsprechung zu den Beratungsfällen, in welchen nach der Lebenserfahrung ein typisches Verhalten zu erwarten ist, hier nicht zurückgegriffen werden. Für eine **Bausummengarantie** reicht es nicht aus, wenn eine vor Abschluss des Vertrages für den Auftraggeber erkennbar überschlägig erstellte Kostenschätzung von ihm als Vertragsgrundlage angenommen wird (LG Dresden BauR 2003, 925). Keine Bausummengarantie ist eine Zusage des Architekten, für die Überschreitung einer Kostengrenze trage er die Mehrkosten. Dieses kann nicht ohne weitere Konkretisierung als **Garantie** verstanden werden (OLG Celle IBR 2003, 260).

Für den Fall des **Fehlens vertraglicher Vereinbarungen zu den Baukosten** obliegt es gerade im Zusammenspiel der Leistungsphase 1d) und 2b) dem Auftragnehmer den Auftraggeber über die Möglichkeiten veränderter Soll/Ist-Rahmenbedingungen der Baukosten ab der Leistungsphase 1 und letztlich beginnend in der Leistungsphase 2 zu informieren (BGH, NZBau 2013, 386; OLG Hamm, NZBau 2013, 388). Vernachlässig der Architekt seine Beratungspflichten im Rahmen der Leistungsphase 1 bereits – erst Recht in Leistungsphase 2 – so begründet das einen Schadenersatzanspruch des Auftraggebers gem. §§ 280, 281 BGB, wegen Aufklärungspflichtverletzung. Im Falle einer solchen Pflichtverletzung hat der Architekt den Auftraggeber bei Vorliegen auch der übrigen Voraussetzungen eines Schadenersatzanspruchs so zu stellen, wie dieser ohne Pflichtverletzung stünde, § 249 Abs. 1 BGB. Es kommt also maßgeblich darauf an, wie der Auftraggeber gehandelt hätte, wenn seinen wirtschaftlichen Interessen die gebotene Aufmerksamkeit geschenkt worden wäre. Darlegungs- und beweisbelastet ist der Auftraggeber dem **keine** Vermutung für ein „beratungsgerechtes" Verhalten zu Gute kommt (BGH, NJW-RR 1997, 850, OLG Hamm, NZBau 2013, 158; OLG Frankfurt/M., NZBau 2012, 306; OLG Oldenburg, Urt. v. 15.1.2013 – 2 U 49/12). Trägt der Auftraggeber vor, daß er im Falle der ordnungsgemäßen Pflichterfüllung grundlegend veränderte Anforderungen gestellt hätte, wird der Schadensersatzanspruch regelmäßig die Befreiung vom Honoraranspruch mit Ausnahme desjenigen Honoraranteils, der auf die Leistungsphasen 1 und 2 ggfs. 2 entfällt zur Folge haben (siehe Berechnungen unter § 4 Rdn. 60). Bei pflichtgemäßem Handeln des Architekten wären zumindest die Kosten der Leistungsphase 1 und 2 ebenfalls angefallen, während alle weitergehenden Arbeitsschritte der Leistungsphasen 3 ff. für den Auftraggeber wohl wertlos sind. Allenfalls in dieser Fallkonstellationen ist auch der Entfall der gesamten

Honoraransprüche denkbar („Entfall der Leistungsphase 1 denkbar": BGH, NZBau 2013, 386).

Problematischer ist der Fall, wenn der **Auftraggeber vorträgt,** er hätte bei pflichtgemäßer Beratung in Leistungsphase 1 und der Erkenntnis, daß sich seine baulichen Wünsche mit dem vorhandenen Budget nicht vereinbaren lassen, von seinem Vorhaben **Abstand** genommen. Eine Kündigung des Architektenvertrages hätte die Rechtsfolge des § 649 S. 2 BGB ausgelöst. Ein Schadenersatzanspruch besteht daher nur insoweit, als der Auftraggeber nicht auch bei rechtmäßigem Verhalten des Architekten einem Zahlungsanspruch ausgesetzt gewesen wäre. Kommt es erst anläßlich der Realisierung des Bauvorhabens zum Streit über die unzureichende Ermittlung und Beachtung der Baukostenvorstellungen des Auftraggebers, kann ein Schaden zusätzlich in den die Baukostenobergrenze übersteigenden Realisierungskosten liegen (OLG Hamm, NZBau 2013, 388). Dabei muss sich der Auftraggeber allerdings den Mehrwert, den das Objekt durch die Realisierung und den Ersatz höherer Baukosten erfahren hat, unter Berücksichtigung der Grundsätze der Vorteilsausgleichung entgegenhalten lassen (OLG Frankfurt/M. NJW 2012, 306; OLG Hamm, NZBau 2013, 388). Dieser Anrechnung wird der Bauherr allenfalls ganz ausnahmsweise mit dem Einwand, die mit dem Mehrwert einhergehende Bereicherung sei ihm aufgedrängt worden, begegnen können. Unabhängig davon greift der Einwand aber nicht, wenn die „unerwünschte" Architekturleistung objektiv zu einem Mehrwert führte (OLG Hamm, NJW-RR 1994, 211).

Auch aus den Umständen des Einzelfalles, insbesondere der vom Auftraggeber zum Ausdruck gebrachten **Absicht der Nutzung** des geplanten Bauobjektes, kann sich für den Auftragnehmer ein **erhöhter Grad von Genauigkeit** für die Kostenschätzung ergeben (BGH BauR 1988, 734 = NJW-RR 1988, 1361). Das ist z. B. bei einem sog. **Renditeobjekt,** vor allem auch im Hinblick auf etwaige **Steuervergünstigungen,** der Fall (BGHZ 60, 1 = NJW 1973, 237 = BauR 1973, 120; BGH NJW 1975, 1657 = BauR 1975, 434), ebenso hinsichtlich einer Steuervergünstigung, die von der Einhaltung einer bestimmten Wohnflächenhöchstgrenze abhängig ist (OLG Köln VersR 1993, 1230 = Schäfer/Finnern/Hochstein § 635 BGB Nr. 89 = NJW-RR 1993, 1493 = BauR 1993, 609; zur Haftung gegenüber Steuerberatern OLG Köln BauR 1993, 756). Sowohl allgemein als auch gerade hier will der Auftraggeber ferner häufig darüber aufgeklärt werden, ob und auf welche Weise sich das Bauvorhaben kostengünstiger verwirklichen lässt (vgl. dazu BGH Schäfer/Finnern Z. 3.00 Bl. 134). Die Steuerreglungen hat der Auftraggeber zu kennen (BGH, BauR 2005, 1311; Kesselring, BauR 2002, 1173). Andererseits: Hat der Auftraggeber im Rahmen seines Bauvorhabens einen Steuerberater eingeschaltet, so kommt eine Haftung des Architekten nicht in Betracht, wenn z. B. ein Altbau völlig abgerissen wird und deswegen Baukosten als Erhaltungsaufwand nicht anerkannt werden (vgl. OLG Koblenz IBR 1994, 335). Keine Hinweispflicht trifft in diesem Stadium den Architekt zum „Bauabsystem" (BT-Drucks. 14/6701).

129   Beachtet der Architekt **schuldhaft** nicht die ihm hier gesetzten Grenzen, so macht er sich grundsätzlich dem Auftraggeber gegenüber schadensersatzpflichtig wie z. B. auch wegen nicht rechtzeitiger Beauftragung von Fördermitteln (vgl. OLG Naumburg BauR 1998, 361). Dabei handelt es sich nicht – auch nicht sinngemäß – um einen auf § 650 BGB beruhenden Anspruch, sondern um einen solchen aus **Gewährleistung,** u. U. auch aus positiver Vertragsverletzung (vgl. BGH NJW 1970, 1271; insbesondere BGH NJW 1973, 140 = BauR 1973, 119; auch Lauer S. 8 ff.; ferner Miegel S. 95 ff.), wobei jedoch grundsätzlich eine Haftung aus §§ 634 Nr. 4, 636, 280, 281, 311a BGB, also aus Gewährleistung, mit 5-jähriger Gewährleistungsfrist ab Abnahme in Betracht kommt (OLG Stuttgart BauR 1987, 462 = NJW-RR 1987, 913; Locher, Das private Baurecht, Rdn. 198; Tempel, Vertragsschuldverhältnisse, S. 205; a. A. Dostmann BauR 1973, 160; Schmalzl, Rdn. 82). Möglich ist auch eine Haftung für Fehleinschätzungen des Architekten bei vorvertraglichen Verhandlungen, welche sich dann aus §§ 280, 281 BGB ergibt (vgl. OLG Stuttgart BauR 1979, 174). Liegt der Fall allerdings so, dass sich die Fehleinschätzung des Architekten noch nicht auf das Bauvorhaben ausgewirkt hat, also die betreffenden Bauleistungen noch nicht erbracht sind, so steht dem Architekten grundsätzlich noch ein **Nachbesserungsrecht** zu

(§§ 634 Nr. 1, 635 BGB n. F.), welches dahin geht, alle Kosteneinsparungsmöglichkeiten anzusetzen, um den vorgegebenen Kostenrahmen doch noch zu erreichen (vgl. OLG Düsseldorf BauR 1994, 133 = NJW-RR 1994, 18).

In der Frage, ob der Architekt schuldhaft seine Pflichten verletzt hat, ist der ihm für den Normalfall einer Kostenschätzung einzuräumende Spielraum mit einzubeziehen. Allerdings werden dem Architekten Toleranzen jedenfalls nicht für grobe Fehler wie vergessene Mehrwertsteuer oder gänzlich unrealistische Kilometerpreise zugestanden (BGH BauR 1987, 335 = Schäfer/Finnern/Hochstein § 635 BGB Nr. 113 = NJW-RR 1997, 402). Wie weit ansonsten ein zulässiger Spielraum zu bemessen ist, richtet sich nach den **Umständen des Einzelfalles** (auch Lauer S. 20), und zwar je nach Tragweite und Bedeutung des Objektes in technischer und wirtschaftlicher Hinsicht, gemessen an der berechtigten Interessenlage des Auftraggebers, wobei auch die Kosten bei Umbauten sowie die Dauer des Bauvorhabens wesentlich sind (auch Lauer S. 20f.). Jedoch dürfte er dem von der HOAI nunmehr geforderten erhöhten Genauigkeitsgrad entsprechend **geringer** zu bemessen sein **als früher.** Normalerweise wird **als Mittelwert** eine Überschreitung von mehr als 20% sich im Zweifel als eine Pflichtverletzung darstellen (vgl. dazu auch BGH BauR 1987, 225 = NJW-RR 1987, 337 = Schäfer/Finnern/Hochstein § 631 BGB Nr. 19; BGH BauR 1994, 268 = NJW 1994, 856 = Schäfer/Finnern/Hochstein § 635 BGB Nr. 91). Dann wird im Allgemeinen **auch** eine **schuldhafte Pflichtverletzung** des Auftragnehmers anzunehmen sein, jedenfalls dem ersten Anschein nach, und es ist dann Sache des Auftragnehmers, Umstände darzutun, welche eine solche Annahme nicht rechtfertigen. Grundsätzlich ist jedoch der Auftraggeber für den objektiven Tatbestand der Pflichtverletzung des Auftragnehmers darlegungs- und beweispflichtig, während sich der Architekt bei festgestellter objektiver Vertragsverletzung von dem Vorwurf des Verschuldens ent-lasten muss. Dabei kann auch die Frage des **Mitverschuldens** des Auftraggebers (§ 254 BGB) eine Rolle spielen, wie z.B. die Mitherbeiführung einer nicht mehr ordnungsgemäßen Kostenschätzung durch unklare Angaben, durch Unentschlossenheit in den Bauvorstellungen, durch verspätete Bereitstellung der Finanzierung sowie durch Sonderwünsche.

Auf ein Verschulden des Auftragnehmers in dem hier erörterten Bereich kommt es aus- **130** nahmsweise dann nicht an, wenn der Auftraggeber von ihm eine **Baukostengarantie** (vgl. dazu u.a. Bindhardt/Jagenburg § 6 Rdn. 200ff. sowie Lauer S. 96ff. und insbesondere Miegel S. 19ff.) verlangt und erhalten hat. Ein solches Garantieversprechen des Architekten geht auf unbedingte Einhaltung der festgelegten Baukostenhöchstsumme durch Übernahme des Erfolgsrisikos (BGH NJW 1960, 1567; BGH Schäfer/Finnern Z 3.01 Bl. 128; vgl. auch BGH BauR 1987, 225 = NJW-RR 1987, 337 = Schäfer/Finnern/Hochstein § 631 BGB Nr. 19; OLG Karlsruhe Schäfer/Finnern Z 3.00 Bl. 146; KG BauR 1972, 121; LG Köln BauR 1999, 270). Da die Baukostengarantie als solche erfolgsbedingt ist, kann der Auftragnehmer dem Auftraggeber bei Nichteinhaltung dieser besonderen vertraglichen Verpflichtung nicht entgegenhalten, dieser sei durch die Verteuerung des Bauvorhabens ungerechtfertigt bereichert. Allerdings liegt eine Baukostengarantie nur vor, wenn der Auftragnehmer inhaltlich klar und zweifelsfrei die unbedingte Verpflichtung übernommen hat, ohne Rücksicht auf die Wechselfälle des Baugeschehens und des Baumarktes persönlich für die Einhaltung des Preises einzustehen, also selbst etwaige Mehrkosten zu übernehmen (vgl. dazu BGH NJW 1971, 1840 = BauR 1971, 270; BGH Schäfer/Finnern Z 2212 Bl. 32; OLG Düsseldorf BauR 1974, 354). Dazu ist auch erforderlich, dass der Umfang der zu erbringenden Leistung feststeht (OLG Düsseldorf BauR 1993, 356). Das wird in der Praxis sicher eine Ausnahme sein und bleiben (Beeg BauR 1973, 71). Deshalb verliert eine vom Architekten auf Grund einer Planung mit Kostenschätzung abgegebene Baukostengarantie für Modernisierungs- und Umbauarbeiten eines Mehrfamilienhauses zu drei Eigentumswohnungen ihre rechtliche Wirksamkeit, wenn die ursprüngliche Planung mit Wissen und Willen des Auftraggebers grundlegend geändert wird. Das trifft vor allem zu, wenn erhebliche Grundrissänderungen und Änderungen der Raumaufteilung durch Verlegung von Küche und Bad vorgenommen werden und neue Sanitärräume und ein Wintergarten zusätzlich errichtet werden und dadurch die Kostenschätzung gegenstandslos wird (vgl. OLG Düsseldorf BauR 1995, 411 = NJW-RR 1995, 1361).

131   Mehrkosten, die die zwischen dem Architekten und dem Bauherrn verbindlich festgelegten Baukosten überschreiten, sind von dem durch den Haftpflichtversicherer übernommenen Risiko ausgeschlossen (LG Köln VersR 1980, 1015). Macht der Auftragnehmer
unter den genannten Voraussetzungen sich einer Pflichtverletzung schuldig, ist der **Schadensersatzanspruch** des Auftraggebers (abgesehen von dem erörterten Fall der Baukostengarantie, in welchem der Architekt ungeachtet etwaiger Vorteile des Auftraggebers voll
den Schaden zu ersetzen hat) wie folgt zu ermitteln:
       Wird durch die Überschreitung der veranschlagten Baukosten zugleich eine **Wertstei-
gerung** des Bauvorhabens herbeigeführt, so errechnet sich der Schaden nach dem **Wert
des Vorhabens und den dafür tatsächlich gehabten Aufwendungen.** Dabei kommt
es auch bei falscher Kostenermittlung für die Schadensberechnung auf den Zeitpunkt der
letzten mündlichen Verhandlung in der Tatsacheninstanz an (vgl. BGH BauR 1997, 335 =
Schäfer/Finnern/Hochstein § 635 BGB Nr. 113 = NJW-RR 1997, 402). Evtl. hat dann
der Auftraggeber **keinen Schaden** erlitten, nämlich dann, wenn der **Mehraufwand den
Mehrwert** des Bauvorhabens **ausgleicht** (vgl. dazu BGH NJW 1970, 2018; OLG Hamm
NJW-RR 1994, 211, desgl. BauR 1993, 628; vgl. auch OLG Köln sowie 1994, 981; auch
OLG Köln VersR 1996, 458; OLG Celle BauR 1998, 1030; Locher NJW 1965, 1698;
Dostmann BauR 1973, 161; Miegel S. 68). Der hier den tatsächlich gehabten Aufwendungen gegenüberzustellende Verkehrswert des Bauobjektes muss nach den Gegebenheiten des
Einzelfalles ermittelt werden. Zinsen für einen Kredit, welchen der Auftraggeber wegen
einer Überschreitung der von ihm vorgegebenen Bausumme aufgenommen hat, können
bei einer Pflichtverletzung des Architekten als Schaden zu erstatten sein, wenn ihnen nicht
entsprechende Vorteile für den Bauherrn gegenüberstehen (BGH BauR 1994, 268 = NJW
1994, 856 = Schäfer/Finnern/Hochstein § 635 BGB Nr. 91; OLG Köln NJW-RR 1994,
981). Nicht zu erstatten hat der Architekt dagegen die Tilgungsleistungen für den Kredit
(OLG Köln VersR 1996, 458). Bei einem **eigengenutzten Bauwerk** ist allgemein der
Sachwert maßgebend (vgl. dazu beachtlich und zutreffend Steinert BauR 1988, 552), während es z. B. bei einem **Miethaus** auf den **Ertragswert** ankommt (BGH NJW 1970, 2018;
BauR 1970, 236; BGH BauR 1979, 74; OLG Düsseldorf BauR 1974, 354; KG Schäfer/
Finnern/Hochstein § 635 BGB Nr. 20; LG Tübingen Schäfer/Finnern Z 3005 Bl. 3). Sie-
he dazu vor allem auch Anker/Adler BauR 1998, 465.

132   Darüber hinaus kann aber der Architekt dem Auftraggeber zum Schadensersatz verpflichtet sein, wenn Letzterer durch die fehlerhafte Vorplanung in **wirtschaftliche
Schwierigkeiten** gerät, z. B. dadurch, dass ihm die für den Bau nach der Kostenschätzung
zur Verfügung stehenden Mittel ausgehen und er weitere Finanzierungsmittel beanspruchen muss (vgl. auch OLG Hamm BauR 1993, 628). Hier hat der Auftragnehmer dem
Auftraggeber den **Mehraufwand** an Gebühren, Zinsen usw. gemäß § 249 BGB **zu ersetzen.** Der Schaden des Auftraggebers kann auch darin liegen, dass der Auftraggeber wegen
fehlerhafter Ermittlung der Kosten die erforderlichen Finanzierungsmittel nicht erhält, was
auch für die Bereitstellung von Mitteln im Bereich des öffentlichen Auftragswesens gilt
(BGH BauR 1988, 734 = NJW-RR 1988, 1361).
       Wird dem Architekten die Beantragung **öffentlicher Fördermittel** als **Besondere
Leistung** übertragen, so kann die Nichteinhaltung einer entsprechenden Zusage Schadenersatzansprüche des Bauherrn auslösen (vgl. BGH BauR 1996, 570 = NJW 1996, 1889 =
Schäfer/Finnern/Hochstein § 631 BGB Nr. 45). Auf Grund des Architektenvertrages mit
einem Krankenhausträger ergibt sich für den Architekten nicht die Verpflichtung, selbst die
Einhaltung der Krankenhausförderungs-Richtlinien zu überwachen, oder die Fördermittel
selbst zu beantragen und deren Voraussetzungen gegenüber der Bewilligungsbehörde darzulegen. Der Architekt ist nur für die Fördermittelbeantragung erforderlichen Informationen über Planänderungen und die dadurch entstehenden Mehrkosten verpflichtet Informationen zu liefern. Nur wenn er diese Informationen schuldhaft zeitnah nicht liefert haftet
er. Insbesondere daran, wenn er es unterlässt, die Mehrkosten aufzuschlüsseln (OLG Hamm
BauR 2003, 923). Hat der Architekt es vertraglich übernommen, den Auftraggeber bei der
Beschaffung von öffentlichen Fördermitteln zu beraten und die hierfür erforderlichen
Wirtschaftlichkeitsberechnungen zu erstellen, so muss er sich Gewissheit über das Eigenka-

pital des Auftraggebers verschaffen und diesen rechtzeitig über mögliche Eigenkapitallücken sowie die sich hieraus für eine positive Anschlussfinanzierung ergebenden Risiken belehren. Geschieht dies nicht, haftet er nach den Grundsätzen der positiven Vertragsverletzung auf Schadensersatz.

Verletzt der Architekt gegenüber dem Auftraggeber schuldhaft seine Beratungspflicht im **133** Hinblick auf eine erforderliche und insbesondere auch **rechtzeitige Bauvoranfrage,** so hat er dem Auftraggeber ebenfalls gemäß § 249 BGB denjenigen Schaden zu ersetzen, welcher diesem durch die Pflichtverletzung entstanden ist. Dabei ist der Auftraggeber so zu stellen, als sei die Bauvoranfrage ordnungsgemäß und rechtzeitig gemacht und in diesem oder jenem Sinne entsprechend der Rechtslage entschieden worden. Ist – für den Regelfall dürfte das zutreffen – davon auszugehen, dass sich der Auftraggeber danach gerichtet hätte, muss ihm der Auftragnehmer denjenigen Schaden ersetzen, welcher ihm dadurch entstanden ist, dass die Voranfrage nicht oder nicht rechtzeitig bewerkstelligt worden ist und dadurch z.B. erhöhte Aufwendungen durch vermeidbare weitere Planungskosten entstanden sind.

Sofern eine nicht ordnungsgemäße Vorplanung noch nachholbar ist, hat der Auftragge- **134** ber auch hier in erster Linie einen Anspruch auf Nachbesserung (vgl. auch OLG Frankfurt BauR 1982, 600 = Schäfer/Finnern/Hochstein § 287 ZPO Nr. 1).

Zwar haftet eine Gemeinde grundsätzlich nach § 839 BGB für unrichtige mündliche **135** Auskünfte ihrer Beamten über die künftige bauliche Nutzbarkeit von Grundstücken nach dem derzeitigen Stand der Bauleitplanung; jedoch kann der Architekt für entstandene Schäden (nutzlose Planungsaufwendungen), die ihm infolge einer amtspflichtwidrig erteilten Falschauskunft, wie z.B. über die zulässige Geschosszahl eines Wohngebäudes, entstehen, gemäß § 254 BGB mitverantwortlich sein (BGH VersR 1980, 765). Letzteres trifft zu, wenn der Architekt nach den bei ihm vorauszusetzenden Kenntnissen des öffentlichen Baurechts (wie z.B. der Planzeichenverordnung, der einschlägigen Bauordnung) Bedenken hinsichtlich der Richtigkeit der ihm erteilten Auskunft hätte haben müssen, zumal wenn ihm ein mit der mündlichen Auskunft nicht übereinstimmender Entwurf des Bebauungsplanes vorgelegt worden ist.

Stellt sich die schuldhafte Überschreitung eines dem Architekten eindeutig gesetzten **Baukostenlimits vor Baubeginn** heraus, so kann der Auftraggeber den Architektenvertrag aus wichtigem Grund kündigen, die Rückzahlung der dem Architekten geleisteten Abschlagszahlungen sowie Schadensersatz für vergebliche Aufwendungen, z.B. für Baugenehmigungsgebühren, verlangen, die er im Vertrauen auf die Einhaltung des Kostenlimits gemacht hat (vgl. OLG Naumburg NJW-RR 1996, 1302).

3. Leistungsphase 3: Entwurfsplanung (System- und Integrationsplanung); § 34 Abs. 3 i.V.m. Anhang 10.1

A. Leistungen (Anhang 10.1 – Leistungsphase 3 – Entwurfsplanung)

Im Verhältnis zur Vorplanung ist die **Entwurfsplanung** die **wesentlich genauere Be-** **136** **arbeitung.** Dies ergibt sich bereits aus der eingangs gebrauchten Wendung „Erarbeiten", womit die weitere und genauere Bearbeitung des Ergebnisses der Vorplanung gemeint ist. Ziel der Entwurfsplanung ist die **endgültige Darstellung des Planungskonzeptes,** wobei hier die sog. **Systemplanung** maßgebend ist (Schottke, FS Koeble, S. 511 ff.).

Ebenso wie bei § 19 Abs. 1b) GOA soll die abschließende zeichnerische Lösung in der Weise erreicht werden, dass die daran anschließende spätere Planung und letztlich auch die spätere Ausführung **ohne grundsätzliche oder ins Gewicht fallende Änderungen** durchgeführt werden können. Die Verfeinerung der Planung im Bereich der Entwurfsplanung ist vor allem auch dadurch gekennzeichnet, dass nunmehr die Festlegung nach bestimmten Systemen zu erfolgen hat und diese im Wege der Integration miteinander in Einklang gebracht werden müssen, während sich die Vorplanung noch im Bereich von Schemata und/oder bestimmten Ordnungen abspielt, insofern also lediglich Ansatzpunkte für die Verwirklichung der Vorstellung über die bauliche Ausführung aufweist.

Damit ist in dieser Phase die detaillierte Systemplanung und die Integrationsplanung aus den vorangegangenen Leistungen als wesentliches zusammenführendes Element und Tätigkeit gemeint.

a) Erarbeiten des Entwurfsplanung, unter weiterer Berücksichtigung der wesentlichen Zusammenhänge, Vorgaben und Bedingungen

137   Grundlegende Voraussetzungen für die ordnungsgemäße Entwurfsbearbeitung ist das **Durcharbeiten des Planungskonzeptes** unter Berücksichtigung städtebaulicher, gestalterischer, funktionaler, technischer, bauphysikalischer (wozu auch Fragen der **Wärmedämmung** gehören, OLG Köln, Schäfer/Finnern/Hochstein § 278 BGB Nr. 7, ebenso die Planung einer **Dampfbremse,** OLG Koblenz BauR 97, 502 = NJW-RR 1997, 595; sowie die zuverlässige **Ermittlung der Grundwasserverhältnisse** (OLG Frankfurt, Urt. v. 24.6.2008 – 22 U 135/07; OLG Düsseldorf BauR 2005, 1660; KG IBR 2007, 1125) und die Umsetzung der **Abdichtungsmaßnahmen** nach DIN 18195 Teil 4 bis 7), wirtschaftlicher, energiewirtschaftlicher (z.B. hinsichtlich rationeller Energieverwendung und der Verwendung erneuerbarer Energien) und landschaftsökologischer Anforderungen. Insofern werden Einzelpunkte wiederholt, welche schon im Rahmen der Vorplanung beachtet werden müssen. Das hier erforderliche erneute Durchdenken im Wege der **Verfeinerung** der bisherigen Planungsvorstellungen sowie ihrer Darstellung im Einzelnen ergibt sich aus dem Begriff „Durcharbeiten" sowie daraus, dass hier nicht nur Zusammenhänge innerhalb der genannten Bereiche zu beachten sind, sondern deren Anforderungen im Einzelnen, was eine wesentlich genauere Arbeit verlangt.

Genauer definiert nun auch die Ziffer a) 3 diese Tätigkeit mit *„städtebaulicher, gestalterischer, funktionaler, technischer, bauphysikalischer, wirtschaftlicher, ökologische, soziale, öffentlich-rechtliche) auf der Grundlage der Vorplanung und als Grundlage für die weiteren Leistungsphasen und die erforderlichen öffentlich-rechtlichen Genehmigungen unter Verwendung der Beiträge anderer an der Planung fachlich Beteiligter".*

Zudem ist zu beachten, daß hier bereits ein Schnittpunkt der Tätigkeit des Planers mit späteren Planungsschritten erfolgt. Die Überschrift der Leistungsphase 3 spricht von **Systemplanung.** Damit ist gemeint, die Einbeziehung der Ausbau- und Fertigteilplanung. Bereits an dieser Stelle werden von dem Planer also Berücksichtigung und ggfs. Detailplanungen von Systemen ggfs. der Mehrfachverwendung (Fertigbetonteile, Normträgersysteme, Fertigprodukte) erwartet. Diese sind üblicherweise erst in der Phase 5 erwartet worden. Der VO-Geber setzt hier aber, wenn der im Markt relevanten Fertigteilproduktion voraus, daß Bauten auch mit integralen Fertigprodukten bestückt und ausgeführt werden. Da dieses wiederum Auswirkungen auf die Baukosten hat, wird die Systemplanung damit zu einem wesentlichen Bestandteil der unter e) folgenden Kostenplanung (Kostenberechnung). Der Planer hat also diese Systeme zu ermitteln, abzustimmen und Kosten zu ermitteln, was bei **Fertigprodukten** oder Beton- und Stahlwaren durchaus genau erreichbar ist. Schafft er das nicht, wäre die Kostenberechnung falsch und damit die Planung mangelhaft. Zu dem kommt dann der Schadenersatzanspruch des Auftraggebers, weil diese Leistungen meist nicht nachholbar sind (Nachbesserung).

138   Der VO-Geber fordert hier als Teilleistung *(Zeichnungen nach Art und Größe des Objekts im erforderlichen Umfang und Detaillierungsgrad unter Berücksichtigung aller fachspezifischen Anforderungen zum Beispiel bei Gebäuden im Maßstab 1:100, zum Beispiel bei Innenräumen im Maßstab 1:20).* Zum Entwurf gehört auf jeden Fall die **zeichnerische Darstellung** des Gesamtentwurfs, worunter die zeichnerische Erfassung des vorgesehenen Bauvorhabens im Ganzen zu verstehen ist. Die zeichnerische Ausarbeitung muss **maßstabgerecht** sein und alle Ansichten, Grundrisse und Schnitte aufweisen (Fabricius/v. Nordenflycht/Bindhardt § 19 Rdn. 21). Sie kann sich als im Einzelnen durchgearbeiteter und vollständiger Vorentwurf und/oder Entwurf oder gegebenenfalls sogar als Detailplan darstellen. Letzteres ist aber nur sinnvoll, wenn mit einer späteren Korrektur auch in Einzelpunkten nicht mehr zu rechnen ist. Das trifft meist dann zu, wenn es sich auf der Grundlage der vorgegebenen Planung um wiederkehrende Teile einer Einzelplanung, wie z.B. – von der HOAI ausdrücklich erwähnt – Raumgruppen handelt (z.B. gleiche Einteilung von Wohn-, Schlafräumen, gleiche Nasszellen usw.). Für die Entwurfszeichnung legt die HOAI mit Ausnahme der Planung von Freianlagen und Innenräumen **nicht ausdrücklich einen bestimmten Maßstab** fest, sondern macht diesen von der Art und Größe des Bauvorhabens abhängig (vgl. auch OLG Hamm NJW-RR 1994, 982). Der VO-Geber begründet in der BR-Drs. 338/13, daß die Zeichnungsmaßstäbe nur beispielhaft benannt werden und den erforderlichen Durcharbeitungsgrad verdeutlichen sollen. Da im Zuge des Computer-Aided-Designs jeder beliebige Maßstab ausgedruckt werden kann und auch je nach Projektgröße und -art die Planmaßstäbe variieren können, ist nicht der konkrete Maßstab ausschlaggebend, sondern der **Inhalt an Informationen.**

Im Allgemeinen ist hier aber der bisher übliche Maßstab **1 : 100** zu fordern, es sei denn, das Bauvorhaben ist so groß, dass durch Anlegung dieses Maßstabes die für den Auftraggeber gebotene eindeutige Klarheit und Übersicht – vor allem auch die Handhabung der Pläne – nicht mehr gewährleistet ist. Sofern Detailpläne bereits im Rahmen der Entwurfsarbeit angefertigt werden, ist im Allgemeinen von einem Maßstab 1 : 50 auszugehen. Grundsätzlich **genügt die Eintragung der Hauptmaße** auf den Entwurfsplänen, da der Entwurf noch keine baureife Zeichnung darstellt (so auch Locher/Koeble/Frik § 34 Rdn. 91; Jochem, 4. Aufl., § 15 Rdn. 30). Auch auf den Detailplänen können die weiteren für die Ausführungsplanung erforderlichen Maßangaben erst bei Letzterer eingetragen werden.

Bei Freianlagen wird durch die 4. ÄndVO der Maßstab **1 : 500 bis 1 : 100** angegeben. Außerdem werden gemäß den Anforderungen des Naturschutzes beispielhaft Angaben zur Verbesserung der Biotopfunktion, zu Vermeidungs-, Schutz-, Pflege- und Entwicklungsmaßnahmen sowie zur differenzierten Bepflanzung verlangt. Vor allem bei Hanglage ist die Einbindung in das vorhandene Gelände darzustellen. Hierzu weiter in der Kommentierung zu § 39 Abs. 2.

Bei Innenraumplanung ist der Maßstab mit **bis 1 : 20** angegeben. Ferner muss an Einzelheiten aufgeführt werden: Wandabwicklungen Farb-, Licht- und Materialgestaltung; evtl. sind Farb- und Materialmuster beizufügen. Im Übrigen ist für Bauzeichnungen die DIN 1356 zu beachten.

Nicht in diesen Bereich gehören die Planungs- und Koordinationsleistungen des SiGe-Ko. Diese Leistungen haben mit der HOAI nichts zu tun und liegen außerhalb auch der Honorierung; hierzu siehe die Kommentierung im Allgemeinen Teil unter „SiGeKo" (falsch daher: Wingsch, BauR 2001, 314). Diese Planungs- und Koordinierungsleistungen im Leistungskatalog der BaustellenVO nicht Gegenstand der Leistungen, sondern der Besonderen Leistungen. §§ 2 und 3 der BaustellenVO beschreiben die dortigen Tätigkeiten. Der Architekt hat die Beratung dazu allerdings als Grundleistungsmerkmal zu erbringen (so auch Locher/Koeble/Frik, HOAI, § 34 Rdn. 95).

Buchstabe a): Die Zeichnungsmaßstäbe werden nur beispielhaft benannt und sollen den erforderlichen Durcharbeitungsgrad verdeutlichen. Da im Zuge des Computer-Aided-Designs jeder beliebige Maßstab ausgedruckt werden kann und auch je nach Projektgröße und -art die Planmaßstäbe variieren können, ist nicht der konkrete Maßstab ausschlaggebend, sondern der **Inhalt an Informationen.**

b) Bereitstellen der Arbeitsergebnisse als Grundlage für die anderen an der Planung fachlich Beteiligten sowie Koordination und Integration von deren Leistungen

Es ist eine ohne weiteres verständliche Folge, dass der Auftragnehmer im Rahmen seiner **139** Entwurfstätigkeit **auch die Beiträge anderer an der Planung fachlich Beteiligter** (Statiker, Heizungsingenieur, Klimafachmann usw.) bis zur ausführungsreifen Lösung mit zu verwenden hat, nachdem er bereits im Rahmen der Vorplanung deren Arbeiten in sein Planungskonzept mit **zu integrieren** hatte. Jetzt ist entscheidend, dass der Auftragnehmer bei der Durcharbeitung mit dem Ziel des endgültigen Entwurfs sein Planungskonzept mit denjenigen der Sonderfachleute, insbesondere den durch deren Planungsvorstellungen bestimmten Erfordernissen, voll in Einklang bringt. Dabei spielen vor allem die an die heutige sachgerechte Bauausführung zu stellenden **haustechnischen Anforderungen,** welche durch die dafür maßgebenden Regeln der Technik bestimmt werden, eine so schwerwiegende Rolle, dass die planerische Einordnung i. S. endgültigen Festlegens bereits im Stadium der Entwurfsplanung zu erfolgen hat, ohne dass damit allerdings alle Einzelheiten bedacht werden müssen, welche erst im Stadium der Bauausführung zu beachten sind. Dass sich der Auftragnehmer mit dem Statiker über wesentliche konstruktive Fragen und deren Lösung abzustimmen hat, versteht sich von selbst, weil es dabei um die Ausführbarkeit des Planungskonzeptes des Architekten überhaupt geht. Entsprechendes gilt für die Zusammenarbeit mit anderen Sonderfachleuten. Daher ist nicht nur im Rahmen der Ausführungsplanung, sondern bereits bei der **Entwurfsplanung** ein stetiger Austausch zwischen Objektplaner und TGA-Planer erforderlich. Der TGA-Planer hat als Spezialist die fachspezifischen Gefahren der von ihm geplanten Einrichtungen abzuschätzen und ihnen durch gezielte Maßnahmen entgegen zu wirken. Hierzu hat er die Ausführungspläne des Architekten kritisch im Hinblick auf seine fachspezifischen Anforderungen zu bewerten und darauf zu achten, daß diese Anforderungen berücksichtigt werden. Der Objektplaner hat seinerseits die Fachleistungen zu koordinieren und in seine Planungen zu integrieren (OLG Düsseldorf, Urt. v. 25.10.2012 – 5 U 162/11 noch zur HOAI 1996/2002).

c) Objektbeschreibung

140 Genauer bezeichnet der VO-Geber diese Teilleistung als *„Objektbeschreibung mit Erläuterung von Ausgleichs- und Ersatzmaßnahmen nach Maßgabe der naturschutzrechtlichen Eingriffsregelungen"*. Die weiterhin für die Entwurfsplanung geforderte **Objektbeschreibung** hat noch eine gewisse Ähnlichkeit mit dem Erläuterungsbericht, welcher nach der GOA bereits im Rahmen des Vorentwurfs mit abzugeben war (§ 19 Abs. 1a). Dabei ist im Rahmen der Novellierung der HOAI der Hinweis auf die DIN 276 entfallen, weil es keine Objektbeschreibung gibt, sondern nur Kostengruppen mit entsprechenden Gliederungen. Ungeachtet dessen wird hier aber ein **erheblicher Grad an Genauigkeit** hinsichtlich der bei der Beschreibung zu beachtenden Punkte im Einzelnen verlangt, zumal der Entwurf auch Bestandteil der Genehmigungsplanung ist. Deshalb muss eine ordnungsgemäße Objektbeschreibung alle wesentlichen Merkmale, die Einfluss auf die Baukosten haben, enthalten, weshalb der Architekt grundsätzlich nur dann eine solche richtig macht, wenn er sich dabei an die DIN 276 Teil 2 und die Systematik der Kostengruppen 2 und 3 hält, was vom Architekten oft genug vernachlässigt wird (Lauer S. 68). Ausnahmsweise kann ein Architekt die Objektbeschreibung auch auf andere Weise machen, sofern dem Auftraggeber die gleiche Information wie bei der eigentlichen Baubeschreibung hinreichend deutlich und zweifelsfrei vermittelt wird; dann ist auch eine anteilige Herabsetzung des Honorars für die Baubeschreibung nicht berechtigt (vgl. OLG Düsseldorf BauR 1994, 133 = NJW-RR 1994, 18 für den Fall einer umfangreichen und genauen „Bauteil-Kostenberechnung" sowie einer „Baubeschreibung zum Bauantrag"). Je nach der im Einzelfall gestellten Bauaufgabe muss die Objektbeschreibung außerdem städtegestalterische, funktionale und wirtschaftliche Faktoren einbeziehen. Durch die 4. ÄndVO ist die Pflicht des Auftragnehmers eingeführt worden, eine Erläuterung von Ausgleichs- und Ersatzmaßnahmen nach Maßgabe der naturschutzrechtlichen Eingriffsregelung vorzunehmen. Eingriffe in die Natur können sich grundsätzlich nur auf Neubauten und Freianlagen beziehen, evtl. auf Um- oder Erweiterungsbauten, sofern dabei Eingriffe in die Natur gegeben sind. Bei Freianlagen hat die naturschutzrechtliche Erläuterungspflicht besondere Bedeutung, wobei im Falle des Eingreifens in die vorhandene Natur Ausgleichs- und Ersatzmaßnahmen festzulegen sind, um den Eingriff in die Natur so gering als möglich zu gestalten. Bei Neubauvorhaben usw. ist die Verringerung der Pflanzfläche durch geeignete Ausgleichs- und Ersatzmaßnahmen ebenfalls möglichst klein zu halten. In Betracht kommt dabei auch die Begrünung bestimmter Flächen der baulichen Anlage, wie Balkone, Wände, Dächer. Dieses kann mit entsprechenden Pflanzgeboten durchaus ein Ausgleich oder ein Ersatz sein, vor allem auch bei gleichzeitigem Anlegen von Freianlagen. Insoweit ist dann auch § 37 Abs. 1 und § 39 Abs. 1 zu beachten.

e) Verhandlungen über die Genehmigungsfähigkeit

141 **Verhandlungen** mit Behörden und anderen an der Planung fachlich Beteiligten über die **Genehmigungsfähigkeit** liegen noch im Vorfeld der eigentlichen Genehmigungsplanung, die Gegenstand der Leistungsphase 4 ist; sie gehen aber **über bloße Vorverhandlungen,** die in den Bereich der Vorplanung eingeordnet sind, hinaus. Es handelt sich somit um mehr als bloße Vorgespräche i. S. von Vorabklärungen, sondern um gezieltes Verhandeln in dem Bestreben, im bereits detaillierteren Stadium der Entwurfsplanung unter Zuhilfenahme der nunmehr angefertigten weiteren und genaueren Planungsunterlagen **hinreichende Sicherheit** darüber zu bekommen, ob der eingeschlagene Planungsweg sowohl im Hinblick auf die Anforderungen des öffentlichen Baurechts als auch die Erfordernisse aus den Bereichen anderer, an der Planung beteiligter Fachleute (z. B. Statiker, Heizungs-, Lüftungsfachmann usw.) weiter begangen werden kann. Letzteres ist im Übrigen ohnehin wegen der vom Auftragnehmer vorzunehmenden Integration notwendig. Dabei muss der Architekt auch Vergleiche zu den seinem eigenen Fachgebiet angehörenden Anforderungen anstellen und so die ihm **obliegende Koordination** bewerkstelligen.

f) Kostenberechnung nach DIN 276 und Vergleich mit der Kostenschätzung

Während der Auftragnehmer bei der Vorplanung lediglich eine Kostenschätzung an- **142** zustellen brauchte, muss er bei der Entwurfsplanung eine **Kostenberechnung nach DIN 276** oder nach dem wohnungsrechtlichen Berechnungsrecht anstellen. Auch hier ist nach den nunmehr vorliegenden weiteren Planungsunterlagen eine wesentlich genauere Ermittlung als bei der Vorplanung notwendig, was auch dadurch hervortritt, dass jetzt anstelle bloßer Schätzung eine **Berechnung auszuführen** ist. Damit ist gesagt, dass unter Zugrundelegung der vorliegenden Einzelergebnisse der Planung ein Durchrechnen substantiiert unter Beachtung von durch die Entwurfsplanung festgelegten vorgesehenen Einzelleistungen erforderlich ist. Deshalb ist die Schaffung einer verbindlichen Unterlage notwendig. Wichtige Richtlinie bildet dabei **DIN 276-1:2008-12 Ziffer 3.4.3.** Danach dient die Kostenberechnung zur Ermittlung der angenäherten Gesamtkosten, und sie ist Voraussetzung für die Entscheidung (des Auftraggebers), ob das Bauvorhaben, wie geplant, durchgeführt werden soll, sowie Grundlage für die erforderliche Finanzierung. Gerade auch in letzterer Hinsicht muss eine **weitgehend zuverlässige Berechnung** angestellt werden. Wichtige Grundlage für die Kostenberechnung sind nach DIN 276:

erstens genaue Bedarfsangaben, z. B. detaillierte Raumprogramme (Flächen in m², Rasterflächeneinheiten) sowie Nutzungsbedingungen (Raumnutzung, Betriebstechnik, Außenanlagen);

zweitens Planunterlagen, z. B. durchgearbeitete, vollständige Vorentwurfs- und/oder Entwurfszeichnungen, gegebenenfalls auch Detailpläne mehrfach wiederkehrender Raumgruppen;

drittens ausführliche Erläuterungen, z. B. eingehende Beschreibung aller Einzelheiten, die aus **den** Zeichnungen und den Berechnungsunterlagen nicht zu ersehen, aber für die Festlegung und Beurteilung der Kosten von Bedeutung sind.

Allerdings sind einige Änderungen zur DIN 276 Fassungen 1981 und 1993 zu beachten. Zu den neuen Einteilungen siehe zunächst die Kommentierung unter § 4 Abs. 1 und oben in Leistungsphase 2.

Die Kostenberechnung wird unter Ziffer 3.4.3 wie folgt beschrieben:

„Die Kostenberechnung dient als eine Grundlage für die Entwurfsplanung.
In der Kostenberechnung werden insbesondere folgende Informationen zugrundegelegt:
– Planungsunterlagen, z. B. durchgearbeitete Entwurfszeichnungen (Maßstab nach Art und Größe des Bauvorhabens), gegebenenfalls auch Detailpläne mehrfach wiederkehrender Raumgruppen
– Berechnung der Mengen von Bezugseinheiten der Kostengruppen
– Erläuterungen, z. B. Beschreibung der Einzelheiten in der Systematik der Kostengliederung, die aus den Zeichnungen und den Berechnungsunterlagen nicht zu ersehen, aber für die Berechnung und Beurteilung der Kosten von Bedeutung sind. "

Bei der DIN 276 Fassung 81 war es noch grundsätzlich erforderlich, in der Kostenberechnung alle Leistungen je nach Art des Bauvorhabens innerhalb der Kostengruppe, **in der Regel bis zur Spalte 3 der Kostengliederung gemäß DIN 276 Teil 2,** zu erfassen und aufzugliedern. Da in diesem Planungsstadium im Allgemeinen noch keine genaueren Kostenangaben, insbesondere durch konkrete Unternehmerangebote, vorliegen, mussten die Kosten, sofern nicht Richtwerte oder pauschalierte Angaben vorliegen, aus dem Mengen- und Kostenansatz **im Allgemeinen summarisch** ermittelt werden. Dabei war zu empfehlen, dass sich der Auftragnehmer des Formblattes DIN 276 Teil 3 Anh. B bediente.

In der DIN 276-1:2008-12 ist nunmehr bis in die zweite Ebene der Kostengliederung eine auf der Basis von Kostenrichtwerten und Erfahrungswerten basierende Kostenaufstellung und Kostenermittlung durchzuführen, Ziffer 3.4.3. Je nach Vertragsgestaltung des Planervertrages, den Anforderungen an die Komplexheit des Bauvorhabens, erkennbaren Finanzierungsbedürfnissen des Bauherrn und Wünschen des Bauherrn, sowie der Berücksichtigung technischer und bautechnischer komplexer Ausstattungen sind Kostengliederungen bis zur dritten Ebene erforderlich und zu erbringen. Darüber hinaus kann ein Bedürfnis bestehen, insbesondere auch bei raumausstattenden Planungen und technisch anspruchsvollen oder besonderen Planungen und Umsetzungen (z.B. im Klinkbau, Kraftwerksbau, technische Ausstattung von Maschinenhallen u.ä.) detaillierte Kostengliederungen aufzulisten. Dies gilt insbesondere auch dann, wenn die bauliche Hülle relativ einfach, aber die technische Ausstattung umfangreich oder komplex ist (z.B. Ortsvermittlungsstelle, Filmstudio, Klinikbau mit Auslagerungen und Umzug). Hier ist das Interesse des Bauherrn auf jeden Fall zu berücksichtigen eine finanzielle übersichtliche Kostenermittlung zu erhalten.

Da die DIN 276 Fassung 2008 nun keine Formblätter mehr enthält ist die Übersicht in ähnlicher Form wie der Aufbau der DIN 276-1:2008-12 vorzunehmen (siehe beispielsweise derzeit: Fröhlich, Hochbaukosten, Komm. zur DIN 276).

Zudem ist darauf hinzuweisen, dass eine summarische Ermittlung im Rahmen der Leistungen notwendig, aber auch ausreichend ist. Eine genaue Aufstellung der Kostenermittlungen und -berechnung mit Mengengerüsten nach Bauteilen oder Bauelementen, oder gar eine Mengenermittlung nebst Einheitspreisen nach den jeweiligen ATV ist nicht eine Leistung, sondern eine besonders zu beauftragende und honorarvereinbarungspflichtige Besondere Leistung (so auch Locher/Koeble/Frik, § 33 Rdn. 97).

Soweit die Kostenberechnung nach dem wohnungsrechtlichen Berechnungsrecht anzustellen ist, muss diese nach der 2. BerechnungsVO i.d.F. v. 22.6.1979 angestellt werden. Dazu gilt das vorangehend Gesagte entsprechend.

Der Vorlage einer Kostenberechnung bedarf es zur Prüfbarkeit des Honorars für die Leistungsphasen 1 bis 4 des § 33 HOAI ausnahmsweise nicht, wenn sie zu weiteren Informationen des Auftraggebers nicht erforderlich sind und die vorgelegte Kostenschätzung soweit differenziert ist, dass eine Beurteilung nach § 6 Abs. 1 HOAI möglich ist (vgl. OLG Düsseldorf BauR 1996, 289 = NJW-RR 1996, 535).

143 Durch die **5. ÄndVO neu eingeführt** wurde die weitere, dem Architekten als Grundleistung auferlegte Aufgabe der **Kostenkontrolle durch Vergleich der Kostenberechnung mit der Kostenschätzung,** ohne dass dies eine Veränderung des Honorars zugunsten des Architekten brachte (vgl. dazu Eich BauR 1997, 198). Zweck dieser nunmehr eingeführten Grundleistung ist eindeutig die Gegenüberstellung der zwischen der Vorplanung und dem Ergebnis der Entwurfsplanung eingetretenen **weiteren Entwicklung, vor allem in kostenmäßiger Hinsicht.** Dies setzt naturgemäß voraus, dass zunächst einmal eine ordnungsgemäße Kostenschätzung und zum anderen eine die Anforderungen erfüllende Kostenberechnung vorliegt. Anderenfalls setzt bereits hier u.U. eine Mängelhaftung des Architekten im Bereich der §§ 634ff. BGB ein. Hinzu kommt die Erfüllung der eigentlichen neuen Grundleistung, nämlich die ordnungsgemäße und sachgerechte Kostenkontrolle durch **eindeutig in den Einzelheiten aufgegliederte Darstellung der Kostenentwicklung. Dieser Vergleich hat den Zweck der Transparenz und möglichen Sicherheit über die Kostenentwicklung, naturgemäß die voraussichtlich anfallenden Baukosten.** Der Auftraggeber soll dadurch eine **bessere Entscheidungsgrundlage** über die weitere Entwicklung des Bauvorhabens erhalten, vor allem für **wirtschaftlich sachgerechtes Bauen.** Erfüllt der Architekt diese besondere Aufgabe nicht ordnungsgemäß, vor allem auch im Hinblick auf für den Auftraggeber ver-

ständliche und sachgerechte Information, können dem Auftraggeber u. U. Ansprüche nach den bereits vorangehend erwähnten §§ 634 ff. BGB zustehen.

f) Fortschreiben des Terminplanes

Aufgrund der allgemeinen Anordnung des VO-Gebers ist auch hier der Terminplan **144** fortzuschreiben und zu ergänzen. Dies betrifft insbesondere die jetzt mögliche höhere Genauigkeit der zeitlichen Abläufe bei Planung und Bauausführung.

g) Zusammenfassen, Erläutern und Dokumentieren der Ergebnisse

Schließlich enden die Grundleistungen der Leistungsphase 3 mit der **Zusammen-** **145** **fassung aller Entwurfsunterlagen.** Dies geschieht sachgerecht dadurch, dass der Auftragnehmer die einzelnen Ergebnisse der Entwurfsplanung geordnet zusammenstellt, gegebenenfalls mit einer vorgehefteten Inhaltsübersicht, damit der Auftraggeber sie leicht überblicken und handhaben kann. Zudem handelt es sich um eine Teilleistung, die auf den Vorleistungen der Leistungsphasen 2 aufbaut. Wesentlich werden hier Leistungen erbracht, die eine Vorplanung voraussetzen. Allerdings können die Leistungsphasen einzeln vergeben werden, wie bei suksessiven Planerverträgen mit dem öffentlichen Auftraggeber üblich. Daher ist darauf zu achten, dass dem Planer die Leistungsvorgaben der Leistungsphase 2 (oder auch 1) vom Auftraggeber zur Verfügung gestellt werden. Darüber hinaus ist § 8 Abs. 3 S. 3 zu beachten, wonach der einarbeitungs- und Koordinierungsaufwand bei der Honorierung zu berücksichtigen ist.

B. Nichterbringung von Leistungen nach § 8 Abs. 1, 2

Erbringt der Architekt eine der Grundleistungen nicht, so konnte nach einer überkom- **146** menen Ansicht bis zur HOAI 2009 jede mit einem Abzug von je 1,57 % bewertet werden (OLG Köln NJW-RR 1992, 667; OLG Hamm BauR 1994, 793). Die Kostenberechnung wurde mit 0,8 % und mit 2 %-Punkten bewertet (OLG Hamm BauR 1994, 793; OLG Hamm NJW-RR 1990, 552; Löffelmann/Fleischmann, Rdn. 191). Diese Einordnung ist nicht mehr zeitgemäß und entspricht nicht den tatsächlichen Anforderungen. Folgende prozentualen Ansätze sind vertretbar:

	Siemon(G)	Simmendinger(G)	Siemon(I)	Simmendinger(I)	**Begründung**
a) **Erarbeiten**	10,0–12,0	10,0	2,0–3,0	10,0 (abhängig vom Bedarf)	Basisleistungen
Zeichnerischer Gesamtentwurf					Bedeutung zur Planungsaufgabe
b) **Integrieren**	0,5–1,5	1,0	0,5–1,5	1,0 (abhängig vom Bedarf)	Bedeutung zur Planungsaufgabe
c) **Objektbeschreibung**	0,25–0,75	0,5	0,25–0,75	0,5 (abhängig vom Bedarf)	Bedeutung für Planung
d) **Verhandlungen**	0,5–1,0	1,0	0,5–1,0	1,0 (abhängig vom Bedarf)	Basisleistung
e) **Kostenberechnung DIN 276 Kostenkontrolle**	1,0–2,0	1,5	1,0–2,0	1,25–1,5 (abhängig vom Bedarf)	Erfordernisse des AG
					Grundsätzliche Notwendigkeit
f) **Terminplan**	0,25–0,50	0,75	0,25–0,50	0,75	
g) **Zusammenstellen der Unterlagen**	0,25–0,5	0,25	0,25–0,5	0,25 (abhängig vom Bedarf)	Bedeutung für AG

Grundsätzlich hat der VO-Geber zwingend in § 34 Abs. 3 die Leistungsphase 3 mit 15 Prozentpunkten bei Gebäuden und mit 15 Prozentpunkten bei raumbildenden Ausbauten angegeben.

Der Honoraranspruch des Planers aus den Grundleistungen kann auch die Leistungsphasen 1 und 2 enthalten (KG IBR 2008, 32). Der Rückschluss auf die Erbringung der Leistungsphasen 1 und 2 – die ebenfalls abgerechnet werden können – ist **jedenfalls dann gerechtfertigt,** wenn die Grundleistungen aus der Leistungsphase 3 überwiegend erbracht wurden. Das ist z. B. dann der Fall, wenn die Entwurfspläne und die Kostenberechnung erstellt wurden. Allerdings ist das kein Widerspruch, da es auf den Einzelfall ankommt. In seiner Entscheidung BGH, NZBau 2007, 180 wurde vom BGH bereits zu § 64 Abs. 3 Nr. 1 HOAI 1996/2002 entschieden, dass eine Vor- und Entwurfsplanung **nicht** notwendig die Leistungsphase 1 enthält. Dies wurde für den Architekten bestätigt (BGH NJW 2008, 1880). Die Inbezugnahme auf die normativen Leitbilder des § 34 HOAI sind hier nicht weiterführend. Es besteht keine Wechselbeziehung bei einer **isolierten Beauftragung.** Das ist aber **anders,** wenn der mündliche Architektenvertrag zu einer Leistungserbringung führt, die laienhafte Bezeichnungen einschließt und als Begriff, wie „Genehmigung" und „vollendetes Bauwerk" als Leistungsende des Architektenwerks endet. Dann hat der Architekt etwas „unbestimmtes" zu erbringen. Dann ist planerisch und bauüberwachend alles erforderlich, was zum Ziel der Vorgaben führt. **Anders** wiederum, wenn der Architekt dann selbst das eigene Leistungsziel beschreibt und bestätigt (so BGH NJW 2008, 1880): „er sehe sich zur Erstellung der Bauantragsunterlagen und stat. Berechnung beauftragt." Darin liegt eine auslegungsbedürftige Willenserklärung (Scholtissek NJW 2008, 1854). Ergeben die Rahmenbedingungen des objektiven Dritten, dass der Planer nur diese Leistungen ausführen wollte und sollte, so wird man die Auslegung durchgehend zu führen haben, dass der Planer nur diese Leistungs(-phase) erbringen will. Er wird daher nur dieses leistungsbezogene Honorar dieser Leistungsphase beanspruchen können.

C. Besondere Leistungen (§ 34 Abs. 3 i. V. m. Anhang 10.1 – rechte Spalte)

147 Die in Anhang 10.1 beispielhaft aufgezählten Besonderen Leistungen, zu denen im Einzelfall noch andere, in der HOAI nicht genannte hinzutreten können, sind solche, die erfahrungsgemäß bei bestimmten Fallgestaltungen häufig vorkommen können.

Analyse der Alternativen/Varianten und deren Wertung mit Kostenuntersuchung (Optimierung)

148 Die hier in Betracht kommende **Analyse der Alternativen/Varianten** und deren **Wertung mit Kostenuntersuchung (Optimierung)** schließt sich häufig an die im Rahmen der Vorplanung möglicherweise vorkommende Besondere Leistung des Untersuchens von Lösungsmöglichkeiten nach grundsätzlich verschiedenen Anforderungen an. Denkbar ist allerdings auch, dass diese Analyse der zu den Grundleistungen der Leistungsphase 2 gehörenden Untersuchung von alternativen Lösungsmöglichkeiten nach gleichen Anforderungen folgt. Dass **beide** Ausgangspunkte in Betracht zu ziehen sind, folgt aus den in der HOAI ausdrücklich angeführten Begriffen „Alternativen/Varianten". Die hier vorauszusetzende Analyse bedeutet **mehr als die bloße Erläuterung** von Alternativen und/ oder Varianten; diese hat der Architekt ohne besonderen Vergütungsanspruch schon im Rahmen seiner entsprechenden Vorplanungstätigkeit vorzunehmen. Vielmehr muss es sich hier um **detaillierte Untersuchungen und Vergleichsrechnungen** handeln, die einander gegenüberzustellen sind. Bei der insoweit anzustellenden Wertung ist es wesentlich, dass der Auftragnehmer für den Auftraggeber unter Voranstellen des erklärten Leistungszieles in verständlicher und übersichtlicher Art und Weise die Vorteile und Nachteile der einzelnen Alternativen oder Varianten sowohl in technischer als auch in wirtschaftlicher Hinsicht zusammenstellt. Dabei kommt es auf das Herausfinden der **besten Lösung** an, was in der HOAI durch den Ausdruck Optimierung hervorgehoben ist. Wichtig ist insofern auch, auf die **Integrationsfähigkeit** der verschiedenen Konstruktionssysteme, Baustoffe oder Bauteile, mit Rücksicht auf ihre Wirtschaftlichkeit (so Locher/Koeble/Frik § 34 Rdn. 102) in direktem Bezug zur beabsichtigten Nutzung und Funktion der Leistung zu achten.

Wirtschaftlichkeitsberechnung

Als Besondere Leistung kommt im Rahmen der Entwurfsplanung sehr oft die **Wirt-** 149
schaftlichkeitsberechnung in Frage. Diese konnte früher nur unter den Voraussetzungen
des § 3 GOA vergütet werden. Bei der Wirtschaftlichkeitsberechnung handelt es sich um
eine nähere Ausgestaltung der für den Bereich der Vorplanung als Besondere Leistung in
Betracht kommenden Bauwerks- und Betriebs-Kosten-Nutzen-Analyse. Sie ist in der Regel jedoch wesentlich genauer als diese und erfordert demgemäß bei dem Auftragnehmer
nicht nur mehr Arbeit, sondern auch mehr **fachkundiges Wissen.** Wesentliches Ziel der
Wirtschaftlichkeitsberechnung ist die **Aufstellung der Gesamtkosten** (nach Pfarr, Handbuch der kostenbewussten Bauplanung S. 122, aufgeteilt in Kapitalkosten-Eigenkapital und
Fremdkapital –, Abschreibungen, Verwaltungskosten, Steuern, Betriebskosten und Bauun-
terhaltungskosten), welchen die voraussichtlichen geldwerten **wirtschaftlichen Vorteile**
durch Nutzung sowie sonstige Einnahmen **gegenüberzustellen** sind. Vgl. dazu auch
2. BerechnungsVO Teil II §§ 2 bis 39.

In den hier erörterten Bereich zählt auch eine nach dem betreffenden Vertrag geschuldete **Rentabilitätsberechnung,** welche das Ziel hat, dem Auftraggeber das Grundstück mit
einer „Rentabilitätsvermutung" zu überlassen (vgl. dazu auch BGH BauR 1984, 420 =
Schäfer/Finnern/Hochstein § 675 BGB Nr. 9). Wählt der Planer Baukonstruktionen, die
im Einzelfall nicht erforderlich und auch nicht nötig sind, oder sind diese unnötig teuer
geworden, ergibt sich die Unbrauchbarkeit des Werkes (BGH, IBR 2009, 521) Mit dieser
besonderen Leistung sind also detaillierte Untersuchungen und Vergleichsrechnungen gemeint, die einander gegenüberzustellen sind. Die Vor- und Nachteile der einzelnen Varian-
ten/Alternativen sind sowohl in technischer als auch in wirtschaftlicher Hinsicht abzuwägen (Löffelmann/Fleischmann, Rdn. 242; Irmler, § 33, Rdn. 60).

Aufstellen und Fortschreiben einer vertieften Kostenberechnung

Als Besondere Leistung ist auch die Kostenberechnung durch **Aufstellen von Men-** 150
gengerüsten oder Bauelementkatalogen möglich. Mengengerüst ist ein **Musterleis-**
tungsverzeichnis, wie es z.B. im Bauvertragsbereich bei der Leistungsbeschreibung nach
Leistungsprogramm zur Orientierung der Bieter in Betracht kommen kann. Dabei ergibt
sich, dass es sich hier um eine **Verfeinerung** der als Grundleistung vorzunehmenden **Kos-**
tenberechnung handelt. Diese Folgerung rechtfertigt sich aus der Anfertigung des Men-
gengerüstes (Musterleistungsverzeichnisses), welches in seinen einzelnen Positionen üblicherweise **mehr Angaben** enthalten muss als die Kostenberechnung. Deshalb ist hier
ausnahmslos eine Kostenberechnung nach DIN 276 Fassung 2008 bis einschließlich dritte
Ebene der Kostengruppe erforderlich. Dies deswegen, weil die Einzelgewerke der ATV
DIN der VOB Teil C (Allgemeine Technische Vertragsbedingungen für Bauleistungen) bei
den Mengenangaben dieses voraussetzen, insbesondere auch bei der Kostenermittlung mit
Einheitspreisen von Gebäudeunterelementen. Dabei wird der Auftragnehmer auch nicht
mit bloßen Erfahrungswerten (a. A. Hartmann Teil 4 Kap. 2 zu § 15 S. 105), oder Pauschalen arbeiten können; vielmehr muss er seine Leistung dadurch **konkretisieren,** dass er
entsprechende **nähere Erkundigungen** einzieht, ohne das von ihm allerdings bereits ein
Kostenanschlag gemäß DIN 276 Ziffer 3.4.3 gefordert würde.

Ähnlich verhält es sich mit der Aufstellung eines **Bauelementkataloges.** Leistungsinhalt ist hier die Aufstellung einer Liste aller für die geplante Bauausführung erforderlichen
Bauelemente, bei welcher jeweils die voraussichtlichen Kosten, einschließlich Verarbeitung
bzw. Verlegung, ermittelt und in die Liste aufgenommen werden müssen. Dieser Katalog
muss sich nicht unbedingt auf alle Elemente, welche bei dem Bauvorhaben eingesetzt werden sollen, beziehen, vielmehr kann er sich auftragsgemäß auf einen Teil desselben beschränken, während hinsichtlich eines anderen Teils wiederum Mengengerüste aufgestellt
werden können. Natürlich ist es auch möglich, dass der Auftraggeber die hier erörterte Besondere Leistung (Mengengerüste oder Bauelementkatalog) überhaupt nur auf einen
Teil seines Bauvorhabens erstreckt wissen will. Grundsätzlich allerdings stellen allerdings bei

den Vorgaben der DIN 276 Gebäudeunterelemente (z. B. Innenwände ≠ Innenstützen) keine brauchbaren Berechnungsgrößen dar. Erforderlich ist ein Mischungsverhältnis zwischen Mengen/Massen und Einzelpreisen. Insoweit stellt allerdings die BKI-Baukostentabelle 2009 einen optimierten Kostenindex dar, der den darzustellenden Mischkosten entspricht.

Wird vom Bauherrn eine Kostenberechnung nach DIN 276 Fassung 06/93 verlangt (soweit vertraglich überhaupt im Einzelfall noch möglich; siehe hierzu grundsätzlich unter Leistungsphase 2 zu den Erläuterungen zu DIN 276-1:2008-12 und § 4 Abs. 1), so können sich Unterschiede zur Fassung 1981 ergeben. Dies betrifft die Kostengliederung die bis mindestens zur zweiten Ebene gefordert wird, während die Fassung 1981 die Aufgliederungen der Leistungen bis zur Spalte 3 der Kostengliederung vorsieht. So ergibt sich das Problem, dass die Kostengliederungen nicht identisch sind. So ist die Kostengliederung wie folgt aufgebaut:

DIN 276 Fassung 1981	DIN 276 Fassung 1993	DIN 276 Fassung 2008
Beispiel: Wände		
Spalte 1	Ebene 1	Kostengruppe 1
3. Bauwerk	300 Bauwerk – Baukonstruktionen	3… wie neben
Spalte 2	Ebene 2	Kostengruppe 2
3.1 Baukonstruktionen	310 Baugruben	31… Baugrube
	320 Gründung	32… Gründung
	330 Außenwände	33… Außenwände
	340 Innenwände	34… Innenwände
	…	…
Spalte 3	Ebene 3	Kostengruppe 3
3.1.1 Gründung	330 Außenwände	330 Außenwände
3.1.2 Tragkonstruktionen	331 Tragende Außenwände	331 Tragende Außenwände
3.1.3 Nichttragende Konstruktionen	332 Nichttragende Außenwände	332 Nichttragende Außenwände
…	…	…

Für eine solche Kostenermittlung sind Mehrleistungen erforderlich. Diese sind aber nur als **Besondere Leistungen** zu begreifen.

Fortschreiben von Raumbüchern

151   Sofern in der Leistungsphase 2 die Erstellung eines Raumbuches als Besondere Leistung beauftragt war – gleich, ob an den Auftragnehmer oder einen anderen Planer – wird die Leistung durch Optimierung der Entwurfsplanungsergebnisse hier ergänzt.

Ausarbeiten besonderer Maßnahmen

152   Die **durch die 5. ÄndVO** für den Bereich der Entwurfsplanung **neu** eingeführte **Besondere Leistung** deckt sich weitgehend mit der schon in den Bereich der Vorplanung aufgenommenen. Jedoch ist sie speziell hier nicht mehr aufgenommen, sondern kann vereinbart werden. Dabei handelt es sich um die **Vertiefung** der dem Architekten evtl. übertragenen neuen Besonderen Leistungen sowie deren endgültige Gestaltung, wie die aus dem gewählten Begriff „**Ausarbeiten**" hervorgeht. Insofern muss das Ausarbeiten folgerichtig ebenfalls **Maßnahmen zur Gebäude- und Bauteiloptimierung betreffen, die über das übliche Maß hinausgehen, um sozusagen ein „überobligatorisches" Ergebnis im Hinblick auf Verringerung des Energieverbrauchs sowie der Schadstoff- und CO_2-Emissionen und zur Nutzung erneuerbarer Energien** zu erreichen. Dabei müssen auch etwa vorhandene Beiträge anderer an der Planung fachlich Beteiligter verwendet werden. In gleicher Weise ist auch hier die Grenze zu beachten, welche für das Erreichen dieser Besonderen Leistung aufgestellt worden ist. Die hier in Betracht kommenden Leistungen müssen **mehr** als Maßnahmen sein, welche zur Energieeinsparung durch Erfüllung von Anforderungen nach den einschlägigen Rechtsvorschriften oder den allgemein anerkannten Regeln der Technik vorgenommen werden. Dabei sind hier im **Bereich der Leistungsphase 3** die in der Vorplanung gebrachten konzeptionellen Überlegungen **so auszuarbeiten, dass konstruktive und kostenmäßige Auswirkungen klar zu definieren sind und eine Grundlage für die Baubeschreibung, Kostenberechnung und Dimensionierung der technischen Ausrüstung bilden** (so BR-Drucksache 238/94).

Mit der HOAI 2009 wurde nun in Anhang 2 unter Ziffer 2.6.3 beispielhaft die Leistung jetzt konkreter gefasst und vorgeschlagen: *„Ausarbeiten besonderer Maßnahmen zur Gebäude- und Bauteiloptimierung, die über das übliche Maß der Planungsleistungen hinausgehen, zur Verringerung des Energieverbrauchs sowie der Schadstoff und CO_2 Emissionen und zur Nutzung erneuerbarer Energien in Abstimmung mit anderen an der Planung fachlich Beteiligten. Das übliche Maß ist für Maßnahmen zur Energieeinsparung durch die Erfüllung der Anforderungen gegeben, die sich aus Rechtsvorschriften und den allgemein anerkannten Regeln der Technik ergeben".*

D. Haftungsfragen

Die Entwurfsplanung, in welcher das Vorhaben planerisch zum vollständigen und insbe-   153
sondere endgültigen Bauentwurf fortentwickelt wird, ist eine ganz **wesentliche Hauptleistung** im Bereich des Architektenvertrages zwischen Auftraggeber und Auftragnehmer. Bei Verletzung der dem Architekten hier obliegenden Verpflichtungen haftet er aus dem Gesichtspunkt der **Gewährleistung** (§§ 634 ff. BGB). Vor allem müssen die Einzelheiten der Planung des Architekten grundsätzlich die anerkannten Regeln der Technik einhalten; unübliche oder außergewöhnliche Baukonstruktionen können trotz bauphysikalisch rechnerischem Nachweis nicht den anerkannten Regeln der Technik entsprechen, jedenfalls dann nicht, wenn noch ein sog. Restrisiko in der Funktionsfähigkeit bleibt (vgl. dazu OLG Celle BauR 1990, 759 m. Anm. Reim im Falle einer besonderen Flachdachkonstruktion). Sollte der Architekt eine besondere Planung vorzunehmen haben, für welche weder DIN-Normen noch technische Regeln, insbesondere auch in der Literatur vorliegen, muss er den Auftraggeber darüber aufklären, dass er außerhalb bautechnisch gesicherter Erkenntnisse plant (vgl. dazu OLG Saarbrücken NJW-RR 1998, 93 im Falle der Planung einer Grottensauna, vor allem hinsichtlich des Versicherungsschutzes des Architekten). **Maßgebend** für die Frage, ob die planerische Arbeit des Architekten mangelhaft oder mangelfrei ist, ist grundsätzlich der **Zeitpunkt der Abnahme der Architektenleistung,** somit der Billigung der Leistung durch den Bauherrn als im Wesentlichen vertragsgerecht. Dies gilt allerdings **dann nicht, wenn der Architekt nach im Zeitpunkt der Abnahme geltenden Regeln der Technik geplant hat, diese sich während der Gewährleistungsfrist ändern und der Mangel der Bauausführung auf den bisher anerkannten Regeln der Technik beruht.** Denn der Architekt ist mit dem Auftraggeber werkvertraglich verbunden, weswegen er risikobehaftet ist. Dies gilt in der rechtlichen Auswirkung allerdings nur im Hinblick auf verschuldensunabhängige Gewährleistungsansprüche (Nachbesserung, Minderung), während der Architekt sich bei verschuldensabhängigen Gewährleistungsansprüchen (Schadensersatz nach §§ 634 Nr. 4, 636, 280, 281, 311a BGB.) vom Vorwurf des Verschuldens entlastet hat, wenn er darlegt und beweist, dass er die zurzeit der Abnahme geltenden Regeln der Technik eingehalten hat (vgl. dazu BGHZ 48, 310 = NJW 1968, 43; BGH NJW 1971, 92 = BauR 1971, 58; BGHZ 91, 206, 213 = Schäfer/Finnern/Hochstein § 13 Nr. 5 VOB/B Nr. 7 = NJW 1984, 2457 = BauR 1984, 510 = MDR 1984, 833 = ZfBR 1984, 222; BGH BauR 1985, 567 = Schäfer/Finnern/Hochstein § 633 BGB Nr. 52 = ZfBR 1985, 276; BGH BauR 1987, 207 = Schäfer/Finnern/Hochstein § 13 Nr. 5 VOB/B Nr. 17 = NJW-RR 1987, 336 = ZfBR 1987, 71). **Ebenso** verhält es sich, wenn es bis zum Abnahmezeitpunkt **noch keine gesicherten allgemein anerkannten Regeln der Technik** gibt und der Architekt den Auftraggeber nicht hinreichend über das damit verbundene Planungsrisiko aufklärt (BGH NJW 1971, 92 = BauR 1971, 58). Gleiches gilt überhaupt bei **risikoreicher Planung,** insbesondere bei vorgesehener Ausführung nach neuartigen Bauweisen, mit neuen Baustoffen oder Bauteilen, hinsichtlich deren noch keine hinreichenden Erfahrungen gerade in der Verwendung bei der jetzt vor-

gesehenen Ausführung bestehen (vgl. dazu BGH BauR 1976, 66 = MDR 1976, 214 bei Verwendung neuer Baustoffe; auch LG Amberg Schäfer/Finnern/Hochstein § 4 Nr. 3 VOB/B Nr. 3 für den Fall der Planung eines gefällelosen Flachdaches). Ist die vom Auftraggeber gewünschte Ausführung mit **erheblichen Risiken** verbunden, kommt der Architekt, der den Wünschen des Auftraggebers folgt, von der Haftung nur frei, wenn er einen **eindeutigen Haftungsverzicht** des Auftraggebers erwirkt (vgl. BGH BauR 1981, 76 = Schäfer/Finnern/Hochstein § 635 BGB Nr. 24); u. U. muss der Architekt die **Leistung verweigern,** wenn sie für den Auftraggeber und/oder andere mit **besonders großen Risiken** verbunden ist. Insoweit muss er auch ungefragt den Auftraggeber entsprechend belehren (BGH BauR 1981, 479 = NJW 1981, 2243 bei einer nachträglich vom Auftraggeber gewünschten, bisher nicht vorgesehenen Verblendschale mit Wärmedämmung in einem Stallgebäude). Das gilt auch, wenn der Auftraggeber bautechnisch vorgebildete Personen beschäftigt, denen aber die auftretende Problematik nicht ohne weiteres geläufig ist (vgl. LG Amberg Schäfer/Finnern/Hochstein § 4 Nr. 3 VOB/B Nr. 3). Die zuletzt genannte Entscheidung des BGH weist zu Recht darauf hin, dass der Architekt in seiner Planung nur eine Konstruktion vorsehen darf, von der er völlig sicher ist, dass sie den an sie zu stellenden Anforderungen genügt. Er würde schuldhaft handeln, wenn er darüber Zweifel hegen müsste, ob der von ihm verfolgte Zweck auch zu erreichen ist (ferner BGH BauR 1976, 66, 67). Das gilt nicht nur für die ursprüngliche Planung. Werden während ihrer Ausführung Umstände erkennbar, die der Architekt von vornherein nicht zu berücksichtigen brauchte, etwa spätere Wünsche des Auftraggebers, so muss er prüfen, ob und inwieweit diese Umstände mit der bisherigen Planung vereinbar sind und ob sie deren Ergänzung oder Änderung erfordern. Dazu bedarf es keines zusätzlichen Auftrages. Entscheidend ist stets, dass das Bauwerk bei seiner Fertigstellung keine Mängel aufweist, die der Architekt noch hätte vermeiden können.

154   Die **Schadenersatzpflicht** des Architekten umfasst – neben dem Risiko des Architekten, dass die Architektenwerkleistung nicht abnahmefähig ist – die **Mehrkosten** wegen zusätzlicher Beauftragung von Sonderfachleuten, Kosten und Gebühren der Baugenehmigung und die **Stillstandsschäden** (OLG Hamm BauR 2000, 918, OLG München, NZBau 2012, 45). Allerdings besteht ein Honoraranspruch für die Leistungsphasen 1 und 2 dann, wenn diese Tätigkeit mangelfrei und notwendig war, um die Genehmigungsfähigkeit zu erhalten (OLG Düsseldorf BauR 1996, 287; BGH BauR 1997, 1065). Dies gilt erst recht bei stufenweiser Beauftragung.

Zunächst steht dem Planer das Nacherfüllungsrecht zu. Eine Kündigung des Bauherrn wäre in diesem Stadium als freie Kündigung auszulegen. Folge wäre die Abrechnung über § 649 BGB und andererseits die Situation, daß der Planer noch eine Nacherfüllung durchführen muß. Er darf also nicht diese verweigern, weil er ansonsten sein Nachbesserungsrecht verliert. Das kann dann zum Verlust des Honoraranspruchs führen. Dabei ist aber zu berücksichtigen, daß die bisher erbrachten und brauchbaren Leistungen von Verlust des Honoraranspruchs nicht umfasst sind, sondern bestehen bleiben.

Ändert der Planer in dieser Situation im Rahmen des Nachbesserungsrechtes eine Planung um, muß der Auftraggeber damit einverstanden sein. Wenn dies nicht der Fall ist, so ist abzuwägen, ob die Ablehnung im Rahmen der ordnungsgemäßen Ausübung des Änderungsrechts des Auftraggebers im Sinne des § 10 erfolgt oder aufgrund von Willkür. Bei letzteren verliert der Auftraggeber den Nachbesserungsanspruch mit der Folge, daß der Honoraranspruch wieder entsteht bzw. fortbesteht, weil der Auftragnehmer den Nachbesserungsanspruch des Auftraggebers nichtverletzte (Nebenpflicht).

155   **Eine rechtfertigende Einwilligung des Auftraggebers mit Wirkung des Handelns auf eigene Gefahr kann zugunsten des Architekten nur in seltenen Ausnahmefällen angenommen werden.** Vor allem wird vorausgesetzt, dass das Verhalten des geschädigten Auftraggebers ohne künstliche Unterstellung als Einwilligung in die als möglich vorgestellte Schädigung aufgefasst werden kann. In der Regel hat das Handeln auf eigene Gefahr **lediglich** eine Abwägung nach den Maßstäben **des § 254 BGB** zur Folge.

Dazu reicht es nicht, wenn eine Fehlplanung des Architekten durch Annahme einer breiteren Grundstücksgröße als wirklich vorhanden nur dadurch erkennbar wird, dass in den Plänen lediglich „Circa-Maße" angegeben wurden und der Architekt den Auftraggeber darauf hingewiesen hat, eine Neuvermessung vornehmen zu lassen. Darin allein liegt noch nicht eine die Fehlplanung rechtfertigende Einwilligung (BGH BauR 1994, 533 = NJW-RR 1994, 916 = Schäfer/Finnern/Hochstein § 635 BGB Nr. 94). Vielmehr setzt das Einverständnis des Auftraggebers mit der Planung und der Ausführung voraus, dass er Bedeutung und Tragweite der Fehlerhaftigkeit der Planung erkannte, was in der Regel nur angenommen werden kann, wenn der Architekt den Auftraggeber aufgeklärt und belehrt hat (vgl. BGH NJW 1996, 2370 = BauR 1996, 732 = Schäfer/Finnern/Hochstein § 249 BGB Nr. 32 = MDR 1996, 1009 = LM § 249 (Hd) BGB Nr. 46). In dem Fall, in welchem ein Architekt für eine Bauträgergesellschaft mehrere Einfamilienhäuser plant, muss er davon ausgehen, dass diese – und zwar möglichst frühzeitig – Verträge mit Erwerbern schließen will. Daher muss er bei einer beabsichtigten Planungsänderung deren Auswirkungen auf eventuell schon bestehende oder künftige Erwerberverträge bedenken und grundsätzlich von sich aus mit der Bauträgergesellschaft erörtern.

Ein Schlagwort hat sich durch die Kommentarliteratur (u.a. Locher/Koeble/Frik, Einl. **156** Rdn. 77, § 34 Rdn. 112) als mangelhafte Leistung durchgesetzt und ist doch überwiegend falsch benutzt: **Vorprellen** des Planers. Grundsätzlich hat der Planer die vertraglichen Leistungen zu erbringen. Bei Verträgen, die nur rudimentär die Leistung umschreiben, ist es schwierig, den Umfang der notwendigen Teilleistungspflichten zu beschreiben und zu erkennen. Hier wird man die sinnvollen und jeweils im zeitlichen Ablauf notwendigen Teilleistungen (analog § 8 Abs. 1 und 2) beiziehen müssen. Ebenfalls werden entweder Leistungen parallel oder überholend erbrachten werden müssen. Das ist jeweils Einzelfrage. Die wenigsten Verträge sehen einen zeitlichen Ablauf der zu erbringenden Teilleistungen vor. Am ehesten werden diese Probleme bei den Stufenverträgen ausgeschlossen, wenn es nur ein oder zwei Stufen der Beauftragung gibt. Bei umfangreichen Leistungen, die als „Vollarchitekturverträge" ausgebildet sind, ergeben sich die hier zu diskutierenden Probleme. So werden in der Leistungsphase bereits bei 2b) und 2f) die Genehmigungsfähigkeit eines projektierten Vorhabens mit der Baubehörde zu besprechen sein und ergänzend in der Leistungsphase 3 bei 3d). Der Planer hat aber innerhalb seines Vertragssolls zu bleiben und darf hier nicht etwa einen Antrag auf Genehmigung erreichen (OLG Düsseldorf, BauR 1986, 469; OLG Koblenz, NZBau 2000, 287 zur ungedeckten Finanzierung). Das wäre auch undenkbar ohne die Mitwirkung des Auftraggebers durch Unterschriften unter Pläne und Antragstellung. Der Auftraggeber weiß in der Regel, was vom Planer bei der Genehmigungsbehörde getan wird. Schwierig ist es nur, wenn der Auftraggeber die Bauvoranfrage als Besondere Leistung in der Leistungsphase 2 nicht beauftragt, gleichwohl die Frage der Bebaubarkeit und die Frage des „Baurechts" für das Grundstück vom Planer geklärt haben will, wie bei Bauentwicklungen und städtebaulichen Entwicklungsmaßnahmen, sowie bei Fragen zu § 34 BauGB. Wenn der Planer eine Bauvoranfrage einreicht und diese namens und im Auftrag selbst unterschreibt, ist es Fallfrage, ob das ohne Unterschrift oder Kenntnis des Auftraggebers gedeckt war. Da der Auftraggeber meist die Frage des möglichen Baurechts vorab geklärt haben will und bei Vollarchitektenverträgen dieses nicht selten ist, wird man hier nicht von einer nicht gedeckten Handlung des Planers sprechen können, denn das meint der Begriff „Vorprellen". Vielmehr wird man systematisch nur die ungedeckte Tätigkeit und das „eigensinnige" Verhalten des Planers darunter verstehen müssen. Letztere sind – was die Fallfragen belegen müssen – nicht vom Auftrag und der Vollmacht gedeckt. Eine Honorierung entfällt dann nur für diese Tätigkeit, es sei denn der Auftraggeber gibt zu erkennen, daß er damit nachträglich einverstanden war.

Der Planer muß allerdings auch eine dauerhaft genehmigungsfähige Planung erbringen. Er kann sich nur durch die Bauvoranfrage oder den Bauantrag absichern. Folge ist, daß der Planer sicherlich Leistungen bis einschließlich Leistungsphase 8 erbringen kann – wenn gewünscht und beauftragt – und im Rahmen des Bauens im Bestand oder im Sanierungsbau die Leistungen der Entkernung und Aufbaues des Innenraumes überwachen und dann erst die Bauvoranfrage stellen kann, vor allem, wenn Grundstücksfragen und Erweiterungen dann erst geklärt werden können. Dann besteht im Allgemeinen keine Befürchtung, daß die bisherigen Planungen und Umsetzungen nicht genehmigungfähig sind. Jedoch kommt es auch dabei auf die genaue Prüfung des Sachverhalts an, denn der Planer haftet für die „Fehlplanung", nicht etwa für ein − fälschlich so genanntes − „Vorprellen", was es nämlich nicht ist.

Einzelne Haftungsprobleme:

157   Die Entwurfsplanung muss die nach modernen technischen Erkenntnissen **notwendigen Anforderungen** erfassen und berücksichtigen. Dazu gehört z.B. Ermittlung der **Grundwasserverhältnisse** (OLG Celle BauR 1983, 483; BGH, BauR 2008, 543; KG BauR 2009, 676); dieses ganz besonders in Gebieten mit relativ hohem Grundwasserstand, wobei der Architekt die vom Auftraggeber etwa beizubringenden Unterlagen auf ihre Richtigkeit und Vollständigkeit zu überprüfen hat; abzustellen hat der Auftragnehmer auf den **höchsten bekannten Grundwasserstand im Bereich des Baugeländes;** für eine wegen Nichtberücksichtigung des Grundwasserhöchststandes vorliegende Fehlplanung braucht der Architekt nur dann nicht einzustehen, wenn er seinen Auftraggeber über das Risiko der Grundwassergefährdung und die in Betracht kommenden Schäden umfassend aufklärt (OLG Düsseldorf BauR 1992, 536; OLG Düsseldorf, NZBau 2008, 392). Eine besondere Sorgfaltspflicht hat der Architekt hier in einem hochwassergefährdeten Gebiet (vgl. OLG Köln BauR 1993, 756). Bei besonders schwierigen Boden- und Grundwasserverhältnissen muss der Architekt aufklären und entsprechend planen (OLG Düsseldorf, BauR 2009, 277). Die Planung muss berücksichtigen, dass bei drückendem Wasser über DIN 18195 eine Gründung 30 cm über dem jeweils höchst anzunehmenden Grundwasserstand erfolgt (OLG Hamm, BauR 2001, 828). Ebenfalls muss bei weißen Wannen eine Stärke von 25 cm der Bodenplatte vorgesehen werden (OLG Düsseldorf, BauR 2001, 277). Des Weiteren gehören hier zu den grundlegenden Pflichten des Architekten die ordnungsgemäße Fundamentierung des Bauwerkes (BGH Schäfer/Finnern Z 3.01 Bl. 230 und Z 2400 Bl. 44), die Einplanung der notwendigen Dehnungs- und Trennfugen (BGHZ 48, 310 = NJW 1968, 43; OLG Karlsruhe MDR 1969, 49; OLG Düsseldorf BauR 1973, 252), die erforderliche Planung einer Drainage (OLG Frankfurt VersR 1970, 1162), die Ermittlung der beabsichtigten Nutzung zwecks Mitteilung an den Statiker im Hinblick auf die von diesem festzustellenden Werte der Standfestigkeit (OLG Köln Schäfer/Finnern/ Hochstein § 635 BGB Nr. 23) und der Notwendigkeit der Planung einer Dampfbremse (vgl. OLG Koblenz NJW-RR 1997, 595 = BauR 1997, 502). Der Architekt muss vor allem auch darauf achten, dass bei Anbauten die Anbindung des neuen Teils an den bisher bestehenden Bau einwandfrei geschieht, vor allem das erforderliche Niveau eingehalten wird; insofern muss der Architekt den Bauherren über etwaige Konsequenzen bei Nichteinhaltung des Niveaus aufklären und ihn entsprechend beraten; anderenfalls ist seine Leistung mangelhaft, und er macht sich u. U. nach § 635 BGB a. F. = §§ 634 Nr. 4, 636, 280, 281, 311a BGB n. F. schadensersatzpflichtig (vgl. OLG Hamm BB 1989, 1081). Gleiches gilt im Hinblick auf die Pflicht des Architekten, den Anbau gegen drückendes Wasser sicher abzudichten (vgl. dazu OLG Hamm BauR 1997, 876).

     Die Prüfung des Vorhandenseins von **Kanälen, Leistungen, Kabeln** durch Einsicht in Kataster, Plänen der Behörde oder der Betreiber (Telekom, Energieversorger, Kabelfernsehbetreiber, Netzbetreiber, usw.) ist allerdings grundsätzlich Pflicht des Architekten. Dies hat dann Bedeutung, wenn der Bauunternehmer in seinem Arbeitsbereich den Verlauf der Energie und anderer Leitung nicht ergründet (BGH, BauR 2006, 829). Grundsätzlich ist es Pflicht des ausführenden Unternehmers in seinem Bereich und seiner übernommen Leistungspflicht die Lage der Leitungen zu prüfen, jedoch ist bei Konstellationen der vertraglichen Gesamtplanung bei Generalunter- oder −übernehmern die Pflicht des Unternehmers dies zu prüfen zumeist auf die Architekten abgewälzt.

158   Wesentlich ist im Bereich der Entwurfsplanung auch, dass der Architekt seine Leistungen mit denen anderer an der Planung beteiligter (Sonder-)Fachleute ausreichend **koordiniert.** Dabei muss er einerseits die Vorschläge des betreffenden Sonderfachmannes beachten, an-

dererseits aber für ihn **offenkundig fehlerhafte Vorschläge** des Sonderfachmannes **zurückweisen** (vgl. OLG Koblenz BauR 1997, 502 = NJW-RR 1997, 595 im Hinblick auf die Notwendigkeit der Einplanung einer Dampfbremse). Allerdings ist die Koordinationspflicht des Architekten durch das bei ihm normalerweise vorauszusetzende Wissen umgrenzt, so dass insofern keine überhöhten Anforderungen gestellt werden dürfen (BGH BauR 1976, 138). Zu beachten ist aber auch, dass der Statiker grundsätzlich nur für die ordnungsgemäße Erfüllung der ihm nach § 64 HOAI obliegenden konstruktiven Aufgaben verantwortlich ist, nicht aber für die davon unabhängige Gebrauchstauglichkeit der nach der Planung zu errichtenden Gesamtbaumaßnahme (vgl. dazu OLG Köln BauR 1986, 717 = NJW-RR 1986, 183). Gleiches gilt im Hinblick auf die Planung der **Schall- und Wärmedämmung,** die grundsätzliche Aufgabe des Architekten ist (zur Schalldämmung: OLG Stuttgart BauR 1977, 279; OLG Frankfurt BauR 1980, 361; OLG Hamm BB 1981, 1975; OLG Düsseldorf NJW-RR 1994, 88; LG Tübingen Schäfer/Finnern/Hochstein § 634 BGB Nr. 6; dazu auch Döbereiner BauR 1980, 296; zur Wärmedämmung: OLG Köln BauR 1986, 714 und BauR 1987, 460 = Schäfer/Finnern/Hochstein § 278 BGB Nr. 7). Wenn bezüglich der Kostenermittlung Beiträge von Sonderfachleuten erfüllt werden müssen, sind diese einzubeziehen (OLG Koblenz NZBau 2000, 254 zur Finanzierungslage).

In den weiteren Bereich der **Koordinationspflicht** des Architekten gehört es auch, dass **159** er im Allgemeinen im Zusammenhang mit der Entwurfsplanung dem Statiker **hinreichende Erkenntnisse über die Wasser- und Bodenverhältnisse** vermitteln muss. Sofern diese für ihn erkennbar zweifelhaft oder unsicher sind, muss er gegenüber dem Auftraggeber eine Bodenuntersuchung anregen (OLG Hamm Schäfer/Finnern Z 2414 Bl. 37; BGH BauR 1971, 265; BGH Schäfer/Finnern Z 3.01 Bl. 403 und BGH VersR 1967, 260; OLG München MDR 1969, 48; OLG Düsseldorf MDR 1969, 392; OLG Köln MDR 1964, 574, ferner VersR 1993, 1230; vgl. auch OLG Nürnberg MDR 1975, 930 und OLG Stuttgart BauR 1973, 124; OLG Brandenburg BauR 2005, 155). Vor allem muss grundsätzlich der Architekt und nicht der Statiker im Falle einer Umplanung überprüfen, ob die Statik im Hinblick auf bisher angenommene bzw. ermittelte Bodenverhältnisse ausreicht (LG Aachen BauR 1986, 603). Dass der Bauunternehmer u. U. auch für die unterlassene oder nicht hinreichende Prüfung des Baugrundes (mit-)verantwortlich sein kann, entbindet den Architekten nicht von seiner Verantwortung. Andererseits: Zur Lösung einer bestimmten Spezialaufgabe darf sich der Architekt an ein Unternehmen wenden, das sich darauf eingerichtet hat; besteht für ihn kein triftiger Grund, den Spezialkenntnissen und Erfahrungen dieses Unternehmens zu misstrauen, hat er einen von diesem Unternehmen zu vertretenden Mangel nicht mitverschuldet (BGH BauR 1976, 66, 68). Ein **Bodengutachten** muss eingeholt werden, wenn gesicherte Erkenntnisse bestehen, dass der Baugrund ungünstig erscheint (OLG Hamm BauR 1997, 1069 zu Auffüllungen mit Bauschutt). Dies kann dann anders sein, wenn der Baugrund bekannt ist. Hier hat der Architekt auf eine Kostenreduzierung zu dringen. Geht der Tragwerksplaner von unrichtigen Bodenverpressungen aus, kann der Architekt dies erkennen, so hat er ihn darauf hinzuweisen (OLG Oldenburg BauR 1981, 399). Solange der Architekt eine Baugrunduntersuchung nicht veranlasst hat, darf der Statiker bei seinen Berechnungen eine angenommene Bodenpressung zu Grunde legen. Der Statiker genügt seiner Hinweispflicht im Rahmen einer ordnungsgemäßen **Tragwerksplanung,** wenn er den Architekten in der Statik darauf hinweist, dass die Zulässigkeit der angenommenen Bodenpressung vor Baubeginn zu prüfen ist (OLG Koblenz BauR 2005, 156, 422). Wird ein behördlich in Auftrag gegebenes Gutachten verwendet, darf der Architekt sich auf die Richtigkeit verlassen, es sei denn der Fehler ist offenbar (BGH BauR 1996, 404). Bei Kanal- und sonstigen Spartenplänen hat der Architekt diese vorher einzusehen, bzw. sich zu erkundigen u. a. bei Versorgungsunternehmen. Ist nach dem Stand der Technik eine Drainage notwendig zu verbauen, haftet der Architekt, wenn kein Hinweis erfolgt. Bei Grundwasserverhältnissen, die ungeklärt sind, muss ein Bodengutachter hinzugezogen werden und das Gutachten dann in die Planung einfließen (OLG Düsseldorf BauR 2000, 1358; OLG Hamm 1997, 876). Allerdings ist hier eine Einschränkung zu beachten. Baugrundgutachten und Planung der Abdichtung sind dem mit der Genehmigungsplanung beauftragten Architekten nur bei Neubauten geschuldet (KG IBR 2007, 1125). Das ist aber bedenklich, weil z. B. bei Sanierungsbauten und Modernisierungsbauten im Altbestand die Durchfeuchtung eines Kellers zur Lagerung von Lebensmittel früher hingenommen oder gar erwünscht war. Soll der Keller oder Souterrainbereich aber heutzutage erstmalig einer Wohnnutzung zugeführt werden, oder ändert sich der Funktionsbereich von Lagerung in eine andere Funktion (Garage, Spielkeller usw.) so ist die Vorprüfung und Planung der Gebäudeabdichtung unerlässlich. Bei funktionstauglicher und zweckentsprechender Planung ist daher die Planung des Architekten nebst Einholung eines Baugrundgutachtens spätestens im Rahmen der Entwurfsplanung geschuldet (OLG Düsseldorf ZIP 1998, 2097). Dabei **reicht es aus, ist aber zwingend notwendig,** dass der Architekt auf die Beauftragung des Bodengrundgutachtens **dringt. Weigert der Bauherr sich oder tut nichts** hat der **Architekt den Gutachter auf eigene Kosten** – zur Vermeidung einer späteren Haftung – **zu beauftragen.** Die Kosten kann der Architekt dem Bauherrn als **nutzvolle Aufwendungen** zusätzlich in Rechnung stellen. Gleiches gilt für Versäumnisse des Bauunternehmers (OLG Düsseldorf BauR 2004, 1833 = NZBau 2005, 404). Die Planung einer funktionstauglichen und zweckentsprechenden Abdichtung ist bei erstmaligen zu Wohnzwecken dienenden Keller- und Souterrainbereichen erforderlich (KG IBR 2007, 1125; OLG Düsseldorf BauR 1998, 1120; OLG Hamburg IBR 2000, 598). Die Planung der Abdichtung muss **bei einwandfreier Ausführung durch den Unternehmer zu einer fachlich richtigen und dauerhaften Abdichtung führen.** Dies gilt auch, wenn der Architekt nur mit der Genehmigungsplanung beauftragt ist. Auch im Rahmen eines solchermaßen eingeschränkten Auftrags muss er sich planerisch um eine mangelfreie, druckwasserhaltende Bauwerksabdichtung kümmern (OLG Düsseldorf BauR 2005, 442, 603 = NZBau 2005, 402). Der Architekt hat die Pflicht das Gebäude so zu planen, dass kein Grundwasser eindringen kann (BGH BauR 2001, 823). Dazu sind die Grundwasserverhältnisse zu berücksichtigen, die „Langzeitgesichert" sind (OLG Düsseldorf BauR 2005, 1680 – 10 Jahre –). Dies gilt erst recht bei grund- und hochwassergefährdeten Bereichen OLG Köln NJW-RR 1993, 1493; OLG Düsseldorf BauR 2000, 1358; OLG Düsseldorf BauR 1991, 791). In diesem Zusammenhang ist davon auszugehen, dass die niedrigsten Kelleröffnungen nach DIN 18 195 mindestens 30 cm über dem höchsten zu erwartenden Grundwasserstand liegen (OLG Hamm BauR 2001, 828; OLG Düsseldorf BauR 2005, 1680). Eine mindestens 25 cm starke Bodenplatte ist bei drückendem Wasser erforderlich (OLG Düsseldorf BauR 2001, 277). Hier ist auch der Fall wesentlich, dass die **Bitumendickbeschichtung** den Regeln der Technik entspricht und so geplant werden muss (BGH BauR 2000, 1330). Dies gilt auch für die späteren Überwachungspflichten.

Über die Festlegung des **Abdichtungskonzepts** (Bauweise mit verminderter Zwangsbeanspruchung, mit beschränkter Rissbreite oder mit späterem Verpressen vorhandener Risse) entscheidet der planende Architekt. Dabei hat er die Leistung anderer an der Planung fachlich Beteiligter abzustimmen und zu integrieren (OLG München, Urt. v. 22.2.2012 – 9 U 3561/11). Beauftragt der Auftraggeber einen **Fachplaner** mit der **Ermittlung des Feuchte- und Salzhaushalts** in einem alten Mauerwerk und der Erarbeitung eines **Sanierungskonzepts,** muss der beauftragte Fachplaner lediglich den Sanierungsentwurf und **keine Sanierungsdetailplanung** erstellen. Hat der Architekt sämtliche Architektenleistungen für die Sanierung der Fassade eines Altbaues zu erbringen, muss er sich bereits bei der **Entwurfsplanung** mit dem Sanierungskonzept eines Fachplaners befassen und die endgültige Planung **als Ausführungsplanung** (!) vornehmen. Entscheidet sich der Auftraggeber trotz des Hinweises des Architekten auf fehlende einschlägige Erfahrungen ausdrücklich für die Durchführung eines bestimmten Injektionsverfahrens, trägt der Auftraggeber das Risiko, daß das Verfahren zu dem von ihm gewünschten Erfolg führt. Der Architekt hat in einem solchem Fall lediglich sicherzustellen, daß die Arbeiten ordnungsgemäß ausgeführt werden (OLG Celle, Urt. v. 29.1.2014 – 7 U 159/12).

Dies gilt auch für die **Planung der Fundamente** und der **Dehn- und Trennfugen** (OLG Düsseldorf BauR 1973, 252; OLG Stuttgart, Urt. v. 24.4.2012 – 10 U 7/12). Eine notwendige höhere oder auch tiefere Gründung hat er zu erkennen und zu planen (BGH, BauR 2002, 1536).

Die Planung der einwandfreien **Schall- und Wärmedämmung** ist aus bauphysikalischer Sicht geboten und notwendig, insbesondere auch einen Bauphysiker hinzuzuziehen, wenn die Sachkunde fehlt (vgl. hierzu umfassend: Locher-Weis, Rechtliche Probleme des Schallschutzes, 1999; BGH BauR 1998, 872; OLG Düsseldorf BauR 1997, 1046; OLG München BauR 1999, 399; siehe auch Dresenkamp BauR 1999, 1079; OLG Karlsruhe, BauR 2008, 390). Zu berücksichtigen sind die Schallschutzwerte bei Mehrfamilien-, Doppel- und Reihenhäusern (OLG Hamm, BauR 2005, 743). Allerdings ist hier bestimmend welchen Zweck und welche vertragliche Vereinbarung der Ausstattung mit dem Bauherrn getroffen wurde (sieh auch Bauträgerverträger). Hier ist maßgeblich die Anforderung nach DIN 4109. Hat der Architekt die Wärmebedarfsberechnung selbst erstellt, so haftet er (OLG Hamm, BauR 2003, 276).

Bei den Anforderungen an den **Brandschutz** sind erhöhte Planungsanforderungen zu stellen (OLG Düsseldorf, BauR 2006, 862). Das betrifft bereits die Planung in den Leistungsphasen 2 und 3. Dabei sind Baustoffe und technische Bedarfsplanungen wesentliche Elemente der Leistungsanforderung, die insbesondere auch bei der später erfolgenden Ausschreibung zu berücksichtigen sind, aber bereits wegen der grundsätzlichen Bedeutung der Brandschutzes hier einfließen müssen (OLG Frankfurt, NJW-RR 2008, 1194). Bei fehlender Sachkunde hat er darauf hinzuweisen und auf die Beauftragung eines Fachmannes hinzuwirken (OLG Koblenz zum Verzicht auf die Erklärung eines Sonderplaners, BauR 1997, 502).

Grundsätzlich hat der Architekt daher alle **bauphysikalischen Anforderungen** zu erfüllen oder zumindest den Bauherrn dahingehend zu beraten, dass entsprechende fachplanerischen Leistungen zu übernehmen und zu beauftragen sind.

Werden vom Architekten in der **zeichnerischen Planung** bei der Darstellung einer fehlerhaften Schleppkurve bereits in der Entwurfsplanung Fehler gemacht, die zu einer späteren Änderung nach Ausführung führen und zudem auch den Tragwerksplaner mit einbezogen sind, so kann für die Haftung des Architekten dahinstehen, wenn es zwischen der Entwurfsplanung und der Ausführungsplanung und entsprechenden Ausführung weitere Planungs- und Tätigkeitsschritte gibt, an denen auch andere Planer beteiligt sind (OLG Köln, Urt. v. 30.9.2013 – 7 U 32/13).

Hingegen ist eine Haftung wegen nicht **sachgerechter Ausführung** grundsätzlich nicht anzunehmen. Jedoch bestimmt dies der Architektenvertrag und die erkennbaren Vorgaben des Bauherrn (so auch OLG Hamm BauR 1989, 501). Die Darlegungs- und Beweislast hat der Bauherr für diese Behauptung.

Hat der Architekt es mit dem sog. „**sachkundigen Bauherrn**" zu tun – beispielsweise **160** ist der Bauherr selbst Architekt – (hierzu ausführlich: Preussner, Der sachkundige Bauherr, 1998), so haftet der Bauherr nur selten mit, § 254 BGB. Dieses ist wohl nur bei den elementarvertraglichen Pflichten denkbar; dies wären offenbare Hinweise, im Rahmen der Planung, wie die Prüfung von Kostenanschlägen, Grundwasserverhältnisse, Statiken, soweit keine Nachberechnungen erforderlich sind, Nachbarbebauungen, Bebauungspläne usw.; also nur diejenigen Mitwirkungshandlungen, die einem sachkundigen Dritten sofort „ins Auge" springen müssen (BGH BauR 1994, 533). Falls dem Architekten der Vorwurf einer den örtlichen Grundwasserverhältnissen nicht ausreichend Rechnung tragenden Bauplanung gemacht werden muss, hat er dem Auftraggeber den daraus während der späteren Bauerrichtung entstehenden **Schaden nach** §§ 634 Nr. 4, 636, 280, 281, 311a BGB n. F. **zu ersetzen.** Dieser erfasst auch die Kosten, welche durch die Auslagerung eines in den Kellerräumen betriebenen Büros für die Dauer der Sanierungsarbeiten (Einbau einer Innenwanne) entstehen; das gilt selbst dann, wenn eine solche von vornherein geplante Nutzung nicht der Baugenehmigung entsprach, aber auf Grund einer zwischenzeitlichen Änderung der BauO ohne weiteres hätte nachträglich genehmigt werden können (OLG Düsseldorf BauR 1992, 106).

Andererseits: Beauftragt der Auftraggeber Sonderfachleute, wie z. B. einen Bodengutachter, und erstellen diese ein hinsichtlich der Grundwasserstände unzureichendes Gutachten, so haftet der bauplanende Architekt nicht als Gesamtschuldner für dadurch verursachte Schäden, wenn er zwar von der ursprünglich vorgesehenen Planung abweicht, sich aber im

Rahmen der vom Bodengutachter vorgegebenen Werte hält. Dabei stellt es keine Verletzung der dem Architekten obliegenden Koordinationspflichten dar, wenn er die Bodengutachter nicht von der so geänderten Planung in Kenntnis setzt (OLG Köln BauR 1992, 804).

161   Insbesondere hat der Architekt darauf zu achten, dass er dem Auftraggeber einen **genehmigungsfähigen Entwurf** schuldet (hierzu: BGH BauR 1999, 934, BGH BauR 1999, 1195; OLG Düsseldorf NJW-RR 1996, 1234; Preussner BauR 2001, 697; Kesselring FS Mantscheff 2000, S. 3; OLG Nürnberg BauR 2002, 976; Locher BauR 2002, 1303; Troidl, BauR 2007, 12, Spiegels, NZBau 2007, 270), er also die bauordnungsrechtlichen Vorschriften im Einzelnen kennt und beachtet, sofern diese für das betreffende Bauvorhaben von Gewicht sind. Deshalb ist der Entwurf mangelhaft, wenn die Baugenehmigung nur nach grundlegender Umplanung des Baukörpers oder einer so weitgehenden Änderung des Entwurfes erreicht werden kann, dass mit einem Einverständnis des Auftraggebers nicht zu rechnen ist (OLG Düsseldorf Schäfer/Finnern Z 3.01 Bl. 125). Das setzt allerdings voraus, dass die ursprüngliche Entwurfsplanung **auch nicht durch einen Dispens** hätte verwirklicht werden können, wobei für das Gegenteil der Architekt beweispflichtig ist (Locher/Koeble/Frik § 34 Rdn. 107). Letzteres gilt auch für den etwaigen Einwand des Architekten, der Auftraggeber habe bewusst die Nichtgenehmigungsfähigkeit des Entwurfs in Kauf genommen, wie z.B. bei einem noch nicht baureifen Grundstück (BGH Schäfer/Finnern Z 3.01 Bl. 493). Zur Frage, ob der Auftraggeber sich auf eine mangelhafte Leistung des Architekten berufen kann, wenn er gegen eine zu Unrecht versagte Baugenehmigung kein Rechtsmittel einlegt (zutreffend Locher, Das private Baurecht Rdn. 250). Dieses hängt von der berechtigten Interessenlage des Auftraggebers im Einzelfall ab, insbesondere davon, ob und inwieweit er mit einer alsbaldigen Entscheidung zu seinen Gunsten rechnen kann.

Daraus folgt zunächst einmal, dass die **Baugenehmigung dauerhaft bestandskräftig** ist und sein muss (BGH, BauR 1999, 934; KG BauR 2006, 1928; BGH, BauR 2011, 869; OLG Düsseldorf, BauR 2010, 1255; OLG Düsseldorf 2012, 976, OLG Nürnberg, BauR 2002, 976; Wagner, ZfBR 2011, 535; Knacke/Schütz, FS Koeble, S. 375 ff.). Wird die Genehmigung fälschlicherweise erteilt und später aufgrund Nachbarwiderspruchs wegen Verletzung drittschützender Normen wieder aufgehoben, liegt ein Planungsfehler vor (BGH, BauR 1999, 2112; OLG Düsseldorf, BauR NJW-RR 1996, 1234; KG, BauR 2006, 1928). Ebenfalls mangelhaft ist die Planung, wenn die Genehmigung erteilt wird, aber insgesamt vom Planungsauftrag abgewichen wird (BGH, BauR 1998, 577). Unwesentliche Abweichung sind allerdings unschädlich (BGH, BauR 2002, 1872 zur Duldung von Änderungen; OLG Hamm, BauR 2005, 527).

Bei **späteren Änderungen** der öffentlich-rechtlichen Gegebenheiten während der Bauantragsphase und auch bei während dessen durchgeführten verwaltungsrechtlichen Rechtsstreiten zu Genehmigungen, kommt es auf den Einzelfall an. Insbesondere muß berücksichtigt werden, ob die möglichen Änderungen bei Antragseinreichung vorhersehbar waren oder nicht im Rahmen des Üblichen liegen. Zögert die Gemeinde bei Erteilung einer Genehmigung und schiebt sie Möglichkeiten anderer Einflüsse, wie Baumsatzungen und die Notwendigkeit zum Erwerb von Grundstücken durch den Antragsteller vor und lehnt dann erst nach Erfüllung der Forderungen ab, wird man Einflussnahmen der Behörden dem Planer selbst nicht zurechnen können. Das gilt auch für den Fall, wenn Änderungssatzungen während der Antragstellung unvorhersehbar ergehen, u.a. aus politischen Gründen. Maßgeblich bleibt aber die Frage, ob dies vom Planer vorhersehbar war. Dabei spielen auch Änderungswünsche des Auftraggebers eine nicht zu übersehende Rolle.

Auch bei **Baufreistellungen und genehmigungsfreien Bauvorhaben** muss die Planung genehmigungsfähig sein (BGH, BauR 2002, 114). Wird in diesem Zusammenhang dann infolge der Kenntnis des Risikos vom Bauherrn dennoch der Auftrag zur Einreichung des Antrages erteilt und schlägt das dann fehl, so können keine weitergehenden Schäden auf den Architekten abgewälzt werden (also kein Ersatzanspruch wegen zusätzlicher Statiker oder Fachplanerkosten oder Beraterkosten; OLG Celle, BauR 2002, 116).

Wenn die so **nicht genehmigungsfähige Planung nicht abnahmefähig** ist – dies ist der Regelfall – so entfällt die Vergütungsverpflichtung des Bauherrn (BGH BauR 1999,

934; OLG Düsseldorf BauR 1986, 469). Dies gilt auch dann, wenn die zunächst genehmigte Planung später – mit oder ohne Nachbarwiderspruch – aufgehoben wird (OLG Düsseldorf NJW-RR 1996, 1234; BGH LM § 839 (E) BGB Nr. 51 m. Anm. Koeble). Im Übrigen gilt nur die Bestandskraft der Genehmigung auch für die Vergütung. Die Unterschrift auf den Plänen ist keine Abnahme des Architektenwerkes (BGH BauR 1999, 934). Wenn die Genehmigung mit Änderungen versehen wird oder diese erst erteilt wird, wenn die Änderungen eingearbeitet sind und die Änderungen zu einer erheblichen Änderung des Bauherrenzieles führt und eine abweichende Bauausführung notwendig wird, so ist das Werk nicht abnahmefähig (BGH BauR 1998, 577). Hier kommt es auf den Einzelfall an, § 242 BGB (vgl. auch Preussner BauR 2001, 697; BGH BauR 1998, 577). Allerdings: Wird die Baugenehmigung versagt und kann sie auch nicht nachgebessert werden, kann der Architekt mangels vertraglichen Erfolges für die Leistungsphase 3 und 4 kein Honorar verlangen, aber möglicherweise für die Leistungsphasen 1 und 2 (OLG Nürnberg BauR 2002, 976).

Auch die Inaussichtstellung eines **Dispenses** führt zur Mangelhaftigkeit, weil der vertragliche Leistungserfolg eben nicht erreicht wurde (OLG Hamm, BauR 2005, 1354, BGH, BauR 2011, 869 zum Grenzabstand).

Allerdings sind Umstände, die in den Risikobereich des Auftraggebers fallen nicht in allen Fällen Grundlage einer Mangelhaftung des Architekten/Planers. Insbesondere Risiken, die unabhängig von der Planung sind, also die Erhaltung einer Betriebserlaubnis, eines Bestandes, einer Einordnung als Denkmal und der Denkmalliste.

Nicht hingegen sind wasserrechtliche Kenntnisse und naturschutzrechtliche Befreiungstatbestände und Notwendigkeiten in allen Fällen haftungsbegründend. Hier wird man sagen müssen, dass **Spezialkenntnisse** sicher nicht zum üblichen Ausbildungs- und Kenntnisstand eines Architekten gehören. Jedoch ist deutlich auf Vorbefassungen, Kenntnisse und Fachrichtungen zu abzustellen (so zu Kenntnissen des Wasserrechts, OLG Düsseldorf, IBR 2005, 555; a. A. Spiegels, NZBau 2007, 207; KG BauR 2006, 1928).

Bevor die Frage der Bebauungsmöglichkeit im Wege von Verhandlungen mit den **162** zuständigen Behörden hinreichend geklärt ist, darf der Auftragnehmer den endgültigen Entwurf noch nicht anfertigen, es sei denn, der Auftraggeber verlangt bereits jetzt die Entwurfsplanung; zumindest muss der Auftragnehmer hier den Auftraggeber auf die Möglichkeit der **Bauvoranfrage hinweisen** (BGH Schäfer/Finnern Z 3.01 Bl. 385). Möglicherweise ist eine solche Anfrage entbehrlich, und es kann eine sonstige Erörterung des Auftragnehmers mit der Behörde ausreichend sein; dann darf er **nur diesen Weg** wählen (vgl. LG Mannheim Schäfer/Finnern Z 3.01 Bl. 258), was jetzt umso mehr gilt, als es sich bei der Bauvoranfrage um eine Besondere Leistung im Bereich der Vorplanung handelt. Auch muss sich der Architekt hier um zivilrechtliche Fragen kümmern, wie etwa Nachbarrechte. Der Architekt und nicht der Vermessungsingenieur hat die Klärung der Abstandsflächen und des Schmalseitenprivilegs herbeizuführen. Der Vermessungsingenieur ist nicht Verrichtungsgehilfe des Bauherrn (OLG Hamm BauR 2000, 918).

Allerdings braucht er sich nicht um die Klärung von **Rechtsfragen** zu kümmern. Hier gerät er in den Bereich des Rechtsberatungsgesetzes (OLG Zweibrücken BauR 1998, 1036). Allerdings hat er die Pflicht auf rechtliche Probleme und Schwierigkeiten hinzuweisen, so auch bei Baugenehmigungen (OLG Düsseldorf BauR 2000, 1515; OLG München BauR 1992, 534). Wenn der Bauherr sich über diese – ausdrücklich erklärten und erläuterten Probleme – hinwegsetzt und die Genehmigung beantragt, so ist der Architekt entlastet (OLG Düsseldorf BauR 2000, 1515). Der Architekt hat also immer den sichersten Weg zu empfehlen (und zu gehen); (OLG Köln BauR 1993, 358; OLG Hamm BauR 1996, 578).

Besondere Sorgfalt muss der Architekt an die im Rahmen der Entwurfstätigkeit anzu- **163** fertigende **Kostenberechnung nach DIN 276** oder nach den wohnungsrechtlichen Berechnungsvorschriften legen. Das gilt vor allem, wenn der **Bauentschluss** des Auftraggebers erklärtermaßen oder erkennbar von der **Einhaltung einer bestimmten Kostengrenze abhängig** ist. Das hierzu für die Vorplanung in Rdn. 70 ff. Gesagte gilt jetzt in **besonderem Maße,** wobei der dem Architekten für den Normalfall einzuräumende

Spielraum erheblich eingeschränkter zu sehen ist als für den Rahmen der Vorplanung (vgl. dazu OLG Frankfurt/M. BauR 1993, 626; auch Miegel S. 115 f.). Abgesehen davon, dass hier die Kostenberechnung eingehender und genauer zu erfolgen hat, ist besonders zu beachten, dass es Sinn und Zweck der Entwurfsplanung ist, **endgültig** die Frage zu klären, ob der Auftraggeber seine Bauabsicht in die Wirklichkeit umsetzen kann und/oder will. Überschreitet der Architekt hier die für den Rahmen der Kostenberechnung ihm im Einzelfall zuzubilligenden Grenzen, macht er sich wegen **Verletzung einer vertraglichen Hauptpflicht** nach §§ 634 Nr. 4, 636, 280, 281 BGB schadensersatzpflichtig und nicht nur aus dem Gesichtspunkt der positiven Vertragsverletzung §§ 280, 281 BGB (insoweit zutreffend Locher, Das private Baurecht Rdn. 276; Dostmann BauR 1977, 177; Bindhardt/Jagenburg § 6 Rdn. 198). Hat sich die Überschreitung der vom Auftraggeber angegebenen Höchstgrenze der Baukosten noch nicht im Rahmen der Bauausführung verwirklicht, ist sie also schon vor der betreffenden Bauausführung entdeckt worden, so muss der Auftraggeber dem Architekten zunächst Gelegenheit zur **Nachbesserung** geben, weil diese dann noch möglich ist. Will er auch in diesem Falle vom Architekten Schadensersatz oder Minderung verlangen, muss er zunächst dem Architekten zur ordnungsgemäßen Nachbesserung eine Frist setzen und für den Fall der Nichteinhaltung dieser Frist die endgültige Ablehnung der Entgegennahme der Leistung androhen (§§ 634 Nr. 4, 637 BGB). Hat der Architekt noch die Gelegenheit zur Nachbesserung, so muss er unter Ausnutzung aller Kosteneinsparungsmöglichkeiten versuchen, den angegebenen Kostenrahmen noch zu erreichen (vgl. OLG Düsseldorf BauR 1994, 133 = NJW-RR 1994, 18). Hat der Auftragnehmer eine unrichtige Kostenberechnung vorgenommen, so muss er diese laufend korrigieren und den Auftraggeber informieren, anderenfalls er sich – gegebenenfalls erneut – schadensersatzpflichtig macht (LG Tübingen Schäfer/Finnern Z 3.005 Bl. 3). Jedoch ein Auftraggeber, der den Architektenvertrag für den Bau eines Hotels gekündigt hat, kann die nutzlosen Ausgaben für das nicht durchgeführte Bauvorhaben nicht mit einer auf Verzug des Architekten gestützten Klage begründen, wenn er diesen **allein** aus der Nichterstellung der Kostenberechnung im Zeitpunkt der Arbeiten entsprechend der Leistungsphase 3 herleitet; denn beim Werkvertrag wird die Leistung erst im Zeitpunkt der Ablieferung des Gesamtwerkes fällig. Jedoch könnte ein Schadenersatzanspruch aus positiver Vertragsverletzung begründet sein, wenn der Architekt in einem Zeitpunkt, in dem er den Anstieg der Baukosten erkennen konnte, den Auftraggeber nicht darauf hingewiesen hat (vgl. BauR 1997, 1067 = NJW-RR 1997, 1376 = Schäfer/Finnern/Hochstein § 635 BGB Nr. 117).

War eine **Baukostengarantie** vereinbart, so haftet der Planer bereits jetzt (BGH, BauR 1997, 494; Werner/Pastor, Rdn. 1786; Jochem, NZBau 2013, 352). Allerdings dürfen in der Kostenermittlung die Kosten im angemessenen Verhältnis durchaus überschritten werden **(Toleranzrahmen)** bevor man von einer Fehleinschätzung des Architekten auszugehen hat. Wenn aber sodann die strikte Kostenobergrenze, die vereinbart war, überschritten wird, so haftet der Architekt (BGH, BauR 1997, 494; OLG Düsseldorf, IBR 2006, 104). Ist keine besondere Kostenvereinbarung getroffen worden, so wird man im Allgemeinen von einer Überschreitung von 20–25% ausgehen müssen, weil in diesem Rahmen sich in diesem frühen Stadium der Planung erhebliche Ungenauigkeiten ergeben können (Werner/Pastor, Rdn. 2300). Zudem ist für die Frage, ob der rahmen überhaupt und wenn ja, um wieviel, die Frage erheblich, ob die Feststellung des Planungsstandes zum Zeitpunkt der Kostenberechnung sich entsprechend durch äußere Einflüsse geändert hatte oder durch Bauherrenwünsche. daher muss der Planer jede Abweichung vom Vertragsumfang und der Planung und deren äußere Einflüsse möglichst dokumentieren. das gilt auch für den Bauherrn, wenn von einem festumrissenen Leistungsvertrag ausgegangen werden soll (so auch OLG Celle, IBR 2003, 1047; Werner/Pastor, Rdn. 2278 ff.).

Das vorangehend Ausgeführte gilt entsprechend für die vom Architekten nunmehr vorzunehmende **Kostenkontrolle.**

164 Ist die als Besondere Leistung eingeordnete **Wirtschaftlichkeitsberechnung** aus einem von dem Auftragnehmer zu vertretenden Grund **unrichtig** und lässt sich deswegen das Vorhaben nicht durchführen, haftet der Auftragnehmer ebenfalls auf **Schadensersatz**

(BGH, IBR 2009, 521; Irmler, § 33 Rdn. 60), sofern nicht noch eine rechtzeitige Korrektur möglich ist; in einem solchen Fall kann die Aufforderung zur Mängelbeseitigung entbehrlich sein, wenn sie eine bloße, nutzlose Förmlichkeit wäre (BGH BauR 1977, 285), was z. B. der Fall ist, wenn der Auftraggeber wegen der unsorgfältigen Tätigkeit finanziell schon so verpflichtet ist, dass er das Grundstück veräußern muss, was auch für eine dem § 675 BGB unterzuordnende Architektentätigkeit gilt (vgl. dazu BGH BauR 1984, 420 = Schäfer/Finnern/Hochstein § 675 BGB Nr. 9). Der Auftragnehmer hat sich vom Vorwurf des Verschuldens zu entlasten (BGH a. a. O.). Lässt sich das Vorhaben von vornherein nicht finanzieren, muss der Auftragnehmer den Auftraggeber rechtzeitig, bevor dieser Kosten für das Vorhaben, insbesondere zu dessen Finanzierung, aufwendet, darauf hinweisen. Dafür hat der Auftragnehmer ebenso die Darlegungs- und Beweislast wie für die etwaige Behauptung, der Auftraggeber wäre trotz rechtzeitigen Hinweises bei seinem Vorhaben geblieben (BGH a. a. O.).

4. Leistungsphase 4: Genehmigungsplanung (§ 34 Abs. 3 i. V. m. Anhang 10.1)

A. Leistungen

Die Leistungsphase 4 – Genehmigungsplanung – löst das Leistungsbild Bauvorlagen in **165** § 19 Abs. 1c) GOA ab. Mit der HOAI 2013 wurden aus vier Teilleistungen nun drei, ohne dass die Inhalte geändert sind.

Ebenso wie die frühere Regelung beruht § 34 Abs. 3 Anlage 10.1 Lph. 4 darauf, dass im allgemeinen Bauvorhaben **nur durchgeführt** werden dürfen, wenn die **Vorschriften des öffentlichen Baurechts nicht entgegenstehen,** insbesondere die nach den einschlägigen Bestimmungen erforderlichen Genehmigungen usw. erteilt worden sind. Dabei wird der Auftragnehmer für den Auftraggeber jedenfalls insofern vorbereitend tätig, als er die nach den öffentlich-rechtlichen Vorschriften notwendigen und bei der zuständigen Behörde einzureichenden Unterlagen sachgerecht und vollständig zu bearbeiten und fertig zu stellen hat. Der VO-Geber fasst die Leistung unter **Ziffer a)** nunmehr so zusammen:

„Erarbeiten und Zusammenstellen der Vorlagen und Nachweise für öffentlich-rechtliche Genehmigungen oder Zustimmungen einschließlich der Anträge auf Ausnahmen und Befreiungen, sowie notwendiger Verhandlungen mit Behörden unter Verwendung der Beiträge anderer an der Planung fachlich Beteiligter.“

Wenn nach den Landesbauordnungen zur Vereinfachung und Beschleunigung im Be- **166** reich des Wohnungsbaues Erleichterungen durch vereinfachte Genehmigungsverfahren und sog. Anzeigeverfahren eingeführt wurden, dabei der Architekt mit der Anfertigung der Bauvorlagen betraut ist, erhält er auch das Honorar. Sofern nunmehr bestimmte Vorhaben verfahrensfrei sind, erhält der Architekt eine Gebühr für die Genehmigungsplanung nur, wenn die Voraussetzungen vorliegen, es nämlich bei Innenraumplanungen um die Prüfung auf notwendige Genehmigungen, Einholung von Zustimmungen und Genehmigungen geht (Nestler BauR 1998, 69). Anders liegt es, wenn es um das bloße Prüfen geht, ob überhaupt nach öffentlich-rechtlichen Vorschriften eine Baugenehmigung oder die Durchführung eines Anzeigeverfahrens nötig ist. Das unterliegt bereits den Leistungen nach Leistungsphase 2.

Ob und inwieweit der Auftragnehmer hier für den Auftraggeber tätig werden muss, be- **167** stimmt sich im Ausgangspunkt nach den einschlägigen öffentlich-rechtlichen Baubestimmungen, nicht zuletzt den **jeweiligen Landesbauordnungen.** Dort ist festgelegt, welche Voraussetzungen für die behördliche Prüfung und Genehmigung eines Bauvorhabens erfüllt sein müssen. Dabei sind die in den einzelnen Ländern ergangenen **Bauvorlageverordnungen** zu beachten, welche Art, Inhalt und Beschaffenheit des jeweiligen Baugesuches vorschreiben. Hiernach werden im Allgemeinen für einen ordnungsgemäßen und vollständigen Bauantrag gefordert: Lageplan, Entwurfzeichnungen, Baubeschreibung, Standsicherheitsnachweis (vgl. OLG Celle BBauBl. 1966, 119), sonstige bautechnische Nachweise sowie Entwässerungsplanung (Darstellung der Grundstücksentwässerung). Sofern die Bauvorlagenverordnungen es verlangen, gehört auch eine Wohnflächenberechnung nach DIN 283 dazu. Aus den Bauvorlageverordnungen ergibt sich außerdem im Einzelnen, wie diese Unterlagen **auszusehen** haben.

168   Die von dem Architekten im Bereich der Genehmigungsplanung als Grundleistungen zu erbringenden Arbeiten sind im Verhältnis zur Allgemeinumschreibung in § 19 Abs. 1c) GOA in § 15 Abs. 2 Nr. 4 HOAI nicht nur näher bezeichnet, sondern **auch erweitert** worden. Einmal obliegt ihm die Erarbeitung der Unterlagen, welche für die jeweils notwendigen öffentlich-rechtlichen Genehmigungen oder Zustimmungen erforderlich sind. Das gilt nicht nur für die regelmäßig oder immer verlangten Genehmigungen oder Zustimmungen, sondern auch für die ausnahmsweise erforderlichen Dispense, was in der HOAI deutlich durch die Wendung **„einschließlich der Anträge auf Ausnahmen und Befreiungen"** hervorgehoben worden ist (OLG Oldenburg, IBR 2007, 255). Dies bedingt, dass der Auftragnehmer nicht nur über die Erfordernisse normaler Genehmigungen oder Zustimmungen, sondern auch über diejenigen öffentlich-rechtlichen Vorschriften orientiert ist, welche **Hindernisse** für die erstrebte Bauausführung enthalten, und darüber hinaus, ob diese **überhaupt** durch Ausnahmegenehmigungen oder Befreiungen **beseitigt** werden können sowie **auf welche Weise.** Sind solche Möglichkeiten vorhanden, muss der Auftragnehmer **entsprechende Anträge** ausarbeiten. Überdies wird festgelegt, dass der Auftragnehmer im Rahmen der Genehmigungsplanung auch die Beiträge anderer an der Planung fachlich Beteiligter zu verwenden und gegebenenfalls mit einzuarbeiten hat, sofern auch hier behördliche Genehmigungen oder Zustimmungen, Anträge auf Ausnahmen und Befreiungen notwendig sind. Das gilt insbesondere im Hinblick auf Lagepläne, die Statik für die Tragwerksplanung, den Schall- und Wärmeschutz, die der Architekt selbst nicht als Grundleistungen schuldet (vgl. Locher/Koeble/Frik § 3 Rdn. 12 und 130). Zu denken ist hier weiter u. a. an bauphysikalische Nachweise zum Brandschutz, Unterlagen für die Genehmigung technischer Gebäudeausrüstung, Versorgungs- und Entsorgungsanlagen, meteorologische Gutachten usw.

169   Der Auftragnehmer hat die entsprechenden, jeweils erforderlichen Unterlagen nicht nur vorzubereiten und anzufertigen bzw. zusammenzustellen, sondern er hat sie darüber hinaus bei den zuständigen Behörden **auch ordnungsgemäß** für den Auftraggeber **einzureichen.** Er muss somit Sorge dafür tragen, dass nicht nur die von ihm selbst anzufertigenden Unterlagen, sondern auch diejenigen, welche von anderen an der Planung fachlich Beteiligten kommen müssen, vorliegen und der betreffenden Behörde ordnungsgemäß, insbesondere auch rechtzeitig zugeleitet werden. Da die Bearbeitung des Baugesuches nur sichergestellt ist, wenn es der zuständigen Behörde zugegangen ist, genügt der Architekt seiner Pflicht zur Einreichung nicht schon durch die bloße Absendung; er muss vielmehr grundsätzlich dafür Sorge tragen, dass er die Kontrolle über den Zugang bei der Behörde sicherstellt, entweder durch Überbringung oder durch eine qualifizierte Übersendung, wie z. B. durch Einschreiben mit Rückschein oder Beifügung eines Empfangsbekenntnisses mit Freiumschlag, damit er Klarheit erhält, ob der Zugang erfolgt ist oder ob er dieserhalb Nachforschungen anstellen muss.

170   Sofern **Verhandlungen** mit der Behörde notwendig sind, müssen sie **vom Auftragnehmer geführt** werden, was ebenfalls eine Erweiterung des Pflichtenkreises im Verhältnis zu § 19 Abs. 1c) GOA darstellt.

171   Wenn es – vor allem auf behördliche Anforderung – notwendig ist, die einzelnen, für die baubehördlichen Genehmigungen oder Zustimmungen, Ausnahmen oder Befreiungen erforderlichen Unterlagen aufeinander **abzustimmen und untereinander anzupassen,** auch hinsichtlich der Arbeiten anderer an der Planung fachlich Beteiligter, gehört dies ebenfalls zu den Grundleistungen des Auftragnehmers im Bereich der Genehmigungsplanung. Gleiches gilt für die etwa erforderliche **Vervollständigung** der bisher vorliegenden Unterlagen. Dazu gehören nach dem insoweit klaren Wortlaut der HOAI Planungsunterlagen, Beschreibungen und auch Berechnungen.

Daraus ergibt sich, dass der Auftragnehmer **auch bei der Genehmigungsplanung eine Koordinierungsaufgabe** hat, welche er als Grundleistung vollständig und pünktlich zu erledigen hat. U. U. kann er dabei erforderlich sein, eine vervollständigte Genehmigungsplanung vorzulegen, welche auf eine **Nachtragsgenehmigung** abzielt. Diese gehört jedoch nicht mehr zu der Grundleistung.

Eine solche, im Bereich der Grundleistungen liegende **Verpflichtung** hat allerdings ihre Grenzen: Sie erstreckt sich nur soweit, als es sich um die mit den **öffentlich-rechtlichen Vorschriften und Anforderungen in Einklang zu bringende Planung** handelt, ohne dass durch nachträgliches, eigenmächtiges Eingreifen des Auftraggebers die bisherigen Zielvorstellungen geändert werden. Sollte durch spätere Änderung oder Ergänzung der Bauabsicht auf Grund eines einseitigen – nach dem Bisherigen nicht notwendig erforderlichen – **Wunsches des Auftraggebers** eine Nachtragsgenehmigung o. ä. erforderlich werden, so liegt dies **nicht mehr im Rahmen der Leistungen,** wird also durch die dem Auftragnehmer geschuldete Normalvergütung nicht mehr abgedeckt (ebenso Locher/Koeble/Frik § 34 Rdn. 136; Jochem, 5. Aufl., § 33 Rdn. 38).

Ergibt sich aus den Umständen und dem Planervertrag, dass es sich nicht um notwendige Planänderungen bei einer **Nachtragsbaugenehmigung** handelt, sondern die Erfordernisse auf dem Wunsch des Bauherrn beruhen, eine bestimmte Planung realisiert zu erhalten, oder ändern sich Planungsvorschriften oder technische Regeln nicht während der Planungsphase nicht, aber nach Einreichen der Planung, so wird man von einer nicht von den grundlegenden Leistungen umfassenden Planungsarbeit auszugeben haben und damit eine Besondere Leistung handeln. Diese ist dann vertraglich und nach dem Honorar nach § 3 Abs. 3 zu behandeln. Ebenfalls ist § 10 Abs. 1 und 2 zu berücksichtigen.

Im Allgemeinen hat der Architekt die Genehmigungsplanung erbracht, wenn dem Bau- **172** herrn die darauf beruhende Baugenehmigung erteilt wird (OLG Düsseldorf BauR 1981, 401). Die Risikoausschlussklausel in IV Nr. 8 der Berufshaftpflichtversicherung von Architekten, wonach sich der Versicherungsschutz nicht auf Schäden erstreckt, die der Versicherungsnehmer durch ein bewusst gesetz-, vorschrifts- oder sonst pflichtwidriges Verhalten verursacht hat, ist verwirklicht, wenn der versicherte Architekt ohne die erforderliche Genehmigung der Baubehörde Bauarbeiten beginnen bzw. ausführen lässt oder von den genehmigten Bauplänen abweicht (OLG Saarbrücken VersR 1993, 85).

Bei **raumbildenden Ausbauten** bedarf es in sehr vielen Fällen keiner Genehmigung. **173** Deshalb ist hierzu als Grundleistung des Architekten das Prüfen auf – etwa – notwendige Genehmigungen, das Einholen von Zustimmungen oder von Genehmigungen festgehalten. Letzteres kommt in Betracht, wenn Nutzungsänderungen o. ä. eine baurechtliche Genehmigung nötig machen. Handelt es sich um Leistungen für Innenräume, die zugleich Leistungen des raumbildenden Ausbaues darstellen, gelten die §§ 35, 36.

Die Planung im Rahmen der hausbaulichen **Entwässerung** wurde früher als Besondere **174** Leistung angesehen. Dies ist überholt, denn nach DIN 276-1:2008-12 ist diese unter die KG 400 einzuordnen, § 53 Abs. 2 Nr. 1.

Planungen und Beratungen im Zusammenhang mit **Energetischen Ertüchtigungen,** sind im normalen Planungsablauf Leistungen und nach DIN 276 zu berücksichtigen. Jedoch sind dieses separate Leistungen, wenn Leistungen nach Anlage 1 Ziff. 1.2 – Bauphysik – erbracht werden sollen. Dann sind diese zwar mündlich und formlos, aber dennoch zwingend zu vereinbaren und sind aber keine Besonderen Leistungen.

Bei der Frage, ob die Einreichung und Zusammenstellung der Unterlagen der **Brandschutzplanung** zur Leistungsphase 4 gehört, muss zunächst eine Vertragsauslegung erfolgen. Dabei ist zu berücksichtigen, ob der Planer die Vorgaben für den Brandschutz im Rahmen der Entwurfsplanung, bei der regelmäßig auch bauphysikalische Anforderungen zu beachten sind, diese durch zuführen hatte (BGH BauR 2002, 114; hierzu auch Rohrmüller BauR 2011, 1078; Quack/Seifert BauR 2011, 915). Oder aber, ob unter Hinweis auf die Notwendigkeit einer Konstruktiven baulich Brandschutzplanung und die insoweit eingeschränkten fachspezifischen Kenntnisse des Planers auf die Beauftragung eines Brandschutzsachverständigen gedrängt werden muss (BGH BauR 2002, 114).

Die **Wohnflächenberechnung** gem. DIN 277 oder der II. BV gehört nur dann zu **175** den Grundleistungen, wenn dies nach den landesrechtlichen Anforderungen notwendig ist. Ansonsten zählen diese zu den Besonderen Leistungen und müssen vereinbart werden.

Gleiches ist bei den Aufteilungen aus dem Bestand in Wohnungseigentum zu berücksichtigen. Hier müssen die **Aufteilungspläne** aus den ursprünglichen Plänen herausgearbeitet und geändert werden. Diese Honorierung muss gem. § 3 Abs. 3, weil es sich um eine besondere Leistung handelt, neu vereinbart werden. Dies gilt auch für die Berechnung der **Miteigentumsanteile** zusätzlich zur Wohnflächenberechnung.

Der Architekt, der eine Vergütung für Leistungen über die Leistungsphase 5 hinaus verlangt, ist für die umfassende Beauftragung darlegungs- und beweispflichtig. Dabei rechtfertigen tatsächlich ausgeführte Grundleistungen späterer Leistungsphasen allein nicht den Schluss auf einen solchen darauf gerichteten Auftrag. Dies gilt insbesondere, wenn der Architekt auch ein Eigeninteresse an der Vermarktung des Objekts hat. Die Beauftragung mit der Stellung einer Bauvoranfrage umfasst in Leistungsphase 4 auch die Grundleistungen der Leistungsphasen 1 und 2 (OLG Düsseldorf BauR 2002, 658). Dies gilt auch bei einer Ablehnung der Baugenehmigung (OLG Nürnberg BauR 2002, 976). Im Übrigen: Ist streitig, ob sich der Vertrag auf die Rohbauarbeiten beschränkt, steht dem Architekten für die Leistungsphasen 1–4 des Architektenhonorar nach den vollen anrechenbaren Baukosten zu, wenn sich die Genehmigungsplanung auf den **gesamten** Bau einschließlich des Ausbaus erstrecken musste. Im Übrigen hat der Architekt **darzulegen** und zu **beweisen,** wie weit sein Auftrag gegangen ist (OLG Celle IBR 2003, 313).

176   Die Honoraranteile sind bei Innenraumplanung mit 2% sehr niedrig vom VO-Geber angesetzt worden. Die Begründung liegt nach richtigem Verständnis darin, dass der Aufwand und die erforderlichen Genehmigungsanforderungen geringer als bei Gebäuden sind. Zudem ist darauf hinzuweisen, dass Planungen für Gebäude auch zugleich Planungen im Bereich der Innenraumplanung sein können (und vielfach sind). Hier entsteht ein Honoraranspruch für beide Bereiche, unter Berücksichtigung des § 37 Abs. 2, wenn es vertraglich vereinbart ist. Das bedarf aber der vertraglichen Klarstellung, auch wenn es mündlich und formlos möglich ist.

Eine **Genehmigungsplanung** kann nicht als **Besondere Leistung** vereinbart werden. Nur wenn sie ein besonderes Prüfverfahren zum Inhalt hat, ist das denkbar (ähnlich auch Locher/Koeble/Frik, § 34 Rdn. 141).

b) Einreichen der Vorlagen

Die vom Planer erbrachten und erarbeiteten Unterlagen sind durch die notwendigen Unterschriften des Auftraggebers zu versehen und bei der Behörde einzureichen.

c) Ergänzen und Anpassen der Planungsunterlagen, Beschreibungen und Berechnungen

Werden durch die Behörde bei der Einreichung der Unterlagen fehlende Nachweise oder Unterlagen, sowie falsche Eintragungen erkannt, sind diese vom Planer zu erstellen und nachzureichen. Dies gilt aber nicht für eine **ergänzendes Baugesuch** oder einen Antrag auf **Nachtragsgenehmigung,** auf einen abgelehnten Bescheid, wenn die Ursachen der Ablehnung nicht beim Planer, sondern beim Auftraggeber liegen, indem er beispielsweise eine Genehmigung veranlassen will, die von Anfang an rechtlich mit einem Wagnis versehen war und er das Risiko der Genehmigung auf sich nehmen wollte. Hiersteht dem Planer das Honorar der Grundleistung zu. Die reinen Nachtragsgenehmigungen und die neuen Anträge nach abgelehnten Anträgen sind ergänzend nach § 10 honorierungspflichtig. Das gilt allerdings nicht, wenn der Planer einen Antrag einreichte, der auf fehlerhaften Leistungen seinerseits beruht.

B. Nichterbringung von Leistungen nach § 8 Abs. 1, 2

177   Erbringt der Architekt eine der Grundleistungen nicht, so kann nach einer überkommenen Ansicht bis zur HOAI 2009 die erste und dritte Leistung mit einem Abzug von je 2,85% bewertet werden (OLG Köln NJW-RR 1992, 667; OLG Hamm BauR 1994, 793). Die zweite Grundleistung war mit 0,3% angemessen. Die vierte Grundleistung war danach ein Auffangtatbestand (so auch Löffelmann/Fleischmann Rdn. 229). Diese Einordnung ist nicht mehr zeitgemäß und entspricht nicht den tatsächlichen Anforderungen. Folgende prozentualen Ansätze sind vertretbar:

	Siemon(G)	Simmendinger(G)	Siemon(I)	Simmendinger(I)	Begründung
Erarbeiten der Vorlagen	3,0	2,0	3,0	1,5 (abhängig vom Bedarf)	Basisleistungen
Einreichen	in a) enthalten	0,25	in a) enthalten	0,25 (abhängig vom Bedarf)	Bedeutung zur Planungsaufgabe
Vervollständigen und Anpassen	in a) enthalten	0,75	in a) enthalten	0,25 (abhängig vom Bedarf)	Bedeutung zur Planungsaufgabe

Grundsätzlich hat der VO-Geber zwingend in § 34 Abs. 3 die Leistungsphase 4 mit 3 Prozentpunkten bei Gebäuden und mit 2 Prozentpunkten bei Innenräumen angegeben.

C. Besondere Leistungen (§ 34 Abs. 3 i. V. m. Anlage 10.1 – rechte Spalte)

Die in Anlage 10.1 – rechte Spalte – beispielhaft aufgezählten Besonderen Leistungen, **178** zu denen im Einzelfall noch andere, in der HOAI nicht genannte hinzutreten können, sind solche, die erfahrungsgemäß bei bestimmten Fallgestaltungen häufig vorkommen können.

Hierzu rechnen **Sondertätigkeiten des Architekten** bei Vorliegen besonderer Verhältnisse, die einmal arbeitsintensiv sein können, zum anderen aber auch über das Normale hinausgehende Kenntnisse des Architekten erfordern.

Mitwirkung bei der Beschaffung von nachbarlichen Zustimmungen

In erster Linie steht hier die sowohl nach öffentlich-rechtlichen als auch nach privat- **179** rechtlichen Vorschriften erforderliche **Zustimmung des Nachbarn** für die beabsichtigte Baumaßnahme des Auftraggebers. Zu deren Vorbereitung und auch ihrer Erlangung bedarf der Auftraggeber nicht selten der Unterstützung seines Architekten. Damit ist allerdings **nicht gemeint,** dass der Auftragnehmer auf der Seite des Auftraggebers die **Funktion eines Rechtsberaters** einnimmt, er also an die Stelle eines Anwaltes tritt. Abgesehen davon, dass dem Auftragnehmer auch für den Rahmen besonderer Planungsleistungen nicht die erforderlichen detaillierten Rechtskenntnisse abzuverlangen sind, könnte einer solchen weitgehenden Ausdehnung auch das Rechtsberatungsgesetz v. 13.12.1935 (RGBl. I S. 1478) entgegenstehen (vgl. dazu Schmalzl NJW 1968, 23; Ganten BauR 1974, 85; BGH BauR 1973, 321 m. abl. Anm. Locher). Gemeint ist hier vielmehr eine **unterstützende Tätigkeit** des Auftragnehmers dahingehend, dem Auftraggeber mit Hilfe technischen Wissens die erforderlichen **tatsächlichen Unterlagen** zu verschaffen, um den Nachbarn von der bautechnischen Seite her zu überzeugen, dass Gefahren im Hinblick auf sein Grundstück oder sein darauf bereits vorhandenes Bauwerk oder seine etwaige spätere Bauabsicht nicht bestehen oder jedenfalls in dieser oder jener Hinsicht vermieden oder abgemildert werden können. Andererseits kann hier **nicht jede Hilfestellung** des Auftragnehmers als zusätzlich zu vergütende Besondere Leistung angesehen werden. Vielmehr ergibt sich aus dem in der HOAI verwendeten Wort „Mitwirkung", dass eine **nicht unbeachtliche, Arbeit und Zeit kostende Tätigkeit des Auftragnehmers** (z. B. Anfertigung besonderer Zeichnungen, Übersichten, maßgebliche Erläuterung bei Verhandlungen mit dem Nachbarn usw.) vorausgesetzt werden muss (ähnlich Locher/Koeble/Frik § 34 Rdn. 144).

Nachweise, insbesondere technischer, konstruktiver und bauphysikalischer Art, für die Erlangung behördlicher Zustimmungen im Einzelfall

Als Besondere Leistung kommt ferner das Erarbeiten von Unterlagen für **besondere** **180** **Prüfverfahren** in Betracht. Solche können nach Vorschriften der Gewerbeaufsicht oder des Umweltschutzes (z. B. im Hinblick auf Immissionen) erforderlich sein. Besondere Prüfverfahren können aber auch bei der vom Auftraggeber gewünschten oder jedenfalls gebilligten Verwendung bestimmter Bauverfahren oder Baustoffe oder Bauteile notwendig sein, insbesondere durch Einschaltung von Materialprüfungsämtern (vgl. dazu auch § 18 Nr. 3 VOB/B). Sofern der Auftragnehmer für die Durchführung solcher Prüfungen **vorberei-**

tend **Unterlagen** zu erarbeiten hat, die arbeitsmäßig einen nicht unerheblichen Aufwand an Zeit und Kosten erfordern (z. B. Herbeischaffen und Ausarbeiten von Erfahrungswerten bei Vergleichsobjekten, verschiedener Bezugsnachweise, Tabellen, Berechnungen), muss dies als **Besondere Leistung vergütet** werden.

Fachlich und organisatorische Unterstützung bei Widerspruchsverfahren, Gerichtsverfahren u. a.

181   Eine Besondere Leistung kann es auch sein, wenn der Auftragnehmer dem Auftraggeber **fachliche und organisatorische Unterstützung im Widerspruchsverfahren, Klage-verfahren, Schiedsverfahren, Mediationsverfahren** oder ähnlichem gibt. Vorausset-zung ist hier, dass von Seiten des Auftraggebers über das als Grundleistung geltende Nor-male hinaus die Hilfe des Auftragnehmers in Anspruch genommen wird, um sich in bestimmten Ausnahmesituationen (z. B. im Widerspruchsverfahren nach zunächst erfolgter Versagung baubehördlicher Genehmigung oder im Klageverfahren vor dem Verwaltungsge-richt gegen die Baubehörde oder im Zivilprozess gegen den Nachbarn) durchsetzen zu können. Auch hier handelt es sich **nicht** um **Rechtsberatung** (s. o.), sondern um die technisch-fachliche Beratung durch den Architekten im Hinblick auf die seinem Fachwis-sen zuzurechnenden Tatsachen, welche der Auftraggeber **braucht,** um die Grundlagen für eine ihm positive Entscheidung liefern zu können. Insofern können besondere – zum technischen Bereich gehörende – Ausarbeitungen (Berechnungen, Pläne, Übersichten, Zusammenstellen von Unterlagen) erforderlich sein, wozu es der **fachkundigen Hilfe** des Auftragnehmers bedarf. Auch hier ist es erforderlich, dass dem Auftragnehmer ein Auf-wand an Arbeit und Zeit entsteht, der ihm gerechterweise als gewerblich Tätigen durch eine angemessene zusätzliche Vergütung ausgeglichen werden muss.

182   **Gleiches** gilt hinsichtlich der **organisatorischen Unterstützung** im vorgenannten Bereich. Insoweit kommt insbesondere die Hinzuziehung von Sachverständigen, Son-derfachleuten, Instituten usw. in Betracht und dabei deren fachliche Information durch den Auftragnehmer in Bezug auf die Aufgabenstellung, ferner auch die Ausarbeitung besonderer Unterlagen, welche als Ausgangspunkt für die weitere Beurteilung erforder-lich sind oder diese jedenfalls im Sinne der Klarstellung tatsächlicher Gegebenheiten er-leichtert.

Ändern der Genehmigungsunterlagen

183   Ein in der Praxis nicht seltener Fall ist es, dass eine spätere **Änderung der Genehmi-gungsunterlagen** notwendig ist, ohne dass der Architekt dafür verantwortlich zu machen ist. Diese Besondere Leistung findet jetzt in der HOAI 2013 keine Erwähnung mehr in der beispielhaften Aufzählung. Grundsätzlich ist eine solche Leistung aber dennoch möglich zu beauftragen, auch wenn sie im Grunde systemwidrig ist, da sie bereits in den Grundleistun-gen 4c) enthalten ist.

Die Beauftragung kann einmal auf einem später hervortretenden Wunsch des Auftragge-bers beruhen, ohne dass dafür – insbesondere nach den maßgeblichen baurechtlichen Vor-schriften oder Anordnungen – eine Notwendigkeit besteht. Wenn solche, allein auf die **Eigeninitiative des Auftraggebers zurückgehenden** Änderungen der Genehmigungs-unterlagen erforderlich werden, insoweit also die Genehmigungsplanung geändert, ergänzt oder gar neu gemacht werden muss, gilt das als Besondere Leistung, die der Auftraggeber auch gesondert vergüten muss. Möglich ist es auch, dass die Genehmigungsunterlagen ge-ändert werden müssen, weil sich baurechtliche Vorschriften oder Anordnungen nach Ab-schluss der ursprünglichen Genehmigungsplanung für den Auftragnehmer **unvorherseh-bar geändert** haben (z. B. der Bebauungsplan infolge Einspruchs eines Dritten).

184   Die vorangehend beispielhaft genannten Besonderen Leistungen aus der Leistungspha-se 4 müssen nicht **unbedingt schon während der Genehmigungsplanung selbst notwendig** sein. Vielmehr können sie sich auch früher oder später aus Anlass von Arbei-ten ergeben, welche anderen Leistungsphasen zugehören oder unabhängig davon sind. Das gilt vornehmlich für die Unterstützung des Bauherrn in Klageverfahren.

Die **Nutzflächen- und Wohnflächenberechnung** nach DIN 283 stellt eine besonde- **185** re Leistung dar.

D. Haftungsfragen

Auch die Genehmigungsplanung gehört mit zu den **wichtigsten Pflichten** des Archi- **186** tekten aus seinem Vertrag mit dem Bauherrn. Er schuldet eine genehmigungsfähige Bauplanung, die einerseits den anerkannten Regeln der Technik, andererseits auch den bauplanungs- und bauordnungsrechtlichen Vorschriften entsprechen muss (OLG Brandenburg IBR 2000, 511; OLG Frankfurt BauR 2000, 435; BGH BauR 1999, 934; BGH BauR 1999, 376; BGH BauR 1999, 1195; hierzu auch Bönker NZBau 2003, 80 ff.). Wird die Baugenehmigung nicht erteilt, der Erfolg also nicht erreicht, steht dem Auftraggeber grundsätzlich ein Schadenersatzanspruch zu (vgl. OLG Düsseldorf BauR 1996, 287 = NJW-RR 1996, 403). Haftungsbeschränkende oder -ausschließende Klauseln in Architektenverträgen sind individuell zu gestalten, da sie ansonsten zur Unwirksamkeit gem. §§ 305 ff. BGB n. F. führen können (siehe auch Bönker NZBau 2003, 80 ff.). Von einer Vereinbarung, dass die vom Architekten geschuldete Planung ausnahmsweise nicht genehmigungsfähig sein soll, kann nur in Ausnahmefällen ausgegangen werden (BGH BauR 1999, 1195; BGH BauR 2002, 111). Allein aus der verbindlichen Vorgabe des Maßes der baulichen Nutzung kann eine ausdrückliche Freistellung des Architekten von dem Erfordernis der Genehmigungsfähigkeit seiner Planung nicht hergeleitet werden (BGH BauR 2002, 111). Verzichtet beispielsweise der Bauherr auf eine Bauvoranfrage zur Klärung der Bebaubarkeit eines Grundstücks, obwohl ihm das Risiko des Scheiterns der Baugenehmigung bekannt war, und beauftragt er bereits vor Erteilung der Baugenehmigung einen Statiker mit der Tragwerksplanung, so kann er von dem planenden Architekten keinen Schadenersatz in Höhe der Kosten für die Statik verlangen, wenn die Baugenehmigung verweigert wird (OLG Celle BauR 2002, 116).

Der Architekt muss über hinreichende Kenntnisse auf den Gebieten des Bauplanungs- und Bauordnungsrechts verfügen (vgl. BGH VersR 1980, 765; vgl. auch BGH VersR 1983, 980; ferner LG Göttingen BauR 1996, 139 hinsichtlich des erforderlichen Grenzabstandes). Insofern muss der Architekt diejenigen Rechtsvorschriften und die darauf beruhende Behördenpraxis kennen, die für eine Baugenehmigung maßgebend sind (OLG München BauR 1992, 534). So muss dem Architekten die baurechtlich grundlegende Problematik, ob ein Gebäude als ein- oder zweigeschossig einzustufen ist, bekannt sein. Er muss auch die landesrechtlichen Verordnungen kennen; so zählt die Verordnung zur Feststellung von Überschwemmungsgebieten dazu, wenn ein Bauvorhaben in einem solchen Gebiet angestrebt wird (OLG Koblenz, BauR 2011, 139). Ist der vom Architekten aufgestellte Genehmigungsplan nicht genehmigungsfähig, so ist die Genehmigungsplanung mangelhaft (vgl. OLG Jena OLGR 1995, 105; vgl. auch LG Marburg BauR 1996, 420). Hat der Architekt eine genehmigungsfähige Planung übernommen, dann hat er seine vertraglich zugesagte Leistung nicht erbracht, wenn die angestrebte Baugenehmigung zunächst zwar erteilt, jedoch später von Dritten erfolgreich angefochten worden ist, weil sie Bestimmungen des öffentlichen Baurechts nicht entsprach, weshalb der Architekt im Falle des Verschuldens auch nach §§ 634 Nr. 4, 636, 280, 281, 311a BGB auf Schadenersatz haftet (BGH MDR 1999, 800; BGH BauR 2001, 983). Weitergehende Haftung für den Architekten besteht auch dann, wenn zunächst aufgrund einer fehlerhaften Auskunft der Baugenehmigungsbehörde die Planung abweichend von der im Bebauungsplan festgesetzten oder ermittelbaren Geschosshöhe in die Planung einfloss (BGH NJW 1980, 2576) oder die Wohnfläche oder Deckenhöhe für eine Genehmigung zu klein war (OLG Celle BauR 2000, 1032 (Wohnfläche); OLG Hamm BauR 1993, 729 (Deckenhöhe)). Andererseits dürfen seine Pflichten gegenüber dem Auftraggeber nicht überspannt werden, da er nicht dessen Rechtsberater ist. So ist die Prüfung der insbesondere im Hinblick auf § 34 BauGB maßgebenden Rechtsfragen allein Sache der Baugenehmigungsbehörde (vgl. BGH NJW 1985, 1692). Deshalb haftet der Architekt für den Schaden auf Grund einer Bauverzögerung, die ihre Ursache in der Aufhebung einer Baugenehmigung wegen eines Planungsfehlers (Gebäudeabstand zur öffentlichen Verkehrsfläche) hat, nicht wenn der Planungsfehler eine schwierige, auch unter Verwaltungsjuristen strittige Rechtsfrage betraf (vgl. OLG Zweibrücken NJW-RR 1998, 1097 = BauR 1998, 1036). Vgl. insofern i.w. zutreffend im Einzelnen Maser BauR 1994, 180. Beachtet er in dem ihm zumutbaren Maße nicht ausreichend die Vorschriften, insbesondere des öffentlichen Baurechts, so ist seine Leistung mangelhaft (vgl. OLG Düsseldorf BauR 1975, 67 hinsichtlich der Nutzungsvorschriften und der Prüfung der Grenzabstände). Ein mit der Freiflächenplanung beauftragter Architekt kann sich bei einer Unterschreitung erforderliche Abstandsflächen nicht dadurch entlasten, dass der das Gesamtvorhaben koordinierende (Haupt-)Architekt Überprüfungspflichten vernachlässigt und selbst fehlerhaft geplant hat (OLG Düsseldorf IBR 2003, 205). Muss er dann seine Genehmigungsplanung oder überhaupt die bisherige Planung ändern, so erfolgt dies im Rahmen des dem Auftraggeber nach §§ 634 Nr. 1, 635 BGB zustehenden Nachbesserungsanspruches, ohne dass ihm dann ein zusätzlicher Vergütungsanspruch zusteht. Ist die Planung im Hinblick auf die Frage der Genehmigungsfähigkeit **risikoreich,** vor allem auch wegen der Möglichkeit der Versagung von Dispensen, muss der Auftragnehmer den Auftraggeber vorher darauf **hinweisen** und dessen Entschließung abwarten (vgl. auch OLGR Oldenburg 1995, 169 sowie Kretschmer NJW 1968, 534; ebenso Maser BauR 1994, 180; OLG Düsseldorf BauR 2000, 1515). Nur dann, wenn der Auftraggeber trotz unmissverständlichen Hinweises **in voller Kenntnis des damit verbundenen Risikos** dennoch auf einer Genehmigungsplanung – wie überhaupt einer entsprechenden Planung – **besteht,** scheidet ein Gewährleistungsanspruch gegen den Auftragnehmer aus (vgl. dazu auch BGH NJW 1985, 1692; OLG Düsseldorf BauR 1986, 469). Gerade hier kann es zu den Beratungspflichten des Auftragnehmers gehören, den Auftraggeber – und zwar spätestens jetzt – auf die Notwendigkeit oder auch nur Zweckmäßigkeit einer **Bauvoranfrage** hinzuweisen, wobei der Architekt jedoch für die etwaige Mitwirkung die Vereinbarung einer gesonderten Vergütung verlangen kann, weil diese als Besondere Leistung im Rahmen der Vorplanung gilt (OLG Düsseldorf BauR 1996, 287 = NJW-RR 1996, 403). Wird im Falle einer Fehlplanung eine Baugenehmigung zunächst fälschlicherweise erteilt, dann später berechtigterweise widerrufen (z.B. durch erfolgreichen Drittwiderspruch: BGH, BauR 2011, 869, BGH, BauR 1999, 934), so bleibt die Fehlplanung für den Widerruf adäquat kausal; durch die zunächst erteilte rechtsfehlerhafte Genehmigung wird der Zurechnungszusammenhang nicht unterbrochen (OLG München BauR 1992, 534). Der Schaden des Bauherrn bei verweigerter Baugenehmigung liegt in der Differenz zwischen dem Honoraranspruch des Architekten für die Genehmigungsplanung nach den Leistungsphasen 1 bis 4 und dem Honoraranspruch für die bloße Bauvoranfrage, der sich in der Regel auf die Leistungsphasen 1 und 2 beläuft (vgl. OLG Düsseldorf BauR 1996, 287 = NJW 1996, 403).

Hat ein Architekt, der die Bauplanung für ein Hanggrundstück übernommen hat, versäumt, dafür zu sorgen, dass für das Baugrundstück ein Standsicherheitsnachweis erstellt wird, so kann er dem Grundstückseigentümer und Bauherrn unter dem Gesichtspunkt der Verletzung deliktischer Verkehrssicherungspflicht zum Schadenersatz verpflichtet sein, wenn der Hang – schon – bei Ausheben der Baugrube ins Rutschen gerät (vgl. OLG Hamm VersR 1997, 380).

Außerdem: Hat der Architekt eine genehmigungsfreie Planung übernommen, so hat er seine vertraglich zugesagte Leistung nicht erbracht, wenn die angestrebte Baugenehmigung zunächst zwar erteilt, jedoch später von Dritten erfolgreich angefochten worden ist. Es besteht aber ein haftungsausschließendes Eigenverschulden des Bauherrn, wenn er auf die Möglichkeit des Nachbarwiderspruchs und des Erfordernisses der Ausnahmegenehmigung hingewiesen wurde und gegenüber dem Architekten erklärt hat, er werde das Verhältnis mit dem Nachbarn seinerseits regeln (BGH BauR 1999, 934).

Ein Architekt, der **ohne die erforderliche Genehmigung** bauen lässt, verliert den Versicherungsschutz seiner **Haftpflichtversicherung** (OLG Saarbrücken VersR 1993, 85). In diesen Fällen liegt gesamtschuldnerische Haftung mit dem Bauunternehmer gegenüber den Bauherrn vor, wenn Stillstandskosten aufgrund Verfügungsstopps der Bauverwaltung zur Einstellung des Bauvorhabens führen. Das ist dem Fall zu vergleichen, wenn Mängel auf fehlerhafter Planung des Architekten beruhen. Nimmt allerdings der Architekt den Unternehmer auf Ersatz der Kosten des Baustillstands in Regress, die darauf beruhen, dass der Bauherr den Bauunternehmer, der trotz fehlender Baugenehmigung mit der Bauausführung begonnen hat, nach einem behördlich verfügten Baustopp Stillstandskosten zahlt und diese anschließend von dem Architekten ersetzt erhält, so besteht **kein** gesamtschuldnerisches Verhältnis (LG Füssen NJW-RR 2007, 741).

Besonders zu beachten ist: Sofern es heute in weiten Bereichen nicht mehr der Einholung öffentlich-rechtlicher Genehmigungen, Erlaubnisse oder Anzeigen bei den zuständigen Behörden bedarf, um das Bauen „einfacher" oder „problemloser" zu machen oder es „zu beschleunigen", sind damit die Pflichten des Architekten gegenüber seinem Auftraggeber nicht besonders erleichtert worden. Er hat nämlich zu beachten, dass die damit verbundenen materiellen öffentlich-rechtlichen Bestimmungen vielfach noch gelten und beachtet werden müssen. Sofern bei sachgerechter Beurteilung davon auszugehen ist, dass der Auftraggeber hier nicht bewandert ist, muss der Architekt ihn auf diese noch bestehenden öffentlich-rechtlichen Bestimmungen hinweisen, insbesondere auch die Notwendigkeit deren Einhaltung. Ist der Architekt hier unsicher oder ist ihm die materielle Rechtslage nicht klar, muss er den Auftraggeber darauf aufmerksam machen, hier einen Rechtskundigen, vor allem einen Rechtsanwalt einzuschalten. Andernfalls haftet der Architekt gegebenenfalls dem Auftraggeber auf Schadenersatz nach den §§ 634 Nr. 4, 636, 280, 281, 311a BGB n. F. = §§ 631, 635 BGB a. F. (dazu Ortloff NVwZ 1995, 112, sowie Ortloff/Rapp NJW 1996, 2347). Wird von einer Baugenehmigungsbehörde eine rechtswidrige Baugenehmigung oder ein rechtswidriger Teilbescheid über bestimmte Teilgewerke eines Baues (z. B. Ausschachtungs- oder Tiefbauarbeiten) erteilt, diese später im Rahmen des Widerspruchsverfahrens oder Klageverfahrens aufgehoben, so stellt sich im Rahmen des vom Antragsteller sodann angestrengten Amtshaftungsverfahrens regelmäßig die Frage des Mitverschuldens des Bauherrn nach § 254 BGB. Regelmäßig gilt sodann:

Wenn und soweit eine Genehmigung geeignet ist, schutzwürdiges Vertrauen des Adressaten in ihren Bestand zu begründen, so kommt diese Vertrauensgrundlage im Falle der Anfechtung eines Bescheides durch Dritte jedenfalls dann nicht ohne Weiteres völlig in Wegfall – vorbehaltlich einer Risikoüberwälzung auf den Genehmigungsinhaber nach § 254 BGB –, wenn und solange der VA sofort vollziehbar ist. Aus § 50 VwVfG, der in den Fällen, in denen bereits ein Rechtsbehelfsverfahren anhängig ist, den Widerruf oder die Rücknahme eines begünstigenden VA erleichtert, kann nicht der generelle Schluss gezogen werden, dass mit der Anfechtung das in den Bestand des Verwaltungsaktes gesetzte Vertrauen nunmehr auch haftungsrechtlich in vollem Umfang seine Schutzwürdigkeit verliert und daher nachfolgende Investitionen sich von vornherein nicht mehr im Schutzbereich der Amtspflicht halten. Allerdings wird ab dem Vorliegen von Drittanfechtungen grundsätzlich eine größere Eigenverantwortung des Bauherrn unter dem Gesichtspunkt des § 254 BGB anzunehmen sein. Ist zulässigerweise Widerspruch eingelegt oder Klage erhoben worden, verbunden mit dem Antrag auf Wiederherstellung der aufschiebenden Wirkung, so hat der Bauherr die Möglichkeit der Rechtswidrigkeit der ihm erteilten Genehmigung jedenfalls dann ernsthaft in Betracht zu ziehen, wenn Anfechtungsgründe vorgebracht werden, deren Richtigkeit nicht ohne Weiteres von der Hand zu weisen ist. Setzt er in einer solchen Situation sein Bauvorhaben entsprechend der Genehmigung fort, ohne die Entscheidung des Gerichts der Hauptsache über die Wiederherstellung der aufschiebenden Wirkung abzuwarten, so nimmt er das in der Drittanfechtung liegende Risiko bewusst auf sich (BGH NJW 2008, 2502).

Grundsätzlich haftet der Architekt daher nur in den Fällen, in denen er ebenfalls ein **schutzwürdiges Vertrauen** in die Genehmigung dazu nicht haben kann; sei es aus Kenntnis der rechtlichen oder tatsächlichen Sachlage. Der **Bauherr** hat sich diese (Un-)Kenntnis zurechnen zu lassen, § 254 BGB. Dies gilt solange der Bauherr auf den Bestand der Genehmigung vertrauen kann.

Der Bauherr haftet allerdings ebenfalls: Übernimmt es der Bauherr, die von einem in Deutschland ansässigen Generalplaner erarbeitete Genehmigungsplanung mittels eines ortsansässigen Architekten bei ausländischen Baubehörden einzureichen (hier Ukraine) und das Genehmigungsverfahren dort zu betreuen, tritt den Bauherrn die Obliegenheit, den Generalplaner über Verlauf und Ergebnis des Genehmigungsverfahrens umfassend in Kenntnis zu setzen. Verletzt der Bauherr diese Obliegenheit, kann er den Generalplaner nicht wegen einer Verletzung der Planungs- und Koordinationspflichten in Anspruch nehmen. Denn durch die Einschaltung eines weiteren Planungsbeteiligten werden die Pflichten des Generalplaners darauf beschränkt, die Ergebnisse des anderen fachlich Beteiligten zur Kenntnis zu nehmen, auf offensichtliche Defizite zu prüfen, notwendige Klärungen herbeizuführen und die Ergebnisse in die eigen Planung zu integrieren (OLG München, Urt. v. 29.6.2010 – 9 U 2718/09).

Weiterhin hat der Architekt für die korrekte Wohnflächenberechnung einzustehen (OLG Hamm BauR 2001, 984). Dies ist insbesondere beachtlich bei den Innenverhältnissen zu Bauträgern und der Verwendung der Berechnungen in Prospekten.

5. Leistungsphase 5: Ausführungsplanung (§ 34 Abs. 3 i. V. m. Anlage 10.1 – linke Spalte)

A. Grundleistungen

187   Die Ausführungsplanung ist deshalb besonders bedeutsam, weil sie die letzte und jetzt **ganz genaue Planung** des Architekten **unmittelbar vor** der jeweiligen **Bauausführung** ist. Die Leistungsphase 5, welche an die Stelle des in § 19 Abs. 1e) GOA umschriebenen Leistungsbildes getreten ist, bringt ebenfalls eine **Erweiterung des Pflichtenkreises** des Architekten, wie die dort im Einzelnen aufgeführten Grundleistungen zeigen. Im Wesentlichen handelt es sich um die weitere, nunmehr für die praktische Bauausführung bestimmte und geeignete, ins Einzelne gehende Planung. Hier liegt **vor allem im zeichnerischen Bereich** eine besondere Verpflichtung des Auftragnehmers. Zum **Begriff** der „Ausführungsplanung", Schottke FS Koeble, S. 515 ff.

Mit der HOAI 2013 wurde nun ein weiterer Schritt zur realitätsnahen Anpassung der Leistungsbeschreibungen der Leistungsphasen 3 und 5 getan. Die Ausführungspläne sind danach die detaillierten Entwurfspläne. Zwar müssen in Leistungsphase 3 die Entwurfspläne die Hauptmaße und wesentlichen Ausführungsbestimmungen enthalten. In der Leistungsphase 5 ist die Darstellung der baureifen Ausführung erforderlich. Dabei kann im Regelfall durch Anpassung der CAD-Planung ein erforderlicher Planungszustand aufbauend auf der Entwurfsplanung in digitalisierter Dateiform erreicht werden. Damit einher geht zugleich die Erstellung der Objektbeschreibung im Rahmen der Aufstellung der Mengen und Massen, sowie der zu verwendenden Materialien.

a) Durcharbeiten der Ergebnisse der Leistungsphasen 3 und 4

188   Die Ausführungsplanung baut auf den bisherigen Planungsleistungen auf und beinhaltet die **Durcharbeitung** der bei der Planung nach den Leistungsphasen 3 und 4 gefundenen Ergebnisse. Der VO-Geber hat nunmehr in Ziffer a) die Leistung so dargestellt: *„Erarbeiten der Ausführungsplanung mit allen für die Ausführung notwendigen Einzelangaben (zeichnerisch und textlich) auf der Grundlage der Entwurfs- und Genehmigungsplanung bis zur ausführungsreifen Lösung, als Grundlage für die weiteren Leistungsphasen."*

Dabei verlangt die HOAI die **stufenweise Erarbeitung und Darstellung der Lösung.** Letzteres zeigt, dass es hier darum geht, die Planung nunmehr in die Wirklichkeit umzusetzen; sie ist also nach den an die **praktische Durchführung der Bauaufgabe zu stellenden Anforderungen** zu orientieren, demnach auf die Fertigung abgestellt. Die Planung muss jetzt soweit gehen, dass sich die **Ausführung ohne weiteres** und ohne zusätzliche planerische Tätigkeit daran **anschließen** kann, wobei gerade hier die **Koordinierung** der Leistungen anderer fachlich Beteiligter eine wesentliche Rolle spielt. Mit der dabei erforderlichen stufenweisen Erarbeitung und Darstellung der Lösung ist zweierlei gemeint: Einmal muss der Auftragnehmer die Ausführungsplanung **vollständig und sachlich richtig** fertig haben und zur Verfügung stellen, sobald es für einen zügigen Bauablauf erforderlich ist (vgl. auch § 3 Nr. 1 VOB/B); die Ausführungsplanung muss also nicht notwendigerweise in einem Zuge gemacht werden, sondern sie ist sukzessive **je nach**

Baufortschritt zur Verfügung zu stellen. Zum anderen muss die Ausführungsplanung an die jeweiligen, sich im Verlaufe des Baufortschritts zusätzlich ergebenden, bei der bisherigen Planung noch nicht berücksichtigten oder gar berücksichtigungsfähigen **Gegebenheiten angepasst** werden. Gemeint ist damit allerdings nur die evtl. notwendige Anpassung, welche sich aus dem bisherigen Bauablauf und den damit erst jetzt erkannten bzw. erkennbaren Verhältnissen ergibt. **Nicht** gehört dazu eine grundlegende oder auch nur gewichtige Umplanung, welche durch einen nicht unbedeutenden **Änderungswunsch oder Zusatzwunsch** des Auftraggebers herbeigeführt wird. Darin kann u. U. eine Besondere Leistung liegen, falls dadurch erheblicher planerischer Mehraufwand von Seiten des Auftragnehmers erforderlich wird (a. A. Motzke BauR 1994, 570, 582). Für die Abgrenzung ausschlaggebend ist hier § 10 (vgl. OLG Köln BauR 1995, 576 zu § 20 HOAI 1996/2002).

Im Rahmen der Ausführungsplanung darf der Auftragnehmer nicht allein seinen bloß **189** technischen Planungsbereich sehen, sondern er muss gerade auch hier eine **bedeutsame Koordinierungsarbeit** vornehmen: Bei der Anfertigung der Ausführungsplanung muss der Auftragnehmer städtebauliche, gestalterische, funktionale, technische, bauphysikalische, wirtschaftliche, energiewirtschaftliche (z. B. wegen rationeller Energieverwendung und der Verwendung erneuerbarer Energien) und landschaftsökologischer Anforderungen mit beachten. Zu den bauphysikalischen Anforderungen gehört auch die ordnungsgemäße Planung der Wärmedämmung (OLG Köln Schäfer/Finnern/Hochstein § 278 BGB Nr. 7). Außerdem hat er die Beiträge anderer an der Planung fachlich Beteiligter zu berücksichtigen. Gerade durch die Wiederholung dieser bereits bei der Vorplanung und der Entwurfsplanung als Grundleistungen gestellten weiteren Anforderungen bringt die HOAI zum Ausdruck, dass auch diese Leistungsbestandteile im **Bereich der Ausführungsplanung** dergestalt **fortzuschreiben** sind, dass sowohl insgesamt als auch insbesondere in jedem Detail eine Lösung gefunden wird, welche ohne weiteres die vorgesehene, sachgerechte, das Planungsziel voll erreichende Ausführung ermöglicht (ebenso Locher/Koeble/Frik § 34 Rdn. 151).

b) Zeichnerische Darstellung

Die durch das Durcharbeiten der Ergebnisse der Leistungsphasen 3 und 4 unter Berück- **190** sichtigung der genannten Voraussetzungen und Anforderungen i. S. einer **ausführungsreifen Lösung** gefundenen Ergebnisse sind, wie sich weiter aus dem Wortlaut unter Ziffer b) ergibt, **grundsätzlich zeichnerisch** darzustellen. Der Wortlaut ist vom VO-Geber nun in Anlage 10.1 wie folgt wiedergegeben worden: *„Ausführungs-, Detail- und Konstruktionszeichnungen nach Art und Größe des Objekts im erforderlichen Umfang und Detaillierungsgrad unter Berücksichtigung aller fachspezifischer Anforderungen, zum Beispiel bei Gebäuden im Maßstab 1:50 bis 1:1, zum Beispiel bei Innenräumen im Maßstab 1:20 bis 1:1“.*
Wie auch in der Leistungsphase 3 werden die Maßstäbe nur beispielhaft benannt und sollen den erforderlichen Durcharbeitungsgrad der Planung verdeutlichen.

Hier ist zudem **Schriftform** erforderlich (a. A. wohl Neuenfeld § 15 Anm. 48). Das Erfordernis der − umfassenden − Schriftform für die Ausführungsplanung ergibt sich insbesondere daraus, dass die Ausführungsplanung nicht nur in den Ausführungszeichnungen besteht, sondern auch sonst **alle für die Ausführung notwendigen Einzelangaben** festzuhalten sind, außerdem die **notwendigen textlichen Ausführungen** (auf der Zeichnung oder gesondert schriftlich) zu machen sind. Letzteres betrifft z. B. die Konstruktionen, Materialien, Bauelemente, Angaben zu Abdichtungsmaßnahmen, auch genaue Angaben zur Höhenlage von Drainageleitungen und Lage sowie Anzahl der insgesamt nötigen Kontrollschächte und Reinigungsöffnungen (vgl. OLG Celle BauR 1992, 801). Damit ist zugleich die besondere Wichtigkeit dieses Planungsvorganges gekennzeichnet, die darin liegt, dass sie den unter Berücksichtigung des bei den betreffenden ausführenden Unternehmern vorauszusetzenden Fachwissens **nahtlosen Übergang** von der Planung in die Ausführung ermöglichen muss, und zwar so, dass der ausführende Unternehmer eindeutig das jeweils Gewollte erkennen kann. Die zeichnerische Darstellung mit den genannten Einzelangaben erfolgt als endgültige sowie vollständige Ausführungs-, Detail- oder Konstruktionszeichnungen. Ausführungszeichnungen sind solche, welche einen in sich abgeschlossenen Bauleistungsteil (z.B. den Aufbau eines Flachdaches, unter Berücksichtigung etwaiger Bewegungen und Absenkungen, vgl. dazu BGH BauR 1986, 112 = Schäfer/Finnern/Hochstein § 635 BGB Nr. 46 = NJW-RR 1986, 182) erfassen; Detailzeichnungen betreffen Einzelheiten innerhalb eines Bauleistungsteils (z.B. die Zargen von Türen; beim raumbildenden Ausbau die detaillierte Darstellung der Räume und Raumfolgen, die Materialbestimmung), während Konstruktionszeichnungen begrifflich den inneren Aufbau eines bestimmten Bauteils einschließlich der handwerklichen Einzelheiten (z.B. die Elektrik einer Aufzugsanlage) enthalten, wobei es auch hier Detailzeichnungen geben kann. Hinsichtlich des Maßstabes der Ausführungspläne setzt die HOAI einen Spielraum von 1 : 50 bis 1 : 1 (bei Innenraumplanung von 1 : 20 bis 1 : 1; jetzt in der Anlage 10.1 siehe Ziffer b). Damit ist aber zugleich gesagt, dass dem Auftragnehmer im Allgemeinen nur insofern freie Hand gelassen ist, als ein **kleinerer Maßstab** als der bereits bisher schon für Ausführungspläne übliche grundsätzlich (Ausnahme: kleinerer Maßstab aus **zwingenden** Gründen der Übersichtlichkeit; ähnlich Locher/Koeble/Frik § 34 Rdn. 152) **nicht mehr** als eine **ordnungsgemäße Ausführungsplanung** angesehen werden kann. Im Übrigen richtet sich der Maßstab der Ausführungspläne nach den **jeweiligen Erfordernissen.** Ausschlaggebend ist dabei, dass der bauausführende Unternehmer nicht nur genau, sondern vor allem auch maßstabgerecht alle Einzelheiten der von ihm geforderten Ausführung, die nach der von ihm zu verlangenden Fachkunde nicht ohne weiteres selbstverständlich sind, erkennen und nach ihnen ohne Schwierigkeit arbeiten kann. Die Details besonders schadensträchtig (anzunehmen), so müssen diese sowohl zeichnerisch, als auch wörtlich genauer beschrieben werden (OLG Celle, BauR 2006, 1602).

Allerdings ist die Abgrenzung des Inhalts der zeichnerischen Darstellungsverpflichtung immer noch ein Problem der Vereinbarung und der Notwendigkeit der planerischen Erfordernisse (Beispiele: wasserführendes Gefälle von 2% nach DIN 18195 Seifert/Preussner, S. 40; Bodengutachten bei Vergabe, OLG Bamberg, NZBau 2004, 160; Höhenmaße bei Boden, Toiletten u.a. in Verbindung mit Elektroarbeiten, OLG Celle, Urt. v. 13.7.2006 – 7 U 25/06, die eine Leistungserbringung in Leistungsphase 5 annehmen). Die Abgrenzung nach Tätigkeiten in Leistungsphase 3 oder 5 ist so darzustellen, dass die Hauptmaße und die wichtigsten Ausführungsmerkmale dargestellt sein müssen, jedoch keine Detailmaßgaben oder Ausführungsdetails. In Leistungsphase 5 müssen die baureifen Baupläne allerdings erstellt werden. Das wirkt sich dann auch parallel auf die Darstellungen der Baukosten und der wörtlichen Anordnungen im Rahmen der Pläne und Beschreibungen aus.

191 Das – ebenso wie das Fortschreiben der Ausführungsplanung während der Objektausführung – im Leistungsbild des § 19 Abs. 1e) GOA nicht enthaltene Erarbeiten der Grundlagen für **andere an der Planung fachlich Beteiligte und das Integrieren ihrer Beiträge** bis zur ausführungsreifen Leistung ergibt sich schon aus der bereits erwähnten, besonders bei der Ausführungsplanung zu beachtenden Koordinationspflicht des Auftragnehmers. Dabei zeigt sich, dass es sich um **zwei verschiedene,** insbesondere zeitlich voneinander getrennt liegende **Aufgaben** des Architekten handelt. Einmal muss er die Grundlagen schaffen, welche die anderen an der Planung beteiligen (Sonder-)Fachleute unumgänglich brauchen, um ihre Leistungen erbringen zu können, wie z.B. die Angabe der Gründungstiefe bzw. der Grundwasserverhältnisse für die Anfertigung der Statik. Dabei handelt es sich um Vorbereitungsarbeiten des Auftragnehmers, welche er für den Auftraggeber anderer an der Planung fachlich Beteiligter erbringt; sie liegen somit zwangsläufig vor Ausführung der Arbeiten durch die (Sonder-)Fachleute. Anders verhält es sich dagegen mit dem Integrieren der Leistungen anderer an der Planung fachlich Beteiligter. Integrieren ist begrifflich **erst möglich, wenn die anderen Leistungen erbracht** sind und dem Auftragnehmer vorliegen. Diese Aufgabe erfüllt der Auftragnehmer demgemäß im Bereich der Ausführungsplanung regelmäßig später als die zuerst genannte. Insofern hat der Auftragnehmer die besondere Aufgabe, darauf zu achten, dass die verschiedenen Planungsbestandteile nunmehr **ausführungsreif** zusammengefasst, dabei vor allem in sich sowie untereinander nicht widersprüchlich und insgesamt vollständig sind. Dabei spielt auch das zeitliche Moment eine wesentliche Rolle, nämlich die Vermeidung der Verzögerung der Arbeiten fachlich Beteiligter. Nicht hiervon erfasst sind spätere während der Ausführung des Bauvorhabens; insoweit braucht der Architekt **nach der Bauausführung** seine Ausführungsplanung nicht auf den letzten Stand anzupassen (vgl. OLG Hamm BauR 1998, 1110 = NJW-RR 1999, 96).

Der mit den Leistungen der Leistungsphasen 4 bis 9 beauftragte Architekt schuldet die Ausführungsplanung auch dann als eigene Leistung, wenn der Bauherr ihm bereits vorliegende Entwurfs- und Ausführungspläne zur Verfügung stellt; auf Mängel dieser Pläne kann der Architekt sich zu seiner Entlastung nicht berufen (BGH IBR 2000, 445).

Bei der Innenraumplanung sind detaillierte Darstellungen der Räume und Raumfolgen **192** im Maßstab 1:20 bis 1:1 mit erforderlichen textlichen Ausführungen notwendig. Damit sind insbesondere die Darstellungen der Räume, Raumfolgen, Wandabwicklungen und Materialien gemeint. Zudem ist eine Materialbestimmung in textlicher und zeichnerischer Darstellung notwendig.

c) Bereitstellen der Arbeitsergebnisse als Grundlage für die anderen an der Planung fachlich Beteiligten

Zu den Grundleistungen zählt auch die Prüfung von Plänen solcher Dritter, 193 die an der Planung fachlich nicht beteiligt sind, wenn diese Leistung bereits von den anrechenbaren Kosten erfasst ist; insofern steht dem Auftragnehmer **keine zusätzliche Vergütung** zu (BGH BauR 1985, 584 = MDR 1985, 925 = Schäfer/Finnern/ Hochstein § 15 HOAI Nr. 4; für den Fall der Prüfung von Elementplänen für Fertigbetonteile auf Übereinstimmung mit der Ausführungsplanung des Auftragnehmers; auch OLG Köln VersR 1993, 1229 bei Prüfung für den Aufbau einer Dachterrasse). Der VO-Geber hat unter Anhang 10.1 Ziffer c) die Leistung genauer gefasst: *„Bereitstellen der Arbeitsergebnisse als Grundlage für die anderen an der Planung fachlich Beteiligten"*. Damit ist festgestellt, dass der Planer die Voraussetzungen der Planungen anderer Beteiligter, wie die Fachplaner und Fachleute, Sachverständigen und Sonderbeauftragten erst zu erstellen hat, diesen zur Verfügung zu stellen hat und zugleich die grundlegenden Planungen und Kenntnisse zu deren Planungen haben muss. Denn notwendig ist sodann die Fortführung der Planung. Das führt dann meist überlappend zu den Arbeiten des Planers während der Ausführungsphase (Lph 8), die er begleitend darauf hin zu überprüfen hat, ob seine bisherigen Planungen und die Planungen Dritter zum Leistungserfolg führen können. das wird wichtig bei Planänderungen zum Beispiel im Hinblick auf § 10.

Werden Ergänzungen und unwesentliche Änderungen der bisherigen Planungen im Zusammenhang mit Planungen von fachlich Beigezogenen (Fachplanern, Beratern) erforderlich, so ist dieses ein mit dem Honorar abgegoltene Leistung. Hier kommt es auf den Einzelfall an, weil die Bedeutung für das Gesamtvorhaben und die arbeitsintensive Planungsleistung ein eher untergeordnetes Maß erreichen müssen, um honorarneutral zu sein. Werden allerdings Änderungen erforderlich, die aufgrund fehlerhafter, mangelhafter oder unvollständiger Vorplanung und Begleitung der Umsetzung der Vorgaben beim Fachplaner offenbar werden, so handelte s sich um einen Mangel mit den entsprechenden Folgen über §§ 633, 634ff., 280, 281, 323 BGB. Eine Fristsetzung zur Mangelbeseitigung durch den Bauherrn ist hier zwingend für die Folgewirkung (Ersatzansprüche; siehe hierzu unter Mängelhaftung im Allgemeinen Teil). Sind allerdings entsprechend den Maßgaben, wie sie bei § 1 Nr. 3 und Nr. 4 VOB/B beispielsweise zum Anordnungsrecht des Auftraggebers gelten und in den Bereich des Architekten übernommen werden können (siehe hierzu Kommentierung unter § 10 Abs. 1 und Abs. 2), so wird es sich um einen ergänzenden honorierungspflichtigen Auftrag handeln (z. B. Änderungen durch Witterungseinflüsse, durch Wasserstände, durch behördliche Anordnungen, Grundbruch, Schäden an der Baustelle, Bauzeitverzögerungen durch Verzögerungen bei der Baustellendurchführung und durch Unternehmerhandlungen, usw.).

Bei stufenweiser Beauftragung ist eine geeigneter Koordinierungsaufwand nach § 8 Abs. 3 zu vereinbaren. Dabei allerdings muss eine genaue Fassung der vertraglichen Leistungen zuvor erfolgen. Das betrifft auch die Leistungen im Zusammenhang mit der Verwendung von Fertigteilen, die vom Unternehmer mit entsprechenden Planungen für beispielsweise das Betonwerk bereitzustellen ist, beziehungsweise von diesem auch zu liefen ist. Dann muss der Architekt die Brauchbarkeit der Planungen dieser Dritter ebenfalls überprüfen, ggfs. rügen und veranlassen, dass diese nochmals zu überplanen sind, da er ansonsten seiner Leistungspflicht aus dem Vertrag nicht genügt (Haftungsfrage).

d) Fortschreiben des Terminplanes

194   Der in der Leistungsphase 2 erstmals aufgestellte und der Leistungsphase bereits detaillierte Terminplan wird nunmehr weiter konkretisiert und auf die zu erwartenden weiteren Vergabeabläufe und Bauabläufe angepasst. Hier kann ein Netzplan oder eine Zeitstufenplanung bereits detailliert erstellt werden.

e) Fortschreiben der Ausführungsplanung auf Grund der gewerkeorientierten Bearbeitung während der Objektausführung

195   Die vom VO-Geber unter Anlage 10.1e) gewählte Formulierung beschreibt nicht nur die Fortschreibung der Ausführungsplanung, also alle Leistungen, die der Anpassung der bisherigen Leistungen an den tatsächlichen Planungsstand entsprechen. Hier ist auch die Anordnung zu finden, dass dieses ständig während der gesamten Objektausführung, also bis zum Ende der Leistungsphase 8 zu tun ist. Damit ist eindeutig vom VO-Geber gesagt, dass die unter Rdn. 168 beschriebenen ergänzenden Leistungen bei völlig neutralem und störungsfreien und vom Auftraggeber unbeeinflussten Weiterlaufen der Planungen und Bauausführungen im Honorarbereich mit dieser Leistungsphase dann abgegolten sind.

Folge dieser Leistungen sind aber die Schwierigkeiten in der Abgrenzung zu den Änderungsleistungen oder Wiederholungsleistungen, die § 10 voraussetzt. Werden lediglich **kleinere Änderungen an den Planungsinhalten** erforderlich oder handelt es sich um **Anweisungen** auf der Baustelle, um Situationen schnell und einfach auch mündlich zu ändern, so sind die hier besprochenen Tätigkeiten gemeint. Nicht hierher und auch nicht zu § 10 gehören Änderungen aufgrund von Planungsfehlern des Architekten. Sind aber konstruktionsbedingte und bauausführende Änderungen erforderlich, die eben nicht kleinere Änderungen im hiesigem Sinne sind und auch vom Auftraggeber nicht angeordnet, so sind diese Änderungen und die Ursachen zu hinterfragen. Basieren sie auf einer Optimierung der Planung auch in wirtschaftlicher Hinsicht (§ 3 Abs. 4), wird man diese Änderungen den Grundleistungen der hier besprochenen Leistungsphase zuordnen müssen. Sind es aber Änderungen aufgrund des Wunsches oder der Anordnung des Auftraggebers – auch im Rahmen des Anordnungsrechts nach §§ 1 Abs. 3 und 4 VOB/B zu beachten –, so handelt es sich um ergänzend zu honorierende Tatbestände nach § 10. Allerdings ist die Honorierung dort erst zu finden (§ 10; siehe zur Kommentierung dort).

f) Überprüfen erforderlicher Montagepläne der vom Objektplaner geplanten Baukonstruktionen und baukonstruktiver Einbauten auf Übereinstimmung mit der Ausführungsplanung

Die Leistung *„Überprüfen erforderlicher Montagepläne der **vom Objektplaner** geplanten Baukonstruktionen …"* wurde neu als Grundleistung aufgenommen. Diese Grundleistung gehörte auch bisher schon zum Leistungsumfang, wird aber nun aus Gründen der Klarstellung aufgeführt. Dagegen wird das *„Prüfen und Anerkennen von Plänen Dritter, **nicht** an der Planung fachlich Beteiligter … soweit die Leistungen Anlagen betreffen, die in den anrechenbaren Kosten nicht erfasst sind"*, als **Besondere Leistung** der HOAI 2009 fortgeführt. Betroffen sind hier insbesondere die **Werkstatt- und Montagepläne anderer Planer** (grundlegend zu den Differenzierungen: Seifert, BauR 2012, 1857).

Grundlegend hatte die Rechtsprechung zu HOAI 1996/2002 bereits als Grundleistungen die Überprüfungsleistungen erkannt, bei denen Anlagen und Gewerke bereits in den anrechenbaren Kosten enthalten sind. Wenn das nicht der Fall war, so sollte eine besondere Leistung vorliegen (BGH, BauR 1985, 584). Das ist nicht ganz unkritisch zu sehen, denn die Kosten werden heute bereits im Rahmen der Kostenberechnung zu berücksichtigen sein. Nicht unproblematisch sind auch Auslegungsversuche der Bezeichnung und Definition von Werkstatt- und Montageplänen (siehe Schottke, FS Koeble, S. 511, 523 ff.; Seifert, BauR 2012, 1857; Werner/Siegburg, BauR 2013, 1499, 1535). Es ist in jedem Falle eine Frage der vertraglichen Gestaltung und nicht des Honorarrechts, ob eine bestimmte Art von Plänen zu prüfen ist (OLG Hamm, BauR 2013, 1688). Klar allerdings ist die Bezeichnung in 5f) insoweit, als dort eindeutig auf den Objektplaner, also im Regelfall den Auftragnehmer als Leistungserbringenden hingewiesen wird. Dieser hat seine Planungen an der Baukonstruktion mit den zugezogenen Montageplänen – z. B. des Betonwerks, der Fassadenkonstruktion, der Fertigteillieferanten – zu überprüfen und abzustimmen. **Besondere Leistungen** betreffen aber andere Planer, wie TGA, Tragwerksplaner, Bauphysiker. Eine Abgrenzung, ob es sich zudem um funktionale Planungen, oder Leistungen mit und ohne Leistungsprogramm nach § 7 VOB/A handeln soll, spielt keine Rolle. Denn die vertragliche Vereinbarung mit dem Planer geht zunächst einmal vor. Hat dieser die Planung eines Objekts mit vielen Fertigteilen zu erbringen, so ist es vertragsimmanent, daß der Objektplaner die Fertigteilplanungen der Unternehmer zu prüfen hat. Nur das ist eben auch in Ziffer 5f) gemeint. Betonfertigteilhersteller planen und berechnen auch Tragwerke und Lasten bei der Berechnung der zu verwenden Stähle, ebenso planen die Hersteller von Fertigteilen, wie Fertighäusern und Teilausstattungen (Badezimmer, Küchensätze) als Unternehmer die Ausführung. Ob und inwieweit der Objektplaner, diese zu überprüfen hat, hängt nicht nur vom Vertrag ab, sondern von der Genauigkeit der Planungen dieser Unternehmer. Damit sind diese Leistungen als notwendige und fachlich gleichwohl zu erbringenden Leistungen (systemimmanent) **Grundleistungen.**

Ein weiterer Aspekt ist der mögliche **Koordinationsaufwand** der mit der Überprüfung von Planungen der Unternehmer einhergeht. Zunächst ist auf **§ 8 Abs. 3** hinzuweisen, wonach ein solcher vereinbart werden kann. Das kann im Rahmen der Grundleistungen auch daneben erfolgen. In Betracht kommen u. a. eine erhebliche Anzahl an Prüfungen von solchen Planungen, insbesondere bei umfangreichen Bauplanungen. Möglich ist auch, den Rahmen des Honorarsatzes anzuheben, ohne die Mindest- und Höchstsätze zu beeinträchtigen. Denn es kommen auch Mindestsatzunterschreitungen in Betracht, wenn die Leistungen durch Änderungen des Auftraggebers in neuen Planungen enden. Dann ist aber § 10 heranzuziehen.

B. Nichterbringung von Leistungen nach § 8 Abs. 1, 2

Erbringt der Architekt eine der Grundleistungen nicht, so konnte nach einer überkommenen Ansicht die Wertigkeit der noch fünf Grundleistungen mit je 6,25 % anzusetzen sein, weil die zweite und dritte Grundleistung in einem Alternativverhältnis standen (so auch Löffelmann/Fleischmann, Rdn. 280; a. A. Neuenfeld Rdn. 54a). Diese Einordnung ist nicht mehr zeitgemäß und entspricht nicht den tatsächlichen Anforderungen. Folgende prozentualen Ansätze sind vertretbar: **196**

	Siemon(G)	Simmendinger(G)	Siemon(I)	Simmendinger(I)	Begründung
a) Durcharbeiten	10,0–13,0	6,0	10,0–13,00	8,0 (abhängig vom Bedarf)	Basisleistungen
b) Zeichnerische Darstellung	10,0–13,0	14,0	14,0–16,0	10,0–13,0 (abhängig vom Bedarf)	Bedeutung zur Planungsaufgabe
c) Bereitstellen der Arbeitsergebnisse	in a) und b) enthalten	1,5	In a) und b) enthalten	1,5 (abhängig vom Bedarf)	Bedeutung zur Planungsaufgabe
d) Terminplan	0,25–0,75	0,25		0,25–0,75	
e) Fortschreiben	0,5–1,0	0,75	0,5–1,0	0,75 (abhängig vom Bedarf)	Bedeutung für Planung Notwendigkeit
f) Überprüfen der Pläne	in a) und b) enthalten	2,5	in a) und b) enthalten	2,5 (abhängig vom Bedarf)	Notwendigkeit bei Planungen mit Dritten

Grundsätzlich hat der VO-Geber zwingend in § 34 Abs. 3 die Leistungsphase 5 mit 25 Prozentpunkten bei Gebäuden und mit 30 Prozentpunkten bei Innenraumplanungen angegeben.

C. Besondere Leistungen (§ 34 Abs. 3 i. V. m. Anlage 10.1 – rechte Spalte)

197 Die in Anlage 10.1 – rechte Spalte – beispielhaft aufgezählten Besonderen Leistungen, zu denen im Einzelfall noch andere, in der HOAI nicht genannte hinzutreten können, sind solche, die erfahrungsgemäß bei bestimmten Fallgestaltungen häufig vorkommen können.

Aufstellen einer Objektbeschreibung

198 Die ersten drei in Anlage 10.1 als Besondere Leistungen aufgezählten Möglichkeiten haben insofern einen inneren Zusammenhang, als sie sich mit Arbeiten des Architekten befassen, welche **Grundlage für eine Leistungsbeschreibung mit Leistungsprogramm** (funktionale Leistungsbeschreibung) sind. Angesprochen ist hier das Aufstellen einer detaillierten Objektbeschreibung einmal als **Baubuch** und zum anderen als **Raumbuch,** jeweils mit dem Ziel, Grundlage für eine Leistungsbeschreibung mit Leistungsprogramm zu werden. Beide von der HOAI als möglich bezeichneten Sonderleistungen betreffen ersichtlich die von Seiten des Auftraggebers und damit seines Architekten zu leistende **Vorarbeit,** um eine ordnungsgemäße Leistungsbeschreibung nach Leistungsprogramm im Rahmen einer sachgerechten, insbesondere nach Wettbewerbsgrundsätzen ausgerichteten Bauvergabe an den oder die in Betracht kommenden Unternehmer herbeizuführen. Maßgebend für diese Vorarbeit sind im Wesentlichen die Richtlinien, welche sich aus Teil A § 7 Nr. 9 und Nr. 13 VOB ergeben (vgl. dazu Ingenstau/Korbion, VOB, Teil A § 7; vgl. auch Ziff. 3.2.3.1. A § 7 Vergabehandbuch für die Durchführung von Bauaufgaben des Bundes im Zuständigkeitsbereich der Finanzbauverwaltungen). Es liegt in der Natur der Sache einer solchen besonderen Art der Leistungsbeschreibung, die von Seiten des Auftraggebers bzw. des Architekten sozusagen regelwidrig **nur den Rahmen** angibt, während ihre eigentliche Ausarbeitung – auch im planerischen Bereich – den anbietenden Unternehmern überlassen bleibt, dass an den Architekten, welcher das Rahmenprogramm aufzustellen hat, **besondere Anforderungen** in Bezug auf Erfahrung und Qualifikation zu stellen sind. Hier kommt es vor allem darauf an, das Rahmenprogramm so genau und einheitlich aufzustellen, dass **alle** in Betracht kommenden Unternehmer in der Lage sind, Angebote abzugeben, welche im Rahmen der späteren Vergabeüberlegungen im Wege einer ordnungsgemäßen Wertung miteinander **vergleichbar** sind. Hier kann es im Einzelfall sachgerecht sein, solche Vorarbeiten als eine detaillierte Objektbeschreibung durch Anfertigung eines **Baubuches oder eines Raumbuches** (oder beider) zu bewirken. Das Baubuch betrifft das vorgesehene Gebäude und die Gesamtanlage, in welcher dieses liegen soll; das Raumbuch bezieht sich auf die innere räumliche Ausgestaltung (Raumprogramm) nach der Vorstellung des ausschreibenden Auftraggebers. Dabei sind die jeweiligen Angaben beschreibend auf vorgesehene Nutzung, Gestaltung, Funktion, technische und wirtschaftliche Ausführung dergestalt abzustellen, dass miteinander vergleichbare Unternehmerangebote eingeholt werden können.

199 Wird ferner die Vergabe von Bauleistungen durch Leistungsbeschreibung mit Leistungsprogramm ausgeschrieben, kommt es für die Angebotswertung entscheidend darauf an, ob die von den in Betracht kommenden Unternehmern nunmehr ausgearbeiteten **Ausführungsvorschläge** mit den vom Architekten angefertigten **Entwurfsplänen vergleichbar sind.** Dass hier ein besonderer fachkundiger Einsatz des Architekten erforderlich ist, welcher jedenfalls im Ausgangspunkt sowohl in seinen Voraussetzungen als auch hinsichtlich der zeitlichen Beanspruchung nicht mehr in den Bereich der Grundleistungen verwiesen werden kann, leuchtet ohne weiteres ein.

200 Andererseits: In allen drei Fällen (Objektbeschreibung als Baubuch und/oder Raumbuch, Prüfung der Übereinstimmung der Ausführungspläne mit der Entwurfsplanung) kann man **nur dann** von **Besonderen Leistungen** sprechen, wenn hier dem Architekten über **das sonst Normale hinausgehende Arbeiten** abverlangt werden. Damit ist zugleich gesagt, dass eine Besondere Leistung des Auftragnehmers in dem hier angesprochenen Bereich nur vorliegt, wenn er die genannten besonderen Arbeiten kraft Vereinbarung mit dem Auftraggeber **zusätzlich übernimmt.** Anders liegt dies dann, wenn der Architekt nur im normalen Rahmen tätig wird, welcher für den Bereich der Leistungsbeschreibung nach Leistungsprogramm durch Teil A § 7 Nrn. 9 bis 13 VOB vorgeschrieben ist, sich seine Arbeit also nicht darüber hinaus erstreckt (vgl. dazu Ingenstau/Korbion Teil A § 7). Für solche Fälle ist zu bedenken, dass der Auftragnehmer **weitgehend die Grundleistungen der Ausführungsplanung** erspart, weil diese – insbesondere nach Teil A § 7 Nr. 13 VOB – vom bauausführenden Unternehmer gemacht werden, hierdurch also der Architekt sogar entlastet wird. Planungsänderungen, die auch und insbesondere auf dem Wunsch des Bauherrn beruhen (z.B. Funktionsänderung des Bauwerkes – Wohnhaus/Bürohaus) sind nur dann gesondert vergütungspflichtig, wenn zum Zeitpunkt, zu dem die Änderungen der Planung erforderlich und vom Auftraggeber verlangt wird, die Planungsleistung bereits abgeschlossen war. Denn grundsätzlich handelt es sich hier um Leistungen aus dem Grundleistungskatalog (OLG Düsseldorf BauR 2007, 1270 = NZBau 2007, 109).

Darüber hinaus: Sofern ferner bei der Leistungsbeschreibung mit Leistungsprogramm **201** auch im Falle der Aufstellung eines Baubuches und/oder eines Raumbuches sowie der vergleichenden Überprüfung der Ausführungspläne in ihrem Verhältnis zu den Entwurfsplänen **Leistungen** des Architekten **entfallen,** welche er **als Grundleistungen** nach der Leistungsphase 5 hätte erbringen müssen, können die von der HOAI als Besondere Leistungen ausgewiesenen Arbeiten nicht mehr oder jedenfalls nicht mehr voll als solche gelten, weil es dann in der gleichen Leistungsphase an – normal zu vergütenden – **Grundleistungen fehlen** würde. Daher ergibt sich aus der hier maßgebenden Aufzählung Besonderer Leistungen bei einer Leistungsbeschreibung nach Leistungsprogramm im Text der HOAI hinzugefügten Fußnote (*), dass dann die sonst als Besondere Leistungen zählenden Arbeiten des Architekten Grundleistungen (§ 3 Abs. 1) werden, so dass der Architekt dann keinen gesonderten Vergütungsanspruch hat. Inwieweit diese „Auswechslung" (Besondere Leistungen zu Grundleistungen) geht, richtet sich danach, ob und welche Grundleistungen im Einzelfall entfallen und ob und inwieweit an deren Stelle als Besondere Leistung geltende Arbeiten gesetzt werden, vornehmlich unter Berücksichtigung eines entfallenden **normalen Aufwandes** im Verhältnis zu dem nunmehr erforderlichen. Sofern in letzterer Hinsicht ein Übergewicht zu Lasten des Architekten verbliebe, muss dies durch eine angemessen erhöhte Vergütung ausgeglichen werden, weil insoweit dann eine Besondere Leistung vorliegt.

Mitwirken beim Anlagenkennzeichnungssystem (AKS)

Diese Besondere Leistung ist basiert auf dem Anlagenkennzeichnungssystem als branchenübergreifende Festlegung zur Kennzeichnung und Identifikation technischer Systeme, insbesondere von Maschinen und Anlagen. So hat die DIN 6779 mit Beiblättern und branchenspezifischen Ausprägungsbeschreibungen (Kraftwerke, Chemie, Schiffe) ein universelles, alle Ausprägungen erschöpfendes Kennzeichnungssystem. Im Kraftwerksbereich wird das Kraftwerk-Kennzeichnungssystem KKS bzw. RDS-PP verwendet.

Erarbeiten von Detailmodellen

Weiter kommt für den Rahmen der Ausführungsplanung noch das **Erarbeiten von 202 Detailmodellen** in Betracht. In der HOAI 2013 kommt es speziell nicht mehr vor. Diese Leistung kann nur die zusätzliche Planungsarbeit selbst betreffen, nicht auch die zusätzlichen Sachkosten, wie z.B. Materialkosten, weil diese nach den allgemeinen Vorschriften in § 15 Abs. 2 Nr. 7 als Nebenkosten gelten, also hier keine Rolle spielen. Bei diesen Detailmodellen handelt es sich vor allem um die Herstellung von Modellen und Proben, um dem Auftraggeber ein **besseres Verständnis** für die geplante Detailausführung zu geben und ihm die zu treffende Entschließung hinsichtlich der Art und Weise der Ausführung zu erleichtern. Beispiele: Putzproben, Modelle oder Muster von Fenstern, Türen, Treppen, Bodenbelägen, von Schlössern, von Anstrich sowohl hinsichtlich der Struktur als auch hinsichtlich der Farbe usw. Dabei ist wesentlich, dass die HOAI nicht erst die Anfertigung von Detailmodellen als Besondere Leistung der Architekten ansieht, sondern bereits das **Erarbeiten** solcher Modelle. Damit ist zum Ausdruck gekommen, dass in der Regel auch in diesem Fall die Besondere Leistung des Architekten im **planerischen Bereich** liegt, nämlich in Ausführungsplänen für die Anfertigung von Detailmodellen, wofür vielfach die Ausarbeitung im Maßstab 1 : 1 notwendig ist. Hier kommen **auch Verhandlungen mit Herstellern** von Detailmodellen sowie die **Überwachung** der **Herstellung** durch den Architekten in Betracht (Locher/Koeble/Frik § 34 Rdn. 168).

Prüfen und Anerkennen von Plänen Dritter

203   Als Besondere Leistung ist weiter das **Prüfen und Anerkennen von Plänen Dritter** nicht an der Planung fachlich Beteiligter auf die Übereinstimmung mit den Ausführungsplänen möglich. Der VO-Geber benennt hier: *„Prüfen und Anerkennen von Plänen Dritter, nicht an der der Planung fachlich Beteiligter auf Übereinstimmung mit den Ausführungsplänen (zum Beispiel Werkstattzeichnungen von Unternehmen, Aufstellungs- und Fundamentpläne nutzungsspezifischer oder betriebstechnischer Anlagen), soweit die Leistungen Anlagen betreffen, die in den anrechenbaren Kosten nicht erfasst sind".* Dabei sind beispielhaft Werkstattzeichnungen von Unternehmen, Aufstellungs- und Fundamentpläne von Maschinenlieferanten genannt.

Hier ist Voraussetzung für die Anerkennung als Besondere Leistung, dass die darauf bezogenen Werkleistungen **Anlagen** betreffen, welche **in den anrechenbaren Kosten nicht erfasst** sind. Trifft Letzteres dennoch zu, rechnen entsprechende Arbeiten des Architekten zu den Grundleistungen und sind deshalb **nicht gesondert** zu vergüten. Das gilt auch dann, wenn der Ersteller der Pläne nicht zu den an der Planung fachlich Beteiligten gehört (BGH BauR 1985, 584 = Schäfer/Finnern/Hochstein § 15 HOAI Nr. 4; insoweit Prüfung von Elementplänen für Fertigbetonteile auf Übereinstimmung mit den Ausführungsplänen des Auftraggebers).

Zusätzliche Leistungen können wie folgt honoriert werden: Baubuch erstellen: 4–8%; Raumbuch erstellen: 6–10%; Prüfen der Ausführungspläne: 4 bis 8% (so auch Arlt-Klocke, S. 152; vgl. Neuenfeld Rdn. 55).

Wesentlich ist aber dabei, dass diese Leistungen nur dann **besonders** honoriert werden, wenn diese Besonderen Leistungen **Anlagen** betreffen, die **eben nicht** in den bisherigen anrechenbaren Kosten nach DIN 276-1:2008-12 enthalten sind, die der Architekt in seiner Kostenberechnung, hilfsweise der Kostenschätzung ausgewiesen hatte. Damit aber sind die anrechenbaren Kosten gemeint, die nach der Erfassung der Grundleistungen den Bereich von „Anlagen" betreffen. da der VO-Geber diesen Begriff in § 2 nicht definiert und allenfalls über den Begriff „Freianlage" der Begriff sinngemäß erschlossen werden kann, so kann gesagt werden, dass der Begriff „Anlage" eine gewisse Größe und Selbständigkeit im planerischen Sinne meint. Damit kommen – landläufig gesprochen – nur solche Bauwerke und bauwerklichen Teile in Betracht, die zumindest Teil eines planerischen Ganzen sind. Gemeint sind also nicht die Werkstattzeichnungen von Unternehmen, die bereits in die Planung als solches integriert sind, sondern völlig losgelöst und selbständig neben der eigentlichen Planung des Architekten oder auch des Fachplaners zum gesamten Werkerfolg der baulichen Herstellung beitragen. Denkbar sind hier selbständige Komplettausstatter von Gesamteinrichtungen in Hotels (montagefertige Komplettlieferung eines Badezimmers im containerartigen Bauaufbau zum Einbau in ein Hotel; raumartige Komplettherstellung und Lieferung einer medizinischen Intensivstation oder CT-Raumes im „Blockverfahren" zum Einbau in einen geplanten Raum, bei dem die Anschlüsse zur Verfügung gestellt werden). Die Prüfung der wesentlichen Inhaltseinrichtung und -anschlüsse ist dann besondere Aufgabe des Planers, wenn hiervon Leistungsziele des Auftraggebers abhängen (Statik, Verwendung, Zeitmanagement beim Einbau, Konzepte eines Hotels oder Klinik, gleiche Ausstattungen).

D. Haftungsfragen

204   Wird beachtet, dass durch die HOAI die zur Ausführungsplanung gehörenden Leistungen des Architekten erweitert worden sind, so ergibt sich daraus die **Möglichkeit einer häufiger und leichter vorkommenden Haftung** des Architekten, besonders im Bereich der Gewährleistung. Vor allem die grundsätzliche Notwendigkeit, die Ausführungsplanung **schriftlich** zu bewerkstelligen, ergibt, dass es für den Architekten ebenso grundsätzlich nicht mehr genügt, die erforderlichen Anweisungen zur Ausführung der Bauarbeiten mündlich auf der Baustelle zu geben und sich dann darauf zu verlassen, dass diese befolgt werden. Sobald es im Rahmen der Bauausführung zu Unzuträglichkeiten kommt, die zumindest im Kern auf eine unterlassene oder unvollständige oder gar unrichtige Ausführungsplanung des Architekten zurückgehen, ist er dem Bauherrn gegenüber gewährleistungspflichtig. Auch hier besteht für den Auftraggeber ein Nachbesserungsanspruch grundsätzlich nur, wenn es noch nicht zur Bauausführung bei dem in Betracht kommenden Bauwerk oder einem von der Ausführungsplanung erfassten Teil desselben gekommen ist (vgl. auch OLG Hamm BauR 1998, 1110 = NJW-RR 1999, 96); andernfalls verbleibt dem Auftraggeber im Allgemeinen nur ein Minderungs- und/oder ein Schadensersatzanspruch (§§ 634a ff. BGB). Anders dann, wenn die Vertragspartner auch für diesen Fall ein Nachbesserungsrecht des Architekten vereinbart haben.

Im Übrigen gelten für den Bereich der Ausführungsplanung im Wesentlichen die gleichen Grundsätze wie insbesondere bei der Entwurfsplanung. Das dort Gesagte ist hier entsprechend heranzuziehen. Wichtig ist hier aber besonders: ein Mangel des Architektenwerks kann auch gegeben sein, wenn die Planung technisch funktionstauglich ist und den vom Architekten genannten Kostenrahmen einhält. Vielmehr kann ein Mangel auch dann vorliegen, wenn, gemessen an der vertraglichen Leistungspflicht, übermäßiger Aufwand getrieben wird oder wenn die geschuldete Optimierung der Nutzbarkeit des Gebäudes, beispielsweise im Verhältnis Nutzflächen/Verkehrsflächen, nicht erreicht wird. Insoweit sind Vorgaben des Auftraggebers auch dann verbindlich, wenn sie erst im Laufe des Planungsprozesses gemacht werden (vgl. BGH BauR 1998, 354 = NJW 1998, 1064 = Schäfer/Finnern/Hochstein § 634 BGB Nr. 29). Die anerkannten Regeln der Technik sind auch hier einzuhalten (zweischalige Bauweise bei Doppelhaus, LG Stuttgart, BauR 2006, 550).

205 Wichtig ist für den Auftragnehmer hier ganz besonders, die Ausführungsplanung **je nach Baufortschritt zur Verfügung zu stellen,** und zwar dann, wenn sie für den jetzt zur Errichtung anstehenden Bauteil notwendig ist (vgl. § 3 Nr. 1 VOB/B). Kommt es hier zum Nachteil des Auftraggebers zu Bauverzögerungen, muss der Architekt gegebenenfalls entsprechend den §§ 634a Nr. 3, 636, 323, 326 BGB haften. Andererseits darf der Architekt die hier erforderlichen Arbeiten nicht zu früh anfertigen und den Auftraggeber unnötig mit Kosten belasten; das trifft vor allem auf die Zeit vor Erteilung der Baugenehmigung zu; anderes gilt nur dann, wenn der Architekt den Bauherrn auf die Gebührenfolgen hingewiesen und dieser die jetzt noch nicht benötigte Leistung ausdrücklich gewünscht hat (vgl. OLG Düsseldorf BauR 1976, 142; OLG Düsseldorf NJW 1982, 1541 = BauR 1982, 390; weiter: OLG Düsseldorf BauR 1997, 685 = NJW-RR 1997, 915).

206 Gerade auch die bereits angesprochene **Koordinationsaufgabe** des Auftragnehmers ist für ihn mit einer **zusätzlichen Verantwortlichkeit** verbunden, was z.B. für die Planung der Wärmedämmung gilt (OLG Köln Schäfer/Finnern/Hochstein § 278 BGB Nr. 7). Verletzt er hier seine Verpflichtungen, gibt er z.B. dem Statiker die Bodenverhältnisse oder die für die beabsichtigte Nutzung des Bauwerkes erforderliche Beschaffenheit, wie z.B. Standfestigkeit (vgl. OLG Köln Schäfer/Finnern/Hochstein § 635 BGB Nr. 23) unzutreffend an, haftet er wegen fehlerhafter Leistung möglicherweise nach § 633 Abs. 2 BGB a.F. = §§ 634a Nr. 2, 637 BGB n.F., in der Regel aber – gemäß dem Vorhergesagten – nach den §§ 634, 635 BGB a.F. = §§ 634a Nr. 4, 636, 280, 281 BGB n.F. Gegenüber dem Auftraggeber kann sich der Architekt auch nicht dadurch entlasten, dass er dem Unternehmer namens des Bauherrn die Überprüfung der von ihm angefertigten Ausführungszeichnungen übertragen hat (BGH WM 1971, 101). Auch bei einem nicht reibungslosen Bauverlauf, der auf fehlerhaften und unvollständigen Planungen der Leistungsphase 5 beruhen und der Architekt, trotz mehrfacher Aufforderung keine wesentlichen Besserung eintreten lässt, ist haftungsbegründend (OLG Celle, BauR 2008, 1489).

Außerdem gehört es zur hier angesprochenen Koordinationsaufgabe des Architekten, die Leistungen von Sonderfachleuten hinsichtlich ihrer Ordnungsgemäßheit zu überprüfen, soweit es nach ihm zuzumutenden Wissen zu verlangen ist. So muss der Architekt die Statik des vom Bauherrn gesondert beauftragten Statikers darauf prüfen, ob sie etwa lückenhaft ist, so z. B., ob die Lastannahmen richtig sind, ob eine Schallschutzberechnung im erforderlichen Umfang vorliegt, ob die Feuchtigkeit von zu verwendendem Holz beachtet ist (vgl. dazu z. B. OLG Schleswig IBR 1996, 378).

207   Im Allgemeinen genügt der Architekt seinen im Rahmen der Ausführungsplanung obliegenden Pflichten, wenn er die jeweils maßgebenden DIN-Normen einhält, sofern diese den anerkannten Regeln der Technik entsprechen. So muss er, um den Vorwurf des Planungsverschuldens zu vermeiden, auch bei einem sog. Null-Dach berücksichtigen, dass sich dieses unter Eigengewicht, Wind- und Niederschlagslasten zwangsläufig bewegt und diese Bewegungen auf Dämm- und Dichtungsschichten überträgt (vgl. BGH BauR 1986, 112 = Schäfer/Finnern/Hochstein § 635 BGB Nr. 46 = NJW-RR 1986, 182). Über den Rahmen zumutbarer Verantwortlichkeit hinaus geht es jedoch, wenn der Architekt im Rahmen des Vertrages eine planerische Leistungspflicht übernommen hat, die über die Mindestanforderungen der einschlägigen DIN-Norm erheblich hinausgeht, die Norm-Werte dann aber nur unwesentlich überschritten werden (vgl. dazu BGH BauR 1981, 395 = Schäfer/Finnern/Hochstein § 635 BGB Nr. 27 = MDR 1981, 836 für den Fall, dass die Mindestwerte des Wärmedämmgebietes I gem. DIN 4108 nur unwesentlich überschritten sind, obwohl vertraglich eine „Vollwärmedämmung an der Außenseite" und „extrem hoher Wärmedämmwert" zugesichert worden sind). Zur Fehlerhaftigkeit der Planung des Architekten, wenn er die Verwendung glasierter Steine in Verbindung mit einer Kerndämmung vorsieht, vgl. OLG Hamm NJW-RR 1991, 731; dagegen beachtlich Groß BauR 1992, 262. Abdichtungsmaßnahmen für ein Bauwerk gemäß der DIN 18 195 Teil 5 in Verbindung mit DIN 4095 müssen vom Architekten genau geplant werden (zu Bitumendickbeschichtung OLG Bamberg BauR 1999, 650; a. A. OLG Schleswig BauR 2000, 1060). Dazu reicht ein bloßer Hinweis auf diese Regelwerke nicht aus (OLG Celle BauR 1992, 801 m. Anm. Reim). Auch die Planungserklärungen bestehen gegenüber Handwerkern (BGH BauR 2000, 1330). Insgesamt muss der Architekt zur Abwehr von Gefahren für den Bestand des Bauwerkes den sichersten Weg gehen. Ebenso ist es Pflicht des Architekten zu prüfen, ob eine vorhandene Balkonfläche abgedichtet werden muss, bevor es an die Herstellung des Oberbelages geht. Bei Risiken mit Werkstoffen hat er darauf hinzuweisen (OLG Hamm, BauR 2006, 861 – Heizungsanlage).

Zudem hat die **Planung vollständig** zu sein. Die Planung hat daher auch grundsätzlich Angaben an die ausführenden Unternehmer zu enthalten, daß Risse oder Setzungen nicht eintreten dürfen und die Planung darauf auszurichten ist (OLG Hamm, NZBau 2011, 48 dazu, daß der Architekt sich auch nicht darauf verlassen darf, daß der Statiker mit Verformungsberechnungen beauftragt ist oder werden soll).

Grundsätzlich haftet der Architekt nur insoweit, wie ihm Planungsaufgaben übertragen und auch belassen worden sind. Das Einverständnis des Auftraggebers mit der unrichtigen Planung und Ausführung setzt allerdings voraus, dass er Bedeutung und Tragweite der Fehlerhaftigkeit der Planung erkannte oder erkennen konnte, was in der Regel nur angenommen werden kann, wenn der Architekt den Auftraggeber aufgeklärt und belehrt hat (vgl. BGH NJW 1996, 2370 = BauR 1996, 732 = Schäfer/Finnern/Hochstein § 249 BGB Nr. 32). In dem Fall, in welchem ein Architekt für eine Bauträgergesellschaft mehrere Einfamilienhäuser plant, muss er davon ausgehen, dass diese – und zwar möglichst frühzeitig – Verträge mit Erwerbern schließen will. Daher muss er bei einer beabsichtigten Planungsänderung deren Auswirkungen auf eventuell schon bestehende oder künftige Erwerberverträge bedenken und grundsätzlich von sich aus mit der Bauträgergesellschaft erörtern. Veranlasst der Auftraggeber selbst Planungsmaßnahmen, ergeben sich diese als mangelhaft, so liegt dies nicht mehr im Verantwortungsbereich des Architekten, wenn der Auftraggeber selbst Fachkundige mit solchen Planungsmaßnahmen betraut; wird seine eigene Planung dabei geändert und lehnt der Architekt dafür seine Verantwortung ab, ist er ebenfalls von der Haftung befreit (BGH BauR 1989, 97 = NJW-RR 1989, 86 = Schäfer/Finnern/Hochstein § 635 BGB Nr. 63). Der Architekt haftet dem Bauherrn nicht für Schäden an der Fußbodenheizung, wenn dieser hierfür einen Sonderfachmann beauftragt hat und die konkrete fachspezifische Frage nicht zum Wissensbereich des Architekten gehört (OLG Köln NJW-RR 1994, 1110 zur Frage der Tauglichkeit von Kunststoffrohren, ob eine Systemtrennung nötig war und ob durch Sauerstoffdiffusion Probleme entstehen können). Dagegen muss der Architekt eine Verantwortlichkeit immer ablehnen, wenn der fachunkundige Bauherr oder für diesen ein fachunkundiger Dritter die Planungsmaßnahmen durchführt. Für den hier erörterten Bereich liegt noch kein Planungsfehler des Architekten vor, wenn er zwar keine schriftlichen Detailpläne für den Aufbau einer Dachterrasse erstellt hat, er jedoch nachweislich beabsichtigte, die erforderlichen planerischen Anweisungen den Handwerkern an Ort und Stelle mündlich zu erteilen. Kommt es dann bei dieser Sachlage vor, dass der Auftraggeber ohne Einschaltung des Architekten Unternehmer mit der Fertigstellung der Terrasse beauftragt, so ist der damit nicht befasste Architekt nicht schadensersatzpflichtig, wenn diese u. a. wegen fehlender Detailpläne die Terrasse fehlerhaft erstellen (vgl. OLG Köln Schäfer/Finnern/Hochstein § 635 BGB Nr. 84 = VersR 1993, 1229).

Bei der **Überprüfung von Montageplänen und Plänen Dritter** ist zunächst darauf hinzuweisen, daß der Objektplaner den Dritten – Tragwerksplaner, TGA, Ingenieure – **rechtzeitig selbst fehlerfreie Planungen bereit zu stellen** hat. Die Einstandspflicht der dann folgenden Prüfung der Pläne Dritter kann aber nur soweit gehen, wie eine **offensichtliche und im Rahmen der üblichen Ausbildung und vorauszusetzenden Kenntnis des Objektplaners** die Prüfung stattfinden kann. **Ins Auge springende Fehler** z. B. bei der Tragwerksplanungen sind damit auch haftungsträchtig, wenn diese Fehler **leicht erkannt** werden können (OLG Celle, BauR 2008, 1489; OLG Köln, Urt. v. 12.12.2012 – 7 U 99/08 zur erhöhten Wachsamkeit bei risikoträchtigen Ausführungsplanungen; OLG Hamm, BauR 2013, 1688 zur Überprüfung von Werkstattplänen und Obliegenheit des Auftraggebers gegen die am Bau Beteiligten). Gibt der vom Auftraggeber beauftragte **Prüfsachverständige** eine **Werkstattzeichnung** frei, obwohl die Zeichnung mangelhaft ist, so kann der Auftragnehmer kein Mitverschulden geltend machen. Unterlassen es **Architekt und Tragwerksplaner** des Auftraggebers, Werkstattpläne des Aufragnehmers zu überprüfen und entsteht sodann ein Schaden, so kann der Auftragnehmer kein **Mitverschulden** einwenden (OLG Hamm, Urt. v. 12.4.2013 – 12 U 75/12; differenzierend Hammacher, BauR 2013, 1592).

Der vom planenden Architekten zu ersetzende Schaden erfasst auch die **Kosten eines Vorprozesses** des Bauherrn gegen den zu Unrecht in Anspruch genommenen Unternehmer, wenn der Architekt wegen von ihm zu vertretender Planungsmängel, statt seine eigene Gewährleistungspflicht zu erfüllen, diese verneint und den Bauherrn den Prozess gegen den Bauunternehmer führen lässt; derartige Kosten sind dem Schädiger als von ihm adäquat verursacht auch dann zuzurechnen, wenn das dem Vorprozess vorausgehende Gutachten im Rahmen eines Beweissicherungsverfahrens falsch war (OLG Hamm, Urteil vom 5.10.1990 – 26 U 7/90 –).

Hat der Architekt **fehlerhaft** geplant oder überwacht, so braucht er dem Auftraggeber allerdings **keinen Schadenersatz** mehr zu leisten, als endgültig feststeht, dass dieser an den Bauunternehmer gerade wegen des in Rede stehenden Mangels **keinen Werklohn** bezahlen muss, da der Bauherr dann insoweit keinen Schaden mehr hat (vgl. BGH NJW 1996, 2370 = BauR 1996, 732 = Schäfer/Finnern/Hochstein § 249 BGB Nr. 32 = MDR 1996, 1009 = LM § 249 (Hd) BGB Nr. 46). **Anders** naturgemäß dann, wenn der Schaden durch den Werklohn des Unternehmers noch nicht voll abgedeckt ist. Dann ist der verbleibende Differenzbetrag noch dem Schaden zuzurechnen und der Architekt ist u. U. insoweit noch ersatzpflichtig (kritisch dazu Glöckner BauR 1997, 529).

Ein Planungsfehler (fehlende Überdeckung von Lagermatten) wirkt auch dann haftungsbegründend, wenn der **Unternehmer** diesen Fehler nicht umsetzt, dadurch aber das Bauwerk aus einem anderen Grund (unzureichende Betonüberdeckung der Bewehrung) nicht dem Stand der Technik entspricht (OLG Stuttgart, Urt. v. 24.4.2012 – 10 U 7/12).

6. Leistungsphase 6: Vorbereitung der Vergabe (§ 34 Abs. 3 i. V. m. Anlage 10.1 – linke Spalte)

A. Leistungen

208 Die Leistungsphase 6 umfasst Tätigkeiten des Architekten im planerischen Bereich, welche der späteren **Vergabe** von Bauleistungsaufträgen dienen, diese also im Sinne der Vorbereitung **in die Wege** leiten sollen. Es handelt sich noch **nicht** um die Vergabe von Bauleistungen an bauausführende Unternehmer **selbst;** diese ist erst von der Leistungsphase 7 erfasst. Gerade auch bei dieser Leistungsphase darf der Architekt nicht „vorprellen", also von der Vorbereitung der Vergabe erfasste Arbeiten noch nicht erbringen, bevor nicht die Baugenehmigung erteilt ist, da ansonsten ein Honoraranspruch für diese Leistungsphase entfällt. Anders nur dann, wenn der Auftraggeber ausdrücklich die Vorziehung dieser Leistungsphase verlangt und das Risiko dafür übernommen hat, dass die hier zu erbringenden Leistungen nicht benötigt werden oder die eingeholten Angebote später überholt sind, wie z. B. wegen Versagung der Baugenehmigung oder Verzicht auf die Bauausführung (vgl. OLG Düsseldorf BauR 1994, 534 = NJW-RR 1994, 858 = Schäfer/Finnern/Hochstein § 15 HOAI Nr. 9).

209 Durch die in Anlage 10.1 – linke Spalte – Leistungsphase 6 im Einzelnen umschriebene Vorbereitung der Vergabe wird ein **Teilbereich** dessen umfasst, was nach § 19 Abs. 1d) GOA unter dem Begriff der **Massen- und Kostenberechnung** zusammengefasst war, nämlich die Ermittlung der Herstellungskosten durch Aufstellung von Massenberechnungen und Einsetzen ortsüblicher Preise oder durch Aufstellen von Leistungsbeschreibungen mit Zusammenstellung der Angebote von Unternehmen. Ein Vergleich mit der von der GOA erfassten umfassenden Leistungsbereiches mit den Einzelleistungen der Leistungsphase 6 zeigt unschwer, dass Letztere eine **eigene Tätigkeit** des Architekten verlangt und zugleich auch nur erlaubt, soweit es sich um die hier allein angesprochenen eigentlichen Grundlagen der späteren Preisermittlung selbst handelt, also das Ermitteln und Zusammenstellen von Massen und das darauf beruhende Aufstellen von Leistungsverzeichnissen. Dagegen kommt, anders als bei der GOA, welche die Eigenermittlung der Preise durch Festlegung ortsüblicher Preise neben der Einholung von Unternehmerangeboten wahlweise vorsah, eine **eigene Preiskalkulation** hinsichtlich der erforderlichen Unternehmerleistungen für den Architekten **grundsätzlich nicht mehr** in Betracht. Der Architekt ist daher nach dieser Gestaltung innerhalb der HOAI nunmehr im Allgemeinen gehalten, zum Zwecke der Ermittlung angemessener Preise entweder eine **Ausschreibung** zu veranstalten oder jedenfalls sich diese Preise auf andere Weise **durch Unternehmerangebote vermitteln** zu lassen. Dass dadurch eine erheblich **sorgfältigere Vorbereitungtätigkeit** des Architekten verlangt wird, um miteinander vergleichbare Angebote zu erhalten und dadurch eine genauere Feststellung angemessener Preise zu ermöglichen, liegt auf der Hand. Diese durch die HOAI gegebene Neuregelung, welche somit in der angegebenen Hinsicht (Ermitteln und Zusammenstellen von Massen, Aufstellen von Leistungsbeschreibungen) eine strengere Leistungsanforderung an den Architekten stellt, entspricht in etwa der durch die Rechtsprechung bereits während der Zeit der Geltung der GOA aufgestellten Forderung, die **Preisermittlung** hinsichtlich der Unternehmerleistungen **zu objektivieren** und durch Preisangaben in Angeboten der in Betracht kommenden Unternehmer bestmöglich abzusichern (vgl. dazu BGH Schäfer/Finnern Z 3.01 Bl. 394; OLG Düsseldorf Schäfer/Finnern Z 3.01 Bl. 73).

Mit der HOAI 2013 wurde die Grundleistung *„Zusammenstellen der Vergabeunterlagen"* nun systematisch der Vorbereitung der Vergabe zugeordnet und aus der Leistungsphase 7 in die Leistungsphase 6 verlagert.

Festzuhalten ist, dass die hier erörterte Leistung des Architekten nur soweit gehen kann, als nicht andere, durch die HOAI auch erfasste Teilbereiche berührt sind. So gehören z. B. Tätigkeiten des Architekten im Bereich der Teile 4 Technische Ausrüstungen, oder der Anlage 1.2, 1.3 und 1.4 „Bauphysik" oder „Schallschutz und Raumakustik" nicht zu den

Leistungen. Bereitet der Architekt die Vergabe solcher Leistungen vor, steht ihm das darauf entfallende (in Anlage 1 zu vereinbarende) Honorar nach jenen Teilen der HOAI zu.

Da der Regelungsbereich der Leistungsphase 6 nur die für die möglichst objektivierte Preisermittlung vorbereitende Tätigkeit umschreibt, ist die **Preisermittlung selbst** nicht mehr Angelegenheit dieser Leistungsphase, sondern der folgenden **Phase 7.**

Zudem betreffen die Regelungen zu Leistungsphase 6 auch die **Nachträge** und die entsprechenden **Überprüfungen der Nachtragsangebote,** wenn es sich beispielsweise um Nachträge im Sinne der §§ 2 Nr. 3, 5, 6, 7 und 8 VOB/B handelt. Zudem gilt das auch bei Nachträgen bei BGB-Verträgen. Die Prüfung der Angebote der Unternehmer, die die Nachtragsangebote aufgrund eigener Mengen/Massenermittlungen in diesen Nachträgen vom Architekten vorzunehmen sind, werden in Leistungsphase 6 eingeordnet, weil sie im eigentlichen Sinne unter die – hier ersparte – Erstellung der nachträglichen Ausschreibungen fallen. Ansonsten fällt im eigentlichen Sinne eine Erstellung der Nachtragsunterlagen zur Ausschreibung unter Leistungsphase 6. Fallen in diesem Zusammenhang dann Teilleistungen infolge des selbständigen Angebotes des Unternehmers im Rahmen der ursprünglichen Angebotserstellung fort bzw. werden von Architekten nicht erbracht – dazu zählt auch das Delegieren der Ermittlung der Mengen und Massen auf den Unternehmer oder auch das Ersparen dieser Leistung im Rahmen der Nachtragsvergabeleistungen beim Architekten, sind Abzüge – abhängig von der tatsächlich erbrachten Leistung des Architekten bis in Höhe des prozentualen Ansatzes der Teilleistung des Architekten zu machen. Insoweit ist festzustellen, dass die Bearbeitung der Nachträge auch vom prozentualen Ansätzen der Leistungen in der Leistungsphase 6 erfasst sind. Eine besondere Leistung ist nur dann anzunehmen, wenn sie als solche vereinbart ist, also als besondere ergänzende Leistung vereinbart ist. Dies ergibt sich auch in diesem Sinne – ohne besondere Erwähnung allerdings – aus Anlage 10.1 – rechte Spalte – zu Leistungsphase 7 4. Spiegelstrich *„Mitwirken bei der Prüfung bauwirtschaftlich begründeter Nachtragsangebote".* Diese Besondere Leistung kann aber in Leistungsphase vorgezogen werden, wenn bereits Teilleistungen des Planers erbracht wurden und sich bei einzelnen Gewerken die Notwendigkeit weiterer Ausschreibungen oder im Verlauf der Baumaßnahme weitere Ausschreibungen mit Nachtragsangeboten ergeben *(überholende Bauausführung).* Durch die dort beispielhafte Aufzählung von besonderen Leistungen ergibt sich dieses Risiko der Mehrerbringung der Leistung als Leistungserfolg im Rahmen der grundlegenden Leistungen.

Insgesamt ist hier bei den Funktionalausschreibungen sowie die Tätigkeiten und Honoraransätze auf Heft 10 der Schriftenreihe der AHO – Empfehlungen des AHO zur Definition und Anwendung der Funktionalausschreibung (1998) hinzuweisen.

a) Aufstellen eines Vergabeterminplanes

210 Diese Leistung ist neu in der HOAI 2013 und basiert auf dem permanenten Zeitplanerfordernis seit der Leistungsphase 2. Dieser Terminplan muß alle wesentlichen Terminerfordernisse und Abläufe enthalten, die für den Auftraggeber – und dort insbesondere auch den öffentlichen Auftraggeber betreffenden Zeitplanungen – notwendig sind zu wissen und auch sein eigenes Handeln davon abhängig machen. Deutlich ist hier der Wille des VO-Gebers in eigenen Sachen und Interessen zu erkennen. Der private Auftraggeber soll ebenso in die Lage gesetzt werden, sein Handeln und die finanziellen Hintergründe darauf abzustimmen. Denn zumeist wird der Auftraggeber, gleich ob öffentlicher Auftraggeber mit seiner Haushaltslage oder der private Bauherr mit seiner Finanzierungslage und Fördermitteln, erst nach dem Ergebnis nach Leistungsphase 7 entscheiden, ob und wie die Bauausführung durchgeführt wird. So jedenfalls der Idealzustand.

Der Auftragnehmer wird also im Rahmen der Überprüfung die Regelungen der VOL/A, VOB/A, VOF zu berücksichtigen und zu kennen haben (so auch Koeble/Zahn, Teil C, Rdn. 113). Die **Unkenntnis** ist hier klar ein Mangel der Leistung und führt zu Haftungsfragen. Er muß aber auch die Zeitvorgaben der entsprechenden Verordnungen kennen und auch den Ablauf der Bieter- und Zuschlagsfristen. Zudem hat er zu **erfragen,** wie beim auftraggebenden Öffentlichen Bauherrn, wie die Auswahl der Bieter im Rahmen der freihändigen, offenen, nicht offenen oder dem Verhandlungsverfahren, gewöhnlich abgewickelt wird, ob es eine Liste von Unternehmern bei den Verhandlungsverfahren oder freihändigen Vergaben gibt, welche Schwellenwerte bei der freihändigen Vergabe in der Gemeinde nach den Vorgaben des Landesrechts und der Kommune zu beachten sind, sowie wie Wartefrist gehandhabt werden, insbesondere bei zweistufen Verfahren.

b) Aufstellen der Leistungsbeschreibungen

211   Als unabdingbare Grundleistung hat der Architekt zunächst die **Mengen zu ermitteln und zusammenzustellen,** um eine Grundlage für das Aufstellen von Leistungsbeschreibungen zu haben. Diese Tätigkeit entspricht im Allgemeinen dem, was nach § 19 Abs. 1d) GOA unter dem Begriff „Massenberechnungen" ebenfalls zusammengefasst war (Neuenfeld § 15 Anm. 54). Der VO-Geber bestimmt als Leistung unter b) nun *„Aufstellen von Leistungsbeschreibungen mit Leistungsverzeichnissen nach Leistungsbereichen, Ermitteln und Zusammenstellen von Mengen auf der Grundlage der Ausführungsplanung unter Verwendung der Beiträge anderer an der Planung fachlich Beteiligter".*

Wie die Mengen zu ermitteln und zusammenzustellen sind, gibt die HOAI **nicht** an. Dabei kommt es auf das **übliche Verfahren** zur Bestimmung der im Einzelnen zu erbringenden Leistungsmengen, aufgeteilt nach unterschiedlichen Stoffen oder Bauteilen, an (Vordersätze, Leistungsbeschrieb im engeren Sinne, grundsätzlich aufgeteilt in Positionen). Grundlage sind die in dem jetzigen Stadium der Planung vorliegenden **endgültigen Unterlagen,** wie sie sich nach ordnungsgemäßer Erledigung der Leistungsphasen 3 bis 5 darstellen. Dabei ist es zwecks Erreichung des erforderlichen Genauigkeitsgrades erforderlich, für die Ermittlung und die nachfolgende Zusammenstellung der Massen zumindest sinngemäß die Anforderungen zu erfüllen, wie sie für den Bereich des Kostenanschlages in **DIN 276-1:2008-12, Ziffer 3.4.4** genannt ist. Dabei ist nach den dortigen Kostengruppen vorzugehen. Vorweg zu nehmen ist daher gedanklich der Wortlaut des „Kostenanschlags" in Ziffer 3.4.4. Dort heißt es: *„Der Kostenanschlag dient als eine Grundlage für die Entscheidung über die Ausführungsplanung und Vorbereitung der Vergabe."* Das bedeutet, dass der Architekt im Rahmen der vertraglichen Zielsetzung die bisherige Planung in eine Mengen- und Massenermittlung unter Berücksichtigung der erforderlichen Gewerke nach ATV DIN 18299ff. umsetzen muss und sodann diese in eine nachvollziehbare allgemeinverständliche Form zu bringen hat. Ob der Architekt dies in Form von Mengengerüsten oder anderen geeigneten Aufstellungen, oder im Rahmen von Raumbüchern, Leistungsprogrammen usw. erbringt ist ihm überlassen und kommt auf ggfs. vertragliche Vereinbarungen mit dem Bauherrn an. Üblich aber wird man sagen können, ist eine auch technisch für den Unternehmer und den Bauherrn nachvollziehbare Aufstellung. Dies liegt insbesondere daran, weil die Voraussetzungen des § 7 VOB/B zu beachten sind und § 14 Nr. 1 VOB/B. Diese Aufstellung des Architekten ist die Maßgabe für eine prüfbare Aufstellung und Abrechnung der Unternehmerrechnungen.

212   Dabei darf der Architekt, der im Rahmen der Planung die wohlberechtigten Interessen des Bauherrn im Sinne einer richtig verstandenen **treuhänderischen Aufgabe** wahrzunehmen hat, nicht nur seine eigenen bisherigen planerischen Arbeiten in Betracht ziehen und sich darauf beschränken, sondern er hat bei dem Ermitteln und Zusammenstellen der Mengen zugleich auch die Beiträge anderer an der Planung fachlich Beteiligter (z. B. Statiker, anderer Sonderfachleute) mit einzubeziehen. Dazu gehören demgemäß z. B. Angaben aus der Tragwerkplanung (vgl. §§ 50ff.), soweit es sich um Mengen über Beton, Stahl, Holz usw. handelt. Hierher zählen z. B. auch Mengen aus Planungen gemäß den Kostengruppen der DIN 276 KG 320 bis 340 (Installationen, zentrale Betriebstechnik, Betriebliche Einbauten). Sofern der Architekt von den anderen an der Planung fachlich Beteiligten zum Zweck der ihm obliegenden Ermittlung und Zusammenstellung der Mengen noch keine zureichenden Angaben hat, obliegt es ihm, zu bewerkstelligen, dass ihm diese im jetzigen Stadium der Planung **unverzüglich und vollständig vorgelegt** bzw. nachgeliefert werden. auch dies ist eine Aufgabe, die ihm als Treuhänder des Auftraggebers zukommt.

213   **Entscheidend** für den Umfang der Mengenermittlung und die Zusammenstellung der Mengen ist die in DIN 276-1:2008-12 Ziffer 3.4.4. enthaltene grundlegende Forderung,

dass der – spätere – **Kostenanschlag zur genauen Ermittlung der tatsächlich zu erwartenden** Kosten dient. Da die Feststellung und Zusammenstellung der Mengen eine begriffsnotwendige Voraussetzung für einen ordnungsgemäßen – hier insbesondere vollständigen – Kostenanschlag ist, gilt das Erfordernis der genauen Ermittlung uneingeschränkt gerade auch hier.

Der **Schwerpunkt** der in Leistungsphase 6 zu erbringenden Leistungen liegt in der **Erstellung der Leistungsverzeichnisse** für die einzelnen Gewerke (KG BauR 2005, 1371). Wie sich bereits aus 6 a) ergibt, dient das Ermitteln und Zusammenstellen von Mengen als **Grundlage für** das Aufstellen von **Leistungsbeschreibungen.** Demgemäß gehört es weiterhin zu den Leistungen im Bereich der Vorbereitung der Vergabe, dass der Architekt nunmehr **Leistungsbeschreibungen mit Leistungsverzeichnissen nach Leistungsbereichen** aufstellt. Hier handelt es sich um das Zusammenfassen von Leistungsanforderungen im Wege einer einheitlichen Aufstellung, welche gleiche Teilleistungen in einzelnen Positionen zusammenfasst, und zwar unter einer bestimmten Ordnungszahl, soweit jeweils ein einheitlicher Preis (insbesondere Einheitspreis) gebildet werden kann. Hierbei geht die HOAI von der allgemein **üblichen Leistungsbeschreibung** nach Leistungsverzeichnis aus, wie sie in ihren Anforderungen im Einzelnen in VOB/A § 7 Abs. 1 Nrn. 3 bis 7 festgelegt ist. **Dabei hat der Architekt vor allem auch die DIN 18299 zu beachten (vgl. VOB/A § 7 Abs. 3 bis Abs. 8).** Dazu dient auch das Standardleistungsbuch als wertvolle Hilfe. Hinsichtlich der äußeren Einteilung des Leistungsverzeichnisses ist dazu vornehmlich auf VOB/A § 7 Abs. 9 bis 12 beim Leistungsverzeichnis und beim Leistungsprogramm Abs. 13 bis 15 hinzuweisen. Dabei hat der Architekt die in der VOB festgelegten Anforderungen, welche an einen ordnungsgemäßen Leistungsbeschrieb zu stellen sind, genau zu kennen und bei der praktischen Durchführung seiner hier erörterten Grundleistung zu beachten, soweit sie in dem von ihm zu bearbeitenden Einzelfall eine Rolle spielen können. Insofern tut er **besser zu viel als zu wenig.** Er muss vor allem, und zwar sogar in erster Linie, die in **VOB/A § 7 Abs. 1 und 2 festgelegten Grundanforderungen beachten,** welche schlechthin an jeden ordnungsgemäßen Leistungsbeschrieb, also insbesondere auch an den nach Leistungsverzeichnis, zu stellen sind. Daher muss der Architekt insbesondere die Leistung eindeutig und so erschöpfend beschreiben, dass alle sich um die betreffende Bauleistung bewerbenden Unternehmer die Beschreibung im gleichen Sinne verstehen müssen und ihre Preise sicher und ohne umfangreiche Vorarbeiten berechnen können; außerdem soll dem Unternehmer bereits im Leistungsbeschrieb kein ungewöhnliches Wagnis aufgebürdet werden für Umstände und Ereignisse, auf die er keinen Einfluss hat und deren Einwirkung auf die Preise und Fristen er nicht im Voraus schätzen kann (vgl. LG Aachen NJW-RR 1988, 1364).

Voraussetzung für die Aufstellung eines ordnungsgemäßen Leistungsverzeichnisses muss es immer sein, dass der Architekt die **Begriffe, Einteilungen und Anforderungen der Allgemeinen Technischen Vertragsbedingungen (vor allem VOB/C) kennt** und sie richtig sowie vollständig zur Anwendung bringt.

Das gilt auch für die in die jeweilige Leistungsbeschreibung nach Leistungsbereichen aufzunehmenden Beiträge anderer an der Planung fachlich Beteiligter. Da der Architekt auch insoweit letztlich die Mengen zumindest zusammenzustellen hat, muss er sie konsequenterweise auch in die von ihm aufzustellenden Leistungsverzeichnisse mit aufnehmen. Das bedingt zwangsläufig **entsprechende Kenntnisse des Architekten auch in den Arbeitsbereichen anderer** an der Planung fachlich Beteiligter, soweit es sich um die an einen ordnungsgemäßen und – vor allem in technischer Sicht – **vollständigen** Leistungsbeschrieb durch Leistungsverzeichnis zu stellenden Anforderungen handelt. Hat er sie nicht, muss er sich bei den betreffenden fachlich Beteiligten erkundigen.

Darüber hinaus wird es häufig vorkommen, dass andere an der Planung fachlich Beteiligte nicht nur für die Ermittlung und Zusammenstellung der Mengen Beiträge liefern, sondern noch dadurch **selbstständig** planen, dass sie für die in ihren Bereich fallenden unternehmerischen Leistungen auch die zu einer ordnungsgemäßen Bauvergabe notwendigen Leistungsbeschreibungen aufstellen. Das wird in der Regel der Fall sein, wenn ausgesprochen **fachplanerisches Leistungen** vorliegen, welche über das normalerweise bei

214

215

dem betreffenden Architekten aus objektiver Sicht vorauszusetzende Wissen hinausgehen, somit sachgerecht grundsätzlich nur durch den eingeschalteten Sonderfachmann beschrieben werden können. Dann braucht der Architekt zwar nicht die Leistungsbeschreibungen aufzustellen; jedoch muss er in seiner treuhänderischen Funktion zur Wahrung der berechtigten Interessen des Auftraggebers dafür Sorge tragen, dass die verschiedenen Leistungsverzeichnisse der an der Planung fachlich Beteiligten **aufeinander abgestimmt** werden, und zwar einmal untereinander, zum anderen sicher auch mit dem Bereich, welcher durch das von ihm selbst aufgestellte Leistungsverzeichnis abgedeckt wird und dass sich dabei in den Mengen- und Leistungsansätzen nicht überschneiden. Vor allem muss er darauf achten, dass die sich daraus ergebende Gesamtplanung mit den Wünschen und finanziellen Möglichkeiten des Auftraggebers übereinstimmt.

c) Abstimmen und Koordinieren der Schnittstellen zu den Leistungsbeschreibungen der an der Planung fachlich Beteiligten

216   Diese in der HOAI als Leistung im Rahmen der Vorbereitung der Vergabe ausdrücklich festgelegte Verpflichtung des Architekten ist ein wesentlicher Gesichtspunkt, der sich aus der ihm obliegenden **Koordinationsaufgabe** ergibt. Gerade auch hier handelt es sich darum, die vorgesehenen Leistungen der verschiedenen Fachunternehmer **aufeinander abzustimmen,** und zwar mit dem Ziel der Verhinderung von Überschneidungen, Widersprüchen, Unvollständigkeiten usw. So muss der Architekt darauf achten, dass z. B. die Abdichtungsarbeiten in den verschiedenen handwerklichen Leistungsbereichen, für welche selbstständige, nach Fachbereichen ausgerichtete Leistungsbeschreibungen aufgestellt worden sind, aufeinander abgestimmt sind, sich vor allem in technisch einwandfreier Weise aneinanderfügen. Ähnliches gilt z. B. für elektrische Leitungen im Bereich der Stromversorgung, der Nachrichtenübermittlung, der Heizung usw. Insoweit handelt es sich um eine recht gewichtige Aufgabe des Architekten, weswegen die HOAI sie mit Recht ausdrücklich im Rahmen der Leistungen hervorhebt. Der VO-Geber gibt daher hier unter c) vor: *„Abstimmen und Koordinieren der Leistungsbeschreibungen der an der Planung fachlich Beteiligten".*

Die Vergabe betrifft auch die Zusammenstellung der Unterlagen für den Sicherheits- und Gesundheitsschutz gem. § 3 Abs. 2 Nr. 3 BaustellenVO. Es handelt sich allerdings nicht um Leistungen. Diese sind gesondert zu entgelten (so auch Locher/Koeble/Frik § 34, Rdn. 179; a. A. Osenbrück, FS Mantscheff S. 349, 357 f.).

d) Ermitteln der Kosten auf der Grundlage vom Planer bepreister Leistungsverzeichnisse

217   Diese Teilleistung ist aus der Leistungsphase 7 bereits hierhin verschoben worden, da es Basiserfahrungswerte zu den Kostenwerten gibt (BKI, Baukostentabellen, Erfahrungen aus ähnlichen Objektplanungen usw.) und der Planer in diesem frühen Stadium bereits darauf zugreifen kann. Dabei handelt es sich in Wahrheit um die vorgezogene Teilleistung des Kostenanschlags aus der Leistungsphase 7.

218   Eine ganz wichtige Grundleistung im Rahmen der Leistungsphase 6 ist daher der vom Architekten ferner aufzustellende – endgültige – **Kostenanschlag.** Dieser war nach § 19 Abs. 1d) GOA der Massen- und Kostenberechnung zugeordnet. Er muss **unbedingt nach der in DIN 276-1:2008-12 vorgeschriebenen Form** abgefasst werden. Dabei ist Ziffer 3.4.4 zu beachten. Die Formulierung der HOAI, wonach der Kostenanschlag aus *„Einheits- oder Pauschalpreisen der Angebote"* aufzustellen ist, zumindest missverständlich. Denn nach DIN 276 Ziffer 3.4.4 enthält der Kostenanschlag nicht nur die Zusammenstellung von Unternehmerangeboten, sondern auch die Eigenberechnungen, die Honorar- und Gebührenberechnungen und andere für das Baugrundstück, die Erschließung und die vorausgehende Planung bereits entstandene Kosten. Dabei soll der Kostenanschlag auch ein **Hilfsmittel zur Kostenkontrolle** werden, um **vor Baubeginn** das Verhältnis der veranschlagten Kosten zu den in der vorausgegangenen Kostenberechnung ermittelten zu prüfen. Dabei sind die in DIN 276 Ziffer 3.4.4 im Einzelnen für den Kostenanschlag angegebenen Grundlagen zu beachten.

Ziffer 3.4.4 lautet:

„Der Kostenanschlag dient als Grundlage für die Entscheidung über die Ausführungsplanung und die Vorbereitung der Vergabe.

Im Kostenanschlag werden insbesondere folgende Informationen zugrunde gelegt:
– *Planungsunterlagen, z. B. endgültige vollständige Ausführungs-, Detail- und Konstruktionszeichnungen*
– *Berechnungen, z. B. für Standsicherheit, Wärmeschutz, technische Anlagen*
– *Berechnung der Mengen von Bezugseinheiten der Kostengruppen*
– *Erläuterungen zur Bauausführung z. B. Leistungsbeschreibungen*
– *Zusammenstellungen von angeboten, Aufträgen und bereits entstandenen Kosten (z. B. für das Grundstück, Baunebenkosten usw.)*
Im Kostenanschlag müssen die Gesamtkosten nach Kostengruppen mindestens bis zur 3. Ebene der Kostengliederung ermittelt und nach den vorgesehenen Vergabeeinheiten geordnet werden. Der Kostenanschlag kann entsprechend dem Projektablauf in einem oder mehreren Schritten aufgestellt werden."

Zusätzlich ist neben Ziffer 3.5.1 die Ziffer 3.5.4 zu beachten:

„Bei der Vergabe und der Ausführung sind die Angebote, Aufträge und Abrechnungen (einschließlich Nachträgen) in der für das Bauprojekt festgelegten Struktur aktuell zusammenzustellen und durch Vergleiche mit vorherigen Ergebnissen zu kontrollieren."

Im Übrigen werden die bisher im Wege der Kostenberechnung gemäß Leistungsphase 3 gefundenen **Richtwerte** durch die inzwischen vorliegenden Preise der Unternehmerangebote sowie die sonst festgestellten genauen, auf das betreffende Vorhaben konkret abgestellten Werte **ersetzt.** Dabei ist zu beachten, dass der Kostenanschlag für den Bauherrn als **letzte Hilfe** dient, um sein Vorhaben vor Inangriffnahme der eigentlichen Bauausführung kostenmäßig zu überblicken. Schon deswegen ist hier eine **ganz sorgfältige, alle Einzelheiten beachtende Tätigkeit des Architekten erforderlich.** Hinzu kommt aber auch, dass der Kostenanschlag für die Gebührenberechnung des Architekten im Bereich der **anrechenbaren Kosten** nach § 6 Abs. 1 und 2 **von grundlegender Bedeutung** ist. Denn dort wird nicht Bezug genommen auf die Berechnung nach Kostenanschlag oder Teilung der Honorarberechnung, wie sie noch § 10 Abs. 2 Nr. 2 HOAI 1996/2002 vorsah. Diese Teilung ist jetzt weggefallen und hat für die Berechnung des Honorars keine Bedeutung mehr. Siehe hierzu die Kommentierung zu § 6. Allerdings ist die Anordnung des VO-Gebers in Anhang 10.1 – Leistungsphase 6d) insoweit maßgeblich – wenn auch verbindlich – den Kostenanschlag zu erstellen. Dieser ist **kein Selbstzweck,** sondern dient der weiteren Entscheidung des Bauherrn und dem Architekten in der Kalkulation und finanziellen Bewertung der Machbarkeit des Bauablaufes und des Baues. Daher muss dieser bis in die dritte Ebene gegliedert sein. Zudem hat der Architekt seine Eigenkalkulation zu überprüfen und abzugleichen (so auch Fröhlich, Komm. zu DIN 276, Ziff. 3.4.4, S. 60; Preussner/Seifert, Teil D, 5; siehe insgesamt auch Kommentierung unter § 6).

Zudem ist maßgeblich für die **anrechenbaren Kosten** im Rahmen des Kostenanschlags **der von Architekten geschuldete Planungsstand.** Diesen schuldet der Architekt als Werkerfolg und damit Teilleistung (BGH, BauR 2010, 1957). Die **Abrechnung der anrechenbaren Kosten** im Rahmen der Berechnung des Honorars bezieht sich auf die **Leistungsverpflichtungen der vorangegangenen Leistungsphasen 3 und 5.** Die dortigen Leistungen umfassen auch die Prüfung der Nachträge und das ggfs. Einarbeiten, wenn nicht eine Vereinbarung über Besondere Leistungen erfolgt war (BGH, BauR 2010, 1957). Folge ist dann, dass die anrechenbaren Kosten, die **nach der Beauftragung des Unternehmers** im Rahmen von **Nachträgen erst entstehen,** nicht in dem Kostenanschlag, sondern in der Kostenfeststellung zu berücksichtigen sind (so auch Löffelmann/Fleischmann, Rdn. 460a).

e) Kostenkontrolle durch Vergleich der vom Planer bepreisten Leistungsverzeichnisse mit der Kostenberechnung

Hier hat der Architekt die Aufstellung der durch ihn vor dem Vergabeverfahren bzw. **219** den Ausschreibungsleistungen ermittelten Werten (BKI, Baukostenlisten, Erfahrungswerten aus der Kostenberechnung und wenn diese immer noch nicht vorliegt, der Kostenschätzung, aufzustellen und sodann in übersichtlicher Form schriftlich aufzubereiten. Dabei muß die vergleichende Übersicht leicht verständlich sein.

f) Zusammenstellung der Vergabeunterlagen für alle Leistungsbereiche

220   Abschließend hat er – dies ebenfalls in HOAI 2013 neu aufgenommen – die Zusammenstellung der Ergebnisse – einschließlich der Ermittlung der Werte aus den Ermittlungen anderer Beteiligter – aufzuarbeiten und dem Auftraggeber vollständig – einschließlich der Ausschreibungsunterlagen und -ergebnisse – zu übergeben. Diese Leistung war allerdings bis zur HOAI 2009 in der Leistungsphase 7 enthalten.

221   Diese hier gegebene Mitwirkung beginnt zunächst mit der **Zusammenstellung der Verdingungsunterlagen** für alle in Betracht kommenden bauunternehmerischen Leistungsbereiche, welche bei dem betreffenden Bauvorhaben zur **sachgerechten Bauausführung** berücksichtigt werden müssen, wobei statt des Wortes „Verdingungsunterlagen" seit der Fassung der VOB von 1973 besser von dem inhaltlich gleichbedeutenden Begriff „Vergabeunterlagen" gesprochen wird. Erfasst ist davon alles, was in technischer, wirtschaftlicher und rechtlicher Hinsicht aus der Sicht des Auftraggebers Verhandlungsgegenstand und deshalb Inhalt des mit dem Unternehmer abzuschließenden Vertrages werden soll. Ob und welche Verdingungsunterlagen für die jeweiligen Leistungsbereiche erforderlich sind und demgemäß zusammengestellt werden müssen, richtet sich nach den Anforderungen der zu vergütenden Unternehmerleistung. Voraussetzung ist es, dass die Zusammenstellung in dem Sinne richtig und vollständig erfolgt, dass der oder die anzusprechenden Unternehmer zutreffende, umfassende und mit anderen Unternehmerangeboten vergleichbare Angebote ohne Schwierigkeiten abzugeben vermögen.

222   In erster Linie ist hier das ordnungsgemäß und vollständig aufgestellte **Leistungsverzeichnis** zu nennen. Ferner gehören dazu alle **weiteren Unterlagen,** welche für die **Vertragsgestaltung und den Vertragsinhalt von Bedeutung sind,** die also Aussagen zur erwarteten Leistung und der vom jeweiligen Unternehmer zu fordernden Vergütung zu machen geeignet sind. Dazu rechnen die in **VOB/A § 8** jedenfalls dem Begriffe nach erläuterten Vertragsbedingungen, und zwar einmal von der rechtlichen und zum anderen von der technischen Seite. Zur ersten Gruppe zählen die Allgemeinen Vertragsbedingungen, die sich entweder aus den §§ 631 ff. BGB und der darauf aufgebauten Rechtsprechung oder aus der VOB/B ergeben, die für den Einzelfall aufgestellten Besonderen Vertragsbedingungen und die für mehrere oder alle bei dem betreffenden Bauherrn vorkommenden Bauvorhaben aufgesetzten – meist formularmäßigen – Zusätzlichen Vertragsbedingungen; zur zweiten Gruppe gehören die Allgemeinen Technischen Vertragsbedingungen (VOB/C und die sonstigen bautechnischen DIN-Normen), die ebenfalls für mehrere oder alle bei dem betreffenden Bauherrn vorkommenden Bauvorhaben aufgestellten Zusätzlichen Technischen Vertragsbedingungen sowie die für die Erfordernisse des Einzelfalles notwendigen Ergänzungen und Änderungen in der Leistungsbeschreibung (vgl. dazu die Erläuterungen bei Ingenstau/Korbion zu VOB/A § 8). Hinzu kommen die jeweiligen etwaigen Vorbemerkungen und sonstigen Unterlagen, welche sowohl für Inhalt und Umfang der Leistungspflicht der betreffenden Unternehmer als auch deren Vergütung von Bedeutung sind, wie z. B. erläuternde Skizzen und Ausführungszeichnungen, Bodengutachten, Materialproben, Terminpläne, Zahlungspläne usw. Dabei sind jedenfalls auch die **grundsätzlichen Regelungen des AGB-Gesetzes zu beachten, ohne dass der Architekt dabei jedoch unzulässigerweise zum Rechtsberater des Auftraggebers werden darf** (vgl. Kniffka ZfBR 1994, 253).

223   Alle diese im Einzelfall erforderlichen Verdingungsunterlagen hat der Architekt **zusammenzustellen,** und zwar so, dass sie einheitlich und übersichtlich geordnet und vor allem jeweils vollständig sind.

In welcher Zahl diese Verdingungsunterlagen vervielfältigt und zusammengestellt werden müssen, **richtet sich nach der Art der Ausschreibung,** die wieder danach zu bewerten ist, welcher Kreis von Bewerbern unter den in Betracht kommenden Unternehmern in den einzelnen, regelmäßig nach Gewerken ausgerichteten Leistungsbereichen zur Angebotsangabe aufgefordert werden soll. Auch insofern liefert die VOB, nämlich **VOB/A § 3,** die erforderlichen begrifflichen Anhaltspunkte: **Öffentliche Ausschreibung** durch öffentliche Aufforderung einer unbeschränkten Anzahl von Unternehmern, **Be-**

schränkte Ausschreibung durch Aufforderung einer beschränkten Anzahl von Unternehmern (nach VOB/A § 3 Abs. 2 regelmäßig drei bis acht), **Freihändige Vergabe** durch Aufforderung eines oder nur weniger Unternehmer ohne jede Förmlichkeit in Bezug auf die spätere Vergabe (vgl. dazu die Erläuterungen bei Ingenstau/Korbion zu VOB/A § 3). Außerdem muss der Architekt beachten, ob und inwieweit bei öffentlichen Aufträgen nach den Vorschriften der VOB/A (vgl. Teil A §§ 1, 1 EG, 1 VS) sozusagen europaweit Bauaufträge vergeben werden müssen und insoweit sich darauf einrichten, zumindest aber den – öffentlichen – Auftraggeber darauf hinweisen (vgl. dazu OLG Düsseldorf BauR 1996, 746).

Auch bei der Zusammenstellung der Verdingungsunterlagen muss der Architekt die Planung anderer an der betreffenden Bauleistung fachlich Beteiligter beachten und sie mit einbeziehen. Das ergibt sich als eine zwangsläufige Folge seiner Vorbereitungstätigkeit im Bereich der Leistungsphase 6.

B. Nichterbringung von Leistungen nach § 8 Abs. 1, 2

Erbringt der Architekt eine der Grundleistungen nicht, so konnte nach einer überkom- **224** menen Ansicht die Wertigkeit der fünf Grundleistungen mit je 3,33% anzusetzen sein (so auch Löffelmann/Fleischmann, Rdn. 330). Diese Einordnung ist nicht mehr zeitgemäß und entspricht nicht den tatsächlichen Anforderungen. Folgende prozentualen Ansätze sind vertretbar:

	Siemon(G)	Simmendinger(G)	Siemon(I)	Simmendinger(I)	Begründung
a) Vergabeterminplan	0,0–0,25	0,5	0,0–0,25	0,25 (abhängig vom Bedarf)	Basisleistungen
b) Aufstellen Leistungsbeschreibung	8,0–9,0	6,0	8,0–9,0	4,5 (abhängig vom Bedarf)	Basisleistung
c) Abstimmen und Koordinieren	In b) enthalten	1,0	In b) enthalten	0,5 (abhängig vom Bedarf)	Bedeutung zur Planungsaufgabe
d) Ermitteln der Kosten	1,0–2,0	1,0	1,0–2,0	1,0	Basisleistung
e) Kostenkontrolle	In d) enthalten	0,5	In d) enthalten	0,25	
f) Zusammenstellen	In b) enthalten	1,0	In b) enthalten	0,5	

Grundsätzlich hat der VO-Geber zwingend in § 34 Abs. 3 die Leistungsphase 6 mit 10 Prozentpunkten bei Gebäuden und mit 7 Prozentpunkten bei Innenraumplanung angegeben.

C. Besondere Leistungen (§ 34 Abs. 3 i. V. m. Anlage 10.1 – rechte Spalte)

Die in Anhang 2 Ziffer 2.6.5 beispielhaft aufgezählten Besonderen Leistungen, zu denen **225** im Einzelfall noch andere, in der HOAI nicht genannte hinzutreten können, sind solche, die erfahrungsgemäß bei bestimmten Fallgestaltungen häufig vorkommen können.

Aufstellen der Leistungsbeschreibung

Als erstes Beispiel für eine Besondere Leistung bei der Vorbereitung der Vergabe kommt **226** das Aufstellen von **Leistungsbeschreibungen mit Leistungsprogramm** unter Bezug auf Baubuch/Raumbuch in Betracht. Wie sich aus der Fußnote zu diesem Punkt in Anlage 10.1 aufgeführten Besonderen Leistung ergibt, wird sie allerdings **Grundleistung,** soweit von der Leistungsbeschreibung mit Leistungsprogramm Gebrauch gemacht wird, da dann die damit korrespondierenden Grundleistungen dieser Leistungsphase entfallen. Das gilt im Allgemeinen für das Ermitteln und Zusammenstellen von Mengen sowie das darauf gestützte Aufstellen von Leistungsbeschreibungen mit Leistungsverzeichnissen. Sie werden häufig durch die besondere Art der hier angesprochenen Leistungsbeschreibung abgelöst. Allerdings kann ein voller Austausch (Besondere Leistung – Grundleistung) hier nur insoweit erfolgen, wie im Einzelfall die Leistungsbeschreibung mit Leistungsprogramm reicht, sie also die Leistungen der Leistungsphase 6 tatsächlich ablöst. Nur dann, wenn dies vollständig erfolgt, wird die Leistungsbeschreibung mit Leistungsprogramm voll als Leistung zu gelten haben. Ist das nur teilweise der Fall, wird z.B. vom Architekten im Rahmen der Leistungsbeschreibung mit Leistungsprogramm ein Musterleistungsverzeichnis aufgestellt (vgl. VOB/A § 7 Abs. 9ff.), wird ein Austausch Besondere Leistung – Leistung **nur zum Teil** erfolgen können. Insoweit richtet sich die Beurteilung nach den Gegebenheiten des Einzelfalles, wobei die Bewertung davon abhängt, ob und inwieweit noch normale Leistungen dieser Leistungsphase erbracht bzw. durch die Arbeiten im Wege der Leistungsbeschreibung mit Leistungsprogramm **abgelöst** werden. Dabei ist allerdings eine klare Abgrenzung erforderlich, um zu einer nach § 3 Abs. 3 zweifelsfreien Bewertung kommen zu können. Im Übrigen ist die hier in Leistungsphase 6 aufgeführte Leistung nicht erst bei der Vorbereitung der Vergabe von Bedeutung. Vielmehr spielt sie **schon im Bereich der Ausführungsplanung** nach Leistungsphase 5 als eine gegebenenfalls auch gegen wegfallende Leistungen auszutauschende Besondere Leistung **eine Rolle,** indem dort die Aufstellung eines Baubuches oder eines Raumbuches als Voraussetzung für die unter die Leistungsphase 6 fallende Leistungsbeschreibung mit Leistungsprogramm eingeordnet ist. Gleiches gilt für die Prüfung der von den Unternehmern eingereichten, auf der Grundlage einer Leistungsbeschreibung mit Leistungsprogramm ausgearbeiteten Ausführungspläne auf Übereinstimmung mit der Entwurfsplanung des Architekten. Soweit der Architekt als Besondere Leistung eine Leistungsbeschreibung mit Leistungsprogramm aufstellt, muss sie nach Inhalt und Umfang so klar sein, dass sie eine wettbewerbsgerechte Preisermittlung ermöglicht, also vollständig ist und keine Missverständnisse bei den Anbietenden ermöglicht.

Aufstellen von alternativen Leistungsbeschreibungen für geschlossene Leistungsbereiche

227   Als Besondere Leistung im Rahmen der Vorbereitung der Vergabe kommt ferner das Aufstellen von **alternativen Leistungsbeschreibungen für geschlossene Leistungsbereiche** in Betracht. Hier ist nicht an umfassend alternative Beschreibungen gedacht, sondern – wie auch die HOAI deutlich zum Ausdruck bringt – an Alternativen im Rahmen **bestimmter** Leistungsbereiche, wie z.B. verschiedenes, aber die gleichen Zwecke erreichendes Material, mögliche sanitäre oder heizungstechnische Anlagen usw. Es handelt sich also um das Aufstellen von Leistungsbeschreibungen nach verschiedenen Ausführungsmöglichkeiten in Material und Gestaltung im Rahmen in sich geschlossener einzelner Leistungsbereiche bei dem betreffenden, in Aussicht genommenen Bauobjekt. Dabei kann der Beweggrund insbesondere auch darin liegen, die **Kosten** nach der einen oder anderen Lösung durch das Einholen von Alternativangeboten **weitgehend zuverlässig zu ermitteln** und insofern den Bauherrn sachgerecht zu beraten. Gemessen an der DIN 276-1:2008-12 kommen hier Alternativleistungsbeschreibungen mit Aufgliederungen nach Kostengruppe 4 in Betracht bei: KG 310 Baukonstruktionen; KG 320 Installationen; KG 330 Zentrale Betriebstechnik; KG 340 Betriebliche Einbauten.

Aufstellen vergleichender Kostenübersichten

228   Schließlich ist in Anlage 10.1 noch als Besondere Leistung das Aufstellen von **vergleichenden Kostenübersichten** unter Auswertung der Beiträge anderer an der Planung fachlich Beteiligter genannt. Diese Besondere Leistung ist im Gegensatz zur vorgenannten **nicht auf einzelne, in sich geschlossene Leistungsbereiche beschränkt.** Sie kann die gesamte Bauaufgabe oder auch Teilbereiche derselben umfassen. Dabei kann es sich nicht um die Auswertung bereits vorliegender Ausschreibungsergebnisse handeln, da sich solche erst nach Einholung von Angeboten ergeben, also erst im Bereich der Leistungsphase 7. Daher kann hier nur das Aufstellen von Kostenübersichten unter Verwendung der

bisherigen Kostenberechnung des Architekten, welche dieser nach der Leistungsphase 3 entweder als Grundleistung nach DIN 276 bzw. dem wohnungsrechtlichen Berechnungsrecht (zu eng hier Locher/Koeble/Frik § 34 Rdn. 187) oder als Besondere Leistung durch Aufstellen von Mengengerüsten oder Bauelementkatalog oder unter Zuhilfenahme von Informationen von dritter Seite, erbracht hat, gemeint sein. Deshalb können die entsprechenden, hier zu Vergleichszwecken aufzustellenden Kostenübersichten noch nicht den Genauigkeitsgrad haben, den sie haben müssten, nachdem entsprechende Unternehmerangebote eingeholt worden sind. Man wird im Wesentlichen lediglich von einem **Grobraster** sprechen können (Neuenfeld § 15 Anm. 57). Bei diesen Kostenübersichten hat der Architekt auch solche zu berücksichtigen und auszuwerten, welche von anderen an der Planung Beteiligten – also Sonderfachleuten – stammen. Dies ist schon deswegen geboten, weil sonst die für den Bauherrn von der Kostenseite her wesentliche umfassende Kostenübersicht nicht in dem gebotenen Umfang herbeigeführt würde. Insofern ist der Architekt gehalten, sich von den betreffenden Sonderfachleuten die entsprechenden Kostenwerte auf der Grundlage der Leistungsphase 3 **zu verschaffen und sie koordinierend einzuarbeiten.** Häufig ist diese Besondere Leistung eine Fortsetzung der in Leistungsphase 3 ebenfalls als Besondere Leistung aufgeführten Optimierung, obwohl das nicht unbedingt Voraussetzung im Sinne eines Abhängigkeitsverhältnisses voneinander sein dürfte. Liegt ein solches nicht vor, setzt die **Optimierung bei dieser** hier erörterten Besonderen Leistung ein. Dabei wie überhaupt geht es darum, dem Bauherrn im Rahmen der Vorbereitung der Vergabe verschiedene Varianten oder Alternativen **kostenmäßig geschlossen** nach dem vorangehend aufgezeigten Ermittlungsrahmen einander gegenüberstellend aufzuzeigen und ihm durch die betreffenden Kostenwerte die Überlegung nahe zu bringen, ob es für ihn von der Kostenseite her überhaupt **Sinn** hat, eine für die Vergabe grundlegende Ausschreibung auch nach dieser oder jener Variante bzw. Alternative vorzunehmen oder ob er sich aus Kostengesichtspunkten auf eine bestimmte „Normallösung" beschränken soll. Allerdings müssen hier Kostenfragen nicht unbedingt die alleinige und entscheidende Rolle spielen. Vielmehr können die vergleichenden Kostenübersichten auch nur **mit ein** Gesichtspunkt sein, und zwar für den größeren Rahmen der sonstigen Gestaltung und Funktion des vorgesehenen Bauvorhabens. Inwieweit hier jeweils vergleichende Kostenübersichten anzustellen sind, richtet sich nach den Gegebenheiten und Anforderungen des Einzelfalles.

D. Haftungsfragen

Die Vorbereitung der Vergabe ist gerade auch im Hinblick auf die haftungsrechtliche **229** Seite **mit Recht** durch die HOAI als eine **eigene Leistungsphase** eingeführt worden. Die Ermittlung der Mengen und deren Zusammenstellung als Grundlage für die Leistungsbeschreibungen nach den jeweiligen an Bauunternehmer zu vergebenden Leistungsbereichen, das daran anschließende Aufstellen der Leistungsbeschreibungen selbst sowie das Koordinieren der Leistungsbeschreibungen anderer an der Planung fachlich Beteiligter ist eine **wesentliche Aufgabe planerischer Architektentätigkeit,** da sie noch nicht zu der eigentlichen auf das Objekt bezogenen Ausführungsphase gehört (ebenso Locher/Koeble/Frik, § 34 Rdn. 188; Neuenfeld § 15 Rdn. 58; unzutreffend daher Löffelmann/Fleischmann Rdn. 395), bei deren unsorgfältiger Handhabung leicht eine Haftung gegenüber dem Bauherrn entstehen kann, und zwar – in der Regel – mit der Folge einer Schadensersatzverpflichtung nach §§ 634 Nr. 4, 636, 280, 281 BGB. Das gilt einmal für den Bereich der Leistungspflicht der später kraft Vertrages mit dem Auftraggeber bei der Bauausführung eingesetzten Unternehmer, zum anderen für den Bereich der an diese zu entrichtenden Vergütung. Der Planer darf bei einer funktionalen Ausschreibung keine oberflächliche funktionale Ausschreibung durchführen und sich damit selbst zugleich das Risiko der Mangelfreiheit seiner eigenen Leistung nehmen. Es reicht nicht, die Mängel der eigenen Leistung durch eine nach Errichtung des Werkes bestehende Pflicht des Werkunternehmers so lange nachzubessern, bis der gewünschte Erfolg doch noch erreicht wird oder annähernd als vertragsgemäß akzeptiert wird. Eine solche Kompensation ist unzulässig, so dass der

Planer/Fachplaner hier grundsätzlich für seine Planung und die darauf folgenden Mehrkosten der damit in Verbindung stehenden Veranlassungen haftet (OLG Düsseldorf, Urt. v. 22.6.2010 – 21 U 54/09).

Insbesondere die Ermittlung und Zusammenstellung der **Mengen und** die daran anschließende Aufstellung der **Leistungsbeschreibungen** müssen den Grad von Genauigkeit und Richtigkeit aufweisen, wie er von dem Architekten zu fordern ist. Vor allem muss der Architekt die angeführten Richtlinien der DIN 276 sowie der übrigen DIN-Normen, gerade auch derjenigen der VOB/C, **genau beachten und einhalten** (vgl. hierzu Schmidt BauR 2000, 1266). Ist der Leistungsbeschrieb unvollständig oder gar unrichtig, kann es später zu einem Mangel der Bauausführung kommen (vgl. auch OLG Düsseldorf BauR 2001, 281). Sind in dem einen Angebot zugrunde liegenden Leistungsverzeichnis solche Leistungen, die nach der einschlägigen DIN Nebenleistungen sind, als selbstständige Positionen aufgeführt, so sind sie auch zu vergüten (OLG Celle BauR 1995, 494). Das kann z. B. der Fall sein, wenn der Architekt bei einem Umbau im Falle des beabsichtigten Einbringens einer Stahlbetonplatte im nicht unterkellerten Teil im Leistungsverzeichnis nur die fachgerechte Herstellung und Vorhaltung der Deckenschalung, nicht aber deren anschließende Entfernung ausgeschrieben hat und er außerdem die Frage des Rohbauunternehmers, ob die Schalung an Ort und Stelle bleiben könne, bejaht (vgl. OLG Düsseldorf Schäfer/Finnern/Hochstein § 635 BGB Nr. 95). Wenn auch den Unternehmer bei unvollständigem oder unrichtigem Leistungsbeschrieb nach den §§ 633 Abs. 1, 242 BGB bzw. nach den §§ 4 Nr. 3, 13 Nr. 3 VOB/B eine Prüfungs- und Hinweispflicht trifft, so ist der Auftraggeber im Verhältnis zu diesem häufig genug nicht oder jedenfalls **nicht ganz** von seiner Verantwortlichkeit, die ihre Ursache in einer Fehlleistung seines hier als Erfüllungsgehilfe geltenden Architekten (§§ 276, 278 BGB) hat, befreit, sei es, dass im Einzelfall eine Prüfungs- und Hinweispflicht des ausführenden Unternehmers zu verneinen ist, sei es, dass auch der Auftraggeber gegenüber dem Unternehmen eine Mitverantwortung trägt (§ 254 BGB). In solchen Fällen liegt es auf der Hand, dass der Auftraggeber sich dann bei dem Architekten als dem **eigentlichen** Verursacher für seine gegenüber dem Bauunternehmer gegebene Verantwortlichkeit oder Mitverantwortlichkeit schadlos halten wird. Ähnlich liegt es auf der Kostenseite. Ist die Mengenermittlung und deren Zusammenstellung oder ist der Leistungsbeschrieb unrichtig oder unvollständig und kann der Bieter bzw. Auftragnehmer dies in für ihn zumutbarer Weise nicht erkennen, kann es sein, dass der Unternehmer berechtigt ist, gegenüber dem Auftraggeber eine veränderte höhere oder eine zusätzliche Vergütung zu verlangen, wie insbesondere durch den Rahmen des § 632 BGB sowie durch VOB/B § 2 Nrn. 3, 5 und 6 ausgewiesen wird. Auch insofern kann eine Schadensersatzpflicht des Architekten gegenüber dem Auftraggeber begründet sein. Der Architekt hat also gerade **auch von der Haftungsseite her allen Anlass,** bei seinen ihm nach Leistungsphase 6 übertragenen Aufgaben **besonders sorgfältig** zu Werke zu gehen, also seine Pflichten vollständig und richtig zu erfüllen.

Bei **ungeeigneten Materialvorgaben** – z. B. Kalksandsteinputze, welche zu Rissbildungen neigen – führen bei den ansonsten ordnungsgemäßen Ausschreibungen zu Haftungen des Auftragnehmers (KG, Urt. v. 14.9.2010 – 21 U 108/09)

Bei Ausschreibung von **Stundenlohnarbeiten** hat der Architekt darauf zu achten, ob in diesem Falle die Ausschreibung nach kalkulierten Mengen und Massen nicht von vorneherein preiswerter gewesen wäre (OLG Karlsruhe, BauR 2006, 859).

Wird vom Architekten im Rahmen der Vergabe, die auch die **Beiträge anderer Planer und Fachplaner** zu berücksichtigen hat, eine Ausschreibungsunterlage nicht oder nicht richtig übernommen, oder sind inhaltliche Fehler und Unrichtigkeiten darin zu erkennen, haftet er nur, wenn er die Fehler hätte erkennen können, oder diese ihm „ins Auge hätte fallen müssen". Dabei ist auch die übliche Ausbildung, Wissenstand und Anforderung an das vertraglich übernommene Planen und die Bauüberwachung in die Wertung gem. § 242 BGB einzubeziehen (so auch OLG Karlsruhe, NZBau 2007, 451).

Ist die vom Architekten aufgestellte Leistungsbeschreibung in einer Weise untauglich, dass dem Auftraggeber die Entgegennahme einer Nachbesserung nicht zugemutet werden kann, ist der Auftraggeber berechtigt, den Architektenvertrag aus wichtigem Grund zu kündigen, ohne dass dem Architekten für die Leistungsphase 6 eine Vergütung zusteht (LG Aachen NJW-RR 1988, 1364).

Wird ein Architekt vom Auftraggeber oder von einem Generalunternehmer auf der Grundlage einer **Funktionalausschreibung** damit beauftragt, für das „**schlüsselfertige Gesamtangebot**" des Generalunternehmers die Leistungsverzeichnisse und Aufmaße für die Kalkulation zu erstellen, muss der Architekt alle erforderlichen Leistungspositionen sowie die Mengen und Massen vollständig und ordnungsgemäß ermitteln. Übersieht der Architekt notwendige Leistungspositionen und steht dem Generalunternehmer für die Ausführung dieser Leistung gegenüber dem Auftraggeber kein Anspruch auf Zusatzvergütung zu, ist der Architekt dem Generalunternehmer zum Schadenersatz verpflichtet (OLG Dresden, Urt. v. 1.8.2013 – 10 U 1030/11).

7. Leistungsphase 7: Mitwirkung bei der Vergabe (§ 34 Abs. 3 i. V. m. Anhang 10.1)

A. Leistungen

Wie die Überschrift zu dieser Leistungsphase ausweist, handelt es sich um – auch noch **230** zum Planungsbereich gehörende – Tätigkeiten des Architekten im Zusammenhang mit der Erteilung von Bauaufträgen an die beim vorgesehenen Bauobjekt zum Einsatz gelangenden bauausführenden Unternehmer.

In der HOAI 2013 ist die ehemalige Teilleistung lit e) *„Verhandeln mit Bietern"* nunmehr in lit. d) *„Führen von Bietergesprächen"* umbenannt, da bei öffentlichen Auftragsvergaben Verhandlungen mit Bietern nicht bei allen Vergabearten zulässig sind. Unter Bietergesprächen sind Aufklärungsgespräche oder Verhandlungen im Rahmen der Vergabeverfahren zu verstehen.

a) Koordinieren der Vergaben der Fachplaner

Die neue Grundleistung *„Koordinieren der Vergaben der Fachplaner"* ersetzt die bisherige **231** Grundleistung nach Buchstabe d) HOAI 2009 *„Abstimmen und Zusammenstellen der Leistungen der fachlich Beteiligten, die an der Vergabe mitwirken".* Der Architekt hat sich also mit den anderen an der Planung Beteiligten in Verbindung zu setzen und abzustimmen. Das weiterhin damit verlangte Abstimmen und Zusammenstellen der Leistungen der fachlich Beteiligten, die an der Vergabe mitwirken, versteht sich eigentlich nach dem Vorhergesagten, wonach die fachlich Beteiligten ohnehin im Prüfungs- und Wertungsverfahren mit heranzuziehen sind, von selbst. Es handelt sich auch hier um eine **Koordinierungsaufgabe,** die zugleich eine vergleichende, ordnende und Lücken oder Überschneidungen vermeidende ist. Das kann nicht nur wesentlich für die vollständige, ineinandergreifende Zusammenstellung als solche sein, sondern darüber hinaus eine Rolle für die **Reihenfolge der Vergaben** im Einzelnen sowie die **weitere Ausführungsplanung** in technischer, terminlicher und wirtschaftlicher Hinsicht spielen.

b) Einholen von Angeboten

Das dem Architekten auferlegte **Einholen von Angeboten** war in der GOA (dort § 19 **232** Abs. 1g) nicht ausdrücklich festgelegt; danach hatte er die Verträge mit den Unternehmern vorzubereiten. Ob damit auch das **Heranschaffen der Unternehmerangebote** gemeint war, war zweifelhaft, ist aber jetzt **durch die HOAI eindeutig in bejahendem Sinne klargestellt** worden. Gemeint ist dabei das Einholen von Angeboten aus allen Leistungsbereichen, welche für die beabsichtigte Bauausführung, mit welcher der Architekt befasst ist, eine Rolle spielen. Insoweit geht es für den Architekten darum, sich **erkennbar als Vertreter des Bauherrn unmittelbar** an die für die Angebotsabgabe in Betracht kommenden Unternehmer zu wenden, diesen die Vergabeunterlagen zu übersenden, anschließend die eingegangenen Angebote bei sich zu sammeln und zunächst aufzubewahren. In ersterer Hinsicht empfiehlt es sich für den Architekten, die Richtlinien sinngemäß zu beachten, die sich für die öffentliche Bauvergabe aus VOB/A § 14 und 16 ergeben (vgl. dazu die Erläuterungen bei Ingenstau/Korbion VOB/A § 14 und § 16). Zumindest wird der Architekt hieraus einige wesentliche Anhaltspunkte gewinnen können.

c) Prüfen und Werten der Angebote

233   Eine ganz wichtige Aufgabe des Architekten ist die nach Einholung und Öffnung der Angebote von ihm anzustellende **Prüfung und Wertung der Angebote. Der VO-Geber hat hier vorgegeben** *„Prüfen und Werten der Angebote einschließlich Aufstellen eines Preisspiegels nach Einzelpositionen oder Teilleistungen, Prüfen und Werten der Angebote zusätzlicher und geänderter Leistungen der ausführenden Unternehmen und der Angemessenheit der Preise".* Die Grundleistung wurde ergänzt um das Prüfen und Werten der Angebote zusätzlicher und geänderter Leistungen der ausführenden Unternehmen. Darunter sind im Zuge der Ausführung sich ergebende Änderungen z. B. hinsichtlich des beauftragten Produkts, Materialien etc. zu verstehen, die aber nicht zu einem geänderten Leistungsumfang gemäß § 10 Abs. 1 führen. Um dies klarzustellen, wurde auch das Prüfen und Werten von Nebenangeboten mit Auswirkungen auf die abgestimmte Planung als Besondere Leistung aufgenommen.

Hierbei hat der PLaner alle während der Leistungsphasen 6 und 7 fachlich Beteiligten zur Mitwirkung heranzuziehen und deren Sachverstand im Rahmen der Prüfung und Wertung in Anspruch zu nehmen, also auch insofern sich die erforderlichen spezialfachlichen Einsichten zu verschaffen, darüber hinaus aber auch die erforderliche **Koordinierung** durchzuführen. Hinsichtlich der Art und des Umfanges sachgerechter Prüfung und Wertung der Angebote vermittelt die VOB/A gleichfalls wesentliche Anhaltspunkte. Für die Prüfung gilt dies in Bezug auf **VOB/A § 16** (vgl. dazu die Erläuterungen bei Ingenstau/Korbion zu VOB/A § 16). Dabei geht es um die rechnerische, technische und wirtschaftliche Angebotsprüfung. Es handelt sich also nicht nur darum, die Übereinstimmung der Angebote mit der Leistungsbeschreibung festzustellen (vgl. BGH BauR 1982, 185 = Schäfer/Finnern/Hochstein § 638 BGB Nr. 21), die in den Angeboten angegebenen Preise nachzurechnen und etwaige Rechenfehler oder ungenaue Preisangaben festzustellen. Vielmehr geht es hier auch um die Überlegung, ob die Angebote in technischer Hinsicht voll den an die spätere Ausführung zu stellenden technischen Erfordernissen entsprechen und ob sie in wirtschaftlicher Hinsicht mit den von dem Auftraggeber durch seine Bauabsicht verfolgten Zielen in Einklang stehen. Hinsichtlich der sachgerechten und in sich folgerichtigen Angebotswertung dürfte VOB/A § 16, dabei für die eigentliche Wertung besonders die Regelung in a. a. O. Abs. 6 bis 9 (vgl. dazu Ingenstau/Korbion VOB/A § 16), im Einzelnen zu beachten sein. Wendet der Architekt die dort gegebenen Richtlinien zutreffend an, erfüllt er sicher die ihm nach Leistungsphase 7 obliegende Wertungsaufgabe.

Als **Leistung** muss der Architekt auch eine im Rahmen einer beschränkten Ausschreibung abgegebenes **Nebenangebot** ohne gesonderte Abrechnungsmöglichkeit prüfen und werten. Die Wertung schließt die Feststellung ein, ob der Unternehmer in technischer und wirtschaftlicher Hinsicht auskömmlich in der Lage sein wird, die Leistung zu diesem Preis ordentlich zu erledigen (OLG Schleswig BauR 2006, 1798 = NZBau 2007, 253).

Zu den Pflichten des Architekten gehört auch die Prüfung, ob ein **zusätzlicher Vertrag** mit einem Unternehmer erforderlich ist (BGH BauR 1982, 195 = Schäfer/Finnern/Hochstein § 638 BGB Nr. 21).

Weiterhin **neu** aufgenommen ist das **Prüfen** und **Werten** von **zusätzlichen und geänderten Leistungen** der **ausführenden Unternehmen** und der **Angemessenheit der Preise.** Hier ist eine erhebliche Unsicherheit des Umfangs der Regelung zu erkennen. Denn nach § 10 Abs. 1 oder Abs. 2 handelt es sich hier nicht um die vom Auftraggeber veranlassten und zu geänderten anrechenbaren Kosten führenden Änderungs- und Wiederholungsleistungen (siehe die Kommentierung unter § 10). Dort ist es so, daß die Parteien die planerischen Leistungen ändern (Abs. 1) oder die neuen, vom Auftraggeber gewünschten planerischen Änderungen zu anderen anrechenbaren Kosten führen (Abs. 2). Hier aber, in der Leistungsphase 7, geht es darum, daß Leistungen nicht auf der Grundlage des Auftraggeberwillens gegenüber dem Planer verändert werden, sondern der Unternehmer ggfs. durch Lücken in der Ausschreibung oder der unvollständigen oder verkürzten Ausschreibungsunterlagen fand und diese durch Nachträge zu füllen versucht. Hier ist dann die Angemessenheit der Preise zu prüfen, denn §§ 2 Abs. 3, 5, 6, 7, 8 VOB/B basieren auf der einvernehmlichen Findung des Preises. Jedoch ist die Preisfindung zuvor durch die Prüfung des Planers zu prüfen (z. B. AGK, BGK, Nachweise der sonstigen Kosten, Auffinden anderer gleicher Position z. B. bei § 2 Abs. 3 und 8 VOB/B). Ob es sich bei den Nachträgen um ursprünglich planerische Fehlleistungen handelt, ist zunächst zweitrangig und sodann dort zu prüfen (s. u. unter C.). Da der Umgang mit der Frage der Haftung und der Notwendigkeit von Prüfungshandlungen nach 7c) eine **vertragliche Frage** ist, sollten die Parteien hier eine **schriftlich Zusatzvereinbarung** auch im Hinblick auf die **Abgrenzung zu § 10 Abs. 1 und 2** treffen, welche Leistungen hier Grundleistungen, welche Besondere Leistungen oder Leistungen nach § 10 Abs. 1 oder 2 sind, sowie den Honoraransatz finden.

Das Ergebnis der Prüfung, insbesondere aber auch der Wertung, hat der Architekt in **234** einem **Preisspiegel** zusammenzustellen (KG BauR 2005, 1371). Mit dem Begriff „Preisspiegel" ist hinreichend deutlich zum Ausdruck gebracht, dass der Architekt die Aufgabe hat, eine für den Auftraggeber **verständliche Übersicht** über die Preisgestaltungen der einzelnen Angebote aufzustellen und diesem zu vermitteln. Dabei muss er eine Aufteilung nach Teilleistungen vornehmen, was nicht identisch ist mit den bloßen Endergebnissen der einzelnen Unternehmerangebote. Vielmehr muss er innerhalb derselben die **wesentlichen Leistungen eines Leistungsbereiches** zusammenstellen, die für die Erbringung der Gesamtleistung und für die Preisbildung von Gewicht sind (z. B. Erdarbeiten, Betonarbeiten, Fenster, Türen usw.). Zudem ist Ziffer 3.5.1 und 3.5.4 der DIN 276 zu beachten.

Kostenanschlag nach DIN 276

Eine ganz wichtige Grundleistung im Rahmen der Leistungsphase 7 war der vom Archi- **235** tekten ferner aufzustellende – endgültige – **Kostenanschlag. Dieser ist in der Grundleistung der HOAI 2013 entfallen. Dennoch ist er im Rahmen des 7c) beim Prüfen und Werten einzubeziehen, weil die DIN 276-1 : 2008-12 weiterhin daran festhält.** Der Kostenanschlag war nach § 19 Abs. 1d) GOA der Massen- und Kostenberechnung zugeordnet. Er muss **unbedingt nach der in DIN 276-1:2008-12 vorgeschriebenen Form** abgefasst werden. Dabei ist Ziffer 3.4.4 zu beachten. Die Formulierung der HOAI, wonach der Kostenanschlag aus „Einheits- oder Pauschalpreisen der Angebote" aufzustellen ist, zumindest missverständlich. Denn nach DIN 276 Ziffer 3.4.4 enthält der Kostenanschlag nicht nur die Zusammenstellung von Unternehmerangeboten, sondern auch die Eigenberechnungen, die Honorar- und Gebührenberechnungen und andere für das Baugrundstück, die Erschließung und die vorausgehende Planung bereits entstandene Kosten. Dabei soll der Kostenanschlag auch ein **Hilfsmittel zur Kostenkontrolle** werden, um **vor Baubeginn** das Verhältnis der veranschlagten Kosten zu den in der vorausgegangenen Kostenberechnung ermittelten zu prüfen. Dabei sind die in DIN 276 Ziffer 3.4.4 im Einzelnen für den Kostenanschlag angegebenen Grundlagen zu beachten.

Ziffer 3.4.4 lautet:

„Der Kostenanschlag dient als Grundlage für die Entscheidung über die Ausführungsplanung und die Vorbereitung der Vergabe.

Im Kostenanschlag werden insbesondere folgende Informationen zugrunde gelegt:
– Planungsunterlagen, z. B. endgültige vollständige Ausführungs-, Detail- und Konstruktionszeichnungen
– Berechnungen, z. B. für Standsicherheit, Wärmeschutz, technische Anlagen
– Berechnung der Mengen von Bezugseinheiten der Kostengruppen
– Erläuterungen zur Bauausführung z. B. Leistungsbeschreibungen
– Zusammenstellungen von angeboten, Aufträgen und bereits entstandenen Kosten (z. B. für das Grundstück, Baunebenkosten usw.)

Im Kostenanschlag müssen die Gesamtkosten nach Kostengruppen mindestens bis zur 3. Ebene der Kostengliederung ermittelt und nach den vorgesehenen Vergabeeinheiten geordnet werden. Der Kostenanschlag kann entsprechend dem Projektablauf in einem oder mehreren Schritten aufgestellt werden."

Zusätzlich ist neben Ziffer 3.5.1 die Ziffer 3.5.4 zu beachten:

„Bei der Vergabe und der Ausführung sind die Angebote, Aufträge und Abrechnungen (einschließlich Nachträgen) in der für das Bauprojekt festgelegten Struktur aktuell zusammenzustellen und durch Vergleiche mit vorherigen Ergebnissen zu kontrollieren."

Im Übrigen werden die bisher im Wege der Kostenberechnung gemäß Leistungsphase 3 gefundenen **Richtwerte** durch die inzwischen vorliegenden Preise der Unternehmerangebote sowie die sonst festgestellten genauen, auf das betreffende Vorhaben konkret abgestellten Werte **ersetzt.** Dabei ist zu beachten, dass der Kostenanschlag für den Bauherrn als **letzte Hilfe** dient, um sein Vorhaben vor Inangriffnahme der eigentlichen Bauausführung kostenmäßig zu überblicken. Schon deswegen ist hier eine **ganz sorgfältige, alle Einzelheiten beachtende Tätigkeit des Architekten erforderlich.** Hinzu kommt aber auch, dass der Kostenanschlag für die Gebührenberechnung des Architekten im Bereich der **anrechenbaren Kosten** nach § 6 Abs. 1 und 2 **von grundlegender Bedeutung** ist. Denn dort wird nicht Bezug genommen auf die Berechnung nach Kostenanschlag oder Teilung der Honorarberechnung, wie sie noch § 10 Abs. 2 Nr. 2 HOAI 1996/2002 vorsah. Diese Teilung ist weggefallen und hat für die Berechnung des Honorars keine Bedeutung mehr. Siehe hierzu die Kommentierung zu § 6. Allerdings ist die Anordnung des VO-Gebers in Anhang 11 – Leistungsphase 7f) insoweit maßgeblich – wenn auch verbindlich – den Kostenanschlag zu erstellen. Dieser ist **kein Selbstzweck** sondern dient der weiteren Entscheidung des Bauherrn und dem Architekten in der Kalkulation und finanziellen Bewertung der Machbarkeit des Bauablaufes und des Baues. Daher muss dieser bis in die dritte Ebene gegliedert sein. Zudem hat der Architekt seine Eigenkalkulation zu überprüfen und abzugleichen (so auch Fröhlich, Komm. zu DIN 276, Ziff. 3.4.4, S. 60; Locher/Koeble/Frik, § 34 Rdn. 201; siehe insgesamt auch Kommentierung unter § 6).

Zudem ist maßgeblich für die **anrechenbaren Kosten** im Rahmen des Kostenanschlags **der von Architekten geschuldete Planungsstand.** Diesen schuldet der Architekt als Werkerfolg und damit Teilleistung (BGH, BauR 2010, 1957). Die **Abrechnung der anrechenbaren Kosten** im Rahmen der Berechnung des Honorars bezieht sich auf die **Leistungsverpflichtungen der vorangegangenen Leistungsphasen 5 bis 6.** Die dortigen Leistungen umfassen auch die Prüfung der Nachträge und das ggfs. Einarbeiten, wenn nicht eine Vereinbarung über Besondere Leistungen erfolgt war (BGH, BauR 2010, 1957). Folge ist dann, dass die anrechenbaren Kosten, die **nach der Beauftragung des Unternehmers** im Rahmen von **Nachträgen erst entstehen,** nicht in dem Kostenanschlag, sondern in der Kostenfeststellung zu berücksichtigen sind (so auch Löffelmann/Fleischmann, Rdn. 460a).

Kostenkontrolle durch Vergleich des Kostenanschlags mit der Kostenrechnung

236   **Noch größere Bedeutung hatte der Kostenanschlag durch die mit der 5. Änd-VO als neue Grundleistung eingeführte Kostenkontrolle** gewonnen, durch welche **rückwärts gesehen die bisherige Entwicklung** seit Erstellung der Kostenberechnung bis zum nunmehrigen Kostenanschlag überprüft wird. **Durch die HOAI 2013 ist diese Leistung nicht etwa entfallen, sondern integraler Bestandteil der Zffer 7c).** Dies zumal die anzuwendende DIN 276-1 : 2008-12 in Ziffer 3.5 die Kostenkontrolle als notwendige Leistung voraussetzt. Insofern ist das bisherige Honorar nicht zugunsten des Architekten geändert worden (vgl. Eich BauR 1997, 198). Sinn und Zweck dieser Kontrolle ist der gleiche wie hinsichtlich der Kostenkontrolle im Bereich der Leistungsphase 3. Deshalb kann auf die dazu gemachten Ausführungen, die auch hier gelten, verwiesen werden. Die hier durchzuführende Kostenkontrolle durch Vergleich der Ausschreibungsergebnisse mit den Ergebnissen der Kostenberechnung verschafft dem Auftraggeber und dem Architekten die Möglichkeit, **noch vor Baubeginn Entscheidungen zur Kostensteuerung zu treffen.** Vor allem dient auch diese Maßnahme nicht zuletzt der Prüfung, ob der Architekt zwischenzeitlich ordnungsgemäß seine planerischen Pflichten erfüllt hat.

Im Übrigen: Auch **für die spätere Kostenkontrolle** nach **Leistungsphase 8** ist der Kostenanschlag wichtig, bildet er doch den Ausgangspunkt für den Vergleich zwischen den veranschlagten und den tatsächlich bei der Bauausführung entstandenen Kosten (Kostenfeststellung). Ein zu weites Auseinanderklaffen ohne besondere, später hinzugetretene Umstände – insbesondere ohne Veranlassung des Auftraggebers durch spätere Änderungs- und/oder Zusatzwünsche – wird im Allgemeinen ein Zeichen für unsorgfältige Arbeit des Architekten bei der Aufstellung des Kostenanschlages sein und damit u. U. seine Haftung gegenüber dem Auftraggeber herbeiführen, was es zu vermeiden gilt.

Der Kostenanschlag hat **nach Einheits- oder Pauschalpreisen aufgegliedert** zu erfolgen, was zugleich die Trennung zwischen diesen verschiedenen, in den Unternehmerangeboten möglicherweise vorhandenen Preisarten bedeutet. Andernfalls wäre der für den Auftraggeber unbedingt erforderliche genaue Kostenvergleich nicht möglich.

Sofern ausnahmsweise in einzelnen Ausführungsbereichen aus **sachlich begründetem Anlass Unternehmerangebote nicht eingeholt** worden sind, hat der Architekt nach DIN 276 Ziffer 3.3 und 3.5 ermittelbare und überprüfbare **übliche Preise einzusetzen** (KG BauR 2005, 1371). Hierfür muss er allerdings die notwendigen Kenntnisse besitzen, sie sich notfalls durch zuverlässige Erkundigungen verschaffen. Dabei muss der Architekt besonders genau zu Werke gehen, damit die spätere Einholung von Nachtrags- oder Zusatzangeboten vermieden wird (vgl. auch BGH Schäfer/Finnern/Hochstein Z 3.00 Bl. 134). Nunmehr ist auch auf § 6 Abs. 2 S. 2 hinzuweisen, der von Übrigen und bestimmbaren Kosten ausgeht.

d) Führen von Bietergesprächen

Das weiter im Rahmen der Leistungen geforderte **Führen von Bietergesprächen,** bei **237** welchen ebenfalls die an der Vergabe sonst fachlich Beteiligten mit heranzuziehen sind (vgl. Locher/Koeble/Frik § 33 Rdn. 196), sollten einen **bestimmten Rahmen nicht überschreiten,** wenn es sich um die Auswahl aus mehreren, für einen bestimmten Leistungsbereich in Betracht kommenden Bietern handelt, um nicht in Kollision mit den Anforderungen an einen sachgerechten Bauvergabewettbewerb zu kommen. Insofern kann es sich eher um ein Mitwirken des Architekten an Verhandlungen mit Bietern handeln. Wenn das für die Bauvergabe privater Bauherren auch grundsätzlich nicht zwingend ist, sollte sich der Architekt im Allgemeinen **jedenfalls sinngemäß** an die Richtlinien halten, welche in **VOB/A §§ 15, 16 Abs. 6 ff.** enthalten sind (vgl. dazu die Erläuterungen bei Ingenstau/ Korbion VOB/A § 15 und § 16). Jedenfalls hat der **Auftraggeber grundsätzlich keinen Anspruch** an den Architekten, **diesen Rahmen zu überschreiten.** Das gilt vornehmlich im Hinblick auf Verhandlungen über die Änderung der Preise oder der Angebote, abgesehen von den in VOB/A § 15 und 16 Abs. 6 ff. enthaltenen Ausnahmen. Vor allem ist zu bedenken, dass nach aller Erfahrung Versuche, die Angebotspreise ohne an dem objektiven Leistungswert gemessenen begründeten Anlass nach unten zu verändern, zu Unzuträglichkeiten bei der späteren Bauausführung, insbesondere im Hinblick auf die zeit- und sachgerechte Bauarbeit führen können, also dem Bauherrn letztlich in seinen wohlberechtigten Interessen nicht gedient ist.

e) Erstellen des Vergabevorschlages

Hier hat der Auftragnehmer die Zusammenstellung der aus der Wertung resultierenden **238** Angebote aufzulisten und vergleichend in allen Einzelheiten aufzustellen, sowie eine Empfehlung zu geben. Das resultiert aus § 16 VOB/A.

f) Dokumentation des Vergabeverfahrens

In der Folge hat der Auftragnehmer die Dokumentation schriftlich u erbringen, wie § 16 VOB/B dies vorgibt.

g) Vergleichen der Ausschreibungsergebnisse

Auch diese Leistung ist in der HOAI 2013 neu aufgenommen. Diese Leistung resultiert in Addition zu den Leistungen aus 7e) und f).

h) Mitwirken bei der Auftragsvergabe

Schließlich gehört zu den Grundleistungen der Leistungsphase 7 auch die **Mitwirkung** des **239** Architekten **bei der Auftragserteilung** an die betreffenden, auf Grund sachgerechter Angebotsprüfung und -wertung für die Bauausführung jeweils in Betracht kommenden Unternehmer. Hier kommt es nicht auf eine bestimmte **Vergabeart** an (ebenso Neuenfeld § 15 Anm. 58). Die Mitwirkung des Architekten im Vergabenachprüfungsverfahren gehört zu den standardmäßig zu erbringenden Grundleistungen der Leistungsphase 7, zumindest soweit im Zusammenhang mit einem Nachprüfungsantrag fachtechnische Fragen zu klären sind, die den Architekten vertraglich übertragen worden sind (VK Köln ZfBR 2005, 420).

Dabei wird von dem Architekten grundsätzlich nur eine den Auftraggeber zu dessen erforderlicher Eigenentschließung **beratende Tätigkeit** verlangt. Keineswegs handelt es sich dabei um die Bauvergabe, d.h. die Auftragserteilung namens des Auftraggebers an die betreffenden Unternehmer selbst (zutreffend Locher/Koeble/Frik § 34 Rdn. 201; ebenso OLG Köln BauR 1993, 243; vgl. dazu auch Kniffka ZfBR 1994, 253). Im Allgemeinen ist es nämlich **Sache des Auftraggebers, selbst im eigenen Namen die Verträge** mit den Unternehmern **abzuschließen,** ja, der Architekt ist dazu ohne besondere, hinreichend klare Vollmacht des Auftraggebers **nicht einmal befugt.** *Zur Vollmacht des Architekten vgl. die Kommentierung in der Einleitung.* Es handelt sich bei der hier festgelegten Mitwirkung bei der Vergabe allein und nur um das **Innenverhältnis** zwischen Architekt und Auftraggeber, beschränkt auf den eigentlichen Bereich des Architektenvertrages. Insofern geht es um die fachmännische Beratung des Bauherrn in der Frage des jeweils technisch, wirtschaftlich und kostenmäßig annehmbarsten Angebotes, nicht zuletzt im Hinblick auf die Fachkunde, Leistungsfähigkeit und Zuverlässigkeit der in Betracht kommenden Unternehmer. Dieser Rahmen entspricht im Übrigen den Grundsätzen, welche auch bisher schon von der Rechtsprechung aufgestellt worden sind (vgl. z.B. OLG Düsseldorf Schäfer/ Finnern Z 3.01 Bl. 159).

Bedenklich und nicht ganz unproblematisch ist die Annahme, dass der Architekt im Rahmen der Mitwirkung bei der Vergabe die erforderlichen **Verträge** einschließlich der **Vertragsbedingungen** als **Leistungsverpflichtung** ausarbeiten muss (OLG Brandenburg BauR 2003, 1266, 1761 = NZBau 2003, 684). Dabei ist es gleichgültig, ob der Architekt ein Vertragsformular verwendet, dass allgemein üblich ist (Buchhandel oder Verbandsempfehlung, OLG Hamm BauR 2005, 525), oder er die Klauseln selbst entwirft. **Allerdings** wird man davon ausgehen müssen, dass dann, wenn der Architekt erklärt, er könne Verträge oder -bedingungen nicht gestalten oder verwenden, weil er mangelnde Rechtskenntnisse habe, so wird er wohl die Kosten des dafür eingesetzten Rechtsanwenders (gleich ob vom Bauherrn oder von ihm eingeschaltet) zu tragen haben. Das kann nur durch eine Vertragsklausel umgangen werden, wenn vereinbart wird, dass nur die Beschreibung der Hauptleistungspflicht des Unternehmers geschuldet wird, etwa in Form einer Leistungsbeschreibung mit Leistungsverzeichnis, nicht aber die Ausarbeitung von Vertragsbedingungen. Eine Verminderung des Honorars für die Grundleistungen ist damit nicht verbunden, weil die HOAI von „Vorbereitung der erforderlichen Verträge" ausgeht.

B. Nichterbringung von Leistungen nach § 8 Abs. 1, 2

240   Erbringt der Architekt eine der Grundleistungen nicht, so konnte nach einer überkommenen Ansicht die Wertigkeit der sieben Grundleistungen mit je 0,57% anzusetzen sein (so auch Löffelmann/Fleischmann Rdn. 378). Die Ausschreibung und Vergabemitwirkung waren mit maximal 50% der Grundleistungen zu bewerten (KG BauR 2005, 1371). Diese Einordnung ist nicht mehr zeitgemäß und entspricht nicht den tatsächlichen Anforderungen. Folgende prozentualen Ansätze sind vertretbar:

	Siemon(G)	Simmendinger(G)	(Siemon(I)	Simmendinger(I)	Begründung
a) Koordinieren	0,1–0,5	0,5	0,1–0,5	0,25 (abhängig vom Bedarf)	Basisleistungen
b) Einholen von Angeboten	0,0–0,25	0,25	0,0–0,25	0,25 (abhängig vom Bedarf)	Bedeutung zur Ausführung
c) Prüfen, Werten, Preisspiegel	2,75–3,5	1,5	2,75–3,5	1,0 (abhängig vom Bedarf)	Bedeutung zur Ausführung
d) Bietergespräche	In c) enthalten	0,25	0,1–0,25	In c) enthalten (abhängig vom Bedarf)	Bedeutung für Planung Notwendigkeit

	Siemon(G)	Simmendinger(G)	(Siemon(I)	Simmendinger(I)	Begründung
e) Vergabevor-schläge	In c) ent-halten	0,25	In c) ent-halten	0,25 (abhängig vom Bedarf)	Notwendigkeit bei Ausführung und Kostenplanungen
f) Zusammenstel-len	0,1–0,25	0,25	0,1–0,25	0,25	Kostenplanung
g) Kostenkontrolle	0,25–0,5	0,75	0,25–0,5	0,5	Kostenentscheidung
h) Mitwirkung bei Vergabe	0,0–0,25	0,25	0,0–0,25	0,25 (abhängig vom Bedarf)	Bedeutung für AG

Grundsätzlich hat der VO-Geber zwingend in § 34 Abs. 3 die Leistungsphase 7 mit 4 Prozentpunkten bei Gebäuden und mit 3 Prozentpunkten bei Innenraumplanung angegeben.

C. Besondere Leistungen (§ 34 Abs. 3 i. V. m. Anlage 10.1 – rechte Spalte)

Die in Anlage 10.1 beispielhaft aufgezählten Besonderen Leistungen, zu denen im Ein- **241** zelfall noch andere, in der HOAI nicht genannte hinzutreten können, sind solche, die erfahrungsgemäß bei bestimmten Fallgestaltungen häufig vorkommen können.

Prüfen und Werten von Nebenangeboten

Da die Vergabe nach **Leistungsbeschreibung** mit Leistungsprogramm bereits bei der **242** Ausführungsplanung und der Vorbereitung der Vergabe gemäß den Leistungsphasen 5 und 6 als Besondere Leistung eine Rolle spielen kann, muss dies folgerichtig **auch für die Prüfung und Wertung von Angeboten** im Bereich der Leistungsphase 7 der Fall sein. Allerdings gilt dies nach dem ebenso wie für die Leistungsphase 6 im Text der HOAI auch hier geltenden Fußnote der nur dann, **wenn nicht** ein ganzer oder teilweiser **Austausch** mit Leistungsbeschreibungen nach Leistungsverzeichnissen erfolgt ist, also die Leistungsbeschreibung nach Leistungsprogramm **nicht als Grundleistung** zu werten ist. Im Allgemeinen stellt die Prüfung und Wertung von Angeboten auf der Grundlage von Leistungsbeschreibungen mit Leistungsprogramm an den Architekten **erhöhte Anforderungen,** da zumindest ein Teil des eigentlichen, ins Detail gehenden Leistungsbeschriebs von Seiten der betreffenden anbietenden Unternehmer stammt, daher einer besonders **kritischen Betrachtung** einmal hinsichtlich der technisch, wirtschaftlich und funktionell einwandfreien Ausführungsmöglichkeit, zum anderen aber besonders im Bereich der Preisgestaltung bedarf. Dabei kommt es nicht zuletzt für den Architekten darauf an, entsprechend den auch hier anwendbaren Prüfungs- und Wertungsgrundsätzen einen ordnungsgemäßen **vergleichenden Maßstab** zwischen den einzelnen Angeboten anzulegen. Vor allem muss in erster Linie darauf geachtet werden, ob der Bieter die Anforderungen hinreichend erfüllt hat, welche sich aus den Richtlinien in **VOB/A § 7 Nr. 9** ergeben (vgl. dazu Ingenstau/Korbion VOB/A § 7). Wichtig ist gerade auch hier die richtige und vollständige Aufstellung eines Preisspiegels, welcher dem Auftraggeber die erforderliche Beurteilungsmöglichkeit über die den einzelnen Angeboten zugrunde liegenden Preise vermittelt. Dabei dürften nicht selten zusätzliche Erläuterungen des Architekten zu den einzelnen Alternativen und Varianten der Angebote untereinander im Hinblick auf den jeweils erfassten Leistungsbereich und dessen Relation zur geforderten Vergütung notwendig sein.

Die HOAI 2013 setzt desweiteren nun die teilweise erhöhten Anforderungen bei zugelassenen und zu wertenden **Nebenangeboten** in den Bereich der Besonderen Leistungen. Dies beruht auf der in der VOB/A zu § 16 Abs. 8.

Mitwirken bei der Mittelabflussplanung

Hier geht es um die Mitarbeit bei der Aufstellung und Planung der haushaltsrechtlichen **243** Mittelaufstellungen und -planungen.

Fachliche Vorbereitung und Mitwirkung bei Nachprüfungsverfahren

244 Im Rahmen von Nachprüfungsverfahren (VOB/A § 21, §§ 97 ff. GWB, §§ 823 ff. BGB) kann der Auftraggeber mit den Darstellungen und Dokumentationen, sowie der technischen Begründung zur Ausschreibung beauftragt werden.

Mitwirken bei der Prüfung von bauwirtschaftlich begründeten Nachtragsangeboten

245 Hier hat die HOAI 2013 als Beispiel in Abgrenzung zu den Änderungs- und Wiederholungleistungen des § 10 Abs. 1 und 2 und zu 7c) (siehe Kommentierung oben zu 7c)) die gesonderte Planungsleistung als honorierungbedürftig angesehen. Allerdings muß man hier einen gewissen Arbeitsaufwand voraussetzen und die Abgrenzung zu den Haftungsregeln. Der Planer wird hier kein Honorar für die selbstverursachte unklare oder fehlerhafte und lückenhafte Ausschreibung erhalten. Dies Honorierung kann hier nur darauf beruhen, daß die Nachtragsangebote sich aus der bautechnischen Notwendigkeit einer erst im Bauablauf erkannten Änderung oder Nachtrag ergeben. Dabei ist zu berücksichtigen, daß der Planer die Leistung zu erbringen hat, gleich ob der Nachtrag berechtigt oder nicht berechtigt ist. Auch Anordnungen des Auftraggebers nach §§ 2 Abs. 3, 5, 6, 8 VOB/B gehören hierher. Problematisch wird die Honorierung, wenn die Tätigkeit vom PLaner mit ausgeführt wird und entweder mündlich beauftragt wird und ein Honorar nicht zugleich festgesetzt wird. Da gelten die Regelungen des § 3 Abs. 3, wonach die Honorarregelung während der Laufzeit des Vertrages gefunden werden muß.

Prüfen und Werten der Angebote aus Leistungsbeschreibung mit Leistungsprogramm einschließlich Preisspiegel und Aufstellen, Prüfen und Werten von Preisspiegeln nach besonderen Anforderungen

246 Als Besondere Leistung gilt hier weiter das **Aufstellen, Prüfen und Werten von Preisspiegeln nach besonderen Anforderungen.** Das kann z. B. bei Verwendung von EDV der Fall sein, weil hier die Schaffung der entsprechenden Ausgangswerte und deren Fixierung für den Computer-Einsatz zu einer erheblichen Mehrbelastung des vorbereitenden Architekten führen kann. Das gilt vor allem für die Erfassung von Leistungseinzelheiten im Bereich der Ausbaugewerke. Gleiches gilt für einen Preisspiegel, welcher über den Rahmen der Prüfung und Wertung der Angebote nach den §§ 16 VOB/A hinausgeht, wie z. B. die Einzelaufgliederung und Gegenüberstellung der Angebotspreise zwecks Feststellung augenfälliger preislicher Unterschiede in den Ansätzen zu den einzelnen Positionen (vgl. Neuenfeld § 15 Anm. 60). Dabei kann es neben der reinen preislich ausgerichteten Wertung auch eine Rolle spielen, ob und welche Unterschiede in technischer, wirtschaftlicher, funktionaler, energiewirtschaftlicher, konstruktiver, biologischer und ökologischer Hinsicht im Rahmen der Einzelansätze bestehen (ähnlich Locher/Koeble/Frik § 33 Rdn. 202).

D. Haftungsfragen

247 Bereits eine Fehlleistung des Architekten bei der **Zusammenstellung der Verdingungsunterlagen** kann eine Schadensersatzverpflichtung gegenüber dem Bauherrn begründen. Das gilt vornehmlich dann, wenn die Zusammenstellung der Unterlagen dazu führt, dass nicht alle Unternehmer, welche an der Ausschreibung oder den sonstigen Vergabeverhandlungen beteiligt werden, **gleichmäßig sämtliche Unterlagen** erhalten und es daraufhin zu unterschiedlichen Angeboten sowohl hinsichtlich der Leistung als auch hinsichtlich des Preises kommt. In einem solchen Fall kann dem oder den benachteiligten Unternehmer(n) u. U. aus dem Gesichtspunkt der Verletzung der ihm (ihnen) gegenüber obliegenden Obhuts-, Aufklärungs- und Fürsorgepflicht ein Schadensersatzanspruch gegen den Auftraggeber wegen Verletzung eines **vorvertraglichen Vertrauensverhältnisses** (culpa in contrahendo) erwachsen. Dann hat häufig der Auftraggeber, welcher von dem oder den betreffenden Unternehmer(n) in Anspruch genommen wird, seinerseits einen Schadensersatzanspruch gegen den Architekten aus §§ 634 Nr. 4, 636, 280, 281 BGB. Das gilt auch, wenn dem Auftraggeber durch eine fehlerhafte Ausschreibung des Architekten ein Zuschuss aus öffentlichen Fördermitteln gestrichen wird (vgl. OLG Koblenz BauR 1998, 169 = NJW-RR 1998, 20). Übersieht der Architekt eine lückenhafte Zusammenstellung der Unterlagen und Verdingungsbeschreibungen bei der **Funktionalausschreibung,** so haftet er gesamtschuldnerisch neben dem Unternehmer, wenn dadurch ein Baumangel später realisiert wird (OLG Celle BauR 2004, 1971).

Auch bei dem **Einholen der Angebote,** bei welchem regelmäßig in den jeweiligen **248** Leistungsbereichen mehrere Unternehmer zu beteiligen sind (vgl. dazu OLG Düsseldorf Schäfer/Finnern Z 3.01 Bl. 7), muss sich der Architekt der gebotenen Objektivität befleißigen, dabei insbesondere die Aufforderung zur Angebotsabgabe unter Übersendung der Verdingungsunterlagen an taugliche, für die Vergabe ernsthaft in Betracht kommende Unternehmer richten, und er muss persönliche Zu- oder Abneigungen oder gar Beziehungen zurückstellen. Insoweit sind allein sachliche Gesichtspunkte im Hinblick auf die erwartete **pünktliche und sachgerechte Bauausführung** maßgebend. Hierbei sollte sich der Architekt tunlichst auch an die Richtlinien – jedenfalls sinngemäß – halten, wie sie für diesen Bereich in VOB/A §§ 7 und 8 aufgestellt sind (vgl. dazu die Erläuterungen bei Ingenstau/Korbion VOB/A § 7 und § 8), soweit diese im Einzelfall, vor allem für die Vergabe von privaten Bauvorhaben, vergleichsweise herangezogen werden können.

Ähnliches gilt für das **Prüfen und Werten von Angeboten sowie** für etwaige **Ver- 249 handlungen mit Bietern** nach Angebotsabgabe und Angebotseröffnung. Hier geht es ganz besonders um die Wahrung objektivsachlich **berechtigter Interessen des Auftraggebers,** dem grundsätzlich daran gelegen sein muss, eine pünktlich ausgeführte und mängelfreie Leistung zu erhalten, und zwar zu einem **angemessenen Preis.** Wie bereits erwähnt, sollte der Architekt hier die sich aus den § 16 ergebenden Richtlinien möglichst **strikt** einhalten. Tut er dieses, so wird ihm der Auftraggeber später kaum einen Vorwurf machen können. Arbeitet der Architekt hier unsorgfältig, kann ihn ebenfalls die Haftung aus §§ 634, 635 BGB a. F. = §§ 634 ff. BGB n. F. treffen (ebenso Locher/Koeble/Frik § 33 Rdn. 202). Die Prüfung von **Teilleistung/Nachträgen** ist Teil der Leistung und wird nicht gesondert vergütet (Deckers BauR 2000, 1422; OLG Schleswig, BauR 2007, 139). Allerdings kann es als Besondere Leistung (s. o.) vereinbart werden. Wie unter 7c) bereits aufgeführt, sind Nachträge dann vom Planer verschuldet, wenn die Ausschreibungen und Planungen lückenhaft oder unvollständig waren, so daß weitere Planungen und Überprüfungen erforderlich sind. Allerdings wird es sich meist hier um sog. „Sowieso-Kosten" handeln. Jedoch entfällt auf jeden Fall ein gesonderter Honoraranspruch, auch wenn er gesondert als Besondere Leistung ausgewiesen ist. **Zudem ist zu berücksichtigen, dass die anrechenbaren Kosten aus den „Sowieso-Kosten" als Schaden zu gelten haben und bei der Abrechnung der Honorare wieder dort herauszurechnen sind.**

Weiterhin hat der die Pflicht die Angebote auf mögliche **Spekulationsangebote** zu überprüfen und ist zu Hinweisen verpflichtet (OLG Nürnberg, BauR 2008, 387). Auch wenn nicht festgestellt wird, dass ein überhöhter Gesamt- oder Einzelpositionspreis angeboten wird, tritt eine Haftung ein (OLG Schleswig, BauR 2008, 2066 bei über 30 % des Gesamtwertes). Allerdings muss der Bauherr beweisen, dass die Kalkulation erkennbar war und infolge der ungenügenden Prüfung und fehlenden Hinweise des Architekten später ein Schaden entstanden ist.

Mit besonderer Sorgfalt muss der Architekt den **Kostenanschlag nach DIN 276** ferti- **250** gen. Für die etwaige Haftung im Falle einer schuldhaften Pflichtverletzung und den dafür abzusteckenden Rahmen gilt das zur Frage der Kostenberechnung sowie zur Kostenschätzung Gesagte im Ausgangspunkt entsprechend. Das trifft in stärkerem Maße im Hinblick auf die durch die 5. ÄndVO neu eingeführte **Kostenkontrolle** zu. Insbesondere ist hier aber zu beachten, dass nunmehr vom Architekten eine **wesentlich genauere Ermittlung** der Kosten verlangt wird, da ihm im Bereich der Leistungsphase 7 weitaus mehr und konkretere Unterlagen mit Kostenangaben vorliegen, als dies bisher bei der Kostenschätzung und der Kostenberechnung der Fall war. Insbesondere dann, wenn der Auftraggeber – was im Regelfall zutrifft – **ersichtlich** Wert darauf legt, spätestens vor Baubeginn einen zuverlässigen Überblick über die auf ihn zukommenden Baukosten zu haben, ist der Architekt gehalten, seine Feststellungen im Rahmen des Kostenanschlages unter Anspannung aller Kräfte **eindeutig und umfassend sowie** genau den sich aus DIN 276 Ziff. 3.4.4 ergebenden Anforderungen gemäß zu treffen. Kommt es später zu Verteuerungen, welche allerdings im Verhältnis zu den unrichtig veranschlagten Kosten grundsätzlich von einem **gewissen Gewicht** sein müssen, die ohne Zusatz- oder Änderungswünsche des Auftraggebers oder ohne sonstige, vom Architekten nicht vorhersehbare Umstände entstehen, setzt er sich im Allgemeinen dem Vorwurf fahrlässig unsorgfältiger Arbeit aus. Ist dann festzustellen, dass die Verteuerung allein oder zumindest mit ursächlich darauf beruht, dass der Architekt die Mehrkosten schon bei der Aufstellung der Kostenschätzung hätte berücksichtigen können und müssen, haftet er dem Auftraggeber gemäß §§ 634 Nr. 4, 636, 280, 281, 311a BGB auf Schadensersatz (vgl. dazu BGH BauR 1981, 482 = NJW 1981, 2182; vgl. auch Miegel S. 116 ff.). Eine Klausel im Architektenvertrag, wonach der Kostenanschlag unverbindlich sein soll, verstößt gegen § 309 Nr. 8 BGB; außerdem ist sie überraschend (§ 305c BGB); vgl. Bindhardt/Jagenburg § 2 Rdn. 34. Hat der Auftraggeber Sonderwünsche, so muss der Architekt auf etwa fühlbare Verteuerungen hinweisen, falls diese für den Auftraggeber nicht ohne weiteres erkennbar sind.

Der Risikoausschluss für Ersatzansprüche aus der Überschreitung von Vor- und Kostenanschlägen in Nr. II 2 der Besonderen Bedingungen für die Haftpflichtversicherung von Architekten und Bauingenieuren (BHB 9) Nr. II 2 erfasst sowohl die Kostenschätzung nach Leistungsphase 1, als auch die Kostenberechnung nach Leistungsphase 3 als auch den Kostenanschlag nach Leistungsphase 7, da diese Leistungen aufeinander aufbauen und jeweils der Verfeinerung dienen, also auch schon früher begangene Fehler, falls sie nicht korrigiert werden, sich bis dahin fortsetzen und dann in den Kostenanschlag Eingang finden. Ist der Architekt nur mit einzelnen Leistungsphasen betraut, etwa bis zur Genehmigungsplanung (Phase 4), so liegt auch dann ein Risikoausschluss, nämlich eine Überschreitung von „Vor- und Kostenanschlägen" vor (vgl. BGH VersR 1986, 857 = Schäfer/Finnern/Hochstein BHB Nr. 1).

251　Die **Mitwirkung bei der Vergabe** betrifft nicht die Auftragserteilung an die zu beteiligenden Unternehmer selbst, da diese grundsätzlich **allein** Sache des Auftragsgebers ist. Daher umfasst die in der Leistungsphase 7 als Grundleistung aufgeführte Mitwirkung bei der Vergabe im Einzelfall – nur – die **sachgerechte Beratung** im Hinblick auf die **Auswahl** des jeweils fachkundigsten, zuverlässigsten und leistungsfähigsten Bieters. Dabei muss der Architekt die von ihm bei der Prüfung und Wertung der Angebote festgestellten Einzelheiten, soweit diese für die Vergabe von Gewicht sein können, dem Auftraggeber **mitteilen.** Auf Wunsch des Auftraggebers hat er ihm die gesamten Ausschreibungsunterlagen zur Entscheidung vorzulegen (BGH Schäfer/Finnern Z 3.00 Bl. 155). In jedem Fall hat er dem Auftraggeber mit seinem fachlichen Rat bei der Entscheidungsfindung zur Seite zu stehen (OLG Düsseldorf Schäfer/Finnern Z 3.01 Bl. 159). Sofern den Vertragsbeziehungen des Auftraggebers zu den Unternehmern die **VOB/B** zugrunde gelegt werden soll, hat der Architekt den Auftraggeber auf die für diesen **wesentlichen Abweichungen von den gesetzlichen Bestimmungen** (z.B. die Möglichkeit fiktiver Abnahme nach § 12 Nr. 5 sowie die evtl. abgekürzte Verjährungsfrist im Rahmen der Gewährleistung nach § 13 Nr. 4 VOB/B) aufmerksam zu machen, soweit davon auszugehen ist, dass der Auftraggeber mit den Regeln der VOB/B nicht vertraut ist bzw. vertraut sein kann **und ohne dass der Architekt über den Rahmen bloßer Erläuterung allgemeiner Grundlagen hinaus dadurch zum Rechtsberater des Auftraggebers würde** (vgl. dazu Kniffka ZfBR 1994, 259). Verletzt der Architekt die ihm für die Mitwirkung bei der Vergabe obliegenden Pflichten, und entsteht dem Auftraggeber dadurch ein Schaden, ist er insoweit dem Auftraggeber aus positiver Vertragsverletzung schadensersatzpflichtig. Im Einzelfall kann der Architekt verpflichtet sein, bei der Aufstellung der Vertragsunterlagen die ihm gegenüber geäußerten **Wünsche des Auftraggebers zu berücksichtigen.** Hat der Architekt die Verträge mit den Bauhandwerkern vorzubereiten und dabei dafür zu sorgen, dass die Verjährung der Gewährleistungsansprüche nach den Bestimmungen des BGB geregelt werde, so haftet er dem Auftraggeber, wenn er dies nicht oder nicht hinreichend berücksichtigt; allerdings richtet sich seine Haftung nach §§ 634 Nr. 4, 636, 280, 281 BGB, wenn der Bauvertrag so unklar ist, dass sich der Bauunternehmer mit Erfolg auf Verjährung gemäß § 13 Nr. 4 VOB/B berufen kann (BGH BauR 1983, 168 = NJW 1983, 870 = Schäfer/Finnern/Hochstein § 13 Ziff. 4 VOB/B Nr. 3 = ZfBR 1983, 81). Zu den Beratungspflichten in allgemeiner Hinsicht vgl. Ganten BauR 1974, 78; Hartmann BauR 1974, 168; Vygen BauR 1984, 245; Weyer BauR 1987, 131. Zu den Leistungspflichten gehört auch die Aufstellung von Vertragsbedingungen (siehe auch Steeger BauR 2001, 554). Dazu zählt auch die Kenntnis der VOB- und werkvertraglichen BGB-Bestimmungen (Steeger a. a. O.; Kniffka ZfBR 1994, 256). Dabei hat der Architekt seiner Beratungspflicht genügt, wenn er die erhältlichen Vertragstexte der VOB/B besorgt und verwendet (OLG Hamm, BauR 2005, 525). Sofern er Zusätzliche oder Besondere Bedingungen verwenden will oder der Bauherr diese verwenden will hat er auf die Möglichkeit des Entfalls der VOB und der Geltung der BGB-Regeln hinzuweisen. Sind die Formularen Möglichkeiten offen gelassen, so hat er zugunsten des Bauherrn auf diese günstigen Regelungen hinzuweisen, wie Skonto, Vertragsstrafe, Gewährleistungsfristen, Sicherheitseinbehalte, usw. Von Änderungen durch den Architekten ist abzuraten (so auch Locher/Koeble/Frik § 33, Rdn. 207). Bei einer Skontoabrede „zahlbar innerhalb von 40 Tagen/45 Tagen mit 3 % Skonto" genügt für die Wahrung der Skontofrist die rechtzeitige Absendung des Verrechnungsschecks, wenn das Konto gedeckt ist (BGH BauR 1998, 398). Der Architekt haftet allerdings für nicht rechtzeitig abgesandte Überweisungen oder Schecks nicht. Jedoch hat er den Bauherrn auf die Möglichkeit des Skontos laut Vertrag hinzuweisen und ihn darauf hinzuweisen, dass der Bauherr das Skonto nur abziehen darf, wenn er die Überweisung/Scheck rechtzeitig absendet.

Da zwischen den ausführenden Unternehmern und dem Architekten im Allgemeinen **252** keine vertraglichen Beziehungen bestehen, **haftet der Architekt grundsätzlich den Unternehmern** gegenüber **nicht für die Zahlungsfähigkeit des Auftraggebers;** ausnahmsweise kann dies nach den Umständen in Betracht kommen, wenn der Architekt gegenüber den Unternehmern bei erkennbar zweifelhafter Vermögenslage des Auftraggebers das Vertrauen erweckt und aufrechterhalten hat, die Finanzierung sei gesichert (vgl. OLG Hamburg JW 1936, 3139), wobei die Rechtsgrundlage für eine solche Haftung des Architekten nur im Bereich des § 242 BGB gesehen werden kann; selbstverständlich kann der Architekt den Unternehmern gegenüber unmittelbar haftbar sein, wenn die Voraussetzungen außervertraglicher Haftung, wie z. B. gemäß § 823 Abs. 2 BGB, § 263 StGB, gegeben sind (dazu Bindhardt BauR 1981, 326).

E. Vollmacht des Architekten

Gerade im Bereich der in Leistungsphase 7 als Leistung aufgeführten Mitwirkung bei der **253** Vergabe ist zur Frage der Bevollmächtigung des Architekten für die Erteilung von durch die Leistungsphase 7 selbst nicht erfassten Aufträge an Bauunternehmer namens und im Auftrag des Auftraggebers ergänzend zu bemerken:

Bei der Frage nach dem Vorliegen einer Vollmacht ist grundsätzlich zunächst von der Fragestellung auszugehen, ob und welche **schriftliche Vollmacht** dem Architekten/Planer gegeben wurde und welchen Inhalt diese hat. Dies hat Bedeutung für das Außenverhältnis und das Innenverhältnis der Vertragsparteien (Architekt zu Bauherr und Architekt zu Unternehmer). Hier spricht man auch von Außenvollmacht. Wird jedoch nur **mündlich** ein Auftrag erteilt, so wird die mündliche Erklärung des Auftraggebers auslegungsbedürftig sein. Wird die Erklärung gegenüber anderen abgegeben, dass der Architekt ein Bauvorhaben übernommen habe, wird es üblicherweise eine solche Vollmacht sei, die im Bereich der **stillschweigenden** Vollmacht anzusiedeln ist (OLG Düsseldorf, BauR 2000, 895). Davon zu unterscheiden ist die konkludente Vollmacht, die nur aus dem Verhalten des Bauherrn gegenüber den Unternehmern oder Dritten resultiert, also erkennen lässt, dass der Bauherr die Tätigkeit des Architekten auch gegenüber anderen am Bau Beteiligten wünscht (nicht nur duldet) (zum Verhandlungsauftrag: OLG Düsseldorf, BauR 1995, 257).

Nicht richtig und damit als verwirrend zu bezeichnen ist der immer wieder in der Rechtsprechung und Literatur verwendete Begriff der **originären Vollmacht.** Rechtstheoretisch existiert der Begriff nicht. Denn damit ist nicht gesagt in welchem Umfang die Vollmacht begeben wurde oder ob sie überhaupt „von selbst besteht" (so auch Quack, BauR 1995, 441; Locher/Koeble/Frik, Einl. Rdn. 110).

Weiter führen nur die Rechtsinstitute der **Rechtsscheinvollmachten.** Hier ist zunächst die **Duldungsvollmacht** anzuführen. Danach liegt sie vor, wenn der Architekt ohne ausdrückliche Vollmacht im Rechtsverkehr als Vertreter des Auftraggebers in Erscheinung tritt und dieser das Verhalten des Architekten kennt und duldet.

Demgegenüber ist von der **Anscheinsvollmacht** auszugehen, wenn der Bauherr zwar das Handeln des Architekten in seinem Namen nicht kennt, es aber bei Anwendung pflichtgemäßer Sorgfalt hätte erkennen und verhindern können.

Grundsätzlich ist der Umfang einer **Architektenvollmacht eng auszulegen** (OLG Hamm, Urt. v. 5.5.2011 – 24 U 147/08; Meissner BauR 1987, 497; Dören, Handbuch Baurecht 2003, 133 ff.). Dies insbesondere, um den Auftraggeber vor ungewollten rechtgeschäftlichen Verpflichtungen zu schützen. Dies gilt insbesondere im Hinblick auf die für vertragsändernde Anordnungen zusätzlich geschuldete Vergütung. Der bloße Abschluss eines nach der HOAI ausgerichteten Architektenvertrages bedeutet noch keinerlei Bevollmächtigung des Architekten in dieser oder jener Hinsicht. Vielmehr gelten auch hier die bisher maßgebenden Grundsätze. Ebenso gilt dies für den Fall, dass der Auftraggeber den Architekten gemäß der hier erörterten Leistungsphase 7 bloß mit der Einholung von Angeboten beauftragt. Man kann vor allem den Architekten **nicht** als **bevollmächtigt** ansehen, namens und im Auftrag eines Bauherrn **zusätzliche Aufträge zu vergeben, die zu einer fühlbaren Preiserhöhung führen, was auch für den bisherigen Vertragsinhalt abändernde Leistungen gilt,** gleichgültig, ob solche Zusätze oder Änderungen aus zwingenden technischen Gründen geboten sind oder nicht (vgl. dazu auch OLG Stuttgart BauR 1994, 789; so auch OLG Oldenburg, BauR 2009, 1917 zu der Ausnahme, dass Zusatzaufträge auf Rechnung des Auftraggebers vergeben werden, diese aber im Verhältnis zur Gesamtleistung nur einen geringfügigen Umfang haben – hier: € 750 zu € 48 000,–; ebenso bereits BGH, BauR 1978, 314). Insbesondere reicht eine einem Architekten erteilte Vollmacht sicher nicht so weit, eigene Planungsfehler und deren Auswirkungen oder überhaupt Mängel durch den Unternehmer auf Kosten des Auftraggebers beseitigen zu lassen (vgl. dazu BGH NJW 1978, 995 m. w. N.). Das gilt besonders auch dann, wenn der Unternehmer seine ihm im Einzelfall obliegende Prüfungs- und Hinweispflicht nach VOB/B § 4 Nr. 3 bzw. §§ 633 Abs. 1, 242 BGB verletzt hat (zutreffend v. Craushaar BauR 1982, 421, 425). Eine Ausnahme kommt nur in Betracht, wenn es sich um Maßnahmen zur Abwendung einer drohenden dringenden Gefahr handelt, die im wohlberechtigten Interesse des Auftraggebers erforderlich sind (v. Craushaar a. a. O. 421, 424). Die Entsendung des Architekten zur Abnahme reicht nicht aus von einer Anscheinsvollmacht auszugehen (a. A. OLG Saarbrücken, BauR 2000, 753, der von einer Vollmacht zur Vereinbarung von Verkürzungen von Gewährleistungsfristen ausgeht; so wie hier Locher/Koeble/Frik, Einl. Rdn. 110).

Besonders weit reicht aber die Vollmacht, in der sogar eine Vollmacht mit dem Wortlaut erteilt wird, dass dem Architekten in sämtlichen Angelegenheiten über den Tod des Auftraggebers hinaus bezüglich dessen Bauvorhaben (alle zukünftigen und unbestimmte Anzahl) eine allgemeine Vollmacht erteilt wird. Dann reicht die Vollmacht auch für die Erteilung von zusätzlichen Aufträgen und der Befugnis zu deren Vergabe. Die Vollmacht gilt ebenfalls in dem Fall, dass der Architekt in diesem Fall vergaß bestimmte Leistungen des Unternehmers in die Leistungsbeschreibung aufzunehmen (OLG Oldenburg, Urt. v. 22.6. 2010 – 2 U 15/10).

Auch reicht die allgemein gehaltene Klausel in einem Architektenvertrag *„Die Vertretung des Bauherrn gegenüber dem Unternehmer obliegt der Bauleitung"* nicht aus, bei einem Pauschalvertrag die Befugnis des Architekten zu entnehmen, Zusatzaufträge, die sich nicht im Wesentlichen in den Grenzen des Pauschalvertrages halten und die den Werklohn des Unternehmers fast verdoppeln würden, zu erteilen (BGH BauR 1975, 358 = Schäfer/Finnern

Z 3.002 Bl. 5). Das gilt auch für Einheitspreis- oder Stundenlohnverträge. Also trifft dies auch auf eine im vorformulierten Bauvertrag enthaltene Klausel zu, der Architekt sei Vertreter des Bauherrn, jedoch sei er zu Vertragsänderungen, zur Vergabe von Zusatzleistungen und Stundenlohnarbeiten nicht berechtigt, zumal darin auch kein Verstoß gegen § 305c BGB liegt (vgl. OLG Düsseldorf NJW-RR 1996, 1485). Die Bestimmung in einem Architektenvertrag, dass die Bauleistungen durch den Architekten im Namen und Auftrag des Auftraggebers vergeben werden, dass – aber – die Wahl der Unternehmer für die Ausführung des Bauwerks und die Entscheidung über die Vergabe vom Auftraggeber und dem Architekten gemeinsam getroffen werden bzw. der Architekt vor der Vergabe die Zustimmung des Auftraggebers einzuholen habe, stellt sich als eine auch nach außen wirksame Einschränkung der Vollmacht des Architekten dar (BGH Schäfer/Finnern Z 3.01 Bl. 237f.; BGH Schäfer/Finnern Z 2.51 Bl. 7 = BGHZ 60, 255 = NJW 1973, 757; OLG Köln NJW 1973, 1798; OLG Stuttgart BauR 1974, 423). Eine Vollmacht des Architekten zur Vergabe von Bauleistungen für den Auftraggeber liegt nicht schon in der Bestimmung des Leistungsverzeichnisses, dass die Pläne des Architekten Grundlage des Vertrages sein sollen. Andererseits reicht eine lediglich vom Architekten intern dem Bauherrn abgegebene Höchstpreisgarantie oder die Tatsache, dass der Bauherr lediglich aus steuerlichen Gründen als solcher auftritt, nicht aus, um eine umfassend erteilte Vollmacht einzuschränken (OLG Düsseldorf BauR 1977, 218).

Denkbar sind andererseits Fälle, in welchen ein Architekt vom Bauherrn Vollmacht hat, **254** in seinem Namen **Aufträge** zu vergeben, dies auch geschieht, darüber hinaus aber der Architekt im Vertrag mit dem Bauherrn derart weitgehende Befugnisse zum Handeln eingeräumt erhalten hat, dass er **nach außen** jedenfalls **als der wirkliche Bauherr gilt** und der Unternehmer hieran auch ein erkennbares eigenes Interesse hat. Dann kann der Unternehmer den Architekten unmittelbar – evtl. neben dem Bauherrn – in Anspruch nehmen (zu einem solchen Fall vgl. OLG Köln Schäfer/Finnern Z 7.0 Bl. 12).

Anders und insbesondere dann nicht haftungsträchtig ist der Fall zu beurteilen, in dem der bauleitende Ingenieur den Unternehmer bereits **darauf hinweist,** dass ein von ihm im Namen des Bauherrn erteilter Vertrag **noch der schriftlichen Bestätigung** des Bauherrn bedarf. Dann haftet er nicht als vollmachtloser Vertreter (LG Braunschweig, BauR 2008, 141).

Weiterhin kann eine Vollmachterteilung – auch im Sinne der Anscheinsvollmacht – darin liegen, wenn der **Unternehmervertrag** zwischen dem Auftraggeber und dem Bauunternehmer vorsieht, dass nach **Ermessen des Architekten** noch zu erstellende Werkpläne und Detailzeichnungen für die Bauausführung maßgeblich sein sollen. Dann dient dies auch als Anknüpfungspunkt für eine Anscheinsvollmacht zur Konkretisierung des **Vertragsolls** des Unternehmers, aber auch des Architekten gegenüber dem Bauherrn (so ähnlich OLG Hamm, Urt. v. 5.5.2011 – 24 U 147/08).

Ob der Vertreter nicht im eigenen Namen handeln **wollte,** ist für die Frage der Be- **255** vollmächtigung **ohne Belang** (BGHZ 36, 30 = Schäfer/Finnern Z 2.212 Bl. 7 = NJW 1961, 2251). Auch ist es für das Zustandekommen des Vertrages unerheblich, ob der Vertretene mit Namen benannt worden ist (BGH LM § 164 BGB Nr. 10; BGH Schäfer/Finnern Z 2.13 Bl. 30ff.). Jedoch: Ein Architekt, welcher namens des Bauherrn Bauhandwerker mit der Vornahme von Bauarbeiten beauftragt, ist nicht nur verpflichtet, das Handeln in fremdem Namen als solches **erkennbar** zu machen, sondern er muss darüber hinaus den Handwerkern auch **offenbaren, für wen er handelt,** und er muss deshalb den Namen des oder der von ihm Vertretenen nennen, wenn er danach gefragt wird; weigert er sich, dieses zu tun, so haftet er nach § 179 BGB selbst auf Erfüllung oder Schadensersatz (OLG Düsseldorf MDR 1974, 843). Das bedeutet zugleich, dass ohne besondere weitere Umstände man nicht davon ausgehen darf, dass der Architekt im eigenen Namen handeln will, sondern im Namen des Bauherrn tätig werden will (OLG Köln, BauR 1996, 254, OLG Brandenburg, BauR 2002, 1099). Anzeichen hierfür sind die Benennung von Bauvorhaben und Bauherrn gegenüber dem Unternehmer oder anderen Fachplanern, die eingeschaltet werden sollen. Dabei hat das Benennen aber ausdrücklich zu erfolgen. Eine Art mittelbarer Verweis auf ein Bauobjekt, die zu erkennen gibt, dass da ein

Bauvorhaben ist, welches der Architekt betreut, dürfte kaum ausreichen. Der betroffene Dritte hat aber zunächst immer darzulegen, wie er die Äußerungen oder Schreiben verstanden hat. Der Architekt hat dann offen zulegen, in welchem vertraglichen Verhältnis er steht. So reicht es nicht aus eine Vollmacht anzunehmen, wenn der Architekt darauf verweist, dass man an der Verwendung der Berufsbezeichnung auf dem Briefkopf im Schriftverkehr oder Ausschreibung erkennen könne, dass er bevollmächtigt sei (BGH, BauR 2007, 574).

256   Allgemein wird man bei der Tätigkeit eines Architekten für den Auftraggeber sagen können: Wesentlich ist für die **Anscheinsvollmacht** die **Anpassung an die im Bauwesen herrschende Verkehrssitte.** Nach der zu billigenden Ansicht des OLG Stuttgart (NJW 1966, 1461 = Schäfer/Finnern Z 2.13 Bl. 21 ff.) bezieht sich der von einem Bauherrn erweckte Anschein einer Bevollmächtigung regelmäßig nur auf die Befugnis des Architekten, **einzelne** im Rahmen des Bauvorhabens liegende Aufträge zu vergeben (so auch BGH Schäfer/Finnern Z 3.01 Bl. 236; OLG Hamm MDR 1975, 448). Das gilt auch für Zusatz- oder Ergänzungsaufträge, allerdings mit der Einschränkung, dass es sich – gemessen am Gesamtauftragsinhalt – um wirtschaftlich für den Auftraggeber **nicht bedeutsame Leistungsteile** handelt (insofern zu weitgehend und daher nicht zu billigen OLG Koblenz Schäfer/Finnern Z 3.002 Bl. 2; vgl. dagegen OLG Stuttgart MDR 1982, 1016). Anders auch für diesen Fall, wenn im Bauvertrag mit dem Auftragnehmer eindeutig festgelegt ist, dass Zusatzaufträge nur vom Bauherren selbst erteilt werden können (OLG Düsseldorf BauR 1985, 339). Ebenso wenig kann von einer Vollmacht des Auftraggebers für die Erteilung von Aufträgen ausgegangen werden, durch die eigene Planungsfehler des Architekten beseitigt werden sollen (OLG Hamm BauR 1987, 468). Ansonsten: Bei kleineren Aufträgen, bei denen es üblich ist, alle Absprachen zwischen dem Unternehmer und dem Architekten mündlich, ohne Mitwirkung des Auftraggebers und ohne förmliche Ausschreibungen (z. B. Stundenlohnarbeiten ganz geringer Bedeutung) zu treffen, begründet die Bestellung des Architekten aus sich heraus im Regelfall den Rechtsschein der Vollmacht, diese Arbeiten namens des Auftraggebers vergeben zu können. Schränkt der Auftraggeber selbst eine solche, vorangehend gekennzeichnete Mindestvollmacht ein, ohne dies dem Bauunternehmer bekannt zu machen, ist er ebenfalls aus den Grundsätzen der Anscheinsvollmacht verantwortlich (v. Craushaar BauR 1982, 421, 426). Die Mitteilung des Bauherrn der Architekt habe originäre Vollmacht betrifft die allgemeine Vollmachtserteilung nur zum Teil und ist daher in Wahrheit eine Erklärung des Bauherrn zu der Duldungs- und Anscheinsvollmacht (unzutreffend daher OLG Saarbrücken BauR 2000, 753). Auch aus Unterschriften unter Vergabeprotokollen kann nichts hergeleitet werden (OLG Düsseldorf BauR 2000, 801). Siehe dazu auch Quack BauR 1995, 441; Pauly BauR 1998, 1143. Damit ist die Bevollmächtigung zunächst aufgrund des reinen Architektenvertrages nur auf die technische Bauabwicklung beschränkt. Das bedeutet, dass das gemeinsame Aufmaß mit bindender Wirkung gegenüber dem Auftraggeber gilt (BGH NJW 1974, 646). Der Prüfvermerk ist aber für den Bauherrn nicht bindend. Der üblich verwendete Stempel *„rechnerisch richtig"* oder *„geprüft"* ist ein interner Vermerk der keine Wirkung gegen den Auftraggeber entfaltet (siehe auch OLG Hamm BauR 1996, 739). Dies gilt im rechtlichen Bereich auch für die Abzeichnung von Stundenzetteln. Allerdings gilt hier zugunsten des Auftragnehmers die Vermutung der Richtigkeit, die der Bauherr widerlegen muss (OLG Nürnberg BauR 2000, 730; OLG Düsseldorf BauR 1996, 740). Die rechtsgeschäftliche Abnahme steht dem Architekten nicht zu, es sei denn er ist ausdrücklich bevollmächtigt insbesondere zu einem **Vertragsstrafenvorbehalt** (LG Leipzig NJW-RR 1999, 1183; OLG Düsseldorf BauR 2000, 1878; Werner/Pastor, Rdn. 2279 ff.). Bei dem Vorbehalt der Vertragsstrafe durch den Architekten, der etwa sinngemäß in einem Schreiben vor der Abnahme schreibt *„über die Vertragsstrafe müsse noch gesondert mit dem Bauherrn gesprochen werden"* liegt kein wirksamer Vorbehalt (Haftungsfrage; OLG Rostock, Urt. v. 27.1.2009 – 4 U 55/08).

257   Was aber über diesem Rahmen liegt, begründet **nicht** den Rechtsschein der Vollmacht des Architekten. Dass ein Architekt von einem Auftraggeber bestellt worden ist und für diesen auftritt, schafft ohne Hinzutreten weiterer, dafür sprechender Umstände noch kei-

nen Rechtsschein für seine unumschränkte Vollmacht zur Vergabe von Bauleistungen, auf welchen der Unternehmer vertrauen darf (BGH Schäfer/Finnern Z. 3.01 Bl. 236; BGH NJW 1960, 859 = Schäfer/Finnern Z 2.330 Bl. 6; OLG Nürnberg Schäfer/Finnern Z 2.212 Bl. 11; OLG Stuttgart NJW 1966, 1461 und BauR 1974, 423; OLG Hamm MDR 1975, 488; KG BauR 2009, 107).

Der Auftraggeber setzt aber gegenüber dem anbietenden Unternehmer nicht den An- **258** schein, der für ihn gemäß der Leitungsphase 6 mit der Einholung von Angeboten beauftragte Architekt sei auch zu der Auftragserteilung bevollmächtigt; erteilt der Architekt dann ohne Wissen des Auftraggebers und ohne dazu besonders bevollmächtigt zu sein, dem Unternehmer einen Auftrag, so haftet der Auftraggeber auch nicht aus culpa in contrahendo (OLG Köln BauR 1993, 243).

Weiterhin **duldet** der Auftraggeber das Handeln des bauleitenden Architekten nicht bereits dadurch, dass dieser bei den Baubesprechungen anwesend war. Die Kenntnis einfacher Angestellter ist mit der des Auftraggebers nicht gleichzusetzen. Eine erforderliche Duldung läßt sich auch nicht daraus herleiten, dass dem Auftraggeber Abschriften der Baubesprechungsprotokolle zugeleitet werden und er daraufhin nicht interveniert (OLG Brandenburg, Urt. v. 30.11.2011 – 4 U 144/07). Eine Duldungsvollmacht liegt aber vor, wenn es der vertretene Bauherr wissentlich geschehen läßt, dass ein baulietender Architekt für ihn wie ein Vertreter auftritt und der unternehmerische Auftragnehmer dieses Dulden nach Treu und Glauben dahin versteht und auch verstehen darf, dass der als Vertreter Handelnde bevollmächtigt ist (OLG Karlsruhe, Urt. v. 23.3.2010 – 8 U 43/09).

In keinem Fall gilt der **Anschein** der Vollmacht, soweit es auch sonst die vom **Architekten selbst zu erbringenden Leistungen** betrifft (OLG München OLGZ 69, 414; vgl. dazu auch BGH Schäfer/Finnern Z 3.01 Bl. 376 f.), es sei denn, es handelt sich um für den Rahmen der Planung technisch **unumgänglich notwendige Sonderleistungen,** wie Statiker- und sonstige Ingenieurleistungen, die der Architekt selbst nicht zu erbringen vermag und dies dem **Auftraggeber bekannt oder jedenfalls erkennbar** ist (vgl. OLG Koblenz Schäfer/Finnern Z 3.002 Bl. 2; OLG Düsseldorf Schäfer/Finnern Z 2.410 Bl. 47); anders hier wiederum dann, wenn die Vollmacht des Architekten auf die Vergabe „reiner" Bauleistungen beschränkt ist, wie z.B. bei der bloßen Vertragsklausel, dass der Architekt „im Namen und in Vollmacht des Auftraggebers die Bauleistungen nach den Bestimmungen der VOB zu vergeben" habe (BGH Schäfer/Finnern Z 3.01 Bl. 376; vgl. auch Beigel BauR 1985, 40; OLG Düsseldorf BauR 1985, 339; OLG Stuttgart BauR 1974, 423).

Eine **Anscheinsvollmacht** des Architekten – wie eine Vollmachtserteilung überhaupt – kann auch nicht schon daraus hergeleitet werden, dass im Architektenvertrag festgelegt ist, für die Vergabe von Bauleistungen bedürfe es der gemeinsamen Entscheidung von Auftraggeber und Architekt; diese Regelung bindet nämlich den Architekten nicht nur im Innenverhältnis zum Auftraggeber, sondern **beschränkt auch seine Vollmacht für das Außenverhältnis** (vgl. BGH Schäfer/Finnern Z 3.01 Bl. 276 und Schäfer/Finnern Z 2.51 Bl. 7 = BGHZ, 60, 255 = NJW 1973, 757 = MDR 1973, 485; OLG Hamburg BauR 96, 256; OLG Düsseldorf BauR 2000, 895).

Der **Umfang der Vollmachtserteilung** durch den Auftraggeber soll nach der Rechtsprechung sehr restriktiv gehandhabt werden. Das Verständnis dazu ist zutreffend. Es liegt schon eine Vollmachtsüberschreitung vor, wenn kleinere Aufträge vom Architekten vergeben werden, aber er seine fehlende Bevollmächtigung nicht offenbart (siehe allgemein dazu: OLG Köln BauR 1996, 254; OLG Stuttgart BauR 1994, 789; OLG Naumburg NZBau 2000, 143). Dies gilt auch im Rahmen eines Baupauschalvertrages (OLG Saarbrücken NJW-RR 1999, 668) und Änderungsaufträge mit erheblichen Kostensteigerungen OLG Düsseldorf BauR 2000, 1198). Daher sind Bestrebungen die Vollmacht doch anzuerkennen nur als Durchbrechung der gesetzlichen Vorgaben zu verstehen. Ausdrücklich ist das gegeben, wenn der Bauleistungsvertrag einerseits oder andererseits der Leistungsvertrag des Architekten die Beauftragung von Zusatzleistungen vorsieht (OLG Düsseldorf BauR 2000, 895). Ist der Architekt vom Bauherrn beauftragt worden nach Arbeitseinstellung des Unternehmers wegen Nichtbezahlung einen Zusatzauftrag zu vereinbaren, ist dies kein

Schuldbeitritt des Bauherrn. Insoweit unrichtig: OLG Düsseldorf BauR 1995, 592. Sofern die Schriftlichkeit laut Vertrag vorgeschrieben war, scheitert die Vollmacht bei Fehlen dieser daran (so auch Locher FS Korbion, S. 283 ff.).

259   Andererseits: Im Allgemeinen ist davon auszugehen, dass der Architekt **Vollmacht zur Entgegennahme von Rechnungen der Bauausführenden und deren Erläuterungen** hat (BGH NJW 1978, 994), **auch des Vorbehaltes nach § 16 Nr. 3 Abs. 2 VOB/B,** wenn er mit der Abrechnung befasst ist und er die Auseinandersetzung über den Werklohn mit den Handwerkern zumindest unter Duldung des Bauherrn führt (BGH NJW 1977, 1643; BGH NJW 1978, 1631; NJW 1987, 755). **Nicht** bevollmächtigt ist der Architekt dagegen zur **Entgegennahme einer Abtretungsanzeige** (so schon BGH NJW 1960, 1805).

Im Regelfall allerdings ist im Rahmen der Vollmachtserteilung vom Bauherrn – ob ausdrücklich oder stillschweigend – die Erlaubnis erteilt worden, das gemeinsame Aufmaß durchzuführen. Hier ist auch auf die Teilleistungspflicht in Leistungsphase 8 hinzuweisen, die notwendigerweise zur Erfüllung der vertraglichen Pflicht erforderlich ist. Zudem ist der **Prüfvermerk** „rechnerisch und tatsächlich richtig" (o. ä.) nur eine zwischen dem Bauherrn und dem Architekten geltende interne Tätigkeit des Architekten, mit sicherlich haftungsbegründendem Charakter ist. Nach außen kann der Unternehmer oder Dritte keine Rechte daraus ableiten (BGH, BauR 2002, 613; OLG Hamm, BauR 1996, 739). Der Prüfvermerk stellt daher im Verhältnis zum Unternehmer kein Schuldanerkenntnis dar und ist daher Wissenserklärung (a. A. und unzutreffend KG, BauR 2009, 1338).

Nachträge oder Anordnungen, die Auswirkungen auf den Vertragsinhalt des Bauherrn mit dem Unternehmer haben, sind nur dann von der Vollmacht gedeckt, wenn dieser Vollmachtsumfang auch in der Erteilung der Vollmacht enthalten war (OLG Dresden, Urt. v. 22.9.2010 – 6 U 61/05). Das wird sich im Einzelfall gerade bei den stillschweigenden und Anscheins- und Duldungsvollmachten nur schwerlich klären lassen. Die Darlegungs- und Beweislast ist hier letztlich dem Architekt gegeben, weil er sich auf die Vollmacht beruft (zu Nachträgen: BGH, BauR 1994, 760). Bei **Stundenabzeichnungen** gilt gleiches. Allerdings hat grundsätzlich die Abzeichnung Bindungswirkung gegenüber dem Bauherrn. Bezweifelt der Bauherr dieses, so wird trifft ihn grundsätzlich die Darlegungs- und Beweislast für die Behauptung anderer Tatsachen (z. B. andere Stundenanzahl). Grundsätzlich gelten die vom Architekten als **prüfbar** abgerechneten Leistungen der Unternehmer als prüfbar auch im Verhältnis des Bauherrn zum Unternehmer (so auch OLG Nürnberg, BauR 2000, 730). Im übrigen hat der Architekt bei Vollmachtserteilung und in den Fällen der Rechtsscheinsvollmachten die Befugnis bei **Besprechungen** der Rechnungen der Unternehmer, bei **Vergleichen** in den Gesprächen über Rechnungen oder bei den **Nachtragsprüfungen** und Verhandlungen zu verhandeln, jedoch hat er keine Befugnis das Ergebnis der Verhandlung verbindlich für und gegen den Bauherrn abzuschließen (zum Vergleich: OLG Düsseldorf, BauR 1996, 740). Werden bei der Abnahme **Vertragsstrafenvorbehalte** erklärt ist dies dem Architekten nicht ohne Vollmacht erlaubt, sondern Bauherrenaufgabe (LG Leipzig, NJW-RR 1999, 1183; Werner/Pastor, Rdn. 2279, 2280).

Die Erteilung von **Zusatz- oder Nachtragsaufträgen** ist **generell** daher ebenfalls sehr **einschränkend** zu sehen, denn was von der Vollmacht gedeckt, wird sich aus der ausdrücklichen oder stillschweigenden Erlaubnissen, wie sie in den Rdnrn. zuvor dargestellt wurden, erst ergeben. So dann steht der eigentliche Vertragsrahmen des Architekten fest, an dem sich die Befugnis und Erlaubnis zu orientieren hat. Damit ist gerade ein Pauschalvertrag mit dem Unternehmer anfällig für die Frage nach dem Umfang der Vollmachtserteilung. Wird aus dem Architektenvertrag oder gar aus dem Unternehmervertrag erkennbar, dass Zusatzleistungen mit dem Architekten abgestimmt werden können, so gilt er als befugt diese technisch abzustimmen. Wird deutlich, dass der Bauherr eine Zustimmung zur rechtsgeschäftlichen weiteren Befugnis zur Auftragserteilung begeben darf, also rechtsgeschäftlich tätig werden darf, so ist der Bauherr rechtsgeschäftlich bereits gebunden (ähnlich OLG Düsseldorf, BauR 2000, 895 und BauR 2000, 1878). Dies folgt daraus, weil die Vollmachten grundsätzlich inhaltlich eng auszulegen sind (so auch Locher, FS Korbion, S. 283). Eine Vollmacht zur Vergabe von Zusatzaufträgen ist in diesem Zusammenhang zu bejahen, wenn der Auftraggeber den Architekten den Bauvertrag und das Verhandlungs-protokoll hat unterzeichnen lassen sowie dazu noch im Bauvertrag vorgesehen ist, dass sich die Baubeteiligten mit allen Angelegenheiten an den Architekten wenden und dessen An-ordnungen befolgen soll und auch dessen Zustimmung eingeholt werden soll, wenn Kosten verursachende Maßnahmen abgestimmt werden müssen (OLG Frankfurt/M. BauR 2008, 1144). Auch eine Vollmacht in Form der Anscheinsvollmacht liegt vor, wenn der Architekt den Bauvertrag verhandelt und im Namen des Bauherrn unterzeichnet hat. Auch die Rechnungsprüfung in diesem Zusammenhang soll ein Hinweis auf die Anscheinsvollmacht sein (KG, BauR 2008, 97). Diese Entscheidung ist in ihrer Verallgemeinerung allerdings mit Vorsicht zu handhaben, weil im Verfahren die andauernde Kenntnis des Handelns des Architekten vom Bauherrn von dem Unternehmer nachgewiesen wurde. Allerdings ist eine Anscheinsvollmacht anzunehmen, wenn der Auftraggeber das Handeln seines angebli-chen Vertreters (Architekten) nicht kennt, es aber bei pflichtgemäßer Sorgfalt hätte erken-nen und verhindern können und wenn ferner der Auftragnehmer nach Treu und Glauben annehmen durfte, der Auftraggeber dulde und billige das Handeln des Architekten (OLG Dresden, Urt. v. 22.9.2010 – 6 U 61/05).

Gleich gelagert sind die Beauftragungen bei sog. **„Bedarfspositionen"** nach erfolgter Ausschreibung und Vergabe des Auftrages an den Unternehmer zu sehen. Ist nicht festzu-stellen, dass die vergütungspflichtige Bedarfsposition vom Architekten ausdrücklich beauf-tragt wurde, kommt konkludente Anordnung durch schlüssiges Verhalten des Architekten in Betracht. Die durch einen vollmachtlos handelnden Architekten getroffene Anordnung kann nachträglich durch schlüssiges Handeln des Auftraggebers genehmigt werden (OLG Naumburg, Urt. v. 30.9.2011 – 12 U 12/11).

Davon abgesehen kann auch der Bauherr für die schuldhafte Vollmachtsüberschreitung **260** des Architekten verantwortlich oder jedenfalls mitverantwortlich sein, und zwar in Ver-bindung mit § 278 BGB. Das kann der Fall sein bei Anordnungen und bei Vergabe von Zusatzaufträgen, die in der Zone wahrscheinlicher Vollmacht liegen, bei denen deshalb und mit Rücksicht auf die beim betreffenden Bau bestehenden besonderen Verhältnisse vom Bauunternehmer keine Vergewisserung in der Vollmachtsfrage erwartet werden kann; dabei entfällt die Haftung des Auftraggebers im Hinblick auf § 179 Abs. 3 BGB dann, wenn der Unternehmer den Mangel der Vollmacht kennt oder schuldhaft nicht kennt (OLG Saarbrücken NJW-RR 2001, 453). Ferner ist eine Verantwortung des Auftrag-gebers gegeben, wenn er wegen eigenen Auswahl-, Überwachungs- oder Instruktionsver-schuldens aus culpa in contrahendo oder positiver Vertragsverletzung (§§ 280, 281 BGB n.F.) verantwortlich ist. Auch gilt das, wenn der Auftraggeber nach §§ 812, 818 Abs. 2 BGB aus ungerechtfertigter Bereicherung haftet, was aber nur zutrifft, wenn ihm mit Rücksicht auf seine künftigen Pläne die Werterhöhung des Bauwerks zugute kommt und er die Leistung des Unternehmers nicht zurückweist (OLG Düsseldorf BauR 2000, 1198; BGH BauR 2001, 1412 = NJW 2000, 3184; vgl. auch Dören, Jahrbuch Baurecht 2003, S. 133 ff.).

Handelt der Architekt bei Abschluss von Bauverträgen als vollmachtloser Vertreter des **261** Auftraggebers und wird er deswegen selbst von dem Unternehmer auf Erfüllung in An-spruch genommen (§ 179 Abs. 1 BGB), so greift der in § 4 I 6 Abs. 3 AHB bestimmte Risikoausschluss nach Ansicht des BGH nicht ein, weil der Haftungsanspruch keinen vom Architekten persönlich übernommenen Vertragspflichten entspringt (BGH NJW 1971, 429 = MDR 1971, 202 = LM § 1 AHaftpflichtVB Nr. 6 = VersR 1971, 144). Dem kann je-doch aus den zutreffenden Gründen der Anmerkung von Prölss (VersR 1971, 538) nicht gefolgt werden.

Die Folgen des vollmachtlosen Verhaltens ergeben sich aus **§ 179 BGB,** wonach nach Abs. 1 der Architekt dem Dritten haftet. Der Erfüllungsanspruch ist aber ausgeschlossen, wenn der Dritte die fehlende Vollmacht kannte oder es genügend Anhaltspunkte dazu gab (OLG Saarbrücken, NJW-RR 2001, 453). Wird aus dem Vertrag des Architekten oder mit dem Unternehmer deutlich, dass vertragsändernde oder Nachtragsverträge vom Architek-ten geschlossen werden können, so scheidet die Haftung grundsätzlich aus – es sei denn, der ergänzende Auftrag ist nicht in diesem ursprünglichen Vertragsumfang angesiedelt –.

Der Unternehmer wusste also von dem Umfang der Vollmacht, worauf es grundsätzlich in diesen Fällen ankommt. Es kann auch nicht davon ausgegangen werden, dass der Architekt im eigen Namen Aufträge vereinbaren will (OLG Köln, BauR 1996, 254).

Zudem stehen nur die Ansprüche aus **Geschäftsführung ohne Auftrag** (§§ 670 ff. BGB) oder **ungerechtfertigter Bereichung** (§§ 812 ff. BGB) zur Verfügung. Dargelegt werden muss dann aber, dass für den Auftraggeber die ausgeführten Maßnahmen nicht in seinem Willen standen. Das ist bei Kenntnis des Auftrages schwerlich zu erreichen (OLG Düsseldorf, BauR 2000, 1198). Zudem sind die Ansprüche aus GOA oder §§ 812 ff. BGB auf Aufwendungsersatz und nicht auf Schadenersatz oder Werklohn gerichtet.

Zur **Haftung des Architekten** aus § 179 BGB vgl. im Übrigen v. Craushaar BauR 1982, 421, 428; vgl. auch OLG Köln BauR 1986, 717; Dören, Jahrbuch Baurecht 2003, S. 133; der annimmt – unter Bezug auf BGH BauR 2001, 1412 – dass den Architekten bei Beauftragungen eine Toleranznahme von 10–15% der anrechenbaren Kosten gem. DIN 276 erlaubt sei.

262   Ein weiteres Problem ergibt sich bei der Beauftragung von Ingenieur- oder Fachplaner-leistungen. Hier gilt dasselbe. Daher sehen die Einheitsarchitektenverträge eine Möglichkeit der Bevollmächtigung solcher Fachplaner vor. Zu weit geht daher die Meinung, dass mit der Unterschrift unter Genehmigungspläne und Fachplanerausführungen der Vertrag genehmigt wurde (OLG Celle BauR 2000, 289). Dies ist erst anzunehmen, wenn der Fachplaner vollständig bezahlt wurde.

263   Eine Vollmacht kann vom Vollmachtgeber **jederzeit widerrufen** werden. Ein Verzicht auf das Widerrufsrecht ist nicht möglich, wenn der dem Bevollmächtigten erteilte Auftrag nur den Interessen des Auftraggebers dient, was grundsätzlich auf das Vollmachtsverhältnis des Auftraggebers zu seinem Architekten zutrifft.

264   Auch der Architekt darf andererseits nicht auf alle **vermeintlichen Vollmachten** vertrauen auf **Auftraggeberseite** vertrauen. Dies kann dann Auswirkungen auf seinen Honoraranspruch haben. Die ist insbesondere bei **Wohnungseigentumsgemeinschaften als Auftraggeber** zu beachten. Die Ermächtigung des WEG-Verwalters, die zur ordnungsgemäßen Instandhaltung und Instandsetzung des Gemeinschaftseigentums erforderlichen Maßnahmen im Namen der Wohnungseigentümergemeinschaft zu treffen, erstreckt sich nicht auf außergewöhnliche, nicht dringende Instandsetzungsarbeiten größeren Umfangs. Ein Architekt darf daher nicht auf die Vertretungsbefugnis des Verwalters vertrauen. Legt der Verwalter keine Vollmachts- oder Ermächtigungsurkunde vor, ist das Vertrauen des Architekten in die Vertretungsmacht des Verwalters nach den Grundsätzen der Anscheins- und Duldungsvollmacht nicht geschützt. Wird der vom Verwalter abgeschlossene Architektenvertrag von der Wohnungseigentümergemeinschaft nicht genehmigt., ist der Architekt zur Rückzahlung bereits geleisteter Honorarzahlungen verpflichtet, wenn die Gemeinschaft die Leistung des Architekten nicht verwerten kann (KG, Urt. v. 9.11.2010 – 21 U 133/09; ähnlich OLG Brandenburg, Urt. v. 16.1.2003 – 8 U 46/02).

8. Leistungsphase 8: Objektüberwachung (Bauüberwachung und Dokumentation) § 34 Abs. 3 i. V. m. Anhang 10.1 – linke Spalte

A. Leistungen

265   Der in der Leistungsphase 8 zusammengefasste Bereich der Objektüberwachung war ursprünglich an verschiedenen Stellen in § 19 GOA aufgeführt, was immer wieder zu Unklarheiten, insbesondere im Hinblick auf die gebotenen Abgrenzungen, geführt hat. Während die an Ort und Stelle der Bauausführung vorzunehmende Aufsicht von § 19 Abs. 4 GOA erfasste und dort näher umschrieben war, fand sich die künstlerische Oberleitung in § 19 Abs. 1 f.), ferner war die technische und geschäftliche Oberleitung in § 19 Abs. 1g) eingeordnet. Die HOAI hat jetzt durch die Beschreibung von beispielhaften, aber wesentlichen Teilleistungen in Anlage 11 in Leistungsphase 8 im Bereich der Leistungen im Einzelnen Umschreibungen vorgenommen. Das ist geboten, als in Praxis und Rechtsprechung gerade in den hier angesprochenen Bereichen wohl die **weitestgehende Entwicklung des Leistungsbildes** der gebotenen Architektentätigkeit erfasst ist (vgl. auch Neuenfeld

BauR 1974, 17). Diese beschriebene Koordinationstätigkeit, wie überhaupt die gesamte, vom Architekten im Verhältnis zu früher **verstärkt geforderte Aufsichtstätigkeit** ist nichts anderes als die Folge der Einordnung des Architektenvertrages in den Bereich des Werkvertrages gemäß den §§ 631 ff. BGB. Darin, dass der Architekt die Aufgabe hat, die Errichtung des nach seinen Plänen vorgesehenen Bauwerks zu kontrollieren, liegt das vertraglich festgelegte Versprechen, das Bauwerk **frei von Mängeln** entstehen zu lassen, und dazu das ihm **Zumutbare beizutragen** (vgl. BGH NJW 1960, 431; BGH NJW 1960, 1198; vgl. dazu auch Neuenfeld BauR 1981, 436). Damit ist ein Gleichgewicht zwischen der planerischen Tätigkeit und der Kontrolle der praktischen Ausführung dieser Planung herbeigeführt worden. Dies ist nicht zuletzt auch dadurch zum Ausdruck gelangt, dass dem Architekten für die von ihm hier geforderten Arbeiten ein Anteil von 31 % des Gesamthonorars sowohl bei der Objektüberwachung, als auch bei den raumbildenden Aufgaben, zukommt. Daher ist es nur folgerichtig, dass der BGH unter Aufgabe früherer Rechtsprechung die Bauführung (§ 19 GOA) und demgemäß die Objektüberwachung nach der HOAI dem **werkvertraglichen Bereich auch für den Fall** zugeordnet hat, **dass dem Architekten vertraglich allein die Bauführung bzw. Objektüberwachung übertragen worden ist** (BGH, BauR 1982, 79 = NJW 1982, 438 = Schäfer/Finnern/Hochstein § 19 GOA Nr. 3 = BGHZ 82, 100).

Klarzustellen ist, dass es sich im Rahmen der Leistungsphase 8 nur um solche Leistungen handelt, welche der Architekt im Rahmen seines Architektenvertrages gegenüber dem Auftraggeber schuldet. In Leistungsphase 8 ist Leistungsinhalt auch dann die umfassende Bauüberwachung, wenn der Architekt zu einem geringen Honorar eine **„beratende und prüfende Ausführung"** neben dem eigentlichen bauüberwachenden Architekten übernimmt. Leistungsinhalt kann auch eine weitere gutachterliche Leistung sein. Dann hat der Architekt neben dem bauleitenden Architekten die Pflicht, die **gefahrenträchtigen Bauabschnitte persönlich** oder durch einen zuverlässigen Gehilfen unmittelbar überwachen und sich anschließend persönlich von der Ordnungsgemäßheit der Arbeiten überzeugen zu müssen (OLG Naumburg BauR 2005, 1796).

Allerdings gehören in diesem Zusammenhang der Leistungspflicht des Architekten in Leistungsphase auch die **Abgrenzung** von **Umfang und Intensität der Überwachung** von **handwerklichen Selbstverständlichkeiten.** Diese hat er nicht besonderen zu überwachen, wie Malerarbeiten oder Trockenbauarbeiten, denn der Architekt kann in der Regel davon ausgehen, dass der Unternehmer diese Arbeiten beherrscht. Jedoch muss er sich um die Geeignetheit und Zuverlässigkeit vor Bauführung kümmern (so auch OLG Rostock, IBR 2009, 527; Morlock/Meurer, Rdn. 380; Irmler, § 33 Rdn. 114). Allerdings hat der Planer die Ausführung von technisch erheblichen Details, wie Anschlüssen von Bauteilen, Bauteilwechseln und Verwendung anderer Materialien beim Verbau, sowie neuer Materialien eingehend zu prüfen (OLG Dresden, IBR 2009, 220). Auch andere zwar übliche, aber in ihren Auswirkungen kritische Details wie Dacharbeiten und Arbeiten im erdberührten Bereich, sind intensiv zu Überwachen oder auf jeden Fall stichprobenartig zu überwachen, wobei auch bei bereits überdeckten Bereichen der Architekt zur Nachschau die probeweise Öffnung anweisen kann, um sich ein Bild von der ordnungsgemäßen Ausführung zu machen (so auch OLG Celle, BauR 2007, 1602; OLG Brandenburg, NZBau 2007, 723; OLG Hamm Urt. v. 6.12.2006 – 12 U 103/06). Dies ist ebenfalls in dem Fall anzunehmen, als der Architekt sich auf vorangegangene Planungen stützt oder stützen muss gegenüber diesen (BGH, BauR 2000, 1513; BGH, BauR 2009, 515). Allerdings wird in diesem Fall die Haftung des Architekten durch ein Mitverschulden des Bauherrn eingeschränkt. Der Bauherr ist im Rahmen der Obliegenheit verpflichtet, dem zweiten Architekten einwandfreie und gebrauchsgeeignete Pläne zur Verfügung zu stellen. Das gilt aber nur für den Fall, wenn der Zweitarchitekt den Fehler des Erstarchitekten ebenfalls übersah und damit der Schaden erst entsteht („Glasfassaden-Urteil I" = BGH, BauR 2009, 515).

Hat der Architekt daneben **als ausführender Unternehmer** eine bauvertragliche **Errichtungsverpflichtung,** so sind damit **verbundene unternehmerische Leistungs-, Kontroll- und Abwicklungsfunktionen allein nach dem bauvertraglichen Teil zu beurteilen,** was nicht zuletzt auch für die Honorarberechnung maßgebend ist. Nicht zu den Leistungen (a. A. Wingsch BauR 2001, 314) gehören die durch die BaustellenVO dem Bauherrn nun auferlegten Pflichten im Hinblick auf den Arbeitsschutz auf der Baustelle (SiGeKo; Vgl. hierzu Abschnitt B der Allgemeinen Erläuterungen dieser Kommentierung; v. Wietersheim/Noebel, BaustellenVO, 2002; Rozek/Röhl BauR 1999, 1394; Moog BauR 1999, 795; Kleinhenz ZfBR 1999, 179; Werner/Pastor Rdn. 784; Osenbrück FS Mantscheff, S. 349 ff.; Portz BauR 2002, 1160; Wingsch BauR 2002, 1168; Quack FS Jagenburg 2002, 757 ff. zur Honorierung). Sie sind auch keine Leistungen nach § 3 Abs. 2 S. 1. Mit der BaustellenVO – BGBl. I 1283/98 – wurde dem Bauherrn nun aufgegeben die Ausarbeitung des Sicherheits- und Gesundheitsplanes (§ 2 Abs. 3 BaustellenVO), die Koordinationspflicht (§ 3 Abs. 2 Nr. 1 BaustellenVO), die Aufstellung des Sicherheits- und Gesundheitsplanes (§ 3 Abs. 2 Nr. 1 BaustellenVO) sowie die Zusammenstellung der Unterlagen für den Sicherheits- und Gesundheitsschutz (§ 3 Abs. 2 Nr. 3 BaustellenVO). Danach reicht es, wenn der Architekt im Rahmen der Leistung auf diese Verpflichtungen hinweist. Andererseits gehören diese Tätigkeiten zu den Verrichtungen vor und bei Baubeginn. Damit stehen die Tätigkeiten nicht außerhalb der Leistungen des Architekten, sondern systematisch innerhalb der beratenden Leistungen, aber außerhalb des Systems der Honorierung nach der HOAI. Sie sind auch nicht als Besondere Leistungen zu begreifen, was aber zu einer gesonderten Vereinbarung über das Honorar führt, § 632 Abs. 2 BGB (Tepass S. 429 ff.; Schmidt ZfBR 2000, 3).

Grundsätzlich zur **stufenweisen Beauftragung** und anderen Absprachen:

Die Vereinbarung zwischen den Parteien, wonach der Architekt nach Einreichung der Genehmigungsplanung nur noch „auf Abruf" tätig werden und seine Tätigkeit auf Stundenlohnbasis abrechnen soll, begründet weder die Verpflichtung zur Erstellung der Ausführungsplanung noch zur Bauüberwachung. Dies gilt auch, wenn der Architekt gegenüber dem Bauamt aus Kostengründen als Bauleiter benannt wurde und im Vertrag mit dem Bauunternehmer als Bauüberwacher aufgeführt ist (OLG Koblenz, Urt. v. 11.5.2010 – 11 U 823/08).

a) Überwachen der Ausführung des Objekts auf Übereinstimmung mit der öffentlich-rechtlichen Genehmigung oder Zustimmung. den Verträgen mit den ausführenden Unternehmern, den Ausführungsunterlagen und den einschlägigen Vorschriften sowie mit allgemein anerkannten Regeln der Technik

266   In erster Linie steht hier als Leistung das **Überwachen der Ausführung des Objekts auf Übereinstimmung mit der Baugenehmigung oder Zustimmung, den Ausführungsplänen und den Leistungsbeschreibungen, mit den anerkannten Regeln der Technik und den einschlägigen Vorschriften** (vgl. BGHZ 68, 169, 173). Mit *„Überwachung der Ausführung des Objekts"* ist unter anderem auch die Übereinstimmung mit den Verträgen der ausführenden Firmen zu prüfen. Hierbei geht es um die Prüfung inwieweit die beauftragten Leistungen vertragsgemäß ausgeführt werden. Da sich dies nicht allein aus der Leistungsbeschreibung ergibt, sondern z. B. auch aus den Besonderen Vertragsbedingungen, wurden allgemein die Verträge in Bezug genommen. Mit der Überprüfung der Übereinstimmung der Ausführung mit den Verträgen ist keine rechtliche Vertragsprüfung gemeint.

Das Überwachen der Objektausführung auf Übereinstimmung mit der **Baugenehmigung** oder Zustimmung betrifft zunächst die Beobachtung dahingehend, ob die genehmigten Pläne einschließlich der sonstigen, der baubehördlichen Genehmigung oder Zustimmung zugrunde liegenden Unterlagen bei der Ausführung an Ort und Stelle auch **eingehalten** werden, damit spätere Unzuträglichkeiten durch Beanstandungen der behördlichen Bauaufsicht vermieden werden. Insofern bedarf es eines **ständigen Vergleichens** der Unterlagen, welche der Baugenehmigung oder Zustimmung zugrunde liegen, mit der praktischen Verwirklichung des Bauvorhabens. Das gilt vornehmlich dann, wenn mit der Baugenehmigung oder Zustimmung baubehördliche Auflagen oder Dispense verbunden sind und diese an die Einhaltung bestimmter, im Rahmen der Bauausführung liegender Voraussetzungen geknüpft sind. Das gilt aber nicht nur für den Bereich der öffentlich-baurechtlichen Normen. Vielmehr ergibt sich aus dem in der HOAI aufgeführten Wort

„Zustimmung", dass auch bestimmte privatrechtliche Voraussetzungen, die dem Architekten bekannt sind bzw. bekannt sein müssen, zu beachten sind, wie z.B. die Einhaltung bestimmter nachbarrechtlicher Voraussetzungen, wenn hierzu eine Zustimmung des Nachbarn notwendig war und vorliegt.

Bereits hier muss aber auch schon die **technische Seite** beachtet werden, soweit bestimmte baubehördliche Anforderungen, wie z.B. durch Hinweis auf entsprechende DIN-Normen in der Baugenehmigung, gestellt worden sind. Erst recht gilt dies für die weitere Aufgabe des Architekten, die Objektausführung auf Übereinstimmung mit den Ausführungsplänen und den jeweiligen Leistungsbeschreibungen zu beobachten. Hier kommt es in erster Linie darauf an, dass die Ausführung, orientiert an den genannten Planungsunterlagen, den anerkannten Regeln der Technik entsprechend erfolgt, ebenso nach den sonstigen einschlägigen Vorschriften. Darauf muss der Architekt **besonders achten** (vgl. dazu auch OLG Köln Schäfer/Finnern/Hochstein § 635 BGB Nr. 111 = NJW-RR 1997, 597 = BauR 1997, 505; OLG Düsseldorf BauR 1998, 582 = NJW-RR 1998, 741). Das hat insbesondere dann große Bedeutung, wenn für bestimmte Ausführungsbereiche entweder DIN-Normen oder sonstige anerkannte Bauvorschriften nicht bestehen (wie z.B. bei neuartigen Baustoffen oder Bauverfahren) oder zwar DIN-Normen oder sonstige geschriebene Bauvorschriften oder Anweisungen vorliegen, diese aber wegen des fortgeschrittenen Standes der Technik zwischenzeitlich überholt sind. Maßgebend ist auch dann allein, dass der Architekt im Rahmen seiner Aufsichtsaufgabe darüber wacht, dass die Ausführung nach dem anerkannten **neuesten Stand der Technik** erfolgt (siehe zum **Schallschutz zwischen Doppelhäusern,** OLG Hamm, Urt. v. 27.2.2014 – 21 U 159/12). Zum maßgebenden Zeitpunkt vgl. Rdn. 91. Insofern ist es grundlegende Voraussetzung, dass der Architekt hierüber während der Bauausführung auf dem laufenden ist, sich insbesondere selbst fortbildet. Ebenso wie der Unternehmer verpflichtet ist, die Bauausführung nach den anerkannten Regeln der Technik auszuführen (vgl. z.B. §§ 4 Nr. 2, 13 Nr. 1 VOB/B), ist es Aufgabe des Architekten, aus eigener Kenntnis und Anschauung sich zu vergewissern, dass dies auch tatsächlich geschieht. Zu den anerkannten Regeln der Technik für den Bereich der Bauausführung vgl. Ingenstau/Korbion-Oppler VOB, Teil B, § 4 und zu Bauleistungen Ingenstau/Korbion-Korbion, VOB, Teil A, § 1 und § 1 EG.

Die Pflicht des Architekten, bei der Ausführung auf Übereinstimmung mit den Ausführungsplänen und den Leistungsbeschreibungen Obacht zum geben, hat aber nicht nur die rein technische Seite der Bauherstellung zu Gegenstand. Vielmehr umfasst sie unter ersichtlicher Einbeziehung der schon immer gewichtigen künstlerischen Objektleitung (§ 19 Abs. 1f GOA) auch die Aufgabe, **Bauarbeiten in gestalterisch-künstlerischer Hinsicht zu beobachten,** dabei insbesondere darauf zu achten, dass die Verwirklichung der Bauabsicht so geschieht, wie es den der Planung – insbesondere der Ausführungsplanung – zugrunde gelegten Wünschen des Auftraggebers in Verbindung mit seiner – des Architekten – daraus objektiv herleitbaren Vorstellung entspricht. Hier muss der Architekt vornehmlich darauf bedacht sein, dass die handwerkliche Arbeit des ausführenden Unternehmers die Gestalt annimmt, welche für eine ordnungsgemäße, dem Planungsbild entsprechende Verwirklichung vorausgesetzt wird. Er hat also auf eine einwandfreie Leistung des Unternehmers hinzuwirken, die dem Vertrag entspricht (OLG Dresden, Urt. v. 2.5.2002 – 9 U 2995/01; OLG Dresden, Urt. v. 27.3.2008 – 9 U 1644/05).

Die Intensität der im Rahmen des bisher Erörterten liegenden Aufsichtstätigkeit richtet sich nach den **jeweiligen Anforderungen des Einzelfalles,** wobei allerdings grundsätzlich **erhebliche Anforderungen** zu stellen sind. In allgemeiner Hinsicht ist dazu zu bemerken: Eine ständige Anwesenheit des Architekten während der Bauausführung ist nicht unbedingt notwendig. Grundsätzlich besteht für ihn keine Pflicht zur Überwachung bei einfachen, allgemein üblichen bzw. gängigen Bauarbeiten, welche jedem ausführenden Unternehmer geläufig sind bzw. sein müssen. In solchen Fällen braucht der Architekt nicht jeden Arbeitsvorgang zu kontrollieren, da er sich bis zu einem gewissen Grade auf die Zuverlässigkeit und Ordnungsgemäßheit unternehmerischer Bauausführung verlassen kann (vgl. BGH Schäfer/Finnern Z 3.00 Bl. 165). Anders liegt es aber schon dann, wenn der Architekt selbst bei solchen gängigen Arbeiten Fehlleistungen bemerkt oder ihm solche

267

268

269

gemeldet werden (Neuenfeld § 15 Anm. 68). Auch ist der Architekt zu erhöhter Aufmerksamkeit verpflichtet, wenn sich während der Bauausführung konkrete Anhaltspunkte für Mängel ergeben (BGH BauR 1994, 382 = NJW 1994, 1276 = LM HOAI Nr. 24 Anm. Koeble = Schäfer/Finnern/Hochstein § 635 BGB Nr. 92). Dann muss der Architekt ordnend und überwachend eingreifen, vor allem für die nötigen Sicherungsmaßnahmen sorgen (vgl. OLG Hamm OLGR Hamm 1993, 192 im Falle fehlerhafter Unterfangungsmaßnahmen). Das gilt auch, wenn der Architekt von einem anderen Unternehmer, dessen Leistung ein vorhandenes Bauteil verdecken wird, auf die Mangelhaftigkeit dieses Bauteiles hingewiesen wird (vgl. OLG Köln Schäfer/Finnern/Hochstein § 4 Nr. 3 VOB/B Nr. 6; ebenso OLG Köln BauR 1994, 649 = NJW-RR 1995, 156 für den Fall fehlerhaften Anschlusses der Abwasserleitungen an das Kanalanschlussrohr; wobei der Architekt auch gegenüber dem Nachbarn aus § 823 BGB haftet). Ferner müssen Unternehmer genauer beaufsichtigt werden, wenn sie sich als unzuverlässig erwiesen haben (BGH BauR 1971, 205; BGH Schäfer/Finnern Z 3.010 Bl. 20; BGH BauR 1978, 60 = NJW 1978, 322). Das gilt auch, wenn der Architekt den betreffenden Unternehmer für so wenig sachkundig hält, dass er gegenüber dem Auftraggeber dem Einsatz dieses Unternehmens widersprochen hat; die bloße Mitteilung des Architekten an den Bauherrn, dass er für den Einsatz dieses Unternehmers keine Verantwortung übernimmt, genügt allein nicht (a.a.O.). Ähnliches gilt, wenn es bereits zu Meinungsverschiedenheiten bzw. Streit zwischen dem Bauherrn und ausführenden Unternehmern gekommen ist, der Auftraggeber teilweise Arbeiten von Unternehmern übernommen hat, es dadurch zu Überschneidungen und Unzuträglichkeiten kommen kann, ebenso, wenn als Handwerker durchweg Ausländer eingesetzt werden und es zu Verständnisschwierigkeiten kommen kann; alles das erfordert erhöhte Aufmerksamkeit des Architekten, damit das Bauvorhaben plangerecht und mängelfrei errichtet werden kann; hat der Architekt selbst Meinungsverschiedenheiten mit dem Auftraggeber, so muss er unter den angeführten Umständen den Auftraggeber darauf hinweisen, dass die Bauwerksleistung ohne – gegebenenfalls anderweitige – Bauaufsicht nur schwer gelingen kann (vgl. BGH BauR 1985, 229 = Schäfer/Finnern/Hochstein § 633 BGB Nr. 48). Selbst bei Verweisung von der Baustelle durch den Auftraggeber ohne hinreichend eindeutige Vertragskündigung muss der Architekt zunächst klären, ob der Auftraggeber noch eine weitergehende Aufsichtstätigkeit wünscht; während einer insoweit nicht hinreichend geklärten Situation kann der Architekt nicht einfach – stillschweigend – die Aufsichtstätigkeit einstellen.

Darüber hinaus ist eine Aufsichtstätigkeit des Architekten oder durch einen zuverlässigen Mitarbeiter an **Ort und Stelle grundsätzlich immer dann erforderlich,** wenn es sich um in der Ausführung begriffene **wichtige Bauvorgänge** handelt, welche für die Erreichung der Bauaufgabe sowohl in technischer, insbesondere konstruktiver, als auch in gestalterischer Hinsicht von wesentlicher Bedeutung sind (BGH Schäfer/Finnern Z 3.01 Bl. 141; BGHZ 68, 169, 173 ff. bei Gießen der Betondecken sowie der Kontrolle der Bewehrung; OLG Düsseldorf Schäfer/Finnern Z 2.400 Bl. 10; OLG Hamm MDR 1957, 419 = Schäfer/Finnern Z 2.414 Bl. 37; LG Amberg Schäfer/Finnern/Hochstein § 4 Nr. 3 VOB/B Nr. 3 im Falle der Ausführung eines Flachdaches als sog. Null-Dach; OLG München NJW-RR 1988, 336 bei Nachbehandlung eines Betonbodens in einer Werkshalle; OLG Hamm NJW-RR 1990, 915 bei Fachwerksanierung im Hinblick auf kraftschlüssige Verbindungen zwischen Bauteilen sowie die Verlegung von Unterböden aus Holzspanplatten ohne Zwischenraum; OLG Hamm BauR 1990, 638 bei Abdichtungs- und Isolierarbeiten; OLG Oldenburg BauR 1992, 258, wenn der Bestandsschutz eines Gebäudes durch Abbrucharbeiten gefährdet werden kann; OLG Köln MDR 1994, 687, wenn sich mangelhafte Bauleistungen auf Nachbargrundstücke auswirken können, wie durch fehlerhaften Anschluss von Abwasserleitungen an das Kanalanschlussrohr; OLG Hamm BauR 1995, 269 in dem Falle, in welchem es um die Ausgestaltung der Drainage sowie die Abdichtung der Kellerwände ging; Handwerkerleistungen bei umfangreichen Dachdeckerarbeiten OLG Düsseldorf, BauR 1998, 810; bei Dachdämmung, KG BauR 2000, 1362; bei Hausschwamm, OLG Naumburg, BauR 2005, 1796; bei Verfüllarbeiten nach Aufbringen der Dichtschlämme oder ähnlichem – auch Wärmedämmung des Kellers – **selbst wenn der**

Bauherr die Verfüllarbeiten selbst oder durch einen Drittunternehmer durchführen ließ, OLG Düsseldorf, BauR 2011, 1192; Pflasterarbeiten und Untergrund BGH, BauR 2000, 1513; OLG Naumburg, BauR 2006, 554; Haustechnik mit Durchdringungen von Bauteilen OLG Düsseldorf, BauR 2009, 277).

Die Bauaufsicht des Architekten setzt nicht erst mit dem Beginn der eigentlichen Bauar- **270** beiten an Ort und Stelle ein, regelmäßig mit den Ausschachtungsarbeiten, sondern sie beginnt u. U. schon **vorher,** wenn Bauteile in der Werkstatt des oder der betreffenden Unternehmer hergestellt werden (BGH NJW 1975, 737 = BauR 1975, 218 = Schäfer/Finnern Z 3.014 Bl. 1). Auch gehört es im Allgemeinen zur Aufsichtsaufgabe des Architekten, jedenfalls **stichprobenartig** Baustoffe und Bauteile, welche zur Verwendung bei der Bauausführung vorgesehen sind, zu überprüfen (BGH BauR 1976, 66 = Schäfer/Finnern Z 3.001 Bl. 1; vgl. auch LG Ulm VersR 1989, 144). Dabei – wie überhaupt – können dem Architekten allerdings keine, bei ihm normalerweise nicht vorauszusetzende Spezialkenntnisse abgefordert werden (OLG Karlsruhe VersR 1969, 932). So stellt es nicht schon eine Verletzung von Pflichten des bauaufsichtsführenden Architekten dar, wenn er es unterlassen hat, Betonfertigteil-Fassadenplatten mit einem Bewehrungssuchgerät auf ordnungsgemäße Einbringung der Betonstahlmatten zu untersuchen (OLG Stuttgart BauR 1990, 384 = NJW-RR 1989, 1428). Andererseits kann der Architekt hier wie auch sonst gehalten sein, dem Auftraggeber im Zweifelsfalle die Hinziehung eines Spezialisten zu empfehlen, vor allem dann, wenn er hinreichende Anhaltspunkte dafür haben muss, dass Stoffe oder Bauteile für den vorhergesehenen Zweck nicht hinreichend geeignet sind bzw. sein können.

Wie bereits oben dargestellt, unterliegen **handwerkliche Selbstverständlichkeiten** keiner eingehenden, aber einer zumindest stichprobenhaften Untersuchung – also eben nicht keiner (!) Untersuchung. Insoweit wird hier vertreten, dass der Architekt eben eine Leistungspflicht, die handwerklichen Leistungen grundsätzlich – irgendwie und irgendwann – dann – zumindest stichprobenartig – zu überwachen, wenn es sich um handwerkliche Selbstverständlichkeiten handelt. Wann er das macht, ist ihm im Laufe der Bauerstellung selbst überlassen. Wesentlich ist aber, dass die vertraglichen Verpflichtung sich deutlich aus dem Vertrag des Architekten/Fachplaners ergeben muss, was aber schon aus der Angabe der Leistungspflicht aus Leistungsphase 8 folgt. Selbstverständlichkeiten sind danach: Anbringen des Innenputzes (OLG Köln VersR 1981, 1191); Fassadenanstricharbeiten, BGH NJW 2001, 1167; reine Hinterfüllarbeiten ohne besondere Schwierigkeiten nach Zuverlässigkeit des Unternehmers BGH VersR 1969, 473 (wohl heute nicht mehr vertretbar, wegen der technischen Neuerungen und DIN 18 195); Verlegung von Dachpappe und Holzspanplatten (BGH VersR 1966, 488). Allerdings sind eine Reihe der technischen Ausführungen heute im Verhältnis zu den Entscheidungsdaten nicht mehr haltbar geworden, was auch an Änderungen der DIN-Vorschriften liegt.

Im Übrigen: Gleichgültig wie weit die **Aufsichtsaufgabe** des Architekten in der Zeit der Bauausführung selbst reicht, in jedem Falle ist er **nach Ausführung** bestimmter Bauabschnitte oder Bauteile verpflichtet, die **Überprüfung** auf ihre Ordnungsgemäßheit **vorzunehmen.** Dies ist eine Mindestverpflichtung, welche der Architekt immer wahrzunehmen hat (vgl. BGH BauR 1971, 131; OLG Köln BauR 1994, 649 = MDR 1994, 687 = NJW-RR 1995, 156 im Hinblick auf den ordnungsgemäßen Anschluss von Abwasserleitungen an das Kanalanschlussrohr).

Jedoch: Die **Aufsichtspflicht** des Architekten ist durch das bei ihm im Rahmen der von ihm übernommenen Bauaufgabe vorauszusetzende Fachwissen begrenzt. So ist er nicht verpflichtet, die Planungsunterlagen für sog. Schönungsteiche anhand eines beigegebenen Gutachtens eines Erdbaulaboratoriums darauf zu prüfen, ob die Empfehlungen des Gutachtens in die Planung übernommen worden sind (vgl. dazu OLG Hamm NJW-RR 1991, 410).

Die Bauüberwachung kann **im Allgemeinen** durch einen vom Architekten **beauftrag-** **271** **ten Bauleiter,** z. B. einen bei ihm angestellten und entsprechend ausgebildeten Fachkundigen, ausgeführt werden. Dieser ist dann **Erfüllungsgehilfe** des Architekten (§ 278 BGB), für welchen er gegenüber dem Auftraggeber voll verantwortlich ist.

b) Überwachen der Ausführung von Tragwerken mit geringen und sehr geringe Planungsanforderungen auf Übereinstimmung mit den Standsicherheitsnachweisen

272   Durch die 4. ÄndVO wurde als weitere Überwachungspflicht des Architekten die Überwachung der Ausführung von Tragwerken nach § 63 Abs. 1 Nr. 1 und 2 HOAI 1996/2002 mit dem Standsicherheitsnachweis festgelegt. Hiernach ist **klargestellt, dass der Architekt die Ausführung von Bewehrungsarbeiten nur dort zu kontrollieren hat, wo es sich um Objekte handelt, deren Tragwerke nur geringe oder sehr geringe Anforderungen stellen.** Dazu die amtliche Begründung: *„Es wird klargestellt, dass nur einfache Tragwerke, maximal die in den Honorarzonen I und II in § 63 zugeordneten, vom Objektplaner überwacht werden".* Mit dieser Grundleistung soll klargestellt werden, ob und welche Tragwerke durch den Objektplaner im Rahmen der örtlichen Bauüberwachung in der Leistungsphase 8 zu überwachen sind. Im Wesentlichen geht es dabei um die Kontrolle der Bewehrung im Stahlbetonbau. Es wird klargestellt, dass **nur einfache Tragwerke** der Honorarzone 1 und 2 gemäß § 51 vom Objektplaner überwacht werden. Wird das **Tragwerk** einer **höheren Honorarzone** zugeordnet, so handelt es sich bei der Kontrolle der Bewehrung um eine **ingenieurtechnische Kontrolle,** die nach Teil IV Abschnitt 1 vom Auftragnehmer als **Besondere Leistung** durch gesonderte vertragliche Vereinbarung übernommen und berechnet werden kann. Wird das Tragwerk in dem Gebäude einer höheren Honorarzone zugeordnet, so handelt es sich bei der Kontrolle der Bewehrung um eine ingenieurtechnische Kontrolle, die als Besondere Leistung berechnet werden kann. Wird die Überwachung der Ausführung des Tragwerks auf Übereinstimmung mit dem Standsicherheitsnachweis als Besondere Leistung im Rahmen von § 3 Abs. 3 vereinbart und obliegt sie daher nicht dem Objektplaner, so ist es in diesem Fall nicht gerechtfertigt, das Honorar des Objektplaners mit dem Hinweis zu kürzen, er leiste eine Leistung der Leistungsphase 8 nicht, weil er die Ausführung nicht überwache. Vor allem ist nicht gesagt, dass das Honorar des Tragwerkplaners für die ingenieurmäßige Kontrolle der Bewehrung dem Objektplaner in Abzug gebracht wird. Zudem ist es damit nur Aufgabe bei der Bauüberwachung den Standsicherungsnachweis bei der Ausführung der Tragwerksplanung und -ausführung nach § 52 Abs. 2 Nr. 1 und 2 zu überwachen. Das aber führt zu fachlichen Abgrenzungsschwierigkeiten und damit der Möglichkeit der Doppelbearbeitung, weil nach § 51 der Fachplaner gleiches tun muss (siehe Kommentierung dort). Damit sind aber nur die Leistungsphasen 1 und 2 dort betroffen und im Übrigen hat der Architekt praktisch kaum die Möglichkeit den Standsicherheitsnachweis zu prüfen, weil ihm zumeist die Ausbildung bzw. das fachliche Wissen fehlt. Hier aber ist er dennoch in der Pflicht, weil von ihm dennoch ein Grundwissen zu fordern ist, dass er in der Ausbildung üblicherweise auch vermittelt bekommt, oder sich aneignen muss. Bei offensichtlichen und ins Auge fallenden Fehlern im Standsicherheitsnachweis, haftet er bei Untätigkeit der Prüfung und bei Fehlern der fachlich Beteiligten neben ihnen gesamtschuldnerisch, bei Vorliegen der dortigen Voraussetzungen (siehe Ausführungen unten und im Teil B – Erläuterungen). Dies gilt vor allem in der Situation, dass der Fachplaner nicht an der Abnahme im öffentlich-rechtlichen Sinne beteiligt ist, wenn es sich um fachplanerische Prüfungen handelt oder im Rahmen der üblichen Prüfungen und Abnahmen, wenn der Fachplaner – wie üblich – ebenfalls nicht an diesen Prüfungen beteiligt ist (siehe auch Olshausen BauR 1987, 365; Motzke BauR 1988, 534; ähnlich Locher/Koeble/Frik, § 33 Rdn. 218). Damit hat er **nicht nur die Pflicht** die Bewehrungspläne und Nachweise entgegenzunehmen; **es wird hier die Meinung vertreten,** dass er **grundsätzlich mit einem an Grundwissen der jeweiligen Fachplanung für den betreffenden Bau verbundenen zu verlangenden Kenntnis grundsätzlich Prüfungen des Inhalts der übergebenen Pläne auf Sachstand, Richtigkeit und Vereinbarkeit mit den bisherigen Planungen und dem Vertragssoll des jeweiligen Fachplaners einhergehenden Tätigkeiten die Prüfung tatsächlich vorzunehmen hat.**

c) Koordinieren der an der Objektüberwachung fachlich Beteiligten

273   Als weitere Leistung im Bereich der Objektüberwachung ist dem Architekten das **Koordinieren der an der Bauüberwachung fachlich Beteiligten** auferlegt, eine Verpflichtung. Der Wortlaut der GOA hatte hierzu keine Regelung vorgesehen. Dabei handelt es sich um die ordnende Zusammenfassung der Tätigkeit aller an der Bauausführung fachlich Beteiligten, auch solchen, welche nicht mit der Bauüberwachung im engeren Sinne befasst sind (Neuenfeld § 15 Anm. 69). Dies ergibt sich aus der dem Architekten **allgemein auferlegten Koordinationspflicht** im Sinne des ungestörten, reibungslosen Bauablaufes. So muss er im Falle einer Umplanung prüfen, ob die der Statik zugrundegelegten Bodenverhältnisse sich wegen der Umplanung geändert haben (LG Aachen BauR 1986, 603). Gleiches gilt im Hinblick auf mangelhafte Bauteile, bevor diese durch Leistungen anderer Unternehmer verdeckt werden (vgl. OLG Köln Schäfer/Finnern/Hochstein § 4 Nr. 3 VOB/B Nr. 6). Ebenso muss der Architekt die statischen Berechnungen einsehen und sich vergewissern, ob der Statiker von den gegebenen tatsächlichen Verhältnissen ausgegangen ist (OLG Frankfurt NJW-RR 1990, 1496). Ebenfalls gehört es zum Aufgabengebiet des Architekten, dass er den vom Bauherrn beauftragten **Statiker** dahingehend überwacht, als der Widerspruch zwischen Statik und Berechnungsplänen erkennen muss und diese durch Nachfrage beim Statiker/Fachplaner zu klären hat. Der vom Bauherrn beauftragte Statiker ist regelmäßig nicht Erfüllungsgehilfe des Bauherrn in dessen Vertragsverhältnis mit dem Architekten (OLG Schleswig, Urt. v. 11.4.2006 – 3 U 78/03). Auch muss der Architekt Planungsleistungen von Sonderfachleuten kritisch überprüfen, soweit es sich nach dem bei ihm vorauszusetzenden Wissen zumutbar ist. Dazu kann z.B. die Überwachung bzw. Überprüfung einer Dehnungsfuge im Dachschichtpaket, die ordnungsgemäße Verklebung der Rollbahn und die Wärmedämmung des Randbalkens gehören (vgl. dazu OLG Köln IBR 1994, 289). Anders dann, wenn es sich um ein ausgemachtes Spezialwissen eines Sonderfachmannes handelt, wie z.B. hinsichtlich der Funktion einer Fußbodenheizung.

Vor allem muss der Architekt dafür Sorge tragen, dass **kein Baubereich** im Verlaufe der Ausführung **ohne fachkundige Aufsicht** ist oder bleibt, also muss er darauf bedacht sein, dass die jeweiligen Aufsichtsbereiche untereinander lückenlos aufgeteilt werden und auch keinerlei Überschneidungen auftreten. Diese in der Leistungsphase 8 festgelegte Koordinationstätigkeit hat allerdings ihre Grenzen dort, wo das Leistungsbild der sog. **Objektsteuerung als zusätzliche Leistung nach Anlage 10.1 einsetzt.** In Betracht kommt eine solche zusätzliche Leistung regelmäßig dann, wenn es sich um die Koordinierung bei größeren, für die Bauausführung längere Zeit in Anspruch nehmenden Bauvorhaben handelt, dadurch erhöhte und über die reine Objektüberwachung erheblich hinausgehende Aufgaben vorliegen. Dabei kann u.U. die Normalaufgabe der Bauüberwachung nach Anhang 10.1 Leistungsphase 8 ganz oder teilweise abgedeckt sein. Zudem erstreckt sich die Abstimmung der Einzelgewerke auf den geordneten Bauablauf (OLG Stuttgart, NJW-RR 2007, 739).

Zur Objektüberwachung durch Koordination der an der Bauüberwachung fachlich Beteiligten gehört auch die Sorge des Architekten dafür, dass **rechtzeitig die erforderlichen besonderen Genehmigungen,** wie z.B. für den Einbau und Betrieb einer Ölheizung, **eingeholt** werden (vgl. BGH BauR 1975, 67). Auch rechnet bereits hierher die Aufgabe des Architekten, die jeweils für den weiteren Baufortgang erforderlichen **behördlichen Bauabnahmen** allgemeiner und besonderer Art ordnungsgemäß in die Wege zu leiten, was im Übrigen auch noch gesondert als weitere Leistung an anderer Stelle der Leistungsphase 8 ausdrücklich aufgeführt worden ist.

d) Aufstellen und Überwachen eines Terminplanes (Balkendiagramm)

Die Koordinationsaufgabe des Architekten dokumentiert sich noch in einer anderen, **274** ebenfalls als Grundleistung im Rahmen der Leistungsphase 8 festgelegten Tätigkeit, nämlich im **Aufstellen und Überwachen eines Zeitplanes (Balkendiagramm).** Besonders bei größeren Bauvorhaben wird hierdurch eine bestmögliche Übersicht über die jeweiligen Tätigkeitsabläufe herbeigeführt und weitestgehend das Ineinandergreifen der verschiedenen fachunternehmerischen Arbeiten ermöglicht. Überdies bezeichnen die im Balkendiagramm festgelegten Termine, sofern sie für den Bauvertrag der betreffenden Unternehmer mit dem Auftraggeber als **Vertragsfristen** anzusehen sind, die jeweilige **Fälligkeit der Un-**

ternehmerleistung. Demgemäß haben sie Bedeutung für den möglichen Eintritt des Leistungsverzuges des Unternehmers oder der Unternehmer, wenn sie überschritten sind. Sofern hier hinsichtlich der Terminfestlegung die Voraussetzungen des § 286 Abs. 2 BGB erfüllt sind, kann der Leistungsverzug auch ohne besondere Mahnung eintreten (Jochem § 15 Rdn. 65; Bindhardt/Jagenburg § 6 Rdn. 164; Locher/Koeble/Frik § 34 Rdn. 220); anderenfalls hat der Architekt die Pflicht, den oder die säumigen Unternehmer zu mahnen und in Verzug zu setzen (Bindhardt/Jagenburg a. a. O. Rdn. 165). Das von dem Architekten nunmehr als Grundleistung geforderte Aufstellen und Überwachen eines Zeitplanes war nach § 19 Abs. 1g) GOA nur dann vorzunehmen, wenn es im Einzelfall erforderlich schien. Nunmehr handelt es sich um eine **unbedingt einzuhaltende Vertragspflicht** (auch Bindhardt/Jagenburg § 6 Rdn. 163).

Allerdings hat der Planer auch die Pflicht – also Tätigkeitspflicht – den Bauherrn auf die Umstände von Zeit- und Tätigkeitssäumnisse anderer am Bau Beteiligter hinzuweisen. Dies gilt auch für die dann folgenden Wirkungen. Denn die Möglichkeit einer mitverantwortenden Haftung über § 642 BGB ist gegenüber dem Planer ebenfalls bei Säumnis dieser Tätigkeit gegeben.

f) Dokumentation des Bauablaufs (Bautagebuch)

275 Auch das weiter in Leistungsphase 8 als Leistung genannte **Führen eines Bautagebuches** ist als Koordinationsaufgabe jedenfalls im weiteren Sinne zu bezeichnen (vgl. Neuenfeld BauR 1981, 436) und **keine Nebenpflicht,** sondern **vertragliche Hauptverpflichtung** des Architekten (OLG Celle BauR 2005, 1972; BGH, BauR 2011, 1677; OLG Dresden, BauR 2012, 126). Das Bautagebuch hat die Funktion, in zuverlässiger Weise Leistungen, Lieferungen, die Tätigkeiten der verschiedenen Unternehmer unter Beachtung des personellen und örtlichen Einsatzes auch die jeweiligen Arbeitsbedingungen auf der Baustelle, wie z. B. durch Einfluss der Witterung, festzuhalten. Im Allgemeinen empfiehlt sich ein täglicher Bericht, ausnahmsweise können mehrere Tage oder eine Woche zu einem Bericht zusammengefasst werden. Letzteres kann aber nur bei kleineren, leicht überschaubaren und demgemäß besonders hinsichtlich des Unternehmereinsatzes gut kontrollierbaren Baustellen zutreffen. Dabei ist insbesondere zu beachten, dass ein vollständig und sorgfältig geführtes Bautagebuch ein **wichtiges Beweismittel** für den Fall späterer gerichtlicher oder außergerichtlicher Auseinandersetzungen sein kann (Jochem § 15 Rdn. 66, Neuenfeld BauR 1981, 436), ohne dass es allerdings schon die Vermutung der Richtigkeit für sich hat. Das gilt sowohl für das vertragliche Verhältnis des Auftraggebers zu den eingesetzten Unternehmen als auch für den Vertrag zwischen Auftraggeber und Architekt (vgl. auch Neuenfeld § 15 Anm. 72). Möglich ist es, das Bautagebuch mit den Unternehmern dergestalt gemeinsam zu führen, dass die jeweiligen Eintragungen des Architekten von den betreffenden Unternehmern oder deren verantwortlichen Vertretern auf der Baustelle **gegengezeichnet** werden. Auch auf andere Weise kann das Bautagebuch gemeinsam geführt werden, z. B. dadurch, dass die Eintragungen von Unternehmerseite erfolgen und der Architekt sie kontrolliert. Allerdings muss der Architekt dann kraft der ihm obliegenden Objektüberwachung für eine einheitliche, übersichtliche, saubere und pünktliche Führung des Tagebuches Sorge tragen, was dann schon seine häufigere Anwesenheit auf der Baustelle erfordert.

Ob er dagegen ein Bestandsverzeichnis führen oder auch dem Bauherrn vorlegen muss, ist für die hier besprochene Darstellung nicht entscheidend (so auch KG NZBau 2006, 582). Das Bestandsverzeichnis als Übersicht ist nur teilweise den Anforderungen des Bautagebuches gleichzustellen, also lediglich ein Teil davon. Pflicht ist aber die vollständige Führung.

Bei falschen **Bautenstandsberichten** der Architekten des Bauträgers haftet der Architekt dem Erwerber direkt. Denn die Grundlage für die von den Erwerbern bei der finanzierenden Bank zu beantragende ratenweise Auszahlung des Erwerbspreises basiert auf der objektiven Richtigkeit der Erklärung des Architekten. Daher kommt der Vereinbarung des Erwerbers und des Verkäufers die drittschützende Erklärungswirkung gem. § 328 BGB a. F. zu (BGH BauR 2008, 2058).

g) aa) Gemeinsames Aufmaß mit den bauausführenden Unternehmen

Diese Aufgabe ist im Verhältnis zu § 19 Abs. 4 GOA nicht nur konkreter, sondern auch **276** weiter gefasst. Dort war lediglich von *„Kontrolle der für die Abnahme erforderlichen Aufmessungen"* die Rede. Zwar war danach schon früher das Aufmaß eine Aufgabe des Architekten (vgl. BGH NJW 1964, 647 = Schäfer/Finnern Z 3.01 Bl. 250 = LM § 640 BGB Nr. 1). Jedoch genügte es für ihn, wenn er das von den Unternehmern – allein – vorgenommene Aufmaß später, insbesondere im Rahmen der Rechnungsprüfung, nachkontrollierte. Nunmehr ist der Architekt verpflichtet, mit den betreffenden Unternehmern **gemeinsam aufzumessen,** was bedeutet, dass er nicht nur bei dem Aufmaßvorgang zugegen sein muss, sondern im Zusammenwirken mit den Unternehmern bzw. deren bevollmächtigten Vertretern auf der Baustelle selbst mit aufmessen muss. Dies entspricht der Regelung in VOB/B § 14 Nr. 2 (auch Neuenfeld BauR 1981, 436), die dem Bauherrn dazu dient, möglichst schnell gemeinsam mit den Unternehmern Klarheit über die tatsächlich erbrachte Leistung, welche der Abrechnung zugrunde gelegt werden soll, zu schaffen (vgl. dazu Ingenstau/Korbion-Oppler, VOB, Teil B, § 14). Diese auf den nach der VOB abgeschlossenen Bauvertrag ausgerichtete Bestimmung, für welche es im gesetzlichen Werkvertragsrecht keine vergleichbare Regelung gibt, ist dem Architekten durch die HOAI für seinen Vertrag mit dem Auftraggeber als Grundleistung auferlegt worden, womit für den Zweifelsfall ein entsprechender vertraglicher Wille unterstellt wird. Das kann nur positiv beurteilt werden, da es gerade hier darum geht, etwaigen Streitigkeiten über Art und Umfang der Leistung frühestmöglich zu begegnen. Bei dem Aufmaß geht es um die Feststellung der tatsächlich erstellten Leistungsteile nach Maß, Zahl und Gewicht, soweit diese für die spätere Berechnung der Vergütung der Unternehmer von Bedeutung sind, und zwar in allen Einzelheiten. Ist nach den einschlägigen DIN-Normen oder nach dem jeweiligen Vertrag mit dem Bauunternehmer ein Aufmaß nicht an Ort und Stelle, sondern auf andere Weise, wie z.B. durch Aufmaßzeichnungen des Unternehmers, vorzunehmen, so liegt das gemeinsame Aufmaß in der – notfalls – gemeinschaftlichen Prüfung der anderen, für das Aufmaß maßgeblichen Unterlagen.

Allerdings: Die Verpflichtung zum gemeinsamen Aufmaß besteht nur insoweit, als das Aufmaß für die spätere **Bauabrechnung** des jeweiligen Unternehmers als Berechnungsfaktor **eine Rolle** spielt. Das ist regelmäßig **nur beim Einheitspreisvertrag** der Fall, nicht dagegen beim Pauschalvertrag, da dieser grundsätzlich nur nach dem vorher abgesprochenen Pauschalpreis abgerechnet wird, ohne dass es noch einer besonderen Aufmessung der tatsächlich erbrachten Leistungsmengen bedarf. Anders ist dies allerdings, wenn bei einem Pauschalvertrag **veränderte oder zusätzliche Leistungen** abzurechnen sind, welche von der ursprünglich vereinbarten Pauschale nicht ergriffen sind und für welche keine neue oder weitere Pauschale vereinbart worden ist. Kommt es trotz Bemühens des Architekten nicht zu einem gemeinsamen Aufmaß mit dem ausführenden Unternehmer, so kann ihm sein Honorar nicht gekürzt werden, sofern er darlegt und beweist, dass er sich in zumutbarem Maße um ein gemeinsames Aufmaß mit dem ausführenden Unternehmer bemüht hat (ebenso Locher/Koeble/Frik § 34 Rdn. 224; auch Neuenfeld BauR 1981, 436).

Die jetzt dem Architekten auferlegte Verpflichtung zum gemeinsamen Aufmaß mit den Unternehmern kann eine für den Auftraggeber – aber auch den Unternehmer – bedeutsame rechtliche Wirkung haben, wobei der Architekt regelmäßig als **bevollmächtigter Vertreter** des Auftraggebers für die Vornahme des Aufmaßes und dessen Wirkungen gilt (vgl. BGH BauR 1972, 318): Besteht beim gemeinsamen Aufmaß unter den Beteiligten hinsichtlich jeder Einzelheit Einvernehmen, so ist die gemeinsam getroffene Feststellung als deklaratorisches **Schuldanerkenntnis** oder besser: als ein Aufmaßvertrag mit beiderseitiger Bindungswirkung (vgl. OLG Stuttgart BauR 1972, 318) anzusehen (vgl. BGH BauR 1974, 210 = NJW 1974, 646), allerdings nur, soweit die tatsächlichen Aufmaßfeststellungen reichen und nicht darüber hinaus. Daher besteht für den Architekten **besonderer Anlass,** bei Vornahme des gemeinsamen Aufmaßes **genau aufzupassen** und dafür Sorge zu tragen, dass die wirklichen Aufmaßwerte richtig festgestellt und auch festgehalten werden.

Dabei sind die maßgebenden Aufmaßregeln, insbesondere der VOB/C – in den dort aufgeführten DIN-Normen jeweils unter der Ordnungszahl 5 zusammengefasst – besonders zu beachten.

g) bb) Rechnungsprüfung einschließlich der Aufmaße der Unternehmer

277   Die vom Architekten außerdem als Leistung vorzunehmende umfassende **Rechnungsprüfung** hat durch die Aufnahme in den Bereich der Objektüberwachung nach Leistungsphase 8 zumindest deshalb eine Vereinheitlichung erfahren, weil die noch in der GOA festgelegte Aufspaltung der Prüfung durch den Oberleiter (§ 19 Abs. 1g) einerseits und durch den aufsichtsführenden Architekten (§ 19 Abs. 4) andererseits seinerzeit aufgegeben wurde. Die einheitliche Rechnungsprüfung im Bereich der Objektüberwachung umfasst die **fachliche und rechnerische Beurteilung sämtlicher von Unternehmern und Lieferanten vorgelegten,** auf das betreffende Bauvorhaben bezogenen **Rechnungen** auf ihre Übereinstimmung mit den vertraglich vereinbarten Preisen und ihre sonstige Richtigkeit, wie z.B. im Hinblick auf das Aufmaß. Zusätzliche oder veränderte Vergütungsansprüche der Unternehmer sind darauf zu prüfen, ob sie nicht Leistungen betreffen, die bereits durch den Hauptvertrag abgegolten sind (BGH BauR 1982, 185 = Schäfer/Finnern/Hochstein § 638 BGB Nr. 21; BGH BauR 1998, 869 = NJW-RR 1998, 1546). Hier handelt es sich nicht nur um die Überprüfung von Schlussrechnungen, sondern auch um die Prüfung von Abschlagsrechnungen (vgl. VOB/B § 16 Nr. 1) (OLG Hamm, Urt. v. 7.8. 2008 – 21 U 78/07) sowie von Teilschlussrechnungen (vgl. VOB/B § 16 Nr. 4). Dabei hat der Architekt das Ergebnis der Rechnungsprüfung nicht nur festzuhalten, sondern dieses nebst den entsprechenden Rechnungs- und Prüfungsunterlagen an den Bauherrn weiterzuleiten, mit der gleichzeitigen Empfehlung, die Leistung rechnerisch zu akzeptieren oder einzelne, hinsichtlich Grund und Höhe näher genannte Positionen zu beanstanden (OLG Köln BauR 1997, 343; auch Neuenfeld § 15 Anm. 94; Locher/Koeble/Frik § 34 Rdn. 227; Bindhardt/Jagenburg § 6 Rdn. 152; BGH, BauR 2002, 1112; BGH, BauR 2005, 1052; BGH, BauR 1998, 869). Das betrifft vor allem auch die Frage, ob Ansprüche des Unternehmers auf zusätzliche oder veränderte Vergütung gerechtfertigt sind (BGH BauR 1981, 482 = Schäfer/Finnern/Hochstein § 635 Nr. 28 = NJW 1981, 2182). Bei der Rechnungsprüfung muss der Architekt auch Sonderkonditionen berücksichtigen, wie z.B. Preisnachlässe, mit Recht abgezogene bzw. abzuziehende Skonti, usw. Andererseits ist er weder berechtigt noch verpflichtet, Fehler aus Auslassungen in der betreffenden Rechnung des Auftragnehmers zu Lasten des Auftraggebers zu korrigieren, da der Architekt als Sachwalter des Auftraggebers nicht die Interessen des ausführenden Unternehmers wahrzunehmen hat, zumal dieser an seine einmal erteilte Schlussrechnung gebunden sein kann (vgl. dazu BGH BauR 1978, 145 = NJW 1978, 994; Lenzen BauR 1982, 23 m.w.N.; OLG Hamm IBR 2009, 42; anders beim VOB-Vertrag, BGH BauR 1988, 217 = NJW 1988, 910). Anders jedoch dann, wenn es sich um eine bloß inhaltliche Korrektur mit gleich bleibendem rechnerischen Endergebnis handelt (insoweit zu eng Locher/Koeble/Frik § 34 Rdn. 227). Sofern es sich um Leistungen handelt, bei denen bei der Planung und/oder Objektüberwachung Sonderfachleute beteiligt worden sind, müssen diese vom Architekten auch im Rahmen der Rechnungsprüfung eingeschaltet werden (Jochem § 15 Rdn. 94). Zudem kann der Architekt zur Prüfung der mit dem Unternehmer vertraglich vereinbarten Vertragserfüllungs- oder Gewährleistungsbürgschaft verpflichtet sein und insbesondere die Voraussetzungen prüfen und dem Bauherrn mitteilen müssen, ob im Fall des Unterlassen Werklohn einbehalten werden kann (OLG Hamm, BauR 2009, 123).

In rechtlicher Hinsicht ist die Rechnungsprüfung eine **Hauptverpflichtung** des Architekten im Rahmen seines Vertrages mit dem Bauherrn mit der Folge, dass bei ihrer Verletzung Gewährleistungsansprüche – vor allem nach §§ 634 Nr. 4, 636, 280, 281 BGB, nicht dagegen aus positiver Vertragsverletzung bestehen (BGH BauR 1981, 482 = Schäfer/Finnern/Hochstein § 635 Nr. 28 = NJW 1981, 2182; OLG Köln BauR 1997, 343). Ferner hat die Rechnungsprüfung **nur Wirkung für das Vertragsverhältnis zwischen Bauherrn und Architekten,** nicht aber für die vertraglichen Beziehungen zwischen dem Bauherrn und den Unternehmern. Daher bedeutet der **Prüfvermerk** des Architekten auf den von ihm geprüften Rechnungen, insbesondere der sog. Richtigkeitsvermerk, **noch kein Anerkenntnis** des vom Architekten festgestellten Rechnungsbetrages im Verhältnis des Auftraggebers zu dem betreffenden **Unternehmer** (BGH, BauR 2002, 613; BGH Schäfer/Finnern Z 3.01 Bl. 250; BGH Schäfer/Finnern Z 2.330 Bl. 6; OLG Düsseldorf Schäfer/Finnern Z 2.414 Bl. 84; u. a. insbesondere Hochstein BauR 1973, 333). Vielmehr liegt in ihm nur die Bestätigung des Architekten gegenüber dem Auftraggeber, dass die Rechnung in den für richtig gekennzeichneten Teilen ohne Fehler sei, allenfalls, dass die in Rechnung gestellten Arbeiten ausgeführt seien, ohne dass damit auch die Vertragsgemäßheit der Arbeiten bestätigt wird (LG Köln MDR 1962, 821). Die Rechnung des abrechnenden Bauunternehmers muss die in der VOB/B gekennzeichneten und über die VOB hinaus allgemeingültigen Merkmale besitzen, um **prüfbar** zu sein. Dabei kommt es jedoch letztlich darauf an, dass der **Architekt sie zu prüfen vermag;** hat der Auftraggeber Zweifel, kann er sich an seinen Architekten wenden und diesen um Aufklärung bitten (BGH Schäfer/Finnern Z 2.330 Bl. 25). Daraus erwächst für den Architekten eine – zusätzliche – **Mitteilungs- und Erläuterungspflicht** gegenüber dem Auftraggeber, welche ebenfalls in den Rahmen der hier erörterten Grundleistung einzuordnen ist. Letzteres trifft vor allem auch bei vom Architekten vorgenommenen Rechnungskürzungen zu. Insoweit muss der Architekt den Auftraggeber so aufklären, dass er im Rechtsstreit in der Lage ist, die Prüfungsergebnisse – insbesondere die Rechnungskürzungen – im Einzelnen darzulegen; auch dieses gehört noch zu den Grundleistungen (vgl. OLG Koblenz ZSW 1980, 259).

Die von dem Architekten bei der Objektüberwachung weiterhin vorzunehmende **Kos-** 278 **tenfeststellung** dient in erster Linie dem **Nachweis** der **tatsächlich bei der Bauausführung aufgewendeten Kosten.** Sie ist **genau** nach DIN 276 Teil 1 Ziffer 4 oder Teil 4 Ziffer 4 aufzubauen und im Einzelnen zu ermitteln. Das gilt nicht zuletzt, weil der Auftraggeber die Möglichkeit des **Vergleichens** mit dem vor Beginn der Bauausführung im Rahmen der Leistungsphase 7 aufgestellten Kostenanschlag, welcher nach den gleichen Grundsätzen aufzubauen ist, haben muss. Daher muss die Kostenfeststellung in ihren dabei einzusetzenden Einzelheiten in Aufbau und Inhalt grundsätzlich ein **Spiegelbild des Kostenanschlages** sein. Hierbei muss sich der Architekt der gebotenen Genauigkeit unter zutreffender und vollständiger Benutzung der nunmehr vorliegenden Abrechnungsunterlagen befleißigen. Das gilt umso mehr, als die Kostenfeststellung gerade auch für die **Gebührenrechnung** des Architekten für die Leistungsphasen 8 bis 9 eine **maßgebende Rolle** spielt, wie sich wegen der anrechenbaren Kosten aus § 4 ergibt. Welche Grundlagen für die Kostenfeststellung ausschlaggebend und bei dieser zu beachten sind, ergibt sich aus den Richtlinien in DIN 276 Teil 1 Ziffer 3.4.5. Hiernach handelt es sich um

a) Nachweise, z. B. geprüfte Schlussrechnungen, Kostenbelege, Eigenleistungen;

b) Planunterlagen, z. B. Ausführungszeichnungen;

c) Fertigstellungsbericht, z. B. die Bestätigung, dass Planung und Ausführung übereinstimmen, die Begründung und Beschreibung von Änderungen oder nachträglichen bzw. zusätzlichen Leistungen gegenüber dem Kostenanschlag.

Insoweit spricht Ziffer 3.4.5 auch von Nachweisen der entstandene Kosten sowie gegebenenfalls zu Vergleichen und Dokumentation als Zweck der Auflistung. In der Kostenfeststellung werden unter Berücksichtigung der zuvor genannten Dokumentationen und Unterlagen die Gesamtkosten bis zur 3. Ebene der Kostengliederung unterteilt und aufgestellt.

Im Rahmen der Erstellung der Kostenfeststellung ist damit im Ergebnis die bisherige Kostenfortschreibung im Rahmen der DIN 276 Teil 1, Ziffer 3.5 – Kostenkontrolle und Kostensteuerung – auch als weitere selbstkritisch zu bewältigende Teilleistung der Leistungsphase 8 auszuführen.

Inhaltlich muss – ebenso wie bei Kostenschätzung, Kostenberechnung, Kostenanschlag – auch die Kostenfeststellung dem Aufbau der Ziffer 4 der DIN 276 Teil 1 und Teil 4 folgen. Damit ist zwingend erforderlich, dass die im Rahmen der Darstellung der Kostengliederung (Ziffer 4.3) zunächst nach Ziffer 4.1. die aus der ersten Ebene der Kostengliederung folgenden sieben Kostengruppen (100 Grundstück, 200 Herrichten und Erschließen, 300 Bauwerk – Baukonstruktionen, 400 Bauwerk – Technischen Anlagen, 500 Außenanlagen, 600 Ausstattung und Kunstwerke, 700 Baunebenkosten) aufgeführt werden. Je nach Größe des Bauvorhabens können die Kostengruppen 300 und 400 zusammengefasst werden. Ab dem Kostenanschlag sollten aber die Kostengruppen auch in Vergabeeinheiten entsprechend der projektspezifischen Vergabestruktur geordnet werden, damit die Angebote, Aufträge und Abrechnungen – einschließlich der Nachträge – aktuell zusammengestellt und kontrolliert werden können. Dies gilt auch für die Ingenieurleistungen nach Teil 4 der DIN 276. Es dient der Übersichtlichkeit der Kostenentwicklung und der Abrechnungen. Zudem sind die Kosten nach Ziffer 4.3 der DIN 276 Teil 1 möglichst getrennt und eindeutig den einzelnen Kostengruppen zuzuordnen. Bestehen mehrere Zuordnungsmöglichkeiten und ist eine Aufteilung nicht möglich, sind die Kosten entsprechend der überwiegenden Verursachung zuzuordnen (z. B. KG 390, KG 490, KG 590).

Über die Kostengliederung dieser Norm hinaus können die Kosten entsprechend den technischen Merkmalen z. B. für eine differenzierte Kostenplanung oder den herstellungsmäßigen Gesichtspunkten z. B. im Hinblick auf Vergabe und Ausführung oder nach der Lage im Bauwerk bzw. auf dem Grundstück z. B. für Zwecke der Termin- und Finanzplanung weiter untergliedert werden.

Die weitere Gliederung der Kosten ist ausführungsorientiert. Soweit es die Umstände des Einzelfalles zulassen, wie im Wohnungsbau, oder erfordern, wie bei Sanierungen und Modernisierungen, können die Kosten vorrangig aufführungsorientiert gegliedert werden, in dem bereits die Kostengruppen der ersten Ebene der Kostengliederung nach ausführungs- oder gewerkeorientierten Strukturen unterteilt werden. Dies entspricht der zweiten Ebene der Kostengliederung. Hierfür kann die Gliederung in Leistungsbereiche entsprechend dem Standardleistungsbuch für das Bauwesen (StLBau) verwendet werden (abzurufen unter www.gaeb.de). In Teil 4 der DIN 276 gilt für Ingenieurleistungen die Vorgabe auch des Standardleistungskataloges (STLK) für Straßen- und Brückenbau oder andere ausführungs- oder gewerbeorientierte Strukturen. Im Falle einer solchen ausführungsorientierten Gliederung der Kosten ist eine weitere Unterteilung, z. B. in Teilleistungen, erforderlich, damit die Leistungen hinsichtlich Inhalt, Eigenschaften und Menge beschrieben und erfasst werden können. Dies entspricht der 3. Ebene der Kostengliederung. Auch bei einer ausführungsorientierten Gliederung sollten die Kosten in Vergabeeinheit geordnet werden.

Bei der Darstellung der Kostengliederung bei Ingenieurgewerken des Teils 4 der DIN 276 ist darauf zu achten, dass nach Ziffer 4.3 die Norm darauf beschränkt wird, dass die Kostengruppen 300 und 400 für die beim Ingenieurbau eine eigene Gliederung festgestellt wird, anders aufgebaut werden. Für die Kostengruppen 100, 200, 500 und 700 gilt dagegen DIN 276 Teil 1. Aber soweit die Formulierungen den Hochbau betreffen, so sind die Bemerkungen des Teiles 4 denen des Teils 1 der DIN 276 anzupassen und damit sinngemäß zu verwenden. Auch dort gilt, dass bei einer unklaren Zuordnung die naheliegende Kostengruppe gewählt wird, im Zweifel auch KG 390, 490, 590.

h) Vergleich der Ergebnisse der Rechnungsprüfungen mit den Auftragssummen einschließlich Nachträgen

279   Die Grundleistung ist neu in der HOAI 2013 dargestellt. Der Inhalt allerdings ist denklogisch bereits in Ziffer g) enthalten.

i) Kostenkontrolle durch Überprüfen der Leistungsabrechnung der bauausführenden Unternehmungen im Vergleich zu den Vertragspreisen

280   Auch diese Grundleistung ist durch HOAI 2013 aus der Ziffer g) separiert worden. Dabei allerdings ist hier die Kostenkontrolle nach DIN 276-1 : 2008-12 Ziffer 3.5 gemeint und die Kostenfortschreibung, die dem Auftraggeber eine weitere Vergleichs- und Kontrollmöglichkeit der Kostenentwicklung geben soll. Das ist wiederum deutlich die Handschrift des öffentlichen Auftraggebers (VO-Geber), der die hausrechtlichen Bestimmungen des Bundes und der Länder beachten muss.

281   Die schließlich als Grundleistung aufgeführte **Kostenkontrolle** ist hier deshalb nicht zutreffend zuletzt in Leistungsphase 8 eingeordnet worden, weil sie von dem Architekten während der **gesamten Dauer der Bauausführung,** also der Objektüberwachung, **fort-**

laufend anzustellen ist (u. a. auch Miegel S. 15). Hier geht es nämlich darum, während der Ausführung der Bauleistungen ständig zu überwachen, ob die nach Leistungsphase 7 veranschlagten Kosten **eingehalten und nicht überschritten** werden. Das trifft vor allem auch im Falle von Änderungs- oder Zusatzwünschen des Auftraggebers zu (vgl. auch Lauer S. 23 f.). So ist der mit der Objektüberwachung beauftragte Architekt verpflichtet, Abschlagsrechnungen der Bauunternehmer daraufhin zu überprüfen, ob sie der vertraglichen Vereinbarung entsprechen, ob sie fachtechnisch und rechnerisch richtig sind und ob die zugrunde gelegten Leistungen erbracht sind (BGH BauR 1998, 869 = Schäfer/Finnern/ Hochstein § 276 BGB Nr. 51 = NJW-RR 1998, 1458; OLG Hamm, Urt. v. 7.8.2008 – 21 U 7/08). Insofern handelt es sich sicher auch mit um eine **Vorbereitungstätigkeit für die** ebenfalls nach Leistungsphase 8 vorzunehmende **Kostenfeststellung.** In erster Linie geht es aber darum, genau die Entwicklung der Soll- und Istkosten zu beobachten, um dem Auftraggeber – selbstverständlich nach entsprechender Information – insbesondere bei drohender Überschreitung die Möglichkeit zu schaffen, die dann für ihn notwendigen Entschließungen zu treffen (Locher/Koeble/Frik § 33 Rdn. 236). Dies gilt auch genauso nach der jetzigen **klarstellenden** (also nicht die Pflichten des Architekten erweiternden) Fassung der hier erwähnten Grundleistung durch die 5. ÄndVO, wonach es nunmehr heißt: **Kostenkontrolle durch Überprüfen der Leistungsabrechnung der bauausführenden Unternehmen im Vergleich zu den Vertragspreisen und dem Kostenanschlag.** Schon zurzeit der Geltung der GOA war der Architekt zur Fortschreibung des Verhältnisses zwischen der Kostenschätzung und den tatsächlich entstehenden Kosten verpflichtet (vgl. LG Tübingen Schäfer/Finnern Z 3.008.3).

j) Kostenfeststellung

Auch diese Leistung ist in der HOAI 2013 separat aufgeführt und grundlegend bereits in **282** Ziffer g) enthalten. DIN 276-1 : 2008-12 gibt in Ziffer 3.4.5 die Vorgaben des Inhalts und der Voraussetzungen. Danach besteht die Kostenfeststellung, die dem Nachweis der entstandenen Kosten sowie gegebenenfalls zu Vergleichen und Dokumentationen dienen soll, aus
– geprüfte Abrechnungsbelege, z. B. Schlussrechnungen, Nachweise der Eigenleistungen
– Planungsunterlagen, z. B. Abrechnungszeichnungen
– Erläuterungen
In der Kostenfeststellung müssen die Gesamtkosten nach Kostengruppen bis zur 3. Ebene der Kostengliederung erfasst sein.

k) Abnahme der Bauleistungen unter Mitwirkung anderer an der Planung und Objektüberwachung fachlich Beteiligter unter Feststellung von Mängeln, Abnahmeempfehlung an den Auftraggeber

Die weiter in Leistungsphase 8 als Grundleistung festgelegte **Abnahme der Bauleis-** **283** **tungen** der zum Einsatz gelangten Unternehmer war bereits in § 19 Abs. 4 GOA enthalten. Sie ist in die HOAI übernommen worden, allerdings mit dem Zusatz, dass hierbei andere an der Planung und Objektüberwachung fachlich Beteiligte heranzuziehen sind. Letzteres ist aber nur eine Klarstellung, da der Architekt auch schon bisher kraft seiner **Koordinationsaufgabe** Sonderfachleute, die das ihm sonst nicht eigene fachkundige Wissen in ihrem Bereich haben, mit zur erforderlichen Beurteilung der betreffenden Bauleistung heranzuziehen hatte. Wie der Wortlaut der HOAI hier weiter besagt, dient die als Leistung genannte Abnahme zumindest im Wesentlichen der **Feststellung etwaiger Mängel** der Bauausführung. Daraus erhellt, dass diese Abnahme nicht weiter reicht, als sie auch schon früher in § 19 Abs. 4 GOA gemeint war: Es handelt sich **nicht** um die **rechtsgeschäftliche Abnahme.** Diese ist nach § 640 BGB eine Hauptverpflichtung des Auftraggebers **selbst** gegenüber den betreffenden Unternehmern, die nicht ohne weiteres durch eine Bestimmung im Rahmen einer – bloßen – Honorarordnung auf den Architekten übertragen werden kann. Es ist nämlich zu bedenken, dass an die Abnahme **weitreichende rechtliche Folgen** für den Bauvertrag zwischen Auftraggeber und den von ihm eingesetzten Bauunternehmern angeknüpft sind, wie z. B. der Beginn der Gewährleistungsfrist (§ 638 BGB), die Fälligkeit der Vergütung (§§ 641, 641a BGB), der Übergang der Gefahr

(§ 644 BGB), die Folgen unterlassener Vorbehalte bei Vertragsstrafen (§ 341 Abs. 3 BGB) oder bei Kenntnis von Mängeln (§ 640 Abs. 2 BGB). Daher beinhaltet die von der HOAI erwähnte Abnahme **nur die Entgegennahme der Leistung und deren technische Überprüfung,** vor allem im Hinblick auf ihre Vertragsgemäßheit (in diese Richtung zielt wohl auch BGHZ 74, 235, 237; vgl. ferner (Locher/Koeble/Frik § 33 Rdn. 225; Neuenfeld § 15 Anm. 74; Jochem § 15 Rdn. 68; Bindhardt/Jagenburg § 6 Rdn. 140; Hartmann § 15 Rdn. 97). Dabei hat der Architekt die betreffenden unternehmerischen Leistungen – gegebenenfalls unter Heranziehung von an der Planung und der Objektüberwachung beteiligten Sonderfachleuten – in technischer Hinsicht unter Beachtung der anerkannten Regeln der Technik auf ihre Übereinstimmung mit der Leistungsbeschreibung sowie den sonstigen Ausführungsunterlagen zu prüfen. Diese Pflicht kann schon vor Beendigung der jeweiligen Unternehmerleistung dann bestehen, wenn später eine Überprüfung nicht mehr möglich oder wesentlich erschwert wäre, vor allem, wenn die betreffenden Leistungsteile im Laufe des Baufortschritts durch andere überdeckt werden (vgl. VOB/B §§ 4 Nr. 10, 12 Nr. 2). Den bei der mit der gebotenen Sorgfalt festgestellten Befund hat der Architekt **dem Bauherrn mitzuteilen** und ihm eine Empfehlung darüber abzugeben, ob eine Abnahme im rechtlichen Sinne erfolgen kann, ob also die erbrachten Unternehmerleistungen als im Wesentlichen vertragsgerecht angesehen werden können (vgl. OLG Köln MDR 1962, 214). Insbesondere muss der Architekt aber **etwaige Leistungsmängel** der betreffenden Unternehmer **ermitteln.** Dabei ist er zugleich verpflichtet, etwa festgestellte Mängel namens des Auftraggebers gegenüber den betreffenden bauausführenden Unternehmern **zu rügen** und diese zur **Mängelbeseitigung aufzufordern.** Falls dem von Unternehmerseite nicht nachgekommen wird, muss sich der Architekt an den Bauherrn wenden und diesen über die Sachlage sowie **umfassend** über die technischen Gegebenheiten und Möglichkeiten **unterrichten.** Dagegen ist er nicht verpflichtet, dem Unternehmer eine Frist zur Mängelbeseitigung unter Ablehnungsandrohung zu setzen, diesem gegenüber den Vertrag zu kündigen oder ersatzweise andere Unternehmer mit der Mängelbeseitigung zu beauftragen (zu weitgehend daher BGHZ 61, 28 = BauR 1973, 321 m. abl. Anm. Locher = NJW 1973, 1457 = LM § 635 BGB Nr. 33; Locher/Koeble/Frik § 34 Rdn. 225 und Bindhardt/Jagenburg § 3 Rdn. 61; kritisch dazu auch Kniffka ZfBR 1994, 253).

Die Grundleistung h) HOAI 2009 wurde von *„Abnahme der Bauleistungen …"* neu mit *„Organisation der Abnahme der Bauleistungen …, Feststellen von Mängeln, Abnahmeempfehlung für den Auftraggeber"* in das Leistungsbild mit der HOAI 2013 aufgenommen. Hintergrund ist, dass die rechtgeschäftliche Abnahme im Regelfall durch den Auftraggeber selbst erfolgt und der Architekt bzw. Ingenieur dafür eine **Abnahmeempfehlung** abgibt. Der Auftragnehmer hat daneben die **Organisation der Abnahme und des Termins** mit allen am Bau Beteiligten durchzuführen. Hierdurch sind gesteigerte Pflichten bei der Abnahmeempfehlung verbunden, den der Architekt hat hier beispielsweise auch auf **eigene Fehlleistungen** den Auftraggeber hinzuweisen. Allerdings schuldet der Architekt dem Auftraggeber keine juristischen Beratungen oder Hinweise.

Zu den nicht dem Architekten vollständig zu übertragendenden und auch nur begrenzt von ihm zu übernehmenden Leistungen, gehört der **Vertragsstrafenvorbehalt,** der bei Abnahme zu erklären ist. Ist dem Architekten bekannt, daß die Parteien des Bauvertrages eine **Vertragsstrafenabrede** getroffen haben oder hätte ihm dies bekannt sein müssen, gehört es zu den **Beratungs- und Betreuungspflichten,** durch nachdrückliche Hinweise an den Bauherrn sicherzustellen, daß bei der förmlichen Abnahme der erforderliche Vertragsstrafenvorbehalt nicht versehendlich unterbleibt, es sei denn, der Auftraggeber besitzt selbst genügende Sachkenntnis oder ist sachkundig beraten. Der Lauf der Verjährung für den Schadenersatzanspruch gegen den Architekten wegen unterlassenen Vorbehalts der Vertragsstrafe beginnt, wenn der Bauherr Kenntnis davon hat, daß der Architekt die Geltendmachung des Vertragsstrafenvorbehalts unterlassen hat bzw. ohne grobe Fahrlässigkeit diese Kenntnis hätte erlangen müssen (OLG Bremen, Urt. v. 6.12.2012 – 3 U 16/11). Der Schadensnachweis hat dann aber auch die konkrete Möglichkeit des Erlangens der Vertragsstrafe vom Unternehmer zu umfassen oder die Tatsachen aufzuführen, warum nichts zu erlangen war.

Zu einer **Abnahme i. S. öffentlichen Rechtes** im Hinblick auf eine ordnungsgemäße Standfestigkeit, wie z. B. zur Abnahme von **Bewehrungen,** ist der Architekt im Rahmen der hier erörterten Grundleistung verpflichtet (zum Rechtszustand vor der 7. ÄnderVO: Olshausen BauR 1987, 365; dazu kritisch Motzke BauR 1988, 634 sowie Glück/Matheis/ Witsch BauR 1988, 650; siehe auch Vorauflage unter § 33 Rdn. 248). Kann er allerdings aus eigener Sachkunde Mängel erkennen, so muss er sie festhalten. Grundsätzlich setzen die Leistungen der Leistungsphase 8 keine speziellen Kenntnisse eines Tragwerkplaners voraus. Ist allerdings ein solcher nicht mit der Bauaufsicht betraut, so muss der Architekt jedenfalls den Bauherrn darauf hinweisen, dass er für die Abnahme solcher konstruktiver Leistungen nicht die nötigen Kenntnisse besitzt, damit der Auftraggeber veranlasst ist, einen Fachkundigen mit dieser Abnahme zu beauftragen. Die hier aufgetretene Frage war durch die mit der 4. ÄndVO eingeführten § 63 Abs. 1 und 2 für ab 1.1.1991 abgeschlossene Verträge geklärt und findet sich heute auch in § 50 und in § 55 wieder.

l) Antrag auf behördliche Abnahmen und Teilnahme daran

Eine weitere Leistung liegt in dem **Antrag auf behördliche Abnahme und der** 284 **Teilnahme daran.** Zunächst gilt dies für die Rohbauabnahme nach Vollendung der tragenden Teile des Bauwerkes, der Schornsteine, der Brandwände, der Treppen und der Dachkonstruktion. Des Weiteren schreiben die maßgebenden Landesbauordnungen eine Gebrauchsabnahme vor, worunter man die Bautenstandsabnahme vor dem Ingebrauchnehmen von Aufenthaltsräumen versteht. Schließlich kommt noch die Schlussabnahme nach völliger Fertigstellung des Gebäudes in Betracht. Dabei beziehen sich die behördlichen Abnahmen auf die Prüfung und Bestätigung, dass das Bauwerk **entsprechend den genehmigten Plänen, den Auflagen und Bedingungen der Baugenehmigung** sowie den sonst jeweils in Betracht kommenden **öffentlich-rechtlichen Bauvorschriften** entspricht. Dagegen haben die baubehördlichen Abnahmen grundsätzlich keine Bedeutung für die zivilrechtlich-vertragliche Abnahme des Auftraggebers, die einmal die jeweils erbrachten bauunternehmerischen Arbeiten, zum anderen die Leistung des Architekten betrifft und sich darauf bezieht (BGH VersR 1964, 340). Aus diesem Grund und vor allem deshalb, weil der Architekt im Rahmen seiner Bauaufsicht die Aufgabe hat, die öffentlichbaurechtlichen Bestimmungen sowohl allgemeiner als auch spezieller Art zu beachten und einzuhalten, gilt er hier als der **befugte Vertreter des Bauherrn,** hat also die baubehördlichen Abnahmen zu beantragen und dabei auch zugegen zu sein. Unterlässt er hier seine Pflichten, kann er gegenüber dem Auftraggeber gewährleistungspflichtig – dabei vor allem schadensersatzpflichtig nach §§ 634 Nr. 4, 636, 280, 281 BGB – sein.

m) Systematische Zusammenstellung der Dokumentation, zeichnerischen Darstellungen und rechnerischen Ergebnisse

Die schließlich mit dem Begriff der **Dokumentation** bezeichnete Leistung der Leis- 285 tungsphase 8 dient der **Zusammenfassung von bereits erbrachten Leistungen** für den Auftraggeber zwecks Übersicht und späterer Verwendung bei Bedarf. Dazu gehört zunächst die systematische Zusammenstellung der zeichnerischen Darstellungen, welche im Rahmen der Objektplanung angefertigt worden sind. Dabei bedeutet die Forderung nach systematischer Zusammenstellung, dass durch Ordnung des zeitlichen und sachlichen Planungsverlaufes – z. B. in einer Mappe mit Inhaltsübersicht – die Zeichnungen und sonstigen Planungsunterlagen der Reihe nach zusammengefasst und dem Auftraggeber übergeben werden, soweit sie ihm nicht bereits übergeben worden waren. Aber auch die zuletzt genannten Unterlagen sind in eine jedenfalls anzufertigende Auflistung mit einzubeziehen. Im Allgemeinen wird die geordnete – systematische – Zusammenstellung dadurch erreicht, dass der Architekt den **Planungsablauf** gemäß den einzelnen Leistungsphasen **der Anlage 10.1 zum Leitbild** nimmt und die zeichnerischen Darstellungen entsprechend ordnet. Das Gleiche gilt für den weiteren Teil der Dokumentation, nämlich die systematische Darstellung der **rechnerischen Ergebnisse** des Objekts. Dabei geht es vornehmlich darum, dem Auftraggeber die Kostenseite anschaulich zu machen, vor allem deren Entwicklung im Verlaufe der Planung und Ausführung.

n) Übergabe des Objekts

286   Weitere Leistung des Architekten ist die **Übergabe des Objektes einschließlich Zusammenstellung und Übergabe der erforderlichen Unterlagen,** z. B. Bedienungsanleitungen, Prüfprotokolle. Hierzu gehören auch die Nachweise über das Einhalten der Anforderungen nach **EnEV,** da sie zumeist Verpflichtungen gegenüber Banken und Behörden zu Nachweis enthalten. Der VO-Geber hat mit der HOAI 2013 diese bisher in einer Teilleistung enthaltenen Leistungen aufgegliedert.

Der hier verwendete Begriff der Übergabe ist **nicht gleichzusetzen** mit dem der **Abnahme** des **Architektenwerkes** (Locher/Koeble/Frik § 34 Rdn. 235; Neuenfeld § 15 Anm. 78). Abgesehen davon, dass die bloße Überlassung des nach Ansicht des Architekten fertig gestellten Bauwerkes noch nicht ohne weiteres die Billigung des Auftraggebers dahingehend, dass die Architektenleistung im Wesentlichen vertragsgerecht ist, bedeutet, ist zu bedenken, dass im Zeitpunkt der Übergabe durch Überlassung an den Auftraggeber noch nicht alle Leistungen des Architekten erbracht sind, sofern er einen umfassenden Auftrag erhalten hat. Vor allem **stehen noch die nachfolgend zu erörternden Grundleistungen der Leistungsphase 8 sowie die der Leistungsphase 9 aus.** Allerdings ist es möglich, in dem hier erörterten Stadium im Einzelfall auf eine teilweise Abnahme der Architektenleistung zu schließen, wenn das Bauvorhaben frei von Planungs- und Aufsichtsfehlern ausgeführt ist und der Auftraggeber insoweit die Billigung als im Wesentlichen vertragsgerecht bei der Übernahme des erstellten Bauwerkes zum Ausdruck bringt (vgl. BGH BauR 1972, 251). Das ist aber eine Ausnahme, und ein entsprechender Abnahmewille des Auftraggebers muss eindeutig feststellbar sein, weil grundsätzlich nur eine Gesamtabnahme der Architektenleistung nach deren vollständigem Abschluss in Betracht kommt.

Zu beachten hat der Architekt hier besonders, dass er nicht nur die erstellte Bauleistung als solche dem Auftraggeber zu übergeben hat, sondern außerdem **sämtliche Unterlagen,** welche einmal zur **ordnungsgemäßen Benutzung** der Leistung erforderlich sind, wie z. B. die Bedienungsanleitungen für die Heizung, die Warmwasserbereiter, die Lüftungsanlagen usw., und welche zum anderen gebraucht werden, um bei der späteren Nutzung über **Aufbau und Verlauf wichtiger Konstruktionen und Anlagen orientiert** zu sein, wie z. B. Verlegepläne, Aufbau und Funktion von Aufzugsanlagen usw. Das ist für den Auftraggeber nicht nur wichtig für etwaige spätere Reparaturen oder Aus- bzw. Erweiterungsbauten, sondern auch für den Fall der späteren Veräußerung des errichteten Bauwerkes. Bei der Zusammenstellung und Übergabe der Unterlagen wird es vielfach auch erforderlich sein, dass der Architekt andere an der Planung und Objektüberwachung Beteiligte – insbesondere Sonderfachleute – zur Mitwirkung heranzieht (Locher/Koeble/Frik § 33 Rdn. 232), da die hier wesentlichen Unterlagen häufig in die von diesen Beteiligten betreuten Bereiche gehören. Dabei ist es Aufgabe des Architekten im Rahmen seiner Koordinationsaufgabe, dafür Sorge zu tragen, dass die entsprechenden, von dritter Seite anzufordernden Unterlagen rechtzeitig mit der Übergabe des Objekts bereitstehen und dem Bauherrn überlassen werden. (Vgl. dazu auch Neuenfeld BauR 1981, 436).

Zudem hat er den **Schriftwechsel** mit den am Bau Beteiligten dem Bauherren vorzulegen, was aus seiner umfassenden Aufklärungs- und Auskunftspflicht erwächst (KG NZBau 2006, 582) Ein Anspruch auf geordnet Übergabe besteht nicht, also zum Beispiel eine mit **Bestandverzeichnis** versehene Auflistung von Plänen und Schriftverkehr (so auch KG, NZBau 2006, 582; ähnlich aber einschränkend Locher/Koeble/Frik, § 34 Rdn. 234).

o) Auflisten der Verjährungsfristen für Mängelansprüche

287   Grundleistung bei der Objektüberwachung ist nach dem Wortlaut der HOAI 2013 weiter das **Auflisten von Gewährungsleistungsfristen,** das vollständig und richtig sein muss (Neuenfeld BauR 1981, 436; AG Mülheim a. d. R. IBR 2006, 511). Hierbei ist dem Architekten eine Aufgabe zugefallen, welche nicht leicht zu erfüllen ist, zumal ihm hiermit nicht ohne weiteres bei ihm vorauszusetzende **rechtliche Kenntnisse angesonnen** werden, die er sich schleunigst verschaffen muss, wenn er sie nicht schon hat. Um hier seiner Aufgabe gerecht werden zu können, muss der Architekt zur erforderlichen Orientierung zunächst sämtliche, für den Rahmen der Gewährleistungsfristen maßgebenden **Vertragsunterlagen in Händen** haben; gegebenenfalls müssen ihm davon Abschriften oder Ablichtungen zur Verfügung stehen. Das gilt vor allem, wenn der Architekt bei der Gestaltung und dem Abschluss der betreffenden Unternehmerverträge nicht selbst und unmittelbar beteiligt war. Weiter ist es wichtig, dass der Architekt jedenfalls im Grundsätzlichen über die **Voraussetzungen von Abnahmen und Teilabnahmen und deren Zeitpunkte** orientiert ist. Das bedingt zumindest Grundkenntnisse über die Abnahme oder Teilabnahme in rechtlicher Hinsicht (vgl. dazu Ingenstau/Korbion-Oppler, VOB, Teil B, § 12). Dazu gehört auch das Wissen über die Voraussetzungen und Wirkungen vertraglich besonders vereinbarter **Sonderformen der Abnahme,** wie z.B. der förmlichen Abnahme sowie der sog. fiktiven Abnahme, was bei VOB-Verträgen in Betracht kommen kann. Dabei sind in den jeweiligen **Verträgen** zur Abnahme oder Teilabnahme getroffene **Sonderregelungen** zu beachten. Des Weiteren geht es für den Architekten darum, die auf rechtlichem Gebiet liegenden Voraussetzungen dergestalt umzusetzen, dass er sie an den **tatsächlichen Geschehensabläufen richtig bemisst und bewertet.** Es ist unverkennbar, dass es hier vielfach Schwierigkeiten geben wird, wenn der Architekt die Lage nicht recht zu überschauen vermag. In solchen Fällen wird man allerdings nicht verlangen dürfen, dass er seinerseits an dritter Stelle rechtlichen Rat einholt. Vielmehr muss es genügen, wenn der Architekt in berechtigten **Zweifelsfällen** den Auftraggeber **aufmerksam macht** und es diesem überlässt, die Sach- und Rechtslage fachkundig klären zu lassen (Bindhardt/Jagenburg § 3 Rdn. 55). Immer ist der Architekt aber verpflichtet, jeden einzelnen Baubereich anhand des betreffenden Unternehmervertrages in der Frage der **Abnahme einer Überprüfung zu unterziehen,** sich dabei die erforderlichen Gedanken zu machen und das Ergebnis seiner Überlegungen dem Auftraggeber detailliert mitzuteilen. Andernfalls erfüllt er seine ihm nach Leistungsphase 8 obliegende Leistungspflicht nicht.

Mit der Feststellung und der Kenntnis des Abnahmezeitpunktes ist es **nicht getan.** Vielmehr muss der Architekt des Weiteren die jeweils maßgebenden **Gewährleistungsfristen** für die Unternehmerleistungen **kennen.** Das ist nicht besonders schwer im Falle eines BGB-Bauvertrages, wonach die Gewährleistungsfrist gemäß § 638 BGB regelmäßig – bei Bauwerken – 5 Jahre, gerechnet ab Abnahme oder Teilnahme beträgt. Gleiches gilt, wenn diese oder eine andere Gewährleistungsfrist, die allerdings im Geltungsbereich des **AGB-Gesetzes** nach dessen § 11 Nr. 10f) **nicht geringer** als die Frist des **§ 638 BGB** bemessen sein darf, hinreichend klar und deutlich vereinbart worden ist. **Schwieriger** ist dies bei **VOB-Verträgen,** insbesondere in der Frage der Unterbrechungswirkung von schriftlichen Mängelanzeigen nach § 13 VOB/B Nr. 5 Abs. 1 Satz 2 (vgl. dazu Ingenstau/Korbion-Wirth, VOB, Teil B, § 13) sowie der besonderen Verjährungsfrist im Falle von Mängelbeseitigungsleistungen (vgl. a.a.O.). Gerade in diesem Bereich spielt die von dem Architekten geforderte Auflistung der Gewährleistungsfristen eine **besondere Rolle,** da hierbei nicht nur wie sonst im Rahmen von Unternehmerverträgen insgesamt, sondern auch innerhalb derselben durchaus verschiedene, möglicherweise auch zahlreiche unterschiedliche Gewährleistungsfristen bei schriftlich gerügten oder bei beseitigten Mängeln bzw. Mängelbeseitigungsversuchen in Betracht kommen können.

Wie sich aus dem Begriff „*Auflisten*" ergibt, wird vom Architekten eine **schriftliche Fixierung** der jeweiligen Gewährleistungsfristen nach Beginn (Abnahme oder Teilabnahme) und Ende verlangt. Bei VOB-Verträgen ergibt sich dabei zwangsläufig auch das gleichzeitige **Festhalten von schriftlichen Mängelrügen** unter hinreichender Kennzeichnung des Inhalts der betreffenden Rügen, um die dafür jetzt nach § 13 Nr. 5 Abs. 1 Satz 2 VOB/B maßgebenden Fristen hinreichend klar festhalten zu können. Der Architekt muss dabei besonders darauf achten, nicht nur die Fristen genau zu berechnen, sondern sich bei dem Auflisten auch nicht zu verschreiben. Grundsätzlich genügt es, wenn der Architekt die Regelfristen des § 13 Nr. 4 VOB/B oder die sonst im Bauvertrag mit dem betreffenden Unternehmer vereinbarten Verjährungsfristen festlegt; dagegen gehört das Festhalten sonstiger Hemmungstatbestände (oder Unterbrechungstatbestände) wie z.B. nach § 634a BGB oder §§ 203, 204 BGB, nicht zu den Aufgaben des Architekten, da hierzu nähere Rechtskenntnisse erforderlich sind. Sonst könnten durchaus **Bedenken gegen die Rechtswirk-**

samkeit der vorangehend in ihren Auswirkungen umrissenen HOAI-Regelung bestehen, da dem Architekten möglicherweise ein **Rechtsgutachten** über Beginn und Ablauf der Gewährleistungsfristen angesonnen wird, wodurch er in den Bereich verbotener Rechtsberatung geraten kann, was ihm die HOAI als Rechtsquelle niederen Ranges (Verordnung) nicht auferlegen kann (dazu im Wesentlichen zutreffend Kniffka ZfBR 1994, 253). Daher kann es nicht zuletzt auch aus verfassungsrechtlichen Gründen angezeigt sein, diese Bestimmung so zu verstehen, dass es – nur – Aufgabe des Architekten ist, **das für die Beurteilung der normalen Gewährleistungsfristen maßgebende Tatsachenmaterial** zusammenzutragen.

Wird eine **Gewährleistungsfrist** aus nach dem Gesagten **vorwerfbaren Gründen versäumt** und erhebt der betreffende, an sich gewährleistungspflichtige Unternehmer mit Erfolg die Verjährungseinrede, macht sich der Architekt im Rahmen des oben Gesagten gegenüber dem Auftraggeber gemäß § 634 Nr. 4, 636, 280, 281 BGB schadensersatzpflichtig, was zumindest die Verpflichtung zur Tragung von Nachbesserungskosten bedeuten kann.

Überdies: Die **Auflistung** von Gewährleistungsfristen dient dem **Architekten selbst als wichtige Unterlage,** wenn ihm auch die Leistungsphase 9 übertragen worden ist, d. h. wenn er die Beseitigung der innerhalb der Gewährleistungsfrist aufgetretenen Mängel zu überwachen hat.

p) Überwachen der Beseitigung der bei der Abnahme der Bauleistungen festgestellten Mängel

288   **Weitere** Leistung innerhalb der Leistungsphase 8 ist die **Überwachung der Beseitigung der bei der Abnahme festgestellten Mängel** an Unternehmerleistungen. Diese Tätigkeit ist hier auf diejenigen Mängel beschränkt, welche **bei der Abnahme** der betreffenden Unternehmerleistungen **festgestellt** worden sind. Dazu gehört auch die **Feststellung der Mängelursachen** und der Aufklärung des Auftraggebers darüber, wobei der Architekt etwaige eigene Fehler nicht verschweigen darf (BGHZ 71, 144 = NJW 1978, 1311 = BauR 1978, 235 = Schäfer/Finnern/Hochstein § 633 BGB Nr. 11). Später – nach Abnahme – festgestellte Mängel und die Überwachung von deren Beseitigung fallen hingegen in den Rahmen der Leistungsphase 9. Zur Leistungsphase 8 rechnen auch diejenigen Mängel, welche bereits **vor** der Abnahme festgestellt und gerügt worden, bei der Abnahme noch nicht beseitigt waren, aber **vorbehalten** worden sind. Letzteres ist im Hinblick auf die mögliche – auch bei VOB-Verträgen geltende – Ausschlusswirkung des § 640 Abs. 2 BGB wichtig. Grundsätzlicher Ausgangspunkt ist hier, dass der Architekt – spätestens – bei Abnahme die vorliegenden Mängel **erkannt und gerügt** bzw. vorbehalten und deren Beseitigung gegenüber dem betreffenden Unternehmer **unter Fristsetzung verlangt** hat. Allerdings kann dieses alles auch durch den Auftraggeber selbst geschehen sein; auch dann muss der Architekt als vom Auftraggeber beschäftigter Fachkundiger die Mängelbeseitigung überwachen, wenn ihm die Leistungsphase 8 übertragen worden ist. Allerdings darf sich der Architekt auch hier mit der **Beaufsichtigung** der Beseitigung gerügter Mängel **begnügen,** ohne verpflichtet zu sein, weitergehende Erklärungen für den Auftraggeber, wie Ablehnungsandrohung bei durch den Unternehmer verweigerter Mängelbeseitigung, Kündigungserklärungen, Beauftragung von Drittunternehmen mit der Mängelbeseitigung, vornehmen zu müssen (vgl. auch Bindhardt/Jagenburg § 6 Rdn. 157; Locher/Koeble/Frik § 34 Rdn. 237). Das ist Sache des Auftraggebers, den der Architekt allerdings von dem weigernden Verhalten des Unternehmers zu **unterrichten** hat, damit er die gebotenen Maßnahmen entweder selbst oder durch einen Anwalt ergreifen kann. Das Gesagte beschränkt sich allerdings grundsätzlich auf den Fall, in welchem Mängel durch vom **Architekten nicht** oder jedenfalls **nicht mit zu vertretenden Ausführungsfehlern** des betreffenden Unternehmers herbeigeführt worden sind. Beruhen die Mängel hingegen zumindest **mit auf Aufsichtspflichtverletzungen** des Architekten oder sind sie entweder ganz oder jedenfalls maßgeblich durch ihm unterlaufene **Planungsfehler** herbeigeführt worden, muss er schon gemäß seiner **eigenen vertraglichen Verpflichtung für die Nachbesserung** durch den betreffenden ausführenden Unternehmer – notfalls durch einen Drittunternehmer – sorgen, insbesondere auch, um die Nachbesserungskosten in

Grenzen zu halten, letztlich also seine Schadensersatzpflicht nach §§ 634 Nr. 4, 636, 280, 281 BGB zu mildern (vgl. auch Jochem § 8 Rdn. 3; Neuenfeld § 15 Anm. 80). Sofern der Architekt aus seinem Vertrag mit dem Auftraggeber **selbst gewährleistungspflichtig** ist, steht ihm grundsätzlich **nicht der auf die Beaufsichtigung der Nachbesserungsarbeiten** bei den bei Abnahme festgestellten Mängeln bezogene **Honoraranteil** zu; vielmehr muss er die ihm durch die Beaufsichtigung entstehenden zusätzlichen Kosten im Verhältnis zum Auftraggeber **selbst** tragen.

Notwendige **Vorschläge** – auch zur **Verbesserung** aus Anlass der Mangelbeseitigung – hat der Auftragnehmer zu erteilen (OLG Celle, Urt. v. 28.1.2010 – 6 U 132/09).

B. Nichterbringung von Leistungen nach § 8 Abs. 1, 2

Die Bewertung der 16 Grundleistungen erhalten unterschiedliche Gewichtungen. Dieses **289** ist auch unter Sachverständigen nicht unumstritten. Jedoch wurde früher grundsätzlich gesagt, dass die Grundleistung der Überwachung wegen des erheblichen Aufwandes mit 10% zu bewerten sei; die übrigen Grundleistungen mit je 1,5% (siehe aber unten; so auch Löffelmann/Fleischmann Rdn. 529). Neuenfeld weist allerdings darauf hin, dass die künstlerische Oberleitung mit 5–6% anzusetzen sei (Neuenfeld Rdn. 70).

Wird der vertraglich geschuldete Teilerfolg nicht erreicht, so ist die Leistung des Architekten grundsätzlich mangelhaft. Der Besteller kann sogleich Minderung verlangen, wenn die Nacherfüllung nicht mehr zumutbar ist. Das ist dann der Fall, wenn die verspätete Leistungserbringung nicht mehr zumutbar ist (BGH, IBR 2004, 512/513). Kommt der Architekt der Verpflichtung, ein Bautagebuch zu führen nicht nach, ist der Besteller grundsätzlich zur Minderung des Architektenhonorars berechtigt (BGH, Urt. v. 28.7.2011 – VII ZR 65/10). Führt der Architekt kein Bautagebuch, so ist die Vergütung für die Leistungsphase 8 um mindestens 0,5% zu mindern (OLG Celle BauR 2005, 1972). Aber die Führung des Bautagebuches muss vertraglich geschuldet sein, wenn dies zur Ausführung der Bauleistung erforderlich war. Gerade bei einfachen und nicht besonders anspruchsvollen Tätigkeiten, kann der Architekt, wenn der Bauherr erkennbar keinen Wert darauf legt und nur die Bauleistung im Vordergrund steht (Modernisierung, Instandsetzung, Dachausbau) darauf verzichten (KG, BauR 2010, 955).

Haben die Parteien vereinbart, dass der Architekt Leistungen nach § 34 Abs. 3 Anlage 10.1 Leistungsphasen 1–9, zu erbringen hat, so sind die **Kostenermittlungen** als **Teilerfolge** geschuldet, **die grundsätzlich in den Leistungsphasen erbracht werden müssen, in denen sie in der HOAI zugeordnet sind.** Nach Fertigstellung des Bauvorhabens hat der Besteller regelmäßig kein Interesse mehr an der Kostenschätzung, einer Kostenberechnung und an einem Kostenanschlag, so dass eine Minderung der Vergütung nicht davon abhängt, dass er dem Architekten eine Frist zur Erstellung der Kostenermittlungen gesetzt und die Ablehnung angedroht hat (BGH BauR 2005, 400 = NZBau 2005, 158).

Soll der Architekt nur mit der Leistungsphase 8 – Bauüberwachung – beauftragt werden und sind sich die Parteien bei Auftragserteilung darüber einig, dass nicht alle Grundleistungen erbracht werden müssen, da große Teile des Bauvorhabens bereits fertig gestellt sind, so haben die Vertragsparteien die übertragenen und nicht die übertragenen Grundleistungen im Einzelfall selbst zu bewerten, wobei der geringere Leistungsaufwand durch eine Reduzierung des Vomhundertsatzes nach §§ 8 Abs. 1 und 2, 9 Abs. 3 und 34 Abs. 3 berücksichtigt werden muss und nicht etwa durch eine Verringerung der anrechenbaren Kosten. Das entspricht dem Leistungsprinzip. Allerdings folgt daraus auch, dass für diese Leistungen ein Pauschalhonorar vereinbart werden kann, weil es auch möglich ist, die Bewertung der Teilleistungen zu pauschalieren (OLG Düsseldorf BauR 2007, 1767). Die Vereinbarung eines Zeithonorars für Leistungen zur Bauüberwachung kann eine lediglich punktuelle Beauftragung indizieren, die nicht sämtliche Grundleistungen einer Objektüberwachung im Sinne des § 34 HOAI beinhaltet. Eine Haftung für Baumängel wegen fehlerhafter Überwachung lässt sich hiernach nur begründen, wenn ein Zusammenhang mit einer konkret geschuldeten Überwachungsleistung feststeht (OLG Dresden IBR 2008, 745).

Die oben zu Beginn beschriebene Einordnung von Löffelmann/Fleischmann und Neuenfeld ist aber nicht mehr zeitgemäß und entspricht nicht den tatsächlichen Anforderungen. Folgende prozentualen Ansätze sind vertretbar:

	Siemon(G)	Simmendinger(G)	Siemon(I)	Simmendinger(I)	Begründung
a) Ausführungs-überwachung	20,0–23,0	18,0	20,0–23,0	18,0 (abhängig vom Bedarf)	Basisleistungen
b) Tragwerküberwachung	In a) enthalten	0,0	In a) enthalten	0,0 (abhängig vom Bedarf)	Bedeutung zur Ausführung
c) Koordinieren	In a) enthalten	2,0	In a) enthalten	2,0 (abhängig vom Bedarf)	Bedeutung zur Ausführung
d) Terminplan	0,5–1,0	1,5	0,5–1,0	1,5 (abhängig vom Bedarf)	Bedeutung für Planung
e) Bautagebuch	0,25–0,5	0,5	0,25–0,5	0,5 (abhängig vom Bedarf)	Notwendigkeit bei Ausführung und Kostenplanungen
f) Aufmaß	In g) enthalten	1,5	In g) enthalten	1,0–2,5 (abhängig vom Bedarf)	Leistungsnachweis Bedeutung für AG; Gewährleistung und Leistungsnachweis
g) Rechnungsprüfung	4,0–7,0	1,5	4,0–7,0	1,5	Basisleistung verpflichtend trotz § 6 Abs. 1
h) Vergleich mit vorherigen Auftragssummen	1,0–1,5	0,5	1,0–1,5	0,5	Basisleistung
i) Kostenkontrolle	In h) enthalten	1,0	In h) enthalten	1,0	Basisleistung
k) Kostenfeststellung		1,0		1,0	Basisleistung
l) Organisation der Abnahme	1,0–3,0	2,0	1,0–3,0	2,0	Vertragliche Regelung
m) Antrag zur behördlichen Abnahme	In k) enthalten	0,25	In k) enthalten	0,25	Obliegenheit
n) Übergabe Unterlagen	0,1–0,25	0,5	0,1–0,25	0,5	Basisleistung
o) Übergabe Objekt	in k) enthalten	0,25	In k) enthalten	0,25	Basisleistung
Gewährleistungsfristen	in k) enthalten	0,5	In k) enthalten	0,5	Basisleistung
Mängelbeseitigung	0,25	1,0	1,5	1,0 (Bedeutung für Ausführung)	Basisleistung

Grundsätzlich hat der VO-Geber zwingend in § 34 Abs. 3 die Leistungsphase 8 mit 32 Prozentpunkten bei Gebäuden und mit 32 Prozentpunkten bei Innenraumplanungen angegeben.

C. Besondere Leistungen (§ 33 Abs. 4 i. V. m. Anlage 10.1 – rechte Spalte)

290   Die in Anlage 10.1 beispielhaft aufgezählten Besonderen Leistungen, zu denen im Einzelfall noch andere, in der HOAI nicht genannte hinzutreten können, sind solche, die erfahrungsgemäß bei bestimmten Fallgestaltungen häufig vorkommen können.

Hinzuweisen ist noch darauf, daß sich die früher bei dem Planer angesiedelte Besondere Leistung der **Baulogistik** inzwischen als separate Planungs- und Überwachungsleistung der gesamten Bauunterstützungsmaßnahmen völlig verselbständigt hat und auch nicht in der Anlage 1 zu finden ist. Daher wird zu den Leistungen und Leistungsphasen, sowie den Honorierungen auf Heft 25 – Leistungen für Baulogistik – der AHO hingewiesen.

Aufstellen, Überwachen und Fortschreiben eines Zahlungsplanes

Eine nicht seltene Besondere Leistung im Rahmen der Objektüberwachung ist das **Auf-** **291** **stellen, Überwachen und Fortschreiben eines Zahlungsplans.** Dabei geht es um eine genaue und fortlaufend auf den neuesten Stand gebrachte Übersicht über die Zeitpunkte der zu leistenden und der geleisteten Zahlungen an bei der Bauerrichtung Beteiligte oder an sonst mit der Erstellung des Bauvorhabens Befasste. Insoweit übernimmt der Architekt **Betreuungsleistungen,** die eigentlich **nicht zu seiner beruflichen Aufgabe** gehören, die vielmehr grundsätzlich der Auftraggeber wahrzunehmen hat und auch wahrzunehmen pflegt. In Betracht kommen hier besonders größere und länger andauernde Bauvorhaben, die Anlass geben, die betreffenden Maßnahmen durch den Architekten ausführen zu lassen. Möglich ist auch, dass ein Dritter, welcher das Bauvorhaben ganz oder teilweise finanziert, hier den Einsatz des Architekten anstelle des Auftraggebers verlangt und dieser dem durch entsprechenden besonderen Auftrag an den Architekten nachkommen muss. Die in den Zahlungsplan aufzunehmenden Daten, Zahlungsvoraussetzungen und Beträge ergeben sich aus den entsprechenden Vertragsunterlagen, welche der Auftraggeber dem Architekten vollständig und rechtzeitig zu überlassen hat, damit dieser seiner besonderen vertraglichen Pflicht nachkommen kann.

Aufstellen, Überwachen und Fortschreiben von differenzierten Zeit-, Kosten- und Kapazitätsplänen

Das weiter als Besondere Leistung mögliche **Aufstellen, Überwachen und Fort-** **292** **schreiben von differenzierten Zeit-, Kosten- und Kapazitätsplänen** dient der ins einzelne gehenden Steuerung großer Bauobjekte, kommt also grundsätzlich nur bei aufwändigen und längerfristigen Bauvorhaben in Betracht. Diese Maßnahmen sind **mehr als die normale Bauablaufkontrolle,** die der Architekt ohnehin als Grundleistung im Bereich der Objektüberwachung vorzunehmen hat. Häufig müssen aber z.B. Netzpläne aufgestellt und verwendet werden, was dem Architekten zusätzliche, über das Normale hinausgehende Arbeit macht. Gleiches gilt, wenn der Architekt sich mit Ablauf- und Kostenplänen zu befassen hat, die über EDV laufen. Alle diese Leistungen, die nach § 3 Abs. 3 gesondert frei zu vereinbaren ist.

Tätigkeit als verantwortlicher Bauleiter, soweit dies Tätigkeit nach jeweiligem Landesrecht über die Grundleistungen der Leistungsphase 8 hinausgeht

Die schließlich als Besondere Leistung aufgeführte Tätigkeit als **verantwortlicher Bau-** **293** **leiter,** soweit diese nach dem jeweiligen Landesrecht über die **Grundleistungen** der Leistungsphase 8 **hinausgeht,** hat ihre Grundlage darin, dass die Arbeit des verantwortlichen Bauleiters mit der im Normalfall vom Architekten wahrzunehmenden zivilrechtlichen Objektüberwachung nichts zu tun hat und daher davon, insbesondere auch rechtlich, getrennt werden muss (vgl. BGH Schäfer/Finnern Z 3.05 Bl. 1; BGH Schäfer/Finnern Z 3.012 Bl. 12; zur Haftung des verantwortlichen Bauleiters Schmalzl NJW 1970, 2265). Der verantwortliche Bauleiter, welcher **nach dem jeweiligen Landesrecht tätig** wird, hat im Auftrag der betreffenden Baubehörden über die Einhaltung öffentlich-rechtlicher Bauvorschriften und der maßgebenden Sicherheitsbestimmungen zu wachen; insoweit trägt er die **Verantwortung gegenüber der Baubehörde;** davon ist seine privatrechtliche Verantwortung gegenüber dem Auftraggeber – als Grundleistung – getrennt. Während nach der GOA der gemäß § 19 Abs. 4 a.a.O. für den Auftraggeber tätige örtliche Bauleiter nach § 3 a.a.O. keine zusätzliche Vergütung beanspruchen konnte, wenn er zusätzlich als verantwortlicher Bauleiter eingesetzt war (BGH BauR 1977, 428 = NJW 1977, 898; BGH BauR 1980, 189 = NJW 1980, 1101 = Schäfer/Finnern/Hochstein § 3 GOA Nr. 1;

Schmalzl BauR 1981, 505), sieht die HOAI die Tätigkeit des verantwortlichen Bauleiters, sofern sie über die Objektüberwachung für den Auftraggeber als Grundleistung hinausgeht, als Besondere Leistung und somit als **gesondert vergütungspflichtig** an. Dabei ist jedoch zu beachten, dass dieser zusätzliche Vergütungsanspruch nicht schon dann entsteht, wenn der Architekt **auch** als verantwortlicher Bauleiter eingesetzt ist. Vielmehr ist dies nach dem eindeutigen Wortlaut der HOAI nur der Fall, wenn infolge der Beauftragung mit den Aufgaben des verantwortlichen Bauleiters der pflichtgemäße Tätigkeitsbereich des Architekten und die damit verbundene Verantwortung **über den Rahmen hinausgehen, welcher ohnehin schon für die zivilrechtliche Objektüberwachung als Grundleistung besteht.** Vor allem kann es hier zu Abgrenzungsschwierigkeiten kommen, was zu Lasten des für die Mehrbeanspruchung und Mehrverantwortung darlegungs- und beweisbelasteten Architekten gehen muss. So ist die Sicherung des Baustellenbereichs im Rahmen von noch durchzuführenden Fassadenarbeiten, bei Gefahr des Herabstürzens von Bauelementen, kein eigenständiger Zusatzauftrag. Dies gilt erst recht, wenn das Bauvorhaben noch nicht über die Planungsphase hinausgeht. Auch lassen sich keine Rückschlüsse auf die Notwendigkeit von **Verkehrssicherungspflichten** treffen und die Verpflichtung zur Gefahrenabwehr. Da eine sachliche Nähe zu Grundleistungen nicht vorliegt, kann nicht von Besonderen Leistungen oder von sog. isolierten Besonderen Leistungen ausgegangen werden (KG IBR 2006, 564). Zudem ist eine Besondere Leistung anzunehmen, wenn die Präsenspflicht des Architekten im Vertrag besonders hervorgehoben und ausdrücklich als wesentliche Leistung vereinbart wird (so auch Lotz, BauR 2003, 957). Mit der öffentlich-rechtlichen Bestellung zum Bauleiter im Sinne des § 59a BauO-NW bzw. § 47 Abs. 1 S. 1 LBO Ba-Wü werden Verkehrssicherungspflichten begründet, deren Verletzung einen Anspruch gem. § 823 Abs. 1 BGB nach sich zieht (OLG Düsseldorf BauR 2005, 1066).

D. Haftungsfragen

294   Gerade im Bereich der Objektüberwachung zeigt der in die Leistungsphase 8 aufgenommene Katalog von Tätigkeiten, die dem Architekten hier abverlangt werden, dass die an ihn gestellten **Anforderungen in erheblichem Maße gestiegen** sind. Will er die Leistungen ordnungsgemäß erfüllen, bedarf es nicht nur umfassender, ins einzelne gehender Tätigkeiten, sondern damit zusammenhängend auch **erheblicher Kenntnisse** in technischer, wirtschaftlicher und nicht zuletzt auch rechtlicher Hinsicht, die der heute tätige Architekt umfassend haben muss. Das ist besonders deshalb wichtig, weil er sonst bei Fehlleistungen – vor allem schuldhaft verursachten – leicht dem Auftraggeber zumindest neben dem betreffenden, die Bauleistung selbst mangelhaft erbringenden Unternehmer **gewährleistungspflichtig** sein kann. Im Streitfall genügt es für einen hinreichenden Sachvortrag zur Aufsichtspflichtverletzung durch den Architekten, wenn der Auftraggeber schlüssig die sichtbaren Symptome der Mängel an den Gewerken beschreibt, die der Bauaufsicht des Architekten unterlagen (OLG Celle, BauR 2010, 1276; BauR 2010, 1613); ob dem Architekten im Hinblick auf die Mängel eine Bauaufsichtsverletzung vorzuwerfen ist, muss im Wege der Beweisaufnahme geklärt werden (BGH BauR 1989, 361 = Schäfer/Finnern/Hochstein § 528 ZPO Nr. 1 m. w. N.). Allerdings genügt es für den schlüssigen Vortrag eines Schadenersatzanspruchs gegen den bauaufsichtsführenden Architekten, dass seitens des Auftraggebers die sichtbaren Symptome der Baumängel beschrieben werden, auf die sich die Bauaufsicht des Architekten erstreckte. Für eine Pflichtverletzung des Architekten spricht dann der erste Anschein. In diesem Fall braucht der Bauherr nicht anzugeben, inwieweit es dem Architekten im Einzelnen an der erforderlichen Überwachung hat fehlen lassen. Vielmehr ist es Sache des Architekten, den Beweis des ersten Anscheins dadurch auszuräumen, dass er seinerseits darlegt, was er an Überwachungstätigkeit erbrachte. Dazu genügt nicht die bloße Behauptung, dass er und was er an Überwachungstätigkeit erbrachte; auch nicht die bloße Behauptung, dass er selbst oder durch einen Bauleiter habe die Leistungen überwachen lassen (OLG Celle, BauR 2010, 1276; BauR 2010, 1613). Bei den in der Leistungsphase 8 festgelegten Tätigkeiten handelt es sich grundsätzlich um **Hauptpflichten des Architekten** aus seinem Vertrag mit dem Auftraggeber, bei deren Verlet-

zung gegen ihn regelmäßig Minderungsansprüche nach §§ 634 Nr. 2, 638 BGB oder Schadensersatzansprüche aus §§ 634 Nr. 4, 636, 280, 281 BGB bestehen. Eine **Nachbesserung** (§§ 634 Nr. 1, 635 BGB) kommt dagegen nur in solchen Fällen in Betracht, in welchen die Leistung des Architekten noch nachholbar ist, was bei verfehlter Bauaufsicht, die sich auf eine bereits erstellte Bauleistung ausgewirkt hat, **regelmäßig nicht mehr** möglich ist. Insoweit kommt als Nachbesserung nur die – kostenlos nachzuholende – Aufsicht des Architekten bei späteren Nachbesserungsarbeiten der Unternehmer an der – auch – infolge verfehlter Bauaufsicht mangelhaften Bauleistung selbst in Betracht. In der Regel ist aber dadurch allein der dem Auftraggeber zugefügte Schaden **noch nicht ausgeglichen** und daher vom Architekten außerdem noch zu ersetzen (siehe dazu im Einzelnen Ingenstau/Korbion-Wirth, VOB, Teil B, § 13). Allerdings ist grundsätzlich dem Architekten auf sein Verlangen hin trotz der mangelhaften Bauüberwachung ein Recht auf Nachbesserung zuzubilligen (OLG Brandenburg, Urt. v. 10.1.2012 – 11 U 50/10). Darüber hinausgehend dem Architekten generell ein Nachbesserungsrecht, also auch ohne besondere Vereinbarung einzuräumen, wie Barth (ZfBR 1998, 130) dies will, geht zu weit, weil damit die eigentliche werkvertragliche Leistung, die der Architekt zu erbringen hat, ohne den Willen seines Vertragspartners (des Auftraggebers) überschritten und in das Nachbesserungsrecht des Unternehmers unzulässig eingreifen würde.

Daher gilt: Haben sich Mängel der Planung oder Bauüberwachung bereits **im Bauwerk verkörpert,** setzt der Schadensersatzanspruch gegen den Architekten grundsätzlich nicht voraus, dass diesem Gelegenheit gegeben wurde, die **Mängel seiner Planung** des Bauwerks zu beseitigen. Der Schadensersatzanspruch kann deshalb nicht mit der Begründung zurückgewiesen werden, die Mängel seien nicht gerügt worden (BGH BauR 2007, 2083 = NJW-RR 2008, 260). Dieses gilt für § 635 BGB als auch im Rahmen des neuen Schuldrechts nach § 280 BGB und § 281 BGB. Dabei ergibt sich bei Schadensersatzansprüchen gegen Architekten, das § 280 BGB allgemein nur die „Pflichtverletzung" des Vertragsverhältnisses anspricht und auf Nebenpflichten anzuwenden ist. § 281 BGB setzt jedoch eine Fristsetzung vor und ist damit § 635 BGB in seiner Form gleichzusetzen. Im Rahmen der Unmöglichkeit der Leistungserbringung oder Leistungsnachholung, wie es beim Architektenwerk, der bereits in das Bauwerk umgesetzt wurde, zumeist der Fall ist und im Rahmen des wirksamen Rücktritts von dem Vertrag, §§ 323, 325 BGB ebenfalls, ist § 281 BGB anzuwenden. Dabei kommt es auf den Grundfall an. § 281 Abs. 1 Satz 1 BGB fordert allerdings eine Fristsetzung (angemessen). Darauf ergibt sich das Nachbesserungsrecht des Architekten. Der Bauherr kann allerdings nur in Fällen grober Fehler oder Untätigkeiten des Architekten Schadensersatz verlangen, § 281 Abs. 1 S. 2 BGB. Wenn die fehlerhafte Ausführung des Architektenwerkes allerdings unerheblich ist, entfällt der Schadensersatzanspruch, § 281 Abs. 1 S. 3 BGB. Daher ist im Regelfall die Fristsetzung zur Nachbesserung nicht entbehrlich. **Denn werden beim Architektenvertrag Schadenersatzansprüche nicht wegen Bauwerkmängeln, sondern wegen Kosten der Selbstvornahme der Bauüberwachung geltend gemacht, setzen diese ein Mangelbeseitigungsverlangen mit Fristsetzung voraus. Wird neben dem beauftragten Architekten vom Bauherren ein Sachverständiger baubegleitend eingesetzt, so stellen dessen Kosten keinen ersatzfähigen Schaden dar, wenn die Beauftragung nicht zur Feststellung einzelner, konkreter Mängel erfolgt (OLG Düsseldorf, BauR 2009, 1635).**

Grundlegend also gilt, dass nach BGH, NJW 1982, 438 die Bauobjektüberwachung eine Werkleistung infolge ihrer Erfolgsbezogenheit darstellt. Daher sind die Bauüberwachungsversehen grundsätzlich den Erfüllungs- und Gewährleistungsrechten zuzuordnen (Hebel, BauR 2006, 221). **Grundsätzlich ist aber vorrangig zunächst zu klären, ob und inwieweit die vertragliche Verpflichtung des Architekten zu Bauüberwachungen und deren Inhalt und den vertraglichen Pflichten überhaupt gehen. Das bedeutet, dass nur eine Auslegung der vertraglichen Inhalte die Frage nach der Haftung überhaupt weiterbringt. Liegt eine Leistungspflicht vor, ist weiterhin zu fragen, ob eine Hauptpflicht, Nebenpflicht oder eine Obliegenheit des Architekten zu bestimmten vertraglichen Pflichten führt.** 295

296   **Zur Arglist:** Der Architekt handelt nur dann **arglistig,** wenn er sch bewusst ist, dass ein bestimmter Umstand für die Entschließung des Bauherrn erheblich ist, er nach Treu und Glauben diesen Umstand mitzuteilen hat und ihn trotzdem nicht offenbart (BGH, BauR 2010, 1959, BGHZ 174, 32) Arglistig handelt danach aber nur derjenige, der bewusst einen offenbarungspflichtigen Mangel verschweigt. Ein solches Bewusstsein fehlt, wenn der Mangel von seinem Verursacher nicht als solcher wahrgenommen wird. Die Tatsache, dass ein Architekt pflichtwidrig überhaupt keine Überwachungsleistungen erbringt und dies dem Auftraggeber entgegen Treu und Glauben verschweigt, kann den Vorwurf der Arglist begründen (OLG Dresden, Urt. v. 25.6.2009 – 10 U 1559/07, NZB BGH VII ZR 134/09 = BauR 2010, 1640). Eine **Sekundärhaftung** scheidet aber aus, wenn es um typische Architektenfehler geht, nämlich um eine nicht genehmigte Planung und deren Umsetzung vor der Entscheidung über die Genehmigung (OLG Saarbrücken, Urt. v. 20.6. 2007 – 1 U 228/06; OLG Dresden, Beschl. v. 16.9.2009 – 10 U 149/09). Das Vorhandensein schwerer – brandschutztechnischer – Mängel ist noch kein Indiz für das Vorliegen eines Organisationsverschuldens (OLG Hamburg, Urt. v. 26.11.2010 – 1 U 163/09). Die **Schwere eines Baumangels** lässt grundsätzlich **nicht** den Rückschluss auf eine derart schwere Verletzung der Obliegenheit zu, eine arbeitsteilige Bauüberwachung richtig zu organisieren (BGH, BauR 2009, 515 = NZBau 2009, 582). Zudem ist die insbesondere verjährungsrechtliche Frage der Gleichsetzung der Verletzung einer Organisationsobliegenheit durch einen arbeitsteilig tätigen Architekten mit arglistigem Verhalten nur dann gerechtfertigt, wenn den Architekten der Vorwurf trifft, er habe mit seiner Organisation die Arglisthaftung vermeiden wollen (BGH, BauR 2009, 515). Dieser Vorwurf kann sich daraus ergeben, dass er, ohne selbst tätig zu werden, ganz darauf verzichtet, Gehilfen zur Erfüllung seiner Offenbarungspflicht einzuschalten. Er ist auch gerechtfertigt, wenn der Architekt hierfür Personal einsetzt, von dem er weiß, dass es jener Pflicht nicht nachkommt oder nachkommen kann, sei es weil er nicht ausreichend kompetente Gehilfen aussucht oder weil er ihnen keine ausreichende Möglichkeit gegeben hat Mängel wahrzunehmen und pflichtgemäß zu offenbaren. Gleiches gilt, wenn er zwar ein entsprechendes Wissen nicht hat, er aber die Augen vor dieser Erkenntnis verschließt. Dazu zählt auch die Nichteinräumung der Möglichkeit für Mitarbeiter sich über Fortbildungen Kenntnisse zu verschaffen. der allein durch einen Baumangel verursachte Anschein einer Bauüberwachungspflichtverletzung kann nur ausnahmsweise den weitergehenden Anschein erwecken, der mit der Bauüberwachung beauftragte Architekt habe seine mit der Bauleitung befassten Mitarbeiter unsorgfältig ausgesucht oder eingesetzt. Ein solcher Anschein entsteht selbst bei schwerwiegenden Baumängeln jedenfalls dann nicht, wenn der sich hieraus ergebende Bauüberwachungsfehler seiner Art nach auch einem sorgfältig ausgewählten und eingesetzten Bauleiter unterlaufen kann (BGHZ 179, 55, 63, BGH, BauR 2010, 1959 = NZBau 2010, 763).

297   Sofern ein Architekt die Bauplanung, ein anderer die Bauüberwachung auszuführen hat, sind beide dem Auftraggeber gegenüber als **Gesamtschuldner (hierzu grundlegend in Teil B – Einleitung)** verpflichtet, soweit es sich um Baumängel handelt, die auf beiderseitige Pflichtverletzungen zurückzuführen sind; daher ist der bauüberwachende Architekt im Verhältnis des Bauherrn zum planenden Architekten **nicht Erfüllungsgehilfe des Bauherrn** (BGH BauR 1989, 97 = NJW-RR 1989, 86 = Schäfer/Finnern/Hochstein § 635 BGB Nr. 63 m. w. N.; vgl. auch OLG Köln OLGR 1997, 58, wonach der bauüberwachende Architekt verpflichtet ist, die Ausführungsplanung auf Übereinstimmung mit den anerkannten Regeln zu prüfen; OLG Celle BauR 2004, 385; OLG Schleswig IBR 2007, 628 – zur Frage des Mitverschuldens des auftraggebenden Landes und Einsatz eigener Planer). Allerdings **schuldet der Bauherr dem Architekten** keine **fehlerfreie (Vor-)leistung,** wie dem Unternehmer (BGH BauR 1985, 561), wenn der Auftragnehmer neben dem bauüberwachenden Architekten noch einen bauplanenden Architekt einsetzt (BGH BauR 1985, 561; OLG Düsseldorf BauR 2004, 1833 = NZBau 2005, 404 – feuchte Keller). Die bisherige Rechtsprechung, wonach es gerade Aufgabe des Bauüberwachers sei, die maßgeblichen Pläne des Fachplaners, des Vorplaners oder des gekündigten Vorplaners auf ihre Fehlerhaftigkeit zu untersuchen und somit der planende Architekt nicht

Erfüllungsgehilfe des Bauherrn gegenüber dem objektüberwachenden Architekt sei, muss eingeschränkt werden, soweit die Berücksichtigung mitwirkenden Verschuldens zu Lasten des Bauherrn bisher ausgeschlossen wurde und der bauüberwachende Architekt alleine haftete (OLG Karlsruhe BauR 2003, 1921). Der bauüberwachende Architekt hat zwar keinen durchsetzbaren Anspruch auf die Übergabe fehlerfreier Pläne durch den Bauherrn. Es handelt sich aber um eine Mitwirkungshandlung im Rahmen einer **Obliegenheit (so auch BGH, BauR 2009, 515).** In diesem Rahmen muss der Bauherr nicht nur den Bauunternehmer, sondern auch dem bauüberwachenden Architekten zuverlässige Pläne zur Verfügung stellen, da andernfalls das Bauwerk nicht errichtet werden kann. Der Objektüberwacher wird zur Risikominimierung eingesetzt. Durch diese zusätzliche Sicherungsmaßnahme soll gewährleistet werden, dass das Bauwerk mangelfrei errichtet wird. Diese Aufgabe kann der Objektüberwacher nur auf der Grundlage mangelfreier Pläne sinnvoll wahrnehmen. Solche zu übergeben, liegt daher im eigenen Interesse des Bauherrn. Die Berücksichtigung des mitwirkenden Verschuldens des Bauherrn bedeutet nicht, dass er eine Leistungspflicht gegenüber dem Objektüberwacher verletzt hat, auch das Verschulden in eigener Angelegenheit bzw. die Verletzung einer Obliegenheit reicht dafür bereits aus. Eine volle Haftung des Objektüberwachers gegenüber dem Bauherrn scheidet daher aus, wenn beim Schaden Planungsfehler ursächlich waren (BGH Urt. v. 27.11.2008 – VII ZR 206/06 = BauR 2009, 515 = NJW 2009, 582). Somit kann ein bei einem Bauwerksschaden, der auf einen Planungsfehler zurückzuführen ist, den der gesondert mit der Objektüberwachung beauftragte Architekt übersehen hat, dieser im Haftungsfalle grundsätzlich das mitwirkende Verschulden des Bauherrn wegen des Planungsfehlers einwenden. Der Verursachungsbeitrag des bauaufsichtsführenden Architekten an dem Bauwerksschaden muss unter Berücksichtigung seiner besonderen Aufgabenstellung gewichtet werden. Ein vollständiges Zurücktreten seiner Haftung kommt nur in Ausnahmefällen in Betracht (BGH, BauR 2009, 515 = NZBau 2009, 185).

Beruht die Beauftragung des **Zweitarchitekten** auf der Kündigung gegen oder des Erstarchitekten und wird der Zweitarchitekt nochmals, oder teilweise mit der umfassenden Planung und Bauüberwachung beauftragt, so kann dieser sich gegenüber einem Schadenersatzanspruch des Bauherrn nicht damit verteidigen, dass etwaige Baumängel auf Planungsfehler des gekündigten Erstarchitekten zurückzuführen sind. Den Bauherrn trifft keine Pflicht oder Obliegenheit, dem umfassend beauftragten Zweitarchitekten mangelfreie Pläne zur Verfügung zu stellen, so dass eine Mithaftung des Bauherrn für etwaige Planungsfehler des gekündigten Erstarchitekten gem. §§ 254, 278 BGB ausscheidet (OLG Karlsruhe, BauR 2010, 831).

Als weitere Folge daraus ergibt sich damit, dass nicht nur im Verhältnis zum objektüberwachenden Architekten, sondern auch zum ausführenden Bauunternehmer diese Grundsätze gelten. Grundsätzlich haften der planende Architekt und der ausführende Bauunternehmer für sowohl Planungsfehler, als auch auf einem Ausführungsfehler beruhenden Mängel als Gesamtschuldner. Dabei liegt ein Gesamtschuldnerverhältnis bereits vor, wenn der Architekt aufgrund eines Baumangels auf Schadenersatz haftet, während der Bauunternehmer wegen desselben Mangels an die zunächst nur nachbesserungspflichtig ist und nur unter bestimmten weiteren Voraussetzungen schadenersatzpflichtig gemacht werden kann (OLG Frankfurt/M., Urt. v. 14.12.2010 – 16 U 145/10). Beruht ein Baumangel auf einem übersehenen Planungsmangel, können sich beide auf mitwirkendes Verschulden des Bauherrn berufen (so schon im Ansatz OLG Düsseldorf IBR 2006, 1445; BGH BauR 2001, 622; KG BauR 2009, 1180 = NZBau 2010, 176). Weiterhin hat der BGH deutlich gemacht, dass der Architekt wenn er zusammen mit anderen Beteiligten die Überwachung schuldet besondere Sorgfalt walten zu lassen hat (BGH BauR 2000, 1513 = NZBau 2000, 525 = ZfBR 2000, 544; BGH BauR 2001, 273 = NJW 2001, 965; Brandb. OLG BauR 2001, 283; OLG Köln Schäfer/Finnern/Hochstein § 635 BGB Nr. 84 (Abbruch); OLG Hamm BauR 1991, 788 (Winterbau); OLG Oldenburg BauR 1992, 258 (Bestandsschutz)). Im Übrigen ist ein Planungsmangel nicht zugleich ein Bauüberwachungsmangel (OLG Dresden, Urt. v. 10 U 1648/08). Allerdings hat der Architekt, der nur mit den Leistungsphasen 5 bis 9 beauftragt war, die Pflicht die vorangegangen Planungsschritte des Vorpla-

298

ners oder des Bauherrn im Hinblick auf eine ausführungsreife Lösung zu prüfen, was insbesondere bei den Ausführungsdetails einer Abdichtung zutrifft (OLG Köln, Urt. v. 12.1. 2012 – 7 U 99/08). Damit schuldet der Auftraggeber dem Bauunternehmer keine Beaufsichtigung von dessen eigener, nach dem Bauvertrag geschuldeter Leistung, so dass der Architekt insoweit auch nicht als Erfüllungsgehilfe gilt und ein Mitverschulden des Auftraggebers wegen einer Pflichtverletzung des Architekten deshalb nicht in Betracht kommt. Der planende Architekt ist Erfüllungsgehilfe des Bauherrn gegenüber dem Unternehmer (OLG Celle, BauR 2010, 1276, BauR 2010, 1613).

299   Weiterhin gilt, dass durch die Verwendung der von einem **Fachplaner** erstellten Ausschreibungsunterlagen der Architekt keine Verantwortung für deren Richtigkeit und Vollständigkeit gegenüber dem Bauherrn übernimmt. Die sich aus der Sachwalterstellung des Architekten ergebende Einstandspflicht für fehlerhafte Aufklärung und Beratung greift aber nur soweit, wie der Pflichtenkreis des Architekten nach dem abgeschlossenen Architektenvertrag geht (OLG Karlsruhe NZBau 2007, 451). Das gilt auch, wenn der Planer bei Bauerrichtung einzelne Fragen zur Bauausführung an sich gezogen hat (hier: Holzschutzanstrich, LG Bayreuth Urt. v. 11.7.2008 – 33 O 505/07). Bedenklich allerdings ist, den Architekten bei Fachplanerischen Tätigkeiten Dritter Planer, wenn es um eine fachspezifische Frage geht, gänzlich aus der Haftungsverantwortung zu nehmen, weil es nicht zum allgemeinen Wissensstand gehört (so aber OLG Köln, Urt. v. 12.1.2012 – 7 U 99/08). Grundsätzlich sind Sonderfachleute/Fachplaner im Rahmen des Architektenvertrages als erfolgsbezogene Handlung und Verpflichtung vom Architekten zu überwachen und zu prüfen; es sei denn aus den Umständen lässt sich ein anderer Wille des Auftraggebers erkennen, was im Standardarchitektenvertrag üblicherweise nicht besonders erwähnt wird und damit vorausgesetzt wird. Sollte der Architekt die Kenntnisse einer Überwachung, die sich allerdings auf offenkundige und Standardfrage und -thematiken der Planung des Fachplaners beschränken kann, nicht die erforderliche üblich universitäre/fachhochschultechnische oder fachtechnische Ausbildung haben, handelt er bereits fahrlässig, wenn er den Bauherrn auf die Umstände nicht hinweist. Hier kann er im Einzelfall verpflichtet sein, selbst Kenntnisse von Dritten bzw. Beratern auf seine Kosten einzuholen, um den erfolgsbezogenen Architektenvertrag einzuhalten. Einfach dagegen ist der Fall, dass der Architekt nicht geprüft hat, ob der Sonderfachmann die fachtechnische Abnahme durchführte. Dies gilt insbesondere in den auch bautechnischen sensiblen Bereichen, wie Brandschutz (OLG Düsseldorf, Urt. v. 17.11.2011 – 5 U 8/11) und anderen baustatischen Abnahmen, Elektro- und Installationsgewerken mit Auswirkungen auf die Benutzung und bauordnungstechnische Abnahme. Der Fachplaner hat nicht nur in der Grundlagenermittlung und in der Leistungsphase 3 bei ungünstiger wasserchemischer Zusammensetzung des Trinkwassers von vornherein einen korrosionsbeständigen Werkstoff (nicht rostenden Stahl) für Trinkwasser-Installation vorzusehen; dies gilt auch für die Leistungsphase 8 (OLG München, BauR 2010, 2166). Gibt allerdings der Besteller dem Fachplaner die Verwendung eines ungeeigneten Werkstoffes (verzinkte Stahlrohre) vor, so hat der Fachplaner den Besteller gleichwohl auf die Problematiken damit hinzuweisen (z.B. höheres Korrosionsrisiko) und finanzielle Auswirkungen (OLG München, BauR 2010, 2166).

300   Regelmäßig ist der **Statiker nicht** Erfüllungsgehilfe des Bauherrn in dessen Vertragsverhältnis zum Architekten (BGH BauR 2002, 1719, 1752 = NZBau 2002, 616; LG Düsseldorf BauR 2004, 725). Daher haftet der Architekt separat neben dem Statiker bei der fehlerhaften Anordnung der Dehnfugen (Gleitfugen), da es sich um **Standardwissen** des Architekten handelt (KG BR 2006, 509). Im Übrigen haften der planende und der bauüberwachende Architekt für Fehler in der Ausführungsplanung gegenüber dem Bauherrn als Gesamtschuldner (OLG Naumburg, Urt. v. 21.3.2012 – 5 U 226/11); im **Innenverhältnis** haftet der Planer als Primärschädiger gegenüber dem Objektüberwacher regelmäßig allein (OLG Frankfurt BauR 2004, 895, 1329 = NZBau 2004, 397). Der Architekt darf auf die statischen Berechnungen des **von ihm Beauftragten** nur **vertrauen,** wenn **dieser allein** über die besonderen Fachkenntnisse verfügt (OLG Naumburg, Urt. v. 21.3.2012 – 5 U 226/11). Der planende und bauleitende Architekt ist dem Auftraggeber gegenüber für am Bauwerk auftretende Risse auch dann schadenersatzpflichtig, wenn er zwar Mängel der von ihm vom Auftraggeber zur Verfügung gestellten Statik nicht erkennen muss, er aber wegen der Besonderheit des Baues Anlass hat beim Statiker nachzufragen, ob er Formänderungen berücksichtigt hat, er die Nachfrage unterlässt und sich die Mängel der Statik sodann im Bauwerk realisieren. Der planende und bauleitende Architekt kann dem Auftraggeber aus dem Gesichtspunkt der Obliegenheitsverletzung kein mitwirkendes Verschulden mit der Begründung entgegenhalten, er habe ihm eine mangelhafte Statik zur Verfügung gestellt (OLG Hamm, BauR 2010, 1981 = NZBau 2011, 48).

Der mit der Prüfung des Wärmeschutznachweises und der rechnerischen Nachweise der **301** Standsicherheit beauftragte **Prüfingenieur** nimmt hoheitliche Aufgaben wahr. Das gilt auch, wenn der Bauherr ihn direkt beauftragt; dann haftet er nicht aus §§ 633, 634 ff. BGB (LG Bonn, Urt. v. 20.5.2009 – 13 O 323/06). Der Zahlungsanspruch ist aber privatrechtlicher Natur.

Der **Energieberater,** der ohne ausdrückliche vertragliche Umsetzung der von ihm empfohlenen energetischen Maßnahmen das Bauwerk begleitet, haftet dem Bauherrn wie ein mit der Bauüberwachung beauftragter Architekt (LG Koblenz, Urt. v. 1.3.2013 – 8 O 134/12).

Ein **Bausachverständiger,** der das Vorhaben baubegleitend überwachen und überprüfen soll, ob die Ausführung mit Baugenehmigung, den Ausführungsplanungen und der Leistungsbeschreibung übereinstimmt sowie den anerkannten Regeln der Technik und den einschlägigen Vorschriften, schuldet keine umfassende Bauüberwachung, wenn die Überwachungstätigkeit vertraglich auf zwölf „Baustellenaudits" beschränkt wurde. Wenn er allerdings bei den Baustellenaudits nicht auf fehlende Unterlagen oder Mängel hinweist haftet er einem Architekten entsprechend (KG, Urt. v. 5.3.2013 – 27 U 93/12).

Die früher vor allem in formularmäßig aufgesetzten Architektenverträgen mit dem Auf- **302** traggeber für den Rahmen der Bauaufsicht regelmäßig vereinbarte **subsidiäre Haftung kann nicht mehr in so weitgehendem Maße** als bisher den Architekten entlasten. Einmal kommt sie ohnehin nur dort in Betracht, wo die Auswirkungen einer fehlerhaften Leistung des Architekten **zugleich** durch eine mangelhafte Arbeit des Unternehmers herbeigeführt worden sind und dieser ebenfalls dem Auftraggeber gewährleistungspflichtig ist, z.B. auf Nachbesserung eines von ihm zurechenbar fehlerhaft erstellten Leistungsteils bei gleichzeitiger mangelhafter Aufsicht des Architekten. Zum andern sind für den Bereich der subsidiären Haftung die **Grenzen** zu beachten, welche dazu **von der Rechtsprechung gesetzt** worden sind (vgl. dazu Ingenstau/Korbion-Wirth, VOB, Teil B, § 13) und die sich außerdem für formularmäßige Haftungsbeschränkungen vornehmlich aus § 309 Nr. 8 BGB ergeben. Hiernach gibt dem Architekten in vielen Fällen auch die Vereinbarung einer Subsidiärhaftung keine Möglichkeit mehr, in haftungsrechtlicher Hinsicht gegenüber dem Auftraggeber hinter dem ausführenden Unternehmer in das zweite Glied zu rücken (vgl. dazu auch OLG Düsseldorf OLGR Düsseldorf 1994, 13).

Ähnliches gilt für die früher in Formularverträgen nicht selten anzutreffende Klausel, wonach der Architekt „bei ungenügender Aufsicht und Prüfung für fehlerhafte Bauausführung nur im Fall des Unvermögens der Unternehmer" haften soll; dann beginnt die Verjährung des gegen ihn gerichteten Schadensersatzanspruches entgegen der Vereinbarung im Architektenvertrag nicht schon mit der Abnahme des Bauwerkes, sondern erst, wenn das Unvermögen der Unternehmer feststeht. Der Architekt ist von seiner Pflicht, die Ursachen von Baumängeln aufzuklären und dem Bauherrn eigene Planungs- und/oder Bauaufsichtsfehler zu offenbaren, nur ausnahmsweise befreit, nämlich wenn er darauf vertrauen durfte, dass andere vom Bauherrn beauftragte Personen oder von diesem eingesetzte Sachverständige diese Aufgabe übernehmen und den Bauherrn ausreichend beraten (BGH BauR 1987, 343 = Schäfer/Finnern/Hochstein § 635 BGB Nr. 54 = NJW 1987, 2743).

Besonders für den Bereich der eigentlichen Objektüberwachung muss der Architekt die **303** sich aus der **Rechtsprechung** ergebenden **Möglichkeiten etwaiger Haftung kennen,** um eine solche zu vermeiden. Die bloße Tatsache, dass Baumängel aufgetreten sind, begründet für sich allein noch keine Verantwortlichkeit des Architekten; denn er muss nicht immer ununterbrochen auf der Baustelle zugegen sein und nicht jede Arbeitsleistung unmittelbar überwachen (vgl. dazu BGH BauR 1971, 131; OLG Braunschweig VersR 1974,

436; LG Köln VersR 1981, 1191; BGH VersR 1969, 473; im Einzelnen auch Neuenfeld BauR 1981, 436). Jedoch ist der Architekt verpflichtet, den Auftraggeber von einer von der Planung abweichenden Ausführung durch den Unternehmer zu unterrichten, damit dieser Gelegenheit hat, gegenüber dem Unternehmer Gewährleistungsansprüche geltend zu machen bzw. ihn zur ordnungsgemäßen Vertragserfüllung anzuhalten bzw. einen anderen Fachunternehmer mit der ordnungsgemäßen Ausführung zu beauftragen; anderenfalls ist der Architekt dem Auftraggeber nach §§ 634 Nr. 4, 636, 280, 281 BGB zum Schadensersatz verpflichtet (vgl. OLG Düsseldorf BauR 1993, 241). Auch im Rahmen der Objektbetreuung besteht aber im Regelfall keine allgemeine Pflicht des Architekten, das nach seiner Planung errichtete und von ihm überwachte Bauvorhaben ohne konkrete Anhaltspunkte auf versteckte Mängel zu untersuchen (OLG Dresden, Urt. v. 17.6.2010 – 10 U 1648/08). Es widerspricht allerdings der Lebenserfahrung, dass ein bauüberwachender Architekt, der zwar nicht täglich, aber doch in regelmäßigen zeitnahen Abständen wenigstens eine kurze Zeit des Tages auf der Baustelle zu verbringen hat, nicht von einer gravierenden Planänderung mitbekommen hat. Die alternative Annahme, dass er über einen ganzen Monat nicht auf der Baustelle gewesen sei, entlastet ihn nicht (OLG Dresden, BauR 2009, 862).

304   **Allgemein** gilt daher, dass dem mit der **Objektüberwachung** beauftragten Architekten bei ordnungsgemäßer **Überwachung** der Arbeiten einer ausführenden Firma zumindest **offensichtliche handwerkliche Mängel** auffallen. Er ist sodann vertraglich verpflichtet und dies ergibt sich aus dem Grundprinzip der Vermögensbetreuungspflicht des Architekten, als mangelhaft erkannte Leistungen gegenüber dem ausführenden Unternehmer zu beanstanden und diesen zeitnah zur Beseitigung der Mängel aufzufordern. Wird diese Aufforderung nicht beachtet, muss er Rücksprache mit seinem Auftraggeber halten und ihn umfassen über die technischen – nicht die rechtlichen – Möglichkeiten unterrichten (OLG Rostock, Urt. v. 2.2.2011 – 2 U 20/08). Das gilt **grundsätzlich** auch, wenn der Auftragnehmer bei der Abnahme **nicht überwachungsbedürftige Fehler** des Unternehmers **übersieht** (OLG München, Urt. v. 9.7.2013 – 28 U 4652/12).

Zudem gilt **allgemein, daß der Bauaufsicht führende Architekt nicht verpflichtet ist, sich ständig auf der Baustelle aufzuhalten. Er muss jedoch die Arbeiten in angemessener und zumutbarer Weise überwachen und sich durch häufige Kontrollen vergewissern, daß seine Anweisungen sachgerecht erledigt werden** (OLG Köln, Beschl. v. 20.1.2014 – 11 U 116/13; OLG Koblenz, Urt. v. 2.3.2013 – 1 U 295/12; OLG Köln, Urt. v. 13.3.2013 – 16 U 123/12). Grundsätzlich reicht es **nicht** aus, daß der Architekt sich darauf beschränkt, die von Lieferanten und Auftragnehmern vorgelegten Papiere einer bloßen Durchsicht vom Büroschreibtisch aus zu unterziehen (OLG Düsseldorf, Urt. v. 21.12.2012 – 23 U 18/12).

305   Auch das **Führen eines Bautagebuches** zum Nachweis der Begebenheiten auf der Baustelle gehören im Rahmen der Schadensersatzpflicht hierher, wenn es unterlassen wurde, ein Bautagebuch zu führen und dem Bauherrn hierdurch ein nicht realisierbarer Schaden gegen Unternehmer oder Dritte entsteht (so ähnlich auch KG, BauR 2010, 955). Gleiches kann auch im Gesamtschuldnerischen Verhältnis der haftende Unternehmer geltend machen.

306   **Der Architekt ist zu erhöhter Aufmerksamkeit verpflichtet, wenn sich im Laufe der Bauausführung konkrete Anhaltspunkte für das Vorliegen von Mängeln ergeben** (BGH BauR 1994, 392 = NJW 1994, 1276 = Schäfer/Finnern/Hochstein § 635 BGB Nr. 92; OLG Hamm BauR 1990, 638; LG Berlin BauR 2005, 746). **Ferner:** Vornehmlich bei solchen Arbeiten, welche für die Konstruktion und den Bestand der Leistung von wesentlicher Bedeutung sind, muss der Architekt gesteigerte Aufmerksamkeit in die Erfüllung seiner Aufsichtsaufgabe legen (vgl. zur Abgrenzung Rdn. 2 ff.). **Dazu gehört** das richtige Einmessen des Grundstückes bzw. dessen Kontrolle, wenn ein Unternehmer damit beauftragt ist, auch hinsichtlich des Schnurgerüst (vgl. OLG Nürnberg BauR 1997, 874). Weiter rechnet dazu die Untersuchung der Bodenverhältnisse parallel zu den Ausschachtungsarbeiten, wenn dazu ersichtlich Anlass besteht (vgl. BGH VersR 1967, 260; OLG München MDR 1969, 48); außerdem sind bei hinreichender Kenntnis der Boden- und

Wasserverhältnisse die erforderlichen technischen Maßnahmen zur Baustellensicherung zu treffen (BGH BauR 1975, 64 = Schäfer/Finnern Z 2.220 Bl. 14; OLG Düsseldorf Schäfer/Finnern Z 2.410 Bl. 47). Der Architekt hat die Pflicht, die Funktionsfähigkeit einer Drainage (nötiges Gefälle, Vermeidung von Verstopfungsgefahr) nachzuprüfen, bevor der Arbeitsgraben wieder verfüllt wird. Gerade bei Ausschachtungsarbeiten hat der Architekt auf die notwendige Verkehrssicherung und insbesondere darauf zu achten, dass die Stabilität des Nachbargebäudes erhalten bleibt und etwaige Auflagen der Bauaufsicht eingehalten werden (vgl. BGH NJW 1961, 1523 = Schäfer/Finnern Z 4.142 Bl. 23; BGH Schäfer/Finnern Z 3.01 Bl. 403; BGH BauR 1970, 123 = Schäfer/Finnern Z 4.142 Bl. 63; OLG Nürnberg MDR 1975, 930; OLG Köln NJW-RR 1994, 89).

Andererseits haftet der Architekt für Schäden an Nachbargebäuden, die im Zusammenhang mit Ausschachtungsarbeiten auf dem Baugrundstück entstehen, weder aus unerlaubter Handlung, noch aus einer besonderen Garantenstellung, wenn ihm nur die Planung, nicht aber die Objektüberwachung übertragen wurde (vgl. OLG Köln OLGR Köln 1993, 317). Selbst wenn dem Architekten nicht nur die Planung, sondern auch die Bauaufsicht übertragen worden ist und ihm ein Boden- und Gründungsgutachten vorliegt, das Angaben über den Aushub der Baugrube enthält, darf er davon ausgehen, dass dies die Standsicherheit der Nachbargrundstücke berücksichtigt. Erweisen sich die Vorgaben als unzutreffend, kann dem Architekten der Vorwurf schuldhaften Verhaltens nicht gemacht werden, sofern aufgrund der ihm möglichen Prüfung kein Anlass bestand, den Feststellungen und Schlussfolgerungen des Gutachtens zu misstrauen (BGH BauR 1996, 404 = NJW-RR 1996, 852 = MDR 1996, 1010).

Besondere Aufmerksamkeit des Architekten ist hinsichtlich üblicher oder möglicher **307** schadensträchtiger **Bauteile oder Materialien,** auch der Ausführung bei normalen und komplexen Ausführungen nach ebensolchen Planungsvorgaben vom ihm geschuldet. So ist die Überwachung der Betonqualität und der Bewehrung mit Stahlmatten notwendig (BGH BauR 1974, 66; BGH Schäfer/Finnern Z 3.01 Bl. 356); u. U. können hier regelmäßige Stichproben genügen. Neben Betonierungs- und Bewehrungsarbeiten, sind auch Ausschachtungsarbeiten und Unterfangungsarbeiten grundsätzlich in besonderer Weise zu überwachen (OLG Düsseldorf, Urt. v. 21.12.2012 – 23 U 18/12 – allgemein auch zu den Abgrenzungen von besonderen und einfachen Überwachungspflichten). Auch muss der objektüberwachende Architekt dafür sorgen, dass die Fundamente in einer den anerkannten Regeln der Bautechnik entsprechenden Einbindetiefe in den gewachsenen Boden eingebracht werden, um der in der Statik angenommenen maximalen mittigen Bodenpressung zu genügen (vgl. OLG Düsseldorf NJW-RR 1995, 532). Der Architekt muss sich auch vergewissern, ob der verlegte Stahlbeton im Hinblick auf die Witterung – starke Sonneneinwirkung – feucht gehalten wird (BGH Schäfer/Finnern Z 3.01 Bl. 205). U. U. kann der Architekt die Verpflichtung haben, dem Auftraggeber zu empfehlen, die Stahlbetonarbeiten durch einen Statiker überwachen zu lassen, was vor allem dann gilt, wenn ihm die erforderlichen Fachkenntnisse dafür fehlen (BGH Schäfer/Finnern Z 3.01 Bl. 315). Bei problematischen Bodenverhältnissen muss der Architekt daher zu einem Baugrundgutachten raten. Unterlässt der Architekt dies, so trifft im Verhältnis zu ihm den Bauherrn kein Mitverschulden, sofern er nicht selbst in der Lage ist, die konkreten Bodenverhältnisse und deren Auswirkungen auf das Bauvorhaben einzuschätzen (OLG Zweibrücken, BauR 2010, 1085, NZB BGH, VII ZR 38/09). Ganz besonderer Überwachung bedürfen Isolierungs- und Abdichtungsarbeiten. Das gilt z. B. für die Abdichtung von Balkonen und Loggien (BGH Schäfer/Finnern Z 3.01 Bl. 600; BGH BauR 1986, 112 = Schäfer/Finnern/Hochstein § 635 BGB Nr. 46 = NJW-RR 1986, 182; OLG Düsseldorf Schäfer/Finnern Z 3.01 Bl. 218 und BauR 1973, 252; LG Berlin BauR 2005, 746). Gleiches trifft auf Abdichtungsarbeiten in Kellern (OLG Hamm NJW-RR 1990, 158: Anbringung und Befestigung einer Abdichtungsfolie an einer Kellerwand) und an Umfassungsmauern zu (OLG Karlsruhe MDR 1963, 759); ebenso gilt dies für die Überwachung des vereinbarten Einbaues einer Rückstausicherung in einen Keller (OLG Hamm NJW-RR 1993, 594); auch trifft das auf die Überprüfung der Abdichtung gegen Grund- oder Schichtenwasser zu (OLG Düsseldorf OLGR Düsseldorf 1994, 130; ebenso NJW-RR 1999, 244; OLG Düsseldorf BauR

2005, 442, 603 = NZBau 2005, 402). Wenn der Keller eines Neubaus aufgrund Vereinbarung mit dem Bauherrn als „weiße Wanne" herzustellen ist, ist der bauleitende Architekt verpflichtet, die Isolierung eines nachträglich geschlossenen Durchbruchs durch die Kellerwand zu überwachen, jedenfalls vor Verfüllung des Arbeitsraums zu kontrollieren (OLG Düsseldorf NJW-RR 1999, 244). Ist die Sanierung eines Altbaues als Teil von Trockenlegungsmaßnahmen eines Kellers die Aufbringung eines Sanierputzes als Unterputz vorgesehen, muss der Architekt schon vor der Aufbringung des Unterputzes prüfen, ob die richtige Putzsorte verwendet wird. Spätestens vor Anbringung des Oberputzes hat er die ordnungsgemäße Ausführung zu überprüfen (OLG Dresden, BauR 2008, 1937). Zwar ist die Frage der Abdichtung eines Gebäude bereits eine Frage der Leistungsphase und insoweit bereits dort haftungsträchtig (OLG Düsseldorf, Urt. v. 22.2.2011 – 23 U 218/09). Jedoch sind die Anforderungen der DIN 18195 auf bei der Ausführung in Leistungsphase zwingend zu überwachen. Es kommt desweiteren auch beim Sanierungsbau darauf an, ob bereits zu einem früheren Zeitpunkt die Notwendigkeit der Horizontalabdichtung vorgesehen war (z. B. 1997) und beim Sanierungsbau/Umbau/Modernisierung zu einem späteren Zeitpunkt ebenso (z. B. 2011), insbesondere wegen Dampfdiffusion der Bodenplatte (OLG Düsseldorf, a. a. O.). Bei Verwendung eines Baustoffes mit besonders guten wärmedämmenden Eigenschaften wie Porotonsteine gehört die Wahl eines angepassten Mörtels zu den Planungsaufgaben des Architekten (OLG Düsseldorf BauR 2002, 336). Ist die Abdichtung einer Durchführung in der Kelleraußenwand Gegenstand des Leistungsverzeichnisses, „um sicherzustellen, dass während der Bauzeit kein Wasser in den Keller eintritt", so ist der Unternehmer nicht von der Haftung frei, weil das Wasser erst nach Ende der Baumaßnahme eindringt. Der Architekt ist daneben verpflichtet schon bei Beginn der Arbeiten auf die ordnungsgemäße Erstellung, unabhängig vom Leistungsziel darauf zu achten. Dies gilt auch für den Fall, das die Überprüfung alleine dieser leistungskonformen Ausführungsart keine besonderen Kenntnisse erfordert und eine besondere Sicherung des Gebäudes durch Erstellung des Kellers als „weisse Wanne" vereinbart wurde (OLG München BauR 2003, 278). Ist auf dem Betonboden feuchte Schlacke aufgebracht worden und steigt deswegen an Fußböden Feuchtigkeit auf, weist dies auf einen Aufsichtsfehler des Architekten hin (BGH Schäfer/Finnern Z 3.01 Bl. 325). Der Architekt hat allgemein die Pflicht zu sorgfältigsten Überlegungen im Hinblick auf die Boden- und Wasserverhältnisse. Die Planung der Abdichtung eines Bauwerkes gegen Wasser muss bei einwandfreier Ausführung zu einer fachlich richtigen, vollständigen und dauerhaften Abdichtung führen. Sind Details der Ausführung besonders schadensträchtig, müssen diese im Einzelnen geplant und dem Unternehmer in einer jedes Risiko ausschließenden Weise verdeutlicht werden. Die Planung muss die wichtigsten Maßnahmen gegen die besondere Schadensanfälligkeit darstellen, wozu die maßgeblichen Einzelheiten der Herstellung gehören (OLG Düsseldorf, BauR 2009, 277). Im Rahmen der Planung eines Bauvorhabens mit Kellerbereich hat sich der Architekt grundsätzlich nach den Grundwasserständen zu erkundigen und seine Planung nach dem höchsten aufgrund langjähriger Beobachtung bekannten Grundwasserstand zuzüglich eines Sicherheitszuschlags von 0,30m auszurichten, Eine Begrenzung der Beobachtungszeit ist aber nicht angezeigt (OLG Frankfurt/M., NZBau 2008, 721). Allerdings muss der Architekt die Ursache von Feuchtigkeitseintritten nur dann weiter aufklären, wenn die Schadensursache unklar ist und objektiv Anlass zu weiteren Untersuchungen besteht (OLG Koblenz, Urt. v. 17.1.2013 – 1 U 215/12).

Die **Prüfung des Baugrundes** ist eine wesentliche Nebenleistungspflicht des Architekten mit verbindlichem schuldrechtlichen Charakter. Liegen bekanntermaßen besondere Baugrundverhältnisse vor und bestehen spezielle Anforderungen an die Gründung des Bauvorhabens, reichen allgemeine Kenntnisse des Architekten über Bodenverhältnisse in der betreffenden Region nicht aus. Kommt es in einer solchen Konstellation aufgrund einer fehlenden Baugrunduntersuchung zu Setzungsrissen, ist der Architekt zum Schadenersatz verpflichtet (OLG Rostock, Urt. v. 3.3.2010 – 2 U 68/07; NZB BGH 22.12.2011 – VII ZR 55/10). Gibt ein beauftragtes Baugrundgutachten mehrere generell geeignete Ausführungsvarianten für die Abdichtung eines Kellers vor („weiße" oder „schwarze Wanne") haftet der Architekt, wenn er davon die für die spezielle Nutzung (Hobbyraum, Wohnung im Souterain) untaugliche aussucht. Wenn der Bauherr aber an einen sonstigen Dritten (Baubetreuer oder Projektsteuerer) die Beurteilung des Baugrundrisikos delegiert, kann sich der Dritte dem Bauherrn gegenüber nicht auf das Verschulden des Architekten, Baugrundgutachters oder Unternehmers berufen (LG Stuttgart, Urt. v. 9.10.2008 – 26 O 205/07).

Besonders auch die **Dachkonstruktion** und deren Verankerung sind im Rahmen der Herstellung einer **erhöhten Aufmerksamkeit** des Architekten unterworfen (BGH Schäfer/Finnern Z 3.01 Bl. 416; OLG München Schäfer/Finnern Z 2.211 Bl. 3; OLG Düsseldorf BauR 1998, 810 = OLGR Düsseldorf 1997, 191); auch muss der Architekt die ordnungsgemäße Anbringung der Rinneisen und Dachrinnen prüfen (BGH NJW 1962, 1499 = Schäfer/Finnern Z 3.01 Bl. 172). Gleiches gilt für die Überprüfung von Abdichtungs- und Isolierarbeiten (OLG Hamm BauR 1990, 638). Gerade heute muss der Architekt überwachen, ob die erforderliche Schallisolierung ordnungsgemäß und ausreichend angebracht ist; er darf sich nicht allein darauf verlassen, dass eine bekannte Fachfirma hier das Erforderliche getan hat (BGH Schäfer/Finnern Z 3.01 Bl. 41). Ferner muss der Architekt insbesondere bei Umbau-, Renovierungs- und Erweiterungsbauten darauf achten, dass wesentliche Bauteile, die gerade auch für die Zukunft ordnungsgemäß vorhanden sein müssen, nicht entfernt werden (vgl. OLG Hamm NJW-RR 1992, 1049 im Falle der Entfernung einer Betonaufkantung, die als Schutz gegen überschießendes Wasser diente).

308 Außenputzarbeiten an einem den Witterungseinflüssen ausgesetzten Baukörper mit entsprechenden Winkeln, Stufungen und erheblichen Vertikalflächen stellen **keine handwerklichen Selbstverständlichkeiten** dar (OLG Brandenburg, NZBau 2007, 723; OLG Brandenburg, Urt. v. 18.3.2009 – 3 U 37/08). Auch bei Innenputzarbeiten und vergleichbaren Bauleistungen sind Stichproben und Kontrollen am Ende der Arbeiten erforderlich (OLG Brandenburg a.a.O.). Verschraubungen von Trockenestrichplatten und deren Verleimung sind keine handwerklichen Selbstverständlichkeiten und damit überwachungsbedürftig (OLG Rostock, Urt. v. 11.11.2008 – 4 U 27/06).

309 Der mit **Umbaumaßnahmen** betraute Architekt hat durch Prüfung der vorhandenen Bausubstanz dafür zu sorgen, dass die umzubauenden Räume ohne störende Tritt**schallimmission** aus anderen Wohnungen/Gewerbeeinheiten genutzt werden können. Er darf nicht darauf vertrauen, dass die vorhandene Bausubstanz für die eigene Planung verwendungsfähig ist (LG Hannover IBR 2003, 207). Der Architekt, der nur für die Aufsicht bei einem einzelnen Gewerk bestellt ist, hat diese Leistung auf qualitative Ausreifung zu überprüfen, damit andere Gewerke darauf aufbauen können; der bauleitende Architekt, der die Anwendung der anerkannten Regeln der Technik zu überprüfen hat, hat auch Regelwerke zu beachten, die von Bauverbänden, welche mit einem bestimmten Nachdruck zur Veröffentlichung gelangt sind, herausgegeben wurden. Ein Bauträger kann den mit der Planung von Reihenhäusern beauftragten Architekten nicht wegen Fehlplanung mit der Begründung in Haftung nehmen, das Bauwerk entspreche hinsichtlich des Schallschutzes trotz der Einhaltung der DIN 4109 nicht dem Stand der Technik, da eine einschalige statt einer doppelschaligen Bauweise geplant worden sei. Dies setzt aber voraus, dass der Bauträger selbst vom Fach ist und dem Architekten in Augenhöhe gegenübersteht und darüber hinaus er die einschalige Ausführung nach Einschaltung eines anderen Sachverständigen gezielt angeordnet wurde und er ebenfalls schon vor Erstellung der Planung die Kaufpreise der Gebäude entsprechend verbindlich kalkulierte (OLG Stuttgart, Urt. v. 17.10.2011 – 5 U 43/11). Der Architekt muss also grundsätzlich den heute üblichen Schallschutzstandard seiner Planung für den Umbau und die Sanierung einer Eigentumswohnung zu Grunde legen (OLG Hamm, Urt. v. 27.2.2014 – 21 U 159/12; beim Bauträger-Reihenhausbau: BGH, Urt. v. 20.12.2012 – VII ZR 209/11). Er hat nicht nur bereits im Rahmen der Grundlagenermittlung, sondern auch bei Bauüberwachung zu berücksichtigen, dass das heutige geforderte oder das vereinbarte Schallschutzniveau mit deutlich höheren Anforderungen auch zu deutlich höheren Planungs- und Herstellungskosten führt (OLG Düsseldorf, BauR 2010, 2142).

310 **Weitere besondere Gefahrenquellen die der Architekt schon während der Bauphase dauerhaft zu überprüfen hat sind:**

Ausführung des winterlichen Wärmeschutzes und als Folge davon **Kondensat- und Schimmelbildung** in Bauteilen (Holzdach, Innenräume, Rollenkästen; BGH, Beschl. v. 19.12.2013 – VII ZR 54/12 – **übliche Überwachungspflicht**).

Bei einfacher Überwachungspflicht: Der Architekt und der Bauunternehmen haften als **Gesamtschuldner,** wenn infolge lang andauerndes Dauerfrostes eine nicht entleerte Kaltwasserleitung platzt. Den Bauherrn trifft ein Mitverschulden gem. § 254 BGB von ⅓ (OLG Köln BauR 2003, 1730; BauR 2004, 552).

Allgemein alle **Abdichtungs- und Isolierungsarbeiten:** Abdichtungsfolie beim Kaminbau (OLG Hamm BauR 1990, 638); Abdichtung bei Schwimmbad (Brandb. OLG BauR 2001, 283); Drainage und Außenisolierung (OLG Hamm BauR 1995, 269; BGH BauR 2007, 423 = NJW 2007, 365 = NZBau 2007, 108); Abdichtung gegen drückendes Wasser (OLG Düsseldorf BauR 2001, 1780; OLG Celle BauR 2001, 1778); Hinweise bei Abweichung von Plänen an Bauherrn und Unternehmer (OLG Düsseldorf BauR 2001, 1780); Bitumendickbeschichtung (OLG Celle BauR 2001, 1778); Glasdachabdichtungen (BGH BauR 2000, 1513); Wärmedämmung in Dachbereich (KG BauR 2000, 1362; OLG Dresden, BauR 2010, 1640); Sanierungsmaßnahmen und Fachwerksanierung (BGH BauR 2000, 1217); Dachdichtung im Dachterrassenbereich (OLG Koblenz, Urt. v. 28.3.2013 – 1 U 295/12); Dehnfugen (KG IBR 2006, 509); Salz- und Feuchtehaushalt mit Sanierungsplanung und Fassaden-/Mauerwerkssanierung – Abdichtungen (OLG Celle, Urt. v. 29.1.2014 – 7 U 159/12); Carportkonstruktion und Abdichtung zum Gebäude und Wärmedämmkonstruktion (OLG Hamm, Urt. v. 6.3.2013 – 12 U 122/12).

Fälle **einfacher Überwachungspflichten:** Der bauleitende Architekt haftet für die aus einer fehlerhaften Dacheindeckung entstehenden Schäden, wenn er seinen Pflichten bei der Überwachung der Dachdeckerarbeiten nicht mit der gebotenen Sorgfalt nachkommt. Dazu zählt es, sich über die Anforderungen an eine altdeutsche Eindeckung zu informieren und deren Ausführung im Einzelnen zu überwachen. Er muss erkennen, wenn Schiefersteine in nicht ausreichender Höhe überdeckt und die Mindestgebindesteigung nicht eingehalten werden (LG Düsseldorf IBR 2005, 1017).

311   Eine **gesteigerte Überwachungspflicht** trifft den Architekten, wenn er **selbst Anordnungen** auf der Baustelle getroffen hat. Dann muss er sich nicht nur vergewissern, dass sie ausgeführt werden, sondern er muss auch prüfen, ob dies auch sachgerecht geschieht (vgl. BGH Schäfer/Finnern/Hochstein § 823 BGB Nr. 14), wie z.B. hinsichtlich der Verwertung des ausgeschriebenen, geeigneten Putzes (vgl. z.B. OLG Bamberg BauR 1996, 284). Allerdings richtet sich der Umfang der Bauaufsichtpflicht nach den Umständen des Einzelfalles. Kritische Bauabschnitte, von denen das Gelingen des ganzen Werkes abhängt, sind dagegen persönlich oder durch einen erprobten Erfüllungsgehilfen unmittelbar zu kontrollieren (OLG Oldenburg NZBau 2000, 255). Auch die Durchführung von **Sanierungs- und Mauerwerksabdichtungsarbeiten** an einem **Altbau** (hier: Salz- und Feuchtehaushaltsplanungen durch vorhergehenden Fachplaner erforderlich) ist als schwieriger und kritischer Bauabschnitt anzusehen, bei dem eine gesteigerte Bauaufsicht erforderlich ist (OLG Celle, Urt. v. 29.1.2014 – 7 U 159/12).

Glassfassadenkonstruktionen sind für die Dichtigkeit eines Gebäudes von **wesentlicher** Bedeutung. Es handelt sich um ein besonders schadensträchtiges Gewerk. Die Ausführung bedarf daher der gesteigerten Überwachung durch den bauleitenden Architekten (OLG Hamm, Urt. v. 20.12.2013 – 12 U 79/13).

312   **Andererseits:** Bei **einfachen Bauarbeiten** – hierzu Rdn. 236, 238 – (z.B. bei Aufträgen des Innenputzes) kann der bauleitende Architekt sich in der Regel darauf verlassen, dass der Unternehmer sie ohne seine ständige Überwachung ordnungsgemäß ausführt; eine erhöhte Aufsicht ist hier aber geboten, wenn sich bereits während dieser Arbeiten Mängel der Ausführung herausstellen, damit weitere Mängel und damit Schäden vermieden werden (vgl. LG Köln VersR 1981, 1191). **Handwerkliche Selbstverständlichkeiten** bei allgemein üblichen und gängigen und einfachen Arbeiten sind im Zweifel nicht vom Architekten zu überwachen (OLG Stuttgart BauR 2006, 1772 – Bauaushub- und Unterfangungsarbeiten; KG BauR 2006, 400 – Gerüstanker; OLG Naumburg IBR 2006, 36 – Pflasterarbeiten; LG Itzehoe BauR 2006, 408 – Außenputzarbeiten; Dampfdiffusion von

PVC-Folien – BGH, BauR 2010, 1959; Putzarbeiten – OLG Dresden, Urt. v. 28.1.2010 – 10 U 1414/08, NZB BGH 10.3.2011 – VII ZR 37/10; Montage von Oberlichtern – OLG Rostock, Urt. v. 11.11.2008 – 4 U 27/06). Der Architekt darf sich nicht darauf verlassen, dass an ein **Spezialunternehmen** erhöhte Anforderungen zu stellen sind und die handwerklichen Selbstverständlichkeiten ein erhöhtes Niveau erreichen (**Glasfassadenbau**; OLG Saarbrücken IBR 2006, 341). Allerdings trifft den Architekten dann kein Verschulden, wenn er sich zur Lösung einer bestimmten Aufgabe an ein Unternehmen wendet, das sich aufgrund von Spezialkenntnissen auf bestimmte planerische und tatsächliche Anforderungen als Spezialfirma ausgibt und es keinen triftigen Grund gibt den Aussagen der Firma zu misstrauen (OLG München, Urt. v. 22.2.2011 – 13 U 4056/10).

Zu den einfachen Arbeiten – handwerkliche Selbstverständlichkeiten – gehören weiterhin, Malerarbeiten, Aufbringen von Dachpappe, Errichten einer kleinen Klärgrube, Verlegung von Fußboden, Platten, Parkett, Laminat, Innenputz, einfache Erdarbeiten, jedoch nicht im Zusammenhang mit Drainage oder Abdichtarbeiten, Holzarbeiten, einfache Fassadenarbeiten oder Beschichtungen von Putzoberflächen (hierzu OLG Köln NJW-RR 2001, 1167; KG BauR 2001, 1151; OLG Schleswig IBR 2001, 131). Ebenfalls jetzt auch die Estricharbeiten; jedoch im Einzelfall doch: vor Beginn Gitternetzprüfung (OLG Oldenburg NJW-RR 2000, 21). Übertrieben: OLG Stuttgart BauR 2001, 671, wonach der Architekt eigenmächtig Materialmessungen des Estrichs veranlassen muss.

Aber: Geht der Architekt fälschlich davon aus, dass es sich um handwerkliche 313 **Selbstverständlichkeiten handelt,** die er nicht überwacht, so kann der Nachweis der Verletzung der Bauaufsichtspflicht durch den Anscheinsbeweis im gerichtlichen Verfahren für den Bauherrn erleichtert sein (BGH, BauR 2010, 1959, BGHZ 174, 32).

Grundsätzlich muss der Architekt darüber wachen, dass **nur geeignete Stoffe und** 314 **Bauteile** verwendet werden (BGH NJW 1961, 1256; OLG Hamburg MDR 1958, 424 = VersR 1958; 711; LG Düsseldorf Schäfer/Finnern Z 3.01 Bl. 240; OLG Hamm, BauR 2003, 567). Der Architekt muss die technischen Fachkenntnisse haben, die für die Durchführung seiner Aufgaben erforderlich sind. Er darf sich nicht darauf berufen, dass ihm an der Universität die für die Erfüllung der Aufgaben notwendigen Fachkenntnisse nicht vermittelt worden sind (BGH BauR 2003, 1613, 1918 = NJW-RR 2003, 1454). Hat der Architekt den Abriss von Schornsteinen an einem Altbau vorgesehen, so muss er seine Anordnung, einzelne Schornsteinzüge von dem Abriss auszunehmen, bei der Bauausführung überwachen (vgl. KG BauR 1999, 421). Die Anbringung einer abgehängten Decke muss vom objektüberwachenden Architekten kontrolliert werden, kommt es aufgrund einer fehlerhaften Verankerung zu einem Deckeneinsturz, ist nach dem ersten Anschein der Beweis dafür geführt, dass der Architekt seiner Überwachungspflicht nicht nachgekommen ist. Dieser Anscheinsbeweis kann nicht dadurch erschüttert werden, dass der Architekt pauschal vorträgt, die Baustelle sei regelmäßig kontrolliert worden und bei der Ausführung von wichtigen Arbeiten sei er ständig anwesend gewesen (LG Krefeld BauR 2004, 725). Ein Architekt hat eine Planung mit einem Baustoff (ECB-Bahnen) der sich im Ergebnis als ungeeignet erweist, **nicht** zu vertreten, wenn im Zeitpunkt der Planung und Durchführung eine ausreichende Erfahrung mit dem Baustoff bestand und sich erst später die Ungeeignetheit herausstellte. Der Architekt braucht dann trotz kurz vor der Abnahme von Bauherren und Dritten geäußerten Kritik an dem Werkstoff nicht zur Abnahmeverweigerung raten (OLG Hamm, BauR 2003, 567). Sollen neue Baumaterialien zur Ausführung kommen, muss sich der Architekt mit ganz besonderer Sorgfalt über ihre Eignung informieren; dazu gehört nicht nur die Geeignetheit des Materials, sondern auch die sachgerechte Verarbeitungstechnik, wie z. B. die Eignung des vorgesehenen Klebers für die Schwimmbadplattierung; verletzt der Architekt diese Sorgfaltspflicht, so hat er auch dafür einzustehen, dass der Bauherr auf Grund nachträglicher Zweifel des Architekten an der Eignung des Verarbeitungsmaterials den Vertrag mit der ausführenden Firma kündigt und das schon gelieferte Baumaterial bezahlt (OLG Köln BauR 1990, 103 = Schäfer/Finnern/Hochstein § 635 BGB Nr. 67). Bei Auswahl einer bestimmten Holzart muss er darauf achten, dass diese verwendet wird, vor allem wenn er sie dem Bauherrn empfohlen hat; notfalls muss er sich hier von einem Sachverständigen beraten lassen (BGH Schäfer/Finnern Z 3.01

Bl. 177). Die Prüfung einer Holzlieferung auf die erforderliche Imprägnierung führt nur dann zur Befreiung von der Verschuldenshaftung, wenn die Begleitpapiere der DIN 68 800 Teil 3, 10.1 entsprechen. Das gilt selbst dann, wenn die Lieferrechnung wahrheitswidrig imprägniertes Holz ausweist. Die fehlende Prüfung der Begleitpapiere für eine Holzlieferung stellt eine nicht bloß leicht fahrlässige Pflichtverletzung des Bauüberwachers für eine Warmdach-Konstruktion dar (OLG Frankfurt/M. NJW-RR 2010, 535). Isolierungsfenster, die bei Sanierungsarbeiten eingebaut werden, müssen im Hinblick auf bestimmte Forderungen der Baubehörde nach Einhaltung eines bestimmten Standes der EnEV und auch bei Vorgaben der Förderungsrichtlinien vom Architekten bei Einbau bereits überwacht und geprüft werden (OLG Brandenburg, BauR 2009, 1016). Bei Erhaltungsarbeiten hat der Architekt eine Beratungspflicht bei Schutzanstrichen für Fensterrahmen aus Kiefernholz bei stark bewitterter Fassade (OLG Koblenz, Beschl. v. 30.5.2011 – 5 U 297/11). Der nach dem Wechsel eines Baumaterials konstruktiv bedingte Eintritt von Rissen sowie eine fehlende Wärmedämmung fallen nicht allein in den Verantwortungsbereich des Planers, sondern auch des bauüberwachenden Architekten (OLG Koblenz, Urt. v. 7.10.2011 – 1 U 102/11). Muss die Verfliesung einer Industriehalle einer speziellen chemischen Belastung dauerhaft standhalten, darf der planende Architekt sich nicht darauf beschränken, die Chemikalienliste an die vermeintlich hinreichend erfahrenen Handwerker weiterzuleiten. Der Architekt muß durch Nachfrage beim Hersteller der Fliesen, beim Produzenten des Fliesenklebers und vor allem beim Fabrikanten des Fugmörtels sicherstellen, daß alle drei Komponenten einzeln und auch in Kombination miteinander den speziellen Anforderungen des Objekts genügen (OLG Koblenz, Urt. v. 25.9.2012 – 5 U 577/12). Wird von Verarbeitungsrichtlinien abgewichen, ist dafür das Einverständnis des Herstellers einzuholen und ggfs. für die Abweichung von geprüften Systemen eine erneute Funktionsprüfung durchzuführen (OLG Celle, Urt. v. 29.11.2012 – 5 U 70/12).

315   Die Pflicht zur ordnungsgemäßen Überwachung in dem durch die vorangehenden Beispiele gekennzeichneten Rahmen **mindert sich** für den Architekten **nicht dadurch,** dass der Auftraggeber sog. **Schwarzarbeiter** bei der Bauausführung einsetzt. Grundsätzlich steht ihm aber das Recht zu, in solchen Fällen den Architektenvertrag aus wichtigem Grund zu kündigen (ähnlich Locher/Koeble/Frik § 33 Rdn. 247; Bindhardt/Jagenburg § 6 Rdn. 127). Überhaupt müssen **unzuverlässige Bauunternehmer genauer beaufsichtigt** werden (BGH BauR 1971, 205; BGH Schäfer/Finnern Z 3.010 Bl. 20; BGHZ 70, 12 = BauR 1978, 60 = NJW 1978, 322). Hat der bauüberwachende Architekt das Handwerksunternehmen, dessen Arbeiten überwacht werden sollen, nicht selbst ausgewählt und vermag er dessen Fachkunde, Leistungsfähigkeit und Zuverlässigkeit nicht einzuschätzen, führt dies zu einer Steigerung der Überwachungspflichten und zwar vor allem **zu Beginn der Arbeiten** (OLG Naumburg BauR 2006, 2089 = NZBau 2007, 453). Auch dann, wenn der Architekt den betreffenden Unternehmer für so wenig sachkundig hält, dass er gegenüber dem Auftraggeber dem Einsatz dieses Unternehmers widerspricht, genügt für ihn zur Entlastung nicht die bloße Mitteilung, dass er hinsichtlich dieses Unternehmers keine Verantwortung übernehme (BGH in der zuletzt genannten Entscheidung). Die gleichen Grundsätze gelten auch bei erkennbar unsicheren Unternehmern. Ist für den Architekten unter den gegebenen Umständen die Fortsetzung des Vertrages mit dem Auftraggeber nicht mehr zumutbar, etwa weil der Auftraggeber hartnäckig auf dem weiteren oder überhaupt dem Einsatz eines absolut unzuverlässigen Unternehmers besteht, kann er auch hier zur Vertragskündigung aus wichtigem Grund berechtigt sein.

316   Die hier erörterten **Aufsichtspflichten des Architekten mindern sich nicht dadurch, dass der Auftraggeber Eigenleistungen erbringt;** jedoch kann der Architekt grundsätzlich darauf vertrauen, dass der Auftraggeber die nötigen Fähigkeiten und Kenntnisse zu seinen Eigenleistungen besitzt (vgl. OLG Hamm OLGR 1996, 205). Schuldet der parallel vom Bauherrn beauftragte Generalunternehmer die umfassende Objektüberwachung, liegt darin keine Leistungskürzung des Architektenvertrags, die zum Wegfall der Überwachungspflichten des Architekten führt (OLG Saarbrücken BauR 2005, 769).

317   Die **unentgeltliche Übernahme** von Architektenleistungen beruht angesichts der wirtschaftlichen Bedeutung für den Bauherrn in der Regel auf einer rechtlichen Bindung der Beteiligten und begründet daher im Falle einer Schlechterfüllung Gewährleistungs- und Schadensersatzansprüche (OLG Düsseldorf BauR 2005, 442, 609 = NZBau 2005, 402). Wird ein Architekt aus Gefälligkeit für den Auftraggeber tätig, können aus einem solchen **Gefälligkeitsverhältnis** Schadenersatzansprüche entstehen. Übernimmt der Architekt gefälligkeitshalber die Überwachung eines zu errichtenden Objekts, haftet er angesichts der überragenden Bedeutung einer sorgfältigen Bauüberwachung nach denselben Maßstäben wie ein Architekt (OLG Celle/Nichtannahmebeschl. BGH BauR 2002, 1427). Dies Ansicht wurde noch erweitert, in dem auf den Einzelfall abzustellen ist. Denn wird der Architekt für den Bauherrn aus Gefälligkeit unentgeltlich beratend tätig, kann unter Berücksichtigung der Umstände des Einzelfalles eine stillschweigende Haftungsbegrenzung auf sog. „Sorgfalt in eigenen Angelegenheiten" angenommen werden. Der Architekt haftet dann nur für vorsätzliche oder grob fahrlässige Pflichtverletzung oder Schlechtleistungen (OLG Dresden, Urt. v. 19.10.2010 – 5 U 300/10).

Jedoch: Schuldet der Architekt dem Auftraggeber Schadensersatz wegen Vernachlässi- **318** gung seiner Bauaufsicht und dadurch verursachter mangelhafter Bauleistungen durch einen fachlich nicht geeigneten ausführenden Unternehmer, kann der Auftraggeber seinen Schaden nach den Kosten der Mängelbeseitigung durch einen Fachunternehmer nur dann berechnen, wenn er nachweist, dass er bei ordnungsgemäßer Erfüllung der Architektenpflichten nicht sofort einen qualifizierten Fachunternehmer mit der Fortsetzung der Arbeiten beauftragt hätte (Ohnehinkosten), sondern mit Hilfe des Architekten den fachlich nicht geeigneten Unternehmer zu ordnungsgemäßer Erfüllung seiner Leistung hätte veranlassen können. Gelingt ihm dieser Nachweis nicht, kann der Auftraggeber nur Ersatz der an den ungeeigneten Unternehmer gezahlten nutzlosen Aufwendungen verlangen (vgl. dazu OLG Düsseldorf BauR 1993, 241).

Entsteht ein Mangel dadurch, dass der **Auftraggeber** (z.B. Bauträger, Generalunter- **319** nehmer) eigenmächtig von der Planung abgewichen ist, so haftet der Architekt bestenfalls über **§ 254 BGB zu einer Quote,** wenn er die Abweichung bei seiner Aufsichtstätigkeit hätte bemerken müssen (vgl. OLG Hamm BauR 1995, 269).

Zur **Verkehrssicherungspflicht** des aufsichtführenden Architekten vgl. Locher, Das **320** private Baurecht, Rdn. 452; Schmalzl, Die Haftung des Architekten, Rdn. 80 ff.; Neuenfeld BauR 1981, 436. Grundsätzlich ist der mit der Bauüberwachung betraute Architekt nur verpflichtet von ihm selbst veranlasste oder erkennbar konkret erkannte Gefahren auf der Baustelle zu beseitigen. Aufgabe der einzelnen am Bau tätigen Unternehmer ist es dagegen, den Ablauf der von ihnen übernommenen Arbeiten und die Einhaltung der einzelnen Bauabschnitte zu überwachen und etwa erforderliche Sicherungsvorkehrungen zu überwachen (vgl. OLG Nürnberg VersR 1996, 460; ebenso OLG Düsseldorf BauR 1996, 731; OLG Frankfurt BauR 1998, 152 m. abl. Anm. v. Vogel/Vogel a. a. O.). Jedoch ist es im Bereich der Verkehrssicherungspflicht Aufgabe des aufsichtführenden Architekten, darauf zu achten, dass zum Schutze von Menschen und Sachen im Rahmen der Baugenehmigung erteilten Auflagen vom ausführenden Unternehmer beachtet werden (vgl. BGH NJW 1997, 582) im Falle der Nichtbeachtung der sich aus Baugenehmigung ergebenden Auflage, bei Bau eines Löschteiches eine Umzäunung anzubringen und dem mit dem Tod endenden Unfall eines sechseinhalbjährigen Jungen. Zu den hier erörterten Fragen vgl. auch Bindhardt/Jagenburg § 6 Rdn. 106 ff. Ein Architekt, der im Rahmen der ihm übertragenen Bauaufsicht die Ausführung gefahrträchtiger Isolierarbeiten pflichtwidrig nicht hinreichend überwacht, haftet einem Mieter deliktisch auf Schadensersatz, wenn die eingebrachten Sachen eines Mieters wegen der Mängel des Bauwerks zu Schaden kommen, z.B. Rostschäden an gelagerten Maschinen entstehen (vgl. BGH BauR 1991, 91 = MDR 1991, 429 = Schäfer/Finnern/Hochstein § 823 BGB Nr. 24 = NJW 1991, 562 = LM § 823 (Dc) BGB Nr. 177). Bei einer zeitlich gestaffelten Gerüsterrichtung ist es Aufgabe des bauüberwachenden Architekten, den Fortgang der Arbeiten so zu koordinieren, dass einem Nachfolgeunternehmen der Zugang zum Dach nicht eröffnet wird, bevor das dafür ersichtlich unzureichende Gerüst entsprechend dem Konzept des Leistungsverzeichnisses nachgerüstet worden ist. Stürzt ein Dachdecker wegen des noch unzureichenden Gerüstausbaus, dann folgt aus der unzureichenden Koordinierung der Arbeiten durch Architekten dessen originärer Verschuldensbeitrag zum Unfall. Dieser Verschuldensbeitrag besteht neben der Verantwortlichkeit des Gerüstbauunternehmers und ihres für den Gerüstbau zuständigen Bautechnikers wegen des ihnen anzulastenden Verstoßes gegen ihre Verkehrssicherungspflicht (OLG Stuttgart NJW-RR 2007, 739).

321   Diese **Koordinierungspflicht** ist als weitere Leistung (vgl. Locher/Koeble/Frik, HOAI, § 33 Rdn. 254) originäre Aufgabe des bauüberwachenden Architekten (BGH, Beschl. v. 31.7.2013 – VII ZR 59/12 zum Vortrag im Prozess, daß das Vordergericht die Behauptung des Auftraggebers übersah, der Architekt habe während der Baubesprechungen sich den Vorhalt der ungenügenden Koordinationstätigkeit anhören müssen und damit Kenntnis gehabt; OLG Celle, Urt. v. 4.10.2012 – 13 U 234/11). Neben der technischen Entgegennahme der Bauleistungen trifft den Architekten nämlich die weitere Verpflichtung, im Rahmen seiner Koordinierungspflicht die Einzelgewerke entsprechend dem Baufortschritt, aufeinander abzustimmen (Locher/Koeble/Frik, § 33 Rdn. 254). Die Grundleistung ist die Koordinierung aller an der Objektausführung fachlich Beteiligten, wobei der Architekt die Reihenfolge der zu erbringenden Leistungen so festzulegen hat, dass Baubeteiligte sich nicht gegenseitig behindern, fertig gestellte Teile des Bauwerks nicht durch Folgearbeiten beschädigt werden und kein Baubereich im Laufe der Ausführung ohne fachkundige Aufsicht ist (Löffelmann/Fleischmann, Rdn. 665). Darin drückt sich nicht nur eine dem Bauherrn gegenüber bestehende Leistungspflicht aus. Darin verkörpert sich vielmehr neben der so genannten sekundären Verkehrssicherungspflicht (vgl. hierzu etwa Werner/Pastor, Der Bauprozess, Rdn. 1862 m.w. Nachw.) die besondere deliktsrechtliche Verantwortlichkeit des Architekten, wenn ihm übertragen, durch Abstimmung der Gewerke und durch Arbeitsveranlassung unterschiedlich Handelnde in den Gefahrenbereich Baustelle einzuführen (Werner/Pastor, Rdn. 1860, 1863 und 1864), eben: Herstellung einer sicheren Baustelle für diejenigen Personen, denen er den Zutritt gewährt. Das begründet seinen ganz maßgeblichen, da originären Verschuldensbeitrag, der in die Abwägung gem. § 426 BGB einzustellen ist.

322   Hat der Architekt fehlerhaft geplant oder überwacht, so braucht er dem Auftraggeber allerdings keinen Schadenersatz mehr zu leisten, als endgültig feststeht, dass dieser an den Bauunternehmer gerade wegen des in Rede stehenden Mangels keinen Werklohn bezahlen muss, da der Bauherr dann insoweit **keinen Schaden** mehr hat (vgl. BGH NJW 1996, 2370 = BauR 1996, 732 = Schäfer/Finnern/Hochstein § 249 BGB Nr. 32 = LM § 249 (Hd) BGB Nr. 49). Anders naturgemäß dann, wenn der Schaden durch den Werklohn des Unternehmers noch nicht voll abgedeckt ist. Dann ist der verbleibende Differenzbetrag noch dem Schaden zuzurechnen und der Architekt ist u.U. insoweit noch ersatzpflichtig (kritisch dazu Glöckner BauR 1997, 529).

323   Den **Einsatz neuartiger Baustoffe und Bauteile** hat der Architekt grundsätzlich mit **erhöhter Aufmerksamkeit** zu überwachen; allerdings ist er nicht verpflichtet, nur solches Material zu verwenden, welches seit Jahren bekannt und bewährt ist, da sonst der Einsatz neuer Werkstoffe und damit die Weiterentwicklung der Bautechnik erschwert, wenn nicht gar unmöglich gemacht würde (vgl. BGH BauR 1976, 66).

324   Eine Haftung des Architekten bei **missachteter Aufmaß- und Abnahmepflicht** kommt vornehmlich in Betracht, wenn er überhaupt **gebotene Feststellungen unterlassen** hat oder wenn er **schuldhaft unsorgfältig vorgegangen** und dem Auftraggeber dadurch ein Schaden entstanden ist, wie etwa durch ein unberechtigt abgegebenes deklaratorisches Anerkenntnis oder durch einen bei der technischen Abnahme übersehenen Fehler in der Ausführung oder im Material. Grundsätzlich ist der Architekt verpflichtet, auf die Baustelle angeliefertes Material bereits auf etwaige erkennbare Fehler zu untersuchen (BGH Schäfer/Finnern Z 3.01 Bl. 156). Allerdings können sich hier die gebotenen Kontrollen im Allgemeinen auf Stichproben beschränken, es sei denn, es besteht Anlass zu der Annahme, dass nicht nur einzelne Stoffe oder Bauteile aus einer Lieferung fehlerhaft sind, sondern mehrere oder gar alle (ähnlich Locher/Koeble/Frik § 33 Rdn. 257).

325   Leistet der Bauherr an den Werkunternehmer **Abschlagszahlungen,** damit dieser finanziell in die Lage versetzt wird, gravierende Mängel zu beseitigen, muss er sich das dadurch in Kauf genommene Risiko bei nachfolgender Insolvenz des Werkunternehmers

anrechnen lassen. Der Architekt, der den Bauherrn pflichtwidrig nicht darauf hinweiset, dass der Werkunternehmer auch mittels der Nachbesserung das Leistungssoll nicht erfüllen kann, haftet mit, wenn der Bauherr zwecks Durchführung der Nachbesserung noch nutzlos Zahlungen an den Werkunternehmer leistet (OLG Düsseldorf, Urt. v. 22.6.2010 – 21 U 54/09).

Eine weitere Haftungsposition ist die bereits in den Leistungsphasen 2, 3 und 7 ange- **326** sprochen **Kostenüberschreitung;** es wird auch auf die allgemeinen Erläuterungen im Teil B der Kommentierung verwiesen. Im Einzelnen zu Leistungsphase 8: Gehen in einem Architektenvertrag sowohl der Architekt, als auch der Bauherr gemeinsam von einer bestimmten Kostenbasis aus und machen diese unter der Überschrift „Kostenrahmen" übereinstimmend zur Grundlage des Vertrages, handelt es sich nicht lediglich um eine Berechnungsgrundlage zur Honorarermittlung, sondern um die vertragliche Vereinbarung eines Kostenlimits (OLG Celle, BauR 2009, 549, BauR 2009, 997 = NZBau 2009, 663). Auch bei einer gemeinsamen Kostenvorstellung ist dem Architekten ein Überschreiten des Toleranzrahmens zuzubilligen. Dieser kann im Rahmen der Kostenermittlung dann bei 30% bei der Kostenschätzung liegen (OLG Schleswig, BauR 2009, 1340, NZBau BGH, VII ZR 90/09). Bei der Kostenfeststellung wäre er bei 10% etwa und auch einzelfallbedingt anzusiedeln.

Nimmt der Architekt bei der Rechnungsprüfung einen gebotenen Abzug nicht vor oder **327** übersieht er ein falsches Aufmaß, muss seine Berufshaftpflichtversicherung dafür eintreten, ohne sich auf § 4 I 6 Abs. 3 AHB berufen zu können, weil es sich um Mängelfolgeschäden handelt, die mit einer fehlerhaften Werkleistung zusammenhängen (LG Tübingen, Schäfer/Finnern/Hochstein § 4 AHB Nr. 4).

Allgemein zur **Berufshaftpflichtversicherung** Sangenstedt/Anrik, C VII. und zur **Anspruchsberechtigung und Fälligkeit des Deckungsanspruchs in der Architektenhaftpflichtversicherung,** Sohn, BauR 2014, 465.

Der versicherte Architekt kann im Rahmen eines Rechtsstreits nicht mit der Behauptung gehört werden, seine Architektenleistung sei mangelfrei erbracht, wenn seine Versicherung vorprozessual die mangelhafte Leistung ihres Versicherungsnehmers auf Grund eines von ihr eingeholten Sachverständigengutachtens eingeräumt hat, und sie dieses Gutachten im Rahmen des Rechtsstreits nicht vorlegt. Ohne Vorlage des von der Versicherung eingeholten Sachverständigengutachtens fehlt es an einem vollständigen Vortrag des Versicherungsnehmers, § 138 ZPO (LG Berlin BauR 2003, 417). Die Überprüfung eines Mangels durch die Haftpflichtversicherung des Architekten führt zur Hemmung der Verjährung des Gewährleistungsanspruchs nach § 639 Abs. 2 BGB, wenn ihm eine Regulierungsvollmacht nach § 5 Nr. 7 AHB erteilt worden ist (BGHZ 162, 86).

Der **Versicherungsschutz** des Architekten entfällt, wenn er arglistig gehandelt hat. Wenn der Architekt während der Bauausführung Mängel der Bauleistungen erkennt, das Bauunternehmen nicht zur Beseitigung der Mängel auffordert und auch keinerlei Mängelbeseitigungsarbeiten anleitet oder kontrolliert und dem Bauherrn trotz der fortbestehenden Mangelhaftigkeit des Bauwerks nicht rät, die Abnahme der Bauleistung zu verweigern, gelten die Grundsätze des „Organisationsverschuldens" mit der Folge des § 199 Abs. 1 BGB – also ab Kenntnis des Anspruchs gegen den Architekten – (OLG Rostock IBR 2006, 276 – Dach und Verblendmauerwerk; OLG Oldenburg IBR 2006, 20 – Brandschutzbestimmungen). Ein Architekt kann sich seine vertragliche Offenbarungspflicht bei Ablieferung des fertigen Werkes nicht dadurch entziehen, dass er sich bewusst unwissend hält (LG Berlin BauR 2005, 746). In dem seltenen Fall, in dem der Architekt seinen Auftraggeber, wegen eines von ihm behaupteten Mangels ein Zurückbehaltungsrecht gegenüber dem Bauunternehmer geltend zu machen rät, haftet der Architekt auf Ersatz der Prozesskosten, wenn sich der Mangel im Prozess des Bauunternehmers gegen den Auftraggeber nicht bewahrheitet (OLG Celle BauR 2004, 1350, 1973).

Haftet der Architekt seinem Auftraggeber oder dem Erwerber **(Bauträgervertrag mit Schutzwirkung zugunsten Dritter)** wegen erteilter falscher Bautenstandsberichte zur frühzeitigen Erlangung von Kaufpreisteilsummen (Raten), so kann der Berufshaftpflichtversicherer des Architekten die Deckung verweigern, wenn dieser bei der Erteilung eines

Bautenstandsberichts bewußt pflichtwidrig gehandelt hat (LG Chemnitz, Urt. v. 13.6.2013 – 6 S 11/13).

328   Die **Begrenzung des Schadensersatzanspruchs** des Auftraggebers bei einfacher Fahrlässigkeit auf die Versicherungssumme gem. § 7.2 AVA ist nur wirksam, wenn eine objektangemessene Versicherungssumme vereinbart ist (OLG Celle BauR 2004, 385).

Auch die Haftungsbeschränkung nach § 5 Abs. 3 AVA ist unwirksam.

Der **Versicherer** kann sich nicht auf den Ablauf der fünfjährigen **Nachhaftungsfrist** berufen, wenn der Versicherungsnehmer ohne Verschulden nach Fristablauf eine Inanspruchnahme anzeigt (LG Düsseldorf, BauR 2008, 568).

329   Allgemein zu den Fragen des **„übergreifenden" Verjährungsrechts** in Leistungsphasen 8 und 9 siehe unten zu Leistungsphase 9. Außerdem muss auf die Ausführungen zur Abnahme in § 15 und bei Teil B der Allgemeinen Erläuterungen hingewiesen werden. Zudem beachtlich die Thesen zu Vollendung statt Abnahme Putzier, NZBau 2004, 177 und Peters, BauR 2011, 1563, die eine Abnahme durch Vollendung bei separater Beauftragung der Leistungsphasen 8 und/oder 9 nach § 646 BGB sehen. Die grundsätzliche These auch bei Vollarchitektenverträgen nach Leistungsphasen 1 bis 8 eine Abnahme durch Vollendung statt Abnahme zu erblicken ist nicht zielführend, weil eine einheitlichen Leistung werkvertraglichen Charakters mit Erfolgsabschluss vereinbart wurde. Vertraglich müsste eine Vollendung durch Inbenutzungnahme des Architektenwerkes vorliegen, was selten genug sein dürfte. Zudem bestünde die Möglichkeit der stillschweigenden Abnahme nach Aufforderung durch den Architekten, dass Werk abzunehmen. Bei einer Kündigung des Architektenvertrages ist die Fälligkeit des Honorars – eine prüfbare und nach § 649 BGB abrechnungsfähige Honorarschlussrechnung vorausgesetzt – auch nicht an eine Abnahme gebunden, denn der Besteller hat gerade dort mit einer Kündigung zum Ausdruck gebracht, dass er den Werkerfolg nicht sieht. Dann ist in der Erklärung der Kündigung zugleich die stillschweigende Abnahmeverweigerung zu sehen und auch keine Vollendung des bisherigen Werkes nach § 646 BGB. Wird im Rahmen eines Architektenvertrages über eine Vollarchitektur eine Teilabnahme nicht ausdrücklich vereinbart, findet eine Abnahme des Architektenwerkes erst nach Abschluss der Leistungsphase 9 statt. Die fünfjährige Verjährung für Architektenleistungen beginnt frühestens mit Ablauf der Gewährleistungsfristen für die am Bau beteiligten Unternehmen (OLG Celle, Urt. v. 26.5. 2011 – 5 U 87/10). Die Verjährung von gegen den Architekten gerichteten, mit der Mangelhaftigkeit der planerischen, Koordinations-, Bauüberwachungs- und Kostenkontrollleistungen begründeten Schadensersatzansprüchen wird nicht nur durch die Abnahme oder soweit eine solche ausgeschlossen ist, mit der Vollendung des Architektenwerkes in Lauf gesetzt, sondern auch durch die ernsthafte und endgültige Ablehnung des Werkes, die der Abnahme gleichzusetzen ist. Eine solche endgültige Abnahmeverweigerung kann auch durch schlüssiges Handeln erfolgen, wenn diesem der Erklärungsinhalt beigemessen werden kann, dass der Bauherr endgültig nicht bereit ist, das ihm angebotene Architektenwerk als im Wesentlichen vertragsgemäße Leistung zu akzeptieren (OLG Düsseldorf, BauR 2010, 799 = NZBau 2010, 177). Werden zwischen dem Geschädigten und dem Versicherer des Architekten Verhandlungen geführt, so ist eine Verjährungshemmung gewöhnlich anzunehmen. Der Begriff der Verhandlungen nach § 203 S. 1 BGB ist weit auszulegen. Hierfür genügt jeder Meinungsaustausch über den Schadensfall zwischen dem Berechtigten und dem Verpflichteten, sofern nicht sofort und eindeutig jeder Ersatz abgelehnt wird. Verhandlungen schweben schon dann, wenn der in Anspruch Genommene Erklärungen abgibt, die dem Geschädigten die Annahme gestatten, der Verpflichtet lasse sich auf Erörterungen über die Berechtigung von Schadenersatzansprüchen ein. Nicht notwendig ist, dass dabei eine Vergleichsbereitschaft oder eine Bereitschaft zum Entgegenkommen signalisiert wird. Verhandeln kann auch der Haftpflichtversicherer mit Wirkung für den Schädiger, wenn er aufgrund einer Regulierungsvollmacht zum Beispiel nach § 5 Nr. 7 AHB eine unbeschränkte Verhandlungsvollmacht hat. Will der Versicherer von dieser Vollmacht nur eingeschränkt Gebrauch machen, so muss dies dem Verhandlungspartner deutlich erkennbar gemacht werden (OLG Düsseldorf, BauR 2010, 528 = NZBau 2010, 177).

Zur Eigenhaftung und Offenbarung eigener Fehler: Der Architekt muss dem Auf- **330** traggeber **bei** der Abnahme seines Werkes offenbaren, wenn er Teile der Ausführung des Bauwerkes bewusst vertragswidrig nicht überwacht hat (OLG Koblenz, Urt. v. 28.3.2013 – 1 U 295/12). Unterlässt er dies, so hat er einen Mangel seines Werkes **arglistig** verschwiegen. Unerheblich ist dann, ob er darauf vertraut, dass der Unternehmer mangelfrei gearbeitet hat (z. B. bei handwerklichen Selbstverständlichkeiten; BGH, BauR 2010, 1966 = NZBau 2011, 771). Das **arglistige Verschweigen** eines **Überwachungsfehlers** setzt das Bewußtsein voraus, daß die Leistung vertragswidrig erbracht wurde. Ein solcher Anschein entsteht selbst bei schwerwiegenden Baumängeln dann nicht, wenn der sich hieraus ergebende Bauüberwachungsfehler auch auf einfacher Nachlässigkeit beruhen kann. Allerdings genügt der Auftraggeber seiner Darlegungslast grundsätzlich, wenn die Mängel so augenfällig, schwerwiegend und/oder zahlreich sind, daß sie bei vernünftiger Betrachtungsweise nur infolge einer bewußt lückenhaften Bauüberwachung unentdeckt bleiben könnten oder hätten bemerkt werden müssen (OLG Zweibrücken, Urt. v. 13.2.2013 – 1 U 46/12).

Der **formularmäßige,** in Architektenverträgen mit einem Verbraucher vereinbarte **331** **Aufrechnungsausschluss** für streitige und nicht rechtskräftig festgestellte Forderungen (z. B. Ziff. 6 der Allgemeinen Vertragsbedingungen zum Architektenvertrag – AVA) ist unwirksam. Nachdem das OLG Hamm zunächst eine solche Klausel nicht missbräuchlich im Sinne des Art. 3 Abs. 1, 3 Richtlinie 93/13/EWG des Rates v. 5.4.1993 über missbräuchliche Klauseln in Verbraucherverträgen (OLG Hamm BauR 2004, 1501, 1643) ansah, hat der BGH die in § 4 Nr. 4, 5 der AVA zur alten Fassung der HOAI bis 2009, die Klausel „Eine Aufrechnung gegen den Honoraranspruch ist nur mit einer unbestrittenen oder rechtskräftig festgestellten Forderung" mit § 9 Abs. 1 AGBG insgesamt als unvereinbar erklärt (BGH, Urt. v. 7.4.2011 – VII ZR 209/07). Dabei ist allerdings zu beachten, dass Schadenersatzansprüche nicht gegen Werklohnansprüche verrechnet werden können. Die **Verrechnung** ist kein gesetzlich vorgesehenes Rechtsinstitut für Fälle, in denen die Gesetzeslage Werklohn und Anspruch wegen Nichterfüllung oder andere Ansprüche wegen Schlechterfüllung des Vertrages **aufrechenbar** gegenüber stehen. In diesen Fällen sind die vertraglichen oder gesetzlichen Regelungen zur Aufrechnung anwendbar (BGHZ 163, 274, 278). Beim VOB/B-Vertrag ist dies gleich. Die synallagmatische Verknüpfung der Werklohnforderung mit der Forderung auf mangelfreie Erfüllung des Vertrages findet zunächst ihren Ausdruck in einem Leistungsverweigerungsrecht des Bestellers im Falle einer mangelhaften oder nicht fertig gestellten Leistung, § 320 Abs. 1 BGB. Der Besteller kann sich im Prozess mit dem Leistungsverweigerungsrecht verteidigen mit der Folge, dass die Werklohnforderung ganz oder teilweise nicht durchsetzbar ist. Dies kann in Allgemeinen Geschäftsbedingungen nicht ausgeschlossen werden (§ 11 Nr. 2a AGBG, § 309 Nr. 2a BGB). Es wäre ein nicht hinnehmbares Ergebnis, wenn eine aus dem Leistungsverweigerungsrecht erwachsene, auf Zahlung gerichtete Gegenforderung dazu führen würde, dass der Werklohn nunmehr durchsetzbar ist (BGHZ 165, 134, 137). Daher ist auch ein Vorbehaltsurteil grundsätzlich nicht zu erlassen, wenn damit eine Werklohnforderung zugesprochen wird und zur Aufrechnung gestellte Ansprüche auf Zahlung der Mangelbeseitigungskosten oder der Fertigstellungsmehrkosten dem Nachverfahren vorbehalten werden. Dies führt ansonsten dazu, dass eine vorübergehende Aussetzung der Wirkung einer materiellrechtlich begründeten Aufrechnung einträte und zur Folge hat, dass der Kläger einen Titel über eine Forderung erhält, die tatsächlich infolge der Aufrechnung nicht besteht. Diese Wirkung ist grundsätzlich nicht gerechtfertigt, wenn der Besteller gegenüber einer Werklohnforderung mit Ansprüchen aufrechnet, die dazu dienen, das durch den Vertrag geschaffene Äquivalenzverhältnis von Leistung und Gegenleistung herzustellen (BGHZ 165, 134; BGH, BauR 2007, 2052 = NZBau 2008, 55). Daher führt ein Aufrechnungsverbot in noch stärkerem Maße als ein Vorbehaltsurteil zu einer Auflösung der synallagmatischen Verbundenheit der gegenseitigen Forderungen. Diese Wirkung wäre anders als bei einem Vorbehaltsurteil nicht nur vorübergehend, sondern sogar endgültig. Deshalb wird bei Verwendung einer Aufrechnungs- oder eines Verrechnungsklausel der Besteller – gleich ob Verbraucher oder nicht – unangemessen benachteiligt.

332   **Vergütungsansprüche trotz Mängeln:** Wird die Erfüllung eines Architektenvertrages (z. B. Sanierung und Erweiterung einer Veranstaltungshalle) unmöglich, weil die Altbausubstanz zerfällt und ein Totalabriss erforderlich wird, richtet sich die Vergütung für die tatsächlich erbrachten Leistungen nicht nach § 649 S. 2 BGB, sondern nach § 645 Abs. 1 BGB, weil eine Kündigung nicht in der Unmöglichkeit der Leistung des Bauherrn besteht, sondern in der unmöglichen Leistung der Mitwirkungspflicht/-obliegenheit des Bauherrn den Baugrund zur Verfügung zustellen und die ordnungsgemäßen und vertraglichen Rahmenbedingungen (Existenz des Gebäudes oder des Baugrundes). Daran ändert auch eine nachträgliche Aufhebungsvereinbarung nichts, wenn sie keine eigene Vergütungsabrede enthält. Denn bei einverständlicher Aufhebung richtet sich der Vergütungsanspruch danach, welche Rechte der Architekt im Zeitpunkt der einverständlichen Aufhebung geltend machen konnte (OLG Jena, BauR 2010, 1641).

9. Leistungsphase 9: Objektbetreuung § 34 Abs. 3 i. V. m. Anlage 10.1 – rechte Spalte)

A. Leistungen

333   Die Leistungsphase 9 hatte in den früheren Regelungen, insbesondere des § 19 GOA **keinen Vorgänger** (vgl. Neuenfeld BauR 1981, 436). Hier sind weitere – abschließende – Leistungen umschrieben und zugleich festgelegt worden, die in der Zeit **nach der Fertigstellung bzw. Abnahme des Objekts** vom Architekten noch zu erbringen sind, womit zugleich aber auch die Grenze zur Objektüberwachung aufgezeigt ist. Da es sich hier um recht gewichtige abschließende Arbeiten handelt, tut der Bauherr gut daran, die Grundleistungen dieser Leistungsphase nicht aus dem Architektenvertrag auszuklammern.

Der Aufwand für die bisherige Grundleistung *„Überwachen der Mängelbeseitigung"* ist im Umfang nur schwierig kalkulierbar. Daher soll die Überwachung der Mängelbeseitigung zukünftig als **Besondere Leistung** z. B. auf Zeithonorarbasis beauftragt werden können. Durch die neu aufgenommene Grundleistung der **fachlichen Bewertung der Mängel einschließlich notwendiger Begehungen** wird sichergestellt, dass der beauftragte Architekt oder Ingenieur auch nach Abschluss des Projekts dem Bauherrn bei auftretenden Mängeln zur Seite steht und eine verursachungsgerechte Inanspruchnahme des Schädigers ermöglicht wird. Mit der fachlichen Bewertung der Mängel soll in erster Linie die Zuordnung des Mangels zu einem Bau- oder Planungsbeteiligten aus fachlicher Sicht sichergestellt werden. Eine **Bewertung mit der Qualität und Ausführlichkeit eines Sachverständigengutachtens ist nicht Gegenstand dieser Grundleistung.** Mit der HOAI 2009 wurde die Frist zur Überwachung der Mängelbeseitigung gemäß § 13 Abs. 4 VOB Teil B auf vier Jahre festgelegt. Da diese **nicht** in jedem Fall die Vertragsgrundlage bildet, wurde die Frist für die fachliche Bewertung der festgestellten Mängel an § 438 Abs. 1 Nr. 2 BGB auf **fünf** Jahre angepasst.

Im Wesentlichen handelt es sich hier um vom Architekten als Fachmann zu erledigende technische Maßnahmen und Überwachungen, um eine **dauerhafte und ordnungsgemäße Nutzung der Leistung** sowie deren Erhalt zumindest innerhalb einer angemessenen Zeit nach ihrer Fertigstellung **sicherzustellen.** Einmal betrifft dies Betreuungsmaßnahmen, zum anderen die Zusammenstellung von Unterlagen, welche der Auftraggeber im Allgemeinen später braucht, um sie sowohl in technischer als auch in wirtschaftlicher Hinsicht in Bezug auf das erstellte Bauwerk selbst oder gegenüber Dritten als Erinnerungsposten oder als Belege benutzen zu können. Wegen ihres Gewichts gehören die Arbeiten im Rahmen der Leistungsphase 9 mit zum normalen Leistungsbild des Architektenvertrages, wie auch ihre Eingliederung in den Leistungskatalog der Anlage 11 zeigt; sie sind also nicht nur sog. Zusatzleistungen.

Behauptet der Architekt mit dem Besteller einen Vollarchitektenvertrag geschlossen zu haben, und bestreitet dieser die Vereinbarung der Leistungsphase 9, muss auch für diesen Fall, dass sich der Auftraggeber hinsichtlich des Honorars für die Leistungsphase 1 bis 8 auf Verjährung beruft, der Architekt beweisen, dass Leistungen der Leistungsphase 9 vereinbart waren (OLG Celle, BauR 2009, 532 = NZBau 2009, 127).

a) Fachliche Bewertung der innerhalb der Verjährungsfristen für Gewährleistungsansprüche festgestellten Mängel, längstens jedoch bis zum Ablauf von fünf Jahren seit Abnahme der Leistung, einschließlich notwendiger Begehungen

Diese Leistung ist Leistung für einen zeitlichen Bereich von 5 Jahren seit der Abnahme der beauftragten **Unternehmerleistungen** und **nicht** der Leistungen des Auftragnehmers zu verstehen. Angepasst wurde dies an die Regeln des BGB und der vertraglichen zulässigen Verlängerung der Gewährleistung bis fünf Jahre (BR-Drs. 334/13 S. 156). Dabei braucht der Auftragnehmer keine Bewertung entsprechend einem **Sachverständigen** vorzunehmen. Diese Leistung wird er nicht erbringen können. Jedoch wird infolge der eigenen Planungen und Überwachungen der Auftragnehmer einen hohen Grad an Kenntnis der Umsetzung haben und auch zu den verwendeten Materialien. Insoweit kommt ihm eine erhebliche Kenntnis- und auch Aufklärungspflicht zu.

b) Objektbegehung zur Mangelfeststellung vor Ablauf der Verjährungsfristen für Mangelansprüche gegenüber bauausführenden Unternehmen

In erster Linie steht hier die **Objektbegehung zur Mängelfeststellung vor Ablauf** 334 **der Gewährleistungsfristen** der bauausführenden Unternehmen. Diese Grundleistung schließt unmittelbar an die entsprechende Grundleistung in Leistungsphase 8 an. Während der Architekt dort die Aufgabe hat, bis zur Abnahme aufgetretene Mängel spätestens bei dieser festzustellen und auf deren Beseitigung hinzuwirken, muss er jetzt die gleiche Aufgabe nach der Abnahme bis zum Ablauf der Gewährleistungsfristen, welche für die einzelnen bauausführenden Unternehmer maßgebend sind, für den Auftraggeber wahrnehmen. Dabei ist der Wortlaut der HOAI „Objektbegehung zur Mängelfeststellung vor Ablauf der Gewährleistungsfristen" grundsätzlich dahin zu verstehen, dass der Architekt **von sich aus zumindest eine Objektbegehung durchführen** muss, bevor die betreffenden, jeweils maßgebenden Verjährungsfristen ablaufen (OLG Hamm BauR 2003, 567; OLG Jena IBR 2008, 166). Bei dieser Gelegenheit hat er das erstellte Objekt bestmöglich dahin zu überprüfen, ob die Bauausführung **erkennbar** das gehalten hat, was nach den Verträgen mit den bauausführenden Unternehmern in technischer Hinsicht **vorauszusetzen** war, vor allem auch im Hinblick auf die anerkannten Regeln der Technik (§ 633 BGB bzw. VOB/B § 13 Nr. 1). Die Untersuchung hat in zumutbarer Weise zu erfolgen, d.h. durch Besichtigung, Überprüfung der jeweiligen Funktionen, Befühlen usw. **Nähere Untersuchungen,** nicht zuletzt gegebenenfalls auch durch Einschaltung von Sonderfachleuten, müssen dann geschehen, wenn **Anhaltspunkte** dafür vorliegen, **dass Mängel** vorhanden sind, dies jedoch bei der Objektbegehung allein noch nicht abschließend beurteilt werden kann. Grundsätzlich geht die HOAI nach ihrem Wortlaut hier davon aus, dass die das gesamte Vorhaben erfassende Objektbegehung kurz vor Ablauf der Verjährungsfristen erfolgt, allerdings zeitlich so rechtzeitig, dass etwaige Gewährleistungsansprüche gegenüber den jeweiligen Unternehmern noch **rechtzeitig erhoben** werden und diesen zugehen können. Dieses an sich auf eine einmalige Begehung begrenzte Erfordernis gilt aber nur grundsätzlich, da hiervon **zwei** gewichtige **Ausnahmen** bestehen: Einmal kann es sein, dass während der Gewährleistungsfrist noch **Mängel** behoben werden müssen, welche **bei Abnahme** (Leistungsphase 8) **festgestellt worden sind.** Dann muss der Architekt dies **überwachen** und gegebenenfalls die Mängelbeseitigungsleistung des betreffenden Unternehmers in technischer Hinsicht durch Überprüfen deren Ordnungsgemäßheit abnehmen. Das ergibt sich aus der ebenfalls in Leistungsphase 8 bereits aufgeführten Pflicht des Architekten, die Beseitigung der bei der Abnahme festgestellten Mängel zu überwachen. Mit dieser Überwachung ist **zwangsläufig eine Objektbegehung** oder sind sogar mehrere Begehungen verbunden, da anders eine ordnungsgemäße Überwachung der Mängelbeseitigungsleistung nicht erfolgen kann, dabei allerdings auf die Kontrolle der Mängelbeseitigungsleistung beschränkt. Die hier gegebenen weiteren Verpflichtungen des Architekten zur Objektbegehung sind aber in **Wirklichkeit der Leistungsphase 8 zuzurechnen,** wie sich aus deren Wortlaut ergibt.

Dagegen liegt die zweite Ausnahme von dem grundsätzlichen Erfordernis der einmaligen Objektbegehung im angeführten Sinne unmittelbar im Bereich der Leistungsphase 9 335

selbst: Es wird häufig vorkommen, dass dem Architekten **während der Gewährleistungsfrist Beanstandungen** zugehen, welche sich auf **nunmehr entdeckte** – möglicherweise auch nur vermeintliche – Mängel von Unternehmerleistungen beziehen. Dann
ist es vertragliche Verpflichtung des Architekten, diesen Beanstandungen durch die erforderliche Objektbegehung zur Mängelfeststellung nachzugehen. Dabei muss er möglicherweise mehrmals, je nach Eingang von Beanstandungen des Bauherrn bzw. deren Häufigkeit, zur klaren Feststellung des Befundes **das Objekt aufsuchen und die notwendigen
Feststellungen** in Bezug auf die erhobenen Rügen treffen. Auch hier kann es notwendig
sein, Sonderfachleute hinzuzuziehen, oder dem Auftraggeber anzuraten, ein Beweissiche-
rungsverfahren durchführen zu lassen oder ein Privatgutachten eines zugelassenen Sachverständigen einzuholen, wenn der Architekt selbst nicht zu einer hinreichend klaren und
abschließenden Bewertung, vor allem im Hinblick auf die Mängelursachen, in der Lage ist.

336   **Immer** ist jedoch eine **abschließende Objektbegehung** zur Feststellung etwaiger
Mängel kurz vor Ablauf der Gewährleistungsfrist notwendig, insbesondere auch unter Einbeziehung derjenigen Teile, welche zwischenzeitlich ausgebessert worden sind (OLG
Hamm BauR 2003, 567). Hier kommt es auf eine **abschließende Gesamtbeurteilung**
an, auf welche sich der Auftraggeber für die Zeit nach Ablauf der Verjährungsfrist hinsichtlich der Ordnungsgemäßheit und Dauerhaftigkeit der Unternehmerleistungen verlassen
können muss. Da die Objektbegehung vor Ablauf der Gewährleistungsfristen der bauausführenden Unternehmen zu erfolgen hat, kann es – und das wird bei größeren Objekten
fast die Regel sein – notwendig sein, diese Begehung auf die jeweiligen Leistungen der
betreffenden Unternehmer bezogen **getrennt** vorzunehmen, wenn die Abnahmen ihrer
Arbeiten zeitlich so voneinander abweichen, dass auch das Ende der jeweiligen Gewährleistungsfristen in beachtlicher Weise unterschiedlich ist (etwa mehrere Monate oder Jahre).
Das gilt vornehmlich dann, wenn unterschiedliche Gewährleistungsfristen vereinbart worden sind, auch dann, wenn die jeweiligen Gewährleistungsfristen sich durch Hemmung
oder Unterbrechung verschoben haben, wie z.B. bei schriftlicher Mängelrüge gegenüber
dem betreffenden Unternehmer in einem VOB-Vertrag, soweit es sich um die gerügten
Mängel handelt.

Den Ablauf der jeweils maßgebenden Verjährungsfristen kann der Architekt aus der von
ihm bereits nach Leistungsphase 8 vorgenommenen Auflistung der Gewährleistungsfristen
feststellen.

337   Mit der bloßen Objektbegehung zur Mängelfeststellung vor Ablauf der Gewährleistungsfristen ist es aber nicht immer schon getan. Vielmehr hat der Architekt im Falle der
Feststellung von Mängeln diese für den Auftraggeber gegenüber den betreffenden Unternehmern ordnungsgemäß **zu rügen und sie zugleich zur Mängelbeseitigung aufzufordern.** Dabei hat der Architekt die gleichen Verpflichtungen wie hinsichtlich der
Beseitigung von bei der Abnahme festgestellten Mängeln.

c) Mitwirken bei der Freigabe von Sicherheitsleistungen

338   Weitere Grundleistung im Bereich der Objektbetreuung nach Leistungsphase 9 ist das
Mitwirken bei der Freigabe von Sicherheitsleistungen. Hierzu ist allerdings zunächst
Voraussetzung, dass in den Bauverträgen mit den in Betracht kommenden bauausführenden
Unternehmern auch Sicherheitsleistungen **vereinbart** worden sind, da nur dann ein An-
spruch des Auftraggebers auf Sicherheitsleistung durch die Unternehmer besteht (vgl. dazu
Ingenstau/Korbion VOB/B § 17). Ist diese Voraussetzung erfüllt, so hat der Architekt die
Aufgabe, mit darüber zu wachen, ob **noch Anlass** besteht, die vereinbarte Sicherheitsleistung **aufrechtzuerhalten** oder nicht. Dies beantwortet sich nach dem jeweiligen Zweck,
für den eine Sicherheitsleistung der betreffenden Unternehmer vertraglich vereinbart worden ist. Handelt es sich – was in der Praxis hauptsächlich vorkommt – um eine Sicherheit
für etwaige Gewährleistungsansprüche, so muss der Architekt während der Gewährleistungsfrist fortlaufend prüfen, ob noch Anlass besteht, sie **noch voll aufrechtzuerhalten**
oder ob es nicht gerechtfertigt ist, zumindest einen Teil davon im Laufe der Zeit freizugeben. Immer muss der Architekt aber **kurz vor Ablauf der Gewährleistungsfrist** im
Einzelnen anhand des Zustandes der von den jeweiligen Unternehmern erbrachten Leis-

tungen **überprüfen,** ob nunmehr die **völlige Freigabe** der Sicherheit erfolgen kann oder ob noch nicht beseitigte Mängel bestehen, für welche die Sicherheitsleistung im wohlverstandenen Interesse des Auftraggebers noch weiter aufrechtzuerhalten ist. Maßgebende Richtpunkte hierfür ergeben sich hier – weil auf die Besonderheiten des Bauvertrages abgestellt – aus VOB/B § 17 Nr. 8. Dabei muss der Architekt nicht nur prüfen, ob und inwieweit noch nicht beseitigte Mängel vorliegen und noch eine – gegebenenfalls weitere – Mängelbeseitigung durch den Unternehmer zu erfolgen hat, sondern er muss auch mit dem Auftraggeber **gemeinsam** überlegen, ob und in welchem Maße **noch weitere,** außerhalb der reinen Mängelbeseitigung liegende **Gewährleistungsansprüche** des Auftraggebers vorliegen (z. B. auf Minderung oder auf Schadensersatz), für welche die Sicherheitsleistung entsprechend den mit dem Unternehmer getroffenen vertraglichen Absprachen zur ganzen oder jedenfalls teilweisen Abdeckung dient. Hier besteht für den Architekten eine **Beratungspflicht** gegenüber dem Auftraggeber (ebenso Locher/Koeble/Frik § 33 Rdn. 266), deren **schuldhafte Verletzung** eine Haftung des Architekten aus **positiver Vertragsverletzung** bzw. §§ 280, 281 BGB begründen kann (Neuenfeld BauR 1981, 436).

Die **Freigabe der Sicherheitsleistung** selbst ist im Übrigen weder Aufgabe des Architekten noch kann er sie, ohne dazu eine eindeutige besondere Vollmacht zu haben, von sich aus bewirken. Das ist grundsätzlich allein **Sache des Auftraggebers.** Auch hier hat der Architekt nur eine Aufgabe zur **sachgerechten Beratung.** Ihm obliegt es, in technischer Hinsicht den Bautenzustand zu beobachten und diesen in den erforderlichen Bezug zur Frage der Freigabe oder Aufrechterhaltung der Sicherheitsleistung zu bringen, dabei in letzterer Hinsicht den Auftraggeber fortlaufend zu informieren und zu beraten. Nicht selten kann der Architekt hier die von ihm zu bewerkstelligenden Leistungen zugleich mit der Objektbegehung zur Mängelfeststellung und dem Überwachen der Mängelbeseitigung verbinden.

B. Fälligkeit und Honorarrechnung

Die Leistungen der Leistungsphase 9 können dazu führen, dass ohne besondere Verein- **339** barung die **Abnahme der Leistung des Architekten** und damit die **Fälligkeit der Honorarabschlussrechnung** nach § 15 Abs. 1 eine verhältnismäßig lange Zeit **hinausgeschoben** wird, wenn dem Architekten auch diese Leistungsphase übertragen worden ist (ebenso BGH BauR 1994, 392 = MDR 1994, 480 = NJW 1994, 1276 = LM HOAI Nr. 24 Anm. Koeble = Schäfer/Finnern/Hochstein § 635 BGB Nr. 92; OLG Frankfurt Schäfer/Finnern/Hochstein § 8 HOAI Nr. 2; OLG Köln BauR 1992, 803 = Schäfer/Finnern/Hochstein § 640 BGB Nr. 19; OLG Stuttgart BauR 1995, 414; vgl. auch OLG Hamm NJW-RR 1992, 1049). Dies ist aber eine zwangsläufige Folge der Regelung in § 15 Abs. 1 in Verbindung mit § 34 S. 3 i.V.m. Anlage 10.1. Will der Architekt bereits vorher zumindest wesentliche Teile seiner abschließenden Forderung endgültig und nicht bloß als Abschlag ausgeglichen erhalten, wird er dies nur dadurch erreichen können, dass er eine **Teilabnahme und eine Teilschlusszahlung** für die Zeit nach vollständiger Erledigung der Leistungsphasen 1 bis 8 mit dem Auftraggeber **vereinbart** und dann eine entsprechende prüfbare Teilschlussrechnung einreicht (ebenso BGH a.a.O.; OLG Köln BauR 1992, 803 = Schäfer/Finnern/Hochstein § 640 BGB Nr. 19; ähnlich Neuenfeld § 15 Anm. 86). Nach § 15 Abs. 4 sind derartige Absprachen zulässig. Der Ansicht von Bindhardt/Jagenburg (§ 3 Rdn. 75), die Fälligkeit der Honorarvergütung des Architekten trete schon nach Abschluss der Leistungsphase 8 ein, weil die im Rahmen der Leistungsphase 9 zu erbringenden Leistungen „selbstständige Zusatzleistungen" seien, kann nicht gefolgt werden, weil die HOAI erklärtermaßen auch die Grundleistungen der Leistungsphase 9 zu den Hauptleistungspflichten des Architekten rechnet. Auch ist dem Architekten mit Erfüllung der Leistungsphase 8 nicht schon von selbst ein Recht auf Teilabnahme einzuräumen, weil dieses der eindeutigen Bestimmung des § 15 Abs. 1 widersprechen würde. Der Architekt ist also auf eine anderweitige Vereinbarung angewiesen, will er sein Honorar als Teilschlusszahlung für die Arbeiten bis Leistungsphase 8 erhalten (auch insoweit a. A. Bindhardt/Jagenburg § 3 Rdn. 80). Insoweit ist eine individualvertragliche Regelung, dass das Honorar bei Gebrauchsabnahme sowie 14 Tage nach Vorlage der Schlussrechnung fällig ist, wirksam. Damit wird lediglich eine im Rahmen des § 15 (s. o.) abweichende Fälligkeitsregelung dahin getroffen, dass der Architekt mit seiner Honorarabrechnung nicht bis zum Abschluss und vollständigen Leistungserbringung der Phase 9 warten muss (OLG Hamm BauR 2003, 752).

Hierher gehört auch die Problematik der fehlenden Kostendaten, die der Architekt für die Erstellung der Kostenfeststellung und für die Darstellung der anrechenbaren Kosten für seine eigene Honorarrechnung nach § 15 HOAI braucht. kennt der Architekt die anrechenbaren Kosten nicht oder kann er sie nicht vollständig darlegen, weil er selbst nicht im Besitz der dafür erforderlichen Auskünfte und/oder die Herausgabe der Unterlagen ist, und verweigert der Auftraggeber diese Auskünfte, genügt er im Hinblick auf die anrechenbaren Kosten der Darlegungslast, wenn er aufgrund der ihm zugänglichen Unterlagen und Informationen den Anteil der anrechenbaren Kosten sorgfältig nach den Vorgaben der DIN 276 schätzt. Das gilt aber regelmäßig nur für die Kostenermittlung im Rahmen der Kostenfeststellung im Sinne der §§ 32, 34 Abs. 2 ff., 35, 36 für die Leistungsphasen 8 und 9 (OLG Düsseldorf, BauR 2010, 241 = NZBau 2010, 54).

340   Zudem ist aber zur Teilnahmewirkung von Teilleistungen die Möglichkeit der Aufforderung des Architekten an den Bauherrn nach jeder Leistungsphase das Ergebnis zu besprechen zu beachten, wie sich aus den jeweils letzten Ziffern in den Leistungsphasen ergibt (früher in § 3 Abs. 8 HOAI geregelt). § 3 Abs. 8 HOAI war aber nur eine eingeschränkte Fälligkeits- oder Abnahmevoraussetzung; eine Obliegenheitsregelung. Denn die HOAI regelte keine vertraglich, schuldrechtlichen Voraussetzungen. Diese haben die Parteien zu vereinbaren.

341   **Zur Abnahme des Architektenwerkes als Voraussetzung der Fälligkeit des Honorars gilt:** Die Leistung des Architekten oder Ingenieurs ist jedenfalls dann beendet, wenn das Bauwerk abgenommen ist und zwischen den Vertragsparteien zum Zeitpunkt der Vergütungsvereinbarung **kein** Streit darüber besteht, ob das Werk mangelfrei ist (OLG Hamm BauR 2003, 748, 749). Werden einem Architekten Aufgaben übertragen, die auch die Leistungsphase „Objektbetreuung" umfassen, so ist das Architektenwerk erst vollendet, wenn der Architekt die Leistungsphase 9 vollständig erbracht hat (BGH BauR 1994, 392 = BGHZ 125, 111 = NJW 1994, 1276; OLG Jena, BauR 2008, 1927). Wenn nach den Vorstellungen der Parteien eines die Leistungsphase 9 umfassenden Architektenvertrages für das Ende der Objektbetreuung fünfjährige Gewährleistungsfristen mit dem Unternehmen maßgebend sind, tatsächlich jedoch mit diesen zweijährigen Gewährleistungsfristen vereinbart wurden, liegt eine konkludente Abnahme des Architektenwerkes nicht darin, dass der Besteller innerhalb der Zweijahresfrist das Architektenwerk unbeanstandet lässt (BGH BauR 2006, 396 = NZBau 2006, 122). Die **konkludente Abnahme** ist vor der vollständigen Erbringung des Werkes ausgeschlossen und kann also nicht zum Beginn des Laufes der Verjährungsfrist führen. Die Verjährungsfrist beträgt in solchen Fällen fünf Jahre und nicht lediglich die Regelverjährung (§ 199 BGB) drei Jahre (OLG Brandenburg, Urt. v. 10.1.2012 – 11 U 50/10).

C. Nichterbringung von Leistungen nach § 8 Abs. 1, 2

342   Erbringt der Architekt eine der Leistungen nicht, so konnte nach einer überkommenen Ansicht die Wertigkeit der vier Grundleistungen mit je 0,75% anzusetzen sein (so auch Löffelmann/Fleischmann Rdn. 764). Diese Einordnung ist nicht mehr zeitgemäß und entspricht nicht den tatsächlichen Anforderungen. Folgende prozentualen Ansätze sind vertretbar:

	Siemon(G)	Simmendinger(G)	Siemon(I)	Simmendinger(I)	Begründung
Fachliche Bewertung	0,25–1,00	1,0	0,25–1,00 (abhängig vom Bedarf)	1,0	Basisleistungen

	Siemon(G)	Simmendinger(G)	Siemon(I)	Simmendinger(I)	Begründung
Objektbegehung	1,0	0,5	1,75	0,25 (abhängig vom Bedarf)	Basisleistung
Sicherheitsleistung	In b) enthalten	0,5	In b) enthalten	0,25 (abhängig vom Bedarf)	Basisleistung

Grundsätzlich hat der VO-Geber zwingend in § 34 Abs. 3 die Leistungsphase 9 mit 2 Prozentpunkten bei Gebäuden und mit 2 Prozentpunkten bei Innenraumplanungen angegeben.

D. Besondere Leistungen (§ 34 Abs. 3 i. V. m. Anlage 10.1 – rechte Spalte)

Die in Anlage 10.1 – rechte Spalte – beispielhaft aufgezählten Besonderen Leistungen, **343** zu denen im Einzelfall noch andere, in der HOAI nicht genannte hinzutreten können, sind solche, die erfahrungsgemäß bei bestimmten Fallgestaltungen häufig vorkommen können.

Hier handelt es sich um besondere Maßnahmen der Objektbetreuung, welche im Einzelfall kraft Vereinbarung zwischen Bauherr und Architekt erbracht werden können. Das kommt in der Regel bei größeren, aufwendigen und/oder besonderen Zwecken dienenden Bauvorhaben in Betracht.

In der Leistungsphase 9 wurde neu mit der HOAI 2013 die Besondere Leistung *„Erstellen einer Gebäudebestandsdokumentation"* aufgenommen. Die Aufnahme dieser Besonderen Leistung soll eine bessere Abgrenzung gegenüber der Grundleistung des Buchstaben m) in Leistungsphase 8 *„Systematische Zusammenstellung der Dokumentation"* ermöglichen. Die Grundleistung der Leistungsphase 8 konzentriert sich in Buchstabe m) auf das Zusammenstellen aller Daten und Ergebnisse des Objekts. Demgegenüber umfasst eine gesondert zu vergütende Gebäudebestandsdokumentation der Leistungsphase 9, wie sie z. B. in den Baufachlichen Richtlinien Gebäudebestandsdokumentation des Bundes festgeschrieben sind, alphanumerische und geometrische Bestandsdaten, die nach ganz bestimmten Anforderungen aufzubereiten und zu erstellen sind

Überwachen der Beseitigung von Mängeln innerhalb der Verjährungsfrist

Der Architekt hat die Verpflichtung, die **Beseitigung** der innerhalb der Verjährungsfrist **344** aufgetretenen und festgestellten sowie gerügten **Mängel zu überwachen** (vgl. dazu auch Neuenfeld BauR 1981, 436). Dabei war die Überwachungspflicht nach der letzten Fassung der HOAI 2009 allerdings zeitlich begrenzt auf vier Jahre seit Abnahme der betreffenden Unternehmerleistung (LG Kaiserslautern BauR 1998, 824 noch zu fünf Jahren). Die seinerzeit vom Verordnungsgeber gewünschte Änderung von fünf auf vier Jahre ging einher mit der Regelung in § 13 Nr. 4 Ziffer 1 S. 1 VOB/B. Dort ist insbesondere für die Verträge des öffentlichen Auftraggebers die vierjährige Gewährleistung gewünscht. Eine vertragliche Verlängerung des Bauvertrages ist möglich an diesem Punkt. Allerdings stößt das auf Probleme. Denn einerseits ist die eigene Überwachungspflicht bereits nach vier Jahren beendet. Wird aber im Bauvertrag die fünfjährige Gewährleistungspflicht vereinbart muss der Architekt diese Leistung also spätestens ein Jahr vor Beendigung der bauvertraglichen Gewährleistung durchführen, um seine eigene Leistungspflicht einzuhalten. Ob dies im Hinblick auf die restzeitliche Überwachung des Bauwerkes Sinn macht, ist Frage der vertraglichen Vereinbarung und der Möglichkeit der Verlängerung auf fünf Jahre. Denn die eigene Haftung nach Abnahme des Architektenwerkes ist mit fünf Jahren nach § 634a Abs. 1 Nr. 2 BGB festgelegt, worüber allerdings dann maßgeblich der Beginn der Gewährleistungsfrist nach erfolgter Abnahme des Architektenwerkes erst entscheidet. Hier lag ein offener Bruch der Systematik vor, die dazu zwang, dass der Architekt die eigene Haftung für Überwachungsfehler nach einem Vollarchitektenvertrag ab dem vierten Jahr für solche Mängel auszuschließen wollte, die sich anschließend durch die Nichtüberwachung binnen eines Jahres bis zum Ende der Gewährleistungsfrist der Unternehmer ergeben. Voraussetzung ist aber die vollständige Erfüllung der Leistungen nach Leistungsphase 9. Ein genereller Ausschluss der Haftung wäre gem. § 307 BGB unwirksam. Jedoch ist eine vertragliche

Beschränkung auf die vorhergehenden Leistungsphasen zulässig und unterliegt der vertraglichen Regelungsbefugnis der Parteien, weil die Leistungspflicht geregelt wird und nicht in die Grundsätze der Honoraransätze eingegriffen wird. Beschränkungen auch der zeitlichen Vorgaben, sind also nur über die vertraglichen Regelung zu lösen. Die Haftung bleibt allerdings bestehen und verkürzt die Handlungspflicht des Architekten zeitlich auf vier Jahre. Nunmehr ist der VO-Geber diesen rechtlichen Problematiken ohne weitere wesentliche Begründung gefolgt und hat sich der geübten Kritik (s. o.; auch Locher/Koeble/Frik, § 34 Rdn. 267 f.) angeschlossen. Die Besondere Leistung ist daher im Regelfall im Rahmen der vertraglichen Gewährleistungsfrist der Unternehmerverträge zu erbringen, also zumeist **fünf Jahre.** Der Planer hat also alle Verträge zunächst einzusehen und eine Aufstellung der Gewährleistungsfristen zu machen, es sei denn, daß er bereits in Leistungsphase 8 betraut war und auf Ziffer 8o) zurückgreifen kann. Probleme gibt es dann mit solchen Verträgen, die abweichend von gesetzlichen Regelungen nach § 634 BGB mit fünf Jahren und drei oder sechs Monaten operieren oder bei **Garantieerklärungen** von Herstellern, die diese dem Auftraggeber oder dem Unternehmer gegenüber abgeben, oder – wie bei Dachdeckergewerken nicht unüblich – eine 10-jährige Gewährleistungsfrist gegeben wird. Zunächst ist zwischen Garantie – also einem selbständigen Vertrag zugunsten des Auftraggebers bzw. Auftragnehmers – und der Gewährleistung zu unterscheiden. Der VO-Geber selbst spricht hier nur von *„Verjährungsfrist".* Bei einer Gewährleistung das auch die vertragliche Regelung einer zehnjährigen Gewährleistungsfrist. Damit stellt sich Frage, ob der VO-Geber diese Problematik gesehen hat oder wie dies auszulegen ist. Der eher neutral gehaltene Begriff *„Verjährungsfrist"* zielt primär auf die vertragliche Regelung und nicht die gesetzliche Vorschrift des § 634 BGB oder § 13 Abs. 4 VOB/B. Das bedeutet, daß die Besondere Leistung auch erst nach 10 Jahren beendet ist. Das kann nur noch in einer **vertraglichen Regelung** für diese Besondere Leistung geregelt werden und das Honorar dazu festgelegt werden. Erhöhungen bis 1,0% für Einarbeitungs- und weitere Durchsichts- und Objektarbeiten dürften den mindesten Rahmen hier darstellen. Anders ist es bei den Garantiearbeiten, aber letztlich mit gleichem Ergebnis. Obwohl Garantieleistungen nicht im Rahmen von Verjährungsfristen zu beachten sind, sondern eigene Verjährungsregeln gegenüber dem Vertragspartner erzeugen, dem gegenüber diese abgegeben wurden, nämlich die Zusicherung innerhalb eine bestimmten Zeitraumes die Leistung mangelfrei zu halten, verjährt der Anspruch auf Garantieerklärung als solche in der Regelfrist der §§ 195, 199 BGB in drei Jahren, während der Inhalt der Garantieerklärung, also der Anspruch aus der Erklärung innerhalb der vertraglichen vereinbarten Zeit (z. B. 10 Jahre) zu erfüllen ist. Der Auftragnehmer wäre damit also ebenfalls zehn Jahre gebunden, was nur vertraglich zwischen Auftraggeber und Auftragnehmer zu regeln ist.

Gerade die **Aufsichtspflicht** muss der Architekt **besonders sorgfältig** wahrnehmen, handelt es sich doch hier um die Überwachung von **nachträglichen Arbeiten** von Unternehmern, die zunächst unsorgfältig gearbeitet haben. Hier liegt es im besonderen Interesse des Auftraggebers und ist daher besonders hervortretende Pflicht des Architekten, dafür zu sorgen, dass die ordnungsgemäße **Nachbesserung auch tatsächlich erreicht** wird. Dabei kann es notwendig sein, an der Planung und Objektüberwachung fachlich Beteiligte mit heranzuziehen, um eine ordnungsgemäße Überprüfung der jeweiligen Mängelbeseitigungsarbeiten zu bewerkstelligen. Gerade in dem hier angesprochenen Rahmen muss der Architekt laufend überwachen; er muss seine Aufsichtsleistung also auf die wesentlichen Teile der Mängelbeseitigungsleistungen auch zeitlich einrichten und rechtzeitig sowie oft genug auch selbst oder durch einen von ihm zu bestellenden absolut fachkundigen Vertreter zur Stelle sein. Dabei gehört zu dieser weiteren Grundleistung im Bereich der Leistungsphase 9 nicht nur die laufende Überwachung und damit Kontrolle der Mängelbeseitigung, sondern vor allem auch die technisch-fachlich **sachgerechte Beurteilung** nach deren Beendigung, gegebenenfalls auch die **Mitwirkung bei deren Abnahme,** so insbesondere beim VOB-Vertrag (VOB/B § 15 Nr. 5 Abs. 1 Satz 3; vgl. dazu Ingenstau/Korbion § 13). Stellt der Architekt während der betreffenden Mängelbeseitigungsleistung Unzuträglichkeiten dahingehend fest, dass der Unternehmer entweder nicht zügig arbeitet oder seine Arbeit unsachgemäß ist und deshalb nicht zu dem erforderlichen Erfolg führen kann, muss er für **Abstellung Sorge tragen,** zumindest den Auftraggeber unverzüglich benachrichtigen, damit dieser in die Lage versetzt wird, die erforderlichen weiteren Maßnahmen gegen den betreffenden Unternehmer zu ergreifen.

Außer der Überwachungspflicht hat der Auftragnehmer im Bereich des gleichen Vertrages noch eine **nachvertragliche Pflicht zur Betreuung des Auftraggebers.** Insofern muss er bei der Untersuchung und der Behebung der Mängel beratend tätig sein und darauf achten, dass dem Auftraggeber keine Schäden infolge falscher Maßnahmen entstehen (BGH BauR 1985, 97; BGH BauR 1985, 232). Entgegen der Ansicht des BGH sowie des OLG Hamm (NJW-RR 1995, 400 = BauR 1995, 579) handelt es sich nicht um eine vertragliche Nebenpflicht/Obliegenheit (nach altem Recht dort: mit einer 30-jährigen Verjährungsfrist) bei deren Verletzung, sondern um einen Bestandteil der nach Phase 9 besonderen Leistungspflicht des Architekten, mit der maßgebenden Verjährungsfrist von 5 Jahren (§ 634a BGB n. F.). Das gilt entgegen OLG Hamm (a. a. O.) ebenfalls, wenn allein die Objektbetreuung einem Architekten übertragen worden ist, weil es sich auch dann um werkvertragliche und nicht um dienstvertragliche Leistungen handelt.

Die Leistungen Objektbegehung und Mängelfeststellung sowie Überwachen der Män- **345** gelbeseitigung sind dem Architekten **nur** dann im Rahmen der Leistungsphase 9 **zu vergüten, wenn** der tatsächlich festgestellte und zu beseitigende Mangel **nicht auf** einem vom betreffenden Unternehmer nicht zu verantwortenden **Planungsfehler des Architekten** beruht. Ist das doch der Fall, so dient die Mängelfeststellung und die Überwachung der Mängelbeseitigung nur der **Nachholung der eigenen Fehlleistung** des Architekten aus anderen Leistungsphasen und ist daher ohne besondere Vergütung zu erbringen (Neuenfeld BauR 1981, 439; a. A. Locher/Koeble/Frik § 33 Rdn. 263; u. a. auch Löffelmann/ Fleischmann Rdn. 655). Die gegenteilige Ansicht lässt sich nicht mit dem Argument belegen, dem Architekten stehe das Honorar nach Leistungsphase 9 auch zu, wenn gar keine Mängel vorlägen. Damit wird nicht beachtet, dass für den hier erörterten Fall auch eine Nachbesserungspflicht des Architekten festgelegt ist, für die ihm nach allgemeinen, hier übergeordneten Grundsätzen keine – weitere – Vergütung zuerkannt werden kann. Auch kann es sein, dass der betreffende Mangel sowohl auf eine Fehlplanung oder eine vernachlässigte Bauaufsicht (Objektüberwachung) des Architekten als auch eine dem Unternehmer zuzurechnende fehlerhafte Arbeit zurückgeht. Auch dann steht dem Architekten **grundsätzlich keine Vergütung** nach Leistungsphase 9 zu. Hier gilt das Gleiche wie für den Bereich der Überwachung der Beseitigung von bei der Abnahme festgestellten Mängeln. Anders kann es nur in dem Fall sein, dass der Bauherr die Leistungsphase 9 separat beauftragte und sich anlässlich dessen Mängel des Architektenwerkes und/oder des Unternehmerwerkes nach fehlerhafter Planung und/oder Objektüberwachung zeigen. Dann entsteht ein Honoraranspruch grundsätzlich, denn die Beauftragung – es ist sodann im Einzelfall zu prüfen mit welchen Teilleistungen der Leistungsphase 9 der Architekt beauftragt wurde – löst grundsätzlich zunächst die Leistungspflicht aus. Zeigen sich sodann Versäumnisse, ist das eine **Frage der Mangelhaftung. Diese sind sodann anschließend im Rahmen der Gewährleistungsrechte zu hinterfragen.**

Die Objektbetreuung in der Leistungsphase 9 obliegt dem Architekten auch für die Gewerke, zu deren Planung nach seiner Empfehlung Sonderfachplaner hinzuzuziehen waren. Eine gesonderte Vergütung für seine Tätigkeit im Rahmen eines Gewährleistungsfalles steht dem Architekten dabei im Grundsatz nicht zu, sondern gehört zu dieser Leistung. Vergütungspflichtig ist aber die über die Schadensfeststellung hinausgehende Mitwirkung an der Beseitigung von Mangelfolgeschäden (OLG Schleswig, Urt. v. 22.9.2009 – 3 U 4/09).

Im Rahmen der Objektbegehung zur Mängelfeststellung und zur Überwachung der **346** Mängelbeseitigung während der jeweiligen Gewährleistungsfristen treffen den **Auftraggeber auch Mitwirkungspflichten.** Diese bestehen vornehmlich darin, dem Architekten die ordnungsgemäße und insbesondere auch pünktliche Begehung des Objektes sowie die spätere Überwachung der Beseitigungsarbeiten **zu ermöglichen.** Das gilt insbesondere für den Fall der zwischenzeitlich erfolgten völligen oder teilweisen Vermietung des erstellten Objektes sowie der Veräußerung, z. B. von Eigentumswohnungen. Befolgt der Auftraggeber diese Obliegenheiten nicht, kann er sich später dem Architekten gegenüber nicht darauf berufen, dieser habe ihm gegenüber seine Verpflichtungen nicht erfüllt.

Erstellen von Gebäudebestandsdokumentationen

347   Das hier in erster Linie Erforderliche ist das **Aufstellen von Bestandsplänen und** dient regelmäßig dem Zweck, den **Bautenstand** nach endgültiger Fertigstellung des Objektes **festzuhalten** (vgl. auch OLG Hamm BauR 1998, 1110 = NJW-RR 1999, 96). Dazu reichen häufig die im Rahmen normaler Planung erstellten Zeichnungen nicht aus, vor allem dann, wenn es später zu Veränderungen oder Zusätzen gekommen ist. Auch die Ausführungspläne besagen hierüber oft genug nichts Endgültiges oder Vollständiges. Bei den Bestandsplänen handelt es sich daher im Wesentlichen um **Kontrollzeichnungen,** die im Allgemeinen im Maßstab 1 : 100 gefertigt werden (Neuenfeld § 15 Anm. 87; Locher/ Koeble/Frik § 33 Rdn. 270). In sie sind bei der Festlegung des endgültigen Bautenstandes auch Einbauten, Verlauf von Installationen und anderen Betriebstechnischen Anlagen aufzunehmen. Dazu kommen **Angaben und Auflistungen** über nähere Einzelheiten der Konstruktion und des verwendeten Materials sowie Einzelheiten der Ausführung, sofern dies für die spätere Bewertung des Objekts sowie als Ausgangspunkt für spätere Erweiterungen und Umbauten, Reparaturen und Modernisierungen nach den gegenwärtig in Betracht zu ziehenden Möglichkeiten von Bedeutung sein kann.

Aufstellen von Ausrüstungs- und Inventarverzeichnissen

Erstellen von Wartungs- und Pflegeanweisungen

348   Das Aufstellen von **Ausrüstungs- und Inventarverzeichnissen** und das Erstellen von **Wartungs- und Pflegeanweisungen** sind durch inhaltlich klar umrissene Begriffe gekennzeichnet. Ersteres bezieht sich auf das Zubehör, wobei es darum geht, dem späteren Objektnutzer, vor allem auch dem Verwalter, einen **klaren Überblick** zu verschaffen, welche Erstausstattung an Zubehör aus Anlass der Errichtung des Objektes angeschafft worden und vorhanden ist (z.B. Werkzeuge, Leitern, Feuerlöscher, Abfalleimer, Reinigungsgeräte, Schneeräumer, Rasenmäher usw.). Die Erstellung von Wartungs- und Pflegeanweisung betrifft einmal das vorhandene Inventar, zum anderen und insbesondere auch alle Einrichtungen, welche in das Objekt eingebaut worden sind, wie z.B. Aufzüge, Warmwasserbereiter, Installation für Wasser, Heizung, Entlüftung, eingebaute Küchengeräte usw. Hier handelt es sich grundsätzlich um **eigene Arbeiten** des Architekten zum Zwecke der von ihm geforderten Zusammenstellung. Die bloße Sammlung und Aushändigung von Bedienungsanleitungen mit gleichzeitiger Wartungs- und Pflegeanweisung genügt noch nicht, um von einer Besonderen Leistung sprechen zu können. Dies liegt vielmehr im Bereich der schon zur Leistungsphase 8 gehörenden Grundleistung der Übergabe des Objekts einschließlich Zusammenstellung und Übergabe der erforderlichen Unterlagen, zum Beispiel Bedienungsanleitungen und Prüfprotokolle. Bei der hier erörterten Besonderen Leistung muss es sich somit schon darum handeln, dass der Architekt selbst Anweisungen zur Wartung und Pflege **erarbeitet,** d.h. die nötigen Erläuterungen im Einzelnen gibt, zumal der Begriff „Erstellen" mehr voraussetzt, als das in ähnlichem Zusammenhang in Leistungsphase 8 als Grundleistung erwähnte Wort „Zusammenstellung". Dass der Architekt bei der hier in Leistungsphase 9 als Besondere Leistung genannten Tätigkeit die fachkundige Hilfe von Herstellern oder von Sonderfachleuten aus dem Bereich der Anlagen- bzw. Bautechnik in Anspruch nehmen muss, liegt auf der Hand. In aller Regel werden ihm selbst die nötigen Fachkenntnisse in ihren Einzelheiten fehlen, um allein aus eigenem Wissen Wartungs- und Pflegeanweisungen mit der gebotenen Vollständigkeit aufzustellen.

Objektbeobachtung

349   Die **Objektbeobachtung** setzt begrifflich ein fertig gestelltes Bauvorhaben – Objekt – voraus. Die Beobachtung eines hergestellten Objektes, vor allem nach beendeter eigentlicher Arbeit des Architekten, hat sowohl die technische als auch die kostenmäßigwirtschaftliche Seite zum Gegenstand. Es handelt sich um die **Kontrolle** dahin, ob und inwieweit die mit der Bauerrichtung verbundene **Zielsetzung tatsächlich erreicht** worden ist. In technischer Hinsicht betrifft dies vor allem das Verhalten des eingebauten Materials, der Einrichtungen, der verwendeten Konstruktionen unter Einflüssen, welche nunmehr auf das Bauwerk einwirken (Witterung, Abnutzung usw.). Dabei geht es vor allem um das Sammeln von Erfahrungen. Daher ist die Objektbeobachtung hier von Bedeutung für etwaige weitere Bauabsichten des Auftraggebers. Die Frage der Kosten spielt hier bereits herein. Sie kann auch Bedeutung haben, wenn es sich darum handelt, die Wirtschaftlichkeit des Objektes im Hinblick auf erforderliche Renovierungen zu prüfen. Ähnliches gilt, wenn der Auftraggeber die Absicht späterer Veräußerung hat und den Bautenzustand im Hinblick auf den möglicherweise zu erreichenden Erlöse beobachten lässt.

Objektverwaltung

Die **Objektverwaltung** ist sicher **keine eigentliche Architektenaufgabe.** Verwaltung bedeutet, die Geschehensabläufe bei einem in Benutzung befindlichen Objekt zu beobachten und in geordnete Bahnen zu lenken. Dabei handelt es sich um die treuhänderische Wahrnehmung von Verwaltungsaufgaben, die eigentlich der Auftraggeber als Eigentümer oder jedenfalls Nutznießer des Objektes wahrzunehmen hat. Wie weit hier die jeweiligen Obliegenheiten des Architekten gehen, richtet sich nach der im Einzelfall mit dem Bauherrn getroffenen Absprache (OLG Düsseldorf IBR 2001, 206). **350**

Baubegehung nach Übergabe

Die weiter als Besondere Leistung aufgeführte **Baubegehung nach Übergabe** überschneidet sich dem Wortlaut nach mit der Objektbegehung zwecks Mängelfeststellung vor Ablauf der Gewährleistungsfristen der bauausführenden Unternehmer, welche als Grundleistung in Leistungsphase 9 festgelegt ist. Wenn daneben als Besondere Leistung auch noch eine – weitere – Baubegehung in Betracht kommen soll, so kann es sich nur um eine solche handeln, welche **nach Ablauf der Gewährleistungsfristen** oder aus anderen Gründen als zum Zwecke der Mängelfeststellung, z.B. zur Besichtigung durch spätere Erwerber des Objekts usw. stattfindet. **351**

Überwachung der Wartungs- und Pflegeleistungen

Die **Überwachung der Wartungs- und Pflegeleistungen** (hierzu siehe vorangehend) bedeutet die Prüfung der Ordnungsgemäßheit bei und nach Durchführung solcher Arbeiten sowie die Kontrolle, ob und zu welchen Zeitpunkten Wartung bzw. Pflege erforderlich ist. **352**

Aufbereitung der Planungs- und Kostendaten für eine Objektdatei oder Kostenrichtwerte

Aufbereiten des Zahlungsmaterials für eine Objektdatei kommt sicher nur bei großen, umfangreichen und daher schwierig zu überschauenden und zu kontrollierenden Objekten in Betracht. Ist ein solches in einer Objektdatei erfasst, kann dem Architekten das Aufbereiten und Zusammenstellen des Zahlenmaterials für die Datei übertragen werden. Dabei handelt es sich grundsätzlich um sämtliche Daten des errichteten Vorhabens, soweit sie für dessen weitere Entwicklung, vor allem auch für den Bereich der Objektbeobachtung und Objektverwaltung, von Bedeutung sind. Auch kann die Objektdatei den Zweck haben, Erfahrungswerte im Hinblick auf die Kosten weiterer Bauvorhaben des Auftraggebers zu liefern. **353**

Ermittlung und Kostenfeststellung zu Kostenrichtwerten

Die **Ermittlung und Kostenfeststellung zu Kostenrichtwerten** ist mit einer Objektdatei verbunden. Für die hier vorzunehmende Ermittlung und Feststellung sind die **354**

Richtlinien der DIN 18961 „Kostenrichtwerte im Hochbau" maßgebend und daher hinreichend genau von dem mit dieser Besonderen Leistung beauftragten Architekten zu beachten.

Evaluieren von Wirtschaftlichkeitsberechnungen

355   Das schließlich als Besondere Leistung für den Bereich der Objektbetreuung und Dokumentation aufgeführte Evaluieren von Wirtschaftlichkeitsberechnungen ist das frühere sogenannte **Überprüfen der Bauwerks- und Betriebs-Kosten-Nutzen-Analyse** und schließt an die bei der Vorplanung (Leistungsphase 2) als Besondere Leistung in Betracht kommende Aufstellung einer Bauwerks- und Betriebs-Kosten-Nutzen-Analyse (vgl. Rdn. 65) an. Dabei geht es nunmehr um die Überprüfung dieser Analyse nach Fertigstellung und Inbenutzungnahme bzw. Inbetriebnahme des Objekts durch Gegenüberstellung der Soll- und Istwerte. Gegebenenfalls sind hier Berichtigungen vorzunehmen und dem Auftraggeber im Einzelnen übersichtlich dargestellt vorzulegen.

     Zu den Besonderen Leistungen rechnet hier auch die sog. **Abgeschlossenheitsbescheinigung nach dem WEG** (vgl. DArchBl. 1979, 1457).

E. Haftungsfragen

356   Auch die Verpflichtungen, die sich für den Architekten aus der Leistungsphase 9 ergeben, sind **Hauptleistungen** (ebenso Bindhardt/Jagenburg § 1 Rdn. 33; Locher/Koeble/Frik § 33 Rdn. 275), welche in den Bereich des § 633 BGB einzuordnen sind (ebenso Schmalzl Rdn. 67 m. w. N.), soweit sie nicht im Einzelfall kraft ausdrücklicher vertraglicher Vereinbarung zwischen dem Bauherrn und dem Architekten ausgeklammert sind bzw. – bei Besonderen Leistungen – umgekehrt mit zum Gegenstand des Architektenvertrages gemacht worden sind. Sie sind von dem Architekten genauso sorgfältig zu erfüllen wie die anderen, vor und während der Bauausführung zu erbringenden Arbeiten. Werden die dem Architekten hier schließlich noch obliegenden Verpflichtungen vernachlässigt, macht er sich dem Auftraggeber gegenüber ebenso gewährleistungspflichtig wie in den anderen Fällen. Da gerade hier häufig eine Nachbesserung gemäß §§ 634 Nr. 1, 635 BGB nicht möglich ist, muss der Architekt dann eine Minderung seiner Vergütung (§§ 634 Nr. 3, 638 BGB) hinnehmen oder im Falle seines Verschuldens sogar dem Auftraggeber Schadensersatz nach §§ 634 Nr. 4, 636, 280, 281 BGB leisten. Das gilt vornehmlich im Hinblick auf die mit der Objektbetreuung verbundenen Aufgaben der **Objektbegehung zur Mängelfeststellung** vor Ablauf der Verjährungsfristen, der **Überwachung der Beseitigung** von innerhalb der Verjährungsfrist aufgetretenen Mängeln und der **Mitwirkung bei der Freigabe von Sicherheitsleistungen.** Nimmt der Architekt hier seine Pflichten überhaupt nicht, nicht ordnungsgemäß oder vor allem auch nicht rechtzeitig wahr, haftet er, wenn der Auftraggeber dadurch einen Rechtsverlust erleidet, dass er den ihm an sich auf Gewährleistung haftenden Unternehmer nicht mehr durchsetzbar in Anspruch nehmen kann, etwa deswegen, weil dieser wegen der Gewährleistungsansprüche mit Recht die Verjährungseinrede erhebt. Gleiches gilt bei unberechtigt vom Architekten vorzeitig veranlasster Rückgabe der Sicherheitsleistung, wenn dem Auftraggeber dadurch das Faustpfand aus der Hand genommen ist, entsprechenden Druck auf den Unternehmer zur Erfüllung seiner Nachbesserungs- oder sonstigen Gewährleistungspflichten auszuüben oder die Sicherheit jedenfalls zur teilweisen Befriedigung seiner Gewährleistungsansprüche zu verwenden.

     Andererseits hat der Architekt, wie grundsätzlich in allen werkvertraglichen Verpflichtungen und damit in den Teilleistungsbereichen bei einer mangelhaften Bauüberwachung ein Recht auf Nacherfüllung.

357   In der Frage der **Feststellung von Mängeln** ist des Weiteren zu beachten, dass der umfassend beauftragte Architekt dem Auftraggeber noch nach Beendigung seiner eigentlichen Tätigkeit bei der Behebung von Baumängeln zur Seite zu stehen hat. Im Rahmen seiner Betreuungsaufgaben hat er nicht nur die Auftraggeberinteressen gegenüber den Bauunternehmern zu wahren; ihm obliegt auch die objektive Klärung der Mängelursachen, **selbst wenn hierzu eigene Planungs- oder Aufsichtsfehler gehören** (BGH BauR 2007,

423; OLG Dresden, Urt. v. 17.6.2010 – 10 U 1648/08). Als Sachwalter des Bauherrn schuldet er die unverzügliche und umfassende Aufklärung der Ursachen der sichtbar gewordenen Baumängel sowie die sachkundige Unterrichtung des Bauherrn vom Ergebnis der Untersuchungen und von der sich daraus ergebenden Rechtslage. Das entgegenstehende Interesse des Architekten, sich eigener Haftung möglichst zu entziehen, vermag das Unterlassen zutreffender Unterrichtung des Bauherrn nicht zu rechtfertigen. Die dem Architekten vom Bauherrn eingeräumte Vertrauensstellung gebietet es vielmehr, diesem im Laufe der Mängelursachenprüfung auch Mängel des eigenen Architektenwerkes zu offenbaren. Verletzt der Architekt schuldhaft diese Untersuchungs- und Betreuungspflicht, so ist er dem Bauherrn **wegen positiver Vertragsverletzung** (§§ 280, 281 BGB) **zum Schadensersatz verpflichtet** (BGHZ 92, 251 = BauR 1985, 97 = NJW 1985, 328 = Schäfer/ Finnern/Hochstein § 635 BGB Nr. 40 m.w.N.; BGH BauR 1986, 112 = Schäfer/ Finnern/Hochstein § 635 BGB Nr. 46 = NJW-RR 1986, 182; BGH BauR 2007, 423), was auch gilt, wenn der Architekt nicht umfassend, sondern nur mit Teilleistungen beauftragt ist, sofern es sich um sein Versagen bei der Erbringung solcher Teilleistungen handelt (BGH BauR 1996, 418 = NJW 1996, 1278) oder wenn er bei der Vertragsausführung schuldhaft verursachte Schäden im Bereich von ihm an sich nicht geschuldeter Teilleistungen herbeiführt (a.a.O.). Insofern kann er dem Bauherrn zum Ersatz vergeblich aufgewandter Kosten einer Beweissicherung und eines Vorprozesses verpflichtet sein (BGH BauR 1985, 232 = Schäfer/Finnern/Hochstein § 635 BGB Nr. 42 = ZfBR 1985, 119). Darüber hinaus ist von der **Ursächlichkeit** der Verletzung dieser Pflichten für den dem Bauherrn entstandenen Schaden (Bauwerk, Gutachten, Gerichtskosten usw.) auszugehen, wenn der Bauherr in Kenntnis und bei entsprechender Aufklärung durch den Architekten über die Baumängel rechtzeitig gegen den Architekten vorgegangen wäre. Denn hierfür spricht eine tatsächliche Vermutung. Der aus der ursächlichen Verletzung der Pflicht folgende Schadensersatzanspruch geht dahin, dass die **Verjährung** der gegen den Architekten gerichteten Gewährleistungsansprüche als nicht eingetreten gilt (BGH BauR 2007, 423 = NZBau 2007, 108 = NJW 2007, 365). Die gleichen Regeln gelten auch im Rahmen von **Stufenverträgen** (OLG Dresden, Urt. v. 17.6.2010 – 10 U 1648/08).

Verjährung: Der **Beginn** der fünfjährigen Verjährungsfrist hängt davon ab, welche Leis-   **358** tungen Gegenstand des Architektenwerks sind. Soweit Putzier (NZBau 2004, 177) annimmt, dass die Abnahme nach Leistungsphase 8 einsetzt und Leistungsphase 9 als Dienstvertrag anzusehen ist, ist dem nicht zu folgen. Er übersieht, dass die weitergehenden Pflichten der Gewährleistungsüberwachung der Unternehmen die Weiterentwicklung der werkvertraglichen Nebenpflicht ist. Sofern der Abnahmezeitpunkt streitig ist, so obliegt es dem Architekten selbst durch Vertragsgestaltung oder Abnahmeformulare (z.B. www. aknds.de; Thode/Wirth/Kuffer, § 7 Rdn. 87) sich die rechtlichen Voraussetzungen zu verschaffen. Allerdings verstoßen Allgemeine Geschäftsbedingungen, nach deren Inhalt die Verjährungsfrist für diese Ansprüche bereits mit der Abnahme des Bauwerkes zu laufen beginnt, gegen § 11 Nr. 10f AGB-Gesetz = § 309 Nr. 8b ff. BGB (KG NZBau 2004, 337). Die Formel in Allgemeinen Geschäftsbedingungen mit Verbrauchern, dass die Gewährleistungszeit der Architektenhaftung „5 Jahre nach Bezugsfertigkeit" endet, ist unwirksam (BGH BauR 2004, 1171 = NZBau 2004, 396). Die **„Sekundärhaftung"** des Architekten entsteht immer dann, wenn er auf einen Mangel seines Architektenwerkes innerhalb der Gewährleistungsfristen gegenüber Bauunternehmen nicht hinweist. Die Hinweispflicht ist eine Hauptpflicht und keine Nebenpflicht (LG Deggendorf BauR 2002, 339, 341; OLG Düsseldorf BauR 2004, 1199, 1331 = NZBau 2004, 454). Ansprüche hieraus verjähren gem. §§ 635, 638 BGB a.F. nach nochmals fünf Jahren; gem. §§ 634 Nr. 4, 636, 634a Abs. 1 Nr. 2 BGB nach 5 Jahren und nicht als spätere Vertragsverletzung mit der Folge der dreißigjährigen Frist (§ 195 BGB a.F.) bzw. §§ 281, 199 Abs. 1 Nr. 2, Abs. 3 BGB (OLG Düsseldorf BauR 2004, 1199, 1331 = NZBau 2004, 454). Der Architekt muss darlegen und beweisen, dass die Leistungsphase 9 nicht Gegenstand des Vertrages ist und somit die Verjährung mit Beendigung bzw. Abnahme der Leistungsphase 8 begonnen hat. Gelingt ihm dieser Beweis nicht, beginnt die fünfjährige Verjährung für Ansprüche gegen Architekten erst nach Beendigung der Objektbetreuung, also regelmäßig fünf Jahre nach Abnahme der Bauleistungen bzw. einer Handlung des Bauherrn, welche darauf hindeuten, dass er von der Abnahmereife des Werks des Architekten ausgeht (§§ 640, 641, 646 BGB), z. B. Zahlung des Honorars oder Empfangnahme der Pläne und Unterlagen (OLG Düsseldorf BauR 2005, 1680). **Daher grundsätzlich:** Der Architekt, der über ihn bekannte Risiken, die aufklärungsbedürftig sind nicht aufklärt, handelt arglistig. Die Schadensersatzansprüche verjähren daher in „Altfällen vom Vertragsschluss 2002" in 30 Jahren, ansonsten gem. § 199 BGB (OLG Düsseldorf BauR 2005, 442). Wird im Rahmen eines Architektenvertrages über eine Vollarchitektur eine Teilabnahme nicht ausdrücklich vereinbart, findet eine Abnahme des Architektenwerkes erst nach Abschluss der Leistungsphase 9 statt. Die fünfjährigen Verjährung für Architektenleistungen beginnt damit frühestens mit Ablauf der Gewährleistungsfristen für die am Bau beteiligten Unternehmer (OLG Celle, Urt. v. 26.5.2011 – 5 U 87/10). Soweit von Peters (BauR 2011, 1563 ff.) vertreten wird, dass **an die Stelle der Abnahme** die **Vollendung** nach § 646 BGB tritt, ist dieses erkennbar falsch. **Grundsätzlich ist die Werkleistung ohne besondere Vereinbarung nur nach Durchsprache der jeweiligen Teilleistungen fällig. Das bedeutet, dass der Besteller grundsätzlich eine Abnahme im Rahmen der von § 640 BGB zur Verfügung gestellten Mittel und Wege durchführen muss und ist zugleich Fälligkeitsvoraussetzung nach § 632 BGB i. V. m. § 15. Im Übrigen gilt bei konkludenten Abnahmen, daß diese darin liegen kann, daß der Besteller nach Fertigstellung der Leistung, Bezug des fertiggestellten Bauwerkes und der Ablauf der Prüfungsfrist von sechs Monaten keine Mängel der Architektenleistung rügte (BGH, Urt. v. 25.2.2010 – VII ZR 64/09, BGH, Urt. v. 26.9.2013 – VII ZR 220/12).**

359   **Verjährungsbeginn** beim **Fachplaner/Tragwerksplaner:** Die vorbehaltlose Zahlung der Schlussrechnung des Tragwerksplaners stellt eine konkludente Abnahme und damit den Beginn der Verjährung dar. Eine Schlussrechnung liegt nur vor, wenn die gesamten geschuldeten Leistungen abgerechnet werden (OLG Karlsruhe BauR 2004, 1994).

   Formularmäßige Verkürzung der Gewährleistung bei Tragwerkplanerverträgen: Die in den Allgemeinen Geschäftsbedingungen eines Ingenieurs enthaltene **Verkürzung** der Verjährungsfrist für Gewährleistungsansprüche für auf Bauwerke bezogene Planungs- und Überwachungsleistungen auf zwei Jahre, ist auch bei Verwendung gegenüber einer juristischen Person des öffentlichen Rechts unwirksam (zu § 634 BGB). Die Allgemeinen Geschäftsbedingungen eines Ingenieurs *„Die Verjährung beginnt mit der Abnahme der letzten nach diesem Vertrag zu erbringenden Leistung, spätestens mit Abnahme der in Leistungsphase 8 zu erbringenden Leistungen, bei Leistungen nach Teil VII der HOAI unter Einschluss auch der nach § 57 zu erbringenden Leistungen der örtlichen Bauüberwachung"* enthält keine Vereinbarung einer Teilabnahme der bis zur Leistungsphase 8 der §§ 55 und 57 HOAI 1991 und 1996/2002 zu erbringenden Leistungen (BGH, Urt. v. 11.5.2006 – VII ZR 300/04, BGH, Urt. v. 10.10.2013 – VII ZR 19/12).

360   Ist der Architekt vom Bauherrn **gesondert** mit der Wahrnehmung einer **Teilleistung der Leistungsphase 9** beauftragt worden, nämlich mit der Feststellung von Schäden am Deckenputz eines Zimmers und der Beratung hinsichtlich der Verantwortlichkeit und der Möglichkeit der Inanspruchnahme einer ausführenden Firma, so handelt es sich entgegen OLG Hamm (BauR 1995, 579 = NJW-RR 1995, 400) nicht um einen Dienstvertrag mit der Haftung des Architekten aus positiver Vertragsverletzung (§§ 280, 281 BGB), sondern um eine erfolgsbezogene Werkleistung gemäß den §§ 631 ff. BGB.

F. Überwachung der Einzelheiten der Gestaltung ohne Übertragung der Objektüberwachung nach Leistungsphase 8 – Künstlerische Oberleitung

361   Die HOAI erwähnte bis zur Fassung der HOAI 2009 die auch in der GOA gängige sog. **künstlerische Oberleitung.** Dies hatte vor allem zu Problemen geführt, in welchen der Auftragnehmer nur als Planender nach den Leistungsphasen 1–7 oder mit einzelnen Phasen aus diesem Bereich beauftragt wurde, nicht aber mit der Überwachung nach der Leistungsphase 8, **er aber in gestalterischer Hinsicht die ihm übertragenen Leistungen im Bereich deren Ausführung zu überwachen hatte.** So kommt es nicht selten bei gro-

ßen Bauvorhaben vor, dass der Auftragnehmer mit den Leistungsphasen 1–4 sowie der Ausführungsplanung ganz oder teilweise nach Leistungsphase 5 beauftragt wird, ein anderer Auftragnehmer dagegen die für die Durchführung des Vorhabens nötigen ergänzenden planerischen oder überwachenden Leistungen zu erbringen hat. Insofern hat sich häufig die Notwendigkeit ergeben, den „eigentlich" planenden Auftragnehmer noch mit der Verfolgung der praktischen Durchführung seines planerischen Konzeptes zu betrauen. Das vor allem, um ihm die Möglichkeit zu geben, am Ort der Bauausführung nicht nur beobachtend, sondern berichtigend oder ergänzend tätig zu werden, wenn sich die Notwendigkeit dazu ergibt. Dies wird als **Überwachung der Herstellung des Objektes hinsichtlich der Einzelheiten der Gestaltung** bezeichnet und war früher in § 15 Abs. 3 HOAI 1996/2002 verankert. Insofern wird dem betreffenden Auftragnehmer ein besonderes Honorar zugesprochen. Voraussetzung ist dazu allerdings, dass dafür eine **schriftliche Vereinbarung** getroffen worden ist (ebenso OLG Schleswig BauR 1997, 509). Unbedingte **Voraussetzung** ist vor allem aber, **dass dem Auftragnehmer keine Grundleistungen der Leistungsphase 8 übertragen worden sind.** Der Verordnungsgeber geht nämlich davon aus, dass die Überwachung in gestalterischer Hinsicht mit zum Leistungsbild des § 33 S. 3 i. V. m. Anhang 11 gehört, wenn dem Auftragnehmer alle dort genannten Leistungen übertragen worden sind. Der Zeitpunkt der schriftlichen Vereinbarung ist nicht festgelegt. Sie kann also vor, bei Auftragserteilung, vor Leistungsbeginn aber auch noch bei späterer Vertragsabwicklung getroffen werden (Jochem § 15 Rdn. 92; Locher/Koeble/Frik § 34 Rdn. 279). Fehlt es daran, so stehen dem Architekten auch keine Ansprüche aus ungerechtfertigter Bereicherung oder Geschäftsführung ohne Auftrag zu (OLG Schleswig BauR 1997, 509 = NJW-RR 1997, 723).

Die Höhe des Honorars ist frei vereinbar. Es haben sich vielfach 5 % des Honorars nach **362** § 34 Abs. 1 durchgesetzt. Hier wird es letztlich auf die sachgerechte Festlegung je nach Umfang und Schwierigkeit der gestalterischen Überwachung ankommen. Andererseits: Das Honorar des Auftragnehmers, welcher die Objektüberwachung nach der Leistungsphase 8 durchzuführen hat, bleibt diesem, weil seine dort festgelegte Leistungspflicht voll erhalten bleibt.

Eine Haftung ist kaum denkbar. Möglich ist aber eine Haftung, wenn die Parteien eine **363** besondere Ausgestaltung der künstlerischen Oberleitung, also die Verfolgung eines besonderen künstlerischen Konzepts oder der Befolgung der Maßgaben aus einem Planungswettbewerb und den Auflagen des Künstlers und/oder der Jury auf künstlerischer Ebene nicht einhielt.

G. Besondere Leistungen bei Umbauten und Modernisierungen

Hier hatte der Verordnungsgeber für ganz bestimmte Teilbereiche in dem durch die **364** 4. ÄndVO geschaffenen § 15 Abs. 4 die Möglichkeit der Vereinbarung Besonderer Leistungen festgelegt. Dies war nach dem – bisherigen und an sich weitergeltenden – Aufbau der HOAI systemwidrig, weil nach § 2 Abs. 3 HOAI 1996/2002 die Besondere Leistungen solche sind, die zu den Grundleistungen oder an deren Stelle treten, falls an die Ausführung des Auftrages besondere Anforderungen gestellt werden. Weiter ist dort ausdrücklich hervorgehoben worden, dass die Besonderen Leistungen in den einzelnen Leistungsbildern nicht abschließend aufgeführt waren und das Besondere Leistungen eines Leistungsbildes auch in anderen Leistungsbildern oder Leistungsphasen zu Anwendung kommen können, wenn sie dort nicht zu den Grundleistungen gehören. Davon **abweichend** sprach Abs. 4 **sozusagen regelwidrig nur von Besonderen Leistungen für Umbauten und Modernisierungen.**

Der Verordnungsgeber hatte in der Fassung 2009 § 15 Abs. 4 HOAI 1996/2002 ganz entfallen lassen und separat in § 35 geregelt. Die Besonderen Leistungen sind in § 3 Abs. 3 i. V. m. Anlage 10.1 geregelt. Heute in der Fassung 2013 findet man die Leistung des Bauens im Bestand in § 2 Abs. 5 und 6 zu Umbau und Modernisierung, § 6 Abs. 2 und § 36 (auf die Kommentierung zu § 36 wird grundsätzlich verwiesen).

Allerdings ist nach der jetzigen Regelung auf Folgendes an dieser Stelle hinzuweisen: **365** Die **Bestandsaufnahme (Aufmaß, Schadenskartierung, Ursachenforschung)** ist als

Besondere Leistung schon in Leistungsphase 1 erwähnt. Sie ist sicher gerade für den Bereich des Umbaues und der Modernisierung von besonderer Bedeutung. Dabei sind das **maßliche, technische und verformungsgerechte Aufmaß, die Schadenskartierung und das Ermitteln von Schadensursachen** nähere Verästelungen bzw. Feinheiten der Bestandsaufnahme. Das Aufmaß dient hier im Wesentlichen nicht nur dazu, einen oft nicht vorhandenen Grundrissplan zu fertigen, sondern auch dazu, Maßungenauigkeiten festzulegen, wie z. B. die Verformung einzelner Bauteile, z. B. von Dach, Decken oder Wänden, genau zu erfassen. Schadenskartierung ist Ausgangspunkt für die spätere Entscheidung, ob und welche Bauteile ersetzt oder nur renoviert werden müssen. Dabei ist das Ermitteln von Schadensursachen von grundlegender Bedeutung, wobei zwangsläufig hinreichend genaue Kenntnisse in der zurzeit der Bauherstellung maßgebenden Technik nötig sind.

Planen und Überwachen von Maßnahmen zum Schutz vorhandener Substanz beziehen sich auf Bauteile, die während der Ausführung des Umbaues oder der Modernisierung erhalten bleiben müssen bzw. sollen (Intarsien, Fenster, Türen, Treppen, Parkettböden, Stuckarbeiten usw.).

Werden Umbauten oder Modernisierungen in einem Objekt vorgenommen, von welchem während der Ausführung **Nutzer oder Sonstige von der betreffenden Planung bzw. Ausführung betroffen sind** (z. B. Anlieger, Nachbarn, sonst im Bereich des Objektes Beschäftigte), so kann es sein, dass Betreuungsmaßnahmen durch den Planer (Auszug, Einzug, Sorge für gefahrlosen Aufenthalt) nötig sind. Dazu ist im Allgemeinen eine sehr ins Einzelne gehende Organisation erforderlich; ebenso muss der Planer u. U. an solchen Betreuungsmaßnahmen selbst mitwirken. Erforderlich kann es auch sein, planerische Überlegungen mit Nutzern des Objektes zu besprechen und abzusprechen, was im Allgemeinen sachgerecht durch deren Befragung geschieht. Dazu gehört auch die spätere Kontrolle der Ausführung festgelegter oder vereinbarter Maßnahmen.

III. § 34 Abs. 4 – Anlage 10.1 –

366 Der VO-Geber hat hier in § 34 Abs. 4 nun den grundsätzlichen Verweis auf die Grundleistungen, § 3 Abs. 1, 2, in der linken Spalte der Anlage 10.1 aufgenommen. Diese Grundleistungen sind abschließend.

In der linken Spalte der Anlage 10.1 sind beispielhaft die Besonderen Leistungen aufgelistet, § 3 Abs. 3.

Der Inhalt der Anlage ist oben in der vor der Einleitung zu A. dargestellt.

§ 35 Honorare für Grundleistungen bei Gebäuden und Innenräume

(1) **Die Mindest- und Höchstsätze der Honorare für die in § 34 und der Anlage 10, Nummer 10.1, aufgeführten Grundleistungen für Gebäude und Innenräume sind in der folgenden Honorartafel festgesetzt:**

sAnrechenbare Kosten in Euro	Honorarzone I sehr geringe Anforderungen von Euro	bis	Honorarzone II geringe Anforderungen von Euro	bis	Honorarzone III durchschnittliche Anforderungen von Euro	bis	Honorarzone IV hohe Anforderungen von Euro	bis	Honorarzone V sehr hohe Anforderungen von Euro	bis
25 000	3 120	3 657	3 657	4 339	4 339	5 412	5 412	6 094	6 094	6 631
35 000	4 217	4 942	4 942	5 865	5 865	7 315	7 315	8 237	8 237	8 962
50 000	5 804	6 801	6 801	8 071	8 071	10 066	10 066	11 336	11 336	12 333
75 000	8 342	9 776	9 776	11 601	11 601	14 469	14 469	16 293	16 293	17 727
100 000	10 790	12 644	12 644	15 005	15 005	18 713	18 713	21 074	21 074	22 928
150 000	15 500	18 164	18 164	21 555	21 555	26 883	26 883	30 274	30 274	32 938
200 000	20 037	23 480	23 480	27 863	27 863	34 751	34 751	39 134	39 134	42 578
300 000	28 750	33 692	33 692	39 981	39 981	49 864	49 864	56 153	56 153	61 095
500 000	45 232	53 006	53 006	62 900	62 900	78 449	78 449	88 343	88 343	96 118
750 000	64 666	75 781	75 781	89 927	89 927	112 156	112 156	126 301	126 301	137 416
1 000 000	83 182	97 479	97 479	115 675	115 675	144 268	144 268	162 464	162 464	176 761
1 500 000	119 307	139 813	139 813	165 911	165 911	206 923	206 923	233 022	233 022	253 527
2 000 000	153 965	180 428	180 428	214 108	214 108	267 034	267 034	300 714	300 714	327 177
3 000 000	220 161	258 002	258 002	306 162	306 162	381 843	381 843	430 003	430 003	467 843
5 000 000	343 879	402 984	402 984	478 207	478 207	596 416	596 416	671 640	671 640	730 744
7 500 000	493 923	578 816	578 816	686 862	686 862	856 648	856 648	964 694	964 694	1 049 587
10 000 000	638 277	747 981	747 981	887 604	887 604	1 107 012	1 107 012	1 246 635	1 246 635	1 356 339
15 000 000	915 129	1 072 416	1 072 416	1 272 601	1 272 601	1 587 176	1 587 176	1 787 360	1 787 360	1 944 648
20 000 000	1 180 414	1 383 298	1 383 298	1 641 513	1 641 513	2 047 281	2 047 281	2 305 496	2 305 496	2 508 380
25 000 000	1 436 874	1 683 837	1 683 837	1 998 153	1 998 153	2 492 079	2 492 079	2 806 395	2 806 395	3 053 358

(2) Welchen Honorarzonen die Grundleistungen für Gebäude zugeordnet werden, richtet sich nach folgenden Bewertungsmerkmalen:

1. Anforderungen an die Einbindung in die Umgebung,

2. Anzahl der Funktionsbereiche,

3. gestalterische Anforderungen,

4. konstruktive Anforderungen,

5. technische Ausrüstung,

6. Ausbau.

(3) Welchen Honorarzonen die Grundleistungen für Innenräume zugeordnet werden, richtet sich nach folgenden Bewertungsmerkmalen:

1. Anzahl der Funktionsbereiche,

2. Anforderungen an die Lichtgestaltung,

3. Anforderungen an die Raumzuordnung und Raumproportion,

4. technische Ausrüstung,

5. Farb- und Materialgestaltung,

6. konstruktive Detailgestaltung.

(4) Sind für ein Gebäude Bewertungsmerkmale aus mehreren Honorarzonen anwendbar und bestehen deswegen Zweifel, welcher Honorarzone das Gebäude oder der Innenraum zugeordnet werden kann, so ist zunächst die Anzahl der Bewertungspunkte zu ermitteln. Zur Ermittlung der Bewertungspunkte werden die Bewertungsmerkmale wie folgt gewichtet:

1. die Bewertungsmerkmale nach Absatz 2 Nummer 1, 4 bis 6 mit je bis zu 6 Punkten und

2. die Bewertungsmerkmale nach Absatz 2 Nummer 2 und 3 mit je bis zu 9 Punkten

(5) Sind für Innenräume Bewertungsmerkmale aus mehreren Honorarzonen anwendbar und bestehen deswegen Zweifel, welcher Honorarzone das Gebäude oder der Innenraum zugeordnet werden kann, so ist zunächst die Anzahl der Bewertungspunkte zu ermitteln. Zur Ermittlung der Bewertungspunkte werden die Bewertungsmerkmale wie folgt gewichtet:

1. die Bewertungsmerkmale gemäß Absatz 3 Nummer 1 bis 4 mit je bis zu 6 Punkten und

2. die Bewertungsmerkmale gemäß Absatz 3 Nummer 5 und 6 mit je bis zu 9 Punkten

(6) Das Gebäude oder der Innenraum ist anhand der nach Absatz 5 ermittelten Bewertungspunkte einer der Honorarzonen zuzuordnen:

1. Honorarzone I: bis zu 10 Punkte,

2. Honorarzone II: 11 bis 18 Punkte,

3. Honorarzone III: 19 bis 26 Punkte,

4. Honorarzone IV: 27 bis 34 Punkte,

5. Honorarzone V: 35 bis 42 Punkte.

(7) Für die Zuordnung zu den Honorarzonen ist die Objektliste der Anlage 10 Nummer 10.2 und Nummer 10.3 zu berücksichtigen.

Übersicht

I. Allgemeines

In § 35 Abs. 1 HOAI wurde die aktualisierte Honorartafel mit der Festsetzung der Min- **0** dest- und Höchstsätze für die in der Anlage 10 aufgeführten Grundleistungen aufgenommen. Im Übrigen stimmt § 35 weitestgehend mit § 34 HOAI 2009 überein. § 35 Abs. 7 stellt klar, dass die Objektlisten der Anlage 10, Nr. 10.2 und 10.3 für die Zuordnung des Objekts zu den Honorarzonen anzuwenden sind. Die Objektlisten wurden neu strukturiert. Bisher waren diese nach den Honorarzonen gegliedert. Durch die Strukturierung nach Objekttypen und die tabellarische Zuordnung zu den Honorarzonen wird nach Meinung des VO-Gebers für den Anwender ein besserer Überblick geschaffen und die Zuordnung zur Honorarzone erleichtert.

II. Honorartafel (Abs. 1)

In der Honorartafel waren in der Fassung 2009 die Tafelwerte um bereits ca. 10 % ange- **1** hoben worden. Die Begründung der Drucksache 395/09 des Bundesrates spricht hier von einer Notwendigkeit aufgrund der Preisentwicklung seit der letzten Novellierung. Der Verordnungsgeber sieht hier auch die Vorgabe der Ermächtigungsgrundlage erfüllt: den berechtigten Interessen der Architekten und Ingenieuren sei Rechnung getragen worden (BR-Drucks. 395/09, S. 192). Angesichts der sonstigen Preisentwicklung durfte das bezweifelt werden. Allerdings setzte sich dieser Trend in der Fassung 2013 dann fort. Je nach Ansatz wurde die Honorartafel um 8 % bis 12 % erhöht.

Zudem hat der VO-Geber nunmehr die **Mindestsumme** der anrechenbaren Kosten als Berechnungsgrundlage auf € 25 000 abgesenkt und die **Höchstsumme** auf € 25 000 000.

Die Honorartafel gilt für Gebäude und Innenräume und findet ihre Grundlage in § 6 Abs. 1 Ziff. 4. **Übersteigen** die anrechenbaren Kosten den obersten Wert der Tafel, so ist die HOAI nicht anwendbar. Das gilt für Honorarvereinbarungen genauso, wie für die Höhe des Honorars, § 7 Abs. 2 HOAI. Allerdings steht dem Auftragnehmer in Ermangelung einer Vereinbarung die übliche Vergütung, § 632 Abs. 2, 2. Alt. BGB, zu. Ergibt sich allerdings aus einer Möglichkeit der Feststellung des Sachverhalts eine „Taxe" i. S. d. § 632 Abs. 2, 1. Alt. BGB festzulegen, so ist diese vorrangig. Das gilt zum Beispiel bei Erhebungen der Architekten- und Ingenieurkammern oder der AHO e. V. Eine Honorarvereinbarung kann auch formlos mündlich und insbesondere auch später nach Auftragserteilung geschlossen werden. Dies gilt für die Bestimmung oberhalb des höchsten Tafelwertes. Dabei ist zu beachten, dass die Frage, ob der Rahmen der Honorartafel noch eingehalten wird, sich nach den Grundsätzen der HOAI bestimmt. Hier steht dann dem Auftragnehmer die „übliche Vergütung" zu. Hier ist auf § 7 Abs. 2 HOAI zu verweisen. § 7 Abs. 1, 6 S. 1 HOAI gelten nicht. Von der Mindestsatzregelung wird nicht abgewichen (BGH, BauR 2004, 1640). Hier sind daher als Vereinbarung der Parteien die lineare Fortschreibung der Honorartafel, das Zeithonorar oder auch Pauschalen denkbar (KG, NZBau 2000, 257), § 7 Abs. 2 HOAI. Erfolgt eine Honorarvereinbarung, so kann diese auch vorsehen, dass ein Mindestsatz des höchsten Tafelwertes anzusetzen ist. Nicht allerdings ist ein Mindestsatz anzusetzen, der unterhalb des höchsten Wertes liegt, weil dies zu einer Unterschreitung für, welche allerdings in ihrer Zulässigkeit an § 7 Abs. 3 und 4 HOAI zu messen ist. Daher wird sich als Maßstab grundsätzlich immer anbieten, die „übliche Vergütung" als Maßstab und Ausfluss von §§ 242, 632 Abs. 2 BGB heranzuziehen. Erst wenn die Parteien keine Honorarvereinbarung trafen, ist eine Fortschreibung der Tabellenwerte (Exploration) nicht als „übliche Vergütung" heranzuziehen. Die „übliche Vergütung" ist dann bei Überschreitung der Tabellenwerte nicht der Mindest- oder Höchstsatz für den höchsten Tabellenwert (BGH, BauR 2004, 1640). Hierbei ist nicht §§ 315, 319 BGB heranzuziehen (anders noch KG, NZBau 2000, 257; Löffelmann/Fleischmann, Rdn. 1259). Die Ermittlung des Wertes kann sich hier daran orientieren, was zum Beispiel eine fortgeschriebene Tabelle des öffentlichen Auftraggebers aussagt (RiFT − Staatliche Hochbauverwaltung Baden-Württemberg; Runderlass des Ministeriums für Bauen und Wohnen NRW vom 15.5.1997; Oberste Baubehörde im Bayerischen Staatsministerium des Inneren). Das gilt aber nur im Rahmen von Verträgen mit dem öffentlichen Auftraggeber und ist dann im Rahmen des § 632 Abs. 2, 2. Alt. BGB als „übliche Vergütung" anzusehen. Für die Tafelwerte **unterhalb** € 25 000 war die alte Regelung des § 16 Abs. 2 HOAI 1996/2002 mit der Fassung 2009 entfallen. Anhaltspunkt ist allerdings, dass der Höchstsatz für die anrechenbaren Kosten nach oben die Grenze ist, § 7 Abs. 1 und Abs. 4 HOAI. In den Bereichen unterhalb der Tabellenwerte haben die Parteien meist keine förmliche Vereinbarung getroffen. Es stellt sich die Frage, ob hier auf die Ermittlung der „üblichen Vergütung" zurückgegriffen werden kann. Das orientiert sich daran, wie § 632 Abs. 2 BGB hier zu behandeln ist. Dabei ist zunächst § 632 BGB heranzuziehen. Wenn die Parteien eine Regelung treffen, so steht nach § 7 Abs. 1 HOAI fest, dass die Parteien nur im Rahmen der Höchst- und Mindestsätze Vereinbarungen treffen können. Fest steht auch, dass der Mindestpreischarakter ebenfalls gilt, § 7 Abs. 1 HOAI. Unterhalb der Tafelwerte bietet sich an, die Tabelle fortzuschreiben und bis € 0,00 die Interpolation gem. § 13 HOAI analog anzuwenden. Das ist dem Parteiwillen oblegen. Eine „Üblichkeit" folgt daraus nicht, weil die Berechnung eher „unüblich" ist. Gerade bei den Bagatellbaukosten werden die Auftragnehmer auf ein auskömmliches Honorar achten. Das können Pauschalen oder Stundensätze sein. Auch diese wären gem. § 7 Abs. 2 HOAI aber zu vereinbaren. Schriftlich brauchen dies nicht zu sein, weil § 7 abs. 2 HOAI dies nicht fordert. Damit ist auch eine rückwirkende Vereinbarung möglich, und zwar mündlich wie schriftlich. Findet eine schriftliche Niederlegung der Berechnungsmodalität statt, so ist eine mündliche Vereinbarung an § 632 Abs. 2 BGB zu orientieren. Das bedeutet, dass zunächst eine Taxe zu ermitteln ist. Diese aber wäre die HOAI als solche, die hier keine Anweisungen für diesen Fall erteilt. Anders sieht es mit Empfehlungen der örtlichen Architekten- und Ingenieurkammern aus, sowie Erhebungen der AHO e. V. Diese können als Taxe angesehen werden, § 632 Abs. 2, 1. Alt. BGB. Die übliche Vergütung im Sinne des § 632 Abs. 2, 2. Alt. BGB wäre an drei Möglichkeiten der Bestimmung zu messen. Zum einen die an den Mindestsatz orientierten Eingangswerte der Tafel als Honorar bei den anrechenbaren Kosten unterhalb des untersten Tafelwertes anzusetzen (so Locher/Koeble/Frik, § 35 Rdn. 5). Dies ist abzulehnen. Zunächst ist mit Locher/Koeble/Frik davon auszugehen, dass ein Ansatz an den Höchstsätzen hier verfehlt ist. Das folgt aus § 7 Abs. 1 HOAI wonach der Mindestpreischarakter für die Werte innerhalb der Tafelwerte gilt. Daraus aber zu folgern, dass das auch bei den Über- und Unterschreitungen der Tafelwerte so sei, verbietet sich. § 7 Abs. 1 HOAI ist abschließend, wie sich aus der BR-Drucksache 395/09 Seite 165 ergibt. Danach unterliegen die Honorierungen außerhalb der Tafelwert eben nicht den Preisregelungen der HOAI. Schriftlich oder mündlich übereinstimmend und beweisbar ist das möglich. Aber im Rahmen einer formlosen mündlichen Vereinbarung, die darlegungs- und beweisbar unsicher ist, ist das nicht anwendbar. Das gilt auch für Pauschalen. Daher wird als „übliche Vergütung" im Rahmen des § 632 Abs. 2, 2. Alt. BGB nur der Ansatz des Stundenhonorars verbleiben. Dabei entspricht es dem Willen des Verordnungsgebers, wie sich aus BR-Drucks. 395/09, S. 152 herauslesen lässt. Der BR-Drs. 334/13 lässt sich zu diesem Punkt bei der HOAI 2013 nichts entnehmen. Danach wird zwar die Vereinbarung der Stundensätze durch Streichen des § 6 HOAI 1996/2002 nicht mehr geregelt. Sinn sollte es nach Ansicht des Verordnungsgebers aber sein, den Planern mehr Flexibilität bei der Vertragsgestaltung zu ermöglichen. Darüber hinaus wird auf den Statusbericht *HOAI 2000 plus* verwiesen, der den Wegfall als sinnvolle Alternative darstellte (dort Kap. 10, Seite 20). Jedoch ist die Höhe des Honorars aufgrund des Fehlens des Mindestpreischarakters außerhalb der Tafelwerte der „Üblichkeit" anzupassen. Hier bieten sich die Empfehlungen der örtlichen Architekten- und Ingenieurkammern und des AHO e.V. an. Denn die seit 20 Jahren unveränderten Mindestsätze aus § 6 HOAI 1996/2002 sind überholt. Eine „Üblichkeit" bei € 38 für den Auftragnehmer, € 36 für Mitarbeiten, die technische oder wirtschaftliche Aufgaben erfüllen, bzw. € 31 für technische Zeichner und sonstige Mitarbeiter sind wirtschaftlich unangemessen im Verhältnis zu der übrigen Einkommensentwicklung. Angemessene Sätze dürften die Höchstsätze des § 6 Abs. 2 HOAI a.F. mit (netto) € 82, € 59 und € 43 sein; ansonsten sind Ergebnisse von Erhebungen zwischen € 120 bis € 300 bekannt geworden. Diese hängen aber stark von den üblichen Umfängen der Tätigkeiten und Verantwortlichkeiten der Auftragnehmer ab. Im Übrigen hat Siegburg eine Möglichkeit der individuellen **Stundensatzermittlung** vorgestellt (www.siegburgtabelle.de).

III. Honorarzonen bei Gebäuden (Abs. 2, 4, 6 und 7)

Grundsätzlich gilt sowohl für die Bewertung der Gebäude, als auch der Innenräume, dass die Anlagen 10.2 für Gebäude und 10.3 für Innenräume zunächst und damit zu allererst bei der Bewertung heranzuziehen sind. Damit ist Abs. 7 mit den Verweisen darauf vorrangig für die Einordnung zu sehen. Systematisch befindet sich damit Absatz 7 an falscher Stelle; gleichwohl ist sie **Auffangvorschrift**.

1. Objektliste bei Gebäuden (Anlage 10.2)

Die Objektliste „bei" Gebäuden der Anlage 10.2 gehört **preisrechtlich zum verbind-** 2 **lichen Regelungsinhalt, wie sich aus** § 5 Abs. 1 und 3 erschließt. Die Auflistung als solche, wie auch bei alle anderen Objektlisten, wurde aus den bisherigen Fassungen der HOAI überarbeitet und den neuen Strukturen angepasst. Sie ist inhaltlich zur Fassung 2009 fast gleich geblieben. Dabei gliederte der VO-Geber nunmehr die Liste in verschiedene Gebäudetypen auf, die sich an bestimmten Nutzungen orientieren:
- Wohnen
- Ausbildung/Wissenschaft/Forschung
- Büro/Verwaltung/Staat/Kommune
- Gesundheit/Betreuung
- Handel und Verkauf/Gastgewerbe
- Freizeit/Sport
- Gewerbe/Industrie/Landwirtschaft
- Infrastruktur
- Kultur/Sakralbauten

Inhaltlich werden mit dieser Struktur als Unterbeispiele Gebäudetypen benannt, die nach Maßgabe der in § 35 Abs. 2 genannten Bewertungsmerkmale in der Regel den genannten Honorarzonen zuzuordnen sind. Diese Einordnung gewinnt wegen ihrer Anschaulichkeit im mehr auch an vertraglicher Bedeutung (siehe z.B. Vertragsmuster der

RBBau). Den Vertragsschließenden ist daher zu raten, sich im Inhalt und Einordnung bei Anlage 10.2 zu orientieren. Für entscheidende Gerichte stellt sie zudem ein Mittel der effektiven Handhabung in der Vorgabe von Beweisfragen an Sachverständige dar, weil durch die Anordnung in dem VO-Text das Gericht gebunden ist. Nur in Zweifelsfragen, also ob z. B. Einfamilienhäuser der Honorarzone III oder IV zuordnen sind, sind das dann Einordnungsfragen, die sachverständigenseits zu beantworten wären. Hierzu bedarf es der Vorgabe des Gerichts, in welchem tatsächlichen und technischen Verständnis (nicht rechtlichen!) sich der Sachverständige bei der Beantwortung bewegen soll. Allerdings ist zu beachten, dass es sich bei den Auflistungen der Anlage (wie auch der anderen in der VO genannten Listen) um **Neubauten** handelt. Dieses ist insofern bedauerlich, weil § 35 Abs. 7 und die Listen in Anlagen 10.2 und 10.3 nicht darauf hinweisen. Daher ist darauf zu achten, dass die Bewertung auch der **Altbauten, Sanierungsobjekte, Teilabrissobjekte** oder **Modernisierungsobjekte** mit lediglich älterer Bausubstanz zunächst alle von dieser Liste als **erste Grobeinordnung verbindlich** auszugehen haben. Das gilt auch für **Instandsetzungen, Instandhaltungen, Umbauten. Allerdings ist die Einordnung in die Liste bei diesen Objekten dann erheblich fraglich und es muss eine Lösung in der Einordnung über ein Bewertungssystem gefunden werden, wie bei Neubauten auch, dass in den Absätzen 3 bis 6 vorgegeben ist.**

3   Soweit noch in der Vorauflage (*Seifert*) dargestellt wurde, dass die Objektlisten bei Umbauten und Modernisierungen grundsätzlich nicht anzuwenden sind, wird daran nicht mehr festgehalten, denn einerseits gibt § 36 hierzu keinen wörtlichen Anlass und zum anderen werden in Abs. 2 durch die Verwendung der Bewertungsmerkmale 2 bis 6 (Funktionsbereiche, gestalterische Anforderungen, konstruktive Anforderungen, technische Ausrüstung und Ausbau) die für diese Objekte und Zuordnungen über § 2 Abs. 1 bis 6 und 8, 9 maßgeblichen Bezüge zu den Tätigkeiten und Objekten hergestellt.

2. Die Bewertungsmerkmale bei Gebäuden (Abs. 2, 4, 6, 7 i. V. m. Anlage 10.2)

4   Auch hier gilt zunächst, dass der VO-Geber von der Bewertungsmethode bei Neubauten ausging. Folgt man dem **Wortbegriff „Gebäude"** und den Definitionen in § 2, **gelten die aufgeführten Bewertungsmerkmale auch für den Umbau, Modernisierungen, Instandsetzungen und Instandhaltungen** (*anders Seifert in der Vorauflage a. a. O.*). Sodann allerdings ist auf der Grundlage der **Planungsanforderungen aus der vertraglichen Vereinbarung mit dem Auftraggeber und/oder dessen – allerdings von ihm in geeigneter Form darzustellenden – Vorstellungen dann die Zielvorgabe zu entwickeln, aus der aufgrund der Begrifflichkeiten des § 2 die erste Einordnung in Gebäude – mit den dargestellten Unterbegriffen aus § 2 – oder in Innenräume (Abs. 3) – vorgenommen werden kann.**

    Außer Betracht bleiben an dieser Stelle grundsätzlich **Einflüsse des äußeren Bereichs** (Erlebenswelt des Auftragnehmers oder dessen an ihn gestellten Aufgaben), wie größere oder kleinere Belastungen im Rahmen der Objektüberwachung. Das sind **grundsätzlich hinzunehmende physische und psychische Punkte des mitmenschlichen Umgangs,** die keinen Einfluss auf die Findung eines Honorars oder der Bewertungsmerkmale haben. Ob und inwieweit dieses bei Anlage 10.1 – Grundleistungen – eine Rollen spielen kann, kann von den Möglichkeiten des § 10 und dessen Durchsetzung abhängen.

    Außer Ansatz bei der Bewertung bleiben bei der **Objektüberwachung auch mögliche bei Vertragsschluss nicht erkannte Schwierigkeiten.** Diese sind **subjektiven Charakters** und haben bei der auf **Objektivität bedachten Einordnung der Bewertungsmerkmale außer Betracht** zu bleiben; teilweise **anders aus der Sichtweise eines Ermessensspielraums** dazu Jochem § 11 Rdn. 1; vgl. auch Arlt DAB 1977, 843 m. w. N.

    Damit sind subjektive Sichtweisen der Parteien bei der Einordnung und Berücksichtigung der Bewertungsmerkmale zunächst auszuklammern bzw. nicht zur Bewertung zu nehmen.

Die in Abs. 2 aufgeführten Bewertungsmerkmale sind als **abschließend** anzusehen. **5** Grundsätzlich ist daher immer der **objektive Schwierigkeitsgrad** anhand der in Abs. 2 aufgelisteten Anforderungen festgestellt werden. Abs. 2 gibt sechs Bewertungsmerkmale vor:

1. **Anforderungen an die Einbindung in die Umgebung**
2. **Anzahl der Funktionsbereiche**
3. **gestalterische Anforderungen**
4. **konstruktive Anforderungen**
5. **technische Ausrüstung**
6. **Ausbau**

Problematisch bei der Bewertung in diesen Bewertungsmerkmalen ist, dass sich die tatsächlichen „Planungsanforderungen" in der Praxis nur bis zu einem gewissen Grade **objektivieren** lassen und damit immer – auch für damit befasste Sachverständige – die Gefahr bergen, dass subjektive Einwirkungen eine **Fehlerquelle** für die vom VO-Geber eigentlich als objektiv geforderte Bewertung darstellen können. So kann es beispielsweise sein, dass ein Sachverständiger bei einer Beweisfrage versehentlich von dem Bauzustand ausgeht, denn er sieht, die Beweisfrage sich aber zu einem nicht realisierten, aber beauftragten und geplanten, sowie genehmigten Objekt (Tonnendach statt später gebauten Satteldach, welches der Sachverständige dann sieht) verhält und er deswegen von einer anderen Honorarzone ausgeht, weil er eine andere Ausführung vor Ort sieht und ihm Erscheinungsbild beeinflussen lässt. Hier ist es erforderlich den hier möglicherweise auftretenden Schwierigkeiten dadurch zu begegnen, dass man sich ansonsten bei Auftragsvergabe – Auftraggeber und Auftragnehmer – zusammensetzt und versucht, möglichst durch vergleichende Gegenüberstellung von gleichen oder ähnlichen Objekte und einer darauf bezogenen Wertung eine weitgehende Objektivierung zu erreichen. Bei der Wertung können auch die vergleichenden Darstellungen der BKI-Sammlungen eine Hilfe sein. Allerdings ist das bei **Vergabesituationen** schon per se wegen des Verfahrensgangs nicht möglich. Anzuraten ist daher grundsätzlich, dass der Auftragnehmer mit dem Auftraggeber **bei Vertragsabschluss** die maßgebenden Gesichtspunkte für die Einordnung nach § 35 Abs. 2 HOAI **erörtert** und mit seinem Vertragspartner Einvernehmen erzielt (so auch Seifert in der Vorauflage).

Durch die Formulierung des VO-Gebers zu den **Bewertungsmerkmalen** ist aber auch vorgegeben, dass zu jedem einzelnen Bewertungsmerkmal auch **Abstufungen innerhalb dieser Merkmale** erfolgen müssen. Dabei allerdings ist dann ergänzend Abs. 4 und 5 für Gebäude und Innenräume beizuziehen. Daraus folgt zunächst auch hier, dass die Gefahr **übermäßig subjektiv bestimmter** Bewertungen **ausgeschlossen** werden soll (sehr gering, sehr einfach, einfach, wenig, mehrere, durchschnittlich, überdurchschnittlich, sehr hoch, eine Vielzahl, vielfältig). **Restlose Objektivität ist** damit aber auch **nicht zu erzielen,** so dass **Restrisiken** in dieser Hinsicht immer verbleiben und von VO-Geber mangels weiterer Einordnungsmerkmale sogar **geduldet** und damit gewollt sind. Dies dürfte mit der **Vertragsautonomie** zusammenhängen, die der VO-Geber hier durchaus sieht.

Allerdings ist es eine wesentliche **Nebenpflicht** und **nicht nur Obliegenheit** des Auftragnehmers, den Auftraggeber – sofern er nicht die Einordnung der Honorarzone im Rahmen eines Vergabeverfahrens verbindlich zu erklären hat (Objektivitätsgrundsatz ist im Vergabeverfahren anzuwenden: OLG Koblenz, Beschl. v. 29.1.2014 – 1 Verg 14/13) – eine **hinreichend eingehende Beratung zu erteilen.**

Die Meinung, die Honorarzonen, seien bei Vertragsschluß schriftlich zu fixieren, ist im Zuge der HOAI 2009 und HOAI 2013 heute nicht mehr relevant. Zur HOAI 1996/2002 wurde diese Auffassung (bis zur 5. Auflage – 1997) letztlich geändert. Denn die Honorarzone ergibt sich aus den tatsächlichen Planungsanforderungen und ist deshalb auch nicht verhandelbar (BGH, Urteil v. 13. 11. 2003 – VII ZR 362/02, BauR 2004, 354 = NZBau 2004, 159). Im Zweifel hat das Gericht den **objektiven Schwierigkeitsgrad** festzustellen, analog §§ 315, 317, 319 BGB. **Sachverständigengutachten** sind daher wegen des subjektiven Charakters nur bedingt geeignet (siehe dazu Koenen, FS Jochem 2014, S. 389 ff.).

6   Bei der Einstufung in die in Abs. 2 vorgegebenen Bewertungsmerkmale geht es zudem auch um eine bürotechnische, persönliche und zeitliche Vorgehensweise im Rahmen des Planeraufgabenbereichs und -vertrages. Dabei muss ein objektiver und in vergleichbaren Lagen zu erwartender Weg der Erfüllung der Leistungsaufgabe zunächst gefunden werden. Dabei sind fachliche und in jeder Hinsicht ordnungsgemäße, aber auch zügige Arbeiten unter Berücksichtigung der für den Betrieb eines Architektenbüros erforderlichen personellen Voraussetzungen und der notwendigen sachlichen Mittel als Eckpunkte der Voraussetzungen an die Tätigkeiten zur Erreichung der Zielvorgaben der Bewertungspunkte Voraussetzung (so auch Seifert in der Vorauflage). Das sind **allgemeine** Anforderungen. Ergänzt wird das dann für die endgültige Zuordnung durch Besonderheiten des Einzelfalls (z. B. Sanierungsbauten oder sehr hochwertige Ausstattungen).

7   Zusätzlich ist zu beachten, dass die Bewertungsmerkmale als Teil der Ermittlungen der Honorarzoneneinordnung auch Planungsanforderungen, die sich aus **Besonderen Leistungen** ergeben, grundsätzlich **nicht** berücksichtigen dürfen.

8   Im Einzelfall muss eine Abgrenzung zwischen den einzelnen Bewertungsmerkmalen beachtet werden, so dass es zu **keiner Doppelbewertung oder anderen Einflussnahme** kommen darf.

Randnummern 9–12 unbesetzt

a) Anforderungen an die Einbindung in die Umgebung

13   „**Anforderungen an Einbindung in die Umgebung**" ist die Einordnung des Bauvorhabens in den dafür maßgebenden näheren, um das Gebäude liegenden Baubereich in ästhetischer und bauordnungsrechtlicher Hinsicht (Seifert, 8. Aufl., § 34 Rdn. 13). Bei der Beurteilung können auch sonstige ins Gewicht fallende öffentlich-rechtliche Gesichtspunkte eine Rolle spielen, wie die Frage, ob eine Einbindung in einem Bebauungsplangebiet (§§ 29 ff. BauGB) zu erfolgen hat oder ob ein Geltungsbereich nach § 34 oder § 35 BauGB vorliegt.

Zunächst ist daher die Sichtweise zur **Einordnung auf städtebauliche, topographische sowie ökologische Gesichtspunkte und dazu eine annehmbare Eingliederung in die Landschaft im berechtigten Allgemeininteresse,** die sich auch an den möglichen verwirklichbaren **Zielvorstellungen des Auftraggebers** orientieren müssen, zu richten.

Sodann sind auch **denkmalpflegerische** Gesichtspunkte mit einzubeziehen.

Fragen des **Grundstückszuschnitts** und damit der **Nutzungsmöglichkeit** des Grundstücks, der möglichen **Anbindung an die öffentliche Erschließung** (Seifert, 8. Aufl., § 34 Rdn. 13) folgen.

Auch **bestehende Bebauung** ist maßgeblich für die Frage der Einbindung in die Umgebung (z. B. bei Abriss und Neubau eines Mehrfamiliengebäudes in der Innenstadt bei üblicher fünfstöckiger Bebauung; Anpassung der Dachgestaltung in die vorhandene „Dachlandschaft").

Die **Einordnung** hat damit grundsätzlich über eine **Feinbewertung** stattzufinden; beispielhaft: Umbau einschließlich Umgestaltung von Dach und Fassade. Der BGH hat mit Beschluss vom 8.2.2001 – **VII ZR 414/98** die Revision eines Architekten gegen eine Entscheidung des OLG Jena vom 28.10.1998 – 2 U 1684/97 zurückgewiesen. Sie besagte, dass bei Umbauten ohne Anforderungen an die Einbindung in die Umgebung dieses Bewertungskriterium zur Eingliederung in die Honorarzone **entfällt.**

In den meisten Fällen wird beim Bauen im Bestand auch die Fassade oder das Dach planerisch und baulich einbezogen und umgestaltet. Damit wird die Einbindung in die Umgebung ganz von selbst zum Bewertungskriterium. Sie betrifft sämtliche planerische Tätigkeiten an der Gebäudehülle, zum Beispiel vom Farbkonzept der Fassade über neu gestaltete Fenster, Dachflächen oder Dachgauben und Werbeanlagen. Die Bedeutung der Einbindung in die Umgebung wird an folgendem Beispiel deutlich: Für eine Änderung der äußeren Gestaltung eines Baudenkmals ist bereits bei Einzelheiten (zum Beispiel Erneuerung der Fenster) oder selbst bei einer Werbeanlage eine denkmalrechtliche Genehmigung (landesspezifisch differenzierte Vorschrift) durch die Baubehörde erforderlich. Dass die Baubehörde der Maßnahme zustimmen muss, belegt die Notwendigkeit der „Einbindung in die Umgebung" auch bei Umbauten. Wäre dem nicht so, hätte man diese Genehmigungspraxis nicht gesetzlich eingeführt.

Beim Umbau ohne Einbindung in die Umgebung, handelt es sich um einen Umbau, der ohne äußere Veränderung des Bauwerks stattfindet. Dann fällt aber nach dem BGH-Beschluss das Bewertungskriterium „Einbindung in die Umgebung" weg.

Bei Innenraumplanung müssen innerhalb von Gebäuden ohne wesentliche Eingriffe in den Bestand oder Konstruktion Leistungen vorgenommen werden. Diese Maßnahmen sind in Bezug auf die Eingliederung in die Honorarzone grundsätzlich nach anderen Gesichtspunkten zu beurteilen als Umbauten. Hier sind nicht die Beurteilungskriterien von § 35 Abs. 2 HOAI (Einbindung in die Umgebung) anzuwenden, sondern die von § 35 Abs. 3 HOAI. Das Bewertungsmerkmal Einbindung in die Umgebung ist bei Innenraumplanung gar nicht enthalten. Es gibt ausschließlich innenraumbezogene Kriterien.

b) Anzahl der Funktionsbereiche

„**Funktionsbereiche**" sind auf die funktionellen Anforderungen, denen das Bauwerk **14** dienen soll (z. B. nicht nur Wohngebäude, sondern Wohn- und Geschäftsgebäude) bezogen. Es geht hier aber im Wesentlichen nicht um den Funktionsbereich als solchen, sondern die damit verbundenen Leistungsanforderungen an die Tätigkeit des Auftragnehmers. Denn letztlich hat der VO-Geber sowohl die reine **Anzahl** der Funktionsbereiche für maßgeblich gehalten und auch deren **funktionale Verknüpfung** zu- und untereinander. Schon bei § 11 Abs. 1 Nr. 1 bis 5 HOAI 1996/2002 wurde so nach beiden Gesichtspunkten differenziert. Es hat sich daran aber nichts in der Fassung der HOAI 2009 und HOAI 2013 geändert. Es ist davon auszugehen, dass es neben der **Anzahl der Funktionsbereiche** auch auf deren **Beziehungen untereinander** ankommt (so auch Seifert in der Vorauflage).

In § 11 Abs. 1 HOAI 1996/2002 wurde unterschieden:
Honorarzone I: ein Funktionsbereich
Honorarzone II: wenige Funktionsbereiche
Honorarzone III: mehrere einfache Funktionsbereiche
Honorarzone IV: mehrere Funktionsbereiche mit vielfältigen Beziehungen
Honorarzone V: eine Vielzahl von Funktionsbereichen mit umfassenden Beziehungen
Der VO-Geber hält daran fest. Somit kann über eine einfache Tabelle die Zuordnung nach Schwierigkeitsstufen erfolgen.

Zu beachten ist allerdings, dass der Begriff *„Funktionsbereich"* nicht automatisch mit ei- **15** nem *„Raum"* und *„Halle"* gleichgesetzt werden. Grundsätzlich ist zunächst einmal davon auszugehen, dass es zu den gedanklichen Entwurfsaufgaben des Auftragnehmers gehört, die vorgesehenen funktionalen Bereiche einander zuzuordnen. Dabei kommt es auf die *„vertraglichen Wünsche und Notwendigkeiten"* des Auftraggebers an, deren Aufgabe es ist, vom Auftragnehmer ungesetzt zu werden. Zu klären ist also beim Einfamilienhaus, wie ein gemeinsamer Toilettenraum mehreren Schlafräumen oder Wohnzimmern zugeordnet und erreicht werden kann oder wie Küchen-, Ess- und Wohnbereiche anzuordnen sind. Nicht von Einfluss ist bei der Bewertung, ob und wie viele selbständige Räume es gibt.

Im Funktionsbau wird man zwischen übergeordneten Funktionen und Einzelfunktionen unterscheiden müssen. So ist ein Restaurantbereich in einem Hotel zunächst als Hauptfunktionsbereich anzusehen. Dieser kann aber zahlreiche Teilbereiche (z. B. Essensausgabe, Kellnertresen, Bar, WC, Vorraum und Aufenthaltsraum, sowie verschiedene offene Küchenabteilungen, Kühlräume für Speise und Getränke, Keller usw.) beinhalten, die nicht allesamt in selbständigen Räumen liegen.

Auch Funktionsbereiche für Nebenfunktionen sind Gegenstand der Bearbeitung durch den Auftragnehmer und bei den Funktionsbereichen zu beachten.

c) Gestalterische Anforderungen

Der vom VO-Geber gewählte Begriff „**Gestalterische Anforderungen**" betrifft die **16** vom Auftragnehmer im jeweiligen Fall geforderten planerischen Leistungen im Hinblick auf die äußere und innere, nach fachkundig-architektonischen Gesichtspunkten bei Verwirklichung der Bauherrnwünsche, vor allem in ästhetischer Hinsicht, ausgerichtete Formgebung (Seifert, 8. Aufl., § 34 Rdn. 16). Nach überkommener Sichtweise kommt es nicht darauf an, was der Architekt letztlich ersinnt und planerisch dokumentiert. Wesentlich gemeint ist hier allein die Frage, welche Planungsanforderungen sich bei der Gestaltung aus der durch den Auftraggeber definierten Planungsaufgabe ergeben (Seifert, 8. Aufl., § 34 Rdn. 16).

Auch wenn der Auftraggeber „planerischen Fleiß", also eine außerordentlich umfassende und arbeitsintensive Beschäftigung des Architekten mit der Planung an den Tag legt, kann das nur dann zum Maßstab für die hiesige Beurteilung werden, wenn der Auftraggeber das auch so wollte. Das rechtfertigt noch keine erhöhte Einstufung.

Auch hier bleibt ein Bewertungsspielraum. Im Zweifel können die gestalterischen Planungsanforderungen mit vergleichbaren Regelobjekten abgeglichen werden (Seifert, 8. Aufl., § 34 Rdn. 16).

d) Konstruktive Anforderungen

17   Die Anforderung **„Konstruktionen"** meint im Wesentlichen die nach dem Vertrag an den Auftragnehmer gestellten technischen Anforderungen im Rahmen des konstruktiven Aufbaues und der technischen Ausgestaltung des Bauvorhabens (Seifert, 8. Aufl., § 34 Rdn. 17). Das sind vor allem die zur Umsetzung des Planungsziels erforderlichen konstruktiven (auch statischen) Überlegungen und Umsetzungen. Unter Berücksichtigung der allgemein anerkannten Regeln der Technik, sind hier die konstruktiven Details zu bewerten.

Bei **tragenden Konstruktionen** können das beispielsweise Verbaumaßnahmen, Tiefgründungen mittels Bohrpfählen, konstruktive Gebäudeabdichtungsmaßnahmen, wie z. B. die „weiße Wanne"., bei Hallen- und Dachkonstruktionen große Stützweiten von Decken oder Trägern, besondere Decken oder Dachkonstruktionen, dekonstruktive und variable Konstruktionen, der Einsatz von besonderen Materialien für Tragkonstruktionen (z. B. Naturstein oder freitragende, filigrane Glas-Stahl-Konstruktionen; Seifert, 8. Aufl., § 34 Rdn. 17) sein. Auch die Wahl von Versetztgeschossigkeit von Grundrissebenen, Aufsatzpunkte weiterer Geschosse auf vorhandene Bauteile, bewegliche Konstruktionen in Gebäuden zum Auffangen von Schwingungswellen, usw. kann zu erhöhten Anforderungen führen.

Allerdings sind bei der Bewertung nicht nur statisch-konstruktive Planungsanforderungen, also die Standsicherheit des Gebäudes betreffende, zu berücksichtigen, wie ein Vergleich mit der Formulierung bei der Regelung nach § 52 Abs. 2 zeigt, die sich auf die Honorarzoneneinordnung bei der Tragwerksplanung bezieht. Daneben müssen bei der Bewertung auch **nichttragende Konstruktionen** berücksichtigt werden. Diese können sich auf besondere Anforderungen beziehen, wie bestimmte Abdichtungen (z. B. lediglich „schwarze Wanne" statt „weiße Wanne"), besondere Materialien für nichttragende Konstruktionen, Verglasungen (z. B. durchschusshemmend, Überkopfverglasungen, mit besonderen Fassadenanschlüssen, bei besonderen Brandschutzanforderungen usw.) und Befensterung (in Konstruktion oder Formgebung), aus besonderen Sonnenschutzkonstruktionen oder sonstigen Fassadendetails (z. B. Gesimse, Gewände, Fassadengestaltungen und -aufhängungen) ergeben (Seifert, 8. Aufl., § 34 Rdn. 17).

Auch hierhin gehören die Anforderungen an **bauphysikalische und sonstige besondere Konstruktionen,** wie Wärmeschutz, Schallschutz oder Brandschutz.

e) Technische Ausrüstung

18   Die **„Technische Ausrüstung"** richtet sich zunächst einmal nach den Vorgaben der anerkannten Regeln der Technik, insbesondere nach DIN 276 **Kostengruppe 400.** Hier allerdings kommen dann auch die im Einzelfall erforderlichen, nach den jeweiligen Bauherrnwünschen ausgerichteten, technischen Ausstattungen des Bauwerks, vor allem in Verbindung mit dem im Einzelnen verfolgten Nutzungszweck des Auftraggebers zur Beurteilung.

Zu berücksichtigen sind daher insbesondere **Anlagen aus folgenden Kostengruppen** (Seifert, 8. Aufl., § 34 Rdn. 18):

410   Abwasser-, Wasser-, Gasanlagen
420   Wärmeversorgungsanlagen
430   Lufttechnische Anlagen
440   Starkstromanlagen
450   Fernmelde- und informationstechnische Anlagen
460   Förderanlagen
470   Nutzungsspezifische Anlagen
480   Gebäudeautomation

Dabei enthält die Kostengruppe 470 wiederum zahlreiche verschiedene Anlagen der Technischen Ausrüstung (vgl. Seifert/Preussner, Teil C Abschnitt 5.3 KG 470; Seifert, 8. Aufl., § 34 Rdn. 18:

471   Küchentechnische Anlagen
472   Wäscherei- und Reinigungsanlagen
473   Medienversorgungsanlagen
474   Medizin- und labortechnische Anlagen
475   Feuerlöschanlagen
476   Badetechnische Anlagen
477   Prozesswärme-, kälte- und -luftanlagen
478   Entsorgungsanlagen
479   Nutzungsspezifische Anlagen, sonstiges (z.B. bühnentechnische Anlagen, Tankstellen- und Waschanlagen)

Notwendig ist es bei der Beurteilung aber und grundsätzlich, dass es sich bei der techni- **19** schen Ausrüstung um eine solche handelt, die der Auftragnehmer im Rahmen seiner (Grund-)Leistungen als **integrierende oder koordinierende Leistung** zu erbringen hat und daher dadurch auch seine Planung beeinflusst oder gar gesteuert wird. Dabei kommt es nicht nur auf das **quantitative Maß,** sondern auch auf die **qualitative Art** der Anlagen bei der technischen Ausrüstung an (Seifert, 8. Aufl., § 34 Rdn. 19).

f) Ausbau

„**Ausbau**" umfasst Leistungselemente der Planungsanforderungen – auch unter Berück- **20** sichtigung des vertraglichen Planungssolls und die damit verbundenen Planungsforderun- gen – an den Architekten. Wesentlich ist hier die Abgrenzung vom eigentlich hier nicht zu bewertenden Rohbau zum Ausbau als solchem, also das Ausbauverhältnis und den Aus- baugrad eines Gebäudes vor dem Hintergrund der vertraglichen und tatsächlichen Pla- nungserfordernisse. Hier sind dann zu berücksichtigen die raumteilenden und Innenraum- planungen des Architekten, vor allem die Detailplanungen, welche nach der Erstellung des Rohbaus erforderlich werden (Innenputz-, Trockenbau-, Fliesen-, Estrich-, Bodenbelags-, Malerarbeiten usw.; Seifert, 8. Aufl., § 34 Rdn. 20). Dabei ist die technische Ausrüstung und Konstruktionen nicht zu berücksichtigen, da sie bereits bei den konstruktiven Anfor- derungen zu berücksichtigen sind. Auch ist hier eine Abgrenzung zu den weiteren Bewer- tungsmerkmalen zu beachten. Insbesondere hat der „Ausbau" mit der „Gestaltung" nichts zu tun.

g) Bewertung

Zunächst ist eine **Grobbewertung** auf der Grundlage der vorstehenden Bewertungs- **21** merkmale des Abs. 2 vorzunehmen. Dabei erschließt sich aus dem Wortlaut des Abs. 4 und 6 eine **qualitative Einordnung** der einzelnen Bewertungsmerkmale. Denn entsprechend den vom VO-Geber in Absatz 6 vorgegebenen fünf Einordnungsgruppen der Honorarzo- nen ist auch die Grobbewertung zu nächst mit diesem Ansatz vorzunehmen. Jedes Bewer- tungsmerkmal ist dabei einer der fünf Anforderungsstufen zuzuordnen:

– **sehr geringe Planungsanforderungen**
– **geringe Planungsanforderungen**
– **durchschnittliche Planungsanforderungen**
– **hohe Planungsanforderungen**
– **sehr hohe Planungsanforderungen**

Locher/Koeble/Frik haben schon vor längerer Zeit die weiterhin geltende „**Grobbewertung**" vorgestellt (siehe auch: Locher/Koeble/Frik, § 35 Rdn. 12), die ebenfalls argumentativ und vertraglich immer noch verfolgt wird. Dabei kann b**eispielhaft** eine solche Grobbewertung **nach der ersten Einschätzung** (siehe Rdn. 2 bis 20) wie folgt aussehen:

Bewertungsmerkmale:	Planungsanforderungen:				
	sehr gering	gering	durch-schnittlich	hoch	sehr hoch
1. Einbindung in die Umgebung		x			
2. Funktionsbereiche				x	
3. Gestalterische Anforderungen			x		
4. Konstruktionen					x
5. Technische Ausrüstung			x		
6. Ausbau				x	

Diese Grobbewertung ist allerdings **zwingend zu verfeinern.** Es hat sich in der Praxis gezeigt, dass die ursprünglich von Locher/Koeble/Frik dargestellte Bewertung in Zweifelsfällen der Einordnung in die Bewertungsmerkmale und dann folgend in die jeweiligen Schwierigkeitsgrade nicht zu befriedigenden Ergebnissen führt. Wird beispielsweise ein Tonnendach in einem innerstädtischen Bereich zwischen Bestandbauten mit Satteldächern vertraglich zu planen geschuldet, sind im Regelfall die Ergebnisse der Grobbewertung zwischen durchschnittlichen und hohen Anforderungen einzuordnen. Dabei kommt es auf die Zielvorstellung des Auftraggebers an. Damit kann eine solche **Grobeinordnung nur ein Anhaltspunkt** sein. Insoweit ist auch die **beispielhafte Mustereinordnung des VO-Gebers in die Objektlisten Anlagen 10.2 und 10.3 zu verstehen.**

Einfach ist die Bewertung – auch bei der Grobbewertung –, wenn sie **einheitlich nur einer Honorarzone oder verschiedene Honorarzonen** nach den unter Rdn. 2 bis 20 dargestellten Hinweisen zugeordnet werden kann.

Aber für die Fälle, **abweichend** von dem (einfachen Grund-)Fall, der **zunächst die Einordnung der Honorarzone in die Mustervorgabe der Anlage 10.2/10.3** und **sodann nach Überprüfung der Richtigkeit die Anwendung dieses Musters über Abs. 2 vorsieht,** ist ergänzend immer ein Vergleich mit diesen Ergebnissen und **sodann der gefundenen Feinbewertung aus Abs. 4 vorzunehmen. Grundlage ist die Überlegung, dass die zutreffende Honorarzone erst dann als objektive Ermittlung gelten kann, wenn die Feinbewertung nach Abs. 4 das zuvor in der Grobbewertung gefundene Ergebnis bestätigen kann.**

Einfach ist es, wenn zwei Bewertungsmerkmale mit gleicher Maximalpunktezahl nach Abs. 4 und 6 der Honorarzone II und IV zuzuordnen sind, alle anderen Bewertungsmerkmale im durchschnittlichen Bereich liegen. Dann ist das Gebäude insgesamt der Honorarzone III zuzuordnen.

Anders ist es dann, wenn die Punktezahlen in den Einordnungen der Planungsanforderungen (siehe oben die ältere Übersicht von Locher/Koeble/Frik) so stark differieren oder so eng beieinander liegen, dass die Möglichkeit der überschneidenden Einordnung sowohl in die eine, als auch in die andere Honorarzone besteht.

Auf eine **ausführliche Punktebewertung** ist dann **zu verzichten** bzw. darf es dann nicht geben, wenn die Punktebewertung zu einer anderen Honorarzone als III führt. Das ergibt sich aus dem Wortlaut des Abs. 4, **was bei Gerichtsgutachten vielfach übersehen wird** (siehe auch Koenen, FS Jochem, S. 349 ff.).

3. Die Feinbewertung bei Gebäuden (Abs. 4 und 6)

23   Für die oben auf der Grundlage des Beispielsfalls von Locher/Koeble/Frik gezeigte Grobbewertung ist zur Klärung der Einordnung in die zutreffende Honorarzone eine

Punktebewertung als **Feinbewertung** durchzuführen. Die Vorgabe hat der VO-Geber in Abs. 4 und 6 – die in diesem Zusammenhang zusammengesehen werden müssen – eine Methode zur Bestimmung der Honorarzone bei Gebäuden vorgesehen.

Es werden bei Abs. 4 zunächst den Bewertungsmerkmalen nach Abs. 2 folgende **Maximalpunkte** zugeordnet:

Einbindung in die Umgebung:	6 Punkte
Funktionsbereiche:	9 Punkte
Gestalterische Anforderungen:	9 Punkte
Konstruktive Anforderungen:	6 Punkte
Technische Ausrüstung:	6 Punkte
Ausbau:	6 Punkte

Hier sind die einfachsten und sehr geringen Planungsanforderungen mit einem Punkt und die höchsten Planungsanforderungen mit 6 bzw. 9 Punkten zu bewerten.

Abs. 6 ist dann folgend anzuwenden, um die von VO-Geber vorgegebene **Feinbewertung** auszufüllen. Denn bei einer Bewertung der einzelnen Bewertungsmerkmale mit den entsprechenden Punkten kann die Summe der Bewertungspunkte errechnet werden, aus denen sich dann nach Abs. 6 die Honorarzonen mit folgender **Punkteverteilung** als **Feinbewertungsergebnis** ergeben:

bis zu 10 Punkte:	Honorarzone I
11 bis 18 Punkte:	Honorarzone II
19 bis 26 Punkte:	Honorarzone III
27 bis 34 Punkte:	Honorarzone IV
35 bis 42 Punkte:	Honorarzone V

Diese Vorgehensweise ist mit der Feinbewertungsvorgabe des § 34 in der HOAI 2009 identisch (siehe dort und zur Feinbewertung: Seifert, 8. Aufl., § 34 Rdn. 23; sowie Messerschmidt/Niemöller/Preussner, § 35, Rdn. 29, 30; Locher/Koeble/Frik, § 35, Rdn. 10 bis 14; Werner/Pastor, Rdn. 907; Jochem, § 34 Rdn. 14, Hartmann, § 35. Rdn. 5 ff.).

Hinzuweisen ist aber nach dem vorstehend Gesagten an dieser Stelle, dass bei der Punkte- **24** bewertung i. S. von Abs. 4 und 6 („Feinbewertung") für ein Gebäude nach vorangegangener qualitativer Bewertung gemäß § 35 Abs. 2 („Grobeinordnung") jeweils **verschiedene Bewertungsmerkmale aus mehreren Honorarzonen** anwendbar sind **und deswegen Zweifel** an der Einordnung in die zutreffende Honorarzone bestehen können (Seifert, 8. Aufl., § 34 Rdn. 24). Bei konsequenter Anwendung der Abs. 4 und 6 ist es aber (*unter Aufgabe der bisher an gleicher Stelle vertretenen Meinung von Seifert,* Seifert, 8. Aufl., § 34 Rdn. 24) zunächst bedeutsam, dass man innerhalb eines der jeweils sechs Bewertungsbereiche darüber streiten kann, wie dort die Anforderungen sind (z. B. ob es sich um wenige Funktionsbereiche oder mehrere einfache Funktionsbereiche handelt). Würde man an dieser Stelle nicht konsequent die Einordnungen nach den Punktebewertungen der Abs. 2, 4 und 6 vornehmen, würde die Honorarstruktur in der späteren Einordnung der „von"-„bis"-Honorartabellen keine Berücksichtigung finden, denn § 35 Abs. 1 i. V. m. Anlage 10.1 ist hier vorrangig und verbindlich. Nur mit der konsequenten Vorgehensweise der beschriebenen Wertungsfolge von Abs. 2 ausgehend über Abs. 4 und 6 **ist sicherzustellen,** dass es sich um eine **der Objektivität angenäherte Einordnung der Honorarzone** handelt.

In Fortführung der an gleicher Stelle von *Seifert* (Seifert, 8. Aufl., § 34 Rdn. 24) entwickelten beispielhaften Verdeutlichung des Punktesystems und der damit verbundenen Bewertungsprobleme wird nun folgendes **Beispiel** für ein Gebäude mit folgenden Planungsanforderungen gebildet:

a) geringe Anforderungen an die Einbindung (Zone II),
b) mehrere Funktionsbereiche mit vielfältigen Beziehungen (Zone IV),
c) durchschnittliche gestalterische Anforderungen (Zone III),
d) sehr hohe konstruktive Ansprüche (Zone V),
e) durchschnittliche Technische Ausrüstung (Zone III) und
f) hohe Anforderungen im Ausbau (Zone IV).

Der VO-Geber gibt über Abs. 2, 4 und 6 die Linie der Bewertung vor, der hier – s. o. – **25** zwingend zu folgen ist. Durch das Einordnen einzelner oder mehrerer Bewertungsstufen in verschiedene Honorarzonen wird dann eine einheitliche Linie für die endgültige Einordnung anzunehmende, objektive Honorarzone gefunden. Bei der Durchführung einer **Punktebewertung** muss aber auf einen **Verteilungsschlüssel** zurückgegriffen werden. Dabei hat sich das von Klocke/Arlt (a. a. O. § 11 Ziff. 1.4.1) empfohlene Schema in der Literatur, wie auch in der Praxis, allgemein durchgesetzt (ebenso: Locher/Koeble/Frik § 35 Rdn. 14, 15; Pott/Dahlhoff/Kniffka/Rath, 8. Aufl. §§ 11/12 Rdn. 5; Jochem § 34 Rdn. 10; Werner/Pastor Rdn. 907; Frik DAB 1980, 513, 514; Walter in Irmler § 34 Rdn. 14; Messerschmidt/Niemöller/Preussner, § 35, Rdn. 29; Hartmann, § 35, Rdn. 5 ff.). Es wird an dieser Stelle in der Fassung von Seifert, 8. Aufl., § 34 Rdn. 26 nochmals dargestellt:

Honorarzonen:	I	II	III	IV	V
Planungsanforderungen:	sehr gering	gering	durch-schnittlich	hoch	sehr hoch
Bewertungsmerkmale:		Punkteverteilung:			
1. Einbindung in die Umgebung	1	2	3–4	5	6
2. Anzahl der Funktionsbereiche	1–2	3–4	5–6	7–8	9
3. Gestalterische Anforderungen	1–2	3–4	5–6	7–8	9
4. Konstruktive Anforderungen	1	2	3–4	5	6
5. Technische Ausrüstung	1	2	3–4	5	6
6. Ausbau	1	2	3–4	5	6
Summen	**bis 8**	**14–16**	**22–28**	**34–36**	**42**
Punkte nach Abs. 2	**bis 10**	**11–18**	**19–26**	**27–34**	**35–42**

Für die Bewertungsmerkmale ergeben sich bei dem vorbenannten Beispiel (vgl. Rdn. 22; Seifert, 8. Aufl., § 34 Rdn. 26) folgende Punkte ergeben:

a) geringe Anforderungen an die Einbindung (II): 2
b) mehrere Funktionsbereiche mit vielfältigen Beziehungen (IV): 7–8
c) durchschnittliche gestalterische Anforderungen (III): 5–6
d) sehr hohe konstruktive Ansprüche (V): 6
e) durchschnittliche Technische Ausrüstung (III): 3–4
f) hohe Anforderungen an den Ausbau (IV): 5

Gesamtpunktzahl   28–31

Mit 28 bis 31 Punkten wäre das Objekt nach § 35 Abs. 4 und 6 in die Honorarzone IV einzuordnen.

26   Bereits *Seifert* hat an gleicher Stelle (Seifert, 8. Aufl., § 34 Rdn. 25) darauf hingewiesen, dass sich aus dem Vergleich der bei dieser Punkteverteilung ergebenden Summe der Punkte mit den nach Abs. 4 vorgesehenen Punkten Probleme bei der Einordnung in die Honorarzone ergeben können und das in Abs. 4 vorgegebene Verteilungsschema nicht unbedingt zu zutreffenden Ergebnissen führen kann, vor allem, wenn der Grobeinteilung des Abs. 2 ein zu großes Gewicht zukommt (s. a. zur HOAI 1996/2002 Arlt in Hartmann § 11 Rdn. 8). Folgt man nämlich der groben Einteilung und Bandbreite der Vorgaben in Abs. 4 und 6 können **Einordnungen aller Bewertungsmerkmale in den oberen durchschnittlichen Bereich** ein Gebäude durchaus in die **Honorarzone IV** einordnen, ohne, dass ansonsten auch nur eine Teilbewertung aus Abs. 4 und 6 zu einen unteren Satz der Honorarzone IV führen würde, dies also obgleich jedes Bewertungsmerkmal noch mit der

oberen Punktezahl der Honorarzone III bewertet wird. Das aber wäre mit der groben Bewertungsmatrix aus den Abs. 2, 4 und 6 **nicht vereinbar** bzw. nach Abs. 4 bereits fehlerhaft. Sinnlogisch könnte daher nach dem Wortlaut der Abs. 2, 4 und 6 zu dem obigen Beispiel nur folgen, dass das Objekt insgesamt als durchschnittlich „oben" einzuordnen ist und folglich **Honorarzone III** richtig sein müsste. Andererseits darf auch eine Punktebewertung nach Abs. 4 und 6 („Feinbewertung") zu keinem anderen Ergebnis führen, als eine qualitative Betrachtung der Bewertungsmerkmale nach Abs. 2 („Grobbewertung") (Seifert, 8. Aufl., § 34 Rdn. 25 f.). Aber auch bei einer grafischen Betrachtung lässt sich die eindeutige Zuordnung zur Honorarzone IV bei diesem Schema nicht nachvollziehen. Denn bei dem gewählten Beispiel liegen die vier Bewertungsmerkmale mit maximal 6 Punkten gleichmäßig verteilt in den Zonen II, III, IV und V. Ferner liegen die zwei Bewertungsmerkmale mit maximal 9 Punkten in den beiden Honorarzonen III und IV. Damit führen die Überlegungen zu einer Einordnung, die exakt im Grenzbereich zwischen Honorarzone III und IV liegen muss. Aufgrund der Punkteverteilung des Bewertungsschemas liegt das rechnerische Ergebnis deutlich in der Honorarzone IV. Insofern ergibt sich auch daraus, dass diese Punkteverteilung im Ergebnis zu einer zu hohen Punktebewertung führt (Seifert, 8. Aufl., § 34 Rdn. 25 f.). Gerade aus der hier vertretenen Meinung, dass aus der zwingenden Aufstellung des Prüfungsablaufes aus Abs. 2, 4 und 6 und der damit verbundenen vorgeschriebenen Grob- und Feineinteilung in jedem Einzelfall eine auch von den Vertragsparteien – gleich zu welchem Zeitpunkt – zu berechnende Grob- und Feineinteilung vorzunehmen ist, die zu den gewünschten zuverlässigen objektivierten Berechnungen der Honorarzone führt, ist letztlich aber doch von Unwägbarkeiten im Ergebnis und von Unstimmigkeiten auszugehen.

Die Lösung läge aber dann bei den zuvor beschriebenen Unstimmigkeiten zwischen **27** Punktesummen und der zwingenden Bestimmung nach Abs. 2 in einer **Feinaufteilung mit Bandbreite. Motzke/Wolff** haben nachfolgende modifizierte Tabelle veröffentlicht (a. a. O. S. 298; ebenso veröffentlicht bei Locher/Koeble/Frik § 34 Rdn. 13; siehe Tabelle Seifert in der 8. Aufl., § 34 Rdn. 27):

Honorarzonen:	I	II	III	IV	V
Planungsanforderungen:	sehr gering	gering	durch-schnittlich	hoch	sehr hoch
Bewertungsmerkmale:		Punkteverteilung:			
Einbindung in die Umgebung	1	2–3	4	5	6
Anzahl der Funktionsbereiche	1–2	3	4–5	6–7	8–9
Gestalterische Anforderungen	1–2	3	4–5	6–7	8–9
Konstruktive Anforderungen	1–2	3	4	5	6
Technische Ausrüstung	1	2–3	4	5	6
Ausbau	1–2	3	4	5	6
Summen	**bis 10**	**16–18**	**24–26**	**32–34**	**40–42**
Punkte nach Abs. 2	**bis 10**	**11–18**	**19–26**	**27–34**	**35–42**

Für das oben bei Rdn. 22 genannte Beispiel würden sich unter Berücksichtigung dieses Schemas folgende Punktzahlen bei den Bewertungsmerkmalen ergeben:

a) geringe Anforderungen an die Einbindung (II): 2–3
b) mehrere Funktionsbereiche mit vielfältigen Beziehungen (IV): 6–7

c) durchschnittliche gestalterische Anforderungen (III):   4–5
d) sehr hohe konstruktive Ansprüche (V):   6
e) durchschnittliche Technische Ausrüstung (III):   4
f) hohe Anforderungen im Ausbau (IV):   5

Gesamtpunktzahl   27–30

Auch unter Zuhilfenahme dieses Schemas wäre das Objekt mit 28 bis 31 Punkten nach § 34 Abs. 4 und Abs. 6 eindeutig in die Honorarzone IV einzuordnen (Seifert, 8. Aufl., § 34 Rdn. 27).

Zwar ergibt die Punktesumme bei dieser Punkteverteilung im oberen Bereich eine Übereinstimmung mit der Punkteverteilung nach Abs. 4. Denn dort ist in Satz 1 und 2 bei dem Ansatz der Punkte eine Einschätzungsbandbreite („bis") dem Anwender gegeben worden. Allerdings ist dabei nicht recht ersichtlich, weshalb die Verteilung mit einem Zweipunkteschritt bei der Einbindung in der Umgebung sowie bei der Technischen Ausrüstung in der Honorarzone II erfolgt und demgegenüber bei den Konstruktiven Anforderungen sowie beim Ausbau in der Honorarzone I. Die Verteilung hätte prinzipiell auch umgekehrt erfolgen können. Mit der eindeutigen Einordnung in die Honorarzone IV wird auch dieses Schema der grafischen Lösung nicht gerecht (vgl. Rdn. 24; Seifert, 8. Aufl., § 34 Rdn. 27).

28   Ein weiteres Bewertungsschema haben **Löffelmann/Fleischmann** vorgestellt (a. a. O. Rdn. 1437):

Honorarzonen:	I	II	III	IV	V
Planungsanforderungen:	sehr gering	gering	durch- schnittlich	hoch	sehr hoch
Bewertungsmerkmale:	Punkteverteilung:				
1. Einbindung in die Umgebung	1	2	3	4–5	6
2. Anzahl der Funktionsbereiche	1–2	3	4–5	6–7	8–9
3. Gestalterische Anforderungen	1–2	3	4–5	6–7	8–9
4. Konstruktive Anforderungen	1	2	3	4–5	6
5. Technische Ausrüstung	1	2	3	4–5	6
6. Ausbau	1	2	3	4–5	6
Summen	**bis 8**	**14**	**20–22**	**28–34**	**40–42**
Punkte nach Abs. 2	**bis 10**	**11–18**	**19–26**	**27–34**	**35–42**

Für das oben bei Rdn. 22 benannte Beispiel würden sich mit diesem Schema folgende Punktzahlen ergeben:
a) geringe Anforderungen an die Einbindung (II):   2
b) mehrere Funktionsbereiche mit vielfältigen Beziehungen (IV):   6–7
c) durchschnittliche gestalterische Anforderungen (III):   4–5
d) sehr hohe konstruktive Ansprüche (V):   6
e) durchschnittliche Technische Ausrüstung (III):   3
f) hohe Anforderungen an den Ausbau (IV):   4–5

Gesamtpunktzahl   25–28

Die Schwäche dieses Bewertungssystems liegt aber darin, dass – im Beispielsfall – bei den Bewertungsmerkmalen „Funktionsbereiche", „Gestalterische Anforderungen" und „Ausbau", die obere oder die untere Punktezahl vergeben wird. Insofern könnte die Bewertung im vorliegenden Fall noch zur Honorarzone III (bis 26 Punkte) oder bereits zur Honorarzone IV (ab 27 Punkte) führen. Der gerundete Mittelwert liegt aber bei 26,5 Punkten und liegt damit zutreffend exakt zwischen der Honorarzone III (bis 26 Punkte) und IV (ab 27 Punkte) i. S. von Abs. 4 und Abs. 6 (so auch Seifert in der Vorauflage). Es ist daher in Wahrheit nicht nachvollziehbar – dort dargestellt – wie sich die Punkteverteilung exakt ergeben soll. Insoweit ist diese Grundlage von *Löffelmann/Fleischmann* zwar der Schritt in die richtige Richtung, aber nicht geeignet rechnerisch nachvollziehbare Bewertungen abzugeben.

Seifert hat in der 8. *Auflage* die Meinung vertreten, dass die Grundproblematik der Punk-   **29** teverteilung darin liege, maximal 6 bzw. 9 zu vergebende Punkte als ganze Zahlen könnten nicht auf 5 Honorarzonen aufgeteilt werden (vgl. auch die grafische Darstellung bei Motzke/Wolff S. 298, die allerdings übersehen, dass die Honorarzone I bei der Verteilung i. S. von Abs. 2 mehr Raum einnimmt als die anderen Honorarzonen (Seifert, 8. Aufl., § 34 Rdn. 27, 28); *Hartmann* weist in Band 3 HOAI 2013, § 35 Rdn. 5 darauf hin, dass die Honorarzonen im Verhältnis 15:20:30:20:15 vom VO-Geber aufgebaut sind und er sich bewusst zu einer größeren Bandbreite der Honorarzone III entschieden habe, weil diese vielfach in der Praxis ebenso anfällt, amtl. Begr. BR-Drucks. 270/76, S. 21). Im Ergebnis ist dem beizupflichten, es fehlte allerdings bisher an dieser Stelle an einer juristischen Begründung. Diese allerdings erschließt sich bereits aus dem Wortlaut der VO. § 35 Abs. 4, 5 und 6 sprechen jeweils von „Punkte" bzw. „Punkten". Der VO-Geber hat auch in der Begründung (BR-Drs. 334/13) eine Dezimalstelle/Kommastelle nach der Hauptzahl (6 bzw. 9) nicht eingeschränkt. Vor dem Hintergrund der bei Zustimmung des BR bekannten Rechtsprechung des BGH und in Folge des Gutachtens zur Evaluierung der Honorarstruktur der HOAI (12/2012) ist dem VO-Geber an einer durchaus exakten Einordnung der jeweiligen Punktebewertungen gelegen (historisch). Systematisch ist die Möglichkeit weiterer Aufteilung der in Abs. 4 bis 6 wiedergegebenen Punkte damit begründet, dass in Anlage 10.2 und 10.3 vom VO-Geber gerade die Möglichkeit vorgesehen ist, Honorarzoneneinordnungen vorzunehmen. Dazu allerdings bedarf es eines exakteren Berechnungssystems. Dieses allerdings hat der VO-Geber – wissend um die verschiedenen in der Literatur angebotenen Berechnungssysteme im Zeitpunkt des Erlasses der HOAI 2013 – eben nicht vorgesehen. Damit aber hat er den Weg in diese Berechnungsmethoden freigegeben, so dass diese von dem Rahmen der VO gedeckt sind, wenn sie sich innerhalb der vorgegebenen Grob- und Feineinteilung bewegen und zu exakteren Ergebnissen führen können.

Das entspricht aber auch der bisherigen Auffassung zur objektiven Einordnung bei Bewertungen der Honorarzonen bei Vergaben und Aufträgen (siehe u. a. OLG Frankfurt/M. Urt. v. 17.8.2006 – 26 U 20/05; VK Bund, Beschl. v. 22.8.2001 – VK2–24/01; VK Sachsen, Beschl. v. 20.10.2011 – 1 SVK/039/11; Beschl. v. 19.4.2013 – 1/SVK 009/13; OLG Koblenz, Urt. v. 21.12.2011 – 1 U 158/11). Die Einstufung eines Objekts in eine Honorarzone hat nicht ausschließlich nach dem Beispielskatalog des § 12 HOAI 1996/2002 bzw. Anlage 10.2/10.3 zu erfolgen. Vielmehr muss im Einzelfall eine objektive Bewertung jedes einzelnen Kriteriums nach § 11 HOAI 1996/2002 bzw. nach Abs. 2, 4 und 6 vorgenommen werden. Das OLG Frankfurt (a. a. O.) hat die **Einordnung in die Honorarzone** als **Rechtsfrage** beurteilt, weshalb zur Einstufung in die Honorarzone kein Sachverständigengutachten einzuholen sei. Gerade bei den erstinstanzlichen Gerichten ist verbreitet zu beobachten, dass die Frage der Einordnung in die zutreffende Honorarzone Sachverständigen überlassen wird. Ein Sachverständigengutachten ist aber allenfalls zur Klärung der tatsächlichen Umstände einzuholen, auf denen die Einordnung des Objekts in die Honorarzone beruht. Dies hat aber nur dann zu erfolgen, wenn nicht diese Tatsachen anhand des Tatsachenvortrags der Parteien bereits zur Beurteilung durch das Gericht zur Verfügung stehen. Grundsätzlich hatte der BGH bereits im Urteil vom 13.11.2003 – VII ZR 362/02 (BauR 2004, 354 und 553) die objektive Einordnungsmethode gesehen und gefordert. Dabei war der BGH auch von einem **Beurteilungsspielraum der Parteien** ausgegangen. Eine **Vereinbarung einer zu niedrigen Honorarzone,** die zu einer **Unterschreitung der Mindestsätze** der in Betracht kommenden zutreffenden Honorarzone führt, ist im Regelfall **nicht wirksam.** Für die Einordnung in die zutreffende Honorarzone kommt es daher auf eine **objektive Beurteilung der für die Bewertung maßgeblichen Kriterien** in § 11 HOAI 1996/2002 bzw. § 35 Abs. 2, 4, 6 an. Soweit die Parteien im Rahmen des ihnen durch die HOAI eröffneten Beurteilungsspielraums eine vertretbare Festlegung der Honorarzone vorgesehen haben, ist dies vom Richter regelmäßig zu berücksichtigen. Denn unterschreitet das Honorar aufgrund der vereinbarten Honorarzone die Mindestsätze der HOAI, weil sich die vertraglich festgelegten Honorarzonen später als unrichtig herausstellen, sind den Honorarberechnungen grundsätzlich die rechtlich zutreffenden Honorarzonen zu Grunde zu legen. Die Vereinbarung der niedrigeren Honorarzone überschreitet in diesem Fall die Grenze, die das **bindende Preisrecht** der HOAI der Vertragsfreiheit der Parteien setzt, die Höhe des Honorars für eine Architektenleistung frei festzulegen. Andernfalls hätten es die Vertragsparteien in der Hand, die Mindestsätze ohne das Vorliegen der gesetzlich geregelten Ausnahme (§ 4 Abs. 2 HOAI 1996/2002, § 7 Abs. 3, 4 HOAI 2013) oder der Ausnahme (z.B. BGH, IBR 1997, 286) durch Vereinbarung einer unzutreffenden niedrigen Honorarzone zu unterschreiten. Die Zuordnung zu einer bestimmten Honorarzone ist anhand der Objektliste der Anlage 10.2/10.3 vorzunehmen. Sie ermöglicht nur eine unverbindliche Vorauswahl für den Regelfall. Ob ein solcher vorliegt, bedarf stets der Überprüfung nach Maßgabe der in Abs. 2, 4, 6 genannten Merkmale. Daher kommt es auch für die Einordnung in die zutreffende Honorarzone (und damit gegen den Verstoß der Unterschreitung der Mindestsätze) auf eine objektive Beurteilung der für die Bewertung maßgeblichen Kriterien an. Soweit die Parteien im Rahmen des ihnen durch die HOAI **eröffneten Beurteilungsspielraums** eine vertretbare Festlegung der Honorarzone vorgesehen haben, ist diese aber durch den Richter regelmäßig zu berücksichtigen.

Grundlegend ist daher festzuhalten, dass die **Honorarzonen** i.S. von Abs. 4 und 6 anhand von **objektiven Bewertungsmerkmalen** über den festzustellenden Schwierigkeitsgrad **objektiv einzuordnen** sind (BGH, Urt. v. 11.12.2008 – VII ZR 235/08 zum objektiven Ansatz). Eine Auslegung der VO zu den Punktebewertungen hat danach zwangsläufig als **Rechtsfrage** im Zweifel **durch das Gericht** zu erfolgen. Das Gericht hat daher die Honorarzoneneinordnung nach Abs. 2, 4, 6 im Zweifel immer auf der vom Sachverständigen ermittelten Tatsachengrundlage vorzunehmen (BGH, BauR 2005, 735; BGH, Urt. v. 11.12.2008 – VII ZR 235/08 zum objektiven Ansatz). Einem **Gerichtssachverständigen** kann bei der Honorarzoneneinordnung also nur **unterstützende Funktion** zukommen, indem **konkrete Sachfragen** zu den einzelnen Bewertungsmerkmalen gestellt werden können (siehe auch Koenen in FS Jochem, S. 349 ff.; Seifert, 8. Aufl., § 34 Rdn. 32). So kann beispielsweise zur Einbindung in die Umgebung, die Frage gestellt werden, welche Besonderheiten dazu im Einzelfall vorliegen und wie diese fachlich zu beurteilen sind. Wird der gerichtlich bestellte Sachverständige gleichwohl mit einer Honorarzoneneinordnung vom Gericht beauftragt, was zwangsläufig dann auch eine rechtliche Auslegung von Abs. 2, 4, 5 oder 6 verlangt, wird der Sachverständige im Regelfall nicht umhinkommen können, **die unterschiedlichen Auslegungen seinem Gutachten zugrunde zu legen und alternativ aufzuzeigen, welche Honorarzone sich bei welcher Auslegung ergibt** (Seifert, 8. Aufl., § 34 Rdn. 132). Nicht aber obliegt es ihm dann eine bestimmte Auslegung als die Richtige zu bestimmen. Wenn **andererseits** aber ein **Gericht** eine sachgerechte Honorarzoneneinordnung **vorzunehmen hat, ohne das Feststellungen von Tatsachen mittels Darstellungen eines Sachverständigen erfolgen,** ist die Anwendung der VO rechtswidrig gefunden, da die VO die objektiven Voraussetzungen und Einordnungen (siehe dazu oben) aber gerade voraussetzt. Zudem haben die Parteien einen Beurteilungsspielraum bei vertraglichen Gestaltungen. Dann und zudem hat der Sachverständige im Rahmen der ihm aufgegebenen Sachverhaltsbeurteilung und dem dann folgenden Gericht ebenfalls einen Beurteilungsspielraum zur Einordnung der Honorarzone; dies aber aufgrund der vom Sachverständigen im Zweifel dargestellten verschiedenen Ergebnisse der verschiedenen (hier oben) dargestellten rechnerischen Ermittlungen (insoweit nicht zutreffend OLG Frankfurt BauR 2007, 1906). **Gebunden** allerdings ist das **Gericht** im Rahmen des **Beurteilungsspielraums** bei **vertraglich im oben dargestellten objektiven und vertretbaren Rahmen der Festlegung der Honorarzone** (BGH BauR 2004, 553; BGH, Urt. v. 11.12.2008 – VII ZR 235/08 zum objektiven Ansatz).

Soweit nunmehr *Seifert (8. Aufl. an gleichem Ort)* eine Analyse der Punktespanne des VO-Gebers in Abs. 5 vornimmt, wird dem hier grundsätzlich unter Hinweis auf die o.a. Rechtsprechung und den dazu oben erteilten Äußerungen der juristischen Einordnung auch im rechnerischen Ansatz gefolgt. So ist auffallend, dass der Honorarzone I eine größere Punktespanne zugeordnet wird, ansonsten aber eine lineare Verteilung der Punkte vorliegt. So entspricht die Spanne von 10 Punkten in der Honorarzone I einem Anteil von 23,81%, bezogen auf die Gesamtpunktzahl von 42 Punkten. Bei allen weiteren Honorarzonen beträgt dieser Anteil jeweils 16,67%. Weil die nach Abs. 6 zu vergebenden Punkte über die Summe der Bewertungspunkte i.S. von Abs. 4 direkt zur Honorarzone führen, müssen diese rechnerischen Anteile auch bei der Punkteverteilung nach Abs. 6 von Relevanz sein. Gerundet auf die zweite Kommastelle ergibt sich damit folgende rechnerische Punkteverteilung (Seifert, 8. Aufl., § 34 Rdn. 29):

Honorarzonen:	I	II	III	IV	V
Bewertungspunkte	**0–10**	**11–18**	**19–26**	**27–34**	**35–42**
Punktedifferenz	10	7	7	7	7
Differenzanteil	23,81%	16,67%	16,67%	16,67%	16,67%
Punkteverteilung bei 6 Punkten	**0,00–1,43**	**1,57–2,57**	**2,71–3,71**	**3,86–4,86**	**5,00–6,00**
Punktedifferenz	1,43	1,00	1,00	1,00	1,00
Differenzanteil	23,81%	16,67%	16,67%	16,67%	16,67%
Punkteverteilung bei 9 Punkten	**0,00–2,14**	**2,36–3,86**	**4,07–5,57**	**5,79–7,29**	**7,50–9,00**
Punktedifferenz	2,14	1,50	1,50	1,50	1,50
Differenzanteil	23,81%	16,67%	16,67%	16,67%	16,67%

Unter Berücksichtigung dieser Überlegungen muss sich bezüglich der Bewertungs- **30** merkmale folgende, auf ganze Zahlen gerundete, **mathematisch-logische Punkteverteilung** ergeben (folgend *Seifert,* 8. Aufl., § 34 Rdn. 30):

Honorarzonen:	I	II	III	IV	V
Planungsanforderungen:	sehr gering	gering	durch-schnittlich	überdurch-schnittlich	sehr hoch
Bewertungsmerkmale:	Punkteverteilung:				
Einbindung in die Umgebung	1	2	3	4	5–6
Anzahl der Funktionsbereiche	1–2	3	4–5	6–7	8–9
Gestalterische Anforderungen	1–2	3	4–5	6–7	8–9
Konstruktive Anforderungen	1	2	3	4	5–6
Technische Ausrüstung	1	2	3	4	5–6
Ausbau	1	2	3	4	5–6
Summen	**bis 8**	**14**	**20–22**	**28–30**	**36–42**
Punkte nach Abs. 2	**bis 10**	**11–18**	**19–26**	**27–34**	**35–42**

Für das oben bei Rdn. 22 genannte Beispiel bleibt mit diesem Schema ein Spielraum, der zu folgender Punktespanne führt:

a) geringe Anforderungen an die Einbindung (II):	2–2
b) mehrere Funktionsbereiche mit vielfältigen Beziehungen (IV):	6–7
c) durchschnittliche gestalterische Anforderungen (III):	4–5
d) sehr hohe konstruktive Ansprüche (V):	5–6
e) durchschnittliche Technische Ausrüstung (III):	3–3
f) hohe Anforderungen an den Ausbau (IV):	3–4

Gesamtpunktzahl	23–27

Mit dieser Punktebewertung (Seifert, 8. Aufl., § 34 Rdn. 30) zeigt sich, dass das Objekt **zwischen Honorarzone III** (bis 26 Punkte) **und Honorarzone IV** (ab 27 Punkte) i. S. von Abs. 4 und Abs. 6 liegt. In solchen **Grenzfällen** ist eine **Einordnung sowohl in Honorarzone III als auch in Honorarzone IV vertretbar und damit dem Gericht im Streitfall vorbehalten (s. o.), weil es sich um eine rechtliche und nicht eine dem Sachverständigen vorbehaltene Bewertung handelt.** Allerdings hat der Sachverständige die Aufgabe, dem Gericht die Sachkunde durch Berechnung nach einer nachvollziehbaren Bewertungsmatrix zu verschaffen (BGH, BauR 2004, 354). Wenn die Honorarzone III im **Vertrag vereinbart** wurde, ist aber auch das im Hinblick auf die Objektivitätsforderung des BGH, nachzurechnen, da zudem eine Mindersatzunterschreitung oder Überhöhung, § 7 Abs. 1, 3, 4, vorliegen kann (BGH, Urteil v. 13.11.2003 – VII ZR 362/02; BauR 2004, 354; NZBau 2003, 159; BGH, Urt. v. 11.12.2008 – VII ZR 235/08 auch zum objektiven Ansatz; hierzu auch BGH, BauR 2004, 354).

Insofern ist auch zu beachten, dass jedes veröffentlichte **Punkteschema** lediglich ein **Hilfsmittel** bei einer sachgerechten Honorarzoneneinordnung darstellen kann und nicht Bestandteil der preisrechtlichen Regelungen ist (Seifert, 8. Aufl., § 34 Rdn. 30).

31   *In Fortführung der an dieser Stelle von Seifert in der 8. Auflage vertretenen Darstellung* (Seifert, 8. Aufl., § 34 Rdn. 31): Honorarzonen lassen sich mit einer rein **rechnerischen Methode** unter Berücksichtigung der Bewertungstabelle in Abs. 2, 4, 6 auch anderweitig ermitteln. Geht man davon aus, dass vier der sechs Bewertungsmerkmale (Einbindung in die Umgebung, Konstruktive Anforderungen, Technische Ausrüstung und Ausbau) mit maximal 6 Punkten und zwei Bewertungsmerkmale (Funktionsbereiche und Gestalterische Anforderungen) mit maximal 9 Punkten bewertet werden, ergeben sie damit auch **unterschiedliche Gewichtungen bei der Bewertung.** Die Summe aus den Produkten von qualitativer Einordnung (nachfolgend Spalte A; = gefundene Honorarzone für jedes Bewertungsmerkmal) und Gewichtung pro Bewertungsmerkmal i. S. von Abs. 5 (nachfolgend Spalte B; = 6 oder 9) ergibt dann eine Zahl (nachfolgend Spalte „Produkt"), die durch die Maximalpunktzahl (= 42 Punkte) zu dividieren ist. Die damit gefundene Zahl ist nach **mathematischen Grundsätzen zu runden** und ergibt damit die Honorarzone; **Beispiel:**

Bewertungsmerkmale	A Honorarzone:	B Gewichtung:	Produkt: (A x B)
Einbindung in die Umgebung	II	6	12
Funktionsbereiche	IV	9	36
Gestalterische Anforderungen	III	9	27
Konstruktive Anforderungen	IV	6	24
Technische Ausrüstung	III	6	18
Ausbau	IV	6	24
Summen		**42**	**141**

Damit kann die Honorarzone wie folgt errechnet werden:

Summe Produkt:	:	Summe Gewichtung	=	**Honorarzone**
141	:	42	=	**3,36**

Das Beispielsobjekt wäre in die Honorarzone III einzuordnen.

IV. Honorarzonen bei Innenräumen (Abs. 3, 4 ,6, 7 und Anlage 10.3)

1. Objektliste bei Innenräumen (Anlage 10.3)

§ 2 Nr. 1 definiert **Innenraumplanungen** systematisch **als andere Objekte** als die 33 Gebäude. Sie sind nach der Objektliste gegenüber Gebäuden auch als abweichende Objekte selbständig definiert. Die **Objektliste in Anlage 10.3** wurde aus § 14b HOAI 1996/2002 weiterentwickelt. Durch den Wegfall des § 25 HOAI 1996/2002 bestehen für Leistungen bei Innenräumen regelmäßig auch eigenständige Honoraransprüche **neben** den Leistungen bei Gebäuden (vgl. § 11 Rdn. 18 m. w. N.) (so auch Seifert in der Vorauflage).

Ebenso wie bei Anlage 10.2 ist auch die Objektliste der **Anlage 10.3 nur als beispiel-** 34 **hafte Liste aufgebaut** (schon Haible zu § 14b HOAI 1996/2002, AIT 5/88, S. 73). Grundsätzlich sind die Objektlisten bei der Innenraumplanung **raumbezogen** dargestellt. Eine weitere Aufteilung in Einzelräume hat der VO-Geber bewusst unterlassen, da die vertragsimmanente Aufteilung den Vorzug erhalten sollte. Zudem sind planerische Überzeugungen bei Einzelplanungen kaum steuerbar, genauso wie Bauherrenwünsche. Allerdings muss bezüglich der **Objektgliederung** eine raumbezogene Objektbetrachtung eng sein. Dies könnte z. B. bei einem Krankenhaus- oder Bürogebäude wegen der großen Zahl der Räume zu einer Vielzahl von Einzelobjekten führen. Unabhängig von einzeln darzustellenden Beauftragungen z. B. pro Zimmer, würde auch § 11 Abs. 1 missachtet und zudem muss beachtet werden, dass die Objektliste gerade nicht auf Gebäudetypen, sondern auf Raumtypen abstellt. Es folgt **zudem** aus der selbständigen Erfassung der **Innenraumplanung als selbständige Objekte** i. S. von § 2 Nr. 1, dass die Unterscheidung von **mehreren raumbildenden Ausbauten nicht identisch** sein muss **mit** der Unterscheidung von **mehreren Gebäuden** (zur Abgrenzung von Gebäuden und raumbildenden Ausbauten (so auch Seifert in der Vorauflage) vgl. auch § 34 Rdn. 8–15 und § 35 Rdn. 33–34).

Maßgeblich ist für die Frage, ob eine oder mehrere Innenräume im Sinne der VO vorliegen, inwieweit Nutzungsbereiche, einzelne Räume oder Raumgruppen zu einer **funktionellen Einheit** zusammengefasst sind. Voraussetzung dafür muss aber nicht sein, dass es sich dabei um mehrere Gebäude handelt (in Anlehnung an BGH BauR 2002, 817 = NZBau 2002, 278; BGH, Urteil v. 9.2.2012 – VII ZR 31/11; Seifert, 8. Aufl., § 34 Rdn. 34). Bei der Abgrenzung kommt es auf die **funktionale Einheit der betreffenden Räume** an, die der Funktion des Gebäudes selbst dienen (Seifert, 8. Aufl., § 34 Rdn. 34). So können beispielsweise Eingangsbereich, Empfangsbereich, Halle, Besprechungszimmer, Büroräume, Kleinküchen und Vorratsräume die Funktion des Gebäudes bestimmen bzw. dazu gehören. Für alle diese Räume ist in der Regel ein durchgängiges Gestaltungskonzept entsprechend den vertraglichen oder üblichen funktionalen Vorgaben zu erarbeiten. Weitere selbständige Innenraumplanungen liegen vor, wenn im gleichen Gebäude noch völlig andere funktionale Nutzungseinheiten untergebracht sind, die in keinem direkten Zusammenhang mit der Nutzung des Gebäudes stehen (so Seifert i. d. Vorauflage), wie Restaurants, Fitnessraum, Vortrags- oder Ballsäle/-räume. Dass können auch selbständige funktionale Einheiten, mit selbständigen Innenräumen sein.

Die Objektliste der Anlage 10.3 kann nur dann praktisch angewendet werden, wenn mehrere gleiche oder gleichartige Räume eine Funktionseinheit bilden oder der (Innen-)Architekt lediglich mit der Innenraumplanung eines einzelnen Raumes beauftragt wird. In allen anderen Fällen, in denen **unterschiedliche Raumtypen in einer funktionalen Einheit** zusammengefasst sind, wie z. B. bei einem Hotel, einem Bürokomplex, Arztpraxis, Behördengebäude, usw. **kann die maßgebliche Honorarzone nur über eine Grobbewertung nach Bewertungsmerkmalen der Abs. 3, 5, 6 und folgend dann (siehe**

grundsätzlich oben Rdn. 2 bis 20 und 21 ff. zur Gebäudeplanung) eine Feinbewertung als Punktebewertung gefunden werden (Seifert, 8. Aufl., § 34 Rdn. 34). Zudem ist mit **§ 37 Abs.** 2 eine neue **Abgrenzungsnorm bei Aufträgen von Gebäuden und Innenräumen** geschaffen wurden (siehe Kommentierung dort). Zugleich ist **§ 11** bei **mehreren Objekten** zu beachten (vgl. Kommentierung dort).

2. Bewertungsmerkmale bei Innenräumen (Abs. 3)

35   § 35 Abs. 3 führt, ebenso wie bei der Objektplanung „Gebäude" in Abs. 2, die bei der Honorarzoneneinordnung maßgeblichen **Bewertungsmerkmale** bei der Innenraumplanung auf. Während die HOAI 2009 bei Ziffer 1 noch von „Funktionsbereiche" sprach und damit ungewollt eine Unschärfe in die Bestimmung bei der Auslegung, ob es sich Leistungsanforderungen der Funktionsbereiche selbst oder der Anzahl der Funktionsbereiche handele, wurde dies in der Fassung HOAI 2013 auf die „Anzahl der Funktionsbereiche" definiert. Danach sind jetzt als für die Einordnung in die in Betracht kommende Honorarzone folgende Planungsanforderungen vorgesehen:

1. Anzahl der Funktionsbereiche

2. Anforderungen an die Lichtgestaltung

3. Anforderungen an die Raum-Zuordnung und Raum-Proportion

4. technische Ausrüstung

5. Farb- und Materialgestaltung

6. konstruktive Detailgestaltung

Bei der Honorarzoneneinordnung bei der Innenraumplanung sind diese Bewertungsmerkmale **im Einzelnen objektbezogen darzustellen und zu untersuchen.** Als Objekt i. S. von § 2 Abs. 1 gilt in diesem Zusammenhang ausschließlich der beplante Innenraum. Bezüge zum Objekt „Gebäude" des § 2 Abs. 1 werden nur bei zwingend aus der Gebäudeplanung vorgegebenen Raumstrukturen – vorwiegend bei Nr. 3 „Anforderungen an die Raum-Zuordnung und Raum-Proportionen" in die Detailbewertung eingreifen können, weil die Vorgaben der Innenraumplanung wechselseitig auch bei der Gebäudeplanung zu berücksichtigen sind und vielfach vom Bauherrenwunsch abhängen. Gleiches kann ebenfalls bei Nr. 4 „Technische Ausrüstung" erfolgen, z. B. aufwendige Küchen- oder Badplanung mit erheblichen Eingriffen und Berücksichtigung bei der Gebäudeplanung.

a) Anzahl der Funktionsbereiche

36   Die **Funktionsbereiche** sind zunächst einmal, wie bei den Leistungen bei Gebäuden, nicht allein die **Anzahl** der Funktionsbereiche, sondern es geht um die funktionale Verknüpfung der einzelnen Bereiche (vgl. oben zu „Gebäudeplanung" Rdn. 14). Der Funktionsbereich ist also bestimmt von der Bestimmung zur vorgegebenen Ausgestaltung und der bestimmungsgemäßen Funktion (Schlafzimmer, Bad, Küche, Wohnzimmer, Diele, Kellerräume, Büro, Empfang, Besprechungszimmer, Pantryküche, Vorratsraum, Halle, Restaurant, usw.). Nach der Aufführung des Begriffs der „Anzahl" der Funktionsbereiche, scheint es dem VO-Geber aber nicht mehr auf die eigentlich mit dem Innenraum zusammenhängen und vorgesehenen Nutzungen anzukommen, also einer Art „dienenden Funktion". Vielmehr ist der Begriff „Funktionsbereich" ein Teil der hier zu bestimmenden und zu bewertenden Schwierigkeitsstufe der Planungsanforderung, die hier gemeint ist. Eine weitere hinzutretende Stufe der Bewertung ist die Anzahl der Funktionsbereiche und damit die voneinander abhängenden Planungsschwierigkeiten. Bewertet wird also die Verzahnung und Lösung von Aufgabenstellungen an den Planer und die Umsetzung des Bauherrenwunsches. Insoweit ist dann an dieser Stelle für die folgende Bewertung zunächst eine Matrix dergestalt zu bilden, dass die Planungsanforderungen an den einzelnen Funktionsbereich als solche bewertet werden und sodann die Schwierigkeit der Verknüpfung aus der Anzahl der Funktionsbereiche dargestellt wird. Für die Wertung ist die Anzahl der Bereiche nach Schwierigkeitsstufen zu bilden und zu bewerten. Hierbei kann eine hohe Menge der Funktionsbereiche dann zu einer hohen Wertung führen.

Insofern wird auch bei der Innenraumplanung sowohl nach der **Anzahl der Funktionsbereiche** also auch auf deren **Beziehungen untereinander** wie folgt unterschieden:

Honorarzone I: ein Funktionsbereich
Honorarzone II: wenige Funktionsbereiche
Honorarzone III: mehrere einfache Funktionsbereiche
Honorarzone IV: mehrere Funktionsbereiche mit vielfältigen Beziehungen
Honorarzone V: eine Vielzahl von Funktionsbereichen mit umfassenden Beziehungen

Diese Systematik geht auf § 14b HOAI 1996/2002 zurück. Nachdem davon auszugehen ist, dass sich mit den Neufassungen der HOAI von 2009 und zuletzt 2013 am System der Honorarzoneneinordnung nichts geändert hat, wird eine solche Differenzierung auch mit der Neufassung zu berücksichtigen sein (Seifert zur HOAI 2009, 8. Aufl., § 34 Rdn. 36).

b) Anforderungen an die Lichtgestaltung

„Anforderungen an die Lichtgestaltung" ist, allgemein gehalten, zunächst die Bewertung der Lösung der Ausleuchtung eines Raumes. Dieses ist aber mit der Konzeption des Bauherren oder im Rahmen der allgemein anerkannten Regeln der Technik und öffentlich-rechtlicher Vorschriften – z.B. der Fenstergröße, der Beleuchtungsanforderungen am Arbeitsplatz, usw. – zu prüfen und zu bewerten. Hinzutreten können weiterhin Vorgaben des Bauherrn bei den Funktionsbereichen oder die Funktion des Raumes z.B. zur Nutzung als Galerie, Atelier, Showroom, usw. mit speziellen Bedürfnissen und Effekten. Es spielt grundsätzlich bei der Bewertung die vorgesehene Nutzung des betreffenden Raumes eine tragende Rolle, wobei es vor allem um die ordnungsgemäße Auswahl der Brennstellen und der Leuchtkörper geht und dabei auch Einflüsse von außen, also die natürliche Belichtung (Helligkeit, Dunkelheit), zu berücksichtigen sind (Seifert, 8. Aufl., § 34 Rdn. 37). Hier allerdings sind Überschneidungen mit der „Gebäude"-Planung nach Abs. 2 zu berücksichtigen. 37

c) Anforderungen an die Raum-Zuordnung und Raumproportion

„Anforderungen an die Raumzuordnung und Raumproportionen" sind die Schwierigkeitsbewertungen an die Lösung der Planungsaufgabe bei der Umsetzung der ggfs. vorgefundenen Raumaufteilungen und beim Neubau der Funktionalität und Zweckgerichtetheit, aber auch Erreichbarkeit von Räumen. Hier spielen die sachgerechte, den Wünschen des Auftraggebers entsprechende Auswahl und Anordnung von Einrichtungsgegenständen ebenfalls eine Rolle (so auch Seifert in der Vorauflage). Erreichbarkeiten von Zimmern untereinander und zueinander (z.B. Schlafzimmer und Bäder in einer Etage, kurze Wege, Verbindungen von Wohnzimmer und sog. „offenen Küchen"). Grundsätzlich ist hier also zunächst die Raumproportionierung erfasst. Diese erfasst die Einordnung der Innenraumplanung nach dem jeweiligen Nutzungszweck. In einer zweiten Stufe ist dann die Raumzuordnung zu bewerten, die die Gliederung des Raumes selbst zum Gegenstand hat. Beide Bewertungen werden dann wieder im Ergebnis zusammengeführt bewertet. 38

d) Technische Ausrüstung

Die **Technische Ausrüstung** ist zunächst einmal die Leistungen, wie sie aus Sicht des Fachplaners entsprechend den inhaltlichen Anforderungen aus §§ 53–56 zu erbringen ist. Allerdings ist zu beachten, dass hier nicht die fachtechnische Planung als solche gemeint ist, sondern die Einarbeitung der technischen Ausrüstung in die Innenraumplanung und die Umsetzung der realen, vorgefunden bzw., vom Bauherrn gewünschten Detailausstattung und -planung, also beispielsweise die Verbindung der vom Bauherren gewünschten Ausstattung und Erreichbarkeit von Funktionen im Bad oder der Küche. Wird beispielsweise eine Dusche mit Bodeneinlauf gewünscht oder in der Küche eine „Kochinsel" mit zahlreichen Funktionsdetails, wie Entlüftung über Ansaugung in der „Kochinsel" und Abführung nach außen, werden hier Komponenten der Fachplanung mit der Innenraumplanung vermischt, die aber zu bewerten sind. Maßgebend ist also, welche Anforderungen der Auftragnehmer hinsichtlich einer Integration und ggf. Koordinierung an die Einordnung vorhandener oder einzuplanender technischer Teile (insbesondere Sanitärinstallationen, Hei- 39 zungstechnik, Lüftungs- und Klimatechnik und Elektrotechnik) zu erfüllen hat (Seifert, 8. Aufl., § 34 Rdn. 39).

Auch hier geht es, ebenso wie bei Gebäuden (vgl. oben Rdn. 18, 21 ff.), sowohl um **quantitative** wie auch um **qualitative Gesichtspunkte** bei der Technischen Ausrüstung. Dabei ist zu beachten, dass im **Bestandsbau** solche technische Ausrüstungen **vorhanden** und nicht änderbar sein können. Dann werden an den Innenraumplaner **erheblich höhere Anforderungen** gestellt, als wenn er die Möglichkeit hat, auf die Planung der Technischen Ausrüstung noch Einfluss auszuüben (Seifert, 8. Aufl., § 34 Rdn. 39). Zu den hier maßgeblichen Kostengruppen der technischen Anlagen nach DIN 276-1 : 2008-12 vgl. wie bei den Gebäuden oben bei Rdn. 18.

e) Farb- und Materialgestaltung

40   Die Bewertung der **Farb- und Materialgestaltung** nimmt einen erheblichen Planungsfaktor bei der Innenraumplanung ein. Dies zeigt sich schon darin, dass der VO-Geber selbst die maximal erreichbare Punktzahl von neun Punkten ausweist. Wesentliches planerisches Element ist bei der Innenraumplanung die Materialgestaltung und die Farbauswahl. Dieses kann von Wünschen des Bauherrn bestimmt sein, genauso wie von Grund- und Designideen des Gebäudeplaners. Letztlich wird es auch auf die Lösung der an den Planer gestellten Aufgabe zum Eindruck, der mit dem betreffenden Raum hervorgerufen wird, entscheidend ankommen.

f) Konstruktive Detailgestaltung

41   Bei dem Bewertungsmerkmal **„konstruktive Detailgestaltung"** liegt eine Abweichung von den Bewertungsmerkmalen bei Gebäuden in Abs. 2 vor. Das in Abs. 2 geforderte Merkmal „konstruktive Anforderungen" ist in dem unter Rdn. 25 dargestellten Inhalt als technisch konstruktive Ausgestaltung des Bauvorhabens umfasst. Dazu gehören die tragenden und nichttragenden Konstruktionen, bauphysikalische und sonstige besondere Konstruktionen. Bei Innenraumplanungen geht es demgegenüber um die „konstruktive Detaildarstellung", ohne dass es im Wesentlichen um Baukonstruktive Planungen geht. Daher wird hier nicht der Schwierigkeitsgrad der Gebäudekonstruktion in Bezug auf die Statik oder sonstigen Hochbaukonstruktionen eingeschätzt. Hier ist maßgebend, dass die für den Bereich der Innenraumplanung erforderliche handwerksmäßige konstruktive Gestaltung und der insofern erforderliche planerische Aufwand ausschlaggebend bei der Bewertung ist.

Die konstruktive Detailgestaltung behandelt die konstruktive Ausführung im Innenraumbereich und damit eine nähere, ins Einzelne gehende Planung, ob und inwieweit eine weitere Durcharbeitung der vorhandenen Fachplanungen nötig bzw. infolge der erforderlichen Innenraumplanungen zu ergänzen ist. Hier sind alle Ausbauanteile in dem betreffenden Raum/Räume zu erfassen.

g) Bewertung

42   Wie bei der Objektliste der Gebäude in Anlage 10.2 ist bei der Innenraumplanung auf die Anlage 10.3 in Verbindung mit Abs. 7 eine erste Eingliederung vorzunehmen (siehe dazu grundlegend Rdn. 2 ff. bis 20, 21 ff.). Dabei geht die Objektliste von verschiedenen Objekttypen aus:
– Innenräume allgemein
– Wohnen
– Ausbildung/Wissenschaft/Forschung
– Büro/Verwaltung/Staat/Kommune
– Gesundheit/Betreuung
– Handel/Gastgewerbe
– Freizeit/Sport
– Gewerbe/Industrie/Landwirtschaft/Verkehr
– Kultur/Sakralbau
Die erste Einordnung in der Objektliste gibt bereits einen ersten Anhaltspunkt zur Einordnung, ohne dass diese Einordnung objektiv zutreffend ist. Sie bietet allerdings einen Anhaltpunkt und ein Beispiel für die Üblichkeit der Einordnung.

Allerdings ist über Abs. 3 und 5 eine – wie bei der Gebäudeplanung – auf der Grundlage der vorgenannten Bewertungsmerkmale zunächst rein **qualitative Einordnung** der einzelnen Bewertungsmerkmale vorzunehmen. Jedes Bewertungsmerkmal wiederum ist einer von fünf Anforderungsstufen zuzuordnen:
– sehr geringe Planungsanforderungen
– geringe Planungsanforderungen
– durchschnittliche Planungsanforderungen
– hohe Planungsanforderungen
– sehr hohe Planungsanforderungen

Daher kann bei der Innenraumplanung die daraus folgende „Grobbewertung" des Abs. 3 herangezogen werden. Auch hier ist auf die Darstellungen zur Gebäudeplanung (Rdn. 2 bis 20 und 21 ff.) zurückzugreifen und den dortigen Verweis für eine weitere erste Einordnung, wie sie bei Locher/Koeble/Frik vorgestellt wird (Locher/Koeble/Frik, § 35 Rdn. 24).

Für einen **Beispielsfall** wird folgende Grobbewertung vorgenommen (folgend Seifert, 8. Aufl., § 34 Rdn. 42):

Bewertungsmerkmale:	Planungsanforderungen:				
	sehr gering	gering	durch-schnittlich	hoch	sehr hoch
1. Anzahl der Funktionsbereiche		x			
2. Anforderungen an die Lichtge-staltung				x	
3. Anforderungen an die Raum-Zuordnung und Raum-Pro-portion			x		
4. technische Ausrüstung					x
5. Farb- und Materialgestaltung			x		
6. konstruktive Detailgestaltung				x	

In einem solchen **Beispielsfall** ist die Honorarzone über die **Grobbewertung** aber noch nicht tatsächlich gefunden bzw. letztlich einzuordnen. Abs. 4 gibt vor, dass eine Grobbewertung aus der Anlage 10.3 und sodann über Abs. 3 grundsätzlich schon deshalb im Vorgriff auf eine Punktebewertung erforderlich ist, um zu überprüfen, ob die sechs Bewertungsmerkmale des Abs. 3 **einheitlich nur einer Honorarzone oder verschiedenen Honorarzonen** zuzuordnen sind. Abs. 5 gibt dann vor, dass die **Honorarzone gefunden** worden sein soll, wenn **alle Bewertungsmerkmale einer einzigen Honorarzone** zuzuordnen sind oder wenn über eine solche qualitative Einordnung („Grobbewertung") **keine Zweifel** an der zutreffenden Honorarzone bestehen (Seifert, 8. Aufl., § 34 Rdn. 39). Eine solche Vorgehensweise hat jedoch Unsicherheiten, die bereits im VO-Text angelegt sind. Sind zum Beispiel zwei Bewertungsmerkmale mit gleichen Maximalpunkten i. S. von Abs. 5 und Abs. 6 der Honorarzone II und IV zuzuordnen und liegen alle anderen Bewertungsmerkmale im durchschnittlichen Bereich der Honorarzone III, dann wäre die Innenraumplanung insgesamt der Honorarzone III zuzuordnen. Folge ist bei einer solchen Vorgabe, dass auf eine ausführliche Punktebewertung verzichtet werden kann (siehe hierzu bei der Planung „Gebäude" oben ab Rdn. 2 bis 20, 21 ff.).

3. Punktebewertung bei Innenraumplanung (Abs. 3, 5 und 6, 7 i. V. m. Anlage 10.3)

Wenn die Honorarzone über eine „Grobeinordnung" nicht eindeutig oder nicht sicher **43** gefunden wurde, schließt sich – wie bei der Gebäudeplanung (siehe oben ab Rdn. 2 bis 20, 21 ff.) die ausführliche Punktebewertung i. S. von Abs. 3, 5 und 6 als sog. „Feinbewertung" (s. o. ab Rdn. 2 bis 20 und 21 ff.) an. Auch hier sieht das Preisrecht eine differenzierte Methode zur Bestimmung der Honorarzone vor. Wegen der Bewertung gelten daher die Ausführungen für Gebäude entsprechend (vgl. oben Rdn. 2 bis 20, 21 ff.).

Bei Abs. 5 werden den Bewertungsmerkmalen nach Abs. 4 **Maximalpunkte** zugeordnet.

Anzahl der Funktionsbereiche:	6 Punkte
Anforderungen an die Lichtgestaltung:	6 Punkte
Anforderungen an die Raum-Zuordnung und Raum-Proportion:	6 Punkte
technische Ausrüstung:	6 Punkte
Farb- und Materialgestaltung:	9 Punkte
konstruktive Detailgestaltung:	9 Punkte

Die einfachsten oder auch sehr geringe Planungsanforderungen sind mit einem Punkt und die höchsten Planungsanforderungen mit 6 oder 9 Punkten nach Abs. 5 S. 2 Nr. 1 und 2 zu bewerten (Seifert, 8. Aufl., § 34 Rdn. 43).

Folgend ist sodann bei einer Bewertung der einzelnen Bewertungsmerkmale mit den entsprechenden Punkten die Summe der Bewertungspunkte zu errechnen, aus denen sich dann nach Abs. 6 die Honorarzonen – wie bei Gebäuden – mit folgender **Punkteverteilung** (Seifert, 8. Aufl., § 34 Rdn. 43) ergeben:

bis zu 10 Punkte:	Honorarzone I
11 bis 18 Punkte:	Honorarzone II
19 bis 26 Punkte:	Honorarzone III
27 bis 34 Punkte:	Honorarzone IV
35 bis 42 Punkte:	Honorarzone V

Hinzuweisen ist, dass die maßgebenden Kriterien **nicht** von der Honorarzone für das **Gebäude** abhängig sind oder sich darauf beziehen dürfen. Hier sind **klare Trennungen** zu machen. Es dürfen ausschließlich nur die Planungsanforderungen bewertet werden, die auf den Schwierigkeitsgrad der Planungsleistungen bei den Innenraumplanungen abstellen. Es ist grundsätzlich **zwischen beiden Objekten zu trennen.**

44   Die Innenraumplanungen sind bei 6 bzw. 9 Punkten (Abs. 5) auf fünf Honorarzonen aufzuteilen. Das entspricht ebenfalls der Planung bei Gebäuden (Abs. 4). Auch die Punkteschritte in den einzelnen Honorarzonen sind bei Innenraumplanungen und Gebäuden deckungsgleich, wie sich aus Abs. 4 und Abs. 6 ergibt. Hier kann wegen der Ausführungen zur **Punkteverteilung** der maßgeblichen Bewertungspunkte auf die Ausführungen oben bei Rdn. 21 ff. und (Seifert, 8. Aufl., § 34 Rdn. 44) verweisen werden. Zudem ist zur Anwendung und Aufbau von Bewertungsschemata auch hier auf diese bei Locher/Koeble/Frik bei § 35 Rdn. 24 und Löffelmann/Fleischmann Rdn. 1452 hinzuweisen. Siehe auch zu den rechtlichen Auslegungsverfahren und historischen und systematischen Begriffsauslegungen bei den Absätzen 3, 4, 5 und 6 oben ab Rdn. 22 ff. bei der Gebäudeplanung. Diese sind auch hier anzuwenden.

Daher wird unter Fortführung des dort Dargestellten und unter Anführung der bereits in der *8. Auflage* an gleicher Stelle (Seifert, 8. Aufl., § 34 Rdn. 44) vorgenommen „**Feinbewertung**" und des **Bewertungsschemas** (oben bei Rdn. 27 ff.) auf der Basis **mathematisch-logischer Punkteverteilung** bei Innenraumplanung im Ergebnis folgendes Bewertungsschema zur Findung der „Feinbewertung" aufgeführt:

Honorarzone:	I	II	III	IV	V
Planungsanforderungen:	sehr gering	gering	durch-schnittlich	hoch	Sehr hoch
Bewertungsmerkmale:	Punkteverteilung:				
Anzahl der Funktionsbereiche	1	2	3	4	5–6
Anforderungen an die Lichtgestaltung	1	2	3	4	5–6

Honorarzone:	I	II	III	IV	V
Planungsanforderungen:	sehr gering	gering	durch-schnittlich	hoch	Sehr hoch
Bewertungsmerkmale:	Punkteverteilung:				
Raum-Zuordnung/ Raum-Proportionen	1	2	3	4	5–6
Technische Ausrüstung	1	2	3	4	5–6
Farb- und Materialgestaltung	1–2	3	4–5	6–7	8–9
Konstruktive Detailgestaltung	1–2	3	4–5	8–7	8–9
Summen	**0,0–10**	**11–18**	**19–26**	**27–34**	**35–42**

Im Fortführung der an dieser Stelle von Seifert in der 8. Auflage (Seifert, 8. Aufl., § 34 **45** Rdn. 45) *vertretenen Meinung und Darstellung*: Das bei Rdn. 29 für Gebäude vorgestellte rein **rechnerische Modell des Bewertungsschemas** lässt sich **aufgrund der Fassung der Abs. 3, 4, 5, 6, 7 und Anlage 10.3 auch bei Innenraumplanungen anwenden.** Dabei muss die **geänderte Gewichtung** aus Abs. 5 Nr. 2 berücksichtigt werden. Nach dieser – *von Seifert an gleicher Stelle* – ausgeführten Methode ist die **Summe aus den Produkten** (nachfolgend Spalte „Produkt"), die jeweils aus qualitativer Einordnung (nachfolgend Spalte A; = gefundene Honorarzone für jedes Bewertungsmerkmal) und Gewichtung pro Bewertungsmerkmal i.S. von Abs. 5 (nachfolgend Spalte B; = 6 oder 9) gebildet werden, **durch die Maximalpunktzahl (= 42 Punkte) zu dividieren.** Die damit gefundene Zahl ist nach mathematischen Grundsätzen zu runden und ergibt damit die entsprechende und im Wesentlichen als verobjektiviert anzusehende Honorarzone (Seifert, 8. Aufl., § 34 Rdn. 45). Folgendes Beispiel (*nach Seifert a.a.O.*) soll das verdeutlichen:

Bewertungsmerkmale	A Honorarzone:	B Gewichtung:	Produkt: (A x B)
Funktionsbereiche	II	6	12
Anforderungen an die Lichtgestaltung	IV	6	24
Anforderungen Raum-Zuordnung ...	III	6	18
technische Ausrüstung	IV	6	24
Farb- und Materialgestaltung	III	9	27
konstruktive Detailgestaltung	IV	9	36
Summen		**42**	**141**

Damit kann die Honorarzone wie folgt errechnet werden:

Summe Produkt:	:	Summe Gewichtung	=	**Honorarzone**
141	:	42	=	**3,36**

Demnach wäre diese beispielhafte Innenraumplanung in die Honorarzone III einzuordnen. Mit dieser Methode werden alle Lücken der anderen oben vorgestellten Bewertungstabellen (siehe ab Rdn. 21 ff.; z.B. Locher/Koeble/Frik, § 35 Rdn. 24; Löffelmann/ Fleischmann, Rdn. 1452), die sich im Wesentlichen daraus ergeben, dass sich 6 oder 9 Punkte mit ganzen Zahlen nicht auf fünf Honorarzonen aufteilen lassen, beseitigt (Seifert, 8. Aufl., § 34 Rdn. 45).

V. Objektliste zur Innenraumplanung (Abs. 7 i. V. m. Anlage 10.3)

46 Der VO-Geber verweist in dem Absatz 7 neben der Objektliste zu Gebäuden (Anlage 10.2) nun auf die Objektliste der Innenräume Anlage 10.3.

§ 36 Umbauten und Modernisierungen von Gebäuden und Innenräumen

(1) **Für Umbauten und Modernisierungen von Gebäuden kann bei einem durchschnittlichen Schwierigkeitsgrad ein Zuschlag gemäß § 6 Abs. 2 Satz 3 bis 33 Prozent auf das ermittelte Honorar schriftlich vereinbart werden.**

(2) **Für Umbauten und Modernisierungen von Innenräumen in Gebäuden kann bei einem durchschnittlichen Schwierigkeitsgrad ein Zuschlag gemäß § 6 Abs. 2 Satz 3 bis 50 Prozent auf das ermittelte Honorar schriftlich vereinbart werden.**

Vorgehende Vorschriften: § 35 HOAI 2009, §§ 2 Nr. 6 und 7 HOAI 2009 und §§ 24, 25 bs. 2, 59, 66 Abs. 5 und 76 HOAI 1996/2002, sowie § 10 Abs. 3a HOAI 1996/2002

Grundvorschrift in HOAI 2013: § 6 Abs. 2 S. 2, 3 HOAI 2013

Übersicht

I. Allgemeines

1 § 36 ergänzt für das Leistungsbild Gebäude und Innenräume die allgemeine Regelung über den Umbau- und Modernisierungszuschlag in § 6 Abs. 2 S. 3. Infolge der wieder eingeführten Berücksichtigung der mitzuverarbeitenden Bausubstanz in § 4 Abs. 3 bei den anrechenbaren Kosten werden die Zuschläge für Umbauten und Modernisierungen auf das Honorar gegenüber der bislang weiten Zuschlagsspanne von 0 bis 80 Prozent gemäß § 35 Abs. 1 S. 1 HOAI 2009 wieder bis auf den Maximalwert der HOAI 2002 zurückgeführt. § 36 Abs. 1 konkretisiert die Höhe der prozentualen Wertspanne gemäß § 6 Abs. 2 S. 3 HOAI für den Umbau und die Modernisierung von Gebäuden. Die Wertspanne bis 33 Prozent greift für Umbauten und Modernisierungen von Gebäuden mit einem durchschnittlichen Schwierigkeitsgrad (Honorarzone III). Maßgeblich ist der Schwierigkeitsgrad der konkreten Umbau- oder Modernisierungsmaßnahme im jeweiligen Einzelfall. Die Höhe des Zuschlags ist im Wege einer schriftlichen Vereinbarung bei Auftragserteilung gemäß § 7 Abs. 1 frei vereinbar. § 6 Abs. 2 S. 4 gibt keinen Mindestwert vor. § 36 Abs. 2 konkretisiert die Höhe der prozentualen Wertspanne gemäß § 6 Abs. 2 S. 3 HOAI für den Umbau und die Modernisierung von Innenräumen in Gebäuden. Die Wertspanne gemäß § 36 Abs. 2 S. 1 bis 50 Prozent auf das Honorar greift für Umbauten und Modernisierungszuschlag von Gebäuden und Innenräumen mit einem durchschnittlichen Schwierigkeitsgrad. Maßgeblich ist der Schwierigkeitsgrad der konkreten Umbau- oder Modernisierungsmaßnahme im jeweiligen Einzelfall. Die Höhe des Zuschlags ist im Wege einer schriftlichen Vereinbarung bei Auftragserteilung gemäß § 7 Abs. 1 frei vereinbar. § 6 Abs. 2 S. 4 gibt keinen Mindestwert vor.

§ 36 geht auf die Vorschrift des § 35 HOAI 2009 zurück, der umfassend Regelungen der Honorierung bei Umbau und Modernisierungen regelte und teilweise über das Leistungsbild der Objektplanung hinaus, da dort der Begriff des „Objekts" im Sinne des weit auszulegenden § 2 Nr. 1 HOAI 2009 verwendet wurde. Die Vorschrift des § 35 HOAI 2009 entsprach in etwa § 24 Fassung 1996/2002. Die Überschrift der Fassung 2009 war irreführend, da es sich z. B. auch bei „Wiederaufbauten" um Leistungen im Bestand handeln sollte, die allerdings in § 2 Nr. 4 HOAI 2009 als Neubauten zu behandeln waren und daher für solche Objekte ein Zuschlag nach § 35 HOAI 2009 nicht geregelt war. Auch bei Erweiterungsbauten (Anbauten und Aufstockungen) ging es um Leistungen im Bestand. Aus § 2 Nr. 5 HOAI 2009 ergab sich allerdings nicht, ob diese als „Neubauten" oder „Umbauten" anzusehen waren. Bei einem einheitlichen Objekt, bei dem eine Trennung i. S. von § 11 Abs. 1 nicht zulässig ist, musste man aufgrund der sehr weiten Definition von Umbauten i. S. von § 2 Nr. 6 HOAI 2009 doch im Einzelfall zu der Auffassung gelangen, dass das Objekt insgesamt als Umbau einzuordnen war (so Seifert, 8. Aufl., § 36 Rdn. 1 zur HOAI 2009).

§ 35 HOAI 2009 war eine Zusammenlegung verschiedener Honorarerhöhungsvorschrif- **2** ten der bisherigen Fassungen der HOAI. Aus der Neuformulierung konnte geschlossen werden, dass darin die §§ 24 (Umbauten und Modernisierungen bei Gebäuden), 25 Abs. 2 (raumbildende Ausbauten in bestehenden Gebäude), 59 (Umbauten und Modernisierung von Ingenieurbauwerken und Verkehrsanlagen), 66 Abs. 5 (Umbauten bei der Tragwerksplanung) und 76 (Umbauten und Modernisierungen von Anlagen der Technischen Ausrüstung) der Fassung 1996/2002 aufgegangen waren. § 10 Abs. 3a HOAI 1996/2002 darin aber nicht enthalten (a. A. Seifert in der Vorauflage a. a. O.). Vielmehr war über DIN 276-1 : 2008-12 Ziffer 3.3.6 die vorhandene Bausubstanz bei den anrechenbaren Kosten in den KGen zu berücksichtigen.

Die Vorschrift des § 36 (§ 35 a. F. bzw. § 24 1996/2002) trägt der Annahme Rechnung, **3** dass bei Umbauten oder Modernisierungen, verglichen mit anderen Leistungsarten, wie insbesondere bei Neubauten, im Allgemeinen ein vom Auftragnehmer zu erbringender **erhöhter Leistungsaufwand** erforderlich ist, wenn er die ihm gestellten Aufgaben erbringen will. Im Verlauf der Planung und während der Bauausführung können sich Abweichungen von der angenommenen Planungslinie ergeben, welche entweder nicht oder nicht so vorauszusehen waren. Vor allem bei der Objektüberwachung müssen im Allgemeinen erhöhte Sorgfaltspflichten, z. B. auch im Bereich der **Verkehrssicherung und im Umgang mit der Altsubstanz,** erfüllt werden, wobei im Allgemeinen auch eine vermehrte Anwesenheit des Auftragnehmers auf der Baustelle nötig ist (Seifert, 8. Aufl., § 36 Rdn. 3). Beim Bauen im Bestand können Substanzschäden oder -eigentümlichkeiten – wie der Verbau von unspezifiziertem Material bei alten Sanierungsarbeiten oder als Folge von Kriegsschäden – auch bei vorherigen Bestandsuntersuchung, zu Tage treten. Das kann auch schon bei der Planung sein, wenn keine Bestandpläne oder andere Unterlagen mehr vorhanden sind. Auch die Ermittlung der Kosten im Wege von Kostenschätzung oder Kostenberechnung kann einen erheblichen Mehraufwand bereiten. In allen Leistungsphasen können solche Erschwernisse vornehmlich im Rahmen der Bewältigung der Koordinationsaufgabe vorliegen. Hinzutreten zudem auch verstärkt Haftungsfragen.

Bereits § 35 a. F. und § 24 HOAI 1996/2002 enthalten in den Abs. 1 und 2 Unklarhei- **4** ten. Denn die Verknüpfung der Tatbestandsmerkmale „Umbauten" und „Modernisierungen" durch das Wort „und" ist missverständlich. Aus der Formulierung **„Umbauten"** und **„Modernisierungen",** erschließt sich aber keine Kumulation, sondern eine Fallweise Aufzählung, wie sie auch schon durch einen Blick auf § 2 Abs. 5 und 6 erkennbar ist (*zur Definition siehe dort und die* **Kommentierung** *hierzu*). Daher muss lediglich eine der beiden beispielhaften Aufzählungen für die Anwendung des § 36 vorliegen, um Anwendung der Honorarerhöhung eintreten zu lassen.

Zudem unterscheidet sich nun Absatz 1 von Absatz nur darin, dass infolge der verschiedenen Anforderungsbereiche bei Umbauten oder Modernisierungen von Gebäuden und Innenräume unterschiedliche Anforderungen an den Planer gestellt werden, sei es durch den Vertrag mit dem Auftraggeber selbst, oder durch die Leistungsaufgabe. Dabei ist berücksichtigt, dass diese beim Innenraum höheren Anforderungen im technischen, aber auch im kommunikativen Sinne zum Auftraggeber folgen können. Das ist sodann in der Möglichkeit der unterschiedlichen „Deckelung" der Honorarerhöhungen (Gebäude bis 33 % und Innenräume bis 50 %) ersichtlich gemacht worden.

5   **In der Fassung 2013 ist nunmehr die Grundnorm für alle Leistungsbilder in § 6 Abs. 2 zu sehen. Hier wird auf die dortige Kommentierung als Grundlage der Ausführungen und Anwendungen bei Umbau und Modernisierung allgemein verwiesen.**

6   § 36 regelt zuerst einmal die Frage einer **Honorarerhöhung** (Honorarzuschlag) und daneben auch weitere **Grundlagen bei der Honorarberechnung** bei **Umbauten** und bei **Modernisierungen** (Seifert, 8. Aufl., § 36 Rdn. 5). **Die Vorschrift** ist **nicht entsprechend für andere Leistungen beim Bauen im Bestand** heranzuziehen.

„Welche Leistungen in den Bereich von Umbauten und welche in den Rahmen von Modernisierungen fallen, bestimmt sich allein nach den dafür maßgebenden Begriffen bzw. deren Umschreibungen in § 2 Abs. 5 („Umbauten") und in § 2 Abs. 6 („Modernisierungen"). Hierbei sind insbesondere die **Veränderungen bei der Definition des Begriffs „Umbauten"** bei der Begriffsdefinition i. S. von § 2 Abs. 6 HOAI 2009 gegenüber der Definition bei § 3 Nr. 5 HOAI 1996/2002 von Interesse. Nach jener Neuregelung in der HOAI 2009 waren Umbauten „Umgestaltungen eines vorhandenen Objekts mit Eingriffen in Konstruktion oder Bestand". Gegenüber den früheren Definitionen ging es bei „Umbauten" also **nicht mehr um „wesentliche" Eingriffe** in Konstruktion oder Bestand. Demnach genügten schon vergleichsweise geringe Eingriffe" (so Seifert i. d. Vorauflage). Das ist in § 2 Abs. 5 HOAI 2013 nunmehr wieder **geändert** worden es werden bei Umbauten nunmehr **wesentliche Eingriffe in Konstruktion und Bestand** vorausgesetzt, um überhaupt § 36 anwenden zu können. **Wann wesentliche Eingriffe im Sinne der Regelung des § 2 Abs. 5 vorliegen, ist auszulegen, weil nicht geregelt.** Man wird aber voraussetzen müssen, dass damit die Eingriffe in den konstruktiven Bestand mittels Berücksichtigung von Tragwerk und Bausubstanz eine Rolle spielen müssen. Sind Arbeiten in einem Umfang erforderlich, der die Bausubstanz nachhaltig verändert und ein gewisses Volumen am gesamten Umbau umfasst, so wird man von wesentlichen Eingriffen auszugehen haben. Werden beispielsweise lediglich in einem Dachausbau die Dach- und Deckenflächen lediglich mit neuen Gipskartonplatten untersichtig bekleidet und Ständerwände aus Gipskarton-/Holz gesetzt, werden keine wesentlichen Eingriffe in Konstruktion und Bausubstanz vorliegen. Werden allerdings zugleich energetische Ertüchtigungen, Dachflächenfenster, Installationen und massive Wandkonstruktionen erforderlich, um insbesondere eine neue Wohnung zu schaffen oder auszubauen, so werden wesentliche Eingriffe in Bausubstanz und Konstruktion erforderlich sein und damit ein Umbau im Sinne des § 2 Abs. 5 HOAI vorliegen.

7   Im Rahmen des § 36 kommt es auf eine **„Umgestaltung eines vorhandenen Objekts"** an. Diese liegt vor, wenn **Veränderungen des bestehenden Zustandes an einem bereits vorhandenen Objekt** geplant sind, also wenn Bauteile abgebrochen oder demontiert und durch andere ersetzt werden, wie z. B. im Bereich von Bodenplatten, Wände, Decken und Treppen und Dächer (Seifert, 8. Aufl., § 36 Rdn. 7). Ein Umbau liegt auch vor, wenn aufgrund von Eingriffen in Konstruktion oder Bestand eine **Umnutzung** eines Objektes erfolgt (sanierungsbedürftiges altes Fabrikationsgebäude in ein Wohn-/Bürogebäude) (Seifert, 8. Aufl., § 36 Rdn. 7). Umnutzungen ohne jeglichen Eingriff in Konstruktion oder Bestand sind jedoch keine Umgestaltung (Seifert, 8. Aufl., § 36 Rdn. 7), sondern zunächst einmal nur honorarneutrale Umwidmungen, ohne Anwendung des § 36. Allerdings werden bei solchen Umwidmungen dann dennoch planerische und bauüberwachende Leistungen erforderlich werden, die Auswirkungen auf das Honorar haben.

Erweiterung durch Anbau oder Aufstockung ist Umgestaltung i. S. d. § 36. Wenn dabei es zu Eingriffen in Konstruktion oder Bestand kommt, ist das in seiner Gesamtheit als Umbaumaßnahme nach § 36 bei der Honorarermittlung anzusetzen. Mit dem Wegfall von § 23 HOAI 1996/2002 kannte die HOAI keine Regelung mehr, die den „Erweiterungsbau" isoliert betrifft, jedoch ist dieser in § 2 Abs. 4 zu finden, wird aber in § 36 nicht erwähnt. Wenn aber ein „Erweiterungsbau" zugleich Teile einer alten Bausubstanz nutzt (Burgruine auf die ein Hotelanbau gesetzt wird; Tiefbunker, die zu Garagen umgestaltet werden und mit einem Funktionsbau oberirdisch ergänzt werden) sind Erweiterungsbauten zugleich auch Umbauten und ggfs. Modernisierungen im Sinne des § 36. Für sich aber auch Erweiterungsbauten von § 36 über § 2 Abs. 4 erfasst.

Es müssen darüber hinaus auch **„Eingriffe in Konstruktionen oder Bestand"** vor- **8** liegen. Auch diese müssen „wesentlich" sein. Aus der Verknüpfung durch das Wort „oder" ist ersichtlich, dass es genügt, wenn die Eingriffe **entweder** die „Konstruktionen" **oder** den „Bestand" betreffen. Der Begriff „oder" führt auch hier zu Verwirrungen.

Aber beim Begriff **„Konstruktionen"** geht es um vorhandene baukonstruktive Substanz i. S. der KG 300 nach DIN 276-1 : 2008-12. Eingriffe in „Konstruktionen" können daher im Wesentlichen vorkommen bei der Gründung (KG 320), den Außenwänden (KG 330), den Innenwänden (KG 340), den Decken (KG 350), wozu auch die Treppen gehören, und der Dächer (KG 360). Daneben geht es bei KG 300 und den dort in Bezug genommenen **tragenden** Konstruktionen auch um alle **nichttragenden** Konstruktionen, insbesondere um Ausbauten, wie Beläge und aufliegende Ausstattungen. Zu den in § 36 gemeinten Konstruktionen i. S. der KG 300 gehören dann auch die **Baukonstruktiven Einbauten** (KG 370) (Seifert, 8. Aufl., § 36 Rdn. 8). Dazu gehören allgemeine Einbauten (KG 371), wie z. B. Einbaumöbel, Einbauküchen, Theken, fest eingebaute Garderoben usw., ferner „besondere Einbauten" (KG 372), wie z. B. Werkbänke, Labortische, Bühnenvorhänge, Altäre in Kirchen, Einbausportgeräte in Sporthallen oder Operationstische und schließlich sonstige baukonstruktive Einbauten (KG 379) wie z. B. Rauchschutzwände und -vorhänge (Seifert, 8. Aufl., § 36 Rdn. 8).

Der Begriff des **Bestandes** ist demgegenüber weitreichender zu verstehen (Seifert, 8. Aufl., § 36 Rdn. 8): Zum einen gehören dazu die Baukonstruktionen, darüber hinaus aber auch technische Anlagen i. S. der KG 400. Gegenstand der KG 400 und damit auch des Bestands ist neben den Installationen und der Betriebstechnik insbesondere auch die Beleuchtung (KG 445). Ausnahmsweise kann zum Bestand auch anderes Material gehören, dass sich bei „Konstruktionen" nur schwer oder nicht einordnen lässt, wie z. B. Erdreich, das z. B. auf einer unterirdischen Konstruktion liegt und erst beseitigt werden muss, um ein Objekt umgestalten zu können. Auch hier muss der Eingriff „wesentlich" sein,

Modernisierungen sind nach § 36 nur dann zur Honorarerhöhung in Betracht zu zie- **9** hen, wenn die dafür maßgebenden Voraussetzungen des § 2 Abs. 6 eingehalten werden. Es muss sich **zunächst** um eine „bauliche Maßnahme **zur nachhaltigen Erhöhung des Gebrauchswertes** eines Objekts handeln, soweit solche nicht unter § 2 Nr. 4, 5 oder 8 fallen, jedoch einschließlich der durch diese Maßnahmen verursachten Instandsetzungen. Ausgenommen von einer Modernisierung sind damit allein isolierte Instandsetzungsmaßnahmen, solche also, die lediglich eine „Reparatur" eines defekten Bauteils (z. B. im Bereich eines Flachdachs oder bei der Außenwandabdichtung), nicht aber gleichzeitig auch eine „Standarderhöhung" des Objektes zum Gegenstand haben" (Seifert, 8. Aufl., § 36 Rdn. 9). „Unter einer so genannten **„Sanierung"** oder **„Generalsanierung"** eines Objektes sind im Allgemeinen Modernisierungen, oftmals verbunden mit Umbauten zu verstehen" (Seifert, 8. Aufl., § 36 Rdn. 9).

In § 2 Abs. 7 i. V. m. § 4 Abs. 3 ist nunmehr die Berücksichtigung von **anrechenbaren** **10** **Kosten aus vorhandener Bausubstanz** vorgegeben. Mit dem Umbauzuschlag i. S. von § 36 haben diese Erhöhungen der anrechenbaren Kosten zunächst nichts zu tun, sondern sind nur eine Berechnungsvorschrift, die DIN 276-1 : 2008-12 in Ziffer 3.3.6 ergänzt. Es ist systemimmanent, dass bei Umbauten und Modernisierungen zugleich die anrechenbaren Kosten aus vorhandener Bausubstanz zu Erhöhungen der Werte der anrechenbaren Kosten führen. Dieses ist nach dem Wegfall der Möglichkeit einer 80%-igen Steigerung der Honorarzuschläge in der Fassung 2009 bei § 35 vom VO-Geber auch so gewollt. Diese Erhöhungen waren in der Praxis kaum oder nicht durchsetzbar. Bei der Fassung 2009 (§ 35) wurde noch argumentiert, es sei „eine Zusammenfassung der bisherigen Regelungen zum Umbauzuschlag und zu anrechenbaren Kosten aus vorhandener Bausubstanz vorgenommen worden und die Marge in der ein Zuschlag vereinbart werden könne, entsprechend angehoben worden" (zur Höhe siehe unten Rdn. 15; (Seifert, 8. Aufl., § 36 Rdn. 10). Für eine Mitverarbeitung von vorhandener Bausubstanz sollte es nach dem Willen des Verordnungsgebers einen **Zusatzanteil zum Umbauzuschlag** geben, der über den Umbauzuschlag mit vereinbart werden sollte (Seifert, 8. Aufl., § 36 Rdn. 10). Der Umbauzuschlag sollte sich im Ergebnis aus zwei Komponenten zusammensetzen: „einem Zuschlag für den Mehraufwand bei der Umgestaltung und einem Zuschlag für die Mitverarbeitung" (Seifert, 8. Aufl., § 36 Rdn. 10).

11   Die Ausführungen in der amtlichen Begründung zur Fassung 2009 waren allerdings in mehrfacher Hinsicht nicht nachvollziehbar, weswegen bereits Seifert zutreffend an dieser Stelle (Seifert, 8. Aufl., § 36 Rdn. 11) darauf hinwies, insbesondere, wenn man berücksichtigt, dass nach Ansicht des VO-Gebers mit dem Umbauzuschlag auch *„Änderungen an der vorhandenen Bausubstanz"* angemessen honoriert werden sollten. Das war völlig ungenügend.

12   § 2 Abs. 7 i.V.m. § 4 Abs. 3 regelt nunmehr entsprechend der Fassung § 10 Abs. 3a HOAI 1996/2002 die Berücksichtigung der vorhandenen Bausubstanz. Allerdings kann dies auch zu einem politisch nicht gewollten Gegenschritt des Auftraggebers führen, in dem er den Auftragnehmer anhält aus Kostengründen vorhandene Bausubstanz nicht zu erhalten, was zum Abriss und zur neuen Erstellung führen kann. Demgegenüber kann das aber bedeuten, dass zwar die Baukosten am Objekt wirtschaftlicher eingeschätzt werden, statt bei Erhalt der Altsubstanz. Zum anderen erhält der Architekt aus Abbruch und aus Neuherstellung den Kostenanteil der anrechenbaren Kosten zusätzlich. Der Auftragnehmer, der sich für den Erhalt von vorhandener Bausubstanz einsetzt und diese erhält, mag hier auf Schwierigkeiten in der Vermittlung von sinnvollen Planungsergebnissen beim Auftraggeber stoßen. Das ist aber keine Frage der Honorierung was auf Auftraggeberseite leicht missverstanden wird.

II. Zuschlag bei Gebäuden und Innenräumen (Abs. 1 und 2)

13   Der Wortlaut des § 36 ergibt durch Verweisung auf § 6 Abs. 2 S. 3, dass § 36 in Bezug auf die Darstellung und Regelung des Zuschlages beim Leistungsbild Gebäudeplanung um eine Spezialvorschrift handelt, die allerdings die Honorarermittlung nach § 6 Abs. 2 S. 1 und 2 voraussetzt. Zur Ermittlung siehe oben in dieser Kommentierung unter § 6 Abs. 2 Rdn. 12ff.. Nach dieser Vorschrift wird das **Grundhonorar** anhand der übrigen Berechnungsgrundlagen (anrechenbare Kosten, Honorarzone, Honorartafel und Leistungsumfang) zu **berechnen und** darauf aufbauend die **Honorare** für alle vertragsgegenständlichen Leistungsphasen **zu erhöhen** sein. Das ergab sich schon aus dem Wortlaut des § 24 Abs. 1 Satz 1 HOAI 1996/2002, nach dem es um eine **„Erhöhung der Honorare"** ging. Daran hat sich mit der Neufassung des § 36 nichts geändert. Dies gilt auch, wenn der Vertrag bereits in der Leistungsphase 2 beendet wird (a. A. OLG Düsseldorf BauR 2002, 648).

14   **Der Zuschlag** nach § 36 wird ausschließlich das „ermittelte Honorar" abgestellt. Sie sind gem. § 6 Abs. 1 objektbezogen zu ermitteln. Die auch zur Fassung 1996/2002 vertretene Auffassung, dass der „Umbauzuschlag" nur auf die reinen Umbaukosten gewähren sei (Osenbrück in FS Jagenburg S. 725, 733) ist schon dem Wortlaut nach unzutreffend gewesen und jetzt im Übrigen durch die Wortfassung des § 36 überholt. Auch bei Umbauten und Modernisierungen bei Gebäuden und Innenräumen ergibt sich kein anderes System, wenn im Zusammenhang mit diesen innerhalb eines einheitlichen Objekts auch Erweiterungen des Objekts durchgeführt werden (vgl. auch unten: Rdn. 23ff.; a.A. Preussner, BauR 2012, 711).

1. Durchschnittlicher Schwierigkeitsgrad

15   Völlig losgelöst von dem Begriff „wesentlich" in § 2 Abs. 5 – gemeint ist der wesentliche Eingriff in Konstruktion und Bestand – ist der in § 36 Abs. 1 und 2 verwendete Begriff des durchschnittlichen Schwierigkeitsgrades. Zunächst dürfte klar sein, dass unterdurchschnittliche und überdurchschnittliche Schwierigkeitsgrade der Leistungen des Auftraggeber – daran ist der Begriff und folglich das zu vereinbarende Honorar festzumachen – zu anderen Zuschlägen führen können. Der durchschnittliche Schwierigkeitsgrad wird vom VO-Geber bei 20% eingeschätzt und damit als Mittelwert. Der Mittelsatz von 20% ist jedoch seit der HOAI 2009 nicht Mindestsatz – so noch § 24 Abs. 1 S. 4 HOAI 1996/2002 – sondern nach unten hin frei verhandelbar und damit nur anzuwenden, wenn es sich um eine unterdurchschnittliche Leistung handelt. Das wirft das Problem auf, ab wann eine Leistung unterdurchschnittlich ist und ob der Ansatz 0% vereinbart werden kann. Zum einen dürften unterdurchschnittliche Leistungen nicht an der Einteilung der Honorarzonen – z.B. I oder II – festzumachen sein. Denn die dort aufgeführten Objekte können gleiche oder mehr Anforderungen bei einem Umbau oder Modernisierung haben, als ein Neubau (Containerdorf, dass nach Brand modernisiert werden soll). Es kommt also auf den Umfang und die Schwierigkeit in den Leistungsphasen und Teilleistungen an. Nur daran wird man diese Leistungen festmachen können. Ergänzend ist allerdings auch zuzugestehen, dass die Objekte der Honorarzoneneinteilung einen ergänzenden Einfluss – je nach Leistungssoll – haben werden. Klare Einschätzungen werden hier nur vergleichende Darstellungen anhand einer Matrix geben können. Insoweit ist die Bandbreite des unterdurchschnittlichen Leistungssystems bei 0% bis ca. 12% anzugeben und der Durchschnitt ab 12% bis 25%, der überdurchschnittliche Leistungsumgang ab 25% bis 33% und darüber, soweit vertraglich geregelt.

Im Rahmen der Vereinbarung stellt sich die Frage, ob Unterschreitungen bei Durchschnittsanforderungen (20%) mit § 138 BGB in Einklang zu bringen sind. Wenn also Parteien beispielsweise bei durchschnittlichen Anforderungen den Ansatz 0% wählen, wäre das nach üblichem Verständnis im Rahmen der zuvor dargestellten Einteilung von 12% bis 25% eine Unterschreitung und damit neben einer Unterschreitung der Mindestsätze – für sich betrachtet – ein Ansatz der sittenwidrigen Unterschreitung. Allerdings wird man hier nicht die Unterschreitung losgelöst von den anderen Honoraransätzen (z.B. § 7 Abs. 5) gesehen werden, weil bereits § 7 Abs. 3 die Möglichkeit gibt, in besonderen Fällen den Mindestsatz zu unterschreiten. § 138 BGB ist daher hier nicht anwendbar, auch nicht bei einem Ansatz 0%, da immer die Gesamtermittlung und damit die Unterschreitung insgesamt gesehen werden muss.

Gleiches gilt bei Überschreitungen über 33% bzw. 50% bei der Innenraumplanung.

2. Vereinbarung des Zuschlags

Nach dem Wortlaut der Neufassung des § 36 kann bei Objekten ein Honorarzuschlag **16** von „**bis zu 33 Prozent**" vereinbart werden. Aus dieser Formulierung ergibt sich aber auch, dass ein **Mindestzuschlag nicht mehr bestimmt** ist. Die Untergrenze von 20% **ab durchschnittlichem Schwierigkeitsgrad** ist zwar entfallen (s. Seifert i. d. Vorauflage). Gleichwohl regelt aber § 6 Abs. 2 S. 4, dass **unwiderleglich ein Mindestzuschlag von 20%** dann anzusetzen ist, wenn **keine schriftliche Vereinbarung** getroffen wurde. Das bedeutet zugleich, aber, dass schriftliche Vereinbarungen durchaus unter die 20%-Grenze einen Zuschlag vorsehen können (Berger/Fuchs Rdn. 219; Pott/Dahlhoff/Kniffka/Rath, § 35 Rdn. 14 sehen die Zulässigkeit der Unterschreitung in Ausnahmefällen; a.A. Locher/Koeble/Frik § 35 Rdn. 2 und 14; Werner/Pastor, Rdn. 1007, Preussner, BauR 2012, 711 m.w.N.), **also auch 0%. Das ist dann auch keine Unterschreitung der Mindestsätze (§ 7 Abs. 1, 3, 5)**, da eine Gestattung des VO-Gebers vorliegt (a.A. Seifert **in der Vorauflage)**. Hierzu siehe auch die Ausführungen zu § 40 Abs. 6 (Freianlagenplanungen). Die amtliche Begründung zu § 40 Abs. 6 verweist dort – als einziger Anhaltspunkt für die jetzt hier vertretene Ansicht – auf § 6 Abs. 2 S. 4, der keinen Mindestwert vorsieht. Zudem wird auf die Kommentierung in diesem Werk zu § 52 Abs. 4 (Tragwerksplanung) verwiesen. Dort wird lediglich auf § 6 Abs. 2 S. 4 verwiesen. Das die Fiktion des § 6 Abs. 2 S. 4 greift, ist bei einer Vereinbarung – also einem Aushandeln – nicht zu erkennen (so auch Scholtissek, HOAI, 2. Aufl., § 36 Rdn. 12).

Soweit eine **schriftliche Zuschlagsvereinbarung** nicht vorliegt, gilt ab **durchschnittlichem Schwierigkeitsgrad (Honorarzone III)** der dort bestimmte Satz von 20% als vereinbart (§ 6 Abs. 2 S. 4).

17   Andererseits gestattet die Spezialvorschrift des § 36 Abs. 1 durchaus eine **Überschreitung** des Mindestsatzes aus § 6 Abs. 2 S. 4 auf bis zu 33 %. Dabei allerdings ist diese Überschreitung dann schriftlich zu vereinbaren. Wann das sein muss, wird nicht erläutert. Hier wird man ebenfalls die allgemeinen Grundsätze des § 7 Abs. 1 heranzuziehen haben, also bei Auftragserteilung. Diese kann aber bei Umbau- und Modernisierung auch erst während der schon erfolgten Beauftragung liegen und damit nach eigentlicher Auftragserteilung. Das wird man im Sinne des Grundkonzepts des VO-Gebers, der die Schriftlichkeit als Darlegungs- und Beweislastregelung ansieht, durchaus in Kauf nehmen müssen. Daraus folgt zugleich, dass die Schriftlichkeit zwar ein „Muss", nicht jedoch ein zeitlicher „Zwang" nach § 7 Abs. 1 ist, denn § 7 Abs. 5 ist durchaus so auszulegen, dass der VO-Geber in Kauf nahm, dass sich Änderungen an die Vertraglichen Umfänge während der Ausführung des Vertrages ergeben (siehe auch z. B. § 4 Abs. 3 zu den anrechenbaren Kosten mitverarbeiteter Bausubstanz, die auch später – Kostenberechnung – erst vereinbart werden können).

Mit der Anordnung in § 36 einen Zuschlag bis maximal 33 % zu vereinbaren ist zugleich dargestellt, dass es sich um einen **Höchstzuschlag** handelt (vgl. auch amtl. Begründung zu § 36; (Seifert, 8. Aufl., § 36 Rdn. 18). Hinzuweisen ist daher darauf, dass bei sonstigen Vorliegen der Berechnung nach Höchstsätzen (vertragliche Regelung!) bei **Überschreitung der 33 %** sich eine **Höchstsatzüberschreitung** ergeben kann (Locher/Koeble/Frik, § 36 Rdn. 5, 6 (Seifert, 8. Aufl., § 36 Rdn. 18). Für einen entsprechenden Ansatz von Überschreitungen sind allerdings alle Berechnungsgrundlagen zu berücksichtigen (BGH, Urteil v. 16.12.2004 – VII ZR 16/03; BauR 2005, 735; NZBau 2005, 285; NZBau 2005, 295). Werden Sätze unterhalb der Bestimmungen der HOAI vereinbart, so trifft das allerdings nicht zu, solange bei der Berechnung nicht eine Mindestsatzunterschreitung erfolgt.

Es kommt zudem **nicht auf den Zeitpunkt der Vereinbarung** an, da § 36 hier keine Einschränkungen mehr macht. § 24 HOAI 1996/2002 hatte noch den Zeitpunkt an dem Wortlaut „bei Auftragserteilung" festgemacht, war aber durch den BGH berichtigt worden, der dies anders sah und es auf den Zeitrahmen des vereinbarten Umbauzuschlag nicht ankäme (BGH, BauR 2009, 264 = NJW-RR 2009, 447). Es kommt daher für eine schriftliche Vereinbarung nicht auf einen **bestimmen** Zeitpunkt an. Diese Vereinbarung kann **jederzeit nachgeholt** werden, z. B. dann, wenn der tatsächliche Planungsaufwand oder gegebenenfalls auch der Grad der Mitverarbeitung zu übersehen ist (Seifert, 8. Aufl., § 36 Rdn. 18). Daher ist auch die Vorgabe des VO-Gebers, wonach die schriftliche Vereinbarung des Zuschlags bei Auftragserteilung zu erfolgen hat (BR-Drs. 334/13, S. 157) unzutreffend (siehe auch Messerschmidt/Niemöller/Preussner, § 36 Rdn. 25). Im Wortlaut und in § 7 Abs. 1 findet sich dazu nichts. Sinnlogisch wäre das nach o. a. Ausführungen auch nicht, denn die Erkenntnisse über den Inhalt der Leistung können sich üblicherweise erst im Laufe der Vertragslaufzeit ergeben, ohne das hierauf § 10 Abs. 1 und 2 zurückgegriffen werden muss. **Folglich sind die Ansätze der Festlegung des genauen Prozentsatzes des Zuschlages während der gesamten Zeit der Vertragslaufzeit zu vereinbaren, wobei § 6 Abs. 2 durchaus als Grundnorm diesen Zeitpunkt eben nicht festlegt.**

Weiterhin kommt es für den Ansatz einer prozentualen Erhöhung oder Ermäßigung abweichend von der Fiktion auf 20 % nach § 6 Ans. 2 S. 4 anderen nur darauf an, ob die Vereinbarung schriftlich erfolgt ist, was letztlich dann zwingend ist. Allerdings wird man eine Ausnahme für den Fall zu machen haben, wenn die Parteien übereinstimmend eine mündliche Vereinbarung getroffen haben und dieses unstreitig oder im Rahmen der Auslegung und Darlegungs- und Beweislast außergerichtlich oder prozessual durch den anspruchstellenden Auftragnehmer belegt/bewiesen werden kann. Im Übrigen ist immer von der Fiktion des § 6 Abs. 2 S. 4 mit einem Ansatz von 20 % als Umbau- und Modernisierungszuschlag auszugehen (siehe unter § 4 Abs. 2 in diesem Kommentar).

3. Zuschlag bei Innenräumen

18   In § 36 Abs. 1 werden die Zuschläge für Gebäude geregelt. Abs. 2 regelt nunmehr den Zuschlag für Innenräume bei einem **durchschnittlichen Schwierigkeitsgrad** (Honorarzone III) mit bis zu 50 %. Insbesondere bei den Planungen der Innenräume werden fast grundsätzlich bereits die Berücksichtigung der vorhandenen Bausubstanz nach § 2 Abs. 7 i. V. m. § 4 Abs. 3 zur Anwendung kommen, denn die Mitplanung und -berücksichtigung der vorhandenen Bausubstanz ist bei der Planung zu Innenräumen fast immer gegeben und denkbar. Ausnahmen stellen lediglich Innenraumplanungen ohne Eingriffe in die Bausubstanz dar, wie bei Fertigteilräumen, die in vorhandene Bauten eingebaut werden (anschlussfertige Fertigbäder im Hotelbau, die als vollständige Einzelteile geliefert und vor Ort zusammengesetzt werden).

Andererseits greift die Vorschrift nur, wenn gem. § 2 Abs. 5 bei einem vorhandenen Objekt mit wesentlichen Eingriffen in Konstruktion oder Bestand geplant wird. Dies ist üblicherweise bei einer **Ersterrichtung** nicht der Fall. **Ausnahmen sind bei Umbauten kaum denkbar,** es sei denn, dass während der (Erst-) Baumaßnahme eine Umplanung bereits vorhandener Bauteile und Räume erfolgt, weil beispielsweise der Nutzer wechselt oder der Auftraggeber eine andere Verwendung von Räumen wünscht (**Nutzer:** Restaurant statt Verkauf von Mode; **Bauherr:** Küche statt Wohnzimmer). **Nicht zu den Ausnahmen** gehören die **erhöhten Anforderungen** bei der **Ersterrichtung** mit ihren zahlreichen Abgleichen und Koordinationen. Diese sind in dem Leistungsbild des Innenraumplaners nach § 34 bereits enthalten und berücksichtigt, insbesondere bei den prozentualen Ansätzen der Leistungsphasen.

Eine Ausnahme ist auch bei Modernisierungen nicht denkbar. Nach § 2 Abs. 6 muss eine nachhaltige Erhöhung des Gebrauchswertes vorliegen. Da die Modernisierung zur Innenraumplanung zählt, sind die gleichen Überlegungen wie zuvor beim Umbau anzustellen. Ausnahmsweise kann ein Zuschlag bei einer Modernisierung denkbar sein, wenn das Bauvorhaben einen bestimmten Leistungsstand erreichte, sodann entweder durch den Bauherrn oder die Bauverwaltung gestoppt wurde, das Bauvorhaben jahrelang nicht betrieben wurde und sodann bei Wiederaufnahme der Bauarbeiten erst auf den neusten Stand der Technik gebracht werden muss (Elbphilharmonie, Flughafen Berlin-Brandenburg).

4. Zuschlag bei Umbauten mit Erweiterungen

Bei einer Maßnahme, die aus einem **Umbau** und einem **Erweiterungsbau** besteht, **19** handelt es sich zumeist um **mehrere Objekte** i. S. von § 2 Abs. 1 i. V. m. § 11 Abs. 1 und die Honorare sind für jedes Objekt mit getrennten anrechenbaren Kosten abzurechnen. Auch eine Zusammenfassung unter dem Aspekt des § 11 Abs. 1 liegt meist nicht vor (was aber im Einzelfall zu prüfen ist), weil es sich bei **Umbauten** im Verhältnis zu **Erweiterungsbauten nicht um weitgehend vergleichbare Objekte** handelt, sondern von klaren baulichen und planerischen Trennungen auszugehen ist. Nur für das Umbauobjekt ist dann ein Zuschlag nach § 36 zu vereinbaren bzw. anzusetzen. Der Erweiterungsbau hat ohne Zuschlag zu bleiben, wenn es sich dabei um einen **Neubau** handelt, also keine Eingriffe in Konstruktion oder Bestand vorliegen (Seifert, 8. Aufl., § 36 Rdn. 23).

Fehlt es aber bei dem Erweiterungsbau an einer konstruktiven oder funktionalen Selb- **20** ständigkeit, so dass § 11 Abs. 1 nicht zur Anwendung kommt, weil bei einem **Umbau und** einem **Erweiterungsbau eben nicht mehrere Objekte** vorliegen (also nur ein Objekt), kann nur einmalig mit allen anrechenbaren Kosten abgerechnet werden (Seifert, 8. Aufl., § 36 Rdn. 24).

Problematisch wird das Ganze bei einem „Erweiterungsbau" nach § 2 Abs. 4. Das sind Bauten als Ergänzung eines vorhandenen Objekts. Die HOAI 2013 kennt keine besondere Vorschrift mehr. Dennoch ist § 2 Abs. 4 verblieben und muss so angesehen werden, als wenn ein Erweiterungsbau als Neubau oder als Umbau anzusehen ist. Ein Erweiterungsbau kann auch Teil eines Gebäudes sein, das durch Umbau und Erweiterungsbau insgesamt umgestaltet wird (Seifert, 8. Aufl., § 36 Rdn. 24). Bei einem Bestandsgebäude, das entsprechend erweitert wird, handelt es sich aber regelmäßig um eine Umgestaltung eines Objekts mit Eingriffen in Konstruktion oder Bestand und damit insgesamt um ein Umbauobjekt als Baumaßnahme im Bestand, für das dann § 36 insgesamt anzuwenden und der Zuschlag nach dieser Vorschrift dann einheitlich zu erheben ist (Seifert, 8. Aufl., § 36 Rdn. 24; a. A. Preussner, BauR 2012, 711).

III. Weitere Berechnungsgrundlagen und Vorschläge

21 Grundsätzlich muss beachtet werden, dass mit der Honorarzoneneinordnung sowohl bei Neubauten als auch bei Umbauten und Modernisierungen dem **Schwierigkeitsgrad des Vertragsgegenstands** Rechnung getragen werden muss. Nicht vertragsgegenständliche Bereiche eines Objekts sind im Rahmen der Honorarzoneneinordnung nicht zu berücksichtigen (BGH, Urteil vom 11.12.2008 – VII ZR 235/06; BauR 2009, 521; NJW-RR 2009, 519; NZBau 2009, 259) und können also weder zu einer Verbesserung noch zu einer Verschlechterung der Honorarzone führen. Damit ist dem in § 6 Abs. 2 und § 36 vorgegebenen Rahmen der Berücksichtigung des Schwierigkeitsgrades bei der Ermittlung des Zuschlages Rechnung zu tragen (Seifert, 8. Aufl., § 36 Rdn. 29).

22 Ein Problem ist bei der Ermittlung der **objektiven Honorarzone** darin zu sehen, dass bei einem Umbau vielfach keine Planungsanforderungen aus einer **Einbindung in die Umgebung,** sondern aus einer **Einbindung in die vorhandene Bausubstanz zu berücksichtigen sind** (Seifert, 8. Aufl., § 36 Rdn. 29; ebenso OLG Düsseldorf BauR 1995, 733 = NJW-RR 1995, 1425; Löffelmann/Fleischmann Rdn. 1220; a.A. OLG Jena IBR 2001, 262; OLG Jena IBR 2002, 424). Daher ist bei der Honorareinordnung diese Anforderung nicht bzw. nur geringer zu wählen, dafür aber die anderen Funktionsbereich zu erhöhen, was einer Änderung des § 35 Abs. 2 gleichkommt. Bei Innenraumplanung gilt dagegen Abs. 3 ausschließlich. Seifert hat an dieser Stelle bereits auf Folgendes hingewiesen (Seifert, 8. Aufl., § 36 Rdn. 29): wird „bei Planungen im Denkmalschutz bei solchen Objekten das Einfügen in die vorhandene (denkmalgeschützte) Bausubstanz nicht unberücksichtigt" gelassen, „würde die in dieser Weise ermittelte Honorarzone den tatsächlichen Planungsanforderungen nicht gerecht werden. Bei Objekten des Denkmalschutzes können sich erhöhte Anforderungen aus einer sinngemäßen Anwendung von § 35 Abs. 2 in nahezu allen Bewertungsmerkmalen ergeben. Soll z.B. eine historische Mühle umgebaut und wieder funktionsfähig gemacht werden, gehört die historische Mühlentechnik, die bei der Gesamtplanung durchaus zu erhöhten Planungsanforderungen führen kann, sicherlich nicht unmittelbar zu den Bewertungsmerkmalen i.S. von § 35 Abs. 2. Allein über die sinngemäße Anwendung von § 11 können solche Einbauten bei der Bewertung der „technischen Ausrüstung" berücksichtigt werden" (Seifert, 8. Aufl., § 36 Rdn. 29).

23 Die **Honorarzone** ist auch im Anwendungsbereich von § 36 für die Parteien **nicht verhandelbar** (BGH BauR 2004, 553 = NJW-RR 2004, 233 = NZBau 2004, 159; VK Bund IBR 2002, 38; LG Stuttgart NJW-RR 1997, 1380), so dass eine von den tatsächlichen Planungsanforderungen abweichend vereinbarte Honorarzone zu einer **Mindestsatzunterschreitung** oder zu einer **Höchstsatzüberschreitung** führen kann und dann nur in den Ausnahmefällen von § 7 Abs. 3 oder 4 zulässig ist (Seifert, 8. Aufl., § 33 Rdn. 28).

24 Bei der Honorarzoneneinordnung bei Umbauten und Modernisierungen wird man die Einteilungen für den Neubau nach § 35 Abs. 2 nur bedingt sachgerecht anwenden können. Das betrifft insbesondere das Bewertungsmerkmal bei Gebäuden (§ 35 Abs. 2 Nr. 1) *„Einfügen in die Umgebung".* Wenn eine bisherige Auffassung meint, dass nur diejenigen Kriterien aus § 11 zur Teilung nach Objekten – wie „gleichartige Planungsbedingungen" – zum Ansatz zu bringen sind, ist das im Hinblick auf die verlangte sinngemäße Anwendung nicht ganz zutreffend (a.A. Locher/Koeble/Frik, § 36 Rdn. 11; ebenso a.A. OLG Jena IBR 2002, 424 sowie OLG Jena IBR 2001, 262; Seifert, 8. Aufl., § 36 Rdn. 29). Die Vorschrift ist auch nicht in dieser Weise formuliert. Zudem ist zu beachten, dass § 35 Abs. 3 Nr. 1 nunmehr bei den Innenräumen die *„Anzahl der Funktionsbereiche"* benennt, was zu ähnlichen Problemen führt. Man wird also der Meinung in Rdn. 23 folgen müssen.

25 Auch haben die **Teilleistungen** in den Leistungsphasen Berücksichtigung zu finden und **anders gewichtet** zu werden. **Hierzu eignet sich die nunmehr von Siemon in Teil VIII dieses Kommentars vorgelegte Siemon-Tabelle,** die neben den bekannten **Mindest- und Höchsteinteilungen** nunmehr **einen Mittelwert vorsieht, für den Fall der durchschnittlichen und üblichen Ansätze der Tätigkeiten in den Teilleistungen.**

Weiter wird in § 6 Abs. 2 bestimmt, dass auch bei Umbauten und Modernisierungen die **26** **Honorartafel** zu berücksichtigt ist. Insofern bestehen zwischen solchen Objekten und Neubauten keine Abweichungen. Bei kleineren Umbau- und Modernisierungsmaßnahmen (unter € 25000 €) ist insbesondere § 7 Abs. 2 zu beachten (Seifert, 8. Aufl., § 36 Rdn. 31). Demnach können die Honorare für solche Leistungen frei vereinbart werden, z.B. auch als Pauschalhonorar oder als Zeithonorar (Seifert, 8. Aufl., § 36 Rdn. 31).

§ 36 ist inhaltlich auch in anderer Hinsicht von § 6 Abs. 2 zu unterscheiden. Denn bei **27** Umbauten und Modernisierungen richtet sich das Honorarzuschlag nach dem Honorar und nicht vordergründig, wie bei § 6 Abs. 2 nach den anrechenbaren Kosten. Hier sind die anrechenbaren Kosten maßgeblich, die **durch den Vertragsgegenstand bestimmt und begrenzt** sind (BGH, Urteil v. 6.5.1999 – VII ZR 379/97; BauR 1999, 1045 = NJW-RR 1999, 1107; BGH, Urteil v. 12.1.2006 – VII ZR 4/04; BauR 2006, 693 = NZBau 2006, 248; BGH, Urteil v. 11.12.2008 – VII ZR 235/06; BauR 2009, 521 = NZBau 2009, 259; Knipp a.a.O., 360ff.; Seifert, 8. Aufl., § 36 Rdn. 26). Insofern können bei den anrechenbaren Kosten nur Bereiche berücksichtigt werden, die insgesamt bei der Baumaßnahme zu berücksichtigen sind. Eine Vereinbarung, wonach sich die anrechenbaren Kosten auch auf Bereiche erstrecken sollen, die nicht zur Baumaßnahme gehören, ist dagegen unwirksam (BGH, BauR 2009, 521; Seifert, 8. Aufl., § 36 Rdn. 26).

Auch die HOAI 2013 sieht bei § 36 keine Anpassung der Vomhundertsätze bei den **28** Leistungsphasen oder den Teilleistungen (§ 8 Abs. 1 und 2) vor. Das aber löst das Problem der Findung des Zuschlagssatzes in Prozent auch nicht. Letztendlich kommt die Bewertung des prozentualen Ansatzes den Parteien zu. Nachfolgende Beispiele der Berechnung mögen den Weg aufzeigen:

Jochem/Kaufhold schlagen ein System aus Erschwernis und Risikokombination vor. Danach sollen in einer Punktebewertung die Merkmale Substanz- und systembedingte Merkmale, Nutzungsbedingte Merkmale und normativ bedingte Merkmale bewertet werden. Dabei allerdings wird in der Bewertung auch die vorhandene Bausubstanz einbezogen (siehe hierzu Jochem/Kaufhold, § 35 Rdn. 10). Die Bewertung gliedert sich an die Fassung 2009 an.

Weitere Möglichkeiten zeigen *Lechner/Heck* in der österreichischen LM.VM Stand 10.4.2014 zu Vergütungsmodellen des Einrichtungsdesgin auf. Unter Ziffer ED.6 der in einem Vertrag zu berücksichtigenden Berechnungsgrundlagen, wird zunächst über eine Einteilung für Projekte nach Bewertungspunkten, sodann eine Bewertungsmatrix für Anforderungsmerkmale nachgedacht. Danach sind zunächst die Planungsanforderungen in einer Punktesteigerungstabelle zwischen sehr gering bis sehr hoch einzuordnen. Sodann werden (A) Vielfalt der Besonderheiten, wie Funktionseinrichtung, technische Anforderungen, usw. punktuell ermittelt, (B) die Komplexität der Projektorganisation, (C) das Risiko bei der Projektrealisierung, (D) die Anforderungen an die Termin-/Kostenvorgaben. Diese Matrix wird ggfs. über Zusatzpunkte in seiner Gesamtsumme ermittelt und stellt sodann einen Spiegel des Schwierigkeitsgrades dar. Unter Berücksichtigung von Generalunternehmerleistungen, die zu reduziertem Tätigkeitsaufwand und auch einer Berücksichtigung der Dauer des Bauvorhabens gelangt man zu Zuschlägen bei einfachen Umbauten zu 10% bis 15%, bei üblichen Schwierigkeiten zu 15% bis 25% und bei erheblichen Eingriffen in die Substanz zwischen 25% bis 40%. Zudem sind Kosten des Bürobetriebs einzurechnen.

Hartmann (HOAI 2013 Band 3, Seite 325ff.) ist der Ansicht, dass der Mehraufwand bei Umbauten und Modernisierungen im Sinne des § 36 differenziert bei der Erhöhung des Prozentsatzes zu berücksichtigen ist. Er verweist auf sinnvolle Planungen und Überwachungen der Leistungen, auf Haftungsrisiken bei vorhandenen Konstruktionen, Einbeziehung von Eigenleistungen des Bauherrn, Mehrarbeiten bei bewohnten Gebäuden, Bauwesenversicherungsrisiken, Bauherrenhaftpflichtversicherungsrisiken und anderen Versicherungsrisiken (Abwasser, Gebäudeinhalt), die Risiken und vor allem Mehrarbeit darstellen können. Zugleich allerdings ist darauf hinzuweisen, dass die Aufstellung von Bestandskontrollen sog. Kurzbegehungen im Zuge der Leistungsphase 1 oder 2 erforderlich machen. Diese sind als Besondere Leistungen nur nach dem Stundenaufwand zu ermessen. Nach üblichen Erhebungen sind sog. Kurzbegehungen bei Einzelgebäuden mit 1 bis 2 Wohnungen mit ca. 4 Std. anzusetzen, ein Mehrfamilienhaus mit fünf Wohnungen mit 6 Stunden und ein Gebäude mit 10 Wohnungen bei 9,5 Stunden. Hochgerechnet werden bundesüblich bei € 90/Std. dann € 360/€ 540/€ 860 mindestens anzusetzen sein, je Wohnung € 360/€ 108/€ 86. Bei m² BFG macht das € 4,24/€ 1,27/€ 1,00 aus. Diese Kosten sind im Rahmen der Besonderen Leistungen anzusetzen oder eine entsprechende prozentuale Erhöhung darzustellen.

Werden bei der Besonderen Leistung der „Bestandsaufnahme" Zeithonorare angesetzt, so kann nach *Hartmann* (S. 328) unter Verweis auf *Schmitz, Altbausanierung, 1980*, S. 249 ff. bei Bestandsaufnahmen mit den Stufen „gute Bausubstanz", „allgemeine normale Bausubstanz" und „technisch schwierige Bausubstanz" bei einer Maßlichen Bestandsaufnahme von € 3,55/€ 3,97/€ 5,57 pro m², bei Bestandsplänprüfung von € 6,36/€ 7,16/€ 7,96 pro m² und bei Technischer Bestandsaufnahme von € 3,55/€ 3,97/€ 4,71 pro m² ausgegangen werden. Bei der Erbringung aller Teilleistungen ist von € 13,96/€ 15,11/€ 18,30 pro m² als Zeithonorar auszugehen.

§ 37 Auftrag über Gebäude und Freianlagen oder Gebäude und Innenräume

(1) **§ 11 Abs. 1 ist nicht anzuwenden, wenn die getrennte Berechnung der Honorare für Freianlagen weniger als 7500 Euro anrechenbare Kosten ergeben würde.**

(2) **Werden Grundleistungen für Innenräume in Gebäuden, die neu gebaut, wieder aufgebaut, erweitert oder umgebaut werden, einem Auftragnehmer übertragen, dem auch Grundleistungen für dieses Gebäude nach § 34 übertragen werden, so sind die Grundleistungen für Innenräume im Rahmen der festgesetzten Mindest- und Höchstsätze bei der Vereinbarung des Honorars für die Grundleistungen am Gebäude zu berücksichtigen. Ein gesondertes Honorar nach § 11 Abs. 1 darf für die Grundleistungen für Innenräume nicht berechnet werden.**

Vorherige Vorschriften:　　　Abs. 1 = § 32 Abs. 4 HOAI 2009 und § 18 HOAI 1996/2002
　　　　　　　　　　　　　　Abs. 2 = § 11 Abs. 1 HOAI 2009 und § 25 Abs. 1 HOAI
　　　　　　　　　　　　　　1996/2002

Übersicht

1. Allgemeines

1　§ 37 regelt die Honorarberechnung zu Aufträgen über Gebäude und Freianlagen bzw. Gebäude und Innenräume abweichend von dem in § 11 Abs. 1 S. 1 vorgesehenen Grundsatz der getrennten Honorarberechnung.

§ 37 Abs. 1 wurde systematisch neu zugeordnet und gibt inhaltlich unverändert die Regelung des § 37 Abs. 3 zur gemeinsamen Berechnung der Honorare von Gebäuden und Freianlagen bis zu der Wertgrenze von 7500 Euro anrechenbare Kosten wieder.

In § 37 Abs. 2 wird die Regelung des § 25 Abs. 1 HOAI 2002 wieder aufgenommen. Die Regelung dient der Klarstellung, dass der Grundsatz der getrennten Honorarberechnung des § 11 Abs. 1 S. 1 auch dann nicht greift, wenn derselbe Auftragnehmer für ein Objekt sowohl Gebäude- als auch Innenraumleistungen erbringt. Durch diese Regelung soll eine Mehrfachhonorierung vermieden werden. Die erhöhten Anforderungen sind im Rahmen der für die Grundleistungen am Gebäude festgesetzten Mindest- und Höchstsätze zu berücksichtigen.

2. Grundlagen und Entwicklung des Abs. 1

§ 37 Abs. 1 ist aus § 18 Satz 2 HOAI 1996/2002 hervorgegangen, später dann in § 32   **2**
Abs. 4 HOAI 2009. Geregelt wird hier das Honorar hinsichtlich der Leistungen für Gebäude einerseits und für Freianlagen andererseits. Zweck der Regelung ist es, kleinere Objekte bei Gebäuden oder Freianlagen mit anrechenbaren Kosten unter 7500 € jeweils dem
anderen Leistungsbild zuzuschlagen (Seifert, 8. Aufl., § 32 Rdn. 91). In der HOAI 2009
wurde der Regelungsinhalt entsprechend den Leistungsbildern zugeordnet: § 32 Abs. 4 bei
Kleinstobjekten bei Freianlagen und § 37 Abs. 3 bei Kleinstobjekten bei Gebäuden (Seifert, 8. Aufl., § 32 Rdn. 91). Nunmehr hat der VO-Geber diese Regelung in § 37 Abs. 1
mit unwesentlichen Änderungen übernommen. Allerdings hat der VO-Geber den § 37
Abs. 3 HOAI 2009 nicht aufgenommen, sondern in der amtlichen Begründung (BR-Drs.
334/13) wiedergegeben. Daher ist der Abs. 1 so zu lesen, als wenn bei anrechenbaren Kosten von bis € 7500 bezüglich des Gebäude, dies mit den anrechenbaren Kosten der Freianlagen zu addieren ist und daher eine einheitliche Anrechnung nach §§ 38 ff. vorzunehmen
ist (siehe Kommentierung zu § 40).

§ 37 Abs. 1 ist gleichzeitig eine **Ausnahme von § 7 Abs. 2,** der vorschreibt, dass die   **3**
Honorare frei zu vereinbaren sind, wenn die ermittelten anrechenbaren Kosten außerhalb
der Tafelwerte der HOAI liegen (Seifert, 8. Aufl., § 32 Rdn. 92). § 37 Abs. 1 werden bei
Gebäuden und Freianlagen, aber auch bei deren Umbauten und Modernisierungen, mit
anrechenbaren Kosten unter € 7500 diese dann quasi verselbständigt und besonders behandelt. Damit ergibt sich, „dass Gebäude und Freianlagen", Umbauten und Modernisierungen, „mit anrechenbaren Kosten unter € 7500 preisrechtlich geregelt sind, aber die
Gebäude zwischen € 7500 und € 25 000 und Freianlagen zwischen € 7500 € und 20 000
außerhalb des Preisrechts liegen, mit der Möglichkeit der vollkommen freien Honorarvereinbarung und schließlich wieder Gebäude ab € 25 000 € und Freianlagen ab € 20 000 wieder erfasst sind" (Seifert, 8. Aufl., § 32 Rdn. 3).

3. Grundsätzlich getrennte Berechnung der Grundleistungen

Aufgrund von § 11 Abs. 1 ist das Honorar für Leistungen aus verschiedenen Leistungs-   **4**
bildern getrennt abzurechnen (BGH, Urteil vom 30.9.2004 – VII ZR 192/03; BauR
2004, 1963 = NZBau 2004, 680). Bis € 7500 ist dieser Grundsatz durch § 37 Abs. 1 außer
Kraft gesetzt, wenn das Leistungsbild der Gebäudeplanung grund- und hauptsächlich
(Schwerpunkttheorie) beauftragt wurde. Daher ist bei den Freianlagen dann kein gesondertes Honorar anzusetzen bzw. die anrechenbaren Kosten bis zu diesem Betrag nicht nach
§ 40 einzustellen. Vielmehr werden diese dem Leistungsbild der Objektplanung Gebäude
zugeschlagen.

Anders und in Abgrenzung zu dem Vorgesagten ist bei einer Beauftragung der Hauptleistung Freianlagen durch den Entfall des spiegelbildlichen § 37 Abs. 3 HOAI 2009 keine
analoge Anwendung des § 37 Abs. 1 auch auf diese Fälle gegeben (a. A. Locher/Koeble/
Frik, § 37, Rdn. 5). Folge allerdings ist, dass § 11 Abs. 1 anzuwenden ist und damit die
Kosten der Gebäudeplanung zugeschlagen werden und – da die Honorartafel des § 35 erst
bei € 25 000 beginnt – gem. § 7 Abs. 2 das Honorar frei verhandelbar ist (ähnlich Messer-
schmidt/Niemöller/Preussner, § 37 Rdn. 14).

Wird vom Auftragnehmer bei der Beauftragung für Gebäude und für Freianlage eine ge-   **5**
trennte Abrechnung bei § 37 Abs. 1 nicht vorgelegt, wäre die Honorarrechnung nach
Meinung des BGH, BauR 2005, 1951, 1953 (allerdings zu HOAI 1996/2002 = § 18
Abs. 2) nicht prüffähig. Das dürfte nicht zutreffen, denn sie ist **inhaltlich falsch,** aber
nicht nicht prüffähig (a. A. und unzutreffend noch in der Vorauflage Seifert, § 32 Rdn. 94).

4. Regelung anderer Leistungsbilder und unterschiedlicher Leistungsphasen

Sind neben den Leistungen bei Freianlagen auch andere Leistungsbilder Gegenstand der   **6**
Beauftragung, wie Ingenieurleistungen und Verkehrsanlagen, so ist § 37 Abs. 1 nicht anwendbar, weil dem Wortlaut nach nur die Gebäudeplanung betroffen ist. Folge ist, dass bei

den Ingenieurleistungen und Verkehrsanlagen eben eine getrennte (§ 11 Abs. 1) Berechnung nach den Objekten (§ 2 Abs. 1) zu erfolgen hat und damit die anrechenbaren Kosten bis € 7500 bei Freianlagen daneben einzustellen sind bzw. wenn dieser Betrag überschritten wird, vollständig die anfallenden anrechenbaren Kosten bei der Freianlagenplanung einzustellen sind. Weitere Folge ist, dass gem. § 40 bei anrechenbaren Kosten unter € 20 000 § 7 Abs. 2 anzuwenden ist und daher das Honorar bezüglich dieses Leistungsbildes frei vereinbar ist (Stundensatz, Pauschale, usw.).

7   Wenn der Auftragnehmer mit **unterschiedlichen Leistungsphasen** beauftragt wurde und die anrechenbaren Kosten bei Freianlagen weniger als € 7500 betragen, können – auf der Grundlage der Kostenberechnung (§ 6 Abs. 1) – nur die vertragsgegenständlichen anrechenbaren Kosten angesetzt werden (BGH, Urteil v. 6.5.1999 – VII ZR 379/97; BauR 1999, 1045 = NJW-RR 1999, 1107; BGH, Urteil v. 12.1.2006 – VII ZR 4/04; BauR 2006, 693 = NZBau 2006, 248; BGH, Urteil v. 11.12.2008 – VII ZR 235/06; BauR 2009, 521 = NZBau 2009, 259); beispielsweise die Leistungsphasen 1 bis 4 für Gebäude und Freianlagen und für die Leistungsphasen 5 bis 8 ohne Freianlagen, wenn das so vereinbart wurde (Seifert, 8. Aufl., § 32 Rdn. 98).

5. Regelung des Abs. 2

8   Hier wird der Fall geregelt, dass ein Planer mit **Grundleistungen** für Gebäude und Innenräumen beauftragt wird. § 11 Abs. 1 wird hier aufgehoben. Der Planer ist daher nicht berechtigt ein jeweils getrenntes Honorar zu verlangen. Daher werden die anrechenbaren Kosten des Innenausbaues zu den Kosten des Gebäudes hinzugerechnet. Die Kosten werden daher einheitlich ermittelt und abgerechnet (siehe auch weitere Beispiele unter § 33 Kommentierung zu Ziffer V.).

In der HOAI 2009 war an dieser Stelle in § 32 Abs. 4 eine Sonderregelung bereits enthalten, wobei auf § 11 Abs. 1 verwiesen war. Zur Klarstellung wurde nur diese Ausnahmevorschrift von § 11 Abs. 1 verschoben. Der in § 11 Abs. 1 der HOAI 2009 neu eingeführte Grundsatz einer getrennten Honorierung für Grundleistungen bei Gebäuden und Innenräumen wurde dann aber in der Fassung 2013 wieder aufgehoben und in § 37 Abs. 2 nun neu geregelt. Dies beruhte auf der Erkenntnis des VO-Gebers, dass eine genaue Abgrenzung der Grundleistungen und Tätigkeiten und damit die Honorarberechnung bei beiden Leistungsbildern eben doch nicht möglich war (BR-Drs. 334/13, S. 157).

9   Nach dem Wortlaut ist es möglich, dass die Beauftragung zeitversetzt erfolgt. Wird die Leistung dann zugleich erbracht, wird ebenfalls Abs. 2 anzuwenden sein (OLG Schleswig, BauR 2000, 1886). Allerdings muss die Leistung des Gebäudeplaners mit der der Innenraumplanung korrespondieren. Das betrifft den Fall, dass nur einzelne Grundleistungen beauftragt werden, also beispielsweise die Grundleistungen der Objektplanung nur teilweise und die des Innenraumes ganz. Auch dann ist die eine isolierte Berechnung für Innenräume ausgeschlossen. Siehe aber die weiteren Ausnahmen bei § 33 zu Ziffer V. der Kommentierung.

Allerdings sind nach dem 2. Halbsatz des Satzes 1 die Hinzurechnungen der anrechenbaren Kosten des Innenausbaues nur im Rahmen der Mindest- und Höchstsätze der anrechenbaren Kosten für den Objektbau zu berechnen. Das bedeutet nach dem Wortlaut durchaus, dass die vertraglich festgelegten Mindest- und Höchstsätze des Hochbaues auch für den Innenausbau gelten. Eine Auslegung dahin, dass die Mindest- und Höchstsätze des Hochbaues bei der Berechnung etwa in Form einer Kostendeckelung zu betrachten sind, also deren Höchst- oder Untergrenze für den Innenausbau die Grenze der Werte darstellen, gibt der Wortlaut nicht her. Es sind also die vertraglichen Regelungen und zudem die üblichen Vorgaben aus der HOAI einzuhalten.

Zudem kann eine Vereinbarung **frei** zu einer Erhöhung der anrechenbaren Kosten bezüglich der Grundleistungen der Innenraumplanung führen. Der VO-Geber beschreibt in S. 1 deutlich, dass diese anrechenbaren Kosten bei der Vereinbarung zu **berücksichtigen** sind. Wie das zu erfolgen hat, soll durch die Parteien im Rahmen der Mindest- und Höchstsätze für den Hochbau erfolgen. Damit kommen neben dem Ansatz der tatsächlichen

Kosten der Innenraumplanung nach der Kostenberechnung auch eine zusätzliche Erhöhung der Zuordnung der Honorarzone infolge gestiegener Anforderungen oder der separat vorzunehmenden Berechnung für die Innenräume und den Hochbau in Betracht. Dieses dürfte hier unter Berücksichtigung des § 11 Abs. 1 in Betracht kommen, weil der VO-Geber hier auf die Mindest- und Höchstsätze hinweist. Diese dürfen aber unter der Berechnungsmethode nicht über- oder unterschritten werden, wodurch ansonsten § 7 Abs. 1 missachtet würde, auf den offensichtlich dem Wortlaut nach Bezug genommen wurde. Das bedeutet, dass die Vereinbarung einer bestimmten Honorarzone – wobei dies im objektiven Sinne des § 35 zu erfolgen hat (!) – nicht zur Überschreitung der Honorarzone des Objektbaues/Hochbaues führen darf, beispielsweise, wenn das Mehrfamilienhaus lediglich energetisch ertüchtigt werden soll, aber die gesamten Innenräume entkernt und völlig neu aufgebaut und zudem hochwertig ausgestattet werden sollen. Ordnet man die energetische Ertüchtigung und die Entkernung und innere Herstellung beim Objektbau der Honorarzone III nach § 35 zu und die Innenraumplanung wegen des erheblichen Aufwandes der Honorarzone IV, darf die Honorarzone III insgesamt nicht überschritten werden. Legen die Parteien zudem den Höchstsatz fest, besteht ansonsten die Gefahr, dass eine Höchstsatzüberschreitung der Honorarzone III erfolgt, § 7 Abs. 1. Dann aber ist auch § 7 Abs. 4 zu beachten, wonach eine Überschreitung des Höchstsatzes Honorarzone III (bis) nur in Ausnahmefällen schriftlich erfolgen kann. Das deckt sich mit dem Begriff „Vereinbarung" in § 37 Abs. 2. Hier wird tatsächlich eine Ausnahme vorliegen, weil sie – unbewusst – vom VO-Geber gestattet ist.

Abschnitt 2. Freianlagen

Vorbemerkung

Übersicht

I. Inhalt und Übersicht

Die Regelung der Honorare der Freianlagenplanungen ist eine eigenständige Regelungskomponente geworden und verselbständigt sind entsprechend den praktischen Erfordernisse an die damit befassten Planer seit der HOAI 2009 immer mehr auch im Honorarrecht. Der Verordnungsgeber hat dem Rechnung getragen (BR-Drs. 395/09 vom 30.4.2009, S. 194). Die Überschrift „*Besondere* Grundlagen des Honorars" in § 38 soll dies zum Ausdruck bringen. Die Regelungen sollen neben den Regelungen des Allgemeinen Teils der §§ 1 bis 16 und insbesondere als besondere Regelung zu § 6 gelten und angewendet werden. Damit bilden sie eine Art „lex specialis". **1**

Der Begriff **„Freianlagen"** ist in § 2 Nr. 1 i.V.m. § 39 Abs. 1 legal definiert:

„*Freianlagen sind planerisch gestaltete Freiflächen und Freiräume sowie entsprechend gestaltete Anlagen in Verbindung mit Bauwerken oder in Bauwerken und landschaftspflegerische Freianlagenplanungen in Verbindung mit Objekten.*" Diese Definition erschließt, dass nach dem Willen des VO-Gebers „Freianlagen" nicht zwingend umfassend **in den Außenanlagen** nach Kostengruppe 500 nach DIN 276 Teil 1 liegen müssen. Die Freianlagen können auch **innerhalb** eines Bauwerkes liegen oder **auf** einem Bauwerk. Das ergibt sich zusätzlich aus der Objektliste der Anlage 11.2 zu „Gebäudebegrünung", wenn dort „Dachgärten", „Innenbegrünung", „Innenhöfe", „Bauwerksbegrünung – horizontal oder vertikal" erwähnt werden (siehe hierzu das Pilotprojekt von Boeri Studio an zwei Mailänder Hochhäusern – stefanoboeriarchitetti.net mit 730 Bäumen und 5000 Büschen und 11000 Stauden und

Bodendeckern). Nach der Systematik der DIN 276 Teil 1 wären dann aber diese Kosten dem Bauwerk und damit der Kostengruppe 300 zuzuordnen. Dennoch sind sie anrechenbare Kosten **bei** Freianlagen (vgl. § 38 Rdn. 7; siehe zur Bedeutung und Abgrenzung der Begriffe „Freianlagen" i. S. von § 2 Nr. 1 i. V. m. § 39 Abs. 1 und „Außenanlagen" i. S. der Kostengruppe 500 nach DIN 276 Teil 1 bei § 38 Rdn. 4–8).

2   Die Leistungen für Freianlagen weisen insgesamt grundlegende Unterschiede zu denen der Gebäude und der raumbildenden Ausbauten bzw. Innenräume auf. So sind sie – allgemein gesprochen – durch den Umgang mit lebenden Baustoffen, wie Pflanzen und Erden, und natürlichen Prozessen gekennzeichnet. Die Planung zielt nicht alleine auf eine Herstellung des Objekts ab, sondern – weil natürliche Prozesse und das Pflanzenwachstum eine stetige Veränderung des Objekts bewirken, auf seine Entwicklung und Erhaltung. Die Realisierung der Freianlagen besitzt verstärkte jahreszeitliche Bindungen bei der Planung und in der jeweiligen Bau- und Entwicklungsphase. Die Freianlagen haben gegenüber Gebäuden andere Schnittstellen und Abgrenzungen zu Leistungen für die Fachplanung und Technische Ausrüstung. Das Leistungsbild Freianlagen wurde wegen verschiedener überholter Anschauungen der HOAI 1996/2002 und der noch nicht vollständigen gedanklichen Übernahme der Anforderungen an die tatsächlichen sich fortentwickelnden Planungsleistungen und Anforderungen, sowie Kenntnis der natürlichen Prozesse neu gefasst und nunmehr eigenständig formuliert. So werden zeitgemäße Anforderungen an Termin- und Kostenplanung, Ergebnisdokumentation, erhöhte Bearbeitungs- und Planungstiefen sowie weiterentwickelte Belange der umweltrechtlichen Anforderungen in den einzelnen Leistungsphasen zugeordnet. Mit der Novellierung der HOAI 2013 wurden neue Grundleistungen aufgenommen, die sich sowohl auf die Planungsabläufe, als auch auf die Planung an sich beziehen. Hierbei handelt es sich um Leistungen, die unter anderem in den Vergabehandbüchern der öffentlichen Hand explizit gefordert werden. Die Intensität der neu zu erbringenden Grundleistungen richtet sich im Einzelfall jeweils nach dem Schwierigkeitsgrad des Projekts.

II. Leistungen im Bestand bei Freianlagen

3   Zunächst war eine Anwendung von § 35 HOAI 2009 („Umbauzuschlag") bei Freianlagen umstritten (vgl. § 35 Rdn. 36 der Vorauflage; Locher/Koeble/Frik, 11. Aufl. § 35 Rdn. 4; a. A. Motzke, ZfBR 2011, 3, 7). Dies ist nun durch die Neuregelung in § 6 Abs. 2 Satz 3 i. V. m. **§ 40 Abs. 6** geklärt. § 40 Abs. 6 verweist auf die Vorschriften zur Planung von Gebäuden und Innenräumen, § 36 Abs. 1. Auch § 2 Nr. 5 bis 8 ist zum Verständnis heranzuziehen. Vgl. die Kommentierung unter § 40 Abs. 6.

Nach der im Allgemeinen Teil vorgezogenen Regelung des § 6 Abs. 2 sind die Honorargrundlagen für „Umbauten" und „Modernisierungen" über § 2 Nr. 5 und 6 definiert und geregelt worden. **„Umbauten"** i. S. von § 2 Nr. 6 sind **„Leistungen"**. Daneben sind nach Nr. 6 Umbauten **„Umgestaltungen** eines **vorhandenen Objekts** mit **wesentlichen Eingriffen** in **Konstruktion oder Bestand"**. Zu den **„Objekten"** i. S. von **§ 2 Nr. 1** gehören aber auch „Freianlagen". Aus der Natur der Sache ergibt sich gerade bei **Planungen und Eingriffen in vorhandene Freianlagen** die **Frage,** ob eine **vorhandene** Freianlage „umgebaut" werden kann oder ob nicht jede Planung oder dadurch veranlasste tatsächliche bauliche bzw. handwerklich tätige Änderungen einer Freianlage als **Umbau** anzusehen sind? Bei Freianlagen ist nämlich im Allgemeinen ein **Gelände** bereits vorhanden. Es kommt darauf an, ob ein vorhandenes „Freianlagenobjekt", welches lediglich umzugestalten ist oder das Gelände „unberührt" ist. Das kann erstmals oder aufgrund veränderter Umstände, wie nach der Aufstellung eines Flächennutzungsplanes oder Bebauungsplanes sein. Daher muss eine **vorhandene** „Freianlage" i. S. von § 39 Abs. 1 eine bereits **vorhandene „planerisch gestaltete Freifläche"** sein. Ein „Gelände" ist noch keine „Freianlage" nach dem Begriffsverständnis des § 2 Nr. 1 i. V. m. § 39 Abs. 1. Der Umbau **vorhandener Freianlagen** ergibt sich schon aus den beispielhaften Aufzählungen der Anlage 11.2. Daraus ist zu ersehen, dass ein Sportplatz, eine Sportanlage, ein Spielplatz, ein angelegter oder eingefriedeter Friedhof, ein natürliches oder gestaltetes Freibad, ein historischer Garten, ein Dachgarten, ein städtischer Hinterhof, eine horizontale Gebäudebegrünung usw. als Objekte der Freianlagen eine Umgestaltung **mit wesentlichen Eingriffen in Konstruktion oder Bestand** erfahren können.

Der Begriff „Umbau" bei Freianlagen muss daher zwangsläufig und faktisch berücksichtigen, dass auch Planungen von (Bau-)Konstruktionen in Außenanlagen nach der Kostengruppe 530 umfasst sind, obwohl diese gerade Teile von Baukonstruktionen in Außenanlagen regeln. Jedoch sind diese Baukonstruktionen wiederum Bestandteile von Freianlagen (vgl. § 38 Rdn. 14–15).

Der Honoraranspruch ergibt sich über § 2 Nr. 5 aber nur in den Fällen, in denen die Freianlagen **tatsächlich** auch umgebaut werden können und es sich um einen wesentlichen Eingriff in die bisherige Struktur handelt. Dazu müssen **wesentliche Eingriffe in Konstruktion oder Bestand** erfolgen, also nicht nur übliche, sondern **über dem Mittelmaß** liegende Umgestaltungen der Freianlage. In einer **ersten Umgestaltung** eines Geländes wird dies **nicht** zu sehen sein, sondern nur eine **Umgestaltung** eines **vorhandenen,** vorher ge- oder beplanten Geländes. Das folgt auch aus § 39 Abs. 1, der die planerische Gestaltung der Freianlage voraussetzt. Zudem setzt der neu aufgenommene Begriff der landschaftspflegerischen Freianlagenplanung voraus, dass auch hier ursprünglich bereits eine planerische Maßnahme für die Freianlage vorhanden bzw. ausgeführt worden war.

Nach der ursprünglichen Fassung der HOAI 2009 **fehlte** in **Abschnitt 2** ein **direkter** 4 **Verweis auf § 35 (HOAI 2009).** In der Vorauflage wurde dazu vertreten (Seifert in § 37 Rdn. 5), dass es für die Frage, ob § 35 auch bei Freianlagen anzuwenden war, man sich weniger auf einen redaktionellen Fehler berufen könne, als darauf, dass der Verordnungsgeber offenbar einen **Umbauzuschlag bei Freianlagen** nicht regeln wollte, zumal auch nach altem Recht für Freianlagen kein Umbauzuschlag vorgesehen worden war. Dem wird man für die Fassung der HOAI 2009 wohl folgen müssen, nicht aber für die HOAI 2013, die nunmehr die in § 39 Abs. 2 auf § 34 Abs. 1 verweist und damit eine eindeutige Antwort auf die bisherigen Unklarheiten gibt. Mit dem Verweis wird mittelbar darauf hingewiesen, dass die Zuschläge für Umbauten und Modernisierungen nach § 6 Abs. 2 Nr. 5 sowie Instandsetzungen und Instandhaltungen nach § 12 auch für die Freianlagen zu vereinbaren sind (Vgl. amtl. Begründung BR-Drucks. 334/13, S. 137). Allerdings muss es sich um wesentliche Eingriffe in Konstruktion und Bestand der Freianlagen handeln, also nicht reine pflegerische Maßnahmen, wie Baumschnitt, Rasenmähen, usw. Die Parteien haben die Festlegung der Höhe des Zuschlags allerdings selbst in der Hand (z. B. über § 6 Abs. 2 Nr. 5 und § 7 Abs. 1 HOAI 2009; vgl. Franken, Landschaftsarchitekten, Heft 1/2010, 20; Fuchs/Berger/Seifert, NZBau 2014, 12, 13; s. a. Vorauflage dazu Seifert, § 37 Rdn. 5).

Ergänzend ist zu berücksichtigen, dass **§ 4 Abs. 2 Nr. 4** daneben und ergänzend zur 5 Anwendung kommen kann. Sind auf Anweisung des Auftraggebers bei einer Freianlage **„vorhandene oder vorbeschaffte Baustoffe oder Bauteile …"** einzubauen (vgl. § 4 Rdn. 79–83), sind dafür die **ortsüblichen Preise** anzusetzen (vgl. § 4 Rdn. 68–69). Zunächst zählen zu diesen „vorhandenen oder vorbeschafften Baustoffen oder Bauteilen" z. B. vorher vorhandene Pflastermaterialien, Natursteine, Spielgeräte, Skulpturen, Treppenanlagen usw. Ob bei Freianlagen auch **Pflanzen** darunter fallen, bedarf zunächst der vertraglichen und sodann der sinnorientierten Auslegung der Vereinbarung bzw. des Auftragsvolumens. Bei **enger wörtlicher Auslegung** sind Pflanzen im eigentlichen Sinne **keine** „Baustoffe" oder „Bauteile". Jedoch werden die §§ 90, 91, 93, 94 BGB übersehen, denn Pflanzen sind wesentliche Sachen im rechtlichen Sinne, § 94 Abs. 1 S. 2 BGB (siehe auch Palandt/Ellenberger, BGB, § 94 Rdn. 2 ff.) und können auch Zubehör des Grundstücks sein (§ 97 BGB), insbesondere, wenn sie nicht dauerhaft im Erdboden oder verfestigten Böden auf oder in Gebäuden, Kunstwerken, künstlich angelegten Ebenen usw., eingebaut (gepflanzt) werden. Sie sind Sachen nach § 90 BGB, wenn sie in Kübeln oder beweglichen Pflanztrögen auf dem Grundstück „stehen". Bereits in der amtlichen Begründung zu § 4 Abs. 2 HOAI 2009 sollten *„Einsparungen nicht zu Lasten der anrechenbaren Kosten gehen dürfen, die die Grundlage zur Ermittlung des Honorar bilden"* (vgl. auch zur HOAI 2013 BR-Drs. 334/13 Seite 140). Somit wollte der VO-Geber auch und gerade bei Freianlagen eine **weite Auslegung erreichen. Folge ist somit,** dass bei den anrechenbaren Kosten auch für vorhandene oder vorbeschaffte Pflanzen die ortsüblichen Preise anzusetzen sind, wenn sie im Rahmen der Neuerstellung oder des Umbaus der Freianlage (wieder) **eingebaut** werden. Pflanzen, die bereits **vorhanden** sind und/oder **unverändert** am Ort verbleiben, also nicht im Sinne des § 4 Abs. 2 Nr. 4 eingebaut werden, können dagegen **nicht** angesetzt werden. Zu den sog. Baustoffen und Bauteilen gehören allerdings Saatgut (siehe auch § 94 S. 1 BGB), vorgezogene Pflanzen, Sträucher, Bäume, Wurzelstöcke, Rinde, aber auch als Werkstoffe Erden, Sand, Kies, Felsen, Findlinge, Natursteine und Bruchsteine.

III. Mitberechnung vorhandener (Bau-) Substanz

6   Nach **§ 4 Abs. 3** sind aber auch die **vorhandene und mitzuverarbeitende Bausubstanz** angemessen zu berücksichtigen. Das bezieht sich auf § 2 Nr. 7, wonach die mitzuverarbeitende Bausubstanz sich nur auf die bereits durch Bauleistungen zuvor hergestellten Objekte und durch Planungs- oder Überwachungsleistungen technisch oder gestalterische Substanzen bezieht. Das bedeutet, dass die üblichen Freianlagen, wie Vegetation, Fels oder Gewässer, die auf natürlichen Weg entstehen nicht einzubeziehen sind (ähnlich: Locher/Koeble/Frik, § 38, Rdn. 23, Scholtissek, 2. Aufl., § 38 Rdn. 19; vgl. amtl. Begr. BR-Drucks. 334/13, S. 138). Es muss sich also um zuvor bereits planerisch betroffene Stoffe handeln, die mit zu verplanen sind. Die aufgrund natürlicher Vegetationsprozesse entstandenen Substanzen, sind bei den anrechenbaren Kosten auszuschließen. Wurden allerdings bereits durch vorhergehende Planungen Vegetation, Steine, Gewässer, die zuvor in anderen Bauleistungen verarbeitet wurden, nunmehr weiter verwendet, dann sind diese anrechenbar. Das betrifft beispielsweise den Landschaftsbau, die Erd-, Straßen- und Wasserbauten, in denen Freianlagenplanungen hauptsächlich – oder daneben – zur Anwendung kommen (ähnlich: Hartmann, HOAI, Band 3 (2014), zu § 38, Rdn. 6). Daneben kommen auch Stützmauern zur Geländeabfangung, Pergolen, Stege und Brücken in Betracht, wenn sie bereits im Rahmen bestehender Geländeplanungen bzw. -erstellungen vorhanden sind.

Vorhandene Vegetation ist je nach Verwendungsziel und -umfang mit in die Berechnung als Bauleistung einzuberechnen. Dies hängt zunächst einmal davon ab, ob die Gewerke des Garten- und Landschaftsbaues z. B. das Vorbereiten, Liefern und Pflanzen bzw. Herstellen von Stauden-, Gehölz- oder Rasenflächen durchführen. Denn dann liegen Bauleistungen vor, die in die Bausubstanz eingebunden sind und diese gestalten. Neben Dachbegrünungen und in Bauten integrierte Begründungen, wie Einzelbäume in Büro- oder Geschäftshäusern, sind aber auch Bäume und Sträucher im Rahmen der gestalterischen und funktionalen Planung als vorhandene Bausubstanz zu begreifen, wenn sie – auch auf Anordnung des Auftraggebers – ein planerisch zu berücksichtigendes wesentliches Element haben sollen (Solitärbäume oder Heckenansammlungen). Gartenbestandteile und Vegetation in historischen Gärten oder im Rahmen der Denkmalpflege sind immer als vorhandene Bausubstanz zu berücksichtigen. Augenfällig ist auch die notwendige planerische Berücksichtigung durch vorgegebene Rahmenplanungen, wie Flächennutzungspläne, Bebauungspläne, Ortssatzungen. Hier ergeben sich meist zu berücksichtigende bauliche Elemente und Pflanzungen/Vegetationsbereiche, die bei Planungen zu berücksichtigen sind und quasi wiederverwertet werden müssen. Allerdings löst die Berücksichtigung der Vegetation in diesem öffentlichen Planungen nicht per se eine Anrechenbarkeit aus, sondern nur, wenn das vertraglich so vorgegeben ist oder eine Anweisung des Auftraggebers besteht.

Abzugrenzen ist die Erfassung der mitbe-/verarbeiteten Bausubstanz von der unbearbeiteten Bausubstanz, also der vorhandenen Bausubstanz, die planerisch oder konstruktiv nicht bearbeitet wird. Das sind beispielsweise, Binde- oder Tragschichten, Einfassungen, Deckschichten usw. die z. B. bei Wegen, Pflanzbereichen, Spielfeldern und -plätzen, Bolzplätzen usw. planerisch verbleiben, ohne dass diese nachbearbeitet werden müssen oder baulich ertüchtigt oder verbessert werden müssen. Vorhandener Boden bei Bodenverbesserungen durch Einbringung von Dünger oder Rindenmulch wird man infolge der Abgrenzung in § 4 Abs. 3 nicht zur Bausubstanz im Sinne von § 2 Abs. 7 zählen können, es sei denn, dass es sich um außerordentliche Neuanlagen von besonderen botanischen Feldanlagen, Gewächshäusern, Neuanlagen von Freianlagen in oder auf Gebäuden handelt und/oder eine Art Renaturierung in bedeutendem Umfang erforderlich ist bzw. vereinbart ist. Hier kommt zudem § 12 Abs. 2 und § 2 Abs. 3 und 8 in Betracht, wenn es um Instandsetzungen und Instandhaltungen geht.

§ 4 Abs. 3 gibt bei der Berechnung der vorhandenen Bausubstanz Hinweise. Allerdings ist es des Vertragspartnern überlassen, die Berechnung zur Regelung der anrechenbaren Kosten als Honorargrundlage zu gestalten. Sie haben zu berücksichtigen, die fiktiven Wiederherstellungskosten, Umfang, Fläche, Volumen, Bauteile, Zustand, usw. Dabei wird an die rechtlichen Vorgaben des BGH zu § 10 Abs. 3a HOAI a. F. angeknüpft (BGH, NJW 2003, 1667). Zwar wurde von der Arbeitsgemeinschaft „Aktualisierungsbedarf zur Honorarstruktur der HOAI" 2012 dem BMWi ein Vorschlag unterbreitet. Dieser fand jedoch nicht den Weg in die HOAI 2013. Dennoch kann darauf zurückgegriffen werden. Danach ist der Wert der mitzuverarbeitenden Bausubstanz nach ortsüblichen Preisen unter Berücksichtigung des Erhaltungszustandes fiktiv zu ermitteln. Dieser Erhaltungszustand wird in einen Wert- oder Zustandsfaktor, der in der Regel kleiner als 1,0 (Faktor) sein wird, ausgedrückt. Gemäß des Abschlussberichts des BMWi hierzu im 2013 liegt der Minimumwert bei 0,6 (Faktor) des Zustandswertes und der Maximalwert bei 1,0 (Faktor). Allerdings ist zwingend zu berücksichtigen, dass Planer der Freianlage in den Leistungsphasen unterschiedliche planerischen Aufwand betreiben müssen, um die vorhandene Bausubstanz in die Planung zu integrieren. Dabei ist nun zu berücksichtigen, dass es keinen linearen Anstieg oder Leistungsumfang gibt. Die Leistungsanforderungen sind also unterschiedlich. Es sind daher die tatsächlichen Zeitaufwendungen ebenfalls in die Berechnungen zu integrieren. So sieht beispielsweise der Vorschlag von Lechner für eine Novellierung der HOAI nach österreichischem Recht vor, dass bei Summen bis ca. € 100 000 das Zeitmanagement des Planers in die Berechnungen einzufließen haben (Lechner, LM.VM 2014 (Stand 10.4.2014), LM.Leistungsmodell, VM.Vergütungsmodell, Freianlagen (FA)), da erfahrungsgemäß bei kleineren Bauvorhaben, der Zeitmanagementaufwand im Verhältnis zu mittleren und größeren Bauvorhaben größer ist. Anknüpfend an diese Überlegungen und im Vergleich den Vorgaben des BGH (s.o.), hat das BMWi-Gutachten den Faktor der Leistungsberücksichtigung mit 0,7 (Faktor) als Minimumwert und den Maximumwert auf 0,9 (Faktor) ermittelt. Dabei wurden die einzelnen Leistungsanforderungen in den Leistungsphasen berücksichtigt. Der Leistungsfaktor ist bei einer vollständigen Erbringung aller Grundleistungen in den Leistungsphasen 1 bis 9 bei der Verwendung vorhandener Bausubstanz mit 0,8 durchschnittlich anzusetzen. Die einzelnen Leistungsphasen sind dabei unterschiedlich gewichtet, was auch mit den Anforderungen in den Leistungsphasen zu tun hat (siehe auch Lechner, a.a.O.). So kann bei durchschnittlichen Ansätzen in den Leistungsphase bis zu einem Faktor von 0,94 bei Lph 1 bis 4 und bei Lph 5 bis 9 mit 0,73 ausgegangen werden und zur Grundlage der Vergütungsvereinbarung oder einer nachträglichen Vereinbarung/Berechnung (siehe hierzu die Ausführungen zu § 4 Abs. 3) ausgegangen werden. Die Faktoren sind als Abminderungsfaktoren zu verstehen und in eine angemessene Berücksichtigung der mitzuverarbeitende Bausubstanz einzurechnen. Dabei gelten die allgemeinen Berechnungsregeln, nämlich, dass die Berechnung objektbezogen und im Zeitraum der Kostenberechnung, wenn diese nicht vorliegt im Zeitpunkt der Kostenschätzung erfolgen muss. Dieses ist dann die Lph 3.

Einen Anhaltspunkt für die Berechnung mag folgende Übersicht geben:

Lph	Bezeichnung	Bewertung nach § 39 Abs. 2	Leistungsfaktor BMWi	relativer Leistungsfaktor bei mitverwendeter Bausubstanz bei Freianlagenplanungen
1	Grundlagenermittlung	3,00%	0,90	0,03
2	Vorplanung	10,00%	1,00	0,10
3	Entwurfsplanung	16,00%	0,90	0,14

Lph	Bezeichnung	Bewertung nach § 39 Abs. 2	Leistungsfaktor BMWi		relativer Leistungsfaktor bei mitverwendeter Bausubstanz bei Freianlagenplanungen
4	Genehmigungsplanung	4,00%	1,00		0,04
5	Ausführungsplanung	25,00%	1,00		0,25
6	Vorbereitung der Vergabe	7,00%	0,60		0,04
7	Mitwirkung bei der Vergabe		3,00%	0,30	0,01
8	Bauüberwachung	30,00%	0,60		0,18
9	Objektbetreuung	2,00%	0,50		0,01

Gewichteter Leistungsfaktor 1 bis 9 = 0,80

Bei einem infolge Feuchtigkeitsschäden zu sanierenden großflächigen Tiefgaragendaches – freiliegend – kann die Berechnung wie folgt aussehen: Es müssen von 300 m² die gesamte Oberflächenerde abgeräumt werden; die Drainageanlage bleibt jedoch vollständig erhalten und wird nur einer Revision unterworfen, zusätzliche Bauleistung – wie Bitumenauftrag und Abdichtungselemente – werden allerdings neu verbaut. Die fiktiven Herstellungskosten werden zum Zeitpunkt der Kostenberechnung mit € 150,00/m² errechnet. Der Zustandswert des vorhandenen Bauwerks wird nach Erhaltung und Zustand mit 0,7 bewertet und bei Beauftragung aller Leistungsphasen 1 bis 9 wird mit dem Leistungsfaktor 0,8 gerechnet. Damit ergibt sich als Berechnungsgrundlage der gem. § 4 Abs. 3 anzusetzenden mitzuverarbeitenden Bausubstanz 300 m² × 150,00 €/m² × 0,7 × 0,8 = € 25 200,00.

§ 38 Besondere Grundlagen des Honorars

(1) **Für Grundleistungen bei Freianlagen sind die Kosten für Außenanlagen anrechenbar, insbesondere für folgende Bauwerke und Anlagen, soweit diese durch den Auftragnehmer geplant oder überwacht werden:**

1. **Einzelgewässer mit überwiegend ökologischen und landschaftsgestalterischen Elementen,**

2. **Teiche ohne Dämme,**

3. **flächenhafter Erdbau zur Geländegestaltung,**

4. **einfache Durchlässe und Uferbefestigungen als Mittel zur Geländegestaltung, soweit keine Grundleistungen nach Teil 4 Abschnitt 1 erforderlich sind.**

5. **Lärmschutzwälle als Mittel zur Geländegestaltung,**

6. **Stützbauwerke und Geländeabstützung ohne Verkehrsbelastung als Mittel zur Geländegestaltung, soweit keine Tragwerke mit durchschnittlichem Schwierigkeitsgrad erforderlich sind,**

7. **Stege und Brücken, soweit keine Grundleistungen nach Teil 4 Abschnitt 1 erforderlich sind,**

8. **Wege ohne Eignung für den regelmäßigen Fahrverkehr mit einfachen Entwässerungsverhältnissen sowie andere Wege und befestigte Flächen, die als Gestaltungselement der Freianlagen geplant werden und für die Grundleistungen nach Teil 3 Abschnitte 3 und 4 nicht erforderlich sind.**

(2) **Nicht anrechenbar sind für Grundleistungen bei Freianlagen die Kosten für**

1. **das Gebäude sowie die in § 33 Absatz 3 genannten Kosten und**

2. **den Unter- und Oberbau von Fußgängerbereichen, ausgenommen die Kosten für die Oberflächenbefestigung.**

Vorgehende Vorschriften: § 37 Abs. 1 und 2 HOAI 2009

Übersicht

I. Allgemeines

1. Neuerungen in der HOAI 2013 im Überblick

§ 38 entspricht weitestgehend § 37 der HOAI 2009. § 37 Abs. 1 wurde als **Katalog von** 1
Regelbeispielen für Außenanlagen abgefasst. Damit wird klargestellt, dass die in § 38
Abs. 1 Nr. 1 bis 8 aufgeführten **Beispiele** den Begriff der Außenanlagen lediglich konkretisieren. Wie in den entsprechenden Regelungen z.B. für Gebäude (§ 34 Abs. 3 HOAI
2009) oder Technische Ausrüstung (§ 54 Abs. 3 HOAI 2009) wird darüber hinaus in § 38
Abs. 1 klargestellt, dass die anrechenbaren Kosten für die genannten Bauwerke und Anlagen **zu berücksichtigen** sind, **soweit der Auftragnehmer diese plant oder überwacht.** Weiterhin wurden in § 38 Abs. 1 Nr. 4, 6, 7 und 8 die Verweise innerhalb der
HOAI konkretisiert. Bei den in § 38 Abs. 1 Nr. 6 ausgenommenen Tragwerken der Honorarzone III bis V handelt es sich um solche der Anlage 14.2. § 37 Abs. 3 HOAI 2009 wurde in § 37 Abs. 1 der neuen HOAI überführt.

Zudem hat der VO-Geber zur Klarstellung des Leistungsumfangs in Bezug auf die Berechungsgrundlage auch hier klargestellt, dass es sich ausschließlich um **„Grundleistungen"** handelt, die von dem Honorierungsbezug betroffen sind. Vertragliche Ergänzungen, wie zusätzliche Grundleistungen oder Besondere Leistungen, § 3 Abs. 2 und 3, sind nicht Berechnungsgrundlage.

2. Vergleich mit den früheren Fassungen der HOAI

2 Bei den Fassungen der HOAI 1996/2002 wurden die anrechenbaren Kosten bei § 10 Abs. 2–6 für Gebäude, raumbildende Ausbauten (jetzt: Innenräume) und Freianlagen gebündelt geregelt und nur einzelne Vorschriften (insbesondere Abs. 4a und 6) waren für Freianlagen bestimmt. Die Honorarzone wurde in der Fassung 1996/2002 aus § 13 und die Objektliste aus § 14 entnommen. Zusätzlich waren in § 15 die Leistungsbilder neben den Gebäuden und Raumbildenden Ausbauten (heute: Innenräume) ablesbar. In § 17 ergab sich, dass neben der Honorartafel ein gesondertes Honorar zu vereinbaren war, wenn die Freianlagen mit der Einbindung zu Ingenieurbauwerken und Verkehrsanlagen einhergingen. § 18 HOAI 1996/2002, der heute in § 37 Abs. 1 HOAI 2013 weiter geführt wird, stellte den Grundsatz bereits auf, dass eine getrennte Abrechnung bei einem Auftrag über Gebäude und Freianlagen vorzunehmen war, jedoch bei einer völlig untergeordneten Tätigkeit für die Freianlagenplanung (a. A. Locher/Koeble/Frik, § 38, Rdn. 1) keine getrennte Abrechnung durchzuführen war und in der Abrechnung der anrechenbaren Kosten aufging. Soweit grundsätzlich die untergeordnete Tätigkeit sowohl auf Gebäude und Freianlagen bezogen wurde, war das aufgrund des Wortlautes abzulehnen. Mit Teil 3 Abschnitt 2 in der Fassung 2009 wurde ein Fachteil für Freianlagen **neu** geschaffen. Für die Ermittlung der anrechenbaren Kosten behält die HOAI 2013 im Vergleich zu den Fassungen 1996/2002 und 2009 das System mit den bisherigen vier Kategorien der Anrechenbarkeit von Kosten auch bei Freianlagen bei:
– voll anrechenbare Kosten
– gegebenenfalls beschränkt anrechenbare Kosten
– bedingt anrechenbare Kosten
– grundsätzlich nicht anrechenbare Kosten.

Zu beziehen sind die anrechenbaren Kosten – wie in § 6 Abs. 1 HOAI 2009 – aus der Kostenberechnung, solange diese nicht vorliegt, aus der Kostenschätzung.

In § 37 Abs. 1 und 2 HOAI 2009 waren bereits die in der Fassung 1996/2002 vorhandenen Regelungen über die anrechenbaren Kosten (§ 10 Abs. 6) enthalten.

Bereits bei § 37 Abs. 1 Nr. 1 bis 8 HOAI 2009 war die Aufzählung von § 10 Abs. 4a aus Fassung 1996/2002 mit geringen Modifizierungen übernommen worden. § 15 HOAI 1996/2002 wechselte für die Freianlagen sodann in § 38 HOAI 2009 i. V. m. Anlage 11; die Besonderen Leistungen fanden sich in der Anlage 2, als beispielhafte Darstellung und die Regelung des § 17 Abs. 3 HOAI 1996/2002 zu den gestalterischen Einbindungen der Freianlagenplanung bei Ingenieurbauwerken und Verkehrsanlagen wurde ganz gestrichen, da sich die Meinung durchgesetzt hatte, dass es sich um Besondere Leistungen handelte, die frei vereinbar und ggfs. vertraglich zu entwickeln waren.

§ 35 HOAI 2009 sah eine Honorarerhöhung bei der Objektplanung im Abschnitt 1 vor. Locher/Koeble/Frik (11. Aufl. § 37 Rdn. 20) vertraten die Ansicht, dass § 35 Abs. 1 i. V. m. § 2 Nr. 1 HOAI 2009 auch für Freianlagen anzuwenden sei. Jetzt hat § 40 Abs. 6 HOAI den bisherigen Streit zum Umbauzuschlag beendet (vgl. oben Einleitung zu §§ 38 ff., Rdn. 5; dazu auch Motzke, ZfBR 2012, 3, 8).

3. Grundlagen

3 Zur **Anrechenbarkeit der Kosten** ist wie üblich in der HOAI 2013 Bezug auf die DIN 276 (Fassung 12/2008) zu nehmen (s. o. auch: Locher/Koeble/Frik § 38 Rdn. 9), § 4 Abs. 1 und 2. Teil 1 der DIN 276 gilt für den *„Hochbau"*. Dort heißt es: *„Dieser Teil der Norm gilt für die Kostenplanung im Hochbau, insbesondere für die Ermittlung und die Gliederung von Kosten. Sie erstreckt sich auf die Kosten für den Neubau, den Umbau und die Modernisierung* *von Bauwerken sowie die damit zusammenhängenden projektbezogenen Kosten; für Nutzungskosten im Hochbau gilt DIN 18960"*. Der Anwendungsbereich erstreckt sie sich daher bei wortgleicher Auslegung auf die Kosten für den Neubau, den Umbau und die Modernisierung von **Bauwerken** sowie auf die damit zusammenhängenden projektbezogenen Kosten. Sofern projektbezogene Kosten in einem unmittelbaren und engen Zusammenhang mit dem Neubau, Umbau, Modernisierung des Bauwerkes stehen, fallen dann Freianlagen gemäß Kostengruppe 500 ff. – dort noch Außenanlagen genannt – darunter. **Die DIN 276 Teil 1 KG 500 ff. betrifft aber keine eigenständige Freianlagenplanung, sondern steht im Zusammenhang mit Planungen im Hochbau.** Daher ist die DIN 276 Teil 1 bei solchen Objekten nicht direkt, aber dennoch anzuwenden, weil derzeit bzw. im Zeitraum der Fassung der HOAI 2013 und DIN 276 Teil 1 – Fassung von 12/2008 noch kein anderes anerkanntes anderes technisches Regelwerk für die Ermittlung und Gliederung von Kosten von Freianlagen zur Verfügung stand bzw. steht. In Abkehr zur Vorauflage wird hier die Sichtweise vertreten, dass DIN 276 Teil 1 bei der „Freianlagenplanung" **unmittelbar** und nicht hilfsweise (so aber Seifert in der Vorauflage, § 37 Rdn. 3) **anzuwenden ist.** Zudem enthält der Teil 4 der DIN 276 (Fassung August 2009) für den Ingenieurbau und die Verkehrsanlagen keine Hinweise auf eine Kostengruppe „Freianlagen" bzw. „Außenanlagen". Dort heißt es: *„Diese Norm gilt für Ingenieurbauwerke und Verkehrsanlagen, insbesondere für die Ermittlung und Gliederung der Kosten. Sie erstreckt sich auf die Kosten für den Neubau, den Umbau und die Modernisierung von Ingenieurbauwerken sowie die damit zusammenhängenden projektbezogenen Kosten. Nutzungskosten sind Gegenstand der Norm"*. Zudem fehlen Kostengruppen, wie KG 500 ff. dort völlig. Allerdings weist die Norm in Ziffer 4.3 bereits selbst auf die sinngemäße Anwendung des Teils 1 hin: *„Dieser Teil der Norm beschränkt sich auf die Darstellung der Kostengruppe 300 „Bauwerk – Baukonstruktionen" und 400 „Bauwerk – Technische Anlagen" für die beim Ingenieurbau eine eigene Gliederung festgelegt wird. Für die Kostengruppen 100 „Grundstück", 200 „Herrichten und Erschließen", 500 „Außenanlagen", 600 „Ausstattung und Kunstwerke", sowie 700 „Baunebenkosten" gilt DIN 276-1. Soweit diese Formulierungen den Hochbau betreffen, sind sie sinngemäß für den Ingenieurbau anzupassen."* Infolge dessen ist der VO-Geber gehalten gewesen, diese Lücke zu schließen, weswegen in §§ 42 Abs. 3 Nr. 2, 46 Abs. 3 Nr. 2 HOAI 2013 nunmehr der Begriff **„Außenanlage"** aufgeführt wird. Das der VO-Geber hier nicht den Begriff „Freianlage" wählte, ist ein redaktioneller Fehler (siehe auch amtliche Begründung BR-Drs. 334/13, S. 160 ff.); siehe auch schon AHO-Heft Nr. 20 *„Abgrenzung der Vergütung von Objektplanungsleistungen nach HOAI zu Teil II: Freianlagen und Teil VII: Ingenieurbauwerke und Verkehrsanlagen"*, 2006, S. 6 ff.

Die **Kostenberechnung** ist auch bei der Freianlagenplanung grundsätzlich im Rahmen **4** der Tätigkeiten der Leistungsphase 3 auszuführen. Die **Kostenschätzung** in Leistungsphase 2 reicht nur in dem Fall aus, wenn der Landschaftsplaner mit der Leistungsphase 1 und/oder 2 beauftragt wurde. **Zwei Ausnahmen** ergeben sich: wenn er nur **einzeln** mit der Genehmigungsplanung beauftragt wurde oder bei einer gesonderten **vertraglichen Regelung,** das aus bestimmten Gründen ausschließlich die Kostenschätzung ausreichen soll. Wir er mit der Entwurfsplanung beauftragt ist die Kostenberechnung zugrunde zu legen. Dies gilt auch bei kumulativer Beauftragung dieser beiden Leistungsphasen. Eine weitere Einschränkung in anderer Hinsicht ergibt sich nach dem OLG Düsseldorf (BauR 2001, 290; BauR 2001, 434), wenn lediglich bis einschließlich Leistungsphase 2 beauftragt wurde. Dann ist eine nachträglich zu erstellende Kostenberechnung nicht vonnöten und kann vom Auftragnehmer nicht verlangt werden, es sei denn, diese war vertraglich so vereinbart. Man das auch ausweiten, wenn bei der Planung von Freianlagen nur die Leistungsphasen 1, 2 und 4 vertraglich zu erbringen sind, nicht aber die Leistungsphase 3. Auch dann ist die Kostenschätzung Grundlage der Aufstellung der anrechenbaren Kosten nach § 4 Abs. 1 und 2 und der DIN 276 Teil 1, Fassung 12/2008.

Weiterhin ist zu berücksichtigen, dass der VO-Geber nach der Fassung 2002 des § 10 Abs. 4a die Planungs- und Überwachungstätigkeit nunmehr in der Fassung 2013 wieder alternative Tätigkeitsvoraussetzung regelte. Die Fassung 2009 hatte in § 37 Abs. 1 noch eingeführt, dass der Planer die Planung und die Überwachung kumulativ ausführte und damit auch in Auftrag erhalten hatte („und"). Nunmehr ist die alternative Sichtweise wieder gewählt worden und der VO-Geber setzt den Ansatz des § 38 Abs. 1 bei der Tätig-keitsvoraussetzung zum Honoraransatz herunter auf eine Planungsleistung oder eine Über-wachungstätigkeit, wenn in der Folge die Bedingungen der Nummern 1 bis 8 eintreten (so auch schon § 10 Abs. 4a HOAI 1996/2002). Folge ist daher ausdrücklich, dass der Planer die anrechenbaren Kosten bei der Planung nur dann ansetzen kann, wenn er zumindest alternativ die in Nummer 1 bis 8 genannten Objekte plant oder überwacht. Daraus ergibt sich aber auch, dass der VO-Geber durchaus eine höhere Planungs- oder Bauüberwa-chungsebene als Voraussetzung des Ansatzes der anrechenbaren Kosten dieser Objekte meinte. Dabei kann in Bezug auf die Planung nur die zumindest durchschnittliche Bearbei-tungsstufe und/oder -intensität gemeint sein, denn die Einbeziehung dieser Objekte zieht einen höheren Bearbeitungsgrad immer nach sich, wenn die Objekte nicht nur gedanklich berücksichtigt werden (einfache Bearbeitungsstufe). Das gilt dann auch für Überwachungs-leistungen. Die Überwachung der Erstellung nach Planung durch den Auftragnehmer oder anderer Auftragnehmer oder den Auftraggeber bedingt eine höhere Integrationsebene vor-handener Planungen und Überwachungsleistungen der Errichtung dieser Objekt, also nur eine Berücksichtigung von vorhandenen oder anderweitig daneben gebauten Objekten der Nummern 1 bis 8. Bei der Wertung der Tätigkeiten ist daher der leistungsbezogene Inten-sivierungsgrad ebenfalls Voraussetzung des Ansatzes der Honorierung (so ähnlich auch Scholtissek, HOAI, 2. Aufl., § 38 Rdn. 3).

4. Begriff „Freianlage"

5   Der Begriff der **„Freianlage"** ist nicht direkt in § 38, sondern in § 39 Abs. 1 dargestellt. Allerdings ist darüber hinaus auch auf § 2 Nr. 1 zu verweisen. Dort wird diese dem Begriff „Objekt" zugeordnet. Ergänzend werden die Beispielsfälle des § 38 Abs. 1 herangezogen. Zudem ist Anlage 11.2 im Rahmen der ergänzenden Auslegung und Anwendung als Bei-spielfallfundus heranzuziehen. Zudem findet über § 39 Abs. 1 dort eine alternative Darstel-lung statt, nämlich:

a) als *Objekte, die planerisch gestaltete Freiflächen oder Freiräume in Verbindung mit Bauwerken oder auf/in Bauwerken sind.* Das sind z.B. Vorgärten, Hinterliegerflächen, Stadtgärten in Hinterhöfen, Kleinstagrarflächen bei Einzel- oder Reihenhäusern zur Gestaltung des Um-feldes, Schulgärten, Terrassen- und Dachgärten, Bauwerksbegrünungen als horizontale oder vertikale Grünflächen (Forschungsgesellschaft Landschaftsentwicklung und Land-schaftsbau e.V. – Richtlinie für die Fassadenbegrünung), Etagenbegrünungen durch Schaf-fung von Freiflächen zur Anpflanzung von Gärten oder Bäumen in einem Gebäude (Ge-bäudeinnenbegrünung; Forschungsgesellschaft Landschaftsentwicklung und Landschaftsbau e.V. – Richtlinie für die Innenraumbegrünung, 2011).

b) als *Objekte planerisch gestalteter Freiflächen und Freiräume, die selbständig und nicht in Ver-bindung mit einem oder mehreren Bauwerken/Objekten stehen oder den für sie bestimmten Gebäuden liegen* (Spielplätze, Spielwiesen, Bolzplätze, städtische Freizeitanlagen, Sportplätze, Wald- und Freizeitparcours, Wettkampfanlagen ohne Bezug zu Gebäuden, Freizeitpark, Parkanla-ge, Skihang, Rodelgebiet, Skateranlage, Bikeranlage, Schwimmteichanlage, Freizeitseen, abgesteckte Kanu- und Ruderstrecken, Segelgebiete auf Seen, Renaturierungsgebiete).

c) *landschaftspflegerische Freianlagen in Verbindung mit Bauwerken und anderen Objekten* (Frei-flächen bei Siedlungen und dörflichen Gegenden, Geländegestaltung und -modulation, Deponie- Halden- und Abbaubepflanzungen und -gestaltungen, Gestaltung von Ufer- und Seenanlagen/-bereichen, Bepflanzungen zu Sportanlagenbereichen (Stadion, Schwimm-bad), Begleitbegrünung bei Gebäuden, Bauwerken, Anlagen, Verkehrsanlagen.

Bei genauer Betrachtung ergibt sich kein Unmittelbarkeitsbezug zu einem Objekt/Ge-bäude aus § 39 Abs. 1 i.V.m. der Objektliste der Anlage 11.2. Allerdings ist bei allen Pla-nungen die keinen Bezug zu einem Gebäude oder Ingenieurbauwerk haben die Anwen-dung der KG 500 ff. aus den Teilen DIN 276 Teil 1 und Teil 4 (dort ohne KG 500 ff.) durchaus **analog** geboten. Dies gilt also auch bei den Planungen, die sich lediglich auf die Planzungen in einem beplanten Gebiet, der Verbindung von Grüngebieten oder der Ge-wässer-, Uferzonen- und Renaturierung beschränken. Dies ist aus Anlage 11.1 zu folgern, weil die dort aufgeführten Leistungsbilder Leistungen enthalten, die der Kostenermittlungen bedürfen. Allerdings ist die Kostenermittlung zu den Kosten „Freianlagen" völlig losgelöst von den auch in den KG 500 ff. vorgesehenen Bezugnahmen oder „Mitplanungen" von Ingenieurbauwerken (z. B. Brücken, Straßen, Kanälen, Dämmen) oder Verkehrsanlagen (z. B. Straßen, Stellplätze, Ausgleichsflächen, Gleisanlagen, Hafenbereichen, Grünzonen bei Flughäfen). Die Berechnung hat also separat zu erfolgen und soll an Anlage 11.1 und 11.2 orientiert werden.

II. Voll oder bedingt anrechenbare Kosten (Abs. 1)

1. Anrechenbare Kosten aus und für Außenanlagen

Abs. 1 ordnet an, dass infolge der Schwierigkeiten mit der Abgrenzung zu Freianlagen- **6** planungen bei Ingenieur- und Verkehrsanlagenplanungen sowohl die Kosten für Außenanlagen, als auch Kosten für weitere Bauwerke und Anlagen anrechenbar sein können, soweit diese vom Auftragnehmer geplant oder überwacht werden. Dabei ist darauf zu achten, dass der VO-Geber von Grundleistungen ausgeht und spricht (siehe Abs. 2).

Weiterhin muss zunächst klar sein, welche vertraglichen Inhalte die Parteien bezüglich des Leistungsgegenstandes machten und ob es sich um Leistungen handelt, die dem Begriff der „*Freianlage*" **oder** dem Begriff der „*Außenanlage*" zuzuordnen sind, denn der VO-Geber unterscheidet auch in der Fassung 2013 nicht stringent, wie schon Abs. 1 S. 1 deutlich macht. Diese Begrifflichkeit mag auf den ersten Blick verwirrend sein und man könnte versucht sein daraus zu schließen, dass grundsätzlich alle Kosten von Außenanlagen bei Freianlagen immer und voll anzusetzen wären. Aber die Begriffe **„Freianlagen"** und **„Außenanlagen"** sind **nicht gleichzusetzen.**

Es zählen grundsätzlich nur die Kosten – bezogen auf die vertragliche Leistungsanordnung, also den Planervertrag – zu den zu berücksichtigenden anrechenbaren Kosten (BGH, Urteil v. 6.5.1999 – VII ZR 379/97; BauR 1999, 1045 = NJW-RR 1999, 1107; BGH, Urteil v. 12.1.2006 – VII ZR 4/04; BauR 2006, 693 = NZBau 2006, 248; BGH, Urteil v. 11.12.2008 – VII ZR 235/06; BauR 2009, 521 = NZBau 2009, 259). Nicht dazu gehören also die anrechenbaren Kosten von Freianlagen außerhalb dieser Leistungspflicht/vertraglichen Aufgabengebiet.

Wesentlich ist daher, dass zunächst **zwischen** den Begriffen und Bedeutung von **„Frei-** **7** **anlagen"** und **„Außenanlagen"** zu **unterscheiden** ist. So gehören nach Abs. 1 nur die anrechenbaren Kosten dazu, die auch der **Herstellung der Freianlagen** dienen. Das aber sind dann entsprechend dem Wortlaut des Verordnungstextes, grundsätzlich die Kosten der **Außenanlagen.** Das kann zu Zuordnungsschwierigkeiten führen.

Der Begriff der **„Außenanlagen"** entspringt **DIN 276 Teil 1** und umfasst alle Kosten **8** gemäß der **Kostengruppe 500 ff.** Es gehören alle Kosten für Leistungen **auf dem betreffenden Grundstück,** aber **außerhalb des Bauwerks** dazu. Bei der Anwendung der DIN 276 Teil 1 kommt bei der Abgrenzung zwischen den **Kosten für das Bauwerk** einerseits und **für die Außenanlagen** andererseits weder auf vertragliche und tatsächliche Zuständigkeiten bei der Planung an, noch auf tatsächliche oder vertragliche Planungsinhalte (so schon Seifert in der Vorauflage, § 37 Rdn. 6). Es lässt sich aus der Auflistung in der Kostengruppe 500 nicht entnehmen, welche Leistungsbilder nach der Einordnungen der HOAI betroffen sind. Das zu regeln bleibt den Parteien überlassen. Denn Außenanlagen der Kostengruppe 500 ff. können auch andere unterschiedliche Objekte i. S. von § 2 Nr. 1 beinhalten. So können neben **Freianlagen** in Außenanlagen auch **Ingenieurbauwerke** (z. B. Stützmauern, KG 533, Brücken und Stege, KG 536, Technische Anlagen in Außenanlagen, KG 540), **Verkehrsanlagen** (z. B. Straßen, KG 522), **Anlagen der Technischen Ausrüstung** (Technische Anlagen in Außenanlagen, KG 540) und andere **Gebäude** (z. B. Überdachungen, also Unterstände, Gartenlauben usw., KG 535) vorhanden sein oder zu planen und damit zu berücksichtigen sein.

Mit einer Einordnung in die Kostengruppe 500 ff wird damit noch nicht bestimmt, ob es sich dabei – ausschließlich – um Leistungen **„bei Freianlagen"** handelt.

9   **Andererseits sind Freianlagen** nach § 39 Abs. 1 (HOAI 2009: § 2 Nr. 11) **planerisch gestaltete Freiflächen** und **Freiräume** sowie entsprechend geplante Anlagen **in
Verbindung mit Bauwerken** oder **in Bauwerken**. Zur weiteren Klarstellung wurde
vom VO-Geber nunmehr in der Fassung 2013 die Leistung „**landschaftspflegerische
Freianlagenplanungen in Verbindung mit Objekten**" eingefügt, was zu einer Erweiterung der Definition der Freianlagen führt.

Aus dieser, im eigentlichen Sinne preisrechtlich relevanten Definition, ergibt sich, dass
„Freianlagen" nicht ausschließlich in „Außenanlagen" liegen müssen. Sie können sich auch
in Gebäuden oder auf oder an Gebäuden befinden, z. B. bei einer planerischen Gestaltung von begrünten Dächern, Dachterrassen, Wintergärten, Fassaden oder auskragenden
Balkonen usw. Daher gehören u. a. die Kosten von begrünten Dächern von Gebäuden
nach DIN 276 Teil 1 nicht etwa zu den Außenanlagen, sondern im Rahmen des „Bauwerks" (KG 300) zu den „Dächern" (KG 360) und dort zu den „Dachbelägen" (KG 364)
gehören (Seifert in der Vorauflage, § 37 Rdn. 7). **Begrünte Dächer** sind allerdings nach
dem Verständnis des VO-Gebers als Freianlagen einzuordnen, wie sich auch aus der Objektliste der Anlage 11.2 ergibt. Allerdings findet sich die Unterscheidung aus der Anlage 3 der HOAI 2009 nicht mehr, wo die „**extensive Dachbegrünung**" in Ziff. 3.2.4
und die „**intensive Dachbegrünung**" in Ziff. 3.2.5 im Rahmen der Regelobjekte der
Freianlagen erfasst wurde. Die **Anlage 11.2** beschränkt sich als **beispielhafte Aufzählung** auf die lediglich Benennung von „*Oberbegriffen*" und dem Hinweis auf bestimmte
Anforderungshöhen zur Einordnung in die entsprechende Honorarzone. Sind keine direkten Einordnungen in Kostengruppen 360ff möglich, kann die Kostengruppe 369 „Dächer,
sonstiges" ausnahmsweise bei Freianlagen herangezogen werden (siehe zur HOAI 2009 in
Vorauflage, Seifert, § 37 Rdn. 7). Gegenstand der dortigen Einordnung/Regelung sind
u. a. Geländer, Bohlenwege, Knüppeldämme, Schutzgitter, Sonnenschutz, Naturwege,
Zierteiche, Fußgängerbrücken aus Leichtmaterialien (Holz, Kunststoff) usw. Diese können
ebenfalls bei Dachgärten Gegenstand der Planungen bei der Freianlagenplanung sein (Seifert, Vorauflage, § 37 Rdn. 7).

10   Allerdings sind nicht alle Leistungen, die den **Außenanlagen i. S. der Kostengruppe
500** zugeordnet werden, planerisch den zu gestalteten Freiflächen zuzuordnen. Diese Leistungen werden daher auch nicht Gegenstand der Freianlagenplanung sein, was auch im
gegenteiligen Sinn zu verstehen ist. Daher sind die Freianlagen auch nicht ausschließlich
den Außenanlagen i. S. der Kostengruppe 500 zuzuordnen. Das führt zu der Überlegung,
dass die Begriffe der „*Freianlagen*" und „*Außenanlagen*" eben **nicht deckungsgleich** sind
(siehe zur HOAI 2009 Seifert, Vorauflage § 37 Rdn. 8). § 38 Abs. 1 und § 39 Abs. 1 machen allerdings dazu eben keine ausdrückliche oder offenkundige Unterscheidung.

Nach dem Wortlaut des § 38 Abs. 1 gehören zu den **anrechenbaren Kosten bei Freianlagen** die Kosten für „*Außenanlagen*". Das sind **Kosten** von Leistungen bei Außenanlagen, die Gegenstand von **planerisch gestalteten Freiflächen** und **Freiräumen**, § 39
Abs. 1, sind. Kosten von Außenanlagen, die diesen Anforderungen **nicht** genügen, **gehören nicht** zu den anrechenbaren Kosten bei Freianlagen. Es spielt dabei keine Rolle, dass
§ 38 Abs. 1 nur eine beispielhafte Aufzählung enthält. Das ist sicherlich von Einzelfall zu
Einzelfall zu prüfen, ob es sich um eine Außenanlage handelt und wenn ja, ob sie dem
Oberbegriff „Freianlage" zuzuordnen ist. Für die Frage der **Anrechenbarkeit von Kosten bei Freianlagen** ist daher **nicht die Zuordnung zur Kostengruppe 500 entscheidend,** sondern immer **primär** der betreffende **Inhalt der vertraglich geschuldeten Leistung**. Der **DIN 276** Teil 1 und Teil 4 kommt bei der Auslegungsfrage zu den
anrechenbaren Kosten allenfalls **Auslegungs- oder/und Hilfscharakter** zu. Nach ihrer
Funktion als technisches Regelwerk kann sie bei der Ermittlung der anrechenbaren Kosten
nur als **Auslegungshilfe** verstanden werden (BGH, Urteil vom 21.4.1994 – VII ZR
144/93; BauR 1994, 654; NJW-RR 1994, 1043).

11   §§ 38 Abs. 1 und 39 Abs. 1 umfassen gedanklich schon die **Kosten des Herrichtens,**
Kostengruppe 210, zu den voll anrechenbaren Kosten, wenn diese der Herstellung einer
Freianlage dienen. „Das „*Herrichten*" beinhaltet insbesondere auch das Herrichten der Ge-
ländeoberfläche (KG 214), worunter insbesondere ein Roden von Bewuchs, Planieren,

Bodenbewegungen einschließlich Oberbodensicherung zu verstehen ist. Nur schwer von Kostengruppe 510 „Geländeflächen" abzugrenzen sind die vorgenannten Eingruppierungen und Zuordnungen, weshalb bei den Anmerkungen in der DIN 276 Teil 1 zu Kostengruppe 214 auch formuliert wird: *„soweit nicht in KG 500 erfasst"*. Auch die „Abbruchmaßnahmen" (KG 212) und andere Kostengruppen des „Herrichtens" und insbesondere aus der Auffangvorschrift der KG 219 „Herrichten, sonstiges" sind anrechenbare Kosten zu entnehmen, wenn diese im Zusammenhang mit Leistungen bei Freianlagen stehen" (Seifert, 8. Auflage, § 37, Rdn. 9 zur HOAI 2009; vgl. dazu unten Rdn. 29 ff., 43 ff.).

a) Geländeflächen (Kostengruppe 510)

Zu den in DIN 276 Teil 1 genannten **Geländeflächen,** Kostengruppe 510, zählen zu- **12** nächst alle Oberbodenarbeiten, also die Geländebearbeitung und -gestaltung. Das sind Oberbodenabtrag und -sicherung (KG 511), die Bodenarbeiten als solche (KG 512), wie der Bodenabtrag und -auftrag. Gemeint ist ein „flächenhafter Erdbau zur Geländegestaltung", wie § 38 Abs. 1 Nr. 3 vorgibt. Diese Kosten sind daher zwingend einzubeziehen. Auch „sonstige Geländeflächen", also Arbeiten in diesem Zusammenhang, wenn sie nicht unter KG 511 oder 512 fallen darunter, KG 519. Die Begrünung des Geländes gehört nicht zu KG 510, sondern zu KG 570 (Seifert/ Preussner, Baukostenplanung, S. 171). Insbesondere zählt der Auftrag von Oberboden zu KG 571, sowie auch Bodenlockerung. Sind Sicherungen erforderlich – Sicherungsbauweisen – so kommt KG 573 zur Anwendung.

Alle Bodenarbeiten, die aufgrund planerisch gestalteter Freiflächen und Freiräume (§ 39 **13** Abs. 1) auszuführen sind oder auch der Geländegestaltung als solcher dienen, wie bei der landschaftspflegerischen Freianlagenplanung, sind der Kostengruppe 510 zuzuordnen und zu den anrechenbaren Kosten bei **Freianlagen** zu rechnen. Werden die Geländeflächenarbeiten für Freianlagen im Zusammenhang mit anderen Objektplanungen erbracht (Gebäude, Ingenieurbauwerke), ist auf 38 Abs. 1 Nr. 1 bis 8 hinzuweisen. Die anrechenbaren Kosten gehören dann zu diesen Objekten und sind dort einzubeziehen (so schon Vorauflage zur HOAI 2009, Seifert, § 37 Rdn. 11).

b) Befestigte Flächen (Kostengruppe 520)

Befestigten Flächen, Kostengruppe 520, sind Wege, Straßen, Plätze, Höfe, Stellplätze, **14** Sportplatz- und Spielplatzflächen. Hierzu Zählen auch Gleisanlagen (KG 527). Zu den **Wegen** zählen befestigte Flächen für den Fuß- und Radfahrverkehr, jedoch ohne Herrichtung für den Anlieferverkehr (KG 521), **Straßen,** d. h. geplante Flächen für den Leicht- und Schwerverkehr einschließlich Fußgängerzonen mit Anlieferungsverkehr (KG 522), **Plätze, Höfe** sind gestaltete Platzflächen, einschließlich Innenhöfe (KG 523), **Stellplätze** sind Flächen für den ruhenden Verkehr (KG 524), **Sportplatzflächen** mit Sportrasenflächen oder Kunststoffflächen (KG 525), ebenso **Spielplatzflächen** (KG 526) und **Gleisanlagen** (KG 527) (Seifert in Vorauflage zu HOAI 2009, § 37 Rdn. 12).

Anrechenbare Kosten für diese befestigten Flächen gehören zu den **Freianlagen,** so- **15** weit es um die **Gestaltung** von Freiflächen und Freiräumen geht, § 39 Abs. 1. Wenn ingenieurtechnische Leistungen bei Verkehrsanlagen zu erbringen sind, können diese Leistungen auch Bestandteil der **Verkehrsanlagen** sein. Schwierig wird teilweise die Abgrenzung zwischen Ingenieurtechnischen Anlagen, Verkehrsanlagen und reinen Freiflächen bzw. Freiräumen, § 39 Abs. 1 (Schwerpunkt der Beauftragung und der Planung). Beispiel ist hier die Gleisanlage (KG 527), die sowohl der Veranlage oder der Freifläche zuzuordnen ist. So ist die lose bei Feldbahnen verlegte Gleisanlage zwar Verkehrsanlage, wenn sie zu einem gewissen Zweck, wie einer Museumsbahn oder einem Torfabbaugebiet, dient. Wird sie allerdings im Rahmen der festen Verlegung in einem Straßenbereich oder bei Kaianlagen geplant, so sind die Kosten nicht KG 527, sondern KG 521 oder KG 522 zuzuordnen.

Ein anderes Problem ist die Abgrenzung von Leistungen der Freianlagenplanung zu den Leistungen bei Verkehrsanlagen im Unter- und Oberbau von Fußgängerbereichen i. S. von § 38 Abs. 2 (vgl. hierzu und zur Abgrenzung unten Rdn. 49–50). Werden hier zudem auch Gleisarbeiten notwendig (z. B. Straßenbahn in Fußgängerzonen), werden die KG 527 aus den Kosten des Unter- und Oberbaues weitgehend herauszurechnen sein und separat aufzuführen. Der eigentliche Ober- und Unterbau der Fußgängerbereiche ist dann herauszurechnen, denn er dient nicht der Befestigung der Gleisanlage.

c) Baukonstruktionen in Außenanlagen (Kostengruppe 530)

16   **Baukonstruktionen in Außenanlagen,** Kostengruppe 530, sind **Einfriedungen,** also z. B. Zäune, Mauern, Türen, Tore, Schrankenanlagen (KG 531), **Schutzkonstruktionen,** wie Lärmschutzwände, Sichtschutzwände, Schutzgitter (KG 532), ebenfalls rechnen dazu dann Spundwände, Steingambionen, freistehende Mauern mit Trennfunktion. Diese sind zu KG 532 einzuordnen, wenn sie Schutzkonstruktionen sind. Ferner **Mauern** und **Wände,** also Stütz- und Schwergewichtsmauern, Palisaden, Spundwände, freistehende Mauern (KG 533). Rampen, Treppen, Tribünen, wie Kinderwagen- und Behindertenrampen, Block- und Stellstufen, kleine Zuschauertribünen von Sportplätzen (KG 534) sind Baukonstruktionen im Außenbereich; auch **Überdachungen,** wie Wetterschutzüberdachungen, Unterstände, Pergolen, Schutzhütten, überdachte Boxen, Gewächshäuser, Zeltüberdachungen, Wartehäuschen, Gartenlauben, Pergolen (KG 535). Diese Überdachungen dürfen aber nicht mit einem vorhandenen Bauwerk verbunden werden, sondern Einzelkonstruktionen ohne selbst selbständige Bauwerke zu sein. Daher sind „Anlehnhäuser" bei KG 535 einzuordnen, die selbständigen Gewächshäuser zur Anzucht von Pflanzen, sind dagegen unter KG 300 ff. oder bei KG 539 einzuordnen. Bei „Überdachungen" handelt es sich aber nur um Gebäude (Objekte), die eine gewisse Selbstständigkeit haben. Ansonsten gehören sie – je nach konstruktiver Selbständigkeit – zu der KG 360, wenn sie eine enge Beziehung zum Hauptgebäude haben (siehe sogenannte „Anlehnhäuser").

      Brücken und Stege sind solche der Holz- und Stahlkonstruktion bzw. Beton (Beton-, Stahlbeton-, Fertigteilkonstruktionen, usw.), KG 536. Diese sind darüber hinaus kleine konstruktiv einfachere Brücken, Stege (KG 536), da sie ansonsten im Rahmen der Ingenieurbauwerke bei KG 300 ff. anzusiedeln sind. Einfache Kanal- und Schachtbauanlagen, wie die baulichen Anlagen für Medien- oder Verkehrserschließung aus Beton, Mauerwerk und anderen tragenden Konstruktionen (KG 537) und wasserbauliche Anlagen, wie Brunnen, Wasserbecken, Wasserkunst (KG 538). Dazu zählen aber auch Bachläufe, Zierfischteiche, Mühlenteiche, Bachregulierungen und Fischsteige, sowie Bachlaufbegrenzungen aus Hölzern, -einfassungen, künstliche Biberanlagen, Anschwemmbecken. Naturnahe Wasserflächen, wie Mooranlagen, Sumpfanlagen, Biotope usw. sind unter KG 560 ff einzuordnen. Wird ein Badeteich angelegt, ist von KG 548 auszugehen und bei einem Wassergewinnungsbrunnen oder Brunnen zur Garten, Acker oder Parkbewässerung von KG 542. Baukonstruktionen in Außenanlagen sind Anlagen entweder zu Sonderzwecken, wie Arbeiten zur Geländegestaltung und -bearbeitung, die eben nicht in KG 510 oder KG 530 eindeutig einzuordnen sind. Das können Drainageanlagen in den Außenanlagen selbst sei (Seifert/Preussner, Baukonstruktionen, S. 175), allerdings müssen sie eine gewisse Eigenständigkeit und Bezug als Baukonstruktion haben. Daher sind Filter- oder Drainageanlagen, die als Teil der Bearbeitung der Vegetationsstruktur und der Bodenbearbeitung gelten, wie die Drainage der Ringdrainage bei neu eingesetzten Bäumen, der KG 572 zuzuordnen (zum gesamten KG 530 ff in der Vorauflage, Seifert, § 37 Rdn. 14; Seifert/Preussner, Baukonstruktionen, S. 173 ff.).

17   Es ergibt sich, dass die Anlagen und Bauwerke der KG 530 ff im Allgemeinen zu den **Freianlagen** gehören. Es ist daher zu prüfen, ob im Rahmen des Abs. 1 Nr. 1 „Einzelgewässer" (vgl. unten Rdn. 36), Nr. 2 „Teiche ohne Dämme" (vgl. unten Rdn. 37), Nr. 4 „einfache Durchlässe" (vgl. unten Rdn. 38), Nr. 6 „Stützbauwerke und Geländeabstützungen" (vgl. unten Rdn. 39) und Nr. 7 „Stege und Brücken" (vgl. unten Rdn. 40) dies jeweils an den Objekten anzurechnen sind (so in der Vorauflage, Seifert, § 37 Rdn. 14). Denn, es ist darauf zu achten, dass Baukonstruktionen des KG 530 ff in Außenanlagen keine besondere ingenieurtechnische Bearbeitung beinhalten. Sicherlich gibt es Ausnahmen. Gemeint sind hier die Planungen ohne baukonstruktive Tiefe. Ansonsten handelt es sich dabei im Allgemeinen um **Ingenieurbauwerke** i. S. von §§ 41 ff. und sind dort anrechenbar (Seifert in der Vorauflage, § 37 Rdn. 15).

d) Technische Anlagen in Außenanlagen (Kostengruppe 540)

Die Kostengruppe 540 – **technischen Anlagen in Außenanlagen** – wird in der DIN   **18**
276-1:2008-12 wie folgt beschrieben: „Kosten der technischen Anlagen auf dem Grundstück einschließlich der Ver- und Entsorgung des Bauwerks". Zunächst ist festzustellen,
dass dazu auch die Nebenleistungen gehören, also die notwendigen Erdarbeiten, Grün-
dungs- und Befestigungsarbeiten, das Einarbeiten von Lagermaterial, Unterbau, Schutz-
und Drainagematerial, Frostschutzmaterial usw. Auffallend ist zudem, dass der Aufbau der
KG 540 sich an der KG 400 ff. orientiert.

Im Einzelnen sind bei den Außenanlagen die **Abwasseranlagen** zu berücksichtigen.
Das sind zunächst die naturnahen Kläranlagen, sowie einfache technische Vor- und Kläranlagen, sowie die Oberflächen- und Bauwerksentwässerungsanlagen und -leitungen. Damit
sind gemeint die Regen- und Schmutzwasserleitungen, sowie Mischwasserleitungen, dann
die Sammelgruben, Abscheider, Hebeanlagen, aber auch Rückhaltebecken, sofern sie der
Abwassersammlung und -behandlung dienen (KG 541). Sog. **Wasseranlagen,** sind insbesondere Wassergewinnungsanlagen und auch Brunnen, wenn sie zur Wassergewinnung
dienen, die Wasserversorgungsnetze, Hydranten-, Druckerhöhungs- und Beregnungsanlagen u. a. (KG 542). Sofern die **Gasanlagen,** mit Gasversorgungsnetzen und Flüssiggasanlagen nicht der Beheizung von Gebäuden dienen und im Zusammenhang mit der Errichtung, Änderung oder Beseitigung derselben stehen, sind ebenfalls zu den technischen
Außenanlagen zu zählen (KG 543). **Wärmeversorgungsanlagen** und auch , Wärmeerzeugungsanlagen, Wärmeversorgungsnetze, Übergabestationen, Freiflächen-, Fahrbahn-
und Rampenheizungen usw. (KG 544) sind dann einzurechnen, wenn sie zwar auf dem
Grundstück liegen, jedoch eben nicht im Bauwerk sich befinden bzw. diesem dienen.
Lufttechnische Anlagen sind ebenfalls nur solche, die außerhalb des Bauwerks ge-
baut/installiert sind. Sie können auch am Bauwerk liegen, aber sie dürfen es nicht „betreiben", denn dann käme KG 430 ff. zur Anwendung. Es handelt sich um Bauteile von lufttechnischen Anlagen der Bauwerke, z. B. Außenluftansaugung, Ausblaseinrichtungen,
Erdwärmetauscher, Kälteversorgung (KG 545). **Starkstromanlagen,** mit Stromversor-
gungsnetzen, Freilufttrafostationen, Eigenstromerzeugungsanlagen, Außenbeleuchtungs-
und Flutlichtanlagen einschließlich Masten und Befestigung (KG 546) sind ebenfalls technische Anlagen des KG 540 ff. **Fernmelde- und informationstechnische Anlagen,**
sind beispielsweise Leitungsnetze, Beschallungs-, Zeitdienst- und Verkehrssignalanlagen,
elektronische Anzeigetafeln, Objektsicherungsanlagen, Parkleitsysteme (KG 547). Allerdings ist darauf hinzuweisen, dass diese in den meisten Fällen in Verbindung mit Sportanlagen oder Verkehrsanlagen zu sehen sind und ggfs. dort über die KG 450, 453, 454, 459,
473, 476 einzuordnen sind. Das betrifft dann u. a. auch **Nutzungsspezifische Anlagen**
des KG 548, wie z. B. Medienversorgungsanlagen, Tankstellenanlagen, badetechnische Anlagen, leitungsgebundene Abfallentsorgung (insgesamt zu KG 540 siehe hierzu in der Vorauflage, Seifert, § 37 Rdn. 16; Seifert/Preussner, Baukostenplanung, S. 175 ff.). Zu den
weiteren sonstigen technischen Anlagen im Außenbereich gehören nach KG 549 alle die
Konstruktionen, die der KG 540 ff ähnlich sind, jedoch nicht direkt erfasst sind. Darunter
sind zu zählen die Gebäudeautomation, sofern nicht schon von KG 480 ff erfasst, die Hub-
und Förderanlagen, sofern sie beispielsweise mit Abwasseranlagen (Schneckenpumpen,
Stufenpumpen, usw.) oder Springbrunnenanlagen oder Audiovisuelle Wasserspiele (siehe
Ottobrunn oder Hotelanlagen in Katar) in Verbindung stehen und nicht zugleich in Verbindung mit Ausführungen im Hochbau (z. B. Hotelkomplexe im Omar oder Katar) stehen. Hier ist die Abgrenzung dann schwierig, wenn die Außenanlagen im Wesentlichen
nur aus befestigten Außenflächen bestehen.

Soweit in der Vorauflage geäußert wurde (Seifert, § 37, Rdn. 17), dass Technischen An-   **19**
lagen in Außenanlagen im Regelfall nur ausnahmsweise zu den anrechenbaren Kosten „bei
Freianlagen" gehören, weil diese nach § 39 Abs. 1 eben nicht die planerische Gestaltung
von Freiflächen und Freiräume betreffen und auch nicht die landschaftspflegerische Frei-
lagenplanung, ist dem nicht gesamt zuzustimmen. Das Problem liegt an anderer Stelle und
die Einordnung unter die KG 540 ist nicht problematisch. Denn die Freianlagenplanung als

Gegenstand des Vertrages, umfasst, wie bei Park- oder Freizeitgeländen oder auch bei Golfanlagen, auch zum Beispiel Abwasseranlagen als Gegenstand der Planung (allgemein so in Vorauflage, Seifert, § 37 Rdn. 17). Damit aber zählen auch diese Objekte zu den Freianlagen und deren planerischem Aufbau/Ausgestaltung. Den Inhalt der Leistung bestimmt aber der Vertrag. Dort kann man eine Unterteilung nur treffen, wenn man die „Schwerpunkttheorie" anwendet, sofern die Vertragsparteien nichts weiter regelten. Dabei – also bei unklaren oder lückenhaften Verträgen – ist dann zu untersuchen, ob es sich vertragsgegenständlich bzw. bei der Erreichung des planerischen Leistungserfolgs um eine Anlage der Technischen Ausrüstung der Freianlage handelt, was zu einer Honorierung nach Teil 4 Abschnitt 2 (TGA) führen würde (so in Vorauflage, Seifert, § 37 Rdn. 17), oder eben zum Teil der Freianlagenplanung als solcher. Bei technischen Anlagen in Außenanlagen kann es sich daher auch um Ingenieurbauwerke handeln, was im Einzelfall zu berücksichtigen und ebenfalls zu prüfen ist.

20 KG 540 ist in dem Fall relevant, dass neben der Gebäudeplanung auch die Leistung der Freianlagenplanung gleichermaßen erbracht wird. Dann können die Kosten beim **Gebäude oder** bei den **Freianlagen nicht jeweils** separat anrechenbar sein. Soweit sich feststellen lässt, dass die technischen Anlagen in Außenanlagen ausschließlich dem Gebäude oder der Freianlage **dienen,** sind sie entweder da oder dort anrechenbar. Ist das **nicht** oder **nicht eindeutig** möglich und lässt sich auch sonst keine Aufteilung vornehmen, muss im Zweifel der **Schwerpunkt der Leistung** (Schwerpunkttheorie) den Ausschlag über die Anrechenbarkeit geben (Vorauflage, Seifert, § 37 Rdn. 18). Dient also z. B. eine Entwässerungsanlage den Freianlagen (z. B. die Hofentwässerung), gehören die jeweiligen Kostengruppen zu den anrechenbaren Kosten „bei" den Freianlagen (so in Vorauflage, Seifert, § 37 Rdn. 18). Werden dagegen Ver- und Entsorgungsleitungen auf dem Grundstück verlegt, die dem Gebäude dienen, würde eine Berücksichtigung bei den anrechenbaren Kosten der Freianlagen im Gegensatz zur bisher von Seifert in der Vorauflage, § 37 Rdn. 18 vertretenen Ansicht, zur **Doppelberechnung** führen.

e) Einbauten in Außenanlagen (Kostengruppe 550)

21 **Einbauten in Außenanlagen,** Kostengruppe 550, (siehe auch allgemein Vorauflage, Seifert, § 37 Rdn. 19; Seifert/Preussner, Baukostenplanung, S. 177/178) sind allgemein gesehen alle der Bewirtschaftung oder dem Ziel oder Zweck der Außenanlage dienenden „Wirtschaftsgegenstände", siehe DIN 276-1:2008-12 S. 20. KG 551 fasst übliche allgemeine Einbauten, wie Möbel, Fahrradständer, Schilder, Pflanzbehälter, Abfallbehälter, Fahnenmasten, Trockenvorrichtungen („Wäschetrocknung") darunter. Besondere Einbauten nach KG 552 sind Einbauten für Sport- und Spielanlagen, Schießstände, Bogenschießanlagen, Tontaubenschießstände mit Schutz- und Sicherheitsbereichen und -bauten, Tiergehege und -unterstände, sowie Fütterungsanlagen.

Allerdings müssen diese Einbauten grundsätzlich fest eingebaut sein, was vergleichbar mit der Situation bei Einbauten im Bauwerk, KG 370, oder bei Nutzungsspezifischen Anlagen bei KG 470 ist. Sind lediglich bewegliche Sachen, wie Stühle, Bänke, Auflagen, usw. Gegenstand der Planung, so sind diese in KG 610 als Ausrüstungsgegenstände einzuordnen. Sind Kunstwerke Gegenstand der Nutzung, wie Sitzplätze (z. B. Skulpturen mit Sitzen) oder Brunnen (wie die Brunnen- und Vernebelungsinstallation an der Kunstsammlung NRW – K 20) wird man allerdings KG 623 bzw. KG 629 heranziehen müssen.

22 Darüber hinaus können diese Kosten nur teilweise und eingeschränkt zu den anrechenbaren Kosten bei Freianlagen gehören, wenn es sich um untergeordnete, aber dem Objekt dienende Bauteile handelt. So ist auch unklar und im Einzelfall im Rahmen des Vertragsinhalts zu klären, ob beispielsweise zu befestigenden Sachen, wie Schilder, Wegweiser, Werbeanlagen usw. unter die KG 550 oder 610 fallen. Wesentlich ist hier aber, dass diese – also bewegliche und teilweise bewegliche Sachen – Gegenstand des Vertrags- und Leistungsumfangs des Freianlagenplaners sind. Hier kommt auch die KG 559 in Betracht.

Selbständige Ingenieurbauwerke liegen vor, wenn es sich wie bei konstruktiven Tiergehegen um ingenieurtechnische Planungen handelt und diese im Vordergrund der Leistung stehen (Aufenthalts- und Innengehege; Schwimmbeckenanlagen; Aufzuchtstationen; Gehege mit Zuschauerräumen) (ähnlich schon Vorauflage, Seifert, § 37 Rdn. 20).

f) Wasserflächen (Kostengruppe 560)

Wasserflächen, Kostengruppe 560, sind die naturnahen Wasserflächen und -gestaltungen, also die sog. „Biotope" und „Bachläufe". Wasserbecken, Feuerlöschbecken, Teiche mit künstlichen Einfriedungen für Fischzucht, usw. sind wasserbauliche Anlagen und daher der Kostengruppe 538 zuzuordnen (so in Vorauflage, Seifert, § 37 Rdn. 21; Seifert/Preussner, Baukostenplanung, S. 178). **Abdichtungen** (KG 561) beinhalten Schutzschichten, Bodensubstrat und Uferausbildungen, also Lehm, feste Baustoffe, Steine, usw. (BKI, Bildkommentar, S. 313; Seifert/Preussner, Baukostenplanung, S. 179). Gräben und Erweiterungen und Uferbepflanzungen mit befestigender Wirkung (Schilf, Grassorten, Schlingpflanzen, usw.) zählen dann hierzu, wenn die im Zusammenhang mit neuen oder umzuleitenden Bächen oder Gräben stehen (BKI, Bildkommentar, S. 313). **Bepflanzungen** von wasserbaulichen Anlagen und Wasserflächen sind in KG 562 einzuordnen. Im Übrigen sind reine Bepflanzungen un KG 574 einzuordnen. **Sonstige Wasserflächen,** sind die Gestaltungen von künstlich angelegten Wasserflächen in Naturrealen und gehören zu KG 569. Dorthin gehören auch Erdarbeiten und Feinplanie für Wasserflächen (Seifert/Preussner, a. a. O. S. 179), wenn sie nicht in KG 561 – Abdichtungen – einzuordnen sind. 23

Kosten für Wasserflächen im Allgemeinen (**Bewirtschaftungskosten der Vorhaltung/Bauvorhaltung**) gehören zu den anrechenbaren Kosten der **Freianlagen** (ähnlich Vorauflage, Seifert, § 37 Rdn. 22). 24

g) Pflanz- und Saatflächen (Kostengruppe 570)

Pflanz- und Saatflächen, Kostengruppe 570. Das sind die Kosten der Oberbodenarbeiten, also vegetationsbedingte Bodenbearbeitung, die Sicherungsbauten, Pflanzen außerhalb von Wasserflächen, der Rasen und sonstige Saaten, die Begrünung unterbauter Flächen, wie Dachbegrünungen und Entwicklungsflächen, Ansaaten und Aussaatflächen im Allgemeinen (Seifert/Preussner, a. a. O., S. 179). 25

Der **Oberbodenauftrag** und die Oberbodenlockerung sind in KG 571 zu verorten. Aber der Oberbodenabtrag, also das Abschieben und Abgraben der Bodenkrume, der Vegetationsschicht und Ackeroberboden, sowie deren Sicherung durch Sammelareale und Mieten sind in KG 573 einzuordnen.

Die **vegetationstechnische Bodenbearbeitung** (KG 572) beinhaltet z.B. Bodenverbesserung mit Düngung, Bodenhilfsstoffen und festen Stoffen. Das sind Düngemittel, Torf, Kompost, Stroh, Mulch, Holzspäne, sowie Sand, Kies, Splitt, Blähtone, Kalkung als Bodenverfestigung bei weichen Böden zur Vorbereitung einer Vegetationsnutzung. Die Oberbodenauflockerung durch Fräsen, Graben, Umpflügen gehört in KG 571.

Sicherungsbauweisen, wie Vegetationsstücke, Geotextilien, Flechtwerk zur Hangsicherung, Erosionssicherung, Steinschlag- und Lawinenabwehr gehören zu KG 573. Stützmauern in diesem Zusammenhang oder massive Lawinen-/Steinschlagzäune sind Baukonstruktionen nach KG 539 oder KG 532 – Schutzkonstruktionen – oder KG 533 – Mauern –.

Pflanzen (KG 574) sind nicht nur die Pflanzen und Bäume als solche, sondern auch die Pflanzarbeiten dazu, also Erdarbeiten bis zur Fertigstellungspflege und/oder – vertraglich zu vereinbarendem – Erstschnitt. Ansaaten selbst sind in KG 575 verortet.

Rasen und Ansaaten (KG 575) sind die Herstellung des fachgerechten Untergrundes mit geeignetem drainagefähigem Material, Erdarbeiten, Drainageschichten – nicht aber die Drainageanlage (KG 530 oder KG 327). Sportrasenflächen sind in KG 525 zu finden (so in Vorauflage, Seifert, § 37 Rdn. 23; Seifert/Preussner, a. a. O., S. 180).

Begrünung unterbauter Flächen (KG 576). Das sind die Begrünungen von Objektes und Gebäuden bzw. Ingenieurbauwerken. Allerdings fällt die Abgrenzung nicht leicht. Denn unter KG 363 fallen die Dachbegrünungen. Diese werden bei den Kosten des Bauwerks und den Dachbelägen angesetzt. KG 576 ist bei Objekten mit erheblichem Bodenaufbau/Gründungen z.B. von 80 cm Aufbau erst anzusetzen. Das sind Tiefgaragen, unter-

irdische Ingenieurbauten, wie Tunnel, Lawinenschutzanlagen, Schallschutzanlagen, Fahrbahnüberständen, Bunkern, U-Bahn-Trassen/-tunnel, usw. Die Kosten beinhalten auch
den Wurzelschutz und Fertigstellungspflege (Vorauflage, Seifert, § 37 Rdn. 23).

Sonstige Pflanz- und Saatflächen (KG 579) beinhalten zunächst die Kosten für die
Fertigstellungspflege, soweit nicht schon in den vorstehenden Kostengruppen dies eingeschlossen ist. Dazu zählen die Entwicklungspflege, die Arbeiten zur Herstellung von Grünflächen und deren Nutzungs- und planerischen Herstellungsarbeiten, wie Plattenverlegung,
Kiesschüttungen, Sandbereiche, Grünstreifen, Rasen- und Beettrennungen, Rasengittersteine, Blocksteine, usw. (siehe auch Seifert/Preusner, a.a.O., S. 181).

h) Sonstige Außenanlagen (Kostengruppe 590)

26   Zu den **sonstigen Außenanlagen,** Kostengruppe 590, zählen die Kosten von baulichen Maßnahmen im Zusammenhang mit Außenanlagen, die nicht eindeutig den einzelnen Kostengruppen der Außenanlagen zugeordnet werden können.

Das sind **Baustelleneinrichtung,** Einrichten, Vorhalten, Betreiben, Räumen der übergeordneten Baustelleneinrichtung für Außenanlagen, z.B. Material- und Geräteschuppen,
Lager-, Wasch-, Toiletten- und Aufenthaltsräume, Bauwagen, Misch- und Transportanlagen, Energie- und Bauwasseranschlüsse, Baustraßen, Lager- und Arbeitsplätze, Verkehrssicherungen, Abdeckungen, Bauschilder, Bau- und Schutzzäune, Baubeleuchtung, Schuttbeseitigung usw. (KG 591) (Seifert in Vorauflage, § 37 Rdn. 25). Nicht dazu gehören
allerdings die Betriebsstätten und Wohnbereiche, Container und Baugeräte, die dem Auftraggeber zuzurechnen sind, damit die Baustelle betreiben und überwacht wird. Diese sind
in KG 770 zu verorten. Auch Baustellenüberwachungen (sog. „Bauwatch") zählen dazu.

Auch **Gerüste** mit Auf-, Um-, Abbauen, Vorhalten von Gerüsten sind in KG 592 aufzulisten.

Sicherungsmaßnahmen an bestehenden baulichen Anlagen sind Unterfangungen, Abstützungen und „Vernagelungen" (KG 593). Nicht dazu zählen die Sicherungsbauweisen,
die im Rahmen der Bearbeitung der Pflanz- und Saatflächen erbracht werden. Diese sind
von KG 573 umfasst (so auch Seifert/Preussner, a.a.O., S. 181/182).

Abbruchmaßnahmen (KG 594) sind differenziert zu betrachten. Zunächst zählen dazu
Abbruch- und Demontagearbeiten einschließlich dem Verbringen in Zwischenlager als
wiederverwendbarer oder wieder zu verwendende Bauteile oder Böden. Auch die Abfuhr
des Abbruchmaterials, soweit diese nicht in anderen Kostengruppen erfasst werden, gehören hierher. Aber Abbrucharbeiten, die in direktem Zusammenhang mit bestimmten Bauleistungen stehen, soweit es sich nicht um übergreifende Maßnahmen handelt, gehören zu
den jeweiligen Kostengruppen der Außenanlagen (Seifert/Preussner, a.a.O., S. 182). Werden Abbruchmaßnahmen aber im Zusammenhang mit der Vorbereitung des Geländes erbracht und so z.B. ein kompletter Bauwerksabbruch zur Geländevorbereitung erbracht,
werden diese Kosten in KG 212 eingestellt (so auch Seifert/Preussner, a.a.O., S. 182). Die
Abbruchmaßnahmen im Rahmen der erstmaligen Erstellung, des Umbaues, oder der Sanierung von Baukonstruktionen sind in KG 394 zu verorten. Reine Abbruchmaßnahmen
im Rahmen der Herstellung oder des Umbaues, der Sanierung oder einer anderweitigen
Veränderung der Technischen Anlage ist in KG 494 unterzubringen (siehe hierzu ebenfalls
Seifert/Preusner, a.a.O., S. 182).

Instandsetzungen sind Maßnahmen zur Wiederherstellung des zum bestimmungsgemäßen Gebrauch geeigneten Zustandes, soweit nicht in anderen Kostengruppen erfasst
(KG 595).

Materialentsorgung (KG 596) ist auch als „Recycling, Zwischendeponierung und
Entsorgung" aus der alten DIN 276/06.1993 bekannt. Es geht hier um Entsorgung von
Materialien und Stoffen, die bei dem Abbruch, bei der Demontage und bei dem Ausbau
von Außenanlagen oder bei der Erstellung einer Bauleistung anfallen, zum Zweck des Recyclings oder der Deponierung (Seifert/Preussner, a.a.O., S. 182, Seifert in Vorauflage,
§ 37 Rdn. 25).

Zusätzliche Maßnahmen in KG 597 sind die Kosten bei der Erstellung von Außenanlagen z.B. Schutz von Personen, Sachen; Reinigung vor Inbetriebnahme; Maßnahmen aufgrund von Forderungen des Wasser-, Landschafts-, Lärm- und Erschütterungsschutzes während der Bauzeit; Schlechtwetter und Winterbauschutz, Erwärmung, Schneeräumung (Seifert/Preussner, a.a.O., S. 183 – auch zur Auflösung der Regelung der DIN 276/11.2006 und DIN 276/06.1993 zu KG 597; Seifert in Vorauflage, § 37, Rdn. 25).

Provisorische Außenanlagen (KG 598). Das sind die Kosten für die Erstellung, Beseitigung provisorischer Außenanlagen, Anpassung der Außenanlagen bis zur Inbetriebnahme der endgültigen Außenanlagen (Seifert in Vorauflage, § 37, Rdn. 25; auch Seifert/Preussner, a.a.O., S. 183).

Zu den **Sonstigen Maßnahmen für Außenanlagen** zählen alle übergreifenden Maßnahmen, die nicht in den KG 591 bis KG 598 verortet sind. Zutreffend ist die Ansicht von Seifert/Preussner, a.a.O., S. 183, dass Gewächshäuser zu KG 535 gehören. Sie sind Einzelobjekte. Das dürfte anders sein, wenn man kleine Gewächskästen hier einbezieht, die z.B. bei Hobbygärten anzutreffen sind und ähnlich einer beweglichen Sache zu behandeln sind. Hierhin sind aber auf jeden Fall Ranghilfen, Gittergerüste für Pflanzen, Klettergerüste an Gebäuden, Pflanztröge und nur durch Hubgeräte zu bewegende Pflanzsäcke und -kästen einzuordnen. Auch andere bewegliche „Außenausstattungen" mit baulichen Voraussetzungen, wie Untergrundbehandlung, Einebnungen, usw. wie Nistkästenanlagen, Bienenstöcke, Kleintiereinhausungen, usw. sind hierher zu rechnen.

i) Künstlerisch gestaltete Bauteile der Außenanlagen (Kostengruppe 623)

Künstlerisch gestaltete Bauteile der Außenanlagen betreffen nicht die Kostengrup- **27** pen 500, sondern die Kostengruppe 623. Das sind die Kosten für die künstlerische Gestaltung in den Außenanlagen, wie Malereien, Reliefs, Mosaiken, Glas-, Schmiede-, Steinmetzarbeiten (Vorauflage, Seifert, § 37 Rdn. 27; auch Seifert/Preussner, Baukostenplanung, S. 185).

Nicht allerdings auf den ersten Blick klar ist, dass in § 38 Abs. 1 die „Außenanlagen" als **28** anrechenbare Kosten auch die KG 623 beinhaltet. Jedoch ist der Begriff „Kosten der Außenanlage" weit auszulegen. Zudem bestimmt KG 623 selbst im Rahmen der Auflistung innerhalb der KG 620 „Kunstwerke", dass Bauteile der Außenanlagen nach Kostengruppe 623 zu den anrechenbaren Kosten, soweit sie Vertragsgegenstand des Freianlagenplaners sind. Zudem sind Ausführungen der Kostengruppe 620 im Rahmen des Begriffs „Bauwerk" in § 39 Abs. 1 zu beachten. Dabei wird dort ausdrücklich Bezug genommen auf „entsprechend gestaltete Anlagen in Verbindung mit Bauwerken oder in Bauwerken". Da Kunstwerke auch Bauwerke sein können (KG 621 – Kunstwerke –) und im Rahmen einer planerischen Einbringung des Kunstwerkes in die Freianlagenplanung einzubeziehen sein können (Vertragsgegenstand), ist hier nach der o.a. vertraglichen Schwerpunktanalyse vorzugehen. Dabei ist darauf zu achten, dass keine Doppelberechnung erfolgt.

j) Herrichten (KG 210, 214)

Wie bereits dargestellt, sind die KG 210, 214 nur bedingt anzuwenden. Dabei kommt es **29** erneut auf den Schwerpunkt der vertraglichen Leistung an. Daher ist in KG 210 auch deutlich der Hinweis auf die Kosten der vorbereitenden Maßnahmen, soweit nicht in anderen Kostengruppen erfasst dargestellt. Hier kommt über KG 214 – Herrichten der Geländeoberfläche – die Vorbereitung des Rodens von Bewuchs, Planieren, Bodenbewegungen einschließlich der Oberbodensicherung in Betracht. Neben den Arbeiten bei der Vorbereitung des Baugeländes und des späteren Wiedereinbaues von Bodenmaterial im Zusammenhang mit der Errichtung eines Bauwerkes, kommen hier die Abgrenzungen auch bei Sanierungen und insbesondere Abriss in Betracht. Diese gehören jedoch meist zu Hochbauten.

2. Bedingt anrechenbare Kosten

Erst die 4. ÄndVO enthielt eine Aufzählung bestimmter beispielhafter typischer Freian- **30** lagenplanungen, wie jetzt in § 38 Abs. 1 Nr. 1 bis 8, die bestimmte Verbindungen zu anderen Kostengruppen oder Planungen des Hochbaues und der DIN 276 Teil 1, sowie des Teils 4 und der Ingenieurplanungen haben. In Verbindung mit der Anrechenbarkeit von

„Außenanlagen" im Rahmen der Freianlagenplanung (vgl. oben Rdn. 7–29) ergibt sich, dass es sich bei Nr. 1 bis 8 um eine **beispielhafte Aufzählung handelt.** Die Vorschrift soll der Abgrenzung von Freianlagen zu Ingenieurbauwerken und Verkehrsanlagen dienen (vgl. auch BR-Drs. 334/13, S. 157).

31   § 38 Abs. 1, 2. Halbsatz regelt, dass auch die Kosten der von den Bauwerken und Anlagen dann zu den anrechenbaren Kosten zu zählen sind, wenn der Auftragnehmer diese Bauwerke und/oder Anlagen **fachlich plant oder ihre Ausführung überwacht.** In der Vorschrift wird nun klargestellt, dass die Worte „plant" und „überwacht" mit einem **„oder"** zu **verbinden** sind und daher **nicht zwingend eine kumulative Wirkung** haben sollen, also **entweder** eine Planung **oder** eine Überwachung beauftragt werden kann. Natürlich gilt das für die Anwendung auch, wenn **sowohl als auch Planung und Überwachung beauftragt** waren. Es müssen also **nicht beide** Bedingungen für eine Anrechenbarkeit erfüllt sein (anders noch Vorauflage zur jetzt geänderten Regelung der HOAI 2009). Zudem reicht es bei der Planung aus, dass der Auftragnehmer Leistungen ausführt, die lediglich der Einbindung oder Einordnung in die Gesamtkonzeption des Objekts dienen können. Eine **allumfassende Planungsleistung** ist daher **nicht gefordert.** **Gleiches** gilt in diesem Sinne für den Begriff der **Überwachung;** es muss zumindest ein **erheblicher Beitrag** geleistet werden.

32   **Zusammenfassend** lässt sich daher die Voraussetzung in § 38 Abs. 1, S. 1 zur Bemessung der anrechenbaren Kosten wie folgt fassen:

Zunächst handelt es sich bei den in Abs. 1 geregelten Anwendungsbereichen um die Kostengruppe 500 – Außenanlage, wobei DIN 276-1 : 2008-12 Kosten im Hochbau zur Anwendung kommt. Dabei ist Voraussetzung, dass der Auftragnehmer die Planung übernommen hat und/oder die Ausführung überwacht.

Allerdings ist nach § 38 Abs. 2 Nr. 1 dann i. V. m. § 33 Abs. 3 auf die anrechenbaren Kosten der Kostengruppe 200 – Herrichten und Erschließen nach DIN 276-1 : 2008-12 weiterhin abzustellen. Diese Kosten sind nicht anrechenbar bei der Erbringung der Grundleistungen. Das gilt aber nur, wenn die Planung und/oder Überwachung dem Auftragnehmer oblag.

Ferner sind nach § 38 Abs. 2 Nr. 2 ausschließlich bei Fußgängerbereichen – also Gehwegen, verkehrsberuhigte Zonen, Fußgängerzonen, Wege in Parks (siehe hierzu unter Rdn. 50 ff.) die Kosten der Oberflächenbefestigung, jedoch mit Ausnahme des Unter- und Oberbaues zu den anrechenbaren Kosten zu rechnen.

Zu beachten ist weiterhin, dass § 6 Abs. 1 bei der Berechnung des Honorars anzusetzen ist.

33   Soweit Nr. 1 bis 8 Anlagen und Bauwerke aufzählt, sind diese zunächst als **beispielhafte** Aufzählung („… insbesondere für folgende Bauwerke und Anlagen …") zu begreifen. Daher sind die Aufzählungen **nicht abschließend** und es müssen sich weitere Bauwerke und Anlagen unter diese Aufzählungen und verwandten Objekte einreihen lassen. Damit ist zunächst einmal die Frage aufgeworfen, welche Anlagen und Objekte neben den in Nr. 1 bis Nr. 8 Aufgezählten noch dazu gehören können. Denn diese Aufzählung dort ist zugleich der Versuch des VO-Gebers eine Abgrenzung der Freianlagenplanung und -überwachung zu den Ingenieurleistungen und der Verkehrsplanung zu finden, oder zumindest eine Richtung zu weisen, was hier anzuwenden wäre, wenn die Leistungen nicht ausdrücklich hier geregelt sind. Scholtissek weist zu Recht daraufhin, dass dies deswegen von Bedeutung ist, weil § 11 Abs. 1 auf eine strikte Trennung der Abrechnung achtet, also eine Vermischung der anrechenbaren Kosten sowohl in die Berechnung der Freianlagen oder der Verkehrsanlagen oder der Ingenieuranlagen nicht erlaubt ist (Scholtissek, § 38, Rdn. 7), also eine „Doppelberechnung" auszuschließen ist, es sei denn sie ist vertraglich erlaubt oder es liegt eine der Besonderheiten nach § 11 Abs. 2 bis 4 vor. Daher ist unter Bezug auf § 2 Nr. 1 der Begriff des Objekts zunächst bei der Einordnung der Abrechnungsstruktur vorweg anzuwenden, also nach dem abzurechnenden „Objekt" zuerst zu fragen, das sich auch und zu allererst nach dem Vertragsinhalt bestimmt. So werden bei Verkehrsanlagen und Ingenieurleistungen die Freianlagen nur einen Annex zu diesen Objektplanungen bilden. Andersherum Verkehrs- und Ingenieurplanung ebenfalls nur ein notwendiger Annex bei beauftragten Freianlagenplanungen und -überwachungen. Daher ist eine **Einzelfallbetrachtung** zunächst vorzunehmen, die bei der vertraglichen Vereinbarung der Parteien – was denn Leistungsgegenstand sein soll – anzusetzen hat. Sodann ist fragen, ob auch die anderen Objekte (Ingenieurbau, Verkehrsanlage) lediglich geplant und/oder überwacht werden soll(t)en, denn nur dann wären sie ggfs. auch in die Freianlagenplanung zu integrieren und dort abrechenbar. Dies ist üblicherweise anzunehmen, wenn die Bauwerke und Anlagen eher dem gestalterischen Zweck der gesamten Freianlage dienen oder eine eigene Funktion erhalten. Zudem muss es sich bei Verkehrsanlagen und Ingenieurleistungen jeweils um eine mindestens durchschnittliche Leistung/Schwierigkeit handeln. Erfüllen diese Planungen/Überwachungen diesen Ansatz, dann erst sind sie in diesen kumulierten Planungs-/Überwachungsfällen als separate Leistungen in den dortigen Leistungen – also Verkehrsanlagen, Ingenieurleistungen – abzurechnen. Dieses gilt als Grundsatz aus der „Schwerpunkttheorie" und aus § 11 Abs. 1.

In den Vorauflagen (zuletzt Seifert, § 37 Rdn. 32) wurde an dieser Stelle dargestellt, dass **34** es sich bei der beispielhaften Aufstellung in Abs. 1 um **zwei Gruppen** der anrechenbaren Objekte handele:

„ –Bauwerke und Anlagen, die **bei Freianlagen in jedem Fall** anrechenbar sind (Nr. 1 bis 3 und 5), **wenn der Auftragnehmer dafür Leistungen erbringt.** Dabei handelt es sich um landschaftsplanerische oder ökologische Bauwerke und Anlagen zur Geländegestaltung, für die in aller Regel keine Leistungen bei der Tragwerksplanung oder bei der Technischen Ausrüstung erforderlich sind.

– Bauwerke und Anlagen, die bei Freianlagen **unter der Bedingung** *(„soweit")* anrechenbar sind, **dass dafür keine fachplanerischen Ingenieurleistungen** i.S. von Teil 4 also keine Leistungen bei der Tragwerksplanung oder bei der Technischen Ausrüstung oder bei Nr. 8 keine Leistungen bei Ingenieurbauwerken und Verkehrsanlagen erforderlich sind."

Dem wird man im Wesentlichen – unter Maßgabe des unter Rdn. 33 Dargestellten – zunächst bei der Einordnungen der Ansätze der anrechenbaren Kosten – folgen müssen.

Allerdings sind nach Nr. 1 bis 8 zu den anrechenbaren Kosten für Grundleistungen bei **35** Freianlagen auch folgende Anlagen und Bauwerke zu rechnen, die aber nur teilweise oder gar nicht in den Kostengruppen 500 aufgefunden werden können. Hinzuweisen ist an dieser Stelle darauf, dass bereits in der Regelung des § 10 Abs. 4a HOAI 1996 die dort dargestellten Objekte der Objektliste ausdrücklich nach dem Willen des VO-Gebers dort verortet bleiben sollten und eben nicht – wenn sie im Zusammenhang mit (damals Landschaftsplanung) Freianlagenplanung stehen – bei Ingenieurbauwerken und Verkehrsanlagen abzurechnen sind. Daraus ist zu schließen, dass der VO-Geber sich durchaus bewusst war und ist, dass es zu Überschneidungen kommen kann, er aber dieses durch die in Nr. 1 bis Nr. 8 vorgenommene weitere Zergliederung eindeutiger regeln wollte. Es wird also immer auf den Einzelfall ankommen:

a) Nr. 1: Einzelgewässer mit überwiegend ökologischen und landschaftsgestalterischen Elementen

Sog. „Einzelgewässer" sind grundsätzlich Objekte der „Wasserwirtschaft". Darunter wird **36** die Verwendung und Bevorratung von Wasser zu ökologischen, wirtschaftlichen und landschaftsgestalterischen Funktionen verstanden. Dabei steht der Nutzungszweck immer im Vordergrund. Es kann sich also um Teiche, Seen, Flüsse oder Bäche und Kanäle handeln. Bei der hier in Betracht zu ziehenden Planung/Überwachung hat es sich um Gewässer zu handeln, die aus ökologischen, raumgliedernden und landschaftsgärtnerischen Gründen in die Planung der Freianlage einzuziehen sind, also Teil der Planungen/Ausführungen sind. Die Gründe sind gleichgültig. Allerdings muss die Planung im Rahmen der ökologischen und landschaftsgestalterischen Planung ein **überwiegendes** Element aufweisen (Schweregrad; Honorarzone III). Lediglich „Überlegungen" aus Anlass der Planung führen nicht zur Anwendung der Nr. 1. „Ökologisch" meint hier, dass eine Wechselbeziehung zwischen den Lebewesen und der Umwelt bestehen muss.

Anzuwenden ist hier die Kostengruppe 560 „Wasserflächen". Es handelt sich unter dem Punkt *„In der freien Landschaft"* um *„naturnahe Gewässer- und Ufergestaltungen"*, die sich auch in der Objektliste in Anlage 11.2 wiederfinden und damit Einzelgewässer, die nicht direkt Freianlagen darstellen.

Ohne überwiegende ökologische und landschaftsgestalterische Beziehungen in der Planung und Überwachung hat man es daher mit reinen Ingenieurbauwerken i. S. von § 41 Nr. 3 („... *ausgenommen Freianlagen nach § 39 Absatz 1 ...* ") zu tun (AHO, Heft 20, Abgrenzung der Vergütung von Objektplanung bei Freianlagen zu Ingenieurbauwerken und Verkehrsanlagen, S. 17–21) und so auch gem. § 11 Abs. 1 abzurechnen. Siehe auch Anlage 12.2 zu Gruppe 3, Ingenieurbauwerke.

b) Nr. 2: Teiche ohne Dämme

37   Mit dem Begriff „Teiche" sind „ruhende Gewässer" gemeint, die sich aufgrund einer Wasseransammlung – gleich aus welchen Grund oder Untergrund (Senke, Lehm, vulkanischen Ursprungs) gebildet haben. Bei Teichen ohne Dämme handelt es sich **meist** (siehe aber unten) um Feuchtbiotope oder allgemein aus ökologischen Gründen in einer Freianlage integrierte Gewässer. Es geht hier zunächst um die Abgrenzung zum Ingenieurbauwerk nach §§ 40 ff. Maßstab des VO-Gebers ist das Vorhandensein eines Dammes. Das ist insoweit unklar, weil ein ruhendes Gewässer durch aus ökologischen Gründen einen Damm aufweisen kann. Erinnert sei an die Biberteiche mit Knüppelholzdämmen, Hochwasserschutzdämme aus Reisig oder Knüppelholz, Aufschüttungen durch Moränen usw. Gemeint hat hier der VO-Geber offenbar die durch künstliche Aufschüttung von lehmigen und steinigen Materialien erzeugten „künstlichen Seen und Teiche, die hier auszunehmen sind. Das wird man auch bei Badeteichen so sehen müssen, auch wenn sie einen ökologischen Zweck erfüllen. Flusslandschaften durch natürliche Aufschwemmungen sind ebenfalls hierher zu rechnen. Weist ein Teich oder See eine künstliche Dammeinfassung auf, so handelt es sich um ein Objekt des Wasserbaues i. S. von § 41 Nr. 3 also um ein Ingenieurbauwerk und ist dort abzurechnen, Anlage 12.2 Gruppe 3, Honorarzone I oder II. Im Übrigen müssen die in Nr. 2 gemeinten Teiche keine ökologische und landschaftsgestaltende Funktion haben. Dann sind sie in Nr. 1 einzuordnen. Zudem muss über § 39 Abs. 1 eine landschaftspflegerische Planung erfolgt sein.

c) Nr. 3: Flächenhafter Erdbau zur Geländegestaltung

38   Diese sind alle Bearbeitungen der Erdoberfläche (Auf- und Abtrag). Im Grunde ist die Erwähnung überflüssig, denn sie verweist direkt auf die KG 510. Der VO-Geber hat aber hier die regelmäßig gestalterische, aber auch ökologische oder geologischen Gründe im Auge. Gemeint ist hier auch eine Abgrenzung zu Ingenieurbauwerken wie der Deichbau, die anderen Freianlagenplanungen der Ebnungen bei Golfplätzen oder Parks, sowie die Rodungen zur Vorbereitung des Baugrundes im Hochbau zur Vorbereitung des Baugrundes, KG 210. Siehe bei Ingenieurbauwerken Anlage 12.2, Gruppe 3; bei Regenwasserversickerungen usw. Gruppe 2.

d) Nr. 4: Einfache Durchlässe und Uferbefestigungen als Mittel zur Geländegestaltung, soweit keine Leistungen nach Teil 4 Abschnitt 1 erforderlich sind

39   **Durchlässe** sind Bauteile, die kreuzende Funktionen ermöglichen (wie Krötentunnel, Tierwandertunnel, Röhrensystem, Kanäle). Wesentlich sind also querende Funktionen. **Uferbefestigungen** sind Begrünungen, Verbau mit natürlichem Material (Holz, Reisig). Hierzu zählen dann auch Uferwege, Stege und einfache Bewirtschaftungsstraßen. Allerdings ist die Einschränkung der einfachen Planung und Ausführung gemacht. Hier dürfte die Anlage 12.2 wesentlich sein, wenn die Honorarzone 1 oder 2 betroffen ist. Außerdem ist wesentliches Abgrenzungsmerkmal, dass keine Leistungen nach Teil 4 Abschnitt 1 nötig sein dürfen. Ist bei der Planung der Durchlässe und Uferbefestigungen eine Tragwerksplanung oder eine Technische Ausrüstung (z. B. eine gesonderte Entwässerung oder Beleuchtung) erforderlich, handelt es sich um Ingenieurbauwerke. Allerdings gibt nun in der Fassung 2013 Nr. 4 eine gesonderte Einschränkung vor, in dem die Planung der Tragwerksplanung dann zuzurechnen ist, wenn insbesondere Serienteile, wie Fertigstege, Fertigbrücken, Dalben, Uferstützen aus Holz- oder Betonfertigteilen verwendet werden. Dann sind diese bei den anrechenbaren Kosten mit einzubeziehen, wenn sie mit einer Se-

rienstatik versehen sind und insbesondere diese von Fertigteilwerk berechnet und auch zertifiziert sind.

e) Nr. 5: Lärmschutzwälle als Mittel der Geländegestaltung

Lärmschutzwälle als Bestandteil der Freianlagenplanung müssen geländegestalterische   **40** Anforderungen erfüllen. Sie müssen zumindest eine tragende Rolle spielen. Insofern ist hier die Abgrenzung zu Lärmschutzwällen als Ingenieurbauwerke (vgl. Anlage 12.2 Gruppen 1, 3 und insbesondere 6) zu beachten. Demnach gehören Lärmschutzwälle, die nicht der Geländegestaltung dienen, zu den Ingenieurbauwerken. Ansonsten finden sich die „Lärmschutzeinrichtungen" in der Objektliste der Anlage 11.2.

f) Nr. 6: Stützbauwerke und Geländeabstützungen ohne Verkehrsbelastung als Mittel zur Geländegestaltung, soweit keine Leistungen mit durchschnittlichem Schwierigkeitsgrad erforderlich sind

Stützbauwerke und Geländeabstützungen sind Mauern, Stützwände, Gambionen, die   **41** zunächst einmal keine Lasten (Verkehrslasten) tragen (Wege, Fahrbahn). Das ist hier gemeint. Allerdings können auch Ingenieurbauwerke vorliegen, wenn Leistungen bei der Tragwerksplanung oder Technischen Ausrüstung erforderlich sind. Sind solche Leistungen erforderlich, so scheiden die Objekte aus und werden als Leistungen bei der Tragwerksplanung oder Technischen Ausrüstung behandelt.

In der Objektliste der Anlage 12.2 – Gruppe 6 konstruktive Ingenieurbauwerke für Verkehrsanlagen – werden als Ingenieurbauwerke „Stützbauwerke mit Geländeabstützungen" aufgezählt. Diese haben mit den hier diskutierten einfachen Planungen aus der Objektliste der Anlage 11.2 nicht gemein. Der alte redaktionelle Fehler in Anlage 3 Ziffer 3.4.2 wurde nur überarbeitet. Dafür allerdings ist bei der Einordnung der Stützbauwerke und Geländeabstützungen ohne Verkehrsbelastung ab einem durchschnittlichen Schwierigkeitsgrad – also Honorarzone III – das Bauwerk eben nicht als in Nr. 6 einzuordnend darzustellen, sondern als Ingenieurbauwerk. Dort allerdings findet sich unter Gruppe 7 das fast parallele Planungsobjekt *„unverankerte Stürzbauwerke bei geringen Geländesprüngen ohne Verkehrsbelastung als Mittel der Geländegestaltung und zur konstruktiven Böschungssicherung"* in der Einordnung in Honorarzone I und im Falle von hohen Geländesprüngen in Honorarzone II. Damit ergibt sich ein anderer redaktioneller Fehler des VO-Gebers. Um den Unterschied darzustellen, ist offensichtlich lediglich darauf abzustellen, dass die Geländeabstützungen und Stützbauwerke lediglich den Zweck der Geländegestaltung haben, also lediglich geringe Höhe und einen erheblich zu vernachlässigenden Boden-/Gelände-/Hangdruck auffangen sollen, wie Weinbergabstützungen, flache Erdrückhaltungen in Gärten oder Parks, Steinmauern ohne verankernde rückwärtige Stützung, ankerloser Bau. Diese sollen gestalterische, modulierende Wirkung und Zweck haben. Statische Nachweise sind nicht erforderlich.

g) Nr. 7: Stege und Brücken, soweit keine Leistungen nach Teil 4 Abschnitt 1 erforderlich sind

Stege und Brücken gehören zur Kostengruppe 536, wenn sie eben nicht Ingenieurleis-   **42** tungen sind. Das ist der Fall, wenn keine statischen Nachweise und auch keine Planung bei der Technischen Ausrüstung erforderlich sind, also meist bei Fertigteilen oder wenn statische Berechnungen des Herstellers vorliegen und danach gebaut werden soll. Ansonsten sind Stege und Brücken als konstruktive Ingenieurbauwerke für Verkehrsanlagen i. S. von § 41 Nr. 6 einzuordnen, wie sich auch aus der Objektliste der Anlage 12.2 – Gruppe 3 – Anlagen des Wasserbaus – ergibt.

h) Nr. 8: Wege ohne Eignung für den regelmäßigen Fahrverkehr mit einfachen Entwässerungsverhältnissen sowie andere Wege und befestigte Flächen, die als Gestaltungselement der Freianlagen geplant werden und für die keine Grundleistungen nach Teil 3 Abschnitt 3 und 4 erforderlich sind

Voraussetzung für die Anrechenbarkeit bei Freianlagen ist der Umstand, dass „Leistungen   **43** nach Teil 3 Abschnitt 3 und 4 *(Ingenieurbauwerke, Verkehrsanlagen)* nicht erforderlich" sein sind. Dabei ist auch die Abgrenzung zu § 45 Nr. 1 zu beachten. „**Selbstständige** Rad-, Geh- und Wirtschaftswege und Freianlagen nach § 39 Abs. 1" sind **keine Anlagen des Straßenverkehrs,** also keine Verkehrsanlagen. Daraus folgt, dass **Wege mit Eignung für den regelmäßigen Fahrverkehr,** die als „**selbstständige Rad-, Geh- und Wirtschaftswege**" einzuordnen sind, und zudem im Sinne des § 39 Abs. 1 landschaftsplanerischen Charakter aufweisen unter das Leistungsbild der Freianlagen fallen. Dieses folgt aus dem Umkehrschluss aus § 38 Abs. 1, der nicht nur eine beispielhafte Aufzählung darstellt, sondern eine Lücke schließen will. Denn § 46 Abs. 1 verweist bei den selbständigen Rad-, Geh- und Wirtschaftswegen und Freianlagen einzig auf die Definition des § 39 Abs. 1. Dort aber wird auf die vorrangige Planung der Freianlage/Außenanlagen Bezug genommen, deren Hauptelement die Regelung dort ist. Da es dort um eine gestaltete Anlage, also eine Freianlage geht und die Anlage mit einem Bauwerk verbunden wird – hier der Geh-, Rad- oder Wirtschaftsweg, welche jeweils einen befestigten Unterbau benötigen – sind diese „üblichen" Wege, deren bauliche Ausgestaltung eine planerischen Überlegung des Aufbaues voraussetzen (Entwässerung, Aufbau, Pflasterung, Wegebegleitgrün usw.) grundsätzlich den Freianlagen zuzurechnen. Eine beispielhafte Ausnahme von der üblichen Planungen, sozusagen die einfachste Ausführung eines solchen genannten Weges ist in Nr. 8 als Klarstellung der Definition der Freianlage auch bei Wegen benannt. Die Meinung der Vorauflage (*Seifert*), dass die selbständigen Wege **weder Freianlagen noch Verkehrsanlagen** sind und damit **außerhalb des Preisrechts der HOAI** liegen, wird ausdrücklich **aufgegeben.** Für solche Wege können die **Honorare eben nicht frei vereinbart** werden (siehe ähnlich auch Simmendinger, Praxisbeispiele HOAI, 2009, S. 206 ff.; Locher/ Koeble/Frik/Zahn, § 45 Rdn. 9).

44   Soweit im zweiten Halbsatz lediglich „Wege" angesprochen werden, so sind es diejenigen, die ohne Entwässerung auskommen, wie auch Plätze. In (auch großen) Grünanlagen sind Wege üblicherweise nicht für den regelmäßigen Fahrverkehr (vor allem wegen des konstruktiven Aufbaues) angelegt. Diese Ausführung der Beschaffenheit soll für gelegentliche, nicht aber den regelmäßigen Fahrverkehr noch geeignet sein. Das ist die Ver- und Entsorgung, Bewirtschaftung, Rettungsdienste, Feuerwehr usw. Wenn die Wege regelmäßigem Fahrverkehr offen stehen ist dies anders zu sehen und ggfs. den Verkehrswegeplanungen oder auch Ingenieurplanungen zuzuordnen (ggfs. KG 300 und KG 400). Die Planung und Ausführung von Parkplätzen ist jedoch für die Abgrenzung „selbständig/unselbständig" und damit auch eine Abgrenzung zwischen § 46 Abs. 1 einerseits und § 39 Abs. 1 und § 38 Abs. 1 Nr. 8 andererseits kein Kriterium. Diese werden meist als gestalterisches planerisches Element der Freianlagenplanung anzusehen sein (siehe auch KG, BauR 1991, 251). Dann gilt aber dennoch das unter Rdn. 41 Gesagte.

Im ersten Halbsatz müssen zur **Wegegestaltung** lediglich **einfache Entwässerungsverhältnisse,** wie z.B. die Abführung in einfacher Weise an der Oberfläche und ohne Kanalisation oder Rohrleitungen usw., hinzukommen.

III. Nicht anrechenbare Kosten (Abs. 2)

45   Die Fassung beruht inhaltsgleich auf § 37 Abs. 2 HOAI 2009 und ist mit redaktionellen Änderungen aus § 10 Abs. 6 HOAI 1996/2002 hervorgegangen. In § 38 Abs. 2 wird eine Abgrenzung festgelegt, welche Kosten bei Freianlagen nicht zu den anrechenbaren Kosten gerechnet werden können. Die gewählte Form der negativen Fassung der Abgrenzung ist **abschließend** und einer Auslegung in die Richtung von Ausnahmen oder -regelungen nicht zugänglich. Zusammenfassend ist alles den anrechenbaren Kosten bei Freianlagenplanungen zuzurechnen, was von Abs. 1 erfasst ist und es sich um Leistungen bei Freianlagen i. S. von § 2 Nr. 1 i. V. m. § 39 Abs. 1 handelt, (vgl. oben Rdn. 7 ff.) und **nicht** durch die Anwendung des Abs. 2 ausgeschlossen ist. Zu beachten ist allerdings immer die vertragliche Leistungsaufgabe.

1. Gebäude und dort bedingt anrechenbare Kosten

Abs. 2 Nr. 1 zählt die **Kosten für das Gebäude nicht** zu den **anrechenbaren Kos- 46 ten.**

Es ist allerdings die Unterscheidung zwischen dem hier gewählten Begriff „Gebäude" (i. S. von § 2 Nr. 1 i. V. § 33 Abs. 1) und dem für die Kostengruppen 300 und 400 nach DIN 276 definierten Begriff „Bauwerk" zu beachten. Der hier gewählte Begriff „Gebäude" ist in einem **weiten** Sinne zu verstehen. So gehören zum Begriff „Bauwerk" nach DIN 276 die Kostengruppen 300 „Baukonstruktionen" und 400 „Technische Anlagen", aber auch die Ausstattung (KG 610) oder Kunstwerke (KG 620, 629).

Soweit allerdings die beispielhafte Aufzählung der Objektliste in Anlage 11.2 „Gebäudebegrünung" dort im Gegensatz zu Anlage 3 Ziffer 3.2 der HOAI 2009 nur noch wenige Beispiele der direkten Verbindung zu einem Gebäude benennt (Terrassen- und Dachgärten in Honorarzone V, Bauwerksbegrünung vertikal und horizontal mit hohem oder sehr hohen Anforderungen in Honorarzonen IV und V, Innenbegrünung mit hohen und sehr hohen Anforderungen in Honorarzone IV und V, sowie Innenhöfe mit hohen und sehr hohen Anforderungen in Honorarzone IV und V) ist hilfsweise die alte Fassung der Anlage 3.2 der HOAI 2009 zu einer detaillierteren Darstellung der Schwierigkeitsgrade heranzuziehen. Dabei darf an der Schnittstelle zum Begriff „Gebäude" aber nicht übersehen werden, dass es sich schon im Rahmen der Objektliste der Anlage 3 HOAI 2009 bei der **extensiven Dachbegrünung** (dort Ziff. 3.2.4) und **intensiven Dachbegrünungen** (dort Ziff. 3.2.5) um Leistungen bei **Freianlagen** handeln sollte und diese zu den **Kosten des Bauwerks,** KG 300, und zu den Kosten der **Dächer,** KG 360, gehören. Das ist allerdings nicht einfach abzugrenzen, denn die Fassung sieht keine besondere Bezeichnung der speziellen Tätigkeiten an dieser Stelle mehr vor, sondern beschreibt lediglich den jeweiligen Oberbegriff als Zuordnungskriterium. Da jedoch die Fassung 2013 direkt auf die hohe und sehr hohe Anforderungen abstellt, aber für einfache und mittlere Anforderungen keine Einordnungen zu anderen Honorarzonen zur Verfügung stellt, sind diese Anforderungsprofile danach nicht der Abrechnung und Zugehörigkeit der Freianlagen, sondern den „Gebäuden" zuzurechnen, soweit es sich um damit zu planerisch und statisch zu berücksichtigende Leistungen handelt. Hier wird man auf die Einordnung in den KG 570 ff. zurückgreifen müssen. Nun dann gehören die aufgrund besonderer planerischer und statischer Anforderungen zu berücksichtigen Leistungen zu den anrechenbaren Kosten bei Freianlagen.

Nach Nr. 1 sind außerdem für Grundleistungen bei Freianlagen die in **§ 33 Abs. 3** ge- 47 nannten Kosten **nicht anrechenbar.** Es werden „insbesondere" – also **beispielhaft** – die Kosten für das **„Herrichten"** (KG 210), die **„nicht öffentliche Erschließung"** (KG 230) sowie Leistungen für **„Ausstattung und Kunstwerke"** (KG 600) benannt (vgl. Kommentierung zu § 33 Abs. 3). Das hat in den Fällen Bedeutung, in welchen Leistungen in analog dem § 33 Abs. 3 HOAI geplant und/oder überwacht werden. Denn zunächst ist davon auszugehen, dass der Auftragnehmer von Freianlagen keine Leistungen für die oben genannten Kostengruppen erbringt. Werden aber Leistungen dafür erbracht, so sind nach § 33 Abs. 3 die Kosten für diese Kostengruppen **auch bei der Freianlagenplanung anrechenbar.** Bereits in der amtlichen Begründung zu § 10 Abs. 6 HOAI 1996/2002 wurde der Freianlagenplaner dem Gebäudeplaner gleichgestellt. Das wird auch jetzt für den Bereich der Freianlagenplanung in der Gebäudeplanung in § 37 Abs. 1 HOAI beibehalten, zumal ein Verweis auf § 33 Abs. 3 HOAI im Wortlaut hätte anders ausfallen müssen (ähnlich auch Scholitssek, 2. Aufl. § 38 Rdn. 21).

Zudem hat diese Verweisung mit dem Hinweis auf den Tatbestand „... *nicht plant ...*" Einfluss auf die **Darlegungs- und Beweislast,** die im Übrigen der Auftragnehmer primär darzustellen hat. Hier ist das Leistungssoll aus der vertraglichen Vereinbarung wesentlich zu berücksichtigen und nachzuweisen. Allerdings muss die Leistung in den Vertrag auch einbezogen werden, was in Ausnahmefällen sicherlich auch konkludent erfolgen kann (zu den anrechenbaren Kosten von (Außen-)Mobiliar: OLG Schleswig, NZBau 2007, 253).

Weiterhin allerdings sind die **Kosten** nur dann in **vollem Umfang** zur Anrechnung insgesamt in den Leistungsphasen zu bringen, wenn sie auch vollständig durchgeführt sind.

Andernfalls gilt auch hier die Einschränkung des § 4 Abs. 1 HOAI (a. A. Locher/Koeble/
Frik, § 38 Rdn. 26).

48   Die **Kosten des Herrichtens** sind nach dem Wortlaut der Nr. 1 bei Freianlagen
grundsätzlich nicht anrechenbar. Üblicherweise ist davon auszugehen, dass das Herrichten nur bei der Herstellung eines Gebäudes anfällt und im Zusammenhang mit diesem
Kosten entsteht. Soweit das Herrichten in einem kausalen Zusammenhang mit der Errichtung des Gebäudes steht, ist es klar, dass im Rahmen der Freianlagen diese Kosten nicht
anrechenbar sind (so Seifert i. d. Vorauflage). Herrichten kann allerdings auch erforderlich
werden, wenn unterirdische Bauwerke, Versorgungsleitungen, Deponieablagerungen usw.
beseitigt werden müssen, um eine Freianlage herstellen zu können. Hierzu zählen dann
auch alle anderen Leistungen nach KG 210.

Ansonsten bleibt für Leistungen des Herrichtens im Zusammenhang mit Freianlagen
dann nur der Ansatz, dass es sich eben nicht mehr um Grundleistungen bei Freianlagen
handelt. In Betracht kommen hier Besondere Leistungen, für die ein Honorar frei vereinbart werden kann (§ 3 Abs. 3 i. V. m. Anlage 11.1).

49   **Nicht** zu den anrechenbaren Kosten des Herrichtens gehören insbesondere KG 100
Grundstück, 220 öffentliche Erschließung, 240 Ausgleichsabgaben und **250 Übergangsmaßnahmen. KG 700 Baunebenkosten** wird bei Freianlagen in bestimmten Fällen anzusetzen sein, wenn Besondere Leistungen (bei entsprechender vertraglicher Vereinbarung) oder Grundleistungen bei besonderen Planungsvorgaben erforderlich sind, so z. B.
bei sehr extensiver Dachbegrünung gutachterliche oder beratende Planung zur Berücksichtigung thermischer Bauphysik oder bei KG 772 die Frage zu Bewirtschaftungskosten
bei Flächendachgärten. Es kann aber keinen Zweifel darüber geben, dass die Kostengruppen 100, 220 und 700 ansonsten bei Freianlagen grundsätzlich nicht anrechenbar sind.

Die Kosten der KG 300 – **Baukonstruktionen** gehören im Grunde **nicht** zu den anrechenbaren Kosten. Dies gilt auch für den Fall, dass Freianlagen **in oder auf einem Gebäude** geplant werden. Die in der Vorauflage von Seifert, § 37 Rdn. 47 vertretene positive
Meinung dürfte die Anordnung „Gebäude" in § 38 Abs. 2 verkennen. Gleiche gilt für die
dort dargestellten Übergangsmaßnahmen der KG 250. Hier ist auf die KG 598 – Provisorische Außenanlagen – hinzuweisen.

50   Gleiche Probleme ergeben sich bei der **nichtöffentlichen Erschließung,** die im Wesentlichen KG 500 ff. und KG 300 ff. umfasst. Hier werden die Kosten gleich der Herrichtung zu behandeln sein.

Auch die ausgeschlossenen Kosten bei der **Ausstattung** (KG 610) und zu **Kunstwerken** (KG 620) sind gleich zu behandeln. Hinsichtlich der Ausstattung sind allerdings dann
anrechenbare Kosten wiederum einzubeziehen, wenn die Ausstattung bei einer Gebäu-
deinternen Bewässerung und automatisiertem Gartengeräten zu einem überwiegenden
Planungsansatz führt (vollständige Gebäudeautomation). Kunstwerke sind nach KG 620
dennoch einzubeziehen, wenn das Kunstwerk vollständig oder überwiegend als Freianlagenplanung anzusehen ist (z. B. „hängende Gärten", „Kunstwiesen").

2. Unterbau und Oberbau von Fußgängerbereichen

51   § 38 Abs. 2 **Nr. 2** ist inhaltsgleich mit der Fassung § 37 Abs. 2 Nr. 2 HOAI 2009. Bei
Freianlagen sind Kosten für den **Unter- und Oberbau von Fußgängerbereichen** nicht
anrechenbar, **ausgenommen** die Kosten für die **Oberflächenbefestigung.** Die Norm
bezieht sich **ausschließlich** auf die Regelung der Planung der **Fußgängerbereiche.**
Fußgängerbereiche beinhalten **für Fußgänger eingerichtete Zonen,** nicht aber gehören dazu die **Bürgersteige** oder **selbständige Fußwege.** Es geht eher um die planerisch
vorgesehenen Aufenthaltsbereiche (Plätze, Ruhezonen usw.). Fußgängerbereiche in Einkaufszentren, die auch innerhalb eines Gebäudes liegen können (z. B. Centro-Oberhausen),
sind nach § 39 Abs. 1 vollständig den Freianlagen zuzurechnen (so auch Hartmann, HOAI,
3. Band, 2014, Zu § 38 Rdn. 5). Nur die Kosten der Oberflächengestaltung von Fußgängerbereichen, wie z. B. die Kosten des Pflasters, sind anrechenbare Kosten für Grundleistungen bei solchen Freianlagen.

Oberbau meint nicht den Belag. Er ist die **Frostschutz- und Tragschicht** von Verkehrsanlagen. **Unterbau** ist der **Ausgleich des Geländeniveaus** (z. B. Aufschüttungen) um den Oberbau im Rahmen des tragfähigen Konstruktionsaufbaues herzustellen.

Es geht hier auch um eine **Differenzierung,** denn die anrechenbaren Kosten von Ober- und Unterbau und Oberflächenbefestigung sind getrennt zu ermitteln. Die ersteren sind immer sodann heraus zu rechnen, wenn es um Freianlagenplanung geht (siehe hierzu: AHO, Heft 20, S. 53).

Wenn nur der **Ober- oder Unterbau** geplant und ggfs. überwacht wird (Frostschutz **52** und Tragschichten), handelt es sich um **Leistungen bei Verkehrsanlagen.**

Zudem sind **reine Fußgängerbereiche** von Plätzen, verkehrsberuhigten Straßen oder gar reinen Fußgängerzonen mit Lieferverkehr abzugrenzen. Diese zählen im Regelfall zu den Verkehrsanlagen, auch wenn sie sich in Parks oder ländlichen Gebieten befinden. Hier sind die Beispielsfälle der Objektliste der Anlage 11.2 heranzuziehen, weil Nr. 2 eben nicht im Einzelnen auf bestimmte Plätze oder Fußgängerbereiche eingeht. Unter „Stadt- und Ortslagen" findet sich das Beispiel des Freizeit und Stadtparks. Diese werden nur dann heranzuziehen sein, wenn sie ausschließlich und ohne notwendige Belastungsrechnung als reine Fußwege zu planen sind, ohne Befahrbarkeitsvoraussetzung; gelegentliche Instandhaltungs- und Reinigungsfahrten sind hiervon auszunehmen. Wesentlich allerdings ist die Zuordnung bei der Einordnung „Sonstige Freianlagen". Nach der beispielhaften Darstellung dort zählen zu den Freianlagen „Fußgängerbereiche" und „Stadtplätze"; zu den übrigen Objekten zählen die davon abzugrenzenden Freiflächen im Zusammenhang mit historischen Anlagen, Parks und Gartenanlagen. Dort liegt der Verweis auf dem Schwerpunkt der Freifläche und nicht auf Zuwegungen oder Platzgestaltungen. Insoweit ist jeweils streng zu unterscheiden, denn nach dem Wortlaut ist die Oberflächengestaltung, also Pflaster, Verfugungen, Giesarbeiten, Plattenverlegungen und Einbringen von Kunstwerken (z. B. sog. „Erinnerungssteine"), dann dem Bereich der Freianlage zuzuordnen, wenn die Platzgestaltung wesentliches „Mitelement" der Planung einer Freianlage daneben ist. Ansonsten wird sie zu den Verkehrsanlagen insgesamt – also mit Ober- und Unterbau – zählen. Es hängt also von der vertraglichen geschuldeten einheitlichen Planungsleistung ab und der funktionalen Zuordnung zur Verkehrsanlagenplanung. Nur dünne Deckschichten oder Ausbesserungen des Belages (Aufbringen eines oberflächlichen Splitt- oder Sand-/Zementgemisches zur selbständigen Verfestigung durch Nutzung) zählen nicht zum Oberbau, sondern zur Oberflächenbefestigung. Oberflächenbefestigung kann im Einzelfall auch wassergebundene oder bitumengebundene Beläge oder gegossene und vorgefertigte Betondecken sein. Vgl. insgesamt auch AHO Heft 20 „Abgrenzung der Vergütung von Objektplanungsleistungen nach der HOAI Teil II: Freianlagen und Teil IV: Ingenieurbauwerken und Verkehrsanlagen" 2006; ähnlich wohl Locher/Koeble/Frik, § 39 Rdn. 30; Simmendinger, Jahrbuch Baurecht 2011, 269, 300. Zur **Abgrenzung** zwischen **Freianlagen** und **Verkehrsanlagen** siehe im Übrigen § 45 Rdn. 4–5.

IV. Übersicht über die in der Regel anrechenbaren, bedingt und nicht anrechenbaren Kosten

Hinsichtlich der Regelung bei § 38 Abs. 1 und 2 i. V. mit den Kostengruppen der DIN **53** 276 kann **für den Regelfall** folgender Überblick zur **Anrechenbarkeit von Kosten** für die Honorarabrechnung von Leistungen bei der **Freianlagenplanung** vorgenommen werden. Allerdings ist zu berücksichtigen, dass bei mehreren Möglichkeiten es auf die genaue vertragliche Leistungspflicht ankommt und, ob die Leistungen der Freianlagenplanung i. S. von § 39 Abs. 1 zuzurechnen sind.

Voll anrechenbare Kosten:

KG 363 Dachbeläge, KG 369 Dächer, sonstiges;

KG 510 Geländeflächen, KG 520 Befestigte Flächen, KG 530 Baukonstruktive Einbauten, KG 540 Technische Anlagen in Außenanlagen, KG 550 Einbauten in Außenanlagen, KG 560 Wasserflächen, KG 570 Pflanz- und Saatflächen, KG 590 Sonstige Außenflächen;

KG 540 kann über § 33 Abs. 3 in die voll anzurechnenden Kosten aufgenommen werden.

Bedingt anrechenbare Kosten:

KG 210 Herrichten, KG 230 Nichtöffentliche Erschließung, KG 250 Übergangsmaßnahmen;

KG 600 Ausstattung und Kunstwerke;

Nicht anrechenbare Kosten:

KG 100 Grundstück, KG 220 Öffentliche Erschließung, KG 240 Ausgleichsabgaben, KG 250 Übergangsmaßnahmen;

KG 300 Bauwerk – Baukonstruktionen; KG 310 Baugrube; KG 320 Gründung; KG 330 Außenwände; KG 340 Innenwände; KG 350 Decken; KG 360 Dächer (KG 361 Dachkonstruktionen, KG 362 Dachfenster, Dachöffnungen, KG 363 Dachbeläge, KG 364 Dachbekleidungen. KG 369 Dächer, sonstiges), KG 370 Baukonstruktive Einbauten, KG 390 Sonstige Maßnahmen;

KG 400 Technische Anlagen;

KG 510 Geländeflächen, KG 520 Befestigte Flächen, KG 530 Baukonstruktive Einbauten, KG 540 Technische Anlagen in Außenanlagen, KG 550 Einbauten in Außenanlagen, KG 590 Sonstige Außenflächen;

KG 700 Baunebenkosten.

KG 210 und KG 230 kann über § 33 Abs. 3 zu den nicht anrechenbaren Kosten führen.

KG 300, KG 310, KG 320, KG 330, KG 340, KG 350, KG 361, KG 362, KG 363, KG 364, KG 369, KG 370, KG 390 können über § 38 Abs. 2 Nr. 1 zu nicht anrechenbaren Kosten führen.

KG 400 kann über § 33 Abs. 3 zu nicht anrechenbaren Kosten führen.

KG 540 und KG 600 können über § 33 Abs. 3 zu nicht anrechenbaren Kosten führen.

54   Nicht hierher gehören die anrechenbaren Kosten bei Freianlagen aus Anlass der Planung und Überwachung eines Gebäudes. Dies ist in § 37 Abs. 1 geregelt und in der HOAI 2009 in § 37 Abs. 3 gewesen. Dort handelt es sich um eine „Bagatellregel", denn die anrechenbaren Kosten im Zusammenhang mit dem Neubau, Änderung oder Entfernung eines Gebäudes oder Gebäudeteils sind mit € 7500 abzurechnen. Das bedeutet, dass anrechenbare Kosten bis € 7500 bei getrennter Berechnung nach Freianlagen und Gebäude bei den Kosten des Gebäudes mit einberechnet werden können, aber nicht bei den Freianlagen. Dabei ist § 11 Abs. 1 zu beachten („Trennungsprinzip").

V. Hinweise auf vertragliche Gestaltungen

55   Bei übergreifenden und unklaren Abgrenzungen zwischen Leistungsaufgaben der Freianlagen- und der Verkehrsplanung, sowie der Freianlagen- zur Ingenieurbauplanung sind kombinierte Verträge zu schließen. Dabei ist die Objektliste der Anlage 11.2 heranzuziehen und die Honorarzone entsprechend den Vorschlägen zu wählen. Allerdings sollte angestrebt werden, dass soweit eine konkrete Planungsvorstellung des Auftraggebers nicht vorliegt zunächst mit Rahmenverträgen operiert wird. Dabei ist der Auftraggeber über DIN 18205 im Rahmen der Bedarfsplanung angehalten die üblichen Eckdaten vorzugeben. Allerdings ist auf BGH, Urt. v. 30.9.2004 – VII ZR 288/02 und BGH, BauR 1997, 677 hinzuweisen, wonach eine falsche vertragliche Einordnung des Honorarsatzes in der Regel zur Reduzierung bei Überschreitungen des Höchstsatzes auf den Höchstsatz bzw. bei Unterschreitung auf die Erhöhung auf den Mindestsatz führen kann, was gerade auch für die angesprochenen Rahmenverträge zu beachten ist.

Hinzuweisen ist an dieser Stelle auch auf die Empfehlungen der österischen LM.VM – Vergütungsmodell Freianlagen [FA] vom 10.4.2014 (Lechner). Insbesondere wir in diesem

Berechnungs- und Vertragsmodell für Änderungen und Umplanungswünsche des Auftraggebers von vornherein ein auf ein weiteres Abschätzen des zeitbezogenen Büro- und Personalaufwandes abgestellt. Diese Abschätzung ist im individuellen prognostisierten Erfahrungswert vor und bei Vertragsschluss abzuschätzen und richtet sich nach möglichem Risikoaufkommen (FA 6). Zusätzlich kann bei Einschaltung eines Generalunternehmers infolge seiner übergreifenden Überwachungsleistungen bei der örtlichen Überwachungen ein Abschlag von bis 10% beim Planer/Überwacher zu vereinbaren sein.

§ 39 Leistungsbild Freianlagen

(1) **Freianlagen sind planerisch gestaltete Freiflächen und Freiräume sowie entsprechend gestaltete Anlagen in Verbindung mit Bauwerken oder in Bauwerken und landschaftspflegerische Freianlagenplanungen in Verbindung mit Objekten.**

(2) **§ 34 Absatz 1 gilt entsprechend.**

(3) **Die Grundleistungen bei Freianlagen sind in neun Leistungsphasen unterteilt und werden wie folgt in Prozentsätzen der Honorare des § 40 bewertet:**

1. **für die Leistungsphase 1 (Grundlagenermittlung) mit 3 Prozent,**

2. **für die Leistungsphase 2 (Vorplanung) mit 10 Prozent,**

3. **für die Leistungsphase 3 (Entwurfsplanung) mit 16 Prozent,**

4. **für die Leistungsphase 4 (Genehmigungsplanung) mit 4 Prozent,**

5. **für die Leistungsphase 5 (Ausführungsplanung) mit 25 Prozent,**

6. **für die Leistungsphase 6 (Vorbereitung der Vergabe) mit 7 Prozent,**

7. **für die Leistungsphase 7 (Mitwirkung bei der Vergabe) mit 3 Prozent,**

8. **für die Leistungsphase 8 (Objektüberwachung – Bauüberwachung und Dokumentation) mit 30 Prozent und**

9. **für die Leistungsphase 9 (Objektbetreuung) mit 2 Prozent.**

(4) **Anlage 11 Nummer 11.1 dieser Verordnung regelt die Grundleistungen jeder Leistungsphase und enthält Beispiele für Besondere Leistungen.**

Vorgehende Vorschriften: § 17 Abs. 1 i. V. m. § 15 Abs. 1 und 2 HOAI (HOAI 1996/2002); § 38 HOAI 2009 und Anlage 11 zu § 38 Abs. 2 HOAI 2009

§ 39 entspricht weitestgehend § 38 der HOAI 2009. Neu aufgenommen wurde in § 39 Abs. 1 die bislang im allgemeinen Teil in § 2 enthaltene Definition der Freianlagen. § 39 Abs. 2 entspricht mit dem Verweis auf § 34 Abs. 1 zum Umfang des Leistungsbildes der Fassung von § 38 Abs. 1 S. 1 HOAI 2009. Für den bereits in der HOAI 2009 im eigenständigen Abschnitt 2 des Teils 3 „Objektplanung" geregelten Leistungsbereich „Freianlagen" wird nunmehr auch der Inhalt des Leistungsbildes in einer eigenständigen Anlage abgebildet. Der Inhalt des Leistungsbildes Freianlagen kann damit konkreter anhand des weiten Spektrums der Planungsaufgaben erläutert werden. Dort werden auch die Leistungen der Landschaftspflegerischen Ausführungsplanung deutlicher herausgebildet.

Übersicht

I. Grundlegendes

1 §§ 39 und 40 enthalten die Honorarregelungen für Freianlagen. Freianlagen sind plane-risch gestaltete Freiflächen und Freiräume sowie entsprechend gestaltete Anlagen in Verbindung mit Bauwerken oder in Bauwerken, definiert als Objekte in § 2 Nr. 1 (siehe Kommentierung zu § 2 Nr. 1), sowie nun **neu aufgenommen,** die landschaftspflegeri-schen Freianlagenplanungen in Verbindung mit Objekten (hierzu noch HOAI 2009, BR-Drucks. 395/09, S. 195). Dabei ist die zusätzliche Aufzählung – die zugleich ein Abgren-zungskriterium zu bestimmten Bauwerken und Anlagen ist – in § 38 Abs. 1 HOAI zu be-rücksichtigen. Der erste Teil der Definition entspricht zudem dem alten § 2 Nr. 11 HOAI 2009. Die Freianlagenplanung hat damit ein eigenes Leistungsbild innerhalb der Objekt-planung nun mehr nach der Regelung in 2009 in einer besser verständlichen Fassung sepa-rat erhalten. In § 17 Abs. 1 i.V.m. § 15 HOAI 1996/2002 waren die Gebäude, raumbil-denden Ausbauten und Freianlagen **in einem Leistungsbild** zusammengefasst. Die allgemeine Vorschrift für die Objektplanung in § 34 gilt nach § 39 Abs. 1 mit Ausnahme der Ausführungen zu den raumbildenden Ausbauten entsprechend. Die Einzelleistungen des Leistungsbildes sind in Anlage 11.1 in den einzelnen Leistungsphasen jeweils separat aufgeführt (siehe auch ergänzend die Kommentierung zu Anlage 11.1). Nicht zu den Frei-anlagen gehören die in den KG 530, 540, 570 der DIN 276 genannten Außenanlagen, sofern sie zu den Planungen des Gebäudes und des raumbildenden Ausbaues gehören (vgl. hierzu § 38 Rdn. 54).

Auch bei dem Leistungsbild Freianlagen gelten die **allgemeinen** Grundsätze.

Erfasst sind jetzt die Leistungen zu **landschaftspflegerischen Ausführungsplänen** im **Straßenbau, die in der Fassung 2009 noch ausgespart war** (amtl. Begründung zu § 38 HOAI, BR-Drucks. 395/09 vom 30.4.2009, S. 195). Allerdings sind diese von Teil

IV. der HOAI **mit umfasst,** soweit sie zu dem dortigen Begriff „**Anlage**" zugeordnet werden können und Leistungsgegenstand dort sind. **Ansonsten** sind sie im Leistungsumfang nach § 39 Abs. 1 HOAI umfasst, wenn es sich um reine landschaftspflegerische Freianlagenplanungen handelt, die neben den Objekten eine gewisse Eigenständigkeit aufweisen, wie die Ausgleichsplanungen, oder einen notwendigen Bezug zur Gesamtplanung im Straßenbau haben, wie Begleitbegrünung oder landschaftsregelnde Planungen. Auch die gesamten landschaftspflegerischen Planungen, wie Straßen und Wegeanpflanzungen und Waldanpflanzungen zum Lärmschutz sind eigenständige Planungsleistungen nach § 39 Abs. 1 HOAI.

Die Aufführung der Vom-Hundertsätze entspricht dem § 15 Abs. 1, 2 HOAI 1996/ 2002 und folgend der Fassung in § 38 Abs. 1 S. 2 HOAI 2009.

Absatz 4 verweist bezüglich der einzelnen Leistungsphasen und den **Grundleistungen** auf Anlage 11.1. Dort ist in jeder Leistungsphase an bestimmter Stelle die Grundleistungsverpflichtung aufgeführt (siehe auch ergänzend die Kommentierung zu Anhang 11.1). Damit regeln die Absätze 1, 3 und 4 und die Anlage 11.1 gemeinsam, was generell zum Leistungsbild der Freianlagen gehört und in welche Prozentsätze sich die Leistung des Planers in den einzelnen Leistungsphasen aufgliedert. Die Leistungsphasen 1 bis 9 sind inhaltlich erhalten geblieben.

Die **Besonderen Leistungen,** die – mündlich oder schriftlich – vereinbart werden müssen, § 3 Abs. 3 S. 2, 3, finden sich bei den Freianlagen in Anlage 11.1 auf der rechten Seite der Spalte.

Änderungen haben sich nach der amtlichen Begründung (BR-Drs. 334/13, Seite 158) allerdings wie folgt ergeben: *„Neu aufgenommen wurde in § 39 Abs. 1 die bislang im allgemeinen Teil in § 2 enthaltene Definition der Freianlagen. § 39 Abs. 2 entspricht mit dem Verweis auf § 34 Abs. 1 zum Umfang des Leistungsbildes der Fassung von § 38 Abs. 1 S. 1 HOAI 2009. Für den bereits in der HOAI 2009 im eigenständigen Abschnitt 2 des Teils 3 „Objektplanung" geregelten Leistungsbereich „Freianlagen" wird nunmehr auch der Inhalt des Leistungsbildes in einer eigenständigen Anlage abgebildet. Der Inhalt des Leistungsbildes Freianlagen kann damit konkreter anhand des weiten Spektrums der Planungsaufgaben erläutert werden. Dort werden auch die Leistungen der Landschaftspflegerischen Ausführungsplanung deutlicher herausgebildet."* Außerdem haben sich die anzusetzenden Prozentsätze der einzelnen Leistungsphasen geändert und wurden dem § 34 in der Objektplanung angeglichen, wobei dies dem tatsächlichen Aufwand des Freianlagenplaners angepasst wurde. Mit der Anlage 11 ist das Leistungsbild der Freianlagenplanung nunmehr vollständig verselbständigt.

II. Umfang der Regelung zu Freianlagen und den Leistungsphasen; Überblick zur Honorarberechnung

§ 39 Abs. 2 verweist auch inhaltlich auf § 34 Abs. 1. Danach sind die Regelungen zu **2** den Leistungen im Objektbau entsprechend bei den Freianlagen anzuwenden. Die Entsprechung bedeutet, dass die Leistungen im Bereich des Neubaus, der Neuanlage, des Wiederaufbaues, der Erweiterungsbauten, der Umbauten, Modernisierungen, raumbildender Ausbauten, Instandhaltungen und Instandsetzungen, mit dem jeweiligen Qualitätsmerkmal der planerischen Tätigkeiten bei Freianlagen in Verbindung zu bringen sind und entsprechend die Begrifflichkeiten in dieser Hinsicht so auszulegen und zu definieren sind. Auf § 2 Nr. 1 muss dabei Bezug genommen werden. Allerdings ist die Auslegung im Rahmen der Vorgaben des § 38 Abs. 1, 2 und Abs. 4 vorzunehmen und zugleich damit umgrenzt.

§ 39 Abs. 3 enthält die neun Leistungsphasen (Lph. 1 bis 9) und ist damit mit dem Objektbau und dem raumbildenden Ausbau synonym. Das entspricht der alten Rechtslagen nach § 17 Abs. 1 i.V.m. § 15 Abs. 1 und 2 HOAI 1996/2002. Die leistungsbezogene Phasenaufstellung des Abs. 3 entspricht ebenfalls § 15 Abs. 1 HOAI 1996/2002. Werden nicht alle Leistungsphasen beauftragt, so gilt § 8 Abs. 1. Werden die Leistungen in einer Leistungsphase vertraglich nicht erbracht oder fallen sie – teilweise – beispielsweise wegen

Vertragskündigung oder Aufhebung des Vertrages, sowie infolge nachlässiger Tätigkeit nicht an bzw. werden sie sodann nicht vertraglich ausgeführt, kann nach § 8 Abs. 2 S. 1 nur der Teil der Leistungen entsprechend berechnet werden, der tatsächlich angefallen ist. Da § 8 Abs. 2 S. 1 keine genaue Vorgaben der anteiligen Berechnungen der Teilleistungen einer Leistungsphase vorgibt, wird auf die inzwischen anerkannten Bewertungstabellen, wie **Siemon-Tabelle (siehe am Ende dieser Gesamtkommentierung), Steinfort-Tabelle** (ausdrücklich zugelassen vom BGH aus geeignete Form der Berechnung nach §§ 4, 5 Abs. 1, 2, 15 a. F. in BGH, BauR 2005, 588), **Seifert, Pott/Dahlhoff/Kniffka/Rath,** sowie **Locher/Koeble/Frik** (siehe dort Anhang 3.3) zurückzugreifen sein. Insoweit gilt für die Leistungen bei Freianlagen das gedanklich zu den Leistungsumfängen und Ausgestaltungen Gleiche wie bei der Objektplanung und raumbildenden Ausbauten.

Hinzuweisen ist ebenfalls darauf, dass nach der derzeit anzuwendenden **Vertragsmustern RBBau,** Einführungserlass (BMVBS) vom 1.9.2009 und Stand 10.2.2014 (Anhang VIII in dieser Kommentierung) eine Abrechnung des Honorars des Objektplaners auf der Grundlage einvernehmlich festgelegter nachprüfbarer Baukosten i. S. d. § 6 Abs. 2 nicht möglich ist. Auch der Freianlagenplaner kann erst von der öffentlichen Hand beauftragt werden, wenn mit der Entscheidungsunterlage – Bau (ES-Bau) im Rahmen des § 24 BHO bereits die Kostenschätzung, zumindest aber die Planungen vorliegt, die eine Kostenschätzung ermöglichen.

Zudem lässt sich die **Honorarberechnung wie** folgt abwickeln:

1. Ermittlung der anrechenbaren Kosten nach § 4;
2. Zuordnung zur Honorarzone nach § 40 Abs. 2 bis 5 i. V. m. Anlage 11.2 (wobei die beispielhafte Aufzählung dort zu berücksichtigen ist);
3. Bei vollem Honoraransatz wird das vereinbarte Honorar gem. § 40 Abs. 1 interpoliert;
4. Danach ist die prozentuale Bewertung der vereinbarten Grundleistungen nach den Prozentsätzen des § 39 Abs. 3 vorzunehmen.

III. Definition und Umfang der Freianlagenplanungen nach Abs. 1

Zunächst ist auf die Ausführungen unter § 38 Rdn. 1 bis 6 hinzuweisen.

3   Abs. 1 ist der Versuch der **Beschreibung,** was „Freianlagen" im Sinne der Verordnung sein bzw. darstellen sollen. Es geht dabei **nicht** um eine **sprachliche Definition,** sondern um die **Abgrenzung** der Darstellung im honorarrechtlichen Sinne. Bereits § 38 Abs. 1 und 2 setzen den Begriff voraus; ebenso § 2 Abs. 1. Danach sind als Freianlagen im hier interessierenden Bereich Objekte im Sinne des § 11 Abs. 1. Dabei sind **drei Bereiche** von Objekten zu unterscheiden:
– Objekte planerisch gestalteter Freiflächen oder Freiräume mit Bezug zu Bauwerken oder in Bauwerken. Das können sein Innenhöfe, Dach- und Terrassenbegrünung, Bauwerksbegrünung von außen und innen, vertikal oder horizontal, Begrünungen in Gebäuden, Vorgärten, Hausgärten, offene Gartenhöfe, Mustergärten und Parks in Verbindung mit Gebäuden und deren Umrandung/Eingrenzung, Schulgärten, Garten- und Gewächshäuser mit bestimmenden unmittelbar damit zusammenhängenden Freianlagen, Mischnutzungen von Garten, Hausgarten, Wiesen und landwirtschaftlich genutzten Freiflächen als Park- oder Nebenerwerbsgelände zu bestehenden Hauswirtschafts- und Repräsentationsgebäuden.
– Objekte planerisch gestalteter Freiflächen und Freiräume, die nicht Verbindung mit Bauwerken stehen oder in Bauwerken liegen. Hierzu zählen Parks ohne Gebäudebezug, Freizeitparks und städtische Parks mit Innenlage, Spielwiesen, Sportanlagen, Wettkampfanlagen und -strecken (Fitnesswege), Spielplätze, Bolzplätze (auch eingezäunt), Football- und Fußballplätze, Baseball- und Reitplätze.
– die landschaftspflegerische Freianlagenplanung in Verbindung mit Objekten. Dieses sind Geländegestaltungen, wie Golfplätze, Ufergestaltungen an Seen und Flüssen mit Eingriffen in die natürlichen Gegebenheiten, Halden- und Deponiebegrünung, Deichbegrü-

nung, Abraum- und Tagebaugestaltung bzw. -renaturierung, Freiflächen zu Siedlungen, dörflichen Strukturen, Einzelgebäuden, Begleitgrün und Pflanzungen zu anderen Bauwerken und Anlagen (Objekten), wie auch bäuerlichen Feldwegen und Erschließungswegen.

Gerade die letzte durch die HOAI 2013 eingefügte Erweiterung, ist jedoch nicht nur sprachlich missglückt, sondern stellt eben sogar einen Ausschlussgrund innerhalb der Definition dar. Denn es müsste eine Verbindung der Planung zu einem Objekt gem. § 11 Abs. 1 hergestellt werden können. Gemeint sind offenbar die landschaftspflegerischen Planungen zu Bauwerken, wie Parks und Golfplätzen. Dem Wortlaut nach sind dann **landschaftspflegerische Freianlagenplanungen ohne Verbindung zu einem Objekt** nicht von Abs. 1 erfasst und werden durch **freivereinbarte Honorare** der HOAI 2013 entzogen. Zudem sind mit dem Begriff landschaftspflegerische Freianlagenplanungen Planungen gemeint, die im Rahmen der Flächenplanung nach Teil 2 erbracht werden. Dazu zählen die Planungen im Rahmen der Planfeststellung, Genehmigungsplanungen, Flächenplanungen. Die Planungen müssen, soweit sie einen Bezug zu einem Objekt aufweisen, wozu auch feste Straßen, Wege, Plätze gehören, sich im Rahmen von Planungen zu und über naturgebundenen und landschaftsorientierten Zielrichtungen bewegen. Hier geht es u. a. auch um Planungen von Ausgleichsmaßnahmen zu Gebietsplanungen bei Autobahn-, Bahn- oder Bundesstraßenbau. Hierzu zählen auch die landschaftsplanerischen Leistungen beim Stromtrassenbau oder bei Windkraftanlagen. Die landschaftspflegerischen Maßnahmen haben als Bezug eine naturregelnde und -ändernde Intention (Eingriff).

Freiflächen sind die naturgebunden Flächen ohne wesentliche Begrenzungen; **Frei-** **4** **räume** sind dagegen Flächen mit begrenzenden Punkten, die eine weitere darüber hinausgehende und einbeziehende planerische Befassung nicht oder kaum zulassen. Dabei bezieht sich der übergeordnete Begriff der **Freianlage** auf ein einheitliches Objekt. Durch die Beispielsfälle in Anlage 11.2 wird deutlich, dass der Verordnungsgeber hier nicht von einer Einschränkung der Bezeichnung der Objekte ausgehen wollte. Auch wenn Anlage 11.2 lediglich Beispielsfälle beschreibt, muss zunächst festgestellt werden, dass im Rahmen der Freianlagendefinition Objekte in der freien Landschaft, in Stadt- und Ortslagen, die Gebäudebegrünung, Spiel- und Sportanlagen, Sonderanlagen und weitere abgegrenzte Objekte (Zoos, Parks), sowie besondere Freianlagen mit Bezug zu Objekten Gegenstand der Freianlagen sind und damit Freiflächen und Freiräume.

Eine Abgrenzung im Rahmen der Objekte im Sinne des § 11 Abs. 1 kann zu **Berech-** **5** **nung nach mehreren Objekten** führen. Das ist insbesondere bei Verbindungen zu Objektplanungen von Gebäuden oder Ingenieurbauten und Verkehrsanlagen, bei unterschiedlichen Anforderungen von Freianlagenplanungen der Fall. Dabei ist nun zu berücksichtigen, dass der VO-Geber infolge der Wahl der Beispielsfälle in den jeweiligen Objektlisten der Anlagen eine Öffnung der jeweiligen Beschreibung des Objektbegriffs wählte. Das bedeutet, dass keine weitere Einschränkung der Abgrenzung zum jeweils beauftragten (Haupt-)Objekt gemeint war. Gewünscht war der weitgehende Ausschluss von mehrfachen Berechnungen im Sinne des § 11 Abs. 1. Dennoch ergeben sich Schwierigkeiten bei der Abgrenzung.

Werden die Freianlagen **anteilig** zu anderen Objekten erbracht – wobei zu berücksich- **6** tigen ist, dass die Definition des Gebäudes nunmehr entfallen – so sind bei anteiligen jeweiligen Freianlagen mit Gebäuden oder Ingenieuranlagen mehrere Objekte im Sinne des § 11 Abs. 1 gegeben. Allerdings müssen die Freianlagen einen Bezug zu den Gebäuden, Ingenieurbauwerken, Verkehrsanlagen haben. Allerdings dürfen die Freianlagen eines Objekts nicht zugleich auch Freianlagen des anderen Objekts sein, sich also nicht einmal überschneiden. So werden bei den Gebäuden durchaus solche Überschneidungen zu finden sein. Sie sind zwingend aber infolge **Doppelberechnung auszuschließen.** Dies können bei baulichen Anlagen und Freianlagenplanungen sein, Anbauten an Gebäude, wie Wintergärten oder Anlehnhäuser, Gartenhäuser und nicht separate Unterstände. Anderseits sind separate Unterstände, Pergolen, Volieren, Gitter, Netze, Holzpfähle als – auch optische – Grenzmarkierungen, Hochstände, Vogelstangen, Futterhäuser nebst Vorratshütten, keine der Objektplanung „Gebäude" zuzurechnenden, separaten Objekte.

7   Bei **Ingenieurbauwerken** und **Verkehrsanlagen** sind die Anrechnungsbestimmungen der §§ 42 Abs. 3 Nr. 2 und 46 Abs. 3 Nr. 2 zu beachten. Wenn die dortigen Voraussetzungen erfüllt sind, sind Berechnungen zu mehreren Objekten im Sinne des § 11 Abs. 1 ausgeschlossen und die Kosten für Freianlagen damit den Kosten der Ingenieurbauwerke und Verkehrsanlagen zuzuordnen. Zudem sind die Abgrenzungen an §§ 41 Nr. 1 bis 7 und 45 Nr. 1 bis 3 zu orientieren. Die Freianlage wird zudem dort nur in §§ 41 Nr. 3 und 45 Nr. 1 erwähnt. Insgesamt gilt als Abgrenzungskriterium zunächst der Inhalt des eigentlichen Auftrages an den Planer und ob diese Aufgabe im Wesentlichen den Charakter der Freianlagenplanung prägt (ähnlich Fischer/Krüger, BauR 2013, 1176, 1179). Sollten also Anlagen oder Objekte mit wesentlichem Bezug zum Ingenieurbau oder zur Verkehrsanlage geplant und ggfs. umgesetzt werden, so wird man eben vom Ausschluss der Zuordnung der Objekte zu den Freianlagenplanungen auszugehen haben. Eine Schleusenanlage mit naturnaher Anbindung ist dem Ingenieurbauwerk zuzuordnen. Wird diese Schleusenanlage im Rahmen eines Freizeit- oder Naturparks ausschließlich als Kanuanlage zur Erreichung eines höhergelegenen Sees konzipiert, so handelt es sich um Spiel- und Sportanlagen im Sinne der Anlage 11.2. Ebenso gehören Aussichtsplattformen, Sitzterrassen, in die Landschaft eingebettete Ruheplätze oder Grillplätze dazu. Bei der Verkehrsanlage sind Fußgängerbereiche und Stadtplätze dann der Freianlagenplanung zuzuordnen, wenn sie einen wesentlichen Schwerpunkt der planerischen Tätigkeit in der selbständigen Funktion dieser Plätze oder Straßen und Wege aufweisen. Sind sie dagegen inhaltlich ein Teil der Gesamtplanung einer städtebaulichen Anforderung mit Verbindungen zu Straßen und Wegen, die den jeweiligen Charakter prägen, ist diese den Ingenieurbauwerken oder Verkehrsanlagen (z. B. auch bei Begründungen im Rahmen von Brückenkonstruktionen oder Autobahnauffahrten) zuzuordnen. Bei den Fußgänger- und Wegeanlage ist § 38 Abs. 2 Nr. 2 zu beachten, wonach bei dem Kosten die Aufteilung in Oberflächenbefestigung, wie loser Split, Natursteine oder Sand, und andererseits den Unterbau, wie Grob- und Feinkies, Betongemische, Recyclingmaterial, zu erfolgen hat.

IV. Entsprechende Anwendung des § 34 Abs. 1; Abs. 2 – Umbauten

8   § 39 Abs. 2 erklärt § 34 Abs. 1 für entsprechend anwendbar. Die Planungen der Freianlagen umfassen damit gem. § 2 Abs. 2 bis 6, 8 und 9 die „Neubauten" (vollständige neue Erbauung – zum eines Golfplatzes), „Neuanlage", „Wiederaufbauten" (Wiederherstellung eines ursprünglichen Zustandes), „Erweiterungsbauten" (Ergänzung vorhandener Anlagen), „Umbauten" (Umgestaltung eines vorhandenen Bereichs), „Modernisierung" (Erhöhung des Gebrauchswertes, wie Erneuerung von Fußgängerbrücken in einem Park oder neue Lichtanlagen in einen Fußgängerbereich, der vollständig in sich abgeschlossen ist und nicht als Teil einer Verkehrsanlage gilt), „Instandhaltungen" und „Instandsetzungen" (Erhaltung des Sollzustandes). Bei Letzteren zählen lediglich Pflegemaßnahmen, wie Rasenschnitt nicht zu den anrechenbaren Kosten, wenn sie zeitlich und saisonal bedingt sind. Zählen diese zu den bei der Planung zu berücksichtigenden Erhaltungsmaßnahmen, um eine Durchsetzung und Dauerhaftigkeit der Planung zu gewährleisten, zählen dieses allerdings dazu. So wird man die Kosten des monatlichen Rasenschnitts im Rahmen einer Planung einer Ausgleichsfläche bei einem Bundesstraßen oder Autobahnbau mit zu berücksichtigen haben, wenn es sich dabei um die Neuanlage solcher Geländeteile handelt und damit eine naturnahe und arten- und tierreiche Erhaltung in dem beplanten Gebiet auf Jahre hinaus gesichert werden soll. Das Gleiche erfolgt bei landschaftspflegerischen Maßnahmen der Sicherung des Baumbestandes oder bei Neuanpflanzungen, die den Pflanzenbestand der Region sichern sollen.

9   Klar ist nun geregelt, dass jede **Umbaumaßnahme** im Sinne des § 34 Abs. 1 i. V. m. § 2 Nr. 5 von § 34 Abs. 2 erfasst wird. Das war bisher streitig (siehe 8. Auflage, § 37 Rdn. 6) Damit allerdings ist auch gesagt, dass es sich um wesentliche Eingriffe in Konstruktion und Bestand handeln muss. Wesentlich ist hier mit nachhaltig gleichzusetzen. Denn es geht bei der Freianlagenplanung nicht um lediglich einfache umgestaltende Eingriffe in Natur und Landschaft. Bloße Baumpflanzungen, lediglich Änderungen von Strauchbeflanzungen ohne maßgebliche neue Insgesamtgestaltung oder Wegebegradigungen zählen nicht darunter. Hierzu zählt auch die Umbaumaßnahmen von baulichen Anlagen im Hochbau, Verkehrsanlagen- und Ingenieurbau, sofern diese zu berücksichtigen sind (§§ 34 Abs. 1, §§ 42 Abs. 3 Nr. 2 und 46 Abs. 3 Nr. 2, §§ 41 Nr. 1 bis 7 und 45 Nr. 1 bis 3). Werden nur diese umgebaut, z. B. nur eine Fußgängerbrücke über einen Bach in einem Erholungsgebiet, wird es dem Ingenieurbau zuzurechnen sei. Wird diese aber im Zusammenhang mit Erhaltungs- und Pflegmaßnahmen des Bachlaufs umgebaut, so zählt dies zu den Freianlagen.

V. Grundleistungen bei Freianlagen; Absatz 3 und Anlage 11.1

Abs. 3 beschreibt die **neun Leistungsphasen** entsprechend § 34 Abs. 3. Dabei wird **10** entsprechend den anderen Leistungsbildern jeweils nur von „**Grundleistungen**" gesprochen. In der **Anlage 11.1** wird die jeweilige inhaltliche Leistungsbeschreibung vorgenommen. Dabei befinden sich die Grundleistungen in der linken Spalte. **Besondere Leistungen** sind allerdings in Abs. 3 nicht erwähnt. Diese finden sich in Anlage 11.1 auf der rechten Spalte i. V. m. Abs. 4. Zu berücksichtigen ist allerdings, dass sich die Teilleistungen im Leistungsbild der Anlage Nummer 11.1 erheblich verändert haben und daher insbesondere bei geänderten oder sukzessive beauftragten Leistungen (siehe hierzu unter § 57 und den dortigen Beispielen) zu Schwierigkeiten bei der Bewertung und vertraglichen Einordnung der zu honorierenden alten oder neuen Teilleistungen führen können (siehe zu den detaillierten Änderungen zwischen HOAI 2009 und HOAI 2014 in der Kommentierung zu Anlage 11 unten). Auf die neue Teilleistungsbewertungen ist daher zurückzugreifen (so auch Kalusche, Handbuch HOAI 2013, S. 152 bis 155; ähnlich wohl Locher/Koeble/Frik, Anhang 3/3, Seiten 1344–1355; Scholtissek, HOAI, 2. Aufl., § 39, Rdn. 11).

Damit – Anhang 11.1 – wird eine – auch optische – Übersichtlichkeit der Leistungsanforderungen erreicht. Zudem sind die prozentualen Anteile in den einzelnen Leistungsphasen und die Leistungsinhalte entsprechend der Empfehlung aus dem Gutachten zum Aktualisierungsbedarf zur Honorarstruktur der Verordnung über die Honorar für Architekten- und Ingenieurleistungen (HOAI) (2012/2013), Anlage 12 übernommen worden. Der tatsächliche Aufwand ist in der HOAI 2013 nunmehr besser eingearbeitet worden. Allerdings ergeben sich kleinere prozentuale Veränderungen in den Leistungsphasen, die auf dieser Berücksichtigung der tatsächlichen üblichen Tätigkeitsanforderungen beruhen. Abs. 3 ist bei den Grundleistungen und Besonderen Leistungen im Zusammenhang mit Anlage 11.1. zu sehen. Daher werden die Grundleistungen nachfolgend und sodann die Besonderen Leistungen besprochen. Zudem ist auf die ergänzenden Beurteilungen in einzelnen Leistungsphasen bei § 9 Abs. 1 zu der Vorplanung und Entwurfsplanung als selbständig vergebene Einzelleistung zu verweisen und auf § 10 Abs. 2 zu den wiederholt geforderten bzw. vereinbarten Grundleistungen. Ebenfalls ist nun § 12 zu beachten, da dort der Honoraransatz bis 50% in den jeweiligen vereinbarten Leistungsphasen erhöht werden kann. Es ergeben sich ebenfalls prozentuale Verschiebungen, die ergänzend zu berücksichtigen sind (siehe in der Kommentierung dort).

Geändert wurde die Bezifferung der Teilleistungen in den jeweiligen Leistungsphasen.

VI. Grundleistungen bei Freianlagen
in einzelnen Leistungsphasen; Haftungsfragen

Zur besseren Übersicht wird zunächst die Anlage 11.1 in ihrer Gesamtheit dargestellt. **11** Dabei werden die Besonderen Leistungen nachfolgend separat dargestellt und zugleich auf Haftungsfragen eingegangen.

11.1 Leistungsbild Freianlagen

Grundleistungen	Besondere Leistungen
LPH 1 Grundlagenermittlung	
a) Klären der Aufgabenstellung aufgrund der Vorgaben oder der Bedarfsplanung des Auftraggebers oder vorliegender Planungs- und Genehmigungsunterlagen b) Ortsbesichtigung c) Beraten zum gesamten Leistungs- und Untersuchungsbedarf d) Formulieren von Entscheidungshilfen für die Auswahl anderer an der Planung fachlich Beteiligter e) Zusammenfassen, erläutern und Dokumentieren der Ergebnisse	– Mitwirken bei der öffentlichen Erschließung – Kartieren und Untersuchen des Bestandes, floristische und faunistische Kartierungen – Begutachtung des Standortes mit besonderen Methoden z. B. Bodenanalysen – Beschaffen bzw. Aktualisieren bestehender Planungsunterlagen, Erstellen von Bestandskarten
LPH 2 Vorplanung (Projekt- und Planungsvorbereitung)	
a) Analysieren der Grundlagen, Abstimmen der Leistungen mit den fachlich an der Planung Beteiligten b) Abstimmen der Zielvorstellungen c) Erfassen, Bewerten und Erläutern der ökosystemaren Strukturen und Zusammenhänge d) Erarbeiten eines Planungskonzepts einschließlich Untersuchen und Bewerten von Varianten nach gleichen Anforderungen unter Berücksichtigung z. B. – der Topographie und der weiteren standörtlichen und ökologischen Rahmenbedingungen – der Umweltbelange einschließlich der natur- und artenschutzrechtlichen Anforderungen und der vegetationstechnischen Bedingungen – der gestalterischen und funktionalen Anforderungen – Klären der wesentlichen Zusammenhänge, Vorgänge und Bedingungen – Abstimmen oder Koordinieren unter Integration der Beiträge anderer an der Planung fachlich Beteiligten e) Darstellen des Vorentwurfs mit Erläuterungen und Angaben zum terminlichen Ablauf f) Kostenschätzung, z. B. nach DIN 276, Vergleich mit den finanziellen Rahmenbedingungen g) Zusammenfassen, Erläutern und Dokumentieren der Vorplanungsergebnisse	– Umweltfolgenabschätzung – Bestandsaufnahme, Vermessung – Fotodokumentationen – Mitwirken bei der Beantragung von Fördermitteln und Beschäftigungsmaßnahmen – Erarbeiten von Unterlagen für besondere technische Prüfverfahren – Beurteilen und Bewerten der vorhandenen Bausubstanz, Bauteile, Materialien, Einbauten oder der zu schützenden oder zu erhaltenden Gehölze oder Vegetationsbestände
LPH 3 Entwurfsplanung (System- und Integrationsplanung)	
a) Erarbeiten der Entwurfsplanung auf Grundlage der Vorplanung unter Vertiefung z. B. der gestalterischen, funktionalen, wirtschaftlichen, standörtlichen, ökologischen, natur- und artenschutzrechtlichen Anforderungen	– Mitwirken beim Beschaffen nachbarlicher Zustimmungen – Erarbeiten besonderer Darstellungen, z. B. Modelle, Perspektiven, Animationen – Beteiligung von externen Initiativ- und Betroffenheitsgruppen bei Planung und Ausführung

Grundleistungen	Besondere Leistungen

b) Abstimmen oder Koordinieren unter Integration der Beiträge anderer an der Planung fachlich Beteiligter
c) Darstellen des Entwurfs z. B. im Maßstab 1 : 500 bis 1 : 100, mit erforderlichen Angaben insbesondere
  – zur Bepflanzung
  – zu Materialien und Ausstattungen
  – zu Maßnahmen aufgrund rechtlicher Vorgaben
  – zum terminlichen Ablauf
d) Objektbeschreibung ⋆)
e) Kostenberechnung z. B. nach DIN 276 einschließlich zugehöriger Mengenermittlung
f) Vergleich der Kostenberechnung mit der Kostenschätzung
g) Zusammenfassen, Erläutern und Dokumentieren der Entwurfsplanungsergebnisse
 	
⋆) mit Erläuterung von Ausgleichs- und Ersatzmaßnahmen nach Maßgabe der naturschutzrechtlichen Eingriffsregelung
	– Mitwirken bei Beteiligungsverfahren oder Workshops
	– Mieter- oder Nutzerbefragungen
	– Erarbeiten von Ausarbeitungen nach den Anforderungen der naturschutzrechtlichen Eingriffsregelung sowie des besonderen Arten- und Biotopschutzrechtes, Eingriffsgutachten, Eingriffs- oder Ausgleichsbilanz nach landesrechtlichen Regelungen
	– Mitwirken beim Erstellen von Kostenaufstellungen und Planunterlagen für Vermarktung und Vertrieb
	– Erstellen und Zusammenstellen von Unterlagen für die Beauftragung von Dritten (Sachverständigenbeauftragung)
	– Mitwirken bei der Beantragung und Abrechnung von Fördermittel und Beschäftigungsmaßnahmen
	– Abrufen von Fördermittel nach Vergleich mit den Ist-Kosten (Baufinanzierungsleistung)
	– Mitwirken bei der Finanzierungsplanung
	– Erstellen einer Kosten-Nutzen-Analyse
	– Aufstellen und Berechnen von Lebenszykluskosten

LPH 4 Genehmigungsplanung

a) Erarbeiten und Zusammenstellen der Vorlagen und Nachweise der öffentlich-rechtlichen Genehmigungen oder Zustimmungen einschließlich der Anträge auf Ausnahmen und Befreiungen, sowie notwendiger Verhandlungen mit Behörden unter Verwendung der Beiträge anderer an der Planung fachlich Beteiligter b) Einreichen der Vorlagen c) Ergänzen und Anpassen der Planungsunterlagen, Beschreibungen und Berechnungen	– Teilnahme an Sitzungen in politischen Gremien oder im Rahmen der Öffentlichkeitsbeteiligung – Erstellen von landschaftspflegerischen Fachbeiträgen oder natur- und artenschutzrechtlichen Beiträgen – Mitwirken beim Einholen von Genehmigungen und Erlaubnissen nach Naturschutz-, Fach- und Satzungsrecht – Erfassen, Bewerten und Darstellen des Bestandes gemäß Ortssatzung – Erstellen von Rodungs- und Baumfällanträgen – Erstellen von Genehmigungsunterlagen und Anträgen nach besonderen Anforderungen – Erstellen eines Überflutungsnachweises für Grundstücke – Prüfen von Unterlagen der Planfeststellung auf Übereinstimmung mit der Planung

LPH 5 Ausführungsplanung

a) Erarbeiten der Ausführungsplanung auf Grundlage der Entwurfs- und Genehmigungsplanung bis zur ausführungsreifen Lösung als Grundlage für die weiteren Leistungsphasen b) Erstellen von Plänen und/oder Beschreibungen, je nach Art des Bauvorhabens z. B. im Maßstab 1 : 200 bis 1 : 50 c) Abstimmen oder Koordinieren unter Integration der Beiträge anderer an der Planung fachlich Beteiligter	– Erarbeitung von Unterlagen für besondere technische Prüfverfahren (z. B. Lastplattendruckversuche) – Auswahl von Pflanzen beim Lieferanten (Erzeuger)

Grundleistungen	Besondere Leistungen
d) Darstellen der Freianlagen mit den für die Ausführung notwendigen Angaben, Detail- oder Konstruktionszeichnungen, insbesondere – zu Oberflächenmaterial, -befestigungen und -relief – zu ober- und unterirdischen Einbauten und Qualitäten – zu landschaftspflegerischen, naturschutz- fachlichen oder artenschutzrechtlichen Maßnahmen e) Fortschreiben der Angaben zum technischen Ablauf f) Fortschreiben der Ausführungsplanung während der Objektausführung	

LPH 6 Vorbereitung der Vergabe	
a) Aufstellen von Leistungsbeschreibungen und Leistungsverzeichnissen b) Ermitteln und Zusammenstellen von Mengen auf Grundlage der Ausführungsplanung c) Abstimmen oder Koordinieren der Leistungsbeschreibungen mit den an der Planung fachlich Beteiligten d) Aufstellen eines Terminplans unter Berücksichtigung jahreszeitlicher, bauablaufbedingter und witterungsbedingter Erfordernisse e) Ermitteln der Kosten auf Grundlage der vom Planer bepreisten Leistungsverzeichnisse f) Kostenkontrolle durch Vergleich der vom Planer bepreisten Leistungsverzeichnisse mit der Kostenberechnung g) Zusammenstellen der Vergabeunterlagen	– Alternative Leistungsbeschreibung für geschlossene Leistungsbereiche – Besondere Ausarbeitung z. B. für Selbsthilfe- arbeiten

LPH 7 Mitwirkung bei der Vergabe	
a) Einholen von Angeboten b) Prüfen und Werten der Angebote einschließlich Aufstellen eines Preisspiegels nach Einzel- positionen oder Teilleistungen. Prüfen und Werten der Angebote zusätzlicher und geänderter Leistungen der ausführenden Unternehmen und der Angemessenheit der Preise c) Führen von Bietergesprächen d) Erstellen der Vergabevorschläge e) Zusammenstellen der Vertragsunterlagen f) Kostenkontrolle durch vergleichen der Ausschreibungsergebnisse mit den vom Planer bepreisten Leistungsverzeichnissen und der Kostenberechnung g) Mitwirken bei der Auftragserteilung	

LPH 8 Objektüberwachung (Bauüberwachung) und Dokumentation	
a) Überwachen der Ausführung des Objekts auf Übereinstimmung mit der Genehmigung oder Zustimmung, den Verträgen mit	– Dokumentation des Bauablaufs nach besonderen Anforderungen des Auftraggebers – fachliches Mitwirken bei Gerichtsverfahren

Grundleistungen	Besondere Leistungen
ausführenden Unternehmen, den Ausführungsunterlagen, den einschlägigen Vorschriften, sowie mit den allgemein anerkannten Regeln der Technik b) Überprüfen von Pflanzen- und Materiallieferungen c) Abstimmen mit den oder Koordinieren der an der Objektüberwachung fachlich Beteiligten d) Fortschreiben und Überwachen des Terminplans unter Berücksichtigung jahreszeitlicher, bauablaufbedingter und witterungsbedingter Erfordernisse e) Dokumentation des Bauablaufs (z. B. Bautagebuch) Feststellen des Anwuchsergebnisses f) Mitwirken beim Aufmaß mit den bauausführenden Unternehmen g) Rechnungsprüfung einschließlich Prüfen der Aufmaße der ausführenden Unternehmen h) Vergleich der Ergebnisse der Rechnungsprüfungen mit den Auftragssummen einschließlich Nachträgen i) Organisation der Abnahme der Bauleistungen unter Mitwirkung anderer an der Planung und Objektüberwachung fachlich Beteiligter, Feststellung von Mängeln, Abnahmeempfehlung für den Auftraggeber j) Antrag auf öffentlich-rechtliche Abnahmen und Teilnahme daran, k) Übergabe des Objekts l) Überwachen der Beseitigung der bei der Abnahme festgestellten Mängel m) Auflisten der Verjährungsfristen für Mängelansprüche n) Überwachen der Fertigstellungspflege bei vegetationstechnischen Maßnahmen o) Kostenkontrolle durch Überprüfen der Leistungsabrechnung der bauausführenden Unternehmen im Vergleich zu den Vertragspreisen p) Kostenfeststellung, z. B. nach DIN 276 q) Systematische Zusammenstellung der Dokumentation, zeichnerischen Darstellungen und rechnerischen Ergebnissen des Objekts	– Bauoberleitung, künstlerische Oberleitung – Erstellen einer Freianlagenbestandsdokumentation
LPH 9 Objektbetreuung	
a) Fachliche Bewertung der innerhalb der Verjährungsfristen für Gewährleistungsansprüche festgestellten Mängel, längstens jedoch bis zum Ablauf von 4 Jahren seit Abnahme der Leistung, einschließlich notwendiger Begehungen b) Objektbegehung zur Mängelfeststellung vor Ablauf der Verjährungsfristen für Mängelansprüche gegenüber den ausführenden Unternehmen c) Mitwirken bei der Freigabe von Sicherheitsleistungen	– Überwachung der Entwicklungs- und Unterhaltungspflege – Überwachen von Wartungsleistungen – Überwachen der Mängelbeseitigung innerhalb der Verjährungsfrist

Das nun eigenständige Leistungsbild Freianlagen weist gegenüber dem ehemals zusammengefassten Leistungsbild Gebäude und raumbildende Ausbauten sowie Freianlagen (Anlage 11 HOAI 2009) **Änderungen** auf.

12   Hinzuweisen ist auf **Heft 29 der AHO** zu **frei zu vereinbarenden Leistungen zum Leistungsbild Objektplanung Freianlagen mit Hinweisen zur Bestimmung und Abgrenzung der Leistungen und Leistungsarten** (Stand Mai 2013). Zwar werden darin die Ergebnisse der Änderungen in der HOAI 2009 dargestellt, jedoch gegeben sie einen Hinweis auf die praktischen Ansätze und Leistungsanforderungen der Besonderen Leistungen, soweit sie nicht in der beispielhaften Aufzählung der Anlage 11.1 rechte Spalte enthalten sind. Insoweit wird zur Vervollständigung der vom VO-Text gebildeten Beispiele auf die dortigen ergänzenden Beispielsfälle hingewiesen (ab Seite 12ff.).

Zudem geht die AHO-Fachkommission „Freianlagenplanung" auch von einer Leistungsphase 0 für eine vorgeschaltete Bedarfsplanung und Leistungsphase 10 für eine Nachsorge oder Baubetreuung aus (Heft 29, Seite 7).

Leistungsphase 1: Grundlagenermittlung

a) Grundleistungen

13   Hier bestehen keine Besonderheiten oder Abweichungen bei Grundleistungen der Freianlagen. Die in Anlage 11.1 unter Lph 1 Ziffern a) bis e) dargestellten Tätigkeiten sind hier entsprechend gedanklich anzusetzen.

Buchstabe a)

14   Zum Zwecke der Klarstellung wird neu die Alternative „**Klärung der Aufgabenstellung aufgrund vorliegender Planungs- und Genehmigungsunterlagen**" aufgenommen. Freianlagenplanungen werden in der Praxis auch auf der Grundlage bereits erteilter Planfeststellungen oder Plangenehmigungen erstellt. Diese Leistung wurde bisher dem Auftraggeber zugeordnet. Durch komplexe Planungs- und Umsetzungsvoraussetzungen, sind – öffentliche – Auftraggeber nur bedingt in der Lage, die geforderten Voraussetzungen für eine Planungsvorgabe zu erfüllen. Daher ist zunehmend die Anforderung von den Planern übernommen worden. Dies allerdings bedingt nun eine sehr umfassende Beratungs- und Aufklärungstätigkeit des Planers bereits zu Beginn seiner beauftragten Tätigkeit. Hieraus folgen bereits in diesem Stadium Haftungsfolgen. Denn bei Versäumnis der Erforschung des gewollten Leistungsumfanges und des Bedarfs, sowie einer ersten sehr groben Kostenanalyse, werden sich nachfolgende Fehler nicht vermeiden lassen.

Notwendig sind zunächst das Abfragen und Erörtern der **Bedarfsvorstellungen.** Sind diese nicht vom Auftraggeber formuliert worden, muss auf eine **Bedarfsplanung** des Auftraggebers nach DIN 18205 oder vergleichbare Untersuchungen hingedrängt werden. Dabei hat der Auftragnehmer dem Auftraggeber auch behilflich zu sein. Jedoch nur im unterstützenden Sinne. Daher sind Vorgaben und Beschaffungen nicht von ihm zu erbringen. Diese sind Besondere Leistungen. Fehlen Unterlagen, wie Planungs- und Genehmigungsunterlagen, welche zur Ermittlung der Planungsaufgabe notwendig sind, hat der Auftragnehmer dem Auftraggeber die Erfordernisse darzustellen; nicht jedoch sind Bestandsaufnahmen, Vermessungsergebnisse, Grunduntersuchungen, geologische Gutachten, usw. vom Planer zu erbringen. Dieses sind Besondere Leistungen.

Zudem können die Bedarfsplanungen auch insgesamt als Besondere Leistungen vereinbart werden (siehe unten Rdn. 19; Scholtissek, 2. Aufl., § 39 Rdn. 17).

Buchstabe b)

15   Die Teilleistung ist neu aufgenommen worden. Die **Ortsbesichtigung** ist damit allerdings verpflichtend auch für den möglichen Haftungsprozess.

Buchstabe c)

16   Die **Beratung zum gesamten Leistungs- und Untersuchungsbedarf** beinhaltet die Beratung der erforderlichen Einzelheiten zum beabsichtigten Planungsprogramm. Hier sind die notwendigen Behörden und Beteiligten (Denkmalämter, Naturschutzbehörden,

Interessengruppen (BUND), Unternehmer anzuführen, die notwendigerweise bei der Planung mit einzubeziehen oder zu berücksichtigen sind. Zudem sind an dieser Stelle bereits die eigenen Leistungen im Hinblick auf Grundleistungen und Besondere Leistungen darzustellen. Hieraus folgt die umfassende Beurteilung einer Risikoanalyse des Objekts, also in dem Sinne, welche Beteiligten, welche Aufgaben und Verantwortungen haben und welche Probleme – überschlägig – Berücksichtigung finden müssen. Auch der eigene und der Leistungsbedarf/-aufgabe anderer am Projekt zu Beteiligender ist darzustellen. Wir beispielsweise versäumt bei einer Renaturierungsmaßnahme auf die Einbindung örtlicher Interessengruppen oder des BUND hinzuweisen und stellt sich beim Genehmigungsgang das Erfordernis der Einbindung heraus, was zu zeitlichen Verzögerungen führt, ist der Planung für Verzögerungsschäden in Betracht zu ziehen.

Buchstabe d)

Das **Formulieren von Entscheidungshilfen für die Auswahl an der Planung** 17 **fachlich Beteiligter** ist die Ergänzung zu Buchstabe c). Dabei geht es insbesondere um eine weitere Aufgabenteilung und -beschreibung der Leistungen, die der Auftragnehmer selbst nicht erbringen kann oder will, welche aber zugleich kostenträchtig sind, ggfs. im Bereich der Besonderen Leistungen anzusiedeln sind. Dabei ist die Leistungsbeschreibung der weiteren Planer, Gutachter und Fachplaner darzustellen und den Umfang der erforderlichen und hier notwendigen Leistungsbefassung. Dabei sind Kostengesichtspunkte dieser Planer zunächst nicht eigentlicher Gegenstand der Beratung. Allerdings sind Hinweise zu Kostenrahmen erforderlich. Nicht notwendig sind personenneutrale Hinweise. Allerdings müssen Vor- und Nachteile von (Nicht-)Beauftragung dargestellt werden. Unnötige und überflüssige Hinweise zu Planern, können haftungsträchtig sein, wenn die Einschaltung objektiv gesehen nicht notwendig war, oder von diesen Teilleistungen erbracht werden sollen, die vom Auftragnehmer im üblichen oder vertraglichen Umfang zu erbringen sind.

Buchstabe e)

Abweichend von § 3 Abs. 8 HOAI 2009 – dieser ist entfallen – wird hier eine **Doku-** 18 **mentation** gefordert. Diese kann mündlich oder schriftlich erfolgen. Aus Beweislastgrundsätzen ist dem Auftragnehmer die Schriftlichkeit zu empfehlen. Daher ist die Erläuterung und Dokumentieren nunmehr vorgeschrieben. Hierzu zählen nicht nur eine schriftliche Kurzdarstellung, sondern auch erste Planungsergebnisse, Fotodokumentationen, Hinweisnachweise für die Beteiligung Dritter und in die Planung Einzubindender. Die Anfertigung einer ausführlichen Fotodokumentation ist eine Besondere Leistung.

b) Besondere Leistungen

Die über § 3 Abs. 3 und Anlage 11.1 dort aufgeführten Leistungen sind nicht abschlie- 19 ßend genannt und können im Rahmen der **Vereinbarung erweitert** werden. Die Honorierung ist sodann frei dafür zu vereinbaren.

Als mögliche Besondere Leistungen sind hier in Betracht zu ziehen:
- **Bestandsaufnahme der vorhandenen Vegetation**
- **Standortanalysen**
- **Kartierungen der Flora und Fauna**
- **Sondernutzungskartierungen**
- **Bodenanalysen und Bodenuntersuchungen**
- **Klimadatenerhebungen**
- **Bewertung der vorhandenen Substanz (Gehölze und Bäume)**
- **Fotodokumentation**
- **Auswertung von Luftbildaufnahmen**
- **Aufmaßarbeiten und Vermessungsarbeiten.**

c) Honorierung Besonderer Leistungen

Die **Besonderen Leistungen** sind nach § 3 Abs. 3 S. 3 frei vereinbar. 20

d) Haftungsfragen

21 Hier gelten die allgemeinen Grundsätze, wie in der Einleitung und unter § 34 beschrieben. Zu den einzelnen Haftungsfragen siehe in den Teilleistungsbeschreibungen.

Leistungsphase 2: Vorplanung

22 2. Leistungsphase 2: Vorplanung (Projekt- und Planungsvorbereitung)

a) Grundleistungen

Buchstabe a)

23 Hier ist zunächst das **analysieren der Grundlagen der eigenen Planung** im Vordergrund der Leistungspflicht zu sehen. Darüber hinaus neu eingefügt ist nun die Notwendigkeit der Abstimmung der Leistungen – also der Grundleistungen und der beauftragten Besonderen Leistungen fachlich an der Planung anderer Beteiligter. Dies geschieht zu einem sehr frühen Zeitpunkt mit dem Sinn frühestmöglich andere Planer einzubinden und deren Planungen und Empfehlungen zu nutzen. Dieses ist aber bereits haftungträchtig insoweit, also das Unterlassen der Einbindung Dritter oder der unterlassene Hinweis an den Auftraggeber, dass die Einbindung anderer Planer erforderlich sei und wirtschaftlich sinnvoll ist, zum Beginn des Kausalzusammenhangs des Verschuldens zu zählen ist.

Buchstabe b)

24 Das **Abstimmen der Zielvorstellungen** ist das Erfassen der Vorgaben des Auftraggebers. Danach sind unter dem Hinweis auf eine wirtschaftliche Planungsleistung gem. § 3 Abs. 4 die Bedürfnisse, Zielvorstellungen und Gestaltungen, sowie die Möglichkeiten der Einwendungen und der Vorstellungen der Behörden, sowie weitere – auch zukünftig mögliche – Vorgaben und Zielkonflikte sind hier durchzuführen. Abwägungen haben stattzufinden.

Buchstabe c)

25 Zunächst hat der Auftragnehmer die Grundlagen des vorgefundenen **Ökosystems** zu bewerten, also Zusammenhänge zwischen Ökonomie und Ökologie zu erkennen und unter Bezugnahme auf die Aufgabenstellung zu bewerten. Vorgefundene Ressourcen des Ökosystems sind einzubinden. Zudem wird nach dem **Erfassen** dieser Systeme der Auftragnehmer eine **Bewertung** der vorgefundenen Ökosysteme in Abhängigkeit mit der ökologischen Situation erfassen müssen und bewerten müssen; zu hat er die Wechselwirkungen darzustellen und zu **erläutern.** Daher ist im Rahmen des „Erfassens" allerdings nicht gemeint, dass der Auftragnehmer die Informationen selbst erheben oder Untersuchungen anstellen muss. Er hat sich hier mit vorhandenen Informationen zu befassen. Die weitergehende Aufgabe der eigenerstellten Informationen sind Besondere Leistungen.

Buchstabe d)

26 Erstmals werden Beispiele angeführt, wie die **Topographie,** die **Umweltbelange** und die **gestalterischen und funktionalen Anforderungen,** die bei der Erarbeitung des Planungskonzepts zu berücksichtigen sind. Insbesondere die Berücksichtigung der Umweltbelange, einschließlich der artenschutzrechtlichen Bedingungen, ist neuen Anforderungen des europäischen und nationalen Natur- und Artenschutzrechts sowie der gesetzlichen Bestimmungen zum Boden- und Gewässerschutz geschuldet und hat für Freianlagen eine hohe Bedeutung. Diese Leistungspflicht setzt sich in den weiteren Leistungsphasen 3, 4 und 5 fort.

Es gehören zu der Grundleistung:

– Erarbeiten eines Planungskonzepts einschließlich Untersuchen und Bewerten von Varianten nach gleichen Anforderungen unter Berücksichtigung z. B.

– der Topographie und der weiteren standörtlichen und ökologischen Rahmenbedingungen

- der Umweltbelange einschließlich der natur- und artenschutzrechtlichen Anforderungen und der vegetationstechnischen Bedingungen
- der gestalterischen und funktionalen Anforderungen
- Klären der wesentlichen Zusammenhänge, Vorgänge und Bedingungen
- Abstimmen oder Koordinieren unter Integration der Beiträge anderer an der Planung fachlich Beteiligten

Es fällt darunter das **Erfassen, Bewerten und Erläutern der ökosystemaren Strukturen und Zusammenhänge,** wie zum Beispiel Boden, Wasser, Klima, Luft, Pflanzen- und Tierwelt; ebenso das Darstellen der räumlichen und gestalterischen Konzeption mit erläuternden Angaben, insbesondere zur Geländegestaltung, Biotopverbesserung und -vernetzung, vorhandenen Vegetation, Neupflanzung, Flächenverteilung der Grün-, Verkehrs-, Wasser-, Spiel- und Sportflächen und das Klären der Randgestaltung und Anbindung an die Umgebung. Die Auflistung tritt an die Stelle der vergleichbaren Leistungen der Objektplanung.

Damit ist diese Grundleistung eine der **zentralen Hauptleistungspflichten.** Die auf- **27** gezeigten und gefundenen Ergebnisse sollen die Grundlage für die Entscheidung des Auftraggebers bilden. Allerdings sind die hier aufgelisteten Grundleistungselemente nur Beispiele. Eine nach den Erfordernissen des Auftragsinhalts notwendige Teilleistung kann an deren Stelle treten; sie muss allerdings inhaltlich und den Anforderungen gemäß mit den aufgelisteten Leistungen ähnlich oder vergleichbar sein. Zudem ist im Zusammenhang mit dem Erfordernis des Aufzeigens von „Varianten" darauf hinzuweisen, dass diese selbst ebenfalls keine wesentlichen neuen Anforderungen haben dürfen. Stellt der Auftraggeber eine neue Anforderung im Rahmen der Forderung nach Varianten, so ist im Rahmen der ergänzenden Planungsanforderung auch von Änderungsplanung oder Wiederholungsplanungen nach § 10 Abs. 1 oder Abs. 2 auszugehen. Der Auftragnehmer hat hier eine Einigung über die Leistungspflicht und das Honorar herbeizuführen (siehe Kommentierung zu § 10).

Buchstabe e)

Die Teilleistung **„Darstellen des Vorentwurfs mit Erläuterungen und Angaben** **28** **zum terminlichen Ablauf"** stellt gegenüber dem Leistungsbild Gebäude und Innenräume und insbesondere dort „Erstellen eines Terminplans" weniger strenge Anforderungen. Diese Abweichung liegt darin begründet, dass die Herstellung von Freianlagen besonders den jahreszeitlichen Witterungseinflüssen unterliegt und darüber hinaus Abhängigkeiten in der Terminplanung zur Erstellung von Gebäuden, Verkehrsanlagen oder Ingenieurbauwerken bestehen können.

Der Auftragnehmer hat als Grundleistung die Darstellung des Vorentwurfs mit Erläuterungen und Angaben zum terminlichen Ablauf zu erbringen. Dies bedingt das zumindest versuchsweise oder überschlägige zu Papierbringen. Die Ausgestaltung ist dabei nicht elementar, sondern die Erfassbarkeit durch den Auftraggeber oder Dritte. Die Darstellung kann also auch elektronisch erfolgen und in besonderen Fällen sicherlich auch mündlich. Im Grundfall sind die Darstellungen allerdings nachvollziehbar zu machen. Dabei sind Skizzen nicht notwendigerweise im Maßstab vorzulegen. Jedoch müssen möglichst so gestaltet sein, dass Kostenschätzungen nach DIN 276 vorgenommen werden müssen. Hier sind Raum- und Flächeninhalte erfassbar zu machen, ohne dass Änderungen oder Ergänzungsleistungen erforderlich werden.

Eine möglicherweise **haftungsträchtige** neue Teilgrundleistung stellt das Erfordernis der „Angaben zum terminlichen Ablauf" dar. Darunter ist die Erstellungen eines – überschlägigen – Terminplanes des weiteren Ablaufs der Planung und der weiteren tatsächlichen Umsetzung, wie Verhandlungen mit Behörden, Beiziehen von anderen Fachplanern und Möglichkeiten zum Bauablauf einzubeziehen. Zudem sind saisonale Überlegungen anzustellen (ähnlich auch Scholtissek, 2. Aufl., § 39 Rdn. 19). Allerdings ist diese Leistungsaufgabe in Bezug auf die nicht vorhersehbaren Umwelteinflüsse in einem nur auf übliche Erfahrungssätze zu gründenden Ablaufplan einzustellen. Eine exakte Terminierung bei Bepflanzungen ist beispielsweise mit Wetter- und Temperatureinflüssen abzuwägen und teilweise nicht vorhersehbar. Hier wird es aber auf den Einzelfall ankommen. Eine genaue Terminierung wir man nur bei entsprechend formulierten Punkten im Vertrag des Planers und des Unternehmers einarbeiten können, wobei die Schwierigkeit besteht, dass Vegetations- und Wachstumsphasen sich teilweise nicht exakt voraussehen lassen.

Buchstabe f)

29   Lediglich beispielhaft wird auf die DIN 276 Bezug genommen. Abhängig vom konkreten Vorhaben können auch andere Maßgaben zu **Kostenermittlungen** z.B. nach AKS (Kostenberechnung für Straßenbaumaßnahmen) herangezogen werden. Die Anwendung der DIN 276 als Grundlage zur Bemessung der anrechenbaren Kosten für die Honorare bleibt davon unberührt. Die Kostenschätzung unter Berücksichtigung der DIN 276 ist nicht abschließend vorgeschrieben, wie der Wortlaut hier deutlich macht. Da die Freianlagen nicht dem System der DIN 276 Teil 1 oder Teil 4 abschließend zuzuordnen sind, sind andere Bereiche der Kostenerfassung möglich. Dies schon deswegen, weil die Freianlagen selbständige Objekte im Sinne des § 2 Abs. 1 sind. Dabei können im Rahmen der Kostenschätzung auch standardisierte Verkaufslisten und Schätzlisten von Kulturen, Pflanzen und Bäumen zum Einsatz kommen.

Ebenfalls als Teilgrundleistung ist der Vergleich mit den finanziellen Rahmenbedingungen Leistungspflicht. Dabei wird man das Ergebnis der Erörterungen zu den finanziellen Rahmenbedingungen aus der Leistungsphase 1 zu übernehmen haben und zudem eine vergleichende Darstellung fordern müssen. Dies kann mündlich, aber im Rahmen der beweisbelasteten Darstellung durch den Auftragnehmer am besten schriftlich geschehen. Die Kostenfortschreibung ist so deutlich zu machen und dem Auftraggeber eine Kostenübersicht, sowie Hinweise zu Abweichungen zu seiner Vorstellung zu geben. Haftungsträchtig kann dies dann sein, wenn der Auftragnehmer den Kostenvergleich nicht vorlegt und die Entscheidung des Auftraggebers ersichtlich auf einer deswegen erfolgenden Fehlentscheidung beruht.

Buchstabe g

30   Statt des in der Fassung 2009 enthaltenen allgemeinen Hinweises auf eine **Erläuterung** der Leistung, wird jeder Leistungsphase nunmehr als Grundleistung die „Zusammenfassung, Erläutern und Dokumentieren der Vorplanungsergebnisse zum Abschluss der Leistungsphase 2 vorgeschrieben. Der Auftraggeber soll dadurch einen Überblick über die erbrachten Leistungen und die Fortschritte bei Planung und Umsetzung ermöglicht werden. Zudem kann der Auftraggeber – zumal bei stufenweisen Beauftragungen – die nächste Stufenbeauftragung überlegen oder abschließen, dies auch aus wirtschaftlichen Gründen. Die Rahmenbedingungen muss der Auftraggeber sodann selbst untersuchen.

b) Besondere Leistungen

31   So kann als Besondere Leistung die **Aufstellung eines Finanzierungsplanes,** das **Mitwirken bei Kreditbeschaffung,** der **Durchführung von Bauvoranfragen,** das **Anfertigen von besonderen Darstellen, wie Modelle, Muster, Perspektiven** in Betracht kommen. Auch ein **Zeit- und Organisationsplan** ist für die Abstimmung von Leistungen der Garten- und Landschaftsgestaltung denkbar, sowie die Einbeziehung **erneuerbaren Energiekonzepte.** Die **Fotodokumentation,** die Hilfe bei der **Beschaffung von Fördermitteln und das Erarbeiten von Prüfunterlagen für besondere technische Prüfverfahren** sind beispielhaft in der rechten Spalte der Anlage 11.2 aufgeführte Tätigkeiten.

c) Honorierung Besonderer Leistungen

32   Die Besonderen Leistungen sind nach § 3 Abs. 3 S. 3 frei vereinbar.

d) Haftungsfragen

33   Hier gelten die allgemeinen Grundsätze, wie in der Einleitung, unter Ziffer a) und unter § 34 beschrieben.

3. Leistungsphase 3: – Entwurfsplanung (System- und Integrationsplanung)

a) Grundleistungen

Die Grundleistungen der Leistungsphase 3 sind auf der Grundlage der Ergebnisse der **34** Leistungsphase 2 zu erbringen. Dies sind vertiefende Darstellungen der bisher bereits vorliegenden Planungslösungen von räumlichen Strukturen, Verteilungen von Mengen und Massen, sowie Flächen und der Darstellung von räumlichen und funktionalen Gefügen im Rahmen der Natur. Die in der Leistungsphase 2 entwickelte Vorplanungsebene ist fortzuführen und die getroffenen Vorentscheidungen sind zu verfeinern. Das bedingte eine Weiterentwicklung der Gestaltung von Konstruktion und Kostenaufwand, damit der Auftraggeber eine weitergehende Entscheidungsmöglichkeit erhält. Damit hat sich die Leistungsphase zur wichtigsten Leistungsstruktur und -phase entwickelt.

Buchstabe a)

Grundlegend ist in der Leistungsphase zunächst in **Ergänzung der Leistungsphase 2** **35** **das Erarbeiten der Entwurfsplanung auf der Grundlage der Vorplanung unter Vertiefung zum Beispiel der gestalterischen, funktionalen, wirtschaftlichen, standörtlichen, ökologischen, natur- und artenschutzrechtlichen Anforderungen** zu erbringen. Diese Arbeiten sind denknotwendig für die Erarbeitung der Kostenberechnung. Damit sind alle handwerklichen Tätigkeiten des Planers für die Verfeinerung der Planungsergebnisse gemeint und zugleich ein Obersatz für die Erfolgsbezogenheit der Leistung genannt, die zu erbringen ist.

Zudem wird das Abstimmen und Koordinieren – also die Einbeziehung an der Planung fachlich Beteiligter in diesem Zusammenhang notwendig. Hier ist das Einfügen der Arbeitsergebnisse dieser dritten Planer erforderlich. Die Belange des Auftraggebers sind somit mit einzubeziehen und in die Planung aufzunehmen, sowie in wirtschaftlicher und technischer Hinsicht, sowie bei Bezugspunkten in energetischer Sicht zu überarbeiten. Ebenfalls ist die mögliche Kostenentwicklung einzubeziehen und darauf hinzuweisen.

Buchstabe b)

Insbesondere bei Genehmigungsplanungen sind die entsprechenden **behördlichen** **36** **Stellen mit einzubeziehen und das Vorgehen abzustimmen.** Die Planung ist ggfs. zu ändern und anzupassen. Im Rahmend er Objektplanung sind auch Artenschutz und Naturschutz mit einzubeziehen.

Buchstabe c)

Die **Darstellung des Entwurfs** ist die erstmalige verfeinerte und detaillierte Darstel- **37** lung des Entwurfs. Dies hat im Regelfall zeichnerisch zu erfolgen, wobei die Darstellung auch als Datei verfügbar sein kann. Diese muss reproduzierbar sein. Allerdings ist neben der Darstellung in einer Zeichnung eine weitere Aufführung von Punkten erforderlich, die jetzt in der Fassung 2013 beispielhaft angegeben werden. Notwendiger Inhalt sind u. a. die Darstellung als Text, Tabelle oder in anderer Form zu den Bepflanzungen, den Materialien, Ausstattungen, den Maßnahmen aufgrund rechtlichen Vorgaben, wie bebauungs- oder Flächennutzungsplänen, sowie eine Darstellung des zeitlichen Ablaufs des Projekts.

Die Zeichnung haben mindestens den Maßstab 1:500 bis 1:100 aufzuweisen, insbesondere mit Angaben zur Verbesserung der Biotopfunktion, zu Vermeidungs-, Schutz-, Pflege- und Entwicklungsmaßnahmen, sowie zur differenzierten Bepflanzung. Die Angabe verschiedener Maßstäbe für die Darstellung des Entwurfs erfolgt beispielhaft zur Verdeutlichung, dass die Planungsunterlagen je nach Stand des Planungsprozesses einen unterschiedlichen Durcharbeitungsgrad haben können. Erläuterungen und Angaben zum terminlichen Ablauf erfolgen bereits in der Leistungsphase 2e).

Buchstabe d)

Über die **Objektbeschreibung** hinaus wurde auf die Teilleistung *„Erläuterung von Aus-* **38** *gleichs- und Ersatzmaßnahmen nach Maßgaben der naturschutzrechtlichen Eingriffsregelung"* (Leistungsphase 3c) HOAI 2009) verzichtet. Damit sollen Abgrenzungsschwierigkeiten zum

Leistungsbild des Landschaftspflegerischen Begleitplans vermieden werden. Zwar ist die Erbringung der Fachplanung selbst nicht Teilleistung des Leistungsbildes Freianlagen. Die Integration der Leistungen anderer Fachplanungen sowie die Berücksichtigung weiterer fachlicher Aspekte erfolgt jedoch in der Objektbeschreibung. In der Objektbeschreibung sind damit auch Parameter des Landschaftspflegerischen Begleitplans aufzunehmen.

Die **Objektbeschreibung mit Erläuterungen von Ausgleichs- und Ersatzmaßnahmen nach Maßgabe der naturschutzrechtlichen Eingriffsregelungen** ist Teil der Berücksichtigung von **städtebaulichen und landschaftsplanerischen Vorgaben.** Der Planer hat hier die Objektbeschreibung vorzunehmen, wie sie planerisch verwirklicht werden soll, also die Beschreibung der Anpflanzungen, der Arten, der einzubeziehenden oder zu planenden Gebäudeteile, die Änderungen und Entfernungen von Landschaftsteilen usw. zu beschreiben. Dabei kann auch eine Gesamtdarstellung in zeichnerischer Art notwendig sein. Die Ausgleichs- und Ersatzmaßnahmen können auch als schriftliche Hinweise zu Baumschutzsatzungen oder festgelegte gemeindliche Entgeltmaßnahmen erfolgen.

Buchstabe e)

39   Lediglich beispielhaft wird auf die **DIN 276** Bezug genommen. Abhängig vom konkreten Vorhaben können auch andere Maßgaben zu **Kostenermittlungen** z.B. nach AKS (Kostenberechnung für Straßenbaumaßnahmen) herangezogen werden. Die Anwendung der DIN 276 als Grundlage zur Bemessung der anrechenbaren Kosten für die Honorare bleibt davon unberührt.

Buchstabe f)

40   Allerdings hat hier bereits die **Kostenkontrolle** zu erfolgen. Dies erfolgt im Rahmen von gegliederten Übersichten, die als vergleichende Darstellung eine leichte Übersicht der Kosten bieten sollen. Zwar ist bei der Freianlagenplanung auch denkbar, dass die Anforderungen der DIN 276 Teil 1 und Teil 4 nicht erfüllt sein müssen, sondern eigene Kostenübersichten, wie anerkannte Kauflisten maßgeblich sein können. Erforderlich ist aber auf jeden Fall eine Gegenüberstellung die auch den Kostengruppen der DIN 276 folgt.

Buchstabe g)

41   Das **Zusammenfassen, Erläutern und Dokumentation** ist auch aus § 3 Abs. 8 der Fassung 2009 entwickelt worden. Hier gelten die bereits dargestellten Grundlagen der Tätigkeit.

Allerdings ist die Gesamtleistungsaufgabe im Rahmen der tatsächlichen Beauftragung und des Umfangs zu berücksichtigen. Grundsätzlich haftungsträchtig ist die Nichtbeachtung der öffentlich-rechtlichen Vorschriften, die im Rahmen der Planung anzuwenden sind. Dabei sind aber auch funktionale, wirtschaftliche und natur- und artenschutzrechtliche Aspekte in die Planung so einzubeziehen, dass sie angemessen berücksichtigt werden. Dabei sind Bodenverhältnisse und Grundwasserverhältnisse ebenso zu berücksichtigen, wobei allerdings die Untersuchungen Besondere Leistungen sind. Der Planer kann die Untersuchung nur anregen.

Eine vollständig optimale Planung wird man in dieser Leistungsphase aber nicht fordern können. Dennoch muss sie den vertraglichen Inhalt und die ergänzenden Wünsche berücksichtigen. Wichtig ist allerdings die Anpassung der Kostenberechnung aus der Kostenschätzung heraus. Die Kostenberechnung hat die entsprechenden Kostengruppen aufzulisten und den möglichen Kostenbedarf im Rahmen der bisherigen Planung wiederzugeben. Dabei ist § 2 Abs. 11 und § 4 zu beachten. Dies setzt die durchgearbeitete Entwurfszeichnung oder Detailplanung, die Mengenberechnung und die Berechnung und Erläuterung, sowie die Beurteilung der Kostenentwicklung voraus. Wenn hiervon – wie beim öffentlichen Auftraggeber zumeist – die weitere Finanzierung abhängt, können infolge der späteren Baukostenüberschreitung Haftungen entstehen. Dabei ist allerdings die Einschränkung des vertraglichen Umfangs zu beachten, welche auch zu beachten ist (zum Garantievertrag im Werkvertrag: Palandt/Sprau, § 634, Rdn. 23; zur Haftung auf Garantiezusage: § 4 Rdn. 31 ff.; so auch: Locher/Koeble/Frik, Einl. Rdn. 165 ff.).

b) Besondere Leistungen

Als Besondere Leistung kann die **Aufstellung einer Kostenuntersuchung,** einer **42** **Wirtschaftlichkeitsberechnung** und die **Einbeziehung von Maßnahmen für erneu-erbare Energiekonzepte** in Betracht kommen. Zudem sind die in Anlage 11.2 genann-ten Besonderen Leistung auch dort beispielhaft genannt. Dazu zählen insbesondere: **Mit-wirken beim Beschaffen nachbarlicher Zustimmungen, Erarbeiten besonderer Darstellungen,** z. B. Modelle, Perspektiven, Animationen, **Beteiligung von externen Initiativ- und Betroffenheitsgruppen bei Planung und Ausführung, Mitwirken bei Beteiligungsverfahren oder Workshops, Mieter- oder Nutzerbefragungen, Erarbeiten von Ausarbeitungen nach den Anforderungen der naturschutzrechtli-chen Eingriffsregelung sowie des besonderen Arten- und Biotopschutzrechtes, Eingriffsgutachten, Eingriffs- oder Ausgleichsbilanz nach landesrechtlichen Re-gelungen, Mitwirken beim Erstellen von Kostenaufstellungen und Planunterla-gen für Vermarktung und Vertrieb, Erstellen und Zusammenstellen von Unter-lagen für die Beauftragung von Dritten (Sachverständigenbeauftragung), Mitwirken bei der Beantragung und Abrechnung von Fördermittel und Beschäf-tigungsmaßnahmen, Abrufen von Fördermittel nach Vergleich mit den Ist-Kosten (Baufinanzierungsleistung), Mitwirken bei der Finanzierungsplanung, Erstellen einer Kosten-Nutzen-Analyse und Aufstellen und Berechnen von Le-benszykluskosten.**

c) Honorierung Besonderer Leistungen

Die **Besonderen Leistungen** sind nach § 3 Abs. 3 S. 3 frei vereinbar.   **43**

d) Haftungsfragen

Hier gelten die allgemeinen Grundsätze, wie in der Einleitung, den beschriebenen Teil- **44** leistungen und unter § 34.

Im Rahmen seiner Planung hat der Planer die Probleme, die sich aus der Bauaufgabe, den Planungsanforderungen und Zielvorstellungen ergeben, zu analysieren und zu klären. Inhalt und Umfang der Beratung richten sich nach ihrem Zweck, dem Auftraggeber eine sachgerechte Entscheidung darüber zu ermöglichen, welche Planung verwirklicht werden soll. Dazu gehört es, ihm die verschiedenen Planungsalternativen aufzuzeigen, ihn darüber aufzuklären, welche Möglichkeiten der Umsetzung bestehen und die jeweiligen Vorteile, Nachteile, Verzögerungen und Risiken mit ihm zu besprechen. Er muss dabei sämtliche Umstände offenbaren, die nach der Verkehrsanschauung für die Wissensbildung des Auf-traggebers wesentlich sind. Art und Umfang der Beratung richten sich nach allgemeinen Grundsätzen auch nach dem gegebenenfalls durch weitere Sonderfachleute zu vermitteln-den notwendigen Spezialkenntnisstand. Dabei hat der Planer nicht selbst den Spezialisten zu beauftragen, sondern der Auftragnehmer muss den Auftraggeber auf den Fachmann hinweisen und zur Beauftragung drängen. Die Einschaltung des Sonderfachmannes entbin-det den Planer nicht von der eigenen Verantwortlichkeit. Er haftet vielmehr für die Aus-wahl des Sonderfachmannes und hat dessen Gutachten oder Fachplanung nach dem Maß der von ihm als Fachplaner oder eigentlichem Architekten zu erwartenden Kenntnisse zu überprüfen. Für ein fehlerhaftes Gutachten ist er mitverantwortlich, wenn der Mangel auf seinen Vorgaben beruht, wenn er einen unzuverlässigen Sonderfachmann ausgewählt hat oder er Mängel nicht beanstandet, die für ihn nach den vom Architekten zu erwartenden Kenntnissen erkennbar waren (OLG Düsseldorf, Urt. v. 6.3.2014 – 5 U 84/11).

4. Leistungsphase 4: Genehmigungsplanung

a) Grundleistungen

Diese Grundleistungen sind im Wesentlichen zur Fassung 2009 unverändert geblieben. **45** Zentrale Leistung ist das **Erarbeiten und Zusammenstellen der Vorlagen und Nachweise für öffentlich-rechtliche Genehmigungen oder Zustimmungen ein-schließlich der Anträge auf Ausnahmen und Befreiungen sowie notwendiger**

Verhandlungen mit Behörden unter Verwendung der Beiträge anderer an der Planung fachlich Beteiligter. Was im einzelnen Voraussetzung zur Genehmigungsfähigkeit oder Zustimmung erforderlich ist, wird in den einzelnen Landesbauordnungen und in den zu den jeweiligen planerischer Erfordernissen notwendigen Fachgesetzen geregelt (UVP, BauNVO, WasserhaushaltsG). Neben den Erfordernissen aus den Erarbeitungen und Vorlagen der vorgehenden Leistungsphasen, hat der Auftragnehmer dafür zu sorgen, dass neben den gesondert einzuholenden Genehmigungen auf die Zustimmungen (z. B. Nachbarzustimmung) vorliegen. Dazu zählen auch die Beibringung von Ausnahmen und Genehmigungen. Hier allerdings ist eine Mitwirkungsverpflichtung des Auftraggebers erforderlich, wenn diese Ausnahmen und Genehmigungen nur durch ihn selbst oder die Mitwirkung von ihm zu beauftragender anderer Fachplaner möglich ist (z. B. Ausnahmen und Befreiungen zu Baugenehmigungen im Zusammenhang mit der Erstellung von Gebäuden zur Versorgung von Teichen und Gewässern; Rückhaltebecken in unmittelbarer Nähe zu bebauten Gebieten). Dabei hat der Auftragnehmer den Auftraggeber auf die Notwendigkeit der Beauftragung und Einbeziehung hinzuweisen und ggfs. darauf maßgeblich einzuwirken (verstärkt). Zudem hat der Auftragnehmer aber nur die Pflicht die im Rahmen der Grundleistung zu erbringenden Leistungen notwendige verstärkte Hinweispflicht zu erfüllen. Sind diese Leistungen den Besonderen Leistungen zuzuordnen oder ist er fachlich nicht in der Lage dazu, ist eine solche Tätigkeit nicht zu erbringen, sondern nur auf gesonderter vertraglicher Grundlage, ggfs. mit anderen Planern. Es besteht kein Grundsatz, dass der Planer dies tun muss. Bei einer vertraglichen Grundlage zu zusätzlichen Grundleistungen anderer Fachrichtungen besteht von dort aus bereits der zusätzliche Honoraranspruch.

Soweit zur HOAI 2009 bereits vereinzelt vertreten wurde (Irmler/Hilka, § 38 Rdn. 6), dass einem Planer ein Honorar zusteht, wenn er zumindest bei dem nicht genehmigungsbedürftigen Umsetzen der Planung ein Genehmigungsbedürfnis besteht, ist das auf jeden Fall in der HOAI 2013 nicht mehr Gegenstand von Überlegungen, denn diese auf lit. d) dort (Fassung 2009) zurückgehende Überlegung ist für dortige Arbeiten zutreffend. Auch eine Prüfung von Genehmigungsbedürftigkeit ist Leistung im Sinne des lit. d) dort. Die HOAI 2013 hat diesen Punkt entfallen lassen. Das basiert auf der Überlegung, dass vielfach ein Genehmigungsbedürfnis gar nicht besteht. Wenn diese Leistung aber abgefordert wird, so ist sie separat zu vereinbaren (auch während oder nach Lauf der vereinbarten Leistungen). Ansonsten entfällt ein Honoraranspruch (so ähnlich auch Heinlein/Hilka, § 39 Rdn. 35), weil die Besondere oder zusätzliche Leistung der vorhergehenden Vereinbarung bedarf.

Buchstabe a)

46 Hier sind **Bezugnahmen auf Planungsunterlagen** gemeint, um Genehmigungen und Zustimmungen zu berücksichtigen und zu ergänzen. So ist zu berücksichtigen
– Prüfen auf notwendige Genehmigungen
– Einholen von Zustimmungen und Genehmigungen
Dabei ist notwendig, dass bei der Planung von Freianlagen kaum Genehmigungen anfallen (landwirtschaftliche Planungen, Gärten der Park- und Hausanlagen; Gestaltungen der Grünflächen zwischen Wohnanlagen; Verkehrsgrünanlagen). Ist der Planer allerdings damit beauftragt, dass er lediglich die Möglichkeit prüfen soll, ob eine Planung und Umsetzung genehmigungsbedürftig ist, so entsteht der Honoraranspruch nicht in seiner Gänze ohne Einschränkung, sondern entsprechend der Teilleistung. Im Übrigen ist nicht die Erlangung der Genehmigung der Erfolg der geschuldet ist, sondern in dem ersten Teilaufgabenbereich nur die Prüfung („… prüfen …").

Die Zustimmung und Genehmigung ist nicht die Genehmigung der Behörde, sondern die notwendigen Zustimmungen bzw. Genehmigungen von anderen an der Umsetzung Beteiligten, wie Nachbarn und Forstbehörden, Gartenbauämtern. Tiefbauämtern usw. (z. B. bei Fällgenehmigungen).

Wird eine **Entwässerungsplanung** beauftragt, die über die üblichen einfachen Entwässerungsplanungen hinausgeht, so richtet sich dies nach der Honorarstruktur der §§ 53 ff. als

Fachplanungsleistung der TGA. Einfache Entwässerungsverhältnisse sind im Rahmen der Freianlagenplanung zu berücksichtigen, wenn sie im Rahmen der Wegegestaltung als Gestaltungselement mit geplant werden müssen. Dies ergibt sich aus § 38 Abs. 1, §§ 53 ff. sind damit nur bei einem mittleren oder schwierigen Planungsaufwand und -anforderungen anzuwenden.

Buchstabe b)

Bei **Einreichen der Unterlagen** ist der Auftragnehmer verpflichtet diese vollständig **47** einzureichen und ggfs. ansonsten anzupassen und nachzureichen, wenn dies bei der Einreichung festgestellt wird.

Buchstabe c)

Siehe bereits die Erläuterungen zu Vorlagen und **Anpassungen** der Planungsunterlagen **48** im Leistungsbild Gebäude zur Leistungsphase 4, § 34. Diese Teilleistung ist dann relevant, wenn sich im Laufe des Genehmigungsprozesses notwendige Forderungen der Genehmigungsbehörde ergeben. Der Auftragnehmer hat dann im Rahmen dieser Teilleistung die „Nacharbeit" ebenfalls zu leisten. Allerdings wird man davon auszugehen haben, dass im Falle der vollständigen Einreichung ein Entfall dieser Teilleistung eben nicht zu einer Kürzung/Minderung des anteiligen Honoraranteils führen wird, weil dies einer „Bestrafung" gleich käme.

b) Besondere Leistungen

Auch hier ist in der rechten Spalte der Anlage 11.1 die Besondere Leistung beispielhaft **49** aufgeführt:
- **Mitwirkung bei der Beschaffung nachbarlicher Zustimmungen**
   Diese ergänzende Besondere Leistung kommt nur dann in Betracht, wenn es einer erheblichen zusätzlichen und über dem üblichen Maß erforderlichen Tätigkeit bedarf, die ansonsten auch nicht voraussehbar ist bzw. nicht dem üblichen Standard entspricht. Denn die Leistung ist bereits mit der Grundleistung abgegolten. Es müssen besondere tatsächliche und rechtliche Schwierigkeiten vorliegen, die den Einsatz des Planers erforderlich machen. Diese Leistungen sind zusätzlich besonders zu definieren und vertraglich zu vereinbaren, § 3 Abs. 3.
- **Erarbeiten von Unterlagen für besondere Prüfverfahren**
   Hier kommen die Voraussetzungen und Anforderungen der Flora-Fauna-Habitat-Richtlinien in Betracht und der anderen länderspezifischen Gegebenheiten. Die vertragliche gesonderte Berücksichtigung der Flora-Fauna-Habitat-Richtlinie ist bei den Besonderen Leistungen der Leistungsphasen 2 und 3 ebenfalls als ergänzende Besondere Leistung denkbar.
- **Fachlich und organisatorische Unterstützung des Auftraggebers im Widerspruchs-, Klage- und sonstigen Verfahren** (Schiedsverfahren, Schlichtungs- und Mediationsverfahren)
- Notwendiges **Ändern von Genehmigungsunterlagen,** was der Auftragnehmer/Planer **nicht** zu vertreten hatte.
   Hier kommen nur die Änderungen in Betracht, die **nicht** auf Planungsversehen des Auftragnehmers beruhen. Dabei kann es sich um vom Auftraggeber gewünschte Änderungen der Planungen handeln, die von vornherein aussichtslos sind („… wir versuchen es einmal …"), der Auftraggeber also bewusst eingeht, dass die Planung abgewiesen wird. Nicht hierher gehören die Fälle der Änderung von Vorschriften, Satzungen oder anderen hoheitlichen Handlungen während der Planung. Diese hat der Planer zu berücksichtigen und ggfs. nachzubessern.
   Weitere beispielhaft aufgeführte Tätigkeiten als Besondere Leistungen sind:
- **Teilnahme an Sitzungen in politischen Gremien oder im Rahmen der Öffentlichkeitsbeteiligung**
- **Erstellen von landschaftspflegerischen Fachbeiträgen oder natur- und artenschutzrechtlichen Beiträgen**

- Mitwirken beim Einholen von Genehmigungen und Erlaubnissen nach Natur-schutz-, Fach- und Satzungsrecht
- Erfassen, Bewerten und Darstellen des Bestandes gemäß Ortssatzung
- Erstellen von Rodungs- und Baumfällanträgen
- Erstellen von Genehmigungsunterlagen und Anträgen nach besonderen An-forderungen
- Erstellen eines Überflutungsnachweises für Grundstücke
- Prüfen von Unterlagen der Planfeststellung auf Übereinstimmung mit der Planung

c) Honorierung Besonderer Leistungen

50 Die Besonderen Leistungen sind nach § 3 Abs. 3 S. 3 frei vereinbar.

d) Haftungsfragen

51 Hier gelten die allgemeinen Grundsätze, wie in der Einleitung, in den Teilleistungen und unter § 34 beschrieben.

5. Leistungsphase 5: Ausführungsplanung

a) Grundleistungen

Die Leistungsphase 5 ist die Grundlage zur weitergehenden und beauftragten Ausführungsplanung.

Buchstabe a)

52 Hier wird zunächst in **Fortführung der Planungsergebnisse** und Ergebnisse der Ge-nehmigung das **Erarbeiten der Ausführungsplanung auf der Grundlage der Ent-wurfs- und soweit erforderlich der Genehmigungsplanung** durchgeführt (Leistungs-phasen 3 und 4). In dieser Leistung wird die für die Umsetzung des Vorhabens notwendigen Durchdringung der Planung unter Berücksichtigung der **Erfordernisse der Umsetzung und der anderen fachlich Beteiligten** durchgeführt. Dabei ist eine Lö-sung in fachtechnischer Hinsicht zu finden, die auch umsetzbar und sich im Rahmen der vertraglichen Grundlagen der Planung und andererseits der Erfordernisse der Umsetzung unter den technischen und naturnahen Erfordernissen ergeben.

Buchstabe b)

53 Hier sind Bezugnahmen auf die **zeichnerischen Darstellungen** von Freianlagen ge-macht. So sind elementar zur weiteren Planung die zeichnerische Darstellung der Freianla-ge, mit allen für die Ausführung notwendigen Einzelangaben, zum Beispiel endgültige, vollständigen Ausführungs-, Detail- und Konstruktionszeichnungen im Maßstab 1 : 200 bis 1 : 50, je nach Art des Vorhabens, insbesondere Bepflanzungspläne mit den erforderlichen textlichen Ausführungen. Die Angabe verschiedener Maßstäbe für die Darstellung des Entwurfs erfolgt beispielhaft zur Verdeutlichung, dass die Planungsunterlagen je nach Stand des Planungsprozesses einen unterschiedlichen Durcharbeitungsgrad haben können. Erläuterungen und Angaben zum terminlichen Ablauf erfolgen bereits in der Leistungspha-se 2e).

Die Bepflanzungspläne sind integraler Bestandteil der Pläne, weil die Vorgabe als Beispiel anschließt. Ansonsten kommt hier nur eine besondere Leistung in Betracht, wenn die Aufwendungen zur Tätigkeit einen erheblichen Tätigkeitsbereich erfassen. Werden nur die Leistungen der Bepflanzungspläne beauftragt, so sind hier Teilleistungen beauftragt, die nur anteilig zu honorieren sind. Die Beschreibung der zeichnerischen Darstellungen sind die Ergebnisse und Vorgaben für die Ausschreibung in Leistungsphase 6.

Buchstabe c)

54 Auch hier erfolgt notwendig die **Abstimmung und Koordination,** sowie das Einar-beiten der anderen Ergebnisse fachlicher Planungen Dritter. Dabei ist allerdings zu beach-ten, dass die Leistungsergebnisse dieser Dritter zu einem zeitlich früheren Zeitpunkt vorliegen müssen. Verantwortlich für die zeitliche Abstimmung ist der beauftragte Auftragnehmer, der elementar auf die Tätigkeit und die dortige erfolgsbezogene Vorlage der Planungsergebnisse einwirken muss. Es ist seine Pflicht diese Koordination durchzuführen. Der Auftraggeber ist nur dann einzubinden, wenn er selbst Leistungen zu erbringen hat oder vertraglich zu übernehmen hat.

Buchstabe d)

Die Grundleistung des **Darstellens der Freianlagen mit für die Ausführung not-** 55 **wendigen Angaben, Detail- oder Konstruktionszeichnungen** ist nunmehr neu eingefügt worden. Die Teilleistung umfasst die Darstellung der Freianlagen mit den notwendigen Detail- und Konstruktionszeichnungen, die insbesondere zu den dort beispielhaft aufgeführten Planungsparametern Aussagen treffen soll. Die aufgeführten Beispiele verdeutlichen die erforderlichen Bearbeitungs- und Durchdringungstiefe der Planung. Damit sollen für die Ausführungsplanung die erforderlichen wesentlichen Festlegungen getroffen werden, die allerdings wegen der Bearbeitungs- und Durchdringungstiefe der Planung in der Leistungsphase 5 nicht abschließend sind. Der Planer hat bei der Beschreibung der Freianlagen damit einen größeren Spielraum. Allerdings ist hier zu berücksichtigen, dass der Maßstab, wie die Ausführungsplanung gestaltet sein muss, zweifelsfrei den Unternehmern ein Bild vermittelt werden muss, wie die unmittelbare Herstellung der Freianlagen umgesetzt werden muss. Insoweit ist auf die Rechtsprechung zur Qualität der Ausführungsplanung hinzuweisen (BGH, Urt. v. 15.6.2000 – VII ZR 212/99 = BauR 2000, 1330 = NZBau 2000, 433; BGH, Urt. v. 6.12.2007 – VII ZR 157/06, NZBau 2008, 260 = NJW 2008, 1880 m. Anm. Scholtissek; BauR 2008, 543).

Buchstabe e)

Die Teilleistung **„Fortschreiben der Angaben zum terminlichen Ablauf"** stellt ge- 56 genüber dem Leistungsbild Gebäude und Innenräume (dort Buchstabe 5d) „Fortschreiben des Terminplans") weniger strenge Anforderungen. Diese Abweichung liegt darin begründet, dass die Herstellung von Freianlagen besonders den jahreszeitlichen Witterungseinflüssen unterliegt und darüber hinaus Abhängigkeiten in der Terminplanung zur Erstellung von Gebäuden, Verkehrsanlagen oder Ingenieurbauwerken bestehen können. Zudem allerdings ist diese Teilleistung im Rahmen eines möglichst genauen Planes bzw. Übersicht zu erbringen. Auf Änderung ist hinzuweisen.

Buchstabe f)

Die Teilleistung an dieser Stelle ist im Grunde der erste Hinweis zu übergreifenden Teil- 57 leistungen auch in anderen Leistungsphasen, u. a. in Leistungsphase 8. Das **Fortschreiben der Ausführungsplanung** auch in der Objektausführung ist nur denkbar bei üblichen Änderungen, die sich aufgrund von örtlichen oder genehmigungsrechtlichen Gegebenheiten ergeben. Die darüberhinausgehenden Änderungen von Planungen sind in der Regel sodann in § 10 einzuordnen und entweder Änderungsleistungen oder Wiederholungsleistungen mit zusätzlichem Honoraranspruch. Der Begriff „Fortschreiben" setzt daher nur voraus, dass die bisherigen Planungen und Planungsziele unverändert sind und auch weiterhin bleiben. Dieses beinhaltet aber andererseits eben nicht, dass Fehler der bisherigen Planung gesondert zu vergüten sind. Darauf besteht weder in tatsächlicher noch in zeitlicher Hinsicht ein Anspruch. Daher fallen auch diese Tatbestände unter den Begriff „Fortschreiben". Die Frage ist bei Änderungen allerdings, ob bereits **kleine** Änderungen mit den Voraussetzungen des § 10, wie die Erhöhung oder die Ermäßigung der anrechenbaren Kosten, lediglich zum „Fortschreiben" ohne weitere Honorarerhöhung führen. Das wird man zu bejahen haben, soweit die Voraussetzungen des § 10 Abs. 1 in einer sehr geringen Marge vorliegen (ca. 1% bis 3% der anrechenbaren Kosten). Zudem aber sind die Wiederholungsleistungen nach § 10 Abs. 2 auch Fortschreibungen, wenn die Durchplanung der Leistungsphasenergebnisse 1 bis 4 oder Teile davon anfallen. Im Ergebnis dürfte die genannte Einschränkung zu § 10 Abs. 1 (siehe zuvor) ebenfalls gelten. Ansonsten sind diese Leistungen nach § 10 insgesamt zu vergüten (siehe hierzu die Kommentierung zu § 10).

b) Besondere Leistungen

58   Auch hier kommt die linke Spalte der Anlage 11.1 zur Anwendung. So kann als besondere Leistung die Aufstellung einer **Objektbeschreibung nebst Baubuch** im Rahmen einer **Leistungsbeschreibung mit Leistungsprogramm** in Betracht kommen. Dann allerdings gilt, dass diese Leistung bei Leistungsbeschreibung mit Leistungsprogramm ganz oder teilweise eine Grundleistung ist. In diesem Fall entfallen die entsprechenden Grundleistungen dieser Leistungsphase, soweit die Leistungsbeschreibung mit Leistungsprogramm angewandt wird, wie sich aus der amtlichen Anmerkung der HOAI 2009 zu Anlage 2 in Bezug auf § 3 Abs. 3 ergibt.

Die Prüfung der Ausführungspläne der beauftragen Unternehmen kann ebenfalls eine besondere Leistung sein.

Werden Pläne Dritter, die nicht an der Planung beteiligt sind geprüft, beziehen sich die Besonderen Leistungen nur auf Pläne die nicht die anrechenbaren Kosten des Auftragnehmers betreffen und damit anderweitige Planungen darstellen müssen, die in das Werk zu integrieren sind.

Insbesondere können infolge der beispielhaften Aufzählung folgende Besondere Leistungen anfallen: **Erarbeitung von Unterlagen für besondere technische Prüfverfahren (z. B. Lastplattendruckversuche), Auswahl von Pflanzen beim Lieferanten (Erzeuger).**

c) Honorierung Besonderer Leistungen

59   Die Besonderen Leistungen sind nach § 3 Abs. 3 S. 3 frei vereinbar.

Werden Designerarbeiten für eine Gesamtparkzaumanlage erbracht, so können diese der KG 531 zugeordnet werden und damit der Außenanlage (OLG Frankfurt/M., NJW-RR 93, 1305). Allerdings ergibt sich bei Designerarbeiten das Problem, dass diese gestalterisch und nicht bauplanerisch bezogen sind. Hier wäre dann eine vorherige schriftliche Vereinbarung des Leistungsgegenstandes und der Honorierung erforderlich.

d) Haftungsfragen

60   Hier gelten die allgemeinen Grundsätze, wie in der Einleitung, in den o. a. Ziffern und unter § 34 beschrieben.

Der mit der Ausführungsplanung und Vergabevorbereitung für Freianlagen beauftragte Planer muss das zu verwendende Material für die Tragschicht eines Pflasterbelages für eine PKW-Abstellfläche besonders sorgfältig bestimmen und im Leistungsverzeichnis so klar und eindeutig beschreiben, dass Unklarheiten und Missverständnisse bei der Ausführung vermeiden werden. Die Beschreibung „Schotter 0/45 mm" ist eindeutig, weil der ausführende Unternehmer daraus ohne weiteres erkennen kann, dass auch für die Tragschicht wasserdurchlässiges Material zu liefern ist und das Schottermaterial deshalb die untere Sieblinie einhalten muss (OLG Düsseldorf, BauR 2001, 281).

6. Leistungsphase 6: Vorbereitung der Vergabe

a) Grundleistungen

61   Die Teilleistungen zur Vorbereitung der Vergabe wurden leistungsbildspezifisch konkretisiert und an die Änderungen der Leistungsphase 6 im Leistungsbild „Gebäude und Innenräume" angepasst. Bei der Ausschreibung ist die Berücksichtigung der DIN 18915 bis DIN 18920 verbindlich, da sie auf die Fachnormen im Landschaftsbau abstellt. Das Leistungsverzeichnis ist ausführlich und detailliert zu beschreiben (OLG Düsseldorf, BauR 2001, 281).

Buchstabe a)

62   Der VO-Geber hat durch die Einfügung der Teilleistung **„Aufstellen von Leistungsbeschreibungen mit Leistungsverzeichnissen"** eine Bezugnahme auf § 7 VOB/A hergestellt. Danach sind die dortigen Erfordernisse der Ausschreibung einzuhalten. Die Leistungen sind auf der Grundlage der optimierten Ausführungsplanung der Leistungsphase 5 im Einzelnen übersichtlich und ohne Widersprüche und Auslassungen zu erstellen. Die

Unternehmer haben sodann ohne weitere Mühe die Preise für die ermittelten Massen eintragen zu können. **Pflicht** ist also eine Erstellung des **Ausschreibungsblanketts.** Nicht geregelt sind die Leistungen nach einer **Ausschreibung mit Leistungsprogramm.** Hier sind die Anforderungen jedoch anders und werden sich auf eine Beschreibung der erwarteten Leistung des Unternehmers beschränken. Jedoch sind die Leistungsanforderungen des Planers ähnlich. Soweit vertreten wird, dass es sich hier um eine Besondere Leistung handelt mit separatem Honoraranspruch (Locher/Köble/Frik, § 39, Rdn. 55) ist dem nicht zu folgen. Zum einen ist im Rahmen der Tätigkeit des Planers kein Unterschied in der Durchdenkung der Ausschreibung in beiden Fällen ersichtlich, weil beide Anforderungen gleich hoch zu bewerten sind. Zum Anderen ergibt sich in der rechten Spalte der besonderen Leistungen kein weiterer Hinweis auf diese Besonderheit. Der VO-Geber hat hier einen inhaltlichen Fehler gemacht.

Buchstabe b)

Ermitteln und Zusammenstellen von Mengen auf der Grundlage der Ausführungspla- **63** nung ist in der Aufstellung der Leistungsbeschreibung als Folgetätigkeit geschuldet.

Buchstabe c)

Bei der **Mengenermittlung hat der Planer auf die an der Planung fachlich** **64** **ebenfalls beteiligten Fachplaner einzugehen und die Mengen und Massen zu erfragen ggfs. darauf hinzuwirken,** diese für die Ausschreibungsunterlagen beizustellen. Dabei hat er sich ggfs. des Auftraggebers zu bedienen. Zudem hat der Planer die Richtigkeit und Vollständigkeit der eingereichten Planungsunterlagen der Drittplaner zwingend zu prüfen. Er kann sich nicht darauf berufen, dass ihm eine Kenntnis dieser Fachplanungen fehlt. Ansonsten hat er sich diese durch geeignete Fragen oder Informationen zu beschaffen. Dabei allerdings kommt es darauf an, dass er die Grundlagen der Planungstätigkeiten und -berechnungen kennt und auf dieser Grundlage die Richtigkeit der eingereichten Unterlagen und Berechnungen überprüfen kann. Ein Spezialwissen ist ihm allerdings nicht zu unterstellen oder von ihm zu fordern. Dennoch wird er wie ein *„Oberplaner"* in diesem Moment tätig. Dies hat gleiche Auswirkungen auch im Bereich des Generalplaners.

Buchstabe d)

Das **Aufstellen eines Terminplanes** unter berücksichtigen jahreszeitlicher, bauablauf- **65** bedingter und witterungsbedingter Erfordernisse ist die Fortschreibung aus Leistungsphase 2 in der eine grobe, aber gleiche Tätigkeit gefordert wird. Hier ist diese zu verfeinern und in die Ausschreibung einzuarbeiten. Die Unterlassung kann zu Haftungen wegen Ausschreibungsfehlern und Mehrkosten durch Bauzeitenverschiebungen der Unternehmer führen (z. B. § 6 Abs. 6 VOB/B, § 642 BGB).

Buchstabe e)

Neben der Ermittlung der Kosten auf der Grundlage der Kostenangaben der teilneh- **66** menden Unternehmer, die erst in der Leistungsphase 7 erfolgt, wird hier vom Planer erwartet, dass er die Ermittlung der Kosten auf der Grundlage der vom ihm bepreisten Leistungsverzeichnisse zusammenstellt. Diese Leistung ist üblicherweise eine Forderung des öffentlichen Auftraggebers, der die Kostenplanung im Rahmen des Haushaltsrechts erhalten muss. Der Planer hat hier zunächst auf geeignete Erfahrungswerte, Tabellen, ggfs. BKI, auch andere Ausschreibungsergebnisse aus diesem Zeitraum zurückzugreifen. Werden falsche Daten ermittelt, so kann dies zu einer Haftungsgrundlage gerade bei Kosten des öffentlichen Auftraggebers werden, wenn die notwendigen Finanzierungsmittel sodann nicht zur Verfügung gestellt werden können.

Buchstabe f)

Der Auftragnehmer hat sodann die Kostenkontrolle zwingend vorzunehmen. Dabei ist **67** der Vergleich der vom Planer bepreisten Leistungsverzeichnisse mit der Kostenberechnung vorzunehmen. Hier wird man bereits den Kostenanschlag anzusiedeln haben, der im Rahmen der DIN 276 Teil 3.4.4 ähnlich geregelt ist. Ziel ist, dass die im Rahmen der Leistungsphase 3 angesetzten Preise bzw. das Ergebnis nicht wesentlich überschritten wird. Dies gilt insbesondere für die Vorgaben vom Auftraggeber mit haushaltsbeengendem Budget. Allerdings ist hier eine Über- und Unterschreitung von bis 20% sanktionslos möglich. Jedoch ist der Auftraggeber auf allen Änderungen der Kostenstruktur hinzuweisen und ggfs. auf Entscheidungen hinzuwirken.

Buchstabe g)

68   Letzter Punkt der Leistung ist das **Zusammenstellen der Vergabeunterlagen.** Dies bezieht sich in Anlehnung auf § 8 VOB/A.

b) Besondere Leistungen

69   Hier kommt die rechte Spalte der Anlage 11.1 in Betracht. So kann als Besondere Leistung die **Aufstellung eines Baubuches** vereinbart werden, wobei bei einer Leistungsbeschreibung mit Leistungsprogramm dieses als Grundleistung anzusehen ist. Auch die **Aufstellung von Kostenübersichten von fachlich an der Planung nicht Beteiligten** ist eine Besondere Leistung.

c) Honorierung Besonderer Leistungen

70   Die Besonderen Leistungen sind nach § 3 Abs. 3 S. 3 frei vereinbar.

d) Haftungsfragen

71   Hier gelten die allgemeinen Grundsätze, wie in der Einleitung, den Ausführungen zu den Grundleistungen und unter § 34 beschrieben.

7. Leistungsphase 7: Mitwirkung bei der Vergabe

a) Grundleistungen

72   Ziel ist hier die Vergabe der Leistungen an die Unternehmer zu den angebotenen Preisen.

Buchstabe a)

73   Das **Einholen der Angebote** bezieht sich auf alle Bereiche, also auch die Bereiche der anderen Fachplaner.

Buchstabe b)

74   Nicht eingehend zu prüfen sind die **Angaben der Unternehmer,** die zu **Ausschreibungstexten** der anderen Fachplaner angeboten haben. Jedoch wird man die Leistung hier auf die Übereinstimmung der Vorgaben des Fachplaners mit den Ergebnissen der Unternehmerangaben zu beschränken haben. Zu prüfen sind die Angaben sodann von den Fachplanern im Detail. Dies gilt insbesondere für die Nebenangebote oder Hinweise auf Ausschreibungsfehler durch die Unternehmer.
     Grundsätzlich hat der Planer zunächst festzustellen, ob es **spekulative Preise** gibt, die Ausfüllung der **Blankette** ordnungsgemäß war und die **üblichen erwarteten Preise** angesetzt wurden. Das hat er bereits ggfs. **tabellarisch** aufzustellen. Bei **geänderten und Zusätzlichen Leistungen** sind diese auf Vereinbarkeit mit den Vorgaben aus der Ausschreibung zu prüfen. Zudem sind die Wertungen nach § 9 VOB/A bereits zu berücksichtigen. Werden von den Bietern **Änderungs-, Zusatz- und Nebenangebote** vorgelegt, hat der Planer diese zu prüfen und festzustellen, ob diese berechtigt sind. Ggfs. hat er Änderungen seiner Planung und Ausschreibung vorzunehmen. Dieses weist auf Fehler hin. Ob es sich jedoch andererseits um die Anwendungen des § 10 handelt – **Änderungs- und Wiederholungsplanungen** – wird sich erst zeigen können, wenn die Änderungs-, Zusatz- oder Nebenangebote **objektiv** gesehen berechtigt sind und es sich um Abweichung von den Vorgaben des Auftraggebers bei der Planung handelte. Werden dadurch Planungsmehrkosten erzeugt, handelt es sich um einen Fall des § 10. Werden lediglich Fehler der Unternehmer offenbar oder wird zum Beispiel **spekuliert,** so sind keine Änderungs- und Widerholungsleistungen erbracht. Das gehört zum **üblichen abgegoltenen Umfang** der Tätigkeit des Planers.

Buchstabe c)

Der Auftragnehmer hat die **Bietergespräche** zu führen und darüber ein **Protokoll** zu 75
erstellen. Werden Änderungen der Unternehmer besprochen, müssen die Vor- und
Nachteile dargestellt werden, sowie die Kostenauswirkungen.

Buchstabe d)

Sodann ist ein **Vorschlag** zu unterbreiten. Ergänzend sind die Unterlagen des Vergabe- 76
verfahrens zusammenzustellen und dem Auftraggeber zu übergeben. Dies ist gleichzusetzen
mit der Dokumentationspflicht nach § 3 Abs. 8 HOAI Fassung 2009.

Buchstabe e)

Auch die **Vertragsunterlagen** sind **zusammenzustellen.** Dabei allerdings werden 77
keine juristischen Kenntnisse vorausgesetzt, die zur Erstellung und Formulierung notwendig sind. Der Auftraggeber hat hier die notwendigen Unterlagen zu besorgen, sich ggfs.
juristischen Beistandes zu bemühen und die Vertragsunterlagen im Rahmen der Vorgaben
für öffentliche Auftraggeber bereit zu halten (siehe RBBau-Formulare). Diese werden allerdings üblicherweise bereits in der Leistungsphase 6 beim Versand im Rahmen der §§ 8,
9 VOB/A, insbesondere § 8 Abs. 1 Nr. 1 VOB/A (2009/2012) beigestellt worden sein.

Buchstabe f)

Ergänzt wurde die Kostenkontrolle durch die Einfügung bereits in Leistungsphase 6. 78
Daher ist nunmehr die **Kostenberechnung** und das Ergebnis der Ausschreibung im Rahmen der **Kostenkontrolle vergleichbar** zu machen. Die Auflistung des Kostenverzeich-
nisses mit den Ergebnissen und dem Vergleich zur Kostenberechnung soll den Auftraggeber
erneut in die Lage des Vergleichs mit den Ansätzen des Finanzierungsplanes und der Haushaltsmittel setzen. Der Auftraggeber kann hier noch entscheiden, ob das BV durchgeführt
wird. Der Planer hat auf die Möglichkeiten der Überschreitung der Kosten hinzuweisen.
Zwar ist der Kostenanschlag nicht mehr in Leistungsphasen 6 und 7 aufgeführt. In DIN
276 Teil 1 und 4 werden sie jedoch weiterhin als Leistung dargestellt und sind daneben zu
erbringen, weil sie sich aus dem Gesamttätigkeitsablauf und dem Begriff der „Kostenkontrolle" notwendig ergeben.

Buchstabe g)

Hat der Auftraggeber sich entschieden, den Auftrag entsprechend den Vergabebedin- 79
gungen zu erteilen, sind die **Vertragsunterlagen** vom Auftragnehmer **zusammenzustellen.** Dabei hat er sich grundsätzlich der juristischen Beratung zu enthalten und hat darauf
zu drängen, dass der Auftraggeber diese beistellt oder sich beraten lässt. Bittet der Auftraggeber den Auftragnehmer auf der Grundlage von diesem zu besorgender **Unterla-
gen/Muster** diese hier zur Anwendung zu bringen, ist die Pflicht der Beratung gegenüber
dem Auftraggeber gestiegen, auf mögliche Probleme in der Anwendung dieser Muster hinzuweisen. Dabei hat der Auftragnehmer sich nur bewährter Muster oder Empfehlungen
der zuständigen Kammern und Verbände zu bedienen, da diese eine einigermaßen Rechtssicherheit bieten können. Im Übrigen hat er immer darauf hinzuweisen, dass er keine
Rechtsberatungen durchführt, durchführen darf und auf entsprechende Beratung des
Auftraggebers durch Rechtsanwälte, Verbände oder Kammern hinzuwirken. Unterlässt er
den Hinweis und formuliert gleichwohl Vertragsbedingungen selbst, so verstößt er gegen
§§ 1, 2 RechtsberatungsG. Sind Fehler in der Vertragsformulierung oder dem verwendeten
Formular enthalten, haftet er grundsätzlich bei Eintritt eines Schadens des Auftraggebers.
Inhaltliche Änderungen oder **Ergänzungen,** wie **Vertragsstrafenklauseln, Sicherheitsleistung und Abnahmen ohne Bauherrn** sind von dem Auftragnehmer nur in
Absprache mit dem Auftraggeber zu ergänzen und sich dieses Vorgehen bestätigen zu lassen. Rät er zur Anwendung unwirksamer Klauseln, so haftet er dann, wenn dies beim Auftraggeber zu einem nachvollziehbaren Schaden führt (Sicherheitsleistung muss zurückgegeben werden und der Unternehmer wird insolvent; Gewährleistung kann nicht durchgesetzt
werden).

b) Besondere Leistungen

80   Als Besondere Leistungen kommen in Betracht, das **Prüfen und Werten der Angebote aus einer Leistungsbeschreibung mit Leistungsprogramm einschließlich der Preisspiegel;** ansonsten Grundleistung.
Das **Aufstellen der Preisspiegel nach besonderen Anforderungen.** Dieses muss gesondert beauftragt werden, § 3 Abs. 3.

c) Honorierung Besonderer Leistungen

81   Die Besonderen Leistungen sind nach § 3 Abs. 3 S. 3 frei vereinbar.

d) Haftungsfragen

82   Hier gelten die allgemeinen Grundsätze, wie in der Einleitung, unter a) und unter § 34 beschrieben.

8. Leistungsphase 8: Objektüberwachung

a) Grundleistungen

Unter Buchstaben a) bis q) ergeben keine Besonderheiten zu § 34, so dass die dortigen Anmerkungen auch hier gedanklich übernommen werden können. Die Leistungsphase 8 ist die tatsächliche Bearbeitung der Umsetzung des Bauvorhabens.

Buchstabe a)

83   Hier ist zunächst das **Überwachen der Ausführung des Objekts auf Übereinstimmung mit der Genehmigung und den Ausführungsunterlagen** zentrale Tätigkeit. Dabei ist insbesondere auf die Übereinstimmung mit den Regeln der Technik bei der Ausführung und den entsprechenden Hersteller oder maßgeblichen Erfahrungen im Freianlagenbau, also typischen Anwendungen von handwerklichen Formen der Gestaltung und Pflege, sowie der überlieferten Traditionen im Landschaftsbau und ggfs. Ackerbau zu achten.

Ergibt sich bei der Planung, dass Stützwände oder Geländeabstützungen zu planen und umzusetzen sind, so sind die Planer her meist mit der Prüfung der Überwachung der Tragwerke und der Übereinstimmung mit dem Standsicherheitsnachweis beauftragt, weil diese Tätig keine Besondere Leistung ist. Allerdings ist Voraussetzung, dass es sich nur um Stützbauwerke und Geländeabstützungen mit sehr geringen (Honorarzone I) oder geringen (Honorarzone II) Schwierigkeiten gem. § 38 Abs. 1 Nr. 6 handelt und nicht nach Teil 4 der HOAI zu behandeln sind.

Darüber hinaus sehr haftungsträchtig ist allerdings die Forderung der Überprüfung auf Übereinstimmung mit den Verträgen der ausführenden Unternehmer. Das erfordert die Kenntnis der Verträge, die dann vom Auftraggeber dem Planer umfassend zur Verfügung zu stellen sind. Es handelt sich nicht nur um eine Obliegenheit, sondern um eine Nebenpflicht des Auftraggebers mit der Möglichkeit des Planers über §§ 280, 281 BGB Schadenersatz im Falle der Unterlassung zu fordern. Dieser besteht zwar letztlich in der Schadensfreistellung durch den Auftraggeber. Jedoch ist der Anspruch nach Fristsetzung und Nachfristsetzung klagbar. Dazu gehen ebenfalls die notwendige Kenntnis bzw. Kenntnisverschaffung von Nebenabsprachen, Zusätzen oder anderen vertraglichen Absprachen zwischen Unternehmer und Auftraggeber. Zudem sind dies Absprachen und vertraglichen Bedingungen auf ihre Machbarkeit im Rahmen der handwerklichen Ausführung zu überprüfen (siehe hierzu Entscheidung zum ESG-H Glas, BGH, Urt. v. 18.5.2014 – VII ZR 203/11).

Buchstabe b)

84   Das **Überprüfen der Pflanzen- und Materiallieferungen** ist eine **Qualitätskontrolle.** Diese beschränkt sich zumeist auf Sichtkontrollen der Pflanzen und Bäume vor dem Einpflanzen, insbesondere Wurzeln und Krankheitsbilder. Erdsubstanzen und Steine, sowie Pflastersteine und andere Naturgegenstände sind ebenfalls auf Sicht zu prüfen und auf Übereinstimmung mit dem Leistungsverzeichnis. Ggfs. sind Proben zu nehmen oder zu sichern. Analysen sind nicht Gegenstand der Grundleistungen, sondern Besondere Leistung.

Praktisch problematisch ist hier, dass der Planer nunmehr im Rahmen von § 377 HGB unverzüglich handeln und – sofern Vollmacht vorhanden – Mängel oder Fehler rügen muss bzw. den Auftraggeber darauf hinzuweisen hat. Die Rügefrist ist 1 bis 2 Tage (OLG Brandenburg, Urt. v. 12.12.2012 – 7 U 102/11). Der Planer hat also hier eine erhöhte Haftung zu vergegenwärtigen, wenn er nicht unverzüglich Mängel an der Lieferung erkennt (so auch Heinlein/Hilka, § 39, Rd. 65). Meist werden Käufer und Verkäufer in diesem Zusammenhang auch Kaufleute sei (meist im Subunternehmerverhältnis).

Buchstabe c)

Das **Koordinieren der an der Ausführung der Bauüberwachung fachlich Beteiligten** ist die Fortführung der im Rahmen der **„quasigeneralplanerartigen"** Tätigkeit des Auftragnehmers. Er hat diese einzubinden. 85

Buchstabe d)

Das **Fortschreiben und Überwachen des Terminplanes** unter Berücksichtigung jahreszeitlicher, bauablaufbedingter und witterungsbedingter Erfordernisse ist die Folge auch aus Buchstabe c). Zudem hat der Auftragnehmer auf die eigenaufgestellte Planung und der die terminlichen Vorgaben aus den Unterverträgen zu achten. Dabei hat er den Auftraggeber über Abweichungen zu informieren, Gegenmaßnahmen anzuordnen und zu steuern. Auch bei witterungsbedingten Verzögerung sind Auswege und Änderungen für günstige weitere Verläufe zu suchen und ggfs. anzuordnen. Dabei dürfen Kostensteigerungen nur mit Einvernehmen und Anordnung des Auftraggebers erfolgen. 86

Buchstabe e)

Zunächst ist zeitlich die **Dokumentation** des Bauablaufs zu erbringen. Der VO-Geber hat bereits das **Bautagebuch** als probates Mittel vorgegeben. In welcher Form das geschieht ist grundsätzlich gleichgültig. Es muss nur nachweisbar sein. Hierzu kann auch eine **Fotodokumentation** geeignet sein. 87

Weiterhin ist die Überprüfung der Anwuchssituation festzustellen. Hierzu sind Ortsbesichtigungen und ggfs. fotografisches Feststellen und Untersuchen der Saaten und Pflanzungen erforderlich. Dabei ist zu beachten, dass dieses jahreszeitlich und witterungsbedingt zu erheblichen Zeitaufwendungen führen kann. Ggfs. ist hier eine vertragliche Ergänzung wegen eines „Einarbeitungsaufwandes" nach Zeitverschiebungen von mehren Monaten bis zur Prüfung zu empfehlen; ist jedoch bereits als Grundleistung im Honorar eingearbeitet.

Buchstabe f)

Das Mitwirken bei Aufmaßen der Unternehmer ist zugleich die Überprüfung und Vorbereitung der Prüfung der Schlussrechnung unter g). Hierzu ist eine Ortsbesichtigung erforderlich. Allerdings sind die eingesetzten Fachplaner ebenfalls dazu verpflichtet. 88

Buchstabe g)

Die **Rechnungsprüfung** und die Prüfung der Aufmaße der Unternehmer erfolgt durch den Auftragnehmer und die Fachplaner gesondert. Der Planer koordiniert die Prüfung. Dabei sind die Ergebnisse festzustellen und zu dokumentieren, sowie bereits geleistete Zahlungen einzustellen. 89

Buchstabe h)

Der Vergleich der **Ergebnisse der Rechnungsprüfung und der Kostenvorgaben** aus der Kontrolle sind in Form einer **Übersicht** dem Auftraggeber zu erstellen. 90

Buchstabe i)

Die vorstehenden Buchstaben dienen der **Vorbereitung der Abnahme.** Diese hat der Auftragnehmer zu organisieren und die fachlich beteiligten Planer und Unternehmer einzuladen. Zudem hat er eine **Abnahmeempfehlung** auszusprechen und **Mängel festzustellen und zu dokumentieren.** 91

Buchstabe j)

92   Ggfs. hat der Auftragnehmer den Antrag auf **behördliche Abnahme** zu stellen und daran teilzunehmen.

Buchstabe k)

93   Im Rahmen der **Übergabe des Objekts** hat der Auftragnehmer darauf zu achten, dass alle Prüfprotokolle, Einweisungsunterlagen, Einweisungstätigkeiten, Betriebsanleitungen vorliegen und übergeben werden.

Die Übergabe ist keine Abnahme. Bei der Übernahme wird das Objekt dem Auftraggeber tatsächlich übergaben und in seine Obhut gelegt. Die Abnahme ist die rechtsgeschäftliche Übernahme.

Buchstabe l)

94   Sind bei der Abnahme **Mängel** festgestellt worden, so hat der Auftragnehmer die Beseitigung zu überwachen. Diese Leistung ist nicht mit der Tätigkeit in Leistungsphase gleichzusetzen, denn der Unternehmer hat seine Leistung erfüllungsgemäß noch nicht vollständig erbracht. Der Wortlaut ist zudem jetzt eindeutiger.

Buchstabe m)

95   Der Planer hat die **Verjährungsfristen** im Zusammenhang mit der Abnahme und der Überprüfung der beseitigten Mängel aus Buchstabe l) **aufzulisten.** Das allerdings ist bedenklich, weil der Planer den Beginn der Gewährleistungszeit und Verjährungszeiten im Rahmen einer juristischen und ihm nicht erlaubten Tätigkeit vornehmen muss. Dies kommt auch bei den Fragen zur Hemmung und Unterbrechung von Gewährleistungsfristen und bei der Problematik im Zusammenhang mit der Frage des „Verhandelns" im Sinne des § 203 BGB zum Tragen. Dennoch sind die Leistungen durchzuführen. Bei falscher Beratung und Auflistung ist die Haftung des Planers anzusetzen. **Er hat sich daher selbst kundig zu machen.**

Buchstabe n)

96   Das **Überwachen der Fertigstellungspflege** bei vegetationstechnischen Maßnahmen ist als Grundleistung nunmehr in die HOAI 2013 aufgenommen worden. Dabei ist nicht nur der zeitliche Aspekt des Honoraransatzes bedenklich, weil diese Zeiten teilweise erst nach vielen Monaten erfolgen können und die Fälligkeit des Honoraranspruches hindern können. Zum anderen sind die DIN 18916 und DIN 18917 zu beachten, wonach eine besondere Überwachung erforderlich ist. Die Überwachung kann dann nur zum Erfolg führen, wenn die Pflegeleistungen festgestellt und überwacht werden.

Buchstabe o)

97   Die **Kostenkontrolle** erfolgt auch in dieser Leistungsphase durch den Vergleich der Kostenberechnung (Kostenschätzung) mit der tatsächlichen Abrechnung.

Buchstabe p)

98   Der Auftragnehmer schuldet hier die Kostenfeststellung zwar im Rahmen der honorarrelevanten Tätigkeit nicht. Sie ist jedoch im Rahmen der DIN 276 Teil 1 und Teil 4 weiterhin unter 3.4.5 aufgelistet. Zudem gehört sie wie in der Leistungsphase 7 zur Grundleistung. Sind Kostenansätze nicht in der DIN 276 zu finden gilt jedoch das Gleiche.

Buchstabe q)

99   Schlusspunkt ist die systematische Zusammenstellung der Dokumentation, die zeichnerischen Darstellungen und rechnerischen Ergebnisse. Dabei ist die Aufarbeitung in Form einer übersichtlichen Darstellung und in Form einer Übergabe der Unterlagen notwendig. Dabei ist darauf zu achten, dass bei zukünftigen Arbeiten und Änderungen darauf zurückgegriffen werden kann.

b) Besondere Leistungen

100   In Anlage 11.1. rechte Spalte sind die Besonderen Leistungen beispielhaft aufgeführt. Als besondere Leistung ist **die Aufstellung, Überwachen und Fortschreiben eines Zah-**

lungsplanes, das Aufstellen, Fortschreiben und Überwachen eines differenzierten Zeit-, Kosten- und Kapazitätsplanes, der Tätigkeit als Bauleiter mit besonderen landesrechtlichen Anforderungen in Betracht zu ziehen. Auch hier muss die Leistungserbringung beauftragt werden. Im Übrigen ist eine Besondere Leistung: **Dokumentation des Bauablaufs nach besonderen Anforderungen des Auftraggebers, fachliches Mitwirken bei Gerichtsverfahren, Bauoberleitung, künstlerische Oberleitung, Erstellen einer Freianlagenbestandsdokumentation.**

Neu in den beispielhaften Katalog der Besonderen Leistungen aufgenommen, ist die Leistung der **fachlichen Beratung und Mitwirkung bei Gerichtsverhandlungen** des Auftraggebers (siehe auch Heinlein/Hilka, § 39 Rdn. 85). Diese Leistungen waren bisher nicht aufgeführt und haben wegen der erheblichen zusätzlichen Leistungen und der Nichtregelung der Honorierung zu weiteren Unklarheiten geführt. Die Honorierung wurde – wenn sie überhaupt stattfand – nur auf Stundenhonorarbasis ausgeführt. Die Begleitung einer gerichtlichen Auseinandersetzung ist jedoch mit erheblichen zeitlichen Aufwendungen verbunden, für die der Auftragnehmer über § 632 Abs. 2 BGB einen Honoraranspruch hat.

c) Honorierung Besonderer Leistungen

Die Besonderen Leistungen sind nach § 3 Abs. 3 S. 3 frei vereinbar.   **101**

d) Haftungsfragen

Hier gelten die allgemeinen Grundsätze, wie in der Einleitung, unter a) und unter § 34 **102** beschrieben.

Der bauleitende Planer ist grundsätzlich nicht zu Beauftragungen von Nachträgen bevollmächtigt. Die „originäre Planervollmacht" ist eng auszulegen. Allerdings ist eine Anscheinsvollmacht anzunehmen, wenn der Auftraggeber das Handeln seines angeblichen Vertreters (Planers) nicht kennt, es aber bei pflichtgemäßer Sorgfalt gleichwohl hätte erkennen können und wenn ferner der Auftragnehmer selbst nach Treu und Glauben annehmen durfte, der Auftragnehmer dulde und billige das Handeln des Architekten (OLG Dresden, Urt. v. 22.9.2010 – 6 U 61/05).

9. Leistungsphase 9: Objektbetreuung und Dokumentation

a) Grundleistungen

Diese Leistungsphase ist in Ergänzung der gesamten Planungs- und Überwachungsleis- **103** tung zu sehen, die bei Freianlagen bereits über die üblichen zeitlichen Gegebenheiten im Verhältnis zum Hochbau hinausgeht, weil Überwachungen, die der Leistungsphase 8 zuzuschreiben sind noch Monate nach der Abnahme und Übergabe erfolgen können.

Buchstabe a)

Der Planer hat nach der Abnahme und Übergabe im Rahmen der ihm erteilten vertrag- **103** lichen Leistungen die Überwachung der Aufführung des Objekts auf Übereinstimmungen mit der Genehmigung oder Zustimmung, den Verträgen mit den Unternehmungen, den Ausführungsunterlagen, den einschlägigen Vorschriften und den allgemeinanerkannten Regeln der Technik durchzuführen. Dabei wird der Planer auf die weitere Entwicklung der Pflanzungen, deren Wuchs, die Entwicklung von baulichen Anlagen, wie Steindämmen, Wasserführungen, Bachläufen und modellierten Geländen zu achten haben. Hierzu zählen dann auch die Gewährleistungsarbeiten und die Feststellungen, ob Arbeiten überhaupt darunter fallen (§ 13 VOB/B und §§ 634 ff. BGB). Dabei ist aber darauf hinzuweisen, dass die eigene Leistung zwar fünf Jahre aufgrund der werkvertraglichen Verpflichtung aus § 634a Abs. 1 Nr. 2 BGB folgt, es sei denn, dass reine Planungsleistungen nach § 634a Abs. 1 Nr. 1 BGB erbracht wurden. Die Leistungen der Unternehmer sind im Rahmen der VOB/B-Verträge nach § 13 VOB/B nur mit vier Jahren anzusetzen.

Bei Mängelrügen und deren Beseitigung ist die Lieferung von Pflanzen und Bäumen wieder zu prüfen.

Buchstabe b)

104   Die **Begehung zur Mangelfeststellung** vor Ablauf der Gewährleistungsfrist ist nunmehr genauer definiert. Danach ist zwingend eine letzte Begehung vor Ablauf der Gewährleistungszeit vorzunehmen und Mängelansprüche des Auftraggebers gegen die Unternehmer darzustellen und anzuzeigen (§ 13 VOB/B).

Wenn es infolge der Gewährleistungsfeststellung und der Überwachung dann zu notwendigen Koordinationsarbeiten der Fachplaner kommen muss, sind diese einzubeziehen und in die Beseitigung zu integrieren.

Buchstabe c)

105   Ist die Mangelbeseitigung erfolgt, so sind die Sicherheitsleistungen der Unternehmer freizugeben. Das setzt voraus, dass der Planer hier genau die Voraussetzungen der Freigabe prüft und eine Empfehlung ausspricht. Der Auftraggeber hat selbst allerdings die Freigabe zu überwachen und ggfs. auszuführen.

b) Besondere Leistungen

106   Als Besondere Leistungen kommen beispielhaft entsprechend der Anlage 11.1 in Betracht: Überwachung der Entwicklungs- und Unterhaltungspflege, Überwachen von Wartungsleistungen, Überwachen der Mängelbeseitigung innerhalb der Verjährungsfrist.

c) Honorierung Besonderer Leistungen

107   Die Besonderen Leistungen sind nach § 3 Abs. 3 S. 3 frei vereinbar.

d) Haftungsfragen

108   Hier gelten die allgemeinen Grundsätze, wie in der Einleitung unter Ziffer a) und unter § 34 beschrieben.

VII. Besondere Leistungen bei Umbauten und Modernisierungen

109   Neu in die HOAI aufgenommen an besonderer Stelle ist der Hinweis bei Besonderen Leistungen bei Umbauten und Modernisierungen im Objektbau. Dieser gilt im Rahmen des § 3 Abs. 3 auch über § 40 Abs. 6 und der rechten Spalte des Anhangs 11.1 für die Freianlagen in entsprechender Anwendung. Eine vergleichbare Regelung fand sich allerdings unter § 15 Abs. 4 HOAI 1996/2002.

Bei Freianlagen kommt ebenfalls über § 2 Nr. 5 und Nr. 6 der Begriff der „Umbauten" und „Modernisierungen" in Betracht. Allerdings dürfte der Anwendungsbereich sehr eingeschränkt sein. So sind folgende Leistungen denkbar:
– maßliches, technisches und Verformungsfreies Aufmaß
– Schadenskartierung, soweit nicht bereits in den Leistungen und besonderen Leistungen der Leistungsphasen 1 bis 2 enthalten
– Ermitteln von Schadensursachen, soweit nicht schon in den Leistungen und Besonderen Leistungen der Leistungsphasen 1 bis 2 enthalten
– Planen und Überwachen von Maßnahmen zum Schutz vorhandener Substanz, wie Bäume und Vegetation, soweit nicht schon in den Leistungen und Besonderen Leistungen der Leistungsphasen 1 bis 2 enthalten
– Organisation von und Mitwirkung an Betreuungsmaßnahmen für Nutzer an andere Planungsbetroffene (beispielsweise Besucher, Angestellte von Parks, Förstereien, usw.)
– Wirkungskontrollen durch Befragen von Nutzern
Hier ist § 3 Abs. 3 Satz 3 anzuwenden, so dass die Honorierung grundsätzlich für die zuvor beispielhaft aufgeführten Leistungen frei vereinbart werden kann.

VIII. Weitere Spezialregelungen

110   Neben den §§ 12, 36 und 37 sind gegenüber § 39 noch Spezialregelung zu beachten. Diese sind § 9 Abs. 1 zu den Vorplanungen und Entwurfsplanungen bei gesonderter Be-

auftragung als Einzelleistungen und ebenfalls § 9 Abs. 1 bei grundsätzlich mehreren Vor- und Entwurfsplanungen, bei § 9 Abs. 3 bei örtlicher Bauüberwachung und bei § 11 bei Beauftragungen zu Planungen von mehreren Objekten. Auf die Kommentierungen dort ist somit hinzuweisen und damit entsprechend anwendbar.

IX. Honorarberechnung

Die anrechenbaren Kosten sind nach § 4 festzustellen und die Honorarzone gem. § 40 **111** Abs. 1, 4, 5 i. V. m. § 5 Abs. 1 und 3 zu ermitteln. Sodann ist über § 39 die Leistungsphase zu ermitteln. Dabei sind die Leistungsphasen und Teilleistung des Leistungsbildes Freianlagen heranzuziehen. Bei teilweiser Erbringung von Teilleistungen in den jeweiligen Leistungsphasen ist zunächst der entsprechende prozentuale Ansatz in den Leistungsphasen zu ermitteln. Hier kann auf die Kommentierung zu § 8 Abs. 1 und 2, sowie § 34 verwiesen werden. Zudem können die Teilleistungen als teilerfolgsbezogene Werkleistung im Rahmen der prozentualen Ansätze nochmals in jeder Leistungsphase nach den in den Leistungsphasen zu Anlage 11.1 verwendeten Bezifferungen auch bei den Teilleistungen unterteilt werden. Es ergibt sich damit bei vollständiger Erbringung der Teilleistungen in den jeweiligen Leistungsphasen folgendes Bild, dass in § 38 Abs. 3 in neun Leistungsphasen zusammengestellt ist:

1. für die Leistungsphase 1 (Grundlagenermittlung)   3 Prozent,
2. für die Leistungsphase 2 (Vorplanung)   10 Prozent,
3. für die Leistungsphase 3 (Entwurfsplanung)   16 Prozent,
4. für die Leistungsphase 4 (Genehmigungsplanung)   4 Prozent,
5. für die Leistungsphase 5 (Ausführungsplanung)   25 Prozent
6. für die Leistungsphase 6 (Vorbereitung der Vergabe)   7 Prozent,
7. für die Leistungsphase 7 (Mitwirkung bei der Vergabe)   3 Prozent,
8. für die Leistungsphase 8 (Objektüberwachung – Bauüberwachung)   30 Prozent,
9. für die Leistungsphase 9 (Objektbetreuung und Dokumentation)   2 Prozent.

Die Teilleistungen (siehe zur Begrifflichkeit und Berechnung hierzu grundlegend BGH, BauR 2005, 588), soweit über § 8 Abs. 2 anzuwenden und zu berücksichtigen, sind über Anlage 11.1 und der dortigen Darstellung nach Leistungsphasen und Bezifferung wie folgt ermittelbar:

LP 1 – Grundlagenermittlung (3 v. H.)

	K/M/V	Simmendinger
1 Klären der Aufgabenstellung	0,5 bis 1,5 %	1,5
2 Ortsbesichtigung	0,25 bis 0,5 %	0,5
3 Beraten zum Leistungsbedarf	0,1 bis 0,5 %	0,5
4 Formulieren von Entscheidungshilfen	0,1 bis 0,25 %	0,25
5 Zusammenfassen der Ergebnisse	0,1 bis 0,25 %	0,25

LP 2 – Vorplanung (10 v. H.)

	K/M/V	Simmendinger
1 Analyse der Grundlagen	0,25 bis 0,5 %	0,5
2 Abstimmen der Zielvorstellungen	0,25 bis 0,25 %	0,5
3 Erfassung des Zielkatalogs	1,0 bis 2,5 %	2,0
4 Planungskonzept einschl. Alternativen	1,0 bis 4,0 %	4,0
5 Integrieren Leistungen Dritter	in 4 enthalten	
6 Klären und Erläutern	in 4 enthalten	

	K/M/V	Simmendinger
7 Darstellen des Vorentwurfs	1,0 bis 2,0	2,0
8 Erfassen und Bewerten	in 4 enthalten	
9 Kostenschätzung	0,5 bis 0,75 %	0,75
10 Zusammenstellen der Ergebnisse	0,1 bis 0,25 %	0,25

LP 3 – Entwurfsplanung (16 v. H.)

	K/M/V	Simmendinger
1 Durcharbeiten Planungskonzept	3,0 bis 5,0 %	5,0
2 Vorverhandeln mit Behörden	0,25 bis 0,5 %	0,5
3 Integrieren Leistungen Dritter	in 1 enthalten	
4 Zeichnerische Darstellung	3,0 bis 7,0 %	7,0
5 Objektbeschreibung mit Erläuterungen	0,25 bis 1,0 %	1,0
6 Kostenberechnung	0,5 bis 1,0 %	1,0
7 Kostenkontrolle	0,5 bis 1,0 %	1,0
8 Zusammenfassen Entwurfsunterlagen	0,1 bis 0,5 %	0,5

LP 4 – Genehmigungsplanung (4 v. H.)

	K/M/V	Simmendinger
1 Erarbeiten der Vorlagen	2,0 bis 3,0 %	3,0
2 Prüfen auf notwendige Genehmigungen	in 1 enthalten	
3 Einreichen dieser Vorlagen	0,1 bis 0,25 %	0,25
4 Vervollständigen und Anpassen	0,5 bis 1,0 %	0,75

LP 5 – Ausführungsplanung (25 v. H.)

	K/M/V	Simmendinger
1 Durcharbeiten der Ergebnisse	5,0 bis 7,0 %	7,0
2 Zeichnerische Darstellung	5,0 bis 7 %	7,0
3 Abstimmen mit anderen Beteiligten	1,0 bis 1,5 %	1,5
4 Darstellen	5,0 bis 8,0 %	8
5 Terminliche Fortschreibung	0,25 bis 0,5 %	0,5
6 Fortschreiben der Ausführungsplanung	0,5 bis 1,0 %	1,0

LP 6 – Vorbereitung Vergabe (7 v. H.)

	K/M/V	Simmendinger
1 Aufstellen Leistungsbeschreibungen	1,0 bis 2,0 %	2
2 Ermitteln von Mengen	1,5 bis 2,5 %	2,5
3 Abstimmen mit Dritten	0,1 bis 0,25 %	0,25
4 Terminplan	0,25 bis 0,5 %	0,5
5 Kostenermittlung	0,5 bis 1,0 %	1,0 bis 1,5
6 Zusammenstellung	0,1 bis 0,25 %	0,25

LP 7 – Mitwirken Vergabe (3 v. H.)

	K/M/V	Simmendinger
1 Einholen von Angeboten	0,1 bis 0,25 %	0,25
2 Prüfen, Werten, Preisspiegel	0,5 bis 1,25 %	1,25
3 Verhandlungen mit Bietern	0,1 bis 0,25 %	0,25

	K/M/V	Simmendinger
4 Vergabevorschlag	0,1 bis 0,25 %	0,25
5 Zusammenstellung Vertragsunterlagen	0,1 bis 0,25 %	0,25
6 Kostenkontrolle	0,1 bis 0,5 %	0,5
7 Mitwirken bei der Auftragserteilung	0,1 bis 0,25 %	0,25
(Wertigkeit Kostenanschlag 0,5 bis 1,0 %)		

LP 8 – Objektüberwachung (30 v. H.)

	K/M/V	Simmendinger
1 Überwachen der Ausführung	13,5 % bis 18 %	16
2 Überwachen	0,1 bis 1,0 %	1
3 Koordinieren der fachlich Beteiligten	0,1 bis 1,0 %	1
4 Überwachen Zeitplan	0,5 bis 1,0 %	1
5 Bautagebuch	0,5 bis 1,0 %	1
6 Gemeinsames Aufmaß	0,5 bis 1,0 %	1
7 Rechnungsprüfung	1,0 bis 2,0 %	2
8 Ergebnisse der Rechnungsprüfung	0,25 bis 0,5 %	0,5
9 Abnahme der Bauleistungen	0,5 bis 1,5 %	1,5
10 öffentliche Abnahme	0,1 bis 0,25 %	0,25
12 Übergabe Objekt	0,1 bis 0,25 %	0,25
13 Mängelbeseitigung	0,5 bis 1,0 %	1
14 Gewährleistungsfristen	0,1 bis 0,25 %	0,25
15 Kostenkontrolle	0,5 bis 1,0 %	1
16 Kostenfeststellung	0,5 bis 1,0 %	1
17 Zusammenstellung	0,1 bis 0,25 %	0,25

LP 9 – Objektbetreuung (2 v. H.)

	K/M/V	Simmendinger
1 Objektüberwachung	0,1 bis 1,0 %	1
2 Überwachen der Mängelbeseitigung	0,25 bis 0,5 %	0,5
3 Freigabe Sicherheitsleistungen	0,1 bis 0,5 %	0,5

X. Abrechnung und Trennungsprinzip

Werden einem Planer Freianlagenplanungen übertragen, so ist analog zu § 22 HOAI **112**
1996/2002 das dort angelegte „**Trennungsprinzip**" auch auf Freianlagen übertragbar
(hierzu nach der HOAI 1996/2002 noch LG München I, Urt. v. 26.1.2011 – 2 O
11692/08). **Dies ist auch auf § 11 HOAI übertragbar, weil der Wortlaut im We-**
sentlichen gleich geblieben ist. Maßgeblich ist allerdings der **Vertragsumfang** und die
Vertragsbeschreibung der Leistung. Wird beispielsweise in einem Vertrag von der Planung eines Landschaftsparkes mit Rodelhügel und Badesee gesprochen und ist vertraglich
vereinbart, dass die Einzelmaßnahmen Rodelhügel, Badesee und Landschaftspark mit jeweils auf die Gesamtmaßnahme bezogenen anteiligen Honoraranteilen abzurechnen sind,
so ist eine darüber hinaus weitere Aufteilung von Einzelmaßnahmen innerhalb der vertraglich vereinbarten Maßnahmen (hier Rodelhügel, Landschaftspark, Badesee) nicht zulässig
und die Abrechnung des Planers damit falsch (LG München I, Urt. v. 26.1.2011 – 2 O
11692/08). Der VO-Geber hatte im Wortlaut des § 22 HOAI, wie auch im § 11 bei den
Objekten nicht die Freianlagen aufgenommen. Gleichwohl hat er in § 36 Abs. 1 i.V.m. 11
Abs. 1 eine preisrechtliche Einschränkung zugelassen, wonach nur bei den anrechenbaren

Kosten und den gesonderten Beauftragungen nach Gebäude- und Freianlagenplanungen anrechenbare Kosten von € 7500 bei gleichzeitiger Beauftragung pauschal abzuziehen sind (siehe Kommentierung unter § 36 Abs. 1 und § 11 Abs. 1). Zu beachten ist aber, dass das Trennungsprinzip nicht nur in dem § 11 Abs. 2 bis 4 nach Ingenieurbauwerken, Verkehrsanlagen, Tragwerksplanung und TGA dort geregelt wird, sondern auch schon in der Fassung 1996/2002 bei §§ 52 Abs. 8, 66 Abs. 1, 69 Abs. 7.

Der Planer von Freianlagen hat darzulegen, dass und wie er beauftragt wurde. Er trägt die Beweislast. Es besteht somit keine Vermutung dahin, dass bei einem „Vollarchitektenvertrag" auch die Leistungsphase mit beauftragt wurde. Insbesondere ist der Vertrag nicht auch über Leistungsphase 9 zustande gekommen, wenn der Freianlagenplaner erst im Rahmen der Bearbeitung der Leistungsphase 8 mit der „weiteren Überwachung" beauftragt wird (OLG Celle, BauR 2009, 532). Der Umfang des Architektenvertrages bestimmt sich alleine nach den Vertragsabsprachen der Parteien, weil die HOAI diese Frage nicht regelt (BGH, BauR 2002, 117). Insbesondere muss der Freianlagenplaner bei der Abrechnung ebenfalls berücksichtigen, ob er nur mit Planungsleistungen für Freianlagen oder nur mit Planungsleistungen der Außenanlagen beauftragt wurde. Außenanlagen im Sinne der DIN 276/2008 sind nicht in jedem Fall gleichzusetzen mit Freianlagen im Sinne der HOAI. Bei der Honorarabrechnung ist die Zuordnung von Kosten zu den Kostengruppen (KG) nach DIN 276/81 für die a. F. der HOAI bzw. 276/2008 maßgeblich. Werden in Verbindung mit der Gebäudeplanung in den Außenanlagen nur Leitungen der Abwasser- und Versorgungsanlagen (KG 5.3; KG 530), Wirtschaftsgegenstände (KG 5.4; KG 540) oder Verkehrsanlagen (KG 5.7; KG 570) geplant, ausgeschrieben oder überwacht, so handelt es sich dabei nicht um Leistungen bei Freianlagen. Diesbezügliche Kosten gehören dann gem. § 10 Abs. 5 HOAI a. F. zu den anrechenbaren Kosten der Gebäudeplanung (OLG Düsseldorf, BauR 2002, 117). Da weder §§ 32 ff., 37 ff., 4 hierzu eine Regelung vorsehen, ist über § 4 Abs. 1 lediglich die Einordnung der KG nach DIN 276/2008 zu finden und anzusetzen.

Auch im Rahmen der Freianlagenplanungen gilt bei der Abrechnung, dass das „Objekt" im Rahmen der jeweiligen vertraglichen Vereinbarung (Vertragsgegenstand) auch im Falle der Teilplanungsleistungen nach DIN 276/2008 die angepassten Kosten enthalten muss. Der BGH hat sich bereits dafür ausgesprochen, dass für die anrechenbaren Kosten, diese maßgeblich sind, die durch den Vertragsgegenstand bestimmt sind (BGH, BauR 1999, 1054). Wenn der Freianlagenplaner nur Teile der Freianlage plant, sind nur die anrechenbaren Kosten heranzuziehen, die den von ihm bearbeiteten Teil der Freianlage betreffen (BGH, BauR 2006, 693).

Wird die Schlussrechnung nicht als solche bezeichnet, sondern als „Rechnung", ist das unschädlich, wenn auch beim Freianlagenplaner zum Ausdruck aus der Rechnung kommt, dass er abschließend abrechnen wollte (OLG Celle, BauR 2009, 532).

Grundsätzlich trägt auch der Freianlagenplaner das Risiko der Bauzeitverlängerung, wenn nichts in einer vertraglichen Vereinbarung zu diesem Punkt geregelt wurde. Das gilt auch, wenn eine Verlängerung der Bauzeit von 8 auf 25 Monate vorliegt. Denn der Wegfall der Geschäftsgrundlage erfasst diesen Fall ebenfalls nicht. Im Übrigen ist diese Anspruchsgrundlage gem. § 242 BGB nachrangig. denn auch über § 3 Abs. 2 kommt man zum gleichen Ergebnis. Dort wird Bezug genommen auf „Änderungen des Bauablaufs" und „Anordnungen des Auftraggebers". Danach sind solche Änderungen nicht von den Leistungsbildern umfasst und gesondert frei zu vereinbaren und zu vergüten (zum alten Rechtszustand: LG Heidelberg, Urt. v. 4.5.1994 – 2 O 261/93). Ebenfalls kommt die Anwendung des § 10 Abs. 1 und Abs. 2 in Betracht, wenn irgendwie der Wille des Auftraggebers zur Arbeit bei der Bauzeitverlängerung zum Ausdruck kommt.

§ 40 Honorare für Leistungen bei Freianlagen

(1) **Die Mindest- und Höchstsätze der Honorare für die in § 39 und der Anlage 11 Nummer 11.1 aufgeführten Grundleistungen bei Freianlagen sind in der folgenden Honorartafel festgesetzt:**

Anrechenbare Kosten in Euro	Honorarzone I sehr geringe Anforderungen von (Euro)	bis	Honorarzone II geringe Anforderungen von (Euro)	bis	Honorarzone III durchschnittliche Anforderungen von (Euro)	bis	Honorarzone IV hohe Anforderungen von (Euro)	bis	Honorarzone V sehr hohe Anforderungen von (Euro)	bis
20 000	3 643	4 348	4 348	5 229	5 229	6 521	6 521	7 403	7 403	8 108
25 000	4 406	5 259	5 259	6 325	6 325	7 888	7 888	8 954	8 954	9 807
30 000	5 147	6 143	6 143	7 388	7 388	9 215	9 215	10 460	10 460	11 456
35 000	5 870	7 006	7 006	8 426	8 426	10 508	10 508	11 928	11 928	13 064
40 000	6 577	7 850	7 850	9 441	9 441	11 774	11 774	13 365	13 365	14 638
50 000	7 953	9 492	9 492	11 416	11 416	14 238	14 238	16 162	16 162	17 701
60 000	9 287	11 085	11 085	13 332	13 332	16 627	16 627	18 874	18 874	20 672
75 000	11 227	13 400	13 400	16 116	16 116	20 100	20 100	22 816	22 816	24 989
100 000	14 332	17 106	17 106	20 574	20 574	25 659	25 659	29 127	29 127	31 901
125 000	17 315	20 666	20 666	24 855	24 855	30 999	30 999	35 188	35 188	38 539
150 000	20 201	24 111	24 111	28 998	28 998	36 166	36 166	41 053	41 053	44 963
200 000	25 746	30 729	30 729	36 958	36 958	46 094	46 094	52 323	52 323	57 306
250 000	31 053	37 063	37 063	44 576	44 576	55 594	55 594	63 107	63 107	69 117
350 000	41 147	49 111	49 111	59 066	59 066	73 667	73 667	83 622	83 622	91 586
500 000	55 300	66 004	66 004	79 383	79 383	99 006	99 006	112 385	112 385	123 088
650 000	69 114	82 491	82 491	99 212	99 212	123 736	123 736	140 457	140 457	153 834
800 000	82 430	98 384	98 384	118 326	118 326	147 576	147 576	167 518	167 518	183 472
1 000 000	99 578	118 851	118 851	142 942	142 942	178 276	178 276	202 368	202 368	221 641
1 250 000	120 238	143 510	143 510	172 600	172 600	215 265	215 265	244 355	244 355	267 627
1 500 000	140 204	167 340	167 340	201 261	201 261	251 011	251 011	284 931	284 931	312 067

(2) Welchen Honorarzonen die Grundleistungen zugeordnet werden, richtet sich nach folgenden Bewertungsmerkmalen:

1. Anforderungen an die Einbindung in die Umgebung,

2. Anforderungen an Schutz, Pflege und Entwicklung von Natur und Landschaft,

3. Anzahl der Funktionsbereiche,

4. gestalterische Anforderungen,

5. Ver- und Entsorgungseinrichtungen.

(3) Sind für eine Freianlage Bewertungsmerkmale aus mehreren Honorarzonen anwendbar und bestehen deswegen Zweifel, welcher Honorarzone die Freianlage zugeordnet werden kann, so ist zunächst die Anzahl der Bewertungspunkte zu ermitteln. Zur Ermittlung der Bewertungspunkte werden die Bewertungsmerkmale wie folgt gewichtet:

1. die Bewertungsmerkmale nach Absatz 2 Nummern 1, 2 und 4 mit je bis zu 8 Punkten,

2. die Bewertungsmerkmale nach Absatz 3 Nummern 3 und 5 mit je bis zu 6 Punkten

(4) Die Freianlage ist anhand der nach Absatz 3 ermittelten Bewertungspunkte einer der Honorarzonen zuzuordnen:

1. Honorarzone I: bis zu 8 Punkte,

2. Honorarzone II: 9 bis 15 Punkte,

3. Honorarzone III: 16 bis 22 Punkte,

4. Honorarzone IV: 23 bis 29 Punkte,

5. Honorarzone V: 30 bis 36 Punkte.

(5) Für die Zuordnung zu den Honorarzonen ist die Objektliste der Anlage 11 Nummer 11.2 zu berücksichtigen.

(6) § 36 Absatz 1 ist für Freianlagen entsprechend anzuwenden.

Vorgehende Vorschriften: §§ 13, 14 und 17 Abs. 1 HOAI 1996/2002 und 39 HOAI 2009.

Übersicht

I. Honorartafel (Abs. 1)

1. Grundlagen

1   In der Honorartafel sind die Honorarbeträge um ca. weitere 10% bis 12% im Verhältnis angehoben worden. § 40 beruht auf dem geltenden § 39 a. F. und regelt die Honorierung für Leistungen bei Freianlagen. Die Objektliste findet sich im Anhang 11.2 mit beispielhaften Aufzählungen.

Bei § 39 Abs. 2 bis 4 werden Einzelheiten für die Honorarzoneneinordnung bei Freianlagen bestimmt. Die Vorschriften sind im Grunde gleich mit § 13 HOAI 1996/2002. Der Abs. 2 war zwar in der Fassung 2009 neu eingeführt worden. Der Regelungsinhalt dieses Ansatzes ergab sich aber schon mittelbar aus § 13 Abs. 3 Fassung 1996/2002. Diese Regelungen in § 13 Abs. 1 HOAI 1996/2002 enthielten wichtige Formulierung für eine sachgerechte Honorarzoneneinordnung. Nachdem das System aber ansonsten gleichgeblieben ist, wird man davon ausgehen können, dass die Regelungen gegenüber den bisherigen Vorschriften wie bei § 13 HOAI 1996/2002 unverändert sind (so Seifert i. d. Vorauflage). Zudem waren ergänzend die §§ 16 Abs. 2, 3 und 17 Abs. 2 HOAI 1996/2002 heranzuziehen.

Die Objektliste war in § 14 Abs. 1a HOAI 1996/2002 geregelt. Im Verhältnis zur HOAI 2009 wurde die Objektliste in der HOAI 2013 nun auf der Grundlage des „Abschlussberichtes „Evaluierung HOAI – Aktualisierung der Leistungsbilder", Seite 215 (Lechner/Stifter/Weisser) geändert und die Objektliste überarbeitet.

Vollkommen unverändert ist auch das System der Punktebewertung. Es bleibt also dabei, dass sechs und neun Punkte für die entsprechenden Bewertungsmerkmale auf fünf Schwierigkeitsstufen aufzuteilen sein sollen (so Seifert i. d. Vorauflage).

Damit entspricht § 40 weitestgehend § 39 der HOAI 2009. § 40 Abs. 5 stellt klar, dass die Anlage 11, Nummer 11.2, für die Zuordnung des Objekts zu den Honorarzonen anzuwenden ist. Gemäß § 40 Abs. 6 findet die Regelung zum Umbau- und Modernisierungszuschlag für Gebäude in § 36 Abs. 1 entsprechend auf Freianlagen Anwendung. Die durch Umbau oder Modernisierung bedingten Erschwernisse in der Abwicklung, Koordination und Organisation von Umbau- oder Modernisierungsleistungen sind auch bei Freianlagen gegeben. Die bestehenden Planungsbedingungen, die erforderliche Beurteilung von Bauteilen oder Materialien sowie spezifische Bauabläufe sind auch bei Leistungen im Bestand von Freianlagen zu berücksichtigen. Die **Höhe des Zuschlags** ist im Wege einer **schriftlichen** Vereinbarung frei vereinbar. § 6 Abs. 2 S. 4 gibt **keinen Mindestwert** vor.

2. Umfang der Honorartafel

Die Honorartafel erfasst keine Besonderen Leistungen nach § 3 Abs. 3. Bei der Auf- **2** tragserteilung sind diese zwischen den Parteien frei festlegbar.

Die amtliche Honorartafel beginnt bei anrechenbaren Kosten in Höhe von € 20 000 bis zu einem Wert von € 1 500 000. Liegen die anrechenbaren Kosten außerhalb dieser Tabelle, sind die Honorare ebenfalls nach § 7 Abs. 2 frei vereinbar. Dabei sind weitere Tabellen – auch verwaltungsinterne oder empfohlene Tabellen – heranziehbar bei der Ermittlung der Werte (siehe Flemming, IBR 2013, 1153; Land Berlin, Senatsverwaltung für Stadtentwicklung und Umwelt: Rundschreiben SenStadtUm VI A Nr. 02/2013 vom 26.8.2013; Bund deutscher Landschaftsarchitekten: § 40 HOAI fortgeschrieben vom 29.8.2013; Pfrommer in Kallusche, BKI-Handbuch HOAI 2013). Zu beachten ist allerdings, dass diese aber keine Tabellen des Verordnungsgebers sind, sondern im freien Vertragsverkehr verwendet werden können bzw. im Rahmen der Vergaben freiberuflicher Leistungen bei Bewertungen oder Vorgaben der Ermittlung der projektierten Kosten heranzuziehen sind. Dabei ist dies nicht im Sinne des Kontrahierungszwangs zu verstehen, sondern als Maßgabe der Wertung bei Vergaben. So ist die Fortschreibung in den „Richtlinien der Staatlichen Vermögens- und Hochbauverwaltung Baden-Württemberg für die Beteiligung freiberuflich Tätiger" (RIFT-Tabelle) eine verwaltungsinterne Weisung (so Seifert i. d. Vorauflage). Die aktuelle Fassung vom August 2013 ist unter www.rift-online.de abrufbar und hat eine um ca. 10 %-ige Erhöhung der Honorare eingearbeitet. Die Honorartafel berücksichtigt dort Werte bis € 250 000 000.

Im Übrigen kann auf die Ausführungen zu § 35 Abs. 1 beim Objektbau verwiesen werden.

II. Honorarzonen bei Freianlagen (Abs. 2 bis 4)

1. Allgemeines

3   § 40 Abs. 2 bis 4 konkretisiert die Honorarzoneneinordnung bei Freianlagen. Sie ist fast identisch mit den Vorgaben aus § 39 Abs. 2 bis 4 der HOAI 2009 und war inhaltlich auch schon im Wesentlichen in § 13 HOAI 1996/2002 zu finden. Die HOAI 2009 hatte allerdings die Aufzählung der Bewertungsmerkmale bei Abs. 2 neu eingeführt. Dafür hat man die Bestimmungen aus § 13 Abs. 1 HOAI 1996/2002 weggelassen. Das betrifft auch Formulierungen für eine sachgerechte Honorarzoneneinordnung. Das wird letztlich durch die Anwendung des Abs. 5 i. V. m. Anlage 11 Nummer 11.2 ausgeglichen. Verändert hat sich zum System der HOAI 1996/2002 und HOAI 2009 die Punktebewertung nicht. In der HOAI 2013 werden auch bis sechs Punkte in Abs. 2 Nr. 1, 2 und 4 vergeben (§ 40 Abs. 3 Nr. 1) und bis acht Punkte für die entsprechenden Bewertungsmerkmale bei 40 Abs. 2 Nr. 3 und 5 (Abs. 3 Nr. 2) auf fünf Schwierigkeitsstufen aufgeteilt (bis HOAI 2009 ebenfalls acht Punkte). In Absatz 4 ist die entsprechende Feinpunktbewertung vorgesehen.

4   Bei Leistungen bei Gebäuden und Innenraumplanungen ist die Ermittlung der Honorarzonen in § 35 Abs. 2 bis 5 gleich aufgebaut. Im Wesentlichen kann daher auf die dortige Kommentierung verwiesen werden und parallel dazu auf die Objektlisten bei Anlage 10.2.

Erster Schritt bei der Ermittlung der Honorarzone bei Freianlagenplanungen ist zunächst über die Objektliste der **Anlage 11.2**. Sie enthält eine umfassende, aber beispielhafte Aufzählung von üblichen **Regelbeispielen**. In der 4. ÄndVO bei § 14 HOAI 1996/2002 waren diese Beispiele bereits zum Teil enthalten. Als Regelbeispiele sind sie natürlich erweiterbar. **Allerdings** sind die rechnerischen Vorgaben der Objektauswahl nach Absatz 2 bis 4 **zu durchlaufen, wenn eben kein Musterbeispiel greift oder zumindest nicht eindeutig und auslegungsfähig ist.** Die Anlage 11.2 ist aber auch nicht dahin zu verstehen, dass bei konkretem Auffinden eines Objekts die Anwendung der Abs. 2 bis 4 entfällt. Im Gegenteil ist bei jeder Berechnung immer die Einordnung nach Abs. 2 bis 4 – zumindest gedanklich – zu durchlaufen. Eine Berechnung – auch im Hinblick auf eine übersichtliche und nachvollziehbare Honorarrechnung ist dringend zu empfehlen.

Die Parteien haben bei der Honorarzonenermittlung und der Feinpunktbestimmung nach Abs. 2 bis 4 allerdings einen gewissen Ermessensspielraum (so auch Scholtissek, § 40, Rdn. 4). Das liegt zum einen in der Ermittlung der Punkte nach der Feinpunktbewertung. Bereits unter § 35 Abs. 2 bis 5 (Objektplanung und Innenraumplanung) ist gezeigt worden, dass die Systematik der Bewertung unter verschiedenen Gesichtspunkten und Berechnungsansätzen nicht vollständig objektiv und abschließend sein kann. Das gilt auch hier. Daher sollten die Vertragsparteien die Findung der Honorarzone nachvollziehbar im Vertrag gestalten bzw. die Berechnung offenlegen, da der von der HOAI gewünschte Objektivierungsgrad, der durch die Berechnungsmethode der Feinabstimmung der Abs. 2 bis 4 gewünscht ist, und ergänzend in der Anlage 11.2 gesehen werden kann, nicht realisiert wird.

5   Werden vom Auftragnehmer **neben** Leistungen bei Gebäuden **zugleich auch** die planerische Leistungen bei Freianlagen übernommen, ist auf § 11 zurückzugreifen. Auf der Grundlage des § 11 Abs. 1 ist **neben** dem Honorar für Grundleistungen bei Gebäuden ein **getrennt zu berechnendes Honorar auszuweisen.** Nach **§ 37 Abs. 1** ist diese Berechnung dann nicht vorzunehmen, wenn die anrechenbaren Kosten der Freianlagen **weniger als 7500 €** betragen, es also um Kostenansätze zwischen € 1 bis € 7500 geht. Dann ist auch die Zuordnung der betreffenden Freianlagen in eine Honorarzone nicht vorzunehmen, es werden dann die anrechenbaren Kosten für die Freianlagen den Kosten für die Honorarberechnung bei Planungsleistungen für Gebäude hinzugefügt. Folge ist, dass allein nach der Berechnung nach Planungsleistungen für Gebäude abgerechnet wird, so dass dann zur Einordnung in die Honorarzone allein § 35 Abs. 2 bis 5 und ggf. Anlage 10.2 maßgebend sind. Für die Honorarbewertung kommt dann § 34 zur Anwendung. Zu beachten ist daher ebenfalls andersherum strickt, dass bei anrechenbaren Kosten bei Freianlagen unter

€ 7500 nicht etwa wegfallen und nicht berechnet werden dürfen, sondern lediglich bei den anrechenbaren Kosten der Gebäudeplanung zu addieren sind, aber eben dort als Durchbrechung des Prinzips des § 11 Abs. 1 der Objektplanung zugeschlagen werden. Die Berechnung bei Freianlagen entfällt damit in diesen Fällen.

Wegen des Aufbaues und Inhaltes bei § 40 Abs. 2 bis 4 ist daher insgesamt auf **6** § 35 Abs. 2 bis 5 der Kommentierung zu diesen Vorschriften zu verweisen.

2. Bewertungsmerkmale bei Freianlagen (Abs. 2)

Grundsätzlich gilt bereits bei Abs. 2 das Gleiche wie zu § 35 Abs. 2 (vgl. u. a. § 35 **7** Rdn. 8–12). Die Beschreibung der Objekte in der Anlage 11.2 ist selbstverständlich anders. Ansonsten sind aber zur Feinbewertung auch hier Einteilungen in fünf Honorarzonen vorgenommen worden. Hier führt der VO-Geber die Anordnung aus § 5 Abs. 1 fort. Dabei ist darauf hinzuweisen, dass die **Honorarzone IV** jetzt **hohe Anforderungen** stellt. In der HOAI 2009 waren es *„überdurchschnittliche Anforderungen"* (siehe zur Kommentierung dort). Für eine Bewertung der Honorarzone kommt es allein auf die von dem Auftragnehmer zu erfüllenden tatsächlichen und/oder vertraglich geschuldeten Leistungen an. Es ist dabei nach § 40 Abs. 2 i. V. mit § 5 Abs. 1 von einem **objektivierten Schwierigkeitsgrad** anhand der gestellten Anforderungen auszugehen. Abs. 2 gibt fünf Bewertungsmerkmale zu den **Grundleistungen** vor:

1. Anforderungen an die Einbindung in die Umgebung

2. Anforderungen an Schutz, Pflege und Entwicklung von Natur und Landschaft

3. Anzahl der Funktionsbereiche

4. gestalterische Anforderungen

5. Ver- und Entsorgungseinrichtungen

Bei Freianlagen gibt es kein **Bewertungsmerkmal** *„Konstruktive Anforderungen"*. Statt *„Ausbau"* und *„Technische Ausrüstung"* kommt es bei Freianlagen auf die **„Anforderungen an Schutz, Pflege und Entwicklung von Natur und Landschaft"** sowie auf die **„Ver- und Entsorgungseinrichtungen"** an.

a) Anforderungen an die Einbindung in die Umgebung

„Einbindung in die Umgebung" sind alle standortbezogenen Feststellungen. Das **8** sind die topographischen, klimatischen, vegetationsbezogenen Verhältnisse. Hierzu zählt die konkrete Umgebung und Einbettung der zu beplanenden Fläche. Das sind städtische oder ländliche Strukturen, Gebäude, Flüsse, Bäche, Erhebungen, Senken, Täler, Naturschutzgebiete, vorbeplante und strukturierte Flächen, wie Neuaufzucht und Forsten. Ebenfalls sind Erschließungen und Infrastruktur, Immissionsgebiete und Emissionsgebiete (Industriestandorte), Schächte, Leitungen, Schutzeinrichtungen, Hochwasserschutz, Deichanlagen einzubeziehen. Der Schwierigkeitsgrad kann also durch vorhandene Bebauung und weitere Einflüsse, wie Verkehr, Bahnstrecken, Wasserwege usw. bestimmt werden. Abzugrenzen sind diese Einordnungen aber von den Abgrenzungen zum nachfolgenden Bewertungsmerkmal „Anforderungen an Schutz, Pflege und Entwicklung von Natur und Landschaft". Insbesondere ist eine Nachhaltigkeit der vorhandenen Strukturen zu berücksichtigen.

b) Anforderungen an Schutz, Pflege und Entwicklung von Natur und Landschaft

„Anforderungen an Schutz, Pflege und Entwicklung von Natur und Land- **9** **schaft"** ist die Ermittlung und die Durchplanung der Wechselbeziehungen zwischen der beabsichtigten Nutzung und den natürlichen Gegebenheiten zwecks Erhaltung von Flora und Fauna, d. h. das sog. „Rücksichtnahmegebot" bezogen auf vorhandene ökologisch prägende Zusammenhänge (so auch Scholtissek, § 40, Rdn. 7). Berücksichtigt werden muss also Boden, Wasser, Klima und Vegetation, also die äußeren, für das betreffende Vorhaben maßgebenden Einflüsse. Insbesondere stehen hier Umwelteinflüsse bei der Bewertung im Vordergrund.

c) Anzahl der Funktionsbereiche

10   „**Anzahl der Funktionsbereiche**" betrifft eine kleinteilige Aufteilung der funktionalen Zuordnungen innerhalb des Objekts. Die jeweils vorgesehenen Nutzungen der betreffenden Freianlage haben so auch Nutzungsbereiche mit einzubeziehen. Das können Sportanlagen, Erholungsflächen, Grünanlagen, Wasseranlagen und andere Freizeit- und Kinderspielanlagen sein. Nicht aber kommt es auf die **Anzahl** der Funktionsbereiche an, sondern auf die **funktionale Verknüpfung zwischen** einzelnen Funktionsbereichen und dem gesamten zu beplanenden Objekt als solchem.

d) Gestalterische Anforderungen

11   Bei der Bewertung der „**Gestalterische Anforderungen**" werden die Funktionen bewertet, die neben den Funktionsbereichen die bereits vorhandene Umgebungsstruktur, die Bebauung sowie die vorgesehene Funktion der Freianlage bestimmt bzw. bestimmen soll, also eine ganzheitliche Betrachtungsweise erfordern. Es kommt auf beabsichtigte formgebende Gestaltung, die Art und den Umfang der Bepflanzung, vorgesehene Arten von Material, Oberflächenbeschaffenheit, aufwendige Details usw. an. Auch die Verwendung von Pflanzenarten, Baustoffen und zugeordneter und vorgesehener Nutzung ist zu berücksichtigen.

e) Versorgungs- und Entsorgungseinrichtungen

12   „**Versorgungs- und Entsorgungseinrichtungen**" sind die vorgesehenen baulichen Maßnahmen, die die funktionelle Brauchbarkeit und Vollständigkeit vom vorgesehenen Nutzungszweck her bestimmen. Darunter fallen **Versorgungseinrichtungen** wie Wasserversorgungsanlagen, Elektro-, Öl- und Gasanlagen, heizungstechnische Anlagen, wie Wärmekraftwerke, Fernwärmeversorgung, elektrotechnische Anlagen (Telefon- und Kabelanschluss), Solar- und Windkraftanlagen. Zu den **Entsorgungseinrichtungen** gehören Abwasser- und Kläranlagen, Müllaufbewahrung und -entfernung, Kanalisation, Rigolen, Drainageanlagen.

13   Nach § 5 Abs. 1 i. V. m. Abs. 3 S. 2 ist auf der Grundlage der vorgegebenen Bewertungsmerkmale zunächst eine **Einordnung** der einzelnen Bewertungsmerkmale vorzunehmen, die sich an den **Planungsanforderungen** orientieren muss. Jedes Bewertungsmerkmal ist einer von fünf Anforderungsstufen zuzuordnen ist:

sehr geringe Planungsanforderungen
geringe Planungsanforderungen
durchschnittliche Planungsanforderungen
hohe Planungsanforderungen
sehr hohe Planungsanforderungen.
(siehe hierzu mit Beispiel auch Hartmann, § 40 Rdn. 3.1).

14   Praktisch ist dieser erste Bewertungsschritt in einer Matrix festzuhalten und entsprechend der geforderten bzw. tatsächlichen (Planungs-) Qualität einzuordnen (hier ein vorgegebenes Beispiel):

Bewertungsmerkmale:	Planungsanforderungen:				
	sehr gering	gering	durch-schnitt-lich	hoch	sehr hoch
1. Einbindung in die Umgebung				x	
2. Schutz, Pflege und Entwicklung usw.			x		
3. Anzahl der Funktionsbereiche				x	
4. Gestalterische Anforderungen				x	
5. Ver- und Entsorgungseinrichtungen				x	

15   § 5 Abs. 3 gibt vor, dass neben der Maßgabe der Bewertungsmerkmale auch die Bewertungspunkte sodann maßgeblich sind. Die „Grobbewertung" ist aber im Hinblick auf eine endgültige Punktebewertung erforderlich. Hierdurch lässt sich überprüfen, ob die fünf vorgegebenen Bewertungsmerkmale **einheitlich nur einer Honorarzone oder verschiedenen Honorarzonen** zuzuordnen sind. Denn aus dem folgenden Abs. 3 ergibt sich durch Auslegung, dass die **Honorarzone erst dann gefunden** ist, wenn **alle Bewertungsmerkmale einer einzigen Honorarzone** zuzuordnen sind. § 5 Abs. 3 bestimmt aber auch, dass alternativ die Bewertung nach Grobeinordnung über die Anlage, hier Anlage 11.2, erfolgen muss. **Allerdings müssen die dortigen Einordnungen nur berücksichtigt werden.** Wenn aber die Einordnungen – wie im Beispielsfall – pro Bewertungsmerkmal nicht immer eine Honorarzone ergeben und diese voneinander abweichen, ist § 5 Abs. 3 i. V. m. § 40 Abs. 3 anzuwenden und die Zuordnung zunächst durch die Anzahl der Bewertungspunkte zu ermitteln. Im Beispielsfall wäre die durchschnittliche und überwiegend gefundene Bewertung durch die hohe Anforderung die Honorarzone IV, obwohl es eine niedrigere Bewertung in Ziffer 2 gibt. Dann ist die Freianlage insgesamt der Honorarzone IV zuzuordnen. Es kann dann auf eine **ausführliche Punktebewertung verzichtet** werden.

Folge ist aber dann auch im Beispielsfall, dass zur Klärung der Einordnung in die dann zutreffende und dann verbindlich geltende Honorarzone eine Punktebewertung nach Abs. 3 und ergänzend Abs. 4 durchzuführen ist. Abs. 2 reicht daher nur für den einfachen Fall der immer gleichen Bewertungsmerkmale bei den Honorarzoneneinteilungen aus. Der Beispielsfall ist daher schon bei Abs. 2 nicht direkt anzuwenden und daher auf Abs. 3 bzw. auch Abs. 4 überzugehen.

3. Punktebewertung bei Freianlagen (Abs. 3 und Abs. 4)

Abs. 3 ist im Verhältnis zur HOAI 2009 § 39 Ab. 4 nicht geändert worden; auch die **16** aufgeführten Bewertungspunkte sind wie § 13 Abs. 3 HOAI 1996/2002 gleich geblieben. Diese wurden durch die 4. ÄndVO im Jahre 1991 neu festgelegt.

Anzuwenden ist Abs. 3 und Abs. 4 auf jeden Fall in den Fällen in denen Abs. 3 vorgibt, dass es aufgrund des Ergebnisses der Auswertung des Abs. 2 in der Grobbewertung in den jeweiligen Bewertungsmerkmalen zu keinem einheitlichen Bild, also zu Unterschieden in den Zuordnungen der Honorarzonen/Planungsanforderungen kommen kann, also – wie im o. a. Beispiel – Unterschiede bestehen. Dann ist nach dem Wortlaut zwingend auch Abs. 3 anzuwenden und damit die Feinbewertung. Das Gleiche Prozedere erfolgt auch dann, wenn in Anhang 11.2 bei dortigen Beispielsfällen eine einheitliche Einordnung nach den vom VO-Geber vorgegebenen Einordnungen in Honorarzonen nicht erfolgt, also mindestens zwei Auswahlmöglichkeiten bestehen. Das ist beispielsweise bei den Objekten „in der freien Landschaft", „Pflanzungen in der freien Landschaft oder Windschutzpflanzungen mit geringen oder sehr geringen Anforderungen" der Fall, da sie sowohl in Honorarzone I oder auch Honorarzone II eingeordnet werden können. Damit aber gibt der VO-Geber den Parteien bei der Wahl der Honorarzone einen gewissen Ermessenspielraum (siehe hierzu auch die Kommentierung unter § 5 Abs. 2; ähnlich Scholtissek, HOAI, § 40, Rdn. 3). Diesen will der VO-Geber durch Abs. 3 und 4 selbst vorgeben. Dabei allerdings ist die Vorgabe des VO-Gebers wiederum – und dies wir unten gezeigt – eine eher recht grobe Feinbestimmungsmethode, die noch an alten Ideen aus den achtziger Jahren des vorigen Jahrhunderts „hängen" geblieben ist.

Fakt ist aber, dass also zunächst diese vorgegebene „Feinbewertung" zu durchlaufen ist. Dabei ist zunächst Abs. 4 zu beachten. Bei Abs. 4 werden den Bewertungsmerkmalen nach Abs. 2 folgende **Maximalpunkte** zugeordnet:

Anforderungen an die Einbindung in die Umgebung:	8 Punkte
Anforderungen an den Schutz, Pflege und Entwicklung von Natur und Landschaft:	8 Punkte
Anzahl der Funktionsbereiche	6 Punkte
Gestalterische Anforderungen:	8 Punkte
Ver- und Entsorgungseinrichtungen:	6 Punkte

Einfachste bzw. sehr geringe Planungsanforderungen sind dabei mit einem Punkt und die höchsten Planungsanforderungen mit 6 oder 8 Punkten zu bewerten. Das bedeutet, dass die Parteien in der Bewertung von einem bis sechs/acht Punkten frei wären, wenn sie sich einigen würden. Das ist aber nicht so, denn die Bewertung ist – wie bei der Objekt-planung Gebäude/Innenraumplanung auch – nach **objektiven Kriterien** – letztlich nach §§ 315, 316, 319 BGB bei der Preisfindung nach § 632 BGB, wenn die Leistungen außerhalb der Grundleistungen liegen oder aus der Preistafel herausfallen – vorzunehmen. Bei einer Bewertung der einzelnen Bewertungsmerkmale mit den entsprechenden Punkten kann die Summe der Bewertungspunkte errechnet werden, aus denen sich dann nach Abs. 3 die Honorarzonen mit folgender **Punkteverteilung** ergeben:

bis zu 8 Punkte: Honorarzone I
9 bis 15 Punkte: Honorarzone II
16 bis 22 Punkte: Honorarzone III
23 bis 29 Punkte: Honorarzone IV
30 bis 36 Punkte: Honorarzone V

Für die Honorarzoneneinordnung gelten an dieser Stelle die Ausführungen zur Punkte-bewertung bei Gebäuden und Innenräumen (§ 35 Abs. 4 und 5; vgl. § 35 Rdn. 23 ff.). Es wird darauf verwiesen.

17   Allerdings hat die vom VO-Geber vorgegebene „Feinbewertung" letztlich doch eine weitere, aber verfeinerte „Grobbewertung" zur Folge, da sie rechnerische Unklarheiten letztlich duldet, die in Zweifelsfällen dem Wortlaut des Abs. 3 nicht ganz entsprechen. Der VO-Geber zwar einen Ermessensspielraum in Abs. 3 mit der Wortwahl in Abs. 3 *„so ist … zu ermitteln"* und in Abs. 4 mit *„sind … zu bewerten"* kaum erteilt. Man sollte sich aber dar-über im Klaren sein, dass dem VO-Geber selbst durch die Anlage 11.2 und der dortigen Möglichkeit bei den Musterbeispielen zu unterschiedlichen Honorarzonen zu gelangen klar war, dass seine wörtliche Anordnung nicht abschließend bei Berechnungen sein kann. Unter Berücksichtigung der aufgezeigten Grundsätze für die Aufteilung der maßgeblichen Bewertungspunkte bei den Gebäudeplanungen und Innenraumplanungen (vgl. § 35 Rdn. 29), wurde letztlich zunächst bei den Freianlagen eine lineare Punkteverteilung u. a. in **Locher/Koeble/Frik** (jetzt: § 40 Rdn. 12) ersonnen. Diese Berechnungsmethode ist aber mittlerweile **überholt** und damit auch abzulehnen, weil sie zwar entsprechend dem Wortlaut Abs. 3 und 4 auslegt, aber eine große Unschärfe in die inzwischen mögliche Feinteilung aufnimmt und damit duldet. Die Berechnung ist leider überholt und sollte auch bei Gerichtssachverständigen nicht mehr angewendet werden. Es zeigt sich nämlich – wie bei der Gebäudeplanung/Innenraumplanung (siehe unter § 35 Rdn. 23 ff.), dass der Honorarzone I eine größere Punktespanne zugeordnet wird, was auf der lediglichen linea-ren Punkteverteilung beruht. Sieht man sich aber einmal die Spanne von 8 Punkten in der Honorarzone I an, so ergibt sich im Verhältnis zur gesamt möglichen Punktezahl von 36 Punkten ein darauf entfallender Anteil von 22,22 %. Bei allen weiteren Honorarzonen be-trägt dieser Anteil – vgl. die Werte bei der Gebäudeplanung/Innenraumplanung jeweils 16,67 %. Damit ergibt sich, gerundet auf die zweite Kommastelle, folgende rechnerische Punkteverteilung wie sie *Seifert an dieser Stelle in der Vorauflage* vorgegeben hat und der hier weiterhin gefolgt wird *(Seifert, § 39, Rdn. 17)*:

Honorarzone	**I**	**II**	**III**	**IV**	**V**
Punkte	**0–8**	**9–15**	**16–22**	**23–29**	**30–36**
Punktedifferenz	8	6	6	6	6
Differenzanteil	22,22 %	16,67 %	16,67 %	16,67 %	16,67 %
Punkteverteilung bei 6 Punkten	**0,00–1,33**	**1,5–2,50**	**2,67–3,67**	**3,83–4,83**	**5,00–6,00**
Punktedifferenz	1,33	1,00	1,00	1,00	1,00
Differenzanteil	22,22 %	16,67 %	16,67 %	16,67 %	16,67 %
Punkteverteilung bei 6 Punkten	**0,00–1,78**	**2,00–3,33**	**3,56–4,89**	**5,11–6,44**	**6,67–8,00**
Punktedifferenz	1,78	1,33	1,33	1,33	1,33
Differenzanteil	22,22 %	16,67 %	16,67 %	16,67 %	16,67 %

Folgt man – wie hier – weiterhin dem zuvor dargestellten Punktesystem von *Seifert* (siehe Vorauflage, § 39 Rdn. 17) ergibt sich für die Punkteaufteilung bei den Freianlagen folgendes Bewertungsschema im Rahmen des Abs. 3:

Honorarzone:	I	II	III	IV	V
Planungsanforderungen:	sehr gering	gering	durch-schnittlich	über-durch-schnittlich	sehr hoch
Bewertungsmerkmale:	Punkteverteilung:				
a) Einbindung in die Umgebung	1	2–3	4–5	6–7	8
b) Schutz, Pflege und Entwicklung	1	2–3	4–5	6–7	8
c) Anzahl der Funktionsbereiche	1	2	3–4	5	6
d) Gestalterische Anforderungen	1	2–3	4–5	6–7	8
e) Ver- und Entsorgungseinrichtungen	1	2	3–4	5	6
Summen	**bis 5**	**10–13**	**18**	**23–26**	**31–36**
Punkte nach Abs. 2	**bis 8**	**9–15**	**16–22**	**23–29**	**30–36**

Weitere Bewertungsschemata für die Punkteaufteilung werden bei Locher/Koeble/Frik (a.a.O. § 40 Rdn. 12), bei Löffelmann/Fleischmann (a.a.O. 6. Aufl. Rdn. 1444) und Hartmann (zu § 40 Rdn. 3) vorgestellt. *Seifert* hatte in der achten Auflage dieses Werkes die Bewertung nach einer rechnerischen Methode in der Objektplanung (8. Auflage, § 34 Rdn. 31) vorgestellt. Dieser Bewertungsmethode wird auch weiterhin hier gefolgt, weil sie sich zum einen im Rahmen der Vorgaben des BGH, Urt. v. 13.11.2003 – VII ZR 362/02, BauR 2004, 354 bewegt (ein Bewertungsmittel von mehreren möglichen Hilfsmitteln) und vor allem aber die unterschiedliche Gewichtung der vom VO-Geber vorgegebenen Bewertungsmerkmale des Abs. 4 nachverfolgen lässt. Wird daher beispielsweise

Bewertungsmerkmale	Honorarzone (A)	Gewichtung (B)	
Anforderungen an die Einbindung in die Umgebung	II	3	
Anforderungen an den Schutz, Pflege und Entwicklung von Natur und Landschaft	IV	7	
Anzahl der Funktionsbereiche	III	4	
Gestalterische Anforderungen	IV	6	
Ver- und Entsorgungseinrichtungen	IV	5	
Summe		**25**	**= 25**

ermittelt, so ergibt sich das rechnerische Produkt aus A x B zu den einzelnen Bewertungsmerkmalen und dann des Ergebnisses:

Bewertungsmerkmale	Honorarzone (A)	Gewichtung (B)	Produkt aus A x B
Anforderungen an die Einbindung in die Umgebung	II	3	6
Anforderungen an den Schutz, Pflege und Entwicklung von Natur und Landschaft	IV	7	28
Anzahl der Funktionsbereiche	III	4	12
Gestalterische Anforderungen	IV	6	24
Ver- und Entsorgungseinrichtungen	IV	5	20
Summe		**25**	**90**

Die Honorarzone ist damit rechnerisch wie folgt zu ermitteln:

Summe Produkt:	:	Summe Gewichtung:	=	Honorarzone
90	:	25	=	3,6

Damit ist die Honorarzone III ermittelt. Daher ergibt sich auch, dass die Unschärfen der oben dargestellten anderen – teilweise bereits überholten – Berechnungsmethoden, die in den faktischen Zuordnungen der Punkte von eins bis 6 bzw. 8 liegen, beseitigt werden können und zu einer klaren Abgrenzung beitragen.

Allerdings ist auch bei dieser Methode zu berücksichtigen, dass Unschärfen der Auswahl der Punkteanzahl durch die Parteien und damit eine sicherlich sehr subjektive Einschätzung der Aufgaben und Leistungen des Planers bei den Bewertungsmerkmalen auch nicht entschärft und verobjektiviert werden können. Der VO-Geber hat das aber bewusst ausgeblendet und den Parteien überlassen, wie sie die subjektive Einordnung „verobjektiviert" vornehmen wollen. Das lässt sich mathematisch also nicht lösen.

Das zeigt sich insbesondere doch wieder bei den Unschärfen, die bei „Grenzpunkten" X,8 bzw. X,9 oder X,0 bzw. X,1 sich ergeben. Hier hilft nur ein Versuch der Vereinbarung oder – wenn nichts vereinbart wurde – die nochmalige Überprüfung durch eine neutrale Stelle (§§ 315, 317, 319 BGB); anders ist das Problem aus rechtlicher Sicht nicht zu lösen.

In der Zwischenzeit haben Messerschmidt/Niemöller/Preussner-Herrchen eine weitere Punktebewertung vorgelegt (dort § 40 Rdn. 22). Diese unterscheidet sich bei genauer Betrachtungsweise lediglich darin, dass Punktedifferenzen durch eine größere Bandbreite im durchschnittlichen Bereich der Planungsanforderungen möglich werden. Damit werden zwar die Bandbreiten angehoben, einen greifbaren Erfolg in Form von Sicherheit bei der Zuordnung ist das jedoch nicht. Zudem orientiert sich das System offenbar an den Ergebnissen der überholten Systematik bei Locher/Koeble/Frik, § 40 Rdn. 12.

III. Abs. 5 – Objektliste Anlage 11.2

18   § 40 Abs. 5 nennt beispielhaft eine Übersicht möglicher Objekte und deren Zuordnung zu den Honorarzonen. Es ist eine Regelliste. Diese Regelliste ist aufgrund der Empfehlungen des „Abschlussberichts Evaluierung HOAI – Aktualisierung der Leistungsbilder" von Lechner/Stifter/Weisser, S. 215 geändert und teilweise höheren Honorarzonen zugeordnet worden.

Honorarzone

Objekte	I	II	III	IV	V
In der freien Landschaft					
– Einfache Geländegestaltung	x				
– Einsaaten in der freien Landschaft	x				
– Pflanzungen in der freien Landschaft/Windschutzpflanzungen, mit sehr geringen/geringen Anforderungen	x	x			
– Pflanzungen in der freien Landschaft mit natur- und artenschutzrechtlichen Anforderungen (Kompensationserfordernissen)			x		
– Flächen für den Arten- und Biotopschutz mit differenzierten Gestaltungsansprüchen oder mit Biotopverbundfunktion				x	
– Naturnahe Gewässer- und Ufergestaltung			x		
– Geländegestaltungen und Pflanzungen für Deponien, Halden und Entnahmestellen mit geringen/durchschnittlichen Anforderungen		x	x		
– Freiflächen mit einfachem Ausbau bei kleineren Siedlungen, bei Einzelbauwerken und bei landwirtschaftlichen Aussiedlungen			x		
– Begleitgrün zu Objekten, Bauwerken und Anlage mit geringen/durchschnittlichen Anforderungen		x	x		
In Stadt- und Ortslagen					
– Grünverbindungen ohne besondere Ausstattung			x		
– Innerörtliche Grünzüge, Grünverbindungen mit besonderer Ausstattung				x	
– Freizeitparks und Parkanlagen				x	
– Geländegestaltung ohne/mit Abstützungen			x	x	
– Begleitgrün zu Objekten, Bauwerken und Anlagen sowie an Ortsrändern		x	x		
– Schulgärten und naturkundliche Lehrpfade und -gebiete				x	
– Hausgärten und Gartenhöfe/mit Repräsentationsansprüchen				x	x
Gebäudebegrünung					
– Terrassen- und Dachgärten					x
– Bauwerksbegrünung vertikal und horizontal mit hohen/sehr hohen Anforderungen				x	x
– Innenbegrünung mit hohen/sehr hohen Anforderungen				x	x
– Innenhöfe mit hohen/sehr hohen Anforderungen				x	x
Spiel- und Sportanlagen					
– Ski- und Rodelhänge ohne/mit technischer Ausstattung	x	x			

Honorarzone

Objekte	I	II	III	IV	V
– Spielwiesen		x			
– Ballspielplätze, Bolzplätze, mit geringen/durchschnittlichen Anforderungen		x	x		
– Sportanlagen in der Landschaft, Parcours, Wettkampfstrecken				x	
– Kombinationsspielfelder, Sport-, Tennisplätze und Sportanlagen Typ D mit Tennenbelag/Kunststoff- und Kunstrasenbelag				x	x	
– Spielplätze				x	
– Sportanlagen Typ A bis C /Sportstadien				x	x
– Golfplätze mit besonderen natur- und artenschutzrechtlichen Anforderungen oder in stark reliefierten Geländeumfeld[9]				x	x
– Freibäder mit besonderen Anforderungen, Schwimmteiche[10]				x	x
– Schul- und Pausenhöfe mit Spiel- und Bewegungsangebot				x	
Sonderanlagen					
– Freilichtbühnen				x	
– Zelt-/Camping- und Badeplätze, mit durchschnittlicher/hoher Ausstattung, Kleingartenanlagen			x	x	
Objekte					
– Friedhöfe, Ehrenmale, Gedenkstätten, mit hoher/sehr hoher Ausstattung[13]				x	x
– Zoologische und botanische Gärten					x
– Lärmschutzeinrichtungen				x	
– Garten- und Hallenschauen					x
– Freiflächen im Zusammenhang mit historischen Anlagen, historische Park- und Gartenanlagen, Gartendenkmale					x
Sonstige Freianlagen					
– Freiflächen mit Bauwerksbezug, mit durchschnittlichen topographischen Verhältnissen oder durchschnittlicher Ausstattung			x		
– Freiflächen mit Bauwerksbezug, mit schwierigen/besonders schwierigen topographischen Verhältnissen oder hoher/sehr hoher Ausstattung				x	x
– Fußgängerbereiche und Stadtplätze mit hoher/sehr hoher Ausstattungsintensität				x	x

Die Nutzung der beispielhaften Aufstellung soll lediglich einen Anhaltspunkt bei der Bewertung geben. Grundsätzlich ist zunächst die Bewertung nach Abs. 2 bis 4 **vorrangig.** Die Einordnung in eine andere Honorarzone durch den Wechsel in der HOAI 2009 zur HOAI 2013 ist für den Fall beachtlich, dass gem. § 57 eine andere Fassung bei den Abrechnungen gewählt werden müsste. Das hat Auswirkungen möglicherweise im Einzelfall auf die **Unter- oder Überschreitung der Mindest-/Höchstsätze.** Folgende Änderungen müssen daher bei successiven oder anderen Teilbeauftragungen (siehe hierzu Anmerkungen bei § 57) beachtet werden:

- Geländegestaltungen und Pflanzungen für Deponien, Halden und Entnahmestellen: in HOAI 2009 Honorarzone II, in HOAI 2013 Honorarzone III
- Grünverbindungen in Stadt- und Ortslagen: in HOAI 2009 Honorarzone II, in HOAI 2013 Honorarzone III
- Hausgärten und Gartenhöfe mit Repräsentationsansprüchen: in HOAI 2009 Honorarzone IV oder V, in HOAI 2013 Honorarzone V. Daher entfallen „hohe" Repräsentationsansprüche, wie in Anlage 3.2.5 der HOAI
- Bauwerksbegrünung vertikal und horizontal: in HOAI 2009 Honorarzone IV, in HOAI 2013 Honorarzone V
- Kombinationsspielfelder, Sport- und Tennisplätze mit Kunststoff- oder Kunstrasenbelag: in HOAI 2009 Honorarzone III oder IV, in HOAI 2013 Honorarzone IV soweit Sportanlagentyp D
- Spielwiesen und darauf bezogene Einsaaten: in HOAI 2009 Honorarzone I, in HOAI 2013 Honorarzone I oder II
- Ballspielplätze und Bolzplätze: in HOAI 2009 Honorarzone II, in HOAI 2013 Honorarzone III
- Sportanlagen Typ A bis C: in HOAI 2009 Honorarzone IV, in HOAI 2013 Honorarzone IV oder V
- Golfplätze in sensiblen Grünbereichen/Landschaften: in HOAI 2009 Honorarzone IV/V, in HOAI 2013 Honorarzone V
- Freibäder: in HOAI 2009 Honorarzone IV/V, in HOAI 2013 Honorarzone V
- Zelt-, Camping- oder Badeplätze: in HOAI 2009 Honorarzone III, in HOAI 2013 Honorarzone IV
- Friedhöfe: in HOAI 2009 Honorarzone IV, in HOAI 2013 Honorarzone IV oder V
- Freiflächen mit Bauwerksbezug: in HOAI 2009 Honorarzone IV, in HOAI 2013 Honorarzone V
- Fußgängerbereiche und Stadtplätze: in HOAI 2009 Honorarzone IV, in HOAI 2013 Honorarzone V

IV. Abs. 6 – Honorierung von Leistungen bei Umbau und Modernisierungen von Freianlagen

Abzugrenzen ist dieses Thema zunächst von Honorierungen von Grundleistungen für **19** **Instandsetzung und Instandhaltungen** von Objekten – als auch Freianlagen, § 2 Abs. 1 –. Nach § 12 Abs. 2 kann der Prozentsatz für die Objektüberwachung oder Bauoberleitung erhöht werden durch Vereinbarung. Instandhaltungen und Instandsetzungen können danach Erhaltungspflegemaßnahmen sein, Bodenertüchtigungen und z. B. der Herbstschnitt an Bäumen. Das ist im Rahmen von § 2 Abs. 3 und 8 im Einzelfall zu entscheiden. Werden nur Bauüberwachungsleistungen oder Objektüberwachung in der Leistungsphase 8 beauftragt, kann daher ein angemessenes Honorar bis 50% Erhöhung vereinbart werden, § 12 Abs. 2. Hier stellt sich bereits die Frage nach der ergänzenden Erhöhung infolge vorhandener Bausubstanz.

Die Honorierung bei **Umbauten und Modernisierungen** bei Freianlagen ist in § 40 Abs. 6 jetzt neu geregelt. Es wird dort auf § 36 Abs. 1 verwiesen. Die Änderung war notwendig, nachdem eine direkte Anwendung des § 35 HOAI 2009 aufgrund fehlender Hinweise nicht möglich bzw. auch nicht auf § 6 Abs. 1 Nr. 5 gestützt werden konnte (siehe hierzu Motzke, ZfBR 2012, 3); auch § 2 Nr. 6 und 7 HOAI a. F. enthielten keinen Verweis; §§ 37 bis 39 a. F. ebenso nicht. § 35 HOAI a. F. bezog sich auf die Objektplanung und Raumplanung. In der Literatur dargestellte Bezugnahmen auf § 10 Abs. 3a HOAI 1996/2002 sind über das Verbot nach § 57 a. F. bzw. § 103 Abs. 2 HOAI 1996/2002 nicht zulässig (so aber offenbar Pott/Dahlhoff/Kniffka/Rath, § 52 Rdn. 15; Irmler-Hilka, § 38 Rdn. 25 ff.). Dort hätten Umbauzuschläge über § 24 HOAI 1996/2002 über die Einordnung in eine höhere Honorarzone berücksichtigt werden können. Auch das ist bei § 35 HOAI 2009 nicht vorgesehen gewesen.

In Fortführung der Erläuterungen im Ergänzungsband zur 7. Auflage (§ 35 Seiten 108/109) wurde bereits die Meinung vertreten, dass es sich hier um eine ergänzungsbedürftige Regelungslücke unter Hinweis auf eine mögliche Unterschreitung der Mindestsätze handelt. Die AHO-Fachkommission – Freianlagen – war dem in der Stellungnahme vom 31.1.2011 gefolgt (a. A. Motzke, ZfBR 2012, 3).

Nicht zutreffend war daher auch die Meinung der VK-Nordbayern, Beschluss v. 13.7.2012 – 21 VK-3194-11/12, die der Ansicht war, dass bei Planungen für Freianlagen nach Teil 3 Abschnitt 2 die HOAI 2009 Zuschläge für Leistungen im Bestand nicht vorsähe.

Nunmehr ist in § 40 Abs. 6 der Verweis auf § 36 Abs. 1 erfolgt. § 40 Abs. 6 ist zugleich mit § 6 Abs. 2 S. 3 zu sehen. Die amtliche Begründung (BR-Drucksache 334/13) sieht vor, dass die durch Umbau oder Modernisierung bedingten Erschwernisse in der Abwicklung, Koordination und Organisation von Umbau- oder Modernisierungsleistungen auch bei Freianlagen vorliegen sollen. Damit entschied sich der VO-Geber der hiesigen Kritik zu folgen. Danach sind die bestehenden Planungsbedingungen, die erforderliche Beurteilung der Bauteile und Materialien sowie spezifische Bauabläufe im Bestand bei Freianlagen zu berücksichtigen. Anwendbar ist § 40 Abs. 6 damit **nicht auf die erstmalige Erstellung** von Freianlagen. Auch eine Neuerstellung nach kompletter Beseitigung, z. B. Rodung, ist kein Fall des § 40 Abs. 6. Es wird das Vorhandensein einer Freianlage vorausgesetzt.

Die Höhe des Zuschlages soll **schriftlich frei vereinbart** werden. Aber § 6 Abs. 2 S. 4 gibt keinen Mindestwert vor. Dabei ist zu beachten, dass der Zuschlag bis zu einem durchschnittlichen Schwierigkeitsgrad also Honorarzone III von bis zu 33 % erfolgen kann. Die amtliche Begründung zu § 36 Abs. 1 verweist allerdings auf § 7 Abs. 1 wonach bei Auftragserteilung die schriftliche Vereinbarung bei Abweichungen von der Grundregelung erfolgen soll. Folglich ist zunächst festzustellen, dass bei höheren Schwierigkeitsgraden als Honorarzone III (also IV und V) die Begrenzung nicht erfolgt und höhere oder keine Erhöhungen zu 33 % erfolgen können, also auch der Ansatz „**null**" erfolgen kann. Dann müsste das aber schriftlich erfolgen. Die amtliche Begründung BR-Drs. 334/14 legt das nahe. Wenn aber die Ansicht zu § 6 Abs. 2 S. 2 vertreten wird (siehe hierzu Kommentierung unter § 6 Abs. 2 S. 2), dass eine Vereinbarung von „null" nicht statthaft sei, weil eine weitere Vorgabe auch aus § 6 Abs. 2 S. 2 nicht ersichtlich ist, so ist darauf hinzuweisen, dass § 6 Abs. 2 S. 2 auf den Inhalt der Vereinbarung zu den Fachreglungen – hier § 40 Abs. 6 verweist. Eine Regelung der Höhe des Zuschlages erfolgt aber weder in § 36 Abs. 2 noch sonst. Daraus kann höchsten geschlossen werden, dass eine – schriftliche – Vereinbarung zumindest den Ansatz 0,1 % haben muss, da „null" von der Überlegung des VO-Gebers zu § 6 Abs. 2 S. 2 nicht erwähnt wird und damit als ausgeschlossen gilt. Eine solche Vereinbarung wäre dann zulässig und würde die Mindestsätze der HOAI nicht unterschreiten. Gleiches würde dann analog für die vereinbarte Überschreitung über 33 % gelten. Denn § 7 Abs. 2 gestattet dies (siehe auch Hebel, FS Quack, 2009, 85 ff.).

Soweit die Meinung vertreten wird (Scholtissek, 2. Aufl., § 40, Rdn. 14), dass eine schriftliche Vereinbarung auch auf „null" lauten können, kann dem nur unter der Bedingung des zuvor gesagten zugestimmt werden. Insbesondere darf bei der Berechnung nicht Mindest- oder Höchstsatz über-/unterschritten werden. Dabei wäre nach dem Gesagten als Vergleichsberechnung der Ansatz 0,1 zu wählen.

Wird nichts schriftlich vereinbart, also mündlich bzw. gar nicht daran gedacht, so ist der Zuschlag über § 6 Abs. 2 S. 4 zu ermitteln und wird mit 20 % Zuschlag beaufschlagt und unwiderleglich vermutet. Dies gilt bei allen Schwierigkeitsgraden. Siehe hierzu auch die Kommentierung unter § 6.

Die durch den Umbau oder Modernisierungsleistungen gegebenen Erschwernisse des Planers bei der Abwicklung, Koordination und Organisation können durch besondere Schwierigkeitsgrade dargestellt werden und sodann die Höhe des Umbauzuschlages ergänzend bestimmen, wobei eine vertragliche Berücksichtigung und Herleitung zu empfehlen ist. Diese kann sich – entsprechend Wendler, Ingenieurblatt 2014, 56 ff. – wie folgt aufstellen und einordnen lassen, wobei die Zuordnungspunkte in der anliegenden Tabelle zu der entsprechenden prozentualen Bewertung führen können. Dort erschließt sich aber auch, dass eine vertragliche Vereinbarung von „null" niemals erreicht wird, weil mindestens eine Anforderung bei der Planung erreicht wird. Damit wäre nach dieser Berechnungsmethode mindestens 1% Umbauzuschlag erreichbar und zu vereinbaren ohne, dass die Mindestsätze unterschritten werden. Wenn aber eine solche prozentuale Zuordnung vereinbart wird spricht viel dafür, dass die Unterschreitung der Mindestsätze schon deswegen vorliegt, weil die Parteien die objektive Einschätzung durch Anwendung der prozentualen Schwierigkeitszuordnungen – z.B. durch nachfolgende Tabelle – zur Ermittlung des Zuschlages wählten.

Die Ermittlung kann wie folgt – nicht abschließend – dargestellt werden:

Kategorie	Punkte	Kriterien
1) Integration	bis 6	Auseinandersetzung und Berücksichtigung von vielfältigen Bedingungen und Zwängen im Bestand Berücksichtigung aus Vorgaben der Förderprogramme Integration von zu erhaltenem Vegetationsbestand Einbindung, Anpassung oder Übernahme von Vorgaben aus Konstruktion, Technik oder Auflagen Zusätzliche Maßnahmen aufgrund behördlicher Auflagen Zusätzliche zu berücksichtigende Fachplanungen und Gutachten
Mehraufwand:	keiner = 0, wenig = 4, üblich = 5, viel = 6	
2) Flexibilität	bis 6	Laufende Ergänzungen der Ausführungsplanung Ungebräuchliche Details oder traditionelle Bauweisen und -techniken Reaktion aufgrund veränderter Bedingungen während des Bauablaufs Umgangs mit Unerwartetem und Störungen Ungebräuchliche Konstruktionen Unterschiedliche Details
Mehraufwand:	keiner = 0, wenig = 4, üblich = 5, viel = 6	
3) Risiko	bis 6	Erhöhtes Haftungsrisiko für Bestandswerte Erhöhtes Kostenrisiko für Bestandsanlagen Erhöhtes Terminrisiko Vorhandene Schadensbilder und Vorschädigung Erhöhte Anforderungen an die Verkehrssicherung
Mehraufwand:	keiner = 0, wenig = 4, üblich = 5, viel = 6	
4) Komplexität	bis 6	Erschwernisse bei Kostenermittlungen Zusätzliche Aufmaßkontrolle überdeckter Bauteile Nachtragsmanagement bei Störungen Mehraufwendungen bei Rechnungsprüfung Mehraufwand bei der LV-Erstellung, Prüfung und Wertung
Mehraufwand:	keiner = 0, wenig = 4, üblich = 5, viel = 6	

5) Organisation bis 9 Aufrechterhaltung des laufenden Betriebs und Verkehrs
Zusätzlicher Aufwand für längere Bauzeit
Rücksicht auf Vegetationsbestände
Vielzahl von Beteiligten
Höhere Baustellenpräsens, Kontrolle und Überwachun

Mehraufwand: keiner = 0, wenig = 4, üblich = 6, viel = 9

Bei der Ermittlung des Zuschlags sind dann die Erfordernisse entsprechend den Punktezuordnungen zu ermitteln. Die Berechnung kann wie folgt dargestellt werden:

Schwierigkeitsgrad	Gering	unterdurch-schnittlich	durch-schnittlich	überdurch-schnittlich	hoch
Höhe des Zuschlagsanteils im Verhältnis zur Anzahl der erfüllten Kriterien	0–5	13	20	27	33

Mehraufwand beim Planen und Bauen im Bestand als Zuschlagsanteil Umbau in Prozent:

Umbauzuschlag	0–5%	13%	20%	27%	33%

Bei der Ermittlung der anrechenbaren Kosten ist zudem zu beachten:

Bei den anrechenbaren Kosten im Rahmen der Bearbeitung von vorhandenem Baumbewuchs auf Gebäuden, Tunneln, Brücken oder Tiefgaragen ist bei der Planung zu berücksichtigen, dass zum Beispiel Wurzeltellerhöhen durch längeren Bewuchs sich erhöht haben. Die Bindung bzw. der Schutzbereich umfasst eine Fläche der Kronentraufe zuzüglich 1,5 m (z. B. lt. Ras LP4 oder DIN 18316). Der Baumbestand gilt dann als mitverbaute Bausubstanz, weil er gestalterisch und technisch mitverarbeitet wird. Der Wert kann ermittelt werden, in dem die Gehölze zum Handelswert erfasst werden. Dies gelingt allerdings nur bei jüngeren Gehölzen. Bei älteren Gehölzen ist es auch möglich, einen Pflanzenwert (z. B. €/m²) über die betroffenen Flächen anzusetzen. Ebenfalls kann auf Kostenkennwerte (KKW) zurückgegriffen werden (siehe auch BKI-Übersichten). Im Übrigen kann auf die oben **vor § 37 Rdn 6** dargestellten Zustandsfaktoren zurückgegriffen werden. Diese liegen bei minimal 0,8 bis maximal 1,0 nach der AHO-Ansicht. Dieses ist nicht zu verwechseln mit dem Leistungsfaktor, der insgesamt bei Abarbeitung aller Leistungsphasen 1 bis 9 bei 0,8 liegt und ergänzend – aber unter Berücksichtigung der tatsächlich erbrachten/zu erbringenden Leistungen – hinzuzurechnen sind. Zustandsfaktor und Leistungsfaktor können vereinfacht auch bei vollständiger Leistungserbringung nach Lph 1 bis 9 mit 0,72 berechnet werden **(siehe hierzu und zu den Berechnungsschritten AHO – Heft Nr. 1, HOAI – Planen und Bauen im Bestand, Stand 10/2014, Seiten 33 bis 41).**

Abschnitt 3. Ingenieurbauwerke

Vorbemerkung

Übersicht

I. Vergleich: Objektplanung Ingenieurbauwerke HOAI 2009 – HOAI 2013

1   Der Verordnungsgeber hatte bereits mit der 6. HOAI-Novelle (HOAI 2009) eine Differenzierung der Ingenieurbauwerke und der Verkehrsanlagen in zwei Abschnitte der Ob-

jektplanung vorgenommen. Die HOAI sieht seither im Teil 3 eine Aufteilung wie folgt
vor:
- Abschnitt 3: Objektplanung Ingenieurbauwerke
- Abschnitt 4: Objektplanung Verkehrsanlagen.

In der Neufassung der HOAI (nachfolgend: HOAI 2013) hat der Verordnungsgeber diese Differenzierung konsequent weitergeführt, indem er im Rahmen der baufachlichen
Überarbeitung der Leistungsbilder auch den **Grundleistungskatalog** „Ingenieurbauwerke
und Verkehrsanlagen" **aufgeteilt** hat. Nunmehr werden die Grundleistungen für Ingenieurbauwerke in der Anlage 12 Nr. 12.1 und die Grundleistungen für Verkehrsanlagen in
der Anlage 13 Nr. 13.1 gesondert aufgeführt. Zudem werden die Beispiele für Besondere
Leistungen und die Objektliste für Ingenieurbauwerke der Anlage 12 zugeordnet. Insoweit
sieht die HOAI 2013 nun folgende **Regelungsinhalte für Ingenieurbauwerke** vor:
- **Paragrafenteil der HOAI: §§ 41–44** (Anwendungsbereich, Besondere Honorargrundlagen, Leistungsbild, Honorare für Grundleistungen),
- **Anlagenteil der HOAI: Anlage 12** (Grundleistungen, Besondere Leistungen, Objektliste).

Die **nachfolgende Synopse** beinhaltet einen **strukturellen Vergleich der Regelun-** 2
gen der HOAI 2009 und der HOAI 2013. Die dort genannten Vorschriften haben sich
– gerade auch im Hinblick auf die Überarbeitung des Leistungsbildes – zudem inhaltlich
verändert. Diese inhaltlichen Änderungen sind nicht Gegenstand der Synopse:

HOAI 2009	HOAI 2013
• Anrechenbare Kosten § 4 Abs. 1, 2	• Anrechenbare Kosten § 4 Abs. 1, 2
• Kostenberechnungsmodell § 6 Abs. 1	• Kostenberechnungsmodell § 6 Abs. 1
• Honorarzonen § 5 Abs. 1, 2	• Honorarzonen § 5 Abs. 1, 2
• Anwendungsbereich Ingenieurbauwerke § 40	• Anwendungsbereich Ingenieurbauwerke § 41
• Kosten der Baukonstruktion § 41 Abs. 1	• Kosten der Baukonstruktion § 42 Abs. 1, Satz 1
• Anrechenbare Kosten Technischer Anlagen § 41 Abs. 2	• Anrechenbare Kosten Technischer Anlagen § 42 Abs. 2
• Bedingt anrechenbare Kosten § 41 Abs. 3	• Bedingt anrechenbare Kosten § 42 Abs. 3
• Anlagen der Maschinentechnik § 41 Abs. 3 Nr. 5	• Anlagen der Maschinentechnik § 42 Abs. 1, Satz 2
• Leistungsphasen und deren prozentuale Bewertung § 42 Abs. 1, Satz 2	• Leistungsphasen und deren prozentuale Bewertung § 43 Abs. 1, Satz 1
• Grundleistungskatalog Anlage 12 zu § 42	• Grundleistungskatalog Anlage 12 Nummer 12.1 zu § 43 Abs. 4
• Besondere Leistungen (Beispiele) Anlage 2.8 zu § 3 Abs. 3	• Besondere Leistungen (Beispiele) Anlage 12 Nummer 1 zu § 43 Abs. 4
• Minderung der prozentualen Bewertung der Vorplanung (Objekte mit Trag- werksplanung) § 42 Abs. 1, Satz 4	• Minderung der prozentualen Bewertung der Vorplanung (Objekte mit Tragwerks- planung) § 43 Abs. 2

HOAI 2009	HOAI 2013
——	• Fakultativ: Erhöhung der prozentualen Bewertung der Genehmigungs- bzw. Ausführungsplanung § 43 Abs. 3
• Umbau-, Modernisierungszuschlag § 42 Abs. 3 i. V. m. § 35	• Umbau-, Modernisierungszuschlag §§ 6 Abs. 2, 44 Abs. 6
• Instandhaltung, Instandsetzung § 42 Abs. 3 i. V. m. § 36 Abs. 2	• Instandhaltung, Instandsetzung § 12
• Teilnahme an Erläuterungs- oder Erörterungsterminen § 42 Abs. 3	• Teilnahme an Erläuterungs- oder Erörterungsterminen Anlage 12 Nummer 1, dort: LPH 2 lit. h), LPH 3 lit. e), LPH 4 lit. e)
• Honorartafel § 43 Abs. 1	• Honorartafel § 44 Abs. 1
• Zuordnung zu den Honorarzonen § 43 Abs. 2–4	• Zuordnung zu den Honorarzonen § 44 Abs. 2–5
• Objektliste Anlage 3.4 zu § 5 Abs. 4, Satz 2	• Objektliste Anlage 12 Nr. 12.2 zu § 48 Abs. 5
——	• Mindestsatzunterschreitung: Ingenieurbauwerke mit großer Längenausdehnung § 44 Abs. 7 i. V. m. § 7 Abs. 3

II. Allgemeines

1. Entwicklung des Leistungsbildes Ingenieurbauwerke

3   Die **Ingenieurbauwerke** bilden – gemeinsam mit den Verkehrsanlagen des Abschnitts 4 – die **typischen Aufgabenbereiche der Bauingenieure.** Diese Leistungsbilder waren in der ersten Fassung der HOAI (1977) noch nicht enthalten und sind **erstmalig** durch die 1. Änderungsverordnung zur HOAI **in die HOAI 1985 aufgenommen** worden. Bereits in der Amtlichen Begründung zur ersten Fassung der HOAI 1977 (BR-Drs. 270/76, Seite 2) waren Erweiterungen der HOAI zu einem späteren Zeitpunkt auf ingenieurspezifische Leistungen in Aussicht gestellt worden. In den allgemeinen Bemerkungen der Amtlichen Begründung zur HOAI 1977 war im 5. Absatz des Abschnittes A. 1. angegeben worden, es solle untersucht werden, „in welchem Umfang zu einem späteren Zeitpunkt die Verordnung um andere Bereiche erweitert werden soll, insbesondere um weitere Ingenieurleistungen". In der Begründung zu § 1 der HOAI 1977 hatte der Verordnungsgeber in Absatz 2 Satz 4 ferner festgestellt, dass die Fassung des § 1 der HOAI 1977 die Möglichkeit offen lasse, die Honorarordnung insbesondere um ingenieurspezifische Leistungen zu erweitern, wenn ein Bedürfnis für deren Regelung durch preisrechtliche Vorschriften bestehe (vgl. zum Ganzen Mantscheff in der 5. Auflage zu diesem Kommentar, dort Vorb. § 51, Rdn. 12). Mit der **1. Verordnung zur Änderung der Honorarordnung für Architekten und Ingenieure** vom 17. Juli 1984 (Bundesgesetzblatt I, Seite 948) wurden sodann verschiedene ingenieurspezifische Leistungen – und damit u. a. Ingenieurbauwerke und Verkehrsanlagen – dem sachlichen Anwendungsbereich des Preisrechts der HOAI zugeordnet. Dabei war das Leistungsbild der Bauingenieure für Ingenieurbauwerke und Verkehrsanlagen nach HOAI 1985 kaum noch vergleichbar mit den Leistungsbildern früherer Gebührenordnungen (vgl. hierzu und zum Folgenden Mantscheff in der 5. Auflage zu diesem Kommentar, a. a. O. Rdn. 2, 3; entsprechend auch Seifert in den 6. bis 8. Auflagen dieses Kommentars, zuletzt: Vor § 40, Rdn. 4 f.). Nummer 14 der GOI 1937/50 kannte beispielsweise keine Trennung von Entwurf und statischer Berechnung, wie sie seit der HOAI

1985 durch die Aufteilung der Leistungsbilder „Leistungen bei der Tragwerksplanung" und „Objektplanung für Ingenieurbauwerke und Verkehrsanlagen" vorgenommen wurde. Wohl aber sah die GOI 1937/50 bereits eine Trennung zwischen der örtlichen Bauaufsicht (Nummer 18 GOI 1937/50) und der Oberleitung der Bauausführung (Nummer 14 lit.f) GOI 1937) vor. Die Trennung zwischen örtlicher Bauüberwachung und Bauoberleitung wurde 1985 in die HOAI übernommen.

Die in § 55 HOAI a. F. aufgeführten Grundleistungen wurden hinsichtlich der Bezeich- **4** nung und Auflistung der Teil-Grundleistungen in hohem Maße dem Leistungsbild der Architekten bei der Objektplanung der Gebäude entlehnt. Insoweit besteht auch eine Vergleichbarkeit, allerdings mit der Einschränkung, dass die Grundleistungen auf die speziellen Belange von Ingenieurbauwerken und Verkehrsanlagen ausgerichtet wurden. Eine Besonderheit bildet allerdings die, eingangs bereits erwähnte, **zweistufige Bauüberwachung** bei den Ingenieurbauwerken (und Verkehrsanlagen). Anders als bei den Leistungen der Architekten bei der Objektüberwachung (Bauüberwachung) der Leistungsphase 8 wird bei den Ingenieurbauwerken und Verkehrsanlagen sowohl inhaltlich als auch bei der Honorarberechnung zwischen der **Bauoberleitung** der Leistungsphase 8 einerseits und der **örtlichen Bauüberwachung** andererseits unterschieden. Dabei sah die HOAI a. F. mit § 57 eine gesonderte Honorarregelung für die örtliche Bauüberwachung vor, die dogmatisch weder den Grundleistungen noch den Besonderen Leistungen zuzuordnen war.

Nach seiner Aufnahme in die HOAI 1985 am 1. Januar 1985 erfuhr das Leistungsbild **5** „Ingenieurbauwerke und Verkehrsanlagen" (Teil VII der HOAI a. F.) in den **folgenden vier Änderungsverordnungen**, d. h. in den Novellen vom 10. Juni 1985, 17. März 1988, 13. Dezember 1990 und 21. September 1995 keine wesentlichen Änderungen.

Erst mit Inkrafttreten der **6. Änderungsnovelle (HOAI 2009)** am 9. August 2009 erfolgte eine Trennung der preisrechtlichen Vorschriften für **Ingenieurbauwerke** einerseits und **Verkehrsanlagen** anderseits. Die in der Vorgängerregelung noch einheitlich unter Teil VII a. F. zusammengefassten Regelungen haben seither **zwei selbständige Abschnitte** in der HOAI erhalten. Die Objektplanung Ingenieurbauwerke ist in Abschnitt 3 des 3. Teils der HOAI geregelt; die Objektplanung Verkehrsanlagen wird eigenständig in Abschnitt 4 des 3. Teils der HOAI behandelt. Entsprechend wurde die Darstellung der Besonderen Leistungen in Anlage 2 zu § 3 Abs. 3 HOAI 2009 getrennt behandelt (Leistungsbild Ingenieurbauwerke: Anlage 2.8; Leistungsbild Verkehrsanlagen: Anlage 2.9). Auch die Objektlisten der beiden Leistungsbilder wurden in Anlage 3 zu § 5 Abs. 4 Satz 2 HOAI 2009 aufgeteilt (Ingenieurbauwerke: Anlage 3.4; Verkehrsanlagen: Anlage 3.5). Lediglich der Grundleistungskatalog in Anlage 12 enthielt noch eine zusammengefasste Darstellung der „Leistungen im Leistungsbild Ingenieurbauwerke und im Leistungsbild Verkehrsanlagen". Grund hierfür war, dass der Verordnungsgeber die baufachliche Überarbeitung der Leistungsbilder im Rahmen der 6. HOAI-Novelle noch zurückgestellt und einer künftigen Novelle vorbehalten hatte. Die **inhaltliche Differenzierung des Grundleistungskatalogs** für die Ingenieurbauwerke und für die Verkehrsanlagen ist nunmehr im Rahmen der **7. HOAI-Novelle (HOAI 2013)** vollzogen worden, so dass aktuell mit Anlage 12 Nr. 12.1 zu § 43 Abs. 4 HOAI 2013 auch ein gesonderter Grundleistungskatalog für das Leistungsbild Ingenieurbauwerke vorliegt.

2. Systematische Grundlagen der Honorarermittlung (Berechnungshonorar)

Die novellierte HOAI hält auch für das Leistungsbild Ingenieurbauwerke an dem altbe- **6** währten System der Ermittlung des Berechnungshonorars im Bereich des zwingenden Preisrechts fest. Es ist bei der Ermittlung des Berechnungshonorars folgender **vierstufiger Prüfaufbau** zu beachten:

Stufe 1: Ermittlung der anrechenbaren Kosten,

Stufe 2: Ermittlung der Honorarzone des Objekts,

Stufe 3: Ermittlung des Honorars für eine Vollbeauftragung auf der Grundlage der Honorartafel Ingenieurbauwerke,

Stufe 4: Ermittlung des Netto-Honorars für die tatsächlich erbrachten Leistungen anhand einer prozentualen Bewertung.

Zusätzlich zu beachten sind natürlich mögliche **Honorarzuschläge** etwa für Leistungen im Bestand (insbesondere bei Umbau- und Modernisierungsmaßnahmen) sowie Honorare für Besondere Leistungen. Darüber hinaus sind mögliche **Honorarreduzierungen** im Rahmen des Leistungsbildes Ingenieurbauwerke zu beachten, wie z. B. die Sondervorschrift zur Mindestsatzunterschreitung bei Ingenieurbauwerken mit großer Längenausdehnung (§ 44 Abs. 7).

7   In den vorbenannten **vier Prüfstufen** sind jeweils folgende **Vorschriften der HOAI 2013** je nach Einzelfall zu beachten:

Zu Stufe 1: Ermittlung der anrechenbaren Kosten:
– Allgemeine Vorschriften in Teil 1:
   § 4 Abs. 1 (Definition anrechenbare Kosten), § 4 Abs. 2 (anrechenbare Kosten bei Eigenleistungen etc. des Auftraggebers), § 4 Abs. 3 i. V. m. § 2 Abs. 7 (mitzuverarbeitende Bausubstanz beim Planen im Bestand), § 6 Abs. 1 Ziff. 1 (Kostenberechnungsmodell), § 6 Abs. 2 Nr. 1 (anrechenbare Kosten bei Umbauten und Modernisierung), § 10 Abs. 1 (Anpassungsvorschrift), § 11 Abs. 2 (Zusammenfassung anrechenbarer Kosten mehrerer Objekte).
– Besondere Vorschriften in Teil 3 Abschnitt 3:
   § 42 Abs. 1 Satz 1 (Kosten der Baukonstruktion), § 42 Abs. 1 Satz 2 (Kosten der Anlagen der Maschinentechnik), § 42 Abs. 2 (Kosten für technische Anlagen), § 42 Abs. 3 (bedingt anrechenbare Kosten).

Zu Stufe 2: Ermittlung der Honorarzone des Objekts:
– Allgemeine Vorschriften in Teil 1:
   § 5 Abs. 1 (Übersicht Honorarzonen der Objektplanung), § 5 Abs. 3 („Punktebewertung", Bezugnahme Objektliste).
– Besondere Vorschriften in Teil 3 Abschnitt 3:
   § 44 Abs. 2 (Bewertungsmerkmale), § 44 Abs. 3 (Gewichtung der Bewertungsmerkmale), § 44 Abs. 4 (Ergebnis der „Punktebewertung"), § 44 Abs. 5 i. V. m. Anlage 12 Nr. 12.2 (Bezugnahme auf die Objektliste).

Zu Stufe 3: Ermittlung des Honorars für eine Vollbeauftragung auf der Grundlage der Honorartafel Ingenieurbauwerke:
   § 44 Abs. 1 (Honorartafel Ingenieurbauwerke)

Zu Stufe 4: Ermittlung des Netto-Honorars für die tatsächlich erbrachten Leistungen anhand einer prozentualen Bewertung:
– Allgemeine Vorschriften in Teil 1:
   § 8 Abs. 1 (Keine Beauftragung aller Leistungsphasen), § 8 Abs. 2 (Keine Beauftragung aller Grundleistungen innerhalb einer Leistungsphase), § 9 Abs. 1 (Beauftragung von Einzelleistungen), § 11 Abs. 3 und 4 (Reduzierung der Prozentsätze bei Wiederholungsplanungen), § 12 Abs. 2 (Fakultative Erhöhung der prozentualen Bewertung der Bauoberleitung bei Instandsetzung/Instandhaltung).
– Besondere Vorschriften in Teil 3 Abschnitt 3:
   § 43 Abs. 1 Satz 1 i. V. m. Anlage 12 Nr. 1 (Prozentuale Bewertung der Leistungsphasen), § 43 Abs. 2 (Reduzierung der prozentualen Bewertung der Vorplanung), § 43 Abs. 3 (Fakultativ: Erhöhung der prozentualen Bewertung der Genehmigungs-/Ausführungsplanung).

3. Exkurs: Preisrechtliche Behandlung der örtlichen Bauüberwachung

8   Ingenieurleistungen, die dem sachlichen Anwendungsbereich des § 41 HOAI unterfallen, unterliegen der preisrechtlichen Bindung. Dies gilt indes nicht für Leistungen der örtlichen Bauüberwachung. Das Honorar der örtlichen Bauüberwachung ist **seit der 6. HOAI-Novelle (HOAI 2009)** nicht mehr gesondert verpreist, sondern kann von den Vertragsparteien **frei vereinbart** werden. Grund hierfür ist die vom Verordnungsgeber

gewollte Zuordnung der örtlichen Bauüberwachung zu den **Besonderen Leistungen** (HOAI 2009: Anlage 2.8.8; HOAI 2013: Anlage 12 Nr. 12.1, dort LPH 8, Besondere Leistungen).

Diese lediglich informatorische **Einordnung der örtlichen Bauüberwachung** unter 9 die **Besonderen Leistungen** ist im Lichte der honorarrechtlichen Systematik nicht nachvollziehbar. Im Einzelnen:

Die **Motive des Verordnungsgebers** für die Aufteilung der Bauüberwachung in eine Grundleistung „Bauoberleitung" der Leistungsphase 8 des § 55 HOAI a. F. und in eine gesondert verpreiste „örtliche Bauüberwachung" gemäß § 57 HOAI a. F. geben keinerlei Hinweise darauf, dass die örtliche Bauüberwachung als eine Leistung angesehen wird, um besonderen Anforderungen des Auftrags gerecht zu werden. Vielmehr ließ sich der Verordnungsgeber bei der Implementation der örtlichen Bauüberwachung allein von praxisorientierten Überlegungen leiten. So wurde in der Amtlichen Begründung (zur 1. Änderungsverordnung) zu § 55 im 3. Absatz hervorgehoben: „Mit dieser Aufteilung *(in eine Bauoberleitung und eine örtliche Bauüberwachung, Anm. des Verfassers)* soll der Tatsache Rechnung getragen werden, dass nach Ansicht von öffentlichen Auftraggebern das Honorar für die örtliche Bauüberwachung bei Ingenieurbauwerken und Verkehrsanlagen nicht nach einer Honorartafel mit degressiven Honoraren berechnet werden kann. Die Erfahrungen *(der öffentlichen Auftraggeber, Anm. des Verfassers)* in diesem Bereich zeigen, dass ein angemessenes Honorar regelmäßig nur in einem bestimmten Vom-Hundert-Satz der Herstellungskosten festgelegt werden kann. Zudem wird nach der bisherigen Vergabepraxis dem Auftragnehmer vielfach nur die örtliche Bauüberwachung übertragen; die Bauoberleitung behalten die Auftraggeber sich selbst vor. Die Leistungen der Leistungsphase 8 des § 15 werden in diesem Bereich somit öfter getrennt. In anderen Fällen werden die Objektplanung einschließlich Bauoberleitung einem Auftragnehmer übertragen und einem anderen Auftragnehmer nur die örtliche Bauüberwachung. Wegen dieser Besonderheit wird für die örtliche Bauüberwachung im § 57 eine besondere Honorarregelung vorgesehen."

Diese Vergabepraxis hat sicherlich im Bereich der öffentlichen Hand auch heute noch Bestand. Sie rechtfertigt jedoch, worauf der Verordnungsgeber selbst zu Recht hinweist, lediglich die Trennung der Bauoberleitung von der örtlichen Bauüberwachung und die Einführung einer besonderen Honorarregelung, nicht jedoch die Einordnung der örtlichen Bauüberwachung als Besondere Leistung im Sinne des § 3 Abs. 3 HOAI.

Auch die **Amtliche Begründung zum Wegfall des § 57 a. F.** ist hier nicht weiter hilfreich. Demnach wurde die Vorschrift allein deshalb gestrichen, „da sie nicht durch das Grundhonorar der Honorartafeln" erfasst werde (Amtliche Begründung zur HOAI 2009, BR-Drs. 395/09, Seite 155, 198). In Folge dieser Feststellung erfolgte eine lediglich informative Weiterführung und damit Einordnung der örtlichen Bauüberwachung unter die Besonderen Leistungen.

Dieser Schluss kann jedoch nicht gezogen werden, da die örtliche Bauüberwachung **weder aus rechtlicher noch fachlicher Sicht** die Voraussetzungen einer **Besonderen Leistung** erfüllt. Besondere Leistungen sind solche, die zur ordnungsgemäßen Erfüllung eines Auftrags an sich nicht erforderlich sind, die vielmehr besonderen Anforderungen des Auftrages gerecht werden. Ihnen kommt insoweit ein Ausnahmecharakter zu. Die Leistungen der örtlichen Bauüberwachung hingegen sind in aller Regel zwingend erforderlich zur Errichtung von Ingenieurbauwerken und Verkehrsanlagen. Sie sind somit Teil des „normalen Arbeitsablaufes" der Ingenieurleistungen. Dies entsprach der Bau- und Vergabepraxis bereits zum Zeitpunkt der Einführung des Leistungsbildes „Ingenieurbauwerke und Verkehrsanlagen" (vgl. hierzu die vorstehend zitierte Amtliche Begründung zur 1. ÄnderungsVO) und entspricht auch der aktuellen Praxis.

Insoweit ist die Einordnung der örtlichen Bauüberwachung als Besondere Leistung weder durch die honorarrechtliche Dogmatik noch fachlich begründbar; auch der Blick auf die historischen Motive zur Zweiteilung bietet keinen Ansatz für diese Einordnung. Es bleibt daher zu hoffen, dass der Verordnungsgeber de lege ferenda in einer **künftigen Novelle** der HOAI von der derzeitigen Zuordnung der örtlichen Bauüberwachung als Besondere Leistung Abstand nehmen wird. Stattdessen bietet es sich an, **für die örtliche Bau-**

überwachung eine **besondere Preisvorschrift,** wie sie in der HOAI a. F. vorgesehen war, zu normieren.

10   Auf der Grundlage der **derzeitigen Rechtslage** haben es die Vertragsparteien in der Hand, das Honorar für die örtliche Bauüberwachung im Wege einer **freien Honorarvereinbarung** vertraglich zu fixieren. Es stellt sich hierbei die Frage, welches Honorar geschuldet ist, wenn die Vertragsparteien **keine vertragliche Honorarregelung** zur örtlichen Bauüberwachung getroffen haben. In einem solchen Fall ist auf die Regelungen des § 632 Abs. 2 BGB zurückzugreifen. Mangels einer entsprechenden „Taxe" ist die **übliche Vergütung** geschuldet. Eine „Üblichkeit" der Vergütung für Besondere Ingenieurleistungen hat sich bisher gemeinhin nicht herausgebildet. Allerdings könnte man für die örtliche Bauüberwachung hier eine – zumindest temporäre – Ausnahme annehmen: Das Honorar für die örtliche Bauüberwachung wurde bei Verträgen, die vor dem 9. August 2009 geschlossen wurden, regelmäßig mit mindestens 2,1 % der anrechenbaren Kosten vereinbart (vgl. § 57 Abs. 2 Satz 1 HOAI a. F.). Der Verordnungsgeber hat in der Amtlichen Begründung zur HOAI 2009 ferner angeregt, das Honorar künftig mit mindestens 2,3 % der anrechenbaren Kosten zu vereinbaren („kann mit 2,3 bis 3,5 v. H. vereinbart werden", Amtliche Begründung zur HOAI 2009, BR-Drs. 395/09, Seite 198). Insoweit dürfte ein Ansatz von mindestens 2,1 % bzw. 2,3 % der anrechenbaren Kosten als übliches Honorar im Sinne des § 632 Abs. 2 BGB für solche Leistungen der örtlichen Bauüberwachung anzunehmen sein, die in einem gewissen Zeitraum nach Inkrafttreten der 6. HOAI-Novelle (HOAI 2009) vereinbart wurden. Ob allerdings eine solche „Üblichkeit" auch für aktuell zu schließende Verträge noch begründbar ist, dürfte mangels entsprechender empirischer Daten zweifelhaft sein. Der Ansatz einer üblichen Vergütung für örtliche Bauüberwachungen in Höhe von mindestens 2,1 % bzw. 2,3 % der anrechenbaren Kosten wird daher heute auch in Anbetracht der Darlegungs- und Beweislast, die der Planer für den Vortrag der Üblichkeit des Honorars trägt, regelmäßig nicht durchsetzbar sein.

4. Ingenieurvertragsmuster der öffentlichen Hand

11   Die öffentliche Hand bedient sich seit Jahren umfänglicher Vertragsmuster zur Vergabe und Ausführung von freiberuflichen Leistungen, worunter auch Ingenieurleistungen zu verstehen sind. Primäres Ziel dieser Vertragsmuster und Handbücher ist es, für den jeweiligen Anwendungsbereich eine Vereinheitlichung der Vergabepraxis und Vertragsgestaltung zu erreichen. Die für Ingenieurleistungen wichtigsten Vertragsmuster/Handbücher sind:

– **RBBau – Richtlinien für die Durchführung von Bauaufgaben des Bundes im Zuständigkeitsbereich der Finanzbauverwaltung,**
  herausgegeben vom Bundesministerium für Verkehr, Bau und Stadtentwicklung (BMVBS), nunmehr: Bundesministerium für Umwelt, Naturschutz, Bau und Reaktorsicherheit (BMUB).
  Die Vertragsmuster der RBBau existierten bereits vor Einführung der HOAI im Jahre 1977. Die 4. Auflage 1975 galt noch bis zur Neufassung der HOAI 1985 und der Einführung der ingenieurspezifischen Leistungsbilder fort. Dem Vertragsmuster waren Anlagen beigefügt, in denen u. a. die Ermittlung der Herstellungssumme und die Vergütungssätze (Anlage 1) geregelt waren. Dadurch hatte das Ingenieurvertragsmuster bis zur Einführung der spezifischen Regelungen der HOAI praktisch den Charakter einer Gebührenordnung für Ingenieurleistungen der Bauingenieure bei Bauaufgaben des Bundes im Zuständigkeitsbereich der Finanzbauverwaltungen erhalten.
  Auch heute kommt den **RBBau-Vertragsmustern** eine zentrale Bedeutung zu, da sie durch entsprechende Erlasse der Länder auch für die Landes-Bauverwaltungen Geltung finden. Das **Vertragsmuster** für Ingenieurbauwerke findet sich in Anhang 14 (Stand: Erlass des BMVBS vom 28.9.2009, Az: B10–8111.1/0). Dem Vertragswerk sind **Vordrucke** beigefügt **für die Honorarermittlung.** Die „Hinweise zum Vertragsmuster" enthalten ferner **umfängliche Erläuterungen** und Vorgaben zur Preisbestimmung, wie etwa Vorgaben zur Honorarsatz-Bestimmung (Ziff. 2.2 der Hinweise) sowie zur prozentualen Bewertung der Leistungsphasen unter Berücksichtigung der Leistungen des Auftraggebers

(Ziff. 2.3 und Ziff. 2.11 der Hinweise). Aufgrund ihrer hohen Regelungsdichte hat die RBBau primär im Hochbau aber auch im Bereich der Ingenieurbauwerke eine hohe praktische Bedeutung. Speziell für die Bereiche des Straßen- und Brückenbaus und der Wasserwirtschaft wurden über die RBBau hinausgehende gesonderte Handbücher aufgelegt:

– **HVA F–StB – Handbuch für die Vergabe und Ausführung von freiberuflichen Leistungen im Straßen- und Brückenbau,**
herausgegeben vom Bundesministerium für Verkehr, Bau und Stadtentwicklung (BMVBS), Abteilung Straßenbau.

Dieses Handbuch enthält in seiner derzeitigen Fassung 05/2010 (Änderung 07/2013) **12** verschiedene **Vertragsmuster,** so auch für die Beauftragung von Planungs- und Bauüberwachungsleistungen im Zusammenhang mit Ingenieurbauwerken (HVA F–StB ING 1). Dem beigefügt sind ein **Vordruck zur Honorarermittlung** (HVA F–StB ING 2) sowie **Vorgaben zur Ermittlung der anrechenbaren Kosten** bei der Objektplanung Ingenieurbauwerke mit entsprechenden Hinweisen (HVA F–StB ING 4). Abschnitt 2.3.6 enthält ferner umfängliche **Erläuterungen und Vorgaben zur Honorarermittlung** (Stand: 07/09). Besonders hervorzuheben ist die Tabelle zur prozentualen Bewertung der Grundleistungen einzelner Leistungsphasen im Sinne des § 8 Abs. 2 HOAI 2009. Hier wird speziell für den Bereich des Straßen- und Brückenbaus in Form einer sicherlich auf den Einzelfall anzupassenden Orientierungshilfe die Honorarabminderung bei nicht vollständiger Übertragung von Grundleistungen innerhalb einer Leistungsphase vorgegeben. Der Anwendungsbereich des HVA F–StB ist durch Ländererlasse auf die Landesstraßenbauverwaltungen erweitert worden.

– **HIV-Was – Handbuch für Ingenieurverträge in der Wasserwirtschaft,**
herausgegeben von der LAWA Bund/Länder-Arbeitsgemeinschaft Wasser

Auch dieses Vertragsmuster wurde bereits vor Inkrafttreten der HOAI angewandt und **13** gemeinsam mit dem RBBau-Vertragsmuster als Unterlage für die Festsetzung der Honorare in der HOAI 1985 verwendet. Die Amtliche Begründung zur 1. Änderungsverordnung führte hierzu aus: „Für einige Bereiche gibt es jedoch Richtlinien (Vertragsmuster) von öffentlichen Auftraggebern, von denen einige in allen Ländern bei bestimmten Aufträgen angewandt werden, wie z. B. Richtlinien für die Durchführung von Bauaufgaben des Bundes im Zuständigkeitsbereich der Finanzbauverwaltungen (RBBau) und Ingenieurvertragsmuster für den Bereich der Wasserwirtschaft, erarbeitet durch die Ländergemeinschaft (LAWA-Vertragsmuster). Diese Richtlinien enthalten regelmäßig auch Honorarübersichten. Solche Honorarübersichten wurden neben privaten Honorarverzeichnissen (…) als Unterlage für die Festsetzung des Honorars verwandt." Auch gegenwärtig findet das LAWA-Handbuch Anwendung im Bereich der Wasserwirtschaft des Bundes und der Länder. Die Regelungsdichte ist geringer als die des HVA F-StB und der RBBau. Das LAWA-Handbuch gibt u. a. ein **Vertragsmuster** für Ingenieurbauwerke (HIV-Was ING 1) und einen **Vordruck zur Honorarermittlung** (HIV-Was ING 2) vor. Darüber hinaus finden sich **Vordrucke** für die **Ermittlung der anrechenbaren Kosten** bei der Objektplanung Ingenieurbauwerke nebst Hinweisen (HIV-Was ING 4) sowie für die Honorarermittlung der örtlichen Bauüberwachung (HIV-Was ING 15.1 und 15.2).

– **Sonstige Handbücher**
Es ist eine deutliche Tendenz zu erkennen, dass kommunale Auftraggeber, Sektorenauf- **14** traggeber sowie auch größere institutionelle Auftraggeber für ihre jeweiligen Zuständigkeitsbereiche standardisierte Handbücher zur Vergabe, Vertrags- sowie Honorargestaltung entwickeln oder entwickeln lassen. Aus der Fülle der Handbücher und Musterformulare sei beispielhaft das **HKVM-Handbuch Kommunale Vertragsmuster** genannt, welches insbesondere bei der Beauftragung freiberuflicher Leistungen durch Gebietskörperschaften im süddeutschen Raum Anwendung findet. Darüber hinaus ist bezogen auf das Auftragsvolumen sicherlich auch die Richtlinie 804 der **Deutschen Bahn** „Eisenbahnbrücken (und sonstige Ingenieurbauwerke) planen, bauen und instand halten" bedeutsam, die insbesondere durch ihre hohe Regelungsdichte beeindruckt.

§ 41 Anwendungsbereich

Ingenieurbauwerke umfassen:

1. **Bauwerke und Anlagen der Wasserversorgung,**
2. **Bauwerke und Anlagen der Abwasserentsorgung,**
3. **Bauwerke und Anlagen des Wasserbaus ausgenommen Freianlagen nach § 39 Absatz 1,**
4. **Bauwerke und Anlagen für Ver- und Entsorgung mit Gasen, Feststoffen und wassergefährdenden Flüssigkeiten, ausgenommen Anlagen der Technischen Ausrüstung nach § 53 Absatz 2,**
5. **Bauwerke und Anlagen der Abfallentsorgung,**
6. **konstruktive Ingenieurbauwerke für Verkehrsanlagen,**
7. **sonstige Einzelbauwerke ausgenommen Gebäude und Freileitungsmaste.**

Vorgehende Vorschrift: § 40 HOAI 2009

Übersicht

I. Begriffsbestimmungen und Abgrenzungen

1. Von der Verordnung erfasste Bauwerke und Anlagen

1　Ingenieurbauwerke im Sinne des Abschnitts 3 Teil 3 der HOAI sind allein die in § 41 Nr. 1 bis 7 benannten Bauwerke und Anlagen:

1. Bauwerke und Anlagen der Wasserversorgung,
2. Bauwerke und Anlagen der Abwasserentsorgung,
3. Bauwerke und Anlagen des Wasserbaus ausgenommen Freianlagen nach § 39 Absatz 1,
4. Bauwerke und Anlagen für Ver- und Entsorgung mit Gasen, Feststoffen und wassergefährdenden Flüssigkeiten, ausgenommen Anlagen der Technischen Ausrüstung nach § 53 Absatz 2,
5. Bauwerke und Anlagen der Abfallentsorgung,
6. konstruktive Ingenieurbauwerke für Verkehrsanlagen,
7. sonstige Einzelbauwerke ausgenommen Gebäude und Freileitungsmaste.

Soweit Ingenieurbauwerke vorstehend **nicht** aufgeführt sind, unterfallen darauf bezogene Ingenieurleistungen **nicht** dem Preisrecht der HOAI. **Ihre Honorierung unterliegt der freien Honorarvereinbarung.** Dies wird ausdrücklich in der Amtlichen Begründung zur 7. Änderungsverordnung zu § 41, wie schon zuvor in früheren Amtlichen Begründungen, hervorgehoben. So sind nach der Auffassung des Verordnungsgebers beispielsweise Elektrizitätswerke oder Versorgungsleitungen über Land für Elektrizität nicht vom Anwendungsbereich des § 41 umfasst.

Weiterhin unterfallen die in § 41 Nr. 1 bis 7 benannten Anlagen und Bauwerke dann **2** nicht dem Anwendungsbereich des Preisrechts, wenn ihre anrechenbaren Kosten – gegebenenfalls infolge preisrechtlich zulässiger Zusammenfassung von Objekten nach § 11 Abs. 2 – außerhalb der in der Honorartafel des § 44 Abs. 1 festgelegten Honorarsätze liegen; das heißt, Ingenieurbauwerke, deren anrechenbaren Kosten unterhalb von € 25 000 bzw. oberhalb von € 25 000 000 liegen. Deren Honorierung unterliegt gemäß § 7 Abs. 2 der freien Honorarvereinbarung.

Und schließlich sind ebenfalls frei vereinbar die Honorare für Leistungen, die zwar für **3** die in § 41 HOAI genannten Ingenieurbauwerke erbracht werden, allerdings in den Grundleistungen des § 43 HOAI i. V. m. Anlage 12 Nr. 12.1 nicht benannt sind. Dies sind insbesondere die Besonderen Leistungen (wie etwa die örtliche Bauüberwachung), Beratungsleistungen sowie auch vorbereitende Maßnahmen wie etwa Machbarkeitsstudien oder Bedarfsplanungen (vgl. zur DIN 18205 – Bedarfsplanung im Bauwesen auch die Ausführungen bei Locher/Koeble/Frik, 12. Auflage, § 41, Rdn. 9 ff.).

Preisrechtlich nicht gebunden sind somit **4**
- Ingenieurleistungen in Bezug auf Bauwerke oder Anlagen, die nicht in § 41 Nr. 1 bis 7 benannt sind,
- Ingenieurleistungen, die sich auf Bauwerke oder Anlagen gemäß § 41 beziehen, deren anrechenbare Kosten außerhalb der Honorartafelwerte des § 43 liegen,
- Ingenieurleistungen, die zwar für die in § 41 aufgeführten Bauwerke und Anlagen erbrachten werden, die allerdings nicht vom preisrechtlichen Teil der HOAI erfasst sind, wie etwa Besondere Leitungen und Beratungsleistungen.

Derartige Ingenieurleistungen unterliegen der **freien** Honorarvereinbarung der Vertragsparteien. Fehlt eine solche Honorarvereinbarung, so ist gemäß § 632 Abs. 2 BGB die **übliche Vergütung** als vereinbart anzusehen. Im Falle fehlender „Üblichkeit" wird der Auftragnehmer zunächst in seiner Honorarrechnung eine Leistungsbestimmung im Sinne des § 315 BGB vornehmen. Entspricht diese nicht der Billigkeit, so wird die Bestimmung durch eine gerichtliche Entscheidung, meist geleitet durch ein Sachverständigengutachten, getroffen.

2. Begriffsinhalte: Ingenieurbauwerke, Anlagen

Der Begriff des Ingenieurbauwerks ist nicht derart feststehend, dass ihm ein dem allge- **5** meinen Sprachgebrauch zu entnehmender Begriffsinhalt zuzuordnen wäre. Auch sind in § 41 Nr. 1 bis 7 zur Bezeichnung der Bereiche, nach denen Bauwerke und Anlagen als Ingenieurbauwerke im Sinne der Verordnung zu rechnen sind, Begriffe verwendet worden, die ebenfalls keine feststehende Zuordnung zu Begriffsinhalten des allgemeinen Sprachgebrauchs ermöglichen (vgl. hierzu bereits Mantscheff, in der 5. Auflage dieses Kommentars, § 51 Nr. 2 ff.). Allerdings hat der Verordnungsgeber dieses Defizit zwischenzeitlich durch eine differenzierte Objektliste für Ingenieurbauwerke in Anlage 12 Nr. 12.2 kompensiert. In der Objektliste werden zu den einzelnen Objektgruppen des § 41 Nr. 1 bis 7 jeweils zahlreiche typische Anlagen und Bauwerke aufgelistet (siehe hierzu im Einzelnen nachfolgend § 41, Rdn. 27 ff. und § 44, Rdn. 24). Das Fehlen griffiger Definitionen wird sich daher in der Praxis regelmäßig gering auswirken, da bei Abgrenzungsproblemen auf die Objektliste als Orientierungshilfe zurückgegriffen werden kann.

Es bleibt die Frage nach einer **Definition** der in § 41 Nr. 1 bis 7 verwendeten allgemeinen Begriffe „Ingenieurbauwerke" und „Anlagen" (zu den Definitionen siehe bereits Mantscheff in der 5. Auflage dieses Kommentars, § 51, Rdn. 15, 16; ebenso Seifert in der Vorauflage dieses Kommentars, § 40, Rdn. 16, 17):

Definitionen:

6 – (Ingenieur-) Bauwerke:

(Ingenieur-)Bauwerke sind im herkömmlichen Sinne alle aus Böden, natürlichen und künstlichen Stoffen, wie Steinen, Beton und Stahlbeton, Stahl und sonstigen Metallen sowie auch Holz beschaffenen, mit dem Boden fest verbundene **Kunstbauten mit unterschiedlichen Zweckbestimmungen** und technischen Funktionen, so zur Abstützung (Uferwände, Kaimauern, Stützwände), zur Lastaufnahme und -abtragung (Tunnel- und Stollenbauten, Unter- und Überführungsbauwerke, Brücken), zur Aufnahme und zum Schutz technischer Anlagen (Fundamente, freistehende Anlagen, gebäudeähnliche Umschließungen von Anlagen). Die Klassifizierungen und Einteilung der Bauwerke, die im allgemeinen Einzelbauwerke oder Ansammlungen mehrerer Einzelbauwerke sind, geschieht nach Baustoffen (Erdbau-, Massivbau-, Stahl- und Holzbauwerke), nach technisch-konstruktiven Maßgaben (Stützbauwerke, Stollen- und Tunnelbauwerke, Brücken, Türme und Masten) oder nach ihrer technischen Zweckbestimmung (Absetzbecken, Klärbecken, Trafostationen).

7 – Anlagen:

Mit „**Anlagen" im technischen Sinne,** vor allem im Sinne des sogenannten „Anlagenbaus", der von größeren Industrieunternehmungen betrieben wird, sind **technische Einrichtungen zur Produktion, zum Transport und zur Verteilung bestimmter Produkte und Stoffe** gemeint. Im ähnlichen Sinne sind die in § 41 Nummer 1 bis 5 genannten Anlagen der Wasserversorgung, der Abwasserversorgung, des Wasserbaus, der Ver- und Entsorgung und der Abfallentsorgung zu verstehen mit dem zu unterstellenden Ziel, dass die Leistung für die Planung eines den Ingenieurbauwerken zuzuordnenden Objektes nicht (nur) die Einzelobjekte oder die Summer der Einzelobjekte, sondern die gesamte Anlage meint. So kann z.B. bei einer Kläranlage die Objektplanung eines einzelnen (Ingenieur-)Bauwerks (etwa eines einzelnen Sandfangs oder eines einzelnen Absetzbeckens oder ähnliches) oder aber die Objektplanung der gesamten Kläranlage (mit Sandfang, Rechen, Absetzbecken, Berieselungsbecken u.ä.) beauftragt werden. Mit dieser Definition von Anlagen ist jedoch noch nicht geklärt, ob und inwieweit Kosten notwendiger technischer oder maschinentechnischer Einrichtungen zu den Kosten des Objekts zählen und unter welchen Bedingungen dies geschieht (vgl. hierzu nachfolgend die Kommentierung unter § 42, Rdn. 35ff.).

3. Abgrenzung zu anderen Objektplanungen sowie zur Fachplanung

a) Grundsatz der getrennten Honorarabrechnung unterschiedlicher Leistungsbereiche

8   In der Praxis erfolgt häufig eine Beauftragung verschiedener Leistungsbilder an einen Auftragnehmer. Grund hierfür ist zumeist ein enger fachlicher Sachzusammenhang der Leistungsbilder. So werden beispielsweise konstruktive Ingenieurbauwerke für Verkehrsanlagen im Sinne des § 41 Nr. 6 häufig von dem beauftragten Verkehrsanlagenplaner mitgeplant (Beispiele: Straßen- und Brückenbau, Gleis- und Tunnelbau, Regenüberlaufbecken im Straßenbereich). Aber auch in anderen Bereichen ergeben sich Überschneidungen, wie etwa im Freianlagenbau, in dem neben gestalterischen Leistungen auch Objekt- und Fachplanungsleistungen erforderlichen werden. Üblich ist auch hier eine gemeinsame Beauftragung der unterschiedlichen Leistungsbereiche entweder an einen Planer oder an eine Planer-Arge.

Auch der Verordnungsgeber geht davon aus, dass „ein Auftragnehmer häufig Objekte aus mehr als einem Objektbereich bearbeitet" (Amtliche Begründung zur 1. ÄndVO zu § 51, 4. Abs.).

9   Die honorarrechtliche Dogmatik gebietet in solchen Fällen eine **strikt getrennte Abrechnung der Objekte verschiedener Leistungsbereiche.** Der Grundsatz der getrennten Abrechnung kann – bei unterschiedlichen Leistungsbildern – auch nicht durch funktionale Gesichtspunkte aufgehoben werden. Letztere können allenfalls bei der Objektdefinition innerhalb eines Leistungsbildes relevant werden; ebenso wie die Zusammenfassung von Objekten gemäß § 11 Abs. 2 nur innerhalb eines Leistungsbildes möglich ist.

Den Grundsatz der getrennten Abrechnung von Objekten, die verschiedenen Leistungsbildern angehören, hat der Bundesgerichtshof in seinem Urteil vom 30.9.2004 (BGH, Urteil vom 30.9.2004 – VII ZR 192/03, BGHZ, 160, 284, NZBau 2004, 680, BauR 2004, 1963) verdeutlicht. Am Beispiel der Leistungsbilder Ingenieurbauwerke (hier: Regenrückhaltebecken und Lärmschutzwälle) und Verkehrsanlagen (hier: Autobahn) führt der Bundesgerichtshof aus:

„Die getrennte Abrechnung der Ingenieurbauwerke und Verkehrsanlagen folgt (…) daraus, dass sie zu unterschiedlichen Leistungsbereichen gehören. Ingenieurbauwerke sind abrechnungstechnisch von Verkehrsanlagen ebenso geschieden wie etwa von der Tragwerksplanung, der Technischen Ausrüstung oder anderen Ingenieurleistungen, die Gegenstand der Honorarordnung sind (…). Die von der Revision herangezogenen funktionalen Gesichtspunkte sind an dieser Stelle nicht erheblich. Die Revision betont den engen funktionalen Zusammenhang der Rückhaltebecken und der Lärmschutzwälle mit der Verkehrsanlage in der Meinung, dieser Zusammenhang verbiete eine gesonderte Abrechnung; die Ingenieurbauwerke müssten als Einheit mit der Verkehrsanlage betrachtet werden, weil eine sinnvolle und funktionsgerechte Verwendung innerhalb der Verkehrsanlagen möglich sei. Funktionale Kriterien sind maßgeblich bei der Frage, ob mehrere Leistungen desselben Leistungsbereichs (mehrere Gebäude, mehrere Ingenieurbauwerke usw.) einheitlich oder getrennt abzurechnen sind (…). Die gesonderte Abrechnung der zu unterschiedlichen Leistungsbereichen gehörenden Ingenieurbauwerke und Verkehrsanlagen können sie nicht ausschließen."

Das Prinzip der getrennten Abrechnung von Objekten verschiedener Leistungsbilder **10** findet eine Ausnahme in § 46 Abs. 4 Nr. 2 HOAI. Danach sind bei Leistungen im Bereich der Verkehrsanlagen – ausnahmsweise – 10 Prozent der Kosten für Ingenieurbauwerke anrechenbar, wenn der Verkehrsanlagenplaner nicht gleichzeitig Grundleistungen für die Ingenieurbauwerke erbringt. Dieser Ausnahmefall bestätigt im Übrigen den grundsätzlichen Ansatz einer getrennten Berechnung.

Wenn somit die Leistungsbereiche der Verordnung jeweils getrennt abzurechnen sind, so wird es erforderlich, eine präzise inhaltliche Abgrenzung der einzelnen Leistungsbereiche der Verordnung vorzunehmen. Vor diesem Hintergrund werden im Folgenden Abgrenzungsprobleme der einzelnen Leistungsbilder aufgezeigt und, soweit möglich, einer Lösung zugeführt.

b) Abgrenzung der Ingenieurbauwerke zu anderen Leistungsbereichen der Verordnung

aa) Abgrenzung Ingenieurbauwerke und Gebäude

Die Abgrenzung der Ingenieurleistungen für Ingenieurbauwerke zu der Objektplanung **11** Gebäude (Teil 3 Abschnitt 1) bereitet seit der Neufassung der HOAI der Regel keine Probleme mehr. Bei der Abgrenzung kann auf die jeweiligen Objektlisten – Gebäude: Anlage 10 Nr. 10.2; Ingenieurbauwerke: Anlage 12 Nr. 12.2 – zurückgegriffen werden.

Frühere Abgrenzungsschwierigkeiten, die darauf gründeten, dass der Verordnungsgeber **12** den Gebäudebegriff im Sinne der Musterbauordnung als Definition in § 2 Abs. 2 HOAI 2009 eingeführt hatte, stellen sich für den Anwendungsbereich der HOAI 2013 nicht mehr. Die Definition des Gebäudebegriffs in § 2 Abs. 2 HOAI 2009 wurde nämlich durch die 7. HOAI-Novelle 2013 wieder aus der Verordnung entfernt. Der Verordnungsgeber begründet dies zutreffend wie folgt: „Es hat sich allerdings gezeigt, dass diese Definition in der Praxis zu Abgrenzungsschwierigkeiten mit den Ingenieurbauwerken führt, die häufig auch die Kriterien der Definition des „Gebäudes" erfüllen. Da für die preisrechtliche Zuordnung die Definition des „Gebäudes nicht erforderlich ist, ist diese aus dem Katalog der Begriffsbestimmung entfallen" (BR-Drs. 334/13, Seite 136).

In der Tat hatten sich unter der Geltung der HOAI 2009 Abgrenzungsschwierigkeiten zwischen den „Gebäuden" einerseits und den unter § 40 Nr. 7 HOAI 2009 als „sonstige Einzelbauwerke" bezeichneten Ingenieurbauwerken ergeben. Dies galt insbesondere für Tiefgaragen und Untergrundbahnhöfe, aber auch für Silos sowie Türme mit Aufbauten, Betriebsgeschossen und Publikumseinrichtungen. Denn diese Objekte konnten ebenso unter den Begriff des Gebäudes im Sinne der Definition der Musterbauordnung subsumiert werden, da es sich um „selbständig benutzbare, überdeckte bauliche Anlagen" handelt, die von Menschen betreten werden können und geeignet (…) sind, dem Schutz von Menschen (…) zu dienen". Eine solche bloße formale Ausrichtung an der Gebäude-Definition

der Musterbauordnung verkürzt jedoch die Planungs-Realitäten. Denn ein Untergrund-
bahnhof, der zwar formal der Gebäudedefinition in § 2 Abs. 2 HOAI 2009 entspricht,
gleichzeitig aber auch in der Objektliste für Ingenieurbauwerke in Anlage 3 Nr. 3.4 zu § 5
Abs. 4 Satz 2 HOAI 2009 aufgeführt wird, kann schwerlich nach seinen Planungsanforderungen und letztlich auch nach der Verkehrsanschauung den „Gebäuden" zugeordnet werden. Richtigerweise wurde daher auch bereits unter der Geltung der HOAI 2009 als ein
wesentliches Abgrenzungskriterium die Frage gesehen, ob das Objekt eine technisch-
konstruktive Planung aufweist oder nicht. Ist die Planung technisch-konstruktiv geprägt, so
spricht dies für die Einordnung als Ingenieurbauwerk; andernfalls ist eine Objektplanung
Gebäude anzunehmen (vgl. Theißen in: Pöhlker/Theißen/Adrians, HOAI, § 40, Erl. 8; so
im Ergebnis auch Seifert in der Vorauflage zu diesem Kommentar, dort § 40, Rdn. 6).

Gleichwohl ist es zu begrüßen, dass der Verordnungsgeber in der aktuellen 7. Novelle
der HOAI durch Streichung der Gebäudedefinition in § 2 diese Problematik für die Zukunft gelöst hat.

Werden Gebäude gemeinsam mit Ingenieurbauwerken geplant und errichtet, so sind die
Objekte, die verschiedenen Leistungsbildern zuzuordnen sind, auch getrennt abzurechnen.
Als Beispiele seien genannt: Müllverbrennungsanlagen mit Verwaltungsgebäude; Hafenan-
lagen mit administrativen Gebäuden oder Talsperren mit Technik- und Verwaltungsgebäu-
den.

bb) Abgrenzung Ingenieurbauwerke und Freianlagen

13   Auch zur Freianlagenplanung (Teil 3 Abschnitt 2 der Verordnung) ergeben sich in der
Praxis oftmals Abgrenzungsprobleme.

Einen Bereich benennt die HOAI unter § 41 Nr. 3 ausdrücklich: Danach sind Bauwerke
und Anlagen des **Wasserbaus** nur dann den Ingenieurbauwerken zuzuordnen, wenn es
sich nicht um Freianlagen im Sinne des § 2 Nr. 11 handelt. Die Bauwerke und Anlagen
des Wasserbaus sind in Gruppe 3 der Objektliste Ingenieurbauwerke unter Anlage 12
Nr. 12.2 aufgeführt. Sofern diese Objekte nicht nach wasserbaulichen, tragwerkspezifi-
schen oder verkehrsplanerischen Punkten geplant bzw. überwacht werden, sondern allein
nach überwiegend ökologischen oder landschaftsplanerischen Gesichtspunkten als Gestal-
tungselemente in Freianlagen angeordnet werden, zählen sie zu den Freianlagen (vgl. auch
Jochem/Kaufhold, 5. Auflage, § 40 Rdn. 7). Künstlich angelegte **Teiche** sind regelmäßig
den Freianlagen zuzuordnen; es sei denn es handelt sich um eine Teichanlage mit einem
oder mehreren Dämmen, welche ein Ingenieurbauwerk des Wasserbaus ist. Auch **Pflanzungen** in Ingenieurbauwerken des Wasserbaus, wie etwa in Häfen oder an Deichen, unterfallen der Freianlagenplanung und sind somit getrennt nach Teil 3 Abschnitt 2 der Verordnung (Freianlagen) abzurechnen. Einfache **Uferbefestigungen** werden zwar in der
Objektliste der Ingenieurbauwerke für Wasserbau geführt. Wenn Uferbefestigungen allerdings der Geländegestaltung dienen und keine Tragwerksplanung erfordern, so dürften sie
den Freianlagen zuzuordnen sein. Des Weiteren sind Anlagen der **Regenwasserversickerung** ausweislich des Hinweises in Anlage 12 Nr. 12.2 (dort: Gruppe 2) nicht den Ingenieurbauwerken der Abwasserentsorgung sondern den Freianlagen zuzuordnen.

14   Abgrenzungsfragen ergeben sich jedoch nicht nur im Bereich des Wasserbaus. So werden
etwa **konstruktive Ingenieurbauwerke für Verkehrsanlagen** der Gruppe 6 wie auch
sonstige **Einzelbauwerke** der Gruppe 7 der Objektliste in Anlage 12 Nr. 12.2 oftmals im
Zusammenhang mit Freianlagen errichtet. Ersteres gilt insbesondere für den Bereich der
Lärmschutzwälle: Eine entsprechende **Begleitgrün-Planung** ist stets der Freianlagenplanung zuzuordnen und getrennt abzurechnen. Selbst die eigentliche Planung eines
Lärmschutzwalls, der sowohl dem Lärmschutz als auch der Landschaftsgestaltung dient,
kann im Einzelfall über die Honorare für Freianlage abzurechnen sein, wenn die gestalterische Absicht überwiegt. Eine **Begleitgrün-Planung für Einzelbauwerke** kommt insbesondere in Betracht bei Masten, Türmen, Silos oder Windkraftanlagen. Desgleichen gilt für
Pflanzungen in Deponien (siehe zu letzterem: Anlage 11 Nr. 11.2 „Objekte in der freien
Landschaft"). Diese Planungsleistungen sind ebenfalls jeweils getrennt von den Ingenieurbauwerken nach Teil 3 Abschnitt 2 (Freianlagen) der Verordnung abzurechnen.

Gleiches gilt für den Fall, dass im Rahmen der **Gesamtplanung einer Freianlage** 15 auch **Ingenieurbauwerke in die Umgebung eingebunden** werden. Hierzu stellte der Verordnungsgeber bereits in der Amtlichen Begründung zur HOAI 1996 fest: „Da die Leistungen des Objektplaners bei der gestalterischen Einbindung in die Umgebung von Ingenieurbauwerken und Verkehrsanlagen nach Teil VII unterschiedlich ist und wesentlich von der Art der Freianlage und dem Umfang der Leistung der Einbindung abhängig ist, werden konkrete Bestimmungen über die Höhe des Honorars nicht aufgenommen" (Amtliche Begründung zur HOAI 1996, zitiert nach Depenbrock/Vogler, HOAI, Text mit Amtlicher Begründung und Anmerkungen, 1995, Seite 98). Im Einzelfall kann dabei auch eine Minderung des jeweiligen Objektplanerhonorars möglich sein. Hier ist darauf abzustellen, ob der Planer der Freianlagen Teile der Planungsleistungen für Ingenieurbauwerke erbringen muss, oder aber ob eine Entlastung auf Seiten des Freianlagen-Planers durch den Objektplaner Ingenieurbauwerke zu verzeichnen ist. Auch hierzu führt der Verordnungsgeber in seiner Amtlichen Begründung zur HOAI 1996 aus: „Dabei ist vertraglich im Einzelnen festzulegen, ob und wie viel übernimmt der Fachplaner nach Teil VII durch Leistungen des Planers der Freianlage entlastet und dadurch eine Minderung des Honorars gerechtfertigt wird." (Amtliche Begründung zur HOAI a. a. O.).

cc) Abgrenzung Ingenieurbauwerke und Verkehrsanlagen

Verkehrsanlagen, das heißt Anlagen des Straßen-, Schienen- und Flugverkehrs (Teil 3 16 Abschnitt 4 der Verordnung) werden regelmäßig im Zusammenhang mit konstruktiven Ingenieurbauwerken im Sinne des § 41 Nr. 6 errichtet. Im Bereich des Straßen- und Schienenverkehrs sind dies regelmäßig Lärmschutzwälle und -anlagen, Brücken, Tunnel- und Trogbauwerke sowie – im schienengebundenen Verkehr – Untergrund- und Kreuzungsbahnhöfe. Ferner werden regelmäßig Anlagen der Wasserversorgung (Gruppe 1) sowie der Abwasserentsorgung (Gruppe 2), nämlich Leitungsnetze für Wasser und Abwasser, im Zusammenhang mit Straßenbaumaßnahmen errichtet oder saniert.

Anlagen zur Straßenentwässerung sind regelmäßig nicht mehr als Ingenieurbauwer- 17 ke der Abwasserentsorgung zu bewerten (vgl. zur früheren Rechtslage: BGH, Urteil vom 30.9.2004 – VII ZR 192/03, NZBau 2004, 680, BauR 2004, 1963). Dies ergibt sich aus dem – neu eingefügten – einschränkenden Hinweis in Anlage 12 Nr. 12.2: „(…) mit Ausnahme von Entwässerungsanlagen, die der Zweckbestimmung der Verkehrsanlage dienen" sowie aus § 46 Abs. 1 Satz 2. Derartige Anlagen sind, soweit sie allein der Straßenentwässerung dienen, nunmehr den anrechenbaren Kosten der Verkehrsanlage zuzuordnen. In der Regel sind dies Straßenabläufe, Sammel- und entsprechende Abwasseranschlussleitungen. Allerdings ist insoweit ein Weiteres zu beachten: Abwasserleitungen unterhalb oder in unmittelbarer Nähe des Straßenkörpers, die neben der Straßenentwässerung auch der allgemeinen Abwasserentsorgung dienen, sind nach wie vor eigenständige Ingenieurbauwerke im Sinne der Gruppe 2 der Objektliste (Bauwerke und Anlagen der Wasserentsorgung).

Schließlich werden auch Bauwerke und Anlagen des Wasserbaus (Gruppe 3), wie etwa 18 Durchlässe und Deiche sowie auch Einzelbauwerke (Gruppe 7), wie etwa Stützbauwerke im Zusammenhang mit Verkehrsanlagen geplant und überwacht.

Trotz mannigfacher Berührungspunkte zwischen Verkehrsanlagen und Ingenieurbau- 19 werken und trotz ihrer funktionalen Nähe ist die **Abgrenzung der einzelnen Leistungsbereiche** in der Praxis meist unproblematisch. Denn zu den Anlagen des Straßen-, Schienen- und Flugverkehrs zählen – von wenigen Ausnahmen abgesehen (etwa vorstehend benannte Entwässerungsanlagen) – im weitesten Sinne allein die jeweiligen Verkehrsflächen.

Auch bei Verkehrsanlagen und Ingenieurbauwerken gilt der **Grundsatz der getrennten Abrechnung** der verschiedenen Leistungsbilder. Eine Zusammenfassung ist (siehe vorstehend § 41, Rdn. 9) selbst bei einem engen funktionalen Zusammenhang nicht möglich (BGH, Urteil vom 30.9.2004 – VII ZR 192/03, NZBau 2004, 680; BauR 2004, 1963). Sofern allerdings die Grundleistungen für Ingenieurbauwerke und Verkehrsanlagen verschiedenen Planern übertragen werden, sind gemäß § 46 Abs. 4 Nr. 2 zehn Prozent der

Kosten der Ingenieurbauwerke für die Grundleistungen der Leistungsphasen 1 bis 7 und 9 bei den Verkehrsanlagen (zusätzlich) anrechenbar.

dd) Abgrenzung Ingenieurbauwerke und Technische Ausrüstung

20   Nach der Altfassung der HOAI gehörten gemäß § 68 HOAI 1996 alle dort aufgeführten Anlagen dann zur Technischen Ausrüstung, wenn sie technische Ausrüstung von Gebäuden oder von Ingenieurbauwerken waren. Dabei kam es nicht (mehr) darauf an, ob diese Anlagen innerhalb oder außerhalb von Gebäuden bzw. Ingenieurbauwerken lagen. Insoweit war eine Abgrenzung zum Leistungsbild Ingenieurbauwerke eindeutig.

Nach der Neufassung umfassen Leistungen der Technischen Ausrüstung jedoch allgemein die „Fachplanungen für Objekte" (vgl. § 51 Abs. 1). Damit sind seit der 6. HOAI-Novelle (HOAI 2009) auch **technische Ausrüstungen für Verkehrsanlagen und Freianlagen** in den Anwendungsbereich des Teils 4 Abschnitt 2 (Technische Ausrüstung) einbezogen worden. Insbesondere im Verkehrsanlagenbau wird die Abgrenzung von Ingenieurbauwerken und Anlagen der Technischen Ausrüstung im Zusammenhang mit Verkehrsanlagen schwierig. Ein Beispiel: Anlagen, die allein der Straßenentwässerung dienen, sind keine Ingenieurbauwerke, sondern den Verkehrsanlagen zuzuordnen (vgl. oben § 41, Rdn. 17). Zusätzlich können aber gleichwohl für derartige Entwässerungsanlagen Fachplanungsleistung der Technischen Ausrüstung gemäß § 53 Abs. 2 Nr. 1 anfallen.

21   Erschwert wird die Abgrenzung zwischen der Technischen Ausrüstung und den Ingenieurbauwerken dadurch, dass gemäß § 54 Abs. 4 auch die **Anlagen der nichtöffentlichen Erschließung** sowie **Technische Anlagen** (wie etwa Abwasser- und Versorgungsanlagen) **in Außenanlagen** vom Anwendungsbereich des Teils 4 Abschnitt 2 der Verordnung (Technische Ausrüstung) dann erfasst werden, wenn der Planer diese Anlagen plant oder deren Ausführung überwacht. Insoweit stellt sich dann die Frage nach der Abgrenzung zu den Ingenieurbauwerken der Versorgung und Entsorgung im Sinne des § 41. Inwieweit **Infrastruktureinrichtungen einer Liegenschaft** im Einzelfall als Ingenieurbauwerke oder als Technische Ausrüstung zu werten sind, kann daher im Einzelfall problematisch sein. Die RBBau-Hinweise zum Vertragsmuster Ingenieurbauwerke und Verkehrsanlagen" (Anhang 14, RBBau Vertragsmuster, Stand: 28.9.2009) unternehmen folgenden Versuch einer räumlichen Planungsabgrenzung für die Praxis: „Teile von Objekten, die nach dem Vertragsmuster Objektplanung Ingenieurbauwerke und Verkehrsanlagen zu bearbeiten sind, können in Gebäude/Ingenieurbauwerke hineinreichen, ohne dadurch zur Technischen Ausrüstung (…) zu gehören. Beispiele für praktikable Planungsgrenzen: Revisions-, Mess-, Absperr- und Übergabeeinrichtungen."

22   Die **Anlagen der Maschinentechnik,** die der Zweckbestimmung des Ingenieurbauwerks dienen, sind gemäß § 46 Abs. 1 Satz 2 den anrechenbaren Kosten des Ingenieurbauwerks zuzuordnen. Hiervon sind zu unterscheiden die **Verfahrenstechnischen Anlagen** im Sinne der Anlage 15 Nr. 15.2 (Anlagengruppe 7.2), welche der Technischen Ausrüstung zugehören (vgl. zu dieser Abgrenzung auch nachfolgend § 42, Rdn. 25, 27).

23   Der Verordnungsgeber hat schließlich in § 41 Ziff. 4 für die Bauwerke und **Anlagen der Ver- und Entsorgung mit Gasen, Feststoffen und wassergefährdenden Flüssigkeiten** insoweit differenziert, als er eine **Negativabgrenzung** dieser Anlagen zu den Anlagen der Technischen Ausrüstung nach § 53 Abs. 2 (hier insbesondere die Anlagengruppe 1, Abwasser-, Wasser- und Gasanlagen) vorgenommen hat: Handelt es sich um Anlagen im Sinne des § 53 Abs. 2, so sind diese der Technischen Ausrüstung und nicht den Ingenieurbauwerken zuzuordnen. Dies bedeutet, dass die Planung entsprechender Anlagen in Objekten, etwa in Gebäuden oder Ingenieurbauwerken nach den Vorschriften der Fachplanung Technische Ausrüstung (Teil 4 Abschnitt 2 der Verordnung) abzurechnen sind. Eigenständige Anlagen der Ver- und Entsorgung hingegen sind als Ingenieurbauwerke abzurechnen.

ee) Abgrenzung Ingenieurbauwerke und Tragwerksplanung

24   Die fachtechnische Abgrenzung zwischen der Objektplanung Ingenieurbauwerke und der Tragwerksplanung ist in der Regel nicht problematisch. Honorarrechtlich sind allerdings zwei Aspekte bei der Tragwerksplanung für Ingenieurbauwerke zu beachten:

Bei der Tragwerksplanung für Ingenieurbauwerke nach § 41 Nr. 6 und 7 (konstruktive **25** Ingenieurbauwerke für Verkehrsanlagen, sonstige Einzelbauwerke) ist zu berücksichtigen, dass diese für den Leistungsbereich der Ingenieurbauwerke zu einer **Honorarabminderung** der Leistungsphase 2 führt. Gemäß § 43 Abs. 2 wird die **Vorplanung** bei diesen Objekten, soweit sie eine Tragwerksplanung erfordern, nicht mit 20 Prozent, sondern lediglich mit 10 Prozent bewertet. Dies ist unabhängig davon, ob die Tragwerksplanung von dem Objektplaner Ingenieurbauwerke oder einem Dritten erbracht wird.

Ferner geht der Verordnungsgeber gemäß § 51 Abs. 5 Satz 2 davon aus, dass für die vor- **26** genannten Ingenieurbauwerke nach § 41 Nr. 6 und 7 die **Grundleistungen** der Tragwerksplanung zur **Grundlagenermittlung** (Leistungsphase 1) im Leistungsbild der Ingenieurbauwerke gemäß § 43 **enthalten** sind. Auch diese Regelung gilt unabhängig davon, ob die Tragwerksplanung durch den Objektplaner oder durch einen Dritten erbracht wird.

II. Sachlicher Anwendungsbereich im Einzelnen

Der sachliche Anwendungsbereich des Teils 3 Abschnitt 3 der HOAI umfasst allein die **27** in § 41 Nr. 1 bis 7 aufgeführten **sieben Objektgruppen von Ingenieurbauwerken** (siehe auch vorstehend § 41, Rdn. 1):

1. § 41 Nr. 1 – Bauwerke und Anlagen der Wasserversorgung

Unter dem seit der 4. Änderungsverordnung verwendeten Begriff „**Wasserversor-** **28** **gung**" ist die Versorgung mit Trink- und Brauchwasser zu verstehen. Die Bauwerke und Anlagen der Wasserversorgung im Sinne des § 41 Nr. 1 dienen demgemäß der Gewinnung, Speicherung, Aufbereitung/Behandlung sowie dem Transport von Trink- und Brauchwasser. In Anlehnung an die Objektliste in Anlage 12 Nr. 12.2 fallen hierunter typischerweise:

Anlagen der **Wassergewinnung:**
– Zisternen,
– einfache Anlagen zur Gewinnung und Förderung von Wasser (zum Beispiel Quellfassungen, Schachtbrunnen),
– Tiefbrunnen,
– Brunnengalerien und Horizontalbrunnen.

Anlagen des **Wassertransports:**
– Wasserleitungen und Wasserleitungsnetze.

Anlagen und Bauwerke der **Wasserspeicherung:**
– einfache Anlagen zur Speicherung von Wasser, zum Beispiel Behälter in Fertigbauweise, Feuerlöschbecken,
– Speicherbehälter und Speicherbehälter in Turmbauweise.

Anlagen und Bauwerke der **Wasseraufbereitung:**
– einfache Wasseraufbereitungsanlagen und Anlagen mit mechanischen Verfahren, Pumpwerke und Druckerhöhungsanlagen,
– Wasseraufbereitungsanlagen mit physikalischen und chemischen Verfahren, schwierige Pumpwerke und Druckerhöhungsanlagen,
– Bauwerke und Anlagen mehrstufiger oder kombinierter Verfahren der Wasseraufbereitung.

Begriffserläuterungen **29**
(Amtliche Begründung zur HOAI 1996, zitiert nach Depenbrock/Vogler, a.a.O., Seite 121):
Bei **Zisternen** handelt es sich um Behälter zum Auffangen von Regenwasser zum Zwecke der Realisierung alternativer Wassernutzungskonzepte. **Tiefbrunnen** sind senkrecht gebaute Brunnen mit einer Verfilterungsstrecke in der hydrologisch erforderlichen Tiefe von in der Regel 15m bis 800m Tiefe. **Brunnengalerien** sind mehrere benachbart gebaute, sich gegenseitig beeinflussende Brunnen. **Horizontalbrunnen** haben eine horizon-

tale Entnahmestrecke und sind regelmäßig zugleich Flachbrunnen. Unter **Wasserleitungsnetzen** wird die Gesamtheit mehrerer Einzelleitungen erfasst, die für die flächendeckende Versorgung eines Gebietes mit Wasser erforderlich sind. **Feuerlöschbecken** sind einfache Wasserbehälter, die dazu dienen, benötigtes Löschwasser in den Fällen bereitzuhalten, in denen die Wasserzufuhr aus dem öffentlichen Netz nicht ausreicht. Bauwerke und Anlagen mehrstufiger und kombinierter Verfahren der **Wasseraufbereitung** sind Anlagen zur Eisen- und/oder Manganentfernung und Nitratreduzierung und/oder Entfernung von Geruchs- und Geschmacksstoffen, wie z.B. Phenolen, und zur Entfernung von Pestiziden und/oder zusätzlicher Desinfektion.

2. § 41 Nr. 2 – Bauwerke und Anlagen der Abwasserentsorgung

30   Der im Rahmen der 4. Änderungsverordnung eingeführte Begriff **„Abwasserentsorgung"** umfasst primär die Kanalisation und Abwasserreinigung. Demgemäß dienen die Bauwerke und Anlagen der Abwasserentsorgung dem Transport, der temporären Speicherung und der Behandlung von Abwasser. Hierbei ist der Begriff „Abwasser" im weiteren Sinne zu verstehen. Als Abwasser bezeichnet man das durch Gebrauch verunreinigte Wasser, welches je nach Gebrauch oder Wiederverwendbarkeit unterschieden wird in „Grauwasser" (gemäß EN 12056-1: fäkalienfreies, gering verschmutztes Abwasser) und „Schwarzwasser" (gemäß ISO 6107-7:1997: häusliches Abwasser ohne Grauwasser mit fäkalen Feststoffen). Darüber hinaus fällt unter den Begriff des Abwassers auch das abfließende Niederschlagswasser sowie anfallendes Fremdwasser. Auch die Schlammbehandlung ist seit der ab 1.1.1991 geltenden Fassung der HOAI den Ingenieurbauwerken der Abwasserentsorgung ausdrücklich zugeordnet.

    Der Begriff der **„Abwasserentsorgung"** bildet ein **Synonym** zum Begriff der **„Abwasserbeseitigung"** im Sinne des **§ 54 Abs. 2 WHG** (Wasserhaushaltsgesetz). Danach umfasst die Abwasserbeseitigung „das Sammeln, Fortleiten, Behandeln, Einleiten, Versickern, Verregnen und Verrieseln von Abwasser sowie das Entwässern von Klärschlamm im Zusammenhang mit der Abwasserbeseitigung. Zur Abwasserbeseitigung gehört auch die Beseitigung des in Kleinkläranlagen anfallenden Schlamms".

31   Gerade im Bereich der Objektplanung Ingenieurbauwerke der Abwasserentsorgung stellt sich häufig das Problem der **Objekt-Abgrenzung.** So umfasst die Planung einer **Kläranlage** mit Leitungsnetz u.a. Leistungen für Anlagen der Abwasserbehandlung, für Anlagen der Schlammbehandlung und auch Leistungen für das Abwasserkanalsystem. Insoweit ist fraglich, ob es sich um ein einheitliches Objekt „Kläranlage" handelt oder ob die gebotene funktionale Betrachtungsweise eine Differenzierung in mehrere Objekte – und wenn ja, in wie viele Objekte – verlangt. In der Amtlichen Begründung zur HOAI 1996 (zitiert nach Depenbrock/Vogler, a.a.O., Seite 119) führt der Verordnungsgeber hierzu aus: „Werden einem Auftragnehmer die Planung einer Abwasserbehandlungsanlage und eines AbwasserKanalnetzes in einem Auftrag übertragen, so handelt es sich hier um die Übertragung der Leistungen (…) für zwei Objekte mit jeweils einer eigenen funktionalen Einheit. Das Abwasser-Kanalsystem erfüllt die Transport-Funktion für das Abwasser, die Abwasserbehandlungsanlage erfüllt die Reinigungs-Funktion für das Abwasser". Somit ist das **Kanalsystem** ein von der eigentlichen Kläranlage **funktional getrenntes Objekt,** dessen anrechenbare Kosten eigenständig zu bewerten sind. Es bleibt die Frage, ob die zentralen Komponenten der Kläranlage, wie etwa die **Anlagen der Abwasser- und der Schlammbehandlung** eine funktionale Einheit bilden oder nicht. (vgl. hierzu Jochem/Kaufhold, 5. Auflage, § 40, Rdn. 17f.). Zwar werden bei einem Klärwerk „als Funktionsbereiche z.B. angesehen (…) die verschiedenen Einheiten der mechanischen Abwasserreinigung, der biologischen Abwasserreinigung, der Schlammbehandlung und der Reststoffbeseitigung" (Amtliche Begründung zur HOAI 1996, a.a.O., Seite 121). Jedoch bilden die Prozesse der Abwasserbehandlung und der Schlammbehandlung in einem Klärwerk regelmäßig einen so engen, sich wechselseitig bedingenden technischen Zusammenhang, dass im Hinblick auf die Planungsanforderungen von einer funktionalen Einheit ausgegangen werden muss (so im Ergebnis auch Jochem/Kaufhold, a.a.O.). Die Anlagen der Abwasser- und Schlammbehand-

lung in einem Klärwerk sind daher regelmäßig als ein Objekt im funktionalen Sinne zu bewerten, so dass deren Kosten bei der Bestimmung der anrechenbaren Kosten zusammengefasst werden.

Gemäß den Vorgaben in Anlage 12 Nr. 12.2 fallen unter die Ingenieurbauwerke des **32** § 41 Nr. 2 nicht diejenigen Entwässerungsanlagen, die der Zweckbestimmung der Verkehrsanlagen dienen; ebenso sind – in Abgrenzung zu den Freianlagen – Anlagen der Regenwasserversickerung nicht den Ingenieurbauwerken der Abwasserentsorgung zuzuordnen (siehe auch vorstehend § 41, Rdn. 17).

Die Objektliste in Anlage 12 Nr. 12.2 führt die folgenden typischen Anlagen und Bau- **33** werke der Wasserentsorgung auf:

Anlagen des Abwassertransports **(Kanal–System):**
– Leitungen und Leitungsnetze für Abwasser.
Anlagen der temporären **Regenwasser-Speicherung:**
– Erdbecken als Regenrückhaltebecken,
– Regenbecken und Kanalstauräume,
Anlagen der **Schlammbehandlung:**
– Schlammabsetzanlagen, Schlammpolder,
– Schlammabsetzanlagen mit mechanischen Einrichtungen,
– Schlammbehandlungsanlagen,
– Bauwerke und Anlagen für mehrstufige oder kombinierte Verfahren der Schlammbehandlung.
Abwasserbehandlungsanlagen:
– Industriell systematisierte Abwasserbehandlungsanlagen,
– Abwasserbehandlungsanlagen mit gemeinsamer aerober Stabilisierung,
– Pumpwerke und Hebeanlagen.

Begriffserläuterungen: **34**
Regenrückhaltebecken sind künstlich angelegte Becken zur Speicherung von Niederschlagswasser; sie werden in Erd- oder in Betonbauweise erstellt. Anlagen der **Schlammbehandlung** dienen der weiteren Verarbeitung der bei der Abwasserreinigung als Schlamm anfallenden Stoffe mit dem Ziel der Verwertung bzw. Entsorgung. **Schlammabsetzanlagen** sind einfache Schwerkrafteindicker; **Festschlammpolder** sind einfache Schlammeindicker in Erdbauweise. **Schlammbehandlungsanlagen** sind Anlagen mit einstufigen Verfahren zur getrennten aeroben oder anaeroben Stabilisierung, maschinellen Entwässerung oder Trocknung (Amtliche Begründung zur HOAI 1996, a. a. O., Seite 122). Unter mehrstufigen und kombinierten Verfahren der Schlammbehandlung fallen auch Anlagen zur Schlammverbrennung und -vergasung. **Abwasserbehandlungsanlagen** dienen der Beseitigung der Abwasserinhaltsstoffe und der Wiederherstellung der natürlichen Wasserqualität. Unter **industriell systematisierte Abwasserbehandlungsanlagen** werden konstruktiv vorgefertigte Kompaktanlagen verstanden. **Abwasserbehandlungsanlagen mit gemeinsamer aerober Stabilisierung** sind belüftete Abwasserteiche oder einstufige Anlagen, bei denen gleichzeitig Abwasser gereinigt und Schlamm aerob stabilisiert wird.

3. § 41 Nr. 3 – Bauwerke und Anlagen des Wasserbaus ausgenommen Freianlagen nach § 39 Absatz 1

Der Begriff des Wasserbaus ist seit langem hinreichend in Praxis, Wissenschaft und For- **35** schung umrissen (vgl. bereits Mantscheff in der 5. Auflage zu diesem Kommentar, dort § 51, Rdn. 17). Der Anwendungsbereich wird nochmals durch die umfängliche Objektliste in Anlage 12 Nr. 12.2 (dort Gruppe 3) beispielhaft erfasst. Hiernach sind Bauwerke und Anlagen des Wasserbaus insbesondere:

Anlagen zur **Berieselung und Dränung:**
– Berieselung und rohrlose Dränung,
– Beregnung und Rohrdränung.

Gewässer u. a.:
- Einzelgewässer,
- Gewässersysteme,
- Teiche (mit Dämmen).

Dammbauten u. a.:
- Dammbauten,
- Deiche,
- Hochwasserrückhaltebecken,
- Talsperren.

Wehre u. a:
- feste und bewegliche Wehre,
- Sperrwerke und Sperrtore.

Pumpwerke:
- Pumpanlagen,
- Pumpwerke und Schöpfwerke,
- Siele.

Durchlässe u. a.:
- Durchlässe,
- Düker (auch mehrfunktionale).

Wasserkraftanlagen:
- Kleinwasserkraftanlagen,
- Wasserkraftanlagen,
- Schwierige Wasserkraftanlagen, zum Beispiel Pumpspeicherwerke oder Kavernenkraftwerke

Schutz- und Stauanlagen:
- Fangedämme,
- Hochwasserwände
- eingeschwommene Senkkästen,
- Wellenbrecher

Schiffsanlegestellen, Häfen:
- Bootsanlegestellen mit Dalben, Leitwänden, Festmacher- und Fenderanlagen an stehenden oder fließenden Gewässern,
- Kaimauern und Piers,
- Schiffsanlegestellen,
- Schiffslösch- und Schiffsladestellen,
- Häfen,
- schwimmende Schiffsanleger, bewegliche Verladebrücken.

Uferbefestigungen und Kanäle:
- Einfache Uferbefestigungen,
- Uferwände und -mauern,
- Ufer- und Sohlensicherung an Wasserstraßen,
- Schifffahrtskanäle mit Dalben, Leitwänden, ggfs. mit Kreuzungsbauwerken,
- Kanalbrücken

Schleusen u. a.:
- Schiffsschleusen und Bootsschleusen,
- Schiffshebewerke.

Docks u. a.:
- Docks einschließlich Schwimmdocks,
- Werftanlagen.

36   **Begriffserläuterungen:**
Rohrdränung ist ein Verfahren zur Entwässerung durch von Grundwasser vernässter Böden (siehe auch DIN 1185-2), Ziel ist das Senken des Grundwasserspiegels durch Einbringung von Filterrohren. Demgegenüber werden bei der **rohrlosen Dränung** etwa Dränagegräben, gegebenenfalls mit Filterkies gefüllt, errichtet. **Beregnung** dient der Er-

zeugung von künstlichem Regen durch spezielle Drucksysteme mit Pumpaggregaten. Unter **Wehre** werden im Wasserbau Vorrichtungen zum Stauen von Wasser verstanden. Sie können Bewässerungszwecken, der Schiffbarmachung von Wasserstraßen, der Energiegewinnung oder der Stabilisierung der Sohle eines Fließgewässers dienen. **Sperrtore** sind Schutztore, die Gewässer im Hochwasserfall gegen andere Gewässer abschotten, wohingegen **Sperrwerke** meist dem Küstenhochwasserschutz, etwa bei Tideflüssen, dienen. **Pumpwerke** sind Anlagen des Wasserbaus, die dazu dienen, Wasser aus einem niedriger gelegenen Gewässer in ein höher gelegenes zu verbringen. **Durchlässe** sind Anlagen in Verkehrsstraßen, die den Wasserdurchtritt ermöglichen. **Düker** sind Leitungen unter einem Gewässer oder unter einem Bauwerk. **Wasserkraftanlagen** dienen der Umwandlung der kinetischen Energie des Wassers in mechanische bzw. elektrische Energie. Bei **Kavernenkraftwerken** werden künstlich geschaffene Hohlräume als Energiespeicher genutzt. **Fangedämme** dienen im Wasserbau als provisorische Barriere, um den Bereich des Baufeldes während der Baudurchführung trocken zu halten. **Senkkästen** werden oftmals bei Unterwasserarbeiten verwendet. Es handelt sich um einen Behälter, der als Fundament oder als Arbeitsraum im Wasser versenkt wird. **Wellenbrecher** dienen dem Schutz von Küsten, Häfen und Schiffen (insbesondere in Form von Molen, Buhnen und Tetrapoden). **Dalben** sind im Wasser eingerammte Pfähle zur Markierung der Fahrrinne oder zum Befestigen von Booten bzw. Schiffen. **Schleusenbauwerke** dienen der Schiffbarmachung einer Wasserstraße, indem sie durch Stau- oder Kanalstufen Wasserstandsunterschiede innerhalb einer Wasserstraße überwinden. Die gleiche Funktion kommt dem **Schiffshebewerk** zu, wobei hier größere Höhenunterschiede als bei Schleusen überwunden werden können. Ein **Dock** dient der Aufnahme und Trockenlegung von Schiffen (Trocken- oder Schwimmdock), um so Arbeiten am Schiffsrumpf zu erleichtern bzw. zu ermöglichen. Docks sind zumeist Teil einer **Werftanlage**.

4. § 41 Nr. 4 – Bauwerke und Anlagen für Ver- und Entsorgung mit Gasen, Energieträgern, Feststoffen einschließlich wassergefährdenden Flüssigkeiten, ausgenommen Anlagen nach § 53 Absatz 2

Der Verordnungsgeber stellt durch den Verweis auf die Technischen Anlagen im Sinne **37** des § 53 Abs. 2 zunächst klar, dass Ver- und Entsorgungsanlagen in Gebäuden, Ingenieurbauwerken etc. allein dem Anwendungsbereich der Fachplanung Technische Ausrüstung zuzuordnen sind. Im Umkehrschluss bedeutet dies, dass Ingenieurbauwerke für Ver- und Entsorgung nur solche Bauwerke und Anlagen umfassen, die gegenüber anderen Objekten eigenständig errichtet werden.

Darüber hinaus beschränkt der Verordnungsgeber die Ingenieurbauwerke der Nr. 4 begrifflich auf die Ver- und Entsorgung „mit Gasen, Energieträgern, Feststoffen einschließlich wassergefährdenden Flüssigkeiten". Die klassische Abwasserentsorgung unterfällt den Ingenieurbauwerken der Nr. 2 (siehe vorstehend § 41, Rdn. 30); die Abfallentsorgung ist den Ingenieurbauwerken der Nr. 5 zugeordnet (siehe nachstehend § 41, Rdn. 39).

In der Objektliste der Anlage 12 Nr. 12.2 werden beispielhaft folgende Ingenieurbauwerke für Ver- und Entsorgung benannt:

Transportleitungen:
– Leitungen für Fernwärme,
– Leitungen für wassergefährdende Flüssigkeiten,
– Leitungen für Gase.
Leichtflüssigkeitsabscheider:
– industriell vorgefertigte Leichtflüssigkeitsabscheider,
– einstufige Leichtflüssigkeitsabscheider ohne Bauartzulassung,
– mehrstufige Leichtflüssigkeitsabscheider.
Leerrohrnetze
Tankanlagen u. a.:
– Handelsübliche Fertigbehälter für Tankanlagen,
– Pumpzentralen für Tankanlagen in Ortbetonbauweise,
– Anlagen zur Lagerung wassergefährdender Flüssigkeiten.

38   **Begriffserläuterung:**
Fernwärmeleitungen dienen dem Transport thermischer Energie; es handelt sich um wärmegedämmte Rohrsysteme, die zumeist erdverlegt, zum teil auch als Freileitungen konzipiert werden. **Leichtflüssigkeitsabscheider** werden zur Behandlung von mineralölhaltigen Abwässern eingesetzt, u. a. in Tankstellen, Autowaschanlagen, Tanklagern, Kraftwerken und Flughäfen. Man unterscheidet einstufige industriell vorgefertigte Abscheider mit Bauartzulassung sowie komplexe ein- und mehrstufige Anlagen, die individuell für ein Objekt errichtet werden. Bei den **Transportleitungen** und **Anlagen zur Lagerung wassergefährdender Flüssigkeiten** ist insbesondere das Regelwerk der VawS (Verordnung über Anlagen zum Umgang mit wassergefährdenden Stoffen und über Fachbetriebe) zu beachten; so sieht etwa § 12 VawS differenzierte Regelungen über den technischen Aufbau und die Verortung von Rohrleitungen zum Transport wassergefährdender Stoffe vor.

5. § 41 Nr. 5 – Bauwerke und Anlagen der Abfallentsorgung

39   Der **Begriff** der **Abfallentsorgung** umfasst sowohl die **Abfallbeseitigung** als auch die **Abfallverwertung.** Dabei erfolgt die Abfallbeseitigung durch Abgabe an die Umwelt (z. B. durch Verbrennung) oder durch Überführung in Endlager (z. B. Deponien). Die Abfallverwertung hingegen zielt auf eine ganz oder teilweise Wiederverwendung der Abfälle. Die für diese Prozesse erforderlichen eigenständigen Anlagen und Bauwerke unterfallen dem Anwendungsbereich des § 41 Nr. 5. Die Objektliste in Anlage 12 Nr. 12.2 erfasst in Ansehung der zunehmenden Bedeutung der Abfallentsorgung zahlreiche Anlagen und Bauwerke:

Abfälle und Wertstoffe – Lagerung und Aufbereitung:
– Zwischenlager, Sammelstellen und Umladestationen offener Bauart für Abfälle oder Wertstoffe mit und ohne Zusatzeinrichtungen,
– einstufige und mehrstufige Aufbereitungsanlagen für Wertstoffe.

Bauschutt – Deponien und Aufbereitung:
– Einfache und komplexe Bauschuttaufbereitungsanlagen,
– Bauschuttdeponien mit und ohne besondere Einrichtungen

Organische Stoffe – Kompostierung:
– Pflanzenabfall-Kompostierungsanlagen mit und ohne besondere Einrichtungen,
– Biomüll-Kompostierungsanlagen.

Hausmüll – Deponien:
– Hausmülldeponien,
– Monodeponien.

Sonderabfall – Deponien und Beseitigung:
– Anlagen zur Konditionierung von Sonderabfällen
– Verbrennungsanlagen,
– Pyrolyseanlagen,
– Sonderabfalldeponien,
– Anlagen für Untertagedeponien,
– Behälterdeponien.

Kontaminierte Standorte – Sicherung und Behandlung:
– Abdichtung von Altablagerungen und kontaminierten Standorten,
– Anlagen zur Behandlung kontaminierter Böden einschließlich Bodenluft,
– einfache und komplexe Grundwasserdekontaminierungsanlagen,
– komplexe Grundwasserdekontaminierungsanlagen.

40   **Begriffserläuterungen:**
Der Begriff des **Abfalls** umfasst im Sinne der Definition des § 3 KrWG (Kreislaufwirtschaftsgesetz in der Fassung vom 22.5.2013) „alle Stoffe oder Gegenstände, derer sich ihr Besitzer entledigt, entledigen will oder entledigen muss. Abfälle zur Verwertung sind Abfälle, die verwertet werden; Abfälle, die nicht verwertet werden, sind Abfälle zur Beseitigung". **Wertstoffe** sind Stoffe, die nach Gebrauch durch Bearbeitung oder Umwandlung wieder dem Wirtschaftskreislauf zugeführt werden. **Zwischenlager** dienen der kurzfristi-

gen Lagerung von Abfällen und Wertstoffen zwischen einzelnen Phasen der Abfallentsorgung (Amtliche Begründung zur HOAI 1996, a. a. O., Seite 123). Je nach Art der zu lagernden Stoffe erfordert ein Zwischenlager eine geschlossene oder offene Bauart oder auch Zusatzeinrichtungen (bspw. zur Emissionsminderung oder zur Sicherung). **Aufbereitungsanlagen** für Wertstoffe dienen der Separierung von Wertstoffen aus Abfällen zur Rückführung in den Wirtschaftskreislauf (Amtliche Begründung zur HOAI 1996, a. a. O.). **Kompostierungsanlagen** sind solche Anlagen, in denen durch biologische Prozesse verwertbares organisches Material – etwa Pflanzenabfall oder Biomüll – abgebaut wird. **Kompostwerke** unterscheiden sich von Kompostierungsanlagen durch den höheren Umsatz (Amtliche Begründung zur HOAI 1996, a. a. O.). **Deponien** sind gemäß § 3 Abs. 27 KrWG „Beseitigungsanlagen zur Ablagerung von Abfällen oberhalb der Erdoberfläche (oberirdische Deponien) oder unterhalb der Erdoberfläche (Untertagedeponien)". Die Errichtung, der Betrieb und die Stilllegung von Deponien richtet sich nach den Bestimmungen der DepV (Deponieverordnung in der Fassung vom 2.5.2013). Je nach Art und Gefährdungsgrad des Deponiegutes wird die Deponie einer von vier Deponieklassen zugeordnet. **Objekte an Altablagerungen und kontaminierten Standorten** dienen entweder der Sicherung der Umwelt vor Schadstoffen (z. B. durch Abdichtungsanlagen) oder der technischen Entfernung (Dekontamination) der Schadstoffe.

6. § 41 Nr. 6 – Konstruktive Ingenieurbauwerke für Verkehrsanlagen

Die konstruktiven Ingenieurbauwerke für Verkehrsanlagen finden ihre eigenständige 41
Erwähnung in der HOAI seit der 4. Änderungsverordnung 1991. Von zentraler Bedeutung sind **Brücken- und Tunnelbauwerke**. Des Weiteren werden in der aktuellen Objektliste (Anlage 12 Nr. 12.2) **Lärmschutzwälle und -anlagen** sowie **spezifische Bahnhofsanlagen** aufgeführt. Hingegen sind nunmehr die vormals benannten Uferbefestigungen, Ufermauern, Kaimauern und Piers – zutreffend – den Ingenieurbauwerken des Wasserbaus (§ 41 Nr. 3) zugeordnet worden. Denn Wasserstraßen sind keine Verkehrsanlagen im Sinne der HOAI, so dass bereits begrifflich Uferanlagen etc. keine konstruktiven Ingenieurbauwerke für Verkehrsanlagen sein können. Auch **Durchlässe** werden nun den Ingenieurbauwerken des Wasserbaus zugeordnet. Zu beachten ist aber, dass **Tunnel unterhalb von Straßenkörpern**, die primär der **Tier-Unterquerung** dienen, als konstruktive Ingenieurbauwerke für Verkehrsanlagen einzustufen sind. Stützbauwerke sowie Schlitz- und Bohrpfahlwände werden nunmehr der Objektliste der Gruppe 7 (sonstige Einzelbauwerke) zugewiesen. Insgesamt hat der Verordnungsgeber mit der **Neufassung** der Objektliste in der HOAI 2013 den **Anwendungsbereich des § 41 Nr. 6 klarer konturiert**.

Bei der Planung von **Trogbauwerken in Verbindung mit einem Tunnelbauwerk** 42
stellt sich in der Praxis häufig die Frage der **Objektabgrenzung:** Handelt es sich bei dem Tunnel und den sich räumlich anschließenden Trogbauwerken im honorarrechtlichen Sinne um ein oder mehrere Objekte? Bei der Wertung ist zu berücksichtigen, dass ein Trogbauwerk unmittelbar im Anschluss an einen Tunnel regelmäßig Voraussetzung für die sich anschließende Trassenführung ist. Ohne die Ausbildung eines Trogbauwerks ist die Trassenanbindung eines Tunnels nicht oder nur unter Erschwernissen möglich. Aufgrund dieses engen, sich wechselseitig bedingenden technischen Zusammenhangs ist deshalb im Hinblick auf die Planungsanforderungen regelmäßig von einer **funktionalen Einheit des Tunnels mit den sich räumlich anschließenden Trogbauwerken** auszugehen.

Als konstruktive Ingenieurbauwerke für Verkehrsanlagen werden beispielhaft in der Ob- 43
jektliste nunmehr aufgeführt:

Anlagen des Lärmschutzes:
– Lärmschutzwälle (ausgenommen Lärmschutzwälle als Mittel der Geländegestaltung),
– Lärmschutzanlagen.
Brückenbauwerke:
– Ein- und Mehrfeldbrücken,
– Bogenbrücken,
– vorgespannte Stahlverbundkonstruktionen.

Tunnel- und Trogbauwerke:
– Tunnelbauwerke,
– Trogbauwerke.
Spezielle Bahnhofs(-ingenieur)-Bauwerke:
– Untergrundbahnhöfe,
– Kreuzungsbahnhöfe.

44   **Begriffserläuterungen:**
Als **Lärmschutzwälle** werden „solche Anlagen bezeichnet, die nur aus Erde oder Schutt hergestellt werden, sie haben also keine besonderen Wände zum Schutz vor Lärm" (Anmerkung zur Amtlichen Begründung zur HOAI 1996, a. a. O., Seite 123). Bei den **Lärmschutzanlagen** handelt es sich „sowohl um kombinierte Bauwerke aus Wällen und besonderen Wänden als auch nur um Lärmschutzwälle" (a. a. O.). **Tunnelbauwerke** sind Objekte, die eine Trasse für Verkehrsanlagen bieten zur Unterquerung von Gewässern, Bergen oder sonstigen natürlichen oder künstlichen Hindernissen. Auch **Trogbauwerke** bieten eine Trasse für Verkehrsanlagen; diese konstruktiven Bauwerke weisen eine tiefer liegende, meist als Rampe ausgebildete Sohle und seitliche Stützwände auf. **Untergrundbahnhöfe** werden den Ingenieurbauwerken zugerechnet; die Schienentrassen hingegen sind Verkehrsanlagen im Sinne von § 45 Nr. 2, und verbleibende oberirdische Bahnhofsbauten sind Gebäude im Sinne des Teils 3 Abschnitt 1 der HOAI. **Kreuzungsbahnhöfe** sind dadurch gekennzeichnet, dass sich in ihnen mindestens zwei Streckentrassen kreuzen; dies kann sowohl auf einem Höhenniveau als auch auf mehreren Höhenniveaus erfolgen. Letztere Konstruktion wird auch als „Turmbahnhof" bezeichnet.

7. § 41 Nr. 7 – Sonstige Einzelbauwerke
   sonstige Einzelbauwerke ausgenommen Gebäude und Freileitungs- und
   Oberleitungsmaste

45   § 41 Nr. 7 erfasst „Sonstige Einzelbauwerke", mithin Ingenieurbauwerke, die nicht unter die Objektgruppen der Nr. 1 bis 6 zu subsumieren sind. Zugleich wird im Sinne einer Negativabgrenzung ausdrücklich klar gestellt, dass Planungsleistungen für **Gebäude** im Sinne des Teils 3, Abschnitt 1 der Verordnung **ausgenommen** sind (zur Abgrenzung siehe auch vorstehend § 41, Rdn. 11 ff.). Auch **Freileitungs-** und **Oberleistungsmaste** sind keine Einzelbauwerke im Sinne dieser Vorschrift. Das Planerhonorar hierfür ist vielmehr frei vereinbar.

46   Die Objektliste in Anlage 12 Nr. 12.2 beinhaltet ein breit gefächertes Spektrum von Einzelbauwerken, das jedoch nicht abschließend ist. Weitere Einzelbauwerke, wie etwa **Offshore-Bauwerke** unterliegen ebenfalls dem Anwendungsbereich des § 41 Nr. 7. Zu Recht wird in der honorarrechtlichen Literatur darauf hingewiesen, dass diese Vorschrift gleichsam eine Art **Öffnungsklausel** darstellt. Denn als „Sonstige Einzelbauwerke" können auch **Ingenieurbauwerke anderer Bereiche** vom Anwendungsbereich des Teils 3 Abschnitt 3 erfasst werden (so auch Seifert in der Vorauflage zu diesem Kommentar, dort § 40 Rdn. 33), soweit es sich um Einzelbauwerke handelt, die nicht dem Gebäudebegriff unterfallen. Dies steht ferner nicht in Gegensatz zu den Ausführungen der Amtlichen Begründung zur HOAI 2013, wonach als Ingenieurbauwerke „nur Bauwerke und Anlagen erfasst (werden), die in § 41 Nr. 1 bis 7 erwähnt sind" (vgl. Amtliche Begründung zur HOAI 2013, BR-Drs. 334/13, Seite 158), denn die „Sonstigen Einzelbauwerke" als solche sind ausdrücklich benannt.

47   **Neu aufgeführt** in der Objektliste der Gruppe 7 werden **Windkraftanlagen;** auch **Traggerüste und andere Gerüste** werden nun ausdrücklich nach den Honorarvorschriften für Ingenieurbauwerke abgerechnet. Ferner werden **Schlitz- und Bohrpfahlwände** sowie **Stützbauwerke,** welche zuvor den konstruktiven Ingenieurbauwerken für Verkehrsanlagen zugeordnet waren, systematisch den „Sonstigen Einzelbauwerken" zugewiesen. Insbesondere die folgenden, in der Objektliste eingestellten Einzelbauwerke sind dem Anwendungsbereich des § 41 Nr. 7 zuzurechnen:

Schornsteine
Masten und Türme
– mit und ohne Aufbauten und/oder Betriebsgeschossen bzw. Publikumseinrichtungen,
Kühltürme,
Versorgungsbauwerke und Schutzrohre
– mit und ohne zugehörige Schächte für Versorgungssysteme,
Silos
– mit und ohne zusammengefügte Zellenblöcke und Anbauten,
Windkraftanlagen,
Stützbauwerke
– mit und ohne Verankerung,
Schlitz- und Bohrpfahlwände, Trägerbohlwände,
Traggerüste und andere Gerüste,
Eigenständige Tiefgaragen,
Schacht- und Stollenbauwerke, Kavernenbauwerke.

Begriffserläuterungen: 48
Kühltürme dienen der Abgabe überschüssiger Wärme aus einem Kraftwerksbetrieb oder einem Industriebetrieb mittels technischer Wärmetauschprozesse an die Umgebung. **Windkraftanlagen** umfassen als Bauteile den Rotor mit Rotorblättern und Nabe sowie eine Maschinengondel, die den Generator und ggfs. das Getriebe beinhaltet; hinzukommt der Turm und dessen Fundament.

Als **Stützbauwerke** werden Mauern und Wände bezeichnet, deren Zweck die oberirdische Sicherung insbesondere von Böschungen oder Geländeeinschnitten ist. Hingegen sind **Schlitz- und Bohrpfahlwände,** ebenso wie **Trägerbohlwände** Stützsysteme für Baugruben; sie dienen deren seitliche Sicherung etwa gegen abrutschendes Erdreich (Baugrubenverbau). **Traggerüste** sind temporäre Hilfskonstruktionen im Bauprozess; sie stützen einen Rohbau solange ab, bis die Bauarbeiten soweit fortgeschritten sind, dass die Baukonstruktion ihr eigenes Gewicht tragen kann. **Eigenständige Tiefgaragen** sind solche, die nicht Teil eines Gebäudes sind. **Kavernenbauwerke** sind künstlich geschaffene unterirdische Hohlräume, die nicht die Form von Stollen (Stollenbauwerke) oder Schächte (Schachtbauwerke) haben; sie dienen häufig als Speicher für Erdöl (Erdölkavernen), Gas (Erdgaskavernen), zur Wasserspeicherung oder auch als Endlager für gefährliche Stoffe.

§ 42 Besondere Grundlagen des Honorars

(1) **Für Grundleistungen bei Ingenieurbauwerken sind die Kosten der Baukonstruktion anrechenbar. Die Kosten für die Anlagen der Maschinentechnik, die der Zweckbestimmung des Ingenieurbauwerks dienen, sind anrechenbar, soweit der Auftragnehmer diese plant oder deren Ausführung überwacht.**

(2) **Für Grundleistungen bei Ingenieurbauwerken sind auch die Kosten für Technische Anlagen, die der Auftragnehmer nicht fachlich plant oder deren Ausführung der Auftragnehmer nicht fachlich überwacht,**

1. **vollständig anrechenbar bis zum Betrag von 25 Prozent der sonstigen anrechenbaren Kosten und**

2. **zur Hälfte anrechenbar mit dem Betrag, der 25 Prozent der sonstigen anrechenbaren Kosten übersteigt.**

(3) **Nicht anrechenbar sind, soweit der Auftragnehmer die Anlagen weder plant noch ihre Ausführung überwacht, die Kosten für**

1. **das Herrichten des Grundstücks,**

2. **die öffentliche und die nichtöffentliche Erschließung, die Außenanlagen, das Umlegen und Verlegen von Leitungen,**

3. **verkehrsregelnde Maßnahmen während der Bauzeit,**

4. **die Ausstattung und Nebenanlagen von Ingenieurbauwerken.**

Vorgehende Vorschrift: § 41 HOAI 2009

Übersicht

I. Allgemeines

1. Einführende Hinweise zu den Regelungsinhalten

1   § 42 regelt die **besonderen Grundlagen des Honorars** für die Objektplanung Ingenieurbauwerke. Konkret beschränkt sich diese Vorschrift auf die Beantwortung der Frage, **welche Kosten** im Zusammenhang mit der Errichtung **eines Ingenieurbauwerks**
– **vollständig anrechenbar** sind,
– **teilweise anrechenbar** sind,
– **unter bestimmten Voraussetzungen („bedingt")** anrechenbar sind.

Die **voll anrechenbaren Kosten** werden in **§ 42 Abs. 1 Satz 1** benannt (im Einzelnen nachfolgend § 42, Rdn. 7 ff.), nämlich die Kosten der **Baukonstruktion** mit Ausnahme der Anlagen der Maschinentechnik (§ 42 Abs. 1 Satz 2).

Unter **§ 42 Abs. 2** werden die **teilweise anrechenbaren Kosten,** nämlich die Kosten der **Technischen Anlagen** behandelt (im Einzelnen nachfolgend § 42, Rdn. 17 ff.).

Bei den **Kosten, die bedingt anrechenbar** sind, unterscheidet die HOAI zwischen
– den Kosten für **Anlagen der Maschinentechnik** gemäß **§ 42 Abs. 1 Satz 2** als Teil der Kosten der Baukonstruktion (im Einzelnen nachfolgend 42, Rdn. 37 ff.) und

– den Kosten im Sinne des **§ 42 Abs. 3;** dies sind die Kosten für das **Herrichten des Grundstücks,** für die **öffentliche und nichtöffentliche Erschließung,** für die **Außenanlagen,** die Kosten für das **Umlegen und Verlegen von Leitungen,** für **verkehrsregelnde Maßnahmen** sowie schließlich für die **Ausstattung** und für **Nebenanlagen** von Ingenieurbauwerken (im Einzelnen nachfolgend § 42, Rdn. 40 ff.).

Von den „Besonderen Grundlagen des Honorars" gemäß § 42 sind die **allgemeinen** 2 **Honorargrundlagen** zu unterscheiden. Diese sind systematisch zutreffend im Teil 1 der HOAI (Allgemeine Vorschriften) verortet. Bezogen auf die anrechenbaren Kosten sind dies insbesondere folgende Vorschriften in Teil 1:

§ 4 Abs. 1 (Definition anrechenbare Kosten), § 4 Abs. 2 (anrechenbare Kosten bei Eigenleistungen etc. des Auftraggebers), § 4 Abs. 3 i. V. m. § 2 Abs. 7 (mitzuverarbeitende Bausubstanz beim Planen im Bestand), § 6 Abs. 1 Ziff. 1 (Kostenberechnungsmodell), § 6 Abs. 2 Ziff. 1 (anrechenbare Kosten bei Umbauten und Modernisierung), § 10 Abs. 1 (Anpassungsvorschrift), § 11 Abs. 2 (Zusammenfassung anrechenbarer Kosten mehrerer Objekte).

2. Vergleich mit der früheren Fassung der HOAI

Im Rahmen der 6. HOAI-Novelle 2009 wurde bereits die Vorgängerregelung (§ 41 3 HOAI 2009) gegenüber der Altregelung des § 52 HOAI 1996 inhaltlich gestrafft und deutlich übersichtlicher gestaltet. Hieran hat der Verordnungsgeber festgehalten, so dass die Vorschrift durch die 7. HOAI-Novelle 2013 **nur marginale Änderungen** erfahren hat:

§ 42 Abs. 1 Satz 1 bleibt im Vergleich zur Vorgängerregelung des § 41 Abs. 1 HOAI 2009 inhaltlich unverändert.

Neu zugeordnet wurden die Anlagen der Maschinentechnik, welche der Zweckbestimmung des Ingenieurbauwerks dienen. Diese waren zuvor in § 41 Abs. 3 HOAI 2009 aufgeführt und werden nunmehr in **§ 42 Abs. 1 Satz 2** benannt. Mit dieser Neubestimmung wird klargestellt, dass diese Kosten der Maschinentechnik bei den Kosten der Baukonstruktion im Sinne des § 42 Abs. 1 Satz 1 zu berücksichtigen sind und nicht bei denen der Technischen Ausrüstung im Sinne des § 42 Abs. 2.

Die Vorschrift des **§ 42 Abs. 2** entspricht inhaltlich der Vorgängerregelung des § 41 Abs. 2 HOAI 2009.

§ 42 Abs. 3 wurde gegenüber der Vorgängervorschrift neu strukturiert sowie inhaltlich um einige verkehrsanlagenrelevante Tatbestände („Ausstattung und Nebenanlagen von Straßen und Gleisanlagen") gekürzt.

3. Kostenermittlung nach DIN 276 Teil 4

Die Frage der Anwendbarkeit der DIN 276 auf die Kostenermittlung der Ingenieurbau- 4 werke (und Verkehrsanlagen) stellte sich unter der Geltung der HOAI 1996 noch nicht, denn die damalige Fassung der DIN 276 war ausschließlich hochbaubezogen. Der Verordnungsgeber führte in der Amtlichen Begründung zur HOAI 1996 hierzu aus: „Da die Arten der Kostenermittlung nach DIN 276 nicht für Ingenieurbauwerke und Verkehrsanlagen festgelegt sind, wird nicht auf diese DIN verwiesen, die Herstellungskosten werden anrechenbare Kosten." (Amtliche Begründung zur HOAI 1996, a. a. O., Seite 119).

Dies änderte sich jedoch mit Einführung des **Teils 4 der DIN 276** im **August 2009,** welcher ausdrücklich der „Ermittlung und Gliederung **von Kosten**" im Bereich des **Ingenieurbaus,** das heißt der „Gesamtheit von Ingenieurbauwerken und Verkehrsanlagen" dient, vgl. Ziff. 1 und Ziff. 2.1 der **DIN 276-4:2009-08.** Damit war zeitgleich mit der 6. HOAI-Novelle 2009 erstmals ein Kostenschema auch für Ingenieurbauwerke in die DIN 276 implementiert worden.

Die Einführung dieses Regelwerks bedeutet jedoch nicht, dass Teil 4 der DIN 276 nun 5 allgemeine Anwendung findet. Zu beachten ist zunächst, dass der Verordnungsgeber die DIN 276 für die Ermittlung der anrechenbaren Kosten der Ingenieurbauwerke nicht in Bezug genommen hat (vgl. zur Kostenberechnung: § 43, Rdn. 61). Auch dürfte höchst fraglich sein, ob Teil 4 der DIN 276 bereits als **„fachlich allgemein anerkannte Regel**

der Technik" angesehen werden kann. Dies ist entgegen manch wohlmeinender Annahme in der honorarrechtlichen Literatur (vgl. Locher/Koeble/Frik, 12. Auflage, § 42 Rdn. 10) **nicht der Fall.** Eine allgemeine Anerkennung in der Praxis hat dieses Normenwerk noch nicht gefunden. Es ist auch äußerst zweifelhaft, ob dies in einem überschaubaren Zeitraum der Fall sein wird. Denn es existieren für relevante Gebiete des öffentlichen Ingenieurbaus bereits **Verwaltungsvorschriften zur Kostenermittlung,** Beispielsweise ist bei konstruktiven Ingenieurbauwerken für Bundes- oder Landesstraßen die **„Anweisung zur Kostenberechnung von Straßenbaumaßnahmen – AKS"** der Straßenbauverwaltungen zu beachten. Auch die Deutsche Bahn hat für ihren Bereich Kostenvorschriften entwickelt. Die Unterschiede zwischen den Kostenberechnungsmethoden im Ingenieurbau sind zum Teil erheblich. So differieren die Kostenvorschriften der Straßenbauverwaltungen (AKS) und die DIN 276 – Teil 4 bereits im Aufbau der ersten Kostengliederungsebene:

Vergleich der Kostengliederung 1. Ebene AKS – DIN 276-Teil 4:

AKS	**DIN 276 (Teil 4 – Ingenieurbau)**
Hauptgruppen:	**Kostengruppen:**
1 Grunderwerb	100 Grundstück
2 Untergrund, Unterbau, Entwässerung	200 Herrichten und Erschließen
3 Oberbau	300 Bauwerk – Baukonstruktion
4 Brücken	400 Bauwerk – Technische Anlagen
5 Stützwände	500 Außenanlagen
6 Tunnel	600 Ausstattung und Kunstwerke
7 Sonstige Bauwerke	700 Baunebenkosten
8 Ausstattung	
9 Sonstige besondere Anlagen und Kosten	

Solange derartige konkurrierende Kostenvorschriften in durchaus bedeutsamen Segmenten des Ingenieurbaus existieren, ist nicht damit zu rechnen, dass die DIN 276-4:2009-08 zur „allgemein anerkannten Regel der Technik" avancieren wird.

6   Gleichwohl ist den **Vertragsparteien,** soweit sie keinen speziellen Kostenermittlungsvorschriften (wie etwa der AKS) unterliegen, nachdrücklich **zu empfehlen,** für die Berechnung der Kosten im jeweiligen Ingenieurvertrag die **Geltung der DIN 276 wie folgt zu vereinbaren:**

Kostengruppen 100 und 200:	DIN 276 – Teil 1 (Ausgabe 12/2008),
Kostengruppen 300 und 400:	DIN 276 – Teil 4 (Ausgabe 08/2009),
Kostengruppen 500, 600 und 700:	DIN 276 – Teil 1 (Ausgabe 12/2008).

Damit wird sichergestellt, dass die Kostenberechnung anhand eines systematischen und begrifflich eindeutigen Kostenschemas durchgeführt wird. Im Hinblick auf das Informations- und Kontrollinteresse des Auftraggebers (vgl. BGH, Urteil v. 18.5.2000 – VII ZR 69/99, BauR 2000, 1511, NZBau 2000, 577, NJW 2000, 2587) dürfte bei Anwendung der DIN 276 im vorbenannten Sinne auch eine Prüffähigkeit der Kostenberechnung stets zu bejahen sein (so im Ergebnis auch Seifert in der Vorauflage zu diesem Kommentar, dort § 41, Rdn. 8).

Der nachfolgenden Darstellung der Kostenstrukturen des § 42 werden daher die Inhalte der DIN 276 – Teil 4 (Ausgabe 08/2009) zu Grunde gelegt.

II. Voll anrechenbare Kosten: Kosten der Baukonstruktion, § 42 Abs. 1 Satz 1

1. Einführung

7   **Vollständig anrechenbar** sind die Kosten der **Baukonstruktion.** Zur näheren inhaltlichen Bestimmung dessen, was unter dem Begriff „Baukonstruktion" zu verstehen ist, wird hier – siehe zuvor Rdn. 6 – auf die DIN 276 – Teil 4 (Ausgabe 08/2009) Bezug genommen. Dabei wird man richtigerweise wohl von den „Baukonstruktionen" im Plural sprechen müssen. In der **DIN 276 – Teil 4** sind die Baukonstruktionen in der zweiten Gliederungsebene in acht Unterkostengruppen (nachfolgend abgekürzt: KG) der Kostengruppe 300 dargestellt (siehe zum Ganzen auch Seifert in der Vorauflage zu diesem Kommentar, dort § 41, Rdn. 10 ff.; Theißen in: Pöhlker/Theißen/Adrians, § 42, Erl. 2). Insoweit gibt die DIN 276 zunächst eine allgemeine **Definition** der **Kosten der Baukonstruktion.** Demnach handelt es sich um die „Kosten von Bauleistungen und Lieferungen zur Herstellung des Bauwerkes, jedoch ohne die Technischen Anlagen" (DIN 276-4 Ausgabe 08/2009, dort Seite 6). Im Einzelnen sind dies die folgenden (Unter-)Kostengruppen:

2. Kosten der Baukonstruktionen

a) KG 310 Erdbaumaßnahmen

Erdbaumaßnahmen umfassen u. a. Baugruben, Dämme, Einschnitte, Wälle, Hangsi- **8** cherungen, Unterbauten sowie Oberbodenabtrag, -sicherung und -auftrag. Neben der Herstellung (KG 311) gehört hierzu die Umschließung (KG 312) wie insbesondere der Verbau, die Wasserhaltung (KG 313) sowie auch Vortrieb (KG 314) und Dränagen (KG 315).

b) KG 320 Gründung

Zu den Kosten der **Gründung** gehören die Baugrundverbesserung (KG 321), Flach- **9** und Tiefgründungen (KG 322 und KG 323), Unterböden und Bodenplatten (KG 324), Belege auf Boden- und Fundamentplatten (KG 325), darüber hinaus Bauwerksabdichtungen (KG 326) sowie Dränagen zum Schutz der Gründung (KG 327).

c) KG 330 Vertikale Bauteile

Dies umfasst die Kosten tragender und nicht tragender Konstruktionen (KG 331 und **10** KG 332), Bekleidungen, wie etwa Putz (KG 333), und schließlich Öffnungen (KG 334) und Schutzbauteile (KG 335); als sonstige vertikale Bauteile (KG 339) werden etwa Gitter und Geländer benannt.

d) KG 340 Horizontale Bauteile

Hiermit sind insbesondere Decken, Treppen und Rampen oberhalb der Gründung so- **11** wie flache oder geneigte Dächer gemeint. Es gehören hierzu – analog zu den vertikalen Bauteilen (siehe zuvor) – tragende und nicht tragende Konstruktionen (KG 341 und KG 342) sowie Belege einschließlich Estrichen (KG 343) und Bekleidungen (KG 344) und schließlich Öffnungen, Schutzbauteile und sonstige horizontale Bauteile (KG 345, KG 346 und KG 349).

e) KG 350 Räumliche Bauteile

Dies umfasst insbesondere Kuppeln, Tunnel und Gewölbe. Die Kostengruppen sind ana- **12** log den vertikalen und den horizontalen Bauteilen (siehe zuvor) gegliedert.

f) KG 360 Linienbauteile

Diese Kostengruppe umfasst zunächst Bauteile für Verkehrsanlagen, nämlich Straßen-, **13** Gleise- und Verkehrsflächenkonstruktionen für Flugverkehr (KG 361 bis KG 363). Im Bereich der Ingenieurbauwerke werden insbesondere Wasserwegekonstruktionen (KG 364), Rohrleitungsanlagen (KG 365) und Kabelleitungsanlagen (KG 366) genannt.

g) KG 370 Baukonstruktive Einbauten

Hierzu gehören Einbauten für vertikale, horizontale und räumliche Bauteile (KG 371 bis **14** KG 373), ferner Einbauten für Linienbauteile, wie etwa die Straßenausstattung, hier insbesondere Rückhaltesysteme und Lärmschutz (KG 374).

h) KG 390 Sonstige Maßnahmen zur Baukonstruktion

15   Dieser Kostengruppe unterfallen die Baustelleneinrichtungen (KG 391), Schutz- und Sicherungsmaßnahmen (KG 392 und KG 393), Abbruchmaßnahmen (KG 394) sowie Instandsetzungen und Instandhaltungen (KG 395) und Materialentsorgung (KG 396).

3. Vertragsrechtliche Aspekte

16   Aus vertragsrechtlicher Sicht sind insbesondere folgende Aspekte zu berücksichtigen:

Zum einen setzt die Anwendung der vorgenannten Kostengruppen voraus, dass die DIN 276 – Teil 4 Ausgabe 08/2009 als Grundlage für die Kostenberechnung ausdrücklich im Planervertrag vereinbart wird (siehe vorstehend § 42, Rdn. 6).

Des Weiteren sind naturgemäß nur diejenigen Kosten der vorstehend unter 2. aufgeführten Baukonstruktionen in Ansatz zu bringen, die Teil des Vertragsgegenstandes sind (vgl. BGH, Urteil v. 6.5.1999 – VII ZR 379/97, BauR 1999, 1045 = NJW RR 1999, 1107; BGH, Urteil v. 12.1.2006 – VII ZR 4/04, BauR 2006, 693 = NZBau 2006, 248; BGH, Urteil v. 11.12.2008 – VII ZR 235/06, BauR 2009, 521 = NZBau 2009, 259; Seifert in der Vorauflage zu diesem Kommentar, § 41 Rdn. 19). Beispiel: Bei einem Bauvorhaben werden während der Bauzeit Maßnahmen zur Beseitigung von Grund- und Schichtenwasser (KG 313) erforderlich. Aufgrund der Komplexität der Aufgabe wird mit dem Objektplaner vereinbart, dass die Wasserhaltungsmaßnahmen nicht von ihm, sondern von einem spezialisierten Ingenieurbüro geplant und überwacht werden. In diesem Fall ist die Kostengruppe 313 (Wasserhaltung) nicht in die Kosten der Baukonstruktion des Objektplaners einzubeziehen.

III. Teilweise anrechenbare Kosten: Technische Anlagen, § 42 Abs. 2

1. Einführung

17   Bei der Objektplanung Ingenieurbauwerke sind die **Kosten für Technische Anlagen** zumindest **teilweise anrechenbar.** Die Regelung entspricht inhaltlich der Vorschrift des § 33 Abs. 2 für die Objektplanung Gebäude. Es kann daher zunächst auf die Kommentierung hierzu verwiesen werden (vorstehend § 33, Rdn. 38 ff.). Bei den **„Kosten der Technischen Anlagen" handelt es sich um die Kosten der Anlagen der Technischen Ausrüstung** im Sinne des § 53 Abs. 2 (Amtliche Begründung zur HOAI 2013, BR-Drs. 334/13, Seite 159).

Die teilweise Anrechenbarkeit der Kosten der Anlagen der Technischen Ausrüstung bei den anrechenbaren Kosten der Objektplanung führt bei Auftraggebern in der Praxis oftmals zu Unverständnis. Der **Sinn und Zweck dieser Vorschrift** ist jedoch nachvollziehbar: Es wird der erhöhte Aufwand des Objektplaners, nämlich „die Einbeziehung der Technischen Ausrüstung in das Gesamtkonzept (…) gemeinsam mit den Koordinierungsleistungen" abgegolten (Amtliche Begründung zur HOAI 1996, a.a.O., Seite 91). Es sollen „die anrechenbaren Kosten bei solchen Projekten, die einen besonders hohen Anteil an Technischer Ausrüstung (…) haben, in ein angemessenes Verhältnis zur Leistung des Auftragnehmers" gebracht werden." (Amtliche Begründung zur HOAI 1996, a.a.O., Seite 90).

18   Wie eingangs bereits erwähnt, sind die „Kosten der Technischen Anlagen" ein Synonym für die Kosten der Technischen Ausrüstung gemäß § 53 Abs. 2. Die Anlagen der Technischen Ausrüstung gemäß § 53 Abs. 2 stimmen in ihrer Kategorisierung allerdings nicht vollständig überein mit den Kostengruppen der DIN 276 – Teil 4 Ausgabe 08/2009. Eine signifikante Abweichung besteht in der Anlagengruppe 7 gegenüber der Kostengruppe 470: Während die Anlagengruppe 7 des § 53 Abs. 2 neben den Verfahrenstechnischen Anlagen auch „Nutzungsspezifische Anlagen" aufführt, beschränkt sich die Kostengruppe 470 der DIN 276 auf die alleinige Benennung der Verfahrenstechnischen Anlagen. Gleichwohl kann für die Bestimmung der anrechenbaren Kosten (mit Ausnahme der Kosten Nutzungs-spezischer Anlagen) das Kostenschema der DIN 276 – Teil 4 Ausgabe 08/2009 vertraglich vereinbart werden. Die DIN 276 gibt zudem eine allgemeine **Definition** der **Kosten Technischer Anlagen.** Danach handelt es sich hierbei um die „Kosten aller im Bauwerk eingebauten, daran angeschlossenen oder damit fest verbundenen technischen Anlagen oder Anlagenteile".

2. Kosten der Technischen Anlagen

Im Einzelnen sind dies folgende Kostengruppen:

a) KG 410 Abwasser-, Wasser-, Gasanlagen

Unter die Abwasseranlagen fallen Abläufe, Schächte, Leitungen bis zum Sammler/Vor- **19** fluter sowie auch Anlagen zur Reinigung und Entgiftung von Abwasser. Wasseranlagen umfassen zum einen die Leitungsnetze, zum anderen aber auch Anlagen zur biologischen, chemischen oder physikalischen Behandlung von Wasser. Gasanlagen sind neben den Net-zen beispielsweise auch Gasdruckreglerstationen.

b) KG 420 Wärmeversorgungsanlagen

Hierzu gehören u. a. Wärmeerzeugungsanlagen, Wärmeverteilnetze und auch Flächen- **20** heizungen.

c) KG 430 Lufttechnische Anlagen

Dies sind z. B. Lüftungsanlagen, Kühlanlagen, Kälteerzeugungsanlagen. **21**

d) KG 440 Starkstromanlagen

Genannt werden hier u. a. Hoch- und Mittelspannungsanlagen, Eigenstromversorgungs- **22** anlagen, Niederspannungsanlagen, Außenbeleuchtungsanlagen, Blitzschutz- und Erdungs-anlagen.

e) KG 450 Fernmelde- und informationstechnische Anlagen

Es handelt sich u. a. um Telekommunikationsanlagen, Such- und Signalanlagen, Zeit- **23** dienstanlagen, elektroakustische Anlagen, Fernseh- und Antennenanlagen, Alarmanlagen sowie Telematikanlagen, d. h. Parkleitsysteme sowie Maut- und Gebührenerfassungssyste-me.

f) KG 460 Förderanlagen

Hierunter fallen u. a. Aufzugsanlagen, Fahrtreppen und Fahrsteige, Transportanlagen so- **24** wie Krananlagen.

g) KG 470 Verfahrenstechnische Anlagen

Diese umfassen etwa Anlagen zur Wassergewinnung und -aufbereitung, zur Abwasser- **25** und Abfallbehandlung sowie -entsorgung.

h) KG 480 Automation

Die DIN führt hier beispielhaft lediglich Anlagen der Verkehrsleit- und -sicherheitstech- **26** nik auf. Bei der Automation von Ingenieurbauwerken sind herstellerneutrale Bauwerkau-tomationssysteme oder Automationssysteme mit anlagengruppenübergreifender Systemin-tegration gemeint.

i) KG 490 Sonstige Maßnahmen für technische Anlagen

Hier werden unter anderem die Baustelleneinrichtungen, Schutz- und Sicherheitsmaß- **27** nahmen sowie Abbruchmaßnahmen und provisorische technische Anlagen aufgeführt.

Abschließender Hinweis: Für die Anlagengruppe „Nutzungsspezifische Anlagen" exis- **28** tiert keine Kostengruppe, sodass auf die Anlagengruppe 7.1 in Anlage 15 Nummer 15.2 zu § 56 Abs. 3 Bezug genommen werden muss.

3. Teilweise Anrechnung

29   Die Kosten für Anlagen der Technischen Ausrüstung („Technische Anlagen") sind bei den anrechenbaren Kosten des Objektplaners, welcher die Anlagen weder plant noch deren Ausführung überwacht, in folgender Weise zu berücksichtigen:
   a) **vollständig** bis zu 25 Prozent der sonstigen anrechenbaren Kosten und
   b) **zur Hälfte** mit dem 25 Prozent der sonstigen anrechenbaren Kosten übersteigenden Betrag.
   Bei den **„sonstigen anrechenbaren Kosten"** handelt es sich um die Kosten der Anlagen und Maßnahmen **gemäß § 42 Abs. 1 und Abs. 3**. Zu berücksichtigen sind also **auch die Anlagen der Maschinentechnik** im Sinne des § 42 Abs. 1 Satz 2. Hinzuzurechnen sind beim Planen im Bestand die Kosten aus **mitzuverarbeitender Bausubstanz** gemäß § 2 Abs. 7 i. V. m. § 4 Abs. 3. **Unberücksichtigt** bleiben natürlich die Kosten für die Technischen Anlagen, denn diese sind keine „sonstigen" anrechenbaren Kosten. Dies gilt auch für die Anlagen der Verfahrenstechnik. Wegen der weiteren Einzelheiten kann auf die entsprechende Kommentierung zur Objektplanung Gebäude (dort § 33, Rdn. 38 ff., 53 ff., 57 ff.) verwiesen werden.

Berechnungs-Beispiel:

Kosten insgesamt (gemäß § 42 Abs. 1, 3 zzgl. Kosten für Technische Anlagen):	EURO	2 100 000,00
Hieraus Anteil der Kosten für Technische Anlagen:	EURO	500 000,00
Differenz („sonstige anrechenbare Kosten"):	EURO	1 600 000,00
Hiervon 25 Prozent „volle Anrechenbarkeit der Kosten für Technische Anlagen":	EURO	400 000,00
Restbetrag der Kosten Technischer Anlagen (500 000,00 minus 400 000,00 = 100 000,00) ist „hälftig anrechenbar":	EURO	50 000,00
Demnach ergibt sich für die anrechenbaren Kosten des Objektplaners folgende Berechnung:		
Sonstige anrechenbare Kosten (§ 42 Abs. 1, 3):	EURO	1 600 000,00
+ Voll anrechenbare Kosten Technischer Anlagen:	EURO	400 000,00
+ Hälftig anrechenbare Kosten Technischer Anlagen:	EURO	50 000,00
= Anrechenbare Kosten Objektplaner insgesamt:	EURO	2 050 000,00

4. Sonderproblem: Teilweise Anrechnung bei gleichzeitiger Planung der Technischen Ausrüstung

30   Der Wortlaut des § 42 Abs. 2 sieht eine teilweise Anrechnung der Kosten für Technische Anlagen beim Objektplaner für den Fall vor, dass dieser die Anlagen weder plant noch deren Ausführung überwacht. In der Praxis ergibt sich häufig jedoch folgende Planungskonstellation: Der Objektplaner Ingenieurbauwerke plant oder überwacht fachlich auch die Errichtung der Technischen Anlagen. Er ist mithin **Objektplaner und Fachplaner in einer Person.** Diese Konstellation tritt regelmäßig bei einer **Generalplaner**-Beauftragung auf. Honorarrechtlich stellt sich hier die Frage, ob der Planer neben der Abrechnung der Fachplanung Technische Ausrüstung auch die teilweise Anrechnung der Kosten der Technischen Anlagen bei der Objektplanung vornehmen kann.

31   Für den Anwendungsbereich der HOAI 1996 bejahte dies der Verordnungsgeber ausdrücklich: „Führt ein Objektplaner neben den Leistungen nach Teil II oder VII auch z. B. Fachplanungen nach Teil IX aus, so hat er hierfür Anspruch auf Honorare in der gleichen Höhe wie ein Fachplaner bei einer getrennten Übertragung der Leistungen an einen Objektplaner und einen Fachplaner. Als Objektplaner hat er Anspruch auf ein Honorar auf der Grundlage der anrechenbaren Kosten, die nach Abs. 4 *(Hinweis des Verfassers: Entspricht § 42 Abs. 2 HOAI 2013)* gemindert werden müssen; als Fachplaner hat er Anspruch auf ein Honorar nach Teil IX." (Amtliche Begründung zur HOAI 1996, a. a. O., Seite 91). Diese Wertung hatte sich auch im Text der Altfassung der HOAI ausdrücklich niedergeschlagen. Hier hieß es in § 10 Abs. 4 Satz 2 HOAI 1996: „Plant der Auftragnehmer die in Satz 1 genannten Gegenstände *(Hinweis des Verfassers: verschiedene Technische Ausrüstungen),* fachlich und/oder überwacht er fachlich deren Ausführung, kann für diese Leistung ein Honorar neben dem Honorar nach Satz 1 vereinbart werden." Dieser Satz 2 wurde von der überwiegenden Honorarliteratur dergestalt ausgelegt, dass auch bei einer Beauftragung der Objekt- und Fachplanung in einer Hand die teilweise Anrechnung der Kosten für Technische Anlagen bei dem Objektplaner zu erfolgen habe.

Mit der 6. HOAI-Novelle 2009 wurde dieser Satz in der neuen Vorschrift des § 41 **32** Abs. 2 ersatzlos gestrichen. Auch durch die 7. HOAI-Novelle 2013 wurde er nicht wieder eingeführt. Dies legt den Schluss nahe, dass nunmehr in dieser Fallkonstellation eine teilweise Anrechnung nicht mehr möglich ist. Allerdings findet sich – überraschend – in der Amtlichen Begründung zur HOAI 2009 ein Bekenntnis des Verordnungsgebers zur Weitergeltung der Altregelung, auch ohne dass diese ausdrücklich in die HOAI aufgenommen wird: „Plant der Auftragnehmer/die Auftragnehmerin die Leistungen der Technischen Ausrüstung fachlich oder überwacht er oder sie fachlich deren Ausführung, so kann für diese Leistung ein Honorar neben dem Honorar nach Absatz 2 vereinbart werden." (Amtliche Begründung zur HOAI 2009, BR-Drs. 395/09, Seite 191). Insoweit dürfte sich nach dem Willen des Verordnungsgebers trotz textlicher Streichungen materiellrechtlich nichts geändert haben. Dies bedeutet, dass **auch dann, wenn der Objektplaner die Technischen Anlagen fachlich plant oder deren Ausführung überwacht,** die Anrechnungsregelung des **§ 42 Abs. 2** zu Gunsten des Objektplaners **Anwendung findet.**

IV. Bedingt anrechenbare Kosten: § 42 Abs. 1 Satz 2 und § 42 Abs. 3 Nr. 1 bis 4

1. Einführung

Unter **„bedingt anrechenbare Kosten"** werden solche Kostenbestandteile verstanden, **33** die nur unter der Voraussetzung anrechenbar sind, dass der **Objektplaner die entsprechenden Anlagen oder Maßnahmen**
– entweder **plant**
– oder deren Ausführung **überwacht.**
Ausreichend ist, dass **eines der vorgenannten Leistungselemente** (Planen oder Ausführungsüberwachung) erfüllt wird, damit eine vollständige Berücksichtigung bei den anrechenbaren Kosten des Objektplaners erfolgen kann. Eine Beschränkung auf bestimmte Leistungsphasen erfolgt nicht und zwar auch dann nicht, wenn der Objektplaner nur eines der Leistungsmerkmale erbringt. Hat ein Objektplaner beispielsweise planerische Anforderungen an eine herzustellende Anlage formuliert, und überwacht er später deren Ausführung nicht mehr, weil dies allein der örtlichen Bauüberwachung vertraglich zugewiesen wurde, so sind gleichwohl die anrechenbaren Kosten aller Leistungsphasen bei der Objektplanung um die Kosten der Anlage zu erhöhen.

Die HOAI 2013 behandelt die **bedingte Anrechnung** von Kosten für Anlagen oder **34** Maßnahmen bei der Objektplanung Ingenieurbauwerke **in zwei Absätzen des § 42:**
– **§ 42 Abs. 1 Satz 2:**
Die Kosten für **Anlagen der Maschinentechnik** als Teil der Kosten der Baukonstruktion.
(dazu nachfolgend 2.)
– **§ 42 Abs. 3:**
Die Kosten für das Herrichten des Grundstücks, für die **öffentliche und nichtöffentliche Erschließung** sowie für **Außenanlagen,** die Kosten für das **Umlegen und Ver-**

legen von Leitungen, für **verkehrsregelnde Maßnahmen** sowie schließlich für die **Ausstattung** und für **Nebenanlagen** von Ingenieurbauwerken.
(dazu nachfolgend 3.)

2. Kosten für Anlagen der Maschinentechnik gemäß § 42 Abs. 1 Satz 2

35   § 42 Abs. 1 Satz 2 stellt klar, dass die Kosten der Anlagen der Maschinentechnik, die der Zweckbestimmung des Ingenieurbauwerks dienen, dann anzurechnen sind, wenn der Objektplaner diese entweder plant oder deren Ausführung überwacht. Diese Kosten sind bei der Baukonstruktion im Sinne des § 42 Abs. 1 Satz 1 zu berücksichtigen und nicht den Kosten der Technischen Anlagen im Sinne des § 42 Abs. 2 zuzurechnen. Dementsprechend wurden auch aus der Definition der Technischen Ausrüstung in § 53 Abs. 2 Nr. 7 die maschinen- und elektrotechnischen Anlagen in Ingenieurbauwerken ausgenommen (vgl. Amtliche Begründung zur HOAI 2013, BR-Drs. 334/13, Seite 159).

36   Für die Anrechenbarkeit müssen **zwei Voraussetzungen** erfüllt sein:
a) Es muss sich um Anlagen der Maschinentechnik handeln, die der Zweckbestimmung des Ingenieurbauwerks dienen, und
b) der Objektplaner muss diese Anlagen entweder planen oder deren Ausführung überwachen.

Zu a) **Anlagen der Maschinentechnik,** die der Zweckbestimmung des Ingenieurbauwerks dienen:

37   **Anlagen der Maschinentechnik** werden **definiert** als „Anlagen ohne jegliche Anschlusstechnik, die als Einheit vom Hersteller geliefert werden." (Amtliche Begründung zur HOAI 2013, BR-Drs. 334/13, Seite 159). Als **Beispiele** für Anlagen der Maschinentechnik werden gemeinhin genannt:
– Räumer für Absetzbecken in Kläranlagen und Wasserwerken,
– Reine Stahlbauteile bei Schleusen und Wehren,
– Grob- und Feinrechen,
– Kammerfilterpressen,
– Oberflächenbelüfter,
– Gasentschwefler,
– Gasspeicher von Abwasserbehandlungsanlagen.
(vgl. Amtliche Begründung zur HOAI 2013, a. a. O. sowie: HIV-Was, Hinweise zu HIV-Was-ING 4).
Eine nach Objektbereichen differenzierte Aufstellung findet sich bei Jochem, Kaufhold, (5. Auflage, § 41, Rdn. 30). Danach können aus der vorgenannten Definition folgende **weitere Beispiele** abgeleitet werden:
– Bereich der Wasserversorgung, § 41 Nr. 1:
  Netzpumpen, Oxydatoren, geschlossene vorgefertigte Filter, Druckwindkessel,
– Abwasserentsorgung, § 41 Nr. 2:
  Schneckenpumpen, Propellerpumpen (ohne Peripherie), Siebbandpressen, Zentrifugen, Schlammtrocknungsapparate, Schlammverbrennungsöfen,
– Wasserbau, § 41 Nr. 3:
  Stahlbauteile von Wehren und Schleusen, Turbinen von Wasserkraftanlagen, Schleusentore,
– Abfallentsorgung, § 41 Nr. 5:
  Waagen, Zerkleinerungsapparate, Rottetürme und -trommeln, Abfallverbrennungsöfen
– Aus den übrigen Bereichen:
  Alle vorgefertigten Apparate einschließlich der unmittelbar zugehörigen und mitgelieferten Antriebe, Schaltschränke und Steuerungen ohne ihre nutzungsspezifische Peripherie, welche den Betrieb der Apparate ermöglichen.

38   Den Anlagen der Maschinentechnik im Sinne des § 42 Abs. 1 Satz 2 ist ferner gemein, dass sie für die Zweckbestimmung des jeweiligen Ingenieurbauwerks eine **dienende Funktion** haben. Anlagen, die die Funktion des Ingenieurbauwerks im eigentlichen Sinne erfüllen, werden nicht erfasst. Insoweit dürften bei den vorstehend beispielhaft aufgeführten

Anlagen der Maschinentechnik (nach Jochem/Kaufhold, a. a. O.) etwa die „Schleusentore" auszuklammern sein. Letztere wären dann allerdings wohl der Baukonstruktion gemäß § 42 Abs. 1 Satz 1 unmittelbar zuzuordnen (so im Ergebnis auch Locher/Koeble/Frik, 12. Auflage, § 42, Rdn. 45).

Zu b) **Planungs- oder Ausführungsüberwachungsleistungen** des Objektplaners: Voraussetzung für die Anrechenbarkeit der Kosten der Maschinentechnischen Anlagen **39** ist, dass der Objektplaner für diese Anlagen **entweder Planungs- oder Überwachungsleistungen erbringt.** Es besteht Einigkeit darin, dass „der Planer nicht selbst die Konstruktionszeichnungen und weitere Unterlagen für die Anfertigung der Anlagen der Maschinentechnik erstellt" (vgl. etwa die Amtliche Begründung zur HOAI 2013, a. a. O.; ebenso: Locher/Koeble/Frik, 12. Auflage, § 42, Rdn. 43; Theißen, in: Pöhlker/Theißen/ Adrians, § 42, Erl. 4). Entscheidend ist vielmehr, dass der Auftragnehmer **„planerischen Einfluss"** auf die Anlagen der Maschinentechnik nimmt (a. a. O.). Die eigentliche Konstruktionsplanung wird durch einen Dritten, etwa den Hersteller erbracht. Der Planer hingegen muss, damit von einem „planerischen Einfluss" gesprochen werden kann, **Anforderungen an diese Anlagen** („planerische Vorgaben") **formulieren,** etwa im Hinblick auf ihre Dimensionierung zum Zwecke der planerischen Einfügung in das Ingenieurbauwerk; er wird also Qualitäts- oder Quantitätsanforderungen sowie Größe und Leistung der Anlage beschreiben (Jochem/Kaufhold, a. a. O., Rdn. 31). **Beispiel:** Der Objektplaner muss bei einer Räumerbrücke auf inneren und äußeren Antrieb, Laufgeschwindigkeit, Windbelastung oder bestimmte Lichtraummaße ebenso Einfluss nehmen wie bei der gesamten technischen Gestaltung der eigentlichen Räumereinrichtung, die mit der Räumerbrücke verbunden ist und wesentliche technische Aufgaben zu erfüllen hat (vgl. Amtliche Begründung zur HOAI 2013, a. a. O.). In diesem Sinne wird die Räumerbrücke vom Objektplaner geplant. Die anschließende **Überwachung** ihrer Ausführung ist darauf ausgerichtet, dass die **Anlage entsprechend den Anforderungen geliefert und eingebaut** wird. Eine Überwachung durch den Objektplaner ist nicht zwingend. Ausreichend für die Anrechenbarkeit ist, dass eine Leistungsalternative (Planen oder Ausführungsüberwachung) erfüllt wird.

3. Kosten für Maßnahmen und Anlagen gemäß § 42 Abs. 3 Nr. 1 bis 4

Die Vorschrift des § 42 Abs. 3 umfasst einen **Katalog von Anlagen und Maßnah- 40 men,** deren Planung oder Ausführungsüberwachung durch den Objektplaner zu einer Anrechenbarkeit ihrer Kosten führt. Im Einzelnen sind dies:

a) Kosten für das **Herrichten des Grundstücks,** § 42 Abs. 3 Nr. 1:

Zu den Kosten für das **„Herrichten des Grundstücks"** gehören die „Kosten aller **41** vorbereitender Maßnahmen, um die Baumaßnahme auf dem Grundstück durchführen zu können" (**Definition** nach DIN 276 – Teil 1 Ausgabe 12/2008). Entsprechend der Kostengruppe 210 der DIN 276 – Teil 1 Ausgabe 12/2008 fallen hierunter folgende Maßnahmen:

– KG 211 Sicherungsmaßnahmen:
Dies sind insbesondere Maßnahmen zum Schutz von vorhandenen Bauwerken, Bauteilen und Versorgungsleitungen sowie zum Sichern von Bewuchs (wie etwa Bäumen) und Vegetationsschichten.

– KG 212 Abbruchmaßnahmen:
Dies umfasst den Abbruch und die gänzliche Beseitigung (einschließlich Abtransport) von vorhandenen Bauwerken sowie Ver- und Entsorgungsleitungen.

– KG 213 Altlastenbeseitigung:
Hierzu gehört die Sanierung belasteter und kontaminierter Böden, die Entfernung gefährlicher Stoffe einschließlich der Beseitigung von Kampfmitteln.

– KG 214 Herrichten der Geländeoberfläche:
Umfasst wird das Roden von Bewuchs sowie das Planieren, ferner Bodenbewegungen einschließlich der Oberbodensicherung, sofern dies nicht der KG 500 (Außenanlagen) zuzuordnen ist.

42   Die Kosten für das Herrichten des Grundstücks erhöhen die anrechenbaren Kosten, wenn der Objektplaner diese Maßnahmen entweder plant oder überwacht. Entscheidend ist der vertraglich vereinbarte Auftragsgegenstand. Umfasst dieser keine der vorgenannten bauvorbereitenden Maßnahmen, führt dies folglich nicht zu einer Erhöhung der anrechenbaren Kosten.

43   Abschließend ist darauf hinzuweisen, dass das „Herrichten des Grundstücks" nicht zu verwechseln ist mit dem „Freimachen des Grundstücks" im Sinne der Kostengruppe 130. Letzteres bezieht sich auf die grundbuchmäßigen Belastungen und hat somit nichts mit den Kosten im Sinne § 42 Abs. 3 Nr. 1 gemein.

b) Kosten der **öffentlichen Erschließung,** § 42 Abs. 3 Nr. 2:

44   Die Kosten der **öffentlichen Erschließungsanlagen** sind in der Regel nicht anrechenbar. Denn es handelt sich bei § 42 Abs. 3 Nr. 2 nicht um die unmittelbaren Kosten der Anlagen und Bauwerke der öffentlichen Erschließung. Nach der **Definition** gemäß DIN 276 – Teil 1 Ausgabe 12/2008 (dort Kostengruppe 220) erfassen die Kosten der öffentlichen Erschließung lediglich „die Erschließungsbeiträge/Anliegerbeiträge sowie die Kosten aufgrund öffentlich-rechtlicher Verträge für bestimmte Handlungen". Etwas anderes gilt allerdings dann, wenn der Objektplaner von einem öffentlichen Auftraggeber unmittelbar mit der Planung und Überwachung der Errichtung öffentlicher Erschließungsanlagen beauftragt wird. In diesem Fall findet das Leistungsbild der Objektplanung Ingenieurbauwerke für diese Maßnahmen eine direkte Anwendung.

c) Kosten der **nichtöffentlichen Erschließung,** § 42 Abs. 3 Nr. 2:

45   Die Kosten der **nichtöffentlichen Erschließung** umfassen gemäß der Kostengruppe 230 die „Kosten für Verkehrsflächen und Technische Anlagen, die ohne öffentlich-rechtliche Verpflichtungen oder Beauftragungen mit dem Ziel der späteren Übertragung in den Gebrauch der Allgemeinheit hergestellt und ergänzt werden". Diese beziehen sich zumeist auf die sogenannten „Medien", nämlich die Abwasserentsorgung, Wasser-, Gas-, Fernwärme- oder Stromversorgung, die Telekommunikation oder die Abfallentsorgung. Auch Verkehrsflächen können hierunter fallen. Die Kosten derartiger Anlagen sind anrechenbar, wenn der Objektplaner sie plant oder überwacht. Es ist allerdings zu berücksichtigen, dass hier im Einzelfall Abgrenzungsprobleme entstehen können: Zum einen kann es sich bei den vorgenannten Anlagen um Technische Ausrüstung des Ingenieurbauwerks handeln, deren Kostenanrechnung sich nach § 42 Abs. 2 bemisst. Zum anderen können die vorgenannten Anlagen auch als eigenständige Ingenieurbauwerke oder Verkehrsanlagen zu werten sein, die objektbezogen abzurechnen sind. Schließlich können die erwähnten „Verkehrsflächen" auch Freianlagen darstellen und entsprechend abrechnungsfähig sein. Es hat deshalb jeweils eine präzise honorarrechtliche Bewertung im Einzelfall zu erfolgen.

d) Kosten der **Außenanlagen,** § 42 Abs. 3 Nr. 2:

46   **Außenanlagen** im Sinne der Kostengruppe 510 der DIN 276 – Teil 1 Ausgabe 12/2008 umfassen Geländeflächen (KG 510), befestigte Flächen (KG 520), Baukonstruktion in Außenanlagen (KG 530), Technische Anlagen in Außenanlagen (KG 540), Einbauten in Außenanlagen (KG 550), Wasserflächen (KG 560) sowie Pflanz- und Saatflächen (KG 570). „Außenanlagen" im Sinne der Kostengruppe 500 können nicht gleichgesetzt werden mit „Freianlagen" im Sinne der Freianlagenplanung, wenngleich hier sicherlich Überschneidungen möglich sind. Sofern der Objektplaner Ingenieurbauwerke zugleich Planungs- oder Ausführungsüberwachungsleistungen für derartige Außenanlagen erbringt, sind die anrechenbaren Kosten des Objektplaners entsprechend zu erhöhen. Allerdings muss **im Einzelfall abgegrenzt** werden, ob – bezogen auf die „Außenanlagen" – möglicherweise auch eine Freianlagenplanung, eine Verkehrsanlagenplanung (siehe KG 520 – Befestigte Flächen), eine Planung für Ingenieurbauwerke (siehe KG 530 – Baukonstruktion in Außenanlagen) oder eine Planung Technischer Ausrüstung (siehe KG 540 – Technische Anlagen in Außenanlagen) erbracht wird.

e) Kosten des **Umlegens und Verlegens von Leitungen,** § 42 Abs. 3 Nr. 2:

Diese Anrechnungsvorschrift erfasst zwei unterschiedliche Sachverhalte: Ein **„Umle-**   **47** **gen"** von Leitungen ist dann anzunehmen, wenn im Zusammenhang mit der Errichtung eines Ingenieurbauwerks bestehende Ver- oder Entsorgungsleitungen neu verortet werden müssen. Von einem **„Verlegen"** ist zu sprechen, wenn im Rahmen der Errichtung eines Ingenieurbauwerks Leitungen neu verlegt werden müssen. In der Regel werden derartige Maßnahmen der Leitungsum- oder -neuverlegung eigenständig durch die zuständigen Medienträger geplant und überwacht. Erbringt allerdings der Objektplaner entsprechende Planungs- oder Überwachungsleistungen, so führt dies zu einer Anrechnung der Kosten.

f) Kosten für **verkehrsregelnde Maßnahmen während der Bauzeit,** § 42 Abs. 3 Nr. 3:

Hierunter fallen u. a. Kosten für Umleitungsstrecken, provisorische Fußgängerwege, mo-   **48** bile Lichtsignalanlagen oder Handwinker. Derartige Maßnahmen sind in erster Linie im Verkehrsanlagenbau (Straßenbau) von Bedeutung; sie können jedoch auch bei der Errichtung oder Sanierung von konstruktiven Ingenieurbauwerken für Verkehrsanlagen, insbesondere beim Brückenbau kostenwirksam werden. Soweit der Objektplaner Ingenieurbauwerke hierfür Planungen oder Ausführungsüberwachungsleistungen übernimmt, werden diese Kosten angerechnet.

g) Kosten für die **Ausstattung und Nebenanlagen von Ingenieurbauwerken,** § 42 Abs. 3 Nr. 4:

Die „Ausstattung und Nebenanlagen" hatte der Verordnungsgeber in der Vorgängerre-   **49** gelung des § 41 Abs. 3 Ziff. 4 noch ausdrücklich in Bezug zu Verkehrsanlagen, nämlich Straßen gesetzt. Bereits zu dieser Vorgängerregelung wurde kritisch angemerkt, dass die Bezeichnung nicht eindeutig sei und zu Abgrenzungsschwierigkeiten führe (vgl. Seifert in der Vorauflage zu diesem Kommentar, dort § 41, Rdn. 37). Nunmehr wird in § 42 Abs. 3 Nr. 4 die „Ausstattung und Nebenanlagen von Ingenieurbauwerken" erwähnt. Auch diese Bezeichnung ist nicht eindeutig. Technische Anlagen können nicht gemeint sein. In Anlehnung an die Kostengruppe 610 der DIN 276 – Teil 1 Ausgabe 12/2008 gehören zur **„Ausstattung"** die Kosten für alle **beweglichen oder ohne besondere Maßnahmen zu befestigenden Gegenstände,** die der **allgemeinen Benutzung oder der besonderen Zweckbestimmung** des Ingenieurbauwerks **dienen,** ohne dass es sich hierbei um Technische Anlagen oder Anlagen der Maschinentechnik handelt. Zur „Allgemeinen Ausstattung" (KG 611) gehören Möbel und Geräte, wie beispielsweise Sitzmöbel, Schränke, Regale und Tische zur Ausstattung einer technischen Leitzentrale. Bei der „Besonderen Ausstattung" (KG 612) handelt es sich um „Ausstattungsgegenstände, die der besonderen Zweckbestimmung eines Objekts dienen". Als „sonstige Ausstattung" (KG 619) sind etwa Schilder, Wegweiser oder Orientierungstafeln zu nennen. **„Nebenanlagen"** sind unbewegliche Sachen, die der Zweckbestimmung des Ingenieurbauwerks und nicht der Technischen Ausrüstung oder der Maschinentechnik zuzuordnen sind. Zu nennen sind etwa Umfriedungen oder zu Werbezwecken errichtete Pylone. Erbringt der Auftragnehmer Planungs- oder Überwachungsleistungen im Zusammenhang mit der Lieferung oder dem Einbau derartiger Ausstattungsgegenstände oder Nebenanlagen, so werden deren Kosten auf die anrechenbaren Kosten der Objektplanung Ingenieurbauwerke angerechnet.

V. Tabellarische Zusammenfassung

Die nachfolgende Tabelle gibt einen Überblick über die Kostengruppen nach der DIN   **50** 276 und ihrer Anrechenbarkeit nach § 42 (vgl. hierzu Seifert in der Vorauflage zu diesem Kommentar, § 41, Rdn. 49; Locher/Koeble/Frik, 12. Auflage, § 42, Rdn. 42):

KG	Bezeichnung der Kostengruppe	Anrechenbarkeit			Grundlage gem. § 42
		voll	teilweise	bedingt	
200 Herrichten und Erschließen **DIN 276 – Teil 1**					
210	Herrichten			X	Abs. 3 Nr. 1
230	Nichtöffentliche Erschließung			X	Abs. 3 Nr. 2
300 Bauwerk – Baukonstruktionen **DIN 276 – Teil 4**					
310	Erdbaumaßnahmen	X			Abs. 1
320	Gründung	X			Abs. 1
330	Vertikale Bauteile	X			Abs. 1
340	Horizontale Bauteile	X			Abs. 1
350	Räumliche Bauteile	X			Abs. 1
360	Linienbauteile	X			Abs. 1
370	Baukonstruktive Einbauten	X			Abs. 1
390	Sonstige Maßnahmen für Baukonstruktionen	X			Abs. 1
400 Bauwerk – Technische Anlagen **DIN 276 – Teil 4**					
410	Abwasser-, Wasser-, Gasanlagen		X		Abs. 2
420	Wärmeversorgungsanlagen		X		Abs. 2
430	Lufttechnische Anlagen		X		Abs. 2
440	Starkstromanlagen		X		Abs. 2
450	Fernmelde- und informationstechnische Anlagen		X		Abs. 2
460	Förderanlagen		X		Abs. 2
470	Verfahrenstechnische Anlagen		X		Abs. 2
480	Automation		X		Abs. 2
490	Sonstige Maßnahmen für technische Anlagen		X		Abs. 2
500 Außenanlagen **DIN 276 – Teil 1**					
510	Geländeflächen			X	Abs. 3 Nr. 2
520	Befestigte Flächen			X	Abs. 3 Nr. 2
530	Baukonstruktion in Außenanlagen			X	Abs. 3 Nr. 2
540	Technische Anlagen in Außenanlagen			X	Abs. 3 Nr. 2
550	Einbauten in Außenanlagen			X	Abs. 3 Nr. 2
560	Wasserflächen			X	Abs. 3 Nr. 2
570	Pflanz- und Saatflächen			X	Abs. 3 Nr. 2
590	Sonstige Außenanlagen			X	Abs. 3 Nr. 2
610 Ausstattung **DIN 276 – Teil 1**					
611	Allgemeine Ausstattung			X	Abs. 3 Nr. 4
612	Besondere Ausstattung			X	Abs. 3 Nr. 4
613	Ausstattung, sonstige			X	Abs. 3 Nr. 4

§ 43 Leistungsbild Ingenieurbauwerke

(1) § 34 Absatz 1 gilt entsprechend. Die Grundleistungen für Ingenieurbauwerke sind in neun Leistungsphasen unterteilt und werden wie folgt in Prozentsätzen der Honorare des § 44 bewertet:

1. für die Leistungsphase 1 (Grundlagenermittlung) mit 2 Prozent,
2. für die Leistungsphase 2 (Vorplanung) mit 20 Prozent,
3. für die Leistungsphase 3 (Entwurfsplanung) mit 25 Prozent,
4. für die Leistungsphase 4 (Genehmigungsplanung) mit 5 Prozent,
5. für die Leistungsphase 5 (Ausführungsplanung) mit 15 Prozent,
6. für die Leistungsphase 6 (Vorbereitung der Vergabe) mit 13 Prozent,
7. für die Leistungsphase 7 (Mitwirkung bei der Vergabe) mit 4 Prozent,
8. für die Leistungsphase 8 (Bauoberleitung) mit 15 Prozent,
9. für die Leistungsphase 9 (Objektbetreuung) mit 1 Prozent.

(2) Abweichend von Absatz 1 Nummer 2 wird die Leistungsphase 2 bei Objekten nach § 41 Nummer 6 und 7, die eine Tragwerksplanung erfordern, mit 10 Prozent bewertet.

(3) Die Vertragsparteien können abweichend von Absatz 1 schriftlich vereinbaren, dass

1. die Leistungsphase 4 mit 5 bis 8 Prozent bewertet wird, wenn dafür ein eigenständiges Planfeststellungsverfahren erforderlich ist,
2. die Leistungsphase 5 mit 15 bis 35 Prozent bewertet wird, wenn ein überdurchschnittlicher Aufwand an Ausführungszeichnungen erforderlich wird.

(4) Anlage 12 Nummer 12.1 regelt die Grundleistungen jeder Leistungsphase und enthält Beispiele für Besondere Leistungen.

Vorgehende Vorschrift: § 42 HOAI 2009

Anlage 12 Nummer 1
(zu § 43 Absatz 4)

Grundleistungen

im Leistungsbild Ingenieurbauwerke, Besondere Leistungen, Objektliste

12.1 Leistungsbild Ingenieurbauwerke

Grundleistungen	Besondere Leistungen
LPH 1 Grundlagenermittlung	
a) Klären der Aufgabenstellung auf Grund der Vorgaben oder der Bedarfsplanung des Auftraggebers b) Ermitteln der Planungsrandbedingungen sowie Beraten zum gesamten Leistungsbedarf c) Formulieren von Entscheidungshilfen für die Auswahl anderer an der Planung fachlich Beteiligter d) bei Objekten nach § 41 Nummer 6 und 7, die eine Tragwerksplanung erfordern: Klären der Aufgabenstellung auch auf dem Gebiet der Tragwerksplanung e) Ortsbesichtigung f) Zusammenfassen, Erläutern und Dokumentieren der Ergebnisse	– Auswahl und Besichtigung ähnlicher Objekte

LPH 2 Vorplanung	
a) Analysieren der Grundlagen b) Abstimmen der Zielvorstellungen auf die öffentlich-rechtlichen Randbedingungen sowie Planungen Dritter c) Untersuchen von Lösungsmöglichkeiten mit ihren Einflüssen auf bauliche und konstruktive Gestaltung, Zweckmäßigkeit, Wirtschaftlichkeit unter Beachtung der Umweltverträglichkeit d) Beschaffen und Auswerten amtlicher Karten e) Erarbeiten eines Planungskonzepts einschließlich Untersuchung der alternativen Lösungsmöglichkeiten nach gleichen Anforderungen mit zeichnerischer Darstellung und Bewertung unter Einarbeitung der Beiträge anderer an der Planung fachlich Beteiligter f) Klären und Erläutern der wesentlichen fachspezifischen Zusammenhänge, Vorgänge und Bedingungen g) Vorabstimmen mit Behörden und anderen an der Planung fachlich Beteiligten über die Genehmigungsfähigkeit, gegebenenfalls Mitwirken bei Verhandlungen über die Bezuschussung und Kostenbeteiligung h) Mitwirken beim Erläutern des Planungskonzepts gegenüber Dritten an bis zu zwei Terminen i) Überarbeiten des Planungskonzepts nach Bedenken und Anregungen j) Kostenschätzung, Vergleich mit den finanziellen Rahmenbedingungen k) Zusammenfassen, Erläutern und Dokumentieren der Ergebnisse	– Erstellen von Leitungsbestandsplänen – vertiefte Untersuchungen zum Nachweis von Nachhaltigkeitsaspekten – Anfertigen von Nutzen-Kosten-Untersuchungen – Wirtschaftlichkeitsprüfung – Beschaffen von Auszügen aus Grundbuch, Kataster und anderen amtlichen Unterlagen

LPH 3 Entwurfsplanung	
a) Erarbeiten des Entwurfs auf Grundlage der Vorplanung durch zeichnerische Darstellung im erforderlichen Umfang und Detaillierungsgrad unter Berücksichtigung aller fachspezifischen Anforderungen, Bereitstellen der Arbeitsergebnisse als Grundlage für die anderen an der Planung fachlich Beteiligten sowie Integration und Koordination der Fachplanungen b) Erläuterungsbericht unter Verwendung der Beiträge anderer an der Planung fachlich Beteiligter c) fachspezifische Berechnungen ausgenommen Berechnungen aus anderen Leistungsbildern d) Ermitteln und Begründen der zuwendungsfähigen Kosten, Mitwirken beim Aufstellen des Finanzierungsplans sowie Vorbereiten der Anträge auf Finanzierung e) Mitwirken beim Erläutern des vorläufigen Entwurfs gegenüber Dritten an bis zu drei Terminen, Überarbeiten des vorläufigen Entwurfs auf Grund von Bedenken und Anregungen	– Fortschreiben von Nutzen-Kosten-Untersuchungen – Mitwirken bei Verwaltungsvereinbarungen – Nachweis der zwingenden Gründe des überwiegenden öffentlichen Interesses der Notwendigkeit der Maßnahme (zum Beispiel Gebiets- und Artenschutz gemäß der Richtlinie 92/43/EWG des Rates vom 21. Mai 1992 zur Erhaltung der natürlichen Lebensräume sowie der wildlebenden Tiere und Pflanzen (ABl. L 206 vom 22.7.1992, S. 7) – Fiktivkostenberechnungen (Kostenteilung)

f) Vorabstimmen der Genehmigungsfähigkeit mit Behörden und anderen an der Planung fachlich Beteiligten

g) Kostenberechnung einschließlich zugehöriger Mengenermittlung, Vergleich der Kostenberechnung mit der Kostenschätzung

h) Ermitteln der wesentlichen Bauphasen unter Berücksichtigung der Verkehrslenkung und der Aufrechterhaltung des Betriebes während der Bauzeit

i) Bauzeiten- und Kostenplan

j) Zusammenfassen, Erläutern und Dokumentieren der Ergebnisse

LPH 4 Genehmigungsplanung

a) Erarbeiten und Zusammenstellen der Unterlagen für die erforderlichen öffentlich-rechtlichen Verfahren oder Genehmigungsverfahren einschließlich der Anträge auf Ausnahmen und Befreiungen, Aufstellen des Bauwerksverzeichnisses unter Verwendung der Beiträge anderer an der Planung fachlich Beteiligter	– Mitwirken bei der Beschaffung der Zustimmung von Betroffenen
b) Erstellen des Grunderwerbsplanes und des Grunderwerbsverzeichnisses unter Verwendung der Beiträge anderer an der Planung fachlich Beteiligter	
c) Vervollständigen und Anpassen der Planungsunterlagen, Beschreibungen und Berechnungen unter Verwendung der Beiträge anderer an der Planung fachlich Beteiligter	
d) Abstimmen mit Behörden	
e) Mitwirken in Genehmigungsverfahren einschließlich der Teilnahme an bis zu vier Erläuterungs-, Erörterungsterminen	
f) Mitwirken beim Abfassen von Stellungnahmen zu Bedenken und Anregungen in bis zu zehn Kategorien	

LPH 5 Ausführungsplanung

a) Erarbeiten der Ausführungsplanung auf Grundlage der Ergebnisse der Leistungsphasen 3 und 4 unter Berücksichtigung aller fachspezifischen Anforderungen und Verwendung der Beiträge anderer an der Planung fachlich Beteiligter bis zur ausführungsreifen Lösung	– Objektübergreifende, integrierte Bauablaufplanung – Koordination des Gesamtprojekts – Aufstellen von Ablauf- und Netzplänen – Planen von Anlagen der Verfahrens- und Prozesstechnik für Ingenieurbauwerke gemäß § 41 Nummer 1 bis 3 und 5, die dem Auftragnehmer übertragen werden, der auch die Grundleistungen für die jeweiligen Ingenieurbauwerke erbringt
b) Zeichnerische Darstellung, Erläuterungen und zur Objektplanung gehörige Berechnungen mit allen für die Ausführung notwendigen Einzelangaben einschließlich Detailzeichnungen in den erforderlichen Maßstäben	
c) Bereitstellen der Arbeitsergebnisse als Grundlage für die anderen an der Planung fachlich Beteiligten und Integrieren ihrer Beiträge bis zur ausführungsreifen Lösung	
d) Vervollständigen der Ausführungsplanung während der Objektausführung	

LPH 6 Vorbereiten der Vergabe

a) Ermitteln von Mengen nach Einzelpositionen unter Verwendung der Beiträge anderer an der Planung fachlich Beteiligter b) Aufstellen der Vergabeunterlagen, insbesondere Anfertigen der Leistungsbeschreibungen mit Leistungsverzeichnissen sowie der Besonderen Vertragsbedingungen c) Abstimmen und Koordinieren der Schnittstellen zu den Leistungsbeschreibungen der anderen an der Planung fachlich Beteiligten d) Festlegen der wesentlichen Ausführungsphasen e) Ermitteln der Kosten auf Grundlage der vom Planer (Entwurfsverfasser) bepreisten Leistungsverzeichnisse f) Kostenkontrolle durch Vergleich der vom Planer (Entwurfsverfasser) bepreisten Leistungsverzeichnisse mit der Kostenberechnung g) Zusammenstellen der Vergabeunterlagen	– detaillierte Planung von Bauphasen bei besonderen Anforderungen

LPH 7 Mitwirken bei der Vergabe

a) Einholen von Angeboten b) Prüfen und Werten der Angebote, Aufstellen des Preisspiegels c) Abstimmen und Zusammenstellen der Leistungen der fachlich Beteiligten, die an der Vergabe mitwirken d) Führen von Bietergesprächen e) Erstellen der Vergabevorschläge, Dokumentation des Vergabeverfahrens f) Zusammenstellen der Vertragsunterlagen g) Vergleichen der Ausschreibungsergebnisse mit den vom Planer bepreisten Leistungsverzeichnissen und der Kostenberechnung h) Mitwirken bei der Auftragserteilung	– Prüfen und Werten von Nebenangeboten

LPH 8 Bauoberleitung

a) Aufsicht über die örtliche Bauüberwachung, Koordinierung der an der Objektüberwachung fachlich Beteiligten, einmaliges Prüfen von Plänen auf Übereinstimmung mit dem auszuführenden Objekt und Mitwirken bei deren Freigabe b) Aufstellen, Fortschreiben und Überwachen eines Terminplans (Balkendiagramm) c) Veranlassen und Mitwirken beim Inverzugsetzen der ausführenden Unternehmen d) Kostenfeststellung, Vergleich der Kostenfeststellung mit der Auftragssumme e) Abnahme von Bauleistungen, Leistungen und Lieferungen unter Mitwirkung der örtlichen Bauüberwachung und anderer an der Planung und Objektüberwachung fachlich Beteiligter, Feststellen von Mängeln, Fertigung einer Niederschrift über das Ergebnis der Abnahme f) Überwachen der Prüfungen der Funktionsfähigkeit der Anlagenteile und der Gesamtanlage	– Kostenkontrolle – Prüfen von Nachträgen – Erstellen eines Bauwerksbuchs – Erstellen von Bestandsplänen – Örtliche Bauüberwachung: – Plausibilitätsprüfung der Absteckung – Überwachen der Ausführung der Bauleistungen – Mitwirken beim Einweisen des Auftragnehmers in die Baumaßnahme (Bauanlaufbesprechung) – Überwachen der Ausführung des Objektes auf Übereinstimmung mit dem zur Ausführung freigegebenen Unterlagen, dem Bauvertrag und den Vorgaben des Auftraggebers – Prüfen und Bewerten der Berechtigung von Nachträgen – Durchführen oder Veranlassen von Kontrollprüfungen – Überwachen der Beseitigung der bei der Abnahme der Leistungen festgestellten Mängel – Dokumentation des Bauablaufs

g) Antrag auf behördliche Abnahmen und Teilnahme daran h) Übergabe des Objekts i) Auflisten der Verjährungsfristen der Mängelansprüche j) Zusammenstellen und Übergeben der Dokumentation des Bauablaufs, der Bestandsunterlagen und der Wartungsvorschriften	– Mitwirken beim Aufmaß mit den ausführenden Unternehmen und Prüfen der Aufmaße – Mitwirken bei behördlichen Abnahmen – Mitwirken bei der Abnahme von Leistungen und Lieferungen – Rechnungsprüfung, Vergleich der Ergebnisse der Rechnungsprüfungen mit der Auftragssumme – Mitwirken beim Überwachen der Prüfung der Funktionsfähigkeit der Anlagenteile und der Gesamtanlage – Überwachen der Ausführung von Tragwerken nach Anlage 14.2 Honorarzone I und II mit sehr geringen und geringen Planungsanforderungen auf Übereinstimmung mit dem Standsicherheitsnachweis

LPH 9 Objektbetreuung

a) Fachliche Bewertung der innerhalb der Verjährungsfristen für Gewährleistungsansprüche festgestellten Mängel, längstens jedoch bis zum Ablauf von fünf Jahren seit Abnahme der Leistung, einschließlich notwendiger Begehungen b) Objektbegehung zur Mängelfeststellung vor Ablauf der Verjährungsfristen für Mängelansprüche gegenüber den ausführenden Unternehmen c) Mitwirken bei der Freigabe von Sicherheitsleistungen	– Überwachen der Mängelbeseitigung innerhalb der Verjährungsfrist

Übersicht

I. Allgemeines

1. Einführende Hinweise zu den Regelungsinhalten

1 § 43 Abs. 1 enthält das **Leistungsbild Objektplanung für Ingenieurbauwerke.** Die frühere inhaltliche und systematische Verknüpfung der Leistungsbilder Objektplanung Ingenieurbauwerke und Objektplanung Verkehrsanlagen ist seit der 6. HOAI-Novelle 2009 aufgehoben. Der **Verweis** in § 43 Abs. 1 Satz 1 stellt ferner klar, dass die Vorschrift die Objektplanung für **Neubauten, Neuanlagen, Wiederaufbauten, Erweiterungsbauten, Umbauten, Modernisierungen, Instandhaltungen und Instandsetzungen** von Ingenieurbauwerken umfasst. Insoweit kann auf die Kommentierung zu § 34 Abs. 1 und zu den entsprechenden Begriffsbestimmungen in § 2 verwiesen werden.

2 Die **Grundleistungen der Objektplanung** für Ingenieurbauwerke sind – entsprechend den übrigen Leistungsbildern der Objektplanung – in **neun Leistungsphasen** unterteilt. Diese Leistungsphasen widerspiegeln – idealtypisch – in chronologischer Reihenfolge die Planungs-, Vergabe- und Ausführungsphasen eines Bauprojektes:
– Planungsphasen: Leistungsphasen 1 bis 5,
– Vergabephasen :   Leistungsphasen 6 bis 7,
– Ausführungsphasen: Leistungsphasen 8 bis 9.

3 Gemäß § 43 Abs. 4 **konkretisiert Anlage 12 Nr. 12.1** für die Objektplanung Ingenieurbauwerke die **Grundleistungen** jeder Leistungsphase; das heißt hier werden die jeweiligen Leistungselemente der einzelnen Leistungsphasen inhaltlich detailliert geregelt. Darüber hinaus enthält Anlage 12 Nr. 12.1 Regelbeispiele für Besondere Leistungen.

4 Die einzelnen Leistungsphasen werden gemäß § 43 Abs. 1 Satz 2 in **Prozentsätzen** (vormals: „vom-Hundert-Sätze" bzw. „v.H.-Sätze") des Gesamthonorars bewertet. Bei einer **Vollbeauftragung** aller neun Leistungsphasen ergibt sich somit eine Honorarbewertung von einhundert Prozent. Bei einer **Teilbeauftragung,** d.h. dem Objektplaner werden nicht alle Leistungsphasen oder nicht alle Grundleistungen einer Leistungsphase übertragen, wird das Honorar prozentual entsprechend reduziert (siehe die Kommentierung zu § 8). § 43 Abs. 2 und Abs. 3 schließlich enthält drei **spezielle Regelungen** zur prozentualen Bewertung einzelner Leistungsphasen (siehe nachfolgend § 43, Rdn. 161 und Rdn. 162).

2. Vergleich mit der früheren Fassung der HOAI

5 Die 7. HOAI-Novelle 2013 vollendet konsequent die bereits 2009 eingeführte **Trennung der Leistungsbilder** Objektplanung Ingenieurbauwerke und Objektplanung Verkehrsanlagen, indem nunmehr auch die **Grundleistungskataloge** in **gesonderten Anlagen** (Ingenieurbauwerke: Anlage 12 Nummer 12.1; Verkehrsanlagen: Anlage 13 Nummer 13.1) aufgeschlüsselt werden.

6 Die **örtliche Bauüberwachung,** welche noch bis zur 6. HOAI-Novelle eigenständig in § 57 HOAI 1996/2002 geregelt war, wird nach wie vor als **Besondere Leistung** geführt, was der tatsächlichen Bedeutung der örtlichen Bauüberwachung bei Tiefbaumaßnahmen nicht gerecht wird (siehe im Einzelnen vorstehend Vor. § 41, Rdn. 9).

7 Der Verweis in § 43 Abs. 2 HOAI 2009 auf die Vorschriften der §§ 35 und 36 HOAI 2009 zum **Bauen im Bestand** sowie zu **Instandsetzungen und Instandhaltungen** ist entfallen und durch die neuen Regelungen in § 44 Abs. 6 und § 12 Abs. 1 ersetzt worden.

§ 42 Abs. 3 HOAI 2009, welcher die honorarrechtliche Behandlung der **Teilnahme an**   **8** **Erläuterungs- und Erörterungsterminen** regelte, ist ebenso entfallen. Stattdessen sind hierzu in der aktuellen Fassung des Grundleistungskataloges differenzierte Regelungen in den Leistungsphasen 2, 3 und 4 aufgenommen worden.

Die vormalige Regelung in § 43 Abs. 1 Satz 4 HOAI 2009 zur **Reduzierung** der **pro-**   **9** **zentualen Bewertung der Vorplanung** (LPH 2) bei konstruktiven Ingenieurbauwerken für Verkehrsanlagen bzw. sonstigen Einzelbauwerken, die eine Tragwerksplanung erfordern, ist nunmehr **inhaltlich unverändert** in § 43 Abs. 2 wiedergegeben.

Die generelle **prozentuale Bewertung** der einzelnen Leistungsphasen wird gegenüber   **10** der Vorgängerregelung in **fünf** der neun **Leistungsphasen geändert:**

Leistungsphasen	§ 42 Abs. 1 HOAI 2009	§ 43 Abs. 1 HOAI 2013
LPH 2	15%	20%
LPH 3	30%	25%
LPH 6	10%	13%
LPH 7	5%	4%
LPH 9	3%	1%

Diese prozentualen Neubewertungen korrespondieren mit den geänderten Leistungen der einzelnen Leistungsphasen bzw. den teilweise neuen Zuordnungen von Leistungen zu den Leistungsphasen.

Ein erklärtes Ziel der 7. HOAI-Novelle war die **baufachliche Überarbeitung** der   **11** Leistungsbilder. Vergleicht man allerdings die Überarbeitungstiefe des Leistungsbildes Objektplanung Ingenieurbauwerke in Anlage 12 Nummer 12.1 etwa mit der Bearbeitung des Leistungsbildes Objektplanung Gebäude in Anlage 10 Nr. 10.1 so wird deutlich, dass im Ingenieurbaubereich zahlreiche Inhalte und Begrifflichkeiten aus der früheren Fassung beibehalten bzw. neu eingeführte Inhalte aus anderen Leistungsbildern des Teils 3 nicht in den Teil 3 Absatz 3 aufgenommen wurden. Inwieweit dies eine bewusste Entscheidung des Verordnungsgebers war, muss offen bleiben. Es wäre jedoch hilfreich gewesen, wenn hier konsistentere Anpassungen auch für den Bereich der Objektplanung Ingenieurbauwerke erfolgt wären. So ist es beispielsweise nicht nachvollziehbar, weshalb bei Ingenieurbauwerken noch die „Abnahme von Bauleistungen" und nicht die „Organisation der Abnahme der Bauleistungen" benannt wird. Denn in der Regel fehlt auch im Ingenieurbau den Auftragnehmern die Vertretungsmacht zur selbständigen Abnahme im Namen des Auftraggebers. Auch bei den neuen Regelungen zur Bearbeitung von Nachtragsangeboten finden sich Ungereimtheiten zwischen den Leistungsbildern, die für die Baupraxis relevant sind: So erfahren die neuen Inhalte zur Bearbeitung „bauwirtschaftlich begründeter Nachtragsangebote" in der Objektplanung Ingenieurbauwerke keine Erwähnung, obgleich sie hier nicht weniger bedeutsam sind als im allgemeinen Hochbau. Ferner bleibt rätselhaft, weshalb das Prüfen und Werten zusätzlicher oder geänderter Leistungen der ausführenden Unternehmen im Hochbau eine Grundleistung und im Ingenieurbau stets eine Besondere Leistung darstellen soll.

Die **nachfolgende Aufstellung** gibt einen detaillierten Überblick über die **Änderun-**   **12** **gen der Grundleistungen der HOAI 2013** in Bezug zu den entsprechenden **Vorläuferregelungen** der **HOAI 2009:**

Vergleich: Grundleistungen der Objektplanung Ingenieurbauwerke

HOAI 2009	HOAI 2013
(Anlage 12)	(Anlage 12 Nummer 12.1)★
	★Hinweis: Die textlichen Veränderungen werden jeweils durch kursiven Fettdruck hervorgehoben

HOAI 2009	HOAI 2013
Leistungsphase 1: Grundlagenermittlung	
a) Klären der Aufgabenstellung	a) Klären der Aufgabenstellung *auf Grund der Vorgaben oder der Bedarfsplanung des Auftraggebers*
b) Ermitteln der vorgegebenen Randbedingungen	b) Ermitteln der Planungsrandbedingungen *sowie Beraten zum gesamten Leistungsbedarf*
s. unten lit. i)	c) Formulieren von Entscheidungshilfen für die Auswahl anderer an der Planung fachlich Beteiligter
c) Bei Objekten nach § 40 Nummer 6 und 7, die eine Tragwerksplanung erfordern: Klären der Aufgabenstellung auch auf dem Gebiet der Tragwerksplanung	d) bei Objekten nach § 41 Nummer 6 und 7, die eine Tragwerksplanung erfordern: Klären der Aufgabenstellung auch auf dem Gebiet der Tragwerksplanung
d) Ortsbesichtigung	e) Ortsbesichtigung
e) Zusammenstellen der die Aufgabe beeinflussenden Planungsabsichten	
f) Zusammenstellen und Werten von Unterlagen	
g) Erläutern von Planungsdaten	
h) Ermitteln des Leistungsumfangs und der erforderlichen Vorarbeiten, zum Beispiel Baugrunduntersuchungen, Vermessungsleistungen, Immissionsschutz	
i) Formulieren von Entscheidungshilfen für die Auswahl anderer an der Planung fachlich Beteiligter	*siehe oben lit. c)*
j) Zusammenfassen der Ergebnisse	f) Zusammenfassen, *Erläutern und Dokumentieren* der Ergebnisse
Leistungsphase 2: Vorplanung	
a) Analyse der Grundlagen	a) Analysieren der Grundlagen
b) Abstimmen der Zielvorstellungen auf die Randbedingungen, die insbesondere durch Raumordnung, Landesplanung, Bauleitplanung, Rahmenplanung sowie örtliche und überörtliche Fachplanungen vorgegeben sind	b) Abstimmen der Zielvorstellungen auf die *öffentlich-rechtlichen* Randbedingungen *sowie Planungen Dritter*

HOAI 2009	HOAI 2013
Leistungsphase 2: Vorplanung	
c) Untersuchungen von Lösungsmöglichkeiten mit ihren Einflüssen auf bauliche und konstruktive Gestaltung, Zweckmäßigkeit, Wirtschaftlichkeit unter Beachtung der Umweltverträglichkeit	c) Untersuchen von Lösungsmöglichkeiten mit ihren Einflüssen auf bauliche und konstruktive Gestaltung, Zweckmäßigkeit, Wirtschaftlichkeit unter Beachtung der Umweltverträglichkeit
d) Beschaffen und Auswerten amtlicher Karten	d) Beschaffen und Auswerten amtlicher Karten
e) Erarbeiten eines Planungskonzepts einschließlich Untersuchung der alternativen Lösungsmöglichkeiten nach gleichen Anforderungen mit zeichnerischer Darstellung und Bewertung unter Einarbeitung der Beiträge anderer an der Planung fachlich Beteiligter, bei Verkehrsanlagen: Überschlägige verkehrstechnische Bemessung der Verkehrsanlage; Ermitteln der Schallimmissionen von der Verkehrsanlage an kritischen Stellen nach Tabellenwerten; Untersuchen der möglichen Schallschutzmaßnahmen, ausgenommen detaillierte schalltechnische Untersuchungen, insbesondere in komplexen Fällen	e) Erarbeiten eines Planungskonzepts einschließlich Untersuchung der alternativen Lösungsmöglichkeiten nach gleichen Anforderungen mit zeichnerischer Darstellung und Bewertung unter Einarbeitung der Beiträge anderer an der Planung fachlich Beteiligter
f) Klären und Erläutern der wesentlichen fachspezifischen Zusammenhänge, Vorgänge und Bedingungen,	f) Klären und Erläutern der wesentlichen fachspezifischen Zusammenhänge, Vorgänge und Bedingungen
g) Vorverhandlungen mit Behörden und anderen an der Planung fachlich Beteiligten über die Genehmigungsfähigkeit, gegebenenfalls über die Bezuschussung und Kostenbeteiligung	g) Vor*abstimmen* mit Behörden und anderen an der Planung fachlich Beteiligten über die Genehmigungsfähigkeit, gegebenenfalls *Mitwirken bei* Verhandlungen über die Bezuschussung und Kostenbeteiligung
h) Mitwirken bei Erläutern des Planungskonzepts gegenüber Bürgerinnen und Bürgern und politischen Gremien	h) Mitwirken beim Erläutern des Planungskonzepts *gegenüber Dritten an bis zu zwei Terminen*
i) Überarbeiten des Planungskonzepts nach Bedenken und Anregungen	i) Überarbeiten des Planungskonzepts nach Bedenken und Anregungen
j) Bereitstellen von Unterlagen als Auszüge aus dem Vorentwurf zur Verwendung für ein Raumordnungsverfahren	
k) Kostenschätzung	j) Kostenschätzung, *Vergleich mit den finanziellen Rahmenbedingungen*
l) Zusammenstellen aller Vorplanungsergebnisse	k) Zusammenfassen, *Erläutern und Dokumentieren* der Ergebnisse

HOAI 2009	HOAI 2013
Leistungsphase 3: Entwurfsplanung	
a) Durcharbeiten des Planungskonzepts (stufenweise Erarbeitung einer zeichnerischen Lösung) unter Berücksichtigung aller fachspezifischen Anforderungen und unter Verwendung der Beiträge anderer an der Planung fachlich Beteiligter bis zum vollständigen Entwurf	a) *Erarbeiten des Entwurfs auf Grundlage der Vorplanung* durch zeichnerische Darstellung *im erforderlichen Umfang und Detaillierungsgrad* unter Berücksichtigung aller fachspezifischen Anforderungen, *Bereitstellen der Arbeitsergebnisse als Grundlage für die anderen an der Planung fachlich Beteiligten sowie Integration und Koordination der Fachplanungen*
b) Erläuterungsbericht	b) Erläuterungsbericht *unter Verwendung der Beiträge anderer an der Planung fachlich Beteiligter*
c) Fachspezifische Berechnungen, ausgenommen Berechnungen des Tragwerks	c) fachspezifische Berechnungen ausgenommen Berechnungen *aus anderen Leistungsbildern*
d) Zeichnerische Darstellung des Gesamtentwurfs	*siehe oben lit. a)*
e) Finanzierungsplan, Bauzeiten- und Kostenplan, Ermitteln und Begründen der zuwendungsfähigen Kosten sowie Vorbereiten der Anträge auf Finanzierung, Mitwirken beim Erläutern des vorläufigen Entwurfs gegenüber Bürgerinnen und Bürgern und politischen Gremien, Überarbeiten des vorläufigen Entwurfs auf Grund von Bedenken und Anregungen	d) Ermitteln und Begründen der zuwendungsfähigen Kosten, *Mitwirken beim Aufstellen* des Finanzierungsplans sowie Vorbereiten der Anträge auf Finanzierung e) Mitwirken beim Erläutern des vorläufigen Entwurfs gegenüber Dritten *an bis zu drei Terminen,* Überarbeiten des vorläufigen Entwurfs auf Grund von Bedenken und Anregungen
f) Verhandlungen mit Behörden und anderen an der Planung fachlich Beteiligten über die Genehmigungsfähigkeit	f) *Vorabstimmen* der Genehmigungsfähigkeit mit Behörden und anderen an der Planung fachlich Beteiligten
g) Kostenberechnung h) Kostenkontrolle durch Vergleich der Kostenberechnung mit Kostenschätzung	g) Kostenberechnung *einschließlich zugehöriger Mengenermittlung,* Vergleich der Kostenberechnung mit der Kostenschätzung
	h) *Ermitteln der wesentlichen Bauphasen unter Berücksichtigung der Verkehrslenkung und der Aufrechterhaltung des Betriebes während der Bauzeit*
	i) *Bauzeiten- und Kostenplan*
i) bei Verkehrsanlagen: überschlägige Festlegung der Abmessungen von Ingenieurbauwerken; Zusammenfassen aller vorläufigen Entwurfsunterlagen; Weiterentwickeln des vorläufigen Entwurfs zum endgültigen Entwurf; Ermitteln der Schallimmissionen von der Verkehrsanlage nach Tabellenwerten;	

HOAI 2009	HOAI 2013
Leistungsphase 3: Entwurfsplanung	
Festlegen der erforderlichen Schallschutzmaßnahmen an der Verkehrsanlage, gegebenenfalls unter Einarbeitung der Ergebnisse detaillierter schalltechnischer Untersuchungen und Feststellen der Notwendigkeit von Schallschutzmaßnahmen an betroffenen Gebäuden; rechnerische Festlegung der Anlage in den Haupt- und Kleinpunkten; Darlegen der Auswirkungen auf Zwangspunkte, Nachweis der Lichtraumprofile; überschlägiges Ermitteln der wesentlichen Bauphasen unter Berücksichtigung der Verkehrslenkung während der Bauzeit	
j) Zusammenfassen aller Entwurfsunterlagen	j) Zusammenfassen, *Erläutern und Dokumentieren der Ergebnisse*
Leistungsphase 4: Genehmigungsplanung	
a) Erarbeiten der Unterlagen für die erforderlichen öffentlich-rechtlichen Verfahren einschließlich der Anträge auf Ausnahmen und Befreiungen, Aufstellen des Bauwerksverzeichnisses unter Verwendung der Beiträge anderer an der Planung fachlich Beteiligter	a) Erarbeiten und Zusammenstellen der Unterlagen für die erforderlichen öffentlich-rechtlichen Verfahren *oder Genehmigungsverfahren* einschließlich der Anträge auf Ausnahmen und Befreiungen, Aufstellen des Bauwerksverzeichnisses unter Verwendung der Beiträge anderer an der Planung fachlich Beteiligter
b) Einreichen dieser Unterlagen	
c) Grunderwerbsplan und Grunderwerbsverzeichnis	b) *Erstellen des* Grunderwerbsplanes und des Grunderwerbsverzeichnisses *unter Verwendung der Beiträge anderer an der Planung fachlich Beteiligter*
d) bei Verkehrsanlagen: Einarbeiten der Ergebnisse der schalltechnischen Untersuchungen	
siehe unten lit. f)	c) Vervollständigen und Anpassen der Planungsunterlagen, Beschreibungen und Berechnungen unter Verwendung der Beiträge anderer an der Planung fachlich Beteiligter
e) Verhandlungen mit Behörden	d) *Abstimmen* mit Behörden
f) Vervollständigen und Anpassen der Planungsunterlagen, Beschreibungen und Berechnungen unter Verwendung der Beiträge anderer an der Planung fachlich Beteiligter	*siehe oben lit. c)*

HOAI 2009	HOAI 2013
Leistungsphase 4: Genehmigungsplanung	
g) Mitwirken beim Erläutern gegenüber Bürgerinnen und Bürgern h) Mitwirken im Planfeststellungsverfahren einschließlich der Teilnahme an Erörterungsterminen sowie Mitwirken bei der Abfassung der Stellungnahmen zu Bedenken und Anregungen	e) Mitwirken in **Genehmigungs**verfahren einschließlich der Teilnahme an **bis zu vier** Erläuterungs-, Erörterungsterminen f) Mitwirken beim Abfassen von Stellungnahmen zu Bedenken und Anregungen **in bis zu zehn Kategorien**
Leistungsphase 5: Ausführungsplanung	
a) Durcharbeiten der Ergebnisse der Leistungsphasen 3 und 4 (stufenweise Erarbeitung und Darstellung der Lösung) unter Berücksichtigung aller fachspezifischen Anforderungen und Verwendung der Beiträge anderer an der Planung fachlich Beteiligter bis zur ausführungsreifen Lösung	a) **Erarbeiten der Ausführungsplanung auf Grundlage** der Ergebnisse der Leistungsphasen 3 und 4 unter Berücksichtigung aller fachspezifischen Anforderungen und Verwendung der Beiträge anderer an der Planung fachlich Beteiligter bis zur ausführungsreifen Lösung
b) Zeichnerische und rechnerische Darstellung des Objekts mit allen für die Ausführung notwendigen Einzelangaben einschließlich Detailzeichnungen in den erforderlichen Maßstäben	b) Zeichnerische Darstellung, **Erläuterungen** und zur Objektplanung gehörige Berechnungen mit allen für die Ausführung notwendigen Einzelangaben einschließlich Detailzeichnungen in den erforderlichen Maßstäben
c) Erarbeiten der Grundlagen für die anderen an der Planung fachlich Beteiligten und Integrieren ihrer Beiträge bis zur ausführungsreifen Lösung	c) **Bereitstellen der Arbeitsergebnisse** als Grundlage für die anderen an der Planung fachlich Beteiligten und Integrieren ihrer Beiträge bis zur ausführungsreifen Lösung
d) Fortschreiben der Ausführungsplanung während der Objektausführung	d) **Vervollständigen** der Ausführungsplanung während der Objektausführung
Leistungsphase 6: Vorbereitung der Vergabe	
a) Mengenermittlung und Aufgliederung nach Einzelpositionen unter Verwendung der Beiträge anderer an der Planung fachlich Beteiligter	a) Ermitteln von Mengen nach Einzelpositionen unter Verwendung der Beiträge anderer an der Planung fachlich Beteiligter
b) Aufstellen der Verdingungsunterlagen, insbesondere Anfertigen der Leistungsbeschreibungen mit Leistungsverzeichnissen sowie der Besonderen Vertragsbedingungen	b) Aufstellen der **Vergabe**unterlagen, insbesondere Anfertigen der Leistungsbeschreibungen mit Leistungsverzeichnissen sowie der Besonderen Vertragsbedingungen
c) Abstimmen und Koordinieren der Verdingungsunterlagen der an der Planung fachlich Beteiligten	c) Abstimmen und Koordinieren **der Schnittstellen zu den Leistungsbeschreibungen** der anderen an der Planung fachlich Beteiligten
d) Festlegen der wesentlichen Ausführungsphasen	d) Festlegen der wesentlichen Ausführungsphasen

HOAI 2009	HOAI 2013
Leistungsphase 6: Vorbereitung der Vergabe	
	e) *Ermitteln der Kosten auf Grundlage der vom Planer (Entwurfsverfasser) bepreisten Leistungsverzeichnisse*
	f) *Kostenkontrolle durch Vergleich der vom Planer (Entwurfsverfasser) bepreisten Leistungsverzeichnisse mit der Kostenberechnung*
siehe unten LPH 7 lit. a)	g) *Zusammenstellen der Vergabeunterlagen*
Leistungsphase 7: Mitwirkung bei der Vergabe	
a) Zusammenstellen der Vergabe- und Vertragsunterlagen für alle Leistungsbereiche	*siehe oben LPH 6 lit. g)*
b) Einholen von Angeboten	a) Einholen von Angeboten
c) Prüfen und Werten der Angebote einschließlich Aufstellen eines Preisspiegels	b) Prüfen und Werten der Angebote, Aufstellen des Preisspiegels
d) Abstimmen und Zusammenstellen der Leistungen der fachlich Beteiligten, die an der Vergabe mitwirken	c) Abstimmen und Zusammenstellen der Leistungen der fachlich Beteiligten, die an der Vergabe mitwirken
e) Mitwirken bei Verhandlungen mit Bietern	d) *Führen von Bietergesprächen*
f) Fortschreiben der Kostenberechnung	
	e) *Erstellen der Vergabevorschläge, Dokumentation des Vergabeverfahrens*
	f) *Zusammenstellen der Vertragsunterlagen*
g) Kostenkontrolle durch Vergleich der fortgeschriebenen Kostenberechnung mit der Kostenberechnung	g) *Vergleichen der Ausschreibungsergebnisse mit den vom Planer bepreisten Leistungsverzeichnissen und der Kostenberechnung*
h) Mitwirken bei der Auftragserteilung	h) Mitwirken bei der Auftragserteilung
Leistungsphase 8: Bauoberleitung	
a) Aufsicht über die örtliche Bauüberwachung, soweit die Bauoberleitung und die örtliche Bauüberwachung getrennt vergeben werden, Koordinierung der an der Objektüberwachung fachlich Beteiligten, insbesondere Prüfen auf Übereinstimmung und Freigeben von Plänen Dritter	a) Aufsicht über die örtliche Bauüberwachung, Koordinierung der an der Objektüberwachung fachlich Beteiligten, *einmaliges* Prüfen von Plänen auf Übereinstimmung mit dem auszuführenden Objekt und *Mitwirken* bei deren Freigabe
b) Aufstellen und Überwachen eines Zeitplans (Balkendiagramm)	b) Aufstellen, *Fortschreiben* und Überwachen eines Terminplans (Balkendiagramm)
c) Inverzugsetzen der ausführenden Unternehmen	c) *Veranlassen und Mitwirken* beim Inverzugsetzen der ausführenden Unternehmen

HOAI 2009	HOAI 2013
Leistungsphase 8: Bauoberleitung	
siehe unten lit. j)	d) Kostenfeststellung, ***Vergleich der*** Kostenfeststellung ***mit der Auftragssumme***
d) Abnahme von Leistungen und Lieferungen unter Mitwirkung der örtlichen Bauüberwachung und anderer an der Planung und Objektüberwachung fachlich Beteiligter unter Fertigung einer Niederschrift über das Ergebnis der Abnahme	e) Abnahme von Bauleistungen, Leistungen und Lieferungen unter Mitwirkung der örtlichen Bauüberwachung und anderer an der Planung und Objektüberwachung fachlich Beteiligter, ***Feststellen von Mängeln,*** Fertigung einer Niederschrift über das Ergebnis der Abnahme
siehe unten lit. h)	f) Überwachen der Prüfungen der Funktionsfähigkeit der Anlagenteile und der Gesamtanlage
e) Antrag auf behördliche Abnahmen und Teilnahme daran	g) Antrag auf behördliche Abnahmen und Teilnahme daran
f) Übergabe des Objekts einschließlich Zusammenstellung und Übergabe der erforderlichen Unterlagen, zum Beispiel Abnahmeniederschriften und Prüfungsprotokolle	h) Übergabe des Objekts
g) Zusammenstellen von Wartungsvorschriften für das Objekt	*siehe unten lit. j)*
h) Überwachen der Prüfungen der Funktionsfähigkeit der Anlagenteile und der Gesamtanlage	*siehe oben lit. f)*
i) Auflisten der Verjährungsfristen für Mängelansprüche	i) Auflisten der Verjährungsfristen der Mängelansprüche
j) Kostenfeststellung	*siehe oben lit. d)*
	j) Zusammenstellen und Übergeben ***der Dokumentation des Bauablaufs,*** der Bestandsunterlagen und der Wartungsvorschriften
k) Kostenkontrolle durch Überprüfen der Leistungsabrechnung der bauausführenden Unternehmen im Vergleich zu den Vertragspreisen und der fortgeschriebenen Kostenberechnung	*siehe auch oben lit. d)*
Leistungsphase 9: Objektbetreuung und Dokumentation	
	a) ***Fachliche Bewertung der*** innerhalb der Verjährungsfristen für Gewährleistungsansprüche ***festgestellten Mängel,*** längstens jedoch bis zum Ablauf von ***fünf*** Jahren seit Abnahme der Leistung, ***einschließlich notwendiger Begehungen***
a) Objektbegehung zur Mängelfeststellung vor Ablauf der Verjährungsfristen für Gewährleistungsansprüche gegenüber den ausführenden Unternehmen	b) Objektbegehung zur Mängelfeststellung vor Ablauf der Verjährungsfristen für Mängelansprüche gegenüber den ausführenden Unternehmen

HOAI 2009	HOAI 2013
Leistungsphase 9: Objektbetreuung und Dokumentation	
b) Überwachen der Beseitigung von Mängeln, die innerhalb der Verjährungsfristen der Mängelansprüche, längstens jedoch bis zum Ablauf von vier Jahren seit Abnahme der Leistungen auftreten	
c) Mitwirken bei der Freigabe von Sicherheitsleistungen	c) Mitwirken bei der Freigabe von Sicherheitsleistungen
d) Systematische Zusammenstellung der zeichnerischen Darstellungen und rechnerischen Ergebnisse des Objekts	*siehe auch oben LPH 8 lit. j)*

II. Die Leistungsphasen im Einzelnen
(§ 43 Abs. 1 und 4 i. V. m. Anlage 12 Nummer 12.1)

Vorbemerkungen:

Der Katalog der in Anlage 12 Nummer 12.1 aufgeführten **Grundleistungen** ist **ab-** 13 **schließend.** In der Praxis werden häufig **nicht alle Leistungsphasen** in Auftrag gegeben. Dies hat zwingend zur Folge, dass der in § 43 Abs. 1 Satz 2 für die nicht übertragenen Phasen vorgesehene Prozentsatz bei der Honorarberechnung in Abzug zu bringen ist (vgl. § 8 Abs. 1). Werden **nicht alle Grundleistungen einer Leistungsphase** übertragen, so ist ebenfalls zwingend eine entsprechende **Honorarreduzierung** schriftlich zu vereinbaren, die der jeweiligen Leistungskürzung entspricht (vgl. § 8 Abs. 2). Bei der Höhe der Kürzung orientiert sich die Praxis regelmäßig an **Teilleistungstabellen.** Diese – honorarrechtlich unverbindlichen – Bewertungstabellen geben für die einzelnen Grundleistungen prozentuale Ungefähr-Werte an. Mit dieser **Arbeitshilfe** wird den Vertragsparteien zugleich eine Plausibilitätskontrolle zur Höhe der vereinbarten prozentualen Honorarminderung ermöglicht. **Nachfolgend** werden **den einzelnen Leistungsphasen** jeweils drei in der Praxis gebräuchliche **Teilleistungstabellen** (Siemon-Tabelle, Teilleistungstabelle von Simmendinger, TSP-Tabelle von Theißen) **vorangestellt.**

Die in Anlage 12 Nummer 12.1 benannten **Besonderen Leistungen** sind nur **bei-** 14 **spielhaft.** Abhängig vom jeweiligen Bauprojekt können daher weitere, unbenannte Besondere Leistungen beauftragt werden (siehe hierzu auch die – etwas ältere – Aufstellung in der AHO-Schriftenreihe Heft 7, Besondere Leistungen bei der Planung von Ingenieurbauwerken und Verkehrsanlagen nach Teil VII, 1995). Das **Honorar** sowohl ausdrücklich benannter als auch unbenannter Besonderer Leistungen ist **frei vereinbar.** Fehlt es an einer Honorarvereinbarung oder ist eine solche nicht nachweisbar, so ist ausgehend von § 632 Abs. 2 BGB abzurechnen. Mangels eines „üblichen" Honorars ist dem Auftragnehmer gemäß §§ 632 Abs. 2, 316 BGB ein **Preisbestimmungsrecht** zuzuweisen; das heißt, der Auftragnehmer wird in seiner Abschlags- sowie der späteren Schlussrechnung für die beauftragte Besondere Leistung ein ihm angemessen erscheinendes Honorar aufnehmen. Diese Honorarbestimmung unterliegt in Streitfall einer gerichtlichen Überprüfung.

Nachfolgend werden **für jede Leistungsphase** die entsprechenden **Grundleistungen** 15 und die inhaltlich zugehörigen, in Anlage 12 Nr. 12.1 aufgeführten **Besonderen Leistungen** behandelt. Soweit Leistungen der Objektplanung Ingenieurbauwerke mit denjenigen der Objektplanung Gebäude (Anlage 10) übereinstimmen, kann im Wesentlichen auf die Kommentierung zu § 34 Abs. 3 bzw. Anlage 10 verwiesen. Zu **Haftungsfragen** ist gänzlich auf die ausführliche Kommentierung zu § 34 Abs. 3 zu verweisen.

1. LPH 1: Grundlagenermittlung (§ 43 Abs. 1 Nr. 1, Abs. 4 i. V. m. Anlage 12 Nr. 12.1):

16

Teilleistungstabellen (nicht verbindlich)	Bewertung nach:		
LPH 1 Grundlagenermittlung	Siemon	Simmendinger	Theißen
a) Klären der Aufgabenstellung auf Grund der Vorgaben oder der Bedarfsplanung des Auftraggebers	0,75–1,00%	0,5	0,6–0,9
b) Ermitteln der Planungsrandbedingungen sowie Beraten zum gesamten Leistungsbedarf	0,75–1,00%	0,5	0,6–0,8
c) Formulieren von Entscheidungshilfen für die Auswahl anderer an der Planung fachlich Beteiligter	In b) enth.	0,25	0,1–0,2
d) bei Objekten nach § 41 Nummer 6 und 7, die eine Tragwerksplanung erfordern: Klären der Aufgabenstellung auch auf dem Gebiet der Tragwerksplanung	In a) enth.	–	in a) enth.
e) Ortsbesichtigung	In a) enth.	0,5	0,1–0,3
f) Zusammenfassen, Erläutern und Dokumentieren der Ergebnisse	0,10–0,50%	0,25	0,1–0,4

17 Diese Leistungsphase wird mit lediglich **2 Prozent** bewertet, obgleich sie insgesamt sechs Grundleistungen umfasst:

a) Grundleistungen

(a) Klären der Aufgabenstellung auf Grund der Vorgaben oder der Bedarfsplanung des Auftraggebers

18 Das **Klären der Aufgabenstellung** hat – wie die Neufassung der HOAI hervorhebt – anhand der Vorgaben oder der Bedarfsplanung des Auftraggebers zu erfolgen. Insoweit ist nicht auf die Sicht des Auftragnehmers abzustellen (a. A. Locher/Koeble/Frik, 12. Auflage, § 43 Rdn. 22); vielmehr ist ein Einvernehmen herzustellen zwischen den primär zu beachtenden Vorgaben des Auftraggebers und den hierzu vorzutragenden Anregungen des Auftragnehmers. Die **Vorgaben des Auftraggebers** sind zumeist
– wirtschaftlicher Art (etwa Baukostenobergrenzen),
– rechtlicher Art (etwa behördliche Vorgaben),
– tatsächlicher Art (Lage, Bauzeit, Größe und Menge, ökologische Vorgaben etc.).
Wegen der Einzelheiten ist auf die Kommentierung zu § 34, dort (Rdn. 62) zu verweisen.

19 Die **„Bedarfsplanung"** ist als ein Unterfall auftraggeberseitiger Vorgaben zu betrachten. Für den Baubereich gewinnt insoweit die DIN 18205 – „Bedarfsplanung im Bauwesen" zunehmend an Bedeutung. Die hier beschriebenen Leistungen zur Bedarfs- und Projektdefinition dienen der systematischen Projektvorbereitung; deren Beauftragung erfolgt zeitlich vor der Grundlagenermittlung des Planers. Die Bedarfsplanung wird in der Praxis zumeist von einem Drittbüro erbracht. Dies gilt insbesondere im Bereich der VOF-Vergaben, um eine „Vorbefassung" des Bieters für die Objektplanung zu vermeiden.

(b) Ermitteln der Planungsrandbedingungen sowie Beraten zum gesamten Leistungsbedarf

20 Die vom Auftragnehmer zu **ermittelnden Planungsrandbedingungen** gehen über die geäußerten Vorgaben des Auftraggebers hinaus. Hier hat der Planer eigenständig anhand
– der ihm übergebenen Unterlagen,
– der Angaben des Auftraggebers und
– eigener Sachkenntnis
die Planungsaufgabe gemeinsam mit dem Auftraggeber zu erfassen. Die ihm übergebenen Unterlagen und die Angaben des Auftraggebers hat der Auftragnehmer auf Plausibilität

und, soweit möglich, auf ihre inhaltliche Richtigkeit und Vollständigkeit hin zu überprüfen. Die Streichung des Wortes „vorgegebenen" in der Neufassung der HOAI verdeutlicht, dass sich der Auftragnehmer bei der Ermittlung der planerischen Randbedingungen nicht allein auf die ihm auftraggeberseitig gemachten Angaben bzw. übergebenen Unterlagen beschränken kann. Vielmehr hat er **aktiv seine Sachkenntnis** einzubringen. Insoweit treffen ihn auch **Hinweispflichten** insbesondere bei erkennbar fehlenden Unterlagen oder bei Unklarheiten in den Vorgaben. Die Vervollständigung der Unterlagen ist dann allerdings Sache des Auftraggebers bzw. begründet im Auftragsfall einen gesonderten Honoraranspruch des Auftragnehmers. Bei der Ermittlung der planerischen Rahmenbedingungen hat der Auftragnehmer, soweit nicht vorgegeben, auch die finanziellen Möglichkeiten des Auftraggebers in Erfahrung zu bringen und insoweit die **wirtschaftlichen Grenzen** der Planung abzustecken (vgl. BGH, BauR 2009, 1611 = NJW 2009, 2974, BGH BauR 2005, 400; ferner die Kommentierung zu § 34, dort Rdn. 63).

Auch die **Bestandserkundigungspflicht** bei Umbauten, Modernisierungen Instandsetzungen ist Teil der Grundlagenermittlung durch den Auftragnehmer; wohingegen die eigenständige Bestandsaufnahme oder die Beibringung von Bestandsplänen durch den Auftragnehmer (unbenannte) Besondere Leistungen sind. **21**

Die **Beratung zum gesamten Leistungsbedarf** umfasst zunächst die Benennung der notwendigen **vorbereitenden Maßnahmen** wie etwa Vermessungsleistungen sowie Baugrund- oder Wasseruntersuchungen. Bedarf es einer Umweltverträglichkeitsprüfung, so ist auch hierauf bereits im Rahmen der Grundlagenermittlung hinzuweisen. Stets ist eine erste Darlegung von Art und Umfang der **erforderlichen Leistungen ausführender Unternehmen** erforderlich, des Weiteren die Bekanntgabe des notwendigen voraussichtlichen Einsatzes von **Sonderfachleuten** im planerischen Bereich (siehe hierzu im Einzelnen die Kommentierung zu § 34, dort Rdn. 63). Ferner hat der Objektplaner den Auftraggeber zu beraten, ob für das konkrete Ingenieurbauwerk eine Statik zu erstellen ist (vgl. Theißen, in: Pöhlker/Theißen/Adrians, HOAI, 3. Auflage, § 43, Erl. 2). Schließlich ist der Auftraggeber darüber zu informieren, ob nach der BaustellVO ein **Sicherheits- und Gesundheitskoordinator** einzusetzen ist. **22**

(c) Formulieren von Entscheidungshilfen für die Auswahl anderer an der Planung fachlich Beteiligter

Das **Formulieren von Entscheidungshilfen für die Auswahl anderer an der Planung fachlich Beteiligter** knüpft an der Beratung zum gesamten Leistungsbedarf an, und konkretisiert diese für den Bereich der Planungsleistungen. Es geht nicht mehr allein um die Frage, ob bestimmte Fachplanungen, Beratungsleistungen oder sonstige planerische Beteiligungen erforderlich sind. Vielmehr hat der Planer aufgrund seiner Sach- und Fachkenntnisse die **Aufgabenbereiche der notwendigen Sonderfachleute abzugrenzen** und dem Auftraggeber deren **Leistungsbereiche transparent** zu machen, so dass es ihm ermöglicht wird, die entsprechenden Beauftragungen zeitgerecht vorzunehmen. Festzuhalten ist, dass die HOAI vom Auftragnehmer lediglich „Entscheidungshilfen für die Auswahl" und **keine namentliche Benennung** der zu beauftragenden Sonderfachleute verlangt. Gleichwohl ist in der Praxis häufig zu beobachten, dass der Objektplaner sogar namentliche Vorschläge unterbreitet. Dies mag in Sinne der Privatautonomie bei Unternehmen oder Privatleuten als Auftraggeber zulässig sein. Bei öffentlichen Auftraggebern ist insoweit jedoch äußerste Zurückhaltung geboten. Dies gilt insbesondere, wenn der Auftragsvergabe ein Vergabeverfahren vorgeschaltet werden muss. Über die konkrete Beschreibung der Leistungsbereiche der Sonderfachleute hinaus hat der Objektplaner als **weitere Entscheidungshilfen** auf die **erforderliche Fachkunde,** insbesondere auf die Notwendigkeit von **projektbedingten Spezialkenntnissen** hinzuweisen. Ferner können **spezifische Erfahrungen** des Personals bei einer isolierten Beauftragung der örtlichen Bauüberwachung von Bedeutung sein. Spezielle **lokale Kenntnisse** der Sonderfachleute mögen bei privaten und gewerblichen Auftraggebern ein Entscheidungsmerkmal sein. Öffentliche Auftraggeber hingegen haben im Rahmen von VOF-Vergaben zu beachten, dass der Ortsnähe als Auftragskriterium regelmäßig das Diskriminierungsverbot entgegensteht. Soweit **23** sich dies projektbezogen anbietet, hat der Objektplaner schließlich auch über die Vor- und Nachteile einer gebündelten Beauftragung von Sonderfachleuten, etwa im Rahmen einer **Generalplaner-** oder **Generalunternehmerbeauftragung** zu beraten.

(d) bei Objekten nach § 41 Nummer 6 und 7, die eine Tragwerksplanung erfordern: Klären der Aufgabenstellung auch auf dem Gebiet der Tragwerksplanung

24   Soweit die Aufgabenstellung bei Ingenieurbauwerken gemäß § 41 Nr. 6 und 7 (konstruktive Ingenieurbauwerke für Verkehrsanlagen, sonstige Einzelbauwerke) auch **auf dem Gebiet der Tragwerksplanung** zu klären ist, muss der Objektplaner insoweit kein Sonderwissen aufweisen. Vielmehr hat der Objektplaner den Auftraggeber zu beraten, ob für das konkrete Ingenieurbauwerk eine Statik zu erstellen ist (vgl. Theißen, in Pöhlker/Theißen/Adrians, HOAI, 3. Auflage, § 43, Erl. 2). Die Tragwerksplanung und die hierfür erforderliche weitere Grundlagenermittlung erfolgt sodann durch den beauftragten Fachplaner.

(e) Ortsbesichtigung

25   Die **Ortsbesichtigung** ist zwingende Voraussetzung für das Ermitteln der planerischen Rahmenbedingungen. Durch die visuelle Erfassung können die spezifischen örtlichen Verhältnisse, wie Topographie, Vegetation, angrenzende Objekte etc. erfasst werden. Auch Schnittstellen zu weiteren Planungsleistungen oder anderen Projekten bedürfen einer Vor-Ort-Klärung. Die Ortsbesichtigung wird sich regelmäßig auf den unmittelbar **räumlichen Bereich des künftigen Bauprojektes** beschränken. Etwas anderes gilt allerdings dann, wenn das Ingenieurbauwerk durch weitere, ortsverschiedene Leistungen oder Objekte beeinflusst wird. So hat der Objektplaner einer Anlage des Wasserbaus, etwa eines Teiches, der am Rande eines neu zu gestaltenden Parkgeländes errichtet wird, notwendigerweise auch die angrenzende Freianlage in seine Ortsbesichtigung einzubeziehen. Soweit das Objekt mehr als 15 km vom Sitz des Auftragnehmers entfernt liegt, hat er Anspruch auf Erstattung seiner **Fahrtkosten** gemäß § 14 Abs. 2 Nr. 4.

(f) Zusammenfassen, Erläutern und Dokumentieren der Ergebnisse

26   Abschließend hat der Objektplaner die **Ergebnisse** der Grundlagenermittlung **zusammenzufassen, zu erläutern und zu dokumentieren.** Die **Zusammenfassung** beinhaltet einen zusammenhängenden **Bericht,** der die Einzelergebnisse, insbesondere im Hinblick auf
– die Aufgabenstellung,
– die Planungsrandbedingungen,
– den Leistungsbedarf und
– die Entscheidungshilfen zur Auswahl der Sonderfachleute
für den Auftraggeber festhält. Durch die weitere Leistung, die **Dokumentation,** wird klar gestellt, dass dieser Bericht nicht nur mündlich, sondern **schriftlich** oder zumindest in (digitaler) **Textform** zu verfassen ist. Die gewonnenen Ergebnisse sind schließlich dem Auftraggeber zu erläutern. Die **Erläuterung** beinhaltet, dass dem **Auftraggeber der Bericht zugeleitet** und darüber hinaus mit ihm **mündlich erörtert** wird.

27   Der Verordnungsgeber hat mit der Einfügung der **neuen Merkmale** der **Erläuterung** und **Dokumentation** der gewonnenen Ergebnisse einen wichtigen Beitrag für eine **transparente** und **inhaltlich bestimmte Grundlagenermittlung** geleistet. Gerade das Element der Dokumentation, aber auch die gemeinsame Erörterung zwingt die Vertragsbeteiligten zur Reflexion der Ergebnisse. Damit wird dem in der bisherigen Praxis häufig beobachtbaren Phänomen entgegen gewirkt, dass erst nach Vorlage der Entwurfsplanung in der Leistungsphase 3 eine fehlende Übereinstimmung der planerischen Vorstellungen von Auftragnehmer und Auftraggeber zu Tage tritt. Grund hierfür war oftmals eine selektive Wahrnehmung der Ergebnisse der Grundlagenermittlung durch die Vertragsparteien. Diese Konfliktsituation wird künftig aufgrund der zu erstellenden Dokumentation und deren Erläuterung als Abschluss der Leistungsphase 1 wohl seltener auftreten.

b) Besondere Leistung

• Auswahl und Besichtigung ähnlicher Objekte

Eine **Besichtigung ähnlicher Objekte** findet in der Praxis häufig statt. Sinn und **28** Zweck derartiger Besichtigungen ist es, die Planungsabsichten des Auftraggebers und damit die Aufgabenstellung zu konkretisieren. Dies dient dem Interesse beider Vertragsbeteiligter und erleichtert insbesondere auch dem Planer die visuelle Erfassung der Aufgabenstellung. Insoweit ist eine **einschränkende Auslegung** der Voraussetzungen für das Vorliegen dieser Besonderen Leistung angezeigt. Nicht jede Besichtigung ähnlicher Objekte begründet eine zusätzlich zu honorierende Planerleistung. Vielmehr ist eine Besondere Leistung nur dann anzunehmen, wenn die Besichtigung im Einzelfall mit einem wesentlichen zusätzlichen Zeit- und Kostenaufwand für den Auftragnehmer verbunden ist; wie etwa bei einer ganz- oder mehrtägigen Reisetätigkeit.

2. LPH 2: Vorplanung (§ 43 Abs. 1 Nr. 2, Abs. 4 i. V. m. Anlage 12 Nr. 12.1)

Teilleistungstabellen (nicht verbindlich)	Bewertung nach:			
LPH 2 Vorplanung	Siemon	Simmendinger	Theißen	**29**
a) Analysieren der Grundlagen	1,00–2,00%	1	0,8–1,6	
b) Abstimmen der Zielvorstellungen auf die öffentlich-rechtlichen Randbedingungen sowie Planungen Dritter	In a) enth.	1	0,2–0,4	
c) Untersuchen von Lösungsmöglichkeiten mit ihren Einflüssen auf bauliche und konstruktive Gestaltung, Zweckmäßigkeit, Wirtschaftlichkeit unter Beachtung der Umweltverträglichkeit	2,00–3,00%	4	2,0–4,0	
d) Beschaffen und Auswerten amtlicher Karten	0,00–0,10%	0,5	0,1–0,2	
e) Erarbeiten eines Planungskonzepts einschließlich Untersuchung der alternativen Lösungsmöglichkeiten nach gleichen Anforderungen mit zeichnerischer Darstellung und Bewertung unter Einarbeitung der Beiträge anderer an der Planung fachlich Beteiligter	10,00–12,00%	10	8.0–10,0	
f) Klären und Erläutern der wesentlichen fachspezifischen Zusammenhänge, Vorgänge und Bedingungen	3,00–5,00%	0,25	0,4–1,0	
g) Vorabstimmen mit Behörden und anderen an der Planung fachlich Beteiligten über die Genehmigungsfähigkeit, gegebenenfalls Mitwirken bei Verhandlungen über die Bezuschussung und Kostenbeteiligung	in f) enth.	0,5	2,2–3,4	
h) Mitwirken beim Erläutern des Planungskonzepts gegenüber Dritten an bis zu zwei Terminen	in f) enth.	0,5	0,2–0,6	
i) Überarbeiten des Planungskonzepts nach Bedenken und Anregungen	in f) enth.	0,5	0,3–0,7	
j) Kostenschätzung, Vergleich mit den finanziellen Rahmenbedingungen	0,80–1,20%	1,5	1,0–1,6	
k) Zusammenfassen, Erläutern und Dokumentieren der Ergebnisse	0,10–0,50%	0,2	0,1–0,4	

Die Leistungsphase 2 wird nunmehr mit **20 Prozent** (vormals HOAI 2009: 15 Prozent) **30** bewertet. Hinweis: Unter den Voraussetzungen des § 43 Abs. 2 erfolgt zwingend eine Reduzierung auf 10 Prozent.

a) Grundleistungen

(a) Analysieren der Grundlagen

31   Die **Analyse der Grundlagen** baut auf den Ergebnissen der Leistungsphase 1 (Grundlagenermittlung) auf und dient der Systematisierung der nun folgenden Vorplanung. Es sind diejenigen Maßnahmen zu bestimmen und zu gliedern, die für die Erstellung der Vorplanung erforderlich werden (vgl. auch die Kommentierung zu § 34, dort Rdn. 77). Die Leistungen beauftragter Sonderfachleute und Beratungsleistungen sind abzustimmen, so dass auch deren Tätigkeiten reibungsfrei in die Vorplanung einfließen können (siehe hierzu auch nachfolgend § 43, Rdn. 40).

(b) Abstimmen der Zielvorstellungen auf die öffentlich-rechtlichen Randbedingungen sowie Planungen Dritter

32   Das **Abstimmen der Zielvorstellungen** ist hier enger gefasst als etwa bei der Objektplanung Gebäude. Der Abstimmungsprozess im Rahmen der Leistungsphase 2 konzentriert sich zunächst auf die **öffentlich-rechtlichen Randbedingungen** und mögliche Zielkonflikte zu **Planungen Dritter.** Projektbezogene **Vorstellungen des Auftraggebers,** wie etwa wirtschaftliche oder gestalterische Ziele sind bei der Objektplanung Ingenieurbauwerke demgegenüber bereits in der vorhergehenden Leistungsphase 1 im Rahmen der Aufgabenklärung abzustimmen (siehe vorstehend § 43, Rdn. 18). **Interessen Dritter,** etwa betroffener Anwohner, und deren Bedenken sind allerdings in der Vorplanung mit einzubeziehen (siehe nachfolgend § 43, Rdn. 42 und 43). Unter **öffentlich-rechtliche Randbedingungen** fallen insbesondere bauplanungsrechtliche und bauordnungsrechtliche, bei Ingenieurbauwerken regelmäßig auch naturschutz-, immissionsschutz- sowie wasserrechtliche Belange. Bei **komplexeren Projekten** können die öffentlich-rechtlichen Randbedingungen vom Planer in dieser frühen Planungsphase noch nicht vollständig erfasst werden, da oftmals erst durch eine Umweltverträglichkeitsprüfung oder durch die im Rahmen eines Planfeststellungsverfahrens gebotene Anhörung der Träger öffentlicher Belange der öffentlich-rechtliche Rahmen abgesteckt wird. Der Planer hat in jedem Fall auf die ihm aufgrund seiner Fachkenntnis bekannten oder erkennbaren möglichen **öffentlich-rechtlichen Hindernisse** und die damit verbundenen Risiken für die Projektrealisierung hinzuweisen. Gegebenenfalls wird er den Auftraggeber auf die Notwendigkeit rechtlicher Beratung verweisen. Als weitere abzustimmende Zielvorstellung werden **Planungen Dritter** genannt. Insoweit ist insbesondere an geplante **Nachbarbebauungen** zu denken, mit deren Realisierung das zu errichtende Ingenieurbauwerk konfligiert. Bloße unbestimmte Bauabsichten Dritter werden hiervon jedoch nicht erfasst. Vielmehr muss sich die **Planungsabsicht** des Dritten in Form einer Bauvoranfrage oder eines beantragten Genehmigungs- oder Planfeststellungsverfahrens **nach außen manifestiert** haben.

(c) Untersuchen von Lösungsmöglichkeiten mit ihren Einflüssen auf bauliche und konstruktive Gestaltung, Zweckmäßigkeit, Wirtschaftlichkeit unter Beachtung der Umweltverträglichkeit

33   Das **Untersuchen von Lösungsmöglichkeiten** muss ausweislich des Wortlauts mehrere Lösungsmöglichkeiten umfassen, die gegeneinander abgewogen werden. Eine zahlenmäßige Begrenzung sieht die HOAI zwar nicht vor, sie ergibt sich jedoch im Einzelfall aus der Projektkomplexität und den abgestimmten Zielvorstellungen. Die Untersuchungen müssen die Einflussfaktoren **bauliche und konstruktive Gestaltung, Zweckmäßigkeit,** ferner den Aspekt der **Wirtschaftlichkeit** unter Beachtung der **Umweltverträglichkeit** einbeziehen. Die Aufzählung der Einflussfaktoren ist abschließend. Bei der Wirtschaftlichkeit sind Lösungsmöglichkeiten auch im Hinblick auf die **wirtschaftliche Optimierung** der Anlage und nicht allein auf deren bauliche und konstruktive Gestaltung hin zu untersuchen (a. A. entgegen dem Wortlaut: Seifert in der Vorauflage zu diesem Kommentar). Dies gilt jedenfalls stets dann, wenn für das zu errichtende Ingenieurbauwerk seiner Art nach entsprechende Erfahrungswerte vorliegen, die eine wirtschaftliche Optimierung zulassen. Ferner ist der **künftige technische Betrieb der Anlage** bei dem Einflussfaktor Wirtschaftlichkeit in die Abwägung einzubeziehen, sofern auch insoweit entsprechende Erfahrungswerte vorliegen. Es sind beispielsweise von einem auf den Bau von Windkraftanlagen spezialisierten Ingenieurbüro Empfehlungen zu einer unter wirtschaftlichen Gesichtspunkten betriebsoptimierten Anlage erwartbar. Wirtschaftlichkeitsuntersuchungen und Kosten-Nutzen-Analysen sind hingegen als Besondere Leistungen gesondert vergütungspflichtig. Dem Spannungsverhältnis zwischen **Wirtschaftlichkeit und Umweltverträglichkeit** wird Rechnung getragen, indem letzterer Einflussfaktor bei allen Lösungsvarianten eine strikte Beachtung zu erfahren hat. Hierfür bedarf es entgegen anderer Auffassung in der Honorarliteratur (Locher/Koeble/Frik, 12. Auflage § 43, Rdn. 34) regelmäßig keines eigenständigen „Gutachtens über die Umweltverträglichkeit". Die Beachtung ökologischer Belange ist vielmehr bereits nach dem eindeutigen Wortlaut der Anlage 12 Nummer 12.1 Teil der Grundleistung des Objektplaners.

(d) Beschaffen und Auswerten amtlicher Karten

Eine weitere Grundleistung ist die **Beschaffung und Auswertung amtlicher Karten** 34 durch den Auftragnehmer. Bei der **Beschaffung** des Kartenmaterials sind die **Kosten** für den Versand oder für die Erstellung von Ausfertigungen vom Auftraggeber als **Nebenkosten** gemäß § 14 Abs. 2 Nr. 1 und 2 zu tragen. Weitere Kosten – etwa Erwerbskosten – sind als unbenannte Nebenkosten i. S. d. § 14 Abs. 2, dessen Aufzählung der Nebenkosten nicht abschließend ist („insbesondere"), zu qualifizieren und damit ebenso vom Auftraggeber zu erstatten. Das **Auswerten** der Karten hat projektbezogen im Rahmen der abgestimmten Planungsziele zu erfolgen und kann im Einzelfall zum Ergebnis haben, dass die Erstellung weiterer Unterlagen durch Dritte, etwa Vermesser erforderlich wird. In der Folge wären dann zusätzliche Vermessungen als Beraterleistungen zu beauftragen. **Amtliche Karten** sind grundsätzlich solche, die von öffentlichen Stellen geführt werden. Indes gebietet der Zweck der Regelung eine weite Auslegung: Auch Kartenwerke von Medienträgern sind – selbst wenn die Medienträger privatrechtlich organisiert sind – stets als „amtliche Karten" im vorbenannten Sinne zu qualifizieren. Zu beachten ist schließlich, dass Katasterunterlagen nicht unter die „amtlichen Karten" im Sinne dieser Grundleistung fallen. Vielmehr handelt es sich bei der Beschaffung von „Auszügen aus Grundbuch, Kataster und anderen amtlichen Unterlagen" um eine Besondere Leistung im Rahmen der Leistungsphase 2.

(e) Erarbeiten eines Planungskonzepts einschließlich Untersuchung der alternativen Lösungsmöglichkeiten nach gleichen Anforderungen mit zeichnerischer Darstellung und Bewertung unter Einarbeitung der Beiträge anderer an der Planung fachlich Beteiligter

Eine Grundleistung von zentraler Bedeutung ist das **Erarbeiten eines Planungskon-** 35 **zeptes einschließlich Untersuchung der alternativen Lösungsmöglichkeiten nach gleichen Anforderungen**. Das zu erarbeitende **Planungskonzept** muss **textlich** so konkret niedergelegt sein, dass es als Grundlage für die Vorabstimmung mit Behörden und anderen fachlich Beteiligten sowie auch zur Erläuterung gegenüber Dritten, etwa betroffenen Anwohnern, verwendbar ist. Das Planungskonzept erfordert zugleich eine **zeichnerische Darstellung** etwa der Grundrisse und Ansichten des Objektes. Die Darstellung ist in diesem Planungsstadium zumeist **skizzenhafter** Art. Jedenfalls bedarf es noch keines bestimmten **Maßstabs**. Ein Planungskonzept, welches die vorstehenden Anforderungen nicht erfüllt, ist unzureichend und vom Auftraggeber zurückzuweisen; es sei denn, ein Planungskonzept ist ausnahmsweise entbehrlich, weil es sich um einfachste Planungen für Objekte ohne Umgebungsauswirkung handelt.

Die gleiche Form, nämlich eine textliche sowie eine zumindest skizzenhafte zeichneri- 36 sche Darstellung, haben auch die zu untersuchenden **alternativen Lösungsmöglichkeiten** aufzuweisen. Zu beachten ist ferner, dass die Untersuchung alternativer Lösungsmöglichkeiten **nach gleichen Anforderungen** zu erfolgen hat. Falls allerdings „alternative Lösungsmöglichkeiten nach *grundsätzlich verschiedenen* Anforderungen" zu untersuchen sind, so handelt es sich hierbei um eine im Katalog der Anlage 12 Nummer 12.1 nicht benannte Besondere Leistung des Auftragnehmers, die zusätzlich zu honorieren ist. Im Einzelfall kann sogar ein nochmaliges Durchlaufen von Grundleistungen der Leistungsphase 2 anzunehmen sein, und damit eine Honorarvereinbarung nach § 10 Abs. 2 notwendig werden. Die **Abgrenzung** von Lösungsmöglichkeiten „nach gleichen Anforderungen" von solchen „nach grundsätzlich verschiedenen Anforderungen" ist in der Praxis oftmals schwierig. In den Bereichen der konstruktiven Ingenieurbauwerke für Verkehrsanlagen sowie den sonstigen Einzelbauwerken mit Tragwerksplanung kann ein Indiz für „gleiche Anforderungen" das Vorhandensein **gleicher statischer Prämissen** sein. Im Übrigen wird bei der Abgrenzung darauf abzustellen sein, in welchem Maße sich die alternative Lösungsmöglichkeit in gestalterischer oder konstruktiver Hinsicht vom ursprünglichen Planungskonzept entfernt. Die in diesem Zusammenhang teilweise versuchte Abgrenzung zwischen „Varianten" und „Alternativen" (vgl. Locher/Koeble/Frik, 12. Auflage, § 43, Rdn. 36) bringt zwar eine größere sprachliche Klarheit, jedoch das Abgrenzungsproblem einer Lösung nicht näher. Die Untersuchung von alternativen Lösungsmöglichkeiten ist in der Praxis fast zur Regel geworden. Deshalb sollten die Vertragsparteien bereits bei Vertragsschluss auch das Erfordernis der Beauftragung der Besonderen Leistung „Untersuchung von alternativen Lösungsmöglichkeiten nach grundsätzlich verschiedenen Lösungsmöglichkeiten" erörtern sowie diese ggf. in die Leistungsbeschreibung aufnehmen und verpreisen.

37   Schließlich hat der Auftragnehmer das **Planungskonzept und die alternativen Lösungsmöglichkeiten** nicht nur darzustellen, sondern auch zu **bewerten.** Zum Bewertungsmaßstab äußert sich der Verordnungsgeber nicht. Jedoch ergibt sich dieser aus den vorangegangenen Leistungselementen: Die Bewertung hat sich danach zu orientieren an
– den abgestimmten Zielvorstellungen des Auftraggebers und
– den rechtlichen und tatsächlichen Planungsrandbedingungen.

Auch insoweit werden insbesondere die Einflüsse auf die bauliche und konstruktive Gestaltung, die Zweckmäßigkeit, die Wirtschaftlichkeit und die Umweltverträglichkeit bei der Bewertung im Vordergrund stehen. Allerdings können bei der Bewertung hier auch weitere Einflussfaktoren herangezogen werden, wie etwa die Systemwahl bei der Energietechnik, was allerdings regelmäßig die Hinzuziehung weiterer Sonderfachleute bedingt.

(f) Klären und Erläutern der wesentlichen fachspezifischen Zusammenhänge, Vorgänge und Bedingungen

38   Bezogen auf das erstellte Planungskonzept und die ggf. durchgeführten Untersuchungen alternativer Lösungsmöglichkeiten hat der Planer dem Auftraggeber die hiermit verbundenen **fachspezifischen Zusammenhänge, Vorgänge und Bedingungen zu erklären und zu erläutern.** Es handelt sich um eine Konkretisierung der allgemeinen Informationspflicht des Auftragnehmers. Sie setzt voraus, dass dem Auftraggeber zuvor das zu erläuternde Bezugsobjekt, nämlich das Planungskonzept und die Untersuchungsergebnisse zu alternativen Lösungsmöglichkeiten in Textform übergeben wird. Hierauf aufbauend erfolgt die mündliche Erläuterung des Planungskonzeptes bzw. möglicher Alternativlösungen und der daraus resultierenden Abläufe und Bedingungen für das Bauvorhaben. Diese Grundleistung ist nur dann entbehrlich, wenn der Auftraggeber ausdrücklich auf entsprechende Erklärungen und Erläuterungen, etwa aufgrund eigener Sachkenntnis verzichtet.

(g) Vorabstimmen mit Behörden und anderen an der Planung fachlich Beteiligten über die Genehmigungsfähigkeit, gegebenenfalls Mitwirken bei Verhandlungen über die Bezuschussung und Kostenbeteiligung

39   Die früheren „Vorverhandlungen" werden nun begrifflich als **Vorabstimmen** mit Behörden und anderen an der Planung Beteiligten umschrieben. Diese Änderung in der HOAI 2013 ist lediglich redaktioneller Art und wirkt sich inhaltlich nicht aus. Der Planer muss, wie bisher auch, im Rahmen der Vorplanung den Kontakt zur **zuständigen Genehmigungsbehörde** suchen, das entwickelte Planungskonzept vorstellen und mit der Behörde dessen Genehmigungsfähigkeit abklären. Abschließende Verhandlungen sind in der Vorplanungsphase indes nicht zu führen. **Zweck der Vorabstimmung** ist es vielmehr, im Vorfeld weiterer Leistungserbringung zu klären, ob und ggf. unter welchen weiteren Voraussetzungen die Planungsziele des Bauherrn überhaupt genehmigt werden, oder ob die angenommenen Planungsziele und damit auch das Planungskonzept geändert oder sogar gänzlich aufgegeben werden müssen (vgl. auch die Kommentierung zu § 34, dort Rdn. 87). Letztlich soll der Auftraggeber durch die behördliche Vorabstimmung auch vor Schaden bewahrt werden. Denn würde das Projekt ohne eine behördliche Vorabklärung des Planungskonzeptes weitergeführt, und ergäbe sich erst im Nachhinein dessen fehlende Genehmigungsfähigkeit, so entstünden dem Auftraggeber vermeidbare Vermögensnachteile.

Eine **Vorabstimmung** ist ferner auch mit den übrigen **an der Planung fachlich Be-** 40 **teiligten,** insbesondere den Fachplanern und den sonstigen Sonderfachleuten (Gutachtern, Beratern) durchzuführen. Diese Vorabklärung dient dazu, fachliche Bedenken im Hinblick auf die Genehmigungsfähigkeit des Projektes möglichst frühzeitig zu erkennen, so dass im weiteren Verfahren Lösungsmöglichkeiten erarbeitet werden, die später in das Genehmigungsverfahren eingebracht werden können. Die Vorabstimmung mit den Fachplanern und Beratern ist Teil der **Koordinierungspflichten** des Objektplaners.

Als **weitere Grundleistung** wird die **Mitwirkung bei Verhandlungen über die** 41 **Bezuschussung und Kostenbeteiligung** angeführt. Für öffentliche Auftraggeber, deren Projekte in der Regel über Fördermittel in Form „verlorener Zuschüsse" zumindest mitfinanziert werden, ist diese Grundleistung von hoher Bedeutung. Sie bereitet zudem die weiteren fördermittelbezogenen Grundleistungen der Leistungsphase 3, dort lit. d), vor. Es wird eine **Mitwirkungspflicht** des Planers statuiert, die nicht stets eine Präsenzpflicht bei Fördermittelverhandlungen begründet, wohl jedoch eine Verpflichtung des Auftragnehmers zur inhaltlichen, d.h. **fachtechnischen Vorbereitung** dieser Verhandlungen. Die hiermit verbundenen Tätigkeiten können im Einzelfall arbeits- und zeitintensiv sein. Es hätte daher nahe gelegen, wie im Bereich der Objektplanung Gebäude die Mitwirkung bei der Fördermittelbeschaffung den Besonderen Leistungen zuzuordnen. Diesen Weg hat der Verordnungsgeber indes für die Objektplanung Ingenieurbauwerke nicht beschritten, sodass die Mitwirkung bei den Verhandlungen zur Fördermittelbeschaffung („Bezuschussung und Kostenbeteiligung") als Grundleistung des Planers keinen weiteren Honoraranspruch begründet.

(h) Mitwirken beim Erläutern des Planungskonzepts gegenüber Dritten an bis zu zwei Terminen

Der Verordnungsgeber hat die Bedeutung der **Erläuterung des Planungskonzeptes** 42 **gegenüber Dritten,** insbesondere gegenüber Bürgern und politischen Gremien bei der Errichtung von Ingenieurbauwerken und Verkehrsanlagen erkannt. Es wurde daher eine Mitwirkungspflicht des Planers an derartigen Erläuterungsterminen im Sinne einer **Präsenzpflicht** bereits in der Vorplanungsphase statuiert. Die Teilnahme des Planers beschränkt sich während der **Vorplanung** indes auf maximal **zwei Termine;** darüber hinaus gehende Terminswahrnehmungen sind als Besondere Leistungen gesondert vergütungspflichtig. Der **Begriff „Termin"** ist nicht kalendarisch zu verstehen, sodass auch Sitzungen, die mehrere Kalendertage dauern (bspw. öffentliche Anhörungen in Planfeststellungsverfahren), als ein Termin zu werten sind. Schließlich ist darauf hinzuweisen, dass für den Planer **weitere Teilnahmeverpflichtungen an Erläuterungsterminen** in **späteren Leistungsphasen,** nämlich während der Entwurfsplanung (bis zu drei Termine) sowie während der Genehmigungsplanung (bis zu vier Termine) vorgesehen sind. Diese differenzierten Regelungen zur Teilnahme an Erläuterungs- und Erörterungsterminen sind neu und treten **an die Stelle der Vorschrift des § 43 Abs. 2 HOAI 2009,** wonach die Teilnahme an maximal fünf Terminen von den Grundleistungen umfasst war.

(i) Überarbeiten des Planungskonzepts nach Bedenken und Anregungen

Regelmäßig ergibt sich aufgrund der Vorabstimmungen mit der Genehmigungsbehörde 43 (siehe vorstehend § 43, Rdn. 39) oder aber aufgrund der Ergebnisse der ersten Erläuterungstermine mit Bürgern und politischen Gremien (siehe vorstehend § 43, Rdn. 42) ein Änderungsbedarf am Planungskonzept. Die insoweit notwendige **Überarbeitung des Planungskonzeptes** ist Grundleistung. Sie hat umgehend und in enger Abstimmung mit dem Auftraggeber sowie den übrigen fachlich Beteiligten, soweit ihr Fachbereich betroffen ist, zu erfolgen. Ist der Änderungsbedarf jedoch derart umfänglich, dass die abgestimmten Planungsziele verlassen werden, so wird man von einer Wiederholung der Grundleistungen i. S. d. § 10 Abs. 2 ausgehen. In diesem Fall ist eine zusätzliche Honorarvereinbarung abzuschließen, es sei denn die Änderungen dienen der Mängelbeseitigung aufgrund fehlerhafter Grundlagenermittlung des Planers.

(j) Kostenschätzung, Vergleich mit den finanziellen Rahmenbedingungen

44   Ein weiteres wesentliches Element der Vorplanung ist die **Kostenschätzung.** Der Entschluss zur endgültigen Durchführung des Projektes ist häufig von der Höhe dieser überschlägig ermittelten Kosten abhängig. In der Baupraxis ist zu beobachten, dass Auftraggeber oftmals zunächst nur die Leistungsphasen 1 und 2 beauftragen, um ein Kostengerüst für ein beabsichtigtes Projekt zu erhalten. Erst auf dieser Grundlage werden die Gremienentscheidungen zur Durchführung oder Beendigung des Vorhabens getroffen. Dabei wird oft verkannt, dass die Kostenschätzung, worauf § 2 Abs. 10 zu Recht hinweist, lediglich eine **vorläufige Grundlage** für Finanzierungsüberlegungen sein kann. Eine Kostenschätzung hat die Vorplanungsergebnisse und bloße Massen- bzw. Mengenschätzungen zur Grundlage; bei Lärmschutzanlagen etwa die Materialauswahl, die voraussichtliche Längenausdehnung und die voraussichtlichen Höhen- und Breitenmaße. Im Brückenbau forderten beispielsweise die „Technischen Vertragsbedingungen für Planungs- und Entwurfsleistungen für Brücken- und Ingenieurbau (TVB-Brücken 2009)", eine „Kostenschätzung aufgrund von Erfahrungswerten (z. B. Brückenfläche mal Euro/m²) durchzuführen. Für die Kostenschätzung der Ingenieurbauwerke wird die **DIN 276 nicht in Bezug genommen.** Soweit die Vertragsparteien keinen speziellen Kostenermittlungsvorschriften (wie etwa der AKS) unterliegen, kann indes vereinbart werden, dass die Kostenschätzung in Anlehnung an die **DIN 276 – Teil 4, Fassung August 2009** zu erfolgen hat (siehe hierzu im Einzelnen § 42, Rdn. 6).

45   Weiterhin hat der Planer einen **Vergleich mit den finanziellen Rahmenbedingungen** vorzunehmen. Er muss also die Ergebnisse der **Kostenschätzung mit dem finanziellen Rahmen des Auftraggebers abgleichen** und ggf. auf voraussichtliche Überschreitungen bereits in der Vorplanungsphase hinweisen. Der Auftragnehmer wird bei der Bestimmung des Finanzrahmens auf die im Rahmen der Grundlagenermittlung seitens des Auftraggebers gemachten **finanziellen Vorgaben** zurückgreifen. Sofern eine **Baukostenobergrenze** (Baubudget) als Beschaffenheitsvereinbarung vertraglich festgeschrieben wurde, ist hierauf abzustellen. Problematisch wird die Durchführung des Kostenvergleichs, wenn dem Planer noch **keine finanziellen Vorgaben des Auftraggebers** bekannt sind. In einem solchen Fall besteht eine **Hinweispflicht des Auftragnehmers.** Er hat seinen Auftraggeber darüber aufzuklären, dass dieser seiner Obliegenheit zur Benennung der finanziellen Rahmenbedingungen nachkommen muss. Wird trotz dieses Hinweises auftraggeberseitig kein Finanzrahmen für das Projekt benannt, so wird naturgemäß auch kein Kostenvergleich stattfinden.

(k) Zusammenfassen, Erläutern und Dokumentieren der Ergebnisse

46   Die **Ergebnisse** der Vorplanung sind abschließend vom Planer **zusammenzufassen, zu erläutern und zu dokumentieren.** Die **Zusammenfassung** beinhaltet einen zusammenhängenden **Bericht,** der die Einzelergebnisse, insbesondere im Hinblick auf
– das Planungskonzept,
– die genehmigungsbehördliche Vorabstimmung sowie
– die Kostenschätzung
für den Auftraggeber festhält. Durch die weitere Teilleistung, die **Dokumentation,** wird klargestellt, dass dieser Bericht entweder **schriftlich** oder zumindest in (digitaler) **Textform** zu verfassen ist. Die gewonnenen Ergebnisse sind schließlich dem Auftraggeber zu erläutern. Die **Erläuterung** beinhaltet, dass dem **Auftraggeber der Bericht zugeleitet** und darüber hinaus mit ihm **mündlich erörtert** wird.

b) Besondere Leistungen

• Erstellen von Leitungsbestandsplänen

Leitungsbestandspläne werden regelmäßig nicht durch den Objektplaner, sondern seitens **47**
der zuständigen Medienträger erstellt und bereitgehalten. Dort werden sie durch den Auftraggeber oder den Planer abgefragt. Der Fall, dass derartige Bestandspläne eigenständig vom Objektplaner erarbeitet werden müssen, bildet daher die Ausnahme. Diese beschränkt sich auf die Konstellation, dass bei den zuständigen Medienträgern keine oder nur unzureichende Bestandspläne vorhanden sind, sodass diese Pläne neu durch den Objektplaner zu stellen sind. Das Erstellen von Leitungsbestandsplänen ist als Besondere Leistung des Planers zusätzlich zu vergüten.

• Vertiefte Untersuchung zum Nachweis von Nachhaltigkeitsaspekten

Die **vertiefte Untersuchung zum Nachweis von Nachhaltigkeitsaspekten** ist als **48**
Besondere Leistung ein recht amorphes Gebilde. Zudem sind die Grenzen zur Grundleistung „Untersuchen von Lösungsmöglichkeiten unter Beachtung der Umweltverträglichkeit" fließend. Die Beachtung von „Nachhaltigkeitsaspekten" und Umweltverträglichkeit bedingt sich wechselseitig. Entscheidend ist daher die Wendung „vertiefte Untersuchung". Eine Besondere Leistung wird man daher nur annehmen können, wenn vom Planer eine gesonderte schriftliche Ausarbeitung abgefordert wird, deren Erkenntniswert über allgemeine Umweltverträglichkeitsgesichtspunkte deutlich hinausgeht, etwa zur späteren Verwendung der Expertise im Rahmen eines speziellen Förderprogramms für nachhaltiges Bauen.

• Anfertigen von Nutzen-Kosten-Untersuchungen
• Wirtschaftlichkeitsprüfung

Wirtschaftlichkeitsprüfungen sowie **Nutzen-Kosten-Analysen** sind als planer-aty- **49**
pische Leistungen unzweifelhaft den Besonderen Leistungen zuzuordnen. Die Aufgabenstellung muss deutlich über die Grundleistung „Untersuchen von Lösungsmöglichkeiten mit ihren Einflüssen auf (u. a.) Wirtschaftlichkeit" hinausgehen. Dies wird regelmäßig dann anzunehmen sein, wenn die Expertise neben fachtechnischen Gesichtspunkten auch betriebswirtschaftliche Aspekte einzubeziehen hat. Es bestehen allerdings Bedenken, ob derartige Maßnahmen in der Leistungsphase 2 zeitlich zutreffend verortet sind. Die Frage, ob ein Objekt grundsätzlich wirtschaftlich zu betreiben ist (Wirtschaftlichkeitsprüfung), muss vor Beginn jeder Planung geprüft werden. Die weitere Frage, ob das Objekt in der konkreten Ausgestaltung wirtschaftlich betrieben werden kann (Kosten-Nutzen-Analyse), setzt zu ihrer Beantwortung zumeist die Kenntnis der Errichtungskosten voraus. Diese wird man regelmäßig aber frühestens erst nach Fertigstellung der Entwurfsplanung einschätzen können. Anders mag es sein, wenn die Folgekosten unterschiedlicher technischer Systemlösungen analysiert werden sollen. Hier kann bereits in der Leistungsphase 2 eine entsprechende Nutzen-Kosten-Analyse erfolgen.

• Beschaffen von Auszügen aus Grundbuch, Kataster und anderen amtlichen Unterlagen

Das **Beschaffen von Auszügen aus Grundbuch, Kataster und anderen amtli- 50
chen Unterlagen** ist grundsätzlich eine Obliegenheit des Auftraggebers. Wird der Planer hiermit beauftragt, so stellt dies eine Besondere Leistung dar. Demgegenüber ist die Beschaffung und Auswertung „amtlicher Karten" durch den Planer eine Grundleistung (siehe vorstehend Rdn. 34).

3. LPH 3: Entwurfsplanung (§ 43 Abs. 1 Nr. 3, Abs. 4 i. V. m. Anlage 12 Nr. 12.1)

51

Teilleistungstabellen (nicht verbindlich)	Bewertung nach:		
LPH 3 Entwurfsplanung	Siemon	Simmendinger	Theißen
a) Erarbeiten des Entwurfs auf Grundlage der Vorplanung durch zeichnerische Darstellung im erforderlichen Umfang und Detaillierungsgrad unter Berücksichtigung aller fachspezifischen Anforderungen, Bereitstellen der Arbeitsergebnisse als Grundlage für die anderen an der Planung fachlich Beteiligten sowie Integration und Koordination der Fachplanungen	19,00–22,00 %	15	16,0–18,0
b) Erläuterungsbericht unter Verwendung der Beiträge anderer an der Planung fachlich Beteiligter	0,50–1,50 %	1	0,4–1,2
c) fachspezifische Berechnungen ausgenommen Berechnungen aus anderen Leistungsbildern	0,50–2,00 %	4	0,4–2,0
d) Ermitteln und Begründen der zuwendungsfähigen Kosten, Mitwirken beim Aufstellen des Finanzierungsplans sowie Vorbereiten der Anträge auf Finanzierung	in i) enth.	1	0,4–0,8
e) Mitwirken beim Erläutern des vorläufigen Entwurfs gegenüber Dritten an bis zu drei Terminen, Überarbeiten des vorläufigen Entwurfs auf Grund von Bedenken und Anregungen	0,50–1,50 %	0,5	0,3–0,9
f) Vorabstimmen der Genehmigungsfähigkeit mit Behörden und anderen an der Planung fachlich Beteiligten	in e) enth.	0,5	2,0–3,2
g) Kostenberechnung einschließlich zugehöriger Mengenermittlung, Vergleich der Kostenberechnung mit der Kostenschätzung	1,00–2,00 %	1,5	1,0–1,8
h) Ermitteln der wesentlichen Bauphasen unter Berücksichtigung der Verkehrslenkung und der Aufrechterhaltung des Betriebes während der Bauzeit	0,25–0,50 %	0,5	0,2–0,4
i) Bauzeiten- und Kostenplan	in h) und g) enth.	0,5	0,2–0,5
j) Zusammenfassen, Erläutern und Dokumentieren der Ergebnisse	0,25–0,50 %	0,5	0,2–0,5

52 Die Entwurfsplanung wird mit **25 Prozent** bewertet (vormals HOAI 2009: 30 Prozent).

a) Grundleistungen

(a) Erarbeiten des Entwurfs auf Grundlage der Vorplanung durch zeichnerische Darstellung im erforderlichen Umfang und Detaillierungsgrad unter Berücksichtigung aller fachspezifischen Anforderungen, Bereitstellen der Arbeitsergebnisse als Grundlage für die anderen an der Planung fachlich Beteiligten sowie Integration und Koordination der Fachplanungen

53 Ausgehend von den Ergebnissen der Vorplanung, insbesondere dem vorabgestimmten Planungskonzept wird in der Leitungsphase 3 der **Entwurf** des Projektes durch **zeichneri-**

sche **Darstellung** erstellt. **Detaillierungsgrad** und Umfang der Lagepläne, Bauwerkszeichnungen etc. sind abhängig vom jeweiligen Bauwerk bzw. der konkret zu planenden Anlage. So werden **Einzelbauwerke** der Objektgruppe 7, wie etwa Tiefgaragen, Silos, Masten und Türme regelmäßig im Maßstab 1 : 100 bis 1 : 50 dargestellt, wohingegen die zeichnerische Darstellung von Leitungsnetzen der Objektgruppen 2 und 3 oder von Linienbauwerken des Wasserbaus (Objektgruppe 3) zumeist in weit größeren Maßstabsangaben erfolgt. Ferner existieren je nach Fachgebiet unterschiedliche, teilweise nach Bundesländern differierende Vorgaben zu den erforderlichen Maßstabsangaben. So sehen etwa die „Richtlinien für den Entwurf wasserwirtschaftlicher Vorhaben − **REWas**" des Bayerischen Landesamtes für Wasserwirtschaft folgende Maßstabsangaben bei **Leitungsnetzen** vor:

− Lageplan der Fern- und Zubringerleitungen: M 1 : 5.000 oder 1 : 2.500,
− Lageplan des Ortsnetzes: M 1 : 2.500 oder 1 : 1.000,
− Längsschnitt für Fern- und Zubringerleitungen: M 1 : 5.000/500,
− Längsschnitt eines Ortsnetzes mit Pumpwerk und Hochbehälter: M 1 : 2.500/250.

Der Genauigkeitsgrad der Darstellung ist in der Entwurfsplanung weit höher als in der Vorplanung. In der Praxis wird die Entwurfsplanung häufig bereits so detailliert angelegt, dass sie später ohne größere Änderungen für das Genehmigungsverfahren verwendet werden kann. Neben der zeichnerischen Darstellung enthält der **Entwurf** regelmäßig einen **Textteil** (Erläuterungsbericht − siehe nachfolgend Grundleistung LPH 3, lit. b) und notwendige fachspezifische **Berechnungen** (siehe nachfolgend Grundleistung LPH 3, lit. c)).

Bei der Erstellung der Entwurfsplanung wird sich der Objektplaner an bestehenden **Ar-** 54 **beitshilfen** orientieren. So existieren beispielsweise für den Neubau, Umbau sowie die Verstärkung und Instandsetzung von **Brücken, Tunneln und anderen Ingenieurbauwerken** im Zuge von Bundesfernstraßen Richtlinien und Leitfäden, die für die Aufstellung von Entwurfsplanungen in diesen Bereichen von hoher praktischer Bedeutung sind. Zu nennen sind hier insbesondere die als Loseblattsammlungen erschienenen

− **RAB-ING (vormals: RAB-BRÜ)** − Richtlinien für das Aufstellen von Bauwerksentwürfen für Ingenieurbauten,
− **RIZ-ING** − Richtzeichnungen für Ingenieurbauwerke,
− **RE-Tunnel** − Bau, Ausstattung und Betrieb von Straßentunneln,
− Leitfaden für die Planungsentscheidung Einschnitt oder Tunnel.

Der Entwurf muss **genehmigungsfähig** sein. Er muss sich insbesondere an den öffent- 55 lich-rechtlichen Rahmenbedingungen ausrichten. In den Entwurf des Objektplaners sind ferner **Beiträge der Fachplaner** zu integrieren, sofern fachspezifische Anforderungen dies erforderlich machen. Im Rahmen seiner **Koordinierungspflichten** hat der Objektplaner während der Leistungsphase 3

− sämtliche relevanten Arbeitsergebnisse den an der Planung fachlich Beteiligten zur Verfügung zu stellen,
− die Fachplanungen in die Objektplanung zu integrieren („Integrationsplanung") und
− die Fachplanungen zu koordinieren.

Insoweit ist vom Objektplaner keine inhaltliche Überprüfung der Beiträge der Sonderfachleute zu verlangen, wohl aber eine Schnittstellenkoordination sowie die Prüfung der Übereinstimmung der Fachplanung mit den Vorgaben der Objektplanung.

(b) Erläuterungsbericht unter Verwendung der Beiträge anderer an der Planung fachlich Beteiligter

Den Textteil des zu erstellenden Entwurfs bildet der **Erläuterungsbericht.** Sofern für 56 die Abfassung des Berichts keine speziellen öffentlich-rechtlichen Vorgaben existieren, sollte der Text das geplante Ingenieurbauwerk sowie regelmäßig die Abwägungsgründe für die gewählte endgültige Lösung der Planungsaufgabe und, falls erforderlich, die Schnittstellenabgrenzung zu Planungen Dritter darstellen. Zudem sind in dem Erläuterungsbericht die **Beiträge der Sonderfachleute,** etwa der Tragwerksplanung und der Technischen Ausrüstung einzubeziehen.

(c) Fachspezifische Berechnungen ausgenommen Berechnungen aus anderen Leistungsbildern

57 Es handelt sich bei den hier erwähnten **fachspezifischen Berechnungen** allein um die Berechnungen des Objektplaners. Berechnungen aus anderen Leistungsbildern, insbesondere der Tragwerksplanung und der Technischen Ausrüstung werden von den entsprechenden Fachplanern erarbeitet und dort gesondert honoriert. Die Berechnungen des Objektplaners wie auch der Fachplaner werden dem Entwurf beigefügt. Insoweit kommt dem Objektplaner eine koordinierende bzw. integrierende Aufgabe zu. Eine inhaltliche Verantwortlichkeit besteht auf Seiten des Objektplaners hingegen lediglich für die eigenen Berechnungen.

(d) Ermitteln und Begründen der zuwendungsfähigen Kosten, Mitwirken beim Aufstellen des Finanzierungsplans sowie Vorbereiten der Anträge auf Finanzierung

58 Wie bereits in der Vorplanung (siehe vorstehend § 43, Rdn. 41) so übernimmt der Objektplaner gerade auch im Rahmen der Entwurfsplanung Aufgaben im Zusammenhang mit Zuwendungsverfahren. Fördermittelanträge der öffentlichen Hand werden zeitlich im Regelfall nach der Leistungsphase 3 auf der Grundlage der Kostenberechnung gestellt. Die HOAI sieht bei der Fördermittelbeschaffung folgende drei Grundleistungen des Objektplaners Ingenieurbauwerke vor:
  – **Ermitteln und Begründen der zuwendungsfähigen Kosten:**
    Im Ausgangspunkt hat der Planer die von ihm ermittelten Kosten gemäß **Kostenberechnung** heranzuziehen. Von diesen sind in einem zweiten Schritt anhand der für das Projekt einschlägigen Fördermittelrichtlinien die **förderfähigen Kosten** zu **ermitteln** und deren Zuwendungsfähigkeit schriftlich zu **begründen.** Die Benennung der einschlägigen **Zuwendungsvorschriften** obliegt im Zweifel dem Auftraggeber, wenngleich von einem spezialisierten Ingenieurbüro zumeist entsprechende Kenntnisse eingebracht werden.
  – **Vorbereiten der Anträge auf Finanzierung:**
    Aufgrund der ermittelten förderfähigen Kosten und der hierzu von ihm erarbeiteten Begründungen stellt der Planer die notwendigen Daten und Textteile zusammen, sodass der Auftraggeber auf dieser Grundlage die Fördermittelantragsformulare abschließend bearbeiten kann. Eine Rechtsberatung schuldet der Planer nicht; rechtliche Zweifelsfragen sind durch den Auftraggeber bzw. dessen Rechtsberater zu klären. Ebenso obliegt die Beschaffung der Antragsformulare wie auch die Einreichung der Anträge dem Auftraggeber.
  – **Mitwirken beim Aufstellen des Finanzierungsplans:**
    Das Aufstellen eines Finanzierungsplans ist Sache des Auftraggebers. Insoweit sieht die HOAI für den Planer zutreffend lediglich eine **Mitwirkungsverpflichtung** vor. Der **Finanzierungsplan** umfasst einerseits die **Höhe der Fremdmittelfinanzierung** und zum anderen die Festlegung der voraussichtlichen **Mittelabruf- und Mittelabflusszeiträume.** Die Mitwirkungshandlungen des Planers bestehen daher einerseits in der Erstellung der Kostenberechnung (siehe nachfolgend § 43, Rdn 61), aus deren Ergebnisse der voraussichtliche Finanzierungsbedarf der Höhe nach abgeleitet werden kann. Zum anderen hat der Planer anhand der in der Leistungsphase 3 zu erstellenden Bauzeiten- und Kostenpläne (nachfolgend § 43, Rdn. 64 und 65) die Zeiträume wesentlicher Mittelabrufe und Mittelauszahlungen für Bau- und Lieferleistungen aufgrund eigener Fachkenntnis zu beschreiben.

(e) Mitwirken beim Erläutern des vorläufigen Entwurfs gegenüber Dritten an bis zu drei Terminen, Überarbeiten des vorläufigen Entwurfs auf Grund von Bedenken und Anregungen

59 Wie bereits in der Vorplanung ist der Objektplaner auch im Rahmen der Leistungsphase 3 zur **Teilnahme an Erläuterungsterminen** gegenüber Dritten, etwa Bürgern oder politischen Gremien verpflichtet (siehe hierzu im Einzelnen vorstehend § 43, Rdn. 42). Einwendungen oder Anregungen aus den Terminen können ggf. nochmals einen **Überarbeitungsbedarf** des vorläufigen Entwurfs hervorrufen (vgl. im Einzelnen vorstehend § 43, Rdn. 43).

(f) Vorabstimmen der Genehmigungsfähigkeit mit Behörden und anderen an der Planung fachlich Beteiligten

Ebenso wie in der Vorplanungsphase muss der Objektplaner auch bei der Entwurfspla- **60** nung den Kontakt zur zuständigen **Genehmigungsbehörde** suchen und mit ihr die Genehmigungsfähigkeit der Planung vorab klären. Eine Vorabstimmung der Genehmigungsfähigkeit ist ferner mit den am Projekt beteiligten **Sonderfachleuten** durchzuführen. Siehe zum Ganzen auch die Kommentierung vorstehend § 43, Rdn. 39 und 40.

(g) Kostenberechnung einschließlich zugehöriger Mengenermittlung, Vergleich der Kostenberechnung mit der Kostenschätzung

Die **Kostenberechnung** ist eine wesentliche Grundleistung der Leistungsphase 3. Auf **61** der Grundlage der Kostenberechnung werden gemäß § 6 Abs. 1 Nr. 1 die anrechenbaren Kosten des Objektes für die **Honorarermittlung des Objektplaners** bestimmt. Die Ergebnisse der Kostenberechnung bilden ferner die rechnerische Grundlage der **Fördermittelanträge;** anhand dieser Berechnungen werden im Vorfeld der Antragstellung die zuwendungsfähigen Kosten ermittelt. Auch für die Erarbeitung eines **Finanzierungsplanes** ist die Kostenberechnung eine unabdingbare Voraussetzung. Der Kostenberechnung liegen gemäß § 2 Abs. 11 **durchgearbeitete Entwurfszeichnungen** sowie **Mengenberechnungen** zugrunde. Ohne entsprechende Massenermittlungen ist eine Kostenberechnung regelmäßig nicht zu erstellen, worauf ausdrücklich auch der Wortlaut dieser Grundleistung abstellt („einschließlich zugehöriger Mengenermittlung"). Soweit erforderlich, sind die für die Berechnung und Beurteilung der Kosten relevanten **Erläuterungen** beizufügen. Für die Kostenberechnung der Ingenieurbauwerke wird die DIN 276 nicht in Bezug genommen. Die Vertragsparteien können jedoch vereinbaren, dass die Kostenberechnung in Anlehnung an die **DIN 276 – Teil 4, Fassung August 2009** erstellt wird. In diesem Fall müssen die Gesamtkosten nach Kostengruppen mindestens bis zur zweiten Ebene der Kostengliederung ermittelt werden. Bei **öffentlichen Aufträgen** sind teilweise spezielle **Verwaltungsvorschriften zur Kostenermittlung** zu berücksichtigen. Beispielsweise ist bei konstruktiven Ingenieurbauwerken für Bundes- oder Landesstraßen die „Anweisung zur Kostenberechnung von Straßenbaumaßnahmen – **AKS**" der Straßenbauverwaltungen zu beachten. Auch die Deutsche Bahn hat für ihren Bereich Kostenvorschriften entwickelt. Die Unterschiede zwischen den Kostenberechnungsmethoden im Ingenieurbau sind daher zum Teil erheblich. So differieren die Kostenvorschriften der Straßenbauverwaltungen (AKS) und die DIN 276 – Teil 4 bereits im Aufbau der ersten Kostengliederungsebene:

Vergleich der Kostengliederung 1. Ebene

AKS	DIN 276 (Teil 4 – Ingenieurbau)
Hauptgruppen:	**Kostengruppen:**
1 Grunderwerb	100 Grundstück
2 Untergrund, Unterbau, Entwässerung	200 Herrichten und Erschließen
3 Oberbau	300 Bauwerk – Baukonstruktion
4 Brücken	400 Bauwerk – Technische Anlagen
5 Stützwände	500 Außenanlagen
6 Tunnel	600 Ausstattung und Kunstwerke
7 Sonstige Bauwerke	700 Baunebenkosten
8 Ausstattung	
9 Sonstige besondere Anlagen und Kosten	

Als weitere Grundleistung im Zusammenhang mit den zu ermittelnden Kosten hat der **62** Planer **die Kostenberechnung und die Kostenschätzung zu vergleichen.** Hieraus folgen weitere Verpflichtungen des Planers: So sind gemäß der Amtlichen Begründung **bei Abweichungen** zwischen Kostenberechnung und Kostenschätzung die Gründe für die Differenz zu **erläutern** und auch zu **dokumentieren** (Amtliche Begründung zur HOAI

2013, BR-Drs. 334/13, Seite 198). Diese Verpflichtung ist aus Sicht des Auftraggebers von besonderer Bedeutung, wenn die Abweichung so erheblich ist, dass der vormals abgestimmte finanzielle Rahmen überschritten wird. Hier muss dem Auftraggeber die Möglichkeit einer Neudisposition des Bauprojektes gegeben werden. Im Falle einer als Beschaffenheit vereinbarten Baukostenobergrenze führt deren Überschreitung darüber hinaus zu einer Umplanungspflicht des Auftragnehmers, so dass das vereinbarte Baubudget eingehalten wird.

(h) Ermitteln der wesentlichen Bauphasen unter Berücksichtigung der Verkehrslenkung und der Aufrechterhaltung des Betriebes während der Bauzeit

63   Diese Grundleistung ist in der Praxis primär der Objektplanung für Verkehrsanlagen zuzuordnen. Gleichwohl ist ihre Erwähnung bei der Objektplanung Ingenieurbauwerke entgegen einer Auffassung in der honorarrechtlichen Literatur (Locher/Koeble/Frik, a. a. O. Rdn. 55) keinesfalls ein „redaktionelles Versehen" des Verordnungsgebers. Denn das **Ermitteln der wesentlichen Bauphasen** unter Berücksichtigung der **Verkehrslenkung** und der **Aufrechterhaltung des Betriebes** ist **im Ingenieurbau** bedeutsam bei den Objektgruppen 1 und 2 (hier bei Leitungsnetzen im Straßenbereich), der Objektgruppe 3 (hier u. a. bei Schifffahrtskanälen, Schleusen und Häfen) sowie insbesondere bei der Objektgruppe 6 (konstruktive Ingenieurbauwerke für Verkehrsanlagen). Gerade etwa bei Brückenbauwerken im Zusammenhang mit Verkehrsanlagen sind sowohl die Verkehrslenkung als auch die Aufrechterhaltung des Verkehrsbetriebes während der Bauzeit von hoher Relevanz. Bei derartigen Projekten wird im Übrigen regelmäßig eine Objektplanung sowohl für das Ingenieurbauwerk als auch für die Verkehrsanlage beauftragt, so dass die Grundleistung „Ermitteln der wesentlichen Bauphasen" im Falle einer getrennten Fachlos-Beauftragung von beiden Objektplanern in enger Abstimmung zu erbringen ist.

(i) Bauzeiten- und Kostenplan

64   Die systematische Stellung in der Leistungsphase 3 macht deutlich, dass unter dem Begriff „Bauzeitenplan" hier nicht der während der Bauausführungsphase (Leistungsphase 8) durch die Bauoberleitung zu erstellende Terminplan im Sinne des § 5 Abs. 1 Satz 2 VOB/B gemeint ist. Unter dem **Bauzeitenplan,** welcher während der Entwurfsplanungsphase zu erarbeiten ist, wird vielmehr eine erste zeitliche Systematisierung des Bauvorhabens nach Zeiträumen verstanden, sodass der Auftraggeber in die Lage versetzt wird, nach diesen Angaben in Kombination mit dem Kostenplan einen Finanzierungsplan aufzustellen. Die im Bauzeitenplan anzugebenden Zeiträume müssen insoweit die wesentlichen Bau- und Lieferleistungen bezeichnen. Beispiel: Bei Errichtung eines Ingenieurbauwerks mit hohem Technikanteil muss neben der Roh- und Ausbauphase der Zeitraum benannt werden, zu dem die Technische Ausrüstung geliefert und eingebaut wird. In den Bestimmungen der TVB-Brücken 2009 wird ferner hervorgehoben, dass „der Bauablauf auch unter Berücksichtigung natur- und umweltschutzfachlicher Erfordernisse festzulegen" ist (TVB-Brücken, Ausgabe 2009, Ziff. 2.3.5).

65   Der zu erstellende **Kostenplan** gründet einerseits auf den Ergebnissen der Kostenberechnung. Zum anderen sind aufgrund der im Bauzeitenplan benannten Zeiträume die wesentlichen Mittelabflussphasen im Kostenplan zu bezeichnen. Die Angaben im Kostenplan des Auftragnehmers bilden die inhaltliche Grundlage für die Finanzierungsplanung des Auftraggebers.

(j) Zusammenfassen, Erläutern und Dokumentieren der Ergebnisse

66   Die **Ergebnisse** der Entwurfsplanung sind vom Planer **zusammenzufassen, zu erläutern und zu dokumentieren.** Die **Zusammenfassung** beinhaltet einen zusammenhängenden **Bericht,** der die Einzelergebnisse, insbesondere im Hinblick auf

– die zeichnerische Darstellung des Entwurfs mit Erläuterung,
– die genehmigungsbehördliche Vorabstimmung,
– die Kostenberechnung,
– ggf. Abweichungen zur Kostenschätzung und deren Gründe sowie
– den Bauzeiten- und Kostenplan

für den Auftraggeber festhält. Das weitere Merkmal der **Dokumentation** stellt klar, dass dieser Bericht entweder **schriftlich** oder zumindest in (digitaler) **Textform** zu verfassen ist. Die gewonnenen Ergebnisse sind schließlich dem Auftraggeber zu erläutern. Die **Erläuterung** beinhaltet, dass dem **Auftraggeber der Bericht zugeleitet** und darüber hinaus mit ihm **mündlich erörtert** wird.

b) Besondere Leistungen

• Fortschreiben von Nutzen-Kosten-Untersuchungen

Das **Anfertigen einer Nutzen-Kosten-Untersuchung** hat der Verordnungsgeber der   **67**
Leistungsphase 2 zugeordnet (siehe vorstehend § 43, Rdn. 49). Die **Fortschreibung** dieser Untersuchung wird demnach als Besondere Leistung in der **Leistungsphase 3** aufgeführt. Es ist jedoch darauf hinzuweisen, dass in aller Regel eine Nutzen-Kosten-Analyse seriös erst nach Vorliegen der Erkenntnisse aus der Kostenberechnung erstellt werden kann. Folglich wird die Beauftragung einer Kosten-Nutzen-Untersuchung regelmäßig in der Leistungsphase 3 zu erfolgen haben; eine „Fortschreibung" wird dann – wenn überhaupt – in einer späteren Leistungsphase, etwa der Ausführungsplanung sinnvoll sein. Abzugrenzen ist die Besondere Leistung „Anfertigen/Fortschreiben von Nutzen-Kosten-Untersuchungen" zu den Grundleistungen „Mitwirken beim Aufstellen des Finanzierungsplans sowie Vorbereiten der Anträge auf Finanzierung". Die Erstellung einer Nutzen-Kosten-Analyse kann im Einzelfall Voraussetzung für die Finanzierung des Bauvorhabens sein. In diesen Fällen wird diese Untersuchung zusätzlich als Besondere Leistung zu beauftragen und zu honorieren sein.

• Mitwirken bei Verwaltungsvereinbarungen

Diese Besondere Leistung umfasst keine rechtliche Beratung im Sinne einer vertragsge-   **68**
staltenden Tätigkeit. Vielmehr wird der Objektplaner lediglich vorbereitend und begleitend tätig, indem er die notwendigen **technischen Beiträge** für die spätere inhaltliche Gestaltung öffentlich-rechtlicher Verträge beibringt. Insbesondere bei Erschließungsvereinbarungen ist die technische Mitwirkung von hoher Bedeutung. Aber auch für Kreuzungsvereinbarungen nach dem AEG ist die planerische Mitwirkung oft unerlässlich. Insgesamt sind zahlreiche Fallgestaltungen denkbar, bei denen entweder zwischen Personen des öffentlichen Rechts (etwa Vereinbarungen im Rahmen interkommunaler Zusammenarbeit) oder zwischen Personen des öffentlichen Rechts und Privatpersonen (etwa Gestattungsvereinbarungen) Verträge geschlossen werden, deren inhaltliche Ausgestaltung die Zuarbeit eines Planers zwingend macht.

• Nachweis der zwingenden Gründe des überwiegenden öffentlichen Interesses der Notwendigkeit der Maßnahme (zum Beispiel Gebiets- und Artenschutz gemäß der Richtlinie 92/43/EWG des Rates vom 21. Mai 1992 zur Erhaltung der natürlichen Lebensräume sowie der wildlebenden Tiere und Pflanzen (ABl. L 206 vom 22.7.1992, S. 7).

Die Richtlinie 92/43/EWG zum Artenschutz wird hier lediglich **beispielhaft** aufgeführt. Die Besondere Leistung wird stets dann zu beauftragen sein, wenn spezifische planerische Fachkenntnisse abgefragt werden, die in einem öffentlich-rechtlichen Abwägungsprozess erforderlich werden, um „zwingende Gründe des überwiegenden öffentlichen Interesses" für die Durchführung des Projektes fachtechnisch darzulegen und nachzuweisen.

• Fiktivkostenberechnungen (Kostenteilung)

Nicht selten sind **verschiedene Auftrag- oder Fördermittelgeber** an einem Projekt   **69**
beteiligt. In diesen Fällen wird es erforderlich, die **Kosten** – hier gemäß Kostenberechnung – den verschiedenen Auftraggebern **anteilig zuzuordnen.** Beispiel: Ein Brückenbauwerk mit Schienen- und Straßenverkehrsanlage wird im Kreuzungsbereich teilweise mit Mitteln nach dem Gemeindeverkehrsfinanzierungsgesetz (GVFG) bzw. dem Entflechtungsgesetz finanziert. In diesem Fall müssen vom Planer Fiktivkostenberechnungen durchgeführt werden, um die nach dem GVFG geförderten kommunalen Kostenanteile zu bestimmen.

4. LPH 4: Genehmigungsplanung (§ 43 Abs. 1 Nr. 4, Abs. 4 i. V. m. Anlage 12 Nr. 12.1)

70

Teilleistungstabellen (nicht verbindlich)	Bewertung nach:		
LPH 4 Genehmigungsplanung	Siemon	Simmendinger	Theißen
a) Erarbeiten und Zusammenstellen der Unterlagen für die erforderlichen öffentlich-rechtlichen Verfahren oder Genehmigungsverfahren einschließlich der Anträge auf Ausnahmen und Befreiungen, Aufstellen des Bauwerksverzeichnisses unter Verwendung der Beiträge anderer an der Planung fachlich Beteiligter	4,00–4,90 %	2,5	2,6–3,2
b) Erstellen des Grunderwerbsplanes und des Grunderwerbsverzeichnisses unter Verwendung der Beiträge anderer an der Planung fachlich Beteiligter	in a) enth.	0,25	0,1–0,3
c) Vervollständigen und Anpassen der Planungsunterlagen, Beschreibungen und Berechnungen unter Verwendung der Beiträge anderer an der Planung fachlich Beteiligter	in a) ent.	0,5	0,2–0,4
d) Abstimmen mit Behörden	0,10–1,00 %	0,25	0,4–0,6
e) Mitwirken in Genehmigungsverfahren einschließlich der Teilnahme an bis zu vier Erläuterungs-, Erörterungsterminen	in d) enth.	1	0,4–1,0
f) Mitwirken beim Abfassen von Stellungnahmen zu Bedenken und Anregungen in bis zu zehn Kategorien	in d) enth.	0,5	0,3–0,6

71   Die Genehmigungsplanung wird – wie bisher auch – mit lediglich **5 Prozent** des Gesamthonorars aller Leistungsphasen bewertet. Falls ein eigenständiges Planfeststellungsverfahren für das Ingenieurbauwerk erforderlich ist, so kann gemäß § 43 Abs. 3 Nr. 1 eine höhere prozentuale Bewertung – bis zu 8 Prozent – vereinbart werden.

a) Grundleistungen

(a) Erarbeiten und Zusammenstellen der Unterlagen für die erforderlichen öffentlich-rechtlichen Verfahren oder Genehmigungsverfahren einschließlich der Anträge auf Ausnahmen und Befreiungen, Aufstellen des Bauwerksverzeichnisses unter Verwendung der Beiträge anderer an der Planung fachlich Beteiligter

72   Bei dem **Erarbeiten und Zusammenstellen der Unterlagen** wird sich der Planer in aller Regel auf die von ihm bereits in der Entwurfsplanungsphase erstellten zeichnerischen und textlichen Darstellungen beziehen und diese entsprechend der verwaltungsrechtlichen Vorgaben ggf. ergänzen bzw. im Maßstab verändern.

73   Der Verordnungsgeber differenziert ferner zwischen erforderlichen „öffentlich-rechtlichen Verfahren" und „Genehmigungsverfahren". Hiermit wird klargestellt, dass die Erarbeitung und Zusammenstellung von Unterlagen auch für **nicht genehmigungspflichtige Vorhaben** zu erfolgen hat (vgl. Amtliche Begründung zur HOAI 2013, BR-Drs. 334/13, Seite 198). **Genehmigungsverfahren** sind neben den **allgemeinen** Baugenehmigungsverfahren nach den Landesbauordnungen auch **spezialgesetzliche** Genehmigungsverfahren, insbesondere zur Erlangung immissionsschutzrechtlicher, wasserrechtlicher oder abfallrechtlicher Genehmigungen. Auch die Mitwirkung in einem **Planfeststellungsverfahren** kann im Einzelfall erforderlich werden (vgl. hierzu auch § 43 Abs. 2 Nr. 1).

74   Ein besonderes Augenmerk hat der Objektplaner auf die Voraussetzungen für zu beantragende **Ausnahmen** und/oder **Befreiungen** zu legen. **Ausnahmen** sind solche Abweichungen von bauplanungsrechtlichen Festsetzungen, die nach Art und Umfang in dem

Bebauungsplan ausdrücklich zugelassen sind (vgl. § 31 Abs. 1 BauGB). Demgegenüber sind **Befreiungen** von bauplanungsrechtlichen Festsetzungen nur zulässig, wenn hierdurch die Grundzüge der Bauleitplanung nicht berührt werden, die Abweichung auch unter Würdigung der nachbarlichen Belange mit öffentlichen Interessen vereinbar sind und zudem weitere Erfordernisse die Befreiung rechtfertigen wie etwa Gründe des Allgemeinwohls, Vermeidung nicht beabsichtigter Härten oder eine städtebauliche Vertretbarkeit der Abweichung (vgl. § 31 Abs. 2 BauGB). Sowohl die Erteilung einer Befreiung als auch die Zulassung von Ausnahmen stehen im Ermessen der Genehmigungsbehörde. Die Antragsbegründung muss daher sehr differenziert und insbesondere bei Befreiungen strikt an den gesetzlich vorgegebenen Befreiungstatbeständen ausgerichtet sein. Da der Objektplaner keine Rechtsberatung schuldet, wird im Einzelfall zusätzlicher Rechtsrat einzuholen sein.

Das **Aufstellen eines Bauwerksverzeichnisses** ist im Rahmen eines Planfeststellungs- **75** verfahrens erforderlich. So sehen etwa die „Richtlinien zum Planungsprozess und für die einheitliche Gestaltung von Entwurfsunterlagen im Straßenbau – RE" (derzeit gültige Fassung: RE 2012 vom 2.10.2012) für Ingenieurbauwerke u.a. folgende Angaben vor:

„10. Ingenieurbauwerke

1. Verzeichnis der Brücken und anderer Ingenieurbauwerke (Bauwerksverzeichnis)

2. Bauwerksskizze

3. Bauwerksplan"

Das Bauwerksverzeichnis ist ein „Verzeichnis der Bauwerke, Wege, Gewässer und sonstiger Anlagen", die von dem Planfeststellungsverfahren betroffen werden. Neben der Bezeichnung der entsprechenden Objekte werden die jeweiligen Eigentümer bzw. Unterhaltungspflichtigen sowie die für das jeweilige Objekt vorgesehenen Maßnahmen tabellarisch in dem Verzeichnis aufgeführt. Die Erstellung des Bauwerksverzeichnisses erfolgt unter Verwendung der Beiträge anderer an der Planung fachlich Beteiligter.

(b) Erstellen des Grunderwerbsplanes und des Grunderwerbsverzeichnisses unter Verwendung der Beiträge anderer an der Planung fachlich Beteiligter

Bei dem Neu- oder Ausbau eines Verkehrsweges wie auch bei der Neuerrichtung von **76** flächenverbrauchenden Ingenieurbauwerken, etwa im Wasserbau (z.B. Talsperren) kann es erforderlich werden, zusätzliche Grundstücke für die beabsichtigte Bebauung zu erwerben. Der entsprechende Bedarf wird im Rahmen der Genehmigungsplanung in Form eines **Grunderwerbsplanes** und eines **Grunderwerbsverzeichnisses** ermittelt. Der Erwerbsvorgang selber und die entsprechenden Verhandlungen obliegen dem Auftraggeber. Ebenso ist es eine Obliegenheit des Auftraggebers, dem Planer die notwendigen Kataster- und Grundbuchunterlagen zur Verfügung zu stellen. Wird der Planer mit der Beschaffung dieser Unterlagen beauftragt, so handelt es sich um eine Besondere Leistung der Leistungsphase 2 (siehe vorstehend § 43, Rdn. 50). Bei der Erstellung des Grunderwerbsplanes und des Grunderwerbverzeichnisses wird der Objektplaner erforderlichenfalls auch Beiträge von Sonderfachleuten, in der Regel von Vermessungsingenieuren verwenden.

(c) Vervollständigen und Anpassen der Planungsunterlagen, Beschreibungen und Berechnungen unter Verwendung der Beiträge anderer an der Planung fachlich Beteiligter

Als weitere Grundleistung schuldet der Planer das **Vervollständigen und Anpassen** **77** **der Planungsunterlagen, Beschreibungen und Berechnungen.** Dies gilt insbesondere auch **nach Einreichung des Genehmigungsantrages.** Stellt sich während des Genehmigungsverfahrens heraus, dass Unterlagen fehlen oder zu überarbeiten sind, so sind die entsprechenden Ergänzungsarbeiten vom Planer nicht allein unter dem Gesichtspunkt der Mängelbeseitigung zu leisten. Vielmehr sind bei Nachforderungsverlangen der Genehmigungsbehörde die eingereichten Unterlagen auch dann anzupassen, wenn die Planung zwar mangelfrei ist, allerdings aufgrund nachvollziehbarer behördlicher Zweckmäßigkeitserwägungen eine Ergänzung der Unterlagen erforderlich wird. Beispiel: Zum Zwecke der Beschleunigung des Genehmigungsverfahrens wird der Planer gebeten, bereits vorgelegte zutreffende Berechnungen detaillierter zu fassen. Bei der Vervollständigung und Anpassung der Planungsunterlagen wird der Objektplaner auch auf Beiträge der Fachplaner und anderer Sonderfachleute zurückgreifen.

(d) Abstimmen mit Behörden

78   Wie bereits in den vorangegangenen Leistungsphasen 2 und 3, so hat der Objektplaner auch während der Genehmigungsplanung den Kontakt zur Genehmigungsbehörde zu halten, so dass auf Bedenken oder Anregungen kurzfristig reagiert werden kann. Allerdings ist zu beachten, dass aufgrund der bereits erfolgten Vorabstimmungen während der Vor- und Entwurfsplanung regelmäßig nur noch ein geringer Abstimmungsbedarf verbleiben dürfte, so etwa im Hinblick auf die Vollständigkeit der eingereichten Unterlagen (siehe vorstehend § 43, Rdn. 77).

(e) Mitwirken in Genehmigungsverfahren einschließlich der Teilnahme an bis zu vier Erläuterungs-, Erörterungsterminen

79   In der HOAI 2009 wurde die Mitwirkung noch auf das Planfeststellungsverfahren begrenzt. Nunmehr wird von einem **Mitwirken in Genehmigungsverfahren** gesprochen. Diese Formulierung ist dergestalt auszulegen, dass den Objektplaner sowohl im Rahmen von Planfeststellungsverfahren als auch allgemein bei Genehmigungsverfahren eine Pflicht zur Teilhabe an Erläuterungs- bzw. Erörterungsterminen trifft. In der Regel wird es sich um Termine handeln, in denen gegenüber betroffenen Anwohnern, aber auch gegenüber politischen Gremien oder Interessengruppen der Gegenstand des Genehmigungsverfahrens erläutert wird. Die Präsenzpflicht des Objektplaners ist **während der Genehmigungsphase auf vier Termine begrenzt.** Die Teilnahme an Verhandlungen mit Nachbarn, deren Zustimmung zu dem Projekt eingeholt werden soll, ist von der vorstehenden Grundleistung nicht umfasst. Vielmehr handelt es sich insoweit um eine Besondere Leistung (siehe nachfolgend § 43, Rdn. 81).

(f) Mitwirken beim Abfassen von Stellungnahmen zu Bedenken und Anregungen in bis zu zehn Kategorien

80   Sobald etwa im Rahmen eines Planfeststellungsverfahrens nach erfolgter Beteiligung der Öffentlichkeit und der Träger öffentlicher Belange **Bedenken und Anregungen** vorgetragen werden, müssen **auftraggeberseitig** entsprechende **Stellungnahmen** gefertigt werden. Dem Objektplaner kommt insoweit lediglich eine **Mitwirkungspflicht** in der Weise zu, dass er **aus technischer Sicht** den Auftraggeber bei dem Abfassen dieser Stellungnahmen berät und ggf. notwendige Daten und Berechnungen beifügt. Die Mitwirkung ist auf **„bis zu zehn Kategorien begrenzt".** Dies bedeutet allerdings nicht, dass der Planer lediglich an maximal zehn Stellungnahmen mitwirkt. Vielmehr ist seine Beratungstätigkeit hier auf maximal zehn thematisch abgrenzbare Bereiche beschränkt, innerhalb derer möglicherweise jeweils mehrere Stellungnahmen zu fertigen sind.

b) Besondere Leistung

• Mitwirken bei der Beschaffung der Zustimmung von Betroffenen

81   **Abzugrenzen** ist diese Besondere Leistung von der **Grundleistung** „Mitwirken im Genehmigungsverfahren einschließlich der Teilnahme an bis zu vier Erläuterungs- und Erörterungsterminen". Die vorgenannte Grundleistung beinhaltet die Teilnahme an allgemeinen Erläuterungsterminen gegenüber Bürgern und politischen Gremien. Die Besondere Leistung „Mitwirken bei der Beschaffung der Zustimmung von Betroffenen" zielt hingegen auf eine technische Beratung des Auftraggebers und ggf. Terminteilnahme in **individuellen Zustimmungsverfahren** bzgl. einzelner Betroffener. Wenn etwa die Zustimmung eines betroffenen Anwohners zur Errichtung einer Windkraftanlage im Verhandlungswege erreicht werden soll, so ist die technische Begleitung und Beratung des Auftraggebers eine Besondere Leistung des Objektplaners.

5. LPH 5: Ausführungsplanung (§ 43 Abs. 1 Nr. 5, Abs. 4 i.V.m. Anlage 12 Nr. 12.1)

Teilleistungstabellen (nicht verbindlich)	Bewertung nach:			82
LPH 5 Ausführungsplanung	**Siemon**	**Simmendinger**	**Theißen**	
a) Erarbeiten der Ausführungsplanung auf Grundlage der Ergebnisse der Leistungsphasen 3 und 4 unter Berücksichtigung aller fachspezifischen Anforderungen und Verwendung der Beiträge anderer an der Planung fachlich Beteiligter bis zur ausführungsreifen Lösung	7,00–8,00 %	6	5,8–6,3	
b) Zeichnerische Darstellung, Erläuterungen und zur Objektplanung gehörige Berechnungen mit allen für die Ausführung notwendigen Einzelangaben einschließlich Detailzeichnungen in den erforderlichen Maßstäben	7,00–8,00 %	6	5,8–6,3	
c) Bereitstellen der Arbeitsergebnisse als Grundlage für die anderen an der Planung fachlich Beteiligten und Integrieren ihrer Beiträge bis zur ausführungsreifen Lösung	in a) und b) enth.	1,5	0,8–1,2	
d) Vervollständigen der Ausführungsplanung während der Objektausführung	in a) und b) enth.	1,5	1,6–2,2	

Die Ausführungsplanung wird – wie zuvor auch – mit **15 Prozent** des Gesamthonorars 83 aller Leistungsphasen bewertet. § 43 Abs. 2 Nr. 2 lässt die Vereinbarung einer höheren Bewertung – bis zu 35 Prozent – zu, wenn „ein überdurchschnittlicher Aufwand an Ausführungszeichnungen erforderlich wird".

a) Grundleistungen

(a) Erarbeiten der Ausführungsplanung auf Grundlage der Ergebnisse der Leistungsphasen 3 und 4 unter Berücksichtigung aller fachspezifischen Anforderungen und Verwendung der Beiträge anderer an der Planung fachlich Beteiligter bis zur ausführungsreifen Lösung

Die **Ausführungsplanung** stellt die **ausführungsreife Planungslösung** dar. In dieser 84 Leistungsphase wird die Planung auf der Grundlage der Entwurfs- und Genehmigungsplanung so weit entwickelt, dass die ausführenden Unternehmen den Bau und die Montage des Objektes realisieren können (siehe hierzu auch die Kommentierung zu § 34, dort Rdn. 165 ff.). Die Beiträge der Fachplaner und die Beratungsleistungen der an der Planung Beteiligten sind bei der Erstellung der Ausführungsplanung zu berücksichtigen. Der Objektplaner hat die Ausführungsplanung nicht notwendigerweise in einem Zuge anzufertigen. Vielmehr ist sie ggf. sukzessive nach Baufortschritt vorzulegen und den tatsächlichen Gegebenheiten anzupassen (vgl. im Einzelnen vorstehend § 34, Rdn. 167, 168).

(b) Zeichnerische Darstellung, Erläuterungen und zur Objektplanung gehörige Berechnungen mit allen für die Ausführung notwendigen Einzelangaben einschließlich Detailzeichnungen in den erforderlichen Maßstäben

Die Ausführungsplanung enthält in erster Linie **zeichnerische Darstellungen** (Ausführ- 85 ungszeichnungen) des zu errichtenden Objektes. Allerdings sind zusätzliche **Berechnungen** und **textliche Beschreibungen** oftmals ebenso Inhalt der Ausführungsplanung, wenn diese zur Präzisierung der zeichnerischen Darstellungen erforderlich werden. Die **Ausführungszeichnungen** sind Bauzeichnungen, die „alle für die Ausführung bestimmten Einzelangaben in Detailzeichnungen enthalten und dienen als Grundlage der Leistungsbeschreibung und Ausführung der baulichen Leistungen" (DIN 1356-1, dort Nr. 2.4).

Insoweit sind Werkzeichnungen und Detailzeichnungen zu unterscheiden: **Werkzeichnungen** werden bei Einzelbauwerken im Regelfall im Maßstab 1:50, ggf. 1:20 ausgeführt. Bei Linienbauwerken und Leitungsnetzen sind Maßangaben sowohl der Übersichts- als auch der Abschnittszeichnungen naturgemäß weit größer (siehe auch vorstehend Rdn. 84). Werkzeichnungen enthalten bei Bauwerken in den Grundrissen: u.a. Höhenangaben, Lage des Objektes über NN, Bemaßung aller Bauteile, Rohbaumaße, Raumflächen, Raumnutzungen und -nummern, Anordnung der betriebstechnischen Anlagen mit Querschnitten der Kanäle, Schächte etc., ggf. Angaben zu Maßtoleranzen bei Verwendung von Fertigteilen; in den Schnitten: u.a. Höhenangaben für Decken und Fußböden, Brüstungen, Unterzüge etc., Maße aller Bauteile, Treppen und Rampen, Angaben über die Dränung; in den Ansichten: u.a. Gliederung der Fassaden, Öffnungsarten, technische Auf- und Anbauten, Bemaßung und Höhenangaben. Des Weiteren enthalten die Werkzeichnungen des Objektplaners regelmäßig Hinweise auf Zeichnungen anderer an der Planung fachlich Beteiligter, wie etwa Tragwerksausführungszeichnungen, Kabel- oder Rohrleitungspläne. **Detailzeichnungen** dienen der Ergänzung der Werkzeichnungen in bestimmten Ausschnitten in jeweils erforderlichem Umfang durch zusätzliche Angaben; ihr Maßstab beträgt bei Anlagen und Einzelbauwerken 1:20, 1:10, 1:5 oder 1:1. Detailzeichnungen dienen der zusätzlichen Visualisierung von Bauteilen. Sie werden in Kombination mit erläuternden textlichen Angaben stets erforderlich, wenn eine Schadensgeneigtheit bei der späteren Erstellung oder Montage der Bauteile zu besorgen ist.

86 Werk- und Detailzeichnungen des Objektplaners sind schließlich **zu unterscheiden von den Montage- und Werkstattzeichnungen der ausführenden Unternehmen,** welche gemäß den Vorgaben der VOB/C von diesen selbst zu erstellen sind. Die Werkstatt- und Montagepläne der Unternehmer werden auf Grundlage der Ausführungspläne des Objektplaners erarbeitet.

(c) Bereitstellen der Arbeitsergebnisse als Grundlage für die anderen an der Planung fachlich Beteiligten und Integrieren ihrer Beiträge bis zur ausführungsreifen Lösung

87 Mit dieser Grundleistung wird die **Koordinierungspflicht des Objektplaners** in zweierlei Hinsicht konkretisiert: Zum einen wird ihm auferlegt, insbesondere den Fachplanern die gewonnenen Arbeitsergebnisse zur Verfügung zu stellen. Zum anderen hat der Objektplaner die ihm übergebenen Planungen und Beratungsleistungen in die Objektplanung zu integrieren. Dabei ist diese Grundleistung nicht als eine einmalige Tätigkeit, sondern als ein **wechselseitiger Arbeitsprozess zwischen Objektplaner und Fachplanern** zu verstehen, an dessen Ende den bauausführenden Unternehmen eine integrierte, ausführungsreife Planung zur Verfügung gestellt wird. Auf Seiten der Fachplaner sind korrespondierende Pflichten in deren Grundleistungskatalogen beschrieben, wie etwa bei der Fachplanung Technische Ausrüstung das „Abstimmen der Ausführungszeichnungen mit dem Objektplaner und den übrigen Fachplanern" (Anlage 15 Nr. 15.1, dort LPH 5, lit.b). Die Koordinationspflicht im Rahmen dieser Grundleistung ist ausgerichtet auf die Arbeitsergebnisse der an der Planung fachlich Beteiligten, also insbesondere der Fachplaner und Berater. Hiervon zu unterscheiden ist eine übergreifende „Koordination des Gesamtprojektes", die ausdrücklich als Besondere Leistung benannt wird (siehe nachfolgend § 43, Rdn. 90).

(d) Vervollständigen der Ausführungsplanung während der Objektausführung

88 Diese Grundleistung wurde in den früheren Fassungen der HOAI als „Fortschreiben der Ausführungsplanung während der Objektausführung" bezeichnet. Die Ersetzung des Begriffs „Fortschreiben" durch die Wendung „Vervollständigen" beinhaltet keine inhaltliche Änderung, sondern lediglich eine **redaktionelle Konkretisierung** der Leistungspflicht. Es wird klar gestellt, dass diese Grundleistung nicht jede Fortschreibung der Planung während der Bauausführungsphase erfasst, sondern lediglich die **Planvervollständigung im Rahmen des bisherigen Planungsziels.** In der Praxis wird die Ausführungsplanung häufig während der Bauphase weitergeführt, ergänzt oder verändert. Derartige Anpassungsprozesse können beispielsweise erforderlich werden, weil bestimmte notwendige Angaben, wie

etwa Lieferanten- oder Herstellervorgaben erst nach Auftragserteilung bekannt werden. Auch die Notwendigkeit einer späteren Anpassung der Ausführungspläne an die örtlichen Gegebenheiten kann maßgeblich für die Vervollständigung der Ausführungsplanung während der Leistungsphase 8 sein. Von dieser Konstellation der „Vervollständigung der Ausführungsplanung" im Sinne einer Grundleistung des Objektplaners ist rechtlich zu **unterscheiden** die Änderung der Ausführungsplanung aufgrund berechtigter **Nachträge** der bauausführenden Unternehmen. Hier kann es auf Planerseite zu **teilweisen Wiederholungen von Grundleistungen** im Sinne des § 10 Abs. 2 kommen. Sind allerdings die geänderten oder zusätzlichen Leistungen des bauausführenden Unternehmens auf eine fehler- oder lückenhafte Planung zurückzuführen, so werden notwendige Umplanungen oder Ergänzungsplanungen als **Nacherfüllungspflichten** des Planers zur Mangelbeseitigung zu werten sein.

b) Besondere Leistungen

● Objektübergreifende, integrierte Bauablaufplanung

Diese Besondere Leistung einer **„objektübergreifenden, integrierten Bauablauf-** **89** **planung"** ist **abzugrenzen** von dem klassischen **Bauterminplan,** welcher im Rahmen der Bauoberleitung (Leistungsphase 8) zu erstellen ist, und auch von dem **„Bauzeiten-** **plan"** der Leistungsphase 3. Mit dieser Besonderen Leistung sind Bauablaufplanungen gemeint, die über die üblichen Bauterminpläne in Form von Zeitdiagrammen hinausgehen, und deren **Zweck** es ist, bei **komplexen Bauprojekten** die **Abhängigkeiten und Verknüpfungen verschiedener Objektausführungen** sowie der agierenden Baubeteiligten vorausplanend zu erfassen. Die Darstellung dieser Bauablaufplanung erfolgt zumeist in Form von Ablauf- und Netzplänen (siehe nachfolgend § 43, Rdn. 91 und 92).

● Koordination des Gesamtprojekts

Diese Besondere Leistung **geht über die allgemeine Koordinierungspflicht** des Ob- **90** jektplaners, die sich insbesondere auf die anderen fachlich an der Planung Beteiligten bezieht, deutlich hinaus. So kann die „Koordination des Gesamtprojekts" im Rahmen der Leistungsphase 5 **beispielsweise** das Erstellen und Koordinieren des **Programm**s für das Gesamtprojekt, das Aufstellen von **Organisationsplänen,** die Definition und Festlegung **konkreter Projektziele** (wie etwa Termin- oder Kostenziele) sowie auch die **Schnittstellenplanung** zu anderen Projekten umfassen. Der Objektplaner nähert sich mit dieser Besonderen Leistung den **Aufgaben der Projektsteuerung,** die im Rahmen der 3. Projektstufe, nämlich der Ausführungsvorbereitung (gemäß dem Leistungsbild Projektsteuerung nach DVP/AHO), ähnliche Leistungen zu erbringen hat. Aus Sicht des Auftraggebers macht daher die Beauftragung dieser Besonderen Leistung des Objektplaners nur Sinn, wenn nicht zugleich Projektsteuerungsleistungen vergeben werden. Es ist ferner zu empfehlen, die hiermit verbundenen **Leistungen im Einzelfall** zu konkretisieren und **vertraglich festzulegen.**

● Aufstellen von Ablauf- und Netzplänen

„Ablauf- und Netzpläne" dienen der **Terminsteuerung** von Projekten, aber auch der **91** **Kosten- und Ressourcensteuerung.** Ein Netzplan stellt Abläufe sowie deren Verknüpfungen und Abhängigkeiten dar. Netzpläne werden zumeist zur **Bauablaufplanung komplexer Projekte** genutzt. Einem **Netzplan** können beispielsweise **folgende Informationen** entnommen werden:

– An welchen Stellen bestehen Ablaufunsicherheiten im Projekt („kritischer Pfad"), und wie kann ihnen begegnet werden?
– Zu welchen Zeitpunkten müssen Ressourcen (Gerätschaften, Personal) in welcher Menge auf der Baustelle vorhanden sein, um die Terminziele einzuhalten?
– Zu welchen Zeitpunkten bzw. Projektphasen fallen Kosten in welcher Größenordnung an?

Damit geht die Netzplantechnik in ihrem Erkenntniswert deutlich über die üblichen Bauzeitenpläne in Form von **Balkendiagrammen** hinaus. Letztere bilden eine **Grundleistung** der Bauoberleitung (Leistungsphase 8). Das **Aufstellen von Ablauf- und Netz-**

plänen hingegen ist als **Besondere Leistung** der Leistungsphase 5 zugeordnet. Schließlich ist zu beachten, dass nicht nur das Aufstellen von Netzplänen, sondern auch deren **kontinuierliche Weiterführung** für die Projektplanung notwendig ist. Auch dies ist eine (unbenannte) Besondere Leistung des hiermit beauftragten Objektplaners.

- Planen von Anlagen der Verfahrens- und Prozesstechnik für Ingenieurbauwerke gemäß § 41 Nummer 1 bis 3 und 5, die dem Auftragnehmer übertragen werden, der auch die Grundleistungen für die jeweiligen Ingenieurbauwerke erbringt

92 Der Verordnungsgeber hat hier die bereits in der HOAI 2009 unter Anlage 2.8.5 aufgeführte Besondere Leistung übernommen. Letztere wiederum entsprach in ihrer Formulierung der Vorschrift des § 55 Abs. 4 Satz 2 HOAI 1996. Der Verordnungsgeber sah die Notwendigkeit dieser Regelung darin begründet, dass nach Erfahrungssätzen insbesondere bei Objekten des Wasserbaus, der Wasserwirtschaft und der Abfallwirtschaft „häufig dem Objektplaner nicht nur Planungsleistungen für das Objekt übertragen (werden), sondern auch für die Anlagen der Verfahrens- und Prozesstechnik in diesen Objekten" (Amtliche Begründung zur HOAI 1996, a. a. O. Seite 124). Es sollte den Auftraggebern, insbesondere auch den Gebietskörperschaften die Möglichkeit einer freien Honorarvereinbarung für diese Leistungen eröffnet werden. Dieser Gedanke wird fortgeschrieben durch die Übernahme der Regelung in Form einer Besonderen Leistung. Allerdings ist darauf hinzuweisen, dass mit der Einführung der HOAI 2013 die Planung Verfahrenstechnischer Anlagen unter § 53 Abs. 2 Nr. 7 eine eigenständige Erwähnung in der Anlagengruppe 7 gefunden hat. Ebenso werden in der Objektliste der Anlage 15 Nr. 15.2 (dort Ziff. 7.2) Verfahrenstechnischen Anlagen als Anlagengruppe aufgeführt. Insoweit erscheint es aus honorarrechtlicher Sicht nicht nachvollziehbar, weshalb eine solche Planung einerseits als Grundleistung der Fachplanung Technische Ausrüstung honoriert wird und damit dem zwingenden Preisrecht unterliegt; andererseits aber als Besondere Leistung des Objektplaners der freien Honorarvereinbarung unterliegen soll. Dieser Widerspruch muss im Rahmen einer künftigen Novelle der HOAI aufgelöst werden. Denn anderenfalls wird ein Auftraggeber mit derartigen Planungen nicht dem Fachplaner Technische Ausrüstung, sondern den Objektplaner beauftragen, dessen Besondere Leistung frei vereinbart werden kann.

6. LPH 6: Vorbereiten der Vergabe (§ 43 Abs. 1 Nr. 6, Abs. 4 i. V. m. Anlage 12 Nr. 12.1)

93

Teilleistungstabellen (nicht verbindlich)	Bewertung nach:		
LPH 6 Vorbereiten der Vergabe	Siemon	Simmendinger	Theißen
a) Ermitteln von Mengen nach Einzelpositionen unter Verwendung der Beiträge anderer an der Planung fachlich Beteiligter	3,50–5,00 %	5	4,2–4,8
b) Aufstellen der Vergabeunterlagen, insbesondere Anfertigen der Leistungsbeschreibungen mit Leistungsverzeichnissen sowie der Besonderen Vertragsbedingungen	5,00–7,00 %	4	4,2–5,0
c) Abstimmen und Koordinieren der Schnittstellen zu den Leistungsbeschreibungen der anderen an der Planung fachlich Beteiligten	In b) enth.	0,5	0,4–0,8
d) Festlegen der wesentlichen Ausführungsphasen	0,25–0,75 %	1	0,2–0,4
e) Ermitteln der Kosten auf Grundlage der vom Planer (Entwurfsverfasser) bepreisten Leistungsverzeichnisse	1,50–3,00 %	1	1,2–1,8
f) Kostenkontrolle durch Vergleich der vom Planer (Entwurfsverfasser) bepreisten Leistungsverzeichnisse mit der Kostenberechnung	In e) enth.	1	0,4–0,6
g) Zusammenstellen der Vergabeunterlagen	In b) enth.	0,5	0,4–0,8

Die Leistungsphase 6 wird nunmehr mit **13 Prozent** (vormals HOAI 2009: 10 Prozent) **94** bewertet. Zusammen mit der nachfolgenden Leistungsphase 7 beschreibt sie die Planerleistungen im Zusammenhang mit der Auftragsvergabe.

a) Grundleistungen

(a) Ermitteln von Mengen nach Einzelpositionen unter Verwendung der Beiträge anderer an der Planung fachlich Beteiligter

Die Mengenermittlung ist für die Vergabe eines Bauauftrages auf Grundlage eines **Ein-** **95** **heitspreisvertrages** zwingende Voraussetzung. Aber auch für den Abschluss eines **Detailpauschalvertrages** ist die Mengenermittlung notwendige Kalkulationsgrundlage. Der Objektplaner hat unter Einbeziehung der Fachplaner für **jede Einzelposition der Leistungsbeschreibung** die Mengen/Massen zu berechnen. Dabei ist aufbauend auf den Erkenntnissen der Ausführungsplanung ein **möglichst hoher Genauigkeitsgrad** zu erreichen, um sowohl dem Auftraggeber wie auch dem Bieter eine Kalkulation der Baukosten zu ermöglichen. Abweichungen im Bauaufmaß gegenüber vom Planer ermittelte Massen (Massenmehrungen oder -minderungen) haben beim Einheitspreisvertrag gemäß § 2 Abs. 3 VOB/B unmittelbaren Einfluss auf die tatsächlichen Baukosten. Des Weiteren hat sich der Planer bei der Mengenermittlung nach den **verkehrsüblichen Mengenmaßen** zu richten. Beispiel: Stahlbeton wird üblicherweise in Tonnen ausgeschrieben; eine Mengenermittlung und damit einhergehend die Einheitspreisabfrage in Kilogramm würde bei Bietern zu Falscheintragungen führen.

(b) Aufstellen der Vergabeunterlagen, insbesondere Anfertigen der Leistungsbeschreibungen mit Leistungsverzeichnissen sowie der Besonderen Vertragsbedingungen

Das **Aufstellen der Vergabeunterlagen** ist eine **zentrale Grundleistung der Ver-** **96** **gabephase.** Im weiteren Sinne gehört hierzu auch die – siehe vorstehend § 43, Rdn. 95 – gesondert als Grundleistung lit. a) aufgeführte Mengenermittlung in den Einzelpositionen des Leistungsverzeichnisses.

Wenn der Verordnungsgeber von einem „Anfertigen der **Besonderen Vertragsbedin-** **97** **gungen**" spricht, so ist hiermit keine Rechtsberatung im Sinne einer vertragsgestaltenden Leistung gemeint. Vielmehr ist der Objektplaner lediglich verpflichtet, bereits bestehende formularmäßige Vertragsbedingungen in die Vergabeunterlagen einzubringen. Er wird hierbei entweder auf Vertragsbedingungen aus dem Hause des Auftraggebers oder auf Standardformulare – bei der öffentlichen Hand etwa das Vergabehandbuch des Bundes (VHB) – zurückgreifen. Die Auswahl der Vertragsbedingungen hat zudem jeweils in Absprache mit dem Auftraggeber zu erfolgen. Oftmals gibt der Auftraggeber diese Bedingungen auch vor. Entgegen dem Wortlaut erfolgt daher **keineswegs ein eigenständiges Anfertigen von Vertragsbedingungen durch den Objektplaner.**

Der Schwerpunkt der Planertätigkeit bei der Aufstellung der Vergabeunterlagen liegt **98** eindeutig in der **Erarbeitung der Leistungsbeschreibung.** Das ebenfalls erwähnte **Leistungsverzeichnis** ist ein zentrales Teilelement der Leistungsbeschreibung:
Struktur der Leistungsbeschreibung (bei losweiser Vergabe):
– Baubeschreibung
– Leistungsverzeichnis
  – Los 1:
    Vorbemerkung
    Leistungspositionen
  – Los 2:
    Vorbemerkung
    Leistungspositionen
– Pläne
– Gutachten
  etc.
Der Planer sollte bei der Erstellung der Leistungsbeschreibung den vorstehend skizzierten, üblichen Aufbau wählen. Ferner hat er auf eine **strikte Trennung** zwischen **techni-**

schen Darstellungen in der Leistungsbeschreibung und **rechtlichen Ausführungen** in den Besonderen sowie ggf. Zusätzlichen Vertragsbedingungen zu achten. Insbesondere ist – auch aus haftungsrechtlichen Gründen – zu vermeiden, rechtliche Angaben (etwa zu Verjährungsfristen von Mängelansprüchen) in den Vorbemerkungen des Leistungsverzeichnisses aufzunehmen.

(c) Abstimmen und Koordinieren der Schnittstellen zu den Leistungsbeschreibungen der anderen an der Planung fachlich Beteiligten

99 Diese Grundleistung ist eine konkrete **Ausprägung der allgemeinen Koordinierungspflicht** des Objektplaners in der Vergabephase: Werden seitens der Fachplaner Leistungsbeschreibungen erstellt, so ist es Aufgabe des Objektplaners, deren Schnittstellen zu seiner eigenen Leistungsbeschreibung und auch die Schnittstellen zwischen den Leistungsbeschreibungen der Fachplaner inhaltlich abzustimmen und zu koordinieren. Insoweit werden allerdings keine speziellen Kenntnisse eines Sonderfachmanns vom Objektplaner verlangt. Er hat vielmehr – bezogen auf die Leistungsbeschreibungen der Fachplaner – im Sinne einer Plausibilitätskontrolle die jeweilige Kompatibilität der Einzelleistungsbeschreibungen zueinander zu überprüfen. Bei Unklarheiten besteht die Verpflichtung, die betreffenden Fachplaner hierüber zu informieren, so dass diese eine inhaltliche Klärung und nachfolgend ggf. eine Anpassung ihrer Leistungsbeschreibung vornehmen können.

(d) Festlegen der wesentlichen Ausführungsphasen

100 Auch die **Festlegung der wesentlichen Ausführungsphasen** ist Teil der **allgemeinen Koordinierungspflicht** des Objektplaners. Diese Grundleistung ist insbesondere bei **Einzelgewerkvergaben** zwingend erforderlich, damit die isolierten Ausschreibungen in einer baufachlich sinnvollen Reihenfolge vollzogen werden können. Die festgelegten Bauausführungsphasen bilden gleichsam **das zeitliche Gesamtraster,** in das die Einzelgewerkvergaben integriert werden. Abzugrenzen ist die allgemeine Festlegung der Bauausführungsphasen von einer „detaillierten Planung von Bauphasen bei besonderen Anforderungen", welche eine Besondere Leistung des Planers darstellt (dazu nachfolgend § 43, Rdn. 105).

(e) Ermitteln der Kosten auf Grundlage der vom Planer (Entwurfsverfasser) bepreisten Leistungsverzeichnisse

101 Diese Grundleistung umfasst **zwei Leistungspflichten** des Planers, die inhaltlich aufeinander aufbauen:
– **Bepreisung** der Leistungsverzeichnisse,
– **Kostenermittlung** aufgrund dieser Bepreisung.
Nachdem der Planer die Mengenermittlung durchgeführt (vorstehend Grundleistung LPH 6, lit. a) und das Leistungsverzeichnis erstellt hat (vorstehend Grundleistung LPH 6, lit. b), obliegt es ihm in einem weiteren Schritt, zum Zwecke der Kostenermittlung eine **Bepreisung des Leistungsverzeichnisses** vorzunehmen. Insoweit hat der Planer für sämtliche Leistungspositionen Einheitspreise zu ermitteln und diese in das Leistungsverzeichnis einzufügen. Die **Kostenermittlung** erfolgt sodann durch eine Berechnung der einzelnen Positionspreise (Menge x Einzelpreis) und eine anschließende Addition dieser Positionspreise zum Gesamtpreis des Bauauftrages. Diese in die HOAI 2013 **neu aufgenommene** Kostenermittlung präzisiert und ersetzt zugleich die vormalige Grundleistung der „Fortschreibung der Kostenberechnung" (LPH 7 lit. f) der HOAI 2009).

102 Der **Klammerzusatz „Entwurfsverfasser"** ist dabei keineswegs dergestalt zu verstehen, dass der Planer zur Bepreisung des Leistungsverzeichnisses nur verpflichtet ist, wenn er auch mit der Entwurfsplanung beauftragt war. Diese Auslegung kann bereits aus folgendem Grund nicht zutreffend sein: In der Leistungsphase 3 (Entwurfsplanung) ist eine Bepreisung nicht vorgesehen und auch objektiv nicht möglich, da das Leistungsverzeichnis erst in der Leistungsphase 6 erstellt wird. Im Falle eines Planerwechsels würde daher eine Bepreisung des Leistungsverzeichnisses und somit eine darauf aufbauende Kostenermittlung nicht stattfinden, was ersichtlich dem Sinn und Zweck der Regelung widerspräche. Es besteht ferner auch keinerlei inhaltliche Rechtfertigung, die Bepreisung des Leistungsverzeichnisses in der

Leistungsphase 6 von einer Personenidentität zwischen dem Entwurfsplaner und dem Ersteller des Leistungsverzeichnisses abhängig zu machen. Insoweit kommt dem Klammerzusatz keine eigenständige rechtliche Bedeutung zu.

(f) Kostenkontrolle durch Vergleich der vom Planer (Entwurfsverfasser) bepreisten Leistungsverzeichnisse mit der Kostenberechnung

Dieses Element der **Kostenkontrolle** ist **neu in die HOAI** eingefügt worden. Noch **103** vor Erhalt der Ausschreibungsergebnisse soll der Planer die Kostenberechnung mit dem von ihm bepreisten Leistungsverzeichnis vergleichen. Allerdings lässt die HOAI offen, wie detailliert dieser Vergleich zu erfolgen hat. Die notwendige Kostenkontrolldichte wird projektabhängig unterschiedlich stark ausgeprägt sein. Oftmals mag bereits ein reiner **Ergebnisvergleich** ausreichend sein. Jedoch können insbesondere **komplexe Vorhaben** eine genauere Kontrolle und damit einen **Detailvergleich** erfordern. Insoweit ist allerdings zu beachten, dass die Kostenberechnung in ihrer Datenstruktur – jedenfalls wenn man die Kostengliederungen der DIN 276 (Teil 4 – Ingenieurbau) oder die der AKS zugrunde legt – gänzlich anders aufgebaut ist als ein in Losen und Einzelpositionen gegliedertes Leistungsverzeichnis. Insoweit erfordert ein detaillierter Abgleich jedenfalls bei komplexeren Projekten eine aufwändige zusätzliche Datenaufbereitung. Als Alternative wäre daran zu denken, soweit möglich bereits in der Leistungsphase 3 die Kostenermittlung zusätzlich zumindest gewerkeweise zu strukturieren, was die Kostenkontrolle für den Auftraggeber in der Leistungsphase 6 transparenter gestalten würde. Eine solche zusätzliche Kostenermittlung im Rahmen der Leistungsphase 3 wäre dort als Besondere Leistung zu vergüten.

(g) Zusammenstellen der Vergabeunterlagen

Das Zusammenstellen der Vergabeunterlagen war in der HOAI 2009 noch Teil der Leistungs- **104** phase 7 und ist nun – systematisch zutreffend – der Vorbereitung der Vergabe, mithin der Leistungsphase 6 zugeordnet worden.

Der Planer hat die Vergabeunterlagen **vollständig zusammenzustellen.** Neben der von ihm erstellten **Leistungsbeschreibung** und den **Vertragsbedingungen** (siehe dazu vorstehend § 43, Rdn. 97) sind auch die **weiteren,** in der HOAI nicht benannten **Vergabeunterlagen im Sinne der VOB/A** beizufügen, wie beispielsweise
– die Aufforderung zur Abgabe eines Angebotes,
– die (vergaberechtlichen) Bewerbungsbedingungen,
– das (vorformulierte) Angebotsschreiben,
– ggf. Nachunternehmererklärungen,
– Sicherheiten (Bürgschaftsformulare).

Diese Vergabeunterlagen sind vom Objektplaner allein auf der Grundlage **standardisierter Formularhandbücher,** wie etwa des **HVA B-StB** (Handbuch für die Vergabe von Bauleistungen im Straßen- und Brückenbau) oder des **VHB** (Vergabehandbuch des Bundes) in das Vergabeverfahren einzubringen. Öffentliche Auftraggeber stellen dem Planer derartige Formularmuster wie auch die Besonderen und ggf. Zusätzlichen Vertragsbedingungen regelmäßig zur Verfügung. Auch bei dem Zusammenstellen der Vergabeunterlagen gilt es zu beachten, dass der Planer **keine rechtliche Beratung** schuldet. Folglich kann auch **keine** über die Verwendung von standardisierten Formularmustern hinausgehende **vertragsgestaltende Tätigkeit** von ihm verlangt werden. Ergeben sich in einem Vergabeverfahren Besonderheiten, die von den Formularblättern nicht erfasst werden, so muss der Auftraggeber auf eine interne oder externe vergaberechtliche Expertise zurückgreifen.

b) Besondere Leistung

• Detaillierte Planung von Bauphasen bei besonderen Anforderungen

Diese Besondere Leistung geht über die Grundleistung der „Festlegung der wesentlichen **105** Ausführungsphasen" hinaus. Eine Detailplanung von Bauphasen wird regelmäßig dann erforderlich, wenn das Bauprojekt durch weitere, räumlich oder zeitlich angrenzende Projekte in seinem Ablauf beeinflusst wird. In einem solchen Fall wird der Objektplaner im

Rahmen seiner Detailplanung die einzelnen Ausführungsabschnitte nochmals zeitlich so untergliedern, dass eine baufachlich sinnvolle Ausschreibungsreihenfolge der Einzelgewerke auch unter Beachtung der Einflüsse der Parallelprojekte ermöglicht wird. Der Objektplaner wird bei einer solchen Konstellation zuvor bereits auch mit der Besonderen Leistung „Objektübergreifende, integrierte Bauablaufplanung" der LPH 5 und hier mit der entsprechenden Schnittstellenplanung beauftragt sein.

7. LPH 7: Mitwirken bei der Vergabe (§ 43 Abs. 1 Nr. 7, Abs. 4 i. V. m. Anlage 12 Nr. 12.1)

106

Teilleistungstabellen (nicht verbindlich)	Bewertung nach:		
LPH 7 Mitwirken bei der Vergabe	Siemon	Simmendinger	Theißen
a) Einholen von Angeboten	0,00–0,10%	0,25	0,1–0,2
b) Prüfen und Werten der Angebote, Aufstellen des Preisspiegels	3,00–3,50%	2	2,2–3,0
c) Abstimmen und Zusammenstellen der Leistungen der fachlich Beteiligten, die an der Vergabe mitwirken	0,10–0,75%	0,25	0,1–0,4
d) Führen von Bietergesprächen	in b) enth.	0,25	0,1–0,3
e) Erstellen der Vergabevorschläge, Dokumentation des Vergabeverfahrens	in b) enth.	0,25	0,2–0,4
f) Zusammenstellen der Vertragsunterlagen	in b) enth.	0,25	0,1–0,2
g) Vergleichen der Ausschreibungsergebnisse mit den vom Planer bepreisten Leistungsverzeichnissen und der Kostenberechnung	0,20–0,50%	0,5	0,2–0,4
h) Mitwirken bei der Auftragserteilung	0,00–0,10%	0,25	0,1–0,2

107   Die Leistungsphase 7 wird nunmehr mit nur noch **4 Prozent** (vormals HOAI 2009: 5 Prozent) bewertet.

a) Grundleistungen

(a) Einholen von Angeboten

108   Die Leistungspflichten des Planers im Zusammenhang mit dem **„Einholen von Angeboten"** unterscheiden sich danach, ob der Auftraggeber das öffentliche Vergaberecht anwenden muss oder nicht:

– Private/gewerbliche Auftragsvergaben:

Bei privaten oder gewerblichen Auftraggebern, die dem Vergaberegime nicht unterliegen, hat der Planer die von ihm zusammengestellten Vergabeunterlagen an die Bieter zu versenden. Die Vervielfältigung der Unterlagen erfolgt zuvor durch den Auftraggeber oder bei entsprechender vertraglicher Abrede auf Kosten des Auftraggebers durch den Planer. Regelmäßig werden die von den Bietern ausgefüllten und bepreisten Vergabeunterlagen von den Bietern unmittelbar an den Planer versandt, so dass dieser dann mit der Prüfung und Wertung der Angebote beginnen kann.

– Öffentliche Auftragsvergaben:

Bei öffentlichen Auftragsvergaben wird oftmals die **Vergabestelle die Einholung der Vergabeunterlagen eigenständig** durchführen und überwachen, so dass diese Grundleistung dem Planer nicht übertragen wird. Falls der öffentliche Auftraggeber gleichwohl den **Planer mit der Einholung der Angebote beauftragt,** so hat dieser seine Aufgabe unter **Einhaltung der vergaberechtlichen Vorgaben** zu leisten: Der Planer muss zunächst die Vergabebekanntmachung abwarten. Sämtlichen Bewerbern sind sodann auf deren Anforderung die Vergabeunterlagen unverzüglich zu übersenden. Ist ein Kostenerstattungsbetrag für die Vervielfältigung der Unterlagen gemäß § 8 Abs. 7 VOB/A vorgesehen, so muss der Planer dessen vorherige Einzahlung überwachen. Während der Angebotsfrist hat er insbesondere darauf zu achten, dass dem Gebot der Gleichbehandlung aller Bieter Genüge getan wird. So sind etwa ergänzende Informationen, die die Vergabeunterlagen betreffen, sämtlichen Bietern unverzüglich zur Verfügung zu stellen. Dies gilt auch für Änderungen der Leistungsbeschreibung aufgrund von Bieteranfragen während der Angebotsfrist. Schließlich muss der Planer dafür Sorge tragen, dass die eingehenden Angebote ungeöffnet dem Leiter des Submissionstermins vorliegen. **Beratungspflichten zur Wahl des richtigen Vergabeverfahrens** nach § 3 VOB/A, § 3 EG VOB/A bzw. § 6 SektVO treffen den Planer **nicht,** wenngleich in der Praxis planerseitig häufig entsprechende Empfehlungen abgegeben werden.

(b) Prüfen und Werten der Angebote, Aufstellen des Preisspiegels

Eine zentrale Grundleistung des Planers in der Vergabephase ist die **Prüfung und Wertung der Angebote** einschließlich der Aufstellung eines Preisspiegels. Bei **öffentlichen Ausschreibungen** orientieren sich die Leistungspflichten an den Vorgaben des Vergaberechts. Bei der Angebotsprüfung und -wertung ist dies insbesondere die Vorschrift des § 16 VOB/A. Der Planer hat einen **vierstufigen Prüfungsaufbau** zu berücksichtigen: 109

1. Stufe: Prüfung der formalen und inhaltlichen Richtigkeit der Angebote,

2. Stufe: Prüfung der Eignung der Bieter,

3. Stufe: Rechnerische, wirtschaftliche und technische Prüfung der Angebote

4. Stufe: Angemessenheitsprüfung, Wertung.

Das Ergebnis dieser Prüfung und Wertung ist in Form eines Vergabevorschlags (siehe nachfolgend § 43, Rdn. 112) dem Auftraggeber zu unterbreiten.

Bei den einzelnen Prüfungsstufen ist folgendes zu beachten:

Zu Stufe 1: Einen **Ausschluss von Angeboten wegen formaler oder inhaltlicher Mängel** gemäß § 16 Abs. 1 VOB/A wird der Planer regelmäßig nur vorbehaltlich einer rechtlichen Prüfung vorschlagen. Die Regelung des § 16 Abs. 1 Nr. 1 lit. c) VOB/A sowie auch die Nachforderungspflicht gemäß § 16 Abs. 1 Nr. 3 VOB/A beim Fehlen geforderter Erklärungen oder Nachweise sind zwingend zu berücksichtigen.

Zu Stufe 2: Die **Eignungsprüfung** gemäß § 16 Abs. 2 VOB/A hat anhand der in den Vergabeunterlagen abgeforderten Angaben (Nachweise und Eigenerklärungen der Bieter) zu erfolgen. Auch hier gilt die Nachforderungspflicht gemäß § 16 Abs. 1 Nr. 3 VOB/A, falls Bieter von ihnen geforderte Erklärungen oder Nachweise nicht vorgelegt haben.

Zu Stufe 3: Die **rechnerische, technische und wirtschaftliche** Prüfung gemäß § 16 Abs. 3 bis 5 VOB/A ist ein wesentliches Kernstück der Angebotsprüfung. Die rechnerische Prüfung wird zumeist EDV-gestützt durchgeführt. Von besonderer Bedeutung ist die technische Angebotsprüfung durch den Planer, etwa die Gleichwertigkeitsuntersuchung eines angebotenen Alternativfabrikates gegenüber dem in der Leistungsbeschreibung vorgegebenen Leitfabrikat („oder gleichwertig"). Zu beachten ist, dass die **Prüfung und Wertung von Nebenangeboten** eine **Besondere Leistung** der Leistungsphase 7 darstellt (siehe nachfolgend § 43, Rdn. 117).

Zu Stufe 4: Unter bestimmten Umständen, nämlich regelmäßig dann, wenn der günstigste Bieter im Gesamtpreis mindestens 10 Prozent von dem Zweitplatzierten abweicht, wird eine **Angemessenheitsprüfung** durchgeführt (vgl. hierzu § 16 Abs. 4 Nr. 1 und 2 VOB/A). Zuvor erstellt der Planer einen **Preisspiegel.** Dieser erfasst bei freihändigen Vergaben und beschränkten Ausschreibungen sämtliche Angebote, bei öffentlichen Ausschreibungen lediglich die Angebote in der engeren Wahl. Dem Preisspiegel sind die Einzelpreise der Bieter je Position zu entnehmen, so dass insbesondere die preislichen „Ausreißer" in den Einzelpositionen erkennbar werden. Die Erstellung eines Preisspiegels erfolgt in der Regel EDV-gestützt; die „Ausreißer" werden hier farblich gekennzeichnet. Bzgl. dieser Positionen wird sodann vom Bieter zumeist eine Aufklärung verlangt (vgl. § 16 Abs. 4 Nr. 2 VOB/A), um die Angemessenheit („Auskömmlichkeit") der Preise zu prüfen.

Das **Ergebnis dieser Prüfung und Wertung der Angebote** ist schließlich in Form eines – aus Gründen der Dokumentation schriftlichen – **Vergabevorschlags** (siehe nachfolgend § 43, Rdn. 112) dem Auftraggeber zu unterbreiten.

(c) Abstimmen und Zusammenstellen der Leistungen der fachlich Beteiligten, die an der Vergabe mitwirken

110 Diese Grundleistung beinhaltet wiederum eine Konkretisierung der **allgemeinen Koordinierungspflicht des Objektplaners** für den Bereich der Vergabe. Wenn bei der Angebotsprüfung und -wertung sowie auch bei anderen **Grundleistungen der Leistungsphase 7** die **fachliche Zuarbeit** von Tragwerksplanern, Planern der Technischen Ausrüstung oder von Beratern erforderlich wird, so hat der Objektplaner deren Mitwirkung zu koordinieren. Dies kann dadurch geschehen, dass schriftliche Stellungnahmen der Fachplaner im Rahmen der Angebotsprüfung abgefordert werden – etwa im Rahmen einer technischen Gleichwertigkeitsprüfung; oder aber es werden Fachplaner unmittelbar zu Aufklärungsgesprächen hinzugezogen. Erfolgen **eigenständige Vergaben** für Fachgewerke, beispielsweise für die technische Ausrüstung, so obliegt dem Objektplaner die **zeitliche Koordination** dieser Vergaben im Rahmen des Gesamtprojektes.

(d) Führen von Bietergesprächen

111 Auch bei dem **Führen von Bietergesprächen** ist zu unterscheiden, ob der Auftraggeber dem öffentlichen Vergaberecht unterliegt oder nicht:

– **Private/gewerbliche Auftragsvergaben:**
Private oder gewerbliche Auftraggeber werden dem Objektplaner bei der Durchführung von Bietergesprächen im Rahmen der Auftragsvergabe einen relativ weiten Spielraum einräumen. So wird der Planer etwa technische Fragen zumeist eigenständig und ohne Beisein des Auftraggebers klären. Der Planer führt die Bietergespräche, wie dies der Wortlaut der Grundleistung vorgibt, selbständig.

– **Öffentliche Auftragsvergaben:**
Anders stellt sich die rechtliche Situation bei öffentlichen Auftragsvergaben dar. Die **Verhandlungsgespräche** im Rahmen einer freihändigen Vergaben, eines Verhandlungsverfahren oder eines wettbewerblichen Dialogs werden stets von den Vertretern der Vergabestelle geführt. Gleiches gilt für die sog. **Aufklärungsgespräche** gemäß § 15 VOB/A. Auch wenn in diesen Besprechungen häufig technische Fragen des Angebotes geklärt werden, müssen diese Bietergespräche federführend durch die Vergabestelle geführt werden. Allerdings kann sich die Vergabestelle zur Unterstützung sachkundiger Dritter bedienen. Folglich kommt dem **Planer** im Rahmen der Leistungsphase 7 insoweit eine unterstützende Funktion zu. Den Planer trifft **bei Bietergesprächen der öffentlichen Hand** – entgegen dem Wortlaut der Grundleistung – lediglich eine **Mitwirkungs- und Anwesenheitspflicht.**

(e) Erstellen der Vergabevorschläge, Dokumentation des Vergabeverfahrens

112 Nach Abschluss der Angebotsprüfung und Angebotswertung (siehe vorstehend § 43, Rdn. 109) erstellt der Planer einen **Vergabevorschlag.** Diese Grundleistung ist neu in die HOAI eingeführt worden. Sie entspricht jedoch der bisherigen Praxis. Der Verordnungsgeber hat mit ihrer ausdrücklichen Benennung insofern lediglich auf eine bereits bestehende langjährige Übung reagiert. Die vom Planer zu erstellende Wertungsmatrix hat sich strikt an den Zuschlagskriterien und deren Gewichtung zu orientieren, wie sie zuvor bereits veröffentlicht bzw. den Bietern mitgeteilt wurden. Es handelt sich lediglich um einen Vorschlag des Planers. Öffentliche Auftraggeber haben diese Empfehlung in eigener Verantwortung zu überprüfen, bevor sie sich diese zu Eigen machen.

113 Wenn die HOAI ferner von einer „**Dokumentation des Vergabeverfahrens**" als Grundleistung des Planers spricht, so ist diese neue Grundleistung auf die differenzierten Anforderungen des **öffentlichen Vergaberechts** zurückzuführen. Insbesondere wird auf eine **zeitnahe** Dokumentation zu achten sein, so dass „die einzelnen Stufen des Verfahrens, die einzelnen Maßnahmen, die maßgeblichen Feststellungen sowie die Begründung der einzelnen Entscheidungen" (vgl. § 20 VOB/A) festgehalten werden. Die Dokumentation hat **in Textform** zu erfolgen. Allerdings ist zu beachten, dass aus vergaberechtlicher Sicht die **Erstellung der Vergabedokumentation im Sinne des § 20 VOB/A** eine originäre **Verpflichtung der Vergabestelle** ist. **Verfasser der Vergabedokumentation**

ist daher stets die **Vergabestelle.** Diese kann sich zwar insoweit der Mitwirkung sachverständiger Dritter, hier des Planers bedienen. Die Entscheidung über den Inhalt trifft jedoch allein die Vergabestelle. Diese trifft somit die Pflicht, die ihr vom Planer übergebenen Texte eigenverantwortlich zu überprüfen, diese ggf. zu ergänzen bzw. zu korrigieren, und sich diese nach erfolgter Prüfung zu Eigen zu machen. Erst hierdurch entsteht im vergaberechtlichen Sinne die in § 20 VOB/A geforderte Vergabedokumentation. Anders gewendet bedeutet dies: Der **Planer** erstellt aus Rechtsgründen eigenständig **keine Vergabedokumentation** im Sinne des § 20 VOB/A. Er ist lediglich vorbereitend, d.h. **mitwirkend** tätig ist.

(f) Zusammenstellen der Vertragsunterlagen

Das **Zusammenstellen der Vertragsunterlagen** ist ebenfalls neu in die Grundleistun- **114** gen der Leistungsphase 7 aufgenommen worden. Wie der Wortlaut („Zusammenstellen") verdeutlicht, schuldet der Planer **keine vertragsrechtliche Beratung.** Vielmehr hat er aufgrund vorhandener Formularmuster (Besondere Vertragsbedingungen, Zusätzliche Vertragsbedingungen, Bürgschaftsformulare etc.), die zumeist bereits Teil der Vergabeunterlagen sind, die vertragliche Basis für die Auftragsvergabe zu schaffen. Ergeben sich bei der Beauftragung Besonderheiten, die von den Formularblättern nicht erfasst werden, so muss der Auftraggeber auf eine interne oder externe vergaberechtliche Expertise zurückgreifen.

(g) Vergleichen der Ausschreibungsergebnisse mit den vom Planer bepreisten Leistungsverzeichnissen und der Kostenberechnung

Dieses weitere Element der **Kostenkontrolle** ist die Folgestufe zur Kostenkontrolle im **115** Rahmen der Leistungsphase 6, in welcher die Kostenberechnung mit dem bepreisten Leistungsverzeichnis zu vergleichen war (siehe vorstehend § 43, Rdn. 103). Nunmehr, in der Leistungsphase 7, sind auch die Ausschreibungsergebnisse bekannt, sodass zusätzlich diese Daten in den Kostenvergleich einzubeziehen sind. Insoweit hat in der **Leistungsphase 7** eine **zweifache Kostenkontrolle** zu erfolgen:

1. Vergleich: Ausschreibungsergebnisse – Kostenberechnung
2. Vergleich: Ausschreibungsergebnisse – Bepreistes Leistungsverzeichnis

Bei den „Ausschreibungsergebnissen" sind die **Angebotspreise des wirtschaftlichsten Bieters** in Ansatz zu bringen. Denn nur dann hat der Vergleich mit der Kostenberechnung und dem bepreisten Leistungsverzeichnis für den Auftraggeber einen Erkenntniswert im Sinne einer konkreten Kostenfortschreibung. Letzteres ist Sinn und Zweck der Kostenkontrolle in der Leistungsphase 7.

Die vorstehend beschriebene Grundleistung tritt an die Stelle der vormaligen Grundleistung zur Kostenkontrolle, wie sie die HOAI 2009 noch vorsah, nämlich den Vergleich der „fortgeschriebenen Kostenberechnung mit der Kostenberechnung".

(h) Mitwirken bei der Auftragserteilung

Die **Mitwirkung bei der Auftragserteilung** als letzte Grundleistung der Leistungs- **116** phase 7 unterscheidet sich inhaltlich danach, ob es sich um eine **öffentliche Auftragsvergabe** oder eine Beauftragung durch **private bzw. gewerbliche Auftraggeber** handelt:

Im Rahmen **öffentlicher Auftragsvergaben** ist eine Mitwirkung bei der Auftragsvergabe nur in engen Grenzen möglich. Die Beauftragung selber („Zuschlagserteilung") erfolgt hier mittels eines Formblattes, welches ein Vertreter der Vergabestelle unterzeichnet. Denkbar ist allerdings eine **Mitwirkungspflicht des Planers** bei den **auftragsbezogenen Informationspflichten** der Vergabestelle, wie etwa bei der sog. „Vorabinformation" der Bieter gemäß § 101 GWB. Der Planer hat hier die Begründung für die Mitteilung an einen Bieter über dessen Nichtbeauftragung inhaltlich vorzubereiten, wenn für die Entscheidung insbesondere technische Gründe ausschlaggebend sind.

Bei **privaten oder gewerblichen Auftraggebern** hingegen ergeben sich mannigfache Mitwirkungsmöglichkeiten des Planers bei der Auftragsvergabe. Diese können so weit gehen, dass der Planer bei entsprechender Vollmachtserteilung sogar die Beauftragung im Namen des Bauherrn persönlich vornimmt. Letzteres ist in der Praxis dann der Fall, wenn der Auftraggeber fachfremd ist und die Projektabwicklung weitestgehend dem (General-) Planer überlässt.

b) Besondere Leistung

- Prüfen und Werten von Nebenangeboten

117   Wie auch in den übrigen Leistungsbildern, so hat der Verordnungsgeber auch bei der Objektplanung Ingenieurbauwerke das **Prüfen und Werten von Nebenangeboten** nunmehr den Besonderen Leistungen zugeordnet. Nach der Vorgängerregelung der HOAI 2009 (dort Anlage 2, Ziffer 2.8.6) war lediglich das „Prüfen und Werten von Nebenangeboten und Änderungsvorschlägen *mit grundlegend anderen Konstruktionen*" eine Besondere Leistung. Demgegenüber war die Prüfung einfacher Nebenangebote auf ihre technische Gleichwertigkeit zum Hauptangebot Grundleistung. Die aktuelle HOAI 2013 sieht nun in jeder Prüfung und Wertung eines Nebenangebotes eine Besondere Leistung.

Für die Vergabepraxis der öffentlichen Hand hat diese Änderung weit reichende Folgen. Ein öffentlicher Auftraggeber, der sich entschließt, Nebenangebote von bauausführenden Firmen im Rahmen der Bauvergabe zuzulassen, muss entweder die Prüfung dieser Nebenangebote eigenständig vornehmen. Oder aber er wird, was die Regel sein dürfte, die Besondere Leistung „Prüfen und Werten von Nebenangeboten" bereits in die Planerbeauftragung mit einbeziehen.

8. LPH 8: Bauoberleitung (§ 43 Abs. 1 Nr. 8, Abs. 4 i. V. m. Anlage 12 Nr. 12.1)

118

Teilleistungstabellen (nicht verbindlich)	Bewertung nach:		
LPH 8 Bauoberleitung	**Siemon**	**Simmendinger**	**Theißen**
a) Aufsicht über die örtliche Bauüberwachung, Koordinierung der an der Objektüberwachung fachlich Beteiligten, einmaliges Prüfen von Plänen auf Übereinstimmung mit dem auszuführenden Objekt und Mitwirken bei deren Freigabe	8,5–11,00%	4	7,0–9,0
b) Aufstellen, Fortschreiben und Überwachen eines Terminplans (Balkendiagramm)	0,50–1,00%	2,5	0,8–1,2
c) Veranlassen und Mitwirken beim Inverzugsetzen der ausführenden Unternehmen	0,00–0,50%	1	0,4–0,8
d) Kostenfeststellung, Vergleich der Kostenfeststellung mit der Auftragssumme	0,50–1,00%	2	1,0–1,4
e) Abnahme von Bauleistungen, Leistungen und Lieferungen unter Mitwirkung der örtlichen Bauüberwachung und anderer an der Planung und Objektüberwachung fachlich Beteiligter, Feststellen von Mängeln, Fertigung einer Niederschrift über das Ergebnis der Abnahme	2,00–4,00%	2	1,6–2,0
f) Überwachen der Prüfungen der Funktionsfähigkeit der Anlagenteile und der Gesamtanlage	in e) enth.	0,5	0,4–0,6
g) Antrag auf behördliche Abnahmen und Teilnahme daran	in e) enth.	1	0,5–0,8
h) Übergabe des Objekts	in e) enth.	1	0,5–0,7
i) Auflisten der Verjährungsfristen der Mängelansprüche	in e) enth.	0,5	0,1–0,3
j) Zusammenstellen und Übergeben der Dokumentation des Bauablaufs, der Bestandsunterlagen und der Wartungsvorschriften	0,10–0,20%	0,5	0,2–0,4

Die Leistungsphase 8 wird – wie bisher auch – mit lediglich **15 Prozent** bewertet.   **119**
Die im Vergleich zu anderen Leistungsbildern geringe prozentuale Bewertung der Grundleistungen der Leistungsphase 8 gründet auf der Zweiteilung der Objektüberwachung im Tiefbau, nämlich der Trennung zwischen der Bauoberleitung als Grundleistung und der örtlichen Bauüberwachung als Besondere Leistung (siehe hierzu auch die Vorbemerkung zu Abschnitt 3, dort Rdn. 8 ff.).

a) Grundleistungen

(a) Aufsicht über die örtliche Bauüberwachung, Koordinierung der an der Objektüberwachung fachlich Beteiligten, einmaliges Prüfen von Plänen auf Übereinstimmung mit dem auszuführenden Objekt und Mitwirken bei deren Freigabe

Diese Grundleistung beinhaltet **drei Leistungselemente:**   **120**
– die Aufsicht über die örtliche Bauüberwachung,
– die Koordinierung der an der Objektüberwachung fachlich Beteiligten,
– die einmalige Prüfung von Plänen auf Übereinstimmung mit dem auszuführenden Objekt und die Mitwirken bei deren Freigabe.

– Aufsicht über die örtliche Bauüberwachung:

Diese Grundleistung resultiert aus der Trennung zwischen Bauoberleitung und örtlicher **121** Bauüberwachung. Ist mit der örtlichen Bauüberwachung ein anderes Ingenieurbüro beauftragt, so gehört die Aufsicht über dessen Tätigkeit zur Bauoberleitung. Es handelt sich hierbei um eine Konkretisierung der allgemeinen Koordinierungspflicht des Objektplaners. **Zweck dieser Aufsichtsverpflichtung** ist es sicher zu stellen, dass die Arbeiten auf der Baustelle entsprechend der Ausführungsplanung des Objektplaners und den weiteren vertraglichen Vorgaben des Auftraggebers ausgeführt werden. Hierbei kommt der örtlichen Bauüberwachung die eigentliche Vorortüberwachung zu. Die Bauoberleitung hat durch regelmäßige Überprüfungen und Kontaktaufnahmen diese Vororttätigkeit der örtlichen Bauüberwachung auf ihre Übereinstimmung mit der Ausführungsplanung und den sonstigen Vorgaben des Auftraggebers zu kontrollieren. Es handelt sich um eine Fachaufsicht. Weisungsrechte hat die Bauoberleitung nicht. Hierzu müsste sie vielmehr vom Auftraggeber ausdrücklich bevollmächtigt werden. Neben dieser **Kontrollfunktion** nimmt die Bauoberleitung auch eine **Koordinierungsfunktion** wahr. Denn sie hat die Tätigkeit der örtlichen Bauüberwachung mit der Arbeit der übrigen an der Bauüberwachung fachlich Beteiligten abzustimmen.

Honorarrechtlich stellt sich die Frage, ob eine **Honorarminderung** gerechtfertigt ist, **122** wenn die **Bauoberleitung** und die **örtliche Bauüberwachung in einer Hand** liegen, es also nicht zu einer getrennten Beauftragung gekommen ist. In dieser Konstellation entfällt die Grundleistung „Aufsicht über die örtliche Bauüberwachung" denknotwendig, denn die örtliche Bauüberwachung kann sich nicht selbst beaufsichtigen. Aufgrund dessen wurde für die Altfassung der HOAI teilweise angenommen, dass in derartigen Fällen eine maßvolle Reduzierung des Honorars der Leistungsphase 8 vorgenommen werden müsse (vgl. Locher/Koeble/Frik in der Kommentierung der Altfassung der HOAI, 9. Auflage, 2006, dort § 57 Rdn. 2). Eine solche **obligatorische Reduzierung** des Objektplanerhonorars bei Personenidentität zwischen Bauoberleitung und örtlicher Bauüberwachung dürfte jedoch **nicht** zu rechtfertigen sein. Hiergegen spricht der ausdrückliche Wille des Verordnungsgebers, der in der Amtlichen Begründung zu § 3 der HOAI 2009 zu Recht klargestellt hat, dass „nicht alle Leistungen in den Leistungsbildern grundsätzlich bei jedem Objekt zur Erreichung des Vertragsziels notwendig sind. Dieser Vorbehalt manifestiert sich im Verordnungstext durch die Worte ‚im Allgemeinen‘." (Amtliche Begründung zur HOAI 2009, BR-Drs. 395/09, Seite 160). In der Beauftragung nur eines Planers mit beiden Leistungen ohne gleichzeitige Vereinbarung einer Honorarreduzierung könnte ferner sogar ein Verzicht auf eine spätere Honorarminderung zu sehen sein, wenn der Auftraggeber seinerseits über einschlägige Kenntnisse des Planerhonorarrechts verfügt. Zumindest aber dürfte ohne eine entsprechende vertragliche Vereinbarung dem späteren Honorarreduzierungsverlangen eines fachlich versierten Auftraggebers der Einwand widersprüchlichen Verhaltens entgegenstehen. Umgekehrt allerdings ist es den Vertragsparteien nicht verwehrt, bei Beauftragung der Bauoberleitung und der örtlichen Bauüberwachung in einer Hand **eine Honorarreduzierung vertraglich zu vereinbaren.** Hierin ist keine Mindestsatzunterschreitung zu sehen, denn die Leistungspflicht des Planers reduziert sich bei dieser Konstellation. Die vereinbarte prozentuale Honorarminderung muss jedoch adäquat zum Umfang des Leistungswegfalls sein und sollte im Regelfall 1,5 Prozent des Gesamthonorars nicht übersteigen (siehe hierzu auch die Orientierungswerte in den Teilleistungstabellen, dort lit. a), vorstehend § 43, Rdn. 118).

123 – Koordinierung der an der Objektüberwachung fachlich Beteiligten:

Die „Koordinierung der an der Objektüberwachung fachlich Beteiligten" ist eine zentrale Leistungspflicht der Bauoberleitung. Ein Unterfall hierzu bildet die bereits vorstehend dargestellte „Aufsicht über die örtliche Bauüberwachung". Die **Koordinierungspflicht** der Bauoberleitung ist im Wesentlichen ausgerichtet auf **Überwachungsleistungen der Sonderfachleute.** Wird etwa eine Fachbauleitung für technische Gewerke eingerichtet, so obliegt der Bauoberleitung die Koordination der Fachbauleitung im Sinn einer Integration ihrer Leistungen in den Gesamtablauf des Projektes.

124 – Einmalige Prüfung von Plänen auf Übereinstimmung mit dem auszuführenden Objekt und die Mitwirken bei deren Freigabe:

Der Verordnungsgeber hat bezogen auf die Planprüfung zunächst eine klare Begrenzung dieser Leistungspflicht vorgenommen: Der Auftragnehmer ist danach lediglich zu einer **„einmaligen Prüfung"** verpflichtet. Weiterhin stellt sich hier die Frage, **welche Pläne** der Prüfungspflicht des Objektplaners unterliegen. Die systematische Nähe zur Koordinierungspflicht gegenüber anderen an der Objektüberwachung fachlich Beteiligten lässt den Schluss zu, dass allein die **Pläne der Sonderfachleute** vom Objektplaner auf Übereinstimmung mit seinen Ausführungsplänen und den vertraglichen Vorgaben zu prüfen sind (so im Ergebnis auch Locher/Koeble/Frik, 12. Auflage, § 43 Rdn. 91). Dieser gedankliche Ansatz hätte allerdings zur Folge, dass dann insbesondere die Prüfung von Werk- und Montageplänen auf Übereinstimmung mit der Ausführungsplanung nicht der Grundleistungspflicht des Objektplaners unterläge. Denn anders als in den Leistungsbildern der Objektplanung Gebäude und der Fachplanung Technische Ausrüstung ist bei den Ingenieurbauwerken eine Überprüfung der Montagepläne auch nicht Grundleistung der Leistungsphase 5. Zur Vermeidung einer solch systemwidrigen Lücke ist der Verordnungstext an dieser Stelle dahingehend auszulegen, dass sich die einmalige Planprüfung des Objektplaners auf Übereinstimmung mit der Ausführungsplanung **sowohl auf die Pläne der Sonderfachleute als auch auf die Werk- und Montagepläne der ausführenden Unternehmen** bezieht. Damit scheidet zudem eine Einordnung der Prüfung von Montage- und Werkplänen als Besondere Leistung aus. Für diese Auslegung spricht auch, dass die Freigabe dieser Pläne Voraussetzung für die Durchführung der örtlichen Bauüberwachung ist (siehe dort 4. Spiegelstrich: „… zur Ausführung freigegebene Unterlagen"). Ohne geprüfte und in der Folge freigegebene Werk- und Montagepläne ist eine örtliche Bauüberwachung nicht durchführbar. Diese Prüfung muss daher zuvor durch den Objektplaner oder – bei speziellen, etwa technischen Gewerken – durch den Sonderfachmann vorgenommen werden. Etwas anderes gilt nur dann, wenn mit der örtlichen Bauüberwachung eine abweichende vertragliche Leistungsvereinbarung getroffen wurde.

In Anbetracht der vorstehend dargestellten unklaren Regelungssituation wird angeraten, aus Gründen der Rechtssicherheit **im Planervertrag** ausdrücklich eine entsprechende **Leistungsvereinbarung zur Planprüfung** ausführender Unternehmen – sei es bei der Bauoberleitung, sei es bei der örtlichen Bauüberwachung – zu treffen.

125 Als weitere Teilleistung wird die **Mitwirkung bei der Freigabe der Pläne** genannt. Diese setzt zunächst eine Prüfung der Pläne auf deren Übereinstimmung mit der Ausführungsplanung und den vertraglichen Vorgaben voraus. Im Ergebnis dieser Prüfung wird der Bauherr, inhaltlich unterstützt durch die Bauoberleitung und ggf. weitere fachlich Beteiligte die Pläne freigeben. Kommt es nicht zur Planfreigabe, so hat die Bauoberleitung notwendige Anmerkungen zur Behebung der Mängel zu verfassen und diese dem Planverfasser umgehend zu übermitteln.

(b) Aufstellen, Fortschreiben und Überwachen eines Terminplans (Balkendiagramm)

Bei dem in dieser Grundleistung erwähnten „Terminplan" handelt es sich um den **Bau-** 126 **zeitenplan gemäß § 5 Abs. 1 Satz 2 VOB/B.** Dieser ist in der Regel zugleich Grundlage des zwischen dem Auftraggeber und den bauausführenden Unternehmen jeweils geschlossenen Werkvertrags, wenngleich die im Bauzeitenplan enthaltenen Einzelfristen regelmäßig keine verbindlichen Vertragsfristen beinhalten. Der Bauzeitenplan gibt Vorgaben an die Baubeteiligten, um einen geordneten und bautechnisch sinnvollen zeitlichen Ablauf des Projektes zu ermöglichen. In der baubetrieblichen Literatur wird er daher auch als „Steuerungsterminplan" umschrieben. Das Aufstellen, Fortschreiben und Überwachen des Bauzeitenplans erfolgt in **Zusammenarbeit mit den Sonderfachleuten.** So werden etwa die zeitlichen Abläufe der Einbauten von technischen Anlagen nur in enger Abstimmung mit den Fachplanern der Technischen Ausrüstung zu erfassen sein. Bauzeitenpläne sind in der Regel nicht statisch; vielmehr ergeben sich in der Praxis zahlreiche Zwänge (Wetter, Bauverzüge, Insolvenzen etc.) zu ihrer Änderung und Anpassung. Daher hat der Verordnungsgeber auch das **„Fortschreiben"** des Bauzeitenplans in den Grundleistungskatalog neu aufgenommen. Der Bauzeitenplan wird – **als Grundleistung** – in der Form eines **Balkendiagramms** erstellt, wobei die Anfangs-, Zwischen- und Fertigstellungstermine auf den Tabellenblättern jeweils nach Gewerken und Objekten grafisch aufbereitet werden. Sofern der Auftraggeber darüber hinaus weitergehende Aussagen zu Abhängigkeiten und Verknüpfungen von Abläufen und Ereignissen wünscht, wird er die Aufstellung von **Ablauf- und Netzplänen als Besondere Leistung** beauftragen (siehe hierzu vorstehend § 43, Rdn. 91).

(c) Veranlassen und Mitwirken beim Inverzugsetzen der ausführenden Unternehmen

Die Vorgängerregelung sah noch ein „Inverzugsetzen der ausführenden Unternehmen" 127 vor, was einer entsprechenden Vollmacht des Auftraggebers bedurfte. Diese wurde in der Praxis allerdings regelmäßig nicht erteilt. Vielmehr findet sich in den üblichen Planervertragsmustern die Standardregelung, der zufolge der Planer keine rechtsgeschäftliche Erklärung – und um eine solche handelt es sich bei dem Inverzugsetzen – im Namen des Auftraggebers abgeben darf. Der Verordnungsgeber hat nunmehr die Grundleistung des Planers beim Inverzugsetzen ausführender Unternehmen deutlicher von den Bauherrenfunktionen abgegrenzt und entsprechend modifiziert. Seit Einführung der HOAI 2013 schuldet der Planer im Rahmen der Bauoberleitung zweierlei, nämlich
– das Veranlassen beim Inverzugsetzen und
– die Mitwirkung beim Inverzugsetzen
ausführender Unternehmen. Die eigentliche rechtsgeschäftliche Erklärung, nämlich die Fristsetzung zur Vertragserfüllung („Inverzugsetzen") wird sodann vom Auftraggeber gegenüber dem Bauunternehmen abgegeben. Dies setzt zunächst im Tatsächlichen voraus, dass der Auftraggeber über eine Fristüberschreitung ausführender Unternehmen überhaupt informiert wird. Diese Informationsweitergabe an den Auftraggeber hat durch den Planer zu erfolgen und wird vom Verordnungsgeber als **„Veranlassen beim Inverzugsetzen"** bezeichnet. In einem weiteren Schritt ist es für die inhaltliche Ausgestaltung des Verzugsschreibens zwingend erforderlich, dass dem Auftraggeber die notwendigen Informationen etwa zum Bautenstand, zu den Vertragsfristen und zum detaillierten Leistungsverzug übermittelt werden. Letzteres beschreibt der Verordnungsgeber nun mit der Wendung **„Mitwirken beim Inverzugsetzen".** Zu beachten ist, dass der Planer im Rahmen der Bauoberleitung allein die Beibringung des entsprechenden Tatsachenmaterials schuldet, jedoch **keine Rechtsberatung.**

(d) Kostenfeststellung, Vergleich der Kostenfeststellung mit der Auftragssumme

Dieses dritte Element der Kostenkontrolle ist die Folgestufe zur Kostenkontrolle im 128 Rahmen der Leistungsphase 7, in welcher die Ausschreibungsergebnisse mit dem bepreisten Leistungsverzeichnis und der Kostenberechnung zu vergleichen sind (siehe vorstehend

§ 43, Rdn. 115). Nunmehr, in der Leistungsphase 8 sind nach Abschluss der Nachtragsver-
handlungen die endgültigen Baukosten bekannt. Die **Kostenkontrolle** im Rahmen der
Leistungsphase 8 beinhaltet **zwei Leistungen:**

1. Vornahme der Kostenfeststellung,

2. Vergleich der Kostenfeststellung mit der Auftragssumme.

Beibehalten wurde aus der Vorgängerregelung die Kostenfeststellung. Eine ähnliche Regelung zum „Vergleich der Kostenfeststellung mit der Auftragssumme" war in der HOAI
2009 der „Vergleich zu den Vertragspreisen". Die **Kostenfeststellung** dient dem Nachweis der von den bauausführenden Unternehmen tatsächlich abgerechneten Kosten
(„Abrechnungssumme"). In ihr sind Nachträge aber auch Rabatte (keine Skonti) der Bauunternehmer und Lieferanten zu berücksichtigen. Beträge für Einbehalte und Aufrech-
nungspositionen des Auftraggebers werden in die Kostenfeststellung aufgenommen, als
seien sie gezahlt worden. Die HOAI macht keine Vorgaben zur Form der Kostenfeststellung. In der Regel beinhaltet diese Kostenermittlung eine Aufstellung aller geprüften
Rechnungsergebnisse, gegliedert nach Objekten, Gewerken und bauausführenden Unternehmen bzw. Lieferanten. Ferner schuldet der Planer als Grundleistung der Bauoberleitung
einen **Vergleich der Kostenfeststellung mit der Auftragssumme** (Vergleich: Abrechnungssumme zu Auftragssumme). Der Wortlaut legt nahe, dass hiermit lediglich ein Vergleich der jeweiligen Endsummen gemeint ist. Eine differenzierte Gegenüberstellung hat
durch die örtliche Bauüberwachung („Vergleich der Ergebnisse der Rechnungsprüfungen
mit der Auftragssumme") zu erfolgen.

(e) Abnahme von Bauleistungen, Leistungen und Lieferungen unter Mitwirkung der örtlichen Bauüberwachung und anderer an der Planung und Objektüberwachung fachlich
Beteiligter, Feststellen von Mängeln, Fertigung einer Niederschrift über das Ergebnis
der Abnahme

129   Diese Grundleistung hat die Planertätigkeit im Zusammenhang mit der rechtsgeschäftlichen **Abnahme** zum Gegenstand. Hierzu ist zunächst klarstellend festzuhalten, dass die
Erklärung der rechtsgeschäftlichen Abnahme allein Sache des **Auftraggebers** ist.
Eine Ausnahme ist nur dann anzunehmen, wenn der Planer ausdrücklich durch den Auftraggeber zur eigenständigen Abnahme bevollmächtigt ist. Der Planer verfügt über keine
originäre Vollmacht zur Abnahme von Bauleistungen (zur Vollmacht des Architekten siehe
auch: Einführung, Rdn. 221 ff.). Die missverständliche Wendung „Abnahme von Bauleistungen (…)" ist daher richtigerweise im Regelfall dergestalt zu verstehen, dass die **Organisation der rechtsgeschäftlichen Abnahme** der Bauleistungen **durch den Planer** gemeint ist. Insbesondere fallen hierunter **vorbereitende Maßnahmen,** wie etwa die
Einholung der für die Abnahme erforderlichen Unterlagen, Dokumentationen und Prüfberichte, ferner die Erstellung einer Liste der während der Ausführung gerügten und noch
nicht abgearbeiteten Mängel, die Bestimmung eines Abnahmetermins („Begehungster-
min") sowie die Einladung der notwendig Beteiligten (Auftraggeber, Auftragnehmer sowie
der erforderlichen Sonderfachleute). **Während der förmlichen Abnahme** wird der Planer unter Mitwirkung der örtlichen Bauüberwachung die Mängelfeststellung vornehmen,
die Abnahmeniederschrift („Abnahmeprotokoll") fertigen und eine Abnahmeempfehlung
aussprechen. Bekannte Mängel sind in der Niederschrift, ggf. in einer Anlage vorzubehal-
ten. Ein Vorbehalt ist auch hinsichtlich verwirkter Vertragsstrafen aufzunehmen. Für die
noch abzuarbeitenden Mängel sind Beseitigungsfristen zu bestimmen und in der Niederschrift festzuhalten. Die Abnahmeniederschrift wird sodann regelmäßig von einem Vertreter des Auftraggebers und des Auftragnehmers unterzeichnet. Erscheint der Auftragnehmer
nicht zum Abnahmetermin, so wird die Bauoberleitung im Falle des § 12 Abs. 4 Nr. 2
VOB/B dafür Sorge tragen, dass dem Auftragnehmer das Ergebnis der in seiner Abwesen-
heit stattgefundenen Abnahme durch Übersendung der Abnahmeniederschrift alsbald mitgeteilt wird.

Die vorstehend beschriebenen Verpflichtungen treffen den Planer nicht nur im Rahmen
einer Gesamtabnahme, sondern auch in den Fällen vereinbarter **Teilabnahmen** (vgl. § 12

Abs. 2 VOB/B). Von der Teilabnahme ist die sog. **„Technische Abnahme"**, d.h. die Zustandsfeststellung im Sinne des § 4 Abs. 10 VOB/B abzugrenzen. Bei letzterer handelt es sich nicht um die Erklärung einer rechtsgeschäftlichen Abnahme, sondern um eine reine Tatsachenfeststellung. Hierzu ist der Planer ohne weitere Bevollmächtigung befugt. Die Durchführung einer solchen „Technischen Abnahme" ist allerdings in der Regel Teil der **örtlichen Bauüberwachung** („Überwachen der Ausführung des Objektes auf Übereinstimmung …"). Ebenso ist das Überwachen der Beseitigung der bei der rechtsgeschäftlichen Abnahme festgestellten Mängel dem Leistungskatalog der örtlichen Bauüberwachung zugeordnet (siehe hierzu nachfolgend § 43, Rdn. 143).

(f) Überwachen der Prüfungen der Funktionsfähigkeit der Anlagenteile und der Gesamtanlage

Die Funktionsprüfungen der Ingenieuranlagen erfolgen stets zeitlich vor der rechtsge- **130** schäftlichen Abnahme. Hierbei ist zu unterscheiden zwischen der Funktionsprüfung der einzelnen Anlagenteile und derjenigen der Gesamtanlage. Die **Funktionsprüfungen der Anlagenteile** werden von den ausführenden Unternehmen durchgeführt. Der Bauoberleitung obliegt die Aufgabe, diese Prüfungen zu organisieren, fachlich zu begleiten und zu überwachen. Die örtliche Bauüberwachung wirkt hierbei mit. Beendet sind diese Prüftätigkeiten, wenn die Funktionsfähigkeit der Anlagenteile nachgewiesen und dokumentiert ist. Die **Prüfung der Funktionsfähigkeit der Gesamtanlage** bezieht sich auf das funktionsgerechte Ineinanderwirken der einzelnen Anlagenteile. Festgestellt wird somit, ob die Gesamtanlage betriebsfähig ist. Es erfolgt zumeist ein Probebetrieb der Anlage. Rohrnetze werden mittels Druckprüfungen getestet. Der Objektplaner begleitet und kontrolliert die Probebetriebsphasen und die Tests. Abhängig vom Anlagentypus kann diese Überwachungstätigkeit auch von längerer Dauer sein. So werden komplexe Abwasser- und Schlammbehandlungsanlagen bis zu ihrer endgültigen Inbetriebnahme in mehrwöchigen Probebetriebsphasen auf ihre Funktionsfähigkeit hin überprüft. Die Überwachung erfolgt in enger Zusammenarbeit mit den zuständigen Fachplanern und der örtlichen Bauüberwachung.

(g) Antrag auf behördliche Abnahmen und Teilnahme daran

Soweit es für das Ingenieurbauwerk einer **behördlichen Abnahme** bedarf, ist die **131** **Bauoberleitung** verpflichtet, den entsprechenden **Antrag** bei der zuständigen Behörde zu stellen. Derartige behördliche Abnahmen richten sich insbesondere nach bauordnungsrechtlichen, wasser- oder immissionsschutzrechtlichen Vorgaben. Sie werden vor der rechtsgeschäftlichen Abnahme durchgeführt. Die Verpflichtung zur **Teilnahme** an dem behördlichen Abnahmetermin beinhaltet auch, dass die Bauoberleitung der Behörde im Termin die notwendigen Unterlagen, wie Dokumentationen und Prüfberichte zur Verfügung stellt. Auch die **örtliche Bauüberwachung wirkt** an dem behördlichen Abnahmetermin **mit.** Werden Mängel festgestellt, so ist die Überwachung der Mängelbeseitigung Leistung der örtlichen Bauüberwachung. Soweit eine behördliche Abnahme für **Anlagen der Technischen Ausrüstung** erforderlich ist, wird der Antrag hierzu eigenständig durch den Fachplaner gestellt; auch die Teilnahme am Termin obliegt ihm (siehe Anlage 15 zu § 55 Abs. 3, dort LPH 8 lit.l)).

(h) Übergabe des Objekts

Die Übergabe des Objektes im Rechtssinne ist die Verschaffung unmittelbaren Besitzes **132** im Sinne einer Übernahme der tatsächlichen Verfügungsgewalt durch den Auftraggeber. Sie erfolgt im Verhältnis Auftragnehmer/Lieferant zum Auftraggeber. Die Übergabe ist nicht gleichzusetzen mit der rechtsgeschäftlichen Abnahme. Spätestens bei der Übergabe des Objektes müssen die zu dessen Betrieb erforderlichen Unterlagen, wie etwa Bestandsunterlagen und Wartungsvorschriften übergeben werden (siehe nachfolgend § 43, Rdn. 134). Die Grundleistung „Übergabe des Objektes" beinhaltet somit für die **Bauoberleitung** eine **Überwachungspflicht** im Hinblick auf die **Ordnungsmäßigkeit des Übergabevorgangs** und die **Vollständigkeit** der seitens der ausführenden Unternehmen übergebenen **Unterlagen.**

(i) Auflisten der Verjährungsfristen der Mängelansprüche

133   Insoweit gelten die gleichen Grundsätze wie bei der Objektüberwachung Gebäude. Es kann daher auf die umfängliche Kommentierung hierzu verwiesen werden (siehe § 34 Rdn. 253).

(j) Zusammenstellen und Übergeben der Dokumentation des Bauablaufs, der Bestandsunterlagen und der Wartungsvorschriften

134   Diese letzte Grundleistung wird zumeist zeitgleich zur Übergabe des Objekts (siehe vorstehend § 43, Rdn. 132) vollzogen. Zu beachten ist, dass die **Bauoberleitung keine Pflicht zur Erstellung** der Einzelunterlagen trifft. Vielmehr schuldet sie allein ein systematisches **Zusammenstellen** der von dritter Seite erstellten Unterlagen und deren Übergabe an den Auftraggeber. Die **Bauoberleitung** hat die Unterlagen **anzufordern** und **darauf hinzuwirken,** dass diese **rechtzeitig** seitens der bauausführenden Unternehmen und der örtlichen Bauüberwachung **vorgelegt** werden, so dass eine pünktliche Übergabe an den Auftraggeber möglich wird. Die **Dokumentation des Bauablaufs** ist von der örtlichen Bauüberwachung zu erstellen und folglich von ihr abzufordern. Bei den **Bestandsunterlagen** handelt es sich um solche, die im Rahmen der Bauausführung entstehen (so auch Locher/Koeble/Frik, 12. Auflage, § 43, Rdn. 99). Denn das gesonderte Anfertigen von Bestandsplänen ist eine Besondere Leistung der Leistungsphase 8. Sofern allerdings diese Besondere Leistung beauftragt ist, so sind diese Bestandspläne als Teil der Bestandsunterlagen mit zu übergeben. **Wartungsvorschriften** sind bei den ausführenden Unternehmen, den Lieferanten oder Herstellern anzufordern. Der Bauoberleitung obliegt auch hier lediglich die systematische Zusammenstellung und Übergabe an den Auftraggeber. Das Erstellen von Bedienungsanleitungen oder die technische Einweisung des Wartungspersonals sind darüber hinaus gehende (unbenannte) Besondere Leistungen des Planers.

b) Besondere Leistungen

• Kostenkontrolle

135   Die Besondere Leistung **„Kostenkontrolle"** wird im Text der Anlage 12 inhaltlich nicht näher ausgestaltet. Die Kostenkontrolle ist abzugrenzen einerseits zur Grundleistung der Bauoberleitung „Vergleich der Kostenfeststellung mit der Auftragssumme" (siehe vorstehend § 43, Rdn. 128) und andererseits zur Leistung der örtlichen Bauüberwachung „Rechnungsprüfung, Vergleich der Ergebnisse der Rechnungsprüfungen mit der Auftragssumme" (siehe nachfolgend § 43, Rdn. 147). Die Besondere Leistung „Kostenkontrolle" muss einen über diese Vergleiche hinausgehenden kostenorientierten Erkenntniswert für den Auftraggeber haben. Demgemäß beinhaltet die Kostenkontrolle im hier verstandenen Sinne einen **baubegleitenden, regelmäßigen Soll-/Ist-Abgleich der Kosten.** Es wird in regelmäßigen Abständen anhand der eingehenden Rechnungen der bauausführenden Unternehmen und der Lieferanten ein Kostenstatus zu einem Stichtag festgestellt (Ist-Status) und sodann in Vergleich gesetzt zu dem Soll-Status gemäß den beauftragten Vertragspreisen. Zudem sind die tatsächlich erfolgten Mittelabflüsse regelmäßig mit den Annahmen im Kostenplan abzugleichen. Diese Kostenkontrolle beinhaltet, damit sie wirksam wird, als Nebenpflicht ferner eine Informationspflicht gegenüber dem Auftraggeber: Die Ergebnisse des Soll-/Ist-Abgleichs sind dem Auftraggeber jeweils in Textform zuzuleiten. Auf Abweichungen hat die Bauoberleitung hinzuweisen. Den Vertragsparteien ist schließlich anzuraten, die Intervall-Zeiten für den Soll-/Ist-Abgleich der Kosten und die Information des Auftraggebers vertraglich festzulegen.

• Prüfen von Nachträgen

136   Das Prüfen von Nachträgen der ausführenden Unternehmen wird im Ingenieurbau **ausschließlich den Besonderen Leistungen** zugeordnet. Dem gegenüber ist bei der Objektplanung Gebäude und der Fachplanung Technische Ausrüstung zumindest das „Prüfen und Werten zusätzlicher und geänderter Leistungen der ausführenden Unternehmen" eine Grundleistung der Objektüberwachung. Ein fachlicher Grund für diese unterschiedliche

Zuordnung der Nachtragsbearbeitung in den verschiedenen Leistungsbildern ist nicht ersichtlich.

Das „**Prüfen von Nachträgen**" als Besondere Leistung der Bauoberleitung ist **abzugrenzen** von dem „**Prüfen und Bewerten der Berechtigung von Nachträgen**" als Leistung der örtlichen Bauüberwachung. Danach ist es Aufgabe der örtlichen Bauüberwachung, die Nachtragsforderungen der ausführenden Unternehmen „dem Grunde nach" zu prüfen und zu bewerten („Berechtigung"). Demgegenüber ist die Prüfung der Nachträge „der Höhe nach", d. h. insbesondere die Prüfung der Einheitspreise, eine Besondere Leistung der Bauoberleitung. Diese aus dem Wortlaut der Anlage 12 folgende honorarrechtliche Trennung eines inhaltlich zusammenhängenden Prüfvorganges („Nachtragsprüfung dem Grunde und der Höhe nach") ist aufgrund seiner Praxisferne vertraglich zu korrigieren. Den Vertragsparteien ist daher anzuraten, **im Planervertrag festzulegen,** dass die **Nachtragsprüfung** insgesamt – das heißt dem Grunde und der Höhe nach – **aus einer Hand,** nämlich entweder durch die Bauoberleitung als Besondere Leistung oder aber seitens der örtlichen Bauüberwachung erfolgt.

Nicht ausdrücklich erwähnt wird bei den Besonderen Leistungen der Anlage 12 das   **137** Mitwirken bei der „**Prüfung von bauwirtschaftlich begründeten Nachtragsangeboten**" (siehe hierzu auch die Kommentierung zu § 34, Rdn. 261). Derartige Mehrkostenforderungen ausführender Unternehmen gründen etwa auf einem verspäteten Baubeginn oder aus Bauablaufstörungen während der Bauzeit. Hierbei handelt es sich nicht um Nachträge im Wortsinne, sondern um Zahlungsansprüche aus § 6 Abs. 6 VOB/B oder § 642 BGB bzw. § 2 Abs. 5 VOB/B analog. Die Prüfung dieser zumeist baubetrieblich zu wertenden Mehrkostenforderungen ist eine im Leistungsbild Ingenieurbauwerke unbenannte Besondere Leistung und daher gesondert zu beauftragen.

- Erstellen eines Bauwerksbuchs
- Erstellen von Bestandsplänen

Sowohl das **Erstellen eines Bauwerksbuches** als auch das **Erstellen von Bestands-**   **138** **plänen** ist eine Besondere Leistung. Es handelt sich um inhaltlich verwandte Leistungen. Sowohl das Bauwerksbuch als auch die Bestandspläne dienen dazu, dem Auftraggeber eine abschließende und detaillierte Darstellung des Ingenieurbauwerks in seinem errichteten Zustand („as build") zu geben. Der Mehraufwand des Planers liegt darin, dass selbst die vervollständigte Ausführungsplanung oder das fortgeschriebene Bauwerksbuch häufig den „as build"-Zustand eines Objektes nicht vollständig wiedergeben. So werden notwendige Änderungen am Bauobjekt während der Ausführung von den Bauunternehmen nicht immer kommuniziert. Erst die genaue Aufnahme des fertiggestellten Objekts kann daher den tatsächlichen Bestand darstellen.

- Örtliche Bauüberwachung

Die örtliche Bauüberwachung bildet ein **Kernstück** der Objektüberwachung im Inge-   **139** nieurbau und ist zwingender Bestandteil der Errichtung eines Ingenieurbauwerks. Gleichwohl hat der Verordnungsgeber mit Einführung der HOAI 2009 die örtliche Bauüberwachung den Besonderen Leistungen zugeordnet (siehe zur honorarrechtlichen Einordnung der örtlichen Bauüberwachung im Einzelnen Vor. § 41, Rdn. 8 ff.).

Das **Honorar** der örtlichen Bauüberwachung ist somit **frei vereinbar.** Die Vertragspar-   **140** teien können etwa ein **Zeithonorar**, einen **Festbetrag nach geschätzter Bauzeit** oder einen **Prozentsatz bezogen auf die anrechenbaren Kosten** als Honorar vereinbaren, Bei letzterem wird in der Praxis häufig eine prozentuale Spanne zwischen 2,3 und 3,5 % gewählt, was auf eine Anregung des Verordnungsgebers in der Amtlichen Begründung zur HOAI 2009 zurückgeht. Andere Vorschläge zielen auf eine **nach den anrechenbaren Kosten degressiven Honorarstaffelung:** bis € 25 565,– anrechenbare Kosten: 3,1 bis 4,1 %; bis € 1 Mio. anrechenbare Kosten: 2,9 bis 3,9 %; bis 15 Mio. anrechenbare Kosten: 2,5 bis 3,5 %; bis 25 Mio. anrechenbare Kosten: 1,9 bis 2,9 % (vgl. Locher/Koeble/Frik, 12. Auflage, § 43 Rdn. 4). Sämtliche dieser Honoraransätze sind im Rahmen einer freien Honorarvereinbarung zulässig. Letztlich ist es allein Sache der Vertragsparteien, eine für den Einzelfall angemessene Honorarregelung zu erarbeiten.

141   Die **besonderen Anforderungen,** die an die **Qualität der örtlichen Bauüberwachung** gestellt werden, verdeutlichen sich insbesondere an den **Eignungsvoraussetzungen,** die die Handlungsträger vor Ort erfüllen müssen. So wird etwa in den „Technischen Vertragsbedingungen für die Bauüberwachung und Bauoberleitung von Ingenieurbauwerken und Verkehrsanlagen (TVB-Bauüberwachung)" unter „Ziffer 3 – Örtliche Bauüberwachung" ausdrücklich festgeschrieben:

> „3.3 (…) Alle Leistungen sind von qualifizierten Fachkräften zu erbringen. Der gegenüber dem Auftraggeber Verantwortliche und sein Vertreter müssen über eine abgeschlossene Fachausbildung an einer Technischen Universität oder Fachhochschule und eine angemessene Baustellenpraxis – in der Regel 3 Jahre – verfügen. (…)"

Der Verordnungsgeber hat für die **örtliche Bauüberwachung** in der **Anlage 12 Nummer 12.1** insgesamt **acht Teilleistungen** aufgeführt. Diese Aufzählung ist nicht abschließend. Im Einzelnen sind dies:

(1) Plausibilitätsprüfung der Absteckung

142   Das Abstecken der Hauptachsen der baulichen Anlagen sowie der Grenzen des Geländes, das dem Bauunternehmer zur Verfügung steht, und das Schaffen der notwendigen objektnahen Höhenfestpunkte ist gemäß § 3 Nr. 2 VOB/B Sache des Auftraggebers. Dieser delegiert die vorbenannten Tätigkeiten üblicherweise an den Bauvermesser. Nach dem Wortlaut der HOAI 2009 (Anlage 2.8.8., dort 2. Absatz) musste allerdings der Bauüberwacher einfache Absteckungen und vermessungstechnische Leistungen selber durchführen. Dadurch war die Grenze zu den Aufgaben des Vermessers fließend. Die Neufassung der HOAI beschränkt nun die Leistung der örtlichen Bauüberwachung allein darauf, die Absteckung des Vermessers vor Ort auf Plausibilität zu überprüfen. An die Prüfschärfe dürfen keine übermäßigen Anforderungen gestellt werden; insbesondere muss der Bauüberwacher über kein Sonderwissen des Vermessers verfügen. In der Regel wird eine einfache Sichtprüfung mit Bandmaß, Laserentfernungsmesser o. ä. ausreichend sein. Kommen Zweifel im Hinblick auf die Plausibilität der Absteckung auf, so hat der Bauüberwacher unverzüglich den Vermesser zu unterrichten.

(2) Überwachen der Ausführung der Bauleistungen

143   Im Mittelpunkt der örtlichen Bauüberwachung steht das **„Überwachen der Ausführung der Bauleistungen".** Diese Teilleistung wird wiederum in **sechs Unterelemente** aufgeteilt:
– Mitwirken beim Einweisen des Auftragnehmers in die Baumaßnahme (Bauanlaufbesprechung),
– Überwachen der Ausführung des Objektes auf Übereinstimmung mit den zur Ausführung freigegebenen Unterlagen, dem Bauvertrag und den Vorgaben des Auftraggebers,
– Prüfen und Bewerten der Berechtigung von Nachträgen (siehe vorstehend Rdn. 136),
– Durchführen oder Veranlassen von Kontrollprüfungen,
– Überwachen der Beseitigung der bei der Abnahme der Leistungen festgestellten Mängel,
– Dokumentation des Bauablaufs.

(3) Mitwirken beim Aufmaß mit den ausführenden Unternehmen und Prüfen der Aufmaße

144   Das gemeinsame Aufmaß mit den ausführenden Unternehmen dient der späteren Erstellung der Unternehmerrechnungen und insoweit insbesondere auch deren Prüfbarkeit. Diese Leistung der örtlichen Bauüberwachung entspricht der Grundleistung bei der Objektüberwachung Gebäude in Anlage 10 zu § 34 Abs. 4. Insoweit kann auf die dortige Kommentierung verwiesen werden (§ 34, Rdn. 26).

(4) Mitwirken bei behördlichen Abnahmen

145   Sofern im Einzelfall für das Ingenieurbauwerk insbesondere aufgrund bauordnungsrechtlicher, wasser- oder immissionsschutzrechtlicher Vorgaben eine behördliche Abnahme erforderlich ist, ist die **Teilnahme an dem Abnahmetermin Grundleistung der Bau-**

oberleitung. Die **örtliche Bauüberwachung** hat bei der behördlichen Abnahme lediglich mitzuwirken. Diese **Mitwirkungspflicht** wird in der Regel auf die Durchführung
von **Vorbereitungsmaßnahmen** zielen. Allerdings kann auch eine unmittelbare Teilnahme der örtlichen Bauüberwachung an dem Abnahmetermin geboten sein. Die Verpflichtung zur Mitwirkung bei behördlichen Abnahmen beinhaltet in jedem Fall, dass der Bauüberwacher der Bauoberleitung die ihm vorliegenden, für den Termin notwendigen
Unterlagen, wie Dokumentationen und Prüfberichte zur Verfügung stellt. Werden Mängel
festgestellt, so ist die anschließende Überwachung der Mängelbeseitigung ebenfalls Leistung
der örtlichen Bauüberwachung (vorstehend § 43, Rdn. 143).

(5) Mitwirken bei der Abnahme von Leistungen und Lieferungen

   Die **Organisation der rechtsgeschäftlichen Abnahme** ist Grundleistung der **Bau-**   **146**
oberleitung (siehe hierzu im Einzelnen vorstehend § 43, Rdn. 129). Der **örtlichen Bau-**
überwachung kommt hierbei eine komplementäre Funktion zu; sie hat bei der rechtsgeschäftlichen Abnahme **mitzuwirken.** Die Vertreter der örtlichen Bauüberwachung
verfügen allerdings aufgrund ihrer Tätigkeit vor Ort naturgemäß über einen praktischen
Wissensvorsprung, etwa im Hinblick auf bestehende Baumängel, Baumängeldokumenta-
tionen, Zustandsfeststellungen, Mangelbeseitigungsmaßnahmen während der Ausführung
etc. Hieraus resultiert eine **Informationspflicht** der örtlichen Bauüberwachung gegenüber der Bauoberleitung, so dass Letztere in die Lage versetzt wird, den Abnahmetermin
sachgerecht durchführen zu können. Die Mitwirkungspflicht der örtlichen Bauüberwachung wird sich daher zu einer **Teilnahmepflicht** verdichten, wenn eine Vielzahl von
Informationen für den Abnahmetermin aufzubereiten ist, die nur durch eine persönliche
Präsenz vermittelt werden kann.

(6) Rechnungsprüfung, Vergleich der Ergebnisse der Rechnungsprüfungen mit der Auftragssumme

   Eine weitere wesentliche Leistung der örtlichen Bauüberwachung ist die **Prüfung aller**   **147**
Rechnungen der ausführenden Unternehmen und Lieferanten. Diese Prüfpflicht
umfasst sämtliche Abschlagsrechnungen und die Schlussrechnung. Soweit Vorauszahlungen
vereinbart wurden – wie des Öfteren im elektrotechnischen Bereich –, sind auch Anforderungen der Unternehmen auf Vorauszahlung zu prüfen. Die Rechnungsprüfung hat zügig
zu erfolgen, so dass die zwischen Auftraggeber und den ausführende Unternehmen vereinbarten Zahlungsfristen eingehalten werden können. Dies gilt insbesondere im Falle von
Skonto-Vereinbarungen. Ansprüche auf Abschlagszahlungen werden gemäß § 16 Abs. 1
Nr. 3 VOB/B regelmäßig innerhalb von 21 Kalendertagen nach Zugang der Abschlagsrechnung zur Zahlung fällig; Ansprüche auf Schlusszahlung gemäß § 16 Abs. 3 Nr. 1 Satz 1
VOB/B regelmäßig spätestens innerhalb von 30 Kalendertagen. Die Rechnungen sind zunächst auf ihre Prüffähigkeit sowie hieran anschließend auf Richtigkeit der abgerechneten
Leistungen, Mengen und Preise zu untersuchen, ggf. zu korrigieren und mit einem Prüfvermerk („sachlich und rechnerisch richtig") zu versehen. Im Weiteren hat der örtliche
Bauüberwacher zum Zwecke der Kostenkontrolle die **Ergebnisse seiner Rechnungs-**
prüfung mit dem **Vertragspreis** („Auftragssumme") zu **vergleichen** und den Auftraggeber auf signifikante Abweichungen gesondert hinzuweisen.

(7) Mitwirken beim Überwachen der Prüfung der Funktionsfähigkeit der Anlagenteile und
   der Gesamtanlage

   Die Überwachung der Funktionsprüfungen der Ingenieuranlagen erfolgt durch die Bau-   **148**
oberleitung als Grundleistung (siehe hierzu vorstehend § 43, Rdn. 130). Es ist zu unterscheiden zwischen der Funktionsprüfung der einzelnen Anlagenteile und derjenigen der
Gesamtanlage. Die **Funktionsprüfungen der Anlagenteile** werden von den ausführenden Unternehmen durchgeführt und durch die Bauoberleitung überwacht. Die örtliche
Bauüberwachung wirkt hierbei mit. Beendet sind diese Prüftätigkeiten, wenn die Funktionsfähigkeit der Anlagenteile nachgewiesen und dokumentiert ist. Die **Prüfung der**
Funktionsfähigkeit der Gesamtanlage bezieht sich auf das funktionsgerechte Ineinanderwirken der einzelnen Anlagenteile. Festgestellt wird somit, ob die Gesamtanlage be-

triebsfähig ist. Es erfolgt zumeist ein Probebetrieb der Anlage. Rohrnetze werden mittels Druckprüfungen getestet. Die Bauoberleitung kontrolliert die Probebetriebsphasen und die Tests. Der **örtlichen Bauüberwachung** kommt auch hier nur eine **mitwirkende, zumeist vorbereitende Funktion** zu.

(8) Überwachen der Ausführung von Tragwerken nach Anlage 14.2 Honorarzone I und II mit sehr geringen und geringen Planungsanforderungen auf Übereinstimmung mit dem Standsicherheitsnachweis

149   Die Überwachung von Tragwerken auf Übereinstimmung mit dem Standsicherheitsnachweis erfasst die Kontrolle der Bewehrung im Stahlbetonbau bei sehr einfachen und einfachen Tragwerken. Dabei überwacht der Objektplaner die Bewehrung nur mit Blick auf die Abrechnung der Baumaßnahme auf Vollständigkeit durch Vergleich mit den Bewehrungsplänen (vgl. Jochem/Kaufhold, 5. Auflage, § 42 Rdn. 131). Darüber hinaus gehende Leistungen sind dem Fachplaner Tragwerksplanung zuzuordnen.

150   Die vorstehend beschriebenen **Vorgaben des Verordnungsgebers zu den Leistungsinhalten** der örtlichen Bauüberwachung sind, wie bereits Eingangs dargetan, **nicht abschließend** und damit lediglich **beispielhafter Natur.** Je nach Objekt können die Leistungsanforderungen an die örtliche Bauüberwachung höchst unterschiedlich sein. Für verschiedene Teilbereiche des Tiefbaus existieren deshalb eigenständige **Mustertexte zur Beschreibung der Leistungen der örtlichen Bauüberwachung.** Im Anwendungsbereich des **HVA F-StB wird** für die örtliche Bauüberwachung von Ingenieurbauwerken und Verkehrsanlagen **folgende spezielle Leistungsbeschreibung** als „Mustertext 6.50, A" vorgegeben (HVA F-StB, Ausgabe 9/2006, Stand 5/2010, Teil 6):

Örtliche Bauüberwachung bei Ingenieurbauwerken und Verkehrsanlagen

Die örtliche Bauüberwachung bei Ingenieurbauwerken und Verkehrsanlagen umfasst das Überwachen der Ausführung des Objektes auf Übereinstimmung mit den zur Ausführung freigegebenen Unterlagen, dem Bauvertrag einschließlich der darin festgelegten Termine oder Fristen, sowie den allgemein anerkannten Regeln der Technik und den einschlägigen Vorschriften unter Berücksichtigung umweltfachlicher Vorgaben.

Im Rahmen der o. g. allgemein beschriebenen Leistung sind insbesondere folgende Teilleistungen zu erbringen:
– Hauptachsen für das Objekt von objektnahen Festpunkten abstecken sowie Höhenfestpunkte im Objektbereich herstellen,
– Mitwirken beim Einweisen des Auftragnehmers in die Baumaßnahme (Bauanlaufbesprechung),
– Führen eines Bautagebuches,
– Vermessungstechnische Überwachung der Bauausführung,
– Geotechnische baubegleitende Beurteilung auf der Grundlage des vorliegenden Baugrundgutachtens,
– Mitwirken bei der Überwachung der vertraglich vereinbarten Termine und Fristen,
– Unverzügliche Information der Bauoberleitung über erkennbare Änderungen der vertraglich zwischen dem Bauauftragnehmer und dem Bauherrn vereinbarten Bauleistung einschließlich Behinderungen und Unterbrechung der Ausführung sowie Mengenänderungen,
– Überwachung des Nachunternehmereinsatzes auf Übereinstimmung mit den im Bauvertrag genannten Nachunternehmern,
– Dokumentation der Behinderungen und Unterbrechung der Ausführung, sowie Leistungs-/bzw. Mengenänderungen im Bautagebuch,
– Mitwirken bei der Bearbeitung von Vertragsänderungen und -ergänzungen (Sachverhaltsdarstellung, Prüfung auf Vollständigkeit der Nachtragsangebote),
– Zeitliche Verfolgung der Nachtragsbearbeitung,
– Verlangen bzw. Veranlassung und Auswertung der Eignungs-, Eigenüberwachungs-, ggf. Fremdüberwachungs- und Kontrollprüfungen,
– Gemeinsame Aufmaße mit den bauausführenden Unternehmen,
– Prüfung der Aufmaße, Mengenberechnungen und Rechnungen sowie sonstiger zahlungsbegründender Unterlagen,
– Fortschreibung der zahlungsbegründenden Unterlagen im Hinblick auf die Schlussrechnungslegung und -prüfung,
– Prüfung der Schlussrechnung,
– Mitwirken beim Überwachen der Prüfung der Funktionsfähigkeit der Anlagenteile und der Gesamtanlage und beim Zusammenstellen der im Bauvertrag geforderten Unterlagen (Hinweis, z. B.: Funktionsfähigkeit einer Straßenanlage vor Verkehrsfreigabe, z. B.: Brückenhauptprüfung),

– Mitwirken bei bauvertraglichen Abnahmen,
– Überwachen der Räumungs- und Rekultivierungsmaßnahmen der Baustelle und der Baubetriebs-
flächen,
– Mitwirken bei behördlichen Abnahmen,
– Überwachung der Beseitigung der bei der Abnahme der Leistungen festgestellten Mängel.

Darüber hinaus gehend können weitere Teilleistungen bei der örtlichen Bauüberwa- **151**
chung von Ingenieurbauwerken notwendig werden (vgl. TVB-Bauüberwachung 2009,
dort Mustertext 6.50, B), wie insbesondere

– Ingenieurtechnische Kontrolle der Ausführung des Tragwerks auf Übereinstimmung mit den ge-
nehmigten und freigegebenen Ausführungsunterlagen,
– Kontrolle der Betonverarbeitung auf der Baustelle sowie statistische Auswertung der Güteprüfun-
gen,
– Ingenieurtechnische Kontrolle der Spannbetonleistungen,
– Überwachung der auf der Baustelle zu erbringenden Arbeiten und Korrosionsschutzarbeiten,
– Überwachung der Werkstattfertigung bei vorgefertigten Bauwerksteilen,
– Mitwirken bei der Überwachung der Tragwerkseingriffe bei Umbauten und Modernisierungen.

9. LPH 9: Objektbetreuung (§ 43 Abs. 1 Nr. 9, Abs. 4 i. V. m. Anlage 12 Nr. 12.1)

Teilleistungstabellen (nicht verbindlich)	Bewertung nach:			
LPH 9 Objektbetreuung	**Siemon**	**Simmendinger**	**Theißen**	
a) Fachliche Bewertung der innerhalb der Verjährungsfristen für Gewährleistungsansprüche festgestellten Mängel, längstens jedoch bis zum Ablauf von fünf Jahren seit Abnahme der Leistung, einschließlich notwendiger Begehungen	0,25–0,50 %	0,45	0,4–0,7	
b) Objektbegehung zur Mängelfeststellung vor Ablauf der Verjährungsfristen für Mängelansprüche gegenüber den ausführenden Unternehmen	0,50–0,75 %	0,45	0,2–0,4	
c) Mitwirken bei der Freigabe von Sicherheitsleistungen	in b) enth.	0,1	0,1–0,2	

152

Die Objektbetreuung wird mit lediglich **1 Prozent** bewertet (vormals HOAI 2009: 3 **153**
Prozent). Diese sehr geringe Gewichtung gründet auf einer gegenüber der Vorgängerregelung deutlichen Kürzung des Grundleistungskatalogs der Leistungsphase 9

a) Grundleistungen

(a) Fachliche Bewertung der innerhalb der Verjährungsfristen für Gewährleistungsansprüche
festgestellten Mängel, längstens jedoch bis zum Ablauf von fünf Jahren seit Abnahme
der Leistung, einschließlich notwendiger Begehungen

Es kann insoweit zunächst auf die Kommentierung zur Objektplanung Gebäude (§ 34, **154**
dort Rdn. 300, 301) verwiesen werden. Die „Fachliche Bewertung der innerhalb der Verjährungsfristen für Gewährleistungsansprüche festgestellten Mängel" ist an die Stelle der
früheren Grundleistung „Überwachen der Mängelbeseitigung innerhalb der Verjährungsfrist" getreten. Letztere ist nunmehr Besondere Leistung der Leistungsphase 9 (siehe nachfolgend § 43, Rdn. 160). Damit reduziert sich die Grundleistungspflicht des Objektplaners
nach Art und Umfang deutlich. Gleichwohl ist „sichergestellt, dass der beauftragte Architekt oder Ingenieur auch nach Abschluss des Projekts dem Bauherrn bei auftretenden
Mängeln zur Seite steht und eine verursachungsgerechte Inanspruchnahme des Schädigers
ermöglicht wird" (Amtliche Begründung zur HOAI 2013, BR-Drs. 334/13, Seite 201).
Die fachliche Bewertung ist nunmehr in **zeitlicher Hinsicht beschränkt** auf **maxi-** **155**
mal fünf Jahre seit Abnahme der Leistung. Mit der Abkehr von der vierjährigen Frist der
HOAI 2009 reagiert der Verordnungsgeber auf die Baupraxis, da „diese Gewährleistungs-

frist nicht in jedem Fall die vertragliche Praxis abbildet" und daher eine Anpassung auf fünf Jahre geboten erscheint (vgl. Amtliche Begründung zur HOAI 2013, a. a. O.).

156   Im Rahmen der fachlichen Bewertung der Mängel treffen den Planer **zwei Hauptpflichten:**

1. Bewertung, ob das erkannte Symptom aus fachlicher Sicht einen Mangel darstellt,
2. Zuordnung des Mangels zu einem oder mehreren Bau- oder Planungsbeteiligten aus fachlicher Sicht.

In einem ersten Schritt muss der Objektplaner mithin **feststellen, ob** überhaupt ein **Baumangel** gegeben ist. Hierzu hat er sich regelmäßig vor Ort kundig zu machen („notwendige Begehungen"). Eine Bewertung „mit der Qualität und Ausführlichkeit eines Sachverständigengutachtens ist nicht Gegenstand dieser Grundleistung" (vgl. Amtliche Begründung zur HOAI 2013, a. a. O.). Auch das Wissen eines Sonderfachmanns ist nicht gefordert. So wird der Objektplaner beim Auftreten von Rissen in Betonbauwerken auf die Einschaltung eines Tragwerksplaners verweisen müssen, wenn ein Statikproblem in Betracht zu ziehen ist. Erkennt der Objektplaner die Gefahr von Mangelfolgeschäden, so hat er als Nebenpflicht hierauf hinzuweisen. Zur **Form der Ausarbeitung** äußert sich die HOAI nicht. Aus Gründen der Bestimmtheit dürfte allerdings regelmäßig eine Abfassung in Textform geboten sein.

In einem zweiten Schritt hat der Objektplaner einen festgestellten Mangel aus fachlicher Sicht **einem** – oder bei Schnittstellenmängeln ggf. mehreren – **Bau- oder Planungsbeteiligten zuzuordnen.** Dieses Erfordernis ergibt sich aus dem Sinn und Zweck der Grundleistung, die ausweislich der Amtlichen Begründung „eine verursachungsgerechte Inanspruchnahme des Schädigers" sicherstellen soll (Amtliche Begründung zur HOAI 2013, a. a. O.). Ist ein Mangel **mehreren Baubeteiligten** zuzuordnen, so muss der Objektplaner auch dies aufzeigen und die entsprechenden Gewerke benennen. Eine quotale Zuordnung des Mangels bei mehreren Verursachern ist indes nicht Teil der Grundleistung.

157   Es ist schließlich zu beachten, dass der Objektplaner auch auf **Planungs- oder Bauüberwachungsfehler** hinzuweisen hat. Diese Pflicht trifft ihn naturgemäß auch dann, wenn der Fehler seiner eigenen Sphäre entstammt. Ist ein Bauüberwachungsfehler der Bauoberleitung (mit-)zuzurechnen, so stellt die anschließende „Überwachung der Mängelbeseitigung" keine Besondere Leistung mehr dar, sondern ist Teil der Nacherfüllungspflicht der Bauoberleitung im Rahmen der Mängelbeseitigung. Dies gilt nicht, wenn der Bauüberwachungsfehler allein der von der Bauoberleitung zu unterscheidenden örtlichen Bauüberwachung zuzuordnen ist. In diesem schuldet diese die Überwachung der Mängelbeseitigung als Nacherfüllungsleistung („Nachbesserung").

(b) Objektbegehung zur Mängelfeststellung vor Ablauf der Verjährungsfristen für Mängelansprüche gegenüber den ausführenden Unternehmen

158   Diese Grundleistung entspricht der ebenso bezeichneten Grundleistung bei der Objektbetreuung Gebäude der Anlage 10 zu § 34 Abs. 4. Auf die entsprechende Kommentierung kann deshalb verwiesen werden (§ 34, dort Rdn. 304). Bezogen auf Ingenieurbauwerke ist ergänzend darauf hinzuweisen, dass eine „Objektbegehung" zur Mängelfeststellung häufig nicht ausreichend ist. So wird beispielsweise bei Rohrleitungsnetzen regelmäßig eine Kamerabefahrung erforderlich. Derartige über eine bloße Objektbegehung und Sichtprüfung hinausgehende Tätigkeiten zur Mängelfeststellung bzw. deren Überwachung sind als Besondere Leistung des Objektplaners zu honorieren.

(c) Mitwirken bei der Freigabe von Sicherheitsleistungen

159   Die „Mitwirkung bei der Freigabe von Sicherheitsleistungen" – dies sind in der Regel Bürgschaften und Einbehalte – zu den vertraglich vereinbarten Zeitpunkten (vgl. etwa § 17 Abs. 8 VOB/B) ist Grundleistung der Leistungsphase 9. Der Leistungsinhalt entspricht dem der Objektbetreuung Gebäude der Anlage 10 zu § 34 Abs. 4, so dass auf die entsprechende Kommentierung verwiesen werden kann (§ 34, dort Rdn. 308).

b) Besondere Leistung

• Überwachen der Mängelbeseitigung innerhalb der Verjährungsfrist

Die vormalige Grundleistung der Leistungsphase 9 wird nun den Besonderen Leistungen **160** zugeordnet. Der Verordnungsgeber stellt zu Recht darauf ab, dass „der Aufwand für die bisherige Grundleistung – Überwachen der Mängelbeseitigung – im Umfang nur schwierig kalkulierbar" sei. Daher solle „die Überwachung der Mängelbeseitigung zukünftig als Besondere Leistung zum Beispiel auf Zeithonorarbasis beauftragt werden können" (Amtliche Begründung zur HOAI 2013, a. a. O.). Anzumerken bleibt, dass durch diese honorarrechtliche Neubestimmung das Problem fehlender Kalkulationsgrundlagen zwar nicht gelöst, jedoch wirtschaftlich bei Vereinbarung eines Zeithonorars nun dem Auftraggeber aufgebürdet wird. Pauschalieren die Vertragsparteien hingegen das Honorar für die Überwachungsleistungen, so verbleibt das Kalkulationsrisiko wieder bei dem Planer. Letztlich ist es somit den Vertragsparteien überlassen, eine im Einzelfall beidseitig akzeptable Honorarvereinbarung für diese – nun – Besondere Leistung zu finden.

In **zeitlicher Hinsicht** knüpfen die Überwachungsleistungen des Planers an die Verjährungsfristen für Mängelansprüche der ausführenden Unternehmen an. Verlängert sich deren Gewährleistungsfrist, so gilt gleiches für die Leistungspflicht des Planers. Eine zeitliche Höchstgrenze, wie dies die HOAI 2009 vorgab („vier Jahre seit Abnahme der Leistungen"), existiert für die Mängelbeseitigungsüberwachung als Besondere Leistung nicht mehr.

Inhaltlich stimmen die Leistungspflichten des Objektplaners Ingenieurbauwerke bei der Überwachung der Mängelbeseitigung mit denjenigen des Objektplaners Gebäude weitestgehend überein. Es kann daher diesbezüglich auf die Ausführungen zur Anlage 10 zu § 34 Abs. 4 verwiesen werden (§ 34, dort Rdn. 305 f.).

III. § 43 Abs. 2: Abweichende Leistungsbewertung (Leistungsphase 2)

§ 43 Abs. 2 ist inhaltlich identisch zu der Vorgängerregelung des § 42 Abs. 1, Satz 4 **161** HOAI 2009.

Nach dieser Vorschrift wird die prozentuale Bewertung der Leistungen der **Leistungsphase 2** (Vorplanung) **von 20 Prozent auf 10 Prozent** herabgesetzt, wenn Gegenstand der Planung entweder ein konstruktives Ingenieurbauwerk für Verkehrsanlagen (§ 41 Nr. 6) oder ein sonstiges Einzelbauwerk (§ 41 Nr. 7) ist, und dieses Bauwerk eine Tragwerksplanung erfordert. Die Reduzierung der prozentualen Bewertung der Vorplanung findet nach Auffassung des Verordnungsgebers ihre Rechtfertigung darin, dass in einer solchen Planungskonstellation gewichtige Teile der Vorplanung des Objektplaners durch den Tragwerksplaner erbracht werden.

Die Halbierung der prozentualen Bewertung der Vorplanung bei dem Objektplaner Ingenieurbauwerke hat somit **zwei Voraussetzungen,** welche kumulativ vorliegen müssen:

1. Es handelt sich bei dem zu planenden Objekt um
   – entweder **ein konstruktives Ingenieurbauwerk für Verkehrsanlagen** (§ 43 Nr. 6)
   – oder **ein sonstiges Einzelbauwerk** (§ 41 Nr. 7).
2. Das Bauwerk bedarf im konkreten Fall einer Tragwerksplanung.

Das **Erfordernis einer Tragwerksplanung** ist bei den meisten **Objekten der Objektgruppen 6 und 7** der Anlage 12 Nummer 12.2 grundsätzlich gegeben. Zu nennen sind hier insbesondere:

Gruppe 6 – Konstruktive Ingenieurbauwerke für Verkehrsanlagen:
Lärmschutzanlagen, Brücken, Tunnel, Trogbauwerke, Untergrundbahnhöfe.

Gruppe 7 – Sonstige Einzelbauwerke:
Schornsteine, Masten und Türme, Kühltürme, Versorgungsbauwerke mit Schächten, Silos, Windkraftanlagen, Stützbauwerke, Schlitz- und Bohrpfahlwände, schwierige Gerüste, Tiefgaragen, Schacht- und Kavernenbauwerke.

Insoweit kommt der Reduzierung der prozentualen Bewertung bei der Vorplanung vorstehender Objekte eine sehr **hohe praktische Bedeutung** zu. Die Honorarwertung in § 43 Abs. 2 ist zudem als zwingende Vorschrift ausgebildet („wird … bewertet"). Gleichwohl ist es honorarrechtlich durchaus zulässig, dass die Vertragsparteien zur Leistungsphase 2 gemäß § 7 Abs. 1 bei Auftragserteilung eine über 10 Prozent hinausgehende prozentuale Bewertung vereinbaren. Denn diese wird sich im Regelfall innerhalb der Honorarsätze der HOAI bewegen.

IV. § 43 Abs. 3: Fakultative Erhöhung der Leistungsbewertung (Leistungsphasen 4 und 5)

162   Die Vorschrift des § 43 Abs. 3 enthält für Planungsleistungen mit erhöhtem Kostenaufwand **zwei Anwendungsfälle** einer **fakultativ erhöhten Leistungsbewertung:**
  – **§ 43 Abs. 3 Nr. 1:** Neu in die HOAI aufgenommen wurde die Möglichkeit einer erhöhten prozentualen Bewertung der **Leistungsphase 4** (bis 8 Prozent) für den Fall, dass ein **eigenständiges Planfeststellungsverfahren** erforderlich ist.
  – **§ 43 Abs. 3 Nr. 2:** Die Möglichkeit einer Erhöhung der prozentualen Bewertung der **Leistungsphase 5** (bis 35 Prozent), wenn ein **überdurchschnittlicher Aufwand an Ausführungszeichnungen** erforderlich wird, war bereits in der HOAI 2009 als Besondere Leistung in Anlage 2.8.5, dort Absatz 3 angedeutet. Mit der jetzigen Regelung orientiert sich der Verordnungsgeber allerdings am Wortlaut einer älteren Vorgängervorschrift aus der HOAI 1996 (vgl. § 55 Abs. 4 Satz 1 HOAI 1996).
  In beiden vorgenannten Fällen muss die erhöhte prozentuale Bewertung der Leistungsphase zwischen den Vertragsparteien ausdrücklich vereinbart werden. Diese **Vereinbarung** bedarf zu ihrer Wirksamkeit der **Schriftform.** Gemäß § 7 Abs. 1 ist sie zudem **bei Auftragserteilung** zu schließen.
  Zu bedenken ist ferner, dass es ohnedies der Dispositionsfreiheit der Vertragsparteien unterliegt, im Rahmen der Mindest- und Höchstsätze schriftlich bei Auftragserteilung eine Vereinbarung über ein erhöhtes Honorar zu treffen. Insoweit kommt den Regelungen des § 43 Abs. 3 primär eine Appellfunktion – gerichtet sicherlich auch an den öffentlichen Auftraggeber – zu, in den genannten Fällen die Möglichkeit einer prozentualen Höherbewertung in Betracht zu ziehen (siehe auch Theißen, in: Pöhlker/Theißen/Adrians, HOAI, 3. Auflage, § 43, Erl. 12).

V. § 43 Abs. 4: Verweisungsvorschrift

163   Die Vorschrift des § 43 Abs. 4 verweist für die nähere inhaltliche Bestimmung des Leistungsbildes Ingenieurbauwerke auf die in der **Anlage 12 Nr. 12.1** aufgeführten Grundleistungen und Besonderen Leistungen. Es wird hier zudem nochmals hervorgehoben, dass die Anlage 12 Nr. 12.1 (rechte Spalte) lediglich Beispiele für Besondere Leistungen enthält.
  Hinweis zur Kommentierung: Die einzelnen Grundleistungen und benannten Besonderen Leistungen der Anlage 12 Nummer 12.1 werden vorstehend unter den Rdn. 16 ff. kommentiert.

§ 44 Honorare für Grundleistungen bei Ingenieurbauwerken

(1) **Die Mindest- und Höchstsätze der Honorare für die in § 43 und der Anlage 12 Nummer 12.1 aufgeführten Grundleistungen bei Ingenieurbauwerken sind in der folgenden Honorartafel für den Anwendungsbereich des § 41 festgesetzt:**

Anrechenbare Kosten in Euro	Honorarzone I sehr geringe Anforderungen Euro		Honorarzone II geringe Anforderungen Euro		Honorarzone III durchschnittliche Anforderungen Euro		Honorarzone IV hohe Anforderungen Euro		Honorarzone V sehr hohe Anforderungen Euro	
	von	bis	von	bis	von	bis	von	bis	von	bis
25 000	3 449	4 109	4 109	4 768	4 768	5 428	5 428	6 036	6 036	6 696
35 000	4 475	5 331	5 331	6 186	6 186	7 042	7 042	7 831	7 831	8 687
50 000	5 897	7 024	7 024	8 152	8 152	9 279	9 279	10 320	10 320	11 447
75 000	8 069	9 611	9 611	11 154	11 154	12 697	12 697	14 121	14 121	15 663
100 000	10 079	12 005	12 005	13 932	13 932	15 859	15 859	17 637	17 637	19 564
150 000	13 786	16 422	16 422	19 058	19 058	21 693	21 693	24 126	24 126	26 762
200 000	17 215	20 506	20 506	23 797	23 797	27 088	27 088	30 126	30 126	33 417
300 000	23 534	28 033	28 033	32 532	32 532	37 031	37 031	41 185	41 185	45 684
500 000	34 865	41 530	41 530	48 195	48 195	54 861	54 861	61 013	61 013	67 679
750 000	47 576	56 672	56 672	65 767	65 767	74 863	74 863	83 258	83 258	92 354
1 000 000	59 264	70 594	70 594	81 924	81 924	93 254	93 254	103 712	103 712	115 042
1 500 000	80 998	96 482	96 482	111 967	111 967	127 452	127 452	141 746	141 746	157 230
2 000 000	101 054	120 373	120 373	139 692	139 692	159 011	159 011	176 844	176 844	196 163
3 000 000	137 907	164 272	164 272	190 636	190 636	217 001	217 001	241 338	241 338	267 702
5 000 000	203 584	242 504	242 504	281 425	281 425	320 345	320 345	356 272	356 272	395 192
7 500 000	278 415	331 642	331 642	384 868	384 868	438 095	438 095	487 227	487 227	540 453
10 000 000	347 568	414 014	414 014	480 461	480 461	546 908	546 908	608 244	608 244	674 690
15 000 000	474 901	565 691	565 691	656 480	656 480	747 270	747 270	831 076	831 076	921 866
20 000 000	592 324	705 563	705 563	818 801	818 801	932 040	932 040	1 036 568	1 036 568	1 149 806
25 000 000	702 770	837 123	837 123	971 476	971 476	1 105 829	1 105 829	1 229 848	1 229 848	1 364 201

(2) Welchen Honorarzonen die Grundleistungen zugeordnet werden, richtet sich nach folgenden Bewertungsmerkmalen:

1. geologische und baugrundtechnische Gegebenheiten,
2. technische Ausrüstung und Ausstattung,
3. Einbindung in die Umgebung oder in das Objektumfeld,
4. Umfang der Funktionsbereiche oder der konstruktiven oder technischen Anforderungen,
5. fachspezifische Bedingungen.

(3) Sind für Ingenieurbauwerke Bewertungsmerkmale aus mehreren Honorarzonen anwendbar und bestehen deswegen Zweifel, welcher Honorarzone das Objekt zugeordnet werden kann, so ist zunächst die Anzahl der Bewertungspunkte zu ermitteln. Zur Ermittlung der Bewertungspunkte werden die Bewertungsmerkmale wie folgt gewichtet:

1. die Bewertungsmerkmale gemäß Absatz 2 Nummer 1, 2 und 3 mit bis zu 5 Punkten,
2. das Bewertungsmerkmal gemäß Absatz 2 Nummer 4 mit bis zu 10 Punkten,
3. das Bewertungsmerkmal gemäß Absatz 2 Nummer 5 mit bis zu 15 Punkten.

(4) Das Ingenieurbauwerk ist anhand der nach Absatz 3 ermittelten Bewertungspunkte einer der Honorarzonen zuzuordnen:

1. Honorarzone I: bis zu 10 Punkte,
2. Honorarzone II: 11 bis 17 Punkte,
3. Honorarzone III: 18 bis 25 Punkte,
4. Honorarzone IV: 26 bis 33 Punkte,
5. Honorarzone V: 34 bis 40 Punkte.

(5) Für die Zuordnung zu den Honorarzonen ist die Objektliste der Anlage 12 Nummer 12.2 zu berücksichtigen.

(6) Für Umbauten und Modernisierungen von Ingenieurbauwerken kann bei einem durchschnittlichen Schwierigkeitsgrad ein Zuschlag gemäß § 6 Absatz 2 Satz 3 bis 33 Prozentschriftlich vereinbart werden.

(7) Steht der Planungsaufwand für Ingenieurbauwerke mit großer Längenausdehnung, die unter gleichen baulichen Bedingungen errichtet werden, in einem Missverhältnis zum ermittelten Honorar, ist § 7 Absatz 3 anzuwenden.

Vorgehende Vorschriften: § 43 und § 42 Abs. 2 HOAI 2009

Übersicht

I. Allgemeines

1. Einführende Hinweise zu den Regelungsinhalten

Bei der **Ermittlung des Planerhonorars** (Grundleistungen) wird analog zur Objekt- **1** planung Gebäude auch im Bereich der Objektplanung Ingenieurbauwerke ein **vierstufiger Prüfaufbau** zu Grunde gelegt (siehe zu den systematischen Grundlagen der Honorarermittlung auch: Vor § 41, Rdn. 6). Zwei wichtige Komponenten sind hierbei die **Ermittlung der Honorarzone** (Stufe 2) und die Berechnung des Honorars für eine Vollbeauftragung auf der Grundlage der **Honorartafel** (Stufe 3). Beim Planen im Bestand ist ferner u. a. der **Umbau- und Modernisierungszuschlag** zu berücksichtigen. Zu diesen Honorarberechnungskomponenten enthält § 44 die wesentlichen Regelungsinhalte. Anwendbar sind diese allein auf die Objektplanung für Ingenieurbauwerke im Sinne des § 41 Nr. 1 bis 7 (siehe hierzu auch § 41, Rdn. 1 ff. und 27 ff.)

§ 44 enthält **folgende Regelungsinhalte:** **2**
- **§ 44 Abs. 1: Honorartafel** für die Objektplanung Ingenieurbauwerke (im Einzelnen nachfolgend § 44, Rdn. 4 ff.),
- **§ 44 Abs. 1 bis 5:** Ermittlung der **Honorarzonen** für die Objektplanung Ingenieurbauwerke (im Einzelnen nachfolgend § 44, Rdn. 10 ff.),
- **§ 44 Abs. 6: Umbau- und Modernisierungszuschlag** für die Objektplanung Ingenieurbauwerke (im Einzelnen nachfolgend § 44, Rdn. 25 ff.),
- **§ 44 Abs. 7:** Sondervorschrift zur **Mindestsatzunterschreitung** bei **Ingenieurbauwerken mit großer Längenausdehnung** (im Einzelnen nachfolgend § 44, Rdn. 30 ff.).

2. Vergleich mit der früheren Fassung der HOAI

Die Vorschrift des § 44 orientiert sich inhaltlich im Wesentlichen an der Vorgängerrege- **3** lung des § 43 HOAI 2009. In der **Überschrift** wird nunmehr klarstellend der Begriff „Grundleistungen" (statt zuvor „Leistungen") gewählt; dies im Hinblick auf § 3 Abs. 2, der den Begriff der „Grundleistung" wieder in die HOAI implementiert. Die **Honorartafelwerte** in **§ 44 Abs. 1** werden gegenüber der Honorartafel 2009 angehoben. Die Regelungen zur **„Punktebewertung"** in **§ 44 Abs. 2, 3 und 4** erfahren gegenüber der Vorgängerregelung des § 43 Abs. 2, 3 und 4 HOAI 2009 eine Umkehrung der Absätze 3 und 4. Diese strukturelle Änderung hat zwar keine inhaltlichen Auswirkungen, sie erhöht jedoch deutlich die Übersichtlichkeit der Vorschrift. **§ 44 Abs. 5** verweist in Anlehnung an § 3 Abs. 3 HOAI 2009 auf die Anlage zu den **Objektlisten**. Ergänzend wird nun klar gestellt, dass die **Anlage 12 Nr. 12.2 zu § 44 Abs. 5** (vormals Anlage 2.8 zu § 3 Absatz 3 HOAI 2009) für die Zuordnung der Honorarzone „zu berücksichtigen" ist. Die Regelung zum **Umbau- und Modernisierungszuschlag** wird in **§ 44 Abs. 6 (neu)** aufgenommen. Sie entspricht – allerdings mit anderen Werten – der früheren Vorschrift des § 42 Abs. 2 HOAI 2009 i. V. m. § 35 HOAI 2009. **§ 44 Abs. 7** enthält **neu** eine Rechtsgrundverweisung auf § 7 Abs. 3 **(Unterschreitung der Mindestsätze)** für die **Objektplanung von Ingenieurbauwerken mit großer Längenausdehnung.** Eine vergleichbare Vorschrift kannte die HOAI 2009 nicht. Allerdings hatte der Verordnungsgeber bereits in der Amtlichen Begründung zur HOAI 1996 ähnliche Überlegungen zur Tragwerksplanung für Ingenieurbauwerke mit großen Längenausdehnungen angestellt und hier eine Mindestsatzunterschreitung empfohlen (siehe: Amtliche Begründung zur HOAI 2009, a. a. O., Seite 132). Klarstellend wird nun in § 44 Abs. 7 sowie in der korrespondierenden Vorschrift des § 52 Abs. 5 (Tragwerksplanung) ausdrücklich erwähnt, dass die Planung solcher Bauwerke einen Ausnahmefall gemäß § 7 Abs. 3 darstellt.

II. Honorartafel, § 44 Abs. 1

4   In § 44 Abs. 1 ist die Honorartafel für die Grundleistungen der Objektplanung Ingenieurbauwerke im Anwendungsbereich des § 41 abgedruckt. Die in der Honorartafel aufgeführten **Honorarwerte** weisen das Planerhonorar aus, das der Auftragnehmer bei Durchführung aller neun Leistungsphasen (**„Vollbeauftragung"**) erhält. Bei einer Teilbeauftragung sind die Werte der Honorartafel folglich prozentual um die nicht beauftragten Leistungen zu kürzen, vgl. hierzu auch die Kommentierung zu § 8 HOAI. Die **Höhe des** im Einzelfall einschlägigen **Honorartafelwertes** ist abhängig von **folgenden Variablen:**
– **Honorarzonen** I bis V,
– **Honorarsätze** („Von-Sätze", „Bis-Sätze"),
– **anrechenbare Kosten.**
    Zu den **Honorarzonen** siehe die nachfolgende Kommentierung § 44 Rdn. 10 ff.

5   Bei den **„Von-Sätzen"** handelt es sich um die Mindestsätze, bei den **„Bis-Sätzen"** um die Höchstsätze, jeweils im Sinne des § 7 Abs. 1. Sofern die Vertragsparteien bei Auftragserteilung einen Honorarsatz vereinbart haben, der **zwischen dem Mindest- und Höchstsatz** liegt, bedarf es einer entsprechenden Umrechnung.
    Beispiele: Vereinbarung eines sogenannten
– „Viertel-Satzes"   = Mindestsatz plus 25 % der Differenz zwischen Mindest- und Höchstsatz;
– „Mittel-Satzes"   = Mindestsatz plus 50 % der Differenz zwischen Mindest- und Höchstsatz;
– „Dreiviertel-Satzes"   = Mindestsatz plus 75 % der Differenz zwischen Mindest- und Höchstsatz.

6   Eine solche **„Überschreitung des Mindestsatzes"** kann im Einzelfall etwas aufgrund **folgender Anforderungen** gerechtfertigt sein, sofern diese nicht anderweitig, wie etwa durch eine Erhöhung der Honorarzone, vergütet werden:
– Beteiligung und Koordinierung einer Vielzahl von Nutzern,
– außergewöhnlich kurze Planungs- und Bauzeiten,
– verbindliche Festtermine und Fristen,
– Planung und Durchführung bei laufendem Betrieb,
– bau- und landschaftsplanerische Beratung,
– erhöhte Anforderungen an Planungsoptimierung bzw. an Planungsvarianten,
– Berücksichtigung von Forderungen des Denkmalschutzes und der Integration erhaltenswerter Substanz,
– Anwendung neuer Herstellungsverfahren,
(vgl. RBBau, Teil 3 – Vertragsmuster, Anhang 14, Ziff. 2.2 der Hinweise zum Vertragsmuster Ingenieurbauwerke und Verkehrsanlagen).

7   Die Honorartafel sieht ferner in der ersten Spalte bezogen auf die **anrechenbaren Kosten** jeweils bestimmte **Stufenwerte** vor. Liegt der tatsächliche Wert im konkreten Fall zwischen diesen Stufen, so ist das Honorar für diesen Zwischenwert durch **lineare Interpolation** zu ermitteln. Mit den gängigen EDV-gestützten Honorarrechnern ist die Ermittlung dieser Werte unproblematisch. Im Übrigen wird man nach folgender Formel vorgehen:

$$\text{Honorar} = a + \frac{b \times c}{d}$$

a = Honorar für die nächstniedrigere Stufe der anrechenbaren Kosten

b = Differenz zwischen tatsächlichen anrechenbaren Kosten und dem in der Honorartafel genannten nächstniedrigeren Betrag anrechenbarer Kosten

c = Differenz der beiden Honorare für die nächsthöheren und nächstniedrigeren anrechenbaren Kosten

d = Differenz der in der Tabelle nacheinander genannten anrechenbaren Kosten

Die Honorartafel beginnt bei anrechenbaren Kosten von € 25 000,00 und endet bei **8**
€ 25 000 000,00. Ein Honorar **unterhalb oder oberhalb der Tafelwerte** ist gemäß § 7
Abs. 2 **frei vereinbar** (siehe auch § 41, Rdn. 2). Insoweit gelten die Mindest- und
Höchstsätze der HOAI nicht. Bei anrechenbaren Kosten unter € 25 000,00 wird in der
Praxis zumeist entweder ein Zeit- oder ein Pauschalhonorar vereinbart. Bei Projekten mit
anrechenbaren Kosten oberhalb von € 25 000 000,00 vereinbaren die Vertragsparteien häufig ein Pauschalhonorar. Möglich ist aber auch eine lineare Fortschreibung. Im Bereich der
öffentlichen Hand haben die Bundesländer eigene Tabellen zur Honorarfortschreibung
entwickelt, wie etwa die Richtlinien der staatlichen Hochbauverwaltung Baden-Württemberg (RiFT). Haben die Vertragsparteien keine Honorarvereinbarung getroffen, so ist die
übliche Vergütung nach § 632 Abs. 2, 2. Alt. BGB geschuldet. Bei öffentlichen Auftraggebern wird man als übliche Vergütung die Werte der fortgeführten Länder-Honorartabellen
(RiFT) annehmen können (vgl. hierzu im Einzelnen die Kommentierung zu § 35,
Rdn. 1).

Gegenüber der HOAI 2009 sind die Honorartafelwerte angehoben worden. Dabei fällt **9**
die Erhöhung bei hohen anrechenbaren Kosten und höheren Honorarzonen geringer aus
als bei niedrigeren anrechenbaren Kosten und niedrigeren Honorarzonen. Die Bundes-
einigung der Kommunalen Spitzenverbände gibt für das Leistungsbild Ingenieurbauwerke
Honorarerhöhungen zwischen 15 Prozent bis 22 Prozent an (Stellungnahme der Bundesvereinigung der Kommunalen Spitzenverbände zur HOAI-Novelle 2013, Berlin, 21.3.
2013, Seite 7).

Aufgrund der gleichgelagerten Rechtsfragen kann im Übrigen auf die Kommentierung
zur Honorartafel des § 35 verwiesen werden (§ 35, Rdn. 1).

III. Ermittlung der Honorarzone, § 44 Abs. 2–5

1. Einführung

Die Honorarzone ist, wie bereits ausgeführt, ein wichtiger Parameter zur Berechnung **10**
des Planerhonorars. Die Zuordnung orientiert sich am **Schwierigkeitsgrad der Pla-
nung.** Dieser wird bei der Objektplanung gemäß § 5 Abs. 1 wie folgt eingeteilt:
– Honorarzone I: sehr geringe Planungsanforderungen,
– Honorarzone II: geringe Planungsanforderungen,
– Honorarzone III: durchschnittliche Planungsanforderungen,
– Honorarzone IV: hohe Planungsanforderungen,
– Honorarzone V: sehr hohe Planungsanforderungen.

Dabei erfolgt die **Zurechnung zu den einzelnen Honorarzonen** gemäß § 5 Abs. 3 **11**
Satz 2
– nach Maßgabe der **Bewertungsmerkmale** und gegebenenfalls der **Bewertungspunkte**
(sog. „Punktebewertung")
sowie
– unter Berücksichtigung der **Regelbeispiele in den Objektlisten** (bei Ingenieurbauwerken: Anlage 12 Nr. 12.2).

Die jeweilige Honorarzone ist anhand **objektiver Kriterien** zu bestimmen. **Vereinba- 12
rungen** in Planerverträgen **zur Einordnung der Honorarzone** können unwirksam sein,
wenn sie nicht mit dem objektiven Schwierigkeitsgrad der Planung übereinstimmen. So ist
die vertragliche Vereinbarung einer zu niedrigen Honorarzone stets unwirksam, wenn
hierdurch der preisrechtliche Mindestsatz unterschritten wird. Gleiches gilt für die Vereinbarung einer zu hohen Honorarzone, wenn dies zu einer Überschreitung des Höchstsatzes
führt.

„Objektive Kriterien" im vorbenannten Sinne sind zunächst die **Bewertungsmerk- 13
male und Bewertungspunkte** gemäß § 44 Abs. 2 und 3 (nachfolgend § 44, Rdn. 14 ff.).
Als weitere „objektive Kriterien" zur Bestimmung der Honorarzone kommen die **Regelbeispiele der Objektliste** gemäß § 44 Abs. 5 i. V. m. Anlage 12 Nr. 12.2 in Betracht

(nachfolgend § 44 Rdn. 24 ff.). Der Wortlaut des § 5 Abs. 3 Satz 2 („ist nach Maßgabe … vorzunehmen") macht indes deutlich, dass die **Bewertungsmerkmale und Bewertungspunkte** für die Bestimmung der Honorarzone **vorrangig** sind. Die Objektliste hat gemäß § 5 Abs. 3 Satz 2 sowie § 44 Abs. 5 insoweit zwar „Berücksichtigung" zu finden. Jedoch beinhaltet die Objektliste nur „Regelbeispiele" für eine Honorarzonenbestimmung. Im Zweifel hat daher das Ergebnis einer sog. „Punktebewertung" nach § 44 Abs. 2–4 gegenüber einer Zuordnung in der Objektliste den Vorrang. Stimmt eine Punktebewertung im Einzelfall mit der Einordnung in der Objektliste nicht überein, so ist maßgeblich für die Zurechnung der Honorarzone allein das Ergebnis der Punktebewertung. Derartige Divergenzen zwischen Punktebewertung und Einordnung der Honorarzone gemäß Objektliste treten selten bei **Neubauten und Neuanlagen** auf. Die Regelbeispiele der Objektliste erfassen hier den Schwierigkeitsgrad der Planung zumeist präzise und sind daher in der Praxis gut anwendbar. Demgegenüber ist für das **Planen im Bestand,** das heißt für Umbauten, Modernisierungen, Instandsetzungen, Instandhaltungen und Erweiterungsbauten die Einordnung der Honorarzone in der Objektliste zumeist nicht brauchbar. Vielmehr kann hier oftmals nur auf der Grundlage einer Punktebewertung die Honorarzone ermittelt werden.

2. Punktebewertung gemäß § 44 Abs. 2–4

a) Bewertungsmatrix

14   Die **Punktebewertung** ist von **hoher Bedeutung für die Bestimmung der Honorarzone.** In Zweifelsfällen ist eine solche Bewertung sowohl vom Auftraggeber als auch von dem anbietenden Planungsbüro vorzunehmen und miteinander abzustimmen. Die Punktebewertung findet insbesondere Anwendung, wenn Bewertungsmerkmale aus mehreren Honorarzonen in Ansatz zu bringen sind, wie oftmals bei Planungen im Bestand. Bei der **Punktebewertung** sind in einem ersten Schritt den **fünf Bewertungsmerkmalen des § 44 Abs. 2** jeweils objektbezogen **Bewertungspunkte im Rahmen der Vorgaben des § 44 Abs. 3** zuzuordnen. Sodann wird in einem zweiten Schritt das Ingenieurbauwerk anhand der Summe der erzielten Punkte **gemäß § 44 Abs. 4 einer Honorarzone zugerechnet.** Insoweit wird empfohlen, die nachfolgend aufgeführte **Matrix** zu nutzen, und diese mit den ausgefüllten Bewertungspunkten ggf. dem **Planervertrag als Anlage** beizufügen.

Matrix zur Punktebewertung nach § 44 Abs. 2–4:

Honorarzone:		I	II	III	IV	V
Planungsanforderungen		sehr gering	gering	durch-schnittlich	hoch	sehr hoch
Bewertungsmerkmale:						
1	Geologische und baugrund-technische Gegebenheiten	1	2	3	4	5
2	Technische Ausrüstung und Ausstattung	1	2	3	4	5
3	Einbindung in die Umgebung oder in das Objektumfeld	1	2	3	4	5
4	Umfang der Funktionsbereiche oder der konstruktiven oder technischen Anforderungen	1–2	3–4	5–6	7–8	9–10
5	Fachspezifische Bedingungen	1–3	4–6	7–9	10–12	13–15
Summe der Punkte		bis 10	11–17	18–25	26–33	34–40

Die Anwendung der vorstehenden Matrix soll an folgendem **Beispielsfall** dargestellt werden:

Honorarzone:		I	II	III	IV	V
Planungsanforderungen		sehr gering	gering	durch-schnittlich	hoch	sehr hoch
Bewertungsmerkmale:						
1	Geologische und baugrundtechnische Gegebenheiten	–	2	–	–	–
2	Technische Ausrüstung und Ausstattung	–	–	3	–	–
3	Einbindung in die Umgebung oder in das Objektumfeld	–	–	3	–	–
4	Umfang der Funktionsbereiche oder der konstruktiven oder technischen Anforderungen	–	4	–	–	–
5	Fachspezifische Bedingungen	–	–	–	10	–
Summe der Punkte		–	6	6	10	–	22

Ergebnis: 22 Punkte = Honorarzone III

b) Bewertungsmerkmale

Für die Bewertung der Planungsanforderungen bei Ingenieurbauwerken werden in § 44 **15** Abs. 2 Nr. 1–5 **folgende Merkmale** genannt:
– **Nr. 1:** **geologische und baugrundtechnische Gegebenheiten,**
– **Nr. 2:** **technische Ausrüstung und Ausstattung,**
– **Nr. 3:** **Einbindung in die Umgebung oder in das Objektumfeld,**
– **Nr. 4:** **Umfang der Funktionsbereiche oder der konstruktiven oder technischen Anforderungen,**
– **Nr. 5:** **fachspezifische Bedingungen.**

Die vorgenannten Bewertungsmerkmale sind nicht als Regelbeispiele sondern **abschließend** zu verstehen. Sie gelten, wie vorstehend dargetan, als „objektive Kriterien" der Honorarzonenbestimmung. Es ist allerdings nicht zu verkennen, dass diese Bewertungsmerkmale einen Beurteilungsspielraum zulassen und insoweit einen subjektiven Einschlag aufweisen. So sind etwa die Wendungen „Einbindung in die Umgebung" und „fachspezifischen Bedingungen" als **unbestimmte Rechtsbegriffe** zu werten, was dem Wertenden im Einzelfall einen durchaus weiten Beurteilungsspielraum eröffnen kann. Für den Praktiker bringt dies ein beachtliches Maß an Unsicherheit mit sich, was nicht selten zur Folge hat, dass bei der Honorarzonenbestimmung allein auf die Objektliste zurückgegriffen wird, obgleich die Punktebewertung maßgeblich wäre. Diese Praxis birgt naturgemäß insbesondere beim Planen im Bestand die Gefahr unrichtiger Zuordnungen.

Nachfolgend werden **Vorgaben zu einer inhaltlichen Ausgestaltung der Bewertungsmerkmale** für die Planungsanforderungen insbesondere anhand der honorarrechtlichen Kommentarliteratur aufgezeigt:

aa) § 44 Abs. 2, Nr. 1: geologische und baugrundtechnische Gegebenheiten

Diesem Bewertungsmerkmal werden gemäß § 44 Abs. 3, Nr. 1 bis zu fünf Bewertungs- **16** punkte zugeordnet.

Es ist hier die **Gesamtheit der geotechnischen Bedingungen** zu berücksichtigen. Neben den Anforderungen aus dem Baugrund selbst sind dies auch die Anforderungen aus der Wasserhaltung, Hangsicherung, Baugrubensicherung und der Sicherung bestehender Bauwerke (Locher/Koeble/Frik, 12. Auflage, § 44, Rdn 7). Die jeweiligen geologischen und baugrundtechnischen Gegebenheiten müssen ferner jeweils **konkret objektbezogen** bewertet werden. Insoweit kann für eine Grobbestimmung der Planungsanforderungen auf das **Wertungsmodell in Anlage 1.3.4 zu § 3 Abs. 1 Satz 2 (Honorarzone Geotechnik)** zurückgegriffen werden:

Sehr geringe Planungsanforderungen:	– gering setzungsempfindliche Objekte mit einheitlicher Gründungsart bei annähernd regelmäßigem Schichtenaufbau des Untergrunds mit einheitlicher Tragfähigkeit und Setzungsfähigkeit innerhalb der Baufläche
Geringe Planungsanforderungen:	– setzungsempfindliche Objekte sowie gering setzungsempfindliche Objekte mit bereichsweise unterschiedlicher Gründungsart oder bereichsweise stark unterschiedlichen Lasten bei annähernd regelmäßigem Schichtenaufbau des Untergrunds mit einheitlicher Tragfähigkeit und Setzungsfähigkeit innerhalb der Baufläche, – gering setzungsempfindliche Objekte mit einheitlicher Gründungsart bei unregelmäßigem Schichtenaufbau des Untergrunds mit unterschiedlicher Tragfähigkeit und Setzungsfähigkeit innerhalb der Baufläche;
Durchschnittliche Planungsanforderungen:	– stark setzungsempfindliche Objekte bei annähernd regelmäßigem Schichtenaufbau des Untergrunds mit einheitlicher Tragfähigkeit und Setzungsfähigkeit innerhalb der Baufläche, – setzungsempfindliche Objekte sowie gering setzungsempfindliche Bauwerke mit bereichsweise unterschiedlicher Gründungsart oder bereichsweise stark unterschiedlichen Lasten bei unregelmäßigem Schichtenaufbau des Untergrunds mit unterschiedlicher Tragfähigkeit und Setzungsfähigkeit innerhalb der Baufläche, – gering setzungsempfindliche Objekte mit einheitlicher Gründungsart bei unregelmäßigem Schichtenaufbau des Untergrunds mit stark unterschiedlicher Tragfähigkeit und Setzungsfähigkeit innerhalb der Baufläche;
Hohe Planungsanforderungen:	– stark setzungsempfindliche Objekte bei unregelmäßigem Schichtaufbau des Untergrunds mit unterschiedlicher Tragfähigkeit und Setzungsfähigkeit innerhalb der Baufläche, – setzungsempfindliche Objekte sowie gering setzungsempfindliche Objekte mit bereichsweise unterschiedlicher Gründungsart oder bereichsweise stark unterschiedlichen Lasten bei unregelmäßigem Schichtaufbau des Untergrunds mit stark unterschiedlicher Tragfähigkeit und Setzungsfähigkeit innerhalb der Baufläche;
Sehr hohe Planungsanforderungen:	– stark setzungsempfindliche Objekte bei unregelmäßigem Schichtaufbau des Untergrunds mit stark unterschiedlicher Tragfähigkeit und Setzungsfähigkeit innerhalb der Baufläche.

Weitergehende Einflüsse, wie etwa Aspekte des Grundwassers oder der Nachbarbebauung, sind ebenfalls bei der Festlegung des Schwierigkeitsgrades einzubeziehen.

Zutreffend weist ferner Jochem/Kaufhold, a. a. O., § 43 Rdn. 12 darauf hin, dass bei der **17** **Ausführung von Erdarbeiten** zudem die Bodenklassen 2 bis 7 gemäß DIN 18300 (Leistungen bei Erdarbeiten) für die Bewertung des Schwierigkeitsgrades der Planung eine Hilfestellung bieten können:

Bodenklassen nach DIN 18300:

Nr.	Bezeichnung	Beschreibung
2	Fließende Bodenarten	Flüssige bis breiige Böden, die Wasser nur schwer abgeben.
3	Leicht lösbare Bodenarten	Nichtbindige bis schwachbindige Sande, Kiese und Sand-Kies-Gemische mit bis zu 15 % Beimengungen an Schluff und Ton.
4	Mittelschwer lösbare Bodenarten	Gemische von Sand, Kies, Schluff und Ton. Bindige Boden-Arten von leichter bis mittlerer Plastizität sind je nach Wasser-Gehalt weich bis fest.
5	Schwer lösbare Bodenarten	Bodenarten nach den Klassen 3 und 4, jedoch mit mehr als 30 % Steinen von über 63mm Korngröße. Steife und halbfeste bindige Böden.
6	Leicht lösbarer Fels und vergleichbare Bodenarten	Felsarten, die einen inneren, mineralische gebundenen Zusammenhalt haben, jedoch stark klüftig, brüchig, weich oder verwittert sind.
7	Schwer lösbarer Fels	Felsarten, die eine hohe Festigkeit haben und nur wenig klüftig oder verwittert sind.

Für den **Rohrleitungsbau** lässt sich hieraus folgendes **Bewertungsbeispiel** ableiten:

Planungsanforderungen beim Rohrleitungsbau (nach Jochem/Kaufhold, a. a. O., § 43, Rdn. 13):

– Sehr geringe Planungsanforderungen:	Gleichmäßiger felsiger Untergrund
– Geringe Planungsanforderungen:	Gleichmäßig sandig-kiesiger Untergrund, ohne Grundwasser
– Durchschnittliche Planungsanforderungen:	Gleichmäßig geschichteter, fester, kiesig-sandiger Untergrund
– Hohe Planungsanforderungen:	Ungleichmäßig geschichteter, unterschiedlich fester Untergrund, Grundwasser leicht entwässerbar, Grundbruchgefahr beim Öffnen von Baugruben, Einfluss nahe gelegener Gewässer auf den Grundwasserspiegel
– Sehr hohe Planungsanforderungen:	Ungleichmäßig geschichteter, weicher Baugrund mit Fließneigung, hoch setzungsempfindlicher Untergrund, Grundwasser schwer entwässerbar

bb) § 44 Abs. 2 Nr. 2: Technische Ausrüstung und Ausstattung

Diesem Bewertungsmerkmal werden gemäß § 44 Abs. 3, Nr. 1 bis zu fünf Bewertungs- **18** punkte zugeordnet.

Zu berücksichtigen ist die **Technische Ausrüstung im Sinne der §§ 53 ff.** Insoweit geht es jedoch primär nicht um den Schwierigkeitsgrad der Fachplanung gemäß § 56 Abs. 2 – 5, sondern – bezogen auf die Objektplanung – um die Planungsanforderungen im Hinblick auf die **Integration der Technischen Ausrüstung in das Gesamtobjekt** und den hiermit verbundenen **Koordinationsaufwand** (so bereits Seifert in der Vorauflage zu diesem Kommentar, dort § 43, Rdn. 19).

Insoweit können folgende Zuordnungen vorgenommen werden (vgl. auch Seifert in der Vorauflage zu diesem Kommentar, § 43, Rdn. 19; Locher/Koeble/Frik, 12. Auflage, § 44, Rdn. 8):

Theißen

– Sehr geringe Planungsanforderungen:	Anlagen und Bauwerke ohne technische Ausrüstung oder Ausstattung
– Geringe Planungsanforderungen:	Anlagen und Bauwerke mit einer einfachen technischen Ausrüstung oder einfacher Ausstattung, mit keinem oder nur geringem Wartungsaufwand
– Durchschnittliche Planungsanforderungen:	Anlagen und Bauwerke mit einer technischen Ausrüstung aus verschiedenen Anlagengruppen oder einer durchschnittlichen Ausstattung, mit durchschnittlichem Wartungsaufwand
– Hohe Planungsanforderungen:	Anlagen und Bauwerke mit einer überdurchschnittlichen technischen Ausrüstung aus mehreren Anlagengruppen oder einer überdurchschnittlichen Ausstattung, mit überdurchschnittlichem Wartungsaufwand
– Sehr hohe Planungsanforderungen:	Anlagen und Bauwerke mit einer vielfältigen technischen Ausrüstung mit hohen technischen Ansprüchen oder einer umfangreichen Ausstattung, mit deutlich überdurchschnittlichem Wartungsaufwand

cc) § 44 Abs. 2, Nr. 3: Einbindung in die Umgebung oder das Objektumfeld

19   Diesem Bewertungsmerkmal werden gemäß § 44 Abs. 3, Nr. 1 bis zu fünf Bewertungspunkte zugeordnet.

Bei der Einbindung eines Ingenieurbauwerks in die **vorhandene Umgebung und das vorhandene Objektumfeld** können die Planungsanforderungen sowohl durch tatsächliche als auch durch rechtliche Aspekte beeinflusst werden. Zu nennen sind **in rechtlicher Hinsicht** etwa bauplanungs-, bauordnungs-, naturschutz- oder denkmalschutzrechtliche Gesichtspunkte, in **tatsächlicher Hinsicht** landschaftliche, topografische und sogar ästhetische Momente (vgl. Jochem/Kaufhold, 5. Auflage, § 43, Rdn. 17; Locher/Koeble/Frik, 12. Auflage § 44, Rdn. 9). Die Breite der in Betracht kommenden Einflussfaktoren auf die Planungsanforderungen macht dieses **Bewertungsmerkmal** inhaltlich sehr **unbestimmt**. Demzufolge sind **Bewertungsempfehlungen** in der honorarrechtlichen Kommentierung (siehe etwa Jochem/Kaufhold, a. a. O.) naturgemäß **allgemein gehalten,** wie auch das nachstehende Beispiel bei Locher/Koeble/Frik (a. a. O.) aufzeigt:

– Sehr geringe Planungsanforderungen:	Ohne Bedingungen.
– Geringe Planungsanforderungen:	Mit einfachen Bedingungen.
– Durchschnittliche Planungsanforderungen:	Mit Bedingungen auf Verträglichkeit mit Mikroklima und z. B. Verkehrsfluss auf zu kreuzende Verkehrswege.
– Hohe Planungsanforderungen:	Mit Bedingungen auf Landschaftsgestaltung und Stadtbild.
– Sehr hohe Planungsanforderungen:	Bei dominanten Bauwerken in besonders zu schützenden Städten und Landschaften.

Beim **Planen im Bestand** kommt dem Bewertungsmerkmal „Einbindung in die Umgebung oder in das Objektumfeld" oftmals keine Bedeutung zu. Denn die planerischen Erwägungen zur Einbindung erfolgten regelmäßig bereits zuvor bei der ursprünglichen Neubauplanung. Werden Instandhaltungs- oder Instandsetzungsmaßnahmen gemäß § 12 geplant, hat das Bewertungsmerkmal der Umgebungseinbindung somit keine Relevanz. Anders kann es bei Erweiterungsbauten oder Umbauten (etwa wegen einer Umnutzung) sein, da hier Aspekte der Umgebungseinbindung im Einzelfall durchaus eine Rolle spielen können.

dd) § 44 Abs. 2, Nr. 4: Umfang der Funktionsbereiche oder der Konstruktiven oder technischen Forderungen

20   Diesem Bewertungsmerkmal werden gemäß § 44 Abs. 3, Nr. 2 bis zu zehn Bewertungspunkte zugeordnet.

Unter „**Funktionsbereiche**" sind die verschiedenen bei der Planung des Objektes zu berücksichtigenden Nutzungsarten zu verstehen. Dies gilt insbesondere für bestimmte Ingenieurbauwerke. In der Amtlichen Begründung zur HOAI 2009 wurden hierzu folgende **Beispiele** genannt (Amtliche Begründung zur HOAI 2009, a. a. O., Seite 121):

Funktionsbereiche **Klärwerk:**
– Pumpwerke,
– Einheiten mechanischer Abwasserreinigung,
– biologische Abwasserreinigung,
– Schlammbehandlung,
– Reststoffbeseitigung.

Funktionsbereiche **Abfallbehandlungsanlagen:**
– Eingangskontrolle,
– Abfallspeicherung in Bunkern,
– Abfallbehandlung,
– Reststoffbeseitigung.

„**Konstruktive oder technische Anforderungen**" sind insbesondere bei Ingenieurbauwerken relevant, die eine Tragwerksplanung erfordern (Objekte gemäß § 41 Nr. 6 und 7) oder einen hohen Anteil an Maschinentechnik (§ 42 Abs. 1 Satz 2) aufweisen. Aber auch Verknüpfungen und Zwangspunkte, etwa bei Leitungsnetzen, sind bei diesem Merkmal von Bedeutung.

Die Vorgabe einer allgemeingültigen Bewertungsskala ist aufgrund der Unterschiedlichkeit der Ingenieurbauwerke und Anlagen sowie ihrer Funktionsbereiche nicht möglich. Die nachfolgend abgedruckte **Bewertungsempfehlung** von Jochem/Kaufhold, 5. Auflage, § 43, Rdn. 18 ist daher allenfalls als eine Annäherung zu verstehen und muss auf den jeweiligen Einzelfall angepasst werden:

– Sehr geringe Planungsanforderungen:	Ein Funktionsbereich, keine Verknüpfungen, keine Zwangspunkte.
– Geringe Planungsanforderungen:	Zwei Funktionsbereiche, geringe Verknüpfungen, keine Zwangspunkte.
– Durchschnittliche Planungsanforderungen:	Bis zu fünf Funktionsbereiche, einige Verknüpfungen, geringe Zahl von Zwangspunkten.
– Hohe Planungsanforderungen:	Bis zu 10 Funktionsbereiche, Verknüpfungen mit mehreren unterschiedlichen Ingenieurbauwerken bei mehreren Zwangspunkten.
– Sehr hohe Planungsanforderungen:	Mehr als 10 Funktionsbereiche, Verknüpfungen mit zahlreichen unterschiedlichen Ingenieurbauwerken bei zahlreichen Zwangspunkten.

ee) § 44 Abs. 2, Nr. 5: fachspezifische Bedingungen

Diesem Bewertungsmerkmal werden gemäß § 44 Abs. 3, Nr. 3 bis zu fünfzehn Bewer- **21** tungspunkte zugeordnet.

Die hohe Gewichtung des Merkmals „**Fachspezifische Bedingungen**" begründet der Verordnungsgeber damit, dass nach seiner Auffassung bei Ingenieurbauwerken dieses Bewertungsmerkmal „im Vordergrund" stünde. „Brückenbauwerke, Türme oder wasserwirtschaftliche Ingenieurbauwerke können heute kaum noch geplant werden, ohne dass besondere ingenieurtechnische Probleme gelöst werden müssen" (Amtliche Begründung zur HOAI 1996, a. a. O., Seite 121). Als Beispiel führt der Verordnungsgeber Kläranlagen an, die häufig in Flusssenkungen geplant werden, so dass „z. B. besondere Implikationen hinsichtlich des Grundwasserspiegels oder der Bodenbeschaffenheit berücksichtigt werden" müssen (Amtliche Begründung zur HOAI 1996, ebd.). Gerade dieses Beispiel zeigt aber die Problematik des Bewertungsmerkmals „Fachspezifische Bedingungen": Die genannten Implikationen sind regelmäßig bereits Teil der „Geologischen Gegebenheiten" im Sinne des § 44 Abs. 2 Nr. 1. Der **Anwendungsbereich** des Merkmals „Fachspezifische Bedingungen" ist nur **schwerlich abgrenzbar** zu den **übrigen Bewertungsmerkmalen** der

„Geologischen und baugrundtechnischen Gegebenheiten", der „Technischen Ausrüstung und Ausstattung", der „Einbindung in die Umgebung und das Objektumfeld" und dem „Umfang der Funktionsbereiche oder der konstruktiven oder technischen Anforderungen". Die „Fachspezifische Bedingungen" bleiben als Bewertungsmerkmal ein amorphes Gebilde. In ihrer Unbestimmtheit bieten sie breiten Raum für subjektive Erwägungen. Dies steht nicht in Einklang mit dem Anspruch einer an objektiven Kriterien ausgerichteten Punktebewertung.

Beispiele für fachspezifische Bedingungen beim Bau einer Kläranlage: siehe Jochem/ Kaufhold, 5. Auflage, § 43, Rdn. 21; beim Brückenbau: siehe Locher/Koeble/Frik, 12. Auflage, § 44, Rdn. 11.

3. Objektliste gemäß § 44 Abs. 5 i. V. m. Anlage 12 Nr. 12.2

22   In der Objektliste der Anlage 12.2 werden Ingenieurbauwerke und Anlagen im Sinne des § 41 Nr. 1–7 als **Regelbeispiele den fünf Honorarzonen zugeordnet.** Die Objektliste hat gemäß § 5 Abs. 3 Satz 2 sowie gemäß § 44 Abs. 5 bei der Bestimmung der Honorarzone „Berücksichtigung" zu finden (siehe hierzu vorstehend die Kommentierung unter § 44, Rdn. 13).

Die Objektliste der Anlage 12 Nr. 12.2 ist in ihrer Struktur an den in § 41 aufgeführten **7 Objektgruppen** ausgerichtet:

1. Bauwerke und Anlagen der Wasserversorgung,

2. Bauwerke und Anlagen der Abwasserentsorgung,

3. Bauwerke und Anlagen des Wasserbaus ausgenommen Freianlagen nach § 39 Absatz 1,

4. Bauwerke und Anlagen für Ver- und Entsorgung mit Gasen, Feststoffen und wassergefährdenden Flüssigkeiten, ausgenommen Anlagen der Technischen Ausrüstung nach § 53 Absatz 2,

5. Bauwerke und Anlagen der Abfallentsorgung,

6. konstruktive Ingenieurbauwerke für Verkehrsanlagen,

7. sonstige Einzelbauwerke ausgenommen Gebäude und Freileitungsmaste.

23   Wegen der **begrifflichen Erläuterungen** der in der nachfolgend abgedruckten **Objektliste aufgeführten Ingenieurbauwerke und Anlagen** wird auf die Ausführungen zu § 41 in diesem Kommentar verwiesen:

Objektgruppe:	Begriffserläuterungen, siehe:
Bauwerke und Anlagen der Wasserversorgung:	§ 41 Rdn. 28 f.
Bauwerke und Anlagen der Abwasserentsorgung:	§ 41 Rdn. 30 ff.
Bauwerke und Anlagen des Wasserbaus:	§ 41 Rdn. 35 f.
Bauwerke und Anlagen für Ver- und Entsorgung:	§ 41 Rdn. 37 f.
Bauwerke und Anlagen der Abfallentsorgung:	§ 41 Rdn. 39 f.
konstruktive Ingenieurbauwerke für Verkehrsanlagen:	§ 41 Rdn. 41 ff.
sonstige Einzelbauwerke:	§ 41 Rdn. 45 ff.

Anlage 12 Nr. 12.2: Objektliste Ingenieurbauwerke

24   Nachstehende Objekte werden in der Regel folgenden Honorarzonen zugerechnet:

Gruppe 1 – Bauwerke und Anlagen der Wasserversorgung	Honorarzone				
	I	II	III	IV	V
– Zisternen	x				
– einfache Anlagen zur Gewinnung und Förderung von Wasser, zum Beispiel Quellfassungen, Schachtbrunnen		x			
– Tiefbrunnen			x		
– Brunnengalerien und Horizontalbrunnen				x	

Gruppe 1 – Bauwerke und Anlagen der Wasserversorgung	Honorarzone				
	I	II	III	IV	V
– Leitungen für Wasser ohne Zwangspunkte	x				
– Leitungen für Wasser mit geringen Verknüpfungen und wenigen Zwangspunkten		x			
– Leitungen für Wasser mit zahlreichen Verknüpfungen und mehreren Zwangspunkten			x		
– Einfache Leitungsnetze für Wasser		x			
– Leitungsnetze mit mehreren Verknüpfungen und zahlreichen Zwangspunkten und mit einer Druckzone			x		
– Leitungsnetze für Wasser mit zahlreichen Verknüpfungen und zahlreichen Zwangspunkten				x	
– einfache Anlagen zur Speicherung von Wasser, zum Beispiel Behälter in Fertigbauweise, Feuerlöschbecken		x			
– Speicherbehälter			x		
– Speicherbehälter in Turmbaumweise				x	
– einfache Wasseraufbereitungsanlagen und Anlagen mit mechanischen Verfahren, Pumpwerke und Druckerhöhungsanlagen			x		
– Wasseraufbereitungsanlagen mit physikalischen und chemischen Verfahren, schwierige Pumpwerke und Druckerhöhungsanlagen				x	
– Bauwerke und Anlagen mehrstufiger oder kombinierter Verfahren der Wasseraufbereitung					x

Gruppe 2 – Bauwerke und Anlagen der Abwasserentsorgung	Honorarzone				
mit Ausnahme Entwässerungsanlagen, die der Zweckbestimmung der Verkehrsanlagen dienen, und Regenwasserversickerung (Abgrenzung zu Freianlagen)	I	II	III	IV	V
– Leitungen für Abwasser ohne Zwangspunkte	x				
– Leitungen für Abwasser mit geringen Verknüpfungen und wenigen Zwangspunkten		x			
– Leitungen für Abwasser mit zahlreichen Verknüpfungen und zahlreichen Zwangspunkten			x		
– einfache Leitungsnetze für Abwasser		x			
– Leitungsnetze für Abwasser mit mehreren Verknüpfungen und mehreren Zwangspunkten			x		
– Leitungsnetze für Abwasser mit zahlreichen Zwangspunkten				x	
– Erdbecken als Regenrückhaltebecken		x			
– Regenbecken und Kanalstauräume mit geringen Verknüpfungen und wenigen Zwangspunkten			x		
– Regenbecken und Kanalstauräume mit zahlreichen Verknüpfungen und zahlreichen Zwangspunkten, kombinierte Regenwasserbewirtschaftungsanlagen				x	
– Schlammabsetzanlagen, Schlammpolder		x			
– Schlammabsetzanlagen mit mechanischen Einrichtungen			x		
– Schlammbehandlungsanlagen				x	
– Bauwerke und Anlagen für mehrstufige oder kombinierte Verfahren der Schlammbehandlung					x
– Industriell systematisierte Abwasserbehandlungsanlagen, einfache Pumpwerke und Hebeanlagen		x			
– Abwasserbehandlungsanlagen mit gemeinsamer aerober Stabilisierung, Pumpwerke und Hebeanlagen			x		
– Abwasserbehandlungsanlagen, schwierige Pumpwerke und Hebeanlagen				x	
– Schwierige Abwasserbehandlungsanlagen					x

Gruppe 3 – Bauwerke und Anlagen des Wasserbaus	Honorarzone				
ausgenommen Freianlagen nach § 39 Absatz 1	I	II	III	IV	V
– Berieselung und rohrlose Dränung, flächenhafter Erdbau mit unterschiedlichen Schütthöhen oder Materialien		x			
– Beregnung und Rohrdränung			x		
– Beregnung und Rohrdränung bei ungleichmäßigen Boden- und schwierigen Geländeverhältnissen				x	
– Einzelgewässer mit gleichförmigem ungegliedertem Querschnitt ohne Zwangspunkte, ausgenommen Einzelgewässer mit überwiegend ökologischen und landschaftsgestalterischen Elementen	x				
– Einzelgewässer mit gleichförmigem gegliedertem Querschnitt und einigen Zwangspunkten		x			
– Einzelgewässer mit ungleichförmigem ungegliedertem Querschnitt und einigen Zwangspunkten, Gewässersysteme mit einigen Zwangspunkten			x		
– Einzelgewässer mit ungleichförmigem gegliedertem Querschnitt und vielen Zwangspunkten, Gewässersysteme mit vielen Zwangspunkten, besonders schwieriger Gewässerausbau mit sehr hohen technischen Anforderungen und ökologischen Ausgleichsmaßnahmen				x	
– Teiche bis 3m Dammhöhe über Sohle ohne Hochwasserentlastung ausgenommen Teiche ohne Dämme	x				
– Teiche mit mehr als 3m Dammhöhe über Sohle ohne Hochwasserentlastung, Teiche bis Dammhöhe über Sohle mit Hochwasserentlastung		x			
– Hochwasserrückhaltebecken und Talsperren bis 5m Dammhöhe über Sohle oder bis 100 000 m³ Speicherraum			x		
– Hochwasserrückhaltebecken und Talsperren mit mehr als 100 000 m³ und weniger als 5 000 000 m³ Speicherraum				x	
– Hochwasserrückhaltebecken und Talsperren mit mehr als 5 000 000 m³ Speicherraum					x
– Deich und Dammbauten			x		
– schwierige Deich- und Dammbauten				x	
– besonders schwierige Deich- und Dammbauten					x
– einfache Pumpanlagen, Pumpwerke und Schöpfwerke			x		
– Pump- und Schöpfwerke, Siele				x	
– schwierige Pump- und Schöpfwerke					x
– Einfache Durchlässe	x				
– Durchlässe und Düker			x		
– schwierige Durchlässe und Düker				x	
– Besonders schwierige Durchlässe und Düker					x
– einfache feste Wehre			x		
– feste Wehre				x	
– einfache bewegliche Wehre				x	
– bewegliche Wehre					x
– einfache Sperrwerke und Sperrtore			x		
– Sperrwerke					x
– Kleinwasserkraftanlagen			x		
– Wasserkraftanlagen				x	
– Schwierige Wasserkraftanlagen, zum Beispiel Pumpspeicherwerke oder Kavernenkraftwerke					x

Gruppe 3 – Bauwerke und Anlagen des Wasserbaus ausgenommen Freianlagen nach § 39 Absatz 1	Honorarzone				
	I	II	III	IV	V
– Fangedämme, Hochwasserwände			x		
– Fangedämme, Hochwasserschutzwände in schwieriger Bauweise				x	
– eingeschwommene Senkkästen, schwierige Fangedämme, Wellenbrecher					x
– Bootsanlegestellen mit Dalben, Leitwänden, Festmacher- und Fenderanlagen an stehenden Gewässern	x				
– Bootsanlegestellen mit Dalben, Leitwänden, Festmacher- und Fenderanlagen an fließenden Gewässern, einfache Schiffslösch- und -ladestellen, einfache Kaimauern und Piers		x			
– Schiffslösch- und -ladestellen, Häfen, jeweils mit Dalben, Leitwänden, Festmacher- und Fenderanlagen mit hohen Belastungen, Kaimauern und Piers			x		
– Schiffsanlege-, -lösch- und -ladestellen bei Tide oder Hochwasserbeeinflussung, Häfen bei Tide- und Hochwasserbeeinflussung, schwierige Kaimauern und Piers				x	
– Schwierige schwimmende Schiffsanleger, bewegliche Verladebrücken					x
– Einfache Uferbefestigungen	x				
– Uferwände und -mauern		x			
– Schwierige Uferwände und -mauern, Ufer- und Sohlensicherung an Wasserstraßen			x		
– Schifffahrtskanäle mit Dalben, Leitwänden, bei einfachen Bedingungen			x		
– Schifffahrtskanäle mit Dalben, Leitwänden, bei schwierigen Bedingungen in Dammstrecken, mit Kreuzungsbauwerken				x	
– Kanalbrücken					x
– einfache Schiffsschleusen, Bootsschleusen			x		
– Schiffsschleusen bei geringen Hubhöhen			x		
– Schiffsschleusen bei großen Hubhöhen und Sparschleusen				x	
– Schiffshebewerke					x
– Werftanlagen, einfache Docks			x		
– schwierige Docks				x	
– Schwimmdocks					x

Gruppe 4 – Bauwerke und Anlagen für Ver- und Entsorgung mit Gasen, Energieträgern, Feststoffen einschließlich wassergefährdenden Flüssigkeiten, ausgenommen Anlagen nach § 53 Absatz 2	Honorarzone				
	I	II	III	IV	V
– Transportleitungen für Fernwärme, wassergefährdende Flüssigkeiten und Gase ohne Zwangspunkte	x				
– Transportleitungen für Fernwärme, wassergefährdende Flüssigkeiten und Gase mit geringen Verknüpfungen und wenigen Zwangspunkten		x			
– Transportleitungen für Fernwärme, wassergefährdende Flüssigkeiten und Gase mit geringen Verknüpfungen und wenigen Zwangspunkten			x		
– Transportleitungen für Fernwärme, wassergefährdende Flüssigkeiten und Gase mit zahlreichen Verknüpfungen und zahlreichen Zwangspunkten				x	
– Industriell vorgefertigte einstufige Leichtflüssigkeitsabscheider		x			
– Einstufige Leichtflüssigkeitsabscheider			x		
– mehrstufige Leichtflüssigkeitsabscheider				x	
– Leerrohrnetze mit wenigen Verknüpfungen			x		
– Leerrohrnetze mit zahlreichen Verknüpfungen				x	

Gruppe 4 – Bauwerke und Anlagen für Ver- und Entsorgung	Honorarzone				
mit Gasen, Energieträgern, Feststoffen einschließlich wassergefährdenden Flüssigkeiten, ausgenommen Anlagen nach § 53 Absatz 2	I	II	III	IV	V
– Handelsübliche Fertigbehälter für Tankanlagen	x				
– Pumpzentralen für Tankanlagen in Ortbetonbauweise			x		
– Anlagen zur Lagerung wassergefährdender Flüssigkeiten in einfachen Fällen			x		
– Zwischenlager, Sammelstellen und Umladestationen offener Bauart für Abfälle oder Wertstoffe ohne Zusatzeinrichtungen	x				
– Zwischenlager, Sammelstellen und Umladestationen offener Bauart für Abfälle oder Wertstoffe mit einfachen Zusatzeinrichtungen		x			
– Zwischenlager, Sammelstellen und Umladestationen offener Bauart für Abfälle oder Wertstoffe, mit schwierigen Zusatzeinrichtungen			x		
– Einfache, einstufige Aufbereitungsanlagen für Wertstoffe		x			
– Aufbereitungsanlagen für Wertstoffe			x		
– Mehrstufige Aufbereitungsanlagen für Wertstoffe				x	
– Einfache Bauschuttaufbereitungsanlagen		x			
– Bauschuttaufbereitungsanlagen			x		
– Bauschuttdeponien ohne besondere Einrichtungen		x			
– Bauschuttdeponien			x		
– Pflanzenabfall-Kompostierungsanlagen ohne besondere Einrichtungen		x			
– Biomüll-Kompostierungsanlagen, Pflanzenabfall-Kompostierungsanlagen			x		
– Kompostwerke				x	
– Hausmüll- und Monodeponien			x		
– Hausmülldeponien und Monodeponien mit schwierigen technischen Anforderungen				x	
– Anlagen zur Konditionierung von Sonderabfällen				x	
– Verbrennungsanlagen, Pyrolyseanlagen					x
– Sonderabfalldeponien				x	
– Anlagen für Untertagedeponien				x	
– Behälterdeponien				x	
– Abdichtung von Altablagerungen und kontaminierten Standorten				x	
– Abdichtung von Altablagerungen und kontaminierten Standorten mit schwierigen technischen Anforderungen					x
– Anlagen zur Behandlung kontaminierter Böden einschließlich Bodenluft					x
– einfache Grundwasserdekontaminierungsanlagen					x
– komplexe Grundwasserdekontaminierungsanlagen					x

Gruppe 6 – konstruktive Ingenieurbauwerke für Verkehrsanlagen	Honorarzone				
	I	II	III	IV	V
– Lärmschutzwälle ausgenommen Lärmschutzwälle als Mittel der Geländegestaltung	x				
– Einfache Lärmschutzanlagen		x			
– Lärmschutzanlagen			x		
– Lärmschutzanlagen in schwieriger städtebaulicher Situation				x	
– Gerade Einfeldbrücken einfacher Bauart		x			
– Einfeldbrücken			x		
– Einfache Mehrfeld- und Bogenbrücken			x		

Gruppe 6 – konstruktive Ingenieurbauwerke für Verkehrsanlagen	Honorarzone				
	I	II	III	IV	V
– Schwierige Einfeld-, Mehrfeld- und Bogenbrücken				x	
– Schwierige, längs vorgespannte Stahlverbundkonstruktionen					x
– Besonders schwierige Brücken					x
– Tunnel			x		
– Schwierige Tunnel				x	
– Besonders schwierige Tunnel					x
– Untergrundbahnhöfe			x		
– schwierige Untergrundbahnhöfe				x	
– besonders schwierige Untergrundbahnhöfe und Kreuzungsbahnhöfe					x

Gruppe 7 – sonstige Einzelbauwerke	Honorarzone				
sonstige Einzelbauwerke ausgenommen Gebäude und Freileitungs- und Oberleitungsmaste	I	II	III	IV	V
– Einfache Schornsteine		x			
– Schornsteine			x		
– Schwierige Schornsteine				x	
– Besonders schwierige Schornsteine					x
– Einfache Masten und Türme ohne Aufbauten	x				
– Masten und Türme ohne Aufbauten		x			
– Masten und Türme mit Aufbauten			x		
– Masten und Türme mit Aufbauten und Betriebsgeschoss				x	
– Masten und Türme mit Aufbauten, Betriebsgeschoss und Publikumseinrichtungen					x
– Einfache Kühltürme			x		
– Kühltürme				x	
– Schwierige Kühltürme					x
– Versorgungsbauwerke und Schutzrohre in sehr einfachen Fällen ohne Zwangspunkte	x				
– Versorgungsbauwerke und Schutzrohre mit zugehörigen Schächten für Versorgungssysteme mit wenigen Zwangspunkten		x			
– Versorgungsbauwerke mit zugehörigen Schächten für Versorgungssysteme unter beengten Verhältnissen			x		
– Versorgungsbauwerke mit zugehörigen Schächten in schwierigen Fällen für mehrere Medien				x	
– Flach gegründete, einzeln stehende Silos ohne Anbauten		x			
– Einzeln stehende Silos mit einfachen Anbauten, auch in Gruppenbauweise			x		
– Silos mit zusammengefügten Zellenblöcken und Anbauten				x	
– Schwierige Windkraftanlagen				x	
– Unverankerte Stützbauwerke bei geringen Geländesprüngen ohne Verkehrsbelastung als Mittel zur Geländegestaltung und zur konstruktiven Böschungssicherung	x				
– Unverankerte Stützbauwerke bei hohen Geländesprüngen mit Verkehrsbelastungen mit einfachen Baugrund-, Belastungs- und Geländeverhältnissen		x			
– Stützbauwerke mit Verankerung oder unverankerte Stützbauwerke bei schwierigen Baugrund-, Belastungs- oder Geländeverhältnissen			x		
– Stützbauwerke mit Verankerung und schwierigen Baugrund-, Belastungs- oder Geländeverhältnissen				x	
– Stützbauwerke mit Verankerung und ungewöhnlich schwierigen Randbedingungen					x

Gruppe 7 – sonstige Einzelbauwerke	Honorarzone				
sonstige Einzelbauwerke ausgenommen Gebäude und Freileitungs- und Oberleitungsmaste	I	II	III	IV	V
– Schlitz- und Bohrpfahlwände, Trägerbohlwände			x		
– Einfache Traggerüste und andere einfache Gerüste			x		
– Traggerüste und andere Gerüste				x	
– Sehr schwierige Gerüste und sehr hohe oder weit gespannte Traggerüste, verschiebliche (Trag-)Gerüste					x
– eigenständige Tiefgaragen, einfache Schacht- und Kavernenbauwerke, einfache Stollenbauten			x		
– schwierige eigenständige Tiefgaragen, schwierige Schacht- und Kavernenbauwerke, schwierige Stollenbauwerke				x	
– Besonders schwierige Schacht- und Kavernenbauwerke					x

IV. Honorarzuschlag bei Umbau oder Modernisierungen, § 44 Abs. 6

25   § 44 Abs. 6 enthält eine Regelung im Sinne des § 6 Abs. 2 Satz 2 und 3 zum **Umbau- oder Modernisierungszuschlag für die Objektplanung Ingenieurbauwerke.** Danach kann ein Zuschlag „**bis 33 Prozent**" vereinbart werden. Diese Vereinbarung muss **schriftlich** und nach Auffassung des Verordnungsgebers zudem gemäß § 7 Abs. 1 „**bei Auftragserteilung**" (Amtliche Begründung zur HOAI 2013, BR-Drs. 334/13, Seiten 112 und 161) getroffen werden.

26   Nach dem Wortlaut der Vorschrift gilt die **Obergrenze** von 33 Prozent für Planungen mit einem „**durchschnittlichen Schwierigkeitsgrad**", was bei der Objektplanung Ingenieurbauwerke der Honorarzone III entspricht. Allerdings findet diese Obergrenze auch bei Planungsleistungen mit einem **unterdurchschnittlichen Schwierigkeitsgrad** (Honorarzonen I und II) ebenso Anwendung (so auch Locher/Koeble/Frik, 12. Auflage, § 44 Rdn. 14), nicht jedoch bei Planungen mit **überdurchschnittlichem Schwierigkeitsgrad** (Honorarzone IV und V). Bei Letzteren ist eine freie Vereinbarung des Umbau- bzw. Modernisierungszuschlags – auch über 33 Prozent – möglich.

27   § 44 Abs. 6 benennt eine **Obergrenze** („bis 33 Prozent") für den Umbau- oder Modernisierungszuschlag. Eine **Untergrenze** erwähnt diese Vorschrift hingegen nicht. Insoweit ist auf die allgemeine Vorschrift des § 6 Abs. 2 Satz 2 zurückzugreifen, wonach der Umbau- oder Modernisierungszuschlag „unter Berücksichtigung des Schwierigkeitsgrades der Leistungen" zu vereinbaren ist. Allerdings hat der Verordnungsgeber mit dieser Wendung keine prozentuale Stufung der Höhe des Umbau- oder Modernisierungszuschlags vorgegeben. Denn nach dem erklärten Willen des Verordnungsgebers ist die **Höhe** des Zuschlags „**frei vereinbar**" (Amtliche Begründung zur HOAI 2013, BR-Drs. 334/13, Seite 112). Auch existiert demnach kein Mindestzuschlagswert. Vielmehr steht es „den Vertragsparteien wie bisher auch frei, bei Auftragserteilung einen Zuschlag von weniger als 20 Prozent zu vereinbaren" (Amtliche Begründung zur HOAI 2013, a. a. O.). Mit der Wendung „wie bisher auch" stellt sich der Verordnungsgeber allerdings in Widerspruch zu seiner früheren Auffassung zum Umbau- und Modernisierungszuschlag (vgl. Amtliche Begründung zur HOAI 2009, BR-Drs. 395/09, Seite 193).

28   Die **Vereinbarung** eines Umbau- oder Modernisierungszuschlags von „**Null Prozent**" dürfte indes unwirksam sein (str., a. A. Locher/Koeble/Frik, 12. Auflage, § 6, Rdn. 54). Denn § 6 Abs. 2 Satz 1 Nr. 5 besagt ausdrücklich, dass bei Umbauten oder Modernisierungen das Honorar nach einem „Umbau- oder Modernisierungszuschlag auf das Honorar" zu berechnen ist. Eine „Null-Prozent-Vereinbarung" beinhaltet keinen *Zuschlag auf* das Honorar und verstößt daher gegen § 6 Abs. 2 Satz 1 Nr. 5. Die Unwirksamkeit der Vereinbarung hätte zur Folge, dass die Vermutungsregelung des § 6 Abs. 2 Satz 4 zur Anwendung käme. Es wäre ab einem durchschnittlichen Schwierigkeitsgrad ein Zuschlag von 20 Prozent geschuldet.

Übersicht:

Höhe des Umbau- oder Modernisierungszuschlags gemäß §§ 6 Abs. 2, 44 Abs. 6	29

1. Schriftliche Vereinbarung bei Auftragserteilung:	
a) Unterdurchschnittlicher Schwierigkeitsgrad der Planung (Honorarzone I und II):	bis 33 Prozent
b) Durchschnittlicher Schwierigkeitsgrad der Planung (Honorarzone III):	bis 33 Prozent
c) Hoher bis sehr hoher Schwierigkeitsgrad der Planung (Honorarzone IV und V):	auch über 33 Prozent
2. **Keine** schriftliche Vereinbarung bei Auftragserteilung:	
a) Unterdurchschnittlicher Schwierigkeitsgrad der Planung (Honorarzone I und II):	kein Zuschlag
b) Durchschnittlicher, hoher oder sehr hoher Schwierigkeitsgrad der Planung (Honorarzone III, IV, V):	20 Prozent

V. Ingenieurbauwerke mit großer Längenausdehnung, § 44 Abs. 7

§ 44 Abs. 7 enthält eine Rechtsgrundverweisung auf die Vorschrift des § 7 Abs. 3. **30** Hiermit stellt der Verordnungsgeber klar, dass eine **Unterschreitung des Mindestsatzes** durch **schriftliche Vereinbarung** im Sinne des § 7 Abs. 3 möglich ist, wenn **folgende drei Voraussetzungen** gegeben sind:
– Planungsaufwand für Ingenieurbauwerke mit großer Längenausdehnung,
– Errichtung unter gleichen baulichen Bedingungen,
– Missverhältnis zwischen Planungsaufwand und ermitteltem Honorar.

Nach Auffassung des Verordnungsgebers „stellt die Planung solcher Ingenieurbauwerke **31** einen Ausnahmefall im Sinne des § 7 Abs. 3 dar" (Amtliche Begründung zur HOAI 2013, BR-Drs. 334/13, Seite 132). Ähnliche Erwägungen hatte der Verordnungsgeber bereits zur Altfassung der HOAI – dort zur Tragwerksplanung – angestellt, indem er ausführte: „Tragwerksplanungen können auch erforderlich werden für Ingenieurbauwerke mit erheblichen Längenabmessungen, bei denen sich die statischen Verhältnisse in der gesamten Länge nicht oder nur unwesentlich ändern (…). Bei solchen Verhältnissen könnte ein Honorar, das von den vollen anrechenbaren Kosten ermittelt wird, in einem nicht ausgewogenen Verhältnis zur Leistung des Ingenieurs stehen." (Amtliche Begründung zur HOAI 1996, a. a. O., Seite 132). Der Verordnungsgeber will dieses mögliche „nicht ausgewogene Verhältnis" zwischen Leistung und Honorar nunmehr durch die Anwendbarkeit des § 7 Abs. 3 im Einzelfall korrigiert sehen.

Zu den in § 44 Abs. 7 genannten drei Voraussetzungen ist im Einzelnen auszuführen:

– Planungsaufwand für Ingenieurbauwerke mit großer Längenausdehnung:

Der Verordnungsgeber spricht von „**Planungsaufwand**", was wohl als Synonym zum **32** „Aufwand für die Objektplanung Ingenieurbauwerke" zu verstehen ist. Eine Ausgrenzung der Leistungsphase 8 (Bauoberleitung) dürfte mit dem Hinweis auf den „Planungs"-Aufwand indes nicht gewollt sein. Denn der Verordnungsgeber hat in anderen Fällen derartige Einschränkungen durch einen ausdrücklichen Verweis auf die entsprechenden Leistungsphasen hervorgehoben (vgl. etwa § 11 Abs. 3: „Leistungsphasen 1 bis 6"). Dies ist hier nicht erfolgt, so dass die Vorschrift des § 44 Abs. 7 wohl auf die Leistungen sämtlicher Leistungsphasen, d. h. auch auf die Bauoberleitung, Anwendung finden soll.

Weiterhin muss es sich um „**Ingenieurbauwerke mit großer Längenausdehnung**" handeln. In der Amtlichen Begründung werden als Beispiele „Deiche und Kaimauern" benannt (Amtliche Begründung zur HOAI 2013, a. a. O.). Darüber hinaus können hierunter auch folgende Objekte im Sinne der Anlage 12 Nr. 12.2 fallen:

Uferwände, -mauern und -befestigungen, Hochwasserschutzwände, Dammbauten, Kanäle, Einzelgewässer, Rohrleitungsnetze (für Wasser und Abwasser), Transportleitungen (für Fernwärme, Gas etc.), Lärmschutzwälle und -anlagen, ferner Tunnel sowie im Einzelfall Trogbauwerke.

Insofern hat die Vorschrift des § 44 Abs. 7 einen in der Praxis durchaus **weiten Anwendungsbereich.**

– Errichtung unter gleichen baulichen Bedingungen:

33   Der Begriff der **„gleichen baulichen Bedingungen"** findet sich in der HOAI 2013 lediglich noch in der Parallelvorschrift des § 52 Abs. 5. Im Übrigen spricht der Verordnungsgeber von „weitgehend gleichartigen Planungsbedingungen" (§ 11 Abs. 2) oder von „gleichen baulichen Verhältnissen" (§ 11 Abs. 3). Die „Bauliche Bedingungen" im Sinne des § 44 Abs. 7 sind in unmittelbarem Bezug zur Errichtung des Ingenieurbauwerks zu sehen, so dass hierunter allein bauerrichtungsbezogene Bedingungen, wie etwa **Baugrund, Topographie** und **Umgebungsbebauung** zu verstehen sind. Sofern sich diese Bedingungen über die gesamte Länge des Ingenieurbauwerks nicht oder nur unwesentlich ändern, ist von „gleichen baulichen Bedingungen" auszugehen.

– Missverhältnis zwischen Planungsaufwand und ermitteltem Honorar

34   Weitere Voraussetzung ist das Bestehen eines **„Missverhältnisses zwischen Planungsaufwand und ermitteltem Honorar".** Hierzu bedarf es in einem ersten Schritt der **Feststellung eines** gegenüber vergleichbaren Planungsprojekten **reduzierten Planungsaufwandes.** Zur Bestimmung des verminderten Planungsaufwandes sind primär betriebswirtschaftliche Parameter, nämlich eingesparte Personal- und Sachkosten, damit einhergehend aber auch zeitliche Einsparungen anzusetzen. Der verminderte Planungsaufwand darf sich allein nur aus dem Umstand ergeben, dass die baulichen Bedingungen über die gesamte Länge des Ingenieurbauwerks gleich sind. Sodann erfolgt in einem zweiten Schritt die **Berechnung des Planerhonorars für sämtliche Leistungsphasen nach Mindestsätzen.** Ein **Missverhältnis** zwischen Planungsaufwand und Honorar ist anzunehmen, wenn das „Honorar, das von den vollen anrechenbaren Kosten ermittelt wird, in einem nicht ausgewogenen Verhältnis zur Leistung des Ingenieurs" steht (vgl. Amtliche Begründung zur HOAI 1996, a. a. O., Seite 132). Eine schematische prozentuale Festlegung ist insoweit allerdings nicht möglich. Vielmehr bedarf es einer Bewertung im jeweiligen Einzelfall, wobei die Aufwandsminderung, d. h. der um die Kosten- und Zeitersparnis geminderte Aufwand des Planers ins Verhältnis zu setzen ist zur Höhe des ermittelten Gesamthonorars. Ein gewichtiges Indiz für eine fehlende Ausgewogenheit bildet regelmäßig die gegenüber vergleichbaren Projekten festgestellte signifikante Aufwandsminderung.

35   Liegen die vorstehend beschriebenen drei Voraussetzungen vor, so ist von einem **Ausnahmefall im Sinn des § 7 Abs. 3** auszugehen ist, der eine **Unterschreitung der Mindestsätze** rechtfertigt. Eine Mindestsatzunterschreitung bedarf stets der **schriftlichen Vereinbarung.** Grundsätzlich muss diese gemäß § 7 Abs. 1 zu ihrer Wirksamkeit bei Auftragserteilung getroffen werden. In der vorliegenden Konstellation ist dies jedoch objektiv unmöglich, da die Feststellung eines „Missverhältnisses zwischen Planungsaufwand und ermitteltem Honorar" erst im Anschluss an die Ermittlung der anrechenbaren Kosten, d. h. nach Erstellung der Kostenberechnung möglich ist. Daher wird im Falle des § 44 Abs. 7 die wirksame Vereinbarung einer Mindestsatzunterschreitung ausnahmsweise erst **nach Auftragserteilung** möglich sein müssen. Anderenfalls bliebe für die Anwendbarkeit des § 44 Abs. 7 kein Raum.

Abschnitt 4. Verkehrsanlagen

Vorbemerkung

Übersicht

I. Veränderte Regelungen für Verkehrsanlagen

Die Regelungen für Verkehrsanlagen in den §§ 45 bis 48 der HOAI in der Fassung 2013 **1** haben sich gegenüber den §§ 44 bis 47 der HOAI a. F. in mehreren Punkten geändert:
– Abschnitt 4 Verkehrsanlagen der HOAI a. F. verwies bei den Besonderen Grundlagen des Honorars in § 45 Absatz 1 auf die Regelungen für Ingenieurbauwerke in § 41. Der entsprechende § 46 der HOAI n. F. ersetzt diesen Verweis durch die an Verkehrsanlagen angepasste Übernahme der Regelungen in den Absätzen 1 bis 3. Die Regelungen in den Absätzen 4 und 5 entsprechen im Wesentlichen den Aussagen in § 45 Absätze 2 und 3 HOAI a. F.
– § 47 Leistungsbild Verkehrsanlagen schichtet gegenüber der HOAI a. F. einige Prozentsätze um. Der Anteil der Leistungsphase 2 wird um 5 Prozent erhöht zu Lasten der Leistungsphase 3. Leistungsphase 4 wird um 3 Prozent erhöht zu Lasten der Leistungsphasen 7 und 8.
– § 48 Honorare für Grundleistungen bei Verkehrsanlagen listet im Absatz 1 die Mindest- und Höchstsätze der Honorare auf. Gegenüber § 47 der HOAI a. F. haben sie sich um 4 bis 35 % erhöht. § 47 Absatz 2 HOAI a. F. sagte aus, dass § 43 Absatz 2 bis 4 entsprechend gilt. § 43 a. F. regelte die Zuordnung zu Honorarzonen. Sie wird in § 48 Absätze 2 bis 4 HOAI n. F. übernommen und an Verkehrsanlagen angepasst. Neu ist der Hinweis auf die Objektliste in Anlage 13 Nummer 13.2.

II. In Anlagen ausgegliederte Bestimmungen

Die Bestimmungen für Verkehrsanlagen waren in der alten Fassung in unterschiedlichen **2** Anlagen geregelt. Die Grundleistungen waren in Anlage 12 gemeinsam für Ingenieurbauwerke und Verkehrsanlagen definiert. Zu den Besonderen Leistungen gab Anlage 2 Punkt 2.9 der HOAI a. F. den Hinweis, dass das Leistungsbild Verkehrsanlagen die zu Punkt 2.8 aufgeführten Besonderen Leistungen im Leistungsbild Ingenieurbauwerke umfassen kann.

Die HOAI n. F. fasst die Grundleistungen und die Besonderen Leistungen im Leistungsbild Verkehrsanlagen tabellarisch in Anlage 13 Nummer 13.1 zusammen und passt sie an die speziellen Aufgaben im Leistungsbild Verkehrsanlagen an.

Neu ist die Objektliste Verkehrsanlagen in Anlage 13 Nummer 13.2 n. F. Sie ersetzt Anlage 3 Nummer 3.5 HOAI a. F. und ist tabellarisch übersichtlicher als bisher dargestellt.

§ 45 Anwendungsbereich

Verkehrsanlagen sind

1. Anlagen des Straßenverkehrs ausgenommen selbstständige Rad-, Geh- und Wirtschaftswege und Freianlagen nach § 39 Absatz 1,

2. Anlagen des Schienenverkehrs,

3. Anlagen des Flugverkehrs.

I. Begriffsbestimmungen für Verkehrsanlagen nach § 2 HOAI

1 **Verkehrsanlagen** sind nach § 2 Absatz 1 **Objekte.** Für Objekte treffen die Aussagen der Absätze 2 bis 9 zu.

Neubauten oder Neuanlagen sind nach § 2 Absatz 2 **Objekte, die neu errichtet oder neu hergestellt werden.** Dazu zählen neue Verkehrsanlagen. Die Veränderung der Linienführung bestehender Straßen oder Bahnstrecken in Lage- und Höhenplan unter Aufgabe des Bestands stellt die Verkehrsanlage neu her. Eine veränderte Linienführung erfordert im Allgemeinen eine Neuplanung. Sie ist nach dem Verständnis des Absatzes 2 als Neuanlage zu verstehen.

Beim **Wiederaufbau** werden nach § 2 Absatz 3 **zerstörte Teile auf noch vorhandenen Bau- oder Anlagenteilen wiederhergestellt.** Dies ist zum Beispiel bei dem Wiederaufbau einer durch Hochwasser zerstörten Verkehrsanlage der Fall. Bauteile wie Dämme, Einschnitte und Ingenieurbauwerke können meist weiter verwendet werden. Der Wiederaufbau beschränkt sich im Allgemeinen auf den Oberbau. Die Linienführung in Lage- und Höhenplan bleibt unverändert.

Erweiterungsbauten sind nach § 2 Absatz 4 **Ergänzungen eines vorhandenen Objekts.** Dazu ist zum Beispiel die Anlage eines Standstreifens an einer Autobahn zu zählen. Zusätzliche Fahrstreifen an Straßen oder zusätzliche Gleise an Bahnstrecken verursachen Betroffenheiten bei den Anliegern. Damit sind alle Leistungsphasen inklusive eines Planfeststellungsverfahrens zu durchlaufen.

Umbauten sind nach § 2 Absatz 5 **Umgestaltungen eines vorhandenen Objekts mit wesentlichen Eingriffen in Konstruktion oder Bestand.** Bei Verkehrsanlagen sind zum Beispiel die Veränderung des Querschnitts einer Stadtstraße zur Anlage eines Radwegs oder der Verbreiterung des Gehwegs oder die Anlage einer Bushaltestelle Umbauten. Sofern sie keine Betroffenheiten erzeugen, ist ein Planfeststellungsverfahren im Allgemeinen nicht erforderlich.

Modernisierungen nach § 2 Absatz 6 **sind bauliche Maßnahmen zur nachhaltigen Erhöhung des Gebrauchswertes eines Objekts,** soweit diese Maßnahmen nicht unter Erweiterungen, Umbauten oder Instandsetzungen fallen. Das kann zum Beispiel die Modernisierung einer Lichtsignalanlage oder der Leit- und Sicherungstechnik einer Bahnstrecke betreffen, sofern dazu bauliche Maßnahmen erforderlich sind.

Mitzuverarbeitende Bausubstanz ist nach § 2 Absatz 7 der Teil des Objekts, also hier der Verkehrsanlagen, der bereits hergestellt ist und technisch oder gestalterisch mitverarbeitet wird und für die Planungs- und Überwachungsleistungen aufgebracht werden.

Instandsetzungen nach § 2 Absatz 8 **sind Maßnahmen zur Wiederherstellung des zum bestimmungsgemäßen Gebrauch geeigneten Zustandes eines Objekts,** soweit diese Maßnahmen nicht unter Wiederaufbau fallen. Nach dem Verständnis der Straßenerhaltung ist zum Beispiel der Neueinbau einer Deckschicht einer Straße eine Instandsetzungsmaßnahme.

Instandhaltungen nach § 2 Absatz 9 sind Maßnahmen zur Erhaltung des **Soll-Zustandes eines Objekts.** Dazu zählt das gesamte Erhaltungsmanagement von Straßen, Bahnstrecken und Anlagen des Flugverkehrs.

II. Leistungen außerhalb der HOAI

Die Leistungsphase 1 Grundlagenermittlung übernimmt die Ergebnisse einer vorausge- **2** gangenen Bedarfsplanung. Bedarfspläne sind ist auf Bundesebene der Bundesverkehrswegeplan, auf Landesebene Landesverkehrspläne, auf kommunaler Ebene Verkehrsentwicklungspläne. Die wichtigsten Inhalte der Bedarfsplanung sind die Ermittlung des Bestands, die Entwicklung von Zielen, Prognosen, meist in unterschiedlichen Szenarien, die Untersuchung des Netzzusammenhangs und der Interdependenzen zwischen den unterschiedlichen Maßnahmen. Die Abschätzung der Wirkungen der Maßnahmen und Maßnahmenbündel auf Mobilität und Umwelt beziehen sich zwar auf die einzelnen Projekte, erreichen aber nicht die Tiefe, die dem Leistungsbild Verkehrsanlagen in einer der Leistungsphasen entspricht.

Die Grundlagenermittlung in Leistungsphase 1 baut auf den Ergebnissen der Bedarfsplanung auf. Sie bezieht sich im Gegensatz zu der Bedarfsplanung auf ein konkretes Objekt.

Die Umweltwirkungen von Verkehrsanlagen bleiben in der HOAI weitgehend ungeklärt. Die Abschätzung von Luftschadstoffen, Bodenkontaminationen, Trennwirkungen und ähnlichem sind in der HOAI keinem Leistungsbild zugeordnet. Da sie nicht als Grundleistungen definiert sind, sind es Besondere Leistungen,

III. Anlagen für den Verkehr, die Freianlagen zugeordnet werden

§ 45 rechnet **selbstständige Rad-, Geh- und Wirtschaftswege und Freianlagen** **3** **nach § 39 Absatz 1** nicht zu den Verkehrsanlagen. § 39 Absatz 1 definiert Freianlagen als **planerisch gestaltete Freiflächen und Freiräume sowie entsprechend gestaltete Anlagen in Verbindung mit Bauwerken oder in Bauwerken und landschaftspflegerische Freianlagenplanungen in Verbindung mit Objekten.** Verkehrsanlagen in Außerortslagen sind immer in die Landschaft eingebunden. Die Notwendigkeit der Gestaltung des Umfelds von Verkehrsanlagen wird zum Beispiel durch den Landschaftspflegerischen Begleitplan als Bestandteil des Planfeststellungsverfahrens verdeutlicht. **Wege ohne Eignung für den regelmäßigen Fahrverkehr mit einfachen Entwässerungsverhältnissen sowie andere Wege und befestigte Flächen, die als Gestaltungselement der Freianlagen geplant werden und für die keine Grundleistungen nach Teil 3 Abschnitt 3** (Ingenieurbauwerke) **und 4** (Verkehrsanlagen) **erforderlich sind** (Punkt 8), werden nach § 38 Absatz 1 Punkt 8 den Freianlagen zugeordnet. Obwohl eine genaue Abgrenzung fehlt, können darunter auch Rad- und Gehwege die Außerortsstraßen begleiten verstanden werden, die in einigem Abstand von der Straße selbstständig trassiert, in Freianlagen eingebunden und nicht Bestandteile von Planung und Entwurf der Verkehrsanlage sind.

Eine genaue Abgrenzung, wann Komponenten in Verbindung mit Straßen, Bahnstrecken oder Anlagen für den Flugverkehr Bestandteile von Verkehrsanlagen sind, und wann sie als Freianlagen anzusehen sind, gibt die HOAI nicht vor. Als Regel nennt die HOAI in § 38 Absatz 1 mehrfach die Einbindung in die Geländegestaltung. Daraus lässt sich für die einzelnen Bestandteile folgern: Werden **Lärmschutzwälle, Stützbauwerke und Geländeabstützungen ohne Verkehrsbelastung, soweit keine Tragwerke mit durchschnittlichem Schwierigkeitsgrad erforderlich sind, als Mittel zur Geländegestaltung** eingesetzt, so sind es nach § 38 Absatz 1 Freianlagen.

Die Objektliste Freianlagen in Anlage 11 Nummer 11.2 nennt darüber hinaus **Begleitgrün zu Objekten, Bauwerken und Anlagen mit geringen oder durchschnittlichen Anforderungen** in der freien Landschaft und **Begleitgrün zu Objekten, Bauwerken und Anlagen sowie an Ortsrändern** in Stadt- und Ortslagen. Unter sonstige Freianlagen fallen **Fußgängerbereiche und Stadtplätze mit hoher oder sehr hoher Ausstattungsintensität.** Die Kosten für die Oberflächenbefestigung von Fußgängerbereichen zählen nach § 38 Absatz 2 Satz 2 zu den Freianlagen, nicht jedoch der Unter- und Oberbau.

IV. Anlagen für den Verkehr, die Ingenieurbauwerken zugeordnet werden

4   Die HOAI nennt im § 41 Nummer 6 **Konstruktive Ingenieurbauwerke für Verkehrsanlagen** als Bestandteil des Leistungsbilds Ingenieurbauwerke. Anlage 12 Nummer 12.2 Gruppe 6 präzisiert folgende Bauwerke für Verkehrsanlagen als Ingenieurbauwerke:
- **Lärmschutzwälle ausgenommen Lärmschutzwälle als Mittel der Geländegestaltung,**
- **Lärmschutzanlagen,**
- **Brücken,**
- **Tunnel- und Trogbauwerke,**
- **Untergrundbahnhöfe und Kreuzungsbahnhöfe.**

Da Lärmschutzwälle explizit genannt werden, zählen alle Lärmschutzanlagen zu den Ingenieurbauwerken.

Nach Anlage 12 Nummer 12.2 Gruppe 7 **(sonstige Einzelbauwerke)** zählen **Stützbauwerke** mit und ohne Verankerung zu den Ingenieurbauwerken.

Die Tragwerksplanung nach § 51 Absatz 1 zählt Leistungsinhalte nach § 41 Nummer 6 der Tragwerksplanung zu. Die Objektliste in Anlage 14 Nummer 14.2 nennt explizit Tragwerke und Stützwände mit und ohne Verankerung. Damit sind diese Bauwerke völlig aus den Verkehrsanlagen ausgegliedert.

V. Leistungen und Anlagen, die Verkehrsanlagen zugeordnet sind

5   Zur Abgrenzung gegenüber Freianlagen nach §§ 38 ff. und Ingenieurbauwerken nach §§ 41 ff. sind folgende Einrichtungen den Verkehrsanlagen zuzuordnen:
- Rad- und Gehwege an Land- oder Stadtstraßen, die durch einen Grünstreifen oder einen Bordstein getrennt vom Kfz-Verkehr straßennah geführt werden und nicht in die Geländegestaltung eingebunden sind,
- Dammböschungen und Einschnittböschungen, die nicht in die Geländegestaltung eingebunden sind,
- Bauwerke und Anlagen zur Entwässerung von Verkehrsanlagen.

Die **Ermittlung der Schallimmissionen** von Verkehrsanlagen in LPH 2 sowie detaillierte schalltechnische Untersuchungen in LPH 3 mit der Festlegung der erforderlichen Schallschutzmaßnahmen an der Verkehrsanlage oder an betroffenen Gebäuden ist in Anlagen 13 Nummer 13.1 definiert.

Die Untersuchungen der **Baugrund- und Grundwasserverhältnisse** für geplante Verkehrsanlagen, die Bestimmung des Unterbaus und der erforderlichen Dicke des frostsicheren Oberbaus verwendet geotechnisches Wissen. Die Leistungen sind den Verkehrsanlagen zugeordnet, da das Leistungsbild Geotechnik nach Anlage 1 Nummer 1.3 auf Gebäude und Ingenieurbauwerke beschränkt ist.

VI. Leistungen in Zusammenhang mit Verkehrsanlagen, die zu anderen Leistungsbildern gehören

6   Die HOAI definiert in **Anlage 9 Besondere Leistungen zur Flächenplanung** nach Teil 2 der HOAI. Dazu zählen folgende Inhalte, die sich mit Verkehrskonzepten und Verkehrsprogrammen und ihren Umweltauswirkungen befassen:
- die Entwicklung von **Rahmensetzenden Plänen und Konzepten** nach Anlage 9 Nummer 1,

– der **Städtebauliche Entwurf** nach Anlage 9 Nummer 2.

Auch die für Pläne und Programme vorgeschriebene Strategische Umweltprüfung ist Inhalt der Besonderen Leistungen zur Flächenplanung:

– **Vorbereiten und Durchführen des Scopings** nach Anlage 9 Nummer 5 Buchstabe a,
– **Mitwirken an der Prüfung der Verpflichtung, zu einem Vorhaben oder einer Planung eine Umweltverträglichkeitsprüfung durchzuführen (Screening)** nach Anlage 9 Nummer 6 Buchstabe b,
– **Ermitteln der voraussichtlich erheblichen Umweltauswirkungen für die Umweltprüfung** nach Anlage 9 Nummer 5 Buchstabe c,
– **Erarbeiten des Umweltberichtes** nach Anlage 9 Nummer 5 Buchstabe d,
– **Berechnen und Darstellen der Umweltschutzmaßnahmen** nach Anlage 9 Nummer 5 Buchstabe e,
– **Vorbereiten, Durchführen, Auswerten und Dokumentieren der formellen Beteiligungsverfahren** nach Anlage 9 Nummer 5 Buchstabe b,
– **Entwickeln von Monitoringkonzepten und -maßnahmen** nach Anlage 9 Nummer 5 Buchstabe x,
– **Erarbeiten einer Planungsraumanalyse im Rahmen einer Umweltverträglichkeitsstudie** nach Anlage 9 Nummer 6 Buchstabe a,
– **Erstellen einer allgemein verständlichen nichttechnischen Zusammenfassung nach dem Gesetz über die Umweltverträglichkeitsprüfung** nach Anlage 9 Nummer 6 Buchstabe c,
– **Erstellen von Unterlagen im Rahmen von artenschutzrechtlichen Prüfungen oder Prüfungen zur Vereinbarkeit mit der Fauna-Flora-Habitat-Richtlinie** nach Anlage 9 Nummer 6 Buchstabe g,
– **Kartieren von Biotoptypen, floristischen oder faunistischen Arten oder Artengruppen** nach Anlage 9 Nummer 6 Buchstabe h.

Umweltverträglichkeitsstudien sind Beratungsleistungen nach Anlage 1 Nummer 1.1. Die Ermittlung der Werte, zum Beispiel der Schallimmission von Verkehrsanlagen ist Bestandteil der Fachplanungen im Leitungsbild Verkehrsanlagen. **7**

Den **Landschaftspflegerischen Begleitplans** definiert die HOAI in §§ 26 ff. und in Anlage 7 als eigenes Leistungsbild innerhalb der Landschaftsplanung.

Vermessungsleistungen vor, während und nach Baumaßnahmen sind nach Anlage 1 **8** Nummer 1.4 Absatz 1 dem Leistungsbild Ingenieurvermessung zugeordnet, **soweit die Leistungen mit besonderen instrumentellen und vermessungstechnischen Verfahrensanforderungen erbracht werden müssen.**

Nach Anlage 1 Nummer 1.4 Absatz 2 **können zur Ingenieurvermessung gehören:**

1. **Planungsbegleitende Vermessungen für die Planung und den Entwurf von Gebäuden, Ingenieurbauwerken, Verkehrsanlagen sowie für Flächenplanungen,**
2. **Bauvermessung vor und während der Bauausführung und die abschließende Bestandsdokumentation von Gebäuden, Ingenieurbauwerken und Verkehrsanlagen.**

§ 46 Besondere Grundlagen des Honorars

(1) **Für Grundleistungen bei Verkehrsanlagen sind die Kosten der Baukonstruktion anrechenbar. Soweit der Auftragnehmer die Ausstattung von Anlagen des Straßen-, Schienen- und Flugverkehrs einschließlich der darin enthaltenen Entwässerungsanlagen, die der Zweckbestimmung der Verkehrsanlagen dienen, plant oder deren Ausführung überwacht, sind die dadurch entstehenden Kosten anrechenbar.**

(2) **Für Grundleistungen bei Verkehrsanlagen sind auch die Kosten für Technische Anlagen, die der Auftragnehmer nicht fachlich plant oder deren Ausführung der Auftragnehmer nicht fachlich überwacht,**

1. vollständig anrechenbar bis zu einem Betrag von 25 Prozent der sonstigen anrechenbaren Kosten und

2. zur Hälfte anrechenbar mit dem Betrag, der 25 Prozent der sonstigen anrechenbaren Kosten übersteigt.

(3) Nicht anrechenbar sind, soweit der Auftragnehmer die Anlagen weder plant noch ihre Ausführung überwacht, die Kosten für

1. das Herrichten des Grundstücks,

2. die öffentliche und die nichtöffentliche Erschließung, die Außenanlagen, das Umlegen und Verlegen von Leitungen,

3. die Nebenanlagen von Anlagen des Straßen-, Schienen- und Flugverkehrs,

4. verkehrsregelnde Maßnahmen während der Bauzeit.

(4) Für Grundleistungen der Leistungsphasen 1 bis 7 und 9 bei Verkehrsanlagen sind

1. die Kosten für Erdarbeiten einschließlich Felsarbeiten anrechenbar bis zu einem Betrag von 40 Prozent der sonstigen anrechenbaren Kosten nach Absatz 1 und

2. 10 Prozent der Kosten für Ingenieurbauwerke anrechenbar, wenn dem Auftragnehmer für diese Ingenieurbauwerke nicht gleichzeitig Grundleistungen nach § 43 übertragen werden.

(5) Die nach den Absätzen 1 bis 4 ermittelten Kosten sind für Grundleistungen des § 47 Absatz 1 Satz 2 Nummer 1 bis 7 und 9

1. bei Straßen, die mehrere durchgehende Fahrspuren mit einer gemeinsamen Entwurfsachse und einer gemeinsamen Entwurfsgradiente haben, wie folgt anteilig anrechenbar:
   a) bei dreistreifigen Straßen zu 85 Prozent,
   b) bei vierstreifigen Straßen zu 70 Prozent und
   c) bei mehr als vierstreifigen Straßen zu 60 Prozent,

2. bei Gleis- und Bahnsteiganlagen, die zwei Gleise mit einem gemeinsamen Planum haben, zu 90 Prozent anrechenbar. Das Honorar für Gleis- und Bahnsteiganlagen mit mehr als zwei Gleisen oder Bahnsteigen kann frei vereinbart werden.

Übersicht

I. Grundlagen des Honorars

1   Zur Abgrenzung gegenüber den allgemeinen Grundlagen des Honorars nach § 6 verdeutlicht der Begriff Besondere Grundlagen des Honorars in § 46, dass die Regelungen neben den allgemeinen Grundlagen gelten.

§ 6 Absatz 1 regelt die Grundlagen des Honorars für Grundleistungen. Für das Leistungsbild Verkehrsanlagen richtet sich das Honorar nach den anrechenbaren Kosten des Objekts auf der Grundlage der Kostenschätzung oder der Kostenberechnung, nach dem Leistungsbild, nach der Honorarzone und nach der dazugehörigen Honorartafel. Die Kostenschätzung ist nach Anlage 13 eine Grundleistung der Vorplanung in LPH 2 Buchstabe k. Die Kostenberechnung ist nach Anlage 13 eine Grundleistung der Entwurfsplanung in LPH 3 Buchstabe g.

Umsatzsteuer, die auf die Kosten von Objekten entfällt, ist nach § 4 Absatz 1 nicht Bestandteil der anrechenbaren Kosten.

II. Anrechenbare Kosten

1. Vollständig anrechenbare Kosten

Für Grundleistungen bei Verkehrsanlagen sind nach § 46 Absatz 1 die Kosten der Baukonstruktion anrechenbar. § 4 Absatz 1 definiert darüber hinaus die anrechenbaren Kosten als Teil der Kosten für die Herstellung, den Umbau, die Modernisierung, Instandhaltung oder Instandsetzung von Objekten sowie für die damit zusammenhängenden Aufwendungen. Die Kosten sind nach allgemein anerkannten Regeln der Technik oder nach Verwaltungsvorschriften (Kostenvorschriften) auf der Grundlage ortsüblicher Preise zu ermitteln.

§ 4 Absatz 2 schreibt die Orientierung an ortsüblichen Preisen auch dann vor, wenn der Auftraggeber selbst Lieferungen oder Leistungen übernimmt, von bauausführenden Unternehmen oder von Lieferanten sonst nicht übliche Vergünstigungen erhält, Lieferungen oder Leistungen in Gegenrechnung ausführt oder vorhandene oder vorbeschaffte Baustoffe oder Bauteile einbauen lässt. Ein Teil der anrechenbaren Kosten kann also auch im Vorfeld entstanden sein.

In Übereinstimmung mit § 4 Absatz 2 sagt § 4 Absatz 3 aus, dass der Umfang der mitzuverarbeitenden Bausubstanz im Sinne des § 2 Absatz 7 bei den anrechenbaren Kosten angemessen zu berücksichtigen ist. Mitzuverarbeitende Bausubstanz bei Verkehrsanlagen ist nach § 2 Absatz 7 der Teil des Objekts, der bereits hergestellt ist und technisch oder gestalterisch mitverarbeitet wird und für den Planungs- und Überwachungsleistungen aufgebracht werden. Damit sind die anzurechnenden Kosten bei einem Ausbau bestehender Straßen oder Gleisanlagen geregelt. Der Umfang und der Wert der mitzuverarbeitenden Bausubstanz zum Zeitpunkt der Kostenschätzung oder der Kostenberechnung sind zu ermitteln und schriftlich zu vereinbaren.

Die Kosten der Baukonstruktion nach § 46 Absatz 1 Satz 1 sind in der DIN 276- **3** 4:2009-08 in der Kostengruppe 300 Bauwerk – Baukonstruktion aufgelistet. Die HOAI weicht in einigen Details von der Systematik der DIN 276-4 mit dem Bezug auf Verkehrsanlagen ab.

- Kostengruppe 310 Erdbaumaßnahmen: u. a. Bodenab- und auftrag, Aushub einschließlich Arbeitsräumen und Böschungen, Lagern, Hinterfüllen, Ab- und Anfuhr, Bodenaustausch, Verdichtung, Planum, Mulden, Bankette, Erdbaustoffe, die der Dränage dienen. Die Kostengruppe 310 umfasst somit die gesamten Erdarbeiten. Felsarbeiten sind in der Kostengruppe 310 nicht genannt. DIN 18300:2012-09 ordnet Fels gleichbedeutend mit Boden als Boden- und Felsklassen 6 und 7 ein. Felsarbeiten werden in der HOAI § 46 Absatz 4 Nummer 1 als Teil der Erdarbeiten bezeichnet (Erdarbeiten einschließlich Felsarbeiten).
- Kostengruppe 320 Gründung: u. a. Verdichtung, Leistungen, Schächte, Tiefenentwässerung, Oberflächenentwässerung.
- Kostengruppe 330 Vertikale Bauteile: u. a. Schutzbauteile für Licht- und Schallschutz, Blend- und Staubschutz, Gitter, Geländer, Stoßabweiser, Handläufe. Hier gelten die Einschränkungen nach HOAI § 41 Nummer 6 für Lärmschutzwände und Lärmschutzwälle, sofern sie nicht unter § 38 Absatz 1 Freianlagen fallen. Trogbauwerke für aus Schallschutzgründen tiefer gelegte Verkehrsanlagen sind mit ihren Verkleidungen Ingenieurbauwerke nach § 41 Nummer 6.

– Kostengruppe 340 Horizontale Bauteile: u. a. Treppen und Rampen, Schutzbauteile für Licht- und Schallschutz, Blend- und Staubschutz, Berührungsschutz (Hochspannung), Abdeckungen, Schachtdeckel, Roste, Geländer, Stoßabweiser, Handläufe. Berührungsschutz gegenüber der Oberleitung von Schienenbahnen sind meist Bestandteile von Bauwerken über oder neben Gleisen. Sie sind nach HOAI § 41 Nummer 6 den Ingenieurbauwerken für Verkehrsanlagen zugeordnet.
– Kostengruppe 350 Räumliche Bauteile: u. a. Kuppeln, Tunnel, Gewölbe, Bekleidungen. Tunnel zählt die HOAI in § 41 Nummer 6 und Anlage 12 zum Leistungsbild Ingenieurbauwerke. Bekleidungen finden sich an Tunnelwänden, Trogbauwerken und Widerlagern von Brücken. Sie zählen zu den Konstruktiven Ingenieurbauwerken für Verkehrsanlagen.
– Kostengruppe 360 Linienbauteile: u. a. Straßen, Wege, Plätze, Kreuzungspunkte, Gleise, Weichen, Gleisabschlüsse.
– Kostengruppe 370 Baukonstruktive Einbauten: u. a. Straßenausstattung, z. B. Rückhaltesysteme, Lärmschutz, Schilder.
– Kostengruppe 390 Sonstige Maßnahmen für Baukonstruktionen: u. a. Baustelleneinrichtung, Absicherung der Baustelle gegenüber dem allgemeinen Verkehrsgeschehen, Abbruch- und Demontagearbeiten, Maßnahmen zur Widerherstellung des zum bestimmungsgemäßen Gebrauch geeigneten Zustands, soweit nicht in anderen Kostengruppen erfasst, Entsorgung von Materialien und Stoffen … zum Zweck des Recyclings oder der Deponierung.

2. Bedingt anrechenbare Kosten

4   § 46 Absatz 1 Satz 2 zählt die Ausstattung von Anlagen des Straßen-, Schienen- und Luftverkehrs einschließlich der darin enthaltenen Entwässerungsanlagen, die der Zweckbestimmung der Verkehrsanlage dienen, zu den anrechenbaren Kosten, soweit der Auftragnehmer sie plant oder deren Ausführung überwacht. Die Begründung zur HOAI 2013 stellt klar, dass diese Kosten bei den Kosten der Baukonstruktion nach Satz 1 zu berücksichtigen sind und nicht zu den Kosten für die Technische Ausstattung im Sinne des § 46 Absatz 2 zu rechnen sind. Als Beispiele werden in der Begründung genannt
– für die Ausstattung von Anlagen des Straßen- und Flugverkehrs: Signalanlagen, Schutzplanken und Beschilderungen,
– für die Ausstattung von Anlagen des Schienenverkehrs: Oberleitungsanlagen, Signalanlagen, Telekommunikationsanlagen, die den Zugbetrieb beeinflussen, und Weichenheizungsanlagen,
– für Entwässerungsanlagen: Straßenabläufe, Sammelleitungen und zugehörige Anschlussleitungen sowie Regenwasserversickerungen, die nicht als eigenständige Objekte in Anlage 12 Nummer 12.2 Objektliste Ingenieurbauwerke, Gruppe 2, aufgeführt sind.
Mit dieser Regelung wird die HOAI dem weiten Spektrum der Entwässerung und Abwasserbehandlung von Verkehrsanlagen gerecht. Das Spektrum umfasst die einfache Oberflächenentwässerung von Landstraßen über Dammböschungen, das Sammeln des Oberflächenwassers in Mulden oder Rinnen und die Zuführung zu dem Vorfluter, besondere Vorkehrungen in Wasserschutzgebieten sowie die Behandlung wassergefährdender Stoffe wie bei Unfällen auslaufender Treibstoff an Straßen oder Enteisungsmittel an Flughäfen.

5   § 46 Absatz 2 definiert die Anrechenbarkeit der Kosten für Technische Anlagen. Technische Anlagen sind in DIN 276-4:2009-08 in Kostengruppe 400 aufgelistet:
– Kostengruppe 410 Abwasser-, Wasser-, Gasanlagen: u. a. Abläufe, Schächte, Leitungen bis zum Sammler/Vorfluter,
– Kostengruppe 440 Starkstromanlagen: u. a. Hoch- und Mittelspannungsanlegen, Beleuchtungsanlagen, Blitzschutz und Erdungsanlagen,
– Kostengruppe 480 Automation: u. a. Verkehrsleit- und Sicherungsanlagen.
Diese Kostengruppen zählt die Begründung zur HOAI teilweise zur Ausstattung und schließt sie als Technische Anlagen aus.

§ 46 Absatz 3 ist aus HOAI a. F. § 41 Absatz 3 übernommen und an Verkehrsanlagen **6** angepasst. Absatz 3 schließt mehrere Maßnahmen von der Anrechenbarkeit aus, beschränkt aber gleichzeitig diesen Ausschluss auf die Bedingung, dass der Auftragnehmer die Anlagen weder plant noch deren Ausführung überwacht. Wenn eine der beiden Voraussetzungen, „Planen" oder „Ausführung Überwachen" durch den Auftragnehmer zutrifft, ist die Anrechenbarkeit zulässig.

1. Kosten für das Herrichten des Grundstücks (§ 46 Absatz 3 Nr. 1): DIN 276-1:2008-12 zählt in Kostengruppe 210 Maßnahmen zum Herrichten des Grundstücks auf, die für die Bauausführung erforderlich sind: Schutz von vorhandenen Bauwerken, Bauteilen, Versorgungsleitungen, Sichern von Bewuchs und Vegetationsschichten, Abbrechen und Beseitigen von vorhandenen Bauwerken, Ver- und Entsorgungsleitungen sowie Verkehrsanlagen, Beseitigen von Kampfmitteln und anderen gefährlichen Stoffen, Sanieren belasteter und kontaminierter Böden, Roden von Bewuchs, Planieren, Bodenbewegungen einschließlich Oberbodensicherung.

2. Die öffentliche und die nichtöffentliche Erschließung, die Außenanlagen, das Umlegen und Verlegen von Leitungen (§ 46 Absatz 3 Nr. 2)

3. Die Nebenanlagen von Anlagen des Straßen-, Schienen- und Flugverkehrs (§ 46 Absatz 3 Nr. 3)

4. Verkehrsregelnde Maßnahmen während der Bauzeit (§ 46 Absatz 3 Nr. 4): Verkehrsregelnde Maßnahmen dienen dem Schutz der Arbeitsgeräte und des Personals vor dem Verkehr und umgekehrt. Die Straßenverkehrsordnung StVO Ausgabe 2013 sagt in § 45 Absatz 2 aus, dass die nach Landesrecht für den Straßenbau bestimmten Behörden (Straßenbaubehörden) – vorbehaltlich anderer Maßnahmen der Straßenverkehrsbehörden – Verkehrsverbote und -beschränkungen anordnen, den Verkehr umleiten und ihn durch Markierungen und Leiteinrichtungen lenken können. Nach StVO § 45 Absatz 6 müssen die Unternehmer vor dem Beginn von Arbeiten, die sich auf den Straßenverkehr auswirken, von der zuständigen Behörde Anordnungen darüber einholen, wie ihre Arbeitsstellen abzusperren und zu kennzeichnen sind, ob und wie der Verkehr, auch bei teilweiser Straßensperrung, zu beschränken, zu leiten und zu regeln ist, ferner ob und wie sie gesperrte Straßen und Umleitungen zu kennzeichnen haben. Sie haben diese Anordnungen zu befolgen und Lichtzeichenanlagen zu bedienen.

Nach der Regelung der StVO sind verkehrsregelnde Maßnahmen Unternehmeraufgaben. Auch falls die Straßenbaubehörde die Verkehrsregelungspläne ausarbeitet, werden sie vom Unternehmer umgesetzt. Praktischerweise wird der Auftragnehmer entsprechend beauftragt. Dies ist schon deshalb sinnvoll, weil das Ermitteln der wesentlichen Bauphasen unter Berücksichtigung der Verkehrslenkung und der Aufrechterhaltung des Betriebes während der Bauzeit eine Grundleistung in Leistungsphase 3 ist.

3. Anrechenbare Kosten für Technische Anlagen

Technische Anlagen für Verkehrsanlagen sind in der DIN 276-4:2009-08 in der Kostengruppe 400 definiert. Sie umfassen **7**

– Abwasseranlagen (Kostengruppe 410),
– Lüftungsanlagen (Kostengruppe 430), zum Beispiel als Bestandteil der verkehrsabhängigen Lüftung von Tunneln,
– Hoch-, Mittel- und Niederspannungsanlagen, Beleuchtung, Blitzschutz und Erdung (Kostengruppe 440),
– Signalanlagen, Gefahrenmelde- und Alarmanlagen, Telematikanlagen, Zählstellen, Parkleitsysteme (Kostengruppe 450),
– Förderanlagen, wie Aufzüge, Fahrtreppen, Fahrsteigen, Krananlagen (Kostengruppe 460),
– Verkehrsleit- und Sicherungsanlagen (Kostengruppe 480).

Die Kosten für Technische Anlagen sind in den Grundleistungen für Verkehrsanlagen in § 46 Absatz 2 auch dann anrechenbar, wenn der Auftragnehmer sie nicht fachlich plant oder deren Ausführung nicht fachlich überwacht. Die Kosten sind bis zu dem Betrag von 25 Prozent der sonstigen anrechenbaren Kosten vollständig anrechenbar. Der Betrag, der 25 Prozent übersteigt, ist zur Hälfte anrechenbar.

Mit dieser Regelung sind von den Kosten für Technische Anlagen maximal 62,5 % der Kosten für die Baukonstruktion, evtl. einschließlich der Ausstattung, anrechenbar. Wenn der Auftragnehmer die Technischen Anlagen plant oder deren Ausführung fachlich überwacht, sind die Kosten der Technischen Anlagen vollständig anrechenbar.

4. Anrechenbare Kosten für Erdarbeiten und Ingenieurbauwerke

8   Für Grundleistungen der Leistungsphasen 1 bis 7 und 9 sind nach HOAI § 46 Absatz 4 Nummer 1 bei Verkehrsanlagen die Kosten für Erdarbeiten einschließlich Felsarbeiten anrechenbar bis zu einem Betrag von 40 Prozent der sonstigen anrechenbaren Kosten nach Absatz 1. Diese Einschränkung erklärt die Begründung der HOAI damit, dass der Arbeitsaufwand für Erd- und Felsarbeiten in den Leistungsphasen 1 bis 7 und 9 nicht proportional zu den Kosten der Baukonstruktion und evtl. der Ausstattung steigt.

9   § 46 Absatz 4 Nummer 2 regelt die Anrechenbarkeit der Kosten für Ingenieurbauwerke. Ingenieurbauwerke, also Über- und Unterführungen, Tunnel, Stützwände, Lärmschutzwände und ähnliches, sind in die Verkehrsanlage integriert. Die Vorgaben für Ingenieurbauwerke resultieren aus der Planung der Verkehrsanlage. Das Leistungsbild Verkehrsanlagen arbeitet in allen Leistungsphasen eng mit der Fachplanung der Ingenieurbauwerke zusammen. Anlage 12 Nummer 12.1 nennt zum Beispiel:
– in Leistungsphase 2 Buchstabe g die Vorabstimmung mit anderen, an der Planung fachlich Beteiligten,
– in Leistungsphase 3 Buchstabe b die Verfassung des Erläuterungsberichts unter Verwendung der Beiträge anderer an der Planung fachlich Beteiligten,
– in Leistungsphase 3 Buchstabe h die überschlägige Festlegung der Abmessungen von Ingenieurbauwerken,
– in Leistungsphase 5 Buchstabe c das Bereitstellen der Arbeitsergebnisse als Grundlage für die anderen an der Planung fachlich Beteiligten und Integrieren ihrer Beiträge bis zur ausführungsreifen Lösung,
– in Leistungsphase 6 Buchstabe c das Abstimmen und Koordinieren der Schnittstellen zu den Leistungsbeschreibungen der anderen an der Planung fachlich Beteiligten.

Für diese koordinierenden Tätigkeiten sieht § 46 Absatz 4 Nummer 2 anrechenbare Kosten in Höhe von 10 Prozent der Kosten für Ingenieurbauwerke vor, sofern dem Auftragnehmer nicht gleichzeitig Grundleistungen nach § 43 übertragen werden. Die Planung von Verkehrsanlagen umfasst häufig nicht die Fachplanung der Ingenieurbauwerke.

5. Mehrere Fahrstreifen oder Gleise, Bahnhofsanlagen

10   Wenn die Verkehrsanlagen Straßen oder Gleisanlagen mehrere Fahrstreifen oder Gleise mit einer gemeinsamen Entwurfsachse und einer gemeinsamen Gradiente haben, steigen die Kosten stärker als der Planungsaufwand. Aus diesem Grund reduziert § 46 Absatz 5 Nummer 1 die bisher in den Absätzen 1 bis 4 ermittelten Kosten. Mit einer solchen Reduktion sind die Kosten in den Leistungsphasen 1 bis 7 und 9 nur anteilig anrechenbar:
a) bei dreistreifigen Straßen zu 85 Prozent,
b) bei vierstreifigen Straßen zu 70 Prozent und
c) bei mehr als vierstreifigen Straßen zu 60 Prozent
§ 46 Absatz 5 Nummer 2 reduziert die anzusetzenden Kosten von Gleis- und Bahnsteiganlagen mit zwei Gleisen auf einem gemeinsamen Planum auf 90 %.

Gleis- oder Bahnsteiganlagen mit mehr als zwei Gleisen sind wesentlich komplexer und entziehen sich einer ähnlichen einfachen Reduktion, Deshalb kann das Honorar für Gleis- und Bahnsteiganlagen mit mehr als zwei Gleisen oder Bahnsteigen frei vereinbart werden.

6. Beispiel für die Ermittlung der anrechenbaren Kosten

Die Bestimmung der anrechenbaren Kosten nach § 46 wird am Beispiel einer vierstreifi- **11** gen Autobahn mit gemeinsamer Entwurfsachse und gemeinsamer Entwurfsgradiente gezeigt. Die Lage im Einschnitt verursacht hohe Kosten für Erd- und Felsarbeiten. Die Tabelle stellt die anrechenbaren Kosten nach HOAI 2009 den anrechenbaren Kosten nach HOAI 2013 gegenüber.

Die HOAI a. F. definierte in § 45 Absatz 2 Satz 1 die anrechenbaren Kosten für Erd- und Felsarbeiten zu 40 % der sonstigen anrechenbaren Kosten nach Absatz 1. Absatz 1 verwies auf § 41. § 41 definierte als anrechenbare Kosten die Kosten der Baukonstruktion, der Technischen Anlagen und der sonstigen Arbeiten nach Absatz 3, wenn sie der Auftragnehmer plant oder überwacht.

Die HOAI n. F. verweist in § 46 Absatz 4 Satz 1 auf die anrechenbaren Kosten nach Absatz 1. Absatz 1 nennt nur die Kosten der Baukonstruktion und der Ausstattung, soweit der Auftragnehmer sie plant oder überwacht.

Durch diese veränderte Definition der HOAI n. F. reduzieren sich trotz unveränderter Kosten die anrechenbaren Kosten.

| Beschreibung | Kosten [Mio. EUR] | Bestimmung der anrechenbaren Kosten in LPH 1 bis 7 und 9 | | | |
		HOAI 2009	anrechenbar	HOAI 2013	anrechenbar
Kosten Baukonstruktion der Verkehrsanlage ohne Erd- und Felsarbeiten, einschließlich der Ausstattung (vom Auftragnehmer geplant oder überwacht)	10,000	§ 45 Absatz 1: § 41 gilt entsprechend: § 41 Absatz 1: Baukonstruktion: anrechenbar	10,000	§ 46 Absatz 1: voll anrechenbar ohne Erd- und Felsarbeiten	10,000
Kosten der der technischen Anlagen (vom Auftragnehmer nicht geplant oder überwacht)	2,000	§ 41 Absatz 2: Technische Anlagen vollständig bis zu 25 % der sonstigen anrechenbaren Kosten = 25 % von 10 Mio. (Maximum)	2,000	§ 46 Absatz 2: Technische Anlagen vollständig bis zu 25 % der sonstigen anrechenbaren Kosten = 25 % von 10 Mio. (Maximum)	2,000
Kosten Herrichtung des Grundstücks, Erschließung, Nebenanlagen, verkehrsregelnde Maßnahmen während der Bauzeit (vom Auftragnehmer geplant oder überwacht)	1,000	§ 41 Absatz 3: da AN plant oder überwacht: vollständig anrechenbar	1,000	§ 46 Absatz 3: da AN plant oder überwacht: vollständig anrechenbar	1,000
Zwischensumme Absatz 1		Kosten nach § 45 Absatz 1: Baukonstruktion, Technische Anlagen, Sonstiges, hier ohne Erd- und Felsarbeiten	13,000	Kosten nach § 46 Absatz 1: Baukonstruktion, hier ohne Erd- und Felsarbeiten	10,000

Beschreibung	Kosten [Mio. EUR]	Bestimmung der anrechenbaren Kosten in LPH 1 bis 7 und 9			
		HOAI 2009	anrechen-bar	HOAI 2013	anrechen-bar
Erd- und Felsarbei-ten	8,000	§ 45 Absatz 2 Satz 1: bis 40 % der sonstigen Kosten nach Absatz 1 = 40 % von 13 Mio.	5,200	§ 46 Absatz 4 Satz 1: bis 40 % der sonstigen Kosten nach Absatz 1 = 40 % von 10 Mio.	4,000
Kosten Ingenieur-bauwerke (vom Auftragnehmer nicht geplant oder überwacht)	5,000	§ 45 Absatz 2 Satz 2: 10 % der Kosten für Ingeni-eurbauwerke	0,500	§ 46 Absatz 2 Satz 2: 10 % der Kosten für Ingeni-eurbauwerke	0,500
Zwischensumme		anrechenbare Kos-ten	18,700	anrechenbare Kos-ten	17,500
Autobahn vierstrei-fig mit gemeinsa-mer Entwurfsachse und -gradiente		§ 45 Absatz 5 Nummer 2: 70 % von 18,7 Mio.	**13,090**	§ 46 Absatz 5 Nummer 1b: 70 % von 17,5 Mio.	**12,250**

Ist der Auftragnehmer mit der Bauoberleitung in Leistungsphase 8 beauftragt, sind die Kosten für Erd- und Felsarbeiten vollständig anrechenbar. Darüber hinaus entfällt die Reduktion bei mehrstreifigen Straßen oder mehrgleisigen Bahnstrecken. Bietet ein Auftragnehmer alle Leistungsphasen an, sind die anrechenbaren Kosten für die Leistungsphasen 1 bis 7 und 9 einerseits und für die Leistungsphase 8 andererseits getrennt zu ermitteln.

Ist er auch mit der Planung oder Überwachung der Ingenieurbauwerke beauftragt, erbringt er Grundleistungen im Leistungsbild Ingenieurbauwerke nach § 43. Dann schließt § 46 Absatz 4 Nummer 2 die anteilige Anrechenbarkeit der Kosten der Ingenieurbauwerke im Leistungsbild Verkehrsanlagen aus.

III. Kostenermittlungsverfahren

1. Allgemeines

12   HOAI § 4 Absatz 1 definiert die anrechenbaren Kosten als Teil der Kosten für die Herstellung, den Umbau, die Modernisierung, Instandhaltung oder Instandsetzung von Objekten sowie für die damit zusammenhängenden Aufwendungen. Die Kosten sind nach allgemein anerkannten Regeln der Technik oder nach Verwaltungsvorschriften (Kostenvorschriften) auf der Grundlage ortsüblicher Preise zu ermitteln.

Umsatzsteuer, die auf die Kosten von Objekten entfällt, ist nach § 4 Absatz 1 nicht Bestandteil der anrechenbaren Kosten.

Für Straßenverkehrsanlagen ist die entsprechende Verwaltungsvorschrift der Standardleistungskatalog für den Straßen- und Brückenbau (STLK-StB), herausgegeben von der Forschungsgesellschaft für Straßen- und Verkehrswesen e.V. FGSV, zu beziehen vom FGSV-Verlag.

Die HOAI stellt den Bezug zu DIN 276-1:2008-12 her. DIN 276-1 definiert Kosten im Hochbau. Sie wird ergänzt durch DIN 276-4:2009-08. DIN 276-4 beschränkt sich auf spezifische Festlegungen zum Ingenieurbau und zu Verkehrsanlagen.

Die DIN 276-1:2008-12 definiert im § 2 Satz 2.1 Kosten im Bauwesen als Aufwendungen für Güter, Leistungen, Steuern und Abgaben, die für die Vorbereitung, Planung und Ausführung von Bauprojekten erforderlich sind. Die Kostenermittlung nach Satz 2.4 als Vorausberechnung der entstehenden Kosten wird entsprechend dem Planungsfortschritt nach mehreren Stufen unterschieden:

– Nummer 2.4.1 Kostenrahmen: Ermittlung der Kosten auf der Grundlage der Bedarfsplanung,
– Nummer 2.4.2 Kostenschätzung: Ermittlung der Kosten auf der Grundlage der Vorplanung,
– Nummer 2.4.3 Kostenberechnung: Ermittlung der Kosten auf der Grundlage der Entwurfsplanung,
– Nummer 2.4.4 Kostenanschlag: Ermittlung der Kosten auf der Grundlage der Ausführungsvorbereitung,
– Nummer 2.4.5 Kostenfeststellung: Ermittlung der endgültigen Kosten.

In die Bestimmung der anrechenbaren Kosten nach HOAI gehen die Kostenschätzung auf der Grundlage der Vorplanung oder die Kostenberechnung auf der Grundlage der Entwurfsplanung ein. Die Kostenschätzung ist nach Anlage 13 Inhalt der Vorplanung in Leistungsphase 2 Buchstabe k. Die Kostenberechnung ist nach Anlage 13 Inhalt der Entwurfsplanung in Leistungsphase 3 Buchstabe g.

Der Kostenanschlag basiert auf der Ausführungsplanung. Er ist ein Bestandteil der Besonderen Leistungen in Leistungsphase 7 im Leistungsbild Tragwerksplanung und eine Grundleistung in Leistungsphase 8 im Leistungsbild Technische Ausrüstung. Im Leistungsbild Verkehrsanlagen ist der Kostenanschlag nicht vorgesehen. Für die anrechenbaren Kosten im Rahmen der HOAI ist er ohne Einfluss.

Die Kostenfeststellung ermittelt die endgültigen Kosten. Sie ist eine Grundleistung in Leistungsphase 8 in den Leistungsbildern Gebäude und Innenräume, Freianlagen, Ingenieurbauwerke und Verkehrsanlagen. Für die anrechenbaren Kosten im Rahmen der HOAI bleibt die Kostenfeststellung ohne Einfluss.

2. Kostenrahmen und Baukostenvereinbarung

Der Kostenrahmen ist nach DIN 276-1 Nummer 3.4.1 die Abschätzung der Kosten auf **13** der Grundlage der Bedarfsplanung. Er ist in der Phase der Entwicklung und Bewertung von Verkehrsprojekten im Rahmen einer Bedarfsplanung eine Basis für Nutzen-Kosten-Analysen zu Aussage über die Wirtschaftlichkeit von Projekten und ihre Dringlichkeitsreihung. Zu dem Zeitpunkt, in dem der Kostenrahmen benötigt wird, sind von Verkehrsprojekten nur die Anzahl der Fahrstreifen oder Gleise, der ungefähre Trassenverlauf aufgrund der örtlichen Gegebenheiten sowie die ungefähren Abmessungen von Ingenieurbauwerken bekannt. Die erforderlichen Baukosten werden zum Beispiel aus ex-post Analysen schlussgerechneter Projekte als mittlere Kostensätzen je Gewerktyp abgeschätzt. Mit der Trennung in die Verkehrsanlage und Ingenieurbauwerke wird der Vorschrift der DIN 276-1 in Nummer 3.4.1 Rechnung getragen, die mindestens die gesonderte Ausweisung der Bauwerkskosten verlangt.

§ 6 Absatz 3 der HOAI gibt die Möglichkeit, die anrechenbaren Baukosten auf der Grundlage einer Baukostenvereinbarung einvernehmlich festzulegen. Diese Regelung wurde erstmals in der HOAI 2009 eingeführt. Die amtliche Begründung zu § 6 HOAI a. F. stellte fest, dass zwar eine Abkopplung des Honorars von den tatsächlichen Baukosten erreicht wird, gleichwohl spätere Anweisungen des Auftraggebers zu Honoraranpassungen führen müssen.

3. Kostenschätzung

Die Begriffsbestimmungen in § 2 HOAI definieren im Absatz 10 die Kostenschätzung **14** als überschlägige Ermittlung der Kosten auf der Grundlage der Vorplanung. Sie ist die vorläufige Grundlage für Finanzierungsüberlegungen. Ihr liegen zugrunde:

1. Vorplanungsergebnisse,
2. Mengenschätzungen,
3. erläuternde Angaben zu den planerischen Zusammenhängen, Vorgängen sowie Bedingungen und
4. Angaben zum Baugrundstück und zu dessen Erschließung.

§ 2 Absatz 10 regelt, dass die Kostenschätzung nach DIN 276-1 auf der Grundlage der Vorplanung mindestens bis zur 1. Ebene der Kostengliederung erfolgt. Die 1. Ebene der Kostengliederung setzt die Gesamtkosten zusammen aus:
– Kostengruppe 100 Grundstück
– Kostengruppe 200 Herrichten und Erschließen
– Kostengruppe 300 Bauwerk – Baukonstruktionen
– Kostengruppe 400 Bauwerk – Technische Anlagen
– Kostengruppe 500 Außenanlagen
– Kostengruppe 600 Ausstattung und Kunstwerke
– Kostengruppe 700 Baunebenkosten
Die Kostenschätzung ist nach Anlage 13 eine Grundleistung der Vorplanung in Leistungsphase 2 Buchstabe k.

4. Kostenberechnung

15 Die Kostenberechnung ist nach § 2 Absatz 11 HOAI die Ermittlung der Kosten auf der Grundlage der Entwurfsplanung. Das Ergebnis der Kostenberechnung ist eine Grundlage für die Entscheidung über die Entwurfsplanung.
Die Kostenberechnung basiert auf:

1. durchgearbeiteten Entwurfszeichnungen oder Detailzeichnungen,

2. Mengenberechnungen und

3. für die Berechnung und Beurteilung der Kosten relevante Erläuterungen.

DIN 276-1 fordert in Nummer 3.4.3 die Berechnung der Gesamtkosten mindestens bis zur zweiten Ebene der Kostengliederung. DIN 276-4 listet als zweite Ebene der Kostengliederung für Ingenieurbauwerke und Verkehrsanlagen auf:
Kostengruppe 300 Bauwerk – Baukonstruktionen:
– Kostengruppe 310 Erdbaumaßnahmen, zum Beispiel Dämme, Einschnitte, Wälle, Hangsicherungen, Unterbauten, Oberbodenabtrag, -sicherung, -auftrag,
– Kostengruppe 320 Gründung, zum Beispiel Verdichtung, Verschleiß- und Tragschichten, Tiefenentwässerung, Oberflächenentwässerung,
– Kostengruppe 330 Vertikale Bauteile, zum Beispiel Gitter, Geländer, Stoßabweiser, Handläufe,
– Kostengruppe 340 Horizontale Bauteile, zum Beispiel Schutzbauteile für Licht- und Schallschutz, Blend- und Staubschutz, Berührungsschutz (Hochspannung), Gitter, Geländer, Stoßabweiser, Handläufe,
– Kostengruppe 350 Räumliche Bauteile, zum Beispiel Kuppeln, Tunnel, Gewölbe,
– Kostengruppe 360 Linienbauteile, zum Beispiel Straßenkonstruktionen, Gleiskonstruktionen, Verkehrsflächenkonstruktionen für Flugverkehr,
– Kostengruppe 370 Baukonstruktive Einbauten, zum Beispiel Straßenausstattung, Rückhaltesysteme, Lärmschutz, Schilder,
– Kostengruppe 390 Sonstige Maßnahmen für Baukonstruktionen, zum Beispiel Baustelleneinrichtung, Absicherung der Baustelle gegenüber dem allgemeinen Verkehrsgeschehen, Entsorgung von Materialien und Stoffen, die bei dem Abbruch, bei der Demontage und bei dem Ausbau von Bauteilen oder bei der Erstellung einer Bauleistung anfallen zum Zweck des Recyclings oder der Deponierung.
Kostengruppe 400 Bauwerk – Technische Anlagen:
– Kostengruppe 410 Abwasser-, Wasser-, Gasanlagen, zum Beispiel Abwasseranlagen (Abläufe, Schächte, Leitungen bis zum Sammler/Vorfluter),
– Kostengruppe 420 Wärmeversorgungsanlagen,
– Kostengruppe 430 Lufttechnische Anlagen,
– Kostengruppe 440 Starkstromanlagen, zum Beispiel Hoch- und Mittelspannungsanlagen, Beleuchtungsanlagen, Blitzschutz- und Erdungsanlagen,
– Kostengruppe 450 Fernmelde- und informationstechnische Anlagen, zum Beispiel Telematikanlagen, Maut-/Gebührenerfassungssystem, Langzeitzählstellen, Parkleitsysteme, Fernwirkanlagen,

- Kostengruppe 460 Förderanlagen,
- Kostengruppe 470 Verfahrenstechnische Anlagen,
- Kostengruppe 480 Automation, zum Beispiel Verkehrsleit- und -sicherungsanlagen,
- Kostengruppe 490 Sonstige Maßnahmen für technische Anlagen, zum Beispiel Baustelleneinrichtung.

Die hier genannten Beispiele der Kostengruppen mit Relevanz zu Verkehrsanlagen erheben keinen Anspruch auf Vollständigkeit.

Die Kostenberechnung ist nach Anlage 13 eine Grundleistung der Entwurfsplanung in LPH 3 Buchstabe g.

5. Kostenanschlag

Nach DIN 276-1 Nummer 3.4.4 ist der Kostenanschlag eine Grundlage für die Ent-   **16** scheidung über die Ausführungsplanung und die Vorbereitung der Vergabe. Die eingehenden Informationen sind:
- Planungsunterlagen, z. B. endgültige vollständige Ausführungs-, Detail- und Konstruktionszeichnungen;
- Berechnungen,
- Berechnung der Mengen von Bezugseinheiten der Kostengruppen,
- Erläuterungen zur Bauausführung, z. B. Leistungsbeschreibungen,
- Zusammenstellungen von Angeboten, Aufträgen und bereits entstandenen Kosten (z. B. für das Grundstück, Baunebenkosten usw.).

Die Gesamtkosten sind mindestens bis zur 3. Ebene der Kostengruppen zu ermitteln.

Der Kostenanschlag ist eine Besondere Leistung in Leistungsphase 7 im Leistungsbild Tragwerksplanung sowie eine Grundleistung in Leistungsphase 8 im Leistungsbild Technische Ausrüstung. Das Leistungsbild Verkehrsanlagen in Anlage 13 nennt den Kostenanschlag nicht. Er ist somit keine Grundleistung. Als Besondere Leistung ist er frei vereinbar.

§ 47 Leistungsbild Verkehrsanlagen

(1) § 34 Absatz 1 gilt entsprechend. Die Grundleistungen für Verkehrsanlagen sind in neun Leistungsphasen unterteilt und werden wie folgt in Prozentsätzen der Honorare des § 48 bewertet:

1. für die Leistungsphase 1 (Grundlagenermittlung) mit 2 Prozent,

2. für die Leistungsphase 2 (Vorplanung) mit 20 Prozent,

3. für die Leistungsphase 3 (Entwurfsplanung) mit 25 Prozent,

4. für die Leistungsphase 4 (Genehmigungsplanung) mit 8 Prozent,

5. für die Leistungsphase 5 (Ausführungsplanung) mit 15 Prozent,

6. für die Leistungsphase 6 (Vorbereitung der Vergabe) mit 10 Prozent,

7. für die Leistungsphase 7 (Mitwirkung bei der Vergabe) mit 4 Prozent,

8. für die Leistungsphase 8 (Bauoberleitung) mit 15 Prozent,

9. für die Leistungsphase 9 (Objektbetreuung) mit 1 Prozent.

(2) Anlage 13 Nummer 13.1 regelt die Grundleistungen jeder Leistungsphase und enthält Beispiele für Besondere Leistungen.

Grundleistungen im Leistungsbild Verkehrsanlagen, Besondere Leistungen

Leistungsbild Verkehrsanlagen

Grundleistungen	Besondere Leistungen
LPH 1 Grundlagenermittlung	
a) Klären der Aufgabenstellung auf Grund der Vorgaben oder der Bedarfsplanung des Auftraggebers b) Ermitteln der Planungsrandbedingungen sowie Beraten zum gesamten Leistungsbedarf c) Formulieren von Entscheidungshilfen für die Auswahl anderer an der Planung fachlich Beteiligter d) Ortsbesichtigung e) Zusammenfassen, Erläutern und Dokumentieren der Ergebnisse	– Ermitteln besonderer, in den Normen nicht festgelegter Einwirkungen – Auswahl und Besichtigen ähnlicher Objekte
LPH 2 Vorplanung	
a) Beschaffen und Auswerten amtlicher Karten b) Analysieren der Grundlagen c) Abstimmen der Zielvorstellungen auf die öffentlich-rechtlichen Randbedingungen sowie Planungen Dritter d) Untersuchen von Lösungsmöglichkeiten mit ihren Einflüssen auf bauliche und konstruktive Gestaltung, Zweckmäßigkeit, Wirtschaftlichkeit unter Beachtung der Umweltverträglichkeit e) Erarbeiten eines Planungskonzepts einschließlich Untersuchung von bis zu 3 Varianten nach gleichen Anforderungen mit zeichnerischer Darstellung und Bewertung unter Einarbeitung der Beiträge anderer an der Planung fachlich Beteiligter Überschlägige verkehrstechnische Bemessung der Verkehrsanlage, Ermitteln der Schallimmissionen von der Verkehrsanlage an kritischen Stellen nach Tabellenwerten Untersuchen der möglichen Schallschutzmaßnahmen, ausgenommen detaillierte schalltechnische Untersuchungen f) Klären und Erläutern der wesentlichen fachspezifischen Zusammenhänge, Vorgänge und Bedingungen g) Vorabstimmen mit Behörden und anderen an der Planung fachlich Beteiligten über die Genehmigungsfähigkeit, gegebenenfalls Mitwirken bei Verhandlungen über die Bezuschussung und Kostenbeteiligung h) Mitwirken bei Erläutern des Planungskonzepts gegenüber Dritten an bis zu 2 Terminen i) Überarbeiten des Planungskonzepts nach Bedenken und Anregungen j) Bereitstellen von Unterlagen als Auszüge aus der Voruntersuchung zur Verwendung für ein Raumordnungsverfahren	– Erstellen von Leitungsbestandsplänen – Untersuchungen zur Nachhaltigkeit – Anfertigen von Nutzen-Kosten-Untersuchungen – Wirtschaftlichkeitsprüfung – Beschaffen von Auszügen aus Grundbuch, Kataster und anderen amtlichen Unterlagen

k) Kostenschätzung, Vergleich mit den finanziellen Rahmenbedingungen
l) Zusammenfassen, Erläutern und Dokumentieren

LPH 3 Entwurfsplanung

a) Erarbeiten des Entwurfs auf Grundlage der
Vorplanung durch zeichnerische Darstellung
im erforderlichen Umfang und Detaillierungsgrad unter Berücksichtigung aller fachspezifischen Anforderungen
Bereitstellen der Arbeitsergebnisse als
Grundlage für die anderen an der Planung
fachlich Beteiligten, sowie Integration und
Koordination der Fachplanungen
b) Erläuterungsbericht unter Verwendung der
Beiträge anderer an der Planung fachlich
Beteiligter
c) Fachspezifische Berechnungen ausgenommen Berechnungen aus anderen Leistungsbildern
d) Ermitteln der zuwendungsfähigen Kosten,
Mitwirken beim Aufstellen des Finanzierungsplans sowie Vorbereiten der Anträge
auf Finanzierung
e) Mitwirken beim Erläutern des vorläufigen
Entwurfs gegenüber Dritten an bis zu drei
Terminen, Überarbeiten des vorläufigen
Entwurfs auf Grund von Bedenken und Anregungen
f) Vorabstimmen der Genehmigungsfähigkeit
mit Behörden und anderen an der Planung
fachlich Beteiligten
g) Kostenberechnung einschließlich zugehöriger Mengenermittlung, Vergleich der
Kostenberechnung mit der Kostenschätzung
h) Überschlägige Festlegung der Abmessungen
von Ingenieurbauwerken
i) Ermitteln der Schallimmissionen von der
Verkehrsanlage nach Tabellenwerten; Festlegen der erforderlichen Schallschutzmaßnahmen an der Verkehrsanlage, gegebenenfalls
unter Einarbeitung der Ergebnisse detaillierter schalltechnischer Untersuchungen und
Feststellen der Notwendigkeit von Schallschutzmaßnahmen an betroffenen Gebäuden
j) Rechnerische Festlegung des Objekts
k) Darlegen der Auswirkungen auf Zwangspunkte
l) Nachweis der Lichtraumprofile
m) Ermitteln der wesentlichen Bauphasen unter
Berücksichtigung der Verkehrslenkung und
der Aufrechterhaltung des Betriebs während
der Bauzeit
n) Bauzeiten- und Kostenplan
o) Zusammenfassen, Erläutern und Dokumentieren der Ergebnisse

– Fortschreiben von Nutzen-Kosten-Untersuchungen
– Detaillierte signaltechnische Berechnung
– Mitwirken bei Verwaltungsvereinbarungen
– Nachweis der zwingenden Gründe des überwiegenden öffentlichen Interesses der Notwendigkeit der Maßnahme (zum Beispiel Ge-
biets- und Artenschutz gemäß der Richtlinie
92/43/EWG des Rates vom 21. Mai 1992
zur Erhaltung der natürlichen Lebensräume
sowie der wildlebenden Tiere und Pflanzen
(ABl. L 206 vom 22.7.1992, S. 7)
– Fiktivkostenberechnungen (Kostenteilung)

LPH 4 Genehmigungsplanung	
a) Erarbeiten und Zusammenstellen der Unterlagen für die erforderlichen öffentlich-rechtlichen Verfahren oder Genehmigungsverfahren einschließlich der Anträge auf Ausnahmen und Befreiungen, Aufstellen des Bauwerksverzeichnisses unter Verwendung der Beiträge anderer an der Planung fachlich Beteiligter b) Erstellen des Grunderwerbsplans und des Grunderwerbsverzeichnisses unter Verwendung der Beiträge anderer an der Planung fachlich Beteiligter c) Vervollständigen und Anpassen der Planungsunterlagen, Beschreibungen und Berechnungen unter Verwendung der Beiträge anderer an der Planung fachlich Beteiligter d) Abstimmen mit Behörden e) Mitwirken in Genehmigungsverfahren einschließlich der Teilnahme an bis zu vier Erläuterungs-, Erörterungsterminen f) Mitwirken beim Abfassen von Stellungnahmen zu Bedenken und Anregungen in bis zu 10 Kategorien	– Mitwirken bei der Beschaffung der Zustimmung von Betroffenen
LPH 5 Ausführungsplanung	
a) Erarbeiten der Ausführungsplanung auf Grundlage der Ergebnisse der Leistungsphasen 3 und 4 unter Berücksichtigung aller fachspezifischen Anforderungen und Verwendung der Beiträge anderer an der Planung fachlich Beteiligter bis zur ausführungsreifen Lösung b) Zeichnerische Darstellung, Erläuterungen und zur Objektplanung gehörige Berechnungen mit allen für die Ausführung notwendigen Einzelangaben einschließlich Detailzeichnungen in den erforderlichen Maßstäben c) Bereitstellen der Arbeitsergebnisse als Grundlage für die anderen an der Planung fachlich Beteiligten und Integrieren ihrer Beiträge bis zur ausführungsreifen Lösung d) Vervollständigen der Ausführungsplanung während der Objektausführung	– Objektübergreifende, integrierte Bauablaufplanung – Koordination des Gesamtprojekts – Aufstellen von Ablauf- und Netzplänen
LPH 6 Vorbereiten der Vergabe	
a) Ermitteln von Mengen nach Einzelpositionen unter Verwendung der Beiträge anderer an der Planung fachlich Beteiligter b) Aufstellen der Vergabeunterlagen, insbesondere Anfertigen der Leistungsbeschreibungen mit Leistungsverzeichnissen sowie der Besonderen Vertragsbedingungen c) Abstimmen und Koordinieren der Schnittstellen zu den Leistungsbeschreibungen der anderen an der Planung fachlich Beteiligten d) Festlegen der wesentlichen Ausführungsphasen	– detaillierte Planung von Bauphasen bei besonderen Anforderungen

e) Ermitteln der Kosten auf Grundlage der vom Planer (Entwurfsverfasser) bepreisten Leistungsverzeichnisse f) Kostenkontrolle durch Vergleich der vom Planer (Entwurfsverfasser) bepreisten Leistungsverzeichnisse mit der Kostenberechnung g) Zusammenstellen der Vergabeunterlagen	

LPH 7 Mitwirken bei der Vergabe

a) Einholen von Angeboten b) Prüfen und Werten der Angebote, Aufstellen der Preisspiegel c) Abstimmen und Zusammenstellen der Leistungen der fachlich Beteiligten, die an der Vergabe mitwirken d) Führen von Bietergesprächen e) Erstellen der Vergabevorschläge, Dokumentation des Vergabeverfahrens f) Zusammenstellen der Vertragsunterlagen g) Vergleichen der Ausschreibungsergebnisse mit den vom Planer bepreisten Leistungsverzeichnissen und der Kostenberechnung h) Mitwirken bei der Auftragserteilung	– Prüfen und Werten von Nebenangeboten

LPH 8 Bauoberleitung

a) Aufsicht über die örtliche Bauüberwachung, Koordinierung der an der Objektüberwachung fachlich Beteiligten, einmaliges Prüfen von Plänen auf Übereinstimmung mit dem auszuführenden Objekt und Mitwirken bei deren Freigabe
b) Aufstellen, Fortschreiben und Überwachen eines Terminplans (Balkendiagramm)
c) Veranlassen und Mitwirken daran, die ausführenden Unternehmen in Verzug zu setzen
d) Kostenfeststellung, Vergleich der Kostenfeststellung mit der Auftragssumme
e) Abnahme von Bauleistungen, Leistungen und Lieferungen unter Mitwirkung der örtlichen Bauüberwachung und anderer an der Planung und Objektüberwachung fachlich Beteiligter, Feststellen von Mängeln, Fertigen einer Niederschrift über das Ergebnis der Abnahme
f) Antrag auf behördliche Abnahmen und Teilnahme daran
g) Überwachen der Prüfungen der Funktionsfähigkeit der Anlagenteile und der Gesamtanlage
h) Übergabe des Objekts
i) Auflisten der Verjährungsfristen der Mängelansprüche
j) Zusammenstellen und Übergeben der Dokumentation des Bauablaufs, der Bestandsunterlagen und der Wartungsvorschriften
	– Kostenkontrolle
	– Prüfen von Nachträgen
	– Erstellen eines Bauwerksbuchs
	– Erstellen von Bestandsplänen
	– Örtliche Bauüberwachung:
	  – Plausibilitätsprüfung der Absteckung
	  – Überwachen der Ausführung der Bauleistungen
	  – Mitwirken beim Einweisen des Auftragnehmers in die Baumaßnahme (Bauanlaufbesprechung)
	  – Überwachen der Ausführung des Objekts auf Übereinstimmung mit den zur Ausführung freigegebenen Unterlagen, dem Bauvertrag und den Vorgaben des Auftraggebers
	  – Prüfen und Bewerten der Berechtigung von Nachträgen
	  – Durchführen oder Veranlassen von Kontrollprüfungen
	  – Überwachen der Beseitigung der bei der Abnahme der Leistungen festgestellten Mängel
	  – Dokumentation des Bauablaufs
	– Mitwirken beim Aufmaß mit den ausführenden Unternehmen und Prüfen der Aufmaße
	– Mitwirken bei behördlichen Abnahmen
	– Mitwirken bei der Abnahme von Leistungen und Lieferungen
	– Rechnungsprüfung, Vergleich der Ergebnisse der Rechnungsprüfungen mit der Auftragssumme
	– Mitwirken beim Überwachen der Prüfung der Funktionsfähigkeit der Anlagenteile und der Gesamtanlage

	– Überwachen der Ausführung von Tragwerken nach Anlage 14.2 Honorarzone I und II mit sehr geringen und geringen Planungsanforderungen auf Übereinstimmung mit dem Standsicherheitsnachweis
LPH 9 Objektbetreuung	
a) Fachliche Bewertung der innerhalb der Verjährungsfristen für Gewährleistungsansprüche festgestellten Mängel, längstens jedoch bis zum Ablauf von fünf Jahren seit Abnahme der Leistung, einschließlich notwendiger Begehungen b) Objektbegehung zur Mängelfeststellung vor Ablauf der Verjährungsfristen für Mängelansprüche gegenüber den ausführenden Unternehmen c) Mitwirken bei der Freigabe von Sicherheitsleistungen	– Überwachen der Mängelbeseitigung innerhalb der Verjährungsfrist

Übersicht

I. Allgemeines

1   § 47 Absatz 1 Satz 1 verweist auf § 34 Absatz 1 mit dem Hinweis auf seine Gültigkeit auch für § 47. § 34 Absatz 1 sagt aus, dass das Leistungsbild Gebäude und Innenräume Leistungen für Neubauten, Neuanlagen, Wiederaufbauten, Erweiterungsbauten, Umbauten, Modernisierungen, Instandsetzungen und Instandhaltungen umfasst. Entsprechend angewandt, enthält das Leistungsbild Verkehrsanlagen alle Leistungen für die genannten Baumaßnahmen.

Dieser Verweis ersetzt § 46 Absatz 2 HOAI a. F. der gemäß §§ 35 und 36 Absatz 2 der HOAI a. F. Leistungen im Bestand und Instandhaltungs- und Instandsetzungsmaßnahmen einbezog sowie in § 35 Absatz 1 den Umbau- und Modernisierungszuschlag regelte. Die HOAI n. F. regelt den Umbau- und Modernisierungszuschlag in § 48 Absatz 6.

II. Die Leistungsphasen und ihre Bewertung

1. Veränderungen der Leistungsbewertung

2   Die HOAI a. F. bezeichnete die früheren Grundleistungen im § 3 Absatz 2 als **Leistungen, die zur ordnungsgemäßen Erfüllung eines Auftrags im Allgemeinen erforderlich sind.** Die HOAI n. F. führt in § 3 Absatz 2 mit der ansonsten gleichen Formulierung den Begriff Grundleistungen wieder ein. **Grundleistungen sind zur ordnungsgemäßen Erfüllung eines Auftrags im Allgemeinen erforderlich.** Sie sind **in Leistungsbildern erfasst.** Die Leistungen für Verkehrsanlagen sind in 9 Leistungsphasen gegliedert. Gegenüber der HOAI a. F. haben sich die Prozentsätze ein einigen Leistungsphasen geändert:

Leistungsphase	HOAI 2009	HOAI 2013
1 Grundlagenermittlung	2%	2%
2 Vorplanung	15%	20%
3 Entwurfsplanung	30%	25%
4 Genehmigungsplanung	5%	8%
5 Ausführungsplanung	15%	15%
6 Vorbereitung der Vergabe	10%	10%
7 Mitwirkung bei der Vergabe	5%	4%
8 Bauoberleitung	15%	15%
9 Objektbetreuung	3%	1%
gesamt	100%	100%

Für Verkehrsanlagen sind meist Planfeststellungsverfahren vorgeschrieben. Sie erfordern die Einarbeitung der Beiträge anderer an der Planung fachlich Beteiligter und die Entwicklung und Untersuchung mehrerer Lösungsmöglichkeiten. Die umfassende Vorplanung mit Vorabstimmungen und Erläuterungen gegenüber Betroffenen ist eine unabdingbare Voraussetzung für die erfolgreiche Entwurfsplanung und insbesondere für die erfolgreiche Genehmigungsplanung. Der zunehmenden Bedeutung der Vorplanung trägt die HOAI mit der Erhöhung des Prozentsatzes von 15 Prozent auf 20 Prozent Rechnung.

Eine abgestimmte Vorplanung erleichtert die nachfolgende Entwurfsplanung. Deshalb reduziert die HOAI den Anteil der Leistungsphase 3 um den gleichen Prozentsatz von 30 Prozent auf 25 Prozent. Die Erhöhung der Leistungsphase 4 Genehmigungsplanung beachtet den zunehmenden Aufwand für Planfeststellungsverfahren durch die Erhöhung von 5 auf 8 Prozent.

Das Gewicht des Gesamtpakets aus Vor-, Entwurfs- und Genehmigungsplanung wächst dadurch von 50 Prozent auf 53 Prozent.

Der Zuwachs von 3 Prozent wird durch Reduktionen der Leistungshase 7 Mitwirkung bei der Vergabe und der Leitungsphase 9 Objektbetreuung ausgeglichen.

2. Veränderungen in den Grundleistungen

Die Auflistung der Grundleistungen für Verkehrsanlagen in Anlage 13 Nummer 13.1 **3** weist im Vergleich zur Auflistung der Leistungen im Leistungsbild Ingenieurbauwerke und im Leistungsbild Verkehrsanlagen der HOAI a. F. einige Veränderungen auf.

Leistungsphase 1 Grundlagenermittlung

Neu ist die Ergänzung zu Buchstabe b **Beraten zum gesamten Leistungsbedarf.**

Leistungsphase 2 Vorplanung

Der Umfang zur **Erarbeitung des Planungskonzepts** in Buchstabe e wird mit der **Untersuchung von bis zu 3 Varianten** präzisiert. Die HOAI a. F. sah nur die **Untersuchung der alternativen Lösungsmöglichkeiten** vor und ließ den Umfang offen. Die HOAI n. F. gibt Auftraggebern und Auftragnehmern größere Planungssicherheit.

Die Teilleistung unter dem Buchstaben h umfasst in der HOAI n. F. das **Mitwirken bei Erläutern des Planungskonzepts gegenüber Dritten an bis zu 2 Terminen.** Die HOAI a. F. benannte als Dritte **Bürgerinnen und Bürgern und politische Gremien** und ließ die Anzahl der Termine offen. Auch in diesem Punkt wird der Aufwand besser kalkulierbar.

Leistungsphase 3 Entwurfsplanung

In den Leistungsphasen 3 und 4 schränkt die HOAI n. F. den nicht vorhersehbaren, mitunter umfangreichen Aufwand im Rahmen der Genehmigungsplanung ein, so dass der maximale Aufwand im Rahmen der Grundleistung vor Auftragserteilung bekannt ist. Die HOAI a. F. beschränkt in keiner Teilleistung den Aufwand für Erläuterungs- und Abstimmungstermine.

Die HOAI a. F. sah im Buchstaben e unter anderem das **Mitwirken beim Erläutern des vorläufigen Entwurfs gegenüber Bürgerinnen und Bürgern und politischen Gremien** vor. Die HOAI n. F. präzisiert den Aufwand ebenfalls im Buchstaben e als das **Mitwirken beim Erläutern des vorläufigen Entwurfs gegenüber Dritten an bis zu 3 Terminen.**

Leistungsphase 4 Genehmigungsplanung

Die Erstellung des **Grunderwerbsplans und Grunderwerbsverzeichnisses** in Buchstabe c der HOAI a. F. wird in der HOAI n. F. in Buchstabe b ergänzt um die **Verwendung der Beiträge anderer an der Planung fachlich Beteiligter.**

Der Leistungsumfang blieb in der HOAI a. F. unbestimmt. Buchstabe g umfasste das **Mitwirken beim Erläutern gegenüber Bürgerinnen und Bürgern,** Buchstabe h das **Mitwirken im Planfeststellungsverfahren einschließlich der Teilnahme an Erörterungsterminen sowie Mitwirken bei der Abfassung der Stellungnahmen zu Bedenken und Anregungen.** Buchstabe e der HOAI n. F. fasst Erläuterungs- und Erörterungstermine zusammen und beschränkt die **Teilnahme an bis zu 4** Terminen. Das **Mitwirken beim Abfassen von Stellungnahmen zu Bedenken und Anregungen** ist in der HOAI n. F. in Buchstabe f und ist beschränkt auf **bis zu 10 Kategorien.**

Leistungsphase 5 Ausführungsplanung

Die HOAI a. F. sah in Buchstabe a **Durcharbeiten der Ergebnisse der Leistungsphasen 3 und 4 (stufenweise Erarbeitung und Darstellung der Lösung)** vor. Die Formulierung der HOAI n. F. ist präziser und setzt die Erarbeitung der Lösung nicht als Erläuterung in Klammern, sondern benennt d Buchstabe a **Erarbeiten der Ausführungsplanung.**

Leistungsphase 6 Vorbereitung der Vergabe

Die Grundleistungen zur Vorbereitung der Vergabe umfassten in der HOAI a. F. keine Bearbeitung der Kosten. Die HOAI n. F. verlangt in Buchstabe e das **Ermitteln der Kosten auf Grundlage der vom Planer (Entwurfsverfasser) bepreisten Leistungsverzeichnisse.** Buchstabe f enthält die **Kostenkontrolle durch Vergleich der bepreisten Leistungsverzeichnisse mit der Kostenberechnung** aus der Entwurfsplanung.

Neu ist in Buchstabe g der HOAI n. F. das **Zusammenstellen der Vergabeunterlagen.** Es wurde in der HOAI a. F. auch erwartet, aber nicht explizit genannt.

Leistungsphase 7 Mitwirken bei der Vergabe

Die Auftragnehmer erhält in der HOAI n. F. eine größere Verantwortung. Buchstabe d nennt als Grundleistung **Führen von Bietergesprächen,** während Buchstabe e der HOAI a. F. die Grundleistung als **Mitwirken bei Verhandlungen mit Bietern** spezifizierte.

Leistungsphase 8 Bauoberleitung

In dieser Leistungsphase bestehen keine wesentlichen Unterschiede zwischen der HOAI a. F. und der HOAI n. F.

Leistungsphase 9 Objektbetreuung

In dieser Leistungsphase bestehen keine wesentlichen Unterschiede zwischen der HOAI a. F. und der HOAI n. F.

3. Bewertung der Grundleistungen

4   Die Angabe der Prozentsätze für die einzelnen Leistungsphasen ist die „Bewertung". Das Honorar ist nach § 7 Absatz 1 schriftlich zu vereinbaren. Es soll im Rahmen der von der HOAI **festgesetzten Mindest- und Höchstsätze** nach § 48 liegen. Fehlt eine schriftliche Vereinbarung, wird nach § 7 Absatz 5 **unwiderleglich vermutet, dass die jeweiligen Mindestsätze** vereinbart sind.

4. Bewertung einzelner Leistungsphasen

Die Bearbeitung aller Leistungsphasen durch einen Auftragnehmer in einem einzigen 5
Vertragsverhältnis ist bei Verkehrsanlagen eher die Ausnahme. Die Übertragung einzelner
Leistungsphasen darf nach § 8 Absatz 1 nicht zu einer Überschreitung der für die übertragenen Leistungsphasen vorgesehenen Prozentsätze führen. Es **dürfen nur die für die
übertragenen Phasen vorgesehenen Prozentsätze berechnet und vereinbart werden. Die Vereinbarung hat schriftlich zu erfolgen.**

5. Bewertung einzelner Grundleistungen einer Leistungsphase

Werden **dem Auftragnehmer nicht alle Grundleistungen einer Leistungsphase** 6
übertragen, sagt § 8 Absatz 2 aus, dass **für die übertragenen Grundleistungen nur
ein Honorar berechnet und vereinbart werden darf, das dem Anteil der übertragenen Grundleistungen an der gesamten Leistungsphase entspricht. Die Vereinbarung hat schriftlich zu erfolgen. Entsprechend ist zu verfahren, wenn dem
Auftragnehmer wesentliche Teile von Grundleistungen nicht übertragen werden.**
Anteile für einzelne Grundleistungen nennt die HOAI nicht. Eine generelle Festlegung
wurde schon in der Begründung der ersten Fassung der HOAI 1977 (BRDrucks. 270/76,
S. 10) wegen der Vielfalt der einzelnen Grundleistungen als nicht möglich betrachtet. Deshalb ist es erforderlich, die Anteile einzelner Grundleistungen für jeden Einzelfall zu entscheiden.

Anhaltspunkte geben dazu verschiedene Tabellen mit Erfahrungswerten. Wiedergegeben
und gegenübergestellt werden hier die Siemon-Tabelle (Quelle ibr-online, Oktober 2013)
und die Simmerdinger-Tabelle (Quelle: hoai-gutachter.de).

Leistungsphase 1 Grundlagenermittlung gesamt 2%	Siemon-Tabelle		Simmerdinger-Tabelle
	von %	bis %	%
a) Klären der Aufgabenstellung auf Grund der Vor-gaben oder der Bedarfsplanung des Auftraggebers	0,75	1,00	0,5
b) Ermitteln der Planungsrandbedingungen sowie Beraten zum gesamten Leistungsbedarf	0,75	1,00	0,5
c) Formulieren von Entscheidungshilfen für die Aus-wahl anderer an der Planung fachlich Beteiligter	in b) enthalten		0,25
d) Ortsbesichtigung	in a) enthalten		0,50
e) Zusammenfassen, Erläutern und Dokumentieren der Ergebnisse	0,10	0,50	0,25

Leistungsphase 2 Vorplanung gesamt 20%	Siemon-Tabelle		Simmerdinger-Tabelle
	von %	bis %	%
a) Beschaffen und Auswerten amtlicher Karten	0,00	0,10	0,50
b) Analysieren der Grundlagen	1,00	2,00	1,00
c) Abstimmen der Zielvorstellungen auf die öffent-lich-rechtlichen Randbedingungen sowie Pla-nungen Dritter	in b) enthalten		1,00
d) Untersuchen von Lösungsmöglichkeiten mit ih-ren Einflüssen auf bauliche und konstruktive Ge-staltung, Zweckmäßigkeit, Wirtschaftlichkeit un-ter Beachtung der Umweltverträglichkeit	2,00	3,00	4,00
e) Erarbeiten eines Planungskonzepts einschließlich Untersuchung von bis zu 3 Varianten nach glei-chen Anforderungen mit zeichnerischer Darstel-	10,00	12,00	10,00

Leistungsphase 2 Vorplanung gesamt 20%	Siemon-Tabelle		Simmerdinger-Tabelle
	von %	bis %	%
lung und Bewertung unter Einarbeitung der Beiträge anderer an der Planung fachlich Beteiligter Überschlägige verkehrstechnische Bemessung der Verkehrsanlage, Ermitteln der Schallimmissionen von der Verkehrsanlage an kritischen Stellen nach Tabellenwerten Untersuchen der möglichen Schallschutzmaßnahmen, ausgenommen detaillierte schalltechnische Untersuchungen			
f) Klären und Erläutern der wesentlichen fachspezifischen Zusammenhänge, Vorgänge und Bedingungen	3,00	5,00	0,25
g) Vorabstimmen mit Behörden und anderen an der Planung fachlich Beteiligten über die Genehmigungsfähigkeit, gegebenenfalls Mitwirken bei Verhandlungen über die Bezuschussung und Kostenbeteiligung	in f) enthalten		0,25
h) Mitwirken bei Erläutern des Planungskonzepts gegenüber Dritten an bis zu 2 Terminen	in f) enthalten		0,50
i) Überarbeiten des Planungskonzepts nach Bedenken und Anregungen	in f) enthalten		0,50
j) Bereitstellen von Unterlagen als Auszüge aus der Voruntersuchung zur Verwendung für ein Raumordnungsverfahren	fehlt	fehlt	0,25
k) Kostenschätzung, Vergleich mit den finanziellen Rahmenbedingungen	0,80	1,20	1,50
l) Zusammenfassen, Erläutern und Dokumentieren	0,10	0,50	0,25

In Leistungsphase 2 setzt die Simmerdinger-Tabelle für Buchstabe e 10% an statt 10 bis 12% nach Siemon. In Buchstabe f schlägt die Simmerdinger-Tabelle 0,25% vor, die Siemon-Tabelle 3 bis 5%.

Leistungsphase 3 Entwurfsplanung gesamt 25%	Siemon-Tabelle		Simmerdinger-Tabelle
	von %	bis %	%
a) Erarbeiten des Entwurfs auf Grundlage der Vorplanung durch zeichnerische Darstellung im erforderlichen Umfang und Detaillierungsgrad unter Berücksichtigung aller fachspezifischen Anforderungen Bereitstellen der Arbeitsergebnisse als Grundlage für die anderen an der Planung fachlich Beteiligten, sowie Integration und Koordination der Fachplanungen	19,00	22,00	12,00
b) Erläuterungsbericht unter Verwendung der Beiträge anderer an der Planung fachlich Beteiligter	0,50	1,50	1,00
c) Fachspezifische Berechnungen ausgenommen Berechnungen aus anderen Leistungsbildern	0,50	2,00	4,00
d) Ermitteln der zuwendungsfähigen Kosten, Mitwirken beim Aufstellen des Finanzierungsplans sowie Vorbereiten der Anträge auf Finanzierung	in n) enthalten		1,00

Leistungsphase 3 Entwurfsplanung gesamt 25%	Siemon-Tabelle		Simmerdinger-Tabelle
	von %	bis %	%
e) Mitwirken beim Erläutern des vorläufigen Entwurfs gegenüber Dritten an bis zu drei Terminen, Überarbeiten des vorläufigen Entwurfs auf Grund von Bedenken und Anregungen	0,50	1,50	0,50
f) Vorabstimmen der Genehmigungsfähigkeit mit Behörden und anderen an der Planung fachlich Beteiligten	in e) enthalten		0,50
g) Kostenberechnung einschließlich zugehöriger Mengenermittlung, Vergleich der Kostenberechnung mit der Kostenschätzung	1,00	1,50	1,50
h) Überschlägige Festlegung der Abmessungen von Ingenieurbauwerken	0,00	1,00	1,00
i) Ermitteln der Schallimmissionen von der Verkehrsanlage nach Tabellenwerten; Festlegen der erforderlichen Schallschutzmaßnahmen an der Verkehrsanlage, gegebenenfalls unter Einarbeitung der Ergebnisse detaillierter schalltechnischer Untersuchungen und Feststellen der Notwendigkeit von Schallschutzmaßnahmen an betroffenen Gebäuden	0,00	1,00	0,50
j) Rechnerische Festlegung des Objekts	0,10	1,00	0,50
k) Darlegen der Auswirkungen auf Zwangspunkte	in b) enthalten		0,50
l) Nachweis der Lichtraumprofile	in a) enthalten		0,50
m) Ermitteln der wesentlichen Bauphasen unter Berücksichtigung der Verkehrslenkung und der Aufrechterhaltung des Betriebs während der Bauzeit	0,10	0,50	0,50
n) Bauzeiten- und Kostenplan	in g) und m) enthalten		0,50
o) Zusammenfassen, Erläutern und Dokumentieren der Ergebnisse	0,25	0,50	0,50

In der Entwurfsplanung in Leistungsphase 3 bestehen große Unterschiede zwischen beiden Tabellen in den Buchstaben a und c. Die Siemon-Tabelle gewichtet Buchstabe a mit 19 bis 22% deutlich stärker als die Simmerdinger-Tabelle mit 12%. Dagegen wird Buchstabe c mit 4% in der Simmerdinger-Tabelle stärker gewichtet als in der Siemon-Tabelle mit 0,5 bis 2%

Leistungsphase 4 Genehmigungsplanung gesamt 8%	Siemon-Tabelle		Simmerdinger-Tabelle
	von %	bis %	%
a) Erarbeiten und Zusammenstellen der Unterlagen für die erforderlichen öffentlich-rechtlichen Verfahren oder Genehmigungsverfahren einschließlich der Anträge auf Ausnahmen und Befreiungen, Aufstellen des Bauwerksverzeichnisses unter Verwendung der Beiträge anderer an der Planung fachlich Beteiligter	6,50	7,50	2,50
b) Erstellen des Grunderwerbsplans und des Grunderwerbsverzeichnisses unter Verwendung der Beiträge anderer an der Planung fachlich Beteiligter	in a) enthalten		0,50

Leistungsphase 4 Genehmigungsplanung gesamt 8%	Siemon-Tabelle		Simmerdinger-Tabelle
	von %	bis %	%
c) Vervollständigen und Anpassen der Planungsunterlagen, Beschreibungen und Berechnungen unter Verwendung der Beiträge anderer an der Planung fachlich Beteiligter	in a) enthalten		0,50
d) Abstimmen mit Behörden	0,50	1,50	1,50
e) Mitwirken in Genehmigungsverfahren einschließlich der Teilnahme an bis zu vier Erläuterungs-, Erörterungsterminen	in d) enthalten		1,50
f) Mitwirken beim Abfassen von Stellungnahmen zu Bedenken und Anregungen in bis zu 10 Kategorien	in d) enthalten		1,50

In der Genehmigungsplanung wertet die Simmerdinger-Tabelle die Buchstaben a bis c mit zusammen 3,5% etwa gleich groß wie Buchstabe d bis f mit 4,5%. Die Siemon-Tabelle setzt mit 6,5 bis 7,5% das Hauptgewicht auf die Buchstaben a bis c.

Leistungsphase 5 Ausführungsplanung gesamt 15%	Siemon-Tabelle		Simmerdinger-Tabelle
	von %	bis %	%
a) Erarbeiten der Ausführungsplanung auf Grundlage der Ergebnisse der Leistungsphasen 3 und 4 unter Berücksichtigung aller fachspezifischen Anforderungen und Verwendung der Beiträge anderer an der Planung fachlich Beteiligter bis zur ausführungsreifen Lösung	7,00	8,00	6,00
b) Zeichnerische Darstellung, Erläuterungen und zur Objektplanung gehörige Berechnungen mit allen für die Ausführung notwendigen Einzelangaben einschließlich Detailzeichnungen in den erforderlichen Maßstäben	7,00	8,00	6,00
c) Bereitstellen der Arbeitsergebnisse als Grundlage für die anderen an der Planung fachlich Beteiligten und Integrieren ihrer Beiträge bis zur ausführungsreifen Lösung	in a) und b) enthalten		1,50
d) Vervollständigen der Ausführungsplanung während der Objektausführung	in a) und b) enthalten		1,50

Leistungsphase 6 Vorbereitung der Vergabe gesamt 10%	Siemon-Tabelle		Simmerdinger-Tabelle
	von %	bis %	%
a) Ermitteln von Mengen nach Einzelpositionen unter Verwendung der Beiträge anderer an der Planung fachlich Beteiligter	2,50	4,00	4,00
b) Aufstellen der Vergabeunterlagen, insbesondere Anfertigen der Leistungsbeschreibungen mit Leistungsverzeichnissen sowie der Besonderen Vertragsbedingungen	4,00	6,00	3,00
c) Abstimmen und Koordinieren der Schnittstellen zu den Leistungsbeschreibungen der anderen an der Planung fachlich Beteiligten	in b) enthalten		0,50
d) Festlegen der wesentlichen Ausführungsphasen	0,25	0,50	0,50

Leistungsphase 6 Vorbereitung der Vergabe gesamt 10%	Siemon-Tabelle		Simmerdinger-Tabelle
	von %	bis %	%
e) Ermitteln der Kosten auf Grundlage der vom Planer (Entwurfsverfasser) bepreisten Leistungsverzeichnisse	1,00	2,00	1,00
f) Kostenkontrolle durch Vergleich der vom Planer (Entwurfsverfasser) bepreisten Leistungsverzeichnisse mit der Kostenberechnung	in e) enthalten		0,50
g) Zusammenstellen der Vergabeunterlagen	in b) enthalten		0,50

Leistungsphase 7 Mitwirkung bei der Vergabe gesamt 4%	Siemon-Tabelle		Simmerdinger-Tabelle
	von %	bis %	%
a) Einholen von Angeboten	0,00	0,10	0,25
b) Prüfen und Werten der Angebote, Aufstellen der Preisspiegel	3,00	3,50	2,00
c) Abstimmen und Zusammenstellen der Leistungen der fachlich Beteiligten, die an der Vergabe mitwirken	0,10	0,75	0,25
d) Führen von Bietergesprächen	in b) enthalten		0,25
e) Erstellen der Vergabevorschläge, Dokumentation des Vergabeverfahrens	in b) enthalten		0,25
f) Zusammenstellen der Vertragsunterlagen	in b) enthalten		0,25
g) Vergleichen der Ausschreibungsergebnisse mit den vom Planer bepreisten Leistungsverzeichnissen und der Kostenberechnung	0,20	0,50	0,50
h) Mitwirken bei der Auftragserteilung	0,00	0,10	0,25

Leistungsphase 8 Bauoberleitung gesamt 15%	Siemon-Tabelle		Simmerdinger-Tabelle
	von %	bis %	%
a) Aufsicht über die örtliche Bauüberwachung, Koordinierung der an der Objektüberwachung fachlich Beteiligten, einmaliges Prüfen von Plänen auf Übereinstimmung mit dem auszuführenden Objekt und Mitwirken bei deren Freigabe	8,50	11,00	4,00
b) Aufstellen, Fortschreiben und Überwachen eines Terminplans (Balkendiagramm)	0,50	1,00	2,50
c) Veranlassen und Mitwirken daran, die ausführenden Unternehmen in Verzug zu setzen	0,00	0,50	1,00
d) Kostenfeststellung, Vergleich der Kostenfeststellung mit der Auftragssumme	0,50	1,00	2,00
e) Abnahme von Bauleistungen, Leistungen und Lieferungen unter Mitwirkung der örtlichen Bauüberwachung und anderer an der Planung und Objektüberwachung fachlich Beteiligter, Feststellen von Mängeln, Fertigen einer Niederschrift über das Ergebnis der Abnahme	2,00	4,00	2,00
f) Antrag auf behördliche Abnahmen und Teilnahme daran	in e) enthalten		1,00

Leistungsphase 8 Bauoberleitung gesamt 15 %	Siemon-Tabelle		Simmerdinger-Tabelle
	von %	bis %	%
g) Überwachen der Prüfungen der Funktionsfähigkeit der Anlagenteile und der Gesamtanlage	in e) enthalten		0,50
h) Übergabe des Objekts	in e) enthalten		1,00
i) Auflisten der Verjährungsfristen der Mängelansprüche	in e) enthalten		0,50
j) Zusammenstellen und Übergeben der Dokumentation des Bauablaufs, der Bestandsunterlagen und der Wartungsvorschriften	0,10	0,20	0,50

Leistungsphase 9 Objektbetreuung gesamt 1 %	Siemon-Tabelle		Simmerdinger-Tabelle
	von %	bis %	%
a) Fachliche Bewertung der innerhalb der Verjährungsfristen für Gewährleistungsansprüche festgestellten Mängel, längstens jedoch bis zum Ablauf von fünf Jahren seit Abnahme der Leistung, einschließlich notwendiger Begehungen	0,25	0,50	0,50
b) Objektbegehung zur Mängelfeststellung vor Ablauf der Verjährungsfristen für Mängelansprüche gegenüber den ausführenden Unternehmen	0,50	0,75	0,25
c) Mitwirken bei der Freigabe von Sicherheitsleistungen	in b) enthalten		0,25

Die Unterschiede zwischen beiden Tabellen bestätigen die Aussage der Begründung zur ersten Fassung der HOAI 1977, die eine generelle Festlegung wegen der Vielfalt der einzelnen Grundleistungen als nicht möglich erachtete.

Die Tabellen sind Entscheidungshilfen zur Bewertung von Einzelleistungen. Im Einzelfall ist über die Bewertung unter Rücksicht auf die speziellen Einflüsse zu entscheiden. Die Vereinbarung hat nach § 8 Absatz 2 schriftlich zu erfolgen. Aus preisrechtlichen Gründen und wegen der vorgegebenen Bewertung jeder Leistungsphase sind den Vertragsparteien enge Grenzen gesetzt.

7   Die Grundleistungen sind nach § 3 Absatz 2 Leistungen, die zur ordnungsgemäßen Erfüllung eines Auftrags im Allgemeinen erforderlich sind. Die Leistungen eines Leistungsbilds haben jedoch ausschließlich preisrechtlichen Charakter und die HOAI legt für den Inhalt von Architekten- und Ingenieurverträgen keine Leistungspflichten fest.

Die Rechtsprechung leitet aus der HOAI keine normativen Leitbilder für den Inhalt von Architekten- und Ingenieurverträgen ab (BGH, Urt. v. 6.12.2007 – VII ZR 157/06 = NZBau 2008, 260/261, Rdn. 21; BGH, Urt. v. 23.11.2006 – VII ZR 110/05 = NZBau 2007, 180/181). Leistungsbilder können zwar preisrechtlich herangezogen werden, entfallen aber als schuldrechtliche Bestandteile.

Das OLG Düsseldorf betont in seinem Urteil vom 26.2.2005 (BauR 2005, 1820) das werkvertraglich geschuldete Erfolgsprinzip und nicht die Erfüllung einzelner Arbeitsschritte. Die vollzählige Ausführung aller Grundleistungen ist nicht unbedingt Voraussetzung für das Entstehen des auf die jeweilige Leistungsphase entfallenden Honorars.

6. Bewertung zusätzlichen Aufwands

8   **Vertragliche Änderungen des Leistungsumfangs während der Laufzeit des Vertrags** regelt § 10 Absatz 1 der HOAI. Wird **der Umfang der beauftragten Leistung geändert und ändern sich dadurch die anrechenbaren Kosten so ist die Honorarberechnungsgrundlage für die Grundleistungen, die infolge des veränderten Leistungsumfangs zu erbringen sind, durch schriftliche Vereinbarung anzupassen.**

Sind Grundleistungen zu wiederholen, **ohne dass sich dadurch die anrechenbaren Kosten ändern, ist das Honorar für diese Grundleistungen entsprechend ihrem Anteil an der jeweiligen Leistungsphase schriftlich zu vereinbaren.**

III. Besondere Leistungen

Anlage 2 Punkt 2.9 der HOAI a. F. verwies auf Punkt 2.8 mit dem Hinweis, dass die zu   **9** Punkt 2.8 aufgeführten Besonderen Leistungen für Ingenieurbauwerke die Besonderen Leistungen für Verkehrsanlagen umfassen können. Eine direkte Zuordnung zu den Leistungsphasen nahm die HOAI a. F. nicht vor.

Die HOAI n. F. fasst die Grundleistungen und die Besonderen Leistungen im Leistungsbild Verkehrsanlagen tabellarisch in Anlage 13 Nummer 13.1 zusammen und passt sie an die speziellen Aufgaben im Leistungsbild Verkehrsanlagen an. Sie sind in diesen Kommentaren nach § 47 wiedergegeben.

Nach § 3 Absatz 3 ist **die Aufzählung der Besonderen Leistungen in dieser Verordnung und in den Leistungsbildern ihrer Anlagen nicht abschließend. Die Besonderen Leistungen können auch für Leistungsbilder und Leistungsphasen, denen sie nicht zugeordnet sind, vereinbart werden, soweit sie dort keine Grundleistungen darstellen. Die Honorare für Besondere Leistungen können frei vereinbart werden.**

Die folgenden Tabellen stellen die aufgelisteten Besonderen Leistungen der HOAI a. F. und der HOAI n. F. gegenüber. Der Vergleich beschränkt sich auf Veränderungen.

HOAI 2009 Anlage 2 Punkt 2.8	HOAI 2013 Anlage 13 Nummer 13.1
Punkt 2.8.1 Grundlagenermittlung	LPH 1 Grundlagenermittlung
keine Änderungen	

HOAI 2009 Anlage 2 Punkt 2.8	HOAI 2013 Anlage 13 Nummer 13.1
Punkt 2.8.2 Vorplanung (Projekt- und Planungsvorbereitung)	LPH 2 Vorplanung
In HOAI n. F. nicht enthalten: Anfertigen von topographischen und hydrologischen Unterlagen, Koordinieren und Darstellen der Ausrüstung und Leitungen bei Gleisanlagen.	Neu: Untersuchungen zur Nachhaltigkeit, Wirtschaftlichkeitsprüfung, Erstellen von Leitungsbestandsplänen. von Punkt 2.8.3 übernommen: Beschaffen von Auszügen aus Grundbuch, Kataster und anderen amtlichen Unterlagen

HOAI 2009 Anlage 2 Punkt 2.8	HOAI 2013 Anlage 13 Nummer 13.1
Punkt 2.8.3 Entwurfsplanung	LPH 3 Entwurfsplanung
In LPH 2 verschoben: Beschaffen von Auszügen aus Grundbuch, Kataster und anderen amtlichen Unterlagen.	Neu: Nachweis der zwingenden Gründe des überwiegenden öffentlichen Interesses der Notwendigkeit der Maßnahme (zum Beispiel Gebiets- und Artenschutz gemäß der Richtlinie 92/43/EWG des Rates vom 21. Mai 1992 zur Erhaltung der natürlichen Lebensräume sowie der wildlebenden Tiere und Pflanzen (ABl. L 206 vom 22.7.1992, S. 7), Fiktivkostenberechnungen (Kostenteilung).

HOAI 2009 Anlage 2 Punkt 2.8	HOAI 2013 Anlage 13 Nummer 13.1
Punkt 2.8.4 Genehmigungsplanung	LPH 4 Genehmigungsplanung
In HOAI n. F. nicht enthalten: Herstellen der Unterlagen für Verbandsgründungen.	

HOAI 2009 Anlage 2 Punkt 2.8	HOAI 2013 Anlage 13 Nummer 13.1
Punkt 2.8.5 Ausführungsplanung	LPH 5 Ausführungsplanung
Keine Besonderen Leistungen für Verkehrsanlagen.	Objektübergreifende, integrierte Bauablaufplanung Koordination des Gesamtprojekts, Aufstellen von Ablauf- und Netzplänen.

HOAI 2009 Anlage 2 Punkt 2.8	HOAI 2013 Anlage 13 Nummer 13.1
Vorbereitung der Vergabe: kein eigener Punkt	LPH 6 Vorbereiten der Vergabe
	Detaillierte Planung von Bauphasen bei besonderen Anforderungen.

HOAI 2009 Anlage 2 Punkt 2.8	HOAI 2013 Anlage 13 Nummer 13.1
Punkt 2.8.6 Mitwirkung bei der Vergabe	LPH 7 Mitwirken bei der Vergabe
Details beziehen sich nicht auf Verkehrsanlagen.	

HOAI 2009 Anlage 2 Punkt 2.8	HOAI 2013 Anlage 13 Nummer 13.1
Punkt 2.8.8 Örtliche Bauüberwachung	LPH 8 Bauoberleitung
In HOAI n. F. nicht enthalten: Hauptachsen für das Objekt von objektnahen Festpunkten abstecken sowie Höhenfestpunkte im Objektbereich herstellen, soweit die Leistungen nicht mit besonderen instrumentellen und vermessungstechnischen Verfahrensanforderungen erbracht werden müssen, Führen eines Bautagebuchs.	Neu: Kostenkontrolle, Prüfen von Nachträgen, Erstellen von Bestandsplänen, Örtliche Bauüberwachung, Plausibilitätsprüfung der Absteckung, Überwachen der Ausführung der Bauleistungen, Mitwirken beim Einweisen des Auftragnehmers in die Baumaßnahme (Bauanlaufbesprechung), Prüfen und Bewerten der Berechtigung von Nachträgen, Durchführen oder Veranlassen von Kontrollprüfungen, Überwachen der Beseitigung der bei der Abnahme der Leistungen festgestellten Mängel, Dokumentation des Bauablaufs, Vergleich der Ergebnisse der Rechnungsprüfungen mit der Auftragssumme, Überwachen der Ausführung von Tragwerken nach Anlage 14.2 Honorarzone I und II mit sehr geringen und geringen Planungsanforderungen auf Übereinstimmung mit dem Standsicherheitsnachweis. von Punkt 2.8.7 übernommen: Erstellen eines Bauwerksbuchs.

HOAI 2009 Anlage 2 Punkt 2.8	HOAI 2013 Anlage 13 Nummer 13.1
2.8.7 Objektbetreuung und Dokumentation	LPH 9 Objektbetreuung
In LPH 8 verschoben: Erstellen eines Bauwerkbuchs.	Überwachen der Mängelbeseitigung innerhalb der Verjährungsfrist.

Zur **örtlichen Bauüberwachung** als Besondere Leistung in Leistungsphase 8 der Leis- **10** tungsbilder Ingenieurbauwerke und Verkehrsanlagen führt der Einführungserlass des BMVBS vom 19. August 2013 aus: Ihrer Systematik nach war die örtliche Bauüberwachung in der HOAI 2002 nicht Bestandteil der Grundleistungen. Auch nach den Vorschlägen der BMVBS-Untersuchungen sollte die örtliche Bauüberwachung in einem eigenem Paragrafen geregelt werden, mit der Möglichkeit, das Honorar alternativ frei zu vereinbaren. Gemäß der Regelungssystematik der HOAI werden nur für Grundleistungen verbindliche Honorartafelwerte ausgewiesen. Der Verordnungsgeber hat sich deshalb im Ergebnis bewusst dafür entschieden, dieser Systematik konsequent zu folgen und die örtliche Bauüberwachung auch weiterhin als Besondere Leistung (den Grundleistungen der Leistungsphase 8 gegenübergestellt) aufzuführen.

§ 48 Honorare für Grundleistungen bei Verkehrsanlagen

(1) **Die Mindest- und Höchstsätze der Honorare für die in § 47 und der Anlage 13 Nummer 13.1 aufgeführten Grundleistungen bei Verkehrsanlagen sind in der folgenden Honorartafel für den Anwendungsbereich des § 45 festgesetzt:**

Anrechenbare Kosten in Euro	Honorarzone I sehr geringe Anforderungen		Honorarzone II geringe Anforderungen		Honorarzone III durchschnittliche Anforderungen		Honorarzone IV hohe Anforderungen		Honorarzone V sehr hohe Anforderungen	
	von Euro	bis	von Euro	bis	von Euro	bis	von Euro	bis	von Euro	bis
25 000	3 882	4 624	4 624	5 366	5 366	6 108	6 108	6 793	6 793	7 535
35 000	4 981	5 933	5 933	6 885	6 885	7 837	7 837	8 716	8 716	9 668
50 000	6 487	7 727	7 727	8 967	8 967	10 207	10 207	11 352	11 352	12 592
75 000	8 759	10 434	10 434	12 108	12 108	13 783	13 783	15 328	15 328	17 003
100 000	10 839	12 911	12 911	14 983	14 983	17 056	17 056	18 968	18 968	21 041
150 000	14 634	17 432	17 432	20 229	20 229	23 027	23 027	25 610	25 610	28 407
200 000	18 106	21 567	21 567	25 029	25 029	28 490	28 490	31 685	31 685	35 147
300 000	24 435	29 106	29 106	33 778	33 778	38 449	38 449	42 761	42 761	47 433
500 000	35 622	42 433	42 433	49 243	49 243	56 053	56 053	62 339	62 339	69 149
750 000	48 001	57 178	57 178	66 355	66 355	75 532	75 532	84 002	84 002	93 179
1 000 000	59 267	70 597	70 597	81 928	81 928	93 258	93 258	103 717	103 717	115 047
1 500 000	80 009	95 305	95 305	110 600	110 600	125 896	125 896	140 015	140 015	155 311
2 000 000	98 962	117 881	117 881	136 800	136 800	155 719	155 719	173 183	173 183	192 102
3 000 000	133 441	158 951	158 951	184 462	184 462	209 973	209 973	233 521	233 521	259 032
5 000 000	194 094	231 200	231 200	268 306	268 306	305 412	305 412	339 664	339 664	376 770
7 500 000	262 407	312 573	312 573	362 739	362 739	412 905	412 905	459 212	459 212	509 378
10 000 000	324 978	387 107	387 107	449 235	449 235	511 363	511 363	568 712	568 712	630 840
15 000 000	439 179	523 140	523 140	607 101	607 101	691 062	691 062	768 564	768 564	852 525
20 000 000	543 619	647 546	647 546	751 473	751 473	855 401	855 401	951 333	951 333	1 055 260
25 000 000	641 265	763 860	763 860	886 454	886 454	1 009 049	1 009 049	1 122 213	1 122 213	1 244 808

(2) **Welchen Honorarzonen die Grundleistungen zugeordnet werden, richtet sich nach folgenden Bewertungsmerkmalen:**

1. **geologische und baugrundtechnische Gegebenheiten,**

2. **technische Ausrüstung und Ausstattung,**

3. **Einbindung in die Umgebung oder das Objektumfeld,**

4. **Umfang der Funktionsbereiche oder der konstruktiven oder technischen Anforderungen,**

5. **fachspezifische Bedingungen.**

(3) Sind für Verkehrsanlagen Bewertungsmerkmale aus mehreren Honorarzonen anwendbar und bestehen deswegen Zweifel, welcher Honorarzone das Objekt zugeordnet werden kann, so ist zunächst die Anzahl der Bewertungspunkte zu ermitteln. Zur Ermittlung der Bewertungspunkte werden die Bewertungsmerkmale wie folgt gewichtet:

1. **die Bewertungsmerkmale gemäß Absatz 2 Nummer 1, 2 mit bis zu 5 Punkten,**

2. **das Bewertungsmerkmal gemäß Absatz 2 Nummer 3 mit bis zu 15 Punkten,**

3. **das Bewertungsmerkmal gemäß Absatz 2 Nummer 4 mit bis zu 10 Punkten,**

4. **das Bewertungsmerkmal gemäß Absatz 2 Nummer 5 mit bis zu 5 Punkten,**

(4) **Die Verkehrsanlage ist anhand der nach Absatz 3 ermittelten Bewertungspunkte einer der Honorarzonen zuzuordnen:**

1. **Honorarzone I: bis zu 10 Punkte,**

2. **Honorarzone II: 11 bis 17 Punkte,**

3. **Honorarzone III: 18 bis 25 Punkte,**

4. **Honorarzone IV: 26 bis 33 Punkte,**

5. **Honorarzone V: 34 bis 40 Punkte.**

(5) **Für die Zuordnung zu den Honorarzonen ist die Objektliste der Anlage 13 Nummer 13.2 zu berücksichtigen.**

(6) **Für Umbauten und Modernisierungen von Verkehrsanlagen kann bei einem durchschnittlichen Schwierigkeitsgrad ein Zuschlag gemäß § 6 Absatz 2 Satz 3 bis 33 Prozent schriftlich vereinbart werden.**

Anlage 13 Nummer 13.2 (zu § 48 Absatz 5)

Objektliste Verkehrsanlagen

Nachstehende Verkehrsanlagen werden in der Regel folgenden Honorarzonen zugeordnet:

Objekte	Honorarzone				
	I	II	III	IV	V
a) Anlagen des Straßenverkehrs					
Außerörtliche Straßen					
– ohne besondere Zwangspunkte oder im wenig bewegten Gelände		x			
– mit besonderen Zwangspunkten oder in bewegtem Gelände			x		
– mit vielen besonderen Zwangspunkten oder in stark bewegtem Gelände				x	
– im Gebirge					x
Innerörtliche Straßen und Plätze					
– Anlieger- und Sammelstraßen		x			

Objekte	Honorarzone				
	I	II	III	IV	V
– sonstige innerörtliche Straßen mit normalen verkehrstechnischen Anforderungen oder normaler städtebaulicher Situation (durchschnittliche Anzahl Verknüpfungen mit der Umgebung)			x		
– sonstige innerörtliche Straßen mit hohen verkehrstechnischen Anforderungen oder schwieriger städtebaulicher Situation (hohe Anzahl Verknüpfungen mit der Umgebung)				x	
– sonstige innerörtliche Straßen mit sehr hohen verkehrstechnischen Anforderungen oder sehr schwieriger städtebaulicher Situation (sehr hohe Anzahl Verknüpfungen mit der Umgebung)					x
Wege					
– im ebenen Gelände mit einfachen Entwässerungsverhältnissen	x				
– im bewegten Gelände mit einfachen Baugrund- und Entwässerungsverhältnissen		x			
– im bewegten Gelände mit schwierigen Baugrund- und Entwässerungsverhältnissen			x		
Plätze, Verkehrsflächen					
– einfache Verkehrsflächen, Plätze außerorts	x				
– innerörtliche Parkplätze		x			
– verkehrsberuhigte Bereiche mit normalen städtebaulichen Anforderungen			x		
– verkehrsberuhigte Bereiche mit hohen städtebaulichen Anforderungen				x	
– Flächen für Güterumschlag Straße zu Straße			x		
– Flächen für Güterumschlag im kombinierten Ladeverkehr				x	
Tankstellen, Rastanlagen					
– mit normalen verkehrstechnischen Anforderungen	x				
– mit hohen verkehrstechnischen Anforderungen			x		
Knotenpunkte					
– einfach höhengleich		x			
– schwierig höhengleich			x		
– sehr schwierig höhengleich				x	
– einfach höhenungleich			x		
– schwierig höhenungleich				x	
– sehr schwierig höhenungleich					x
b) Anlagen des Schienenverkehrs					
Gleis und Bahnsteiganlagen der freien Strecke					
– ohne Weichen und Kreuzungen	x				
– ohne besondere Zwangspunkte oder in wenig bewegtem Gelände		x			
– mit besonderen Zwangspunkten oder in bewegtem Gelände			x		
– mit vielen Zwangspunkten oder in stark bewegtem Gelände				x	
Gleis- und Bahnsteiganlagen der Bahnhöfe					
– mit einfachen Spurplänen		x			
– mit schwierigen Spurplänen			x		
– mit sehr schwierigen Spurplänen				x	

Objekte	Honorarzone				
	I	II	III	IV	V
c) Anlagen des Flugverkehrs					
– einfache Verkehrsflächen für Landeplätze, Segelfluggelände		x			
– schwierige Verkehrsflächen für Landeplätze, einfache Verkehrsflächen für Flughäfen			x		
– schwierige Verkehrsflächen für Flughäfen				x	

Übersicht

I. Honorartafel

1. Allgemeines

Die Honorare der Honorartafel in § 48 Absatz 1 gelten für Leistungen bei Verkehrsanla- **1** gen, **die zur ordnungsgemäßen Erfüllung eines Auftrags im Allgemeinen erforderlich sind** (§ 3 Absatz 2). Die Honorarordnung gibt die Honorare in Geldbeträgen in Abhängigkeit von den anrechenbaren Kosten und der Honorarzone vor.

Mit der Währungsumstellung von DM in Euro im Jahr 2002 wurden die bisherigen Grenzwerte der anrechenbaren Kosten von DM in Euro umgerechnet. Die Zwischenwerte der anrechenbaren Kosten waren bereits in der HOAI Fassung 2002 als runde Euro-Beträge angegeben. Der untere und der obere Grenzwert waren noch bis zur Fassung 2009 ungerade Euro-Beträge. Erst mit der Neufassung der HOAI 2013 entfallen die bisherigen ungeraden Grenzwerte. Der untere Grenzwert ist in der HOAI n. F. nicht mehr 25 565 Euro sondern 25 000 Euro. Der obere Grenzwert ist jetzt 25 000 000 Euro statt 25 564 594 Euro.

Die Umrechnung von DM in Euro 2002 war nicht mit einer Steigerung der Honorare verbunden. Die Fassung der HOAI 2009 hob die Honorare gleichmäßig um 10 Prozent an. Die HOAI n. F. verändert die Honorare je nach an Höhe der anrechenbaren Kosten und der Honorarzone zwischen 3,9 und 34,6 Prozent.

anrechenbare Kosten Euro	Honorar 2013 Euro		Honorar 2009 Euro		Unterschied Honorar 2013 im Vergleich zu 2009 Prozent	
	HZ I Von-Wert	HZ V Bis-Wert	HZ I Von-Wert	HZ V Bis-Wert	HZ I Von-Wert	HZ V Bis-Wert
35 000	4 981	9 668	3 700	8 309	+ 34,6	+ 16,4
200 000	18 106	35 147	14 642	30 230	+ 23,7	+ 16,3
2 000 000	98 962	192 102	80 496	148 344	+ 22,9	+ 29,5
25 000 000	641 265	1 244 808	617 043	1 004 357	+ 3,9	+ 23,9

Die Veränderungen sind so gewählt, dass für geringe anrechenbare Kosten die niedrigen Honorare stärker angehoben werden als für hohe anrechenbare Kosten, während die Obergrenzen der Honorare überproportional zu den anrechenbaren Kosten steigen. Es werden die Honorare für Objekte mit niedrigen anrechenbaren Kosten und sehr geringen und geringen Anforderungen stärker angehoben als andere. Ebenso werden die Honorare für Objekte mit hohen und sehr hohen Anforderungen und hohen anrechenbaren Kosten stärker angehoben als andere.

Die unterschiedlich hohen Steigerungen der Honorare führen dazu, dass in der HOAI n. F. der Höchstwert des Honorars in Honorarzone V bei gleichen anrechenbaren Kosten immer 194,1 Prozent über dem geringsten Honorar in Honorarzone I liegt.

2. Keine Extrapolation der anrechenbaren Kosten

2   Die Honorare der Honorartafel gelten nur innerhalb der Untergrenze und der Obergrenze der in der Tafel genannten anrechenbaren Kosten. Liegen die anrechenbaren Kosten unter 25 000 Euro oder über 25 000 000 Euro, sind nach § 7 Absatz 2 **die Honorare frei vereinbar.**

3. Extrapolation der Honorare

3   Die in der Honorartabelle festgesetzten Mindestsätze des Honorars können nach § 7 Absatz 3 **durch schriftliche Vereinbarung in Ausnahmefällen unterschritten werden.**

Die festgesetzten Höchstsätze dürfen nach § 7 Absatz 4 nur überschritten werden **bei außergewöhnlich oder ungewöhnlich lange andauernden Grundleistungen.** Die entsprechende Vereinbarung hat in Schriftform zu erfolgen. Umstände, die bereits bei der Einordnung in eine Honorarzone mitbestimmend waren, bleiben außer Betracht.

4. Interpolation der anrechenbaren Kosten

4   Die Honorartafeln nennen die anrechenbaren Kosten für ausgewählte runde Eurobeträge in unterschiedlich großen Schrittweiten. Die Honorartafel für Verkehrsanlagen in § 48 Absatz 1 HOAI n. F. umfasst 20 Kostenwerte, die Honorartafel in § 47 Absatz 1 HOAI a. F. 32 Kostenwerte. Die Schrittweite hat sich in der neuen Fassung im Vergleich zu alten Fassung vergrößert.

Nach § 13 sind die **Mindest- und Höchstsätze für Zwischenstufen der in den Honorartafeln angegebenen anrechenbaren Kosten und Flächen durch lineare Interpolation zu ermitteln.** Die Tabelle gibt ein Beispiel für eine Interpolation.

	anrechenbare Kosten Euro	Honorarzone III von-Wert Euro	Honorarzone III bis-Wert Euro
anrechenbare Kosten	420 000	gesucht	gesucht
nächstniedriger Kostenwert	300 000	33 778	38 449
nächsthöherer Kostenwert	500 000	49 243	56 053
Unterschied von 300 000 bis 500 000	200 000	15 465	17 604
Unterschied von 300 000 bis 420 000	120 000	9 279	10 562
Grenzen der Honorarzone III	420 000	43 057	49 011

5. Interpolation der Honorare

5   Die Spannweite vom von-Wert der Honorarzone I zum bis-Wert der Honorarzone V umfasst für alle anrechenbaren Kosten immer 194,1 Prozent. Der bis-Wert der Honorarzone V beträgt immer das 1,941-fache des von-Werts der Honorarzone I. Die Unterteilung in die einzelnen Honorarzonen erfolgt näherungsweise linear. Als Folge davon grenzen die Honorarzonen nahtlos aneinander. Der Höchstsatz der vorhergehenden Honorarzone entspricht jeweils dem Mindestsatz der nachfolgenden Honorarzone.

6. Relation zwischen anrechenbaren Kosten und Honoraren

Die Relation zwischen dem niedrigsten Honorar in Honorarzone I zu den anrechenba- **6** ren Kosten beträgt 15,5 Prozent. Der von-Wert des Honorars in Honorarzone I entspricht also 15,5 Prozent der anrechenbaren Kosten. Mit zunehmender Summe der anrechenbaren Kosten wird das anteilige Honorar geringer. Bei anrechenbaren Kosten von 25 000 000 beträgt es 2,6 Prozent. Der bis-Wert der Honorarzone V liegt entsprechend der Spannweite immer bei dem 1,941-fachen des von-Werts in Honorarzone I.

Die Aufteilung der Leistungen in mehrere Teilaufträge reduziert die Kosten pro Teilauftrag, reduziert aber nicht die anrechenbaren Kosten des Objekts. Die anteiligen Honorare pro Leistungsphase nach § 8 Absätze 1 und 2 bleiben bestehen. Wird nicht nur ein Auftragnehmer mit der Durchführung aller Leistungsphasen beauftragt, sondern mehrere Auftragnehmer entsprechend ihrer fachlichen Expertise, kann der **erhöhte Koordinierungs- oder Einarbeitungsaufwand** nach § 8 Absatz 3 gesondert vergütet werden. Die Amtliche Begründung zur HOAI n. F. stellt klar, dass **die Vertragsparteien die Höhe dieser Vergütung frei vereinbaren können.**

II. Zuordnung zu Honorarzonen

1. Allgemeines

§ 5 Absatz 1 ordnet die Objektplanung, also auch die Planung von Verkehrsanlagen, fünf **7** Honorarzonen zu:

1. Honorarzone I: sehr geringe Planungsanforderungen,
2. Honorarzone II: geringe Planungsanforderungen,
3. Honorarzone III: durchschnittliche Planungsanforderungen,
4. Honorarzone IV: hohe Planungsanforderungen,
5. Honorarzone V: sehr hohe Planungsanforderungen.

Die HOAI sieht die Zuordnung der jeweiligen Verkehrsanlage zu Honorarzonen mit Hilfe von Bewertungsmerkmalen und mit der Objektliste in Anlage 13 Nummer 13.2 vor. Die beiden Verfahren sind nicht gleichwertig. Nach § 5 Absatz 3 **sind die Honorarzonen anhand der Bewertungsmerkmale zu ermitteln.** Die Bewertungsmerkmale erhalten durch die Nennung als erstes Kriterium Priorität gegenüber der Objektliste. § 5 Absatz 3 regelt weiter, dass die **Zurechnung zu den einzelnen Honorarzonen nach Maßgabe der Bewertungsmerkmale und gegebenenfalls der Bewertungspunkte sowie unter Berücksichtigung der Regelbeispiele in den Objektlisten der Anlagen dieser Verordnung vorzunehmen** ist.

Der Einführungserlass zur HOAI n. F. präzisiert die Aussagen des Absatz 3: **Die Honorarzone ist zunächst aufgrund der Bewertungsmerkmale und gegebenenfalls der Bewertungspunkte zu ermitteln. Durch die Regelbeispiele in den Objektlisten soll die Zuordnung erleichtert werden.**

Die Amtliche Begründung der HOAI n. F. betont die **indikative** Bedeutung der Objektlisten, die daher lediglich zu berücksichtigen sind. Auch die Überschrift der Objektliste **nachfolgende Verkehrsanlagen werden in der Regel folgenden Honorarzonen zugeordnet** schränkt die Bedeutung der Objektliste ein.

2. Bewertungsmerkmale

§ 48 Absatz 2 regelt die Zuordnung der Grundleistungen für Verkehrsanlagen zu Hono- **8** rarzonen. Die Bewertungsmerkmale werden aus den Regelungen für Ingenieurbauwerke in § 43 Absatz 2 HOAI a. F. übernommen. Sie galten aufgrund der Regelung in § 47 Absatz 2 HOAI a. F. **entsprechend** für Verkehrsanlagen. Mit der Übernahme in § 48 Absätze 2 bis 4 erfolgt keine Anpassung der Bewertungsmerkmale an die Besonderheiten von Verkehrsanlagen. Die Bewertungsmerkmale in § 48 Absatz 2 sind für Verkehrsanlagen nur eingeschränkt maßgebend und aussagekräftig und entsprechen nicht den realen Herausforderungen und Randbedingungen, die die Planungsanforderungen bestimmen.

1. Geologische und baugrundtechnische Gegebenheiten
Sie sind ein entscheidendes Merkmal für die Anforderungen an die Gründung von Ingenieurbauwerken. Für die Planung von Verkehrsanlagen hat das Merkmal wegen der flächenhaften Gründung von Straßen, Eisenbahnstrecken und Anlagen des Flugverkehrs nur geringe Einflüsse. Geologische und baugrundtechnische Gegebenheiten beeinflussen nur den Aufwand zur Herstellung der Tragfähigkeit des Bodens durch Bodenaustausch, Bodenstabilisierung, Einmischen hydraulischer Bindemittel, Verdichtungsanforderungen, Planums- und Tiefensickerschichten, Frostschutzschichten.
Der Aufwand zur Einbindung der Verkehrsanlage in das Umfeld wird von geologischen und baugrundtechnischen Gegebenheiten beeinflusst im Hinblick auf Boden- und Felsaushub in Einschnitten, Verdichtung von Dämmen, Anlage und Sicherung von Böschungen. Alle diese Maßnahmen sind bautechnisch aufwändig und erhöhen die Baukosten. Der erhöhte Aufwand beschränkt sich jedoch im Wesentlichen auf Leistungsphase 8. In den anderen Leistungsphasen wird der erhöhte Aufwand von Erd- und Felsarbeiten durch die Regelung in § 46 Absatz 1 in seiner Wirkung auf das Honorar beschränkt. Im Übrigen ist die Einbindung der Verkehrsanlage in das Umfeld ein eigenes Bewertungsmerkmal.

2. Technische Ausrüstung und Ausstattung
Nach § 46 Absatz 1 gehören die Kosten für die Ausstattung von Verkehrsanlagen zu den anrechenbaren Kosten, soweit der Objektplaner diese plant oder deren Ausführung überwacht. Sie sind nicht den Kosten für die Anlagen der Technischen Ausrüstung im Sinne des § 46 Absatz 2 zuzurechnen. Die Amtliche Begründung zu § 46 der HOAI weist darauf hin, dass die Ausstattung von Verkehrsanlagen einschließlich der Entwässerungsanlagen nicht in der Objektliste der Technischen Ausrüstung enthalten ist. Die Technische Ausrüstung ist ein eigenes Leistungsbild innerhalb der Fachplanung.
Die Amtliche Begründung führt als Beispiele für die Ausstattung von Verkehrsanlagen an:
– für Anlagen des Straßen- und Flugverkehrs: Signalanlagen, Schutzplanken, Beschilderungen,
– für Entwässerungsanlagen: Straßenabläufe, Sammelleitungen und zugehörige Anschlussleitungen, Regenwasserversickerungen, die nicht als eigenständige Objekte in der Objektliste Ingenieurbauwerke aufgeführt sind,
– für Anlagen des Schienenverkehrs: Oberleitungsanlagen, Signalanlagen, Telekommunikationsanlagen, die den Zugbetrieb beeinflussen, Weichenheizungsanlagen.

3. Einbindung in die Umgebung oder das Objektumfeld
Die Einbindung der Verkehrsanlage in die Umgebung oder das Objektumfeld beeinflusst die Planungsanforderungen im Hinblick auf
– Zwangspunkte der Linienführung durch Geländeform, Bebauung, Schutzgüter,
– Verknüpfungspunkte mit weiteren Straßen und Eisenbahnen,
– städtebauliche Anforderungen.

4. Umfang der Funktionsbereiche oder der konstruktiven oder technischen Anforderungen
Der Begriff „Funktionsbereich" ist weder in dem Verordnungstext, noch in der Amtlichen Begründung, noch im Einführungserlass definiert.

5. Fachspezifische Bedingungen
Hierunter können alle Bedingungen fallen, die durch die anderen Bewertungsmerkmale nicht abgedeckt werden.

3. Gewichtung der Bewertungsmerkmale

9   Nach § 48 Absatz 3 sind die einzelnen Bewertungsmerkmale nur zu gewichten, wenn sie in unterschiedlichen Honorarzonen liegen. Dann ist zunächst für jedes Bewertungsmerkmal eine Anzahl von Bewertungspunkten zu ermitteln. Durch unterschiedliche

Höchstzahlen der Bewertungspunkte pro Bewertungsmerkmal werden die einzelnen Bewertungsmerkmale unterschiedlich gewichtet.

Die maximalen Punktzahlen der Bewertungsmerkmale sind nach § 48 Absatz 3:

Nummer	Bewertungsmerkmal	Bewertungspunkte
1	geologische und baugrundtechnische Gegebenheiten	bis zu 5 Punkte
2	technische Ausrüstung und Ausstattung	bis zu 5 Punkte
3	Einbindung in die Umgebung oder das Objektumfeld	bis zu 15 Punkte
4	Umfang der Funktionsbereiche oder der konstruktiven oder technischen Anforderungen	bis zu 10 Punkte
5	fachspezifische Bedingungen	bis zu 5 Punkte

Die Gewichtung der Bewertungsmerkmale ist in Vergleich zur HOAI a. F. verändert. Dort waren sie in § 43 Absätze 2 und 3 für Ingenieurbauwerke geregelt mit dem Hinweis in § 47 Absatz 2, sie für Verkehrsanlagen entsprechend anzuwenden. Die fachspezifischen Bedingungen wurden in der HOAI a. F. mit bis zu 15 Punkten bewertet. Die HOAI n. F. reduziert die Bewertung der fachspezifischen Bedingungen bei Verkehrsanlagen auf maximal 5 Punkte. Dafür ist die Einbindung in das Objektumfeld von 5 auf 15 Punkte angehoben. Diese Veränderung berücksichtigt die Herausforderungen der Planung von Verkehrsanlagen im Hinblick auf Zwangspunkte, Verknüpfungen und städtebaulichen Anforderungen.

Über alle Bewertungsmerkmale addiert können bis 40 Bewertungspunkte für das Objekt erreicht werden. Aus der Summe der Bewertungspunkte ergibt sich die Honorarzone. Honorarzone I gilt bis 10 Punkten. Die verbleibenden 30 Punkte bis zur Höchstzahl werden, auf volle Punkte gerundet, linear auf die verbleibenden Honorarzonen verteilt. Das Ergebnis ist:
- Honorarzone I: bis zu 10 Punkte,
- Honorarzone II: 11 bis 17 Punkte,
- Honorarzone III: 18 bis 25 Punkte,
- Honorarzone IV: 26 bis 33 Punkte,
- Honorarzone V: 34 bis 40 Punkte.

4. Objektliste

Für Verkehrsanlagen regelt § 48 Absatz 5, die Objektliste für die Zuordnung des Objekts **10** zu den Honorarzonen zu berücksichtigen. Die Objektliste für Verkehrsanlagen ist im Vergleich zur HOAI a. F. grundlegend überarbeitet. Verglichen mit der Objektliste für Verkehrsanlagen der HOAI a. F. ist sie in der aktuellen Fassung in Anlage 13 Nummer 13.2 tabellarisch übersichtlich gestaltet. In Übereinstimmung mit der Festlegung des Anwendungsbereichs in § 45 ist sie unterteilt in Anlagen des Straßenverkehrs, Anlagen des Schienenverkehrs, Anlagen des Flugverkehrs.

Die Anlagen des Straßenverkehrs sind weiter untergliedert in
- Außerörtliche Straßen,
- Innerörtliche Straßen und Plätze,
- Wege,
- Plätze, Verkehrsflächen,
- Knotenpunkte.

Außerörtliche Straßen: Die Unterteilung der außerörtlichen Straßen ordnet alle außerörtlichen Straßen im Gebirge der Honorarzone V zu, während die HOAI a. F. nur schwierige Gebirgsstraßen zur Honorarzone V zählte.

Innerörtliche Straßen und Plätze listet nur innerörtliche Straßen ohne Plätze auf. Plätze werden in der Gruppe „Plätze, Verkehrsflächen" definiert. Anlieger- und Sammelstraßen liegen in der HOAI n. F. immer in Honorarzone II. Die HOAI a. F. beschränkte die Zuordnung zu Honorarzone II auf Anlieger- und Sammelstraßen in Neubaugebieten.

Wege rechnet die HOAI nur in bestimmten Fällen den Verkehrsanlagen zu. Keine Verkehrsanlagen im Sinne der HOAI sind

– selbständige Rad-, Geh- und Wirtschaftswege, wenn sie nach § 39 Absatz 1 (§ 45 Absatz 1),
– Wege ohne Eignung für den regelmäßigen Fahrverkehr mit einfachen Entwässerungsverhältnissen sowie andere Wege und befestigte Flächen, die als Gestaltungselement der Freianlagen geplant werden und für die keine Grundleistungen nach Teil 3 Abschnitt 3/Ingenieurbauwerke) und Teil 4 (Verkehrsanlagen) erforderlich sind § 38 Absatz 1 Punkt 8).

Mit diesen unscharfen Unterscheidungsmerkmalen rechnet die HOAI Wege nur dann zu den Verkehrsanlagen, wenn sie für den regelmäßigen Fahrverkehr geeignet und kein Gestaltungselement von Freianlagen sind.

Plätze, Verkehrsflächen: Plätze außerorts werden in Honorarzone I eingestuft. Die HOAI a. F. rechnete nur Parkplätze im Außenbereich zur Honorarzone I. Verkehrsberuhigte Bereiche werden jetzt nach den städtebaulichen Anforderungen eingeteilt, nicht mehr nach verkehrstechnischen Anforderungen oder der städtebaulichen Situation. Tankstellen und Rastanlagen mit normalen verkehrstechnischen Anforderungen sind Honorarzone I zugeordnet. In der HOAI a. F. lagen sie als Tankstellen- und Rastanlagen einfacher Art in Honorarzone II.

Die Anlagen des Schienenverkehrs sind unterteilt in

– Gleis und Bahnsteiganlagen der freien Strecke,
– Gleis und Bahnsteiganlagen der Bahnhöfe.

Bahnsteiganlagen auf der freien Strecke scheint ein Widerspruch zu sein. Haltepunkte mit Bahnsteiganlagen ohne Weichen sind jedoch Bestandteile der freien Strecke. Die innerörtlichen Gleisanlagen der HOAI a. F. kennt die HOAI n. F. nicht. Sie sind je nach Streckencharakteristiken einer der Gleis- und Bahnsteiganlagen zuzuordnen.

III. Umbau- und Modernisierungszuschlag

11   Umbauten sind nach § 2 Absatz 5 Umgestaltungen eines vorhandenen Objekts mit wesentlichen Eingriffen in Konstruktion oder Bestand. Modernisierungen sind nach § 2 Absatz 6 bauliche Maßnahmen zur nachhaltigen Erhöhung des Gebrauchswertes eines Objekts. Nur für Umbauten und Modernisierungen kann ein Zuschlag vereinbart werden.

Werden Objekte erweitert, ist nach § 2 Absatz 7 die mitzuverarbeitende Bausubstanz zu beachten. Sie ist bereits hergestellt, wird technisch oder gestalterisch mitverarbeitet und verursacht Planungs- und Überwachungsleistungen. Nach § 4 Absatz 3 ist der Umfang der mitzuverarbeitende Bausubstanz bei den anrechenbaren Kosten angemessen zu berücksichtigen. Für die mitzuverarbeitende Bausubstanz ist ein Umbau- und Modernisierungszuschlag nicht möglich.

In der HOAI a. F. fehlte der Begriff „mitzuverarbeitende Bausubstanz". § 35 Absatz 1 der HOAI a. F. erlaubte für Leistungen im Bestand einen Zuschlag für Leistungen bei Umbauten und Modernisierungen bis 80 Prozent. Die Regelungen zu Leistungen im Bestand in § 35 HOAI a. F. sind entfallen. Sie werden ersetzt durch § 6 Absatz 2 HOAI n. F. § 6 Absatz 2 regelt die Ermittlung des Honorars für Leistungen bei Umbauten und Modernisierung gemäß § 2 Absatz 5 und 6 nach

1. den anrechenbaren Kosten,

2. der Honorarzone, welcher der Umbau oder die Modernisierung in sinngemäßer Anwendung der Bewertungsmerkmale zuzuordnen ist,

3. den Leistungsphasen,

4. der Honorartafel und

5. dem Umbau- oder Modernisierungszuschlag auf das Honorar.

Die mitzuverarbeitende Bausubstanz nach § 2 Absatz 7 ist von dem Zuschlag ausgenommen.

Die Höhe des Umbau- und Modernisierungszuschlags kann für Grundleistungen im Leistungsbild Verkehrsanlagen nach § 48 Absatz 6 bei einem durchschnittlichen Schwierigkeitsgrad bis 33 % schriftlich vereinbart werden. Zu der Höhe des Umbau- und Modernisierungszuschlags sagt die Amtliche Begründung zur HOAI n. F. aus, dass im jeweiligen Einzelfall der Schwierigkeitsgrad der konkreten Umbau- oder Modernisierungsmaßnahme maßgeblich ist.

Wird keine schriftliche Vereinbarung getroffen, wird unwiderleglich vermutet, dass ab einem durchschnittlichen Schwierigkeitsgrad ein Zuschlag von 20 Prozent als vereinbart gilt (§ 6 Absatz 2). Wie bisher können die Vertragsparteien auch einen Zuschlag von weniger als 20 Prozent vereinbaren.

Teil 4. Fachplanung

Abschnitt 1. Tragwerksplanung

Vorbemerkung

Übersicht

I. Allgemeines

1. Anwendungsbereich Tragwerksplanung

1   **Teil 4 Abschnitt 1** der HOAI über Leistungen bei Tragwerksplanungen betrifft **spezielle Ingenieurleistungen.** Die dort erfassten Ingenieurleistungen beschränken sich auf einen eng umgrenzten Teilbereich, nämlich auf Standsicherheitsnachweise und konstruktive Bearbeitungen, die von einer bestimmten Ingenieurgruppe, nämlich von **Bauingenieuren,** geleistet werden. Diese spezielle Ingenieurleistung wird mit der durch die HOAI in das Gebührenrecht eingeführten Bezeichnung „Tragwerksplanung" versehen. Sie erstreckt sich auf Gebäude und zugehörige bauliche Anlagen (Objektplanung Gebäude) sowie auf Ingenieurbauwerke. Eine Definition des VO-Gebers, wie er im Rahmen der zu regelnden preisrechtlichen Vorschriften den Begriff „Tragwerksplanung" verstehen will, ergibt sich nun in der Fassung 2013 aus § 49 Abs. 1. Zudem versucht der VO-Geber eine eigene Definition des Begriffs „Tragwerk" in § 49 Abs. 2. Die gefundenen Definitionen sind inhaltlich allerdings unklar und betreffen augenscheinlich nur bestimmte Leistungsmerkmale und Ausführungen der Leistungen.

Die in § 51 aufgeführten **Grundleistungen,** d.h. die im Allgemeinen zur ordnungsgemäßen Erfüllung eines Auftrags erforderlichen Grundleistungen (vgl. § 3 Abs. 2 S. 1), die in der Fassung 2009 zur Unterscheidung von den Besonderen Leistungen lediglich „Leistungen" genannt wurden, **entsprechen in etwa** dem früheren Leistungsbild aus **Nr. 19 der GOI 1937,** das mit „Konstruktive Bearbeitungen und statische Berechnungen als Sonderleistung" bezeichnet war, in der GOI 1956 mit „Sonderleistungen des Bau-Ingenieurs" und in der GOI 1965 und der LHO 1969 mit „Sonderleistungen der Bauingenieure". Allerdings werden von den Sonderleistungen der Bauingenieure aus früheren Gebührenordnungen (GOI, LHO) Leistungen, nämlich die **Leistungen des Prüfingenieurs,** aber auch die Leistungen für den Nachweis des Schall- und Wärmeschutzes, die seit der GOI 1956 in dem Leistungsbild der Sonderleistungen der Bauingenieure enthalten waren, in den Leistungen des § 49 **nicht erfasst.**

2. Honorargrundlagen

2   Das Honorar für Leistungen bei Tragwerksplanungen richtet sich nach den **anrechenbaren Kosten** und nach der **Honorarzone,** der das Tragwerk angehört (§ 52 Abs. 2 i.V.m. Anlage 14 Nummer 14.2), sowie nach der Honorartafel in § 52 Abs. 1 i.V.m. Anlage 14.1. Wie bei den früheren Honorarordnungen (GOI, LHO, HOAI 1996/2002, HOAI 2009) ist die Höhe des Honorars unter anderem abhängig von den Baukosten.

Die anrechenbaren Kosten bei **Ingenieurbauwerken** sind gemäß § 50 i.V.m. § 6 **3** Abs. 1 die Kosten von den Gewerken bzw. Leistungsbereichen, die in früheren Gebührenordnungen unter dem Begriff der **Rohbausumme** zusammengefasst wurden. Mit dem dazugehörigen Katalog der nicht anrechenbaren Kosten aus § 50 Abs. 1 bis 3 i.V.m. Abs. 4 ähneln die Bestimmungen sehr den Definitionen des „**Rohbauwertes**" aus Anlage 3 zum **Ingenieurvertragsmuster** – Statik und Prüfung der Statik – des Bundesschatzministers vom 21.5.1968 (MinBlFin 1968, S. 239). Nach § 9 Muster BMSchatz 1968 war der Rohbauwert die Grundlage der Vergütungsberechnung.

Die anrechenbaren Kosten bei **Gebäuden** und zugehörigen baulichen Anlagen werden gemäß § 48 Abs. 1 auf der Grundlage von **Kostengruppen aus DIN 276** entsprechend der Ermittlung der anrechenbaren Kosten für Leistungen bei Gebäuden, Freianlagen und Innenräumen, also für Architektenleistungen, bestimmt. Eine eigene Kostenliste ist nicht existent.

Bei **Gebäuden** mit einem **hohen Anteil an** Kosten der **Gründung und** der **Trag- 4 werkskonstruktion** sowie **bei Umbauten wurden bis zur Fassung 2013** die anrechenbaren Kosten als Kosten der (Rohbau-)Gewerke nach § 48 Abs. 3 (a. F.), jedoch ohne die Kosten der Leistungsbereiche der Nrn. 13 bis 16 (Bohr-, Baugrubenverkleidungs-, Ramm- und Wasserhaltungsarbeiten) sowie ohne die Kosten der Baustelleneinrichtungen, berechnet (§ 48 Abs. 3 a. F.). In § 50 wurden nunmehr neue Berechnungsgrundlagen eingeführt, die sich an bestimmten Verteilungssätzen der anrechenbaren Kosten von Baukonstruktionskosten, TGA, Gründungskosten, Gebäudekosten und deren Sonderkosten (Neuwert, Baustelleneinrichtung) orientieren.

Ebenfalls bis zur Fassung 2009 wurden die Kosten anderer Arbeiten, die weder in den erwähnten Kostengruppen der DIN 276 noch im (Gewerke-)Katalog enthalten waren, sowie Mehrkosten für Sonderausführungen des § 48 Abs. 4 Nr. 7 (a. F.) als zu den anrechenbaren Kosten gehörend und die im Katalog des § 48 Abs. 3 (a. F.) unter Nr. 13 bis 16 (Bohrarbeiten, Verbau- und Rammarbeiten, Wasserhaltung) aufgeführten Arbeiten konnten zu den anrechenbaren Kosten für Gebäude und zugehörige Anlagen dann vereinbart werden, wenn hierdurch dem Auftragnehmer ein erhöhter Arbeitsaufwand entstand (§ 48 Abs. 6 a. F.). Eine vergleichbare Bestimmung war bereits in Anlage 3 zum Ingenieurvertragsmuster – Statik und Prüfung der Statik – des Bundesschatzministers vom 21.5.1968 enthalten. In der Fassung 2013 sind diese Regelungen nun in der Bestimmung des § 50 aufgegangen.

3. Erweiterungen der HOAI seit 1985

Zunächst waren **nur Regelungen für die Tragwerksplanung bei Gebäuden und 5 sonstigen baulichen Anlagen** in die Verordnung von 1977 aufgenommen worden. Wenngleich der Verordnungsgeber ermächtigt gewesen wäre (MRVG Art. 10 § 1), Honorare für weitere Ingenieurleistungen zu regeln, hatte er sich auf diesen eng umgrenzten Teilbereich von Leistungen der Bauingenieure beschränkt und als Motiv in der Amtlichen Begründung zur HOAI 1977 (BR-Drucks. 270/76, S. 2) in den Allgemeinen Bemerkungen angegeben, dass „sich die Leistungsbereiche von Architekten und Ingenieuren in Teilbereichen überschneiden und bei getrennten Honorarordnungen für diese Teilbereiche gleich lautende Bestimmungen erlassen werden müssten" (vgl. auch BR-Drucks. VI/1549 S. 14). Die Auffassung von einer Überschneidung der Leistungsbereiche von Architekten und Ingenieuren, also im Wesentlichen einer **Überschneidung der Objektplanung und der Tragwerksplanung,** kann auf der hergebrachten Auffassung beruht haben, dass der planende Architekt auch in der Lage sei, Leistungen des früher sogenannten „Sonderfachmanns für Statik", also die Standsicherheitsnachweise, Schal- und Bewehrungspläne, für das von ihm geplante Objekt zu erbringen.

Mit der Aufnahme von Honorarregelungen für die Tragwerksplanung für Gebäude und zugehörige bauliche Anlagen war dieser Bereich aus früheren Honorarordnungen (GOI,

LHO), die seit 1.6.1965 preisrechtlich nicht mehr gebunden waren, im Rahmen der Mindest- und Höchstsätze der HOAI wieder einer preisrechtlichen Bindung unterworfen worden.

6   **Wegen der Aufnahme** von Regelungen **weiterer Ingenieurleistungen in die Verordnung seit 1985,** vor allem aber wegen der Aufnahme von Regelungen über Leistungen bei Ingenieurbauwerken des Teils VII HOAI a. F. musste die bis dahin bestehende Beschränkung der **Tragwerksplanung** auf Gebäude und sonstige bauliche Anlagen **erweitert** werden **auf Ingenieurbauwerke,** für die ebenso wie für Gebäude und sonstige bauliche Anlagen konstruktive Bearbeitungen und Standsicherheitsnachweise, also Leistungen der Tragwerksplanung, zu erbringen sind. Somit sind die in früheren Gebührenordnungen als Sonderleistungen der Bauingenieure enthaltenen Regelungen insgesamt – also für Gebäude, sonstige bauliche Anlagen und Ingenieurbauwerke – mit der Ersten Änderungsverordnung einer preisrechtlichen Bindung zugeführt worden.

In der **Fassung 2013** wurden nun weitere Vereinfachungen der preisrechtlichen Regelungen eingeführt und Leistungen zusammengefasst. Weiterhin wurden aber innerhalb der Leistungsphasen teilweise ganz erhebliche Teilleistungsänderungen und -ergänzungen eingeführt.

Diese betrifft zunächst die **Dokumentation.** Wie in allen Leistungsbildern der Fachplanung wurde in den Leistungsphasen 1 bis 3 die Grundleistung zur Dokumentation und Erläuterung der Ergebnisse präzisiert. Damit wurde die bisher in § 3 Abs. 8 geregelte Unterrichtung des Auftraggebers direkt in den relevanten Leistungsphasen aufgenommen. Die Prüfung und Wertung der Angebote ist ohne eine Dokumentation des Vergabeverfahrens nicht möglich und schließt diese ein. In der Leistungsphase 7 wurde daher die Dokumentation des Vergabeverfahrens aufgenommen. Die auch bisher schon bestehende systematische Zusammenstellung der zeichnerischen Darstellungen und rechnerischen Ergebnisse wurde nunmehr in die Leistungsphase 8 eingegliedert, da sie zeitlich mit der Übergabe des Objekts verknüpft ist. Damit soll darauf hingewirkt werden, dass dem Auftraggeber bei einer etwaigen Teilabnahme nach der Leistungsphase 8 die notwendige Objektdokumentation zur Verfügung steht. Das Leistungsbild Tragwerksplanung endet mit der Leistungsphase 6. Die Grundleistung zur Dokumentation- und Erläuterung der Ergebnisse ist daher auf die Leistungsphasen 1 bis 3 begrenzt.

Weiterhin ist die Bedeutung der **Terminplanung** ergänzt worden. Die in der Leistungsphase 2 aufgestellte Terminplanung soll in den Leistungsphasen 3, 5 und 8 kontinuierlich fortgeschrieben und ergänzt werden. Über die bisherige Grundleistung lit. e) der Leistungsphase 8 der HOAI 2009 hinaus wurde das Erstellen, Fortschreiben und Überwachen des Terminplans als Teilleistung in die Leistungsphasen 2, 3, 5 und 8 aufgenommen. Zur Leistungsphase 8 (bisher: *„Mitwirken bei dem Aufstellen, Fortschreiben und Überwachen eines Zeitplans (Balkendiagramm)"*, neu: *„Aufstellen, Fortschreiben und Überwachen eines Terminplans (Balkendiagramm)"*) war das Fortschreiben des Terminplans während der Ausführung bereits durch das Überwachen erfasst und wurde zur Klarstellung aufgenommen. Darüber hinaus ist die Terminplanung während der Bauausführung durch die Berücksichtigung der ineinandergreifenden Abläufe der Bauarbeiten als fortlaufender Prozess zu betrachten. Daher war auch klarzustellen, dass neben dem Fortschreiben eine kontinuierliche Überwachung des fortgeschriebenen Terminplans im Bauablauf erforderlich ist. Bei der Tragwerksplanung ist die **Mitwirkung** in den Leistungsphasen 2 und 3 nun ausdrücklich berücksichtigt.

Die **Objektlisten** wurden neu strukturiert. In der Tragwerksplanung wird bisher keine gesonderte Objektliste dargestellt, sondern der statisch-konstruktive Schwierigkeitsgrad anhand spezifischer Bewertungsmerkmale beschrieben. Formal ist die Darstellung an diejenige der Objektlisten angepasst.

II. Frühere Regelungen für Tragwerksplanung

1. GOI 1937/50 und Ergänzungen

7   In den vom Ausschuss für die Gebührenordnung der Ingenieure – **AGO** – dem Preiskommissar für Preisbildung im Jahre 1937 vorgelegten „Vertragsbestimmungen und Ge-

bührenordnungen für Ingenieure" – **GOI 1937** – (vgl. in der 7. Auflage Vorbem. zu VII vor § 51 Rdn. 16) waren unter anderem **„Konstruktive Bearbeitungen und statische Berechnungen als Sonderleistung"** geregelt worden, Leistungen, die einen Teil der in der HOAI unter dem Begriff der Tragwerksplanung enthaltenen Regelungen betrafen. Allerdings gehörte nach der GOI 1937 **unter das Leistungsbild des Entwurfs,** das in dem in der HOAI 1985 geregelten Leistungsbild der Objektplanung bei Ingenieurbauwerken seine Entsprechung hat, **auch die endgültige statische Berechnung des Ingenieurbauwerks,** also nach heutigem Sprachgebrauch dessen Tragwerksplanung, und die Gebührenregelungen für die „konstruktive Bearbeitung und statische Berechnung als Sonderleistung" galten für den Fall einer gesonderten und getrennten Vergabe dieser Leistung.

Auch der **Entwurf zu der Neufassung der GOI vom 3.4.1956** legte in Ziff. 6 **8** Abs. 4b) noch fest, dass der **Entwurf die etwa erforderliche statische Berechnung umfasse,** jedoch keine Schal- und Bewehrungspläne, die nach den Sätzen für die konstruktive Bearbeitung als Sonderleistung vergütet wurden, und hatte gleichermaßen aufgegliederte Regelungen für die konstruktive Bearbeitung und die statischen Berechnungen sowie der Schal- und Bewehrungspläne in Ziff. 7 enthalten, die als „Sonderleistungen des Bau-Ingenieurs" bezeichnet wurden. Erst im **Entwurf zur Neufassung vom 1.6.1965** war unter Nr. 11.2 beim Entwurf **nur** von den **„etwa erforderlichen statischen Vorberechnungen,** soweit sie die Festlegung der Hauptabmessungen betreffen", die Rede und eine Minderung des Teilleistungssatzes für den Entwurf für den Fall vorgesehen, dass die Entwurfsbearbeitung die Aufstellung einer endgültigen statischen Berechnung umfasse, wobei diese Leistung gemäß Ziff. 12 über die konstruktive Bearbeitung und die statischen Berechnungen geregelt war mit der Bezeichnung „Sonderleistung der Bauingenieure".

2. LHO

In der am 1.6.1969 vom Ausschuss für die Honorarordnung der Ingenieure (AHO) her- **9** ausgegebenen Leistungs- und Honorarordnung der Ingenieure (LHO) waren hinsichtlich der Regelungen für konstruktive Bearbeitung und der statischen Berechnungen beim Entwurf und als Sonderleistung der Bauingenieure keine Unterschiede gegenüber dem Entwurf der Neufassung der GOI von 1965 zu verzeichnen.

3. Ingenieurvertragsmuster BMSchatz 1968

Mit Erlass des Bundesschatzministers vom 21.5.1968 (MinBlFin 1968, S. 306) war ein **10** vom Arbeitsausschuss der Finanzbauverwaltung für die Richtlinien von Bauaufgaben des Bundes im Zuständigkeitsbereich der Finanzbauverwaltungen – **RBBau-Ausschuss** – erarbeitetes **Muster für Verträge** mit freischaffenden selbstständigen Ingenieuren **über Statik und Prüfung der Statik** bekanntgegeben worden. Die Bundesressorts waren angewiesen worden, Verträge mit freischaffenden Statikern und Prüfingenieuren nach den vorgelegten Ingenieurvertragsmustern für Statik bzw. für Prüfung der Statik abzuschließen. Die **Finanzminister der Länder** hatten sich sehr bald durch entsprechende Erlasse diesen Regelungen angeschlossen. Die zuständigen **Bauaufsichtsbehörden** hatten ihre Gebührenordnungen für die Prüfung der Statik, also für die **Prüfingenieure,** den Regelungen des Ingenieurvertragsmusters angepasst. Den Vertragsmustern waren drei Anlagen beigefügt worden, in denen die Vergütungssätze, die Klasseneinordnung und der Rohbauwert festgelegt worden waren. Dadurch, dass außerdem in den Hinweisen zum Ingenieurvertrag Teilleistungssätze für Statik und für Prüfung der Statik angegeben waren, hatte das Ingenieurvertragsmuster des Bundesschatzministers faktisch den Charakter einer Gebührenordnung für Ingenieurleistungen der Statik und der Prüfung der Statik erhalten. Die mit diesem Vertragsmuster geregelten Honorare betrafen Ingenieurleistungen, die in der GOI 1937/50 mit „Konstruktive Bearbeitungen und statische Berechnungen als Sonderleistungen" und in den nachfolgenden Gebührenordnungen (GOI 1956 und 1965 sowie LHO 1969) mit „Sonderleistungen des Bau-Ingenieurs" bezeichnet waren. Vor allen Dingen die **Regelungen in § 62 a. F. ähneln** in den Bestimmungen des Absatzes 6 über anrechenbare Kosten bei Ingenieurbauwerken und des Absatzes 7 über nicht anrechenbare Kosten sowie des

Absatzes 8 über die Berücksichtigung der Kosten bei Baugrubenverkleidungs-, Ramm-
und Wasserhaltungs- und Einpressarbeiten u. a., sofern damit ein erhöhter Arbeitsaufwand
für den Auftragnehmer verbunden ist, sehr stark den **Regelungen** über den Rohbauwert
in der Anlage 3 zum Ingenieurvertragsmuster.

4. RBBau

11   Die RBBau hat nun in der Fassung vom 25.9.2013 die Vertragsmuster VM4 Tragwerksplanung (Stand 28.9.2009) und VM5 Prüfung der Tragwerksplanung (Stand 28.9.
2009) neu aufgenommen. Dabei allerdings ist derzeit das verbindliche Muster des BMVBS
(Bundesministerium für Verkehr, Bau und Stadtentwicklung) bisher noch auf dem Stand
und Inhalt der Fassung September 2009 eingeführt. Die entsprechenden Neufassungen
wurden bis März 2014 noch nicht eingeführt und geändert. Die Fassungen der Verträge
stehen unter www.bmvbs.de oder www.bundesanzeiger-verlag.de zur Verfügung. Zudem
ist durch den Runderlass des BMVBS vom 19.8.2013/6.9.2013 des zuständigen Abtei-
lungsleiters eine allgemeine Änderungsanordnung zur Änderungseinführung der HOAI
2013 nebst den Vorgaben der Anwendung der HOAI 2013 erteilt worden. Die dortigen
Hinweise sind für alle Bundesbehörden verbindlich und können von Ländern und Kommunen so übernommen werden. Auch in der online-Fassung vom 5.8.2014 sind lediglich
die Vertragsmuster der Objektplanung – Gebäude und Innenräume –, Freianlagen und der
Technischen Ausrüstung auf den Stand der HOAI 2013 gebracht worden.

§ 49 HOAI Anwendungsbereich

   (1) **Leistungen der Tragwerksplanung sind die statische Fachplanung für die
Objektplanung Gebäude und Ingenieurbauwerke.**

   (2) **Das Tragwerk bezeichnet das statische Gesamtsystem der miteinander verbundenen Konstruktionen, die für die Standsicherheit von Gebäuden, Ingenieurbauwerken und Traggerüsten bei Ingenieurbauwerken maßgeblich sind.**

Vorhergehende Vorschrift: neu eingeführt

Übersicht

I. Begriff der Tragwerksplanung

1. Standfestigkeitsuntersuchungen

1   Erst die im 19. Jahrhundert entwickelten Methoden zur Untersuchung der Standfestigkeit eines Gebäudes, eines Bauwerks oder einer baulichen Anlage bedienten sich der Gesetze eines Teilgebiets der **Mechanik,** nämlich der „**Statik der starren Körper".** Die
Baukörper und ihre Teile wurden zur Vereinfachung der Lösungen starr, also nicht ver-
formbar, angenommen und die Einwirkungen der auf den Baukörper wirkenden Kräfte
(Eigengewicht und sonstige äußere Belastungen) untersucht. Die in den einzelnen Bautei-

len entstehenden inneren Kräfte wurden ermittelt, um daraus die Spannungen in den einzelnen Bauteilen zu berechnen und die für die einzelnen Bauteile erforderlichen Abmessungen festzulegen.

Zunächst wurden die Lösungen der „Statik" für die Untersuchung der Standfestigkeit von Bauwerken vornehmlich graphisch gefunden – **graphische Statik** – und erst im ausgehenden 19. Jahrhundert rechnerisch über bestimmte Gleichgewichtsbedingungen zwischen den äußeren und inneren Kräften durchgeführt – **numerische Statik** –. Mit der Einführung von Formänderungsbedingungen neben den **Gleichgewichtsbedingungen** wurden nicht nur Lösungen sogenannter **statisch bestimmter Systeme,** sondern auch Lösungen statisch unbestimmter Systeme möglich. In der Unterscheidung der Systeme, die über einfache Gleichgewichtsbedingungen zu berechnen waren, der sogenannten statisch bestimmten Systeme, von den Systemen, zu deren Lösungen über die Gleichgewichtsbedingungen hinaus noch **Formänderungsbedingungen** eingeführt werden mussten, den sogenannten **statisch unbestimmten Systemen,** wurde der Begriff des Tragwerks zur Unterscheidung statisch bestimmter Tragwerke von statisch unbestimmten Tragwerken eingeführt. Dieser Begriff erscheint in der GOI 1937/50 in der Klasseneinteilung.

2. Tragwerke

Unter Tragwerk im statischen Sinne werden die zu bestimmten vereinfachten System zusammengesetzten tragenden Bauteile und Bauglieder eines Bauwerks verstanden, die der Abtragung der Lasten dienen und deren innere Kräfte ermittelt werden müssen, um ihre Abmessungen festzulegen, damit die Standsicherheit gewährleistet wird. Je nach Schwierigkeitsgrad werden statisch bestimmte, einfach statisch unbestimmte, mehrfach statisch unbestimmte und hochgradig unbestimmte Tragwerke unterschieden, je nach ihrem räumlichen Zusammenwirken ebene und räumliche Tragwerke. **2**

Tragwerke im weitesten Sinne sind alle Baukonstruktionen, auf die äußere Kräfte und Lasten einwirken, die von der Konstruktion aufgenommen und in den Baugrund abgeleitet werden und deren Ableitung und Wirkungen auf die Bauteile mit den Methoden der Statik verfolgt werden. Je nach den verwendeten Materialien werden sie unterschieden in Tragwerke des Holzbaus, Tragwerke des Stahlbaus, Tragwerke des Stahlbetonbaus u. a.

Zum **Kriterium eines Tragwerks** gehört weder allein die Tatsache, dass Beanspruchungen aus äußeren Belastungen mit den Methoden der Statik ermittelt werden, noch allein die Tatsache, dass äußere Belastungen in den Baugrund eingeleitet werden. Nur das Vorhandensein beider Kriterien, nämlich die Aufgabe, Lasten über Konstruktionsteile wie Platten, Träger, Stützen, Wände, Fundamente in den Baugrund einzuleiten, und die Verfolgung der Kräfte und die Ermittlung der Beanspruchung der einzelnen Bauteile, berechtigen zur Anwendung des Begriffs „Tragwerk" auf derartige Konstruktionen. So sind z. B. bauliche Anlagen des **Wasserbaus** oder **Straßenbaus nicht** zu den **Tragwerken** zu zählen, obgleich sie die Aufgabe haben, Lasten in den Baugrund abzutragen (Straßendecke), ohne jedoch berechnet zu werden. Andererseits gibt es Bauwerke, die sehr wohl einer Bestimmung der Beanspruchung durch Belastungen, also einer Berechnung, bedürfen, z. B. Druckrohrleitungen, ohne dass deren Lasten in den Baugrund abgetragen werden.

3. Tragwerksplanung

Der Begriff der Tragwerksplanung in der HOAI für Leistungen eines Bauingenieurs zur Erbringung der **Standsicherheitsnachweise,** die für Gebäude und zugehörige bauliche Anlagen in den einzelnen Landesbauordnungen gefordert werden bzw. für Ingenieurbauwerke nach anderen Bestimmungen erforderlich sind, hat nach dem Leistungsbild des § 64 HOAI 1996/2002, das mit der Novellierung der HOAI 2009 als Anlage 13 ausgegliedert wurde, nur in einigen wenigen Punkten eigentlich planerische Züge. Der frühere in der GOI 1937/50 verwendete Begriff für das betreffende Leistungsbild, nämlich „*Konstruktive Bearbeitungen und statische Berechnungen*", ist den tatsächlich von den Bauingenieuren durchzuführenden Leistungen bei Gebäuden und zugehörigen baulichen Anlagen sowie bei Ingenieurbauwerken **gerechter** geworden. **3**

4   Bei Gebäuden und zugehörigen baulichen Anlagen besteht der häufigste und somit allgemeine Fall der Tätigkeit eines Bauingenieurs bei der Erbringung der in den Bauordnungen geforderten Standsicherheitsnachweise darin, dass die vom Architekten vorgesehene Konstruktionen vom Statiker hinsichtlich der auftretenden Belastungen untersucht werden. Dabei wird kontrolliert, ob die vom Architekten vorgesehenen Abmessungen und Baustoffe für die errechneten Belastungen ausreichen, oder aber es wird bestimmt, welche Baustoffe und Abmessungen erforderlich werden. Die zuvor beschriebene Tätigkeit ist **eigentlich keine eigenständige planerische Tätigkeit.** Lediglich die Festlegung des Systems, die in § 49 HOAI 2009 und Anlage 13 mit Entwurfsplanung (System- und Integrationsplanung) bezeichnet wurde, kann eigenständige planerische Züge aufweisen, obwohl sich in den meisten Fällen das zu wählende System aus den planerischen Vorstellungen des Architekten ergibt. **Lediglich im Anfangsstadium** der Planung durch den Architekten können sich in Zusammenarbeit mit dem Architekten für den Bauingenieur eigenständige **planerische Aufgaben** ergeben, kann die Beratung durch den Bauingenieur den Architekten zur Abänderung seiner Konzeption bewegen. Hier sind vor allen Dingen die Grundlagenermittlung und die Vorplanung (Projekt- und Planungsvorbereitung) im Leistungsbild Tragwerksplanung (§ 51 Abs. 1 Nr. 1 u. 2 sowie bei § 51 Abs. 5 Anlage 14.1) zu nennen.

Die Leistungen von Bauingenieuren bei der Tragwerksplanung werden für Gebäude und bauliche Anlagen für Bauwerke erbracht, deren Planung im allgemeinen dem Architekten obliegt, während die Leistungen bei der Tragwerksplanung für Ingenieurbauwerke Bauwerke betreffen, die in der Regel ebenfalls von Bauingenieuren geplant werden, wobei es nicht selten ist, dass Planung und statische Berechnung, also Objektplanung und Tragwerksplanung, bei Ingenieurbauwerken in der gleichen Hand liegen.

5   **Für konstruktive Ingenieurbauwerke** für Verkehrsanlagen und **für sonstige Bauwerke** nach § 41 Nr. 6 und 7 werden im **Leistungsbild der Tragwerksplanung des § 51,** anders als bei der Tragwerksplanung für Gebäude und zugehörige bauliche Anlagen, **keine Leistungen für die erste Leistungsphase** (§ 51 Abs. 1 Nr. 1), also die Grundlagenermittlung angesetzt, weil die **Leistungen dieser Leistungsphase** für Ingenieurbauwerke **im Leistungsbild Objektplanung von Ingenieurbauwerken des § 43 enthalten** sind (§ 50 Abs. 1). Dabei ist es gleichgültig, ob für Ingenieurbauwerke die Objektplanung und die Tragwerksplanung an ein und denselben Auftragnehmer vergeben wurden und somit „in einer Hand" liegen oder ob die Vergabe der Objektplanung und der Tragwerksplanung an zwei verschiedene Auftragnehmer erfolgte bzw. die Objektplanung vom Auftraggeber selbst (oft eine Behörde) erstellt wurde. Anders als bei Gebäuden und zugehörigen baulichen Anlagen, bei denen meisten falls die Objektplanung von Architekten durchgeführt wird, geht der Verordnungsgeber bei Ingenieurbauwerken offensichtlich davon aus, dass das Klären der Aufgabenstellung auch auf dem Gebiet der Tragwerksplanung vom Objektplaner des Ingenieurbauwerks deshalb erbracht werden kann und muss, weil zum einen dieser als Bauingenieur über die ausreichenden statisch-konstruktiven Kenntnisse verfügt und zum anderen die Objektplanung des Bauwerks nicht ohne diese durchgeführt werden kann.

II. Begrenzung der Leistungen

6   Tragwerksplanungen werden in der Regel ausschließlich von Bauingenieuren erbracht. Die **Grundleistungen** des Leistungsbildes aus § 64 (HOAI 1996/2002), das mit der Novellierung der HOAI 2009 in Anlage 13 ausgegliedert wurde, entsprechen im Wesentlichen den als Sonderleistung (GOI 1937/50) oder Sonderleistung der Bauingenieure (GOI 1956, 1965, LHO) bezeichneten Leistungen. Das in den früheren Honorarordnungen auf konstruktive Bearbeitungen und statische Berechnungen als Sonderleistung beschränkte Leistungsbild ist in der HOAI für Gebäude und bauliche Anlagen durch Leistungen zur vorbereitenden Bearbeitung (Grundlagenermittlung, Vorplanung) und zur Vorbereitung der Vergabe erweitert worden. Außerdem können bei Gebäuden und zugehörigen baulichen

Anlagen über die Vereinbarung von **Besonderen Leistungen** wie die Mitwirkung bei der Vergabe, die Objektüberwachung und Objektbetreuung vergeben werden, Leistungen, die in den früheren Gebührenordnungen nicht als Sonderleistungen enthalten waren. Aus dem Leistungsbild des § 51 entfällt jedoch bei Tragwerksplanungen für Ingenieurbauwerke gemäß § 41 Nr. 6 u. 7 (also „konstruktive Ingenieurbauwerke für Verkehrsanlagen" und „sonstige Einzelbauwerke, ausgenommen Gebäude und Freileitungsmaste") die erste Leistungsphase, die Grundlagenermittlung, die für Ingenieurbauwerke schon im Leistungsbild Ingenieurbauwerke des § 43 enthalten ist (vgl. oben Rdn. 5).

Die HOAI enthält **keine Honorarregelungen für die Prüfung statischer Berech-** **7** **nungen,** wie sie sowohl in der GOI 1937/50 (Nr. 19e und 19f) als auch in der LHO (Nr. 12.11 bis 12.14) unter den Sonderleistungen der Bauingenieure für die Nachprüfung statischer Berechnungen und die Nachprüfung von Konstruktionszeichnungen enthalten waren. Auch im Ingenieurvertragsmuster des Bundesschatzministers waren Honorarregelungen für die Prüfung der Statik getroffen worden.

Der Begriff der **Tragwerksplanung ist ein** in die HOAI 1977 **neu eingeführter Be-** **8** **griff.** Ihm ist also nicht wie einem feststehenden Ausdruck ein dem allgemeinen Sprachgebrauch zu entnehmender Begriffsinhalt zugeordnet. Er ist lediglich der Oberbegriff für das in § 51 beschriebene Leistungsbild und somit nur durch dieses Leistungsbild definiert. Auch die Verwendung des Planungsbegriffs für die Leistungen eines Bauingenieurs nach dem Leistungsbild des § 51 HOAI ist weitgehend unzutreffend (vgl. oben Rdn. 4).

Die Tätigkeit des **Statikers** im Sinne des Leistungsbildes des § 51 betrifft für Gebäude **9** und bauliche Anlagen Objekte, auf die sich die Leistungen der **Objektplanung des Ar-** **chitekten** (§ 34) und für Ingenieurbauwerke Objekte, auf die sich die Leistungen der **Ob-** **jektplanung des Ingenieurs** (§ 43) beziehen und für die Standsicherheitsnachweise erforderlich werden.

Die vorgenannte Verknüpfung der Ingenieurleistungen bei der Tragwerksplanung für Gebäude mit den Architektenleistungen bei der Objektplanung für Gebäude, also die Verknüpfung der in Teil 3 Abschnitt 1 und der in Teil 4 Abschnitt 1 behandelten Leistungen, sowie die Verknüpfung der Ingenieurleistungen bei der Tragwerksplanung für Ingenieurbauwerke mit den Ingenieurleistungen bei der Objektplanung für Ingenieurbauwerke, also die Verknüpfung der in Teil 3 Abschnitt 3 und der in Teil 4 Abschnitt 1 behandelten Leistungen, bedeutet nicht eine Verknüpfung bei der Vergabe von Leistungen der Tragwerksplanung und der Objektplanung. Die **Leistungen des Bauingenieurs als Statiker** für Gebäude und Ingenieurbauwerke, wie sie im Leistungsbild des § 51 beschrieben sind, **können** selbstständig **ohne Zusammenhang mit Leistungen der Objektplanung** (bei Gebäuden nach § 34, bei Ingenieurbauwerken nach § 43) anfallen und **in Auftrag gege-** **ben** werden, zum Beispiel, wenn Nachrechnungen bestehender Gebäude oder bestehender Ingenieurbauwerke vorgenommen werden.

III. Abgrenzung der Objekte

1. Gebäude und bauliche Anlagen, Ingenieurbauwerke

Die Objekte der Tätigkeit des Ingenieurs in der Tragwerksplanung sind Gebäude und **10** zugehörige bauliche Anlagen sowie Ingenieurbauwerke.

Zum **Begriff des Gebäudes** und der Anwendung der Begriffsbestimmung aus dem **11** Bauordnungsrecht auf das Gebührenrecht vgl. § 2 Rdn. 6, 7 (Gebäude sind nach der Definition der Musterbauordnung bauliche Anlagen, die selbstständig benutzbar und überdacht sind, und von Menschen – aufrecht – betreten werden können und geeignet oder bestimmt sind, dem Schutz von Menschen und Tieren oder Sachen zu dienen). Die HOAI definiert in § 2 Nr. 2 a. F. Gebäude als *„selbständig benutzbare überdeckte bauliche Anlagen, die von Men-* *schen betreten werden können und geeignet oder bestimmt sind, dem Schutz von Menschen, Tieren* *oder Sachen zu dienen".*

12   Der **Begriff der „baulichen Anlagen"** findet sowohl im Zivilrecht – § 1022 BGB – als auch in öffentlich-rechtlichen Bestimmungen – MBauO, LBauOen, BauGB – Anwendung, und in § 2 – Begriffsbestimmung zur Definition des Gebäudes. Einen bundeseinheitlichen bauordnungsrechtlichen Begriff der baulichen Anlagen gibt es nicht. Das BauGB benutzt den Begriff (§§ 9, 14, 37, 51, 60, 172 BauGB), ohne eine Definition zu geben. Die Landesbauordnungen definieren die baulichen Anlagen als (ortsfeste, d. h.) mit dem Erdboden verbundene, (künstliche, d. h.) aus Baustoffen und Bauteilen hergestellte Anlagen. Im Regelfall decken sich die bundes- und landesrechtlichen Begriffe weitgehend; im Einzelfall können sich Abweichungen ergeben mit der Folge, dass z. B. die Errichtung eines Lager- und Zeltplatzes ohne bauliche Anlagen zwar landesrechtlich genehmigungsbedürftig ist, aber nicht als Vorhaben i. S. von §§ 29 ff. BauGB gilt. Die **Begriffsbestimmung der baulichen Anlage im öffentlichen Recht kann** wegen ihrer teilweisen Uneinheitlichkeit **nicht herangezogen werden.** Auch kann sich der Begriff für die bauliche Anlage für das – zivile – Gebührenrecht nicht an öffentlich-rechtlichen Begriffsbestimmungen orientieren, wenngleich die Leistungen der Tragwerksplanung sehr stark durch bauordnungsrechtliche Bestimmungen z. B. über die Forderung zur Vorlage so genannter Bautechnischer Nachweise beeinflusst werden. Der Begriff der **baulichen Anlage** ist so **umfassend auszulegen,** dass außer Bauwerken auch sonstige bauliche Anlagen, die keine Bauwerke sind, hierher zu zählen sind.

13   Auch der **Begriff des Ingenieurbauwerks** ist ein Ausdruck, der dem Sprachgebrauch von Bauingenieuren entstammt und der Bauwerke des Ingenieurbaus meint, aber dennoch keine feststehende Definition deshalb darstellt, weil allein der Begriff des **Ingenieurbaus** nicht **fest umrissen** ist. **Lediglich in Hochschul-Studienordnungen** taucht der Begriff des Ingenieurbaus im Zusammenhang mit der Bezeichnung **bestimmter Studienrichtungen** bei der Ausbildung von Bauingenieuren als „Allgemeiner Ingenieurbau" oder „Konstruktiver Ingenieurbau" auf und kann keinesfalls vergleichend zur Abgrenzung der Ingenieurbauwerke von Gebäuden und zugehörigen baulichen Anlagen dienen, zumal in den vorgenannten, mit „Ingenieurbau" bezeichneten Studienrichtungen Lehr- und Forschungsinhalte auch die statischen Berechnungen, also die Tragwerksplanung für Gebäude, sind. **Weder** in sonstigen **öffentlich-rechtlichen Vorschriften** wie den Landesbauordnungen und/oder dem Baugesetzbuch **noch im Zivilrecht taucht der Begriff des Ingenieurbauwerks** als spezielles, von Gebäuden zu unterscheidendes Bauwerk **auf.** So kann zu seiner Abgrenzung im Rahmen der Honorarregelungen für die Tragwerksplanung **nur auf die Definitionen des § 41 Nrn. 1 bis 7 zurückgegriffen** werden, unter denen die Ingenieurbauwerke definiert werden als Bauwerke und Anlagen der Wasserversorgung (Nr. 1), der Abwasserentsorgung (Nr. 2), des Wasserbaus, ausgenommen Freianlagen nach § 39 Abs. 1 (Nr. 3), für Ver- und Entsorgung mit Gasen, Feststoffen einschließlich wassergefährdenden Flüssigkeiten, ausgenommen Anlagen nach § 53 Abs. 2 (Nr. 4), Bauwerke und Anlagen der Abfallentsorgung (Nr. 5), als konstruktive Ingenieurbauwerke für Verkehrsanlagen (Nr. 6) und als sonstige Einzelbauwerke, ausgenommen Gebäude (Nr. 7), wobei die Definition der Nr. 4 nur durch die Definition des Gebäudebegriffes dadurch festgelegt wird, dass sonstige Einzelbauwerke, wenn sie nicht Gebäude sind, zu den Ingenieurbauwerken zu zählen sind.

2. Abgrenzung der Zugehörigkeit von baulichen Anlagen zu Gebäuden

14   Gegenstand der Tragwerksplanung sind auch **zu Gebäuden gehörige bauliche Anlagen.** Diese den Gebäuden zugehörigen baulichen Anlagen sind demnach selbst keine Gebäude, stehen aber mit den Gebäuden als Objekte der Tragwerksplanung in Zusammenhang.

Ob und inwieweit eine bauliche Anlage als zum Gebäude gehörig anzusehen ist, wird nach den Umständen des Einzelfalls zu entscheiden sein. Generell wird von einer Zugehörigkeit nur dann die Rede sein können, wenn das Gebäude und die betreffende bauliche Anlage aus einem **einheitlichen Planungsauftrag** stammen und die Erstellung sowohl örtlich als auch zeitlich zusammenfällt, d. h., die bauliche Anlage muss auf demselben Grundstück wie das Gebäude, dem sie zugehören soll, liegen, mit ihm **zusammenhängend geplant und im Wesentlichen gleichzeitig errichtet** werden. Im Allgemeinen wird die Zugehörigkeit einer baulichen Anlage von dem Gesamtkonzept der Planung abhängig sein. Die Regelung betreffend Aufträge über mehrere Objekte gilt auch für mehrere Tragwerke, die nicht nur in mehreren Gebäuden vorhanden sein müssen, sondern auch in einem Gebäude auftreten können, z. B. mehrfeldrige Deckenplatten und eine Dachkonstruktion als Faltwerk.

Anlagen, die zu einem Gebäude gehören können, sind sicherlich **alle für die Ver- und Entsorgung notwendigen Anlagen,** die keine selbständigen Objekte sind. Je nach Art und Größe können sie jedoch Leistungen der Tragwerksplanung, so z. B. Standsicherheitsnachweise, erforderlich machen, die je nach Einzelfall so unterschiedlich zu den Nachweisen für das Gebäude sind, dass sie nach den Honorarregelungen des § 11 über mehrere Objekte zu behandeln sind. Hierzu können unter anderem größere **Klärgruben** gehören. Sobald eine bauliche Anlage selbst ein Gebäude ist und unter den Begriff des Gebäudes gerechnet werden muss, dann wird nach den Honorarregelungen des § 11 über mehrere Tragwerke (Objekte) zu verfahren sein. Zu solchen baulichen Anlagen, die wiederum Gebäude sind, gehören z. B. **Trafo-Stationen** oder gesonderte außerhalb des Gebäudes errichtete **Brennstofflagerräume.** Bauliche Anlagen, die mit Sicherheit keine Gebäude sind, so z. B. solche, die der **Verkehrserschließung** eines Gebäudes oder von Gebäudekomplexen dienen, wie Stützmauern oder Brücken, sind derart selbstständige Objekte, dass sie nicht als zum Gebäude gehörig betrachtet werden können, obwohl sie der Erschließung dienen, zumal sie als Ingenieurbauwerke einzustufen sind. Abgrenzungsschwierigkeiten wird es vor allen Dingen mit Schwimmbad-Anlagen außerhalb von Gebäuden geben. **Schwimmbad-Anlagen** sind bauliche Anlagen (auch in einigen Bundesländern gelten Schwimmbad-Anlagen bauordnungsrechtlich als zum Teil genehmigungsfreie bauliche Anlagen). Schwimmbad-Anlagen sind aber nur dann zu den Gebäuden zu zählen, wenn sie überdacht sind. Es besteht die Möglichkeit, dass für derartige Schwimmbad-Anlagen selbstständige Gebäude erstellt werden. Dann wird die Anwendung des § 11 über mehrere Objekte gerechtfertigt sein. Für den denkbaren Fall jedoch, dass ein Schwimmbad zwar in einem gesonderten, z. B. durch Dehnungsfuge getrennten Gebäudeteil selbstständig untergebracht ist, aber dessen Flachdach als Terrasse des Gebäudes benutzt wird, kann es zu Schwierigkeiten in der Abgrenzung führen. Hier wird es wesentlich darauf ankommen, ob es sich um konstruktiv getrennte und selbstständige Gebäude handelt und nicht darauf, ob Teile des zweiten Gebäudes als Terrassen, Zufahrten, Balkone u. a. des ersten benutzt werden.

3. Hilfskonstruktionen

Zu sogenannten **Hilfskonstruktionen** gehören **Gerüste, Einschalungen** einschließlich der Unterstützungen und Absteifungen, **Baugrubenverbau** und Absteifungen bei Erdarbeiten. An diese Hilfskonstruktionen werden hinsichtlich ihrer Betriebssicherheit (Standsicherheit) bestimmte Anforderungen gestellt. Derartige nur für einen vorübergehenden Zweck hergestellte Anlagen sind, sofern sie mit dem Erdboden verbunden und aus Baustoffen und Bauteilen hergestellt werden, bauliche Anlagen. Obgleich derartige **Hilfskonstruktionen** sowohl örtlich als auch zeitlich mit der Erstellung des Gebäudes zusammenfallen und aus einem Planungsauftrag stammen können, sind sie **nicht als zugehörige bauliche Anlagen anzusehen,** sondern als **selbstständige – wenn auch nur vorübergehende – Ingenieurbauwerke** einzustufen, für deren Tragwerksplanung das Honorar frei vereinbart werden kann. Lediglich für Traggerüste bei Ingenieurbauwerken ist eine Regelung in § 50 Abs. 4 vorhanden.

In der Regel fällt der Standsicherheitsnachweis für die so genannten Hilfskonstruktionen oder **Baubehelfe** in den Aufgabenbereich des Bauunternehmers. Der Bauunternehmer kann die Standsicherheitsnachweise aufstellen, weil er die von ihm zur Konstruktion der Baubehelfe zur Verwendung kommenden Bauteile und Baustoffe (Holz-, Rohr- oder Patentgerüste, Spundbohlen eines bestimmten Fabrikates) je nach dem bei ihm vorhandenen Vorrat festlegen wird. In den **Allgemeinen Technischen Vertragsbedingungen für Bauleistungen** der Verdingungsordnung für Bauleistungen – **VOB Teil C** – wird in all den Gewerken, in denen Baubehelfe notwendig werden, das „Anfertigen und Liefern **von**

Verformungsberechnungen und Zeichnungen für Hilfskonstruktionen, soweit diese für die eigene Leistung notwendig sind, zu den Nebenleistungen, also in den Aufgabenbereich des Unternehmers, gezählt (vgl. z.B. DIN 18331 Ausgabe 04/10 Nr. 4.1.5). Somit wird sich für die meisten Fälle, die als Regelfälle anzusehen sind, in denen die Leistungsbeschreibungen keine besonderen Ansätze für statische Verformungsberechnungen und Zeichnungen von Baubehelfen vorsehen, die Frage der Honorarberechnung für die Tragwerksplanung von Baubehelfen nicht stellen, weil sie vom jeweiligen Unternehmer anzufertigen sein wird.

16   Die Frage nach Honorarregelungen für die **Tragwerksplanung von Hilfskonstruktionen** und Baubehelfen stellt sich erst dann, wenn eine Vergabe der Tragwerksplanung an einen selbstständigen Ingenieur erfolgt ist. Dabei kann es dahinstehen, ob diese Vergabe durch den Bauunternehmer oder durch den Bauherrn erfolgt, und es kann dahinstehen, ob die Tragwerksplanung für die Hilfskonstruktionen und Baubehelfe an den Ingenieur, der mit der Tragwerksplanung des Gebäudes oder Ingenieurbauwerks beauftragt ist, oder an einen Dritten vergeben wird. Auf alle Fälle handelt es sich bei einer **Hilfskonstruktion um ein selbstständiges Bauwerk,** das mit Sicherheit nicht als Gebäude, aber auch nicht als zu einem Gebäude gehörige Anlage, sondern als **Ingenieurbauwerk** einzustufen ist, wobei nicht nur Leistungen der Tragwerksplanung, sondern, je nach Auftragsumfang, auch Leistungen der Objektplanung für Ingenieurbauwerke anfallen können.

17   Für eine **spezielle Hilfskonstruktion,** nämlich Traggerüste bei Ingenieurbauwerken – z.B. Lehrgerüste von Brücken –, enthält **§ 50 Abs. 4** besondere Regelungen, nach denen sich das Honorar für die Tragwerksplanung solcher **Traggerüste bei Ingenieurbauwerken nach den Herstellkosten** (und zwar dem Neuwert) **einschließlich der Kosten der Baustelleneinrichtung** richtet.

18   Für **alle sonstigen Baubehelfe** bei Ingenieurbauwerken sowie für Baubehelfe bei Gebäuden hat die Verordnung seit 1985 **für die Tragwerksplanung keine Regelungen** mehr vorgesehen, so dass das Honorar hierfür **frei vereinbart** werden kann

IV. Die neue Begriffsbestimmung und Anwendungsbereich in der HOAI 2013

19   Die Fassung 2013 schafft nunmehr in Abs. 1 erstmals eine Vorschrift, die das Leistungsbild der Tragwerksplanung „versucht" zu beschreiben und zu definieren. Die amtliche Begründung beschreibt dies damit, dass entsprechend der Strukturierung der Leistungsbilder der Objektplanung nunmehr der Anwendungsbereich der Honorarregelungen zur Tragwerksplanung festgelegt wird. § 49 Abs. 1 stellt klar, dass die Tragwerksplanung die Fachplanung für Gebäude oder Ingenieurbauwerke umfasst, in Abs. 2 eine Begriffsdefinition für das Tragwerk aufgenommen werde. Dabei bleibt nach den obigen Ausführungen festzuhalten, dass dieses Ergebnis nur der sehr unvollständige Versuch des VO-Gebers war, die Tätigkeitserfordernisse und Leistungsabgrenzungen der Tragwerksplanung vorzunehmen. Gegenstand des Anwendungsbereichs sind die Objekte (§ 2 Abs. 1) und dort nur die Gebäude und Ingenieurbauwerke. Zum Gebäudebegriff des § 2 Abs. 1 zählt aber nicht der Objektbegriff der Innenräume, die dort als eigenes Objekt geführt werden und ebenso in § 34 Abs. 2 eine eigene Regel finden (siehe auch Anlage 10.3). Damit scheiden Innenraumplanung dem Wortlaut nach aus. Jedoch kann dieses nicht vom VO-Geber gewünscht sein, denn bereits die Definition in Abs. 2 bestätigt das Gegenteil, wenn dort von einem statischen Gesamtsystem der miteinander verbundenen, lastabtragenden Konstruktionen gesprochen wird. Weitere Voraussetzung ist die Erzielung der Standsicherheit von Gebäuden. Fasst man diese Voraussetzungen zusammen, fallen konstruktive Tragwerkssysteme darunter, die im Rahmen des Ausbaues eines Gebäudes oder eines Ingenieurwerkes eigenständige, weil nicht im statischen Verbundsystem mit dem Gebäude in Zusammenhang stehenden Verbindungen dem Gebäude selbst dienen. Dieses ist bei zwei völlig unabhängig voneinander konstruierten Gebäudehüllen der Fall, die lediglich durch konstruktiv nicht bedeutende Halterungen mit einander verbunden sind (z.B. Aussen- und Innenhüllen eines Gebäudes, die konstruktiv jeweils eigene Lastabtragungen haben müssen). Bei weiterer Betrachtung

der Anlage 10.2 sind die konstruktiven und statischen Erfordernisse dort auch bei den Besonderen Leistungen nicht erwähnt. Soweit in Lph 4 dort die Nachweis, insbesondere technischer, konstruktiver und bauphysikalischer Art aufgeführt werden, ist dies nicht nur eine dortige Koordinationshandlung, sondern eine entsprechende Anforderung der Nachweiserbringung. Diese ist nicht notwendig die Erbringung der Tragwerksplanung im Sinne des § 49 Abs. 1 oder 2. Andererseits fordert Lph 5 dort Buchstabe c) das Bereitstellen der Arbeitsergebnisse anderer an der Planung Beteiligter. Dies sind gerade die Arbeitsergebnisse des Tragwerkplaners. Anders sieht es in Lph 6 der Anlage 14.1 nicht aus. Dort sind als Besondere Leistungen die Beiträge zur den Leistungen des Objektplaners vorgesehen. Folglich sind die Leistungen der Innenraumplanung grundsätzlich nicht Gegenstand der Tragwerksplanung des § 49. Allerdings werden in Abs. 2 die Tragwerksplanungen als statisches Gesamtsystem, der miteinander verbundenen, lastabtragenden Konstruktionen bezeichnet, die für die Standsicherheit von Gebäuden maßgeblich sind. Bei Berücksichtigung der Objektliste der Anlage 10.3 wird offenbar, das der VO-Geber auch und gerade neben den üblichen einfachen Gebäuden auch die konstruktiv anspruchsvollen Innenraumplanung im Auge hatte. Werden Ausbildungsstätten, Verwaltungsgebäude, Sport- und Gewerberäume, sowie Kulturbauten im Bereich der Innenraumplanung ausgebaut, sind ebenfalls Tragwerkskonstruktionen im Regelfall zu berücksichtigen. Aus diesem Gesamtzusammenhang hat der VO-Geber offenbar eine unvollständige Beschreibung für ausreichend gehalten, weil er auf ein Gesamtsystem der miteinander verbundenen lastabtragenden Konstruktionen abstellt, also auf eine Ganzheitliche Planung bei Gebäuden abstellt, weil Innenraumplanung auch statische Planungen zu berücksichtigen habe. Lediglich auf die Definition des Begriffs „Gebäude" abzustellen, ist hier zu kurz gegriffen (so aber Locher/Koeble/Frik, § 49 Rdn. 2).

Leistungen des Tragwerksplaners im Zusammenhang mit Verkehrsanlagen und Freianlagen, werden nicht von § 49 erfasst. Hier können im Zusammenhang mit diesen zu erbringenden Leistungsbildern Besondere Leistungen in Betracht kommen. Bei einer **separaten Beauftragung ohne Zusammenhang mit diesen Leistungsbildern** kommt weder eine Grundleistung noch eine Besondere Leistung in Betracht, so dass die Honorierung frei vereinbart werden kann. Hier kommt die übliche ortsangemessene Vergütung in Betracht.

Abs. 1 umschreibt den Geltungsbereich der Tragwerksplanung als statische Fachplanung **20** für die Objektplanung **Gebäude** und **Ingenieurbauwerke**.

Gebäude in diesem Sinne sind zunächst alle die unter § 2 Abs. 1 fallenden Objekte, sowie die von § 35 Abs. 7 i. V. m. Anlage 10.2 in der dort aufgeführten Objektliste beispielhaft aufgeführten Gebäude. Allerdings ist der Begriff hier weiter auszulegen, denn die Objekte oder Objektteile, die der statischen Fachplanung unterliegen, können auch bauliche Teile sein, die entweder eine Selbständigkeit haben, aber dem Objekt statisch dienen, wie zum Beispiel Abstützungen, oder mit ihm in Zusammenhang stehen, keine direkt bauliche Verbindung aufweisen, aber ihr ebenfalls dienen können, wie Bauwerke im statischen Zusammenhang bei Freianlagen, soweit diese mit einem Gebäude zusammenhängen, wie Zugbrücken, Schleusenanlagen bei Freizeitanlagen, einfache Holzbrücken. Auch Stützmauern, Unterstände, historische Bunkeranlagen im Gelände, Schwimmbecken und -teiche, sowie statische zu berücksichtigende Rampen an Brücken unterliegen dem Begriff Gebäude; selbst die Werbeanlage und Behelfsbauten bei Bauten und Freianlagen. Auch Bauteile innerhalb des Gebäudes, wie technische Anlagen gehören hierzu. Zudem können an den Gebäuden Gerüste, Baugruben, Betonschalungen, Erdwälle dazu gehören. Geländer und Absturzsicherungen können nur dann eine statischen Berücksichtigung finden, wenn sie eine statische Berücksichtigung notwendig machen, entweder im Rahmen der statischen, lastabtragenden Berechnung und Einfügung als Tragwerk im Gebäude, oder infolge von besonderen Halterungen und Befestigungen, die im Zusammenhang mit der Gesamtkonstruktion auch statische Berücksichtigung finden müssen, wie bei Konzert- und Stadiongeländern, Absicherungen an „Skywalks", Aussichtsplattformen, „Panikgeländern". Sind sie dagegen leicht abschraubbar und finden diese selbst keine Berücksichtigung in der statischen Berechnung, wobei allerdings auch das eigene Gewicht eine Rolle spielen kann, sind diese nicht zu berücksichtigen.

Insbesondere können im Rahmen der Berechnung der anrechenbaren Kosten die in DIN 276 aufgelisteten Kosten angenommen werden (siehe zu den Kostengliederungen, Kostengruppen, Leistungsumfängen: Seifert/Preussner, Baukostenplanung, Teile C und D):

Gründungen – KG 322 Flachgründungen und KG 323 Tiefgründungen

Tragende Wandkonstruktionen – KG 331 Tragende Außenwände, KG 333 Außenstützen, KG 341 Tragende Innenwände, KG 343 Innenstützen

Horizontalkonstruktionen – KG 324 Unterböden und Bodenplatten und KG 351 Deckenkonstruktionen

Abwasser-, Wasser- und Gasanlagen – KG 410 ff.

Wärmeversorgungsanlagen – KG 420 ff.

Lufttechnische Anlagen – KG 430 ff.

Starkstromanlagen – KG 440 ff.

Förderanlagen – KG 460 ff.

Nutzungsspezifische Anlagen – KG 470 ff.

Sonstige Maßnahmen für technische Anlagen – KG 492 Gerüste, KG 493 Sicherungsmaßnahmen

Außenanlagen – KG 527 Gleisanlagen, KG 529 Befestige Flächen, KG 530 Baukonstruktionen in Außenanlagen, KG 533 Mauern und Wände, KG 535 Überdachungen, KG 536 Brücken und Stege, KG 537 Kanal- und Schachtbauanlagen, KG 538 wasserbauliche Anlagen, KG 592 Gerüste

Die über § 62 Abs. 6 HOAI 1996/2002 eingeführte Verweisung auf die VOB/C in der amtlichen Begründung gilt, nachdem auch § 48 HOAI a. F. keine Änderung brachte, ungehindert fort. Der VO-Geber war sich offenbar der Gewerkestruktur und einer Änderung oder Verweisung auf die neuen Regelungen der VOB/C seit 1996 nicht bewusst. Werden daher Definitionen der Regelungen in der VOB/C aufgesucht, sind nur die Definitionen der Gewerke zum Stand 1996 maßgebend. Ob dadurch allerdings nach heutigem Verständnis eine Änderung der technischen Definition damit verbunden ist, ist unklar (siehe auch Jochem/Kaufhold, § 48, Rdn. 7; BAnz. 1996/2002, S. 130; Kalte/Wiesner, DIB 2007, 60). Denn die Begrifflichkeiten haben sich geändert, wie die Herausnahme der Fassadenarbeiten und Trockenbauarbeiten aus der Fassung 1996 zeigt, die heute eigene DIN-Normen haben. Jedoch dürfte sich das Problem der Anwendung der Vorschriften der Fassung 1996 relativieren, wenn man berücksichtigt, dass der Planer die jeweils aktuellen Normen der Planung zu Grunde zu legen hat und damit der Umfang der Leistungspflicht gemeint ist. Das Problem sitzt aber an anderer Stelle, denn § 4 Abs. 1 verweist auf die DIN 276-1; 2008-12. Im Rahmen des Verweises ist damit die Kostenstruktur des Hochbaues anzusetzen. § 4 Abs. 1 erwähnt weiterhin nicht DIN 276-4; 2009-08 (amtliche Begründung BR-Drs. 334/13). Das bedeutet letztlich, dass anrechenbar die in Teil 1 der DIN 276 aufgeführten Hochbaukosten sind. Grundsätzlich anwendbar sind die Normen der Gewerke:

DIN 18 300 Erdarbeiten

DIN 18 330 Mauerarbeiten

DIN 18 331 Beton- und Stahlbetonarbeiten

DIN 18 332 Natursteinarbeiten

DIN 18 333 Betonwerksteinarbeiten

DIN 18 334 Zimmer- und Holzbauarbeiten

DIN 18 335 Stahlbetonarbeiten

Tragwerke und Tragwerksteile aus Stoffen, die anstelle der in den vorgenannten Fachlosen enthaltenen Stoffe verwendet werden:

DIN 18 336 Abdichtungsarbeiten

DIN 18 338 Dachdeckungs- und Dachabdichtungsarbeiten

DIN 18 339 Klempnerarbeiten

DIN 18 360 Metallbau- und Schlosserarbeiten für tragende Konstruktionen

DIN 18 301 Bohrarbeiten

DIN 18 303 Verbauarbeiten

DIN 18304 Rammarbeiten
DIN 18305 Wasserhaltungsarbeiten

Die in und mit der Tragewerksplanung zu berücksichtigenden **Ingenieurbauwerke** sind **21** zunächst aufgrund der preisrechtlichen Umschreibungen in § 41 und § 42 Abs. 1 S. 1 zu erfassen und abzugrenzen (siehe § 41 Rdn. 2ff. und § 42 Rdn. 3ff.) Werden dort neben der beauftragten Objektplanung auch Berechnungen des Tragwerkes erforderlich und vom Auftragnehmer durchgeführt, sind diese Honorare daneben gesondert zu berechnen. Dabei ist zudem zu berücksichtigen, dass es bei Objekten mit einem hohen Berechnungsanteil von Technischen Anlagen die Honorarberechnung zu unterschiedlichen Bewertungen bei Gebäuden und bei Ingenieurbauwerken führen kann. Werden eigenständige Traggerüste beauftragt, ist eine spezielle Honorarvorschrift in § 50 Abs. 4 anzuwenden.

Im Regelfall finden auch hier im Rahmen der Berechnung der anrechenbaren Kosten die in DIN 276 aufgelisteten Kosten Anwendung:

Gründungen – KG 322 Flachgründungen und KG 323 Tiefgründungen

Tragende Wandkonstruktionen – KG 331 Tragende Außenwände, KG 333 Außenstützen, KG 341 Tragende Innenwände, KG 343 Innenstützen

Horizontalkonstruktionen – KG 324 Unterböden und Bodenplatten und KG 351 Deckenkonstruktionen

Abwasser-, Wasser- und Gasanlagen – KG 410ff.

Wärmeversorgungsanlagen – KG 420ff.

Lufttechnische Anlagen – KG 430ff.

Starkstromanlagen – KG 440ff.

Förderanlagen – KG 460ff.

Nutzungsspezifische Anlagen – KG 470ff.

Gebäudeautomation – KG 480ff.

Sonstige Maßnahmen für technische Anlagen – KG 492 Gerüste, KG 493 Sicherungsmaßnahmen

Außenanlagen – KG 527 Gleisanlagen, KG 529 Befestige Flächen, KG 530 Baukonstruktionen in Außenanlagen, KG 533 Mauern und Wände, KG 535 Überdachungen, KG 536 Brücken und Stege, KG 537 Kanal- und Schachtbauanlagen, KG 538 wasserbauliche Anlagen, KG 540ff. Technische Anlagen im Außenbereich, KG 592 Gerüste

Werden Fachplanerleistungen für andere Objekte, als die in Abs. 1 genannten Objekte **21a** (Freianlagen, Verkehrsanlagen, usw.) erbracht, ist dies vom Regelungsbereich ausgenommen. Daher sind **freie Vereinbarungen** zum Honorar zu treffen. Werden die Leistungen des Tragwerkplaners für diesen Bereich erbracht und ist eine Honorarvereinbarung zwischen den Parteien nicht getroffen worden, ist nach **§ 632 Abs. 2 BGB** die übliche Vergütung geschuldet. Wie dieses berechnet werden soll, wird nicht genannt. Allgemein ist dabei zunächst auf die Vorgaben der **Differenzberechnung,** die § 50 Abs. 1 bis 3 vorgeben, Rücksicht zu nehmen. Auch in der RBBau Fassung vom 28.9.2009 (auch noch zum derzeitigen Zeitpunkt: Stand 10/2014) ist eine vertragliche Festlegung des Differenzwertes unter § 6 Ziff. 6.3 vorgesehen. Damit können die Parteien unter Berücksichtigung der gleichen Leistungen und Anforderungen (BGH NJW 2001, 151) je nach Schwerpunkt der Tätigkeitsaufgabe insbesondere bei der Innenraumplanung auf § 50 Abs. 1 zurückgreifen. Bei Verkehrsanlagen und Freianlagenplanungen werden die Ingenieurbauwerke gem. § 50 Abs. 3 überwiegend vorkommen. Damit sind 90% der Baukonstruktionskosten meist üblich anzusetzen und 15% der TGA-Kosten. Ansonsten ist – wie bei den Innenraumplanungen – von § 50 Abs. 1 auszugehen, also 55% der Baukonstruktionskosten und 10% der Kosten der TGA. Siehe im Übrigen auch AHO-Schriftenreihe Heft Nr. 3 zur Berechnung bei Besonderen Leistungen.

V. Mehrere Objekte nach § 11 Abs. 1 bis 4 i. V. m. § 49 Abs. 2

Zunächst ist auf die Ausführungen zu § 11 zu verweisen. Lediglich zu der Frage, wann **22** mehrere Tragwerke vorliegen, sind die Ausführungen zu § 66 HOAI 1996/2002 heranzuziehen und können insoweit auf § 49 Abs. 2 übertragen werden. Danach kann ein Tragwerk ein separates Objekt im Sinne des § 2 Abs. 1 sein, wenn es vertraglich so vereinbart wird. Jedoch ergeben sich Schwierigkeiten in der Angrenzung und Anwendung des § 11. Denn wenn der Vertrag die Tragwerke mehrerer Gebäude oder Ingenieurbauwerke umfasst, sind mehrere Gebäude im Sinne der Vorschrift beispielsweise Gebäude, die räumlich voneinander getrennt sind oder denen nach den Anschauungen des täglichen Lebens von getrennten Einheiten i. S. d. baulichen Selbständigkeit ausgegangen werden kann. Insoweit ist auf die konstruktive und funktionelle Selbständigkeit abzustellen, also zum Beispiel bei Häusern einer Reihenhausanlage, Hallenbauwerke in Reihe. Nicht von wesentlicher Bedeutung ist bei einem einheitlichen Auftrag die Vergleichbarkeit oder Wiederholung von Tragwerksberechnungen, da sie durchaus unterschiedlich ausfallen können. Entscheidend ist jedoch eine gewisse bauliche Selbständigkeit in konstruktiver und funktioneller Hinsicht unter Berücksichtigung des täglichen Lebens. Eine einheitliches Bauwerk liegt nur vor, wenn es sich bei den Bauwerken um die gleichen statischen Positionen handelt (KG, Urt. v. 18.12.2001 – BauR 2002, 1730). Werden zum Beispiel verschiedene gleiche Gebäude durch eine Tiefgarage verbunden, so ist das im Regelfall nicht ein Gebäude (KG, a. a. O.). Die weitere Voraussetzung, welche die separate Abrechnung mehrerer Tragwerke rechtfertigt ist, dass konstruktiv verschiedene Tragwerke vorliegen. Dies ist bei zwar gleichen Erscheinungsbildern und Aufbauten von Gebäuden, jedoch mit unterschiedlichen Tragwerksystemen, der Fall. Insbesondere wenn getrennte statische Nachweise angefertigt werden müssen und sodann die Bauzeichnungen ebenfalls unterschiedlich ausfallen. Dann ist die Berechnung des Honorars nicht ungemindert darzustellen (OLG Köln, BauR 2007, 132). Daher ist nach der Definition des § 49 Abs. 2 eben eine Verbindung nicht zu einem Objekt gegeben, wenn die Gebäude nur durch eine Dehnfuge getrennt konstruiert sind, um insbesondere Schiebekräfte aufnehmen. Denn ein Tragwerk beinhaltet die Gesamtheit aller miteinander lastabtragenden Konstruktionen, die für die Standsicherheit von Gebäuden, Ingenieurbauwerken und Traggerüsten bei Ingenieurbauwerken maßgeblich sind (so auch Morlock/Meurer, Rdn. 1364). Eine **Mindestsatzunterschreitung** liegt vor, wenn das für die vertraglichen Leistungen insgesamt vereinbarte Honorar unterhalb des nach den Mindestsätzen der Honorarordnung für Architekten und Ingenieure ermittelte Honorar liegt. Eine isolierte Prüfung, ob einzelne in der Honorarordnung vorgesehene Abrechnungseinheiten unterhalb der Mindestsätze honoriert werden, ist unzulässig. Ein Auftrag umfasst jedenfalls dann mehrere Gebäude i. S. v. § 49 Abs. 2, wenn die Gebäude **konstruktiv voneinander getrennt** sind und nicht in einem **funktionalen Zusammenhang** stehen (BGH; Urt. v. 9.2.2012 – VII ZR 31/11).

§ 50 Besondere Grundlagen des Honorars

(1) **Bei Gebäuden und zugehörigen baulichen Anlagen sind 55 Prozent der Baukonstruktionskosten und 10 Prozent der Kosten der Technischen Anlagen anrechenbar.**

(2) **Die Vertragsparteien können bei Gebäuden mit einem hohen Anteil an Kosten der Gründung und der Tragkonstruktionen schriftlich vereinbaren, dass die anrechenbaren Kosten abweichend von Absatz 1 nach Absatz 3 ermittelt werden.**

(3) **Bei Ingenieurbauwerken sind 90 Prozent der Baukonstruktionskosten und 15 Prozent der Kosten der Technischen Anlagen anrechenbar.**

(4) **Für Traggerüste bei Ingenieurbauwerken sind die Herstellkosten einschließlich der zugehörigen Kosten für Baustelleneinrichtungen anrechenbar. Bei mehrfach verwendeten Bauteilen ist der Neuwert anrechenbar.**

(5) **Die Vertragsparteien können vereinbaren, dass Kosten von Arbeiten, die nicht in den Absätzen 1 bis 3 erfasst sind, ganz oder teilweise anrechenbar sind, wenn der Auftragnehmer wegen dieser Arbeiten Mehrleistungen für das Tragwerk nach § 51 erbringt.**

Vorhergehende Vorschrift: § 48 HOAI a. F.

Übersicht

I. Allgemeines

§ 50 zielt auf eine Straffung der bislang in § 48 HOAI 2009 enthaltenen Regelung der bei der Tragwerksplanung von Gebäuden und Ingenieurbauwerken anrechenbaren Kosten. Die Fassung des § 50 Abs. 1, 2, 4 und 5 greift weitestgehend unverändert § 48 Abs. 1, 2, 5 und 6 der HOAI 2009 auf. § 48 Abs. 3 und 4 der HOAI 2009 entfallen und werden durch § 50 Abs. 3 ersetzt.

1. Besondere Honorargrundlagen

Nach der amtlichen Begründung der Fassung 2009 wurde das Wort *„Besondere"* in der **1** Überschrift als Klarstellungshinweis angefügt, um zu verdeutlichen, dass diese Regelungen neben den allgemeinen Grundlagen des Honorars in § 6 a. F. („Grundlagen des Honorars") im Allgemeinen Teil „gelten". Dies hat der VO-Geber in der Fassung ebenso übernommen, da § 6 keine Änderungen aufweist; lediglich wurde klargestellt, dass der Begriff der „Leistung" die „Grundleistungen" meint.

2 Das **Honorar** für Leistungen bei Tragwerksplanungen umfasst die Leistungen, die zur ordnungsgemäßen Erfüllung eines Auftrages im Allgemeinen erforderlich sind (§ 3 Abs. 2 Satz 1). Die Leistungen bei der Tragwerksplanung sind in § 51 Abs. 1, 5 i. V. m. Anlage 14.1 in **sechs Leistungsphasen** aufgeteilt, **mit Prozentsätzen der Honorare des § 51 Abs. 1 bewertet** und in Anlage 14.1 ausführlich beschrieben. Zu jeder der sechs Leistungsphasen sind in Anlage 14.1 Besondere Leistungen in neun Leistungsphasen angegeben, für die die Honorare frei vereinbart werden können (§ 3 Abs. 3 S. 3). Die Mindest- und Höchstsätze der Honorare für Leistungen aus § 52 sind horizontal nach den **Honorarzonen,** denen das Bauwerk angehört, gestaffelt. Vertikal sind sie nach der Höhe der **anrechenbaren Kosten** gestaffelt.

Die Höhe der **anrechenbaren Kosten,** nach denen sich das Honorar für die Leistungen bei Tragwerksplanungen richtet, bestimmt sich nach den Regelungen der Absätze 2 bis 5. Die **Honorarzonen,** nach denen sich ebenfalls das Honorar der Leistungen bei der Tragwerksplanung richtet, sind in einer Liste von Tragwerken in § 52 Abs. 2 und 3 i. V. Anlage 14.2 beispielhaft umschrieben.

Die **Regelungen des § 50** über die besonderen Grundlagen des Honorars und die in § 50 enthaltenen Bestimmungen zur Ermittlung der Höhe der anrechenbaren Kosten **entsprechen im Aufbau** zum Teil **den Regelungen des § 34** (Gebäude, Freianlagen und raumbildende Ausbauten), **des § 42** (Ingenieurbauwerke) und **des § 46** (Verkehrsanlagen). Auch die Zuordnung der Objekte zu den Honorarzonen nach bestimmten Bewertungsmerkmalen gleicht den Regelungen des § 35 Abs. 5, 6, des § 44 Abs. 4 und des § 48 Abs. 4 bei der Objektplanung. **Bei der Tragwerksplanung** ist über § 52 Abs. 2 nunmehr eine Einordnungshilfe zu **Objekten** eingeführt worden, die jedoch nur **beispielhaften** Charakter hat. Bei der Bewertung wird aus dem Abs. 3 in den Absatz 2 zur Festlegung der **Bewertungsmerkmale nach dem statisch-konstruktiven Schwierigkeitsgrad** verwiesen, wenn die Einordnung in die Liste des Anhangs 14.1 **nicht offenbar** ist.

2. Vergleich mit früheren Regelungen

3 **a)** Die Honorargrundlagen bei der Tragwerksplanung haben sich gegenüber den Regelungen früherer Gebührenordnungen für entsprechende Leistungsbilder, also den „Sonderleistungen der Bauingenieure", nicht wesentlich geändert. Schon nach **GOI 1937/50** war das zu planende bzw. zu bauende Werk in eine der verschiedenen Klassen, die den Honorarzonen entsprachen, einzuordnen. Das Honorar richtete sich für die Leistungsbilder, die der Tragwerksplanung der HOAI entsprachen, nämlich für „**konstruktive Bearbeitungen und statische Berechnungen als Sonderleistung",** nach den Rohbaukosten.

Im Änderungsentwurf der GOI 1937/50, also in der **GOI 1956,** aber auch in der **GOI 1965** und der **LHO 1969,** galt als anrechenbare Kosten die **Rohbausumme,** das heißt die **Kostensumme aller Rohbauarbeiten.** Die Rohbauarbeiten waren in einem Katalog einzelner Gewerke bzw. Leistungsbereiche festgelegt, der dem Katalog des Absatzes 3 ähnlich war.

4 **b)** Durch Erlass des Bundesschatzministers vom 21.5.1968 (MinBlFin 1968, S. 306) waren die Bundesressorts angewiesen worden, Verträge mit freischaffenden Statikern und Prüfingenieuren nach den mit dem Erlass vorgelegten **Ingenieurvertragsmustern für Statik bzw. für Prüfung der Statik** abzuschließen. Diesen Ingenieurvertragsmustern waren Anlagen beigefügt, in denen die Vergütungssätze, die **Klasseneinordnung** und der Rohbauwert festgelegt worden waren. Auch nach diesen Bestimmungen war das Werk in Klassen einzuordnen. Als anrechenbare Kosten für die Honorare galt der Rohbauwert.

Weitgehend haben sich also die Bestimmungen über die Höhe der anrechenbaren Kosten in den heutigen Absätzen 2 bis 5 des § 50 nach Anlage 3 zum Ingenieurvertragsmuster des Bundesschatzministers gerichtet.

5 **c)** Die Regelungen über die Honorargrundlagen des **§ 52 a. F. der HOAI 1977** waren, wie der gesamte Teil VII der HOAI 1977, **nur auf die Tragwerksplanung bei Gebäuden und zugehörigen baulichen Anlagen beschränkt.** Seit der **1. Novellierung von**

1985 sind die Regelungen über die **Honorargrundlagen in § 62 a. F.,** wie der gesamte Teil VIII der novellierten Fassung von 1985 über Leistungen bei der Tragwerksplanung, um die Tragwerksplanung bei **Ingenieurbauwerken erweitert worden.**

Heute ergeben sich weitere maßgebliche Abrechnungsvorschriften u. a. ergänzend zu §§ 49 ff. aus § 4 zu den Ermittlungen der anrechenbaren Kosten, § 2 Nr. 10, 11 zu Kostenschätzungen und Kostenberechnung, sowie § 6 zur Ermittlung der anrechenbaren Kosten.

II. Grundsätzliche Berechnung nach Abs. 1
(Gebäude und zugehörige bauliche Anlagen)

§ 50 Abs. 1 entspricht § 48 Abs. 1 der HOAI 2009. § 50 Abs. 1 konkretisiert zudem § 7 **6** Abs. 5, wonach bei Fehlen einer schriftlichen Form im Sinne des § 7 Abs. 1 die Mindestsätze als vereinbart gelten.

Betreffen Tragwerksplanungen **Gebäude** und **zugehörige bauliche Anlagen,** wie Stützmauern, Aussteifungen, Bauwerke in Freianlagen, werden 55% der anrechenbaren Kosten der Baukonstruktionskosten und 10 Prozent der Kosten der Technischen Anlage angerechnet. Abs. 1 befasst sich damit ausschließlich mit dem häufigsten Fall der üblichen Planungen bei Gebäuden. Zu ermitteln sind damit zunächst einmal die anrechenbaren Kosten; sodann sind die Berechnungen des Honorars nach den allgemeinen und üblichen Vorgaben des § 6 Abs. 1, 2 oder bei entsprechender Vereinbarung Abs. 3 i. V. m. § 4 vorzunehmen. Hiernach ist zu unterscheiden.

1. Anrechenbare Kosten; Grundsätzlich unterschiedliche Kostenermittlungen für Gebäude und Ingenieurbauwerke

Für die **Ermittlung der anrechenbaren Kosten** für Leistungen bei der Tragwerkspla- **7** nung wird unterschieden zwischen
– Gebäuden und zugehörigen baulichen Anlagen
– Gebäuden mit einem hohen Anteil an Kosten der Gründung und der Tragkonstruktionen
– bei Umbauten
– bei Ingenieurbauwerken.

Bei Gebäuden und zugehörigen baulichen Anlagen sind nach Absatz 1 **anrechenbar:**

55 Prozent der Bauwerk-Baukonstruktionskosten und
10 Prozent der Kosten der Technischen Anlagen.

Bei Ingenieurbauwerken sind nach Absatz 3 **anrechenbar** 90 Prozent der Baukonstruktionskosten und 15 Prozent der anrechenbaren Kosten nach TGA. Der Gewerkekatalog aus der Fassung 2009 ist entfallen.

Bei Gebäuden mit einem hohen Anteil an Kosten der **Gründung** und der **Tragkonstruktionen** können nach Absatz 2 die Vertragsparteien schriftlich vereinbaren (§ 7 Abs. 1 und 5), dass die anrechenbaren Kosten abweichend von Absatz 1 nach Abs. 3 ermittelt werden können und damit der Parteidisposition unterliegen.

Bei Umbauten gilt nach Absatz 2 das Gleiche wie für Gebäude mit einem hohen Anteil an Kosten der Gründung und der Tragkonstruktionen, allerdings ist das im Wortlaut dort nicht zu entnehmen, sondern erschließt sich erst aus § 36 Abs. 1 und 2 i. V. m. § 6 Abs. 2. Die Honorarberechnung der Umbauten ist bei Gebäuden daher nicht an eine Mindestsatzgrenze gebunden, so dass keine Erhöhung bei nur mündlicher Vereinbarung erfolgt (§ 6 Abs. 2, § 36; amtliche Begründung zu § 36 Abs. 1 und 2 – BR-Drs. 334/13). Bei nur mündlicher Vereinbarung ist der Erhöhungssatz damit 0.

2. Gewerkekatalog aus Absatz 3 (a. F.) und Anwendung in der Fassung 2013

a) Nach Absatz 3 der a. F. waren die anrechenbaren Kosten für Ingenieurbauwerke in **8** Nrn. 1 bis 7 und 9 bis 16 als die Kosten für fünfzehn **Gewerke bzw. Leistungsbereiche**

zuzüglich der Kosten der Baustelleneinrichtungen sowie von Tragwerken und Tragwerksteilen aus anderen als in Nrn. 1 bis 7 enthaltenen Stoffen definiert.

Der Gewerkekatalog umfasste

1. Erdarbeiten,
2. Mauerarbeiten,
3. Beton- und Stahlbetonarbeiten,
4. Naturwerksteinarbeiten,
5. Betonwerksteinarbeiten,
6. Zimmer- und Holzbauarbeiten,
7. Stahlbauarbeiten,
8. Tragwerke und Tragwerksteile aus Stoffen, die anstelle der in den vorgenannten Leistungen enthaltenen Stoffe verwendet werden,
9. Abdichtungsarbeiten,
10. Dachdeckungs- und Dachabdichtungsarbeiten,
11. Klempnerarbeiten,
12. Metallbau- und Schlosserarbeiten für tragende Konstruktionen,
13. Bohrarbeiten, außer Bohrungen zur Baugrunderkundung,
14. Verbauarbeiten für Baugruben,
15. Rammarbeiten,
16. Wasserhaltungsarbeiten,

einschließlich der Kosten für Baustelleneinrichtungen.

Dieser Katalog kann nach der neuen Fassung durchaus als Grundlage der üblichen zu berücksichtigen anrechenbaren Kosten angesehen und berücksichtigt werden. Jedoch beschreibt Abs. 1 heute **sämtliche** Kosten der gesamten **Baukonstruktionskosten** und der anrechenbaren **TGA-Kosten nach §§ 53 ff.**

9   **b)** Die **alte Bezeichnung „Gewerk"** ist seit Verbreitung der Standardleistungsbücher (StLB, herausgegeben vom Gemeinsamen Ausschuss Elektronik im Bauwesen – GAEB –, Beuth-Verlag, Berlin und Köln) der Bezeichnung **„Leistungsbereich"** für eine Gruppe von Leistungen, die von einem Handwerker durchgeführt werden, gewichen. Der VO-Geber wählte in der amtlichen Begründung 2009 den Begriff der **„Fachlose".** Diese fünfzehn Leistungsbereiche der Nrn. 1 bis 7 und 9 bis 16 sind mit ihren nunmehr jeweils aktuellen Bezeichnungen aus VOB Teil C und weitgehend in der gleichen Reihenfolge aus Anlage 3 zum Ingenieurvertragsmuster des Bundesschatzministers – Statik und Prüfung der Statik – (MinBlFin S. 329) – heute RBBau Fassung 8/2009 VM4 und VM5 – übernommen worden. Sie waren dort mit den betreffenden DIN-Nummern für die ATV aus VOB Teil C (Ausgabe 1965) angegeben. Sie entsprachen also den Arbeiten, die in den betreffenden ATV der VOB/C umschrieben sind.

10   Auch für die HOAI kann die hinreichende Beschreibung der entsprechenden **ATV aus VOB/C** für die betreffenden Gewerke des § 50 herangezogen werden, wenngleich der Verordnungstext die DIN-Nummern der ATV nicht erwähnt. Nach der amtlichen Begründung zur 4. ÄndVO zu § 62 a. F. (8. Absatz) war auf die Aufzählung der DIN-Nummern aus rechtsförmlichen Gründen verzichtet worden. Den einzelnen in Absatz 4 unter Nrn. 1 bis 7 und 9 bis 16 aufgeführten Gewerken bzw. Leistungsbereichen oder Fachlosen entsprechen folgende Allgemeine Technische Vertragsbedingungen (ATV) aus VOB/C in der Ausgabe von 2009:

1. DIN 18300 Erdarbeiten
2. DIN 18330 Mauerarbeiten
3. DIN 18331 Beton- und Stahlbetonarbeiten
4. DIN 18332 Naturwerksteinarbeiten
5. DIN 18333 Betonwerksteinarbeiten

6. DIN 18334 Zimmer- und Holzbauarbeiten

7. DIN 18335 Stahlbauarbeiten

9. DIN 18336 Abdichtungsarbeiten

10. DIN 18338 Dachdeckungs- und Dachabdichtungsarbeiten

11. DIN 18339 Klempnerarbeiten

12. DIN 18360 Metallbau- und Schlosserarbeiten

13. DIN 18301 Bohrarbeiten

14. DIN 18303 Verbauarbeiten

15. DIN 18304 Rammarbeiten

16. DIN 18305 Wasserhaltungsarbeiten.

Die **Metallbau- und Schlosserarbeiten** sind nach der amtlichen Begründung zur 4. ÄndVO aufgenommen worden, weil stählerne Verbindungsmittel in Knoten von Ingenieurholzbauwerken gemäß VOB über Metallbau- und Schlosserarbeiten abgerechnet würden. Auch zählten Leistungen für bestimmte tragende Teile, wie Überdachungen, Vordächer und Treppen, zu den Metallbau- und Schlosserarbeiten.

Die Kosten für **Bohrarbeiten sind** die Kosten für „Bohrungen zur Baugrunderkundung", weil sich der Geltungsbereich der DIN 18301 „Bohrarbeiten" gemäß Nr. 1.1 noch in der alten Fassung von Oktober 1979 auch auf „Bohrungen zur Erkundung und Untersuchung des Baugrunds" erstreckt hatte und auch in den nachfolgenden Ausgaben „zur Erkundung und Untersuchung des Untergrundes" angegeben wurde. Bei den Bohrarbeiten darf es sich nicht um Bohrungen zur Baugrunderkundung und bei den Verbauarbeiten nicht um solche von Baugruben handeln.

Die in DIN 18303 „Verbauarbeiten" geregelten Bauausführungen betreffen gemäß Nr. 1.1 der DIN 18303 „den **vorübergehenden** Verbau der Wände von Baugruben, Gräben und dergleichen zur Sicherung der Standfestigkeit" und erfassen mehr Leistungen als die noch in der Fassung 2009 unter § 48 Abs. 3 Nr. 14 genannten **Verbauarbeiten für Baugruben**. Die Kosten aller anderen in DIN 18303 erwähnten Bauleistungen gehörten also nicht zu den anrechenbaren Kosten bei Ingenieurbauwerken. Sicherlich wird aber der sogenannte **Grabenverbau** bei statisch zu berechnenden Ingenieurbauwerken wie Kabelkanälen und anderes als **Verbau einer Baugrube** anzusehen sein. Mit der nunmehr eingeführten allgemeinen Beschreibung der Baukonstruktionskosten in Abs. 1 werden auch diese Kosten nunmehr dazu gezählt werden müssen. Denn nach DIN 18303 in der Fassung 2012 zu Punkt 4.2.13 der VOB/C gehört das Liefern von Nachweisen der Standsicherheit und die Ausführungszeichnungen zu den Besonderen Leistungen. Anders dagegen noch DIN 4124 in der Fassung 2009. Dort war die Leistung als Nebenleistung abgebildet. Insgesamt bedeutet das allerdings, dass der Verbau/Baugrubenumschließung immer als gesonderte Position sowohl bei Planerverträgen (ggfs. bei Vergabeverfahren und deren Ausschreibung und Berücksichtigung der anrechenbaren Kosten), als auch bei Unternehmensverträgen anzuführen und auszuschreiben ist (siehe auch Hartmann, HOAI 2013, § 50, zu § 50, Rdn. 3.6; ähnlich zu den Kosten im Hochbau und als eigenständiges Objekt: Seifert, FS Jochem, S. III ff.).

11 Gemäß amtlicher Begründung zur 1. ÄndVO 8. Absatz sind „in den aufgeführten Fachlosen", insbesondere in den Mauer-, Beton- und Stahlbetonarbeiten, die jeweiligen **Gerüstarbeiten** enthalten.

12 **c)** In dem Gewerkekatalog des **§ 48 Abs. 3 a. F.** sind als anrechenbare Kosten für Ingenieurbauwerke **unter Nr. 8** noch aufgenommen worden die Kosten für „**Tragwerke und Tragwerksteile aus Stoffen, die anstelle der in den vorgenannten Fachlosen enthaltenen Stoffe verwendet werden". Auch diese Kosten sind in dem heutigen Abs. 1 anzusetzen.** Zur zusätzlichen Aufnahme der Nr. 8 war in der amtlichen Begründung zur Ersten Änderungsverordnung zu § 62 a. F. im 7. Absatz ausgeführt: „Hiermit sollen neuartige Tragwerke, insbesondere aus Kunststoff oder Aluminium, erfasst werden. Allerdings muss es sich um tragende Teile handeln, was z. B. bei vorgehängten Fassaden und abgehängten Decken nicht der Fall ist." Mit den **in § 48 Abs. 3 Nr. 8** aufgeführten **Tragwerken und Tragwerksteilen aus neueren,** nicht in den o. a. Nrn. 1 bis 7 genannten **Stoffen** wird auf zukünftige Entwicklungen und/oder noch nicht in den Allgemeinen Technischen Vertragsbedingungen für Bauleistungen des Teils C der VOB in Normen erfassten Leistungsbereichen hingewiesen und diese mit einbezogen. Keinesfalls kann der amtlichen Begründung zur 1. ÄndVO zu § 62 a. F. im 7. Absatz gefolgt werden, die noch **vorgehängte Fassaden,** zum Beispiel aus Aluminium, nicht als Tragwerke anerkannte, weil zumindest ihre Unterkonstruktion vielfach einer statischen Berechnung bedarf. Es wird erhebliche Abgrenzungsschwierigkeiten hinsichtlich der anrechenbaren Kosten bei der Trennung von Unterkonstruktion und der bloßen Verkleidung geben, zumal auch die **Befestigungen der Verkleidungen** teilweise auf **Sogkräfte** zu bemessen sind.

3. Anrechenbare Kosten der Technischen Anlagen

13   Weiterhin unpräzise ist der Begriff der technischen Anlagen in Abs. 1. Dabei wird allerdings zunächst die Verweisung auf die §§ 53 ff. angenommen werden müssen, obwohl im Rahmen des Preisrechts dort in § 53 Abs. 1 und 2 der Begriff der technischen Ausrüstung genannt und honorarmäßig verwendet wird. Dieser Begriff erfasst jedoch nur einen Teil der der sogenannten technischen Anlagen. Gemeint ist hier der Verweis auf die DIN 276 und die Kostengruppe 400 ff. Diese ist umschrieben mit *„Bauwerk – Technische Anlagen"* und beschreibt die ansetzbaren Kosten der Anlagen und -arbeiten. Dem entsprechend sind die

KG 410 ff. – Wasser-, Abwasser-, Gasanlagen
KG 420 ff. – Wärmeversorgungseinheiten
KG 430 ff. – Lufttechnische Anlagen
KG 440 ff. – Starkstromanlagen
KG 450 ff. – Fernmelde- und informationstechnische Anlagen
KG 460 ff. – Förderanlagen
KG 470 ff. – Nutzungsspezifische Anlagen
KG 480 ff. – Gebäudeautomation

in die anrechenbaren Kosten einzubeziehen. Hinzukommen können bei den Außenanlagen KG 500 ff. beispielsweise die KG 540 ff. – Technische Anlagen im Aussenbereich, KG 550 ff. – Einbauten im Aussenbereich, KG 592 – Gerüste.

4. Weitere anrechenbare Kosten

14   **a)** Der Geltungsbereich der jeweiligen ATV und somit der Umfang der Arbeiten des jeweiligen Gewerkes wird in den Abschnitten 1 „Geltungsbereich" in jeder ATV angegeben, wobei die Abschnitte 5 „Abrechnung" ergänzende Aufschlüsse zur Abgrenzung geben können. **In DIN 18299** der ATV betreffend die allgemeinen Regelungen für Bauarbeiten jeder Art **und in den ATV der übrigen Gewerke** sind unter den jeweiligen **Nrn. 4.1 Nebenleistungen** aufgeführt, „die auch ohne Erwähnung im Vertrag zur vertraglichen Leistung gehören". Werden diese Leistungen also nicht in Leistungsverzeichnissen zur Angabe von Einheitspreisen oder Gesamtpreisen aufgeführt, so werden gemeinhin die Kosten für die Nebenleistungen bei einer ordnungsgemäßen Kalkulation in den Preisen der sonstigen Teilleistungen erfasst, deren Kosten dann in den Baukosten enthalten sind und somit bei den anrechenbaren Kosten erfasst werden. Somit kann also grundsätzlich davon ausgegangen werden, dass die **Kosten von Nebenleistungen** des Abschnitts 4.1 der ATV **zu den anrechenbaren Kosten** zählen, wenngleich unter ihnen Leistungen aufgeführt sind, die keine reinen Bauleistungen sind, so zum Beispiel das in DIN 18330 (Ausgabe 04/10) unter Nr. 4.1.1 und in DIN 18331 (Ausgabe 04/10) unter Nr. 4.1.5 erwähnte Anfertigen und Liefern statischer Berechnungen für Baubehelfe. Es werden auch die Kosten für das Anfertigen und Liefern statischer Berechnungen für Baubehelfe zu den anrechenbaren Kosten zu zählen sein, weil sie in unmittelbarem Zusammenhang mit der betreffenden Bauleistung stehen. Darüber hinaus scheint es kaum praktikabel zu sein, Kosten, die ein

Unternehmer für die Statik von Baubehelfen aufgewendet hat und zum Beispiel über allgemeine Geschäftskosten in seine Preise eingerechnet hat, aus den anrechenbaren Kosten herauszufiltern.

Zu den im Abschnitt 4.1 in DIN 18299 (Ausgabe 04/10) aus VOB/C erwähnten Ne- **15** benleistungen gehören das **Einrichten und Räumen der Baustelle** und/oder das **Vorhalten der Baustelleneinrichtung.** Die Kosten der Baustelleneinrichtung zählen nach dem Verordnungstext des Absatzes 4 ausdrücklich zu den anrechenbaren Kosten.

Unter den **Besonderen Leistungen** der jeweiligen **Nr. 4.2 der ATV aus VOB/C** **16** sind Leistungen aufgeführt, die ausdrücklich im Vertrag erwähnt sein müssen, um vertragliche Leistung zu sein. Nicht alle erwähnten Leistungen sind besondere Maßnahmen, wie z.B. besondere Wasser- und Bodenuntersuchungen, oder sind Leistungen, die in keinem unmittelbaren Zusammenhang mit der vertraglichen Bauleistung stehen, wie z.B. die statische Berechnung des Bauwerks selbst, so dass im Einzelfall zu entscheiden sein wird, ob und inwieweit die Kosten von im Vertrag erwähnten „Besonderen Leistungen" aus VOB/C zu den anrechenbaren Kosten gehören oder nicht. Sicherlich muss davon ausgegangen werden, dass das **Herstellen von Schlitzen und Aussparungen** und das **Schließen dieser Schlitze** sowie das **Herstellen von Dehnungsfugen bei den Mauerarbeiten** (DIN 18330) und bei den **Beton- und Stahlbetonarbeiten** (DIN 18331) zu den Bauleistungen zu zählen sind und ihre Kosten zu den anrechenbaren Kosten gehören. Es wird also **im Einzelfall über die Zugehörigkeit von Besonderen Leistungen i.S. der VOB/C,** die nach Vertrag verlangt werden, **zu den anrechenbaren Kosten entschieden** werden müssen.

b) Zu den anrechenbaren Kosten gehören auch die Kosten der Baustelleneinrichtungen. **17** So auch OLG Hamm (NJW-RR 1995, 658 = BauR 1995, 271) in einer Entscheidung, in der **außer** den Kosten der **Baustelleneinrichtung** auch die Anrechenbarkeit der Kosten des **Bauschildes,** von **Sichtmauerwerk,** das vom Tragwerksplaner wegen seiner Eigenlast und seinen Schallschutzeigenschaften in dessen Überlegungen einbezogen wurde, und der Kosten von **Mauerabdeckprofilen und Attikaabdeckungen,** nicht aber der Drainage samt Drainageplatten festgestellt wurde. **Baustelleneinrichtungen** sind hier im Sinne von (Baustellen-)Ausrüstungen zu verstehen. Zu ihren Kosten sind nicht nur die Kosten für das erstmalige Einrichten der Baustelle zu rechnen, sondern alle Kosten, die mit der Baustellenausrüstung im Laufe der Bauzeit entstehen. Hierzu gehören das **Einrichten und Räumen der Baustelle** und das **Vorhalten der Baustelleneinrichtung** einschließlich der Geräte, Gerüste und dergleichen, also in dem Sinne, wie sie unter Abschnitt 4.1 der DIN 18299 aus VOB/C umschrieben sind. Findet das Einrichten und Räumen der Baustelle oder/und das Vorhalten der Baustelleneinrichtung keine besondere Erwähnung in der Leistungsbeschreibung, dann sind diese Kosten ohnehin in die jeweiligen Preise der Teilleistungen über Umlage eingerechnet, und ihre Berücksichtigung erfolgt in den entsprechenden Kostenansätzen für die Bauleistung. Für den Fall, dass gesonderte Leistungsbeschreibungen und somit gesonderte Kostenansätze für das Einrichten und Räumen der Baustelle, evtl. auch für das Vorhalten der Baustelleneinrichtung, vorhanden sind, können von den Einrichtungs- und Räumungskosten oder den Vorhaltekosten **die Anteile** bzw. die anrechenbaren Kosten **in Ansatz gebracht** werden.

III. Kostengruppen und Kostenermittlungsverfahren der DIN 276

Die Ermittlung der anrechenbaren Kosten für die Tragwerksplanung **bei Gebäu-** **18** **den und zugehörigen baulichen Anlagen** mit 55 Prozent der Bauwerk-Baukonstruktionskosten und 10 Prozent der Kosten der Technischen Anlagen ist vergleichbar mit der Regelung des § 62 a.F. Abs. 4. In DIN 276-1:2008-12 ist die Kostengruppe 300 mit Bauwerk-Baukonstruktionen und die Kostengruppe 400 mit Bauwerk-Technische Anlagen bezeichnet. Für die Ermittlung der anrechenbaren Kosten ist in § 4 bestimmt, dass diese Kosten Teil der Kosten zur Herstellung, zum Umbau, zur Modernisierung, Instandhaltung oder Instandsetzung von Objekten sowie den damit zusammenhängenden Aufwendungen sind und dass sie nach fachlich allgemein anerkannten Regeln der Technik und nach Verwaltungsvorschriften (Kostenvorschriften) auf der Grundlage ortsüblicher Preise zu ermitteln sind. In diesem Zusammenhang ist für die Tragwerksplanung nicht die in § 4 erwähnte DIN 276 in der Fassung von Dezember 2008 erwähnt. Nach der Amtlichen Begründung 2009 sollte schon die DIN 276 zugrunde gelegt werden. Dort heißt es:

„Hier ist die DIN 276 KGen 300 und 400 zugrunde zu legen. Der Prozentsatz der technischen Anlagen wurde gemindert, da die KG 400 umfangreicher als die bisherigen Kostenanteile sind. Der exakte Minderungsfaktor lässt sich rechnerisch nur vorläufig in der HOAI festlegen und ist daher nach den Feststellungen eines Gutachtens abschließend festzustellen. "

Mit diesen Ausführungen in der Amtlichen Begründung wird die Reduzierung der bisher 20 Prozent-Anteile der Kosten der als Installationen und Besonderen Installationen bezeichneten Technischen Anlagen auf 10 Prozent gerechtfertigt.

19   Mit der DIN 276 lassen sich die unterschiedlichen Verfahren der Kostenermittlung, die auch in § 6 als „Kostenschätzung" und „Kostenberechnung" benannt sind, anwenden. Sie sind in § 2 „Begriffsbestimmungen" unter Nr. 10 und 11 definiert. **Da dem Auftragnehmer für die Tragwerksplanung aber Unterlagen zur Kostenermittlung (Berechnungen des umbauten Raumes, Nutzflächenberechnung, Kostenanschläge und geprüfte Schlussrechnungen) nicht zur Verfügung stehen, zumal diese nicht zu seinem Leistungssoll gehören, sind diese Unterlagen entweder zur Verfügung zu stellen oder zur Einsicht vorzulegen.**

20   Nach § 6 Abs. 3 ist für eine mögliche **Baukostenvereinbarung** die Bedingung genannt, dass zum Zeitpunkt der Beauftragung noch keine Planungen als Voraussetzung für eine Kostenschätzung oder Kostenberechnung vorliegen. Bei der Tragwerksplanung ist es kaum denkbar, dass die Planungen bei Auftragserteilung so unzureichend für die Aufstellung einer Kostenschätzung oder Kostenberechnung sind.

IV. Verfahren der Kostenermittlung

21   Zur Ermittlung der anrechenbaren Kosten werden bei Gebäuden und zugehörigen baulichen Anlagen und bei Ingenieurbauwerken **unterschiedliche Kostenermittlungsverfahren** angewendet.

22   **a)** Die Verfahren der Kostenermittlung werden in § 6 Abs. 1 als Kostenberechnung ersatzweise Kostenschätzung angegeben und in § 2 bei den Begriffsbestimmungen unter Nr. 10 und 1 wie folgt definiert:

„Kostenschätzung" ist ein überschlägige Ermittlung der Kosten auf der Grundlage der Vorplanung wie es die vorläufige Grundlage für Finanzierungsüberlegungen. Ihr liegen Vorplanungsergebnisse, Mengenschätzungen, erläuternde Angaben zu den planerischen Zusammenhängen, Vorgängen und Bedingungen sowie Angaben zum Baugrundstück und zur Erschließung zugrunde; wird die Kostenschätzung nach § 4 Absatz 1 Satz 3 auf der Grundlage der DIN 276 in der Fassung vom Dezember 2008 (DIN 276-1: 2008-12) erstellt, müssen die Gesamtkosten nach Kostengruppen bis zur ersten Ebene der Kostengliederung ermittelt werden.
„Kostenberechnung" ist eine Ermittlung der Kosten auf der Grundlage der Entwurfsplanung; hier liegen durchgearbeitete Entwurfszeichnungen oder auch Detailzeichnungen wiederkehrender Raumgruppen, Mengenrechnungen und für die Berechnung und Beurteilung der Kosten relevante Erläuterungen zugrunde; wird sie nach § 4 Absatz 1 Satz 3 auf der Grundlage der DIN 276 erstellt, müssen die Gesamtkosten nach Kostengruppen bis zur zweiten Ebene der Kostengliederung ermittelt werden.

23   **b)** Die in § 2 unter Nrn. 10 und 11 angegebenen Begriffsbestimmungen der Kostenschätzung und Kostenberechnung entsprechen den Angaben der DIN 276-1: 2008-12 nach der
– die Kostenschätzung, die Kostenermittlung auf der Grundlage der Vorplanung und
– die Kostenberechnung auf der Grundlage der Entwurfsplanung ist.
Dabei wird in DIN 276-1 angegeben, *„die Kostenschätzung dient als Grundlage für die Entscheidung über die Vorplanung"* und weiter unter 3.4.2 und 3.4.3 ausgeführt:

*„In der **Kostenschätzung** werden insbesondere folgende Informationen zugrunde gelegt:*
– *Ergebnisse der Vorplanung, insbesondere Planungsunterlagen, zeichnerische Darstellungen;*
– *Berechnung der Bezugseinheiten nach Kostengruppen der DIN 277;*
– *erläuternde Angaben zu den planerischen Zusammenhängen, Vorgängen, Bedingungen;*
– *Angaben zum Baugrundstück und zur Erschließung.*
In der Kostenschätzung müssen die Gesamtkosten nach Kostengruppen mindestens bis zur ersten Ebene der Kostengliederung ermittelt werden."

*„Die **Kostenberechnung** dient als eine Grundlage für die Entscheidung über die Entwurfsplanung.*
In der Kostenberechnung werden insbesondere folgende Informationen zugrunde gelegt:
– *Planungsunterlagen, z. B. durchgearbeitete Entwurfszeichnungen (Maßstab nach Art und Größe des Bauvorhabens), ggf. auch Detailpläne mehrfach wiederkehrender Raumgruppen;*
– *Berechnung der Mengen und Bezugseinheiten der Kostengruppen;*
– *Erläuterungen z. B. Beschreibung der Einzelheiten in der Systematik der Kostengliederung, die aus den Zeichnungen und den Berechnungsunterlagen nicht zu ersehen, aber für die Berechnung und die Beurteilung der Kosten von Bedeutung sind.*
In der Kostenberechnung müssen die Gesamtkosten nach Kostengruppen mindestens bis zur zweiten Ebene der Kostengliederung ermittelt werden."

c) Zu Ingenieurbauwerken und Verkehrsanlagen besteht seit August 2009 Teil 4: Inge- **24** nieurbau der DIN 276 (DIN 276-4: 2009-08) in der zwar die Kostenermittlungsverfahren nicht wie im Hochbauteil beschrieben sind, jedoch sinngemäß angewendet werden können, also
– für die Kostenschätzung bis zur ersten Ebene der Kostengruppen 300 und 400 und
– für die Kostenberechnung bis zur zweiten Ebene der Kostengruppen 300 und 400.

d) Für die **Tragwerksplanung bei Gebäuden und zugehörigen baulichen Anla- 25 gen** sind

55% der Baukonstruktionen entsprechend der Kostengruppe 400 der DIN 276 und
10% der Technischen Anlagen

als anrechenbare Kosten zu ermitteln und zwar nach der Kostenberechnung und, soweit diese nicht vorliegt, nach der Kostenschätzung (§ 6 Abs. 1 Nr. 1). Gleiches gilt bei Umbauten und Modernisierungen nach § 6 Abs. 2. Nach § 50 Abs. 2 können die Parteien bei Gebäuden mit einem hohen Anteil an Kosten der Gründung und der Tragkonstruktion schriftlich vereinbaren, dass die anrechenbaren Kosten abweichend von Absatz 1 nach Absatz 3 ermittelt werden können. Was ein hoher Anteil an Kosten der Gründung und der Tragkonstruktion ist, wird nicht angegeben.

Die gleiche Regelung ist auch für Umbauten anzusetzen.

e) Für selbst durchgeführte Lieferungen und Leistungen des Auftraggebers, für vorhande- **26** ne und vorbeschaffte Baustoffe und Bauteile, für sonst nicht übliche Rückvergütungen und Vergünstigungen oder Lieferungen und Leistungen, die nicht gegen Rechnung ausgeführt werden, waren nach § 10 Abs. 3 Fassung 1996/2002 **ortsübliche Preise** zur Ermittlung anrechenbarer Kosten anzusetzen. Die in § 4 Abs. 2 bestimmte Ermittlung der anrechenbaren Kosten „auf der Grundlage ortsüblicher Preise" kann sich nur auf diese Bewertung von Leistungen des Auftraggebers beziehen, zumal in **§ 4 Abs. 2** ausgeführt wird:

„Als anrechenbare Kosten gelten ortsübliche Preise, wenn der Auftraggeber
1. selbst Lieferungen und Leistungen übernimmt,
2. von bauausführenden Unternehmen oder von Lieferanten sonst nicht übliche Vergünstigungen erhält,
3. Lieferungen und Leistungen in Gegenrechnung ausführt oder
4. vorhandene oder vorbeschaffte Baustoffe oder Bauteile einbauen lässt."

Als üblich werden die Preise anzusehen sein, die der üblichen Vergütung im Sinne von **§ 632 Abs. 2 BGB** entsprechen. Üblich sind dabei die Preise bzw. Vergütungen, die nach Anschauung sowohl der Unternehmer als auch der Besteller der tatsächlichen Übung entsprechen. Mit der **Ortsüblichkeit** wird die regionale Begrenzung der Üblichkeit betont, die die Berücksichtigung regionaler Unterschiede (Land- und Stadtgebiet u. a.) gestattet.

Auf die Ermittlung anrechenbarer Kosten nach ortsüblichen Preisen für Lieferungen und Leistungen, die vom Auftraggeber selbst durchgeführt oder erbracht wurden, sind die Bestimmungen des § 4 Abs. 1 Satz 3 über die nicht anrechenbaren Umsatzsteuerbeträge anzuwenden. Es sind also so genannte „**Nettopreise**", Preise ausschließlich der auf sie entfallenden Umsatz-(Mehrwert-)Steuer, anzusetzen, und es sind die Kosten für die im Ausnahmekatalog unter Nrn. 1 bis 10 des Absatzes 7 genannten Kostenteile abzusetzen.

27   **f)** Die früher nach § 10 Abs. 3a Fassung 1996/2002, der bei der Tragwerksplanung sinngemäß anzuwenden war, **angemessene Berücksichtigung der vorhandenen Bausubstanz,** die technisch und gestalterisch mitverarbeitet wird, **ist nun wieder in der Verordnung geregelt, § 4 Abs. 3 i. V.m. § 2 Abs. 7.**

Bei der Tragwerksplanung kommt weitgehend nur eine technische Mitverarbeitung in Frage. Diese ist nicht schon gegeben, wenn der Tragwerksplaner Lasten über vorhandene Bauteile abträgt. Eine Mitverarbeitung muss schon eine Einbeziehung der bestehenden Bauteile in den Standsicherheitsnachweis für das „neue" Tragwerk sein. Der BGH hatte zur Bestimmung in § 10 Abs. 3a (1996/2002) im Urteil vom 27.2.2003 (BauR 2003, 745; NJW 2003, 1667) entschieden, dass bei einem Umbau die vorhandene Bausubstanz im Rahmen der anrechenbaren Kosten stets vom Architekten oder Ingenieur berücksichtigt werden kann, soweit diese technisch oder gestalterisch mitverarbeitet wird. Dazu bedarf es keiner schriftlichen Vereinbarung. Eine etwaige Vereinbarung muss nicht bei Vertragsabschluss herbeigeführt werden und kann jederzeit nachgeholt werden. In diesem Urteil hatte der BGH die Auffassung vertreten, dass es bei den Grundleistungen einzelner Leistungsphasen, bei denen die vorhandene Bausubstanz nicht technisch oder gestalterisch mitverarbeitet wird, nicht angemessen sei, diese Bausubstanz insoweit bei den anrechenbaren Kosten zu berücksichtigen, so dass es erforderlich werden wird, in einer Vereinbarung über die Anrechnung der vorhandenen Bausubstanz auch klarzustellen, in welchen Leistungsphasen und in welchem Umfang eine technische oder gestalterische Mitverarbeitung durch den Architekten/Ingenieur erfolgt, falls dies zulässig sein sollte.

In der Verordnungsbegründung BR-Drs. 334/13 heißt es zur Begründung des neuen § 4 Abs. 3: *„In der Praxis hat sich zu § 35 der HOAI 2009 gezeigt, dass das Ziel einer angemessenen Honorierung für das Planen und Bauen im Bestand nicht allein die Gewährung eines Zuschlags auf das Honorar erreicht werden kann. Daher orientiert sich § 4 Abs. 3 S. 1 wiederum an § 10 Abs. 3a HOAI 1996/2002. Die mitzuverarbeitende Bausubstanz ist gem. § 4 Abs. 3 S. 1 angemessen entsprechend ihrem Umfang zum Beispiel über die Parameter Fläche, Volumen, Bauteile oder Kostenanteile zu berücksichtigen. Gemäß § 4 Abs. 3 S. 2 ist im Einzelfall der Umfang und Wert der mitzuverarbeitenden Bausubstanz objektbezogen zu ermitteln und schriftlich zu vereinbaren. Maßgeblicher Zeitpunkt ist der Abschluss der Kostenberechnung des § 2 Abs. 11 …"*. Das führt aufgrund der einseitig auf den Objektbau abgestellten Formulierung zu Schwierigkeiten beim Tragwerksbau. Allerdings gelten §§ 2 Abs. 7 i. V.m. 4 Abs. 3 mit ihrem Standort im Allgemeinen Teil der HOAI grundsätzlich auch für die Tragwerksplanung. Insoweit ist darauf dann abzustellen, was mit Bausubstanz gemeint ist. Dies beantwortet § 2 Abs. 7: *„Mitzuverarbeitende Bausubstanz ist der Teil des zu planenden Objekts, der bereits durch Bauleistungen hergestellt ist und durch Planungs- und Überwachungsleistungen technisch oder gestalterisch mit verarbeitet wird."* Damit wird klargestellt, dass die Bausubstanz, die vom Planer mitverarbeitet wird, dann auch mitzuverarbeitende Bausubstanz ist. Vereinfacht ist also der Bestand, der Teil der neu zu fertigenden Pläne, Berechnungen und Darstellungen ist, mitzuverarbeitende Bausubstanz. Die Höhe des Ansatzes der mitzuverarbeitenden Bausubstanz ist in § 4 Abs. 3 S. 1 geregelt: *„Der Umfang der mitzuverarbeitenden Bausubstanz im Sinne des § 2 Abs. 7 ist bei den anrechenbaren Kosten angemessen zu berücksichtigen."* Zunächst ist festzustellen, dass es einen Anspruch auf Erhöhung der anrechenbaren Kosten damit gibt und dies ohne Vereinbarung (BGH, Urt. v. 27.2.2003 – VII ZR 11/02). In diesem Urteil hat der BGH entschieden, dass neben dem Wert auch die konkret erforderliche Leistung am Bestand für die Angemessenheit der zu berücksichtigenden anrechenbaren Kosten entscheidend ist. Dies führt zu dem Ergebnis, dass einerseits der Wert des mitzuverarbeitenden Bestandes, andererseits aber auch die Leistung des Planers im Bestand zu berücksichtigen ist. Deshalb wurden in fast allen folgenden Berechnungen die Menge der mitzuverarbeitenden Bausubstanz, deren aktueller Herstellungswert, ein Wertfaktor und ein Leistungsfaktor ermittelt. Diese Eckpunkte sind auch weiterhin gültig. Allerdings hat der Abschlussbericht der Gutachter zum BMVBS (www.bmvbs.de) vorgeschlagen, dass zwei Faktoren für jedes Leistungsbild ausreichen, nämlich ein **Wertfaktor** und ein **Leistungsfaktor.** Dabei wurde empfohlen, dass die Parteien vertraglich die Berechnung wie folgt vornehmen: *„Anrechenbare Kosten für die mitzuverarbeitende Bausubstanz gem. § 4 Abs. 3 sind mit dem Faktor (X) zu multiplizieren.* " Dabei wurden die Faktoren wie folgt ermittelt:

Gebäude	0,73
Innenräume	0,73
Freianlagen	0,73
Ingenieurbauwerke	0,66
Verkehrsanlagen	0,82
Tragwerksplanung	**0,38**
TGA	0,51

Die Parteien können den Umfang der Bearbeitung danach festlegen, was in der Vorplanung oder der Entwurfsplanung bereits schriftlich oder zeichnerisch dargestellt wurde. Die so dargestellten Punkte auf dem Plan sind verbindlich und sind in der Kostenberechnung sodann gesondert als Neubaukosten auszuweisen und sodann mit dem Faktor zu multiplizieren. Dabei ist auf DIN 276-01; 2008-12 zu Ziffer 3.3.6 hinzuweisen, der darauf hinweist *„Der Wert der vorhandenen Bausubstanz und wiederverwendeter Teile ist bei den betreffenden Kostengruppen gesondert auszuweisen.* " Daher war bereits in der Fassung 2009 durchaus der Faktor ansetzbar. Dabei ist darauf zu achten, dass hier maßgeblich der Zeitpunkt der Kostenberechnung im Rahmen der objektbezogenen Kostenermittlung ist. Danach kann in der Kostenberechnung erst sicher – weil alle möglichen Eckdaten der Planung vorliegen – eine Kostenermittlung mit anrechenbaren Kosten erfolgen. Da die Änderung der anrechenbaren Kosten durchaus erst zu einem späteren Zeitpunkt erfolgen kann schreibt § 4 Abs. 3 den Zeitpunkt der Festlegung nicht mehr vor.

Andere Berechnungsmethoden stammen von Enseleit/Osenbrück (Anrechenbare Kosten für Architekten und Tragwerksplaner, 4. Aufl., 2006) und Wierer/Mayrhofer (HIV-KOM Handbuch für Ingenieurverträge und Vergabe nach VOB im kommunalen Tiefbau, Lsbl. 2010). Dort wird u. a. vorgeschlagen, dass der Wert vorhandener Bausubstanz auf der Basis ortsüblicher Preise zu ermitteln und die Summe der Werte der erforderlichen Leistungen in Prozent die i. d. R. für Bausubstanz nicht in allen Leistungsphasen vollumfänglich erbracht werden, zum Maßstab für die Höhe der angemessenen maßgebenden Kosten zu machen: *A (angemessene Kosten) = M (Mengen der vorhandenen Bausubstanz)* × *D (ortsüblicher Preis der vorhandenen Substanz)* × *V (Verminderungsfaktor zur Reduktion der vorhandenen Bausubstanz auf die diejenige Substanz, die technisch oder gestalterisch mitverarbeitet wird)* × *L Summe der bewerteten Leistungen des AN für die vorhandene Bausubstanz* (siehe auch Jochem/Kaufhold, § 50, Rdn. 33). Ebenfalls wird vertreten einen Zuschlagsanteil nach dem Anteil des Umfangs an der Planung anzusetzen und zu vereinbaren (Jochem/Kaufhold, § 50 Rdn. 29). Dabei wird die Aufteilung danach vorgenommen, dass bei unter 6 % zwischen 0 % und 6 % Erhöhung vereinbart werden sollen, bei 7 % bis 12 % dann 9 % bis 16 %, bei 13 % bis 18 % sodann 17 % bis 24 %, bei 19 % bis 24 % weitere 25 % bis 32 % und bei über 25 % Anteil 33 % bis 40 % Erhöhung der Grundleistungen.

Zur praktischen Ermittlung siehe auch Morlock/Meurer, S. 512 ff. mit praktischen Berechnungen im Hochbau.

V. Nicht anrechenbare Kosten, Abs. 1

1. Umsatzsteuer (§ 4 Abs. 1 Satz 3)

Die auf die Kosten von Objekten entfallende Umsatzsteuer ist nicht Bestandteil der anrechenbaren Kosten (§ 4 Abs. 1 Satz 3). Somit sind die **anrechenbaren Kosten,** die **nach** den Kostengruppen des Absatzes 1 (oder der DIN 276-1) ermittelt werden, als so genannte **„Nettokosten"** anzusetzen. Auch bei Anwendung ortsüblicher Preise zur Ermittlung anrechenbarer Kosten von sogenannten **„Eigenleistungen des Auftraggebers"** (§ 4 Abs. 2), ist von **„Nettokosten"** auszugehen, ebenso bei der eventuellen Bewertung vorhandener Bausubstanz.   **28**

2. Ausnahmekatalog nicht anrechenbarer Kosten (Abs. 4)

29   Im Gegensatz zum Wortlaut in Abs. 4 kann nicht davon ausgegangen werden, dass die Kosten der Baustelleneinrichtung nicht unter Abs. 1 fallen. Sie sind im Rahmen der KG 200 ff. zu berücksichtigen. Maßgebend sind hier die KG 210 ff. – Herrichten, KG 220 – Öffentliche Erschließung, KG 230 – Nichtöffentliche Erschließung, KG 250 – Übergangsmaßnahmen.

VI. Praktische Durchführung von Kostenermittlungen

30   Gemäß § 6 richten sich die Honorare für die Leistungen u.a. nach den anrechenbaren Kosten, die nach den Bestimmungen der §§ 6 und 48 zu ermitteln sind. Nach den Vorschriften des § 6 Abs. 2 sind unterschiedliche Kostenermittlungsarten, nämlich die Kostenermittlung nach der Kostenberechnung (oder ersatzweise nach der Kostenschätzung) zu bestimmen (vgl. oben Rdn. 6). Da dem Auftragnehmer für die Tragwerksplanung **Unterlagen zur Kostenermittlung** (Berechnungen des umbauten Raumes, Nutzflächenberechnungen, Kostenanschläge und geprüfte Schlussrechnungen) nicht zur Verfügung stehen, zumal zu seinen vertraglichen Leistungen weder Kostenermittlungen noch die Herstellung und Beschaffung hierzu notwendiger Unterlagen gehören (nur seine Mitwirkung gehört zu seinen Leistungen), wird es zu den vertraglichen Nebenpflichten des Auftraggebers gehören, diese Unterlagen entweder zur Verfügung zu stellen oder zur Einsicht vorzulegen. Nach zwei Entscheidungen des OLG Hamm (BauR 1994, 536 und 795) ist **bei der Tragwerksplanung die Kostenermittlung eine Bauherrenleistung,** das heißt, der Bauherr ist dem Tragwerksplaner insoweit vorlagepflichtig. Ein Bauherr muss die Kosten, da er sie von seinem Architekten erfahren kann, dem Tragwerksplaner zur Verfügung stellen. Der Tragwerksplaner hat einen Auskunftsanspruch (Zum Inhalt des Anspruchs OLG Düsseldorf Bau 1997, 510. Ebenso schon OLG Hamm NJW-RR 1991, 1430 = BauR 1992, 260.

   Für die Ermittlung der anrechenbaren Kosten als Honorargrundlage kommen entweder **Eigenberechnungen** durch den Auftragnehmer in Frage oder die Vorgabe – also **Fremdberechnungen** – durch den Auftraggeber. Es ist auch denkbar, dass die Vertragsparteien sich auf eine bestimmte anrechenbare Kostenhöhe einigen, um umständliche Berechnungen der anrechenbaren Kosten zu vermeiden. Als Sonderfall ist eine pauschalierte Baukostensumme zwischen Auftraggeber und Unternehmer anzusehen.

   Bei einer **eigenen Berechnung** der anrechenbaren Kosten werden dem Auftragnehmer bei Gebäuden und zugehörigen baulichen Anlagen für die Kostenberechnung die in DIN 276 Teil 1 in Nr. 3.4.3 aufgeführten Unterlagen zur Ermittlung der angenäherten Kosten nach der Kostenberechnung und für die Kostenschätzung die in Nr. 3.4.2 aufgeführten Unterlagen zur Verfügung gestellt werden müssen.

   Legt der Bauherr seine Kostenermittlungen nicht vor, wird der Tragwerksplaner sein **Honorar auf Grund eigener Schätzungen** berechnen können und müssen. Gegen eine solche Rechnung kann der Einwand mangelnder Prüffähigkeit nicht erhoben werden (OLG Hamm NJW-RR 1991, 1430 = BauR 1992, 260).

   Nach einem Urteil des KG vom 19.9.2005 (IBR 2007, 1270) darf der Tragwerksplaner die anrechenbaren Kosten schätzen, wenn er als Subplaner eines Generalplaners selbst keine Kostenermittlungen schuldete und der Generalplaner keine Auskunft über die Kosten erteilt hat. Hingegen hat das OLG Oldenburg die Rechnung eines Tragwerkplaners, die dieser im Prozess auf einen Hinweis des Gerichts neu erstellt hat, als nicht prüffähig erachtet, weil der Tragwerksplaner, den Bauherrn aufgefordert hatte, die anrechenbaren Kosten mitzuteilen, diese durch eine neue Schlussrechnung geschätzt hatte, wenngleich der Bauherr bereit war, den Tragwerksplaner in die Bauunterlagen und Rechnungen Einblick nehmen zu lassen (OLG Oldenburg, Beschl. v. 18.8.2004, BauR 2004, 1833).

   Das OLG Düsseldorf (NJW-RR 1995, 340 = BauR 1995, 419) hat eine **nachvollziehbare Schätzung** der anrechenbaren Kosten für eine Tragwerksplanung, **auch wenn sie nicht in der Form,** aber im Ergebnis der Kostenschätzung nach **DIN 276 entspricht,** als **ausreichend** erachtet und es als nicht vertretbar angesehen, von einem Tragwerksplaner zu verlangen, zur Vorbereitung der Honorarrechnung vom Auftraggeber die für die Kostenermittlung benötigten Auskünfte einzuholen, um selbst – die nicht geschuldete – Kostenberechnung zu erstellen. Derselbe Senat des OLG Düsseldorf hat diese Auffassung in etwas geänderter Form im Urteil vom 28.5.1999 (BauR 2000, 915) bestätigt.

Bei der **Vorgabe der anrechenbaren Kosten** zur Ermittlung des Honorars für die Leistungen **durch den Auftraggeber** oder seinen Objektplaner werden dem Auftragnehmer die **Berechnungen des Auftraggebers prüffähig** zur Verfügung gestellt werden müssen. Eine **Einigung** zwischen den Vertragsparteien **auf eine** als Grundlage der Honorarberechnung geltende **bestimmte Höhe** der anrechenbaren Kosten zur Vermeidung umständlicher Berechnung wird so lange zulässig sein, als das Honorar, das sich aus der einvernehmlich festgesetzten Kostenhöhe ergibt, nicht zu einer Überschreitung der Höchstsätze dieser Verordnung führt. Dagegen ist die Vereinbarung einer Kostensumme, die zu einer Unterschreitung der Mindestsätze führt, nur in Ausnahmefällen zulässig (§ 4 Abs. 2).

Für den Fall, dass der Auftraggeber mit den Unternehmern Pauschalpreise ausgehandelt hat, wird die **Pauschalsumme** zur Ermittlung der anrechenbaren Kosten heranzuziehen sein, solange diese Pauschalsumme nicht unübliche Vergünstigungen für den Auftraggeber im Sinne der Bestimmungen des § 4 Abs. 2 Nr. 2 enthält.

VII. Honorarvereinbarung nach Abs. 2

§ 50 Abs. 2 deckt sich insoweit mit § 48 Abs. 2 der HOAI 2009, als die Vertragsparteien bei **31** der Tragwerksplanung für Gebäude mit einem **hohen Anteil an Kosten der Gründung und der Tragwerkskonstruktion** weiterhin die anrechenbaren Kosten für Ingenieurbauwerke zugrunde legen können. Die Umbauten werden nicht mehr in Bezug genommen, da deren Honorierung über den Umbauzuschlag gemäß § 36 geregelt wird. Zu beachten ist auch hier eine mögliche Leistung bei Instandsetzungen und Instandhaltungen § 12.

Die **Vereinbarung** hat **schriftlich** zu erfolgen, wobei Abs. 2 offensichtlich auf § 7 Abs. 1 verweist. Danach soll die Vereinbarung **bei Auftragserteilung** getroffen werden. Da § 50 Abs. 2 aber keine weitere Einschränkung der Anwendung vorsieht, ist Abs. 2 dahingehend auszulegen, dass die Schriftlichkeit nachgeholt werden kann (BGH, NJW 2009, 2199 = BauR 2009, 1162 = NZBau 2009, 450; ebenso hier § 7 Rdn. 24). Eine spätere Vereinbarung über geänderte Leistungen kann eine solche Auftragserteilung im Sinne des § 7 Abs. 1 darstellen. Eine schriftliche Vereinbarung kann sodann nachgeholt werden, wenn sie bisher nur im Rahmen des § 7 Abs. 5 geschlossen wurde. Die bisherige Honorarvereinbarung hat sich jedoch dann im Rahmen der Mindest- und Höchstsätze zu bewegen.

Nicht geregelt sind die Merkmale des **hohen Anteils** an Kosten der Gründung und der Tragkonstruktion. Dabei kommt es nicht auf die Kosten als solche an, **sondern es geht darum, dass die Anteile der Kosten der Gründung und der Tragkonstruktion zu den üblichen anderen Kosten in einem höheren Verhältnis stehen.** Das sind zumeist Lagerhallen, Gebäude mit höher technischer Ausstattung (Kraftwerke, Energieversorgungen, Pumpenstationen), Parktürme und Parkhäuser, Stapellager, Stadiontribünen, Messehallen, einfache Großraumbürogebäude mit offenen Ebenen. Allerdings muss darf es sich hier nicht um reine Ingenieurbauwerke handeln.

Umbauten fallen ebenso über § 36 Abs. 1 und 2 darunter; § 12 kann zu beachten sein. Jedoch ist auf die Begründung des VO-Gebers zu achten. Der ausführt, dass bei Umbauten von Gebäuden der Umbau über den Umbauzuschlag zu beachten sei und daher eine Abrechnung nach der Methode der Ingenieurbauwerke nicht mehr angezeigt sei. Diese Begründung stimmt bei Gebäuden deren Umbauten mit umfangreichen Modernisierungen einhergehen nicht. Wird ein Gebäude umbaut und erfährt es gleichzeitig eine Modernisierung mit neuen Fenstern und neuer Wärmedämmung, sind nach dem jetzt ausschließlich anzuwendenden § 50 Abs. 1 diese Modernisierungskosten zu 55 % ansetzbar, da sie zur Kostengruppe 300 gehören. In den Fällen, bei denen die Modernisierungskosten deutlich höher liegen als die Umbaukosten, erhöhen sich so die anrechenbaren Kosten erheblich. In der Fassung 2009 war über § 48 Abs. 2 und Abs. 3 dies nicht möglich, da die Fenster und die Wärmedämmung in der dortigen Gewerkeliste nicht aufgeführt waren. Folge ist eine teilweise erhebliche Erhöhung:

z. B. 2009:	Umbaukosten	250 000
	Modernisierungskosten	500 000
	anrechenbare Kosten	250 000
nun 2013:	Umbaukosten	250 000
	Modernisierungskosten	500 000
	anrechenbare Kosten	412 500

Nach diesem Beispiel sind die anrechenbaren Kosten um rund 65% höher, als in der Fassung 2009. Je höher der Anteil der Modernisierung ist, desto höher fällt der Unterschied aus. Das gleiche gilt bei einem sehr geringen Anteil der Modernisierung an den Gesamtkosten:

z. B. 2009:	Umbaukosten	250 000
	Modernisierungskosten	50 000
	anrechenbare Kosten	250 000
nun 2013:	Umbaukosten	250 000
	Modernisierungskosten	500 000
	anrechenbare Kosten	165 000

Hier können daher die anrechenbaren Kosten bei ca. 34% niedriger liegen.

VIII. Anrechenbare Kosten bei Ingenieurbauwerken (Abs. 3)

32   § 50 Abs. 3 ersetzt die Regelungen in § 48 Abs. 3 und 4 der HOAI 2009. Grund dafür ist, dass sich das Honorar für die Tragwerksplanung als Leistungsbild des Teils 4 gemäß § 6 Abs. 1 nach den anrechenbaren Kosten auf Grundlage der Kostenberechnung zu richten hat. Die Kostenaufgliederung in der Kostenberechnung ist nach Bauteilen ausgerichtet. Anrechenbare Kosten nach Fachlosen können hieraus nicht abgeleitet werden. Die anrechenbaren Kosten bei Ingenieurbauwerken sind mit 90 Prozent der Baukostenkonstruktionskosten und 15 Prozent der Kosten der Technischen Anlagen anzusetzen. Diese Regelung ist als grundlegende Geltung i. S. d. § 7 Abs. 5 zu verstehen und entspricht daher Abs. 1, der ebenfalls § 7 Abs. 5 bei Gebäuden und zugehörigen baulichen Anlagen konkretisiert.

Allerdings hat der VO-Geber nicht auf die Empfehlung des Empfehlungen des HOAI-Gutachtens im Auftrag des BMWi zum „Aktualisierungsbedarf zur Honorarstruktur der Verordnung über die Honorare für Architekten- und Ingenieurleistungen (HOAI)", 2012, reagiert. Die prozentuale Festlegung in § 50 Abs. 3 bei Gebäuden mit kostenintensiven betrieblichen Einbauten und Anlage der zentralen Betriebstechnik i. S. d. Definitionen aus der DIN 276/81 (Gutachten Kap. 5.1) in Vergleich mit den bis zur HOAI 2009 zulässigen Honoraren zu einer Erhöhung, bei Gebäuden ohne diese Bauteile und Anlagen zu einer Reduzierung führen (Weber, BauR 2013, 1747). Um das zu vermeiden oder rückgängig zu machen, hatte das Gutachten vorgeschlagen, die Vorschrift des § 62 Abs. 4 HOAI 1996 wieder einzuführen. Da dies nicht geschah, verbleibt es auch weiterhin bei der ungeklärten Frage, ob mit dieser Änderung eine Honorarreduzierung verbunden war.

Allerdings gibt es auch Änderungen bei sog. „technisch schwach ausgerüsteten Bauwerken" zu beachten. Hierzu gehören die Ingenieurbauwerke als Stahlbetonbauwerke, wie Brücken, Trogbauwerke, Kühltürme. Hier können sich die anrechenbaren Kosten erheblich reduzieren:

2009:	anrechenbare Kosten KG 300	500 000
	KG 400	0,00
	abrechenbare Kosten	500 000
2013:	anrechenbare Kosten KG 300	500 000
	KG 400	0,00
	anrechenbare Kosten	450 000

Die anrechenbaren Kosten liegen damit in der Fassung 2013 um 10% niedriger als in der Fassung 2009.

In Vergleich dazu führt die Regelung nun bei Bauwerken mit sehr hoher Ausstattung, wie Maschinentechnik bei Kompostierungsanlagen, Wasserwerken, Kläranlagen bzw. auch deren Umbau zu erheblichen höheren anrechenbaren Kosten:

2009:	anrechenbare Kosten KG 300	2 500 000
	KG 400	5 000 000
	anrechenbare Kosten	2 500 000
2013	anrechenbare Kosten KG 300	2 500 000
	KG 400	5 000 000
	anrechenbare Kosten	3 000 000

Hier liegen die anrechenbaren Kosten in der Regel um 20% höher als 2009.

IX. Tragwerksplanung für Traggerüste bei Ingenieurbauwerken (Abs. 4)

1. Neue Fassung der Vorschrift

§ 50 Abs. 4 entspricht § 49 Abs. 5 der HOAI 2009. Das Honorar für die Tragwerkspla- **33** nung von Traggerüsten bei Ingenieurbauwerken richtet sich nach den Herstellungskosten einschließlich der zugehörigen Kosten für Baustelleneinrichtung. Da jedoch bei Traggerüsten regelmäßig nur die Kosten für Abschreibung und Montage in die Angebotspreise eingerechnet werden und damit zu den Herstellungskosten gehören, bestimmt Satz 2, dass bei mehrfach verwendeten Bauteilen von Gerüsten jeweils der Neuwert anrechenbar ist. Die in die Herstellkosten des Objekts eingerechneten Kosten der Tragegerüste würden als Bemessungsgrundlage zu nicht immer auskömmlichen Honoraren führen.

Die ursprüngliche Regelung § 67 HOAI 1996/2002 über Tragwerksplanung für Traggerüste bei Ingenieurbauwerken wurde vollständig inhaltlich aufgegeben (vgl. Nr. 61 der amtlichen Begründung zur Fassung 2009).

2. Anrechenbare Kosten für Traggerüste

In § 50 Abs. 4 wird nunmehr lediglich angegeben, dass bei Tragwerksplanungen für **34** Traggerüste bei Ingenieurbauwerken die Herstellkosten einschließlich der zugehörigen Kosten der Baustelleneinrichtungen anrechenbare Kosten sind. Wie bisher in § 67 a. F. ist bestimmt, dass bei mehrfach verwendeten Bauteilen von Traggerüsten der neue Wert anrechenbar ist. Das erscheint nicht angemessen, wenn man reine Gerüste betrachtet, die bestimmungsgemäß mehrfach verwendet werden können.

Die Tragwerksplanung für Traggerüste betrifft die Tragwerksplanung für sogenannte Baubehelfe, wie Verbau und andere Hilfskonstruktionen, die wiederum selbst eigenständige Tragwerke haben und als selbständige Ingenieurbauwerke angesehen werden können. Dabei kann es sich auch um nur zeitweise eingesetzte Traggerüste handeln, wie Schalgerüste, Berliner Verbau, Spundwände, Bohrpfahlgründungen, Erd- und Betonankersysteme, sowie Haltegerüste bei Wiederherzustellenden Bauwerken (denkmalgeschützte Fassade).

3. Nicht erfasste Tragwerke

Abs. 4 erfasst nicht verschiebbare Traggerüste. Ebenfalls zählen sonstige sogenannte Bau- **35** behelfe bei Ingenieurbauwerken, wie Behelfsbrücken, Arbeitsbrücken, fahrbare und statische Arbeitsbühnen, konstruktive Gerüste zur Ausführung von Sanierungs- oder Modernisierungsarbeiten, aber auch die Gerüste an Bauwerken und die Baugrubensicherungen dazu; ebenso bei Messeständen, sofern sie nicht ausschließlich dem Innenausbau dienen. Dabei ist entscheidend, ob wesentlicher Aufwand bei den Tragkonstruktionen anfällt. Bei fliegenden Bauten ist zu unterscheiden. Sofern diese Bauten von einer gewissen zeitlichen Dauer sind und ein konstruktiver fester Unterbau notwendig ist, wie beispielsweise bei über Jahre hinweg festen Standorten eines Freizeitparkes, ist eine feste Verbindung mit dem Erdboden im Sinne eines Bauwerkes nach § 2 Nr. 1 erforderlich. Hier kommt zudem auch die Berücksichtigung der TGA in Betracht. Bei solchen des sog. „Fahrgeschäfts" handelt es sich um Maschinenanlagen. Diese sind von § 48 Abs. 4 nicht erfasst.

Soweit die Anlagen nicht darunter fallen und auch nicht unter Ingenieurbauwerke, Innenraum- oder TGA fallen, sind die Honorare frei vereinbar. Es handelt sich auch nicht um Besondere Leistungen. Sofern eine Vereinbarung zum Honorar nicht getroffen wurde, bestimmt sich das angemessene und übliche Honorar nach § 632 Abs. 2 BGB.

X. Sonderregelung bei erhöhtem Arbeitsaufwand (Abs. 5)

36 Absatz 5 gestattet den Parteien **bei der Ermittlung anrechenbarer Kosten** zu **vereinbaren,** dass **Kosten von Arbeiten,** die **nicht** in den Absätzen 1 bis 3 erfasst sind, ganz oder teilweise **zu den anrechenbaren Kosten** gehören, wenn dem Auftragnehmer hierdurch ein **höherer Arbeitsaufwand** entsteht. Eine ähnliche Bestimmung war auch in Anlage 3 zum Ingenieurvertragsmuster – Statik und Prüfung der Statik – des Bundesschatzministers von 1968 (a. a. O.) enthalten.

Seit der Vierten Änderungsverordnung sind außer konkret genannten Arbeiten, wie
– Mehrkosten für Sonderausführungen, für die in § 62 Abs. 4 Nr. 7 HOAI 1996/2002 als Beispiele genannt waren: *z. B. von Dächern, Sichtbeton oder Fassadenverkleidungen für Gebäude und Ingenieurbauwerke (Abs. 4 Nr. 7)* und
– *Bohrarbeiten, Verbauarbeiten für Baugruben, Rammarbeiten und Wasserhaltungsarbeiten bei Gebäuden (§ 48 Abs. 3 Nrn. 13 bis 16 a. F.),*
Hierher gehören Kosten von in diesem Absatz 5 **nicht konkret bezeichneten Arbeiten,** die nicht in den Kosten des Absatzes 1 zu den Kosten der Baukonstruktionen sowie nicht zu den Kosten der Technischen Anlagen zählen und die auch nicht in Absatz 3 enthalten sind, sowie nach Parteivereinbarung in Abs. 2 nicht zu den anrechenbaren Kosten gezählt werden können, wenn dem Auftragnehmer hierdurch ein höherer Arbeitsaufwand entsteht. Sollen diese in die anrechenbaren Kosten bei Gebäuden und zugehörigen baulichen Anlagen bzw. in die anrechenbaren Kosten bei Ingenieurbauwerken als Honorargrundlage aufgenommen werden, so muss dies zwischen den Vertragsparteien vereinbart werden. In dieser Vereinbarung muss festgelegt sein, mit welchem Anteil (ganz oder teilweise) die Kosten der vorgenannten Leistungen zu den anrechenbaren Kosten nach den Absätzen 1 bis 3 zu zählen sind. Über die Form und den Zeitpunkt der **Vereinbarung bestehen keine Vorschriften.** Eine solche Vereinbarung ist nur dann wirksam, wenn für diese Arbeiten, deren Kosten angerechnet werden sollen, **tatsächlich** ein **erhöhter Arbeitsaufwand** für den Auftragnehmer entsteht. Ergibt sich trotz einer solchen Vereinbarung kein höherer Arbeitsaufwand, ist die Vereinbarung als Verstoß gegen preisrechtliche Vorschriften gemäß § 134 BGB unwirksam.

Im Übrigen ist die schriftliche Vereinbarung nicht bei Vertragsschluss zu treffen, sondern kann während der Laufzeit des Vertrages getroffen werden, denn der tatsächliche Ablauf der Tätigkeit und die Anforderungen – soweit sie nicht durch Änderungs- und Mehrleistungen nach § 10 Abs. 1 und 2 bestimmt werden – werden erst während der Abarbeitung des Leistungssolls nach ursprünglichem Vertrag offenbar (ähnlich wohl Scholtissek, 2. Aufl., § 50, Rdn. 20).

Besteht der erhöhte Arbeitsaufwand des Auftragnehmers in einer **gesonderten statischen Berechnung von Baubehelfen,** zum Beispiel der Baugrubenverkleidung oder der Rammträger selbst, dann ist diese Leistung nicht dadurch abgegolten, dass deren Kosten gemäß den Bestimmungen des Absatzes 5 zu den anrechenbaren Kosten gezählt werden. Für eine solche statische Berechnung von Baubehelfen, die normalerweise den Unternehmern selbst obliegt, darf ein gesondertes Honorar vereinbart werden, weil es sich hierbei um einen Auftrag über ein weiteres Tragwerk handelt. Gleiches gilt für Balkon- und Treppenbrüstungselemente oder -geländern, oder auch bei Fertigbetonteilen, Beton- oder Glaswänden.

Für **Sichtbeton,** der ebenfalls zu Sonderausführungen bei Beton- und Stahlbetonarbeiten zu zählen ist oder **Fassadenverkleidungen,** die zum Ausbau zu zählen sind, kann dadurch dem Auftragnehmer ein erhöhter Arbeitsaufwand für die Tragwerksplanung entstehen, dass besondere Vorkehrungen für die **Befestigung** und die **Lastaufnahme** (bei Fassadenverkleidungen) vorzusehen und zu berechnen sind und dass (bei Sichtbeton) besondere Maßnahmen zur Betonüberdeckung sowie Rissbeschränkung und deren Berücksichtigung in den Standsicherheitsnachweisen erforderlich werden (zur Architektenhaftung wegen unzureichender Betonüberdeckung, siehe OLG Hamm, Urt. v. 30.10.2007 – IBR 2008, 104). Ein **Planungsfehler,** bei dem keine Überdeckung von Lagermatten vor Betonierung geplant wird, wirkt auch dann haftungsbegründend, wenn der Unternehmer diesen Fehler nicht umsetzt, dadurch aber das Bauwerk aus einem anderen Grund, nämlich der unzureichenden Betonüberdeckung der Bewehrung nicht dem Stand der Technik entspricht (OLG Stuttgart, Urt. v. 24.4.2012 – 10 U 7/12). Dagegen müssen Berechnungen von **Fassadenverkleidungen und deren Unterkonstruktion** selbst als **zusätzliches Tragwerk** angesehen werden.

§ 51 Abs. 5 steht zunächst in einem inneren Zusammenhang zu § 10 Abs. 1 und 2. Dabei allerdings ist § 51 Abs. 5 lex specialis und vorrangig, zumal die Regelungsebene sich nicht auf die Änderung des Umfangs der beauftragten Leistung und die dadurch veranlassten erhöhten anrechenbaren Kosten beziehen, sondern auf separat neben dem Leistungssoll aus § 51 aufgeführten Leistungen, also den in Anlage 14.1 beschriebenen Grundleistungen. Da Besondere Leistungen nicht in § 51 direkt, auf den § 50 Abs. 5 Bezug nimmt, sondern in Anlage 14.1 beschrieben werden, kann es sich daher hier auch um diese Besonderen Leistungen handeln. Diese Leistungen sind grundsätzlich frei vereinbar, also nicht nur im Hinblick auf das Honorar, § 3 Abs. 2 S. 3. Neben den Besonderen Leistungen sind aber zunächst die Leistungen nach § 51 in § 50 Abs. 5 gemeint (Grundleistungen). Damit sind dort beschriebene Grundleistungen gemeint. Die Grundleistungen müssen erbracht werden. Sodann sind Mehrarbeiten für das Tragwerk im Rahmen der in § 51 beschriebenen Leistungen zu erbringen. Diese Mehrleistungen, die Wiederholungsleistungen entsprechend § 10 Abs. 2 sein können, sind zu vergüten. Zudem sind – rechtstechnisch misslungen ausgedrückt –, als **Anspruchsvoraussetzung** die **anrechenbaren Kosten** zu ermitteln, die **nicht** in den Leistungen des § 50 Abs. 1 bis 3 enthalten sind, also **nicht Bauwerkskosten, Ingenieurwerkskosten, TGA, Tragwerkskosten** sind. Die **verbleibenden und nicht erfassten Mehrkosten können vertraglich festgelegt werden,** wobei die Parteien einen Teil oder die entsprechenden vollen Mehrkosten zum Gegenstand einer separaten Berechnung der anrechenbaren Kosten machen können. Damit rückt die Vorschrift in die Nähe des § 6 Abs. 3 als eine Art **„Baukostenvereinbarungsmodell".** Der übliche **Mustervertrag** für Tragwerkplaner formuliert dazu *„Der AG überträgt dem AN zudem folgende zusätzliche Leistungen, die nicht in § 50 i.V.m. Anlage 14.1 oder § 3 Abs. 3 i.V.m. Anlage 14.1 HOAI definiert sind: ...".* Die Honorarvereinbarung wird zudem meist so getroffen: *„... Für die übertragenen zusätzlichen Leistungen gem. Ziffer 3.3 wird folgendes Honorar vereinbart: ...".* Hier ist eine **Berechnung der anrechenbaren Kosten** als **selbständige Ermittlung** der **veranlassten Mehrkosten** oder aufgrund der **Gesamterhöhung** der anrechenbaren Kosten um den **Anteil der veranlassten Mehrarbeiten,** die Auswirkung auf die anrechenbaren Kosten haben, möglich. Daneben ist den Parteien auch möglich eine Vereinbarung über **Stundenhonorare** zu treffen. Dabei muss allerdings auf die genaue Bestimmung der Leistungen im Vertrag geachtet werden, denn der BGH hat in der Entscheidung zu den Unternehmerstundenlöhnen zu §§ 2 Nr. 10, 15 Nr. 1 VOB/B festgestellt, dass eine lediglich Vereinbarung der Stundensatz/-lohnhöhe nicht ausreicht, um von einer umfassenden Beauftragung des Unternehmers auszugehen (Problem des nicht bevollmächtigten Bauleiters; BGH, Urt. v. 24.7.2003 – VII ZR 79/02, BauR 2003, 1892 = NJW-RR 2004, 92 = NZBau 2004, 31; OLG Frankfurt/M. NZBau 2007, 720).

XI. Zeitliche Trennung der Ausführung und Winterbau (§ 21 und § 32 Fassung 1996/2002)

1. Zeitliche Trennung der Ausführung (§ 21 HOAI 1996/2002)

(Amtliche Begründung zur 6. Novelle Nr. 20) Mit der Neufassung ist die Vorschrift über **37** **zeitliche Trennung der Ausführung** (§ 21 a. F.) gestrichen worden, *„weil sie auf den Fall zugeschnitten war, dass ein Bauvorhaben wegen fehlender Mittel in der Zeit zwischen Planung und*

Objektüberwachung zeitweilig ruht. Der Auftragnehmerin oder dem Auftragnehmer sollte der Mehraufwand für die längeren Zwischenintervalle vergütet werden, da die Leistungsphasen auf drei konzentriert wurden, ist der Regelungsgehalt der Vorschriften innerhalb der neuen HOAI obsolet geworden; die Intervalle zwischen Grundlagenermittlungen und Entwurfsplanung dürften überschaubar sein. Unbenommen bleibt den Vertragsparteien jedoch bei Bedarf insbesondere wenn die Objektüberwachung beauftragt wurde, eine freie Vereinbarung nach dem Vorbild des bisherigen § 21 zu treffen."

2. Winterbau (§ 32 HOAI 1996/2002)

38 Der bisherige Teil III – Zusätzliche Leistungen der alten Fassung, dessen Bestandteil auch der **§ 32 a. F.** über **Winterbau** war – ist ersatzlos gestrichen worden mit der amtlichen Begründung Nr. 22, in der ausgeführt wird, *„die Teile werden aus den gleichen Erwägungen wie in der Begründung Nr. 22 (§ 26 Einrichtungsgegenstände und integrierte Werbeanlagen) gestrichen."*

Zu § 26 Einrichtungsgegenstände und integrierte Werbeanlagen ist das Streichen dieser Vorschrift wie folgt begründet:

„Da die HOAI eine Preisvorschrift darstellt, waren alle Vorschriften zu streichen die keine klare Honorarregelung enthalten. Ferner waren alle Vorschriften zu streichen, die sich in der Praxis in preisrechtlicher Hinsicht als bedeutungslos erwiesen haben oder Leistungen nur kursorisch ansprachen, ohne dass dabei ein klares Leistungsbild entsteht. ..."

§ 51 Leistungsbild Tragwerksplanung

(1) **Die Grundleistungen der Tragwerksplanung sind für Gebäude und zugehörige bauliche Anlagen sowie für Ingenieurbauwerke nach § 41 Nummern 1 bis 5 in den Leistungsphasen 1 bis 6, sowie für Ingenieurbauwerke nach § 41 Nummern 6 und 7 in den Leistungsphasen 2 bis 6 zusammengefasst und werden wie folgt in Prozentsätzen der Honorare des § 52 bewertet:**

1. **für die Leistungsphase 1 (Grundlagenermittlung) mit 3 Prozent,**
2. **für die Leistungsphase 2 (Vorplanung) mit 10 Prozent,**
3. **für die Leistungsphase 3 (Entwurfsplanung) mit 15 Prozent,**
4. **für die Leistungsphase 4 (Genehmigungsplanung) mit 30 Prozent,**
5. **für die Leistungsphase 5 (Ausführungsplanung) mit 40 Prozent,**
6. **für die Leistungsphase 6 (Vorbereitung der Vergabe) mit 2 Prozent.**

(2) **Die Leistungsphase 5 ist abweichend von Absatz 1 mit 30 Prozent der Honorare des § 52 zu bewerten:**
1. **im Stahlbetonbau, sofern keine Schalpläne in Auftrag gegeben werden,**
2. **im Holzbau mit unterdurchschnittlichem Schwierigkeitsgrad.**

(3) **Die Leistungsphase 5 ist abweichend von Absatz 1 mit 20 Prozent der Honorare des § 52 zu bewerten, sofern nur Schalpläne in Auftrag gegeben werden.**

(4) **Bei sehr enger Bewehrung kann die Bewertung der Leistungsphase 5 um bis zu 4 Prozent erhöht werden.**

(5) **Anlage 14 Nummer 14.1 dieser Verordnung regelt die Grundleistungen jeder Leistungsphase und enthält Beispiele für Besondere Leistungen. Für Ingenieurbauwerke nach § 41 Nummern 6 und 7 sind die Grundleistungen der Tragewerksplanung zur Leistungsphase 1 im Leistungsbild der Ingenieurbauwerke des § 43 enthalten.**

Vorherige Vorschrift: § 49 a. F.

Anlage 14

Grundleistungen im Leistungsbild Tragwerksplanung, Besondere Leistungen, Objektliste

14.1 Leistungsbild Tragwerksplanung

Grundleistungen	Besondere Leistungen
LPH 1 Grundlagenermittlung	
a) Klären der Aufgabenstellung aufgrund der Vorgaben oder der Bedarfsplanung des Auftraggebers im Benehmen mit dem Objektplaner b) Zusammenstellen der die Aufgabe beeinflussenden Planungsabsichten c) Zusammenfassen, Erläutern und Dokumentieren der Ergebnisse	
LPH 2 Vorplanung **(Projekt- und Planungsvorbereitung)**	
a) Analysieren der Grundlagen b) Beraten in statisch-konstruktiver Hinsicht unter Berücksichtigung der Belange der Standsicherheit, der Gebrauchsfähigkeit und der Wirtschaftlichkeit c) Mitwirken bei dem Erarbeiten eines Planungskonzepts einschließlich Untersuchung der Lösungsmöglichkeiten des Tragwerks unter gleichen Objektbedingungen mit skizzenhafter Darstellung, Klärung und Angabe der für das Tragwerk wesentlichen konstruktiven Festlegungen für zum Beispiel Baustoffe, Bauarten und Herstellungsverfahren, Konstruktionsraster und Gründungsart d) Mitwirken bei Vorverhandlungen mit Behörden und anderen an der Planung fachlich Beteiligten über die Genehmigungsfähigkeit e) Mitwirken bei der Kostenschätzung und bei der Terminplanung f) Zusammenfassen, Erläutern und Dokumentieren der Ergebnisse	– Aufstellen von Vergleichsberechnungen für mehrere Lösungsmöglichkeiten unter verschiedenen Objektbedingungen – Aufstellen eines Lastenplanes, zum Beispiel als Grundlage für die Baugrundbeurteilung und Gründungsberatung – Vorläufige nachprüfbare Berechnung wesentlicher tragender Teile – Vorläufige nachprüfbare Berechnung der Gründung
LPH 3 Entwurfsplanung **(System- und Integrationsplanung)**	
a) Erarbeiten der Tragwerkslösung, unter Beachtung der durch die Objektplanung integrierten Fachplanungen, bis zum konstruktiven Entwurf mit zeichnerischer Darlegung b) Überschlägige statische Berechnung und Bemessung c) Grundlegende Festlegungen der konstruktiven Details und Hauptabmessungen des Tragwerks für zum Beispiel Gestaltung der tragenden Querschnitte, Aussparungen und Fugen, Ausbildung der Auflager- und Knotenpunkte sowie der Verbindungsmittel d) Überschlägiges Ermitteln der Betonstahlmengen im Stahlbeton, der Stahlmengen im Stahlbau und der Holzmengen im Ingenieurholzbau	– Vorgezogene, prüfbare und für die Ausführung geeignete Berechnung wesentlich tragender Teile – Vorgezogene, prüfbare und für die Ausführung geeignete Berechnung der Gründung – Mehraufwand bei Sonderbauweisen oder Sonderkonstruktionen zum Beispiel Klären von Konstruktionsdetails – Vorgezogene Stahl- oder Holzmengenermittlung des Tragwerks und der kraftübertragenden Verbindungsteile für eine Ausschreibung, die ohne Vorliegen von Ausführungsunterlagen durchgeführt wird. – Nachweise der Erdbebensicherung

**LPH 3 Entwurfsplanung
(System- und Integrationsplanung)**

e) Mitwirken bei der Objektbeschreibung bzw. beim Erläuterungsbericht f) Mitwirken bei Verhandlungen mit Behörden und anderen an der Planung fachlich Beteiligten über die Genehmigungsfähigkeit g) Mitwirken bei der Kostenberechnung und bei der Terminplanung h) Mitwirken beim Vergleich der Kostenberechnung mit der Kostenschätzung i) Zusammenfassen, Erläutern und Dokumentieren der Ergebnisse	

LPH 4 Genehmigungsplanung

a) Aufstellen der prüffähigen statischen Berechnungen für das Tragwerk unter Berücksichtigung der vorgegebenen bauphysikalischen Anforderungen b) Bei Ingenieurbauwerken: Erfassen von normalen Bauzuständen c) Anfertigen der Positionspläne für das Tragwerk oder Eintragen der statischen Positionen, der Tragwerksabmessungen, der Verkehrslasten, der Art und Güte der Baustoffe und der Besonderheiten der Konstruktionen in die Entwurfszeichnungen des Objektplaners d) Zusammenstellen der Unterlagen der Tragwerksplanung zur Genehmigung e) Abstimmen mit Prüfämtern und Prüfingenieuren oder Eigenkontrolle f) Vervollständigen und Berichtigen der Berechnungen und Pläne	– Nachweise zum konstruktiven Brandschutz, soweit erforderlich unter Berücksichtigung der Temperatur (Heißbemessung) – Statische Berechnung und zeichnerische Darstellung für Bergschadenssicherungen und Bauzustände bei Ingenieurbauwerken, soweit diese Leistungen über das Erfassen von normalen Bauzuständen hinausgehen – Zeichnungen mit statischen Positionen und den Tragwerksabmessungen, den Bewehrungs-Querschnitten, den Verkehrslasten und der Art und Güte der Baustoffe sowie Besonderheiten der Konstruktionen zur Vorlage bei der bauaufsichtlichen Prüfung anstelle von Positionsplänen – Aufstellen der Berechnungen nach militärischen Lastenklasse (MLC) – Erfassen von Bauzuständen bei Ingenieurbauwerken, in denen das statische System von dem des Endzustandes abweicht – Statische Nachweise an nicht zum Tragwerk gehörende Konstruktionen (z.B. Fassaden)

LPH 5 Ausführungsplanung

a) Durcharbeiten der Ergebnisse der Leistungsphasen 3 und 4 unter Beachtung der durch die Objektplanung integrierten Fachplanungen b) Anfertigen der Schalpläne in Ergänzung der fertiggestellten Ausführungspläne des Objektplaners c) Zeichnerische Darstellung der Konstruktionen mit Einbau- und Verlegeanweisungen zum Beispiel Bewehrungspläne, Stahlbau- oder Holzkonstruktionen mit Leitdetails (keine Werkstattzeichnungen) d) Aufstellen von Stahl- oder Stücklisten als Ergänzung zur zeichnerischen Darstellung der Konstruktionen mit Stahlmengenermittlung e) Fortführen der Abstimmung mit Prüfämtern und Prüfingenieure oder Eigenkontrolle	– Konstruktion und Nachweise der Anschlüsse im Stahl- und Holzbau – Werkstattzeichnungen im Stahl- und Holzbau einschließlich Stücklisten, Elementpläne für Stahlbetonfertigteile einschließlich Stahl- und Stücklisten – Berechnen der Dehnwege, Festlegen des Spannvorganges und Erstellen der Spannprotokolle im Spannbetonbau – Rohbauzeichnungen im Stahlbetonbau, die auf der Baustelle nicht der Ergänzung durch die Pläne des Objektplaners bedürfen

LPH 6 Vorbereitung der Vergabe	
a) Ermitteln der Betonstahlmengen im Stahl-betonbau, der Stahlmengen im Stahlbau und der Holzmengen im Ingenieurholzbau als Ergebnis der Ausführungsplanung und als Beitrag zur Mengenermittlung des Objekt-planers b) Überschlägiges Ermitteln der Mengen der konstruktiven Stahlteile und statisch erfor-derlichen Verbindungs- und Befestigungs-mittel im Ingenieurholzbau d) Mitwirken beim Erstellen der Leistungsbe-schreibung als Ergänzung zu den Mengen-ermittlungen als Grundlage für das Leis-tungsverzeichnis des Tragwerks	– Beitrag zur Leistungsbeschreibung mit Leis-tungsprogramm des Objektplaners[*)] – Beitrag zum Aufstellen von vergleichenden Kostenübersichten des Objektplaners – Beitrag zum Aufstellen des Leistungsverzeich-nisses des Tragwerks [*)] Diese Besondere Leistung wird bei Leistungs-beschreibung mit Leistungsprogramm Grund-leistung. In diesem Fall entfallen die Grund-leistungen dieser Leistungsphase
LPH 7 Mitwirkung bei der Vergabe	
	– Mitwirken bei der Prüfung und Wertung der Angebote Leistungsbeschreibung mit Leis-tungsprogramm des Objektplaners – Mitwirken bei der Prüfung und Wertung von Nebenangeboten – Mitwirken beim Kostenanschlag nach DIN 76 oder anderer Vorgaben des Auftraggebers aus Einheitspreisen oder Pauschalangeboten
LPH 8 Objektüberwachung	
	– Ingenieurtechnische Kontrolle der Ausfüh-rung des Tragwerks auf Übereinstimmung mit den geprüften statischen Unterlagen – Ingenieurtechnische Kontrolle der Baubehel-fe, zum Beispiel Arbeits- und Lehrgerüste, Kranbahnen, Baugrubensicherungen – Kontrolle der Betonherstellung und -verarbeitung auf der Baustelle in besondere Fällen sowie Auswertung der Güteprüfungen – Betontechnologische Beratung – Mitwirken bei der Überwachung der Ausfüh-rung der Tragwerkseingriffe bei Umbauten und Modernisierungen
LPH 9 Dokumentation und Objektbetreuung	
	– Baubegehung zur Feststellung und Überwa-chung von die Standsicherheit betreffenden Einflüssen

Übersicht

I. Allgemeines

1. Neuerungen der HOAI 2013

1   § 51 HOAI entspricht weitgehend dem Wortlaut des § 49 HOAI 2009. Änderungen wurden in den Absätzen 3 bis 6 vorgenommen. Die Anordnung der entsprechenden Anwendbarkeit der Regelungen zum Bauen im Bestand und zu Instandhaltungen und Instandsetzungen gemäß §§ 35 und 36 Abs. 2 HOAI 2009 nach § 49 Abs. 3 HOAI 2009 ist entfallen und wurde in § 12 Abs. 1 und § 52 Abs. 4 neu aufgenommen. Aufgrund der wieder eingeführten Berücksichtigung der mitzuverarbeitenden Bausubstanz und der in § 2 Abs. 5 neu getroffenen Definition von Umbauten (Umgestaltungen mit wesentlichen Eingriffen in Konstruktion oder Bestand), ist auch die Prozentmarge auf bis zu 50 Prozent gemäß § 66 Abs. 5 HOAI 2002 zurückgeführt worden.

2. Systemaufbau und Anwendung

Die Honorarberechnung **folgt dem üblichen Systemaufbau** der HOAI 2013. Zu- **2** nächst sind die anrechenbaren Kosten nach § 6 Abs. 1 Nr. 1 und § 50 zu ermitteln und danach die Honorarzone aus § 6 Abs. 1 Nr. 3 und § 52 Abs. 2 und 3. Werden gesamte oder Teilleistungen in Leistungsphasen erbracht, sind diese anhand der tatsächlichen Beauftragung und der tatsächlichen Leistung aus § 51 zu ermitteln und sodann im anhand der Honorartafel des § 52 und durch Interpolation des § 13 zu ermitteln. Zu beachten ist, dass von der Regelung die Tragwerksplanung für Gebäude, der dazugehörigen baulichen Anlagen und der Ingenieurbauwerke gehören. Da § 51 keine vertraglichen Leistungspflichten enthält (OLG Celle, BauR 2012, 672), sondern die Beschreibung der Voraussetzungen, die zu einer Honorierung führen, ist erst nach der Einordnung der Tätigkeit in die Leistungsphase und in die jeweilige Teilleistung eine Bewertung nach den üblichen Tabellen wie Simmendinger, Siemon (Teil 4 dieses Kommentars), Locher/Koeble/Frik, HOAI, 12. Aufl. Anhang 3.5, usw. zurückzukommen und ein Wert einzuordnen. Dabei ist aller der dortige Wert nicht schematisch zu übernehmen, sondern zunächst wieder darauf zu überprüfen, ob nicht doch ein Mangel der Leistung vorliegt, ob es sich überhaupt um einen geschuldeten Teilerfolg handelte oder ob diese Teilleistung nicht einfach „vergessen" wurde (dann entsprechender prozentualer Abzug).

Ausgenommen sind allerdings die Leistungen des **Prüfingenieurs für Baustatik,** die **3** wegen der hoheitlichen Befugnis in den Verordnungen und Verwaltungsvorschriften der Länder geregelt sind (Trapp/Trapp, BauR 1995, 57 f.; zur Altersgrenze: VGH Hessen, Beschl. v. 26.2.2013 – 7 A 1644/12). Die Erhebung von Baugebühren für an Prüfingenieure für Baustatik verauslagte Kosten ist nur rechtmäßig, wenn die kostenverursachende Tätigkeit des Prüfstatikers selbst rechtmäßig war. Das ist nicht der Fall, wenn der Prüfstatiker seine Aufgaben auf einen Dritten überträgt, der weder sein Mitarbeiter noch selbst Prüfstatiker ist (VG Göttingen, Urt. v. 7.8.2012 – 2 A 143/11). Eine Übertragung von Prüftätigkeiten im bauaufsichtlichen Verfahren auf einen Prüfingenieur für Baustatik kann nur durch die Bauaufsichtsbehörde erfolgen (OVG NRW, Urt. v. 23.4.1999 – 21 A 883/98). Der Prüfingenieur ist damit sog. „Beliehener".

Ist eine Prüfstatik fehlerhaft und entsteht hierdurch ein Schaden, so ergeben sich wegen der „Beliehenenübertragung" keine Ansprüche des Auftraggebers gegen den Prüfstatiker (OLG Stuttgart, Urt. v. 24.4.2012 – 10 U 7/12). Der Anspruch ist im Rahmend er Amtshaftung (§§ 31, 839 BGB) gegen die Behörde zu richten. Mitverschuldensansprüche gegen Architekten oder Tragwerksplaner scheiden aus.

3. Sechs Leistungsphasen mit Bewertung

Die **Leistungen der Tragwerksplanung** sind für **sechs Leistungsphasen in § 51** **4** **Absatz 1 und ergänzend in der Anlage 14.1** zur Neufassung der Verordnung aufgeführt. Sie sind hinsichtlich des Verordnungstextes des § 51 nicht wesentlich gegenüber § 64 Abs. 1 Fassung 1996/2002 und § 49 a. F. verändert, hinsichtlich der Anlage 14.1 sind sie die wörtliche Übernahme der Bestimmungen der Grundleistungen aus § 64 Abs. 3 HOAI 1996/2002. Gemäß § 3 Abs. 5 Fassung 2009 umfasste die Tragwerksplanung ausdrücklich nur sechs Leistungsphasen. Das bestimmt in der Fassung nunmehr § 51 Abs. 1 i. V. m. Abs. 5 und Anlage 14.1 Diese sechs Leistungsphasen werden in Prozentsätzen der Honorare des § 52 und der zugehörigen Honorartafel bewertet. Die Prozentsätze sind leicht veränderte Prozentsätze zu bisher in § 64 Abs. 1 Fassung 1996/2002 und § 49 HOAI 2009. Es handelt sich dabei um

1. Grundlagenermittlung mit   3%
2. Vorplanung mit   10%

3. Entwurfsplanung mit	15%.
4. Genehmigungsplanung mit	30%.
5. Ausführungsplanung mit	40%
6. Vorbereitung der Vergabe mit	2%
was insgesamt ergibt	100%

5   Diese Bewertungen gelten bezüglich der Tragwerksplanungen
   – für Gebäude und zugehörige bauliche Anlagen,
   – für Ingenieurbauwerke nach § 41 Nummern 1 bis 5. das sind Bauwerke und Anlagen der Wasserversorgung, der Abwasserversorgung, des Wasserbaus, ausgenommen Freianlagen nach § 2 Nr. 1 i.V.m. § 39, für Ver- und Entsorgung mit Gasen, Feststoffen einschließlich wassergefährdenden Flüssigkeiten, ausgenommen Anlagen nach § 53, der Abfallentsorgung,
   – für Ingenieurbauwerke nach § 41 Nummern 6 und 7, das sind konstruktive Ingenieurbauwerke für Verkehrsanlagen und sonstige Einzelbauwerke, ausgenommen Gebäude und Freileitungsmaste, allerdings hier nur für die Leistungsphasen 2 bis 6.

6   Für konstruktive Ingenieurbauwerke, für Verkehrsanlagen und sonstige Einzelbauwerke, ausgenommen Gebäude und Freileitungsmasten (§ 41 Nummern 6 und 7), entfällt bei der Tragwerksplanung die Grundlagenermittlung, weil wie bisher davon ausgegangen wird, dass diese im Leistungsbild der Objektplanung für Ingenieurbauwerke des § 42 enthalten ist.

4. Detailliertes Leistungsbild Anlage 14.1

7   Die im **detaillierten Leistungsbild** aufgeführten Grundleistungen sind nach § 3 Abs. 2 S. 1 Leistungen, die zur ordnungsgemäßen Erfüllung eines Auftrags im Allgemeinen erforderlich sind, die nach § 3 Abs. 1 verbindlich geregelt sind. Das detaillierte Leistungsbild, das in § 64 Abs. 3 HOAI 1996/2002 und § 49 Abs. 1 i.V.m. Anlage 13 für die Tragwerksplanung bereits enthalten war, ist in die **Anlage 14.1** zur Neufassung der Verordnung eingegliedert worden und zwar über § 51 Abs. 5. Die bisherigen Grundleistungen für die Tragwerksplanung sind mit dem Wortlaut des § 64 Abs. 3 HOAI 1996/2002 in die Fassung 2009 (Anhang 13) ohne Änderung übernommen worden. Nunmehr wurde im Rahmen der Empfehlungen des vom BMVBS beauftragten Gutachtens zur Honorarstruktur der HOAI Anpassungen und Änderungen in den einzelnen Leistungsphasen und Teilleistungen eingearbeitet.

8   Nach der Rechtsprechung enthält die HOAI keine normativen Leitbilder für den Inhalt von Architekten- und Ingenieurverträgen (BGH, Urt. v. 6.12.2007 – VII ZR 157/06 = NZBau 2008, 260/261, Rdn. 21; BGH, Urt. v. 23.11.2006 – VII ZR 110/05 = NZBau 2007, 180/181), so dass die Leistungsbilder für die Flächenplanung, die Objektplanung und die Fachplanung (Anlagen 2 bis 13 und 15), zwar noch preisrechtlich herangezogen werden können, aber als schuldrechtliche Bestandteile entfallen. **Die Leistungen in dem jeweiligen Leistungsbild** haben damit **ausschließlich preisrechtlichen Charakter** und die HOAI legt für den Inhalt von Architekten- und Ingenieurverträgen keine Leistungspflichten fest, sondern gibt Orientierungen vor, sowie beschreibt eine Voraussetzung der Honorierungstatbestände. Die **Anlage 14.1,** welche sich in der rechten Spalte mit den Besonderen Leistungen befasst, unterliegt **nicht** dem Preisrecht, § 3 Abs. 3, sondern ist Empfehlung.

5. Anwendungsbereiche

9   Das in der ersten Fassung der Verordnung von 1977 (HOAI 1977) nur auf Gebäude und zugehörige bauliche Anlagen beschränkte Leistungsbild der Tragwerksplanung ist in der novellierten Fassung der HOAI 1985 auf Ingenieurbauwerke erweitert worden. Mit der HOAI 2009 wurden in **§ 49 Abs. 1 und jetzt in § 51 Abs. 1** geregelt:
   – die Leistungen bei Tragwerksplanungen für **Gebäude und zugehörige bauliche Anlagen** in den **Leistungsphasen 1 bis 6,**

– die Leistungen bei Tragwerksplanungen für **Ingenieurbauwerke** gemäß § 41 Abs. 1 **Nrn. 1 bis 5** in den **Leistungsphasen 1 bis 6,**
– die Grundleistungen der Tragwerksplanung für **Ingenieurbauwerke** gemäß § 51 Abs. 1 **Nrn. 6 und 7** nur aus den **Leistungsphasen 2 bis 6,**
(siehe Aufzählung oben Rdn. 5, 6).

a) Anwendung bei Gebäuden und zugehörigen baulichen Anlagen

Das Leistungsbild der **Tragwerksplanung für Gebäude und zugehörige bauliche** **10** **Anlagen** betrifft Leistungen für **Standsicherheitsnachweise und Konstruktive Bearbeitungen,** wie sie in den einzelnen Landesbauordnungen als Teil der sogenannten Bauvorlagen gefordert werden, die mit dem Bauantrag im Rahmen des bauaufsichtlichen Verfahrens einzureichen sind. Diese teilweise als „**Bautechnische Nachweise**" bezeichneten **Bauvorlagen** dienen der **Bauaufsichtsbehörde** zur Prüfung der Standsicherheit, des Wärme- und Schallschutzes sowie des Brandschutzes, für die eine Darstellung des statischen Systems, die Konstruktionszeichnungen und erforderlichen Berechnungen vorzulegen sind. Im Wesentlichen werden mit der Tragwerksplanung nur die Leistungen des Statikers für die statischen Berechnungen und die Tragwerks-Ausführungspläne erfasst, also Leistungen eines Leistungsbildes, die in der GOI 1937/50 unter dem Begriff „**Konstruktive Bearbeitungen und statische Berechnungen** als Sonderleistung" geregelt waren. Dieses frühere Leistungsbild der GOI und ihrer Nachfolgerinnen (GOI 1956, GOI 1965, LHO, Muster BMSchatz 1968) ist schon in der HOAI 1977 **ergänzt** worden, **durch** Leistungen zur **vorbereitenden Bearbeitung** (Grundlagenermittlung, Vorplanung) sowie zur **Vorbereitung der Vergabe.** Weitere zum Teil über das Leistungsbild früherer Honorarordnungen eines Statikers hinausgehende Leistungen sind die Leistungen der Leistungsphasen 7 bis 9, nämlich die Mitwirkung bei der Vergabe, die Objektüberwachung und die Objektbetreuung und Dokumentation, die jedoch nicht wie die Leistungen der Leistungsphasen 1 bis 6 mit Honorarsätzen nach § 49 bewertet werden.

Die Leistungen des Bauingenieurs als Statiker haben wenig planerische Züge, weil seine Tätigkeit beim Nachweis der Standsicherheit im Allgemeinen darin besteht, die vom Architekten vorgesehenen Konstruktionen hinsichtlich der auftretenden Belastungen zu untersuchen und zu kontrollieren, ob die vom Architekten vorgesehenen Abmessungen und Baustoffgütern für die auftretenden Belastungen ausreichen. Der gewählte Oberbegriff der „Tragwerksplanung" für das in Anlage 14.1 näher beschriebene Leistungsbild der einzelnen Leistungsphasen ist für die damit erfasste Tätigkeit daher nicht sehr glücklich gewählt. Er erscheint als der Versuch, die Bezeichnung des Leistungsbildes der Tragwerkplanung für den Ingenieur an die Bezeichnung für das Leistungsbild des Architekten, die „Objektplanung", anzupassen.

Die **Bewertungen** der einzelnen Leistungsphasen in Prozentsätzen der Honorare des § 51 werden **nur für die Grundleistungen** angegeben, die nach § 3 Abs. 2 *„Grundleistungen umfassen, die zur ordnungsgemäßen Erfüllung eines Auftrags im Allgemeinen erforderlich sind."* Honorare für Besondere Leistungen können nach § 3 Abs. 3 Satz 3 frei vereinbart werden.

b) Anwendung bei Ingenieurbauwerken

Auch das Leistungsbild der **Tragwerksplanung für Ingenieurbauwerke** umfasst im **11** Wesentlichen die gleichen Leistungen wie bei Gebäuden und zugehörigen baulichen Anlagen, also **Leistungen für Standsicherheitsnachweise und Konstruktive Bearbeitungen,** mit dem Unterschied, dass sie seltener einem bauaufsichtlichen Verfahren unterliegen. Soweit es sich um Ingenieurbauwerke für Verkehrsanlagen und sonstige Einzelbauwerke handelt, sind die Leistungen des Leistungsbildes beschränkt auf die Leistungsphasen 2 bis 6, weil der Verordnungsgeber davon ausgegangen ist, dass die Leistungen für die erste Leistungsphase bei Ingenieurbauwerken nach § 41 Nrn. 6 und 7 im Leistungsbild der Objektplanung des § 34 enthalten sind und vom Objektplaner des Ingenieurbauwerks erbracht werden (vgl. oben Rdn. 5).

Die **Bewertungen** der **Leistungsphasen 1 bis 6** in Prozentsätzen der Honorare des § 51 werden **nur für** die Grund**leistungen** angegeben, die nach § 3 Abs. 2 S. 1 „Leistungen umfassen, die zur ordnungsgemäßen Erfüllung eines Auftrags im Allgemeinen erforderlich sind". Honorare für Besondere Leistungen sind nach den Vorschriften des § 3 Abs. 3 S. 3 gesondert zu vereinbaren.

6. Leistungsbewertung

a) Bewertung von Leistungen bei Tragwerksplanungen

12   Das Honorar richtet sich grundsätzlich nach der schriftlichen Vereinbarung, die die Vertragsparteien bei Auftragserteilung im Rahmen der durch diese Verordnung festgesetzten Mindest- und Höchstsätze treffen (§ 7 Abs. 1). Sofern nicht bei Auftragserteilung etwas anderes schriftlich vereinbart worden ist, gelten die jeweiligen Mindestsätze als vereinbart (§ 7 Abs. 5). Die **Mindest- und Höchstsätze** der Honorare sind **gestaffelt nach anrechenbaren Kosten und Honorarzonen** für die Tragwerksplanung in § 52 Abs. 1 festgelegt. Werden nicht alle Leistungsphasen eines Leistungsbildes übertragen, so dürfen nur die für die übertragenen Phasen vorgesehenen Teilhonorare berechnet werden (§ 8 Abs. 1). Die Höhe der **Teilhonorare** wird im Leistungsbild Tragwerksplanung **in Prozentsätzen der Honorare des § 51 Abs. 5 i. V. m. Anlage 14.1** angegeben. Die Angabe dieser Prozentsätze wird *„Bewertung"* genannt. Diese Bewertung ist der in dieser Verordnung festgelegte Anteil in Prozent der schriftlich zu vereinbarenden Honorare des § 52 oder, für den Fall, dass eine schriftliche Vereinbarung nicht vorliegt, der dort angegebenen Mindestsätze und somit die Festsetzung der Vergütung für die Leistungen der betreffenden Leistungsphase. Werden nicht alle Teilleistungen einer Leistungsphase übertragen, so darf für die übertragenen Grundleistungen nur ein Honorar berechnet werden, das dem Anteil der übertragenen Leistung an der gesamten Leistungsphase entspricht (§ 8 Abs. 2). Die **Anteile einzelner Teilleistungen,** die unter **einer Leistungsphase** zusammengefasst sind, **an der Gesamtleistung** dieser Leistungsphase sind bis auf die Ausnahme der in § 51 Abs. 2 behandelten Sonderfälle bei der Leistungsphase 5 (Schalpläne) in der Verordnung **nicht** angegeben. Der Anteil wird also für jeden Einzelfall gesondert zu bemessen sein. Der Versuch, die Anteile der einzelnen Grundleistungen an der betreffenden Leistungsphase generell festzulegen, muss „wegen der Vielfalt der einzelnen Grundleistungen und der von Objekt zu Objekt unterschiedlichen Verhältnisse" scheitern (vgl. amtliche Begründung zur ersten Fassung von 1977 – BR-Drucks. 270/76, S. 10). Es wird also Aufgabe der Vertragsparteien sein, die jeweiligen Anteile der zu erbringenden einzelnen Grundleistungen einer Leistungsphase selbst zu bewerten und die Bewertung vertraglich zu fixieren. Den Vertragsparteien ist aber aus preisrechtlichen Gründen nur ein eingeschränkter Spielraum eingeräumt worden.

Das OLG Düsseldorf hat im Urteil vom 26.2.2005 (BauR 2005, 1820) entschieden, dass die vollzählige Ausführung aller Grundleistungen nicht unbedingt Voraussetzung für das Entstehen des auf die jeweilige Leistungsphase entfallenden Honorars ist. Damit hebt das OLG Düsseldorf im Gegensatz zum BGH-Urteil vom 24.6.2004 (BGHZ 150, 376; IBR 2004, 512) klarer auf das werkvertraglich geschuldete Erfolgsprinzip ab und nicht auf einzelne Arbeitsschritte.

Die **Bewertungssätze** für die Grundleistungen der **Leistungsphasen 1 bis 6** addieren sich zu **100%** der Honorare aus § 51, d. h., bei der vollständigen Erbringung aller Grundleistungen der Leistungsphasen 1 bis 6 beträgt die Vergütung das volle Honorar aus § 51. Nach der amtlichen Begründung (BR-Drucks. 270/26, S. 65) zur ersten Fassung von 1977 wurde die Bewertung der Leistungsphasen in Anlehnung an die Bewertung im Ingenieurvertragsmuster – Statik und Prüfung der Statik – des BMSchatz von 1968 (a. a. O.) vorgenommen. Die Bewertungen der Teilleistungen im Ingenieurvertragsmuster, die dort Teilleistungssätze genannt waren, lassen sich mit den Bewertungen der Grundleistungen des § 51 aber kaum vergleichen.

b) Sonderfälle der Leistungsphase 5

13   Eine **Reduzierung der Bewertung der Ausführungsplanung** von 40% auf 30%, die in § 64 Abs. 2 Fassung 1996/2002 und § 49 Abs. 2 a. F. (dort 42% auf 26%) enthalten war, ist in **Absatz 2** um 4% auf nunmehr 30% gestiegen und zwar

– im Stahlbeton für den Fall, dass keine Schalpläne in Auftrag gegeben werden,
– im Holzbau für den Fall eines **unterdurchschnittlichen** Schwierigkeitsgrades.
Die amtliche Begründung hierfür besagt lediglich, dass Kürzung der Honorare im Holzbau mit unterdurchschnittlichem Schwierigkeitsgrad, d. h. sofern das Tragwerk in die Honorarzonen I und II einzuordnen ist, auf diesen Bereich beschränkt bleibt, weil der Aufwand im modernen Ingenieurholzbau gegenüber dem zimmermannsmäßigen Holzbau, der regelmäßig in den Honorarzonen III bis V angewandt wird, besonders hoch sei (BR-Drs. 334/13).

Entfallen ist auf weiterhin die Leistung der Ziffer 2) der Fassung 1996/2002 (§ 64 Abs. 2) „*... im Stahlbau für den Fall, dass der Auftragnehmer die Werkstattzeichnungen nicht auf Übereinstimmung mit der Genehmigungsplanung und den Ausführungszeichnungen gemäß Anlage 13 Leistungsphase 5 überprüfen muss und ...*". Der VO-Geber sah für die Leistungen im Stahl- und Holzbau bei denen erfahrungsgemäß keine Schalpläne anfallen, eine Klarstellungsnotwendigkeit, die er durch Streichung dieser Ziffer 2) bezüglich des Stahlbaues vornahm. Der Leistungsvorteil im Stahlbau wird dann kompensiert, wenn der Auftragnehmer quasi eine weitere, bereits im Leistungsbild der Anlage 13 (Fassung 2009) nicht erwähnte Leistung, nämlich das „*Überprüfen der Werkstattzeichnungen mit der Genehmigungsplanung und den Ausführungszeichnungen*", erbringt. In Anlage 14.1 ist in der rechten Spalte der Besonderen Leistungen nun in Leistungsphase 5 die Anfertigung der Werkstattzeichnung im Stahl- und Holzbau vorgesehen. Die Prüfung der Übereinstimmung ist damit Grundleistung der Leistungsphase 5 Ziffer a) geworden „*... Durcharbeiten der Ergebnisse der Leistungsphasen 3 und 4 unter Beachtung der durch die Objektplanung integrierten Fachplanungen*".

Mit der Bestimmung in Abs. 2 wird indirekt eine Teilleistung, nämlich die Anfertigung von Schalplänen, in der Leistungsphase 5 – Ausführungsplanung – bewertet. Aus der Reduktion des Bewertungssatzes von 40 v. H. auf 30 v. H. ergibt sich der Anteil für die Leistung des **Anfertigens der Schalpläne** aus der Leistungsphase 5 – Ausführungsplanung – mit einem **Bewertungssatz von 10 v. H.** der Honorare des § 51. Es ist dies neben der Regelung bei der Technischen Ausrüstung in § 55 Abs. 2 der seltene Fall in den Leistungsbildern der HOAI, in dem der Anteil einer einzelnen Teilleistung an der gesamten Leistungsphase vom Verordnungsgeber festgelegt ist **und nicht von den Vertragsparteien auf Grund der Verhältnisse des Einzelfalles bewertet werden darf.**

Der auf 30 v. H. reduzierte Bewertungssatz bei Fortfall der Anfertigung von Schalplänen im Stahlbetonbau gilt auch für die Ausführungsplanung im Holzbau. Weil im Holzbau keine Schalpläne anfallen, wird dieser Leistungsvorteil im Holzbau dann kompensiert, wenn der Auftragnehmer quasi eine weitere, im Leistungsbild der Anlage 14.1 nicht erwähnte Leistung, nämlich das „*Überprüfen der Werkstattzeichnungen mit der Genehmigungsplanung und den Ausführungszeichnungen*", erbringt. Im Holzbau wird davon ausgegangen, dass bei Erbringung sämtlicher Grundleistungen für Tragwerke der Honorarzone I oder II **(mit sehr geringem oder geringem Schwierigkeitsgrad)** ein Honoraranteil von insgesamt 90 % der Honorare des § 52 ausreicht. Der VO-Geber hat dies auch damit begründet, weil der Aufwand in dem modernen Holzingenieurbau gegenüber dem zimmermannsmäßigen Holzbau, der regelmäßig in den Honorarzonen III bis V angewandt wird, besonders hoch ist.

c) Besondere Leistungen

Die Besonderen Leistungen, die bereits in § 64 Abs. 3 Fassung 1996/2002 in der **14** 2. Spalte des Leistungsbildes zu den einzelnen Leistungsphasen aufgeführt waren, wurden in der Fassung 2009 in Anlage 2 zur Neufassung unter Punkt 2.10 ausgegliedert mit dem vollen bisherigen Wortlaut, wobei unter Punkt 2.10.9 die Besonderen Leistungen bei Umbauten und Modernisierungen aus dem § 64 Abs. 4 Fassung 1996/2002 übernommen wurden. In der Fassung 2013 wird über § 51 Abs. 5 und § 52 Abs. 2 i. V. m. Anhang 14.1 in der rechten Spalte nun der Wortlaut im Wesentlichen übernommen. Zu den Besonderen Leistungen wird in § 51 Abs. 5 S. 1 und § 3 Abs. 3 S. 1, 3 darauf hingewiesen, dass die Aufzählung nicht abschließend ist und dass die Honorare für Besondere Leistungen frei vereinbart werden können.

15   Der **Katalog der Besonderen Leistungen aus Punkt 2.10 der Anlage 2 der Fassung 2009,** der nachstehend abgedruckt ist, weist die Unterschiede im Wortlaut zur Fassung 2013 auf und ist daher vergleichsweise aufgeführt.

„Aus Anlage 2 Besondere Leistungen

2.10 Leistungsbild Tragwerksplanung

Das Leistungsbild kann folgende Besondere Leistungen umfassen:

2.10.1 Vorplanung (Projekt- und Planungsvorbereitung)

Aufstellen von Vergleichsberechnungen für mehrere Lösungsmöglichkeiten unter verschiedenen Objektbedingungen,

Aufstellen eines Lastenplanes, zum Beispiel als Grundlage für die Baugrundbeurteilung und Gründungsberatung,

Vorläufige nachprüfbare Berechnung wesentlicher tragender Teile,

Vorläufig nachprüfbare Berechnung der Gründung;

2.10.2 Entwurfsplanung (System- und Integrationsplanung)

Vorgezogene, prüfbare und für die Ausführung geeignete Berechnung wesentlich tragender Teile,

Vorgezogene, prüfbare und für die Ausführung geeignete Berechnung der Gründung,

Mehraufwand bei Sonderbauweisen oder Sonderkonstruktionen, zum Beispiel Klären von Konstruktionsdetails,

Vorgezogene Stahl- oder Holzmengenermittlung des Tragwerks und der kraftübertragenden Verbindungsteile für eine Ausschreibung, die ohne Vorliegen von Ausführungsunterlagen durchgeführt wird,

Nachweise der Erdbebensicherung;

2.10.3 Genehmigungsplanung

Bauphysikalische Nachweise zum Brandschutz,

Statische Berechnung und zeichnerische Darstellung für Bergschadenssicherungen und Bauzustände, soweit diese Leistungen über das Erfassen von normalen Bauzuständen hinausgehen,

Zeichnungen mit statischen Positionen und den Tragwerksabmessungen, den Bewehrungs-Querschnitten, den Verkehrslasten und der Art und Güte der Baustoffe sowie Besonderheiten der Konstruktionen zur Vorlage bei der bauaufsichtlichen Prüfung anstelle von Positionsplänen,

Aufstellen der Berechnungen nach militärischen Lastenklassen (MLC),

Erfassen von Bauzuständen bei Ingenieurbauwerken, in denen das statische System von dem des Endzustands abweicht;

2.10.4 Ausführungsplanung

Werkstattzeichnungen im Stahl- und Holzbau einschließlich Stücklisten,

Elementpläne für Stahlbetonfertigteile einschließlich Stahl- und Stücklisten,

Berechnen der Dehnwege, Festlegen des Spannvorganges und Erstellen der Spannprotokolle im Spannbetonbau,

Wesentliche Leistungen, die infolge Änderungen der Planung, die vom Auftragnehmer nicht zu vertreten sind, erforderlich werden,

Rohbauzeichnungen im Stahlbetonbau, die auf der Baustelle nicht der Ergänzung durch die Pläne des Objektplaners bedürfen;

2.10.5 Vorbereitung der Vergabe

Beitrag zur Leistungsbeschreibung mit Leistungsprogramm des Objektplaners[1],

---

[1] **[Amtl. Anm.:]** Diese Besondere Leistung wird bei Leistungsbeschreibung mit Leistungsprogramm Grundleistung. In diesem Fall entfallen die Grundleistungen dieser Leistungsphase.

Beitrag zum Aufstellen von vergleichenden Kostenübersichten des Objektplaners, Aufstellen des Leistungsverzeichnisses des Tragwerks;

2.10.6 Mitwirkung bei der Vergabe

Mitwirken bei der Prüfung und Wertung der Angebote Leistungsbeschreibung mit Leistungsprogramm,

Mitwirken bei der Prüfung und Wertung von Nebenangeboten,

Beitrag zum Kostenanschlag nach DIN 276 aus Einheitspreisen oder Pauschalangeboten;

2.10.7 Objektüberwachung (Bauüberwachung)

Ingenieurtechnische Kontrolle der Ausführung des Tragwerks auf Übereinstimmung mit den geprüften statischen Unterlagen,

Ingenieurtechnische Kontrolle der Baubehelfe, zum Beispiel Arbeits- und Lehrgerüste, Kranbahnen, Baugrubensicherungen,

Kontrolle der Betonherstellung und -verarbeitung auf der Baustelle in besonderen Fällen sowie statische Auswertung der Güteprüfungen,

Betontechnologische Beratung;

2.10.8 Objektbetreuung und Dokumentation

Baubegehung zur Feststellung und Überwachung von der Standsicherheit betreffenden Einflüssen;

2.10.9 Besondere Leistungen bei Umbauten und Modernisierungen

Mitwirken bei der Überwachung der Ausführung der Tragwerkseingriffe."

Fassung 2013 – Anlage 14.1 – rechte Spalte

Leistungsphase 2 – Vorplanung (Projekt- und Planungsvorbereitung)
– Aufstellen von Vergleichsberechnungen für mehrere Lösungsmöglichkeiten unter verschiedenen Objektbedingungen – Aufstellen eines Lastenplanes, zum Beispiel als Grundlage für die Baugrundbeurteilung und Gründungsberatung – Vorläufige nachprüfbare Berechnung wesentlicher tragender Teile – Vorläufige nachprüfbare Berechnung der Gründung
Leistungsphase 3 – Entwurfsplanung (System- und Integrationsplanung)
– Vorgezogene, prüfbare und für die Ausführung geeignete Berechnung wesentlich tragender Teile – Vorgezogene, prüfbare und für die Ausführung geeignete Berechnung der Gründung – Mehraufwand bei Sonderbauweisen oder Sonderkonstruktionen zum Beispiel Klären von Konstruktionsdetails – Vorgezogene Stahl- oder Holzmengenermittlung des Tragwerks und der kraftübertragenden Verbindungsteile für eine Ausschreibung, die ohne Vorliegen von Ausführungsunterlagen durchgeführt wird. – Nachweise der Erdbebensicherung

Leistungsphase 4 – Genehmigungsplanung
– Nachweise zum konstruktiven Brandschutz, soweit erforderlich unter Berücksichtigung der Temperatur (Heißbemessung) – Statische Berechnung und zeichnerische Darstellung für Bergschadenssicherungen und Bauzustände bei Ingenieurbauwerken, soweit diese Leistungen über das Erfassen von normalen Bauzuständen hinausgehen – Zeichnungen mit statischen Positionen und den Tragwerksabmessungen, den Bewehrungs-Querschnitten, den Verkehrslasten und der Art und Güte der Baustoffe sowie Besonderheiten der Konstruktionen zur Vorlage bei der bauaufsichtlichen Prüfung anstelle von Positionsplänen – Aufstellen der Berechnungen nach militärischen Lastenklasse (MLC) – Erfassen von Bauzuständen bei Ingenieurbauwerken, in denen das statische System von dem des Endzustandes abweicht – Statische Nachweise an nicht zum Tragwerk gehörende Konstruktionen (z. B. Fassaden)

Leistungsphase 5 – Ausführungsplanung
– Konstruktion und Nachweise der Anschlüsse im Stahl- und Holzbau – Werkstattbezeichnungen im Stahl- und Holzbau einschließlich Stücklisten, Elementpläne für Stahlbetonfertigteile einschließlich Stahl- und Stücklisten – Berechnen der Dehnwege, Festlegen des Spannvorganges und Erstellen der Spannprotokolle im Spannbetonbau – Rohbauzeichnungen im Stahlbetonbau, die auf der Baustelle nicht der Ergänzung durch die Pläne des Objektplaners bedürfen

Leistungsphase 6 – Vorbereitung der Vergabe
– Beitrag zur Leistungsbeschreibung mit Leistungsprogramm des Objektplaners[x)] – Beitrag zum Aufstellen von vergleichenden Kostenübersichten des Objektplaners – Beitrag zum Aufstellen des Leistungsverzeichnisses des Tragwerks
[x)] Diese Besondere Leistung wird bei Leistungsbeschreibung mit Leistungsprogramm Grundleistung. In diesem Fall entfallen die Grundleistungen dieser Leistungsphase

Leistungsphase 7 – Mitwirkung bei der Vergabe
– Mitwirken bei der Prüfung und Wertung der Angebote Leistungsbeschreibung mit Leistungsprogramm des Objektplaners – Mitwirken bei der Prüfung und Wertung von Nebenangeboten – Mitwirken beim Kostenanschlag nach DIN 76 oder anderer Vorgaben des Auftraggebers aus Einheitspreisen oder Pauschalangeboten

Leistungsphase 8 – Objektüberwachung
– Ingenieurtechnische Kontrolle der Ausführung des Tragwerks auf Übereinstimmung mit den geprüften statischen Unterlagen – Ingenieurtechnische Kontrolle der Baubehelfe, zum Beispiel Arbeits- und Lehrgerüste, Kranbahnen, Baugrubensicherungen – Kontrolle der Betonherstellung und -verarbeitung auf der Baustelle in besonderen Fällen sowie Auswertung der Güteprüfungen – Betontechnologische Beratung – Mitwirken bei der Überwachung der Ausführung der Tragwerkseingriffe bei Umbauten und Modernisierungen
Leistungsphase 9 – **Dokumentation und Objektbetreung**
– Baubegehung zur Feststellung und Überwachung von die Standsicherheit betreffenden Einflüssen

7. Grundleistungen im Bestand

a) Grundleistungen im Bestand bei Instandhaltungen und Instandsetzungen

Für Grundl**eistungen** bei Instandhaltungen und Instandsetzungen sind Regelungen in **16** § 12 enthalten. § 12 gilt allgemein für alle Leistungsbilder („Objekte"; § 2 Abs. 1) und ist schriftlich zu vereinbaren. Eine entsprechende Regelung war in § 66 Abs. 5 Fassung 1996/2002 enthalten. Der Zuschlag kann bis 50% erfolgen allerdings nur bei gesonderter Beauftragung der Objektüberwachung oder Bauoberleitung.

b) Grundleistungen bei Umbauten und Modernisierungen

Für Grundleistungen bei **Umbauten und Modernisierungen** kann für Objekte bei **16a** mittlerem Schwierigkeitsgrad ein Zuschlag bis zu 50% vereinbart werden, § 52 Abs. 4. Sofern kein Zuschlag schriftlich vereinbart wird, fällt für Leistungen ab der Honorarzone III kein Zuschlag an. Ansonsten sind die Honorare nach den anrechenbaren Kosten, der Honorarzone, den Leistungsphasen und der Honorartafel, die dem Umbau oder der Modernisierung sinngemäß zuzuordnen ist, zu ermitteln sind (§ 36 Abs. 1, § 52 Abs. 4).

c) Vorhandene Bausubstanz, §§ 2 Abs. 7, 4 Abs. 3

Die Vorschriften über die Berücksichtigung der vorhandenen Bausubstanz sind im **17** Rahmen der Gebäudeplanungen zu berücksichtigen. Sie sind aber auch bei Ingenieurbauten, TGA und Tragwerken zu berücksichtigen, wenn es um Bestandsplanungen geht (zu den Berechnungsgrundsätzen siehe unter § 50 Rdn. 26).

d) Geänderte Leistungen und Wiederholungen, § 10 Abs. 1 und 2

Diese Vorschriften sind ebenfalls anzuwenden, setzen aber eine schriftliche Honorarver- **17a** einbarung und damit zugleich auch eine Vereinbarung über den besonderen Leistungsumfang voraus.

8. Leistungsbilder Objektplanung und Tragwerksplanung im Vergleich Beziehungen und Verknüpfungen

Die **Leistungsbilder für** den planenden und bauleitenden **Architekten** (Objektpla- **18** nung für Gebäude, Freianlagen und Innenausbau, § 34 und § 39) sowie für den planenden und bauleitenden **Ingenieur** (Objektplanung für Ingenieurbauwerke § 43 und für Verkehrsanlagen § 47) **und** für den vor allen Dingen Standsicherheitsnachweise und konstruktive Bearbeitungen erbringenden **Statiker** (Tragwerksplanung, § 51) sind **sehr ähnlich aufgebaut.** Die Leistungsbilder sind in neun Leistungsphasen eingeteilt, die bis auf die

Leistungsphase 8 gleiche Benennungen tragen, obwohl die in ihnen jeweils zusammengefassten Leistungen unterschiedlich sind. In den jeweiligen Untertiteln der Leistungsphasen
2, 3 und 8 werden die Hauptpunkte der zu der betreffenden Leistungsphase gehörenden
Grundleistungen herausgestellt.

Die Übereinstimmungen und Zuordnungen zwischen der Objektplanung für Gebäude
sowie der Objektplanung für Ingenieurbauwerke und der Tragwerksplanung in den Haupt-
und Untertiteln zeigt nachstehender **Vergleich.**

| **Objektplanung**
 für Gebäude (Anlage 10.1 zu § 34)
 für Ingenieurbauwerke (Anl. 12.1 zu
 § 43) | **Tragwerksplanung**
 für Gebäude und für Ingenieurbau-
 werke (Anlage 14.1 zu § 51 Abs. 5) |

1. Grundlagenermittlung

| Ermitteln der Voraussetzungen zur Lösung der Bauaufgabe durch die Planung | Klären der Aufgabenstellung[*] |

2. Vorplanung (Projekt- und Planungsvorbereitung)

| Erarbeiten der wesentlichen Teile einer Lösung der Planungsaufgabe | Erarbeiten des statisch konstruktiven Konzepts des Tragwerks |

3. Entwurfsplanung (System- und Integrationsplanung)

| Erarbeiten der endgültigen Lösung der Planungsaufgabe | Erarbeiten der Tragwerkslösung mit überschlägiger statischer Berechnung |

4. Genehmigungsplanung

| Erarbeiten und Einreichen der Vorlagen für die erforderlichen Genehmigungen oder Zustimmungen (für die öffentlich-rechtlichen Verfahren) | Anfertigen und Zusammenstellen der statischen Berechnung mit Positionsplänen für die Prüfung |

5. Ausführungsplanung

| Erarbeiten und Darstellen der ausführungs-reifen Planungslösung | Anfertigen der Tragwerks-Ausführungs-zeichnungen |

6. Vorbereitung der Vergabe

| Ermitteln der Mengen und Aufstellen von Leistungsverzeichnissen (von Ausschreibungsunterlagen) | Beitrag zur Mengenermittlung und zum Leistungsverzeichnis |

7. Mitwirkung bei der Vergabe

| Ermitteln der Kosten (Einholen und Werten von Angeboten) und Mitwirkung bei der Auftragsvergabe | – – – |

8. Objektüberwachung (Bauüberwachung)

| Überwachen der Ausführung des Objekts (Aufsicht über die örtliche Bauüberwachung, Abnahme und Übergabe des Objekts) | – – – |

9. Objektbetreuung und Dokumentation

| Überwachen der Beseitigung von Mängeln und Dokumentation des Gesamtergebnisses | – – – |

---

[*] Gilt nicht bei der Tragwerksplanung für Ingenieurbauwerken.

In den früheren Gebührenordnungen hat es schon einmal eine ähnliche Übereinstim- **19** mung im Aufbau der Leistungsbilder von Architekten (§ 19 Abs. 1 Nr. 1 lit. a–g GOA) und Bauingenieuren (Nr. 14 Abs. 1a–f GOI) gegeben. Diese Übereinstimmung bestand jedoch in **vergleichbaren Leistungen** der Architekten für Gebäude und bauliche Anlagen nach **GOA** und der Ingenieure für Ingenieurbauwerke nach **GOI,** nämlich den Leistungen des Vorentwurfs, des Entwurfs, der Bauvorlagen u. a., die vergleichbar mit der Objektplanung für Gebäude und der Objektplanung für Ingenieurbauwerke sind.

Bei der Tragwerksplanung werden ingenieurspezifische Leistungen des Statikers, die nicht vergleichbar sind mit den Leistungen der Architekten bei der Objektplanung für Gebäude oder der Ingenieure bei der Objektplanung für Ingenieurbauwerke, den Leistungsbegriffen der Objektplanung zugeordnet. Zum Teil weisen die ingenieurspezifischen Leistungen bei der Tragwerksplanung, die in den Leistungsphasen 2 bis 5 unter Oberbegriffen wie Vorplanung, Entwurfsplanung, Genehmigungsplanung oder Ausführungsplanung eingeordnet sind, wenige oder gar keine planerischen Züge auf. In der Regel werden **Leistungen des Statikers innerhalb bestimmter Leistungsphasen** der Leistung **des Objektplaners** erforderlich oder möglich. Bei der Aufteilung der Leistungen bei der Tragwerksplanung auf einzelne Leistungsphasen hat sich der Verordnungsgeber an die neun Leistungsphasen der Objektplanung gehalten, die Leistungsphasen mit den Oberbegriffen aus der Objektplanung der §§ 34 und 43 bezeichnet und die jeweils zu der betreffenden Leistungsphase der Objektplanung zugehörigen Leistungen der Tragwerksplanung unter diesen Oberbegriffen aufgeführt. Diese gewollte Übereinstimmung in der Bezeichnung der Leistungsphasen erscheint wenig sinnvoll. So wird zum Beispiel in der Leistungsphase 3 der Entwurfsplanung, in der der Objektplaner eine „endgültige" Lösung der Planungsaufgabe zu vollbringen hat, vom Statiker die Tragwerkslösung mit nur „überschlägiger" statischer Berechnung gefordert, dagegen kein Entwurf (Lph 3 Buchstabe b).

Durch den Formalismus der angestrebten **Übereinstimmung in der Benennung der Leistungsphasen** bei der **Objektplanung der Anlage 10.1 zu § 34 und der Anlage 12.1 zu § 43 und** bei **der Tragwerksplanung der Anlage 14.1 zu § 51** werden im Leistungsbild des Ingenieurs zusammenhängende Leistungen teilweise auseinander gerissen und unterschiedlichen Leistungsphasen zugeordnet. So gehört die statische Berechnung der Leistungsphase 4 der Genehmigungsplanung an, während die Anfertigung der Ausführungszeichnungen zur Ausführungsplanung, also zur Leistungsphase 5, gezählt wird. In der ersten Fassung wurden sogar diese beiden eng zusammenhängenden Leistungen des Ingenieurs bei der Tragwerksplanung auf der Grundlage unterschiedlich anrechenbarer Kosten honoriert, was mit der Novellierung von 1985 geändert wurde.

Zur **Auslegung von Planungsverträgen** hat der BGH im Urteil vom 26.7.2007 (BauR 2007, 1761; NZBau 2007, 653) ausgeführt, dass die Parteien eines Planungsvertrages durch Bezugnahme auf die Leistungsbilder oder Leistungsphasen der HOAI diese zum Gegenstand der vertraglichen Leistungspflicht machen können und diese eine Auslegungshilfe zur Bestimmung der vertraglich geschuldeten Leistung darstellten. Soweit sich aus dem Vertrag keine Besonderheiten ergeben, sei davon auszugehen, dass die Parteien lediglich die Grundleistungen zum von der Vergütungsvereinbarung erfassten Vertragsgegenstand erheben, während die in den einzelnen Leistungsphasen erfassten Besonderen Leistungen auch besonders zu vergüten seien.

II. Die einzelnen Leistungsbilder in Abs. 1

1. Hinweis auf die Erläuterung der Leistungsbilder

Das detaillierte Leistungsbild der Anlage 14.1, die oben nach dem Verordnungstext des § 51 abgedruckt ist, wird nachfolgend erläutert.

In § 51 Abs. 5 wird darauf hingewiesen, dass die einzelnen Leistungen der aufgeführten **20** sechs Leistungsphasen in Anlage 14.1 geregelt sind. In Anlage 14.1 wurde auch das Leistungsbild aus § 64 Abs. 1 HOAI Fassung 1996/2002 unverändert übernommen.

Weiterhin wird angemerkt, dass die Leistungen im Leistungsbild ausschließlich preis-rechtlichen Charakter haben und dass die HOAI für den Inhalt von Architekten- und In-genieurverträgen keine Leistungspflichten festlegt, wenngleich für die Beschreibung des Leistungssolls die HOAI zur Auslegung herangezogen werden kann.

Weiterhin wird bereits bei der Einordnung und Erläuterung der einzelnen **Grundleis-tungen** und Leistungsphasen auf die Bewertung der Teilleistungen eingegangen. Dies er-scheint sinnvoll, weil die Teilleistungen nach § 8 Abs. 1 und Abs. 2 bereits von den Ver-tragsparteien bei Vertragsgestaltung zu berücksichtigen sind und in zunehmendem Maße sowohl vom öffentlichen, wie auch von privaten Auftraggebern in die Vertragswerke einbe-zogen werden. Bei der Angabe der Bewertungen werden im Wesentlichen die Einordnun-gen nach Simmendinger und Siemon (siehe Anhang 4 dieses Werkes) zugrunde gelegt und auch verglichen. Allerdings sind dieses – das muss betont werden – nur übliche Nähe-rungswerte an, die in der Praxis noch variieren können. Dabei spielen insbesondere die Vereinbarungen und das Leistungssoll des Auftragnehmers eine große und zu berücksichti-gende Rolle. Die Einordnungen sind daher nicht schematisch zu übernehmen. Jedoch können sie eine Grundlage der Festlegung in Verträgen bieten (siehe die üblichen Muster-verträge und insbesondere die des öffentlichen Auftraggebers und in der RBBau).

Die **Besonderen Leistungen** befinden sich in der amtlichen Fassung auf der rechten Spalte der Anlage 14.1 und werden hier direkt nach den Grundleistungen besprochen.

2. Leistungsbilder

2.1 Grundlagenermittlung

a) Klären der Aufgabenstellung aufgrund der Vorga-ben oder der Bedarfsplanung des Auftraggebers im Benehmen mit dem Objektplaner
b) Zusammenstellen der die Aufgabe beeinflussen-den Planungsabsichten
c) Zusammenfassen, Erläutern und Dokumentieren der Ergebnisse

Bewertung 3,0%

Teilleistungsaufstellung nach	Simmendinger	Siemon
zu a)	2,0%	3.0
zu b)	0,5%	in a) enthalten
zu c)	0,5%	in a) enthalten

Vergleich zu Fassung 2009:

Teilleistungsaufstellung nach		Simmendinger	Siemon
zu a)	(bei Gebäuden)	3,0%	3,0%
zu a)	(bei Ingenieurbauwerken)	gleich	gleich

Zusammen: 3%

2.1.1 Grundleistungen

21   Die Grundlagenermittlung war eine in früheren Gebührenordnungen (GOI, LHO, Muster BMSchatz) nicht gesondert ausgewiesene und bewertete Teilleistung. **Sie gilt bei der Tragwerksplanung für Gebäude und zugehörige bauliche Anlagen,** jedoch nicht bei Ingenieurbauwerken nach § 41 Nrn. 6 und 7 (Konstruktive Ingenieurbauwerke für Verkehrsanlagen und sonstige Einzelbauwerke). Das mit 3% der Honorarsätze des § 51 Abs. 5 i. V. m. Anlage 14.1 bewertete **„Klären der Aufgabenstellung",** das **„im Be-nehmen mit dem Objektplaner"** erfolgen soll, musste auch bisher je nach Lage des Einzelfalls vom Statiker (und zwar ohne besondere Vergütung) erbracht werden.

In der Regel wird sich der Statiker (Tragwerksplaner) vor einer Bearbeitung mit dem Architekten (Objektplaner) ins Benehmen setzen, um die Grundlagen seiner Bearbeitung zu klären. Eventuell werden auch während der Bearbeitung Kontakte („Ins-Benehmen-setzen") mit dem Architekten zur Klärung der Aufgabenstellung notwendig werden.

Bei **üblichen Aufgaben,** also nicht außergewöhnlichen Gebäuden und zugehörigen baulichen Anlagen, wird **ein besonderes Klären** der Aufgabenstellung dann **nicht notwendig** sein, wenn die Leistungsbeschreibung für den Tragwerksplaner eindeutig ist und **eindeutige** Planunterlagen des Objektplaners für die Leistungen des Tragwerksplaners in den Phasen der Entwurfs- und Ausführungsplanung – also im Wesentlichen für das Aufstellen der Statik und das Anfertigen der Ausführungspläne – vorliegen. Eventuelle **Gespräche mit dem Architekten,** z.B. zur Klärung nicht eindeutiger Angaben über Baustoffe und Gestaltung (Beton oder Mauerwerk, Putz oder Sichtbeton, Ortbeton- oder Fertigteilstürze), können **nicht schon** als **Klären der Aufgabenstellung** i.S. der Leistungsphase 1 angesehen werden. Derartige Rückfragen haben nur rezeptiven Charakter und sind außer mit einem gewissen Arbeitsaufwand nicht mit einer eigentlichen Ingenieurleistung verbunden, sondern gehören zu dem notwendigen und mit dem Aufstellen der Statik und dem Anfertigen von Ausführungsplänen verbundenen Aufwand. Zum „Klären" gehört auch die Zusammenstellung der öffentlich-rechtlichen, ökologischen und umweltbeeinflussenden Anforderungen, sofern sie bei Tragwerksplanungen überhaupt eine Rolle spielen. Jedoch gehören – unabhängig von möglichen Besonderen Leistungen – auch Ermittlungen und Zusammenstellungen zu Bodenverhältnissen, Gründungen, vorhandenen Altsubstanzen, Deponiegründungen, Grundwasser und Oberflächenwasser, Gesteinsverhältnisse, Immissionen und Emissionen der Luft, Schall-, Wärme- und Brandschutz (Vorschriften) und vom Auftraggeber mitzuteilenden Nutzungsanforderungen eine jeweils zu berücksichtigende Rolle. Allerdings müssen die Leistungen in ihrer Bedeutung des Leistungssolls gegenüber den üblichen Grundleistungserfordernissen zurücktreten, denn ansonsten handelt es sich um eine Besondere Leistung oder wäre sogar nach § 10 zu bewerten.

Bei unüblichen und **außergewöhnlichen Aufgaben,** bei denen die Objektplanung nicht unwesentlich von den statischen Gegebenheiten und Möglichkeiten abhängt, wird ein **Klären der Aufgabenstellung notwendig.** In solchen Fällen ist aber auch eine Vorplanung regelmäßig unumgänglich. Wenn eine Vorplanung des Tragwerks erforderlich wird, kann im Allgemeinen davon ausgegangen werden, dass dann auch immer die Grundlagenermittlung der Leistungsphase 1 durchgeführt werden muss, auch wenn es sich nicht unbedingt um eine unübliche und außergewöhnliche Aufgabe handelt.

Für Ingenieurbauwerke nach § 41 Nr. 6 und 7 (Konstruktive Ingenieurbauwerke für Verkehrsanlagen und sonstige Einzelbauwerke) obliegt die Grundlagenermittlung auch auf dem Gebiet der Tragwerksplanung dem Objektplaner des Ingenieurbauwerks (Anlage 12.1 Leistungsphase 1d).

Werden jedoch bei üblichen Aufgaben für nicht außergewöhnliche Gebäude **trotz eindeutiger Planunterlagen** und Angaben des Objektplaners **häufige Rücksprachen** oder häufige Teilnahme an Besprechungen gefordert, so können diese Leistungen im Allgemeinen **nicht** als Leistungen der Leistungsphase 1 zur Grundlagenermittlung angesehen werden, sondern **sind Besondere Leistungen.**　**22**

Werden häufige Rückfragen, Teilnahme an Baubesprechungen u.ä. erforderlich, weil　**23** Pläne und sonstige Unterlagen unklar und in erheblichem Maße unvollständig sind, **übersteigt** also der Aufwand das **üblicherweise objektiv erforderliche Maß,** so kann der **Mehraufwand, der auf mangelnde** Vorbereitung oder **Koordinierung des Bauherrn** oder des Objektplaners **zurückzuführen ist,** nicht der Grundlagenermittlung aus Leistungsphase 1 zugerechnet werden. Diese ist dann als Besondere Leistung nach § 3 Abs. 3 S. 3 zu bewerten und zu vereinbaren. Ebenfalls ist ergänzend und daneben gem. § 10 Abs. 1 und 2 eine Ergänzungs- und Wiederholungsleistung in Betracht zu ziehen.

Neu aufgenommen wurde Buchstabe c). Dabei handelt es sich um eine Gleichschaltung der Erfordernisse und Tätigkeiten zu dem Objektplaner hin, § 34 i.V.m. Anlage 10.1. Dies beruht auf dem Gedanken des § 3 Abs. 8 HOAI 2009, wonach der Auftraggeber eine Klärung der Leistung nach jeder Leistungsphase verlangen konnte und umgekehrt der Auftragnehmer auch Zwischenabnahmen verlangen konnte. Dazu sind die Zusammenstellung der Dokumentationen und Arbeitsergebnisse erforderlich. Zudem sollen sie auch dazu dienen den Leistungsabschnitt abzuschließen, insbesondere, wenn nur diese Leistung beauftragt wurde, wie bei Wettbewerben des öffentlichen Auftraggebers.

2.1.2 Besondere Leistungen

24   Anlage 14.1 – rechte Spalte führt keine besonderen Leistungen beispielhaft auf. Es kommen allerdings in Betracht gesonderte Beauftragungen zu Bestandsaufnahmen von vorhandenen Baukonstruktionen, von Prüfungen vorhandener Altpläne, Nachberechnungen und Umrechnungen von Konstruktionen und bestehenden Bauteilen, sowie von nicht statischen Bauteilen.

Dennoch können solche Leistungen frei inhaltlich und honorarmäßig vereinbart werden. Eine schriftliche Vereinbarung ist zu empfehlen, aber nicht zwingend.

Die Honorierung erfolgt im Rahmen der freien Vereinbarkeit in Erhöhungen von Prozenten der Leistungsphasen, der Stundenhonorare oder Pauschalen. Eingehend ist aber auf Heft 3 der AHO hinzuweisen, welche eingehende Berechnungsempfehlungen enthält (AHO Heft 3 – HOAI – Besondere Leistungen bei der Tragwerkwerksplanung – Besondere Leistungen zur HOAI 2009 Teil 4 § 49 mit Anlage 13, Stand 2010). Danach kann sich folgende Honorierung nach entsprechenden vereinbarten Tätigkeiten – in der Reihenfolge der im Verordnungstext (siehe oben) dargestellten Leistungen ergeben:
– **Mitwirken** bei der Festlegung besonderer, in den Normen nicht geregelter Einwirkungen oder Nachweise. Hier kann ein Ansatz von **1 % bis 3 %** vereinbart werden.

Beim **Planen im Bestand:**
– **Ermitteln** des Leitungsumfangs notwendiger Bestandsaufnahmen und Materialuntersuchungen im Rahmen der Bedarfsermittlung. Der Aufwand wird meist nach Stundensatz vergütet.
– **Begleitung und Koordination** von Untersuchungen im Bestand, von Belastungsuntersuchungen, Materialprüfungen, usw. Der Aufwand wird meist nach Stundensatz vergütet.
– **Ortsbesichtigungen.** Der Aufwand wird meist nach Stundensatz vergütet.
– **Bewerten der Standsicherheit** bestehender baulicher Anlagen. Der Aufwand wird meist nach Stundensatz vergütet.

2.1.3 Haftung

25   Haftungsfragen sind in diesem Stadium der Leistung eher sehr selten anzusprechen. Zudem ist zu unterscheiden zwischen reiner Gewährleistung nach Abnahme oder Teilabnahme der Leistung des Tragwerkplaners und der eigentlichen Haftungsfrage, wegen eines tatsächlichen Versehens bei der Leistungserbringung, die zu einem Nachteil und/oder Schaden beim Auftraggeber oder Dritter im Zusammenhang mit der Tragwerksplanung Befasster oder Begünstigter, sowie bei gesamtschuldnerischer Haftung zusammen mit Unternehmern zu Lasten auch dieser führte. Im Rahmen der Vorbereitung der eigentlichen eigenen Planungsleistungen ist das „Klären der Aufgabenstellung" bei Haftungsfragen so zu interpretieren, dass der Tragwerksplaner etwas nicht berücksichtigte bei der Erfragung des Leistungssolls und des Leistungsumfangs, sowie der Wünsche des Auftraggebers, was jedem in vergleichbarer Situation sofort ins Auge gefallen wäre. Da zum Beispiel bei den Grundleistungen die Berücksichtigung der Frage, ob und welche **erdbebensicheren Konstruktionen** zu Anwendung kommen müssen, nur dann von Interesse ist, wenn diese Frage auch tatsächlich relevant werden kann (siehe Eifel, Alpenraum, Südwestdeutschland, sowie die Grubengebiete Ruhrgebiet, Saarland und Sachsen, Sachsen-Anhalt und Thüringen), ist diese Frage zum einen an der üblichen Notwendigkeit einer solchen Ermittlung und andererseits am Vertragsgegenstand/-soll zu messen. Das gilt auch für die anderen Problempunkte, die schon bei der Abgrenzung der Grundleistungen zu den Besonderen Leistungen genannt wurden. Grundsätzlich dürften im Üblichen Falle einer **Neukonstruktion** die **Boden- und Grundwasserverhältnisse** immer eine zu berücksichtigende Rolle spielen.

Schwierige Bodenverhältnisse, Hänge, Unterfangungen, Böschungen sind nur Beispiele dieser Üblichkeit, die es zu berücksichtigen gilt. Wird beim Klären und beim Zusammenstellen der Unterlagen das übersehen und auch kein Hinweis erteilt, so liegt ein Mangel des Werkes vor. Kann das nicht nachgeholt werden, so ist dieses Versehen haftungs-/schadenersatzträchtig nach § 634 Nr. 4, 636, 280, 281, 283, 311a BGB oder auch nach anderen Regeln, wie §§ 280, 281 BGB. Dies folgt aus der allgemeinen Beratungspflicht des Tragwerksplaners an dieser Stelle. Er hat den Auftraggeber über Notwendigkeiten der Ermittlung, ggfs. Einschaltung weiterer Fachplaner und Berater zu informieren und nachhaltig darauf hinzuwirken, dass diese eingeschaltet werden. Eigene Leistungspflichten, die über den vertraglichen Rahmen hinausgehen, hat er aber nicht. Hinzuwirken hat der Tragwerksplaner auf die Vorgaben zum Brandschutz, Innenausbau und TGA-Leistungen durch den Auftraggeber, um diese Ergebnisse bereits zu diesen in die eigenen Vorgaben einfließen zu lassen. Allerdings ist der Auftraggeber selbst oder auch über den planenden Architekten dazu verpflichtet, fehlende Unterlagen oder Anweisungen beizubringen. Bei Nichteinhaltung entsteht im Verhältnis zwischen Tragwerksplaner und Auftraggeber ein Mitverschulden des Auftraggebers an einem eingetretenen Schaden, dass je nach Schwere zu Lasten des Auftraggebers einzelfallbezog ausschlagen kann. Der Auftraggeber hat seinerseits einen Anspruch gegen den Architekten, wenn dieser nicht auf die erforderliche Mitwirkung und Unterlagen hinwirkte, wenn nur er die Ergebnisse aus eigener Tätigkeit oder bei der eigenen Zusammenstellung von Anweisungen des Auftraggebers und Unterlagen anderer an der Planung Beteiligter sammeln konnte. Insoweit wird im Regelfall von einer gleichen Verschuldensquote auf jeder Seite auszugehen sein. Allerdings wird man auch davon ausgehen müssen, dass der Tragwerksplaner keinen Anspruch gegen den Auftraggeber auf fehlerfreie Mitwirkung des Architekten hat. Denn auch beim Tragwerksplaner verbleibt ein Rest der Tätigkeitspflicht im Zusammenhang mit dem Zusammenstellen der Unterlagen und Klären der Aufgabenstellung.

Der mit der **Grundlagenermittlung beauftragte** Planer muss mit dem Auftraggeber erörtern, ob dieser trotz ihm bekannter **risikoreicher Bodenverhältnisse** – z.B. unzureichende Standsicherheit des Bauvorhabens wegen der Lage an einem abbruchgefährdeten Steilhang – am Bauvorhaben festhalten will. Unterlässt der Planer die gebotene Erörterung der Leistungsphase 1 (übertragen), ist er **beweispflichtig** dafür, dass der Bauherr an dem Bauvorhaben festhalten wollte und sich der Tragweite der Entscheidung auch bewusst war (BGH, Urt. v. 20.6.2013 – VII ZR 4/12). Muss sich dem Auftraggeber aufgrund eigener Kenntnis der tatsächlichen Umstände aufdrängen, dass die Planung des Architekten sowie die Statik des Tragwerkplaners eine bestimmte Gefahrenlage in Kauf nehmen, verstößt der Auftraggeber regelmäßig gegen die in seinem eigenen Interesse bestehende Obliegenheit, sich selbst vor Schäden zu bewahren, wenn er die Augen vor der Gefahrenlage verschließt und das Bauvorhaben durchführt (BGH, a. a. O.).

Nicht gefolgt werden kann der Darstellung in Locher/Koeble/Frik, HOAI, 12. Aufl., § 51 Rdn. 23, wonach der Architekt grundsätzlich von der Verantwortung für **statische Berechnungen** freigestellt ist. Zwar mögen statischen Berechnungen an sich nicht dem Leistungsbild des Objektplaners entsprechen. Jedoch sind die Ausbildungen im Grundlagenstudium gleich und damit auch vergleichbar. Offensichtliche Fehler und Fehler aufgrund falscher angenommener Rahmenbedingungen und Vorgaben, sind jedoch erkennbar und Haftungsinhalt.

Baugrundverhältnisse und Grundwasserverhältnisse sind vom Architekten zu klären. Der Tragwerksplaner kann sich üblicherweise darauf verlassen (OLG Koblenz, BauR 2005, 422). Wenn diese nicht geklärt wurden und der Tragwerksplaner die üblichen Verhältnisse zugrunde legte, besteht ein Mangel des Werkes (BGH, BauR 2013, 1468 = NZBau 2013, 519). Werden später an dem Bauwerk hierdurch Risse offenbar, haftet er alleine (Schäfer/Finnern/Hochstein/Korbion, Z 3.01 Bl. 42). Zweifelhaft ist, ob der Tragwerksplaner sich dadurch entlasten kann, dass er in seinen Ausführungen deutlich darauf hinweist, dass nicht alle Kriterien der sicheren Berechnung ermittelt werden konnten und er einen weiteren Fachplaner/Sachverständigen empfehle (für Haftung: BGH, BauR 2013, 1468 = NZBau 2013, 519). Das ist dann zweifelhaft, wenn der Tragwerksplaner – wie im

Regelfall – auch keine eigenen Ermittlung anzustellen hat und sich auf die Vorgaben des Auftraggebers und Architekten zu verlassen hat. Sicherlich richtig ist, dass der Tragwerksplaner den Auftraggeber auf die damit verbundenen Risiken frühzeitig in der Leistungsphase 1 hinzuweisen hat (BGH, BauR 2013, 1472 – Steilküste).

Es besteht allerdings **keine allgemeine Beratungspflicht** von Architekt und Tragwerksplaner, bei baulichen Maßnahmen an einer Schulsporthalle dem Auftraggeber die Hinzuziehung eines Holzfachgutachters zur Prüfung der Dachbinderkonstruktion zu empfehlen (OLG Schleswig, Urt. v. 10.10.2013 – 1 U 107/12).

2.2 Vorplanung

a) Analysieren der Grundlagen
b) Beraten in statisch-konstruktiver Hinsicht unter Berücksichtigung der Belange der Standsicherheit, der Gebrauchsfähigkeit und der Wirtschaftlichkeit
c) Mitwirken bei dem Erarbeiten eines Planungskonzepts einschließlich Untersuchung der Lösungsmöglichkeiten des Tragwerks unter gleichen Objektbedingungen mit skizzenhafter Darstellung, Klärung und Angabe der für das Tragwerk wesentlichen konstruktiven Festlegungen für zum Beispiel Baustoffe, Bauarten und Herstellungsverfahren, Konstruktionsraster und Gründungsart
d) Mitwirken bei Vorverhandlungen mit Behörden und anderen an der Planung fachlich Beteiligten über die Genehmigungsfähigkeit
e) Mitwirken bei der Kostenschätzung und bei der Terminplanung
f) Zusammenfassen, Erläutern und Dokumentieren der Ergebnisse

Bewertung 10,0%

Teilleistungsaufstellung nach	Simmendinger	Siemon
zu a)	0,25%	0,5% bis 2,0%
zu b)	2,5%	in a) enthalten
zu c)	6,0%	7,5% bis 9,00%
zu d)	0,5%	in c) enthalten
zu e)	0,5%	0,5% bis 1.0%
zu f)	0,25%	0,1% bis 0,25%

Vergleich zu Fassung 2009:

Teilleistungsaufstellung nach	Simmendinger	Siemon
zu a)	0,5 %	0,0 % bis 0,5 %
zu b)	1,0 % bis 5,0 %	1,0 % bis 2,0 %
zu c)	4,0 bis 9,0 %	6,0 % bis 7,5 %
zu d)	bis 1,5 %	0,5 % bis 1,5 %
zu e)	bis 1,25%	0,5% bis 1,5%

Zusammen: 10%

2.2.1 Grundleistungen

26   Die HOAI 2013 hat die Leistung **„Analysieren der Grundlagen"** neu in den Teilleistungskatalog der Grundleistungen eingeführt. Das liegt u. a. daran, dass der öffentliche Auftraggeber dazu überging, die Leistungsphase 1 nicht zu beauftragen, weil u. a. durch eigene

Vorarbeiten oder Wettbewerbe die Ermittlungen der Grundlagen bereits vorliegen oder der Leistungsumfang bereits abgearbeitet war. Dabei sind die Ergebnis der vorgelegten oder bereits selbst erbrachten Grundlagen zu sammeln. Sodann müssen diese in den Kontext der Leistungspflicht eingeordnet und das Leistungssoll entsprechend analysiert werden. Danach werden die Unterlagen analysiert, aufgeteilt und zugeordnet und als Ergebnis eine Zusammenfassung der vorliegenden Ergebnisse mit einem Hinweis auf fehlende Ermittlungen und Daten aufgestellt und dem Auftraggeber zur Entscheidung vorgelegt.

Die Projekt- und Planungsvorbereitung (Vorplanung/Leistungsphase 2) umfasst die in **27** manchen Fällen notwendigen Leistungen des Bauingenieurs bei der Vorplanung des Architekten (§ 34 i. V. m. Anlage 10.1) und des Objektplaners von Ingenieurbauwerken (§ 43 und Anlage 12.1), vor allem die **Beratung** in statisch-konstruktiver Hinsicht. **Sie ist bei der Tragwerksplanung sowohl für Gebäude und zugehörige bauliche Anlagen als auch für Ingenieurbauwerke vorgesehen.** Bei der Vorplanung des Architekten oder Ingenieurs im Rahmen der Objektplanung für Gebäude oder Ingenieurbauwerke wird diese **Beratung des Architekten oder des Objektplaners von Ingenieurbauwerken hinsichtlich der statisch-konstruktiven Belange** die Konzeption des Tragwerks und die wesentlichen konstruktiven Festlegungen betreffen, für die der Statiker (Tragwerksplaner) zur eigenen Entscheidungshilfe schon rechnerische Überlegungen in überschlägigen Berechnungen anstellen muss, soweit dies erforderlich ist. Derartige Berechnungen sind jedoch schriftlich nicht festzuhalten oder gar vorzulegen und abzugeben. Vorläufige Berechnungen, die nachprüfbar sein sollen, gehören zu Besonderen Leistungen. Zur Nachprüfbarkeit müssen derartige vorläufige Berechnungen als Besondere Leistungen schriftlich festgehalten und geordnet sein und auf Verlangen zur Nachprüfung vorgelegt werden.

Zur Frage der Pflicht des Statikers, den Architekten zu einer **Baugrunduntersuchung** zu veranlassen, hat das OLG Koblenz (BauR 2005, 156; BauR 2005, 422) entschieden, dass der Statiker seiner Hinweispflicht genüge, wenn er den Architekten in der Statik darauf hinweise, dass die Zulässigkeit der angenommenen Bodenpressung vor Baubeginn zu prüfen sei und die Auffassung vertreten dass, solange der Architekt eine solche Baugrunduntersuchung nicht veranlasst hat, der Statiker bei seinen Berechnungen eine von ihm angenommene Bodenpressung zugrunde legen darf.

Bei Ingenieurbauwerken hat für die Objekte **nach § 41 Nrn. 6 und 7,** für die die Grundlagenermittlung schon vom Objektplaner des Ingenieurbauwerks „auch auf dem Gebiet der Tragwerksplanung" erbracht werden musste (Anlage 12.1 Leistungsphase 1c)) – und auch erbracht wurde –, die **Übernahme der Ergebnisse der Leistungsphase 1 von § 43** zu erfolgen, das heißt, der Tragwerksplaner hat anhand der Ergebnisse der Grundlagenermittlung des Objektplaners des Ingenieurbauwerks die Vorplanung fortzusetzen.

Zur **Beratung in statisch-konstruktiver Hinsicht** und zur Mitwirkung bei der Erarbeitung eines Planungskonzeptes gehören in erster Linie Vorschläge zum **statischen System** und zur **Tragwerksart** (z. B. Rahmenkonstruktionen oder Fachwerkbinder), zum Konzept der einzelnen **Tragwerksglieder** (z. B. Binderabstand, Spannrichtungen von Decken) sowie zur **Gründungsart.** Hierzu gehören auch Vorschläge für die geforderten **wesentlichen konstruktiven Festlegungen.** Nicht für jedes Tragwerk sind Planungskonzepte in statisch-konstruktiver Hinsicht erforderlich.

In der Leistungsphase 2 wird das **Beraten in statisch-konstruktiver Hinsicht** „unter **28** Berücksichtigung der Belange der Standsicherheit, der Gebrauchsfähigkeit und der Wirtschaftlichkeit" gefordert. Da die eigentliche Aufgabe des Statikers der Nachweis der **Standsicherheit,** also auch die Erörterung verschiedener Aspekte ist, kann die Forderung nach einer Beratung unter Berücksichtigung der Belange der Standsicherheit als selbstverständlich angesehen werden. Problematischer gestaltet sich die Beratung unter Berücksichtigung der Belange der Gebrauchsfähigkeit und der Wirtschaftlichkeit im Vorplanungsstadium. Es kann im Rahmen der Vorplanung zunächst nur um eine Art Hinweispflicht des Auftragnehmers der Tragwerksplanung auf Folgen von statisch-konstruktiven Maßnahmen gehen, die die Gebrauchsfähigkeit oder die Wirtschaftlichkeit beeinflussen könnten. Zu den Belangen der **Gebrauchsfähigkeit** gehört z. B. die Erörterung und planerische Berücksichtigung bestimmter konstruktiver Maßnahmen im Vorplanungsstadium, die das Auftreten von Schäden, die die Gebrauchsfähigkeit herabsetzen könnten, verhindern sollen. Hierzu gehören u. a. die Anordnung von Dehnungsfugen, die Ausbildung von Gleitlagern oder ähnliches. Hinsichtlich der **Wirtschaftlichkeit** können über allgemeine Hinweise hinaus aktive Vorschläge dann nicht erwartet werden, wenn dies erst nach einer Überprüfung der Wirtschaftlichkeit durch umfangreiche Vergleichsberechnungen möglich wird und gänzlich unterschiedliche Lösungen durchgerechnet werden müssen. Derartige Vergleichsberechnungen gehören aber zu den Besonderen Leistungen.

29   Die **Mitwirkung** des Ingenieurs **bei** dem Erarbeiten eines **Planungskonzepts** (des Architekten für das Gebäude oder des Objektplaners für das Ingenieurbauwerk) umfasst dessen Pflicht, **auf der Grundlage unveränderter Objektbedingungen** – die Berücksichtigung unterschiedlicher Objektbedingungen ist Besondere Leistung – **unterschiedliche Lösungsmöglichkeiten** zu untersuchen und deren Vor- und Nachteile zu skizzieren. Hinsichtlich der Klärung und Angabe der wesentlichen konstruktiven Festlegungen des Tragwerks gibt der Verordnungstext nur beispielhaft an, auf welche Kriterien sich diese beziehen können. Sind Angaben über Baustoffe, Bauarten, Herstellungsverfahren, Konstruktionsraster und Gründungsart hinaus für eine ordnungsgemäße Erfüllung des Auftrags erforderlich (§ 3 Abs. 2), dann gehören diese zu den Leistungen der Leistungsphase 2 und nicht etwa zu den Besonderen Leistungen.

30   Mit der HOAI 2013 neue eingearbeitet ist unter Buchstabe c) nun auch das Erfordernis der **Untersuchung von Lösungsmöglichkeiten.** Dabei bezieht sich dies auf das Finden und Analysieren von Lösungsmöglichkeiten zu Baustoffen, Tragwerkssystemen, Gründungen und Konstruktionsraster. Dieses fällt unter die Grundleistungen. Nicht darunter fallen aber als separat zu erbringende Vergleichsrechnungen und insbesondere vollständigen dadurch bedingte zeichnerischen Darstellungen. Dies sind Besondere Leistungen („… unter gleichen Objektbedingungen …"). Die Durchführung von verschiedenen Lösungsmöglichkeiten fällt aber nicht darunter. Dies ist einerseits vertraglich zu regeln. Anderseits ist dies im Rahmen der Leistungsaufgabe vom Auftragnehmer selbständig zu erbringen. Hier kommt es auf den Inhalt der vertraglichen Lösung an.

Ebenfalls hierunter fallen die Fälle des Aufbaues auf vorhandener Bausubstanz (siehe § 2 Abs. 7 i. V. m. § 4 Abs. 3) und die sog. „Aufbau-/Aufstockungsfälle" (hierzu OLG Düsseldorf, BauR 1997, 685 = NJW-RR 1997, 915). Hier hat der Tragwerksplaner die Bausubstanz zu untersuchen und einer statischen Prüfung zu unterziehen. Das kann durch Beiziehung von alten Berechnungsunterlagen oder sogar durch Untersuchungen vor Ort durch Bohrungen und bautechnischen Analysen passieren. Allerdings ist hier auf die Versicherbarkeit der tatsächlichen Untersuchung vor Ort zu achten (siehe VBHAI 9/2008 Ziffer 2.3.7.1.1).

31   Die neben der Beratung und der Mitwirkung beim Erarbeiten eines Planungskonzepts als Leistung zur Vorplanung gehörende **Mitwirkung bei Vorverhandlungen und bei Kostenschätzungen** (bei Gebäuden und zugehörigen baulichen Anlagen) betrifft die Unterstützung, die der Statiker dem Architekten oder dem Objektplaner bei dessen entsprechender Vorplanungsleistung in der Objektplanung zu geben hat.

32   Zu „**Vorverhandlungen mit Behörden und anderen an der Planung fachlich Beteiligten**" bedarf es häufig bei der Behandlung statisch-konstruktiver Fragen der Unterstützung des Statikers. Hierzu sind auch erste Besprechungen mit dem Prüfingenieur zu zählen. Andere an der Planung Beteiligte fallen unter den bisher üblichen Begriff der Sonderfachleute, also z. B. Ingenieure, die für die Ver- und Entsorgung, Heizung und Lüftung, also für die Technische Ausrüstung, herangezogen werden können.

33   Das **Mitwirken bei der Kostenschätzung** kann **nur beratend** sein. Berechnungen und Angaben zu einzelnen Kostengruppen können vom Ingenieur bei der Kostenschätzung nicht erwartet werden. Nach § 2 Nr. 10, der Definition der Kostenschätzung, und der DIN 276-1: 2008-12 Hochbau werden bei der Kostenschätzung die einzelnen Kostengruppen bis zur Ebene 1 der Kostengliederung berücksichtigt. Da in Ebene 1 keine Kostengruppen enthalten sind, die vom Ingenieur zu bearbeitende Konstruktionen allein betreffen, kann der Ingenieur eigenständige Angaben nicht machen.

Neu eingeführt ist in der HOAI 2013 die Teilleistung der Grundleistung „**Mitwirken** 34 **bei der Terminplanung**". Da ist der Objektplanung in § 34 i.V.m. Anlage 10.1 geschuldet. Der Objektplaner hat als eine der wesentlichen Teilleistungen überhaupt permanent auf die Einhaltung der geplanten und auch vorbestimmten Termine zu achten (siehe § 34 Rdn. 87). Der Tragwerksplaner hat dem Objektplaner oder wenn dieser nicht eingeschaltet ist selbständig diese Leistung zu erbringen. Allerdings hat der Auftraggeber oder der Objektplaner aus Buchstabe a) und c) bereits die Pflicht, die Eckdaten mitzuteilen. Diese sind mit den Daten des Tragwerkplaners für den Ausführungsverlauf (Betonwerk, Fertigteile, Vorbesorgung von Material, usw.) abzustimmen und zu ergänzen und dem Objektplaner/Auftraggeber bereit zu stellen.

Hierzu gehört auch die Mitteilung des eigenen Zeitaufwandes für die Planungen und Leistungen.

In der Nachfolge des § 3 Abs. 8 HOAI 2009 wird jetzt am Ende der Leistungsphase 2 35 das Zusammenfassen der Leistungsergebnisse als Teilleistung gefordert. Diese kann mit einer Teilabnahme – vertraglich gesichert (§ 641 Abs. 1 BGB) – verbunden werden.

2.2.2 Besondere Leistungen

- Aufstellen von Vergleichsberechnungen für
  mehrere Lösungsmöglichkeiten unter verschiedenen Objektbedingungen
- Aufstellen eines Lastenplanes, zum Beispiel
  als Grundlage für die Baugrundbeurteilung
  und Gründungsberatung
- Vorläufige nachprüfbare Berechnung wesentlicher tragender Teile
- Vorläufige nachprüfbare Berechnung der
  Gründung

Die Besonderen Leistungen (§ 3 Abs. 3) werden lediglich beispielhaft in der rechten 36 Spaltes der Anlage 14.1 aufgezählt. Gem. § 3 Abs. 3 S. 2 sind andere Möglichkeiten und Inhalte möglich; diese sind zu vereinbaren. Das Honorar kann frei vereinbart werden und sich an üblichen Sätzen (§ 632 BGB), Stundensätzen oder Erhöhungen zu den Grundleistungshonoraren um bestimmte, vereinbarte Prozentsätze erhöhen. Weitere Hinweise ergeben sich aus Heft 3 der AHO zu Besonderen Leistungen der Tragwerksplanung. So können für die nachfolgenden Leistungen die entsprechenden prozentualen Ansätze vorgenommen werden:
- **Aufstellen von Vergleichsberechnungen** für mehrere Lösungsmöglichkeiten unter verschiedenen Objektbedingungen. Vergleichsberechnungen erfordern die Genauigkeit von Kostenberechnungen. Sie umfassen für prinzipielle Bauteile: Skizzenhafte Darstellung, überschlägige statische Berechnung, überschlägige Mengenermittlung, Mitwirken bei der Kostenschätzung. 5% bis 8%
- **Pro zusätzlicher Objektbedingung:** Die Objektbedingung wird z.B. definiert durch die Baukörpergestalt, dadurch bedingte unterschiedliche Tragwerkssysteme und deren geometrische Lage. 5% bis 8%
- **Aufstellen eines Lastenplanes,** z.B. als Grundlage für die Baugrundbeurteilung und Gründungsberatung oder für die Weitergabe an Dritte. Die Aufstellung eines Lastenplanes beinhaltet eine überschlägige Lastenvorberechnung auf der Grundlage der Ergebnisse der Vorplanung. 5% bis 7%
- **Vorläufige nachprüfbare Berechnung wesentlicher tragender Teile.** Diese Leistung erfolgt auf der Grundlage von Ziff. 2.2 und ist zu den voll honorierten Leistungsphasen 3 und 4 zusätzlich zu vergüten. Sie dient der Absicherung der Ergebnisse der Leistungsphase 2, z.B. für eine vorgezogene Kostenberechnung. 2% bis 4%
- **Vorläufige nachprüfbare Berechnung der Gründung.** Berechnung nach Aufwand, z.B. Stundensatz.
- **Beitrag zur Durchführung der Bauvoranfrage.** Berechnung nach Aufwand, z.B. Stundensatz.

- **Ergänzen der Vorplanungsunterlagen** aufgrund besonderer Anforderungen. Berechnung nach Aufwand, z. B. Stundensatz.
- **Anfertigen von Darstellungen** durch besondere Techniken wie 3-D-Visualisierungen und Computer-Animationen. Berechnung nach Aufwand, z. B. Stundensatz.
- **Beitrag zur Planung des Bauablaufs** und zur Aufstellung eines Zeit- und Organisationsplanes. Berechnung nach Aufwand, z. B. Stundensatz.
- **Gestaltungsbedingter konstruktiver Aufwand** bei der Vorplanung. Die HOAI ordnet die Tragwerke den Honorarzonen nach dem statisch-konstruktiven Schwierigkeitsgrad zu (§ 52 Abs. 2 i. V. m. Anlage 14.2). Gestaltungsbedingte Anforderungen und zugehöriger Aufwand sind daher als Besondere Leistung zu vergüten. Berechnung nach Aufwand, z. B. Stundensatz.
- **Beitrag** zu einer detaillierten **Wirtschaftlichkeitsuntersuchung** in der Vorplanung. Berechnung nach Aufwand, z. B. Stundensatz.
- **Beim Planen im Bestand:**
    1. Untersuchen von Bauzuständen und der notwendigen Sicherungsmaßnahmen. Nach Aufwand aus Grundhonorar für eigenes Tragwerk Sicherungsmaßnahmen. Berechnung nach Aufwand, z. B. Stundensatz.
    2. Erarbeiten eines Vorschlags zur Behebung von Schäden und Mängeln. Berechnung nach Aufwand, z. B. Stundensatz.
    3. Denkmalschutzbedingter Mehraufwand bei der Vorplanung. Berechnung nach Aufwand, z. B. Stundensatz.
- Teilnahme an Steuerungsrunden und zusätzlichen Besprechungen. Berechnung nach Aufwand, z. B. Stundensatz.

37   Das Aufstellen von Vergleichsberechnungen für mehrere Lösungsmöglichkeiten unter verschiedenen Objektbedingungen sind alle die Leistungen, die bei mehreren Lösungsmöglichkeiten und insbesondere bei verschiedenen Objektkonstellationen und Vorgaben – auch des Auftraggebers – zu unterschiedlichen Ergebnissen führen müssen. Wenn nur eine Objektbedingung besteht, so fällt das unter die Grundleistungen Buchstabe c). Jeweils aber bei jeder Lösungsmöglichkeit ist die statische Berechnung und die Wirtschaftlichkeit (§ 3 Abs. 4) zu beachten und zu planen/berechnen. Dazu zählen bei diesen unterschiedlichen Bedingungen dann auch Mengenvergleiche und Kostenänderungen. Das können auch Unterhaltungskosten und Zukunftskosten, sowie die Berücksichtigung unterschiedlicher TGA-Systeme sein. Es geht dabei aber nicht darum, dass die günstige Lösung gefunden wird und geplant wird. Diese Vorgabe ist vertraglich und damit dort vom Auftraggeber vorzugeben.

Schwierig ist die Abgrenzung von verschiedenen Vergleichsberechnungen bei einer Objektbedingung. Diese sind dann nicht als Grundleistung erbracht, wenn es verschiedene, vom Auftraggeber abgefragte Berechnungen nach verschiedener Planung unter einer Objektbedingung geht. Das sind ebenfalls besondere Leistungen (missverständlich bzw. verneinend Locher/Koeble/Frik, HOAI, 12. Auflage, § 51 Rdn. 33). Soll bei einer Aufstockung ein „Tonnendach" errichtet werden und statt Titanzink eine Vollverglasung berechnet werden, so handelt es sich um eine andere Objektbedingung (Tonnendach konventionell zu modern) und damit um eine Besondere Leistung. Werden aber lediglich verschiedene Dachvarianten gesucht (Tonnendach, Stufendach, Satteldach) so ist vertraglich bereits vorgegeben, dass die Objektbedingung (Aufbau) zu verschiedenen Lösungsmöglichkeiten führen kann und damit in der Grundleistung enthalten ist.

38   Auch der Lastenplan ist keine Grundleistung. Der VO-Geber bezieht sich hier auf Baugrundbegutachtungen und -berechnungen und die Gründungsberatung, die sowieso separat zu beauftragen ist und ggfs. aus der Anlage 1 zu entnehmen ist. Der Lastenplan ist dann erforderlich, wenn dem Bodengutachter/Geologe Vorgaben zur Ausgestaltung des Bauwerkes gemacht werden müssen. Das kann auch im Rahmen der Wirtschaftlichkeitsberechnung eine Rolle spielen, wenn verschiedene Objekte oder Objektbedingungen vorliegen.

39   Bei tragenden Teilen können mehrere Berechnungen dann erforderlich werden, wenn sich die Objektbedingungen und die Vorgaben des Auftraggebers ändern oder Wirtschaftlichkeitsgesichtspunkte eine Rolle spielen. Dann sind die Berechnungen mehrfach zu wiederholen. Das kann aber auch sein, wenn die Planungen deswegen zu wiederholen sind, weil die bisherigen Planungen durch zu späte Lieferungen von Entwurfsplanungen des Objektplaners oder des Auftraggebers zu vermehrtem Aufwand führen, also zu kompletten Überarbeitungen. Vorläufig nachprüfbar heißt in diesem Falle, dass ein anderer Planer (Objektplaner) oder der Auftraggeber in der Lage sein muss, diese Berechnungen unter den gegebenen Umständen nachzuprüfen. Das bedeutet aber auch, dass es sich nur um zeitweilige Berechnungsgrundlagen vorbehaltlich der Änderungen der Planung handelt. Dabei aber muss die vorläufige nachprüfbare Berechnung keine skizzenhafte sein.

Das gilt auch für die Berechnung der Gründung. Hier kann sich wegen der Änderung **40** vorgegebener Parameter die Berechnung grundlegend ändern.

2.2.3 Haftung

Zur Haftung gelten die in der Leistungsphase 1 an dieser Stelle vorgenommenen Aus- **41** führungen.

Grundlegend sind die Tätigkeiten im Rahmen der Beratung in statisch-konstruktiver Hinsicht (Buchstabe b)). Der Planer hat hier die Fragen der **Standsicherheit,** der **Gebrauchsfähigkeit** und der **Wirtschaftlichkeit** bereits zu klären und zu berücksichtigen. Werden bereits hier die Standsicherheitsfragen bei unklarem Baugrund, bei Hanglagen oder Grundwasserverhältnisse unzutreffend eingearbeitet, so setzte sich diese zumeist in der Umsetzung fort, so dass es zu erheblichen Schäden kommen kann. Das betrifft auch die Gebrauchsfähigkeit, also zum Beispiel einer Produktionshalle oder Lagerhalle. Bei Planungen mit erheblicher Sicherheitsreserve oder einem Konstrukt aus erheblicher unreduzierter Material- oder Gewichtsreduzierung, obwohl möglich und im Rahmen der Sicherheitsberechnung möglich, stehen Wirtschaftlichkeitsfragen (zu hohe Materialkosten) im Raum. Ein Mangel kann daher auch dann vorliegen, wenn die Planung zwar technisch funktionstauglich ist, aber gemessen an der vertraglichen Leistungsverpflichtung ein **übermäßiger Aufwand** betrieben wird (BGH, BauR 2009, 1611 = NJW 2009, 2947 = NZBau 2009, 722 = ZfBR 2009, 769).

Das Erfordernis der ausschließlichen Anbringung an oder auf einem Gebäude im Sinne des § 11 Abs. 2 S. 1 **EEG 2004** ist auch dann erfüllt, wenn das Tragwerk einer bereits bestehenden **Photovoltaikanlage** nachträglich dergestalt in ein später errichtetes Gebäude integriert wird, dass es zugleich unverzichtbarer Teil der Gebäudestatik ist (BGH, Urt. v. 9.2.2011 – VIII ZR 35/10).

Ein gravierender weiterer Punkt kann sich aus fehlerhaften **Terminplanungen** und Vorgaben ergeben. Allerdings sind diese Punkte nur im gesamten Zusammenhang auch mit den anderen am Bau Beteiligten zu sehen. Eine alleinige Haftung des Tragwerksplaners ist kaum denkbar.

Der Auftraggeber trägt das **Baugrundrisiko.** Es kann vertraglich auf den Auftragnehmer übertragen werden. Wird das Baugrundrisiko wirksam auf den Auftragnehmer übertragen und trifft das Baugrundgutachten keine Aussagen zu den Bodenverhältnissen am Standort eines vom Auftragnehmer selbst örtlich bestimmten Traggerüstes, trägt dieser bei Erschwernissen die Mehrkosten (OLG Jena, Urt. v. 25.5.2010 – 5 U 622/09). Nach der Entscheidung des BGH vom 20.8.2009 – VII ZR 205/07 (IBR 2009, 630) können **Mehrkosten** wegen nachteiliger Bodenverhältnisse nicht mit der allgemeinen Erwägung geltend gemacht werden, den Bauherrn treffe das Baugrundrisiko. Auszugehen ist vielmehr von den konkreten Umständen des Einzelfalls und den getroffenen Vereinbarungen (zu § 2 Abs. 5 VOB/B). Die vom Tragwerksplaner für ein Gebäude erstellte Statik ist mangelhaft, wenn sie den vereinbarten Zweck, die Standfestigkeit des Gebäudes unter Berücksichtigung des Baugrundes und seiner **Tragfähigkeit** zu gewährleisten, nicht erfüllt, weil sie die nach den konkreten **Boden- und Grundwasserverhältnissen** erforderlichen Maßnahmen nicht vorsieht (z.B. „Schwarze" oder „Weisse Wanne"; Verstärkung der Armierung bei Stahlbetonwannen) (BGH, Urt. v. 15.5.2013 – VII ZR 257/11). Den **Auftraggeber tritt grundsätzlich die Obliegenheit,** dem Tragwerksplaner die für die mangelfreie Erstellung der Statik erforderlichen Angaben zu den Boden- und Grundwasserverhältnissen zu machen. Hat er unzutreffende Angaben gemacht und ist deshalb die Statik mangelhaft, trifft den Auftraggeber für den daraus entstehenden Schaden eine Mithaftung wegen Verschuldens gegen sich selbst. Hat der vom Auftraggeber beauftragte planende Architekt die unzutreffenden Angaben gemacht, muss sich der Auftraggeber dessen Verschulden zurechnen lassen, §§ 254, 278 BGB (BGH, Urt. v. 15.5.2013 – VII ZR 257/11).

Von der übernommenen Verpflichtung, eine funktionstaugliche Planung zu erstellen, kann sich der Tragwerksplaner nicht durch einen **einseitigen formelhaften Hinweis auf Plänen freizeichnen,** der Baugrund sei vor Baubeginn zu untersuchen und es sei Rücksprache zu halten, falls Grundwasser oder andere Besonderheiten zu erwarten seien (BGH, Urt. v. 15.5.2013 – VII ZR 257/13).

Die **vertragliche Übernahme** der Feststellung sanierungsbedürftiger Bauwerksmängel begründet für den Gutachter eine **Garantenstellung** nach § 13 StGB mit Schutzfunktion gegenüber der Allgemeinheit (§ 823 Abs. 1, 2, 830, 836 BGB; BGH, Urt. v. 12.1.2010 – 1 StR 272/09 = NJW 2010, 1087).

2.3 Entwurfsplanung

a) Erarbeiten der Tragwerkslösung, unter Beachtung der durch die Objektplanung integrierten Fachplanungen, bis zum konstruktiven Entwurf mit zeichnerischer Darlegung
b) Überschlägige statische Berechnung und Bemessung
c) Grundlegende Festlegungen der konstruktiven Details und Hauptabmessungen des Tragwerks für zum Beispiel Gestaltung der tragenden Querschnitte, Aussparungen und Fugen, Ausbildung der Auflager- und Knotenpunkte sowie der Verbindungsmittel
d) Überschlägiges Ermitteln der Betonstahlmengen im Stahlbeton, der Stahlmengen im Stahlbau und der Holzmengen im Ingenieurholzbau
e) Mitwirken bei der Objektbeschreibung bzw. beim Erläuterungsbericht
f) Mitwirken bei Verhandlungen mit Behörden und anderen an der Planung fachlich Beteiligten über die Genehmigungsfähigkeit
g) Mitwirken bei der Kostenberechnung und bei der Terminplanung
h) Mitwirken beim Vergleich der Kostenberechnung mit der Kostenschätzung
i) Zusammenfassen, Erläutern und Dokumentieren der Ergebnisse

Bewertung 15,0%

Teilleistungsaufstellung nach	Simmendinger	Siemon
zu a)	3,5%	9,0% bis 10,0%
zu b)	4,0%	3,0% bis 4,0%
zu c)	3,0%	in a) enthalten
zu d)	2,0%	0,75% bis 1,25%
zu e)	0,5%	in i) enthalten
zu f)	0,5%	in a) enthalten
zu g)	0,75%	0,5% bis 1,0%
zu h)	0,5%	in g) enthalten
zu i)	0,25%	0,1% bis 0,5%

Vergleich zu Fassung 2009:

Teilleistungsaufstellung nach	Simmendinger	Siemon
zu a)	2,5% bis 5,0%	3,0% bis 6,0%
zu b)	2,0% bis 6,5%	3,0% bis 4,0%
zu c)	1,5% bis 4,5%	2,0% bis 4,0%
zu d)	bis 0,5%	0,5% bis 1,5%
zu e)	bis 1,25%	0,5% bis 1,5%
zu f)	bis 1,75%	0,5% bis 1,5%
zu g)	bis 0,5%	0,5% bis 1,5%

Insgesamt: 12%

2.3.1 Grundleistungen

Die Entwurfsplanung wird in der Leistungsphase 3 auch mit **System- und Integra-** 42 **tionsplanung** bezeichnet und stellt im Kern das „Erarbeiten der Tragwerkslösung mit überschlägiger statischer Berechnung" dar. **Sie ist sowohl bei der Tragwerksplanung für Gebäude und zugehörige bauliche Anlagen als auch bei der Tragwerksplanung für Ingenieurbauwerke vorgesehen.**

Bei der Objektplanung für **Gebäude** (Leistungsphase 3 der Anlage 10.1, Entwurfsplanung im Leistungsbild Gebäude und raumbildende Ausbauten) werden vom Architekten endgültige Lösungen der Planungsaufgabe verlangt. Der Architekt hat die vollständigen Entwurfspläne (zeichnerische Darstellung des Gesamtentwurfs) zu erbringen, die ihre Weiterentwicklung zu den Bauvorlagen erfahren. Bei der Tragwerksplanung sollen in der Leistungsphase 3 auch **endgültige Festlegungen des Entwurfs** getroffen werden. Größtenteils sind hierzu die Überlegungen der Vorplanung in der **Leistungsphase 2 mit höherem Genauigkeitsgrad** fortzuführen und konkrete Ergebnisse anzugeben, nämlich
– Tragwerkslösung bis zum konstruktiven Entwurf mit zeichnerischer Darstellung,
– überschlägige statische Berechnung und Bemessung,
– grundlegende Festlegung konstruktiver Details und Hauptabmessungen des Tragwerks.

Das ebenfalls angegebene Mitwirken bei der Objektbeschreibung, bei Verhandlungen und bei der Kostenberechnung verlangt ähnlich wie bei der Vorplanung nur zum Teil Leistungsergebnisse und hat mehr den Charakter einer Beratung des Objektplaners durch den Tragwerksplaner.

Bei Ingenieurbauwerken sind gleichermaßen wie bei Gebäuden und zugehörigen baulichen Anlagen in der Tragwerksplanung **endgültige Festlegungen des Entwurfs** zu treffen. Auch hier handelt es sich um die **Fortschreibung der Ergebnisse der Leistungsphase 2,** und insoweit gilt nichts anderes als für die Tragwerksplanung bei Gebäuden und zugehörigen baulichen Anlagen.

Das **Erarbeiten der Tragwerkslösung** besteht in der **endgültigen Festlegung** des 43 **statischen Systems** und der **Tragwerksart** sowie der Art und der Abstände der einzelnen Tragglieder. Es werden Planungsteile wie beim Planungskonzept der Vorplanung betroffen, für die jedoch nunmehr bloße Konzeptionen nicht mehr ausreichen, sondern endgültige Festlegungen zu treffen sind, die dann auch ins Einzelne gehende Angaben erfordern. So genügt es bei der Vorplanung zum Beispiel, für einen bestimmten Bereich eine Rippendecke vorzuschlagen, während bei der Entwurfsplanung schon Festlegungen über die Rippendeckenart (z.B. mit oder ohne Hohlkörper) und über die Lage ihrer Massivstreifen oder aber über die Maßnahmen zur Berücksichtigung von Rohrdurchführungen der Installationen zu treffen sind, also unter Beachtung der durch die Objektplanungen integrierten Fachplanungen.

Bei der Entwurfsplanung können andere Lösungen als in der Vorplanung gewählt werden. Sind in der Vorplanung mehrere Lösungsmöglichkeiten erörtert worden, dann ist in der Leistungsphase Entwurfsplanung die Entscheidung für eine der möglichen Lösungen zu fällen; diese ist der weiteren Planung zugrunde zu legen. In solchen Fällen, in denen die **Entwurfsplanung anders als die Vorplanung,** sowie in den allerdings nur bei der Tragwerksplanung für Gebäude denkbaren Fällen, in denen die **Entwurfsplanung ohne**

jede Vorplanung durchgeführt wird, kann bei der Entwurfsplanung ein höherer Aufwand entstehen. Der Mehraufwand wird erfahrungsgemäß etwa 25% des sonstigen Aufwandes der ersten beiden Leistungen der Vorplanung, nämlich „Beraten in statisch-konstruktiver Hinsicht" und „Mitwirken bei der Erarbeitung eines Planungskonzeptes", ausmachen. Ob und wie diese Mehrleistung vergütet werden kann, ist zweifelhaft. In vielen Fällen wird in dem Mehraufwand eben doch eine Leistung zu sehen sein, die der Leistungsphase 2 zuzuordnen und in dieser zu vergüten ist. Anderenfalls muss von Fall zu Fall untersucht werden, ob die Mehrleistung als Besondere Leistung vergütet werden kann.

Die **Tragwerkslösung** wird **„bis zum konstruktiven Entwurf mit zeichnerischer Darstellung"** verlangt. Vor allen Dingen bei einfacheren Objekten, z.B. Wohngebäuden und Geschäftshäusern ohne außergewöhnliche planerische und/oder gestalterische Konzeptionen und Bauweisen, kann es genügen, in Vorabzügen der Entwurfspläne des Objektplaners (Architekten) notwendige Angaben und Abmessungen einzutragen, ohne selbst gesonderte zeichnerische Darstellungen der konstruktiven Entwürfe anzufertigen. Bei Gebäuden mit mehr ingenieurmäßigen Konstruktionen, so z.B. Hallenkonstruktionen in Stahl- oder Holzbauweise, Stahlbetonbinder- oder Stahlbetonskelettkonstruktionen, werden die konstruktiven Entwürfe jedoch gesonderte zeichnerische Darstellungen erfordern. Dies gilt umso mehr für Ingenieurbauwerke.

Das OLG Stuttgart hat sich im Urteil vom 19.4.2007 (IBR 2008, 223) mit der Frage befasst, welche Leistungen des Tragwerkplaners für die Werkplanung des Architekten erforderlich sind und festgestellt, dass eine Entwurfsplanung des Tragwerkplaners – also die Leistungsphase 3 für die Erstellung einer Werkplanung durch den Architekten – keine notwendige Voraussetzung ist. Soweit allerdings die Meinung vertreten wird, daß die Entwurfsplanung Genehmigungsfähigkeit aufweisen müsse, ist das an dieser Stelle unzutreffend (so aber Locher/Koeble/Frik/Zahl, HOAI, 12. Auflage, § 51 Rdn. 35). Die Genehmigungsfähigkeit ist eindeutig eine Frage der Leistungsphase 4. Zwar hat die Planung bei Ende der Leistungsphase 3 einen Qualitätsstand zu erreichen, die der Genehmigungsplanung vorläufig zu entsprechen hat, wenn keine anderen Forderungen der Genehmigungsbehörde oder des Auftraggebers sodann erfolgen. Das ist aber zu unterscheiden, von der reinen Genehmigungsplanung, die diese Umstände und die Vorgaben der Leistungsphase 4 umfassen muss. Hat der Prüfingenieur Einwendungen (im Rahmen des Buchstabens f)), so sind das **keine Mängel,** wenn Nachweise oder Ergänzungen erfolgen sollen (OLG Naumburg, Urt. v. 20.4.2005 – 6 U 93/04).

44 Für die entsprechenden Festlegungen bei der „Tragwerkslösung" (Teilleistung a) der Leistungsphase 3), aber auch für die grundlegenden Festlegungen der konstruktiven Details und der Hauptabmessungen sowie der tragenden Querschnitte (Teilleistung c) der Leistungsphase 3), kann eine **überschlägige statische Berechnung** erforderlich werden. Werden diese Festlegungen aus Erfahrungen bisheriger Planungen ohne rechnerische Überlegungen und Überprüfungen getroffen, kann auf eine überschlägige Berechnung verzichtet werden. In einem solchen Falle wird die Bewertung für die Entwurfsplanung entsprechend den Bestimmungen des § 8 Abs. 1 um den Anteil der entfallenden Teilleistung entsprechend den Verhältnissen des Einzelfalles zu kürzen sein, es sei denn, das Ergebnis der mit den in der Leistungsphase erfassten Leistungen wird auch bei Fehlen dieser Teilleistung erbracht und der Auftraggeber hat sich nicht vorbehalten, diese Leistung selbst beizusteuern.

Die **überschlägigen Berechnungen** müssen **nicht prüfbar** sein, weil derartige „prüfbare und für die Ausführung geeigneten Berechnungen" für wesentliche tragende Teile oder für die Gründung als „vorgezogene Berechnungen" zu den Besonderen Leistungen bei der Entwurfsplanung gehören. Anderseits aber sind dem Auftraggeber die überschlägigen Berechnungen in einer solchen Form vorzulegen, dass sie von (sachkundigen) Dritten verstanden werden können. In diesem Umfang muss eine solche Berechnung auch **nachprüfbar** sein, ohne damit schon als Besondere Leistungen der Leistungsphase zu gelten, weil sie nur überschlägigen, d.h. mit Ungenauigkeiten behafteten Charakter hat. Als **Besondere Leistung** ist in diesem Zusammenhang nur eine vertraglich festgelegte abschließende Berechnung zu bezeichnen.

Die als Teilleistung c) der Leistungsphase 3 geforderten **grundlegenden Festlegungen**　45
von konstruktiven Details und Abmessungen des Tragwerks und der Tragwerks-
glieder umschreiben im Wesentlichen den **Genauigkeitsgrad,** mit dem die Erarbeitung
der Tragwerkslösung durchzuführen ist. Sie verlangt auch Festlegungen über die „Ausbildung der Auflager- und Knotenpunkte sowie der Verbindungsmittel".

Zu den Leistungen der Entwurfsplanung gehören aber weder **vorgezogene Stahl-**
oder Holzmengenermittlungen noch der Mehraufwand z.B. zur Klärung von konstruktiven Details bei **Sonderbauweisen und Sonderkonstruktionen.** Diese sind vielmehr zu den **Besonderen Leistungen** zu zählen.

Sonderbauweisen und Sonderkonstruktionen sind Bauweisen und (Tragwerks-)Kons-
truktionen, die aus dem Rahmen des Üblichen fallen, also eine Besonderheit gegenüber
den im Allgemeinen angewandten Bauweisen und Konstruktionen darstellen. Weil im
Zuge technischer Fortentwicklung oft zunächst als Besonderheit geltende Bauweisen und
Konstruktionen durch immer häufigere Anwendung zu allgemein angewandten Bauweisen
und Konstruktionen werden und damit also ihren Charakter als Sonderbauweisen oder
Sonderkonstruktionen verlieren können, ist der Begriff der Sonderbauweisen und Sonderkonstruktionen fließend. Es bestehen weder in technischer noch in öffentlich-(bau-)recht-
licher Hinsicht Begriffsdefinitionen, noch gibt es Kataloge über Sonderbauweisen und
Sonderkonstruktionen. Eine zum Teil aus Ingenieurbauwerken bestehende Auswahl von
„Sonderbauten und -anlagen" war in Teil J der Loseblattsammlung „Technische Baubestimmungen" von Gottsch/Hasenjäger (6. Aufl., 1. Lieferung 1971) enthalten. Sie umfassten Aufzüge, Behälter und Leitungen, Förderbauten, Krane und Kranbahnen, Schornstein-
bau, schwingungsbeanspruchte Bauten, Turmbauten usw. Eine solche Auswahl kann zur
Abgrenzung nicht weiterhelfen. Eine **Abgrenzung** ist **je nach Einzelfall entsprechend**
dem jeweiligen Stand der Technik vorzunehmen. Das gilt auch für die jetzt in Anlage 14.2 vorgenommene beispielhafte Auflistung von Tragwerkskonstruktionen.

Generell werden als **Sonderbauweisen** Herstellungsverfahren und Technologien zu
gelten haben, die nach dem jeweiligen Stand der Technik als „besondere" im vorab erwähnten Sinne anzusehen sind. So können besondere Gründungsverfahren (Brunnen,
Pfähle, Bodenverfestigungen), Unterfahrungen und Unterfangungen, Gleitschalungsbau
oder lift-slab sowie Freivorbau bei Brücken zu den Sonderbauweisen gezählt werden.

Als **Sonderkonstruktionen** sind ebenfalls die je nach Häufigkeit ihrer Verwendung und
dem jeweiligen Stand der Technik als besondere anzusehenden (Tragwerks-)Konstruk-
tionen einzustufen. Je nach Einzelfall sind z.B. Turmbauten, Kuppelbauten, Sonderdach-
konstruktionen wie Faltdächer, Schalendächer zu den Sonderkonstruktionen zu zählen.
Auch Schutzraumbauten sind hierzu zu rechnen.

Als **Besondere Leistungen** vergütungsfähig sind die Leistungen des Ingenieurs **bei**
Sonderbauweisen und -konstruktionen nur, wenn sie einen (Leistungs-)**Mehrauf-**
wand erfordern. Wird eine Sonderbauweise im Zuge der technischen Entwicklung zur
allgemein üblichen Bauweise, dann sind die Leistungen des Ingenieurs hierfür auch dann nicht
als Besondere Leistung zu honorieren, wenn sie mit einem Mehraufwand verbunden sind.

Neu ist der Buchstabe d) in der HOAI 2013. Grundleistung ist nunmehr das überschlä-　46
gige Ermitteln der Betonstahlmengen im Stahlbetonbau, der Stahlmengen im Stahlbau und
der Holzmengen im Holzingenieurbau. Dies ist der Kostenberechnung des Objektplaners
geschuldet. Zum anderen sind dies die Vorgaben für die Ausschreibung in Leistungsphase 6
und 7 des Objektplaners. Die Berechnungen sind auch deswegen von Interesse, weil die
Frage der Wirtschaftlichkeit (§ 3 Abs. 4) davon abhängt.

Die **Mitwirkungspflicht** des Bauingenieurs **an der Objektbeschreibung, den Ver-**　47
handlungen über die Genehmigungsfähigkeit und **an der Kostenberechnung** (bei
Gebäuden und zugehörigen baulichen Anlagen nach DIN 276-1 möglich) betrifft das
Mitwirken an Leistungen, die vom Objektplaner im Rahmen der Entwurfsplanung zu
erbringen sind.

Die **Objektbeschreibung bei Gebäuden und zugehörigen baulichen Anlagen**
gehört zu den Grundleistungen des Architekten nach der Leistungsphase 3 (Entwurfsplanung) des Leistungsbildes aus Anlage 10.1. Hierunter sind die so genannten „Baubeschrei-

bungen" zu verstehen, die mit den Entwurfsplänen zur Baugenehmigung einzureichen sind und in denen eine Vielzahl von Angaben zum Objekt enthalten ist, die aus den Entwurfsplänen nicht hervorgehen und somit diese ergänzen sollen, so unter anderem Angaben über die Außenwandverkleidungen (Putz, Verblendung, Schiefer u. ä.), die Bodenbeläge, die Fenster (Holz, Kunststoff, Aluminium, Stahl u. ä.), aber auch über Gründungsart, Baustoffe tragender Konstruktionen und gegebenenfalls auch Baustoffgütern. Die Mitwirkungspflicht des Tragwerksplaners bei der Objektbeschreibung besteht in notwendigen, vom Objektplaner nur im Benehmen mit dem Tragwerksplaner festzulegenden Angaben in der Baubeschreibung in statisch-konstruktiver Hinsicht zur Gründung, zu den Baustoffen tragender Bauteile und den ebenfalls anzugebenden Baustoffgüten. Für die praktische Durchführung sollte dem Tragwerksplaner vom Architekten die Baubeschreibung zur Ergänzung der von ihm vorzunehmenden Angaben vorgelegt werden.

Die **Objektbeschreibung für Ingenieurbauwerke** ist gleichermaßen eine Teilleistung des Objektplaners von Ingenieurbauwerken in der Leistungsphase 3 (Entwurfsplanung) des Leistungsbildes aus § 43 i. V. m. Anlage 12.1. Auch bei Ingenieurbauwerken sollen Objektbeschreibungen notwendige, die Entwurfspläne ergänzende Angaben enthalten, zu denen wiederum der Tragwerksplaner seine Beiträge in statisch-konstruktiver Hinsicht zu leisten hat. Auch hier ist als Verfahren zu empfehlen, dem Tragwerksplaner die Objektbeschreibung zur Ergänzung seiner Angaben vorzulegen.

Neu hinzugekommen ist die Mitwirkung bei **Erläuterungsbericht** der Objektbeschreibung. Diese Leistung ist unklar, denn sie kann nur im eingeschränkten Sinne verstanden werden. So ist der Tragwerksplaner im Rahmen der Objektbeschreibung des Objektplaners – dort nur Besondere Leistung (!) – gehalten, die notwendigen und relevanten Angaben zu machen. Daher ist nicht verständlich, weswegen der VO-Geber dies als allgemeine Grundpflicht des Tragwerksplaners begreift. Der Planer hat die Grundleistung also im Regelfall bei den Ingenieurbauten, Verkehrsanlagen und aufwendigen Objektbauten durchzuführen. Dort kommt es im Regelfall dann auf Konstruktionsbeschreibungen an (Stahlskelettbau, Brückentragkonstruktionen, Schleusentore, Fassadentragsysteme).

48   Für das **Mitwirken bei den Verhandlungen** gilt das bei der Vorplanung Gesagte mit dem Unterschied, dass die Mitwirkung an Verhandlungen in der Leistungsphase der Entwurfsplanung umfangreicher als bei der Vorplanung sein wird.

49   Die **Kostenberechnung für Gebäude und bauliche Anlagen** sollten nach **DIN 276-1** erfolgen und sind Grundleistung des Architekten gemäß Leistungsphase 3. Hier kann die Mitwirkung des Tragwerksplaners in der Auswahl und der Kostenangabe der seine Konstruktion betreffenden Kostengruppen aus der Kostengliederung der DIN 276-1: 2008-12 notwendig werden. Ähnlich wie bei seiner Mitwirkung an der Kostenschätzung in der Vorplanung sind auch bei der Entwurfsplanung kaum oder gar keine eigenständigen Angaben des Ingenieurs zu erwarten, weil außer der Gründung nach Kostengruppe 300 keine Kostengruppe vom Ingenieur zu berechnende und zu beurteilende Konstruktionen enthält.

Die **Kostenberechnung für Ingenieurbauwerke** ist ebenfalls Grundleistung des Objektplaners im Rahmen der Leistungsphase 3 des Leistungsbildes aus § 43 und Anlage 12.1. Sie kann nicht mit dem Kostengliederungsschema der DIN 276-1 aufgestellt werden, da diese nur für Hochbauten gilt. Für die Kostengruppen 300 und 400 besteht seit August 2009 für den Ingenieurbau die DIN 276-4: 2009-08. Die Mitwirkung des Tragwerksplaners bei der Kostenberechnung des Objektplaners kann, wie die Mitwirkung bei der Kostenberechnung bei Gebäuden, vornehmlich nur beratend sein.

50   Neu ist in der HOAI 2013 unter g) die **Mitwirkung bei der Terminplanung.** Diese zieht sich weiter parallel zu den Grundleistungen in den Leistungsphasen hin und obliegt dem Objektplaner. Der Tragwerksplaner hat seine ermittelten Daten weiterzureichen.

Das Mitwirken bei der Kostenkontrolle durch Vergleich der Kostenberechnung mit der Kostenschätzung, eine für den Objektplaner in der Leistungsphase 3 des § 55 a. F. mit der Fünften Änderungsverordnung neu eingeführte Grundleistung, kann ebenfalls nur beratend sein und aus Beiträgen von Kostenangaben und Vergleichen für die den Tragwerksplaner betreffenden Konstruktionen sein.

Zum Abschluss ist wieder die **Zusammenfassung, Erläutern und Dokumentieren** **51**
– siehe § 3 Abs. 8 HOAI a. F. – durchzuführen und ggfs. eine Teilabnahme durchzuführen,
falls vertraglich möglich und vereinbart, § 641 Abs. 1 BGB.

2.3.2 Besondere Leistungen

- Vorgezogene, prüfbare und für die Ausführ-
  rung geeignete Berechnung wesentlich tragender Teile
- Vorgezogene, prüfbare und für die Ausführ-
  rung geeignete Berechnung der Gründung
- Mehraufwand bei Sonderbauweisen oder
  Sonderkonstruktionen zum Beispiel Klären
  von Konstruktionsdetails
- Vorgezogene Stahl- oder Holzmengenermittlung des Tragwerks und der kraftübertragenden Verbindungsteile für eine Ausschreibung, die ohne Vorliegen von
  Ausführungsunterlagen durchgeführt wird.
- Nachweise der Erdbebensicherung

Die beispielhafte Aufzählung in Anlage 14.1 rechte Spalte weist u. a. die vorgezogene, **52**
prüfbare und für die Ausführung geeignete Berechnung wesentlicher tragender Teile aus.
Die Honorierung kann auf der Grundlage des Vorschlages der AHO in Heft 3 zu den Besonderen Leistungen der Tragwerksplanung erfolgen:
- **Vorgezogene, prüfbare und für die Ausführung geeignete Berechnung der
  Gründung.** Diese Leistung beinhaltet die Aufstellung einer vorgezogenen, prüfbaren
  und für die Ausführung geeigneten Lastenermittlung auf der Grundlage der Ergebnisse
  der Leistungsphase 3. Sie ist zu den voll honorierten Leistungsphasen 3 und 4 zusätzlich
  zu vergüten. 8% bis 12%
- **Vorgezogene, prüfbare und für die Ausführung geeignete Berechnung wesentlicher Teile.** Diese Besondere Leistung wird z.B. erforderlich, wenn aus Gründen der
  baubegleitenden Planung die statische Berechnung nicht zusammenhängend und durchgängig aufgestellt werden kann. Grundlage ist die in der vorgenannten Ziffer enthaltene
  Lastenermittlung. Die Leistung ist zur Besonderen Leistung nach der vorgenannten Ziffer und den voll honorierten Leistungsphasen 3 und 4 zusätzlich zu vergüten. 6% bis 10%
- **Vorgezogene, prüfbare und für die Ausführung geeignete Lastübergabepläne**
  z.B. zur Weitergabe von Lasten an andere an der Tragwerksplanung Beteiligte. Grundlage ist die in der ersten Ziffer enthaltene Lastenermittlung. Die Leistung ist zur Besonderen Leistung nach der ersten Ziffer und zu den voll honorierten Leistungsphasen 3 und 4
  zusätzlich zu vergüten. 1% bis 2%
- **Vorgezogene Mengenermittlung für eine Ausschreibung,** die ohne Vorliegen von
  Ausführungsunterlagen durchgeführt wird. Die Mengenermittlung erfolgt entweder über
  bautechnische Kennziffern mit einem Genauigkeitsgrad von ca. 20% oder zuzüglich über
  die Berechnung repräsentativer Bauteile mit dem Genauigkeitsziel von ca. 10%. Letzteres
  gibt die Obergrenze der Bewertung an. Diese Leistung ist zur voll honorierten Leis-
  tungsphase 6 zusätzlich zu vergüten.
- **Beton und Mauerwerk.** Hier erfolgt die Honorierung nach Aufwand, z.B. Stunden-
  sätze.
- Betonstahl 3% bis 6%
- Stahl: Profistahlkonstruktionen 4% bis 12%
- Stahlverbundkonstruktionen 6% bis 12
- **Holz:** Da die Ausführungsunterlagen noch nicht erarbeitet sind, müssen im Holzbau
  maßstabsgerechte typische Prinzipdetails gezeichnet, Beschreibungen erarbeitet und in
  Stücklisten zusammengefasst werden. 10% bis 15%
- **Mehraufwand bei Sonderbauweisen oder Sonderkonstruktionen,** z.B. Klären von
  Konstruktionsdetails. 6% bis 12%

- **Veranlassung und begleitende Beratung von Versuchen oder Modellversuchen**
  (z. B. Windkanal) und Interpretation der Versuchsergebnisse. Hier erfolgt die Honorierung nach Aufwand, z. B. Stundensätze.
- **Baugrubensicherungen**
  1. Beratung bei der Wahl geeigneter Baugrubensicherungen und der Sicherung benachbarter Anlage unter Berücksichtigung der Belange der Standsicherheit und der Wirtschaftlichkeit im Zusammenhang mit der Tragwerksplanung. Gemäß amtlicher Begründung zu § 67 HOAI 1996/2002 gehört die Baugrubenumschließung – ausgenommen sie ist Ingenieurbauwerk – nicht zu den Grundleistungen des § 64 HOAI 1996/2002. Diese Begründung ist unverändert auch für die HOAI 2013 anzuwenden. Soweit es sich bei der Baugrube um eine Hilfskonstruktion für das Gebäude handelt, erarbeitet der Objektplaner Gebäude die Baugrube als Leistung zu HOAI Teil 3 Abschnitt 1. Handelt es sich bei der Baugrube um ein eigenständiges Ingenieurbauwerk, erfolgt die Vergütung der Objektplanung über HOAI Teil 3 Abschnitt 3 (nach Aufwand, alternativ: Aus Grundhonorar für eigenes Tragwerk in den bearbeiteten Leistungsphasen).
  2. Baugrubensicherung als eigenständiges Ingenieurbauwerk. Es liegen Leistungen nach § 50 HOAI vor.
- **Statischer und konstruktiver Entwurf von Traggerüsten.** Hier erfolgt die Honorierung nach Aufwand, z. B. Stundensätze.
  1. Bei Gebäuden. Hier erfolgt die Honorierung nach Aufwand, z. B. Stundensätze.
  2. Bei Ingenieurbauwerken: Es liegen Leistungen nach § 51 vor. Anrechenbare Kosten gemäß § 50.
  3. Verschiebliche Traggerüste. Hier erfolgt die Honorierung nach Aufwand, z. B. Stundensätze.
- **Statische und konstruktive Vordimensionierung der Fassade.** Hier erfolgt die Honorierung nach Aufwand, z. B. Stundensätze.
- **Statische und konstruktive Dimensionierung bei Ausbaugewerken.** Hinweis: In der Honorarordnung sind bei der Tragwerksplanung nur Leistungen am Tragwerk verordnet. Hier erfolgt die Honorierung nach Aufwand, z. B. Stundensätze.
- **Beitrag zur Wirtschaftlichkeitsberechnung** im Rahmen der Entwurfsplanung. Hier erfolgt die Honorierung nach Aufwand, z. B. Stundensätze.
- **Detailentwicklung im Stahlbau, Stahlverbundbau und Ingenieurholzbau.** Durch Vielfalt der Lieferformen von Stahl- und Holzwerkstoffen, Verbindungsmitteln und Detailgeometrien sind die Möglichkeiten der Stabanschlüsse hinsichtlich Wirtschaftlichkeit, Herstellung, Montage, Korrosionsschutz, Holzschutz und Gestaltung zu entwickeln. Hier erfolgt die Honorierung nach Aufwand, z. B. Stundensätze
- **Formfindung, Geometrieermittlung und Geometrieoptimierung** sichtbar gelassener Tragwerke. Hier erfolgt die Honorierung nach Aufwand, z. B. Stundensätze.
- **Gestaltungsbedingter konstruktiver Aufwand** bei der Entwurfsplanung. Die HOAI ordnet die Tragwerke den Honorarzonen rein nach dem statisch-konstruktiven Schwierigkeitsgrad zu (§ 52 Absatz 2). Gestaltungsbedingte Anforderungen und zugehöriger Aufwand sind daher als Besondere Leistung zu vergüten. Hier erfolgt die Honorierung nach Aufwand, z. B. Stundensätze.
- Beim **Planen im Bestand**
  1. Entwurf der notwendigen Sicherungsmaßnahmen von Bauzuständen. Hier erfolgt die Honorierung nach Aufwand, z. B. Stundensätze.
  2. Denkmalschutzbedingter Mehraufwand beim Entwurf des Tragwerks. Hier erfolgt die Honorierung nach Aufwand, z. B. Stundensätze.

53   Als Besondere Leistung ist die **vorgezogene, prüfbare Berechnungen** wesentlich tragender Teile oder der Gründung beispielhaft aufgeführt. Die vorgezogene und prüfbare Berechnung dient der Beschleunigung des gesamten Baufortschritts und basiert auf der Annahme, dass der Tragwerksplaner nach Vorgabe der wesentlichen Vorplanungen des Objektplaners diese Berechnungen zur Vorbereitung der Entwurfsplanung benötigt, jedoch dieser die dann folgenden Berechnungen bereits für die Darstellung konstruktiver Details

benötigt. In der Leistungsphase 2 sind als Grundleistungen Berechnungen für die Wirtschaftlichkeit oder Realisierbarkeit erforderlich. Hier jedoch geht es um Berechnungen für wesentliche tragende Teile oder die Gründung. Bei der hier angesprochenen Besonderen Leistung ist die amtliche Prüfbarkeit zwingend erforderlich. Das unterscheidet sie von der Besonderen Leistung in Leistungsphase 2 „Vorläufige nachprüfbare Berechnung". Dort ist es nun notwendig, wenn die Berechnungen für einen Fachmann nachprüfbar sind. Bei der Berechnung *„wesentlich tragender Teile"* wird die statische Berechnung sozusagen von „unten nach oben" vollzogen. Eine vorgezogene Berechnung *„der Gründung"* ist diejenige, die für die Herstellung der Gründung notwendig ist. Allerdings wird im Gegensatz dazu das auf der Gründung zu errichtende Bauwerk auf dem entgegengesetzten Wege von *„oben nach unten"* berechnet. Die HOAI hat diese Berechnungsmethoden aufgenommen und das entspricht den genannten Lastvorprüfungen.

Für die Bewertung der Berechnung der Besonderen Leistungen sind die vorgezogenen **54** Berechnungen in Leistungsphase 3 dann Vorarbeiten der Leistung **„Aufstellen der prüffähigen statischen Berechnungen"** als Grundleistung in Leistungsphase 4. Damit vermindert sich aber dort der Leistungsumfang und der prozentuale Ansatz dort ist daher zu mindern. Es verbleibt bei der zusätzlichen Honorierung der Besonderen Leistung und dem vollen Prozentsatz aus Leistungsphase 4, wenn die Besondere Leistung aus Leistungsphase 3 nicht an die Stelle der Grundleistung aus Leistungsphase 4 tritt.

Die Tätigkeit für den **Erdbebensicherheitsnachweis** ist eine Besondere Leistung, die **55** nicht mit der Grundleistung abgegolten ist (OLG Köln, Urt. v. 8.12.1998 – 22 U 50/98).

Mehraufwand bei Sonderbauweisen oder Sonderkonstruktionen, z.B. das Klären **56** von Konstruktionsdetails ist ebenfalls beispielhaft als Besondere Leistung benannt. „Sonderbauweisen und -konstruktionen" beschreiben alle Bauweisen, die spezielle planerische Entwicklungen für das Bauprojekt selbst oder von Einzelteilen dazu, die konstruktive Sonderanforderungen oder unübliche und dekonstruktive Anforderungen oder Weiterentwicklung des Baukörper bzw. der Tragkonstruktion erfordern. Nicht zu verwechseln sind die Sonderbauweisen mit dem Begriff der sog. „Sonderbauten" im Bereich der Zuweisung von Planungsvorschriften und deren Beachtung in der Planung sog. „Sonderbauten". Dort gelten bestimmte brandschutzrechtliche, versammlungsspezifische und der Parkraumbewirtschaftung dienende Vorschriften. Im hier gemeinten Sinne allerdings werden Leistungen erforderlich, die schon in Leistungsphase 3 erforderlich werden, aber erst in späteren Leistungsphasen als Grundleistungen vorgesehen sind (Mitwirken bei Verhandlungen mit Behörden, Ermittlung für Ausschreibungen). Hierzu zählen die üblicherweise anfallenden Leistungen bei den Stahlbetonfertigteilkonstruktionen im Betonwerk oder auf der Baustelle, Ortbetonkonstruktionen mit hohen Bewehrungsgraden, Stahl- und Holzkonstruktionen mit außergewöhnlichen oder aufwendigen Knotenpunkten, vorgespannten Konstruktionen, Seilnetzkonstruktionen, Kunststoffkonstruktionen, Stahlverbundkonstruktionen, Stahlgusskonstruktionen mit Guss- und Schweissknoten. Damit sind dieser Tragwerke zumeist den Honorarzonen IV und V zuzuordnen und erfordern erheblichen Konstruktions- und Schwierigkeitsaufwand.

Die „vorgezogene Stahl- und Holzmengenermittlung" ist die Berechnung für **57** eine vorzeitige Ausschreibung. Hier ist darauf hinzuweisen, dass das Honorar für die Besondere Leistung kann an den Berechnungen wesentlich tragender Teile und der Berechnung der Gründung orientiert. Der Aufwand und damit die Bewertung dieser Besonderen Leistung hängen entscheidend von dem geforderten Genauigkeitsgrad ab.

Die **Nachweise der Erdbebensicherung** sind nicht nur durch die jeweiligen landes- **58** rechtlichen Normen und Zulassungen erheblich. Diese sind keine Grundleistungen und werden nur in bestimmten Landesgebieten gefordert. Daher sind sie nicht Grundleistungen (OLG Köln, Urt. v. 8.12.1998 – 22 U 50/98). Es kommt vor allem auf die Berechnung von möglichen Erdbebenszenarien und dem Verhalten des konstruktiven Bauwerks (Brücken, Gebäude, Schleusen) an. Maßgeblich ist die Frage der Abtragung der Horizontallasten. Nach der Erdbebenzone sind konstruktive Anforderungen zu berücksichtigen und rechnerische Nachweise zu erbringen.

2.3.3 Haftung

59   In der Leistungsphase 3 kann können sich Fehlleistungen daraus ergeben, dass **Beratungspflichten** verletzt werden oder **Versehen und Unterlassungen in der Ausführung der Leistung** gemacht werden. Werden Mengenermittlungen nicht richtig ausgeführt oder konstruktive Details nicht erbracht, handelt es sich um Mängel der Werkleistung des Planers. Diese können dann nachgeholt (Nachbesserungsrecht) werden, wenn die Ausführung nachhol bar und für den Auftraggeber von Interesse ist. Werden Kostenschätzung oder Kostenberechnung unzutreffend durchgeführt und insbesondere in die Berechnung des Objektplaners/Generalplaners aufgenommen, ist die Leistung nicht nachholbar und damit als Schaden anzusetzen. Nur bei Nachholbarkeit liegt kein Schaden vor. Eine gesamtschuldnerische Haftung des Objektplaners mit dem Tragwerksplaner scheidet aus, wenn der Objektplaner/Generalplaner den Kostenermittlungsbeitrag des Tragwerksplaners in seine Kostenermittlung ungeprüft übernimmt. Dies gilt auch, ohne dass der Fehler des Tragwerksplaners so offensichtlich war, dass ein Objektplaner mit seinem üblichen Wissen diesen erkennen musste. Bei Vorgängen, die zum Spezialwissen des Tragwerksplaners gehören, muss dieser den Architekten auf statische Bedenken hinweisen; gegebenenfalls muss dieser Hinweis dem, Auftraggeber gegenüber erfolgen (Ingenstau/Korbion-Oppler, VOB/ B, § 4 Abs. 3, Rdn. 72 f.).

Die Verantwortung des Tragwerksplaners bezieht sich auch auf den **wirtschaftlichen Leistungsbereich.** Hat der Tragwerksplaner nicht einfache Vollbetondecken, sondern wesentlich teurere Rippendecken vorgeschlagen, obwohl ihm bekannt war, dass es sich um ein Bauvorhaben handelte, das im Rahmen des sozialen Wohnungsbaues errichtet werden sollte, dann haftet er. Selbst wenn die technische Konzeption einwandfrei ist, kann sie wirtschaftlich mangelhaft sein, etwa, wenn das Erfordernis wirtschaftlicher Planung nicht eingehalten ist (vgl. BGH, BauR 2009, 1611 = NJW 2009, 2947 m. Anm. Scholtissek). Insbesondere bei Renditeobjekten hat der Tragwerksplaner im Hinblick auf die Erfüllung seiner wirtschaftlichen Leistungspflicht den Zweck der Errichtung des Baues zu berücksichtigen.

60   Wesentlicher Inhalt der Überlegungen und Tätigkeiten des Tragwerksplaners ist der **Baugrund.** Er hat die Pläne des Objektplaners, die nur allgemeine Vorstellungen über die Gründung wiedergeben, in eigener Verantwortung zu prüfen und festzulegen, welche besonderen Gründungsmaßnahmen infolge der örtlichen Gegebenheiten erforderlich sind (OLG Nürnberg, MDR 1975, 930). Erforderlich ist, dass er alle ihm zur Verfügung stehenden Erkenntnisquellen berücksichtigen muss. Dabei kommt es nicht nur auf die Pläne des Architekten an, sondern hat er sich auch anderweitiges Wissen von örtlichen Gegebenheiten zu verschaffen. Untersuchungen an Ort und Stelle in Eigenregie sind allerdings nicht erforderlich. Enthält die Planung des Architekten keine Angaben über den Baugrund und/oder über die Wasserverhältnisse, dann kann seine Statik mangelhaft sein, wenn er die tatsächlichen Gegebenheiten nicht berücksichtigt hat (BGH, BauR 2013, 1468 = NZBau 2013, 519). Der Tragwerksplaner kann sich auch nicht dadurch enthaften, dass er vor Baubeginn vom ausführenden Unternehmer die Situation allein verantwortlich zu prüfen sei und im Zweifelsfall ein Bodengutachten hinzuzuziehen sei (BGH, BauR 2013, 1468 = NZBau 2013, 519). Das gilt auch zur Frage des Mitverschuldens des Bauherrn wegen eines Fehlers des Architekten.

Baugrunduntersuchungen braucht der Tragwerkplaner von sich aus nicht durchzuführen. Nach BGH, BauR 1971, 265 ist das zwar Tatfrage. Jedoch ist darauf hinzuweisen, dass es immer erst Frage der Leistungsanforderung und des Vertragsinhalts ist, was zu tun ist. Zudem sind eigenständige Untersuchungen insbesondere handwerklicher Art in der Grundversicherung des Tragwerkplaners nicht versicherbar, sondern nur separat, weswegen per se von Eigenuntersuchungen abzuraten ist und nur auf besondere Anweisung des Bauherrn durchgeführt werden sollte. Die Überprüfung der Baugrundverhältnisse ist vom Grundsatz her Aufgabe des Architekten und nicht des Tragwerksplaners (OLG Koblenz, BauR 2005, 433 = IBR 2005, 705; OLG Rostock IBR 2005, 225; OLG Jena, Urt. v. 27.7.2011 – 7 U 937/10). Werden dem Tragwerksplaner Umstände bekannt, die eine Bodenuntersuchung notwendig machen, dann muss er den entsprechenden Hinweis an den

Bauherrn erteilen und ihn dahin beraten, was jetzt zutun ist. Dann kann er sich aber auch nicht auf die Angaben des Objektplaners verlassen. Wenn er keine Anhaltspunkte für die Notwendigkeit einer Baugrunduntersuchung hat, dann kann er den Angaben des Objektplaners vertrauen. Er genügt seiner Hinweispflicht, wenn in der statischen Berechnung auflistet, dass die Annahme der Bodenpressung vor Baubeginn zu prüfen ist (OLG Koblenz, BauR 2005, 422). Wenn er aber keine Angaben hat, ist auf eine Entscheidung des Auftraggebers hinzuwirken. Weicht der Statiker von den Werten eines ihm **vom Auftraggeber vorgelegten Baugrundgutachtens** ab, obwohl es kein anders lautendes Baugrundgutachten gibt und weist er nicht auf die Notwendigkeit eines solchen Gutachtens hin, haftet er dem Auftraggeber auf Schadenersatz (OLG Jena, Urt. v. 27.7.2011 – 7 U 937/10).

Die **Standsicherheit** der baulichen Anlage und sämtlicher Einzelteile sind nachzuweisen (OLG Stuttgart, BauR 1973, 64). In den Berechnungen sind auch die Möglichkeiten von solchen Baufehlern einzubeziehen, die in der Baupraxis erfahrungsgemäß häufiger vorkommen (BGH Schäfer/Finnern/Hochstein/Korbion, Z 2.2.0 Bl. 6). Die statische Berechnung von Stützen einschließlich Bewehrung, Unterzügen und deren Auflager und die Materialbestimmung ist ausschließliche Aufgabe des Tragwerksplaners und nicht des Ingenieurs (OLG Karlsruhe, VersR 1969, 355). Diese Meinung dürfte aber aufgrund der sich ändernden Leistungsanforderungen und der technischen Anforderungen überholt sein, da die planerischen Vorgaben auch die Einbeziehung des Ingenieurs und seines Leistungsbildes erforderlich machen. Es ist grundsätzlich nicht Aufgabe des Architekten, sondern des Tragwerksplaners, dafür einzustehen, wenn infolge einer Überdimensionierung der Fundamente vermeidbare Mehrkosten entstanden sind (BGH, VersR 1964, 1045). Der Architekt oder Ingenieur darf auf die Berechnungen des von ihm Beauftragten (Subplaner) bei **Standsicherheitsnachweisen** nur vertrauen, wenn dieser allein über die besonderen Fachkenntnisse verfügt. Ist für bestimmte Bereiche oder Gewerke ein Sonderfachmann beauftragt, hat der Architekt die Leistung des Anderen im Rahmen der von ihm zu erwartenden Kenntnisse zu prüfen. Das gilt auch im Verhältnis zum Statiker (OLG Naumburg, Urt. v. 21.3. 2012 – 5 U 226/11). **61**

Der Tragwerksplaner hat im Rahmen der Architektenpläne die Konstruktionsart und -abmessungen in den **Bewehrungsplänen** so festzulegen, dass das Bauwerk standsicher ist (OLG München, VersR 1977, 380). Soweit die Leistungen aus den Bereichen Bodenmechanik, Erd- und Grundbau nicht an einen Fachingenieur in Auftrag gegeben sind, hat der Tragwerksplaner auch auf die Standsicherheit einer **Baugrube** zu achten und entsprechende Hinweise oder die Empfehlung, einen Sonderfachmann einzuschalten, zu geben. Der Objektplaner hat vorher nötige und erkennbare Untersuchungen des Baugrunds in die Wege zu leiten. Beteiligt sich ein Ingenieur an dem Entwurf der konstruktiven Verbindung **nicht tragender** mit tragenden Teilen, so muss er auch insoweit die Auswirkungen der Tragwerksplanung beachten (OLG Düsseldorf, BauR 1994, 395). **62**

Bei Anordnung von **Dehnfugen** sind sowohl der Tragwerksplaner, als auch der Objektplaner im Regelfall verantwortlich (OLG Karlsruhe, MDR 1968, 49; BGH, BauR 1971, 267 – Architekt nachrangig). Der Einzelfall ist aber bei gesamtschuldnerischer Haftung zu beachten. Zu beachten ist, dass nur der Tragwerksplaner die Notwendigkeit von Dehnfugen bzw. die Konsequenzen von fugenlosen Baukonstruktionen überblicken und beurteilen kann (OLG Düsseldorf, BauR 1994, 395). Fugenlose Bauten in Stahlbeton mit großen Längenausdehnungen gehören heute zu machbaren und teilweise schon üblichen Anforderungen und Umsetzungen. **Zwängungskräfte** können zwar zu Rissen führen. Die folgenden **Rissbreiten** können sich im geforderten Rahmen aber konstruktiv beschränken lassen und stellen innerhalb bestimmter **Toleranzen keine Mängel** dar. Bei wasserbeaufschlagten Bauteilen ist aber zu beachten, dass die Toleranzen eingeschränkt sind, denn trotz „Wasserundurchlässigkeit" ist eine Feuchtediffusion vorhanden, die zu Materialerweiterungen führen kann, was wiederum konstruktiv zu beachten ist. Dann trifft den Objektplaner eine **Mithaftung,** wenn er in Kenntnis dieser Zusammenhänge an der Entscheidung, fugenlos zu bauen, mitwirkt und diesbezüglich nicht von den Toleranzbreiten gedeckte Rissbreiten auftreten. Auch wenn Dehnfugen an Stellen vorgesehen werden, die nach den Ein- **63** bauhinweisen dafür nicht geeignet sind (OLG Düsseldorf, BauR 2001, 1468 – Subplanerhaftung) sind haftungsträchtig. **Windlasten** sind bei der Berechnung zu berücksichtigen (OLG Düsseldorf, BauR 2002, 506). Gleiches gilt bei **Zwangsspannungen** bei Aluminiumfassaden (KG, Urt. v. 20.1.2012 – 6 U 89/08) und Abdichtungskonzepten bei Bauweisen mit verminderter Zwangsbeanspruchung mit beschränkter Rissbreite oder späteren Verpressen (OLG München, Beschl. v. 22.2.2012 – 9 U 3562/11).

Erweist sich die Statik trotz **Beanstandung durch den Prüfingenieur** als dennoch **genehmigungsfähig,** dann ist sie **nicht** mangelhaft (OLG Naumburg, Urt. v. 20.4.2005 – 6 U 93/04).

64   Liegt der Mangel in der **Bauleistung,** die allein der besonderen Kenntnis und dem Verantwortungsbereich des Tragwerksplaners zuzurechnen ist, haftet dieser allein (OLG Karlsruhe, MDR 1971, 45). Trifft den Tragwerksplaner daher eine Hinweispflichtverletzung, dann haftet er gesamtschuldnerisch neben dem Objektplaner auch im Rahmen des Mitverschuldens (BGH, BauR 2013, 1468 = NZBau 2013, 519).

Werden vom Statiker Stützen einer Garage entgegen den Maßgaben der Garagen-VO geplant und stellt sich sodann heraus, dass die **Dimensionierung der Stützen** nicht zutreffend und auch falsch ist, so haftet er infolge der Mitwirkung des Architekten bei der Prüfung der Unterlagen **gemeinsam** mit ihm (OLG Köln, Beschl. v. 31.5.2011 – 24 U 164/10).

65   Hat sich der **Fehler der Planerleistung in dem fertigen Bauwerk** niedergeschlagen, schuldet der Planer von vornherein nur noch Schadenersatz. Ein solcher Anspruch setzt nicht voraus, dass gegenüber dem Architekten eine Mängelrüge erhoben oder ihm Gelegenheit zur Nachbesserung gegeben wird. Ein Tragwerksplaner ist kein Fachmann für den Brandschutz. Aufgabe des Statikers ist es lediglich, statische Berechnungen und Feststellungen dem Bauherrn oder dessen Architekten vorzuschlagen. der Bauherr oder sein Architekt entscheiden dann über die tatsächliche Umsetzung der aufgezeigten Möglichkeiten. Der Architekt muss prüfen, ob und wie die Möglichkeiten der Statik mit den Wünschen des Auftraggebers und den **Brandschutzvorschriften** kompatibel gemacht werden können, nicht aber der Tragwerksplaner (OLG Celle, Urt. v. 4.1.2012 – 14 U 126/11). Bei der Errichtung eines Dachstuhls mit **Hölzern,** die statische Aufgaben übernehmen müssen, muss deren Eignung zu diesem Zweck nachgewiesen werden. Der mangelnde Nachweis führt dazu, dass nicht überprüft werden kann, ob die errichtete Konstruktion den Vorgaben der genehmigten Baustatik entspricht (OLG Düsseldorf, Urt. v. 29.3.2011 – 21 U 6/07).

Zu den Aufgaben des Architekten gehört auch die **Planung der Wärmedämmung.** Die Planung der Wärmedämmung an tragenden Bauteilen obliegt hingegen dem Statiker. Der Architekt wird mit der Beauftragung eines Statikers nicht insgesamt seiner Verantwortung für die Planung der Wärmedämmung an tragenden Bauteilen enthoben. Zwar darf er sich auf die Fachkenntnisse des Statikers verlassen. Allerdings wird von ihm dort die Mitprüfung erwartet, wo der Architekt über entsprechende bautechnische Fachkenntnisse verfügen muss. Die Wärmedämmung von Stahlbetonteilen fällt in den Wissensbereich eines Architekten (OLG Hamm, Urt. v. 29.12.2010 – 12 U 42/09).

Bei **Rissen im Nachbargebäude** aufgrund nicht zutreffender **statischer Absicherung** und eines unzutreffenden **Bodengutachtens,** sind die Setzungsschäden der vom Statiker zu ersetzende Schaden. Dies ist ein Mangelfolgeschaden im Rahmen der alten Gesetzgebung (§ 638 Abs. 1 BGB a. F.) und verjährt in fünf Jahren (OLG Hamm, Urt. v. 9.12. 2010 – 17 U 182/09). Nach neuem Recht verjährt dies ebenfalls in fünf Jahren, ist aber **kein Mangelfolgeschaden,** sondern als Planermangel und **leistungsbezogene Nebenpflicht** zu sehen (OLG Düsseldorf, IBR 2010, 701). Der planende und bauleitende Architekt kann dem Auftraggeber aber **keine Obliegenheitsverletzung** – zur Verfügung stellen einer mangelhaften Statik – entgegenhalten (OLG Hamm, BauR 2010, 1981 = NZBau 2011, 48).

66   Unterlässt der Statiker die gebotene Berechnung – Kippsicherheit einer Sporthalle – und entwickelt der **Prüfstatiker** nach entsprechender Beanstandung eine eigene, kostenaufwändige Lösung – Ausführung von Erdankern –, enthebt das den Statiker nicht von der Pflicht, seine eigene Leistung innerhalb der Parameter der bisherigen Planung fertig zu

stellen. Er haftet dem Auftraggeber daher auf Schadenersatz in Höhe der umgesetzten aufwändigen Lösung. Erbringt der Statiker die vertraglich geschuldete Leistung in mangelhafter Weise, bietet das Preisrecht der HOAI keine Grundlage, den Honoraranspruch des Statikers ganz oder teilweise entfallen zu lassen. Der Statiker ist jedoch nach Treu und Glauben gehindert, in seine Honorarberechnung diejenigen anrechenbaren Kosten einzustellen, die dadurch verursacht worden sind, dass er diese Kosten durch eine fehlerhafte Planungsleistung unnötig hat entstehen lassen (BGH, Urt. v. 9.2.2012 – VII ZR 31/11).

2.4 Genehmigungsplanung

a) Aufstellen der prüffähigen statischen Berechnungen für das Tragwerk unter Berücksichtigung der vorgegebenen bauphysikalischen Anforderungen
b) Bei Ingenieurbauwerken: Erfassen von normalen Bauzuständen
c) Anfertigen der Positionspläne für das Tragwerk oder Eintragen der statischen Positionen, der Tragwerksabmessungen, der Verkehrslasten, der Art und Güte der Baustoffe und der Besonderheiten der Konstruktionen in die Entwurfszeichnungen des Objektplaners
d) Zusammenstellen der Unterlagen der Tragwerksplanung zur Genehmigung
e) Abstimmen mit Prüfämtern und Prüfingenieuren oder Eigenkontrolle
f) Vervollständigen und Berichtigen der Berechnungen und Pläne

Bewertung 30,0%

Teilleistungsaufstellung nach	Simmendinger	Siemon
zu a)	22,0%	20,0% bis 25,0%
zu b)	0,0%	in a) enthalten
zu c)	4,0%	5,0% bis 10,0%
zu d)	1,0%	in a) enthalten
zu e)	1,0%	in a) enthalten
zu f)	2,0%	in a) enthalten

Vergleich zu Fassung 2009:

Teilleistungsaufstellung nach	Simmendinger	Siemon
zu a)	16,0% bis 25%	17,0% bis 20,0%
zu b)	2,0% bis 5,0%	bis 3,0%
zu c)	2,0% bis 4,0%	5,0% bis 9,0%
zu d)	0,5% bis 1,5%	0,5% bis 3,0%
zu e)	0,5% bis 1,5%	0,5% bis 2,0%
zu f)	bis 2,5%	bis 2,0%

Insgesamt: 30%

2.4.1 Grundleistungen

Das **Aufstellen der statischen Berechnung mit Positionsplänen** für die Prüfung **67** aus der Leistungsphase 4, der Genehmigungsplanung, ist das **Kernstück** der ingenieurmäßigen Leistungen im Rahmen **der Tragwerksplanung für Gebäude und für Ingenieurbauwerke.** Hier wird mit dem Aufstellen der prüffähigen statischen Berechnungen (Statik) ein Teil der bauaufsichtlich geforderten **Bauvorlagen bei Gebäuden** bzw. öffentlich-rechtlich geforderten **Prüfunterlagen bei Ingenieurbauwerken,** nämlich der Standsicherheitsnachweis, erbracht. Außer den ebenfalls bei Gebäuden und zugehörigen baulichen Anlagen zu den Bauvorlagen gehörenden Tragwerks-Ausführungsplänen der Leistungsphase 5 sind die übrigen bauaufsichtlich geforderten Bauvorlagen im Rahmen der Genehmigungsplanung des Leistungsbildes Objektplanung für Gebäude und raumbildende Ausbauten (§ 34 Abs. 4 und Anlage 10.1 – Leistungsphase 4) durch den Objektplaner (Architekten) „für die nach den öffentlich-rechtlichen Vorschriften erforderlichen Genehmigungen oder Zustimmungen" zu erarbeiten und einzureichen.

Die Leistungsphase 4, die Genehmigungsplanung, ist von allen übrigen Leistungsphasen der Tragwerksplanung am eindeutigsten beschrieben und abgegrenzt und auch der praktischen Handhabung angepasst. Dies geht bis in die Details der im Hochbau üblichen Anfertigung von Positionsplänen durch Eintragen der statischen Positionen in die Transparentpausen der Architektur-Entwurfspläne.

Die **Leistungen der Genehmigungsplanung** umfassen
– prüffähige statische Berechnung,
– Positionspläne,
– Zusammenstellung der Unterlagen zur bauaufsichtlichen Genehmigung,
– Verhandlungen mit Prüfämtern und Prüfingenieuren.

Die statische Berechnung hat „die vorzugebenden bauphysikalischen Anforderungen" zu berücksichtigen, jedoch ohne dass die so genannten bauphysikalischen Nachweise, so der Brandschutz-Nachweis, der als Besondere Leistung in dieser Leistungsphase, oder der Wärme- und Schallschutz-Nachweis, der im Rahmen der Beratungsleistungen der Anlagen 1.2 und 1.3 vergeben werden kann, vorgesehen sind. Die früher umstrittene Frage, von wem und in welchem Umfang bauphysikalische Maßnahmen zu planen und Nachweise zu erbringen sind, ist durch die Regelung in der Genehmigungsplanung geklärt.

68   Die **bauphysikalischen Anforderungen bei Gebäuden** sind **grundsätzlich vorzugeben,** und zwar **vom Objektplaner und/oder vom Bauphysiker.** Hierbei genügt es nicht, lediglich bestimmte einzuhaltende Grenzwerte, z.B. Wärmedurchlasswiderstand, anzugeben. Der Objektplaner hat vielmehr die zum Erreichen dieser Grenzwerte geplanten Maßnahmen festzulegen, weil diese wesentlich in das gestalterische Konzept eingreifen können.

Der Nachweis, ob und in welcher Weise die vorgesehenen Maßnahmen den bauphysikalischen Anforderungen genügen (z.B., mit welcher Dicke Holzwolle-Leichtbauplatten die vorgeschriebene Wärmedämmung erfüllen), kann erst in den **bauphysikalischen Nachweisen** erbracht werden, die dann **als Besondere Leistungen** gesondert an den Tragwerksplaner vergeben werden können. Da der Tragwerksplaner für die statische Berechnung zum Teil nicht nur die bauphysikalischen Maßnahmen selbst (z.B. Holzwolle-Leichtbauplatten an vorgesehenen Konstruktionselementen), sondern auch die Dimensionierung (z.B. Dicke der Platte 2,5 cm) zur Einhaltung der bauphysikalisch vorgegebenen Grenzwerte kennen muss, um zum Beispiel die Schwächung eines Bauteils zu bestimmen, empfiehlt es sich, dem Tragwerksplaner auch die bauphysikalischen Nachweise als Besondere Leistung in Auftrag zu geben, weil er damit selbst die notwendigen Angaben ermitteln kann oder einen Bauphysiker einzuschalten.

Eine Reihe von **Bauaufsichtsämtern** verlangt ohnehin mit der statischen Berechnung, mit dem Standsicherheitsnachweis also, alle übrigen „Bautechnischen Nachweise", auch die bauphysikalischen, also auch den Nachweis des Brand-, Wärme- und Schallschutzes. Der Grund hierfür ist darin zu sehen, dass rechnerische Überprüfungen der **Bauvorlagen** vor allen Dingen beim Standsicherheitsnachweis erfolgen und somit die rechnerischen Überprüfungen der **Nachweise des Brand-, Wärme- und Schallschutzes** in einem Zuge mit der rechnerischen Überprüfung der Standsicherheitsnachweise von den Prüfämtern oder dem Prüfingenieur durchgeführt werden können. So ist es aus diesem Grund sinnvoll, die bauphysikalischen Nachweise durch den Tragwerksplaner (Statiker) direkt anfertigen zu lassen.

Auch die **bauphysikalischen Anforderungen bei Ingenieurbauwerken** sind **grundsätzlich vorzugeben.** Allerdings werden bei einer Vielzahl von Ingenieurbauwerken, zum Beispiel Ufer- und Kaimauern oder Brückenbauwerken und Schlitzwänden und anderes, kaum die bauphysikalischen Probleme des Brand- und Schallschutzes auftreten und hinsichtlich des Wärmeschutzes nur Probleme, die mit dem Schutz der Konstruktion vor Verformungen durch Temperatureinflüsse entstehen, jedoch vom Statiker in dessen Berechnung als „Belastungen" einzuführen und somit keine besonderen Nachweise sind.

Ausdrücklich wird jedoch als Teilleistung **bei Ingenieurbauwerken** in der Leistungs- **69** phase 4 zum Aufstellen der prüffähigen statischen Berechnungen das **Erfassen von normalen Bauzuständen** angegeben. Auf die Erwähnung der nicht zu den „normalen" Bauzuständen gehörenden Taktschiebeverfahren, Freivorbau und bauabschnittsweise Herstellung auf Vorschubgerüst, wie sie bis zur 4. ÄndVO in der 2. Teilleistung zu finden war, ist in der Vierten Änderungsverordnung verzichtet worden. Stattdessen ist als Besondere Leistung zusätzlich aufgenommen worden das „Erfassen von Bauzuständen bei Ingenieurbauwerken, in denen das statische System von dem des Endzustandes abweicht". Somit hat der Tragwerksplaner für Ingenieurbauwerke beim Aufstellen der prüffähigen statischen Berechnung auch „normale" Bauzustände zu erfassen und die Standsicherheit des Ingenieurbauwerks für den jeweiligen Bauzustand nachzuweisen. Die von diesen Nachweisen ausgeschlossenen Verfahren sind Sonderverfahren im Sinne der der Leistungsphase 3 zugeordneten Besonderen Leistung für den „Mehraufwand bei Sonderbauweisen oder Sonderkonstruktionen".

Bestimmungen darüber, unter welchen Voraussetzungen eine statische Berechnung als **70** prüffähig anzusehen ist, sind in der Verordnung nicht enthalten. Auch die Landesbauordnungen stellen nur Anforderungen an die Standsicherheit, den Brand-, Wärme- und Schallschutz, ohne zunächst Anforderungen an die Art der betreffenden Nachweise zu stellen. Erst in den Durchführungsverordnungen lassen sich Hinweise auf die Art der Bautechnischen Nachweise finden, die als **Kriterien für eine Prüffähigkeit** auch im Rahmen der HOAI herangezogen werden können. In derartigen **Verordnungen über bautechnische Prüfungen** sind Bestimmungen über Umfang und Art der Standsicherheitsnachweise und anderer Bautechnischer Nachweise enthalten. So wird eine Darstellung des gesamten statischen Systems in der Berechnung und die Übereinstimmung der Berechnungen mit den Zeichnungen sowie die übereinstimmenden Positionsangaben in den Berechnungen und Zeichnungen gefordert.

Selbstverständlich sind bei Anwendung komplizierterer und nicht üblicher Rechenverfahren und -methoden zur Prüffähigkeit die Verfahren zu erläutern oder es ist auf die einschlägige Literatur zu verweisen. Über das Aufstellen und Prüfen **elektronischer Standsicherheitsberechnungen** hatten einzelne Länder Richtlinien aufgestellt, deren Beachtung auch zur Einhaltung der Prüffähigkeit einer Berechnung dienen sollte.

Die Bundesvereinigung der Prüfingenieure für Bautechnik e. V., Hamburg, hat im April 2001 eine Richtlinie für das Aufstellen und Prüfen EDV-unterstützter Standsicherheitsnachweise (Ri-EDV-AP-2001) erarbeitet und herausgegeben, die auf der Richtlinie von 1989 aufbaut.

„**Statische Berechnungen und zeichnerische Darstellung für Bergschadensicherungen und Bauzustände**" gehören **nicht** zu den **Leistungen** der Genehmigungs- **71** planung, sondern sind als Besondere Leistungen an den Tragwerksplaner zu vergeben. Statische Berechnungen und zeichnerische Darstellung für **Baubehelfe** sind – anders als in § 54 a. F. (HOAI 1977) – in der novellierten Fassung seit 1985 **nicht mehr Besondere Leistungen.** Für sie kann das Honorar für die Tragwerksplanung **frei vereinbart** werden.

Statische Berechnungen und zeichnerische Darstellungen für **Bergschadensicherungen und Bauzustände** sind **zusätzliche,** über den normal zu erwartenden Umfang eines Standsicherheitsnachweises und der zeichnerischen Darstellungen hinausgehende **Nachweise** und Darstellungen. Zu den **Bergschadensicherungen** kann vor allen Dingen im Gründungsbereich eine Vielzahl von Maßnahmen erforderlich werden (besondere Ausgestaltung der Seitenwände gegen Seitenkräfte, Zerrplatten und Zerrbalken u. a.), die einen nicht unerheblichen Berechnungsaufwand gegenüber nicht bergschadengefährdeten Bauten erfordern (zu Gründungen im Bergsenkungsgebiet vgl. das einschlägige Schrifttum, z. B. Nendza, in Grundbau-Taschenbuch Bd. III, 7. Aufl. 2007, S. 717 ff.). Auch Standsicherheitsnachweise und zeichnerische Darstellungen für bestimmte **Bauzustände bei Gebäuden und zugehörigen baulichen Anlagen,** d. h. gegenüber dem Bauendzustand vorläufige andere Zustände, die über andere statische Systeme vorläufige Lasten abführen, sind ebenfalls nicht im Rahmen des Üblichen zu erwartende Berechnungen und können somit als Besondere Leistungen vergeben werden. So können bei Hallenbauten bestimmte Montagezustände auftreten, die in das Tragwerk oder einzelne Tragwerksglieder andere Belastungen als im Endzustand eintragen. Auch Nachweise solcher Montagezustände gehören zu den als **Besondere Leistungen** zu vergebenden statischen Berechnungen und zeichnerischen Darstellungen der Bauzustände.

72 **Positionspläne** (Buchstabe c)) können entweder als gesonderte Pläne mit entsprechenden Eintragungen der Positionen (das ist die Kennzeichnung der einzelnen Bauteile mit den Nummern, die sich in der statischen Berechnung wiederfinden) und sonstigen für den Standsicherheitsnachweis notwendigen Angaben angefertigt werden oder durch Eintragung der Positionen und sonstiger für den Standsicherheitsnachweis notwendiger Angaben in die Entwurfszeichnungen des Objektplaners hergestellt werden.

Die gesondert angefertigten Positionspläne müssen nicht (ausführliche) Zeichnungen wie die in der Leistungsphase 4 unter den Besonderen Leistungen angeführten sein. Da sie im Wesentlichen die Aufgabe haben, Last-, Abmessungs- und Systemannahmen der statischen Berechnung zeichnerisch zu belegen und zu erläutern, sind an sie weder in der Darstellung noch in der Maßstabsgerechtigkeit die hohen Anforderungen wie an Ausführungspläne zu stellen. Bei eventuell gesondert anzufertigenden Schalplänen der Leistungsphase 5 können auch Vorabzüge dieser Schalpläne mit den für die statische Berechnung notwendigen Angaben der Positionspläne versehen werden.

Bei üblichen Hochbauten eignet sich das in der Leistungsbeschreibung aufgezeigte Verfahren besonders gut, (am besten) in Transparentpausen der Entwurfspläne des Objektplaners die für den Standsicherheitsnachweis notwendigen Eintragungen vorzunehmen und diese Pläne dann als Positionspläne auszugeben. Der Vorteil liegt darin, dass die wesentlichen Tragwerksabmessungen schon vom Objektplaner eingetragen wurden und somit eventuelle Übertragungsfehler ausgeschlossen werden. Zuweilen ist es auch für den Prüfer angenehmer, mit den Entwurfsplänen des Architekten gleich einen Einblick in Raumaufteilungen und Ähnliches zu erhalten. Das gleiche Verfahren ist auch bei Ingenieurbauwerken zu empfehlen.

73 Das „**Zusammenstellen der Unterlagen der Tragwerksplanung**" zur (bauaufsichtlichen) Genehmigung besteht vor allem in der Zusammenstellung der Lichtpausen oder Kopien zu vollständigen Berechnungsunterlagen mit Positionsplänen für die jeweiligen Ausfertigungen, die der Auftraggeber für sich, den Objektplaner und vor allem für das Prüfamt oder den Prüfingenieur in Auftrag gegeben hat. Bei **Ingenieurbauwerken öffentlicher Bauherren entfallen die bauaufsichtlichen Genehmigungen** unter den in den jeweiligen Bauordnungen festgelegten Voraussetzungen. Dennoch sind öffentliche Auftraggeber, vor allem im Hinblick auf ihre allgemeine oder besondere Verkehrssicherungspflicht, interessiert oder gehalten, die Standsicherheitsnachweise im eigenen Amt oder von (anerkannten) Prüfingenieuren prüfen zu lassen. Für derartige Prüfungen gilt das unter der bauaufsichtlichen Genehmigung für das „Zusammenstellen der Unterlagen der Tragwerksplanung" Gesagte.

74 „**Abstimmen mit Prüfämtern und Prüfingenieuren und Eigenkontrolle**" (**Buchstabe e)**) und „**Vervollständigen und Berichtigen der Berechnungen und Pläne (Buchstabe f))**" (letzte beiden Teilleistungen der Leistungsphase 4) während der bauaufsichtlichen oder sonstigen behördlichen Prüfung sind vom Auftragnehmer als **Leistung** zu erbringen. Bei Unklarheiten oder Fehlern der statischen Berechnung wird oft der Aufsteller der statischen Berechnung vom Sachbearbeiter des Prüfamtes oder vom Prüfingenieur zu Erörterungs- und Erläuterungsgesprächen bestellt. Zu dem außerdem zur Genehmigungsplanung gehörenden Vervollständigen und Berichtigen der Berechnungen und Pläne gehören auch **Nachträge,** die der Prüfingenieur anfordert. Hierzu sind auch die eventuell wegen fehlerhafter Berechnungen notwendig werdenden Neuberechnungen ganzer Abschnitte, die das Prüfamt oder der Prüfingenieur verlangt, zu zählen. Der BGH hat im Zusammenhang mit der Frage, ob gem. einer Klausel bei **Veränderungen oder Ergänzungen des Prüfingenieurs** oder des Auftraggebers, die sich aus der Prüfung der

Ausführungspläne ergeben, keine Mehrkosten zu erstatten sind, grundsätzlich den Standpunkt vertreten, dass der Auftragnehmer unabhängig von einer solchen Klausel solche Ergänzungen und Änderungsleistungen unentgeltlich zu erbringen hat, was darauf beruht, dass er seine Vertragsleistung nicht mangelfrei erbracht und dies der Auftraggeber oder der Prüfingenieur zu Recht beanstandet hat (BauR 2007, 1761; NZBau 2007, 653).

Während es sich bei den entsprechenden Grundleistungen der Phasen 2 und 3 um bloße Mitwirkung des Tragwerksplaners an Verhandlungen handelt, deren Führung in erster Linie dem Objektplaner obliegt, tritt er in der Phase 4 im Regelfalle selbständig als Verhandlungsführer in Erscheinung.

2.4.2 Besondere Leistungen

- Nachweise zum konstruktiven Brandschutz, soweit erforderlich unter Berücksichtigung der Temperatur (Heißbemessung)
- Statische Berechnung und zeichnerische Darstellung für Bergschadenssicherungen und Bauzustände bei Ingenieurbauwerken, soweit diese Leistungen über das Erfassen von normalen Bauzuständen hinausgehen
- Zeichnungen mit statischen Positionen und den Tragwerksabmessungen, den Bewehrungs-Querschnitten, den Verkehrslasten und der Art und Güte der Baustoffe sowie Besonderheiten der Konstruktionen zur Vorlage bei der bauaufsichtlichen Prüfung anstelle von Positionsplänen
- Aufstellen der Berechnungen nach militärischen Lastenklasse (MLC)
- Erfassen von Bauzuständen bei Ingenieurbauwerken, in denen das statische System von dem des Endzustandes abweicht
- Statische Nachweise an nicht zum Tragwerk gehörende Konstruktionen (z. B. Fassaden)

Die Tätigkeitsinhalte und Ansätze der Honorierungen ergeben sich auch aus Heft 3 der **75** AHO zu den Besonderen Leistungen der Tragwerksplanung und sind nachfolgend beschrieben:
- **Nachweis des Feuerwiderstandes** der tragenden Bauteile. Die Forderungen des konstruktiven Brandschutzes sind in der Regel dann eingehalten, wenn der Entwurf des Tragwerks bzw. seiner Teile bestimmte Eigenschaften aufweist (z. B. Betonüberdeckungen, Art und Dicke von Verkleidungen, Querschnittsabmessungen, Beanspruchungsgrade). Der Nachweis wird durch ein Protokoll erbracht, das für alle Tragwerksteile die konstruktive Gestaltung des Feuerwiderstandes der Bauteile nach DIN 4102 Teil 4 entsprechend der geforderten Feuerwiderstandsklasse nachweist.
Die Bewertung der nachfolgenden Ziffern 1. bis 5. schließt nicht rechnerische Nachweise oder die Veranlassung und Interpretation von Versuchen ein. Diese Besondere Leistung erstreckt sich über die Leistungsphasen 2 bis 5. Übersichtlichkeitshalber sind die Bewertungen für die Phasen 2 bis 4 (zusammengefasst) und für die Phase 5 hier gemeinsam aufgeführt.

1. Stahlbetonbau:	Bei Nachweisen anhand von Tabellen:	
	Leistungsphasen 2 bis 4:	2% bis 4%
	Leistungsphase 5 zusätzlich:	3% bis 6%
	Summe:	5% bis 10%.
2. Stahlbau:	Bei Nachweisen anhand von Tabellen:	
	Leistungsphasen 2 bis 4:	2% bis 4%
	Leistungsphase 5 zusätzlich:	3% bis 6%
	Summe:	5% bis 10%.

3. Stahlverbundbau: Bei Nachweisen anhand von Tabellen:

Leistungsphasen 2 bis 4:	4% bis 6%
Leistungsphase 5 zusätzlich:	2% bis 9%
Summe:	6% bis 15%.

4. Holzbau: Die untere Grenze der Bewertung gilt bei vollwandigen Konstruktionen und der Brandschutzklasse R 30, die obere bei aufgelösten Tragwerken (z. B. Fachwerken) und der Brandschutzklasse R 90. Dabei wird die maximale Bewertung für die Kombination aufgelöste Konstruktion in R 50 erreicht.

Leistungsphasen 2 bis 4:	4% bis 8%
Leistungsphase 5 zusätzlich:	3% bis 6%
Summe:	7% bis 14%.

5. Rechnerische Nachweise des Feuerwiderstandes. Bei rechnerischen Nachweisen des im Brandfall noch tragfähigen Restquerschnitts (Heißnachweis):

Leistungsphasen 2 bis 4:	10% bis 15
Leistungsphase 5 zusätzlich:	3% bis 6%.

– **Zeichnungen mit statischen Positionen und den Tragwerksabmessungen,** den Bewehrungsquerschnitten, den Verkehrslasten und der Art und Güte der Baustoffe sowie Besonderheiten der Konstruktion zur Vorlage bei der bauaufsichtlichen Prüfung anstelle von Positionsplänen. Diese Leistung ist zur voll honorierten Leistungsphase 4 zusätzlich zu vergüten.   6% bis 8%

– **Ausstellen der Berechnungen nach militärischen Lastenklassen (MLC).** Die untere Bewertungsgrenze bezieht sich auf eine Berechnung wesentlicher Bauteile mit gängigen Tabellen, die obere auf eine Berechnung mit Hilfe vorhandener Einflussflächen.

1. Nachweis	4% bis 7%
2. Einstufung	4% bis 7%

– **Nachweis nach bautechnischen Richtlinien des Grundschutzes.** Es gilt die Anmerkung zur ersten Ziffer

Leistungsphasen 2 bis 4	4 bis 8
Leistungsphase 5 zusätzlich:	5% bis 10%
Summe:	9% bis 18%

– **Nachweis der Erdbebensicherung.** Vereinfachter rechnerischer Nachweis 4%; genauer rechnerischer Nachweis 8% bis 12%.

1. Erdbebenzone 0–1 und Bedeutungskategorie I-II. Vereinfachtes Antwortspektrenverfahren.

Leistungsphase 3:	1% bis 2%
Leistungsphase 4:	2% bis 3%
Summe:	3% bis 5%

Antwortspektrenverfahren mit mehreren Schwingungseigenformen (Modalanalyse)

Leistungsphase 3:	2% bis 4%
Leistungsphase 4:	5% bis 8%
Summe:	7% bis 12%

Leistungsphase 5 (abhängig von Duktilitätsklasse)	1% bis 3%

2. Erdbebenzone 2–3 und Bedeutungskategorie III-IV. Vereinfachtes Antwortspektrenverfahren

Leistungsphase 3:	1% bis 2%
Leistungsphase 4	2% bis 3%
Summe:	3% bis 5%

(Hinweis: Die unteren Werte der Bewertung gelten für Konstruktionen ohne besondere Duktilitätsanforderungen).

Antwortspektrenverfahren mit mehreren Schwingungseigenformen (Modalanalyse)

Leistungsphase 3:	3% bis 5%
Leistungsphase 4:	9% bis 18%
Summe:	12% bis 23%

Zeitschrittanalyse bzw. Kapazitätsspektrenverfahren

Leistungsphase 3:	3% bis 6%
Leistungsphase 4:	<u>7% bis 10%</u>
Summe:	10% bis 16%
Leistungsphase 5 (abhängig von Duktilitätsklasse)	2% bis 7%

– **Statische Detailnachweise für Anschlüsse im Stahlbau, Holzbau und Stahlbetonfertigteilbau** über die Leitdetails hinaus. Nach Vorlage von Werkstattzeichnungen (VOB-Leistung) oder im Zusammenhang mit Ziff. 5.1

                                                       6% bis 10%

Alternativ muss diese Leistung nach VOB gesondert ausgeschrieben sein.
– **Teilnahme an Steuerungsrunden;** Berechnung nach Aufwand, z. B. Stundensatz.
– **Erfassen von Bauzuständen** in denen das statische System von dem des Endzustandes abweicht. Kurztext für sich.
Anmerkung: Die Leistung ist zwar in Leistungsphase 4 aufgeführt, erstreckt sich aber auch über die Leistungsphasen 2 und 3. Die Zusatzleistungen in diesen anderen Phasen wurden bei der Bewertung berücksichtigt. Die Bewertung enthält jedoch nicht den Zusatzaufwand in der Leistungsphase 5 (Ausführungsplanung).

1. Bei bauabschnittsweiser Herstellung	6% bis 20%
2. Beim Taktschiebverfahren	20% bis 25%
3. Beim Freivorbau	20% bis 25%
4. Bei Stahlbeton-Fertigteilen	10% bis 15%
5. Beim Abbruch von Bauwerken	5% bis 10%

– **Erfassen von Montage und Transportzuständen.**   5% bis 10%

1. Bei Stahlbeton-Fertigteilen, im Holz- und Stahlbau und im Stahlverbundbau

                                                       5% bis 15%

2. Im Ortbeton, z. B. Ermittlung von Schalungsüberhöhungen; nach Aufwand, z. B. Zeitaufwand.

– **Aufstellen eines Lastenplanes auf der Grundlage der fertiggestellten statischen Berechnung zur Weitergabe an Dritte.**   1% bis 2%
– **Zusammenstellen und Beurteilen von Unterlagen für besondere Prüfverfahren,** z. B. für eine Zustimmung im Einzelfall: nach Aufwand, z. B. im Stundensatz.
– **Statische Berechnung und zeichnerische Darstellung für Baubehelfe, Bergschadenssicherungen und Bauzustände,** soweit diese Leistungen über das Erfassen von normalen Bauzuständen hinausgehen. Nach Aufwand aus Grundhonorar für eigenes Tragwerk Baubehelfe oder Stundensatz.
Hinweis: Das Erfassen von normalen Bauzuständen ist bei Ingenieurbauwerken Grundleistung.
– **Aufstellen von prüffähigen, dynamischen Berechnungen** (nach Aufwand).
– **Aufstellen der Berechnungen für Sonderlasten** nach Aufwand, z. B. Stundensatz.
– **Nachweis der zulässigen Eigenfrequenz** bei überwiegend ruhenden Einwirkungen; nach Aufwand, z. B. Stundensatz.
– **Abbildung des Bauprozesses durch Nachweise am Gesamtmodell,** mit unterschiedlichen Systemen entsprechend dem Baufortschritt; Einfrieren und Überlagern der Spannungen; nach Aufwand, z. B. Stundensatz.
– **Nachweise der Standsicherheit von Fassadenverkleidungen.** Gemäß amtlicher Begründung zu § 62 Absatz 7 HOAI 1996/2002 ist die Tragwerksplanung von Fassadenverkleidungen nicht Gegenstand der Grundleistungen des § 64 HOAI 1996/2002. Die Kosten der Fassade sind trotzdem beim Tragwerk des Gebäudes anrechenbar. Diese Begründung ist unverändert auch für die HOAI 2009 und 2013 anzuwenden (nach Aufwand, alternativ: aus Grundhonorar für eigenes Tragwerk in den bearbeiteten Leistungsphasen und in den Besonderen Leistungen).

– **Nachweis der Schienenspannungen** bei Eisenbahnbrücken; nach Aufwand, z. B. Stundensatz.
– **Statische Nachweise für nichttragende Bauteile;** nach Aufwand, z. B. Stundensatz.
– **Statische Nachweise für Baubehelfe.** Gemäß amtlicher Begründung zu § 67 HOAI 1996/2002 ist die Tragwerksplanung von Baubehelfen nicht Gegenstand der Grundleistungen des § 64 HOAI 1996/2002. Die Kosten des Baubehelfes sind trotzdem beim Tragwerk des Gebäudes anrechenbar. Diese Begründung ist unverändert auch für die HOAI 2009 und 2013 anzuwenden; nach Aufwand, z. B. Stundensatz.
– **Denkmalpflegerischer Mehraufwand;** nach Aufwand, z. B. Stundensatz.
– **Prüfung und Freigabe von Nachweisen von Dritten,** wenn keine bauaufsichtliche Prüfung erfolgt; nach Aufwand, z. B. Stundensatz.
– Beim **Planen im Bestand:** Statische Berechnung für Sicherungsmaßnahmen von Bauzuständen. Gemäß § 67 Absatz 7 HOAI 1996/2002 ist die Tragwerksplanung von Baubehelfen nicht Gegenstand der Grundleistungen des § 64 HOAI 1996/2002. Die Kosten des Baubehelfes sind trotzdem beim Tragwerk des Gebäudes anrechenbar. Es gilt weiterhin für die Fassungen 2009 und 2013; nach Aufwand, z. B. Stundensatz.

76   **Schwingungsuntersuchungen** sind bei der Standsicherheit und möglicher späterer Beeinträchtigung der Gebrauchsfähigkeit erforderlich. Schwingungen können die u. a. die Schnittkräfte erhöhen (z. B. durch Fahrzeuge und Maschinen bei Gebäuden und Brücken, oder Wind oder Erdbeben und in Schwingungen versetzten Türmen, Masten, Brücken oder Hochhäusern). Untersuchungen in diesen Fällen gehören zu den zu erbringenden Leistungen der Honorarzone IV bzw. V. Nicht zu diesen Leistungen dürfen Schwingungsuntersuchungen gerechnet werden, die mögliche Auswirkungen von Schwingungserregern auf schwingungsempfindliche Geräte in einem Bauwerk feststellen sollen. Als Erreger kommen zum Beispiel Fahrzeuge außerhalb oder innerhalb des Gebäudes oder Fußgänger in Frage; auch Schiffe bei Schleusen, Kanälen, Häfen. Diese Berechnungen sind heute der **Baudynamik** zuzurechnen.

Die hiesigen Anforderungen wurden reduziert. **Nachweise zum konstruktiven Brandschutz** sind erforderlich, weil die Nachweise zum Wärme- und Schallschutz in Anlage 1.2 besonders geregelt wurden.

Die statische Berechnung und zeichnerische Darstellung für **Bergschadenssicherungen und Bauzustände,** die über das Erfassen „normaler" Bauzustände hinausgehen, sowie das Erfassen von Bauzuständen bei Ingenieurbauwerken, in denen das statische System von dem des Endzustands abweicht, können weitere Besondere Leistungen sein.

Besondere Leistungen sind das **Anfertigen von Zeichnungen mit detaillierten, tragwerksrelevanten Eintragungen** (Tragwerksabmessungen, Verkehrslasten, Baustoffgüten u. a.) anstelle von Positionsplänen für die bautechnischen Prüfungen. Dies sind Zeichnungen, die über die Grundleistungen zur Erstellung von Positionsplänen hinausgehen und schon vorgezogene Angaben enthalten, die erst in Leistungsphase 5 in den Ausführungsplanungen enthalten sind. Wenn die Pläne Bewehrungsquerschnitte enthalten, werden die Bewehrungszeichnungen dadurch nicht ersetzt, denn die Eintragungen müssen sich auf die wichtigsten Bewehrungen in den Hauptschnitten der Konstruktionsteile beziehen.

Heute ist das **Aufstellen der Berechnungen militärischer Lastenklasse** (MLC), u. a. bei Deichen, Brücken, Staudämmen, Bahnübergängen und Hangstraßen, nun noch als Besondere Leistung erwähnt. Sie ist besondere Anforderung, da die Nachweise einen nicht unerheblichen Umfang annehmen können.

Darüber hinaus wurde in der HOAI 2013 aufgenommen das **Erfassen von Bauzuständen** bei Ingenieurbauwerken, in denen das statische System von dem des Endzustands abweicht.

Die weitere Besondere Leistung „**statische Nachweise an nicht zum Tragwerk gehörenden Konstruktionen**" (z. B. Fassaden) ist dann erforderlich, wenn Sonderbauwerke und Teile von Bauwerken zum Hauptbauwerk geplant werden und separat zu berechnen sind (Anlehnhäuser, Vordächer, Fassadenkonstruktionen).

2.4.3 Haftung

Haftungen sind nur im Rahmen der Leistungserbringung der Berechnungen und Anfer- **77** tigung der Positionspläne denkbar.

Die Nichteinhaltung der Erklärung nach § 69a Abs. 3 NBauO, dass die gefertigten Unterlagen dem öffentlichen Baurecht entsprechen, damit verfrüht abgegeben wurden, bewirkt noch keine Haftung des Tragwerksplaners (OLG Celle, Urt. v. 26.10.2011 – 14 U 59/11).

2.5 Ausführungsplanung

a) Durcharbeiten der Ergebnisse der Leistungsphasen 3 und 4 unter Beachtung der durch die Objektplanung integrierten Fachplanungen

b) Anfertigen der Schalpläne in Ergänzung der fertiggestellten Ausführungspläne des Objektplaners

c) Zeichnerische Darstellung der Konstruktionen mit Einbau- und Verlegeanweisungen zum Beispiel Bewehrungspläne, Stahlbau- oder Holzkonstruktionen mit Leitdetails (keine Werkstattzeichnungen)

d) Aufstellen von Stahl- oder Stücklisten als Ergänzung zur zeichnerischen Darstellung der Konstruktionen mit Stahlmengenermittlung

e) Fortführen der Abstimmung mit Prüfämtern und Prüfingenieure oder Eigenkontrolle

Bewertung 40,0%

Teilleistungsaufstellung nach	Simmendinger	Siemon
zu a)	10,0%	5,0% bis 9,0%
zu b)	10,0%	9,0% bis 15,0%
zu c)	15,0%	14,0% bis 20,0%
zu d)	3,0%	2,% bis 5,0%
zu e)	2,0%	in a) enthalten

Vergleich zu Fassung 2009:

Teilleistungsaufstellung nach	Simmendinger	Siemon
zu a)	6,0% bis 13,0%	9,0% bis 12,0%
zu b)	10,0% bis 18,0%	9,0% bis 15,0%
zu c)	12,0% bis 22,0%	9,0% bis 15,0%
zu d)	bis 3,0%	7,0% bis 12,0%

Insgesamt: 42%

2.5.1 Grundleistungen

Zunächst sind die vorgelegten oder vorliegenden **Leistungsergebnisse der Leistungs-** **78** **phasen 3 und 4 durchzuarbeiten** (Buchstabe a)). Dies ist den üblicherweise inzwischen durchgeführten Stufenverträgen in diesem Zusammenhang geschuldet. Insbesondere wenn Vorplaner mit der Planung befasst waren. Dabei hat der Tragwerksplaner auf den Inhalt der Ergebnisse abzustellen und ggfs. bei Fehlern oder Auslassungen den Auftraggeber zu informieren. Dabei hat auf Änderungen hinzuwirken. Änderung selbst hat er aber nicht vorzunehmen, sondern nur auf Anweisung des Auftraggebers. Es handelt sich ansonsten um Besondere Leistungen, ggfs. auch um Wiederholungs- oder Änderungsleistungen nach

§ 10. Bei der Prüfung sind die anderen an der Planung Beteiligten beizuziehen und deren Arbeiten zu bewerten. Auch hier ist auf Änderungen bei Fehlern und Auslassungen hinzuwirken *(siehe auch unter Ziffer 3 – Haftung).*

79 Anders als die Ausführungsplanung der Objektplaner (§ 34 Abs. 4 und Anlage 10.1 Phase 5; § 43 Abs. 4 und Anlage 12.1 Phase 5) gehören zu den **Ausführungsplänen** bei der Tragwerksplanung die **Schal- und Bewehrungspläne** im Stahlbetonbau und die **Stahlbaupläne** und **Holzkonstruktionspläne,** die mit den übrigen Bauvorlagen im Baugenehmigungsverfahren oder mit der statischen Berechnung in sonstigen behördlichen Prüfverfahren einzureichen sind (Buchstabe b)). Insoweit hängt diese Leistung der Anfertigung von Plänen, die vor allen Dingen für die Ausführung durch die Bauunternehmer bestimmt sind, noch eng mit der Genehmigungsplanung zusammen, weil gemeinsam mit den Entwurfsplänen aus der Leistungsphase 4 der Objektplanung und der statischen Berechnung nebst Positionsplänen aus der Leistungsphase 4 der Tragwerksplanung diese Pläne in den Genehmigungs- oder Prüfungsverfahren vorzulegen sind.

Die **Schalpläne** (des Stahlbetonbaus) sind nach dem Leistungsbild der 1. Teilleistung a) der Leistungsphase 5 als Ergänzung der fertig gestellten Ausführungspläne des Objektplaners angegeben. In den Schalplänen werden im Stahlbetonbau **alle notwendigen Abmessungen der auszuführenden Stahlbetonteile** in Grundrissen und Schnitten dargestellt. Der Zimmermann bzw. Einschaler wird durch diese Schalpläne in die Lage versetzt, die Schalformen für diese Stahlbetonteile herzustellen und aufzubauen. Die Schalpläne enthalten keine Angaben über Art, Aufbau und Zusammensetzung der Schalung selbst, ihre Konstruktionen und ihre Abstützung. Diese fallen unter den Begriff der „Baubehelfe" i. S. der DIN 18331 ATV der Beton- und Stahlbetonarbeiten aus VOB Teil C. Zeichnungen und Verformungsberechnungen der Baubehelfe gehören gemäß Ziffer 4.1.5 der DIN 18331 (04/10) zu den Nebenleistungen des Bauunternehmers, wenn sie nicht durch besondere Ansätze in der Leistungsbeschreibung erfasst sind.

80 **Bei einfacheren Konstruktionen des Hochbaus,** z.B. dem sogenannten Mauerwerksbau, ist es üblich, die Abmessungen der Stahlbetonkonstruktionen, die dort vornehmlich in Deckenplatten, Unterzügen, Fensterstürzen und nur vereinzelt in Stützen bestehen können, in Grundrissplänen darzustellen, in denen auch Abmessungen und Güte der vom Objektplaner vorgesehenen Mauerwerkswände angegeben werden, so wie sie sich aus den Standsicherheitsnachweisen des Tragwerksplaners ergeben. **Bei sehr einfachen Konstruktionen des Hochbaus** ist es teilweise sogar möglich, mit entsprechenden Ergänzungen die Schalpläne aus den Positionsplänen (evtl. sogar wiederum durch Eintragungen in Transparentpausen) herzustellen. In jedem Falle sind derartige Pläne auch als Schalpläne zu bezeichnen.

Da gemäß § 8 Abs. 2 für den Fall, dass nicht alle Grundleistungen einer Leistungsphase übertragen werden, **nur ein Honorar berechnet werden darf, das dem Anteil der übertragenden Leistungen an der gesamten Leistungsphase entspricht,** wird auch in den Fällen, in denen die Abmessung der Stahlbeton- und Betonkonstruktionen gemeinsam mit Ausführungsplänen für das Mauerwerk oder vereinfacht als verbesserte Positionspläne oder verbesserte und ergänzte Ausführungspläne des Objektplaners hergestellt werden, nur ein Teilhonorar der sonst für die Anfertigung von Schalplänen vorgesehenen 30% (§ 51 Abs. 2) anzusetzen sein.

Strittig ist häufig, ob und inwieweit **Einbauteile, Ankerplatten u.ä.,** also Bauteile aus anderen Materialien als Beton, die zum Anschluss anderer Konstruktionen an die Betonkonstruktion dienen, in die Schalpläne mit einzutragen sind. Wird von der Definition der Schalpläne als Pläne zur Darstellung der Formen und der Ausformung der Betonteile ausgegangen, dann gehören **diese Einbauteile nicht in die Schalpläne,** sondern sind als Endverankerung Teile der dort zu verankernden Konstruktion und sind gegebenenfalls in gesonderten Plänen darzustellen. Der häufige Einwand, dass solche Teile gerade bei der Herstellung der Schalungsformen vor Einbringung des Betons berücksichtigt oder sogar eingebaut sein müssten und somit der Schalplan ohne Einbauteile als Ausführungsplan unzureichend sei (dieser Einwand erfolgt häufig bei der Frage, ob und inwieweit Halfenschienen in Schalpläne einzutragen sind), stützt sich auf die falsche Annahme, dass die Schalpläne indirekte Ausführungspläne für die Schalung seien. Die Schalpläne sind aber die Darstellung der herzustellenden Betonkonstruktion in ihren äußeren Abmessungen ohne die gegebenenfalls erforderliche Bewehrung. Erst recht sind sogenannte **Verankerungswerkpläne** nicht zu den Schalplänen zu zählen, sondern sind **Werkstattzeichnungen** einer der Leistungsphase 5 zugeordnete Besondere Leistungen.

Aus einer mit der Vierten Änderungsverordnung neu eingeführten Besonderen Leistung „**Rohbauzeichnungen im Stahlbetonbau,** die auf der Baustelle nicht der Ergänzung durch die Pläne des Objektplaners bedürfen", lassen sich Anhaltspunkte über den Genauigkeitsgrad der Schalpläne ableiten, die demnach nicht alle Angaben für eine Ausführung des Rohbaus enthalten müssen.

Zu den (im Stahlbetonbau) anzufertigenden Bewehrungsplänen sind **zugehörige** „detaillierte **Stahl- (oder Stück-)listen** als Ergänzung zur zeichnerischen Darstellung der Konstruktionen mit Stahlmengenermittlungen" als dritte **Teilleistung** der Phase 5 anzufertigen (Buchstabe d)). Die **Stahllisten** gehören selbstverständlich zu den Bewehrungsplänen, obwohl die Grundleistungsbeschreibung der Leistungsphase 6, in der das „Ermitteln der Betonstahlmengen im Stahlbetonbau" aufgeführt ist, zu dem Missverständnis führen könnte, dass dies nicht der Fall sei. **81**

Ausdrücklich wird für die als **Teilleistung** angeführten **Stahlbaupläne** und **Holzkonstruktionspläne nicht** die Qualität und Ausführlichkeit von **Werkstattzeichnungen** gefordert. Diese gehören zu den Besonderen Leistungen. Da in der Regel im Stahlbau aber detaillierte **Stücklisten** und die aus ihnen folgende Stahlmengenermittlung nur anhand von Werkstattzeichnungen (Maßstab 1 : 10, evtl. 1 : 20) angefertigt werden können, ist das als dritte Grundleistungsgruppe der Leistungsphase 5 aufgeführte „Aufstellen detaillierter Stücklisten" hier ohne die Besondere Leistung der „Anfertigung von Werkstattplänen" nicht möglich. Im Holzbau können teilweise solche Stücklisten auch ohne Werkstattzeichnungen aufgestellt werden, jedoch nicht in jedem Falle.

Weiterhin sind **Elementpläne** mit Stücklisten **für** Stahlbeton-**Fertigteile** sowie im **Spannbetonbau** das Berechnen der Dehnwege und das Festlegen des Spannvorgangs, also die so genannte **Spannanweisung,** und das Erstellen der **Spannprotokolle** (= Aufzeichnungen über gemessene Spannpressenkräfte und Spannglieddehnungen) ausdrücklich als **Besondere Leistungen** angegeben. **82**

Auch „wesentliche Leistungen, die infolge **Änderungen** der Planung, die vom Auftragnehmer nicht zu vertreten sind, erforderlich werden", gehören zu den besonders zu vergebenden und zu vergütenden **Besonderen Leistungen,** im Übrigen kann auch § 10 daneben vorliegen und zu berücksichtigen sein.

Neu ist in der HOAI 2013 aufgenommen die weitere Fortführung der Abstimmung mit Prüfungsämtern, Prüfingenieuren und zur Eigenkontrolle. Hierzu siehe die Grundleistungen in Leistungsphase 4 (Rdn. 67). Da sich zumeist Änderungen im Zuge der Ausführungsplanung bei Objektplaner und Auftraggeber ergeben, sind die relevanten Änderungen sodann anzupassen und zu prüfen; ggfs. können sich Nachgenehmigungen ergeben. Diese Tätigkeit ist allerdings als Besondere Leistung und/oder Änderungsleistung nach § 10 zu betrachten. **83**

2.5.2 Besondere Leistungen

- Konstruktion und Nachweise der Anschlüsse im Stahl- und Holzbau
- Werkstattbezeichnungen im Stahl- und Holzbau einschließlich Stücklisten, Elementpläne für Stahlbetonfertigteile einschließlich Stahl- und Stücklisten
- Berechnen der Dehnwege, Festlegen des Spannvorganges und Erstellen der Spannprotokolle im Spannbetonbau
- Rohbauzeichnungen im Stahlbetonbau, die auf der Baustelle nicht der Ergänzung durch die Pläne des Objektplaners bedürfen

84   Die Honorierung der Besonderen Leistungen können u. a. auf den Empfehlungen der AHO in Heft 3 der Besonderen Leistungen der Tragewerkplanung vereinbart werden:

– **Werkstattzeichnungen im Stahl- und Holzbau einschließlich Stücklisten, Elementpläne für Stahlbetonfertigteile einschließlich Stahl- und Stücklisten.** Diese Leistung ist zur voll honorierten Leistungsphase 5 zusätzlich zu vergüten. Der Aufwand bestimmt sich im angemessenen Verhältnis zur Grundleistung der Leistungsphase 5.

                                                    15% bis 50%

– **Rechnerische Festlegung der Systemgeometrie** mit allen Achsmaßen und Höhenknoten als Grundlage für die Werkpläne und Werkstattzeichnungen im Holz- und Stahlbau und bei Stahlbeton-Fertigteilen. Es gelten die Erläuterungen zu vorherigen Ziffer.

                                                     8% bis 10%.

– **Darstellung der Knotenanschlussdetails im Ingenieurholzbau in maßstäblicher Form** zur Festlegung der Stahleinbauteile. Es gelten die Erläuterungen zur ersten Ziffer.

                                                  10% bis 20%

– **Ganzheitliche Darstellung der tragenden Konstruktion im Holzbau als Teil der Werkstattplanung.** Es gelten die Erläuterungen zur ersten Ziffer.   20% bis 30%

– **Rohbauzeichnungen im Stahlbetonbau,** die auf der Baustelle nicht der Ergänzung durch die Pläne des Objektplaners bedürfen. Es gelten die Erläuterungen zur ersten Ziffer.   12% bis 30%

Diese Leistung beschreibt die Erweiterung der Schalpläne auf Rohbauzeichnungen (DIN 1356). Die untere Grenze gilt, falls in die fertiggestellten Ausführungspläne des Objektplaners alle für die Bearbeitung der Rohbauzeichnungen erforderlichen Angaben integriert sind. Die obere Grenze gilt, falls die fertiggestellten Ausführungspläne des Objektplaners die Angaben anderer an der Planung fachlich Beteiligter noch nicht enthalten (insbesondere Schlitz- und Durchbruchsangaben, Einbauteile) und somit dem Tragwerksplaner mit dieser Leistung eine zusätzliche Koordinationslast zufällt.

– **Bearbeitung von Schalplänen** ohne oder ohne fertiggestellte Ausführungsplanung des Objektplaners. Es gelten die Erläuterungen zu ersten Ziffer.   16% bis 32%

Die untere Grenze gilt bei Beginn der Bearbeitung der Schalpläne vor Fertigstellung der Ausführungszeichnungen des Objektplaners, die obere Grenze bei der Bearbeitung ohne Vorliegen von Ausführungszeichnungen des Objektplaners, wobei zunächst Schalplanrohlinge auf der Grundlage der Entwurfszeichnungen des Objektplaners angefertigt werden, die dann im Zuge der schrittweisen Verfeinerung der Planung durch den Objektplaner zu endgültigen Schalplänen ergänzt werden. Für die Erweiterung auf Rohbauzeichnungen gilt 20% bis 30% zusätzlich.

– **Berechnung der Dehnwege, Festlegen des Spannvorganges und Erstellen der Spannprotokolle im Spannbetonbau.**   3% bis 5%

– **Festlegen des Korrosionsschutzes der Stahlbaukonstruktionen** im Stahlbau oder der Stahlteile und Verbindungen im Holzbau.   2% bis 4%

– **Nachprüfbare Berechnungen der Durchbiegungen und Angabe der Überhöhungen in besonderen Fällen.**   2% bis 4%

– **Prüfung von Ausführungszeichnungen,** die von Dritten angefertigt werden, auf Übereinstimmung mit der Tragwerksplanung.   6% bis 10%

– **Prüfung von Werkstattzeichnungen oder Elementplänen auf Übereinstimmung mit der Genehmigungsplanung und den Ausführungszeichnungen.**   16%

Diese Leistung ist im Stahlbau Grundleistung bei Bewertung der Leistungsphase 5 mit 42%.

– **Konstruktive Gestaltung des Feuerwiderstandes** der Bauteile. Es gelten die Erläuterungen zur ersten Ziffer. Die Ergebnisse des Nachweises des Feuerwiderstandes der Bauteile müssen in die Ausführungsunterlagen eingearbeitet werden.

– **Einarbeiten der Anforderungen der bautechnischen Richtlinien des Grundschutzes** in die Ausführungsplanung. Es gelten die Erläuterungen zur ersten Ziffer.

– **Einarbeiten der Anforderungen der Erdbebensicherheit** in die Ausführungsplanung.   12% bis 30%

– **Wesentliche Leistungen,** die infolge Änderungen der Planung, die vom Auftragnehmer nicht zu vertreten sind, erforderlich werden; nach Aufwand im Verhältnis zur Ersterstellung; auch Stundensatz.
– **Mitwirken beim Aufstellen von Ablauf- und Netzplänen;** Aufwand nach Stundensatz oder   10% bis 15%
– **Gestaltungsbedingter konstruktiver Mehraufwand bei der Ausführungsplanung;**
                                                                          9% bis 22%
  oder Aufwand nach Stundensatz.
– Beim **Planen im Bestand:** Anfertigen der Ausführungszeichnungen für notwendige Sicherungsmaßnahmen von Bauzuständen; nach Aufwand, z. B. Stundensatz.
– **Ausführungsplanung für Baubehelfe;** nach Aufwand, alternativ: aus Grundhonorar für eigenes Tragwerk in den bearbeiteten Leistungsphasen und in den besonderen Leistungen.
– **Montageplanung** (Schwerpunktsberechnungen, Kranösen, Verschlosserungen, Hilfsunterstützungen, Verschübe, Gerüste, Vorbauschnabel, Montageanweisung etc.); nach Aufwand, z. B. Stundensatz.
– **Standsicherheits- und Verformungsberechnungen von Montagezuständen** (statische Teilsysteme mit Gerüststellungen etc.); nach Aufwand; zum Beispiel Stundensatz.
– **Messprogramme** (Tabellen, Graphiken) zur Verfolgung und ggf. Korrektur von Montagezuständen; nach Aufwand im Stundensatz.
    In der HOAI 2013 wurde beispielhaft die zusätzliche Besondere Leistung „**Konstruk-** 85 **tion und die Nachweise der Anschlüsse im Stahl- und Holzbau**" aufgenommen. Die Besonderen Leistungen waren bereits durch die 4. HOAI-Novelle neu gefasst und ergänzt worden. Es wurden bisher **Werkstattzeichnungen** im Stahl- und Holzbau einschließlich Stücklisten sowie **Elementpläne** für Stahlbetonfertigteile einschließlich Stahl- und Stücklisten aufgelistet. **Werkstattzeichnungen** sind Stückzeichnungen mit ausführlicher Darstellung aller Einzelheiten und Maße. Sie enthalten eine Einzeldarstellung jeden einzelnen Konstruktionsteils in größerem Maßstab, um die Werkstattfertigung zu ermöglichen. **Elementpläne für Stahlbetonfertigteile** sind Schal- und Bewehrungspläne, die alle notwendigen Einbauteile und Angaben hinsichtlich Oberflächenqualitäten, Herstellung, Transport und Montage enthalten.
    Weitere Besondere Leistungen sind das **Berechnen der Dehnwege, Festlegen des Spannvorganges** und **Erstellen der Spannprotokolle** im Spannbetonbau. Diese Leistung wird in der Regel vom ausführenden Unternehmen erbracht. Es ist der Spannvorgang festzulegen. Die aufzubringenden Kräfte für die Vorspannung werden dort gemessen.
    Werden Leistungen erbracht, die infolge **wesentlicher Änderungen der Genehmigungsplanung,** die vom Auftragnehmer nicht zu vertreten sind, erforderlich werden, sind diese dem Verantwortungsbereich des Auftraggebers zuzuordnen (z.B. § 10 – Änderungswünsche). Das gilt auch für Änderungen durch die Baubehörde, sowie Maßnahmen durch einen anderen Fachplaner. Es muss sich um Anforderungen handeln, mit denen der Auftragnehmer unter normalen Umständen nicht rechnen konnte. Es ist aber zu beachten, dass auch eine Abgrenzung zu Planungsänderungen, welche Grundleistungen darstellen, stattzufinden hat (BGH, BauR 2007, 1761, 1764 = NZBau 2007, 653; OLG Jena, Urt. v. 14.8.2002 – 2 U 1588/98). Soweit vertreten wird, dass seit der Fassung 2013 es sich um wiederholte Grundleistungen (vgl. Locher/Koeble/Frik/Zahn, HOAI, § 51, Rdn. 72, § 10 Rdn. 25 ff.) handelt ist das so nicht zutreffend. Zwar werden Teile der Planungen bei Änderungsanordnungen des Auftraggebers nochmals zu bearbeiten sein. Aber in der Regel haben die Planung Auswirkungen auf die anrechenbaren Kosten. Das wiederum sind in der Regel Änderungsplanungen nach § 10 Abs. 1.
    Rohbauzeichnungen im Stahlbetonbau, die nicht der Ergänzung durch Pläne des Objektplaners bedürfen. Sie müssen neben den Mindestinhalten eines Schalplans, d.h. den Maßen und Angaben, die für das Einschalen erforderlich sind, auch alle weiteren Angaben für die Herstellung des Tragwerks enthalten, insbesondere einzubetonierende Bauteile wie Ankerschienen, Ankerplatten, Fassadenverankerungen, Oberflächenbeschaffenheit u. a. m. (vgl. auch Neuenfeld/Baden/Dohna/Groscurth, § 64 Rn. 38b).

2.5.3 Haftung

86   Haftungsträchtig kann hier insbesondere die falsche Angabe von **Verlegehinweisen** sein. Ebenfalls ergeben sich Probleme bei Herstellerhinweisen von Fertigteilen, Bauvorschriften und Normungen, z. B. bei bauaufsichtlichen Zulassungen. Ebenfalls können bei neuen und unbekannten Konstruktionsarten (Glasfassaden, Konstruktionshalterungen, Brückenkonsolen und -halterungen) **konstruktive Berücksichtigung** notwendig werden, die zunächst zu ermitteln und auch neu zu konstruieren sind. Abweichungen von Herstellervorgaben und -richtlinien können Fehler der Planung bei Nichtberücksichtigung zur Folge haben (OLG Düsseldorf, NJW-RR 2001, 739).

Unterlassen Architekt und Tragwerksplaner es, die **Werkstattpläne des Unternehmers** zu überprüfen und entsteht daraufhin ein Schaden, so kann der Auftragnehmer kein Mitverschulden einwenden (OLG Hamm, Urt. v. 12.4.2013 – 12 U 75/12). Gibt der vom Auftraggeber beauftragte Prüfsachverständige/Tragwerksplaner eine mangelhafte Werkstattzeichnung des Unternehmers frei, kann der Unternehmer kein Mitverschulden geltend machen, wenn ein Schaden entsteht (OLG Hamm, a. a. O.). Bauliche „Halbfertigprodukte" sind dann mangelfrei, wenn sie entsprechend dem vertraglichen Zweck fachgerechte Grundlage der Werkleistung des Unternehmers sind. Die Prüf- und Hinweispflichten des Unternehmers aus § 4 Abs. 3 VOB/B erstrecken sich grundsätzlich nicht auf die weitere Verwendung seiner Vertragsleistungen. Jedoch trifft den Tragwerksplaner dann ein Verschulden, wenn diese vorgesehenen Produkte nicht den statisch unbedenklichen Vorgaben entsprechen (OLG München, Urt. v. 9.4.2013 – 9 U 4449/08). Ein lediglich bauausführendes Unternehmen muss in der Regel nicht über Spezialkenntnisse des jeweiligen Fachplaners verfügen. Es gehört nicht zum Pflichtenkreis eines Bauunternehmers, die Planung eines Sonderfachmanns auf ihre Richtigkeit zu überprüfen. Etwas anderes gilt ausnahmsweise nur dann, wenn ein Planungsfehler dem Unternehmer „ins Auge springen" muss (OLG Frankfurt/M., Urt. v. 16.12.2011 – 10 U 294/09).

Im Übrigen gilt aber grundsätzlich, dass die Pflichten eines Architekten eingeschränkt sein kann, wenn der Auftraggeber einen Tragwerksplaner beauftragte. Den bauleitenden Architekten trifft bei den Ausführungsplanungen insoweit die **Pflicht der eigenverantwortlichen Kontrolle.** Er darf sie jedoch nicht kritiklos übernehmen, sondern nur soweit ihm das möglich und zumutbar ist (OLG Celle, Urt. v. 4.10.2012 – 13 U 234/11; OLG Köln. Urt. v. 17.8.2011 – 11 U 16/11).

2.6 Vorbereitung der Vergabe

   a) Ermitteln der Betonstahlmengen im Stahlbetonbau, der Stahlmengen im Stahlbau und der Holzmengen im Ingenieurholzbau als Ergebnis der Ausführungsplanung und als Beitrag zur Mengenermittlung des Objektplaners
   b) Überschlägiges Ermitteln der Mengen der konstruktiven Stahlteile und statisch erforderlichen Verbindungs- und Befestigungsmittel im Ingenieurholzbau
   c) Mitwirken beim Erstellen der Leistungsbeschreibung als Ergänzung zu den Mengenermittlungen als Grundlage für das Leistungsverzeichnis des Tragwerks

Bewertung 2,0 %

Teilleistungsaufstellung nach	Simmendinger	Siemon
zu a)	1,0 %	0,5 % bis 1,5 %
zu b)	0,5 %	bis 1,0 %
zu c)	0,5 %	0,5 % bis 1,0 %

Vergleich zu Fassung 2009:

Teilleistungsaufstellung nach	Simmendinger	Siemon
zu a)	1,0 % bis 2,0 %	0,5 % bis 1,5 %
zu b)	0,5 % bis 1,5 %	bis 1,5 %
zu c)	bis 1,75 %	1,0 % bis 2,0 %

Insgesamt: 3,0 %

2.6.1 Grundleistungen

Die Leistungsbilder der Objektplanung der §§ 34 bzw. 43 (Anlagen 10.1 und 12.1) ent- **87** halten als wesentliche Grundleistungen für die Vorbereitung der Vergabe
– die Aufstellung von **Leistungsverzeichnissen** mit **Leistungsbeschreibungen**
– die Ermittlung und Zusammenstellung der auszuschreibenden **Mengen**
– das **Koordinieren** der Leistungsbeschreibungen der an der Planung fachlich Beteiligten und
– bei Ingenieurbauwerken sogar das Aufstellen der **Verdingungsunterlagen** und das Festlegen von wesentlichen **Ausführungsphasen**.
Die Vorbereitung der Vergabe durch den Tragwerksplaner nach Leistungsphase 6 des Leistungsbildes aus § 51 und Anlage 14.1 ist im Wesentlichen die auch in der bisherigen Praxis geübte
– **Beisteuerung von Mengenangaben** als Beitrag zur Mengenermittlung des Objektplaners und
– das **Aufstellen von Leistungsbeschreibungen** als Ergänzung zu den Mengenermittlungen und als Grundlage für das Leistungsverzeichnis des Tragwerks.
Der Objektplaner ist auf die Angaben der Betonstahlmengen im Stahlbetonbau, der Stahlmengen im Stahlbau sowie der Holzmengen im Ingenieurholzbau durch den Tragwerksplaner, also durch den Aufsteller der statischen Berechnung, angewiesen und benötigt auch für die speziellen Teile die Leistungsbeschreibungen. Im Allgemeinen werden diese schon durch die „detaillierten Stahl- oder Stücklisten", die als „Ergänzung zur zeichnerischen Darstellung der Konstruktionen mit Stahlmengenermittlung" als Leistungen bei der Ausführungsplanung gefordert werden, erbracht.
Zu den Leistungen der Tragwerksplanung gehört **nicht das Aufstellen des Leistungs-** **88** **verzeichnisses** für das Tragwerk; dieses gehört zu den **Besonderen Leistungen.** Das Gleiche gilt für den Beitrag des Statikers zum Aufstellen von **vergleichenden Kostenübersichten** des Objektplaners.
Der **„Beitrag zur Leistungsbeschreibung mit Leistungsprogramm des Objektplaners"** ist ebenfalls eine **Besondere Leistung.** Nur dann, **wenn** das **Gebäude** mit einer Leistungsbeschreibung **nach Leistungsprogramm ausgeschrieben** wird, eine Ausschreibungsart, die in der VOB von 2009, bei den Basisparagraphen von Teil A, § 7 Nr. 13 bis 15, näher beschrieben ist, tritt die Leistungsbeschreibung mit Leistungsprogramm als Teilleistung an die Stelle der übrigen in der Leistungsphase 6 der Objektplanung aufgeführten Grundleistungen. Ein derartiger Beitrag eines Statikers zur Leistungsbeschreibung mit Leistungsprogramm wird deshalb kaum auftreten, weil in einem Leistungsprogramm nur eine Beschreibung der Bauaufgabe vorgenommen wird und „vom Bieter ein Angebot zu verlangen ist, das außer der Ausführung der Leistung auch den Entwurf nebst eingehender Erläuterung und eine Darstellung der Bauausführung sowie eine eingehende und zweckmäßig gegliederte Beschreibung der Leistung – gegebenenfalls mit Mengen und Preisangaben für Teile der Leistung – umfasst" (VOB/A § 7 Nr. 17, Satz 1; vgl. hierzu Ingenstau/Korbion A § 7 Rdn. 115). Es ist kaum denkbar, dass für eine Leistungsbeschreibung mit Leistungsprogramm eine statische Berechnung aufgestellt wird, weil der Entwurf dem Bieter obliegt. Der Beitrag des Ingenieurs kann also gegebenenfalls in **Vorberechnungen eines Bauherren-Musterentwurfs** und Beiträgen zu einem gegebenenfalls nach VOB/A § 7 Nr. 16 Abs. 1 aufzustellenden Musterleistungsverzeichnisses bestehen.

2.6.2 Besondere Leistungen

- Beitrag zur Leistungsbeschreibung mit Leis-
  tungsprogramm des Objektplaners [*]
- Beitrag zum Aufstellen von vergleichenden
  Kostenübersichten des Objektplaners
- Beitrag zum Aufstellen des Leistungsver-
  zeichnisses des Tragwerks

[*] Diese Besondere Leistung wird bei Leistungsbeschreibung mit Leistungsprogramm Grundleistung. In diesem Fall entfallen die Grundleistungen dieser Leistungsphase

89   Als Besondere Leistung kann eine **Mitwirkung bei der Aufstellung von vergleichenden Kostenübersichten des Objektplaners und des Leistungsverzeichnisses
des Tragwerkplaners** in Betracht kommen.

Die Honorierung erfolgt im Rahmen der freien Vereinbarkeit in Erhöhungen von Prozenten der Leistungsphasen, der Stundenhonorare oder Pauschalen. Eingehend ist aber auf
Heft 3 der AHO hinzuweisen, welche eingehende Berechnungsempfehlungen enthält
(AHO Heft 3 – HOAI – Besondere Leistungen bei der Tragwerkwerksplanung – Besondere Leistungen zur HOAI 2009 Teil 4 § 49 mit Anlage 13, Stand 2010). Danach kann sich
folgende Honorierung nach entsprechenden vereinbarten Tätigkeiten – in der Reihenfolge
der im Verordnungstext (siehe oben) dargestellten Leistungen ergeben:

- **Beitrag zur Leistungsbeschreibung mit Leistungsprogramm** des Objektplaners.
  Die Besondere Leistung (siehe auch Fußnote im VO-Text) wird bei Leistungsbeschreibung mit Leistungsprogamm Grundleistung. In dieser Besonderen Leistung wird ein Beitrag zur Leistungsbeschreibung erbracht und nicht der Text der Leistungsposition formuliert. In diesem Fall entfallen die Grundleistungen dieser Leistungsphase. Die Bewertung
  kann mit 4% bis 6% angesetzt werden.
- **Aufstellen des Leistungsverzeichnisses des Tragwerks.** Die Bewertung dieser Leistung orientiert sich an § 34 HOAI. Diese Leistung ist zur voll honorierten Leistungsphase 6 des § 51 zusätzlich zu vergüten. Der Ansatz beträgt hier 10%.
- **Beitrag zum Aufstellen von vergleichenden Kostenübersichten des Objektplaners.** Diese wird nach Aufwand vergütet (Stundensatz).
- **Beitrag zum Aufstellen von alternativen Leistungsbeschreibungen für geschlos-
  sene Leistungsbereiche.** Diese wird nach Aufwand vergütet (Stundensatz).
- **Ermitteln der Mengen des tragenden Mauerwerks getrennt nach Güteklassen.**
  Diese wird nach Aufwand vergütet (Stundensatz).

2.6.3 Haftung

90   Besonderheiten der Haftung ergeben sich nur im Hinblick auf falsche Berechnungen
und Ermittlungen der Mengen und Massen. Ob dies dann haftungsträchtig wird, ist einzelfallbezogen.

2.7 Mitwirken bei der Vergabe

2.7.1 Grundleistungen

91   Grundleistungen sind hier nicht vom VO-Geber vorgesehen. Sämtliche dieser Besonderen Leistungen beschränken sich auf ein Mitwirken bzw. einen Beitrag zu den entsprechenden Leistungen des Objektplaners.

2.7.2 Besondere Leistungen

- Mitwirken bei der Prüfung und Wertung
  der Angebote Leistungsbeschreibung mit
  Leistungsprogramm des Objektplaners

– Mitwirken bei der Prüfung und Wertung
  von Nebenangeboten
– Mitwirken beim Kostenanschlag nach
  DIN 276 oder anderer Vorgaben des Auftraggebers aus Einheitspreisen oder Pauschalangeboten

Die Besonderen Leistungen sind im Grunde genommen Zuarbeiten für den Objektpla- **92**
ner. Dabei ist das sog. „**Mitwirken**" beschränkt auf die fachspezifischen Anforderungen
der Ausschreibung, also alle die Planungsleistungen, die in der Ausschreibung der Tragwerksplanung zuzuordnen ist. Dabei sind die Mengen und Massen, sowie die Preise zu
prüfen, aber auch die Übereinstimmung des Angebotes mit der Ausschreibung. Es kommen im Prinzip die aus § 16 Abs. 6 VOB/A bekannten Wertungskriterien und auch die aus
§ 7 VOB/A bekannten Ausschreibungsgrundlagen zur Anwendung. Insbesondere bei zugelassenen Nebenangeboten ist die fachtechnische Kenntnis des Tragwerksplaners gefragt.
Dort müssen die Inhalte der Nebenangebote mit dem Inhalt der Planung überprüft werden. Das betrifft technische Sondervorschläge, Einsatz von bestimmten Maschinen, Sonderkonstruktionen, technischen Normen, die einzuhalten sind. Wesentlich ist dann auch
die Nachberechnung von statischen Berechnungen, welche dem Angebot beigefügt sind.
Das kann auch die Ausschreibung mit und ohne Leistungsprogramm betreffen (§ 7
VOB/A). Die damit verbundene Mehrarbeit soll als Besondere Leistung separat entgeltet
werden, weil sie nicht den Grundleistungsbereich erfasst.

Ebenfalls ist Folge, dass der notwendige **Kostenanschlag** (DIN 276) überarbeitet werden muss. Zudem kann der Auftraggeber **Vorgaben** zu der Wahl des Gebotes und des
Zuschlages erteilen. Diese sind dann ergänzend in dem Kostenanschlag zu berücksichtigen.
Das kann nach dem Zuschlag erfolgen und der Kostenanschlag anzupassen sein. Im Übrigen betritt auch dieser Punkt nur die fachspezifischen Besonderheiten.

Die Honorierung erfolgt im Rahmen der freien Vereinbarkeit in Erhöhungen von Prozenten der Leistungsphasen, der Stundenhonorare oder Pauschalen. Eingehend ist aber auf
Heft 3 der AHO hinzuweisen, welche eingehende Berechnungsempfehlungen enthält
(AHO Heft 3 – HOAI – Besondere Leistungen bei der Tragwerkwerksplanung – Besondere Leistungen zur HOAI 2009 Teil 4 § 49 mit Anlage 13, Stand 2010). Danach kann sich
folgende Honorierung nach entsprechenden vereinbarten Tätigkeiten – in der Reihenfolge
der im Verordnungstext (siehe oben) dargestellten Leistungen ergeben:
– **Mitwirken bei der Prüfung und Wertung der Angebote aus Leistungsbeschrei-**
  bung mit Leistungsprogamm. Dies wird mit **2 % bis 4 % je Angebot** zu bewerten
  sein.
– **Mitwirkung bei der Prüfung und Wertung von Nebenangeboten.** Dies wird mit
  2 % bis 4 % je Angebot zu bewerten sein.
– **Beitrag zum Kostenanschlag nach DIN 276** aus Einheitspreisen oder Pauschalangeboten. Diese wird nach Aufwand vergütet (Stundensatz).
– **Genaue Berechnung besonderer Bauteile zur Beurteilung von Nebenangebo-**
  ten. Dies kann nach Anteilen der zu erbringenden Leistungsphase 4 zu bewerten sein.
  Diese wird nach Aufwand vergütet (Stundensatz).

2.7.3 Haftung

Haftungen kommen hier nur in Betracht bei Versehen im Kostenanschlag oder Kosten- **93**
zusammenstellungen.

2.8 Bauüberwachung

2.8.1 Grundleistungen

Grundleistungen sind hier nicht vom VO-Geber vorgesehen. **94**

2.8.2 Besondere Leistungen

- Ingenieurtechnische Kontrolle der Ausführung des Tragwerks auf Übereinstimmung
  mit den geprüften statischen Unterlagen
- Ingenieurtechnische Kontrolle der Baubehelfe, zum Beispiel Arbeits- und Lehrgerüste, Kranbahnen, Baugrubensicherungen
- Kontrolle der Betonherstellung und
  -verarbeitung auf der Baustelle in besondere
  Fällen sowie Auswertung der Güteprüfungen
- Betontechnologische Beratung
- Mitwirken bei der Überwachung der Ausführung der Tragwerkseingriffe bei Umbauten und Modernisierungen

95   Grundsätzlich besteht für den Tragwerksplaner **keine Grundleistungspflicht** die **Objektüberwachung** auszuführen. Der VO-Geber hat diese Leistungen weiterhin aus der Grundleistung gestrichen. Damit sind sie nur auf besondere Vereinbarung geschuldet, § 3 Abs. 3, und sind gesondert zu honorieren, § 3 Abs. 3 S. 3. Dabei kann die Vereinbarung mündlich oder schriftlich und vor, bei und nach der Ausführung der Leistungen vereinbart werden. Ähnlich wie Nachträge oder Ergänzungsleistungen gem. § 10 sind diese Situationen zu behandeln. Der Planer hat also Anspruch auf gesonderte Vergütung. Die Festlegung der Vergütung macht besondere Probleme. Wird der Tragwerksplaner auf die Baustelle „wegen Schwierigkeiten" oder „zur Überprüfung der umgesetzten Planungen" gebeten, so entsteht bereits das darauf bezogene Vertragsverhältnis für Besondere Leistungen der Leistungsphase 8. Vorsicht ist geboten bei sog. „Gefälligkeitstätigkeiten", also Leistungen, die infolge Unsicherheit des Auftraggebers oder aus freundschaftlicher Verbundenheit erfolgen und die möglicherweise auch nicht an Leistungen anknüpfen, die vorher nicht erbracht wurden, weil der Planer „nur helfen will". Hier werden Leistungen erbracht und es Frage des Einzelfalles, ob damit seitens des Auftraggebers auch eine Honorierung versprochen wurde oder gemeint war.

Die Objektüberwachung erfolgt immer ergänzend zur Objektüberwachung des Haupt-, General- oder Objektplaners. Dabei ist diese Leistung unabhängig von den Aufgaben des Prüfingenieurs, der im Rahmen der hoheitlichen Überwachung tätig wird. Eine Begleitung kann vereinbart werden. Die Einschaltung des Tragwerksplaners ist seitens des Auftraggebers dann zwingend erforderlich, wenn der Hauptplaner/Objektüberwacher nicht über die erforderliche Sachkunde verfügt. Ansonsten ist der bauüberwachende Bauleiter bzw. der beauftragte Architekt auch bei fehlender Überwachung durch einen Tragwerksplaner zur vollständigen und mangelfreien Ausführung seiner Leistung und der baulichen Erstellung verantwortlich und verpflichtet. Das kann dann auch bei der Überprüfung von Stahlmattemverlegungen, Eisenbiegungen und Verschweißungen, Überprüfung der Normen und der Riss- und Ausdehnungsparameter, sowie der Druckprüfungen bei ausgeführten Materialien Leistungsumfang sein.

Bei Ingenieurbauwerken hat der Tragwerksplaner bei der beauftragten Bauüberwachung die Ausführung des Tragwerkes zu überwachen. Das kann sein, die Kontrolle der Bewehrung vor und nach Betonieren, die Stärke, Güte, Lage und Form der Bewehrungsgitter und Materialien, ebenso wie Riss- und Stoßbildungen, sowie Materialermüdungserscheinungen im Bestandsbau.

Bei Umbauten und Modernisierungen kommen Untersuchungen der vorhandenen Bausubstanz auf Übereinstimmung mit Altplänen und Berechnungen, sowie die Untersuchung der Bewehrungen und tragenden Bauteile (konstruktive Decken, Wände) in Betracht. Auch Empfehlungen zu Erneuerungen sind Leistungsgegenstand.

Die Honorierung erfolgt im Rahmen der freien Vereinbarkeit in Erhöhungen von Prozenten der Leistungsphasen, der Stundenhonorare oder Pauschalen. Dabei allerdings können auch Vorgaben der Haushaltsordnungen der Länder eine Rolle spielen. Eingehend ist aber auf Heft 3 der AHO hinzuweisen, welche eingehende Berechnungsempfehlungen enthält (AHO Heft 3 – HOAI – Besondere Leistungen bei der Tragwerkwerksplanung – Besondere Leistungen zur HOAI 2009 Teil 4 § 49 mit Anlage 13, Stand 2010). Danach kann sich folgende Honorierung nach entsprechenden vereinbarten Tätigkeiten – in der Reihen der im Verordnungstext (siehe oben) dargestellten Leistungen ergeben:

– **Ingenieurtechnische Kontrolle des Tragwerkes.** Die Ausführung der Konstruktion ist auf Übereinstimmung mit den geprüften statischen Unterlagen zu überwachen, hierzu gehört auch die Feststellung der Tauglichkeit der für die Konstruktionen verwendeten Materialien und Herstellungsarten. Das Ergebnis der Überwachung ist schriftlich festzuhalten. Diese Besondere Leistung ersetzt nicht die Objektüberwachung gem. § 34 Abs. 4 i. V. m. Anlage 10.1 bzw. § 43 Abs. 4 i. V. m. Anlage 12.1. Bei Tragwerken ab Honorarzone III ist die Überwachung von Tragwerken nicht im Rahmen der Objektüberwachung gemäß § 34 oder § 43 geschuldet. Konkret handelt es sich um die ingenieurtechnische Überwachung der Bewehrung. Bei **Stichproben** im bauaufsichtsrechtlichen Sinne wird dies im **Rahmen von 9 % bis 12 %,** bei **umfassender** Beauftragung und Tätigkeit mit **15 % bis 18 %** zu bewerten sein.

– **Ingenieurtechnische Kontrolle der Bewehrung vor Betonieren.** Bei reinen Stahlbauwerken handelt es sich um einen wesentlichen Teil der Besonderen Leistung. Die Kontrolle bezieht sich auf Stahlgüte, Anzahl, Durchmesser, Lage (Abstände, Betondeckungen, Rüttelgassen, Lagesicherungen), Form (Biegeradien, Verankerungslängen), Stoßausbildungen. Das Ergebnis der Kontrolle ist schriftlich festzuhalten. Bei **Stichproben** sind **8 % bis 11 %** angemessen und bei vollständiger Erbringung **13 % bis 16 %.**

– **Ingenieurtechnische Kontrolle von Baubehelfen.** Dazu zählen Arbeits- und Lehrgerüste, Kranbahnen, Baugrubensicherungen. Die sind mit **3 % bis 15 %** anzusetzen.

– **Kontrolle der Betonherstellung.** Hierzu zählen Güteprüfungen, statische Beurteilungen, Analysenauswertung. Diese sind mit **2 % bis 10 %** zu bewerten.

– **Betontechnologische Beratung.** Diese ist mit 3 % bis 5 % anzusetzen.

– **Teilnahme an Baubesprechungen.** Diese wird nach Aufwand vergütet (Stundensatz).

– **Kontrolle der Materialgüte im Ingenieurholzbau.** Diese wird nach Aufwand vergütet (Stundensatz).

– **Durchführen von Messen beim Spannen und Erstellen von Spannprotokollen im Spannbetonbau.** Diese wird nach Aufwand vergütet (Stundensatz).

– **Überwachungen im Bestandsbau.** Diese wird nach Aufwand vergütet (Stundensatz).

– **Mitwirken bei der Überwachung der Ausführung der Tragwerkseingriffe.** Diese wird nach Aufwand vergütet (Stundensatz).

– **Örtliches Überprüfen** von Planungsdetails an der vorgefundenen Substanz und Überarbeitung der Planung bei der Abweichung von ursprünglichen Feststellungen. Diese wird nach Aufwand vergütet (Stundensatz).

– **Leistungen nach Abschluss der Tragwerksplanung.** Hierzu zählt zum Beispiel die Teilnahme an Planungs- und Baubesprechungen, Bearbeiten von nachträglichen Änderungen und Einwirkungen auf das Tragwerk (Aussparungen, Schlitze, Veränderungen von Lasten). Diese wird nach Aufwand vergütet (Stundensatz).

2.8.3 Haftung

Wird der Planer in diesem Zusammenhang tätig ist zunächst zu fragen, ob und welche **96** Leistungen er übernehmen sollte und schließlich machte. Denn gerade bei nichtschriftlichen Beauftragungen wird sich das Leistungsziel nicht immer eindeutig bestimmen lassen. Hier sollte der Planer den Auftrag schriftlich bestätigen und die Reaktion des Auftraggebers abwarten. Wird er aus Verbundenheit zum Auftraggeber tätig, so ist auch diese „goodwill-Leistung" haftungsträchtig, denn es wird eine Leistung erbracht – gleichgültig ob eine Bezahlung stattfindet – für den Auftraggeber, die dort bei Fehlleistungen oder Einschätzungen zu Schäden führen kann. Weist der beigezogene Tragwerksplaner bei Bauüberwachungen und Baukontrollen nicht auf Fehlleistungen oder fehlenden Übereinstimmungen mit der Planung oder den Normen hin und führt das zu – auch unübersehbaren – Fehlern/Mängeln des Werkes/Planerwerkes, so haftet er umfänglich (OLG Hamm, NJW-RR 1990, 915).

Ein Planer kann sich nicht darauf berufen, Fehler in der Bauüberwachung und Bauausführung hätten unabhängig von seinem Planungsfehler den geltend gemachten Schaden verursacht. Der mit der Bauüberwachung beauftragte Auftragnehmer ist für das ordnungsgemäße Ineinandergreifen seiner Tätigkeiten mit derjenigen der Fachplaner verantwortlich und muss sicherstellen, dass kritische Bauabschnitte, wie die Bewehrung bei Betonierarbeiten vom ihm und dem Fachplaner kontrolliert werden (OLG Stuttgart, Urt. v. 24.4.2012 – 10 U 7/12).

Erhöhte Anforderungen an die Bauüberwachungspflichten treffen den Tragwerksplaner auch bei Beauftragung der Besonderen Leistung der Bauüberwachung. Wenn sich Anzeichen für die Unzuverlässigkeit eines Unternehmers ergeben, ist der Tragwerksplaner ebenso neben dem Objektplaner und –überwacher zu erhöhter Bauüberwachungspflicht verpflichtet (OLG Düsseldorf, Urt. v. 21.12.2012 – 23 U 18/12). Das gilt auch im Rahmen eine „Qualitätscontrolling" (LG Hamburg, Urt. v. 4.12.2012 – 321 O 87/12).

2.9 Objektbetreuung

2.9.1 Grundleistungen

97   Grundleistungen sind hier nicht vom VO-Geber vorgesehen.

2.9.2 Besondere Leistungen

    – Baubegehung zur Feststellung und Überwachung von die Standsicherheit betreffenden Einflüssen

98   Regelmäßig fallen hier die **nachträglichen Begehungen zur Überprüfung von tragwerksspezifischen Gefahrenpunkten und Materialermüdungen** an. Auch diese Leistungen müssen gesondert beauftragt werden, zwar nicht schriftlich, aber bestimmend mündlich. Eine andere Leistungsaufgabe besteht auch im Rahmen der Bestandsprüfung zur Erstellung von Bestandplänen oder Bewehrungsplänen.

Die Honorierung erfolgt im Rahmen der freien Vereinbarkeit in Erhöhungen von Prozenten der Leistungsphasen, der Stundenhonorare oder Pauschalen. Eingehend ist aber auf Heft 3 der AHO hinzuweisen, welche eingehende Berechnungsempfehlungen enthält (AHO Heft 3 – HOAI – Besondere Leistungen bei der Tragwerkwerksplanung – Besondere Leistungen zur HOAI 2009 Teil 4 § 49 mit Anlage 13, Stand 2010). Danach kann sich folgende Honorierung nach entsprechenden vereinbarten Tätigkeiten – in der Reihenfolge der im Verordnungstext (siehe oben) dargestellten Leistungen ergeben:
– **Erstellen eines Bauwerksbuches** (DIN 1076) bei Vorliegen aller Unterlagen. Die Bewertung setzt voraus, dass diese Leistung vom Tragwerksplaner des Bauwerks selbst erbracht wird. Hier ist ein Ansatz von 1% bis 2% zu machen.
– **Erstellen eines Übersichtsplanes** für das Bauwerksbuch. Hier fallen 3% bis 8% an.
– **Festlegen eines Begehungsprogramms** für die regelmäßigen Begehungen des Bauwerks nach RÜV. Durchführung der Erstbegehung. Diese wird nach Aufwand vergütet (Stundensatz).
– **Erstellen von Bestandsplänen.** Diese wird nach Aufwand vergütet (Stundensatz).
– **Objektbegehung.** Diese wird nach Aufwand vergütet (Stundensatz).

2.9.3 Haftung

99   Haftungen können anfallen bei falschen Ermittlungen des Bestandes und der Materialien.

III. § 51 Abs. 2; Leistungsphase 5 – Ausführungsplanung im Stahlbeton- und Holzbau

100   § 51 Abs. 2 regelt die **Kürzungen** der prozentualen Bewertung der Leistungsphase 5 abweichend von § 51 Abs. 1 und bleibt unverändert gegenüber § 49 Abs. 2 HOAI 2009. § 51 Abs. 2 Nr. 1 regelt die Kürzung der Leistungsphase 5 abweichend von § 51 Abs. 1 im

HOAI E

Stahlbetonbau, sofern der Auftragnehmer die Werkstattzeichnungen nicht auf Übereinstimmung mit der Genehmigungsplanung und den Ausführungszeichnungen, die der Auftragnehmer in dieser Leistungsphase anfertigt und überprüft. Hintergrund ist, dass die Werkstattzeichnungen regelmäßig durch Stahlbauunternehmen erbracht werden und durch den Auftragnehmer auf Übereinstimmung mit seinen Ausführungsplänen überprüft werden. Dazu zählt insbesondere die Übernahme des Konstruktionsprinzips, um die Standsicherheit zu gewährleisten. § 51 Abs. 2 Nr. 2 regelt die Kürzung der Honorare im Holzbau mit **unterdurchschnittlichem Schwierigkeitsgrad,** das heißt, sofern das Tragwerk in den Honorarzonen I oder II einzuordnen ist. Die Kürzung bleibt auf den Holzbau mit unterdurchschnittlichem Schwierigkeitsgrad beschränkt, weil der Aufwand in dem modernen Ingenieurholzbau gegenüber dem zimmermannsmäßigen Holzbau, der regelmäßig in den Honorarzonen II bis V angewandt wird, besonders hoch ist. Der Honoraransatz steigt hier in der Fassung 2013 von 26% auf **30%.**

IV. § 51 Abs. 3; Leistungsphase 5 – Schalpläne

§ 51 Abs. 3 regelt die abweichende Bewertung der Leistungsphase 5 mit 20 Prozent, **101** wenn Schalpläne als **Einzelleistung** in Auftrag gegeben werden. Gegenüber dem Ansatz in Abs. 2 Nr. 1 der bei Nichtbeauftragung der Schalpläne die Leistungsphase 5 mit 30 Prozent ausweist, wird die Einzelleistung doppelt so hoch bewertet. Dies begründet sich darin, dass die Erstellung der Schalpläne als Einzelleistung einen erheblichen Mehraufwand bedeutet. Bei einer Beauftragung im Rahmen der Gesamtleistung stammen die Schalpläne, aufgrund der modernen Zeichen- und Konstruktionsmethoden mit CAD, aus einer Datenbasis und sind damit leicht generierbar. Dies ist bei der isolierten Beauftragung der Schalpläne nicht der Fall. Die prozentuale Bewertung ist deshalb wesentlich höher.

V. § 51 Abs. 4; Erhöhung bei enger Bewehrung

§ 51 Abs. 4 regelt **neu** in der Fassung 2013 die Möglichkeit einer Erhöhung der Bewer- **102** tung der Leistungsphase 5 um 4 Prozent Voraussetzung für die Erhöhung ist eine dahingehende Einigung der Vertragsparteien. Dieser fakultativen Erhöhung der Bewertung liegt die Erwägung zugrunde, dass bei geringen Bewehrungsabständen untereinander und bzw. oder engen Bewehrungsknoten der Aufwand bei der Erstellung der Bewehrungspläne z.B. aufgrund der stärkeren Durchdringungen und aufwendigeren Verlegeanweisungen stark ansteigt. Allerdings sind im Regelfall die geringeren Bewehrungsabstände und/oder hohen Bewehrungsdichten nicht durchgängig erforderlich, so dass die mögliche Erhöhung auf einen Zuschlag von 4 Prozent beschränkt bleibt.

VI. § 51 Abs. 5; Verweis auf Anlage 14

Zu § 51 Abs. 5 verweist auf die Regelung der Grundleistungen und Aufzählung von **103** Beispielen für Besondere Leistungen in Anlage 14 Nummer 14.1. Diese sind bereits oben dargestellt. Die konstruktiven Ingenieurbauwerke bei Verkehrsanlagen und sonstige Einzelbauwerke sind in den Leistungsbildern des § 43 geregelt und fallen nicht hierunter.

§ 52 Honorare für Leistungen bei Tragwerksplanungen
Absatz 1 – Honorartafel

(1) **Die Mindest- und Höchstsätze der Honorare für die in § 51 und der Anlage 14 Nummer 14.1 aufgeführten Grundleistungen bei Tragwerksplanungen sind in der folgenden Honorartafel festgesetzt:**

Vorhergehende Regelung: § 50 Abs. 1 a. F.

Anrechenbare Kosten in Euro	Honorarzone I sehr geringe Anforderungen von Euro	bis	Honorarzone II geringe Anforderungen von Euro	bis	Honorarzone III durchschnittliche Anforderungen von Euro	bis	Honorarzone IV hohe Anforderungen von Euro	bis	Honorarzone V sehr hohe Anforderungen von Euro	bis
10 000	1 461	1 624	1 624	2 064	2 064	2 575	2 575	3 015	3 015	3 178
15 000	2 011	2 234	2 234	2 841	2 841	3 543	3 543	4 149	4 149	4 373
25 000	3 006	3 340	3 340	4 247	4 247	5 296	5 296	6 203	6 203	6 537
50 000	5 187	5 763	5 763	7 327	7 327	9 139	9 139	10 703	10 703	11 279
75 000	7 135	7 928	7 928	10 080	10 080	12 572	12 572	14 724	14 724	15 517
100 000	8 946	9 940	9 940	12 639	12 639	15 763	15 763	18 461	18 461	19 455
150 000	12 303	13 670	13 670	17 380	17 380	21 677	21 677	25 387	25 387	26 754
250 000	18 370	20 411	20 411	25 951	25 951	32 365	32 365	37 906	37 906	39 947
350 000	23 909	26 565	26 565	33 776	33 776	42 125	42 125	49 335	49 335	51 992
500 000	31 594	35 105	35 105	44 633	44 633	55 666	55 666	65 194	65 194	68 705
750 000	43 463	48 293	48 293	61 401	61 401	76 578	76 578	89 686	89 686	94 515
1 000 000	54 495	60 550	60 550	76 984	76 984	96 014	96 014	112 449	112 449	118 504
1 250 000	64 940	72 155	72 155	91 740	91 740	114 418	114 418	134 003	134 003	141 218
1 500 000	74 938	83 265	83 265	105 865	105 865	132 034	132 034	154 635	154 635	162 961
2 000 000	93 923	104 358	104 358	132 684	132 684	165 483	165 483	193 808	193 808	204 244
3 000 000	129 059	143 398	143 398	182 321	182 321	227 389	227 389	266 311	266 311	280 651
5 000 000	192 384	213 760	213 760	271 781	271 781	338 962	338 962	396 983	396 983	418 359
7 500 000	264 487	293 874	293 874	373 640	373 640	466 001	466 001	545 767	545 767	575 154
10 000 000	331 398	368 220	368 220	468 166	468 166	583 892	583 892	683 838	683 838	720 660
15 000 000	455 117	505 686	505 686	642 943	642 943	801 873	801 873	939 131	939 131	989 699

I. Allgemein zu § 52

§ 52 wurde gegenüber § 50 der HOAI 2009 wesentlich überarbeitet. § 52 Abs. 1 enthält **1** die aktualisierte Honorartafel für die Grundleistungen bei Tragwerksplanungen. Die bislang in § 50 Abs. 2 und 3 der HOAI 2009 geregelte Zuordnung zu den Honorarzonen nach dem statisch-konstruktiven Schwierigkeitsgrad und nach bestimmten Bewertungsmerkmalen ist entfallen. Neu regelt § 52 Abs. 2 die Anwendung der Anlage 14, Nr. 14.2. Die Bewertungsmerkmale wurden in Bezug auf ihre Anwendung bei Ingenieurbauwerken angepasst und spezifische Merkmale für Ingenieurbauwerke, wie z. B. Stütz- und Uferwände, Baugrubenverbau, wurden ergänzt. Auch die aktuellen Rechenmethoden wurden berücksichtigt: z. B. ist der Aufwand zur Berechnung von Fachwerken (mit gelenkigen Knoten) oder Stabwerken (mit biege-steifen Knoten) mit computergestützten Methoden kein vorhersehbares Kriterium mehr. § 52 Abs. 3 entspricht inhaltlich § 49 Abs. 3 der HOAI 2009. § 52 Abs. 4 konkretisiert die Höhe der prozentualen Wertspanne gemäß § 6 Abs. 2 S. 3 HOAI für die Tragwerksplanung für Umbauten und Modernisierungen. Aufgrund der wieder eingeführten Berücksichtigung der mitzuverarbeitenden Bausubstanz und der in § 2 Abs. 5 neu getroffenen Definition von Umbauten (Umgestaltungen mit wesentlichen Eingriffen in Konstruktion oder Bestand) ist auch die Prozentmarge auf § 66 Abs. 5 HOAI 2002 zurückgeführt worden. Gemäß § 52 Abs. 4 kann für Umbauten und Modernisierungen von Tragwerken bei einem durchschnittlichen Schwierigkeitsgrad (Honorarzone III) gemäß § 6 Abs. 2 S. 2, 3 und § 7 Abs. 1 ein Zuschlag bis 50 Prozent bei Auftragserteilung vereinbart werden. Maßgeblich ist der Schwierigkeitsgrad der konkreten Umbau- oder Modernisierungsmaßnahme im jeweiligen Einzelfall. Für die Tragwerksplanung von Ingenieurbauwerken mit großer Längenausdehnung enthält § 52 Abs. 5 neu ebenso wie § 44 Abs. 7 und § 56 Abs. 6 zur Klarstellung eine Rechtsgrundverweisung auf die zulässige Unterbreitung der Mindestsätze gemäß § 7 Abs. 3 HOAI. Die Tragwerksplanung für Ingenieurbauwerke mit großer Längenausdehnung, die unter gleichen baulichen Bedingungen errichtet werden, stellt einen Ausnahmefall im Sinne des § 7 Abs. 3 dar. Steht der Aufwand in einem Missverhältnis zu dem auf der Grundlage der anrechenbaren Kosten ermittelten Honorar des Auftragnehmers, kann der Mindestsatz durch schriftliche Vereinbarung unterschritten werden.

II. Anwendung

1. Anwendungsbereich

Die Honorare der Honorartafel des § 52 gelten nur für die Leistungen bei **Tragwerks- 2 planungen,** die zur ordnungsgemäßen Erfüllung eines Auftrags im Allgemeinen erforderlich sind (§ 3 Abs. 2). Die festgelegten Mindest- und Höchstsätze sind Honorare, die bei

Erfüllung aller Grundleistungen sämtlicher Leistungsphasen des Leistungsbildes gelten. Andere Honorare als die Mindestsätze bedürfen der schriftlichen Vereinbarung beim Vertragsabschluss (§ 7 Abs. 1). Nach § 7 Abs. 4 dürfen die Höchstsätze nur unter den dort näher
beschriebenen Voraussetzungen überschritten werden. Zudem müssen sie einen hohen
oder höchsten Schwierigkeitsgrad aufweisen oder eine Zeitschiene oder Zeitdauer aufweisen, die eine erhebliche Belastung des Auftragnehmers mit sich bringen (meist Industrie-,
Damm-, Deichbauten, komplexe Konstruktionen, wie Hochhäuser, Brücken, U-Bahn-
strecken, Bahnstrecken mit vielen Einzelobjekten und Tunnelsystemen; vergleiche aber
auch die Abgrenzung zu Verkehrs- oder Ingenieurbauwerken).

Gemäß Artikel 5 des Neunten Euro-Einführungsgesetzes sind die früheren Honorare in
DM auf Euro umgestellt worden, und zwar dergestalt,

– dass die DM-Beträge der anrechenbaren Kosten und der Honorare mit dem offiziellen
  Umrechnungsfaktor 1,95583 „zahlengenau" mit Rundungen umgerechnet wurden,
– dass zwischen den zahlengenau umgerechneten Werten der anrechenbaren Kosten
  auf glatte Wertbeträge mit Sprüngen von 5000 Euro, 50000 Euro, 250000 Euro,
  500000 Euro, 5000000 Euro interpoliert wurden und
– dass die so genannten Signalbeträge, das sind der untere und der obere Wert der Honorartafel, zahlengenau (bei § 65 HOAI 1996/2002 mit 10226 Euro unten und
  15338756 Euro oben) in die Honorartafeln eingefügt wurden.
  Mit dieser Maßnahme war mit der Umstellung auf Euro im Jahr 1996 keine Honorarerhöhung eingetreten.

Mit der **Vierten Änderungsverordnung** sind die Honorare um 10% und mit der
Fünften Änderungsverordnung um weitere 6% **erhöht** worden. Erst mit der **Novellie-
rung von 2009** sind die bisherigen Tafelwerte um etwa 10% erhöht worden. Die jetzige
Erhöhung beträgt ebenfalls im Durchschnitt weitere 8% bis 12%.

2. Honorarvereinbarungen und -berechnungen

3   Werden nicht alle Leistungsphasen eines Leistungsbildes übertragen, so dürfen nach § 8
Absatz 1 „nur die für die übertragenen (Leistungs-)Phasen vorgesehenen Teilhonorare berechnet werden". **Für jede Leistungsphase** ist **ein Teilhonorar nach den „Bewertungen"** des § 51 Absatz 1 (= Prozentsätze der Honorare des § 52) festgelegt. Ändert sich
der Leistungsumfang einzelner Leistungsphasen (Fortfall einzelner Grundleistungen einer
Leistungsphase), so sind die **Bewertungen** des § 51 Absatz 1 nach Maßgabe der Bestimmungen des § 8 Abs. 2 **dem verminderten Leistungsumfang anzupassen** (siehe Siemon-Listen und Simmendinger-Listen. Zum vollen Honoraranspruch für die Fälle, in denen das Ergebnis einer Leistungsphase erbracht wird, wenngleich Einzelleistungen fehlen.
Erhöhungen des Leistungsumfangs über die im Leistungsbild festgelegten Leistungen
hinaus ist **nur über** die Vergabe **Besonderer Leistungen** möglich.

3. Aufbau und Staffelung

4   In der Honorartafel werden für anrechenbare Kosten ab 10000 Euro bis zu einschließlich 15000000 Euro in vertikaler Staffelung mit abschnittsweise größer werdenden Sprüngen in den anrechenbaren Kosten die Honorare für die **fünf** verschiedenen **Honorarzonen** des § 52 Absatz 2 i.V.m. Anlage 14.2 angegeben. In jeder Honorarzone sind die
Mindest- bzw. Höchstsätze als **von-bis-Beträge** aufgeführt. Der Höchstsatz der vorhergehenden Honorarzone entspricht jeweils dem Mindestsatz der nachfolgenden Honorarzone. Der VO-Geber hat die anrechenbaren Kosten in der Fassung 2013 auf glatte Beträge „geglättet" (€ 10000 statt bisher € 10226 und € 15000000 statt bisher € 15338756).

4. Vergleich mit früheren Regelungen

5   In der **GOI 1937** waren die Honorare nicht in Geldbeträgen, sondern als „Gebührensätze in Hundertstel der Herstellungssumme" (GOI 1937 Nr. 13) angegeben. Die Herstel-
lungssummen, die dem heutigen Begriff der anrechenbaren Kosten entsprechen, waren von

10 000 Reichsmark bis 10 Millionen Reichsmark gestaffelt und für drei Klassen, die das Gegenstück zu den heutigen Honorarzonen bilden, angegeben.

In der späteren **Ergänzung der GOI 1937 vom 27. Februar 1950** war in den Gebührentafeln bei den Herstellungskosten lediglich die Währungsangabe „Reichsmark" durch „Deutsche Mark" ersetzt und die höchste Stufe der Herstellungskosten von 10 Millionen RM auf 50 Millionen DM heraufgesetzt worden. Prinzipielle Änderungen waren auch in den Änderungsentwürfen zur GOI 1937/50 aus dem Jahre 1956 und aus dem Jahre 1965 nicht zu verzeichnen.

Die Honorarregelungen des **Ingenieurvertragsmusters – Statik und Prüfung der Statik –** des Bundesschatzministers **von 1968** (a. a. O.) entsprachen weitgehend den Regelungen der GOI 1937/50. Die Vergütungssätze in Hundertstel des jeweiligen Rohbauwertes im Ingenieurvertragsmuster stimmten bis auf eine Dezimale hinter dem Komma mit den abgerundeten Gebührensätzen in Hundertstel der Herstellungssumme aus der GOI 1937/50 überein. Nach der amtlichen Begründung zur ersten Fassung der HOAI von 1977 (BR-Drucks. 270/76, S. 65 u. 66) hatten sich die Honorarfestlegungen des § 55 a. F. (HOAI 1977) weitgehend nach den Honorarfestlegungen im Ingenieurvertragsmuster gerichtet (vgl. Rdn. 7).

III. Honorartafel

1. Grundsätzliches

Die **Honorare für Leistungen** bei Tragwerksplanungen sind **in Geldbeträgen** ange- 6 geben. Von der in früheren Gebührenordnungen üblichen Angabe der Honorare als Gebührensätze (GOI) oder Vergütungssätze (Muster BMSchatz 1968) in Prozentsätzen der anrechenbaren Kosten (Herstellungssumme oder Rohbausumme nach GOI, Rohbauwert nach Muster BMSchatz) ist der Verordnungsgeber abgewichen, um „den zur Zahlung Verpflichteten das Ausmaß der ihn treffenden finanziellen Verpflichtungen zu veranschaulichen" (Amtliche Begründung zur ersten Fassung von 1977 BR-Drucks. 270/76, S. 29). Mit dieser Entscheidung hat der Verordnungsgeber eine gewisse Unbeweglichkeit der Honorare im Hinblick auf eine fortschreitende Geldentwertung in Kauf genommen; andererseits steigen aber bei fortschreitender Geldentwertung erfahrungsgemäß auch die anrechenbaren Kosten, so dass eine gewisse Angleichung der Honorare an das steigende Preisniveau gewährleistet ist.

Die **Mindest- und Höchstsätze** der Honorare gelten, wenn **alle Leistungen sämtlicher Leistungsphasen** des Leistungsbildes aus § 51 erbracht werden. Zu Teilhonoraren, anteilmäßigen Bewertungen bei Fortfall von Grundleistungen und zur Vergütung Besonderer Leistungen siehe die Erläuterungen zu § 8.

2. Honorarstufen und Interpolation

Die Sprünge in den anrechenbaren Kosten, also die Abstände zwischen den einzelnen 7 Honorarstufen, betragen für anrechenbare Kosten

bis	15 000 Euro	5 000 Euro
bis	25 000 Euro	10 000 Euro
bis	100 000 Euro	25 000 Euro
bis	150 000 Euro	50 000 Euro
bis	350 000 Euro	100 000 Euro
bis	1 500 000 Euro	250 000 Euro
bis	2 000 000 Euro	500 000 Euro
bis	3 000 000 Euro	1 000 000 Euro
bis	5 000 000 Euro	2 000 000 Euro
bis	10 000 000 Euro	2 500 000 Euro
bis	15 000 000 Euro	5 000 000 Euro

und untergliedern somit die Honorartafel in ähnlicher Weise wie die Honorartafeln der §§ 44 und 48 für Ingenieurbauwerke und Verkehrsanlagen.

Die Mindest- und Höchsthonorare für anrechenbare Kosten zwischen den Stufen sind gemäß § 13 durch **lineare Interpolation** zu ermitteln. Ein Beispiel hierzu ist weiter unten in Rdn. 9 angeführt.

3. Herleitung der Honorare aus dem Ingenieurvertragsmuster

8   Nach der amtlichen Begründung (BR-Drucks. 270/76, S. 65 u. 66) zu § 55 a. F. (HOAI 1977) sind die Honorare aus den Vergütungssätzen der Anlage 1 zum Ingenieurvertragsmuster wie folgt hergeleitet worden: Die sich für den jeweiligen (den anrechenbaren Kosten der Verordnung vergleichbaren) Rohbauwert aus den Vergütungssätzen der Bauklasse 1 ergebenden Honorare sollen um 5 % erhöht worden sein. Sie seien als Mindestsätze der Honorare in der Honorarzone I festgelegt worden. Die Höchstsätze der Honorarzone V seien durch 40 %-ige Erhöhung der sich für Bauklasse 3 ergebenden Vergütungen im Ingenieurvertragsmuster bestimmt worden. Dabei sei berücksichtigt worden, *„dass es sich bei den Honoraren im Ingenieurvertragsmuster um Honorare einschließlich der Umsatzsteuer handelt, während die Honorare nach der Verordnung Nettohonorare sind"* (amtliche Begründung zur ersten Fassung von 1977 BR-Drucks. 270/76, S. 66).

Zwischen den Mindestsätzen der Honorarzone I und den Höchstsätzen der Honorarzone V ist die Differenz zwischen diesen beiden Sätzen im Verhältnis 10 : 25 : 30 : 25 : 10 auf die übrigen Honorarzonen aufgeteilt worden. So besteht zum Beispiel bei anrechenbaren Kosten von 50 000 Euro zwischen dem Höchstsatz der Honorarzone V von 11 279 Euro und dem Mindestsatz der Honorarzone I von 5 187 Euro eine Differenz von 6 092 Euro. Zwischen der Honorarzone I und der Honorarzone V ist dieser Betrag im Verhältnis von 10 : 25 : 30 : 25 : 10 aufzuteilen. Der VO-Geber ist von dieser Vorgabe weiter abgewichen, so dass Rundungsdifferenzen zu der zuvor genannten Aufteilung zu berücksichtigen sind. Das ergibt unter Berücksichtigung der in der Honorartafel vorhandenen Auf- und Abrundungen folgendes Bild:

Mindestsatz Honorarzone I	5 187,00 Euro	
+ 10 % von 6 092 Euro	+ 609,20 Euro	
= Höchstsatz Honorarzone I	5 796,20 Euro	lt. Tafel 5 763 Euro (ca. 9,8 %)
Mindestsatz Honorarzone II	5 763,00 Euro	
+ 25 % von 6 092 Euro	+ 1 523,00 Euro	
= Höchstsatz Honorarzone II	7 286,00 Euro	lt. Tafel 7 327 Euro (ca. 24,7 %)
Mindestsatz Honorarzone III	7 327,00 Euro	
+ 30 % von 6 092 Euro	+ 1 827,60 Euro	
= Höchstsatz Honorarzone III	9 154,60 Euro	lt. Tafel 9 139 Euro (ca. 29,9 %)
Mindestsatz Honorarzone IV	9 139,00 Euro	
+ 25 % von 6 092 Euro	+ 1 523,00 Euro	
= Höchstsatz Honorarzone IV	10 662,00 Euro	lt. Tafel 10 703 Euro (ca. 24,8 %)
Mindestsatz Honorarzone V	10 703,00 Euro	
+ 10 % von 6 092 Euro	+ 609,20 Euro	
= Höchstsatz Honorarzone V	11 312,20 Euro	Lt. Tafel 11 279 Euro (ca. 9,8 %)

IV. Interpolationsbeispiel

9   Die Mindest- und Höchstsätze der Honorare für anrechenbare Kosten zwischen den Stufen sind gemäß § 13 durch **lineare Interpolation** zu ermitteln. Als **Beispiel** wird das

Mindesthonorar für die Honorarzone III bei anrechenbaren Kosten von 325 320 Euro wie folgt errechnet:

	Anrechenbare Kosten	Mindesthonorare der Honorarzone III
	250 000 Euro	25 951 Euro
	350 000 Euro	33 776 Euro
Differenz	100 000 Euro	7 813 Euro

Lineare Interpolation (gerundete Werte ohne Dezimale) (siehe Berechnungen unter § 13 Rdn. 4)

$$25\,951 + \frac{325\,320 - 250\,000 \times 33\,776 - 25\,951}{350\,000 - 250\,000} = €\,31\,844$$

V. Honorare außerhalb der Tafelwerte

Die Regelungen für Honorare bei anrechenbaren Kosten unterhalb oder oberhalb der **10** Tafelwerte sind insgesamt aufgehoben worden, so dass das Honorar frei vereinbart werden kann. Auch sind keine Regelungen darüber enthalten, dass die Honorare für die anrechenbaren Kosten außerhalb der Tafelwerte bestimmte Werte nicht unter- bzw. überschreiten dürfen.

Bei anrechenbaren Kosten unter dem Tafelwert von 10 000 Euro können also über die freie Vereinbarung die Honorare den Mindestsatz für diese anrechenbaren Kosten überschreiten.

Gleiches gilt für die Fälle, bei denen die anrechenbaren Kosten 15 000 000 Euro übersteigen. Hier könnte also das Honorar niedriger liegen als die obersten Werte der Tabelle und somit zu einer versteckten Mindestsatzunterschreitung führen.

Im BMWi-Honorargutachten 2012 zu der Frage des Aktualisierungsbedarfs zur Honorarstruktur der HOAI wurde auch die bisherige Herleitung der Honorarstruktur in den Honorartafeln in einer geänderten Formel empfohlen. Bis zur Fassung 1996 wurde nach der Formel

$$H1996\,(x) = a \times X_b + c \times x + d$$

vorgegangen. Dabei dienten die Parameter a und b zur Beschreibung des degressiven Honorarverlaufs. Die Parameter c und d wurden verwendet, um die Abweichung zwischen Formel und der Honorartafel HOAI 1996 zu verringern. Die Honoraranpassung wurde ab 1996 bis 2013 nach der Formel

$$H2013\,(x) = (a \times (x/\mu_{BP})_b + c \times (x/\mu_{BP} + d) \times \mu1 \times \mu^2 + \mu3\,(x)$$

vorgenommen. Dabei wurden die Einflussfaktoren Kostenentwicklung (μ_1), Rationalisierung (μ_2), Arbeitsaufwand (μ_3) und Baupreisentwicklung (μ_{BP}) eingestellt. Denn mit der Bearbeitung einer Leistungsaufgabe ist faktisch auch der Arbeitsaufwand gestiegen. Hieraus ergeben sich für die Erweiterte Honorartafel zur HOAI – unabhängig von den Rift-Tabellen (Richtlinien für die Beteiligung freiberuflich Tätiger) der VBV Baden-Württemberg – aufgrund der Empfehlung in dem Honorargutachten des BMWi 2012 neue Ansatzpunkte. In den nunmehr in diesem Gutachten verwendeten Flemming-Tabellen (siehe hierzu auch BauR 2014, 469) ist zu den jeweiligen Honorartafel der Leistungsbilder nunmehr eine Formel entwickelt worden, die im Bereich der anrechenbaren Kosten zwischen € 15 000 000 bis 250 000 000 liegen. Danach ergibt sich bei der Tragwerksplanung die Formel

$$h(x) = (1{,}6858 \times X_{0{,}785} - 0{,}0001394 \times X) \times HZF$$

Dabei ist HZF (Honorarzonenfaktor) wie folgt einzuordnen:

HZ I von 0,63 bis 0,70
HZ II von 0,70 bis 0,89
HZ III von 0,89 bis 1,11
HZ IV von 1,11 bis 1,30
HZ V von 1,30 bis 1,37.

(2) **Die Honorarzone wird nach dem statisch-konstruktiven Schwierigkeitsgrad anhand der in Anlage 14 Nummer 14.2 dargestellten Bewertungsmerkmale ermittelt.**

(3) **Sind für ein Tragwerk Bewertungsmerkmale aus mehreren Honorarzonen anwendbar und bestehen deswegen Zweifel, welcher Honorarzone das Tragwerk zugeordnet werden kann, so ist für die Zuordnung die Mehrzahl der in den jeweiligen Honorarzonen nach Absatz 2 aufgeführten Bewertungsmerkmale und ihre Bedeutung im Einzelfall maßgebend.**

Vorherige Fassung zu Abs. 3 ist § 50 Abs. 3 HOAI a. F.

Übersicht (§ 52 Abs. 2 und 3)

I. Einordnung in die Honorarzone, Anlage 14.2

Anlage 14.2 enthält die aktualisierte Objektliste für die Tragwerksplanung.

11 Die HOAI 2013 hat mit der Anlage 14.2 eine einfache und übersichtliche Zuordnung von Tragwerksobjekten in die Honorarzonen eröffnet. Danach sind entsprechend dem Aufbau dort die Objekte aufzufinden und einzuordnen. In Absatz 3 ist der Fall geregelt, wenn eine Unklarheit besteht. **Dabei werden die einzelnen Objekte miteinander verglichen und die dortigen Bewertungspunktzuordnungen addiert und durch die Anzahl der vergleichbaren Objekte geteilt. Der Wert ergibt die anzuwendende Honorarzone.** Eine analoge Anwendung der Berechnung nach § 35 ist bei Tragwerksplanungen nicht vorgesehen und auch nicht zu empfehlen. Beachtet werden muß allerdings, dass die Einordnung in die Honorarzone den Maßgaben des BGH folgen muss. Dabei ist zu berücksichtigen, dass der BGH die Vereinbarung der Parteien und auch die Einordnung an objektiven Grundsätzen festmacht. Die Einordnung in die zutreffende Honorarzone ist eine Rechtsfrage und vom Gericht zu klären und zwar anhand der vorgetragenen Tatsachen (BGH, BauR 2005, 735 = NZBau 2005, 295). Zweifelhaft ist die Meinung des OLG Frankfurt/M., welches meint die Einordnung auch ohne Sachverständigengutachten vornehmen zu können (OLG Frankfurt/M. BauR 2007, 1906). Dies ist nur möglich, wenn kein Beweisangebot vorliegt und das Gericht selbst ausgewiesene Sachkunde hat. Soweit die Parteien im Rahmen des Beurteilungsspielraums der HOAI die vertraglich festgelegte Honorarzone im Rahmen der vertretbaren Rahmen vorgesehen haben, so kann das Gericht diese regelmäßig berücksichtigen (BGH, BauR 2004, 553).

Vereinbaren die Parteien allerdings ohne Weiteres eine **objektiv unzutreffende Honorarzone,** so ist die Vereinbarung wegen der Unterschreitung der Mindestsätze gem. § 7

Abs. 1, 3 unwirksam. Ist der Ansatz der Parteien zum Beispiel die Honorarzone II Mitte und entspricht diese objektiv, weil die Statik der Honorarzone III zuzuordnen ist, dieser, ist nach Honorarzone III unten gem. § 7 Abs. 1 abzurechnen. Dies deswegen, weil die Preisvorschrift der HOAI zwingend gem. § 7 Abs. 1, 3 ist. **§ 134 BGB kommt nicht zur Anwendung,** weil der Vertrag nicht als Ganzes nichtig ist, sondern sich das zutreffende Honorar errechnen lässt (BGH, IBR 2007, 685). Diese Grundsätze sind anzuwenden, wenn die Unterschreitung der Mindestsätze die richtige Honorarzone beachtet (OLG Stuttgart, Urt. v. 23.12.2010 – 20 U 15/09).

Der von der HOAI zur freien Verfügung gestellte **Gebührenrahmen** wird erst dann überschritten, wenn bei einer falsch in Ansatz gebrachten Honorarzone der entsprechende Höchstsatz in der objektiv richtigen Honorarzone nicht eingehalten wird. Es ist durch genaue Ermittlung des möglichen Höchsthonorars nach den insgesamt richtigen Bemessungsgrundlagen der Höchstsatz des Honorars zu ermitteln. § 7 Abs. 1, 3 greift insoweit nicht ein, als die Honorarvereinbarung der Parteien in eine wirksame Honorarvereinbarung umzudeuten ist, § 140 BGB. Dabei kann die Vereinbarung so ausgelegt werden, dass die Parteien auch den Ansatz der Höchstsätze der zutreffenden objektiv anzusetzenden Honorarzone vereinbaren wollten. Dabei spielt es auch keine Rolle, ob der Planer den Auftraggeber ggfs. **täuschen** wollte. Es kommt lediglich darauf an, ob die Regelung sich im Rahmen der Grenzen des § 7 Abs. 1 hält, also die Mindest- und Höchstsätze die Grenze bilden, in die das Honorar hineinfällt (so auch OLG Düsseldorf, Urt. v. 9.8.2013 – 22 U 4/13).

II. Allgemeines

1. Anwendungsbereich

Zur endgültigen Bestimmung der Honorare für Grundleistungen bei der Tragwerksplanung sind zunächst die anrechenbaren Kosten des Tragwerks nach § 50 zu ermitteln, und es ist das Tragwerk in die entsprechende Honorarzone einzuordnen. Erst wenn die anrechenbaren Kosten bestimmt und die Honorarzone festgelegt ist, lassen sich die **Mindest- und Höchstsätze der Honorare für Grundleistungen** bei der Tragwerksplanung aus der **Honorartafel des § 52** bestimmen. Die Honorartafel des § 52 ist horizontal nach den Honorarzonen, denen das Tragwerk angehört, und vertikal nach der Höhe der anrechenbaren Kosten gestaffelt. Grundlage des Honorars ist neben den anrechenbaren Kosten die Honorarzone, der das Tragwerk angehört. Im Regelfall kann die Honorarzone schon bei Auftragserteilung bestimmt werden. Ihre Festlegung gehört jedoch nicht zu den Vereinbarungen, die nach § 7 Abs. 1 schon bei Auftragserteilung getroffen werden müssen. Sie kann offen bleiben wie auch die Höhe der anrechenbaren Kosten, die bei Auftragserteilung noch nicht bestimmbar ist. **12**

2. Aufbau und Bewertungsmerkmale der Honorarzonen

Die Bewertungsmerkmale der einzelnen Honorarzonen richten sich nach dem Schwierigkeitsgrad eines Tragwerks. Der **Schwierigkeitsgrad eines Tragwerks richtet sich nach** dem **Schwierigkeitsgrad der** für dieses Tragwerk anzuwendenden **Berechnungsmethode.** Eine die Honorarzonen noch erläuternde **Objektliste** wie bei der Objektplanung für Gebäude (Anlage 10.2), bei der Objektplanung für Freianlagen (Anlage 11.2), bei der Objektplanung für raumbildende Ausbauten (Anlage 10.3) oder bei der Objektplanung für Ingenieurbauwerke und Verkehrsanlagen (Anlage 12.2) ist den Honorarzonen für die Leistungen bei der Tragwerksplanung jetzt auch **zugeordnet.** Zunächst wird der Schwierigkeitsgrad des Tragwerks in den **Bewertungsmerkmalen** des Absatzes 2 durch **allgemein** gehaltene Angaben zu den Tragwerken erläutert, um dann durch eine Auflistung **spezieller** Tragwerke **in** zum Teil **beispielhafter Aufzählung** ergänzt und erläutert zu werden. **13**

Die Tragwerke sind in **fünf Honorarzonen** gegliedert, wie dies auch für Gebäude und Freianlagen sowie für Ingenieurbauwerke und Verkehrsanlagen geschehen ist.

3. Regelungen früherer Gebührenordnungen

14　Nach der **GOI 1937/50** richteten sich die Gebühren für Ingenieurarbeiten zur Errichtung von Bauten und Anlagen aller Art nach **drei verschiedenen Klassen,** in die die „zu bauenden oder einzurichtenden Werke" eingeteilt waren. Diese Klassen glichen eher einem **Objektkatalog** oder einer Objektliste. Dennoch waren sie teilweise auch nach Schwierigkeitsgraden gestaffelt und enthielten hierüber entsprechende Angaben, so zum Beispiel über einfache statisch bestimmte oder statisch unbestimmte Tragwerke. Da die GOI 1937/50 nicht nur für die Vergütung von Leistungen der Bauingenieure, sondern für Ingenieurarbeiten zur Errichtung von Bauten und Anlagen aller Art Gültigkeit hatte, waren in dem Objektkatalog zur Einteilung der Klassen auch Objekte für die Leistungen anderer Ingenieure aufgeführt (z. B. Maschinenanlagen, elektrische Anlagen). Die GOI 1937/50 war zunächst darauf eingerichtet, die Leistungen der Bauingenieure oder die Leistungen der Maschinen- oder Elektroingenieure für eine komplette Planungsleistung entsprechend der Objektplanung zu erfassen. Der Bereich der Statik, also die Standsicherheitsnachweise entsprechend der heutigen Tragwerksplanung, war nur als Sonderleistungen des Bauingenieurs bezeichnet. Entsprechend dieser Konzeption waren auch die Klasseneinteilungen in der GOI 1937/50 mehr auf die Objekte einer Objektplanung als auf die Tragwerke für Standsicherheitsnachweise im Rahmen der Tragwerksplanung abgestellt.

Erstmalig im **Entwurf** zur Neufassung **der GOI von 1965** waren sowohl für die Gesamtbearbeitung von Bauten und Anlagen durch Bauingenieure als auch für die Sonderleistungen der Bauingenieure (entsprechend heutiger Tragwerksplanung) besondere Klasseneinteilungen der Objekte vorgesehen. Die Klassen waren nach dem Schwierigkeitsgrad der Bauwerke gestaffelt, und es war den früher enthaltenen **drei Klassen** eine **Sonderklasse** für „besonders schwierige Bauwerke" angefügt worden. Diese Aufteilung wurde auch von der LHO 1969 übernommen. Schon in dem Entwurf der GOI von 1965 und in der **LHO 1969** wurden die Bewertungsmerkmale der Klassen ergänzt durch eine zum Teil beispielhafte Aufzählung einzelner Bauwerke. Die Klassen 1 bis 3 des GOI-Entwurfs von 1965 und der LHO 1969 ähneln den Honorarzonen II bis IV, und die Sonderklasse des Entwurfs von 1965 und der LHO 1969 ähnelt der Honorarzone V der HOAI.

Auch die „Klasseneinordnung" aus Anlage 2 zum **Ingenieurvertragsmuster** – Statik und Prüfung der Statik – des Bundesschatzministers (MinBlFin 1968 S. 327/328) nahm eine Einordnung der Tragwerke in **drei Klassen nach** dem **Schwierigkeitsgrad** vor. Sie waren im Wesentlichen auf die Schwierigkeit ihrer Berechnung abgestellt und durch beispielhafte Aufzählung entsprechender Tragwerke erläutert. Neben den Klassen 1 bis 3 gab es auch im Ingenieurvertragsmuster eine Art Sonderklasse für außergewöhnlich schwierige Tragwerke dadurch, dass für derartige Tragwerke ein Aufschlag von 25 v. H. auf die Honorare der Klasse 3 vorgesehen war. Die in der Klasseneinordnung des Ingenieurvertragsmusters enthaltene Trennung von Kriterien und Beispielen ist in der HOAI verwischt worden, weil Kriterien und beispielhafte Tragwerksbeschreibungen gleichrangig aufgezählt werden.

Obwohl sich die Klasseneinteilungen der früheren Honorarordnungen (GOI, LHO und Ingenieurvertragsmuster) mit den Honorarzonen des § 63 Absatz 1 HOAI 1996/2002 zum Teil vergleichen lassen, **können Einordnungsversuche in Anlehnung an frühere Klasseneinteilungen** deshalb **nicht vorgenommen werden,** weil die HOAI eine wesentliche Neufassung und teilweise auch Umgruppierung der Honorarzonen vorgenommen hat. Jedoch enthielt die Klasseneinordnung in Anlage 2 zum Ingenieurvertragsmuster – Statik und Prüfung der Statik – des Bundesschatzministers von 1968 Bewertungsmerkmale, die zum Teil wörtlich in § 63 Absatz 1 HOAI 1996/2002 übernommen wurden. Die Honorarzonen II bis IV entsprechen weitgehend den Klassen 1 bis 3, die Honorarzone V hat eine Entsprechung in der Sonderklasse, die durch den 25%-igen Aufschlag auf die Honorare der Klasse 3 im Ingenieurvertragsmuster gekennzeichnet war. Wesentlich neu war die Honorarzone I in § 63 Absatz 1 Nr. 1 HOAI 1996/2002 für Tragwerke mit sehr geringem Schwierigkeitsgrad. Eine besondere Klasse zur Erfassung sehr einfacher Berechnungen war in den früheren Honorarordnungen nicht vorgesehen worden.

Die Regelungen des § 53 **HOAI 1977** über die Honorarzonen für Leistungen bei der Tragwerksplanung sind in die **novellierten Fassungen seit 1985** weitgehend mit kleineren redaktionellen Änderungen übernommen und in den Auflistungen der Tragwerke in den Honorarzonen III bis V um **weitere spezielle Tragwerke von Ingenieurbauwerken** ergänzt worden. So sind Gewölbe, Trägerroste und orthotrope Platten, schiefwinklige Einfeld- und Mehrfeldplatten, gekrümmte Träger, Rahmentragwerke, Traggerüste, verankerte Stützwände und Anderes aufgenommen worden. Auch hat die **Vierte Änderungsverordnung** noch zwei weitere Ergänzungen (Ingenieurmauerwerk in Zone IV und Nachgiebigkeit von Verbindungsmitteln in Zone V) gebracht.

III. Bewertungsmerkmale der Honorarzonen (Abs. 2)

1. Hauptbewertungsmerkmal

Die Honorarzonen sind nach Tragwerken mit unterschiedlichem Schwierigkeitsgrad ge- **15** staffelt. Insoweit hat sich gegenüber den Regelungen in früheren Gebührenordnungen (GOI, LHO, Muster BMSchatz) im Prinzip nichts geändert.
Der statisch-konstruktive Schwierigkeitsgrad eines Tragwerks richtet sich nach dem Schwierigkeitsgrad seiner Berechnung und seiner Konstruktion. Dies geht aus den näher bezeichneten Kriterien wie statisch bestimmte ebene Tragwerke, schwierige statisch bestimmte Tragwerke, statisch und konstruktiv ungewöhnlich schwierige Tragwerke u.a. hervor. Das Kriterium des Schwierigkeitsgrades betrifft vornehmlich die Leistungen der Leistungsphase 4 des § 51 und Anlage 14.1, nämlich die Genehmigungsplanung, das heißt das Anfertigen und Zusammenstellen der statischen Berechnung mit Positionsplänen für die Prüfung, und der Leistungsphase 5 des § 51, nämlich der Ausführungsplanung. Vor allen Dingen der für diese Leistungsphasen aufzubringende Aufwand steigt mit dem Schwierigkeitsgrad des Tragwerks. Dass damit auch die Schwierigkeit der anderen Leistungsphasen gleichermaßen steigt und fällt, unterstellt die Verordnung.

2. Honorarstaffelung nach Schwierigkeitsgrad

Jede Honorarzone des Absatzes 2 wird **durch ein Hauptbewertungsmerkmal ge- 16 kennzeichnet,** das die Höhe des Schwierigkeitsgrades beschreibt. Die Schwierigkeitsgrade sind in der Reihenfolge der Zonen angegeben mit sehr gering, gering, durchschnittlich, hoch sowie sehr hoch.
Schwierig ist das Tragwerk zunächst hinsichtlich der Schwierigkeit seiner Berechnung und Konstruktion im Sinne von aufwändigen, zum Teil komplizierteren Berechnungs- und Konstruktionsmethoden. Der **Schwierigkeitsgrad** kann sich nicht nach dem subjektiven Maßstab des Auftragnehmers richten, sondern er **ist objektiv zu bestimmen.** Obgleich die Verordnung keine bestimmte Berufsgruppe angibt, muss davon ausgegangen werden, dass normalerweise die Tragwerksplanung von Ingenieuren, und zwar von Bauingenieuren, angefertigt wird. Als **objektiv schwierig** ist das anzusehen, was **schwierig für den Durchschnitt normal ausgebildeter Bauingenieure mit einer durchschnittlichen Berufserfahrung** ist. Als normale Ausbildung muss ein Studium mit Fachhochschul- oder Hochschulabschluss eines Ingenieurs mit der besonderen Vertiefung im Konstruktiven Ingenieurbau gelten. Auf die individuellen Fähigkeiten und Kenntnisse des Auftragnehmers kommt es nicht an. Erbringt z.B. ein Berufsfremder Leistungen bei der Tragwerksplanung, dann ist nur von Bedeutung, welche Schwierigkeiten das Tragwerk dem normal ausgebildeten und berufserfahrenen Durchschnittsingenieur bereiten würde.
Das **Hauptbewertungsmerkmal** des Schwierigkeitsgrades wird in den einzelnen Honorarzonen durch allgemeine **Angaben zur statischen Bestimmtheit oder Unbestimmtheit** für die Tragwerke umschrieben und zwar für

I: einfach statisch bestimmte ebene Tragwerke,
II: statisch bestimmte ebene Tragwerke in gebräuchlichen Bauarten,
III: schwierige statisch bestimmte und statisch unbestimmte ebene Tragwerke in gebräuchlichen Bauarten,
IV: statisch und konstruktiv schwierige Tragwerke in gebräuchlichen Bauarten,
V: statisch und konstruktiv ungewöhnlich schwierige Tragwerke.

Diese allgemeinen Bewertungsmerkmale werden noch durch weitere Bewertungsmerkmale **ergänzt in Gestalt von** mehr **beispielhaften Angaben** über die Einordnung von Fachwerken und Faltwerken, Rahmen- und Skelettbauten, Pfahlgründungen u. a.

3. Wertmäßige Staffelung

17   Nach der amtlichen Begründung (BR-Drucks. 270/76, S. 64) zu § 53 HOAI 1977 war die Aufteilung der Honorarzonen im Verhältnis 10 : 25 : 30 : 25 : 10 erfolgt, das heißt, die Differenzen zwischen den Mindest- bzw. Höchstsätzen für die einzelnen Honorarzonen verhalten sich nach den obengenannten Zahlen (vgl. § 52 Rdn. 7). Daran ist in den novellierten Fassungen seit 1985 nichts geändert worden.

IV. Bewertungsmerkmale aus mehreren Honorarzonen (Abs. 3)

18   Bei Zweifeln, welcher Honorarzone ein Tragwerk zugerechnet werden kann, ist nach Absatz 3 für die Zuordnung die Mehrzahl der in den jeweiligen Honorarzonen aufgeführten Bewertungsmerkmale maßgebend.

Der Abs. 3 wurde in § 53 HOAI 1977 bereits durch Beschluss des Bundesrates vom 25. Juni 1976 angefügt und ist auch in den novellierten Fassungen seit 1985 weitgehend unverändert übernommen worden. Im Beschluss des Bundesrates wurde hierzu ausgeführt (BR-Drucks. 270/76, S. 20), dass der Absatz klarstellen sollte, dass nicht schon bei dem Vorliegen eines Kriteriums einer höheren Honorarzone diese vereinbart werden darf.

Über die **Einordnung ist jeweils im Einzelfall zu entscheiden.** Detaillierte Beispiele hierfür können nicht gegeben werden, da zu derartigen Entscheidungen Pläne und andere Unterlagen heranzuziehen sind. Bei der Tragwerksplanung stehen nicht viele Kriterien für jede Honorarzone zur Verfügung. Nach dem Hauptbewertungsmerkmal des Schwierigkeitsgrades und den wenigen weiteren Bewertungsmerkmalen über die Tragwerke allgemein, sind im Übrigen in der neuen Liste des Anhangs 14.2 mehr beispielhafte Aufzählungen bestimmter Tragwerkstypen in den einzelnen Honorarzonen enthalten (vgl. oben Rdn. 16), so dass umfangreiche Zuordnungsüberlegungen anhand der wenigen Bewertungsmerkmale seltener in Frage kommen werden als bei der Planung von Gebäuden.

VI. Anlage 14.2 – Objektliste Tragwerksplanung

Nachstehende Tragwerke können in der Regel folgenden Honorarzonen zugeordnet werden:

Honorarzone

	I	II	III	IV	V
Allgemeines Bewertungs-Kriterium					
– Tragwerke mit sehr geringem Schwierigkeitsgrad, insbesondere – einfache statisch bestimmte ebene Tragwerke aus Holz, Stahl, Stein oder unbewehrtem Beton mit ruhenden Lasten, ohne Nachweis horizontaler Aussteifung	x				
– Tragwerke mit geringem Schwierigkeitsgrad, insbesondere – statisch bestimmte ebene Tragwerke in gebräuchlichen Bauarten ohne Vorspann- und Verbundkonstruktionen, mit vorwiegend ruhenden Lasten		x			

Honorarzone

Allgemeines Bewertungs-Kriterium	I	II	III	IV	V
– Tragwerke mit durchschnittlichem Schwierigkeitsgrad, insbesondere – schwierige statisch bestimmte und statisch unbestimmte ebene Tragwerke in gebräuchlichen Bauarten und ohne Gesamtstabilitätsuntersuchungen			x		
– Tragwerke mit hohem Schwierigkeitsgrad, insbesondere – statisch und konstruktiv schwierige Tragwerke in gebräuchlichen Bauarten und Tragwerke, für deren Standsicherheit- und Festigkeitsnachweis schwierig zu ermittelnde Einflüsse zu berücksichtigen sind				x	
– Tragwerke mit sehr hohem Schwierigkeitsgrad, insbesondere – statisch und konstruktiv ungewöhnlich schwierige Tragwerke					x
Stützwände, Verbau					
– Unverankerte Stützwände zur Abfangung von Geländesprüngen bis 2m Höhe und konstruktive Böschungssicherungen bei einfachen Baugrund-, Belastungs- und Geländeverhältnissen	x				
– Sicherung von Geländesprüngen bis 4m Höhe ohne Rückverankerungen bei einfachen Baugrund-, Belastungs- und Geländeverhältnissen wie z.B. Stützwände, Uferwände, Baugrubenverbauten		x			
– Sicherung von Geländesprüngen ohne Rückverankerungen bei schwierigen Baugrund-, Belastungs- oder Geländeverhältnissen oder mit einfacher Rückverankerung bei einfachen Baugrund- oder Geländeverhältnissen wie z.B. Stützwände, Uferwände, Baugrubenverbauten			x		
– Schwierige, verankerte Stützwände, Baugrubenverbauten oder Uferwänden				x	
– Baugrubenverbauten mit ungewöhnlich schwierigen Randbedingungen					x
Gründung					
– Flachgründungen einfacher Art		x			
– Flachgründungen mit durchschnittlichem Schwierigkeitsgrad, ebene und räumliche Pfahlgründungen mit durchschnittlichem Schwierigkeitsgrad			x		
– Schwierige Flachgründungen, schwierige ebene und räumliche Pfahlgründungen, besondere Gründungsverfahren, Unterfahrungen				x	
Mauerwerk					
– Mauerwerksbauten mit bis zur Gründung durchgehenden tragenden Wänden ohne Nachweis horizontaler Aussteifung		x			
– Tragwerke mit Abfangung der tragenden beziehungsweise aussteifenden Wände			x		
– Konstruktionen mit Mauerwerk nach Eignungsprüfung (Ingenieurmauerwerk)				x	
Gewölbe					
– Einfache Gewölbe			x		
– Schwierige Gewölbe und Gewölbereihen				x	

Honorarzone

	I	II	III	IV	V
Deckenkonstruktionen, Flächentragwerke					
– Deckenkonstruktionen mit einfachem Schwierigkeitsgrad, bei vorwiegend ruhenden Flächenlasten		x			
– Deckenkonstruktionen mit durchschnittlichem Schwierigkeitsgrad			x		
– Schiefwinklige Einfeldplatten				x	
– Schiefwinklige Mehrfeldplatten					x
– Schiefwinklig gelagerte oder gekrümmte Träger				x	
– Schiefwinklig gelagerte, gekrümmte Träger					x
– Trägerroste und orthotrope Platten mit durchschnittlichem Schwierigkeitsgrad				x	
– Schwierige Trägerroste und schwierige orthotrope Platten					x
– Flächentragwerke (Platten, Scheiben) mit durchschnittlichem Schwierigkeitsgrad				x	
– Schwierige Flächentragwerke (Platten, Scheiben, Faltwerke, Schalen)					x
– Einfache Faltwerke ohne Vorspannung				x	
Verbund-Konstruktionen					
– Einfache Verbundkonstruktionen ohne Berücksichtigung des Einflusses von Kriechen und Schwinden			x		
– Verbundkonstruktionen mittlerer Schwierigkeit				x	
– Verbundkonstruktionen mit Vorspannung durch Spannglieder oder andere Maßnahmen					x
Rahmen- und Skelettbauten					
– Ausgesteifte Skelettbauten			x		
– Tragwerke für schwierige Rahmen- und Skelettbauten sowie turmartige Bauten, bei denen der Nachweis der Stabilität und Aussteifung besondere Berechnungsverfahren erfordert				x	
– Einfache Rahmentragwerke ohne Vorspannkonstruktionen und ohne Gesamtstabilitätsuntersuchungen			x		
– Rahmentragwerke mit durchschnittlichem Schwierigkeitsgrad				x	
– Schwierige Rahmentragwerke mit Vorspannkonstruktionen und Stabilitätsuntersuchungen					x
Räumliche Stabwerke					
– Räumliche Stabwerke mit durchschnittlichem Schwierigkeitsgrad				x	
– Schwierige räumliche Stabwerke					x
Seilverspannte Konstruktionen					
– Einfache seilverspannte Konstruktionen				x	
– Seilverspannte Konstruktionen mit durchschnittlichem bis sehr hohem Schwierigkeitsgrad					x
Konstruktionen mit Schwingungsbeanspruchung					
– Tragwerke mit einfachen Schwingungsuntersuchungen				x	
– Tragwerke mit Schwingungsuntersuchungen mit durchschnittlichem bis sehr hohem Schwierigkeitsgrad					x

Honorarzone

	I	II	III	IV	V
Besondere Berechnungsmethoden					
– Schwierige Tragwerke, die Schnittgrößenbestimmungen nach der Theorie II. Ordnung erfordern				x	
– Ungewöhnlich schwierige Tragwerke, die Schnittgrößenbestimmungen nach der Theorie II. Ordnung erfordern					x
– Schwierige Tragwerke in neuen Bauarten					x
– Tragwerke mit Standsicherheitsnachweisen, die nur unter Zuhilfenahme modellstatischer Untersuchungen oder durch Berechnungen mit finiten Elementen beurteilt werden können					x
– Tragwerke, bei denen die Nachgiebigkeit der Verbindungsmittel bei der Schnittkraftermittlung zu berücksichtigen ist					x
Spannbeton					
– Einfache, äußerlich und innerlich statisch bestimmte und zwängungsfrei gelagerte vorgespannte Konstruktionen			x		
– Vorgespannte Konstruktionen mit durchschnittlichem Schwierigkeitsgrad				x	
– Vorgespannte Konstruktionen mit überdurchschnittlichem bis sehr hohem Schwierigkeitsgrad					x
Trag-Gerüste					
– Einfache Traggerüste und andere einfache Gerüste für Ingenieurbauwerke		x			
– Schwierige Traggerüste und andere schwierige Gerüste für Ingenieurbauwerke				x	
– Sehr schwierige Traggerüste und andere sehr schwierige Gerüste für Ingenieurbauwerke, zum Beispiel weit gespannte und hohe Traggerüste					x

(4) **Für Umbauten und Modernisierungen kann bei einem durchschnittlichen Schwierigkeitsgrad ein Zuschlag gemäß § 6 Abs. 2 Satz 3 bis 50 Prozent schriftlich vereinbart werden.**

(5) **Steht der Planungsaufwand für Tragwerke bei Ingenieurbauwerken mit großer Längenausdehnung, die unter gleichen baulichen Bedingungen errichtet werden, in einem Missverhältnis zum ermittelten Honorar, ist § 7 Abs. 3 anzuwenden.**

Übersicht

I. Abs. 4 – Umbauten und Modernisierungen

§ 52 Abs. 4 konkretisiert die Höhe der prozentualen Wertspanne gemäß § 6 Abs. 2 S. 3 **1** HOAI für die Tragwerksplanung für Umbauten und Modernisierungen. Aufgrund der wieder eingeführten **Berücksichtigung der mitzuverarbeitenden Bausubstanz** und der in § 2 Abs. 5 neu getroffenen Definition von **Umbauten** (Umgestaltungen mit **wesentlichen** Eingriffen in Konstruktion oder Bestand) ist auch die Prozentmarge auf § 66 Abs. 5 HOAI 2002 zurückgeführt worden. Gemäß § 52 Abs. 4 kann für Umbauten und Modernisierungen von Tragwerken bei einem durchschnittlichen Schwierigkeitsgrad (Honorarzone III) gemäß § 6 Abs. 2 S. 2, 3 und § 7 Abs. 1 ein Zuschlag bis 50 Prozent bei Auftragserteilung vereinbart werden. Maßgeblich ist der Schwierigkeitsgrad der konkreten Umbau- oder Modernisierungsmaßnahme im jeweiligen Einzelfall.

II. Abs. 5 – Tragwerke mit großer Längenausdehnung

2   Für die Tragwerksplanung von Ingenieurbauwerken mit großer Längenausdehnung enthält § 52 Abs. 5 ebenso wie § 44 Abs. 7 und § 56 Abs. 6 zur Klarstellung eine **Rechtsgrundverweisung** auf die zulässige Unterschreitung der Mindestsätze gemäß § 7 Abs. 3 HOAI. Die Tragwerksplanung für Ingenieurbauwerke mit großer Längenausdehnung, die unter gleichen baulichen Bedingungen errichtet werden, stellt einen Ausnahmefall im Sinne des § 7 Abs. 3 dar. Steht der Aufwand in einem Missverhältnis zu dem auf der Grundlage der anrechenbaren Kosten ermittelten Honorar des Auftragnehmers, kann der Mindestsatz durch schriftliche Vereinbarung unterschritten werden. Grundlegend gilt das zu § 44 Abs. 7 Gesagte. Es müssen drei Voraussetzungen vorliegen:
– Planungsaufwand für Tragwerke bei Ingenieurbauwerken mit größer Längenausdehnung
– die unter gleichen baulichen Bedingungen errichtet werden
– die in einem Mißverhältnis zum ermittelten Honorar stehen.

Die Begrifflichkeiten sind unklar vom VO-Geber vorgegeben und auszulegen. Insbesondere ist durch einen Vergleich von § 44 Abs. 7 und § 52 Abs. 5 festzustellen, dass der VO-Geber in § 11 Abs. 2 und 3 ähnliche Begriffe verwendet („zeitlicher und örtlicher Zusammenhang", „weitgehend gleichartige Bedingungen"), BR-Dr. 334/13, Seite 161. Das hilft aber nicht weiter. Der VO-Geber hat jedenfalls keine zeitlichen Bedingungen oder zeitlich lange dauernde Maßnahmen gemeint (so auch Locher/Koeble/Frik/Zahn, § 44 Rdn. 15). Dies ergibt sich aus der amtlichen Begründung. Insbesondere geht es um eine Regelung, wonach ein Missverhältnis des Planungsaufwandes zum ermittelten Honorar besteht. Denn der VO-Geber stellt in der Begründung darauf ab, dass er Deiche, Kaimauern meint und damit Bauwerke mit einer gewissen Längenausdehnung. Dazu können dann neben Brücken, Tunneln, Stützbauwände, Leitungen, Gas- und Stromleitungen, Seilbahnen, Wasserzu- und abfuhrleitungen, Transportleitungen, Dämme, Autobahn- und Bundesstraßenabschnitte, Kanäle, Dämme, Wasserspeicher, Uferwände und -befestigungen, Lärmschutzwände, historische Befestigungs- und Bunkeranlagen gehören. Hier wird entsprechendes wie zu § 44 Abs. 7 gelten müssen. Die Längenausdehnung ist dabei aber objektiv zu sehen und damit im Sinne einer „überdurchschnittlichen" Ausdehnung. Durch die immer wieder erfolgenden gleichen planerischen und baulichen Bedingungen soll zudem ein Missverhältnis zur üblichen Honorierung mit üblichem Aufwand vorliegen. Damit ist der Arbeitsaufwand gemeint, der bei üblichen vergleichbaren Bauwerken „ohne Längenausdehnungen" anzusetzen ist. Die Größenausdehnung mit wiederkehrenden Leistungen scheint für den VO-Geber maßgeblich zu sein. Da der VO-Geber bei wiederkehrenden Leistungen nicht an § 10 Abs. 2 dachte, sondern auf § 7 Abs. 3 verweist, ist ein Ansatz unter den Mindestsätzen durch schriftliche Vereinbarung zu jedem Zeitpunkt möglich. Es handelt sich hier um eine geregelte Ausnahme vom Grundsatz der Nichtunterschreitung der Mindestsätze, § 7 Abs. 1, 3.

Abschnitt 2. Technische Ausrüstung

Vorbemerkung

Übersicht

I. Vergleich mit den früheren Fassungen der HOAI

Mit Teil 4 Abschnitt 2 werden, wie auch in der HOAI 2009 und bei Teil IX a. F. HOAI **1** 2002 (§§ 68–76 a. F.), Honorare für Leistungen bei der Technischen Ausrüstung geregelt. Technische Ausrüstung ist ein Begriff, der eigens für die HOAI geschaffen wurde (Locher/Koeble/Frik, § 53 Rdn. 5). Mit der Neufassung der HOAI wurde auch dieser Begriff übernommen. Dabei wurden auch die bisherigen Regelungen weitgehend übernommen. Der Anwendungsbereich wurde erneut erweitert. Nach wie vor werden aber die Anlagen in bestimmte **Anlagengruppen als Abrechnungseinheit bei der Technischen Ausrüstung** zusammengefasst. Abweichend zur HOAI 2002 wurden mit der Neufassung der HOAI 2009 allerdings die Anlagen in 8 Anlagengruppen neu geordnet und ihr Anwendungsbereich auf alle HOAI-Objekte des § 2 Abs. 1 HOAI a. F. ausgedehnt. Durch die Novelle 2013 wurde an diesen Prinzipien festgehalten und zudem noch die verfahrenstechnischen Anlagen des Ingenieurbaus der 7. Anlagengruppe sowie der 8. Anlagengruppe die Anlagen der „Automation von Ingenieurbauwerken" eingefügt. Gleichzeitig wurde durch den Verweis in § 54 Abs. 1 Satz 1 auf § 2 Abs. 1 Satz 1 zudem klargestellt, dass technische Anlagen nur in/bei den Objekten Gebäude, Innenräume, Freianlagen, Ingenieurbauwerken, Verkehrsanlagen vorkommen können.

Aufgrund der allgemeinen Vorschrift des § 6 Abs. 1 ist das Honorar auch bei der Technischen Ausrüstung im Regelfall insgesamt nach anrechenbaren Kosten des Objektes (also der technischen Anlage bzw. der Anlagengruppe) unter Beachtung des § 54 HOAI auf der Grundlage der Kostenberechnung zu berechnen. Zudem sind die maßgeblichen Honorarparameter die Honorarzone, Leistungsphasen und Zuschläge maßgeblich.

II. Inhalt und Übersicht

Durch die Novelle 2013 wurden die Vorschriften der Novelle inhaltlich – bis auf das **2** Leistungsbild – nicht wesentlich verändert, aber finden sich jetzt nicht mehr in den §§ 51 bis 54, sondern in den §§ 53 bis 56. Das Leistungsbild wurde, wie allgemein in der HOAI um weitere Leistungen der Kostenkontrolle, der Terminplanung und der Dokumentation ergänzt (vgl. amtliche Begründung zu § 53 HOAI). Bereits durch die Novelle 2009 wurden die Vorschriften, wie die übrigen Leistungsbilder auch auf die jetzt noch vorhandenen 4 Paragraphen reduziert, woran festgehalten wurde, so dass mit der Neufassung der HOAI im Teil 4 Abschnitt 2 nur noch die nach § 6 relevanten Honorar-Kernbestimmungen für die Honorarberechnungen bei der **Technischen Ausrüstung** verbleiben. Es handelt sich insoweit um Vorschriften, die die Anzahl der Objekte bzw. Anlagengruppen § 53, der anrechenbaren Kosten § 54, des Leistungsbildes § 55 und der Honorartafeln nebst Honorarzonenbewertung § 56, regeln.

§ 53 Anwendungsbereich

(1) **Die Leistungen der Technischen Ausrüstung umfassen die Fachplanungen für Objekte.**

(2) **Zur Technischen Ausrüstung gehören folgende Anlagegruppen:**

1. **Abwasser-, Wasser- und Gasanlagen,**
2. **Wärmeversorgungsanlagen,**
3. **Lufttechnische Anlagen,**
4. **Starkstromanlagen,**
5. **Fernmelde- und informationstechnische Anlagen,**
6. **Förderanlagen,**
7. **nutzungsspezifische und verfahrenstechnische Anlagen,**
8. **Gebäudeautomation und Automation von Ingenieurbauwerken.**

I. Allgemeines

1   Der bei § 53 erfasste Anwendungsbereich war in der HOAI 2002 im Teil IX bei § 68 Satz 1 a. F. geregelt. Die Anwendung von Teil IX a. F. war in mehrfacher Hinsicht eingeschränkt: Diese Vorschriften galten nur, wenn es sich um die Ausrüstung von Gebäuden und Ingenieurbauwerken mit technischen Anlagen handelte und diese den sechs benannten Anlagengruppen i. S. von § 68 Satz 1 a. F. zuzuordnen waren:

1. Gas-, Wasser- und Abwasser- und Feuerlöschtechnik,

2. Wärmeversorgungs-, Brauchwassererwärmungs- und Raumlufttechnik,

3. Elektrotechnik,

4. Aufzug-, Förder- und Lagertechnik,

5. Küchen-, Wäscherei- und chemische Reinigungstechnik sowie

6. Medizin- und Labortechnik.

     Mit der Novelle 2009 wurde der **Anwendungsbereich** bei der Technischen Ausrüstung in beiderlei Hinsicht **völlig neu bestimmt:** Zum einen beschränkt sich die Technische Ausrüstung nun nicht mehr auf Gebäude und Ingenieurbauwerke. Dies kann jetzt gem. § 2 Abs. 1 S. 2 **alle Objekte** i. S. von Teil 3 betreffen (vgl. unten Rdn. 3). Darüber hinaus wurden die **Anlagengruppen vollständig neu geordnet** und die Objekte der verfahrenstechnischen Anlagen in der Anlagengruppe 7, sowie die Anlagengruppe 8 um die Automation von Ingenieurbauwerken ergänzt.

II. Fachplanungen für Objekte (Abs. 1)

2   Abs. 1 bestimmt, dass die Leistungen der Technischen Ausrüstung „die Fachplanungen für Objekte" umfassen sollen. Gemeint sind selbstverständlich nur Fachplanungen soweit sie i. S. von Abs. 2 unter eine der dort aufgezählten Anlagengruppen fallen. Es handelt sich somit um die Anlagen der Kostengruppen 410 bis 480 der DIN 276 i. d. F. 2008. Andere Fachplanungen sind nicht erfasst.

3   Aufgrund von § 68 Satz 1 HOAI 2002 betraf die Technische Ausrüstung in den früheren Fassungen der HOAI ausschließlich Gebäude und vergleichbare Anlagen von Ingenieurbauwerken. Diese Leistungen waren in der HOAI 1977 nicht enthalten und geregelt und sind **erstmalig** mit der ersten Änderungsnovelle von 1985 in die HOAI aufgenommen worden. Über die Formulierung bei § 51 Abs. 1 HOAI 2009, nach der die Technische Ausrüstung die **Fachplanungen für die Objektplanung** umfassen soll, wurde der Anwendungsbereich bei der Technischen Ausrüstung erheblich erweitert (ebenso Locher/Koeble/Frik, § 53 Rdn. 2). Hieran wurde durch die Novelle 2013 festgehalten. Fachplanungen für die Objekte können somit in und bei Freianlagen, Ingenieurbauwerken,

Verkehrsanlagen, Gebäuden, Innenräumen vorkommen. Keine Objekte sind Erweiterungsbauten (vgl. 2 Abs. 3), Umbauten und Modernisierung (vgl. § 2 Abs. 5) und Instandsetzungen und Instandhaltungen (§ 2 Abs. 8). Hierbei handelt es sich nur um Maßnahmen, die an einem Objekt durchgeführt werden können, so dass sich das Objekt ausschließlich nach § 2 Abs. 1 bestimmt.

Anlagen die nicht einer Anlagengruppe zuzuordnen sind, sind gesonderte Anlagen oder   **4** Ingenieurbauwerke. Teil 4 Abschnitt 2, **regelt nicht** die Honorare von **Technischen Anlagen, die losgelöst und unabhängig von Objekten errichtet werden.** § 54 Abs. 2 regelt insoweit den abweichenden Fall, dass eine technische Anlage in verschiedenen Objekten gem. § 2 Abs. 1 S. 1 HOAI las eine Anlage zu behandeln ist. Der Bezug zu den Objekten ist aber vorhanden. § 41 HOAI bestimmt im Unterschied hierzu verschiedene Anlagen, die eigene Ingenieurbauwerke bilden bspw. Bauwerke und Anlagen der Wasserversorgung, Bauwerke und Anlagen der Abwasserversorgung, Bauwerke und Anlagen der Abfallentsorgung, Bauwerke und Anlagen des Wasserbaus und Bauwerke und Anlagen für Ver- und Entsorgung mit Gasen, Feststoffen und wassergefährdeten Flüssigkeiten.

Zu Recht hat Seifert in der Vorauflage darauf hingewiesen, dass es für eine **Abgrenzung** von Anlagen der **Technischen Ausrüstung** und **Ingenieurbauwerken** also darauf ankommt, ob die technischen Anlagen i.S. von § 53 Abs. 1 als **Fachplanung für die Objektplanung** zu verstehen ist **oder isoliert einem technischen Zweck dienen** soll. Mit dem Anwendungsbereich bei § 53 Abs. 1 müssen also jetzt z.B. **Entwässerungsanlagen von Verkehrsanlagen** nicht mehr als Ingenieurbauwerke einzuordnen sein, sondern als „Abwasseranlagen" der Technischen Ausrüstung i.S. von Teil 4 Abschnitt 2.

III. Anlagengruppen (Abs. 2)

1. Begriff „Anlagengruppe"

Der Begriff der **„Anlagengruppe"** ist durch die HOAI geschaffen wurde. Eine Be-   **5** griffsdefinition liegt dafür jedoch nicht vor. Bei § 2 Abs. 1 werden demgegenüber „Anlagen" als „Objekte" i.S. der HOAI definiert. Der Begriff „Anlagengruppe" dient vor allem dazu, **systematisch zusammengehörige Anlagen** zu Anlagengruppen zusammenzufassen. Die Anlagengruppe ist also die Summe mehrerer Objekte, d.h. mehrerer (Einzel-)Anlagen. Die Anlagengruppe ist aufgrund von § 54 Abs. 1 und 2 die **Abrechnungseinheit bei der Technischen Ausrüstung.** Die Zusammenfassung von mehreren Anlagen zu einer Anlagengruppe führt, gegenüber Einzelberechnungen nach den einzelnen Anlagen, aufgrund des Degressionseffekts der Honorartafeln zu einer Honorarverminderung.

Fraglich ist, worauf sich die Anlagengruppe beziehen soll, bzw. wie eine Anlagengruppe   **6** räumlich begrenzt ist. Bezieht sich die Anlagengruppe nur auf das Objekt gem. § 2 Abs. 1 Satz oder kann eine Anlagengruppe auch objektübergreifend sein, oder können mehrere Objekte eine Anlagengruppe bilden? In § 54 Abs. 2 HOAI finden sich hierzu Sonderregelungen, wann von den Prinzip ein Objekt hat mehrere selbstständige Anlagen, die ggf. zu einer Anlagengruppe zusammenzufassen sind, abgewichen werden kann. Weitergehende Ausnahmefälle sieht die HOAI nicht vor, so dass es in diesen Fällen bei dem obigen Grundsatz bleibt, d.h. nur die Anlagen und die Anlagengruppen sind räumlich auf die jeweiligen Objekte begrenzt. Mehrere Objekte mit technischen Anlagen sind somit stets bezogen auf die jeweiligen Objekte abzurechnen. Hierbei gilt aber, dass die Anlagen einer Anlagengruppe in der Regel funktional unabhängig bzw. selbständige Objekt sind.

2. Zu den Anlagengruppen

Der **Anwendungsbereich** gilt in der aktuellen Fassung der HOAI für **acht Anlagen-**   **7** **gruppen,** die von den Bestimmungen erfasst werden. Diese enthalten technische Anlagen, die im Wesentlichen bei § 68 Satz 1 HOAI a.F. HOAI 2002 **bisher sechs Anlagengruppen** zugeordnet waren. Durch die höhere Zahl der Anlagengruppen, werden die anrechenbaren Kosten der Anlagengruppen weiter verteilt, was letztlich eine Senkung der anrechenbaren Kosten für die Objekte bedeutet und durch die Degression der Honorartabellen zu einer Erhöhung der Honorare führt.

Bei Nr. 1 bis 8 werden **jetzt folgende Anlagengruppen** bestimmt:

1. Abwasser-, Wasser- und Gasanlagen,
2. Wärmeversorgungsanlagen,
3. Lufttechnische Anlagen,
4. Starkstromanlagen,
5. Fernmelde- und informationstechnische Anlagen
6. Förderanlagen
7. Nutzungsspezifische und verfahrenstechnische Anlagen,
8. Gebäudeautomation und Automation von Ingenieurbauwerken.

In dieser Aufzählung sind die früheren Anlagengruppen 5 der HOAI 2002 „**Küchen-, Wäscherei- und chemische Reinigungstechnik**" und 6 „**Medizin- und Labortechnik**" nicht mehr enthalten, ebenso wenig wie die „**Feuerlöschtechnik**" bei Anlagengruppe 1. Die betreffenden Anlagen sind aber nicht etwa aus dem Anwendungsbereich der Technischen Ausrüstung herausgefallen. Sie sind jetzt vielmehr Gegenstand der Anlagengruppe 7 „**Nutzungsspezifische Anlagen**" (vgl. unten). Neu eingefügt wurden der Verweis auf die „verfahrenstechnischen Anlagen, die der Kostengruppe 470 nach DIN 276 Abschnitt 4 i. d. F. 2009, welcher die Bestimmung der Kostengruppen bei Ingenieurbauwerken regelt, zuordnet. Gestrichen wurde in der Neufassung 2013 bei der Kostengruppe 7 die Anrechenbarkeit der maschinentechnischen und elektrotechnischen Anlagen in Ingenieurbauwerken. Diese sind jetzt gem. § 42 Abs. 1 HOAI bei den anrechenbaren Kosten des Ingenieurbauwerkes vollumfänglich zu berücksichtigen, wenn der Auftragnehmer diese geplant oder ihre Ausführung überwacht hat (vgl. amtliche Begründung zu § 42 Abs. 1). Somit sind die Kosten der Maschinentechnik nicht bei den Technischen Anlagen anrechenbar und zudem entfällt für diese Anlagen ein eigenständiges Fachplanungshonorar nach §§ 53 ff., da es sich insoweit nicht um Technische Anlagen für Objekte handelt (vgl. § 53 Abs. 2 Nummer 7 HOAI 2013). Über die Anrechenbarkeit dieser Kosten beim Ingenieurbauwerk wird über die Degression der Tabellen eine geringere Honorierung des Aufwands bezüglich dieser Anlagen erreicht, was sich dadurch erklären wird, dass der Gesetzgeber Anlagen die als Einheit vom Hersteller geliefert werden, ohne jegliche Anschlusstechnik geringer vergüten wollte, da auch weniger Aufwand beim Ingenieur entsteht. In der amtlichen Begründung zu § 42 HOAI wird ausgeführt:

> „Bei Anlagen der Maschinentechnik handelt es sich um Anlagen ohne jegliche Anschlusstechnik, die als Einheit vom Hersteller geliefert werden, zum Beispiel um Räumer für Ersatzbecken bei Kläranlagen und Wasserwerken, Kammerfilterpressen, um Oberflächenbelüfter oder Gasentschwefler sowie um Gasspeicher von Abwasserbehandlungsanlagen. Dazu zählen auch die reinen Stahlbauteile bei Schleusen und Wehren und die Grob- und Feinrechen".

8   Bei der Aufzählung der vorbenannten acht Anlagengruppen hat sich der Verordnungsgeber erkennbar an den Kostengruppen der **Technischen Ausrüstung, Kostengruppe 400** der DIN 276-1:2008-12 orientiert und 2013 noch die Gruppe der verfahrenstechnischen Anlagen gem. Abschnitt 4 DIN 276 i. d. F. 2009 (Ingenieurbauwerke) eingefügt Zur Kostengruppe 400 „Bauwerk – technische Anlagen" gehören die Kosten der im Bauwerk eingebauten, daran angeschlossenen oder damit fest verbundenen technischen Anlagen bzw. auch Anlagenteile. Dazu gehören auch die zugehörigen Gestelle, Befestigungen, Armaturen, Wärme- und Kältedämmung, Schall- und Brandschutzvorkehrungen, Abdeckungen, Verkleidungen, Anstriche, Kennzeichnungen sowie die anlagenspezifischen Mess-, Steuer- und Regelanlagen. Kosten für das Erstellen und Schließen von Schlitzen und Durchführungen gehören nicht zur Kostengruppe 400, sondern zur KG 300.

So entspricht Nr. 1 der Kostengruppe 410, Nr. 2 der Kostengruppe 420 usw. Zwar handelt es sich bei Teil 4 Abschnitt 2 der **HOAI** um „**Technische Ausrüstung**" und bei der **DIN 276, Kostengruppe 400** um „**technische Anlagen**". Inhaltliche Unterscheidungen sind allerdings nicht ersichtlich. Als Auslegungshilfe für die Frage des Inhalts der Anlagengruppen kann also auf die Kostengruppe 400 zurückgegriffen werden.

Zur Anrechenbarkeit der **Kostengruppe 490 „Sonstige Maßnahmen für technische Anlagen":** vgl. § 54.

Zu Recht hat Seifert in der Vorauflage darauf hingewiesen, dass über die Kosten der **9** Kostengruppe 400 für fest eingebaute technische Anlagen hinaus auch **Endgeräte** zu den Anlagengruppen gehören können, wenn diese als integrale Bestandteile der Planungsleistungen Teil der gesamten Anlage sind (KG, BauR 2004, 1801). Dafür ist es aber erforderlich, dass der Fachplaner dafür **fachliche Leistungen** erbringt, also z. B. die Endgeräte auswählt, ausschreibt oder deren Einbau oder Aufstellung fachlich überwacht. Für die Anrechenbarkeit genügt es dagegen nicht, wenn der Fachplaner allein Anschlusswerte von Endgeräten bei der Planung und Bemessung von Anlagen berücksichtigt. Endgeräte können z. B. die Anlagengruppe 4 „Starkstromanlagen", 5 „Fernmelde- und informationstechnische Anlagen" oder 7 „Nutzungsspezifische Anlagen", z. B. im Bereich der küchentechnischen Anlagen oder der medizin- und labortechnische Anlagen, aber auch alle anderen Anlagengruppen, betreffen.

a) Nr. 1 Abwasser-, Wasser- und Gasanlagen

Zu den **Abwasser-, Wasser- und Gasanlagen** (KG 410) gehören nach DIN 276 **10** i. d. F. 2008 insbesondere (vgl. auch Seifert/Preussner, Teil C Ziff. 5.3 KG 410):
- **Abwasseranlagen,** z. B. Abläufe, Abwasserleitungen, Abwassersammelanlagen, Abwasserbehandlungsanlagen, Hebeanlagen (KG 411),
- **Wasseranlagen,** z. B. Wassergewinnungs-, Aufbereitungs- und Druckerhöhungsanlagen. Rohrleitungen, dezentrale Wassererwärmer. Sanitärobjekte (KG 412),
- **Gasanlagen,** z. B. Gasanlagen für Wirtschaftswärme: Gaslagerungs- und Erzeugungsanlagen, Übergabestationen, Druckregelanlagen und Gasleitungen, soweit diese nicht zu den Kostengruppen 420 oder 470 gehören (KG 413).
- Zu den „Abwasser-, Wasser-, Gasanlagen, **sonstiges"** gehören z. B. Installationsblöcke, Sanitärzellen (KG 419).

Bei Anlagengruppe 1 sind Anlagen der **Feuerlöschtechnik,** z. B. Sprinkler-, Gaslösch- **11** anlagen, Löschwasserleitungen, Wandhydranten, nicht mehr enthalten. Diese gehören jetzt zu den „Nutzungsspezifischen Anlagen" der Nr. 7 (vgl. unten Rdn. 17).

b) Nr. 2 Wärmeversorgungsanlagen

Zu den **Wärmeversorgungsanlagen** (KG 420) gehören nach DIN 276 insbesondere: **12**
- **Wärmeerzeugungsanlagen,** z. B. Brennstoffversorgung, Wärmeübergabestationen, Wärmeerzeugung auf der Grundlage von Brennstoffen oder unerschöpflichen Energiequellen einschließlich Schornsteinanschlüsse, zentrale Wassererwärmungsanlagen (KG 421),
- **Wärmeverteilnetze,** z. B. Pumpen, Verteiler, Rohrleitungen für Raumheizflächen, raumlufttechnische Anlagen und sonstige Wärmeverbraucher (KG 422),
- **Raumheizflächen,** z. B. Heizkörper, Flächenheizsysteme (KG 423).
- Zu den „Wärmeversorgungsanlagen, **sonstiges"** gehören z. B. Edelstahlschornsteine (KG 429); Baukonstruktiv hergestellte Schonsteine gehören zu den Baukonstruktionen, KG 399.

c) Nr. 3 Lufttechnische Anlagen

Zu den **Lufttechnischen Anlagen** (KG 430) gehören nach DIN 276 insbesondere: **13**
- **Lüftungsanlagen,** z. B. Abluftanlagen, Zuluftanlagen, Zu- und Abluftanlagen ohne oder mit einer thermodynamischen Luftbehandlungsfunktion, mechanische Entrauchungsanlagen (KG 431),
- **Teilklimaanlagen,** z. B. Anlagen mit zwei oder drei thermodynamischen Luftbehandlungsfunktionen (KG 432),
- **Klimaanlagen,** z. B. Anlagen mit vier thermodynamischen Luftbehandlungsfunktionen (KG 433),

– **Kälteanlagen,** z. B. Kälteanlagen für lufttechnische Anlagen: Kälteerzeugungs- und Rückkühlanlagen einschließlich Pumpen, Verteiler und Rohrleitungen (KG 434).

– Zu den „Lufttechnischen Anlagen, **sonstiges**" gehören z. B. Lüftungsdecken, Kühldecken, Abluftfenster, Installationsdoppelböden, soweit diese nicht in anderen Kostengruppen erfasst sind (KG 439).

d) Nr. 4 Starkstromanlagen

14   Zu den **Starkstromanlagen** (KG 440) gehören nach DIN 276 insbesondere:

– **Hoch- und Mittelspannungsanlagen,** z. B. Schaltanlagen, Transformatoren; Hochspannung liegt ab einer Nennspannung von 60 000 bis 110 000 Volt und Mittelspannung bei einer Nennspannung von 3000 bis 30 000 Volt vor (KG 441),

– **Eigenstromversorgungsanlagen,** z. B. Stromerzeugungsaggregate einschließlich Kühlung, Abgasanlagen und Brennstoffversorgung, zentrale Batterie- und unterbrechungsfreie Stromversorgungsanlagen, photovoltaische Anlagen (KG 442),

– **Niederspannungsschaltanlagen,** z. B. Niederspannungshauptverteiler, Blindstromkompensationsanlagen, Maximumüberwachungsanlagen; Niederspannung liegt bei einer Nennspannung von 100 bis 1000 Volt vor (KG 443),

– **Niederspannungsinstallationsanlagen,** z. B. Kabel, Leitungen, Unterverteiler, Verlegesysteme, Installationsgeräte (KG 444),

– **Beleuchtungsanlagen,** z. B. ortsfeste Leuchten, Sicherheitsbeleuchtung (KG 445),

– **Blitzschutz- und Erdungsanlagen,** z. B. Auffangeinrichtungen, Ableitungen, Erdungen, Potentialausgleich (KG 446).

– Zu den „Starkstromanlagen, **sonstiges**" gehören z. B. Frequenzumformer (KG 449). Zu den Starkstromanlagen (KG 440) gehören auch Brandschutzdurchführungen, soweit diese nicht in anderen Kostengruppen erfasst sind.

e) Nr. 5 Fernmelde- und informationstechnische Anlagen

15   Zu den **Fernmelde- und informationstechnischen Anlagen** (KG 450) gehören nach DIN 276 insbesondere:

– **Telekommunikationsanlagen,** (KG 451),

– **Such- und Signalanlagen,** z. B. Personenrufanlagen, Lichtruf- und Klingelanlagen, Türsprech- und Türöffneranlagen (KG 452),

– **Zeitdienstanlagen,** z. B. Uhren- und Zeiterfassungsanlagen (KG 453),

– **Elektroakustische Anlagen,** z. B. Beschallungsanlagen, Konferenz- und Dolmetscheranlagen, Gegen- und Wechselsprechanlagen (KG 454),

– **Fernseh- und Antennenanlagen,** z. B. Fernsehanlagen, soweit nicht in den Such-, Melde-, Signal- und Gefahrenmeldeanlagen erfasst, einschließlich Sende- und Empfangsantennenanlagen, Umsetzer (KG 455),

– **Gefahrenmelde- und Alarmanlagen,** z. B. Brand-, Überfall-, Einbruchmeldeanlagen, Wächterkontrollanlagen, Zugangskontroll- und Raumbeobachtungsanlagen (KG 456)

– **Übertragungsnetze,** z. B. Netze zur Übertragung von Daten, Sprache, Text und Bild, soweit nicht in anderen Kostengruppen erfasst, Verlegesysteme, soweit diese nicht in KG 444 erfasst werden (KG 457).

– Zu den „Fernmelde- und informationstechnische Anlagen, **sonstiges**" gehören z. B. Fernwirkanlagen, Parkleitsysteme (KG 459).

f) Nr. 6 Förderanlagen

16   Zu den **Förderanlagen** (KG 460) gehören nach DIN 276 insbesondere (vgl. auch Seifert/Preussner, Teil C Ziff. 5.3 KG 460):

– **Aufzugsanlagen,** z. B. Personenaufzüge, Lastenaufzüge (KG 461),

– **Fahrtreppen, Fahrsteige** (KG 462),

– **Befahranlagen,** z. B. Fassadenaufzüge, bzw. -befahranlagen (KG 463),

– **Transportanlagen,** z. B. Automatische Warentransportanlagen, Aktentransportanlagen, Rohrpostanlagen, Rollregalsysteme (KG 464),

– **Krananlagen** einschließlich Hebezeuge (KG 465).

– Zu den „Förderanlagen, **sonstiges**" gehören z. B. Hebebühnen (KG 469).

g) Nr. 7 Nutzungsspezifische und verfahrenstechnische Anlagen

Zu den **nutzungsspezifischen Anlagen** (KG 470) gehören nach DIN 276 insbesonde- **17**
re (vgl. auch Seifert/Preussner, Teil C Ziff. 5.3 KG 470):

- **Küchentechnische Anlagen,** z.B. Anlagen zur Speisen- und Getränkezubereitung, -ausgabe und -lagerung einschließlich zugehöriger Kälteanlagen (KG 471); Einbauküchen gehören zur Kostengruppe 371,
- **Wäscherei- und Reinigungsanlagen** einschließlich zugehöriger Wasseraufbereitung, Desinfektions- und Sterilisationseinrichtungen (KG 472),
- **Medienversorgungsanlagen,** z.B. Medizinische und technische Gase, Druckluft, Vakuum, Flüssigchemikalien, Lösungsmittel, vollentsalztes Wasser; einschließlich Lagerung, Erzeugungsanlagen, Übergabestationen, Druckregelanlagen, Leitungen und Entnahmearmaturen (KG 473),
- **Medizin- und labortechnische Anlagen** z.B. ortsfeste medizin- und labortechnische Anlagen (KG 474),
- **Feuerlöschanlagen,** z.B. Sprinkler-, Gaslöschanlagen, Löschwasserleitungen, Wandhydranten, Handfeuerlöscher (KG 475),
- **Badetechnische Anlagen,** z.B. Aufbereitungsanlagen für Schwimmbeckenwasser, soweit diese nicht in KG 410 erfasst sind (KG 476),
- **Prozesswärme-, kälte-, und -luftanlagen,** z.B. Wärme-, Kälte- und Kühlwasserversorgungsanlagen für Industrie-, Gewerbe- und Sportanlagen, soweit diese nicht in anderen Kostengruppen erfasst sind; Farbnebelabscheideanlagen, Prozessfortluftsysteme, Absauganlagen (KG 477)
- **Entsorgungsanlagen,** z.B. Abfall- und Medienentsorgungsanlagen, Staubsauganlagen (KG 478).
- Zu den „nutzungsspezifischen Anlagen, **sonstiges**" gehören z.B. bühnentechnische Anlagen, Tankstellen- und Waschanlagen (KG 479).

Bei Anwendung der **DIN 276 Teil 4: Ingenieurbau** vom August 2009 wird die Kos- **18**
tengruppe 470 abweichend zu Teil 1: Hochbau nicht mit „nutzungsspezifische Anlagen", sondern **„Verfahrenstechnische Anlagen"** bezeichnet, die zwischenzeitlich Teil dieser Anlagengruppe ist. Seifert hat zu Recht Anlagen für infrastrukturelle Verfahren wie Wassergewinnung, Abwasserbehandlung und -entsorgung, Reststoff- und Abfallbehandlung sowie -entsorgung dieser Anlagengruppe zugeordnet. Dabei handelt es sich also um Anlagen der Verfahrenstechnik, die bei Ingenieurbauwerken i.S. von § 42 Abs. 2 anrechenbar sind, soweit der Auftragnehmer von Ingenieurbauwerken dafür integrierende oder koordinierende Leistungen zu erbringen hat (vgl. § 42 Rdn. 23). Erbringt der Auftragnehmer für „verfahrenstechnische Anlagen" fachplanerische Leistungen, handelt es sich dabei um Leistungen für die Technische Ausrüstung. Der Planer und Auftragnehmer erhält in diesem Fall – und dies ist von der HOAI gewollt – die Kosten der verfahrenstechnischen Anlagen zweimal berücksichtigt. Einmal in seinem Auftrag Ingenieurbau, zum anderen in der Abrechnung der Fachplanungsleistung. Erbringen der Leistungen allein genügt aber nicht, um einen abrechnungsfähigen Auftrag nachzuweisen. Der Planer wird vielmehr noch nachweisen müssen, dass der Auftraggeber diese Leistungen auch tatsächlich in Auftrag gegeben hatte.

Neben den nutzungsspezifischen Anlagen i.S. der Kostengruppe 470 gehörten in der **19**
HOAI 2009 zur Anlagengruppe 7 auch **„maschinen- und elektrotechnische Anlagen in Ingenieurbauwerken". Während die elektrotechnischen Anlagen vollständig aus den anrechenbaren Kosten der Ingenieurbauwerke gestrichen worden sind, sind die** maschinentechnische Anlagen jetzt gem. § 42 Abs. 1 den anrechenbaren Kosten des Ingenieurbauwerkes zugeordnet (s.o.) In der amtlichen Begründung ist nun definiert, dass die Anlagen der Maschinentechnik Anlagen sind, die ohne jegliche Anschlusstechnik als Einheit vom Hersteller geliefert werden. Es handelt sich zum Beispiel um Räumer für Absetzbecken bei Kläranlagen und Wasserwerken, Kammerfilterpressen, um Oberflächenbelüfter oder um Gasentschwefler sowie um Gasspeicher von Abwasserbehandlungsanlagen. Dazu zählen auch die reinen Stahlbauteile bei Schleusen und Wehren und die Grob- und Feinrechen (vgl. amtlich Begründung HOAI 2013, zu § 42).

h) Nr. 8 Gebäudeautomation und Automation von Ingenieurbauwerken

22   Die **Gebäudeautomation** (KG 480) betrifft nach DIN 276 eine anlagenübergreifende Automation. Nach DIN 276 gehören dazu insbesondere (vgl. auch Seifert/Preussner, Teil C Ziff. 5.3 KG 480):

– **Automationssysteme,** z. B. Automationsstationen mit Bedien- und Beobachtungseinrichtungen, GA-Funktionen, Anwendungssoftware, Lizenzen, Sensoren und Aktoren, Schnittstellen zu Feldgeräten und anderen Automationseinrichtungen (KG 481),

– **Schaltschränke,** z. B. Schaltschränke zur Aufnahme von Automationssystemen einschließlich Leistungs-, Steuerungs- und Sicherungsbaugruppen sowie zugehöriger Kabel und Leitungen (KG 481),

– **Verlegesysteme** soweit diese nicht in anderen Kostengruppen (z. B. in KG 444 oder 457) erfasst werden (KG 482),

– **Management- und Bedienungseinrichtungen,** z. B. übergeordnete Einrichtungen für Gebäudeautomation und Gebäudemanagement mit Bedienstationen, Programmiereinrichtungen, Anwendungssoftware, Lizenzen, Servern, Schnittstellen zu Automationseinrichtungen und externen Einrichtungen (KG 483),

– **Raumautomationssysteme,** z. B. Raumautomationsstationen mit Bedien- und Anzeigeeinrichtungen, Schnittstellen zu Feldgeräten und andere Automationseinrichtungen (KG 484),

– **Übertragungsnetze,** z. B. Netze zur Datenübertragung, soweit diese nicht in anderen Kostengruppen erfasst sind (KG 485).

23   Während bei anderen Anlagengruppen im Vergleich zu den früheren Fassungen der HOAI nur Umsortierungen oder Untergliederungen der verschiedenen Anlagen vorgenommen wurden, wurde die Gebäudeautomation, welche die übergeordnete Mess-, Steuer- und Regeltechnik (MSR-Technik oder auch EMSR-Technik) umfasst, bei der Technischen Ausrüstung in den Anwendungsbereich aufgenommen.

Die Automation von Ingenieurbauwerken erfasst nach der DIN 276 Abschnitt 4 2009, Anlagen und bauwerksübergreifende Automation z. B. Verkehrsleit- und -sicherungsmaßnahmen, Dränagebauwerke mit großen Sicherheitspumpen, Ablauf- und Füllstandsüberwachungen von Regenrückhaltebecken

§ 54 Besondere Grundlagen des Honorars

(1) **Das Honorar für Grundleistungen bei der Technischen Ausrüstung richtet sich für das jeweilige Objekt im Sinne des § 2 Abs. 1 Satz 1 nach der Summe der anrechenbaren Kosten der Anlagen einer Anlagengruppe Dies gilt für nutzungsspezifische Anlagen nur, wenn die Anlagen funktional gleichartig sind. Anrechenbar sind auch sonstige Maßnahmen für technische Anlagen.**

(2) **Umfasst ein Auftrag für unterschiedliche Objekte im Sinne des § 2 Absatz 1 Satz 1 mehrere Anlagen, die unter funktionalen und technischen Kriterien eine Einheit bilden, werden die anrechenbaren Kosten der Anlagen jeder Anlagengruppe zusammengefasst. Dies gilt für nutzungsspezifische Anlagen nur, wenn diese Anlagen funktional gleichartig sind. § 11 Abs. 1 ist nicht anzuwenden.**

(3) **Umfasst ein Auftrag im Wesentlichen gleiche Anlagen, die unter weitgehend vergleichbaren Bedingungen für im Wesentlichen gleiche Objekte geplant werden, ist die Rechtsfolge des § 11 Abs. 3 anzuwenden. Umfasst ein Auftrag im Wesentlichen gleiche Anlagen, die bereits Gegenstand eines anderen Vertrags zwischen den Vertragsparteien waren, ist die Rechtsfolge des § 11 Abs. 4 anzuwenden.**

(4) **Nicht anrechenbar sind die Kosten für die nichtöffentliche Erschließung und die technischen Anlagen in Außenanlagen, soweit der Auftragnehmer diese nicht plant oder ihre Ausführung überwacht.**

(5) **Werden Teile der Technischen Ausrüstung in Baukonstruktionen ausgeführt, so können die Vertragsparteien schriftlich vereinbaren, dass die Kosten hierfür ganz oder teilweise zu den anrechenbaren Kosten gehören. Satz 1 ist entsprechend für Bauteile der Kostengruppe Baukonstruktionen anzuwenden, deren Abmessung oder Konstruktion durch die Leistung der Technischen Ausrüstung wesentlich beeinflusst wird.**

Übersicht

I. Allgemeines

1. Vergleich mit den früheren Fassungen der HOAI

Aus der amtlichen Begründung ergibt sich, dass § 54 HOAI n. F. im Wesentlichen dem **1** § 52 HOAI a. F. entspricht, der wiederum im Wesentlichen § 69 a. F. HOAI entsprechen soll. Durch die 7. Novelle wurde der Anwendungsbereich des § 54 n. F. gegenüber dem der alten Fassung konkretisiert und geschärft. Zunächst wurde klargestellt, dass eine Anlage der Technischen Ausrüstung dann vorliegt, wenn diese in einem Objekt gem. § 2 Nr. 1 Satz 1 eingebaut ist. Maßgeblich für die Frage, wann eine Anlage ein eigenes Objekt ist, ist insoweit primär nicht mehr nach dem funktional technischen Anlagenbegriff zu beantworten, sondern danach, ob die technische Anlage in einem Objekt (Gebäude, Innenräume, Freianlagen, Ingenieurbau, Verkehrsanlagen) eingebaut ist (vgl. hierzu Gartz, Anlagenbegriff versus Objektabrechnung, in BauR 2013, 1033).

Für die Anlagengruppe der nutzungsspezifischen Anlagen wurde der Anwendungsbereich auf den Fall begrenzt, dass eine funktionale Gleichartigkeit der Anlagen gegeben ist. Im Übrigen bleiben sonstige Maßnahmen für technische Anlagen anrechenbar.

Für die etwas unglückliche Regelung des § 52 Abs. 2 wurde der § 54 Abs. 2 neu gefasst. **2** Klargestellt ist durch die Formulierung der Anwendungsbereich dieser Norm nun, dass sie nur dann zur Anwendung kommen soll, wenn mehrere Objekte gem. § 2 Abs. 1 Satz 1 (also Gebäude, Innenräume, Freianlagen etc je mit einer eigenen Anlage versehen ist, die der gleichen Anlagengruppe angehört. Hieraus ist nun zu folgen, dass diese Anlagen – obwohl sie der gleichen Anlagengruppe angehören – getrennt abzurechnen sind, da sie ja einzelnen Objekten im Sinne des § 2 Abs. 1 zu dienen bestimmt sind. Ausnahmsweise aber sind diese Anlagen als eine (übergeordnete) Anlage zu behandeln (die also mehreren Objekten im Sinne des § 2 Abs. 1 dient) und deren anrechenbaren Kosten aufzuaddieren, wenn diese funktional gleichartig sind, sie also einen – inneren Zusammenhang – besitzen.

Neu eingeführt wurde die Regelung des § 54 Abs. 3 HOAI, die unter bestimmten Kriterien § 11 Abs. 3 (Abminderung des Honorars bei Wiederholungen von im Wesentlichen gleichen Planungsleistungen) und Abs. 4 HOAI (Abminderung des Honorars bei identischer Planung und Folgeauftrag) zur Anwendung kommen lässt.

Die Vorschriften des Abs. 4 entspricht der des § 52 Abs. 3 HOAI a. F. Der Gesetzgeber hatte die Novellierung dieser nur sehr schwer verständlichen Norm leider versäumt.

Hingegen wurde dem Anwendungsbereich des § 54 Abs. 5 ein Schriftformerfordernis zugeführt, so dass die Kosten für Baukonstruktionen nur dann den anrechenbaren Kosten der Anlagen zugefügt werden können, wenn die Anlage in der Baukonstruktion ausgeführt wird und der Umfang der Anrechenbarkeit schriftlich vereinbart worden ist. Im Übrigen wurde die Vorschrift nicht verändert.

Seit der 6. Novelle der HOAI gilt, dass über § 6 das Kostenberechnungsmodell auch bei den technischen Anlagen zur Anwendung kommt. Darüber hinaus gilt § 4 Abs. 2 für den Fall, dass der Auftraggeber selbst Lieferungen oder Leistungen übernimmt und deshalb unter den Voraussetzungen des § 4 Abs. 2 ungewöhnlich geringe oder keine anrechenbare Kosten entstehen (vgl. § 4 Abs. 2 HOAI).

3   Die vorhandene Bausubstanz ist über die Vorschrift des § 4 Abs. 3 nun auch wieder bei den anrechenbaren Kosten der technischen Anlagen anrechenbar. Auch hier sind aber nur diejenigen Anlagenteile einer vorhandenen technischen Anlage als vorhandene Bausubstanz anrechenbar, für deren Erhalt der Planer Leistungen erbringen musste, um diese technisch oder gestalterisch mitzuverarbeiten (vgl. § 4 Abs. 3 und BGH Urteil vom 27.2.2003, VII ZR 11/02, BauR 2003, 745 ff.). Nicht anrechenbar sind die Kosten der technischen Anlagen in jedem Fall dann, wenn der Planer zwar in Berührung mit einer vorhandenen technischen Anlage kommt, für deren Erhalt aber keine Leistungen erbracht werden müssen. Nach dem Willen des Gesetzgebers erfolgt eine Anrechnung der vorhandenen Bausubstanz nur, wenn eine Leistung des Planers diesbezüglich gegeben ist. Wichtig ist auch dass die vorhandene Bausubstanz für das jeweilige Objekt ermittelt wird (vgl. § 4 Abs. 3 i. V. m. § 2 Abs. 7, siehe hierzu auch BGH, BauR 2003, 745). Dies gilt auch dann, wenn die anrechenbaren Kosten von Anlagen einer Anlagengruppe gem. § 54 Abs. 1 oder Abs. 2 zusammengefasst werden. Durch die Vorschrift des § 4 Abs. 3 HOAI soll vor allen Dingen der Umstand ausgeglichen werden, dass der Planer, obwohl die Mitverarbeitung der Bausubstanz Arbeit verursacht, keinen Ausgleich dafür über die anrechenbaren Kosten erhält. Maßgeblicher Zeitpunkt für die Ermittlung des Umfangs der vorhandenen Bausubstanz ist gem. § 4 Abs. 3 HOAI der Zeitpunkt der Kostenberechnung. Eine schriftliche Vereinbarung über den Grund, die Höhe und den Umfang der vorhandenen Bausubstanz ist nach richtiger Auffassung nicht Voraussetzung für deren Anrechenbarkeit. Unerheblich ist es deshalb auch, ob die vorhandene Bausubstanz zum Zeitpunkt der Auftragserteilung oder später vereinbart wird (vgl. L/K/F, § 4 Rdn. 62, sowie BGH, BauR 2002, 817). Insgesamt wird auf die Ausführungen bei § 4 Abs. 3 HOAI verwiesen.

4   Grundsätzlich nicht anrechenbare Kosten (wie vormals bei § 69 **Abs. 5 HOAI 2002**) werden auch bei dieser Neufassung, wie bei der 6. Novelle nicht mehr geregelt. „Winterschutzvorkehrungen" sind damit Bestandteil der technischen Anlagen, Kostengruppe 490 und damit grundsätzlich anrechenbar (vgl. unten Rdn. 9).

Bei § 54 Abs. 5 wurde daher auch an der vorherigen Fassung des § 52 Abs. 2 **HOAI a. F.** festgehalten Die Kosten der Baukonstruktion sind demnach nur dann anrechenbar, wenn Teile der Technischen Ausrüstung darin ausgeführt werden und zwischen den Parteien deren Anrechenbarkeit vereinbart worden ist. Neu ist allerdings, dass diese Kosten nur dann Teil der anrechenbaren Kosten werden können, wenn dies schriftlich vereinbart worden ist. Bei Auftragserteilung im Sinne des § 7 Abs. 1 und Abs. 5 wird diese Vereinbarung allerdings nicht erfolgen müssen, da dies nicht vorgeschrieben ist und es sich auch nicht um die Bestimmung eines Mindestsatzes handelt

5   Im Übrigen gelten alle Vorschriften des allgemeinen Teils vollumfänglich auch bei den Anlagen der TGA, so dass die Vorschriften von Änderungsleistungen, § 10, Honorarvereinbarungen § 7, Umbauzuschlag § 6 Abs. 2, Kostenberechnungsmodell § 6 Abs. 1, § 9 Berechnung des Honorars bei Beauftragung von Einzelleistungen, § 12 Instandsetzung und Instandhaltungen, § 13 Interpolation und § 14 Nebenkosten, § 15 Zahlungen usw.

2. Grundlagen

6   Nach der Amtlichen Begründung wurde das Wort „Besondere" in der HOAI 2009 als neue Überschrift und als Klarstellungshinweis eingefügt, um zu verdeutlichen, dass diese

Regelungen neben den allgemeinen Grundlagen des Honorars in § 6 („Grundlagen des Honorars") im Allgemeinen Teil gelten. § 54 enthält in Verbindung mit § 6 und § 4 **Regeln für die Ermittlung der anrechenbaren Kosten,** die Grundlage für die Honorarberechnung sind.

Diese Kosten sind gemäß § 6 auf der Grundlage der Kostenberechnung oder – soweit diese nicht vorliegt – auf der Grundlage der Kostenschätzung zu ermitteln. Die dort aufgeführten **Kostenermittlungsarten** entsprechen den Definitionen in DIN 276. Sie sind bei § 2 Nr. 10 (Kostenschätzung) und Nr. 11 (Kostenberechnung) definiert. Insofern ist auf die Kommentierungen zu § 6 Abs. 1 und § 2 Nr. 10 und 11 zu verweisen.

Seit der 7. Novelle der HOAI ist in der aktuellen Anlag 15, die **DIN 276** wieder in Bezug genommen, so dass diese gem. § 4 Abs. 1 bei der Ermittlung der anrechenbaren Kosten von Gebäuden (DIN 276:2008) anzuwenden ist. Gleiches gilt aber auch bei der Ermittlung der anrechenbaren Kosten von Ingenieurbauwerken, wobei hier die DIN 276:2009 Abschnitt 4 als anerkannte Regel der Technik für die Ermittlung der anrechenbaren Kosten bei Ingenieurbauwerken zur Anwendung kommt. Dies gilt, obwohl § 4 Abs. 1 nur auf die Fassung der DIN 276 von 2008 bezieht und damit nur Hochbauhonorare betrifft. 7

Seifert hat zu Recht in der Vorauflage darauf hingewiesen, dass die Frage, ob Teil 1 oder Teil 4 anzuwenden ist, ist im Ergebnis unerheblich ist, da beide Teile hinsichtlich der Kostengruppe 400 „Bauwerk – technische Anlagen" weitgehend deckungsgleich sind:

DIN 276 Teil 1 „Hochbau" Dezember 2008	DIN 276 Teil 4 „Ingenieurbau" August 2009
400 Bauwerk – technische Anlagen 410 Abwasser-, Wasser-, Gasanlagen 420 Wärmeversorgungsanlagen 430 lufttechnische Anlagen 440 Starkstromanlagen 450 Fernmelde- und informationstechnische Anlagen	400 Bauwerk – technische Anlagen 410 Abwasser-, Wasser-, Gasanlagen 420 Wärmeversorgungsanlagen 430 lufttechnische Anlagen 440 Starkstromanlagen 450 Fernmelde- und informationstechnische Anlagen
460 Förderanlagen 470 nutzungsspezifische Anlagen 480 Gebäudeautomation 490 sonstige Maßnahmen für technische Anlagen	460 Förderanlagen 470 verfahrenstechnische Anlagen 480 Automation 490 sonstige Maßnahmen für technische Anlagen

Auch die weiteren Regelungsinhalte bei **Teil 1 und 4** sind **weitgehend deckungsgleich** (vgl. § 41 Rdn. 8), so dass es auf eine Abgrenzung zwischen beiden Teilen im Ergebnis nicht ankommt.

II. Anrechenbare Kosten (Abs. 1)

1. Anrechenbare Kosten der Anlagen einer Anlagengruppe (Satz 1)

Um eine Honorarermittlung für die technischen Anlagen verstehen zu können, muss 8 man sich zunächst unter Würdigung der bisherigen Rspr. des BGH verdeutlichen, wie die verschiedenen Objekte der Technischen Anlagen voneinander abgegrenzt werden.

In der HOAI 2002 war klargestellt, dass die anrechenbaren Kosten eines Objekts der technischen Anlagen gem. § 69 Abs. 1 HOAI 2002 mit den anrechenbaren Kosten anderer Objekte einer Anlagengruppe aufaddiert werden. Der BGH hatte am 24.1.2002 VII ZR 461/00 BauR 2002, 817 und 20.12.2007 AZ VII ZR 114/07, BauR 2008, 695 entschieden, dass eine solche Zusammenfassung der einzelnen Objekte Anlagen gem. § 69 Abs. 1 HOAI 2002 auch dann zu erfolgen hat, wenn die verschiedenen Anlagen einer Anlagengruppe funktional und technisch eigenständig sind und in verschiedenen Gebäuden/Objekten liegen.

9   Gegenstand der Entscheidungen BGH, 24.1.2002, VII ZR 461/00 und BGH, 12.10.2006, VII ZR 293/04 war nun die Frage, wann Anlagen der gleichen Anlagentechnik (bspw. Fernwärmanlage) die sich über verschiedene Objekte (vgl. § 2 Abs. 1 Satz 1) erstrecken, eine technische Anlage bildet. Der BGH stellte im Hinblick auf die Formulierung des § 69 Abs. 7 HOAI 2002 („sinngemäß") darauf ab, dass es hierbei nicht auf die Frage ankommt, ob die Anlagen in verschiedenen Gebäuden untergebracht sind, sondern ob die Anlagen, die mehrere Gebäude mit Fernwärme versorgen, eine technische funktionale Einheit bilden. Nur wenn dies nicht der Fall ist, kann davon gesprochen werden, dass mehrere Anlagen/Objekte derselben Anlagentechnik vorliegen, die im Ergebnis entgegen dem Gebot des § 69 Abs. 1 HOAI 2002, getrennt abzurechnen sind.

10   Nicht entschieden hatte der BGH – hierauf weist Gartz (BauR 2013, 1033) zu Recht hin – die Frage, wie das Honorar zu ermitteln ist, wenn **verschiedene Anlagen** derselben **Anlagengruppe, die auf mehrere Objekte /Gebäude verteilt sind,** in einem Auftragsverhältnis eines Auftragnehmers zusammentreffen. Die verschiedenen Anlagen sind immer funktional technisch selbstständig und wären somit eigentlich entgegen dem Wortlaut des § 69 Abs. 1 getrennt abzurechnen. Maßgeblich wird hierbei die Entscheidung des BGH vom 20.12.2007, VII ZR 114/07 und BGH 8.3.2012 – VII ZR 195/09 sein, wonach Anlagen einer Anlagengruppe in verschiedenen Objekten/Gebäuden auch dann zusammengefasst ermittelt werden müssen, wenn sie funktional und technisch getrennt abgerechnet werden müssen. Auch im Hinblick auf die Entscheidungen des BGH, 12.1.2006, AZ.: VII ZR 02/04 und IBR 2006, 208, sowie BGH, 11.12.2008 – VII ZR 235/06, BauR 2009, 521) wonach der Vertragsgegenstand die anrechenbaren Kosten und die Honorarzone bestimmt, und wegen des klaren Gebot des § 69 Abs. 1 mehrere Anlagen einer Anlagengruppe zusammengefasst abzurechnen, dürfte es in diesem Fall sachgerecht sein, die anrechenbaren Kosten der verschiedenen technischen Anlagen einer Anlagengruppe zusammenzufassen. Damit ist der von Gartz (a. a. O.) formulierten Auffassung, in diesen Fällen eine Ausnahme von § 69 Abs. 1 zu bejahen und eine getrennte Abrechnung aller Objekte vorzunehmen, zu widersprechen.

Durch die Novelle 2009 hatte sich mit der Formulierung des § 54 Abs. 1 im Hinblick auf diese Abgrenzung wenig geändert. Der vom BGH herausgearbeitete funktional-technische Abgrenzungsbegriff für Anlagen einer Anlagentechnik galt weiterhin als maßgeblich (vgl. L/K/F § 54 Rdn. 15, Jochem § 52 Rdn. 1 ff. Irmler, § 52 Rdn. 15 ff.) Im Übrigen wurden mehrere Anlagen, die einer Anlagengruppe zugeordnet sind, gem. § 52 Abs. 1 HOAI 2009 weiterhin gemeinsam abgerechnet.

Durch die Neuregelung der HOAI 2013 wird nunmehr bei der Ermittlung, wann eine Anlage eine eigene Abrechnungseinheit darstellt, primär auf die in § 2 Nr. 1 Satz 1 abgestellten Objekte Bezug genommen. Insoweit Das bedeutet, dass eine technische Anlage, die nur ein Gebäude, Freianlage, Innenraum, Ingenieurbau oder Verkehrsanlage betrifft, ein Objekt darstellt. Nach dem Willen des Gesetzgebers ist klar gewollt, dass die räumliche Ausdehnung des „Objekts" maßgeblich für die Abgrenzung der technischen Anlage ist. Erstreckt sich eine technische Anlage über mehrere Objekte verbleibt es bei dem Grundsatz, dass ein die technischen Anlagen der Objekte jeweils getrennt abzurechnen sind, es sei denn es liegt eine Ausnahme gem. § 54 Abs. 2 vor (s. u.).

11   Nach Abs. 1 richtet sich das Honorar für Leistungen bei der Technischen Ausrüstung nach den anrechenbaren Kosten der einzelnen Anlagen, die in einem Objekt eingebracht werden. Anders als bei den anderen Leistungsbildern der HOAI (bspw. Gebäude, Ingenieurbau) werden aber nicht für jedes Objekt getrennte anrechenbare Kosten ermittelt. Vielmehr ordnet § 53 Abs. 2 einzelne Anlagen Anlagengruppen zu. Die anrechenbaren Kosten mehrerer Anlagen, die in einem Objekt gem. § 2 Nr. 1 Satz 1 (Gebäude, Innenraum, Freianlagen etc.) eingeplant werden müssen, werden dann aufaddiert, wenn sie einer Anlagengruppe angehören § 54 Abs. 1 und § 53 HOAI. § 54 regelt also einen Ausnahmefall von der gem. § 6 getrennten Honorarermittlung für einzelne Objekte der technischen Anlagen (vgl. Gartz, Anlagenabrechnung versus Objektabrechnung, in BauR 2013, 1033 ff.). Die Anlagengruppen sind nach § 53 Abs. 2 vorgegeben. Damit bildet die kleinste Abrechnungseinheit, die einzelne Anlage. Liegen mehrere Anlagen vor, die einer **Anla-**

gengruppen zuzuordnen sind, bilden diese ebenfalls eine **Abrechnungseinheiten bei der Technischen Ausrüstung** (Seifert, FS Ganten, 53). Eine getrennte **Abrechnung von funktional und technisch selbstständigen Anlagen/Objekte (bspw. Heizung, Lüftung oder Sanitär) der Technischen Ausrüstung** in einem Objekt gem. § 2 Abs. 1 (Gebäude, Innenräume, Freianlagen etc.) ist also aufgrund von Abs. 1 **nicht zulässig, wenn diese Bestandteil derselben Anlagengruppe sind** (Seifert, FS Ganten, 53). Anlagen einer Anlagengruppe sind nach dem Wortlaut der 7. Novelle stets gemeinsam abzurechnen (vgl. amtliche Begründung zu § 54 HOAI und so entschieden für § 69 Abs. 1 a. F.: BGH, Beschluss vom 20.12.2007 – VII ZR 114/07; BauR 2008, 695; IBR 2008, 162, Gartz in BauR 2013, 1033).

Aufgrund der objektweisen Zusammenfassung von Anlagen einer Anlagengruppe kommt es damit nicht darauf an, ob die Anlagen nach funktionellen oder technischen Kriterien als selbständig anzusehen sind, solange die Anlagen in einem Objekt gem. § 2 Abs. 1 S. 1 enthalten sind. Die Vorschrift des § 54 Abs. 1 kennt solche Kriterien als Tatbestandsmerkmale für die Frage, ob bei Anlagen einer Anlagengruppe in einem Objekt mit getrennten oder zusammengefassten Kosten abzurechen ist, nicht (vgl. BGH, BauR 2008, 695).

Die Abrechnung der Leistungen erfolgt dann in mehreren Schritten. Zunächst werden **2** die Kosten der Anlagen ermittelt. Zu den Kosten der Anlage gehören zunächst deren eigene Kosten und ggf. auch Kosten, die der Anlage gem. Kostengruppe 400 der DIN 276 i.d.F. 2008/2009 zuzuordnen sind (bspw. Kosten aller im Bauwerk eingebauten, daran angeschlossenen oder damit fest verbundenen technischen Anlagen oder Anlagenteile. Die einzelnen technischen Anlagen enthalten die zugehörigen Gestelle, Befestigungen, Armaturen, Wärme- und Kältedämmung,

Schall- und Brandschutzvorkehrungen, Abdeckungen, Verkleidungen, Anstriche, Kennzeichnungen sowie die anlagenspezifischen Mess-, Steuer- und Regelanlagen. Die Kosten für das Erstellen und Schließen von Schlitzen und Durchführungen werden in der Regel in der Kostengruppe 300 erfasst.

Im nächsten Schritt ist für jede Anlage die Honorarzone, unter Anwendung der Vorschriften des § 56 HOAI zu ermitteln.

Anschließend sind die anrechenbaren Kosten der Anlagen zu addieren. Aus der Honorartafel § 56 HOAI ist sodann ein Gesamthonorar unter Berücksichtigung der Honorarzone und des Honorarsatzes zu ermitteln.

Dieses Gesamthonorar ist dann auf die einzelnen Anlagen der Anlagengruppe entsprechend ihrem Anteil der anrechenbaren Kosten zu verteilen. Sofern eine Anlage einer anderen Honorarzone zuzuordnen ist, siehe die Ausführungen zu § 56 Abs. 4.

Das so ermittelte Honorar bildet das Vollhonorar für die einzelne Anlage. Es liegt aufgrund der Degression der Honorartabellen unter dem Honorar, was sich errechnen würde, wenn die anrechenbaren Kosten der Anlagen getrennt für die Honorarermittlung herangezogen werden.

Im letzten Schritt der Honorarberechnung ist dann zu ermitteln, wieviel Leistungsprozente tatsächlich beauftragt worden sind und das entsprechende Honorar zu ermitteln.

2. Sonderfall; nutzungsspezifische Anlagen

In der 7. Novelle wurde von dem Gebot des § 54 Abs. 1, zusammengefasste Ermittlung **14** der anrechenbaren Kosten einer Anlagengruppe, eine Ausnahme gemacht. Bei den nutzungsspezifischen Anlagen der Kostengruppe 470 DIN 276, soll eine Zusammenfassung der einzelnen Objekte dieser Anlagengruppe nur dann erfolgen, wenn die Anlagen funktional gleichartig sind. Betrachtet man nun die Anlagenarten, die der Kostengruppe 470 zugeordnet sind, wird man wenige finden, die gleiche oder eine ähnliche Funktionen ausweisen. Es können eigentlich nur Anlagen sein, die derselben Kostengruppe nach DIN 276 i.d.F. 2008 zugeordnet werden, d.h. also küchentechnische Anlagen (KGr. 471), Wäscherei (KGr. 472) oder Reinigungsanlagen (KGr. 472), Medienversorgungsanlagen (KGr. 473), Medizin und labortechnische Anlagen (KGr. 474), Feuerlöschanlagen (KGr. 475, badetechnische Anlagen (Kgr. 476), Prozess, Kälte, Wärme und Luftanlagen (KGr. 477), Entsorgungsanlagen KGr. 478), nutzungsspezifische Anlagen bspw. bühnentechnische Anlagen (Kgr. 479). Im Einzelnen wird auf die Auflistung der DIN 276 i. d. F. 2008 KGr. 470 verwiesen.

3. Anrechenbarkeit von sonstigen Maßnahmen für technische Anlagen (Satz 3)

15   Nach Absatz 1 Satz 3 sind bei Anlagen in Gebäuden auch „**sonstige Maßnahmen für technische Anlagen**" anrechenbar. Gemeint sind die Kosten der **Kostengruppe 490 nach DIN 276 Teil 1**. Es ist davon auszugehen, dass für die fast wortgleiche KGr. 490 der DIN 276 Teil 4 für Ingenieurbau, die Vorschrift zumindest entsprechend anrechenbar sein wird. Diese ist auch mit „sonstige Maßnahmen für technische Anlagen" überschrieben.

In der DIN 276 i. d. F. 2008 heißt es hierzu:

„Technische Anlagen und übergreifende Maßnahmen im Zusammenhang mit technischen Anlagen, die nicht einzelnen Kostengruppen der technischen Anlagen zugeordnet werden können".

Für die Ermittlung der anrechenbaren Kosten einer Anlage bzw. einer Anlagengruppe wird sich nun die Frage stellen, wie weit diese übergeordneten Kosten auf die abzurechnende Anlagengruppe entfallen. Letztlich wird man hier in einem ersten Schritt einen prozentualen Anteil der anrechenbaren Kosten der KGr. 490 definieren müssen. Im Anschluss daran wird man in einem zweiten Schritt die betroffenen Anlagengruppen bestimmen. In einem dritten Schritt, wird man danach eine prozentuale Verteilung dieser Kosten der Anlage 490 auf die einzelnen Anlagengruppen finden müssen, die sich im Zweifel an den anrechenbaren Kosten orientieren, was aber nur geht, wenn die Kosten der Kostengruppe 490 insoweit gleichmäßig auf die Anlagengruppen entfallen. Verursacht eine Anlage besonders hohe Kosten der Baustelleneinrichtung, dann wird eine andere Begründung heranzuziehen sein. Ist dies nicht möglich, wird man die Kosten schätzen müssen. Eine Schätzung der Kosten wird hier schon deswegen zulässig sein, weil die HOAI diese Kosten zu anrechenbaren Kosten bestimmt. Ist dies nicht möglich, können sie nicht zu den anrechenbaren Kosten der Anlage gerechnet werden.

16   Zu den **sonstigen Maßnahmen für technische Anlagen** (KGr. 490 DIN 276 i. d. F. 2008) gehören gem. DIN 276 KGr. 490 folgende Anlagen und Maßnahmen, soweit sie nicht anderen Kostengruppen unmittelbar zugeordnet werden können:

– **Baustelleneinrichtung,** z. B. Einrichten, Vorhalten, Betreiben, Räumen der übergeordneten Baustelleneinrichtung für technische Anlagen, z. B. Material- und Geräteschuppen, Lager-, Wasch-, Toiletten- und Aufenthaltsräume, Bauwagen, Misch- und Transportanlagen, Energie- und Bauwasseranschlüsse, Baustraßen, Lager- und Arbeitsplätze, Verkehrssicherungen, Abdeckungen, Bauschilder, Bau- und Schutzzäune, Baubeleuchtung, Schuttbeseitigung (KGr. 491),

– **Gerüste,** z. B. Auf-, Um-, Abbauen, Vorhalten von Gerüsten (KGr. 492),

– **Sicherungsmaßnahmen,** z. B. Sicherungsmaßnahmen an bestehenden Bauwerken, z. B. Unterfangungen, Abstützungen (KGr. 493),

– **Abbruchmaßnahmen,** z. B. Abbruch- und Demontagearbeiten einschließlich Zwischenlagern wiederverwendbarer Teile, Abfuhr des Abbruchmaterials, soweit nicht in anderen Kostengruppen erfasst (KGr. 494),

– **Instandsetzungen,** z. B. Maßnahmen zur Wiederherstellung des zum bestimmungsgemäßen Gebrauch geeigneten Zustandes, soweit nicht in anderen Kostengruppen erfasst (KGr. 495),

– **Materialentsorgung,** z. B. Entsorgung von Materialien und Stoffen, die bei dem Abbruch, bei der Demontage und bei dem Ausbau von Anlagenteilen oder bei der Erstellung einer Bauleistung anfallen zum Zweck des Recyclings oder der Deponierung (KGr. 496),

– **Zusätzliche Maßnahmen,** z. B. zusätzliche Maßnahmen bei der Erstellung von technischen Anlagen z. B. Schutz von Personen, Sachen, Reinigung vor Inbetriebnahme, Maßnahmen aufgrund von Forderungen des Wasser-, Landschafts-, Lärm- und Erschütte-

rungsschutzes während der Bauzeit, Schlechtwetter und Winterbauschutz, Erwärmung der technischen Anlagen, Schneeräumung (KGr. 497),
– **Provisorische technische Anlagen,** z. B. Kosten für die Erstellung, Beseitigung provisorischer technischer Anlagen, Anpassung der technischen Anlagen bis zur Inbetriebnahme der endgültigen technischen Anlagen (KGr. 498),
– **Sonstige Maßnahmen für technische Anlagen, sonstiges,** gehören zur KGr. 499.

III. Eine Anlage trotz mehrerer Objekte (Abs. 2)

Durch die Neufassung des Abs. 2 hat der Verordnungsgeber nunmehr die etwas miss- **17** glückte Formulierung des § 52 Abs. 2 HOAI a. F. nebst ihren sehr umständlich vorzunehmenden Abgrenzungen gestrichen (vgl. hierzu die Ausführungen von Seifert in der Vorauflage). Mehrere Anlagen derselben Anlagentechnik und Anlagen derselben Anlagengruppen die verschiedene Objekte betreffen, sind nicht mehr unter den sehr engen Voraussetzungen des § 11 Abs. 1 HOAI 2009 zusammengefasst zu ermitteln. Maßgeblich sind nunmehr die vom BGH postulierten und definierten Voraussetzungen einer **„funktional technischen Einheit".** Neu ist zudem, dass maßgebliches Abgrenzungskriterium für mehrere Objekte der technischen Anlagen einer Anlagentechnik primär die Frage ist, ob die Anlagen in einem Objekt gem. § 2 Nr. 1 Satz 1 eingebaut/eingeplant worden sind. Ist die getrennte Abrechnung für jedes Objekt grundsätzlich bejaht worden, ist sekundär zu prüfen, ob von dieser getrennten Ermittlung der anrechenbaren Kosten unter den Voraussetzungen des § 54 Abs. 2 HOAI eine Ausnahme zu machen ist und mehrere Anlagen, obwohl sie sich in mehreren Objekten befinden, ausnahmsweise als „eine" Anlage zu behandeln sind. Dies ist der Fall, wenn die Anlagen derselben Anlagentechnik in den verschiedenen Objekten unter „funktionalen und technischen Kriterien eine Einheit bilden". Der alte Anwendungsbereich des § 52 Abs. 2 HOAI, welcher darin bestand, dass Anlagen derselben Anlagentechnik, die innerhalb eines oder bei mehreren Gebäuden keine funktionale Einheit bilden – und somit eigentlich getrennt abzurechnen sind – zu erfassen, ist somit obsolet. Innerhalb eines Objektes liegt immer eine Anlage der TGA vor. Liegen mehrere Objekte gem. § 2 Nr. 1 Satz 1 vor, dann liegt eine Vermutung für mehrere Objekte der technischen Anlagen vor, es sei denn, die Voraussetzungen des Absatzes 2 liegen vor.

Funktional technische Kriterien, die gegen eine einheitliche Anlage bzw. für mehrere Anlagen sprechen, hatte der BGH im Urteil vom 24.1.2002 – VII ZR 461/00, BauR 2002, 817 dann unter Bezug auf § 22 HOAI 2002 angenommen, wenn Anlagen vorliegen, die getrennt an das öffentliche Netz angeschlossen und alleine betrieben werden können. Die Anlage muss somit funktional (Erfassungsbereich eines bestimmten Gebietes) und technisch (alleiniger Betrieb der Anlage ist möglich) eine Einheit bilden und abgrenzbar sein. Ist sie dies nicht, dann wird auch mit der neuen Formulierung des § 54 Abs. 2 von einer Anlage auszugehen sein, selbst wenn sie sich in mehreren Objekten befindet. Nicht erforderlich ist, dass für diese Anlagen jeweils gesonderte Planungen und Berechnungen durchgeführt werden mussten (vgl. BGH, 12.1.2006, VII ZR 293/04, IBR, 2006, 697 ff., Gartz a. a. O.).

§ 54 Abs. 2 ist somit nicht anwendbar, wenn sich die Anlagen derselben Anlagentechnik **18** und/oder derselben Anlagengruppe in einem Objekt gem. § 2 Nr. 1 Satz 1 (bspw. Gebäude) befinden (vgl. L/K/F § 54 Rdn. 18). Fraglich ist, was der Verordnungsgeber mit dem Begriff „unterschiedliche Objekte" ausdrücken wollte. Locher (vgl. L/K/F § 54 Rdn. 18) versteht dies so, dass hiermit keine gleichen Objekttypen, bspw. Objekttyp Gebäude, vorliegen dürfen. Diese Auslegung des § 54 Abs. 2 erscheint aber deutlich zu eng, weil auch innerhalb eines Objekttyps mehrere unterschiedliche Objekte vorliegen können. Richtig ist es, den Begriff „unterschiedliche Objekte" als eigenständige Objekte sowohl für Objekte verschiedener Leistungsbilder, aber auch des gleichen Objekttyps zu verstehen, zumal der Verordnungsgeber in der amtlichen Begründung zu § 54 Abs. 2 ausdrücklich auf die bisherige Rspr. des BGH verweist (vgl. BGH, 12.1.2006, VII ZR 253/06 und BGH, 24.1.2002, VII ZR 461/00 sowie L/K/F, a. a. O.).

Unglücklich und etwas unklar ist auch die Formulierung des Satzes 1. Unklar ist geblieben, worauf sich denn der Auftrag inhaltlich beziehen muss. Sind hierbei die „unterschiedlichen Objekte im Sinne des § 2 Abs. 1 S. 1" gemeint oder bezieht sich der Auftrag letztlich auf die „technischen Anlagen" für verschiedene Objekte. Da es sich vorliegend aber um das Leistungsbild technische Anlagen handelt, kann denknotwendig nur der Auftrag bzgl. der technischen Anlagen für unterschiedliche Objekte im Sinne des § 2 Abs. 1 S. 1 gemeint sein.

IV. Sonderfälle der Honorarminderung gem. 54 Abs. 3 Satz 1 und 2

19   Neu eingefügt in die HOAI 2013 ist die Vorschrift des § 54 Abs. 3, der unter Bildung eigener Voraussetzungen auf die Rechtsfolgen den § 11 Abs. 3 und 4 HOAI verweist. Der hier geregelte Fall unterscheidet sich deutlich von dem des Abs. 2. In Abs. 2 ist geregelt, dass mehrere Anlagen in Objekte gem. § 2 Abs. 1 Satz 1 dann als eine Anlage zu behandeln sind, wenn sie funktional-technisch eine Einheit bilden. In Abs. 3 ist nun der Fall geregelt, dass ein Planer mehrere wesentlich gleiche Anlagen, in im Wesentlichen gleiche Objekte einbaut. Aufgrund der Ähnlichkeit zu erbringenden Planungsleistungen, ist es gerechtfertigt, die bei dem Planer eintretenden Synergien an den Bauherrn durchzureichen (vgl. amtliche Begründung zu § 54 Abs. 3 HOAI).

Voraussetzung für die Anwendung der Rechtsfolgen des § 11 Abs. 3 ist ein Auftrag für im Wesentlichen gleiche Anlagen, die unter weitgehend vergleichbaren Bedingungen für im Wesentlichen gleiche Objekte geplant werden. In der amtlichen Begründung zu § 54 Abs. 3 wird darauf verwiesen, dass diese Regelungen auch in der HOAI 2002, über den dortigen Verweis in § 69 Abs. 7 auf § 22 HOAI schon zur Anwendung gekommen sind.

Ein Auftrag liegt vor, wenn sämtliche zu planenden Leistungen Gegenstand eines Vertragsverhältnisses mit einem Auftragnehmer sind. Die Begriffe „Im Wesentlichen gleiche Anlagen" wird auf die Ausführungen zu § 11 Abs. 3 dort verwiesen. Im Wesentlichen gleiche Anlagen liegen vor, wenn diese nur geringfügig planerische oder ggf. konstruktive Änderungen erfahren. Der Begriff „unter weitgehend vergleichbaren Bedingungen geplant werden" ist mit dem der Planungsbedingungen in § 11 Abs. 2 HOAI (siehe dort) zu vergleichen. Entsprechend der amtlichen Begründung zu § 11 Abs. 2 sind diese erfüllt, wenn Baugrund, Nutzungsart, bauliche Gestaltung/Konzeption der Anlage weitgehend vergleichbar sind. In jedem Fall werden vergleichbare Planungsbedingungen nur bei gleichen Anlagenarten und bei gleichen Objekttypen, also insbesondere gleicher Nutzung, bejaht werden können.

20   Im Wesentlichen gleiche Objekte liegen vor, wenn die Objekte – gemeint sind Objekte im Sinne des § 2 Abs. 1 Satz 1, was sich aus dem Sinnzusammenhang ergibt – fast unverändert bzw. bis auf geringfügige Anpassungen konstruktiver oder planerischer Art gleich sind. Der Begriff ist derselbe, wie in § 11 Abs. 3, so dass an dieser Stelle auf dessen Kommentierung verwiesen werden kann. Die für den dortigen Fall von der Rspr. herausgebildeten Definitionen gelten somit im vorliegenden Fall entsprechend. Im **Wesentlichen gleichartig** sind demnach Objekte, wenn sie in der Planung von Grundriss oder Tragwerk **nicht wesentlich voneinander abweichen** (vgl. amtl. Begründung zu § 22 a. F. HOAI 2002); somit liegen solche Objekte **nur bei ganz nebensächlichen und für die Konstruktion sowie die sonstige bauliche Gestaltung unerheblichen Veränderungen** vor (OLG Braunschweig, BauR 2006, 1948; 2007, 903; IBR 2007, 83; OLG Düsseldorf, BauR 1982, 283; ebenso Locher/Koeble/Frik, § 11 Rdn. 26; ähnlich Weyer, BauR 1982, 519).

Liegen die Voraussetzungen des § 54 Abs. 3 Satz 1 vor, tritt die Rechtsfolge des § 11 Abs. 3 ein. Für die 2. bis 4. Wiederholung ist das Honorar für die Leistungsphasen 1 bis 6 um 50%, ab der 5. Wiederholung um 60% und ab der 8. Wiederholung um 90% zu mindern. AG haben einen Anspruche auf diese Minderung, die somit Mindest- und Höchstsätze des zu bezahlenden Honorars definiert.

21   § 54 Abs. 3 Satz 2 regelt nun, dass die Rechtsfolge des § 11 Absatz 4 anzuwenden ist, wenn im Wesentliche gleiche Anlagen, die bereits Gegenstand eines anderen Auftrages

gewesen sind, vom gleichen Auftraggeber dem gleichen Auftragnehmer nochmals beauftragt werden. Die Vorschrift bezieht sich zunächst auf technische Anlagen, die in Objekten im Sinne des § 2 Abs. 1 geplant werden. Gemeint sind hier, anders als bei § 11 Abs. 4, nicht nur die Objekte Ingenieurbau, Verkehrsanlagen, Tragwerk und Gebäude, sondern alle Objekte im Sinne des § 2 Abs. 1 Satz 1, in denen technische Anlagen eingebaut werden können. Es handelt sich somit um einen Folgeauftrag, eines (zufriedenen Auftraggebers), der die Planung für eine „im Wesentlichen gleiche „Anlage für ein anderes Objekt gleichen Typs (Freianlage, Gebäude, Innenräume etc.) nochmals verwenden möchte. Auffällig ist, dass im Unterschied zu § 11 Abs. 4 die Planung der Anlage nicht „gleich", sondern lediglich „im Wesentlichen gleich" sein muss, was aber im Zweifel dem Umstand geschuldet ist, dass das Objekt gewisse Unterschiede aufweist, die dann auf die Anlage zu übertragen sind.

Aber auch hier gilt, dass es grundsätzlich das unternehmerische Können des Planers ist, wenn er eine Planung nochmals verwenden kann. Dass er deswegen weniger „Mindestsatz" bekommen soll, erscheint zunächst nicht richtig. Bei richtigem Verständnis des Gebührenrechts sind die Voraussetzungen dieser Norm daher sehr eng auszulegen. „Im Wesentlichen gleiche Anlagen liegen daher im Sinne der obigen Voraussetzungen nur dann vor, wenn nur ganz untergeordnete Änderungen der Planungen vorgenommen werden müssen. Dies wird selten der Fall sein, da es zwangsläufig voraussetzt, dass auch die gleichen Objekte geplant werden.

Die Rechtsfolge dieser Norm ist dann, dass das Honorar der Leistungsphasen 1 bis 6 für die 2 bis 4. Wiederholung um 50%, ab der 5. Wiederholung um 60% und ab der 8. Wiederholung um 90% zu mindern ist. Auftraggeber haben auf die Anwendung der Honorarminderungen einen gesetzlichen Anspruch, da dieser echte Mindest- und Höchstsätze definiert (vgl. L/K/F, 1 ff., § 11 Rdn. Jochem, § 11 Rdn. 14 ff.).

V. Nicht oder nur bedingt anrechenbare Kosten (Abs. 4)

Nicht anrechenbar sind nach Abs. 4 die Kosten für **nichtöffentliche Erschließung** **22** und die **technischen Anlagen in Außenanlagen,** soweit der Auftragnehmer diese nicht plant oder ihre Ausführung überwacht. Demnach sind die Kosten dann anrechenbar, wenn der Auftragnehmer diese plant oder ihre Ausführung überwacht. Damit wird die bisherige Regelung des § 68 Satz 2 a. F. übernommen, aber preisrechtlich verändert.

Nach § 68 Satz 2 a. F. HOAI 2009 konnte für Anlagen der nichtöffentlichen Erschließung sowie Abwasser- und Versorgungsanlagen in Außenanlagen, die von Auftragnehmern im Zusammenhang mit Anlagen nach Satz 1 geplant werden, ein Honorar frei vereinbart werden. Eine solche **freie Honorarvereinbarung** war allerdings **in der HOAI 2002 nur schriftlich bei Auftragserteilung** möglich. Als Auffangtatbestand musste das Honorar als Zeitaufwand nach § 6 HOAI 2002, also mit den früher preisrechtlich reglementierten Stundensätzen, berechnet werden. Dies hat in der Praxis mitunter zu erheblichen Problemen bei der Honorarabrechnung geführt, vor allem dann, wenn ein Honorar nicht frei oder unwirksam vereinbart wurde, weil eine schriftliche Vereinbarung bei Auftragserteilung fehlte. Auftragnehmer von Leistungen für Anlagen der Technischen Ausrüstung und technischen Anlagen in den Außenanlagen waren dann vielfach nicht in der Lage, ihren Zeiteinsatz entsprechend aufzuteilen.

Die Neuregelung bei Abs. 4 wählt demgegenüber einen praktikablen Ansatz, indem, anlog zu anderen Vorschriften in der HOAI, z. B. bei § 33 Abs. 3, die betreffenden **Kosten** dann **zu den anrechenbaren Kosten gehören,** wenn der Auftragnehmer mit Leistungen bei der **Planung** oder **Überwachung** beauftragt ist. Zu „Planung" gehört selbstverständlich auch die Ausschreibung der betreffenden Leistungen. Planen bedeutet somit „fachlich planen". Ist eines der Tatbestandsmerkmale „Planen" oder „Überwachen" erfüllt, hat dies zur Folge, dass die anrechenbaren Kosten vollständig – und nicht etwa anteilig – bei den anrechenbaren Kosten der Kostenberechnung für alle Leistungsphasen zu berücksichtigen sind. Eine Einschränkung dieser Anrechnung der anrechenbaren Kosten auf einzelne Leistungsphasen ist nicht in der HOAI geregelt, so dass es bei der vollen Anrechenbarkeit bleibt.

23   In dieser Hinsicht **bedingt anrechenbar** sollen zunächst die Kosten der **nichtöffentlichen Erschließung** sein. Dabei handelt es sich um die **Kostengruppe 230** i. S. der DIN 276. Demnach gehören dazu die Kosten für **Verkehrsflächen und technische Anlagen,** die **ohne öffentlich-rechtliche Verpflichtung oder Beauftragung** mit dem Ziel der späteren Übertragung in den Gebrauch der Allgemeinheit hergestellt und ergänzt werden. Solche Bauwerke und Anlagen liegen außerhalb des Grundstücks (vgl. auch Seifert/Preussner, Teil C Ziff. 5.3 KGr. 230). Nach DIN 276 kann die nichtöffentliche Erschließung entsprechend der öffentlichen Erschließung untergliedert werden. Demnach kommt eine Untergliederung insbesondere in **Abwasserentsorgung, Wasserversorgung, Gasversorgung, Fernwärmeversorgung, Stromversorgung, Telekommunikation, Verkehrserschließung** und **Abfallentsorgung** in Betracht. Für die nichtöffentliche Erschließung ergeben sich damit die gleichen Inhalte, wie bei der öffentlichen Erschließung. Insofern ist dann unverständlich, dass die betreffenden Kosten der nichtöffentlichen Erschließung zu den anrechenbaren Kosten bei der Technischen Ausrüstung gehören sollen, wenn dem Auftragnehmer dafür Leistungen bei der Planung, Ausschreibung oder Ausführungsüberwachung übertragen werden. Denn dann handelt es sich dabei um **Leistungen für Ingenieurbauwerke,** soweit es um Anlagen und Bauwerke der Abwasserentsorgung, Wasserversorgung oder Gasversorgung geht oder um **Verkehrsanlagen** i. S. von Teil 3 Abschnitt 4, soweit es um die Verkehrserschließung geht. Honorare für Ingenieurleistungen bei der Fernwärmeversorgung, Stromversorgung oder Telekommunikation sind von der HOAI nicht erfasst und können **frei vereinbart** werden.

24   **Gem. Abs. 4 bedingt anrechenbar** sind auch die Kosten für **technische Anlagen in Außenanlagen,** wenn der Auftragnehmer diese plant oder ihre Ausführung überwacht. Ob Außenanlagen im Sinne von der DIN 276 i. d. F. 2008 begrifflich von den Freianlagen zu unterscheiden sind, ist unklar. Gem. § 38 Abs. 1 sind die anrechenbaren Kosten von Freianlagen geklärt, die einen Bezug zu einer Hochbauplanung haben (vgl. Ziff. 1. DIN 276 i. d. F. 2008). Nicht geklärt, ist der Begriff von Außenanlagen aber für Ingenieurbauwerke, da dort die DIN 276 i. d. F. 2008 nicht gilt. Insoweit wird auf die DIN 276 i. d. F. 2009 zurückzugreifen sein. Wenn eine Freianlage weder im Zusammenhang mit einem Gebäude noch mit einem Ingenieurbauwerk geplant wird, ist ebenfalls unklar wie die anrechenbaren Kosten ermittelt werden können. In diesem Fall wird man wohl auf die DIN 276 i. d. F. 2008 KGr. 500 entsprechend zurückgreifen müssen.

25   Unklar im Sinne dieser Norm ist aber, warum die Kosten der technischen Anlagen in Außenanlagen (= Freianlagen), die seit der HOAI 2009 eigene Fachplanungen in Objekten gem. § 2 Abs. 1 Satz 1 sind, nicht und wo diese nicht anrechenbar sein sollen. Bezieht sich diese Norm auf die anrechenbaren Kosten der technischen Anlagen in Freianlagen, so gäbe es keine anrechenbaren Kosten bei der technischen Anlage in Freianlagen und somit keinen eigenen Vergütungsanspruch. Dies widerspricht aber dem Gedanken des § 53 Abs. 1, wonach alle Kosten Teil der technischen Anlage in Objekten separat zu ermitteln sind. Auch Freianlagen sind ein Objekt. Auch ist nicht klar, warum die fachliche Planung oder die Überwachung der Ausführung Voraussetzung für die Anrechenbarkeit dieser Kosten bei der Technischen Anlage in Freianlagen sein kann. Es dürfte doch selbstverständlich sein, dass eine Planungsleistung Voraussetzung für die Abrechnung der Technischen Anlage sein muss. In der HOAI 2002 findet sich als vergleichbare Vorschrift nur § 69 Abs. 5, der aber weder diese Regelungsweite, noch den Regelungsumfang für alle technischen Anlagen in Freianlagen besitzt. Versteht man diese Vorschrift als Relikt aus einer Zeit, in der die technischen Anlagen sich nur auf die Objekte Gebäude und Ingenieurbauwerke bezogen, würde diese Sinn machen. Da es für technische Anlagen in Freianlagen kein Fachplanungshonorar gab – § 68 HOAI war für diesen Fall nicht anwendbar –, waren die technischen Anlagen in Freianlagen nur dann bei den technischen Anlagen des Gebäudes oder des Ingenieurbauwerkes anrechenbar, wenn eine fachliche Planung oder eine Überwachung der Ausführung vorgelegen hat. Letztlich bezieht sich diese Vorschrift aber auf die HOAI 2013, weswegen sie nur so verstanden werden kann, dass die Kosten der technischen Anlagen in Freianlagen in den

Fällen des Absatz 4 Satz 2 sowohl bei den technischen Anlagen des Objektes Gebäude oder Ingenieurbaus oder anderen Objekten anrechenbar sein kann, neben der Vergütung dieser technischen Anlage als eigene Fachplanungsleistung in der Freianlage und neben der Vergütung dieser Fachplanungsleistung bei dem Objekt Freianlage gem. § 38 HOAI i. V. m. KGr. 540 DIN 276 i. d. F. 2008 (vgl. L/K/F, § 54 Rdn. 20, der aber Absatz 4 Satz 2 nur auf die Anrechenbarkeit dieser Kosten bei der Freianlage selbst bezieht, was nach hiesiger Auffassung nicht richtig sein kann, weil die Vorschrift systematisch dann in § 38 gehört hätte). Letztlich gibt es also in diesem, vom Gesetzgeber ausdrücklich bestimmten Fall die dreifache Berücksichtigung der anrechenbaren Kosten der technischen Anlage.

Zu den Kosten der Außenanlagen bei Hochbauten gem. DIN 276 gehören im Einzel- **26** nen:

– **Abwasseranlagen,** z. B. Kläranlagen, Oberflächen- und Bauwerksentwässerungsanlagen, Sammelgruben, Abscheider, Hebeanlagen (KGr. 541),
– **Wasseranlagen,** z. B. Wassergewinnungsanlagen, Wasserversorgungsnetze, Hydrantenanlagen, Druckerhöhungs- und Beregnungsanlagen (KGr. 542),
– **Gasanlagen,** z. B. Gasversorgungsnetze, Flüssiggasanlagen (KGr. 543),
– **Wärmeversorgungsanlagen,** z. B. Wärmeerzeugungsanlagen, Wärmeversorgungsnetze, Freiflächen- und Rampenheizungen (KGr. 544,
– **Lufttechnische Anlagen,** z. B. Bauteile von lufttechnischen Anlagen, z. B. Außenluftansaugung, Fortluftausblas, Erdwärmetauscher, Kälteversorgung (KGr. 545),
– **Starkstromanlagen,** z. B. Stromversorgungsnetze, Freilufttrafostationen, Eigenstromerzeugungsanlagen, Außenbeleuchtungs- und Flutlichtanlagen einschließlich Maste und Befestigung (KGr. 546),
– **Fernmelde- und informationstechnische Anlagen,** z. B. Leitungsnetze, Beschallungs-, Zeitdienst- und Verkehrssignalanlagen, elektronische Anzeigetafeln, Objektsicherungsanlagen, Parkleitsysteme (KGr. 547),
– **Nutzungsspezifische Anlagen,** z. B. Medienversorgungsanlagen, Tankstellenanlagen, badetechnische Anlagen, leitungsgebundene Abfallentsorgung (KG 548),

Darüber hinaus kann für die Planung der Entwässerung oder der nichtöffentlichen Erschließung noch ein Fachplanungshonorar anfallen, wenn die Planung der Entwässerung oder der nichtöffentlichen Erschließung ein eigenes Objekt technische Anlagen betrifft. Nach dem Willen des Gesetzgebers können diese anrechenbaren Kosten somit sowohl der technischen Anlage der Objekte, als auch bei den technischen Anlagen der Freianlage zu den anrechenbaren Kosten gehören.

VI. Baukonstruktionen als anrechenbare Kosten (Abs. 5)

In Abs. 5 ist eine **Sonderregelung** enthalten, nach der die Parteien vereinbaren kön- **27** nen, dass **Kosten von Baukonstruktionen,** in denen Teile der Technischen Ausrüstung ausgeführt werden (Satz 1) oder für den Fall, dass Bauteile der Baukonstruktionen in Abmessung oder Konstruktion durch die Leistung der Technischen Ausrüstung wesentlich beeinflusst werden, bei der Technischen Ausrüstung ganz oder teilweise **zu den anrechenbaren Kosten** gehören. Durch die 7. Novelle 2013 ist klargestellt, dass diese Vereinbarung schriftlich, aber nicht bei Auftragserteilung erfolgen muss. Die Schriftform ist echte anspruchsbegründende Voraussetzung, was sich aus der Formulierung des § 54 Abs. 5 ergibt (a. A. L/K/F, § 54 Rdn. 21). Bei Abs. 5 muss es sich aber um **Baukonstruktionen i. S. der Kostengruppe 300 nach DIN 276 i. d. F. 2008 (vgl. § 4 HOAI) für Hochbauten** handeln (ebenso Locher/Koeble/Frik, § 52 Rdn. 21), andernfalls wäre die preisrechtliche Vorschrift unbestimmt (vgl. § 33). Die **DIN 276** dient also als **Auslegungshilfe** für die Frage, was unter Baukonstruktionen zu verstehen ist.

Seifert erläutert zu Recht in der Vorauflage, dass die Vorschrift in Sonderfällen einen **28** **Ausgleich bei den anrechenbaren Kosten** schaffen soll, wenn bei den technischen Anlagen der Kostengruppe 400 eine Verminderung der Kosten dadurch eintritt, dass statt dessen (ganz oder teilweise) Baukonstruktionen der Kostengruppe 300 für die Technische

Ausrüstung genutzt werden und diese **Baukonstruktionen** damit zum **Bestandteil des Planungskonzepts** bei der Technischen Ausrüstung werden. Für diese Fälle ist diese Vorschrift notwendig, da die Baukonstruktionen, Kostengruppe 300, ansonsten bei der Technischen Ausrüstung nicht anrechenbar sind.

In der amtlichen Begründung zur HOAI 2009 ist ausgeführt, dass ohne diese Vereinbarungsmöglichkeit „eine Vergütung von Leistungen der Technischen Ausrüstung, die innerhalb fester Baukonstruktionen verlaufen, nicht gewährleistet wäre".

Tatsächlich ist auch mit dieser Vorschrift eine entsprechende (Mehr-)Vergütung nicht gewährleistet, da nur die Möglichkeit, aber **keine Pflicht zur Vereinbarung** besteht (ebenso: Locher/Koeble/Frik, § 54 Rdn. 21).

Nach Ansicht von Seifert in der Vorauflage kann die Vorschrift aber auch dann genutzt werden, wenn **Abgrenzungsschwierigkeiten** zwischen einer Einordnung in die **Kostengruppe 300 oder 400** bestehen, z. B. bei Stahltragekonstruktionen bzw. Stahlkonsolen für technische Anlagen oder bei Abgrenzungsproblemen zwischen den Kostengruppen 370 „Baukonstruktive Einbauten" und 470 „nutzungsspezifische Anlagen", wie bei küchentechnischen Anlagen (KGr. 471) oder medizin- und labortechnische Anlagen (KGr. 474).

29   Für die Vereinbarung der Kosten werden nach dem Wortlaut der Vorschrift neuerdings **Formvorschriften** bestimmt. Die Vereinbarung muss also schriftlich, aber nicht bei Auftragserteilung getroffen werden (ebenso Locher/Koeble/Frik, § 54 Rdn. 21), was sich letztlich aus der Stellung der Norm in dem Besonderen, nicht aber im allgemeinen Teil der Vorschrift (vgl. Dr. Thoma Thaetner, Kurzaufsatz in IBR 2013, 1250, der bzgl. des Instandsetzungszuschlages und des Umbauzuschlages auf die Stellung der Normen im allgemeinen Teil der HOAI verweist). Da § 54 Abs. 5 eine Norm des Besonderen Vergütungsrechts ist, wird – so auch die amtliche Begründung (s. o.) klargestellt, dass zum allgemeinen Teil Anforderungen hinzutreten, die aber gerade nicht den Regelungen des allgemeinen Teils unterworfen sind).

30   Die Höhe der Vergütung ist begrenzt auf die Kosten der betroffenen Baukonstruktion innerhalb derer die technischen Anlagen ausgeführt werden.

Bei der Übernahme von § 69 Abs. 6 HOAI 2002 in Abs. 4 der HOAI 2009, jetzt Abs. 5 HOAI 2013, ist auch **Satz 2** übernommen worden, nachdem Satz 1 entsprechend für Bauteile der Kostengruppe Baukonstruktionen gelten soll, **deren Abmessung oder Konstruktion** durch die Leistung der Technischen Ausrüstung **wesentlich beeinflusst** wird. Unter Baukonstruktionen ist hier, ebenso wie bei Satz 1, die Kostengruppe 300 i. S. der DIN 276 zu verstehen.

Die Beeinflussung der Baukonstruktionen durch die Anlagen oder Anlagenteile bei der Technischen Ausrüstung muss also „**wesentlich**" sein.

Satz 2 regelt letztlich den zu Satz 1 umgekehrten Fall. Nicht die Anlagen der technischen Ausrüstung werden in der Baukonstruktion ausgeführt, sondern die Baukonstruktion nach Vorgabe der technischen Anlage in Abmessung oder Konstruktion. Voraussetzung ist zudem, dass diese Teile „wesentlich" beeinflusst werden. Der Begriff „wesentlich" ist nicht definiert. Man wird aber davon ausgehen müssen, dass ein objektiver Planer einen nicht unerheblichen Teil seiner Planungsleistungen auf die Einbeziehung der technischen Anlage ausrichten muss.

31   Seifert führt in der Vorauflage aus, dass zu den **Baukonstruktionen,** für die nach Abs. 4 eine Anrechenbarkeit vereinbart werden kann, insbesondere konstruktiv hergestellte (also z. B. gemauerte oder betonierte) Schächte, Bodenkanäle aber auch Stahlkonstruktionen gehören können, z. B.:

- bei der Anlagengruppe 1 „Abwasser-, Wasser-, Gasanlagen": Installationsschächte, Pumpensümpfe, konstruktiv hergestellte Zisternen,
- bei der Anlagengruppe 2 „Wärmeversorgungsanlagen": konstruktiv hergestellte Kesselpodeste, Anlagenfundamente, Schornsteine, Stahlkonstruktionen, Heizestriche, Bodenkanäle,
- bei der Anlagengruppe 3 „lufttechnische Anlagen": Kühldecken, Stahlkonstruktionen, Anlagenfundamente, Lüftungsschächte
- bei der Anlagengruppe 4 „Starkstromanlagen": Installationsschächte,

– bei der Anlagengruppe 5 „Fernmelde- und informationstechnische Anlagen": Doppelbodensysteme,
– bei der Anlagengruppe 6 „Förderanlagen": Aufzugsschächte,
– bei der Anlagengruppe 7 „Nutzungsspezifische Anlagen": Podeste für küchentechnische
Anlagen usw.

Zu den maßgeblichen Baukonstruktionen können aber auch solche gehören, in denen
Anlagen aus verschiedenen Anlagengruppen ausgeführt werden oder deren Abmessung
oder Konstruktion durch Anlagen aus verschiedenen Anlagengruppen beeinflusst werden,
wie z.B. Installationsschächte oder abgehängte Decken mit Anlagenteilen aus verschiedenen Anlagengruppen, Doppelbodensysteme, unter denen Kabel, Heizung oder Lüftung
untergebracht werden, Fassaden mit Pfosten und Riegel, die wasser- bzw. luftdurchströmt
sind usw. Für solche Baukonstruktionen muss dann für jede Anlagengruppe bestimmt werden, ob bzw. in welchem Umfang die Kosten der Baukonstruktionen als anrechenbar anzusehen sein sollen. Beschränkungen liegen diesbezüglich nicht vor.

§ 55 Leistungsbild Technische Ausrüstung

(1) **Das Leistungsbild „Technische Ausrüstung" umfasst Leistungen für Neuanlagen, Wiederaufbauten, Erweiterungsbauten, Umbauten, Modernisierungen,
Instandhaltungen und Instandsetzungen. Die Leistungen bei der Technischen
Ausrüstung sind in neun Leistungsphasen zusammengefasst und werden wie
folgt in Prozentsätzen der Honorare des § 56 bewertet:**

1. **für die Leistungsphase 1 (Grundlagenermittlung) mit 2 Prozent,**
2. **für die Leistungsphase 2 (Vorplanung) mit 9 Prozent,**
3. **für die Leistungsphase 3 (Entwurfsplanung) mit 17 Prozent,**
4. **für die Leistungsphase 4 (Genehmigungsplanung) mit 2 Prozent,**
5. **für die Leistungsphase 5 (Ausführungsplanung) mit 22 Prozent,**
6. **für die Leistungsphase 6 (Vorbereitung der Vergabe) mit 7 Prozent,**
7. **für die Leistungsphase 7 (Mitwirkung bei der Vergabe) mit 5 Prozent,**
8. **für die Leistungsphase 8 (Objektüberwachung – Bauüberwachung) mit 35
Prozent,**
9. **für die Leistungsphase 9 (Objektbetreuung und Dokumentation) mit 1 Prozent.**

Die einzelnen Leistungen jeder Leistungsphase sind in Anlage 14 geregelt.

(2) **Die Leistungsphase 5 ist abweichend von Absatz 1, mit einem Abschlag
von 4% zu bewerten, sofern das Anfertigen von Schlitz- und Durchbruchsplänen oder das Prüfen der Montage- und Werkstattpläne der ausführenden Firmen
nicht in Auftrag gegeben wird.**

(3) **Anlage 15 Nummer 15.1 regelt die Grundleistungen jeder Leistungsphase
und enthält Beispiele für Besondere Leistungen.**

Anlage 1%
(zu § 55 Absatz 1)

Leistungen im Leistungsbild Technische Ausrüstung

Leistungsphase 1: Grundlagenermittlung

a) Klären der Aufgabenstellung der Technischen Ausrüstung aufgrund der Vorgaben oder der Bedarfsplanung des Auftraggebers im Benehmen mit dem Objektplaner.
b) Erarbeiten der Planungsrandbedingungen und Beraten zum Leistungsbedarf und gegebenenfalls zur
technischen Erschließung.
c) Zusammenfassen, erläutern und dokumentieren der Ergebnisse.

Leistungsphase 2: Vorplanung (Projekt- und Planungsvorbereitung)

a) Analyse der Grundlagen,
b) Erarbeiten eines Planungskonzepts, dazu gehören zum Beispiel: Vordimensionieren des Systems und maßbestimmenden Anlagenteile, Untersuchen von alternativen Lösungsmöglichkeiten bei gleichen Nutzungsanforderungen einschließlich Wirtschaftlichkeitsvorbetrachtung, zeichnerische Darstellung zur Integration in die Objektplanung unter Berücksichtigung exemplarischer Details, Angaben zum Raumbedarf,
c) Aufstellen eines Funktionsschemas beziehungsweise Prinzipschaltbildes für jede Anlage,
d) Klären und Erläutern der wesentlichen fachübergreifenden Prozesse, Randbedingungen und Schnittstellen, Mitwirken bei der Integration der technischen Anlagen,
e) Vorverhandlungen mit Behörden über die Genehmigungsfähigkeit und mit den beteiligten Stellen zur Infrastruktur,
f) Kostenschätzung nach der DIN 276 (2. Ebene) und bei der Terminplanung,
g) Zusammenfassen, erläutern und dokumentieren der Ergebnisse;

Leistungsphase 3: Entwurfsplanung (System- und Integrationsplanung)

a) Durcharbeiten des Planungskonzepts (stufenweise Erarbeitung einer Lösung) unter Berücksichtigung aller fachspezifischen Anforderungen sowie unter Beachtung der durch die Objektplanung integrierten Fachplanungen bis zum vollständigen Entwurf,
b) Festlegen aller Systeme und Anlagenteile,
c) Berechnung und Bemessung der technischen Anlagen und Anlagenteile, Abschätzen von jährlichen Bedarfswerten (z. B. Nutz-, End- und Primärenergiebedarf) und Betriebskosten; Abstimmen des Platzbedarfs für technische Anlagen und Anlagenteile; zeichnerische Darstellung des Entwurfs in einem mit dem Objektplaner abgestimmten Ausgabemaßstab mit Angabe maßbestimmender Dimensionen.
Fortschreiben und Detaillieren der Funktions- und Strangschemata der Anlagen,
Auflisten aller Anlagen mit technischen Daten und Angaben zum Beispiel für Energiebilanzierungen,
Anlagenbeschreibungen mit Angaben der Nutzungsbedingungen.
d) Übergeben der Berechnungsergebnisse an andere Planungsbeteiligte zum Aufstellen vorgeschriebener Nachweise; Angabe und Abstimmung der für die Tragwerksplanung notwendigen Angaben über Durchführungen und Lastangaben (ohne Anfertigen von Schlitz- und Durchführungspläne)

e) Verhandlungen mit Behörden und mit anderen zu beteiligenden Stellen über die Genehmigungsfähigkeit,
f) Kostenberechnung nach DIN 276 3. Ebene und der Terminplanung,
g) Kostenkontrolle durch Vergleich der Kostenberechnung mit der Kostenschätzung;
h) Zusammenfassen, erläutern und dokumentieren der Ergebnisse

Leistungsphase 4: Genehmigungsplanung

a) Erarbeiten und Zusammenstellen der Vorlagen und Nachweise für öffentlich-rechtliche Genehmigungen oder Zustimmungen einschließlich der Anträge auf Ausnahmen und Befreiungen sowie Mitwirkung bei Verhandlungen mit Behörden,
b) Vervollständigen und Anpassen der Planungsunterlagen, Beschreibungen und Berechnungen;

Leistungsphase 5: Ausführungsplanung

a) Erarbeiten der Ausführungsplanung auf Grundlage der Ergebnisse der Leistungsphasen 3 und 4 (stufenweise Erarbeitung und Darstellung der Lösung) unter Beachtung der durch die Objektplanung integrierten Fachplanungen bis zur ausführungsreifen Lösung,
b) Fortschreiben der Berechnung und Bemessungen zur Auslegung der technischen Anlagen und Anlagenteile
Zeichnerische Darstellung der Anlagen in einem mit dem Objektplaner abgestimmten Ausgabemaßstab und Detaillierungsgrad einschließlich Dimensionen (keine Montage oder Werkstattpläne)
Anpassen und Detaillieren der Funktions- und Strangschemata der Anlagen bzw. der GA-Funktionslisten
Abstimmen der Ausführungszeichnungen mit dem Objektplaner und den übrigen Fachplanern mit Dimensionen (keine Montage- und Werkstattzeichnungen),
c) Anfertigen von Schlitz- und Durchbruchsplänen,
d) Fortschreibung des Terminplans

e) Fortschreiben der Ausführungsplanung auf den Stand der Ausschreibungsergebnisse und der dann vorliegenden Ausführungsplanung des Objektplaners, Übergeben der fortgeschriebenen Ausführungsplanung an die ausführenden Unternehmen,

f) Prüfen und Anerkennen der Montage- und Werkstattpläne der ausführenden Unternehmen auf Übereinstimmung mit der Ausführungsplanung.

Leistungsphase 6: Vorbereitung der Vergabe

a) Ermitteln von Mengen als Grundlage für das Aufstellen von Leistungsverzeichnissen in Abstimmung mit Beiträgen anderer an der Planung fachlich Beteiligter,

b) Aufstellen der Vergabeunterlagen, insbesondere mit Leistungsverzeichnissen nach Leistungsbereichen, einschließlich der Wartungsleistungen auf Grundlage bestehender Regelwerke,

c) Mitwirken beim Abstimmen der Schnittstellen zu den Leistungsbeschreibungen der anderen an der Planung fachlich Beteiligter,

d) Ermitteln der Kosten auf Grundlage der vom Planer bepreisten Leistungsverzeichnisse,

e) Kostenkontrolle durch Vergleich der vom Planer bepreisten Leistungsverzeichnisse mit der Kostenberechnung,

f) Zusammenstellen der Vergabeunterlagen.

Leistungsphase 7: Mitwirkung bei der Vergabe

a) Einholen von Angeboten

b) Prüfen und Werten der Angebote, Aufstellen der Preisspiegel nach Einzelpositionen, prüfen und werten der Angebote für zusätzliche oder geänderte Leistungen der ausführenden Unternehmen und der Angemessenheit der Preise,

c) Führen von Bietergesprächen,

d) Vergleich der Ausschreibungsergebnisse mit den vom Planer bepreisten Leistungsverzeichnissen und der Kostenberechnung,

e) Erstellen der Vergabevorschläge, Mitwirkung bei der Dokumentation der Vergabeverfahren,

f) Zusammenstellen der Vertragsunterlagen und bei der Auftragserteilung,

Leistungsphase 8: Objektüberwachung (Bauüberwachung) und Dokumentation

a) Überwachen der Ausführung des Objektes auf Übereinstimmung mit der öffentlich-rechtlichen Genehmigung oder Zustimmung, den Verträgen mit den ausführenden Unternehmen, den Ausführungsunterlagen, den Montage- und Werkstattplänen, den einschlägigen Vorschriften und den allgemein anerkannten Regeln der Technik,

b) Mitwirken bei der Koordination der am Projekt Beteiligten,

c) Aufstellen, Fortschreiben und Überwachen des Terminplans (Balkendiagramm),

d) Dokumentation des Bauablaufs (Bautagebuches),

e) Prüfen und Bewerten der Notwendigkeit geänderter oder zusätzlicher Leistungen der Unternehmer und der Angemessenheit der Preise,

f) Gemeinsames Aufmaß mit den ausführenden Unternehmern,

g) Rechnungsprüfung in rechnerischer und fachlicher Hinsicht mit Prüfen und Bescheinigen des Leistungsstands anhand nachvollziehbarer Leistungsnachweise,

h) Kostenkontrolle durch Überprüfen der Leistungsabrechnungen der ausführenden Unternehmen im Vergleich zu den Vertragspreisen und den Kostenanschlag,

I) Kostenfeststellung,

j) Mitwirken bei Leistungs- und Funktionsprüfungen,

k) fachtechnische Abnahme der Leistungen auf Grundlage der vorgelegten Dokumentation, Erstellung eines Abnahmeprotokolls, Feststellen von Mängeln und Erteilen einer Abnahmeempfehlung,

l) Antrag auf behördliche Abnahmen und Teilnahme daran,

m) Prüfung der übergebenen Revisionsunterlagen auf Vollzähligkeit, Vollständigkeit und stichprobenartige Prüfung auf Übereinstimmung mit dem Stand der Ausführung,

n) Auflisten der Verjährungsfristen der Ansprüche auf Mängelbeseitigung,

o) Überwachen der Beseitigung der bei der Abnahme festgestellten Mängel,

p) systematische Zusammenstellung der Dokumentation, der zeichnerischen Darstellungen und rechnerischen Ergebnisse des Objekts.

Leistungsphase 9: Objektbetreuung und Dokumentation

a) Fachliche Bewertung der innerhalb der Verjährungsfristen für Gewährleistungsansprüche festgestellten Mängel, längstens jedoch bis zum Ablauf von fünf Jahren seit Abnahme der Leistung, einschließlich notwendiger Begehungen.

b) Objektbegehung zur Mängelfeststellung vor Ablauf der Verjährungsfristen für Mängelansprüche gegenüber den ausführenden Unternehmen,

c) Mitwirken bei der Freigabe von Sicherheitsleistungen.

Übersicht

I. Allgemeines

1. Vergleich mit den früheren Fassungen der HOAI

1   Analog zu den Leistungsbildern bei der Objektplanung wurde auch beim Leistungsbild für die Technische Ausrüstung die bisherige Regelung in drei Teile aufgeteilt:

– Die Bewertung der Leistungsphasen findet sich in § 55 Abs. 1.
– Für die Aufzählung der Grundleistungen wurde in § 55 Abs. 3 auf die Anlage 15 verwiesen. Die Aufzählung der Grundleistungen ist abschließend (vgl. § 3 Abs. 2),
– Die Besonderen Leistungen bei der Technischen Ausrüstung werden wieder in der Anlage 15 den Grundleistungen gegenübergestellt. Dies ist sinnvoll, da die Besonderen Leistungen die Grundleistungen abgrenzen (vgl. § 3 Abs. 3). Was Besondere Leistung ist, kann keine Grundleistung sein.

Die Prozentsätze für die einzelnen Leistungsphasen wurden mit der 7. Novelle 2013 angepasst. Die Grundlagenermittlung, Vorplanung, Genehmigungsplanung, Objektbetreuung wurden abgewertet, dafür wurden die Entwurfsphase, Ausführungsphase und Objektüberwachung stark aufgewertet. Zudem wurden die Leistungsbilder inhaltlich in den Fachplanungen geändert. Zum einen wurden sie besser und genauer formuliert, zum anderen wurden insbesondere die Terminplanungsleistungen und Kostenkontrollpflichten auch beim Fachplaner für technischen Anlagen eingeführt. Insoweit wären insbesondere die Pflichten zur Erstellung eines Terminplanes zu erwähnen, genauso wie die Pflichten in der Leistungsphase, bepreiste Leistungsverzeichnisse erstellen zu müssen. Aus vielen Mitwirkungspflichten, die in den Leistungsphasen 6 und 7 enthalten waren, sind vollumfängliche Leistungspflichten geworden. Zudem wurde die Leistungsphase 9 inhaltlich stark abgewertet. Aus dem „Mitwirken bei der Mängelbeseitigung" ist nun nur ein „fachliches Bewerten der während der Verjährungszeit auftretenden Mängel längstens für die Dauer von 5 Jahren" geworden.

2. Anwendungsbereich

Die **Objekte** der Tätigkeit beschränken sich auf die **in § 53 Abs. 2** aufgeführten **acht** **2** **Anlagengruppen, die wiederum bei allen Objekten des § 2 Abs. 1 S. 1 vorliegen können.** Seit der HOAI 2009, ist nun die zentrale Leittechnik nicht mehr ausgenommen (vgl. amtl. Begründung zur 1. ÄndVO), sondern Bestandteil der Gebäudeautomation und damit Gegenstand der Anlagengruppe 8 (vgl. § 53 Rdn. 22). Zudem sind mit der 7. Novelle die verfahrenstechnischen Anlagen beim Ingenieurbau ebenfalls aufgenommen worden.

Das Leistungsbild Technische Ausrüstung findet nach Absatz 1 nicht nur Anwendung bei Neuanlagen, sondern auch bei Wiederaufbauten, Erweiterungsbauten, Umbauten, Modernisierungen, Instandhaltungen und Instandsetzungen. Wie sich aus dem Begriff „Neuanlage" ergibt, geht es dabei nicht um das Bauwerk (z.B. Gebäude oder Ingenieurbauwerk), sondern um Leistungen an den Anlagen, d.h. für die Beurteilung der Frage, ob eine Neuanlage oder ein Umbau, Erweiterungsbau vorliegt, kommt es darauf an, ob die Anlage selbst (nicht das Objekt Gebäude, etc.) neu gebaut, erweitert oder umgebaut wird. Die Regelung entspricht in Wortlaut und Formulierung § 34 Abs. 1 und 3 HOAI.

3. Grundleistungen, Besondere Leistungen

Die Aufzählung der jeweiligen unter einer Leistungsphase zusammengefassten Einzelleis- **3** tungen, die zu den **Grundleistungen** gehören, ist **abschließend** (vgl. Kommentierung zu § 3 Abs. 2 Satz 1). Ihre Zusammenfassung zu jeweils in sich abgeschlossenen Leistungsphasen erfolgt nach sachlicher Zusammengehörigkeit.

Werden **nicht alle Grundleistungen einer Leistungsphase übertragen,** stellt sich somit die Frage, ob eine Honorarminderung auch für solche Leistungen durchgeführt werden kann, die für die Erreichung des werkvertraglichen Erfolges im konkreten Fall gar nicht erforderlich gewesen sind. Dieses Verständnis der Regelungen des § 8 HOAI resultiert letztlich aus der Definition des § 3 Abs. 2 HOAI, wonach Grundleistungen solche Leistungen sind, „die zur ordnungsgemäßen Erfüllung eines Auftrags im Allgemeinen erforderlich sind". Das bedeutet aber nicht, dass immer alle Grundleistungen abgearbeitet werden müssen, um das volle Honorar der jeweiligen Leistungsphase zu verdienen. L/K/F § 8 Rdn. 28 verweist insoweit auf Leistungen, die eigene Teilerfolge sind und deshalb immer erbracht werden müssen und solche Leistungen, die nicht immer erbracht werden müssen und die keine Honorarminderung rechtfertigen. Das OLG Hamm, Urteil vom 8.12.2010 – 12 U 85/10, BGH Beschluss vom 22.3.2012 – VII ZR 6/11 hält indessen eine Honorarreduzierung auch in solchen Fällen möglich und stellt insoweit lediglich auf den Umstand ab, dass die Parteien bei Auftragserteilung vereinbaren können, dass einzelne Grundleistungen nicht beauftragt werden und dafür entsprechend der Regelung des alten § 5 Abs. 2 HOAI 2002 eine Honorarminderung vorzunehmen ist. Letztlich versteht das OLG Hamm die Vorschrift als einen Ausnahmefall, mit dem die vorgeschriebenen Mindestsätze (vgl. hierzu Ausführungen bei § 8 HOAI) zulässiger Weise unterschritten werden können. Abzulehnen ist insoweit die Auffassung von Seifert der Vorauflage, nach der

– unabhängig von dem tatsächlichen Auftragsvolumen – immer eine Honorarminderung durchgeführt werden muss, wenn einzelne Grundleistungen nicht erbracht werden.

Nach der HOAI darf für die übertragenen Leistungen **nur ein Honorar** berechnet werden, **das dem Anteil der übertragenen Leistungen** an der gesamten Leistungsphase **entspricht** (§ 8 Abs. 2 Satz 1). Dieser Anteil ist jeweils individuell zu bemessen. § 8 setzt seit der 7. Novelle voraus, dass Vereinbarungen über die teilweise Erbringung von Grundleistungen oder ganzen Leistungsphasen der Schriftform bedürfen. Im Umkehrschluss bedeutet dies, wenn keine schriftliche Vereinbarung vorliegt, ist ein Vollauftrag gegeben. Allerdings ist fraglich, ob dieses Verständnis des § 8 noch von der Ermächtigungsgrundlage gedeckt ist (vgl. oben § 8).

Seit der 7. Novelle sind die Besonderen Leistungen wieder in die Leistungsbilder aufgenommen worden, was der Anwendbarkeit der Verordnung äußerst dienlich ist. Zudem grenzen die Besonderen Leistungen die Grundleistungen inhaltlich ab. Was Besondere Leistung ist, kann gem. § 3 Abs. 2 bzw. 3 keine Grundleistung sei

II. Leistungsbewertung (Abs. 1)

Anders als bei Ingenieurbauwerken (§ 43 Abs. 1 Satz 1) oder Verkehrsanlagen (§ 47 Abs. 1 Satz 1) nimmt Abs. 1 bei der Technischen Ausrüstung nicht Bezug auf § 34 Satz 1. In Satz 1 wird vielmehr angegeben, dass das Leistungsbild Leistungen für Neuanlagen, Wiederaufbauten, Erweiterungsbauten, Umbauten, Modernisierungen, Instandhaltungen und Instandsetzungen umfasst.

1. Bewertung von Grundleistungen

4   Werden als Leistungen bei der Technischen Ausrüstung die Grundleistungen aller Leistungsphasen 1 bis 9 vollständig erbracht, dann beträgt die Vergütung das durch Interpolation (§ 13) ermittelte volle Honorar aus § 56 Abs. 1, in dem die Mindest- und Höchstsätze der Honorare **nach anrechenbaren Kosten und drei Honorarzonen gestaffelt** sind. Für die Grundleistungen einer jeden Leistungsphase sind im Leistungsbild Technische Ausrüstung in Absatz 1 Bewertungssätze in Prozent der Honorare des § 56 Abs. 1 angegeben. Die Angabe dieser Prozentsätze wird auch als „Bewertung" bezeichnet. Diese **Bewertung ist der** in dieser Verordnung festgelegte **Anteil in Prozent der** schriftlich zu vereinbarenden **Honorare des § 56 Abs. 1** oder für den Fall, dass eine schriftliche Vereinbarung nicht vorliegt, der dort angegebenen Mindestsätze und somit die Festsetzung der Vergütung für die Grundleistung der betreffenden Leistungsphase. Werden nicht alle Leistungsphasen eines Leistungsbildes übertragen, so dürfen nur die für die übertragenen Phasen vorgesehenen Teilhonorare berechnet werden. Die Vereinbarung bedarf der Schriftform (§ 8 Abs. 1).

5   Für die Technische Ausrüstung sind in Absatz 1 die einzelnen Leistungsphasen mit folgenden **Prozentsätzen** der Honorare angegeben:

Leistungsphase 1 Grundlagenermittlung	2 %
Leistungsphase 2 Vorplanung	9 %
Leistungsphase 3 Entwurfsplanung	17 %
Leistungsphase 4 Genehmigungsplanung	2 %
Leistungsphase 5 Ausführungsplanung	22 %
Leistungsphase 6 Vorbereitung der Vergabe	7 %
Leistungsphase 7 Mitwirkung bei der Vergabe	5 %
Leistungsphase 8 Bauoberleitung	35 %
Leistungsphase 9 Objektbetreuung und Dokumentation	1 %

Die **Anteile einzelner Grundleistungen,** die unter **einer Leistungsphase** zusammengefasst sind, an der Gesamtleistung dieser Leistungsphase sind in der Verordnung **nicht angegeben.** Ihr Anteil wird also für den Einzelfall gesondert zu bemessen sein (vgl. Kommentierung zu § 8 Abs. 2). Werden nicht alle Grundleistungen beauftragt, so ist das Honorar angemessen zu mindern, wobei der Umfang der Minderung im Einzelfall zu klären ist.

2. Besondere Leistungen (Abs. 3 und 4)

Nach § 3 Abs. 3 können Besondere Leistungen zu Grundleistungen hinzu oder an deren 6
Stelle treten, wenn besondere Anforderungen an die Ausführung des Auftrags gestellt werden, die über die allgemeinen Leistungen hinausgehen oder diese ändern. Ihre **Aufzählung ist beispielhaft** und **nicht abschließend**. An diesem System hat sich auch mit der Neufassung der HOAI nichts geändert.

Weiterhin ist für die Vergütung der Besonderen Leistungen keine Schriftform mehr erforderlich (vgl. arg. Ex. § 5 Abs. 4 HOAI 2002). Wenn nicht Anderes schriftlich vereinbart worden ist, muss der Planer also nur nachweisen, dass die Leistung vom Bauherren abgerufen worden ist. Auf die Schriftform kommt es als Anspruchsvoraussetzung also nicht mehr an. Entscheidend ist allein die Auftragserteilung, die auch mündlich erfolgen kann. Fehlt eine Vereinbarung, kann der Auftragnehmer **im Zweifel die übliche Vergütung** verlangen (§ 632 Abs. 2 BGB).

Für **Umbauten und Modernisierungen** sind in einem in der Vierten Änderungsver- 7
ordnung neu angefügten Absatz 4 zu § 73 a. F. HOAI 2002 als weitere Besondere Leistungen, die vereinbart werden können, angeführt
– Durchführen von Verbrauchsmessungen und
– endoskopische Untersuchungen.

Diese beiden Besonderen Leistungen wurden dem beispielhaften Katalog der Besonderen Leistungen der Anlage 2 als Ziff. 2.11.8 HOAI 2009 als „Besondere Leistungen bei Umbauten und Modernisierungen" hinzugefügt, was in der 7. Novelle beibehalten worden ist (Bes. Leistungen Lph. 1 Anlage 15).

Es handelt sich dabei um Besondere Leistungen, die als vorbereitende Untersuchungen gelten können und somit der Vorbereitung der Planung im Sinne einer Grundlagenermittlung dienen. Mit den Verbrauchsmessungen werden Grundlagen für die Umbauten und Modernisierungen für die Dimensionierung der Anlagen gelegt. Endoskopische Untersuchungen, die mit einer Sonde Einblicke in Hohlräume verschaffen, werden vornehmlich bei der Untersuchung vorhandener Substanz durchgeführt, z.B. zur Feststellung von Rohrummantelungen in Schlitzen und Ähnlichem.

III. Leistungsphasen 1 bis 9

In Absatz 3 wird darauf verwiesen, dass **die einzelnen Leistungen jeder Leistungs-** 8
phase in der ausgegliederten **Anlage 15** geregelt sind. Die im **eigentlichen Leistungsbild** aufgeführten Grundleistungen sind nach § 3 Abs. 2 Leistungen, die zur ordnungsgemäßen Erfüllung eines Auftrags im Allgemeinen erforderlich sind, die nach § 3 Abs. 1 verbindlich geregelt sind. Durch die 7. Novelle wurde die Bezeichnung diese Leistungen als Grundleistungen wieder eingeführt.

Das Leistungsbild Technische Ausrüstung folgt in den Leistungsphasen 1 bis 9 hinsichtlich der aufgenommenen Grundleistungen im Leistungsbild der Objektplanung für Gebäude, Freianlagen und Innenräume des § 34 unter Anpassung an die Belange der Technischen Ausrüstung.

Im Nachfolgenden wird vornehmlich auf die Grundleistungen im Leistungsbild Technische Ausrüstung eingegangen, die sich von denen für Gebäude, Freianlagen und Innenräume unterscheiden. Allgemein gilt, dass sich Inhalt und Umfang der Leistungspflichten aus dem Planungsvertrag nach dem Verständnis eines objektivierten Bauherrn richten (vgl. BGH, Urteil vom 24.6.2004, AZ: VII ZR 259/04). Regelmäßig wird der Bauherr an denjenigen Leistungen Interesse haben, die die Bauunternehmer in die Lage versetzen, das Gebäude zu bauen, ihm eine Information über die Kosten geben und ihn in die Lage versetzen, die Ausführung der Arbeiten zu kontrollieren und ggf. Gewährleistungsansprüche durchzusetzen. Werden die Leistungsbilder der HOAI zu Leistungspflichten erhoben, dann hat der Planer in der Regel alle Grundleistungen zu erbringen. Ob

sich diese auf die für die Erfüllung der werkvertraglichen Pflichten erforderlich gewesenen begrenzt (vgl. zuletzt *BGH, Urteil vom 28.7.2011 – VII ZR 65/10 m.w.N.*) ist im Ergebnis zu bejahen. (Zumindest kann der BGH-Entscheidung entnommen werden, dass es Grundleistungen gibt, die bei Nichterbringung immer zu einer Kostenreduzierung führen und solche, bei denen geprüft werden muss, ob sie für die Erreichung des werkvertraglichen Erfolges notwendig gewesen sind. Nur wenn Letzteres der Fall gewesen ist, darf eine Honorarminderung vorgenommen werden.)

1. Grundlagenermittlung (Abs. 1 Nr. 1)

a) (Grund-)Leistungen

9 Die Grundlagenermittlung bei der Technischen Ausrüstung übernimmt **3 der 5 Grundleistungen aus dem Leistungsbild Anlage 10,** nämlich
- Klären der Aufgabenstellung aufgrund der Vorgaben oder der Bedarfsplanung des Auftraggebers im Benehmen mit dem Objektplaner und
- Ermitteln der Planungsrandbedingungen und Beraten zum Leistungsbedarf und gegebenenfalls zur technischen Erschließung,
- Zusammenfassen, Erläutern und Dokumentieren der Ergebnisse,

Zum **„Klären der Aufgabenstellung"** gehören nach, worauf Seifert in der Vorauflage zu Recht hingewiesen hat, die Ermittlungen und Festlegungen über
- Energiebedarf, Energiearten und ihre Verbraucher,
- Auswahl der Versorgung nach wirtschaftlichen Gesichtspunkten,
- Art und Umfang der Kommunikationssysteme, Telefonanlagen, Lautsprecher, Suchanlagen und sonstige Systeme,
- Sonderanlagen wie Feuermeldeeinrichtungen, Sicherungen u.a.
(vgl. hierzu auch OLG Frankfurt, BauR 2008, 553). Die einzelnen Anforderungen sollen zudem im Benehmen mit dem Objektplaner erfolgen, so dass beide in diesen Prozess einzubeziehen sind.

Ermitteln der Planungsrandbedingungen und Beraten zum Leistungsbedarf und gegebenenfalls zur technischen Erschließung ist eine neue Grundleistung. In dieser Phase soll der Ingenieur die vorhandene technische Infrastruktur (bspw. Mittelspannungsversorgung etc.) abklären. Planungsrandbedingungen betreffen aber auch die Art der Vergabe und die einzubeziehenden Behörden und Fachplaner. Diese Ergebnisse müssen dann im Hinblick auf die Vorgaben oder die Bedarfsplanung des Auftraggebers untersucht werden und den ergebenden Leistungsbedarf definieren. Gemeint sind bspw. Kapazitätsprüfungen, Erfordernis einer Ersatzstromversorgung und ähnliches.

Das **„Zusammenfassung, Erläutern und Dokumentieren der Ergebnisse"** hat im Allgemeinen über das Ergebnis der Grundlagenermittlung zu erfolgen, wobei Angaben zu den vorgenannten Anlagen, ihre Auswahl und ihre Ausstattung gemacht werden müssen. Schriftlich hat diese Zusammenfassung zwar nicht zwingend, im Hinblick auf die „Pflicht zur Dokumentation" aber ratsamer Weise zu erfolgen. Fraglich ist, was unter „Erläutern" zu verstehen ist, wobei man bei richtigem Verständnis eine Erklärung der Fachplanung gegenüber dem Bauherrn verstehen muss. Auch dies sollte, des Nachweises wegen, dokumentiert werden,

Oftmals werden Ingenieure nicht mit der Leistungsphase 1 beauftragt, da diese der Auftraggeber selbst erbringen möchte. Eine solche Vorgehensweise ist im Hinblick auf § 8 möglich, aber aus Sicht des Planers nicht erstrebenswert, da mittels dieser Methode oftmals Honorar eingespart werden sollen. Planer sollten unbedingt darauf bestehen, diese Vorgaben schriftlich zu erhalten, da jedes Abweichen erhebliche Auswirkungen auf den späteren Planungsverlauf haben kann. Ggf. sollten die Planer Behinderung gem. § 642 BGB anmelden, wenn die vom AG zu übergebenden Leistungen der nicht beauftragten Leistungsphasen nicht vollständig sind. Zudem sind die vom Bauherrn ermittelten Grundlagen zu überprüfen und ggf. Hinweise- und Aufklärungen im Hinblick auf diese zu geben.

b) Besondere Leistungen

Die **Besondere Leistung Systemanalyse** nach Nutzen, Aufwand, Wirtschaftlichkeit 10 und Durchführbarkeit und Umweltverträglichkeit, die eine Untersuchung in energiewirtschaftlicher Hinsicht war, wurde ersetzt durch das „Mitwirken bei der Bedarfsplanung für komplexe Nutzungen zur Analyse der Bedürfnisse, Ziele und einschränkenden Gegebenheiten (Kosten, Termine, und anderer Rahmenbedingungen) des Bauherrn und wichtiger Beteiligter". Die den eigentlichen Leistungsphasen der HOAI vorgeschaltete Bedarfsplanung dient insbesondere dazu abzuklären, was und welche Leistungen der Bauherr wirklich benötigt, ob er sie sich leisten kann und die Leistungen auch terminlich realisierbar sind. Anders als die Systemanalyse wird diese Leistung insbesondere bei Neubauvorhaben, von zunehmender technischer Komplexität von Bedeutung werden.

Die „**Datenerfassung** und die Analysen und Optimierungsprozesse im Bestand" dienen ebenfalls als Entscheidungshilfe, um dem Bauherrn die Auswahl für die verschiedenen Anlagen zu erleichtern.

Zu Besonderen Leistungen bei **Umbauten und Modernisierungen,** die dem Bereich der Grundlagenermittlung zugeordnet werden können, vergleiche oben. Für die Bereiche Umbau sind zudem die Bestandsaufnahme und die Datenerfassung hinzugekommen, die im Hinblick auf die zunehmend höhere Ausstattung auch von Altgebäuden mit technischen Anlagen Bedeutung erlangt haben.

Neu aufgeführt sind ist auch das Mitwirken bei der Ausarbeitung von Auslobungen und bei der Vorprüfung der Planungswettbewerbe.

2. Vorplanung (Abs. 1 Nr. 2)

a) Grundleistungen

Bei der Projekt- und Planungsvorbereitung (Vorplanung, Leistungsphase 2) ergibt sich 11 im Vergleich mit den Grundleistungen aus **Anlage 10** folgendes Bild:
Nicht übernommen wurden die Grundleistungen
– Abstimmen der Zielvorstellungen,
– das Bereitstellen der Arbeitsergebnisse als Grundlage für die anderen an der Planung Beteiligten
– sowie die Koordination und Integration von deren Leistungen.

Alle anderen Grundleistungen des Leistungsbilds Gebäude sind unter leichten Abänderungen übernommen worden:
– Analyse der Grundlagen Mitwirken beim Abstimmen der Leistungen mit den Planungsbeteiligten,
– Erarbeiten eines Planungskonzepts, dazu gehören zum Beispiel: Vordimensionieren der Systeme und maßbestimmende Anlagenteil, Untersuchen von alternativen Lösungsmöglichkeiten bei gleichen Nutzungsanforderungen, einschließlich Wirtschaftlichkeitsbetrachtung, zeichnerische Darstellung zur Integration in die Objektplanung unter Berücksichtigung exemplarischer Details, Angaben zum Raumbedarf,
– Aufstellen eines Funktionsschemas bzw. Prinzipschaltbildes für jede Anlage,
– Klären und Erläutern der wesentlichen fachübergreifenden Prozesse, Randbedingungen und Schnittstellen, Mitwirken bei der Integration der technischen Anlagen,
– „Vorverhandlungen mit Behörden über die Genehmigungsfähigkeit und mit den zu beteiligenden Stellen der Infrastruktur,
– Kostenschätzung nach DIN 276 2. Ebene und die Terminplanung,
– Zusammenstellen Erläutern, Dokumentieren der Ergebnisse.

Das Erarbeiten eines Planungskonzepts hat bei der Untersuchung der alternativen Lösungsmöglichkeiten mit gleichen Anforderungen den Zusatz erhalten: „einschließlich Wirtschaftlichkeitsvorbetrachtung".

Weitgehend kann auf die Kommentierung zu **Anlage 10 bei § 34 verwiesen werden,** wenngleich eine Reihe der nachstehenden Besonderheiten auftritt.

In der Regel wird das **Planungskonzept** zeichnerisch dargestellt. Nicht als selbstständige Skizze, sondern auch nach der 7. Novelle noch als zeichnerische Darstellung der wichtigsten Teile der Anlagen bzw. Anlagengruppen auf Plänen des Bauwerks (Gebäude oder Ingenieurbauwerk) des Objektplaners erstellt. Als üblicher geschuldeter Maßstab dürfte hier ein Maßstab 1:200 bei kleineren Bauvorhaben 1:100 sein. Unter alternativen Lösungsmöglichkeiten nach gleichen Anforderungen können nicht Untersuchungen vollkommen anderer Systeme, sondern nur Varianten von den im Planungskonzept vorgesehenen Systemen zu verstehen sein. Die Zielvorstellungen der Planung müssen also dieselben sein, während die Umsetzungen derselben anders erreicht wird. Für die Integration der Planung in die Objektplanung sollen Details exemplarisch angegeben werden und Angaben zum Raumbedarf der technischen Anlagen gemacht werden. Gemeint ist hierbei die Berücksichtigung des Raumbedarfs einer jeden technischen Variante. Die Kosten der baulichen Maßnahme hat dann der Objektplaner zu bewerten.

Das „**Aufstellen eines Funktionsschemas bzw. eines Prinzipschaltbildes**" für jede Anlage ist in gesonderter Darstellung als Ergänzung zur zeichnerischen Darstellung des Planungskonzeptes auf Plänen des Objektplaners zu liefern.

Neu aufgenommen wurde die eigenständige Pflicht des Fachplaners, Terminpläne für die Teile der Anlagentechnik zu erstellen. Der Terminplan ist ein grober Anfangsterminplan, in dem die Abläufe der Planung und der Ausführung der technischen Anlagen aufgenommen sein müssen. Der Objektplaner wird aus dem Terminplan des Fachplaners und den sich daraus ergebenden Erfordernissen einen Gesamtterminplan erstellen. Haftungsträchtig dürfte die Erstellung eines Terminplanes in dieser Phase nur dann sein, wenn die getroffenen Grobannahmen völlig falsch sind. Der Fachplaner hat zudem eine eigene Kostenschätzung nach DIN 276 2. Ebene anzufertigen. Anders als in früheren Fassungen der HOAI wurde also das bloße „Mitwirken" in eine eigene vollumfängliche Handlungspflicht ausgedehnt und hat somit einen eigenen Stellenwert erhalten. Für das Zusammenfassen, Erläutern und Dokumentieren der Ergebnisse ist in jedem Fall Schriftform zu wählen. Zudem sollte mit dem Auftraggeber abgeklärt werden, wie eine solche Zusammenstellung der Ergebnisse erfolgen kann. Üblicher Weise wird der Auftraggeber erwarten können, dass die wesentlichen Ergebnisse der Arbeitsschritte zusammengefasst werden.

Bei der Erstellung der Leistungen hat der Fachplaner die anerkannten Regeln der Technik zu beachten, die zum Zeitpunkt der Abnahme der Leistungen Gültigkeit haben werden. Da die Fachplanung Werkvertrag ist, wird also ein Erfolg geschuldet, der erst am Ende des Auftrages – also zum Zeitpunkt der Abnahme – eingehalten sein muss. Da Planungsprozesse aber oftmals länger dauern, können sich anerkannte Regeln der Technik ändern, was dann grundsätzlich dazu führt, dass der Planer seine Leistungen umplanen muss. Schadensersatz schuldet er aber nur dann, wenn ihm bei Ausarbeitung der Planung bereits erkennbar gewesen ist, dass sich die anerkannten Regeln der Technik ändern. Gleiches gilt bei der Auswahl von Materialien. War zum Zeitpunkt der Auswahl eines Systems dessen Problemhaftigkeit bekannt, muss der Planer den Auftraggeber darüber aufklären und seine Entscheidung einholen. Tut er das nicht, haftet er für diese Pflichtverletzung ggf. auf Schadensersatz.

b) Besondere Leistungen

12   Das „**Durchführen von Versuchen und Modellversuchen**" ist denkbar als Untersuchung von Luftströmungen in Operationssälen, z. B. im Operationsfeld, oder aber zur Feststellung der Filterfunktion von Zuluftanlagen (Keimzahl 10) und ähnliches.

Die „**Untersuchung zur Gebäude- und Anlagenoptimierung hinsichtlich Energieverbrauch und Schadstoffemission (z. B. SO_2, NO_x)**" und das „Erarbeiten optimierter Energiekonzepte" sind zwei mit der Fünften Änderungsverordnung neu eingefügte Besondere Leistungen, die aber in der 7. Novelle nicht übernommen bzw. als Besondere Leistungen der Leistungsphasen 1 oder 3 erfasst worden sind. Hintergrund der Streichung, die in der amtlichen Begründung nicht näher erläutert worden ist, ist, dass durch die Anforderungen der Energieeinsparverordnungen und dem Erneuerbare Energien und Wärme Gesetz (EEWG) der Einsatz von regenerativen Energien und anderen Energieträgern ohnehin zu prüfen und vielfach als Fachplanungsleistungen der Bauphysik (vgl. Anlage 1) zu erbringen ist.

3. Entwurfsplanung (Abs. 1 Nr. 3)

a) Grundleistungen

Im Vergleich mit den Grundleistungen der **Anlage 10** für die System- und Integra-　**13** tionsplanung (Entwurfsplanung, Leistungsphase 3) sind im Leistungsbild Technische Ausrüstung **nicht unwesentliche Abweichungen** dadurch eingetreten,

– dass aus Anlage 10 die „Integration der Leistungen anderer ... fachlich Beteiligter" und die „Objektbeschreibung",
– dass aus Anlage 10 das „Erarbeiten der Entwurfsplanung" durch eine Reihe anderer bei der Technischen Ausrüstung erforderlicher Leistungen wie „Festlegung aller Systeme und Anlagenteile" und „Berechnung und Bemessung der technischen Anlagen und Anlagenteile, Abschätzen von jährlichen Bedarfswerten etc. und „Angabe und Abstimmung der für die Tragwerksplanung notwendigen Durchführungen und Lastangaben (ohne Anfertigen von Schlitz-Durchbruchsplänen)" und weitere ersetzt wurde.

Folgende Grundleistungen werden im Einzelnen gefordert:

– Durcharbeiten des Planungskonzepts (stufenweise Erarbeitung einer Lösung) unter Berücksichtigung aller fachspezifischen Anforderungen sowie unter Beachtung der durch die Objektplanung integrierten Fachplanungen, bis zum vollständigen Entwurf (vergleichbar mit Anlage 10),
– Festlegen aller Systeme und Anlagenteile,
– Berechnung und Bemessung sowie zeichnerische Darstellung und Anlagenbeschreibung (mit einem anderen Inhalt als bei Anlage 10), ergänzt um das Abschätzen von jährlichen Bedarfswerten (z.B.) Nutz- und End- und Primärenergiebedarf) und Betriebskosten, Abstimmen des Platzbedarfs für technische Anlagen und Anlagenteile, Fortschreiben und Detaillieren der Funktions- und Strangschemata der Anlagen, Auflisten aller Anlagen mit technischen Daten und Angaben, zum Beispiel für Energiebilanzierungen, Anlagenbeschreibungen mit Angabe der Nutzungsbedingungen,
– Übergeben der Berechnungsergebnisse an andere Planungsbeteiligte zum Aufstellen vorgeschriebener Nachweise; Angabe und Abstimmung der für die Tragwerksplanung notwendigen Angaben über Durchführungen und Lastangaben (ohne Anfertigen von Schlitz- und Durchführungsplänen),
– Verhandlungen mit Behörden und anderen an der Planung fachlich Beteiligten über die Genehmigungsfähigkeit,
– Kostenberechnung nach DIN 276 (3. Ebene) und Terminplanung,
– „Kostenkontrolle durch Vergleich der Kostenberechnung mit der Kostenschätzung.
– Zusammenfassen, Erläutern und Dokumentieren der Ergebnisse.

Der **vollständige Entwurf** als Ergebnis dieser Leistungsphase ist stufenweise aus dem Planungskonzept als zeichnerische Lösung – also auch in der Regel wie das Planungskonzept auf Plänen der Objektplaner des Bauwerks – zu erarbeiten, wobei fachspezifische Anforderungen, aber auch die durch den Objektplaner integrierten Fachplanungen, die dann vorliegen müssen, zu berücksichtigen sind.

Das **„Festlegen aller Systeme und Anlagenteile"** ist Voraussetzung für die weitere Planung, wobei nicht Einzelheiten, sondern Festlegungen erforderlich werden, die eine änderungsfreie Weiterplanung gewährleisten.

Auch die **„Berechnung und Bemessung sowie die zeichnerische Darstellung und die Anlagenbeschreibung"** müssen im Entwurfsstadium nur so weit vorangetrieben werden, dass sie eine änderungsfreie Planung möglich machen, jedoch genau genug, um Angaben für die notwendigen (Rohr- und Leitungs-)Durchführungen für die Tragwerksplanung und Lastangaben machen zu können, damit vom Tragwerksplaner Schlitze und Durchbrüche in seine Ausführungspläne (Schal- und Bewehrungspläne) eingetragen und berücksichtigt werden können. Im Einzelnen ist der Ausgabemaßstab mit dem Objektplaner abzustimmen und dürfte in der Regel nicht über einen Maßstab 1:100 hinausgehen. Keinesfalls geschuldet ist in dieser Phase eine Genauigkeit der Planungsleistungen im Maßstab 1:50 oder noch genauer. Diese Leistungen sind eindeutig der Leistungsphase 5 vorbehalten, wo die Berechnungen und Bemessungen der Anlagenteile fortzuschreiben sind.

Eine gesonderte Anfertigung von Schlitz- und Durchbruchsplänen ist nicht gefordert. Diese müssen gesondert in Auftrag gegeben sein (vgl. unten Rdn. 27). Neu aufgenommen mit der 7. Novelle sind die vorzunehmenden wirtschaftlichen Untersuchung der technischen Anlagen, deren voraussichtlicher Energiebedarf bzw. Energieverbrauch und die daraus resultierenden Betriebskosten inklusive Wartungen. Diese Leistungen werden für den Energieplaner für die Berechnung des Jahresprimärenergiebedarfs wesentlich sein und sind jetzt als Grundleistungen geschuldet.

Fachplaner haben nun nicht mehr alleine „mitzuwirken" bei Vorverhandlungen mit Behörden, sondern diese Verhandlungen selbst zu übernehmen. Eine Abstimmung mit dem Objektplaner ist aber natürlich nach wie vor erforderlich. Festzulegen sind hierbei die Wahl der Energieträger, Versorgungs- und Entsorgungseinrichtungen (vgl. L/K/F, § 55 Rdn. 24). Vielfach werden Verhandlungen mit Behörden und/oder Unternehmen über Ver- und Entsorgung unter Einbeziehung von Umweltschutzfragen erforderlich sein.

Auch **bei der Erstellung der Kostenberechnung** ist nunmehr nicht nur ein Mitwirken, sondern eine eigene Verantwortlichkeit gegeben. Fachplaner werden sich aber natürlich mit dem Objektplaner abstimmen müssen, da ihr Beitrag zur Gesamtkostenberechnung natürlich im Wesentlichen nur die Kostengruppe 400, vielleicht noch einige Bereiche der Kostengruppe 600 erfassen wird. Letztlich ist die Tätigkeit also nach wie vor ein Mitwirken an einer **Gesamt-**Grundleistung, die vom Objektplaner im Rahmen der Entwurfsplanung zu erbringen ist. Hier hat der Auftragnehmer für Anlagen der Technischen Ausrüstung die Kostenberechnung für die von ihm geplanten und bearbeiteten Anlagen für die Gesamtkostenberechnung des Objektplaners beizusteuern, wobei er bei Gebäuden diese Kostenberechnung nach DIN 276 aufzustellen hat. Neu hinzugekommen ist noch das Fortschreiben der Terminplanung, welche in der Leistungsphase 2 begonnen wurde. Der Planer hat also die aus der Entwurfsplanung gewonnenen Erkenntnisse in den Terminplan zu übertragen.

Mit der Fünften Änderungsverordnung ist in der Leistungsphase 3 – wie beim Leistungsbild der Tragwerksplanung des § 64 a. F. (jetzt: Anlage 13) – als weitere (Grund-)Leistung das **„Mitwirken bei der Kostenkontrolle durch Vergleich der Kostenberechnung mit der Kostenschätzung"** angefügt worden. Hierzu wird auf die entsprechende Kommentierung zu Anlage 12, vor allem aber auch zu Anlage 10, verwiesen.

b) Besondere Leistungen

14   Bei der Entwurfsplanung der Leistungsphase 3 sind als Besondere Leistungen aufgeführt
– Erarbeiten von besonderen Daten für die Planung Dritter, zum Beispiel Stoffbilanzen etc.
– detaillierter Wirtschaftlichkeitsnachweis,
– detaillierter Vergleich von Schadstoffemissionen,
– detaillierte Betriebskostenberechnung für die ausgewählte Anlage,
– detaillierte Schadstoffemissionsberechnungen für die ausgewählte Anlage,
– detaillierter Nachweis von Schadstoffemissionen,
– Aufstellen einer gewerkeübergreifenden Brandschutzmatrix,
– Auslegung der technischen Systeme bei Ingenieurbauwerken nach Maschinenrichtlinie,
– Anfertigen von Ausschreibungszeichnungen bei Leistungsbeschreibung mit Leistungsprogramm,
– Mitwirken bei einer vertieften Kostenberechnung,
– Simulation zur Prognose des Verhandelns von Gebäuden, Bauteilen, Räumen und Freiräumen

Das **„Erarbeiten von besonderen Daten für die Planung Dritter"** muss nicht nur für Fachplaner von weiteren Anlagen der Technischen Ausrüstung (die Verordnung gibt als Beispiel Stoffbilanzen an, denkbar sind auch Anlagen außerhalb des Bauwerks), sondern kann auch für die Objektplanung von Ingenieurbauwerken, z. B. für die Entsorgung, erforderlich werden.

„Detaillierter Wirtschaftlichkeitsnachweis" und **„Betriebskostenberechnungen"** gehen als Besondere Leistung über die in der Leistungsphase 2 im Zusammenhang mit der Erarbeitung des Planungskonzepts genannte „Wirtschaftlichkeitsvorbetrachtung" hinaus.

Wirtschaftlichkeitsberechnungen können als Kosten-/Nutzenanalyse auch im Vergleich zu anderen Anlagen – also alternativen Lösungen – aufgestellt werden, aber auch und immer dringlicher im Hinblick auf Energieeinsparung. Betriebskostenberechnungen hingegen sind Berechnungen der (voraussichtlichen) Betriebskosten von Anlagen und Anlagengruppen, die im Einzelnen anhand vorausberechneter Verbrauchsmengen (Energie) und/oder Belastungsmengen über die Tarife und Arbeitspreise errechnet werden. Maßgebend für die „Berechnung der Kosten von Wärmeversorgungsanlagen" ist die VDI-Richtlinie 2067 Blatt 1 bis 7 (zu beziehen durch Beuth-Verlag, Berlin).

Die beiden mit der Fünften Änderungsverordnung in der Leistungsphase 3 neu eingefügten Besonderen Leistungen „**detaillierter Nachweis von Schadstoffemissionen**" und „**Schadstoffemissionsberechnungen**" stehen in einem Zusammenhang. Während Vergleiche von Schadstoffemissionen üblicherweise anhand von Angaben der jeweiligen Anlagenhersteller angestellt werden, sind ihre Berechnungen vom Auftragnehmer bei Fehlen solcher Angaben eigenständig zu ermitteln.

Bei einer **Leistungsbeschreibung mit Leistungsprogramm** ist die Form einer Leistungsbeschreibung, bei der vom Auftraggeber nur der Rahmen über das Programm der gewünschten Bauleistung angegeben wird, das der Bieter dann mit zum Teil eigenen Architektur- und Konstruktionsleistungen ausfüllt (vgl. Ingenstau/Korbion VOB-Kommentar A § 9/7 Rdn. 115), nicht vorgegeben. Zu den Ausschreibungsunterlagen, die im Wesentlichen Beschreibungen der Funktionen und Randbedingungen des ausgeschriebenen Objektes umfassen, gehören als notwendige ergänzende Unterlagen unter anderem auch ein Raumprogramm dazu (vgl. Ingenstau/Korbion a.a.O. § 7 Rdn. 139). Zu jedem Raum des Raumprogramms werden die geplanten und somit gewünschten Ausstattungen in einem Raumbuch festgelegt. Die Beiträge des Auftragnehmers von Leistungen für die Technische Ausrüstung bestehen in den Angaben zu diesem Raumbuch, z.B. über die Heizkörper, die sanitären Einrichtungen, Sonnenblenden u.ä.

Neu aufgenommen in den Besonderen Leistungen sind das Erstellen einer gewerkeübergreifenden Brandschutzmatrix und u.a. das vertiefte Erstellen einer Kostenberechnung.

4. Genehmigungsplanung (Abs. 1 Nr. 4)

a) Grundleistungen

Bei der Genehmigungsplanung der Leistungsphase 4 sind **aus Anlage 10** im Wesentlichen **die zwei für Gebäude maßgebenden Grundleistungen übernommen** worden mit der Abänderung, dass die Unterlagen nicht eingereicht werden, sondern nur zu erarbeiten und zusammenzustellen sind, was darauf zurückzuführen ist, dass der Auftragnehmer für Leistungen bei der Technischen Ausrüstung in den meisten Fällen die Genehmigungsanträge nicht selbst stellt, sondern sie über den Objektplaner stellen lässt. Somit umfasst das Leistungsbild der Genehmigungsplanung an (Grund-)Leistungen:
– Erarbeiten der Vorlagen für die ... erforderlichen Genehmigungen oder Zustimmungen,
– Zusammenstellen dieser Unterlagen,
– Vervollständigen und Anpassen der Planungsunterlagen, Beschreibungen und Berechnungen.

Da das Leistungsbild **weitgehend** mit dem Leistungsbild der Entwurfsplanung für Gebäude, Freianlagen und raumbildende Ausbauten der Anlage 11 übereinstimmt, **kann auf** die dortige Kommentierung zu **Anlage 10 bei § 34 verwiesen werden.**

Bei der Mehrzahl der Fälle hat der Fachplaner der Technischen Ausrüstung Beiträge zur Genehmigungsplanung des Architekten mit dieser Leistungsphase zu liefern. Das so genannte „**Entwässerungsgesuch**" (oder die Entwässerungsplanung) als Bestandteil der (zur Genehmigung vorzulegenden) Bauvorlagen ist eine Fachplanerleistung, wird aber in der Regel von diesem nicht eingereicht, sondern vom Architekten seinen sonstigen Bauvorlagen beigefügt. Die Kosten der Entwässerungsanlagen sind gem. § 54 Abs. 4 bei den anrechenbaren Kosten der Fachplanung hinzuzufügen, was aber voraussetzt, dass der Fachplaner diese Leistungen auch erbracht hat. Erstellt der Architekt das Entwässerungsgesuch wird ihm hierfür ein gesondertes Fachplanerhonorar zustehen (vgl. OLG Karlsruhe, IBR 2005,

552 sowie L/K/F, § 55 Rdn. 30). Ein **Beitrag des Fachplaners zur Genehmigungs-planung des Architekten genügt, um die Leistungsphase 4 der Fachplanungsleistungen abrechnen zu können** (OLG Rostock, Urteil vom 23.5.2007 – 2 U 2/06; BauR 2008, 568; BauR 2008, 695; IBR 2008, 163). Führt der Fachplaner aber nur **Korrespondenz** mit einem Energieversorgungsunternehmen **reicht** dies allerdings nicht aus, um eine Abrechnung der Leistungsphase 4 im Hinblick auf § 5 HOAI 2002 (§ 8 HOAI 2013) rechtfertigen zu können (OLG Köln, Urteil vom 12.2.1998 – 12 U 103/97; IBR 2000, 333).

b) Besondere Leistungen

16   Im Leistungsbild der Genehmigungsplanung sind in der Leistungsphase 4 **keine Besonderen Leistungen** aufgeführt.

5. Ausführungsplanung (Abs. 1 Nr. 5)

a) Grundleistungen

17   Durch die 7. Novelle wurde das Leistungsbild des Ausführungsplaners stark erweitert. Von den ehemals der Ausführungsplanung von Gebäuden entsprechenden Grundleistungen sind bei der Ausführungsplanung der Leistungsphase 5 im Leistungsbild Technische Ausrüstung folgende **weitgehend übernommen** worden, und zwar
- Erarbeiten der Ausführungsplanung auf Grundlage der Ergebnisse der Leistungsphasen 3 und 4, (stufenweise Erarbeitung und Darstellung der Lösung) unter Beachtung der durch die Objektplanung integrierten Fachplanungen bis zur ausführungsreifen Lösung,
- zeichnerische Darstellung der Anlagen mit Dimensionen (keine Montage- und Werkstattzeichnungen),
- Anfertigen von Schlitz- und Durchbruchsplänen (als Grundlage für den an der Planung fachlich beteiligten Tragwerksplaner),
- Fortschreibung der Ausführungsplanung auf den Stand der Ausschreibungsergebnisse.

Die Grundleistung **„Erarbeiten der Ausführungsplanung auf Grundlage der Ergebnisse der Leistungsphasen 3 und 4"** ist auf die Berücksichtigung aller fachspezifischen Anforderungen unter Beachtung der durch die Objektplanung integrierten Fachleistungen abgestellt, die vom Objektplaner zur Verfügung zu stellen sind.

Bei der Grundleistung **„zeichnerische Darstellung der Anlagen mit Dimensionen"** sind also ausdrücklich Angaben über die Dimensionierung gefordert, und es ist ausdrücklich betont, das keine Montage- und Werkstattzeichnungen verlangt werden, die in der Regel von den ausführenden Unternehmen (abgestellt auf deren Systeme) geliefert werden.

Das **„Anfertigen von Schlitz- und Durchbruchsplänen"** besteht in der Regel in Eintragungen von Durchbrüchen und Schlitzen für Rohre und Leitungen in die Ausführungspläne des Objektplaners und/oder in die Schal- und Bewehrungspläne des Tragwerksplaners. Wenn diese Schlitz- und Durchbruchspläne vom Objektplaner oder vom Tragwerksplaner selbst gefertigt werden, verringert sich nach § 55 Abs. 2 der Prozentsatz von 22% auf 18%. Die schon in der Leistungsphase 3 verlangte „Angabe und Abstimmung der für die Tragwerksplanung notwendigen Durchführungen und Lastangaben" (vgl. Anlage 15 LPh. 3d) ersetzen Schlitz- und Durchbruchspläne nicht und können auch nicht ausreichende Angaben zur Anfertigung dieser Pläne sein, denn die in der Leistungsphase 3 verlangte Abstimmung dient vornehmlich bei größeren Durchführungen durch tragende Konstruktionen ihrer Berücksichtigung beim Standsicherheitsnachweis. Diese Schlitz- und Durchbruchspläne können dann entfallen, wenn Leitungen u. ä. vor die Wände gesetzt und mit Installationswänden und/oder in Schächten verschlossen werden und/oder wenn Durchbrüche durch Kernbohrungen hergestellt werden sollen.

Die **„Fortschreibung der Ausführungsplanung auf den Stand der Ausschreibungsergebnisse"** bedeutet die Übernahme der von den jeweilig angebotenen Systemen der Bieter erforderlichen Angaben und Dimensionen.

Neu hinzugekommene Grundleistungen sind:

- Fortschreiben der Berechnungen und Bemessungen zur Auslegung der technischen Anlagen und Anlagenteile;
- Anpassen und Detaillieren der Funktions- und Strangschemata der Anlagen bzw. der GA (Gebäudeautomations-) und Funktionslisten;
- Fortschreiben des Terminplans;
- Fortschreiben der Ausführungsplanung auf den Stand der Ausschreibungsergebnisse und der dann vorliegenden Ausführungsplanung des Objektplaners, Übergeben der fortgeschriebenen Ausführungsplanung an die ausführenden Unternehmen;
- Prüfen und Anerkennen der Montage- und Werkstattpläne der ausführenden Unternehmer auf Übereinstimmung mit der Ausführungsplanung.

Fortschreiben und Bemessen der Anlagen ist eine Grundleistung. In Phase 5 werden mit dieser Grundleistung die Anlagen endgültig definiert, Verbrauch, Leistung und Fähigkeiten endgültig abgestimmt. Klargestellt wird durch diese Grundleistung, dass die Dimensionierung der Anlagen in der Leistungsphase 3 noch inhaltlich ungenauer ist, als in der Leistungsphase 5. Gleiches gilt für die Fortschreibung bzw. die Anpassung der Funktions- und Strangschemata. Die vorzunehmenden Planungsschritte dienen in erster Linie der Abrundung der Entwurfsplanung und Korrekturen im normalen Planungsablauf (Optimierungen/Anpassungen). Änderungsleistungen werden nach wie vor über § 10 HOAI als wiederholt erbrachte Grundleistungen erneut vergütet.

Neu aufgenommen worden sind zudem die Fortschreibung der Terminplanung, die in dieser Phase insbesondere um die genauen Modelltypen, deren Liefer- und Einbauzeiten ergänzt werden können.

Die Ausführungsplanung ist auf den Stand der Ausschreibungsergebnisse fortzuschreiben und auf die dann vorliegende **Ausführungsplanung des Objektplaners.** Mögliche Änderungen in den Plänen des Objektplaners, die u. U. gravierende Auswirkungen auf die Fachplanung haben können, sind somit vom Fachplaner mitzuerbringen. Abzugrenzen ist diese Grundleistungen von Änderungsleistungen, die beim Objektplaner auftreten. Ein Fortschreiben setzt immer voraus, dass die Planung auf Basis des gleichen Planungszieles arbeitet. Änderungen dieses Planungszieles bei der Objektplanung müssen zwangsläufig auch Änderungsleistungen bei der Fachplanung zur Folge haben und sind dann gem. § 10 HOAI gesondert zu vergüten. Überhaupt muss auch im Rahmen dieser Grundleistungen, der Grundsatz gelten, dass kalkulierbar nur dasjenige ist, was erkennbar ist. Was nicht erkennbar ist, kann nicht kalkulierbar und damit auch nicht durch diese Grundleistung abgegolten sein. Somit sind also nur diejenigen Änderungen in der Ausführungsplanung des Objektplaners gemeint, die auf Basis des gleichen Leistungszieles erfolgen und die auch nicht zu einer völligen Neuausrichtung des Leistungszieles des Fachplaners führen. Fachplaner tun gut daran, diesen Stand der Ausführungsplanung des Objektplaners zu verlangen. Klargestellt ist durch diese Formulierung der Grundleistung zudem auch, dass die Ausführungsplanung nicht auf den Stand der Bauausführung fortzuschreiben ist bzw., dass dieses eine Besondere Leistung darstellt.

Das Prüfen von Montage- und Werkstattzeichnungen der Unternehmen ist nunmehr Grundleistung geworden. Montage- und Werkstattzeichnungen sind Teil der vom Unternehmen zu erstellenden Planunterlagen gem. VOB Teil C. Fachplaner haben dies auf Übereinstimmung der Ausführungsplanung zu überprüfen. Die Leistung schuldet der Fachplaner dem Bauherrn, nicht dem Unternehmer, weswegen dieser auch keinen Anspruch auf Prüfung der Werkstattpläne hat, es sei denn, diese ist vertraglich vereinbart oder aus sonstigen Gründen notwendig. Letztlich ist es Teil der werkvertraglichen Pflichten des Unternehmers, die Ausführungsplanung mangelfrei umzusetzen (vgl. L/K/F, § 55 Rdn. 35, OLG Hamm IBR 2013, 412, a. A. Hammacher, BauR 2013, 1592, der ausgehend von der fragwürdigen Prämisse, dass der Unternehmer einen Anspruch auf die Freigabe von Werkstattplänen hat, dies als Obliegenheit des Bauherrn gegenüber dem Unternehmer versteht).

b) Besondere Leistungen

Als Besondere Leistungen werden angeführt:
- Prüfen und Anerkennen von Schalplänen des Tragwerksplaners;

18

– Anfertigen von Plänen für Anschlüsse von beigestellten Betriebsmitteln und Maschinen und
– Anfertigen von Stromlaufplänen.

Die **Schal- und Bewehrungspläne des Tragwerksplaners** werden vor allen Dingen hinsichtlich der Eintragungen von Schlitzen und Durchbrüchen überprüft, deren Montage- und Werkstattzeichnungen (der Unternehmer) auf Übereinstimmung mit der Planung der Technischen Ausrüstung überprüft werden.

Das „**Anfertigen von Plänen für Anschlüsse von beigestellten Betriebsmitteln und Maschinen**" kann das Anfertigen von Plänen für Anschlüsse von nicht mit der Planung der Technischen Ausrüstung erfassten Geräten sein.

Das „**Anfertigen von Stromlaufplänen**" ist in der Regel Aufgabe des ausführenden Unternehmens.

Besondere Leistungen sind auch die Lehrrohrplanung, sofern sie einen besonderen Aufwand, wie diese bei Sichtbetonarbeiten oder bei Fertigteilen anfällt, die Mitwirkung bei Detailplanungen mit besonderem Aufwand, zum Beispiel die Darstellung von Wandabwicklungen in hochinstallierten Bereichen, das Anfertigen von Plänen für Anschlüsse von beigestellten Betriebsmitteln und Maschinen (Maschinenanschlussplanung) mit besonderem Aufwand (zum Beispiel bei Produktionseinrichtungen).

6. Vorbereitung der Vergabe (Abs. 1 Nr. 6)

a) Grundleistungen

19   In der Leistungsphase 6 sind die **Grundleistungen** im Leistungsbild Technische Ausrüstung **vergleichbar mit** den Grundleistungen der **Anlage 10** im Leistungsbild für Gebäude, Innenräume nämlich:
– Ermitteln von Mengen als Grundlage für das Aufstellen von Leistungsverzeichnissen in Abstimmung mit Beiträgen anderer an der Planung fachlich Beteiligter,
– Aufstellen der Vergabeunterlagen, insbesondere mit Leistungsverzeichnissen nach Leistungsbereichen, einschließlich der Wartungsleistungen auf Grundlage bestehender Regelwerke,
– Mitwirken beim Abstimmten der Schnittstellen zu den Leistungsbeschreibungen der anderen an der Planung fachlich Beteiligten,
– Ermitteln der Kosten auf Grundlage der vom Planer bepreisten Leistungsverzeichnisse
– Kostenkontrolle durch Vergleich der vom Planer bepreisten Leistungsverzeichnisse mit der Kostenberechnung,
– Zusammenstellen der Vergabeunterlagen.

Einzige nicht übernommene Grundleistung des Objektplaners ist das Erstellen des Vergabeterminplans.

Das Ermitteln der Mengen kann nur auf Basis der fertiggestellten Ausführungspläne erfolgen. Hierbei sind die Beiträge anderer an der Planung fachlich Beteiligter ebenfalls zu berücksichtigen. Nicht berücksichtigt werden können auf dieser Basis die Ausschreibungsergebnisse und die dann vorliegende Ausführungsplanung des Objektplaners.

Das Erstellen der Vergabeunterlagen ist jetzt Teil der Leistungsphase 6. Klargestellt wird in dieser Grundleistung, dass die Vergabeunterlagen nur auf Basis der bestehenden Regelwerke vorzunehmen sind. Diese Grundleistung ist neu hinzugekommen und war nicht, wie dies die amtliche Begründung ausführt, Teil der Leistungsphase 7. Planer tun gut daran zu definieren, wie die Vergabe vorzunehmen ist und welche Vertragsunterlagen (Regelwerke, bspw. Standardleistungsbuch, Werksnormen, VDI DIN DVGW, AMEV und Vergabehandbuch (technischer Teil)) verwendet werden sollen. Vergaben nach VOB/A sind keine Grundleistung, sondern als Besondere Leistungen zu werten.

Mitwirken beim Abstimmen der Schnittstellen zu den Leistungsbeschreibungen der anderen an der Planung fachlich Beteiligten, ist ebenfalls eine neu aufgenommene Grundleistung.

Wie bei allen Leistungsbildern ist in der Leistungsphase 6 jetzt eine weitere vorgeschaltete Kostenermittlung auf Basis der bepreisten Leistungsverzeichnisse vorzunehmen und diese dann mit der Kostenberechnung im Wege der Kostenkontrolle zu vergleichen. Da die Kostenberechnungen auf Basis der DIN 276 zu erstellen sind, die bepreisten Leistungsverzeichnisse aber gewerkebezogen die Kosten ermitteln, ist hier eine Darstellung zu wählen, die für den Bauherrn nachvollziehbar ist.

Wegen der weitgehenden Übereinstimmung mit dem Leistungsbild der Anlage 10 **kann auf** die Kommentierung **zu Anlage 10 bei § 34 verwiesen werden.**

b) Besondere Leistungen

Als Besondere Leistung ist bei der Vorbereitung der Vergabe angeführt **20**
– Erarbeiten der Wartungsplanung und -organisation
– Ausschreibung von Wartungsleistungen, soweit von bestehenden Regelwerken abweichend (bspw. wenn keine VDMA Arbeitsblätter vorliegen, Wartung von Lufterdreichwärmetauschern unter den Gesichtspunkten der VDI 6022).

7. Mitwirkung bei der Vergabe (Abs. 1 Nr. 7)

a) (Grund-)Leistungen

Da dem Fachplaner der Technischen Ausrüstung anders als dem Objektplaner weder **21** Koordinierungsaufgaben für sämtliche Leistungsbereiche und auch nicht die Ausschreibung selbst, noch selbstständige Verhandlungen mit Bietern obliegen, sind **aus** dem Leistungsbild der **Anlage 11** für Gebäude, Freianlagen und raumbildende Ausbauten von den (Grund-)Leistungen der Leistungsphase 7 Mitwirkung bei der Vergabe **nicht übernommen** worden
– Koordinieren der Vergabe der Fachplaner,
  Im Übrigen sind die Grundleistungen der Leistungsphase 7 der Anlage 10 weitestgehend auch bei der Fachplanung TGA eingeflossen. Eine Leistungspflicht besteht somit beim
– Einholen von Angeboten,
– Prüfen und Werten der Angebote, Aufstellen eines Preisspiegels,
– der Verhandlung mit den Bietern,
– Vergleich der Ausschreibungsergebnisse mit dem vom Planer bepreisten Leistungsverzeichnissen und der Kostenberechnung,
– Zusammenstellen der Vertragsunterlagen,
– Mitwirken bei der Auftragserteilung
festgelegt worden.

Anstelle des Mitwirkens ist nunmehr ein direktes Verhandeln mit den Bietern gefordert. Insgesamt wurden die Mitwirkungspflichten in Handlungspflichten umgewandelt und somit die Leistungen des Fachplaners deutlich erweitert.

Das Einholen von Angeboten bedeutet nun, dass der Planer die Fachfirmen zur Angebotsabgabe auffordern und ggf. die Leistungsbeschreibungen versenden muss. Die Prüfung der Angebote hat nach Leistungsbereichen zu erfolgen, auf deren Basis dann auch die Preisspiegel erstellt werden. Die Prüfung hat auf die rechnerische Richtigkeit und die Vollständigkeit der angebotenen Preise zu erfolgen. Der nun geforderte Preisspiegel soll nach Einzelpositionen aufgestellt werden, wobei es hierbei ausreichend sein wird, wenn die zentralen Einzelpositionen eines Angebotes gegenübergestellt werden (so auch L/K/F, § 55 Rdn. 41).

Eine neue Grundleistung der Leistungsphase 7 ist das **Prüfen und Werten der Angebote für zusätzliche oder geänderte Leistungen der ausführenden Unternehmen und der Angemessenheit der Preise.** Bei dieser Grundleistung geht es inhaltlich nicht um das Prüfen von Nebenangeboten, da diese als Besondere Leistung ausgewiesen sind. Vielmehr geht es um das Prüfen von geänderten Leistungen oder Nachträgen, die vom Unternehmer eingereicht werden. Da diese Leistung im Wesentlichen gleich mit der Grundleistung der Leistungsphase 8 ist, wird sie inhaltlich auf die Angebotsphase beschränkt werden müssen.

Das Führen von Bietergesprächen ist eine erweiterte Grundleistung. Ob der Planung auch eine Vergabe unter Beachtung der Vorschriften der VOB/A oder sonstigen öffentlich-rechtlichen Vergabevorschriften schuldet, ist nicht klar geregelt. Nach hiesiger Auffassung sind die Beachtung der öffentlichen Vergabevorschriften letztlich interne Verwaltungsvorschriften, deren Beachtung durch den Fachplaner eine Besondere Leistung darstellt (so im Ergebnis auch L/K/F, § 55 Rdn. 42). In der amtlichen Begründung heißt es hierzu: „Unter Bietergesprächen sind Aufklärungsgespräche oder Verhandlungen im Rahmen des Vergabeverfahrens zu verstehen. (…) Mit den Änderungen wird der Prozess der Vergabe in der Leistungsphase 8 umfassender abgebildet und dem Verbraucherschutz Rechnung getragen".

Der Vergleich der Ausschreibungsergebnisse mit den vom Planer bepreisten Leistungsverzeichnissen und der Kostenberechnung ist an die Stelle des früher geforderten Kostenanschlages getreten. Durch die Formulierung ist klargestellt worden, dass es nur um „Ergebnisse" geht, also nur die Gesamtsummen der Angebote mit den bepreisten Leistungsverzeichnissen verglichen werden müssen. Zudem ist dem Gesetzgeber hier ein Formulierungsfehler unterlaufen. Die Ausschreibungsergebnisse sollen entweder mit der Kostenberechnung oder den bepreisten Leistungsverzeichnissen verglichen werden, was sich aus einem Vergleich dieser Grundleistung mit der Grundleistung der Objektplanungen ergibt.

Ein weiterer Fehler bei dem Leistungsbild der Fachplanung ist die Grundleistung „Auftragserteilung". Hier muss es richtig heißen, „Mitwirkung bei der Vergabe", da der Planer keine Aufträge im Namen des Bauherrn erteilen kann und muss (so auch L/K/F, § 55 Rdn. 42).

Wegen der weitgehenden Übereinstimmung mit den Grundleistungen für die Mitwirkung bei der Vergabe der Anlage 10 **kann im Übrigen auf** die Kommentierung zu **Anlage 10 bei § 34 verwiesen werden.**

b) Besondere Leistungen

22 Als neue Besondere Leistungen, die in erster Linie die Grundleistungen der Leistungsphase 7 abgrenzen sollen, wurden
- das Prüfen und Werten von Nebenangeboten
- das Mitwirken bei der Prüfung von bauwirtschaftlich begründeten Angeboten (Claimabwehr)

aufgenommen. Durch diese Besondere Leistungen wird insbesondere die Grundleistungen b) Prüfen und Werten der Angebote für zusätzliche oder geänderte Leistungen der ausführenden Unternehmern und der Angemessenheit der Preise inhaltlich begrenzt. Nicht betroffen sind von dieser Grundleistung somit Nebenangebote und Kalkulationsanpassungsforderungen der Unternehmer.

8. Objektüberwachung (Abs. 1 Nr. 8)

a) Grundleistungen

23 Von den Grundleistungen der Objektüberwachung (Bauüberwachung) im Leistungsbild für Gebäude und Innenräume wurden **bis auf spezifische, den Objektplaner als Generalisten treffende Grundleistungen, nämlich**
- Überwachen der Ausführung mit sehr geringen und geringen Planungsanforderungen auf Übereinstimmung mit dem Standsicherheitsnachweis,
- Vergleich der Ergebnisse der Rechnungsprüfungen mit den Auftragssummen einschließlich Nachträgen,
- Übergabe des Objekts.

alle (Grund-)Leistungen aus Anlage 1o übernommen. Die Grundleistungen, in denen vormals eine Mitwirkungspflicht (bspw. Mitwirken beim Bautagebuch, Terminplan etc.) vorgesehen wurden, in aktive Handlungspflichten umgewandelt.

Somit ergibt sich als Leistungsbild der Objektüberwachung das
- Überwachen der Ausführung des Objekts auf Übereinstimmung mit der öffentlichrechtlichen Genehmigung oder Zustimmung, den Verträgen mit ausführenden Unter-

nehmen, den Ausführungsunterlagen, den einschlägigen Vorschriften sowie mit den allgemein anerkannten Regeln der Technik,
- Mitwirken bei der Koordination der am Projekt Beteiligten,
- Aufstellen, Fortschreiben und Überwachen des Terminplanes (Balkendiagramm),
- „Dokumentation des Bauablaufs(Bautagebuches),
- Prüfen und Bewerten der Notwendigkeit geänderter oder zusätzlicher Leistungen der Unternehmer und der Angemessenheit der Preise,
- Gemeinsames „Aufmaß mit den ausführenden Unternehmen,
- Rechnungsprüfung in rechnerischer und fachlicher Hinsicht mit Prüfen und Bescheinigen des Leistungstandes anhand nachvollziehbarer Leistungsnachweise,
- Kostenkontrolle durch Überprüfen der Leistungsabrechnungen der ausführenden Unternehmen im Vergleich zu den Vertragspreisen und dem Kostenanschlag,
- Kostenfeststellung,
- Mitwirken bei Leistungs- und Funktionsprüfungen,
- „Fachtechnische" Abnahme der Leistungen auf Grundlage der vorgelegten Dokumentation, Erstellen eines Abnahmeprotokolls, Feststellen von Mängeln und Erteilen einer Abnahmeempfehlung,
- Antrag auf behördliche Abnahme und Teilnahme daran,
- Prüfung der übergebenen Revisionsunterlagen auf Vollzähligkeit, Vollständigkeit und stichprobenartige Prüfung auf Übereinstimmung mit dem Stand der Ausführung, Genehmigungsanleitungen und Prüfprotokolle (in Anlage 11 als „Übergabe des Objekts" bezeichnet),
- Auflisten der Verjährungsfristen der Ansprüche auf Mängelbeseitigung,
- Systematische Zusammenstellung der Dokumentation der zeichnerischen Darstellungen und rechnerischen Ergebnisse des Objekts,
- Überwachen der Beseitigung der bei der Abnahme der Leistungen festgestellten Mängel.

Durch die 7. Novelle wurden die Leistungen der Fachplaner bis auf wenige Besonderheiten dem Leistungsbild der Objektplanung Gebäude Anlagen 10 angepasst. Wegen der bis auf die Einschränkung bei einigen Grundleistungen auf die Mitwirkungspflicht des Fachplaners weitgehenden Übereinstimmung mit den Grundleistungen bei der Objektplanung für Gebäude **wird vollumfänglich auf** die Kommentierung zu **Anlage 10 bei § 34 verwiesen.**

Wie bisher auch ist die zentrale Leistung das Überwachen der Ausführung des Objekts auf Übereinstimmung mit den öffentlich-rechtlichen Genehmigungen oder Zustimmungen. Neu aufgenommen wurde hierbei, dass die Überwachung auch im Hinblick auf die Übereinstimmung mit den Verträgen der ausführenden Unternehmen zu erfolgen hat. In der amtlichen Begründung wird darauf verwiesen, dass sich der Umfang der beauftragten Leistungen nicht alleine aus der Leistungsbeschreibung ergibt, sondern primär auch aus den vertraglichen Vereinbarungen. Mit der Überprüfung der Übereinstimmung der Ausführung mit den Verträgen ist keine rechtliche Vertragsprüfung gemeint(vgl. amtliche Begründung Anlage 10 Leistungsphase 8 Buchstabe a).

Die Überprüfung hat sodann auch im Hinblick auf die Werk- und Montagepläne zu erfolgen, was insoweit konsequent ist, als dass diese vom Fachplaner in der Leistungsphase 5 geprüft werden müssen. Darüber hinaus hat der Fachplaner zu prüfen, dass die Ausführung der Bauleistungen den anerkannten Regeln der Technik entsprechen und sonstigen einschlägigen Vorschriften, wie bspw. VDE-Richtlinien.

Das **Mitwirken bei der Koordination** der am Projekt Beteiligten betrifft im Bereich der Fachplanung, die Koordination der Fachplaner, wieder in Zusammenarbeit mit dem Projektplaner und anderen Fachplanern. Das **Aufstellen, Fortschreiben und Überwachen des Terminplanes** ist zunächst keine neue Grundleistung. Neu ist, zunächst, dass der Planer nicht nur **mitwirken** muss, sondern selbständig einen Terminplan für seine Fachplanungsgewerke aufzustellen hat. Natürlich in Abstimmung mit dem Objektplaner. Neu ist, dass dieser Terminplan fortgeschrieben werden muss, wobei die Häufigkeit der Fortschreibung nicht geregelt ist. Man wird diese wohl nicht auf ein tägliches oder wöchentliches Fortschreiben erstrecken können. Fortgeschrieben werden muss, wenn es gravierende Änderungen im Terminplan gegeben hat.

Die Dokumentation des Bauablaufs muss nicht in der Form des Bautagebuches erfolgen, sondern kann auch in anderer Form erfolgen. Das Bautagebuch ist nur ein Beispiel, wie der Bauablauf dokumentiert werden kann, wobei es in der Praxis aber kaum andere Möglichkeiten der Dokumentation geben wird. Empfehlenswert ist es in jedem Fall, eine klare vertragliche Regelung über den Umfang der zu erbringenden Leistungen vorzusehen.

Neu eingeführt in der Leistungsphase 8 ist die Grundleistung **Prüfen und Bewerten der Notwendigkeit geänderter oder zusätzlicher Leistungen der Unternehmer und der Angemessenheit der Preise.** Erstaunlich ist zunächst, dass diese Grundleistung in der Leistungsphase 7 in fast ähnlicher Form ebenfalls aufgeführt ist. Während in Leistungsphase 7 aber die „Angebote" geprüft werden müssen, soll vorliegend die „Notwendigkeit" für zusätzliche oder geänderte Leistungen geprüft werden. Zusätzliche Leistungen sind Nachträge sowohl nach § 2 Abs. 3, 5, 6 und auch nach Abs. 8 der VOB/B (a. A. L/K/F, § 55 Rdn. 43). Abzugrenzen ist diese Leistung von Änderungsleistungen beim Planer gem. § 10 HOAI. Solche Nachträge der Unternehmer werden nur dann als Grundleistung zu bewerten sein, wenn das Leistungsziel der Fachplanung sich über den Nachtrag der Unternehmen nicht wirklich ändert. Gemeint sind somit, Änderungen von Produkten, bei gleichbleibender Planung, Mehrmengen über 10 % der vorgesehenen Einheitspreise, zusätzliche Leistungen, die ohne die Planung zu ändern, notwendig geworden sind. Unerheblich ist, ob diese Leistungen vom Planer „vergessen" worden sind. Die HOAI trägt hiermit dem Gedanken Rechnung, dass bei größeren Bauvorhaben durchaus einmal eine Position vergessen werden bzw. untergehen kann, die der Planer dann im Rahmen der Grundleistungen erneut zu prüfen hat. Änderungen der Planung, die zu Nachträgen bei Unternehmern führen, sind nicht mehr von der Grundleistung erfasst und als zusätzliche oder wiederholte Grundleistung vergütungspflichtig (vgl. oben, Ausführungen zu § 10 HOAI).

Ein **gemeinsames Aufmaß hat der Fachingenieur** mit den Unternehmen zu erstellen. Hierbei geht es in erster Linie um die vom Fachingenieur betreuten Gewerke und Firmen. Bei einem gemeinsamen Aufmaß hat der Fachingenieur die Richtigkeit der aufgestellten Mengen und Massen zu überprüfen und ggf. zu bestätigen. Ist eine solche Menge nicht prüfbar, kann eine Bestätigung nicht erfolgen. In diesem Fall bleibt es bei der Beweislast des Unternehmers.

Die **Rechnungsprüfung umfasst** alle Rechnungen der vom Fachplaner betreuten Gewerke. Die Prüfung muss im Hinblick auf die rechnerische und technische Richtigkeit erfolgen. Zudem ist der Leistungstand anhand nachvollziehbarer Nachweise zu bestätigen. Nachträge sind ebenfalls Teil dieser Rechnungsprüfung. Die **Kostenkontrolle** der Leistungsphase 8 hat durch ein Überprüfen der Leistungsabrechnungen der ausführenden Unternehmen im Vergleich zu den Vertragspreisen und dem Kostenanschlag zu erfolgen. Ganz offensichtlich ist dem Gesetzgeber bei dieser Grundleistung ein Fehler unterlaufen, da es seit der 7. Novelle einen Kostenanschlag nicht mehr gibt. Die Kostenkontrolle kann somit durch einen Vergleich der Ausschreibungsergebnisse oder der bepreisten Leistungsverzeichnisse mit den abgerechneten Preisen der Unternehmen erfolgen. Die Kosten sind dann noch in einer Kostenfeststellung zusammenzufassen, die nicht auf Basis der DIN 276 zu erfolgen hat. **Der Antrag auf behördliche Abnahme und Teilnahme daran** ist keine neue Grundleistung und auch nicht immer erforderlich.

Neu eingeführt wurde die Grundleistung **„Mitwirkung bei Leistungs- und Funktionsprüfungen"** die insbesondere bei Inbetriebnahme von Anlagen erforderlich wird. Hierbei kann es zu einem größeren Aufwand für die Planer kommen, insbesondere wenn bestimmte Funktionen wie bspw. Reinluftstandard oder Schwarztests nicht erfolgreich durchgeführt werden können. Die Leistungsmessung und Funktionsprüfung ist vom ausführenden Unternehmen unter Beistellung der erforderlichen Messinstrumente einzufordern und in ihrer Durchführung zu betreuen. Die einzelnen Maßnahmen sind zu bewerten, dokumentieren und dienen letztlich der Vorbereitung der Abnahme.

Die **fachtechnische Abnahme der Leistungen,** das Erstellen eines **Abnahmeprotokolls, das Feststellen von Mängeln und das Erteilen einer Abnahmeempfehlung** zielen darauf ab, dass der Fachingenieur die Mangelfreiheit der ausgeführten Leistungen in technischer Hinsicht festzustellen und zu bestätigen hat. Die rechtsgeschäftliche Abnahme ist immer Sache des Bauherrn und darf nicht vom Ingenieur ausgeführt werden. Das **Auflisten der Verjährungsfristen der Ansprüche auf Mängelbeseitigung** ist ebenfalls keine neue Grundleistung und besteht in erster Linie in einer Zusammenstellung der Abnahmetermine und dem Ablauf der Verjährungsfristen. Hierbei ist zu beachten, das gem. VOB/B, § 13 Abs. 4 technische und wartungsintensive Anlageteile oftmals eine kürzere Gewährleistungsfrist haben. Grundleistung des Fachingenieurs ist es auch, die ihm von den Firmen zu erstellenden Revisionsunterlagen auf Vollständigkeit, Vollzähligkeit stichprobenhaft auf den Stand der Ausführung zu überprüfen. Er selbst hat diese ihm übergebenen Unterlagen dann dem Auftraggeber zu übergeben. Neu in die Leistungsphase 8 ist das **systematische Zusammenstellung der Dokumentation, der zeichnerischen Darstellung und rechnerischen Ergebnisse des Objekts.** Wie diese systematische Zusammenstellung zu erfolgen hat, ist nicht geklärt. In jedem Fall ist sie so vorzunehmen, dass der Bauherr diese nachvollziehen kann. Um Streit zu vermeiden empfehlen sich diesbezüglich vertragliche Regelungen. Die systematische Zusammenstellung kann auch digital im Format pdf erfolgen. Papierform ist nicht vorgeschrieben. Die Verschiebung dieser Grundleistung in die Leistungsphase 8 ist sinnvoll und wird oftmals mit einer im Vertrag vereinbarenden Teilabnahme der Leistungen einhergehen können.

b) Besondere Leistungen

Als Besondere Leistungen sind bei der Objektüberwachung angeführt: **24**
- Durchführen von Leistungsmessungen und Funktionsprüfungen,
- Werksabnahmen,
- Fortschreiben der Ausführungspläne (zum Beispiel Grundrisse, Schnitte, Ansichten) bis zum Bestand,
- Erstellen von Rechnungsbelegen anstelle der ausführenden Firmen, zum Beispiel Aufmaß
- Erstellen von fachübergreifenden Bedienungsanleitungen (zum Beispiel Betriebshandbuch, Reparaturhandbuch) oder computer aided Facility Management Konzepte,
- Schlussrechnung(Ersatzvornahme)
- Planung der Hilfsmittel für Reparaturzwecke.

Die Besonderen Leistungen verstehen sich im Wesentlichen von ihrem Wortlaut und aus der Abgrenzung zu den anderen Grundleistungen. Das Fortschreiben der Ausführungspläne bis zum Bestand, ist ausdrücklich als Besondere Leistung benannt und kann somit keine Grundleistung sein. Erstellt eine Firma die Schlussrechnung nicht, kann gem. § 14 VOB/B bzw. §§ 643/643 BGB der Auftraggeber auf Kosten des Unternehmers eine prüfbare Schlussrechnung erstellen. Die Leistungen sind beim Planer dann als Besondere Leistungen zu vergüten. Fachübergreifende Betriebsanleitungen sind ebenfalls – wenn sie denn erstellt werden müssen – als Besondere Leistung zu bewerten.

9. Objektbetreuung und Dokumentation (Abs. 1 Nr. 9)

a) Grundleistungen

Alle Grundleistungen der Objektbetreuung und Dokumentation der Leistungsphase 9   **25** **aus Anlage 10** sind als Grundleistungen im Leistungsbild Technische Ausrüstung **übernommen** worden mit der Einschränkung, dass ein Mitwirken bei der Freigabe von Sicherheiten wie beim Objektplaner verlangt wird. Somit besteht folgendes Leistungsbild:
- Objektbegehung zur Mängelfeststellung vor Ablauf der Verjährungsfristen ...
- Fachliche Bewertung der innerhalb der Verjährungsfristen für Gewährleistungsansprüche festgestellten Mängel, längsten jedoch bis zum Ablauf von 5 Jahren seit Abnahme der Leistung, einschließlich notwendiger Begehungen.
- Mitwirken bei der Freigabe von Sicherheitsleistungen,
Wegen der fast völligen Übereinstimmung mit dem Leistungsbild bei der Objektplanung für Gebäude, Freianlagen und raumbildende Ausbauten **kann auf** die Kommentierung **zu Anlage 10 bei § 34 verwiesen werden.**

Die fachliche Bewertung der Mängel ist keine sachverständige Bewertung dieser Mängel, sondern nur eine Bewertung aus Sicht des Fachplaners, der aufgrund seiner planerischen und bauüberwachenden Kenntnisse eine Bewertung des Mangelerscheinungsbildes vorzunehmen hat. Diese Bewertung muss nicht im Ergebnis richtig sein, sie muss in erster Linie zum Zeitpunkt der Vornahme vertretbar und nachvollziehbar sein. Dass der Fachplaner hier nicht immer richtig liegen wird, liegt in der Natur der Sache. Sicher wird er aber dem Bauherrn mitteilen müssen, wer aus seiner Sicht, für die Verursachung des Mangels in Frage kommen wird. Begrenzt ist diese Leistungspflicht auf 5 Jahre nach Abnahme. Ist die VOB/B vereinbart worden, endet diese Leistungspflicht bereits nach 4 Jahren (vgl. § 13 Abs. 4 VOB/B).

b) Besondere Leistungen

26   Neu eingeführt in der 7. Novelle wurden gleich mehrere Besondere Leistungen.
– Überwachen der Mängelbeseitigung innerhalb der Verjährungsfrist
– Energiemonitoring innerhalb der Gewährleistungsphase,
– Mitwirkung bei den jährlichen Verbrauchsmessungen aller Medien,
– Vergleich mit den Bedarfswerten aus der Planung, Vorschläge für die Betriebsoptimierung und zur Senkung des Medien- und Energieverbrauchs.

Das **Überwachen der Mängelbeseitigung innerhalb der Verjährungsfristen** ist jetzt als Besondere Leistung ausdrücklich erwähnt. Die ehemaligen Probleme, die diese Leistung bereitet, insbesondere wenn sie erheblichen Aufwand verursacht hatte, dürften damit weitgehend beseitigt sein. Fraglich ist, ob der Planer diese Leistungen ausführen muss, wenn der Auftraggeber diese verlangt. Im Hinblick darauf, dass diese Leistungen als „Besondere Leistung" zu bewerten ist, wird man diese wohl bejahen müssen.

IV. Reduzierung bei der Leistungsphase 5 (Abs. 2)

27   Abs. 2 betrifft eine Sonderregelung bei der **Leistungsphase 5, Ausführungsplanung.** Sofern das Anfertigen von **Schlitz- und Durchbruchsplänen** als (Grund-)Leistungen c) der Anlage 14 Leistungsphase 5 **nicht in Auftrag gegeben** ist, wird nach Absatz 2 die Ausführungsplanung der Leistungsphase 5, die ansonsten mit 22 % bewertet wird, um 4 % Punkte, somit auf 18 % der Honorare des § 55 reduziert. In der 7. Novelle wurde diese Vorschrift zugleich erweitert, um die Prüfung von Werk- und Montageplänen. Wenn diese Leistungen nicht vom Fachplaner übernommen werden, dann muss ebenfalls eine Reduzierung des Honorars um 4 % erfolgen.

§ 56 Honorare für Leistungen bei der Technischen Ausrüstung

(1) **Die Mindest- und Höchstsätze der Honorare für die in § 55 und der Anlage 15.1 aufgeführten Grundleistungen bei einzelnen Anlagen sind in der folgenden Honorartafel festgesetzt:**

Honorartafel zu § 54 Absatz 1 – Technische Ausrüstung

Anrechen-bare Kosten in Euro	Honorarzone I geringe Anforderungen		Honorarzone II durchschnittliche Anforderungen		Honorarzone III hohe Anforderungen	
	von	bis	von	bis	von	bis
	Euro		Euro		Euro	
5 000	2 132	2 547	2 547	2 990	2 990	3 405
10 000	3 689	4 408	4 408	5 174	5 174	5 893
15 000	5 084	6 075	6 075	7 131	7 131	8 122
25 000	7 615	9 098	9 098	10 681	10 681	12 164
35 000	9 934	11 869	11 869	13 934	13 934	15 869

Anrechen-bare Kosten in Euro	Honorarzone I geringe Anfor-derungen		Honorarzone II durchschnittliche Anforderungen		Honorarzone III hohe Anforderungen	
	von	bis	von	bis	von	bis
	Euro		Euro		Euro	
50 000	13 165	15 729	15 729	18 465	18 465	21 029
75 000	18 122	21 652	21 652	25 418	25 418	28 948
100 000	22 723	27 150	27 150	31 872	31 872	36 299
150 000	31 228	37 311	37 311	43 800	43 800	49 883
250 000	46 640	55 726	55 726	65 418	65 418	74 504
500 000	80 684	96 402	96 402	113 168	113 168	128 886
750 000	111 105	132 749	132 749	155 836	155 836	177 480
1 000 000	139 347	166 493	166 493	195 448	195 448	222 594
1 250 000	166 043	198 389	198 389	232 891	232 891	265 237
1 500 000	191 545	228 859	228 859	368 660	368 660	305 974
2 000 000	239 792	286 504	286 504	336 331	336 331	383 044
2 500 000	285 649	341 295	341 295	400 650	400 650	456 296
3 000 000	329 420	393 593	393 593	462 044	462 044	526 217
3 500 000	371 491	443 859	443 859	521 052	521 052	593 420
4 000 000	412 126	492 410	492 410	578 046	578 046	658 331

(2) **Die Zuordnung zu den Honorarzonen wird anhand folgender Bewertungsmerkmale ermittelt:**

1. **Anzahl der Funktionsbereiche,**

2. **Integrationsansprüche,**

3. **technische Ausgestaltung,**

4. **Anforderungen an die Technik,**

5. **konstruktive Anforderungen.**

(3) **Für die Zuordnung zu den Honorarzonen ist die Objektliste der Anlage 15 Nummer 15.2 zu berücksichtigen.**

(4) **Werden Anlagen einer Anlagengruppe verschiedenen Honorarzonen zugeordnet, so ergibt sich das Honorar nach Absatz 1 aus der Summe der Einzelhonorare. Ein Einzelhonorar wird jeweils für die Anlagen ermittelt, die einer Honorarzone zugeordnet werden. Für die Ermittlung des Einzelhonorars ist zunächst für die Anlagen jeder Honorarzone das Honorar zu berechnen, das sich ergeben würde, wenn die gesamten anrechenbaren Kosten der Anlagengruppe nur der Honorarzone zugeordnet würden, für die das Einzelhonorar berechnet wird. Das Einzelhonorar ist dann nach dem Verhältnis der Summe der anrechenbaren Kosten der Anlagen einer Honorarzone zu den gesamten anrechenbaren Kosten der Anlagengruppe zu ermitteln.**

(5) **Für Umbauten und Modernisierungen kann bei einem durchschnittlichen Schwierigkeitsgrad ein Zuschlag gemäß § 6 Abs. 2 Satz 3 bis 50 % schriftlich vereinbart werden.**

(6) **Steht der Planungsaufwand für die Technische Ausrüstung von Ingenieurbauwerken mit großer Längenausdehnung, die unter gleichen baulichen Bedingungen errichtet werden, in einem Missverhältnis zum ermittelten Honorar, ist § 7 Abs. 3 anzuwenden.**

Übersicht

I. Honorartafel (Abs. 1)

1. Anwendungsbereich

1 In § 56 Abs. 1 sind die **Honorare für Leistungen bei der Technischen Ausrüstung** nach § 53 Abs. 2 in einer Honorartafel festgesetzt.

2. Mindest- und Höchstsätze, Teilhonorare

2 Die **Mindest- und Höchstsätze** der Honorare gelten, wenn dem Auftragnehmer **alle Grundleistungen sämtlicher Leistungsphasen** des Leistungsbildes aus § 55 bzw. Anlage 15 übertragen werden.

Wird dem Auftragnehmer ein eingeschränkter Leistungsumfang übertragen, darf dafür auch nur ein vermindertes Honorar gem. § 8 HOAI verlangt werden. Neu ist, dass diese Vereinbarung schriftlich zu erfolgen hat. Die Schriftform kann aber keine Anspruchsvoraussetzung für die Wirksamkeit der Honorarvereinbarung sein, weil sich ansonsten aus § 8 ergeben würde, dass mangels schriftlicher Vereinbarung immer ein Vollauftrag vorläge. Mithin würde die HOAI den Umfang der Auftragserteilung regeln. Dieser Regelungsgehalt steht der HOAI aber nach §§ 1, 2 MRVG gar nicht zu und ist von der Ermächtigungsgrundlage nicht gedeckt. Nach Auffassung des OLG Hamm (vgl. Urteil vom 8.12.2010, 12 U 85/10, BGH, Beschluss vom 22.3.2012 – VII ZR 6/11), ist § 5 HOAI 2002 (neuer § 8) als Sondervorschrift zu verstehen, mit dem von den Mindestsätzen der HOAI abgewichen werden kann, wenn nur einzelne Grundleistungen beauftragt werden (a. A. Seifert in der Vorauflage).

– § 55 Abs. 2 für den Fall, dass dem Auftragnehmer in der Leistungsphase 5 Schlitz- und Durchbruchspläne nicht in Auftrag gegeben werden, wobei dann die Leistungsphase 5 mit 4% weniger zu bewerten ist. Gleiches gilt, wenn Montage- und Werkstattpläne nicht geprüft werden.

3. Staffelung, Honorarstufen und Interpolation

3 Die Honorartafeln des § 56 Abs. 1 sind vertikal nach anrechenbaren Kosten, und zwar von 5000 Euro bis einschließlich 4 000 000 Euro, in abschnittsweise größer werdenden

Sprüngen gestaffelt und horizontal für die drei verschiedenen Honorarzonen i. S. von § 56 Abs. 2 mit der Angabe der jeweiligen Mindest- und Höchstsätze als Von-Bis-Beträge aufgegliedert. Der Höchstsatz der vorhergehenden Honorarzone entspricht jeweils dem Mindestsatz der nachfolgenden Honorarzone.

Mit der 7. Novelle wurden die Tafeleingangs- und Ausgangswerte geglättet und somit die ungeraden Werte, die aus der Euro-Umstellung der Tafelwerte der 5. Novelle resultierten, endliche angepasst.

Die **horizontale Aufteilung** zwischen dem Mindestsatz der Zone I und dem Höchstsatz der Zone III ist ungefähr im Verhältnis $33^{■}/_3 : 33^1/_3 : 33^1/_3$ vorgenommen worden. Wie bei allen Leistungsbildern ergibt sich daraus der Höchstsatz der Zone I (entsprechend dem Mindestsatz der Zone II) und der Höchstsatz der Zone II (entsprechend dem Mindestsatz der Zone III).

Die Mindest- und Höchstsätze der Honorare für anrechenbare Kosten zwischen den Stufen sind gemäß § 13 durch **lineare Interpolation** zu ermitteln.

II. Honorarzonen bei der Technischen Ausrüstung

1. Objektbewertung und Objektliste bei der Technischen Ausrüstung (Anlage 15.2)

a) Allgemeines

Aus § 5 Abs. 2 ergibt sich bereits, dass die Planung der Technischen Ausrüstung drei **4** Honorarzonen zuzuordnen ist:

1. **Honorarzone I:** geringe Planungsanforderungen
2. **Honorarzone II:** durchschnittliche Planungsanforderungen
3. **Honorarzone III:** hohe Planungsanforderungen

In § 5 Abs. 3 wird allgemein bestimmt, dass die Honorarzonen anhand der Bewertungsmerkmale in den Honorarregelungen der jeweiligen Leistungsbilder der Teile 2–4 zu ermitteln sind und dass die Zurechnung zu den einzelnen Honorarzonen nach Maßgabe der Bewertungsmerkmale, ggf. der Bewertungspunkte sowie unter Berücksichtigung der Regelbeispiele in der Objektliste der Anlagen dieser Verordnung vorzunehmen sind. Bei der Technischen Ausrüstung wird allerdings **kein Punktesystem** bestimmt, so dass für die Honorarzoneneinordnung nur ein zweistufiges System bleibt:
– Einordnung nach der Objektliste
– Einordnung nach Bewertungsmerkmalen

Nach dem neuen Wortlaut des neueingeführten § 56 Abs. 3 sind die Regelbeispiele nur noch bei „der Zuordnung" der Honorarzone zu berücksichtigen, so dass hieraus der Schluss gezogen werden kann, dass jetzt immer eine Punktebewertung bzw. eine Zuordnungsbewertung der Anlagen vorgenommen werden muss und die „Objektlisten" nur noch ergänzend herangezogen werden können (so L/K/F, § 56 Rdn. 15). Dieser Auffassung wir vorliegend nur bedingt gefolgt (vgl. hierzu unten bei den Regelbeispielen).

In **Anlage 15.2** sind die **Objektlisten** für Anlagen der Technischen Ausrüstung in der **5** HOAI enthalten. Diese wurden mit der 7. Novelle an die Neugliederung der Anlagengruppen i. S. von § 53 Abs. 2 angepasst und somit ein Missstand, welcher bei der 6. Novelle entstanden war, beseitigt. In der Neufassung der Anlagen wurden diese nach Anlagentypen erfasst und diese Typen einzelnen Schwierigkeiten zugeordnet.

Zu Recht hat Seifert in der Vorauflage darauf hingewiesen, dass sich aus der Objektliste **6** der damaligen Ziff 3.6ff Anlage 1 nicht ergibt, dass **nicht Anlagengruppen,** sondern **selbständige Anlagen den Honorarzonen zuzuordnen** sind. Hieran hat sich nichts geändert, obwohl der Gesetzgeber auch die neue Anlage 15.2. neu systematisiert und den einzelnen Anlagengruppen nunmehr Einzelanlagen zugewiesen hat. Für verordnungskonforme Honorarberechnungen muss also zunächst festgestellt werden, aus welchen **selbständigen Anlagen eine Anlagengruppe** besteht. Dafür sind nach Seifert **funktionelle,**

technische Kriterien maßgeblich. Eine Anlage ist dann selbständig, wenn diese isoliert ihre Zweckbestimmung erfüllen kann. Das gilt beispielsweise für eine Entwässerungsanlage (aus Anlagengruppe 1), eine Wärmeerzeugungsanlage (aus Anlagengruppe 2), eine Lüftungsanlage (aus Anlagengruppe 3), eine Mittelspannungsschaltanlage (aus Anlagengruppe 4), eine elektroakustische Anlage (aus Anlagengruppe 5), eine Aufzugsanlage (aus Anlagengruppe 6), eine küchentechnische Anlage (aus Anlagengruppe 7) oder ein Übertragungsnetz (aus Anlagengruppe 8). Für die Unterscheidung der verschiedenen Anlagen kann die Objektliste, aber auch die Gliederung der DIN 276, dritte Gliederungsebene, dienen. Dabei kann es auch mehrere Anlagen des gleichen Typs geben, wie z.B. mehrere Aufzugsanlagen. Auch wenn schließlich die Honorarberechnungen nach Anlagengruppen vorzunehmen ist (vgl. oben § 54 Rdn. 5 ff.), muss **jede dieser selbständigen Anlagen** für sich genommen **der zutreffenden Honorarzone zugeordnet** werden. Dies wird dann in vielen Fällen dazu führen, dass die **verschiedenen Anlagen einer Anlagengruppe unterschiedlichen Honorarzonen** zuzuordnen sind, z.B. in einem Wohn- und Geschäftsgebäude: Lüftungsanlagen einfacher Art der Honorarzone I, Lüftungsanlagen mit Anforderungen an Geräuschstärke der Honorarzone II und Klimaanlagen der Honorarzone III. Alle diese Anlagen gehören zur **gleichen Anlagengruppe 3** i.S. von § 53 Abs. 2. Die **Honorarzonen** sind aber **getrennt zu ermitteln**. Zeigt sich dann, dass Anlagen einer Anlagengruppe verschiedenen Honorarzonen zuzuordnen sind, muss die Quotelungsvorschrift des § 56 Abs. 4 beachtet werden (vgl. unten).

b) Regelobjekt bei der Technischen Ausrüstung, Abs. 3

7   Nach der amtlichen Begründung zur 1. ÄndVO zur Objektliste und der neuen Formulierung des § 55 Abs. 3 und § 5 Abs. 3 ist die **Zuordnung einer Reihe häufiger vorkommender Anlagen** der Technischen Ausrüstung **beispielhaft**. Die Aufzählung ist im Zweifel **nicht verbindlich, die Punktebewertung geht dieser Zuordnung nach der neuen Formulierung des § 55 Abs. 3 vor, wobei allerdings in § 5 Abs. 3 immer noch von „Regelbeispielen" und der damit verbundenen Beweislastumkehr die Rede ist.** Als Vorschrift des Allgemeinen Teils wird diese auch nicht durch § 56 Abs. 3 als speziellere Regelung für Objekte der technischen Ausrüstung verdrängt, auch wenn § 56 Abs. 3 erst mit der 7. Novelle eingefügt worden ist. Vielmehr ist nach hiesigem Verständnis davon auszugehen, dass § 56 Abs. 3 durch § 5 Abs. 3 ergänzt wird, da der Regelungsgehalt des § 5 Abs. 3 über den des § 56 Abs. 3 hinausgeht (a.A. wohl L/K/F § 56 Rdn. 15). Nach wie vor wird insoweit gelten, dass derjenige, der von der Einstufung eines Objektes, welches in der Regel bspw. mittlerem Schwierigkeitsgrad zugeordnet wird, dies durch die Vornahme einer eigenen Bewertung beweisen muss. Sind sich die Parteien einig, dass das Objekt nach der Objektliste zu bewerten ist, wird man die Zuordnung erst gar nicht hinterfragen. Da anders als bspw. beim Leistungsbild Gebäude Anlage 10.2 die verschiedenen Objekte nicht mehreren Honorarzonen zugeordnet worden sind, wird es in einem Großteil der Fälle bei eine Einstufung über die Objektliste bleiben. Aber auch hier bestimmt sich der Schwierigkeitsgrad, dem ein Objekt zuzuordnen ist, letztlich nach objektiven Kriterien.

Durch die 7. Novelle sind die 8 Anlagengruppen nun auch in der Objektliste des § 15.2 berücksichtigt worden und der Fehler der HOAI 2002 ist insoweit bereinigt worden.

2. Die Bewertungsmerkmale (Abs. 2)

17   Soweit bei einer Einordnung von Anlagen der Technischen Ausrüstung in eine der drei nach § 5 Abs. 3 bestimmten Honorarzonen Zweifel bestehen, muss für eine sachgerechte Honorarzoneneinordnung eine **Zuordnung nach den Bewertungsmerkmalen** gemäß § 56 Abs. 2 entsprechend der jeweiligen **Planungsanforderungen** vorgenommen werden. Für die Zuordnung der Anlagen zu den Honorarzonen sind in Abs. 2 die gleichen fünf Bewertungsmerkmale wie bisher bestimmt:

1. Anzahl der Funktionsbereiche

2. Integrationsansprüche

3. technische Ausgestaltung

4. Anforderungen an die Technik

5. konstruktive Anforderungen.

Für jede technische Anlage der betreffenden Anlagengruppen ist bezüglich jedes dieser fünf Bewertungsmerkmale nach § 5 Abs. 2 eine **Einstufung** in „**geringe Planungsanforderungen**", „**durchschnittliche Planungsanforderungen**" oder „**hohe Planungsanforderungen**" vorzunehmen.

a) Anzahl der Funktionsbereiche

Bezüglich der Anzahl der Funktionsbereiche der Anlage liegt ein ähnliches Bewertungsmerkmal wie bei § 34 Abs. 2 Nr. 2 bezüglich der Honorarzoneneinordnung bei Gebäuden vor. Bei den Anlagen der Technischen Ausrüstung geht es allerdings um die **anlagentechnischen Funktionsbereiche.** Letztlich geht es hierbei um die Vielfalt, der Nutzungsbereiche. **18**

b) Integrationsansprüche

Nach der amtlichen Begründung zur alten HOAI (BR-Drucks. 274/80) geht es um den **umwelt-, bauwerk- und systembedingten Integrationsaufwand,** der vom Niveau der Anforderungen bestimmt wird, welches vom Objektplaner, Auftraggeber und Nutzer des Bauwerks festgelegt wird. **19**

c) technische Ausgestaltung

Nach der amtlichen Begründung zur alten HOAI (BR-Drucks. 274/80) ist sowohl der **Anteil der Technischen Ausrüstung am Bauwerk** als auch der **Differenzierungsgrad der technischen Anlagen gemeint.** **20**

d) Anforderungen an die Technik

Die Anforderungen an die Technik werden nach der amtlichen Begründung zur alten HOAI (BR-Drucks. 274/80) durch den Schwierigkeitsgrad der einzelnen Anlagen und Anlagensysteme bestimmt; diese Anforderungen beziehen sich auf die **rechnerische Bearbeitung der Aufgabe.** **21**

e) konstruktive Anforderungen

Nach der amtlichen Begründung zur alten HOAI (BR-Drucks. 274/80) betreffen diese den **bauwerk-, system- und anlagenbedingten Konstruktionsaufwand.** Diese Anforderungen beziehen sich daher auf die zeichnerische Bearbeitung der Anlage. **22**

3. Bewertungsschema für eine Grobbewertung

Jede Honorarzone des § 5 Abs. 2 Nr. 1 bis 3 wird bei § 56 Abs. 2 mit den **Bewertungsmerkmalen** der **Planungsanforderungen** gekennzeichnet, die in der Reihenfolge der Zonen bei der Technischen Ausrüstung **nur qualitativ** in Form einer so genannten „**Grobbewertung**" mit „gering", „durchschnittlich" oder „hoch" (vgl. § 56 Abs. 1) einzuordnen sind. Dafür bietet sich die Anwendung der folgenden Bewertungsmatrix an; Beispiel: **23**

Bewertungsmerkmale:	Planungsanforderungen		
	gering	durch-schnittlich	hohe
1. Anzahl der Funktionsbereiche	X		
2. Integrationsansprüche			X
3. technische Ausgestaltung	X		
4. Anforderungen an die Technik	X		
5. konstruktive Anforderungen	X		

Bei einer solchen beispielhaften Bewertung liegen vier Bewertungsmerkmale im geringen und ein Bewertungsmerkmal in im hohen Bereich. Damit ist die Honorarzoneneinordnung eindeutig: Die Anlage ist dann der Honorarzone I zuzuordnen. Je nach Einstufung der Bewertungsmerkmale kann diese Bewertung dann natürlich auch anders ausfallen. Hilfsweise kann immer auf die Objektliste der Anlage 15.2 zurückgegriffen werden (vgl. § 56 Abs. 3), da anders als bei der Objektliste für Gebäude oder raumbildenden Ausbauten (vgl. Anlage 10.2) bei den technischen Anlagen eine Anlage lediglich einer vermuteten „Regelhonorarzone" zugewiesen worden ist. Somit ist davon auszugehen, dass derjenige, der Abweichendes von der Honorarzonenbewertung behauptet, dies auch vortragen muss und insoweit die Beweislast trägt. Auch nach der jetzigen (§ 56 Abs. 3 ergänzenden) Formulierung des § 5 Abs. 3 HOAI gilt: „Die Zurechnung zu den einzelnen Honorarzonen ist nach Maßgabe der Bewertungsmerkmale und gegebenenfalls der Bewertungspunkte **sowie unter Berücksichtigung der Regelbeispiele in den Objektlisten** der Anlagen dieser Verordnung vorzunehmen".

24 Bei fünf Bewertungsmerkmalen und dafür jeweils drei zur Verfügung stehenden Honorarzonen wird es bei einer Grobbewertung im vorstehenden Sinne in der Praxis **kaum Zweifel** an einer **Honorarzoneneinordnung** geben. Der Schwerpunkt der Bewertung wird regelmäßig in einer der drei Honorarzonen erkennbar sein, womit die Honorarzone dann gefunden ist.

Bei Unsicherheiten können aber für geringe Planungsanforderungen ein Punkt, für durchschnittliche Planungsanforderungen zwei Punkte und für hohe Planungsanforderungen drei Punkte vergeben werden. Die Summe kann sodann durch fünf geteilt und so rechnerisch die Honorarzone ermittelt werden. Dass die Bewertungsmerkmale unterschiedlich zu gewichten sind, ist preisrechtlich nicht bestimmt.

Die Honorarzone ist nicht verhandelbar. Ihre Bestimmung richtet sich nach objektiven Kriterien. Diese unterliegen zwar einem gewissen Beurteilungsspielraum, der allerdings nur ganz eingeschränkt zur Anwendung kommt (vgl. BGH, BauR 2004, 354 = NZ Bau 2004, 159 und NJW RR 2004, 233). Dies gilt natürlich auch bei den technischen Anlagen. Die Vereinbarung einer zu niedrigen oder zu hohen Honorarzone stellt einen Verstoß gegen § 7 Abs. 3 und 4 dar, so dass in diesen Fällen die objektiv richtige Honorarzone zur Anwendung kommt.

III. Mehrere Anlagen einer Anlagengruppe verschiedener Honorarzonen Abs. 4

1. Regelungsinhalt, Historie

25 Für den Fall, dass die verschiedenen Anlagen einer Anlagengruppe unterschiedlichen Honorarzonen zuzuordnen sind, sieht **Abs. 4** eine **Mittelungsvorschrift** als Spezialvorschrift vor, die es **nur bei der Technischen Ausrüstung** gibt. Eine solche Vorschrift ist notwendig, da die **Honorarzonen für selbständige Anlagen,** die **Honorare** bei der Technischen Ausrüstung aber nicht getrennt nach diesen Anlagen, sondern aufgrund von § 54 Abs. 1 und 2 aus **nach Anlagengruppen** zusammengefassten anrechenbaren Kosten zu berechnen sind. Diese war bereits in den bisherigen Fassungen der HOAI 2002 bei § 69 Abs. 2 a. F. enthalten und wurde wörtlich in die Neufassung der HOAI übernommen. Der Grundgedanke dieser Regelung besteht darin, die durch die zusammengefasste Ermittlung der anrechenbaren Kosten entstehende Degression an den Auftraggeber durchzureichen, auch wenn die Anlagen verschiedenen Honorarzonen zuzuordnen sind. Dies kann somit nur dadurch erfolgen, dass man die gesamten anrechenbaren Kosten der Anlagen einer Anlagengruppe ermittelt, die konkrete Anlage einer Honorarzone zuordnet, daraus ein Tabellenhonorar gem. § 56 ermittelt. Das so ermittelte Honorar betrifft aber nun mehrere Anlagen, weswegen die anrechenbaren Kosten der einzelnen Anlagen ins Verhältnis zueinander gesetzt werden müssen und dieses Verhältnis dann auf das ermittelte Gesamthonorar umgelegt werden muss.

In der amtlichen Begründung zur HOAI 1996 wurde die Berechnung der einzelnen Anlagen erläutert auf die vorliegend zurückgegriffen wird:

$$c = \frac{a \times H_a + b \times H_b}{H_c}$$

In einer Fußnote wurden dann die Teile der Formel nach dem damaligen Terminus wie folgt erläutert:

c = mittlerer Vergütungssatz (= gemitteltes Honorar)

a = ein der Herstellungssumme aller Anlagen der Gruppe entsprechender Vergütungssatz der niedrigeren Klasse (= Honorar nach den gesamten anrechenbaren Kosten aller Anlagen einer Anlagengruppe auf der Basis der geringeren Honorarzone)

H_a = Herstellungssumme (= anrechenbare Kosten) der Anlagen, die der niedrigeren Klasse (= Honorarzone) angehören

b = ein der Herstellungssumme aller Anlagen der Gruppe entsprechender Vergütungssatz der höheren Klasse (= Honorar nach den gesamten anrechenbaren Kosten aller Anlagen einer Anlagengruppe auf der Basis der höheren Honorarzone)

H_b = Herstellungssumme (= anrechenbare Kosten) der Anlagen, die der höheren Klasse (= Honorarzone) angehören

H_c = Herstellungssumme (= anrechenbare Kosten) aller Anlagen der Gruppe (= Anlagen einer Anlagengruppe)

Diese frühere, in die vorgenannte Formel gefasste Regelung ist zunächst in § 69 Abs. 2 a. F. und jetzt in § 56 Abs. 4 nur verbal umschrieben übernommen worden.

2. Berechnungsschritte

Für das Honorar von (Grund-)Leistungen für **Anlagen einer Anlagengruppe, die** 27 **verschiedenen Honorarzonen angehören,** ist der Berechnungsgang, wie er auch in der Formel des Ingenieurvertragsmusters angegeben war (vgl. oben), also wie folgt durchzuführen:

1. Ermittlung der anrechenbaren Kosten getrennt für die Anlagen, die einer Honorarzone zugehören (in obiger Formel H_a und H_b).
2. Ermittlung der anrechenbaren Kosten der gesamten Anlagengruppe (in obiger Formel $H_c = H_a + H_b$).
3. Bestimmung eines (fiktiven) Gesamthonorars einer Honorarzone für die gesamten anrechenbaren Kosten der ganzen Anlagengruppe (in obiger Formel a).
4. Bestimmung eines (fiktiven) Gesamthonorars der anderen Honorarzone oder weiterer Honorarzonen für die gesamten anrechenbaren Kosten der ganzen Anlagengruppe (in obiger Formel b).
5. Bestimmung der Einzelhonorare der jeweiligen Honorarzonen im Verhältnis der anrechenbaren Kosten, also
$a \times (H_a/H_c)$ und $b \times (H_b/H_c)$.
6. Bildung der Summe der Einzelhonorare, also
$c = a \times (H_a/H_c) + b \times (H_b/H_c)$.

3. Berechnungsbeispiel

Nach der amtlichen Begründung zu den bisherigen Fassungen der HOAI wurde das 28 komplizierte Berechnungsverfahren anhand eines Beispiels erläutert. Hinsichtlich der aktuellen Tafelwerte wird das **Beispiel** für ein besseres Verständnis wie folgt aufbereitet:

Ausgangspunkt sind, bezogen auf die betreffenden Honorarzonen, folgende anrechenbare Kosten:

100 000 Euro Anlagen der Honorarzone I
400 000 Euro Anlagen der Honorarzone II
250 000 Euro Anlagen der Honorarzone III
750 000 Euro anrechenbare Kosten der gesamten Anlagengruppe.

Nach der Honorartafel des § 56 Abs. 1 würde das Gesamthonorar bei anrechenbaren Kosten in Höhe von 750 000 Euro, **Honorarzone I** und Mindestsatz **111 105 Euro** betragen.

Nach der Honorartafel des § 56 Abs. 1 würde das Gesamthonorar bei anrechenbaren Kosten in Höhe von 750 000 Euro, **Honorarzone II** und Mindestsatz **1, 132 749 Euro** betragen.

Nach der Honorartafel des § 56 Abs. 1 würde das Gesamthonorar bei anrechenbaren Kosten in Höhe von 750 000 Euro, **Honorarzone III** und Mindestsatz **155 836 Euro** betragen.

Auf dieser Grundlage werden die **Einzelhonorare** nach dem Verhältnis der Summe der anrechenbaren Kosten der Anlagen einer Honorarzone zu den gesamten anrechenbaren Kosten der Anlagengruppe wie folgt ermittelt:

Einzelhonorar für Anlagen der Honorarzone I:

$$\frac{111\,105 \text{ Euro} \times 100\,000 \text{ Euro}}{750\,000 \text{ Euro}} = 14\,814 \textbf{ Euro}$$

Einzelhonorar für Anlagen der Honorarzone II:

$$\frac{132\,749 \text{ Euro} \times 400\,000 \text{ Euro}}{750\,000 \text{ Euro}} = 70\,799{,}46 \textbf{ Euro}$$

Einzelhonorar für Anlagen der Honorarzone III:

$$\frac{155\,836 \text{ Euro} \times 250\,000 \text{ Euro}}{750\,000 \text{ Euro}} = 51\,945{,}33 \textbf{ Euro}$$

Aus der Summe der Einzelhonorare errechnet sich damit wie folgt das Gesamthonorar für die gesamte Anlagengruppe:

14 814 Euro	Honorarzone I
779 946 Euro	Honorarzone II
51 945,33 Euro	Honorarzone III
137 558,79 Euro	Honorar für die gesamte Anlage

IV. Zuschlag für Umbauten und Modernisierung (Abs. 5)

29   Durch die 7. Novelle wurden die Regelungen für Umbauten und Modernisierungen aus dem Besonderen Teil der Leistungsbilder in den allgemeinen Teil des § 6 Abs. 2 und § 2 Abs. 5 verschoben. Umbauten sind Umgestaltungen eines vorhandenen Objekts mit wesentlichen Eingriffen in Konstruktion oder Bestand. Bei Modernisierungen kommt es auf eine wesentliche Erhöhung des Gebrauchswertes eines Objekts an (vgl. § 2 Abs. 6). Da auch technische Anlagen Objekte im Sinne des § 2 Abs. 1 HOAI sind, kommt es also für die Frage, ob ein Umbau oder eine Modernisierung einer technischen Anlage vorliegt, auf die Maßnahmen der Anlage selbst an. Dies gilt auch dann, wenn in ein zu sanierendes Gesamtobjekt Gebäude neue technische Anlagen eingebaut werden müssen. Nach der klaren Definition des § 2 Abs. 5 liegt ein Umbau einer technischen Anlage erst dann vor, wenn das vorhandene Objekt „Anlage" umgebaut wird. Genau dies ist in Fällen, in denen eine neue Anlage eingebaut wird, nicht der Fall, so dass dann ein Honorarausgleich für den dem Planer entstehenden Mehraufwand nicht über den Umbauzuschlag evt. über die anzuwendende Vorschrift der vorhandenen Bausubstanz (vgl. §§ 2 Abs. 7 i.V.m. 4 Abs. 3 HOAI siehe hierzu oben § 54 erfolgen kann.

30   Sofern mehrere Maßnahmen an einer Anlage vorgenommen werden, also bspw. Erweiterung (§ 2 Abs. 4) und Umbau (§ 2 Abs. 5) so werden die verschiedenen Maßnahmen an einem Objekt gem. § 2 Abs. 1 nicht mehr getrennt abgerechnet. Eine Regelung, wie sie die HOAI 2002 in § 23 vorgesehen hatte, kennt die 7. Novelle nicht mehr. Umbau und Erweiterung sind selbst keine Objekte, sondern stellen lediglich Arbeiten an einem Objekt gem. § 2 Abs. 1 dar. Fraglich ist nun, ob die Maßnahme insgesamt als Neubau oder als Umbau zu bewerten ist. Für die Bewertung des Umbaus kommt es nur auf das „vorhandene Objekt" gem. § 2 Abs. 5 an. Somit ist für die Frage, wie die Anlage einzustufen ist, der Erweiterungsbau zunächst außer Acht zu lassen, weil er kein „vorhandenes Objekt" darstellt. Die Maßnahme ist somit insgesamt als „Umbau" zu bewerten, auch wenn die Erweiterung deutlich größer als die Umbaumaßnahme der Anlage ist.

Gem. § 6 Abs. 2 sind die Honorare nach den anrechenbaren Kosten, der **Honorarzo-** **31** **ne, welcher der Umbau oder die Modernisierung sinngemäß zuzuordnen ist,** den **Leistungsphasen** und der **Honorartafel,** zu ermitteln (vgl. hierzu Kommentierung bei § 6 Abs. 2). Der Zuschlag ist schriftlich zu vereinbaren. Ob die Vereinbarung des Zuschlags auch schriftlich und bei Auftragserteilung erfolgen muss, kann im Hinblick auf die Stellung der Vorschrift des § 6 Abs. 2 im allgemeinen Teil der HOAI, bei dem alle Vorschriften dem Diktat des § 7 („schriftlich und bei Auftragserteilung" unterworfen sind) bejaht werden (vgl. Thaetner, IBR 2013, 1250 und Ausführungen bei L/K/F, § 6 Rdn. 60). Richtiger Weise wird dies aber abzulehnen sein, da der BGH zumindest für das Verhältnis des § 24 zu § 4 HOAI 2002 klarstellt, dass § 24 der Regelung des § 4 vorgeht (vgl. BGH, BauR 2009, 264). Neu ist allerdings, dass durch die Verlegung der Vorschrift des § 24 HOAI 2002 in den allgemeinen Teil der HOAI 2013 (vgl. § 6 Abs. 2) dieses Verhältnis der Vorschriften überdacht werden kann. sachgerechter wäre es sicherlich, wenn der Umbauzuschlag nicht „bei Auftragserteilung" vereinbart werden müsste, da Auftraggeber und Auftragnehmer dann flexibler auf Veränderungen bei den Schwierigkeiten von Umbauten reagieren können. Insoweit ist der von L/K/F (vgl. L/K/F § 6 Rdn. 60) vertretenen Auffassung zuzustimmen.

Ist nichts anderes vereinbart, dann gilt ein Zuschlag von 20% als vereinbart. Schriftlich können die Parteien gem. § 56 Abs. 5 von bis zu 50% vereinbaren. Die vorhandene Bausubstanz gem. § 4 Abs. 3 und der Umbauzuschlag haben nichts miteinander zu tun. Dies ergibt sich aus dem Sinn und Zweck der Vorschriften. Während die vorhandene Bausubstanz gem. § 4 Abs. 3 diejenigen Leistungen des Planers vergüten möchte, für die er Aufwand, aber keine Baukosten hat, will der Umbauzuschlag den umbaubezogenen Mehraufwand vergüten.

VI. Sonderfall, Ingenieurbauwerke mit großer Längenausdehnung (Abs. 6)

Neu mit der 6. Novelle in die HOAI aufgenommen ist der Sonderfall der Honorarver- **32** einbarung bei Ingenieurbauwerken mit großer Längenausdehnung. In diesen Fällen ist es ausnahmsweise gerechtfertigt, die Mindestsätze der HOAI zu unterschreiten. Letztlich ist der Gedanke des Gesetzgebers, dass hohe anrechenbare Kosten entstehen und nur ein geringer Planungsaufwand dem gegenübersteht. Das Missverhältnis ergibt sich dann aus der Gesamtbetrachtung der Leistung bezogen auf die anrechenbaren Kosten. D. h. also, wenn der Planer bspw. bei technischen Anlagen für längere Dämme oder Straßen, einmal eine Systemplanung erstellt, die dann auf eine große Distanz ohne tatsächlichen Planungsaufwand wiederholt werden. Aufgrund der hohen anrechenbaren Kosten und des geringen Planungsaufwandes ist von einem Missverhältnis auszugehen. In diesem Fall kann schriftlich und bei Auftragserteilung vereinbart werden, dass die Mindestsätze der HOAI unterschritten werden können. Die Voraussetzungen des § 7 Abs. 1 und 5 müssen in jedem Fall eingehalten werden.

Teil 5. Übergangs- und Schlussvorschriften

Vorbemerkung

Teil 5 der HOAI enthält die bei Gesetzen und Verordnungen allgemein üblichen Schluss- und Überleitungsvorschriften. Diese sind notwendig, um den **sachlichen, örtlichen und zeitlichen Geltungsbereich** der VO gegenüber dem bisher geltenden Recht hinreichend klar **abzugrenzen.** So regelte § 101 HOAI 1996 das Verhältnis zum davor geltenden Gebührenrecht, § 102 HOAI 1996 betraf den Einschluss des Landes Berlin in den Geltungsbereich der HOAI, § 103 HOAI 1996/2002 befasste sich mit der Frage des Zeitpunktes des Inkrafttretens der VO und ihres Verhältnisses zu ab und vor diesem Zeitpunkt abgeschlossenen Architekten- bzw. Ingenieurverträgen (insoweit nur Tragwerksplanung) und wurde in der Fassung 2009 in seinem Absatz 2 in § 55 HOAI 2009 übernommen. So lautete in der 5. Fassung der VO noch:

§ 101 (Aufhebung von Vorschriften)

Es werden aufgehoben:

1. *die Verordnung PR Nr. 66/50 über die Gebühren für Architekten vom 13. Oktober 1950 (Bundesanzeiger Nr. 216 vom 8. November 1950), zuletzt geändert durch die Verordnung zur Änderung der Verordnung PR Nr. 66/50 über die Gebühren für Architekten vom 23. Juli 1974 (Bundesanzeiger Nr. 134 vom 24. Juli 1974).*
2. *die Berliner Verordnung über Gebühren für Architekten (GOA 1950) vom 9. April 1951 (Gesetz- und Verordnungsblatt für Berlin S. 337), zuletzt geändert durch § 3 der Verordnung zur Änderung der Verordnung PR Nr. 66/50 über die Gebühren für Architekten vom 23. Juli 1974.*

§ 102 Berlin-Klausel (gegenstandslos)

Diese Verordnung gilt nach § 14 des Dritten Überleitungsgesetzes vom 4. Januar 1952 (Bundesgesetzbl. I S. 1) in Verbindung mit Artikel 11 § 1 des Gesetzes zur Verbesserung des Mietrechts und zur Begrenzung des Mietanstiegs sowie zur Regelung von Ingenieur- und Architektenleistungen vom 4. November 1971 (Bundesgesetzbl. I S. 1745) auch im Land Berlin.

§ 101 Nr. 1 a. F. bestimmte ursprünglich, dass die **GOA** durch die HOAI außer Kraft gesetzt werde. Die dadurch zum Ausdruck gekommene Ablösung ist in dem durch den früheren § 59 Abs. 1 festgelegten Zeitpunkt, dem 1.1.1977, erfolgt. Dies brachte die erste Fassung der HOAI zwar nicht zum Ausdruck, sondern nannte in § 103 Abs. 1 Satz 1 als Tag des Inkrafttretens den 1.1.1985. Das war das Datum, in welchem die erste Fassung der HOAI wirksam wurde. Die Aufhebung der **GOI** brauchte nicht mehr ausdrücklich hervorgehoben werden, weil diese bereits durch die VO PR 1/65 (BAnz. Nr. 20 v. 30.1.1965) erfolgt war. Diese hatte im Übrigen nur empfehlenden Charakter, da sie nicht durch Rechtsverordnung eingeführt war. Allerdings bedurfte es bis zum 1.1.1985 (vgl. § 103 Abs. 1 Satz 1 a. F.) einer Vereinbarung der bisherigen Ingenieurgebührenregelungen insbesondere aus dem Bereich der LHO. Möglich ist es allerdings nicht mehr im Geltungszeitraum ab der ÄnderungsVO der HOAI 2009, Verträge, die der **GOA individualvertraglich unterworfen** werden würden, sofern dadurch auch im Einzelfall **nicht der Mindest- oder Höchstpreischarakter entsprechender Vorschriften der HOAI** unterlaufen bzw. überschritten würde, abzuschließen, weil schon § 55 HOAI 2009 deutlich auf die Geltung der VO hinwies („… die Verordnung **gilt** …"; Fassung 2013 „…. **ist** …."). (a. A. wohl Locher/Koeble/Frik, 10. Aufl., § 55 Rdn. 6 f.; anders jetzt wohl 11. Aufl. § 57 Rdn. 7 f.). Es reicht insoweit auch nicht aus, dass die Honorarsätze sich innerhalb der vorgegebenen Rahmen bewegen, wenn auf die GOA oder die GOI Bezug genommen werden würde, obwohl § 7 Abs. 1 HOAI 2009 etwas anderes vermuten ließe (... „diese Verordnung" ...). Jedoch ergibt sich die zwingende vertragliche preisrechtliche Vereinbarung und zwingende Bezugnahme der HOAI – gleich welcher Fassung – in Verträgen aus dem Begriff der „Leistung" in § 55 HOAI 2009. Insoweit sind die „Leistungsbeschreibungen" als Grundlage der preisrechtlich geregelten Honorierung nicht mehr mit den Leistungsbeschreibungen in der GOA oder GOI vergleichbar. Hieran ändert auch nicht die Möglichkeit der nunmehr freien Vereinbarung des Honorars im Rahmen des § 6 Abs. 1, 2 und 3, § 7 Abs. 1 HOAI und Anhänge, gleichwohl dort nicht direkt die Leistungspflicht geregelt ist, sondern ausschließlich die Regelung der Gebühren. Mit der Fassung 2013 wurde nunmehr klargestellt, dass die individualvertragliche Regelung der Geltung der bisherigen Verträge Vorrang bei der Auslegung der Anwendung der jeweiligen anzuwendenden Fassung der HOAI erhält. Zwar enthält die HOAI 2013 weiterhin keine ausdrückliche Regelung über eine **Vereinbarung** des neuen Rechts für laufende (Alt-)Verträge, entgegen der alten Regelung des § 103 Abs. 2 HOAI 1996. Die Vereinbarung der **alten** Fassungen bleibt dennoch möglich, wie § 7 Abs. 1 durchaus erkennen läßt. Zudem allerdings macht der Wortlaut des § 57 nunmehr eine **nicht erschließbare Einschränkung,** wenn dort die Anwendung der bisherigen Vorschriften auf **vertraglich vereinbarten Grundleistungen** vorgegeben wird. **Besondere Leistungen** oder **Beraterleistungen der Anlage 1.1 bis 1.4 wären** danach **ausgenommen.** Im **Umkehrschluss** bedeutet dies, dass für diese Leistungen über die **freie Vereinbarkeit** des Honorars nach § 3 Abs. 1, 3 auch Honorarregelungen **aus alten Fassungen der HOAI oder gar der GOA oder GOI getroffen werden könnten.** Das macht jedoch keinen Sinn. Auszulegen ist danach der Sinn der Vorschrift. Diese hatte die üblich *noch zu erwartenden* Vorfassungen im Blick, die **noch** im Rahmen laufender Verträge anwendbar sein könnten. Auszuschließen sind damit aber praktisch die Reglungen der GOI und GOA.

§ 102 HOAI war bereits vor Einführung der 6. ÄnderungsVO gegenstandslos, obwohl eine förmliche Aufhebung fehlte. Warum die Berlin-Klausel in der 5. HOAI-Novelle nicht gestrichen wurde, scheint auf einem redaktionellen Versehen zu beruhen, wobei allerdings Grund seinerzeit noch mögliche laufende Architekten- oder Ingenieurverträge gewesen waren. Die Änderungsverordnung war ebenfalls noch mit einer Berlin-Klausel versehen, obwohl durch die Suspendierungserklärung dies nicht mehr erforderlich wurde (vgl. BGBl. II S. 1319 und 1331).

§ 57 Übergangsvorschrift

Diese Verordnung ist nicht auf Grundleistungen anzuwenden, die vor ihrem Inkrafttreten vertraglich vereinbart wurden; insoweit bleiben die bisherigen Vorschriften anwendbar.

Vorgängervorschrift ist § 55 HOAI a. F.

Übersicht

1   Die HOAI in der Fassung der Bekanntmachung vom 4. März 1991 (BGBl. I S. 533),
zuletzt in der Fassung der letzten Änderung durch Artikel 5 des Neunten Euro-Einführungsgesetzes vom 10. November 2001 (BGBl. I S. 2992) geändert, **ist für Verträge bis
einschließlich 17.8.2009 verbindlich** und anzuwenden. **Danach** ist die Fassung 2009
und für Verträge, die bis einschließlich 16.7.2013 abgeschlossen wurden anzuwenden, verbindlich. Die Fassung 2013 gilt ab dem 17.7.2013. Sie ist **verbindlich bei mündlichen,
schriftlichen oder stillschweigend konkludent zustande gekommenen Verträgen
anzuwenden** (zu älteren Fassungen bereits OLG Düsseldorf, NJW-RR 1996, 535 =
BauR 1996, 289; Löffelmann/Fleischmann-Rohrmüller, 6. Aufl. sprechen hier von der
„Honorarsperre", Kap. 36, Rdn. 60, 86; Jochem in Jahrbuch Baurecht, 2010, S. 343; Neu-
enfeld/Baden/Dohna/Groscurth/Schmitz, § 55 D, Rdn. 13; Jochem/Kaufhold, 5. Aufl.,
§§ 55/56, Rdn. 2). Da Architekten- und Ingenieurverträge meist über einen längeren
Zeitraum geschlossen werden und die Parteien binden, sind **grundsätzlich die vereinbarten „Leistungen" Ansatzpunkt der Geltung der alten oder der neuen HOAI**
(so auch Nossek/Heiliger, NJW 2014, 821, 823; OLG Koblenz, Urt. v. 6.12.2013 – 10 U
344/13 zur Anwendung der HOAI 2009 bei bedingter Auftragung nach Genehmigung der
vorgesetzten Dienststelle). Die **Leistungsvereinbarung ist Grundlage für die Honorierung, § 7 Abs. 1** (so auch Vogel/Langjahr, FS Jochem, S. 133, 137 f.). Damit können
Leistungsvereinbarung und Honorierungsvereinbarung auseinanderfallen (siehe
hierzu BGH, Urt. v. 27.11.2008 – VII ZR 211/07, BauR 2009, 264 und 1192; OLG
Braunschweig, BauR 2007, 903; OLG Bamberg, MDR 2006, 19). Bei einer Vereinbarung
über Leistungen eines **einheitlichen** Architekten- oder Ingenieurvertrages gilt daher bei
Vereinbarung einer abschließend zu erbringenden Leistung die alte HOAI, wenn der Leistungsgegenstand bei Vertragsschluss **abschließend feststeht.** Dies insbesondere, weil die
jetzige Vorschrift, anders als noch der alte § 103 Abs. 2 a. F. keine Änderungsmöglichkeit für
die Abrechnung noch nicht im Zeitpunkt des 17.7.2013 ausgeführter Teilleistungen zu den
vor diesem Datum geschlossenen Verträgen auf die neue Vorschrift und den höheren Honorarsätzen vorsieht (siehe zur alten Fassung, 7. Aufl., § 103 Rdn. 2; 8. Aufl. § 55 Seite 1153).
      **Nicht entscheidend ist bei der Anwendung des § 57 die Zeit der Leistungs-
erbringung, sondern der Zeitpunkt der Beauftragung bzw. der Leistungsvereinbarung.** Dabei muß bei der Anwendung des § 57 auch darauf geachtet werden, ob die
Vereinbarung nur die Leistung oder das Honorar betrifft.
      Dabei ist nun der Wortlaut durch den VO-Geber – verwirrend – von *„Leistungen"* in
„Grundleistungen" geändert worden. Daher allerdings ist jetzt klargestellt, dass nicht auf eine
Honorarvereinbarung und den Zeitpunkt des Zustandekommens abzustellen, sondern
maßgeblich ist, dass die **Grundleistung vor** oder **nach** dem 17.7.2013 vereinbart wurde.
Somit **gilt** das **nicht** für **ausschließlich** vor dem 17.7.2013 getroffene **Honorar**vereinbarungen, die **losgelöst** von Leistungsvereinbarungen sind, was sicherlich sehr selten der Fall
ist. Die Fassung 2013 ist damit unsauber vom VO-Geber formuliert. Der Begriff der *„Leistung"* aus § 3 Abs. 2 Fassung 2009 ist dem Begriff *„Grundleistung"* in der Fassung 2013
gleichzusetzen (unklar und anders offenbar: *Fuchs/Berger/Seifert, NZBau 2013, 730*). Sind
diese *„Grundleistungen"* vor dem 17.7.2013 beauftragt worden, so werden diese nach der
Fassung 2009 behandelt. Eine **dabei** getroffene **Honorar**vereinbarung ist damit gleich zu
behandeln.
      Folglich **nicht** erfasst von der Regelung in § 57 sind Besondere Leistungen und die in
Anlage 1.1 bis 1.4 der HOAI beschriebenen Leistungen und Honorare. Die Besonderen
Leistungen in den jeweiligen Anlagen der Leistungsbilder sind beispielhaft im Rahmen der
„Leistungsbeschreibung" dargestellt (§ 3 Abs. 3 HOAI). § 57 zielt dem Inhalt nach auch ne-
ben einer zu vereinbarenden „Leistungsbeschreibung" auf die Honorarvereinbarung ab. § 3
Abs. 3 S. 4 ist daher die Grundlage für die freie Vereinbarung der Honorare, die von § 57
eben nicht erfasst werden sollen. Damit können Honorarvereinbarung auch nach dem
17.7.2013 für diese besprochenen Leistungen vereinbart werden, die sich an Fassungen der
HOAI vor diesem Datum orientieren oder auch bereits in den früheren Fassungen völlig
frei verhandelbar waren. Dabei spielt das Formerfordernis keine Rolle (lediglich als Darle-
gungs- und Beweismittel).

Ändert sich der **Leistungsgegenstand** durch **spätere Ergänzungen** des **Vertragsin-** 2
halts, so liegt eine **Änderung des ursprünglichen Leistungsinhalts** vor (a. A. wohl
Deckers, Rdn. 1139). Dies gilt in den Fällen, in denen der Auftraggeber beispielsweise
während der Bauphase einen Wintergarten oder weitere energetische Maßnahmen an Dach
und Heizung geplant und umgesetzt haben möchte. Wenn diese im ursprünglichen Planungsauftrag nicht enthalten waren, so sind dies **Vertragsergänzungen** mit Auswirkungen
auf das Honorar. Jedoch ist zu **unterscheiden:** wird der Architekt oder Ingenieur mit einem **allgemein gehaltenen Vertragsinhalt** beauftragt, z. B. „Umbau- und Sanierung
eines EFH ..." oder „Fachplanung Heizung, Lüftung, Sanitär für Gewerbebau ..." ist eine
Änderungsmöglichkeit **offen im Vertrag angelegt.** Die Vereinbarung ist dann so auszulegen, als die Parteien eine Möglichkeit der Leistungserweiterung – stillschweigend – sahen
und vereinbarten. Damit besteht **kein** „anderer" Leistungsinhalt bzw. -ergänzung. Lediglich hat dieses Auswirkungen auf die anrechenbaren Kosten nach der alten HOAI, wenn
der Vertrag vor dem 17.7.2013 geschlossen wurde. Legt man allerdings dem Vertrag eine
genaue Leistungsbeschreibung zu Grunde, wie zumeist bei Öffentlichen Auftraggebern
oder im gewerblichen Bau und Anlagenbau, sowie in den Haupt- und Subplanerverträgen,
so wird jede vom Auftraggeber gewünschte Planungsleistungsänderung zugleich auch eine
Änderung der vereinbarten Leistungsvereinbarung sein. Dies zieht dann eine Honorarände-
rung nach sich. Wenn die Parteien bei Abschluss des Vertrags vor dem 17.7.2013 diese
Möglichkeit nicht gesehen haben und vertraglich nicht vereinbarten, den Vertrag bei Eintritt dieser Bedingung zu ändern, so gilt die Fassung des § 57 verbindlich für die Leistungsänderungen ab dem 17.7.2013, da eben auch nicht zuvor vertraglich vereinbart und auch
keine Honorarregelung getroffen worden war; denn § 57 spricht von *„Grundleistung ...
vertraglich vereinbart wurden".* Dieser Wortlaut bezieht sich noch auf den Rechtszustand vor
dem 18.8.2009. Damit sind bei **Leistungsänderungen und –ergänzungen** die **neuen**
Honorarregelungen zugrunde zu legen. Das kann auch nach dem 17.7.2013 noch nachgeholt werden, § 3 Abs. 3, § 10 Abs. 1, 2. § 7 Abs. 1 ist daneben grundsätzlich bei diesen
Leistungsänderungen und –ergänzungen –, gleichgültig, ob eine Regelung in dem
Vertrag nach § 10 Abs. 1 oder 2 vorliegt, **primär** anzuwenden. Hierauf nimmt nun klarstellend der Wortlaut des § 57 Bezug.

Es kommen aber auch die **Abrechnungen von Teilleistungen** nach dem alten Recht 3
und dem neuen Recht in Betracht. So ergeben sich beispielsweise tatsächliche Änderungen der Teilleistungsanforderungen in einzelnen Leistungsphasen bei den Gebäuden und
Innenräumen, sowie bei der Tragwerksplanung und führen zu Problemen bei der Abrechnung ab der Leistungsphase 5 bzw. 4. So können Teilleistungen in anderen Leistungsphasen auftreten, die entweder noch nicht erbracht wurden, weil sie nicht vertraglich
geschuldet waren oder bei Fehlen einer vertraglichen Vereinbarung jetzt anders geregelt
wurden (Beispiel: § 34 Abs. 4 Lph 2h) – Terminplanung zu § 33 i. V. m. Anh. 2.6.8 und bedingt 2.6.2 in Fassung 2009). Unabhängig von der Nachholbarkeit einer solchen Leistung,
ist die Abrechnung dann erst möglich, wenn die Kostenschätzung/Kostenberechnung vorliegt. Zudem hat eine Vertragsauslegung stattzufinden. Dabei ist zu klären, ob die Parteien
eine Einbeziehung der neuen Regelungen in die alte verbindliche Regelung haben wollten
und wenn das nicht ermittelbar ist, was üblicherweise zu gelten hat. Beweisbelastet ist primär der Auftragnehmer. Jedoch ist davon auszugehen, dass regelmäßig der alte Wille der
Ausführung von bestimmten Tätigkeiten auch weiter fort gilt, also der alte Bauablauf, der im
Zweifel auch verbindlich vereinbart wurde, jetzt in der neuen Fassung noch fort gilt. Die
Parteien haben also bei Bauablaufplänen sich an die ursprüngliche vertragliche Fassung zu
binden und sodann eine andere vertragliche Fassung zu wählen (nebst Bauzeitenplan usw.),
§ 7 Abs. 1.

Werden **Anlagengruppen** in dem Leistungsbild der **TGA,** die in der Fassung 1996 zu 4
2009 in einer – jetzt zwei verschiedenen – Anlagengruppen enthalten sind, geändert bzw.
neu eingeordnet (siehe Objektliste Anlage 15.2), so ist zu unterscheiden: die vertragliche
Zuordnung ist zwar noch Bestandteil des ursprünglichen Vertrages, jedoch ist die Honorarzone neu zu bilden. Der Vertragsinhalt gilt weiterhin unverändert. Aber die neue Honorartafel mit ggfs. höheren Honoraren oder einer Zusätzliche Leistung mit neuer Behandlung

über § 10 Abs. 1 bzw. 2 ist zugrunde zu legen. Damit beschränkt sich die Regelung des § 57 auf die vertraglich vereinbarten Grundleistungen. Werden Anlagengruppen durch die neue Fassung geändert und neu eingeteilt, ist die vertragliche Fassung primär verbindlich. Gibt es keinen Hinweis auf Einordnungen, so gelten die Einordnungen der Fassung 2013 mit den entsprechenden honorarrechtlichen neuen Bestimmungen und Auswirkungen neuer Zuordnungen oder vertraglich neu zu fassender Änderungen z. B. über §§ 3 Abs. 1, 3 und 10 Abs. 1, 2.

5   Haben die Parteien einen **Stufen-, Abruf- oder Rahmenvertrag** zum Zeitpunkt der Geltung der alten HOAI vereinbart, so **gilt bei Beginn der Leistungen vor** der Einführung der neuen HOAI der **Leistungsumfang und die Honorierung der vertraglich vereinbarten Leistungsstufe(n).**

Bei **ergänzenden Änderungen des Leistungsumfangs** gilt das o. A. (siehe auch BGH, Urt. v. 27.11.2008 – VII ZR 211/07 = NZBau 2009, 257).

Unabhängig von der Frage der **Ausführung der Leistung** ist die Frage der **Vereinbarung der Leistung und der Honorierung,** welche davon ebenfalls ergänzend zu unterscheiden ist (Motzke, NZBau 2013, 742; LG Koblenz, Urt. v. 28.2.2013 – 4 O 103/12, folgend OLG Koblenz, Urt. v. 6.12.2013 – 10 U 344/13; Grams/Weber, NZBau 2010, 337; BGH, NZBau 2009, 257). **Sowohl die Vereinbarung der Leistung, also auch die Frage der Honorarvereinbarung ist jeweils strikt auseinander zu halten.** Denn § 57 bezieht sich auf die Leistungsvereinbarung und deren Zeitpunkt. Werden Honorarvereinbarung ergänzend oder daneben getroffen, hat das ebenfalls Einfluss auf die Behandlung der Anwendung nach § 57.

6   Der **Stufenvertrag** ist dadurch gekennzeichnet, dass eine näher beschriebene erste Stufe an Leistungspflichten beauftragt wird und in Aussicht gestellt wird, eine weitere zweite Stufe oder mehrere Stufen mit ebenfalls beschriebenen Leistungen später beauftragt zu erhalten. Mit der Beschreibung der Stufen, also der **Teilleistungen,** geht zumeist eine Beschreibung des jetzigen und zukünftigen Honorars einher (siehe auch Anhang 10, Vertragsmuster Objektplanung in der RBBau – Ziffer 4.2 dort, Fassung 25.9.2013). Danach ist entsprechend § 7 Abs. 1 die Leistungs- und Honorarvereinbarung **bei** Auftragserteilung geschlossen worden, § 57.

Da es sich um eine **aufschiebende Bedingung** handelt, ist mit Beauftragung der Leistung auch die Honorarvereinbarung in Lauf gesetzt. Das führt bei Abschlüssen vor dem 17.7.2013 zu dem Problem, dass bei Einhaltung der Schriftlichkeit (oder Mündlichkeit) bei der Stufenvereinbarung die Parameter der Vereinbarung weiter gelten, die in dem Zeitpunkt der Fassung 2009 bestanden, aber die HOAI 2013 bezüglich der Honorarparameter im Zeitpunkt der Ausführung der Leistung gilt und zwingend anzuwenden ist, also ein Auseinanderfallen von Parametern der HOAI 2013 und der getroffenen Honorarvereinbarung.

Nach § 159 BGB wirkt der Bedingungseintritt aber nicht zurück. Zwar können Parteien die Rückwirkung von Bedingungen – z. B. die Geltung der HOAI 2009 oder gar HOAI 1996/2002 – vereinbaren. Dies wäre aber im Sinne des § 57 nicht nur unwirksam, sondern der Vertrag teilnichtig, § 139 BGB. Insoweit ist die vertragliche Honorarvereinbarungsmöglichkeit (nicht die Leistungsvereinbarung!) durch die Preisregelungsvorschrift des § 57 i. V. m. §§ 1, 2 IngAlG gesetzlich eingeschränkt (Vogel/Langjahr, FS Jochem, S. 1133, 143).

Wichtig ist in diesem Zusammenhang zunächst zu erkennen, dass **Stufenverträge** in **verschiedenen Versionen** vereinbart werden können, werden Stufenverträge als – inhaltlich feste – Verträge vereinbart, sind es also **Teilverträge,** die abschließend sind, so ist bei Abschluss des ersten Teilvertrages dem Stichtag des 17.7.2013 die HOAI 2009 und für den zweiten – inhaltlich abschließenden – Vertrag nach dem Stichtag, die HOAI 2013 anzuwenden.

Gibt es einen **Vorvertrag,** der alle Inhalte bereits umschreibt, nähere Details aber einem **Hauptvertrag** vorbehält, sind in beiden Verträgen die HOAI 2013 anzuwenden, weil die Grundleistungsbeauftragung erst mit dem Hauptauftrag erfolgt.

Gleiches gilt für den sog. **Rahmenvertrag.**

Ist der **Stufenvertrag als Teil-Abschnittsvertrag zu kennzeichnen,** also werden festumrissene Leistungen mit einem ersten Vertrag beauftragt (z. B. Lph 1 bis 4) und eine Option auf weitere Verträge ausgesprochen und später dann – ob nach weiterer Ausschreibung oder einem Vorbehalt im ersten Abschnittsvertrag – ein weiterer Vertrag (also weiterer Teil-Abschnittsvertrag oder auch – juristisch korrekt – „Stufenvertrag), so wird man zur Feststellung, ob HOAI 2009 oder 2013 anzuwenden ist, auf das Zustandekommen des zweiten „Teil-Abschnittsvertrages" abzustellen haben. Wird nach einer weiteren Ausschreibung unter den gleichen inhaltlichen Maßstäben und vertraglichen Bedingungen oder aufgrund einer ursprünglichen Ausschreibung eine Option ausgesprochen, so ist davon auszugehen, daß der Auftraggeber zu den im ersten Teil-Abschnittsvertrag oder auch in den Ausschreibungsbedingungen bekanntgegebenen Bedingungen bzw. Optionen den zweiten Teil-Abschnittsvertrag abschließen will. Ein solcher Vertrag war der den Entscheidungen des LG und LG Koblenz, sowie folgend dem BGH zur Entscheidung vorgelegte „stufenweise" Vertrag (LG Koblenz, Urt. v. 28.2.2013 – 4 O 103/12; OLG Koblenz, BauR 2014, 862; BGH, NJW 2015, 616). Geht man davon aus, daß der zweite Teil-Abschnittsvertrag nach erfolgter vorhergehender Ausschreibung zum Gesamtprojekt eine Option auf weitere Tätigkeiten im Bedarfsfalle enthält, so wird man mit dem BGH im Ergebnis sagen müssen, daß der Auftragnehmer im Rahmen der üblichen Vergabebedingungen bei Wettbewerben lediglich ein Angebot abgibt, unter der aufschiebenden Bedingung, daß zu einem späteren Zeitpunkt der Vertrag erst abgeschlossen wird, also die Leistungen verbindlich vereinbart werden (BGH, NJW 2015, 616, 618; auch BGH, BauR 2009, 264 = NZBau 2009, 257). Darauf, daß man im ersten Vertrag auch eine Honorarvereinbarung nach der HOAI zum Zeitpunkt des ersten Vertrages schloss (so das Argument des BGH, a. a. O.), wird es in der Tat nicht mehr ankommen, weil es auf die Leistungsbestimmung und nicht auf die Honorarbestimmung ankommt.

Allerdings bestehen weiterhin **Zweifel** für die **Fallgestaltung,** daß auch das **Honorar verbindlich im ersten Teil-Abschnittsvertrag festgelegt** wurde (z. B. als Ergebnis der Ausschreibung) und der Auftraggeber mit dem zweiten Teil-Abschnittsvertrag „nur noch zu einem späteren Zeitpunkt **zugreifen** wollte". Nach hiesiger Meinung verbleibt es bei der Anwendung der früheren HOAI-Regelungen, also 1996/2002 bzw. 2009 (entgegen BGH, NJW 2015, 616, 618 Rdn. 17), obwohl es sich dann üblicherweise um eine Unterschreitung der Mindestsätze handeln könnte, wenn keine weiteren vertraglichen Vereinbarungen zuvor oder bei weiterer stufenweiser Beauftragung getroffen werden und die Honorierung ggfs. neu ausgehandelt wird (so auch BGH, NZBau 2009, 257 zu § 4 Abs. 1, 4 HOAI 1996/2002; Irmler, HOAI-Praktikerkommentar 2012, § 55 Rdn. 7; Jochem, Jahrbuch Baurecht 2010, 291, 343; ders. in Jochem/Kaufhold, 2012, § 55; ähnlich Locher/Koeble/Frik, in der 12. Aufl. § 57, Rdn. 3).

Werden **weitere Leistungsstufen,** der **Abruf von Leistungen** oder **Detailleistungen aufgrund eines – ursprünglichen – Stufenvertrages** ohne bestimmte Honorarregelung nach dem 16.7.2013 vom Auftraggeber **abgerufen,** so gilt zum einen der **ursprünglich** vereinbarte Leistungsumfang (Beispiel: „*Dem Auftragnehmer werden zunächst die Leistungsphasen … (… Grundleistungen …) übertragen.*). Die **Honorierung** hat sich allerdings nach der **neuen** HOAI für die weiteren – **unveränderten** und **veränderten** – Leistungsstufen zu richten (siehe aber zuvor zur anderen Fallgestaltung der völlig festen Honorarvereinbarung im ersten Vertrag und BGH, NJW 2015, 616, 618). Ebenfalls liegt zu diesem Zeitpunkt eine vertragliche Vereinbarung über Grundleistungen (§ 57) vor (so wohl auch Kalte/Wiesner, Dt. Ingenieurblatt 2009, 548 ff.); denn zur Formulierung in § 7 Abs. 1 HOAI *„schriftliche Vereinbarung bei Auftragserteilung"* hat der BGH dahingehend zur HOAI Fassung 1996/2002 entschieden, dass der gesonderte Auftrag für die spätere Stufe die eigentliche Beauftragung der Leistung darstellt, aber sich das Honorar eben nicht nach der alten „Grundvereinbarung" zu richten hat (mißverständlich: BGH, NZBau 2009, 257; richtigstellend für eine Fallgruppe des Stufenvertrages und der Optionsannahme BGH, NJW 2015, 616, 618 Rdn. 17; siehe auch Kuhn zur Geltung des alten Rechtszustandes bei bedingten Stufenverträgen, ZfBR 2014, 3, 18; Vorauflage S. 1154 zur Fassung 2009).

Wird später der Leistungsinhalt **geändert** und treten **Unklarheiten** auf, so ist die Leistungsänderung maßgeblich (s. o.; OLG Braunschweig, BauR 2007, 903).

Wenn der Planer bereits **vor Vertragsschluss** – im Interesse des Auftraggebers – **mit Leistungen begonnen hat,** gilt Gleiches. Das Problem tritt häufig bei Öffentlichen Auftraggebern im Zuge des sog. *„Konjunkturpaketes 2"* auf. Ist – wie dort üblich – die Beurkundung des Vertrages Wirksamkeitsvoraussetzung, § 154 Abs. 2 BGB, so wird der Vertrag eben nicht „konkludent" durch die Tätigkeit vermittelt. Wenn zudem die Ausführung sodann durch andere Einflüsse „stecken bleibt" (z. B. fehlende Haushaltsmittel, Nichtgewährung des Zuschusses), so führt die Verletzung der Vollmachtregeln in den Gemeindeordnungen (Unterschriftsbefugnis) bei Anscheins- und Duldungsvollmachtregelung zu Lasten des Auftraggebers zu Mehrvergütungsansprüchen des Auftragnehmers (z. B. § 10 Abs. 1, 2). Verzögert der Auftraggeber die Unterschrift, so verstößt der Auftraggeber gegen Treu und Glauben, § 242 BGB, wenn er die sofortige Tätigkeit verlangt, aber die Abrechnung nach Mittelsätzen – wie ausgehandelt und Grundlage des zukünftigen Vertrages sein soll – (BGH, BauR 2004, 495 zu § 4 Abs. 1 a. F. = § 7 Abs. 1 n. F.; z. B. bei Objektbildung, § 11 Abs. 1 n. F., § 10 Abs. 3a a. F. und dem Umbauzuschlag, § 24 a. F.) später ablehnt. Folge ist aber, dass aufgrund der hier duldend oder rückwirkend bedingt anzusehenden „Vereinbarung", die § 57 voraussetzt, die Grundleistung **vor** dem 17.7.2013 **„stillschweigend"** oder duldend (§ 242 BGB) beauftragt wurde. Die Honorarregelung der HOAI 2009 ist dann anzuwenden.

7   Bei **stufenweiser schriftlicher Beauftragung über später zu erbringende Leistungen** wird die Honorarvereinbarung **mit Abruf** dieser nächsten Leistung wirksam. Es handelt sich um eine Bedingung aus dem ursprünglichen Vertrag, die bei Auftragserteilung nach § 4 Abs. 1 HOAI 1996/2002. getroffen wurde. Damit ist eine honorarrechtliche und keine vertragliche Frage geregelt (so auch BGH, NZBau 2009, 257 zu a. F.). Allerdings steht bei stufenweiser Beauftragung noch nicht fest, ob und wann die weiteren Stufen beauftragt werden (Bedingung gem. §§ 158, 159 BGB). Das ist der Fall in dem Beispiel: *„Dem Auftragnehmer werden zunächst die Leistungsphasen … übertragen. Ein Anspruch auf die Beauftragung weiterer Leistungen oder Leistungsphasen besteht nicht."* Muster-Vertrag RBBau Fassung 2009 und 2013, dort Ziffer 4.2 der Verträge (Stand 25.9.2013). Es handelt sich hier um einen in sich abgeschlossenen Vertrag, der mit dem Abruf der folgenden Grundleistung neu beginnt. Werden – wie im Beispielsfall – keine weiteren Regelungen über die Honorierung bei Beauftragung der nächsten Grundleistungsphase getroffen, so gilt aufgrund der Abgeschlossenheitsregel in dem Vertrag (Beispielsfall) die Grundleistung der neuen Leistungsphase als beauftragt und damit die Honorarregelung der HOAI 2013, wenn die Beauftragung der weiteren Grundleistungen nach dem 17.7.2013 erfolgte.

Ist daher im Vertrag geregelt, dass später bei Bedingungseintritt eine rückwirkende Bedingung eintreten soll, so werden die rückwirkend vereinbarten Bedingungen wirksam (§ 159 BGB), also auch eine Honorarvereinbarung auf ursprünglich geltende frühere Mindestsätze oder andere Honoraransätze, sofern sie nicht die Mindestsätze unterschreiten.

Werden mit der weiteren stufenweisen Beauftragung nach dem 17.7.2013 andere Honorarparameter zu den Grundleistungen abweichend und insbesondere im Rahmen nur der HOAI 2009 getroffen, so ist die Vereinbarung nach §§ 125, 139 BGB nicht (teil-)nichtig, sondern lediglich danach zu fragen, ob die Honorarvereinbarung die Mindestsätze nach HOAI 2013 unterschreitet oder ggfs. überschreitet. Denn die Mindestsatzregelung des § 7 Abs. 5 ist anzuwenden.

8   Bei **unterschiedlichen Honorarparametern zwischen der HOAI 2009 und HOAI 2013** ist ebenfalls zu unterscheiden:

Werden Leistungen im Bestand im Rahmen eines Stufenvertrages vergeben, so ist bei Anwendung des Umbauzuschlages nach § 35 HOAI 2009 eine Erhöhung von mindestens 20% zu berücksichtigen. Jedoch ist in der Fassung 2013 § 4 Abs. 3 die mitverarbeitete Bausubstanz ergänzend zu berücksichtigen. Auch beim Modernisierungszuschlag ergeben sich Änderungen zwischen der Fassung des § 35 Abs. 1 mit Vereinbarungsmöglichkeiten bis 80% Erhöhung und nun nach § 36 Abs. 1 bis 33%.

Ähnliche Probleme bereitet die Beauftragung von Leistungsphasen, die nun geänderte prozentuale Zuordnungen haben (Leistungsphase 3 bei Gebäudeplanung mit 11% 2009 zu 15% in der Fassung 2013).

Auch die Doppelbeauftragung von Planung des Gebäudes und der Innenräume ergeben Probleme, denn Fassung 2009 gestattete die Doppelabrechnung (§§ 2 Nr. 1, 11) und § 37 Abs. 2 fordert nunmehr eine Vereinbarung des Honorarsatzes, weil dies nicht mehr vorgesehen ist.

Diese unterschiedlichen Fälle sind **nicht** nach dem **inhaltlich falschen Einführungserlass des BMVBS vom 19.8.2013** zu lösen, soweit darin bestimmt wird, dass *Änderungen oder Anwendungen nicht zu Lasten des Bundes bei Durchführung der RBBau gehen dürfen.* (ablehnend auch LG Koblenz, Urt. v. 28.2.2013 – 4 O 103/12; OLG Koblenz, Urt. v. 6.12.2013 – 10 U 344/13, BauR 2014, 862; wiederholend Weise/Hänsel, NJW-Spezial 2014, 77 und Kesselring/Hennig, NJW 2014, 2083, 2085; Scholtissek, 2. Aufl., § 57, Rdn. 11). Der Wortlaut der VO ist hier eindeutig. Man wird die **Vertragsgrundlage** in jedem Fall **hinzuzuziehen** haben. Allerdings ist diese Vereinbarung an § 7 Abs. 3 zu messen. Eine Unterschreitung der Mindestsätze in diesen Fällen ist aber **kein besonderer Fall** i.S. der Vorschrift. Denn die Abweichung kann nur unter dem Licht der Vorgaben der Entscheidung des BGH, NZBau 2005, 285 = BauR 2005, 735 gesehen werden. Danach muß sich die Honorarvereinbarung innerhalb der Bandbreite der Mindest- und Höchstsätze bewegen. Die Ausnahmeregelungen des § 7 Abs. 3 dürfen dort nicht vorliegen. Werden die zuvor beschriebenen Leistungen unter der Fassung 2009 vereinbarten Leistungen und Honorare ab 17.7.2013 erbracht, so sind durch **Vergleichsberechnungen der Fassungen 2009 und 2013 die Honorare darzustellen.** Ergeben sich sodann Unterschreitungen oder Überschreitungen der Fassung 2013, ist die **Vereinbarung ab dem Zeitpunkt der neuen Leistungserbringung** nach dem 17.7.2013 **unwirksam** mit der **Folge der Anwendung der Parameter der HOAI 2013** für diese Leistungen. Dabei sind die **Grundleistungen** gemeint. **Besondere Leistungen oder Beraterleistungen hingehen, werden nach der jeweiligen Vertragsfassung/Vertragsinhalt behandelt.**

Auch in den Änderungen der Leistungsanforderungen – Leistungsphasen 3 und 8 der Anlage 10 bzw. 10.1 – und der Änderungen der prozentualen Ansätze (11% bzw. 15% und 33% zu 32%), ist zunächst die vertragliche Fassung heranzuziehen. Dabei ist zu beachten, dass bei einer Stufenvereinbarung davon auszugehen ist, dass nach dem 16.7.2013 die Leistungen nach den Arbeitsschritten der Fassung 2013 zu bestimmen sind. Denn etwas anderes hätten die Parteien ansonsten vertraglich vereinbaren müssen, § 7 Abs. 1. Eine nachträgliche Vereinbarung auf andere Leistungsschritte der HOAI 2009 ist möglich, **nicht** aber darf die nachträgliche Vereinbarung das Honorar betreffen (ähnlich BGH, NZBau 2004, 509 = BauR 2004, 1640; NZBau 2007, 653 = BauR 2006, 1761). Auch hier ist dementsprechend durch eine **Vergleichsrechnung** der unterschiedlichen Fassungen die Mindestsatzunter- oder -überschreitung zu ermitteln. Ergänzend allerdings sind in diesen Fällen die prozentualen Ansätze der Teilleistungen nach den entsprechenden Tabellen wie die Siemon-Tabellen zu ermitteln und die Teilleistungen entsprechend zu bewerten und zu vergleichen. Bei Unterschreitung/Überschreitung wäre die Vereinbarung sodann unwirksam mit der Folge der Anpassung an die Teilleistungspflichten und Tabellensätze der Siemon-Liste zur Fassung 2013. Sofern der Einführungserlass des BMVBS vom 19.8.2013 etwas anderes zu Gunsten des Bundes verfolgt, ist der Erlass rechtwidrig, da gegen § 7 Abs. 1, 3 verstoßend.

Liegt das **Angebot vor** und die **Annahme des Vertrages nach** dem Inkrafttreten der **9** neuen HOAI, so ist nach HOAI n.F. vorzugehen. Der Planer ist an die Honorarvereinbarung dann nicht gebunden, wenn der Vertrag die Mindestsätze der HOAI 2009 unterschreitet, § 134 BGB. Allerdings ist er an sein Angebot gebunden, §§ 145, 147–149 BGB, wenn er die Mindestsätze der neuen HOAI nicht unterschreitet. Errechnet der Planer sein Angebot nach der alten HOAI, als Pauschal- oder Zeithonorar, so ist das zulässig und solange zu akzeptieren, wie die Mindest- oder Höchstsätze der HOAI nicht unter- oder überschritten werden (BGH, BauR 1993, 239; BGH, Urt. v. 17.4.2009 – VII ZR 164/07). Bei Änderungen von Umbauzuschlägen und auch bei sonstigen möglichen Leistungsinhaltsänderungen zwischen Angebotsabgabe und Angebotsannahme sind der Leistungsinhalt und die Honorierung abzugleichen.

Der Planer verhält sich allerdings entgegen Treu und Glauben widersprüchlich, wenn er zuerst ein den Mindestsatz unterschreitendes Honorar abrechnen will und nach Auftragserteilung dann nach Mindestsätzen der n. F. abrechnen will, wenn sich der Auftraggeber darauf eingerichtet hat und ihm deswegen eine Zuzahlung nicht zumutbar ist (so schon BGH, BauR 1997, 677).

10   Bei der Vereinbarung eines **„Abrufvertrags"** (auch sog. **„Optionsvertrag";** zur **Abgrenzung zum aufschiebend bedingten Beauftragung** BGH, NZBau 2009, 255) bei dem die Leistung fest umrissen ist und auch die Honorierung geregelt wird, ist die HOAI a. F. anzuwenden. Dies gilt auch, wenn eine Vereinbarung über das Honorar nicht geschlossen wurde. **Anders** wiederum, wenn die Parteien die Honorierung ausdrücklich **später vorbehalten** wollen. Der Abrufvertrag betrifft Vereinbarung wonach der gesamte Leistungsvertrag und die Honorarvereinbarung **als Ganzes zu einem späteren Zeitpunkt abrufbar** ist (Schmidt, BauR 1999, 538). Folge ist die Anwendung der HOAI 2009 bei einem von dem 17.7.2013 geschlossenen Vertrag (Motzke, NZBau 2014, 745).

11   Vereinbaren die Parteien die **Aufhebung des Vertrages** der unter der 6. ÄndVO geschlossen wurde im Rahmen eines **Aufhebungsvertrages** und schließen sodann einen neuen Vertrag nach den Regeln der 7. ÄndVO, ist das nach § 7 Abs. 1 bereits unwirksam, da die Vereinbarung nicht *„bei Auftragserteilung"*, sondern danach geschlossen wurde. Möglich ist aber in einem neuen Vertrag die Honorarregelung bei den Normen der 6. ÄndVO zu belassen und die materiell-rechtlichen Normen, z. B. Leistungsumfang, Gewährleistung, Sicherheiten usw. zu ändern. Dies folgt aus der Entscheidung BGH, Urt. v. 17.4.2009 – VII ZR 164/07 (NJW 2009, 2199) in der grundsätzlich zur Wirksamkeit von Honorarvereinbarungen Stellung genommen wurde.

12   Vereinbaren die Parteien einen **Rahmenvertrag,** bei dem die Leistung und die Honorierung festgelegt sind, jedoch das Projekt noch nicht konkret zur Bearbeitung ansteht, so ist grundsätzlich bei konkret erfolgendem **Abruf der Leistung** der **Zeitpunkt** entscheidend. Erfolgt der Abruf nach dem 16.7.2013, so ist für diese Gestaltung § 57 auszulegen. Dies ergibt ein Blick auf § 9 Abs. 1 SektVO und § 4 Abs. 2 VSVgV. Hier allerdings ergeben sich durch die Regelungen im Rahmenvertrag bezüglich der Leistungen und des Honorars sie gleichen Probleme wie zu den Stufenverträgen (so auch Motzke, NZBau 2014, 745). Auch hier wird erst durch Vergleich der Leistungs- und Honorarparameter eine Unter- oder Überschreitung des Honoraransatzes nach § 7 Abs. 1 und 3 erkennbar sein, wobei die **Siemon-Listen** oder andere anerkannte Listen ebenfalls ergänzend heranzuziehen sind.

Da durch Rahmenverträge die gesetzlichen Neuregelungen umgangen werden können, ist hier eine scharfe Trennung vorzunehmen. Immerhin kann hier mit gutem Grund § 313 Abs. 2 BGB herangezogen werden. Der **Wegfall der Geschäftsgrundlage** konnte zumindest in einem Zeitraum von etwa zwei Jahren vor dem 17.7.2013 nicht vorhergesehen werden. Damit gilt das hier Gesagte nur in einem engen Zeitabschnitt. Dennoch sind die Planer gehalten, hier Änderungen zu verhandeln, weil es ihnen zuzumuten ist (siehe ähnlich Nossek/Heiliger, NJW 2014, 821, 823, 825). Dies hat der Planer allerdings bei § 313 Abs. 1 und 2 BGB darzulegen und zu beweisen.

13   Der Abschluss eines **Vorvertrages** ist keine Auftragserteilung (BGH, BauR 1988, 234). Die jeweilige Fassung der HOAI gilt bei konkreter Beauftragung.

14   Haben die Parteien vor dem 17.7.2013 **schriftliche Ergänzungs- und Anpassungsverträge** geschlossen, so sind **§§ 305, 307 BGB** zu beachten. Die Klausel „… *im Falle der Novellierung der HOAI während der Vertragserfüllung sich die Parteien verpflichten, über eine Anpassung des Vertrages an die neuen Bestimmungen zu verhandeln …"* hält der Inhaltskontrolle stand. Dieses gilt auch für die Klausel „… *Es gilt die HOAI in der bei Vertragsschluss gültigen Fassung. Leistungen zur Erfüllung von Verträgen, die bis zum Inkrafttreten der neuen HOAI-Fassung noch nicht erbracht sind, werden nach der Neufassung der Honorartabelle des § 16 HOAI a. F. abgerechnet. Die Honorarerhöhung wird auf maximal 10%, bezogen auf die Tafelwerte des § 16 HOAI a. F. beschränkt. …"* sofern diese Klausel vor dem 18.8.2009 vereinbart wurde oder für die Fassung 2009 danach bis 16.7.2013. Die Klausel steht mit § 307 Nr. 1 BGB in

Einklang, da die Architektenleistungen zwar Dauerleistungen im Sinne des § 307 Nr. 9 BGB sind, jedoch die Einschränkung des § 307 Nr. 1, 2. Halbsatz gilt.

Der Wortlaut des 2. Halbsatzes lässt eine Regelungslücke vermuten. Danach wird auf die alte Rechtslage verwiesen und damit auch auf § 103 Abs. 2 bis 6. Hieraus zu folgern, es läge eine Regelungslücke vor, liegt nahe. § 103 Abs. 2 HOAI bezieht sich aber auf den Übergang von der 4. zur 5. Novelle (siehe zur alten Fassung, 7. Auflage, § 103 Rdn. 2). Danach allerdings können die Parteien die neue HOAI vereinbaren. Grundlage ist daher die Vereinbarung der Parteien. Wenn sich daher in der amtlichen Begründung findet, dass *„die Absätze 2 bis 6 des bisherigen § 103 mussten nicht in die Neufassung für solche Leistungen aufgenommen werden, da die Neufassung in § 57 festlegt, dass die Vorschriften der bisherigen HOAI für solche Leistungen, die vor dem Inkrafttreten vereinbart wurden, weiter gelten"*, so ist der Inhalt des § 103 Abs. 2 a.F. in § 57 hineinzulesen. Das gilt aber nur für die Möglichkeit, dass die Parteien bei Auftragserteilung (oder bis zum 17.7.2013) die Leistung und das Honorar nach der neuen Fassung der HOAI vereinbaren.

Ergibt sich durch Auslegung, dass eine **Anwendung des Vertragsinhalts** auf die neue Fassung der HOAI bezogen werden kann, ist **ergänzend** der Umfang und Inhalt der bisherigen zu den neuen Regelungen des Inhalts der Leistungsphasen in Ausführungs- und Honorierungsansatz zu prüfen. So können Unterschiede bestehen, wie in § 34 Abs. 3, Anlage 10.1 – Lph 7g) nicht mehr erwähnter Kostenanschlag und Lph 8j) Kostenfeststellung als zu honorierende Tätigkeitspflicht zu § 6 Abs. 1 Nr. 1, der bei der Honorierung auf Kostenschätzung und Kostenberechnung als zwingende Tätigkeit ohne weiteren Honoraransatz abstellt (Vergleich zu Anlage 10.1). Hier sind die Honorierungen nach der Einordnung in die obigen Fälle einzuordnen. Ebenfalls sind die Änderungen bei der Aufteilung der verschiedenen Anlagengruppen bei TGA in § 54 Abs. 2 HOAI und die Umfänge von Bauüberwachungen (§ 34 Abs. 2 – Lph 8, § 43 Abs. 1 – Anlage 12.1, § 47 Abs. 1) zu berücksichtigen.

Haben sich nach dem 17.7.2013 die **Leistungsanforderungen geändert und insbesondere die Tätigkeiten verzögert oder verlängert,** so sind die vereinbarten Tätigkeiten nach dem vertraglichen Leistungsprofil zu erbringen, allerdings sind die Honorierungen nach der neuen Fassung der HOAI anzupassen. Fallen Tätigkeiten in den Bereich der Anlagen (z.B. „örtliche Bauleitung", es verbleibt die „Bauoberleitung" im verbindlichen Teil des § 43 Abs. 1), so ist im Rahmen der tatsächlichen vertraglichen Leistung auch die Honorierung entsprechend der alten Vereinbarung beizubehalten. Dabei ist im Beispielsfall die vertragliche Honorierung mit dem neuen Honorarmuster der Anlage zu vergleichen und eine entsprechende Anhebung der ehemals gültigen Sätze um einen adäquaten Satz vorzunehmen. Hierbei können als verträglich **10%–12% Erhöhung** des **alten** Satzes der HOAI angesehen werden.

Vergleichsberechnungen für die HOAI 1996/2002 zur HOAI 2009 und zur HOAI 2013 können unter Berücksichtigung der zuvor genannten Kriterien entwickelt werden, sind jedoch in jedem Einzelfall auf die vertragliche Grundlage und die tatsächlichen Leistungserbringungen zunächst einzustellen. Sodann kann im rechnerischen Vergleichswege eine solche Berechnung erfolgen (siehe dazu auch Nossek/Heiliger, NJW 2014, 821, 825; Heinlein/Hilka, § 57 Rdn. 15). Es bleiben jedoch – worauf bei der Anwendung aller Vergleichsrechnungen hinzuweisen ist – teilweise erhebliche und auch nicht auszuschließende Rechenungenauigkeiten und auch Fehler übrig. Daher wird im prozessualen Weg das Gericht einen Weg über §§ 286, 287 ZPO zuzugestehen sein. **Umrechnungen** anhand von bisher schon vorhandenen **Splitting- oder Wägungstabellen** sind zudem ungenau, weil diese unterschiedlichen Tabellen erheblich voneinander abweichen und meist nur Bewertungsrahmen für einzelne Grundleistungen vorsehen (siehe hierzu Siemon, BauR 1764 und hier unter Anhang 9). Es ergeben sich auch Probleme, wenn weitere Leistungsteile in der Fassung 2009 hinzugetreten oder weggefallen sind. So ist die Leistungsphase 6 der Objektplanung Gebäude weiterhin mit 10 Prozentpunkten bewertet, jedoch drei neue Grundleistungen hinzugekommen, wie das Aufstellen eines Vergabeterminplans, Ermitteln der Kosten auf Grundlage der vom Planer bepreisten Leistungsverzeichnisse und Kostenkontrolle durch Vergleich der vom Planer bepreisten Leistungsverzeichnisse mit der Kostenberechnung. Wendet man beispielsweise die Tabellen von *Simmendinger/Frey* an entfallen darauf ab der HOAI 2013 20 % des Honorars. Das kann zur Konsequenz haben, dass das Honorar nach der HOAI 2013 für die geringeren Leistungspflichten nach dem Leistungsbild der HOAI 2009 geringer ist, als das nach der HOAI 2009 zustehende Honorar für die nach dem dortigen Leistungsbild maßgeblichen Leistungen. Ein gleiches Problem ergibt sich, wenn nur Teile von Grundleistungen geändert werden (siehe die Leistung „Koordination der an der Planung fachlich Beteiligten"). Eschenbruch/Legat verweisen in BauR 2014, 772, 776, 777 u. a. auf eine vom AHO – Ausschuss der Verbände und Kammern der Ingenieure und Architekten für die Honorarordnung e. V. – erstellte Tabelle hin. Diese Tabelle berücksichtigt auch andere Faktoren, wie z. B. den Inflationsausgleich, und die Leistungsanpassung in den neuen Leistungsbildern. Diese Tabelle beruht zwar auf dem vom BMWi beauftragten Honorargutachten „Aktualisierungsbedarf zur Honorarstruktur der Honorarordnung für Architekten und Ingenieure". Die Tabelle weist je Leistungsbild aber nur einen Faktor für die Umrechnung des Honorars der HOAI 2009 auf das der HOAI 2013 ohne Berücksichtigung der geänderten Leistungsbilder aus. Nimmt man allerdings die im Gutachten zugrunde gelegten Berechnungseckdaten ergibt sich beispielsweise für die Leistungsbilder der Objekt- und Fachplanung der Teile 3 und 4 der HOAI folgende Berechnungsgrundlage: Grundlage der problematisierten differenzierenden Ermittlung der Honorarsätze der Honorartabellen der HOAI 2013 ist zunächst die im Gutachten (Ziffer 4.1.2 S. 107, Ziffer 4.1.3. S. 109, Ziffer 4.1.4 S. 109, Ziffer 4.1.5 S. 109) entwickelte Formel, welche zunächst die Honorartabellen der HOAI 1996 abbildet. Diese Formel wird durch verschiedene Anpassungsfaktoren ergänzt: μBP = Baupreisentwicklung (1,2004), $\mu 1$ = Kostenentwicklung (1,3900), $\mu 2$ = Rationalisierung (0,9193), $\mu 3$ = Mehr- oder Minderaufwand des Leistungsbildes. $\mu 3$ setzt sich wiederum aus zwei Unterfaktoren zusammen, nämlich Mehr- oder Minderaufwand aufgrund von Veränderungen bei den rechtlichen und technischen Anforderungen im Zeitraum von 1996 bis 2013 (1,1070) = $\mu 3.1$ und Mehr- oder Minderaufwand aufgrund von Änderungen der Leistungsbilder aus dem BMVBS-Abschlussbericht (variabel nach Ziffer 4.4 des Gutachtens) = $\mu 3.2$. Damit lautet die Formel:

$$H(Ka) = \frac{(a \times Ka)b}{\mu BP} + c \times \frac{Ka}{\mu BP} + d) \times \mu 1 \times \mu 2 \times \mu 3 \,(Ka) \times \mu HZ$$

Die einzusetzenden Faktoren sind: anrechenbare Kosten = Ka, leistungsbildspezifischer Faktor (0,4112) = a, leistungsbildspezifischer Faktor (0,8941) = b, leistungsbildspezifischer Faktor (0,002797) = c, leistungsbildspezifischer Faktor (0,0) = d und Anpassungsfaktor für Mindest- und Höchstsätze je Honorarzone (variabel, siehe Tabelle Ziff. 4.1.4 des Gutachtens) = μHZ.

Ist der Mehr- und Minderaufwand aufgrund der Änderungen des Leistungsbildes weiter zu ermitteln, wird Unterfaktor $\mu 32$ beim Faktor $\mu 3$ durch den verbleibenden statischen Unterfaktor $\mu 3.1$ ersetzt, also immer statisch 1,1070. Die Formel, mit der die Grundleistungen der HOAI 1996/2009 nach der HOAI 2013 ohne Berücksichtigung der geänderten Inhalte der neuen Leistungsbilder bewerten lassen, lautet also:

$$H(Ka) = \frac{(a \times Ka)b}{\mu BP} + c \times \frac{Ka}{\mu BP} + d) \times \mu 1 \times \mu 2 \times \mu 3.1 \times \mu HZ$$

Soweit auf dieser Formel Tabellen entwickelt werden, entsprechen sie den Vorgaben des Gutachtens und im Grunde den o. a. Ausführungen der AHO (siehe Eschenbruch/Legat, BauR 2014, 772, 776, 777).

15　　Bei Vergaben im Rahmen der VOF nach §§ 1, 11 können Verfahren im Zeitpunkt der Geltung der HOAI 2009 begonnen worden sein. Die Inhalte und die Vorgaben der ausschreibenden Stelle bestimmen sich zumeist nach der Fassung 2009, was die Teilnehmer zu berücksichtigen haben. Hier ergeben sich die bereits beschriebenen Probleme wie bei einem Stufenvertrag oder Optionsvertrag. Denn auch hier werden sich die Änderungen der Honorarparameter nur durch die Vergleichsberechnungen und den Einbezug der Siemon-Liste oder andere anerkannte Listen bei Teilleistungen ermitteln lassen. Die Vergabeverfahren waren aufzuheben und auf die Auftragsvergabe zu verzichten, § 11 Abs. 7 VOF (so auch KG, Beschl. v. 1.9.2014 – Verg 18/13). Falsch wäre es, die Wertungen durchzuführen, denn § 11 Abs. 5 VOF bestimmt die Anwendung der verbindlichen Fassung des geltenden HOAI. Dabei spielt auch die Gewichtung des Preises keine Rolle. Bei Auftragswerten **über** der Honorartafel spielt § 11 Abs. 5 VOF keine Rolle.

Im gesamten Zusammenhang mit der Frage des Beauftragungs- und Abrechnungszeitraumes spielt auch die Frage der Verjährung von Leistungsansprüchen, Honorarfragen und Mangel-/Schadensersatz eine nicht unbedeutende Rolle. Unterschieden werden müssen die Forderungen des Auftragnehmers auf Honorarzahlungen, die üblicherweise nach drei Jahren verjähren (§§ 195, 199 BGB). Die Mängelansprüche des Auftraggeber verjähren nach der Abnahme der Werkleistung des Architekten, Ingenieurs bzw. Beraters in fünf Jahren nach Abnahme (§ 634a BGB), wenn nicht eine andere dort bezeichnete Ausnahme vorliegt und insbesondere ansonsten ein Dienstvertrag. Daher ändert die durch § 15 neu eingeführte ausdrückliche Anordnung der Abnahme als Fälligkeitsvoraussetzung wenig am Rechtszustand im Hinblick auf eine stufenweise Beauftragung und der Fälligkeit des Honorars. Dabei sind die gesamten oben gemachten Ausführungen zur Vereinbarung und Vereinbarungszeitpunkt bei stufenweisen Verträgen heranzuziehen.   **16**

Für den Fall der mangelhaften Leistung des Auftragnehmers allerdings können sich Unterschiede ergeben. So ist zunächst wichtig, wann bei einem „echten" Stufenvertrag, also einer jeweils separaten Beauftragung nacheinander zu erbringender Leistungsphase und deren Abschluss, die Abnahme dieser beauftragten Teile (Leistungsphasen) oder Teilleistungsphasen stattfand. Dann wird man für den Abschluss der vereinbarten Leistungen und Abnahme derselben den Beginn der Verjährung auf den jeweiligen Abnahmetermin festlegen müssen.

Ergibt sich aber, dass es sich um einen „unechten" Stufenvertrag handelt, also keine Teilung der Leistungsphasen beabsichtigt war, sondern ein einheitlicher „Rahmenvertrag" geschlossen wurde, so wird man – trotz möglicher (auch vereinbarter „Teilabnahmen") nach Leistungsphasenerbringung – nur die – vertraglich vereinbarte – Gesamtabnahme am Ende der Leistungserbringung als Beginn der Verjährung anzusehen haben (so noch richtig zu HOAI 1996/2002: OLG Dresden, Urt. v. 17.6.2010 – 10 U 1648/08). Falsch war daher das Vertragsmuster zu § 9 AVB 2003 des BMfVBS, dass immer von einer Einheitlichkeit der Abnahme bei solchen Verträgen ausging und keine Teilabnahmen gestattete.

§ 58 Inkrafttreten, Außerkrafttreten

Diese Verordnung tritt am Tag nach der Verkündung in Kraft. Gleichzeitig tritt die Honorarordnung für Architekten und Ingenieure in der Fassung der Bekanntmachung vom 11. August 2009 (BGBl. I S. 2732) außer Kraft. Der Bundesrat hat zugestimmt.

Die Vorgängervorschrift ist § 56 a. F.

Übersicht

I. Vorgeschichte und Erlass der 7. Änderungs-Verordnung

1   Der Bundesrat hat 2009 anlässlich der Verabschiedung der HOAI 2009 der Bundesregierung unter anderem die Auflage erteilt, im Rahmen einer sofort in Angriff zu nehmenden Überarbeitung der HOAI auch die Wiederaufnahme der Beratungsleistungen in den verbindlichen Teil der HOAI zu prüfen (BR-Drs. 395/09). Die 123. Bauministerkonferenz (BMK) hat im Jahr 2012 in Saarbrücken einstimmig beschlossen, dass sie die *„aktuelle HOAI-Novelle unterstützt und gleichzeitig die Wiederaufnahme der Beratungsleistungen in den verbindlichen Verordnungsteil fordert"* (vgl. z.B. www.saarland.de/96189.htm). Im Anschluss hieran fasste auch die Wirtschaftsministerkonferenz am 3./4.12.2012 in Kiel den einstimmigen gleichlautenden Beschluss, die Beratungsleistungen in den verbindlichen Teil zurückzuführen (vgl. z.B. www.bdvi.de/bdvi/aktuelles(2019-hoai-einstimmiger-beschluss-der-wirtschaftsministerkonferenz-zur-novellierung-der-hoai). Das Bundeswirtschaftsministerium (BMWi) hat sodann am 6.3.2012 einen **Referentenentwurf zur 7. HOAI-Novelle** vorgelegt, bei dem die ingenieurtechnischen Beratungsleistungen weiterhin im unverbindlichen Teil der HOAI verbleiben und nicht in den preisrechtlich verbindlichen Teil zurückgeführt werden. Damit standen sich zwei Auffassungen gegenüber, die letztlich nur politisch gelöst werden können. Es kam im Ergebnis ausschließlich auf die Frage an, ob sich die Bundesregierung einerseits und der Bundesrat andererseits in der Frage der ingenieurtechnischen Beratungsleistungen in die eine oder die andere Richtung einigen könnten. Die Argumente für eine Rückführung der ingenieurtechnischen Beratungsleistungen in das verbindliche Preisrecht waren im Wesentlichen unverändert im Vergleich zum Jahr 2009, als versucht wurde, die Herausnahme aus dem verbindlichen Preisrechtsteil zu verhindern. Die Gründe seitens des BMWi gegen eine Rückführung in den verbindlichen Teil der HOAI stützten sich erneut – wie schon im Jahr 2009 zur Begründung für die Ausgliederung – auf europarechtliche Argumente. So ist nach dessen Auffassung Deutschland rechtlich verpflichtet, eine Novellierung der HOAI als neue Anforderung gemäß Artikel 15 Abs. 6, 7 der Dienstleistungsrichtlinie der Europäischen Kommission zu notifizieren. In diesem Fall würde die Europäische Kommission binnen drei Monaten die Vereinbarkeit der aktualisierten Mindest- und Höchstsätze mit dem Gemeinschaftsrecht prüfen. Das BMWi war der Auffassung, dass es nahe läge, Deutschland im Rahmen einer solchen Prüfung aufgefordert werden würde, eine Rückführung der Beratungsleistungen in den verbindlichen Teil aufzuheben, da die Europäische Kommission im Jahr 2009 die Teilliberalisierung bei den Beratungsleistungen als *„Schritt in die richtige Richtung"* begrüßt hätte. In diesem Zusammenhang befürchtet das BMWi auch, dass die Europäische Kommission im Zusammenhang mit der Frage der Rückführung der Beratungsleistung gleichzeitig auch prüfen würde, ob die HOAI insgesamt den Anforderungen der Dienstleistungsrichtlinie genüge. Das BMWi sah insoweit ein erhebliches Risiko, dass die Europäische Kommission bei einer Rückführung der Beratungsleistungen in die Preisregulierung auch die HOAI insgesamt in Frage stellen könne.

2   Der bereits erwähnte Prüfungsauftrag des Bundesrats vom 12.6.2009 enthielt die Aufforderung an die Bundesregierung, vor allem die Leistungsbilder der HOAI zu modernisieren und zu vereinheitlichen sowie eine Aktualisierung der Honorarstruktur unter dem Blickwinkel des Wandels der Berufsbilder, der Umweltbelange und der Regeln der Technik vorzunehmen (BR-Drs. 35/09). Diese Vorgabe hat die Bundesregierung in ihren Koalitionsvertrag für die 17. Legislaturperiode aufgenommen, in dem sie festlegte, *„Die Honorarforderung für Architekten und Ingenieure (HOAI) wird auf der Grundlage des Bundesratsbeschlusses schnellstmöglich weiter modernisiert."* (Koalitionsvertrag vom Oktober 2009, Kapitel 4.4.2 *„Bauen und Wohnen, Bauwirtschaft und Planende Berufe",* S. 44/132). Zur Umsetzung dieses Koalitionsbeschlusses verständigten sich einerseits das Bundesministerium für Wirtschaft und Technologie (BMWi) als insoweit federführend und andererseits das Bundesministerium für Verkehr Bau und Stadtentwicklung (BMVBS) auf eine entsprechende Aufgabenteilung. Zunächst nahm das BMVBS eine Untersuchung des baufachlichen Aktualisierungsbedarfes, insbesondere zu den Leistungsbildern, vor. Hierzu wurde seitens des BMVBS die

„Evaluierung der HOAI und Aktualisierung der Leistungsbilder" vorgelegt, die im Wesentlichen auf einem Gutachten des Prof. Lechner aus Wien aufbauend in Zusammenarbeit mit Vertretern der öffentlichen Auftraggeber des Bundes, der Länder und der kommunalen Spitzenverbände, sowie Vertretern der AHO, der Bundesarchitektenkammer (BAK) und der Bundesingenieurkammer (BIngK) unter Federführung des Ministeriums erarbeitet wurde. In einem weiteren Schritt ließ dann das BMWi ein *„Gutachten zur Überprüfung des Aktualisierungsbedarfes zur Honorarstruktur aller aktualisierten Leistungsbilder der HOAI durch die ARGE HOAI-GWT-TUD/Bögers/Kalusche/Simo"* erstellen. Auf Grundlage dieser beiden Gutachten und der Ergebnisse der diversen Arbeitsgruppen legte das BMWi am 6.3.2012 nunmehr den eingangs erwähnten Referentenentwurf vor. Ziel der Bundesregierung war es, diesen Referentenentwurf im Bundesrat im Mai/Juni 2013, spätestens aber in der letzte Plenarsitzung vor der Sommerpause am 5.7.2013 verabschieden zu lassen, so dass die 7. HOAI-Novelle im Herbst 2013 (August) in Kraft treten sollte. Kern des Referentenentwurfes war die vorgenommene baufachliche Überarbeitung der Leistungsbilder einerseits und die Aktualisierung der Honorartafelwerte andererseits. Gleichsam wurden Regelungen des Allgemeinen Teils der HOAI ebenso überarbeitet wie solche im Besonderen Teil.

Aufgrund des Auftrags zur fachtechnischen Überarbeitung wurden durch das BMVBS, **3** wie ausgeführt, die Leistungsbilder der HOAI modernisiert, indem sie an die geltenden gesetzlichen Vorgaben und aktuellen Anforderungen an die Aufgaben der Architekten und Ingenieure angepasst wurden. Darüber hinaus wurde durch eine Vertiefung und Erweiterung der Leistungen der Architekten und Ingenieure dem Umstand Rechnung getragen, dass eine verbesserte Planung mit Blick auf Wirtschaftlichkeits- und Nachhaltigkeitsanforderungen zu einer Optimierung des Bauens im gesamten Lebenszyklus beiträgt und daher gesamtwirtschaftlich als vorteilhafte Investition angesehen werden muss.

Änderungen des (erforderlichen) Leistungsumfangs, was in einer Gesamtbetrachtung naturgemäß auch zu einer Erhöhung des Gesamthonorars der verbindlich verpreisten Leistungen nach der HOAI führt. Dabei ist zu berücksichtigen, dass die Honorarerhöhungen im *„unteren Honorarbereich"* (niedrige anrechenbare Kosten) relativ höher ausfallen als bei höheren anrechenbaren Kosten.

Auf der Grundlage des Referentenentwurfes und des dann folgenden Kabinettsbeschlus- **4** ses der Bundesregierung zur 7. HOAI-Novelle am 24.4.2013 und der nachfolgenden Erstellung eines um „Unrichtigkeiten" bereinigten Verordnungstextes, wurde dieser sodann in vorgehenden Stellungnahmen und Absprachen vom Bundesrat diskutiert und am 7.6.2013 mit nur einer Stimme Mehrheit dem Regierungsentwurf zugestimmt *(BR-Drs. 334/13)*. Dieser ist dann als vorliegender Verordnungstext verbindlich und im Bundesgesetzblatt am 16.7.2013 veröffentlicht worden. Die Verordnung trägt das Datum des 10.7.2013 aufgrund der Notifizierung des Bundespräsidenten. Die Ermächtigungsgrundlage liegt weiterhin in §§ 1, 2 des Gesetzes zur Regelung von Inhgenieur- und Architektenleistungen vom 4.11.1971 (BGBl. I S. 1745, 1749), die durch Art. 1 des Gesetzes vom 12.11.1984 (BGBl. I S. 1337) geändert worden ist. Die 7. ÄnderungsVO ist damit ab dem 17.7.2013 rechtlich verbindlich (BGBl. 2013 Teil I Nr. 35, S. 2276 ff.). In der Verordnungsbegründung heißt es, dass die HOAI weiter modernisiert worden sei. Die Leistungsbilder seien dem aktuellen Stand der Technik und den rechtlichen Rahmenbedingungen angepasst und die Honorarsätze angepasst worden. Zudem seien die Honorarvorschriften überarbeitet und vereinfacht worden. Dadurch sei die Anwendung der HOAI durchgehend erleichtert worden. Allerdings hatte der Bundesrat zugleich erhebliche Kritik am Vorgehen und der Tätigkeit der Bundesregierung zur Erstellung einer neuen HOAI geübt und verwies auf den nicht zeitgemäß eingehaltenen Auftrag des Bundesrates an die Bundesregierung im Zusammenhang mit der Zustimmung zur HOAI 2009 am 12.6.2009 (BR-Drs. 395/09).

II. Zukünftige Entwicklung

Infolge der Neuwahlen zur 19. Legislaturperiode des Bundestages im September 2013 **5** und des Abschlusses des Koalitionsvertrages im Dezember 2013 zwischen CDU/CSU und SPD-Faktionen – dort wird auf Änderungen der HOAI nicht eingegangen – sind die zu-

künftigen Entwicklungen der HOAI zunächst auf der Entschließung des Bundesrates vom 7.6.2013 der Drs. 334/13 festzuhalten. Danach reagierte der Bundesrat verärgert über die Haltung der Bundesregierung zu den Aufgabenstellungen aus der Entschließung vom 12.6.2009 (BR-Drs. 395/09). Folgende Punkte sollen nun von der Bundesregierung der 19. Legislaturperiode durchgeführt werden:
– eine Evaluierung der Auswirkung der Honorarhöhen soll durchgeführt werden;
– die Frage der Rückführung der Beratungsleistungen in den verbindlichen Teil der HOAI soll geprüft werden und die Bundesregierung soll binnen zwei Jahren darüber berichten;
– die baufachliche Forderung nach Regelungen für die örtliche Bauüberwachung für Ingenieurbauwerke und Verkehrsanlagen sollen in den verbindlichen Teil der HOAI aufgenommen werden.

Die HOAI 2013 wurde zudem durch den BMVBS unter dem 19.8.2013 in der Versandfassung vom 6.9.2013 als von den Bundesbehörden zu beachtend im Einführungserlass als verbindlich erklärt. Der Einführungserlass ergänzt die amtliche Begründung der 7. ÄnderungsVO.

III. Die 6. HOAI-Novelle

6   Die Verordnung über die Honorare für Architekten- und Ingenieurleistungen wurde am 17.8.2009 im Bundesgesetzblatt bekannt gegeben (BGBl. I S. 2732). Sie ist zum 18.8.2009 in Kraft getreten. Mit den Änderungen wurde dem Prüfauftrag des Bundesrates vom 14.7. 1995, den Zielen der Koalitionsvereinbarung vom 11.11.2005 (Zeilen 2594–2596) sowie den Anforderungen aus der Richtlinie 2006/123/EG über Dienstleistungen im Binnenmarkt, welche bis zum 31.12.2009 im nationalen Recht umzusetzen sind Rechnung getragen.

Zugleich trat am 18.8.2009 die Verordnung über die Honorarordnung für Architekten und Ingenieure in der Fassung der Bekanntmachung vom 4. März 1991 (BGBl. I S. 533), zuletzt in der Fassung der letzten Änderung durch Artikel 5 des Neunten Euro-Einführungsgesetzes vom 10. November 2001 (BGBl. I S. 2992), außer Kraft. Der Verordnungsgeber hat hier auf eine fixe bestimmte Außerkrafttretensregelung der Neufassung im Verordnungstext verzichtet. Allerdings soll nach dem Willen des Bundesrates die HOAI nach einer Erprobungsphase überprüft werden. Begründet wird das mit der fortschreitenden Rechtsentwicklung in der EU. So hat sich der Verordnungsgeber ein Zeitziel zur Überprüfung und gegebenenfalls Anpassung der HOAI setzen müssen. Dabei ist ein Zeitraum von fünf Jahren für ausreichend erachtet worden. In der amtlichen Begründung findet sich die Erläuterung, dass die Kombination von bewährten Regelungen und dem Wegfall von Preisbeschränkungen zugunsten der Vertragsfreiheit in einem abgegrenzten Zeitfenster eine Gesamtschau der neuen Gestaltungsmöglichkeiten ermöglichen soll. Das wirft Probleme auf. Denn gemeint ist hier zunächst die der Privatautonomie unterliegende Vertragsfreiheit der Vertragsparteien, als neue Grundregel, welche den Verordnungstext bestimmt und damit eine Vorrangstellung der vertraglichen Honorarvereinbarung gegenüber dem Verordnungstext einräumt. Dabei ist nach Ansicht des Verordnungsgebers mit „bewährten" *Vertrags*regelungen zu arbeiten. Hier ist aber Grenze die Regelung der §§ 305 ff. BGB, woran sich auch die Übernahme von Verordnungstext und -inhalt messen lassen muss. In den meisten Fällen ist nämlich der Architektenvertrag „gestellt" und „nicht verhandelt", § 305 Abs. 1 S. 1 BGB. Die hier gemeinte „Regelung" ist damit die Regelung im Verordnungstext. Der Verordnungsgeber geht davon aus, dass die den Verordnungstext übernehmenden vertraglichen Regelungen in der Praxis sich zu bewähren haben und wünscht die rechtliche Diskussion ggfs. die gerichtliche Entscheidung. Allerdings erkennt der Verordnungsgeber selbst, dass die Dienstleistungsrichtlinie (Richtlinie 2006/123/EG des Europäischen Parlaments und des Rates vom 12.12.2006 über Dienstleistungen im Binnenmarkt, ABlEG Nr. 376 vom 27.12.2006, S. 36 ff.) sich zukünftig auf den Adressatenkreis der HOAI – Architekten/Ingenieure/Fachplaner und Berater – auswirken wird. Denn nach Art. 14 und 15 der Richtlinie sind Preisregelungen anhand von Kriterien zu rechtfertigen, die im Wesentlichen auf der Rechtsprechung des EuGH basieren (Richtlinie 2006/123/EU). Diese Kriterien erfüllte die alte HOAI nach Ansicht des Verordnungsgebers eben nicht. Das überzeugt nicht, denn die jetzt vorgenommenen Regelungen folgen nur begrenzt der Meinung des EuGH. Einzig die Begrenzung der Vorgabe verbindlicher Mindestsätze auf Architekten- und Ingenieurbüros im Inland, § 1, ist als direkte Vorgabe des Art. 16 der Dienstleistungsrichtlinie zu erkennen. Auch die Deregulierung der Beratungsleistungen für thermische Bauphysik, Schallschutz, Raumakustik, Bodenmechanik und vermessungstechnischer Leistungen sind ebenfalls als Vorrang der Dienstleistungsrichtlinie und der freien Vereinbarkeit von Beratungsdienstleistungen, wie bei Rechtsanwälten (BRAO, RVG), Ärzten, Wirtschaftsprüfer und Steuerberatern zu erkennen. Auch hier fallen die staatlichen Preisvorgaben aufgrund der vielfältigen Beratungsleistungen im Wirtschaftsleben und sind daher Folge des Art. 16 der Dienstleistungsrichtlinie. Nicht hingegen erfüllen die Abkopplungen des Honorars von den tatsächlichen Baukosten und die frühzeitige Möglichkeit der einvernehmlichen Festlegung des Honorars die Anforderungen der Dienstleistungsrichtlinie. Diese Möglichkeiten sind nämlich Auswirkungen der „Regelung" des Verordnungsgebers unter Berücksichtigung der Privatautonomie. Insgesamt ist daher festzustellen, dass auch unter kritischer Würdigung des Urteils des EuGH vom 5.12.2006, C-94/04 und C-202/04 (Cipolla) die Dienstleistungsfreiheit gem. Art. 49 EGV – jedenfalls für „Inländer" – noch eingeschränkt ist (siehe auch Kommentierung zu § 1).

Daher hat der Bundesrat in der BR-Drucksache 395/09 vom 12.6.2009 in seinem zustimmenden Beschluss die Bundesregierung aufgefordert, trotz der Zustimmung zur Verordnung eine redaktionelle Überarbeitung und weitere Modernisierung der HOAI zu entwickeln. Das Zeitfenster von fünf Jahren, dass der Verordnungsgeber in seiner Begründung hervorhebt, ist die nächste Legislaturperiode. Damit ist diese Forderung auch Inhalt des derzeitigen Koalitionsvertrages (2009). Geändert werden sollen nach dem Willen des Bundesrates aber die Modernisierung und Vereinheitlichung der Leistungsbilder, eine Wiederaufnahme der in den Teilen X bis XIII der HOAI in der Fassung vom 1. Januar 1996 geregelten staatlichen Preisvorgaben in dem verbindlichen Teil, eine Überprüfung der Honorarstruktur und eine Prüfung einer weiteren „Verschlankung" der HOAI. Dabei sollen der Wandel der Berufsbilder, der Umweltbelange und der Regeln der Technik berücksichtigt werden. Dem Bundesrat ist zuzustimmen, wenn dieser die Beschränkung der verbindlichen Honorarsätze lediglich auf die Planungsleistungen rügt. Er ist der Ansicht, dass die Beratungsleistungen in die Anlage 1 gehören. Ebenso rügt der Bundesrat, dass die in der Anlage 1 aufgenommenen Leistungsbilder und die damit zusammenhängenden Honorare nicht mehr den geltenden Regeln der Technik und dem öffentlichen Recht entsprechen und unverzüglich nachzuarbeiten seien. Betrachtet man alleine schon die neue Regelung des § 2 Nr. 12, so ist die Kritik des Bundesrates nur all zu deutlich. Allerdings muss dann auch klargestellt werden, ob es bei der Definition der „fachlich allgemein anerkannten Regeln der Technik" um ein Redaktionsversehen des Verordnungsgebers handelte, wenn „Verbraucher" die „herrschende Auffassung über technische Regeln maßgeblich mitbestimmen sollen?

Soweit die Bundesregierung bei der Vorlage des Entwurfes der neuen HOAI an den Bundesrat im Mai 2009 darauf hinwies, dass sie ein Gutachten innerhalb eines Jahres nach Inkrafttreten der novellierten HOAI über die Entwicklung sowie über mögliche notwendige Anpassungsmaßnahmen insbesondere im Hinblick auf die Auskömmlichkeit der Honorarstruktur, die Leistungsbilder, die Anrechenbarkeit nach Bausubstanz sowie die Regelung der Objektüberwachung der HOAI erstellen lassen will, bestehen Bedenken, da die mit dem neuen Verordnungstext verbundenen Rechtsfragen eben nicht einfacher, sondern umfassender wurden. Auch eine Einkommensentwicklung in solch kurzer Zeit zu erfassen, ist denkbar unmöglich. Deutlich ist daher auch die Kritik des Bundesrates, es solle nach Ansicht des Bundestages kein Allgemeininteresse für eine verbindliche Regelung der Honorare für Leistungen der örtlichen Bauüberwachung bei Ingenieurbauwerken und Verkehrsanlagen und für die in der Anlage 1 ausgegliederten Ingenieurleistungen bestehen. Der Bundesrat begründete seine Meinung damit, dass bei vergleichbaren preisgebundenen Leistungen der Flächen-, Objekt- und Fachplanungen bestehe auch insoweit ein erhebliches

Allgemeininteresse an verbindlichen Entgeltrahmen, damit auch die diesen Leistungsbildern zu Grunde liegenden Dienst- und Werkvertragsleistungen den Regeln der Technik und geltenden öffentlich-rechtlichen Anforderungen entsprechend ausgeführt werden. Dabei hatte der Bundesrat im Wesentlichen die **neuen Vergaberegelungen** im Auge. Bereits mit dem Allgemeinen Rundschreiben Straßenbau Nr. 14/2009 vom 18.8.2009 zur Verordnung über die Honorare für Architekten- und Ingenieurleistungen wurde vom Bundesministerium für Verkehr, Bau und Stadtentwicklung die Vergabe von Ingenieur- und Architektenleistungen unter Bezug auf die folgenden Änderungen im Handbuch für Vergabe und Ausführung von freiberuflichen Leistungen der Ingenieure und Landschaftsarchitekten im Straßen- und Brückenbau (HVA F-StB); Ausgabe September 2006, Fassung Juli 2009 geändert. Danach gelten verbindlich für diesen Bereich die von der Arbeitsgruppe II „Freiberufliche Leistungen" erarbeiteten „Sofortpakete". Danach sind derzeit verbindlich bei der Wahl des Vergabeverfahrens folgende Regelungen zu beachten:

a) Bei Honorar (ohne Umsatzsteuer) unterhalb der EU-Schwellenwerte sind bei verbindlichen Planungsleistungen, bei denen im wesentlichen keine zusätzlichen Leistungen erforderlich werden, keine oder unwesentlichen Nebenkosten anfallen und die Mindestsätze der zutreffenden Honorarzone bzw. Schwierigkeitsstufe nicht überschritten werden, kann eine freihändige Vergabe nach Verhandlung mit nur einem Bewerber erfolgen.

b) Ebenso werden für Leistungen, die Beratungsleistungen sind und in der Anlage 1 als unverbindliche Regelungen (Orientierungshilfen) aufgeführt sind, sowie für alle bisher verbindlich geregelten Leistungen, die nicht mehr in der HOAI enthalten sind, in einem leistungsbezogenen Wettbewerb vergeben. Hierzu sollen die Vergabestellen bei mindestens drei Bewerbern Leistungen abfragen, wenn die Vergabestelle über die entsprechende Marktübersicht verfügt. Ansonsten ist ein öffentlicher Teilnahmewettbewerb durchzuführen. Dabei wird vorgeschrieben, dass einem Bewerberwechsel hohe Priorität zukommen soll und im Vergabevermerk zu dokumentieren ist.

c) Bei Honorar (ohne Umsatzsteuer) oberhalb der EU-Schwellenwerte sollen die unter a) und b) bezeichneten Leistungen nach der VOF vergeben werden.

Insgesamt sind die Wertungen der angebotenen Honorare wie folgt zu behandeln:

aa) von den unter a) genannten Leistungen darf nur in den unter § 7 Abs. 3 und 4 genannten Ausnahmefällen abgewichen werden.

bb) wird das angebotene Honorar für Leistungen unter b) betreffend die Anlage 1 (unverbindlich) um mehr als 20% unterschritten, ist vom Bieter eine schriftliche und plausible Aufklärung über die Ermittlung des Honorars zu verlangen. Anhand der vom Bieter vorgelegten Unterlagen ist zu prüfen, ob das Honorar eine einwandfreie Leistungserbringung erwarten lässt. Ist das nicht der Fall ist das Angebot auszuschließen.

cc) Bei den frei zu vereinbarenden Honoraren für bisher verbindlich zu regelnde Leistungen (Beratungsleistungen) ist ebenfalls eine eingehende Prüfung unter den unter bb) genannten Voraussetzungen zu prüfen. Bei Unterschreitung von mehr als 20% unter den nächsten Mindestbietenden ist entsprechend vorzugehen.

Aufgrund des am 24.4.2009 in Kraft getretenen GWB ist die Bestimmung zur Bieterinformation bei EU-weiten Ausschreibungen, die bislang im § 13 VgV enthalten war, in § 101a GWB aufgenommen worden. Gleichzeitig erfolgte eine inhaltliche Anpassung an die EU-Rechtsmittelrichtlinie. Infolge dieser Änderungen musste auch der Richtlinientext des Abschnitts 1.4 sowie die Vordrucke des HVA F-StB angepasst werden (Vordrucke bei FGS V Verlag GmbH, Wesselinger Straße 17, 50999 Köln; Richtlinientexte unter der Homepage BMVBS/Verkehr/Straße/Straßenbau/Vergabehandbücher/HVA F-StB).

Zu beachten ist zudem, dass mit der Einführung der VOB/A 2012 in § 1 Abs. 1 EG die sogenannten **„kombinierten Vergaben"** von Bau- und Planerleistungen im Rahmen der Schwerpunkttheorie weiter ausgeweitet wurden und damit Leistungen der Planer in geringerem Umfang im Verhältnis zur Bauleistung als VOB-Leistungen anzusehen sind. Dies betrifft allerdings derzeit nur die Vergaben im Bereich jenseits der Schwellenwerte von € 5 000 000 für Bauleistungen (und damit auch integrierter Planerleistungen) (siehe hierzu oben unter „Einleitung – Vergabe"; Ingenstau/Korbion-Korbion, 18. Aufl., VOB, § 1 Abs. 1 EG VOB/A).

Besonders bemerkenswert ist allerdings, dass das für 2010 vorgesehene Gutachten durch Vergabefehler des BMWi erheblich verzögert wurde. So musste eine europaweite Ausschreibung zur Einhaltung der Schwellenwerte von € 193 000/€ 200 000 durchgeführt werden, welche zu der Beauftragung der „ARGE HOAI-GWT-TUDD/Börgers/Kalusche/Siemon" führte. Der Auftrag wurde wegen des verursachten Zeitverzuges dahingehend eingeschränkt, dass sich die Untersuchung auf die wesentlichen honorarrelevanten Parameter auf der Basis des BMVBS-Abschlussberichts verhalten soll. Zudem wird die AHO zur Information eingebunden. Das Gutachten soll jetzt zum 30.11.2012 vorgelegt und im Mai 2013 die neue HOAI 2013 verabschiedet werden.

Aufgrund der Bezugnahme in § 56 auf die 4. Änderungsfassung (4. März 1991) ist die alte Fassung des § 103 HOAI a. F. zur Darstellung und weiteren Auslegung, insbesondere der sog. *„Altverträge"* heranzuziehen:

§ 103 Inkrafttreten und Überleitungsvorschriften

(1) Diese Verordnung tritt am 1. Januar 1977 in Kraft. Sie gilt nicht für Leistungen von Auftragnehmern zur Erfüllung von Verträgen, die vor ihrem Inkrafttreten abgeschlossen worden sind; insoweit bleiben die bisherigen Vorschriften anwendbar.

(2) Die Vertragsparteien können vereinbaren, daß die Leistungen zur Erfüllung von Verträgen, die vor dem Inkrafttreten dieser Verordnung abgeschlossen worden sind, nach dieser Verordnung abgerechnet werden, soweit sie bis zum Tage des Inkrafttretens noch nicht erbracht worden sind.

(3) Absatz 1 Satz 2 und Absatz 2 gelten entsprechend für die Anwendbarkeit der am 1. Januar 1985 in Kraft tretenden Änderungen dieser Verordnung auf vor diesem Zeitpunkt abgeschlossene Verträge.

(4) Absatz 1 Satz 2 und Absatz 2 gelten entsprechend für die Anwendbarkeit der am 1. April 1988 in Kraft tretenden Änderungen dieser Verordnung auf vor diesem Zeitpunkt abgeschlossene Verträge.

(5) Absatz 1 Satz 2 und Absatz 2 gelten entsprechend für die Anwendbarkeit der am 1. Januar 1991 in Kraft tretenden Änderungen dieser Verordnung auf vor diesem Zeitpunkt abgeschlossene Verträge.

(6) Absatz 1 Satz 2 und Absatz 2 gelten entsprechend für die Anwendbarkeit der am 1. Januar 1996 in Kraft tretenden Änderungen dieser Verordnung auf vor diesem Zeitpunkt abgeschlossene Verträge.

IV. Inkrafttreten der 6. ÄnderungsVO; Auswirkungen auf Verträge (§ 103 Abs. 1 HOAI 1996/2002)

In Abs. 1 Satz 1 war zunächst bestimmt, dass die HOAI am 1.1.1985 in Kraft trat **7** (BGBl. I S. 984). Das galt jedoch nur für die seinerzeit verabschiedete Neufassung der HOAI. Dagegen blieb es beim Inkrafttreten zum 1.1.1977 (BGBl. I S. 2805, 3616), sofern die erste Fassung der HOAI über den 1.1.1985 unverändert geblieben ist. Im Wesentlichen ist das Datum 1.1.1985 für alle Ingenieurleistungen und Ingenieurbauwerke, welche nicht von der ersten Fassung der HOAI (Tragwerksplanung) erfasst waren, maßgebend. Damit ist zweifelsfrei zum Ausdruck gebracht, dass die HOAI auf diejenigen Verträge vereinbarungsgemäß zur Anwendung gelangen kann, welche nach dem 31.12.1976 bzw. 31.12.1984 (vgl. Abs. 3) zwischen Auftraggeber und Architekt bzw. Ingenieur abgeschlossen worden sind oder abgeschlossen werden. Dies ist auch für den Rahmen des § 151 BGB von Bedeutung. Für bereits vor dem 31.12.1976 bzw. 31.12.1984 (vgl. Abs. 3 a. F.) eingegangene, jedoch bis dahin von Seiten des Architekten noch nicht erfüllte Verträge bestimmt Abs. 1 Satz 2 a. F., dass für solche noch das bisherige Gebührenrecht, insbesondere die GOA (Fassung 1950) oder die LHO, zur Anwendung gelangt, und zwar auch für solche vertragsgemäß zu erbringende Leistungen, welche am 31.12.1976 bzw. 31.12.1984 (vgl. Abs. 3) noch nicht erfüllt waren. Daraus ergibt sich, dass grundsätzlich der Zeitpunkt des Abschlusses des Architekten- bzw. Ingenieurvertrages darüber entscheidet, ob altes oder neues Gebührenrecht zur Anwendung gelangen kann, nicht jedoch, ob und welche Leistungen bisher erbracht wurden oder die Abwicklung des ursprünglichen Vertragsverhältnisses noch dauert. Lediglich bei Teilverträgen ist das anders. Hier kommt es auf die separate Beauftragung von Leistungsphasen an.

Haben die Vertragspartner in einem vor dem 31.12.1976 bzw. 31.12.1984 abgeschlossenen Architekten- oder Ingenieurvertrag keine Vereinbarung über eine bestimmte Gebührenberechnung getroffen, so richtet sich, sofern kein Einigungsmangel nach § 154 BGB a. F. vorliegt, der dem Architekten grundsätzlich nach § 632 Abs. 1 BGB a. F. zustehende Gebührenanspruch gemäß § 632 Abs. 2 BGB a. F. üblicherweise nach den Vorschriften der GOA bzw. der LHO, wobei auch in letzter Hinsicht davon auszugehen ist, dass die LHO jedenfalls in den Jahren vor 1977 und auch 1985 die für Ingenieurleistungen übliche Vergütung wiedergab. Auch insoweit kommt eine Anhebung der Gebühren nach den Sätzen der HOAI für nach dem 1.1.1977 bzw. 1.1.1985 erbrachte Leistungen nicht ohne weiteres in Betracht.

Abs. 1 a. F. hat heute auch für „alte Verträge" **keine** Bedeutung mehr und dient der **Auslegungshilfe** des § 55 HOAI.

V. Vereinbarung der HOAI für am 1.1.1977 bzw. 1.1.1985 noch nicht erbrachte Leistungen (§ 103 Abs. 2, 3 HOAI 1996/2002)

8   Abs. 2 a. F. war als generelle Überleitungsvorschrift ausgestaltet. Von der in Abs. 1 a. F. zum Ausdruck gebrachten klaren Trennung zwischen vor und nach dem 1.1.1977 bzw. 1.1.1985 (hierzu: BGBl. I S. 961) abgeschlossenen Architekten- und Ingenieurverträgen, unabhängig vom Zeitpunkt der Erfüllung der jeweils vertraglich übertragenen Arbeiten, macht die HOAI in Abs. 2 a. F. eine Ausnahme, wonach die Vertragspartner **vereinbaren konnten,** dass die Leistungen zur Erfüllung von Verträgen, die vor dem – jeweiligen – Inkrafttreten der Verordnung abgeschlossen worden sind, **nach der HOAI abgerechnet werden,** soweit sie bis zum Tage des Inkrafttretens – also dem 1.1.1977 – bzw. 1.1.1985 (vgl. Abs. 3) – **noch nicht erbracht** (worden) sind. Diese Regelung ist ebenfalls nur noch zu Auslegungszwecken des § 55 HOAI heranzuziehen, weil die nach 1985 abgeschlossenen sog. Altverträge zwischenzeitlich durchweg abgewickelt sind. Sollte das ausnahmsweise noch nicht der Fall sein, so gilt: Der Zeitpunkt, in welchem hier eine Vereinbarung zur Anwendung der HOAI getroffen werden kann, ist nicht bestimmt. Er kann sowohl vor, als auch nach dem 1.1.1977 bzw. 1.1.1985 liegen. Voraussetzung ist allerdings, dass die Absprache **hinreichend klar und zweifelsfrei** in dem Sinne ist, dass für nach dem 31.12.1976 bzw. 31.12.1984 erbrachte Leistungen die Gebührenberechnung nach der HOAI erfolgen soll. Hierzu ist nicht erforderlich, dass dabei ausdrücklich von der HOAI die Rede ist; vielmehr genügt ein **zweifelsfrei** zum Ausdruck gebrachter Wille dahin, dass **die HOAI als neue Höchstpreisregelung gelten sollte** (z. B.: „Für Leistungen nach dem 31.12.1976 (31.12.1984) gilt das dann maßgebende Gebührenrecht"). Nicht ausreichend dürfte dagegen die bloße Wendung sein, dass die Architektenleistungen „nach dem jeweils geltenden Gebührenrecht berechnet" werden sollen. Denn dann besteht grundsätzlich ein Zweifel dahin, ob damit der Vertragsabschluss oder der Zeitpunkt der – jeweiligen – Leistungserbringung gemeint ist, es sei denn, es lässt sich aus sonstigen Formulierungen ein bestimmter, eindeutig auszulegender Vertragswille entnehmen (z. B. durch den Zusatz „nach dem für den jeweiligen Leistungsstand maßgebenden Gebührenrecht").

Zu beachten ist, dass bei ausdrücklicher mündlicher oder schriftlicher Vereinbarung nach Abs. 2 a. F. die umfangreicheren Leistungen entsprechend der neueren Fassung zu erbringen sind. Dies gilt auch für die Notwendigkeit der Nachholung von ursprünglich nicht nach HOAI zu entgeltenden oder gesondert zu berechnenden Leistungen. Vorrangig ist dabei, dass analog zu den Teilbeauftragungen immer die jeweils im Zeitpunkt der (Teil-)Beauftragung geltende Neufassung der HOAI leistungsbeschreibend gilt, da ansonsten die in § 632 BGB beschriebene Angemessenheits- und Ausgleichsfunktion der jeweiligen Hauptessentialia des Vertrages ausgehebelt werden würden. Daher ist sowohl bei stufenweiser oder abschnittsweiser Beauftragung – siehe auch Ziff. 3.2 der RBBau – der Tag maßgeblich, an dem die Beauftragung erfolgte und die jeweilige Fassung der HOAI, da ansonsten der Auftraggeber durch vertragliche Vereinbarung (auch mündlich) der Mindest-satz der neuen Fassung unterschreiten könnte (LG Konstanz BauR 1996, 577; OLG Düssel-dorf BauR 1997, 340; Werner BauR 1992, 695). Hier ist maßgeblich, dass eine Klausel in einem Vertrag, dass die jeweils gültige Fassung der HOAI bei der Berechnung zugrunde zu legen sei, gem. § 307 Abs. 2 BGB (alt: § 9 Abs. 2 AGBG) unwirksam ist (so auch Werner BauR 1992, 695).

Abs. 2 a.F. erhält durch das **Schuldrechtsmodernisierungsgesetz** zum 1.1.2002 (BT-Drucksache 14/7052) keine weitergehenden Änderungen. Zu beachten ist allerdings, dass die Überleitungsvorschrift des Art. 229 EGBGB § 5 für die Schuldverhältnisse, die vor dem 1.1.2002 eingegangen wurden, das BGB in der bis dahin gültigen Fassung und danach das BGB in der neuen Fassung gilt. Damit ergibt sich, dass bei Architekten- und Ingenieurver-trägen beide Fassungen gelten können. In den Erwägungen des BGH zu den dienstvertrag-lichen Verpflichtungen, dürfte der Vertrag eben nicht als „Dauerschuldverhältnis" auszu-legen sein (BGH BauR 1999, 1469 = NJW 1999, 3118; Schill NZBau 2002, 203), da auf die vertragliche tätigkeitsorientierte Vereinbarung und Aufgabenstellung abzustellen ist (so auch OLG Oldenburg IBR 2001, 382; OLG Düsseldorf NJW 1999, 3129). Die unter-schiedliche Geltung der alten und neuen Fassungen des BGB auf den Vertrag ist lediglich bei den stufenweisen und abschnittsweisen Beauftragungen von Interesse. Hier gilt dann, wenn der Vertrag sich nicht an einem Rahmenvertrag orientiert und die Parteien einen jeweils neuen Vertragsabschnitt begründen wollen, die jeweils dann geltende Fassung des BGB.

Die eindeutig auf die Anwendung neuen Gebührenrechts lautende Vereinbarung bedarf zu ihrer Wirksamkeit **keiner Schriftform,** da diese in Abs. 2 a.F. nicht vorgeschrieben ist. Die betreffende Absprache kann also auch mündlich getroffen werden. Allerdings trägt derjenige, welcher sich auf die Anwendung neuen Rechts im Rahmen sogenannter Altver-träge beruft, die **Darlegungs- und Beweislast** für eine entsprechende, von der Regel des Abs. 1 abweichende Vereinbarung (Motzke in Graf v. Westphalen, AGB-Klauseln, Der Architektenvertrag, Rdn. 141 ff.). Eine vorherige **schriftliche Vereinbarung** ist allerdings erforderlich, wenn die Honorierung des Architekten nach der HOAI für am 31.12.1977 bzw. 31.12.1984 noch nicht erbrachte Leistungen über die Mindestsätze hinausgehen (§ 4 Abs. 4 und 1 a.F.), ausnahmsweise die Höchstsätze überschreiten (§ 4 Abs. 3 a.F.) oder ausnahmsweise niedriger als die Mindestsätze liegen (§ 4 Abs. 2 a.F.) soll, wobei in den beiden zuletzt genannten Fällen auch noch die jeweils maßgebenden besonderen Voraus-setzungen gegeben sein müssen.

Abs. 2 a.F. gestattet nicht nur dann die Vereinbarung der HOAI, wenn ganze Leistungs-bilder bisher noch nicht erbracht worden sind. Vielmehr ist es auch möglich, innerhalb bestimmter Leistungsbilder bzw. Leistungsphasen für nach dem 31.12.1976 bzw. 31.12. 1984 erbrachte Leistungen eine entsprechende Berechnung festzulegen. Nur ist gerade für solche Fälle unbedingt zu beachten, dass die Vereinbarung über den Wechsel der Grundla-gen der Gebührenberechnung zweifelsfrei unter Vermeidung von Überschneidungen sowie insbesondere der Gefahr von Doppelberechnungen erfolgen muss. Dabei ist vor allem we-sentlich, dass es angesichts der Verschiedenartigkeit der Leistungsbilder der jetzigen Gebüh-renregelung der HOAI von den früheren zu erheblichen Schwierigkeiten in der Abgren-zung kommen kann. Sofern hier Unklarheiten entstehen, welche nicht ohne weiteres beseitigt werden können, ist im Zweifel für die über den 31.12.1976 bzw. 31.12.1984 lau-fenden Verträge davon auszugehen, dass die Gebührenberechnung noch nach der GOA bzw. LHO als der im Zeitpunkt des Vertragsabschlusses maßgebenden Gebührenordnung mit Höchstpreischarakter zu erfolgen hat. Wird allerdings die Auftragserteilung als solche zeitlich in Teilaufträge gestaffelt, wie z.B. nach dem Vertragsmuster der RBBau, so gilt die Fassung der HOAI, die bis zur Vergabe des betreffenden Teilauftrages maßgebend ist, was vor allem für die Mindestsätze nach § 4 Abs. 4 von Bedeutung ist (vgl. OLG Düsseldorf BauR 1997, 340).

Abs. 2 und 3 a.F. haben heute keine praktische Bedeutung mehr und sind lediglich zur Auslegung des § 55 HOAI heranzuziehen.

VI. Inkrafttreten der 3., 4. und 5. ÄndVO; Übergangsbestimmungen

9   Nach Artikel 3 der Verordnung traten die 3. ÄndVO am 1. April 1988 (BGBl. I S. 359), die 4. ÄndVO am 1.1.1991 (BGBl. I 1990, S. 2707), die 5. ÄndVO am 1.1.1996 (BGBl. I 1995, S. 1174) in Kraft. Darauf baut die Regelung der § 103 Abs. 4, 5 und 6 auf. Für die in der 3. ÄndVO getroffenen Änderungen und Neuregelungen gelten die Bestimmungen des § 103 Abs. 1 Satz 2 sowie Abs. 2 in gleicher Weise, wobei hier jedoch Stichtag der 1.4.1988 bzw. der 31.3.1988 ist. Ebenso trifft dies nach Abs. 5 für die 4. ÄndVO zu, wobei insoweit Stichtag der 1.1.1991 bzw. der 31.12.1990 ist. Auch gilt dies für die 5. ÄndVO mit Stichtag des 1.1.1996 bzw. 31.12.1995. Für Verträge während der 4. ÄndVO ist im Bereich der ehemaligen Deutschen Demokratischen Republik noch die Vorschriften des Einigungsvertrages vom 31.8.1990 (BGBl. II S. 889) zu beachten. Beispielsweise galten für die Übergangszeit die Stundensätze des § 6 Abs. 2 HOAI a. F. und sämtliche Mindestsätze in reduzierter Form (vgl. hierzu die Ausführungen in Neuenfeld/Baden/Dohna/Groscurth/Schmitz, nach § 103, Rdn. 1–28). Der BGH hat sich zuletzt in der Entscheidung vom 9.2.2012 – VII ZR 31/11 mit der 3. ÄnderungsVO und der Unterschreitung der Mindestsätzen beschäftigt.

VII. Auswirkungen der EURO-Umstellung

10   Auf die Geltung des § 103 a. F. hatte die Umstellung keine Auswirkung. Der Verordnungsgeber hat lediglich mit dem Neunten-EURO-Einführungsgesetz (BT-Drucks. 14/5937) auf der Grundlage der BR-Drucksache 56/01 die HOAI auf EURO umgestellt. Sowohl die Stundensätze (§ 6) als auch die Honorartafeln sind fast im Verhältnis 2 : 1 umgerechnet worden, so dass sich bei der Umrechnung (1 € = DM 1,95 583) keine Änderungen ergeben. Der Verordnungsgeber hat die Chance zu einer seit langem geforderten Erhöhung der Tabellenwerte und Stundensätze nicht genutzt. Bei der Honorartafel sind Signalwerte aufgenommen worden, die nicht deckungsgleich mit den früheren Signalwerten sind. Jedoch wurden die EURO-Beträge gleichgestellt und damit angepasst, so dass nur geringfügig andere Honorarwerte ausgeworfen wurden (hierzu: Schulz, Bauzeitung 2001, 85). Bei den §§ 6, 18, 38 Abs. 6 und 41 Abs. 4 a. F. wurden die Werte lediglich angepasst und glattgestellt.

VIII. Auswirkungen auf den Vertrag

11   Für die jeweiligen Verträge sind die gültigen Fassungen der HOAI-Novellen maßgebend. Dies gilt insbesondere für ein Inkrafttreten einer HOAI-Novelle nach dem Vertragsschluss. Hierzu ist auf die Ausführungen unter § 57 HOAI zu verweisen.

Anlagen

Anlage 1.1 HOAI. – Umweltverträglichkeitsstudie

Übersicht

I. Allgemeines

Das Leistungsbild Umweltverträglichkeitsstudie wurde durch die 3. ÄndVO neu in die HOAI aufgenommen, womit dem seinerzeit vorliegenden Entwurf des Umweltverträglichkeitsgesetzes (UVG), welches auf der EG-Richtlinie über die Umweltverträglichkeitsprüfung v. 27.6.1985 beruht, für den Bereich der HOAI Rechnung getragen wurde. Heute findet sich diese Leistung nur noch in der Anlage 1.1 als Beratungsleistung. Es gilt das Gesetz über die Umweltverträglichkeitsprüfung, UVPG. Hieraus wird zugleich der enge Zusammenhang mit dem Umweltrecht deutlich. Insbesondere ist auf das Bundesnaturschutzgesetz und das einschlägige Europarecht zu verweisen. Entsprechende Auflistungen finden sich u. a. in § 10 BNatSchG.

§ 1 des UVPG formuliert, dass das Gesetz bei bestimmten Bauvorhaben zur Sicherstellung der entsprechenden Umweltvorsorge dienen soll. Die Umweltverträglichkeitsprüfung umfasst nach § 2 des UVPG die Ermittlungen, Beschreibung und Bewertung der unmittelbaren und mittelbaren Auswirkungen auf die Menschen, Tiere, Pflanzen, Boden, Wasser, Luft, Klima, Landschaft, Kulturgüter und sonstige Sachgüter einschließlich der Betrachtung der Wechselwirkungen.

Die Notwendigkeit von Umweltverträglichkeitsstudien ist leichter negativ zu formulieren. Sie ist dann nicht notwendig, wenn offensichtlich keine erheblichen oder bedeutenden Umweltauswirkungen zu bewältigen sind. In allen anderen Fällen ist eine Umweltverträglichkeitsstudie anzufertigen. Umweltverträglichkeitsstudien befassen sich folglich mit
– Den Auswirkungen solcher Vorhaben,
– Die entsprechenden Auswirkungen auf die Umwelt,
– Der Analyse
– Und der Bewertung dieser Auswirkungen.

Hauptanliegen ist es dabei, es durch eine solche Studie der zuständigen Behörde zu ermöglichen, die Umweltverträglichkeit bestimmter öffentlicher und privater Vorhaben hinreichend zuverlässig beurteilen zu können und damit zu der Entscheidungsfindung beizutragen. Die EG-Richtlinie zur Umweltverträglichkeitsprüfung, die hier als Ausgangsbasis gilt, ist darauf ausgerichtet, bei allen technischen Planungs- und Entscheidungsprozessen

1

die Auswirkungen auf die Umwelt so früh wie möglich zu erkennen. Man versteht dabei die Umweltverträglichkeitsprüfung als ein behördliches Prüfungsverfahren, zu dem die Umweltverträglichkeitsstudie eine wichtige Grundlage ist.

Im Rahmen der Umweltverträglichkeitsprüfungen sollte summarisch auch die Summationsbetrachtung der FFH-Richtlinie Eingang finden. Dies könnte spätere Verfahren erheblich vereinfachen, da die Nachholung einer FFH-Verträglichkeitsprüfung bei UVP-pflichtigen Vorhaben zu einer erneuten Öffentlichkeitsbeteiligung führt, vgl. OVG Nordrhein-Westfalen BauR 2012, 773 ff.

II. Inhalt der Umweltverträglichkeitsstudie

2 Hier geht es zunächst um
- Die Erfassung des Bestandes
- Die Bewertung der Empfindlichkeit der vorhandenen natürlichen Verhältnisse,
- Die Leistungsfähigkeit des Naturhaushalts (wie Tier- und Pflanzenwelt, Luft, Klima, Boden- und Wasserverhältnisse)
- Die Leistungsfähigkeit des Landschaftsbildes, wobei vorhandene Nutzungen und sog. konfliktarme Korridore zu ermitteln sind.
- Feststellung und Bewertung der voraussichtlichen Auswirkungen des betreffenden Vorhabens auf die vorgenannten Bereiche.

Ziel dieser Vorausschau ist es, über den Weg der Umweltverträglichkeitsstudie negative Umweltauswirkungen zu vermeiden. Dabei werden die zu erwartenden Beeinträchtigungen im Sinne der ökologischen Risikoeinschätzung aufgeteilt nach jedem in Betracht kommenden Bereich. Es erfolgt eine **methodische Ermittlung und Bewertung der Umweltauswirkungen,** BVerwG NVwZ 1996, 381. Es werden die **Wechselwirkungen der Umweltauswirkungen eines Vorhabens auf Menschen, Tier und Pflanzen, Boden, Luft, Wasser, Klima und Landschaft** untersucht. Ebenso sind die **Möglichkeiten zur Vermeidung der zu erwartenden Beeinträchtigungen** für jede Variante zu ermitteln. Ferner geht es darum, **Vorschläge zur Verminderung und zum Ausgleich** unvermeidbarer Beeinträchtigungen für jede Variante zu unterbreiten. Gleiches gilt für die Ermittlung und Bewertung der voraussichtlich nicht ausgleichbaren Beeinträchtigungen. Die erforderliche Darstellung wird im Allgemeinen im Maßstab der anschließenden Fachplanung gefertigt, insofern nach der jeweiligen Projektgröße 1 : 5000 (vgl. Abs. 2 Leistungsphase 5). Bei der Betrachtung des Zieles im Zusammenhang mit Bebauungsplänen ist zu beachten, dass für die Umweltverträglichkeitsprüfung verfahrensmäßig und inhaltlich die Vorschriften maßgebend sind, die für die Aufstellung, Änderung oder Ergänzung von Bebauungsplänen gelten. Dementsprechend schafft die Umweltverträglichkeitsprüfung die methodischen Voraussetzungen, dass die Umweltbelange in den Abwägungsprozess Eingang finden, BVerwG 18.11.2004, Baur 2005, 671 ff.

III. Leistungsbild Umweltverträglichkeitsstudie

Abs. 1 Grundleistungen

3 Anlage 1.1. Abs. 1 bestimmt, dass die im Rahmen der Umweltverträglichkeitsstudie in Betracht kommenden Grundleistungen bei Umweltverträglichkeitsstudien zur Standortfindung in vier Leistungsphasen aufzugliedern sind.

1. Klären der Aufgabenstellung und Ermitteln des Leistungsumfanges

5 Diese Aufgabe deckt sich weitgehend mit der beim Landschaftsplan in § 23 HOAI sowie beim Grünordnungsplan in § 24 HOAI. Die Abgrenzung der Untersuchungsbereiche er-

folgt allerdings durch den Auftragnehmer. Er hat die Aufgabe und ist demgemäß auch in der Lage, zu beurteilen, welche Planung er als Fachmann vorzunehmen hat, vor allem nach Ortsbesichtigungen usw. Er muss zwangsläufig auch den Umfang des jeweiligen örtlichen Untersuchungsbereiches feststellen. Da dies wesentlichen Einfluss auf das Honorar haben kann, empfiehlt es sich, nicht eine Abgrenzung nach Richtwerten, sondern auf der Grundlage von individuellen Feststellungen (Ortsbesichtigungen, Planungsunterlagen) vorzunehmen. Sofern Unterlagen vorhanden und als für die Planung relevant anzusehen sind, hat der Auftragnehmer sie zusammenzustellen (Fach- und Raumplanungen, entsprechende Fach- und Raumuntersuchungen). Diese Unterlagen muss der Auftragnehmer nicht erstellen und zusammenstellen, sondern sie müssen vom Auftraggeber selbst oder mit seiner Hilfe zur Verfügung gestellt werden können. Auf der Grundlage solcher bisher gewonnenen Informationen ist der Auftragnehmer dann in der Lage zu ermitteln, welcher Leistungsumfang zu erbringen ist, vor allem unter Berücksichtigung des Aussagewertes solcher Unterlagen. Des Weiteren können **ergänzende Fachleistungen** nötig sein, wozu rechnen können:
- Luft- und Wassermesswerte bei etwaigen Emissionen im Planungsgebiet,
- Nachprüfung der Folgen von Betriebsunfällen und Betriebsstörungen, sonstigen Unfällen,
- Feststellung der Veränderungen der Witterungsverhältnisse (Sonneneinstrahlung, Niederschläge).

Entsprechend § 14f UVPG sollte die hierfür zuständige Behörde eingeschaltet werden, da sie die gesetzliche Kompetenz für die Festlegung des Untersuchungsrahmens hat.

Zur Vergütung ist anzumerken, dass es sich um Beratungsleistungen handelt. Dementsprechend handelt es sich nicht um einen Leistungsbereich, bei dem die Honorare Nach § 3 HOAI frei vereinbart werden können.

2. Ermitteln und Bewerten der Planungsgrundlagen

Es handelt sich um die Bestandsaufnahme, die Bestandsbewertung und die zusammenfassende Darstellung. In diesem Zusammenhang ist erneut auf das UVPG, Gesetz über die Umweltverträglichkeitsprüfung, und auf die europarechtlichen Vorschriften hinzuweisen. Sie sind vom Auftragnehmer bei dieser Leistungserbringung zu beachten. **6**

a) Die **Bestandsaufnahme** ist abschließend geregelt (also anders als beim Landschafts- und Grünordnungsplan). Bei dieser kommt es auf das Erfassen auf der Grundlage vorhandener Unterlagen und örtlicher Erhebungen an. Die zum Wirkungsbereich des Naturhaushaltes genannten Prüfungsfaktoren sind beispielhaft genannt, so dass es hier auch noch auf andere ankommen kann. Dementsprechend muss auch geprüft werden, welche anderen Prüfungsfaktoren im Bundesnaturschutzgesetz oder in europarechtlichen Vorschriften genannt sind, Die Ausführungsvorschriften zum Umweltverträglichkeitsprüfungsgesetz, UVP, VwV, Dr. Spoerr, die allgemeine Verwaltungsvorschrift zur Ausführung des Gesetzes über die Umweltverträglichkeitsprüfung NJW 1996, 85 ff. Wesentlich ist als Ziel, das Gesamtgefüge der Ökosysteme, dessen Auswirkungen und Ströme im Einzelnen festzustellen. Das Ermitteln der Schutzgebiete, der geschützten Landschaftsbestandteile und der schützenswerten Lebensräume stellt neben den Schutzgebieten und geschützten Landschaftsbestandteilen nach den einschlägigen Gesetzen und Verordnungen auf „schützenswerte Lebensräume" ab. Diese Formulierung geht über die einschlägigen gesetzlichen Definitionen hinaus und verdeutlicht, dass hier der Planer die Aufgaben eigener, sachgerechter, der Zielsetzung der Umweltverträglichkeit gerecht werdender Bewertung hat. Die Ermittlung vorhandener Nutzungen, Beeinträchtigungen und Vorhaben hat zum Ziel, die Vorbelastung des Planungsbereiches festzulegen. Die weiterhin erforderliche Ermittlung des Landschaftsbildes und der Landschaftsstruktur dient der Feststellung der menschlichen Bedürfnisse nach Schönheit, Erholung, Heimat, Identifikation usw. Der Begriff Landschaftsbild betrifft gemäß § 1 BNatSchG die Vielfalt, Eigenart und Schönheit der Natur und Landschaft, um deren nachhaltige Sicherung es für den Menschen geht. **Landschaftsbild ist die sinnlich wahrnehmbare Erscheinung von Natur und Landschaft.** Dabei geht es u.a. um die **7**

Vegetation, das Wasser, die Bau- und Erschließungswerte. Die Sachgüter und das kulturelle Erbe umfassen die Besiedelung und deren strukturelle und traditionelle Besonderheiten (handwerkliche und landschaftliche Ausdrucksformen auf Lebensräume und Kultur), wobei es darum geht, die örtliche Lebensform als Planungsgrundlage zu verwerten.

8   **b)** Die **Bewertung des Bestandes** ist die Zusammenfassung der bisher gewonnenen Ergebnisse und deren Beurteilung. Entscheidend ist die Bewertung der Leistungsfähigkeit und der Empfindlichkeit des Naturhaushalts und des Landschaftsbildes nach den Zielen und Grundsätzen des Naturschutzes und der Landschaftspflege. Dabei müssen die einzelnen Faktoren der Landschaft in ihrer Leistungsfähigkeit getrennt bewertet werden (Erholungswert, Stabilität, Reifegrad, Natürlichkeit usw.). Empfindlichkeit ist die Frage nach der Belastbarkeit der Landschaftsfaktoren, um Einflüsse von außen abzuwehren. Hierbei kommt es auf die natürlichen Wirkungen, die zur nachhaltigen Sicherung der normalen Nutzungs- und Regenerationsfähigkeit nötig sind, aber auch auf die Verbreitung und den Zusammenhang der Ökosysteme an. Die Bewertung der vorhandenen und vorhersehbaren Umweltbelastungen der Bevölkerung sowie der Beeinträchtigungen (Vorbelastung) von Natur und Landschaft erfasst die Belastungen im menschlichen Lebensbereich (Luftverschmutzungen, Lärm), aber des Weiteren auch die Vorbelastung von Natur und Landschaft, die vorhanden oder jedenfalls vorhersehbar ist. **Überall dort liegt schon eine Überlastung des Naturhaushaltes vor, wo die Kreisläufe zusammengebrochen oder ganz zerstört sind oder nur mit einem erheblichen Aufwand und mit erheblichem Zeitverlust wieder hergestellt werden können.**

9   **c)** Die Bestandsaufnahme und -bewertung als **zusammenfassende Darstellung** stellt das Ergebnis der genannten Arbeit dar. Die Ergebnisdarstellung hat prägnant und in der gebotenen Kürze, vor allem aber auch für Nichtfachleute verständlich und einprägsam, zu erfolgen.

10   **d)** Soweit Leistungen erforderlich sind, die über den Rahmen der einzelnen Grundleistungen hinausgehen, handelt es sich ebenfalls um Leistungen, für die das Honorar frei zu vereinbaren ist, die aber nicht mehr unter die Grundleistungen zu subsumieren sind. **Solche zusätzlichen nicht in Anlage 1.1. erfassten Leistungen sind insbesondere** Einzeluntersuchungen zu natürlichen Grundlagen, zur Vorbelastung und zu sozialökonomischen Fragestellungen, Sonderkartierungen, Prognosen, Ausbreitungsberechnungen, Beweissicherungen, Aktualisierung der Planungsgrundlagen, Untersuchen von Sekundäreffekten außerhalb des Untersuchungsgebietes. Im Hinblick auf das zuvor Ausgeführte ist den Beteiligten eines Vertrages über die Durchführung einer Umweltverträglichkeitsprüfung anzuraten, Regelungen für solche zusätzlichen Leistungen aufzunehmen.

3. Konfliktanalyse und Alternativen

11   Der Landschaftsplaner muss die möglichen Auswirkungen eines etwaigen Vorhabens auf Natur und Landschaft darlegen. Dazu muss er eine Reihe von Einzelgesichtspunkten beachten, die zu Beginn der Leistungsphase 3 unter Ermitteln der projektbedingten umwelterheblichen Wirkungen zusammengefasst sind. Da der Umweltverträglichkeitsstudie im Allgemeinen noch keine Fachplanung vorausgegangen ist, muss in der Konfliktanalyse dargestellt werden, welche Gefahren und möglichen Auswirkungen ein bestimmtes, etwaiges Vorhaben auf die Umwelt haben kann. Dabei ist Mittelpunkt der Untersuchung die Verknüpfung der im Bereich der Leistungsphase 2 festgestellten Empfindlichkeit des Untersuchungsgebietes mit den projektbedingten umwelterheblichen Wirkungen und die Beschreibung dieser Wechselwirkungen zwischen den betroffenen Faktoren. Dabei bedarf es zum einen der Untersuchung im Hinblick auf die Empfindlichkeit für die umwelterhebliche Wirkung auf die landschaftsbildenden Faktoren, zum anderen muss die Frage nach den Wechselwirkungen auf der Basis etwaigen Ungleichgewichtes beantwortet werden. **Hier kommt es auf eine ganzheitliche Betrachtung an.** Insofern sind auch sog. konfliktarme Bereiche herauszuarbeiten, wie die Wirkungsbeziehungen und Überlagerungen im Hinblick auf die jeweiligen Umwelteinflüsse. Da erst so ein hinreichendes Bild gewonnen

werden kann, ist außerdem die Frage der räumlichen Abgrenzung des Prüfungsbereiches zu überprüfen. Eventuell sind auch neue räumliche Grenzen festzulegen. Hierzu bedarf es einer Vereinbarung der Vertragspartner, was aus Gründen der Klarheit, Sicherheit und Beweisbarkeit schriftlich erfolgen sollte. Das gilt vor allem auch im Hinblick auf die Haftung des Auftragnehmers. Nachdem mit dem Auftraggeber die entsprechende Abstimmung erfolgt ist, vor allem im Hinblick auf den Planungsstand, endet diese Leistungsphase mit der zusammenfassenden Darstellung in Text und Karte.

4. Vorläufige Fassung der Studie

Es geht um die grundsätzliche Lösung in Text und Karte, wobei die vom Auftragnehmer **12** abgegrenzten Alternativen, die er mit dem Auftraggeber im Rahmen der Leistungsphase 3 abgestimmt hat, zu beachten sind. Diese sind nunmehr herauszuarbeiten, wobei die Bestimmung der Zahl dieser Alternativen an sich beim Auftragnehmer liegt; auch nur eine ausgearbeitete Alternative kann den Rahmen der Leistungsphase 4 ausfüllen. Die Zahl der Alternativen muss der sachgerechten Beurteilung des Auftragnehmers überlassen bleiben, also vor allem auch dahin, ob und welche Alternativen näher auszuarbeiten sind und welche dagegen auszuscheiden haben. Aus Klarheitsgründen und insbesondere zur Vermeidung von Streitigkeiten sollte die Zahl der Alternativen schriftlich festgelegt werden. Nach der alten Fassung der HOAI gab es Probleme, wenn der Auftraggeber nicht hinreichend beachtet, dass die Zahl der Alternativen eine Angelegenheit des Planers ist und er pauschal eine Anzahl von Alternativen verlangt, konnte sich im Einzelfall die Frage stellen, ob dies eine Besondere Leistung war. Nach der Fassung der jetzigen Verordnung ist das Honorar frei zu vereinbaren. Dementsprechend wird es darauf ankommen, welche Vereinbarung die Vertragsparteien sowohl zum Inhalt als auch zur Vergütung getroffen haben. Die Vereinbarung wird nach §§ 133, 157 BGB auszulegen sein, wenn keine Regelung zu der Frage getroffen worden ist, wieviele Alternativen mit dem Honorar abgegolten sind.

Die Abarbeitung dieser Leistungsphase erfolgt auch in drei Stufen.

a) Zunächst geschieht die **Ermittlung, Bewertung und Darstellung** jeder Alternati- **13** ve für sich. Dabei ist das **Vermeidungs- und/oder Ausgleichsgebot in verschiedener Hinsicht zu berücksichtigen,** und zwar

– Hinsichtlich des ökologischen Risikos für den Naturhaushalt,
– Der Beeinträchtigungen des Landschaftsbildes und
– Der Auswirkungen auf den Menschen, die Nutzungsstruktur, die Sachgüter und das kulturelle Erbe.

Entsprechend dem Vermeidungsgebot sind vermeidbare Beeinträchtigungen zu unterlassen. Das Ausgleichsgebot verpflichtet dazu, nicht vermeidbare Auswirkungen eines Eingriffes durch erforderliche Vorkehrungen zu beseitigen. Ein Ausgleich ist immer erfolgt, wenn nach dem Ende des Eingriffes keine nachhaltigen Beeinträchtigungen mehr bleiben und das Landschaftsbild wieder gewahrt ist (vgl. § 19 Abs. 3 BNatSchG). Um zu einer klaren Übersicht zu kommen, ist es naturgemäß erforderlich, aus dem Untersuchungsbereich Entwicklungstendenzen aufzuzeigen, wie sie ohne das geplante Vorhaben bestehen (sog. Status-quo-Prognose). Andernfalls würde es auch an einem ausreichenden Bezugspunkt hinsichtlich der Auswirkungen des Vorhabens fehlen.

b) Nach dem Gesagten ist es nur folgerichtig, wenn es zur vorläufigen Fassung der Stu- **14** die weiter gehört, voraussichtlich nicht ausgleichbare Beeinträchtigungen der sich wesentlich unterscheidenden Alternativen zu ermitteln und darzustellen. Hierher gehört auch das Abstimmen der vorläufigen Planfassung mit dem Auftraggeber.

c) Nachdem aufgeführt ist, welche Auswirkungen durch das Vorhaben eintreten kön- **15** nen, **muss bewertet werden, welche Ergebnisse die alternativen Lösungen** in Bezug auf das zu erreichende Ziel der Umweltverträglichkeit erzielen. Dabei kommt es auf eine **allgemeinverständliche Darstellung** an, die vor allem dem Auftraggeber als ausreichende Grundlage für weitere Diskussionen oder gar Planungen dienen soll.

16   **d)** Alle vorangehend unter Rdn. 11 ff. genannten Arbeiten sind abschließend als Grundleistungen aufgeführt. Darüber hinausgehende Leistungen des Auftragnehmers fallen somit
nicht mehr unter die Grundleistungen. Sie fallen auch unter die Besonderen Leistungen
des § 3 Abs 3, da die Aufzählung in der Anlage 1.1. nicht abschließend ist. Hierzu nennt
die HOAI an dieser Stelle beispielhaft das Erstellen zusätzlicher Hilfsmittel wie die Vorstellung der Planung vor Dritten sowie Detailausarbeitungen in besonderen Maßstäben. **Außerdem kann gerade hier die Mitwirkung bei öffentlichen Diskussionen und Informationsveranstaltungen, bei der Erstellung von Informationsschriften u. a.
helfen. In der vertraglichen Vereinbarung sollte auch Raum für solche zusätzlichen Leistungen vorhanden sein. Werden nur die in der Anlage 1.1.1 angesprochenen Leistungsphasen angesprochen, sind diese Leistungen nicht Vertragsinhalt.**

5. Abgestimmte Fassung der Studie

17   Hierbei handelt es sich um die endgültige und abschließende Bearbeitung auf der
Grundlage der vorher erfolgten Abstimmung mit dem Auftraggeber. Dabei müssen der
Planungshergang und die jeweiligen Schritte, die zu der Entscheidung geführt haben, in
einer nichttechnischen Zusammenfassung dargestellt werden. Der Auftragnehmer muss
diese Darstellung in allgemeinverständlicher, nicht nur dem Fachmann begrifflich zugänglicher Ausdrucksform vornehmen. Im Übrigen erfolgt die Darstellung der Umweltverträglichkeitsstudie in der vorgeschriebenen Fassung in Text und Karte, letztere in der Regel im
Maßstab 1:5000.

Zu Anlage 1.1.2 Abs. 1 bis Abs. 3 HOAI
Honorare für Grundleistungen bei Umweltverträglichkeitsstudien

Übersicht

I. Allgemeines

1   Durch die 4. ÄndVO wurde ein **neues Berechnungssystem** für Leistungen bei Umweltverträglichkeitsstudien festgelegt. Dieses wird jetzt fortgeschrieben. Ziel dieses anderen
Berechnungssystems ist es, dem Ziel von Umweltverträglichkeitsstudien Rechnung zu tragen, nämlich die Auswirkungen eines geplanten Vorhabens nicht nur auf Natur und Landschaft, sondern auch auf die Menschen zu untersuchen. Insofern bot sich zunächst die Einteilung in Honorarzonen an. Satz maßgebendes Kriterium ist die Gesamtfläche des
Untersuchungsraumes. Das Honorar kann anhand der Honorartafel des Absatzes 1 ermittelt werden.

II. Honorartafel

2   In Absatz 1 wird klargestellt, dass das Honorar nach der Honorarzone ermittelt werden
kann. Damit wird gleichzeitig verdeutlicht, dass vorrangig die Honorarvereinbarung der

Parteien ist. Ist nichts anderes vereinbart, gilt die Honorartafel als übliche Vergütung nach
§ 632 BGB.

III. Grundlagen der Ermittlung (Abs 2)

Bei Vereinbarung der Anlage 1 gelten als Kriterien der Ermittlung des Honorares die **3**
Gesamtfläche des Untersuchungsraumes und Honorarzonen.

IV. Honorarzonen (Abs. 3)

Für die Umweltverträglichkeitsprüfung gibt es drei Honorarzonen, die Honorarzone 1 **4**
für geringe Anforderungen, Zone2 für durchschnittliche Anforderungen und III für hohe
Anforderungen.

V. Die Zuordnung zu den Honorarzonen (Abs. 4)

Die für die Einteilung in Honorarzonen maßgebenden Bewertungsmerkmale sind **5**
nach geringem, durchschnittlichem sowie hohem Schwierigkeitsgrad aufgeteilt, und
zwar jeweils bezogen auf den betreffenden, dem Auftragnehmer in Auftrag gegebe-
nen Untersuchungsraum. Für die Bewertung sind insgesamt sechs Kriterien genannt, und
zwar
- Die ökologischen Strukturen, d. h. die Bedeutung des Untersuchungsraumes für die
  Schutzgüter im Sinne des Gesetzes über die Umweltverträglichkeitsprüfung
- Die Untersuchung, wieviel Schutzgüter es im Untersuchungsraum schon gibt
- Die Gliederung des Lanhaftsbildes und seiner Sruktur
- Die Ausprägung der Erholungsnutzung,
- Die Nutzungsansprüche,
- Die Empfindlichkeit gegenüber Umweltbelastungen und Beeinträchtigungen von Natur
  und Landschaft;
- Die potentielBe Beeiträchtigungsintensität.
Diese Kriterien machen zugleich deutlich, welche große Bedeutung die Schutzgüter des
Naturschutzrechts für die Umweltverträglichkeitsstudie haben. Diese insgesamt sechs Be-
wertungsmerkmale stehen in der Regel in engem Zusammenhang. So stellen z.B. die festzustellenden ökologischen Verhältnisse in der Regel auch gleiche Anforderungen an die
Umweltsicherung und den Umweltschutz. Die Differenzierung nach Schwierigkeitsgrad
sollte daher über in dem Untersuchungsraum vorhandene und leicht erfassbare Kriterien
erfolgen, z.B. Hecken, Wälder, Gewässer, Lebensräume für Pflanzen und Tiere, Ausstattung mit sonstigen gliedernden und belebenden Elementen. Daraus kann auch ohne weiteres die Erholungsnutzung für den Menschen abgeleitet werden. Die Empfindlichkeit im
Hinblick auf die potentielle Beeinträchtigung ergibt sich als Ergebnis der Bewertung nach
den anderen fünf Gesichtspunkten sozusagen als negative Seite. Letzterer Gesichtspunkt ist
ein entscheidendes Kriterium für die Bemessung nach dem jeweils in Betracht kommenden
Schwierigkeitsgrad. Die Frage der potentiellen Beeinträchtigung ist auf das konkrete Objekt bezogen.

VI. Bewertungsmerkmale aus mehreren Honorarzonen
(Abs. 5)

Treffen die Bewertungsmerkmale mehrerer Schwierigkeitsstufen zu, ist die Summe der **6**
jeweiligen Bewertungspunkte maßgebend. Dabei sind die einzelnen Merkmale der Bewertung nach Maßgabe des Absatzes 6 festzulegen, wobei entsprechend dem Schwierigkeits-

grad im Rahmen der jeweiligen Bewertungsmerkmale des Absatzes 1 eine Bewertung entweder bis zu sechs oder eine Bewertung bis zu neun Punkten erfolgt. Dann erfolgt gemäß der näheren Bestimmung in Absatz 2 die Zurechnung zu den jeweiligen Honorarzonen.

VII. Maßgeblichkeit der Einordnung nach Abs. 6

7 Ergibt die Zusammenrechnung der Punktebewertung der Bewertungsmerkmale Ausstattung an ökologisch bedeutsamen Strukturen, Landschaftsbild, Erholungsnutzung, Nutzungsansprüche, Empfindlichkeit gegenüber Umweltbelastungen und Beeinträchtigung von Natur und Landschaft sowie des Merkmals potentielle Beeinträchtigungsintensität bis zu 16 Punkte handelt es sich um die Honorarzone I, bis zu 30 Punkten handelt es sich um die Honorarzone II und bis zu 42 Punkten handelt es sich um die Honorarzone III.

8 Die Summe der jeweiligen Bewertungspunkte ist somit maßgebend. Entsprechend dem Schwierigkeitsgrad ist im Rahmen der jeweiligen Bewertungsmerkmale des Absatzes 1 eine Bewertung entweder bis zu sechs oder eine Bewertung bis zu neun Punkten vorzunehmen. Dann erfolgt gemäß der oberen Darstellung die Zurechnung zu den jeweiligen Honorarzonen.

VIII. Ermittlungen der Flächen und nachträgliche Änderung der Fläche (Abs. 7)

9 Zunächst müssen die Flächenwerte gemäß der ersten Spalte festgestellt werden, wobei die Ansätze zwischen 50 ha als unterstem Wert und 10 000 ha als oberstem Wert liegen. Die Festlegung der Fläche kann durchaus Schwierigkeiten bereiten, weil hier als Planungsbereich diejenige Fläche zu verstehen ist, die von der Umweltverträglichkeitsstudie erfasst ist, also der Bereich, auf den sich das betreffende Vorhaben auswirken kann. Berücksichtigt man die Interessen der Beteiligten aus der Öffentlichkeit, der Verwaltung und der Politik und insbesondere die europäische Umweltpolitik, so kann dem nur entsprochen werden, wenn der Planungsbereich weitesöglich ausgedehnt wird. Die Grenzziehung sollte nach dem Grundsatz erfolgen, wie weit der Einfluss auf die Umwelt der Sache nach reicht. Eine Eingrenzung des Gebietes kann das Planvorhaben mit dem Hinweis auf nicht ausreichende Berücksichtigung der Umweltsituation gefährden. Man hat versucht, dem dadurch Rechnung zu tragen, dass auch während eines Planungsverfahrens der Untersuchungsbereich noch geändert werden kann, was naturgemäß Einfluss auf die Honorarberechnung hat. **Als Konsequenz hieraus kann nur gezogen werden, dass der Planungsbereich so weit wie möglich ausgedehnt werden sollte. Nur so kann für das Vorhaben entsprechende Plansicherheit geschaffen werden.**

Wird die Fläche während der Studie geändert, muss die Berechnung zweigeteilt erfolgen, d. h. nach der Frage, welche Fläche lag welcher Untersuchung zugrunde.

1.2 Bauphysik

Vorbemerkung

Übersicht

1. Ausgliederungen der 6. Novelle und Änderungen der 7. Novelle 2013

Mit der **6. Novelle 2009** waren Teil X aus der Fassung von 2002 „Leistungen der   1
Thermischen Bauphysik" und Teil XI „Leistungen für Schallschutz und Raumakustik" aus
dem verbindlichen Verordnungsteil ausgegliedert und fast unverändert in die Beratungsleis-
tungen der Anlagen 1.2 und 1.3 übernommen worden. Dabei waren die kategorischen
Bestimmungen der Preisverordnung bereits in Kann-Bestimmungen umgeändert worden.
Die Honorartafeln zu § 78 Abs. 1 (Wärmeschutz) zu § 83 Abs. 1 (Bauakustik) und zu § 89
Abs. 1 (Raumakustik) waren bei dieser Übernahme um 10% erhöht worden.

Die **7. Novelle 2013** fasst nun in der Anlage 1.2 die bisherigen Anlagen 1.2 und 1.3
unter dem Oberbegriff der Bauphysik zusammen. Sie enthält die Bestimmungen für
– Wärmeschutz und Energiebilanzierung (bisher Thermische Bauphysik),
– Bauakustik (Schallschutz), wie bisher in Anlage 1.3 und
– Raumakustik, wie bisher in Anlage 1.3.

Weiterhin sind mit der 7. Novellierung 2013 die empfohlenen Honorare nochmals angehoben worden und zwar
für Wärmeschutz und Energiebilanzierung um das Doppelte,
für die Bauakustik (Schallschutz) ca. 3% und
für die Raumakustik zwischen 4% und 6%.

2. Einheitliches Leistungsbild Bauphysik

Noch in der Fassung von 2009 waren für die nunmehr unter Baupysik zusammengefass-   2
ten Leistungsbereiche, nämlich Wärmeschutz, Bauakustik, Raumakustik jeweils 5 Grundleistungen mit jeweils unterschiedlichen Bewertungen angegeben.

Mit der 7. Novellierung von 2013 sind für alle Teilbereiche, nämlich Wärmeschutz und
Energiebilanzierung, Bauakustik (Schallschutz) und Raumakustik **7 einheitliche Leistungsphasen** mit gleichen Bewertungen angegeben, wobei die Leistungsphasen 1 und 2,
Grundlagenermittlung und Mitwirken bei der Vorplanung, neu eingeführt wurden und das
Leistungsbild für alle Teilbereiche in Grundleistungen und Besondere Leistungen eingeteilt
werden. Die Leistungsphasen 2–7 bestehen für alle 3 Leistungsbereiche lediglich in Mitwirkungen bei den Leistungsphasen des Objektplaners.

3. Besondere Grundlagen der Honorare

Die Besonderen Grundlagen der Honorare werden vor den Honorartafeln   3
- für Wärmeschutz und Energiebilanzierung,
- für Bauakustik 1.2.4 und
- für Raumakustik 1.2.5
aufgeführt.

4. Honorarzonen und Objektlisten

Die Honorarzonen sind nach der Höhe der Anforderungen gestaffelt.   4

Bei **Wärmeschutz** und **Energiebilanzierung** richten sich die **5 Honorarzonen nach
§ 35,** also nach den Honorarzonen, denen das Gebäude zuzuordnen ist, wobei sich die
Zuordnung nach bestimmten Bewertungsmerkmalen des § 35 Abs. 2 richtet.

Bei der **Bauakustik** werden nur **3 Honorarzonen** mit unterschiedlich hohen Anforderungen aufgeführt, die anhand bestimmter Bewertungsmerkmale aus **Nr. 1.2.4 Abs. 5** zu
ermitteln sind und die durch eine Objektliste ergänzt werden.

Bei der **Raumakustik** hängen die **5 Honorarzonen** von unterschiedlich hohen Anforderungen ab, die an Innenräume zu stellen sind und die nach **Nr. 1.2.5 Abs. 6** nach
5 Bewertungsmerkmalen beurteilt werden, die Nr. 1.2.5 Abs. 7 durch eine Objektliste ergänzt werden, bei der die Honorarzonen nach Raumart und Raumgröße geschaffen
sind.

1.2.1 Anwendungsbereich

(1) **Zu den Grundleistungen für Bauphysik können gehören:**
- **Wärmeschutz und Energiebilanzierung,**
- **Bauakustik (Schallschutz),**
- **Raumakustik.**

(2) **Wärmeschutz und Energiebilanzierung kann den Wärmeschutz von Gebäuden und Ingenieurbauwerken und die fachübergreifende Energiebilanzierung umfassen.**

(3) **Die Bauakustik kann den Schallschutz von Objekten zur Erreichung eines regelgerechten Luft- und Trittschallschutzes und zur Begrenzung der von außen einwirkenden Geräusche sowie der Geräusche von Anlagen der Technischen Ausrüstung umfassen. Dazu kann auch der Schutz der Umgebung vor schädlichen Umwelteinwirkungen durch Lärm (Schallimmissionsschutz) gehören.**

(4) **Die Raumakustik kann die Beratung zu Räumen mit besonderen raumakustischen Anforderungen umfassen.**

(5) **Die Besonderen Grundlagen der Honorare werden gesondert in den Teilgebieten Wärmeschutz und Energiebilanzierung, Bauakustik, Raumakustik aufgeführt.**

Übersicht

1. Bauphysik umfasst 3 Leistungsbereiche – Absatz 1

1 Unter dem Begriff Bauphysik sind zwei bisher selbständige Leistungsbilder zusammengefasst worden, nämlich
- **Thermische Bauphysik** der bisherigen Anlage 1.2, die dem bei der 6. Novelle 2009 ausgegliederten Teil X §§ 77–79 entsprach und die nunmehr erweitert wurde auf **Wärmeschutz** und **Energiebilanzierung,**
- **Schallschutz und Raumakustik** der bisherigen Anlage 1.3, die dem ausgegliederten Teil XI §§ 80–84 für Schallschutz und §§ 85–90 für Raumakustik entsprachen und die nunmehr als Bauakustik (Schallschutz) und Raumakustik in das neue Leistungsbild Bauphysik übernommen wurden.

Durch die Formulierungen „können gehören:" und „kann umfassen" wird klargestellt, dass die Aufzählung **nicht abschließend** ist, sondern andere Leistungsfelder je nach Entwicklung der Bautechnik und der bauordnungsrechtlichen Anforderungen hinzutreten können.

2. Leistungsziele – Absätze 2 bis 4

a) Leistungen von Bauphysikern

2 Im **neuen Leistungsbereich Bauphysik** werden teils unterschiedliche Leistungen zusammengefasst, die lediglich dadurch eine Verbindung haben, dass sie in den Tätigkeitsbereich eines Bauphysikers fallen.

b) Wärmeschutz

3 In Abs. 2 wird für **Wärmeschutz** und Energiebilanzierung als mögliches Leistungsziel der Wärmeschutznachweis für Gebäude und Ingenieurbauwerke angegeben und die fachübergreifende Engeriebilanzierung.

Wärmeschutznachweise werden nach der Energieeinsparverordnung und den bauordnungsrechtlichen Vorschriften erbracht. Mit den Honorarregelungen in Teil X a. F. war eindeutig und unmissverständlich erklärt, dass der Nachweis des Wärmeschutzes nach der Wärmeschutzverordnung, die nunmehr ersetzt ist durch die Energieeinsparverordnung 2009 und nach den bauordnungsrechtlichen Vorschriften nicht zu den Grundleistungen bei der Objektplanung gehört und auch keine besondere Leistung, die zu den Grundleistungen hinzutritt, darstellt, sondern eine eigenständig geregelte und honorierte Leistung ist. Bei der Objektplanung für Gebäude ist im Leistungsbild der Anlage 10 bei der Vorplanung (Leistungsphase 2 d) das Klären der bauphysikalischen und energiewirtschaftlichen Zusammenhänge erwähnt.

Der Verordnungsgeber hatte schon in der Amtlichen Begründung zur ersten ÄndVO die **Zielsetzung** beschrieben als

– **Begrenzen der Wärmeverluste und Kühlsachen**

Durch gezielte Begrenzung der Wärmeverluste von Erweiterungsbauten können diese von bestehenden Heizungs- bzw. Kühlanlagen in den vorhandenen Bauwerken versorgt werden, so dass neben der Senkung der Betriebskosten auch Investitionskosten für Räume zur Aufnahme der Heizungs- oder Kühlanlagen in den Erweiterungsbauten erspart werden.

– **Ermitteln der wirtschaftlich optimalen Wärmedämm-Maßnahme**

Durch wirtschaftlich optimale Wärmedämm-Maßnahmen können die jährlichen Betriebskosten aus Kapitaldienst und Energiekosten gesenkt werden, so dass über die gesetzlich vorgeschriebenen Wärmeschutz-Maßnahmen hinaus eventuell noch weitere Einsparungen erzielt werden können.

– **Planen von Maßnahmen für den sommerlichen Wärmeschutz**

Mit dem sommerlichen Wärmeschutz wird eine hinreichende Temperierung der Nutzräume ohne den Aufwand einer künstlichen Klimatisierung ermöglicht und Energiekosten vollkommen erspart oder für eine künstliche Klimatisierung reduziert (vgl. OLG Celle, BauR 2007, 2103).

– **Begrenzen der dampfdiffusionsbedingten Wasserdampfkondensation**

Eine Überprüfung der dampfdiffusionsbedingten Wasserdampfkondensation ist in und auf den Wand- und Deckenkonstruktionen zweckmäßig. Falls erforderlich, sind durch geeignete Maßnahmen die zeitweiligen Wasserdampfkondensationsmengen so zu begrenzen, dass eine Austrocknung im Zyklus gewährleistet und nicht durch Pilzbefall die Raumhygiene beeinträchtigt wird.

– **Begrenzen von thermisch bedingten Einwirkungen auf Bauteile**

Dämmmaßnahmen sollen Verformungen über Konstruktionen vermeiden, die durch Dehnungen infolge Durchfeuchtung oder übermäßiger Erwärmung von monolitischen Bauteilen wie Betondecken oder Betonwänden entstehen.

– **Regulierung der Feuchte- und Wärmehaushalte von belüfteten Fassaden und Dachkonstruktionen**

Mit der Regulierung des Feuchte- und Wärmehaushalts soll dafür gesorgt werden, dass der anfallende Wasserdampf zu jeder Jahreszeit ohne Kondensatbildung abgeführt wird, damit eine Durchfeuchtung der Wärmedämmstoffe und die damit verbundene Minderung der Wärmedämmeigenschaften der Materialien vermieden wird.

– **Bauphysikalische Messungen**

Gemeint sind damit beispielsweise Temperatur- und Feuchtemessungen, Messungen zur Bestimmung der Sorptionsfähigkeit, Bestimmung der Wärmedurchgangskoeffizienten oder der Luftgeschwindigkeit in Luftschichten.

c) Energiebilanzierung

Ziel der **Energiebilanzierung** ist es, den Heizenergiebedarf bzw. den Nettoheizwär-   4
mebedarf zu berechnen. Dabei werden Wärmeverluste durch Abstrahlung und Wärmeverluste durch Lüftung den Sonnenwärmegewinnen durch die Verglasung gegenübergestellt und mit dem internen Wärmegewinn aus Beleuchtung, Geräten und durch die Heizung bilanziert.

d) Bauakustik

5   In Abs. 3 werden die möglichen Ziele der **Bauakustik** (Schallschutz) beschrieben als
– „regelrechten" Luft- und Trittschallschutz
– Begrenzung von außen einwirkenden Geräuschen
– Geräuschen von Anlagen der Technischen Ausrüstung
– Schallimmissionsschutz

Der Luft- und Trittschallschutz wird durch planerische Maßnahmen erreicht, bei bestehenden Bauten in der Regel erst nach Luft- und Trittschallschutzmessungen, wenn sie Schwachstellen erkennen lassen.

Die Begrenzung der von außen einwirkenden Geräusche geschieht meist über die Wahl der Fenster.

Die Begrenzung der Geräusche von Anlagen der Technischen Ausrüstung besteht in Dämmmaßnahmen und/oder Trennung von Leitungsdurchführungen zu den angrenzenden Bauteilen.

Der Schallimmissionsschutz betrifft im Wesentlichen Produktionsanlagen, Verkehrsanlagen und/oder Versammlungsräume, in denen Lärm erzeugt wird.

e) Raumakustik – Absatz 4

6   Das mögliche Leistungsziel der **Raumakustik** wird als Beratung für Räume mit besonderen raumakustischen Anforderungen definiert, wie Kirchen, Theater, Konzertsäle und andere Versammlungsstätten, und hat wie bisher die Aufgabe, bei der Formgebung der Materialauswahl und der Ausstattung mitzuwirken, um die Räume akustisch anzupassen.

3. Hinweis auf Besondere Grundlagen – Absatz 5

7   Die **Besonderen Grundlagen** des Honorars werden vor den jeweiligen Honorartafeln der 3 Teilgebiete der Bauphysik angegeben und betreffen im Wesentlichen die anrechenbaren Kosten und die Honorarzoneneinordnung.

Bei Wärmeschutz und Energiebilanzierung können die anrechenbaren Kosten des Gebäudes nach § 33 und die Honorarzone nach § 35 bestimmt werden.

Bei der Bauakustik können die Kosten der Baukonstruktionen und der Anlagen der Technischen Ausrüstung zu den anrechenbaren Kosten gehören, wobei der Umfang der mit zu verarbeitenden Bausubstanz angemessen berücksichtigt werden kann.

Bei der Raumakustik werden für jeden Innenraum die gesamt anrechenbaren Kosten für Baukonstruktionen und Technische Ausrüstung und die Kosten für die Ausstattung nach Bruttorauminhalt im Verhältnis zum Gesamtbruttoinhalt des Gebäudes angesetzt.

1.2.2 Leistungsbild Bauphysik

(1) **Die Grundleistungen für Bauphysik können in sieben Leistungsphasen unterteilt und wie folgt in Prozentsätzen der Honorare in Nummer 1.2.3 bewertet werden:**

1. für die Leistungsphase 1 (Grundlagenermittlung) mit 3 Prozent,

2. für die Leistungsphase 2 (Mitwirken bei der Vorplanung) mit 20 Prozent,

3. für die Leistungsphase 3 (Mitwirken bei der Entwurfsplanung) mit 40 Prozent,

4. für die Leistungsphase 4 (Mitwirken bei der Genehmigungsplanung) mit 6 Prozent,

5. für die Leistungsphase 5 (Mitwirken bei der Ausführungsplanung) mit 27 Prozent,

6. für die Leistungsphase 6 (Mitwirken bei der Vorbereitung der Vergabe) mit 2 Prozent,

7. für die Leistungsphase 7 (Mitwirken bei der Vergabe) mit 2 Prozent.

(2) **Das Leistungsbild kann sich wie folgt zusammensetzen:**

Grundleistungen	Besondere Leistungen
LPH 1 Grundlagenermittlung	
a) Klären der Aufgabenstellung b) Festlegen der Grundlagen, Vorgaben und Ziele	– Mitwirken bei der Ausarbeitung von Auslobungen und bei Vorprüfungen für Wettbewerbe – Bestandsaufnahme bestehender Gebäude, Ermitteln und Bewerten von Kennwerten – Schadensanalyse bestehender Gebäude – Mitwirken bei Vorgaben für Zertifizierungen
LPH 2 Mitwirkung bei der Vorplanung	
a) Analyse der Grundlagen b) Klären der wesentlichen Zusammenhänge von Gebäude und technischen Anlagen einschließlich Betrachtung von Alternativen c) Vordimensionieren der relevanten Bauteile des Gebäudes d) Mitwirken beim Abstimmen der fachspezifischen Planungskonzepte der Objektplanung und der Fachplanungen e) Erstellen eines Gesamtkonzeptes in Abstimmung mit der Objektplanung und den Fachplanungen f) Erstellen von Rechenmodellen, Auflisten der wesentlichen Kennwerte als Arbeitsgrundlage für Objektplanung und Fachplanungen	– Mitwirken beim Klären von Vorgaben für Fördermaßnahmen und bei deren Umsetzung – Mitwirken an Projekt-, Käufer- oder Mieterbaubeschreibungen – Erstellen eines fachübergreifenden Bauteilkatalogs
LPH 3 Mitwirkung bei der Entwurfsplanung	
a) Fortschreiben der Rechenmodelle und der wesentlichen Kennwerte für das Gebäude b) Mitwirken beim Fortschreiben der Planungskonzepte der Objektplanung und Fachplanung bis zum vollständigen Entwurf c) Bemessen der Bauteile des Gebäudes d) Erarbeiten von Übersichtsplänen und des Erläuterungsberichtes mit Vorgaben, Grundlagen und Auslegungsdaten	– Simulationen zur Prognose des Verhaltens von Bauteilen, Räumen, Gebäuden und Freiräumen
LPH 4 Mitwirkung bei der Genehmigungsplanung	
a) Mitwirken beim Aufstellen der Genehmigungsplanung und bei Vorgesprächen mit Behörden b) Aufstellen der förmlichen Nachweise c) Vervollständigen und Anpassen der Unterlagen	– Mitwirken bei Vorkontrollen in Zertifizierungsprozessen – Mitwirken beim Einholen von Zustimmungen im Einzelfall

Grundleistungen	Besondere Leistungen
LPH 5 Mitwirkung bei der Ausführungsplanung	
a) Durcharbeiten der Ergebnisse der Leistungsphasen 3 und 4 unter Beachtung der durch die Objektplanung integrierten Fachplanungen b) Mitwirken bei der Ausführungsplanung durch ergänzende Angaben für die Objektplanung und Fachplanungen	– Mitwirken beim Prüfen und Anerkennen der Montage- und Werkstattplanung der ausführenden Unternehmen auf Übereinstimmung mit der Ausführungsplanung
LPH 6 Mitwirkung bei der Vorbereitung der Vergabe	
Beiträge zu Ausschreibungsunterlagen	
LPH 7 Mitwirkung bei der Vergabe	
Mitwirken beim Prüfen und Bewerten der Angebote auf Erfüllung der Anforderungen	– Prüfen von Nebenangeboten
LPH 8 Objektüberwachung u. Dokumentation	
	– Mitwirken bei der Baustellenkontrolle – Messtechnisches Überprüfen der Qualität der Bauausführung und von Bauteil- oder Raumeigenschaften
LPH 9 Objektbetreuung	
	Mitwirken bei Audits in Zertifizierungsprozessen

Übersicht

1. Vorbemerkung zum einheitlichen Leistungsbild und seiner Bewertung

1   **a)** Sowohl in der verbindlichen Fassung vor der Novelle 2009 als auch in der mit der Novelle ausgegliederten und empfohlenen Beratungsleistung für die drei Leistungteile der Bauphysik, nämlich Wärmeschutz, Schallschutz und Raumakustik, waren unterschiedliche Teilleistungen mit unterschiedlichen Bewertungen angegeben und zwar
– für den Wärmeschutz

1. *Erarbeiten des Planungskonzepts für den Wärmeschutz* | 20%
2. *Erarbeiten des Entwurfs einschließlich der überschlägigen Bemessung für den Wärmeschutz und Durcharbeiten konstruktiver Details der Wärmeschutzmaßnahmen* | 40%
3. *Aufstellen des prüffähigen Nachweises des Wärmeschutzes* | 25%
4. *Abstimmung des geplanten Wärmeschutzes mit der Ausführungsplanung und der Vergabe* | 15%
5. *Mitwirken bei der Ausführungsüberwachung* | –

– für die Bauakustik

1. *Erarbeiten des Planungskonzepts, Festlegung der Schallschutzanforderungen* | 10%
2. *Erarbeiten des Entwurfs einschließlich Aufstellen der Nachweise des Schallschutzes* | 35%
3. *Mitwirken bei der Ausführungsplanung* | 30%
4. *Mitwirken bei der Vorbereitung der Vergabe und bei der Vergabe* | 5%
5. *Mitwirken bei der Überwachung schalltechnisch wichtiger Ausführungsarbeiten* | 20%

– für die Raumakustik

1. *Erarbeiten des raumakustischen Planungskonzepts, Festlegen der raumakustischen Anforderungen* | 20%
2. *Erarbeiten des raumakustischen Entwurfs* | 35%
3. *Mitwirken bei der Ausführungsplanung* | 25%
4. *Mitwirken bei der Vorbereitung der Vergabe und bei der Vergabe* | 35%
5. *Mitwirken bei der Überwachung raumakustisch wichtiger Ausführungsarbeiten* | 15%

b) In der HOAI 2013 wird das Leistungsbild nicht mehr für die drei Teilbereiche der **2** Bauphysik differenziert, sondern es werden für alle angegeben

1. LPH 1 | *Grundlagenermittlung* | 3%
2. LPH 2 | *Mitwirkung bei der Vorplanung* | 20%
3. LPH 3 | *Mitwirkung bei der Entwurfsplanung* | 40%
4. LPH 4 | *Mitwirkung bei der Genehmigungsplanung* | 6%
5. LPH 5 | *Mitwirkung bei der Ausführungsplanung* | 27%
6. LPH 6 | *Mitwirkung bei der Vorbereitung der Vergabe* | 2%
7. LPH 7 | *Mitwirkung bei der Vergabe* | 2%

Darüber hinaus werden für die vorgenannten Leistungsphasen 1–7 Grundleistungen und Besondere Leistungen angegeben, wobei dieser Katalog noch um die Objektüberwachung und Dokumentation in Leistungsphase 8 und Objektbetreuung in Leistungsphase 9 durch Besondere Leistungen ergänzt wird.

Zum Geltungsbereich der Bewertungen – vgl. unten Rdn. 4.

c) Die Benennung der sieben Leistungsphasen in Absatz 1 bei der Bewertung und die **3** neuen Leistungsphasen des Katalogs der Grundleistungen und Besondere Leistungen folgen der Bezeichnung und dem Schema der Objektplanung von Gebäuden und Innenräumen (Teil 3, Abschnitt 1 und Freianlagen Teil 3 Abschnitt 2), obwohl die Tätigkeiten für die drei Teilbereiche der Bauphysik unterschiedliche Abläufe haben. Schon einmal sind an anderer Stelle der HOAI, nämlich bei der Tragwerksplanung seit Anbeginn (1976) die Tätigkeiten der Statiker in dieses Ablaufkorsett der Architekten gezwängt worden.

Im vorliegenden Fall sind die durchaus differenzierten Tätigkeiten von Wärmeschutz und Energiebilanzierung, Bauakustik (Schallschutz) sowie Raumakustik durch die Bezeichnung „Mitwirkung bei …" in einen weiten Rahmen gestellt worden, und die Tätigkeit des Bauphysikers fügt sich so in die entsprechend genannten Leistungsphasen der Objektplaner, also nach dem zeitlichen Ablauf eines Objektplaners, für Gebäude und Ingenieurbauwerke ein.

2. Sieben Leistungsphasen nach Absatz 1

In Absatz 1 wird eine mögliche Unterteilung der Grundleistungen für Bauphysik in sie- **4** ben Leistungsphasen genannt und Prozentsätze der Honorare aus Nr. 1.2.3 angegeben, also Honorare für Grundleistungen für Wärmeschutz und Energiebilanzierung.

Diese sieben Leistungsphasen und ihre Bewertungsprozentsätze lauten:

1.	*LPH 1*	*Grundlagenermittlung*	*3 %*
2.	*LPH 2*	*Mitwirkung bei der Vorplanung*	*20 %*
3.	*LPH 3*	*Mitwirkung bei der Entwurfsplanung*	*40 %*
4.	*LPH 4*	*Mitwirkung bei der Genehmigungsplanung*	*6 %*
5.	*LPH 5*	*Mitwirkung bei der Ausführungsplanung*	*27 %*
6.	*LPH 6*	*Mitwirkung bei der Vorbereitung der Vergabe*	*2 %*
7.	*LPH 7*	*Mitwirkung bei der Vergabe*	*2 %*

Bezüglich der Bewertungen ist in Absatz 1 ausschließlich nur auf Nummer 1.2.3, also den Wärmeschutz, Bezug genommen worden, so dass die Frage entsteht, ob diese Bewertungssätze nur für den Wärmeschutz oder ob sie auch für die Bauakustik (Schallschutz) und Raumakustik gelten, zumal der Text bei den Honoraren für Bauakustik unter Nummer 1.2.4 Abs. 3 und für die Raumakustik unter Nummer 1.2.5 Abs. 3 wortgleich auf die im Katalog genannten Grundleistungen Bezug nimmt.

Da die Leistungsphasen denen in § 34 (Gebäude und Innenräume) und § 53 (Technische Ausrüstung) entsprechen, kann wegen der sachlichen Verbundenheit davon ausgegangen werden, dass die Prozentsätze nur für den Wärmeschutz und die Energiebilanzierung genannt sind. Auch die amtliche Begründung zur HOAI 2013 deutet sachlich darauf hin, in dem unter anderem ausgeführt wird:

> „... So sind bei der zunehmenden Zahl von Bestandsbauvorhaben andere Wechselwirkungen zwischen unterschiedlichen Zielen und Anforderungen (z. B. Denkmalschutz, ökonomische Ziele der Investoren, Erwartungen der Erwerber an den Wohnkomfort etc.) zu berücksichtigen als bei einem Neubauvorhaben.
>
> Diese neuen Anforderungen wirken sich in allen Leistungsphasen aus, allerdings – entsprechend dem Grad der Untersuchungsvertiefung – im unterschiedlichen Umfang.“

Somit können die Prozentsätze in Absatz 1 nur als Empfehlung für den Wärmeschutz und die Energiebilanzierung angesehen werden.

3. Leistungskatalog – Absatz 2

5 **a)** In Absatz 2 werden für sieben Leistungsphasen die Grundleistungen aufgeführt, die durch Besondere Leistungen für jede Leistungsphase ergänzt werden, wobei auch für die in den Grundleistungen unbewertete Leistungsphase 8 „Objektüberwachung und Dokumentation" und Leistungsphase 9 „Objektbetreuung" weitere Besondere Leistungen aufgeführt sind. Dabei ist der Katalog der **Besonderen Leistungen nicht abschließend.**

6 **b)** Offenbar wird dieser Leistungskatalog für alle drei Leistungsbereiche der Bauphysik, nämlich Wärmeschutz und Energiebilanzierung, Bauakustik sowie Raumakustik, empfohlen, denn bei den jeweiligen Honorartafeln ist ausgeführt, dass die Mindest- und Höchstsätze der Honorare für die in Nummer 1.2.2 Absatz 2 aufgeführten Grundleistungen empfohlen sei, so
– für Wärmeschutz und Energieberatung in Nummer 1.2.3 Absatz 2,
– für die Bauakustik in Nummer 1.2.4 Absatz 3 und
– für Raumakustik in Nummer 1.2.5 Absatz 3.

7 **c)** Die Planungs-, Berechnungs- und Vermessungstätigkeiten sowie eventuelle bauphysikalische Messungen sind für die drei Leistungsbereiche vollkommen unterschiedlich, so dass die im Leistungskatalog aufgeführten Grundleistungen unterschiedliche Leistungsinhalte haben können.

Somit scheint es auch verständlich, dass die in Absatz 1 angegebenen Prozentsätze der Honorare nur Bewertungen für Wärmeschutz und Energiebilanzierung sein können.

4. Grundleistungen im Einzelnen

8 **a)** Die **Grundlagenermittlung** der Leistungsphase 1, nämlich das Feststellen der Aufgabenstellung und das Festlegen der Grundleistungen, Vorgaben und Ziele werden bei allen Leistungsbereichen anfallen.

Beim **Wärmeschutz** werden vor allen Dingen die Anforderungen an den Grad der Wärmedämmung, die Einhaltung der Heizkosten und das System der Wärmeentsorgung festzulegen sein.

Bei der **Bauakustik,** also dem Schallschutz, wird es auf die Höhe der Anforderungen an den Schallschutz ankommen, während bei der Raumakustik die raumakustischen Anforderungen festzulegen sein werden.

Hier können als Bewertung für alle drei Leistungteile der Bauphysik die gleichen Prozentsätze aus Absatz 1, nämlich 3 %, angenommen werden.

b) Die Mitwirkung bei der **Vorplanung** ist die Mitwirkung des Bauphysikers bei der **9** Vorplanung des Objektplaners und besteht im Wesentlichen im Sinne der Zusammenhänge des Gebäudes und der technischen Anlagen, in der Erstellung eines Gesamtkonzepts und dem Auflisten der Kennwerte. Die Planung des Wärmeschutzes bestimmt schon in der frühen Planungsphase wesentlich das Planungskonzept des Objektplaners.

Zu den Kennwerten für das Energiebilanzverfahren gehören unter anderem Außentemperatur, Fenster, Innentemperatur, Luftwechsel, Solarstrahlung u. v. a.

Bei der Bauakustik bedarf es der Kennwerte der Bauteile (Decken, Fenster, Wände). Bei der Vorplanung bestehen die Leistungen des mit der Bauakustik beauftragten Auftragnehmers in der Entwicklung eines Planungskonzeptes, zum Teil in Gutachtenform und in dem Festlegen der Schallschutzanforderungen. Bei der Raumakustik besteht die Leistung der Vorplanung in der Beratung zur Festlegung der Innengestaltung der Räume, die raumakustisch geplant werden sollen.

c) Die Mitwirkung bei der **Entwurfsplanung** nach Leistungsphase 3 besteht im We- **10** sentlichen im Mitwirken am Fortschreiben der Planungskonzepte der Objektplanung, dem Bemessen der Bauteile und dem Erarbeiten von Übersichtsplänen und Erläuterungsberichten mit Vorgaben.

Beim Wärmeschutz und der Energiebilanzierung besteht die Mitwirkung im Erarbeiten des Entwurfs und der Bemessung des Wärmeschutzes, sowie dem Durcharbeiten konstruktiver Details der Wärmeschutzmaßnahmen anhand der Planvorgaben des Objektplaners mit dem Ziel von Baustofflisten für die Berechnung der Bauteile und Bauelemente, in die die überschlägige Bemessung ermittelter Wärmeschutzmaßnahmen und Schichtdicken eingetragen werden.

Die Mitwirkungsleistungen der Bauakustik in der Entwurfsplanung besteht in Berechnungen zum Beispiel für den Schallschutznachweis, während bei der Raumakustik auch ein Entwurf vorzulegen ist, der die Gestaltung des bearbeiteten Innenraumes bezüglich Boden-, Wand- und Deckenbeläge sowie die Möblierung betrifft.

d) Die Mitwirkung bei der **Genehmigungsplanung** besteht im Wesentlichen im Auf- **11** stellen der förmlichen Nachweise.

Diese Nachweise sind beim Wärmeschutz die Nachweise nach Energieeinsparverordnung und die Energiebilanzierung. Sie setzen umfangreiche Berechnungen voraus, die nach der Vorstellung des Verordnungsgebers in den vorangegangenen Leistungsphasen bereits im Wesentlichen vorbereitet sein sollen, weil die Bewertung dieser Leistungen für die Leistungsphase Genehmigungsplanung mit nur 6 % solchen Aufwand nicht abdeckt, während die Bewertung der vorangegangenen Leistungsphasen umfangreiche Leistungen voraussetzt, entsprechend der Gebäudeplanung.

Beim Schallschutz sind es die entsprechenden Schallschutznachweise, während in der Raumakustik weniger Berechnungen sondern Gestaltungsvorschläge maßgeblich sind.

e) Das Mitwirken bei der **Ausführungsplanung** der Leistungsphase 5 besteht im **12** Wesentlichen in ergänzenden Angaben für die Objektplanung und die Fachplanungen.

Beim Wärmeschutz und der Energiebilanzierung werden die Ergänzungen in Angaben zur technischen Ausführung von Bauteilen, den vorzusehenden Wärmedämmmaßnahmen und der Ausführung von Einbauteilen wie Fenster und Außentüren bestehen und Angaben zu eventuellen Lüftungssystemen betreffen. Es sind dem Objektplaner die zur Einarbeitung in die Ausführungsplanung notwendigen Daten (Baustofflisten und Detailausbildungen) zu übergeben.

Bei der Bauakustik, dem Schallschutz, können es gleichermaßen Angaben zu Bauteilen, Schallschutzmaßnahmen, Einbauteilen und haustechnischen Anlagen sein, auch in Form von Detailzeichnungen, während es bei der Raumakustik auf Innenraumgestaltungen ankommen wird.

13   **f)** Zur Mitwirkung bei der **Vorbereitung der Vergabe** der Leistungsphase 6 und der Mitwirkung bei der Vergabe, der Leistungsphase 7, werden die Beiträge zu Ausschreibungsunterlagen und das Mitwirken beim Prüfen und Bewerten der Angebote auf Erfüllung der Anforderungen für die drei Leistungteile der Bauphysik unterschiedlich ausfallen. Es können lediglich Materiallisten und Mengenermittlungen für den Objektplaner erforderlich sein, oder auch ganze Teile von Ausschreibungsunterlagen und Leistungsverzeichnissen einschließlich Mengenermittlungen notwendig sei bis zur vollständigen Durchplanung von Innenraumgestaltungen mit kompletten Leistungsverzeichnissen. Hier kommt es auf den Einzelfall der jeweils notwendigen Beiträge an.

1.2.3 Honorare für Grundleistungen für Wärmeschutz und Energiebilanzierung

(1) **Das Honorar für die Grundleistungen nach Nummer 1.2.2 Absatz 2 kann sich nach den anrechenbaren Kosten des Gebäudes gemäß § 33 nach der Honorarzone nach § 35, der das Gebäude zuzuordnen ist, und nach der Honorartafel in Absatz 2 richten.**

(2) **Die Mindest- und Höchstsätze der Honorare für die in Nummer 1.2.2 Absatz 2 aufgeführten Grundleistungen für Wärmeschutz und Energiebilanzierung können anhand der folgenden Honorartafel bestimmt werden:**

Anrechenbare Kosten in Euro	Honorarzone I sehr geringe Anforderungen		Honorarzone II geringe Anforderungen		Honorarzone III durchschnittliche Anforderungen		Honorarzone IV hohe Anforderungen		Honorarzone V sehr hohe Anforderungen	
	von	bis	von	bis	von	bis	von	bis	von	bis
	Euro		Euro		Euro		Euro		Euro	
250 000	1 757	2 023	2 023	2 395	2 395	2 928	2 928	3 300	3 300	3 566
275 000	1 789	2 061	2 061	2 440	2 440	2 982	2 982	3 362	3 362	3 633
300 000	1 821	2 097	2 097	2 484	2 484	3 036	3 036	3 422	3 422	3 698
350 000	1 883	2 168	2 168	2 567	2 567	3 138	3 138	3 537	3 537	3 822
400 000	1 941	2 235	2 235	2 647	2 647	3 235	3 235	3 646	3 646	3 941
500 000	2 049	2 359	2 359	2 793	2 793	3 414	3 414	3 849	3 849	4 159
600 000	2 146	2 471	2 471	2 926	2 926	3 576	3 576	4 031	4 031	4 356
750 000	2 273	2 617	2 617	3 099	3 099	3 788	3 788	4 270	4 270	4 614
1 000 000	2 440	2 809	2 809	3 327	3 327	4 066	4 066	4 583	4 583	4 953
1 250 000	2 748	3 164	3 164	3 747	3 747	4 579	4 579	5 162	5 162	5 579
1 500 000	3 050	3 512	3 512	4 159	4 159	5 083	5 083	5 730	5 730	6 192
2 000 000	3 639	4 190	4 190	4 962	4 962	6 065	6 065	6 837	6 837	7 388
2 500 000	4 213	4 851	4 851	5 745	5 745	7 022	7 022	7 916	7 916	8 554
3 500 000	5 329	6 136	6 136	7 266	7 266	8 881	8 881	10 012	10 012	10 819
5 000 000	6 944	7 996	7 996	9 469	9 469	11 573	11 573	13 046	13 046	14 098

Anrechenbare Kosten in Euro	Honorarzone I sehr geringe Anforderungen		Honorarzone II geringe Anforderungen		Honorarzone III durchschnittliche Anforderungen		Honorarzone IV hohe Anforderungen		Honorarzone V sehr hohe Anforderungen	
	von	bis	von	bis	von	bis	von	bis	von	bis
	Euro		Euro		Euro		Euro		Euro	
7 500 000	9 532	10 977	10 977	12 999	12 999	15 887	15 887	17 909	17 909	19 354
10 000 000	12 033	13 856	13 856	16 408	16 408	20 055	20 055	22 607	22 607	24 430
15 000 000	16 856	19 410	19 410	22 986	22 986	28 094	28 094	31 670	31 670	34 224
20 000 000	21 516	24 776	24 776	29 339	29 339	35 859	35 859	40 423	40 423	43 683
25 000 000	26 056	30 004	30 004	35 531	35 531	43 427	43 427	48 954	48 954	52 902

(3) **Für Umbauten und Modernisierungen kann bei einem durchschnittlichen Schwierigkeitsgrad ein Zuschlag bis 33 Prozent auf das Honorar schriftlich vereinbart werden.**

Übersicht

1. Honorargrundlagen (Wärmeschutz) – Absatz 1

a) Das Honorar für die Grundleistungen kann sich richten   1
– nach anrechenbaren Kosten des Gebäudes gem. § 33,
– nach der Honorarzone nach § 35 und
– nach der Honorartafel in Absatz 2.

b) Bei Gebäuden und Innenräumen können die **Kosten der Baukonstruktionen an-**   2
rechenbar sein, wobei auch die Kosten für Technische Anlagen, die der Auftragnehmer nicht fachlich plant oder deren Ausführungen er nicht fachlich überwacht, anrechenbar sind und zwar – vollständig bis zu einem Betrag von 25 % der sonstigen anrechenbaren Kosten und – zur Hälfte mit dem Betrag der 25 % der sonstigen anrechenbaren Kosten übersteigt. Als nicht anrechenbar gelten die Kosten für das Herrichten, für die nicht öffentliche Erschließung sowie Leistungen zur Ausstattung und zu Kunstwerken, soweit der Auftragnehmer die Leistungen weder plant noch bei der Beschaffung mitwirkt oder ihre Ausführung oder ihren Einbau fachlich überwacht.

c) Die **Bewertungsmerkmale** für die Zuordnung eines Gebäudes **für die Honorar-**   3
zonen haben gem. § 35 Abs. 2 folgende Punktematrix
1. Anforderungen an die Einbindung in die Umgebung   6 Punkte
2. Anzahl der Funktionsbereiche   9 Punkte
3. gestalterische Anforderungen   9 Punkte
4. konstruktive Anforderungen   4 Punkte
5. technische Ausrüstung   6 Punkte
6. Ausbau   6 Punkte

Außer den Bewertungspunkten für

1. Honorarzone I	bis zu 10 Punkten
2. Honorarzone II	11–18 Punkte
3. Honorarzone III	19–26 Punkte
4. Honorarzone IV	27–34 Punkte
5. Honorarzone V	35–42 Punkte

ist gem. § 35 Abs. 7 eine Objektliste der Anlage 10 Nr. 10.2 maßgeblich.

4   **d)** Da der **Bauphysiker** keinerlei Kostenermittlungen durchzuführen hat und auch über die dafür notwendigen Unterlagen selbst nicht verfügt, ist er auf **Angaben des jeweiligen Objektplaners** angewiesen, die ihm sein Auftraggeber zur Verfügung stellt, es sei denn, die Vertragsparteien, die in der Honorargestaltung frei sind, vereinbaren die zugrunde zu legende Höhe der anrechenbaren Kosten und die betreffende Honorarzone.

5   **e)** Die nach anrechenbaren Kosten und Honorarzonen gestaffelten **Honorare für Grundleistungen** werden in der Honorartafel des Absatzes 2 aufgeführt.

2. Honorartafel (Wärmeschutz) – Absatz 2

6   **a)** Da die Leistungen für Thermische Bauphysik mit der HOAI-Novelle von 2009 aus dem verbindlichen Teil in die Beratungsleistungen ausgegliedert worden sind, können die Honorare frei vereinbart werden, so dass die **Honorare der Honorartafel** in Abs. 2 nur einen Anhalt für Honorarvereinbarungen darstellen und als **Empfehlungen** angesehen werden müssen.

7   **b)** Die **Honorartafel** ist für anrechenbare Kosten von 250 000,00 Euro bis 25 Mio. Euro **für 5 Honorarzonen gestaffelt** aufgebaut, wobei die dort angegebenen Honorare eigentlich keine Mindest- und Höchstsätze sind, wie in Abs. 2 ausgeführt, sondern nur einen unverbindlichen Rahmen für die freie Vereinbarung der Honorare darstellen, so dass auch die dort angegebenen „Mindest- und Höchstsätze" durchaus unter- und überschritten werden können.

Die Anforderungen nach denen die Honorarzonen I bis V der Höhe nach gestaffelt sind, hat der Verordnungsgeber nicht definiert, so dass auch angenommen werden könnte, dass es sich bei den Anforderungen um die Anforderungen an den Wärmeschutz handelt. Da aber in Absatz 1 ausdrücklich ausgeführt wird, dass sich das Honorar nach der Honorarzone nach § 35, der das Gebäude zuzuordnen ist, richtet, muss angenommen werden, dass mit den Anforderungen hier die Anforderungen an das Gebäude gemeint sind.

8   **c)** Die **Honorare** für Wärmeschutz (ohne Energiebilanzierung) – also für die Thermische Bauphysik – waren noch in der Zeit als die Leistungen für den Wärmeschutz zum verbindlichen Verordnungteil gehörten gemäß Art. 5 des Neunten Euroeinführungsgesetzes **mit der Vierten Änderungsverordnung um 10 % und mit der Fünften Änderungsverordnung um weitere 6 % erhöht** und auf Euro umgestellt worden. Bei der Umstellung auf Euro waren seinerzeit die sogenannten Signalbeträge, das sind der untere und der obere Wert der Honorartafeln, zahlengenau mit 255 646,00 Euro unten und 25 564 594,00 Euro oben umgerechnet worden, wobei mit der Umstellung auf Euro keine Honorarerhöhung mehr eintrat. Erst mit der HOAI-Novelle von 2009 sind die auf Euro umgestellten Honorare **um 10 % erhöht** worden.

9   **d)** Mit der vorliegenden **Novelle von 2013** sind die zahlengenau umgerechneten Signalwerte auf 250 000,00 Euro und Euro anrechenbare Kosten festgelegt worden, und die Honorare wurden wegen der höheren Aufwendungen für die Energiebilanzierung nach Energieeinsparverordnung um das 2- bis 2,5-fache angehoben.

3. Bauen im Bestand (Wärmeschutz) – Absatz 3

10   Beim Bauen im Bestand, also für Umbauten und Modernisierung, kann gemäß Abs. 1 ein Zuschlag bis 33 % auf das Honorar schriftlich vereinbart werden, wobei diese 33 % für einen durchschnittlichen Schwierigkeitsgrad gelten sollen. Nach der amtlichen Begründung BRDrucks. 334/13 zur HOAI-Novelle 2013 bezeichnet der Verordnungsgeber den Abs. 3 als eine Empfehlung zur Vereinbarung eines Umbauzuschlages und betont, dass der Schwierigkeitsgrad des konkreten Umbaus oder der Modernisierungsmaßnahmen im jeweiligen Einzelfall maßgeblich sei. Somit sind die 33 % im Hinblick auf die freie Vereinbarkeit von Honoraren für Beratungsleistungen keine Obergrenze, sondern bei hohem Schwierigkeitsgrad sind auch höhere Zuschläge möglich. Der Verordnungsgeber verweist darauf, dass die Empfehlung an den Regelungsgehalt des § 6 Absatz 2 Satz 3 angelehnt sei, in dem es heißt: „die Höhe des Zuschlags auf das Honorar ist in den jeweiligen Honorarregelungen der Leistungsbilder der Teile 3 und 4 geregelt". Diese Verweisung erscheint nicht eindeutig, denn die empfohlene Honorarregelung ist nicht in den Teilen 3 und 4 enthalten, sondern in Anlage 1.

1.2.4 Honorare für Grundleistungen der Bauakustik

(1) **Die Kosten für Baukonstruktionen und Anlagen der Technischen Ausrüstung können zu den anrechenbaren Kosten gehören. Der Umfang der mitzuverarbeitenden Bausubstanz kann angemessen berücksichtigt werden.**

(2) **Die Vertragsparteien können vereinbaren, dass die Kosten für besondere Bauausführungen ganz oder teilweise zu den anrechenbaren Kosten gehören, wenn hierdurch dem Auftragnehmer ein erhöhter Arbeitsaufwand entsteht.**

(3) **Die Mindest- und Höchstsätze der Honorare für die in Nummer 1.2.2 Absatz 2 aufgeführten Grundleistungen der Bauakustik können anhand der folgenden Honorartafel bestimmt werden:**

Anrechenbare Kosten	Honorarzone I geringe Anforderungen		Honorarzone II durchschnittliche Anforderungen		Anrechenbare Kosten	
	von	bis	von	bis	von	bis
Euro	Euro		Euro		Euro	
250 000	1 729	1 985	1 985	2 284	2 284	2 625
275 000	1 840	2 113	2 113	2 431	2 431	2 794
300 000	1 948	2 237	2 237	2 574	2 574	2 959
350 000	2 156	2 475	2 475	2 847	2 847	3 273
400 000	2 353	2 701	2 701	3 108	3 108	3 573
500 000	2 724	3 127	3 127	3 598	3 598	4 136
600 000	3 069	3 524	3 524	4 055	4 055	4 661
750 000	3 553	4 080	4 080	4 694	4 694	5 396
1 000 000	4 291	4 927	4 927	5 669	5 669	6 516
1 250 000	4 968	5 704	5 704	6 563	6 563	7 544
1 500 000	5 599	6 429	6 429	7 397	7 397	8 503
2 000 000	6 763	7 765	7 765	8 934	8 934	10 270
2 500 000	7 830	8 990	8 990	10 343	10 343	11 890
3 500 000	9 766	11 213	11 213	12 901	12 901	14 830
5 000 000	12 345	14 174	14 174	16 307	16 307	18 746
7 500 000	16 114	18 502	18 502	21 287	21 287	24 470
10 000 000	19 470	22 354	22 354	25 719	25 719	29 565
15 000 000	25 422	29 188	29 188	33 582	33 582	38 604
20 000 000	30 722	35 273	35 273	40 583	40 583	46 652
25 000 000	35 585	40 857	40 857	47 008	47 008	54 037

(4) Für Umbauten und Modernisierungen kann bei einem durchschnittlichen Schwierigkeitsgrad ein Zuschlag bis 33 Prozent auf das Honorar schriftlich vereinbart werden.

(5) Die Leistungen der Bauakustik können den Honorarzonen anhand folgender Bewertungsmerkmale zugeordnet werden:

1. Art der Nutzung,

2. Anforderungen des Immissionsschutzes,

3. Anforderungen des Emissionsschutzes,

4. Art der Hüllkonstruktion, Anzahl der Konstruktionstypen,

5. Art und Intensität der Außenlärmbelastung,

6. Art und Umfang der Technischen Ausrüstung.

(6) § 52 Absatz 3 kann sinngemäß angewendet werden.

(7) Objektliste für die Bauakustik
Die nachstehend aufgeführten Innenräume können in der Regel den Honorarzonen wie folgt zugeordnet werden:

Objektliste – Bauakustik	Honorarzone		
	I	II	III
Wohnhäuser, Heime, Schulen, Verwaltungsgebäude oder Banken mit jeweils durchschnittlicher Technischer Ausrüstung oder entsprechendem Ausbau	X		
Heime, Schulen, Verwaltungsgebäude mit jeweils überdurchschnittlicher Technischer Ausrüstung oder entsprechendem Ausbau		X	
Wohnhäuser mit versetzten Grundrissen		X	
Wohnhäuser mit Außenlärmbelastungen		X	
Hotels, soweit nicht in Honorarzone III erwähnt		X	
Universitäten oder Hochschulen		X	
Krankenhäuser, soweit nicht in Honorarzone III erwähnt		X	
Gebäude für Erholung, Kur oder Genesung		X	
Versammlungsstätten, soweit nicht in Honorarzone III erwähnt		X	
Werkstätten mit schutzbedürftigen Räumen		X	
Hotels mit umfangreichen gastronomischen Einrichtungen			X
Gebäude mit gewerblicher Nutzung oder Wohnnutzung			X

Objektliste – Bauakustik	Honorarzone		
	I	II	III
Krankenhäuser in bauakustisch besonders ungünstigen Lagen oder mit ungünstiger Anordnung der Versorgungseinrichtungen			X
Theater-, Konzert- oder Kongressgebäude			X
Tonstudios oder akustische Messräume			X

Übersicht

1. Honorargrundlagen (Bauakustik)

a) Wie bei den Honoraren für Grundleistungen zu Wärmeschutz und Energiebilanzie- **1** rung der Nummer 1.2.3 können sich die Honorare für Grundleistungen zur Bauakustik ebenfalls richten
– nach den anrechenbaren Kosten und nach der Honorarzone (gem. Absatz 5) sowie
– nach der Honorartafel gem. Absatz 3.

b) Zu den Änderungen gegenüber der HOAI 2009 führt der Verordnungsgeber in der **2** Amtlichen Begründung der BRDrucks. 334/13 Folgendes aus:

Nummer 1.2.4 fasst bislang in Nummer 1.3.2 und Nummer 1.3.3 der HOAI 2009 enthaltene Honorar-empfehlungen für das überarbeitete Leistungsbild zusammen und passt sie an den geänderten Beratungsaufwand an.

Neu in den Empfehlungen enthalten sind ein Umbauzuschlag und die Berücksichtigung der mitzuverarbeiten-den Bausubstanz. Mit Nummer 1.3.2 Absatz 4 der HOAI 2009 entfallen zudem die Verweise auf die Be-stimmungen der §§ 4, 6, 35 und 36 der HOAI 2009. Durch die bisherige Verweisung auf § 35 der HOAI 2009 auf den bei Leistungen im Bestand gegebenen Honorarzuschlag wurde ein Ausgleich dafür geschaffen, dass die Berücksichtigung der technisch und gestalterisch mit zu verarbeitenden Bausubstanz bei den anrechenbaren Kosten in der HOAI 2009 entfallen war. In Nummer 1.2.4 Absatz 1 Satz 2 wird die Möglichkeit geschaffen, die mit zu verarbeitende Bausubstanz als anrechenbare Kosten zu berücksichtigen. Damit entfällt das Erfordernis einer Verweisung auf § 35.

c) Als anrechenbare Kosten können die Kosten für Baukonstruktionen und die Anlagen **3** der Technischen Ausrüstung gelten, wobei keine prozentualen Anrechnungen der Techni-schen Anlagen vorgesehen sind.

Die Berücksichtigung der mitzuverarbeitenden Bausubstanz wird als möglich genannt, wobei es keine Angaben zur in Absatz 1 Satz 2 erwähnten Angemessenheit gibt.

Nach Absatz 2 können die Kosten für Besondere Bauausführungen ganz oder teilweise zu den anrechenbaren Kosten gehören, wenn hierdurch dem Auftragnehmer ein erhöhter Arbeitsaufwand entsteht.

4 **d)** Die Bewertungsmerkmale zur Zuordnung eines Gebäudes in die Honorarzonen werden ohne Angaben einer Punktematrix in Absatz 5 wie folgt genannt:

1. Art der Nutzung
2. Anforderungen des Immissionsschutzes
3. Anforderungen des Emissionsschutzes
4. Art der Füllkonstruktion, Anzahl der Konstruktionstypen
5. Art und Intensität der Außenlärmbelastung
6. Art und Umfang der technischen Ausrüstung

Die drei Honorarzonen richten sich nach dem Schwierigkeitsgrad der Planungsanforderungen, nämlich gering, durchschnittlich, hoch. Da es keine Punktematrix gibt, wird die in Absatz 7 aufgeführte Objektliste heranzuziehen sein.

Obwohl die Bewertungsmerkmale ohne Punkte angegeben sind, wird in Absatz 6 auf § 52 Absatz 3 verwiesen, der sinngemäß angewendet werden kann, d.h. für den Fall, dass Bewertungsmerkmale aus mehreren Honorarzonen anwendbar sind und Zweifel an der Zuordnung bestehen, wird die Zuordnung die Mehrzahl in den jeweiligen Honorarzonen aufgeführten Bewertungsmerkmale und ihre Bedeutung im Einzelfall maßgebend sein. Weil eine Punktematrix fehlt und weil die Beratungsleistungen ohnehin freie Vereinbarkeit zulassen, ist dies im Wesentlichen den Verhandlungen und Vereinbarungen der Parteien überlassen.

2. Honorartafel (Bauakustik) – Absatz 3

5 **a)** Da die Beratungsleistungen für Bauakustik mit der HOAI-Novelle von 2009 aus dem verbindlichen Teil in die Beratungsleistungen ausgegliedert worden sind, können die Honorare frei vereinbart werden. Demgemäß können die **Honorare der Honorartafel** in Absatz 3 nur einen Anhalt für Honorarvereinbarungen darstellen und als Empfehlung angesehen werden.

6 **b)** Die **Honorartafel** ist für anrechenbare Kosten von 250 000,00 € bis 25 Mio. € **für drei Honorarzonen gestaffelt** aufgebaut. Die Staffelung der Honorarzonen hat der Verordnungsgeber nicht definiert. Es kann jedoch angenommen werden, dass es sich bei den Anforderungen um die Planungsanforderungen beim Schallschutz handelt. Die dort angegebenen Honorare sind eigentlich keine Mindest- und Höchstsätze, wie in Absatz 3 ausgeführt, sondern stellen nur einen unverbindlichen Rahmen für die freie Vereinbarung der Honorierung dieser Beratungsleistungen dar mit der Folge, dass die dort angegebenen „Mindest- und Höchstsätze" durchaus unter- und überschritten werden können.

7 **c)** Die **Honorare** für den Schallschutz waren noch in der Zeit als die Leistungen für den Schallschutz und die Raumakustik zum verbindlichen Verordnungsteil gehörten, gemäß Artikel 5 des 9. Einführungsgesetzes **mit der 4. Änderungsverordnung um 10 %** und **mit der 5. Änderungsverordnung um weitere 6 %** erhöht und auf Euro umgestellt worden. Bei der Umstellung auf Euro waren seinerzeit die sogenannten Signalbeträge, das sind der untere und der obere Wert der Honorartafeln, zahlengenau mit 255 640,00 Euro unten und 25 564 594,00 Euro oben umgerechnet worden, wobei mit der Umstellung auf Euro keine Honorarerhöhung mehr eintrat. Erst mit der HOAI-Novelle von 2009 sind die auf Euro umgestellten Honorare **um 10 % erhöht** worden.

8 **d)** Mit der vorliegenden Novelle von 2013 sind die zahlengenau umgerechneten Signalwerte auf 250 000,00 Euro und Euro anrechenbare Kosten festgelegt worden. Die Honorare wurden geringfügig zwischen 2 und 3 % angehoben.

3. Bauen im Bestand (Bauakustik) – Absatz 4

9 Beim Bauen im Bestand, also für Umbauten und Modernisierung, kann gemäß Absatz 1 Zuschlag bis 33 % auf das Honorar schriftlich vereinbart werden, wobei diese 33 % für einen durchschnittlichen Schwierigkeitsgrad gelten sollen. In der Amtlichen Begründung BRDrucks. 334/13 unter Absatz 4 verweist der Verordnungsgeber auf die Begründung zur

Nummer 1.2.3 Absatz 3, so dass hier auf die Kommentierung in Nummer 1.2.3 Rdn. 10 verwiesen wird.

4. Objektliste – Absatz 7

Zur Objektliste verweist der Verordnungsgeber in der Amtlichen Begründung **10** BRDrucks. 334/13 darauf, dass die „beispielhaft aufgeführte Objektliste" dem § 82 Abs. 1 der HOAI 1996 entspräche und die Objektliste nunmehr übersichtlich gestaltet sei.

1.2.5 Honorare für Grundleistungen für Raumakustik

(1) **Das Honorar für jeden Innenraum, für den Grundleistungen zur Raumakustik erbracht werden, kann sich nach den anrechenbaren Kosten nach Absatz 2, nach der Honorarzone, der der Innenraum zuzuordnen ist, sowie nach der Honorartafel in Absatz 3 richten.**

(2) **Die Kosten für Baukonstruktionen und Technische Ausrüstung sowie die Kosten für die Ausstattung (DIN 276 – 1: 2008-12, Kostengruppe 610) des Innenraums können zu den anrechenbaren Kosten gehören. Die Kosten für die Baukonstruktionen und Technische Ausrüstung werden für die Anrechnung durch den Bruttorauminhalt des Gebäudes geteilt und mit dem Rauminhalt des Innenraums multipliziert. Der Umfang der mitzuverarbeitenden Bausubstanz kann angemessen berücksichtigt werden.**

(3) **Die Mindest- und Höchstsätze der Honorare für die in Nummer 1.2.2 Absatz 2 aufgeführten Grundleistungen der Raumakustik können anhand der folgenden Honorartafel bestimmt werden.**

Anrechenbare Kosten	Honorarzone I sehr geringe Anforderungen		Honorarzone II geringe Anforderungen		Honorarzone III durchschnittliche Anforderungen		Honorarzone IV hohe Anforderungen		Honorarzone V sehr hohe Anforderungen	
	von	bis	von	bis	von	bis	von	von	bis	von
Euro	Euro		Euro		Euro		Euro		Euro	
50 000	1 714	2 226	2 226	2 737	2 737	3 279	3 279	3 790	3 790	4 301
75 000	1 805	2 343	2 343	2 882	2 882	3 452	3 452	3 990	3 990	4 528
100 000	1 892	2 457	2 457	3 021	3 021	3 619	3 619	4 183	4 183	4 748
150 000	2 061	2 676	2 676	3 291	3 291	3 942	3 942	4 557	4 557	5 171
200 000	2 225	2 888	2 888	3 551	3 551	4 254	4 254	4 917	4 917	5 581
250 000	2 384	3 095	3 095	3 806	3 806	4 558	4 558	5 269	5 269	5 980
300 000	2 540	3 297	3 297	4 055	4 055	4 857	4 857	5 614	5 614	6 371
400 000	2 844	3 693	3 693	4 541	4 541	5 439	5 439	6 287	6 287	7 136
500 000	3 141	4 078	4 078	5 015	5 015	6 007	6 007	6 944	6 944	7 881
750 000	3 860	5 011	5 011	6 163	6 163	7 382	7 382	8 533	8 533	9 684
1 000 000	4 555	5 913	5 913	7 272	7 272	8 710	8 710	10 069	10 069	11 427
1 500 000	5 896	7 655	7 655	9 413	9 413	11 275	11 275	13 034	13 034	14 792
2 000 000	7 193	9 338	9 338	11 483	11 483	13 755	13 755	15 900	15 900	18 045
2 500 000	8 457	10 979	10 979	13 501	13 501	16 172	16 172	18 694	18 694	21 217
3 000 000	9 696	12 588	12 588	15 479	15 479	18 541	18 541	21 433	21 433	24 325
4 000 000	12 115	15 729	15 729	19 342	19 342	23 168	23 168	26 781	26 781	30 395
5 000 000	14 474	18 791	18 791	23 108	23 108	27 679	27 679	31 996	31 996	36 313
6 000 000	16 786	21 793	21 793	26 799	26 799	32 100	32 100	37 107	37 107	42 113
7 000 000	19 060	24 744	24 744	30 429	30 429	36 448	36 448	42 133	42 133	47 817
7 500 000	20 184	26 204	26 204	32 224	32 224	38 598	38 598	44 618	44 618	50 638

(4) Für Umbauten und Modernisierungen kann bei einem durchschnittlichen Schwierigkeitsgrad ein Zuschlag bis 33 Prozent auf das Honorar vereinbart werden.

(5) Innenräume können nach den im Absatz 6 genannten Bewertungsmerkmalen folgenden Honorarzonen zugeordnet werden:

1. Honorarzone I: Innenräume mit sehr geringen Anforderungen,
2. Honorarzone II: Innenräume mit geringen Anforderungen,
3. Honorarzone III: Innenräume mit durchschnittlichen Anforderungen,
4. Honorarzone IV: Innenräume mit hohen Anforderungen,
5. Honorarzone V: Innenräume mit sehr hohen Anforderungen.

(6) Für die Zuordnung zu den Honorarzonen können folgende Bewertungsmerkmale herangezogen werden:

1. Anforderungen an die Einhaltung der Nachhallzeit,
2. Einhalten eines bestimmten Frequenzganges der Nachhallzeit,
3. Anforderungen an die räumliche und zeitliche Schallverteilung,
4. akustische Nutzungsart des Innenraums,
5. Veränderbarkeit der akustischen Eigenschaften des Innenraums.

(7) Objektliste für die Raumakustik
Die nachstehend aufgeführten Innenräume können in der Regel den Honorarzonen wie folgt zugeordnet werden:

Objektliste – Raumakustik	Honorarzone				
	I	II	III	IV	V
Pausenhallen, Spielhallen, Liege- und Wandelhallen	X				
Großraumbüros		X			
Unterrichts-, Vortrags- und Sitzungsräume					
– bis 500 m³		X			
– 500 bis 1500 m³			X		
– über 1500 m³				X	
Filmtheater					
– bis 1000 m³		X			
– 1000 bis 3000 m³			X		
– über 3000 m³				X	
Kirchen					
– bis 1000 m³		X			
– 1000 bis 3000 m³			X		
– über 3000 m³				X	
Sporthallen, Turnhallen					
– nicht teilbar, bis 1000 m³		X			
– teilbar, bis 3000 m³			X		
Mehrzweckhallen					
– bis 3000 m³				X	
– über 3000 m³					X

Objektliste – Raumakustik	Honorarzone				
	I	II	III	IV	V
Konzertsäle, Theater, Opernhäuser					X
Tonaufnahmeräume, akustische Messräume					X
Innenräume mit veränderlichen akustischen Eigenschaften					X

(8) § 52 Absatz 3 kann sinngemäß angewendet werden.

Übersicht

1. Honorargrundlagen (Raumakustik) – Absatz 1

a) Das Honorar für Grundleistungen je Innenraum kann sich richten   **1**
– nach den anrechenbaren Kosten nach Absatz 2,
– nach der Honorarzone, dem der Innenraum zuzuordnen ist, und
– nach der Honorartafel in Absatz 3.

b) Je Innenraum können die Gesamtkosten für die Baukonstruktion und Technische   **2**
Ausrüstung durch den Bruttorauminhalt des Gebäudes geteilt und mit dem Rauminhalt
des Innenraums multipliziert werden, d. h. die Kosten werden anteilig je m³ Rauminhalt des
Innenraums umgerechnet. Zu den Kosten für die Baukonstruktionen und Technische Ausrüstung gehören auch die Kosten für die Ausstattung des Innenraumes nach DIN 276 –
1.2000-12, Kostengruppe 610.
   Der Umfang der mitverarbeiteten Bausubstanz kann angemessen berücksichtigt werden,
wobei keine Empfehlung über den angemessenen Rahmen gegeben wird.

c) Bewertungsmerkmale für die Zuordnung eines Innenraumes in eine der fünf Hono-   **3**
rarzonen werden in Absatz 6 ohne eine Punktematrix wie folgt angegeben:
1. Anforderung an die Einhaltung der Nachhallzeit
2. Einhaltung eines bestimmten Frequenzzuganges der Nachhallzeit
3. Anforderung an die räumliche und zeitliche Schallverteilung
4. Akustische Nutzungsart des Innenraumes
5. Veränderbarkeit der akustischen Eigenschaften des Innenraumes
   Dabei werden nach Absatz 5 und in der Honorartafel die Honorarzonen I–V nach dem
Schwierigkeitsgrad der Anforderungen an die Innenräume sehr gering, gering, durchschnittlich, hoch, sehr hoch angegeben. Die Zuordnung zu den Honorarzonen wird in
Absatz 7 durch eine Objektliste ergänzt, die nach Art der Räume und ihrer jeweiligen
Raumgröße gestaffelt ist.
   Da die Bewertungsmerkmale ohne eine Punktmatrix angegeben sind, wird die Einordnung im Wesentlichen nach dieser Objektliste ermöglicht.

4 **d)** Da der **Bauphysiker** keinerlei Kostenermittlungen durchzuführen hat und auch über die dafür notwendigen Unterlagen selbst nicht verfügt, ist er auf die **Angaben des jeweiligen Objektplaners** angewiesen, die ihm sein Auftraggeber zur Verfügung stellt, es sei denn, die Vertragsparteien, die in der Honorargestaltung frei sind, vereinbaren die zugrunde zu legende Höhe der anrechenbaren Kosten und die betreffende Honorarzone. Sie sind auch darin frei, ein Gesamthonorar und nicht lediglich dessen Komponenten zu vereinbaren.

5 **e)** Die nach anrechenbaren Kosten und Honorarzonen gestaffelten **Honorare für Grundleistungen** werden in der Honorartafel des Absatzes 3 aufgeführt.

2. Honorartafel (Raumakustik) – Absatz 3

6 **a)** Da die Beratungsleistungen für Raumakustik mit der HOAI-Novelle von 2009 aus dem verbindlichen Teil in die Beratungsleistungen ausgegliedert worden sind, können die Honorare frei vereinbart werden, so dass die **Honorare der Honorartafel** in Absatz 3 **nur** einen Anhalt für Honorarvereinbarungen darstellen und als **Empfehlung** angesehen werden können.

7 **b)** Die **Honorartafel** ist für anrechenbare Kosten von 50000,00 Euro bis 7,5 Mio. Euro **für fünf Honoraronen gestaffelt** aufgebaut, wobei die dort angegebenen Honorare eigentlich keine Mindest- und Höchstsätze sind, wie in Absatz 3 ausgeführt, sondern nur unverbindliche Rahmenwerte für die freie Vereinbarung der Honorare darstellen, so dass also die „Mindest- und Höchstsätze" durchaus unter- und überschritten werden können.

Die Anforderungen, nach denen die Honorarzonen I–V nach ihrer Höhe gestaffelt sind, hat der Verordnungsgeber nicht definiert. Es muss jedoch angenommen werden, dass es sich bei den Anforderungen um Anforderungen an die Raumakustik von Innenräumen handelt.

Die **Honorare** für Raumakustik waren noch in der Zeit als die Leistungen für Schallschutz und Raumakustik zum verbindlichen Verordnungstext gehörten, gemäß Artikel 5 des Neunten Euroeinführungsgesetzes **mit der Vierten Änderungsverordnung um 10%** und **mit der Fünften Änderungsverordnung um weitere 6% erhöht** und auf Euro umgestellt worden. Bei der Umstellung auf Euro waren seinerzeit die sogenannten Signalbeträge, das sind der untere und der obere Wert der Honorartafeln, zahlengenau mit 51000,00 Euro unten und 7669378,00 Euro oben umgerechnet worden, wobei mit der Umstellung auf Euro keine Kostenerhöhung mehr eintrat. Erst mit der HOAI-Novelle von 2009 sind die auf Euro umgestellten Honorare um 10% erhöht worden.

9 **d)** Mit der vorliegenden Novelle von 2013 sind die zahlengenau umgerechneten Signalwerte auf 50000,00 Euro und 7,5 Mio. Euro anrechenbare Kosten festgelegt worden. Die Honorare sind in den unteren Bereichen größer erhöht worden als in den oberen Bereichen. In der Amtlichen Begründung spricht der Verordnungsgeber von „Aktualisierungen".

3. Bauen im Bestand (Raumakustik) – Absatz 4

10 Beim Bauen im Bestand, also für Umbauten und Modernisierung kann gemäß Absatz 4 ein Zuschlag bis 33% auf das Honorar schriftlich vereinbart werden, wobei diese 33% für einen durchschnittlichen Schwierigkeitsgrad gelten sollen. Nach der Amtlichen Begründung BRDrucks. 334/13 zur HOAI-Novelle 2013 weist der Verordnungsgeber darauf hin, dass die Erläuterungen zu Nummer 1.2.3 Absatz 3 entsprechend gelten und dass ein solcher Umbauzuschlag berücksichtigen solle, dass erhöhte Aufwendungen im Zuge der Beratung zu Maßnahmen zur Steigerung der Energieeffizienz auch den Umfang der Grundleistungen Raumakustik erhöhen können. Insoweit wird auf Nummer 1.2.3 Rdn. 10 verwiesen.

4. Objektliste (Raumakustik) – Absatz 7

11 In der Amtlichen Begründung BRDrucks. 334/13 weist der Verordnungsgeber zu Absatz 7 daraufhin, dass die beispielhaft aufgeführte Objektliste inhaltlich im Wesentlichen der bisherigen Fassung in Nummer 1.3.7 der HOAI 2009 entspräche, wo die Objektliste nunmehr übersichtlich gestaltet worden sei.

1.3 Geotechnik

Vorbemerkung

Übersicht

1. Allgemeine Hinweise zur Ausgliederung der Bestimmungen

Mit der Ausgliederung des Teils XII HOAI im Jahr 2009 waren die Verordnungstexte **1** der §§ 91, 92 und 93 HOAI der Fassung von 1996 und die Honorartafel des § 94 HOAI der Fassung von 1996 fast unverändert und mit der ursprünglichen Bezeichnung Bodenmechanik, Erd- und Grundbau in die Beratungsleistungen der Anlage 1.4 übernommen worden. Damit wurden sie gleichzeitig den Beratungsleistungen ohne Preisbindung zugeordnet.

Mit der Novellierung von 2013 ist dieser Leistungsteil in Geotechnik umbenannt worden. Dabei ist die bisherige Aufzählung aller Leistungen der Bodenmechanik, Erd- und Grundbau in der Nummer 1.4.1 entfallen, für die die Honorarregelungen nur beschränkt gegolten haben, und der Anwendungsbereich ist eindeutiger definiert worden.

2. Verordnungsgeber zur Bedeutung der bisherigen Bodenmechanik, Erd- und Grundbau

In der Amtlichen Begründung zur ersten ÄndVO hatte der Verordnungsgeber noch **2** einen gestiegenen Bedarf an Leistungen für Bodenmechanik, Erd- und Grundbau konstatiert, aber gleichwohl diesen Bereich als sogenannte Beratungsleistung ausgegliedert.

Richtig hatte der Verordnungsgeber seinerzeit darauf hingewiesen, dass insbesondere bei den heutigen Bauweisen hoher Beratungsbedarf besteht, bei denen hohe Lasten mit möglichst kleinen Gründungskörpern in den Baugrund geleitet werden sollen oder wenn neuartige Konstruktionen empfindlicher gegen Setzungsunterschiede sind als früher oder wenn höhere Ansprüche an die Funktionsfähigkeit (Rissefreiheit) von Bauwerken gestellt werden und besondere Untersuchungen bei der Gründung erforderlich werden.

Außerdem seien wegen der allgemeinen Knappheit an tragfähigem Bauland zunehmend Bauwerke auf einem Untergrund zu errichten, dessen Tragfähigkeit und Setzungsverhalten Probleme aufwerfen.

Umso unverständlicher erscheint die Herausnahme der Leistungen für Bodenmechanik, Erd- und Grundbau aus der Preisverordnung.

3. Frühere Regelungen

In früheren Gebührenordnungen **(GOI, LHO)** waren für Leistungen, die zur Anferti- **3** gung von Baugrundgutachten erforderlich sind, unmittelbar **keine Gebührenregelungen** enthalten. Jedoch waren im Entwurf der **GOI von 1965** und in der **LHO** bei den „Sonderleistungen der Bauingenieure" jeweils unter Ziff. 12.9 für die „Beratung des Auftraggebers in konstruktiver und wirtschaftlicher Hinsicht" 15 v.H. der Grundgebühr nach Ziff. 9 festgesetzt.

Der **Bundesminister für** Raumordnung, **Bauwesen** und Städtebau hatte für „Beratungen **für** den Entwurf von Gründungen" – also **Gutachten** – gemäß **RdSchr. BMBau vom 20.7.1977 Vergütungssätze** in v.H. der Gebührensätze (Grundgebühr) nach GOI

1965 Ziff. 9 **festgesetzt** und zwei Schwierigkeitsgrade nach Klasse 2 der GOI 1965 (für gut tragfähigen Baugrund – setzungsunempfindliche Konstruktionen) und nach Klasse 3 der GOI 1965 (für gering tragfähigen, ungleichmäßigen Baugrund – setzungsempfindliche Konstruktionen) eingeführt. Als anrechenbare Kosten war die Netto-Rohbausumme des Bauwerks einschließlich Erdarbeiten, Wasserhaltung, Baugrubenverbau, Baugrundverbesserung u. a. maßgebend. Bei Kostensummen von 1 Mio. DM ergaben sich auf der Grundlage von Mittelwerten der Gebührensätze nach GOI 1965 Ziff. 9 als Honorare für die Klasse 2 DM 3659,50 und für die Klasse 3 DM 4556,60.

Da die mit den **Vergütungssätzen des BMBau** für Gutachten honorierten Leistungen nur eine Baugrundbeurteilung und eine Gründungsberatung, aber **weder Untersuchungen von Bodenproben im Laboratorium noch Untersuchungen auf der Baustelle** – so genannte **Feldversuche** – erfassten, haben größere Ingenieurbüros **eigene Gebührensätze** festgelegt und zur Grundlage ihrer Verträge gemacht.

1.3.1 Anwendungsbereich

(1) **Die Leistungen für Geotechnik können die Beschreibung und Beurteilung der Baugrund- und Grundwasserverhältnisse für Gebäude und Ingenieurbauwerke im Hinblick auf das Objekt und die Erarbeitung einer Gründungsempfehlung umfassen. Dazu gehört auch die Beschreibung der Wechselwirkung zwischen Baugrund und Bauwerk sowie die Wechselwirkung mit der Umgebung.**

(2) **Die Leistungen können insbesondere das Festlegen von Baugrundkennwerten und von Kennwerten für rechnerische Nachweise zur Standsicherheit und Gebrauchstauglichkeit des Objektes, die Abschätzung zum Schwankungsbereich des Grundwassers sowie die Einordnung des Baugrundes nach bautechnischen Klassifikationsmerkmalen umfassen.**

Übersicht

1. Leistungen – Absatz 1

1   Die in Absatz 1 beschriebenen Leistungen für Geotechnik sind die Leistungen eines Baugrundgutachters zur Beurteilung der Baugrund- und Grundwasserverhältnisse für Gebäude und Ingenieurbauwerke, Angaben die der jeweilige Objekt- bzw. Tragwerksplaner für die Planung des Objekts benötigt, wobei auch die Wechselwirkung zwischen Baugrund und Bauwerk und der Umgebung eine Rolle spielt.

Das detaillierte Leistungsbild ist nun in Nummer 1.3.3 aufgeführt und nicht mehr – wie bisher – in Absatz 2 des Anwendungsbereichs angegeben.

2. Kennwerte – Absatz 2

2   In Absatz 2 wird insbesondere das Festlegen von Baugrundkennwerten und von Kennwerten für rechnerische Nachweise der Standsicherheit aufgeführt sowie Angaben zu den Grundwasserständen und Schwankungen.

Zu den Baugrundkennwerten gehören Angaben über zulässige Bodenpressungen, Reibungswinkel sowie Setzungsempfindlichkeit.

Hinsichtlich Grundwasser und seinen Schwankungen sind die Angaben für die jeweiligen Lastfälle, wie Auftrieb und/oder Wasserdruck, maßgebend.

Zum Erfordernis, gegebenenfalls Standsicherheitsberechnungen im Rahmen eines Baugrund- und Gründungsgutachtens durchzuführen OLG Celle, Urteil vom 28.11.2003.

1.3.2 Besondere Grundlagen des Honorars

(1) **Das Honorar der Grundleistungen kann sich nach den anrechenbaren Kosten der Tragwerksplanung nach § 50 Absatz 1 bis 3 für das gesame Objekt aus Bauwek und Baugrube richten.**

(2) **Das Honorar für Ingenieurbauwerke mit großer Längenausdehnung (Linienbauwerke) kann ergänzend frei vereinbart werden.**

Übersicht

1. Honorare sind nur Empfehlungen

Die Ausgliederung der Geotechnik aus der Preisverordnung und ihre Aufführung unter **1** den Beratungsleistungen bedeutet, dass alle Regelungen unverbindlich sind, dass die Grundlagen der Honorare nur Empfehlungen sind und dass die Honorare selbst frei vereinbart werden können. Die früheren kategorischen Bestimmungen der Preisverordnung in den Fassungen vor 2009 sind seit 2009 in den Beratungsleistungen in Kann-Bestimmungen umgeändert worden.

2. Anrechenbare Kosten – Absatz 1

Nach Absatz 1 kann sich das Honorar der Grundleistungen nach den anrechenbaren **2** Kosten der Tragwerksplanung nach § 50 Absatz 1 bis 3 richten.

In § 50 Besondere Grundlagen des Honorars sind folgende Regelungen für die anrechenbaren Kosten enthalten:
1. bei Gebäuden und baulichen Anlagen
   55 % der Baukonstruktionen
   + 10 % der Kosten der Technischen Anlagen
2. bei Ingenieurbauwerken
   90 % der Baukonstruktionskosten
   + 15 % der Kosten der Technischen Anlagen
3. bei Gebäuden mit hohem Anteil an Kosten der Gründung und der Tragkonstruktion können auch für Gebäude die für Ingenieurbauwerke geltenden Prozentsätze der Kosten schriftlich vereinbart werden.

Die Amtlichen Begründung zur BRDrucks. 334/13 gibt den Hinweis, dass „das gesamte Objekt aus Bauwerk und Baugrube" die Bezugsgröße für die anrechenbaren Kosten darstellt und eine Klarstellung gegenüber der bisherigen Empfehlung sei.

3. Ingenieurbauwerke mit großer Längenausdehnung – Absatz 2

Ingenieurbauwerke mit großer Längenausdehnung (Linienbauwerke) sind z. B. Ufer- **3** mauern, Kaimauern, Tunnel u. a. Auch für sie kann das Honorar frei vereinbart werden, was ohnehin bei Beratungsleistungen möglich ist, weil diese nur eine Empfehlung darstellen. Nach der Amtlichen Begründung zur BRDrucks. 334/13 „soll dem vergleichsweise deutlich höheren Aufwand bei der Darstellung und Auswertung der Baugrunderkundungen sowie für deren geotechnische Bewertung Rechnung getragen werden.

1.3.3 Leistungsbild Geotechnik

(1) **Grundleistungen können die Beschreibung und Beurteilung der Baugrund- und Grundwasserverhältnisse sowie die daraus abzuleitenden Empfehlungen für die Gründung einschließlich der Angabe der Bemessungsgrößen für eine Flä-**

chen- oder Pfahlgründung, Hinweise zur Herstellung und Trockenhaltung der Baugrube und des Bauwerks, Angaben zur Auswirkung des Bauwerks auf die Umgebung und auf Nachbarbauwerke sowie Hinweise zur Bauausführung umfassen. Die Darstellung der Inhalte kann im Geotechnischen Bericht erfolgen.

(2) Die Grundleistungen können in folgenden Teilleistungen zusammengefasst und wie folgt in Prozentsätzen der Honorare der Nummer 1.3.4 bewertet werden:

1. für die Teilleistung a (Grundlagenermittlung und Erkundungskonzept) mit 15 Prozent,
2. für die Teilleistung b (Beschreiben der Baugrund- und Grundwasserverhältnisse) mit 35 Prozent,
3. für die Teilleistung c (Beurteilung der Baugrund- und Grundwasserverhältnisse, Empfehlungen, Hinweise, Angaben zur Bemessung der Gründung) mit 50 Prozent.

(3) Das Leistungsbild kann sich wie folgt zusammensetzen:

Grundleistungen	Besondere Leistungen
Geotechnischer Bericht	
a) Grundlagenermittlung und Erkundungskonzept – Klären der Aufgabenstellung, Ermitteln der Baugrund- und Grundwasserverhältnisse auf Basis vorhandener Unterlagen – Festlegen und Darstellen der erforderlichen Baugrunderkundungen b) Beschreiben der Baugrund- und Grundwasserverhältnisse – Auswerten und Darstellen der Baugrunderkundungen sowie der Labor- und Felduntersuchungen – Abschätzen des Schwankungsbereichs von Wasserständen und/oder Druckhöhen im Boden – Klassifizieren des Baugrunds und Festlegen der Baugrundkennwerte c) Beurteilung der Baugrund- und Grundwasserverhältnisse, Empfehlungen, Hinweise, Angaben zur Bemessung der Gründung – Beurteilung des Baugrunds – Empfehlung für die Gründung mit Angabe der geotechnischen Bemessungsparameter (zum Beispiel Angaben zur Bemessung einer Flächen- oder Pfahlgründung) – Angabe der zu erwartenden Setzungen für die vom Tragwerksplaner im Rahmen der Entwurfsplanung nach § 49 zu erbringenden Grundleistungen	– Beschaffen von Bestandsunterlagen – Vorbereiten und Mitwirken bei der Vergabe von Aufschlussarbeiten und deren Überwachung – Veranlassen von Labor- und Felduntersuchungen – Aufstellen von geotechnischen Berechnungen zur Standsicherheit oder Gebrauchstauglichkeit, wie zum Beispiel Setzungs-, Grundbruch- und Geländebruchberechnungen – Aufstellen von hydrogeologischen, geohydraulischen und besonderen numerischen Berechnungen – Beratung zu Dränanlagen, Anlagen zur Grundwasserabsenkung oder sonstigen ständigen oder bauzeitlichen Eingriffen in das Grundwasser – Beratung zu Probebelastungen sowie fachtechnisches Betreuen und Auswerten – geotechnische Beratung zu Gründungselementen, Baugruben- oder Hangsicherungen und Erdbauwerken, Mitwirkung bei der Beratung zur Sicherung von Nachbarbauwerken – Untersuchungen zur Berücksichtigung dynamischer Beanspruchungen bei der Bemessung des Objekts oder seiner Gründung sowie Beratungsleistungen zur Vermeidung oder Beherrschung von dynamischen Einflüssen – Mitwirken bei der Bewertung von Nebenangeboten aus geotechnischer Sicht

Grundleistungen	Besondere Leistungen
Geotechnischer Bericht	
– Hinweise zur Herstellung und Trockenhaltung der Baugrube und des Bauwerks sowie Angaben zur Auswirkung der Baumaßnahme auf Nachbarbauwerke – Allgemeine Angaben zum Erdbau – Angaben zur geotechnischen Eignung von Aushubmaterial zur Wiederverwendung bei der betreffenden Baumaßnahme sowie Hinweise zur Bauausführung	– Mitwirken während der Planung oder Ausführung des Objekts sowie Besprechungs- und Ortstermine – geotechnische Freigaben

Übersicht

1. Allgemeine Beschreibung – Absatz 1

In Absatz 1 werden die möglichen Grundleistungen wie folgt aufgeführt: **1**
– Beschreibung und Beurteilung der Baugrund- und Grundwasserverhältnisse
– Empfehlungen für die Gründung einschließlich der Angabe der Bemessungsgrößen für eine Flächen- oder Pfahlgründung
– Hinweise zur Herstellung und Trockenhaltung des Baugrunds und des Bauwerks
– Angaben zur Auswirkung des Bauwerks auf die Umgebung und auf Nachbarbauwerke
– Hinweise zur Bauausführung,
alles Angaben, die in einem Geotechnischen Bericht münden können.

Aus den Baugrund- und Grundwasserverhältnissen ergeben sich Empfehlungen für die Gründungsart z. B. Einzelfundamente, Streifenfundamente, Gründungsplatten, Gründungspfähle und eventuellen Bodenverfestigungen.

Bei der Trockenhaltung der Baugrube werden ggfl. Grundwasserabsenkungen, Pumpgalerien oder Ähnliches zu empfehlen sein.

Die Auswirkungen des Bauwerks auf die Umgebung und Nachbarbauwerken betreffen z. B. Setzungen durch Grundwasserabsenkungen oder sogenannte Setzungsmulden unter dem Neubau, die sich auf Nachbarbauwerke auswirken.

Der Geotechnische Bericht entspricht dem bisher sogenannten Baugrundgutachten.

2. Bewertungsempfehlungen der Grundleistungen – Absatz 2

Absatz 2 empfiehlt für drei Teilleistungen bestimmte Prozentsätze der in der Honorarta- **2**
fel der Nummer 1.3.4 angegebenen Honorare und zwar
a) Grundlagenermittlungen und Erkundungskonzept   15 %
b) Beschreiben der Baugrund- und Grundwasserverhältnisse   35 %
c) Beurteilung der Baugrund- und Grundwasserverhältnisse,
   Empfehlungen, Hinweise, Angaben zur Bemessung der Gründung   50 %
Für die vorgenannten Teilleistungen werden in Absatz 3 Grundleistungen und Besondere Leistungen angegeben.

3. Detailliertes Leistungsbild – Absatz 3

a) Die Teilleistung a, der Grundlagenermittlung und dem Erkundungskonzept, dessen **3**
Bewertung mit 15 % empfohlen wird, besteht im Wesentlichen aus dem Ermitteln der Bau-

grund- und Grundwasserverhältnisse, anhand vorhandener Unterlagen, wie z.B. Karten und der Festlegung der erforderlichen Baugrunderkundungen, die Schürfgruben, Bohrungen, Raumsondierungen und Ähnliches sein können. Das Veranlassen dieser Felduntersuchungen ist ausdrücklich Besondere Leistungen.

4   **b)** Die Teilleistung b, das Beschreiben der Baugrund- und Grundwasserverhältnisse, kann erst nach Durchführung der Labor- und Felduntersuchungen geschehen und besteht in der Beschreibung und Darstellung der Ergebnisse, wobei Wasserstandsschwankungen für die Planung des Objektplaners, die Baugrundklassifizierung für die Ausschreibung der Aushubarbeiten und die Baugrundkennwerte für den Tragwerksplaner notwendig sind.

5   **c)** Die Teilleistung c, die Beurteilung der Baugrund- und Grundwasserverhältnisse, die Empfehlungen, Hinweise und Angaben zur Bemessung der Gründung, die mit 50% bewertet werden, stellen im Grunde genommen den Geotechnischen Bericht dar, d.h. das eigentliche Baugrundgutachten mit Empfehlungen für die Gründung, der Angabe der zu erwartenden Setzungen, den Hinweisen für die Trockenheit in der Baugrube, Angaben zum Erdbau und Angaben zur Eignung des Außenmaterials sowie der Verwendung.

1.3.4 Honorare Geotechnik

(1) Honorare für die in Nummer 1.3.3 Absatz 3 aufgeführten Grundleistungen können nach der folgenden Honorartafel bestimmt werden:

Anrechenbare Kosten in Euro	Honorarzone I sehr geringe Anforderungen		Honorarzone II geringe Anforderungen		Honorarzone III durchschnittliche Anforderungen		Honorarzone IV hohe Anforderungen		Honorarzone V sehr hohe Anforderungen	
	von	bis	von	bis	von	bis	von	bis	von	bis
	Euro		Euro		Euro		Euro		Euro	
50 000	789	1 222	1 222	1 654	1 654	2 105	2 105	2 537	2 537	2 970
75 000	951	1 472	1 472	1 993	1 993	2 537	2 537	3 058	3 058	3 579
100 000	1 086	1 681	1 681	2 276	2 276	2 896	2 896	3 491	3 491	4 086
125 000	1 204	1 863	1 863	2 522	2 522	3 210	3 210	3 869	3 869	4 528
150 000	1 309	2 026	2 026	2 742	2 742	3 490	3 490	4 207	4 207	4 924
200 000	1 494	2 312	2 312	3 130	3 130	3 984	3 984	4 802	4 802	5 621
300 000	1 800	2 786	2 786	3 772	3 772	4 800	4 800	5 786	5 786	6 772
400 000	2 054	3 179	3 179	4 304	4 304	5 478	5 478	6 603	6 603	7 728
500 000	2 276	3 522	3 522	4 768	4 768	6 069	6 069	7 315	7 315	8 561
750 000	2 740	4 241	4 241	5 741	5 741	7 307	7 307	8 808	8 808	10 308
1 000 000	3 125	4 836	4 836	6 548	6 548	8 334	8 334	10 045	10 045	11 756
1 500 000	3 765	5 827	5 827	7 889	7 889	10 041	10 041	12 103	12 103	14 165
2 000 000	4 297	6 650	6 650	9 003	9 003	11 459	11 459	13 812	13 812	16 165
3 000 000	5 175	8 009	8 009	10 842	10 842	13 799	13 799	16 633	16 633	19 467
5 000 000	6 535	10 114	10 114	13 693	13 693	17 428	17 428	21 007	21 007	24 586
7 500 000	7 878	12 192	12 192	16 506	16 506	21 007	21 007	25 321	25 321	29 635
10 000 000	8 994	13 919	13 919	18 844	18 844	23 983	23 983	28 909	28 909	33 834
15 000 000	10 839	16 775	16 775	22 711	22 711	28 905	28 905	34 840	34 840	40 776
20 000 000	12 373	19 148	19 148	25 923	25 923	32 993	32 993	39 769	39 769	46 544
25 000 000	13 708	21 215	21 215	28 722	28 722	36 556	36 556	44 063	44 063	51 570

(2) **Die Honorarzone kann bei den geotechnischen Grundleistungen auf Grund folgender Bewertungsmerkmale ermittelt werden:**

1. **Honorarzone I: Gründungen mit sehr geringem Schwierigkeitsgrad, insbesondere gering setzungsempfindliche Objekte mit einheitlicher Gründungsart bei annähernd regelmäßigem Schichtenaufbau des Untergrunds mit einheitlicher Tragfähigkeit und Setzungsfähigkeit innerhalb der Baufläche;**

2. **Honorarzone II: Gründungen mit geringem Schwierigkeitsgrad, insbesondere**
   - **setzungsempfindliche Objekte sowie gering setzungsempfindliche Objekte mit bereichsweise unterschiedlicher Gründungsart oder bereichsweise stark unterschiedlichen Lasten bei annähernd regelmäßigem Schichtenaufbau des Untergrunds mit einheitlicher Tragfähigkeit und Setzungsfähigkeit innerhalb der Baufläche,**
   - **gering setzungsempfindliche Objekte mit einheitlicher Gründungsart bei unregelmäßigem Schichtenaufbau des Untergrunds mit unterschiedlicher Tragfähigkeit und Setzungsfähigkeit innerhalb der Baufläche;**

3. **Honorarzone III: Gründungen mit durchschnittlichem Schwierigkeitsgrad, insbesondere**
   - **stark setzungsempfindliche Objekte bei annähernd regelmäßigem Schichtenaufbau des Untergrunds mit einheitlicher Tragfähigkeit und Setzungsfähigkeit innerhalb der Baufläche,**
   - **setzungsempfindliche Objekte sowie gering setzungsempfindliche Bauwerke mit bereichsweise unterschiedlicher Gründungsart oder bereichsweise stark unterschiedlichen Lasten bei unregelmäßigem Schichtenaufbau des Untergrunds mit unterschiedlicher Tragfähigkeit und Setzungsfähigkeit innerhalb der Baufläche,**
   - **gering setzungsempfindliche Objekte mit einheitlicher Gründungsart bei unregelmäßigem Schichtenaufbau des Untergrunds mit stark unterschiedlicher Tragfähigkeit und Setzungsfähigkeit innerhalb der Baufläche;**

4. **Honorarzone IV: Gründungen mit hohem Schwierigkeitsgrad, insbesondere**
   - **stark setzungsempfindliche Objekte bei unregelmäßigem Schichtenaufbau des Untergrunds mit unterschiedlicher Tragfähigkeit und Setzungsfähigkeit innerhalb der Baufläche,**
   - **setzungsempfindliche Objekte sowie gering setzungsempfindliche Objekte mit bereichsweise unterschiedlicher Gründungsart oder bereichsweise stark unterschiedlichen Lasten bei unregelmäßigem Schichtenaufbau des Untergrunds mit stark unterschiedlicher Tragfähigkeit und Setzungsfähigkeit innerhalb der Baufläche;**

5. **Honorarzone V: Gründungen mit sehr hohem Schwierigkeitsgrad, insbesondere stark setzungsempfindliche Objekte bei unregelmäßigem Schichtenaufbau des Untergrunds mit stark unterschiedlicher Tragfähigkeit und Setzungsfähigkeit innerhalb der Baufläche.**

(3) **§ 52 Absatz 3 kann sinngemäß angewendet werden.**

(4) **Die Aspekte des Grundwassereinflusses auf das Objekt und die Nachbarbebauung können bei der Festlegung der Honorarzone zusätzlich berücksichtigen werden.**

Übersicht

1. Honorartafel – Absatz 1 als Anhalt für zu vereinbarende Honorare

1   **a)** Seit die Beratungsleistungen für Grundbau und Bodenmechanik, die mit der vorliegenden Novelle von 2013 in Geotechnik umbenannt wurden, mit der HOAI-Novelle von
2009 aus dem verbindlichen Teil in die Beratungsleistungen ausgegliedert worden sind,
können die Honorare frei vereinbart werden, so dass die **Honorare der Honorartafel** in
Absatz 1 **nur** einen Anhalt für Honorarvereinbarungen darstellen und als **Empfehlungen**
angesehen werden können.

   Die Honorare der Honorartafel sind für die in Nummer 1.3.3 Absatz 3 aufgeführten
Grundleistungen vorgesehen.

2   **b)** Die **Honorartafel** ist für anrechenbare Kosten von 50 000,00 € bis 25 Mio. € für
fünf Honorarzonen gestaffelt und aufgebaut. Die jeweiligen Honorarzonen I – V sind in
Absatz 2 nach dem Schwierigkeitsgrad der Gründungen
– sehr gering
– gering
– durchschnittlich
– hoch
– sehr hoch
gestaffelt und jeweils durch eine Reihe von Kriterien erläutert (vgl. unten Rdn. 4).

   Horizontal sind die Honorare so gestaffelt, dass jeweils die Differenz zwischen oberem
und unterem Wert in der Honorarzone I zuaddiert wird, um den oberen Wert der nächsten Honorarzone zu ermitteln. Vertikal staffeln sich die unteren Werte der Honorarzone I
in Höhe von 1,5 % der anrechenbaren Kosten, beim unteren Signalwert bis 0,5 Promille
des oberen Signalwertes von 25 Mio. €.

2. Honorarzone – Absatz 2

3   **a)** Die fünf Honorarzonen in Absatz 2 unterscheiden die Gründungen nach fünf
Schwierigkeitsgraden, die als
– sehr gering
– gering
– durchschnittlich
– überdurchschnittlich
– hoch
– sehr hoch
eingestuft werden und die sich nach der jeweiligen Setzungsempfindlichkeit, der Gründungsart, den Schichtenaufbau, der Tragfähigkeit und der Setzungsfähigkeit richten.

4   **b)** Die in Absatz 2 unter Nummer 1.–5. genannten Parameter zur Beschreibung des
Schwierigkeitsgrades und zur Einordnung der Gründung in die jeweilige Honorarzone sind
nachstehend tabellarisch dargestellt.

Hono-rar-zone	Setzungs-empfind-lichkeit	Gründungs-art	Lasten	Schichten-aufbau	Tragfähigkeit und Setzungs-fähigkeit innerhalb der Baufläche
I	gering	einheitlich		annähernd regelmäßig	einheitlich
II	zum Teil gering	bereichs-weise unterschied-lich	oder bereichsweise stark unter-schiedlich	annähernd regelmäßig	einheitlich

Honorarzone	Setzungsempfindlichkeit	Gründungsart	Lasten	Schichtenaufbau	Tragfähigkeit und Setzungsfähigkeit innerhalb der Baufläche
II	gering	einheitlich		unregelmäßig	unterschiedlich
III	stark			annähernd regelmäßig	einheitlich
III	zum Teil gering	bereichsweise unterschiedlich	oder bereichsweise stark unterschiedlich	unregelmäßig	unterschiedlich
III	gering	einheitlich		unregelmäßig	stark unterschiedlich
IV	stark			unregelmäßig	unterschiedlich
IV	zum Teil gering	bereichsweise unterschiedlich	oder bereichsweise stark unterschiedlich	unregelmäßig	stark unterschiedlich
V	stark			unregelmäßig	stark unterschiedlich

Die vorgenannten Parameter stehen erst nach der Baugrunduntersuchung fest, so dass die Einordnung erst nach der Leistung des Baugrundgutachtens vorgenommen werden kann.

3. Bewertungsmerkmale aus mehreren Honorarzonen – Absatz 3

§ 52 Absatz 3 kann sinngemäß angewendet werden.   5

Mit dem Bezug auf § 52 Absatz 3 wird wieder auf die Tragwerksplanung Bezug genommen und zwar auf eine kategorische Vorschrift, obwohl die Beratungsleistungen frei zu vereinbarende Regelungen enthalten.

Für den Fall, dass eine Gründung Merkmale aus mehreren Honorarzonen aufweist und Zweifel bestehen könnten, welche Honorarzone die Gründung zugeordnet werden kann, soll für die Zuordnung die Mehrzahl der in den jeweiligen Honorarzonen nach Absatz 2 aufgeführten Bewertungsmerkmale und ihre Bedeutung im Einzelfall maßgebend sein.

Abgesehen davon, dass sich die Parameter für die Bewertungsmerkmale erst nach der Baugrunduntersuchung ergeben und die Einordnung in die Honorarzonen eine Kann-Vorschrift ist, wird die Frage der Einordnung wegen Bewertungsmerkmalen aus mehreren Honorarzonen kaum auftreten, zumal die Staffelung nach Setzungsempfindlichkeit, Gründungsart, Schichtaufbau, Tragfähigkeit und Setzungsfähigkeit schwer einer objektiven Definition unterliegt.

4. Berücksichtigung von Grundwassereinfluss und Nachbarbebauung – Absatz 4

Nach Absatz 4 können Aspekte des Grundwassereinflusses auf das Objekt und die Nach- 6 barbebauung bei der Festlegung der Honorarzone zusätzlich berücksichtigt werden.

Der Fall wird immer dann eintreten, wenn besondere Maßnahmen für Trockenheit in der Baugrube, Erzeugen einer temporären Grundwasserabsenkung oder Auftriebslasten eine Rolle spielen und wenn die Nachbarbebauung wegen notwendiger Unterfangungen und/oder durch Setzungsmulden beeinträchtigt werden kann.

1.4 Ingenieurvermessung

Vorbemerkung

Übersicht

1. Allgemeine Hinweise zur Ausgliederung der Bestimmungen

1 Mit der Ausgliederung des Teils XIII HOAI im Jahr 2009 waren die Verordnungstexte der §§ 97, 97a, 97b, 98, 98a, und 98b der Fassung von 1996 ausser dem Text der Honorartafel des § 99 der Fassung von 1996 fast unverändert und mit der ursprünglichen Bezeichnung „Vermessungstechnische Leistungen" als Anlage 1.5 in die Beratungsleistungen der Anlage 1.5 übernommen worden. Damit wurden sie gleichzeitig den Beratungsleistungen ohne Preisbindung zugeordnet.

Mit der Novellierung von 2013 ist dieser Leistungsteil in Ingenieurvermessung umbenannt worden und als Beratungsleistung 1.4 eingefügt worden. Wie bisher werden zwei Bereiche unterschieden und zwar Planungsbegleitende Vermessung – die bisher Entwurfvermessung genannt wurden – und Bauvermessung, deren Bezeichnung zwar geblieben ist, für die aber das Leistungsbild eine veränderte Formulierung erfahren hat.

2. Honorarangaben für Entwurfs- und Bauvermessung ab 1991

2 Mit der Vierten Änderungsverordnung war Teil XIII HOAI a. F. fast vollständig neu gefasst worden.

Erstmals waren Vorschriften für Vermessungsleistungen mit der Ersten Änderungsverordnung von 1980, die am 1. Januar 1985 in Kraft getreten war, in die HOAI eingeführt worden. Es waren nur Honorare für die Vermessung von außerörtlichen Straßen festgelegt worden. Mit der Vierten Änderungsverordnung, die am 1. Januar 1991 in Kraft trat, sind die Vorschriften für Vermessungsleistungen in Teil XIII HOAI a. F. auf vermessungstechnische Leistungen für **Gebäude, bestimmte Ingenieurbauwerke und Verkehrsanlagen ausgedehnt** worden. Vergleiche auch Amtliche Begründung zur 4. ÄndVO – Teil XII –, die in der von der Bundesanzeigerverlagsges. mbH in Köln herausgegebenen HOAI-Textausgabe 1990 von Depenbrock und Schiefler zitiert worden ist.

3. Frühere Regelungen

3 Erstmalig waren **Gebühren für Ingenieurleistungen beim Bau von Landstraßen und Autobahnen** in **der GOI 1965** aufgenommen worden, in denen Leistungssätze enthalten waren für Vorentwurf mit Kostenschätzung, **Vermessungsarbeiten,** Entwurf und Ergänzende Unterlagen.

Das Leistungsbild für Vermessungsarbeiten der GOI 1965 war sehr detailliert beschrieben und hatte als wesentliches Leistungsziel das Aufnehmen und Auftragen von Längsschnitten und Querprofilen.

In der auf die GOI 1965 folgenden **LHO** – Leistungs- und Honorarordnung der Ingenieure von **1969** – waren die Honorarregelungen für Ingenieurleistungen beim Bau von Landstraßen und Autobahnen aus der GOI 1965 übernommen und an den Leistungen und Leistungssätzen nichts geändert worden. Auch das Leistungsbild der Vermessungsarbeiten entsprach dem der GOI 1965.

Erstmalig mit der **Ersten Änderungsverordnung,** die **1985** in Kraft trat, wurden Leistungen für Vermessung in die HOAI aufgenommen, die sich jedoch hinsichtlich der Honorarregelungen nur auf Vermessung außerörtlicher Straßen beschränkten.

1.4.1 Anwendungsbereich

(1) **Leistungen der Ingenieurvermessung können das Erfassen raumbezogener Daten über Bauwerke und Anlagen, Grundstücke und Topographie, das Erstellen von Plänen, das Übertragen von Planungen in die Örtlichkeit, sowie das vermessungstechnische Überwachen der Bauausführung einbeziehen, soweit die Leistungen mit besonderen instrumentellen und vermessungstechnischen Verfahrensanforderungen erbracht werden müssen. Ausgenommen von Satz 1 sind Leistungen, die nach landesrechtlichen Vorschriften für Zwecke der Landesvermessung und des Liegenschaftskatasters durchgeführt werden.**

(2) **Zur Ingenieurvermessung können gehören:**

1. **Planungsbegleitende Vermessungen für die Planung und den Entwurf von Gebäuden, Ingenieurbauwerken, Verkehrsanlagen sowie für Flächenplanungen,**

2. **Bauvermessung vor und während der Bauausführung und die abschließende Bestandsdokumentation von Gebäuden, Ingenieurbauwerken und Verkehrsanlagen,**

3. **sonstige vermessungstechnische Leistungen:**
   - **Vermessung an Objekten außerhalb der Planungs- und Bauphase,**
   - **Vermessung bei Wasserstraßen,**
   - **Fernerkundungen, die das Aufnehmen, Auswerten und Interpretieren von Luftbildern und anderer raumbezogener Daten umfassen, die durch Aufzeichnung über eine große Distanz erfasst sind, als Grundlage insbesondere für Zwecke der Raumordnung und des Umweltschutzes,**
   - **vermessungstechnische Leistungen zum Aufbau von geographisch-geometrischen Datenbasen für raumbezogene Informationssysteme sowie**
   - **vermessungstechnische Leistungen, soweit sie nicht in Absatz 1 und Absatz 2 erfasst sind.**

Übersicht

1. Ingenieurvermessung i. S. von Abs. 1

Nach der Amtlichen Begründung (zur 4. ÄndVO) zu § 96 HOAI 1991 ist die Definition der Vermessungstechnischen Leistungen, die nunmehr Ingenieurvermessung heißen, im Wesentlichen unverändert aus dem bis dahin geltenden Wortlaut übernommen worden. Somit kann zunächst auf die **Amtliche Begründung** (zum Regierungsentwurf vom 7. Mai 1980 – BRDrucks. 274/80 = 1. ÄndVO) zurückgegriffen werden, in der es hieß: **1**

„Absatz 1 definiert die Leistungen für Vermessungen im Sinne dieser Verordnung. Die Vermessungsleistungen können sich u. a. sowohl auf Gebäude als auch auf die in § 51 genannten Bauwerke und Anlagen beziehen. Der gesamte Bereich der hoheitlichen Vermessung (Kataster- und Landesvermessung) konnte hier nicht erfasst werden. Honorarvorschriften für diese Leistungen fallen in den Zuständigkeitsbereich der Länder."

Seither wird in Abs. 1 besonders hervorgehoben, dass der Anwendungsbereich sich auf solche Leistungen bezieht, die mit besonderen instrumentellen und vermessungstechnischen Verfahrensanforderungen erbracht werden müssen. Hierzu führte die Amtliche Begründung (zur 4. ÄndVO) aus:

„Zu den in Teil XIII erfassten Leistungen rechnen nicht einfache Maßermittlungen, die keine besondere instrumentelle Ausrüstung verlangen oder aber durch keine vermessungstechnischen Verfahrensanforderungen erbracht

werden müssen. Solche nicht erfassten Leistungen werden entweder in den Honoraren der Auftragnehmer im Rahmen der Objektplanung abgegolten, oder es werden die Kosten hierfür in die Preise für Bauleistungen einge-rechnet, wenn die einfachen Vermessungsleistungen von den bauausführenden Firmen erbracht werden. "

Zu den Vermessungsleistungen für Zwecke der **Landesvermessung** und des **Liegen-schaftskatasters** führte die **Amtliche Begründung** (zur 4. ÄndVO) aus:

„Vermessungsleistungen, die nach landesrechtlichen Vorschriften für Zwecke der Landesvermessung und des Liegenschaftskatasters ausgeführt werden, werden von den Vorschriften der Honorarordnung – wie bisher – ausge-nommen. Diese öffentlichen Vermessungsaufgaben werden entweder von den zuständigen Vermessungsingenieuren wahrgenommen. Soweit es sich um hoheitliche Leistungen handelt, die regelmäßig auf Veranlassung Dritter vorge-nommen werden, werden – von Land zu Land verschiedene – Gebühren festgesetzt. Teilleistungen, die regelmä-ßig für Zwecke der Landesvermessung von Dritten für die Vermessungsbehörden erbracht werden, unterliegen regelmäßig landesrechtlichen Kostenordnungen oder werden frei vereinbart. "

2. Planungsbegleitende Vermessung und Bauvermessung – Abs. 2 Nrn. 1 und 2

2   In der Amtlichen Begründung (zur 4. ÄndVO) war zum Anwendungsbereich des § 96 a. F., der in der Neufassung Punkt 1.5.1 und nunmehr Punkt 1.4.1 entspricht, ausgeführt worden, dass die Aufzählung der Leistungen in Absatz 2 Nrn. 1 bis 3 abschließend sei.

Sowohl für die Planungsbegleitende Vermessung Nr. 1 als auch für die Bauvermessung der Nr. 2 sind in den Abschnitten unter Punkt 1.4.2–1.4.4 sowie 1.4.5–1.4.7 **Honorarre-gelungen** enthalten, die frei vereinbart werden können, und zwar
für die Planungsbegleitende Vermessung in Punkt
1.4.2 über die Grundlagen des Honorars bei der Planungsbegleitenden Vermessung,
1.4.3 über die Honorarzonen für Grundleistungen bei der Planungsbegleitenden Vermes-sung und
1.4.4 über das Leistungsbild Planungsbegleitende Vermessung
sowie für die **Bauvermessung** in Punkt
1.4.5 über die Grundlagen des Honorars bei der Bauvermessung,
1.4.6 über die Honorarzonen für Grundleistungen bei der Bauvermessung und
1.4.7 über das Leistungsbild Bauvermessung.

Die **Honorare** sind jeweils sowohl für die Planungsbegleitende Vermessung und auch für die Bauvermessung in den beiden Honorartafeln unter Punkt 1.4.8 **für fünf Hono-rarzonen** festgelegt.

Die vermessungstechnischen Leistungen bei der Planungsbegleitenden Vermessung wer-den für die Planung und den Entwurf von Gebäuden, Ingenieurbauwerken und Verkehrs-anlagen erbracht, also vor der Bauausführung, während die Leistungen der Bauvermessung für den Bau und die abschließende Bestandsdokumentation von Gebäuden, Ingenieurbau-werken und Verkehrsanlagen, also während und nach der Bauausführung, zu erbringen sind. In der Ersten Änderungsverordnung waren seinerzeit nur außerörtliche Straßen er-fasst.

3. Sonstige vermessungstechnische Leistungen – Abs. 2 Nr. 3

a) Allgemein

3   Die in Nummer 3 aufgeführten **sonstigen vermessungstechnischen Leistungen** be-treffen Objekte **außerhalb der Planungs- und Bauphase**, also Vermessungen, die z.B. beim Betrieb oder der Unterhaltung erforderlich werden, wie langfristige vermessungs-technische Bauwerksüberwachung, spätere Bauwerksdokumentation oder wissenschaftliche Untersuchung. Die Leistungen für nicht objektgebundene Vermessungen sind solche, die nicht an Objekte im Sinne von § 3 Nr. 1 gebunden sind.

Die Amtliche Begründung zur 4. ÄndVO hatte hierzu ausgeführt:

*„Neu aufgenommen wird der Begriff **Fernerkundung**. Hierunter werden subsumiert die Verfahren zur Daten-gewinnung aus der Bildmessung, sei es im Nahbereich, sei es vom Flugzeug aus, wie die in der Entwicklung befindlichen Scannerverfahren. Ferner werden die vermessungstechnischen Leistungen zum **Aufbau von geogra-phisch-geometrischen Datenbasen für raumbezogene Informationssysteme** mit einbezogen. Solche Informa-tionssysteme haben z. B. Bedeutung für die kommunale Planung, für kommunale Einrichtungen und den kom-*

*munalen Verwaltungsvollzug. Unter die **anderen sonstigen vermessungstechnischen Leistungen** fallen die Leistungen, die keinem in der Honorarordnung erfassten Objekt und auch nicht den vorerwähnten drei vermessungstechnischen Leistungen zuzuordnen sind, wie z. B. Vermessungen und Auswertungen im wissenschaftlichen Bereich, Schlauchwaagenmessungen, barometrische Messungen oder Schwingungsmessungen."*
(Anmerkung: Hervorhebungen durch Autor)

b) Konkretisierung der Nr. 3 durch § 100 der alten Fassung

In § 100 Abs. 1 der alten Fassung waren die sonstigen vermessungstechnischen Leistungen in § 100 Nrn. 1 bis 5 a. F. wie folgt konkretisiert worden:　　　　　　　**4**

1. Vermessung an Objekten außerhalb der Entwurfs- oder Bauphase,
2. nicht objektgebundene Flächenvermessungen, die die Herstellung von Lage- und Höhenplänen zum Ziel haben und nicht unmittelbar mit der Realisierung eines Objektes in Verbindung stehen, sowie Vermessungsleistungen für Freianlagen und im Zusammenhang mit städtebaulichen oder landschaftsplanerischen Leistungen,
3. Fernerkundungen, die das Aufnehmen, Auswerten und Interpretieren von Luftbildern und anderer raumbezogener Daten umfassen, die durch Aufzeichnung über eine große Distanz erfasst sind, als Grundlage insbesondere für die Zwecke der Raumordnung und des Umweltschutzes,
4. vermessungstechnische Leistungen zum Aufbau von geographisch-geometrischen Datenbasen für raumbezogene Informationssysteme,
5. Leistungen nach § 96 (a. F. nunmehr Punkt 1.4.1), soweit sie nicht in den §§ 97 b (a. F. nunmehr Punkt 1.4.4 Leistungsbild Planungsbegleitende Vermessung) und 98 b (a. F. nunmehr Punkt 1.4.7 Leistungsbild Bauvermessung) erfasst sind.

Diese frühere Konkretisierung galt der Abgrenzung der sonstigen vermessungstechnischen Leistungen, deren Honorare frei vereinbart werden konnten, zu den Grundleistungen der damals sogenannten Entwurfs- und Bauvermessung. Da nunmehr auch die Honorare der Entwurfs- und Bauvermessung frei vereinbart werden können, kommt es auf die Abgrenzung nicht mehr an, und der Verordnungsgeber hat auf eine Übernahme der Bestimmungen des § 100 a. F. in die bisherige Anlage 1.5 „Vermessungstechnische Leistungen" (nunmehr 1.4 Ingenieurvermessung) verzichtet.

1.4.2 Grundlagen des Honorars bei der Planungsbegleitenden Vermessung

(1) **Das Honorar für Grundleistungen der Planungsbegleitenden Vermessung kann sich nach der Summe der Verrechnungseinheiten, der Honorarzone in Nummer 1.4.3 und der Honorartafel in Nummer 1.4.8 richten.**

(2) **Die Verrechnungseinheiten können sich aus der Größe der aufzunehmenden Flächen und deren Punktdichte berechnen. Die Punktdichte beschreibt die durchschnittliche Anzahl der für die Erfassung der planungsrelevanten Daten je Hektar zu messenden Punkte.**

(3) **Abhängig von der Punktdichte können die Flächen den nachstehenden Verrechnungseinheiten (VE) je Hektar (ha) zugeordnet werden.**

sehr geringe Punktdichte	**(ca. 70 Punkte/ha)**	**50 VE**
geringe Punktdichte	**(ca. 150 Punkte/ha)**	**70 VE**
durchschnittliche Punktdichte	**(ca. 250 Punkte/ha)**	**100 VE**
hohe Punktdichte	**(ca. 350 Punkte/ha)**	**130 VE**
sehr hohe Punktdichte	**(ca. 500 Punkte/ha)**	**150 VE**

(4) **Umfasst ein Auftrag Vermessungen für mehrere Objekte, so können die Honorare für die Vermessung jedes Objektes getrennt berechnet werden.**

Übersicht

1. Honorargrundlagen der Planungsbegleitenden Vermessung – Abs. 1

1 Das Honorar für die Grundleistungen bei der Planungsbegleitenden Vermessung kann sich nach der **Summe der Vermessungseinheiten, der Honorarzone in Nummer 1.4.3, der die Planungsbegleidende Vermessung zuzuordnen ist, sowie nach der Honorartafel in Nummer 1.4.8 richten.**

Die bisher zwingend vorgeschriebenen Grundlagen zur Bestimmung des Honorars sind mit der Novellierung der HOAI im Jahr 2009, mit der auch die Leistungen der Entwurfsvermessung (nunmehr Planungsbegleitende Vermessung) als Beratungsleistungen in die Anlage 1 ausgegliedert worden sind, nur noch als Kann-Vorschriften formuliert, weil grundsätzlich die Honorare frei vereinbart werden dürfen und die wiedergegebenen Bestimmungen nur als Anhalt bzw. Empfehlung für eine Honorarvereinbarung anzusehen sind.

2. Verrechnungseinheiten anstelle von anrechenbaren Kosten – Abs. 2

a) Verrechnungseinheiten (VE)

2 Mit der vorliegenden Novelle von 2013 sind nicht mehr wie bisher die anrechenbaren Kosten als Honorargrundlage maßgeblich, sondern sogenannte **Verrechnungseinheiten,** die sich so aus der Größe der aufzunehmenden Flächen und deren Punktdichte berechnen können, wobei die Punktdichte die durchschnittliche Anzahl der zu messenden Punkte je Hektar angibt, die für die Erfassung der planungsbezogenen Daten zu messen sind.

In der Umstellung der Bezugsgröße der Honorargrundlagen von anrechenbaren Kosten auf Verrechnungseinheiten werden die Auftragnehmer unabhängig von den jeweiligen Objektplanern hinsichtlich der Kosten, sondern können selbst die maßgebliche Grundlagen des Honorars feststellen und bestimmen.

b) Amtliche Begründung zu VE und Punktdichte

3 Zu den Verrechnungseinheiten und deren Punktdichte wird in der Amtlichen Begründung zur BRDrucks. 334/13 unter anderem Folgendes ausgeführt:

„Bei objektgebundenen Vermessungen ist damit klargestellt, dass nicht nur die Fläche, z. B. eines Bauantragsgrundstückes, sondern auch die Fläche anzusetzen ist, die zur Beurteilung des Vorhabens mit aufgemessen wird.

Üblicherweise sind dies bei Bauantragsplänen die Grundstücksstreifen auf den Nachbargrundstücken, zumindest bis zur Hauswand vom Nachbargebäude, wenn sie sich in Grenznähe befinden (Abstandsflächenrelevanz). Ebenso sind notwendige private Erschließungsflächen und Teile der nächsten öffentlichen Erschließungsanlage (Straßentopografie und Kanalsituation) mit aufzumessen. Bei Verkehrsanlagen wird die aufzumessende Fläche üblicherweise durch einen Aufnahmekorridor (z. B. 100 m links und rechts der Trasse) definiert. Die Punktdichte ergibt sich aus der Anzahl der aufzumessenden bzw. aufgemessenen Punkte in Relation zur aufzumessenden Fläche. Aufgemessene Punkte sind anhand der örtlichen Aufnahme definiert. Jeder Punkt, der unabhängig örtlich ermittelt werden muss, zählt. So ergeben beispielsweise Sockel- und Traufpunkt einer Gebäudekante zwei Punkte.“*

3. Punktdichte und Verrechnungseinheiten je Hektar – Abs. 3

4 Nach Absatz 3 ergeben sich unterschiedlich hohe Verrechnungseinheiten in Abhängigkeit der jeweiligen Punktdichte, die als sehr gering, gering, durchschnittlich, hoch, sehr hoch angegeben wird und von 70–500 Punkten je Hektar definiert sind.

Aus der Tatsache, dass in der Honorartafel für Grundleistungen bei der Ingenieurvermessung in Absatz 1 Zwischenwerte zu den Absatz 3 aufgeführten Verrechnungseinheiten angegeben sind, kann geschlossen werden, dass der Verordnungsgeber davon ausgegangen ist, dass Zwischenwerte interpoliert werden können.

4. Vermessungen für mehrere Objekte – Abs. 4

Absatz 4 regelt den Fall, dass ein Auftrag die Vermessung mehrerer Objekte umfasst. In **5** diesem Fall ist das Honorar für die Vermessung jedes einzelnen Objektes getrennt zu berechnen, also wie ein Einzelauftrag über die Vermessung eines Objektes. Das Gesamthonorar ergibt sich aus der Summe der Einzelhonorare für die Vermessung der einzelnen Objekte. Allerdings kann bei der Berechnung des Honorars berücksichtigt werden, wenn sich der Umfang der einzelnen Leistungen durch die gleichzeitige Durchführung der Leistungen mindert. Auch hier wird ein bestimmter Grund der Berücksichtigung von den Verhältnissen des Einzelfalles abhängig. Im Übrigen wird durch Absatz 4 das Nutzungsrecht der Vermessungsleistungen für künftige Verwendungen nicht eingeschränkt.

1.4.3 Honorarzonen für Grundleistungen bei der Planungsbegleitenden Vermessung

(1) **Die Honorarzone kann bei der Planungsbegleitenden Vermessung auf Grund folgender Bewertungsmerkmale ermittelt werden:**
a) **Qualität der vorhandenen Daten und Kartenunterlagen**

sehr hoch	1 Punkt
hoch	2 Punkte
befriedigend	3 Punkte
kaum ausreichend	4 Punkte
mangelhaft	5 Punkte

b) **Qualität des vorhandenen geodätischen Raumbezugs**

sehr hoch	1 Punkt
hoch	2 Punkte
befriedigend	3 Punkte
kaum ausreichend	4 Punkte
mangelhaft	5 Punkte

c) **Anforderungen an die Genauigkeit**

sehr gering	1 Punkt
gering	2 Punkte
durchschnittlich	3 Punkte
hoch	4 Punkte
sehr hoch	5 Punkte

d) **Beeinträchtigungen durch die Geländebeschaffenheit und bei der Begehbarkeit**

sehr gering	1 bis 2 Punkte
gering	3 bis 4 Punkte
durchschnittlich	5 bis 6 Punkte
hoch	7 bis 8 Punkte
sehr hoch	9 bis 10 Punkte

e) **Behinderung durch Bebauung und Bewuchs**

sehr gering	1 bis 3 Punkte
gering	4 bis 6 Punkte
durchschnittlich	7 bis 9 Punkte
hoch	10 bis 12 Punkte
sehr hoch	13 bis 15 Punkte

f) **Behinderung durch Verkehr**

sehr gering	1 bis 3 Punkte
gering	4 bis 6 Punkte
durchschnittlich	7 bis 9 Punkte

hoch	**10 bis 12 Punkte**
sehr hoch	**13 bis 15 Punkte.**

(2) **Die Honorarzone kann sich aus der Summe der Bewertungspunkte wie folgt ergeben:**

Honorarzone I	**bis 13 Punkte**
Honorarzone II	**14 bis 23 Punkte**
Honorarzone III	**24 bis 34 Punkte**
Honorarzone IV	**35 bis 44 Punkte**
Honorarzone V	**45 bis 55 Punkte.**

Übersicht

1. Honorarzoneneinteilung

a) Fünf Honorarzonen – Abs. 1

1 In Absatz 1 werden die Grundleistungen bei der Planungsbegleitenden Vermessung in 5 Honorarzonen gegliedert. Maßgebend für die Eingliederung sind sechs Bewertungsmerkmale, die sich nach dem erforderlichen Vermessungsaufwand richten.

b) Maßgebliche Gesamtpunktezahl – Abs. 2

2 In Absatz 2 sind die für die Einordnung in eine Honorarzone maßgeblichen Punktzahlen genannt, die in Zweifelsfällen die Vermessung einer Honorarzone zuordnen lassen, wenn Bewertungsmerkmale aus mehreren Honorarzonen anwendbar sind.

c) Bewertungspunkte

3 Die Bewertungspunkte sind abhängig von der Qualität vorhandener Daten- und Kartenunterlagen und der Qualität des vorhandenen geodätischen Raumbezugs, wobei die Qualität in 5 Stufen von sehr hoch bis mangelhaft bewertet werden kann.

Darüber hinaus werden unterschiedliche Anforderungen, Beeinträchtigungen und Behinderungen aufgeführt und zwar Anforderung an die Genauigkeit, Beeinträchtigung durch Gebäudebeschaffenheit, Behinderung durch Bebauung und Bewuchs und Behinderung durch Verkehr, wobei hier die Staffelung von sehr gering bis sehr hoch durch entsprechende Punktzahlen ausgedrückt wird.

2. Bewertungsmerkmale und Punktverteilung

4 Anhand der sechs Bewertungsmerkmale in Absatz 1 verteilt auf die fünf Honorarzonen ergibt sich die nachstehende Punktematrix, in der den Gesamtpunkten jeder Honorarzone, die sich aus dieser Verteilung ergeben, die jeweiligen Minimal- und Maximalpunktzahlen nach Absatz 2 gegenübergestellt sind.

Honorarzonen	I	II	III	IV	V
Bewertungsmerkmale nach Nummer 1.4.2 Abs. 1	Bewertungspunkte				
Qualität	sehr hoch	gut	befriedigend	kaum ausreichend	mangelhaft
1. Qualität der vorhandenen Daten- und Kartenunterlagen	1	2	3	4	5
2. Qualität des vorhandenen geodatischen Raumbezugs	1	2	3	4	5

Honorarzonen	I	II	III	IV	V
Anforderungen, Beeinträchtigungen, Behinderungen	sehr gering	gering	durch-schnittlich	hoch	sehr hoch
3. Anforderungen an die Genauigkeit	1	2	3	4	5
4. Beeinträchtigungen durch die Geländebeschaffenheit	1–2	3–4	5–6	7–8	9–10
5. Behinderung durch Bebauung und Bewuchs	1–3 1–3	4–6 4–6	7–9 7–9	10–12 10–12	13–15 13–15
6. Behinderung durch Verkehr					
Gesamt	6–11	17–22	28–33	39–44	50–55

	I	II	III	IV	V
Honorarzonen und Punktzahlen nach Abs. 2	bis 13	14–23	24–34	35–44	46–55

1.4.4 Leistungsbild Planungsbegleitende Vermessung

(1) Das Leistungsbild Planungsbegleitende Vermessung kann die Aufnahme planungsrelevanter Daten und die Darstellung in analoger und digitaler Form für die Planung und den Entwurf von Gebäuden, Ingenieurbauwerken, Verkehrsanlagen sowie für Flächenplanungen umfassen.

(2) Die Grundleistungen können in vier Leistungsphasen zusammengefasst und wie folgt in Prozentsätzen der Honorare der Nummer 1.4.8 Absatz 1 bewertet werden:

1. für die Leistungsphase 1 (Grundlagenermittlung) mit 5 Prozent,
2. für die Leistungsphase 2 (Geodätischer Raumbezug) mit 20 Prozent,
3. für die Leistungsphase 3 (Vermessungstechnische Grundlagen) mit 65 Prozent,
4. für die Leistungsphase 4 (Digitales Geländemodel) mit 10 Prozent.

(3) Das Leistungsbild kann sich wie folgt zusammensetzen:

Grundleistungen	Besondere Leistungen
1. Grundlagenermittlung	
a) Einholen von Informationen und Beschaffen von Unterlagen über die Örtlichkeit und das geplante Objekt b) Beschaffen vermessungstechnischer Unterlagen und Daten c) Ortsbesichtigung d) Ermitteln des Leistungsumfangs in Abhängigkeit von den Genauigkeitsanforderungen und dem Schwierigkeitsgrad	– Schriftliches Einholen von Genehmigungen zum Betreten von Grundstücken, von Bauwerken, zum Befahren von Gewässern und für anordnungsbedürftige Verkehrssicherungsmaßnahmen
2. Geodätischer Raumbezug	
a) Erkunden und Vermarken von Lage- und Höhenfestpunkten b) Fertigen von Punktbeschreibungen und Einmessungsskizzen	– Entwurf, Messung und Auswertung von Sondernetzen hoher Genauigkeit – Vermarken auf Grund besonderer Anforderungen

Grundleistungen	Besondere Leistungen
c) Messungen zum Bestimmen der Fest- und Passpunkte d) Auswerten der Messungen und Erstellen des Koordinaten- und Höhenverzeichnisses	– Aufstellung von Rahmenmessprogrammen
3. Vermessungstechnische Grundlagen	
a) Topographische/morphologische Geländeaufnahme einschließlich Erfassen von Zwangspunkten und planungsrelevanter Objekte b) Aufbereiten und Auswerten der erfassten Daten c) Erstellen eines digitalen Lagemodells mit ausgewählten planungsrelevanten Höhenpunkten d) Übernehmen von Kanälen, Leitungen, Kabeln und unterirdischen Bauwerken aus vorhandenen Unterlagen e) Übernehmen des Liegenschaftskatasters f) Übernehmen der bestehenden öffentlich-rechtlichen Festsetzungen g) Erstellen von Plänen mit Darstellen der Situation im Planungsbereich mit ausgewählten planungsrelevanten Höhenpunkten h) Liefern der Pläne und Daten in analoger und digitaler Form	– Maßnahmen für anordnungsbedürftige Verkehrssicherung – Orten und Aufmessen des unterirdischen Bestandes – Vermessungsarbeiten unter Tage, unter Wasser oder bei Nacht – Detailliertes Aufnehmen bestehender Objekte und Anlagen neben der normalen topographischen Aufnahme wie zum Beispiel Fassaden und Innenräume von Gebäuden – Ermitteln von Gebäudeschnitten – Aufnahmen über den festgelegten Planungsbereich hinaus – Erfassen zusätzlicher Merkmale wie zum Beispiel Baumkronen – Eintragen von Eigentümerangaben – Darstellen in verschiedenen Maßstäben – Ausarbeiten der Lagepläne entsprechend der rechtlichen Bedingungen für behördliche Genehmigungsverfahren – Übernahme der Objektplanung in ein digitales Lagemodell
4. Digitales Geländemodell	
a) Selektion der die Geländeoberfläche beschreibenden Höhenpunkte und Bruchkanten aus der Geländeaufnahme b) Berechnung eines digitalen Geländemodells c) Ableitung von Geländeschnitten d) Darstellen der Höhen in Punkt-, Raster- oder Schichtlinienform e) Liefern der Pläne und Daten in analoger und digitaler Form	

Übersicht

1. Allgemeines Leistungsbild der Planungsbegleitenden Vermessung

a) Die Planungsbegleitende Vermessung kann dem Objektplaner zur Anfertigung der **1** Planung und des Entwurfs von Gebäuden, Ingenieurbauwerken und Verkehrsanlagen sowie in Flächenplanungen die **Vermessungsergebnisse** in graphischer oder digitaler Form zur Verfügung stellen. Diese sind unabhängig von der Aufnahmeart und können terrestrisch oder photogrammetrisch erbracht werden. Dieser Hinweis ist nunmehr entfallen, weil nach der Amtlichen Begründung BRDrucks. 334/13 zu Nummer 1.4.4 Abs. 1 die Leistungsbilder methodenneutral beschrieben werden sollten (vgl. unten Rdn. 3). Entsprechend der Ergebnisorientierung der HOAI hat die Aufnahmeart keinen Einfluss auf die Honorierung, so dass terrestrische und photogrammetrische Verfahren gleichermaßen zum Einsatz gelangen können.

b) Terrestrische und photogrammetrische Vermessung. Die terrestrische Auf- **2** nahme ist die für Gebäude und Ingenieurbauwerke übliche Art der Geländeaufnahme nach Lage und Höhe mit entsprechenden optischen Vermessungsinstrumenten.

Die photogrammetrische Vermessung kann eine Erdbildmessung (terrestrische Photogrammetrie) oder eine Luftbildmessung (Aero-Photogrammetrie) sein. Bei der terrestrischen Photogrammetrie werden die Messbilder von erdfesten Standpunkten aufgenommen, während bei der Aero-Photogrammetrie die Messbilder von Flugzeugen aufgenommen werden. Eine photogrammetrische Aufnahme wird im Wesentlichen bei Linienbauwerken (also Straßen, Gleisen, Kanälen u. ä.) und bei der Erstellung topographischer Karten angewendet.

Nach der Amtlichen Begründung (zur 4. ÄndVO) ist für die Honorierung das Ergebnis maßgebend, so dass also die Aufnahmeart freigestellt wird.

2. Leistungsbild Planungsbegleitende Vermessung – Abs. 1

a) Amtliche Begründung (zur BRDrucks. 334/13) **zu Abs. 1:**   **3**

„Das in Nummer 1.4.4 Absatz 1 niedergelegte Leistungsbild erfasst im Zuge des erweiterten Anwendungsbereiches nunmehr auch die Flächenplanung. Der Hinweis auf die terrestrische und photogrammetrische Aufnahmeart wird gestrichen. Dies folgt der Zielsetzung, die Leistungsbilder methodenneutral zu beschreiben. Die Anzahl der Leistungsphasen wurde entsprechend den aktuellen Abläufen bei der Vermessung von sechs auf vier reduziert. Die Praxis hat gezeigt, dass die bisherigen Leistungsphasen „Absteckungsunterlagen" und „Absteckung für Entwurf" im Leistungsbild Planungsbegleitende Vermessung entbehrlich geworden sind. Die Leistungsphase „Abstecken für Entwurf" kommt nur bei Verkehrsanlagen und auch in diesem Falle nur sehr selten vor, sodass nicht mehr von einer Grundleistung gesprochen werden kann. Wenn die Leistungsphase „Absteckung" betrachtet wird, dann ist diese logisch der Bauvermessung zuzuordnen und dann sind regelmäßig auch die „Absteckungsunterlagen" zu fertigen. Demzufolge sind diese beiden Leistungsphasen im Leistungsbild Planungsbegleitende Vermessung entfallen, und die Leistungsphase „Absteckungsunterlagen" ist in die Bauvermessung verschoben worden. Die entfallenen Prozentanteile werden auf die Bewertung der jetzigen Leistungsphasen 1 bis 3 verteilt."

b) Bewertungen. Die Bewertung der bisherigen sechs Grundleistungen sind auf vier **4** Grundleistungen reduziert worden und zwar

1. Grundlagenermittlung mit	5 %
2. Geodätischer Raumbezug mit	20 %
3. Vermessungstechnische Grundlagen mit	65 %
4. Digitales Geländemodell mit	10 %.

Aus den Prozentsätzen in Punkt 1.4.4 der Honorare der Honorartafel in Punkt 1.4.8 lässt sich schließen, dass der Verordnungsgeber der Leistungsphase 3, nämlich der Erstellung von Lage- und Höhenplänen als Vermessungstechnische Grundlagen, das Hauptgewicht mit 65% zuordnet. Bei der Analyse der einzelnen Grundleistungen und der Bewertungspunkte fällt auf, dass von den Honoraren der Hauptanteil auf die Erstellung von Unterlagen und nur geringe Anteile auf die eigentliche Vermessungsarbeit im Feld entfallen.

3. Grundleistungen der Planungsbegleitenden Vermessung – Abs. 2

5   **a)** Bei der **Grundlagenermittlung** (Bewertung 5%) sind vom Auftragnehmer vornehmlich Informationen einzuholen und Unterlagen zu beschaffen sowie mit einer Ortsbesichtigung die Örtlichkeit zu erkunden. Darüber hinaus wird die Ermittlung des Leistungsumfangs in Abhängigkeit von den Genauigkeitsanforderungen und dem Schwierigkeitsgrad verlangt, was schon in Richtung der Einordnung des Objekts in eine der Honorarzonen geht.

6   **b)** Mit der Leistungsphase 2, dem **geodätischen Raumbezug** (Bewertung 20%), werden Lage- und Höhenpunkte aufgesucht und vermarkt, das heißt im Gelände festgesetzt und eingemessen, um auf diese Festpunkte die späteren Vermessungen zu beziehen.

7   **c)** Die **vermessungstechnischen Grundlagen** (Bewertung 65%) sind als Lage- und Höhenpläne die wesentliche Unterlage für den Objektplaner des Gebäudes, des Ingenieurbauwerks oder der Verkehrsanlage. In ihnen wird das nach Lage und Höhe aufgenommene Gelände dargestellt, in das das Gebäude, das Ingenieurbauwerk oder die Verkehrsanlage einzuplanen sind, wobei die Höhen in Punktform, Rasterform oder Schichtlinienform (also in Höhenlinien) angegeben werden. Darüber hinaus sind Kanäle, Leitungen u. ä., die sich im Gelände befinden, aus vorhandenen Unterlagen zu übernehmen. Die Messdaten sind mit zu übergeben, und es sind öffentlich-rechtliche Festsetzungen in den Plänen mit einzutragen.

8   **d)** Das **digitale Geländemodell**, also das Liefern der Pläne und Daten, ist in analoger und digitaler Form vorgegeben.

4. Besondere Leistungen der Planungsbegleitenden Vermessung – Abs. 2

9   Wie in allen Leistungsbildern der Verordnung sind zu den einzelnen Leistungsphasen Besondere Leistungen angeführt, die zu den Grundleistungen hinzu oder an ihre Stelle treten können. Wie in anderen Leistungsbildern der Verordnung ist der Katalog der Besonderen Leistungen nicht abschließend.

1.4.5 Grundlagen des Honorars bei der Bauvermessung

(1) Das Honorar für Grundleistungen bei der Bauvermessung kann sich nach den anrechenbaren Kosten des Objekts, der Honorarzone in Nummer 1.4.6 und der Honorartafel in Nummer 1.4.8 Absatz 2 richten.

(2) Anrechenbare Kosten können die Herstellungskosten des Objekts darstellen. Diese können entsprechend § 4 Absatz 1 und

1. bei Gebäuden entsprechend § 33,

2. bei Ingenieurbauwerken entsprechend § 42,

3. bei Verkehrsanlagen entsprechend § 46

ermittelt werden.

Anrechenbar können bei Ingenieurbauwerken 100 Prozent, bei Gebäuden und Verkehrsanlagen 80 Prozent der ermittelten Kosten sein.

(3) Die Absätze 1 und 2 sowie die Nummer 1.4.6 und Nummer 1.4.7 finden keine Anwendung für vermessungstechnische Grundleistungen bei ober- und unterirdischen Leitungen, Tunnel-, Stollen- und Kavernenbauwerken, innerörtlichen Verkehrsanlagen mit überwiegend innerörtlichem Verkehr, bei Geh- und

Radwegen sowie Gleis- und Bahnsteiganlagen. Das Honorar für die in Satz 1 genannten Objekte kann ergänzend frei vereinbart werden.

Übersicht

1. Honorargrundlagen der Bauvermessung – Abs. 1

Das Honorar für die Grundleistungen bei der Bauvermessung kann sich nach den anrechenbaren Kosten des Objekts, der Honorarzone, der die Bauvermessung zuzuordnen ist, sowie nach der Honorartafel von Punkt 1.4.8 richten, die im Übrigen auch für die Grundleistungen der Entwurfsvermessung Anwendung finden kann. **1**

Die bisher zwingend vorgeschriebenen Grundlagen zur Bestimmung des Honorars sind mit der Novellierung der HOAI im Jahr 2009, mit der auch die Leistungen der Bauvermessung als Beratungsleistungen in die Anlage 1 ausgegliedert worden sind, nur noch als Kann-Vorschriften formuliert, weil grundsätzlich die Honorare frei vereinbart werden dürfen und die wiedergegebenen Bestimmungen nur als Anhalt für eine Honorarvereinbarung anzusehen sind.

2. Anrechenbare Kosten sind die Herstellungskosten – Abs. 3

a) Absatz 2 verweist auf die Bestimmungen der Verordnung, nach denen die anrechenbaren Kosten bei den jeweiligen einzelnen Objekten zu ermitteln sind unter Beachtung der allgemeinen Bestimmungen des § 4 Abs. 1. **2**

Bei der Ermittlung der anrechenbaren Kosten von Gebäuden können die entsprechenden Vorschriften von § 3 angewendet werden.

Bei der Ermittlung der anrechenbaren Kosten von Ingenieurbauwerken können die entsprechenden Vorschriften aus § 42 gelten. Die Kosten von vorhandener Bausubstanz, die technisch oder wirtschaftlich mit verarbeitet wird, sollen nicht zu den anrechenbaren Kosten rechnen. Entsprechendes gilt auch für die Ermittlung der anrechenbaren Kosten von Verkehrsanlagen.

b) Bei **Gebäuden** nach Abs. 2 Nr. 1: Die Herstellungskosten können nach Absatz 2 **3** Nr. 1 ermittelt werden nach den Bestimmungen des § 33. Das bedeutet,
– dass die Kosten der Baukonstruktion als anrechenbare Kosten zu ermitteln sind, wobei die Bezeichnung „Kosten der Baukonstruktion" auf die DIN 276 hinweist,
– dass die vorhandene Bausubstanz nicht angerechnet werden kann,
– dass die Regelungen über die Anrechnung für Technische Anlagen wie in § 33 Abs. 2 gelten und
– dass sich die nicht anrechenbaren Kosten nach der Aufzählung in § 33 Abs. 3 richten.

c) Bei **Ingenieurbauwerken** nach Abs. 2 Nr. 2: Die Herstellungskosten können nach **4** Absatz 2 Nr. 2 ermittelt werden nach den Bestimmungen des § 42. Das bedeutet,
– dass die Kosten der Baukonstruktion als anrechenbare Kosten zu ermitteln sind,
– dass die Regelungen über die Anrechnung für Technische Anlagen wie in § 42 Abs. 2 gelten und
– dass die Bestimmungen des § 42 Abs. 3 über nicht anrechenbare Kosten anzuwenden sind.

5 **d) Bei Verkehrsanlagen** nach Abs. 2 Nr. 3: Die anrechenbaren Kosten können nach § 46 ermittelt werden. Das bedeutet, dass die Ermittlung wie bei den Ingenieurbauwerken zu erfolgen hat unter zusätzlicher Berücksichtigung
 – von § 46 Abs. 4 über die Reduzierung der anrechenbaren Kosten für bestimmte in § 46 Abs. 3 genannte Objekte und Verkehrsanlagen und
 – von § 46 Abs. 5 über die Reduzierung bestimmter Straßen mit gemeinsamer Entwurfsgradiente.

6 **e) Kostenermittlungen gehören nicht zum Leistungsbild.** Die Kostenermittlungen, die für die Bauvermessung nach der Kostenberechnung erfolgen können oder – wenn dies schriftlich bei Auftragserteilung vereinbart wird – nach der Kostenschätzung erfolgen können, gehören nicht zum Leistungsbild des Auftragnehmers für vermessungstechnische Leistungen bei der Bauvermessung. Somit ist der Auftragnehmer für vermessungstechnische Leistungen auf Berechnungen und Angaben des Auftraggebers angewiesen, die dieser im Regelfall auf der Grundlage der Berechnung des jeweiligen Objektplaners vorlegen kann.

3. Kostenermittlungsverfahren und anrechenbare Kosten – Abs. 2

7 Die Bestimmung der anrechenbaren Kosten kann nach Punkt 1.4.5 Absatz 3 ermittelt werden, nach dem die Kostenberechnung für alle dortigen Leistungsphasen angewendet werden kann, insoweit wird auf die Kommentierung in 1.4.5 Rdn. 3 verwiesen.
 Von diesen so ermittelten Kosten werden bei der Bauvermessung
 – 80% bei Gebäuden,
 – 100% bei Ingenieurbauwerken und
 – 80% bei Verkehrsanlagen
angerechnet.

4. Nicht von Punkt 1.4.5 erfasste Leistungen – Abs. 3

8 Nach Absatz 3 gelten die Vorschriften über die Ermittlung der Grundlagen des Honorars in den Absätzen 1 bis 2 nicht für ober- und unterirdische Leitungen.

1.4.6 Honorarzonen für Grundleistungen bei der Bauvermessung

(1) **Die Honorarzone kann bei der Bauvermessung auf Grund folgender Bewertungsmerkmale ermittelt werden:**
a) Beeinträchtigung durch die Geländebeschaffenheit und bei der Begehbarkeit

sehr gering	**1 Punkt**
gering	**2 Punkte**
durchschnittlich	**3 Punkte**
hoch	**4 Punkte**
sehr hoch	**5 Punkte**

b) Behinderungen durch Bebauung und Bewuchs

sehr gering	**1 bis 2 Punkte**
gering	**3 bis 4 Punkte**
durchschnittlich	**5 bis 6 Punkte**
hoch	**7 bis 8 Punkte**
sehr hoch	**9 bis 10 Punkte**

c) Behinderung durch den Verkehr

sehr gering	**1 bis 2 Punkte**
gering	**3 bis 4 Punkte**
durchschnittlich	**5 bis 6 Punkte**
hoch	**7 bis 8 Punkte**
sehr hoch	**9 bis 10 Punkte**

d) Anforderungen an die Genauigkeit

sehr gering	1 bis 2 Punkte
gering	3 bis 4 Punkte
durchschnittlich	5 bis 6 Punkte
hoch	7 bis 8 Punkte
sehr hoch	9 bis 10 Punkte

e) Anforderungen durch die Geometrie des Objekts

sehr gering	1 bis 2 Punkte
gering	3 bis 4 Punkte
durchschnittlich	5 bis 6 Punkte
hoch	7 bis 8 Punkte
sehr hoch	9 bis 10 Punkte

f) Behinderung durch den Baubetrieb

sehr gering	1 bis 3 Punkte
gering	4 bis 6 Punkte
durchschnittlich	7 bis 9 Punkte
hoch	10 bis 12 Punkte
sehr hoch	13 bis 15 Punkte

(2) Die Honorarzone kann sich aus der Summe der Bewertungspunkte wie folgt ergeben:

Honorarzone I	bis 14 Punkte
Honorarzone II	15 bis 25 Punkte
Honorarzone III	26 bis 37 Punkte
Honorarzone IV	38 bis 48 Punkte
Honorarzone V	49 bis 60 Punkte.

Übersicht

1. Honorarzoneneinteilung

a) Fünf Honorarzonen – Abs. 1

In Absatz 1 werden die Grundleistungen bei der Bauvermessung in fünf Honorarzonen **1** gegliedert. Maßgebend für die Eingliederung sind sechs Bewertungsmerkmale, die sich nach dem erforderlichen Bemessungsaufwand richten.

b) Maßgebliche Gesamtpunkteanteil – Abs. 2

In Absatz 2 sind die für die Einordnung in eine Honorarzone maßgeblichen Punktzah- **2** len genannt, die in Zweifelsfällen eine Vermessung einer Honorarzone zuordnen lassen, wenn Bewertungsmerkmale aus mehreren Honorarzonen anwendbar sind.

c) Bewertungspunkte – Abs. 3

Die Bewertungspunkte sind abhängig von Beeinträchtigungen, Behinderungen und An- **3** forderungen für sechs Bewertungsmerkmale angegeben, und zwar für

1. Beeinträchtigungen durch Geländebeschaffenheit und bei der Begehbarkeit,
2. Behinderungen durch Bebauung und Bewuchs,
3. Behinderung durch Verkehr,
4. Anforderungen an die Genauigkeit,
5. Anforderungen durch die Geometrie des Objekts,
6. Behinderung durch den Baubetrieb.

Dabei sind für die fünf Honorarzonen die Bewertungspunkte gestaffelt nach ihrer Erheblichkeit, nämlich sehr gering, gering, durchschnittlich, überdurchschnittlich und sehr hoch.

2. Bewertungsmerkmale und Punktverteilung

4   Anhand der sechs Bewertungsmerkmale in Absatz 1 auf die fünf Honorarzonen ergibt sich die nachstehende Punkte-Matrix, in der den Gesamtpunkten jeder Honorarzone, die sich aus dieser Verteilung ergeben, die jeweiligen Minimal- und Maximalpunktzahlen nach Absatz 2 gegenüber- gestellt sind.

Honorarzonen	I	II	III	IV	V
Bewertungsmerkmale nach Nummer 1.4.6 Absatz 1			Bewertungspunkte		
Qualität	sehr gering	gering	durch- schnittlich	über- durchshnittlich	sehr hoch
1. Beeinträchtigungen durch die Geländebeschaffenheit und bei der Begehbarkeit	1	2	3	4	5
2. Behinderungen durch Bebau- ung und Bewuchs	1–2	3–4	5–6	7–8	9–10
3. Behinderung durch den Ver- kehr	1–2	3–4	5–6	7–8	9–10
4. Anforderungen an die Genau- igkeit	1–2	3–4	5–6	7–8	9–10
5. Anforderungen durch die Ge- ometrie des Objekts	1–2	3–4	5–6	7–8	9–10
6. Behinderung durch Baubetrieb	1–3	4–6	7–9	10–12	13–15
Gesamt	6–12	18–24	30–36	42–48	54–60

	I	II	III	IV	V
Honorarzonen und Punktzahlen nach Punkt 1.4.3 Absatz 2	bis 14	15–25	26–37	38–48	49–60

1.4.7 Leistungsbild Bauvermessung

(1) **Das Leistungsbild Bauvermessung kann die Vermessungsleistungen für den Bau und die abschließende Bestandsdokumentation von Gebäuden, Ingenieurbauwerken und Verkehrsanlagen umfassen.**

(2) **Die Grundleistungen können in fünf Leistungsphasen zusammengefasst und wie folgt in Prozentsätzen der Honorare der Nummer 1.4.8 Absatz 2 bewertet werden:**

1. für die Leistungsphase 1 (Baugeometrische Beratung) mit 2 Prozent

2. für die Leistungsphase 2 (Absteckungsunterlagen) mit 5 Prozent,

3. für die Leistungsphase 3 (Bauvorbereitende Vermessung) mit 16 Prozent,

4. für die Leistungsphase 4 (Bauausführungsvermessung) mit 62 Prozent,

5. für die Leistungsphase 5 (Vermessungstechnische Überwachung der Bauausführung) mit 15 Prozent.

(3) **Das Leistungsbild kann sich wie folgt zusammensetzen:**

Grundleistungen	Besondere Leistungen
1. Baugeometrische Beratung	
a) Ermitteln des Leistungsumfanges in Abhängigkeit vom Projekt b) Beraten, insbesondere im Hinblick auf die erforderlichen Genauigkeiten und zur Konzeption eines Messprogramms c) Festlegen eines für alle Beteiligten verbindlichen Maß-, Bezugs- und Benennungssystems	– Erstellen von vermessungstechnischen Leistungsbeschreibungen – Erarbeiten von Organisationsvorschlägen über Zuständigkeiten, Verantwortlichkeit und Schnittstellen der Objektvermessung – Erstellen von Messprogrammen für Bewegungs- und Deformationsmessungen einschließlich Vorgaben für die Baustelleneinrichtung
2. Absteckungsunterlagen	
a) Berechnen der Detailgeometrie anhand der Ausführungsplanung, Erstellen eines Absteckungsplanes und Berechnen von Absteckungsdaten einschließlich Aufzeigen von Widersprüchen (Absteckungsunterlagen)	– Durchführen von zusätzlichen Aufnahmen und ergänzende Berechnungen, falls keine qualifizierten Unterlagen aus der Leistungsphase vermessungstechnische Grundlagen vorliegen – Durchführen von Optimierungsberechnungen im Rahmen der Baugeometrie (zum Beispiel Flächennutzung, Abstandsflächen) – Erarbeitung von Vorschlägen zur Beseitigung von Widersprüchen bei der Verwendung von Zwangspunkten (zum Beispiel bauordnungsrechtliche Vorgaben)
3. Bauvorbereitende Vermessung	
a) Prüfen und Ergänzen des bestehenden Festpunktfelds b) Zusammenstellung und Aufbereitung der Absteckungsdaten c) Absteckung: Übertragen der Projektgeometrie (Hauptpunkte) und des Baufelds in die Örtlichkeit d) Übergabe der Lage- und Höhenfestpunkte, der Hauptpunkte und der Absteckungsunterlagen an das bauausführende Unternehmen	– Absteckung auf besondere Anforderungen (zum Beispiel Archäologie, Ausholzung, Grobabsteckung, Kampfmittelräumung)
4. Bauausführungsvermessung	
a) Messungen zur Verdichtung des Lage- und Höhenfestpunktfeldes b) Messungen zur Überprüfung und Sicherung von Fest- und Achspunkten c) Baubegleitende Absteckungen der geometriebestimmenden Bauwerkspunkte nach Lage und Höhe	– Erstellen und Konkretisieren des Messprogramms – Absteckungen unter Berücksichtigung von belastungs- und fertigungstechnischen Verformungen – Prüfen der Maßgenauigkeit von Fertigteilen – Aufmaß von Bauleistungen, soweit besondere vermessungstechnische Leistungen gegeben sind

Grundleistungen	Besondere Leistungen
d) Messungen zur Erfassung von Bewegungen und Deformationen des zu erstellenden Objekts an konstruktiv bedeutsamen Punkten e) Baubegleitende Eigenüberwachungsmessungen und deren Dokumentation f) Fortlaufende Bestandserfassung während der Bauausführung als Grundlage für den Bestandplan	– Ausgabe von Baustellenbestandsplänen während der Bauausführung – Fortführen der vermessungstechnischen Bestandspläne nach Abschluss der Grundleistungen – Herstellen von Bestandsplänen
5. Vermessungstechnische Überwachung der Bauausführung	
a) **Kontrollieren der Bauausführung durch stichprobenartige Messungen an Schalungen und entstehenden Bauteilen (Kontrollmessungen)** b) **Fertigen von Messprotokollen** c) **Stichprobenartige Bewegungs- und Deformationsmessungen an konstruktiv bedeutsamen Punkten des zu erstellenden Objekts**	– **Prüfen der Mengenermittlungen** – **Beratung zu langfristigen vermessungstechnischen Objektüberwachungen im Rahmen der Ausführungskontrolle baulicher Maßnahmen und deren Durchführung** – **Vermessungen für die Abnahme von Bauleistungen, soweit besondere vermessungstechnische Anforderungen gegeben sind**

(4) **Die Leistungsphase 4 ist abweichend von Absatz 2 bei Gebäuden mit 45 bis 62 Prozent zu bewerten.**

1. Leistungsbild Bauvermessung – Abs. 1

1   **a) Amtliche Begründung (zur 4. ÄndVO) zu Abs. 1:**

„Absatz 1 enthält – wie bei der Entwurfsvermessung in 1.5.4b (nunmehr Planungsbegleitende Vermessung in 1.4.4) – wieder eine Inhaltsbestimmung für die Bauvermessung sowie eine Aufteilung der Gesamtleistung in vier Leistungsphasen."

Mit der Novellierung 2013 sind die bisher vier Leistungsphasen in fünf Leistungsphasen aufgeteilt worden, und die Prozentsätze der Honorare anders gewichtet worden. Die ursprünglichen Leistungsphasen 1 und 2 sind in drei Leistungsphasen entsprechend dem Arbeitsablauf aufgeteilt worden und mit insgesamt 23% des Honorars gegenüber früher angesetzten 16% des Honorars aufgewertet worden.

2   **b) Bewertungen.** Aus den Prozentsätzen in Punkt 1.4.7 der Honorare der Honorartafel in Punkt 1.4.8 Abs. 2 lässt sich schließen, dass der Verordnungsgeber der Leistungsphase 4,

nämlich der Bauausführungsvermessung, das Hauptgewicht mit 62 v. H. zuordnet. Mit der Änderung und der Einführung der Leistungsphase 3, bauvorbereitende Vermessung, ist diese Leistung, die vorher in der Leistungsphase 2 enthalten war, als zweitwichtigste Tätigkeit aufgewertet worden. Bei einer Analyse der einzelnen Grundleistungen und der Bewertungspunkte fällt auf, dass von den Honoraren die Hauptanteile auf eine Vermessung am Bauwerk und im Feld selbst und kaum Anteile für die Erstellung von Unterlagen (ausgenommen Messprotokolle) entfallen.

2. Grundleistungen der Bauvermessung – Abs. 2

a) Mit der **baugeometrischen Beratung** der Leistungsphase 1 (Bewertung 2%) werden insbesondere Genauigkeiten, Messprogrammkonzepte und Bezugssysteme festgestellt. Mit der Erstellung von Messprogrammen für Bewegungs- und Deformationsmessungen sind auch Vorgaben für die Baustelleneinrichtung zu machen, so zum Beispiel erforderliche Überhöhungen, Lehrgerüstanpassungen u.a. Der Honoraranteil mit 2% ist gleich geblieben. **3**

b) Mit den **Absteckungsunterlagen** (Bewertung 5%) werden die Grundlagen für das Erstellen eines Absteckungsplanes errechnet und vermessungstechnisch durchgearbeitet. Die so hergestellten Unterlagen entsprechen den in VOB Teil B § 3 Nr. 3 festgelegten Unterlagen, die der Auftraggeber unentgeltlich dem Auftragnehmer zur Verfügung zu stellen hat. **4**

c) Mit der **bauvorbereitenden Vermessung** (Bewertung 16%) werden die Hauptpunkte in die Örtlichkeit übertragen und die Lage- und Höhenfestpunkte an das bauausführende Unternehmen übergeben. Dieser Aufgabe entsprechen die in VOB Teil B § 3 Nr. 2 und 3 erwähnten Leistungen des Auftraggebers, die einem Auftragnehmer zur Verfügung gestellt werden müssen. Diese Leistung ist erheblich aufgewertet worden gegenüber der Novelle 2009. Bisher waren lediglich 14% sowohl für die Herstellung der zu übergebenden Unterlagen wie auch für die Übertragung der Hauptpunkte in die Örtlichkeit angesetzt. Mit der Teilung der Leistungsphasen in die Herstellung der Absteckungsunterlagen, Leistungsphase 2, und bauvorbereitende Vermessung, Leistungsphase 3, sind insgesamt 7%-Punkte hinzugekommen. **5**

d) Die **Bauausführungsvermessung** (Bewertung 62%) die außer weiterer Lage- und Höhenfestpunkten vor allem baubegleitende Absteckungen der geometriebestimmenden Bauwerkspunkte nach Lage und Höhe zur Messung und Erfassung von Bewegungen und Deformationen beinhaltet, überschneidet sich mit Aufgaben, die im Allgemeinen dem ausführenden Unternehmen obliegen, wie die fortlaufende Bestandserfassung und Grundlage für den Bestandsplan. **6**

Vor allem werden die baubegleitenden Absteckungen nur bei größeren Objekten zur Anwendung kommen, die in ein System weiterer Baumaßnahmen eingepasst werden (Straßen, Brücken u.ä.).

Die für diese Leistungsphase angegebene Bewertung von 62% ist nach Absatz 4 abweichend von Absatz 2 bei Gebäuden mit 45 bis 62% zu bewerten. Damit kann sie bei Ausführungsvermessung auf 45% bei Gebäuden je nach Einzelfall reduziert werden. Gegenüber der Novelle 2009 ist die Bewertung dieser Leistung um 4%-Punkte ermäßigt worden.

e) Die **vermessungstechnische Überwachung der Bauausführung** (Bewertung 15%) entspricht einer Qualitätskontrolle des Bauherrn, denn sie enthält Messungen an Schalungen und entstehenden Bauteilen sowie stichprobenartige Bewegungs- und Deformationsmessungen an konstruktiv bedeutsamen Punkten des zu erstellenden Objekts, also an weitgespannten Trägern u.ä. Gegenüber der Novelle 2009 ist die Bewertung um 3%-Punkte ermäßigt worden. **7**

3. Besondere Leistungen der Bauvermessung – Abs. 2

Wie in allen Leistungsbildern der Verordnung sind zu den einzelnen Leistungsphasen Besondere Leistungen angeführt, die zu den Grundleistungen hinzu- oder an ihre Stelle **8** treten können. Wie in anderen Leistungsbildern der Verordnung ist der Katalog der Besonderen Leistungen nicht abschließend.

1.4.8 Honorare für Grundleistungen bei der Ingenieurvermessung

(1) **Die Honorare für die in Nummer 1.4.4 Absatz 3 aufgeführten Grundleistungen der Planungsbegleitenden Vermessung können sich nach der folgenden Honorartafel richten:**

Verrech-nungs-einheiten	Honorar-zone I sehr geringe Anforde-rungen		Honorar-zone II geringe Anforde-rungen		Honorar-zone III durchschnittli-che Anforde-rungen		Honorar-zone IV hohe Anforde-rungen		Honorarzone V sehr hohe Anforde-rungen	
	von	bis	von	bis	von	bis	von	von	bis	von
	Euro		Euro		Euro		Euro		Euro	
6	658	777	777	914	914	1 051	1 051	1 170	1 170	1 289
20	953	1 123	1 123	1 306	1 306	1 489	1 489	1 659	1 659	1 828
50	1 480	1 740	1 740	2 000	2 000	2 260	2 260	2 520	2 520	2 780
103	2 225	2 616	2 616	3 007	3 007	3 399	3 399	3 790	3 790	4 182
188	3 325	3 826	3 826	4 327	4 327	4 829	4 829	5 330	5 330	5 831
278	4 320	4 931	4 931	5 542	5 542	6 153	6 153	6 765	6 765	7 376
359	5 156	5 826	5 826	6 547	6 547	7 217	7 217	7 939	7 939	8 609
435	5 881	6 656	6 656	7 437	7 437	8 212	8 212	8 994	8 994	9 768
506	6 547	7 383	7 383	8 219	8 219	9 055	9 055	9 892	9 892	10 728
659	7 867	8 859	8 859	9 815	9 815	10 809	10 809	11 765	11 765	12 757
822	9 187	10 299	10 299	11 413	11 413	12 513	12 513	13 625	13 625	14 737
1 105	11 332	12 667	12 667	14 002	14 002	15 336	15 336	16 672	16 672	18 006
1 400	13 525	14 977	14 977	16 532	16 532	18 086	18 086	19 642	19 642	21 196
2 033	17 714	19 597	19 597	21 592	21 592	23 586	23 586	25 582	25 582	27 576
2 713	21 894	24 217	24 217	26 652	26 652	29 086	29 086	31 522	31 522	33 956
3 430	26 074	28 837	28 837	31 712	31 712	34 586	34 586	37 462	37 462	40 336
4 949	34 434	38 077	38 077	41 832	41 832	45 586	45 586	49 342	49 342	53 096
7 385	46 974	51 937	51 937	57 012	57 012	62 086	62 086	67 162	67 162	72 236
11 726	67 874	75 037	75 037	82 312	82 312	89 586	89 586	96 862	96 862	104 136

(2) **Die Honorare für die in Nummer 1.4.7 Absatz 3 Grundleistungen der Bauvermessung können sich nach der folgenden Honorartafel richten:**

Anrechen-bare Kosten in Euro	Honorar-zone I sehr geringe Anforde-rungen		Honorar-zone II geringe Anforde-rungen		Honorar-zone III durchschnitt-liche Anforde-rungen		Honorar-zone IV hohe Anforde-rungen		Honorar-zone V sehr hohe Anforde-rungen	
	von	bis	von	bis	von	bis	von	bis	von	bis
	Euro		Euro		Euro		Euro		Euro	
50 000	4 282	4 782	4 782	5 283	5 283	5 839	5 839	6 339	6 339	6 840
75 000	4 648	5 191	5 191	5 734	5 734	6 338	6 338	6 881	6 881	7 424
100 000	5 002	5 586	5 586	6 171	6 171	6 820	6 820	7 405	7 405	7 989

Anrechen- bare Kosten in Euro	Honorar- zone I sehr geringe Anforde- rungen		Honorar- zone II geringe Anforde- rungen		Honorar- zone III durchschnitt- liche Anforde- rungen		Honorar- zone IV hohe Anforde- rungen		Honorar- zone V sehr hohe Anforde- rungen	
	von	bis	von	bis	von	bis	von	bis	von	bis
	Euro		Euro		Euro		Euro		Euro	
150 000	5 684	6 349	6 349	7 013	7 013	7 751	7 751	8 416	8 416	9 080
200 000	6 344	7 086	7 086	7 827	7 827	8 651	8 651	9 393	9 393	10 134
250 000	6 987	7 804	7 804	8 621	8 621	9 528	9 528	10 345	10 345	11 162
300 000	7 618	8 508	8 508	9 399	9 399	10 388	10 388	11 278	11 278	12 169
400 000	8 848	9 883	9 883	10 917	10 917	12 066	12 066	13 100	13 100	14 134
500 000	10 048	11 222	11 222	12 397	12 397	13 702	13 702	14 876	14 876	16 051
600 000	11 223	12 535	12 535	13 847	13 847	15 304	15 304	16 616	16 616	17 928
750 000	12 950	14 464	14 464	15 978	15 978	17 659	17 659	19 173	19 173	20 687
1 000 000	15 754	17 596	17 596	19 437	19 437	21 483	21 483	23 325	23 325	25 166
1 500 000	21 165	23 639	23 639	26 113	26 113	28 862	28 862	31 336	31 336	33 810
2 000 000	26 393	29 478	29 478	32 563	32 563	35 990	35 990	39 075	39 075	42 160
2 500 000	31 488	35 168	35 168	38 849	38 849	42 938	42 938	46 619	46 619	50 299
3 000 000	36 480	40 744	40 744	45 008	45 008	49 745	49 745	54 009	54 009	58 273
4 000 000	46 224	51 626	51 626	57 029	57 029	63 032	63 032	68 435	68 435	73 838
5 000 000	55 720	62 232	62 232	68 745	68 745	75 981	75 981	82 494	82 494	89 007
7 500 000	78 690	87 888	87 888	97 085	97 085	107 305	107 305	116 502	116 502	125 700
10 000 000	100 876	112 667	112 667	124 458	124 458	137 559	137 559	149 350	149 350	161 140

Übersicht

1. Bisherige und geänderte Honorarrahmen (gem. Amtlicher Begründung zur 4. ÄndVO)

a) *„Der bisher (Anm. d. h. bis zur 4. ÄndVO) gültige Honorarrahmen, der sich nur auf die* **1** *Vermessungsleistungen von außerörtlichen Straßen bezog, wird auf das Gesamtspektrum der ortsgebundenen Vermessungsleistungen von Gebäuden, Ingenieurbauwerken und weiteren Verkehrsanlagen ausgeweitet. Dabei wird ein angemessenes Honorarniveau nach Feststellung der obersten Straßenbauverwaltungen der Länder übernommen, die die neue Honorartafel auf der Grundlage von tatsächlichen Vermessungsaufträgen überprüft haben.“*

b) *„Die Honorarordnung in der Fassung der Dritten Änderungsverordnung enthält nur besondere* **2** *Honorarregelungen für die Vermessung von außerörtlichen Straßen. Die in der Honorartafel des § 99 Abs. 1 hierfür festgesetzten Honorare sind oft nicht angemessen, so dass die Straßenbauverwaltungen bei Vergabe von Aufträgen auf der Basis der in der Honorarordnung festgesetzten Honorare oft keine Auftragnehmer finden und deshalb freie Vereinbarungen treffen.“*

3   **c)** „*Da das in der neuen Honorartafel (Anmerkung: Gemeint ist die mit der 4. ÄndVO verab-schiedete) festgesetzte Honorarniveau dem bezahlten Honorar entspricht, ergaben sich nach den Fest-stellungen der obersten Straßenbauverwaltungen der Länder durch die neue Honorartafel keine Mehr-kosten für die Landesstraßenbauverwaltungen. Es wird davon ausgegangen, dass die Feststellungen der obersten Straßenbauverwaltungen der Länder auch für die Kommunen entsprechend gelten.*"

2. Honorartafel

4   **a)** Da die Leistungen für die Ingenieurvermessung mit der HOAI-Novelle von 2009 aus dem verbindlichen Teil in die Beratungsleistungen ausgegliedert worden sind, können die Honorare frei vereinbart werden, so dass die **Honorare der Honorartafel** in Abs. 2 **nur** einen Anhalt für Honorarvereinbarungen darstellen und als **Empfehlung** angesehen wer-den müssen.

3. Honorarstaffelung

5   Mit der vorliegenden Novelle von 2013 sind die zahlengenau umgerechneten Signal-werte auf 50 000,00 Euro und 10 Mio. Euro anrechenbare Kosten festgelegt worden, und die Honorare wurden erheblich angehoben, in unterschiedlichen Prozentzahlen von mehr als 50 % bis zu etwas weniger als 10 %.

Bisherige Honorarstaffelung

6   Gemäß Artikel 5 des Neunten Euro-Einführungsgesetzes sind die Honorare auf Euro umgestellt worden und zwar dergestalt,
– dass die DM-Beträge der anrechenbaren Kosten und der Honorare mit dem offiziellen Umrechnungsfaktor 1,95583 „zahlengenau" mit Rundungen umgerechnet wurden,
– dass zwischen den zahlengenau umgerechneten Werten die anrechenbaren Kosten auf glatte Beträge mit Sprüngen von 50 000 Euro, 250 000 Euro, 500 000 Euro festgelegt wurden.

4. Neugestaltung der Honorartafeln

7   **a)** Für die bisherige Entwurfsvermessung, die mit der Novelle von 2013 in Planungsbe-gleitende Vermessung umbenannt worden ist, sind die Honorare nicht mehr von anre-chenbaren Kosten, sondern von sogenannten Verrechnungseinheiten abhängig, die sich nach der Messpunktedichte richten (vgl. oben Nummer 1.4.2 Rdn. 2 ff.).

8   **b)** Für die Honorare der Bauvermessung können weiterhin die anrechenbaren Kosten des Gebäudes oder des Ingenieurbauwerks bzw. der Verkehrsanlage maßgebend sein, die von 50 000 Euro bis 10 Mio. Euro in der Honorartafel für 5 Honorarzonen gestaffelt sind.

1.4.9 Sonstige vermessungstechnische Leistungen

Für sonstige vermessungstechnische Leistungen nach Nummer 1.4.1 kann ein Honorar ergänzend frei vereinbart werden.

1   Mit Ziff. 1.4.9 wird klargestellt, dass Honorare für vermessungstechnische Leistungen im Sinne der Nr. 1.4.1, die nicht in planungsbegleitender Vermessung oder Bauvermessung bestehen, frei vereinbart werden können, und dass die Verordnung hierzu auch keine Pa-rameter zur Verfügung stellt.

Teil F. Anhang

Übersicht

I. Kosten im Bauwesen – Teil 1: Hochbau

Inhalt

Vorwort

Diese Norm wurde vom NABau Arbeitsausschuss NA 005-01-05 AA „Kosten im Hochbau" erarbeitet. Der Teil 1 gilt für den Hochbau; Teil 2 für den Ingenieurbau ist in Vorbereitung.

Änderungen

Gegenüber DIN 276-1:2006–11 und DIN 276-1 Berichtigung 1:2007-02 wurden folgende Änderungen vorge- nommen:
a) die Änderung A1 (Entwurf 2008-02) wurde eingearbeitet;
b) die Berichtigung 1:2007-02 wurde eingearbeitet.

Frühere Ausgaben

DIN 276: 1934-08, 1943-08, 1954x-03, 1993-06
DIN 276-1: 1971-09, 1981-04

DIN 276-1 Berichtigung 1:2007-02
DIN 276-2: 1971-09, 1981-04
DIN 276-3: 1971-09, 1981-04
DIN 276-3 Auswahl 1: 1981-04

1 Anwendungsbereich

Dieser Teil der Norm gilt für die Kostenplanung im Hochbau, insbesondere für die Ermittlung und die Gliederung von Kosten. Sie erstreckt sich auf die Kosten für den Neubau, den Umbau und die Modernisierung von Bauwerken sowie die damit zusammenhängenden projektbezogenen Kosten; für Nutzungskosten im Hochbau gilt DIN 18960.

Die Norm legt Begriffe der Kostenplanung im Bauwesen fest; sie legt Unterscheidungsmerkmale von Kosten fest und schafft damit die Voraussetzungen für die Vergleichbarkeit der Ergebnisse von Kostenermittlungen. Die nach dieser Norm ermittelten Kosten können bei Verwendung für andere Zwecke (z.B. Vergütung von Auftragnehmerleistungen, steuerliche Förderung) den dabei erforderlichen Ermittlungen zugrunde gelegt werden. Eine Bewertung der Kosten im Sinne der entsprechenden Vorschriften nimmt die Norm jedoch nicht vor.

2 Begriffe

Für die Anwendung dieses Dokuments gelten die folgenden Begriffe.

2.1 Kosten im Bauwesen

Aufwendungen für Güter, Leistungen, Steuern und Abgaben, die für die Vorbereitung, Planung und Ausführung von Bauprojekten erforderlich sind

ANMERKUNG   Kosten im Bauwesen werden in diesem Dokument im Folgenden als Kosten bezeichnet.

2.2 Kostenplanung

Gesamtheit aller Maßnahmen der Kostenermittlung, der Kostenkontrolle und der Kostensteuerung

2.3 Kostenvorgabe

Festlegung der Kosten als Obergrenze oder als Zielgröße für die Planung

2.4 Kostenermittlung

Vorausberechnung der entstehenden Kosten bzw. Feststellung der tatsächlich entstandenen Kosten

Entsprechend dem Planungsfortschritt werden die folgenden Stufen der Kostenermittlung unterschieden:

2.4.1 Kostenrahmen

Ermittlung der Kosten auf der Grundlage der Bedarfsplanung

2.4.2 Kostenschätzung

Ermittlung der Kosten auf der Grundlage der Vorplanung

2.4.3 Kostenberechnung

Ermittlung der Kosten auf der Grundlage der Entwurfsplanung

2.4.4 Kostenanschlag

Ermittlung der Kosten auf der Grundlage der Ausführungsvorbereitung

2.4.5 Kostenfeststellung

Ermittlung der endgültigen Kosten

2.5 Kostenkontrolle

Vergleichen aktueller Kostenermittlungen mit Kostenvorgaben und früheren Kostenermittlungen

2.6 Kostensteuerung

Eingreifen in die Planung zur Einhaltung von Kostenvorgaben

2.7 Kostenkennwert
Wert, der das Verhältnis von Kosten zu einer Bezugseinheit darstellt

2.8 Kostengliederung
Ordnungsstruktur, nach der die Gesamtkosten eines Bauprojekts in Kostengruppen unterteilt werden

2.9 Kostengruppe
Zusammenfassung einzelner, nach den Kriterien der Planung oder des Projektablaufes zusammengehörender Kosten

2.10 Gesamtkosten
Kosten, die sich als Summe aus allen Kostengruppen ergeben

2.11 Bauwerkskosten
Kosten, die sich als Summe der Kostengruppen 300 und 400 ergeben

2.12 Kostenprognose
Ermittlung der Kosten auf den Zeitpunkt der Fertigstellung

2.13 Kostenrisiko
Unwägbarkeiten und Unsicherheiten bei Kostenermittlungen und Kostenprognosen

3 Grundsätze der Kostenplanung

3.1 Allgemeines
Ziel der Kostenplanung ist es, ein Bauprojekt wirtschaftlich und kostentransparent sowie kostensicher zu realisieren.

Die Kostenplanung ist auf der Grundlage von Planungsvorgaben (Quantitäten und Qualitäten) oder von Kostenvorgaben kontinuierlich und systematisch über alle Phasen eines Bauprojekts durchzuführen.

Kostenplanung kann nach folgenden Grundsätzen erfolgen:
– die Kosten sind durch Anpassung von Qualitäten und Quantitäten einzuhalten;
– die Kosten sind bei definierten Qualitäten und Quantitäten zu minimieren.

3.2 Kostenvorgabe

3.2.1 Ziel und Zweck
Ziel der Kostenvorgabe ist es, die Kostensicherheit zu erhöhen, Investitionsrisiken zu vermindern und frühzeitige Alternativüberlegungen in der Planung zu fördern.

3.2.2 Festlegung der Kostenvorgabe
Eine Kostenvorgabe kann auf der Grundlage von Budget- oder Kostenermittlungen festgelegt werden.

Vor der Festlegung einer Kostenvorgabe ist ihre Realisierbarkeit im Hinblick auf die weiteren Planungsziele zu überprüfen. Bei Festlegung einer Kostenvorgabe ist zu bestimmen, ob sie als Kostenobergrenze oder als Zielgröße für die Planung gilt. Diese Vorgehensweise ist auch für eine Fortschreibung der Kostenvorgabe – insbesondere auf Grund von Planungsänderungen – anzuwenden.

3.3 Kostenermittlung

3.3.1 Zweck
Kostenermittlungen dienen als Grundlagen für Finanzierungsüberlegungen und Kostenvorgaben, für Maßnahmen der Kostenkontrolle und der Kostensteuerung, für Planungs-, Vergabe- und Ausführungsentscheidungen sowie zum Nachweis der entstandenen Kosten.

3.3.2 Darstellung und Vollständigkeit
Kostenermittlungen sind in der Systematik der Kostengliederung zu ordnen. Die Kosten sind vollständig zu erfassen und zu dokumentieren.

3.3.3 Grundlagen und Erläuterungen
Die Grundlagen der Kostenermittlung sind anzugeben. Erläuterungen zum Bauprojekt sind in der Systematik der Kostengliederung zu ordnen.

3.3.4 Kostenermittlung bei Bauabschnitten

Besteht ein Bauprojekt aus mehreren Abschnitten (z.B. funktional, zeitlich, räumlich oder wirtschaftlich), sind für jeden Abschnitt getrennte Kostenermittlungen aufzustellen.

3.3.5 Bauprojekte im Bestand

Bei Bauprojekten im Bestand sollten die Kosten nach Abbruch-, Instandsetzungs- und Neubaumaßnahmen unterschieden werden.

3.3.6 Vorhandene Bausubstanz und wiederverwendete Teile

Der Wert vorhandener Bausubstanz und wiederverwendeter Teile ist bei den betreffenden Kostengruppen gesondert auszuweisen.

3.3.7 Eigenleistungen

Der Wert von Eigenleistungen ist bei den betreffenden Kostengruppen gesondert auszuweisen. Für Eigenleistungen sind die Personal- und Sachkosten einzusetzen, die für entsprechende Unternehmerleistungen entstehen würden.

3.3.8 Besondere Kosten

Sofern Kosten durch außergewöhnliche Bedingungen des Standortes (z.B. Gelände, Baugrund, Umgebung), durch besondere Umstände des Bauprojekts oder durch Forderungen außerhalb der Zweckbestimmung des Bauwerks verursacht werden, sind diese Kosten bei den betreffenden Kostengruppen gesondert auszuweisen.

3.3.9 Kostenrisiken

In Kostenermittlungen sollten vorhersehbare Kostenrisiken nach ihrer Art, ihrem Umfang und ihrer Eintrittswahrscheinlichkeit benannt werden. Es sollten geeignete Maßnahmen zur Reduzierung, Vermeidung, Überwälzung und Steuerung von Kostenrisiken aufgezeigt werden.

3.3.10 Kostenstand und Kostenprognose

Bei Kostenermittlungen ist vom Kostenstand zum Zeitpunkt der Ermittlung auszugehen; dieser Kostenstand ist durch die Angabe des Zeitpunktes zu dokumentieren.

Sofern Kosten auf den Zeitpunkt der Fertigstellung prognostiziert werden, sind sie gesondert auszuweisen.

3.3.11 Umsatzsteuer

Die Umsatzsteuer kann entsprechend den jeweiligen Erfordernissen wie folgt berücksichtigt werden:

- in den Kostenangaben ist die Umsatzsteuer enthalten („Brutto-Angabe");
- in den Kostenangaben ist die Umsatzsteuer nicht enthalten („Netto-Angabe");
- nur bei einzelnen Kostenangaben (z.B. bei übergeordneten Kostengruppen) ist die Umsatzsteuer ausgewiesen.

In der Kostenermittlung und bei Kostenkennwerten ist immer anzugeben, in welcher Form die Umsatzsteuer berücksichtigt worden ist.

3.4 Stufen der Kostenermittlung

In 3.4.1 bis 3.4.5 werden die Stufen der Kostenermittlung nach ihrem Zweck, den erforderlichen Grundlagen und dem Detaillierungsgrad festgelegt.

3.4.1 Kostenrahmen

Der Kostenrahmen dient als eine Grundlage für die Entscheidung über die Bedarfsplanung sowie für grundsätzliche Wirtschaftlichkeits- und Finanzierungsüberlegungen und zur Festlegung der Kostenvorgabe.

Bei dem Kostenrahmen werden insbesondere folgende Informationen zugrunde gelegt:

- quantitative Bedarfsangaben, z.B. Raumprogramm mit Nutzeinheiten, Funktionselemente und deren Flächen;
- qualitative Bedarfsangaben, z.B. bautechnische Anforderungen, Funktionsanforderungen, Ausstattungsstandards;
- gegebenenfalls auch Angaben zum Standort.

Im Kostenrahmen müssen innerhalb der Gesamtkosten mindestens die Bauwerkskosten gesondert ausgewiesen werden.

3.4.2 Kostenschätzung

Die Kostenschätzung dient als eine Grundlage für die Entscheidung über die Vorplanung.

In der Kostenschätzung werden insbesondere folgende Informationen zugrunde gelegt:

- Ergebnisse der Vorplanung, insbesondere Planungsunterlagen, zeichnerische Darstellungen;
- Berechnung der Mengen von Bezugseinheiten der Kostengruppen, nach DIN 277;
- erläuternde Angaben zu den planerischen Zusammenhängen, Vorgängen und Bedingungen;
- Angaben zum Baugrundstück und zur Erschließung.

In der Kostenschätzung müssen die Gesamtkosten nach Kostengruppen mindestens bis zur 1. Ebene der Kostengliederung ermittelt werden.

3.4.3 Kostenberechnung

Die Kostenberechnung dient als eine Grundlage für die Entscheidung über die Entwurfsplanung.

In der Kostenberechnung werden insbesondere folgende Informationen zugrunde gelegt:

- Planungsunterlagen, z.B. durchgearbeitete Entwurfszeichnungen (Maßstab nach Art und Größe des Bauvorhabens), gegebenenfalls auch Detailpläne mehrfach wiederkehrender Raumgruppen;
- Berechnung der Mengen von Bezugseinheiten der Kostengruppen;
- Erläuterungen, z.B. Beschreibung der Einzelheiten in der Systematik der Kostengliederung, die aus den Zeichnungen und den Berechnungsunterlagen nicht zu ersehen, aber für die Berechnung und die Beurteilung der Kosten von Bedeutung sind.

In der Kostenberechnung müssen die Gesamtkosten nach Kostengruppen mindestens bis zur 2. Ebene der Kostengliederung ermittelt werden.

3.4.4 Kostenanschlag

Der Kostenanschlag dient als eine Grundlage für die Entscheidung über die Ausführungsplanung und die Vorbereitung der Vergabe.

Im Kostenanschlag werden insbesondere folgende Informationen zugrunde gelegt:

- Planungsunterlagen, z.B. endgültige vollständige Ausführungs-, Detail- und Konstruktionszeichnungen;
- Berechnungen, z.B. für Standsicherheit, Wärmeschutz, technische Anlagen;
- Berechnung der Mengen von Bezugseinheiten der Kostengruppen;
- Erläuterungen zur Bauausführung, z.B. Leistungsbeschreibungen;
- Zusammenstellungen von Angeboten, Aufträgen und bereits entstandenen Kosten (z.B. für das Grundstück, Baunebenkosten usw.).

Im Kostenanschlag müssen die Gesamtkosten nach Kostengruppen mindestens bis zur 3. Ebene der Kostengliederung ermittelt und nach den vorgesehenen Vergabeeinheiten geordnet werden. Der Kostenanschlag kann entsprechend dem Projektablauf in einem oder mehreren Schritten aufgestellt werden.

3.4.5 Kostenfeststellung

Die Kostenfeststellung dient zum Nachweis der entstandenen Kosten sowie gegebenenfalls zu Vergleichen und Dokumentationen.

In der Kostenfeststellung werden insbesondere folgende Informationen zugrunde gelegt:

- geprüfte Abrechnungsbelege, z.B. Schlussrechnungen, Nachweise der Eigenleistungen;

– Planungsunterlagen, z.B. Abrechnungszeichnungen;
– Erläuterungen.

In der Kostenfeststellung müssen die Gesamtkosten nach Kostengruppen bis zur 3. Ebene der Kostengliederung unterteilt werden.

3.5 Kostenkontrolle und Kostensteuerung

3.5.1 Zweck

Kostenkontrolle und Kostensteuerung dienen der Überwachung der Kostenentwicklung und der Einhaltung der Kostenvorgabe.

3.5.2 Grundsatz

Bei der Kostenkontrolle und Kostensteuerung sind die Planungs- und Ausführungsmaßnahmen eines Bauprojekts hinsichtlich ihrer resultierenden Kosten kontinuierlich zu bewerten. Wenn bei der Kostenkontrolle Abweichungen festgestellt werden insbesondere beim Eintreten von Kostenrisiken, sind diese zu benennen. Es ist dann zu entscheiden, ob die Planung unverändert fortgesetzt wird, oder ob zielgerichtete Maßnahmen der Kostensteuerung ergriffen werden.

3.5.3 Dokumentation

Die Ergebnisse der Kostenkontrolle sowie die vorgeschlagenen und durchgeführten Maßnahmen der Kostensteuerung sind zu dokumentieren.

3.5.4 Kostenkontrolle bei der Vergabe und Ausführung

Bei der Vergabe und der Ausführung sind die Angebote, Aufträge und Abrechnungen (einschließlich Nachträgen) in der für das Bauprojekt festgelegten Struktur aktuell zusammenzustellen und durch Vergleiche mit vorherigen Ergebnissen zu kontrollieren.

4 Kostengliederung

4.1 Aufbau der Kostengliederung

Die Kostengliederung nach 4.3 sieht drei Ebenen der Kostengliederung vor; diese sind durch dreistellige Ordnungszahlen gekennzeichnet.

In der 1. Ebene der Kostengliederung werden die Gesamtkosten in folgende sieben Kostengruppen gegliedert:

100 Grundstück
200 Herrichten und Erschließen
300 Bauwerk – Baukonstruktionen
400 Bauwerk – Technische Anlagen
500 Außenanlagen
600 Ausstattung und Kunstwerke
700 Baunebenkosten

Die Kostengruppen 300 und 400 können zu Bauwerkskosten zusammengefasst werden.

Bei Bedarf werden diese Kostengruppen entsprechend der Kostengliederung in die Kostengruppen der 2. und 3. Ebene der Kostengliederung unterteilt.

Über die Kostengliederung dieser Norm hinaus können die Kosten entsprechend den technischen Merkmalen z.B. für eine differenzierte Kostenplanung oder den herstellungsmäßigen Gesichtspunkten z.B. im Hinblick auf Vergabe und Ausführung oder nach der Lage im Bauwerk bzw. auf dem Grundstück z.B. für Zwecke der Termin- oder Finanzplanung weiter untergliedert werden.

Ab dem Kostenanschlag sollten die Kostengruppen auch in Vergabeeinheiten entsprechend der projektspezifischen Vergabestruktur geordnet werden, damit die Angebote, Aufträge und Abrechnungen (einschließlich Nachträgen) aktuell zusammengestellt und kontrolliert werden können.

4.2 Ausführungsorientierte Gliederung der Kosten

Soweit es die Umstände des Einzelfalls zulassen (z.B. im Wohnungsbau) oder erfordern (z.B. bei Modernisierungen), können die Kosten vorrangig ausführungsorientiert gegliedert werden, indem bereits die Kostengruppen der ersten Ebene der Kostengliederung nach ausführungs- oder gewerkeorientierten Strukturen unterteilt werden. Dies entspricht der 2. Ebene der Kostengliederung. Hierfür kann die Gliederung in Leistungsbereiche entsprechend dem Standardleistungsbuch für das Bauwesen (Internet unter www.gaeb.de) verwendet werden.

Im Falle einer solchen ausführungsorientierten Gliederung der Kosten ist eine weitere Unterteilung, z.B. in Teilleistungen, erforderlich, damit die Leistungen hinsichtlich Inhalt, Eigenschaften und Menge beschrieben und erfasst werden können. Dies entspricht der 3. Ebene der Kostengliederung.

Auch bei einer ausführungsorientierten Gliederung sollten die Kosten in Vergabeeinheiten geordnet werden.

4.3   **Darstellung der Kostengliederung**

Die in der Spalte „Anmerkungen" aufgeführten Güter, Leistungen oder Abgaben sind Beispiele für die jeweilige Kostengruppe; die Aufzählung ist nicht abschließend.

Die Kosten sind möglichst getrennt und eindeutig den einzelnen Kostengruppen zuzuordnen. Bestehen mehrere Zuordnungsmöglichkeiten und ist eine Aufteilung nicht möglich, sind die Kosten entsprechend der überwiegenden Verursachung zuzuordnen (z.B. KG 390, KG 490, KG 590).

Kostengruppen		Anmerkungen
100	**Grundstück**	
110	**Grundstückswert**	
120	**Grundstücksneben-kosten**	Kosten, die im Zusammenhang mit dem Erwerb eines Grundstücks entstehen
121	Vermessungsgebühren	
122	Gerichtsgebühren	
123	Notariatsgebühren	
124	Maklerprovisionen	
125	Grunderwerbssteuer	
126	Wertermittlungen, Untersuchungen	Wertermittlungen, Untersuchungen zu Altlasten und deren Beseitigung, Baugrunduntersuchungen und Untersuchungen über die Bebaubarkeit, soweit sie zur Beurteilung des Grundstückswertes dienen
127	Genehmigungs-gebühren	
128	Bodenordnung, Grenzregulierung	
129	Grundstücksneben-kosten, sonstiges	
130	**Freimachen**	Kosten, die aufzuwenden sind, um ein Grundstück von Belastungen freizumachen
131	Abfindungen	Abfindungen und Entschädigungen für bestehende Nutzungsrechte, z.B. Miet- und Pachtverträge
132	Ablösen dinglicher Rechte	Ablösung von Lasten und Beschränkungen, z.B. Wegerechten
139	Freimachen, sonstiges	
200	**Herrichten und Erschließen**	Kosten aller vorbereitenden Maßnahmen, um die Baumaßnahme auf dem Grundstück durchführen zu können

Kostengruppen	Anmerkungen
210 Herrichten	Kosten der vorbereitenden Maßnahmen, soweit nicht in anderen Kostengruppen erfasst
211 Sicherungsmaßnahmen	Schutz von vorhandenen Bauwerken, Bauteilen, Versorgungsleitungen sowie Sichern von Bewuchs und Vegetationsschichten
212 Abbruchmaßnahmen	Abbrechen und Beseitigen von vorhandenen Bauwerken, Ver- und Entsorgungsleitungen sowie Verkehrsanlagen
213 Altlastenbeseitigung	Beseitigen von Kampfmitteln und anderen gefährlichen Stoffen, Sanieren belasteter und kontaminierter Böden
214 Herrichten der Geländeoberfläche	Roden von Bewuchs, Planieren, Bodenbewegungen einschließlich Oberbodensicherung, soweit nicht in KG 500 erfasst
219 Herrichten, sonstiges	
220 Öffentliche Erschließung	Anteilige Kosten aufgrund gesetzlicher Vorschriften (Erschließungsbeiträge/Anliegerbeiträge) und Kosten aufgrund öffentlich-rechtlicher Verträge für – die Beschaffung oder den Erwerb der Erschließungsflächen gegen Entgelt durch den Träger der öffentlichen Erschließung, – die Herstellung oder Änderung gemeinschaftlich genutzter technischer Anlagen, z.B. zur Ableitung von Abwasser sowie zur Versorgung mit Wasser, Wärme, Gas, Strom und Telekommunikation, – die erstmalige Herstellung oder den Ausbau der öffentlichen Verkehrsflächen, der Grünflächen und sonstiger Freiflächen für öffentliche Nutzung. Kostenzuschüsse und Anschlusskosten sollen getrennt ausgewiesen werden.
221 Abwasserentsorgung	Kostenzuschüsse, Anschlusskosten
222 Wasserversorgung	Kostenzuschüsse, Anschlusskosten
223 Gasversorgung	Kostenzuschüsse, Anschlusskosten
224 Fernwärmeversorgung	Kostenzuschüsse, Anschlusskosten
225 Stromversorgung	Kostenzuschüsse, Anschlusskosten
226 Telekommunikation	Einmalige Entgelte für die Bereitstellung und Änderung von Netzanschlüssen
227 Verkehrserschließung	Erschließungsbeiträge für die Verkehrs- und Freianlagen einschließlich deren Entwässerung und Beleuchtung
228 Abfallentsorgung	Kostenzuschüsse, Anschlusskosten z.B. für eine leitungsgebundene Abfallentsorgung
229 Öffentliche Erschließung, sonstiges	
230 Nichtöffentliche Erschließung	Kosten für Verkehrsflächen und technische Anlagen, die ohne öffentlich-rechtliche Verpflichtung oder Beauftragung mit dem Ziel der späteren Übertragung in den Gebrauch der Allgemeinheit hergestellt und ergänzt werden. Kosten

Kostengruppen	Anmerkungen
	von Anlagen auf dem eigenen Grundstück gehören zu der Kostengruppe 500. Soweit erforderlich, kann die Kostengruppe 230 entsprechend der Kostengruppe 220 untergliedert werden.
240 Ausgleichsabgaben	Kosten, die aufgrund rechtlicher Bestimmungen aus Anlass des geplanten Bauvorhabens einmalig und zusätzlich zu den Erschließungbeiträgen entstehen. Hierzu gehört insbesondere das Ablösen von Verpflichtungen aus öffentlich-rechtlichen Vorschriften, z.B. Stellplätze, Baumbestand.
250 Übergangsmaß-nahmen	
251 Provisorien	Kosten der Erstellung, Anpassung oder Umlegung von Bauwerken und Außenanlagen als provisorische Maßnahme der endgültigen Bauwerke und Außenanlagen einschließlich dem Wiederentfernen der Provisorien soweit nicht in den Kostengruppen 398, 498 und 598 erfasst.
252 Auslagerungen	Kosten für die Auslagerung von Nutzungen während der Bauzeit
300 Bauwerk – Baukonstruktionen	Kosten von Bauleistungen und Lieferungen zur Herstellung des Bauwerks, jedoch ohne die Technischen Anlagen (Kostengruppe 400). Dazu gehören auch die mit dem Bauwerk fest verbundenen Einbauten, die der besonderen Zweckbestimmung dienen, sowie übergreifende Maßnahmen in Zusammenhang mit den Baukonstruktionen. Bei Umbauten und Modernisierungen zählen hierzu auch die Kosten von Teilabbruch-, Instandsetzungs-, Sicherungs- und Demontagearbeiten. Die Kosten sind bei den betreffenden Kostengruppen auszuweisen.
310 Baugrube	
311 Baugrubenherstellung	Bodenabtrag, Aushub einschließlich Arbeitsräumen und Böschungen, Lagern, Hinterfüllen, Ab- und Anfuhr
312 Baugrubenum-schließung	Verbau, z.B. Schlitz-, Pfahl-, Spund-, Trägerbohl-, Injektions- und Spritzbetonwände einschließlich Verankerung, Absteifung
313 Wasserhaltung	Grund- und Schichtenwasserbeseitigung während der Bauzeit
319 Baugrube, sonstiges	
320 Gründung	Die Kostengruppen enthalten die zugehörigen Erdarbeiten und Sauberkeitsschichten.
321 Baugrundverbesserung	Bodenaustausch, Verdichtung, Einpressung
322 Flachgründungen	Einzel-, Streifenfundamente, Fundamentplatten
323 Tiefgründungen	Pfahlgründung einschließlich Roste, Brunnengründungen; Verankerungen

Kostengruppen	Anmerkungen
324 Unterböden und Bodenplatten	Unterböden und Bodenplatten, die nicht der Fundamentierung dienen
325 Bodenbeläge	Beläge auf Boden- und Fundamentplatten, z.B. Estriche, Dichtungs-, Dämm-, Schutz-, Nutzschichten
326 Bauwerksabdichtungen	Abdichtungen des Bauwerks einschließlich Filter-, Trenn- und Schutzschichten
327 Dränagen	Leitungen, Schächte, Packungen
329 Gründung, sonstiges	
330 Außenwände	Wände und Stützen, die dem Außenklima ausgesetzt sind bzw. an das Erdreich oder an andere Bauwerke grenzen
331 Tragende Außenwände	Tragende Außenwände einschließlich horizontaler Abdichtungen
332 Nichttragende Außenwände	Außenwände, Brüstungen, Ausfachungen, jedoch ohne Bekleidungen
333 Außenstützen	Stützen und Pfeiler mit einem Querschnittsverhältnis ≤ 1 : 5
334 Außentüren und -fenster	Fenster und Schaufenster, Türen und Tore einschließlich Fensterbänken, Umrahmungen, Beschlägen, Antrieben, Lüftungselementen und sonstigen eingebauten Elementen
335 Außenwandbekleidungen, außen	Äußere Bekleidungen einschließlich Putz-, Dichtungs-, Dämm-, Schutzschichten an Außenwänden und -stützen
336 Außenwandbekleidungen, innen	Raumseitige Bekleidungen, einschließlich Putz-, Dichtungs-, Dämm-, Schutzschichten an Außenwänden und -stützen
337 Elementierte Außenwände	Elementierte Wände, bestehend aus Außenwand, -fenster, -türen, -bekleidungen
338 Sonnenschutz	Rollläden, Markisen und Jalousien einschließlich Antrieben
339 Außenwände, sonstiges	Gitter, Geländer, Stoßabweiser und Handläufe
340 Innenwände	Innenwände und Innenstützen
341 Tragende Innenwände	Tragende Innenwände einschließlich horizontaler Abdichtungen
342 Nichttragende Innenwände	Innenwände, Ausfachungen, jedoch ohne Bekleidungen
343 Innenstützen	Stützen und Pfeiler mit einem Querschnittsverhältnis < 1 : 5
344 Innentüren und -fenster	Türen und Tore, Fenster und Schaufenster einschließlich Umrahmungen, Beschlägen, Antrieben und sonstigen eingebauten Elementen
345 Innenwandbekleidungen	Bekleidungen einschließlich Putz, Dichtungs-, Dämm-, Schutzschichten an Innenwänden und -stützen
346 Elementierte Innenwände	Elementierte Wände, bestehend aus Innenwänden, -türen, -fenstern, -bekleidungen, z.B. Falt- und Schiebewände, Sanitärtrennwände, Verschläge
349 Innenwände, sonstiges	Gitter, Geländer, Stoßabweiser, Handläufe, Rollläden einschließlich Antrieben

Kostengruppen	Anmerkungen
350 Decken	Decken, Treppen und Rampen oberhalb der Gründung und unterhalb der Dachfläche
351 Deckenkonstruktionen	Konstruktionen von Decken, Treppen, Rampen, Balkonen, Loggien einschließlich Über- und Unterstützen, füllenden Teilen wie Hohlkörpern, Blindböden, Schüttungen, jedoch ohne Beläge und Bekleidungen
352 Deckenbeläge	Beläge auf Deckenkonstruktionen einschließlich Estrichen, Dichtungs-, Dämm-, Schutz-, Nutzschichten; Schwing- und Installationsdoppelböden
353 Deckenbekleidungen	Bekleidungen unter Deckenkonstruktionen einschließlich Putz, Dichtungs-, Dämm-, Schutzschichten; Licht- und Kombinationsdecken
359 Decken, sonstiges	Abdeckungen, Schachtdeckel, Roste, Geländer, Stoßabweiser, Handläufe, Leitern, Einschubtreppen
360 Dächer	Flache oder geneigte Dächer
361 Dachkonstruktionen	Konstruktionen von Dächern, Dachstühlen, Raumtragwerken und Kuppeln einschließlich Über- und Unterzügen, füllenden Teilen wie Hohlkörpern, Blindböden, Schüttungen, jedoch ohne Beläge und Bekleidungen
362 Dachfenster, Dachöffnungen	Fenster, Ausstiege einschließlich Umrahmungen, Beschlägen, Antrieben, Lüftungselementen und sonstigen eingebauten Elementen
363 Dachbeläge	Beläge auf Dachkonstruktionen einschließlich Schalungen, Lattungen, Gefälle-, Dichtungs-, Dämm-, Schutz- und Nutzschichten; Entwässerungen der Dachfläche bis zum Anschluss an die Abwasseranlagen
364 Dachbekleidungen	Dachbekleidungen unter Dachkonstruktionen einschließlich Putz, Dichtungs-, Dämm-, Schutzschichten; Licht- und Kombinationsdecken unter Dächern
369 Dächer, sonstiges	Geländer, Laufbohlen, Schutzgitter, Schneefänge, Dachleitern, Sonnenschutz
370 Baukonstruktive Einbauten	Kosten der mit dem Bauwerk fest verbundenen Einbauten, jedoch ohne die nutzungsspezifischen Anlagen (siehe Kostengruppe 470). Für die Abgrenzung gegenüber der Kostengruppe 610 ist maßgebend, dass die Einbauten durch ihre Beschaffenheit und Befestigung technische und bauplanerische Maßnahmen erforderlich machen, z. B. Anfertigen von Werkplänen, statischen und anderen Berechnungen, Anschließen von Installationen
371 Allgemeine Einbauten	Einbauten, die einer allgemeinen Zweckbestimmung dienen, z. B. Einbaumöbel wie Sitz- und Liegemöbel, Gestühl, Podien, Tische, Theken, Schränke, Garderoben, Regale, Einbauküche

Kostengruppen	Anmerkungen
372 Besondere Einbauten	Einbauten, die einer besonderen Zweckbestimmung eines Objektes dienen, z. B. Werkbänke in Werkhallen, Labortische in Labors, Bühnenvorhänge in Theatern, Altäre in Kirchen, Einbausportgeräte in Sporthallen, Operationstische in Krankenhäusern
379 Baukonstruktive Einbauten, sonstiges	z. B. Rauchschutzvorhänge
390 Sonstige Maßnahmen für Baukonstruktionen	Baukonstruktionen und übergreifende Maßnahmen im Zusammenhang mit den Baukonstruktionen, die nicht einzelnen Kostengruppen der Baukonstruktionen zugeordnet werden können oder die nicht unter KG 490 oder KG 590 erfasst sind
391 Baustelleneinrichtung	Einrichten, Vorhalten, Betreiben, Räumen der übergeordneten Baustelleneinrichtung, z. B. Material- und Geräteschuppen, Lager-, Wasch-, Toiletten- und Aufenthaltsräume, Bauwagen, Misch- und Transportanlagen, Energie- und Bauwasseranschlüsse, Baustraßen, Lager- und Arbeitsplätze, Verkehrssicherungen, Abdeckungen, Bauschilder, Bau- und Schutzzäune, Baubeleuchtung, Schuttbeseitigung
392 Gerüste	Auf-, Um-, Abbauen, Vorhalten von Gerüsten
393 Sicherungsmaßnahmen	Sicherungsmaßnahmen an bestehenden Bauwerken, z. B. Unterfangungen, Abstützungen
394 Abbruchmaßnahmen	Abbruch- und Demontagearbeiten einschließlich Zwischenlagern wiederverwendbarer Teile, Abfuhr des Abbruchmaterials, soweit nicht in anderen Kostengruppen erfasst
395 Instandsetzungen	Maßnahmen zur Wiederherstellung des zum bestimmungsgemäßen Gebrauch geeigneten Zustandes, soweit nicht in anderen Kostengruppen erfassbar
396 Materialentsorgung	Entsorgung von Materialien und Stoffen, die bei dem Abbruch, bei der Demontage und bei dem Ausbau von Bauteilen oder bei der Erstellung einer Bauleistung anfallen zum Zweck des Recyclings oder der Deponierung
397 Zusätzliche Maßnahmen	Zusätzliche Maßnahmen bei der Erstellung von Baukonstruktionen z. B. Schutz von Personen, Sachen; Reinigung vor Inbetriebnahme; Maßnahmen aufgrund von Forderungen des Wasser-, Landschafts-, Lärm- und Erschütterungsschutzes während der Bauzeit; Schlechtwetter und Winterbauschutz, Erwärmung des Bauwerks, Schneeräumung
398 Provisorische Baukonstruktionen	Kosten für die Erstellung, Beseitigung provisorischer Baukonstruktionen, Anpassung des Bauwerks bis zur Inbetriebnahme des endgültigen Bauwerks

	Kostengruppen	Anmerkungen
399	Sonstige Maßnahmen für Baukonstruktionen, sonstiges	Baukonstruktionen, die mehrere Kostengruppen betreffen, z.B. Schließanlagen, Schächte, Schornsteine, soweit nicht in anderen Kostengruppen erfasst
400	**Bauwerk – Technische Anlagen**	Kosten aller im Bauwerk eingebauten, daran angeschlossenen oder damit fest verbundenen technischen Anlagen oder Anlagenteile. Die einzelnen technischen Anlagen enthalten die zugehörigen Gestelle, Befestigungen, Armaturen, Wärme- und Kältedämmung, Schall- und Brandschutzvorkehrungen, Abdeckungen, Verkleidungen, Anstriche, Kennzeichnungen sowie die anlagenspezifischen Mess-, Steuer- und Regelanlagen. Die Kosten für das Erstellen und Schließen von Schlitzen und Durchführungen werden in der Regel in der KG 300 erfasst.
410	**Abwasser-, Wasser-, Gasanlagen**	
411	Abwasseranlagen	Abläufe, Abwasserleitungen, Abwassersammelanlagen, Abwasserbehandlungsanlagen, Hebeanlagen
412	Wasseranlagen	Wassergewinnungs-, Aufbereitungs- und Druckerhöhungsanlagen, Rohrleitungen, dezentrale Wassererwärmer, Sanitärobjekte
413	Gasanlagen	Gasanlagen für Wirtschaftswärme: Gaslagerungs- und Erzeugungsanlagen, Übergabestationen, Druckregelanlagen und Gasleitungen, soweit nicht zu den Kostengruppen 420 oder 470 gehörend
419	Abwasser-, Wasser-, Gasanlagen, sonstiges	Installationsblöcke, Sanitärzellen
420	**Wärmeversorgungs-anlagen**	
421	Wärmeerzeugungs-anlagen	Brennstoffversorgung, Wärmeübergabestationen, Wärmeerzeugung auf der Grundlage von Brennstoffen oder unerschöpflichen Energiequellen einschließlich Schornsteinanschlüsse, zentrale Wassererwärmungsanlagen
422	Wärmeverteilnetze	Pumpen, Verteiler; Rohrleitungen für Raumheizflächen, raumlufttechnische Anlagen und sonstige Wärmeverbraucher
423	Raumheizflächen	Heizkörper, Flächenheizsysteme
429	Wärmeversorgungs-anlagen, sonstiges	Schornsteine, soweit nicht in anderen Kostengruppen erfasst
430	**Lufttechnische Anlagen**	Anlagen mit und ohne Lüftungsfunktion
431	Lüftungsanlagen	Abluftanlagen, Zuluftanlagen, Zu- und Abluftanlagen ohne oder mit einer thermodynamischen Luftbehandlungsfunktion, mechanische Entrauchungsanlagen

Kostengruppen	Anmerkungen
432 Teilklimaanlagen	Anlagen mit zwei oder drei thermodynamischen Luftbehandlungsfunktionen
433 Klimaanlagen	Anlagen mit vier thermodynamischen Luftbehandlungsfunktionen
434 Kälteanlagen	Kälteanlagen für lufttechnische Anlagen: Kälteerzeugungs- und Rückkühlanlagen einschließlich Pumpen, Verteiler und Rohrleitungen
439 Lufttechnische Anlagen, sonstiges	Lüftungsdecken, Kühldecken, Abluftfenster; Installationsdoppelböden, soweit nicht in anderen Kostengruppen erfasst
440 Starkstromanlagen	Einschließlich der Brandschutzdurchführungen, soweit nicht in anderen Kostengruppen erfasst
441 Hoch- und Mittelspannungsanlagen	Schaltanlagen, Transformatoren
442 Eigenstromversorgungsanlagen	Stromerzeugungsaggregate einschließlich Kühlung, Abgasanlagen und Brennstoffversorgung, zentrale Batterie- und unterbrechungsfreie Stromversorgungsanlagen, photovoltaische Anlagen
443 Niederspannungsschaltanlagen	Niederspannungshauptverteiler, Blindstromkompensationsanlagen, Maximumüberwachungsanlagen
444 Niederspannungsinstallationsanlagen	Kabel, Leitungen, Unterverteiler, Verlegesysteme, Installationsgeräte
445 Beleuchtungsanlagen	Ortsfeste Leuchten, Sicherheitsbeleuchtung
446 Blitzschutz- und Erdungsanlagen	Auffangeinrichtungen, Ableitungen, Erdungen, Potentialausgleich
449 Starkstromanlagen, sonstiges	Frequenzumformer
450 Fernmelde- und informationstechnische Anlagen	Die einzelnen Anlagen enthalten die zugehörigen Verteiler, Kabel, Leitungen.
451 Telekommunikationsanlagen	
452 Such- und Signalanlagen	Personenrufanlagen, Lichtruf- und Klingelanlagen, Türsprech- und Türöffneranlagen
453 Zeitdienstanlagen	Uhren- und Zeiterfassungsanlagen
454 Elektroakustische Anlagen	Beschallungsanlagen, Konferenz- und Dolmetscheranlagen, Gegen- und Wechselsprechanlagen
455 Fernseh- und Antennenanlagen	Fernsehanlagen, soweit nicht in den Such-, Melde-, Signal- und Gefahrenmeldeanlagen erfasst, einschließlich Sende- und Empfangsantennenanlagen, Umsetzer
456 Gefahrenmelde- und Alarmanlagen	Brand-, Überfall-, Einbruchmeldeanlagen, Wächterkontrollanlagen, Zugangskontroll- und Raumbeobachtungsanlagen
457 Übertragungsnetze	Netze zur Übertragung von Daten, Sprache, Text und Bild, soweit nicht in anderen Kostengruppen erfasst, Verlegesysteme, soweit nicht in KG 444 erfasst
459 Fernmelde- und informations-technische Anlagen, sonstiges	Fernwirkanlagen, Parkleitsysteme

Kostengruppen	Anmerkungen
460 Förderanlagen	
461 Aufzugsanlagen	Personenaufzüge, Lastenaufzüge
462 Fahrtreppen, Fahrsteige	
463 Befahranlagen	Fassadenaufzüge und andere Befahranlagen
464 Transportanlagen	Automatische Warentransportanlagen, Aktentransportanlagen, Rohrpostanlagen
465 Krananlagen	Einschließlich Hebezeuge
469 Förderanlagen, sonstiges	Hebebühnen
470 Nutzungsspezifische Anlagen	Kosten der mit dem Bauwerk fest verbundenen Anlagen, die der besonderen Zweckbestimmung dienen, jedoch ohne die baukonstruktiven Einbauten (KG 370) Für die Abgrenzung gegenüber der KG 610 ist maßgebend, dass die nutzungsspezifischen Anlagen technische und planerische Maßnahmen erforderlich machen, z. B. Anfertigen von Werkplänen, Berechnungen, Anschließen von anderen technischen Anlagen.
471 Küchentechnische Anlagen	Anlagen zur Speisen- und Getränkezubereitung, -ausgabe und -lagerung einschließlich zugehöriger Kälteanlagen
472 Wäscherei- und Reinigungsanlagen	Einschließlich zugehöriger Wasseraufbereitung, Desinfektions- und Sterilisationseinrichtungen
473 Medienversorgungsanlagen	Medizinische und technische Gase, Druckluft, Vakuum, Flüssigchemikalien, Lösungsmittel, vollentsalztes Wasser; einschließlich Lagerung, Erzeugungsanlagen, Übergabestationen, Druckregelanlagen, Leitungen und Entnahmearmaturen
474 Medizin- und labortechnische Anlagen	Ortsfeste medizin- und labortechnische Anlagen,
475 Feuerlöschanlagen	Sprinkler-, Gaslöschanlagen, Löschwasserleitungen, Wandhydranten, Handfeuerlöscher
476 Badetechnische Anlagen	Aufbereitungsanlagen für Schwimmbeckenwasser, soweit nicht in KG 410 erfasst
477 Prozesswärme-, kälte- und -luftanlagen	Wärme-, Kälte- und Kühlwasserversorgungsanlagen für Industrie-, Gewerbe- und Sportanlagen, soweit nicht in anderen Kostengruppen erfasst; Farbnebelabscheideanlagen, Prozessfortluftsysteme, Absauganlagen
478 Entsorgungsanlagen	Abfall- und Medienentsorgungsanlagen, Staubsauganlagen
479 Nutzungsspezifische Anlagen, sonstiges	Bühnentechnische Anlagen, Tankstellen- und Waschanlagen
480 Gebäudeautomation	Kosten der anlageübergreifenden Automation
481 Automationssysteme	Automationsstationen mit Bedien- und Beobachtungseinrichtungen, GA-Funktionen, Anwendungssoftware, Lizenzen, Sensoren und Aktoren, Schnittstellen zu Feldgeräten und anderen Automationseinrichtungen
482 Schaltschränke	Schaltschränke zur Aufnahme von Automationssystemen (KG 481) mit Leistungs-, Steuerungs-

Kostengruppen	Anmerkungen
483 Management- und Bedieneinrichtungen	und Sicherungsbaugruppen einschließlich zugehöriger Kabel und Leitungen, Verlegesysteme soweit nicht in anderen Kostengruppen erfasst Übergeordnete Einrichtungen für Gebäudeautomation und Gebäudemanagement mit Bedienstationen, Programmiereinrichtungen, Anwendungssoftware, Lizenzen, Servern, Schnittstellen zu Automationseinrichtungen und externen Einrichtungen
484 Raumautomationssysteme	Raumautomationsstationen mit Bedien- und Anzeigeeinrichtungen, Schnittstellen zu Feldgeräten und andere Automationseinrichtungen
485 Übertragungsnetze	Netze zur Datenübertragung, soweit nicht in anderen Kostengruppen erfasst
489 Gebäudeautomation, sonstiges	
490 Sonstige Maßnahmen für technische Anlagen	Technische Anlagen und übergreifende Maßnahmen im Zusammenhang mit technischen Anlagen, die nicht einzelnen Kostengruppen der technischen Anlagen zugeordnet werden können
491 Baustelleneinrichtung	Einrichten, Vorhalten, Betreiben, Räumen der übergeordneten Baustelleneinrichtung für technische Anlagen, z. B. Material- und Geräteschuppen, Lager-, Wasch-, Toiletten- und Aufenthaltsräume, Bauwagen, Misch- und Transportanlagen, Energie- und Bauwasseranschlüsse, Baustraßen, Lager- und Arbeitsplätze, Verkehrssicherungen, Abdeckungen, Bauschilder, Bau- und Schutzzäune, Baubeleuchtung, Schuttbeseitigung
492 Gerüste	Auf-, Um-, Abbauen, Vorhalten von Gerüsten
493 Sicherungsmaßnahmen	Sicherungsmaßnahmen an bestehenden Bauwerken, z. B. Unterfangungen, Abstützungen
494 Abbruchmaßnahmen	Abbruch- und Demontagearbeiten einschließlich Zwischenlagern wieder verwendbarer Teile, Abfuhr des Abbruchmaterials, soweit nicht in anderen Kostengruppen erfasst
495 Instandsetzungen	Maßnahmen zur Wiederherstellung des zum bestimmungsgemäßen Gebrauch geeigneten Zustandes, soweit nicht in anderen Kostengruppen erfasst
496 Materialentsorgung	Entsorgung von Materialien und Stoffen, die bei dem Abbruch, bei der Demontage und bei dem Ausbau von Anlagenteilen oder bei der Erstellung einer Bauleistung anfallen zum Zweck des Recyclings oder der Deponierung
497 Zusätzliche Maßnahmen	Zusätzliche Maßnahmen bei der Erstellung von technischen Anlagen z. B. Schutz von Personen, Sachen; Reinigung vor Inbetriebnahme; Maßnahmen aufgrund von Forderungen des Wasser-, Landschafts-, Lärm- und Erschütterungsschutzes während der Bauzeit; Schlechtwetter und Winterbauschutz, Erwärmung der technischen Anlagen, Schneeräumung,

Kostengruppen		Anmerkungen
498	Provisorische technische Anlagen	Kosten für die Erstellung, Beseitigung provisorischer technischer Anlagen, Anpassung der technischen Anlagen bis zur Inbetriebnahme der endgültigen technischen Anlagen
499	Sonstige Maßnahmen für technische Anlagen, sonstiges	
500	**Außenanlagen**	
510	**Geländeflächen**	
511	Oberbodenarbeiten	Oberbodenabtrag und -sicherung
512	Bodenarbeiten	Bodenabtrag und -auftrag
519	Geländeflächen, sonstiges	
520	**Befestigte Flächen**	
521	Wege	Befestigte Fläche für den Fuß- und Radfahrverkehr
522	Straßen	Flächen für den Leicht- und Schwerverkehr; Fußgängerzonen mit Anlieferungsverkehr
523	Plätze, Höfe	Gestaltete Platzflächen, Innenhöfe
524	Stellplätze	Flächen für den ruhenden Verkehr
525	Sportplatzflächen	Sportrasenflächen, Kunststoffflächen
526	Spielplatzflächen	
527	Gleisanlagen	
529	Befestigte Flächen, sonstiges	
530	**Baukonstruktionen in Außenanlagen**	
531	Einfriedungen	Zäune, Mauern, Türen, Tore, Schrankenanlagen
532	Schutzkonstruktionen	Lärmschutzwände, Sichtschutzwände, Schutzgitter
533	Mauern, Wände	Stütz-, Schwergewichtsmauern
534	Rampen, Treppen, Tribünen	Kinderwagen- und Behindertenrampen, Block- und Stellstufen, Zuschauertribünen von Sportplätzen
535	Überdachungen	Wetterschutz, Unterstände; Pergolen
536	Brücken, Stege	Holz- und Stahlkonstruktionen
537	Kanal- und Schachtbauanlagen	Bauliche Anlagen für Medien- oder Verkehrserschließung
538	Wasserbauliche Anlagen	Brunnen, Wasserbecken,
539	Baukonstruktionen in Außenanlagen, sonstiges	
540	**Technische Anlagen in Außenanlagen**	Kosten der technischen Anlagen auf dem Grundstück einschließlich der Ver- und Entsorgung des Bauwerks
541	Abwasseranlagen	Kläranlagen, Oberflächen- und Bauwerksentwässerungsanlagen, Sammelgruben, Abscheider, Hebeanlagen
542	Wasseranlagen	Wassergewinnungsanlagen, Wasserversorgungsnetze, Hydrantenanlagen, Druckerhöhungs- und Beregnungsanlagen

Kostengruppen	Anmerkungen
543 Gasanlagen	Gasversorgungsnetze, Flüssiggasanlagen
544 Wärmeversorgungs- anlagen	Wärmeerzeugungsanlagen, Wärmeversorgungs- netze, Freiflächen- und Rampenheizungen
545 Lufttechnische Anlagen	Bauteile von lufttechnischen Anlagen, z.B. Au- ßenluftansaugung, Fortluftausblas, Erdwärmetau- scher, Kälteversorgung
546 Starkstromanlagen	Stromversorgungsnetze, Freilufttrafostationen, Eigenstromerzeugungsanlagen, Außenbeleuch- tungs- und Flutlichtanlagen einschließlich Maste und Befestigung
547 Fernmelde- und in- formations- technische Anlagen	Leitungsnetze, Beschallungs-, Zeitdienst- und Verkehrssignalanlagen, elektronische Anzeige- tafeln, Objektsicherungsanlagen, Parkleitsyste- me
548 Nutzungsspezifische Anlagen	Medienversorgungsanlagen, Tankstellenanlagen, badetechnische Anlagen, leitungsgebundene Ab- fallentsorgung
549 Technische Anlagen in Außenanlagen, sonstiges	
550 Einbauten in Außenanlagen	
551 Allgemeine Einbauten	Wirtschaftsgegenstände, z.B. Möbel, Fahrrad- ständer, Schilder, Pflanzbehälter, Abfallbehälter, Fahnenmaste
552 Besondere Einbauten	Einbauten für Sport- und Spielanlagen, Tierge- hege
559 Einbauten in Außen- anlagen, sonstiges	
560 Wasserflächen	Naturnahe Wasserflächen
561 Abdichtungen	Einschließlich Schutzschichten, Bodensubstrat und Uferausbildung
562 Bepflanzungen	
569 Wasserflächen, sonstiges	
570 Pflanz- und Saatflächen	
571 Oberbodenarbeiten	Oberbodenauftrag, Oberbodenlockerung
572 Vegetationstechnische Bodenbearbeitung	Bodenverbesserung, z.B. Düngung, Bodenhilfs- stoffe
573 Sicherungsbau- weisen	Vegetationsstücke, Geotextilien, Flechtwerk
574 Pflanzen	Einschließlich Fertigstellungspflege
575 Rasen und Ansaaten	Einschließlich Fertigstellungspflege, ohne Sport- rasenflächen (siehe KG 525
576 Begrünung unterbauter Flächen	Auf Tiefgaragen, einschließlich Wurzelschutz- und Fertigstellungspflege
579 Pflanz- und Saatflächen, sonstiges	
590 Sonstige Außen- anlagen	Außenanlagen und übergreifende Maßnahmen im Zusammenhang mit den Außenanlagen, die nicht einzelnen Kostengruppen der Außenanla- gen zugeordnet werden können

Kostengruppen	Anmerkungen
591 Baustelleneinrichtung	Einrichten, Vorhalten, Betreiben, Räumen der übergeordneten Baustelleneinrichtung für Außenanlagen, z. B. Material- und Geräteschuppen, Lager-, Wasch-, Toiletten- und Aufenthaltsräume, Bauwagen, Misch- und Transportanlagen, Energie- und Bauwasseranschlüsse, Baustraßen, Lager- und Arbeitsplätze, Verkehrssicherungen, Abdeckungen, Bauschilder, Bau- und Schutzzäune, Baubeleuchtung, Schuttbeseitigung
592 Gerüste	Auf-, Um-, Abbauen, Vorhalten von Gerüsten
593 Sicherungsmaßnahmen	Sicherungsmaßnahmen an bestehenden baulichen Anlagen, z. B. Unterfangungen, Abstützungen
594 Abbruchmaßnahmen	Abbruch- und Demontagearbeiten einschließlich Zwischenlagern wiederverwendbarer Teile, Abfuhr des Abbruchmaterials, soweit nicht in anderen Kostengruppen erfasst
595 Instandsetzungen	Maßnahmen zur Wiederherstellung des zum bestimmungsgemäßen Gebrauch geeigneten Zustandes, soweit nicht in anderen Kostengruppen erfasst
596 Materialentsorgung	Entsorgung von Materialien und Stoffen, die bei dem Abbruch, bei der Demontage und bei dem Ausbau von Außenanlagen oder bei der Erstellung einer Bauleistung anfallen zum Zweck des Recyclings oder der Deponierung
597 Zusätzliche Maßnahmen	Zusätzliche Maßnahmen bei der Erstellung von Außenanlagen z. B. Schutz von Personen, Sachen; Reinigung vor Inbetriebnahme; Maßnahmen aufgrund von Forderungen des Wasser-, Landschafts-, Lärm- und Erschütterungsschutzes während der Bauzeit; Schlechtwetter und Winterbauschutz, Erwärmung, Schneeräumung
598 Provisorische Außenanlagen	Kosten für die Erstellung, Beseitigung provisorischer Außenanlagen, Anpassung der Außenanlagen bis zur Inbetriebnahme der endgültigen Außenanlagen
599 Sonstige Maßnahmen für Außenanlagen, sonstiges	
600 **Ausstattung und Kunstwerke**	Kosten für alle beweglichen oder ohne besondere Maßnahmen zu befestigenden Sachen, die zur Ingebrauchnahme, zur allgemeinen Benutzung oder zur künstlerischen Gestaltung des Bauwerks und der Außenanlagen erforderlich sind (siehe Anmerkungen zu den KG 370 und 470
610 **Ausstattung** 611 Allgemeine Ausstattung	Möbel und Geräte, z. B. Sitz- und Liegemöbel, Schränke, Regale, Tische; Textilien, z. B. Vorhänge, Wandbehänge, lose Teppiche, Wäsche; Hauswirtschafts-, Garten- und Reinigungsgeräte

	Kostengruppen	Anmerkungen
612	Besondere Ausstattung	Ausstattungsgegenstände, die der besonderen Zweckbestimmung eines Objekts dienen wie z. B. wissenschaftliche, medizinische, technische Geräte
619	Ausstattung, sonstiges	Schilder, Wegweiser, Orientierungstafeln, Werbeanlagen
620	**Kunstwerke**	
621	Kunstobjekte	Kunstwerke zur künstlerischen Ausstattung des Bauwerks und der Außenanlagen einschließlich Tragkonstruktionen, z. B. Skulpturen, Objekte, Gemälde, Möbel, Antiquitäten, Altäre, Taufbecken
622	Künstlerisch gestaltete Bauteile des Bauwerks	Kosten für die künstlerische Gestaltung, z. B. Malereien, Reliefs, Mosaiken, Glas-, Schmiede-, Steinmetzarbeiten
623	Künstlerisch gestaltete Bauteile der Außenanlagen	Kosten für die künstlerische Gestaltung, z. B. Malereien, Reliefs, Mosaiken, Glas-, Schmiede-, Steinmetzarbeiten
629	Kunstwerke, sonstiges	
700	**Baunebenkosten**	
710	**Bauherrenaufgaben**	
711	Projektleitung	Kosten zum Zwecke der Zielvorgabe, der Überwachung und Vertretung der Bauherreninteressen
712	Bedarfsplanung	Kosten für Bedarfs-, Betriebs- und Organisationsplanung, z. B. zur betrieblichen Organisation, zur Arbeitsplatzgestaltung, zur Erstellung von Raum- und Funktionsprogrammen, zur betrieblichen Ablaufplanung und zur Inbetriebnahme
713	Projektsteuerung	Kosten für Projektsteuerungsleistungen sowie für andere Leistungen, die sich mit der übergeordneten Steuerung und Kontrolle von Projektorganisation, Terminen, Kosten, Qualitäten und Quantitäten befassen
719	Bauherrenaufgaben, sonstiges	Baubetreuung, Rechtsberatung, Steuerberatung
720	**Vorbereitung der Objektplanung**	
721	Untersuchungen	Standortanalysen, Baugrundgutachten, Gutachten für die Verkehrsanbindung, Bestandsanalysen, z. B. Untersuchungen zum Gebäudebestand bei Umbau- und Modernisierungsmaßnahmen, Umweltverträglichkeitsprüfungen
722	Wertermittlungen	Gutachten zur Ermittlung von Gebäudewerten, soweit nicht KG 126 erfasst
723	Städtebauliche Leistungen	vorbereitende Bebauungsstudien
724	Landschaftsplanerische Leistungen	vorbereitende Grünplanstudien

Kostengruppen	Anmerkungen
725 Wettbewerbe	Kosten für Ideenwettbewerbe und Realisierungswettbewerbe
729 Vorbereitung der Objektplanung, sonstiges	
730 Architekten- und Ingenieurleistungen	Kosten für die Planung und Überwachung der Ausführung
731 Gebäudeplanung	
732 Freianlagenplanung	
733 Planung der raumbildenden Ausbauten	
734 Planung der Ingenieurbauwerke und Verkehrsanlagen	
735 Tragwerksplanung	
736 Planung der technischen Ausrüstung	
739 Architekten- und Ingenieurleistungen, sonstiges	
740 Gutachten und Beratung	
741 Thermische Bauphysik	
742 Schallschutz und Raumakustik	
743 Bodenmechanik, Erd- und Grundbau	
744 Vermessung	Vermessungstechnische Leistungen mit Ausnahme von Leistungen, die aufgrund landesrechtlicher Vorschriften für Zwecke der Landvermessung und des Liegenschaftskatasters durchgeführt werden (siehe Kostengruppe 771)
745 Lichttechnik, Tageslichttechnik	
746 Brandschutz	
747 Sicherheits- und Gesundheitsschutz	
748 Umweltschutz, Altlasten	
749 Gutachten und Beratung, sonstiges	
750 Künstlerische Leistungen	
751 Kunstwettbewerbe	Kosten für die Durchführung von Wettbewerben zur Erarbeitung eines Konzepts für Kunstwerke oder künstlerisch gestaltete Bauteile
752 Honorare	Kosten für die geistig-schöpferische Leistung für Kunstwerke oder künstlerisch gestaltete Bauteile, soweit nicht in der Kostengruppe 620 enthalten
759 Künstlerische Leistungen, sonstiges	

	Kostengruppen	Anmerkungen
760	**Finanzierungskosten**	Alle im Zusammenhang mit der Finanzierung des Projektes anfallenden Kosten bis zum Zeitpunkt der Fertigstellung und der Übergabe zur Nutzung
761	Finanzierungsbeschaffung	
762	Fremdkapitalzinsen	
763	Eigenkapitalzinsen	
769	Finanzierungskosten, sonstiges	
770	**Allgemeine Baunebenkosten**	
771	Prüfung, Genehmigungen, Abnahmen	Kosten im Zusammenhang mit Prüfungen, Genehmigungen und Abnahmen, z. B. Prüfung der Tragwerksplanung, Vermessungsgebühren für das Liegenschaftskataster
772	Bewirtschaftungskosten	Baustellenbewachung, Nutzungsentschädigungen während der Bauzeit; Gestellung des Baustellenbüros für Planer und Bauherrn sowie dessen Beheizung, Beleuchtung und Reinigung
773	Bemusterungskosten	Modellversuche, Musterstücke, Eignungsversuche, Eignungsmessungen
774	Betriebskosten nach der Abnahme	Kosten für den vorläufigen Betrieb insbesondere der technischen Anlagen nach der Abnahme bis zur Inbetriebnahme
775	Versicherungen	Haftpflicht- und Bauwesenversicherung
779	Allgemeine Baunebenkosten, sonstiges	Kosten für Vervielfältigung und Dokumentation, Post- und Fernsprechgebühren, Kosten für Baufeiern, z. B. Grundsteinlegung, Richtfest
790	**Sonstige Baunebenkosten**	

Literaturhinweise

DIN 277-1, *Grundflächen und Rauminhalte von Bauwerken im Hochbau – Teil 1: Begriffe, Ermittlungsgrundlagen*

DIN 277-2, *Grundflächen und Rauminhalte von Bauwerken im Hochbau – Teil 2: Gliederung der Netto- Grundfläche (Nutzflächen, Technische Funktionsflächen und Verkehrsflächen)*

DIN 277-3, *Grundflächen und Rauminhalte von Bauwerken im Hochbau – Teil 3: Mengen und Bezugseinheiten*

DIN 18205, *Bedarfsplanung im Bauwesen*

DIN 18960, *Nutzungskosten im Hochbau*

Standardleistungsbuch für das Bauwesen (STLB-Bau); Zu beziehen durch Beuth Verlag GmbH, Burggrafenstraße 6, 10787 Berlin; im Internet unter www.gaeb.de

Vergabe- und Vertragsordnung für Bauleistungen (VOB Teil C); Zu beziehen durch Beuth Verlag GmbH, Burggrafenstraße 6, 10787 Berlin

HOAI Verordnung über die Honorare für Leistungen der Architekten und der Ingenieure (Honorarordnung für Architekten und Ingenieure); Zu beziehen durch Bundesanzeiger-Verlagsgesellschaft mbH, Postfach 10 05 34, 50445 Köln

II. Kosten im Bauwesen – Teil 4: Ingenieurbau

Inhalt

Vorwort

Dieser Teil der Norm wurde vom NABau Arbeitsausschuss 005-01-05 „Kosten im Hochbau" für Ingenieurbau in Ergänzung zu DIN 276-1: Hochbau erarbeitet.

DIN 276-4 beschränkt sich auf die spezifischen Festlegungen zum Ingenieurbau, im Übrigen gelten die in DIN 276-1 getroffenen allgemeinen Aussagen sowie die dort geregelten Begriffe und Grundsätze der Kostenplanung.

DIN EN 276 *Kosten im Bauwesen* besteht aus:
– *Teil 1: Hochbau*
– *Teil 4: Ingenieurbau*

1 Anwendungsbereich

Diese Norm gilt für Ingenieurbauwerke und Verkehrsanlagen, insbesondere für die Ermittlung und die Gliederung von Kosten. Sie erstreckt sich auf die Kosten für den Neubau, den Umbau und die Modernisierung von Ingenieurbauwerken sowie die damit zusammenhängenden projektbezogenen Kosten. Nutzungskosten sind nicht Gegenstand der Norm.

Für den Hochbau gilt DIN 276-1.

2 Begriffe

Für die Anwendung dieses Dokuments gelten die Begriffe nach DIN 276-1 sowie die folgenden Begriffe.

2.1 Ingenieurbau
Gesamtheit von Ingenieurbauwerken und Verkehrsanlagen

2.2 Ingenieurbauwerk
Bauwerk oder Anlage der Wasserversorgung, der Abwasserentsorgung, des Wasserbaus, der Ver- und Entsorgung mit Gasen, Feststoffen und Flüssigkeiten, der Abfallentsorgung oder konstruktives Ingenieurbauwerk für Verkehrsanlagen oder sonstiges Einzelbauwerk

ANMERKUNG   Sonstige Einzelbauwerke sind z.B. Schornsteine, Maste, Türme, Schächte, Stollen.

2.3 Verkehrsanlage
Anlage des Straßenverkehrs, des Schienenverkehrs, des Flugverkehrs oder des Wasserverkehrs

3 Grundsätze der Kostenplanung

Für die Anwendung dieser Norm gelten die Grundsätze der Kostenplanung nach DIN 276-1. Soweit diese Formulierungen den Hochbau betreffen, sind sie sinngemäß für den Ingenieurbau anzupassen.

4 Kostengliederung

4.1 Aufbau der Kostengliederung

Die Kostengliederung nach 4.3 sieht drei Ebenen der Kostengliederung vor; diese sind durch dreistellige Ordnungszahlen gekennzeichnet.

In der 1. Ebene der Kostengliederung werden die Gesamtkosten in folgende sieben Kostengruppen gegliedert:
- 100 Grundstück
- 200 Herrichten und Erschließen
- 300 Bauwerk – Baukonstruktionen
- 400 Bauwerk – Technische Anlagen
- 500 Außenanlagen
- 600 Ausstattung und Kunstwerke
- 700 Baunebenkosten

Die Kostengruppen 300 und 400 können zu Bauwerkskosten zusammengefasst werden.

Bei Bedarf werden diese Kostengruppen entsprechend der Kostengliederung in die Kostengruppen der 2. und 3. Ebene der Kostengliederung unterteilt.

Über die Kostengliederung dieser Norm hinaus können die Kosten entsprechend den technischen Merkmalen z. B. für eine differenzierte Kostenplanung oder den herstellungsmäßigen Gesichtspunkten z. B. im Hinblick auf Vergabe und Ausführung oder nach der Lage im Bauwerk bzw. auf dem Grundstück z. B. für Zwecke der Termin- oder Finanzplanung weiter untergliedert werden.

Ab dem Kostenanschlag sollten die Kostengruppen auch in Vergabeeinheiten entsprechend der projektspezifischen Vergabestruktur geordnet werden, damit die Angebote, Aufträge und Abrechnungen (einschließlich Nachträgen) aktuell zusammengestellt und kontrolliert werden können.

4.2 Ausführungsorientierte Gliederung der Kosten

Soweit es die Umstände des Einzelfalls zulassen oder erfordern, können die Kosten vorrangig ausführungsorientiert gegliedert werden, indem bereits die Kostengruppen der ersten Ebene der Kostengliederung nach ausführungs- oder gewerkeorientierten Strukturen unterteilt werden. Dies entspricht der 2. Ebene der Kostengliederung. Hierfür können die Gliederung in Leistungsbereiche entsprechend dem Standardleistungsbuch für das Bauwesen (StLBau) und dem Standardleistungskatalog (STLK) für den Straßen- und Brückenbau oder andere ausführungs- bzw. gewerkeorientierte Strukturen angewendet werden.

Im Falle einer solchen ausführungsorientierten Gliederung der Kosten ist eine weitere Unterteilung, z. B. in Teilleistungen, erforderlich, damit die Leistungen hinsichtlich Inhalt, Eigenschaften und Menge beschrieben und erfasst werden können. Dies entspricht der 3. Ebene der Kostengliederung.

Auch bei einer ausführungsorientierten Gliederung sollten die Kosten in Vergabeeinheiten geordnet werden.

4.3 Darstellung der Kostengliederung

Dieser Teil der Norm beschränkt sich auf die Darstellung der Kostengrupen 300 „Bauwerk — Baukonstruktionen" und 400 „Bauwerk — Technische Anlagen", für die beim Ingenieurbau eine eigene Gliederung festgelegt wird. Für die Kostengruppen 100 „Grundstück", 200 „Herrichten und Erschließen", 500 „Außenanlagen", 600 „Ausstattung und Kunstwerke" sowie 700 „Baunebenkosten" gilt

DIN 276-1. Soweit diese Formulierungen den Hochbau betreffen, sind sie sinngemäß für den Ingenieurbau anzupassen.

Die Kostengruppen 220 und 230 sind beim Ingenieurbau nur dann anzuwenden, wenn die Erschließungsmaßnahmen nicht selbst ein eigenständiges Objekt sind, für das die Kosten des Bauwerkes ermittelt werden. Dies gilt sinngemäß auch für die Kostengruppe 500 von DIN 276-1.

Die in der Spalte „Anmerkungen" aufgeführten Güter, Leistungen oder Abgaben sind Beispiele für die jeweilige Kostengruppe; die Aufzählung ist nicht abschließend.

Die Kosten sind möglichst getrennt und eindeutig den einzelnen Kostengruppen zuzuordnen. Bestehen mehrere Zuordnungsmöglichkeiten und ist eine Aufteilung nicht möglich, sind die Kosten entsprechend der überwiegenden Verursachung zuzuordnen (z. B. Kostengruppe 390, Kostengruppe 490).

Kostengruppen		Anmerkungen
300	**Bauwerk – Baukonstruktionen**	Kosten von Bauleistungen und Lieferungen zur Herstellung des Bauwerkes, jedoch ohne die Technischen Anlagen (Kostengruppe 400). Dazu gehören auch die mit dem Bauwerk fest verbundenen Einbauten, die der besonderen Zweckbestimmung dienen, sowie übergreifende Maßnahmen in Zusammenhang mit den Baukonstruktionen. Bei Umbauten und Modernisierungen zählen hierzu auch die Kosten von Teilabbruch-, Instandsetzungs-, Sicherungs- und Demontagearbeiten. Die Kosten sind bei den betreffenden Kostengruppen auszuweisen.
310	**Erdbaumaßnahmen**	u. a. Baugruben, Dämme, Einschnitte, Wälle, Hangsicherungen, Unterbauten, Oberbodenabtrag, -sicherung, -auftrag
311	Herstellung	u. a. Bodenab- und auftrag, Aushub einschließlich Arbeitsräumen und Böschungen, Lagern, Hinterfüllen Baugruben- und Baugräbenverfüllungen, Ab- und Anfuhr, Bodenaustausch, Verdichtung, Planum, Mulden, Bankette
312	Umschließung	Verbau, z. B. Schlitz-, Pfahl-, Spund-, Trägerbohl-, Injektions- und Spritzbetonsicherung einschließlich Verankerung, Absteifung inkl. Arbeitsräume, Böschungen
313	Wasserhaltung	Grund- und Schichtenwasserbeseitigung während der Bauzeit
314	Vortrieb	
315	Dränagen	Erdbaustoffe, die der Dränage dienen, sonst wie Kostengruppe 311
319	Erdbaumaßnahmen, sonstiges	
320	**Gründung**	Die Kostengruppen enthalten die zugehörigen Erdarbeiten und Sauberkeitsschichten.
321	Baugrundverbesserung	Verdichtung, Einpressung, Ankerung, Stützmaßnahmen
322	Flachgründung	Einzel-, Streifenfundamente, Fundamentplatten

	Kostengruppen	Anmerkungen
323	Tiefgründung	Pfahlgründung einschließlich Roste, Brunnengründungen; Verankerungen
324	Unterböden und Bodenplatten	Unterböden, Sohl- und Bodenplatten, die nicht der Fundamentierung dienen
325	Bodenbeläge	Beläge auf Boden- und Fundamentplatten, z. B. Estriche, Dichtungs-, Dämm-, Schutz-, Nutzschichten (Verschleiß- und Tragschichten)
326	Bauwerksabdichtungen	Abdichtungen des Bauwerkes einschließlich Filter-, Trenn- und Schutzschichten
327	Dränagen zum Schutz der Gründung	Leitungen, Schächte, Packungen, Pumpensümpfe, Tiefenentwässerung, Oberflächenentwässerung
329	Gründung, sonstiges	
330	**Vertikale Bauteile**	Wände, Tragkonstruktionen und Stützen, die dem Außenklima ausgesetzt sind bzw. an das Erdreich oder an andere Bauwerke grenzen, Innenwände und Innenstützen
331	Tragende Konstruktionen	
332	Nicht tragende Konstruktionen	
333	Bekleidungen	Bekleidungen einschließlich Putz, Dichtungs-, Dämm-, Schutzschichten
334	Öffnungen	
335	Schutzbauteile	Schutzbauteile für Licht- und Schallschutz, Blend- und Staubschutz, Berührungsschutz (Hochspannung)
339	Vertikale Bauteile, sonstiges	Gitter, Geländer, Stoßabweiser, Handläufe
340	**Horizontale Bauteile**	Decken, Treppen und Rampen oberhalb der Gründung und unterhalb der Dachfläche, horizontale Tragglieder, flache oder geneigte Dächer
341	Tragende Konstruktionen	
342	Nicht tragende Konstruktionen	
343	Beläge	Beläge einschließlich Estrichen, Dichtungs-, Dämm-, Schutz-, Nutzschichten
344	Bekleidungen	Bekleidungen einschließlich Putz, Dichtungs-, Dämm-, Schutzschichten
345	Öffnungen	
346	Schutzbauteile	Schutzbauteile für Licht- und Schallschutz, Blend- und Staubschutz, Berührungsschutz (Hochspannung)
349	Horizontale Bauteile, sonstiges	Abdeckungen, Schachtdeckel, Roste, Geländer, Stoßabweiser, Handläufe, Leitern, Einschubtreppen
350	**Räumliche Bauteile**	Kuppeln, Tunnel, Gewölbe
351	Tragende Konstruktionen	
352	Nicht tragende Konstruktionen	

Kostengruppen	Anmerkungen
353 Beläge	
354 Bekleidungen	Bekleidungen einschließlich Putz, Dichtungs-, Dämm-, Schutzschichten
355 Öffnungen	
356 Schutzbauteile	
359 Räumliche Bauteile, sonstiges	
360 Linienbauteile	Einschließlich Kreuzungspunkte
361 Straßenkonstruktionen	Straßen, Wege, Plätze
362 Gleiskonstruktionen	Gleise, Weichen, Gleisabschlüsse
363 Verkehrsflächenkonstruktionen für Flugverkehr	
364 Wasserwegekonstruktionen	
365 Rohrleitungsanlagen	
366 Kabelleitungsanlagen	
369 Linienbauteile, sonstiges	
370 Baukonstruktive Einbauten	Kosten der mit dem Bauwerk fest verbundenen Einbauten, jedoch ohne die nutzungsspezifischen Anlagen (siehe Kostengruppe 470). Für die Abgrenzung gegenüber der Kostengruppe 610 ist maßgebend, dass die Einbauten durch ihre Beschaffenheit und Befestigung technische und bauplanerische Maßnahmen erforderlich machen, z.B. Anfertigen von Werkplänen, statischen und anderen Berechnungen, Anschließen von Installationen
371 Einbauten für vertikale Bauteile	
372 Einbauten für horizontale Bauteile	
373 Einbauten für räumliche Bauteile	
374 Einbauten für Linienbauteile	Straßenausstattung, z. B. Rückhaltesysteme, Lärmschutz, Schilder
379 Baukonstruktive Einbauten, sonstiges	
390 Sonstige Maßnahmen für Baukonstruktionen	Baukonstruktionen und übergreifende Maßnahmen im Zusammenhang mit den Baukonstruktionen, die nicht einzelnen Kostengruppen der Baukonstruktionen zugeordnet werden können oder die nicht unter Kostengruppe 490 oder Kostengruppe 590 erfasst sind
391 Baustelleneinrichtung	Einrichten, Vorhalten, Betreiben, Räumen der übergeordneten Baustelleneinrichtung, z.B. Material- und Geräteschuppen, Lager-, Wasch-, Toiletten- und Aufenthaltsräume, Bauwagen, Misch- und Transportanlagen, Energie- und Bauwasseranschlüsse, Baustraßen, Lager- und Arbeitsplätze, Verkehrssicherungen, Abdeckun-

Kostengruppen	Anmerkungen
392 Schutzmaßnahmen	gen, Bauschilder, Bau- und Schutzzäune, Baubeleuchtung, Schuttbeseitigung Absicherung der Baustelle gegenüber dem allgemeinen Verkehrsgeschehen, z. B. Schutz- und Arbeitsgerüste
393 Sicherungsmaßnahmen	Sicherungsmaßnahmen an bestehenden Bauwerken, z. B. Unterfangungen, Abstützungen, soweit nicht unter Kostengruppe 210 erfasst
394 Abbruchmaßnahmen	Abbruch- und Demontagearbeiten einschließlich Zwischenlagern wiederverwendbarer Teile, Abfuhr des Abbruchmaterials, soweit nicht in anderen Kostengruppen erfasst
395 Instandsetzungen und Instandhaltungen	Maßnahmen zur Wiederherstellung des zum bestimmungsgemäßen Gebrauch geeigneten Zustandes, soweit nicht in anderen Kostengruppen erfassbar
396 Materialentsorgung	Entsorgung von Materialien und Stoffen, die bei dem Abbruch, bei der Demontage und bei dem Ausbau von Bauteilen oder bei der Erstellung einer Bauleistung anfallen zum Zweck des Recyclings oder der Deponierung
397 Zusätzliche Maßnahmen	Zusätzliche Maßnahmen bei der Erstellung von Baukonstruktionen z. B. Schutz von Personen, Sachen; Reinigung vor Inbetriebnahme; Maßnahmen aufgrund von Forderungen des Wasser-, Landschafts-, Lärm- und Erschütterungsschutzes während der Bauzeit; Schlechtwetter und Winterbauschutz, Erwärmung des Bauwerkes, Schneeräumung, betriebliche Sicherungsmaßnahmen beim Bauen unter Betrieb
398 Provisorische Baukonstruktionen	Kosten für die Erstellung, Beseitigung provisorischer Baukonstruktionen, Anpassung des Bauwerkes bis zur Inbetriebnahme des endgültigen Bauwerkes
399 Sonstige Maßnahmen für Baukonstruktionen, sonstiges	Baukonstruktionen, die mehrere Kostengruppen betreffen, z. B. Schließanlagen, Schächte, Schornsteine, soweit nicht in anderen Kostengruppen erfasst
400 Bauwerk – Technische Anlagen	Kosten aller im Bauwerk eingebauten, daran angeschlossenen oder damit fest verbundenen technischen Anlagen oder Anlagenteile. Die einzelnen technischen Anlagen enthalten die zugehörigen Gestelle, Befestigungen, Armaturen, Wärme- und Kältedämmung, Schall- und Brandschutzvorkehrungen, Abdeckungen, Verkleidungen, Anstriche, Kennzeichnungen sowie die anlagenspezifischen Mess-, Steuer- und Regelanlagen. Die Kosten für das Erstellen und Schließen von Schlitzen und Durchführungen werden in der Regel in der Kostengruppe 300 erfasst.

Kostengruppen	Anmerkungen
410 **Abwasser-, Wasser-, Gasanlagen**	Abwasseranlagen (Abläufe, Schächte, Leitungen bis zum Sammler/Vorfluter), Wasseranlagen, Gasanlagen
420 **Wärmeversorgungsanlagen**	Wärmeerzeugungsanlagen, Wärmeverteilnetze, Heizflächen
430 **Lufttechnische Anlagen**	Lüftungsanlagen, Klimaanlagen, Kälteanlagen für lufttechnische Anlagen
440 **Starkstromanlagen**	Hoch- und Mittelspannungsanlagen, Eigenstromversorgungsanlagen, Niederspannungsschaltanlagen, Niederspannungsinstallationsanlagen, Beleuchtungsanlagen, Blitzschutz- und Erdungsanlagen
450 **Fernmelde- und informationstechnische Anlagen**	Telekommunikationsanlagen, Such- und Signalanlagen, Zeitdienstanlagen, Elektroakustische Anlagen, Fernseh- und Antennenanlagen, Gefahrenmelde- und Alarmanlagen, Übertragungsnetze; Telematikanlagen: Maut-/Gebührenerfassungssystem, Langzeitzählstellen, Parkleitsysteme, Fernwirkanlagen
460 **Förderanlagen**	Aufzugsanlagen, Fahrtreppen, Fahrsteige, Befahranlagen, Transportanlagen, Krananlagen
470 **Verfahrenstechnische Anlagen**	Insbesondere Anlagen für infrastrukturelle Verfahren wie Wassergewinnung, Abwasserbehandlung und -entsorgung, Reststoff- und Abfallbehandlung sowie -entsorgung
480 **Automation**	Anlagen- und bauwerksübergreifende Automation, z. B. Verkehrsleit- und -sicherungsanlagen
490 **Sonstige Maßnahmen für technische Anlagen**	Technische Anlagen und übergreifende Maßnahmen im Zusammenhang mit technischen Anlagen, die nicht einzelnen Kostengruppen der technischen Anlagen zugeordnet werden können
491 Baustelleneinrichtung	Einrichten, Vorhalten, Betreiben, Räumen der übergeordneten Baustelleneinrichtung für technische Anlagen, z. B. Material- und Geräteschuppen, Lager-, Wasch-, Toiletten- und Aufenthaltsräume, Bauwagen, Misch- und Transportanlagen, Energie- und Bauwasseranschlüsse, Baustraßen, Lager- und Arbeitsplätze, Verkehrssicherungen, Abdeckungen, Bauschilder, Bau- und Schutzzäune, Baubeleuchtung, Schuttbeseitigung
492 Schutzmaßnahmen	Auf-, Um-, Abbauen, Vorhalten von Gerüsten
493 Sicherungsmaßnahmen	Sicherungsmaßnahmen an bestehenden Bauwerken, z. B. Unterfangungen, Abstützungen
494 Abbruchmaßnahmen	Abbruch- und Demontagearbeiten einschließlich Zwischenlagern wiederverwendbarer Teile, Abfuhr des Abbruchmaterials, soweit nicht in anderen Kostengruppen erfasst

Kostengruppen	Anmerkungen
495 Instandsetzungen und Instandhaltungen	Maßnahmen zur Wiederherstellung des zum bestimmungsgemäßen Gebrauch geeigneten Zustandes, soweit nicht in anderen Kostengruppen erfasst
496 Materialentsorgung	Entsorgung von Materialien und Stoffen, die bei dem Abbruch, bei der Demontage und bei dem Ausbau von Anlagenteilen oder bei der Erstellung einer Bauleistung anfallen zum Zweck des Recyclings oder der Deponierung
497 Zusätzliche Maßnahmen	Zusätzliche Maßnahmen bei der Erstellung von Technischen Anlagen z. B. Schutz von Personen, Sachen; Reinigung vor Inbetriebnahme; Maßnahmen aufgrund von Forderungen des Wasser-, Landschafts-, Lärm- und Erschütterungsschutzes während der Bauzeit; Schlechtwetter und Winterbauschutz, Erwärmung der technischen Anlagen, Schneeräumung.
498 Provisorische technische Anlagen	Kosten für die Erstellung, Beseitigung provisorischer technischer Anlagen, Anpassung der technischen Anlagen bis zur Inbetriebnahme der endgültigen technischen Anlagen
499 Sonstige Maßnahmen für technische Anlagen, sonstiges	

Literaturhinweise

STLBau, *Standardleistungsbuch für das Bauwesen;* Zu beziehen durch Beuth Verlag GmbH, Burggrafenstraße 6, 10787 Berlin

STLK, *Standardleistungskatalog für den Straßen- und Brückenbau;* Zu beziehen durch FGSV Verlag GmbH, Wesselinger Straße 17, 50999 Köln

VOB Vergabe- und Vertragsordnung für Bauleistungen (VOB Teil C); Zu beziehen durch Beuth Verlag GmbH, Burggrafenstraße 6, 10787 Berlin

HOAI Verordnung über die Honorare für Leistungen der Architekten und der Ingenieure (Honorarordnung für Architekten und Ingenieure); Zu beziehen durch Bundesanzeiger-Verlagsgesellschaft mbH, Postfach 10 05 34, 50445 Köln

III. Leistungsbild Projektsteuerung AHO

(aus Projektmanagementleistungen in der Bau- und Immobilienwirtschaft, AHO-Heft Nr. 9 Stand Mai 2014, erarbeitet von der AHO Fachkommission „Projektsteuerung/ Projektmanagement", 4. Aufl.)

Grundleistungen	Besondere Leistungen	Auftraggeber-Aufgaben
1. Projektvorbereitung		• Auswahl eines Projekt-steuerers (kurz: PS) ge-mäß Kap. 5 • Information über auftrag-geberseitige Randbedin-gungen des Projekts – Führungsstruktur des Auftraggebers (AG) – Vorhandene Kommuni-kationsstrukturen • Katalog der Hauptziele im Hinblick auf – Kosten – Termine – Qualität und Quantitä-ten • Einholung Angebot und Vertragsvorschlag Erteilung des Auftrags für die Projektsteuerung
A Organisation, Information, Koordination und Dokumentation **(übrige Handlungsbereiche einbeziehend)**		
1 Entwickeln, Abstimmen und Dokumentieren der projektspezifischen Orga-nisationsvorgaben mit Projektstrukturplanung 2 Entwickeln und Abstim-men der Grundlagen für die Planung der Planung 3 Mitwirken bei der Festle-gung der Projektziele und der Dokumentation der Projektvorgaben 4 Vorschlagen und Ab-stimmen der Kommuni-kationsstruktur des In-formations-, Berichts- und Protokollwesens 5 Vorschlagen und Ab-stimmen des Entschei-dungsmanage-ments	1 Koordination von speziel-len Organisationseinhei-ten des Auftraggebers 2 Erstellen von Vorlagen und besondere Berichter-stattung in Auftraggeber- und sonstigen Gremien 3 Einrichten eines eigenen Projektkommunikations-systems 4 Erstellen der aufbau- und ablauforganisatorischen Grundlagen zur Planung, übergreifenden Überwa-chung und Steuern von mehreren verknüpften Projekten (Programme, Projektportfolios) 5 Konzipieren, Vorbereiten und Abstimmen von Ri-sikomanagementsystemen	1 Zurverfügungstellen von Informationen zum Un-ternehmen und zum Pro-jekt sowie Abstimmungen mit der Projektsteuerung; Entscheidungen zur Pro-jekt-organisation 2 Entscheidungen über die Beauftragung von Ob-jekt- und Fachplanern sowie anderer Spezialisten und Vorgaben für den Planungsprozess; Notwendige Vollmachten klären und erteilen 3 Projektziele abstimmen und endgültig festlegen, der PS erläutern und ab-stimmen 4 Klärung, Abstimmung und Entscheidung über

Grundleistungen	Besondere Leistungen	Auftraggeber-Aufgaben
6 Vorschlagen und Abstimmen des Änderungsmanagements 7 Mitwirken beim Risikomanagement 8 Mitwirken bei der Auswahl eines Projektkommunikationssystems	mit besonderen Anforderungen 6 Mitwirken bei den Vorbereitungen besonderer behördlicher Genehmigungsverfahren (z. B. Planfeststellungsverfahren) 7 Erstellen eines Konzepts zur Erfassung aller betroffenen Dritten und der relevanten Öffentlichkeit sowie deren Beteiligung im weiteren Projektablauf	Art, Wege und Empfänger von Informationen, Berichten und Protokollen, einschl. eines Projektkommunikationssystems (PKS) nach Vorschlägen der PS 5 Abstimmung und Festlegung der Planungsprozesse; Einrichten/Bestimmen der zentralen Projektanlaufstelle; Sorge für das Abarbeiten des Entscheidungs- und Maßnahmenkatalogs 6 Abstimmung und Festlegung der Verfahrensweise bei Änderungen 7 Informieren des PS über Projektrisiken; aktive Einbeziehung des PS in das Risikomanagement und Festlegung des Risikomanagementsystems 8 Entscheiden, ob ein eigenes das der PS oder ein externes Projektmanagementsystem eingesetzt werden soll

B Qualitäten und Quantitäten

Grundleistungen	Besondere Leistungen	Auftraggeber-Aufgaben
1 Überprüfen der bestehenden Grundlagen zur Bedarfsplanung auf Vollständigkeit und Plausibilität 2 Mitwirken bei der Klärung der Standortfragen, bei der Beschaffung der standortrelevanten Unterlagen, bei der Grundstücksbeurteilung hinsichtlich Nutzung in privatrechtlicher und öffentlich-rechtlicher Hinsicht 3 Überprüfen der Ergebnisse der Grundlagenermittlung der Planungsbeteiligten	1 Erstellen und Abstimmen einer Bedarfsplanung 2 Durchführen einer differenzierten Anfrage bezüglich der Infrastruktur (Ver- und Entsorgungsmedien, Verkehr etc.) und Beschaffen der relevanten Informationen und Unterlagen 3 Vorbereiten und Durchführen von Ideen-, Programm- und Realisierungswettbewerben 4 Strukturieren der Prozesse zur Formulierung und Umsetzen der Nachhaltigkeitsstrategie in der Aufbau- und Ablauforganisation	1 Bedarfsplanung an PS übergeben; falls nicht vorhanden, Bedarfsplanung beauftragen 2 Vollmachten erteilen für die Beschaffung von Unterlagen, ggf. unter Einholung von Vertraulichkeitserklärungen 3 Von der PS überprüfte Ergebnisse der Grundlagenermittlung der bis jetzt beauftragten Objekt- und Fachplaner zur Kenntnis nehmen und ggf. bestätigen oder verwerfen; Entscheidung über die Weiterführung des Projekts treffen

Grundleistungen	Besondere Leistungen	Auftraggeber-Aufgaben
C Kosten und Finanzierung		
1 Mitwirken bei der Erstellung des Kostenrahmens für Investitionskosten und Nutzungskosten 2 Mitwirken bei der Ermittlung und Beantragung von Investitions- und Fördermitteln 3 Prüfen und Freigabevorschläge bezüglich der Rechnungen der Planungsbeteiligten und sonstigen Projektbeteiligten (außer bauausführenden Unternehmen) zur Zahlung 4 Abstimmen und Einrichten der projektspezifischen Kostenverfolgung	1 Erstellen von Wirtschaftlichkeitsuntersuchungen 2 Verwenden von auftraggeberseitig vorgegebenen EDV-Programmen mit besonderen Anforderungen in Bezug auf die Informationsverarbeitung und Dokumentation	1 Kostenrahmen/Kostengrenzen/Wirtschaftlichkeitsziele festlegen und allen Projektbeteiligten vorgeben 2 Evtl. Spezialisten für die Erlangung von Fördermitteln beauftragen; Evtl. Spezialisten mit Wirtschaftlichkeitsuntersuchungen beauftragen 3 Geprüfte Rechnungen entgegennehmen, mit Budget vergleichen, kontieren und Rechnungen anweisen 4 Abstimmung mit der PS über die Kostenziele, klären, wie und mit welchem Mitteln die Kostenverfolgung zeitnah dargestellt werden soll, und dies verbindlich vorgeben; Für den Mittelabfluss gilt das Gleiche
D Termine, Kapazitäten und Logistik		
1 Aufstellen und Abstimmen des Terminrahmens 2 Aufstellen und Abstimmen des Steuerungsterminplanes für das Gesamtprojekt und Ableiten des Kapazitätsrahmens 3 Erfassen logistischer Einflussgrößen unter Berücksichtigung relevanter Standort- und Rahmenbedingungen		1 Terminrahmen abstimmen und festlegen 2 Zwischentermine mit dem PS abstimmen und festlegen 3 Entscheidungen zu Erschließungs-/Zufahrts- und Lagerflächen bei beengten Baustellenverhältnissen und Entscheidung über mögliche Zusatzkosten treffen
E Verträge und Versicherungen		
1 Mitwirken bei der Erstellung einer Vergabe- und Vertragsstruktur für das Gesamtprojekt 2 Vorbereiten und Abstimmen der Inhalte der Planerverträge 3 Mitwirken bei der Auswahl der zu Beteiligenden, bei Verhandlungen		1 Festlegungen zur Vergabe und Vertragsstruktur – Beistellung juristischen Sachverstands für die Vergabe- und Vertragsstruktur des Gesamtprojekts 2 Freigabe der Planerverträge 3 Entscheiden über die Bieter, Teilnahme an den

Grundleistungen	Besondere Leistungen	Auftraggeber-Aufgaben
und Vorbereitungen der Beauftragungen 4 Vorschlagen der Vertragstermine und -fristen für die Planerverträge 5 Mitwirken bei der Erstellung eines Versicherungskonzeptes für das Gesamtprojekt		Verhandlungen, rechtsverbindliche Beauftragung 4 Kenntnisnahme und ggf. Entscheidung 5 Vorgabe von Randbedingungen zum Versicherungskonzept und endgültige Entscheidung darüber, Abschluss der Verträge

2. Planung

A Organisation, Information, Koordination und Dokumentation
(übrige Handlungsbereiche einbeziehend)

Grundleistungen	Besondere Leistungen	Auftraggeber-Aufgaben
1 Fortschreiben der projektspezifischen Organisationsvorgaben mit Projektstrukturplanung 2 Analysieren und Bewerten der Planungsprozesse auf Konformität mit den vorgegebenen Projektzielen 3 Fortschreiben der Dokumentation der Projektvorgaben 4 Überprüfen und Umsetzen der Kommunikationsstruktur – regelmäßiges Informieren und Abstimmen mit dem Auftraggeber (Berichtswesen) 5 Umsetzen des Entscheidungsmanagements 6 Umsetzen des Änderungsmanagements 7 Analysieren und Bewerten der Koordinationsleistungen des Objektplaners 8 Mitwirken beim Risikomanagement 9 Analysieren und Bewerten der ordnungsgemäßen Nutzung des Projektkommunikationssystems durch die Projektbeteiligten 10 Mitwirken bei der Herbeiführung der behördlichen Genehmigung	1 Vertreten der Planungskonzeption gegenüber der Öffentlichkeit unter besonderen Anforderungen und Zielsetzungen sowie bei mehr als fünf Erläuterungs- oder Erörterungsterminen 2 Betreiben eines eigenen Projektkommunikationssystems 3 Umsetzen von Risikomanagementsystemen mit besonderen Anforderungen 4 Mitwirken bei der Einbeziehung zu beteiligender Dritter und der Öffentlichkeit bei der weiteren Projektrealisierung	1 Abstimmen und ggf. festlegen der fortgeschriebenen Organisationsvorgaben sowie der Projektstrukturplanung 2 Evtl. Änderungen der Zielvorgaben entscheiden und bekanntgeben; Entscheidung über weitere Maßnahmen aus den Analysen 3 Entgegennahme der Dokumentation der Projektvorgaben; ggf. Entscheidung 4 Entgegennahme von Berichten und Abstimmung mit der PS über Vorgaben zu Kosten, Terminen, Qualitäten und Quantitäten 5 Entscheidungsvorlagen der PS entgegennehmen und entscheiden 6 Änderungsanträge der PS entgegennehmen und entscheiden 7 Ggf. Entscheidungen zu Leistungen der Objektplanung 8 Entscheidungen zum Risikomanagement 9 Meldung an die PS bei Unregelmäßigkeiten im Projektkommunikationssystem 10 Eigenverantwortliches Führen der Verhandlun-

Grundleistungen	Besondere Leistungen	Auftraggeber-Aufgaben
		gen mit Behörden/Antragstellungen

B Qualitäten und Quantitäten

Grundleistungen	Besondere Leistungen	Auftraggeber-Aufgaben
1 Laufendes Analysieren und Bewerten der Leistungen der Planungsbeteiligten	1 Steuern der Nachhaltigkeits- und Zertifizierungsprozesse	1 Entscheidung über weiteres Vorgehen bei Schlechtleistungen der Projektbeteiligten
2 Steuern der Planung der Bemusterungen	2 Steuern der Planung bei 3- bis n-dimensionaler Gebäudemodellbearbeitung sowie BIM-Administration	2 Entgegennahme der Bemusterungsplanung, Bekanntgabe oder Vorgabe eigener Vorstellungen, Treffen von Bemusterungsentscheidungen
3 Überprüfen der Ergebnisdokumentation der Planungsbeteiligten zu den einzelnen Leistungsphasen der Planung		3 Entgegennahme der Dokumentation der vorhergehenden Leistungsphasen, Durchsicht und Entscheidung über das weitere Vorgehen

C Kosten und Finanzierung

Grundleistungen	Besondere Leistungen	Auftraggeber-Aufgaben
1 Überprüfen der Kostenschätzung und -berechnung der Objekt- und Fachplaner sowie Veranlassen erforderlicher Anpassungsmaßnahmen	1 Erstellen einer Kostenschätzung/Kostenberechnung nach DIN 276-1:2008–12	1 Entgegennahme der Ergebnisse der zurzeit vorliegenden Kostenermittlung, Klärung und Abstimmung sowie Entscheidung über das weitere Vorgehen
2 Kostensteuerung zur Einhaltung der Kostenziele	2 Erstellen der Nutzungskostenschätzung, -berechnung sowie Nutzungskostensteuerung	2 Entgegennahme von Entscheidungsvorlagen und ggf. Entscheidung
3 Planen von Mittelbedarf und Mittelabfluss	3 Erstellen von Wirtschaftlichkeitsberechnungen	3 Klärung mit der PS über Mittelbedarf und Mittelabfluss und Abstimmung mit Kreditgebern
4 Prüfen und Freigabevorschläge bezüglich der Rechnungen der Planungsbeteiligten und sonstigen Projektbeteiligten (außer bauausführenden Unternehmen) zur Zahlung	4 Durchführen eines Value Engineering mit Überprüfen der Planung auf Wirtschaftlichkeit, Vergabefähigkeit, Nachhaltigkeit, Energieverbrauch, Materialeignung, Logistik, Workflow	4 Entgegennahme der geprüften Rechnungen der Projektbeteiligten und zur Zahlung anweisen
5 Fortschreiben der projektspezifischen Kostenverfolgung (kontinuierlich)		5 Kenntnisnahme der aktuellen projektspezifischen Kostenverfolgung und ggf. intervenieren

D Termine, Kapazitäten und Logistik

Grundleistungen	Besondere Leistungen	Auftraggeber-Aufgaben
1 Fortschreiben des Terminrahmens	1 Erstellen eines Terminplans für Planung und Bauablauf bei (noch) nicht vorliegenden Terminplänen der Planungsbeteiligten	1 Kenntnisnahme und Freigabe
2 Überprüfen des Terminplans der Planungsbeteiligten für den Planungs- und Bauablauf, insbesondere auf Einhaltung des Terminrahmens	2 Erstellen des Vergabeterminplans bei (noch) nicht	2 Entgegennahme der Ergebnisse und ggf. entscheiden
		3 Entgegennahme der aktualisierten Terminpläne und Diskussion bei ab-

Grundleistungen	Besondere Leistungen	Auftraggeber-Aufgaben
3 Fortschreiben des Steuerungsterminplanes unter Berücksichtigung des Terminplans der Planungsbeteiligten für den Planungs- und Bauablauf 4 Terminsteuerung der Planung einschließlich Analyse und Bewertung der Terminfortschreibungen der Planungsbeteiligten 5 Mitwirken bei der Aktualisierung der logistischen Einflussgrößen 6 Aufstellen und Abstimmen des Terminrahmens zur Integration des strategischen Facility Managements	vorliegenden Terminplänen der Planungsbeteiligten 3 Erstellen eines Logistikkonzepts 4 Abgleichen logistischer Maßnahmen mit Anlieger- und Nachbarschaftsinteressen	weichenden Vorstellungen 4 Kenntnisnahme der Analyse und Bewertung und ggf. entscheiden 5 Bekanntgabe der für den eigenen Bedarf freizuhaltenden Flächen auf dem Baugrundstück 6 Formulierung von Vorgaben zur Betreiberstrategie; Entscheidungen zur Einbeziehung des Facility Managements

E Verträge und Versicherungen

Grundleistungen	Besondere Leistungen	Auftraggeber-Aufgaben
1 Mitwirken bei der Durchsetzung von Vertragspflichten gegenüber den Beteiligten 2 Mitwirken bei der Umsetzung des Versicherungskonzeptes für alle Projektbeteiligten		1 Entscheiden, welche Verfahren bei Vertragsverletzungen in Gang gesetzt werden sollten 2 Entgegennahme des Versicherungskonzepts und kritische Würdigung

3. Ausführungsvorbereitung

A Organisation, Information, Koordination, Dokumentation (übrige Handlungsbereiche einbeziehend)

Grundleistungen	Besondere Leistungen	Auftraggeber-Aufgaben
1 Fortschreiben der projektspezifischen Organisationsvorgaben mit Projektstrukturplanung 2 Analysieren und Bewerten der Planungsprozesse auf Konformität mit den vorgegebenen Projektzielen 3 Fortschreiben der Dokumentation der Projektvorgaben 4 Überprüfen und Umsetzen der Kommunikationsstruktur – regelmäßiges Informieren und Abstimmen mit dem Auftraggeber (Berichtswesen)	1 Betreiben eines eigenen Projektkommunikationssystems 2 Umsetzen von Risikomanagementsystemen mit besonderen Anforderungen 3 Mitwirken bei der Einbeziehung zu beteiligender Dritter und der Öffentlichkeit bei der weiteren Projektrealisierung	1 Kenntnisnahme sowie ggf. Entscheidungen treffen 2 Klärung und Abstimmung bei Abweichungen von vorgegebenen Projektzielen 3 Kenntnisnahme und ggf. Bestätigung 4 Entgegennahme von Berichten und Abstimmung mit der PS über Kosten, Termine, Qualität und Quantitäten; ggf. Treffen von Entscheidungen 5 Entscheidungsvorlagen des PS entgegennehmen und entscheiden

Grundleistungen	Besondere Leistungen	Auftraggeber-Aufgaben
5 Umsetzen des Entscheidungsmanagements 6 Umsetzen des Änderungsmanagements 7 Analysieren und Bewerten der Koordinationsleistungen des Objektplaners 8 Mitwirken beim Risikomanagement 9 Analysieren und Bewerten der ordnungsgemäßen Nutzung des Projektkommunikationssystems durch die Projektbeteiligten		6 Änderungsanträge des PS entgegennehmen und entscheiden 7 Entgegennahme und Prüfung der Änderungen/ ggf. entscheiden 8 Treffen von Entscheidungen zum Risikomanagement 9 Meldung an PS bei Unregelmäßigkeiten im Projektkommunikationssystem
B Qualitäten und Quantitäten		
1 Laufendes Analysieren und Bewerten der Planungsergebnisse auf Konformität mit den vorgegebenen Projektzielen 2 Überprüfen der von den Planungsbeteiligten erstellten Angebotsauswertungen und Vergabevorschläge 3 Überprüfen der unmittelbaren und mittelbaren Auswirkungen von Nebenangeboten auf Konformität mit den vorgegebenen Projektzielen 4 Mitwirken bei den erforderlichen Bemusterungen	1 Versenden der Ausschreibungsunterlagen 2 Steuern der Nachhaltigkeits- und Zertifizierungsprozesse	1 Entscheidung und Bekanntgabe von evtl. Modifikationen bei den Projektzielen 2 Prüfen der Vorschläge, ggf. Vorgaben zu Angebotsauswertungen und Vergabevorschlägen 3 Diskussion und Entscheidung über Nebenangebote im Zusammenhang mit Projektzielen 4 Entscheidungen treffen bei Bemusterungen
C Kosten und Finanzierung		
1 Überprüfen der von den Planern ermittelten Soll-Werte für die Vergaben auf Basis der aktuellen Kostenberechnung 2 Überprüfen der von den Planungsbeteiligten auf der Grundlage bepreister Leistungsverzeichnisse erstellten Kostenermittlungen 3 Überprüfen der Angebotsauswertungen im Hinblick auf die Angemessenheit der Preise 4 Vorgeben der Deckungsbestätigungen für Aufträge	1 Erstellen von Wirtschaftlichkeitsberechnungen	1 Diskussion und Entscheidung bei Abweichungen der Kosten-Ist-Werte von den Soll-Werten 2 Kenntnisnahme und ggf. entscheiden 3 Kenntnisnahme und ggf. entscheiden 4 Herausgabe von Deckungsbestätigungen für Aufträge 5 Kenntnisnahme und ggf. entscheiden 6 Entgegennahme von geprüften Rechnungen und zur Zahlung anweisen

Grundleistungen	Besondere Leistungen	Auftraggeber–Aufgaben
5 Kostensteuerung unter Berücksichtigung der Angebotsprüfungen und Kostenvergleiche der Planungsbeteiligten 6 Prüfen und Freigabevorschläge der Rechnungen der Planungsbeteiligten und sonstigen Projektbeteiligten (außer bauausführenden Unternehmen) zur Zahlung 7 Planen von Mittelbedarf und Mittelabfluss 8 Fortschreiben der projektspezifischen Kostenverfolgung (kontinuierlich)		7 Abgleich von Mittelbedarf und Mittelabfluss mit der PS 8 Kenntnisnahme aktueller Berichte der projektspezifischen Kostenverfolgung, ggf. Maßnahmen einleiten
D Termine, Kapazitäten und Logistik		
1 Fortschreiben des Terminrahmens 2 Überprüfen der Vergabeterminplanung der Planungsbeteiligten 3 Fortschreiben des Steuerungsterminplanes unter Berücksichtigung des Terminplans der Planungsbeteiligten für den Planungs- und Bauablauf 4 Überprüfen der vorliegenden Angebote im Hinblick auf vorgegebene Terminziele 5 Terminsteuerung mit Soll-Ist-Vergleichen betreffend Ausführungsplanung sowie Vorbereitung und Durchführung der Vergabe 6 Mitwirken bei der Aktualisierung und Prüfung der Entwicklung der logistischen Einflussgrößen	1 Fortschreiben der Terminplanung für Planung und Bauablauf 2 Erstellen und Fortschreiben des Vergabeterminplans 3 Fortführen des Abgleichens logistischer Maßnahmen mit Anliefer- und Nachbarschaftsinteressen	1 ./. 2 Abgleich der Vergabetermine mit denen der PS 3 Kenntnisnahme und ggf. entscheiden 4 Kenntnisnahme und ggf. entscheiden 5 Abstimmung über Vergabeprozesse und ggf. entscheiden 6 Kenntnisnahme und ggf. entscheiden
E Verträge und Versicherungen		
1 Mitwirken bei der Durchsetzung von Vertragspflichten gegenüber den Beteiligten 2 Mitwirken bei der Strukturierung des Vergabeverfahrens	1 Mitwirken bei der Auswahl, Beschaffung, dem Aufbau und der Einführung von speziellen Informationssystemen (z.B. für das Facility Management)	1 Entscheiden, welche Verfahren bei Vertragsverletzungen in Gang gesetzt werden sollen 2 Entscheidung und Bekanntgabe der zu beteiligenden Stellen bei den Vergabeverfahren

Grundleistungen	Besondere Leistungen	Auftraggeber-Aufgaben
3 Überprüfen der Vertrags- unterlagen für die Verga- beeinheiten auf Vollstän- digkeit und Plausibilität sowie Bestätigen der Ver- sandfertigkeit 4 Mitwirken bei den Verga- beverhandlungen bis zur Unterschriftsreife 5 Mitwirken bei der Vorga- be der Vertragstermine und -fristen für die Be- sonderen Vertragsbedin- gungen der Ausführungs- und Lieferleistungen		3 Versenden der Ausschrei- bungs-/Vertragsunterla- gen; Submission, wenn im Verfahren so vorgese- hen 4 Führen der Vergabever- handlungen bzw. der Auf- klärungsgespräche 5 Ggf. entscheiden zu Ver- tragsvorschlägen

4. Ausführung

A Organisation, Information, Koordination, Dokumentation (übrige Handlungsbereiche einbeziehend)

Grundleistungen	Besondere Leistungen	Auftraggeber-Aufgaben
1 Fortschreiben der pro- jektspezifischen Organi- sationsvorgaben mit Pro- jektstrukturplanung 2 Analysieren und Bewer- ten der Planungsprozesse auf Konformität mit den vorgegebenen Projekt- zielen 3 Fortschreiben der Do- kumentation der Pro- jektvorgaben 4 Überprüfen und Umset- zen der Kommunika- tionsstruktur – regelmä- ßiges Informieren und Abstimmen mit dem Auftraggeber (Berichts- wesen) 5 Umsetzen des Ent- scheidungsmanage- ments 6 Umsetzen des Ände- rungsmanagements 7 Analysieren und Bewer- ten der Koordinations- leistungen der Objekt- überwachung 8 Mitwirken beim Risi- komanagement 9 Analysieren und Bewer- ten der ordnungsgemä- ßen Nutzung des Pro-	1 Koordinieren besonderer Anforderungen der Be- treiber/-Nutzerorganisa- tion 2 Betreiben eines eigenen Projektkommunikations- systems 3 Organisatorisches und baufachliches Unterstüt- zen bei Gerichtsverfahren 4 Umsetzen von Risikoma- nagementsystemen mit besonderen Anforderun- gen 5 Mitwirken bei der Einbe- ziehung zu beteiligender Dritter und der Öffent- lichkeit bei der weiteren Projektrealisierung	1 Kenntnisnahme, ab- stimmen und ggf. ent- scheiden 2 Diskussion bei Abwei- chungen von vorgege- benen Projektzielen und ggf. entscheiden 3 Kenntnisnahme und ggf. entscheiden 4 Kenntnisnahme und ggf. entscheiden 5 Entscheidungsvorlagen der PS entgegennehmen und entscheiden 6 Änderungsvorlagen der PS entgegennehmen und entscheiden 7 Kenntnisnahme und ggf. entscheiden 8 Entscheidungen im Ri- sikomanagement 9 Meldung an PS bei Un- regelmäßigkeiten im Projektkommunikations- system ggf. mit Vor- schlägen, wie diese ab- gestellt werden sollten 10 Selbständige Beweisver- fahren in Gang setzen mit Unterstützung der PS, wenn erforderlich

Grundleistungen	Besondere Leistungen	Auftraggeber-Aufgaben
jektkommunikations-systems durch die Projektbeteiligten 10 Unterstützen des Auftraggebers bei der Einleitung von selbständigen Beweisverfahren		

B Qualitäten und Quantitäten

Grundleistungen	Besondere Leistungen	Auftraggeber-Aufgaben
1 Analysieren und Bewerten der Leistungen der Objektüberwachung sowie Vorschlagen und Abstimmen von Anpassungsmaßnahmen bei Gefährdung von Projektzielen 2 Anlassbezogenes örtliches Überprüfen der Leistungen der Objektüberwachung	1 Steuern der Nachhaltigkeits- und Zertifizierungsprozesse	1 Berichte zur Kenntnis nehmen und über Anpassungsmaßnahmen entscheiden 2 Kenntnisnahme und ggf. entscheiden

C Kosten und Finanzierung

Grundleistungen	Besondere Leistungen	Auftraggeber-Aufgaben
1 Kostensteuerung zur Einhaltung der Kostenziele 2 Prüfen und Freigabevorschläge bezüglich der Rechnungen der Planungsbeteiligten und sonstigen Projektbeteiligten (außer bauausführenden Unternehmen) zur Zahlung 3 Überprüfen und Freigabevorschläge bezüglich der Rechnungsprüfung der Objektüberwachung zur Zahlung an ausführende Unternehmen 4 Vorgeben von Deckungsbestätigungen für Nachträge 5 Fortschreiben der Planung zu Mittelbedarf und Mittelabfluss 6 Fortschreiben der projektspezifischen Kostenverfolgung (kontinuierlich)	1 Prüfen der Rechnungen der ausführenden Unternehmen	1 Laufende Kenntnisnahme 2 Entgegennahme von Rechnungen und zur Zahlung anweisen 3 Entgegennahme von Rechnungen und zur Zahlung anweisen 4 Kostendeckung für Nachträge prüfen und ggf. entscheiden 5 Mittelbedarf und Mittelabfluss abgleichen und ggf. entscheiden 6 Kenntnisnahme und ggf. entscheiden

D Termine, Kapazitäten und Logistik

Grundleistungen	Besondere Leistungen	Auftraggeber-Aufgaben
1 Fortschreiben des Terminrahmens 2 Überprüfen des Terminplans der Planungsbeteiligten, insbesondere auf	1 Erstellen einer detaillierten Inbetriebnahmeplanung unter Integration aller Projektbeteiligten einschließlich Nutzer	1 ./. 2 Kenntnisnahme und ggf. entscheiden 3 Kenntnisnahme und ggf. entscheiden

Grundleistungen	Besondere Leistungen	Auftraggeber-Aufgaben
Einhaltung des Terminrahmens 3 Fortschreiben der Steuerungsterminpläne unter Berücksichtigung des Terminplans der Planungsbeteiligten 4 Terminsteuerung der Ausführung unter Berücksichtigung der Objektüberwachungsleistungen		4 Kenntnisnahme und ggf. entscheiden
E Verträge und Versicherungen		
1 Mitwirken bei der Durchsetzung von Vertragspflichten gegenüber den Beteiligten 2 Unterstützen des Auftraggebers bei der Abwendung von Forderungen Dritter (Nachbarn, Bürgerinitiativen etc.) 3 Überprüfen der Nachtragsprüfungen durch die Objektüberwachung und Mitwirken bei der Beauftragung 4 Mitwirken bei der Abnahmevorbereitung sowie bei der Durchführung der Abnahmen und Inbetriebnahme	1 Koordinieren der versicherungsrelevanten Schadensabwicklung	1 Entscheiden, welche Verfahren bei Vertragsverletzungen in Gang gesetzt werden sollen 2 Stakeholder-Management, ggf. mit externer Unterstützung (durch PS, Moderator, Mediator) 3 Geprüfte Nachträge entgegennehmen und entscheiden 4 Rechtsverbindliche Abnahme von Leistungen und Lieferungen

5. Projektabschluss

A Organisation, Information, Koordination und Dokumentation (übrige Handlungsbereiche einbeziehend)

Grundleistungen	Besondere Leistungen	Auftraggeber-Aufgaben
1 Mitwirken bei der organisatorischen und administrativen Konzeption und bei der Durchführung der Übergabe/Übernahme bzw. Inbetriebnahme/Nutzung 2 Veranlassen der systematischen Zusammenstellung und Archivierung der Projektdokumentation 3 Überprüfen der Zusammenstellung von Dokumentationsunterlagen	1 Organisatorisches und baufachliches Unterstützen bei Gerichtsverfahren 2 Organisieren des Abschlusses des eigenen Projektkommunikationssystems 3 Abschließen des Risikomanagementsystems mit besonderen Anforderungen 4 Prüfen der Projektdokumentation der fachlich Beteiligten	1 Über endgültige Inbetriebnahme entscheiden 2 Systematik der Aktenordnung für die Projektdokumentation mit PS und anderen Beteiligten abstimmen 3 Kenntnisnahme und ggf. entscheiden 4 Kenntnisnahme und ggf. entscheiden 5 Kenntnisnahme und ggf. entscheiden

Grundleistungen	Besondere Leistungen	Auftraggeber-Aufgaben
durch die Planungsbeteiligten 4 Überprüfen und Umsetzen der Kommunikationsstruktur – regelmäßiges Informieren und Abstimmen mit dem Auftraggeber (Berichtswesen) 5 Abschließen des Entscheidungs-/Änderungs- und Risikomanagements 6 Organisieren des Abschlusses des Projektkommunikationssystems		6 Abschluss des Projektkommunikationssystems, ggf. Datensicherung
B Qualitäten und Quantitäten		
1 Analysieren und Bewerten der Auflistung der Verjährungsfristen für Mängelansprüche	1 Veranlassen, Koordinieren und Steuern der Beseitigung nach der Abnahme aufgetretener Mängel 2 Steuern der Nachhaltigkeits- und Zertifizierungsprozesse	1 Mängelhaftungsverzeichnisse entgegennehmen und mit der eigenen Betriebsorganisation abstimmen; Dokumentationsunterlagen entgegennehmen, überprüfen und evtl. Ergänzungsbedarf anmelden
C Kosten und Finanzierung		
1 Überprüfen der Kostenfeststellung der Objekt- und Fachplaner 2 Prüfen und Freigabevorschläge bezüglich der Rechnungen der Planungsbeteiligten und sonstigen Projektbeteiligten zur Zahlung 3 Überprüfen und Freigabevorschläge bezüglich der Rechnungsprüfung der Objektüberwachung zur Zahlung an ausführende Unternehmen 4 Überprüfen der Leistungen der Planungsbeteiligten bei der Freigabe von Sicherheitsleistungen 5 Abschließen der projektspezifischen Kostenverfolgung	1 Erstellen des Verwendungsnachweises	1 Kostenfeststellung entgegennehmen, prüfen und ggf. an das Finanzierungsinstitut weiterleiten 2 Geprüfte und freigegebene Rechnungen zur Zahlung anweisen 3 Geprüfte und freigegebene Rechnungen zur Zahlung anweisen 4 Freigegebene Sicherheitsleistungen zur Zahlung anweisen 5 Kostenabschlussbericht entgegennehmen
D Termine, Kapazitäten und Logistik		
1 Steuern der Inbetriebnahme, Abnahme und Übergabe		1 Anlagen nach der Abnahme und Übergabe in Betrieb nehmen; ggf. mit

Grundleistungen	Besondere Leistungen	Auftraggeber-Aufgaben
		Unterstützung eines be- auftragten Facility Mana- gements
E Verträge und Versicherungen		
1 Mitwirken bei der rechts- geschäftlichen Abnahme der Planungsleistungen		1 Planungs- und Pro- jektsteuerungsleistungen rechtsverbindlich abneh- men, wenn sie fehlerfrei sind und die Revisions- unterlagen vorliegen

IV. Vertragsmuster

Hinweise zu den Vertragsmustern

Der vorliegende Entwurf zur Gestaltung eines Architektenvertrags berücksichtigt insbesondere die Rechtsprechung des Bundesgerichtshofes vom 24.6.2004 (VII ZR 259/02) sowie die Vorschriften der neuen HOAI 2013.

Schwerpunkt des Vertragsentwurfes bildet zum einen die Definition von Leistungszielen unabhängig von den Leistungsphasen der HOAI. Zum anderen wurde großer Wert darauf gelegt, Regelungen vorzusehen, die sowohl eine Bauzeitverlängerung und Änderungsleistungen vorsehen.

Beachten Sie auch, dass dieses Vertragsmuster lediglich eine Orientierungshilfe für den Abschluss eines Vertrages ist. Der Vertrag sollte stets den individuellen Besonderheiten des Bauvorhabens angepasst werden.

Die Mustertexte wurden mit größtmöglicher Sorgfalt erstellt. Da jedoch Änderungen der Rechtslage, andere Rechtsansichten und Fehler der Autoren niemals ganz ausgeschlossen werden können, erhebt keine der in den Mustertexten enthaltenen Formulierungen Anspruch auf uneingeschränkte Rechtsgültigkeit. Die Autoren übernehmen daher keine Haftung für den Inhalt der Mustertexte.

Wichtiger Hinweis für Verträge mit Verbrauchern ab dem 13.6.2014:

Für Verträge mit Verbrauchern gelten ab dem 13.6.2014 allgemeine Informationspflichten gem. §§ 312 ff. BGB. Diese Regelungen gelten wohl auch für Planer. Der Planer muss demnach den Verbraucher vor Vertragsverschluss in klarer und verständlicher Weise informieren über

1. seine Identität und Kontaktdaten, ggf. Angabe der Rechtsform, (insbesondere Name, ggf. Büro-Name, Rechtsform bei Gesellschaften, vollständige Kontaktdaten)
2. die wesentlichen Eigenschaften der Dienstleistung, also die vom Büro konkret angebotenen Leistungen (wohl z.B.: Hochbauarchitektur, Grundleistungen, Vorentwurf, Entwurf, Genehmigung, Ausschreibung und Vergabe, Objektüberwachung, ggf. besondere Leistungen)
3. den Gesamtpreis bzw. die Art der Preisberechnung, in der Regel also Art und Weise der Ermittlung des eigenen Honorars gemäß HOAI für das konkrete Bauvorhaben, mitsamt Nebenkosten,
4. gegebenenfalls Planungs- und weitere Leistungsbedingungen sowie Termine (z.B. das Recht gemäß § 15 HOAI Abschlagszahlungen in angemessenen Zeitabständen für erbrachte Leistungen zu verlangen),
5. einen Hinweis auf die fünfjährige gesetzliche Gewährleistung nach Abnahme der Planerleistung,

Die Information muss auf Papier oder – bei Zustimmung des Verbrauchers – auf einem anderen dauerhaften Datenträger zur Verfügung gestellt werden. Aus Beweisgründen sollte die Übergabe der Informationen durch Unterschrift des Verbrauchers bestätigt werden. Entsprechende Formulare werden von den Architektenkammern angeboten.

Werden Planerverträge außerhalb der Geschäftsräume des Planers bei gleichzeitiger Anwesenheit beider Vertragsparteien geschlossen, bestehen gem. § 312 ff. BGB weitere Informationspflichten sowie ein 14-tägiges Widerrufsrecht des Verbrauchers, über dessen Bestehen der Planer aufzuklären und zu belehren hat und auf ein Muster-Widerrufsformular hinzuweisen hat. Auch dazu werden entsprechende Formulare von den Architektenkammern angeboten.

Da bei einem Verstoß gegen die Widerrufsbelehrung im Falle des Widerrufs kein Honorar verlangt werden kann, wird ausdrücklich empfohlen, **keine** Verträge außerhalb des Büros bei gleichzeitiger Anwesenheit beider Vertragsparteien zu schließen. Die gleiche Pflicht gilt, wenn Planer den Verbraucher außerhalb ihrer Geschäftsräume persönlich und individuell ansprechen und der Vertrag unmittelbar danach in den Geschäftsräumen des Planers oder durch Fernkommunikationsmittel geschlossen werden.

1. Architektenvertrag
zur Objektplanung für Gebäude, Innenräume

zwischen

_____

_____

vertreten durch:

_____

_____

– nachstehend AG genannt –

und

_____

_____

– nachfolgend AN genannt –

wird folgender Architektenvertrag geschlossen:

§ 1   Gegenstand des Vertrages

(1)   Der AG überträgt dem AN die Architektenleistungen nach Maßgabe der §§ 2 und 3 dieses Vertrages für das nachfolgende Bauvorhaben, dem folgende Zielvorstellungen des AG zu Grunde liegen, soweit diese zum Zeitpunkt des Vertragsschlusses bekannt sind:[*1]

_____

_____

(Bezeichnung des BV)

Bestandteil dieses Vertrages sind folgende Anlagen:

☐ die Voruntersuchungen sowie die vom AG übergebenen Skizzen und Entwürfe _____ : _____   _____

☐ folgende vom AG übergebene Unterlagen   _____

(2)   Der AG möchte für die reinen Baukosten des Objektes (Kostengruppen 300 und 400 DIN 276 i.d.F. 2008) eine Gesamtsumme von _____ Euro (netto) ausgeben.

Diese Summe stellt einen ersten groben Kostenrahmen für die Planung des AN dar.

(3)   ☐ Die Baumaßnahme soll in einem Zug innerhalb der üblichen Fristen geplant und ausgeführt werden.

[*1] Hier sollen Angaben hinsichtlich des Raumprogramms, der gestalterischen Anforderungen, der Ausstattungsmerkmale, des Funktionsprogramms, der Ausnutzung des Baugrundstückes, der Ausnutzung der Gebäudeflächen (Verhältnis Nutzflächen zu Verkehrsflächen) zu den Baukosten und/oder Gesamtinvestitionen und dem Qualitätsstandard gemacht werden, soweit diese schon bekannt sind. Dies kann auch durch den Verweis auf bereits erfolgte Voruntersuchungen erfolgen s.u. Die Angaben sind durch die Novellierung der HOAI wichtig geworden, da nach der HOAI die anrechenbaren Kosten nur nach der Kostenberechnung ermittelt werden. Es wird daher verstärkt von Bedeutung Änderungen des Leistungszieles nachweisen zu können.

§ 2 Architektenleistungen

(1) Der AN hat die nachfolgend aufgeführten **Teilerfolge**[*1)] (Ziff. 1.1 bis 1.6), deren Inhalt und Umfang sich nicht an den dem Objekt nach HOAI zugewiesenen Leistungen (vgl §§ 3, 34 i. V. m. Anlage 10 HOAI) orientiert, zu erbringen. Die einzelnen Arbeitsschritte sind nur insoweit zu erbringen, wie sie zur ordnungsgemäßen Erfüllung eines Auftrags, d. h. das im Wesentlichen mangelfreie Entstehenlassen des Bauvorhabens erforderlich sind

1.1 ☐ **Ermitteln der Planungsaufgabe nach den Zielvorstellungen des AG**

Hierfür hat der AN insbesondere **folgende Arbeitsschritte,** zu erbringen:

☐ **Grundlagenermittlung**
D. h. insbesondere, das Ermitteln aller für die Planung erforderlichen Grundlagen sowie das Ermitteln der Bauwünsche des AG und Abklärung des grundsätzlichen Leistungsbedarfes, inklusive einer Ortsbesichtigung ggf. (mündliches) Zusammenfassen, Erläutern und Übergabe der wesentlichen Planungsergebnisse.

☐ **Vorplanung**
D. h. insbesondere, Umsetzung der in der Grundlagenermittlung erarbeiteten Zielvorgaben des AG und der örtlichen Gegebenheiten in ein konkretes Objekt. Ermitteln der gestalterischen Wünsche des AG durch Skizzen (ggf. bis zu 3 Varianten), Erstellen eines Grobterminplanes und Erstellen der Kostenschätzung gem. DIN 276 oder gleichwertig, sowie das Abstimmen der Kostenschätzung mit den Kostenvorstellungen des Bauherrn, ggf. (mündliches) Zusammenfassen, Erläutern und Übergabe der wesentlichen Planungsergebnisse.

1.2 ☐ **Erstellen von vermaßten Entwurfsplänen nach den Zielvorstellungen des AG und Umsetzung derselben in ein behördliches Baugesuch**

Hierfür hat der AN insbesondere folgende Arbeitsschritte, zu erbringen:

☐ **Entwurfsplanung**
D. h. insbesondere, die auf Basis der Vorplanung ermittelten Ergebnisse und Vorgaben des AG detailliert ausarbeiten und in Plänen, mit dem Maßstab 1:100 zeichnerisch niederzulegen sowie eine Beschreibung des Objektes vorzunehmen. Zudem muss die Kostenberechnung nach DIN 276 oder gleichwertig erstellt werden. Fortschreiben des Grobterminplanes Zusammenfassen, ggf. (mündliches) Zusammenfassen, Erläutern und Übergabe der wesentlichen Planungsergebnisse.

☐ **Genehmigungsplanung**
D. h. insbesondere, das Baugesuch nach den öffentlich-rechtlichen Vorschriften und auf Basis der Entwurfsplanung anzufertigen.

1.3 ☐ **Erstellen der für die Bauausführung des Objektes erforderlichen Pläne**

Hierfür hat der AN insbesondere folgenden Arbeitsschritt, zu erbringen.

[*1)] Die Aufnahme von Teilleistungserfolgen stellt den Versuch dar, die Leistungspflichten von den Leistungsbildern der HOAI abzukoppeln und somit zu verhindern, dass durch das Nichterbringen einzelner Arbeitsschritte eine Honorarkürzung (bzw. ein Kürzen der erbrachten Leistungsprozente) vorgenommen werden kann (vgl. BGH Urteil vom 24.6.2004 – VII ZR 259/02). Bei Verwendung des Vertragsmusters sollte unbedingt geprüft werden, ob tatsächlich alle im Einzelnen aufgezählten Leistungen im konkreten Fall erbracht werden müssen.

Ausführungsplanung

D. h. insbesondere, das Erstellen der erforderlichen Planungsunterlagen sowie notwendige Details, nach denen die Bauunternehmer oder der Generalunternehmer die Planungsidee umsetzen können. Fortschreiben des Terminplanes

1.4 ☐ **Erarbeiten einer für die Vergabe der Leistungen zuschlagsreifen Lösung**

Hierfür hat der AN insbesondere folgende Arbeitsschritte, zu erbringen:

☐ **Erstellen der Leistungsverzeichnisse oder Leistungsbeschreibungen der zu vergebenden Leistungen**

D. h. insbesondere, das Erstellen der Leistungsverzeichnisse und erforderlichen Leistungsbeschreibungen mit Mengenermittlungen sowie das Bepreisen der Leistungsverzeichnisse, sowie deren Vergleich mit der Kostenberechnung, aus denen Unternehmen die Mengen, Massen und sonstige für die Preisermittlungen maßgeblichen Grundlagen ermitteln können, Aufstellen eines Vergabeterminplanes, Abklären der Schnittstellen mit den Übrigen an der Planung Beteiligten

☐ **Mitwirkung bei der Vergabe der Bauleistungen durch den Bauherrn**

D. h. insbesondere, das Zusammenstellen der Vergabeunterlagen und Bereitstellen der Vertragsunterlagen auf Grundlage von im Handel gängiger Vertragsmuster und das Einholen von Angeboten von Unternehmern sowie deren Zusammenstellung in einer Weise, dass der AG in der Lage ist, diese zu vergleichen, das Mitwirken bei Bietergesprächen und Mitwirken bei der Auftragserteilung, Vergleich der Ausschreibungsergebnisse mit den Ergebnissen (Gesamtsummen) der bepreisten Leistungsverzeichnisse.

1.5 ☐ **Bauleitung, Überwachung der mangelfreien Ausführung der Bauleistung**

Hierfür hat der AN insbesondere folgende Arbeitsschritte, zu erbringen:

Objektüberwachung

D. h. insbesondere, Überwachung der Ausführung der beauftragten Handwerkerleistungen und Mitwirken bei der Abnahme der Leistungen sowie Überwachung der Beseitigung der bei der Abnahme festgestellten Mängel längstens jedoch bis zum Ablauf von 5 Jahren nach Abnahme, Prüfung der Unternehmerrechnungen, Erstellen der Kostenfeststellung z. B. nach DIN 276 oder gleichwertig sowie einer Kostenkontrolle durch Kostenvergleich, Aufstellen, Fortschreiben und Überwachen eines Terminplanes, Übergabe des Objektes sowie Auflistung der Gewährleistungsfristen, und die systematische Zusammenstellung der Dokumentation, zeichnerische Darstellungen und rechnerische Ergebnisse des Objektes.

Zusätzlich wird beauftragt:

1.6 ☐ **Betreuung des Objektes**

Hierfür hat der AN insbesondere folgenden Arbeitsschritt, zu erbringen:

Objektbetreuung

D. h. insbesondere, die fachliche Bewertung/Ersteinschätzung von Mängeln die innerhalb der Verjährungsfristen der Mängelansprüche längstens jedoch bis zum Ablauf von fünf Jahren seit der Abnahme der jeweiligen Bauleistung, auftreten sowie dafür erforderliche Begehungen. Objektbegehung zur Mängelfeststellung vor Ablauf der Verjährungsfristen für Mängelansprüche gegenüber den ausführenden Unternehmern.

(2)   Soweit der AG einmal beschlossene Zielvorstellungen ändert oder weitere Leistungen, die über den gem. § 2 Abs. 1 vereinbarten Leistungsumfang hinausgehen zur Erreichung des vereinbarten werkvertraglichen Gesamterfolges erforderlich oder vom AG angeordnet werden, hat der AN diese Änderungen/Leistungen zu berücksichtigen und auszuführen, soweit er in seinem Architekturbüro auf die Erbringung dieser Leistungen eingerichtet und ihm die Leistungserbringung ansonsten zumutbar ist.

(3)   **Als Besondere Leistungen werden folgende Leistungen vereinbart und sind vom AN zu erbringen:**

Bestandsaufnahme/Aufmaß/	
Bedarfsplanung gem. DIN 18205	
Mitwirken bei der Finanzierung	

(4)   **Zusätzliche Leistungen, welche durch das Büro des AN zu erbringen sind:**

☐ Baukünstlerische Überwachung nach (soweit dem AN nicht schon die Bauüberwachung übertragen worden ist).

☐ Erstellung eines Entwässerungsgesuches.

☐ Erstellen des Energiebedarfsausweises nach EnEV.

☐ _____

☐ _____

Variante:

(5)   ☐ **Stufenweise Beauftragung der einzelnen Teilerfolge**

Dem AN werden stufenweise folgende Leistungen übertragen:

1. Teilleistungserfolg 1	
2. Teilleistungserfolg 2	
3. Teilleistungserfolg 3	
4. Teilleistungserfolg 4	
5. Teilleistungserfolg 5	
6. Teilleistungserfolg 6	

Im Falle einer stufenweisen Beauftragung findet nach Abschluss eines jeden Beauftragungsabschnitts eine Abnahme und Schlussrechnung der bis dahin erbrachten Leistungen statt. Die Beauftragung der jeweils nächsten Stufe(n) erfolgt dann schriftlich nach den in dieser Vereinbarung geregelten Bestimmungen.

Hierbei gilt:

☐ Die Auftragserteilung mit der jeweils nächsten Stufe hat zu erfolgen, wenn die Planung des Objektes fortgeführt wird oder die Realisierung des Objektes erfolgt.[*1)]

☐ Die Auftragserteilung mit der nächsten Stufe steht im Ermessen des AG.

In jedem Fall ist der AN von der Pflicht zur Erbringung weiterer Leistungen entbunden, wenn diese nicht innerhalb eines Zeitraumes von 3 Monaten nach Abschluss der zuletzt erbrachten Leistungen beauftragt werden.

[*1)] Gebundenes Optionsrecht des AG, d. h., Verpflichtung des AG zum Abruf weiterer erforderlicher Leistungen bei Realisierung des Projektes/Bauvorhabens.

§ 3 Pflichten des AN

(1) Der AN erbringt seine vertraglichen Leistungen nach den allgemein anerkannten Regeln der Baukunst und Bautechnik und den einschlägigen behördlichen Vorschriften.

(2) Der AN ist im Rahmen der ihm übertragenen Leistungen berechtigt und verpflichtet, in zumutbarem Umfang Rechte des AG zu wahren, insbesondere den an der Durchführung des Baus Beteiligten die erforderlichen Weisungen zu erteilen. Zur Eingehung rechtsgeschäftlicher Verpflichtungen, die mit Kosten für den AG verbunden sind, ist der AN ohne ausdrückliche schriftliche Bevollmächtigung des AG nicht befugt.

(3) Der AN ist grundsätzlich berechtigt, Leistungen durch Subplaner erbringen zu lassen. Diese sind im Verhältnis zum AG Erfüllungsgehilfen.

(4) Der AN hat den AG rechtzeitig über den Einsatz von Fachingenieuren und Sonderfachleuten zu beraten sowie deren Leistungsumfang mit dem AG abzustimmen.

§ 4 Pflichten des AG

(1) Der AG fördert die Planung und Durchführung der Aufgabe, insbesondere wird er alle anstehenden Fragen auf berechtigtes Verlangen des AN unverzüglich entscheiden. Er hat zudem das Ergebnis jeden Arbeitsschrittes im Sinne von § 2 des Vertrages auf Verlangen des AN schriftlich freizugeben.

(2) Erbringt der AG die Leistungen nach Baustellenverordnung nicht selbst, so hat er hierfür einen Sonderfachmann/SIGEKO zu beauftragen. Wird der AN auch mit der Erbringung dieser Leistungen beauftragt, werden diese Leistungen gesondert vergütet.

(3) Folgende Sonderfachleute für

   ☐ Bodengutachten
     (Gründungsberatung)   _____
   ☐ Vermessung   _____
   ☐ Tragwerksplanung (Statik)   _____
   ☐ Technische Ausrüstung (HLS)   _____
   ☐ Elektroplanung   _____
   ☐ Energieeinsparverordnung   _____
   ☐ ....   _____
werden nach Rücksprache mit dem AN vom AG beauftragt.

(4) Der AG übergibt dem AN sämtliche das Bauvorhaben betreffende Rechnungen, soweit diese für die Vertragserfüllung und die Erstellung der Honorarrechnung benötigt werden.

(5) Der AG nimmt die Leistungen der Unternehmer und der Fachunternehmer rechtsgeschäftlich ab.

(6) Widerspricht der AG einem ihm übergebenen Leistungsergebnis (Pläne, Bemusterungsvorschläge und sonstige Unterlagen) des AN nicht binnen 12 Tagen, so bildet dieses die Grundlage und Zielvorstellung für die weiteren Planungen und Leistungen. Der AN hat den AG bei Übergabe der Leistungsergebnisse schriftlich darauf hinzuweisen.

(7) Im Interesse eines reibungslosen Bauablaufs soll der AG Weisungen an die am Bau Beteiligten nur im Einvernehmen mit dem AN erteilen.

§ 5 Grundlage der Honorarermittlung

(1) Bei der Maßnahme handelt es sich gem. § 11 HOAI um _____ Objekte. Für jedes Objekt ist das Honorar getrennt nach anrechenbaren Kosten, Honorarzone,

Honorarsatz und erbrachten Leistungen zu berechnen. Objekte verschiedener Planungsleistungen sind stets getrennt abzurechnen

(2)   Die in § 2 Abs. 1 vereinbarten Leistungen werden wie folgt vergütet. Soweit übertragbar, gilt dies auch für weitere vom Bauherrn verlangte oder erforderliche Leistungen im Sinne von § 2 Abs. 2 des Vertrages,

Teiler-folg § 2 Abs. 1	Arbeitsschritt:	Gem. § 34 HOAI	Beauf-tragte Leistun-gen	Leistungspro-zente gem. § 34 HOAI
Ziff. 1.1	Grundlagenermittlung	Lph. 1		2%
	Vorplanung	Lph. 2		7%
Ziff. 1.2	Entwurfsplanung	Lph. 3		15%
	Genehmigungsplanung	Lph. 4		3%
Ziff. 1.3	Ausführungsplanung	Lph. 5		25%
Ziff. 1.4	Vorbereitung der Vergabe	Lph. 6		10%
	Mitwirkung bei Vergabe	Lph. 7		4%
Ziff. 1.5	Objektüberwachung	Lph. 8		32%
Ziff. 1.6	Objektbetreuung	Lph. 9		2%

(3)   Die anrechenbaren Kosten des Gebäudes und die der raumbildenden Ausbauten werden gem. §§ 33, 4 HOAI unter Zugrundelegung der jeweiligen Kostenermittlung nach DIN 276 i. d. F. 2008 ermittelt.

☐ Der Wert vorhandener Bausubstanz wird gem. § 2 Abs. 7 i. V.m. § 4 Abs. 3 HOAI mit _____Euro beziffert und bei den anrechenbaren Kosten berücksichtigt.

Alternativ:

☐ *Die Parteien vereinbaren, dass vorhandene Bausubstanz angemessen bei den anrechenbaren Kosten gem. § 2 Abs. 7 i. V.m. § 4 Abs. 3 HOAI zu berücksichtigen ist. Der Umfang der Berücksichtigung wird nach Erstellung der Kostenberechnung zwischen den Vertragsparteien angemessen festgelegt. Sollte eine solche Vereinbarung nicht zustande kommen, ist die vorhandene Bausubstanz angemessen bei den anrechenbaren Kosten zu berücksichtigen (§ 4 Abs. 3 HOAI).*

Anrechenbar für Leistungen bei Gebäuden und raumbildenden Ausbauten sind auch die Kosten für Technische Anlagen gem. KGr. 400 DIN 276:2008, die der Auftragnehmer nicht fachlich plant oder deren Ausführung er nicht fachlich überwacht,
– vollständig bis zu 25% der sonstigen anrechenbaren Kosten
– zur Hälfte mit dem 25% der sonstigen anrechenbaren Kosten übersteigenden Betrag
Plant der AN die im vorherigen Satz genannten Gegenstände fachlich und oder überwacht er fachlich deren Ausführung, so erhält er für diese Leistungen zudem ein Fachplanungshonorar.
Nicht anrechenbar sind Kostengruppen der DIN 276:2008, die nicht von § 33 Abs. 1 und 2 HOAI erfasst sind, soweit der Auftragnehmer sie nicht plant, bei der Beschaffung mitwirkt oder ihre Ausführung oder ihren Einbau fachlich nicht überwacht.
Werden Leistungen für mehrere Innenräume beauftragt, so werden die anrechenbaren Kosten der Innenräume zusammengefasst ermittelt.

Alternativ:

☐ Die anrechenbaren Kosten werden für die Leistungsphasen 1 bis 4 nach der Kostenberechnung, solange diese nicht vorliegt, nach der Kostenschätzung, und für die Leistungsphasen 5 bis 9 nach der Kostenfeststellung, solange diese nicht vorliegt, nach dem Kostenanschlag, ermittelt[1].

(4) **Honorarzonen, Honorarsätze**

	Zone	Satz[2]
Gebäude nach §§ 5, 35 Abs. 2 bis 5 und Anlage 10.2 HOAI		
Innenräume nach §§ 5, 35 Abs. 3, 6 und Anlage 10.3 HOAI		

(5) Für Umbau und Modernisierung von von Gebäuden nach § 6 Abs. 2 und 36 Abs. 1 HOAI gilt: Der Zuschlag beträgt[*3)] _____%

(6) Für Umbau und Modernisierung von Innenräumen gilt gem. § 6 Abs. 2 und 36 Abs. 2 ein Zuschlag in Höhe von[4] _____%

(7) Für Instandhaltung und Instandsetzung von Gebäuden nach § 12 HOAI gilt: Der Zuschlag beträgt[*5)] _____%

§ 6 Vergütung des AN

(1) Das Honorar des AN bemisst sich nach den Bestimmungen der HOAI in der geltenden Fassung in Verbindung mit den Grundlagen der Honorarermittlung nach diesem Vertrag.

(2) Nebenkosten werden gem. § 14 HOAI vergütet

☐ auf Einzelnachweis, wobei
- Fahrtkosten mit _____ Euro[*6)]
- Fotokopien A4 mit _____ Euro[*7)]
- Fotokopien A 3 mit _____ Euro
- Sonstige Vervielfältigungen mit _____ Euro

vergütet werden[*8)].

---

[1] Durch die Vereinbarung einer Abrechnung der erbrachten Leistungen für die Leistungsphasen 5 bis 9 nach der Kostenfeststellung, werden beim Planungshonorar auch Nachträge der Unternehmen berücksichtigt. In diesem Fall hat der Planer den Vorteil, dass er bei Änderungen des Leistungszieles oder sonstigen Verteuerungen des Bauvorhabens nicht jedes Mal eine Mehrvergütung verlangen muss. Diese Vereinbarung ist nicht HOAI konform, aber solange zulässig, wie die Mindest- und Höchstsätze der HOAI weder über- noch unterschritten werden.

[2] Der Honorarsatz bestimmt sich gem.§ 7 HOAI zwischen dem Mindestsatz und dem Höchstsatz (bspw. Mindestsatz, 20% oder Mittelsatz = mittig zwischen MIndest- und Höchstsatz).

[*3)] Ab Honorarzone III beträgt der Zuschlag gem. § 36 HOAI bis zu. 33%. Bei höheren Honorarzonen kann der Zuschlag frei vereinbart werden. 0% ist kein Zuschlag, somit gelten nach HOAI 20% Zuschlag als vereinbart, ab durchschnittlichem Schwierigkeitsgrad.

[4] Ab Honorarzone III, kann ein Zuschlag bis 50% vereinbart werden. Bei höheren Honorarzonen kann der Zuschlag frei vereinbart werden.

[*5)] Gem. § 12 HOAI kann ein Zuschlag von bis zu 50%, aber nur für die Leistungsphase 8, vereinbart werden (vgl. Morlock/Meurer, HOAI in der Praxis, 9. Auflage, Werner Verlag).

[*6)] Üblicher Weise wohl 0,30 Euro pro Kilometer. Möglich ist aber auch die Heranziehung der ADAC Tabelle, die höhere Werte ausweist. Vgl. Morlock/Meurer, a. a. O. Die HOAI in der Praxis, Werner Verlag.

[*7)] DIN A 4 wohl 0,20 Euro, DIN A 3 0,40 Euro (vgl. Morlock/Meurer, a. a. O.).

[*8)] Weitere Einzelvereinbarungen sind möglich, bspw. für Übernachtungskosten oder Tagesgeldpauschalen etc.

Alternativ[*1)]:

☐ durch eine Nebenkostenpauschale
in Höhe von[*2)]   _____ %
aus der Netto-Auftragssumme.

Alternativ[*3)]:

☐ durch eine Nebenkostenpauschale in Höhe von   _____ %
aus der Netto-Auftragssumme **für**

Vervielfältigungen von schriftlichen Unterlagen wie Leistungsverzeichnisse,
Anfertigung von Filmen und Fotos oder Post und Fernmeldegebühren

sowie auf Einzelnachweis[*4)]:
– Kosten für Reisen
– Kilometerpauschale in Höhe von 0,30 Euro pro gefahrenen Kilometer
– Kosten für Vervielfältigungen von Zeichnungen
– _____
– _____

(3)   ☐ Für die Objektüberwachung wird dem AN auf Kosten des AG auf der Baustelle
ein Bauleitungsbüro zur Verfügung gestellt.

(4)   **Werden Besondere Leistungen gem. § 3 Abs. 3** HOAI beauftragt, sind diese
wie folgt zu vergüten:
– Bestandsaufnahme   _____ Euro
– Wertermittlung   _____ Euro

Ist für beauftragte Besondere Leistungen keine Pauschalvergütung vereinbart worden, wird die Mehrleistung des AN nach folgenden Stundensätzen abgerechnet:

Für den AN pro Std.   _____ Euro[*5)]
Für Mitarbeiter, die technische oder wirtschaftliche
Aufgaben erfüllen   _____ Euro[*6)]
Für Technische Zeichner und sonstige Mitarbeiter mit
vergleichbarer Qualifikation pro Std.   _____ Euro[*7)]

Zum Nachweis der gearbeiteten Arbeitsstunden hat der
AN dem AG den Mitarbeiter, die Tätigkeit, die Dauer der
Tätigkeit und den Tag anzugeben.

☐ Für Kostenunterschreitungen, die unter Ausschöpfung technisch-wirtschaftlicher oder umweltverträglicher Lösungsmöglichkeiten zu einer wesentlichen
Kostensenkung (d.h.: mind. 10% unter Kostenberechnung Kostengruppen 300
und 400 DIN 276 i.d. F. 2008) ohne Verminderung des vertraglich festgelegten
Standards führen, wird ein Erfolgshonorar in Höhe eines Honorarzuschlages
von _____% (max. 203%) vereinbart

(5)   Die **zusätzlich beauftragten Leistungen** werden wie folgt vergütet:

☐ Die Leistungen der baukünstlerischen Überwachung, d.h. das Überwachen des
Projektes im Hinblick auf die gestalterische Ausführung.

mit zusätzlich _____%[*8)] des Leistungsbildes, dem das Objekt angehört/
oder pauschal mit

[*1)] Nicht Zutreffendes kann gestrichen werden.
[*2)] Je nach Auftrag sind Nebenkosten von 3 bis 10% angemessen (vgl. Morlock/Meurer, HOAI in
der Praxis, Werner Verlag).
[*3)] Nicht Zutreffendes kann gestrichen werden.
[*4)] Die Aufzählung ist nur beispielhaft und soll nach Bedarf ergänzt werden.
[*5)] Nach Rift 75,00 Euro.
[*6)] Nach Rift 55,00 Euro.
[*7)] Nach Rift 43,00 Euro.
[*8)] Angemessen dürften in der Regel 5 bis 10% sein.

☐ oder auf Stundenbasis gem. § 6 Abs. 4

☐ Die Erstellung eines Entwässerungsgesuches
    ☐ pauschal mit   _____ Euro
    ☐ oder auf Stundenbasis gem. § 6 Abs. 4   _____ Euro

☐ Erstellen des Energiebedarfsausweises nach EnEV
    ☐ pauschal mit*[1]   _____ Euro
    ☐ oder auf Stundenbasis gem. § 6 Abs. 4   _____ Euro

☐ _____

    ☐ oder auf Stundenbasis gem. § 6 Abs. 4   _____ Euro

    ☐ pauschal mit   _____ Euro

☐ _____

    ☐ oder auf Stundenbasis gem. § 6 Abs. 4   _____ Euro

    ☐ pauschal mit   _____ Euro

(6) Bei Erweiterungen des Auftragsumfanges werden – vorbehaltlich anderer Regelungen – die Kostenermittlungen um die gestiegenen Kosten fortgeschrieben und diese für die Ermittlung der anrechenbaren Kosten zu Grunde gelegt.

Alternativ zu 1 bis 6:
Die Vertragsparteien vereinbaren für die beauftragten und geschuldeten Leistungen des AN nach diesem Vertrag (insbesondere auf Basis des § 5 des Vertrages) ein Pauschalhonorar.
Dieses Pauschalhonorar verteilt sich auf die vereinbarten Leistungsphasen im Sinne von Teilleistungspauschalen wie folgt (jeweils zzgl. der gesetzlichen Umsatzsteuer und Nebenkosten):

1. für Leistungen Teilleistungserfolg 1   _____ Euro

2. für Leistungen Teilleistungserfolg 2   _____ Euro

3. für Leistungen Teilleistungserfolg 3   _____ Euro

4. für Leistungen Teilleistungserfolg 4   _____ Euro

5. für Leistungen Teilleistungserfolg 5   _____ Euro

6. für Leistungen Teilleistungserfolg 6   _____ Euro

Pauschalhonorar gesamt

_____ Euro

in Worten:

_____ Euro
(zuzüglich der jeweiligen gesetzlichen Mehrwertsteuer)

Diesem Honoraransatz liegen anrechenbare Kosten in einer derzeit geschätzten Höhe von

_____ Euro
zugrunde.

Sollte sich im Zuge der weiteren Bauausführung herausstellen, dass mit der Realisierung des Bauvorhabens eine Erhöhung der tatsächlich entstehenden, anrechenbaren Kosten um mehr als 5%*[2] verbunden ist, so erhöht sich auch das Pauschalhonorar entsprechend.

---

*[1] Wie die Leistungen nach EnEV zu vergüten sind, ist umstritten. Die Leistungen der EnEV wurden durch die Anlage 1 neu im Leistungsbild Bauphysik erfasst. Ob diese Honorare auskömmlich sind, erscheint zumindest zweifelhaft. Es wird daher in jedem Fall die Vereinbarung einer Abrechnung auf Stundenvergütung bzw. die Vornahme einer individuellen Kalkulation empfohlen.
*[2] Auch höherer Prozentsatz möglich.

(7)   Alle **weiteren oder zusätzlichen Leistungen,** für die noch keine Vergütungsvereinbarung getroffen worden ist und die zur Erreichung des werkvertraglichen Zieles erforderlich oder vom Bauherrn verlangt werden, sind angemessen zu vergüten. Hierbei gilt, dass für diese Leistungen soll vor Leistungserbringung eine schriftliche Honorarvereinbarung auf Basis der Vorschriften der HOAI, sofern diese einschlägig ist, getroffen werden soll.

Kommt zwischen den Parteien eine Honorarvereinbarung über diese Leistungen nicht zustande und werden die erbrachten Leistungen nicht über § 10 HOAI vergütet, kann der Architekt auch noch nach Durchführung dieser Leistungen eine Vergütung nach billigem Ermessen gem. §§ 316, 315 BGB verlangen, wenn die Leistungen durch den Bauherrn angeordnet werden.

Handelt es sich bei der weiteren Leistung um Änderungsleistung oder Leistungen, die den Auftragsumfang ändern, mit der Folge von Änderungen der anrechenbaren Kosten, dann findet § 10 Abs. 1 und Abs. 2 HOAI Anwendung,

Insoweit gilt, dass die mangelfrei erbrachten Planungsleistungen durch den AG stets vollständig zu vergüten sind.

Änderungsleistungen auf Veranlassung des AG, die wiederholt zu erbringende Grundleistungen zur Folge haben und die keine oder nur geringe Auswirkungen auf die anrechenbaren Kosten haben, sind stets gem. § 10 Abs. 2 HOAI als wiederholt erbrachte Grundleistungen zu vergüten.

Grundleistungen die erneut oder erstmalig zu erbringen sind, weil sich der Auftragsumfang geändert hat, sind – neben der Vergütung von Änderungsleistungen – auf Basis der wiederholt oder erneut zu erbringenden Grundleistungen und auf Basis der geänderten anrechenbaren Kosten erneut zu vergüten (§ 10 Abs. 1 HOAI).

Sollte eine prozentuale Bewertung der wiederholt zu erbringenden Grundleistungen gem. § 10 HOAI nicht möglich sein, erfolgt die Vergütung dieser Leistungen nach Zeitaufwand zu den vereinbarten Stundensätzen.

Ggf. steht dem AN ein Anspruch auf volle Vergütung abzüglich ersparter Aufwendungen (vgl. § 649 BGB) bzw. entgangener Gewinn für beauftragte aber aufgrund der Änderung des Auftragsumfanges nicht erbrachte Leistungen zu. Insoweit gilt § 11.

§ 7   Fälligkeit der Vergütung

(1)   **Abschlagszahlungen**
        ☐ Abschlagszahlungen haben in angemessenen zeitlichen Abständen für nachgewiesene Leistungen zu erfolgen (vgl. § 15 Abs. 2 HOAI).

        ☐ Abschlagszahlungen für erbrachte Leistungen sind wie folgt zu bezahlen:
           1. Nach Erreichung eines Arbeitsschrittes gem. § 2 Abs. 1 Ziff. 1.1 bis 1.5, darüber hinaus
           2. Nach Beginn der Ausführungsarbeiten
           3. Nach Abschluss der Maurerarbeiten
           4. Nach Abschluss sämtlicher Rohbauarbeiten
           5. Nach Abschluss der Installationsarbeiten
           6. Nach Abschluss des Innenausbaus

        Der Ausgleich der entsprechenden Rechnungen (mit gesondert ausgewiesener Mehrwertsteuer) wird vom AG binnen 2 Wochen veranlasst.

(2)   Gegenüber den fälligen Forderungen des AN darf der AG nur mit unbestrittenen oder rechtskräftig festgestellten Gegenforderungen aufrechnen.

(3)   **Schlussrechnung**
        Das Gesamthonorar ist fällig, wenn die beauftragten Leistungen vertragsgemäß erbracht worden sind und eine Honorarschlussrechnung überreicht worden ist.

Nach Abschluss der Bauausführung und mit Erreichung des Teilerfolges gem. § 2 Abs. 1 Ziff. 1.5 kann der AN eine Teilschlussrechnung über die bis dahin erbrachten Leistungen stellen.

§ 8   Verlängerung der Planungs- und Bauzeit

(1)   Dauert die Planungszeit länger als _____ Monate oder dauert die Bauzeit länger als _____ Monate und sind die Umstände durch die die Verlängerung verursacht wird, ..., die nicht aus der Sphäre des AN herrühren, ..., wird für jede Verlängerungswoche folgendes Honorar vereinbart:

Verlängerung Planungszeit   _____ Euro/pro Woche
Verlängerung Bauzeit   _____ Euro/pro Woche

Die hier genannten Zeiträume sind keine Vertragsfristen, sondern stellen lediglich eine Kalkulationsgrundlage dar.

(2)   Unterlässt der AG vom AN geforderte erforderliche Mitwirkungshandlungen, so steht dem AN für die Dauer der Unterbrechung neben dem Aufwendungsersatz gem. §§ 642 ff. BGB auch ein Ersatz der verzögerungsbedingten Mehrkosten (Schadensersatz) zu.

§ 9   Haftung des AN und Abnahme

(1)   Für Schäden, die nicht Personenschäden sind, und die nicht auf grob fahrlässiges oder vorsätzliches Verhalten zurückzuführen sind, wird die Haftung der Höhe nach auf die vorliegend in § 10 vereinbarte Haftpflichtversicherungssumme begrenzt, soweit die Schäden nicht auf der Verletzung wesentlicher Vertragspflichten (Einhaltung der anerkannten Regeln der Technik, fachgerechtes Erstellen der dem AN in Auftrag gegebenen Planungsunterlagen und Mitwirkung bei der Kostenermittlung und Kostenkontrolle) beruhen.

(2)   Abs. 1 gilt auch in den Fällen, in denen die Haftung auf dem Verschulden derjenigen Personen beruht, derer sich der handelnde Partner zur Erfüllung seiner Leistungen bedient.

(3)   Die Verjährung der Ansprüche gegen den AN bestimmt sich nach den Vorschriften des Werkvertragsrechts und beginnt mit der Abnahme der Leistung. Der AN ist berechtigt, nach Abschluss der Ausführung des Bauobjektes (vgl. § 2 Abs. 1 Ziff. 1.5), eine Abnahme der bis dahin erbrachten Leistungen zu verlangen.

(4)   Wird der AN wegen eines Schadens am Bauwerk auf Schadenersatz in Geld in Anspruch genommen, kann er vom AG verlangen, dass ihm die Beseitigung des Schadens übertragen wird. Wird der AN wegen eines Schadens in Anspruch genommen, den auch ein Dritter zu vertreten hat, kann er vom AG verlangen, dass der AG sich gemeinsam mit ihm außergerichtlich erst bei dem Dritten um die Durchsetzung seiner Ansprüche auf Nachbesserung und Gewährleistung bemüht.

§ 10   Haftpflichtversicherung

Zur Sicherstellung etwaiger Schadensersatzansprüche aus diesem Vertrag hat der AN eine Haftpflichtversicherung abzuschließen. Die Deckungssummen dieser Versicherungen müssen betragen:

a) Für Personenschäden: _____ Euro

b) Für sonstige Schäden: _____ Euro
   (Sach- und Vermögensschäden)

§ 11 Kündigung des Vertrages

(1) Der AG kann den Vertrag jederzeit kündigen (vgl. § 649 BGB).

(2) Wird aus einem wichtigen Grund gekündigt, den der AG zu vertreten hat, oder macht der AG von seinem ordentlichen Kündigungsrecht Gebrauch, erhält der AN die volle Vergütung für die bereits vertragsgemäß erbrachten Leistungen. Für beauftragte, aber noch nicht erbrachte Leistungen erhält der AN die volle Vergütung abzüglich dem, was er erspart, weil der Vertrag nicht zur Ausführung kommt und dessen, was er durch anderweitige Verwendung seiner Arbeitskraft erwirbt oder zu erwerben böswillig unterlässt. Die ersparten Aufwendungen und der anderweitige Erwerb werden pauschal mit 40% der restlichen Vergütung für beauftragte aber nicht erbrachte Leistungen angesetzt. Behauptet eine Partei einen anderen anderweitigen Erwerb oder eine andere Höhe der ersparten Aufwendungen, kommt S. 3 nicht zur Anwendung. Es gilt dann § 649 BGB,

(3) Ein wichtiger Grund liegt insbesondere dann vor, wenn eine der Vertragsparteien eine vertragliche Verpflichtung trotz Abmahnung und Fristsetzung mit Kündigungsandrohung nicht erfüllt hat.

§ 12 Schutz des Architektenwerkes

(1) Alle vom AN gefertigten Unterlagen einschließlich der EDV-Unterlagen dürfen nur für das in § 1 beschriebene Bauvorhaben verwendet werden.

(2) Der AN ist berechtigt – auch nach Beendigung dieses Vertrages –, das Bauwerk oder die bauliche Anlage in Abstimmung mit dem AG zu betreten, um fotografische oder sonstige Aufnahmen zu fertigen. Dem AN steht das Recht zu, auf den Planunterlagen, am Bauwerk oder an baulichen Anlagen namentlich genannt zu werden.

(3) Der AG ist zur Veröffentlichung des vom AN geplanten Bauwerks nur unter Namensangabe des AN berechtigt.

(4) Änderungen des Bauwerks sind ohne Mitwirkung des AN unzulässig, es sei denn, die Mitwirkung des AN ist für den AG ausnahmsweise unzumutbar. Im Übrigen ist der AG verpflichtet, bei wesentlichen Änderungen des Bauwerks die vorherige schriftliche Zustimmung des AN zur Änderung einzuholen. Der AN darf die Zustimmung nicht verweigern, wenn die Änderungen aus wirtschaftlichen Gründen notwendig oder aus technischen Gründen zwingend vorgeschrieben sind. Im Übrigen bleiben die Rechte des AN nach dem Urheberrechtsgesetz unberührt.

§ 13 Aufbewahrungspflichten

Der AN ist nicht verpflichtet, die Bauunterlagen länger als 10 Jahre nach Abnahme der Architektenleistungen aufzubewahren. Der AN ist verpflichtet, dem AG die Unterlagen vor ihrer Vernichtung anzubieten.

§ 14 Schlussbestimmungen

(1) Änderungen und Ergänzungen dieses Vertrages bedürfen zu ihrer Wirksamkeit der Schriftform. Dies gilt auch für eine Änderung oder Ergänzung dieser Klausel.

(2) Soweit in diesem Vertrag keine Bestimmungen getroffen sind, kommen die Bestimmungen der HOAI und die Vorschriften über den Werkvertrag (§§ 631 ff. BGB) ergänzend zur Anwendung.

(3) Sollte eine Bestimmung dieses Vertrages ganz oder teilweise unwirksam oder undurchführbar sein oder werden, so wird dadurch die Gültigkeit der übrigen Bestimmungen dieses Vertrages nicht berührt. Das Gleiche gilt, wenn und soweit sich in diesem Vertrag eine Lücke herausstellen sollte.

(4)   Die mit ☐ gekennzeichneten Regelungen sind nur Vertragsbestandteil, wenn sie durch ein Kreuz im Kennzeichen bestätigt sind. Sind mehrere alternativ vorgesehene Regelungen angekreuzt, gilt nur die erste gekennzeichnete Bestimmung.

(5)   Soweit nach Abschluss dieser Vereinbarung eine neue HOAI in Kraft treten sollte, kann der AN vom AG verlangen, dass alle oder Teile der noch zu erbringenden Leistungen nach den Vorschriften der neuen HOAI abgerechnet werden.

(6)   Es gilt deutsches Recht. Gerichtstand ist in Deutschland. Soweit möglich wird zudem der Gerichtsstand des Büros des Auftragnehmers als ausschließlicher Gerichtsstand vereinbart.

§ 15   Sonstige Vereinbarung

....

....

....

....

Ort, Datum ....

Für den AN   Für den AG

....

Unterschrift   Unterschrift

2. Architektenvertrag

zur Objektplanung für Freianlagen

zwischen

_____

_____

vertreten durch:

_____

_____

                                                    – nachstehend AG genannt –

und

_____

_____

                                                    – nachfolgend AN genannt –

wird folgender Architektenvertrag geschlossen:

§ 1   Gegenstand des Vertrages

(1)   Der AG überträgt dem AN die Architektenleistungen nach Maßgabe der §§ 2 und 3 dieses Vertrages für das nachfolgende Bauvorhaben, dem folgende Zielvorstellungen des AG zu Grunde liegen, soweit diese zum Zeitpunkt des Vertragsschlusses bekannt sind:[*1]

_____

_____

(Bezeichnung des BV)

Bestandteil dieses Vertrages sind folgende Anlagen:

☐ die Voruntersuchungen sowie die vom AG übergebenen
Skizzen und Entwürfe _____ : _____   _____

☐ folgende vom AG übergebene Unterlagen   _____

(2)   Der AG möchte für die reinen Baukosten des Objektes (Kostengruppen 300 und 400 DIN 276 i.d.F. 2008) eine Gesamtsumme von _____ Euro (netto) ausgeben.

Diese Summe stellt einen ersten groben Kostenrahmen für die Planung des AN dar.

(3)   ☐ Die Baumaßnahme soll in einem Zug innerhalb der üblichen Fristen geplant und ausgeführt werden.

[*1] Hier sollen Angaben hinsichtlich des Raumprogramms, der gestalterischen Anforderungen, der Ausstattungsmerkmale, des Funktionsprogramms, der Ausnutzung des Baugrundstückes, der Ausnutzung der Gebäudeflächen (Verhältnis Nutzflächen zu Verkehrsflächen) zu den Baukosten und/oder Gesamtinvestitionen und dem Qualitätsstandard gemacht werden, soweit diese schon bekannt sind. Dies kann auch durch den Verweis auf bereits erfolgte Voruntersuchungen erfolgen s. u..Die Angaben sind durch die Novellierung der HOAI wichtig geworden, da nach der HOAI die anrechenbaren Kosten nur nach der Kostenberechnung ermittelt werden. Es wird daher verstärkt von Bedeutung Änderungen des Leistungszieles nachweisen zu können.

§ 2   Architektenleistungen

(1)   Der AN hat die nachfolgend aufgeführten **Teilerfolge**[*1)] (Ziff. 1.1 bis 1.6), deren Inhalt und Umfang sich nicht an den dem Objekt nach HOAI zugewiesenen Leistungen (vgl §§ 3, 39 i. V. m. Anlage 11 HOAI) orientiert, zu erbringen. Die einzelnen Arbeitsschritte sind nur insoweit zu erbringen, wie sie zur ordnungsgemäßen Erfüllung eines Auftrags, d. h. das im Wesentlichen mangelfreie Entstehenlassen des Bauvorhabens erforderlich sind

1.1 □ **Ermitteln der Planungsaufgabe nach den Zielvorstellungen des AG**

Hierfür hat der AN insbesondere **folgende Arbeitsschritte,** zu erbringen:

□ **Grundlagenermittlung**
D. h. insbesondere, das Ermitteln aller für die Planung erforderlichen Grundlagen sowie das Ermitteln der Bauwünsche des AG und Abklärung des grundsätzlichen Leistungsbedarfes, inklusive einer Ortsbesichtigung ggf. (mündliches) Zusammenfassen, Erläutern und Übergabe der wesentlichen Planungsergebnisse.

□ **Vorplanung**
D. h. insbesondere, Umsetzung der in der Grundlagenermittlung erarbeiteten Zielvorgaben des AG und der örtlichen Gegebenheiten in ein konkretes Objekt. Ermitteln der gestalterischen Wünsche des AG durch Skizzen (ggf. bis zu 3 Varianten), Erstellen eines Grobterminplanes und Erstellen der Kostenschätzung gem. DIN 276 oder gleichwertig, sowie das Abstimmen der Kostenschätzung mit den Kostenvorstellungen des Bauherrn, ggf. (mündliches) Zusammenfassen, Erläutern und Übergabe der wesentlichen Planungsergebnisse.

1.2 □ **Erstellen von vermaßten Entwurfsplänen nach den Zielvorstellungen des AG und Umsetzung derselben in ein behördliches Baugesuch**

Hierfür hat der AN insbesondere folgende Arbeitsschritte, zu erbringen:

□ **Entwurfsplanung**
D. h. insbesondere, die auf Basis der Vorplanung ermittelten Ergebnisse und Vorgaben des AG detailliert ausarbeiten und in Plänen, mit dem Maßstab 1:100 zeichnerisch niederzulegen sowie eine Beschreibung des Objektes vorzunehmen. Zudem muss die Kostenberechnung nach DIN 276 oder gleichwertig erstellt werden. Fortschreiben des Grobterminplanes Zusammenfassen, ggf. (mündliches) Zusammenfassen, Erläutern und Übergabe der wesentlichen Planungsergebnisse.

□ **Genehmigungsplanung**
D. h. insbesondere, das Baugesuch nach den öffentlich-rechtlichen Vorschriften und auf Basis der Entwurfsplanung anzufertigen.

1.3 □ **Erstellen der für die Bauausführung des Objektes erforderlichen Pläne**

Hierfür hat der AN insbesondere folgenden Arbeitsschritt, zu erbringen.

[*1)] Die Aufnahme von Teilleistungserfolgen stellt den Versuch dar, die Leistungspflichten von den Leistungsbildern der HOAI abzukoppeln und somit zu verhindern, dass durch das Nichterbringen einzelner Arbeitsschritte eine Honorarkürzung (bzw. ein Kürzen der erbrachten Leistungsprozente) vorgenommen werden kann (vgl. BGH Urteil vom 24.6.2004 – VII ZR 259/02). Bei Verwendung des Vertragsmusters sollte unbedingt geprüft werden, ob tatsächlich alle im Einzelnen aufgezählten Leistungen im konkreten Fall erbracht werden müssen.

Ausführungsplanung

D. h. insbesondere, das Erstellen der erforderlichen Planungsunterlagen sowie notwendige Details, nach denen die Bauunternehmer oder der Generalunternehmer die Planungsidee umsetzen können. Fortschreiben des Terminplanes

1.4 ☐ **Erarbeiten einer für die Vergabe der Leistungen zuschlagsreifen Lösung**

Hierfür hat der AN insbesondere folgende Arbeitsschritte, zu erbringen:

☐ **Erstellen der Leistungsverzeichnisse oder Leistungsbeschreibungen der zu vergebenden Leistungen**

D. h. insbesondere, das Erstellen der Leistungsverzeichnisse und erforderlichen Leistungsbeschreibungen mit Mengenermittlungen sowie das Bepreisen der Leistungsverzeichnisse, sowie deren Vergleich mit der Kostenberechnung, aus denen Unternehmen die Mengen, Massen und sonstige für die Preisermittlungen maßgeblichen Grundlagen ermitteln können, Aufstellen eines Vergabeterminplanes, Abklären der Schnittstellen mit den Übrigen an der Planung Beteiligten

☐ **Mitwirkung bei der Vergabe der Bauleistungen durch den Bauherrn**

D. h. insbesondere, das Zusammenstellen der Vergabeunterlagen und Bereitstellen der Vertragsunterlagen auf Grundlage von im Handel gängiger Vertragsmuster und das Einholen von Angeboten von Unternehmern sowie deren Zusammenstellung in einer Weise, dass der AG in der Lage ist, diese zu vergleichen, das Mitwirken bei Bietergesprächen und Mitwirken bei der Auftragserteilung, Vergleich der Ausschreibungsergebnisse mit den Ergebnissen (Gesamtsummen) der bepreisten Leistungsverzeichnisse.

1.5 ☐ **Bauleitung, Überwachung der mangelfreien Ausführung der Bauleistung**

Hierfür hat der AN insbesondere folgende Arbeitsschritte, zu erbringen:

Objektüberwachung

D. h. insbesondere, Überwachung der Ausführung der beauftragten Handwerkerleistungen und Mitwirken bei der Abnahme der Leistungen sowie Überwachung der Beseitigung der bei der Abnahme festgestellten Mängel längstens jedoch bis zum Ablauf von 5 Jahren nach Abnahme, Prüfung der Unternehmerrechnungen, Erstellen der Kostenfeststellung z. B. nach DIN 276 oder gleichwertig sowie einer Kostenkontrolle durch Kostenvergleich, Aufstellen, Fortschreiben und Überwachen eines Terminplanes, Übergabe des Objektes sowie Auflistung der Gewährleistungsfristen, und die systematische Zusammenstellung der Dokumentation, zeichnerische Darstellungen und rechnerische Ergebnisse des Objektes.

Zusätzlich wird beauftragt:

1.6 ☐ **Betreuung des Objektes**

Hierfür hat der AN insbesondere folgenden Arbeitsschritt, zu erbringen:

Objektbetreuung

D. h. insbesondere, die fachliche Bewertung/Ersteinschätzung von Mängeln die innerhalb der Verjährungsfristen der Mängelansprüche längstens jedoch bis zum Ablauf von fünf Jahren seit der Abnahme der jeweiligen Bauleistung, auftreten sowie dafür erforderliche Begehungen. Objektbegehung zur Mängelfeststellung vor Ablauf der Verjährungsfristen für Mängelansprüche gegenüber den ausführenden Unternehmern.

(2)   Soweit der AG einmal beschlossene Zielvorstellungen ändert oder weitere Leistungen, die über den gem. § 2 Abs. 1 vereinbarten Leistungsumfang hinausgehen zur Erreichung des vereinbarten werkvertraglichen Gesamterfolges erforderlich oder vom AG angeordnet werden, hat der AN diese Änderungen/Leistungen zu berücksichtigen und auszuführen, soweit er in seinem Architekturbüro auf die Erbringung dieser Leistungen eingerichtet und ihm die Leistungserbringung ansonsten zumutbar ist.

(3)   **Als Besondere Leistungen werden folgende Leistungen vereinbart und sind vom AN zu erbringen:**

Bestandsaufnahme/Aufmaß/	
Bedarfsplanung gem. DIN 18205	
Mitwirken bei der Finanzierung	

(4)   **Zusätzliche Leistungen, welche durch das Büro des AN zu erbringen sind:**

☐ Baukünstlerische Überwachung nach (soweit dem AN nicht schon die Bauüberwachung übertragen worden ist).

☐ Erstellung eines Entwässerungsgesuches.

☐ Erstellen des Energiebedarfsausweises nach EnEV.

☐ ....

☐ _____

☐ _____

Variante:

(5)   ☐ **Stufenweise Beauftragung der einzelnen Teilerfolge**

Dem AN werden stufenweise folgende Leistungen übertragen:

1. Teilleistungserfolg 1	
2. Teilleistungserfolg 2	
3. Teilleistungserfolg 3	
4. Teilleistungserfolg 4	
5. Teilleistungserfolg 5	
6. Teilleistungserfolg 6	

Im Falle einer stufenweisen Beauftragung findet nach Abschluss eines jeden Beauftragungsabschnitts eine Abnahme und Schlussrechnung der bis dahin erbrachten Leistungen statt. Die Beauftragung der jeweils nächsten Stufe(n) erfolgt dann schriftlich nach den in dieser Vereinbarung geregelten Bestimmungen.

Hierbei gilt:

☐ Die Auftragserteilung mit der jeweils nächsten Stufe hat zu erfolgen, wenn die Planung des Objektes fortgeführt wird oder die Realisierung des Objektes erfolgt.[*1]

☐ Die Auftragserteilung mit der nächsten Stufe steht im Ermessen des AG.

In jedem Fall ist der AN von der Pflicht zur Erbringung weiterer Leistungen entbunden, wenn diese nicht innerhalb eines Zeitraumes von 3 Monaten nach Abschluss der zuletzt erbrachten Leistungen beauftragt werden.

[*1] Gebundenes Optionsrecht des AG, d.h., Verpflichtung des AG zum Abruf weiterer erforderlicher Leistungen bei Realisierung des Projektes/Bauvorhabens.

§ 3   Pflichten des AN

(1)   Der AN erbringt seine vertraglichen Leistungen nach den allgemein anerkannten Regeln der Baukunst und Bautechnik und den einschlägigen behördlichen Vorschriften.

(2)   Der AN ist im Rahmen der ihm übertragenen Leistungen berechtigt und verpflichtet, in zumutbarem Umfang Rechte des AG zu wahren, insbesondere den an der Durchführung des Baus Beteiligten die erforderlichen Weisungen zu erteilen. Zur Eingehung rechtsgeschäftlicher Verpflichtungen, die mit Kosten für den AG verbunden sind, ist der AN ohne ausdrückliche schriftliche Bevollmächtigung des AG nicht befugt.

(3)   Der AN ist grundsätzlich berechtigt, Leistungen durch Subplaner erbringen zu lassen. Diese sind im Verhältnis zum AG Erfüllungsgehilfen.

(4)   Der AN hat den AG rechtzeitig über den Einsatz von Fachingenieuren und Sonderfachleuten zu beraten sowie deren Leistungsumfang mit dem AG abzustimmen.

§ 4   Pflichten des AG

(1)   Der AG fördert die Planung und Durchführung der Aufgabe, insbesondere wird er alle anstehenden Fragen auf berechtigtes Verlangen des AN unverzüglich entscheiden. Er hat zudem das Ergebnis jeden Arbeitsschrittes im Sinne von § 2 des Vertrages auf Verlangen des AN schriftlich freizugeben.

(2)   Erbringt der AG die Leistungen nach Baustellenverordnung nicht selbst, so hat er hierfür einen Sonderfachmann/SIGEKO zu beauftragen. Wird der AN auch mit der Erbringung dieser Leistungen beauftragt, werden diese Leistungen gesondert vergütet.

(3)   Folgende Sonderfachleute für

☐ Bodengutachten
(Gründungsberatung)   _____
☐ Vermessung   _____
☐ Tragwerksplanung (Statik)   _____
☐ Technische Ausrüstung (HLS)   _____
☐ Elektroplanung   _____
☐ Energieeinsparverordnung   _____
☐ ....   _____

werden nach Rücksprache mit dem AN vom AG beauftragt.

(4)   Der AG übergibt dem AN sämtliche das Bauvorhaben betreffende Rechnungen, soweit diese für die Vertragserfüllung und die Erstellung der Honorarrechnung benötigt werden.

(5)   Der AG nimmt die Leistungen der Unternehmer und der Fachunternehmer rechtsgeschäftlich ab.

(6)   Widerspricht der AG einem ihm übergebenen Leistungsergebnis (Pläne, Bemusterungsvorschläge und sonstige Unterlagen) des AN nicht binnen 12 Tagen, so bildet dieses die Grundlage und Zielvorstellung für die weiteren Planungen und Leistungen. Der AN hat den AG bei Übergabe der Leistungsergebnisse schriftlich darauf hinzuweisen.

(7)   Im Interesse eines reibungslosen Bauablaufs soll der AG Weisungen an die am Bau Beteiligten nur im Einvernehmen mit dem AN erteilen.

§ 5   Grundlage der Honorarermittlung

(1)   Bei der Maßnahme handelt es sich gem. § 11 HOAI um _____ Objekte. Für jedes Objekt ist das Honorar getrennt nach anrechenbaren Kosten, Honorarzone,

Honorarsatz und erbrachten Leistungen zu berechnen. Objekte verschiedener Planungsleistungen sind stets getrennt abzurechnen

(2) Die in § 2 Abs. 1 vereinbarten Leistungen werden wie folgt vergütet. Soweit übertragbar, gilt dies auch für weitere vom Bauherrn verlangte oder erforderliche Leistungen im Sinne von § 2 Abs. 2 des Vertrages,

Teiler-folg § 2 Abs. 1	Arbeitsschritt:	Gem. § 39 HOAI	Beauf-tragte Leistun-gen	Leistungspro-zente gem. § 39 HOAI
Ziff. 1.1	Grundlagenermittlung	Lph. 1		3%
	Vorplanung	Lph. 2		10%
Ziff. 1.2	Entwurfsplanung	Lph. 3		16%
	Genehmigungsplanung	Lph. 4		4%
Ziff. 1.3	Ausführungsplanung	Lph. 5		25%
Ziff. 1.4	Vorbereitung der Vergabe	Lph. 6		7%
	Mitwirkung bei Vergabe	Lph. 7		3%
Ziff. 1.5	Objektüberwachung	Lph. 8		30%
Ziff. 1.6	Objektbetreuung	Lph. 9		2%

(3) Die anrechenbaren Kosten des Objektes werden gem. §§ 4, 38 HOAI unter Zugrundelegung der jeweiligen Kostenermittlung nach DIN 276 i.d.F. 2008 ermittelt.

☐ Der Wert vorhandener Bausubstanz wird gem. § 2 Abs. 7 i.V.m. § 4 Abs. 3 HOAI mit _____ Euro beziffert und bei den anrechenbaren Kosten berücksichtigt.

Alternativ:

☐ *Die Parteien vereinbaren, dass vorhandene Bausubstanz angemessen bei den anrechenbaren Kosten gem. § 2 Abs. 7 i.V.m. § 4 Abs. 3 HOAI zu berücksichtigen ist. Der Umfang der Berücksichtigung wird nach Erstellung der Kostenberechnung zwischen den Vertragsparteien angemessen festgelegt. Sollte eine solche Vereinbarung nicht zustande kommen, ist die vorhandene Bausubstanz angemessen bei den anrechenbaren Kosten zu berücksichtigen (§ 4 Abs. 3 HOAI).*

Wird Erdmaterial oder sonstiges Material wiederverwendet, wird dies mit den ortsüblichen Preisen zu den anrechenbaren Kosten hinzugefügt.
Werden Leistungen für mehrere Innenräume beauftragt, so werden die anrechenbaren Kosten der Innenräume zusammengefasst ermittelt.

Alternativ:

☐ Die anrechenbaren Kosten werden für die Leistungsphasen 1 bis 4 nach der Kostenberechnung, solange diese nicht vorliegt, nach der Kostenschätzung, und für die Leistungsphasen 5 bis 9 nach der Kostenfeststellung, solange diese nicht vorliegt, nach dem Kostenanschlag, ermittelt[1].

---

[1] Durch die Vereinbarung einer Abrechnung der erbrachten Leistungen für die Leistungsphasen 5 bis 9 nach der Kostenfeststellung, werden beim Planungshonorar auch Nachträge der Unternehmen berücksichtigt. In diesem Fall hat der Planer den Vorteil, dass er bei Änderungen des Leistungszieles oder sonstigen Verteuerungen des Bauvorhabens nicht jedes Mal eine Mehrvergütung verlangen muss. Diese Vereinbarung ist nicht HOAI konform, aber solange zulässig, wie die Mindest- und Höchstsätze der HOAI weder über- noch unterschritten werden.

(4)   **Honorarzonen, Honorarsätze**

Zone	Satz[1]

Objektplanung nach §§ 5, 40 Abs. 2 bis Abs. 5 und
Anlage 11.2

(5)   Für Umbau und Modernisierung von Objekten nach
        § 6 Abs. 2 und 40 Abs. 6 i. V. m. § 60 Abs. 1 HOAI gilt:
        Der Zuschlag beträgt[*2]   _____ %

(7)   Für Instandhaltung und Instandsetzung von Gebäuden
        nach § 12 HOAI gilt: Der Zuschlag beträgt[*3]   _____ %

§ 6   Vergütung des AN

(1)   Das Honorar des AN bemisst sich nach den Bestimmungen der HOAI in der gel-
        tenden Fassung in Verbindung mit den Grundlagen der Honorarermittlung nach
        diesem Vertrag.

(2)   Nebenkosten werden gem. § 14 HOAI vergütet

        ☐ auf Einzelnachweis, wobei
           • Fahrtkosten mit   _____ Euro[*4]
           • Fotokopien A4 mit   _____ Euro[*5]
           • Fotokopien A3 mit   _____ Euro
           • Sonstige Vervielfältigungen mit _____ Euro

vergütet werden[*6].

        Alternativ[*7]:
        ☐ durch eine Nebenkostenpauschale
        in Höhe von[*8]   _____ %
        aus der Netto-Auftragssumme.

        Alternativ[*9]:
        ☐ durch eine Nebenkostenpauschale in Höhe von   _____ %
           aus der Netto-Auftragssumme **für**

           Vervielfältigungen von schriftlichen Unterlagen wie Leistungsverzeichnisse,
           Anfertigung von Filmen und Fotos oder Post und Fernmeldegebühren

        sowie auf Einzelnachweis[*10]:
        − Kosten für Reisen
        − Kilometerpauschale in Höhe von 0,30 Euro pro gefahrenen Kilometer

---

[1] Der Honorarsatz bestimmt sich gem.§ 7 HOAI zwischen dem Mindestsatz und dem Höchstsatz
(bspw. Mindestsatz, 20% oder Mittelsatz = mittig zwischen MIndest- und Höchstsatz.

[*2] Ab Honorarzone III beträgt der Zuschlag gem. § 36 HOAI bis zu. 33%. Bei höheren Honorarzonen kann der Zuschlag frei vereinbart werden. 0% ist kein Zuschlag, somit gelten nach HOAI 20%
Zuschlag als vereinbart, ab durchschnittlichem Schwierigkeitsgrad.

[*3] Gem. § 12 HOAI kann ein Zuschlag von bis zu 50%, aber nur für die Leistungsphase 8, vereinbart werden (vgl. Morlock/Meurer, HOAI in der Praxis, 9. Auflage, Werner Verlag).

[*4] Üblicher Weise wohl 0,30 Euro pro Kilometer. Möglich ist aber auch die Heranziehung der
ADAC Tabelle, die höhere Werte ausweist. Vgl. Morlock/Meurer, a. a. O. Die HOAI in der Praxis,
Werner Verlag.

[*5] DIN A 4 wohl 0,20 Euro, DIN A 3 0,40 Euro. (vgl. Morlock/Meurer, a. a. O.)

[*6] Weitere Einzelvereinbarungen sind möglich, bspw. für Übernachtungskosten oder Tagesgeldpauschalen etc.

[*7] Nicht Zutreffendes kann gestrichen werden.

[*8] Je nach Auftrag sind Nebenkosten von 3 bis 10% angemessen (vgl. Morlock/Meurer, HOAI in
der Praxis, Werner Verlag).

[*9] Nicht Zutreffendes kann gestrichen werden.

[*10] Die Aufzählung ist nur beispielhaft und soll nach Bedarf ergänzt werden.

– Kosten für Vervielfältigungen von Zeichnungen
–
–

(3) ☐ Für die Objektüberwachung wird dem AN auf Kosten des AG auf der Baustelle ein Bauleitungsbüro zur Verfügung gestellt.

(4) **Werden Besondere Leistungen gem. § 3 Abs. 3** HOAI beauftragt, sind diese wie folgt zu vergüten:
  – Bestandsaufnahme _____ Euro
  – Wertermittlung _____ Euro

Ist für beauftragte Besondere Leistungen keine Pauschalvergütung vereinbart worden, wird die Mehrleistung des AN nach folgenden Stundensätzen abgerechnet:

Für den AN pro Std. _____ Euro[*1)]
Für Mitarbeiter, die technische oder wirtschaftliche
Aufgaben erfüllen _____ Euro[*2)]
Für Technische Zeichner und sonstige Mitarbeiter mit
vergleichbarer Qualifikation pro Std. _____ Euro[*3)]

Zum Nachweis der gearbeiteten Arbeitsstunden hat der
AN dem AG den Mitarbeiter, die Tätigkeit, die Dauer der
Tätigkeit und den Tag anzugeben.

☐ Für Kostenunterschreitungen, die unter Ausschöpfung technisch-wirtschaftlicher oder umweltverträglicher Lösungsmöglichkeiten zu einer wesentlichen Kostensenkung (d.h.: mind. 10% unter Kostenberechnung Kostengruppe 500 DIN 276 i.d.F. 2008) ohne Verminderung des vertraglich festgelegten Standards führen, wird ein Erfolgshonorar in Höhe eines Honorarzuschlages von _____% (max. 20%) vereinbart

(5) Die **zusätzlich beauftragten Leistungen** werden wie folgt vergütet:

☐ Die Leistungen der baukünstlerischen Überwachung, d.h. das Überwachen des Projektes im Hinblick auf die gestalterische Ausführung.

mit zusätzlich _____%[*4)] des Leistungsbildes, dem das Objekt angehört/ oder pauschal mit

☐ oder auf Stundenbasis gem. § 6 Abs. 4

☐ Die Erstellung eines Entwässerungsgesuches
  ☐ pauschal mit _____ Euro
  ☐ oder auf Stundenbasis gem. § 6 Abs. 4 _____ Euro

☐ Erstellen des Energiebedarfsausweises nach EnEV

  ☐ pauschal mit[*5)] _____ Euro
  ☐ oder auf Stundenbasis gem. § 6 Abs. 4 _____ Euro

☐ _____

  ☐ oder auf Stundenbasis gem. § 6 Abs. 4 _____ Euro
  ☐ pauschal mit _____ Euro

☐ _____

[*1)] Nach Rift 75,00 Euro.
[*2)] Nach Rift 55,00 Euro.
[*3)] Nach Rift 43,00 Euro.
[*4)] Angemessen dürften in der Regel 5 bis 10% sein.
[*5)] Wie die Leistungen nach EnEV zu vergüten sind, ist umstritten. Die Leistungen der EnEV wurden durch die Anlage 1 neu im Leistungsbild Bauphysik erfasst. Ob diese Honorare auskömmlich sind, erscheint zumindest zweifelhaft. Es wird daher in jedem Fall die Vereinbarung einer Abrechnung auf Stundenvergütung bzw. die Vornahme einer individuellen Kalkulation empfohlen.

☐ oder auf Stundenbasis gem. § 6 Abs. 4   _____ Euro

☐ pauschal mit   _____ Euro

(6) Bei Erweiterungen des Auftragsumfanges werden – vorbehaltlich anderer Regelungen – die Kostenermittlungen um die gestiegenen Kosten fortgeschrieben und diese für die Ermittlung der anrechenbaren Kosten zu Grunde gelegt.

Alternativ zu 1 bis 6:
Die Vertragsparteien vereinbaren für die beauftragten und geschuldeten Leistungen des AN nach diesem Vertrag (insbesondere auf Basis des § 5 des Vertrages) ein Pauschalhonorar.

Dieses Pauschalhonorar verteilt sich auf die vereinbarten Leistungsphasen im Sinne von Teilleistungspauschalen wie folgt (jeweils zzgl. der gesetzlichen Umsatzsteuer und Nebenkosten):

1. für Leistungen Teilleistungserfolg 1   _____ Euro

2. für Leistungen Teilleistungserfolg 2   _____ Euro

3. für Leistungen Teilleistungserfolg 3   _____ Euro

4. für Leistungen Teilleistungserfolg 4   _____ Euro

5. für Leistungen Teilleistungserfolg 5   _____ Euro

6. für Leistungen Teilleistungserfolg 6   _____ Euro

Pauschalhonorar gesamt

_____ Euro

in Worten:

_____ Euro
(zuzüglich der jeweiligen gesetzlichen Mehrwertsteuer)

Diesem Honoraransatz liegen anrechenbare Kosten in einer derzeit geschätzten Höhe von

_____ Euro
zugrunde.

Sollte sich im Zuge der weiteren Bauausführung herausstellen, dass mit der Realisierung des Bauvorhabens eine Erhöhung der tatsächlich entstehenden, anrechenbaren Kosten um mehr als 5%[*1)] verbunden ist, so erhöht sich auch das Pauschalhonorar entsprechend.

(7) Alle **weiteren oder zusätzlichen Leistungen,** für die noch keine Vergütungsvereinbarung getroffen worden ist und die zur Erreichung des werkvertraglichen Zieles erforderlich oder vom Bauherrn verlangt werden, sind angemessen zu vergüten. Hierbei gilt, dass für diese Leistungen soll vor Leistungserbringung eine schriftliche Honorarvereinbarung auf Basis der Vorschriften der HOAI, sofern diese einschlägig ist, getroffen werden soll.
Kommt zwischen den Parteien eine Honorarvereinbarung über diese Leistungen nicht zustande und werden die erbrachten Leistungen nicht über § 10 HOAI vergütet, kann der Architekt auch noch nach Durchführung dieser Leistungen eine Vergütung nach billigem Ermessen gem. §§ 316, 315 BGB verlangen, wenn die Leistungen durch den Bauherrn angeordnet werden.
Handelt es sich bei der weiteren Leistung um Änderungsleistung oder Leistungen, die den Auftragsumfang ändern, mit der Folge von Änderungen der anrechenbaren Kosten, dann findet § 10 Abs. 1 und Abs. 2 HOAI Anwendung,
Insoweit gilt, dass die mangelfrei erbrachten Planungsleistungen durch den AG stets vollständig zu vergüten sind.
Änderungsleistungen auf Veranlassung des AG, die wiederholt zu erbringende Grundleistungen zur Folge haben und die keine oder nur geringe Auswirkungen

---

[*1)] Auch höherer Prozentsatz möglich.

auf die anrechenbaren Kosten haben, sind stets gem. § 10 Abs. 2 HOAI als wiederholt erbrachte Grundleistungen zu vergüten.

Grundleistungen die erneut oder erstmalig zu erbringen sind, weil sich der Auftragsumfang geändert hat, sind – neben der Vergütung von Änderungsleistungen – auf Basis der wiederholt oder erneut zu erbringenden Grundleistungen und auf Basis der geänderten anrechenbaren Kosten erneut zu vergüten (§ 10 Abs. 1 HOAI).
Sollte eine prozentuale Bewertung der wiederholt zu erbringenden Grundleistungen gem. § 10 HOAI nicht möglich sein, erfolgt die Vergütung dieser Leistungen nach Zeitaufwand zu den vereinbarten Stundensätzen.
Ggf. steht dem AN ein Anspruch auf volle Vergütung abzüglich ersparter Aufwendungen (vgl. § 649 BGB) bzw. entgangener Gewinn für beauftragte aber aufgrund der Änderung des Auftragsumfanges nicht erbrachte Leistungen zu. Insoweit gilt § 11.

§ 7   Fälligkeit der Vergütung

(1)   **Abschlagszahlungen**

    ☐ Abschlagszahlungen haben in angemessenen zeitlichen Abständen für nachgewiesene Leistungen zu erfolgen (vgl. § 15 Abs. 2 HOAI).

    ☐ Abschlagszahlungen für erbrachte Leistungen sind wie folgt zu bezahlen:
       1. Nach Erreichung eines Arbeitsschrittes gem. § 2 Abs. 1 Ziff. 1.1 bis 1.5, darüber hinaus
       2. _____
       3. _____

    Der Ausgleich der entsprechenden Rechnungen (mit gesondert ausgewiesener Mehrwertsteuer) wird vom AG binnen 2 Wochen veranlasst.

(2)   Gegenüber den fälligen Forderungen des AN darf der AG nur mit unbestrittenen oder rechtskräftig festgestellten Gegenforderungen aufrechnen.

(3)   **Schlussrechnung**
    Das Gesamthonorar ist fällig, wenn die beauftragten Leistungen vertragsgemäß erbracht worden sind und eine Honorarschlussrechnung überreicht worden ist.
    Nach Abschluss der Bauausführung und mit Erreichung des Teilerfolges gem. § 2 Abs. 1 Ziff. 1.5 kann der AN eine Teilschlussrechnung über die bis dahin erbrachten Leistungen stellen.

§ 8   Verlängerung der Planungs- und Bauzeit

(1)   Dauert die Planungszeit länger als _____ Monate oder dauert die Bauzeit länger als _____ Monate und sind die Umstände durch die die Verlängerung verursacht wird, die nicht aus der Sphäre des AN herrühren, ..., wird für jede Verlängerungswoche folgendes Honorar vereinbart:

    Verlängerung Planungszeit   _____ Euro/pro Woche
    Verlängerung Bauzeit   _____ Euro/pro Woche

    Die hier genannten Zeiträume sind keine Vertragsfristen, sondern stellen lediglich eine Kalkulationsgrundlage dar.

(2)   Unterlässt der AG vom AN geforderte erforderliche Mitwirkungshandlungen, so steht dem AN für die Dauer der Unterbrechung neben dem Aufwendungsersatz gem. §§ 642 ff. BGB auch ein Ersatz der verzögerungsbedingten Mehrkosten (Schadensersatz) zu.

§ 9   Haftung des AN und Abnahme

(1)   Für Schäden, die nicht Personenschäden sind, und die nicht auf grob fahrlässiges oder vorsätzliches Verhalten zurückzuführen sind, wird die Haftung der Höhe nach

auf die vorliegend in § 10 vereinbarte Haftpflichtversicherungssumme begrenzt, soweit die Schäden nicht auf der Verletzung wesentlicher Vertragspflichten (Einhaltung der anerkannten Regeln der Technik, fachgerechtes Erstellen der dem AN in Auftrag gegebenen Planungsunterlagen und Mitwirkung bei der Kostenermittlung und Kostenkontrolle) beruhen.

(2)   Abs. 1 gilt auch in den Fällen, in denen die Haftung auf dem Verschulden derjenigen Personen beruht, derer sich der handelnde Partner zur Erfüllung seiner Leistungen bedient.

(3)   Die Verjährung der Ansprüche gegen den AN bestimmt sich nach den Vorschriften des Werkvertragsrechts und beginnt mit der Abnahme der Leistung. Der AN ist berechtigt, nach Abschluss der Ausführung des Bauobjektes (vgl. § 2 Abs. 1 Ziff. 1.5), eine Abnahme der bis dahin erbrachten Leistungen zu verlangen.

(4)   Wird der AN wegen eines Schadens am Bauwerk auf Schadenersatz in Geld in Anspruch genommen, kann er vom AG verlangen, dass ihm die Beseitigung des Schadens übertragen wird. Wird der AN wegen eines Schadens in Anspruch genommen, den auch ein Dritter zu vertreten hat, kann er vom AG verlangen, dass der AG sich gemeinsam mit ihm außergerichtlich erst bei dem Dritten um die Durchsetzung seiner Ansprüche auf Nachbesserung und Gewährleistung bemüht.

§ 10   Haftpflichtversicherung

Zur Sicherstellung etwaiger Schadensersatzansprüche aus diesem Vertrag hat der AN eine Haftpflichtversicherung abzuschließen. Die Deckungssummen dieser Versicherungen müssen betragen:

a) Für Personenschäden: _____ Euro

b) Für sonstige Schäden: _____ Euro
   (Sach- und Vermögensschäden)

§ 11   Kündigung des Vertrages

(1)   Der AG kann den Vertrag jederzeit kündigen (vgl. § 649 BGB).

(2)   Wird aus einem wichtigen Grund gekündigt, den der AG zu vertreten hat, oder macht der AG von seinem ordentlichen Kündigungsrecht Gebrauch, erhält der AN die volle Vergütung für die bereits vertragsgemäß erbrachten Leistungen. Für beauftragte, aber noch nicht erbrachte Leistungen erhält der AN die volle Vergütung abzüglich dem, was er erspart, weil der Vertrag nicht zur Ausführung kommt und dessen, was er durch anderweitige Verwendung seiner Arbeitskraft erwirbt oder zu erwerben böswillig unterlässt. Die ersparten Aufwendungen und der anderweitige Erwerb werden pauschal mit 40% der restlichen Vergütung für beauftragte aber nicht erbrachte Leistungen angesetzt. Behauptet eine Partei einen anderen anderweitigen Erwerb oder eine andere Höhe der ersparten Aufwendungen, kommt S. 3 nicht zur Anwendung. Es gilt dann § 649 BGB,

(3)   Ein wichtiger Grund liegt insbesondere dann vor, wenn eine der Vertragsparteien eine vertragliche Verpflichtung trotz Abmahnung und Fristsetzung mit Kündigungsandrohung nicht erfüllt hat.

§ 12   Schutz des Architektenwerkes

(1)   Alle vom AN gefertigten Unterlagen einschließlich der EDV-Unterlagen dürfen nur für das in § 1 beschriebene Bauvorhaben verwendet werden.

(2)   Der AN ist berechtigt – auch nach Beendigung dieses Vertrages –, das Objekt in Abstimmung mit dem AG zu betreten, um fotografische oder sonstige Aufnahmen

zu fertigen. Dem AN steht das Recht zu, auf den Planunterlagen, am Objekt namentlich genannt zu werden.

(3)   Der AG ist zur Veröffentlichung des vom AN geplanten Objekts nur unter Namensangabe des AN berechtigt.

(4)   Änderungen des Objekts sind ohne Mitwirkung des AN unzulässig, es sei denn, die Mitwirkung des AN ist für den AG ausnahmsweise unzumutbar. Im Übrigen ist der AG verpflichtet, bei wesentlichen Änderungen des Objekts die vorherige schriftliche Zustimmung des AN zur Änderung einzuholen. Der AN darf die Zustimmung nicht verweigern, wenn die Änderungen aus wirtschaftlichen Gründen notwendig oder aus technischen Gründen zwingend vorgeschrieben sind. Im Übrigen bleiben die Rechte des AN nach dem Urheberrechtsgesetz unberührt.

§ 13   Aufbewahrungspflichten

Der AN ist nicht verpflichtet, die Bauunterlagen länger als 10 Jahre nach Abnahme der Architektenleistungen aufzubewahren. Der AN ist verpflichtet, dem AG die Unterlagen vor ihrer Vernichtung anzubieten.

§ 14   Schlussbestimmungen

(1)   Änderungen und Ergänzungen dieses Vertrages bedürfen zu ihrer Wirksamkeit der Schriftform. Dies gilt auch für eine Änderung oder Ergänzung dieser Klausel.

(2)   Soweit in diesem Vertrag keine Bestimmungen getroffen sind, kommen die Bestimmungen der HOAI und die Vorschriften über den Werkvertrag (§§ 631 ff. BGB) ergänzend zur Anwendung.

(3)   Sollte eine Bestimmung dieses Vertrages ganz oder teilweise unwirksam oder undurchführbar sein oder werden, so wird dadurch die Gültigkeit der übrigen Bestimmungen dieses Vertrages nicht berührt. Das Gleiche gilt, wenn und soweit sich in diesem Vertrag eine Lücke herausstellen sollte.

(4)   Die mit ☐ gekennzeichneten Regelungen sind nur Vertragsbestandteil, wenn sie durch ein Kreuz im Kennzeichen bestätigt sind. Sind mehrere alternativ vorgesehene Regelungen angekreuzt, gilt nur die erste gekennzeichnete Bestimmung.

(5)   Soweit nach Abschluss dieser Vereinbarung eine neue HOAI in Kraft treten sollte, kann der AN vom AG verlangen, dass alle oder Teile der noch zu erbringenden Leistungen nach den Vorschriften der neuen HOAI abgerechnet werden.

(6)   Es gilt deutsches Recht. Gerichtsstand ist in Deutschland. Soweit möglich wird zudem der Gerichtsstand des Büros des Auftragnehmers als ausschließlicher Gerichtsstand vereinbart.

§ 15   Sonstige Vereinbarung

....
....
....
....

Ort, Datum ....

Für den AN   Für den AG

....
Unterschrift   Unterschrift

3. Ingenieurvertrag

über die Objektplanung eines Ingenieurbauwerkes

zwischen

_____

_____

vertreten durch:

_____

_____

– nachstehend AG genannt –

und

_____

_____

– nachfolgend AN genannt –

wird folgender Vertrag geschlossen:

§ 1   Gegenstand des Vertrages

(1)   Der AG überträgt dem AN Ingenieurleistungen nach Maßgabe der §§ 2 und 3 dieses Vertrages für das nachfolgende Bauvorhaben, dem folgende Zielvorstellungen des AG zu Grunde liegen soweit diese zum Zeitpunkt des Vertragsschlusses bekannt sind :[*1]

....

....

(Bezeichnung des BV)

Bestandteil dieses Vertrages sind folgende Anlagen:

☐ die Voruntersuchungen sowie die vom AG übergebenen
    Skizzen und Entwürfe _____ : _____   _____

☐ folgende vom AG übergebene Unterlagen   _____

(2)   Der AG möchte für die reinen Baukosten des Objektes eine Gesamtsumme von _____ Euro (netto) ausgeben.

Diese Summe stellt einen ersten groben Kostenrahmen für die Planung des AN dar.

(3)   ☐ Die Baumaßnahme soll in einem Zug innerhalb der üblichen Fristen geplant und ausgeführt werden.

[*1] Hier sollen Angaben hinsichtlich der konkret zu planenden Objekte gemacht werden. Standard, Art, Umfang, Größe, Funktionsprogramm etc. sollen hier angegeben werden. Dies kann auch durch Verweis auf bereits erfolgte Voruntersuchungen erfolgen s. u. Die Angaben sind durch die Novellierung der HOAI wichtig geworden, da nach der HOAI die anrechenbaren Kosten nur nach der Kostenberechnung ermittelt werden. Es wird daher verstärkt von Bedeutung Änderungen des Leistungszieles nachweisen zu können.

§ 2 Ingenieurleistungen

(1) Der AN hat für jedes Bauwerk bzw. jede Anlage die nachfolgend aufgeführten **Teilerfolge**[*1] (Ziff. 1.1 bis 1.6), deren Inhalt und Umfang sich nicht an den dem Objekt nach HOAI zugewiesenen Leistungen (vgl. §§ 3, 43 HOAI i. V. m. Anlage 12 HOAI) orientiert, zu erbringen. Die einzelnen Arbeitsschritte sind nur insoweit zu erbringen, wie sie ..., zur ordnungsgemäßen Erfüllung eines Auftrags, ..., d. h. das im Wesentlichen mangelfreie Entstehenlassen des Bauvorhabens erforderlich sind

1.1 ☐ **Ermitteln der Planungsaufgabe nach den Zielvorstellungen des AG**

Hierfür hat der AN insbesondere **folgende Arbeitsschritte,** zu erbringen:

☐ **Grundlagenermittlung**

D. h. insbesondere, das Ermitteln aller für die Planung erforderlichen Grundlagen sowie das Ermitteln der Bauwünsche des AG und Abklärung des grundsätzlichen Leistungsbedarfes. Bei Objekten nach § 41 Nr. 6 und 7 HOAI, die eine Tragwerksplanung erfordern: Klären der Aufgabenstellung auch auf dem Gebiet der Tragwerksplanung, soweit erforderlich, inklusive einer Ortsbesichtigung, ggf. (mündliches) Zusammenfassen, Erläutern und Übergabe der wesentlichen Planungsergebnisse.

☐ **Vorplanung**

D. h. insbesondere, Umsetzung der in der Grundlagenermittlung erarbeiteten Zielvorgaben des AG. Erarbeiten eines Planungskonzeptes einschließlich Untersuchung der alternativen Lösungsmöglichkeiten nach gleichen Anforderungen mit zeichnerischer Darstellung, Mitwirken bei insgesamt max. 5 (inkl. Entwurfsplanung) Erläuterungsterminen gegenüber Dritten, Erstellung einer Kostenschätzung, ggf. (mündliches) Zusammenfassen, Erläutern und Übergabe der wesentlichen Planungsergebnisse.

1.2 ☐ **Erstellen von vermaßten Entwurfsplänen nach den Zielvorstellungen des AG und Umsetzung derselben in ein behördliches Baugesuch**

Hierfür hat der AN insbesondere folgende Arbeitsschritte, zu erbringen:

☐ **Entwurfsplanung**

D. h. insbesondere, das Erarbeiten eines Entwurfes aufgrund des erarbeiteten Planungskonzeptes durch zeichnerische Darstellung des Gesamtentwurfs, fachspezifische Berechnungen, Mitwirken bei insgesamt max. 5 (inkl. Vorplanung) Erläuterungsterminen gegenüber Dritten, Erstellung einer Kostenberechnung, Vorabstimmung mit den Behörden, Bauzeiten- und Kostenplan, ggf. (mündliches) Zusammenfassen, Erläutern und Dokumentieren der wesentlichen Planungsergebnisse.

☐ **Genehmigungsplanung**

D. h. insbesondere, Erarbeiten der Unterlagen für die erforderlichen öffentlich-rechtlichen Verfahren, Abstimmen mit den Behörden, Mitwir-

---

[*1] Die Aufnahme von Teilleistungserfolgen stellt den Versuch dar, die Leistungspflichten von den Leistungsbildern der HOAI abzukoppeln und somit zu verhindern, dass durch das Nichterbringen einzelner Arbeitsschritte eine Honorarkürzung (bzw. ein Kürzen der erbrachten Leistungsprozente) vorgenommen werden kann (vgl. BGH Urteil vom 24.6.2004 – VII ZR 259/02). Bei Verwendung des Vertragsmusters sollte unbedingt geprüft werden, ob tatsächlich alle im Einzelnen aufgezählten Leistungen im konkreten Fall erbracht werden müssen.

ken an max. 4 Erläuterungs- und Erörterungsterminen im Genehmigungsverfahren.

1.3 ☐ **Erstellen der für die Bauausführung des Objektes erforderlichen Pläne**

Hierfür hat der AN insbesondere folgenden Arbeitsschritt, zu erbringen:

Ausführungsplanung

D. h. insbesondere, das Erstellen der erforderlichen Planungsunterlagen mit zeichnerischer und rechnerischer Darstellung einschließlich der notwendigen Detailzeichnungen, nach denen die Bauunternehmer oder der Generalunternehmer die Planungsidee umsetzen können.

1.4 ☐ **Erarbeiten einer für die Vergabe der Leistungen zuschlagsreifen Lösung**

Hierfür hat der AN insbesondere folgende Arbeitsschritte, zu erbringen:

☐ **Erstellen der Leistungsverzeichnisse oder Leistungsbeschreibungen der zu vergebenden Leistungen**

D. h. insbesondere, das Erstellen der Leistungsverzeichnisse und erforderlichen Leistungsbeschreibungen mit Mengenermittlung und Kostenermittlung auf Basis der bepreisten Leistungsverzeichnisse des Entwurfsverfassers, deren Vergleich mit der Kostenberechnung, sowie das Zusammenstellen der Vergabeunterlagen.

☐ **Mitwirkung bei der Vergabe der Bauleistungen durch den Bauherrn**

D. h. insbesondere, das Einholen von Angeboten von Unternehmern sowie deren Zusammenzusstellung in einer Weise, dass der AG in der Lage ist, diese zu vergleichen, Bereitstellen der Vertragsunterlagen auf Grundlage von im Handel gängiger Vertragsmuster, das Mitwirken bei Bietergesprächen und Mitwirken bei der Auftragserteilung, Vergleich der Ausschreibungsergebnisse mit den Ergebnissen (Gesamtsummen) der bepreisten Leistungsverzeichnisse des Entwurfsverfassers.

1.5 ☐ **Überwachung der mangelfreien Ausführung der Bauleistung**

Hierfür hat der AN insbesondere folgenden Arbeitsschritt, zu erbringen:

Bauoberleitung

D. h. insbesondere, Aufsicht über die örtliche Bauüberwachung, einmaliges Prüfen von Plänen, Aufstellen, Fortschreiben und Überwachen eines Terminplanes, Mitwirken bei der technischen Abnahme der Leistungen, Übergabe des Objektes, Erstellen der Kostenfeststellung sowie einer Kostenkontrolle durch Kostenvergleich, Auflisten der Gewährleistungsfristen und Zusammenstellung und Übergabe der wesentlichen Unterlagen zum Bauablauf, der Bestandsunterlagen und der Wartungsvorschriften.

Zusätzlich wird beauftragt:

1.6 ☐ **Betreuung des Objektes**

Hierfür hat der AN insbesondere folgenden Arbeitsschritt, zu erbringen:

Objektbetreuung

D. h. insbesondere, die fachliche Bewertung/Ersteinschätzung von Mängeln, die innerhalb der Verjährungsfristen der Mängelansprüche, längstens jedoch bis zum Ablauf von fünf Jahren seit der Abnahme der jeweiligen Bauleistungen auftreten, sowie dafür erforderliche Objektbegehungen.

(2)   Soweit der AG einmal beschlossene Zielvorstellungen ändert oder weitere Leistungen, die über den gem. § 2 Abs. 1 vereinbarten Leistungsumfang hinausgehen, zur Erreichung des vereinbarten werkvertraglichen Gesamterfolges erforderlich oder vom AG angeordnet werden, hat der AN diese Änderungen/Leistungen zu berücksichtigen und auszuführen, soweit er in seinem Büro auf die Erbringung dieser Leistungen eingerichtet und ihm die Leistungserbringung ansonsten zumutbar ist.

(3)   **Als Besondere Leistungen werden folgende Leistungen vereinbart und sind vom AN zu erbringen:**

Anfertigen von Kosten-Nutzen-Untersuchungen

Örtliche Bauüberwachung

_____

(4)   **Zusätzliche Leistungen, welche durch das Büro des AN zu erbringen sind:**

☐ **Energieeinsparverordnung**
D.h. alle Leistungen, die erforderlich sind, um die Voraussetzungen der EnEV zu erfüllen.

☐ _____

Variante:
(5)   ☐ **Stufenweise Beauftragung der einzelnen Teilerfolge**
Dem AN werden stufenweise folgende Leistungen übertragen:
1. Teilleistungserfolg 1
2. Teilleistungserfolg 2
3. Teilleistungserfolg 3
4. Teilleistungserfolg 4
5. Teilleistungserfolg 5
6. Teilleistungserfolg 6

Im Falle einer stufenweisen Beauftragung findet nach Abschluss eines jeden Beauftragungsabschnitts eine Abnahme und Schlussrechnung der bis dahin erbrachten Leistungen statt. Die Beauftragung der jeweils nächsten Stufe(n) erfolgt dann schriftlich nach den in dieser Vereinbarung geregelten Bestimmungen.

Hierbei gilt:
☐ Die Auftragserteilung mit der jeweils nächsten Stufe hat zu erfolgen, wenn die Planung des Objektes fortgeführt wird oder die Realisierung des Objektes erfolgt.[1]

☐ Die Auftragserteilung mit der nächsten Stufe steht im Ermessen des AG.

In jedem Fall ist der AN von der Pflicht zur Erbringung weiterer Leistungen entbunden, wenn diese nicht innerhalb eines Zeitraumes von 3 Monaten nach Abschluss der zuletzt erbrachten Leistungen beauftragt werden.

§ 3   Pflichten des AN

(1)   Der AN erbringt seine vertraglichen Leistungen nach den allgemein anerkannten Regeln der Baukunst und Bautechnik und den einschlägigen behördlichen Vorschriften.

(2)   Der AN ist im Rahmen der ihm übertragenen Leistungen berechtigt und verpflichtet, im zumutbaren Umfang Rechte des AG zu wahren, insbesondere den an der

---

[1] Gebundenes Optionsrecht des AG, d.h. Verpflichtung des AG zum Abruf weiterer erforderlicher Leistungen bei Realisierung des Projektes/Bauvorhabens.

Durchführung des Baus Beteiligten die erforderlichen Weisungen zu erteilen. Zur Eingehung rechtsgeschäftlicher Verpflichtungen, die mit Kosten für den AG verbunden sind, ist der AN ohne ausdrückliche schriftliche Bevollmächtigung des AG nicht befugt.

(3) Der AN ist grundsätzlich berechtigt, Leistungen durch Subplaner erbringen zu lassen. Diese sind im Verhältnis zum AG Erfüllungsgehilfen.

(4) Der AN hat den AG rechtzeitig über den Einsatz von Fachingenieuren und Sonderfachleuten zu beraten sowie deren Leistungsumfang mit dem AG abzustimmen.

§ 4   Pflichten des AG

(1) Der AG fördert die Planung und Durchführung der Aufgabe, insbesondere wird er alle anstehenden Fragen auf berechtigtes Verlangen des AN unverzüglich entscheiden. Er hat zudem das Ergebnis jeden Arbeitsschrittes im Sinne von § 2 des Vertrages auf Verlangen des AN schriftlich freizugeben.

(2) Erbringt der AG die Leistungen nach Baustellenverordnung nicht selbst, so hat er hierfür einen Sonderfachmann/SIGEKO zu beauftragen. Wird der AN auch mit der Erbringung dieser Leistungen beauftragt, werden diese Leistungen gesondert vergütet.

(3) Folgende Sonderfachleute für
☐ Bodengutachten
(Gründungsberatung) _____
☐ Vermessung _____
☐ Tragwerksplanung (Statik) _____
☐ Technische Ausrüstung (HLS) _____
☐ Elektroplanung _____
☐ Energieeinsparverordnung _____
☐ _____
werden nach Rücksprache mit dem AN vom AG beauftragt.

(4) Der AG übergibt dem AN sämtliche das Bauvorhaben betreffende Rechnungen, soweit diese für die Vertragserfüllung und die Erstellung der Honorarrechnung benötigt werden.

(5) Der AG nimmt die Leistungen der Unternehmer und der Fachunternehmer rechtsgeschäftlich ab.

(6) Widerspricht der AG einem ihm übergebenen Leistungsergebnis (Pläne, Bemusterungsvorschläge und sonstige Unterlagen) des AN nicht binnen 12 Tagen, so bildet dieses die Grundlage und Zielvorstellung für die weiteren Planungen und Leistungen. Der AN hat den AG bei Übergabe der Leistungsergebnisse schriftlich darauf hinzuweisen.

(7) Im Interesse eines reibungslosen Bauablaufs soll der AG Weisungen an die am Bau Beteiligten nur im Einvernehmen mit dem AN erteilen.

§ 5   Grundlage der Honorarermittlung

(1) Bei der Maßnahme handelt es sich gem. § 11 HOAI um Objekte. Für jedes Objekt ist das Honorar getrennt nach anrechenbaren Kosten, Honorarzone, Honorarsatz und erbrachten Leistungen zu berechnen. Objekte verschiedener Planungsleistungen sind stets getrennt abzurechnen.

(2) Die in § 2 Abs. 1 vereinbarten Leistungen werden wie folgt vergütet. Soweit übertragbar, gilt dies auch für weitere vom Bauherrn verlangte oder erforderliche Leistungen im Sinne von § 2 Abs. 2 des Vertrages,

Teiler-folg § 2 Abs. 1	Arbeitsschritt:	Gem. § 43 HOAI	Beauf-tragte Leistun-gen	Leistungspro-zente gem. § 43 HOAI
Ziff. 1.1	Grundlagenermittlung	Lph. 1		2%
	Vorplanung	Lph. 2		20%
Ziff. 1.2	Entwurfsplanung	Lph. 3		25%
	Genehmigungsplanung	Lph. 4		5%
Ziff. 1.3	Ausführungsplanung	Lph. 5		15%
Ziff. 1.4	Vorbereitung der Vergabe	Lph. 6		13%
	Mitwirkung bei Vergabe	Lph. 7		4%
Ziff. 1.5	Bauoberleitung	Lph. 8		15%
Ziff. 1.6	Objektbetreuung	Lph. 9		1%

(3)   Die anrechenbaren Kosten des Objektes werden gem. §§ 42, 6, 4 HOAI unter Zugrundelegung der jeweiligen Kostenermittlung ermittelt.

Der Wert vorhandener Bausubstanz wird gem. § 2 Abs. 7 i. V.m. § 4 Abs. 3 HOAI mit _____ Euro beziffert und bei den anrechenbaren Kosten berücksichtigt.

Alternativ:
Die Parteien vereinbaren, dass vorhandene Bausubstanz angemessen bei den anrechenbaren Kosten gem. § 2 Abs. 7 i. V.m. § 4 Abs. 3 HOAI zu berücksichtigen ist. Der Umfang der Berücksichtigung wird nach Erstellung der Kostenberechnung zwischen den Vertragsparteien angemessen festgelegt. Sollte eine solche Vereinbarung nicht zustande kommen, ist die vor-handene Bausubstanz angemessen bei den anrechenbaren Kosten zu berücksichtigen (§ 4 Abs. 3 HOAI).

Anrechenbar für Leistungen bei Ingenieurbauwerken sind auch die Kosten für Technische Anlagen, die der Auftragnehmer nicht fachlich plant oder deren Aus-führung er oder sie nicht fachlich überwacht,
– vollständig bis zu 25% der sonstigen anrechenbaren Kosten
– zur Hälfte mit dem 25% der sonstigen anrechenbaren Kosten übersteigenden Be-trag.
Plant der Auftragnehmer die Technischen Anlagen fachlich und/oder überwacht er fachlich deren Ausführung, so erhält er für diese Leistungen zusätzlich ein Fachpla-nungshonorar.

Alternativ:
☐ Die anrechenbaren Kosten werden für die Leistungsphasen 1 bis 4 nach der Kostenberechnung, solange diese nicht vorliegt, nach der Kostenschät-zung,
und für die Leistungsphasen 5 bis 9 nach der Kostenfeststellung, solange diese nicht vorliegt, nach dem Kostenanschlag, ermittelt[*1)].

[*1)] Durch die Vereinbarung einer Abrechnung der erbrachten Leistungen für die Leistungsphasen 5 bis 9 nach der Kostenfeststellung, werden beim Planungshonorar auch Nachträge der Unternehmen berücksichtigt. In diesem Fall hat der Planer den Vorteil, dass er bei Änderungen des Leistungszieles oder sonstigen Verteuerung des Bauvorhabens nicht jedes Mal eine Mehrvergütung verlangen muss. Diese Vereinbarung ist nicht HOAI konform, aber solange zulässig, wie die Mindest- und Höchstsätze der HOAI weder über- noch unterschritten werden.

(3) **Honorarzonen, Honorarsätze**

Zone	Satz[*1]
Ingenieurbauwerke gem. §§ 5, 44 Abs. 2 bis 5 iVm Anlage 12.2 HOAI	

(4) Für Umbau und Modernisierung
nach §§ 44 Abs. 6 iVm 6 Abs. 2 HOAI gilt: Der Zuschlag beträgt[*2]   _____ %

(5) Für Instandhaltung und Instandsetzung von Gebäuden
nach § 12 HOAI gilt: Der Zuschlag beträgt[*3]   _____ %

§ 6   Vergütung des AN

(1) Das Honorar des AN bemisst sich nach den Bestimmungen der HOAI in der jeweils geltenden Fassung in Verbindung mit den Grundlagen der Honorarermittlung nach diesem Vertrag.

(2) Nebenkosten werden gem. § 14 HOAI vergütet:

☐ auf Einzelnachweis, wobei
  - Fahrtkosten mit   _____ Euro[*4]
  - Fotokopien A4 mit   _____ Euro[*5]
  - Fotokopien A 3 mit   _____ Euro
  - Sonstige Vervielfältigungen mit   _____ Euro
  - _____

vergütet werden[*6].

Alternativ:

☐ durch eine Nebenkostenpauschale

in Höhe von[*7]
aus der Netto-Auftragssumme   _____ %

Alternativ[*8]:

☐ durch eine Nebenkostenpauschale in Höhe von   _____ %
  aus der Netto-Auftragssumme **für**

  Vervielfältigungen von schriftlichen Unterlagen
  wie Leistungsverzeichnisse, Anfertigung von Filmen
  und Fotos oder Post und Fernmeldegebühren

[*1] Der Honorarsatz bestimmt sich gem. § 7 HOAI zwischen dem Mindestsatz und dem Höchstsatz (bspw. Mindestsatz, 20% oder Mittelsatz 50% = mittig zwischen MIndest- und Höchstsatz).

[*2] Ab Honorarzone III wird ein Zuschlag von 20% unwiderleglich vermutet, gem. § 44 HOAI kann der Zuschlag bis 33 % vereinbart werden. Bei höheren Honorarzonen kann der Zuschlag frei vereinbart werden. 0% ist kein Zuschlag, somit gelten nach HOAI 20% Zuschlag als vereinbart, ab durchschnittlichem Schwierigkeitsgrad.

[*3] Gem. § 12 HOAI kann ein Zuschlag von bis zu 50%, aber nur für die Leistungsphase 8, vereinbart werden (vgl. Morlock/Meurer, HOAI in der Praxis, 9. Auflage, Werner Verlag).

[*4] Üblicher Weise wohl 0,30 Euro pro Kilometer. Möglich ist aber auch die Heranziehung der ADAC Tabelle, die höhere Werte ausweist (vgl. Morlock/Meurer, Die HOAI in der Praxis, 9. Auflage, Werner Verlag).

[*5] DIN A 4 wohl 0,20 Euro, DIN A 3 0,40 Euro (vgl. Morlock/Meurer, a. a. O.).

[*6] Weitere Einzelvereinbarungen sind möglich, bspw. für Übernachtungskosten oder Tagesgeldpauschalen etc.

[*7] Je nach Auftrag sind Nebenkosten von 3 bis 10% angemessen (vgl. Morlock/Meurer, a. a. O.).

[*8] Nicht Zutreffendes kann gestrichen werden.

sowie auf Einzelnachweis[*1]):
– Kosten für Reisen
– Kilometerpauschale in Höhe von 0,30 Euro pro gefahrenen Kilometer
– Kosten für Vervielfältigungen von Zeichnungen
– _____
– _____

(3) ☐ Für die Oberbauleitung wird dem AN auf Kosten des AG auf der Baustelle ein Bauleitungsbüro zur Verfügung gestellt.

(4) **Werden Besondere Leistungen** gem. § 3 Abs. 3 HOAI beauftragt, sind diese wie folgt zu vergüten:
– Auswahl und Besichtigen ähnlicher Objekte _____ Euro
– Anfertigen von Nutzen- und Kostenuntersuchungen _____ Euro
– _____ _____ Euro

Ist für beauftragte Besondere Leistungen keine Pauschalvergütung vereinbart worden, wird die Mehrleistung des AN nach folgenden Stundensätzen abgerechnet:

Für den Auftragnehmer pro Std.[*2] _____ Euro

Für Mitarbeiter, die technische oder wirtschaftliche
Aufgaben erfüllen[*3] _____ Euro

Für technische Zeichner und sonstige Mitarbeiter mit
vergleichbarer Qualifikation pro Std.[*4] _____ Euro

Zum Nachweis der gearbeiteten Arbeitsstunden hat der AN dem AG den Mitarbeiter, die Tätigkeit, die Dauer der Tätigkeit und den Tag anzugeben.

☐ Für Kostenunterschreitungen, die unter Ausschöpfung technisch-wirtschaftlicher oder umweltverträglicher Lösungsmöglichkeiten zu einer wesentlichen Kostensenkung (d.h.: mind. 10% unter Kostenberechnung) ohne Verminderung des vertraglich festgelegten Standards führen, wird ein Erfolgshonorar in Höhe eines Honorarzuschlages von _____ % (max. 20%) vereinbart.):

(5) Die **zusätzlich beauftragten Leistungen** werden wie folgt vergütet:
☐ Erstellen des Energiebedarfsausweises nach EnEV

☐ pauschal mit[*5] _____ Euro
☐ oder auf Stundenbasis gem. § 6 Abs. 4 HOAI

☐ örtliche Bauüberwachung

☐ pauschal mit _____ Euro
☐ oder auf Stundenbasis gem. § 6 Abs. 4 HOAI

☐ _____

☐ pauschal mit _____ Euro
☐ oder auf Stundenbasis gem. § 6 Abs. 4 HOAI

(6) Bei Erweiterungen des Auftragsumfanges, werden – vorbehaltlich anderer Regelungen – die Kostenermittlungen um die gestiegenen Kosten fortgeschrieben und diese für die Ermittlung der anrechenbaren Kosten zu Grunde gelegt.

[*1] Die Aufzählung ist nur beispielhaft und soll nach Bedarf ergänzt werden.
[*2] Nach Rift 75,00 Euro.
[*3] Nach Rift 55,00 Euro.
[*4] Nach Rift 43,00 Euro.
[*5] Zwar sind die Leistungen für Wärmeschutz und Energiebilanzierung nunmehr in Anlage 1 der HOAI, gem. § 3 Abs. 1 HOAI unverbindlich, erfasst. Da sich die Anforderungen in diesem Bereich aber auch zukünftig stetig ändern werden, wird die Vereinbarung eines Pauschalhonorars oder Stundenvergütung empfohlen.

Alternativ zu 1 bis 6:

Die Vertragsparteien vereinbaren für die beauftragten und geschuldeten Leistungen des AN nach diesem Vertrag (insbesondere auf Basis des § 5 des Vertrages) ein Pauschalhonorar.

Dieses Pauschalhonorar verteilt sich auf die vereinbarten Leistungsphasen im Sinne von Teilleistungspauschalen wie folgt (jeweils zzgl. der gesetzlichen Umsatzsteuer und Nebenkosten):

1. für Leistungen Teilleistungserfolg 1   _____ Euro
2. für Leistungen Teilleistungserfolg 2   _____ Euro
3. für Leistungen Teilleistungserfolg 3   _____ Euro
4. für Leistungen Teilleistungserfolg 4   _____ Euro
5. für Leistungen Teilleistungserfolg 5   _____ Euro
6. für Leistungen Teilleistungserfolg 6   _____ Euro

Pauschalhonorar gesamt _____.Euro

in Worten:

(_____)

zuzüglich der jeweiligen gesetzlichen Mehrwertsteuer.

Diesem Honoraransatz liegen anrechenbare Kosten in einer
derzeit geschätzten Höhe von

_____ Euro

zugrunde.

Sollte sich im Zuge der weiteren Bauausführung herausstellen, dass mit der Realisierung des Bauvorhabens eine Erhöhung der tatsächlich entstehenden, anrechenbaren Kosten um mehr als 5%[1] verbunden ist, so erhöht sich auch das Pauschalhonorar entsprechend.

(7)   Alle **weiteren oder zusätzlichen Leistungen,** für die noch keine Vergütungsvereinbarung getroffen worden ist und die zur Erreichung des werkvertraglichen Zieles erforderlich oder vom Bauherrn verlangt werden, sind angemessen zu vergüten. Hierbei gilt, dass für diese Leistungen vor Leistungserbringung eine schriftliche Honorarvereinbarung auf Basis der Honorarermittlung nach § 5 dieses Vertrages und der Vorschriften der HOAI, sofern diese einschlägig ist, getroffen werden soll.
Kommt zwischen den Parteien eine Honorarvereinbarung über diese Leistungen nicht zustande und werden die erbrachten Leistungen nicht über § 10 HOAI vergütet, kann der AN auch noch nach Durchführung dieser Leistungen eine Vergütung nach billigem Ermessen gem. §§ 316, 315 BGB verlangen, wenn die Leistungen durch den Bauherrn angeordnet werden.
Handelt es sich bei der weiteren Leistung um Änderungsleistung oder Leistungen, die den Auftragsumfang ändern, mit der Folge von Änderungen der anrechenbaren Kosten, dann findet § 10 Abs. 1 und Abs. 2 HOAI Anwendung.
Insoweit gilt, dass die mangelfrei erbrachten Planungsleistungen durch den AG stets vollständig zu vergüten sind.
Änderungsleistungen auf Veranlassung des AG, die wiederholt zu erbringende Grundleistungen zur Folge haben und die keine oder nur geringe Auswirkungen auf die anrechenbaren Kosten haben, sind stets gem. § 10 Abs. 2 HOAI als wiederholt erbrachte Grundleistungen zu vergüten.
Grundleistungen die erneut oder erstmalig zu erbringen sind, weil sich der Auftragsumfang geändert hat, sind – neben der Vergütung von Änderungsleistungen – auf Basis der wiederholt oder erneut zu erbringenden Grundleistungen und auf Basis der geänderten anrechenbaren Kosten erneut zu vergüten (§ 10 Abs. 1 HOAI).

---

[1] Auch höherer Prozentsatz möglich.

Sollte eine prozentuale Bewertung der wiederholt zu erbringenden Grundleistungen gem. § 10 HOAI nicht möglich sein, erfolgt die Vergütung dieser Leistungen nach Zeitaufwand zu den vereinbarten Stundensätzen.

Ggf. steht dem AN ein Anspruch auf volle Vergütung abzüglich ersparter Aufwendungen (vgl. § 649 BGB) für beauftragte aber aufgrund der Änderung des Auftragsumfanges nicht erbrachte Leistungen zu. Insoweit gilt § 11.

§ 7   Fälligkeit der Vergütung

(1)   **Abschlagszahlungen**

☐ Abschlagszahlungen haben in angemessenen zeitlichen Abständen für nachgewiesene Leistungen zu erfolgen (vgl. § 15 Abs. 2 HOAI).

☐ Abschlagszahlungen für erbrachte Leistungen sind wie folgt zu bezahlen[*1)]:
1. Nach Erreichung eines Arbeitsschrittes gem. § 2 Abs. 1 Ziff. 1.1 bis 1.5.
2. Nach Beginn der Ausführungsarbeiten.
3. Nach Abschluss der Maurerarbeiten.★
4. Nach Abschluss sämtlicher Rohbauarbeiten.
5. Nach Abschluss der Installationsarbeiten.

Der Ausgleich der entsprechenden Rechnungen (mit gesondert ausgewiesener Mehrwertsteuer) wird vom AG binnen 2 Wochen veranlasst.

(2)   Gegenüber den fälligen Forderungen des AN darf der AG nur mit unbestrittenen oder rechtskräftig festgestellten Gegenforderungen aufrechnen.

(3)   **Schlussrechnung**

Das Gesamthonorar wird fällig, wenn die beauftragten Leistungen vertragsgemäß erbracht und eine Honorarschlussrechnung überreicht worden ist.

Nach Abschluss der Bauausführung und mit Erreichung des Teilerfolges gem. § 2 Abs. 1 Ziff. 1.5 kann der AN eine Teilschlussrechnung über die bis dahin erbrachten Leistungen stellen.

§ 8   Verlängerung der Planungs- und Bauzeit

(1)   Dauert die Planungszeit länger als _____ Monate oder dauert die Bauzeit länger als _____ Monate und sind die Umstände, durch die die Verlängerung verursacht wird, ..., die nicht aus der Sphäre des AN herrühren, ..., wird für jede Verlängerungswoche folgendes Honorar vereinbart:

Verlängerung Planungszeit   _____ Euro/pro Woche
Verlängerung Bauzeit   _____ Euro/pro Woche

Die hier genannten Zeiträume sind keine Vertragsfristen, sondern stellen lediglich die Kalkulationsgrundlage für das Planungshonorar dar.

(2)   Unterlässt der AG vom AN geforderte erforderliche Mitwirkungshandlungen, so steht dem AN für die Dauer der Unterbrechung neben dem Aufwendungsersatz gem. §§ 642 ff. BGB auch ein Ersatz der verzögerungsbedingten Mehrkosten (Schadensersatz) zu.

§ 9   Haftung und Abnahme des AN

(1)   Für Schäden, die nicht Personenschäden sind, und die nicht auf grob fahrlässiges oder vorsätzliches Verhalten zurückzuführen sind, wird die Haftung der Höhe nach auf die vorliegend in § 10 vereinbarte Haftpflichtversicherungssumme begrenzt, soweit die Schäden nicht auf der Verletzung wesentlicher Vertragspflichten (Einhaltung der allgemein anerkannten Regeln der Technik, fachgerechtes Erstellen der

---

[*1)] Andere Zahlungspläne können selbstverständlich vereinbart werden.

dem AN in Auftrag gegebenem Planungsunterlagen und Mitwirkung bei der Kostenermittlung und Kostenkontrolle) beruhen.

(2)   Abs. 1 gilt auch in den Fällen, in denen die Haftung auf dem Verschulden derjenigen Personen beruht, derer sich der handelnde Partner zur Erfüllung seiner Leistungen bedient.

(3)   Die Verjährung der Ansprüche gegen den AN bestimmt sich nach den Vorschriften des Werkvertragsrechts und beginnt mit der Abnahme der Leistung. Der AN ist berechtigt nach Abschluss der Ausführung des Bauobjektes (vgl. § 2 Abs. 1 Ziff. 1.5) eine Abnahme der bis dahin erbrachten Leistungen zu verlangen. Danach erbrachte Leistungen (vgl. § 2 Abs. 1 Ziff. 6) werden gesondert abgenommen.

(4)   Wird der AN wegen eines Schadens am Bauwerk auf Schadenersatz in Geld in Anspruch genommen, kann er vom AG verlangen, dass ihm die Beseitigung des Schadens übertragen wird. Wird der AN wegen eines Schadens in Anspruch genommen, den auch ein Dritter zu vertreten hat, kann er vom AG verlangen, dass der AG sich gemeinsam mit ihm außergerichtlich erst bei dem Dritten um die Durchsetzung seiner Ansprüche auf Nachbesserung und Gewährleistung bemüht.

§ 10   Haftpflichtversicherung

Zur Sicherstellung etwaiger Schadensersatzansprüche aus diesem Vertrag hat der AN eine Haftpflichtversicherung abzuschließen. Die Deckungssummen dieser Versicherungen müssen betragen:

a) Für Personenschäden: _____ Euro

b) Für sonstige Schäden: _____ Euro
   (Sach- und Vermögensschäden)

§ 11   Kündigung des Vertrages

(1)   Der AG kann den Vertrag jederzeit kündigen (vgl. § 649 BGB).

(2)   Wird aus einem wichtigen Grund gekündigt, den der AG zu vertreten hat, oder macht der AG von seinem ordentlichen Kündigungsrecht Gebrauch, erhält der AN die volle Vergütung für die bereits vertragsgemäß erbrachten Leistungen. Für beauftragte, aber noch nicht erbrachte Leistungen erhält der AN die volle Vergütung abzüglich dem, was er erspart, weil der Vertrag nicht zur Ausführung kommt und dessen, was er durch anderweitige Verwendung seiner Arbeitskraft erwirbt oder zu erwerben böswillig unterlässt. Die ersparten Aufwendungen und der anderweitige Erwerb werden pauschal mit 40% der restlichen Vergütung für beauftragte aber nicht erbrachte Leistungen angesetzt. Behauptet eine Partei einen anderen anderweitigen Erwerb oder eine andere Höhe der ersparten Aufwendungen, kommt obiger S. 3 nicht zur Anwendung. Es gilt dann § 649 BGB.

(3)   Ein wichtiger Grund liegt insbesondere dann vor, wenn eine der Vertragsparteien eine vertragliche Verpflichtung trotz Abmahnung und Fristsetzung mit Kündigungsandrohung nicht erfüllt hat.

§ 12   Schutz des Ingenieurwerkes

(1)   Alle vom AN gefertigten Unterlagen einschließlich der EDV-Unterlagen dürfen nur für das in § 1 beschriebene Bauvorhaben verwendet werden.

(2)   Der AN ist berechtigt – auch nach Beendigung dieses Vertrages –, das Bauwerk oder die bauliche Anlage in Abstimmung mit dem AG zu betreten, um fotografische oder sonstige Aufnahmen zu fertigen. Dem AN steht das Recht zu, auf den Planunterlagen, am Bauwerk oder an baulichen Anlagen namentlich genannt zu werden.

(3) Der AG ist zur Veröffentlichung des vom AN geplanten Bauwerks nur unter Namensangabe des AN berechtigt.

(4) Änderungen des Bauwerks sind ohne Mitwirkung des AN unzulässig, es sei denn, die Mitwirkung des AN ist für den AG ausnahmsweise unzumutbar. Im Übrigen ist der AG verpflichtet, bei wesentlichen Änderungen des Bauwerks die vorherige schriftliche Zustimmung des AN zur Änderung einzuholen. Der AN darf die Zustimmung nicht verweigern, wenn die Änderungen aus wirtschaftlichen Gründen notwendig oder aus technischen Gründen zwingend vorgeschrieben sind. Im Übrigen bleiben die Rechte des AN nach dem Urheberrechtsgesetz unberührt.

§ 13 Aufbewahrungspflichten

Der AN ist nicht verpflichtet, die Bauunterlagen länger als 10 Jahre nach Abnahme der Ingenieurleistungen aufzubewahren. Der AN ist verpflichtet, dem AG die Unterlagen vor ihrer Vernichtung anzubieten.

§ 14 Schlussbestimmungen

(1) Änderungen und Ergänzungen dieses Vertrages bedürfen zu ihrer Wirksamkeit der Schriftform. Dies gilt auch für eine Änderung oder Ergänzung dieser Klausel.

(2) Soweit in diesem Vertrag keine Bestimmungen getroffen sind, kommen die Bestimmungen der HOAI und die Vorschriften über den Werkvertrag (§§ 631 ff. BGB) ergänzend zur Anwendung.

(3) Sollte eine Bestimmung dieses Vertrages ganz oder teilweise unwirksam oder undurchführbar sein oder werden, so wird dadurch die Gültigkeit der übrigen Bestimmungen dieses Vertrages nicht berührt. Das Gleiche gilt, wenn und soweit sich in diesem Vertrag eine Lücke herausstellen sollte.

(4) Die mit ☐ gekennzeichneten Regelungen sind nur Vertragsbestandteil, wenn sie durch ein Kreuz im Kennzeichen bestätigt sind. Sind mehrere alternativ vorgesehene Regelungen angekreuzt, gilt nur die erste gekennzeichnete Bestimmung.

(5) Soweit nach Abschluss dieser Vereinbarung eine neue HOAI in Kraft treten sollte, kann der AN vom AG verlangen, dass alle oder Teile der noch zu erbringenden Leistungen nach den Vorschriften der neuen HOAI abgerechnet werden.

(6) Es gilt deutsches Recht. Gerichtstand ist in Deutschland. Soweit möglich wird zudem der Gerichtsstand des Büros des Auftragnehmers als ausschließlicher Gerichtsstand vereinbart.

§ 15 Sonstige Vereinbarung

....
....
....
....
....

....
Ort, Datum

Für den Auftraggeber   Für den Auftragnehmer
....
Unterschrift   Unterschrift

4. Ingenieurvertrag
über Leistungen der Tragwerksplanung

zwischen

_____

_____

_____

vertreten durch:

_____

_____

                                                    – nachstehend AG genannt –

und

_____

_____

_____

                                                    – nachfolgend AN genannt –

wird folgender Ingenieurvertrag geschlossen:

§ 1   Gegenstand des Vertrages

Der AG überträgt dem AN die Ingenieurleistungen nach Maßgabe der §§ 2 und 3 dieses Vertrages für das nachfolgende Bauvorhaben, dem folgende Zielvorstellungen des AG zu Grunde liegen, soweit diese zum Zeitpunkt des Vertragsschlusses bekannt sind:[*1)]

_____

_____

(Bezeichnung des BV)

Bestandteil dieses Vertrages sind folgende Anlagen:

☐ die Voruntersuchungen sowie die vom AG übergebenen
    Skizzen und Entwürfe _____ : _____   _____

☐ folgende vom AG übergebene Unterlagen   _____

§ 2   Ingenieurleistungen

(1)   Der AN hat die nachfolgend aufgeführten **Teilerfolge**[*2)] (Ziff. 1.1 bis 1.6), deren Inhalt und Umfang sich nicht an den dem Objekt nach HOAI zugewiesenen Leistungen

---

[*1)] Hier sollen Angaben hinsichtlich der Einzelheiten des Auftrages gemacht werden. Vorstellungen, welches Tragwerk, nach welcher Planung, auf welcher Grundlage und für welche Bereiche können hier angegeben werden. Dies kann auch durch Verweis auf bereits erfolgte Voruntersuchungen erfolgen; siehe unten. Die Angaben sind durch die Novellierung der HOAI 2009 wichtig geworden, da nach der HOAI die anrechenbaren Kosten nur nach der Kostenberechnung ermittelt werden. Es wird daher verstärkt von Bedeutung, Änderungen des Leistungszieles nachweisen zu können.

[*2)] Die Aufnahme von Teilleistungserfolgen stellt den Versuch dar, die Leistungspflichten von den Leistungsbildern der HOAI abzukoppeln und somit zu verhindern, dass durch das Nichterbringen einzelner Arbeitsschritte eine Honorarkürzung (bzw. ein Kürzen der erbrachten Leistungsprozente) vorgenommen werden kann (vgl. BGH Urteil vom 24.6.2004 – VII ZR 259/02). Bei Verwendung des Vertragsmusters sollte unbedingt geprüft werden, ob tatsächlich alle im Einzelnen aufgezählten Leistungen im konkreten Fall erbracht werden müssen.

(vgl. §§ 3, 51 HOAI i. V. m. Anlage 14) orientiert, zu erbringen. Die einzelnen Arbeitsschritte sind nur insoweit zu erbringen, wie sie ... zur ordnungsgemäßen Erfüllung eines Auftrags, ..., d. h. das im Wesentlichen mangelfreie Entstehenlassen des Bauvorhabens, erforderlich sind.

1.1 ☐ **Ermitteln der Planungsaufgabe und Erstellen eines Planungskonzeptes**

Hierfür hat der AN insbesondere **folgende Arbeitsschritte,** zu erbringen:

☐ **Grundlagenermittlung**
D. h. insbesondere: Ermitteln aller für die Planung erforderlichen Grundlagen nach den Vorgaben des Objektplaners oder AG; ggfs. (mündliches) Zusammenfassen, Erläutern und Dokumentieren der Ergebnisse.

☐ **Vorplanung**
D. h. insbesondere: Mitwirken bei dem Erarbeiten eines Planungskonzeptes einschließlich der Untersuchung der alternativen Lösungsmöglichkeiten nach gleichen Anforderungen, mit skizzenhafter Darstellung, Klärung und Angabe der für das Tragwerk wesentlichen konstruktiven Festlegungen für zum Beispiel Baustoffe, Bauarten und Herstellungsverfahren, Konstruktionsraster und Gründungsart, Mitwirkungen bei der Kostenschätzung gem. DIN 276 oder gleichwertig, Mitwirken bei einem Grobterminplan, ggfs. (mündliches) Zusammenfassen, Erläutern und Dokumentieren der Ergebnisse.

1.2 ☐ **Erstellen der Tragwerkslösung als Entwurf und der für die öffentlich-rechtliche Baugenehmigung erforderlichen Unterlagen**

Hierfür hat der AN insbesondere folgende Arbeitsschritte, zu erbringen:

☐ **Entwurfsplanung**
D. h. insbesondere: Umsetzung der auf Basis der Vorplanung ermittelten Ergebnisse und Vorgaben, Erstellen des konstruktiven Entwurfs mit zeichnerischer Darstellung, grundlegende Festlegung der konstruktiven Details und Hauptabmessung des Tragwerks für zum Beispiel Gestaltung der tragenden Querschnitte, Aussparungen und Fugen; Ausbildung der Auflager- und Knotenpunkte sowie der Verbindungsmittel, Mitwirken bei der Kostenberechnung nach DIN 276 oder gleichwertig,

☐ **Genehmigungsplanung**
D. h. insbesondere: Aufstellen der prüffähigen Berechnung für das Tragwerk unter bauphysikalischen Anforderungen, Anfertigen der Positionspläne für das Tragwerk oder Eintragen der statischen Positionen, der Tragwerksabmessungen, der Verkehrslasten, der Art und Güte der Baustoffe und der Besonderheiten der Konstruktionen in die Entwurfszeichnungen des Objektplaners.

1.3 ☐ **Erstellen der für die Bauausführung des Objektes erforderlichen Pläne**

Hierfür hat der AN insbesondere folgenden Arbeitsschritt, zu erbringen:

Ausführungsplanung
D. h. insbesondere: Erstellen der Schalpläne in Ergänzung der Ausführungspläne des Objektplaners, zeichnerische Darstellung der Konstruktion mit Einbau- und Verlegeanweisungen, Aufstellen von Stahl- oder Stücklisten als Ergänzung zur zeichnerischen Darstellung der Konstruktionen mit Stahlmengenermittlung.

1.4 ☐ **Erarbeiten einer für die Vergabe der Leistungen zuschlagsreifen Lösung**

Hierfür hat der AN insbesondere folgende Arbeitsschritte, zu erbringen:

☐ D. h. insbesondere: Ermitteln der erforderlichen Mengen für die gewählte Konstruktion als Beitrag zur Mengenermittlung des Objektplaners, Mitwirken beim Aufstellen von Leistungsbeschreibungen als Ergänzung zu den Mengenermittlungen als Grundlage für das Leistungsverzeichnis des Tragwerks.

(2)   Soweit der AG einmal beschlossene Zielvorstellungen ändert oder weitere Leistungen, die über den gem. § 2 Abs. 1 vereinbarten Leistungsumfang hinausgehen, zur Erreichung des vereinbarten werkvertraglichen Gesamterfolges erforderlich oder vom AG angeordnet werden, hat der AN diese Änderungen/Leistungen zu berücksichtigen und auszuführen, soweit er in seinem Büro auf die Erbringung dieser Leistungen eingerichtet ist und ihm die Leistungserbringung ansonsten zumutbar ist.

(3)   **Als Besondere Leistungen werden folgende Leistungen vereinbart und sind vom AN zu erbringen:**

(4)   **Zusätzliche Leistungen, welche durch das Büro des AN zu erbringen sind:**

☐ Erstellen des Energiebedarfsausweises nach EnEV.
☐ _____
☐ _____
☐ _____

Variante:

(5)   ☐ **Stufenweise Beauftragung der einzelnen Teilerfolge**

Dem AN werden stufenweise folgende Leistungen übertragen:

1. Teilleistungserfolg 1
2. Teilleistungserfolg 2
3. Teilleistungserfolg 3
4. Teilleistungserfolg 4

Im Falle einer stufenweisen Beauftragung findet nach Abschluss eines jeden Beauftragungsabschnitts eine Abnahme und Schlussrechnung der bis dahin erbrachten Leistungen statt. Die Beauftragung der jeweils nächsten Stufe(n) erfolgt dann schriftlich nach den in dieser Vereinbarung geregelten Bestimmungen.

Hierbei gilt:
☐ Die Auftragserteilung mit der jeweils nächsten Stufe hat zu erfolgen, wenn die Planung des Objektes fortgeführt wird oder die Realisierung des Objektes erfolgt.[*1)]
☐ Die Auftragserteilung mit der nächsten Stufe steht im Ermessen des AG.

In jedem Fall ist der AN von der Pflicht zur Erbringung weiterer Leistungen entbunden, wenn diese nicht innerhalb eines Zeitraumes von 3 Monaten nach Abschluss der zuletzt erbrachten Leistungen beauftragt werden.

§ 3   Pflichten des AN

(1)   Der AN erbringt seine vertraglichen Leistungen nach den allgemein anerkannten Regeln der Baukunst und Bautechnik und den einschlägigen behördlichen Vorschriften.

[*1)] Gebundenes Optionsrecht des AG, d. h. Verpflichtung des AG zum Abruf weiterer erforderlicher Leistungen bei Realisierung des Projektes/Bauvorhabens.

(2)   Der AN ist im Rahmen der ihm übertragenen Leistungen berechtigt und verpflichtet, in zumutbarem Umfang Rechte des AG zu wahren. Zur Eingehung rechtsgeschäftlicher Verpflichtungen, die mit Kosten für den AG verbunden sind, ist der AN ohne ausdrückliche schriftliche Bevollmächtigung des AG nicht befugt.

3)   Der AN ist grundsätzlich berechtigt, Leistungen durch Subplaner erbringen zu lassen. Diese sind im Verhältnis zum AG Erfüllungsgehilfen.

§ 4   Pflichten des AG

(1)   Der AG fördert die Planung und Durchführung der Aufgabe, insbesondere wird er alle anstehenden Fragen auf berechtigtes Verlangen des AN unverzüglich entscheiden. Er hat zudem das Ergebnis jedes Arbeitsschrittes im Sinne von § 2 des Vertrages auf Verlangen des AN schriftlich freizugeben.

(2)   Erbringt der AG die Leistungen nach Baustellenverordnung nicht selbst, so hat er hierfür einen Sonderfachmann/SIGEKO zu beauftragen. Wird der AN auch mit der Erbringung dieser Leistungen beauftragt, werden diese Leistungen gesondert vergütet.

(3)   Der AG übergibt dem AN sämtliche das Bauvorhaben betreffende Rechnungen, soweit diese für die Vertragserfüllung und die Erstellung der Honorarrechnung benötigt werden.

(4)   Der AG nimmt die Leistungen der Unternehmer und der Fachunternehmer rechtsgeschäftlich ab.

(5)   Widerspricht der AG einem ihm übergebenen Leistungsergebnis (Pläne und sonstige Unterlagen) des AN nicht binnen 12 Tagen, so bildet dieses die Grundlage und Zielvorstellung für die weiteren Planungen und Leistungen. Der AN hat den AG bei Übergabe der Leistungsergebnisse schriftlich darauf hinzuweisen.

§ 5   Grundlage der Honorarermittlung

(1)   Bei der Maßnahme handelt es sich gem. § 11 HOAI um _____ Objekte. Für jedes Objekt ist das Honorar getrennt nach anrechenbaren Kosten, Honorarzone, Honorarsatz und erbrachten Leistungen zu berechnen. Objekte verschiedener Planungsleistungen sind stets getrennt abzurechnen.

(2)   Die in § 2 Abs. 1 vereinbarten Leistungen werden wie folgt vergütet. Soweit übertragbar, gilt dies auch für weitere vom Bauherrn verlangte oder erforderliche Leistungen im Sinne von § 2 Abs. 2 des Vertrages.

Teiler-folg § 2 Abs. 1	Arbeitsschritt:	Gem. § 51 HOAI	Beauf-tragte Leistun-gen	Leistungspro-zente gem. § 51 HOAI
Ziff. 1.1	Grundlagenermittlung	Lph. 1		3%
	Vorplanung	Lph. 2		10%
Ziff. 1.2	Entwurfsplanung	Lph. 3		15%
	Genehmigungsplanung	Lph. 4		30%
Ziff. 1.3	Ausführungsplanung	Lph. 5		☐ 40% Alternativ (im Stahlbetonbau, sofern keine Schalpläne in Auf-trag gegeben wer-den, und im Holz-bau mit unter-

Teiler-folg § 2 Abs. 1	Arbeitsschritt:	Gem. § 51 HOAI	Beauf-tragte Leistun-gen	Leistungspro-zente gem. § 51 HOAI
				durchschnittli-chem Schwierig-keitsgrad): ☐ 30%*¹⁾ Alternativ (sofern nur Schalpläne in Auftrag gegeben werden): ☐ 20%*²⁾ Alternativ (bei sehr enger Beweh-rung): ☐ …%*³⁾
Ziff. 1.4	Vorbereitung der Vergabe	Lph. 6		2%

(3)   Die anrechenbaren Kosten werden gem. §§ 50, 6, 4 HOAI unter Zugrundelegung der jeweiligen Kostenermittlung nach DIN 276 i. d. F. 2008 ermittelt.

☐ Der Wert der vorhandenen Bausubstanz wird gem. § 2 Abs. 7 i. V. m. § 4 Abs. 3 HOAI mit _____ Euro beziffert und bei den anrechenbaren Kosten berücksichtigt.

Alternativ:

☐ Die Parteien vereinbaren, dass die vorhandene Bausubstanz angemessen bei den anrechenbaren Kosten gem. § 2 Abs. 7 i. V. m. § 4 Abs. 3 HOAI zu berücksichtigen ist. Der Umfang der Vereinbarung wird nach Erstellung der Kostenberechnung zwischen den Vertragsparteien angemessen festgelegt. Sollte eine solche Vereinbarung nicht zustande kommen, ist die vorhandene Bausubstanz angemessen bei den anrechenbaren Kosten zu berücksichtigen (§ 4 Abs. 3 HOAI).

Alternativ zu (3):*⁴⁾

☐ Die anrechenbaren Kosten werden bei Gebäuden mit einem hohen Anteil an Kosten der Gründung und der Tragkonstruktionen gem. § 50 Abs. 2 nach § 50 Abs. 3 HOAI ermittelt.

Alternativ zu (3):*⁵⁾

☐ Die Ermittlung der anrechenbaren Kosten bei Ingenieurbauwerken erfolgt gem. § 50 Abs. 3, 4 HOAI.

---

*¹⁾ § 51 Abs. 2 HOAI sieht vor, dass die Leistungsphase 5
– im Stahlbetonbau, sofern keine Schalpläne in Auftrag gegeben werden,
– im Holzbau mit unterdurchschnittlichem Schwierigkeitsgrad
nur mit 30% zu bewerten ist.
*²⁾ § 51 Abs. 3 HOAI sieht vor, dass die Leistungsphase 5, sofern nur Schalpläne in Auftrag gegeben werden, nur mit 20% zu bewerten ist.
*³⁾ Nach § 51 Abs. 4 HOAI **kann** bei sehr enger Bewehrung die Bewertung der Leistungsphase 5 um bis zu 4% erhöht werden.
*⁴⁾ Bei Gebäuden mit einem hohen Anteil an Kosten der Gründung und der Tragkonstruktion; vgl. § 50 Abs. 2 HOAI.
*⁵⁾ Bei Ingenieurbauwerken; vgl. § 50 Abs. 3 HOAI.

Alternativ:

☐ Kosten von folgenden Arbeiten sind ganz anrechenbar:[1]

– _____

– _____

– _____

Alternativ:

☐ Kosten von folgenden Arbeiten sind zu ____ % anrechenbar:[2]

– _____

– _____

– _____

(4) **Honorarzonen, Honorarsätze**

	Zone	Satz[3]
Einstufung nach §§ 5 und 52 Abs. 2 bis 3 HOAI i. V. m. Anlage 14 Nummer 14.2		

(5) **Für Umbau und Modernisierung**

nach § 52 Abs. 4 i. V. m. § 6 Abs. 2 HOAI gilt: Der Zuschlag beträgt[4] _____ %

§ 6 Vergütung des AN

(1) Das Honorar des AN bemisst sich nach den Bestimmungen der HOAI in der jeweils geltenden Fassung in Verbindung mit den Grundlagen der Honorarermittlung nach diesem Vertrag.

(2) Nebenkosten werden gem. § 14 HOAI vergütet:

☐ auf Einzelnachweis, wobei

Fahrtkosten mit	_____	Euro[5]
Fotokopien A4 mit	_____	Euro[6]
Fotokopien A 3 mit	_____	Euro
Sonstige Vervielfältigungen mit	_____	Euro

vergütet werden[7].

Alternativ:[8]

☐ durch eine Nebenkostenpauschale
in Höhe von[9]   _____ %
aus der Netto-Auftragssumme

---

[1] Vgl. hierzu § 50 Abs. 5 HOAI: *„Die Vertragsparteien können vereinbaren, dass Kosten von Arbeiten, die nicht in den Absätzen 1 bis 3 erfasst sind, ganz oder teilweise anrechenbar sind, wenn der Auftragnehmer wegen dieser Arbeiten Mehrleistungen für das Tragwerk nach § 51 erbringt."*

[2] Vgl. hierzu § 50 Abs. 5 HOAI: *„Die Vertragsparteien können vereinbaren, dass Kosten von Arbeiten, die nicht in den Absätzen 1 bis 3 erfasst sind, ganz oder teilweise anrechenbar sind, wenn der Auftragnehmer wegen dieser Arbeiten Mehrleistungen für das Tragwerk nach § 51 erbringt."*

[3] Der Honorarsatz bestimmt sich gem. § 7 HOAI zwischen dem Mindestsatz und dem Höchstsatz (bspw. Mindestsatz 20% oder Mittelsatz = mittig zwischen Mindest- und Höchstsatz).

[4] Gemäß § 52 Abs. 4 HOAI kann bei einem durchschnittlichen Schwierigkeitsgrad ein Zuschlag gem. § 6 Abs. 2 S. 3 HOAI bis 50 % schriftlich vereinbart werden. Bei höheren Honorarzonen kann der Zuschlag frei vereinbart werden. 0% ist kein Zuschlag, somit gelten nach HOAI 20% als vereinbart, ab durchschnittlichem Schwierigkeitsgrad.

[5] Üblicher Weise wohl 0,30 Euro pro Kilometer. Möglich ist aber auch die Heranziehung der ADAC-Tabelle, die höhere Werte ausweist (vgl. Morlock/Meurer, Die HOAI in der Praxis, Werner Verlag).

[6] DIN A4 wohl 0,20 Euro, DIN A3 0,40 Euro (vgl. Morlock/Meurer, a. a. O.).

[7] Weitere Einzelvereinbarungen sind möglich, bspw. für Übernachtungskosten oder Tagesgeldpauschalen etc.

[8] Nicht Zutreffendes kann gestrichen werden.

[9] Je nach Auftrag sind Nebenkosten von 3 bis 10% angemessen (vgl. Morlock/Meurer, HOAI in der Praxis, Werner Verlag).

Alternativ:[*1)]

☐ durch eine Nebenkostenpauschale IN Höhe von   _____ %
  aus der Netto-Auftragssumme **für**

  Vervielfältigungen von schriftlichen Unterlagen wie Leistungsverzeichnisse, Anfertigung von Filmen und Fotos oder Post und Fernmeldegebühren

sowie auf Einzelnachweis[*2):]

– Kosten für Reisen
– Kilometerpauschale in Höhe von 0,30 Euro pro gefahrenem Kilometer
– Kosten für Vervielfältigungen von Zeichnungen

(3) ☐ Für die Objektüberwachung wird dem AN auf Kosten des AG auf der Baustelle ein
       Bauleitungsbüro zur Verfügung gestellt.

(4) **Werden Besondere Leistungen** gem. § 3 Abs. 3 HOAI beauftragt, sind diese wie
     folgt zu vergüten:

_____	_____ Euro
_____	_____ Euro
_____	_____ Euro

Ist für beauftragte Besondere Leistungen keine Pauschalvergütung vereinbart worden,
wird die Mehrleistung des AN nach folgenden Stundensätzen abgerechnet:

Für den Auftragnehmer pro Std.[*3)]   _____ Euro

Für Mitarbeiter die technische oder wirtschaftliche Aufgaben erfüllen[*4)] _____ Euro
Für technische Zeichner und sonstige Mitarbeiter mit vergleichbarer
Qualifikation pro Std.[*5)]   _____ Euro

Zum Nachweis der gearbeiteten Arbeitsstunden hat der AN dem AG den Mitarbeiter,
die Tätigkeit, die Dauer der Tätigkeit und den Tag anzugeben.

☐ Für Kostenunterschreitungen, die unter Ausschöpfung technisch-wirtschaftlicher
  oder umweltverträglicher Lösungsmöglichkeiten zu einer wesentlichen Kostensenkung (d. h. mind. 10% unter Kostenberechnung Kostengruppen 300 und 400 DIN
  276 i. d. F. 2008) ohne Verminderung des vertraglich festgelegten Standards führen,
  wird ein Erfolgshonorar in Höhe eines Honorarzuschlages von ___% (max. 20%)
  vereinbart.

(5) Die **zusätzlich beauftragten Leistungen** werden wie folgt vergütet:

☐ Erstellen des Energiebedarfsausweises nach EnEV

  ☐ pauschal mit   _____ Euro

  ☐ oder auf Stundenbasis gem. § 6 Abs. 4

☐ _____

  ☐ pauschal mit   _____ Euro

  ☐ oder auf Stundenbasis gem. § 6 Abs. 4

☐ _____

  ☐ pauschal mit   _____ Euro

  ☐ oder auf Stundenbasis gem. § 6 Abs. 4

[*1)] Nicht Zutreffendes kann gestrichen werden.
[*2)] Die Aufzählung ist nur beispielhaft und soll nach Bedarf ergänzt werden.
[*3)] Nach Rift 75,00 Euro.
[*4)] Nach Rift 55,00 Euro.
[*5)] Nach Rift 43,00 Euro.

☐ _____

    ☐ pauschal mit   _____ Euro

    ☐ oder auf Stundenbasis gem. § 6 Abs. 4

(6)   Bei Erweiterungen des Auftragsumfanges, werden – vorbehaltlich anderer Regelungen – die Kostenermittlungen um die gestiegenen Kosten fortgeschrieben und diese für die Ermittlung der anrechenbaren Kosten – zur Abgeltung des reinen Planungsmehraufwandes – zu Grunde gelegt. Soweit durch die Auftragserweiterung ein darüber hinausgehender Änderungsaufwand der bereits erbrachten Planungsleistung anfällt, wird dieser gesondert vergütet.

Alternativ zu 1 bis 6:

Die Vertragsparteien vereinbaren für die beauftragten und geschuldeten Leistungen des AN nach diesem Vertrag und auf Basis des § 5 des Vertrages ein Pauschalhonorar.

Dieses Pauschalhonorar verteilt sich auf die vereinbarten Leistungsphasen im Sinne von Teilleistungspauschalen wie folgt (jeweils zzgl. der gesetzlichen Umsatzsteuer und Nebenkosten):

1. für Leistungen Teilleistungserfolg 1   _____ Euro

2. für Leistungen Teilleistungserfolg 2   _____ Euro

3. für Leistungen Teilleistungserfolg 3   _____ Euro

4. für Leistungen Teilleistungserfolg 4   _____ Euro

Pauschalhonorar gesamt _____ Euro

in Worten:

(_____)

    zuzüglich der jeweiligen gesetzlichen Mehrwertsteuer.

Diesem Honoraransatz liegen anrechenbare Kosten in einer derzeit geschätzten Höhe von

_____ Euro

zugrunde.

Sollte sich im Zuge der weiteren Bauausführung herausstellen, dass mit der Realisierung des Bauvorhabens eine Erhöhung der tatsächlich entstehenden, anrechenbaren Kosten um mehr als 5%[1] verbunden ist, so erhöht sich auch das Pauschalhonorar entsprechend.

(7)   Alle **weiteren oder zusätzlichen Leistungen,** für die noch keine Vergütungsvereinbarung getroffen worden ist und die zur Erreichung des werkvertraglichen Zieles erforderlich werden oder vom Bauherrn verlangt werden, sind angemessen zu vergüten. Hierbei gilt, dass für diese Leistungen vor Leistungserbringung eine schriftliche Honorarvereinbarung auf Basis der Honorarermittlung nach § 5 dieses Vertrages und der Vorschriften der HOAI, sofern diese einschlägig ist, getroffen werden soll.

Kommt zwischen den Parteien eine Honorarvereinbarung über diese Leistungen nicht zustande und werden die erbrachten Leistungen nicht über § 10 HOAI vergütet, kann der AN auch noch nach angeordneter Durchführung dieser Leistungen eine Vergütung nach billigem Ermessen gem. §§ 316, 315 BGB verlangen, wenn die Leistungen durch den Bauherrn angeordnet werden.

Handelt es sich bei der weiteren Leistung um Änderungsleistung oder Leistungen, die den Auftragsumfang ändern, mit der Folge von Änderungen der anrechenbaren Kosten, dann findet § 10 Abs. 1 und Abs. 2 HOAI Anwendung.

Insoweit gilt, dass die mangelfrei erbrachten Planungsleistungen durch den AG stets vollständig zu vergüten sind.

Änderungsleistungen auf Veranlassung des AG, die wiederholt zu erbringende Grundleistungen zur Folge haben und die keine oder nur geringe Auswirkungen auf die anre-

---

[1] Auch höherer Prozentsatz möglich.

chenbaren Kosten haben, sind stets gem. § 10 Abs. 2 HOAI als wiederholt erbrachte Grundleistungen zu vergüten.

Grundleistungen, die erneut oder erstmalig zu erbringen sind, weil sich der Auftragsumfang geändert hat, sind – neben der Vergütung von Änderungsleistungen – auf Basis der wiederholt oder erneut zu erbringenden Grundleistungen und auf Basis der geänderten anrechenbaren Kosten erneut zu vergüten (§ 10 Abs. 1 HOAI).

Sollte eine prozentuale Bewertung der wiederholt zu erbringenden Grundleistungen gem. § 10 HOAI nicht möglich sein, erfolgt die Vergütung dieser Leistungen nach Zeitaufwand zu den vereinbarten Srundensätzen.

Ggf. steht dem AN ein Anspruch auf volle Vergütung abzüglich ersparter Aufwendungen (vgl. § 649 BGB) für beauftragte aber aufgrund der Änderung des Auftragsumfanges nicht erbrachte Leistungen zu. Insoweit gilt § 11.

§ 7   Fälligkeit der Vergütung

(1)   **Abschlagszahlungen**

☐ Abschlagszahlungen haben in angemessenen zeitlichen Abständen für nachgewiesene Leistungen zu erfolgen (vgl. § 15 Abs. 2 HOAI).

☐ Abschlagszahlungen für erbrachte Leistungen sind wie folgt zu bezahlen:[*1)]
1. Nach Erreichung eines Arbeitsschrittes gem. § 2 Abs. 1 Ziff. 1.1 bis 1.4., darüber hinaus
2. _____
3. _____
4. _____
5. _____
6. _____

Der Ausgleich der entsprechenden Rechnungen (mit gesondert ausgewiesener Mehrwertsteuer) wird vom AG binnen 2 Wochen veranlasst.

(2)   Gegenüber den fälligen Forderungen des AN darf der AG nur mit unbestrittenen oder rechtskräftig festgestellten Gegenforderungen aufrechnen.

(3)   **Schlussrechnung**

Das Gesamthonorar ist fällig, wenn die beauftragten Leistungen vertragsgemäß erbracht worden sind und eine Honorarschlussrechnung überreicht worden ist.

§ 8   Verlängerung der Planungs- und Bauzeit

(1)   Dauert die Planungszeit länger als _____ Monate oder dauert die Bauzeit länger als _____ Monate und sind die Umstände, durch die die Verlängerung verursacht wird, ... die nicht aus der Sphäre des AN herrühren, ..., wird für jede Verlängerungswoche folgendes Honorar vereinbart:2

Verlängerung Planungszeit   _____ Euro/pro Woche
Verlängerung Bauzeit   _____ Euro/pro Woche

Die hier genannten Zeiträume sind keine Vertragsfristen, sondern stellen lediglich eine Kalkulationsgrundlage für das Honorar dar.

(2)   Unterlässt der AG vom AN geforderte erforderliche Mitwirkungshandlungen, so steht dem AN für die Dauer der Unterbrechung neben dem Aufwendungsersatz gem. §§ 642 ff. BGB auch ein Ersatz der verzögerungsbedingten Mehrkosten (Schadensersatz) zu.

§ 9   Haftung des AN und Abnahme

(1)   Für Schäden, die nicht Personenschäden sind, und die nicht auf grob fahrlässiges oder vorsätzliches Verhalten zurückzuführen sind, wird die Haftung der Höhe nach auf die

---

[*1)] Andere Zahlungspläne können selbstverständlich vereinbart werden.

vorliegend in § 10 vereinbarte Haftpflichtversicherungssumme begrenzt, soweit die Schäden nicht auf der Verletzung wesentlicher Vertragspflichten (Einhaltung der allgemein anerkannten Regeln der Technik, fachgerechtes Erstellen der dem AN in Auftrag gegebenen Planungsunterlagen und Mitwirkung bei der Kostenermittlung und Kostenkontrolle) beruhen.

(2) Abs. 1 gilt auch in den Fällen, in denen die Haftung auf dem Verschulden derjenigen Personen beruht, derer sich der handelnde Partner zur Erfüllung seiner Leistungen bedient.

(3) Die Verjährung der Ansprüche gegen den AN bestimmt sich nach den Vorschriften des Werkvertragsrechts und beginnt mit der Abnahme der Leistung. Der AN ist berechtigt, nach Erreichung eines jeden Teilleistungserfolges eine Abnahme der bis dahin erbrachten Leistungen zu verlangen.

(4) Wird der AN wegen eines Schadens am Bauwerk auf Schadenersatz in Geld in Anspruch genommen, kann er vom AG verlangen, dass ihm die Beseitigung des Schadens übertragen wird. Wird der AN wegen eines Schadens in Anspruch genommen, den auch ein Dritter zu vertreten hat, kann er vom AG verlangen, dass der AG sich gemeinsam mit ihm außergerichtlich erst bei dem Dritten um die Durchsetzung seiner Ansprüche auf Nachbesserung und Gewährleistung bemüht.

§ 10 Haftpflichtversicherung

Zur Sicherstellung etwaiger Schadensersatzansprüche aus diesem Vertrag hat der AN eine Haftpflichtversicherung abzuschließen. Die Deckungssummen dieser Versicherungen müssen betragen:

a) Für Personenschäden: _____ Euro

b) Für sonstige Schäden: _____ Euro
   (Sach- und Vermögensschäden)

§ 11 Kündigung des Vertrages

(1) Der AG kann den Vertrag jederzeit kündigen (vgl. § 649 BGB).

(2) Wird aus einem wichtigen Grund gekündigt, den der AG zu vertreten hat, oder macht der AG von seinem ordentlichen Kündigungsrecht Gebrauch, erhält der AN die volle Vergütung für die bereits vertragsgemäß erbrachten Leistungen. Für beauftragte, aber noch nicht erbrachte Leistungen erhält der AN die volle Vergütung abzüglich dem, was er erspart, weil der Vertrag nicht zur Ausführung kommt und dessen, was er durch anderweitige Verwendung seiner Arbeitskraft erwirbt oder zu erwerben böswillig unterlässt. Die ersparten Aufwendungen und der anderweitige Erwerb werden insgesamt pauschal mit 40% der restlichen Vergütung für beauftragte aber nicht erbrachte Leistungen angesetzt. Behauptet eine Partei einen anderen Erwerb oder eine andere Höhe der ersparten Aufwendungen, so kommt obiger Satz 3 nicht zur Anwendung. Es gilt dann § 649 BGB.

(3) Ein wichtiger Grund liegt insbesondere dann vor, wenn eine der Vertragsparteien eine vertragliche Verpflichtung trotz Abmahnung und Fristsetzung mit Kündigungsandrohung nicht erfüllt hat.

§ 12 Schutz des Werkes

(1) Alle vom AN gefertigten Unterlagen einschließlich der EDV-Unterlagen dürfen nur für das in § 1 beschriebene Bauvorhaben verwendet werden.

(2) Der AN ist berechtigt – auch nach Beendigung dieses Vertrages –, das Bauwerk oder die bauliche Anlage in Abstimmung mit dem AG zu betreten, um fotografische oder sonstige Aufnahmen zu fertigen. Dem AN steht das Recht zu, auf den Planunterlagen, am Bauwerk oder an baulichen Anlagen namentlich genannt zu werden.

(3) Der AG ist zur Veröffentlichung des vom AN geplanten Bauwerks nur unter Namensangabe des AN berechtigt.

(4) Änderungen des Bauwerks sind ohne Mitwirkung des AN unzulässig, es sei denn, die Mitwirkung des AN ist für den AG ausnahmsweise unzumutbar. Im Übrigen ist der AG verpflichtet, bei wesentlichen Änderungen des Bauwerks die vorherige schriftliche Zustimmung des AN zur Änderung einzuholen. Der AN darf die Zustimmung nicht verweigern, wenn die Änderungen aus wirtschaftlichen Gründen notwendig oder aus technischen Gründen zwingend vorgeschrieben sind. Im Übrigen bleiben die Rechte des AN nach dem Urheberrechtsgesetz unberührt.

§ 13   Aufbewahrungspflichten

Der AN ist nicht verpflichtet, die Bauunterlagen länger als 10 Jahre nach Abnahme der Ingenieurleistungen aufzubewahren. Der AN ist verpflichtet, dem AG die Unterlagen vor ihrer Vernichtung anzubieten.

§ 14   Schlussbestimmungen

(1) Änderungen und Ergänzungen dieses Vertrages bedürfen zu ihrer Wirksamkeit der Schriftform. Dies gilt auch für eine Änderung oder Ergänzung dieser Klausel.

(2) Soweit in diesem Vertrag keine Bestimmungen getroffen sind, kommen die Bestimmungen der HOAI und die Vorschriften über den Werkvertrag (§§ 631 ff. BGB) ergänzend zur Anwendung.

(3) Sollte eine Bestimmung dieses Vertrages ganz oder teilweise unwirksam oder undurchführbar sein oder werden, so wird dadurch die Gültigkeit der übrigen Bestimmungen dieses Vertrages nicht berührt. Das Gleiche gilt, wenn und soweit sich in diesem Vertrag eine Lücke herausstellen sollte.

(4) Die mit ☐ gekennzeichneten Regelungen sind nur Vertragsbestandteil, wenn sie durch ein Kreuz im Kennzeichen bestätigt sind. Sind mehrere alternativ vorgesehene Regelungen angekreuzt, gilt nur die erste gekennzeichnete Bestimmung.

(5) Soweit nach Abschluss dieser Vereinbarung eine neue HOAI in Kraft treten sollte, kann der AN vom AG verlangen, dass alle oder Teile der noch zu erbringenden Leistungen nach den Vorschriften der neuen HOAI abgerechnet werden.

(6) Es gilt deutsches Recht. Gerichtsstand ist in Deutschland. Soweit möglich, wird zudem der Gerichtsstand des Auftragnehmers als ausschließlicher Gerichtsstand vereinbart.

§ 15   Sonstige Vereinbarung

....
....
....
....

....
Ort, Datum

Für den AN   **Für den AG**

....
Unterschrift   Unterschrift

5. Ingenieurvertrag

zur Planung von Leistungen der technischen Ausrüstung

zwischen

_____

_____

_____

vertreten durch:

_____

_____

– nachstehend AG genannt –

und

_____

_____

_____

– nachfolgend AN genannt –

wird folgender Vertrag geschlossen:

§ 1 Gegenstand des Vertrages

Der AG überträgt dem AN Ingenieurleistungen der Technischen Ausrüstung nach Maßgabe der §§ 2 und 3 dieses Vertrages für die nachfolgenden Anlagen, denen folgende Zielvorstellungen des AG zu Grunde liegen, soweit diese zum Zeitpunkt des Vertragsschlusses bekannt sind:[*1)]

Anlage 1 ....

Anlage 2 ....

Anlage 3 ....

Anlage 4 ....

....

(Bezeichnung des BV)

Bestandteil dieses Vertrages sind folgende Anlagen:

☐ Die Voruntersuchungen sowie die vom
AG übergebenen Skizzen und Entwürfe   ....
                                             ....

☐ Folgende vom AG übergebene Unterlagen   ....
                                             ....

[*1)] Hier sollen Angaben hinsichtlich der konkret zu planenden Anlagen gemacht werden. Standard, Art, Umfang, Einbauweise etc. sollen hier angegeben werden. Dies kann auch durch den Verweis auf bereits erfolgte Voruntersuchungen erfolgen (s.u.). Die Angaben sind durch die Novellierung der HOAI wichtig geworden, da nach der HOAI die anrechenbaren Kosten nur nach der Kostenberechnung ermittelt werden. Es wird daher verstärkt von Bedeutung Änderungen des Leistungszieles nachweisen zu können.

§ 2 Ingenieurleistungen

(1) Der AN hat für jede beauftragte Anlage im Sinne des § 53 Abs. 2 HOAI die nachfolgend aufgeführten **Teilerfolge**[*1)] (Ziff. 1.1 bis 1.6) zu erbringen, deren Inhalt und Umfang sich nicht an den dem Objekt nach HOAI zugewiesenen Leistungen (vgl. §§ 3, 55 i. V. m. Anlage 15 HOAI) orientiert, zu erbringen. Die einzelnen Arbeitsschritte insoweit zu erbringen, wie sie ..., zur ordnungsgemäßen Erfüllung eines Auftrags, ..., d. h. das im Wesentlichen mangelfreie Entstehenlassen der Anlage erforderlich sind.

1.1 ☐ **Ermitteln der Planungsaufgabe nach den Zielvorstellungen des AG**

Hierfür hat der AN insbesondere **folgende Arbeitsschritte,** zu erbringen:

☐ **Grundlagenermittlung**
D. h. insbesondere: Ermitteln aller für die Planung erforderlichen Grundlagen und Planungsrandbedingungen sowie Ermitteln der Bauwünsche des AG und Beraten zum grundsätzlichen Leistungsbedarf inklusive einer Ortsbesichtigung. Ggf. (mündliches) Zusammenfassen, Erläutern und Übergeben einer Zusammenstellung der wesentlichen Planungsergebnisse.

☐ **Vorplanung**
D. h. insbesondere: Umsetzung der in der Grundlagenermittlung erarbeiteten Zielvorgaben des AG mit überschlägiger Auslegung der wichtigen Systeme und Anlagenteile. Skizzenhafte Darstellung derselben in der Objektplanung. Mitwirken bei der Abstimmung der Leistungen mit den Planungsbeteiligten. Aufstellen eines Funktionsschemas oder Prinzipschaltbildes für jede Anlage. Mitwirken bei der Erstellung der Kostenschätzung gem. DIN 276 oder gleichwertig. Mitwirkung bei der Terminplanung. Ggf. (mündliches) Zusammenfassen, Erläutern und Übergeben einer Zusammenstellung der wesentlichen Planungsergebnisse.

1.2 ☐ **Erstellen von vermaßten Entwurfsplänen nach den Zielvorstellungen des AG und Umsetzung derselben in ein behördliches Baugesuch.**

Hierfür hat der AN insbesondere folgende Arbeitsschritte, zu erbringen:

☐ **Entwurfsplanung**
D. h. insbesondere: Durcharbeiten des erarbeiteten Planungskonzeptes bis zum vollständigen Entwurf unter Berücksichtigung aller Fachplanungsleistungen und fachspezifischen Anforderungen. Festlegen aller Systeme und Anlagenteile. Zeichnerische Darstellung, Anlagenbeschreibung, Abstimmen des Platzbedarfs der technischen Anlagen sowie deren Berechnung und Bemessung. Abschätzen der jährlichen Bedarfswerte. Angabe und Abstimmung der für die Tragwerksplanung notwendigen Durchführungen und Lastangaben (ohne Schlitz- und Durchbruchpläne). Mitwirken bei der Kostenberechnung nach DIN 276 oder gleichwertig. Mitwirken bei der Terminplanung und der Kostenkontrolle.

[*1)] Die Aufnahme von Teilleistungserfolgen stellt den Versuch dar, die Leistungspflichten von den Leistungsbildern der HOAI abzukoppeln und somit zu verhindern, dass durch das Nichterbringen einzelner Arbeitsschritte eine Honorarkürzung (bzw. ein Kürzen der Leistungsprozente) vorgenommen werden kann (vgl. BGH Urteil vom 24.6.2004 – VII ZR 259/02). Bei Verwendung des Vertragsmusters sollte unbedingt geprüft werden, ob tatsächlich alle aufgezählten oder andere Leistungen im konkreten Fall erbracht werden müssen.

Ggf. Zusammenfassen, Erläutern und Übergeben einer Zusammenstellung der wesentlichen Planungsergebnisse.

☐ **Genehmigungsplanung**

D. h. insbesondere: Erarbeiten der Vorlagen und Nachweise für die öffentlich-rechtliche Genehmigung auf Basis der Entwurfsplanung. Vervollständigen und Anpassen der Planungsunterlagen.

1.3 ☐ Erstellen der für die Bauausführung des Objektes erforderlichen Pläne

Hierfür hat der AN insbesondere folgenden Arbeitsschritt, zu erbringen:

Ausführungsplanung

D. h. insbesondere: Erstellen und Erarbeiten der Ausführungsplanung auf Grundlage der bisherigen Ergebnisse. Abstimmen der zeichnerischen Darstellungen mit dem Objektplaner und ggf. mit den übrigen Fachplanern. Zeichnerische Darstellung der Anlagen in einem mit dem Objektplaner abgestimmten Ausgabemaßstab (keine Montage- und Werkstattpläne) und deren Übergabe. Anfertigen von Schlitz und Durchbruchsplänen. Berücksichtigung der Ausschreibungsergebnisse und der Ausführungsplanung des Objektplaners in der Ausführungsplanung. Prüfen und Anerkennen der Montage- und Werkstattpläne der ausführenden Unternehmer.

1.4 ☐ Erarbeiten einer für die Vergabe der Leistungen zuschlagsreifen Lösung

Hierfür hat der AN insbesondere folgende Arbeitsschritte, zu erbringen:

☐ **Vorbereiten der Vergabe**

D. h., insbesondere: Ermitteln der Mengen als Grundlage für das Aufstellen der Leistungsverzeichnisse. Aufstellen der Vergabeunterlagen. Mitwirken beim Abstimmen der Vergabeunterlagen und der Abstimmung der Schnittstellen mit den anderen Fachplanungen. Ermitteln der Kosten auf Grundlage der bepreisten Leistungsverzeichnisse und Kostenkontrolle durch Vergleich mit den bisherigen Kostenermittlungen.

☐ **Mitwirken bei der Vergabe**

D. h. insbesondere, das Zusammenstellen der Vergabeunterlagen und Bereitstellen der Vertragsunterlagen auf Grundlage von im Handel gängiger Vertragsmuster und das Einholen von Angeboten von Unternehmern sowie deren Zusammenstellung in einer Weise, dass der AG in der Lage ist, diese zu vergleichen, das Mitwirken bei Bietergesprächen und Mitwirken bei der Auftragserteilung, Vergleich der Ausschreibungsergebnisse mit den Ergebnissen (Gesamtsummen) der bepreisten Leistungsverzeichnisse.

1.5 ☐ Bauleitung, Überwachung der mangelfreien Ausführung der Bauleistung

Hierfür hat der AN insbesondere folgende Arbeitsschritte, zu erbringen:

Objektüberwachung

D. h. insbesondere, Überwachung der Ausführung der beauftragten Handwerkerleistungen und Mitwirken bei der Abnahme der Leistungen sowie Überwachung der Beseitigung der bei der Abnahme festgestellten Mängel, längstens jedoch bis zum Ablauf von 5 Jahren nach Abnahme. Prüfung der Unternehmerrechnungen, Erstellen der Kostenfeststellung z. B. nach DIN 276 oder gleichwertig sowie einer Kostenkontrolle durch Kostenvergleich, Aufstellen, Fortschreiben und Überwachen eines Terminplanes, Übergabe des Objektes sowie Auflistung der Gewährleistungsfristen, und die systematische Zusammenstellung der Dokumentation, zeichnerische Darstellungen und rechnerische Ergebnisse des Objektes.

Zusätzlich wird beauftragt:

1.6 ☐ **Betreuung des Objektes**

Hierfür hat der AN insbesondere folgenden Arbeitsschritt, zu erbringen:

Objektbetreuung

D. h. insbesondere: Fachliche Einschätzung der innerhalb von 5 Jahren nach der Abnahme festgestellten Mängel. Objektbegehung zur Mängelfeststellung vor Ablauf der Verjährungsfristen für Mängelansprüche. Bewertung der Beseitigung von Mängeln innerhalb von 5 Jahren nach der Abnahme der Leistungen.

(2)   Soweit der AG einmal beschlossene Zielvorstellungen ändert oder weitere Leistungen, die über den gem. § 2 Abs. 1 vereinbarten Leistungsumfang hinausgehen, zur Erreichung des vereinbarten werkvertraglichen Gesamterfolges erforderlich oder vom AG angeordnet werden, hat der AN diese Änderungen/Leistungen zu berücksichtigen und auszuführen, soweit er in seinem Büro auf die Erbringung dieser Leistungen eingerichtet und ihm die Leistungserbringung ansonsten zumutbar ist.

(3)   **Als Besondere Leistungen werden folgende Leistungen vereinbart und sind vom AN zu erbringen:**

Bestandsaufnahme/Aufmaß/	
Wartungsplanung und Wartungsorganisation/	
Mitwirken bei der Finanzierung	

(4)   **Zusätzliche Leistungen, welche durch das Büro des AN zu erbringen sind:**

☐ Erstellen des Energiebedarfsausweises nach EnEV

☐ _____

☐ _____

Variante:

(5)   ☐ **Stufenweise Beauftragung der einzelnen Teilerfolge**

Dem AN werden stufenweise folgende Leistungen übertragen:

1.	Teilleistungserfolg 1	
2.	Teilleistungserfolg 2	
3.	Teilleistungserfolg 3	
4.	Teilleistungserfolg 4	
5.	Teilleistungserfolg 5	
6.	Teilleistungserfolg 6	

Im Falle einer stufenweisen Beauftragung findet nach Abschluss eines jeden Beauftragungsabschnitts eine Abnahme und Schlussrechnung der bis dahin erbrachten Leistungen statt. Die Beauftragung der jeweils nächsten Stufe(n) erfolgt dann schriftlich nach den in dieser Vereinbarung geregelten Bestimmungen.

Hierbei gilt:

☐ Die Auftragserteilung mit der jeweils nächsten Stufe hat zu erfolgen, wenn die Planung des Objektes fortgeführt wird oder die Realisierung des Objektes erfolgt[*1)].

[*1)] Gebundenes Optionsrecht des AG, d. h. Verpflichtung des AG zum Abruf weiterer erforderlicher Leistungen bei Realisierung des Projektes/Bauvorhabens.

☐   Die Auftragserteilung mit der nächsten Stufe steht im Ermessen des AG.

In jedem Fall ist der AN von der Pflicht zur Erbringung weiterer Leistungen entbunden, wenn diese nicht innerhalb eines Zeitraumes von 6 Monaten nach Abschluss der zuletzt erbrachten Leistungen beauftragt werden.

§ 3   Pflichten des AN

(1)   Der AN erbringt seine vertraglichen Leistungen nach den allgemein anerkannten Regeln der Baukunst und Bautechnik und den einschlägigen behördlichen Vorschriften.

(2)   Der AN ist grundsätzlich berechtigt, Leistungen durch Subplaner erbringen zu lassen. Diese sind im Verhältnis zum AG Erfüllungsgehilfen.

(3)   Der AN hat den AG rechtzeitig über den Einsatz von Fachingenieuren und Sonderfachleuten zu beraten sowie deren Leistungsumfang mit dem AG abzustimmen.

§ 4   Pflichten des AG

(1)   Der AG fördert die Planung und Durchführung der Aufgabe, insbesondere wird er alle anstehenden Fragen auf berechtigtes Verlangen des AN unverzüglich entscheiden. Er hat zudem das Ergebnis jeden Arbeitsschrittes im Sinne von § 2 des Vertrages auf Verlangen des AN schriftlich freizugeben.

(2)   Erbringt der AG die Leistungen nach Baustellenverordnung nicht selbst, so hat er hierfür einen Sonderfachmann/SiGeKo zu beauftragen. Wird der AN auch mit der Erbringung dieser Leistungen beauftragt, werden diese Leistungen gesondert vergütet.

(3)   Folgende Sonderfachleute für

☐   ....

☐   ....

☐   ....

werden nach Rücksprache mit dem AN vom AG beauftragt.

(4)   Der AG übergibt dem AN sämtliche das Bauvorhaben betreffende Rechnungen, soweit diese für die Vertragserfüllung und die Erstellung der Honorarrechnung benötigt werden.

(5)   Der AG nimmt die Leistungen der Unternehmer und der Fachunternehmer rechtsgeschäftlich ab.

(6)   Widerspricht der AG einem ihm übergebenen Leistungsergebnis (Plänen, Vergabeunterlagen oder sonstigen Unterlagen) des AN nicht binnen 12 Tagen, so bildet dieses die Grundlage und Zielvorstellung für die weiteren Planungen und Leistungen. Der AN hat den AG bei Übergabe der Leistungsergebnisse schriftlich darauf hinzuweisen.

(7)   Im Interesse eines reibungslosen Bauablaufs soll der AG Weisungen an die am Bau Beteiligten nur im Einvernehmen mit dem AN erteilen.

§ 5   Grundlage der Honorarermittlung

(1)   Bei der Maßnahme handelt es sich gem. § 11 HOAI um _____ Objekte. Für jedes Objekt ist das Honorar getrennt nach anrechenbaren Kosten, Honorarzone, Honorarsatz und erbrachten Leistungen zu berechnen. Objekte verschiedener Planungsleistungen sind stets getrennt abzurechnen.

(2)   Die in § 2 Abs. 1 vereinbarten Leistungen werden wie folgt vergütet: Soweit übertragbar, gilt dies auch für weitere vom Bauherrn verlangte oder erforderliche Leistungen im Sinne von § 2 Abs. 2 des Vertrages.

Teilerfolg § 2 Abs. 1	Arbeitsschritt:	Gem. § 55 HOAI	Beauftragte Leistungen	Leistungsprozente gem. § 55 HOAI
Ziff. 1.1	Grundlagenermittlung	Lph. 1		2%
	Vorplanung	Lph. 2		9%
Ziff. 1.2	Entwurfsplanung	Lph. 3		17%
	Genehmigungsplanung	Lph. 4		2%
Ziff. 1.3	Ausführungsplanung	Lph. 5		22%
Ziff. 1.4	Vorbereitung der Vergabe	Lph. 6		7%
	Mitwirkung bei Vergabe	Lph. 7		5%
Ziff. 1.5	Objektüberwachung	Lph. 8		35%
Ziff. 1.6	Objektbetreuung	Lph. 9		1%

(3)   Die anrechenbaren Kosten der Anlage einer Anlagengruppe werden gem. §§ 56, 4 HOAI unter Zugrundelegung der jeweiligen Kostenermittlung nach DIN 276 i. d. F. 2008 ermittelt.

  ☐ Der Wert der vorhandenen Bausubstanz wird gem. § 2 Abs. 7 i. V. m. § 4 Abs. 3 HOAI mit _____ Euro beziffert und bei den anrechenbaren Kosten berücksichtigt.

Alternativ:

  ☐ Die Parteien vereinbaren, dass vorhandene Bausubstanz angemessen bei den anrechenbaren Kosten gem. § 2 Abs. 7 i. V. m. § 4 Abs. 3 HOAI zu berücksichtigen ist. Der Umfang der Berücksichtigung wird nach Erstellung der Kostenberechnung zwischen den Vertragsparteien angemessen festgelegt. Sollte eine solche Vereinbarung nicht zustande kommen, ist die vorhandene Bausubstanz angemessen bei den anrechenbaren Kosten zu berücksichtigen (§ 4 Abs. 3 HOAI).

Zu den anrechenbaren Kosten zählen auch die Kosten der Baukonstruktionen oder Bausubstanz, die die technische Anlage umgeben (bspw. Aufzugsschacht, Rohreinbettungen etc.) oder deren Abmessung oder Konstruktion durch die Leistung der technischen Ausrüstung wesentlich beeinflusst wird. Diese Kosten werden mit den Neubaukosten bei den anrechenbaren Kosten berücksichtigt.

  ☐ Die anrechenbaren Kosten der Anlage einer Anlagengruppe werden gem. § 56 HOAI unter Zugrundelegung der jeweiligen Kostenermittlung nach DIN 276 i. d. F. 2008 für jede Anlage separat ermittelt, auch wenn mehrere Anlagen einer Anlagengruppe des § 53 HOAI unterschiedlichen Schwierigkeitsgrades beauftragt worden sind. § 56 Abs. 4 HOAI findet keine Anwendung[*1].

Alternativ zu (3):

  ☐ *Die anrechenbaren Kosten werden für die Leistungsphasen 1 bis 4 nach der Kostenberechnung, solange diese nicht vorliegt, nach der Kostenschätzung, und für die Leistungsphasen 5 bis 9 nach der Kostenfeststellung, solange diese nicht vorliegt, nach dem Kostenanschlag, ermittelt.[*2]*

[*4] Die Regelung des § 56 Abs. 4 HOAI ist recht kompliziert, weswegen vorliegend deren Abbedingen vorgeschlagen wird. Dies ist zulässig, solange hierdurch die Mindest- und Höchstsätze der HOAI nicht unter- oder überschritten werden.

[*2] Durch die Vereinbarung einer Abrechnung der erbrachten Leistungen für die Leistungsphasen 5 bis 9 nach der Kostenfeststellung, werden beim Planungshonorar auch Nachträge der Unternehmen berücksichtigt. In diesem Fall hat der Planer den Vorteil, dass er bei Änderungen des Leistungszieles oder sonstigen Verteuerungen des Bauvorhabens nicht jedes Mal eine Mehrvergütung verlangen muss.

(4)   Honorarzonen, Honorarsätze

	Zone	Satz[*1)]
Anlage 1 gem. §§ 5 Abs. 2, 53, 56 HOAI, Anlage 15 Nr. 15.2 zur HOAI		
Anlage 2 gem. §§ 5 Abs. 2, 53, 56 HOAI, Anlage 15 Nr. 15.2 zur HOAI		
Anlage 3 gem. §§ 5 Abs. 2, 53, 56 HOAI, Anlage 15 Nr. 15.2 zur HOAI		
Anlage 4 gem. §§ 5 Abs. 2, 53, 56 HOAI, Anlage 15 Nr. 15.2 zur HOAI		

(5)   Für Umbau und Modernisierung von Anlagen
nach §§ 6 Abs. 2, 56 Abs. 5 HOAI gilt: Der Zuschlag beträgt[*2)]   _____ %

(6)   Für Instandhaltung und Instandsetzung von Anlagen
nach § 12 HOAI gilt: Der Zuschlag beträgt[*3)]   _____ %

§ 6   Vergütung des AN

(1)   Das Honorar des AN bemisst sich nach den Bestimmungen der HOAI in der geltenden Fassung in Verbindung mit den Grundlagen der Honorarermittlung nach diesem Vertrag.

(2)   Nebenkosten werden gem. § 14 HOAI vergütet:

      ☐ auf Einzelnachweis, wobei
- Fahrtkosten mit   _____ Euro[*4)]
- Fotokopien A4 mit   _____ Euro[*5)]
- Fotokopien A3 mit   _____ Euro
- Sonstige Vervielfältigungen mit   _____ Euro
- _____.   _____ Euro

      vergütet werden[*6)].

      Alternativ:
      ☐ durch eine Nebenkostenpauschale
      in Höhe von[*7)]
      aus der Netto-Auftragssumme   _____ %

      Alternativ:
      ☐ durch eine Nebenkostenpauschale
      in Höhe von
      aus der Netto-Auftragssumme **für**   _____ %

[*1)] Der Honorarsatz bestimmt sich gem.§ 7 HOAI zwischen dem Mindestsatz und dem Höchstsatz (bspw. Mindestsatz, 20% oder Mittelsatz = mittig zwischen MIndest- und Höchstsatz.

[*2)] Bei Honorarzone II kann ein Zuschlag gem. § 56 Abs. 5 HOAI bis 50 % schriftlich vereinbart werden. Bei höheren Honorarzonen kann ein Zuschlag frei vereinbart werden. 0% ist kein Zuschlag, somit gelten nach HOAI 20% Zuschlag als vereinbart, ab durchschnittlichem Schwierigkeitsgrad.

[*3)] Gem. § 12 HOAI kann ein Zuschlag von bis zu 50%, aber nur für die Leistungsphase 8, vereinbart werden (vgl. Morlock/Meurer, HOAI in der Praxis, 9. Aufl. 2014, Werner Verlag).

[*4)] Üblicher Weise wohl 0,30 Euro pro Kilometer. Möglich ist aber auch die Heranziehung der ADAC-Tabelle, die höhere Werte ausweist (vgl. Morlock/Meurer aaO).

[*5)] DIN A4 wohl 0,20 Euro, DIN A3 0,40 Euro (vgl. Morlock/Meurer aaO).

[*6)] Weitere Einzelvereinbarungen sind möglich, bspw. für Übernachtungskosten oder Tagesgeldpauschalen etc.

[*7)] Je nach Auftrag sind Nebenkosten von 3 bis 10% angemessen (vgl. Morlock/Meurer aaO).

Vervielfältigungen von schriftlichen Unterlagen wie Leistungsverzeichnisse, Anfertigung von Filmen und Fotos oder Post und Fernmeldegebühren

sowie auf Einzelnachweis,[*1)]
– Kosten für Reisen
– Kilometerpauschale in Höhe von 0,30 Euro pro gefahrenen Kilometer
– Kosten für Vervielfältigungen von Zeichnungen
– _____
– _____

(3) ☐ Für die Objektüberwachung wird dem AN auf Kosten des AG auf der Baustelle ein Bauleitungsbüro zur Verfügung gestellt.

(4) **Werden Besondere Leistungen** gem. § 3 Abs. 3 HOAI beauftragt, sind diese wie folgt zu vergüten:
– _____   _____ Euro
– _____   _____ Euro
– _____   _____ Euro

Ist für beauftragte Besondere Leistungen keine Pauschalvergütung vereinbart worden, wird die Mehrleistung des AN nach folgenden Stundensätzen abgerechnet:

Für den Auftragnehmer pro Std.[*2)]   _____ Euro
Für Mitarbeiter die technische oder wirtschaftliche
Aufgaben erfüllen[*3)]   _____ Euro
Für technische Zeichner und sonstige Mitarbeiter mit
vergleichbarer Qualifikation pro Std.[*4)]   _____ Euro
Zum Nachweis der gearbeiteten Arbeitsstunden hat der AN dem AG den Mitarbeiter, die Tätigkeit, die Dauer der Tätigkeit und den Tag anzugeben.

☐ Für Kostenunterschreitungen, die unter Ausschöpfung technisch-wirtschaftlicher oder umweltverträglicher Lösungsmöglichkeiten zu einer wesentlichen Kostensenkung (d.h. mind. 10% unter Kostenberechnung Kostengruppen 400 DIN 276 i.d.F. 2008) ohne Verminderung des vertraglich festgelegten Standards führen, wird ein Erfolgshonorar in Höhe eines Honorarzuschlages von _____ % (max. 20%) vereinbart.

(5) Die **zusätzlich beauftragten Leistungen** werden wie folgt vergütet:
– _____
   ☐ pauschal mit   _____ Euro
   ☐ oder auf Stundenbasis entsprechend § 6 Abs. 4 dieses Vertrages.

– _____
   ☐ pauschal mit   _____ Euro
   ☐ oder auf Stundenbasis entsprechend § 6 Abs. 4 dieses Vertrages.

– _____
   ☐ pauschal mit   _____ Euro
   ☐ oder auf Stundenbasis entsprechend § 6 Abs. 4 dieses Vertrages.

(6) Bei Erweiterungen des Auftragsumfanges werden – vorbehaltlich anderer Regelungen – die Kostenermittlungen um die gestiegenen Kosten fortgeschrieben und diese für die Ermittlung der anrechenbaren Kosten zu Grunde gelegt. Soweit durch die Auftragserweiterung ein darüber hinausgehender Änderungsaufwand der bereits erbrachten Planungsleistung anfällt, wird dieser gesondert vergütet.

[*1)] Die Aufzählung ist nur beispielhaft und soll nach Bedarf ergänzt werden.
[*2)] Nach Rift 75,00 Euro.
[*3)] Nach Rift 55,00 Euro.
[*4)] Nach Rift 43,00 Euro.

Alternativ zu Abs. 1 bis 6:
Die Vertragsparteien vereinbaren für die beauftragten und geschuldeten Leistungen des AN nach diesem Vertrag (insbesondere auf Basis des § 5 des Vertrages) ein Pauschalhonorar.
Dieses Pauschalhonorar verteilt sich auf die vereinbarten Teilleistungen im Sinne von Teilleistungspauschalen wie folgt (jeweils zzgl. der gesetzlichen Umsatzsteuer und Nebenkosten):

1. für Leistungen Teilleistungserfolg 1 _____ *Euro*

2. für Leistungen Teilleistungserfolg 2 _____ *Euro*

3. für Leistungen Teilleistungserfolg 3 _____ *Euro*

4. für Leistungen Teilleistungserfolg 4 _____ *Euro*

5. für Leistungen Teilleistungserfolg 5 _____ *Euro*

6. für Leistungen Teilleistungserfolg 6 _____ *Euro*

Pauschalhonorar gesamt

_____ *Euro*

in Worten:

_____ *Euro*

(zuzüglich der jeweiligen gesetzlichen Mehrwertsteuer)
Diesem Honoraransatz liegen anrechenbare Kosten in einer derzeit geschätzten Höhe von

_____ *Euro*

zugrunde.

Sollte sich im Zuge der weiteren Bauausführung herausstellen, dass mit der Realisierung des Bauvorhabens eine Erhöhung der tatsächlich entstehenden, anrechenbaren Kosten um mehr als 5%[*1)]verbunden ist, so erhöht sich auch das Pauschalhonorar entsprechend.

(7)   Alle **weiteren oder zusätzlichen Leistungen,** für die noch keine Vergütungsvereinbarung getroffen worden ist und die zur Erreichung des werkvertraglichen Zieles erforderlich oder vom Bauherrn verlangt werden, sind angemessen zu vergüten. Hierbei gilt, dass für diese Leistungen vor Leistungserbringung eine schriftliche Honorarvereinbarung auf Basis der Vorschriften der HOAI getroffen werden soll, sofern diese einschlägig ist.
Kommt zwischen den Parteien eine Honorarvereinbarung über diese Leistungen nicht zustande und werden die erbrachten Leistungen nicht über § 10 HOAI vergütet, kann der AN auch noch nach Durchführung dieser Leistungen eine Vergütung nach billigem Ermessen gem. §§ 316, 315 BGB verlangen, wenn die Leistungen durch den Bauherrn angeordnet werden.
Handelt es sich bei der weiteren Leistung um Änderungsleistungen oder Leistungen, die den Auftragsumfang ändern, mit der Folge von Änderungen der anrechenbaren Kosten, dann findet § 10 Abs. 1 und Abs. 2 HOAI Anwendung,
Insoweit gilt, dass die mangelfrei erbrachten Planungsleistungen durch den AG stets vollständig zu vergüten sind.
Änderungsleistungen auf Veranlassung des AG, die wiederholt zu erbringende Grundleistungen zur Folge haben und die keine oder nur geringe Auswirkungen auf die anrechenbaren Kosten haben, sind stets gem. § 10 Abs. 2 HOAI als wiederholt erbrachte Grundleistungen zu vergüten.
Grundleistungen die erneut oder erstmalig zu erbringen sind, weil sich der Auftragsumfang geändert hat, sind – neben der Vergütung von Änderungsleistungen – auf Basis der wiederholt oder erneut zu erbringenden Grundleistungen und auf Basis der geänderten anrechenbaren Kosten erneut zu vergüten (§ 10 Abs. 1 HOAI).
Sollte eine prozentuale Bewertung der wiederholt zu erbringenden Grundleistungen gem. § 10 HOAI nicht möglich sein, erfolgt die Vergütung dieser Leistungen nach Zeitaufwand zu den vereinbarten Stundensätzen.

[*1)]Auch höherer Prozentsatz möglich.

Ggf. steht dem AN ein Anspruch auf volle Vergütung abzüglich ersparter Aufwendungen (vgl. § 649 BGB) für beauftragte aber aufgrund der Änderung des Auftragsumfanges nicht erbrachte Leistungen zu. Insoweit gilt § 11 dieses Vertrages.

§ 7   Fälligkeit der Vergütung

(1)   **Abschlagszahlungen**
- ☐ Abschlagszahlungen haben in angemessenen zeitlichen Abständen für nachgewiesene Leistungen zu erfolgen (vgl. § 15 Abs. 2 HOAI).
- ☐ Abschlagszahlungen für erbrachte Leistungen sind wie folgt zu bezahlen:
    1. Nach Erreichung eines Arbeitsschrittes gem. § 2 Abs. 1 Ziff. 1.1–1.5 dieses Vertrages
    2. Nach Beginn der Ausführungsarbeiten
    3. Nach Abschluss der Maurerarbeiten
    4. Nach Abschluss sämtlicher Rohbauarbeiten
    5. Nach Abschluss der Installationsarbeiten
    6. Nach Abschluss des Innenausbaus

Der Ausgleich der entsprechenden Rechnungen (mit gesondert ausgewiesener Mehrwertsteuer) wird vom AG binnen 2 Wochen veranlasst.

(2)   Gegenüber den fälligen Forderungen des AN darf der AG nur mit unbestrittenen oder rechtskräftig festgestellten Gegenforderungen aufrechnen.

(3)   **Schlussrechnung:**
Das Gesamthonorar ist fällig, wenn die beauftragten Leistungen vertragsgemäß erbracht worden sind und eine Honorarschlussrechnung überreicht worden ist.
Nach Abschluss der Bauausführung und mit Erreichung des Teilerfolges gem. § 2 Abs. 1 Ziff. 1.5 kann der AN eine Schlussrechnung über die bis dahin erbrachten Leistungen stellen.

§ 8   Verlängerung der Planungs- und Bauzeit

(1)   Dauert die Planungszeit länger als ____ Monate oder dauert die Bauzeit länger als ____ Monate und sind die Umstände, durch die die Verlängerung verursacht wird, .., die nicht aus der Sphäre des AN herrühren, ..., wird für jede Verlängerungswoche folgendes Honorar vereinbart:

Verlängerung Planungszeit   _____ Euro/pro Woche
Verlängerung Bauzeit   _____ Euro/pro Woche

Die hier genannten Zeiträume sind keine Vertragsfristen, sondern stellen lediglich eine Kalkulationsgrundlage dar.

(2)   Unterlässt der AG vom AN geforderte erforderliche Mitwirkungshandlungen, so steht dem AN für die Dauer der Unterbrechung neben dem Aufwendungsersatz gem. §§ 642 ff. BGB auch ein Ersatz der verzögerungsbedingten Mehrkosten (Schadensersatz) zu.

§ 9   Haftung des AN und Abnahme

(1)   Für Schäden, die nicht Personenschäden sind, und die nicht auf grob fahrlässiges oder vorsätzliches Verhalten zurückzuführen sind, wird die Haftung der Höhe nach auf die vorliegend in § 10 vereinbarte Haftpflichtversicherungssumme begrenzt, soweit die Schäden nicht auf der Verletzung wesentlicher Vertragspflichten (Einhaltung der allgemein anerkannten Regeln der Technik, fachgerechtes Erstellen der dem AN in Auftrag gegebenen Planungsunterlagen und Mitwirkung bei der Kostenermittlung und Kostenkontrolle) beruhen.

(2)   Abs. 1 gilt auch in den Fällen, in denen die Haftung auf dem Verschulden derjenigen Personen beruht, derer sich der handelnde Partner zur Erfüllung seiner Leistungen bedient.

(3)   Die Verjährung der Ansprüche gegen den AN bestimmt sich nach den Vorschriften des Werkvertragsrechts und beginnt mit der Abnahme der Leistung. Der AN ist berechtigt nach Abschluss der Ausführung des Bauobjektes (vgl. § 2 Abs. 1 Ziff. 1.5) eine Abnahme der bis dahin erbrachten Leistungen zu verlangen.

(4)   Wird der AN wegen eines Schadens am Bauwerk auf Schadenersatz in Geld in Anspruch genommen, kann er vom AG verlangen, dass ihm die Beseitigung des Schadens übertragen wird. Wird der AN wegen eines Schadens in Anspruch genommen, den auch ein Dritter zu vertreten hat, kann er vom AG verlangen, dass der AG sich gemeinsam mit ihm außergerichtlich erst bei dem Dritten um die Durchsetzung seiner Ansprüche auf Nachbesserung und Gewährleistung bemüht.

§ 10   Haftpflichtversicherung

Zur Sicherstellung etwaiger Schadensersatzansprüche aus diesem Vertrag hat der AN eine Haftpflichtversicherung abzuschließen. Die Deckungssummen dieser Versicherungen müssen mindestens betragen:

a) Für Personenschäden: _____ Euro

b) Für sonstige Schäden: _____ Euro
   (Sach- und Vermögensschäden)

§ 11   Kündigung des Vertrages

(1)   Der AG kann den Vertrag jederzeit kündigen (vgl. § 649 BGB).

(2)   Wird aus einem wichtigen Grund gekündigt, den der AG zu vertreten hat, oder macht der AG von seinem ordentlichen Kündigungsrecht Gebrauch, erhält der AN die volle Vergütung für die bereits vertragsgemäß erbrachten Leistungen. Für beauftragte, aber noch nicht erbrachte Leistungen erhält der AN die volle Vergütung abzüglich dem, was er erspart, weil der Vertrag nicht zur Ausführung kommt und dessen, was er durch anderweitige Verwendung seiner Arbeitskraft erwirbt oder zu erwerben böswillig unterlässt. Die ersparten Aufwendungen und der anderweitige Erwerb werden insgesamt pauschal mit 40% der restlichen Vergütung für beauftragte aber nicht erbrachte Leistungen angesetzt. Behauptet eine Partei einen anderen Erwerb oder eine andere Höhe der ersparten Aufwendungen, so kommt obiger Satz 3 nicht zur Anwendung. Es gilt dann § 649 BGB.

(3)   Ein wichtiger Grund liegt insbesondere dann vor, wenn eine der Vertragsparteien eine vertragliche Verpflichtung trotz Abmahnung und Fristsetzung mit Kündigungsandrohung nicht erfüllt hat.

§ 12   Schutz des Ingenieurwerkes

(1)   Alle vom AN gefertigten Unterlagen einschließlich der EDV-Unterlagen dürfen nur für das in § 1 beschriebene Bauvorhaben verwendet werden.

(2)   Der AN ist berechtigt – auch nach Beendigung dieses Vertrages –, das Bauwerk oder die bauliche Anlage in Abstimmung mit dem AG zu betreten, um fotografische oder sonstige Aufnahmen zu fertigen. Dem AN steht das Recht zu, auf den Planunterlagen, am Bauwerk oder an baulichen Anlagen namentlich genannt zu werden.

(3)   Der AG ist zur Veröffentlichung des vom AN geplanten Bauwerks nur unter Namensangabe des AN berechtigt.

(4)   Änderungen des Bauwerks sind ohne Mitwirkung des AN unzulässig, es sei denn, die Mitwirkung des AN ist für den AG ausnahmsweise unzumutbar. Im Übrigen ist der AG verpflichtet, bei wesentlichen Änderungen des Bauwerks die vorherige schriftliche Zustimmung des AN zur Änderung einzuholen. Der AN darf die Zustimmung nicht verweigern, wenn die Änderungen aus wirtschaftlichen Gründen

notwendig oder aus technischen Gründen zwingend vorgeschrieben sind. Im Übrigen bleiben die Rechte des AN nach dem Urheberrechtsgesetz unberührt.

§ 13   Aufbewahrungspflichten

Der AN ist nicht verpflichtet, die Bauunterlagen länger als 10 Jahre nach Abnahme der Ingenieurleistungen aufzubewahren. Der AN ist verpflichtet, dem AG die Unterlagen vor ihrer Vernichtung anzubieten.

§ 14   Schlussbestimmungen

(1)   Änderungen und Ergänzungen dieses Vertrages bedürfen zu ihrer Wirksamkeit der Schriftform. Dies gilt auch für eine Änderung oder Ergänzung dieser Klausel.

(2)   Soweit in diesem Vertrag keine Bestimmungen getroffen sind, kommen die Bestimmungen der HOAI und die Vorschriften über den Werkvertrag (§§ 631 ff. BGB) ergänzend zur Anwendung.

(3)   Sollte eine Bestimmung dieses Vertrages ganz oder teilweise unwirksam oder undurchführbar sein oder werden, so wird dadurch die Gültigkeit der übrigen Bestimmungen dieses Vertrages nicht berührt. Das Gleiche gilt, wenn und soweit sich in diesem Vertrag eine Lücke herausstellen sollte.

(4)   Die mit ☐ gekennzeichneten Regelungen sind nur Vertragsbestandteil, wenn sie durch ein Kreuz im Kennzeichen bestätigt sind. Sind mehrere alternativ vorgesehene Regelungen angekreuzt, gilt nur die erste gekennzeichnete Bestimmung.

(5)   Soweit nach Abschluss dieser Vereinbarung eine neue HOAI in Kraft treten sollen, kann der AN vom AG verlangen, dass alle oder Teile der noch zu erbringenden Leistungen nach den Vorschriften der neuen HOAI abgerechnet werden.

(6)   Es gilt deutsches Recht. Gerichtstand ist in Deutschland. Soweit möglich wird zudem der Gerichtsstand des Büros des Auftragnehmers als ausschließlicher Gerichtsstand vereinbart.

§ 15   Sonstige Vereinbarung

....

....

....

....

....
Ort, Datum

Für den AN   **Für den AG**

....
Unterschrift   Unterschrift

V. SIEMON-Tabellen als Bewertungshilfe
Bewertungstabellen nach § 8 Abs. 2 HOAI 2013

1. Einführung

Übersicht

1. Grundlagen

Die HOAI gilt zu Recht als Preisrechtsverordnung, die keine Leistungsinhalte von Ar- **1** chitekten- und Ingenieurleistungen regelt, sondern das Honorar für die als Grundleistungen bezeichneten Honorartatbestände. Der Begriff Honorartatbestände entspricht im Sprachgebrauch der Planungspraxis dem der Grundleistungen aus der HOAI. Die HOAI als Preisrechtsverordnung enthält für die Grundleistungen als kleinste rechnerische Einheit der preisrechtlichen Regelungen die jeweiligen Leistungsphasen in den entsprechenden Leistungsbildern.

Diese rechnerischen Einheiten (Leistungsphasen) sind als Prozentsätze vom Gesamthono- **2** rar nach den sog. Honorartafelwerten je Leistungsbild angegeben. Werden die Grundleistungen der Leistungsphasen 1 bis 9 beauftragt, entspricht das 100 % der interpolierten Honorartafelwerte. Wird lediglich die Leistungsphase 8 beauftragt, fallen im Leistungsbild Gebäude 32 % des vorgenannten Honorars an. Diese Prozentsätze je Leistungsphase sind somit bei der Beauftragung mit allen Grundleistungen einer Leistungsphase nach § 8 Abs. 1 HOAI 2013 heranzuziehen. Dabei ist aus fachtechnischer Sicht zugrunde zu legen, dass die Leistungen in den jeweiligen Leistungsphasen aufeinander aufbauen und die Planungsvertiefung schrittweise erfolgt.

Davon unterscheiden sich die in der Praxis ebenfalls anfallenden Konstellationen, in de- **3** nen nicht alle Grundleistungen einer Leistungsphase vereinbart werden. Dieser Fall kann zum Beispiel auftreten, wenn ein Wohngebäude angebaut wird und die Vertragsparteien beim Vertragsabschluss vereinbaren, auf den Vergabeterminplan und die bepreisten Leistungsverzeichnisse, in Leistungsphase 6 des Leistungsbildes Gebäude sowie auf die bepreisten Leistungsverzeichnisse im Leistungsbild Technische Ausrüstung (ebenfalls in Leistungsphase 6) einvernehmlich verzichten. In diesen Konstellationen greift die Regelung des § 8 Abs. 2 HOAI, wonach nur ein Honorar vereinbart werden darf, das dem Anteil der übertragenen Grundleistungen an der gesamten Leistungsphase entspricht.

Die Honoraranteile, die auf die einzelnen Grundleistungen einer Leistungsphase entfal- **4** len, sind in der HOAI der Höhe nach nicht geregelt. Dem Grunde nach ist für diese Konstellation jedoch in § 8 Abs. 2 HOAI 2013 eine Regelung getroffen.

Damit ist klargestellt, dass die Beauftragung von einzelnen Grundleistungen, bei verhält- **5** nisgerecht geregeltem Honorar HOAI-konform ist.

Die Rechtsprechung hat diesen Fall ebenfalls bereits, jedoch für eine andere Konstella- **6** tion entschieden. Werden beauftragte Grundleistungen nicht erbracht, kann danach das vereinbarte Honorar unter gewährleistungsrechtlichen Gesichtspunkten um den Honoraranteil gemindert werden, der auf die nicht erbrachte Grundleistung entfällt.[1]

---

[1] BGH, Urteil vom 11.11.2004 – VII ZR 128/03 –; BGH, Urteil vom 24.6.2004 – VII ZR 259/02 –.

7   Die oben genannten Konstellationen sind bei der Vertragsgestaltung und Vertragsabwicklung nicht selten. Je nach Einzelfall können sich unterschiedliche Auswirkungen ergeben. Die HOAI kann die in der Praxis auftretenden sehr unterschiedlichen Fallkonstellationen bereits aus praktischen Gründen nicht einheitlich preisrechtlich regeln. Denn die
Vielfalt der Projektorganisationsformen und der einzelfallbezogenen fachtechnischen Anforderungen ist sehr hoch, mit der Folge, dass preisrechtliche Regelungen für einzelne
Grundleistungen keinen Sinn machen würden.

8   Im Ergebnis erscheint es deshalb plausibel, dass die jeweilige Leistungsphase die kleinste
rechnerische Einheit der preisrechtlichen Regelungen bildet und die weiteren Aufgliederungen allenfalls anhand von Anhaltswerten verhältnisgerecht vorzunehmen sind.

9   Der BGH hat dazu entschieden, dass die in der Praxis entwickelten Anhaltswerte (erfasst
in sogenannte Bewertungstabellen) für Grundleistungen in bestimmten Anwendungsfällen
(z. B. wenn die einzelnen Grundleistungen als zu erbringende Arbeitsschritte vereinbart
sind) geeignete Grundlagen für die Bewertung von Leistungen darstellen können.[2]

10   Aufgrund der oben erwähnten Vielfalt der unterschiedlichen Fälle ist es fachgerecht und
plausibel die Anhaltswerte mit einer angemessenen Bandbreite auszustatten. Diese Bandbreite wird durch von-bis-Werte ausgedrückt.

11   In der Phase der Novellierung der HOAI 2013 ergab sich außerdem die Frage nach einem speziellen Leistungsbild für das Bauen im Bestand mit in Einzelheiten abweichenden
einzelnen Grundleistungen innerhalb einer Leistungsphase und abweichenden Prozentsätzen für Leistungsphasen. An diesem Beispiel zeigt sich ebenfalls, dass eine Bewertung von
einzelnen Grundleistungen unterhalb der Ebene der Leistungsphasen durchaus angezeigt
sein kann.

Hinzu kommt, dass bei Bauen im Bestand die fachtechnische Intensität – z.B. Gewichtung einzelner Grundleistungen innerhalb einer Leistungsphase – durchaus signifikante
Unterschiede zu Neubauten aufweisen können. Auch hier zeigt sich, dass eine preisrechtliche Regelung einzelner Grundleistungen aus baufachlichen Erwägungen nicht sinnvoll ist
und eine einzelfallbezogene verhältnisgerechte Bewertung im Fall der Anwendung von § 8
Abs. 2 HOAI sinnvoller erscheint, was ebenfalls für von-bis-Werte spricht.

2. Regelungen in der HOAI

12   Die HOAI 2013 regelt verschiedene preisrechtliche Sachverhalte, in denen die einzelnen
Grundleistungen einer Leistungsphase für sich betrachtet werden müssen, um der Praxis
des Tagesgeschäfts und dem Verordnungstext gleichermaßen zu entsprechen.

13   Der erste Fall ist der bereits oben erwähnte Fall, in dem nicht alle Leistungen einer Leistungsphase bei Auftragserteilung übertragen werden (§ 8 Abs. 2). Der zweite Fall ist der,
der die Honorierung von Planungsänderungen als wiederholte Grundleistungen regelt
(§ 10 Abs. 2). Denn bei der Wiederholung von einzelnen Grundleistungen infolge einer
Planungsänderung kommt es nicht selten vor, dass die wiederholten Grundleistungen nur
einen Anteil an der jeweiligen Leistungsphase ausmachen. So kann bei einer Planungsänderung von Balkonen an einem Mehrfamilienhaus, die die Leistungsphasen 2 und 3 betrifft,
die Wiederholung der Leistungsphase 2 mit Ausnahme einer erneuten Kostenschätzung
vereinbart werden, wenn im Zuge der Planungsänderung die Kostenberechnung in der
Leistungsphase 2 änderungsbedingt ohnehin neu aufgestellt wird.

3. Anwendungsfälle aus der Planungs- und Überwachungspraxis

14   Die oben genannten Regelungen im Verordnungstext gelten für eine Reihe von sehr unterschiedlichen Anwendungsfällen. Nachstehend sind einige wichtige Beispiele aus der Pla-
nungs- und Bauüberwachungspraxis zur Anwendung der Bewertungstabellen aufgeführt:

15   – Honorarvereinbarung unter Berücksichtigung von anteilig bereits vergüteten Grundleistungen einer oder mehrerer Leistungsphasen nach einem vorangegangenen Architektenwettbewerb;

---

[2] BGH, Urteil vom 16.12.2004 – VII ZR 174/03 –.

– Honorarvereinbarung für Leistungen zur Erstellung von Förderanträgen bei öffentlichen 16
Projekten (z.B. Teile der Vor- oder Entwurfsplanung), bei denen später nach Bewilligung
von Fördermitteln ein offenes VOF-Verfahren erfolgt;

– Abrechnung von Planungsänderungen als wiederholte Grundleistungen nach § 10 Abs. 2 17
HOAI, bei denen im Wiederholungsfall nicht alle Grundleistungen von betroffenen
Leistungsphasen anfallen;

– HOAI-konforme Abgrenzung bei einer fachtechnischen „Gemengelage" von preisrecht- 18
lich geregelten einzelnen Grundleistungen und preisrechtlich nicht geregelten Leistungen
in einem einheitlichen Vertrag, z.B. bei einer Machbarkeitsstudie, die Grundleistungen
und Besondere Leistungen gleichermaßen enthält;

– Pauschalhonorar- oder sonstige Honorarvereinbarungen für ausgewählte beauftragte 19
Grundleistungen einer oder mehrerer Leistungsphasen mit Herausnahme einzelner
Grundleistungen;

– Beauftragung von projektspezifischen Besonderen Leistungen anstelle von einzelnen 20
Grundleistungen (z.B. Ersatz der Grundleistungen h) und i) in Leistungsphase 8 bei Gebäuden durch individuelle formulierte Besondere Leistungen);

– Honorarabschlagsrechnungen bei großen Projekten nach Leistungsstand mit Leistungsan- 21
gabe gem. § 15 Abs. 2 HOAI 2013;

– Vorkalkulation von Honoraren bei beabsichtigten Planungsänderungen zum Zweck einer 22
Pauschalhonorarvereinbarung für die Änderungsleistungen zwischen Mindest- und
Höchstsatz, bei Auftragserteilung von Änderungen und der „Einigung" im Sinne von
§ 10 HOAI 2013,

– Minderung des Honorars um den nicht erbrachten Honoraranteil, bei Vorliegen der da- 23
für notwendigen rechtlichen Voraussetzungen

– Vorzeitige Vertragbeendigung durch Kündigung oder Vertragaufhebung mit bis zur Kün- 24
digung oder Vertragsaufhebung erbrachter Teilleistungen einer oder mehrerer Leistungsphasen

– Auftrag an Folgeplaner, der auf den teilweise erbrachten Grundleistungen einer oder 25
mehrerer Leistungsphasen eines Dritten anschließen muss (z.B. im Falle einer vorzeitigen
Vertragsbeendigung);

– Wiederholung von Grundleistungen einzelner Leistungsphasen im Zusammenhang mit 26
dem Gewährleistungsrecht (Selbst- bzw. Ersatzvornahme);

– Bestimmung der Kosten einer notwendigen Sanierungsplanung (bestehend aus einzelnen 27
Grundleistungen verschiedener Leistungsphasen) zur Beseitigung von Planungs- oder
Ausführungsmängeln;

– Kalkulatorische Bewertung und Abgrenzung der Mehraufwendungen aus Bauzeitverzö- 28
gerungen (in Leistungsphase 8) zum Zweck der Erzielung einer angemessenen einvernehmlichen Honorarvereinbarung für den Verzögerungszeitraum auf der Grundlage
eines kalkulatorischen Modells.

Bei diesen beispielhaft oben aufgeführten Sachverhalten sind Bewertungen der einzelnen 29
Grundleistungen je Leistungsphase aus fachtechnischen Gründen und nach § 8 Abs. 2
HOAI erforderlich. Grundsätzlich wird vorgeschlagen, die Bewertungen in zwei Arbeitsschritten durchzuführen. Der erste Arbeitsschritt kann darin bestehen, eine objektbezogene
konkrete Grobbewertung der Grundleistungen auf Basis der Prozentwerte gem. den Orientierungswerttabellen durchzuführen. Der zweite Arbeitsschritt kann darin bestehen, die
projektspezifischen Einzelheiten bzw. Projektbedingungen angemessen zu berücksichtigen,
um im Ergebnis so die einzelfallbezogene Bewertung zu erreichen. So kann beispielsweise
der Anteil der Grundleistung Kostenschätzung an der gesamten Leistungsphase 2 bei einem
komplexem Altbau mit vielschichtigen Eingriffen in die vorhandene Bausubstanz höher
sein als bei einem Neubau.

Gelegentlich werden mit der Teilbeauftragung jedoch unreflektierte Honorarreduzie- 30
rungen beabsichtigt. Dabei besteht die Gefahr dass die fachtechnische Risikoverlagerung als
Folge der Herausnahme einzelner Grundleistungen erheblich schwerwiegender ist, als die
Reduzierung von Honorar, die sich in dieser Folge nicht als Einsparung manifestiert. Im
Ergebnis sollten bei dem Weglassen von Grundleistungen allenfalls solche Grundleistungen

in Betracht gezogen werden, die fachtechnisch ohne Weiteres weggelassen werden kön-nen[3].

31   Das kann z. B. der Fall sein, wenn ein Auftraggeber bei einem kleinen Projekt mit gerin-ger Komplexität (z. B. Anbau eines Wintergartens) ausdrücklich auf eine Kostenschätzung in der Leistungsphase 2 oder auf bepreiste Leistungsverzeichnisse in der Leistungsphase 6 verzichtet, weil bei sehr engen Terminabläufen des Projektes und nur sehr wenigen Aus-führungsgewerken dies keinen Sinn macht. Die Kostenberechnung wäre in diesem Beispiel gemäß Terminplan für die Planung ca. 3 Wochen nach der Kostenschätzung zu erstellen. Die bepreisten Leistungsverzeichnisse können allenfalls 2 Wochen vor Angebotseinholung vorgelegt werden mit der Folge, dass dann eher die eingehenden geprüften Angebote Sinn machen, insbesondere bei kleinen privaten Projekten.

32   In diesem Fall könnte ein Kostenrahmen als Projektstart, anschließend die Kostenbe-rechnung und danach die Angebote der ausführenden Unternehmen eine Basis für die zu treffenden Entscheidungen sein. Bei nicht besonders engem Terminplan kann bei dem hier genannten sehr kleinen Projekt z. B. die Kostenschätzung wieder ein wesentliches Element der Kostensteuerung sein. Bei üblichen Projekten mit ausreichenden Terminverläufen ist die Kostenschätzung selbstverständlich unverzichtbar.

4. Koordinierungs- und Einarbeitungsaufwand

33   Nach § 8 Abs. 3 HOAI 2013 ist die gesonderte Vergütung eines zusätzlichen koordinie-rungs- und Einarbeitungsaufwands schriftlich zu vereinbaren, z. B. wenn nicht alle Grund-leistungen einer Leistungsphase beauftragt werden. Diese Regelung trägt dem Umstand Rechnung, wonach die Leistungsphase die kleinste rechnerische Einheit der Preisrechtsre-gelungen ist und eine weitergehende Splittung erhöhten Schnittstellenkoordinierungsbe-darf auslöst. Danach gilt, dass in Fällen, wenn von der Regelung des Abs. 2 Gebrauch ge-macht wird, der entsprechende Zuschlag schriftlich zu vereinbaren ist.

34   Die Schriftlichkeit war nach HOAI 2009 nicht erforderlich. Der Zeitpunkt der schriftli-chen Vereinbarung ist in der HOAI 2013 nicht geregelt, so dass es darauf nicht ankommt.

35   Mit dieser Regelung wird im Ergebnis einerseits die anteilige Beauftragung von Leis-tungsphasen in § 8 Abs. 2 HOAI 2013 geregelt und andererseits (als Ausgleich für eine evtl. Splittung der Leistungsphaseninhalte auf 2 Beteiligte) ein Ausgleich nach Abs. 3 be-rücksichtigt.

36   Der zusätzliche Einarbeitungsaufwand kann sich darin begründen, dass die von Dritten erbrachten Grundleistungen einer Leistungsphase (z. B. im Fall einer Vertragskündigung) einem Integrationsprozess durch den Planer unterworfen werden müssen, der von den so neu entstandenen Schnittstellen zusätzlich betroffen ist. Der zusätzliche Koordinationsauf-wand kann sich in einer zusätzlichen Schnittstelle von Planungsbeteiligten und in dem ebenfalls speziellen Koordinationsaufwand begründen. Werden Grundleistungen nicht be-auftragt, weil sie nicht erforderlich sind, können ebenfalls entsprechende Aufwendungen an den so entstehenden Schnittstellen entstehen.

37   Dieser kalkulatorische Ausgleich in Bezug auf den Koordinierungs- und Einarbeitungs-aufwand ist der Höhe nach nicht geregelt. Dem ist zuzustimmen, weil einzelfallbezogen jeweils sehr unterschiedliche Situationen vorliegen können.

38   Die Vertragsparteien sollten sich daher im Zuge der Vertragsverhandlungen (falls die He-rausnahme einzelner Grundleistungen z. B. bei kleinen Projekten beabsichtigt ist) einheit-lich auf die Herausnahme von Grundleistungen und den Einarbeitungs- und Koordinie-rungsaufwand einigen und dies schriftlich regeln.

5. Hinweise zu den Bewertungstabellen mit Orientierungswerten

a) Grundsätzliches

39   Die Orientierungswerte zur Bewertung einzelner Grundleistungen bilden naturgemäß nicht alle objektspezifischen fachtechnischen Einzelheiten ab, die bei unterschiedlichen

---

[3] Kommentar zur HOAI 2013, 2. Aufl. Univ. Prof. H. Lechner Dipl. Ing. D. Stifter, Seite 241.

Projekten mit verschiedenen Projektbeteiligten sowie jeweils anderen fachtechnischen Erfordernissen anfallen. Die Vielfalt der jeweiligen Planungs- und Überwachungsanforderungen ist sehr groß, so dass aus den vorgenannten Gründen bei fachtechnischer Ausrichtung nur Orientierungswerte genannt werden können, auf deren Grundlage eine konkrete Bewertung erfolgen kann. Einzelfallbezogene Umstände können auch andere Werte ergeben (z. B. Erstellung einer Kostenberechnung bei mehrseitig gewölbten leichten Flächentragwerken).

Die nachstehenden Orientierungswerttabellen enthalten aus diesen Gründen sog. Von – **40** Bis – Werte. Diese Von – Bis – Werte stellen, wie oben erwähnt, jedoch keine oberen oder unteren festen Grenzwerte dar, sondern sind auch in dieser Form als Orientierungswerte zu verstehen. Die Spreizung der Orientierungswerte stellt den eingeschätzten Schwankungsbereich des Regelfalls dar, der sich aber im Ergebnis aller Bewertungen immer im preisrechtlich zulässigen Bereich bewegen muss.

Es entspricht nicht der HOAI, wenn von den jeweiligen Orientierungswerten nur die unteren Werte addiert und dann – im Ergebnis als Mindestsatzunterschreitung – vereinbart werden. Eine solche Auslegung der Orientierungswerte entspricht nicht dem vorgesehenen Zweck und ist daher abzulehnen.

Mit der HOAI 2013 werden die Prozentsätze des Gesamthonorars, das auf die Leis- **41** tungsphasen entfällt, in allen Leistungsbildern neu gewichtet. Dabei erfolgten einige Neugewichtungen ohne gleichzeitige Veränderung bei den Grundleistungen (siehe Leistungsbild Gebäude, Leistungsphase 4). Bei der Bewertung der einzelnen Grundleistungen für die Anhaltswerte müssen jedoch die Prozentsätze aus der HOAI 2013 zu Grunde gelegt werden. Insofern erfolgte auch bei den Bewertungen der einzelnen Grundleistungen eine aktualisierte Neuausrichtung.

Schließlich ist darauf hinzuweisen, dass bei den zum Teil neuen Grundleistungen „… Fortschreiben …" der Terminpläne in Lph 8 und dem „… Prüfen und Werten der Angebote zusätzlicher und geänderte Leistungen der ausführenden Unternehmer …" aus Lph 7 (bei Gebäuden und Innenräumen, Freianlagen und der Technischen Ausrüstung, dort auch in Lph 8) das inhaltliche Verständnis der Leistung zu Grunde gelegt wurde, das in dem HOAI-Gutachten der ARGE HOAI – GWT-TUD/BÖRGERS/Kalusche/Siemon zum Ausdruck gebracht wurde.[4]

b) Hinweise zur Höhe der Orientierungswerte bzw. Zusammenfassung

Honorartbestände, deren Bewertung in den Tabellen mit 0,0 beginnt, sind bei be- **42** stimmten Projekten auch im „Allgemeinen" als Grundleistung im Sinne von § 3 Abs. 2 Satz 1 HOAI 2013 in einigen Fällen grundsätzlich nicht erforderlich.

Bestimmte einzeln in den Leistungsbildern erfasste Grundleistungen sind für sich ge- **43** nommen fachtechnisch und auch kalkulatorisch in der Planungs- oder Überwachungspraxis nicht einzeln zu bearbeiten bzw. abzuwickeln und daher bei den Orientierungswerten nicht einzeln für sich zu betrachten. In diesem Fällen wurde eine kalkulatorische Zusammenfassung angesetzt. Darüber hinaus sind verschiedene Honorartbestände fachlich nicht sinnvoll voneinander trennbar, da die fachtechnische Vernetzung und die inhaltlichen Zusammenhänge zu eng sind, um eine rechnerisch getrennte Bewertung vorzunehmen, so dass an diesen Stellen ebenfalls eine kalkulatorische Zusammenführung vorgenommen wurde.

Schließlich haben sich durch die fortschreitende EDV-Entwicklung sog. fachliche Ver- **44** schmelzungseffekte ergeben, so dass auch diesbezüglich eine Zusammenfassung an verschiedenen Stellen durchgeführt wurde. Hinzu kommen einzelne Doppelungen[5] innerhalb eines Leistungsbildes, die der Verordnungsgeber offenbar übersehen hatte, die berücksichtigt wurden.

---

[4] HOAI-Gutachten der ARGE HOAI – GWT-TUD/BÖRGERS/Kalusche/Siemon für das Bundeswirtschaftsministerium, Anlagenband 1 Anlage 4.6 und 4.8 m. w. N.

[5] Z. B. preisrechtl. Regelung zu Nachtragsprüfungen in den beiden Leistungsphasen 7 und 8 beim Leistungsbild Technische Ausrüstung.

6. Zusammenfassung

45   Die Orientierungswerte dienen als Anhaltspunkt und fachliche Empfehlung in der Breite. Einzelfallbezogene objektivierende Bewertungen bzw. Beurteilungen zur Höhe der
angemessenen anteiligen Honorare erfordern eine jeweilige einzelfallbezogene Bearbeitung
bzw. Bewertung einschließlich fachtechnischer Erläuterung. Dafür ist entsprechende ingenieurtechnische, architektonische und spezielle baufachliche Sachkenntnis erforderlich. Aus
diesem Grunde sind die Anhaltswerte als Von-Bis-Werte angegeben.

46   Bei der endgültigen objektbezogenen Bewertung von einzelnen Grundleistungen einer
Leistungsphase sind die jeweiligen Leistungen und der Aufwand im Einzelfall angemessen
ins Verhältnis zu setzen. Die Tabellen sind für die oben genannten Zwecke als fachtechnische Hilfe vorgesehen und Basis einer entsprechenden vertraglichen Vereinbarung zur Bewertung der beauftragten Grundleistungen sein.[6]

---

[6] Auch um Streitigkeiten bei der Vertragsabwicklung in den oben bei Ziff. 3 genannten Fällen zu
vermeiden bzw. zu minimieren.

2. Anhaltswerte für das Leistungsbild Gebäude

Leistungsphase 1	Von	Bis	
a) Klären der Aufgabenstellung auf Grundlage der Vorgaben oder der Bedarfsplanung des Auftraggebers	0,75%	1,00%	
b) Ortsbesichtigung			in a) enth.
c) Beraten zum gesamten Leistungs- und Untersuchungsbedarf	0,75%	1,00%	
d) Formulieren der Entscheidungshilfen für die Auswahl anderer an der Planung fachlich Beteiligter			in c) enth.
e) Zusammenfassen, Erläutern und Dokumentieren der Ergebnisse	0,10%	0,50%	
Gesamt 2%			

Leistungsphase 2	Von	Bis	
a) Analysieren der Grundlagen, Abstimmen der Leistungen mit den fachlich an der Planung Beteiligten	0,25%	0,50%	
b) Abstimmen der Zielvorstellungen, Hinweisen auf Zielkonflikte			in a) enth.
c) Erarbeiten der Vorplanung, Untersuchen, Darstellen und Bewerten von Varianten nach gleichen Anforderungen, Zeichnungen im Maßstab nach Art und Größe des Objekts	3,00%	3,50%	
d) Klären und Erläutern der wesentlichen Zusammenhänge, Vorgaben und Bedingungen (z.B. städtebauliche, gestalterische, funktionale, technische, wirtschaftliche, ökologische, bauphysikalische, energiewirtschaftliche, soziale, öffentlich-rechtliche)	1,00%	2,00%	
e) Bereitstellen der Arbeitsergebnisse als Grundlage für die anderen an der Planung fachlich Beteiligten sowie Koordination und Integration von deren Leistungen			in d) enth.
f) Vorverhandlungen über die Genehmigungsfähigkeit	0,10%	0,50%	
g) Kostenschätzung nach DIN 276, Vergleich mit den finanziellen Rahmenbedingungen	0,75%	1,50%	
h) Erstellen eines Terminplans mit den wesentlichen Vorgängen des Planungs- und Bauablaufs	0,10%	0,50%	
i) Zusammenfassen, Erläutern und Dokumentieren der Ergebnisse	0,10%	0,50%	
Gesamt 7%			

Leistungsphase 3	Von	Bis
a) Erarbeiten der Entwurfsplanung, unter weiterer Berücksichtigung der wesentlichen Zusammenhänge, Vorgaben und Bedingungen (z.B. städtebauliche, gestalterische, funktionale, technische, wirtschaftliche, ökologische, soziale, öffentlich-rechtliche) auf Grundlage der Vorplanung und als Grundlage für die weiteren Leistungsphasen und die erforderlichen öffentlich-rechtlichen Genehmigungen unter Verwendung der Beiträge anderer an der Planung fachlich Beteiligter. Zeichnungen nach Art und Größe des Objekts im erforderlichen Umfang und De-		

Leistungsphase 3	Von	Bis
taillierungsgrad unter Berücksichtigung aller fachspezifischen Anforderungen, z. B. bei Gebäuden im Maßstab 1:100, z. B. bei Innenräumen im Maßstab 1:50 bis 1:20	10,00%	12,00%
b) Bereitstellen der Arbeitsergebnisse als Grundlage für die anderen an der Planung fachlich Beteiligten sowie Koordination und Integration von deren Leistungen	0,50%	1,50%
c) Objektbeschreibung	0,25%	0,75%
d) Verhandlungen über die Genehmigungsfähigkeit	0,50%	1,00%
e) Kostenberechnung nach DIN 276 und Vergleich mit der Kostenschätzung	1,00%	2,00%
f) Fortschreiben des Terminplans	0,25%	0,50%
g) Zusammenfassen, Erläutern und Dokumentieren der Ergebnisse	0,25%	0,50%
Gesamt 15%		

Leistungsphase 4		
a) Erarbeiten und Zusammenstellen der Vorlagen und Nachweise für öffentlich-rechtliche Genehmigungen oder Zustimmungen einschließlich der Anträge auf Ausnahmen und Befreiungen, sowie notwendiger Verhandlungen mit Behörden unter Verwendung der Beiträge anderer an der Planung fachlich Beteiligter	3,00%	3,00%
b) Einreichen der Vorlagen		in a) enth.
c) Ergänzen und Anpassen der Planungsunterlagen, Beschreibungen und Berechnungen		in a) enth.
Gesamt 3%		

Leistungsphase 5	Von	Bis
a) Erarbeiten der Ausführungsplanung mit allen für die Ausführung notwendigen Einzelangaben (zeichnerisch und textlich) auf Grundlage der Entwurfs- und Genehmigungsplanung bis zur ausführungsreifen Lösung, als Grundlage für die weiteren Leistungsphasen	10,00%	13,00%
b) Ausführungs-, Detail- und Konstruktionszeichnungen nach Art und Größe des Objekts im erforderlichen Umfang und Detaillierungsgrad unter Berücksichtigung aller fachspezifischen Anforderungen, z. B. bei Gebäuden im Maßstab 1:50 bis 1:1, z. B. bei Innenräumen im Maßstab 1:20 bis 1:1	10,00%	13,00%
c) Bereitstellen der Arbeitsergebnisse als Grundlage für die anderen an der Planung fachlich Beteiligten, sowie Koordination und Integration von deren Leistungen		in a) + b) enth.
d) Fortschreiben des Terminplans	0,25%	0,75%
e) Fortschreiben der Ausführungsplanung aufgrund der gewerkeorientierten Bearbeitung während der Objektausführung	0,50%	1,00%
f) Überprüfen erforderlicher Montagepläne der vom Objektplaner geplanten Baukonstruktionen und baukonstruktiven Einbauten auf Übereinstimmung mit der Ausführungsplanung		in a) + b) enth.
Gesamt 25%		

Leistungsphase 6	Von	Bis
a) Aufstellen eines Vergabeterminplans	0,00%	0,25%
b) Aufstellen von Leistungsbeschreibungen mit Leistungsverzeichnissen nach Leistungsbereichen, Ermitteln und Zusammenstellen von Mengen auf Grundlage der Ausführungsplanung unter Verwendung der Beiträge anderer an der Planung fachlich Beteiligter	8,00%	9,00%
c) Abstimmen und Koordinieren der Schnittstellen zu den Leistungsbeschreibungen der an der Planung fachlich Beteiligten		in b) enth.
d) Ermitteln der Kosten auf Grundlage vom Planer bepreister Leistungsverzeichnisse	1,00%	2,00%
e) Kostenkontrolle durch Vergleich der vom Planer bepreisten Leistungsverzeichnisse mit der Kostenberechnung		in d) enth.
f) Zusammenstellen der Vergabeunterlagen für alle Leistungsbereiche		in b) enth.
Gesamt 10%		

Leistungsphase 7	Von	Bis
a) Koordinieren der Vergaben der Fachplaner	0,10%	0,50%
b) Einholen von Angeboten	0,00%	0,25%
c) Prüfen und Werten der Angebote einschließlich Aufstellen eines Preisspiegels nach Einzelpositionen oder Teilleistungen, Prüfen und Werten der Angebote zusätzlicher und geänderter Leistungen der ausführenden Unternehmen und der Angemessenheit der Preise	2,75%	3,50%
d) Führen von Bietergesprächen		in c) enth.
e) Erstellen der Vergabevorschläge, Dokumentation des Vergabeverfahrens		in c) enth.
f) Zusammenstellen der Vertragsunterlagen für alle Leistungsbereiche	0,10%	0,25%
g) Vergleichen der Ausschreibungsergebnisse mit den vom Planer bepreisten Leistungsverzeichnissen oder der Kostenberechnung	0,25%	0,50%
h) Mitwirken bei der Auftragserteilung	0,00%	0,25%
Gesamt 4%		

Leistungsphase 8	Von	Bis
a) Überwachen der Ausführung des Objektes auf Übereinstimmung mit der öffentlich-rechtlichen Genehmigung oder Zustimmung, den Verträgen mit ausführenden Unternehmen, den Ausführungsunterlagen, den einschlägigen Vorschriften sowie mit den allgemein anerkannten Regeln der Technik	20,00%	23,00%
b) Überwachen der Ausführung von Tragwerken mit sehr geringen und geringen Planungsanforderungen auf Übereinstimmung mit dem Standsicherheitsnachweis		in a) enth.
c) Koordinieren der an der Objektüberwachung fachlich Beteiligten		in a) enth.

Leistungsphase 8	Von	Bis
d) Aufstellen, Fortschreiben und Überwachen eines Terminplans (Balkendiagramm)	0,50%	1,00%
e) Dokumentation des Bauablaufs (z. B. Bautagebuch)	0,25%	0,50%
f) Gemeinsames Aufmaß mit den ausführenden Unternehmen		in g) enth.
g) Rechnungsprüfung einschließlich Prüfen der Aufmaße der bauausführenden Unternehmen	4,00%	7,00%
h) Vergleich der Ergebnisse der Rechnungsprüfungen mit den Auftragssummen einschließlich Nachträgen	1,00%	1,50%
i) Kostenkontrolle durch Überprüfen der Leistungsabrechnung der bauausführenden Unternehmen im Vergleich zu den Vertragspreisen		in h) enth.
j) Kostenfeststellung, z. B. nach DIN 276	0,50%	1,00%
k) Organisation der Abnahme der Bauleistungen unter Mitwirkung anderer an der Planung und Objektüberwachung fachlich Beteiligter, Feststellung von Mängeln, Abnahmeempfehlung für den Auftraggeber	1,00%	3,00%
l) Antrag auf öffentlich-rechtliche Abnahmen und Teilnahme daran		in k) enth.
m) Systematische Zusammenstellung der Dokumentation, zeichnerischen Darstellungen und rechnerischen Ergebnisse des Objekts	0,10%	0,25%
n) Übergabe des Objekts		in k) enth.
o) Auflisten der Verjährungsfristen für Mängelansprüche		in k) enth.
p) Überwachen der Beseitigung der bei der Abnahme festgestellten Mängel	0,25%	1,50%
Gesamt 32%		

Leistungsphase 9	Von	Bis
a) Fachliche Bewertung der innerhalb der Verjährungsfristen für Gewährleistungsansprüche festgestellten Mängel, längstens jedoch bis zum Ablauf von 5 Jahren seit Abnahme der Leistung, einschließlich notwendiger Begehungen	0,25%	1,00%
b) Objektbegehung zur Mängelfeststellung vor Ablauf der Verjährungsfristen für Mängelansprüche gegenüber den ausführenden Unternehmen	1,00%	1,75%
c) Mitwirken bei der Freigabe von Sicherheitsleistungen		in b) enth.
Gesamt 2%		

3. Anhaltswerte für das Leistungsbild Ingenieurbauwerke

Leistungsphase 1	Von	Bis
a) Klären der Aufgabenstellung aufgrund der Vorgaben oder der Bedarfsplanung des Auftraggebers	0,75%	1,00%
b) Ermitteln der Planungsrandbedingungen sowie Beraten zum gesamten Leistungsbedarf	0,75%	1,00%
c) Formulieren von Entscheidungshilfen für die Auswahl anderer an der Planung fachlich Beteiligter		in b) enth.
d) bei Objekten nach § 41 Nummer 6 und 7, die eine Tragwerksplanung erfordern: Klären der Aufgabenstellung auch auf dem Gebiet der Tragwerksplanung		in a) enth.
e) Ortsbesichtigung		in a) enth.
f) Zusammenfassen, Erläutern und Dokumentieren der Ergebnisse	0,10%	0,50%
Gesamt 2%		

Leistungsphase 2	Von	Bis
a) Analysieren der Grundlagen	1,00%	2,00%
b) Abstimmen der Zielvorstellungen auf die öffentlich-rechtlichen Randbedingungen sowie Planungen Dritter		in a) enth.
c) Untersuchen von Lösungsmöglichkeiten mit ihren Einflüssen auf bauliche und konstruktive Gestaltung, Zweckmäßigkeit, Wirtschaftlichkeit unter Beachtung der Umweltverträglichkeit	2,00%	3,00%
d) Beschaffen und Auswerten amtlicher Karten	0,00%	0,10%
e) Erarbeiten eines Planungskonzepts einschließlich Untersuchung der alternativen Lösungsmöglichkeiten nach gleichen Anforderungen mit zeichnerischer Darstellung und Bewertung unter Einarbeitung der Beiträge anderer an der Planung fachlich Beteiligter	10,00%	12,00%
f) Klären und Erläutern der wesentlichen fachspezifischen Zusammenhänge, Vorgänge und Bedingungen	3,00%	5,00%
g) Vorabstimmen mit Behörden und anderen an der Planung fachlich Beteiligten über die Genehmigungsfähigkeit, gegebenenfalls Mitwirken bei Verhandlungen über die Bezuschussung und Kostenbeteiligung		in f) enth.
h) Mitwirken beim Erläutern des Planungskonzepts gegenüber Dritten an bis zu 2 Terminen,		in f) enth.
i) Überarbeiten des Planungskonzepts nach Bedenken und Anregungen		in f) enth.
j) Kostenschätzung, Vergleich mit den finanziellen Rahmenbedingungen	0,80%	1,20%
k) Zusammenfassen, Erläutern und Dokumentieren der Ergebnisse	0,10%	0,50%
Gesamt 20%		

Leistungsphase 3	Von	Bis
a) Erarbeiten des Entwurfs auf Grundlage der Vorplanung durch zeichnerische Darstellung im erforderlichen Umfang und Detaillierungsgrad unter Berücksichtigung aller fachspezifischen Anforderungen Bereitstellen der Arbeitsergebnisse als Grundlage für die anderen an der Planung fachlich Beteiligten, sowie Integration und Koordination der Fachplanungen	19,00%	22,00%
b) Erläuterungsbericht unter Verwendung der Beiträge anderer an der Planung fachlich Beteiligter	0,50%	1,50%
c) fachspezifische Berechnungen, ausgenommen Berechnungen aus anderen Leistungsbildern	0,50%	2,00%
d) Ermitteln und Begründen der zuwendungsfähigen Kosten, Mitwirken beim Aufstellen des Finanzierungsplans sowie Vorbereiten der Anträge auf Finanzierung		in i) enth.
e) Mitwirken beim Erläutern des vorläufigen Entwurfs gegenüber Dritten an bis zu 3 Terminen, Überarbeiten des vorläufigen Entwurfs auf Grund von Bedenken und Anregungen	0,50%	1,50%
f) Vorabstimmen der Genehmigungsfähigkeit mit Behörden und anderen an der Planung fachlich Beteiligten		in e) enth.
g) Kostenberechnung einschließlich zugehöriger Mengenermittlung, Vergleich der Kostenberechnung mit der Kostenschätzung	1,00%	2,00%
h) Ermitteln der wesentlichen Bauphasen unter Berücksichtigung der Verkehrslenkung und der Aufrechterhaltung des Betriebes während der Bauzeit	0,25%	0,50%
i) Bauzeiten- und Kostenplan		in h) u. g) enth.
j) Zusammenfassen, Erläutern und Dokumentieren der Ergebnisse	0,25%	0,50%
Gesamt 25%		

Leistungsphase 4	Von	Bis
a) Erarbeiten und Zusammenstellen der Unterlagen für die erforderlichen öffentlich-rechtlichen Verfahren oder Genehmigungsverfahren einschließlich der Anträge auf Ausnahmen und Befreiungen, Aufstellen des Bauwerksverzeichnisses unter Verwendung der Beiträge anderer an der Planung fachlich Beteiligter	4,00%	4,90%
b) Erstellen des Grunderwerbsplanes und des Grunderwerbsverzeichnisses unter Verwendung der Beiträge anderer an der Planung fachlich Beteiligter		in a) enth.
c) Vervollständigen und Anpassen der Planungsunterlagen, Beschreibungen und Berechnungen unter Verwendung der Beiträge anderer an der Planung fachlich Beteiligter		in a) enth.
d) Abstimmen mit Behörden	0,10%	1,00%
e) Mitwirken in Genehmigungsverfahren einschließlich der Teilnahme an bis zu 4 Erläuterungs-, Erörterungsterminen		in d) enth.
f) Mitwirken beim Abfassen von Stellungnahmen zu Bedenken und Anregungen in bis zu 10 Kategorien		in d) enth.
Gesamt 5%		

Leistungsphase 5	Von	Bis
a) Erarbeiten der Ausführungsplanung auf Grundlage der Ergebnisse der Leistungsphasen 3 und 4 unter Berücksichtigung aller fachspezifischen Anforderungen und Verwendung der Beiträge anderer an der Planung fachlich Beteiligter bis zur ausführungsreifen Lösung	7,00%	8,00%
b) Zeichnerische Darstellung, Erläuterungen und zur Objektplanung gehörige Berechnungen mit allen für die Ausführung notwendigen Einzelangaben einschließlich Detailzeichnungen in den erforderlichen Maßstäben	7,00%	8,00%
c) Bereitstellen der Arbeitsergebnisse als Grundlage für die anderen an der Planung fachlich Beteiligten und Integrieren ihrer Beiträge bis zur ausführungsreifen Lösung		in a) u. b) enth.
d) Vervollständigen der Ausführungsplanung während der Objektausführung		in a) u. b) enth.
Gesamt 15%		

Leistungsphase 6	Von	Bis
a) Ermitteln von Mengen nach Einzelpositionen unter Verwendung der Beiträge anderer an der Planung fachlich Beteiligter	3,50%	5,00%
b) Aufstellen der Vergabeunterlagen, insbesondere Anfertigen der Leistungsbeschreibungen mit Leistungsverzeichnissen sowie der Besonderen Vertragsbedingungen	5,00%	7,00%
c) Abstimmen und Koordinieren der Schnittstellen zu den Leistungsbeschreibungen der anderen an der Planung fachlich Beteiligten		in b) enth.
d) Festlegen der wesentlichen Ausführungsphasen	0,25%	0,75%
e) Ermitteln der Kosten auf Grundlage der vom Planer (Entwurfsverfasser) bepreisten Leistungsverzeichnisse	1,50%	3,00%
f) Kostenkontrolle durch Vergleich der vom Planer (Entwurfsverfasser) bepreisten Leistungsverzeichnisse mit der Kostenberechnung		in e) enth.
g) Zusammenstellen der Vergabeunterlagen		in b) enth.
Gesamt 13%		

Leistungsphase 7	Von	Bis
a) Einholen von Angeboten	0,00%	0,10%
b) Prüfen und Werten der Angebote, Aufstellen des Preisspiegels	3,00%	3,50%
c) Abstimmen und Zusammenstellen der Leistungen der fachlich Beteiligten, die an der Vergabe mitwirken	0,10%	0,75%
d) Führen von Bietergesprächen		in b) enth.
e) Erstellen der Vergabevorschläge, Dokumentation des Vergabeverfahrens		in b) enth.
f) Zusammenstellen der Vertragsunterlagen		in b) enth.
g) Vergleichen der Ausschreibungsergebnisse mit den vom Planer bepreisten Leistungsverzeichnissen und der Kostenberechnung	0,20%	0,50%
h) Mitwirken bei der Auftragserteilung	0,00%	0,10%
Gesamt 4%		

Leistungsphase 8	Von	Bis
a) Aufsicht über die örtliche Bauüberwachung, Koordinierung der an der Objektüberwachung fachlich Beteiligten, einmaliges Prüfen von Plänen auf Übereinstimmung mit dem auszuführenden Objekt und Mitwirken bei deren Freigabe	8,50%	11,00%
b) Aufstellen, Fortschreiben und Überwachen eines Terminplans (Balkendiagramm)	0,50%	1,00%
c) Veranlassen und Mitwirken beim Inverzugsetzen der ausführenden Unternehmen	0,00%	0,50%
d) Kostenfeststellung, Vergleich der Kostenfeststellung mit der Auftragssumme	0,50%	1,00%
e) Abnahme von Bauleistungen, Leistungen und Lieferungen unter Mitwirkung der örtlichen Bauüberwachung und anderer an der Planung und Objektüberwachung fachlich Beteiligter, Feststellen von Mängeln, Fertigung einer Niederschrift über das Ergebnis der Abnahme	2,00%	4,00%
f) Überwachen der Prüfungen der Funktionsfähigkeit der Anlagenteile und der Gesamtanlage		in e) enth.
g) Antrag auf behördliche Abnahmen und Teilnahme daran		in e) enth.
h) Übergabe des Objekts		in e) enth.
i) Auflisten der Verjährungsfristen der Mängelansprüche		in e) enth.
j) Zusammenstellen und Übergeben der Dokumentation des Bauablaufs, der Bestandsunterlagen und der Wartungsvorschriften	0,10%	0,20%
Gesamt 15%		

Leistungsphase 9	Von	Bis
a) Fachliche Bewertung der innerhalb der Verjährungsfristen für Gewährleistungsansprüche festgestellten Mängel, längstens jedoch bis zum Ablauf von 5 Jahren seit Abnahme der Leistung, einschließlich notwendiger Begehungen	0,25%	0,50%
b) Objektbegehung zur Mängelfeststellung vor Ablauf der Verjährungsfristen für Mängelansprüche gegenüber den ausführenden Unternehmen	0,50%	0,75%
c) Mitwirken bei der Freigabe von Sicherheitsleistungen		in b) enth.
Gesamt 1%		

4. Anhaltswerte für das Leistungsbild Verkehrsanlagen

Leistungsphase 1	Von	Bis
a) Klären der Aufgabenstellung aufgrund der Vorgaben oder der Bedarfsplanung des Auftraggebers	0,75%	1,00%
b) Ermitteln der Planungsrandbedingungen sowie Beraten zum gesamten Leistungsbedarf	0,75%	1,00%
c) Formulieren von Entscheidungshilfen für die Auswahl anderer an der Planung fachlich Beteiligter		in b) enth.
d) Ortsbesichtigung		in a) enth.
e) Zusammenfassen, Erläutern und Dokumentieren der Ergebnisse	0,10%	0,50%
Gesamt 2%		

Leistungsphase 2	Von	Bis
a) Beschaffen und Auswerten amtlicher Karten	0,00%	0,10%
b) Analysieren der Grundlagen	1,00%	2,00%
c) Abstimmen der Zielvorstellungen auf die öffentlich-rechtlichen Randbedingungen sowie Planungen Dritter		in b) enth.
d) Untersuchen von Lösungsmöglichkeiten mit ihren Einflüssen auf bauliche und konstruktive Gestaltung, Zweckmäßigkeit, Wirtschaftlichkeit unter Beachtung der Umweltverträglichkeit	2,00%	3,00%
e) Erarbeiten eines Planungskonzepts einschließlich Untersuchung von bis zu 3 Varianten nach gleichen Anforderungen mit zeichnerischer Darstellung und Bewertung unter Einarbeitung der Beiträge anderer an der Planung fachlich Beteiligter.	10,00%	12,00%
Überschlägige verkehrstechnische Bemessung der Verkehrsanlage, Ermitteln der Schallimmisionen von der Verkehrsanlage an kritischen Stellen nach Tabellenwerten		in e) enth.
Untersuchen der möglichen Schallschutzmaßnahmen ausgenommen detaillierte schalltechnische Untersuchungen		in e) enth.
f) Klären und Erläutern der wesentlichen fachspezifischen Zusammenhänge, Vorgänge und Bedingungen	3,00%	5,00%
g) Vorabstimmen mit Behörden und anderen an der Planung fachlich Beteiligten über die Genehmigungsfähigkeit, gegebenenfalls Mitwirken bei Verhandlungen über die Bezuschussung und Kostenbeteiligung		in f) enth.
h) Mitwirken bei Erläutern des Planungskonzepts gegenüber Dritten an bis zu 2 Terminen,		in f) enth.
i) Überarbeiten des Planungskonzepts nach Bedenken und Anregungen		in f) enth.
j) Bereitstellen von Unterlagen als Auszüge aus der Voruntersuchung zur Verwendung für ein Raumordnungsverfahren		
k) Kostenschätzung, Vergleich mit den finanziellen Rahmenbedingungen	0,80%	1,20%
l) Zusammenfassen, Erläutern und Dokumentieren	0,10%	0,50%
Gesamt 20%		

Leistungsphase 3	Von	Bis
a) Erarbeiten des Entwurfs auf Grundlage der Vorplanung durch zeichnerische Darstellung im erforderlichen Umfang und Detaillierungsgrad unter Berücksichtigung aller fachspezifischen Anforderungen Bereitstellen der Arbeitsergebnisse als Grundlage für die anderen an der Planung fachlich Beteiligten, sowie Integration und Koordination der Fachplanungen	19,00%	22,00%
b) Erläuterungsbericht unter Verwendung der Beiträge anderer an der Planung fachlich Beteiligter	0,50%	1,50%
c) Fachspezifische Berechnungen, ausgenommen Berechnungen aus anderen Leistungsbildern	0,50%	2,00%
d) Ermitteln der zuwendungsfähigen Kosten, Mitwirken beim Aufstellen des Finanzierungsplans sowie Vorbereiten der Anträge auf Finanzierung		in n) enth.
e) Mitwirken beim Erläutern des vorläufigen Entwurfs gegenüber Dritten an bis zu 3 Terminen, Überarbeiten des vorläufigen Entwurfs auf Grund von Bedenken und Anregungen	0,50%	1,50%
f) Vorabstimmen der Genehmigungsfähigkeit mit Behörden und anderen an der Planung fachlich Beteiligten		in e) enth.
g) Kostenberechnung einschließlich zugehöriger Mengenermittlung, Vergleich der Kostenberechnung mit der Kostenschätzung	1,00%	1,50%
h) Überschlägige Festlegung der Abmessungen von Ingenieurbauwerken	0,00%	1,00%
i) Ermitteln der Schallimmisionen von der Verkehrsanlage nach Tabellenwerten; Festlegen der erforderlichen Schallschutzmaßnahmen an der Verkehrsanlage, gegebenenfalls unter Einarbeitung der Ergebnisse detaillierter schalltechnischer Untersuchungen und Feststellen der Notwendigkeit von Schallschutzmaßnahmen an betroffenen Gebäuden	0,00%	1,00%
j) Rechnerische Festlegung des Objekts	0,10%	1,00%
k) Darlegen der Auswirkungen auf Zwangspunkte		in b) enth.
l) Nachweis der Lichtraumprofile		in a) enth.
m) Ermitteln der wesentlichen Bauphasen unter Berücksichtigung der Verkehrslenkung und der Aufrechterhaltung des Betriebes während der Bauzeit	0,10%	0,50%
n) Bauzeiten- und Kostenplan		in g) u. m) enth.
o) Zusammenfassen, Erläutern und Dokumentieren der Ergebnisse	0,25%	0,50%
Gesamt 25%		

Leistungsphase 4	Von	Bis
a) Erarbeiten und Zusammenstellen der Unterlagen für die erforderlichen öffentlich-rechtlichen Verfahren oder Genehmigungsverfahren einschließlich der Anträge auf Ausnahmen und Befreiungen, Aufstellen des Bauwerksverzeichnisses unter Verwendung der Beiträge anderer an der Planung fachlich Beteiligter	6,50%	7,50%

Leistungsphase 4	Von	Bis
b) Erstellen des Grunderwerbsplanes und des Grunderwerbsverzeichnisses unter Verwendung der Beiträge anderer an der Planung fachlich Beteiligter		in a) enth.
c) Vervollständigen und Anpassen der Planungsunterlagen, Beschreibungen und Berechnungen unter Verwendung der Beiträge anderer an der Planung fachlich Beteiligter		in a) enth.
d) Abstimmen mit Behörden	0,50%	1,50%
e) Mitwirken in Genehmigungsverfahren einschließlich der Teilnahme an bis zu 4 Erläuterungs-, Erörterungsterminen		in d) enth.
f) Mitwirken beim Abfassen von Stellungnahmen zu Bedenken und Anregungen in bis zu 10 Kategorien		in d) enth.
Gesamt 8%		

Leistungsphase 5	Von	Bis
a) Erarbeiten der Ausführungsplanung auf Grundlage der Ergebnisse der Leistungsphasen 3 und 4 unter Berücksichtigung aller fachspezifischen Anforderungen und Verwendung der Beiträge anderer an der Planung fachlich Beteiligter bis zur ausführungsreifen Lösung	7,00%	8,00%
b) Zeichnerische Darstellung, Erläuterungen und zur Objektplanung gehörige Berechnungen mit allen für die Ausführung notwendigen Einzelangaben einschließlich Detailzeichnungen in den erforderlichen Maßstäben	7,00%	8,00%
c) Bereitstellen der Arbeitsergebnisse als Grundlage für die anderen an der Planung fachlich Beteiligten und Integrieren ihrer Beiträge bis zur ausführungsreifen Lösung		in a) u. b) enth.
d) Vervollständigen der Ausführungsplanung während der Objektausführung		in a) u. b) enth.
Gesamt 15%		

Leistungsphase 6	Von	Bis
a) Ermitteln von Mengen nach Einzelpositionen unter Verwendung der Beiträge anderer an der Planung fachlich Beteiligter	2,50%	4,00%
b) Aufstellen der Vergabeunterlagen, insbesondere Anfertigen der Leistungsbeschreibungen mit Leistungsverzeichnissen sowie der Besonderen Vertragsbedingungen	4,00%	6,00%
c) Abstimmen und Koordinieren der Schnittstellen zu den Leistungsbeschreibungen der anderen an der Planung fachlich Beteiligten		in b) enth.
d) Festlegen der wesentlichen Ausführungsphasen	0,25%	0,50%
e) Ermitteln der Kosten auf Grundlage der vom Planer (Entwurfsverfasser) bepreisten Leistungsverzeichnisse	1,00%	2,00%
f) Kostenkontrolle durch Vergleich der vom Planer (Entwurfsverfasser) bepreisten Leistungsverzeichnisse mit der Kostenberechnung		in e) enth.
g) Zusammenstellen der Vergabeunterlagen		in b) enth.
Gesamt 10%		

Leistungsphase 7	Von	Bis	
a) Einholen von Angeboten	0,00%	0,10%	
b) Prüfen und Werten der Angebote, Aufstellen des Preis-spiegels	3,00%	3,50%	
c) Abstimmen und Zusammenstellen der Leistungen der fachlich Beteiligten, die an der Vergabe mitwirken	0,10%	0,75%	
d) Führen von Bietergesprächen			in b) enth.
e) Erstellen der Vergabevorschläge, Dokumentation des Vergabeverfahrens			in b) enth.
f) Zusammenstellen der Vertragsunterlagen			in b) enth.
g) Vergleichen der Ausschreibungsergebnisse mit den vom Planer bepreisten Leistungsverzeichnissen und der Kostenberechnung	0,20%	0,50%	
h) Mitwirken bei der Auftragserteilung	0,00%	0,10%	
Gesamt 4%			

Leistungsphase 8	Von	Bis	
a) Aufsicht über die örtliche Bauüberwachung, Koordinierung der an der Objektüberwachung fachlich Beteiligten, einmaliges Prüfen von Plänen auf Übereinstimmung mit dem auszuführenden Objekt und Mitwirken bei deren Freigabe	8,50%	11,00%	
b) Aufstellen, Fortschreiben und Überwachen eines Terminplans (Balkendiagramm)	0,50%	1,00%	
c) Veranlassen und Mitwirken daran, die ausführenden Unternehmen in Verzug zu setzen	0,00%	0,50%	
d) Kostenfeststellung, Vergleich der Kostenfeststellung mit der Auftragssumme	0,50%	1,00%	
e) Abnahme von Bauleistungen, Leistungen und Lieferungen unter Mitwirkung der örtlichen Bauüberwachung und anderer an der Planung und Objektüberwachung fachlich Beteiligter, Feststellen von Mängeln, Fertigung einer Niederschrift über das Ergebnis der Abnahme	2,00%	4,00%	
f) Antrag auf behördliche Abnahmen und Teilnahme daran			in e) enth.
g) Überwachen der Prüfungen der Funktionsfähigkeit der Anlagenteile und der Gesamtanlage			in e) enth.
h) Übergabe des Objekts			in e) enth.
i) Auflisten der Verjährungsfristen der Mängelansprüche			in e) enth.
j) Zusammenstellen und Übergeben der Dokumentation des Bauablaufs, der Bestandsunterlagen und der Wartungsvorschriften	0,10%	0,20%	
Gesamt 15%			

Leistungsphase 9	Von	Bis	
a) Fachliche Bewertung der innerhalb der Verjährungsfristen für Gewährleistungsansprüche festgestellten Mängel, längstens jedoch bis zum Ablauf von 5 Jahren seit Abnahme der Leistung, einschließlich notwendiger Begehungen	0,25%	0,50%	

Leistungsphase 9	Von	Bis
b) Objektbegehung zur Mängelfeststellung vor Ablauf der Verjährungsfristen für Mängelansprüche gegenüber den ausführenden Unternehmen	0,50%	0,75%
c) Mitwirken bei der Freigabe von Sicherheitsleistungen		in b) enth.
Gesamt 1%		

5. Anhaltswerte für das Leistungsbild Tragwerksplanung

Leistungsphase 1	Von	Bis
a) Klären der Aufgabenstellung aufgrund der Vorgaben oder der Bedarfsplanung des Auftraggebers im Benehmen mit dem Objektplaner	3,00%	3,00%
b) Zusammenstellen der die Aufgabe beeinflussenden Planungsabsichten		in a) enth.
c) Zusammenfassen, Erläutern und Dokumentieren der Ergebnisse		in a) enth.
Gesamt 3%		

Leistungsphase 2	Von	Bis
a) Analysieren der Grundlagen	0,50%	2,00%
b) Beraten in statisch-konstruktiver Hinsicht unter Berücksichtigung der Belange der Standsicherheit, der Gebrauchsfähigkeit und der Wirtschaftlichkeit		in a) enth.
c) Mitwirken bei dem Erarbeiten eines Planungskonzepts einschließlich Untersuchung der Lösungsmöglichkeiten des Tragwerks unter gleichen Objektbedingungen mit skizzenhafter Darstellung, Klärung und Angabe der für das Tragwerk wesentlichen konstruktiven Festlegungen für zum Beispiel Baustoffe, Bauarten und Herstellungsverfahren, Konstruktionsraster und Gründungsart	7,50%	9,00%
d) Mitwirken bei Vorverhandlungen mit Behörden und anderen an der Planung fachlich Beteiligten über die Genehmigungsfähigkeit		in c) enth.
e) Mitwirken bei der Kostenschätzung und bei der Terminplanung	0,50%	1,00%
f) Zusammenfassen, Erläutern und Dokumentieren der Ergebnisse	0,10%	0,25%
Gesamt 10%		

Leistungsphase 3	Von	Bis
a) Erarbeiten der Tragwerkslösung, unter Beachtung der durch die Objektplanung integrierten Fachplanungen, bis zum konstruktiven Entwurf mit zeichnerischer Darstellung	9,00%	10,00%
b) Überschlägige statische Berechnung und Bemessung	3,00%	4,00%
c) Grundlegende Festlegungen der konstruktiven Details und Hauptabmessungen des Tragwerks für zum Beispiel Gestaltung der tragenden Querschnitte, Aussparungen und Fugen; Ausbildung der Auflager- und Knotenpunkte sowie der Verbindungsmittel		in a) enth.
d) Überschlägiges Ermitteln der Betonstahlmengen im Stahlbetonbau, der Stahlmengen im Stahlbau und der Holzmengen im Ingenieurholzbau	0,75%	1,25%
e) Mitwirken bei der Objektbeschreibung bzw. beim Erläuterungsbericht		in i) enth.

Leistungsphase 3	Von	Bis
f) Mitwirken bei Verhandlungen mit Behörden und anderen an der Planung fachlich Beteiligten über die Genehmigungsfähigkeit		in a) enth.
g) Mitwirken bei der Kostenberechnung und bei der Terminplanung	0,50%	1,00%
h) Mitwirken beim Vergleich der Kostenberechnung mit der Kostenschätzung		in g) enth.
i) Zusammenfassen, Erläutern und Dokumentieren der Ergebnisse	0,10%	0,50%
Gesamt 15%		

Leistungsphase 4	Von	Bis
a) Aufstellen der prüffähigen statischen Berechnungen für das Tragwerk unter Berücksichtigung der vorgegebenen bauphysikalischen Anforderungen	20,00%	25,00%
b) Bei Ingenieurbauwerken: Erfassen von normalen Bauzuständen		in a) enth.
c) Anfertigen der Positionspläne für das Tragwerk oder Eintragen der statischen Positionen, der Tragwerksabmessungen, der Verkehrslasten, der Art und Güte der Baustoffe und der Besonderheiten der Konstruktionen in die Entwurfszeichnungen des Objektsplaners	5,00%	10,00%
d) Zusammenstellen der Unterlagen der Tragwerksplanung zur Genehmigung		in a) enth.
e) Abstimmen mit Prüfämtern und Prüfingenieuren oder Eigenkontrolle		in a) enth.
f) Vervollständigen und Berichtigen der Berechnungen und Pläne		in a) enth.
Gesamt 30%		

Leistungsphase 5	Von	Bis
a) Durcharbeiten der Ergebnisse der Leistungsphasen 3 und 4 unter Beachtung der durch die Objektplanung integrierten Fachplanungen	5,00%	9,00%
b) Anfertigen der Schalpläne in Ergänzung der fertig gestellten Ausführungspläne des Objektplaners	9,00%	15,00%
c) Zeichnerische Darstellung der Konstruktionen mit Einbau- und Verlegeanweisungen, zum Beispiel Bewehrungspläne, Stahlbau- oder Holzkonstruktionspläne mit Leitdetails (keine Werkstattzeichnungen)	14,00%	20,00%
d) Aufstellen von Stahl- oder Stücklisten als Ergänzung zur zeichnerischen Darstellung der Konstruktionen mit Stahlmengenermittlung	2,00%	5,00%
e) Fortführen der Abstimmung mit Prüfämtern und Prüfingenieuren oder Eigenkontrolle		in a) enth.
Gesamt 40%		

Leistungsphase 6	Von	Bis
a) Ermitteln der Betonstahlmengen im Stahlbetonbau, der Stahlmengen in Stahlbau und der Holzmengen im Ingenieurholzbau als Ergebnis der Ausführungsplanung und als Beitrag zur Mengenermittlung des Objektplaners	0,50%	1,50%
b) Überschlägiges Ermitteln der Mengen der konstruktiven Stahlteile und statisch erforderlichen Verbindungs- und Befestigungsmittel im Ingenieurholzbau	0,00%	1,00%
c) Mitwirken beim Erstellen der Leistungsbeschreibung als Ergänzung zu den Mengenermittlungen als Grundlage für das Leistungsverzeichnis des Tragwerks	0,50%	1,00%
Gesamt 2%		

6. Anhaltswerte für das Leistungsbild Technische Ausrüstung

Leistungsphase 1	Von	Bis	Anhalts-wert
a) Klären der Aufgabenstellung aufgrund der Vorgaben oder der Bedarfsplanung des Auftraggebers im Benehmen mit dem Objektplaner	0,75%	1,00%	0,90%
b) Ermitteln der Planungsrandbedingungen und Beraten zum Leistungsbedarf und ggf. zur technischen Erschließung	0,75%	1,00%	0,90%
c) Zusammenfassen, Erläutern und Dokumentieren der Ergebnisse	0,10%	0,25%	0,20%
Gesamt 2%			

Leistungsphase 2	Von	Bis	Anhalts-wert
a) Analysieren der Grundlagen, Mitwirken beim Abstimmen der Leistungen mit den Planungsbeteiligten	0,25%	0,50%	0,30%
b) Erarbeiten eines Planungskonzepts, dazu gehören z.B.: Vordimensionieren der Systeme und maßbestimmenden Anlagenteile, Untersuchen von alternativen Lösungsmöglichkeiten bei gleichen Nutzungsanforderungen einschließlich Wirtschaftlichkeitsvorbetrachtung, zeichnerische Darstellung zur Integration in die Objektplanung unter Berücksichtigung exemplarischer Details, Angaben zum Raumbedarf	5,50%	6,50%	6,00%
c) Aufstellen eines Funktionsschemas bzw. Prinzipschaltbildes für jede Anlage		in b) enth.	
d) Klären und Erläutern der wesentlichen fachübergreifenden Prozesse, Randbedingungen und Schnittstellen, Mitwirken bei der Integration der technischen Anlagen	1,00%	2,00%	1,75%
e) Vorverhandlungen mit Behörden über die Genehmigungsfähigkeit und mit den zu beteiligenden Stellen zur Infrastruktur		in d) enth.	
f) Kostenschätzung nach DIN 276 (2. Ebene) und bei der Terminplanung	0,50%	1,00%	0,75%
g) Zusammenfassen, Erläutern und Dokumentieren der Ergebnisse	0,10%	0,25%	0,20%
Gesamt 9%			

Leistungsphase 3	Von	Bis	Anhalts-wert
a) Durcharbeiten des Planungskonzepts (stufenweise Erarbeitung einer Lösung) unter Berücksichtigung aller fachspezifischen Anforderungen sowie unter Beachtung der durch die Objektplanung integrierten Fachplanungen, bis zum vollständigen Entwurf	4,00%	7,00%	5,40%
b) Festlegen aller Systeme und Anlagenteile		in a) enth.	
c) Berechnen und Bemessen der technischen Anlagen und Anlagenteile, Abschätzen von jährlichen Bedarfswerten			

Leistungsphase 3	Von	Bis	Anhalts-wert
(z. B. Nutz-, End- und Primärenergiebedarf) und Betriebskosten; Abstimmen des Platzbedarfs für technische Anlagen und Anlagenteile; Zeichnerische Darstellung des Entwurfs in einem mit dem Objekt-planer abgestimmten Ausgabemaßstab mit Angabe maßbestimmender Dimensionen Fortschreiben und Detaillieren der Funktions- und Strangschemata der Anlagen Auflisten aller Anlagen mit technischen Daten und Angaben z.B. für Energiebilanzierungen Anlagenbeschreibungen mit Angabe der Nutzungsbedingungen	9,00%	12,00%	10,25%
d) Übergeben der Berechnungsergebnisse an andere Planungsbeteiligte zum Aufstellen vorgeschriebener Nachweise; Angabe und Abstimmung der für die Tragwerksplanung notwendigen Angaben über Durchführungen und Lastangaben (ohne Anfertigen von Schlitz- und Durchführungsplänen)	0,10%	0,25%	0,15%
e) Verhandlungen mit Behörden und mit anderen zu beteiligenden Stellen über die Genehmigungsfähigkeit		in a) enth.	
f) Kostenberechnung nach DIN 276 (3. Ebene) und bei der Terminplanung	0,75%	1,50%	1,00%
g) Kostenkontrolle durch Vergleich der Kostenberechnung mit der Kostenschätzung		in f) enth.	
h) Zusammenfassen, Erläutern und Dokumentieren der Ergebnisse	0,10%	0,25%	0,20%
Gesamt 17%			

Leistungsphase 4	Von	Bis	Anhalts-wert
a) Erarbeiten und Zusammenstellen der Vorlagen und Nachweise für öffentlich-rechtliche Genehmigungen oder Zustimmungen, einschließlich der Anträge auf Ausnahmen oder Befreiungen sowie Mitwirken bei Verhandlungen mit Behörden	2,00%	2,00%	2,00%
b) Vervollständigen und Anpassen der Planungsunterlagen, Beschreibungen und Berechnungen		in a) enth.	
Gesamt 2%			

Leistungsphase 5	Von	Bis	Anhalts-wert
a) Erarbeiten der Ausführungsplanung auf Grundlage der Ergebnisse der Leistungsphasen 3 und 4 (stufenweise Erarbeitung und Darstellung der Lösung) unter Beachtung der durch die Objektplanung integrierten Fachplanungen bis zur ausführungsreifen Lösung	4,00%	6,00%	5,50%
b) Fortschreiben der Berechnungen und Bemessungen zur Auslegung der technischen Anlagen und Anlagenteile Zeichnerische Darstellung der Anlagen in einem mit dem Objektplaner abgestimmten Ausgabemaßstab und Detaillierungsgrad einschließlich Dimensionen (keine Monta-			

Leistungsphase 5	Von	Bis	Anhalts-wert
ge- oder Werkstattpläne) Anpassen und Detaillieren der Funktions- und Strangschemata der Anlagen bzw. der GA Funktionslisten, Abstimmen der Ausführungszeichnungen mit dem Objektplaner und den übrigen Fachplanern	8,00%	11,00%	9,50%
c) Anfertigen von Schlitz- und Durchbruchsplänen	2,00%	4,00%	3,00%
d) Fortschreibung des Terminplans	0,10%	0,50%	0,25%
e) Fortschreiben der Ausführungsplanung auf den Stand der Ausschreibungsergebnisse und der dann vorliegenden Ausführungsplanung des Objektplaners, Übergeben der fortgeschriebenen Ausführungsplanung an die ausführenden Unternehmen	0,50%	1,00%	0,75%
f) Prüfen und Anerkennen der Montage- und Werkstattpläne der ausführenden Unternehmen auf Übereinstimmung mit der Ausführungsplanung	2,00%	4,00%	3,00%
Gesamt 22%			

Leistungsphase 6	Von	Bis	Anhalts-wert
a) Ermitteln von Mengen als Grundlage für das Aufstellen von Leistungsverzeichnissen in Abstimmung mit Beiträgen anderer an der Planung fachlich Beteiligter	2,25%	3,00%	2,50%
b) Aufstellen der Vergabeunterlagen, insbesondere mit Leistungsverzeichnissen nach Leistungsbereichen, einschließlich der Wartungsleistungen auf Grundlage bestehender Regelwerke	2,50%	3,50%	3,00%
c) Mitwirken beim Abstimmen der Schnittstellen zu den Leistungsbeschreibungen der anderen an der Planung fachlich Beteiligten		in a) u. b) enth.	
d) Ermitteln der Kosten auf Grundlage der vom Planer bepreisten Leistungsverzeichnisse	1,00%	2,00%	1,50%
e) Kostenkontrolle durch Vergleich der vom Planer bepreisten Leistungsverzeichnisse mit der Kostenberechnung		in d) enth.	
f) Zusammenstellen der Vergabeunterlagen		in b) enth.	
Gesamt 7%			

Leistungsphase 7	Von	Bis	Anhalts-wert
a) Einholen von Angeboten	0,00%	0,10%	0,05%
b) Prüfen und Werten der Angebote, Aufstellen der Preisspiegel nach Einzelpositionen, Prüfen und Werten der Angebote für zusätzliche oder geänderte Leistungen der ausführenden Unternehmen und der Angemessenheit der Preise	3,50%	4,25%	4,00%
c) Führen von Bietergesprächen		in b) enth.	
d) Vergleichen der Ausschreibungsergebnisse mit den vom Planer bepreisten Leistungsverzeichnissen und der Kostenberechnung	0,50%	1,00%	0,80%

Leistungsphase 7	Von	Bis	Anhalts-wert
e) Erstellen der Vergabevorschläge, Mitwirken bei der Dokumentation der Vergabeverfahren		in b) enth.	
f) Zusammenstellen der Vertragsunterlagen und bei der Auftragserteilung	0,10%	0,25%	0,15%
Gesamt 5%			

Leistungsphase 8	Von	Bis	Anhalts-wer
a) Überwachen der Ausführung des Objekts auf Übereinstimmung mit der öffentlich-rechtlichen Genehmigung oder Zustimmung, den Verträgen mit den ausführenden Unternehmen, den Ausführungsunterlagen, den Montage- und Werkstattplänen, den einschlägigen Vorschriften und den allgemein anerkannten Regeln der Technik	16,00%	22,00%	18,75%
b) Mitwirken bei der Koordination der am Projekt Beteiligten	0,50%	1,00%	0,75%
c) Aufstellen, Fortschreiben und Überwachen des Terminplans (Balkendiagramm)	0,25%	0,50%	0,35%
d) Dokumentation des Bauablaufs (Bautagebuch)	0,25%	0,50%	0,35%
e) Prüfen und Bewerten der Notwendigkeit geänderter oder zusätzlicher Leistungen der Unternehmer und der Angemessenheit der Preise	0,00%	1,00%	0,10%
f) Gemeinsames Aufmaß mit den ausführenden Unternehmen		in g) enth.	
g) Rechnungsprüfung in rechnerischer und fachlicher Hinsicht mit Prüfen und Bescheinigen des Leistungsstandes anhand nachvollziehbarer Leistungsnachweise	8,00%	10,00%	9,00%
h) Kostenkontrolle durch Überprüfen der Leistungsabrechnungen der ausführenden Unternehmen im Vergleich zu den Vertragspreisen und dem Kostenanschlag.	0,75%	1,25%	1,00%
i) Kostenfeststellung		in h) enth.	
j) Mitwirken bei Leistungs- u. Funktionsprüfungen	0,10%	0,25%	0,20%
k) fachtechnische Abnahme der Leistungen auf Grundlage der vorgelegten Dokumentation, Erstellung eines Abnahmeprotokolls, Feststellen von Mängeln und Erteilen einer Abnahmeempfehlung	2,50%	4,00%	3,00%
l) Antrag auf behördliche Abnahmen und Teilnahme daran		in k) enth.	
m) Prüfung der übergebenen Revisionsunterlagen auf Vollzähligkeit, Vollständigkeit und stichprobenartige Prüfung auf Übereinstimmung mit dem Stand der Ausführung	0,50%	0,75%	0,60%
n) Auflisten der Verjährungsfristen der Ansprüche auf Mängelbeseitigung		in k) enth.	
o) Überwachen der Beseitigung der bei der Abnahme festgestellten Mängel	0,25%	1,50%	0,75%
p) Systematische Zusammenstellung der Dokumentation, der zeichnerischen Darstellungen und rechnerischen Ergebnisse des Objekts	0,10%	0,25%	0,15%
Gesamt 35%			

Leistungsphase 9	Von	Bis	Anhalts-wert
a) Fachliche Bewertung der innerhalb der Verjährungsfristen für Gewährleistungsansprüche festgestellten Mängel, längstens jedoch bis zum Ablauf von 5 Jahren seit Abnahme der Leistung, einschließlich notwendiger Begehungen	0,25%	0,75%	0,40%
b) Objektbegehung zur Mängelfeststellung vor Ablauf der Verjährungsfristen für Mängelansprüche gegenüber den ausführenden Unternehmen	0,50%	0,75%	0,60%
c) Mitwirken bei der Freigabe von Sicherheitsleistungen		in b) enth.	
Gesamt 1%			

VI. Erweiterte Honorartabellen (zur HOAI 2013; RifT-Tabellen)

Erweiterte Honorartabelle zu § 35 Absatz 1 HOAI (Gebäude und raumbildende Ausbauten)

Anrechenbare Kosten €	Zone I		Zone II		Zone III		Zone IV		Zone V	
	von €	bis €	von €	bis €	von €	€	von €	bis €	von €	bis €
25 000 000	1 436 874	1 683 837	1 683 837	1 998 153	1 998 153	2 492 079	2 492 079	2 806 395	2 806 395	3 053 358
30 000 000	1 686 080	1 975 875	1 975 875	2 344 705	2 344 705	2 924 295	2 924 295	3 293 125	3 293 125	3 582 920
35 000 000	1 929 060	2 260 617	2 260 617	2 682 599	2 682 599	3 345 713	3 345 713	3 767 695	3 767 695	4 099 252
40 000 000	2 166 534	2 538 907	2 538 907	3 012 836	3 012 836	3 757 582	3 757 582	4 231 512	4 231 512	4 603 885
45 000 000	2 399 035	2 811 369	2 811 369	3 336 158	3 336 158	4 160 826	4 160 826	4 685 615	4 685 615	5 097 949
50 000 000	2 626 973	3 078 484	3 078 484	3 653 134	3 653 134	4 556 156	4 556 156	5 130 807	5 130 807	5 582 318
55 000 000	2 850 675	3 340 635	3 340 635	3 964 220	3 964 220	4 944 139	4 944 139	5 567 724	5 567 724	6 057 684
60 000 000	3 070 405	3 598 131	3 598 131	4 269 782	4 269 782	5 325 234	5 325 234	5 996 885	5 996 885	6 524 611
65 000 000	3 286 384	3 851 231	3 851 231	4 570 127	4 570 127	5 699 822	5 699 822	6 418 718	6 418 718	6 983 566
70 000 000	3 498 796	4 100 152	4 100 152	4 865 514	4 865 514	6 068 225	6 068 225	6 833 586	6 833 586	7 434 942
75 000 000	3 707 801	4 345 079	4 345 079	5 156 161	5 156 161	6 430 717	6 430 717	7 241 799	7 241 799	7 879 077
100 000 000	4 705 955	5 514 791	5 514 791	6 544 218	6 544 218	8 161 890	8 161 890	9 191 318	9 191 318	10 000 154
150 000 000	6 499 055	7 616 080	7 616 080	9 037 748	9 037 748	11 271 798	11 271 798	12 693 466	12 693 466	13 810 491
200 000 000	8 059 095	9 444 252	9 444 252	11 207 179	11 207 179	13 977 493	13 977 493	15 740 421	15 740 421	17 125 578
250 000 000	9 411 830	11 029 488	11 029 488	13 088 326	13 088 326	16 323 642	16 323 642	18 382 480	18 382 480	20 000 138
300 000 000	10 573 175	12 390 440	12 390 440	14 703 322	14 703 322	18 337 851	18 337 851	20 650 733	20 650 733	22 467 997
400 000 000	12 364 170	14 489 261	14 489 261	17 193 924	17 193 924	21 444 107	21 444 107	24 148 769	24 148 769	26 273 861
500 000 000	13 497 417	15 817 285	15 817 285	18 769 845	18 769 845	23 409 582	23 409 582	26 362 142	26 362 142	28 682 011

Erweiterte Honorartabelle zu § 40 Absatz 1 HOAI (Freianlagen)

Anrechenbare Kosten €	Zone I		Zone II		Zone III		Zone IV		Zone V	
	von €	bis €	von €	bis €	von €	bis €	von €	bis €	von €	bis €
1 500 000	140 204	167 340	167 340	201 261	201 261	251 011	251 011	284 931	284 931	312 067
2 000 000	179 197	213 880	213 880	257 234	257 234	320 820	320 820	364 174	364 174	398 857
2 500 000	216 734	258 682	258 682	311 118	311 118	388 023	388 023	440 459	440 459	482 407
3 000 000	253 138	302 132	302 132	363 375	363 375	453 198	453 198	514 441	514 441	563 436
3 500 000	288 616	344 478	344 478	414 304	414 304	516 716	516 716	586 543	586 543	642 404
4 000 000	323 313	385 890	385 890	464 111	464 111	578 835	578 835	657 056	657 056	719 633
4 500 000	357 334	426 496	426 496	512 947	512 947	639 743	639 743	726 195	726 195	795 356
5 000 000	390 759	466 390	466 390	560 928	560 928	699 585	699 585	794 123	794 123	869 754
10 000 000	701 918	837 773	837 773	1 007 592	1 007 592	1 256 659	1 256 659	1 426 478	1 426 478	1 562 333
15 000 000	985 661	1 176 434	1 176 434	1 414 900	1 414 900	1 764 651	1 764 651	2 003 117	2 003 117	2 193 890
20 000 000	1 251 362	1 493 562	1 493 562	1 796 310	1 796 310	2 240 342	2 240 342	2 543 091	2 543 091	2 785 290
25 000 000	1 503 311	1 794 274	1 794 274	2 157 978	2 157 978	2 691 411	2 691 411	3 055 115	3 055 115	3 346 079
30 000 000	1 743 990	2 081 536	2 081 536	2 503 469	2 503 469	3 122 304	3 122 304	3 544 237	3 544 237	3 881 784
35 000 000	1 975 032	2 357 297	2 357 297	2 835 127	2 835 127	3 535 945	3 535 945	4 013 776	4 013 776	4 396 040
40 000 000	2 197 601	2 622 943	2 622 943	3 154 621	3 154 621	3 934 415	3 934 415	4 466 093	4 466 093	4 891 435
45 000 000	2 412 573	2 879 522	2 879 522	3 463 209	3 463 209	4 319 283	4 319 283	4 902 970	4 902 970	5 369 919
50 000 000	2 620 635	3 127 855	3 127 855	3 761 879	3 761 879	4 691 782	4 691 782	5 325 807	5 325 807	5 833 027
75 000 000	3 574 072	4 265 828	4 265 828	5 130 522	5 130 522	6 398 741	6 398 741	7 263 436	7 263 436	7 955 192
100 000 000	4 411 764	5 265 654	5 265 654	6 333 016	6 333 016	7 898 481	7 898 481	8 965 843	8 965 843	9 819 733
150 000 000	5 837 243	6 967 032	6 967 032	8 379 268	8 379 268	10 450 548	10 450 548	11 862 785	11 862 785	12 992 574
200 000 000	7 033 274	8 394 552	8 394 552	10 096 151	10 096 151	12 591 829	12 591 829	14 293 427	14 293 427	15 654 706
250 000 000	8 091 630	9 657 752	9 657 752	11 615 404	11 615 404	14 486 627	14 486 627	16 444 280	16 444 280	18 010 402

Erweiterte Honorartabelle zu § 44 Absatz 1 HOAI (Ingenieurbauwerke)

Anrechenbare Kosten €	Zone I von €	Zone I bis €	Zone II von €	Zone II bis €	Zone III von €	Zone III bis €	Zone IV von €	Zone IV bis €	Zone V von €	Zone V bis €
25 000 000	702 770	837 123	837 123	971 476	971 476	1 105 829	1 105 829	1 229 848	1 229 848	1 364 201
30 000 000	807 719	962 135	962 135	1 116 552	1 116 552	1 270 969	1 270 969	1 413 508	1 413 508	1 567 924
35 000 000	908 254	1 081 891	1 081 891	1 255 527	1 255 527	1 429 164	1 429 164	1 589 444	1 589 444	1 763 081
40 000 000	1 005 066	1 197 211	1 197 211	1 389 356	1 389 356	1 581 501	1 581 501	1 758 865	1 758 865	1 951 010
45 000 000	1 098 652	1 308 688	1 308 688	1 518 724	1 518 724	1 728 761	1 728 761	1 922 641	1 922 641	2 132 677
50 000 000	1 189 386	1 416 768	1 416 768	1 644 151	1 644 151	1 871 534	1 871 534	2 081 425	2 081 425	2 308 808
55 000 000	1 277 558	1 521 797	1 521 797	1 766 037	1 766 037	2 010 276	2 010 276	2 235 727	2 235 727	2 479 966
60 000 000	1 363 400	1 624 050	1 624 050	1 884 700	1 884 700	2 145 350	2 145 350	2 385 950	2 385 950	2 646 600
65 000 000	1 447 099	1 723 750	1 723 750	2 000 402	2 000 402	2 277 053	2 277 053	2 532 423	2 532 423	2 809 075
70 000 000	1 528 811	1 821 083	1 821 083	2 113 356	2 113 356	2 405 628	2 405 628	2 675 418	2 675 418	2 967 691
75 000 000	1 608 665	1 916 203	1 916 203	2 223 742	2 223 742	2 531 281	2 531 281	2 815 163	2 815 163	3 122 702
100 000 000	1 983 467	2 362 659	2 362 659	2 741 851	2 741 851	3 121 043	3 121 043	3 471 066	3 471 066	3 850 259
150 000 000	2 634 470	3 138 118	3 138 118	3 641 767	3 641 767	4 145 415	4 145 415	4 610 322	4 610 322	5 113 970
200 000 000	3 181 996	3 790 319	3 790 319	4 398 642	4 398 642	5 006 965	5 006 965	5 568 493	5 568 493	6 176 816
250 000 000	3 646 162	4 343 223	4 343 223	5 040 283	5 040 283	5 737 343	5 737 343	6 380 784	6 380 784	7 077 844
300 000 000	4 042 360	4 815 164	4 815 164	5 587 968	5 587 968	6 360 772	6 360 772	7 074 130	7 074 130	7 846 934
400 000 000	4 690 486	5 587 196	5 587 196	6 483 907	6 483 907	7 380 617	7 380 617	8 208 350	8 208 350	9 105 060
500 000 000	5 257 430	6 262 527	6 262 527	7 267 624	7 267 624	8 272 721	8 272 721	9 200 503	9 200 503	10 205 599

Erweiterte Honorartabelle zu § 48 Absatz 1 HOAI (Verkehrsanlagen)

Anrechenbare Kosten €	Zone I		Zone II		Zone III		Zone IV		Zone V	
	von €	bis €	von €	bis €	von €	bis €	von €	bis €	von €	bis €
25 000 000	641 265	763 860	763 860	886 454	886 454	1 009 049	1 009 049	1 122 213	1 122 213	1 244 808
30 000 000	733 609	873 858	873 858	1 014 107	1 014 107	1 154 356	1 154 356	1 283 816	1 283 816	1 424 065
35 000 000	821 729	978 825	978 825	1 135 920	1 135 920	1 293 015	1 293 015	1 438 026	1 438 026	1 595 122
40 000 000	906 309	1 079 574	1 079 574	1 252 839	1 252 839	1 426 104	1 426 104	1 586 041	1 586 041	1 759 306
45 000 000	987 839	1 176 691	1 176 691	1 365 542	1 365 542	1 554 394	1 554 394	1 728 719	1 728 719	1 917 570
50 000 000	1 066 687	1 270 612	1 270 612	1 474 538	1 474 538	1 678 463	1 678 463	1 866 702	1 866 702	2 070 627
55 000 000	1 143 136	1 361 677	1 361 677	1 580 218	1 580 218	1 798 758	1 798 758	2 000 488	2 000 488	2 219 029
60 000 000	1 217 412	1 450 153	1 450 153	1 682 894	1 682 894	1 915 634	1 915 634	2 130 472	2 130 472	2 363 212
65 000 000	1 289 699	1 536 259	1 536 259	1 782 819	1 782 819	2 029 379	2 029 379	2 256 972	2 256 972	2 503 532
70 000 000	1 360 145	1 620 173	1 620 173	1 880 201	1 880 201	2 140 229	2 140 229	2 380 254	2 380 254	2 640 282
75 000 000	1 428 879	1 702 047	1 702 047	1 975 215	1 975 215	2 248 383	2 248 383	2 500 538	2 500 538	2 773 706
100 000 000	1 750 119	2 084 701	2 084 701	2 419 282	2 419 282	2 753 864	2 753 864	3 062 708	3 062 708	3 397 290
150 000 000	2 303 241	2 743 567	2 743 567	3 183 892	3 183 892	3 624 218	3 624 218	4 030 672	4 030 672	4 470 998
200 000 000	2 763 833	3 292 212	3 292 212	3 820 592	3 820 592	4 348 972	4 348 972	4 836 707	4 836 707	5 365 087
250 000 000	3 150 751	3 753 101	3 753 101	4 355 450	4 355 450	4 957 800	4 957 800	5 513 815	5 513 815	6 116 164
300 000 000	3 478 186	4 143 134	4 143 134	4 808 081	4 808 081	5 473 029	5 473 029	6 086 826	6 086 826	6 751 774
400 000 000	4 008 695	4 775 063	4 775 063	5 541 431	5 541 431	6 307 799	6 307 799	7 015 216	7 015 216	7 781 584
500 000 000	4 473 028	5 328 166	5 328 166	6 183 304	6 183 304	7 038 442	7 038 442	7 827 800	7 827 800	8 682 937

Erweiterte Honorartabelle zu § 52 Absatz 1 HOAI (Tragwerksplanung)

Anrechenbare Kosten	Zone I		Zone II		Zone III		Zone IV		Zone V	
€	von €	bis €	von €	bis €	von €	bis €	von €	bis €	von €	bis €
15 000 000	455 117	505 686	505 686	642 943	642 943	801 873	801 873	939 131	939 131	989 699
20 000 000	569 574	632 860	632 860	804 636	804 636	1 003 535	1 003 535	1 175 311	1 175 311	1 238 597
25 000 000	677 440	752 711	752 711	957 018	957 018	1 193 585	1 193 585	1 397 892	1 397 892	1 473 163
30 000 000	780 188	866 875	866 875	1 102 170	1 102 170	1 374 617	1 374 617	1 609 912	1 609 912	1 696 599
35 000 000	878 745	976 384	976 384	1 241 402	1 241 402	1 548 266	1 548 266	1 813 284	1 813 284	1 910 923
40 000 000	973 747	1 081 941	1 081 941	1 375 611	1 375 611	1 715 649	1 715 649	2 009 319	2 009 319	2 117 513
45 000 000	1 065 651	1 184 056	1 184 056	1 505 443	1 505 443	1 877 575	1 877 575	2 198 962	2 198 962	2 317 368
50 000 000	1 154 802	1 283 114	1 283 114	1 631 387	1 631 387	2 034 652	2 034 652	2 382 925	2 382 925	2 511 237
55 000 000	1 241 470	1 379 411	1 379 411	1 753 822	1 753 822	2 187 352	2 187 352	2 561 763	2 561 763	2 699 704
60 000 000	1 325 867	1 473 186	1 473 186	1 873 050	1 873 050	2 336 052	2 336 052	2 735 916	2 735 916	2 883 235
65 000 000	1 408 169	1 564 632	1 564 632	1 989 318	1 989 318	2 481 059	2 481 059	2 905 745	2 905 745	3 062 208
70 000 000	1 488 518	1 653 909	1 653 909	2 102 827	2 102 827	2 622 627	2 622 627	3 071 545	3 071 545	3 236 936
75 000 000	1 567 037	1 741 152	1 741 152	2 213 750	2 213 750	2 760 970	2 760 970	3 233 568	3 233 568	3 407 683
100 000 000	1 935 325	2 150 361	2 150 361	2 734 031	2 734 031	3 409 859	3 409 859	3 993 528	3 993 528	4 208 564
150 000 000	2 572 555	2 858 394	2 858 394	3 634 244	3 634 244	4 532 597	4 532 597	5 308 447	5 308 447	5 594 286
200 000 000	3 103 638	3 448 487	3 448 487	4 384 505	4 384 505	5 468 315	5 468 315	6 404 333	6 404 333	6 749 182
250 000 000	3 547 730	3 941 922	3 941 922	5 011 873	5 011 873	6 250 763	6 250 763	7 320 713	7 320 713	7 714 905
300 000 000	3 919 747	4 355 275	4 355 275	5 537 421	5 537 421	6 906 221	6 906 221	8 088 367	8 088 367	8 523 895
400 000 000	4 506 378	5 007 086	5 007 086	6 366 153	6 366 153	7 939 808	7 939 808	9 298 875	9 298 875	9 799 583
500 000 000	4 994 245	5 549 161	5 549 161	7 055 362	7 055 362	8 799 384	8 799 384	10 305 585	10 305 585	10 860 501

Erweiterte Honorartabelle zu § 54 Abs 1 HOAI (Technische Ausrüstung)

Anrechenbare Kosten	Zone I		Zone II		Zone III	
€	von €	bis €	von €	bis €	von €	bis €
4 000 000	412 126	492 410	492 410	578 046	578 046	658 331
5 500 000	530 082	633 344	633 344	743 491	743 491	846 754
7 000 000	641 179	766 084	766 084	899 316	899 316	1 024 221
8 500 000	747 115	892 657	892 657	1 047 901	1 047 901	1 193 443
10 000 000	848 927	1 014 303	1 014 303	1 190 703	1 190 703	1 356 079
12 500 000	1 011 253	1 208 251	1 208 251	1 418 381	1 418 381	1 615 378
15 000 000	1 166 129	1 393 297	1 393 297	1 635 609	1 635 609	1 862 777
17 500 000	1 314 919	1 571 072	1 571 072	1 844 302	1 844 302	2 100 455
20 000 000	1 458 563	1 742 699	1 742 699	2 045 777	2 045 777	2 329 913
22 500 000	1 597 747	1 908 997	1 908 997	2 240 996	2 240 996	2 552 246
25 000 000	1 732 992	2 070 587	2 070 587	2 430 689	2 430 689	2 768 285
30 000 000	1 993 217	2 381 505	2 381 505	2 795 680	2 795 680	3 183 969
35 000 000	2 241 671	2 678 360	2 678 360	3 144 161	3 144 161	3 580 851
40 000 000	2 480 042	2 963 167	2 963 167	3 478 501	3 478 501	3 961 626
45 000 000	2 709 572	3 237 410	3 237 410	3 800 438	3 800 438	4 328 277
50 000 000	2 931 209	3 502 224	3 502 224	4 111 306	4 111 306	4 682 321
55 000 000	3 145 707	3 758 507	3 758 507	4 412 160	4 412 160	5 024 960
60 000 000	3 353 675	4 006 988	4 006 988	4 703 856	4 703 856	5 357 169
65 000 000	3 555 621	4 248 275	4 248 275	4 987 105	4 987 105	5 679 758
70 000 000	3 751 972	4 482 876	4 482 876	5 262 506	5 262 506	5 993 410
75 000 000	3 943 095	4 711 230	4 711 230	5 530 575	5 530 575	6 298 710
100 000 000	4 830 186	5 771 132	5 771 132	6 774 807	6 774 807	7 715 752
150 000 000	6 336 123	7 570 432	7 570 432	8 887 029	8 887 029	10 121 339
200 000 000	7 579 710	9 056 277	9 056 277	10 631 281	10 631 281	12 107 848
250 000 000	8 631 924	10 313 468	10 313 468	12 107 114	12 107 114	13 788 658
300 000 000	9 541 819	11 400 614	11 400 614	13 383 330	13 383 330	15 242 126
400 000 000	11 081 538	13 240 279	13 240 279	15 542 936	15 542 936	17 701 677
500 000 000	12 442 909	14 866 853	14 866 853	17 452 392	17 452 392	19 876 335
500 000 000	19 782 300	21 032 441	21 032 441	22 283 471	22 283 471	23 533 901

Sachwortverzeichnis

Erläuterungen:
Ziffern in **Fettdruck**: Paragraphen
Ziffern in Normaldruck: Randnummern
Bloße Ziffernangaben: Erläuterungen zur HOAI
Grundl.: Einführung Architekten- und Ingenieurrecht
Vorbem. HOAI: Vorbemerkung HOAI
MRVG vor den Ziffernangaben: Gesetz zur Regelung von Ingenieur- und
Architektenleistungen (Artikelgesetz)
Die Buchstaben ä, ö und ü sind wie a, o und u in das Alphabet eingeordnet.

Sachwortverzeichnis

Sachwortverzeichnis

Sachwortverzeichnis

Sachwortverzeichnis

Sachwortverzeichnis

Sachwortverzeichnis

Sachwortverzeichnis

Sachwortverzeichnis

Sachwortverzeichnis

Sachwortverzeichnis

Sachwortverzeichnis

Sachwortverzeichnis

Sachwortverzeichnis